# 中国律师年鉴

## 2010

## CHINESE YEARBOOK OF LAWYERS

《中国律师年鉴》编辑委员会　编辑
中　华　全　国　律　师　协　会　审定

人民法院出版社

图书在版编目(CIP)数据

中国律师年鉴·2010/《中国律师年鉴》编辑委员会编写.—北京:人民法院出版社,2012.12

ISBN 978-7-5109-0601-5

Ⅰ.①中… Ⅱ.①中… Ⅲ.①律师业务-中国-2010-年鉴 Ⅳ.①D926.5-54

中国版本图书馆CIP数据核字(2012)第296308号

# 中国律师年鉴·2010

《中国律师年鉴》编辑委员会 编辑

中华全国律师协会 审定

责任编辑 孙 宇 肖瑾璟
出版发行 人民法院出版社
地 址 北京市东城区东交民巷27号(100745)
电 话 (010)67550562(责任编辑)67550516(出版部)
67550558 67550559(发行部)
网 址 http://www.courtbook.com.cn
E-mail courtpress@sohu.com
印 刷
经 销 新华书店

开 本 850×1168毫米 1/16 彩插 216页
字 数 1903千字
印 张 76.25
版 次 2012年12月第1版 2012年12月第1次印刷
书 号 ISBN 978-7-5109-0601-5
定 价 420.00元
广告许可证号 京东工商广字第0181号

# 全国律师协会

2010 年 1 月 25 日，最高人民法院党组副书记、副院长张军带队走访全国律协，与律师代表座谈

2010 年 2 月 03 日，新春媒体座谈会

2010 年 3 月 4 日，律师界全国两会代表委员座谈会

2010 年 3 月 28 日，2010 年全国律协专业委员会工作会议

2010年3月24日，于宁会长会见德国客人

2010年4月25日，七届全国律协第六次常务理事会（长沙）

2010 年 4 月 27 日，全国律协在杭州召开中国合同法论坛

2010 年 05 月 24 日，第七届全国律协外事委员会工作会议

2010 年 5 月 31 日，英国律师公会访问全国律协

2010 年 8 月 17~18 日，全国律师协会秘书长工作会议（大庆）

2010 年 10 月 11 日，全国律协在广州市举办中国律师 2010 年海商法国际研讨会

2010 年 11 月 11 日，七届全国律协第七次常务理事会（无锡）

2010 年 12 月 12 日，对日索赔工作小组总结会（南京）

2010 年 12 月 20 日，国际法学家协会代表团访问全国律协

2010 年 12 月 21 日，香港律师协会理事访京团访问全国律协

2010 年 12 月 26 日，七届全国律协第八次常务理事会

2010 年 12 月 27~28 日，七届全国律协第三次理事会议

# 北京市律师协会

第八届北京市律师代表表决通过《会费管理办法》

北京律师行业召开律师队伍警示教育工作转段会议

“第二届北京律师论坛”大会现场

北京市朝阳区第一届律师代表大会开幕式

北京律协召开《北京律师社会责任报告》新闻发布会

北京律师行业学习刘凝律师先进事迹报告会

北京市委政法委、市司法局和市律协领导与2010年度北京律师行业公益大奖获得者及百名优秀刑辩律师合影

张学兵会长将北京律师捐款交给青海省律师协会

青年律师阳光培训班毕业典礼嘉宾为优秀学员颁奖

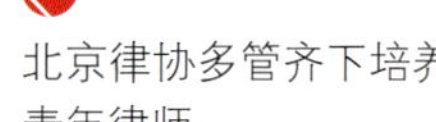

北京律协多管齐下培养青年律师

# 天津市律师协会

天津市司法局、市律协、市公证协会与第六届东亚运动会组委会联合举办“第六届东亚运动会法律事务团队组建仪式”，天津市31名律师被聘为东亚运动会法律事务团队成员

天津市委常委、市委政法委书记散襄军出席由市委政法委主办，市司法局、市律师协会承办的政法系统领导干部“坤鹏杯”乒乓球赛并为获胜选手颁奖

天津市“三八”妇女维权周启动仪式暨天津市志愿服务联合会半边天分会成立大会上天津市6家律师事务所作为首批“律师进社区”志愿服务单位被授牌

天津市律师协会与中欧法学院、德国汉堡律师协会共同主办题为“法治国家框架下律师的作用与功能”律师培训项目

大津夏季达沃斯筹备办公室与天津四方君汇律师事务所举行“2010 天津夏季达沃斯论坛法律服务签约仪式”

# 上海市律师协会

2010 上海陆家嘴法治论坛

2010 上海市领导接见两会律师咨询团

2010 上海律师新春文艺晚会

上海市第八届律师代表大会第二次临时会议

上海市第八届律师代表大会第三次会议

# 重庆市律师协会

2010 年 3 月 23 日，重庆市召开律师行业贯彻全国“两会”精神暨律师队伍建设电视电话会议

2010 年 5 月 25 日，重庆市律师协会与利宝保险有限公司联合主办“企业用工风险问题研讨会”

2010年12月28日，重庆市司法局与市高级人民法院正式签署了《关于进一步加强律师执业权利保障维护司法公正的意见》

重庆律师行业庆“七一”唱读讲传文艺活动

重庆市律协组织新律师代表进行诚信执业宣誓

# 河北省律师协会

诚信建设宣誓

推进城市化建设暨房地产开发法律实务培训会

国际商事法律论坛

律师进工地开展法律咨询

# 浙江省律师协会

2010 年 4 月 28 日，浙江省律师协会与省法官协会共同签署《关于建立法官与律师良性互动机制的意见》

2010 年 3 月 17 日，浙江省律协接待芬兰司法部代表团来访

2010 年 5 月 22 日，召开浙江省律师行业开展"诚信服务先锋"创先争优活动动员暨省律协七届六次理事会

2010 年 8 月 21 日，浙江省律协召开理论实务研讨会

2010 年 12 月 24 日，浙江省第八次律师代表大会隆重召开

# 安徽省律师协会

2009 年 3 月 14 日，省律协在小岗村举行农村土地承包经营权流转法律问题座谈会

安徽律协商品房买卖中的法律实务培训班

"安徽律师为农民工追讨拖欠工资志愿团"成立暨动员大会

安徽省首届律师文艺汇演

# 福建省律师协会

福建省律协第八届理事会第二次会议

2010 年福建省申请律师执业人员培训班

第一届闽浙黔律师围棋团体对抗赛

两岸律师实务论坛

福建省律师“80分”比赛

# 湖南省律师协会

湖南省律师行业深入学习实践科学发展观活动总结表彰暨律师队伍建设会议召开

2010 年 8 月，湖南省政协、省司法厅、省律协组织开展律师工作调研

湖南省律协举办全省律师事务所主任培训班

湖南省律协直属会员律师事务所党支部举办“我是一名共产党员”主题演讲比赛

湖南省律协举办2010年度申请律师执业人员集中培训班

# 广东省律师协会

2010 年 3 月 13 日，广东省律协九届二次理事会

2010 年 6 月 28 日 ，广州亚运会律师志愿服务团成立大会

2010年8月28日，广东省律协讲师团"证券法律业务专题讲座"

2010 年 9 月 29 日，广东全省律师事务所创先争优活动座谈会

2010 年 12 月 25 日，广东省律协三十周年庆祝大会

# 广西壮族自治区律师协会

2010年2月9日，自治区党委常委、政法委书记温卡华，自治区党委政法委副书记梁炳巨等一行四人，来到广西律师协会开展调研工作，并与律师代表们进行座谈。自治区司法厅党委书记、厅长赵波，自治区司法厅党委委员、副厅长，广西律师协会党组书记卫福喜，广西律师协会会长王莹文，自治区司法厅律师管理处处长李健，广西律师协会秘书长严丽萍及律师代表近25人参加了汇报会。王莹文会长就广西律师协会的概况及运转机制向温书记作了简要汇报。律师代表们就律师行业的难点热点问题相继向温书记汇报。本次工作调研及汇报会是温卡华书记第一次莅临广西律师协会指导工作，首次与广西律师面对面座谈交流，体现了自治区党委及党委政法委对广西律师工作的重视、关心和支持

2010年11月5日，以越南司法部副部长阮翠贤为团长的越南司法部代表团一行7人，在司法部司法协助外事司副司长康煜、自治区司法厅厅长赵波，副厅长卫福喜等人的陪同下，访问广西律师协会。双方均表示，应进一步加强两国法学学术方面更深层次的交流，促进中越两国司法机关及律师行业之间的沟通交流。此次越南司法部代表团来访广西律师协会，是越方司法机关首次到访，对促进中越律师行业的进一步沟通交流与合作发展有重要意义

2010年9月25日至26日，第三届西部律师发展论坛在广西南宁隆重举行并取得圆满成功。本届论坛由广西律师协会承办，广西自治区司法厅作为特别行政支持单位。广西壮族自治区副主席梁胜利出席开幕式并作重要讲话，中华全国律师协会会长于宁致辞。开幕式上还举行了中国律师培训网暨全国律师协会西部律师远程培训项目开通启动仪式。论坛以“区域合作·和谐发展”为主题，同时设立律师事务所创新发展与规范管理分论坛、区域法律服务合作分论坛、刑事辩护职能与司法公正分论坛、房地产法律服务与创新分论坛、知识产权法律事务分论坛5个分论坛

2010年4月13日，广西律师协会在南宁召开2010年新闻媒体恳谈会。会议对当前广西律师宣传工作存在的问题，律师行业与新闻媒体沟通、交流、合作等问题进行研究讨论，并对评选出的“2009年广西律师业法治好新闻”的新闻作者进行颁奖。评选按通讯类、消息类、系列类，共评出获奖作品10件。自治区党委宣传部综合协调处处长罗联生，自治区司法厅律师管理处处长李健、广西新闻工作者协会副秘书长覃快乐、广西律师协会会长王莹文等领导出席会议。广西电视台、广西日报社等15家新闻媒体代表近40人参加了恳谈会

2010年6月11日，广西检察官协会与广西律师协会在崇左市大新县联合召开“中国－东盟诉讼法律理论与民事行政检察制度”专题研讨会。自治区人民检察院副检察长曾学愚、自治区司法厅副厅长卫福喜、崇左市人民检察院检察长王荐、广西律师协会秘书长严丽萍、广西律师协会副会长王锦意出席会议。40名检察官和30名律师齐聚一堂，开展深入的交流和研讨，广西律师共提交论文34篇，其中20篇获奖，3篇在会上交流

2010年4月24日至25日，广西律师协会在南宁市举办侵权责任法律实务大型专题培训班。培训班邀请了全国人大常委会法工委民法室副主任贾东明、中国人民大学法学院教授张新宝进行授课。培训班分别由广西律师协会副会长王锦意、骆伟雄主持。来自全区各地1500多名执业律师参加本次培训

2010年6月26日，在南宁市良庆区政府、司法局的大力支持下，自治区司法厅、广西律师协会组织19家区直所的近百名律师分别在银海社区、银沙社区、前进社区及大沙田客运广场开展“法律服务进社区”活动。律师代表向社区居委会赠书法律书籍并开展免费法律义务咨询活动，发放宣传资料1000份

# 四川省律师协会

2010 年 5 月 25 日，四川省律师代表大会上优秀律师代表领奖

2010 年 5 月 25 日，四川省第七次律师代表大会上优秀律师事务所代表领奖

2010 年 5 月 25 日，四川省第七次律师代表大会在成都望江宾馆召开

2010 年 6 月 7 日，在四川省高级人民法院召开“共同营造良好的司法环境——法官、律师恳谈会”

2010 年 7 月 1 日，中共德阳市律师协会委员会召开“庆祝中国共产党成立 89 周年暨优秀律师党员评选表彰大会”

2010 年 9 月 28 日，省厅直属律师事务所党总支成功举办迎国庆“感恩·奋进”大家唱歌咏比赛

2010 年 12 月 14 日，省总工会、省司法厅、省律协联合召开首届“四川省维护职工权益杰出律师”表彰电视电话会议。受表彰的 10 名首届“四川省维护职工权益杰出律师”上台领奖

2010 年 12 月 20 日，四川省律师协会城乡统筹法律服务专业委员会成立大会在成都君需苑召开

# 云南省律师协会

2010年1月30日~31日，云南省律师协会与点睛政法网络学堂联合在昆明举办举办《侵权责任法》专题培训（图为著名法学家李显东授课）

2010年7月17日，柬埔寨环境律师代表团一行十人来滇访问交流，了解云南环境法治建设的相关情况，云南省律师协会组织环境资源法专业委员会的五位律师与来访客人进行座谈交流

2010年10月26日，云南省司法厅副厅长汪洋主持召开《桥头堡建设法律服务研究与实务》出版发行座谈会，省司法厅厅长何剑文、中央党校出版社社长兼总编辑胡建华和部分作者代表出席座谈会

2010年10月27至28日，云南省第六次律师代表大会在昆明隆重召开，省委常委、省委政法委书记孟苏铁出席开幕式并作重要讲话。原省政协副主席和占钧同志出席大会。省高院副院长赵建生、省检察院副检察长祁鶱昌以及省公安厅、省国家安全厅、省民政厅、省司法厅有关领导出席会议。大会由省司法厅党委书记、厅长何剑文主持。全省律师行业199名正式代表、33名特邀代表及昆明城区的部分律师共650余人参加了会议开幕式

2010年12月4日，云南省律师协会、云南省法官协会在昆明联合举办“首届法治论坛”，省司法厅副厅长汪洋、省高院副院长田成有等出席论坛开幕式

# 陕西省律师协会

9 月 24 日，省司法厅副厅长孔德勤参加“第三届西部律师发展论坛”

# 甘肃省律师协会

甘肃省第五次律师代表大会隆重召开

甘肃省律师协会五届二次常务理事会

举办继续教育培训班

丰富律师文化建设

# 宁夏回族自治区律师协会

宁夏司法厅王正升厅长在千名律师进万家企业活动启动仪式讲话

千名律师进万家企业活动启动，自治区领导出席启动仪式

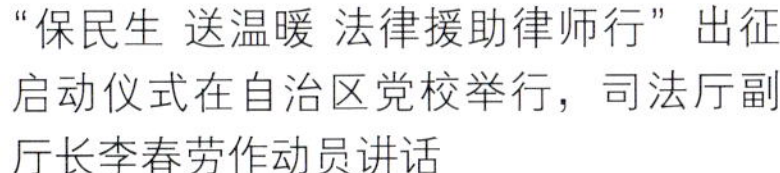

“保民生 送温暖 法律援助律师行”出征启动仪式在自治区党校举行，司法厅副厅长李春劳作动员讲话

宁夏律协会长赖声洪对出征律师提出希望和要求

宁夏法官协会、律师协会第二次联席会议在司法厅举行

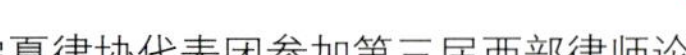
宁夏律协代表团参加第三届西部律师论坛

# 《中国律师年鉴·2010》
## 编委会

# 《中国律师年鉴·2010》
# 编 辑 部

# 目　录

## 中华全国律师协会

通知

### 简报



## 各省、自治区、直辖市律师协会工作概况



## 各省、自治区、直辖市律师协会工作

## 各省、自治区、直辖市律师协会制定的行业规范



## 附 录

### 律师案例刊载

**律师论文刊载**

# 中华全国律师协会

## 一、特载

### 坚持和完善中国特色社会主义律师制度<br>忠实履行中国特色社会主义法律工作者的职责

——中共中央政治局常委、中央政法委书记周永康在全国律师工作会议上的讲话

(2010年11月22日)

今年是我国第一部律师法律颁布30周年，司法部召开全国律师工作会议，对贯彻落实《中共中央办公厅、国务院办公厅转发〈司法部关于进一步加强和改进律师工作的意见〉的通知》精神作出部署，对于进一步推动律师事业健康发展，更好地发挥律师工作在中国特色社会主义事业中的积极作用，具有重要意义。刚才，来自司法行政机关、律师协会、律师事务所的7位同志分别作了发言，讲得都很好。

律师工作是中国特色社会主义法治建设的重要组成部分。在党中央、国务院的正确领导下，近年来，我国律师制度不断完善，律师队伍不断发展壮大，目前全国已有律师事务所近1.7万家、律师近20万人，律师在经济社会生活中发挥的职能作用日益凸显，从传统的代理诉讼到办理非诉讼法律事务，参与人民调解、涉法涉诉信访工作，为困难群众提供法律援助，为党委、人大、政府、政协提供法律服务等，都充分体现了律师的作用。党的十七大以来，我到地方考察调研，看了不少律师事务所，也多次与律师协会、律师座谈，听取意见。我为广大律师秉持良好职业道德，运用法律自觉服务经济社会发展、服务人民群众而高兴，为我们这支队伍涌现出佟丽华、赵春芳等一大批先进典型而高兴。实践证明，我国律师队伍的主流是好的，已经成为落实依法治国基本方略、建设社会主义法治国家的重要力量，是一支党和人民可以信赖的队伍。同时，我们要清醒地认识到，随着我国经济社会快速发展、社会主义民主法制建设不断推进和人民群众对法律服务的需求日益增长，律师工作和律师队伍建设还存在一些不适应的问题，主要表现在：有的律师理想信念动摇；有的律师职业道德水平不高，诚信观念不强，拜金主义严重；律师管理制度不完善，司法行政机关特别是市、县两级的律师管理力量严重不足；律师行业发展的保障机制和律师执业环境有待进一步完善；律师队伍发展不平衡，全国还有200多个县没有一个律师，等等。这些问题的存在，影响了律师事业的健康发展，影响了律师

队伍的公信力，也制约了律师作用的充分发挥。

党中央、国务院高度重视新形势下的律师工作和律师队伍建设。2008年底，中共中央转发的《关于深化司法体制和工作机制改革若干问题的意见》中，明确提出要改革和完善律师制度。今年9月，中办、国办转发了《司法部关于进一步加强和改进律师工作的意见》。希望各级司法行政机关、律师协会和广大律师把思想行动统一到中央精神上来，坚持和完善中国特色社会主义律师制度，进一步加强和改进律师工作，努力开创律师工作新局面。

下面，我强调四点。

第一，要深刻领会中央对律师的政治定位。在社会主义中国，律师是中国特色社会主义法律工作者，要承担相应的政治责任、法律责任、社会责任。各地区、各部门特别是司法行政机关、律师协会和广大律师要正确认识和把握中国律师的政治定位，始终坚持高举中国特色社会主义伟大旗帜，始终坚持以科学发展观统领律师工作，始终坚持律师是中国特色社会主义法律工作者的本质属性，始终坚持党对律师工作的领导，坚决抵制违反我国宪法原则、不符合我国国情的西方政治制度、法律制度、法治观念对我国律师行业的不良侵蚀，确保律师工作的社会主义方向。要在律师队伍中深入开展社会主义法治理念教育，使广大律师在执业活动中自觉坚持党的事业至上、人民利益至上、宪法法律至上，自觉做到党在心中、人民在心中、法律在心中、正义在心中，努力实现法律效果、社会效果、政治效果的有机统一。要健全律师执业准入机制，把好律师队伍“入口关”，政治素质、业务素质、职业道德素质不好的，不能当律师。要健全律师执业状况评价机制、奖惩机制，对先进集体和个人要表彰奖励，对违反法律、法规和执业纪律的，要依法依纪严肃处理，切实维护律师队伍的公信力。

第二，要忠实履行中国特色社会主义法律工作者的职责。党的十七届五中全会明确指出，“十二五”时期是全面建设小康社会的关键时期，是深化改革开放、加快转变经济发展方式的攻坚时期，我国仍处于可以大有作为的重要战略机遇期。这为律师在中国特色社会主义事业发展进步中发挥更大作用提供了广阔空间。广大律师要紧紧围绕“十二五”时期经济社会发展全局，把中国特色社会主义法律工作者的政治定位贯穿到执业活动中去，自觉坚持维护当事人合法权益、维护法律正确实施、维护社会公平正义、维护社会和谐稳定，坚定不移地做中国特色社会主义事业的建设者、捍卫者。要深入研究经济发展方式转变、经济结构调整、实现科技进步和创新、建设资源节约型和环境友好型社会等重点领域的法律问题，拓展法律服务领域，提升法律服务层次和质量，提高服务科学发展的能力和水平。要认真贯彻胡锦涛总书记在党的十七届五中全会上关于加强和改进新形势下群众工作的重要讲话精神，主动面向群众、面向基层、面向社区开展法律服务，积极向困难群众提供公益性法律服务和法律援助，帮助他们平等享有社会公平正义。要严格遵守“以事实为依据、以法律为准绳”的原则，恪守职业道德和执业纪律，正确处理惩治犯罪与保护人权的关系，真正使违法犯罪者受到应有制裁、无辜者免受法律追究、守法者得到保护。要结合深入推进三项重点工作，充分发挥律师在党和政府主导的维护群众权益机制中的独特作用，积极参与人民调解、行政调解、司法调解，积极参与涉法涉诉信访问题的处理，积极参与群体性事件的预防处置，为党委、政府和广大人民群众提供良好法律服务，努力使各种矛盾纠纷在法治的轨道上得到依法妥善解决。

第三，要加大对律师依法履职的保障力度。在社会主义法治国家，权利和义务是相适应的。我们把律师定位为中国特色社会主义法律工作者，要求律师承担相应的政治、法律、社会责任，同时也应当给予他们相应的保障。各地区、各部门要高度重视这一问题，从完善执业法律制度到财税、社保、经费、培养选拔优秀律师等方面，采取有效措施，加大对律师依法履职的保障力度。要切实维护律师执业权益，解决会见难、阅卷难、调查取证难等问题，坚决防止发生侵害律师执业权利甚至人身权利的事件。要落实律师工作经费，健全律师担任政府法律顾问和参与信访、调解、社区工作等公益性法律服务的经费保障机制，继续加大对中、西部地区律师业发展的扶持力度。要加大律师培训投入，完善律师行业财税、劳动用工和社会保障政策，维护律师和员工合法权益。要加强对律师人才的培养选用，加大从律师中选拔法官、检察官力度，积极推荐优秀律师担任党代表、人大代表、政协委员，鼓励优秀律师通过公开选拔、公务员录用考试等途径进入党政机关，为优秀律师参政议政、政治上进步创造条件。要规范律师与法官、检察官、警察之间的行为，努力形成互相尊重、互相支持、互相监督、平等交流的良好关系，共同促进公正廉洁执法，共同维护社会公平正义。

第四，要加强党对律师工作的领导。律师事业的健康发展离不开党的领导。各级党委和政府要把律师工作摆上重要议事日程，经常听取律师工作汇报，在事关律师工作发展方向、发展规划、队伍建设等重要问题上给予更多的关心支持，及时研究解决律师工作改革发展中遇到的困难和问题。要加强律师队伍的思想政治建设、职业道德建设、业务素质建设，努力造就一支政治坚定、法律精通、维护正义、恪守诚信的律师队伍。要继续高度重视律师行业党的组织建设。在中央的领导和中组部的大力支持下，这项工作抓得是紧的，取得了明显成效。目前，全国共有5万多名律师党员，律师事务所中已经独立建立党支部的有4500多个，联合建立党支部的有8200多个，派驻有党建工作指导员、联络员的有3500多个，基本实现了党的组织和党的工作对律师行业的全覆盖。下一步，要不断巩固和扩大成果，创新律师事务所党组织活动的内容、形式和载体，进一步增强党组织的创造力、凝聚力、战斗力。要健全律师党员的培养使用制度，进一步做好发展党员工作，发展壮大党员律师队伍。要在律师行业党的基层组织和广大律师党员中深入开展创先争优活动，发挥好律师事务所党组织在执业活动中的政治核心作用，发挥好律师党员的先锋模范作用，带领广大律师共同进步。

中央对律师工作和律师队伍建设提出了一系列新要求、新举措，司法行政机关、律师协会要会同有关方面抓紧研究提出贯彻落实意见，该建立的制度机制要抓紧研究建立，该制定的政策措施要抓紧研究出台。同时，要加强对律师事务所和律师的教育培训，使他们正确把握中央精神，全面提高政治、业务、职业道德素质。各有关部门要给予大力支持和配合。

让我们更加紧密地团结在以胡锦涛同志为总书记的党中央周围，深入贯彻落实党的十七届五中全会精神，锐意进取，扎实工作，为构建社会主义和谐社会、加快建设社会主义法治国家做出新的更大贡献！

# 以改革创新精神 全面加强新形势下律师行业党的建设

——司法部部长吴爱英在全国律师行业党的建设工作会议上的讲话摘要

（2010年11月24日）

这次会议是经中央领导同志同意，中央组织部、司法部联合召开的一次重要会议。会议的主要任务是：全面贯彻落实党的十七大和十七届四中、五中全会精神，以邓小平理论和“三个代表”重要思想为指导，深入贯彻落实科学发展观，认真贯彻落实党中央、国务院关于进一步加强和改进律师工作的意见精神，总结近年来律师行业党建工作的成绩和经验，研究部署当前和今后一个时期律师行业党建工作，努力开创律师行业党的建设新局面。

党中央和中央领导同志历来高度重视律师工作、律师队伍建设和律师行业党的建设。今年8月19日，胡锦涛总书记主持召开中央政治局常委会，专题研究律师工作，胡锦涛总书记和中央政治局常委各同志都作了重要指示；9月17日，中共中央办公厅、国务院办公厅转发了《司法部关于进一步加强和改进律师工作的意见》（以下简称《意见》），对加强和改进律师工作、律师行业党的建设做出全面部署。今年以来，胡锦涛总书记等中央领导同志就律师行业党建工作作出重要批示。习近平同志深入到北京德恒律师事务所，视察、指导学习实践活动，并主持召开新社会组织学习实践活动调研座谈会，听取司法部等单位汇报，作出重要指示。周永康同志多次深入律师事务所进行视察、指导，就加强律师工作和律师行业党的建设作出重要指示。李源潮同志先后到司法部机关和律师事务所，就律师事务所学习实践活动和律师行业党的建设工作进行视察、指导，听取工作汇报，作出重要指示。这充分体现了党中央和中央领导同志对律师行业党建工作的高度重视和对律师队伍的亲切关怀，使我们深受教育，深受鼓舞。中央的决策部署和中央领导同志的重要指示，为我们做好律师行业党建工作指明了方向。

中共中央组织部、司法部党组认真贯彻落实党的十七大和十七届四中、五中全会精神，贯彻落实中央领导同志重要指示精神，坚持把律师行业党的建设作为一项重大任务来抓，加强领导，精心组织，扎实推进。2008年3月，中组部、司法部党组联合下发了《关于进一步加强和改进律师行业党的建设工作的通知》，同年7月，在山东威海联合召开了律师行业党的建设工作会议，对律师行业党建工作做出全面部署。李源潮同志和中组部领导多次作出重要指示和批示，并到司法部机关和律师事务所调查研究，指导律师行业党建工作。各级党委组织部门高度重视、大力支持律师行业党建工作，切实加强领导和具体指导，确保了律师行业党建工作顺利开展。司法部多次召开党组会议、专题会议和全国律师行业党的建设工作座谈会，学习贯彻中央的决策部署和中央领导同志重要指示精神，研究贯彻落实意见；先后下发《关于贯彻落实中央领导同志重要批示的通知》等文件，对做好律师行业党建工作提出明确要求；司法部和省级司法行政机关成立了律师行业党建专项工作办公室，落实工作责任制，建立工作月报制度，加强督促检查，加大宣传力度，推动律师行业党建工作深入发展。经过共同努力，律师行业党建工作取得了显著成绩。

——律师事务所深入学习实践科学发展观活动成效显著。司法部认真履行中央赋予的指导律师事务所学习实践活动的职责，成立指导小组和办公室，召开动员大会，制定下发指导意见，对律师事务所学习实践活动做出安排部署。各级司法行政机关普遍成立指导小组和办公室，精心组织、周密部署，加强工作指导和督促检查，律师事务所学习实践活动深入开展。律师事务所党组织和广大律师党员积极投身学习实践活动，认真完成学习调研、分析检查、整改落实各阶段任务。通过学习实践活动，律师党员贯彻落实科学发展观的自觉性、坚定性进一步增强，一些影响和制约律师工作科学发展的突出问题得到有效解决，律师工作服务科学发展的能力和水平进一步提高。中央和中央领导同志对律师事务所学习实践活动给予了充分肯定。

——党的组织和党的工作对律师行业实现全覆盖。坚持把加强律师事务所党组织建设作为律师行业党建工作的重点，从律师事务所实际出发，创新组织设置形式，通过单独建、联合建以及指派党建工作指导员、联络员等方式，实现了党的组织和党的工作对律师行业全覆盖。2008 年 2 月，全国 37.9% 的律师事务所建立了党组织。截止到 2009 年 6 月，全国 14741 家律师事务所中，3895 家单独建立党支部，占 26%；8105 家联合建立党支部 2692 个，占 55%；对 2741 家无党员的律师事务所指派了党建工作指导员、联络员，占 19%。加强律师事务所党支部班子建设，重点做好党支部书记选配工作。认真做好律师党员发展工作，全国律师党员从 2008 年 6 月底的 4.4 万人发展到今年 9 月底的 5.3 万人，律师党员队伍不断壮大，队伍结构进一步优化。

——律师行业党建工作制度建设取得积极进展。党内基层民主制度进一步完善，律师党员参与、管理和监督党内事务的积极性、主动性明显增强。党的组织生活制度进一步完善，“三会一课”制度得到普遍落实。律师党员教育管理体制进一步完善，探索建立了律师党员特别是流动律师党员学习教育、动态管理制度。律师党员联系和服务群众制度进一步完善，建立健全了律师事务所与司法所结对、律师党员定点帮扶等制度。党建工作保障机制进一步完善，全国有 50% 以上的律师事务所党组织落实了“五个一”，党建工作的人、财、物保障能力不断增强。

——律师党员教育管理服务工作进一步加强。坚持不懈地抓好思想政治建设，用中国特色社会主义理论体系武装律师党员，深入开展“大学习、大讨论”活动，开展社会主义核心价值体系教育和社会主义法治理念教育，开展“中国特色社会主义法律工作者”主题教育实践活动，广大律师党员做中国特色社会主义法律工作者的自觉性和坚定性不断增强。律师党员培训工作深入开展，司法部举办了律师事务所党支部书记示范培训班，各地普遍开展了律师事务所党支部书记轮训。2008 年以来，全国共培训律师党员 12.4 万人次。律师行业党的作风建设和反腐倡廉建设取得明显成效，律师行风进一步好转，律师党员拒腐防变能力不断增强。律师党员管理工作进一步规范，严格落实日常管理制度，加强对流动律师党员的管理，有效解决了一些地方存在的“口袋党员”问题。关心律师党员政治进步，推荐优秀律师党员参选党代表、人大代表和政协委员，办理党委、政府交办的重要法律事务等，进一步激发了律师党员的自豪感和荣誉感。目前，全国有 634 名律师党员担任人大代表、1501 名律师党员担任政协委员。

——律师行业创先争优活动扎实推进。司法部把律师行业党的基层组织和党员创先争优活动作为重要政治任务，多次召开党组会、指导小组会议、动员部署会、座谈会、推进会，研究部署和推进创先争优活动。成立了指导小组，制定下发了实施意见，建立了指导小组成员联系点，建立了联络员制度、信息报送制度和情况月报制度，多次派出巡回检查组，加强检查指导，加强宣传工作，有力推动了创先争优活动深入开展。各地律师行业党组织和律师党员普遍向社会作出公开承诺，主动接受广大律师、员工和服务对象的监督，形成了履职尽责创先进、立足岗位争优秀的良好局面，律师行业创先争优活动不断深入，取得明显成效。

通过加强律师行业党的建设，广大律师党员的思想政治素质进一步提高，律师行业党组织的创造力、凝聚力和战斗力进一步增强，党组织的政治核心作用和律师党员的先锋模范作用进一步发挥，律师行业党的建设有力地带动了律师队伍建设和律师事业发展。广大律师充分发挥职能作用，服务经济社会发展，积极推进三项重点工作，维护社会和谐稳定，维护群众合法权益，促进社会公平正义，特别是近年来在抗击四川汶川特大地震和青海玉树地震等自然灾害，在做好北京奥运会、残奥会、国庆60周年、上海世博会和广州亚运会安保等重大任务中，依法履行职责，做出了积极贡献。

这些成绩是在党中央正确领导下取得的，是中央组织部加强领导的结果，是各级党委和组织部门支持关心的结果，是各级司法行政机关、律师协会、律师事务所党组织和广大律师党员共同努力的结果，也凝聚着律师行业党务工作者的心血。在此，我代表司法部党组向关心支持律师工作、律师行业党建工作的各级党委、组织部门和有关部门表示衷心的感谢，向各级司法行政机关、律师协会和广大律师致以亲切的问候！

在律师行业党的建设实践中，我们深深体会到，做好律师行业党建工作，必须坚持党的领导，全面贯彻落实党中央和中央领导同志关于律师行业党建工作的决策部署和重要指示，紧紧依靠各级党委和组织部门的领导和指导，为律师行业党建工作提供有力保证。必须坚持围绕中心、服务大局，以党建保发展、以发展促党建，不断增强律师工作服务科学发展的能力和水平。必须理顺党建工作管理体制，在中央组织部和各地党委组织部门直接领导和指导下，落实司法行政机关党建工作责任，把党建工作与业务工作同部署、同检查、同落实，实现两手抓、两不误、两促进。必须建立完善党建工作保障机制，落实好司法行政机关、律师协会、律师事务所对律师行业党建工作的人、财、物保障，为律师行业党的建设创造良好条件。必须坚持改革创新，从律师行业实际出发，创新组织设置形式，创新党组织活动方式，探索律师行业党组织和律师党员发挥作用的有效途径，发挥律师党员的主体作用，使党建工作符合行业实际，体现行业特色。这既是近年来律师行业党建工作的成功经验，也是今后进一步加强律师行业党建工作需要坚持的重要原则。

当前和今后一个时期，进一步加强律师行业党的建设总的要求是：全面贯彻落实党的十七大和十七届四中、五中全会精神，坚持以邓小平理论和“三个代表”重要思想为指导，深入贯彻落实科学发展观，认真贯彻落实《中共中央办公厅、国务院办公厅转发〈司法部关于进一步加强和改进律师工作的意见〉的通知》精神，认真贯彻落实《中共中央组织部中共司法部党组关于进一步加强和改进律师行业党的建设工作的通知》精神，全面加强律师行业党的思想建设、组织建设、作风建设、制度建设和反腐倡廉建设，努力提高律师行业党的建设科学化水平，充分发挥律师行业党组织的政治核心作用和律师党员的先锋模范作用，为推进律师事业发展和加强律师队伍建设提供坚强政治保证。

**一、充分认识新形势下全面加强律师行业党的建设的重要性和紧迫性**

《中共中央办公厅、国务院办公厅转发〈司法部关于进一步加强和改进律师工作的意见〉的通知》是当前和今后一个时期律师工作、律师行业党建工作的重要指导性文件，为进一步加强律师行业党的建设指明了方向。《意见》在全面总结和充分肯定改革开放30多年，特别是近年来律师工作改革发展成绩和经验的基础上，立足于律师是中国特色社会主义法律工作者的定位，提出了进一步加强和改进律师工作、加强律师行业党的建设的战略任务和重大举措，对新形势下的律师工作和律师行业党建工作提出了明确要求，做出了全面部署。加强律师行业党的建设，是加强党对律师工作领导的必然要求，是坚持律师工作正确方向的根本保证。各级司法行政机关要认真学习贯彻《意见》，切实把思想认识统一到中央的决策部署上来，进一步增强责任感和紧迫感，坚持不懈地抓好律师行业党建工作，为促进律师事业又好又快发展提供坚强政治保证。

（一）进一步加强律师行业党的建设，是坚持党对律师工作的领导、确保律师工作社会主义方向的需要

《意见》明确提出，我国律师制度是中国特色社会主义司法制度的重要组成部分，律师是中国特色社会主义法律工作者，律师工作必须始终坚持社会主义方向。坚持律师工作正确方向，核心是坚持党的领导。党的领导主要是政治、思想和组织的领导。要把党的领导落到实处，关键要把律师行业党的组织建设好，把律师行业党组织和律师党员的作用发挥好。通过律师行业党组织和律师党员，宣传贯彻党的主张，贯彻落实党对律师工作的决策部署。近年来律师行业党的建设实践证明，哪里律师行业党组织健全，党组织和律师党员作用得到充分发挥，哪里律师工作就发展得快、发展得好。我们一定要认真总结律师行业党建工作的成功经验和做法，进一步加强律师行业党的建设，建立健全律师行业党的组织，发展壮大律师党员队伍，充分发挥律师行业党组织的政治核心作用和律师党员的先锋模范作用，始终保持党的组织和党的工作对律师行业的全覆盖，把党的路线、方针、政策贯彻落实到律师工作中去，确保党对律师工作的领导，确保律师工作社会主义方向。

（二）进一步加强律师行业党的建设，是贯彻落实中央关于加强党的建设的决策部署、不断提高律师行业党的建设科学化水平的需要

党的十七大以来，中央对加强新时期党的建设做出了一系列决策部署，强调要继续以改革创新精神推进党的建设新的伟大工程，不断提高党的建设科学发展水平。律师行业党的建设，是新时期党的建设新的伟大工程的重要组成部分。《意见》明确了新形势下律师行业党建工作的目标、任务和政策、措施，明确了律师行业党建工作管理体制和责任机制，明确了律师事务所党组织在律师执业活动中的政治核心地位，对进一步加强律师行业党的建设提出了新的更高要求。近年来，律师行业党的建设取得了显著成绩，但也应看到，在律师事务所数量不断增加的情况下，巩固和扩大党的组织和党的工作对律师行业的全覆盖成果，任务仍然繁重紧迫；在党的组织和党的工作全覆盖基

础上，如何保证党组织正常开展活动，有效发挥律师行业党组织的政治核心作用和律师党员的先锋模范作用，更是律师行业党建工作长期面临的重大课题。这就要求我们，必须认真贯彻落实党中央的决策部署，坚持不懈地加强律师行业党的建设，在巩固律师行业党建工作成果基础上，积极推进律师行业党的建设理论创新和实践创新，不断提高律师行业党的建设科学化水平。

（三）进一步加强律师行业党的建设，是加强律师队伍建设、巩固党的执政基础的需要

律师是落实依法治国基本方略，建设社会主义法治国家的重要力量。近年来，我国律师队伍不断壮大，目前已发展到19.4万多人。我国律师队伍的主流是好的，是一支党和人民可以信赖的队伍。但也要看到，在个别律师中还确实存在着理想信念动摇、职业道德水平不高、诚信观念不强等问题，加强律师队伍建设的任务非常艰巨。律师党员是律师队伍的中坚力量。我们一定要从战略和全局的高度，充分认识加强律师行业党的建设的重要性，坚持不懈地加强律师行业党的建设，以党建带队建，不断增强党对律师队伍的凝聚力，把广大律师紧紧团结、凝聚在党的周围，扩大党的群众基础，巩固党的执政基础。

总之，各级司法行政机关、律师协会要从党和国家工作大局和律师事业发展全局的高度，充分认识进一步加强律师行业党的建设的重要性和紧迫性，切实增强责任感和使命感，扎扎实实做好各项工作，努力把律师行业党建工作提高到新的水平。

## 二、以改革创新精神全面加强新形势下律师行业党的建设

加强思想、组织、作风、制度和反腐倡廉建设，是党的十七大对党的建设做出的总体布局和总体部署。各级司法行政机关要按照这一总体布局、总体部署，认真贯彻落实《中共中央办公厅国务院办公厅转发〈司法部关于进一步加强和改进律师工作的意见〉的通知》精神，认真贯彻落实《中共中央组织部中共司法部党组关于进一步加强和改进律师行业党的建设工作的通知》精神和2008年7月全国律师行业党的建设工作会议精神，全面加强律师行业党的建设。

（一）大力加强律师行业党的思想建设

思想建设是党的根本建设。律师工作政治性很强，律师党员是律师中的先进分子和骨干力量，要带头提高思想政治水平。要切实加强理论武装，始终坚持高举中国特色社会主义伟大旗帜，深入学习中国特色社会主义理论体系，深入学习社会主义核心价值体系，深入开展社会主义法治理念教育，不断提高思想政治素养，坚定理想信念，坚持正确政治方向，做党和人民的忠诚卫士。要深入学习实践科学发展观，始终坚持以科学发展观统领律师工作，不断提高服务科学发展、服务人民群众的能力和水平。要始终坚持党对律师工作的领导，坚持中国特色社会主义律师制度，坚定不移地做中国特色社会主义法律工作者。要努力建设律师行业学习型党组织，把学习作为党组织活动的重要内容，加强对学习的组织、指导和服务，使广大律师党员自觉学习马克思主义，学习党的路线、方针、政策和国家法律、法规，学习党的历史，学习现代化建设所需要的各方面知识，不断增强综合素质。

（二）坚持不懈地加强律师行业党的组织建设

党的组织建设是党的建设的重要内容。要进一步加强律师行业基层党组织建设，不断巩固和扩大律师行业党的组织和党的工作全覆盖成果，切实做到哪里有律师党员，哪里就有党的组织，哪里就有党的工作。

要进一步加强律师事务所党组织和律师协会党组织建设。律师事务所党组织和律师协会党组织，是律师行业党的基层组织。要切实加强律师事务所党组织建设，坚持分类指导，对单独建立的律师事务所党组织，要巩固发展，进一步加强党支部领导班子建设，健全完善工作机制，确保党组织正常开展活动，有效发挥作用；对联合党支部，具备单独设立条件的，要及时分别设立新的党组织；对没有党员的律师事务所，要及时指派指导员、联络员，进一步落实党建工作责任，切实做好党员发展和党支部建立工作；对新设立的律师事务所和分所，要在设立审核、律师执业档案调取等环节，同步做好律师事务所党组织建设、律师党员组织关系接转等工作，确保党组织应建尽建、指导员或联络员应派尽派。要进一步加强律师协会党组织建设，尚未建立党组织的要抓紧建立，还没有建立律师协会的，在建立律师协会时，要同步建立党组织。要切实加强律师行业党组织领导班子建设，关键要选好配强党支部书记，配齐配强领导班子，真正把领导班子建设成为团结带领律师、员工共同推进律师事业发展的坚强领导集体。

要进一步做好在律师队伍中发展党员的工作。发展党员是党的基层组织建设的一项经常性的重要工作。要按照坚持标准、保证质量、改善结构、慎重发展的方针，重点做好在优秀青年律师中发展党员工作，有计划地吸收律师业务骨干入党，切实加强在党组织力量相对薄弱的律师事务所发展党员的工作，努力提高律师队伍中党员的比例，发展和壮大律师党员队伍，优化律师党员队伍结构。

要进一步加强律师党员管理和服务工作。坚持教育、管理、服务并重，是加强律师行业党的建设的一条重要经验。要切实加强律师党员管理，认真做好律师党员日常管理工作，重点加强对流动律师党员的管理，建立健全以流入地为主、流出地和流入地密切配合、有机衔接的流动律师党员管理工作机制，流出地律师党员所在党组织要认真做好对转出律师党员的鉴定评价，及时通知流入地党组织；流入地党组织要做好接转工作，保证律师党员无论流动到哪里，都能够与党组织取得联系，融入党的组织，参加党的活动，得到组织关怀。要进一步做好律师党员服务工作，建立和落实党内激励、关怀、帮扶机制，进一步增强律师行业党组织的凝聚力和向心力。关心爱护年轻律师党员，安排业务熟、能力强、经验丰富的律师党员开展传帮带，帮助他们成长成才，增强他们对党组织的认同感、归属感和荣誉感。关心律师党员的政治进步，推荐优秀律师党员参选党代会代表、人大代表和政协委员，为优秀律师特别是优秀律师党员参政议政创造条件。

（三）切实加强律师行业党的作风建设

律师直接为当事人提供法律服务，作风好坏直接关系人民群众切身利益，关系律师队伍形象。加强律师行业作风建设，律师党员要做表率。广大律师党员一定要做服务群众的模范，牢固树立党的宗旨意识和群众观念，自觉坚持以人为本、执业为民，不断增强服务群众的能力和本领，切实做到思想上尊重群众，感情上贴近群众，工作上依靠群众，始终与人民群众同呼吸、共命运、心连心。要怀着对人民群众的深厚感情，认真做好服务群众的各项工作，努力满足群众特别是困难群众在教育、劳动就业、社会保障、医疗卫生、住房等方面的法律需求，维护人民群众合法权益。要做恪守职业道德的模范，带头践行以“严格依法、恪守诚信、勤勉尽责、维护正义”为核心内容的职业道德，正确理解和适用法律，坚持诚信执业，尽职尽责维护当事人的合法权益，维护司法公正，促进社会公平正义。要做履行社会责任的模范，认真履行法律援助义务，积极参与社会矛盾化解和信访工作，带头参加社会公益事业，主动服务社会、奉献社会。

（四）全面加强律师行业党建工作制度建设

制度管长远、管根本。加强律师行业党的建设，必须将制度建设贯穿全过程。要进一步健全完善保障律师党员民主权利的制度，积极推进律师事务所党务公开，健全完善党内情况通报制度，组织律师党员定期对党组织领导班子成员进行评议，落实律师党员的知情权、参与权、选举权、监督权。要进一步健全完善党的组织生活制度，严格落实“三会一课”制度，针对律师执业相对分散、不易集中的实际，创新“三会一课”的内容、形式和载体，确保组织生活质量。要进一步健全完善报告工作制度，律师事务所党组织要定期向上级党组织和党员大会报告工作，接受上级党组织和党员的评议和监督。要进一步健全完善律师党员联系群众制度，认真总结律师党员进社区、进乡村等服务群众的经验，推广律师党员承诺制等做法，通过设立律师党员先锋岗和示范岗、律师党员服务责任区等形式，充分发挥律师党员在服务群众中的模范带头作用。

（五）进一步加强律师行业党的反腐倡廉建设

律师参与诉讼活动，在促进公正廉洁司法、防范司法腐败中肩负着重要责任。必须始终把反腐倡廉建设放在律师行业党的建设的突出位置，坚持教育、制度和监督并重，建立健全符合律师行业特点的惩治和预防腐败体系。要加强反腐倡廉教育，深入开展党性、党风、党纪教育、国家法律、法规教育、理想信念和职业道德教育，有针对性地开展示范教育、警示教育，引导律师党员牢固树立马克思主义的世界观、人生观、价值观，筑牢依法、尽责、廉洁执业的思想基础。要依法规范执业行为，教育引导律师党员严格遵守法律、法规和执业纪律，正确处理与司法人员的关系，决不能办“金钱案”、“关系案”、“人情案”。广大律师党员要带头加强道德修养，秉持严肃的生活态度，养成良好的生活作风，追求健康的生活方式，讲正气、走正路，始终保持共产党人的高尚道德情操。要严肃查处律师党员违法违纪行为，对极个别严重违法违纪的律师党员，要坚决依法、依规、依纪严肃处理。

## 三、努力提高律师行业党的建设科学化水平

党的十七届四中全会提出了提高党的建设科学化水平的重大命题和重大任务。各级司法行政机关要紧密结合律师行业党建工作实际，准确把握和自觉运用马克思主义执政党建设规律，深化对律师行业党的建设规律的认识，不断提高律师行业党的建设科学化水平。

（一）坚持以科学理论指导律师行业党的建设

提高党的建设科学化水平，关键是要坚持科学理论指导。要坚持以马克思主义中国化的理论成果为指导，用中国特色社会主义理论体系武装律师党员，确保律师行业党建工作的正确政治方向。要坚持以科学发展观为统领，把科学发展观的要求落实到律师行业党建工作的各环节、全过程，使律师行业党建工作目标、思路和措施更加符合科学发展观的要求。要推进律师行业党建理论创新，深入研究推动科学发展、促进社会和谐对律师行业党建工作提出的新要求，认真总结根据行业特点建立组织、开展活动、发挥作用等成熟经验，探索把握律师行业党建规律，推动律师行业党建工作深入发展。

（二）坚持以科学制度保障律师行业党的建设

制度建设既是党的建设的重要组成部分，又是重要保证。提高党的建设科学化水平，必须提高制度的科学化水平。要健全完善律师行业党建工作领导体制和责任机制，严格按照《意见》规定，健全各级党委统一领导、司法行政机关党委（党组）直接领导（指导）、基层党组织建在律师协会或律师事务所、地方和部门党委（党组）齐抓共管的律师行业党建工作格局，进一步落实司法行政机关作为行业主管部门的党建责任。要健全律师行业党的建设制度体系，既要健全完善党内基层民主、党的组织生活、联系和服务群众等制度规范，又要健全完善推进党建工作的制度，对建立联系点、示范点，检查督导、年度考核评价、情况通报、工作月报等作出规定；既要有实体性制度，明确党建工作的目标、任务和要求，又要有程序性制度，规范党建工作的方式、方法和步骤，增强党的建设制度的严密性、科学性。要提高制度执行力，增强制度的针对性和可操作性，加强对党的建设各项制度执行情况的监督检查，严肃查处违反制度的行为，确保党建工作各项制度落到实处、发挥效用。

（三）坚持以科学方法推进律师行业党的建设

科学方法的运用对提高党的建设水平至关重要。要认真总结律师行业党建工作的经验和做法，特别是律师事务所党组织设置方式、律师党建工作骨干培训等方面的有效方法，不断丰富发展，形成制度，建立长效机制。要探索运用现代管理学、组织学、心理学等现代科学方法，创新律师党员教育管理服务方式，提高教育管理效果。要探索运用信息网络技术开展党建工作，办好党建网站，利用手机信息系统、远程教育、电化教育等手段，搭建律师党员学习、教育、管理、服务平台，以律师执业管理信息化平台为依托，建立健全全国统一的律师党员信息库，提高律师行业党建工作信息化水平。要创新律师行业党组织活动内容和方式，紧密结合律师行业特点和律师队伍实际，找准党组织开展活动、发挥作用的着力点，采取小型、灵活、务实的方法，因地制宜开展党的活动，活跃律师行业党的组织生活，增强党组织的创造力、凝聚力和战斗力。

**四、充分发挥律师行业党组织的政治核心作用和律师党员的先锋模范作用**

加强律师行业党建工作，关键是发挥律师行业党组织和律师党员的作用。律师行业党组织和广大律师党员要围绕中心，服务大局，立足本职，依法履责，努力把党的政治优势转化为服务科学发展的优势。

（一）切实发挥律师行业党组织和律师党员的作用

《意见》强调，要切实发挥律师事务所党组织在律师执业活动中的政治核心作用，充分发挥律师党员的先锋模范作用。要把贯彻落实党的路线、方针、政策作为律师事务所党组织和律师党员的政治责任，坚持党对律师工作的领导，坚持党的基本理论、基本路线、基本纲领、基本经验，认真贯彻落实党中央、国务院的决策部署，贯彻落实上级党组织的决议，确保党的路线、方针、政策在律师工作中得到贯彻执行。要把服务科学发展作为律师事务所党组织和律师党员的重要职责，始终围绕发展抓党建、抓好党建促发展，坚持围绕中心、服务大局，积极为经济社会发展服务，特别要紧紧围绕加快转变经济发展方式、推进经济结构战略性调整，提供优质高效的法律服务；要引导律师党员把自身的奋斗目标、职业成长与党和国家的事业发展统一起来，为全面建设小康社会、加快建设社会主义法治国家贡献聪明才智。要认真学习胡锦涛总书记最近关于做好新形势下群众工作的重要讲话精神，把服务群众作为律师行业党组织和律师党员开展工作的根本出发点和落脚点，牢记党的宗旨，坚持执业为民，做到勤勉尽责，发挥好带头作用，团结和带领广大律师切实做好民生领域的法律服务和法律援助工作，千方百计地把服务群众的各项工作做深、做细、做实，促进解决人民群众最关心、最直接、最现实的利益问题。要把凝聚人心作为律师行业党组织和律师党员的重要任务，充分发挥律师行业党组织和律师党员的政治优势，打造律所文化，培养团队精神，团结和引导广大律师和员工树立共同的理想追求，把大家的力量和智慧凝聚到律师事业发展上来，把广大律师和员工团结在党的旗帜下。要把促进社会和谐作为律师行业党组织和律师党员的重要职责，紧紧围绕深入推进三项重点工作，依法做好案件辩护代理工作，积极参与各种矛盾纠纷调解，协助党委、政府妥善处理信访问题，引导当事人依法理性表达利益诉求，维护社会和谐稳定。

（二）健全完善发挥律师行业党组织和律师党员作用的工作机制

发挥好律师行业党组织和律师党员的作用，需要健全完善的工作机制来保障。要健全完善党组织参与律师事务所建设和管理的工作机制，重点完善律师事务所党组织与律师事务所决策层、管理层重大问题会商、重要情况通报制度，通过党支部书记参加合伙人会议、所务会议，举行合伙人和党支部联席会议等方式，共同研究律师事务所日常管理、业务学习、制度建设、发展战略等重要问题。积极推行律师事务所党组织班子成员与律师事务所决策层、管理层交叉任职，尽可能推荐符合条件的律师事务所主任担任党支部书记，推荐符合条件的合伙人担任党组织班子成员，实现党务、所务一岗双责，为党组织参与律师事务所建设和管理工作创造条件。要健全完善律师事务所党组织领导群团组织的工作机制，支持工会、共青团等群团组织依法、依章程开展工作，把广大律师和员工紧紧团结在党组织周围，把党的主张贯彻到广大群众中去。各级司法行政机关和律师协会要注重依靠律师事务所党组织开展律师管理工作，制定律师工作发展规划和重大措施，要充分听取律师事务所党组织的意见，推荐优秀律师党员参选党代会代表、人大代表、政协委员，或者到律师协会和其他机构担任职务，推荐律师担任政府法律顾问、办理党和政府交办的法律事务等，要认真征求律师事务所党组织的意见。

（三）深入推进律师行业党的基层组织和律师党员创先争优活动

创先争优是党的建设的一项经常性工作，是加强党组织建设、发挥党组织和党员作用的重要抓手和有效载体。各级司法行政机关要认真贯彻落实中央决策部署，坚持把律师行业创先争优作为一项重要政治任务，切实履行指导职责，深入推进创先争优活动。要围绕中心工作创先争优，立足本职，发挥优势，在贯彻落实党的十七届五中全会精神，推动科学发展、加快转变经济发展方式等各项工作中创先进、争优秀，为经济社会发展提供优质高效的法律服务。要围绕加强律师行业党的建设创先争优，以巩固扩大党组织覆盖和积极发挥作用为重点，大力加强律师行业党组织建设，充分发挥律师行业党组织的政治核心作用；以提高素质、增强活力为重点，大力加强律师党员队伍建设，充分发挥广大律师党员的先锋模范作用。要切实加强对创先争优活动的组织领导，健全完善领导联系点制度，加强示范点建设，加强对承诺践诺、领导点评、群众评议、评比表彰等各环节的检查指导，确保各项工作要求得到落实。要大力宣传表彰律师行业“五好”党支部和优秀律师党员，树立一批先进典型，充分调动律师行业党组织和律师党员创先争优的积极性、主动性，努力营造学习先进、争当先进、赶超先进的良好风气，推动创先争优活动深入开展。

**五、切实加强对律师行业党建工作的组织领导**

加强对律师行业党建工作的领导（指导），是司法行政机关的一项重要职责。各级司法行政机关要高度重视，加强领导，精心组织，采取有效措施，不断推进律师行业党建工作实现新发展。

要切实加强领导。各级司法行政机关要把律师行业党建工作作为重要任务，摆上重要位置，列入重要日程，坚持不懈地抓紧抓好。要经常听取工作汇报，研究解决律师行业党建工作的重大问题。要加强工作指导，健全完善联系点、巡回检查、情况通报、工作推进会等制度，加强调查研究，及时发现和解决律师行业党建工作中的困难和问题。要积极向党委和组织部门汇报，提出加强律师行业党建工作的意见和措施，争取党委和组织部门的关心、重视和支持，把律师行业党建工作纳入当地党建工作总体规划，为律师行业党建工作发展提供有力保证。

要狠抓工作落实。律师行业党建工作任务已经明确，关键是抓好落实。要落实党建工作责任，司法行政机关党委（党组）要对本地区的律师党建工作负总责，党委（党组）书记要切实履行第一责任人的职责，上级司法行政机关要加强对下级司法行政机关律师行业党建工作的领导和指导，司法行政机关要注重发挥律师协会、律师事务所党组织的积极作用，形成推进律师行业党建工作的合力。要进一步加强党务工作者队伍建设，努力建设一支政治强、业务精、作风正、形象好的高素质党务工作者队伍，不断提高他们做好党建工作的能力和水平。要加强督促检查，把律师行业党建工作纳入司法行政机关领导班子考核的重要内容，把党建工作成效作为评价领导班子工作实绩的重要依据，确保律师行业党建工作各项任务落到实处、见到实效。

要提供有力保障。各级司法行政机关要认真贯彻落实中央关于加强基层党组织建设的政策规定，认真贯彻落实《意见》精神，积极争取党委、政府和有关部门的重视支持，为律师行业党建工作提供有力保障。司法行政机关要在律师培训工作经费中，优先安排和保障律师事务所党支部书记、党务工作者、律师党员教育培训。律师协会要在专项补贴中，优先安排律师行业党建工作专项经费。司法行政机关、律师协会要对律师行业基层党组织、律师党员开展活动给予支持和保障，推动落实担任政府法律顾问，参与信访、调解、社区工作等公益性法律服务的补贴。律师事务所要积极支持党组织开展活动，努力落实“五个一”的要求，为党组织开展活动创造良好条件。

要总结推广经验。律师行业党的建设，是一个不断探索、创新、发展的过程。要认真总结推广各地在加强律师行业党建工作实践中创造的成功经验和好的做法，不断深化对律师行业党建工作规律的认识，探索新途径，积累新经验。要加大宣传工作力度，采取多种形式，大力宣传中央关于律师行业党建工作的决策部署，宣传各地律师行业党建工作取得的成绩，为律师行业党建工作和律师工作不断发展营造良好氛围。要大力宣传表彰律师行业党建工作先进典型，充分发挥典型的示范和带动作用，推动律师行业党建工作深入发展。

让我们在以胡锦涛同志为总书记的党中央领导下，高举中国特色社会主义伟大旗帜，坚持以邓小平理论和“三个代表”重要思想为指导，深入贯彻落实科学发展观，锐意进取，扎实工作，开拓创新，努力开创律师行业党建工作新局面，促进律师事业又好又快发展，为夺取全面建设小康社会新胜利做出新的、更大的贡献！

## 进一步做好新形势下律师工作 努力开创律师工作新局面

——司法部部长吴爱英在全国律师工作会议上的讲话摘要

（2010 年 11 月 22 日）

这次会议是经中央领导同志同意召开的一次重要会议，会议的主要任务是：认真学习贯彻党的十七大和十七届五中全会精神，学习贯彻《中共中央办公厅、国务院办公厅转发〈司法部关于进一步加强和改进律师工作的意见〉的通知》，总结近年来律师工作取得的成绩，对当前和今后一个时期律师工作做出全面部署，推动律师事业又好又快发展，努力为经济社会科学发展做出新贡献。

党中央、国务院历来高度重视律师工作和律师队伍建设。近年来，胡锦涛总书记等中央领导同志对做好律师工作、加强律师队伍建设、加强律师行业党的建设多次作出重要批示和指示，为我们做好律师工作指明了方向。不久前，中共中央办公厅、国务院办公厅转发了《司法部关于进一步加强和改进律师工作的意见》（以下简称《意见》），对进一步加强和改进律师工作做出全面部署。

党中央、国务院和中央领导同志对这次会议十分重视。今天上午，中央政治局常委、中央政法委书记周永康同志，中央政治局委员、中央政法委副书记王乐泉同志，国务委员、中央政法委副书记、公安部部长孟建柱同志，最高人民法院院长王胜俊同志，最高人民检察院检察长曹建明同志等，在百忙中出席了会议，周永康同志作了重要讲话。周永康同志的重要讲话，全面贯彻党的十七大和十七届五中全会精神，深入贯彻落实科学发展观，充分肯定了近年来律师工作和广大律师在促进经济社会发展、保障人民群众合法权益、维护社会公平正义、维护社会和谐稳定中做出的积极贡献，对深入贯彻党的十七届五中全会精神，贯彻落实《意见》精神，进一步加强和改进律师工作提出了明确要求。周永康同志的重要讲话为我们进一步做好律师工作、推进律师事业科学发展，指明了方向。各级司法行政机关、各地律师协会和广大律师，要把学习贯彻落实周永康同志重要讲话精神，作为当前和今后一个时期的重要任务，认真组织传达学习，深刻领会精神实质，切实把思想统一到中央的决策部署上来，努力开创律师工作新局面。

现在，我就贯彻落实党的十七届五中全会精神，贯彻落实《意见》和中央精神，进一步做好新形势下律师工作，讲几点意见。

### 一、我国律师事业发展取得显著成绩

近年来，在党中央、国务院正确领导下，我国律师工作坚持以邓小平理论和“三个代表”重要思想为指导，深入贯彻落实科学发展观，坚持围绕中心、服务大局，以人为本、执业为民，得到了快速健康发展，取得了显著成绩。

（一）改革和完善律师制度取得积极进展

认真贯彻落实中央关于深化司法体制和工作机制改革决策部署，司法部下发了《关于在律师队伍中深入开展社会主义法治理念教育的意见》，社会主义法治理念教育的长效机制进一步健全；修订了申请律师执业人员实习管理规则，出台了律师事务所和律师年度考核办法和行业规范，修订了律师和律师事务所违法行为处罚办法，律师执业准入、评价考核和惩处机制进一步完善；司法行政机关特别是地（市）、区（县）司法行政机关律师管理工作得到加强，律师协会行业自律能力不断提高，律师事务所基础管理得到加强，律师管理体制进一步完善。律师法律制度体系基本形成，2007年10月新修订的《律师法》颁布以来，司法部先后制定、修订了《律师事务所管理办法》、《律师执业管理办法》、《律师事务所年度检查考核办法》、《律师和律师事务所违法行为处罚办法》等9个规章、规范性文件和行业规范，律师工作法制化、规范化水平进一步提高。

（二）律师队伍建设不断加强

2006年4月，司法部出台了《关于加强律师队伍建设工作的意见》，对加强律师队伍建设做出了全面部署。各级司法行政机关和律师协会按照司法部的安排部署，大力加强律师思想政治建设，坚持用中国特色社会主义理论体系武装律师队伍，认真开展深入学习实践科学发展观活动，开展“大学习、大讨论”活动，开展社会主义核心价值体系教育和社会主义法治理念教育，开展“中国特色社会主义法律工作者”主题教育实践活动，广大律师做中国特色社会主义法律工作者的自觉性、坚定性不断增强。大力加强职业道德建设，深入开展社会主义荣辱观教育，开展律师队伍警示教育，律师行业作风进一步好转。大力加强业务素质建设，2007年9月司法部出台了《关于加强律师培训工作的意见》，各级司法行政机关和律师协会广泛开展骨干律师培训，开展专业素质、执业能力培训，近年来共培训84.7万人次。大力加强律师队伍管理，注重对申请执业人员政治素质和职业道德素质的审查，加强实习考核，严把律师队伍“入口关”，加大对违法违纪行为的惩处力度，律师队伍规范执业水平不断提高。律师队伍不断发展壮大，我国律师事务所已经发展到1.69万多家，律师队伍发展到19.4万多人。

（三）律师行业党的建设取得显著成绩

认真学习贯彻党的十七大、十七届四中全会精神和中央领导同志重要指示精神，2008年3月，中组部、司法部党组下发了《关于进一步加强和改进律师行业党的建设工作的通知》，同年7月在威海召开了全国律师行业党的建设工作会议，对加强律师行业党的建设进行了全面部署。律师行业党的组织建设全面加强，通过单独建、联合建以及指派党建工作指导员、联络员等方式，实现了党的组织和党的工作对律师行业的全覆盖。认真做好律师党员发展工作，全国律师党员从2008年6月底的4.4万人发展到今年9月底的5.3万人。大力加强律师行业党的制度建设，律师行业党的建设管理体制进一步理顺，党内基层民主制度、党的组织生活制度和服务群众制度进一步完善。切实加强律师党员管理工作，落实日常管理制度，加强流动党员管理。律师事务所党组织和律师党员深入学习实践科学发展观活动取得明显成效，广大律师贯彻落实科学发展观的自觉性、坚定性进一步增强。律师行业党的基层组织和律师党员创先争优活动扎实推进，各级司法行政机关和律师协会加强对活动的组织指导，各地律师行业党组织、广大律师党员按照中央和司法部的要求，普遍向社会作出公开承诺，形成了履职尽责创先进、立足岗位争优秀的良好局面，律师行业创先争优活动不断深入，取得明显成效。

（四）律师工作服务经济社会发展取得明显成效

广大律师积极参与经济和民商事活动，认真办理金融、证券、商贸、房地产等领域法律事务。积极提供涉农法律服务，促进农村改革发展。积极办理涉外法律事务，帮助国内企业参与国际合作与竞争。积极服务发展社会事业和改善民生，依法履行辩护代理职责。积极履行社会责任，深入开展“法律服务和法律援助工作为构建社会主义和谐社会服务”主题实践活动，开展法律援助和公益性法律服务。积极推进三项重点工作，广泛参与人民调解、司法调解、行政调解，参与信访和群体性事件的处置。律师工作为促进经济社会发展、维护人民群众合法权益、维护社会公平正义、维护社会和谐稳定做出了积极贡献。

**二、认真学习、深刻领会《意见》精神**

《意见》是在我国律师事业改革发展的关键时期下发的一个十分重要的文件。《意见》在全面总结和充分肯定改革开放30多年，特别是近年来律师工作改革发展取得成绩和经验的基础上，提出了进一步加强和改进律师工作的战略任务和重大举措，对律师工作改革发展做出了全面部署，进一步科学回答了律师事业发展面临的重大理论和实践问题，为我国律师事业发展指明了前进方向，在我国律师工作发展史上具有里程碑意义，必将对今后我国律师事业发展产生深远影响。司法部对学习贯彻《意见》高度重视。部党组多次召开会议进行学习，研究贯彻落实意见，下发了学习贯彻的通知，研究制定了贯彻落实的具体措施和分工方案。认真学习、深刻领会、全面贯彻《意见》，对于进一步推进律师事业发展，充分发挥律师工作职能作用，开创律师工作新局面，具有十分重要的意义。各级司法行政机关、律师协会和律师事务所，要把学习贯彻《意见》作为当前和今后一个时期的重要任务，在前段学习贯彻的基础上，切实加强组织领导，采取更加有效的措施，进一步抓好《意见》的学习贯彻。要把学习同学习贯彻党的十七届五中全会精神结合起来，同学习贯彻党中央、国务院关于律师工作的决策部署结合起来，努力在反复学习、吃透精神、掌握实质上下功夫、见实效。

要充分认识律师工作在全面建设小康社会和社会主义现代化建设全局中的重要地位和作用。《意见》适应我国经济社会发展对律师法律服务的新需求，适应人民群众对律师工作的新期待，着眼于经济社会发展全局，明确了我国律师队伍是落实依法治国基本方略、建设社会主义法治国家的重要力量，提出了新时期我国律师事业发展的总体思路和任务措施。认真学习贯彻《意见》，就要充分发挥律师工作职能作用，更好地服务党和国家工作大局，并在服务大局中实现自身又好又快发展。

要深刻把握律师工作始终坚持社会主义方向的根本要求。《意见》在深入分析国际、国内形势的基础上，明确了律师工作始终坚持社会主义方向的根本要求，强调律师工作要始终坚持高举中国特色社会主义伟大旗帜，始终坚持以科学发展观统领律师工作，始终坚持律师是中国特色社会主义法律工作者的本质属性，始终坚持党对律师工作的领导。认真学习贯彻《意见》，就要坚持律师工作的正确方向，坚持不懈地加强对律师队伍的教育管理，大力加强律师行业党的建设，确保我国律师队伍和律师工作健康发展。

要深刻领会坚持完善中国特色社会主义律师制度的重要要求和部署。《意见》准确把握我国律师事业发展的特点和规律，明确了律师工作体制机制改革的总体思路、重点领域和关键环节，阐明了完善律师管理体制、完善律师执业准入、评价、奖惩和退出机制的主要内容和途径。认真学习贯彻《意见》，就要坚持正确的改革方向，坚持和完善中国特色社会主义律师制度。

要全面把握中央对律师行业发展的扶持和保障政策。《意见》对各级党委、政府重视和加强律师工作提出了明确要求，从加强律师执业权益保障，完善律师工作经费保障政策，完善律师行业财税、社会保险和劳动社会保障政策，建立健全律师人才培养选用机制，加强律师管理机构、人员编制和经费保障等方面，对加大律师行业发展的政策扶持和保障措施作出了明确规定。认真学习贯彻《意见》，就要落实好这些政策措施，为律师事业发展奠定坚实基础，为广大律师施展才能、建功立业，提供更广阔的平台。

**三、进一步增强做好新形势下律师工作的责任感和使命感**

当前，我国正处于改革发展的关键阶段。进一步做好新形势下的律师工作，充分发挥律师工作职能作用，更好地服务党和国家工作大局，非常重要。各级司法行政机关和律师协会一定要从政治和全局的高度，充分认识加强和改进律师工作的重要性、紧迫性，进一步增强做好律师工作的政治责任感和历史使命感。

（一）实现经济社会科学发展，迫切需要进一步加强和改进律师工作

科学发展是我国经济社会发展的主题。经济社会科学发展需要法治保障。落实中央关于我国经济社会发展的战略部署，加快转变经济发展方式，面临着大量的法律事务，特别是在企业并购改制、环境保护、知识产权、涉外法律服务等领域，律师工作大有可为。全面贯彻落实依法治国基本方略，加快建设社会主义法治国家，迫切需要律师在立法、执法、司法和普法等法制建设各个环节充分发挥重要作用。随着公民法律意识、权利意识的提高，人民群众对律师法律服务的需求日益增长，对律师工作提出了新的更高要求。只有进一步加强和改进律师工作，提高律师服务经济社会发展的能力和水平，才能更好地满足经济社会科学发展的需要。

（二）坚持和完善中国特色社会主义司法制度，迫切需要进一步加强和改进律师工作

我国律师制度是中国特色社会主义司法制度的重要组成部分，律师事业与中国特色社会主义事业紧密相连，律师是中国特色社会主义法律工作者，律师工作必须始终坚持社会主义方向，始终坚持高举中国特色社会主义伟大旗帜，始终坚持以科学发展观为统领，始终坚持律师是中国特色社会主义法律工作者的本质属性，始终坚持党的领导。这是律师工作必须遵循的重要原则，也是中国特色社会主义律师制度的政治优势。但是，由于我国律师制度恢复重建的时间不长，律师工作法律、法规和行业规范体系还不健全，律师管理制度还有待进一步完善。改革和完善律师制度，是中央深化司法体制和工作机制改革的重要内容，是中国特色社会主义经济、政治、文化、社会建设不断推进的客观要求。因此，我们一定要进一步加强和改进律师工作，巩固近年来改革和完善律师制度的重大成果，坚持律师工作的社会主义方向，深化各项改革措施，不断完善中国特色社会主义律师制度，更好地发挥中国特色社会主义制度的优越性。

（三）深入推进三项重点工作、维护社会和谐稳定，迫切需要进一步加强和改进律师工作

深入推进社会矛盾化解、社会管理创新、公正廉洁执法三项重点工作，是中央作出的重

要决策。深入推进三项重点工作，律师具有专业优势和独特作用。近年来，广大律师积极履行职责使命，为预防化解各种矛盾纠纷，加强社会管理，维护司法公正，促进社会公平正义，维护社会和谐稳定做出了积极贡献。但是，当前影响社会稳定的因素仍然大量存在，人民群众对维护社会公平正义的要求越来越高，维护社会和谐稳定的任务十分繁重，对律师工作提出了新的更高要求。我们一定要进一步加强和改进律师工作，大力加强律师队伍的教育管理，使广大律师坚持正确的执业理念，积极履行社会责任，提高依法执业的能力水平，更好地推进三项重点工作，维护社会和谐稳定。

（四）实现律师事业自身科学发展，迫切需要进一步加强和改进律师工作

党的十七届五中全会强调指出，以科学发展为主题，是时代的要求，关系改革开放和现代化建设全局。律师工作坚持发展是硬道理的本质要求，就必须坚持科学发展。我国律师制度恢复重建30年来，律师工作坚持正确的发展方向，律师队伍日益壮大，律师制度日益完善，律师工作职能作用日益凸显。但是，目前影响和制约律师事业发展的一些困难和问题还不同程度存在，律师队伍整体素质还有待进一步提高，律师工作体制机制还有待进一步健全，律师行业发展的政策保障机制还需要进一步完善。我们一定要认真贯彻中央决策部署，以科学发展观为统领，坚持以人为本、执业为民，适应经济社会发展的要求，不断发展壮大律师队伍，推进律师事业科学发展。

## 四、进一步做好新形势下律师工作

当前和今后一个时期，进一步加强和改进律师工作总的要求是：全面贯彻落实党的十七大和十七届五中全会精神，高举中国特色社会主义伟大旗帜，以邓小平理论和“三个代表”重要思想为指导，深入贯彻落实科学发展观，全面贯彻实施《律师法》，贯彻落实中央关于深化司法体制和工作机制改革的部署，贯彻落实《意见》精神，始终坚持律师工作的社会主义方向，坚持不懈地加强律师队伍教育管理，进一步健全完善律师工作体制机制，加大律师行业发展的政策扶持和保障力度，大力加强律师行业党的建设，坚持和完善中国特色社会主义律师制度，推动律师事业又好又快发展，努力开创律师工作新局面。

根据上述总的要求，要重点做好五个方面的工作。

（一）始终坚持律师工作的社会主义方向，确保律师事业又好又快发展

我国律师制度是中国特色社会主义司法制度的重要组成部分，律师是中国特色社会主义法律工作者，律师队伍是落实依法治国基本方略、建设社会主义法治国家的重要力量。各级司法行政机关要始终坚持我国律师制度、律师和律师队伍的基本属性和定位，确保律师工作始终坚持正确的政治方向。

要始终坚持高举中国特色社会主义伟大旗帜。旗帜是方向，是指引。我国律师事业是中国特色社会主义事业的组成部分，必须始终把中国特色社会主义作为伟大旗帜来高举，作为正确道路来坚持，作为科学理论来运用，作为共同理想来追求。要用中国特色社会主义理论体系武装律师，坚持社会主义核心价值体系，牢固树立并自觉践行社会主义法治理念，始终坚持和完善中国特色社会主义律师制度。

要始终坚持以科学发展观统领律师工作。科学发展观是马克思主义中国化的最新成果，是发展中国特色社会主义必须坚持和贯彻的重大战略思想。律师工作必须以科学发展观为统领，坚持以人为本，把依法维护国家利益、社会公共利益和人民群众合法权益作为律师工作

的根本出发点和落脚点，进一步拓展律师服务领域，增强服务能力，不断提高律师工作服务科学发展、促进社会和谐的水平。要研究制定我国律师业发展规划，统筹推进东、中、西部律师事业的发展，及时解决影响和制约律师工作科学发展的突出问题，努力实现律师工作自身又好又快发展。

要始终坚持律师是中国特色社会主义法律工作者的本质属性。律师定位为中国特色社会主义法律工作者，是由我国宪法法律和国情决定的，是对改革开放以来我国律师制度改革发展重大理论和实践成果的科学总结，也是我国律师事业沿着正确方向不断发展的必然要求。要教育引导广大律师深刻理解中国特色社会主义法律工作者的本质属性、基本内涵和工作要求，自觉坚持党的事业至上、人民利益至上、宪法法律至上，切实做到拥护党的领导、拥护社会主义制度，维护宪法和法律尊严、维护当事人合法权益、维护法律正确实施、维护社会公平正义，坚定不移地做中国特色社会主义法律工作者。

要始终坚持党对律师工作的领导。中国共产党是中国特色社会主义事业的坚强领导核心。党的领导是我国律师事业沿着社会主义方向健康发展的根本保证。要始终坚持党的领导，确保党的路线、方针、政策和中央的决策部署在律师工作中得到贯彻执行。要自觉坚持党的基本理论、基本路线、基本纲领和基本经验，始终在思想上、政治上、行动上与以胡锦涛同志为总书记的党中央保持高度一致。律师事务所党组织要发挥好政治核心作用，广大律师党员要强化党员意识，自觉遵守党的纪律，充分发挥先锋模范作用，做党和人民的忠诚卫士。

（二）进一步发挥律师工作职能作用，努力为经济社会发展提供优质高效的法律服务

加强和改进律师工作，根本目的是更好地发挥律师工作的职能作用，更好地为国家经济社会发展服务。各级司法行政机关和律师协会要认真学习贯彻党的十七届五中全会精神，紧紧围绕科学发展这一主题，围绕加快转变经济发展方式这一主线，大力拓展律师业务领域，充分发挥律师工作职能作用，深入推进三项重点工作，努力为实现科学发展提供优质高效的法律服务。

努力为加快转变经济发展方式、促进经济平稳较快发展服务。加快转变经济发展方式是我国经济社会领域的一场深刻变革。推动经济结构战略性调整、实现科技进步和创新，建设资源节约型、环境友好型社会，律师法律服务肩负重要职责，也具有独特优势。要积极拓展服务领域，在巩固金融、证券、公司、房地产等领域律师业务的基础上，积极向企业兼并重组、转型升级、环境保护、海外并购、反倾销、反垄断等领域拓展。要积极服务国家知识产权发展战略，在知识产权的创造、使用、管理、保护各环节，发挥法律服务作用，促进创新型国家建设。要积极服务对外开放，努力拓展国际法律服务业务、鼓励参与国际竞争，为我国企业开拓国际市场，实施“走出去”战略提供法律服务支持。要进一步做好农村法律服务工作，为加快发展现代农业、加强农村基础设施建设和公共服务，拓宽农民增收渠道，完善农村发展体制机制提供法律服务。

努力为保障社会公平正义、维护社会和谐稳定服务。社会公平正义是社会主义法治的价值追求，维护社会公平正义是律师的神圣使命。要努力服务社会矛盾化解、社会管理创新、公正廉洁执法三项重点工作，发挥律师在调解工作中的专业优势，采取诉前调解、庭内调解、庭外和解等手段，引导当事人更多地通过调解方式解决矛盾纠纷。要发挥律师在党和政府主导的维护群众权益机制中的作用，积极

参与处理信访问题，引导当事人依法合理表达诉求，协助政府疏导群众情绪，促成矛盾纠纷妥善解决。要引导广大律师依法做好诉讼活动，促成矛盾纠纷通过司法程序得到有效解决，真正实现案结事了、定分止争，促进司法公正。

努力为维护群众权益、保障和改善民生服务。保障和改善民生是实现科学发展的根本出发点和落脚点，律师工作必须始终把执业为民、服务群众作为根本宗旨。要教育引导广大律师树立群众观念，将服务群众与执业活动紧密地结合起来，满腔热情地做好服务群众工作。要把执业过程变成做群众工作的过程，变成为人民服务的过程，维护好群众合法权益。要引导广大律师自觉履行社会责任，积极参与公益法律服务，进一步做好下岗失业人员、农民工、低收入人群、残疾人、老年人、未成年人等困难群体的法律服务和法律援助工作，努力为解决群众就医、就学、就业、构建和谐劳动关系等民生问题服务。要积极参加“法律援助便民服务”主题活动，努力为困难群众提供法律援助。

（三）坚持不懈地加强律师队伍教育管理，努力建设一支高素质的律师队伍

加强和改进律师工作，队伍是根本。各级司法行政机关要坚持不懈地加强律师队伍教育管理，努力建设一支政治坚定、法律精通、维护正义、恪守诚信的律师队伍。

深入开展经常性的思想政治教育。思想政治教育是律师队伍的根本教育。要组织引导律师认真学习邓小平理论和“三个代表”重要思想，深入学习实践科学发展观，坚持不懈地用马克思主义中国化最新成果武装头脑。要用社会主义核心价值体系教育律师，使广大律师坚定理想信念，树立正确的世界观、人生观和价值观。要深入开展社会主义法治理念教育，使广大律师自觉坚持中国特色社会主义律师制度。要进一步加强宪法教育，引导广大律师牢固树立宪法意识，维护宪法和法律尊严。要大力开展社会主义律师文化建设，进一步培育和弘扬中国特色社会主义律师的执业精神。

大力加强律师职业道德建设。职业道德建设是律师队伍建设的重要方面。要按照“严格依法、恪守诚信、勤勉尽责、维护正义”的要求，大力推进律师职业道德建设。要加强律师行业诚信建设，实行律师从业人员诚信宣誓制度和律师事务所诚信公约制度，使广大律师真正做到依法执业、诚信为民。要加强律师行业反腐倡廉建设，教育引导律师严格遵守执业纪律，遵守规范律师与司法人员相互关系的相关规定，坚持廉洁办案，维护司法公正。

进一步加强律师业务素质建设。抓好业务素质建设，是提高律师队伍服务能力的重要途径。要大力加强律师业务培训，不断提高法律素养和执业技能。要依托司法行政系统现有教育资源建立律师培训基地，加强培训工作。要改进培训方式方法，增强培训效果。要加强律师事务所业务建设，打造一批核心业务突出、服务定位清晰、在专业领域形成品牌的专业律师事务所。积极扶持具备条件的律师事务所拓展国际业务，到境外开设分支机构，培育发展一批具有一定规模、能够为大型企业和企业集团提供综合服务、能够为中国企业“走出去”提供跨国服务的大型律师事务所。

加强对律师执业活动的指导监督。及时有力的指导监督，是确保律师依法执业的重要手段。要进一步完善律师管理制度规范体系，抓紧制定律师事务所分所管理、律师流动管理和律师执业档案管理等配套规章，加强行业规范建设，建立健全覆盖律师执业活动各个方面、各个业务领域的行业规范体系。要加强执法监督检查，加大执法力度，确保法律、法规和规

范性文件得到正确实施。要加强律师执业档案管理，建立健全档案管理制度和机制。要进一步强化律师执业监督，加强对律师事务所和律师日常执业活动的监督。

强化律师事务所的基础建设和管理。推动律师事务所加强自身管理，是增强律师管理工作实效的基础。要坚持和完善律师事务所设立许可制度。要健全律师事务所内部管理制度，健全完善规章制度和工作规程，把律师事务所制度建设情况作为对律师事务所年度考核、评价表彰的重要指标。要落实律师事务所管理职责，督促律师事务所负责人切实加强对本所律师执业活动的日常监督管理。

（四）健全完善律师工作体制机制，坚持和完善中国特色社会主义律师制度

律师事业要发展，根本动力在改革。要按照中央深化司法体制和工作机制改革的部署和《意见》的要求，进一步改革和完善律师工作体制机制。

进一步健全律师执业准入机制。健全的执业准入机制是从源头上确保律师队伍整体素质的关键。要严把律师“入口关”，严格律师执业准入条件和程序，确保进入律师队伍人员的政治素质、业务素质和职业道德素质。要实现准入“关口前移”，进一步加强实习培训制度建设，严格实习合格条件，严格实习鉴定。要加强对律师流动和异地执业的管理，引导执业律师有序、合理流动。在保持律师队伍整体规模平稳增长的同时，有效解决地区间律师发展不平衡、分布不合理的问题。

进一步完善律师执业状况评价机制。对律师事务所和律师的执业活动进行评价，是加强律师队伍日常动态管理、形成正确执业导向的有效手段。要严格律师事务所和律师年度考核。要建立科学的行业评价指标体系和评价制度，形成正确的执业导向。要健全完善律师执业奖惩机制，进一步完善监督处罚机制，大力开展评选表彰活动，充分发挥先进典型对全行业的示范和带动作用。

进一步完善律师管理体制。健全完善的律师管理体制是加强和改进律师工作的重要保障。司法行政机关要切实履行好法律赋予的职责，加强对律师事务所、律师和律师协会的监督和指导。要加强司法行政机关特别是市（地、州、盟）和县（市、区、旗）司法行政机关律师管理工作建设，切实履行好《律师法》赋予的管理职责。律师协会要切实强化行业自律，加强业务指导，加强执业监督。司法行政机关律师管理部门和律师协会的办事机构之间，要建立完善的决策会商机制、情况交流机制和信息共享机制，形成工作合力。

（五）切实落实各项扶持保障政策，促进律师事业不断发展

改善律师执业环境，发挥律师职能作用，对于加强律师队伍建设，促进律师事业发展，至关重要。各级司法行政机关、律师协会要努力把《意见》提出的律师行业扶持保障政策措施落到实处，为律师事业发展提供有力保障。

大力加强律师执业权益保障。确保律师依法行使执业权利，对于促进司法公正、防止司法腐败具有重要作用。要加强与有关部门的协调沟通，认真落实《律师法》，切实维护律师执业权益，解决会见难、阅卷难、调查取证难等问题。地方各级司法行政机关和律师协会也要认真履行职责，依法维护律师合法权益，为律师执业创造良好的法制环境。

切实落实经费、财税和社会保障措施。律师事业发展离不开政策保障。要积极推进相关经费保障措施的落实，争取有关部门支持，对律师担任政府法律顾问及公益性法律服务给予必要的补贴，合理确定律师承办法律援助案件经费补贴标准，加大对经济欠发达地区国家出

资设立的律师事务所的经费保障力度，加大律师培训投入，将司法行政机关开展律师培训工作所必需的经费纳入中央和地方财政预算，进一步研究解决律师协会办事机构经费政策的有关问题。要积极推进完善律师行业财税政策。要积极推进落实律师社会保障政策，争取劳动社会保障部门的支持配合，依法推进律师按照统筹地区规定参加各项社会保险。要加强对律师事务所执行劳动法律的监督，规范律师事务所与律师的劳动用工关系，建立健全律师职业责任保险制度。

积极落实律师人才培养选用政策。律师是提供法律服务的专门人才。要大力加强律师人才队伍建设，认真贯彻《国家中长期人才发展规划纲要（2010～2020年）》，积极推动把律师人才队伍建设纳入国家人才队伍建设总体部署。要切实加强对优秀律师人才的选拔使用，鼓励优秀律师通过公开选拔、公务员录用考试等途径进入党政机关，推动落实从律师中选拔法官、检察官的相关工作。要大力加强律师人才培养，制定实施律师行业优秀人才和后备人才培养计划，建立优秀律师人才库，实施后备人才培养计划，推荐选拔优秀律师事务所和律师为在国（境）外上市的中国企业和关系国计民生的大型骨干国有企业提供法律服务。要适应对外开放的需要，着力培养一批具有国际眼光、精通涉外法律业务的高素质律师人才。

党的领导是律师事业健康发展的根本保证。《意见》对加强律师行业党的建设提出了新的要求和具体措施。各级司法行政机关要把加强律师行业党的建设作为重要任务，全面推进律师行业党的思想建设、组织建设、作风建设、制度建设和反腐倡廉建设，努力提高律师行业党的建设科学化水平，充分发挥律师行业党组织的政治核心作用和律师党员的先锋模范作用，为推进律师事业发展和律师队伍建设提供坚强政治保证。

**五、切实加强对律师工作的组织领导**

进一步加强和改进律师工作，既是一项长期的战略任务，也是当前一项极为紧迫的现实任务。各级司法行政机关要以贯彻落实《意见》为契机和动力，切实加强领导，强化工作措施，推进律师工作科学发展，努力开创律师工作新局面。

（一）切实加强组织领导

各级司法行政机关、律师协会要把律师工作列入重要议事日程。各省（区、市）司法厅（局）党委（党组）要经常听取律师工作汇报，认真分析律师工作面临的形势和任务，研究解决律师工作遇到的实际困难和问题。要积极主动向党委、政府汇报，争取重视和支持，争取将律师改革发展的重大任务、重要目标、重要政策纳入党委、政府的全局工作，纳入各地正在制订的“十二五”发展规划和专项规划。要建立和落实工作责任制，把律师工作纳入司法行政机关领导班子考核内容，确保律师工作的各项任务和措施落到实处、见到实效。

（二）切实落实《意见》提出的各项任务和政策措施

要根据《意见》提出的工作任务和政策措施，结合本地工作实际，认真制定贯彻落实的实施意见。要积极向党委、政府汇报，主动加强与有关部门沟通协调，落实好中央提出的各项扶持和保障政策。要大力加强宣传工作，按照司法部的部署，精心制定宣传方案，集中一段时间进行广泛、深入的宣传，形成关心和支持律师工作的良好氛围。

（三）大力加强律师管理机构和队伍建设

推进新时期律师工作，是律师管理部门的重要职责。《意见》明确提出要加强司法行政机关尤其是市、县两级司法行政机关律师管理工作建设。各地要抓紧与组织、人事、编制等部门沟通协调，进一步建立完善律师管理工作机构，落实律师管理人员编制，配备专职律师管理人员，强化管理力量，切实做到“事有人做，责有人负”。各级司法行政机关要加强律师管理干部队伍建设，严格要求，严格管理，加强教育培训，不断提高队伍整体素质。广大律师管理干部要勤于学习，树立政治意识、大局意识和创新意识，增强事业心、责任感，切实转变作风，强化服务观念，扎实做好工作，为推进律师事业科学发展做出积极贡献。

让我们紧密团结在以胡锦涛同志为总书记的党中央周围，以邓小平理论和“三个代表”重要思想为指导，深入贯彻落实科学发展观，抓住机遇、乘势而上，扎实工作、开拓创新，努力开创律师工作新局面，为夺取全面建设小康社会新胜利做出新的更大贡献。

## 深入推进律师行业创先争优活动　为实现“十二五”时期目标任务做出新贡献

——司法部部长吴爱英在全国律师行业创先争优活动座谈会上的讲话摘要

这次全国律师行业创先争优活动座谈会是一次重要会议。会议的主要任务是：认真学习贯彻胡锦涛总书记等中央领导同志关于创先争优活动的重要指示精神，学习贯彻中央创先争优活动领导小组第六次会议和创先争优座谈会精神，总结前一阶段全国律师行业创先争优活动情况，对下一步深入推进律师行业创先争优活动进行研究部署，推动律师行业创先争优活动深入扎实开展。

党中央和中央领导同志对律师行业创先争优活动和律师行业党的建设高度重视，习近平、周永康和李源潮等中央领导同志多次就律师行业创先争优活动和律师行业党的建设作出重要指示、批示，多次深入律师事务所视察调研，听取汇报，指导工作，提出明确要求，为深入开展律师行业创先争优活动指明了方向。中央创先争优活动领导小组及办公室对律师行业创先争优活动十分关心，给予了有力指导和大力支持，确保了律师行业创先争优活动顺利开展。

根据中央统一部署，司法部对律师行业创先争优活动进行指导。一年来，司法部和各级司法行政机关把律师行业创先争优摆上重要位置，认真贯彻落实中央关于创先争优活动的决策部署，认真贯彻落实中央领导同志指示精神，切实履行指导职责，紧密结合律师行业实际，采取有力措施，扎实推进律师行业创先争优活动。一是加强组织领导。司法部多次召开党组会议研究贯彻落实意见，成立律师行业创先争优活动指导小组及办公室，制定下发了实施意见，召开动员部署电视电话会议，对律师行业创先争优活动进行全面部署和动员。各地司法行政机关普遍成立指导（领导）小组及办公室，制订具体实施意见或实施方案，采取多种形式动员部署。二是突出律师行业特色。司法部根据中央精神，结合律师行业实际，确定了“自觉做中国特色社会主义法律工作者”的活动主题。各地按照司法部的要求，精心设计本地、本所具有律师行业特点的活动主题和活动载体，受到广大律师和服务对象的欢迎。三是及时跟进指导。司法部律师行业创先争优活动指导小组成员全部确定了联系点，并分别深入联系点开展调研、指导工作；先后制定下发10个工作通知，指导各地做好宣传、公开承诺、领导点评等工作；召开4个座谈会、推进会，交流情况，总结经验，做出工作安排；派出6个巡回指导组，赴黑龙江等12个省（区、市）开展工作检查。各地司法行政机关都建立了联系点和示范点、联络员、信息报送和指导检查制度，通过指导检查、工作简报等形式，及时反映创先争优活动进展情况，指导和推进工作。四是重视典型宣传和舆论引导。司法部推出了重庆市江北区铁山坪司法所所长刘玉美这一重大典型，在全国司法行政系统和律师行业部署开展了向刘玉美同志学习活动，并先后推出了北京德恒、上海君悦、山西佳镜律师事务所党支部等先进典型。编发了10期专报、62期简报，在《法制日报》、普法网和中国律师网开辟了律师行业创先争优活动专栏，为创先争优活动营造了良好氛围。各地按照司法部的要求，积极开展示范点创建，以点带面推进整体工作，通过现场会、表彰会和事迹报告会等形式树立和推出先进典型，发挥先进典型的示范带动作用。总的看，律师行业创先争优活动组织有力，行动迅速，主题特色鲜明，载体实在新颖，推进措施扎实有力，活动形式丰富多彩，取得了明显成效。

——为促进经济社会发展做出了积极贡献。各地律师事务所党组织和广大律师党员坚持围绕中心、服务大局，把服务经济社会发展作为根本职责，立足法律服务职能创先进、争优秀。广大律师党员积极参加专项法律服务活动，为重点工程、重点领域和重点项目提供专业法律服务；认真做好政府法律顾问工作，为政府部门加强和改善宏观调控提供决策咨询和法律服务；积极办理企业经营风险评估、融资引资、兼并重组等法律事务，帮助企业依法防范和化解法律风险。福建、海南组织律师党员为主的顾问团，服务福建海西建设和海南国际旅游岛建设。辽宁、黑龙江组织专业法律服务团队，引导广大律师党员积极为振兴东北老工业基地提供法律服务。上海、广东号召广大律师党员在服务世博会、亚运会各项工作中要站得出、干得好。浙江依托“乡村法律顾问制度”，组织和引导广大律师为村级组织换届选举工作提供全程法律服务。青海、甘肃等地积极组织律师党员带头为抗灾救灾、恢复重建提供各项法律服务。四川以党员为主的10名律师，组成“北川县地震遗址保护及灾后重建法律顾问组”，为灾后重建提供一揽子法律服务。

——在维护社会和谐稳定中发挥了积极作用。各地律师事务所党组织和广大律师党员把维护社会和谐稳定作为硬任务，紧紧围绕深入推进三项重点工作、加强和创新社会管理开展创先争优活动。广大律师党员履行职责，依法做好案件辩护代理工作，参与矛盾纠纷排查化解工作，积极协助党委、政府做好信访工作，引导人民群众依法理性表达诉求，维护社会和谐稳定。江西、陕西充分利用律师事务所与司法所“双结对”平台，开展法律服务，主动化解矛盾纠纷，有力提高了司法所和人民调解组织化解社会矛盾纠纷的能力和水平。河北、贵州建立健全律师接访、值班等各项制度，律师党员带头接访、办理信访案件，受到当地党委、政府和群众的一致好评。西藏在律师事务所“五个好”方面，增加了“民族团结好”的内容，引导广大律师党员带头维护民族团结、反对民族分裂。各地严格执行律师参与重大敏感案件辩护代理有关制度和法律规定，律师党员带头依法办案，党支部对承办律师进行政治指导、业务把关，实现了法律效果与政治效果、社会效果的有机统一。

——服务群众工作取得明显成效。在创先争优活动中，各地律师行业基层党组织和广大律师党员牢固树立群众观念，增强宗旨意识，满腔热情地做好服务群众各项工作。一大批律师党员带头进社区、进乡村，围绕群众就业、就医、就学等民生领域，积极提供方便快捷的法律服务。广大律师党员积极履行法律援助义务，积极参加“法律援助便民服务”主题活动，带头参加“1+1”法律援助志愿者行动，积极开展公益性法律服务活动，帮助解决群众民生问题。近日，中华全国总工会、司法部、中华全国律师协会共同授予赵大华等10名律师“全国维护职工权益杰出律师”称号，同时，中华全国总工会授予全国五一劳动奖章。湖北、重庆、广西以“律师进社区”活动为载体，组织以律师党员为主体、青年律师参与的法律服务队（组），义务开展法律咨询和法律宣传。河南、新疆兵团组建多种以律师党员为主体的法律服务和宣传团队，深入社区、乡村、建筑工地开展义务咨询，提供服务。安徽、新疆积极开展“党员奉献日”、“党员义工”等公益性法律服务活动，为群众排忧解难。

——促进了律师行业党的建设和律师事务所科学发展。各级司法行政机关和律师协会把创先争优活动作为加强律师行业党的建设的有效载体，认真贯彻全国律师行业党的建设工作会议精神，大力加强律师行业党的基层组织和党员队伍建设，党的组织和党的工作对律师行业全覆盖成果进一步巩固，党建工作制度建设和律师党员教育管理进一步加强，党员队伍进一步发展壮大，律师行业党组织的政治核心作用和党员的先锋模范作用充分发挥。北京市依托区县律师协会，加强党组织的建立与完善，形成党建工作市、区、所三级组织架构。内蒙古、宁夏健全完善律师政治理论学习制度、“三会一课”等制度，用制度保障党建工作规范有效。山东省青岛市把品牌创建引入党建工作，律师事务所党组织辐射带动作用进一步发挥。吉林开展“做赵春芳式的人民律师”等学习教育活动，教育引导律师党员在各项工作中发挥先锋模范作用。创先争优活动中，各级司法行政机关和律师协会把推动律师事业发展、加强律师事务所建设作为创先争优活动重要内容，引导律师事务所党组织和律师党员围绕律师事务所科学发展谋划工作、设计载体、开展活动，有效提升了律师事务所业务能力，促进了律师事务所发展。天津、河北、云南注重将对律师的管理与服务相结合，优化律师执业环境，规范律师人事档案，规范律师党员管理，积极解决律师执业后顾之忧。

总之，律师行业创先争优活动取得了显著成效，律师工作为促进科学发展、维护社会和谐稳定、服务人民群众做出了积极贡献。这些成绩，是在党中央的正确领导下，中央创先争优活动领导小组的有力指导下取得的，是各级党委、政府大力关心和支持的结果，是各级司法行政机关、律师协会和律师行业党组织、广大律师党员共同努力的结果。在此，我代表司法部，向中央创先争优活动领导小组表示衷心的感谢，向全国律师行业党组织和广大律师党员致以亲切的问候。

创先争优是党的建设一项重要的经常性工作。党中央对开展创先争优活动高度重视，胡锦涛总书记先后9次作出重要指示。中央政治局常委吴邦国、温家宝、贾庆林、李长春、习近平、李克强、贺国强、周永康等中央领导同志对深入开展创先争优活动作出重要指示，提出明确要求。中央创先争优活动领导小组召开了第六次会议和创先争优座谈会，李源潮同志作了重要讲话，对学习贯彻胡锦涛总书记等中央领导同志的重要指示精神，深入开展创先争优活动做出了具体部署。下面，我就认真学习贯彻胡锦涛总书记等中央领导同志的重要指示精神和中央决策部署，深入推进律师行业创先争优活动，讲几点意见。

**一、认真学习贯彻胡锦涛总书记等中央领导同志重要指示精神，进一步增强深入推进律师行业创先争优活动的责任感**

胡锦涛总书记等中央领导同志关于深入开展创先争优活动的重要指示，对深入开展创先争优活动提出了明确要求，具有很强的思想性、针对性、指导性，为我们进一步推进创先争优活动指明了方向。中央创先争优活动领导小组召开的第六次会议和创先争优座谈会，全面总结了一年来创先争优活动取得的成绩，对学习贯彻胡锦涛总书记等中央领导同志的重要指示精神，深入开展创先争优活动做出了具体部署，对深入开展律师行业创先争优活动具有重要指导意义。今年是建党90周年，是“十二五”的开局之年，也是贯彻落实中办发〔2010〕30号文件精神的关键之年，深入开展律师行业创先争优活动，对于充分发挥律师工作职能作用，认真做好服务“十二五”目标任务的各项工作，推动律师事业科学发展，具有重要意义。各级司法行政机关和律师协会要把学习贯彻胡锦涛总书记等中央领导同志重要指示精神和中央决策部署，作为当前和今后一个时期的重要任务，通过召开党委（组）会议、党员干部大会、举行专题学习讨论等形式，认真学习、深刻领会胡锦涛总书记等中央领导同志重要指示精神，深刻把握中央关于深入推进创先争优活动的决策部署，切实把律师行业党组织和广大律师党员的思想认识统一到胡锦涛总书记等中央领导同志重要指示精神上来，统一到中央的部署和要求上来，进一步提高思想认识，切实增强责任感、紧迫感、使命感，以更加饱满的热情、更加扎实的举措推动创先争优活动深入开展，不断取得新的成效。

**二、紧紧围绕实现“十二五”目标任务创先争优**

围绕中心、服务大局是律师工作的一项重要原则，也是律师行业创先争优活动的基本原则。党的十七届五中全会和今年全国“两会”确定了“十二五”时期的目标任务，律师行业党组织和党员要充分发挥专业优势，积极拓展服务领域，提高服务水平，积极为实现“十二五”目标任务提供法律服务。要紧紧围绕科学发展的主题和加快转变经济发展方式的主线，找准律师行业创先争优活动服务科学发展的结合点和着力点，发挥律师工作职能优势，继续深化各类专项法律服务活动，进一步做好政府法律顾问、企业法律顾问工作，认真做好促进经济结构战略调整、促进科技创新创业、加强节能环保和生态建设、发展现代农业、深化改革和扩大开放等方面的法律服务，促进经济平稳较快发展。江苏省开展的“促转型、促升级，助稳定、助发展”活动，山西省开展的“百家律所进千家企业服务万名职工”专项法律服务活动，为律师服务当地经济社会发展搭建了平台。各地要从实际出发，拓宽服务渠道，创新服务形式，提高服务效果。要通过公开承诺把服务科学发展的目标任务，层层分解落实到律师行业每个党组织和党员，组织广大律师党员立足本职岗位当先进、争一流、做贡献。

**三、紧紧围绕加强和创新社会管理、维护社会和谐稳定创先争优**

加强和创新社会管理，是以胡锦涛同志为总书记的党中央在深入分析我国基本国情和经济社会发展阶段性特征基础上作出的重大决策。律师工作在加强和创新社会管理中担负重要职责、具有专业优势。广大律师要依法认真办理诉讼案件和非诉讼法律事务，引导当事人采取诉前调解、庭内调解、庭外调解等手段，更多地通过调解方式解决矛盾纠纷，促成“案结事了”，促进社会和谐。南京市开展“律师担任劳动争议案件调解员”活动，积极配合劳动部门处理和减少劳动争议仲裁案件，有效提高了律师参与社会矛盾化解的针对性。要充分发挥律师在党和政府主导的维护群众权益机制中的作用，发挥律师专业优势，积极参与社会矛盾化解和疑难复杂纠纷调解工作，协助党委、政府处理信访问题和群体性事件，引导群众依法理性表达诉求，维护社会和谐稳定。

**四、紧紧围绕保障和改善民生、做好服务群众工作创先争优**

服务人民群众是胡锦涛总书记对创先争优提出的明确要求。律师行业创先争优活动要把执业为民、维护群众合法权益作为根本出发点和落脚点，认真做好服务群众各项工作，努力为解决群众就业、就学、就医等民生问题提供法律服务和法律援助。要牢记党的宗旨，增强群众观念，把以人为本、执业为民贯穿于法律服务工作全过程，怀着对人民群众的深厚感情，满腔热情地为人民群众提供法律服务。要采取结对子、建立联系点、送法下乡等多种方式，大力推进法律服务向社区、乡村延伸，向老、少、边、贫地区延伸，帮助群众解决生产、生活中的困难和问题。要广泛开展“为民服务创先争优”活动，广泛开展律师党员公开承诺、挂牌上岗活动，亮身份、亮职责、亮承诺，争创优秀服务品牌、优秀服务标兵。吉林省开展的“服务民生办实事”主题实践活动，山东省开展的“律师法律援助进社区双百活动”，受到基层群众的欢迎。要认真履行法律援助职责，积极主动承担和办理法律援助案件，积极参加“法律援助便民服务”和为群众“送温暖、献爱心”等活动，努力维护困难群众合法权益。

**五、紧紧围绕加强律师行业党的建设、推动律师事业发展创先争优**

加强党的建设，促进事业发展，是创先争优活动的重要目标。深入推进律师行业创先争优活动要与加强律师行业党的建设、推动律师工作科学发展有机结合起来。要认真贯彻落实中办发〔2010〕30号文件和全国律师行业党的建设工作会议精神，全面加强律师行业党的建设，巩固和扩大律师行业党的组织和党的工作全覆盖成果，进一步做好在律师队伍中发展党员工作，切实加强律师党员队伍建设，充分发挥律师行业党组织的政治核心作用和律师党员先锋模范作用。要健全完善党组织参与律师事务所建设和管理的工作机制，帮助律师事务所加强和完善内部管理制度，不断促进律师事务所规范化建设。湖南在创先争优活动中进一步强化执业监管，出台了《律师工作重大事项报告制度》等规范性文件，促进律师依法诚信执业。要进一步加强律师教育管理工作，加强律师队伍的思想教育、业务培训和作风建设，提高律师队伍政治业务素质。扎实开展“发扬传统、坚定信念、执法为民”主题教育实践活动，加强律师党员革命传统、理想信念、党风党纪、职业道德教育，引导广大律师做中国特色社会主义法律工作者。律师党员要坚持“五带头”，不断提高自身素质，充分发挥共产党员先锋模范作用。

**六、大力开展向杨善洲同志学习活动，在学习先进、争当先进、赶超先进中创先争优**

杨善洲同志是党员干部的学习楷模。他的模范事迹和崇高精神，生动诠释了当代中国共产党人的先进和优秀，为党员干部特别是领导干部树立了一面光辉旗帜。胡锦涛总书记对学习杨善洲同志模范事迹和崇高精神作出重要批示。各级司法行政机关和律师协会要认真学习贯彻胡锦涛总书记等中央领导同志重要指示精神，深入开展向杨善洲同志学习活动，教育引导广大律师党员切实加强党性修养，自觉践行党的宗旨，努力做人民满意的好党员、好律师，努力把律师行业建设成为“群众满意行业”，把律师事务所建成“群众满意的律师事务所”。要把开展学习杨善洲同志活动与开展向刘玉美同志学习活动结合起来，与学习律师行业先进典型结合起来，引导律师行业党组织履职尽责创先进、律师党员立足岗位争优秀、党员干部示范引领做表率，营造学习先进、争当先进、赶超先进的浓厚氛围。要结合纪念建党90周年活动，加强党史、党风、党性教育，把党的优良传统发扬光大。

**七、切实加强对律师行业创先争优活动的组织领导**

对律师行业创先争优活动进行指导，是司法行政机关的一项重要职责。各级司法行政机关要进一步增强责任感和使命感，高度重视，加强领导，精心组织，确保律师行业创先争优活动取得丰硕成果。要落实领导责任。坚持把创先争优活动摆在重要位置，列入重要日程，党委（组）主要负责同志要认真履行第一责任人的职责，形成一级抓一级、一级带一级、层层抓落实的工作格局。认真落实联系点制度，各级领导干部要经常深入联系点，开展调查研究，加强工作指导，以点带面，推动工作。要用心研究、用心落实，确保律师行业创先争优活动取得实效。要加强督促检查。采取派出指导组、检查组等多种形式，对方案落实情况、工作进展情况、律师党员承诺践诺情况等进行督导检查，及时研究解决工作中存在的困难和问题。各地要认真总结前一段律师行业创先争优活动的经验和做法，分析存在的问题和不足，按照中央要求和这次会议的部署，研究采取切实有效的措施，推动创先争优活动深入发展。要加大典型宣传力度。司法行政系统所属报刊、杂志、网站，要大力宣传律师行业开展创先争优活动的好经验、好做法，总结推广一批有重大影响、有鲜明时代特征的律师行业先进基层党组织和优秀律师党员典型，努力营造创先争优的良好氛围。认真做好信息报送工作，及时反映创先争优活动情况，交流经验，推进工作。要加强律师行业创先争优活动理论研究，为深入推进律师行业创先争优活动、促进律师事业发展提供理论支持。

让我们紧密团结在以胡锦涛同志为总书记的党中央周围，坚持以邓小平理论和“三个代表”重要思想为指导，深入贯彻落实科学发展观，认真学习贯彻胡锦涛总书记等中央领导同志重要指示精神和中央决策部署，开拓进取，求真务实，扎实推进律师行业创先争优活动，不断开创律师工作新局面，为实现“十二五”目标任务做出新贡献，以优异成绩迎接中国共产党成立90周年！

## 深入推进律师工作改革发展建设　努力为经济社会发展创造三个良好环境

——司法部副部长赵大程在七届中华全国律师协会第三次理事会上的讲话

（2010年12月27日）

岁末年初，七届中华全国律师协会在这里召开第三次理事会会议，学习贯彻党的十七大和十七届三中、四中、五中全会和中央经济工作会议、全国政法工作会议精神以及全国司法厅（局）长会议、全国律师工作会议、全国律师行业党建工作会议精神，总结2010年律师工作，分析当前形势，研究部署2011年和今后一个时期律师工作，很有意义。现在，我讲三点意见。

**一、2010年律师工作成绩显著，为服务经济社会发展做出了积极贡献**

2010年是极为不平凡的一年。这一年，是党中央、国务院团结和带领全国各族人民，有效巩固和扩大应对国际金融危机冲击成果，战胜来自国内外和自然界严峻挑战，实现经济社会平稳较快发展，全面完成“十一五”规划目标任务的一年；是政法工作着眼于为经济发展创造和谐稳定的社会环境，全力推进三项重点工作，取得明显成效的一年；是司法行政工作围绕中心、服务大局，努力完成“七项任务”，大力加强“四化”建设，取得新进展、做出新贡献的一年；同时也是律师工作不断推进、取得新突破的一年。

（一）在中国特色社会主义伟大旗帜指引下，我国律师的政治定位和律师工作的发展方向更加明确

党中央、国务院高度重视律师工作，为我们认真贯彻党的十七大精神，以中国特色社会主义伟大旗帜为指引，不断探索中国特色社会主义律师事业的发展道路指明了方向。今年9月，中央办公厅、国务院办公厅以中办发［2010］30号文件转发了《司法部关于进一步加强和改进律师工作的意见》。中办发［2010］30号文件强调了我国律师是中国特色社会主义法律工作者的政治定位，阐明了律师工作必须始终坚持社会主义方向的根本要求，对律师工作改革发展做出了全面部署，进一步回答了律师事业发展面临的重大理论和实践问题，对中国特色社会主义律师事业的改革发展和建设必将产生重大而深远的影响。

（二）紧紧围绕三项重点工作，律师工作服务经济社会发展的职能作用进一步发挥

今年以来，我们积极贯彻中央对新时期政法工作做出的战略部署，紧紧围绕党和国家工作大局，紧紧围绕社会矛盾化解、社会管理创新、公正廉洁执法三项重点工作，积极拓展服务领域，充分发挥职能作用，努力为经济社会平稳较快发展提供优质高效的法律服务。一年来，广大律师积极参与人民调解、司法调解、行政调解，参与信访和群体性事件的处置，充分发挥律师依法辩护代理的专业优势，引导当事人依法理性表达利益诉求，努力使各种矛盾纠纷在法制轨道上得到解决。有的地方动员组织律师包联全省基层司法所，积极做好基层社会矛盾纠纷化解工作，参与调处基层疑难矛盾纠纷，有力地维护了农村基层社会的和谐稳定。广大律师积极参与经济和民商事活动，认真办理金融、证券、商贸、房地产等领域的法律事务；积极提供涉农法律服务，促进农村改革发展；积极办理涉外法律事务，帮助国内企业参与国际合作与竞争；积极服务发展社会事业和改善民生，依法履行辩护代理职责；积极履行社会责任，主动面向群众、面向基层、面向社区，开展法律援助和公益性法律服务；积极开展法律服务专项活动，组建专项法律服务团队，努力为地方经济建设的重点领域、重点项目和重点工程提供专项法律服务。有的地方开展了以“促转型、促升级，助稳定、助发展”为主题，以律师为主力军的“双促双助”法律服务专项活动，引导广大律师进一步深化企业法律服务工作，促进企业转型升级和发展壮大。2010年，全国律师共办理诉讼代理、辩护案件200多万件，非诉讼法律事务近100万件，办理法律援助案件63万多件，为服务经济社会发展、保障人民群众合法权益、维护社会公平正义、促进社会和谐稳定做出了重要的贡献。

（三）认真贯彻落实中央深化司法体制和工作机制改革决策部署，改革和完善律师制度的总体框架和政策措施基本形成

按照中央关于深化司法体制和工作机制改革的决策部署，经过两年多的努力，研究形成《司法部关于进一步加强和改进律师工作的意见》，出台了律师事务所和律师年度考核办法和行业规范，修订了律师和律师事务所违法行为处罚办法，修订了申请律师执业人员实习管理规则，律师执业准入、评价考核、奖惩工作机制进一步完善，改革完善律师制度的总体框架和政策措施基本形成，以修订后的《律师法》为核心的律师法律制度体系基本确立。

（四）着眼于做坚定的中国特色社会主义事业的建设者、捍卫者，律师队伍建设和律师行业党的建设得到有效加强

按照政治坚定、法律精通、维护正义、恪守诚信的总要求，在律师队伍中深入开展社会主义法治理念教育，深入开展“中国特色社会主义法律工作者”主题教育实践活动和律师队伍警示教育，加大教育培训力度，严把律师队伍“入口关”，注重对申请执业人员政治素质和职业道德素质的审查，加大对违法违纪行为的惩处力度，律师队伍思想政治素质、职业道德素质和业务素质不断提高，律师队伍不断发展壮大，2010 年底已达到 20 万人。大力推进律师行业党的建设，党的组织和党的工作对律师行业的全覆盖成果进一步巩固扩大，律师党员队伍不断壮大，截至 9 月底全国律师党员已经发展到 5.3 万人，律师行业党的建设管理体制进一步理顺，律师事务所党组织和律师党员深入学习实践科学发展观活动和创先争优活动取得明显成效，律师行业党组织的政治核心作用和律师党员的先锋模范作用进一步发挥。中组部、司法部再次召开了全国律师行业党的建设工作会议，对进一步加强律师行业党的建设工作做出了全面部署，明确了新时期律师行业党建工作的总体思路。

一年来，中华全国律师协会认真贯彻部党组的决策部署，认真履行《律师法》和律师协会章程赋予的职责，围绕中心，服务大局，切实发挥行业自律职能作用，大力加强协会自身建设，各项工作取得新的进展。引导广大律师充分发挥专业优势，积极服务三项重点工作。深入开展“中国特色社会主义法律工作者”主题教育实践活动和律师队伍警示教育，扎实开展律师教育培训工作，大力提高律师的法律素养和执业技能。进一步完善行业规范，制定了律师执业活动年度考核规则，修订申请律师执业人员实习管理规则，制定了 20 多个业务指引，进一步严格律师执业准入，规范律师执业行为。加强协会自身建设，常务理事会工作机制进一步完善，秘书处的服务和执行功能进一步强化，与司法行政机关的决策会商、情况交流和信息共享进一步加强。在此，我代表司法部对各位理事的辛勤工作和为律师事业发展做出的不懈努力表示衷心的感谢！

**二、准确把握当前和今后一个时期律师工作面临的形势，进一步明确目标任务**

党的十七届五中全会通过了中共中央关于《中共中央关于制定国民经济和社会发展第十二个五年规划的建议》，为全党做好“十二五”时期的各项工作做出了战略性部署。“十二五”时期，我国仍将处于重要战略机遇期，经济平稳较快发展的总体势头将依然强劲，社会也将持续保持和谐稳定的趋势。但同时也必须看到，在经济全球化、社会信息化和我国全方位开放的背景下，国际经济、政治上的不稳定因素势必对我国稳定产生影响。我国仍处于并长期处于社会主义初级阶段的基本国情没有改变，经济体制深刻变革、社会结构深刻变动、利益格局深刻调整、思想观念深刻变化，将是

相当长时间内我国社会发展的一个基本特征。人民内部矛盾凸显、刑事犯罪高发、对敌斗争复杂，也将是相当长一段时期内我国政法工作面临的基本态势。中央政治局常委、中央政法委员会书记周永康同志在刚刚结束的全国政法工作会议上明确提出，政法工作要努力为维护我国发展的重要战略机遇期、实现“十二五”时期经济社会又好又快发展，创造和谐稳定的社会环境、公平正义的法治环境、优质高效的服务环境。律师工作是政法工作的重要组成部分，我们必须根据我国经济社会发展的大势和特征，根据国际国内的形势和政法工作局势，根据经济社会发展的需求，分析和把握律师工作面临的形势，明确目标任务和发展路径。

——创造优质高效的服务环境，为律师工作履行职责提供了更为广阔的空间。为经济社会发展提供优质高效的法律服务，是律师工作的重要职责。党的十七届五中全会指出，“十二五”时期是我国全面建设小康社会的关键时期，是深化改革开放、加快转变经济发展方式的攻坚时期，保持我国经济社会发展良好势头的国内外有利条件很多，我国仍处于可以大有作为的重要战略机遇期。我们有信心、有条件保持经济长期平稳较快发展和社会和谐稳定。以科学发展为主题、以加快转变经济发展方式为主线，为律师工作履行职责、发挥作用提供了更为广阔的空间。加快转变经济发展方式是我国经济社会领域的一场深刻变革，贯穿于经济社会发展全过程和各领域，将产生许多全新、专业的法律问题。律师工作能不能把握这一发展大势，律师行业的结构规模、业务领域、服务能力、管理水平、国际化程度等能不能满足需要，是亟需认真研究并加以解决的问题。如何进一步拓展服务领域，创新服务手段和方式，满足经济结构战略调整、防范和化解经济运行风险、发展现代农业、扩大对外开放等领域产生的新的法律服务需求；如何增强服务的前瞻性、针对性和实效性，为创新型国家建设，实现科技进步创新，建设资源节约型、环境友好型社会重点领域出现的业务增长点提供服务；如何调整律师队伍结构，提高整体素质和服务能力，提高服务层次和服务质量，积极参与国际律师业竞争，努力拓展国际法律服务业务，为我国企业开拓国际市场，实施“走出去”战略提供支持；如何推动法律服务机构做大做强，打造一批核心业务突出、服务定位清晰、在专业领域形成品牌的专业法律服务机构；如何更好地适应国内外经济形势，依法调处经济纠纷，维护市场经济秩序等等，都需要我们认真研究解决。

——创造和谐稳定的社会环境，对充分发挥律师工作在深入推进三项重点工作中的职能作用提出了崭新的课题。当前，我国社会大局总体稳定，人民群众安居乐业。随着推动科学发展、加快转变经济发展方式、保障和改善民生的力度不断加大，发展过程中的突出矛盾将逐步缓解。与此同时，我国经济社会发展还面临不少长期积累的深层次矛盾和问题，在经济发展和改革开放进程中还会引发和产生一些新的矛盾和问题。特别是随着依法治国基本方略的全面实施和社会主义民主法治建设的不断推进，人民群众的民主意识、权利意识、法制意识、监督意识日益增强，对民主法治、社会公平正义的要求越来越高，对解决利益受损、违法侵权等问题的期待也越来越强烈。化解矛盾纠纷、创新社会管理、维护社会稳定、促进公平正义的任务仍然十分艰巨繁重。律师作为中国特色社会主义法律工作者，在化解社会矛盾、维护社会稳定方面具有专业优势和独特作用。律师是司法活动的重要参与者，通过依法履行辩护代理职责，可以促使矛盾纠纷通过司法程序得到有效解决，维护司法公正；律师是民商经济活动的服务者，通过提供非诉讼法律事务，参与调解和涉法涉诉信访，可以有效预防和化解矛盾纠纷；律师是实施法律援助的主体，在确保全体公民平等享受法律保护方面发挥着重要作用；律师是法律规则制定的积极参与者，在发展社会主义民主政治方面发挥着不可替代的作用。面对新形势、新任务，如何引导律师运用专业优势，进一步发挥在社会稳定风险评估机制，落实调解优先原则，做好敏感案件和群体性事件的处理工作，加强以保障和改善民生为重点的社会建设等方面的职能作用；如何在巩固律师服务三项重点工作良好态势的基础上，继续探索服务的新途径、新方法，推动服务工作向纵深发展，需要我们认真研究，并努力实践。

——创造公平正义的法治环境，对坚持和完善中国特色社会主义律师制度，推动律师事业自身科学发展提出了新的更高要求。公平正义是社会主义法治的价值追求，是社会主义和谐社会的重要特征，也是广大人民群众的强烈愿望。维护和实现社会公平正义，是律师工作的永恒主题和神圣职责。我国律师制度是中国特色社会主义司法制度的重要组成部分，律师队伍作为落实依法治国基本方略、建设社会主义法治国家的重要力量，坚持和完善中国特色社会主义律师制度，推动律师事业自身科学发展，本身就是对司法制度、法治环境的完善。同时，律师作为中国特色社会主义法律工作者，维护当事人合法权益、维护法律正确实施、维护社会公平和正义是律师职业使命，律师坚持严格依法执业，对于维护司法公正、维护法律的尊严和统一，对于创造公平正义的法治环境，必将产生积极的推动作用。但是也必须看到，现阶段由于我们在执法、司法领域上还存在一些问题，执法不严、司法不公的现象还在一定程度上存在，保障经济社会发展的法治环境还有待进一步改善。同时，确实存在有的律师理想信念动摇，对中国特色社会主义缺乏深刻认识；存在有的律师职业道德水平不高，诚信观念不强，个别律师在诉讼活动中违法违规，妨碍司法公正的问题，对律师的形象造成了损害。如何始终坚持律师是中国特色社会主义法律工作者的政治定位，确保律师工作的社会主义方向；如何抓好律师队伍的教育管理，不断提高律师思想政治素质、职业道德素质和业务素质，保持律师队伍良好形象；如何按照建设中国特色社会主义核心价值体系要求，研究形成中国特色社会主义律师文化，培育中国特色社会主义律师执业精神；如何健全律师工作的体制机制，进一步完善中国特色律师制度；如何加强对律师工作的政策保障，促进律师事业科学发展，推动律师在创造公平正义的法治环境中发挥更加积极的作用，也是需要我们认真研究落实的重要任务。

总之，我们的律师工作既面临难得的机遇，也面临严峻的挑战。我们一定要切实增强政治意识、大局意识、忧患意识和责任意识，认真学习贯彻党的十七届五中全会精神，学习贯彻全国政法工作会议精神和中办发［2010］30号文件精神，紧紧围绕服务科学发展这个主题和加快转变经济发展方式这条主线，以深化三项重点工作为着力点，以深化司法体制和工作机制改革为动力，以加强律师行业党的建设为保证，推动律师工作全面发展进步，为维护我国发展的重要机遇期、实现“十二五”时期经济社会又好又快发展，创造和谐稳定的社会环境、公平正义的法治环境、优质高效的服务环境。

**三、胸怀全局、脚踏实地，努力做好2011年律师工作**

2011年是“十二五”开局之年、起步之年。做好2011年的律师工作对于今后一个时期律师事业的改革发展至关重要。关于明年的律师工作，吴爱英部长在刚刚结束的全国司法厅（局）长会议上已经做了全面部署，重点任务很明确，2011年律师工作就是要全面贯彻落实中办发［2010］30号文件和全国律师工作会议确定的目标任务，概括起来就是：抓住一个定位，实现两个加强、两个完善、两个提高。即，紧紧抓住律师是中国特色社会主义法律工作者的政治定位；切实加强律师队伍建设，加强律师工作体制机制建设；努力完善律师行业配套政策，完善律师执业规范；全面提高律师服务能力，提高律师管理工作水平。按照这个总的要求和思路，要从以下几个方面着手抓好明年的律师工作。

（一）牢牢把握律师的政治定位，切实把思想统一到中央的决策部署上来

中办发［2010］30号文件从政治和全局的高度，鲜明地提出律师是中国特色社会主义法律工作者的政治定位，深刻回答了我国律师的本质属性这一重大问题，为推动律师事业又好又快发展指明了方向。把律师定位为中国特色社会主义法律工作者，是由我国宪法法律和国情决定的，也是对改革开放以来我国律师制度改革发展重大理论和实践成果的科学总结，是我国律师事业沿着正确方向发展的必然要求。中国特色社会主义法律工作者的定位赋予了律师崇高的社会地位，也提出了更高的要求，我们要切实把思想和行动统一到中央的决策部署上来。坚持政治定位，就是要坚持中国特色社会主义律师制度的本质属性，在谋划工作思路、确定工作目标、提出政策措施过程中，始终确保中国特色社会主义律师事业在正确的方向上前进，在任何时候都毫不含糊，决不动摇；坚持政治定位，就是要全面把握当前面临的形势，立足于国际、国内两个大局，着眼于完善社会主义政治制度、法律制度，着眼于维护政治安全、政权安全，研究分析律师工作的政策措施，进一步加强和改进律师工作；坚持政治定位，就是要从队伍建设入手，确保广大律师自觉履行职责使命，真正做中国特色社会主义法律工作者。要按照中办发［2010］30号文件和全国律师行业党建工作会议的部署，深入开展创先争优活动，进一步加强律师行业党的思想、组织、作风、制度和反腐倡廉建设，提高律师行业党的建设科学化水平，充分发挥律师行业党组织的政治核心作用和律师党员先锋模范作用，切实加强对律师行业党建工作的组织领导，努力推动形成加强律师行业党建工作长效机制，为推进律师事业发展和律师队伍建设提供坚强政治保证。

（二）以深化三项重点工作为着力点，大力提高律师服务能力

深化三项重点工作，是各级党委和政府、政法机关及各有关部门的共同责任。律师工作作为政法工作的重要组成部分，在深入推进三项重点工作中肩负着重要职责，也具有独特作用。律师执业活动的范围广泛，能够对社会各个利益主体的诉求、不同利益主体之间的关系有比较深刻的认识；律师执业活动的专业性、社会性很强，能够把党和政府的领导和法律对社会生活的规范具体地渗透到各个阶层和各个领域；律师执业活动的方式丰富，能够通过诉讼、非诉讼手段更广泛地服务三项重点工作。明年，要按照全国政法工作会议、全国司法厅（局）长会议的部署，在总结今年工作经验的基础上，进一步深化对律师服务三项重点工作重要意义的认识，更加注重发挥律师依法辩护代理的专业优势，引导当事人依法理性表达利益诉求；更加注重发挥律师在党和政府主导的维护群众权益机制中的独特作用，努力使各种矛盾纠纷在法制轨道上得到解决；更加注重创新律师非诉讼法律服务的方式方法，引导当事

人更多地通过调解和其他非诉讼手段消除纷争；更加注重总结推广典型经验和做法，充分发挥典型示范作用，努力推进三项重点工作向纵深发展。

（三）着眼于促进律师行业健康发展，努力完善律师行业配套政策措施

中办发［2010］30号文件对各级党委、政府重视加强律师工作提出了明确要求，对加大律师行业发展的政策扶持和保障措施做出了安排部署，明确提出要加强律师执业权益保障，完善律师工作经费保障政策，完善律师行业财税、社会保险和劳动社会保障政策，建立健全律师人才培养选用机制，加强律师管理机构、人员编制和经费保障等。扶持力度可以说是空前的，有许多是我们长期期待和争取而又没有解决的，很好地回应了广大律师的期望和关切。贯彻落实好这些政策措施，必将有力地推动律师执业环境的改善，职能作用的发挥，社会地位的提高，为律师事业健康发展奠定坚实基础，为广大律师施展才能、创新创业创造更广阔的平台。中办发［2010］30号文件中有关政策扶持和保障方面的内容，需要与各有关方面加强沟通协调，相互支持配合，才能形成贯彻落实的合力。目前文件已经明确的政策项目，都是在与中央有关主管部门达成一致意见后制定的。在贯彻实施文件过程中，我们要积极主动地与有关部门建立有效的沟通协调机制，进一步争取支持和配合，共同研究解决加强和改进律师工作中的重要问题。全国律协要立足本职，积极参与与各有关部门的沟通协调，从行业角度提出可行的意见建议，切实把这些扶持保障政策落到实处，用好用足，为律师业的发展提供重要支持。

（四）着眼于提高律师执业规范化、专业化水平，进一步健全完善律师执业规范

执业规范在加强律师管理，提高律师素质方面具有十分重要的作用。完善的行业规范，是指导、规范、约束律师执业活动的行为标准，是律师协会进行行业管理，检查、监督律师执业活动的依据，是律师行业自律走上规范化、法制化轨道的标志。近年来全国律协在制定《律师协会章程》配套规则以及律师执业标准和业务操作规程方面，取得了较大进展。但是从行业自律的要求来看，还有一定的差距。一方面，这些规范还不能覆盖律师执业的全部过程。在律师执业的很多问题上，还缺乏可以评价、可供执行的依据，不仅不利于执业活动的规范，也给违规违纪行为的查处带来一定困难。另一方面，已经出台的一些规范，也需要在实践过程中不断修改、补充和完善。中办发［2010］30号文件明确提出了加强律师协会行业规范建设，建立覆盖律师执业活动各方面、各业务领域的行业规范体系的要求。全国律协要认真贯彻落实文件要求，把制定行业规范作为工作的重中之重，力争通过两到三年的努力，建立起一整套符合律师行业特点的行业规范体系，覆盖律师执业活动的各个环节、各个层面，将行业自律规范化、法制化提高到一个新的水平。

（五）按照做中国特色社会主义法律工作者的总要求，大力加强律师队伍建设

队伍建设是加强和改进律师工作的根本。中国特色社会主义法律工作者的定位对律师队伍建设提出了新的更高要求。要按照中国特色社会主义法律工作者的要求，大力加强律师队伍思想政治建设、职业道德建设和业务素质建设，使广大律师在执业活动中自觉坚持党的事业至上、人民利益至上、宪法法律至上，自觉做到党在心中、人民在心中、法律在心中、正义在心中，努力建设一支政治坚定、法律精通、维护正义、恪守诚信的律师队伍。这是明年和今后一个时期律师队伍建设的总要求。这

里，我想重点强调两个问题。一是律师依法诚信尽责执业的问题。依法诚信尽责执业是律师工作的本质要求，是以人为本、执业为民在律师工作中的具体体现，是决定律师队伍形象的重要因素。近几年来，个别律师在执业中出现了一些问题，对律师队伍的整体形象造成了一定的损害，重要的原因就是对于依法诚信尽责执业的认识出现了动摇和偏差。明年，要把指导、监督律师依法诚信尽责执业，维护律师队伍良好形象作为一项重要的工作来抓，大力推进律师行风建设。广大律师要严格依法执业，把尊重法律、崇尚法治、捍卫法制视为执业的崇高信念和天职；要诚信执业，不断树立和提高律师执业活动的公信力，并对全社会的诚信建设发挥应有的推动和促进作用，努力成为社会诚信建设的倡导者、示范者；要尽责执业，努力在每一个案件、每一次服务中做到对当事人负责，对法律正确实施负责，对社会公平正义负责。二是律师人才的培养使用问题。律师工作的规律和律师行业的特点决定了优秀律师人才的培养、选拔、储备是队伍建设的重大问题，是事业发展的保障。律师事业要做大、做强、做优，必须着力培养、选拔、凝聚、使用人才。要落实中办发［2010］30号文件在律师教育培训、人才培养使用方面的政策措施，大力加强律师业务培训，加强对律师事务所负责人、合伙人、骨干律师和新执业律师的培训，加强诉讼、仲裁、调解、信访等专项法律服务技能的培训，不断提高律师的法律素养和执业技能。要大力加强律师人才培养，制定实施律师行业优秀人才和后备人才培养计划，建立优秀律师人才库。要适应对外开放的需要，着力培养一批具有国际眼光、精通涉外法律业务的高素质律师人才。要切实加强对优秀律师人才的选拔使用，积极与有关部门沟通协调，推选优秀律师担任人大代表、政协委员，推荐优秀律师党员参选党代会代表，探索选派优秀律师党员到各级党校、行政学院参加培训。鼓励优秀律师通过公开选拔、公务员录用考试等途径进入党政机关，推动落实从律师中选拔法官、检察官的相关工作。

（六）全面落实律师法律规范和律师改革政策措施，进一步加强律师工作体制机制建设

今年，中央司法体制改革确立的改革和完善律师制度的各项改革任务基本完成，律师工作改革发展的各项政策措施基本到位。但是，要实现律师制度改革的目标任务，确保各项改革措施对律师工作产生预期的推动效果，我们的工作才刚刚开始。明年，要切实抓好出台的各项改革政策措施的学习培训、贯彻落实、检查监督，确保各项改革政策措施落到实处。同时，修订后的《律师法》实施以来，以《律师法》为核心的律师管理法律规范体系也已初步形成。抓好《律师事务所年度检查考核办法》、《律师和律师事务所违法行为处罚办法》、《律师执业活动年度考核规则》、《申请律师执业人员实习管理规则》等事关律师和律师事务所切身利益，关系律师管理工作实效的规章、行业规范的贯彻落实，是明年工作的重点。特别是对律师和律师事务所的年度检查考核，这是依照《律师法》和中央关于司法体制机制改革的部署要求确立的一项新的管理制度，也是建立健全律师执业状况评价机制的重要举措。明年将首次全面实施全员年度考核。一定要高度重视，把学习培训、制定实施工作细则、开展考核工作动员等各项准备工作做足、做实、做细，为考核实施工作做好充分的思想、组织和工作准备。律师制度的改革和完善是一项长期性、基础性、战略性任务，在抓好已有改革政策措施贯彻执行的同时，要进一步完善《律师法》配套规章、规范性文件和行业规范，为律师事业改革发展奠定坚实的法律基础，把律师

工作法制化、规范化建设提高到一个新的水平。

（七）适应新形势下加强和改进律师工作的需要，全面提高律师管理工作水平

律师管理是律师工作的基础。中央关于新形势下加强和改进律师工作的决策部署，对律师管理工作提出了新的要求。无论是司法行政机关还是律师协会都要进一步统一思想，深入领会中央对律师是中国特色社会主义法律工作者的政治定位，切实把思想统一到中央的决策部署上。只有明确了定位、统一了思想、加深了认识，律师管理工作的方向、思路和手段才不会出现偏差，才能始终坚持律师工作的正确方向，才能在事关律师事业发展的全局性、根本性问题上，符合中央的要求，顺应时代的需要，满足人民的期待。要学会掌握和运用信息。随着律师在全面建设小康社会和社会主义现代化全局中的地位和作用日益彰显，律师工作越来越成为中央高度重视、群众高度关心、社会高度关注的一项工作。广大律师管理人员要适应新形势、新变化，注意收集好、掌握好、使用好事关律师工作的重要信息，特别是各级党委、政府对律师工作的新要求，人民群众对法律服务的新需求，社会公众对律师行业的新关注，努力做到上情下达、下情上达，并运用所掌握的信息为律师工作更好地发挥职能作用搭建平台，创造条件，提供服务。要钻研业务，提高水平。律师工作的政治性、社会性、专业性都很强。广大律师管理人员要切实加强对律师制度、律师工作的学习研究，准确把握律师工作规律和发展趋势，熟悉掌握律师管理法律制度，不断增强工作的科学性、前瞻性、创造性。要切实转变工作作风，经常深入到律师中去，充分听取律师的意见，回应律师的呼声，解决律师关心的问题。

（八）以宽广的视野，认真谋划好未来5年律师事业发展

党的十七届五中全会对我国未来5年的经济社会发展做出了战略部署，提出了中央关于制定国民经济和社会发展第十二个五年规划的建议。“十二五”时期是我国律师事业改革发展的关键时期。认真贯彻落实党的十七届五中全会精神，对明年和未来5年律师业的发展进行科学谋划，对于实现律师事业又好又快发展，更好地服务经济社会发展，具有十分重要的意义。司法部党组高度重视，把研究制定律师业“十二五”发展规划作为大事来抓，前期工作正在紧张有序地进行。制定律师业“十二五”发展规划，要与律师工作学习贯彻党的十七届五中全会精神紧密结合，与学习贯彻中办发［2010］30号文件精神紧密结合，与司法行政工作“十二五”发展规划紧密结合，确定“十二五”时期律师工作的总体要求、目标任务、重大举措，确定一批事关律师工作发展进步的重大项目，扎实向前推进。制定规划要有宽广的视野，要适应党和人民对律师事业发展的要求和期待，符合中央关于律师工作的决策部署和《律师法》的规定，体现律师事业发展各方面的需求。要广泛动员律师参与，使制定规划的过程成为凝聚行业智慧、形成行业共识、激发行业活力的过程，努力推动律师事业实现新的发展。这项工作是明年一开始就要进行的工作，一定要研究好、谋划好、落实好。

本届全国律协理事会已经工作了两年。两年来，各位理事和常务理事高度负责，认真履行职责，全国律协的工作运行是好的，部党组给予充分肯定。当前，我国律师事业正处在改革发展的关键时期。把握时代要求，抓住历史机遇，引领广大律师积极服务经济社会科学发展，努力推动律师行业实现自身科学发展，是全国律协理事会的重要职责和光荣使命。希望

各位理事和常务理事继续认真学习党的十七大、十七届五中全会和中央经济工作会议、全国政法工作会议以及全国司法厅（局）长会议、全国律师工作会议、全国律师行业党的建设工作会议精神，认真学习中办发［2010］30号文件精神，切实把思想认识统一到中央的决策部署上来，紧紧围绕“十二五”时期经济社会发展的目标任务，根据中办发［2010］30号文件明确的新形势下加强和改进律师工作的总体思路和政策措施，扎实工作，锐意进取，团结和带领广大律师积极服务经济又好又快发展和维护社会和谐稳定。继续认真履行《律师法》和中办发［2010］30号文件赋予律师协会在促进行业建设、指导业务发展、规范执业行为、维护行业权益、加强执业监督等方面的职责，大力加强理事会思想建设、组织建设、作风建设，努力提高全国律协工作水平，进一步发挥好党和政府联系广大律师的桥梁和纽带作用，在推动律师工作、服务经济社会科学发展和实现自身科学发展的伟大进程中做出新的更大贡献。

新阶段、新起点，律师工作责任重大，使命光荣。让我们紧密团结在以胡锦涛同志为总书记的党中央周围，以邓小平理论和“三个代表”重要思想为指导，深入贯彻落实科学发展观，认真学习贯彻党的十七届五中全会精神，以昂扬的士气，振奋的精神，扎实的作风，有效的措施，凝聚共识，精心组织，周密部署，全力推进，切实加强和改进律师工作，努力实现律师事业又好又快发展，为全面建设小康社会、加快社会主义现代化建设做出新的贡献！

## 司法部副部长赵大程在首批台湾地区律师事务所驻福州、厦门代表机构（试点）颁证仪式上的讲话

（2010年12月26日）

值此年末岁尾、辞旧迎新之际，福建省司法厅在福州市举行首批台湾地区律师事务所驻福州、厦门代表机构（试点）颁证仪式，为台湾叶大慧律师事务所驻厦门代表处等7家台湾地区律师事务所驻福州、厦门代表机构颁发执业证书，我代表司法部向这7家台湾地区律师事务所驻福州、厦门代表机构获准执业表示衷心的祝贺！向来自台湾律师界的朋友和出席颁证仪式的各位来宾表示热烈的欢迎！

30多年来，伴随着经济建设和民主法制建设的大力加强，大陆律师事业蓬勃发展，律师制度日益完善，律师队伍不断壮大，律师在国家经济社会生活中发挥的作用日益显著。截至目前，律师事务所数量近1.7万家，执业律师19.4万人。与此同时，律师法律服务对外开放稳步推进，内地律师业与国外和港澳地区律师业的业务合作和人员往来日益频繁紧密。截至目前，19个国家的律师事务所设立了227家驻华代表处，香港地区律师事务所设立了66家驻内地代表处，有30多家内地律师事务所在境外设立了分支机构。近年来，随着大陆和台湾两岸关系不断发展，两岸律师业之间的交流合作步伐明显加快，交流合作的领域和方式不断拓展，大陆对台湾地区法律服务业予以开放。2008年，大陆允许台湾居民参加国家司法考试，取得法律职业资格的可以在大陆从事律师

职业。截至目前，台湾地区考生参加了3次国家司法考试，共有2030人报考，142人通过，8人取得大陆律师执业证并在大陆执业。2009年5月，大陆又实施新的惠台措施，许可台湾地区律师事务所在福州、厦门两地试点设立代表机构。福建省司法厅于今年9月颁布了《台湾地区律师事务所在福州、厦门设立代表机构试点工作实施办法》，正式启动试点工作。试点工作的顺利实施，特别是首批台湾地区律师事务所试点代表处的正式设立，标志着两岸律师业的交流合作迈上了一个新的台阶。可以说，现阶段两岸律师业的交流合作处于历史上最好的发展时期。

改革开放以来，特别是实施海西发展战略以来，福建努力实现新跨越，保持经济持续快速协调发展，积极促进两岸经贸合作和人员往来，为海峡两岸律师业加强交流合作创造了良好的条件。台湾地区律师事务所在福州、厦门设立代表机构的试点工作，得到了福建省委、省政府的高度重视。福建省司法厅及有关部门做了大量的工作，确保了首批台湾地区律师事务所试点代表处于年内顺利获批成立。在此，我代表司法部，向一直以来关心和支持律师工作的福建省委、省政府及各有关部门表示诚挚的谢意！

当前，两岸交流合作正处在一个新的历史起点上，两岸律师业的交流合作也将翻开新的一页。大陆正在制定的“十二五”发展规划不仅将为大陆经济社会发展绘制宏伟蓝图，同时也将为两岸交流合作提供更为广阔的空间。ECFA的签订和实施为两岸经贸关系实现经常化、制度化创造了条件，海协会和海基会又于近日完成了第六次两会领导人协商。两岸关系相向而行，必将有力地促进两岸法律服务的需求，为两岸律师业的交流合作提供新的发展机遇。我们欢迎台湾地区律师抓住这一历史机遇，着眼两岸发展大局，到大陆发展业务。我们也希望大陆律师能够寻求与台湾地区律师的合作，为大陆企业赴台投资、经营发展提供服务。海峡两岸有着共同的文化背景、共同的语言、相近的法律渊源，在法律服务业交流合作方面，具有许多有利条件。两岸律师携起手来，密切合作，一定能够共享机遇，共谋发展。

在以后的时间，希望首批7家台湾地区律师事务所驻福州、厦门试点代表处及其派驻的12名代表依法诚信执业，勤勉敬业，为当事人提供优质高效的法律服务。同时，希望福建省司法厅以及福州市、厦门市司法局做好相关管理和服务事宜，为推动两岸律师业交流合作搭建平台，为服务两岸经贸关系发展发挥积极作用。

深化两岸交流与合作，是两岸关系和平发展的客观需要，也是两岸律师界共同的责任。胡锦涛总书记在纪念《告台湾同胞书》发表30周年座谈会的重要讲话中鲜明地提出了继续推进两岸关系和平发展的重要思想和六点意见，强调两岸要推进经济合作，促进共同发展，以最大限度促进优势互补，互惠互利。我们将一如既往地为推动两岸律师开展更广泛、更深入、更持久的交流与合作做出不懈的努力。

让我们携手共进，开拓创新，为两岸的共同繁荣稳定做出新的、更大的贡献！

# 做到四个置于　不断深化律师行业创先争优活动

## ——司法部副部长赵大程在山西调研律师党建工作时的讲话

(2012年12月3日)

今天我和司法部有关司局、单位的负责同志到佳镜律师事务所了解开展创先争优活动的情况，与大家共同研究进一步推进在律师行业党的基层组织和党员中深入开展创先争优活动的问题。

在全国律师行业开展创先争优活动是当前加强律师行业党的建设工作的一项重要任务。按照中央创先争优活动领导小组的部署，司法部在各地确定了一批律师事务所作为联系点，我的联系点就是佳镜律师事务所。今天看了佳镜律师事务所，听取了山西省司法厅和黄河、中吕、科贝、中略、成诚等律师事务所关于开展创先争优活动的情况汇报。我感到，在山西省委、省政府的领导下，在省司法行政机关的具体组织指导下，山西省律师行业以科学发展观为指导，认真贯彻落实中央的部署，积极开展创先争优活动，取得了明显成效。

佳镜律师事务所党组织、党员创先争优活动开展得较好。一是思想重视，积极推进。全所的律师党员都认识到，创先争优活动就是要树立党的旗帜，就是要发挥党员的表率作用，就是要从每一名执业律师出发，努力在全面建设小康社会的历史进程中建功立业。创先争优说到底就是要求我们的工作要比同行做得更好，党组织和党员的作用发挥得要比同行更好。佳镜所党支部按照省委、司法部和省司法厅的部署，有计划、有步骤地开展了创先争优活动。来到佳镜所，我们置身于浓厚的创先争优氛围中，全所律师呈现出良好的精神面貌。二是服务大局，优质服务。全所的律师党员都明确，创先争优的目的就是要把党组织和党员队伍的力量凝聚起来，进而凝聚广大律师的力量，促进经济又好又快发展，维护社会和谐稳定。今年以来，佳镜所的同志们集中精力和思路，围绕党委、政府的中心工作，围绕山西经济社会发展的全局工作，结合律师工作的实际，在诉讼、非诉讼领域充分发挥职能作用，取得了丰硕的工作成果，成为推进三项重点工作的重要力量。三是践行承诺，争做表率。在创先争优活动中，全所的律师党员在律师面前作出庄严承诺，承诺要保证党的先进性，承诺要践行中国特色社会主义法律工作者的总要求，承诺要维护当事人合法权益，维护法律正确实施，维护社会公平正义。律师党员不仅作出明确承诺，而且切实予以践诺，积极争做执业工作的表率、执业纪律的表率。四是建章立制，规范管理。佳镜所在开展创先争优活动中，通过查找所内管理、执业活动以及党建工作中存在的问题和不足，按照党章的要求，按照有关规范性文件的要求，进一步把制度健全完善起来，让创先争优活动成为一个新的起点，通过制度载体来保证创先争优活动取得实效，党的先进性能够长期持续地保持下去。

中央领导同志对佳镜律师事务所非常关怀。2009年以来，中央政治局常委、中央政法委员会书记周永康同志亲临佳镜所视察并且审阅了佳镜所的工作汇报，作了重要批示。这既是对佳镜所全体同志的关怀，也是对山西乃至全国广大律师的关怀。佳镜所的同志们要不辜负中央领导同志的期望，巩固好前一阶段创先争优的成果，查找不足，进一步增强党员意识，进一步增强党员率先垂范的模范意识，继续把创先争优工作深入、生动、有效地开展下去。希望你们继续按照做中国特色社会主义法律工作者的总要求，把佳镜所建设好，使佳镜所党组织和律师党员更好地发挥政治核心作用和先锋模范作用，在党建工作、执业活动两个方面取得更大的收获，成为全国律师行业的一面旗帜。

佳镜所的工作是山西律师行业党组织和党员创先争优活动的一个缩影。刚才几个所的情况汇报，可以反映出整个山西律师行业创先争优活动的共性和亮点，这就是，山西省司法行政机关和律师协会高度重视开展创先争优活动，并把这项任务与律师事业发展紧密相连，广大律师党组织和律师党员立足岗位，在实现科学发展中创先争优、在践行中国特色社会主义法律工作者总要求中创先争优、在履行律师法定职责中创先争优、在保持党的先进性中创先争优，活动形式丰富多彩，呈现出可喜的工作局面。这些经验值得总结推广。希望全省各级司法行政机关、各地律师协会以及律师行业党组织和广大律师党员，要进一步巩固前一阶段的工作成果，进一步丰富创先争优活动的工作思路，进一步突出律师行业的特色，卓有成效地开展创先争优工作，大力推进律师工作和律师队伍建设，为山西经济社会发展做出新的贡献。下面，我就深入推进创先争优活动工作，谈几点意见。

**一、要认真学习贯彻中央的新精神、新要求，进一步增强开展创先争优的责任感和使命感**

中央决定开展这次创先争优活动，是在全党深入学习实践科学发展观活动结束后作出的又一重要决定。在党的基层组织和党员中深入开展创先争优活动，是我们党巩固和发展深入学习实践科学发展观活动成果，推动经济社会又好又快发展的重要举措；是我们党在全面建设小康社会的历史进程中进一步发挥党的先进性，让党的旗帜高高飘扬，坚持中国特色社会主义制度，把中国特色社会主义事业胜利推向前进的重要部署；是我们党在新的历史时期，探索完善加强党建工作的方式方法，凝聚全党的力量，加强与人民群众的血肉联系，进一步巩固党的执政地位，加强党的先进性建设的重要载体和有力抓手。胡锦涛总书记在党的十七届五中全会的重要讲话中，把学习实践科学发展观活动与创先争优活动列为今年中央集中力量抓的几件大事之一。全会通过的中央关于制定“十二五”规划建议提出，要切实加强党的基层组织建设，深入开展创先争优活动，带领广大群众推动经济社会又好又快发展。这就明确了“十二五”时期创先争优活动在党和国家工作全局中的重要地位和作用。

当前，我国律师事业进入了改革发展的新阶段，律师行业党的建设也进入了一个新的时期。党中央、国务院和中央领导同志对律师工作、律师队伍、律师行业党的建设和创先争优活动高度重视。中央办公厅、国务院办公厅转发了《司法部关于进一步加强和改进律师工作的意见》（以下简称《意见》）。《意见》是党中央、国务院在新的历史条件下对进一步加强和改进律师工作做出的重大决策部署。《意见》在总结和肯定这些年来律师工作改革发展取得成绩和经验的基础上，立足于律师是中国特色社会主义法律工作者的定位，提出了进一步加强和改进律师工作的战略任务和重大举措，对律师工作改革发展做出了全面部署，进一步回答了律师事业发展面临的重大理论和实践问题，为做好律师工作指明了方向。《意见》明确要求，要在律师行业党的基层组织和广大律师党员中深入开展创先争优活动，切实发挥律师事务所党组织在执业活动中的政治核心作用，充分发挥律师党员的先锋模范作用。在刚刚结束的全国律师工作会议上，周永康同志作了重要讲话，就进一步加强党对律师工作的领导和在律师行业深入开展创先争优活动提出了明确要求。中央的这些新精神、新要求，为加强党对律师工作的领导，在律师行业深入开展创先争优活动指明了方向。为贯彻落实中央的新精神、新要求，11 月 24 日，司法部、中组部在北京召开了全国律师行业党的建设工作会议，吴爱英部长和中组部王秦丰副部长作了重要讲话，对进一步加强律师行业党的建设工作，深入开展创先争优活动做出了工作部署。我们要认真学习领会中央的新精神、新要求，认真学习贯彻《意见》，认真学习贯彻周永康同志重要讲话精神，认真贯彻落实全国律师工作会议和全国律师行业党的建设工作会议精神，切实把思想统一到中央的要求上来，进一步形成深入开展创先争优活动的思想共识，增强深入开展创先争优活动的责任感和使命感，在认真总结前一阶段创先争优活动工作的基础上，采取更加扎实有效的措施，把创先争优活动引向深入。

**二、要做到四个置于，不断深化创先争优活动**

各级司法行政机关、各地律师协会和广大律师要进一步深化对中央决定开展创先争优活动重要意义的认识，以做好律师工作作为创先争优活动的根本目的，把开展创先争优活动与推进律师事业改革发展建设的实际紧密结合起来。只有这样才能把创先争优活动的深刻意义体现到律师事业发展的社会价值中；才能抓住历史机遇，进一步提升律师行业党建工作水平，进而提升律师行业执业水平；才能确保律师事业顺利、健康发展，不断适应、满足党和人民群众的要求和期待，与中国特色社会主义制度相契合，成为建设和捍卫中国特色社会主义制度的坚强法治力量。立足律师工作实际，推进创先争优活动深入开展，要注意把握以下几点：

第一，要把创先争优的活动置于贯彻落实中央通过的“十二五”规划建议的社会实践中，在实现科学发展中创先争优。党的十七届五中全会提出，“十二五”时期是我国全面建设小康社会的关键时期，是深化改革开放、加快经济发展方式的攻坚时期。深入学习贯彻十七届五中全会精神，要求律师行业党组织和律师党员要深刻领会科学发展的主题和加快转变经济发展方式的主线，在服务科学发展、加快转变经济发展方式中创先争优，进一步提高服务科学发展的能力，满足经济社会对法律服务的需求。落实中央关于我国经济社会发展的战略部署，加快转变经济发展方式，面临着大量的法律事务，特别是在企业并购改制、环境保护、知识产权、涉外法律服务等领域，律师工作大有可为。要积极拓展服务领域，提高服务的前瞻性、实效性。

第二，要把创先争优的活动置于做中国特色社会主义法律工作者的总要求中，在履行律师法定职责中创先争优。律师是中国特色社会主义法律工作者，这是经过多年探索和实践，对我国律师本质属性做出的科学定位。深入开展律师行业创先争优活动要求律师事务所党组织和律师党员，必须把创先争优活动与深入开展“中国特色社会主义法律工作者”主题实践活动紧密结合起来，不断增强广大律师做中国特色社会主义法律工作者的自觉性、坚定性；必须始终坚持高举中国特色社会主义伟大旗帜，始终坚持以科学发展观统领律师工作，始终坚持律师是中国特色社会主义法律工作者的本质属性，始终坚持党对律师工作的领导，坚决抵制违反我国宪法原则、不符合我国国情的政治制度、法律制度、法治观念对我国律师行业的不良影响和侵蚀，确保律师工作的社会主义方向；必须牢固树立并自觉践行社会主义法治理念，通过创建律师事务所“五好党支部”、争当“优秀律师党员”，推动律师事务所健康发展，推进律师队伍建设。

第三，要把创先争优的活动置于维护社会和谐稳定的工作中，在服务大局、推进三项重点工作中创先争优。围绕中心、服务大局，是发挥律师行业党组织政治核心作用和党员先锋模范作用的着力点和落脚点。深入推进社会矛盾化解、社会管理创新、公正廉洁执法三项重点工作，是中央作出的重要决策。律师工作在深入推进三项重点工作中具有专业优势和独特作用。律师行业党组织和律师党员要紧紧围绕深入推进三项重点工作，坚持在党和政府主导的维护群众权益机制中发挥职能作用，认真做好诉讼、仲裁、调解、普法、涉法信访等专项法律服务工作，积极参与群体性事件的预防处置，为党委、政府和广大人民群众提供良好法律服务，努力使各种矛盾纠纷在法治的轨道上得到依法妥善解决，实现法律效果与政治效果和社会效果的有机统一。

第四，要把创先争优活动置于提高律师党建工作水平的实践中，在坚持律师行业党的先进性中创先争优。加强律师行业党的建设，是律师行业创先争优活动的重要内容，也是搞好创先争优活动的有力保证。要把创先争优活动与加强律师行业党的建设紧密结合起来，不断加强党对律师工作的领导。要以创先争优活动推动党建工作，以党建工作促进和保障创先争优活动。要进一步巩固和扩大律师行业党的组织和党的工作全覆盖的成果，充分发挥党组织作用，建立完善党组织工作机制，创新活动内容、形式和载体，灵活多样地开展党的工作。要认真做好党员发展工作，重视在律师事务所主任、合伙人、业务骨干中发展党员，及时把政治素质好、业务能力强、群众基础实的优秀青年律师骨干吸收到党组织中，进一步发展壮大律师党员队伍。要积极探索律师行业党组织和律师党员发挥作用的有效途径，充分发挥律师事务所党组织在律师执业活动、律师事务所建设和管理中的政治核心作用，充分发挥律师党员在履行工作职责、服务经济社会发展中的先锋模范作用。

**三、要明确三个坚持，在创先争优活动中进一步加强律师事务所建设**

律师事务所是律师的执业机构，律师事务所党组织是党的基层组织的重要组成部分，律师事务所在律师管理工作中具有基础性作用。要通过开展创先争优活动，进一步加强律师事务所建设。在这里，我对律师事务所建设提出三点要求：

一是要坚持定位立所。这个定位就是中央提出的律师要做中国特色社会主义法律工作者的政治定位。贯彻《意见》精神，核心问题是我国律师要坚持做中国特色社会主义法律工作者这一政治定位。这是律师事务所建立、运行和发展的根本前提。

二是要坚持诚信兴所。律师制度是我国社会主义司法制度的重要组成部分，不仅自身需要用诚信取信于民，而且对推进全社会的诚信建设有着重要促进作用。广大律师要正确处理好维护当事人合法权益、维护法律正确实施、维护社会公平正义的关系，既对具体当事人讲诚信，又对整个社会讲诚信。

三是要坚持人才强所。人才是推动事业发展的重要保障。律师事业要做大、做强、做优，需要一大批具有世界眼光、懂得国情、掌握精湛业务技能的律师人才。律师事务所要成为吸引、凝聚优秀人才的重要基地。律师行业是一个终身学习的行业，广大律师要不断学习新知识，掌握新技能，增强新本领，做政治坚定、法律精通、维护正义、恪守诚信的社会主义法律工作者。

同志们，党的十七届五中全会为我国未来一个时期的经济社会发展描绘了宏伟蓝图；《意见》为当前和今后一段时期我国律师事业科学发展指明了方向。站在新的历史起点上，我们要在以胡锦涛同志为总书记的党中央领导下，以邓小平理论和“三个代表”重要思想为指导，深入贯彻落实科学发展观，解放思想、实事求是，抓住机遇，开拓创新，深入推动律师行业创先争优活动的开展，全面加强律师行业党的建设，不断开创律师工作新局面，努力为实现“十二五”时期经济社会发展目标做出新的更大贡献！

## 发挥好专业委员会三个作用　服务实施“十二五”规划推进律师事业发展

——司法部副部长赵大程在全国律协专业委员会主任联席会上的讲话

同志们，我今天来的目的有两个，第一，是看望、慰问大家。在过去的一年里，全国律协各专业委员会在律协党组的领导下，积极进取，扎实工作，不断提升律师专业化水平，不断规范律师执业行为，为推进律师事业发展，为在经济社会发展中发挥律师工作的作用，做出了卓有成效的贡献。我代表党组，代表司法部，向大家表示感谢！第二，是直接听取同志们对当前服务经济社会发展、加强社会主义民主法制建设，推进律师事业发展的意见和建议。

今年是我们国家“十二五”规划纲要贯彻实施的开局之年，专业委员会主任联席会议是我们的例会，也是我们贯彻落实“十二五”规划纲要，研究谋划今后5年全国律协专业工作的一次很重要的会议。各位周末风尘仆仆从各地赶来，做出一些奉献和牺牲，我觉得是值得的，因为这次会议对今后几年律师工作、律师事业的建设和发展非常重要。

我最近在想三个问题：第一，我国经济日益融入国际社会，伴随的是中国企业走向世界。在这样的历史趋势下，中国的律师事业怎么办？第二，在新世纪、新阶段，全面推进小康社会建设，经济总量不断增长，社会处于转型的历史时期，中国的律师工作怎么干？第三，在我们贯彻党的十一届三中全会的路线、方针和政策，推进中国特色社会主义民主建设，不断健全社会主义法制的历史进程中，中国的律师事业怎么走？

怎么办？怎么干？怎么走？是这段时间我想得最多的三件事。因为我们正处在一个律师事业发展的关键时期，我们国家的命运、民族的命运、世界和中国历史发展的趋势，决定了我们在座的同志必然要重视、要研究、要回答这些问题。大家知道，近年来，我们国家办成了一系列大事，办好了一系列喜事，办妥了一系列难事。比如，经过30年的努力，我国已经正式成为世界第二大经济体；党和国家集中全党、全国人民的智慧，勾画了“十二五”时期的发展蓝图；中央作出了在社会转型时期，积极推进社会管理创新的重大战略决策；一个立足中国国情和实际、适应改革开放和社会主义现代化建设需要的中国特色社会主义法律体系已经形成；全国政法战线卓有成效地把自身的工作与党和国家的工作大局结合起来，推进了三项重点工作，形成了继续深化三项重点工作的总体思路。

我们律师工作去年也出现了两件大事：第一件大事，就是集中党、政府、全体律师和社会各界的力量，形成了中办、国办转发的《司法部关于加强和改进律师工作的意见》（中办发30号文件）。在部党组和协会党组学习的时候，大家都认为这个意见是在总结30年我们国家律师工作改革发展建设的成功经验、历史教训的基础上，着眼于高举中国特色社会主义的伟大旗帜，建设中国特色社会主义的律师制度，推进律师事业正确、快速、健康发展的一个历史性的成果。

第二件事，去年全国执业律师总数突破了20万，距离小平同志提出的中国要有30万律师的目标已为时不远。我们预测，到“十二五”规划末，有望接近于老人家提出的这一目标。

国家的一系列大事、律师工作自身发生的两件大事，对律师制度、律师工作、律师执业群体来说，都会产生深刻的影响。我们一定要有世界和中国全局发展的眼光，培养和形成战略思维，研究谋划律师事业发展的未来。根据当前世界的形势、中国的形势、律师工作的形势，我们要研究这样几件事：

第一，要研究采取措施确保律师工作坚定正确的政治方向。要坚持中国特色社会主义律师制度的本质属性，在谋划工作思路、确定工作目标、提出政策措施过程中，始终确保中国特色社会主义律师事业在正确的方向上前进，在任何时候都毫不含糊，决不动摇。

第二，要立足于国际国内两个大局，立足于中国经济日益融入世界经济的总趋势，调整律师的执业结构。大力加强律师人才培养，制定实施律师行业优秀人才和后备人才培养计划，着力培养一批具有国际眼光、精通涉外法律业务的高素质律师人才。

第三，要站在新的历史起点上，实现律师工作精细化管理。也可以说，要从过去走新路、创新路的历史时期，变为走好新路、创好新路的历史时期。这30年，在党的十一届三中全会路线、方针、政策指引下，实现了律师事业的迅速发展。但这仅仅是开始，距离真正完善制度，形成中国特色社会主义律师制度的体系，还要做大量的工作。“十二五”时期是一个关键时期，司法部、全国律协要做好这项工作。我们要贯彻中央的方针政策，从精细管理和服务入手，全面提高律师管理水平。精细管理是我们现在要正视的一个问题。现在还有一些贯彻《律师法》的规章、规范性文件没有制订出来；有一些还没有修改完善；与规范相适应的服务和监管体系还处在一个比较粗放的阶段。在“十二五”时期，这些问题伴随着我们贯彻中办发30号文件，都要认真解决。

第四，要以诚信为核心，全面保证和提升律师的执业水平。无论办理诉讼还是非诉讼业务，讲诚信、重形象、高质量，应该是“十二五”时期的一个非常响亮的口号。我们有能力迅速在30年的时间里发展起一支20万人的队伍，就有能力在今后不到30年的时间里，服务好、管理好20万甚至更多的律师。

这些年，全国律协各专业委员会认真履行职责，工作是出色的，为提升全国律协专业水平起到了重要的支撑作用。律师协会专业委员会的组织建设、业务建设、人员建设、制度建设是至关重要的。专业委员会工作水平的提高，事关全国律协“律师之家”作用的发挥。2008年我第一次参加全国律协专业委员会主任联席会议时就讲了一句话，现在我仍然要讲这句话，希望建设好专业委员会，发挥好专业委员会作用。在座的各位同志，你们除了要有奉献精神、敬业精神，还要有崇高的使命感和历史责任感。希望各专业委员会能够做到：第一，成为律师人才聚集的中心；第二，成为律师专业规范提升的基地；第三，成为引领律师事业发展的平台。希望大家百尺竿头，更进一步，在过去工作的基础上，全面研究、推进自身的组织建设、业务建设、制度建设。

有一句话讲得比较深刻，不谋全局，不足以谋一域。今天所说的工作，是当前和今后一个时期律师工作全局中的几个重要支撑点。各专业委员会要从全局的角度去思考、认识和谋划。有些工作要和行政管理工作进一步协调；有些工作要眼界放得更开一些；有些工作要更加注意抓住重点。我们要共同努力，贯彻落实中办发 30 号文件精神、全国律师工作会议精神、周永康同志和吴爱英部长的重要讲话精神，积极实践，砥砺前行。2011 年结束的时候，争取能产生更多、更新、更好的成果，以不辜负全行业律师的期望，为贯彻落实党中央、国务院的决策部署，为实施“十二五”规划，为推进律师事业发展做出新的、更大的贡献。

## 加强律师事务所建设和管理　推进律师事业发展

——司法部副部长赵大程在江苏调研律师工作时的讲话

今天到致邦律师事务所调研，很受启发，对我们丰富思路，研究、加强律师事务所建设，有着直接、现实的作用。你们的介绍很好，讲出了律所的发展方向和发展理念，也讲出了律所的团队精神。你们加强律师事务所建设的思路符合中央对律师工作的要求，符合经济、社会发展形势对律师工作的要求，符合社会主义法治建设对律师工作的要求，也符合中国特色社会主义律师制度的发展规律。同志们讲大局、讲服务，重事业、重未来，是一支年轻有为的优秀团队。我坚信全国 1.7 万多家律师事务所，如果都能够像致邦律师事务所这样，我们的律师工作水平将会有新的提高，律师工作面貌将会有新的变化。

通过你们几位同志的介绍，我看致邦所 10 年发展综合起来有三大特点：

第一，理想远大。你们提出要打造“百年致邦”，这不仅是要使致邦律师事务所薪火相传，成为一个有历史的、有代表性的品牌律师事务所，更重要的是要把改革开放以来，在我们党的路线、方针、政策指引下发展壮大的律师事业，以做中国特色社会主义法律工作者为本质要求的律师工作，顺利地、长远地坚持下去。你们的这种信念、这种理想令人鼓舞、令人钦佩。你们能够志存高远，有这样远大的理想和抱负，是律师事业之大幸，更是我们国家之大幸、民族之大幸！

第二，视野开阔。律师事务所 10 年的历史不算长，面向未来需要做的事情很多。你们提出不管是快走，还是慢走，关键要稳走，这个观点很正确。过去这 10 年，你们有很大的变革，你们推进律师事务所队伍、业务建设，把一个十几个人的律师事务所，发展壮大成为江苏较大规模的百人以上的律师事务所，最关键的原因是有开阔的视野、稳中求进的创业作风。今天你们开篇就讲到致邦律师事务所发展的定位、策略和着力点，是要适应党和国家大局的要求，适应司法部、省司法厅的工作要求，适应改革开放30年律师事业不断发展推进的要求。把一个所的发展，把一个所的生命力，同国家民族的命运紧密相连，这个所的建设步伐就会坚实有力，因为它符合事物发展的根本规律，符合改革开放以来我们党恢复重建律师业的初衷，符合我们推进依法治国基本方略的历史进程的需要。

第三，管理规范。管理的规范体现在你们管委会的管理模式，体现在你们整个律师事务所人员队伍的管理，体现在你们工作运行制度的建立健全，体现在你们律师事务所的形象设立、品牌形成和环境改善。如果我们全国的律师事务所都能做到这样，那么我们的律师工作就有了坚实的管理基础。你们有这样一个洁净优美的环境，是江苏省司法厅党委一班人认真贯彻中央、贯彻省委、省政府的要求，认真指导律师事业发展的结果，是广大律师不懈奋斗、积极进取、自尊自爱、艰苦创业的结果。这个环境是律师事务所品牌树立的必然需要，也是你们志存高远的物质体现。当然我希望你们永不满足，我也相信你们不会满足。

今天我高兴地看到了一个各个方面发展运行得好、管理得好、人员精神面貌好的律师事务所。你们的发展是与党和国家的要求相吻合的，是与人民群众的要求相一致的。我相信，只要你们坚定方向、一如继往、不怕困难、砥砺前行，始终坚持科学发展，致邦律师事务所一定有更加灿烂的明天！

当前，在中央的领导下，我们正在不断健全完善中国特色的社会主义法治，新一轮的司法体制机制改革正在深入推进。其中一个重大的课题，就是要按照中国特色社会主义的建设方向来建设完善中国特色社会主义律师制度。在党中央、国务院的坚强领导下，在社会各界的大力支持下，在全系统同志们的共同努力下，健全完善中国特色社会主义律师制度的新一轮方案已经形成，已经破题，它集中体现在2010年中办发30号文件之中。这个文件发布以后，得到了中央各部门，各地党委、政府的高度重视，在社会各界，特别是关注律师业的人中产生了强烈的反响，司法行政系统特别是从事律师工作的同志更是欢欣鼓舞。随着这个文件精神的贯彻落实，可以说经过了改革开放30年的中国律师工作将会迈上一个新台阶，提高到一个新水平。这个文件真正有效地落实好，中国特色社会主义的律师制度就可以说基本形成。落实好这个文件的精神，推进律师制度改革发展，实现律师事业又好又快地发展，这是摆在当前司法行政机关、律师协会和律师事务所同志们面前的一项十分重大而紧迫的课题。同时，对我们从事律师工作的人来说，是一次千载难逢的重大机遇，能否抓住、推进和实现，是我们的历史责任。我们要按照中央的要求和司法部的部署、吴部长的讲话精神落实好这个文件，不断推进律师工作，健全完善中国特色社会主义的律师制度。对我们从事律师工作的人来说，做党和政府信赖、人民满意的社会主义法律工作者，要努力做到四点。

第一，要十分明确律师事业发展的前进方向。要按照胡锦涛总书记和周永康同志等中央领导同志提出的明确要求，高举中国特色社会主义伟大旗帜，做中国特色社会主义事业的建设者、捍卫者，做中国特色社会主义法律工作者。这就是我国律师事业发展的前进方向，对此必须十分明确、始终坚定、真正实践。律师是法律人，不是企业家，更不是法律商人。我们工作的出发点、立足点就是要通过运用法律知识，去服务国家，服务社会，服务人民。律师法规定，维护当事人的合法权益、维护法律的正确实施、维护社会的公平正义，这三者不仅本身非常重要，而且具有内在逻辑关系，第三者是前两者的逻辑归属。我多次讲律师从事的办案活动所维护的当事人的权益要和人民群众的根本利益紧密结合，就是依据“三维护”这个要求提出的。中央领导同志反复告诫我们，要依照律师法的规定，依照“三维护”的要求，真正做到“三拥护”，“四个在心中”。我们的广大律师要做一个党和人民放心的，党和人民信赖的法律工作者，就一定要知道自己工作的出发点、立足点、着眼点。律师工作要取信于民，律师事务所要做大做强，一定是以诚信为本。通俗地讲，要让老百姓放心、相信，要感到你不是一个法律商人，而是真正为人民群众服务的社会主义法律工作者。人民群众的需求和困难要装在心中，只要他们需要法律帮助，我们都应该伸出援助之手，热情地为他们服务。这方面有很多先进典型和模范人物，我们要大力予以宣传。从今天致邦律师事务所介绍的情况看，你们有“四个在心中”的理念。律师事务所要长远存在，发展壮大，诚信为本是最重要的，对法律要诚信，对人民要诚信，对国家和社会要诚信。

第二，要把律师工作、律师事业始终同党和人民的事业紧密结合。中国特色社会主义律师制度，是中国特色社会主义司法制度的重要组成部分，也是中国特色社会主义法治建设的重要组成部分。要实现中国特色社会主义现代化，必然要加强和健全中国特色社会主义法治，必然要形成健全的中国特色社会主义司法制度。所以健全完善律师制度，无论对从事律师管理工作的人来说，还是对从事律师实务工作的人来说，都必须把自己的工作、自己的事业、自己的命运同党和人民、中华民族的前途命运联系在一起。我们所研究的律师事业发展方向，所确定的律师事务所发展定位，所采取的律师事务发展策略，都要同党和国家的前途命运联系在一起。结合学习党的十七届五中全会精神和十一届全国人大四次会议通过的《国民经济和社会发展第十二个五年规划纲要》，我们体会未来的5年，将是中国经济社会以实现科学发展为主题，转型的5年、创新的5年和公平发展的5年。律师工作从来都和经济社会发展紧密相连，从来都和民主法治建设紧密相连，从来都和社会和谐稳定、精神文明建设紧密相连。我们必须研究经济社会发展的基本特征、总的趋势，从完善人员结构、提高人员素养、培养未来人才的基础出发，去付诸行动，去真正适应经济社会的发展需要。律师事务所要发展一定要站得高、看得远，一定要把具体的律师岗位同党和国家、人民的事业紧密联系在一起，这样才会有正确的发展方向、超前的发展战略、可喜的发展局面。

第三，要强化政治保障。中国特色社会主义律师事业，必须要始终坚持中国共产党的领导。党的领导，是律师事业的根本政治保障。对于党组织在律师事务所的定位，过去讲是政治保障，现在讲是政治核心。要明确和坚持党组织在律师事务所的定位，党组织要带队伍、管业务，要通过党建来推动促进业务发展。你们律师事务所的党支部书记是主要合伙人，但还没有实行“一肩挑”，我们提倡最好要主任和党支部书记“一肩挑”，实行“一岗双责”，这样对于推进律师队伍党建工作、推进律师事务所管理和建设都具有重要意义。党建工作要进一步加强，集中体现在发挥党的感召力、号召力和凝聚力上。要增强党员的党性观念，增强服务社会、服务人民的使命感、责任感，用自身的模范行为感召群众。加入党组织，要按照党章要求，严格标准，严格条件。入党的根本目的是什么，要多做宣传，让还不是党员的青年律师认识到，入党就可以成为先进组织的一分子，就能践行全心全意为人民服务的宗旨，就能为壮丽的共产主义事业而奋斗，要有这样的境界、这样的理想和信念。党组织的政治核心作用如何发挥，支部工作如何开展，监督作用如何体现，等等，这些问题都要随着律师行业党建工作的深入推进去一一回答。律师事务所要发展，党组织的政治核心作用必须要发挥好。在此基础上，形成所的文化、所的精神，形成强大的凝聚力。凝聚力源于一个所要有核心，凡是有比较长历史的所，凡是大所、跨国所，一定有核心，党组织要成为律师事务所的政治核心。

第四，要高度重视律师事务所建设和管理。律师事务所是律师管理工作的基础环节。改革开放以来，特别是近些年来，我们的律师事务所从规模到种类都有很大的发展，现在上百人、上千人的所已有不少，同时，既有国资所，也有合伙所、个人所。加强律师事务所的建设和管理，是我们管理工作面临的一个重要课题。讲律师事务所基础管理工作重要，主要是法律、法规也好，政策措施也好，最终都是要靠律师事务所来落实。律师事务所管不好，建设不好，管理工作就难以取得实效。不同的律师事务所在管理上既有共性也有个性。我们提倡大所要努力做强，中小所要做精做专，无论大所还是中小所，都要做到规范管理。什么是规范管理，不同的事务所管理方式方法可能不尽一致，但也必须遵循一些共性的东西。我认为，在共性方面，主要是要把四个机制建设好：一是要健全完善组织管理机制。就是事务所无论大小，都要有一个好的组织架构，真正做到事有人管、责有人负；二是要健全完善质量保证机制。就是通过这样一种机制来保证律师和律师事务所做到诚信服务、规范服务、高质量的服务，以服务赢得人民群众的欢迎与信赖；三是要建立健全分配机制。实践表明，一个所要良性发展，合理的分配机制是关键。分配制度搞不好，事务所就形不成合力，难以持续发展；四是要完善合伙人和事务所主任负责制。一个律师事务所管理的好坏，合伙人和主任是关键。合伙人和主任要增强管理意识、责任意识和奉献意识，真正落实好法律赋予合伙人和主任的责任。当然一个事务所要搞好，还有其他的一些制度和机制需要建立。但是，上面四项机制是重点。

今天，借这个机会，我提出几个问题，请部律师公证工作司、全国律协研究，也请地方的同志们建言献策，上下共同努力，把这几个方面的问题研究好、解决好。一是根据中办发30号文件精神，提出加强律师事务所管理和建设的具体意见；二是形成全国执业律师的分配机制指引，提出总的方向、模式；三是进一步加强和改进律师培训工作，坚持培训理论与实务结合，系统内培训与院校培训相结合；四是进一步加强律师工作理论研究，以邓小平理论、“三个代表”重要思想和科学发展观指导迅速发展的律师工作实践。

## 努力做好服务残疾人事业的各项工作　推进残疾人事业发展再上新台阶

司法部副部长　赵大程

残疾人事业是中国特色社会主义事业的重要组成部分，残疾人工作是保障和改善民生的重点。做好服务残疾人事业的各项工作，是各级政府和全社会义不容辞的责任。司法部十分重视残疾人事业，认真贯彻落实党中央、国务院的工作部署，把服务残疾人工作纳入重要工作议程，出台相关政策和有效措施，推进残疾人法律服务、法律援助和法制宣传等工作深入开展。吴爱英部长对做好服务残疾人工作多次提出要求，明确指示做大、做强、做优法律援助工作，使残疾人等更多困难群众平等享有法律援助，感受社会主义社会的公平正义。前不久，吴部长召开部长办公会议，传达学习第四次全国残疾人事业工作会议精神，研究贯彻落实意见。我们要认真贯彻落实《中共中央国务院关于促进残疾人事业发展的意见》和《中国残疾人事业“十二五”发展纲要》的意见，贯彻落实第四次全国残疾人事业工作会议精神，按照部党组要求，切实履行职责，努力做好服务残疾人事业的各项工作。

**一、总结工作，充分肯定“十一五”时期服务残疾人工作取得的成绩**

“十一五”时期，各级司法行政机关认真贯彻中央部署和中国残疾人事业“十一五”发展纲要，贯彻国务院残工委第二、四、五次全体会议精神，充分发挥职能作用，努力为残疾人服务，为残疾人平等参与社会生活创造良好条件，为促进残疾人事业发展做出了积极的贡献。

（一）残疾人权益得到有效维护

各级司法行政机关以解决残疾人法律咨询难、请律师难、打官司难、无力支付法律服务费用等问题为突破口，采取多种措施为残疾人提供法律帮助，不断增强服务能力。积极引导律师事务所、公证处和法律服务所根据残疾人经济状况提供减、免费法律服务。开展多种形式的“扶残助残”活动，为残疾人申请法律服务和法律援助提供便利。推动省（区、市）政府不断扩大残疾人法律援助覆盖面，使更多残疾人获得法律援助。各地法律援助机构为残疾人提供法律咨询120.3余万人次，办理残疾人法律援助案件20余万件，受援残疾人达23.4万名，有力维护了残疾人合法权益。

（二）残疾人法律意识和法律素质进一步提高

各地把《残疾人保障法》等法律、法规作为“五五”普法的一项重要内容，大力加强残疾人法制宣传教育，不断提高全社会和广大残疾人的法律素质和维权能力，进一步营造了尊重、理解、关心、帮助残疾人的良好社会氛围。

（三）服务残疾人工作机制进一步健全。建立司法行政机关分工负责制度

法律服务、法律援助和法制宣传部门在服务残疾人工作中各负其责，充分发挥职能作用。建立服务保障制度。取得财政部支持，设立了中央专项彩票公益金法律援助项目，明确将残疾人作为该项目服务对象，专项支持办理残疾人法律援助案件。建立与有关部门协作机制。与公、检、法、民政、残联等9部门密切配合，推进建立残疾人法律救助体系，开展“法律助残”活动等，形成工作合力，共同推进残疾人事业发展。

在工作实践中，各地形成了有益的经验，主要是：第一，把维护残疾人权益作为根本出发点和落脚点。必须树立以残疾人为本的理念，把残疾人满意不满意作为衡量服务残疾人工作成效的标准，带着深厚的感情做残疾人工作，想残疾人之所想，急残疾人之所急，把残疾人的冷暖安危时刻记在心上，才能保证服务残疾人工作沿着正确的方向发展。第二，把解决与残疾人切身利益相关的问题作为工作的着力点。残疾人状况是民生冷暖的重要指标，只有全面了解残疾人的诉求，把解决残疾人在生活保障、就业、就医、就学等方面的困难和问题作为法律服务和法律援助工作的着力点，这项工作才会大有作为。第三，把提升服务能力和水平作为工作的着眼点。必须引导法律服

务、法律援助机构及广大法律服务人员和法律援助工作者进一步增强责任感和紧迫感，加强业务能力建设，不断提高服务质量和水平，切实保障残疾人合法权益的实现，才能真正受到残疾人的欢迎。

在总结经验、肯定成绩的同时，我们的工作还有不少薄弱环节，与广大残疾人的需要和国家确定的目标还有较大差距，主要是一些地方对做好服务残疾人工作的重要性认识不足，工作滞后，积极性和主动性有待增强；残疾人权益保障的需求还不能得到充分满足，一些地方法律服务和法律援助接待场所缺少无障碍设施，服务条件有待改善等。这些都要引起我们的足够重视，切实加以改进。

**二、全面贯彻落实《中国残疾人事业“十二五”发展纲要》，切实做好服务残疾人事业的各项工作**

“十二五”时期是全面建设小康社会的关键时期，是深化改革开放、加快转变经济发展方式的攻坚时期，也是加快发展残疾人事业的重要时期。做好服务残疾人工作是司法行政机关的一项重要职责，我们要全面落实《中共中央国务院关于促进残疾人事业发展的意见》、《中国残疾人事业“十二五”发展纲要》和第四次全国残疾人事业工作会议精神，采取有力措施，扎实做好各项工作，推进残疾人事业全面发展。

（一）明确目标任务和指导原则

“十二五”时期司法行政服务残疾人工作的总体目标任务是：高举中国特色社会主义伟大旗帜，以邓小平理论和“三个代表”重要思想为指导，深入贯彻落实科学发展观，坚持以人为本，着眼于改善残疾人民生、促进残疾人全面发展，着眼于残疾人社会保障体系和服务体系建设，积极拓展残疾人法律服务工作领域和服务内容，依法解决残疾人切身利益问题。继续推动将残疾人权益保护事项纳入法律援助补充事项范围，扩大残疾人法律援助覆盖面。加大办理残疾人法律援助案件经费投入。建立完善司法行政机关服务残疾人工作机制，推进服务设施便民化、业务开展规范化、服务质量标准化，全面提升服务能力和水平，最大限度地满足残疾人的法律服务和法律援助需求。大力开展残疾人权益保障法等法律、法规的宣传教育，开展形式多样的普法宣传活动，提高全社会依法维护残疾人权益的意识，提升残疾人运用法律武器维护自身合法权益的能力，促进残疾人事业的全面发展。

实现上述目标任务，要遵循以下工作原则：一是坚持以残疾人为本。残疾人作为相对弱势和困难的群体，残疾人的诉求容易受到忽视、权益容易受到侵害。做好法律服务和法律援助等工作，保障残疾人合法权益，有利于促进社会公平正义、实现社会和谐稳定。要认真了解残疾人诉求，努力做到主动服务、热情服务、规范服务、优质服务，切实保障残疾人各项合法权益的实现。二是坚持以残疾人社会保障体系和服务体系建设为主线。残疾人是一个数量众多、有特殊困难、特别需要扶助的社会群体，是社会保障和公共服务的重点人群，也是法律服务和法律援助的重点人群。要充分发挥职能作用，改善残疾人民生、促进残疾人全面发展。三是坚持统筹规划、整体推进。要统筹司法行政各项工作与服务残疾人事业的关系，将服务残疾人工作纳入司法行政机关重要日程和目标管理，在政策制定、工作研究、经费安排、督促检查等方面将残疾人工作纳入，统筹安排和落实。四是坚持社会化工作方式。要以加强和创新社会管理为契机，鼓励和引导符合条件的社会组织和志愿者参与残疾人法律服务、法律援助和法制宣传工作，支持社会组织开展与其能力相适应的法律援助活动，培育理解、尊重、关心、帮助残疾人的社会风尚。

（二）积极拓展工作领域

要充分了解残疾人利益诉求，加大工作力度，推动出台有关政策措施，使残疾人享受服务门槛更低、服务范围更广、服务内容更多的法律服务和法律援助。进一步扩大残疾人法律援助覆盖面，认真总结一些地方对特困残疾人、重度残疾人和多重残疾、一户多残及老残一体、孤残儿童等群体免除经济困难审查直接给予法律援助的做法和经验，参照《残疾人残疾分类和分级》国家标准，结合各地实际，研究推动将残疾人权益保护事项纳入法律援助补充事项的范围，使法律援助惠及更多残疾人。广泛开展“送法律下乡、进社区”活动，把法律服务覆盖到社区、乡村，覆盖到老少边穷地区，覆盖到残疾人生活的各个方面，着力在与残疾人密切相关的就业、医疗、保险、救助、住房等领域开展法律服务，依法解决他们的切身利益问题。司法行政机关要鼓励和引导律师事务所等法律服务机构为残疾人提供减、免费的法律服务，鼓励律师事务所为各级残联免费担任法律顾问。进一步增强服务的针对性，积极为有特殊情况的残疾人提供个性化、专业化的法律服务。不断拓展宣传阵地，善于利用广播、电视、报刊、网络等媒体，大力加强残疾人法制宣传教育，提高残疾人对残疾人保障法等法律、法规的知晓率，提高全社会依法维护残疾人权益的意识。

（三）创新工作方式方法

要本着便捷、高效、优质的原则，创新工作理念，转变工作方法，建立与残疾人法律服务、法律援助需求相适应的工作方式。引导有条件的律师事务所开通“助残维权”热线或残疾人维权网，为残疾人申请法律服务提供便利。建立和完善各项“便残助残”措施，方便残疾人咨询和寻求法律援助。继续推广“盘龙经验”，加强残疾人设施、程序、信息和交流“四个无障碍”建设。对残疾人申请法律援助实行优先接待、优先受理、优先指派的“三优”服务，改善服务环境。加强法律援助便民服务窗口、残疾人法律服务联系点、“残疾人维权示范岗”等工作载体建设，为残疾人搭建“一站式、窗口化”服务平台，提高服务效率和工作水平。

（四）完善工作体制机制

要建立健全法律服务、法律援助和法制宣传部门之间规范化、制度化的工作衔接机制，充分发挥各自职能优势，相互支持，密切配合，形成工作合力，共同做好为残疾人服务的各项工作。大力加强与公、检、法、残联等部门的协作配合，更好地为残疾人提供法律救助服务，共同推进残疾人事业发展。

（五）进一步加大保障力度

要将服务残疾人事业工作纳入本地区司法行政工作发展规划，统一部署、统筹安排、同步实施。司法部已将这项工作纳入“十二五”时期发展规划，各级司法行政机关也要抓紧研究制定相关措施，落实政策支持保障、经费投入保障、工作条件保障，为实现服务残疾人工作各项目标任务创造良好条件。

**三、加强领导，努力开创服务残疾人工作新局面**

“十二五”时期是司法行政机关服务残疾人事业发展的重要时期。各级司法行政机关要把思想统一到中央部署和部党组要求上来，切实加强领导，采取有效措施，扎扎实实做好各项工作，推进残疾人事业发展再上新台阶。

（一）强化组织领导

做好服务残疾人工作是司法行政机关和法律服务、法律援助机构服务为民的重要内容，是爱民之情、亲民之义的具体体现。越是困难的群体，越要给予特殊的关爱。各级司法行政机关要进一步加强对服务残疾人工作的领导，把残疾人工作摆上重要议程。要有效整合各方资源，推动服务残疾人各项工作任务的落实。要引导广大法律服务人员和法律援助工作者带着深厚的感情、饱满的热情、持久的激情，全心全意为残疾人服务，使残疾人得到实实在在的利益。

（二）强化督促检查

各地要结合实际，明确工作目标任务，认真组织实施。要通过督促检查，全面了解掌握各项工作进展情况，及时发现解决问题。要总结推广为残疾人服务的好经验、好做法，以点带面，推动整体工作上水平。要注重研究残疾人普遍性、群体性利益诉求，在丰富工作方法手段上下功夫，在完善维权工作机制上求成效，以新举措打开新局面。

（三）强化宣传工作

要采取多种形式，广泛宣传党中央、国务院对维护残疾人权益工作的高度重视和加强这项工作的重要部署和举措，宣传司法行政机关和法律服务、法律援助机构服务残疾人工作的措施和成效，让社会各界更多地了解支持这项工作。要树立为残疾人提供法律服务、法律援助和开展法制宣传方面的先进典型，宣传广大法律服务人员和法律援助、法制宣传工作者助残维权、帮助残疾人解决实际困难的感人事迹。要创新方法手段，增强宣传的吸引力、感染力和亲和力，营造有利于残疾人工作发展的良好社会氛围。

残疾人事业是崇高而伟大的事业，意义重大，任务艰巨。让我们更加紧密地团结在以胡锦涛同志为总书记的党中央周围，高举中国特色社会主义伟大旗帜，以邓小平理论和“三个代表”重要思想为指导，深入贯彻落实科学发展观，奋发进取，扎实工作，为实现残疾人事业“十二五”发展纲要目标做出应有的贡献！

## 司法部副部长赵大程在第三届中国服务贸易大会法律服务论坛上的讲话

**尊敬的各位来宾，女士们、先生们：**

大家下午好！

很高兴出席这次在北京举行的第三届中国服务贸易大会法律服务论坛。首先，我代表中国司法部对大会的召开表示热烈的祝贺！

中国服务贸易大会是服务贸易领域的一次盛会。本届大会首次推出法律服务专题，开设法律服务论坛，并以“国际舞台上的中国律师”为主题，探讨中国律师如何适应经济全球化潮流，加强国际交流与合作，实现互利共赢，对促进中国律师服务业发展具有重要意义。

我国政府高度重视法治建设，重视律师制度发展。胡锦涛主席指出，要不断完善中国特色社会主义法律体系，不断推进国家各项工作法治化，切实把党的十七大提出的全面落实依法治国基本方略、加快建设社会主义法治国家的重大任务落到实处。新中国成立以来特别是改革开放30多年来，我国立法工作取得了举世瞩目的巨大成就。到2010年，一个立足中国国情和实际、适应改革开放和社会主义现代化建设需要的中国特色社会主义法律体系已经形成，国家经济建设、政治建设、文化建设、社会建设以及生态文明建设的各个方面实现了有法可依。律师行业蓬勃发展，律师制度日益完善，律师规模不断壮大，律师素质稳步提高，业务领域不断拓展，职能作用日益凸显，为促进我国经济社会发展做出了积极贡献。目前，中国执业律师已达20万人，律师事务所1.7万多家。同时，我们还批准了20个国家和地区的239家律师事务所设立了293家代表机构。律师业发展呈现出良好态势，蕴藏着巨大发展潜力。

律师服务是服务贸易的重要组成部分，也是促进服务贸易扩大和深化的法治保证。当前，我国正处在全面建设小康社会的关键时期。贯彻实施“十二五”规划目标任务，实现科学发展，加快转变经济发展方式，面临大量法律事务，特别是在企业并购改制、环境保护、知识产权、国际贸易等领域，适应深化改革、扩大开放的要求，按照国家对现代服务业发展做出的总体部署，明确行业发展规划和目标，将律师业纳入全面建设小康社会整体事业中谋划和推进；必须具有国际视野，积极参与国际竞争与合作，努力适应日益复杂多样的国际经贸交往对律师事务所规模和能力的要求，着力培育发展一批具有一定规模、能够为大型企业和企业集团提供综合服务、能够为中国企业提供跨国服务的大型律师事务所，努力为国家改革开放提供优质高效的法律服务。

人才建设是律师业发展的关键。加强高素质涉外律师人才培养是律师人才建设面临的重要任务。我们要适应扩大对外开放的需要，着力培养一批具有国际眼光、精通涉外法律业务的高素质律师人才。为此，我们期待进一步加强中外律师交流与合作，相互学习、相互促进，在交流合作中实现共同成长进步，不断提高服务能力和执业水平。

女士们，先生们：

历经改革开放30年发展建设，中国律师业正在蓬勃发展，充满着生机与活力。面对全面建设小康社会的伟大事业，广大律师承载着光荣的历史使命。我们相信，在新的历史时期，中国律师一定能够继往开来，砥砺前行，用智慧和努力推动中国律师事业进一步发展壮大，在我国经济社会发展中书写更加华美的篇章！

最后，祝本次论坛圆满成功！谢谢！

## 中华全国律师协会会长于宁在第九届中国律师论坛上的致辞

（2011年10月18日）

**尊敬的各位领导，各位来宾，各位律师同仁：**

大家好！

第九届中国律师论坛今天在风景秀丽的海滨城市青岛开幕了，我代表中华全国律师协会向与会的各界人士表示诚挚的欢迎！对支持论坛举办的山东省司法厅、律师协会、青岛市司法局以及承办论坛的青岛市律师协会表示衷心的感谢！

律师是一个需要不断学习、增进学问、积累经验、提高专业技能的职业，通过论坛等方式开拓视野、丰富知识，十分有益。中国律师论坛已成功举办了八届，在大家积极热情的参与下，我们的论坛已成为集学习、交流、教育、提高、宣传、展示、沟通、联谊等功能的综合大平台，已成为广大律师翘首期盼的一个重要活动，具有了相当影响力的品牌效应，这很值得我们骄傲。我特别感动的就是大家参与这个论坛的热情是发自内心的、是自觉、主动的。这是推动中国律师论坛规模不断提升、水平不断提高的巨大力量。在此，我作为会长向参加本次论坛的各位同仁表示衷心的感谢！也对为历次论坛付出辛劳的各位同仁表示敬意！你们的积极工作及参与、关注体现了律师行业的进取心，这是推动我国律师事业发展的重要动力！

今年恰逢国家"十二五"规划的开局之年，本届论坛以"十二五"规划与中国律师业发展为主题，探寻中国律师业未来发展之路，具有很强的针对性和重要的现实意义。相信在接下来的时间里，大家集思广益，认真讨论研究，会获取丰硕成果。

律师工作是中国特色社会主义法治建设的重要组成部分。在党中央、国务院的亲切关怀下，在司法部的正确领导下，近年来，广大律师的执业理念、服务能力和服务水平不断提高，律师队伍日益壮大，律师工作在国家政治、经济及社会生活各个方面的影响力日益提高，律师已成为国家法治建设的一支重要力量。目前，我国执业律师已突破20万人，律师事务所1.7万家，有20多个国家和地区的239家律师事务所在我国设立了293家代表机构，全行业业务年收入已达人民币400亿元。这些成就的取得，充分显示了中国特色社会主义律师制度的优越性，展现了建设社会主义法治国家的伟大力量，极大地增强了广大律师的自信心和自豪感，增强了律师工作的凝聚力和向心力，必将激励我们在新的起点上奋勇前进。

"十二五"是全面建设小康生活的关键时期，是深化改革开放、加快转变经济法治方式的攻坚时期，也是我国律师事业大有可为的重要战略机遇期。我们一定要把律师工作放在中国特色社会主义事业法治全局中来谋划和推进，把依法维护国家利益、社会公共利益和人民群众合法权益作为律师工作的根本出发点和落脚点，为实现全面建设小康目标、构建和谐社会做出新的、更大的贡献。

祝第九届中国律师论坛取得圆满成功！谢谢大家。

## 引领广大律师做中国特色社会主义法律工作者

——中华全国律师协会会长于宁在全国律师工作会议上的讲话

（2010年11月22日）

**尊敬的各位领导，同志们：**

中办发［2010］30号文件的出台，充分体现了党中央、国务院对律师工作的高度重视，对律师队伍的亲切关怀。深刻领会、积极贯彻文件的精神，切实把思想和行动统一到中央的决策部署上来，扎实有效地做好新形势下的律师工作，是当前和今后一个时期律师行业的重大任务。

### 一、充分认识中办30号文件精神的重要意义，坚定做好新形势下律师工作的信心

中办30号文件全面总结了改革开放以来特别是近年来律师工作改革发展的成绩和经验，立足于我国律师是中国特色社会主义法律工作者的定位，科学回答了律师事业发展面临的重大理论和实践问题，明确提出了进一步加强和改进律师工作的主要任务和政策措施，为推动律师事业发展指明了方向，是当前和今后一个

时期指导律师工作发展的纲领性文件。文件出台后，广大律师深受鼓舞，倍感振奋，更加坚定了做好新形势下律师工作的信心；充分认识到坚持律师工作社会主义方向的重大意义，进一步明确了律师工作前进的方向；深切地感受到中央对律师事业的科学谋划和正确把握，进一步增添了工作的力量与干劲；纷纷表示要把这种热情和鼓舞化为实践的动力，抓住机遇，乘势而上，加快发展，以实实在在的工作成果，向党和人民交出一份满意的答卷。

**二、充分发挥律师协会的职能作用，引领广大律师做坚定的中国特色社会主义法律工作者**

2008年10月，在第七次全国律师代表大会上，周永康书记明确提出了律师是中国特色社会主义法律工作者的定位。中办30号文件又明确了这一定位。这一定位，深刻揭示了我国律师的社会主义本质属性，赋予了律师新的、更高的职责和使命，是律师工作沿着正确方向前进的政治保证。为进一步统一思想认识，增强广大律师做中国特色社会主义法律工作者的责任感、使命感，全国律协按照司法部的部署，促进广大律师积极投入“中国特色社会主义法律工作者”主题教育实践活动，社会主义法治理念教育、警示教育，确保广大律师在执业理念、执业实践、执业作风等方面坚持中国特色社会主义的正确方向，忠实履行中国特色社会主义法律工作者的职责使命；引导广大律师秉持良好的职业道德，充分发挥职能作用，努力为加快转变经济发展方式、促进经济平稳较快发展服务；引导广大律师积极服务三项重点工作，充分发挥律师的专业优势，积极参与社会矛盾化解、推进社会管理创新，维护社会和谐稳定；引导广大律师积极为改善和保障民生服务，自觉履行法律援助义务，广泛参与公益法律服务，促进社会公平正义。

按照《律师法》赋予的管理职责，坚持司法行政机关与律师协会“两结合”的管理体制，协会办事机构与司法行政机关律师管理部门的决策会商机制、情况交流机制和信息共享机制，形成了工作合力，加强了行业自律；推进行业规范建设，《律师执业行为规范》和《律师协会会员惩戒规则》以及一系列业务规范的相继出台实施，在制度层面上加强了对律师执业活动的指引和规范；健全申请律师执业人员实习管理制度，强化对实习人员的考核，实现了律师准入关口前移，有效保证了律师队伍的整体素质；建立了律师执业年度考核制度，加强了对律师执业活动的监督和评价，强化了行业自律；努力改善律师执业环境，维护律师执业权益，协调拓展律师服务领域，为充分发挥律师的职能作用创造条件。

**三、切实把中办30号文件提出的各项任务落到实处，推动律师事业科学发展**

中办30号文件，为律师事业发展提供了重要的机遇，全国律协将以此为契机和动力，在司法行政机关指导下，认真贯彻落实中央对律师工作的总体部署和这次全国律师工作会议的要求，团结引导广大律师扎扎实实做好各项工作，不断推进律师事业科学发展。坚持不懈地加强律师队伍教育管理，大力加强思想政治建设、职业道德建设和业务素质建设，努力建设一支有中国特色、有相当规模、有较高素质的律师队伍；配合司法行政机关健全律师执业准入制度、律师执业评价机制、律师执业监督和奖惩机制，完善“两结合”管理体制，为律师工作改革发展提供制度保障；不断完善律师执业规范体系建设，完善律师继续教育体系、实习管理工作体系、维权工作体系，律师事务所和律师评级制度体系建设，努力提升行业自律管理的能力和水平；坚持党的领导，大力加强律师行业党的建设，全面加强律师行业党的思想、组织、制度、作风和反腐倡廉建设，深入开展律师行业创先争优活动，切实发挥律师事务所党组织在执业活动中的政治核心作用和律师党员的先锋模范作用；积极推进各项扶持保障政策的落实，主动争取有关部门支持，完善配套政策，制定落实措施，推进经费、财税、社会保障、人才培养选用等相关扶持政策的落实，为律师事业科学发展提供有力保障。

律师工作使命神圣、责任重大，党和人民对我们寄予厚望。我们一定认真贯彻落实中办30号文件和周永康书记在这次会议上的重要讲话精神，按照会议要求，充分发挥律师协会的自律管理作用，为我国律师事业又好又快发展做出更大的贡献！

# 二、2010年中华全国律师协会工作

## 全国律协党组学习贯彻周永康同志在全国律师工作会议上的重要讲话精神

近期，全国律协党组召开会议，传达贯彻周永康同志在全国律协工作会议上的重要讲话精神和全国律师工作会议、全国律师行业党的建设工作会议精神，对律师行业学习贯彻工作进行了研究部署。司法部副部长、全国律协党组书记赵大程主持会议并讲话。

赵大程副部长指出，中央政治局常委、中央政法委员会书记周永康同志在全国律师工作会议上的重要讲话，全面贯彻党的十七大和十七届三中、四中、五中全会精神，深入贯彻落实科学发展观，充分肯定了近年来律师工作和广大律师在服务经济社会发展、保障人民群众合法权益、维护社会公平正义、化解社会矛盾纠纷、促进社会和谐稳定中做出的积极贡献；站在党和国家全局的高度，坚持高举中国特色社会主义伟大旗帜，着眼于当前国际、国内形势的深刻变化，深刻阐明了事关中国特色社会主义律师事业发展的一系列重大问题，对深入贯彻党的十七届五中全会精神，贯彻落实中办发［2010］30号文件精神，进一步加强和改进律师工作提出了明确要求，对广大律师为夺取全面建设小康社会新胜利发挥积极作用寄予殷切希望。周永康同志的重要讲话，高屋建瓴、思想深刻、内涵丰富，具有很强的思想性、针对性和指导性，充分体现了党和国家对律师工作的高度重视，对全国广大律师的亲切关怀，为广大律师更好地依法履行职责、发挥作用，为进一步做好律师工作、推动律师事业科学发展指明了方向。周永康同志的重要讲话，是做好当前和今后一个时期律师工作的纲领性文件，对于进一步开创律师工作新局面具有重要的指导意义。

赵大程强调，各地律师协会组织和广大律师要始终坚持律师是中国特色社会主义法律工作者的政治定位。坚持政治定位，就是要全面、准确、深刻地认识中国特色社会主义律师制度的基本属性，按照中国特色社会主义事业的前进方向，把握中国特色社会主义律师制度的本质特征；坚持政治定位，就是要全面、准确地把握当前律师工作的进展，立足于国际、国内两个大局，着眼于更好地应对国际政治斗争的挑战，着眼于完善中国特色社会主义政治制度、法律制度，着眼于政治安全、政权安全，研究、评判、分析加强律师工作和律师队伍建设的政策措施；坚持政治定位，就是要从队伍建设入手，确保律师工作沿着健康的方向发展，确保广大律师能够真正地做中国特色社会主义事业的建设者和捍卫者；坚持政治定位，就是要求律师管理工作，要旗帜鲜明地捍卫党的领导，旗帜鲜明地捍卫社会主义制度，旗帜鲜明地与一切破坏、影响、干扰社会主义现代化建设事业顺利进行的行为做最坚决的斗争，把律师制度进一步完善好，把律师队伍进一步建设好，把律师管理工作进一步加强好，不辜负党和人民的期望和重托。

赵大程强调，广大律师要忠实履行新时期所肩负的职责使命。“十二五”时期是全面建设小康社会的关键时期，是深化改革开放、加快转变经济发展方式的攻坚时期，我国仍处于可以大有作为的重要战略机遇期。律师在中国特色社会主义事业发展进步中发挥更大作用有着广阔空间。律师作为中国特色社会主义法律工作者，为经济社会又好又快发展、保障人民群众合法权益、维护社会公平正义、化解社会矛盾纠纷、促进社会和谐稳定提供优质高效的法律服务，是自己的职责所在、价值所在，要时刻牢记自己所肩负的职责使命。当前，我国律师事业进入了改革发展的新阶段，抓住机遇、迎接挑战、乘势而上，努力实现新的跨越和发展，更好地适应经济社会发展的客观要求，满足整个社会和广大人民群众对法律服务日益增长的客观需要，是律师工作新的使命。各地律师协会和广大律师要紧紧围绕“十二五”时期经济社会发展全局，深入研究经济发展方式转变、经济结构调整，促进经济平稳较快发展和社会和谐稳定等重点领域的法律问题，拓展法律服务领域，提升法律服务层次和质量，提高服务科学发展的能力和水平。要继续深入推进三项重点工作，充分发挥律师在党和政府主导的维护群众权益机制中的独特作用，积极参与人民调解、行政调解、司法调解，积极参与涉法涉诉信访问题的处理，积极参与群体性事件的预防处置，为党委、政府和广大人民群众提供良好的法律服务。

赵大程指出，全国律师工作会议和全国律师行业党的建设工作会议，是在新形势下推动律师事业改革发展，开创律师行业党的建设新局面的重要会议。

赵大程强调，全国律协和各地律师协会组织要高度重视，加强领导，精心组织，认真贯彻落实这两个会议精神。首先，要认真学习领会中办发［2010］30号文件精神，进一步加强律师行业党的建设工作的重要性和必要性认识；要明确当前和今后一个时期律师工作建设的目标、任务，以及律师行业党的建设工作的目标、任务；要形成律师行业强大的推动力量，齐心协力，贯彻落实好两个会议精神。其次，要以切实抓好中办发［2010］30号文件精神落实为契机，推动律师事业又好又快地发展。要明确落实中办发30号文件的任务和责任，按照律师行业管理规则，确保中办发30号文件提出的有关要求在律师行业、在协会组织中贯彻落实；要以改革创新的精神，落实好中办发［2010］30号文件精神。中办发［2010］30号文件确定的有关工作任务、要求，充满着改革，充满着创新，必须以创新的思维、改革的观念，才能认真地落实好中办发［2010］30号文件。第三，要脚踏实地、务实求实，一件一件抓好落实。2011年是工作落实的一个重要阶段，其中最重要的工作之一就是落实中办发［2010］30号文件，切实开好局、起好步，把2011年应该办成的工作抓紧办成，为以后的工作打下坚实的基础。

关于律师行业党的建设工作。赵大程强调，要继续抓好党组织和党的工作全覆盖。要抓好律师行业党的组织体系建设。以协会为基础的律师行业党的组织需要加强；党员律师的档案管理工作需要加强；律师事务所党组织的建设需要加强。要一手抓发展，一手抓发挥作用，吸收更多的优秀律师加入到党组织中来，结合律师职业的特点，按照党章的要求，丰富党组织的生活，显示党组织的作用和党员的作用。要和司法行政机关一起形成律师行业党建工作强大的管理和指导力量。总结经验、推广典型、加强宣传，在律师行业形成加强党建工作、发挥党组织战斗堡垒作用和党员先锋模范作用的浓厚氛围，让党的旗帜在律师行业高高飘扬，确保律师工作正确的政治方向。

全国律协党组副书记于宁，党组成员邓甲

明、金山、吕红兵、蒋敏、王俊峰出席会议。司法部律公司司长杜春，副司长牛文忠，全国律协副秘书长马国华、李海伟、洪家鸣列席了会议。

## 全国律协2010年工作总结和2011年工作计划

（2010年11月30日）

2010年，在部党组的领导下，全国律协坚持以科学发展观为指导，根据中央关于深化司法体制和工作机制改革的部署，按照全国律师工作会议的安排和部署，紧密结合律师工作的实际，明确认识律师队伍肩负的历史使命与责任，不断理清加强和改进律师工作的思路，丰富工作内容，创新工作方式，各项工作在过去的基础上，取得新的发展。

### 一、主要工作

（一）坚持围绕中心、服务大局，抓好各项工作的贯彻与落实

1. 深入学习贯彻党的十七届五中全会和中办〔2010〕30号文件精神

认真贯彻党的十七届五中全会精神，切实把思想和行动统一到中央的决策部署上来，积极组织力量研究律师业纳入国家发改委《“十二五”现代服务业发展规划》战略目标、重大项目、保障措施等，为律师事业科学发展提供有力保障。

认真贯彻落实中办30号文件和周永康同志、吴爱英部长在全国律师工作会议会议上的重要讲话精神，全国律协党组及时召开党组会研究学习，就贯彻落实30号文件精神进行了安排部署，下发了《全国律协关于认真学习宣传贯彻中办发〔2010〕30号文件精神的通知》，确保文件精神的学习、宣传、贯彻工作；召开常务理事会，明确当前及今后一个时期贯彻落实文件精神的责任和分工，确保各项工作任务的落实。

2. 积极推进三项重点工作

结合开展“中国特色社会主义法律工作者主题教育实践活动”、律师队伍警示教育主题活动，认真贯彻落实全国政法工作电视电话会议精神，引导广大律师积极服务三项重点工作，充分发挥律师的专业优势，积极参与社会矛盾化解、推进社会管理创新，维护社会和谐稳定。先后下发了《关于贯彻落实全国政法工作电视电话会议精神的意见》、《关于认真学习贯彻党的十七届四中全会精神的意见》，指导行业深入开展工作。及时以简报、信息、专栏、专访等途径对各地开展“三项重点工作”的好经验、好做法进行总结和宣传推广，推动各地扎实开展工作。中央政法委专报刊发了全国律协做好三项重点工作的实施意见，对协会工作给予了鼓励和肯定。

3. 加强律师队伍党建工作

按照《司法部关于在律师行业党的组织和党员中深入开展创先争优活动的实施意见》的安排部署，全国律协充分发挥职能作用，协助司法部政治部和律公司制订创先争优活动实施意见，明确阶段性工作任务和目标，提出了富有特色的活动载体，积极推动在律师行业基层党组织和党员律师中深入开展创先争优活动。

（二）切实发挥行业自律和业务指导作用

1. 加强律师队伍思想道德教育工作

深入开展“中国特色社会主义法律工作

者”主题实践教育活动、警示教育活动、创先争优活动，确保广大律师在执业理念、执业实践、执业作风等方面坚持中国特色社会主义的正确方向，忠实履行中国特色社会主义法律工作者的职责使命。针对李庄案件带来的负面影响，及时组织专家学者、社会知名人士及律师代表召开座谈会，深刻剖析李庄违法犯罪的根源和严重危害性，总结、汲取教训，下发了相关会议纪要及案件通报，统一思想、提高认识，确保律师队伍的健康发展。

2. 加强业务工作指导

研究制定了《全国律协 2010 年工作要点》，为做好全年的工作，确保律师工作为促进经济平稳较快发展、维护社会和谐稳定做出更大的贡献提出了总体思路和要求。举办国企金融法律风险管理研讨会、服务农村法治、维护农民权益交流研讨会和统筹城乡发展中的法治与律师实务研讨会等 18 个业务交流及研讨会，全方位、多角度地加强对业务工作的指导，提高广大律师的服务能力和水平。组织起草了《律师办理商业秘密法律业务指引》等 20 多个规范律师执业行为、提高律师业务水平的业务指引，对提高律师专业素质，防范律师执业风险发挥了积极作用。召开了地方律师协会建设研讨会暨全国律协地方律师协会建设指导委员会年会，就律师协会的组织建设、制度建设、规则建设和队伍建设等四大问题进行了研究和探讨，初步形成了适应中国律师业发展的地方律师协会建设与管理体系的新思路。组织参与 1 +1 中国法律援助志愿者行动、中央专项彩票公益金法律援助项目等公益活动，编制了《项目手册》，对相关单位和人员进行了培训，确保项目进展顺利，确保广大律师更好地服务民生。指导各地律师协会认真执行《律师执业年度考核规则》，做好对律师执业活动的考核，进一步完善对律师执业活动的有效监督。

（三）推动改善律师执业环境

组织律师参与《刑法》、《刑事诉讼法》等法律法规的修订工作，维护律师合法执业权益；探索和创新律师协会开展维权工作新的载体、途径与渠道，对现行的《维权规则》进行了修订，积极推动律师协会“三级架构、整体维权”工作机制的建立；根据最高人民法院、最高人民检察院、公安部、国家安全部和司法部联合发布的《关于办理死刑案件审查判断证据若干问题的规定》和《关于办理刑事案件排除非法证据若干问题的规定》，研究制定加强律师刑事辩护工作的指导意见，进一步加强对律师参与诉讼业务工作的指导力度。以最高人民法院领导听取律师界意见和建议为契机，积极推动建立法院与律协之间的经常性联系机制等工作，推动人民法院与律师界、法官与律师之间的良性、和谐法律关系和工作关系的建设，努力改进律师的执业环境。

（四）扎实开展教育培训工作

修订完善了律师教育行业管理规范，提出加强律师培训工作的指导意见，综合运用集中培训、研讨论坛、网络远程培训等适合律师职业特点的形式，提高律师的法律素养和执业技能，着手筹建“中国律师培训网”，启动西部律师远程培训项目，逐步完善高端、深入、多层次的律师教育培训工作体系。选派优秀律师特别是青年律师赴国（境）外学习，着力培养一批精通新型法律业务和涉外法律业务的高素质律师人才。年内，各地律师协会共开展各类教育培训活动 900 余次，有 25 万人次的执业律师接受了培训，培养实习人员 2 万多人，有效保证了律师队伍的整体素质。完成了《申请律师执业人员实习管理规则》的修订工作，进一步健全了律师协会、律师事务所、实习指导律师三者有机结合的实习管理模式，严格规范实习行为，印发了《全国律协关于切实做好申请律师执业人员实习组织管理工作的意见》，加强律师行业准入管理，实现律师行业入口管理关口前移，为把好律师入门关提供了政策依据。

（五）不断加强舆论宣传工作

加强了宣传策划，召开与人民日报、新华社、中央电视台等多家新闻媒体的记者座谈会，进一步加强律师宣传工作方面的合作。年内在人民日报就律师服务经济社会发展的典型事例组织了专版，在法制日报开办的律师党建和科学发展观专栏积极推荐各地的先进经验稿60余篇。

与中国法律援助基金会、中央电视台等单位共同主办的《有法大家帮》大型电视活动，组织了全国百家律师事务所的千名律师开展公益法律服务，在化解社会矛盾、构建和谐社会等方面起到了积极作用。组织一批优秀律师做客人民网，宣传律师工作、律师制度，利用主流网站，树立律师良好社会形象，同时，中国律师网与人民网加强合作，互相链接，实现了资源共享、平台共享，为扩大中国律师的影响力发挥积极作用。

召开了全国律协宣传工作会议，组织了首届优秀会刊的评选，建立了律协会刊的业务交流和宣传网络。中国律师网开辟了律师党建和律师服务科学发展专栏，加强了律师舆情的搜集和研判，编发《律师舆情专报》20余期。

（六）坚持开展理论调研工作

成立了律师在化解群体性事件中的作用和途径课题组，对有效规范和指导律师在群体性案件中的行为等实践中受到困扰的问题进行深入研究；确定了做中国特色社会主义法律工作者、政府购买法律服务制度的完善、边疆少数民族地区律师状况、律师调解制度研究等重点调研课题，探索律师行业发展的趋势和规律。

（七）认真做好对外交流工作

参加国际律师组织有关会议，开办中国法律专场，宣传我国法制建设成就、展示我国律师的风采。首次组团出访俄罗斯、蒙古，并签署了友好合作协议，接待多国律师代表团，巩固了中国与多国律师界的交流与合作。完成了赴英国、澳大利亚、西班牙培训青年律师的选拔及行前学习教育活动。召开了第七届全国律协外事委员会工作会议，就积极拓展与友好国家和地区律师协会之间的交流，充分发挥全国律协在国际律师组织中的积极作用，扩大中国律师的国际影响力等问题进行了研究和探讨。

## 二、2011年工作计划

中办发〔2010〕30号文件的下发，以及刚刚召开的全国律师工作会议和律师党建工作会议，为律师行业的发展提供了良好的机遇，正在编制的“十二五”规划为律师在中国特色社会主义事业发展进步中发挥更大作用提供了广阔的空间。2011年全国律协的工作要紧紧围绕“十二五”时期经济社会发展全局，高举中国特色社会主义伟大旗帜，以邓小平理论和“三个代表”重要思想为指导，深入贯彻落实科学发展观，全面贯彻实施《律师法》，贯彻落实中央关于深化司法体制和工作机制改革的部署，贯彻落实中办发〔2010〕30号文件精神，继续推进三项重点工作，进一步发挥律师工作职能作用、坚持不懈地提高律师队伍综合素质、积极努力改善律师执业环境、健全完善律师工作体制机制、加强律师宣传与交流，推动律师事业又好又快发展，努力开创律师工作新局面。

2011年，全国律协将重点做好五个方面的工作：

（一）进一步发挥律师工作职能作用

1. 服务加快转变经济发展方式、促进经济平稳较快发展。推动相关专业委员会深入研究经济发展方式转变、经济结构调整、实现科技进步和创新、建设资源节约型社会和环境友好型社会等重点领域的法律问题，提升法律服务层次和质量，提高服务科学发展的能力和水平；推动律师办理企业登记注册代理试点工作，为拓展律师从事知识产权、医疗、教育、海外并购重组、反倾销、反垄断等法律服务领域，提供支持。

2. 服务维护社会和谐稳定、保障社会公平正义。结合深入推进三项重点工作，研究发挥律师在党和政府主导的维护群众权益机制中的独特作用，推动律师积极参与人民调解、行政调解、司法调解，积极参与涉法涉诉信访问题的处理，积极参与群体性事件的预防处置，为党委、政府和广大人民群众提供良好的法律服务，努力使各种矛盾纠纷在法治的轨道上得到依法妥善解决。

3. 服务维护群众权益、保障和改善民生。倡导广大律师主动履行社会责任，面向群众、面向基层、面向社区开展法律服务，积极向困难群众提供公益性法律服务和法律援助，继续做好农民工和未成年人法律援助工作，努力为解决群众就医、就学、就业、构建和谐劳动关系等民生问题服务。

（二）坚持不懈地提高律师队伍综合素质

4. 加强律师队伍思想政治教育。坚持把思想政治建设作为律师队伍建设的根本，加大思想政治教育在律师培训中的比重，积极配合司法部深入开展社会主义法治理念教育，加强宪法教育；深入开展律师行业创先争优活动，切实发挥律师事务所党组织在执业活动中的政治核心作用和律师党员的先锋模范作用；大力开展社会主义律师文化建设，努力培养社会主义律师执业精神。

5. 加强律师队伍职业道德建设。完善律师执业行为规范，严肃执业纪律，规范执业行为，维护律师队伍职业声誉；教育和推动广大律师忠实履行执业誓言，勤勉尽责，恪守诚信，不断提高律师行业的诚信度和公信力；在执业年度考核中充分重视律师遵守职业道德规范的情况，及时预防和纠正律师执业活动中的违法违规行为。

6. 加强律师队伍业务素质建设。制定《律师办理商标业务规范》等业务操作指引、规范，逐步建立覆盖律师执业活动各方面、各领域的行业规范体系；修订律师继续教育工作规范，制定《律师事务所培训工作指引》，加大律师培训工作指导力度；继续举办高质量示范性培训，稳步推进远程网络培训，加快西部律师远程培训项目建设，促进律师事业均衡发展，不断提升律师队伍整体素质。

（三）积极努力改善律师执业环境

7. 依法保障律师执业权益。全面贯彻实施《律师法》，切实维护律师执业权益；积极组织律师参与《刑法》、《刑事诉讼法》等法律法规的修订工作，推动立法机关完善保障律师执业权益的法律制度；积极搭建律师与司法人员之间正常业务沟通的桥梁，全面规范律师和司法人员的正常工作关系，保证法律的正确实施，维护司法公正。

8. 加强律师工作经费保障。开展调查研究，对律师担任政府法律顾问以及参与信访、调解、三农服务等公益性法律服务的工作成本进行评估，形成具有说服力的工作报告，推动建立健全律师担任政府法律顾问和从事公益性法律服务的经费保障机制。

9. 健全人才培养选用机制。关心律师党员的政治进步，推荐优秀律师党员参选党代会代表、人大代表和政协委员，为优秀律师特别是优秀律师党员参政议政创造条件；开展青年律师发展状况调研，举办青年律师论坛，关注青年律师成长；积极选派优秀律师特别是青年律师赴国（境）外学习，着力培养一批具有国际眼光、精通涉外法律业务的高素质律师人才。

(四)进一步健全完善律师工作体制机制

10. 加强律师实习制度建设。认真执行修订后的《申请律师执业人员实习管理规则》,充实思想政治教育和职业道德教育内容,完善执业技能训练,健全申请律师执业人员实习指导制度,加强对实习活动的检查和实习人员的管理,严格实习合格条件,严把实习鉴定关。

11. 健全律师执业状况评价机制。建立科学的行业评价指标体系和评价制度,完善律师考核评价机制,指导各地律师协会认真执行《律师执业年度考核规则》,做好对律师执业活动的考核,进一步实现对律师执业活动的有效监督。

12. 完善律师执业奖惩机制。做好律师行业"双优"评选工作,将律师行业表彰宣传工作与律师党建工作、律师执业活动和律师公益活动相结合,树立律师行业先进典型;修订《律师协会会员违规行为处分规则》,指导各地律师协会加大对律师事务所和律师违法违纪行为的查处力度。

13. 完善律师管理体制。修订和完善全国律师协会章程,研究制定进一步发挥律师协会职能作用的政策措施;推动研究解决律师协会办事机构经费及人员政策;建立和完善司法行政机关律师管理部门和律师协会办事机构之间的决策会商机制、情况交流机制和信息共享机制。

(五)进一步加强律师宣传与交流工作

14. 扩大宣传网络,加大宣传力度。进一步加强与中央各大媒体的合作,大力宣传律师在国家经济社会发展、维护社会和谐稳定、促进司法公正所发挥的积极作用;努力办好第九届中国律师论坛,展示律师事业发展成绩;充分利用新兴媒体的快捷传播功能,积极推进与人民网、法制网等主流网站的联系与合作,拓宽律师宣传渠道;建立与完善各地律师协会宣传联络,形成上下联动的律师宣传网络;进一步办好《中国律师》杂志和中国律师网,加强对各地律协会刊的指导,巩固和拓展律师宣传阵地。

15. 进一步推进与其他国家和地区的交流与合作。鼓励律师特别是青年律师积极参与国际律师组织的各项活动,扩大我国律师行业的积极影响,开展国家和地区间的律师业务合作;继续开展与各国和地区律师协会的双向交流工作,了解各自律师制度的新发展,探讨律师行业管理工作经验;开展与台港澳律师同行间的交流与合作,通过律师民间交流,为祖国统一大业做出积极贡献。

# 2010年全国律协大事记

## 一月

### 一、主要工作和活动

1. 1月4日,《中国律师》杂志、"中国律师网"发布2009年"中国律师行业十件大事"。分别为:第二届"全国维护职工权益杰出律师"揭晓;全国律师事务所实现党组织全覆盖;律师队伍主题教育实践活动在全国启动;云南律师何云祥被铐事件;"第八届中国律师论坛"在成都隆重举办;全国律协就党建、《律师法》执行、律师职能作用的发挥展开全国大调研;司法部成立由党组书记、部长吴爱英任组长的"律师事务所学习实践活动指导小组",律师事务所深入学习实践科学发展观活动动员大会暨骨干培训班在京召开；各地律协为纪念律师制度恢复重建30周年相继举办庆祝活动；完善律师实习管理制度，严格律师行业准入管理，全国律协修订《申请律师执业人员实习管理规则》；参与重庆涉黑案的辩护律师李庄被捕。

2. 1月7日下午，全国律协知识产权专委会第二届执委会在全国律协会议室召开换届后的第一次会议。执委会成员陶鑫良、李德成、马翔、马东晓、张利、王永红、全国律协里红副秘书长和专业委员会工作部人员参加了会议。会议围绕知产委未来三年的工作思路和2010年的具体工作进行了讨论，并对执委的工作进行了具体分工。

3. 1月7日下午，中央学习实践活动领导小组办公室陆京生副局长、牟芳廷处长来全国律协座谈。司法部政治部徐辉副主任、律公司丘征副巡视员、全国律协于宁会长、邓甲明秘书长、李海伟副秘书长等参加。

4. 1月8日下午，全国律协与中国房地产协会召开工作座谈会，邓甲明、里红，民事专业委员会朱树英主任、徐永前、李晓斌副主任，中房协有关负责人等参加会议，会议就两家协会相关业务合作事宜进行了讨论与交流。

5. 1月11至18日，于宁随全国政协代表团赴香港、澳门考察。

6. 1月12至13日，邓甲明在上海参加中国法学会常务理事会议。

7. 1月13日，李海伟参加由司法部政治部尹晋华主任主持的中央电视台《对话》栏目拟制作的“与律师对话”节目策划座谈会。

8. 1月16至17日，彭永臣副会长代表全国律协出席甘肃省第五次律师代表大会并致辞。经大会选举，赵荣春当选第五届甘肃省律师协会会长，崔皋平任秘书长。

9. 1月19日下午，根据《关于做好2009年度直属单位领导班子和领导班子成员年度考核工作的通知》（司政［2009］223号）文件的相关要求，全国律协举行秘书长班子和秘书长班子成员年度考核述职会议。会上，邓甲明秘书长、冯秀梅、马国华、李海伟、里红、洪家鸣副秘书长分别就2009年度工作进行述职，秘书处各部（室）、《中国律师》杂志社、中国律师网全体工作人员对秘书长班子成员进行了测评。司法部政治部副巡视员朱仲生、直属机关党委组织部部长杜京来、政治部直属处张大维参加会议。

10. 1月20日下午，邓甲明秘书长、冯秀梅副秘书长参加司法部召开的全国司法行政系统反腐倡廉电视电话会议。

11. 1月22日下午，中共中央政治局委员、中央书记处书记、中央组织部部长、中央深入学习实践科学发展观活动领导小组副组长李源潮同志到司法部就律师事务所学习实践活动进行调研。于宁会长、邓甲明参加调研座谈会。

12. 1月25日下午，最高人民法院党组副书记、副院长张军带队走访全国律协，与律师代表座谈，认真听取律师界对人民法院工作的意见和建议。最高人民法院审判委员会专职委员王秀红、办公厅副主任孙军工、政治部宣教部部长董文濮、中国法官协会秘书长汤鸿沛、中国女法官协会秘书长齐淑奎等陪同走访，全国律协于宁，王俊峰副会长，邓甲明、马国华、李海伟、里红，律师代表张学兵、张小炜、李大进、王立华、李晓斌、张晓维、杨晓红、韩嘉毅等参加座谈并发言。

13. 1月26日，全国律协会员部派员参加由国务院法制办复议司召开的律师监管法定范围研讨会。会上对司法行政监管和律师协会行业监管范围和相互之间的分工与协作进行了研讨。

14. 1月27日下午，司法部党组副书记、副部长陈训秋、计财装备司司长杜茂来全国律协检察指导工作，并听取了全国律协工作汇报。于宁、邓甲明，冯秀梅、马国华、李海伟、里红、洪家鸣及各部（室）负责同志参加。

15. 1月29日，中共中央政治局常委、中央书记处书记、国家副主席、中央深入学习实践科学发展观活动领导小组组长习近平在北京调研新社会组织开展深入学习实践科学发展观活动情况期间，到德恒律师事务所视察并调研律师行业开展学习实践活动情况。中共中央政治局委员、中央书记处书记、中央组织部部长、中央深入学习实践科学发展观活动领导小组副组长李源潮等陪同调研，于宁参加。

16. 1月29日，全国律协将宪法与人权专业委员会对《中华人民共和国村民委员会组织法（修订草案）》提出的修改意见，提交全国人大常委会法制工作委员会。

17. 1月31日，全国律协机关部分同志参加在全国政协礼堂举办的司法部2010年新春联欢会。

18. 本月，根据中央统战部要求，全国律协推荐北京君合律师事务所白涛、中银律师事务所赵曾海两名律师参加统战部举办的第七期新的社会阶层人士理论研究班。

19. 1月29日至2月1日，全国律协在北京举办“侵权责任法讲座”。邓甲明秘书长出席讲座开班式并致辞，著名民法学家王利明教授、梁慧星教授、杨立新教授、张新宝教授、王军教授、全国人大法工委民法室贾东明副主任、最高人民法院民一庭杜万华庭长、全国律协民事专业委员会副秘书长庞标律师等专家应邀为讲座授课。来自全国各地的300余名律师参加了培训班。

## 二、主要外事活动

1. 1月21日，全国律协国际部相关负责同志会见青年律师赴英项目评估员罗宾先生，接受了青年律师赴英项目的评估。

# 二月

## 一、主要工作和活动

1. 2月2日上午，司法部召开司法部领导班子和领导干部年度考核会议，邓甲明参加。

2. 2月2至4日，马国华副秘书长赴沈阳参加司法部召开的部分省（区、市）事务所开展深入学习实践科学发展观活动座谈会。

3. 2月3日下午，全国律协召开新春媒体座谈会。于宁会长、金山副会长出席座谈会并为获“2009年度律师宣传好稿件”奖的记者颁奖，座谈会由李海伟副秘书长主持。人民日报、新华社、中央电视台、中央人民广播电台、法制日报、中新社、光明日报、工人日报、人民网等多家新闻媒体的记者参加座谈会，并就全国律协如何进一步加强律师宣传工作提出了意见和建议。

4. 2月4日上午，全国律协举行老干部新年团拜会。于宁主持团拜会，司法部原部长、全国律协第一任会长邹瑜、司法部原副部长陈卓、段正坤，全国律协第二任会长任继圣等全国律协老领导、老同志应邀出席团拜会。司法部赵大程副部长在会上发表讲话，邓甲明向老领导、老同志汇报了全国律协的工作情况，并祝贺新春。与会老领导、老同志对全国律协近年来的工作表示肯定，对律师行业所取得的成绩表示欣慰，同时对律协未来的工作和律师行业的发展前景提出了殷切希望，表示将继续关注全国律协的工作，为律师行业的发展出谋划策。司法部律公司牛文忠副司长、全国律协李海伟、里红副秘书长及各部室负责人参加。

5. 2月4日，洪家鸣副秘书长参加司法部律公司召开的会议，研究讨论了律师公证司起草的《关于加强县（区）司法行政机关律师管理工作的意见》。

6. 2月5日晚，全国律协秘书处举行新春联欢会，邀请司法部律公司的领导和同志共贺新春。

7. 2月10日，全国律协秘书处通过手机短信平台，向全国律协理事发去新春慰问短信，感谢各位理事对全国律协工作的关心和支持。同时，希望各位理事在新的一年更加积极地帮助和支持全国律协的工作，为推动律师行业的发展作出新的贡献。

8. 2月10日，中共中央组织部机关事务管理局给全国律协发来表扬函，对北京康达律师事务所高子程、杨洋、于永志、刘立木、安东艳等组成的律师团队无偿提供常年法律服务表示感谢，对他们忠于职守、勤奋敬业、扎实工作，在维护部机关及职工权益、机关法制建设、办理涉法事务、专项基建等方面做出的积极贡献和显著成绩表示肯定，并予以表扬。

9. 2月11日，全国律协与全国总工会共同召开座谈会，总结2009年第二届“全国维护职工权益杰出律师”评选工作，并对下一届评选工作进行了沟通。全国总工会副主席、书记处书记张鸣起、法律工作部部长刘继臣、副部长谢良敏，全国律协于宁、邓甲明，冯秀梅、马国华副秘书长等参加座谈。

10. 2月12日下午，司法部赵大程副部长主持召开会议，传达学习中央领导同志关于李庄案的批示，部署贯彻落实工作。邓甲明参加。

11. 2月20日上午，23、24日下午，全国律协分别召开秘书长办公会，传达学习中央领导同志关于李庄案的重要批示精神和司法部党组的有关工作部署，研究贯彻落实措施；布置2010年工作要点的落实工作。邓甲明秘书长主持，于宁会长、冯秀梅、马国华、李海伟、里红、洪家鸣等参加。

12. 2月24日，中央专项彩票公益法律援助基金项目工作座谈会在天津召开。全国律协常务理事、法律援助与公益事务委员会副主任佟丽华、里红副秘书长、天津律协王传涌秘书长和天津市13个项目实施申请单位（律师事务所）的代表参加了座谈会。会上，项目实施申请单位的代表汇报了近几年开展法律援助工作的情况，讨论了项目实施中的有关问题。

13. 2月25日下午，中消协律师团工作会议在京召开。中消协秘书长杨红灿、投诉部主任邱建国、律师团全体成员和全国律协专业委员会工作部负责人参加会议。会议总结了2009年律师团工作，提出了2010年的工作计划；会议宣布了《关于聘任2010年度中国消费者协会律师团律师的决定》和《关于表彰2009年中消协律师团优秀律师的决定》，邱宝昌等17位北京律师被聘为2010年度中国消费者协会律师团律师，高警兵、吕晓晶律师被评为2009年中消协律师团优秀律师。与会律师团成员还对四起典型疑难消费维权案例进行了讨论，并对“3·15”期间网上访谈和维权下乡活动进行了分工。

14. 2月26日下午，中华全国律师协会和北京市律师协会联合召开座谈会，深刻剖析李庄违法犯罪的根源和严重危害性，总结、汲取教训。研究了如何进一步发挥律师在刑事辩护中的职能作用，规范律师执业行为，引导广大律师在执业活动中自觉践行中国特色社会主义法律工作者职责使命，切实做到维护当事人合法权益，维护法律正确实施，维护社会公平和正义。司法部副部长赵大程在会上作了重要讲话。司法部律公司、全国律协、北京律协相关领导、李庄原所在的北京康达律师事务所的代表及业内专家学者20余人出席会议并进行了相关讨论，会议由金山副会长主持。

### 二、中共第七届全国律协党组第七次会议

2月25日下午，中共第七届全国律协党组第七次会议在全国律协大会议室召开。司法部副部长、全国律协党组书记赵大程同志主持会议。党组成员于宁、杜国兴、邓甲明、金山、宋建中、吕红兵、蒋敏参加会议，冯秀梅、马国华、李海伟、里红、洪家鸣副秘书长及相关部（室）负责同志列席。会议传达学习了中央领导同志关于“李庄案”的重要批示精神，研究贯彻落实措施；讨论了《中华全国律师协会关于“李庄案”的通报》稿。

## 三月

### 一、主要工作和活动

1.3月1日上午，于宁会长、邓甲明秘书长、冯秀梅、马国华副秘书长等参加司法部召开的“律师事务所开展深入学习实践科学发展观活动总结和全国律师队伍建设电视电话会议”。

2.3月2日上午，李海伟、里红副秘书长与到访的成都市司法局杨泽辉副局长、刘申明处长、成都律协刘守民会长就加强交流合作事项进行了商谈。

3.3月3日至13日，于宁，王俊峰副会长参加在北京召开的全国政协第十一届三次会议。

4.3月4日至12日，李海伟参加新闻出版总署举办的中央单位期刊社长、总编岗位培训班。

5.3月4日下午，来北京参加“两会”的17位全国人大律师代表和全国政协律师委员相聚全国律协，畅谈律师事业发展，为更好服务国家经济、社会发展，进一步加强律师队伍建设建言献策。他们是：十一届全国人大代表迟夙生、杨伟程、高明芹、许智慧、韩德云、刘玲、彭雪峰，十一届全国政协委员于宁、吴德立、王林、王俊峰、刘红宇、朱征夫、法蒂玛·马合木提、施杰、马虎成、石英。邓甲明、司法部律公司杜国兴司长、丘征副巡视员等出席座谈会。

6.3月5日，全国律协将金融证券专业委员会对中国人民银行起草的《现金管理条例（征求意见稿)》及起草说明的修改意见报国务院法制办公室。

7.3月9日，全国律协将知识产权专业委员会对国务院法制办《商标法（修订送审稿)》的修改意见送司法部法制司。

8.3月10日上午，邓甲明、马国华与来访的中国个体劳动者协会负责同志交流了律师党建和会员管理工作。

9.3月10日，中国法律援助基金会、司法部法援司、全国律协联合召开“1+1”法律援助志愿者行动工作座谈会。里红代表全国律协出席。部分省（区、市）律师协会秘书长参加了会议。

10.3月10日，为配合中国证监会做好第十二届主板发行审核委员会的换届工作，全国律协要求北京、上海、广东、浙江、安徽、湖南等省律师协会统计本地律师事务所2009年度证券业务收入，以做好发审委委员的遴选工作。

11.3月10日，司法部法制司、律公司组织召开《律师事务所年度检查考核办法》（草案）座谈会，全国律协会员部派员参加。

12.3月10日下午，应北京市人民检察院的邀请，于宁、王俊峰、邓甲明和外事委员会张宏久副主任参加了该院举行的驻香港全国政协委员中的执业律师座谈会。

13.3月12日上午，马国华参加由司法部赵大程副部长主持召开的立法工作座谈会，研究《律师事务所年度检查考核办法》(草案)。

14. 3 月 12 日，中国拍卖行业协会李金池副秘书长一行，就拍卖师执业资格制度改革专题来全国律协进行调研，与全国律协会员部、培训部、专业委员会工作部相关负责同志就律师队伍的管理情况进行座谈和交流。

15. 3 月 13 日至 14 日，于宁参加中国人民大学举办的由检察官、律师、学者共同参加的"维护刑辩律师权利 确保控辩力量平衡"座谈会。

16. 3 月，全国律协会员部起草了《律师执业活动年度考核办法》（草案）。

17. 3 月 16 日上午，司法部召开第 7 次党组会议，传达学习十一届全国人大三次会议、全国政协十一届三次会议精神，邓甲明秘书长列席。

18. 3 月 16 日下午，司法部赵大程副部长主持召开律师立法工作座谈会，研究《律师事务所年度检查考核办法（草案）》，于宁会长、蒋敏副会长、邓甲明参加。

19. 3 月 19 日上午，南京市司法局王星旅副局长一行 7 人来访全国律协，与于宁、邓甲明等就律师管理工作和地方律协建设工作进行了会谈。

20. 3 月 19 日，金山副会长、李海伟副秘书长与中央电视台经济频道法制栏目相关负责同志商谈开展律师宣传合作事宜。

21. 3 月 21 日至 22 日，全国律协实施"中央专项彩票公益金法律援助项目"专题工作会议在京召开。入选项目第一批实施单位名单的北京、天津、上海、江苏、浙江、广东等六省（市）的 12 家律师事务所代表参加会议，参加会议的还有获得这个项目支持的由河北、山西、山东、江西、四川、陕西、青海、甘肃等省律师协会组建的农民工法律援助工作机构的代表。会议由全国律协法律援助与公益事务委员会常务副主任佟丽华主持，邓甲明、中国法律援助基金会周院生秘书长出席会议。与会的农民工法律援助工作站负责人介绍了工作经验，并围绕《中央专项彩票公益金法律援助项目实施意见》和管理办法、全国律协法律援助与公益事务委员会编制的《项目手册》等进行了充分的讨论。会议还邀请了西北政法大学、重庆三峡学院、北方民族大学等院校教授介绍农民工法律援助工作站与法学院诊所教育开展合作的经验。

22. 3 月 24 日，外交部国际司向全国律协发来感谢函，对全国律协积极配合中英第 18 次人权对话所做出的重要贡献表示感谢。3 月 18 日，中国 - 英国第 18 次人权对话在京举行，全国律协王俊峰副会长参加此次对话，就中国律师制度、律师职业道德等方面积极宣传我国政策成就，澄清英方误解，驳斥不实之词，取得了良好效果，为对话成功做出积极贡献。

23. 3 月 25 至 26 日，冯秀梅副秘书长参加在全国人大会议中心召开的外事工作会议，并汇报了全国律协 2009 年相关工作和 2010 年工作安排。

24. 3 月 27 日，于宁赴深圳出席深圳市第七次律师代表大会。

25. 3 月 28 日，2010 年全国律协专业委员会主任联席会议在京召开。于宁、邓甲明、司法部杜国兴司长、牛文忠副司长、丘征副巡视员、全国律协业务建设工作小组成员蒋敏、朱洪超、庞正中、张宏久等出席会议，各专业委员会正副主任、执委会委员等 80 余人参加会议。邓甲明主持会议开幕式，于宁、杜国兴在发言中对全国律协专业委员会工作给予了肯定，对今后工作提出了要求和意见。会议讨论了全国律协秘书处提交的《2009 年专业委员会工作报告》，研究部署了 2010 年工作任务。2009 年工作突出的民事、知识产权、海商海事、环境与资源法、刑事 5 个专业委员会受到表彰。

26.3月29日至31日，洪家鸣副秘书长赴湖南省律师协会考察律师培训工作。

## 二、主要外事活动

1.3月1日至4日，全国律协国际部负责同志与英方考官组织开展了赴英青年律师培训项目的面试工作。

2.3月3日上午，冯秀梅会见了来访的日本律师联合会国际交流委员会委员住田尚之律师及顾问森川伸吾律师。日方旨在了解中国律师制度及律师培训等情况。冯秀梅和培训部相关负责同志向客人介绍了全国律协的基本概况和实习律师培训制度。

3.3月24日，于宁会见来访的德国博文律师事务所首席合伙人一行二人，并就中德律师合作交换了意见。

4.3月29日，冯秀梅参加西班牙乌利亚（UM）律师事务所北京办事处的开业典礼。

5.3月30日，于宁会见来访的西班牙乌利亚（UM）律师事务所管理合伙人一行两人，并就和UM律师事务所合作进行的青年律师培训项目进行了会谈。

## 三、中共第七届全国律协党组第八次会议

3月17日上午，中共第七届全国律协党组第八次会议在全国律协大会议室召开。司法部副部长、全国律协党组书记赵大程同志主持会议。党组成员于宁、杜国兴、邓甲明、金山、宋建中、吕红兵、蒋敏、王俊峰参加会议，马国华副秘书长、司法部法制司杜春司长、薛春喜副司长及律公司、法制司相关负责同志王永、方志、庞新宇、王隽、刘华春等列席。会议讨论了《律师执业活动年度考核办法（草案)》。

# 四月

## 一、主要工作和活动

1.4月2日，于宁会长做客《人民网》，就全国律协的工作、律师行业改革和发展等问题与广大网民在线交流。

2.4月6日上午，于宁参加在人民大会堂召开的全党深入学习实践科学发展观活动总结大会。

3.4月8日上午，邓甲明秘书长主持召开秘书长办工会，研究七届六次常务理事会筹备事宜和全国律协2010年宣传工作方案。

4.4月9日至10日，为纪念《合同法》颁布十周年和《民诉法》修订二周年，全国律协民事专业委员会在浙江杭州举办合同法专题论坛。于宁、民委会朱树英主任、浙江律协章靖忠会长出席开幕式并讲话。里红、洪家鸣副秘书长等参加。本次论坛围绕合同法总则、分则有关议题进行了研讨。著名民法学家江平教授、著名美籍华裔刑事鉴识专家李昌钰博士、中国政法大学民商经济法学院副院长李永军博士分别作了主题演讲并同与会人员互动交流。200多名律师参加了本次论坛。

5.4月12日下午，司法部赵大程副部长主持召开会议，研究《关于进一步加强和改进律师工作的意见》。于宁、邓甲明等参加。

6.4月14日，中共中央政法委员会《政法动态》(深入推进三项重点工作专刊第178期)和中央政法委办公室《政法综治要情信息》(深入推进三项重点工作专刊第178期）分别转发了全国律协《关于认真贯彻落实全国政法工作电视电话会议精神切实做好三项重点工作的意见》。

7.4月14日晚，司法部赵大程副部长在河南焦作主持召开律师行业党建工作调研座谈会。于宁、邓甲明等参加。

8. 4月15日下午，邓甲明，佟丽华常务理事参加在河南焦作召开的中央专项彩票公益金法律援助项目实施工作座谈会，佟丽华做大会发言。

9. 4月17日至18日，全国律协民事专业委员会与山东省律师协会在山东省聊城市联合举办了“2010建筑工程与房地产律师论坛”。山东省司法厅和律师协会领导、聊城市副市长、聊城市政法委书记出席了论坛开幕式，山东所辖各市律师协会建筑房地产委员会主任、委员和律师500余人参加了论坛。全国律协民委会朱树英主任在论坛上介绍了当前形势下建设工程法律纠纷的新特点及律师应注意的问题；山东省建设厅住宅产业处处长花景新作了山东房地产发展形势分析；全国律协民委会李晓斌副主任和林镥海委员分别就开展房地产业务与参会律师进行了经验交流。

10. 4月19日，全国律协地方律师协会建设指导委员会在上海召开“地方律师协会建设论坛暨全国律协地方律师协会建设指导委员会年会”。于宁、司法部丘征副巡视员、马国华副秘书长、地方协会建设指导委员会吕红兵主任、孙发荣、王立华、张学兵、刘正东副主任以及全体委员参加了会议。会议对地方律师协会建设情况进行了摸底调研，掌握了各地律师协会基本情况及相关数字；北京律协、上海律协分别就本地区的专门、专业委员会工作开展、律师协会行业规章建设及律师惩戒工作等情况做了介绍。与会人员本着解放思想、实事求是的态度，结合本地区律师工作开展的实际情况，对地方律师协会机构设置、职能划分以及如何发挥地方律师协会常务理事、理事以及各专门、专业委员会委员的职能作用等问题做了深入的探讨与研究。与会人员认为：《律师法》赋予了律师协会重要的职责，律师业的发展对行业协会建设提出了更加富有挑战性的课题。因此，探讨如何进一步加强地方律协建设，相互交流，相互学习，是不断完善律师协会建设的需要，也是推动律师行业发展的需要。

11. 4月20日上午，司法部赵大程副部长主持召开会议，研究《关于进一步加强和改进律师工作的意见》及相关专题研究报告。邓甲明、李海伟等参加。

12. 4月21日，司法部印发通知（司发通［2010］88号），对北京金杜律师事务所高宗泽律师、上海华利律师事务所黄顺刚律师、北京环球律师事务所陈幻中律师和全国律协副秘书长里红四名同志在完成上级机关交给的法律事务中，以高度负责的态度和严谨细致的工作作风，克服种种困难，卓有成效地进行工作，为维护国家利益做出的贡献予以表彰。司法部决定为高宗泽同志记个人一等功一次；为黄顺刚、陈幻中同志各记个人二等功一次；为里红同志记个人三等功一次。

13. 4月23日，全国律协知识产权业务委员会全国律协会议室召开《商标法》修改研讨会。邓甲明秘书长到会并讲话。研讨会由知识产权委员会执委马翔主持，来自北京、广东、山西、江苏、江西、福建的20多名委员对商标法逐条进行了讨论。委员会将汇总会议对《商标法》的修改意见后提交立法机关，以发挥律师在《商标法》修法工作中的作用。会议还就律师广泛关注的南京知识律师事务所诉国家工商行政管理总局商标局不受理律师代理商标注册申请行政诉讼一案进行专题研讨，著名行政法学家应松年教授、姜明安教授和著名知识产权专家李顺德教授等就本案涉及到的行政许可和依法行政问题发表了专家意见。根据专题研讨会达成的共识，在4月26日全国知识产权日，南京知识律师事务所将就本案向北京市高院提出申诉，以解决国家工商行政管理总局以部门规章的形式排除和限制律师从事商标注册申请代理法律服务的现状。

14. 4月23日下午，邓甲明等到财政部就关于解决律师协会机关会费保障问题与行政政法司张更华副司长等进行商谈。

15. 4月26日，洪家鸣副秘书长与北大英华科技有限公司商谈建立西部律师远程培训网有关事宜。

16. 4月27日上午，2010年全国劳动模范和先进工作者表彰大会在北京人民大会堂隆重举行。北京致诚律师事务所主任佟丽华、辽宁国宸律师事务所主任周晓明、吉林泉成律师事务所律师赵春芳、吉林保民律师事务所律师修保、山东鸢都英合律师事务所主任高明芹被授予全国劳动模范荣誉称号；湖南秦希燕联合律师事务所主任秦希燕、甘肃中立源律师事务所主任陈玉萍被授予全国先进工作者荣誉称号。

17. 4月28日，李海伟等参加司法部直属机关“读好书、强素质、促发展”主题读书活动启动仪式。司法部政治部主任尹晋华在启动仪式上作了动员。

18. 4月28日，青海省律师协会专门致函通报了青海省律师行业抗震救灾情况，并感谢全国律协、各地律协和广大律师对玉树地区抗震救灾工作的帮助和对灾区律师的爱心捐助。

### 二、七届全国律协第六次常务理事会

4月25日，七届全国律协第六次常务理事会在长沙召开。于宁会长主持会议，副会长金山、宋建中、吕红兵、蒋敏、潘公明、洪波、王俊峰、彭永臣，常务理事王晶、王民生、王立华、王莹文、方世扬、朱征夫、朱洪超、孙发荣、李飞、李泽林、邹强伦、张宏久、陈锡康、赵守华、赵荣春、柳平、章靖忠、韩刚、翟玉华、薛济民参加会议。邓甲明秘书长、马国华、李海伟副秘书长、司法部法制司杜春司长、律公司王永处长、北京律协张学兵会长、广东律协欧永良会长、湖南律协戴志坚会长等列席，湖南省司法厅万传友副厅长到会并致辞。会议审议通过了《律师执业活动年度考核办法（草案）》和《全国律协关于支援青海玉树地震灾区抗震救灾工作的决议》；通报了《全国律协秘书处2010年工作要点任务分解》和《全国律协2010年宣传工作方案》。

## 五月

### 一、主要工作和活动

1. 5月6日上午，司法部赵大程副部长到财政部就关于解决律师协会机关经费保障问题与财政部李勇副部长、行政政法司贾欣贻副司长等进行了商谈。邓甲明秘书长等陪同。

2. 5月6日，全国律协刑事专业委员会协助司法部律公司完成量刑程序改革调研任务，并提交了《〈人民法院量刑程序指导意见〉（试行）修改建议稿》。就当前量刑辩护中存在的问题、律师在量刑程序中的作用、律师如何进行量刑辩护、如何将量刑活动纳入法庭审理程序等提出了修改意见和建议。

3. 5月7日至5月10日，全国律协知识产权专业委员会在京召开《律师办理商业秘密法律业务指引（草案）》统稿会，对该《业务指引（草案）》进行了深入、细致的讨论。进一步修改后，拟于8月份提交全国律协。

4. 5月8日至9日，洪家鸣副秘书长出席北大英华科技有限公司召开的“西部律师远程培训网建设研讨会”。

5. 5月10日上午，邓甲明参加司法部党组理论学习中心组集体学习《中国共产党党员领导干部廉洁从政若干准则》会议。

6. 5月10日，为配合全国人大常委会法工委做好《刑事诉讼法》修订工作，全国律协刑事专业委员会针对《刑事诉讼法》与《律师

法》不一致、不衔接的问题和《刑事诉讼法》实施中存在的问题提出修改意见和建议，并送司法部律公司。

7.5 月 10 日下午，司法部在京召开全国律师工作座谈会。于宁会长，邓甲明，马国华副秘书长等参加。

8.5 月 11 日上午，于宁、邓甲明参加国家预防腐败局到司法部调研加强律师队伍建设，改善律师执业环境，发挥行业自律作用座谈会。

9.5 月 12 日，洪家鸣参加国务院法制办组织召开的《特许律师执业条例（草案）》（送审稿）立法研讨会。

10.5 月 18 日，最高人民法院办公厅致函全国律协，协商进一步加强相互间的信息交流和沟通，建立相关信息交换常态机制。最高人民法院正式印发的《最高人民法院公报》刊物和《法院工作通报》文件将定期寄送全国律协，同时今后在制定司法解释、司法政策意见的过程中，及时征求全国律协的意见。

全国律协于 5 月 28 日复函最高人民法院，感谢院领导对律师事业和全国律协的重视与关心，以及给予全国律协工作上的大力支持和帮助。全国律协也将认真做好相互间的信息交流和沟通工作，定期寄送《全国律协半月工作通报》和《中国律师》杂志等文件资料。同时，在制订有关行业规则、行业规范、业务指引等文件的过程中，将主动征求最高人民法院的意见，并在颁布时及时寄送。

11.5 月 19 日上午，会长于宁、秘书长邓甲明、副秘书长洪家鸣等在全国律协与山东省青岛市司法局局长马国华、青岛市律师协会会长栾少湖就设区的市级律师协会建设问题进行了交谈。

12.5 月 20 日，司法部赵大程副部长主持召开会议，研究讨论《申请律师执业人员实习管理规则（修订草案稿）》和《特许律师执业条例（草案送审稿）》等有关规章和文件。于宁、邓甲明、洪家鸣等参加。根据会议讨论意见，秘书处对《申请律师执业人员实习管理规则（修订草案稿）》做了进一步修改，报司法部批准后发布实施。

13.5 月 21 日下午，邓甲明主持召开会议，研究部署加强律师网络舆情搜集、研判工作。副秘书长李海伟、洪家鸣等参加。

14.5 月 22 日，由全国律协主办，全国律协金融证券专业委员会承办的“国企金融法律风险管理”论坛在京举行。司法部律公司司长杜国兴，国务院国资委法规局局长周渝波，全国律师协于宁、副会长金山、宋建中、吕红兵、蒋敏、秘书长邓甲明、副秘书长里红等出席会议。会上，与会专家、律师和企业代表围绕“国有企业重点法律风险及其管理”、“中国企业海外投资、融资诉讼风险管理及中国法律应对”、“国企在国际金融衍生品交易中的法律问题”、“境外投资与美欧国家对外国国企设立的专门审核制度”、“企业国际业务合作与美国反海外腐败贿赂法”等议题展开了深入的讨论。全国律协金融证券专业委员会委员、各地律师和来自东方航空集团，中国移动通信总公司，中国石化等国企代表近百人参加会议。本次论坛得到了盛德国际律师事务所的支持。

15.5 月 24 日，七届全国律协外事委员会第一次工作会议在京召开。34 名委员及部分省市律师协会负责外事工作的领导参加了会议。会议由常务理事、外事委员会副主任张宏久主持。于宁，副会长、外事委员会主任王俊峰到会并讲话，副秘书长冯秀梅对全国律协近年来的外事工作进行了总结。会议还交流了外事工作经验。

16.5 月 24 日下午，邓甲明、冯秀梅等参加司法部召开的在直属机关基层党组织和党员中深入开展创先争优活动动员部署大会。

17.5 月 24 日，副会长吕红兵出席四川省第七次律师代表大会开幕式并致辞。经大会选举，刘守民当选为七届四川省律师协会会长。刘春被聘任为秘书长。

18.5 月 27 日下午，于宁、邓甲明、副秘书长马国华等参加司法部召开的在全国律师行业党的基层组织和党员中深入开展创先争优活动动员部署电视电话会议。

19.5 月 27 日下午，于宁、邓甲明等到北京市才良律师事务所调研。

20.5 月 28 日下午，常务理事、律师发展战略研究委员会主任朱洪超主持召开七届全国律协律师发展战略研究委员会工作会议，研究落实战略委员会各项调研课题的进展情况以及下一步的工作安排。

## 二、主要外事活动

1.5 月 1 日至 6 日，由全国律协前会长高宗泽、常务理事张宏久、副秘书长冯秀梅等组成的全国律协代表团一行 4 人参加了在新加坡召开的环太律协第 20 届年会。约有 1000 多名律师参加了此次年会，其中中国大陆代表 60 多名。新加坡资政李光耀和美国前副总统戈尔出席并就会议主题“气候变化与法律服务”分别作了演讲。年会还专门举办了中国专场，议题为“中国市场趋势与法律服务”，由上海元达律师事务所钱奕律师主持。上海元达律师事务所黄仲兰律师、北京君合律师事务所陈子若律师、北京炜衡律师事务所尹正友律师、北京竞天公诚律师事务所张宏久律师和吴杰江律师以及新加坡的律师和法官分别做了精彩演讲。

2.5 月 12 日，于宁会见来访的国际律师协会会长代表团一行 5 人，双方回顾了彼此之间的合作并探讨了下一步合作的意向。邓甲明、冯秀梅、张宏久等陪同会见。

3.5 月 25 日上午，于宁会见了爱沙尼亚司法部副部长萨拉普和爱沙尼亚驻华大使翁卡。于宁向客人介绍了中国律师制度和现状并与客人探讨了社会进步和法律变革给司法制度和律师行业带来的问题。冯秀梅等陪同会见。

4.5 月 28 日下午，于宁会见日本齐齐哈尔事件毒气被害者请求案件律师团事务局长三坂彰彦律师及富永由纪子律师。日方律师与全国律协民间对日索赔诉讼工作指导小组就 5 月 24 日东京法院对齐齐哈尔毒气受害请求赔偿案件判决一事进行座谈，交流法律意见。全国律协民间对日索赔诉讼工作指导小组成员闫欣、刘涌、陈立元、鲍荣振、罗立娟律师等参加。

5.5 月 30 日至 6 月 4 日，应全国律协邀请，英国出庭律师协会会长和英国事务律师公会会长共同率团访问北京和上海。于宁会见了代表团，并进行了工作会谈。邓甲明、冯秀梅等参加会谈。在京期间，代表团还拜会了司法部、最高人民法院、全国人大法工委、国务院法制办；在沪期间，代表团与上海市司法局、上海市律协进行了座谈。

## 六月

## 一、领导重要批示

6 月 11 日，司法部党组成员、副部长赵大程同志在全国律协呈报的《关于发布〈申请律师执业人员实习管理规则〉、〈全国律协关于切实做好申请律师执业人员实习组织管理工作的意见〉的请示》件上作出批示：“于宁、邓甲明同志：这两个规则、意见研究制定得好，有关司局、有关方面特别是律协同志作出了积极的努力，应向同志们致以谢意。组织落实好规则，工作量大，任务繁重，你们要加大指导力度，精心组织实施，确保规则落实到位、发挥效用。此件送各地律协。同时，抄送司法厅、局（抄国兴、杜春同志）。”

## 二、主要工作和活动

1.6月3日，副秘书长洪家鸣参加司法部法制司召开的“《特许律师执业考核条例》起草座谈会”，并提出意见和建议。

2.6月8日，会长于宁、秘书长邓甲明、副秘书长马国华等应邀到全国政协社会和法制委员会汇报“律师制度和律师队伍建设”情况。

3.6月9日，全国律协将知识产权专业委员会整理各地反馈的《商标法（修订送审稿)》修改意见后，形成的对《商标法（修订送审稿)》第十八条的修改建议、对《商标法（修订送审稿)》的修改意见和《商标法（修订送审稿)》修订建议对照表，送国务院法制办公室。

4.6月9日，司法部党组成员、政治部主任、中央争先创优活动领导小组成员尹晋华率队到北京市就律师行业基层党组织和党员创先争优活动启动情况进行调研，并与北京市司法局、律师协会及党员律师代表进行座谈。邓甲明陪同。

5.6月10日上午，司法部副部长赵大程、政治部主任尹晋华主持召开会议，专题研究律师行业党建工作存在的问题及对策意见。邓甲明参加。

6.6月10日下午，司法部副部长赵大程主持召开会议，讨论《申请律师执业人员实习管理规则（修订草案稿)》，法制司、律公司负责同志、全国律协邓甲明、洪家鸣等参加。根据会议讨论意见，全国律协对《申请律师执业人员实习管理规则（修订草案稿)》做进一步修改，正式报司法部。

7.6月11日上午，邓甲明主持召开秘书长办公会议，安排部署近期工作，检查上半年《全国律协2010年工作要点》落实情况。于宁，副秘书长马国华、里红、洪家鸣等参加。

8.6月17日上午，于宁会长参加中共中央统一战线工作部六局召开的“新社会组织发展问题座谈会”，并作了关于律师制度和律师队伍建设情况的汇报。

9.6月17日，最高人民法院研究室召开有关《民事案件案由规定》修订座谈会，征求律师界的意见。全国律协推荐姜俊禄、李晓斌、宋迪煌、李德成、刘宁、徐平、庞标等律师参加。

10.6月17日，法律援助基金会召开“1+1法治阳光”募捐仪式大会，里红副秘书长参加。会后，“1+1”法律援助志愿者律师陶旭明、张行进应邀来全国律协进一步交流工作情况，并接受《中国律师》记者采访。

11.6月17日至19日，司法部律师公证工作指导司在山东青岛召开全国律师管理处长座谈会。对《律师和律师事务所违法处罚办法》和《律师事务所年度检查考核办法》作相关说明和阐释。吕红兵副会长、马国华副秘书长等参加。

12.6月25日，全国律协召开《律师协会维护律师依法执业权益委员会规则》修改研讨会。司法部律公司副巡视员丘征，副会长、维权委员会主任金山，常务理事、维权委员会副主任王立华，发展战略研究委员会委员张晓维及上海、浙江律协相关同志等参加。研讨会由马国华主持。会议进一步研究确定了律师维权案件受案范围、各级律师协会维权工作职责、工作程序等问题。秘书处将按照会上达成的共识，对《维权规则》进一步修改后，报全国律协规则委审议。

13.6月22日下午，于宁参加司法部机关党委组织的观看《群体性事件警事录》专题片活动。

14.6月23日下午，上海市司法局副局长、上海市律师协会党委书记刘忠定率上海市司法局律管处处长余学杰、上海市律师协会会长刘正东、副会长陈乃蔚、厉明、秘书长万恩标等，到全国律协交流协会工作和《章程》修改问题。于宁，秘书长邓甲明，副秘书长冯秀梅、马国华、里红、洪家鸣等参加座谈。

15.6月26日上午，邓甲明出席北京市司法局在中国科技会堂召开的“北京市优秀律师党员事迹报告会”。

16.6月26日，由中华全国律师协会民事委员会和河南省律师协会主办，河南省律师协会直属分会和郑州市律师协会承办的“全国律协民事专业委员会2010年年会暨第十二届中国民商法实务论坛”在河南郑州召开。全国律协副会长宋建中、河南省司法厅副厅长周济生出席开幕式并致辞。开幕式由民委会主任朱树英主持，全国律协民委会委员和来自全国各地的律师近300人参加论坛。全国人大法工委民法室主任姚红介绍了《侵权责任法》的基本问题及立法考虑，河南高院民一庭副庭长张宗敏和郑州大学法学院高留志副教授分别就《侵权责任法》的意义和民事侵权责任构成发表了主题演讲。与会委员和律师针对《侵权责任法》对建设工程和房地产、商事主体、土地法、民事诉讼、合同、婚姻家庭、医疗事故、道路交通等法律领域的影响进行了交流。会前，朱树英主持召开的民委会2010年年会，讨论修改《律师承办继承业务操作指引》、《律师提供房屋租赁合同非诉讼法律服务操作指引》和《律师提供房屋租赁合同诉讼和仲裁法律服务操作指引》三个操作指引。民委会目前已经起草完成了18个律师业务操作指引，其中12个操作指引已定稿并出版，另有6个操作指引正在讨论、修改和完善之中。

17.6月26日，由最高人民法院民二庭、中国人民大学法学院、中华全国律师协会等单位共同主办的“第三届中国破产法论坛”在京召开。最高法院副院长奚晓明、全国政协社会法制委员会副主任张穹、银监会副主席蔡鄂生、著名法学家江平、全国律协会长于宁、中国法学会商法学研究会会长王保树等出席开幕式并讲话。出席会议的还有国务院国资委企业改组局局长李冰、知名学者李曙光、王欣新等。来自最高人民法院和全国各地的法官、律师、清算师、法学研究与教育工作者等近600人参加论坛。本届论坛主要围绕破产重整制度、破产管理人制度、后金融危机时代政府在企业破产中的作用以及其他破产法律实务与理论问题展开讨论。论坛共收到论文百余篇。

18.6月28日上午，全国律协机关召开上半年工作总结会议。各部（室）、《中国律师》杂志社负责同志汇报上半年工作情况及下半年主要工作安排。会议由邓甲明主持，于宁、冯秀梅、马国华、李海伟、里洪、洪家鸣及全体工作人员参加。会后，机关处以上部门领导认真学习了中央办公厅、中央组织部印发的《党政领导干部选拔任用工作责任追究办法（试行)》等四项干部选拔任用工作监督制度，研究制订贯彻落实方案。

19.6月29日，吕红兵代表全国律协参加在上海世博会园区意大利馆举行的“意大利投资研讨会·法律层面”活动，并作“中国律师在中意经贸及投资活动中的法律服务”主题演讲。

20.6月29日，洪家鸣参加司法部法制司召开的“《特许律师执业考核条例》起草座谈会”。

21.6月30日，邓甲明等参加司法部召开的“纪念建党八十九周年暨深入推进创先争优活动座谈会”。14个党支部（总支)、99名共产党员、36名党务工作者被授予司法部直属机关先进党支部（总支)、优秀共产党员、优秀党务工作者荣誉称号。全国律协朱英、李华鹏荣获优秀共产党员荣誉称号，邓甲明荣获优秀党务工作者荣誉称号。

## 二、主要外事活动

1.6月16日至6月22日，应韩国律师协会的邀请，全国律协副会长彭永臣为团长、邓甲明为副团长的中国律师代表团一行13人访问了首尔、济州岛及釜山。在首尔期间，代表团参加了中韩两国律协共同举办的第十四届题为“司法体制的变化与趋势”的中韩定例研讨会。韩国律协法制理事徐石虎在会上作了《司法体制改革完善之主要问题及焦点》的报告，北京女律师协会副会长、北京盈科律师事务所主任郝惠珍作了《中国司法体制的变化与趋势》的报告。大韩辩护士协会会长金平祐、大韩辩护士协会国际委员会委员、地方律师协会会长等出席研讨会。访问期间，代表团还拜访了韩国法务部、韩国律师协会、首尔律师协会并参观了 BAE，KIM & Lee 律师事务所。

2.6月24日，应蒙古国驻华大使馆邀请，冯秀梅与蒙古国驻华特命全权大使苏赫巴特尔等进行了座谈，双方探讨了两国律师界进一步加强交流与合作等事宜。

3.6月28日下午，于宁会见了来访的日本中国人战争受害者律师辩护团长小野寺利孝一行四人，听取了日本律师团关于西松建设与中国“劳工”达成和解协议的情况汇报，并与日本律师就民间对日索赔工作交换了意见。于宁对日本律师长期以来为中国受害者讨回历史公道所付出的辛勤工作表示感谢，同时表示今后将一如既往地加强与日本律师团的友好交流与合作，共同为全面解决战争中的“劳工”对日索赔问题作出贡献。全国律协民间对日索赔诉讼工作指导小组成员闫欣、刘涌及鲍荣振律师等参加会见。

## 七月

## 一、主要工作和活动

1.7月1日上午，国家发展改革委员会价格监督检查司司长许昆林、副司长陈志江等到全国律协沟通律师代理有关案件情况。会长于宁、秘书长邓甲明、副秘书长马国华等参加商谈。

2.7月2日，全国律协机关党总支组织全体党员举行以“积极投身创先争优活动，推动律师工作改革发展”为主题的党组织活动。全体党员重温入党誓词。活动邀请了北京大成律师事务所、北京易和律师事务所党组织负责人介绍党建工作和创先争优活动情况。

3.7月5日，北大英华科技有限公司负责人拜访全国律协，双方合作建立“中国律师培训网”相关事宜。于宁、长邓甲明、副秘书长洪家鸣等参加。

4.7月6日，全国律协公司法专业委员会召开主任办公会，研究举办“律师公司法业务技能培训班”相关事宜。洪家鸣等参加。

5.7月8日下午，司法部赵大程副部长主持召开会议，总结上半年工作，研究部署下半年工作。邓甲明参加并汇报协会工作。

6.7月12日至16日，邓甲明参加在国家行政学院举办的“领导理论与领导艺术专题研讨班”学习。

7.7月13日下午，于宁、邓甲明就律师协会建设问题与山西省司法厅副厅长李满胜、律管处处长兼省律协秘书长李原生、副秘书长杨光电等进行商谈。

8.7月14日、15日上午，司法部召开部长办公会，听取各司、局、直属单位关于上半年工作总结和下半年工作安排的汇报。于宁、副秘书长李海伟参加。

9.7月19日上午，司法部副部长陈训秋主持召开会议，听取新疆生产建设兵团司法局工作汇报。邓甲明秘书长参加。

10.7月20日，于宁会长、邓甲明出席“‘1+1’中国法律援助志愿者行动2009工作总结表彰暨2010年工作会议”。

11.7月20日上午，李海伟副秘书长等就律师行业党的建设工作与来访的中国注册税务师协会副秘书长孙泽、党建工作部主任张宇红进行交流。

12.7月20日下午，邓甲明，马国华副秘书长等就贯彻落实中央新疆工作座谈会精神，与新疆生产建设兵团司法局副局长刘宪国、律管处处长邓燕勇进行商谈。

13.7月26日至30日，李海伟参加司法部巡回指导小组，赴黑龙江、吉林两省检查指导律师行业创先争优活动开展情况。

14.7月28日至30日，于宁参加在江西井冈山召开的全国司法厅（局）长会议和全国律师行业党的基层组织和党员创先争优活动座谈会。

## 二、业务研讨和培训

1.7月6日至10日，于宁随全国政协社会和法制委员会调研组赴湖北省就“律师制度和律师队伍建设情况”进行调研。

2.7月7日上午，全国人大法工委民法室召开《民事诉讼法》修改座谈会。全国律协推荐李德成、宋迪煌、郭振忠、高警兵、苏文蔚、张杰6位律师参加，结合本专业的业务实践，就《民事诉讼法》在实践中存在的主要问题及如何进一步完善发表了意见。

3.7月7日至8日，由全国律协和中华环保联合会共同举办的“第四届环境志愿律师法律研习班”培训活动在京举行。来自北京、上海、山东、辽宁、广东、江苏、山西、浙江、湖南、内蒙、河北、四川、广西等地的26位律师参加培训。此次研习班主要围绕我国环境立法、国家环境标准、环境诉讼、谈判技巧、环境侵权案例研究等内容进行。这是自今年初全国律协与中华环保联合会签订了“关于建立长期战略合作伙伴关系备忘录”后的一次合作，中华环保联合会准备今后每年举办两次该类专业培训研习班，以培养更多的环境志愿者律师。

4.7月9日，全国律协与中国城郊经济研究会联合举办的“统筹城乡发展中的法治与律师实务研讨会”筹备会在京召开。邓甲明，中国城郊经济研究会会长包永江，国家发改委、民政部、农业部、国务院发展研究中心等部委相关司（局）负责同志，民委会主任朱树英、副主任徐永前，潍坊市司法局负责同志以及有关专家、学者参加会议。

5.7月21日至22日，由全国律协法律援助与公益法律事务委员会、河北省律师协会和承德市司法局联合举办的“服务农村法治、维护农民权益”交流研讨会在承德市召开。全国律协常务理事佟丽华、副秘书长里红等出席会议，北京市农民工法律援助工作站和河北律师代表、法律援助工作者以及基层司法所人员共80余人参加。会议就农民专业合作社、农村土地权益保障、农村环保问题、农民工权益保障、推动律师参与服务农村法治等专题展开深入研讨，对典型案例进行了分析交流。

## 三、对外交流

1.7月7日至12日，应蒙古国律师协会邀请，蒋敏副会长率全国律协代表团一行7人访问蒙古。代表团会见了蒙古总统法律顾问、最高法院院长、宪法法院院长、副总检察长、蒙古律协会长和乌兰巴托市律协会长等，并与蒙古律师就司法体制、律师发展状况和蒙古文化进行了交流。

2. 7月8日至12日，王俊峰副会长率全国律协代表团赴西班牙参加了中、日、欧三方律师协会峰会。峰会三方代表讨论了律师行业发展出现的新问题，以及律师跨境执业、网络审判等。

3. 7月14日，于宁与澳大利亚总检察部常务副部长罗杰·维尔金斯先生一行就加强中澳两国律师交流合作进行会谈。副秘书长冯秀梅、常务理事张宏久、外事委员会委员田凤常等参加。

4. 7月19日上午，于宁会见来访的新任美国律协会长LAMM女士一行。于宁向客人介绍了我国律师执业状况，并与客人探讨了今后合作方式和内容。副秘书长冯秀梅、外事工作委员会委员姜俊禄、田凤常等参加。

5. 7月22日，冯秀梅会见来访的英国司法部国际关系官员萨拉女士，并向客人介绍了全国律协和中国律师的现状。双方回顾了中英两国律师界的交流和合作情况，探讨了青年律师赴英培训项目合作等问题。

6. 7月23日，于宁会见韩国驻华使馆法务参赞李溶民先生。于宁代表全国律协对李溶民先生在任期内为促进中韩两国律师的友好交往及法律业务交流作出的积极贡献表示感谢。李溶民参赞高度评价了中韩两国律师协会多年友好交流所取得的可喜成果，希望中韩两国律师进一步加强友好交流，继续为两国的经贸往来提供优质法律服务。邓甲明、冯秀梅等参加。

### 三、立法、修法意见和建议

7月22日，全国律协将民事专业委员会对全国人大法工委发来国务院提请全国人大常委会审议的《中华人民共和国人民调解法（草案）》及说明的修改意见汇总后，送全国人大常委会法制工作委员会。

## 八月

### 一、主要工作和活动

1. 8月1日，全国律协与北大英华科技有限公司共同签署《网络培训教育合作协议》，合作建设“中国律师培训网”（www.aclaedu.cn），开展律师职业教育网络培训工作。

2. 8月2日至12日，于宁会长、王俊峰副会长参加全国政协社会和法制委员会调研组赴新疆维吾尔自治区调研律师制度和律师队伍建设情况。

3. 8月3日下午，邓甲明秘书长主持召开秘书长办公会，传达学习吴爱英部长和其他部领导在全国司法厅（局）长会议、全国律师行业党的基层组织和党员创先争优座谈会上的重要讲话精神，研究协会贯彻落实意见。副秘书长冯秀梅、马国华、李海伟、洪家鸣参加。

4. 8月5日下午，全国律协机关召开全体工作人员会议，集体学习全国律协今年制定并发布的《申请律师执业人员实习管理规则》和《律师执业活动年度考核规则》。会员部王焱、培训部李鲲分别就两个《规则》制定的指导思想、制定过程、核心内容和在实施中需要把握的问题进行了讲解。

5. 8月5日至6日，里红副秘书长等借参加“西部劳动法论坛”之便，与甘肃省律师协会陈玉萍副会长一起前往甘肃最西边的阿克塞哈萨克自治县和甘南藏族自治州夏河县探望“1+1”法律志愿者刘明雷律师、郝建平律师。他们分别来自沈阳和北京，在当地司法局的关心支持下，克服了很多生活、语言等方面的困难，努力开展法律服务工作。

6. 8月6日，全国律协将知识产权委员会汇总的《2010年国家知识产权战略推进计划》执行情况报司法部。

7. 8月7日，宋建中、潘公明副会长、邓甲明应邀参加由清华大学法学院、《中国律师》杂志社、北京盈科律师事务所共同主办的“中国律师行业创新论坛”。

8. 8月12日下午，全国律协秘书长班子全体到司法部机关观看由中宣部、中政委联合摄制的《司法个案的舆论引导》专题片。

9. 8月18日，吕红兵副会长出席在中国人民大学举办的“西部地区律师研讨会”并作主题发言。共有来自西部12省、区、市的50余名律师参加论坛。

10. 8月20日，司法部政治部主任尹晋华主持召开会议，听取黑龙江、吉林两省开展律师行业创先争优活动情况汇报。李海伟副秘书长参加。

11. 8月26日上午，司法部召开部党组会议和部长办公会议，传达学习中央政治局常委会议精神。于宁、邓甲明列席。

12. 8月26日下午，邓甲明主持召开秘书长办公会议，传达学习司法部党组会议精神，部置起草全国律协党组贯彻落实意见。于宁，副秘书长冯秀梅、马国华、李海伟、里红、洪家鸣参加。

13. 8月27日，洪家鸣副秘书长与北大英华科技有限公司相关负责人商谈“中国律师培训网（www. aclaedu. cn）”建设事宜。并拟向部分地方律师协会征集律师培训课程资料，充实培训内容。

14. 8月30日，李海伟参加司法部巡回指导小组赴湖南检查指导律师行业创先争优工作开展情况。

15. 本月，会员部征求部分律师意见，对司法部法制司发来的《律师事务所分所登记管理办法（征求意见稿）》提出六条修改意见和建议。

## 二、业务研讨和培训

7月31日至8月1日，由全国律协劳动与社会保障法专业委员会与甘肃省律师协会联合举办的“西部劳动法律论坛”在甘肃省嘉峪关市召开。彭永臣副会长、嘉峪关市市长郑亚军、甘肃省司法厅政治部主任于晓军、全国律协常务理事、甘肃省律协会长赵荣春、全国律协里红等出席开幕式。研讨会围绕劳动合同、集体合同谈判、规章制度、劳动争议处理等议题进行，中国人民大学教授常凯、甘肃省高院民二庭庭长分别发表了专题演讲。全国律协劳动与社会保障法专业委员会委员、甘肃各地市律师100余人参加了会议。

## 三、对外交流

1. 8月2日下午，邓甲明会见了以日中法律家交流协会梶谷刚会长为团长的代表团一行16人。双方分别介绍了本国律师制度的最新发展和司法改革的近况，并就实习律师的培训管理、律师作用的发挥等问题交换了意见。常务理事张宏久、佟丽华，副秘书长冯秀梅、外事委员鲍荣振、马强等参加。

2. 8月23日上午，于宁会见来访的美国第九巡回上诉法官华莱士先生一行。于宁向来访客人介绍了我国律师执业状况，双方就加强两国律师合作交流了意见。

3. 8月24日上午，冯秀梅副秘书长会见来访的美国奥睿律师事务所全球主席一行五人，双方交流了外国律师事务所在华办事处在中国律师业发展中所起的作用，并探讨了未来的合作。

## 四、重要会议

8月17日至18日，“全国律师协会秘书长会议”在黑龙江省大庆市召开。黑龙江省司法厅厅长刘义昌、副厅长张治安，大庆市副市长曹力伟等出席开幕式。全国律协会长于宁、秘书长邓甲明、副秘书长马国华、洪家鸣及各省、自治区、直辖市律师协会秘书长参加会议。

会议的主要内容是贯彻落实全国律协新近颁布的《律师执业年度考核规则》和《申请律师执业人员实习管理规则》，会员部王焱、培训部李鲲分别就两个《规则》制定的指导思想、制定过程、核心内容、具体实施程序和在实施中需要把握的问题进行了阐释。与会代表根据各地实际情况，就如何贯彻落实两个《规则》进行了深入的讨论。北京、江苏等四省市律师协会就开展实习律师管理工作进行了经验交流。

会议还通报了全国律协信息统计工作有关情况；北大英华公司介绍了“中国律师培训网”情况。

**五、领导重要批示**

8 月 24 日，赵大程副部长在全国律协关于召开全国律协宣传联络工作会议的报告上批示：

几年来，律师宣传工作越做越好，为推动律师事业发展发挥了重要作用。特向宣联委的同志表示感谢。律师宣传工作是律师工作的组成部分，要坚持弘扬主旋律，坚持律师做中国特色社会主义法律工作者的定位，突出服务大局，突出维护国家利益和人民利益，突出维护社会和谐稳定，简约、生动、持续、有效地开展宣传工作，为新时期加强和改进律师工作做出新贡献。

**九月**

**一、主要工作和活动**

1. 9 月 1 日至 4 日，李海伟参加司法部巡回指导小组赴湖北检查指导律师行业开展创先争优活动。

2. 9 月 6 日上午，司法部赵大程副部长主持召开会议，研究讨论制定《特许律师执业考核条例（草案)》的有关事项。于宁、邓甲明、副秘书长洪家鸣参加。

3. 9 月 6 日、7 日，全国律协派员参加统战部举办的无党派人士理论研究班，以提高统战工作理论政策水平，进一步做好律师界新社会阶层人士统战工作。

4. 9 月 7 日，于宁、邓甲明、李海伟与来访的《法制日报》社副社长周秉健商谈加强律师宣传工作具体合作事项。

5. 9 月 9 日，全国律协将征求相关专业委员会对司法部律师公证工作指导司《法律服务人员紧缺领域目录（草案)》提出的修改意见汇总后，送司法部律公司。

6. 9 月 15 日，由全国律协组织的律师做社会和谐稳定促进者主题宣传报道，在《人民日报》民主法制周刊专报刊出。报道选取了北京、广东、成都律师为社会和谐稳定服务的典型事例，宣传了律师在“三项重点工作”中发挥的积极作用。

1. 9 月 3 日，全国律协向西南政法大学发去贺信，祝贺西南政法大学建校六十周年庆典暨“中国法学家论坛”隆重召开。

2. 9 月 12 日至 18 日，全国律协发展战略研究委员会课题调研组朱洪超、李淳、邹强伦、张晓维赴新疆，就少数民族地区律师发展进行调研。调研组深入到少数民族律师事务所实地调查，选择了少数民族律师集中的喀什地区、阿勒泰地区、伊犁地区进行了重点调研。

3. 9 月 15 日，全国律协向中国人民大学法学院发去贺信，祝贺中国人民大学法学院 60 周年庆典暨第二届“21 世纪世界百所著名大学法学院院长论坛”隆重召开。

4. 9月24日至26日，彭永臣副会长出席西藏自治区第四次律师代表大会。

5. 9月25日至27日，吕红兵副会长应邀出席在福建厦门举行的“海峡律师（厦门）论坛”。

6. 9月26至29日，李海伟副秘书长参加司法部在福建厦门召开的律师行业创先争优活动推进会。

7. 9月28日下午，全国律协发展战略研究委员会课题调研组朱洪超、李淳、邹强伦、张晓维，来全国律协就少数民族地区律师发展调研情况进行汇报。于宁，副会长金山，邓甲明，副秘书长里红、洪家鸣等参加。

8. 9月29日下午，司法部召开第24次党组会议，传达学习《中共中央办公厅 国务院办公厅转发〈司法部关于进一步加强和改进律师工作的意见〉的通知》精神，研究贯彻落实意见。邓甲明列席。

## 二、重要会议

9月10日，全国律协宣传联络工作会议在大连召开。会议由全国律协常务理事、宣传联络委员会副主任柳平主持。全国律协副会长、宣传联络委员会主任金山，法制日报社副社长周秉健，全国律协副秘书长李海伟、里红，大连律协会长张耀东等领导出席会议。全国律协宣传联络委员会委员、各省律协分管宣传工作的副会长、秘书长、会刊负责人以及《人民日报》等中央媒体记者共70多人参加会议。会议学习了中央领导和司法部领导关于宣传工作的讲话精神；讨论了《全国律协关于进一步加强律师宣传工作的意见》；举行了首届律协会刊评选并为获奖单位颁奖；北京、上海、广东、浙江、新疆、福建等律师协会相关负责同志介绍了开展律师宣传工作经验。

## 三、业务研讨

1. 9月4日至5日，由中华全国律师协会和中国城郊经济研究会共同主办的“统筹城乡发展中的法治与律师实务研讨会”于山东省潍坊市召开。会长于宁、秘书长邓甲明、中国城郊经济研究会会长包永江、山东省司法厅厅长程辉、山东省律师协会会长杨伟程、中共潍坊市委副书记崔建平等出席开幕式。来自各地律师协会负责人和律师代表共400余人参加了会议。

全国人大常委、全国人大农村工作委员会副主任尹成杰，国务院发展研究中心农村经济研究部副部长谢扬，农业部、民政部、住建部等相关司（局）领导到会发表演讲，对统筹城乡发展的相关法律和政策进行了权威阐释。先期介入并取得实务经验的律师对开展统筹城乡工作的具体做法和经验进行了交流。

会议期间，全国律协套开了由各地律协领导参加的“律师服务‘三农’调研会”。总结了目前律师为“三农”服务的工作情况，提出了推进律师为“三农”服务的问题、对策及建议。

2. 9月25日至26日，由西部十二个省（自治区、直辖市）律师协会共同主办、广西壮族自治区律师协会承办的“第三届西部律师发展论坛”在南宁召开。论坛以“区域合作·和谐发展”为主题。广西壮族自治区副主席梁胜利、全国律协会长于宁、广西司法厅副厅长卫福喜等领导出席开幕式并致辞，开幕式由全国律协常务理事、广西律协会长王莹文主持。全国律协副会长金山、宋建中，广西区委政法委、广西高院、检察院、公安厅等单位领导，西部十二个省（区、市）司法厅（局）、律师协会的领导，香港律师会代表，来自国家发改委、中国国际经济贸易仲裁委员会、中国政法大学的学者和嘉宾，以及西部律师代表近600人参加会议。

开幕式结束后，举行了“中国律师培训网暨全国律协西部律师远程培训项目”开通启动仪式。启动仪式由全国律协副秘书长洪家鸣主持。于宁发表致辞，并邀请西部十二省（自治区、直辖市）司法厅与律师协会领导共同点亮水晶灯，正式启动并开通了“中国律师培训网暨全国律协西部律师远程培训项目”。

3. 9月17日至18日，“2010中国律师知识产权业务创新论坛”在青岛召开。全国律协副会长吕红兵、山东律协副会长王广仁、青岛律协会长栾少湖出席开幕式并致辞。最高人民法院知识产权庭庭长孔祥俊发来贺信。开幕式由全国律协知识产权专业委员会执委马东晓主持。来自全国二十多个省、自治区、直辖市的200多名律师参加了会议。最高人民法院研究室副主任罗东川、国家工商总局商标局副局长吕少华、国家工商总局法规司副司长刘敏、国家版权局法规司司长于慈珂、国家知识产权局协调司副司长雷筱云等分别作主题演讲。海信集团、青岛啤酒股份有限公司、深圳美的集团、奇瑞汽车股份有限公司和广东蒙娜丽莎陶瓷有限公司等企业高层也参加了会议，他们就企业知识产权保护的重点、热点问题和律师服务与律师们进行了交流探讨。

### 四、对外交流

1. 9月8日至14日，于宁率全国律协代表团一行8人出访俄罗斯。访问期间，代表团拜会了俄罗斯联邦司法部、最高法院、律师协会和圣彼得堡律师协会，参观了部分律师事务所和莫斯科国家法律科学院。与俄方官员、律师代表、法学专家和学生代表进行了广泛交流。

2. 9月14日，冯秀梅副秘书长会见西班牙乌利亚（UM）律师事务所驻北京办事处首席代表。双方通报了合作进行青年律师培训项目的进展情况和即将开展第三批培训的具体安排。

### 五、立法、修法意见和建议

1. 9月16日，全国律协将刑事专业委员会对全国人大法工委发来的《中华人民共和国刑法修正案（八）（草案）》所提出的修改意见进行汇总，送全国人大法工委。

2. 9月27日，全国律协将民事专业委员会对全国人大法工委发来的《中华人民共和国涉外民事关系法律适用法（草案二次审议稿）》提出的修改意见进行汇总，送全国人大法工委。

## 十月

### 一、主要工作和活动

1. 10月12日，洪家鸣副秘书长与北京金杜律师事务所、美国杜威律师事务所（Dewey & LeBoeuf）举行电话会议，研究举办“中美上市公司法律监管及管辖程序比较讲座”相关事宜。

2. 10月13日，佟丽华常务理事、里红副秘书长在吉林长春参加“中央专项彩票公益金法律援助项目实施工作座谈会”。

3. 10月14日，于宁会长等参加中央统战部“新的社会阶层人士与‘十二五’规划”主题论坛活动筹备会议，讨论论坛活动方案。

4. 10月18日，申请律师执业人员集中培训指定教材修订讨论会在京召开。洪家鸣，教育委员会副主任张庆、秘书长庞正中、委员郭振忠、司莉、吴江水、徐平，北京大学出版社第五图书事业部负责人蒋浩、编辑曾健等参加。会议讨论了《律师职业道德与执业基本规范》存在的主要问题，研究了司莉委员起草的修订大纲和样章，确定了该教材的进一步修订进程。

5.10月19日下午，于宁会长、金山副会长、邓甲明秘书长、李海伟副秘书长到《法制日报》社参观学习。就加强律师宣传工作、扩大《法制日报》在律师界的影响与贾京平社长、周秉键副社长、伍彪副总编等进行商谈。

6.10月19日下午，司法部律公司召开“律师事务所商标代理业务工作座谈会”。牛文忠副司长、邱征副巡视员，全国律协专业委员会工作部相关同志、知识产权专业委员会执委马翔律师等参加。会议研究了推动律师事务所从事商标代理业务工作，讨论了《律师事务所从事商标代理业务暂行办法（草案）》。

7.10月22日至23日，“全国律协公司法专业委员会2010年年会”和“安徽律协公司法专业委员会2010年年会”在合肥联合召开。全国律协副会长、安徽律协会长蒋敏，安徽律协秘书长潘法律等出席开幕式并致辞。

8.11月23日，“天册杯”沪苏浙律师乒乓球、羽毛球友谊赛在浙江海宁举办。李海伟出席开幕式并致辞。

9.10月25日至26日，《中华全国律师协会章程》、《律师协会会员违规行为惩戒规则》修改座谈会在京召开。于宁、邓甲明、马国华，常务理事、全国律协纪律委员会副主任王立华，规则委员会委员张晓维、北京律协纪律委员会副主任朱永锐等参加。

10.10月25日下午，于宁、邓甲明参加中央政法委在京举办的十七届五中全会精神专题学习活动。

11.10月25日，洪家鸣与北大英华科技有限公司相关负责人就加快推进“中国律师培训网”和全国律协西部律师远程培训项目建设相关事宜进行商谈。

12.10月26日上午，司法部赵大程副部长主持召开会议，研究讨论全国律师工作会议和全国律师行业党的建设工作会议相关事宜。于宁、邓甲明参加。

13.10月27日下午，邓甲明主持召开秘书长办公会议，传达学习十七届五中全会精神，安排部署七届全国律协第七次常务理事会会议和第三次理事会会议筹备工作。于宁，副秘书长冯秀梅、马国华、李海伟、里红及各部（室）负责同志参加。

14.10月28日下午，洪家鸣与最高人民法院政治部培训部部长滑玉珍、法官学院相关部门负责人就研究建立律师—法官教育培训工作互动机制进行商谈。

## 二、对外交流

1.9月30日至10月8日，于宁率团赴加拿大温哥华参加国际律师协会（IBA）年会。年会期间，代表团与日弁联、韩国律师协会、德国联邦律师协会、国际律师协会分别进行了双边会谈。冯秀梅副秘书长随团出访，并于会前参加了国际律师协会秘书长会议。

2.10月11日下午，于宁会见了以华年达会长为团长的澳门律师公会研修考察团一行24人。此次来访旨在了解内地律师制度与律师发展现状，探讨两地律师交流。于宁向代表团介绍了内地律师制度和内地律师发展情况，华年达会长也介绍了澳门律师发展现状，并表达了与全国律协加强交流合作的愿望。双方一致认为，两会的交流为增进内地与澳门律师界的友谊和相互了解，吸收和借鉴彼此有益的经验作出了积极贡献。邓甲明秘书长，冯秀梅，外事委员吴以钢、黄耀文等参加会见。

3.10月15日至20日，冯秀梅、常务理事张宏久参加在德国斯图加特召开的环太平洋律师协会年中理事会。

4.10月22日下午，于宁、邓甲明、冯秀梅会见以第一副主席阿列斯科尔·塔吉耶夫为团长的俄罗斯国际法律家联盟代表团一行9人。于宁介绍了中国律师发展情况和全国律协的主要职能与作用，阿列斯科尔·塔吉耶夫介绍了俄罗斯律师发展情况及有关《俄罗斯律师法》的相关规定。外委会委员谢思敏、杜宝成，北京律协外委员委员张振利等参加。

5. 10月28日上午，王俊峰副会长、邓甲明、冯秀梅会见以金平祐为团长的韩国律师协会代表团一行16人。王俊峰介绍了中国律师行业发展现状及律师制度等情况，金平祐表示将继续加强双方的交流与合作。双方就推进中韩两国律师协会友好关系深入交换了意见。外委会委员金莲淑、全华善、姜山赫，北京女律师协会副会长郝惠珍等参加。代表团在京期间还拜会了最高人民法院、中国法学会等。

### 三、七届全国律协党组第九次会议

10月21日上午，七届全国律协党组第九次会议在全国律协大会议室召开。会议由党组书记赵大程主持，党组成员于宁、邓甲明、金山、宋建中、吕红兵、蒋敏、王俊峰参加会议。会议传达学习了中国共产党第十七届中央委员会第五次全体会议精神和《中共中央办公厅、国务院办公厅转发〈司法部关于进一步加强和改进律师工作的意见〉的通知》（中办发［2010］30号）精神，研究部署贯彻落实意见；讨论了《全国律协关于贯彻落实中央新疆工作座谈会精神，做好律师行业援疆工作的意见》和《关于调整全国律协行政法专业委员会主任、副主任的报告》。司法部律公司司长杜春、副司长牛文忠，全国律协副秘书长马国华、李海伟、里红、洪家鸣等列席。

### 四、业务研讨和培训

1. 10月16日至19日，全国律协在京举办了“律师公司法业务技能讲座”，以帮助广大律师及时了解公司立法与司法的最新进展，更新专业知识，准确适用法律，解决执业实践中的热点、难点问题，提高专业化服务水平。金山、蒋敏、洪家鸣，公司法专业委员会主任张庆等出席讲座开班式。近400名律师参加了培训。中国政法大学民商经济法学院副院长、博士生导师赵旭东教授，最高人民法院刘贵祥庭长、张勇健副庭长，北京产权交易所业务总监朱戈，普华永道会计师事务所王晓刚、路谷春、杨丽平，全国律协公司法专业委员会副主任张晓森律师、秘书长龚志忠律师等专家应邀授课。

2. 10月23日至24日，由全国律协公司法专业委员会和安徽律协公司法专业委员会共同举办的“投资者保护与公司治理论坛”在合肥召开。蒋敏、里红、潘法律、张庆，最高人民法院执行局副局长金剑锋，安徽省律协副会长朱世贾等出席论坛开幕式并讲话。金剑锋就公司法司法解释（三）的相关问题做精彩讲解。与会的70余位代表就股东投资权益的保护问题和公司治理问题进行了讨论，并剖析了国美控制权之争以及公司治理结构完善、投资者保护、关联交易的认定和规制等问题。

3. 10月29日，中国保险业协会在京召开“保险法律实务研讨会”，就《保险法》实施一年来的经验、问题和对策进行总结、交流和研讨。中国保险行业协会会长金坚强、保监会副主席魏迎宁、最高人民法院研究室副主任曹守晔、全国律协副会长潘公明等出席会议并致辞。

## 十一月

### 一、七届全国律协第七次常务理事会会议

11月11日，七届全国律协第七次常务理事会会议在江苏省无锡市召开。会议由于宁会长主持。副会长金山、宋建中、吕红兵、蒋

敏、潘公明、洪波、王俊峰、彭永臣，常务理事王凡、王晶、王民生、王立华、王京宝、王莹文、方世扬、朱洪超、孙发荣、李飞、李泽林、佟丽华、邹强伦、陈锡康、赵玉中、柳平、章靖忠、韩刚、翟玉华、薛济民出席会议。司法部律师公证工作指导司副巡视员丘征，全国律协副秘书长马国华、李海伟，江苏省司法厅副厅长许同禄，江苏省律师协会秘书长梁武华列席会议。

会议传达学习了中共十七届五中全会精神和《中共中央办公厅、国务院办公厅转发〈司法部关于进一步加强和改进律师工作的意见〉的通知》（中办发［2010］30号）精神，研究部署贯彻落实意见；通报了《全国律协关于贯彻落实中央新疆工作座谈会精神，做好律师行业援疆工作的意见》。

## 二、主要工作和活动

1.11月2日至15日，邓甲明秘书长参加中国井冈山干部学院领导干部“加强党性修养、坚定理想信念、保持优良作风”专题培训班学习。

2.11月3日，全国律协律师发展战略研究委员会召开会议，研究《国家“十二五”规划中律师业发展规划纲要》的制定工作。发展战略委主任朱洪超，委员陈锡康、王立华、李淳、张晓维等参加。

3.11月3日，中国律师杂志社召开改版策划会，请全国律协各部室对改进下年度《中国律师》杂志提出意见和建议。李海伟副秘书长主持会议。

4.11月3日至5日，李海伟参加司法部在西安召开的律师行业争先创优推进会。

5.11月6日，由全国律协、中国国际经济贸易促进会、中国商业法研究会主办，中国律师杂志社承办的第四届企业法律风险管理论坛在北京召开。司法部律公司杜春司长、全国律协于宁、金山、李海伟出席论坛开幕式。

6.11月8日，由中央统战部主办、联系会议部分成员单位协办的“新的社会阶层人士与‘十二五’规划”论坛在京举行。来自全国各行业、领域约100名新的社会阶层代表人士参加会议，其中包括20多位来自各地的律师。韩德云、朱征夫、鲁哈达、杨梧、刘红宇、马慧娟等律师参加了新的社会阶层人士与经济发展方式转变、新的社会阶层人士与社会发展等分论坛研讨并发言。于宁、吕红兵参加。

7.11月14日，由江苏省律师协会承办的第三届律师协会监事会论坛在无锡召开，于宁、李海伟出席论坛开幕式。

8.11月16日下午，最高人民法院召开律师界部分全国人大代表、政协委员座谈会。最高人民法院院长王胜俊出席会议并讲话，最高人民法院副院长沈德咏通报了今年全国法院系统的工作情况，副院长张军主持会议，司法部副部长赵大程出席会议并讲话，全国律协会长于宁、秘书长邓甲明，律师界全国人大代表刘玲、孙桂玲、许智慧、杨伟程、迟夙生、陈舒、秦希燕、高明芹、彭雪峰，全国政协委员马虎成、刘红宇、朱征夫、何悦、吴德立、法蒂玛·马合木提、施杰、段祺华参加座谈。

9.11月22日至23日，全国律师工作会议在京召开。会议的主要任务是：认真学习贯彻党的十七大和十七届五中全会精神，学习贯彻《中共中央办公厅、国务院办公厅转发〈司法部关于进一步加强和改进律师工作的意见〉》（中办发【2010】30号文），总结近年来律师工作取得的成绩，对当前和今后一个时期律师工作作出全面部署，推动律师事业又好又快发展，努力为经济社会科学发展作出新贡献。

中共中央政治局常委、中央政法委书记周永康出席会议并作重要讲话。周永康指出，律师工作是中国特色社会主义法治建设的重要组成部分。近年来，我国律师制度不断完善，律师队伍不断发展壮大，律师在经济社会生活中发挥的职能作用日益凸显。党中央、国务院高度重视新形势下的律师工作和律师队伍建设。他希望各级司法行政机关、律师协会和广大律师把思想行动统一到中央精神上来，深刻领会中央对律师是中国特色社会主义法律工作者的政治定位；忠实履行中国特色社会主义法律工作者的职责；加大对律师依法履职的保障力度；加强党对律师工作的领导，坚持和完善中国特色社会主义律师制度，进一步加强和改进律师工作，努力开创律师工作新局面。

中共中央政治局委员、中央政法委副书记王乐泉，国务委员、中央政法委副书记孟建柱，最高人民法院院长王胜俊，最高人民检察院检察长曹建明，司法部部长吴爱英，副部长陈训秋、张苏军、郝赤勇、赵大程，中纪委驻司法部纪检组组长韩亨林，政治部主任尹晋华等出席会议。

各省（区、市）司法厅（局）厅（局长）、律师协会会长，新疆生产建设兵团司法局局长、律师协会会长；各副省级城市司法局局长、律师协会会长；司法部机关各司局和有关直属单位主要负责同志参加会议。全国律协于宁、邓甲明等参会。

10. 11 月 24 日至 25 日，中共中央组织部、司法部在北京联合召开全国律师行业党的建设工作会议。于宁、邓甲明等参加会议。

11. 11 月 25 日至 26 日，里红副秘书长代表全国律协出席中国注册会计师协会第五次全国会员代表大会。大会选举产生协会新一届领导机构，里红当选中注协常务理事。

12. 11 月 27 日至 28 日，以“规范与超越”为主题的第二届北京律师论坛在京举行。于宁出席论坛开幕式并致辞，李海伟、里红副秘书长参加。

13. 11 月 29 日，邓甲明主持召开全国律协秘书长办公会议。传达学习全国律师工作会议和全国律师行业党的建设工作会议精神；讨论《全国律协 2010 年工作总结和 2011 年工作计划》稿；安排部署七届全国律协第三次理事会会议筹备工作。副秘书长马国华、李海伟、洪家鸣及各部（室）主任、副主任参加。

### 三、业务研讨

1. 11 月 2 日，受全国律协委派，公司法专业委员会主任张庆参加了在山东召开的“推动律师积极参与企业注册登记代理工作座谈会”。国家工商总局企业注册局、山东省司法厅、山东省律协的领导及山东的 10 多名律师参加了座谈会。会议研究了在山东省推进律师参与企业注册代理试点工作的相关问题，探讨了律师行业进入这一领域的意义和方法，对国家工商总局起草的《关于推进律师开展企业登记代理工作的办法（试行）（征求意见稿）》提出了修改意见。

2. 11 月 13 日，全国律协在京召开“律师办理刑事案件看守所会见规则座谈会”。邀请全国人大法工委、最高法院、最高检察院、公安部、司法部律公司的领导及著名学者 30 余人，就该规则所涉及的原则问题进行了研讨。宋建中，副秘书长里红参加。

### 四、立法、修法意见和建议

1. 11 月 5 日，全国律协将行政法专业委员会对财政部发来的《国家赔偿费用管理条例》（送审稿）提出的修改意见进行汇总，送国务院法制办公室。

2. 11 月 8 日，全国律协将行政法专业委员会对最高人民法院发来的《关于人民法院适用〈中华人民共和国国家赔偿法〉若干问题的解释》(征求意见稿)和《人民法院赔偿委员会审理国家赔偿案件程序的规定》(征求意见稿)提出的意见和建议进行汇总，送最高人民法院。

3. 11 月 15 日，全国律协将经济法专业委员会委员对《中华人民共和国车船税法(草案)》提出的修改意见进行汇总，送全国人大法工委。

### 五、对外交流

1. 10 月 9 日至 29 日，洪波参加司法部律师管理干部培训团赴美培训。

2. 10 月 31 日至 11 月 7 日，应中华全国律师协会的邀请，以日本律师联合会前任会长宫崎诚先生为团长的一行 33 人代表团访问了北京、昆明及丽江。此次代表团来访旨在了解中国司法制度及律师制度，加强中日两国律师之间的友好交流。在京期间，代表团拜会了全国人大法工委、最高人民法院、全国律协。分别受到了人大法工委副主任王胜明、最高法院研究室主任胡云腾和全国律协于宁会长的会见。

3. 11 月 2 日，于宁会见越南司法部副部长阮翠贤一行 7 人。中越双方分别介绍了两国律师事业的发展和现状，于会长还回答了客人关于中国司法考试、申请律师执业人员实习、律师培训和继续教育等问题。副秘书长冯秀梅，全国律协外委会委员、北京律协副会长白涛等参加。

## 十二月

### 一、主要工作和活动

1. 12 月 4 日，金山副会长代表全国律协出席全国普法办、中央电视台在人民大会堂联合举办的“12·4”政法系统 10 年来获得年度“法制人物”称号的代表座谈会，并受到中央政治局常委、中央政法委书记周永康等党和国家领导同志接见。佟丽华常务理事在座谈会上发言。

2. 12 月 6 日，王俊峰副会长出席最高人民检察院在中央电视台举办的“全国检察机关优秀公诉人电视辩论大赛”，并为获奖者颁奖。

3. 12 月 9 日，全国律协刑事专业委员会主任扩大会议在全国律协会议室召开，刑委会主任、副主任、秘书长、在京委员十余人参加了会议。会议确定了刑委会年会的时间、地点、主题、会议形式和研讨内容等，研究了起草《律师看守所会见规则》的基本原则和方法。

4. 12 月 9 日，全国律协公司法专业委员会主任会议在京召开，会议对年会期间委员们提出的工作建议和 2011 年工作进行了研究和落实。

5. 12 月 11 日，全国律协知识产权专业委员会执委会会议在全国律协会议室召开。会议总结了知产委 2010 年工作，制定了 2011 年计划，讨论了知产委《委员管理细则》、《分会活动细则》、《档案管理细则》、《执委分工轮值工作细则》、《网站管理细则》等七个细则，决定改版知产委网页，及时上传年会信息、相关资料、新委员名单、执委会决议等，待全国律协专业委员会网站开通后进行链接。

6. 12 月 11 日至 12 日，全国律协法律援助与公益法律事务委员会在京召开专职律师参与中央专项彩票公益金法律援助项目 2010 年度总结会议。国务院研究室社会发展司司长邓文奎、人劳部农民工工作司副司长沈水生、中国法律援助基金会秘书长周院生、全国律协秘书长邓甲明出席会议并讲话。会议由佟丽华主持。全国 24 家专职从事农民工法律援助工作的律师事务所的 100 多名律师参加会议。

7. 12 月 12 日，全国律协民间对日索赔诉讼工作指导小组在江苏南京召开会议，对十余年来民间对日索赔诉讼工作进行总结。会议还对新形势下民间对日索赔诉讼工作方针和下一步的工作思路进行了交流。司法部律公司副巡视员丘征，全国律协会长于宁，副秘书长冯秀梅，常务理事邹强伦，江苏省律师协会秘书长梁武华，指导小组成员李大进、阎欣、刘湧、吴明秀、董一鸣等参加。

8. 12 月 14 日下午，邓甲明主持召开全国律协秘书长办公会，讨论、修改《七届全国律协常务理事会 2010 年工作报告》、《全国律协 2010 年度财务工作报告》和《全国律协 2011 年度会费收支预算》，研究部署近期工作。于宁，副秘书长冯秀梅、马国华、李海伟、里红、洪家鸣及各部（室）主任等参加。

9. 12 月 18 日，七届全国律协财务工作委员会第二次会议在全国律协大会议室召开。会议讨论了《七届全国律协 2010 年财务工作报告》和《七届全国律协 2011 年度会费收支预算》。财委会主任宋建中，副主任邓甲明、王立华，委员贺宝健、刘建华、戴昌久、金小玫、李海伟、李贵山、邹丽琼参加。

10. 12 月 18 日至 20 日，全国政法工作会议在北京召开。于宁参加会议。

11. 12 月 20 日至 21 日，全国司法厅（局）长会议在北京召开。邓甲明参加会议。

12. 12 月 21 日下午，邓甲明主持召开秘书长办公会议，传达学习全国政法工作会议和全国司法厅（局）长会议精神，研究贯彻落实意见。安排部署七届全国律协第三次理事会会议筹备工作。于宁，副秘书长冯秀梅、李海伟、洪家鸣及各部室主任参加。

13. 12 月 23 日上午，邓甲明、李海伟参加司法部事业单位岗位设置管理工作会议。

14. 12 月 23 日，全国律协知识产权专业委员会执委会根据《司法部关于知识产权战略实施部际联席会议工作总结及工作计划》，向司法部律公司提交了委员会 2010 年工作总结和 2011 年工作计划。

15. 12 月 24 至 25 日，浙江省第八次律师代表大会在杭州召开。于宁出席开幕式并致辞。经大会选举，章靖忠连任浙江省律师协会会长，陈三联任秘书长。

16. 12 月 25 日，广东省律师协会成立 30 周年庆祝大会在广州举行。吕红兵出席并致辞。

## 二、业务研讨

1. 12 月 4 日至 5 日，全国律协经济专业委员会 2010 业务论坛在四川成都举行。全国律协副会长彭永臣、四川省司法厅副厅长陈昌斌、四川省律师协会副会长程守太及全国律协经济专业委员会主任肖金泉出席开幕式并致词。本次会议由四川衡平律师事务所承办，共有来自全国的委员和律师约 150 余人参加研讨。本次论坛围绕海外并购、农村城镇化战略和新农村建设、产品责任三大主题进行交流，还就税法、政府采购律师服务、上市公司股权质押等法律问题进行了研讨。

2. 12 月 9 日，由中国律师杂志社主办、江苏省律师协会承办、江苏维世德律师事务所协办的首次特殊的普通合伙制律师事务所研讨会在江苏南京召开。司法部律公司副司长牛文忠、全国律协副秘书长李海伟、江苏律协秘书长梁武华出席会议。来自全国 10 家特殊的普通合伙制律师事务所的主任讨论了特殊的普通合伙制律师事务所在中国律师事业发展中的意义、风险责任分析、运作中的经验与教训等问题。

3. 12 月 11 日至 12 日，全国律协民事专业委会主任会议暨《律师承办继承法律业务操作指引》研讨会在广西南宁召开。会议总结了 2010 年民委会工作，讨论了 2011 年工作计划和安排；民委会课题组成员、广西律师、广西高院法官近百人，分三个会场对《律师承办继承法律业务操作指引》讨论稿进行了研讨，并结合工作实务提出了修改意见和建议；会议还对最高法院婚姻法司法解释（三）进行研讨。里红副秘书长参加。

4. 12月18日至19日，“经济发展方式转变与环境、资源、能源法律实践研讨会”暨全国律协环境与资源法专业委员会第十届年会在北京召开。全国律协副秘书长里红、中华环保联合会秘书长顾问吕克勤、北京律协副会长巩沙出席开幕式并致辞。中国核能行业协会冯毅副秘书长作“中国核电产业发展的现状与前景”的演讲；全国人大环资委翟勇局长作“气候变化与温室气体控制的法律问题”的演讲；南水北调中线局张野局长作“南水北调中的环境情况”的介绍；环保部别涛副司长作“中国的环境形势与环境法律实践的方向”的演讲。与会律师结合国家经济发展方式转变的大格局，对环境、资源、能源法律实践中的具体问题进行了研讨和交流。

5. 12月18日至19日，“律师参与化解社会矛盾的理论与实践”研讨会暨全国律协宪法与人权专业委员会、行政法专业委员会2010年年会在京召开。宪法与人权专业委员会、行政法专业委员会分别对本委员会工作进行了总结，讨论了2011年的工作计划。会议开幕式由全国律协宪法与人权专业委员会秘书长李轩教授主持，宪法与人权委员会主任吴革、行政法委员会执委吕立秋分别致辞。与会律师围绕“律师的社会责任与人权保障”、“社会矛盾化解的律师参与”、“法治政府建设的律师参与”进行研讨。全国律协前会长高宗泽、北京大学法学院副院长王锡锌教授、中国政法大学法学院副院长何兵教授分别发表“律师的社会责任”、“社会稳定与律师作为”、“律师的理想与现实”的主题演讲。里红参加会议。

6. 12月24日，司法部和中国证监会联合召开《律师事务所证券法律业务执业规则（试行)》、《律师事务所证券投资基金法律业务执业细则（试行)》实施座谈会。证监会法律部、司法部律公司和全国律协相关领导，北京金杜、中伦、竞天公诚、海问、国浩，上海通力、广东信达等律师事务所负责人参加会议。与会者就两个规则的贯彻实施做了发言。里红参加会议。

## 三、对外交流

12月6日上午，全国律协民间对日索赔诉讼工作指导小组会见了日本律师团代表，听取日本律师团工作说明，交流对日索赔诉讼工作情况。于宁、阎欣、刘湧，日方小野寺利孝、高桥融等参加。

## 四、中共第七届全国律协党组第十次会议

12月26日上午，中共第七届全国律协党组第十次会议在福建省福州市召开。会议由党组书记赵大程主持，党组成员于宁、邓甲明、金山、宋建中、吕红兵、蒋敏、王俊峰参加会议。会议传达学习了周永康同志在全国律师工作会议上的重要讲话精神和全国律师工作会议和全国律师行业党的建设工作会议精神，研究贯彻意见；讨论了《七届全国律协常务理事会2010年工作报告》；听取了起草《七届全国律协2010年度财务工作报告》的汇报。司法部律师公证工作指导司司长杜春、副司长牛文忠，全国律协副秘书长马国华、李海伟、洪家鸣等列席。

## 五、七届全国律协第八次常务理事会会议

12月26日下午，七届全国律协第八次常务理事会会议在福建省福州市召开。会议由于宁会长主持，副会长金山、宋建中、吕红兵、

蒋敏、潘公明、洪波、王俊峰、彭永臣，常务理事王凡、王晶、王民生、王立华、王京宝、王莹文、方世扬、朱洪超、孙发荣、李飞、李泽林、佟丽华、邹强伦、陈锡康、赵玉中、赵守华、赵荣春、柳平、章靖忠、梁胜国、韩刚、翟玉华、薛济民参加会议。会议讨论了《七届全国律协常务理事会2010年工作报告》、《七届全国律协2010年度财务工作报告》，决定提交七届全国律协第三次理事会审议；审议通过了《七届全国律协2011年度会费收支预算》；通报了关于“中国律师培训网”及全国律协西部律师远程培训项目建设情况和关于给予在援助南京大屠杀事件幸存者维权诉讼中作出特殊贡献的谈臻等六位律师特别嘉奖的决定，对积极参加夏淑琴诉讼案件律师工作的宋章龙等四位律师通报表扬的决定。秘书长邓甲明，副秘书长马国华、李海伟、洪家鸣等列席。

## 六、七届全国律协第三次理事会会议

2010年12月27至28日，七届全国律协第三次理事会会议在福建省福州市召开。共有121位理事参加会议。开幕式由金山主持，司法部副部长赵大程出席开幕式并讲话，福建省委常委、政法委书记徐谦致辞。福建省人大常委会副主任袁锦贵，福建省司法厅厅长陈义兴、副厅长薛育卿，司法部律师公证工作指导司司长杜春、副司长牛文忠等出席开幕式。会上，杜春通报了律公司2010年工作情况和2011年工作思路；于宁作《七届全国律协常务理事会第二年度工作报告》；宋建中作《七届全国律协2010年度财务工作报告》。与会理事进行了分组审议并通过了两个《报告》。全体与会常务理事还集体就协会工作接受理事质询。洪波致闭幕辞。邓甲明、马国华、李海伟、洪家鸣等列席。

# 三、2010年司法部文件

## 司法部<br>关于认真学习贯彻胡锦涛总书记等中央领导同志重要批示精神　进一步加强律师行业党建工作的意见

2010年1月26日　　司发〔2010〕3号

**各省、自治区、直辖市司法厅（局），新疆生产建设兵团司法局：**

最近，胡锦涛总书记和中央政治局常委李长春、习近平、贺国强、周永康同志，分别在司法部报送的《关于全国律师行业党建工作情况的报告》上作出重要批示。为认真学习贯彻胡锦涛总书记等中央领导同志重要批示精神，进一步加强律师行业党建工作，现提出如下意见。

**一、认真学习贯彻中央领导同志重要批示精神**

胡锦涛总书记等中央领导同志的重要批示，充分肯定了前段加强律师党建工作、基本实现律师行业党的组织和党的工作全覆盖的显著成绩，深刻指出了加强律师行业党建工作的重要意义，明确要求不断巩固、发展成果，抓好组织落实，着力发挥好作用，把我国律师队伍真正建设成为中国特色社会主义法律工作者队伍。中央领导同志的重要批示，寓意深刻，内涵丰富，具有很强的思想性、针对性、指导性，为进一步加强律师行业党建工作指明了方向，对推进律师工作改革发展和加强律师队伍建设具有十分重要的指导意义。中央领导同志的重要批示充分体现了中央对律师行业党建工作、律师工作和司法行政工作的高度重视，充分体现了对广大律师的亲切关怀和殷切期望。各级司法行政机关、各地律师协会和广大律师一定要从贯彻落实党的十七大和十七届四中全会精神、全面贯彻落实依法治国基本方略、加快建设社会主义法治国家的高度，从坚定律师工作正确的政治方向、确保律师队伍真正成为中国特色社会主义法律工作者队伍的高度，从贯彻落实科学发展观、实现律师事业又好又快发展的高度，认真学习领会、坚决贯彻落实中央领导同志的重要批示精神，切实把思想和行动统一到中央领导同志的重要批示精神上来，统一到中央的部署和要求上来，进一步增强做好律师行业党建工作的责任感、使命感和紧迫感，坚持巩固、提高、发展、完善，全面加强律师行业党的思想建设、组织建设、作风建设、制度建设和反腐倡廉建设，进一步提高律师行业党建工作水平。

**二、努力推进律师行业党建工作深入发展**

要按照胡锦涛总书记等中央领导同志的要求，全面加强律师行业党的建设，巩固发展律师行业党建工作成果。要把思想政治建设作为律师队伍建设的根本，大力开展对律师党员的思想教育。要组织律师党员深入学习中国特色社会主义理论体系、社会主义核心价值体系，深入学习实践科学发展观，深入开展社会主义法治理念教育，健全长效工作机制。继续开展中国特色社会主义法律工作者主题教育实践活动，努力使律师党员成为自觉坚持“三个至上”，切实做到“三拥护”、“三维护”，自觉履行中国特色社会主义法律工作者职责使命的带头人。要坚持不懈地加强律师行业党的组织建设，巩固和扩大党的组织和党的工作对律师行业全覆盖成果，切实做到律师事务所建到哪里，党组织就覆盖到哪里，党的工作就开展到哪里。要在加强对现有律师事务所党建工作指导的同时，加强对新设律师事务所或分所党组织建设工作的指导，确保有3名以上正式党员、具备建立党组织条件的，都能单独建立党组织；党员人数不足3名的律师事务所可就近与其他律师事务所联合建立党组织；目前还没有党员的律师事务所，要选派党建工作指导员、联络员。要针对律师事务所发展较快的实际和律师执业流动性较强的特点，切实加强对律师事务所党组织和律师党员的动态管理。要认真做好律师党员的信息采集等基础性工作，以律师执业管理信息化平台为依托，加快建成全国统一的律师党员电子信息库，为实现对律师党员的有效管理提供依据。要在律师事务所设立审核、执业档案调取等环节，做好律师事务所党组织建设、律师党员组织关系接转等工作。要加强律师行业入党积极分子队伍建设，关心青年律师的成长，努力把合格的优秀律师发展成党员，不断发展壮大律师党员队伍。大力加强律师行业党的作风建设和反腐倡廉建设，教育引导律师党员切实增强宗旨意识、依法执业意识、诚信意识，严肃查处违反法律和执业纪律、职业道德行为，推进律师行风进一步好转。

**三、切实发挥律师行业党组织的战斗堡垒和律师党员的先锋模范作用**

律师行业党组织和律师党员在律师工作中负有重大政治责任，起着重要政治保障作用。要适应新的形势任务，进一步健全完善律师行业党建工作制度，活跃律师行业党的基层组织生活，积极探索发挥律师行业党组织和律师党员作用的新途径、新方式，确保党的路线方针政策在律师工作中得到贯彻落实。要进一步推动落实律师事务所主任与党支部书记一岗双责，健全完善合伙人和党支部联席会议制度，指导律师事务所党组织把党的先进思想，内化为律师事务所的发展理念、服务宗旨和员工准则，把党的政策和党组织的决议、意图体现到律师事务所的决策、执行、监督的全过程，切实保证律师事务所发展的正确政治方向，实现律师执业活动法律效果和社会效果、政治效果的有机统一。要结合深入开展中国特色社会主义法律工作者主题教育实践活动，指导律师事务所党组织创新“三会一课”的内容、形式和载体，增强针对性和实效性。要不断总结和推广律师事务所党组织建设的有益做法和先进经验，组织开展律师行业“五好”党支部创建活动。要组织律师党员认真学习贯彻落实全国政法工作电视电话会议精神，围绕深入推进社会矛盾化解、社会管理创新、公正廉洁执法三项重点工作，充分发挥职能作用，不断加强自身建设。

**四、切实加强对律师行业党建工作的组织领导**

各级司法行政机关要把学习贯彻胡锦涛总书记等中央领导同志重要批示精神，进一步加强律师行业党建工作，作为当前和今后一个时期司法行政工作的一件大事来抓。各省（区、市）司法厅（局）党委（党组）要结合本地实际，研究制定贯彻落实的措施。要全面落实全国律师行业党的建设工作会议精神，按照中央组织部、司法部党组《关于进一步加强和改进律师行业党的建设工作的通知》和司法部《关于认真学习贯彻中央领导同志重要批示精神进一步做好律师行业党的建设工作的通知》要求，进一步落实党建工作责任制，推动落实省级党委组织部门和司法行政机关党组织的定期沟通机制，明确和落实司法行政部门内部职责分工，确保主要领导负总责，分管领导靠上抓，政工部门牵头，与律师管理部门和律师协会相互配合，各司其职，齐抓共管。要认真贯彻落实党的十七大和十七届四中全会精神，深入贯彻落实科学发展观，坚持不懈地加强律师行业党建工作，以党建带队建，不断提高律师的思想政治素质、业务素质和职业道德素质，把律师队伍真正建设成为中国特色社会主义法律工作者队伍，为全面建设小康社会、加快构建社会主义和谐社会提供优质高效的法律服务和法律保障。

司法部

# 关于深化“法律援助便民服务”主题活动积极推进三项重点工作的意见

2010年1月27日　　司发〔2010〕4号

**各省、自治区、直辖市司法厅（局），新疆生产建设兵团司法局：**

为认真贯彻党的十七大和十七届三中、四中全会精神，深入贯彻落实科学发展观，贯彻落实中央经济工作会议和全国政法工作电视电话会议精神，积极推进三项重点工作，进一步发挥法律援助在维护困难群众合法权益、促进社会和谐稳定中的职能作用，司法部决定深化“法律援助便民服务”主题活动，将活动延长至2010年底。现就深化“法律援助便民服务”主题活动提出如下意见：

## 一、提高思想认识，增强责任感使命感

当前，我国正处于经济社会发展重要战略机遇期和社会矛盾凸显期，改革发展稳定的任务艰巨繁重。深入推进社会矛盾化解、社会管理创新、公正廉洁执法三项重点工作，着力解决影响社会和谐稳定的源头性、根本性、基础性问题，是当前和今后一个时期政法工作的一项重要任务，也对进一步做好新形势下法律援助工作提出了新的更高要求。做好新形势下法律援助工作，依法维护困难群众合法权益，有利于预防化解涉及困难群众切身利益的矛盾纠纷，从源头上消除社会不稳定因素，促进形成依法有序表达诉求、及时有效解决问题的社会环境；做好新形势下法律援助工作，运用法律手段促进解决特殊人群帮教管理问题，有利于充分发挥法律援助在社会管理创新中的职能作用，推动提高社会服务管理水平；做好新形势下法律援助工作，不断强化法律援助公正廉洁服务，有利于促进法律正确实施，保障司法公正，切实让困难群众感受到社会主义社会的公平正义。

2009年6月，司法部在全国部署开展了“法律援助便民服务”主题活动，这是法律援助工作实现好、维护好、发展好人民群众根本利益的生动实践。活动开展以来，各地按照统一部署，积极推行十项便民措施，不断扩大法

律援助覆盖面，加强便民窗口建设，拓宽申请渠道，简化受理审查程序，努力满足困难群众法律援助需求。通过开展主题活动，法律援助机构人员工作作风进一步改进，服务质量进一步提高，困难群众得到了实实在在的帮助。

面对新形势、新任务，“法律援助便民服务”主题活动要取得更大成效，法律援助工作要取得更大发展，必须围绕贯彻落实全国政法工作电视电话会议精神、积极推进三项重点工作，进一步拓展主题活动的广度和深度，扩大活动规模，丰富活动内容。深化“法律援助便民服务”主题活动，是各级司法行政机关和法律援助机构适应新形势新任务新要求，认真履行法律援助职责、切实服务困难群众的有效载体，是提高法律援助能力和水平、推动法律援助工作深入发展的重要途径，对于促进解决涉及困难群众切身利益的民生问题，及时化解人民内部矛盾，推动科学发展，促进社会和谐具有重要意义。

各级司法行政机关和法律援助机构要从政治和全局的高度，充分认识深化“法律援助便民服务”主题活动、进一步做好新形势下法律援助工作的重要性，切实增强责任感使命感，把深化主题活动作为积极推进三项重点工作的重要抓手，努力把便民理念贯穿到法律援助服务的全过程，落实到工作的每个环节和各个方面，不断增强法律援助服务困难群众的能力，全面提升法律援助化解社会矛盾的水平，为实现经济平稳较快发展、维护社会和谐稳定作出新的贡献。

## 二、突出工作重点，提升活动效果

当前和今后一个时期，深化“法律援助便民服务”主题活动，要围绕积极推进三项重点工作，在继续推行十项便民措施的基础上，适应人民群众日益增长的法律援助需求，突出抓好以下几方面工作：

### （一）拓展服务领域，注重从源头上解决困难群众利益问题

密切关注转变经济发展方式、调整经济结构过程中出现的新情况新问题，继续推动将与民生问题紧密相关的权益保护事项纳入法律援助补充事项范围，进一步扩大法律援助覆盖面，及时满足困难群众法律援助需求。组织引导法律援助人员积极参与征地拆迁、劳动争议、食品药品安全、教育医疗、环境保护等案件办理工作，切实维护困难群众合法权益。充分发挥法律援助在党和政府主导的维护群众权益机制中的作用，建立法律援助介入信访工作机制、重大事项报告制度，依法积极介入群众关注的社会热点难点问题，协助党委、政府和有关部门依法妥善处理和化解涉法涉诉信访问题、群体性纠纷、突发性事件，努力解决当事人的合法合理诉求。着眼于预防社会矛盾，做好舆情分析工作，及时发现规律性、倾向性问题，做好预警预案，为党委、政府和有关部门评估社会稳定风险和制定政策提供参考，防止侵害群众合法权益的事件发生，从源头上预防和减少社会不稳定因素。

### （二）突出重点服务对象，积极参与社会管理创新工作

将农民工、零就业家庭、残疾人、老年人等列为重点援助对象，针对其不同特点提供个性化、专业化服务，帮助他们依法解决就业、就医、就学等方面的切身利益问题。做好服刑人员、劳教人员和刑释解教人员法律援助工作，促进其教育改造转化，顺利融入社会。有针对性地开展法制宣传，协助有关部门做好对不在学、无职业、流浪乞讨青少年、服刑在教人员未成年子女、农村留守儿童的教育帮助工作。在办案过程中密切关注可能影响社会稳定的苗头性、倾向性问题，及时向有关部门提出

加强和改进社会管理的意见建议。

（三）建立健全长效机制，促进公正廉洁执法

完善法律援助与公检法部门的衔接配合机制，保证诉讼活动顺利进行，促进案件公正审理；探索建立值班律师制度，在刑事诉讼各阶段为犯罪嫌疑人、被告人和刑事被害人提供咨询服务，依法保障当事人诉讼权利，维护司法公正。完善法律援助受理、审查、决定、指派、承办等各个环节的工作程序、工作制度和行为规范，细化服务标准，完善工作流程，确保为当事人提供符合标准的法律援助。探索建立法律援助案件质量评估体系，开展评估试点工作，强化办案质量管理，加强对案件的考核评估，提高服务质量。推行援务公开，通过多种形式向社会公开法律援助申请条件、范围、程序等有关事项；充分发挥网络公开、便捷、高效的优势，开展网上受理、审批及指派工作，以公开促公正，以透明保廉明。健全法律援助民意沟通机制，畅通社情民意表达渠道，扩大公众对法律援助工作的有序参与，主动接受社会和受援人监督，做好意见反馈，提高法律援助公信力。建立法律援助人员教育培训长效机制，着力加强思想政治建设、业务能力建设、作风建设，切实提高把握运用法律政策能力、群众工作能力、信息化应用能力、突发事件处置能力，全面提升法律援助工作整体水平。

（四）创新服务方式，提高服务效果

适应困难群众实际需要，推行电话申请、网络申请、邮寄申请、上门受理等服务方式，深入农村社区、工厂工地等困难群众集中的区域巡回受案，变坐等群众为主动服务。改进案件指派方式，根据案件性质、法律援助人员特长等因素指派案件，逐步推行点援制，不断提高专业化服务水平。积极开展法律援助异地协作，方便当事人异地申请和获得法律援助，降低维权成本。坚持“调解优先”原则，尊重当事人意愿，根据案情需要引导当事人采取调解、和解等非诉讼方式解决纷争，努力实现案结事了。总结推广一些地方将社工服务引入法律援助工作的经验，多做理顺情绪、平衡心理的工作，注重人文关怀和心理疏导，在化解矛盾纠纷的同时让困难群众感到满意、感受温暖。

### 三、强化组织领导，扎实有序推进

深化“法律援助便民服务”主题活动，积极推进三项重点工作，是当前和今后一个时期各级司法行政机关和法律援助机构的一项重要工作，各地要切实加强领导，注重统筹协调，采取有效措施，确保活动有序有力推进。

（一）切实加强领导

要把深化“法律援助便民服务”主题活动作为司法行政机关积极推进三项重点工作的重要内容，争取纳入地方党委、政府推进三项重点工作的整体部署，围绕党委、政府中心工作，从解决人民群众最关心的问题入手，认真落实好各项任务。要研究制定深化主题活动的实施方案，细化工作目标，明确任务要求，制定具体措施，扎实深入推进活动开展。要及时掌握本地区活动整体推进情况，加强工作指导，强化监督检查，务求取得实效。

（二）落实工作保障

为确保深化主题活动取得实效，要积极争取党委、政府和相关部门的重视和支持，认真落实“三个纳入”要求，为推进活动深入开展、加强改进法律援助工作提供必要条件和保障。要落实好国家政法经费保障体制改革的有关政策，不断提高经费保障水平，改善法律援助机构办公办案条件，加快推进法律援助信息

化建设。注重做好抓基层、打基础的工作，加强对基层法律援助工作的指导，配齐配强基层人员力量，提高基层法律援助工作能力。要合理配置资源，实现优势互补，加大对老少边穷地区的扶持力度，促进法律援助区域协调发展。

（三）加大宣传表彰力度

要紧紧抓住深化“法律援助便民服务”主题活动的有利契机，继续加大法律援助宣传工作力度，把主题活动作为宣传工作的重要内容，统一部署，统筹安排。要着眼于创出品牌、形成规模、造出声势，深入开展有特色有影响的宣传活动，集中宣传法律援助工作的新举措、新进展、新成效，大力宣传表彰法律援助工作先进典型。司法部将在活动期间，适时召开座谈会，总结交流经验，在全系统举办“法律援助便民窗口建设示范单位”和“全国百优法律援助精品案例”评选活动，在活动结束时，对先进集体和个人进行表彰。

各地贯彻落实本意见的情况请及时报部。

司法部

# 关于深化“中国特色社会主义法律工作者”主题教育实践活动 积极推进三项重点工作的意见

2010年2月1日　　司发〔2010〕5号

**各省、自治区、直辖市司法厅（局），新疆生产建设兵团司法局：**

为贯彻落实全国政法工作电视电话会议精神，引导广大律师围绕深入推进社会矛盾化解、社会管理创新、公正廉洁执法三项重点工作，不断深化思想认识，充分发挥职能作用，大力加强自身建设，司法部决定，将律师服务三项重点工作纳入正在全国律师队伍中开展的“中国特色社会主义法律工作者”主题教育实践活动，并将这项活动延至2010年年底。现就有关工作提出如下意见。

**一、认真学习贯彻全国政法工作电视电话会议精神，增强做好三项重点工作的自觉性和坚定性**

全国政法工作电视电话会议深刻分析了当前维护社会稳定工作面临的严峻形势，明确提出了2010年和今后一个时期的工作任务，强调要深入推进社会矛盾化解、社会管理创新、公正廉洁执法三项重点工作。各级司法行政机关要认真学习领会周永康、孟建柱同志的重要讲话精神，把贯彻落实全国政法工作电视电话会议精神，作为深入开展主题教育实践活动的重要内容，引导广大律师充分认识当前我国正处于经济社会发展重要战略期和社会矛盾凸显期，改革发展稳定的任务艰巨繁重的客观形势，深刻领会推进三项重点工作，是深入贯彻落实科学发展观、统筹抓好发展这个硬道理和稳定这个硬任务、促进经济社会协调发展的必然要求，是着力解决影响社会和谐稳定的源头性、根本性、基础性问题，更好地维护重要战略机遇期社会稳定的重大举措，是全面推进政法维稳工作的重要抓手，切实增强做好三项重点工作的责任感和使命感。要进一步巩固深化教育实践活动成果，引导广大律师深刻理解中国特色社会主义法律工作者的本质内涵、基本要求和职责使命，自觉坚持“三个至上”，切实做到“三拥护”、“三维护”。要教育引导广大律师充分认识深入推进三项重点工作是党和国家以及广大人民群众对律师工作提出的新要求，是律师队伍践行中国特色社会主义法律工作者，履行经济社会又好又快发展的服务者、当事人合法权益的维护者、社会公平正义的保障者和社会和谐稳定的促进者职责使命的重要方式，把思想认识统一到中央的决策部署和全国政法工作电视电话会议精神上来，把深入推动主题教育实践活动作为推进三项重点工作的有效载体，把推进三项重点工作作为深化主题教育实践活动的重要内容，落实到工作的每个环节和各个方面。

**二、服务社会矛盾化解、社会管理创新，深入推进工作实践**

要把深入推进社会矛盾化解、社会管理创新作为主题教育实践活动工作实践环节的重要任务。各地要引导广大律师充分运用诉讼和非诉讼手段预防和化解社会矛盾。以实现案结事了为目标，进一步加强刑事辩护等诉讼代理业务，促进矛盾纠纷通过司法渠道得到有效解决。把调解优先贯穿于执业活动中，积极参与“大调解”工作体系建设，探索律师主动参与民商事纠纷调解的有效途径，完善律师参与人民调解、行政调解、司法调解的制度和机制，充分发挥律师的专业优势，采取诉前调解、庭内调解、庭外和解和其他非诉讼手段，引导当事人更多地通过调解和其他非诉讼手段消除纷争。鼓励律师担任人民调解和行政调解组织法律顾问、驻调解委员会接访，及时化解社会矛盾。在党委政府主导下积极参与涉法涉诉信访案件处理，健全完善律师参与信访接待、重大信访案件评查、信访案件听证等工作制度和机制，促进律师参与信访工作的规范化。努力为政府处理重大突发事件和群体性事件提供法律服务，健全律师参与重大突发事件和群体性事件处置相关报告备案、集体讨论等制度，主动介入群众关注的社会热点难点问题，有针对性地做好群众工作，推动社会矛盾解决纳入法制化轨道。广泛开展法律服务志愿者活动，认真开展涉及企业改制、征地拆迁、涉农利益、教育医疗、安全生产、食品药品安全等容易引发社会矛盾重点领域的专项法律服务工作，切实维护群众的合法权益。

要引导广大律师充分发挥提供服务、反映诉求、规范行为的功能作用，积极参与社会管理。大力推进律师法律顾问工作，组织引导律师积极为党委政府参与经济和社会发展计划、行政管理措施及各项政策的研究制定等提供法律咨询服务。通过开展“送法律下乡（进社区)”、“送法律进农家”等活动，努力把法律服务向社区、乡村延伸，向老少边贫地区延伸，针对农民工、零就业家庭、残疾人、老年人、刑释解教人员，农村留守儿童等特殊人群的特点，提供个性化、专业化服务，帮助他们依法解决就业、就医、就学、社会保障等方面的切实利益问题。积极参与社会治安重点地区综合治理，主动为城中村、城乡结合部改造涉及的基础设施建设、环境整治、公共服务等涉法问题提供法律服务。积极参与平安创建工作，及时发现和反映可能影响社会稳定的苗头性、倾向性问题，协助政府健全社会稳定风险评估机制和应对机制。认真总结北京奥运会、残奥会法律服务工作经验，做好上海世博会、广州亚运会法律服务相关工作。在执业活动中，自觉宣传和贯彻落实党和政府的方针政策，积极传播法治精神和法律的基本原则，把党和政府的要求以及法律对社会生活的规范渗透到社会管理和社会建设的各个方面，在新型社会治理结构和管理方式中发挥特有的作用。

**三、围绕公正廉洁执法，大力加强律师队伍建设**

要把促进公正廉洁执法作为主题教育实践活动工作建设环节的重要任务。各地要认真学习贯彻中央领导同志关于加强律师行业党的建设、深入开展学习实践科学发展观活动的重要讲话、批示精神，按照“政治坚定、法律精通、维护正义、恪守诚信”的要求，大力加强律师队伍思想政治建设、业务建设、职业道德建设和律师行业党的建设。要强化理论武装，加强律师队伍贯彻落实科学发展观和社会主义法治理念教育、职业道德教育、纪律作风教育，确保广大律师始终坚持党的事业至上、人民利益至上、宪法法律至上，坚决拥护党的领导，拥护社会主义制度，拥护宪法，自觉抵制西方政治制度、法律制度、法治观念的不良影响和侵蚀；增强贯彻落实科学发展观的自觉性和坚定性，提高服务科学发展的意识；建立健全律师队伍教育培训长效机制，加大教育培训力度，增强律师工作服务经济平稳较快发展、社会矛盾化解、社会管理创新的能力和水平；加强诚信建设，端正律师执业理念，提高执业能力，强化执业监督，提升执业公信力；加强行风建设，规范律师与司法人员的关系，推进执业公开，广泛听取人大代表、政协委员、专家学者、新闻媒体和基层群众对律师工作的意见，自觉接受社会和舆论监督；加强律师工作专业化、规范化、法制化、信息化建设，完善律师法律体系，细化执业标准，严密执业程序，健全案件质量评查机制，强化办案质量管理；加强管理效能建设，强化律师事务所的基础管理作用，健全完善考核评价机制、监督机制和责任机制，提高管理水平；大力加强律师行业党的建设，在巩固组织建设基础上，全面加强思想、作风、制度和反腐倡廉建设，积极探索律师事务所党支部和律师党员发挥作用的有效途径，努力把律师行业党建工作提高到一个新的水平。

**四、切实加强组织领导，确保主题教育实践活动取得实效**

各级司法行政机关要把深入推进三项重点工作纳入主题教育实践活动的整体部署，结合本地区工作实际，认真研究制定深化主题教育实践活动的具体意见和措施，细化工作方案，对深入推动主题教育实践活动进行再动员、再部署。要深入开展调研，及时总结推广开展主题教育实践活动的有效做法和先进经验，发挥典型示范作用，形成正确的工作导向，以点带面推进工作。要加大督导检查力度，确保各项工作落实到位、取得实效。司法部将适时组织调研组，对各地组织开展主题教育实践活动情况进行检查指导。要加大宣传表彰力度，在主题教育实践活动结束后，司法部将进行总结表彰，交流开展主题教育实践活动的工作成果，表彰主题教育实践活动先进集体和先进个人。要坚持统筹兼顾推进各项工作，在深入推进主题教育实践活动，突出抓好三项重点工作的同时，统筹做好律师工作服务科学发展和实现自身科学发展的各项工作，推动律师工作全面发展，为促进经济社会又好又快发展提供优质高效的法律服务。

各地贯彻落实本意见的情况请及时报部。

司法部

# 关于印发《李源潮同志在律师事务所深入学习实践科学发展观活动调研座谈会上的讲话》的通知

2010年3月2日　　　　司发〔2010〕9号

**各省、自治区、直辖市司法厅（局），新疆生产建设兵团司法局、监狱管理局：**

1月22日，中共中央政治局委员、中央书记处书记、中央组织部部长、中央深入学习实践科学发展观活动领导小组副组长李源潮同志到司法部，就律师事务所学习实践活动和律师行业党建工作进行视察指导，主持召开律师事务所深入学习实践科学发展观活动调研座谈会，听取了司法部等单位汇报，并作了重要讲话。李源潮同志的重要讲话，充分肯定了律师事务所学习实践活动、律师行业党建工作和司法部机关干部人事工作取得的成绩，从战略和全局的高度，深刻概括总结了律师行业党建工作的经验，对进一步推进律师事务所学习实践活动、全面加强律师行业党建工作和进一步加强司法行政干部队伍建设提出了明确要求，为我们指明了方向，充分体现了党中央和中央领导同志以及中组部对司法行政工作的高度重视，对广大司法行政干警和律师的关心、爱护，对于进一步巩固律师事务所学习实践活动成果、全面加强律师行业党的建设和司法行政队伍建设，具有十分重要的指导意义。现将李源潮同志的重要讲话予以印发，请认真学习领会，抓好贯彻落实。

各级司法行政机关要把学习贯彻李源潮同志重要讲话精神作为一项重要任务来抓。要认真学习李源潮同志重要讲话精神，研究贯彻落实意见和具体措施，确保讲话要求贯彻落实到司法行政工作和队伍建设的各个方面。要迅速组织广大司法行政干警和律师认真传达学习李源潮同志重要讲话精神，进一步统一思想、提高认识，切实增强使命感和责任感。要切实抓好贯彻落实。认真总结律师事务所学习实践活动的好经验好做法，建立健全贯彻落实科学发展观的长效机制。深入总结律师行业党建工作经验，认真研究律师行业党的建设的规律和方法，全面加强律师行业党的思想建设、组织建设、作风建设、制度建设和反腐倡廉建设，不断巩固和扩大律师行业党建工作成果。切实加强机关干部队伍建设，进一步健全完善干部教育、管理、监督机制，努力提高机关干部队伍素质。

各地学习贯彻情况及时报司法部。

司法部

## 关于印发《习近平同志在新社会组织学习实践活动调研座谈会上的讲话和在德恒律师事务所调研学习实践活动时的讲话要点的》通知

2010 年 3 月 12 日　　司发〔2010〕10 号

**各省、自治区、直辖市司法厅（局），新疆生产建设兵团司法局、监狱管理局：**

1 月 29 日，中共中央政治局常委、中央书记处书记、国家副主席、中央深入学习实践科学发展观活动领导小组组长习近平同志深入到北京德恒律师事务所，视察指导学习实践活动，作了重要讲话；随后，主持召开新社会组织学习实践活动调研座谈会，听取司法部等单位汇报，并作了重要讲话。习近平同志的两次重要讲话，充分肯定了律师事务所学习实践活动和律师行业党建工作取得的成绩，充分肯定了广大律师为维护社会公平正义、促进社会和谐稳定发挥的重要作用，从政治和全局的高度，深刻阐述了律师事务所开展学习实践活动和加强律师行业党建工作的极端重要性，对进一步搞好新社会组织学习实践活动和党的建设作了全面部署，对进一步推进律师事务所学习实践活动，加强律师行业党建工作提出了明确要求，为我们指明了方向，充分体现了党中央和中央领导同志对司法行政工作的高度重视，对广大司法行政干警和律师的关心、爱护，对于进一步巩固律师事务所学习实践活动成果、全面加强律师行业党的建设、推动律师工作发展，具有十分重要的指导意义。现将习近平同志的两次重要讲话予以印发，请认真学习领会，抓好贯彻落实。

各级司法行政机关要把学习贯彻习近平同志重要讲话精神作为一项重要任务来抓。要认真学习领会习近平同志重要讲话精神，研究贯彻落实的具体意见和措施，确保讲话要求贯彻落实到司法行政工作和队伍建设的各个方面。要迅速组织广大司法行政干警和律师认真传达学习习近平同志重要讲话精神，进一步统一思想、提高认识，切实把思想和行动统一到习近平同志重要讲话精神上来，统一到中央的决策部署上来。要切实抓好贯彻落实。扎实做好律师事务所学习实践活动整改落实后续工作，着力加强长效机制建设，不断巩固和扩大律师事务所学习实践活动成果。切实加强对律师行业党建工作的领导，全面推进律师行业党的思想建设、组织建设、作风建设、制度建设和反腐倡廉建设，推动律师行业党建工作迈上新台阶。积极探索发挥律师党组织和律师党员作用的途径，促进律师工作发展，为促进经济平稳较快发展、维护社会和谐稳定作出积极贡献。

各地学习贯彻情况及时报司法部。

## 中华人民共和国司法部公告

（2010年2月2日司法部第94号公告）

根据《外国律师事务所驻华代表机构管理条例》的规定，经审核，准予以下2家外国律师事务所在华设立代表处，名单如下：

1. **荷兰黑石律师事务所驻北京代表处**(DE BRAUW BLACKSTONE WESTBROEK BEIJING OFFICE)

执业许可证号：司发证外字2010第1－0123号

首席代表：帕杰维德（GEERT HARM POTJEWIJD）

代　　表:范拜伦（ROGIER HENDRICUS JOHANNES VAN BIJNEN）

2. **美国莱纳戴维律师事务所驻广州代表处**(LERNER, DAVID, LITTENBERG, KRUMHOLZ & MENTLIK, LLP GUANGZHOU REPRESENTATIVE OFFICE)

执业许可证号：司发证外字2010第1－0124号

首席代表：布鲁斯H·塞尔斯（BRUCE H. SALES）

代　　表:约瑟夫S·利登博格（JOSEPH S. LITTENBERG）

## 中华人民共和国司法部公告

（2010年2月11日司法部第95号公告）

根据《外国律师事务所驻华代表机构管理条例》的规定，经审核，准予以下3家外国律师事务所在华设立代表处，名单如下：

1. **美国乐博律师事务所驻北京代表处**(LOEB & LOEB LLP BEIJING REPRESENTATIVE OFFICE)

执业许可证号：司发证外字2010第1－0125号

首席代表:马富麟（FRANK J. MARINARO）

代　　表:艾多宁（ERIC RICHARD DOERING）

2. **日本西村朝日律师事务所驻北京代表处**(NISHIMURA & ASAHI BEIJING REPRESENTATIVE OFFICE)

执业许可证号：司发证外字2010第1－0126号

首席代表：冈田早织（OKADA，SAORI）

代　　表:甲斐史朗（KAI，FUMIAKI）

3. **韩国世宗律师事务所驻上海代表处**(SHIN & KIM SHANGHAI REPRESENTATIVE OFFICE，REPUBLIC OF KOREA)

执业许可证号：司发证外字2010第2－0027号

首席代表:崔秉瑄（CHOE BYOUNG SEON）

代　　表:文熙春（MOON HUI CHOON）

## 中华人民共和国司法部公告

(2010 年 7 月 15 日司法部第 97 号公告)

根据《外国律师事务所驻华代表机构管理条例》的规定，经审核，准予以下 2 家外国律师事务所在华设立代表处，名单如下：

1. **意大利安启建律师事务所驻上海代表处**(NEGRI - CLEMENTI, TOFFOLETTO, MONTIRONI & SOCI SHANGHAI REPRESENTATIVE OFFICE)

执业许可证号：司发证外字 2010 第 1 -0127 号

首席代表：诺伟成（VITTORIO NOSEDA）

代 表：杨慕华（HERMES PAZZAGLINI）

2. **美国吴异军律师事务所驻天津代表处**(WU&KAO, P. L. L. C. TIANJIN REPRESENTATIVE OFFICE)

执业许可证号：司发证外字 2010 第 1 -0128 号

首席代表：吴异军（ALLEN WU）

代 表:安娜·西格（ANNE SEELIG）

## 中华人民共和国司法部公告

(2010 年 7 月 26 日司法部第 98 号公告)

根据《外国律师事务所驻华代表机构管理条例》的规定，经审核，准予以下外国律师事务所在华设立代表处，名单如下：

**澳大利亚铭德律师事务所驻北京代表处**(MINTER ELLISON LAWERS BEIJING REPRESENTATIVE OFFICE)

执业许可证号：司发证外字 2010 第 2 -0028 号

首席代表：SAM FARRANDS

代 表:ANDREW PETER THOMSON

## 中华人民共和国司法部公告

(2010 年 7 月 26 日司法部第 99 号公告)

根据《外国律师事务所驻华代表机构管理条例》的规定，经审核，准予以下外国律师事务所在华增设代表处，名单如下：

**新加坡王律师事务所驻北京代表处**(WONGPARTNERSHIP LLP)

执业许可证号：司发证外字 2010 第 2 -0029 号

首席代表：曾福庆（CHAN HOCK KENG）

代 表:苗淼（MIAO MIAO）

## 中华人民共和国司法部公告

(2010 年 11 月 29 日司法部第 100 号公告)

根据《外国律师事务所驻华代表机构管理条例》的规定，经审核，准予美国寰美律师事务所在上海设立代表处。

**代表处名称：美国寰美律师事务所驻上海代表处**（QUARLES & BRADY LLP SHANGHAI REPRESENTATIVE OFFICE）

执业许可证号：司发证外字 2010 第 1 - 0029 号

首席代表：格拉斯·塔克（DOUGLAS J. TUCKER）

代　　表：托马斯·斯蒂波尔（THOMAS R. STIEBEL JR.）

## 中华人民共和国司法部公告

(2010 年 11 月 29 日司法部第 102 号公告)

根据《外国律师事务所驻华代表机构管理条例》（国务院第 338 号令），以下 201 家外国律师事务所驻华代表机构通过 2009 年度检验，获准在中国境内执业，提供境外法律服务。现公告如下：

**一、北京代表处**

1. 澳大利亚万盛国际律师事务所驻北京代表处

MALLESONS STEPHEN JAQUES BEIJING REPRESENTATIVE OFFICE（AUSTRALIA）

原批准日期：1993 年 9 月 6 日

执业许可证号：司发证外字 2002 第 1 - 0008 号

重新核准日期：2002 年 6 月 10 日

首席代表：史卫（Wei Shi）

地址：北京朝阳区光华路 1 号嘉里中心南楼 29 层 2925 室

邮编：100020

电话：(010) 59272188

传真：(010) 59272199

网址：www. mallesons. com

E - mail:bei@ mallesons. com

2. 澳大利亚唐林律师事务所北京代表处

LIN TANG & Co. LAWYERS BEIJING REPRESENTATIVE OFFICE（AUSTRALIA）

批准日期：2003 年 11 月 5 日

执业许可证号：司发证外字 2003 第 1 - 0015 号

首席代表：唐林（Lin Tang）

地址：北京朝阳区建国门外大街 21 号国际俱乐部南楼 203 室

邮编：100020

电话：(010) 85325000

传真：(010) 85324288

网址：www. tanglinlaw. com

E - mail:info@ tanglinlaw. com

3. 澳大利亚安德慎律师事务所驻北京代表处

ALLENS ARTHUR ROBINSON BEIJING REPRESENTATIVE OFFICE（AUSTRALIA）

批准日期：2005 年 5 月 16 日

执业许可证号：司发证外字 2005 第 2 - 0011 号

首席代表：孟思德（Stuart John Mengler）

地址：北京市东城区东长安街 1 号东方广场东方经贸城东三办公楼 11 层 7B，8 室

邮编：100738

电话：（010）85150250

传真：（010）85150251

网址：www. aar. com. au

E - mail：kitty. lee@ aar. com. au

4. 比利时德威特律师事务所驻北京代表处

DEWIT LAW OFFICE BEIJING REPRESENTATIVE OFFICE（BELGIUM）

批准日期：2009 年 6 月 30 日

执业许可证号：司发证外字 2009 第 1 - 0115 号

首席代表：贝尔纳·德威特（Bernard Dewit）

地址：北京市朝阳区朝外大街 10 号昆泰大厦 1219 室

邮编：100020

电话：（010）65995388

5. 巴西杜嘉·卡奇·戴律师事务所驻北京代表处

DUARTE GARCIA . CASELLI GUIMARAES E TERRA LAW FIRM BEIJING REPRESENTATIVE OFFICE（BRAZIL）

批准日期：2003 年 11 月 5 日

执业许可证号：司发证外字 2003 第 1 - 0014 号

首席代表：罗赛·瑞卡多（Jose Ricardo Dos Santos Luz Jr.）

地址：北京市朝阳区雅宝路 10 号凯威大厦 08 - 11

邮编：100020

电话：（010）85626081

传真：（010）85626082

网址：www. dgcgt. com. br

E - mail：josericardo@ dgcgt. com. br

6. 加拿大布雷克·卡索斯·格莱登律师事务所北京代表处

BLAKE，CASSELS& GRAYDON LLP BEIJING REPRESENTATIVE OFFICE（CANADA）

原批准日期：1998 年 2 月 20 日

执业许可证号：司发证外字 2002 第 1 - 0026 号

重新核准日期：2002 年 6 月 10 日

首席代表：郭阳明（Robert Kwauk）

地址：北京市朝阳区东三环中路 7 号北京财富中心写字楼 A - 901 室

邮编：100020

电话：（010）65309010

传真：（010）65309008

网址：www. blakes. com. cn

E - mail：dong. peng@ blakes. com

7. 法国基德律师事务所北京代表处

GIDE LOYRETTE NOUEL BEIJING REPRESENTATIVE OFFICE（FRANCE）

原批准日期：1993 年 3 月 20 日

执业许可证号：司发证外字 2002 第 1 - 0007 号

重新核准日期：2002 年 6 月 10 日

首席代表：阎兰（Yan Lan）

地址：北京市朝阳区呼家楼京广中心 3501 室

邮编：100020

电话：(010) 65974511

传真：(010) 65974551

网址：www. gide. com

E - mail:glnpekin@ gide. com

8. 法国德尚律师事务所北京代表处

DS LAW FIRM BEIJING REPRESENTATIVE OFFICE (FRANCE)

原批准日期：1999 年 3 月 12 日

执业许可证号：司发证外字 2002 第 1 - 0035 号

重新核准日期：2002 年 6 月 10 日

首席代表：白露 (Claude le Gaomach Bret)

地址：北京市朝阳区朝阳门外大街 20 号联合大厦 1106A 室

邮编：100020

电话：(010) 65885758　65885759　65885760

传真：(010) 65880427

网址：www. dsavocats. com

E - mail:savoie@ dsavocats. com

9. 法国优集思律师事务所北京代表处

UGGC & ASSOCIES BEIJING REPRESENTATIVE OFFICE (FRANCE)

批准日期：2009 年 1 月 12 日

执业许可证号：司发证外字 2008 第 1 - 0107 号

首席代表：杜宏 (Turon Michel)

地址：朝阳区建国门外大街甲 6 号中环世贸中心 D 座 8 层 801 室

邮编：100022

电话：(010) 85679646

传真：(010) 85612433

网址：www. uggc. com

E - mail:beijing@ uggc. com

10. 德国百达律师事务所北京代表处

BEITEN BURKHARDT BEIJING REPRESENTATIVE OFFICE (GERMANY)

原批准日期：1995 年 3 月 16 日

执业许可证号：司发证外字 2002 第 1 - 0017 号

重新核准日期：2002 年 6 月 10 日

首席代表：苏珊 (Susanne Rademacher)

地址：北京市朝阳区光华路 1 号北京嘉里中心南楼 3130 室

邮编：100020

电话：(010) 85298110

传真：(010) 85298123

网址：www. beitenburkhardt. com

E - mail:bblaw - beijing@ bblaw. com

11. 德国泰乐信律师事务所驻北京代表处

TAYLOR WESSING BEIJING REPRESENTATIVE OFFICE (GERMANY)

批准日期：2008 年 6 月 5 日

执业许可证号：司发证外字 2008 第 2 - 0024 号

首席代表：蓝瑞阳 (Michael - Florlan Ranft)

地址：北京市朝阳区光华路 5 号财富中心 2 号楼 (西座) 15 层 03 室

邮编：100020

电话：(010) 85875886

传真：(010) 85875885

网址：www. taylorwessing. com

E - mail:beijing@ taylorwessing. com

12. 意大利凯明迪律师事务所驻北京代表处

CHIOMENTI STUDIO LEGALE BEIJING REPRESENTATIVE OFFICE (ITALY)

批准日期：2007 年 3 月 28 日

执业许可证号：司发证外字 2007 第 1－0081 号

首席代表：邓吉安（Gianluca D'Agnolo）

地址：北京市朝阳区建国门外大街 2 号北京银泰中心 C 座 30 层 3001－3002 室

邮编：100022

电话：（010）65633908

传真：（010）65633986

网址：www. chiomenti. net

E－mail：angel. liu@ chiomenti. net

13. 日本安德森·毛利·友常律师事务所北京代表处

ANDERSON MORI & TOMOTSUNE BEIJING REPRESENTATIVE OFFICE（JAPAN）

原批准日期：1998 年 2 月 20 日

执业许可证号：司发证外字 2002 第 1－0027 号

重新核准日期：2002 年 6 月 10 日

首席代表：中川裕茂（Hiroshige Nakagawa）

地址：北京市朝阳区东三环北路 5 号北京发展大厦 809 室

邮编：100004

电话：（010）65909060

传真：（010）65909062

网址：www. andersonmoritomotsune. cn

E－mail：beijing@ amt－law2. com

14. 日本森·滨田松本法律事务所北京代表处

MORI HAMADA & MATSUMOTO BEIJING REPRESENTATIVE OFFICE（JAPAN）

原批准日期：1998 年 2 月 27 日

执业许可证号：司发证外字 2003 第 1－0004 号

重新核准日期：2002 年 6 月 10 日

首席代表：石本茂彦（Shigehiko Ishimoto）

地址：北京市朝阳区东三环北路 5 号北京发展大厦 913 室

邮编：100004

电话：（010）65909292

传真：（010）65909290

网址：www. mhmjapan. com

E－mail：beijing@ mhjapan. com

15. 日本加施德丝贺律师事务所北京代表处

SOGA URYU & ITOGA LAW P. C. BEIJING REPRESENTATIVE OFFICE（JAPAN）

原批准日期：2000 年 6 月 8 日

执业许可证号：司发证外字 2005 第 1－0044 号

重新核准日期：2002 年 6 月 10 日

首席代表：水野海峰（Mizuno Kaiho）

地址：北京市朝阳区建国路 77 号华贸中心 3 号写字楼 10 层 01C 室

邮编：100025

电话：（010）65989298

传真：（010）65989299

网址：www. soga－uryu－itoga. com

E－mail：luobin@ sui－law. com

16. 日本高井伸夫律师事务所驻北京代表处

NOBOU TAKAI LAW OFFICE BEIJING REPRESENTATIVE OFFICE（JAPAN）

批准日期：2006 年 1 月 12 日

执业许可证号：司发证外字 2005 第 2－0013 号

首席代表：松本学（Matsumoto Manabu）

地址：北京市朝阳区建国门外大街甲 24 号东海中心 605 室

邮编：100004

电话：(010) 65155830

传真：(010) 65155831

网址：www. takai. com

E - mail：takaibj@ public3. bta. net. cn

17. 日本西村朝日律师事务所驻北京代表处

NISHIMURA & ASAHI BEIJING REPRESENTATIVE OFFICE (JAPAN)

批准日期：2010 年 2 月 11 日

执业许可证号：司发证外字 2010 第 1 - 0126 号

首席代表：冈田早织 (Gaori Okada)

代表：甲斐史朗 (Fumiaki Kai)

地址：北京市朝阳区建国路 81 号华贸中心 1 号写字楼 17 层 06 号

邮编：100025

电话：(010) 85888600

传真：(010) 85888610

18. 韩国太平洋律师事务所驻北京市代表处

BAE, KIM & LEE LLC BEIJING REPRESENTATIVE OFFICE (KOREA)

批准日期：2004 年 10 月 27 日

执业许可证号：司发证外字 2004 第 1 - 0026 号

首席代表：金钟吉 (Kim Jong Gil)

地址：北京市朝阳区建国路 79 号华贸中心 2 号写字楼 1706 室

邮编：100025

电话：(010) 59033500

传真：(010) 59033510

网址：www. bkl. co. kr

E - mail：beijing@ bkl. co. kr

19. 韩国广场律师事务所驻北京代表处

LEE & KO BEIJING REPRESENTATIVE OFFICE (KOREA)

批准日期：2005 年 5 月 16 日

执业许可证号：司发证外字 2005 第 1 - 0042 号

首席代表：吴胜镛 (Oh Seungr Yong)

地址：北京市朝阳区曙光西里甲 1 号东域大厦 (第三置业) B 座 1802 室

邮编：100028

电话：(010) 58220747

传真：(010) 58220740

网址：www. leeko. com

E - mail：mail - bj@ leeko. com

20. 韩国世宗律师事务所驻北京代表处

SHIN & KIM BEIJING REPRESENTATIVE OFFICE (KOREA)

批准日期：2006 年 1 月 12 日

执业许可证号：司发证外字 2005 第 1 - 0057 号

首席代表：崔容远 (Choi Yong Won)

地址：北京市朝阳区霄云路 36 号国航大厦 1008 室

邮编：100027

电话：(010) 84475343

传真：(010) 84475349

网址：www. shinkim. com

E - mail：china@ shinkim. com

21. 英国路伟律师事务所驻北京代表处

LOVELLS LLP BEIJING REPRESENTATIVE OFFICE (UK)

原批准日期：1992 年 10 月 20 日

执业许可证号：司发证外字 2002 第 1 - 0004 号

重新核准日期：2002 年 6 月 10 日

首席代表：满运龙 (Thomas Yunlong Man)

地址：北京市朝阳区建国路 77 号华贸写字

楼3座31层

邮编：100025

电话：（010）65829488

传真：（010）65829499

网址：www. lovells. com

E－mail：helena. zhang@ lovells. com

22. 英国安理国际律师事务所北京代表处

ALLEN & OVERY LLP BEIJING REPRESENTATIVE OFFICE（UK）

原批准日期：1993年9月6日

执业许可证号：司发证外字2002第1－0010号

重新核准日期：2002年6月10日

首席代表：苏秉德（Peter William Thorp）

地址：北京市朝阳区建国门外大街1号国贸大厦2座522室

邮编：100004

电话：（010）65058800

传真：（010）65056677

网址：www. allenovery. com

E－mail：carrie. min@ allenovery. com

23. 英国富而德律师事务所北京代表处

FRESHFIELDS BRUCKHAUS DERINGER BEIJING REPRESENTATIVE OFFICE（UK）

原批准日期：1996年7月23日

执业许可证号：司发证外字2002第1－0020号

重新核准日期：2002年6月10日

首席代表：王宗彬（Jack Tsung－Pin Wang）

地址：北京朝阳区建国门外大街1号国贸写字楼2座3705室

邮编：100004

电话：（010）65354538

传真：（010）65057783

网址：www. freshfields. com

E－mail：teresa. ji@ freshfields. com

24. 英国史密夫律师事务所北京代表处

HERBERT SMITH LLP BEIJING REPRESENTATIVE OFFICE（UK）

原批准日期：1999年3月12日

执业许可证号：司发证外字2002第1－0034号

重新核准日期：2002年6月10日

首席代表：傅石（Michael Fosh）

地址：朝阳区建国门外大街2号北京银泰中心C座28层2802－2803室

邮编：100022

电话：（010）65355000

传真：（010）65355055

网址：www. herbertsmith. com

25. 英国年利达律师事务所北京代表处

LINKLATERS LLP BEIJING REPRESENTATIVE OFFICE（UK）

原批准日期：2001年3月28日

执业许可证号：司发证外字2002第2－0003号

重新核准日期：2002年6月10日

首席代表：周冠英（Koon Ying Chow）

地址：北京市朝阳区建国门外大街1号国贸写字楼1座25层

邮编：100004

电话：（010）65058590

传真：（010）65058582

网址：www. linklaters. com

26. 英国诺顿罗氏律师事务所北京代表处

NORTON ROSE LLP BEIJING REPRESENTATIVE OFFICE（UK）

批准日期：2002年6月10日

执业许可证号：司发证外字2002第1－

0088 号

首席代表：白儒思（Peter Burrows）

地址：北京市朝阳区亮马桥路50号燕莎中心写字楼C801室

邮编：100125

电话：（010）84488881

传真：（010）84486220

网址：www. nortonrose. com

E－mail：sophie. liu@ nortonrose. com

27. 英国欧华律师事务所驻北京代表处

DLA PIPER UK LLP BEIJING REPRESENTATIVE OFFICE（UK）

批准日期：2006年1月12日

执业许可证号：司发证外字2005第2－0014号

首席代表：刘巍（Liu Wei）

地址：北京市朝阳区光华路1号嘉里中心南楼20层

邮编：100020

电话：（010）65611788

传真：（010）65615158

网址：www. dlapiper. com

E－mail：wen. yi@ dlapiper. com

28. 英国礼德律师事务所驻北京代表处

REED SMITH LLP BEIJING REPRESENTATIVE OFFICE（UK）

原批准日期：1996年6月26日

执业许可证号：司发证外字2002第1－0021号

重新核准日期：2002年6月10日

首席代表：宋格文（Hugh T. Scogin Jr.）

地址：北京市朝阳区建国门外大街1号国贸写字楼1座1101室

邮编：100004

电话：（010）65359500

传真：（010）65359501

网址：www. reedsmith. com

E－mail：llu@ reedsmith. com

29. 英国高伟绅律师事务所北京代表处

CLIFFORD CHANCE LLP BEIJING REPRESENTATIVE OFFICE（UK）

原批准日期：1993年9月6日

执业许可证号：司发证外字2002第2－0001号

重新核准日期：2002年6月10日

首席代表：李孝如（Rupert Li）

地址：北京朝阳区建国门外大街1号国贸大厦1座3326室

邮编：100004

电话：（010）65059018

传真：（010）65059028

网址：www. cliffordchance. com

E－mail：yolanda. liu@ cliffordchance. com

30. 英国品诚梅森律师事务所驻北京代表处

PINSENT MASONS LLP BEIJING REPRESENTATIVE OFFICE（UK）

批准日期：2006年12月20日

执业许可证号：司发证外字2006第2－0018号

首席代表：庄本信（John Maurice Bishop）

地址：北京朝阳区建国门北大街8号华润大厦1008室

邮编：100005

电话：（010）85190011

传真：（010）85190022

网址：www. pinsentmasons. com

31. 英国胜蓝律师事务所驻北京代表处

SALANS BEIJING REPRESENTATIVE OFFICE（UK）

批准日期：2008年6月5日

执业许可证号：司发证外字2008第2-0023号

首席代表：马博华（Matthias Mueller）

地址：朝阳区建国门外大街1号国际贸易中心13楼01室

邮编：100004

电话：(010) 65351700

传真：(010) 65351711

网址：www. salans. com

E-mail：vtao@ salans. com

32. 英国司力达律师事务所驻北京代表处

SLAUGHTER AND MAY BEIJING REPRESENTATIVE OFFICE (UK)

批准日期：2009年7月30日

执业许可证号：司发证外字2009第1-0118号

首席代表：理查德·迈克尔·乔治·古尔丁（Richard Michael George Goulding）

地址：北京朝阳区建国门外大街1号国贸写字楼2座29层2903-2905，2907室

邮编：100004

电话：(010) 59650600

传真：(010) 59650650

网址：www. slaughterandmay. com

E-mail：janice. liu@ slaughterandmay. com

33. 荷兰黑石律师事务所驻北京代表处

DE BRAUW BLACKSTONE WESTBROEK BEIJING REPRESENTATIVE OFFICE (THE NETHERLANDS)

批准日期：2010年2月2日

执业许可证号：司发证外字2010第1-0123号

首席代表：帕杰维德（Geert Harm Potjewijd）

地址：北京朝阳区建国门外大街1号国贸写字楼2906/2908室

邮编：100004

电话：(010) 59650500

传真：(010) 59650550

网址：www. debrauw. com

34. 西班牙乌利亚·曼南迪斯律师事务所驻北京代表处

URIA MENENDEZ ABOGADOS SLP BEIJING REPRESENTATIVE OFFICE (SPAIN)

批准日期：2009年9月1日

执业许可证号：司发证外字2009第1-0121号

首席代表：胡安·马丁·佩罗多（Juan Martin Perrotto）

地址：北京朝阳区建国门外大街1号国贸写字楼2座2909室

邮编：100004

电话：(010) 59650700

传真：(010) 59650750

网址：www. uria. com

E-mail：cha@ uria. com

35. 美国贝克·麦坚时国际律师事务所北京代表处

BAKER & McKENZIE LLP BEIJING REPRESENTATIVE OFFICE (USA)

原批准日期：1993年4月27日

执业许可证号：司发证外字2002第1-0001号

重新核准日期：2002年6月10日

首席代表：贾殿安（Stanley Dianan Jia）

地址：北京市朝阳区建国门外大街1号国贸写字楼2座3401室

邮编：100004

电话：(010) 65353800

传真：(010) 65052309

网址：www. bakernet. com

36. 美国翰宇国际律师事务所北京代表处

SQUIRE SANDERS & DEMPSEY LLP BEIJING REPRESENTATIVE OFFICE（USA）

原批准日期：1993 年 4 月 15 日

执业许可证号：司发证外字 2002 第 1 - 0006 号

重新核准日期：2002 年 6 月 10 日

首席代表：吉莫曼（James M. Zimmerman）

地址：北京朝阳区光华路 1 号嘉里中心北楼 2501 室

邮编：100020

电话：（010）85296998

传真：（010）85298088

网址：www. ssd. com

E - mail：mfu@ ssd. com

37. 美国宝维斯律师事务所北京代表处

PAUL, WEISS, RIFKIND, WHARTON & GARRISON LLP, BEIJING REPRESENTATIVE OFFICE（USA）

原批准日期：1993 年 9 月 6 日

执业许可证号：司发证外字 2002 第 1 - 0009 号

重新核准日期：2002 年 6 月 10 日

首席代表：刘晓宇（Xiaoyu Liu）

地址：北京市朝阳区东三环中路 7 号财富中心写字楼 A 座 3601 室

邮编：100020

电话：（010）58286300

传真：（010）65309070/65309080

网址：www. paulweiss. com

E - mail：cam@ paulweiss. com

38. 美国谢尔曼·思特灵律师事务所北京代表处

SHEARMAN & STERLING LLP BEIJING REPRESENTATIVE OFFICE（USA）

原批准日期：1993 年 9 月 6 日

执业许可证号：司发证外字 2002 第 1 - 0011 号

重新核准日期：2002 年 6 月 10 日

首席代表：艾德华（Lee Edwards）

地址：北京市朝阳区建国门外大街乙 12 号双子座大厦东塔 12 层

邮编：100022

电话：（010）59228000

传真：（010）65636000

网址：www. shearman. com

39. 美国世达律师事务所北京代表处

SKADDEN, ARPS, SLATE, MEAGHER & FLOM LLP BEIJING REPRESENTATIVE OFFICE（USA）

原批准日期：1995 年 5 月 3 日

业许可证号：司发证外字 2002 第 1 - 0014 号

重新核准日期：2002 年 6 月 10 日

首席代表：孙湛（Joh L Christianson）

地址：北京市建国门外大街 1 号国贸写字楼 2 座 30 层

邮编：100004

电话：（010）65355500

传真：（010）65355577

网址：www. skadden. com

40. 美国普衡律师事务所北京代表处

PAUL HASTINGS JANOFSKY & WALKER LLP BEIJING REPRESENTATIVE OFFICE（USA）

原批准日期：1998 年 6 月 20 日

执业许可证号：司发证外字 2003 第 1 - 0003 号

重新核准日期：2002 年 8 月 15 日

首席代表：李德维（David Arlen Livdahl）

地址：北京市朝阳区建国门外大街 2 号银泰中心 C 座 19 层

邮编：100022

电话：（010）85675300

传真：（010）85675400

网址：www. paulhastings. com

E－mail：tracydu@ paulhastings. com

41. 美国霍金·豪森律师事务所北京代表处

HOGAN & HARTSON LLP BEIJING REPRESENTATIVE OFFICE（USA）

原批准日期：1996 年 6 月 26 日

执业许可证号：司发证外字 2002 第 1－0024 号

重新核准日期：2002 年 6 月 10 日

首席代表：魏军（Jun Wei）

地址：北京朝阳区光华路 1 号北京嘉里中心写字楼南楼十层

邮编：100020

电话：（010）65988600

传真：（010）85297408

网址：www. hhlaw. com

E－mail：aliu@ hhlaw. com

42. 美国美富律师事务所北京代表处

MORRISON & FOERSTER LLP BEIJING REPRESENTATIVE OFFICE（USA）

原批准日期：1998 年 2 月 20 日

执业许可证号：司发证外字 2002 第 1－0030 号

重新核准日期：2002 年 6 月 10 日

首席代表：麦保罗（Paul D. Mckenzie）

地址：北京市朝阳区建国路 77 号华贸中心三号写字楼 22 层

邮编：100025

电话：（010）59093399

传真：（010）59093355

网址：www. mofo. com

E－mail：jdu@ mofo. com

43. 美国杜威·路博律师事务所驻北京代表处

DEWEY & LEBOEUF LLP BEIJING REPRESENTATIVE OFFICE（US）

原批准日期：1999 年 3 月 12 日

执业许可证号：司发证外字 2008 第 1－0101 号

重新核准日期：2008 年 9 月 12 日

首席代表：朱文英（Ingrid W. Zhu－Clark）

地址：北京市朝阳区光华路 1 号嘉里中心南楼 1429 室

邮编：100020

电话：（010）65839500

传真：（010）65839600

网址：www. dl. com

E－mail：izhu－clark@ dl. com

44. 美国苏利文·克伦威尔律师事务所北京代表处

SULLIVAN & CROMWELL LLP BEIJING REPRESENTATIVE OFFICE（USA）

原批准日期：1999 年 3 月 12 日

执业许可证号：司发证外字 2002 第 1－0032 号

重新核准日期：2002 年 6 月 10 日

首席代表：蔡元文（William Chua）

地址：北京市朝阳区建国门外大街 1 号国贸写字楼 1 座 501 室

邮编：100004

电话：（010）59235900

传真：（010）59235950

网址：www. sullcrom. com

E - mail：cuic@ sullcrom. com

45. 美国文森·艾尔斯律师事务所北京代表处

VINSON & ELKINS BEIJING REPRESENTATIVE OFFICE（USA）

原批准日期：1999 年 3 月 12 日

执业许可证号：司发证外字 2002 第 1 - 0033 号

重新核准日期：2002 年 6 月 10 日

首席代表：狄仁杰（Paul C. Deemer）

地址：北京市朝阳区东三环北路 2 号南银大厦 20 层

邮编：100027

电话：(010) 64106300

传真：(010) 64106360

网址：www. velaw. com

E - mail：beijingoffice@ velaw. com

46. 盛德国际律师事务所北京代表处

SIDLEY AUSTIN LLP BEIJING REPRESENTATIVE OFFICE（USA）

原批准日期：1996 年 2 月 26 日

执业许可证号：司发证外字 2002 第 2 - 0002 号

重新核准日期：2002 年 6 月 10 日

首席代表：丁海华（Henry Ding）

地址：北京市东长安街 1 号东方广场中二办公楼 6 层 608 室

邮编：100738

电话：(010) 65055359

传真：(010) 65055360

网址：www. sidley. com

E - mail：mxue@ sidley. com

47. 美国美迈斯律师事务所北京代表处

O'MELVENY & MYERS LLP BEIJING REPRESENTATIVE OFFICE（USA）

批准日期：2002 年 12 月 5 日

执业许可证号：司发证外字 2002 第 2 - 0005 号

首席代表：司马瑞（Lawrence Sussman）

地址：北京市朝阳区建国门外大街 2 号银泰中心 C 座 37 层

邮编：100022

电话：(010) 65634200

传真：(010) 65634201

网址：www. omm. com. cn

E - mail：awing@ omm. com

48. 美国众达律师事务所北京代表处

JONES DAY BEIJING REPRESENTATIVE OFFICE（USA）

批准日期：2002 年 12 月 25 日

执业许可证号：司发证外字 2002 第 2 - 0006 号

首席代表：王智平（Wang Peter）

地址：北京市朝阳区建国门外大街 1 号国贸写字楼 1 座 3201 室

邮编：100004

电话：(010) 58661111

传真：(010) 58661122

网址：www. jonesday. com

49. 美国贝克·丹尼尔斯律师事务所北京代表处

BAKER & DANIELS LLP BEIJING REPRESENTATIVE OFFICE（USA）

批准日期：2003 年 11 月 5 日

执业许可证号：司发证外字 2003 第 2 - 0004 号

首席代表：王兵（Wang Bing）

地址：北京市朝阳区建国门外大街 1 号国贸大厦 2 座 1919 室

邮编：100004

电话：（010）65057733

传真：（010）65058730

网址：www.bakerdaniels.com

E-mail：stephanie.zhao@bakerd.com

50. 美国霍兰德·奈特律师事务所北京代表处

HOLLAND & KNIGHT LLP BEIJING REPRESENTATIVE OFFICE（USA）

批准日期：2004年1月8日

执业许可证号：司发证外字2004第1-0017号

首席代表：劳立德（Richard Harris Lawrence III）

地址：北京市朝阳区建国门外大街乙12号双子座大厦西塔12层06号

邮编：100022

电话：（010）65661968

传真：（010）65661258

网址：www.hklaw.com

E-mail：richard.lawrence@hklaw.com

51. 美国何威律师事务所驻北京代表处

HUNTON & WILLIAMS LLP BEIJING REPRESENTATIVE OFFICE（USA）

批准日期：2005年5月16日

执业许可证号：司发证外字2005第1-0039号

首席代表：戴孟华（Manuel. E. Maisog）

地址：北京市朝阳区光华路1号嘉里中心南办公楼5层517-520室

邮编：100020

电话：（010）58637500

传真：（010）58637591

网址：www.hunton.com

E-mail：agu@hunton.com

52. 美国伟凯律师事务所驻北京代表处

WHITE & CASE LLP BEIJING REPRESENTATIVE OFFICE（USA）

批准日期：2004年4月12日

执业许可证号：司发证外字2004第2-0005号

首席代表：李晓鸣（Xiaoming Li）

地址：北京市朝阳区建国路81号华贸中心1座19层

邮编：100025

电话：（010）59129600

传真：（010）59695760

网址：www.whitecase.com

E-mail：lxue@whitecase.com

53. 美国高盖茨律师事务所驻北京代表处

KIRKPATRICK & LOCKHART PRESTON ELLIS LLP BEIJING REPRESENTATIVE OFFICE（USA）

批准日期：2004年4月12日

执业许可证号：司发证外字2004第1-0021号

首席代表：舒玉晶（Yujing Shu）

地址：北京市东城区东方广场W1座711-712室

邮编：100738

电话：（010）85188528

传真：（010）85189299

网址：www.klgates.com

E-mail：vivian.gao@klgates.com

54. 美国威凯平和而德律师事务所驻北京市代表处

WILMER CUTLER PICKERING HALE AND DORR LLP BEIJING REPRESENTATIVE OFFICE（USA）

批准日期：2004年10月27日

执业许可证号：司发证外字第1－0034号

首席代表：罗斯（Lester Ross）

地址：北京市朝阳区光华路一号嘉里中心北楼1206室

邮编：100020

电话：(010) 85297588

传真：(010) 85297566

网址：www. wilmerhale. com

55. 美国查德本·派克律师事务所北京代表处

CHADBOURNE & PARKE LLP BEIJING REPRESENTATIVE OFFICE (USA)

原批准日期：2000年6月8日

执业许可证号：司发证外字2002第1－0042号

重新核准日期：2002年6月10日

首席代表：张百善（Robin Hamilton Chambers）

地址：北京市朝阳区东三环中路7号北京财富中心A902室

邮编：100020

电话：(010) 65308846

传真：(010) 65308849

网址：www. chadbourne. com

E－mail：rchambers@ chamberslawyers. com

56. 美国凯威莱德律师事务所驻北京代表处

CADWALADER, WICKERSHAM & TAFT LLP BEIJING REPRESENTATIVE OFFICE (USA)

批准日期：2005年5月16日

执业许可证号：司发证外字2005第1－0040号

首席代表：张建南（Jiannan Zhang）

地址：北京市朝阳区建国路79号华贸中心2号写字楼2301室

邮编：100025

电话：(010) 65997200

传真：(010) 65997300

网址：www. cadwalader. com

E－mail：xu. peng@ cwt. com

57. 美国安卓律师事务所驻北京代表处

ANDREWS KURTH LLP BEIJING REPRESENTATIVE OFFICE (USA)

批准日期：2005年5月16日

执业许可证号：司发证外字2005第1－0041号

首席代表：刘虹（Hong Irwin）

地址：北京朝阳区新源南路6号京城大厦2007室

邮编：100004

电话：(010) 84862699

传真：(010) 84868565

网址：www. andrewskurth. com

E－mail：hongirwin@ akllp. com

58. 美国佳利律师事务所驻北京代表处

CLEARY GOTTLIEB STEEN & HAMILTON LLP BEIJING REPRESENTATIVE OFFICE (USA)

批准日期：2006年1月12日

执业许可证号：司发证外字2005第1－0050号

首席代表：莫非（Filip Moerman）

地址：北京朝阳区建国门外大街乙12号双子座大厦西办公楼第23层03及05室

邮编：100022

电话：(010) 59201000

传真：(010) 58793902

网址：www. clearygottlieb. com

E－mail：fmoerman@ cgsh. com

59. 美国摩根路易斯律师事务所驻北京代表处

MORGAN LEWIS & BOCKIUS LLP BEIJING REPRESENTATIVE OFFICE（USA）

批准日期：2006 年 1 月 12 日

执业许可证号：司发证外字 2005 第 1 - 0049 号

首席代表：张振伦（Lucas Shen - Lun Chang）

地址：北京市朝阳区光华路 1 号嘉里中心南楼 8 层 823 - 826 室

邮编：100020

电话：（010）58763500

传真：（010）58763501

网址：www. morganlewis. com

60. 美国富布莱特·贾沃斯基律师事务所驻北京代表处

FULBRIGHE & JAWORSKI LLP BEIJING REPRESENTATIVE OFFICE（USA）

批准日期：2006 年 3 月 31 日

执业许可证号：司发证外字 2006 第 1 - 0059 号

首席代表：傅斯迪（Stenphen. F. Vogel）

地址：北京东城区建国门北大街 8 号华润大厦 25 层 2507 室

邮编：100005

电话：（010）85135888

传真：（010）85135866

网址：www. fulbright. com

E - mail：rwan@ fulbright. com

61. 美国格威·舒伯·拜耳律师事务所北京代表处

GARVEY，SCHUBERT & BARER BEIJING REPRESENTATIVE OFFICE（USA）

批准日期：2004 年 7 月 7 日

执业许可证号：司发证外字 2004 第 1 - 0024 号

首席代表：彭介之（Chieh - Chih Peng）

地址：北京市朝阳区光华路一号嘉里中心南楼 820 室

邮编：100020

电话：（010）85299880

传真：（010）85299881

网址：www. gsblaw. com

E - mail：lpeng@ gsblaw. com

62. 美国温斯顿律师事务所北京代表处

WINSTON & STRAWN LLP BEIJING REPRESENTATIVE OFFICE（USA）

批准日期：2009 年 11 月 10 日

执业许可证号：司发证外字 2003 第 1 - 0016 号

首席代表：詹姆士．汤普森（James R. Thompson）

地址：北京市建国门外大街 1 号国贸大厦 1 座 718 室

邮编：100004

电话：（010）58259600

传真：（010）58259700

网址：www. winston. com

E - mail：yzhao@ winston. com

63. 美国康永华律师事务所北京代表处

FREDERICK W. HONG LAW OFFICES BEIJING REPRESENTATIVE OFFICE（US）

批准日期：2002 年 12 月 25 日

执业许可证号：司发证外字 2002 第 2 - 2007

首席代表：乔德睿（Gary Chodorow）

地址：北京朝阳区工体东路 20 号百富国际大厦 1 号楼 11 层 D 室

邮编：100020

电话:(010) 65061180

传真:(010) 65061720

网址: www. fwhonglaw. com

E - mail: beijing@ fwhonglaw. com

64. 美国美邦律师事务所驻北京代表处

MILBANK, TWEED, HADLEY & McCLOY LLP BEIJING REPRESENTATIVE OFFICE (US)

批准日期:2006 年 8 月 30 日

执业许可证号:司发证外字 2006 第 1 - 0060 号

首席代表:卢安霆 (Anthony Root)

地址:北京市朝阳区建国路 79 号华贸写字楼 2 号楼 1505 室

邮编:100025

电话:(010) 59692700

传真:(010) 59692707

网址: www. milbank. com

E - mail: ygao@ milbank. com

65. 美国奥睿律师事务所驻北京代表处

ORRICK HERRINGTON & SUTCLIFFE LLP BEIJING REPRESENTATIVE OFFICE (US)

批准日期:2006 年 9 月 6 日

执业许可证号:司发证外字 2002 第 1 - 0005 号

首席代表:王翔 (Xiang Wang)

地址:北京市朝阳区嘉里中心南楼 22 层

邮编:100020

电话:(010) 85955600

传真:(010) 85955700

网址: www. orrick. com

E - mail: mwang@ orrick. com

66. 美国达维律师事务所驻北京代表处

DAVIS POLK & WARDWELL BEIJING REPRESENTATIVE OFFICE (US)

批准日期:2006 年 12 月 20 日

执业许可证号:司发证外字 2006 第 1 - 0065 号

首席代表:陈硕茂 (Show - Mao Chen)

地址:北京市朝阳区建国门外大街乙 12 号双子座大厦西塔 26 层

邮编:100022

电话:(010) 85675000

传真:(010) 85675123

网址: www. davispolk. com

67. 美国艾金·岗波律师事务所驻北京代表处

AKIN GUMP STRAUSS HAUER & FELD LLP BEIJING REPRESENTATIVE OFFICE (USA)

批准日期:2006 年 12 月 20 日

执业许可证号:司发证外字第 2006 第 1 - 0074 号

首席代表:高师朋 (Spencer Griffith)

地址:北京市朝阳区建国门外大街乙 12 号双子座大厦东塔 EF 层 06 室

邮编:100022

电话:(010) 85672200

传真:(010) 85672201

网址: www. akingump. com

68. 美国贝克博茨律师事务所驻北京代表处

BAKER BOTTS LLP BEIJING REPRESENTATIVE OFFICE (USA)

批准日期:2006 年 12 月 20 日

执业许可证号:司发证外字第 2006 第 1 - 0071 号

首席代表:张利宾 (Libin Zhang)

地址:北京市建国门外大街 21 号国际俱乐部办公楼 702 室

邮编:100020

电话：（010）85327900

传真：（010）85327999

网址：www. bakerbotts. com

E－mail：libin. zhang@ bakerbotts. com

69. 美国盛信律师事务所驻北京代表处

SIMPSON THACHER & BARTLETT LLP BEIJING REPRESENTATIVE OFFICE（USA）

批准日期：2007 年 3 月 28 日

执业许可证号：司发证外字第 2007 第 1－0080 号

首席代表：马道龙（Douglas C. Markel）

地址：北京市朝阳区建国门外大街 1 号国贸大厦 1 座 31 层 3119 室

邮编：100004

电话：（010）59652999

传真：（010）59652988

网址：www. stblaw. com

E－mail：jane. chen@ stblaw. com

70. 美国商泰隆律师事务所驻北京代表处

SANDLER，TRAVIS & ROSENBERG，P. A. BEIJING REPRESENTATIVE OFFICE（USA）

批准日期：2007 年 11 月 29 日

执业许可证号：司发证外字第 2007 第 1－0093 号

首席代表：蒋兆康（Zhaokang Jiang）

地址：北京市朝阳区建国门外大街 1 号国贸大厦 1 座 2705 室

邮编：100004

电话：（010）65059900

传真：（010）65057390

网址：www. strtrade. com

71. 美国塔夫托律师事务所驻北京代表处

TAFT，STETTINIUS & HOLLISTER LLP BEIJING REPRESENTATIVE OFFICE（USA）

批准日期：2008 年 4 月 10 日

执业许可证号：司发证外字第 2008 第 1－0095 号

首席代表：刘观霖（Russell K. L. Leu）

地址：北京市朝阳区建国门外大街乙 12 号双子座大厦东塔十层

邮编：100022

电话：（010）51235058

传真：（010）51235122

网址：www. taftlaw. com

E－mail：leu@ taftlaw. com

72. 美国德杰律师事务所驻北京代表处

DECHERT LLP BEIJING REPRESENTATIVE OFFICE（USA）

批准日期：2008 年 4 月 10 日

执业许可证号：司发证外字第 2008 第 1－0094 号

首席代表：克莱格·劳伦斯·高德歇尔（Craig Godshall）

地址：北京市朝阳区光华路 1 号嘉里中心南楼 1218 室

邮编：100020

电话：（010）58291300

传真：（010）58291313

网址：www. dechert. com

E－mail：lucy. he@ dechert. com

73. 美国威嘉律师事务所驻北京代表处

WEIL，GOTSHAL & MANGES LLP BEIJING REPRESENTATIVE OFFICE（USA）

批准日期：2008 年 6 月 5 日

执业许可证号：司发证外字第 2008 第 2－0022 号

首席代表：项绍琨（Shaokun Steven Xiang）

地址：北京市朝阳区建国门外大街 1 号国贸写字楼 2 座 2001 室

邮编：100004

电话：(010) 65355200

传真：(010) 85058366

网址：www. weil. com

E - mail：elaine. liu@ weil. com

74. 美国科文顿·柏灵律师事务所驻北京代表处

COVINGTON&BURLING LLP BEIJING REPRESENTATIVE OFFICE (USA)

批准日期：2008 年 6 月 5 日

执业许可证号：司发证外字第 2008 第 1 - 0098 号

首席代表：艾秋兴 (Ellen R. Eliasoph)

地址：北京市朝阳区建国门外大街 2 号银泰中心 C 座 2301 室

邮编：100022

电话：(010) 59100591

传真：(010) 59100599

网址：www. cov. com

E - mail：azhang@ cov. com

75. 美国顾世登律师事务所驻北京代表处

GOULSTON & STORRS P. C. BEIJING REPRESENTATIVE OFFICE (USA)

批准日期：2009 年 1 月 12 日

执业许可证号：司发证外字 2008 第 1 - 0106 号

首席代表：白洲帆 (Timothy B. Bancroft)

地址：朝阳区光华路 1 号嘉里中心北座 11 层 1136 室

邮编：100020

电话：(010) 65997967

传真：(010) 65999100

网址：www. goulstonstorrs. com

E - mail：beijing@ goulstonstorrs. com

76. 美国世强律师事务所驻北京代表处

STEPTOE & JOHNSON LLP BEIJING REPRESENTATIVE OFFICE (USA)

批准日期：2009 年 7 月 30 日

执业许可证号：司发证外字 2009 第 1 - 0117 号

首席代表：埃里克 C. 爱默森 (Eric C. Emerson)

地址：朝阳区建国路 79 号华贸中心 2 座 29 层 2901 - 09 室

邮编：100025

电话：(010) 58341000

传真：(010) 58696099

网址：www. steptoe. com

77. 美国瑞生律师事务所驻北京代表处

LATHAM & WATKINS LLP BEIJING REPRESENTATIVE OFFICE (USA)

批准日期：2009 年 7 月 30 日

执业许可证号：司发证外字 2009 年 2 - 0026 号

首席代表：大利敦也 (John Atsuya Otoshi)

地址：北京市朝阳区建国门外大街 1 号国贸大厦 2 座 2312 - 2318 室

邮编：100004

电话：(010) 59657000

传真：(010) 59657001

网址：www. lw. com

E - mail：tina. jin@ lw. com

78. 美国乐博律师事务所驻北京代表处

LOEB & LOEB LLP BEIJING REPRESENTATIVE OFFICE (USA)

批准日期：2010 年 2 月 11 日

执业许可证号：司发证外字 2010 第 1 - 0125 号

首席代表：马富麟 (Frank J. Marinaro)

地址：北京市朝阳区建国门外大街 2 号北

京银泰中心C座35层3501室

邮编：10020

电话：(010) 65997998

传真：(010) 65999131

网址：www. loeb. com

E - mail: fmarinaro@ loeb. com

79. 瑞士文斐律师事务所北京代表处

WENFEI ATTORNEY AT LAW LTD BEIJING REPRESENTATIVE OFFICE (SWITZERLAND)

原批准日期：2000年6月8日

执业许可证号：司发证外字2002第1-0038号

重新核准日期：2002年6月10日

首席代表：柯一夫 (Christoph Markus Koeppel)

地址：北京市朝阳区东三环中路7号北京财富中心A706室

邮编：100020

电话：(010) 64687331

传真：(010) 64603132

网址：www. wenfei. com

E - mail: mail@ wenfei. com

**二、上海代表处**

80. 阿拉伯联合酋长国爱福利迪和安琪律师事务所驻上海代表处

AFRIDI & ANGELL LEGAL CONSULTANTS SHANGHAI REPRESENTATIVE OFFICE (THE UNITED ARAB EMIRATES)

原批准日期：2001年5月15日

执业许可证号：司发证外字2002第1-0079号

重新批准日期：2002年6月10日

首席代表：Mohammad Ali Khan Afridi

地址：上海市东大名路628号上海海港商务中心516室

邮编：200080

电话：(021) 66312836

传真：(021) 66312836

网址：www. afridi - angell. com

81. 澳大利亚奥商诺律师事务所驻上海代表处

AUSINO LAWYERS SHANGHAI REPRESENTATIVE OFFICE (AUSTRALIA)

批准日期：2005年8月30日

执业许可证号：司发证外字2005第1-0046号

首席代表：柴惠庭

地址：上海市襄阳南路500号1009室

邮编：200031

电话：(021) 64674022

传真：(021) 64674029

网址：www. ausinolawyers. com

82. 澳大利亚博雷·道盛律师事务所驻上海代表处

BLAKE DAWSON SHANGHAI REPRESENTATIVE OFFICE (AUSTRALIA)

原批准日期：1998年2月20日

执业许可证号：司发证外字2002第1-0057号

重新批准日期：2002年6月10日

首席代表：吴明华 (Trevor Goh)

地址：上海市南京西路1168号中信泰富广场3408-3410室

邮编：200041

电话：(021) 51001796

传真：(021) 52925161

网址：www. blakedawson. com

83. 澳大利亚汉氏律师事务所驻上海代表处

HUNT & HUNT SHANGHAI REPRESENTATIVE OFFICE (AUSTRALIA)

原批准日期：1998年2月20日

执业许可证号：司发证外字2002第1-0058号

重新批准日期：2002年6月10日

首席代表：贺乐为 (Jim Harrowell)

地址：上海市延安西路1088号627-628室

邮编：200052

电话：(021) 62493543/62493544

传真：(021) 62493545

网址：www. hunthunt. com. au

84. 澳大利亚铭德律师事务所驻上海代表处

MINTER ELLISON SHANGHAI REPRESENTATIVE OFFICE (AUSTRALIA)

原批准日期：1999年9月6日

执业许可证号：司发证外字2002第1-0070号

重新批准日期：2002年6月10日

首席代表：吴翊翊

地址：上海市南京西路1168号中信泰富广场4006-4007室

邮编：200041

电话：(021) 62882171

传真：(021) 62882172

网址：www. minterellison. com

85. 澳大利亚万盛国际律师事务所驻上海代表处

MALLESONS STEPHEN JAQUES SHANGHAI REPRESENTATIVE OFFICE (AUSTRALIA)

批准日期：2007年11月29日

执业许可证号：司发证外字2007第2-0020号

首席代表：贺墨亭 (Martyn Peter Huckerby)

地址：上海市湖滨路222号企业天地一号楼608-611室

邮编：200021

电话：(021) 23087688

传真：(021) 23087699

网址：www. mallesons. com

86. 巴西法博律师事务所驻上海代表处

FELSBERG E ASSOCIADOS SHANGHAI REPRESENTATIVE OFFICE (BRAZIL)

批准日期：2009年3月25日

执业许可证号：司发证外字2009第1-0109号

首席代表：谷伟锋 (Rodrigo D Val Ferreira)

地址：上海市浦东世纪大道201号渣打银行大厦527室

邮编：200120

电话：(021) 61826801

传真：(021) 61826777

网址：www. felsberg. com. br

87. 巴西诺劳亚律师事务所驻上海代表处

NORONHA ADVOGADOS SHANGHAI REPRESENTATIVE OFFICE (BRAZIL)

原批准日期：2001年3月18日

执业许可证号：司发证外字2002第1-0078号

重新批准日期：2002年6月10日

首席代表：何佳达 (Gustavo De Jacobina Rabello)

地址：上海市浦东福山路450号新天国际大厦14楼F层

邮编：200122

电话：(021) 68766311

传真：(021) 68766311 - 19

网址：www. noronhaadvogados. com. br

88. 比利时德沃福律师事务所驻上海代表处

DE WOLF & PARTNERS LAW FIRM LLCC SHANGHAI REPRESENTAIVE OFFICE (BELGIUM)

批准日期：2007 年 11 月 29 日

执业许可证号：司发证外字 2007 第 1 - 0090 号

首席代表：施菲利 (Philippe E. E. M Snel)

地址：上海市威海路 567 号晶采世纪大厦 7 - A 室

邮编：200041

电话：(021) 62888682

传真：(021) 62888681

网址：www. dewolf - law. eu

89. 德国 CMS 德和信律师事务所驻上海代表处

CMS HASCHE SIGLE SHANGHAI REPRESENTATIVE OFFICE (GERMANY)

批准日期：2006 年 8 月 30 日

执业许可证号：司发证外字 2006 第 1 - 0063 号

首席代表：邬丽福 (Ulrick Gluck)

地址：上海市南京西路 1366 号恒隆广场二期 2812 室

邮编：200040

电话：(021) 62896363

传真：(021) 62890731

网址：www. cms - hs. com

90. 德国百达律师事务所驻上海代表处

BEITEN BURKHARDT RECHTSANWALTSGESELLSCHAFT MBH SHANGHAI REPRESENTATIVE OFFICE (GERMANY)

批准日期：2003 年 11 月 5 日

执业许可证号：司发证外字 2003 第 2 - 0003 号

首席代表：费亚力 (Alexander Fischer)

地址：上海市南京西路 288 号创兴金融中心 1001 - 1002 室

邮编：200003

电话：(021) 61417888

传真：(021) 61417899

网址：www. bblaw. com

91. 德国丰伟律师事务所驻上海代表处

GRAF VON WESTPHALEN SHANGHAI REPRESENTATIVE OFFICE (GERMANY)

批准日期：2009 年 3 月 6 日

执业许可证号：司发证外字 2009 第 1 - 0108 号

首席代表：冯瑞廷 (Alexander Freiherr Von Aretin)

地址：上海市南京东路 800 号新一百大厦 15 楼 D 座

邮编：200001

电话：(021) 63223131

传真：(021) 63222430

网址：www. grafvonwestphalen. com

92. 德国罗德律师事务所驻上海代表处

RODL RECHTSANWALTSGESELLSCHAFT STEUERBERATUNGSELLSCHAFT MBH SHANGHAI REPRESENTATIVE OFFICE (GERMANY)

批准日期：2002 年 6 月 7 日

执业许可证号：司发证外字 2002 第 1 - 0092 号

首席代表：李飞 (Philip Lazare)

地址：上海市浦东世纪大道 1600 号浦项商务广场 31 楼

邮编：200122

电话：(021) 61635300

传真：(021) 61635310

网址：www. roedl. de

93. 德国佩尔策－苏伦律师事务所驻上海代表处

PELTZER SUHREN GERMAN ATTORNEYS AT LAW SHANGHAI REPRESENTAVIE OFFICE (GERMANY)

批准日期：2004年11月22日

执业许可证号：司发证外字2004第1－0031号

首席代表：Horst Suhren

地址：上海市浦东陆家嘴东路166号中保大厦1503室

邮编：200120

电话：(021) 68880393

传真：(021) 68880395

网址：www. kanzlei－psm. de

94. 德国申特海姆律师事务所驻上海代表处

SCHINDHELM ATTORNEY AT LAW SHANGHAI REPRESENTATIVE OFFICE (GERMANY)

批准日期：2007年11月29日

执业许可证号：司发证外字2007第1－0091号

首席代表：Bernhard Heringhaus

地址：上海市浦东张江高科技园区科苑路88号德国中心1号楼610－611室

邮编：201203

电话：(021) 28986379

传真：(021) 28986370

网址：www. schindhelm. net

95. 德国舒尔茨－诺阿克－贝尔文克尔律师事务所驻上海代表处

SCHULZ NOACK BARWINKEL GERMAN ATTORNEYS AT LAW SHANGHAI REPRESENTATIVE OFFICE (GERMANY)

原批准日期：1995年3月16日

执业许可证号：司发证外字2002第1－0046号

重新批准日期：2002年6月10日

首席代表：夏乐命(Joerg Michael Scheil)

地址：上海市延安西路2201号国际贸易中心2302室

邮编：200336

电话：(021) 62198370

传真：(021) 62196849

网址：www. snb－law. de

96. 德国泰乐信律师事务所驻上海代表处

TAYLOR WESSING SHANGHAI REPRESENTATIVE OFFICE (GERMANY)

批准日期：2003年5月15日

执业许可证号：司发证外字2003第1－0002号

首席代表：柯沛聪(Ralph Vigo Koppitz)

地址：上海市南京西路1468号中心大厦1509室

邮编：200040

电话：(021) 62477247

传真：(021) 62477248

网址：www. taylorwessing. com

97. 法国CMS法乐菲律师事务所驻上海代表处

CMS BUREAU FRANCIS LEFEBVRE SHANGHAI REPRESENTATIVE OFFICE (FRANCE)

原批准日期：2001年3月28日

执业许可证号：司发证外字2002第1－

0080 号

重新批准日期：2002 年 6 月 10 日

首席代表：苏杰楠（Jonathan Selvadoray）

地址：上海市南京西路 1366 号恒隆广场二期 2801 室

邮编：200040

电话：（021）62896363

传真：（021）62899696

网址：www. cms－bfl. com

98. 法国阿达姆斯律师事务所驻上海代表处

ADAMAS SHANGHAI REPRESENTATIVE OFFICE（FRANCE）批准日期：2004 年 10 月 27 日

执业许可证号：司发证外字 2004 第 2－0009 号

首席代表：雷安东（Alban Renaud）

地址：上海市南京西路 1468 号中欣大厦 3301 室

邮编：200040

电话：（021）62896676

传真：（021）62896672

网址：www. adamas－lawfirm. com

99. 法国百能律师事务所驻上海代表处

BIGNON LEBRAY & ASSOCIES SHANGHAI REPRESENTATIVE OFFICE（FRANCE）

批准日期：2007 年 2 月 7 日

执业许可证号：司发证外字 2007 第 1－0078 号

首席代表：乐逸飞（Bruno Lefebure）

地址：上海市西康路 300 号本本大厦 1501 室

邮编：200040

电话：（021）62884848

传真：（021）62882605

网址：www. bignonlebray. com

100. 法国德尚律师事务所驻上海代表处

DS LAW FIRM SHANGHAI REPRESENTATIVE OFFICE（FRANCE）

批准日期：2002 年 12 月 25 日

执业许可证号：司发证外字 2002 第 2－0012 号

首席代表：佘薇兰（Anne Severin）

地址：上海市淮海中路 283 号香港广场南座 1705－1707 室

邮编：200021

电话：（021）63906015

传真：（021）63906500

网址：www. dsavocats. com

101. 法国基德律师事务所驻上海代表处

GIDE LOYRETTE NOUEL SHANGHAI REPRESENTATIVE OFFICE（FRANCE）

批准日期：2002 年 12 月 25 日

执业许可证号：司发证外字 2002 第 2－0011 号

首席代表：韩启蒙

地址：上海市淮海中路 333 号瑞安广场 2008 室

邮编：200021

电话：（021）53068899

传真：（021）53068989

网址：www. gide. com

102. 法国励法律师事务所驻上海代表处

LEFEVRE PELLETIER & ASSOCIES SHANGHAI REPRESENTATIVE OFFICE（FRANCE）

批准日期：2008 年 6 月 5 日

执业许可证号：司发证外字 2008 第 2－0025 号

首席代表：贝纳奇（Paul Emmanuel Benachi）

地址：上海市淮海中路300号香港新世界广场4102室

邮编：200021

电话：（021）61359966

传真：（021）61359955

网址：www. lpalaw. com. cn

103. 韩国德路律师事务所上海代表处

DERYOOK SHANGHAI REPRESENTATIVE OFFICE（KOREA）

批准日期：2003年5月15日

执业许可证号：司发证外字2003第1－0008号

首席代表：崔元铎（Choi－Won Tak）

地址：上海市世纪大道1600号浦项商务广场2003室

邮编：200122

电话：（021）68760182

传真：（021）50582923

网址：www. deryooklaw. com

104. 韩国地平志诚律师事务所上海代表处

JISUNG HORIZON（JIPYUNG）LAW GROUP SHANGHAI REPRESENTATIVE OFFICE（KOREA）

批准日期：2007年7月13日

执业许可证号：司发证外字2007第1－0088号

首席代表：崔祯植（Choi Jeong Sig）

地址：上海市兴义路8号上海万都中心大厦2309－2310室

邮编：200336

电话：（021）52082800

传真：（021）52082807

105. 韩国世宗律师事务所上海代表处

SHIN & KIM SHANGHAI REPRESENTATIVE OFFICE（KOREA）

批准日期：2010年2月21日

执业许可证号：司发证外字2010第2－0027号

首席代表：崔秉瑄（Choe Byoung Seon）

地址：上海市仙霞路319号远东国际广场808室

邮编：200051

电话：（021）62350411

传真：（021）62350415

网址：www. shinkim. com

106. 韩国太平洋律师事务所上海代表处

BAE KIM & LEE LLC SHANGHAI REPRESENTATIVE OFFICE（KOREA）

批准日期：2008年9月12日

执业许可证号：司发证外字2008第2－0026号

首席代表：吴奇炯（Oh Gi Hyoung）

地址：上海市红宝石路500号东银中心东楼1号楼25层03室

邮编：201103

电话：（021）60852900

传真：（021）60852929

网址：www. bkl. co. kr

107. 荷兰浩达律师事务所驻上海代表处

HOLTHUIS INTERNATIONAL LAWYER SHANGHAI REPRESENTATIVE OFFICE（HOLLAND）

批准日期：2004年10月27日

执业许可证号：司发证外字2004第1－0032号

首席代表：慕雨果（Hugo Muller）

地址：上海市中山北路3000号长城大厦25楼2505B室

邮编：200063

电话：（021）61730388

传真：(021) 61730386

网址：www. hil - law. com

108. 美国 GT 国际律师事务所驻上海代表处

GREENBERG TRAURIG LLP SHANGHAI REPRESENTATIVE OFFICE (USA)

批准日期：2007 年 7 月 13 日

执业许可证号：司发证外字 2007 第 1 - 0086 号

首席代表：Peter Neumann

地址：上海市淮海中路 388 号中环广场 3125 - 3141 室

邮编：200021

电话：(021) 63916633

传真：(021) 63916232

网址：www. gtlaw. com

109. 美国阿姆斯壮 - 蒂斯岱尔律师事务所驻上海代表处

ARMSTRONG TEASDALE LLP SHANGHAI REPRESENTATIVE OFFICE (USA)

原批准日期：2000 年 6 月 8 日

执业许可证号：司发证外字 2002 第 1 - 0072 号

重新批准日期：2002 年 6 月 10 日

首席代表：夏彦俊 (E. W. Gentry Sayad)

地址：上海市南京西路 1376 号上海商城 718 室

邮编：200040

电话：(021) 62798808

传真：(021) 62798866

网址：www. armstrongteasdale. com

110. 美国奥睿律师事务所驻上海代表处

ORRICK HERRINGTON & SUTCLIFFE LLP SHANGHAI REPRESENTATIVE OFFICE (USA)

批准日期：2006 年 9 月 6 日

执业许可证号：司发证外字 2003 第 2 - 0001 号

首席代表：高旖旎 (Elizabeth Cole)

地址：上海市南京西路 1601 号越洋广场 47 层

邮编：200040

电话：(021) 61097000

传真：(021) 61097022

网址：www. orrick. com

111. 美国贝克 - 麦坚时律师事务所驻上海代表处

BAKER & McKENZIE LLP SHANGHAI REPRESENTATIVE OFFICE (USA)

批准日期：2002 年 12 月 25 日

执业许可证号：司发证外字 2002 第 2 - 0008 号

首席代表：张大年

地址：上海市世纪大道 88 号金茂大厦 1601 室

邮编：200121

电话：(021) 61058558

传真：(021) 50470020

网址：www. bakernet. com

112. 美国贝耐诗 · 福瑞兰德 · 可普兰 · 安若诺夫律师事务所驻上海代表处

BENESCH FRIEDLANDER COPLAN & ARONOFF LLP SHANGHAI REPRESENTATIVE OFFICE (USA)

批准日期：2007 年 2 月 7 日

执业许可证号：司发证外字 2007 第 1 - 0077 号

首席代表：王艳萍

地址：上海市南京西路 1515 号嘉里中心 1802 室

邮编：200040

电话：(021) 32220388

传真：(021) 52985955

网址：www. beneschlaw. com

113. 美国必百瑞律师事务所驻上海代表处

PILLSBURY WINTHROP SHAW PITTMAN LLP SHANGHAI REPRESENTATIVE OFFICE (USA)

批准日期：2006年8月30日

执业许可证号：司发证外字2006第1-0067号

首席代表：陈永坚（Joseph W. K. Chan）

地址：上海市延安东路222号金光外滩中心4201室

邮编：200002

电话：(021) 61377999

传真：(021) 61377900

网址：www. pillsburylaw. com

114. 美国博恩-凯悟律师事务所驻上海代表处

BRYAN CAVE LLP SHANGHAI REPRESENTATIVE OFFICE (USA)

原批准日期：1999年4月21日

执业许可证号：司发证外字2002第1-0064号

重新批准日期：2002年6月10日

首席代表：卓一凡（Evan Yee Fan Chuck）

地址：上海市湖滨路222号企业天地1号楼917-921室

邮编：200040

电话：(021) 23083000

传真：(021) 23083030

网址：www. bryancave. com

115. 美国博钦律师事务所驻上海代表处

PERKINS COIE LLP SHANGHAI REPRESENTATIVE OFFICE (USA)

批准日期：2006年8月30日

执业许可证号：司发证外字2006第2-0016号

首席代表：王朝晖（Wang Zhao Hui）

地址：上海市浦东张江高科技园区蔡伦路780号5楼Q座

邮编：201203

电话：(021) 51320757

传真：(021) 51320650

网址：www. perkinscoie. com

116. 美国长盛律师事务所驻上海代表处

TROUTMAN & SANDERS LLP SHANGHAI REPRESENTATIVE OFFICE (USA)

批准日期：2007年2月7日

执业许可证号：司发证外字2007第1-0076号

首席代表：叶德华（Edward J. Epstein）

地址：上海市南京西路1168号中兴泰富广场2301-2302室

邮编：200041

电话：(021) 61338989

传真：(021) 61378188

网址：www. troutmansanders. com

117. 美国达瑞律师事务所上海代表处

DIAZ REUS & TARG LLP SHANGHAI REPRESENTATIVE OFFICE (USA)

批准日期：2009年3月25日

执业许可证号：司发证外字2009第1-0110号

首席代表：李祖钧（Robert Quan Lee）

地址：上海市南京西路1266号恒隆广场1号楼39层

邮编：200040

电话：(021) 61097438

传真：(021) 61037439

网址：www. diazreus. com

118. 美国戴维斯－莱特－特里梅因律师事务所驻上海代表处

DAVIS WRIGHT TREMAINE LLP SHANGHAI REPRESENTATIVE OFFICE（USA）

原批准日期：1993 年 9 月 6 日

执业许可证号：司发证外字 2002 第 1－0045 号

重新批准日期：2002 年 6 月 10 日

首席代表：蔡荣伟

地址：上海市南京西路 1376 号上海商城东峰 640 室

邮编：200040

电话：（021）61709500

传真：（021）61709599

网址：www. dwt. com

119. 美国德汇律师事务所驻上海代表处

DORSEY & WHITNEY LLP SHANGHAI REPRESENTATIVE OFFICE（USA）

原批准日期：2001 年 6 月 4 日

执业许可证号：司发证外字 2002 第 1－0076 号

重新批准日期：2002 年 6 月 10 日

首席代表：阎军

地址：上海市湖滨路 222 号企业天地 1 号楼 1701 室

邮编：200021

电话：（021）61356100

传真：（021）62883222

网址：www. dorsey. com

120. 美国德普律师事务所驻上海代表处

DEBEVOISE & PLIMPTON LLP SHANGHAI REPRESENTATIVE OFFICE（USA）

批准日期：2002 年 6 月 10 日

执业许可证号：司发证外字 2002 第 1－0090 号

首席代表：李黎

地址：上海市浦东世纪大道 88 号金茂大厦 2202B 室

邮编：200121

电话：（021）50471800

传真：（021）50471600

网址：www. debevoise. com

121. 美国德信律师事务所驻上海代表处

FREDRIKSON & BYRON P. A. SHANGHAI REPRESENTATIVE OFFICE（USA）

批准日期：2007 年 2 月 7 日

执业许可证号：司发证外字 2007 第 1－0075 号

首席代表：李瑞林

地址：上海市浦东富城路 99 号震旦国际大楼 604 室

邮编：200120

电话：（021）38525100

传真：（021）38870988

网址：www. fredlaw. com

122. 美国法朗克律师事务所驻上海代表处

FRIED FRANK HARRIS SHRIVER & JACOBSON LLP SHANGHAI REPRESENTATIVE OFFICE（USA）

批准日期：2007 年 7 月 13 日

执业许可证号：司发证外字 2007 第 1－0085 号

首席代表：王桂埙（Wong Kwai Huen Albert）

地址：上海市南京西路 1601 号越洋广场 40 楼 4006－4007 室

邮编：200040

电话：（021）61225000

传真：（021）61225588

网址：www. friedfrank. com

123. 美国飞翰律师事务所驻上海代表处

FINNEGAN HENDERSON FARABOW GARRETT & DUNNER LLP SHANGHAI REPRESENTATIVE OFFICE（USA）

批准日期：2008年4月10日

执业许可证号：司发证外字2008第1-0097号

首席代表：林艺思（Esther Hyang Ran Lim）

地址：上海市浦东陆家嘴环路166号未来资产大厦24楼A-B室

邮编：200120

电话：（021）61942000

传真：（021）61942018

网址：www. finnegan. com

124. 美国斐格律师事务所驻上海代表处

FAEGRE & BENSON SHANGHAI REPRESENTATIVE OFFICE（USA）

批准日期：2002年6月10日

执业许可证号：司发证外字2002第1-0077号

首席代表：顾树基（John V. Grobowski）

地址：上海市南京西路1601号越洋国际广场2702室

邮编：200040

电话：（021）61716500

传真：（021）61716501

网址：www. faegre. com

125. 美国富理达律师事务所驻上海代表处

FOLEY & LANDNER LLP SHANGHAI REPRESENTATIVE OFFICE（USA）

批准日期：2007年11月29日

执业许可证号：司发证外字2007第1-0089号

首席代表：孙延峰

地址：上海市浦东世纪大道88号金茂大厦3区22层01、07、08室

邮编：200120

电话：（021）61008900

传真：（021）50492208

网址：www. forley. com

126. 美国高盖茨律师事务所驻上海代表处

KIRKPATRICK & LOCKHART PRESTON GATES ELLIS LLP SHANGHAI REPRESENTATIVE OFFICE（USA）

批准日期：2008年4月10日

执业许可证号：司发证外字2008第2-0021号

首席代表：曹绍基（Vincent Tso Shui Kei）

地址：上海市南京西路1601号越洋国际广场1804-1807室

邮编：200040

电话：（021）61223800

传真：（021）61223899

网址：www. klgates. com

127. 美国翰宇国际律师事务所驻上海代表处

SUQIRE SANDERS & DEMPSEY LLP SHANGHAI REPRESENTATIVE OFFICE（USA）

批准日期：2004年4月12日

执业许可证号：司发证外字2004第2-0006号

首席代表：陆大安（Daniel F. Roules）

地址：上海市南京西路1515号嘉里中心1207室

邮编：200040

电话：（021）61036300

传真：（021）61036363

网址：www. ssd. com

128. 美国霍金·豪森律师事务所上海代表处

HOGAN & HARTSON LLP SHANGHAI REPRESENTATIVE OFFICE（USA）

批准日期：2004 年 10 月 27 日

执业许可证号：司发证外字 2004 第 2－0008 号

首席代表：饶新（Steven N. Robison）

地址：上海市南京西路 1601 号越洋国际广场 1804－1807 室

邮编：200040

电话：（021）61223800

传真：（021）61223899

网址：www. hhlaw. com

129. 美国凯赫律师事务所驻上海代表处

KELLER & HECKMAN LLP SHANGHAI REPRESENTATIVE OFFICE（USA）

批准日期：2004 年 10 月 27 日

执业许可证号：司发证外字 2004 第 1－0030 号

首席代表：John S Eldred

地址：上海市延安东路 222 号外滩中心 3604 室

邮编：200002

电话：（021）63351000

传真：（021）63351618

网址：www. khlaw. com

130. 美国凯寿律师事务所驻上海代表处

KAYE SCHOLER LLP SHANGHAI REPRESENTATIVE OFFICE（USA）

原批准日期：1998 年 2 月 20 日

执业许可证号：司发证外字 2002 第 1－0063 号

重新批准日期：2002 年 6 月 10 日

首席代表：苻迎曦（Yingxi Fu Tomlinson）

地址：上海市南京西路 1168 号中信泰富广场 3806－3811 室

邮编：200041

电话：（021）22083600

传真：（021）22083700

网址：www. kayescholer. com

131. 美国凯易律师事务所驻上海代表处

KIRKLAND & ELLIS INTERNATIONAL SHANGHAI REPERSENTATIVE OFFICE（USA）

批准日期：2009 年 7 月 30 日

执业许可证号：司发证外字 2009 第 1－0119 号

首席代表：李川

地址：上海市浦东世纪大道 8 号上海国际金融中心汇丰银行大楼 1102－1105 室

邮编：200120

电话：（021）38576302

传真：（021）38576301

网址：www. kirkland. com

132. 美国克劳森·米勒律师事务所驻上海代表处

CLAUSEN MILLER P. C. SHANGHAI REPRESENTATIVE OFFICE（USA）

批准日期：2006 年 12 月 20 日

执业许可证号：司发证外字 2006 第 1－0070 号

首席代表：James Ryan Hemingway

地址：上海市长乐路 989 号世纪商贸广场 20 楼

邮编：200031

电话：（021）51175428

传真：（021）51166899

网址：www. clausen. com

133. 美国美富律师事务所驻上海代表处

MORRISON & FOERSTER LLP SHANGHAI

REPRESENTATIVE OFFICE（USA）

原批准日期：2002 年 12 月 25 日

执业许可证号：司发证外字 2002 第 2－0010 号

首席代表：柯弥（Charles C. Comey）

地址：上海市延安东路 222 号金光外滩中心 3501 室

邮编：200002

电话：（021）23225200

传真：（021）23225300

网址：www. mofo. com

134. 美国美迈斯律师事务所驻上海代表处

O´MELVENY & MYERS LLP SHANGHAI REPRESENTATIVE OFFICE（USA）

原批准日期：1999 年 7 月 24 日

执业许可证号：司发证外字 2002 第 1－0053 号

重新批准日期：2002 年 6 月 10 日

首席代表：黄凯德（Kurt J. Berney）

地址：上海市南京西路 1266 号恒隆广场 37 层

邮编：200040

电话：（021）23077000

传真：（021）23077300

网址：www. omm. com. cn

135. 美国明康律师事务所驻上海代表处

MILLER CANFIELD PADDOCK & STONE LLP SHANGHAI REPRESENTATIVE OFFICE（USA）

批准日期：2008 年 9 月 12 日

执业许可证号：司发证外字 2008 第 1－0102 号

首席代表：Thomas G. Appleman

地址：上海市南京西路 1515 号嘉里中心 2922－2923 室

邮编：200040

电话：（021）61037000

传真：（021）61037070

网址：www. millercanfield. com

136. 美国尼克松·皮博蒂律师事务所驻上海代表处

NIXON PEABODY LLP SHANGHAI REPRESENTATIVE OFFICE（USA）

批准日期：2007 年 11 月 29 日

执业许可证号：司发证外字 2007 第 1－0092 号

首席代表：Daniel Albert Deshon

地址：上海市南京西路 1266 号恒隆广场 6302－6303 室

邮编：200040

电话：（021）61375500

传真：（021）61375588

网址：www. nixonpeabody. com

137. 美国普衡律师事务所驻上海代表处

PAUL HASTINGS JANOFSKY & WALKER LLP SHANGHAI REPRESENTATIVE OFFICE（USA）

批准日期：2003 年 5 月 15 日

执业许可证号：司发证外字 2003 第 2－0001 号

首席代表：花大伟（David M. Blumental）

地址：上海市南京西路 1601 号越洋国际广场 3501 室

邮编：200040

电话：（021）61032900

传真：（021）61032990

网址：www. paulhastings. com

138. 美国瑞生律师事务所驻上海代表处

LATHAM & WATKINS LLP SHANGAI REPRESENTATIVE OFFICE（USA）

批准日期：2004年10月27日

执业许可证号：司发证外字2004第1－0029号

首席代表：程逸（Rowland Cheng）

地址：上海市世纪大道88号金茂大厦4902室

邮编：200121

电话：（021）61016000

传真：（021）61016001

网址：www.lw.com

139. 美国盛德国际律师事务所驻上海代表处

SIDLEY AUSTIN LLP SHANGHAI REPRESENTATIVE OFFICE（USA）

原批准日期：1999年3月12日

执业许可证号：司发证外字2002第1－0081号

重新批准日期：2002年6月10日

首席代表：唐正宇

地址：上海市淮海中路333号瑞安广场1901室

邮编：200021

电话：（021）23229322

传真：（021）53068966

网址：www.sidley.com

140. 美国盛智律师事务所驻上海代表处

SHEPPARD MULLIN RICHTER & HAMPTON LLP SHANGHAI REPRESENTATIVE OFFICE（USA）

批准日期：2006年12月20日

执业许可证号：司发证外字2006第1－0069号

首席代表：白思涛（Todd G. Bissett）

地址：上海市西藏中路268号来福士广场41楼

邮编：200020

电话：（021）23216000

传真：（021）23216001

网址：www.sheppardmullin.com

141. 美国世达律师事务所驻上海代表处

SKADDEN ARPS SLATE MEAGHER & FLOM LLP SHANGHAI REPRESENTATIVE OFFICE（USA）

批准日期：2007年11月29日

执业许可证号：司发证外字2007第2－0022号

首席代表：苗广华

地址：上海市南京西路1266号恒隆广场一期36楼

邮编：200041

电话：（021）61938200

传真：（021）61938299

网址：www.skadden.com

142. 美国王和王律师事务所驻上海代表处

WANG & WANG LLP SHANGHAI REPRESENTATIVE OFFICE（USA）

批准日期：2004年4月4日

执业许可证号：司发证外字2004第1－0027号

首席代表：杨文玉（Laura W. Young）

地址：上海市南京西路580号南证大厦2308室

邮编：200041

电话：（021）52340739

传真：（021）52340672

网址：www.wangandwang.com

143. 美国威尔逊·桑西尼·古奇·罗沙迪律师事务所驻上海代表处

WILSON SONSINI GOODRICH & ROSATI P.C. SHANGHAI REPRESENTATIVE OFFICE

(USA)

批准日期：2006年12月20日

执业许可证号：司发证外字2006第1-0072号

首席代表：Don S. Williams

地址：上海市世纪大道88号金茂大厦3801室

邮编：200121

电话：(021) 61651700

传真：(021) 61651799

网址：www. wsgr. com

144. 美国威嘉律师事务所驻上海代表处

WEIL GOTSHAL & MANGES LLP SHANGHAI REPRESENTATIVE OFFICE (USA)

批准日期：2004年7月7日

执业许可证号：司发证外字2004第1-0026号

首席代表：谢雪英（Suat Eng Seah）

地址：上海市南京西路1366号恒隆广场2座38楼

邮编：200040

电话：(021) 32179511

传真：(021) 62883866

网址：www. weil. com

145. 美国伟凯律师事务所驻上海代表处

WHITE & CASE LLP SHANGHAI REPRESENTATIVE OFFICE (USA)

原批准日期：2000年7月31日

执业许可证号：司发证外字2002第1-0071号

重新批准日期：2002年6月10日

首席代表：李瑞翰（John Leary）

地址：上海市南京西路1168号中信泰富广场3912室

邮编：200041

电话：(021) 61325900

传真：(021) 63239252

网址：www. whitecase. com

146. 美国温斯顿律师事务所驻上海代表处

WINSTON & STRAWN LLP SHANGHAI REPERSENTATIVE OFFICE (USA)

批准日期：2009年11月10日

执业许可证号：司发证外字2007第2-0021号

首席代表：Vincent Sol

地址：上海市南京西路1515号嘉里中心3105-3106室

邮编：200040

电话：(021) 52986682

传真：(021) 52985262

网址：www. winston. com

147. 美国文森·艾尔斯律师事务所驻上海代表处

VINSON - ELKINS LLP SHANGHAI REPRESENTATIVE OFFICE (USA)

批准日期：2002年12月25日

执业许可证号：司发证外字2002第2-0009号

首席代表：张清彦（David M. Blumental）

地址：上海市长乐路989号世纪商贸广场3楼

邮编：200031

电话：(021) 61968088

传真：(021) 61968099

网址：www. velaw. com

148. 美国谢尔曼·思特灵律师事务所驻上海代表处

SHEARMAN & STERLING LLP SHANGHAI REPRESENTATIVE OFFICE (USA)

批准日期：2007年3月28日

执业许可证号：司发证外字 2007 第 2 –0019 号

首席代表：路博安（Paul – Andre Dannis Ruff）

地址：上海市太仓路 233 号新茂大厦 1105 –1108 室

邮编：200020

电话：（021）61365000

传真：（021）613650001

网址：www. shearman. com

149. 美国修博国际律师事务所驻上海代表处

STEIN SHOSTAK SHOSTAK POLLACK & O´HARA LLP SHANGHAI REPRESENTATIVE OFFICE（USA）

批准日期：2006 年 1 月 12 日

执业许可证号：司发证外字 2005 第 1 –0053 号

首席代表：李新宇

地址：上海市浦东陆家嘴东路 161 号招商局大厦 904 室

邮编：200120

电话：（021）68590338

传真：（021）68590339

网址：www. ssspo. com

150. 美国余晨峰律师事务所驻上海代表处

MICHAEL S. YU A LAW CORPORATION SHANGHAI REPRESENTATIVE OFFICE（USA）

批准日期：2004 年 7 月 7 日

执业许可证号：司发证外字 2004 第 1 –0028 号

首席代表：余晨峰（Michael Sun Fung Yu）

地址：上海市延安西路 726 号华敏翰尊国际 25 层 K 室

邮编：200050

电话：（021）52382833

传真：（021）52382733

网址：www. mylawcorp. cn

151. 美国众达律师事务驻上海代表处

JONES DAY SHANGHAI REPRESENTATIVE OFFICE（USA）

原批准日期：1999 年 3 月 12 日

执业许可证号：司发证外字 2002 第 1 –0065 号

重新批准日期：2002 年 6 月 10 日

首席代表：赵久苏

地址：上海市南京西路 1515 号嘉里中心 30 楼

邮编：200040

电话：（021）22018000

传真：（021）52986569

网址：www. jonesday. com

152. 挪威威宝律师事务所驻上海代表处

WIKBORG REIN & Co. SHANGHAI REPRESENTATIVE OFFICE（NORWAY）

批准日期：2003 年 5 月 15 日

执业许可证号：司发证外字 2003 第 1 –0009 号

首席代表：安达申（Lars Berge Andersen）

地址：上海市淮海中路 300 号香港新世界大厦 1302 室

邮编：200002

电话：（021）63390101

传真：（021）63390606

网址：www. wr. no

E – mail：shanghai@ wr. no

153. 日本 BRIDGEROOTS 律师事务所驻上海代表处

BRIDGEROOTS SHANGHAI REPRESENTATIVE OFFICE（JAPAN）

批准日期：2008 年 9 月 12 日

执业许可证号：司发证外字 2008 第 1 - 0104 号

首席代表：桥本吉文（Hshimoto Yoshifumi）

地址：上海市人民路 885 号淮海中华大厦 1112 室

邮编：200010

电话：（021）63282278

传真：（021）63280381

网址：www. bridgeroots. com

154. 日本 TMI 律师事务所驻上海代表处

TMI ASSOCIATES SHANGHAI REPRESENTATIVE OFFICE（JAPAN）

原批准日期：1998 年 2 月 20 日

执业许可证号：司发证外字 2002 第 1 - 0061 号

重新批准日期：2002 年 6 月 10 日

首席代表：田中克郎（Tanaka Katsuro）

地址：上海市淮海中路 1045 号淮海国际广场 2606 室

邮编：200031

电话：（021）54652233

传真：（021）54655745

网址：www. tmi. gr. jp

155. 日本大江桥律师事务所驻上海代表处

OH - EBASHI LAW OFFICES SHANGHAI REPRESENTATIVE OFFICE（JAPAN）

原批准日期：1995 年 3 月 16 日

执业许可证号：司发证外字 2002 第 1 - 0047 号

重新批准日期：2002 年 6 月 10 日

首席代表：林伊利子（Eriko Hayashi）

地址：上海市浦东陆家嘴环路 1000 号汇丰大厦 14 楼

邮编：200120

电话：（021）68411699

传真：（021）68411659

网址：www. ohebashi. com

156. 日本福来任律师事务所驻上海代表处

FULLERENE LEGAL PROFESSION CORPORATION SHANGHAI REPRESENTATIVE OFFICE（JAPAN）

批准日期：2005 年 8 月 30 日

执业许可证号：司发证外字 2005 第 1 - 0047 号

首席代表：谷口由记（Yoshinori Taniguchi）

地址：上海市南京西路 1468 号中欣大厦 3809 室

邮编：200040

电话：（021）62470689

传真：（021）62475895

网址：www. fullerene. jp

157. 日本高井·冈芹律师事务所驻上海代表处

NOBUO TAKAI SHANGHAI REPRESENTATIVE OFFICE（JAPAN）

原批准日期：1999 年 3 月 12 日

执业许可证号：司发证外字 2002 第 1 - 0068 号

重新批准日期：2002 年 6 月 10 日

首席代表：市桥智峰（Ichihashi Tomomine）

地址：上海市人民路 998 号金天地国际大厦 1204 - 1205 室

邮编：200021

电话：（021）63263726

传真：（021）63263736

158. 日本黑田律师事务所驻上海代表处

KURODA LAW OFFICES SHANGHAI REP-

RESENTATIVE OFFICE (JAPAN)

批准日期：2004 年 10 月 27 日

执业许可证号：司发证外字 2004 第 1 - 0033 号

首席代表：安江义成（Yasue Yoshinari）

地址：上海市南京西路 1266 号恒隆广场 1105B 室

邮编：200040

电话：(021) 62883890

传真：(021) 62883891

网址：www. kuroda - law. gr. jp

159. 日本加施德律师事务所驻上海代表处

CAST LAW P. C. SHANGHAI REPRESENTATIVE OFFICE (JAPAN)

批准日期：2009 年 7 月 1 日

执业许可证号：司发证外字 2009 第 1 - 0114 号

首席代表：柴田正人（Shibata Masato）

地址：上海市浦东南路 528 号证券大厦南塔 2003 室

邮编：200120

电话：(021) 68818688

传真：(021) 68818687

网址：www. cast - law. com

160. 日本森·滨田松本律师事务所驻上海代表处

MORI HAMADA & MATSUMOTO SHANGHAI REPRESENTATIVE OFFICE (JAPAN)

批准日期：2004 年 12 月 17 日

执业许可证号：司发证外字 2004 第 2 - 0010 号

首席代表：射手矢好雄（Iteya Yoshio）

地址：上海市浦东陆家嘴环路 1000 号汇丰大厦 6 层

邮编：200120

电话：(021) 68412500

传真：(021) 68412811

网址：www. mhmjapan. com

161. 日本山崎律师事务所驻上海代表处

YAMASAKI LAW & PATENT SHANGHAI REPRESENTATIVE OFFICE (JAPAN)

批准日期：2005 年 8 月 30 日

执业许可证号：司发证外字 2005 第 1 - 0048 号

首席代表：山崎行造（Yamasaki Yukuzo）

地址：上海市兴义路 8 号万都中心 1707 室

邮编：200336

电话：(021) 52080326

传真：(021) 52080378

网址：www. yamasaki - law. com

162. 日本曾我·瓜生·丝贺律师事务所驻上海代表处

SOGA URYU & ITOGA LAW P. C. SHANGHAI REPRESENTATIVE OFFICE (JAPAN)

批准日期：2009 年 9 月 15 日

执业许可证号：司发证外字 2005 第 2 - 0012 号

首席代表：获野敦司（Hagino Atsushi）

地址：上海市浦东陆家嘴环路 1000 号汇丰大厦 6 层

邮编：200120

电话：(021) 68411088

传真：(021) 68411078

网址：www. cast - law. com

163. 瑞典曼斯律师事务所驻上海代表处

MANNHEIMER SWARTLING ADVOKATBYRA AB SHANGHAI REPRESENTATIVE OFFICE (SWEDEN)

批准日期：2007 年 3 月 28 日

执业许可证号：司发证外字 2007 第 1 -

0083 号

首席代表：侯洋（Jan Holmberg）

地址：上海市太仓路 233 号新茂大厦 25 楼 7 室

邮编：200020

电话：（021）61410980

传真：（021）61410983

网址：mannheimerswartling. se

164. 瑞典维格律师事务所驻上海代表处

ADVOKATFIRMAN VINGE KB SHANGHAI REPRESENTATIVE OFFICE（SWEDEN）

原批准日期：1999 年 3 月 12 日

执业许可证号：司发证外字 2002 第 1 - 0067 号

重新批准日期：2002 年 6 月 10 日

首席代表：高佳林（Karin Grauers）

地址：上海市淮海中路 93 号大上海时代广场 1206 - 1209 室

邮编：200021

电话：（021）53820196

传真：（021）53822353

网址：www. vinge. se

165. 瑞士博朗律师事务所驻上海代表处

BONNARD & LAWSON SHANGHAI REPRESENTATIVE OFFICE（SWITZELAND）

批准日期：2007 年 2 月 7 日

执业许可证号：司发证外字 2007 第 1 - 0079 号

首席代表：席瑞（Cyrille Olivier Piguet）

地址：上海市中山东一路外滩 12 号 2 楼 233 室

邮编：200002

电话：（021）63218838

传真：（021）63218891

网址：www. ilf. ch

166. 西班牙爱莱罗国际律师事务所驻上海代表处

HERRERO - ADVOCATS INTERNATIONAL S. L. SHANGHAI REPRESENTATIVE OFFICE（SPAIN）

批准日期：2006 年 1 月 12 日

执业许可证号：司发证外字 2005 第 1 - 0058 号

首席代表：Josep Antoni Herrero I Nicolas

地址：上海市南京西路 1038 号梅龙镇广场 2209 室

邮编：200010

电话：（021）62180666

传真：（021）63112291

网址：www. herrero - advocats. es

167. 西班牙顾博国际律师事务所驻上海代表处

CUATRECASAS SHANGHAI REPRESENTATIVE OFFICE（SPAIN）

批准日期：2008 年 6 月 5 日

执业许可证号：司发证外字 2008 第 1 - 0099 号

首席代表：柏翱马（Omar Puertas）

地址：上海市淮海中路 381 号中环广场 2721 - 2731 室

邮编：200020

电话：（021）23277000

传真：（021）23277007

网址：www. cuatrecasas. com

168. 西班牙嘉里盖思律师事务所驻上海代表处

J & A GARRIGUES S. L P. SHANGHAI REPRESENTATIVE OFFICE（SPAIN）

批准日期：2006 年 1 月 12 日

执业许可证号：司发证外字 2005 第 1 -

0051 号

首席代表：索思远（Francisco Soler Caballero）

地址：上海市南京西路 1038 号梅龙镇广场 3205－3208 室

邮编：200041

电话：（021）52281122

传真：（021）62726125

网址：www.garrigues.com

169. 西班牙圣柢律师事务所驻上海代表处

REBOLLO ABOGADOS ASOCIADOS S. L. P. SHANGHAI REPRESENTATIVE OFFICE（SPAIN）

批准日期：2009 年 7 月 30 日

执业许可证号：司发证外字 2009 第 1－0120 号

首席代表：潘玮（Francisco Javier Perez Bendana）

地址：上海市人民路 885 号淮海中华大厦 1110 室

邮编：200010

电话：（021）63368800

传真：（021）63368018

网址：www.rebollo－abogados.com

170. 新加坡凯德律师事务所驻上海代表处

KHATTARWONG SHANGHAI REPRESENTATIVE OFFICE（SINGAPORE）

批准日期：2003 年 5 月 15 日

执业许可证号：司发证外字 2003 第 1－0006 号

首席代表：陈聪发（Tan Chong Huat）

地址：上海市浦东南路 256 号华夏银行大厦 1506B 室

邮编：200120

电话：（021）68690028

传真：（021）68817668

网址：www.khattarwong.com

171. 新加坡立杰律师事务所驻上海代表处

RAJAH & TANN LLP SHANGHAI REPRESENTATIVE OFFICE（SINGAPORE）

批准日期：2003 年 5 月 15 日

执业许可证号：司发证外字 2003 第 1－0007 号

首席代表：杨力行（Yang Lih Shyng）

地址：上海市淮海中路 333 号瑞安广场 19 楼 1905－1906 室

邮编：200021

电话：（021）61208818

传真：（021）61208820

网址：www.rajahtann.com

172. 新加坡瑞德律师事务所驻上海代表处

RODYK & DAVIDSON LLP SHANGHAI REPRESENTATIVE OFFICE（SINGAPORE）

原批准日期：1996 年 12 月 9 日

执业许可证号：司发证外字 2002 第 1－0055 号

重新批准日期：2002 年 6 月 10 日

首席代表：许丽霞（Hoh Li Hia Josephine）

地址：上海市延安东路 550 号海洋大厦 2309 室

邮编：200001

电话：（021）63229191

传真：（021）63224550

网址：www.rodyk.com

173. 新加坡王律师事务所驻上海代表处

WONG PARTNERSHIP LLP SHANGHAI REPRESENTATIVE OFFICE（SINGAPORE）

批准日期：2004 年 1 月 8 日

执业许可证号：司发证外字 2004 第 1－0018 号

首席代表：颜建堃（Gan Kain Koon Gerry）

地址：上海市西藏中路268号来福士广场5006室

邮编：200021

电话：(021) 63403131

传真：(021) 63403315

网址：www. wongpartnership. com. sg

174. 新加坡谢凯文律师事务所驻上海代表处

KELVIN CHIA PARTNERSHIP SHANGHAI REPRESENTATIVE OFFICE (SINGAPORE)

批准日期：2004年4月12日

执业许可证号：司发证外字2004第1-0023号

首席代表：余士辰（Fabian Jee Soo Chen）

地址：上海市黄杨路18号4栋2014室

邮编：201206

电话：(021) 63918046

传真：(021) 63918045

网址：www. kcpartnership. com

175. 新加坡杨梁白律师事务所驻上海代表处

YEO - LEONG & PEH LLC SHANGHAI REPRESENTATIVE OFFICE (SINGAPORE)

原批准日期：1997年3月6日

执业许可证号：司发证外字2002第1-0056号

重新批准日期：2002年6月10日

首席代表：黄志远（NG Chee Wan）

地址：上海市愚园路168号环球世界大厦A座1106室

邮编：200040

电话：(021) 62490412

传真：(021) 62495418

网址：www. ylp. com. sg

176. 意大利弼高基莫里吉律师事务所驻上海代表处

STUDIO LEGAL PICOZZI & MORIGI SHANGHAI REPRESENTATIVE OFFICE (ITALY)

批准日期：2006年12月20日

执业许可证号：司发证外字2006第1-0073号

首席代表：Enrico Morigi

地址：上海市延安中路841号1507室

邮编：200040

电话：(021) 62898355

传真：(021) 62898357

网址：www. picozzimorigi. it

177. 意大利凯明迪律师事务所驻上海代表处

CHIOMENTI STUDIO LEGALE SHANGHAI REPRESENTATIVE OFFICE (ITALY)

批准日期：2002年12月25日

执业许可证号：司发证外字2002第2-0015号

首席代表：艾明德（Amedeo Daniel Celori）

地址：上海市中山东一路23号中国银行大楼11楼

邮编：200040

电话：(021) 61718585

传真：(021) 61718558

网址：www. chiomenti. net

178. 英国安理国际律师事务所驻上海代表处

ALLEN & OVERY LLP SHANGHAI REPRESENTATIVE OFFICE (UK)

批准日期：2002年6月10日

执业许可证号：司发证外字2002第2-0004号

首席代表：白诗孟（Simon Christopher Greville Black）

地址：上海市银城中路168号上海银行大厦18楼

邮编：200120

电话：(021) 38965000

传真：(021) 38965050

网址：www. allenovery. com

179. 英国安睿律师事务所驻上海代表处

EVERSHEDS LLP SHANGHAI REPRESENTATIVE OFFICE (UK)

批准日期：2006年8月30日

执业许可证号：司发证外字2006第1-0066号

首席代表：孔宏德（Peter Howard Corne）

地址：上海市太仓路233号新茂大厦501-502室

邮编：200020

电话：(021) 61371088

传真：(021) 61371099

网址：www. eversheds. com

180. 英国柏文国际律师事务所驻上海代表处

SJ BERWIN LLP SHANGHAI REPERSENTATIVE OFFICE (UK)

批准日期：2009年8月28日

执业许可证号：司发证外字2009第1-0122号

首席代表：Jonathan Elazar Blake

地址：上海市淮海中路300号香港新世界大厦4711室

邮编：200021

电话：(021) 51162978

传真：(021) 51162901

网址：www. sjberwin. com

181. 英国博礼祈律师事务所驻上海代表处

BARLOW LYDE & GILBERT SHANGHAI REPERSENTATIVE OFFICE (UK)

批准日期：2002年6月10日

执业许可证号：司发证外字2002第1-0074号

首席代表：彭华仕（Padraig Liam Walsh）

地址：上海市浦东世纪大道88号金茂大厦2602A室

邮编：200120

电话：(021) 61691500

传真：(021) 61691501

网址：www. blgshanghai. com

182. 英国富而德律师事务所驻上海代表处

FRESHFIELDS BRUCKHAUS DERINGER LLP SHANGHAI REPRESENTATIVE OFFICE (UK)

原批准日期：1998年2月20日

执业许可证号：司发证外字2002第1-0059号

重新批准日期：2002年6月10日

首席代表：城铭志（Carl B. Cheng）

地址：上海市浦东世纪大道88号金茂大厦34楼

邮编：200120

电话：(021) 50491118

传真：(021) 38780099

网址：www. freshfileds. com

183. 英国高伟绅律师事务所驻上海代表处

CLIFFORD CHANCE LLP SHANGHAI REPRESENTATIVE OFFICE (UK)

原批准日期：1993年3月20日

执业许可证号：司发证外字2002第1-0043号

重新批准日期：2002年9月12日

首席代表：何思砥（Stephen Harder）

地址：上海市延安东路222号金光外滩中心4001－4005室

邮编：200002

电话：(021) 63350086

传真：(021) 63350337

网址：www. cliffordchance. com

184. 英国路伟律师事务所驻上海代表处

LOVELLS LLP SHANGHAI REPERSENTATIVE OFFICE (UK)

批准日期：2003年5月15日

执业许可证号：司发证外字2003第2－0002号

首席代表：马锦德（Douglas Clark）

地址：上海市南京西路1515号嘉里中心1104室

邮编：200040

电话：(021) 61381688

传真：(021) 62792695

网址：www. lovells. com

185. 英国年利达律师事务所驻上海代表处

LINKLATERS LLP SHANGHAI REPERSENTATIVE OFFICE (UK)

原批准日期：1998年3月27日

执业许可证号：司发证外字2002第1－0062号

重新批准日期：2002年6月10日

首席代表：方健

地址：上海市浦东陆家嘴环路166号未来资产大厦29楼

邮编：200120

电话：28911888

传真：28911818

网址：www. linklaters. com

186. 英国诺顿罗氏律师事务所驻上海代表处

NORTON ROSE LLP SHANGHAI REPRESENTATIVE OFFICE (UK)

批准日期：2006年1月12日

执业许可证号：司发证外字2005第2－0015号

首席代表：詹乐弼（James Robert James）

地址：上海市南京西路1366号恒隆广场2号楼27楼2701、2709－2713室

邮编：200040

电话：(021) 61377000

传真：(021) 61377088

网址：www. nortonrose. com

187. 英国欧华律师事务所驻上海代表处

DLA PIPER LLP SHANGHAI REPRESENTATIVE OFFICE (UK)

批准日期：2002年6月10日

执业许可证号：司发证外字2002第1－0091号

首席代表：陈承元（Chan Sing Yuen Roy）

地址：上海市浦东世纪大道100号上海环球金融中心36楼

邮编：200120

电话：(021) 38522111

传真：(021) 38522000

网址：www. dlapiper. com

188. 英国品诚梅森律师事务所驻上海代表处

PINSENT MASONS LLP SHANGHAI REPRESENTATIVE OFFICE (UK)

批准日期：2002年12月25日

执业许可证号：司发证外字2002第2－0013号

首席代表：丘健雄（Hew Kian Heong）

地址：上海市中山东一路12号340、342、

345、347 室

邮编：200002

电话：（021）63211166

传真：（021）63292696

网址：www. pinsentmasons. com

189. 英国胜蓝律师事务所驻上海代表处

SALANS SHANGHAI REPRESENTATIVE OFFICE（UK）

批准日期：2004 年 4 月 12 日

执业许可证号：司发证外字 2004 第 1 - 0022 号

首席代表：Dr. Bernd - Uwe Stucken

地址：上海市南京西路 1601 号越洋国际广场 2201 - 2203 室，2208 室

邮编：200040

电话：（021）61036000

传真：（021）61036011

网址：www. salans. com

190. 英国史密夫律师事务所驻上海代表处

HERBERT SMITH LLP SHANGHAI REPRESENTATIVE OFFICE（UK）

批准日期：2002 年 12 月 25 日

执业许可证号：司发证外字 2002 第 2 - 0014 号

首席代表：谭凤筠（Tan Fung Kwan Betty）

地址：上海市延安东路 222 号金光外滩中心 38 楼 5 室

邮编：200002

电话：（021）23222000

传真：（021）23222322

网址：www. herbertsmith. com

191. 英国夏礼文律师事务所驻上海代表处

HOLMAN FENWICK & WILLAN SHANGHAI REPRESENTATIVE OFFICE（UK）

原批准日期：1999 年 3 月 12 日

执业许可证号：司发证外字 2002 第 1 - 0066 号

重新批准日期：2002 年 6 月 10 日

首席代表：冯志文（Fung Chi Man）

地址：上海市陆家嘴东路 166 号中国保险大厦 901 室

邮编：200120

电话：（021）58887711

传真：（021）58887011

网址：www. hfw. com. cn

192. 英国英士律师事务所驻上海代表处

INCE & Co. SHANGHAI REPRESENTATIVE OFFICE（UK）

原批准日期：2000 年 6 月 18 日

执业许可证号：司发证外字 2002 第 1 - 0073 号

重新批准日期：2002 年 6 月 10 日

首席代表：马瑞（Peter Murray）

地址：上海市中山东一路 12 号 328 室

邮编：200002

电话：（021）63291212

传真：（021）63215468

网址：www. incelaw. com

193. 澳大利亚安德慎律师事务所驻上海代表处

ALLENS ARTHUR ROBINSON SHANGHAI REPRESENTATIVE OFFICE（AUSTRALIA）

原批准日期：1996 年 6 月 26 日

执业许可证号：司发证外字 2002 第 1 - 0050 号

重新批准日期：2002 年 6 月 10 日

首席代表：司马强（Seamus Cornelius）

地址：上海市浦东陆家嘴环路 1000 号汇丰大厦 5 楼

邮编：200120

电话：（021）68412828

传真：(021) 68412829

网址：www. aar. com. au

**三、广州代表处**

194. 美国康永华律师事务所驻广州代表处

PREDERICK W. HONG LAW OFFICE GUANGZHOU REPRESENTATIVE OFFICE (USA)

原批准日期：1993年9月6日

执业许可证号：司发证外字2002第1－0083号

重新批准日期：2002年8月20日

首席代表：康永华（Frederick W. Hong)

地址：广东省广州市环市东路371－375号，广州世界贸易中心大厦北塔1503室

邮编：510095

电话：(020) 87609933/87609856

传真：(020) 87609896

网址：www. fwhonglaw. com

E－mail：guangzhou@ fwhonglaw. com

195. 英国睿阁律师事务所驻广州代表处

WRAGGE&COLLP GUANGZHOU REPRESENTATIVE OFFICE (UK)

批准日期：2008年9月12日

执业许可证号：司发证外字2008第1－0103号

首席代表：戈登．哈里斯（Gordon D Harris)

代表：克莱尔．欧布恩（Claire O´Brien)

地址：广东省广州市天河路208号粤海天河城大厦3405B室

邮编：510620

电话：(020) 38103778

传真：(020) 38103779

网址：www. wragge. com

E－mail：gordon－harris@ wragge. com

196. 美国莱纳戴维律师事务所驻广州代表处

LERNER DAVID LITTENBERG KRUMHOLZ & MENTLIK LLP GUANGZHOU REPRESENTATIVE OFFICE (USA)

批准日期：2010年2月2日

执业许可证号：司发证外字2010第1－0124号

首席代表：布鲁斯 H. 塞尔斯（Bruce H. Sales)

地址：广东省广州市天河区天河路208号天河城东塔34层05A室

邮编：510620

电话：(020) 38103788

传真：(020) 38103789

网址：www. ldlkm. com

E－mail：bsales@ ldlkm. com/mhuang@ ldlkm. com

**四、厦门代表处**

197. 美国Christie Kim律师事务所驻厦门代表处

CHRISTIE KIM PROFESSIONAL LAW CORPORATION XIAMEN REPRESENTATIVE OFFICE (USA)

批准日期：2009年6月30号

执业许可证号：司发证外字2009第1－0116号

首席代表：金昭希（Christie Kim)

地址：福建省厦门市厦禾路189号银行中心1609室

邮编：361000

电话：(0592) 2222056

传真：(0592) 2222050

网址：www. lalawgroup. org

E－mail：info@ lalawgroup. org

**五、大连代表处**

198. 日本法圆坂律师事务所驻大连代表处

HOENZAKA LAW FIRM DALIAN REPRESENTATIVE OFFICE (JAPAN)

批准日期：2000年6月8号

执业许可证号：司发证外字2003第1－0005号

重新批准日期：2003年5月15日

首席代表：中岛宏治

地址：辽宁省大连市中山区中山广场4号大连宾馆311室

邮编：116001

电话：(0411) 82630211

传真：(0411) 82823411

E－mail：fang@ tokyo－law. gr. jp

**六、沈阳代表处**

199. 韩国东保律师事务所驻沈阳市代表处

DONG BAO LAWYER OFFICE SHENYANG REPRESENTATIVE OFFICE (KOREA)

批准日期：2004年1月8日

执业许可证号：司发证外字2004第1－0019号

首席代表：林德吉

地址：辽宁省沈阳市和平区和平北大街69号总统大厦A座2406室

邮编：110003

电话：(024) 22812177

传真：(024) 22812077

E－mail：fwwjin@ yahoo. com. cn

200. 日本雨宫真也律师事务所驻沈阳代表处

AMEMIYAMASAYALAW OFFICE SHENYANG REPRESENTATIVE OFFICE (JAPAN)

批准日期：2006年1月12号

执业许可证号：司发证外字2009第1－0116号

首席代表：雨宫真也

地址：辽宁省沈阳市沈河区青年大街35号国贸大厦1207号室

邮编：110013

电话：(024) 62465501

传真：(024) 62465502

E－mail：shenyang－t@ amemiya－law. gr. jp

**七、天津代表处**

201. 美国诚德律师事务所驻天津代表处

CHANG&COTE LLP TIANJIN REPRESENTATIVE OFFICE (USA)

批准日期：2008年4月10号

执业许可证号：司发证外字2008第1－0096号

首席代表：张仁川 (Albert J. C. Chang)

地址：天津市河西区南京路66号凯旋门大厦A座22E

邮编：300042

电话：(022) 23399403

传真：(022) 23399403

网址：www. changcote. com

E－mail：jhuang@ changcote. com

根据《香港、澳门特别行政区律师事务所驻内地代表机构管理办法》（司法部第104号令），以下60家香港律师事务所驻内地代表机构通过2009年度检验，获准在内地执业，提供香港特别行政区及境外法律服务。现公告如下：

**一、北京代表处**

1. 香港胡关李罗律师事务所北京代表处

WOO, KWAN, LEE & LO BEIJING REPRESETATIVE OFFICE (HK)

原批准日期：1993年9月6日

执业许可证号：司发证港字2002第1－

0002 号

重新核准日期：2002 年 8 月 15 日

首席代表：李均雄（Lee Kwan Hung Eddie）

地址：北京市东城区东长安街一号东方广场西三座 509 室

邮编：100738

电话：(010) 85181928

传真：(010) 85181595

网址：www. wkll. com

E－mail：wkllbj@ wkllbj. com

2. 香港刘汉铨律师事务所北京代表处

CHU & LAU BEIJING REPRESETATIVE OFFICE (HK)

原批准日期：1993 年 9 月 6 日

执业许可证号：司发证港字 2002 第 1－0003 号

重新核准日期：2002 年 8 月 15 日

首席代表：刘汉铨（Lau Hon Chuen）

地址：北京市东城区灯市口大街 33 号国中商业大厦 1220 室

邮编：100006

电话：(010) 65229937

传真：(010) 65229937

网址：www. chuandlau. com. hk

E－mail：chuandlau@ yahoo. com. cn

3. 香港陈韵云律师事务所北京代表处

VIVIEN CHAN &CO. BEIJING REPRESENTATIVE OFFICE (HK)

原批准日期：1993 年 9 月 6 日

执业许可证号：司发证港字 2002 第 1－0004 号

重新核准日期：2002 年 8 月 15 日

首席代表：陈韵云（Vivien Chan）

地址：北京市东城区东长安街 10 号长安大厦 508 室

邮编：100006

电话：(010) 65227072

传真：(010) 65226967

网址：www. vcclawservices. com

E－mail：beijing@ vcclawservices. com

4. 香港杜伟强律师事务所北京代表处

W. K. TO BEIJING REPRESENTATIVE OFFICE (HK)

原批准日期：1996 年 8 月

执业许可证号：司发证港字 2002 第 1－0005 号

重新核准日期：2002 年 8 月 15 日

首席代表：杜伟强（To Wai Keung）

地址：北京市朝阳区光华路五号院世纪财富中心 1 号楼 606 室

邮编：100020

电话：(010) 85875076

传真：(010) 65669681

网址：www. wktoco. com

E－mail：cindy@ wktoco. com

5. 香港高露云律师事务所北京代表处

WILKINSON&GRIST BEIJING REPRESENTATIVE OFFICE (HK)

原批准日期：2000 年 6 月 8 日

执业许可证号：司发证港字 2002 第 1－0008 号

重新核准日期：2002 年 8 月 15 日

首席代表：陈志坚（Raymond Chan）

地址：北京市东城区东长安街 1 号东方广场东方经贸城西二办公楼 10 层 5 室

邮编：100738

电话：(010) 85181521

传真：(010) 85181520

网址：www. wilgrist. com

E－mail：beijing@ wilgrist. com

6. 香港子子士打律师事务所北京代表处

JOHNSON STOKES & MASTER SHANGHAI REPRESENTATIVE OFFICE（HK）

核准日期：2002 年 1 月 9 日

许可证号：司发证港字 2002 第 2－0001 号

首席代表：董光显（Tung Kwong Shien Robert Terence）

地址：北京市朝阳区建国路 79 号华贸中心 2 号楼 1102 室

邮编：100025

电话：（010）65999200

传真：（010）65989277

网址：www. mayerbrownjsm. com

E－mail：beijing. office@ mayerbrownjsm. com

7. 香港的近律师事务所北京代表处

DEACONS BEIJING REPRESENTATIVE OFFICE（HK）

核准日期：2002 年 1 月 9 日

许可证号：司发证港字 2002 第 2－0002 号

首席代表：张永财（Cheung Wing Choi Franki）

地址：北京市东城区东方广场东方经贸城西一办公楼 8 层 11 室

邮编：100738

电话：（010）85182338

传真：（010）85182339

网址：www. deaconslaw. com

E－mail：beijing@ deaconslaw. com

8. 香港蒋尚义律师事务所北京代表处

ANTHONY CHIANG & PARTNERS BEIJING REPRESENTATIVE OFFICE（HK）

核准日期：2002 年 4 月 3 日

许可证号：司发证港字 2002 第 1－0026 号

首席代表：蒋尚义（Chiang Sheung Yee Anthony）

地址：北京市朝阳区朝阳门外大街甲 6 号万通中心 3 座 1501 室

邮编：100020

电话：（010）59073153

传真：（010）59073148

网址：www. acp. com. hk

E－mail：karenk@ acp. com. hk

9. 香港鸿鹄律师事务所北京代表处

BIRD & BIRD LAW FIRM BEIJING REPRESENTATIVE OFFICE（HK）

核准日期：2004 年 4 月 12 日

许可证号：司发证港字 2004 第 1－0006 号

首席代表：韦马仕（Mrcus Vass）

地址：北京市朝阳区建国门外大街 1 号国贸写字楼 1 座 3614 室

邮编：100004

电话：（010）59335688

传真：（010）59335666

网址：www. twobirds. com

10. 香港廖绮云律师事务所北京代表处

HONG KONG LIVASIRI BEIJING REPRESENTATIVE OFFICE（HK）

原批准日期：1992 年 10 月 20 日

执业许可证号：司发证港字 2002 第 1－0001 号

重新核准日期：2002 年 8 月 15 日

首席代表：范振成（Fan Chun Shing David）

地址：北京市朝阳区建国门外大街甲 24 号东海中心 1105A 室

邮编：100004

电话：（010）65155921

传真：（010）65155923

E－mail：zhangmeng@ livasiri. com

11. 香港秦觉忠吴慈飞律师事务所驻北京代表处

TSUN & PARTNERS BEIJING REPRESENTATIVE OFFICE（HK）

批准日期：2006年8月30日

执业许可证号：司发证港字2006第1-0021号

首席代表：秦觉忠（Tsun Kok Chung Richard）

地址：北京市朝阳区东三环北路戊2号国际港C座2302-5室

邮编：100037

电话：(010) 58137071

邮箱：guo-kaige@sina.com

12. 香港希文律师事务所北京代表处

HAMMONDS BEIJING REPRESENTATIVE OFFICE（HK）

首席代表：布英达（Brandt Keith Martin）

批准日期：2007年3月6日

执业许可证号：司发证港字2004第1-0009号

地址：北京市朝阳区光华路1号嘉里中心南办公楼14层1419-1420室

邮编：100020

电话：(010) 85296330

传真：(010) 85296116

网址：www.hammonds.com

13. 香港易周律师事务所驻北京代表处

CHARLTONS BEIJING REPRESENTATIVE OFFICE（HK）

首席代表：高恒（Cohen Colin Bernard）

批准日期：2007年7月13日

执业许可证号：司发证港字2007第2-0006号

地址：北京市朝阳区朝外大街甲6号万通中心3-1703室

邮编：100020

电话：(010) 59073299

传真：(010) 59073299

网址：www.charltonslaw.com

14. 香港李伟斌律师事务所驻北京代表处

LI & PARTNERS BEIJING REPRESENTATIVE OFFICE（HK）

批准日期：2009年1月12日

执业许可证号：司发证港字2008第1-0028号

首席代表：陈基业（Chan Kee Yip）

地址：北京市东城区东直门南大街3号国华投资大厦3层310室

邮编：100007

电话：(010) 58199538

传真：(010) 58199528

**二、上海代表处**

15. 香港陈韵云律师事务所驻上海代表处

VIVIEN CHAN & Co. SHANGHAI REPRESENTATIVE OFFICE（HK）

批准日期：2002年1月9日

执业许可证号：司发证港字2002第2-0003号

首席代表：陈佩莹（Patty Chan）

地址：上海市西藏中路168号都市总部大楼1002室

邮编：200001

电话：(021) 63525000

传真：(021) 63879111

网址：www.vcclawservices.com

16. 香港的近律师事务所驻上海代表处

DEACONS SHANGHAI REPRESENTATIVE OFFICE（HK）

批准日期：2005年8月30日

执业许可证号：司发证港字 2005 第 3－0001 号

首席代表：司徒英健（Seto Ying Kin Myles）

地址：上海市西藏中路 268 号来福士广场 2801/2808 室

邮编：200001

电话：（021）63403588

传真：（021）63403788

网址：www.deacons.com.hk

17. 香港范纪罗江律师事务所驻上海代表处

FAIRBAIRN CATLEY LOW & KONG SHANGHAI REPRESENTATIVE OFFICE（HK）

批准日期：2002 年 12 月 25 日

执业许可证号：司发证港字 2002 第 1－0033 号

首席代表：朱庆华（Chu Hing Wah Grace）

地址：上海市淮海中路 300 号香港新世界大厦 47 楼 A7 室

邮编：200021

电话：（021）51162883

传真：（021）63353376

网址：www.fclklaw.com.hk

18. 香港高李严律师事务所驻上海代表处

OLDHAM LI & NIE SHANGHAI REPRESENTATIVE OFFICE（HK）

批准日期：2006 年 12 月 20 日

执业许可证号：司发证港字 2006 第 1－0023 号

首席代表：李卓贤（Richard Michael Healy）

地址：上海市淮海中路 300 号香港新世界大厦 47 楼

邮编：200021

电话：（021）51162869

传真：（021）51162882

网址：www.oln－law.com

19. 香港顾张文菊叶成庆律师事务所驻上海代表处

CHRISTINE M. KOO & IP SOLICITORS & NOTARIES SHANGHAI REPRESENTATIVE OFFICE（HK）

批准日期：2005 年 8 月 30 日

执业许可证号：司发证港字 2005 第 1－0012 号

首席代表：叶成庆（Ip Shing Hing）

地址：上海市四川北路 888 号海泰国际大厦 1602 室

邮编：200085

网址：www.cmkoo.com

20. 香港鸿鹄律师事务所驻上海代表处

BIRD & BIRD SHANGHAI REPRESENTATIVE OFFICE（HK）

批准日期：2008 年 9 月 12 日

执业许可证号：司发证港字 2008 第 2－0007 号

首席代表：郭心仪（Kwok Sun Yee Shirley）

地址：上海市南京西路 288 号创兴金融中心 3003A 室

邮编：200003

电话：（021）33663668

传真：（021）33663669

网址：www.twobirds.com

21. 香港黄乾亨黄英豪律师事务所驻上海代表处

PHILIP K H WONG KENNEDY Y H WONG & Co. SHANGHAI REPRESENTATIVE OFFICE（HK）

原批准日期：1999 年 10 月 29 日

执业许可证号：司发证港字 2002 第 1－0010 号

重新核准日期：2002 年 8 月 20 日

首席代表：黄英豪（Kennedy Y. H. Wong）

地址：上海市巨鹿路 568 弄 10 号楼

邮编：200040

电话：(021) 62890222

传真：(021) 62898248

网址：www. pwkwco. com

22. 香港黄新民律师事务所驻上海代表处

WONG AND CHAN SHANGHAI REPRESENTATIVE OFFICE (HK)

批准日期：2004 年 10 月 27 日

执业许可证号：司发证港字 2004 第 1－0008 号

首席代表：黄新民（Wong Sun Man）

地址：上海市凯旋路 3131 号明申中心大厦 2403 室

邮编：200030

电话：(021) 54071528

传真：(021) 54071590

网址：www. wongandchan. com

23. 香港梁温律师事务所驻上海代表处

LEUNG AND WAN, SOLICITORS SHANGHAI REPRESENTATIVE OFFICE (HK)

批准日期：

执业许可证号：司发证港字 2009 第 1－0029 号

首席代表：温嘉明（Wan Kah Ming）

地址：开业注册办理中

24. 香港罗夏信律师事务所驻上海代表处

STEPHENSON HARWOOD & LO SHANGHAI REPRESENTATIVE OFFICE (HK)

批准日期：2006 年 1 月 12 日

执业许可证号：司发证港字 2005 第 2－0005 号

首席代表：赵利民（Jeremy Giovanni Sargent）

地址：上海市西藏中路 18 号港陆广场 904 室

邮编：200001

电话：(021) 53852299

传真：(021) 53852195

网址：www. shl. com. hk

25. 香港其礼律师事务所驻上海代表处

CLYDE & Co. SHANGHAI REPRESENTATIVE OFFICE (HK)

批准日期：2006 年 1 月 12 日

执业许可证号：司发证港字 2005 第 1－0016 号

首席代表：张逸伟（Chong Ik Wei）

地址：上海市浦东陆家嘴环路 1233 号汇亚大厦 1107 室

邮编：200120

电话：(021) 58775128

传真：(021) 58779128

网址：www. clydeco. com

26. 香港王培芬律师事务所驻上海代表处

ANGELA WANG & Co. SHANGHAI REPRESENTATIVE OFFICE (HK)

批准日期：2003 年 5 月 15 日

执业许可证号：司发证港字 2003 第 1－0001 号

首席代表：王培芬（Wang Poey Foon Angela）

地址：上海市南京西路 1038 号梅龙镇广场 3708 室

邮编：200041

电话：(021) 62679773

传真：(021) 62723877

网址：www. angelawangco. com

27. 香港韦雅成律师事务所驻上海代表处

WEIR & ASSOCIATES SHANGHAI REPRESENTATIVE OFFICE（HK）

批准日期：2006 年 12 月 20 日

执业许可证号：司发证港字 2006 第 1－0022 号

首席代表：劳永昌（Lo Wing Cheong）

地址：上海市延安西路 1440 号阿波罗大厦 711 室

邮编：200040

电话：（021）61331831

网址：www. hongkonglaw. com

28. 香港西盟斯律师事务所驻上海代表处

SIMMONS & SIMMONS SHANGHAI REPRESENTATIVE OFFICE（HK）

批准日期：2007 年 9 月 12 日

执业许可证号：司发证港字 2007 第 1－0026 号

首席代表：李国彦（Paul Li）

地址：上海市南京西路 1266 号恒隆广场 33 楼

邮编：200010

电话：（021）62490700

传真：（021）62490706

网址：www. simmons－simmons. com

29. 香港易周律师事务所驻上海代表处

CHARLTONS SHANGHAI REPRESENTATIVE OFFICE（HK）

批准日期：2002 年 12 月 25 日

执业许可证号：司发证港字 2002 第 1－0034 号

首席代表：周怡菁（Charlton Stevens Julia Frances）

地址：上海市陕西北路 1438 号财富时代大厦 2005－2006 室

邮编：200060

电话：（021）62779899

转真：（021）62777899

网址：www. charltonslaw. com

30. 香港张叶司徒陈律师事务所驻上海代表处

VINCENT T. K. CHEUNG YAP & Co. SHANGHAI REPRESENTATIVE OFFICE（HK）

批准日期：2002 年 8 月 20 日

执业许可证号：司发证港字 2002 第 1－0009 号

首席代表：李企伟（Lee Kee Wai Frank）

地址：上海市淮海中路 283 号香港广场南座 805 室

邮编：200021

电话：（021）63906886

传真：（021）63906889

网址：www. vtkcyc. com

31. 香港孖士打律师事务所驻上海代表处

JOHNSON STOKES & MASTER SHANGHAI REPRESENTATIVE OFFICE（HK）

原批准日期：1995 年 3 月 16 日

执业许可证号：司发证港字 2002 第 1－0013 号

重新核准日期：2002 年 8 月 20 日

首席代表：何观乐（Billy Ho）

地址：上海市南京西路 1366 号恒隆广场 2 座 2301－2305 室

邮编：200040

电话：（021）61201066

传真：（021）61201069

网址：www. mayerbrownjsm. com

**三、广州代表处**

32. 香港吴少鹏律师事务所驻广州代表处

NG &SHUM GUANGZHOU REPRESENTA-

TIVE OFFICE（HK）

原批准日期：1992年10月20日

执业许可证号：司发证港字2002第1－0015号

重新核准日期：2002年8月20日

首席代表：刘晋熙

地址：广东省广州市东风东路836号东峻广场1座1102室

邮编：510080

电话：（020）87678613

传真：（020）87604340

网址：www. ngnshum. com

33. 香港何耀棣律师事务所驻广州代表处

GALLANT Y. T. HO&CO. GUANGZHOU REPRESENTATIVE OFFICE（HK）

原批准日期：1992年11月9日

执业许可证号：司发证港字2002第1－0014号

重新核准日期：2002年8月20日

首席代表：徐奇鹏（Wlifred K. P. Tsui）

地址：广东省广州市环市东路368号花园酒店花园大厦729室

邮编：510064

电话：（020）83338999－729/83652410

传真：（020）83765692

网址：www. gallantho. com

E－mail：gz@ gallantho. com

34. 香港冯元钺律师事务所驻广州代表处

David Y. Y Fung & CO. GUANGZHOU REPRESENTATIVE OFFICE（HK）

原批准日期：1993年9月6日

执业许可证号：司发证港字2002第1－0017号

重新核准日期：2002年8月20日

首席代表：陈耀辉

地址：广东省广州市环市中路339号广东国际大厦A附楼15楼B室

邮编：510098

电话：（020）83311000

传真：（020）83311135

E－mail：dyyfgz3311@ 163. com

35. 香港的近律师事务所驻广州代表处

DEACONS GUANGZHOU REPRESENTATIVE OFFICE（HK）

原批准日期：1993年9月6日

执业许可证号：司发证港字2002第1－0018号

重新核准日期：2002年8月20日

首席代表：杜月琴

地址：广东省广州市环市东路371－375号广州世界贸易大厦南塔1815－1818室

邮编：510095

电话：（020）87785678

传真：（020）87770488

E－mail：guangzhou@ deaconslaw. com. hk

36. 香港简松年律师事务所驻广州代表处

TONY KAN & CO. SOLICITORS & NOTARIES GUANGZHOU REPRESENTATIVE OFFICE（HK）

原批准日期：1995年5月4日

执业许可证号：司发证港字2002第1－0020号

重新核准日期：2002年8月20日

首席代表：许次钧

地址：广东省广州市环市东路339号广东国际大厦A附楼15楼C室

邮编：510098

电话：（020）83350833

传真：（020）83311456

E－mail：info@ tonykan. com. hk

37. 香港劳洁仪律师事务所驻广州代表处

K. Y. LO GUANGZHOU REPRESENTATIVE OFFICE（HK）

原批准日期：1995年3月16日

执业许可证号：司发证港字2002第1－0021号

重新核准日期：2002年8月20日

首席代表：李文邦（Li Man Pong）

地址：广东省广州市环市东路371－375号广州世界贸易中心北塔701室

邮编：510095

电话：（020）87693246

传真：（020）87757988

网址：www. kylonco. com. hk

E－mail：kylos704@163. com

38. 香港史蒂文生黄律师事务所驻广州代表处

STEVENSON WONG & CO. GUANGZHOU REPRESENTATIVE OFFICE（HK）

批准日期：2002年4月19日

执业许可证号：司发证港字第2002第1－0030号

首席代表：劳恒晃（Hank Lo）

地址：广东省广州市天河北233号中信广场办公大楼1704室

邮编：510613

电话：（020）87521228

传真：（020）87521268

网址：www. sw－hk. com

E－mail：eva. huang@sw－prc. com

39. 香港罗拔臣律师事务所驻广州代表处

ROBERTSONS GUANGZHOU REPRESENTATIVE OFFICE（HK）

批准日期：2002年12月25日

执业许可证号：司发证港字2002第1－0035号

首席代表：李应彪（Andrew Lee）

地址：广东省广州市天河区体育西路109号高盛大厦12楼E座

邮编：510620

电话：（020）38795260

传真：（020）38795468

网址：www. robertsonshk. com

E－mail：info@robertsonshk. com

40. 香港何君柱律师事务所驻广州市代表处

K C HO & FONG GUANGZHOU REPRESENTATIVE OFFICE（HK）

批准日期：2004年1月8日

执业许可证号：司发证港字2004第1－0004号

首席代表：何君尧

地址：广东省广州市越秀区东风东路836号四座32楼

邮编：510080

电话：（020）87652930

传真：（020）87672516

网址：www. kcho－fong. com

E－mail：colinlam@kcho－fong. com

41. 香港唐楚彦律师事务所驻广州代表处

MESSRS AUGUSTINE C. Y. TONG &CO, SOLICITORS GUANGZHOU REPRESENTATIVE OFFICE（HK）

批准日期：2005年12月30日

执业许可证号：司发证港字2005第1－0017号

首席代表：唐楚彦（Tong Chor Yin Augustine）

地址：广东省广州市番禺区市桥光明北路鸿禧华庭287号地下

邮编：511400

电话：（020）39991280

传真：(020) 39991290

E－mail：at228prc@ sohu. com

42. 香港孖士打律师事务所驻广州代表处

JOHNSON STOKES & MASTER GUANGZHOU REPRESENTATIVE OFFICE (HK)

批准日期：2006年3月1日

执业许可证号：司发证港字2006第3－0002号

首席代表：谭国良 (Tam Kwok Leung)

地址：广东省广州市天河北路183号大都会广场46楼4611－4616室

邮编：510620

电话：(020) 87551581

传真：(020) 87553974

E－mail：guangzhou. office @ mayerbrownjsm. com

43. 香港周卓立陈启球陈一理律师事务驻广州代表处

C. L. CHOW AND MACKCSION CHEN SOLICITORS GUANGZHOU REPRESENTATIVE OFFICE (HK)

批准日期：2005年11月1日

执业许可证号：司发证港字2005第1－0014号

首席代表：周卓立

地址：广东省广州市先烈中路69号东山广场2915室

邮编：510095

电话：(020) 87321352

传真：(020) 37588378

E－mail：zh－lllgz@ 126. com

44. 香港许林律师事务所驻广州代表处

HUI & LAM, SOLICITORS GUANGZHOU REPRESENTATIVE OFFICE (HK)

批准日期：2006年8月30日

执业许可证号：司发证港字2006第1－0019号

首席代表：林靖寰

地址：广东省广州市天河区林和西路9号耀中广场B座3706室

邮编：510613

电话：(020) 38771919

传真：(020) 38771958

网址：www. hui－lam. com

E－mail：wlam@ hui－lam. com

45. 香港黄淑芸律师事务所驻广州代表处

S. W. WONG&ASSOCIATES GUANGZHOU REPRENTATIVE OFFICE (HK)

批准日期：2007年3月28日

执业许可证号：司发证港字2007第1－0024号

首席代表：黄淑芸

地址：广东省广州市天河区黄埔大道西76号富力盈隆广场1316室

邮编：510623

电话：(020) 38393602

传真：(020) 38393603

网址：www. legalservice. com. hk

E－mail：enquiry@ legalservice. com. hk

46. 香港林健雄律师事务所驻广州代表处

PATRIK K. H. LAM&CO. GUANGZHOU REPRESENTATIVE OFFICE (HK)

批准日期：2007年7月13日

执业许可证号：司发证港字2007第1－0025号

首席代表：林健雄 (Patrick Lam Kin Hung)

地址：广东省广州市天河区林和西路161号中泰国际广场B座1603室

邮编：510620

电话：(020) 28816768

传真：（020）28816728

网址：www. sinoskylegal. com. hk

E－mail：plco@ plsolicitors. com. hk

**四、深圳代表处**

47. 香港希仕廷律师事务所驻深圳代表处

HASTINGS & CO. SHENZHEN REPRESENTATIVE OFFICE（HK）

原批准日期：1993 年 2 月 12 日

执业许可证号：司发证港字 2002 第 1－0023 号

重新核准日期：2002 年 8 月 20 日

首席代表：江润红（Kong Yuen Hong）

地址：广东省深圳市深南东路 5047 号深圳发展银行大厦 17 楼 J 室

邮编：518001

电话：（0755）82175288/25870830

传真：（0755）82175168/25870832

网址：www. hastings－hk. com

E－mail：hastings@ hastings－sz. com

48. 香港简松年律师事务所驻深圳代表处

TONY KAN & CO. SHENZHEN REPRESENTATIVE OFFICE（HK）

批准日期：2002 年 1 月 9 日

执业许可证号：司发证港字 2002 第 2－0005 号

首席代表：简松年（Tony Kan）

地址：广东省深圳市深南中路 3037 号南光捷佳大厦 22 层 2218 室

邮编：518033

电话：（0755）83981205

传真：（0755）83017684

E－mail：tk_ lawfirm@ 126. com

49. 香港张永贤李黄林律师事务所驻深圳代表处

LI，WONG，LAM&W. I. CHEUNG SHENZHEN REPRESENTATIVE OFFICE（HK）

批准日期：2009 年 6 月 30 日

执业许可证号：司发证港字 2009 第 1－0030 号

首席代表：张德民

地址：广东省深圳市罗湖区深南东路 5002 号信兴广场地王商业中心 40 楼 4010 室

邮编：518008

电话：（0755）25836199

传真：（0755）25836299

**五、南京代表处**

50. 香港卓黄纪律师事务所驻南京代表处

MICHAEL CHEUK，WONG&KEE NANJING REPRESENTATIVE OFFICE（HK）

原批准日期：2004 年 10 月 7 日

执业许可证号：司发证港字 2004 第 2－0002 号

首席代表：苏辉祥

地址：江苏省南京市鼓楼区山西路金山大厦 A 座 2103 室

邮编：210009

电话：（025）83202898

传真：（025）83202899

E－mail：mcwk_ nj@ 126. com

51. 香港胡百全律师事务所驻南京代表处

P. C. WOO & CO. NANJING REPRESENTATIVE OFFICE（HK）

原批准日期：2005 年 05 月 6 日

执业许可证号：司发证港字 2005 第 2－0004 号

首席代表：赖显荣

地址：江苏省南京市中山南路 122 号天安国际大厦 1212 室

邮编：210005

电话：（025）57923773

传真：(025) 57923778

网址：www. pcwoo. com

E - mail：nanjing@ pcwoo. com. hk

**六、苏州代表处**

52. 香港吴少鹏律师事务所驻苏州代表处

NG & SHUM SUZHOU REPRESENTATIVE OFFICE (HK)

原批准日期：2008 年 03 月 8 日

执业许可证号：司发证港字 2008 第 2 - 0001 号

首席代表：吴少鹏

地址：江苏省昆山市前进西路 387 号银河大厦 16 楼

邮编：215300

电话：(0512) 85237860

传真：(0512) 65263519

E - mail：ngnshumks@ gmail. com

**七、宁波代表处**

53. 香港梁锦涛关学林律师事务所宁波代表处

FORD, KWAN & COMPANY SOLICITORS NINGBO REPRESENTATIVE OFFICE (HK)

原批准日期：2003 年 11 月 5 日

执业许可证号：司发证港字 2003 第 1 - 0002 号

首席代表：郑宗汉

地址：浙江省宁波市江东北路 1 号中信宁波国际大酒店 8 楼 818 室

邮编：315040

电话：(0574) 87376099

传真：(0574) 87727257

网址：www. fordkwan. com

E - mail：inmail@ fordkwan. com

**八、福州代表处**

54. 香港卓黄纪律师事务所驻福州代表处

MICHAEL CHEUK, WONG & KEE FUZHOU REPRESENTATIVE OFFICE (HK)

原批准日期：2000 年 6 月 8 日

执业许可证号：司发证港字 2002 第 1 - 0025 号

重新核准日期：2002 年 8 月 20 日

首席代表：纪华士

地址：福建省福州市五四路 71 号国贸广场 15 层 F 室

邮编：350001

电话：(0591) 87612393

传真：(0591) 87612181

E - mail：mcwk@ tom. com

**九、成都代表处**

55. 香港胡百全律师事务所驻成都代表处

P. C. WOO & CO. CHENGDU REPRESENTATIVE OFFICE (HK)

批准日期：2002 年 4 月 19 日

执业许可证号：司发证港字 2002 第 1 - 0031 号

首席代表：黄嘉纯 (Lester Garson Huang)

地址：四川省成都市顺城大街 308 号冠城广场 7 楼 K 座

邮编：610017

电话：(028) 86528737

传真：(028) 86528095

网址：www. pcwoo. com

**十、济南代表处**

56. 香港戴思华、麦家荣律师事务所驻济南代表处

TAI, MARK&PARTNERS JINAN REPRESENTATIVE OFFICEE (HK)

原批准日期：2004 年 4 月 12 日

执业许可证号：司发证港字 2004 第 1 - 0007 号

首席代表：麦家荣 (Mak Ka Wing Patrick)

地址：山东省济南市市中区经七路168号银河大厦3321室

邮编：250011

电话：（0531）82070567

传真：（0531）82010569

网址：www. taimakandpartners. com

E－mail：benitawang@ gmail. com

**十一、天津代表处**

57. 香港简家骢律师事务所驻天津代表处

FRED KAN & CO TIANJIN REPRESENTATIVE OFFICE（HK）

原批准日期：1998年2月

执业许可证号：司发证港字2002第1－0024号

重新核准日期：2002年8月

首席代表：谢立忠（Tse Lap Chung）

地址：天津市河西区马场道59号国际经济贸易中心A座1010室

邮编：300203

电话：（022）23139761/23139762

传真：（022）23139763

网址：www. fredkan. com

E－mail：fredkantj@ yahoo. com. hk

**十二、沈阳代表处**

58. 香港胡关李罗律师事务所驻沈阳代表处

WOO KWAN LEE & LO SHENYANG REPRESENTATIVE OFFICE（HK）

原批准日期：2008年9月

执业许可证号：司发证港字2008第2－0008号

首席代表：叶伟彦

地址：辽宁省沈阳市沈河区惠工街124号

邮编：110013

电话：（024）22518616

传真：（024）22518626

网址：www. wkll. com

E－mail：wkllsy@ wkllsy. com

**十三、重庆代表处**

59. 香港苏姜叶冼律师事务所驻重庆代表处

SO KEUNG YIP&SIN CHONGQING REPRESENTATIVE OFFICE（HK）

原批准日期：2004年1月8日

执业许可证号：司发证港字2004第1－0005号

重新核准日期：2008年3月20日

首席代表：姜耀辉

地址：重庆市渝中区两路口希尔顿酒店上午中心25楼

邮编：400015

电话：（023）89038631

传真：（023）89038632

网址：www. law. com. hk

**十四、西安代表处**

60. 香港薛冯邝岑律师事务所驻西安代表处

SIT FUNG KWONG & SHUM XI'AN REPRESENTATIVE OFFICE（HK）

原批准日期：2002年4月19日

执业许可证号：司发证港字2002第1－0032号

首席代表：陈维良（Alex Chan）

地址：陕西省西安市南大街30号中大国际大厦6楼616室

邮编：710002

电话：（029）87203203

传真：（029）87203033

网址：www. sfks. com. hk

E－mail：sfks@ sfks－xian. com

司法部

# 关于授予朱铁 熊亮晶同志 追授刘建华同志 司法行政系统二级英模称号的决定

2010年2月4日　　司发通〔2010〕18号

**各省、自治区、直辖市司法厅（局），新疆生产建设兵团司法局、监狱管理局：**

朱铁，男，1965年3月出生，中共党员，广东省未成年劳教人员管理所副调研员，2007年7月至今参加援藏，任西藏自治区林芝地区司法处党组副书记、副处长。该同志自援藏以来，克服家庭和个人生活困难，踏踏实实、尽心尽力地工作。在上级领导下，参与组建了林芝地区墨脱县司法局和林芝县百巴镇司法所，参与修建了林芝地区法律服务中心大楼。在业务工作中，大力推动“法律七进”，使法制宣传走进寺庙；积极组织开展人民调解工作，热情为当地人民群众服务，为林芝地区社会和谐稳定及司法行政工作的发展作出了贡献。四川汶川大地震时，朱铁在回广州途中被滞溜成都，随即主动赴地震重灾区参加抗震救灾，当年被评为全国司法行政系统抗震救灾先进个人。因抗震救灾和援藏工作表现突出，他先后获得“广东省道德模范”、“改革开放三十年感动广东人物”、“2008年广东十大新闻人物”等荣誉。

熊亮晶，男，1976年3月出生，中共党员，1995年7月参加工作，现任四川省沙坪劳教所六大队教导员。该同志参加工作后一直表现好，多次受到表扬。2009年2月28日夜，熊亮晶所在小区发生一起凶杀案。熊亮晶得知案情后，迅速冲到案发现场，英勇地制止手持菜刀的歹徒行凶，在被歹徒卡住脖子的情况下，奋不顾身地将歹徒抵在墙壁角落，迫使歹徒不能继续行凶。后在闻讯赶到现场的两名劳教所民警的协助下，将歹徒制服，为挽救在场5名群众的生命安全，发生了关键作用，表现了人民警察为保护人民奋不顾身的可贵精神。

刘建华，男，1965年11月出生，中共党员，1985年8月参加工作，2003年开始从事基层司法行政工作，2009年5月22日病逝。生前为四川省内江市东兴区司法局西林司法所所长。该同志有强烈的事业心和责任感，工作上一直兢兢业业，尽职尽责，6年间共参与调解民事纠纷400余起，调解成功率95%以上；组织开展法制宣传活动100多场次、举办社区法制专栏94期，使6万多名群众受到教育；在安置帮教工作中，及时了解辖区63名刑释解教人员有关情况，努力帮助解决他们的实际困难，实现辖区内刑释解教人员无一重新犯罪。他工作执着，在身患肝硬化后，坚持一线工作；被确诊为肝癌后，仍然一边与病魔作斗争一边坚持工作，直至生命的最后一刻。他的事迹受到当地党委、政府和人民群众的高度赞誉。

为表彰先进，司法部决定授予朱铁、熊亮晶同志司法行政系统二级英模称号，追授刘建华同志司法行政系统二级英模称号。

希望全国司法行政系统广大干警向他们学习，学习他们立足本职，胸怀大局，始终坚持“三个至上”的思想觉悟，学习他们爱岗敬业，恪尽职守，认真履行职责的工作态度，学习他们奋不顾身，勇挑重担，越是困难越向前的勇敢精神，充分认识新形势下司法行政工作的历史重任，认真贯彻落实全国政法工作电视电话会议精神，围绕深入推进社会矛盾化解、社会管理创新、公正廉洁执法三项重点工作，锐意进取，扎实工作，为维护社会和谐稳定，夺取全面建设小康社会新胜利做出新的贡献。

司法部

## 关于李庄违法违纪案件的通报

2010年2月26日　　司发通〔2010〕28号

**各省、自治区、直辖市司法厅（局），新疆生产建设兵团司法局：**

2月9日，重庆市第一中级人民法院以李庄犯辩护人伪造证据、妨害作证罪，依法判处其有期徒刑一年六个月。2月20日，北京市司法局依法吊销其律师执业证书。现将李庄违法违纪案件情况通报如下。

李庄，男，1961年6月出生，硕士研究生，河北省石家庄市人，北京市康达律师事务所律师。2009年12月12日，李庄因涉嫌辩护人伪造证据、妨害作证罪，被重庆市公安机关刑事拘留，次日被批准逮捕，12月19日被提起公诉。重庆市江北区人民法院经过开庭审理，于2010年1月8日以李庄犯辩护人伪造证据、妨害作证罪，判处其有期徒刑二年六个月。李庄不服一审判决提出上诉，重庆市第一中级人民法院经二审公开开庭审理，认定一审判决认定的事实清楚，证据确实、充分，定罪准确，审判程序合法，鉴于二审中李庄尚能认罪，考量其认罪态度，依法予以从轻处罚，遂以其犯辩护人伪造证据、妨害作证罪，判处有期徒刑一年六个月。李庄被刑事处罚后，北京市司法局根据《中华人民共和国律师法》第四十九条第二款规定，于2010年2月20日依法做出吊销李庄律师执业证书的行政处罚决定。

经法院审理认定，李庄的主要犯罪事实如下：2009年11月，重庆市龚刚模等34人组织、领导、参加黑社会性质组织案被提起公诉后，李庄担任第一被告人龚刚模的一审辩护人，先后收取律师咨询、刑事辩护、民事代理、法律顾问费150万元。李庄担任辩护人期间，利用会见龚刚模之机，向其宣读同案人供述，教唆龚刚模编造被刑讯逼供的供述，指使吴家友贿买警察证明龚刚模被刑讯逼供，引诱龚刚模妻子作龚刚模被敲诈的虚假证言，指使龚刚模之弟龚刚华安排保利公司员工作虚假证言，否认龚刚模系保利公司的实际出资人和控制者，并向重庆市第一中级人民法院提交通知龚云飞等证人出庭作伪证的申请，其行为妨害了司法机关正常的诉讼秩序。

一审开庭审理期间，李庄拒不认罪，并多次以维护自身权益为由申请异地管辖、检察院和法院整体回避，提出休庭和延期审理等请求。二审开庭审理期间，李庄当庭表示一审判决认定的事实清楚，证据确实、充分，定罪准确，程序合法，撤回上诉理由，并在法庭辩论阶段和最后陈述时，多次表示认罪。

李庄的违法犯罪行为严重影响了司法机关正常工作秩序，严重损害了律师队伍形象。李庄从一名执业律师变成违法犯罪分子，究其根本原因，就是在执业理念上背弃了中国特色社会主义法律工作者的本质要求，在执业行为上违反了法律对律师执业的基本规范，在执业操守上违背了律师应当具有的基本职业道德准则。李庄案件危害很大，教训深刻。

应当指出，这些年来，在党中央、国务院的领导和关怀下，我国社会主义律师制度日益完善，律师队伍不断发展，律师的职能作用不断显现。广大律师高举中国特色社会主义伟大旗帜，秉持良好职业道德，依法开展法律服务，为落实依法治国基本方略，促进经济社会发展作出了积极贡献。实践证明，我国律师队伍的主流是好的，是党和人民可以信赖的队伍。李庄案件只是个案，要把其与整个律师队伍区分开来。各级司法行政机关、各地律师协会和广大律师要充分认清李庄违法犯罪的危害，切实从中汲取教训，引以为戒，警钟长鸣。

**一、要始终坚持社会主义法治理念。**社会主义法治理念是我国立法、执法、司法、守法和法律监督等法治领域的基本指导思想，律师工作必须坚持以社会主义法治理念为指导，始终坚持依法治国、执法为民、公平正义、服务大局和党的领导。广大律师自觉践行社会主义法治理念，就是要坚定不移地做中国特色社会主义法律工作者。具体到执业活动中，就是要履行好维护当事人合法权益、维护法律的正确实施、维护社会公平正义的职责使命，就是要始终坚持依法守则，讲事实、讲证据、讲法律。李庄在辩护活动中，不惜采用违法手段，指使证人作伪证隐瞒龚刚模在黑恶势力犯罪集团中的主要作用，帮助被告人开脱罪责，逃避法律的制裁，实质上维护的是当事人的非法利益。这些行为妨害了司法机关正常的诉讼秩序，影响了法律的正确实施，使得社会公平正义无从实现，也势必会损害人民群众的根本利益。广大律师一定要引以为戒，时刻牢记作为中国特色社会主义法律工作者，必须始终自觉坚持党的事业至上、人民利益至上、宪法法律至上，坚决拥护党的领导、拥护社会主义制度、拥护宪法，依法履行法律赋予的维护当事人合法权益、维护法律的正确实施、维护社会公平正义的职责使命，坚定不移地做中国特色社会主义的法律工作者、经济社会又好又快发展的服务者、当事人合法权益的维护者、社会公平正义的保障者、社会和谐稳定的促进者。

**二、要严格依法履行职责。**律师的职责是法律赋予的。在刑事诉讼活动中，律师辩护职责最直接地体现为根据事实和法律，为犯罪嫌疑人、被告人提供法律服务，依法维护犯罪嫌疑人、被告人的合法权益，协助司法机关准确打击犯罪，确保无辜的公民免受法律制裁，维护司法公正，维护法律尊严，无论是会见、阅卷、调查取证，还是分析案情、陈述问题、阐述观点、法庭辩护都要依据事实、依据法律，而不能利用执业之便，与当事人相互串通，歪曲事实、混淆黑白，制造混乱。李庄作为一名执业律师，知法犯法，置法律规定于不顾，妄图以伪造证据、引诱证人作伪证等行为，歪曲事实，欺骗、蒙蔽司法机关，影响案件审理结果，最终走上了违法犯罪的道路，受到了法律的制裁。广大律师要时刻牢记作为一名法律职业者，应当把尊重法律、崇尚法治、捍卫法制视为执业的崇高信念和天职，切实增强宪法、法律观念，增强维护法律权威、维护司法公正的自觉性和坚定性，始终坚持严格依法执业，带头严格守法，努力做“法律之师”。

**三、要严格遵守职业道德和执业纪律。**作为社会主义法律工作者，其职业特点决定了律师不仅要有较高的专业能力，更要有良好的思想政治素质和高尚的职业道德素质，严格遵守执业纪律。李庄的违法犯罪行为不仅受到了法律的制裁，而且其“造假”、“拿钱捞人”的行为和形象也受到了社会公众和舆论在道义上的谴责。广大律师一定要从中吸取教训，在执业活动中要经得起名利、金钱的考验，树立正确的世界观、人生观、价值观和社会主义荣辱观，切实增强职业道德和执业纪律观念，严格遵守职业道德规范和行为准则，努力成为社会的道德楷模和表率，努力成为“道德之师”。

**四、要切实加强对律师的教育、管理和监督。**各级司法行政机关、各地律师协会要通过李庄案件清醒地看到加强律师队伍建设的重要性和必要性，切实肩负起法律赋予的指导、监督职责。要利用李庄案件在律师队伍中认真开展警示教育，深刻剖析李庄案件的产生原因，正确认识李庄案件的问题实质和危害，切实汲取李庄案件的深刻教训，大力加强对律师队伍的教育、监督和管理。要把引导广大律师深刻认识、自觉践行中国特色社会主义法律工作者作为当前律师队伍建设的核心问题抓紧抓好。在律师队伍中深入开展思想政治教育和法律法规、职业道德、执业纪律教育，统一思想，提高认识。要不断建立健全相关制度和工作机制，严格规范律师与司法人员相互关系，认真解决少数律师与司法人员不正当交往、影响司法公正的问题，严肃查处违法违纪律师；要建立健全律师从事诉讼业务有关执业规范，进一步规范律师在会见、阅卷、调查取证、收费、出庭等环节的执业行为；要加强律师执业权利保障，改善律师执业环境。要指导、监督律师事务所切实承担起管理职责，建立健全并认真落实人员管理、业务管理、收费与财务管理、投诉查处、年度考核、档案管理等内部管理制度，堵塞律师事务所在案件管理、业务质量、收费等环节存在的漏洞，充分发挥律师事务所在律师管理中的基础作用。

**五、要大力宣传律师先进典型。**充分发掘、大力宣传广大律师在执业活动中的先进事迹，大力宣传律师工作中的优秀人物和先进集体，树立典范，弘扬正气，提升律师的社会形象，增强律师依法履行职责，做中国特色社会主义法律工作者的自觉性和坚定性，为全面建设小康社会、构建社会主义和谐社会做出新的贡献。

## 司法部<br>关于做好2010年农民工工作的通知

2010年3月5日　　司发通〔2010〕31号

**各省、自治区、直辖市司法厅（局），新疆生产建设兵团司法局：**

2009年是新世纪以来我国经济发展最为困难的一年，也是农民工工作攻坚克难、砥砺奋进的一年。面对国际金融危机对我国农民工工作造成的严重冲击，各级司法行政机关根据中央统一部署，坚持围绕中心、服务大局，立足于服务和改善民生、服务“三农”，将农民工列为重点服务对象，全力维护农民工合法权益，涉及农民工的法制宣传、法律服务、法律援助和人民调解工作取得了新进展，为维护农民工合法权益，推进社会主义新农村建设作出了积极贡献。

根据《国务院农民工工作联席会议2010年工作要点》的要求，2010年司法行政系统农民工工作的总体思路是：全面贯彻党的十七大和十七届三中、四中全会精神，坚持以邓小平理论和“三个代表”重要思想为指导，深入贯彻落实科学发展观，认真贯彻落实中央经济工作会议、中央农村工作会议和全国政法工作电视电话会议精神，按照国务院农民工工作联席会议第七次全体会议统一部署，紧紧围绕加强和改进农民工权益保障工作这一主线，立足从源头上促进解决农民工权益保障问题，进一步拓展服务领域，创新服务方式，提高服务水平，充分发挥司法行政工作职能作用，切实维护农民工合法权益，促进社会和谐稳定，促进经济平稳较快发展。

## 一、准确把握形势，深刻认识做好农民工权益保障工作的重要性

2010年是继续应对国际金融危机冲击、保持经济平稳较快发展、加快转变经济发展方式的关键一年，是全面实现“十一五”规划目标、为“十二五”时期发展打好基础的重要一年。充分发挥司法行政机关职能作用，依法维护农民工合法权益，事关群众切身利益，事关社会和谐稳定和国家长治久安。当前，国际金融危机对农民工工作的影响尚未根本消除，农民工工资拖欠问题特别是伤害讨薪农民工案件时有发生，农民工工伤、职业病和劳动争议等问题仍比较突出，农民工工作面临的任务艰巨而繁重。做好农民工权益保障工作，依法维护农民工合法权益，是践行我们党以人为本、执政为民理念的必然要求，是保持经济平稳较快发展、加快转变经济发展方式的必然要求，是统筹城乡发展、全面建设小康社会的必然要求，是积极应对新形势下农民工问题新挑战的必然要求。各级司法行政机关要站在政治和全局的高度，充分认识加强农民工权益保障工作的重要性、紧迫性，进一步增强责任感、使命感，认真贯彻落实党中央、国务院关于农民工工作的决策部署，加大农民工权益保障工作力度，拓展服务领域，创新服务方式方法，提高服务质量，增强实际工作效果，努力从源头上预防和减少涉及农民工的矛盾纠纷的发生，不断巩固发展社会和谐稳定的良好局面。

## 二、明确任务要求，扎实推进农民工权益保障工作

（一）围绕服务党和国家工作大局，进一步明确农民工权益保障工作目标任务。要始终坚持围绕中心、服务大局，自觉围绕党和国家决策部署谋划和开展工作，切实担负起维护农民工合法权益的崇高使命。要把加强农民工权益保障工作与研究制定司法行政工作“十二五”规划有机结合起来，进一步明确“十二五”期间农民工权益保障工作的发展目标、主要任务和保障措施，推动农民工权益保障工作深入发展。要把加强农民工权益保障工作与年度工作安排紧密结合起来，有效履行司法行政工作职能作用，确保各项任务落到实处、取得实效。

（二）不断加大工作指导力度，切实从源头上促进解决农民工权益保障问题。要加强对农民工用工单位和中介机构管理人员的法制宣传教育，引导企业构建善待员工、互利双赢的和谐劳动关系；大力加强对农民工的法制宣传教育，教育引导农民工自觉学法守法用法，增强依法维权意识。要引导广大法律服务人员和法律援助工作者重点围绕解决农民工工资拖欠、劳动合同纠纷、工伤赔偿等问题积极提供法律服务和法律援助，坚持“调解优先”原则，积极倡导和推进以调解协商方式化解矛盾纠纷。要认真开展农民工纠纷预防排查化解工作，对影响农民工权益的问题做到早发现、早介入、早解决，努力把涉及农民工纠纷化解在萌芽状态。要加大对农民工重大案件办理的指导力度，协助党委、政府和有关部门依法妥善处理和化解涉法涉诉信访问题、群体性纠纷、突发性事件。要加强农民工舆情信息收集、分析和研判，及时发现规律性、倾向性问题，为党委、政府和有关部门制定政策提供决策参考。

（三）进一步丰富工作措施，切实增强农民工权益保障工作实际效果。要深入研究农民工权益保障工作中的重大问题，细化实化各项部署要求，扎实推进各项工作。要充分发挥司法行政工作扎根基层、贴近群众的优势，组织法制宣传工作者、法律服务人员等开展有针对性的法制宣传；策划开展符合新生代农民工需求和特点的法制宣传活动。要进一步畅通农民工法律服务渠道，深入农民工聚集地区设立法律服务联系点、咨询点，鼓励支持有条件的法

律服务机构设立法律咨询热线，公开法律服务机构、人员执业信息，方便农民工就近及时获取法律服务；鼓励和支持法律服务机构对经济确有困难又不符合法律援助条件的农民工，酌情减收或免收服务费用。要深化“法律援助便民服务”主题活动，进一步扩大农民工法律援助覆盖面，降低农民工法律援助门槛；加强窗口建设，拓宽申请渠道，推行电话申请、网络申请等便民服务方式；指派擅长办理涉及农民工案件的律师办理重大疑难案件，不断提高专业化服务水平；积极开展对外劳务人员的法律援助，配合相关部门开展农民工讨薪、农民工工伤维权等专项行动。要进一步完善农民工纠纷调解组织网络建设，继续推进在建筑工地、劳动密集型企业等农民工比较集中的地区和行业建立有农民工代表参加的劳动争议调解组织，扩大人民调解工作覆盖范围。

（四）积极推进机制建设，切实为农民工权益保障工作提供制度支撑。要整合基层管理组织法制宣传和依法治理职能，健全完善由各级普法依法治理部门负责，以乡镇（街道）为中心，以社区为依托，相关职能部门共同参与的农民工法制宣传教育长效机制。要推广针对劳资双方达成的偿还欠款协议及兑现农民工工资协议的强制执行公证制度。要完善法律援助异地协作机制，规范省际、城际异地协作。要创新农民工纠纷调解工作机制，探索建立由司法行政机关、劳动保障部门、工会、用工单位和农民工代表共同参与的纠纷调解机制。

（五）大力加强队伍建设，切实提高农民工权益保障工作整体水平。要坚持把思想政治建设放在首位，深入开展学习实践科学发展观活动和“大学习、大讨论”活动，进一步端正执业理念、规范执业行为。要大力加强业务素质建设，引导广大工作人员认真学习和熟练掌握履行职责必需的政策法律法规知识，不断提高做好农民工权益保障工作的能力和水平。要重点加强农民工法制宣传教育阵地建设，培育农民工法制宣传教育工作者和志愿者队伍；加强法律服务人员和法律援助人员业务培训，促进公正廉洁服务；大力加强有农民工参与的劳动争议人民调解员专业队伍建设，促进农民工实现自我管理和自我服务。

**三、强化组织领导，确保各项任务落到实处**

解决好农民工问题、做好农民工工作是保障和改善民生的一项重要任务，是司法行政机关的重要职责。各级司法行政机关要切实加强领导，强化责任落实，搞好统筹协调，不断把农民工权益保障工作推向深入。

（一）摆上重要议事日程。要高度重视农民工工作，把做好农民工权益保障工作作为政治任务、作为经常性工作，纳入司法行政整体工作规划之中，摆上重要位置，做到常抓不懈。各省（区、市）司法厅（局）党委（党组）要经常听取农民工权益保障工作情况的汇报，分析研究农民工权益保障工作面临的形势和任务，帮助解决工作中的实际问题。要加强调查研究，深入农民工比较集中、农民工权益问题比较突出的地区，全面了解农民工的利益诉求，研究制定有针对性的对策措施。要强化监督检查，加强考核评价，树立正确导向，扎实有效推进农民工权益保障工作。要切实抓好长效机制建设，及时总结工作实践中的好经验，把探索创造的有效做法制度化，提高工作规范化水平。

（二）加大协调配合力度。要探索建立规范化、制度化的工作协调配合机制，与有关部门加强沟通，密切配合，共同做好农民工工作。要加强与相关部门的信息交流和数据共享，及时了解农民工法律需求，做好农民工信息统计和信息报告工作，定期沟通情况，掌握工作动态，为加强农民工管理和服务提供准确、及时的信息。司法行政系统内部要合理整合资源、科学调配力量，确保各项任务真正落到实处，抓出成效。

（三）加强宣传表彰工作。要多运用农民工喜闻乐见的形式，多搭建农民工乐于参与的平台，多开辟农民工便于接受的传播渠道，大力宣传党和政府对农民工工作的高度重视和关心支持，宣传农民工为社会主义现代化建设和经济社会发展做出的重大贡献，宣传农民工中依法维权、依法履行义务的先进模范人物事迹，努力营造尊重农民工、关爱农民工的社会环境。要广泛宣传司法行政系统为加强农民工权益保障工作出台的重要举措和取得的显著成效，树立司法行政机关的良好形象，使社会公众更多地了解支持司法行政工作，共同维护农民工合法权益。要着力培育不同层次、不同类型的典型经验，及时加以总结推广，适时表彰一批在保护农民工合法权益中做出突出成绩的集体和个人，在全系统营造崇尚先进、学习先进的良好氛围，激励广大从事农民工工作的法律服务工作者为进一步做好农民工权益保障工作贡献力量。

各地贯彻落实情况请及时报部。

司法部

## 关于在全国律师队伍中开展警示教育的意见

2010年3月2日　　司发通〔2010〕38号

**各省、自治区、直辖市司法厅（局），新疆生产建设兵团司法局：**

北京市康达律师事务所律师李庄在代理重庆一起涉黑案件过程中，教唆被告人谎称被刑讯逼供，向法庭提供虚假供述，帮助被告人与他人串证，引诱证人作伪证，严重干扰案件审理工作的顺利进行，近日，被重庆市人民法院以犯辩护人伪造证据、妨害作证罪，依法判处有期徒刑一年六个月。北京市司法局依法吊销了李庄的律师执业证书。李庄案件是一起律师违法犯罪而受到法律制裁的典型案例，其危害很大，严重影响了司法机关正常工作秩序，严重损害了律师队伍形象。为认真汲取李庄案件的深刻教训，引导律师依法正确履行职责，司法部决定，在全国律师队伍中开展警示教育。现提出如下意见。

**一、开展警示教育的重要性和必要性**

近年来，在党中央、国务院的领导和关怀下，我国律师制度日益完善，律师队伍日益壮大，律师的职能作用日益明显。广大律师高举中国特色社会主义伟大旗帜，自觉践行社会主义法治理念，秉持良好职业道德，依法开展法律服务，为落实依法治国基本方略、维护社会公平正义、促进社会和谐稳定、服务经济社会发展做出了积极贡献。实践证明，我国律师队伍的主流是好的，是一支党和人民可以信赖的队伍。李庄案件只是个案，要把其与整个律师队伍区分开来。必须看到，李庄伪造证据、妨害作证的犯罪行为严重影响了司法机关正常工作秩序，妨害了司法公正，也严重损害了律师队伍形象，危害很大，教训深刻。广大律师一定要充分认识李庄案件的严重危害性，坚决反对律师执业活动中各种违法违纪行为，切实从中汲取教训，警钟长鸣。以李庄案件为反面教材，在全国律师队伍中开展警示教育，对于大力加强律师队伍建设，进一步增强广大律师自觉做中国特色社会主义法律工作者的使命感和责任感，增强广大律师依法诚信执业意识，确保律师工作的正确方向都非常重要和必要。各级司法行政机关、各地律师协会和广大律师要充分认识这次警示教育的重要意义，积极行动起来，认真有效地组织好、开展好这一教育，确保取得实效。

**二、开展警示教育的指导思想**

高举中国特色社会主义伟大旗帜，以邓小平理论和“三个代表”重要思想为指导，深入贯彻落实科学发展观，认真贯彻中央领导同志的重要批示精神，以李庄案件为反面教材，通过学习教育，使广大律师深刻认识李庄案件的严重危害，深刻认识做中国特色社会主义法律工作者的本质要求，自觉践行中国特色社会主义法律工作者的职责使命，自觉坚持党的事业至上、人民利益至上、宪法法律至上，自觉坚决拥护党的领导，拥护社会主义制度，拥护宪法，切实做到依法执业、诚信执业、尽职执业，切实做到维护当事人合法权益、维护法律正确实施、维护社会公平和正义。

**三、开展警示教育的主要内容**

警示教育要重点围绕以下四个方面开展。

*一是加强学习*。在律师队伍中深入开展思想政治教育和法律法规、职业道德、执业纪律教育，组织广大律师深入学习贯彻党的十七大和十七届三中、四中全会精神，深入学习贯彻胡锦涛总书记在全国政法工作会议代表和全国大法官、大检察官座谈会上的重要讲话精神，深入学习中央领导同志的重要指示、批示精神；组织广大律师认真学习宪法、法律，认真学习社会主义法治理念，认真学习《律师法》及相关法规、规章、行业规范，认真学习职业道德和执业纪律规范。通过学习，统一思想，提高认识，进一步增强广大律师坚持中国特色社会主义道路，坚持中国特色社会主义理论体系，坚持社会主义法治理念，做中国特色社会主义法律工作者的坚定性；进一步增强广大律师的宪法观念和严格依法规范执业的意识，提高律师维护宪法和法律权威，维护当事人合法权益、维护法律正确实施、维护社会公平正义的自觉性；进一步增强广大律师的职业道德水准和执业纪律观念，努力在执业活动中实现法律效果与社会效果、政治效果的有机统一。

*二是深入讨论*。通过披露李庄违法犯罪事实真相，组织广大律师深入剖析李庄违法犯罪的原因，认真总结教训，并结合律师工作实际，重点围绕“如何坚定不移地做中国特色社会主义的法律工作者、经济社会又好又快发展的服务者、当事人合法权益的维护者、社会公平正义的保障者、社会和谐稳定的促进者”，“如何切实履行维护当事人合法权益、维护法律的正确实施、维护社会公平和正义的职责使命”、“如何在执业活动中努力实现法律效果、社会效果和政治效果的有机统一”、“如何在执业活动中正确处理经济效益和社会效益的关系”等问题进行集中讨论。通过讨论，使广大律师进一步明确“为谁执业、为谁服务”，“坚持什么、反对什么”等问题，时刻保持清醒头脑和高度警惕，进一步坚定做中国特色社会主义法律工作者的信念，在执业活动，特别是刑事辩护代理活动中自觉坚持严格依法、诚信执业，切实做到讲政治、顾大局、守纪律。

*三是认真查改*。对律师和律师事务所在执业活动中存在的问题要进行认真查摆和整改。律师个人重点查找自身在执业理念、执业作风方面是否存在问题，在执业活动中是否能够做到讲政治、顾大局，严格遵守法律法规和行业规范，在职业道德和执业纪律方面有无存在问题等。律师事务所重点查找对本所律师监督管理方面是否存在“失之于宽、失之于软”的问题，是否存在忽视对律师的思想政治、职业道德、执业纪律教育的问题，有关接案审查、跟踪指导、案件评查、收费管理、投诉查处等内部制度是否健全，是否真正得到落实等。针对排查出的问题，要提出切实可行的整改目标和工作措施，逐项进行整改，集中力量解决律师个人在理想信念、执业能力、职业道德等方面

存在的突出问题，解决律师事务所在人员、业务、收费监督管理等方面存在的突出问题。

四是健全制度。加强律师和律师事务所执业活动的监督管理制度和工作机制建设。建立健全规范律师与司法人员相互关系的制度和机制，认真解决少数律师与司法人员不正当交往、影响司法公正的问题；建立健全律师从事诉讼业务有关执业规范，明确律师在会见、阅卷、调查取证、收费、出庭等环节的执业规则，加强律师执业权利保障；建立健全并认真落实律师事务所执业管理、收费与财务管理、投诉查处、年度考核、档案管理等内部管理各项制度，堵塞律师事务所在案件管理、业务质量、收费等环节存在的漏洞，使律师事务所在律师管理中的基础作用得到充分发挥。

**四、开展警示教育的方法步骤**

这次警示教育从今年3月开始到今年底结束，分三个阶段进行。

（一）动员部署。司法部和全国律协向各级司法行政机关和律师行业通报李庄案件情况，披露事实真相，剖析李庄案件的性质及其危害，对汲取李庄案件教训，端正律师执业思想，依法规范执业提出要求。司法部已于3月1日召开会议，对在全国律师队伍中开展警示教育作出部署，各地应尽快按照部里的要求进行本地区的动员部署。司法部将编印《律师队伍建设资料汇编》，作为警示教育的辅导材料供各地使用。

（二）学习讨论。采取集中学习与个人自学相结合的方法，利用辅导、座谈等形式，组织广大律师认真学习规定内容。以律师事务所为单位，围绕重点讨论内容，开展讨论、剖析、查摆，找准律师事务所和律师在执业理念、执业能力、执业行为、职业道德等方面存在的问题，提出加强和改进工作的方案和意见。

（三）整改提高。在开展学习讨论和查摆问题的基础上，提出切实可行的整改方案和措施，并认真加以落实，建立健全相关工作制度和机制。

**五、开展警示教育的工作要求**

（一）加强组织领导。各级司法行政机关、各地律师协会要把这次警示教育作为引导律师队伍自觉做中国特色社会主义法律工作者，确保律师工作正确发展方向，加强律师队伍建设的重要任务，按照司法部的统一部署，精心组织，周密部署，加强组织领导和工作指导。要研究制定本地区开展警示教育的工作方案，并迅速进行工作部署。各级司法行政机关、各地律师协会主要领导要切实负起组织领导责任，检查督促辖区内律师和律师事务所警示教育的各项工作，保证警示教育顺利进行。司法部适时组织督查组，对各地开展警示教育情况进行监督指导，在第一、二阶段结束后召开座谈会，总结交流各地开展警示教育的情况，对第三阶段整改工作进行再部署。警示教育结束后，司法部将进行工作总结。

（二）坚持正面教育。警示教育要充分调动和保护广大律师的积极性，激发广大律师的自觉性，坚持正面教育，自我教育为主，重在引导广大律师充分认清李庄案件的危害，提高思想认识，增强做中国特色社会主义法律工作者的自觉性、坚定性。警示教育要务求实效，重在解决问题，防止搞形式主义，作表面文章。要发挥好党员律师的先锋模范作用和律师事务所党支部的战斗堡垒作用，引领全行业进行深入学习、讨论、查摆和整改。要认真解决影响依法规范执业的思想认识问题，确保警示教育达到预期目的。

（三）促进各项工作整体推进。开展警示教育是律师队伍建设的重要任务，是加强律师工作的重要任务。各地要把开展警示教育与全面推进政法工作“三项重点”工作紧密结合起来，做到统筹兼顾、相互促进。要把开展警示教育与深入推进“中国特色社会主义法律工作者”主题教育实践活动结合起来，与建立健全律师队伍社会主义法治理念教育长效机制结合起来，与规范律师从事诉讼业务活动结合起来，保证警示教育扎实有效开展，保证各项工作整体推进。

（四）总结宣传先进典型。在开展警示教育中，要利用广播电视、报刊杂志、互联网络等各种媒体，宣传表彰一批在执业活动，特别是刑事诉讼活动中的律师先进典型，加大正面宣传力度，弘扬社会正气，教育、引导广大律师自觉做中国特色社会主义法律工作者，为全面建设小康社会，构建社会主义和谐社会作出新的贡献。

司法部

## 关于指导律师协会做好申请律师执业人员实习管理考核工作的通知

2010 年 7 月 5 日　　司发通〔2010〕115 号

**各省、自治区、直辖市司法厅（局），新疆生产建设兵团司法局：**

加强对申请律师执业人员实习活动的组织管理及考核，是健全完善律师执业准入制度的重要方面，是把好入口关，确保进入律师队伍的人员具有良好的思想政治素质、职业道德素质和业务素质的重要举措，是确保律师做中国特色社会主义法律工作者，促进律师队伍健康发展的重要保证。根据新修订的《律师法》，第七届中华全国律师协会第五次常务理事会审议通过了修订后的《申请律师执业人员实习管理规则》，经司法部审核同意后，已由中华全国律师协会发布（律发通［2010］19 号），自今年 8 月 1 日起施行。各省（区、市）司法厅（局）要高度重视该《规则》的贯彻实施工作，指导律师协会切实做好申请律师执业人员实习管理和考核工作。

要指导律师协会结合本地实际，依据新的管理规则抓紧制定具体实施办法，对组织开展申请律师执业人员实习工作做出部署。指导律师协会依法履行实习管理职责，建立健全相关工作制度，完善各项管理措施，严格对申请实习人员的资格和实习登记工作进行审查，进一步改进和提高实习集中培训和实务训练工作的质量，加强对律师事务所实习组织指导工作的监督，规范实习活动，确保实习质量。指导律师协会按照新的管理规则要求，严格执行考核原则和考核程序，对实习人员的政治素质、道德品行、业务素质以及完成实习项目的情况和表现进行全面考核，据实出具实习考核意见。要及时掌握本地申请律师执业人员的实习情况，对律师协会出具的申请人实习考核合格的意见和材料进行认真审查，做好申请律师执业实习考核与律师执业许可的衔接工作。对发现的实习管理考核工作中的重要问题要及时指导律师协会予以研究和解决。

各地在执行本通知过程中遇到的问题，请及时报部。

附件：中华全国律师协会关于印发《申请律师执业人员实习管理规则》的通知

司法部

# 关于做好全国打击侵犯知识产权和制售假冒伪劣商品专项行动律师工作的通知

2010年11月26日　　司发通〔2010〕210号

**各省、自治区、直辖市司法厅（局），新疆生产建设兵团司法局：**

为加大知识产权保护力度，维护公平有序的市场环境，国务院决定自2010年10月至2011年3月在全国集中开展打击侵犯知识产权和制售假冒伪劣商品专项行动。为充分发挥律师工作在专项行动中的职能作用，现通知如下：

**一、充分认识打击知识产权和制售假冒伪劣商品专项行动的重要意义**

知识产权关系国家和企业的核心利益。近年来，在党中央、国务院的高度重视和各地区、各部门的共同努力下，我国知识产权保护工作取得积极成效。但受多方面因素影响，侵犯知识产权、制售假冒伪劣商品的现象时有发生，在一些地区和领域还比较严重。此次国务院在全国集中开展打击侵犯知识产权和制售假冒伪劣商品专项行动，对重点地区、重点领域、重点产品的侵权行为进行集中打击和专项整治，对于形成打击侵犯知识产权行为的高压态势，增强企业诚信守法意识，提高消费者识假辨假能力，营造知识产权保护的良好环境，具有十分重要的意义。各地要认真学习领会和贯彻落实温家宝总理在全国知识产权保护与执法工作电视电话工作会议上的重要讲话和王岐山副总理在全国打击侵犯知识产权和制售假冒伪劣商品专项行动领导小组第一次全体会议上的讲话精神，提高认识，统一思想，明确任务，制定措施，在当地政府的领导下，充分发挥律师工作的职能作用，积极参与专项行动。

**二、依法履行律师参加打击侵犯知识产权和制售假冒伪劣商品专项行动工作职责**

组织引导律师做好侵犯知识产权和制售假冒伪劣商品犯罪案件的辩护代理工作。按照《国务院办公厅关于印发打击侵犯知识产权和制售假冒伪劣商品专项行动方案的通知》（国办发［2010］50号）的要求，指导律师依法做好侵犯知识产权和制售假冒伪劣商品犯罪案件的辩护代理工作，是司法行政机关在此次专项行动中的重要工作。各级司法行政机关要高度重视，积极组织引导律师依法履行辩护代理职责，严格遵守职业道德和执业纪律，正确适用法律，维护当事人合法权益，依法打击侵犯知识产权和制售假冒伪劣商品犯罪活动。要加强对辩护代理律师的业务指导，对于侵犯知识产权和制售假冒伪劣商品重大违法案件的辩护代理意见，必要时，律师协会可与律师事务所及律师共同进行研究讨论，从案件的事实、证据、程序和运用法律等方面提出指导意见。要加强与公安、检察、法院等司法机关的沟通协调，保障律师在诉讼活动中的执业权利。

组织引导律师积极参与专项行动的其他各项工作。按照国务院的部署，此次专项行动将从加大生产源头治理力度、加强市场监督管理、加大刑事司法打击力度、加强知识产权保护宣传教育等方面重点开展工作，这些方面都是律师业务涉及的领域。各级司法行政机关要充分发挥律师职能作用，引导律师在担任企事业法律顾问、办理案件等执业活动中，积极向当事人宣传知识产权保护法律知识和违反知识产权法律行为后果，引导企业自觉履行社会责任，尊重知识产权、重视创新、自觉守法；对于在执业活动中发现的侵犯知识产权的行为，要引导当事人合理反映诉求，积极配合有关司法机关予以解决。要配合专项行动，推荐在知识产权领域具有丰富执业经验的律师参与专项行动媒体宣传，就知识产权案件和有关法律政策进行解读，促进专项行动的顺利开展。要加强对知识产权保护的宣传，结合深入开展“中国特色社会主义法律工作者”主题教育实践活动，组织律师采取多种形式，开展面向企业和社会公众的知识产权保护法律法规宣传，增强全社会知识产权保护法律意识，营造保护知识产权、自觉抵制侵犯知识产权和假冒伪劣商品的良好社会氛围。

**三、切实加强组织领导**

各地司法行政机关要在当地政府的领导下，按照全国知识产权保护与执法工作电视电话会议部署，切实加强领导，迅速动员部署，做好侵犯知识产权和制售假冒伪劣商品案件辩护代理律师工作的组织领导和统筹协调。要及时向本地区专项行动领导小组办公室通报工作情况和信息，接受工作指导，认真完成领导小组办公室部署的重点工作。要加强与公安、检察、法院等部门的协调配合，主动与相关部门联系沟通，及时掌握律师参与案件辩护代理工作情况。各地可根据工作需要成立专项行动指导小组，及时掌握有关律师工作情况，加强对律师辩护代理工作及其他法律服务工作的指导协调，保证此次全国打击侵犯知识产权和制售假冒伪劣商品专项行动律师法律服务工作取得实效。

各地贯彻本通知的情况，请及时报部。

司法部

## 关于司法部“大陆律师业务访问团”赴台参访审批的函

2010 年 4 月 14 日　　　　司发函〔2010〕76 号

**国务院台湾事务办公室：**

应台湾海峡两岸法学交流协会的邀请，以司法部律师公证司司长杜国兴为团长的律师业务访问团一行 7 人，定于 2010 年 5 月 9 日至 15 赴台湾参访。

此次访问主要目的，是为了进一步深入了解台湾的法律和律师制度。重点考察内容：一是台湾法律服务业总体发展状况及其管理体制；二是台湾企业及台湾同胞在大陆的法律服务需求；三是台湾律师事务所为大陆台资企业和台胞提供法律服务的现状；四是台湾法律界及经贸界对大陆开放台湾地区律师事务所福州、厦门设立代表机构试点工作，以及对台湾地区开放大陆律师事务所到台执业的意见和建议。

参访团在台北期间，将与台“法务部”检察司负责律师业务的有关人员进行茶叙。

该项目已经我部批准立项，参访团人员已经过政审。参访团在台停留时间为 7 天，全部费用由派员单位负担。

另，部台办耿志超处长系该团及正在运作的“大陆司法考试业务考察团”（已立项另报审批）的项目主管及参访团员，考虑到两个团组的启程时间均放在 5 月份，为提高工作效率保证其按时启程，建议为其办理两次赴台签注。

妥否，请审批。

附件：1. 参访团名单

2. 邀请函
3. 日程
4. 入台证（复印件）

**附件 1**

**参访团名单**

杜国兴　中华全国律师协会顾问（司法部律师公证司司长）
薛育卿　福建省律师协会顾问（福建省司法厅副厅长）
耿志超　中华全国律师协会会员（司法部台办处长）
张　军　中华全国律师协会会员（司法协助交流中心干部）
李海伟　中华全国律师协会副秘书长
薛建和　福州市律师协会顾问（福州市司法局政治部主任）
贺菊英　厦门市律师协会理事（厦门市律管处处长）

## 司法部
## 关于同意在国家知识产权局开展公职律师试点工作的函

2010 年 8 月 19 日　　司发函〔2010〕253 号

**国家知识产权局：**

你局《关于申请开展公职律师试点工作的函》（国知发办函字［2010］211 号）收悉。经研究，同意你局开展公职律师试点工作。

请根据《司法部关于开展公职律师试点工作的意见》（司发通〔2002〕80 号），将你局开展公职律师试点工作方案及拟担任公职律师人员名单、基本情况等材料报司法部审批。

## 司法部
## 关于报送推进社会矛盾化解社会管理创新工作相关情况的通知

2010 年 3 月 12 日　　司办通〔2010〕18 号

**各省、自治区、直辖市司法厅（局），新疆生产建设兵团司法局：**

为深入贯彻全国政法工作电视电话会议精神，切实加强对司法行政系统推进社会矛盾化解、社会管理创新、公正廉洁执法三项重点工作的组织领导，司法部于 2010 年 1 月初分别成立了三项重点工作领导小组。其中“加强人民调解、推进社会矛盾化解”、“加强刑释解教人员和社区服刑人员管理、推进社会管理创新”两项工作领导小组组长由郝赤勇副部长担任，基层工作指导司负责牵头，法制宣传司、律师公证司、法律援助司、司法鉴定局、计财装备司、监狱局、劳教局为成员单位。为推动这两项工作的深入开展，及时了解掌握各地工作进展情况，根据部领导的指示，请各省（区、市）司法厅（局）尽快报送以下材料：

**一、社会矛盾化解、社会管理创新工作的组织领导机构、牵头部门及相关情况**

请各省（区、市）司法厅（局）尽快将社会矛盾化解、社会管理创新两项工作的组织领导机构成立情况、牵头处室，主管厅（局）领导、具体负责人、联系人及联系方式分别填写《加强人民调解 化解社会矛盾工作联系表》（表一）、《加强刑释解教人员和社区服刑人员管理 推进社会管理创新工作联系表》（表二），于3月20日前报部基层司。

**二、定期报送工作进展情况**

为及时、全面地了解和掌握各地推进社会矛盾化解、社会管理创新工作的组织实施、工作开展情况及取得的成效，请各省（区、市）司法厅（局）务必在3月20日前将本省（区、市）推进这两项工作的总体部署、工作方案及目前的工作进展情况报部基层司。

从今年4月份开始，各地工作开展情况及取得的成效请于每月10日前报部基层司。

**三、及时报送典型经验材料**

为加大社会矛盾化解和社会管理创新工作的宣传力度，请各地注意总结经验，发现典型，并将相关经验材料及时上报部基层司。我部将从各地上报的经验材料和典型事例中进行筛选，在相关简报及新闻媒体上刊登。

各地工作中遇到的问题，请与部基层司联系。

“加强人民调解、推进社会矛盾化解”工作领导小组办公室

联系人：刘建东

电　话：010－65205904

传　真：010－65205926

邮　箱：jcs5923@126.com

“加强刑释解教人员和社区服刑人员管理、推进社会管理创新”工作领导小组办公室

联系人：杨　健

电　话：010－65205961

传　真：010－65205926

邮　箱：jcs5923@126.com

附件：1.《加强人民调解 化解社会矛盾工作联系表》

2.《加强刑释解教人员和社区服刑人员管理 推进社会管理创新工作联系表》

**附件1**

**加强人民调解化解社会矛盾工作联系表（表一）**

<table>
<tr><td rowspan="3">省份</td><td colspan="3">成立领导小组情况</td><td colspan="3" rowspan="2">主管厅（局）领导</td><td colspan="8">牵头部门</td></tr>
<tr><td colspan="2">已成立</td><td rowspan="2">未成立</td><td rowspan="2">处室名称</td><td colspan="3">负责人</td><td colspan="4">联系人</td></tr>
<tr><td>统一成立三项重点工作领导小　组</td><td>单独成立化解社会矛盾工作领导小组</td><td>姓名</td><td>办公电话</td><td>手机</td><td>姓名</td><td>办公电话</td><td>手机</td><td>办公电话</td><td>手机</td><td>传真</td><td>电子邮箱</td></tr>
<tr><td>1</td><td>2</td><td>3</td><td>4</td><td>5</td><td>6</td><td>7</td><td>8</td><td>9</td><td>10</td><td>11</td><td>12</td><td>13</td><td>14</td><td>15</td></tr>
<tr><td></td><td></td><td></td><td></td><td></td><td></td><td></td><td></td><td></td><td></td><td></td><td></td><td></td><td></td><td></td></tr>
</table>

附件 2

**加强刑释解教人员和社区服刑人员管理**
**推进社会管理创新工作联系表（表二）**

| 省份 | 成立领导小组情况 | | | 主管厅（局）领导 | | | 牵头部门 | | | | | | | |
|---|---|---|---|---|---|---|---|---|---|---|---|---|---|---|
| | 已成立 | | 未成立 | 姓名 | 办公电话 | 手机 | 处室名称 | 负责人 | | | 联系人 | | | |
| | 统一成立三项重点工作领导小组 | 单独成立化解社会矛盾工作领导小组 | | | | | | 姓名 | 办公电话 | 手机 | 办公电话 | 手机 | 传真 | 电子邮箱 |
| 1 | 2 | 3 | 4 | 5 | 6 | 7 | 8 | 9 | 10 | 11 | 12 | 13 | 14 | 15 |
| | | | | | | | | | | | | | | |

司法部

## 关于举办第三十六 三十七 三十八期全国高级律师高级公证员培训班的通知

2010 年 3 月 9 日　　司办通〔2010〕19 号

**各省、自治区、直辖市司法厅（局），新疆生产建设兵团司法局：**

司法部司法行政学院将于 2010 年举办第 36、37、38 期全国高级律师、高级公证员培训班，现将有关事项通知如下：

**一、培训对象和条件**

参训学员须为律师事务所在职三级律师，公证处在职三级公证员或从事律师、公证员工作满五年的现职律师、公证员，政治表现好，身体健康，能按要求坚持正常学习。

**二、培训内容、师资、时间、地点和名额分配**

1. 培训内容：（1）社会矛盾化解、社会管理创新、公正廉洁执法与当前我国律师、公证工作专题；（2）侵权责任法专题；（3）律师公证员实务专题；（4）最高人民法院新颁司法解释及应用专题讲座等。

培训班还将安排有关参观考察活动并进行相应的考核，合格者准予结业。

2. 培训师资：培训班将邀请中央政法委、司法部有关司局领导，全国人大常委会法工委立法专家，“两高”有关部门领导、专家，全国律协、公协实务专家，高等院校知名教授授课。

3. 培训时间、地点：

| 期　数 | 报到时间 | 培训时间 | 培训地点 |
|---|---|---|---|
| 第 36 期 | 2010 年 5 月 12 日 | 5 月 12 日 – 5 月 21 日 | 北京 |
| 第 37 期 | 2010 年 7 月 28 日 | 7 月 28 日 – 8 月 3 日 | 待定 |
| 第 38 期 | 2010 年 10 月 13 日 | 10 月 13 日 – 10 月 22 日 | 北京 |

4. 名额分配：每期培训班学员各150名，其中律师80名，公证员70名（详见《学员名额分配表》）。如报名人数超过分配名额，请事先与司法行政学院培训一处联系。

**三、报名、入学办法**

请参训学员填写《学员报名登记表》一式二份，经所在单位和当地司法行政机关签署意见后逐级上报，一份由司法厅（局）留存，一份传真至司法行政学院培训一处，随后将原件寄至司法行政学院培训一处。（第36期培训班报名截止日期：2010年4月23日；第37期培训班报名截止日期：2010年7月23日；第38期培训班报名截止日期：2010年9月30日。）

请各地司法厅（局）按本通知规定条件审查选派学员，并向其寄发《入学通知书》和《入学须知事项》。

**四、培训费用**

培训费每人3000元（含住宿费、学杂费、资料费、餐费）。

**五、注意事项**

1. 学员报到时，请携带一篇论文，题目自定。学院将选出优秀论文汇编成论文集正式出版，具体要求详见入学须知事项。

2. 学员报到时需携带入学通知书、单位介绍信、二张两寸免冠正面近期照片。

3. 请拟参加各期培训班的同志于上述规定时间前将报名表传真至司法部司法行政学院培训一处。

4. 报到地点：第36、38期培训班报到地点：北京市朝阳区霄云路霞光里11号司法部司法行政学院；第37期培训班报到地点另行通知。

5. 有关招生及报名具体事宜，请与司法部司法行政学院培训一处联系。

通信地址：北京市朝阳区霄云路霞光里11号司法部司法行政学院培训一处，邮政编码：100125。

联 系 人：李 军 徐嘉临

电 话：（010）51399038 13611333144 13161266607

传 真：（010）51399039

汇款账号：户 名：司法行政学院

开 户 行：工行东城支行营业室

账 号：0200080709026400165

附件1. 第三十六期全国高级律师高级公证员培训班学员名额分配表

2. 第三十七期全国高级律师高级公证员培训班学员名额分配表

3. 第三十八期全国高级律师高级公证员培训班学员名额分配表

4. 全国高级律师高级公证员培训班学员报名登记表

附件 1

## 第三十六期全国高级律师高级公证员培训班学员名额分配表

| 省 份 | 分配数 | | 省 份 | 分配数 | | 省 份 | 分配数 | |
|---|---|---|---|---|---|---|---|---|
| | 律 师 | 公证员 | | 律 师 | 公证员 | | 律 师 | 公证员 |
| | | | | | | 青 海 | 2 | 1 |
| | | | | | | 宁 夏 | 1 | 1 |
| 北 京 | 1 | 2 | 山 东 | 5 | 5 | 新 疆 | 2 | 2 |
| 天 津 | 1 | 1 | 河 南 | 2 | 2 | 兵 团 | 1 | 1 |
| 河 北 | 1 | 2 | 湖 北 | 3 | 2 | | | |
| 山 西 | 3 | 4 | 湖 南 | 2 | 2 | | | |
| 内蒙古 | 3 | 2 | 广 东 | 2 | 1 | | | |
| 辽 宁 | 2 | 2 | 广 西 | 2 | 3 | | | |
| 吉 林 | 2 | 2 | 海 南 | 1 | 2 | | | |
| 黑龙江 | 1 | 1 | 重 庆 | 2 | 3 | | | |
| 上 海 | 3 | 1 | 四 川 | 3 | 2 | | | |
| 江 苏 | 10 | 6 | 贵 州 | 3 | 2 | | | |
| 浙 江 | 5 | 3 | 云 南 | 3 | 3 | | | |
| 安 徽 | 5 | 2 | 西 藏 | 1 | 1 | | | |
| 福 建 | 5 | 3 | 陕 西 | 2 | 2 | | | |
| 江 西 | 2 | 2 | 甘 肃 | 2 | 2 | | | |
| | | | | | 合计 | 150 | | |

**附件2**

## 第三十七期全国高级律师高级公证员培训班学员名额分配表

| 省份 | 分配数 | | 省份 | 分配数 | | 省份 | 分配数 | |
|---|---|---|---|---|---|---|---|---|
| | 律师 | 公证员 | | 律师 | 公证员 | | 律师 | 公证员 |
| 北京 | 2 | 1 | 山东 | 6 | 4 | 青海 | 1 | 2 |
| 天津 | 1 | 1 | 河南 | 2 | 2 | 宁夏 | 1 | 1 |
| 河北 | 2 | 1 | 湖北 | 2 | 3 | 新疆 | 2 | 2 |
| 山西 | 4 | 3 | 湖南 | 2 | 2 | 兵团 | 1 | 1 |
| 内蒙古 | 2 | 3 | 广东 | 1 | 2 | | | |
| 辽宁 | 2 | 2 | 广西 | 3 | 2 | | | |
| 吉林 | 2 | 2 | 海南 | 2 | 1 | | | |
| 黑龙江 | 1 | 1 | 重庆 | 3 | 2 | | | |
| 上海 | 2 | 2 | 四川 | 3 | 2 | | | |
| 江苏 | 11 | 5 | 贵州 | 2 | 3 | | | |
| 浙江 | 3 | 5 | 云南 | 3 | 3 | | | |
| 安徽 | 2 | 2 | 西藏 | 1 | 1 | | | |
| 福建 | 5 | 3 | 陕西 | 2 | 2 | | | |
| 江西 | 2 | 2 | 甘肃 | 2 | 2 | | | |
| | | | | | 合计 | 150 | | |

附件3

第三十八期全国高级律师高级公证员培训班学员名额分配表

| 省份 | 分配数 | | 省份 | 分配数 | | 省份 | 分配数 | |
|---|---|---|---|---|---|---|---|---|
| | 律师 | 公证员 | | 律师 | 公证员 | | 律师 | 公证员 |
| 北京 | 1 | 2 | 山东 | 6 | 4 | 青海 | 2 | 1 |
| 天津 | 1 | 1 | 河南 | 2 | 2 | 宁夏 | 1 | 1 |
| 河北 | 1 | 2 | 湖北 | 3 | 2 | 新疆 | 2 | 2 |
| 山西 | 4 | 3 | 湖南 | 2 | 2 | 兵团 | 1 | 1 |
| 内蒙古 | 3 | 2 | 广东 | 2 | 1 | | | |
| 辽宁 | 2 | 2 | 广西 | 3 | 2 | | | |
| 吉林 | 2 | 2 | 海南 | 1 | 2 | | | |
| 黑龙江 | 1 | 1 | 重庆 | 2 | 3 | | | |
| 上海 | 2 | 2 | 四川 | 3 | 2 | | | |
| 江苏 | 10 | 6 | 贵州 | 3 | 2 | | | |
| 浙江 | 4 | 4 | 云南 | 3 | 3 | | | |
| 安徽 | 2 | 2 | 西藏 | 1 | 1 | | | |
| 福建 | 4 | 4 | 陕西 | 2 | 2 | | | |
| 江西 | 2 | 2 | 甘肃 | 2 | 2 | | | |
| | | | | | 合计 | 150 | | |

**附件 4**

## 全国高级律师高级公证员培训班学员报名登记表

填表日期：

<table>
<tr><td>姓　名</td><td></td><td>性别</td><td></td><td>出生年月</td><td></td><td>民族</td><td></td><td rowspan="3"></td></tr>
<tr><td>文化程度</td><td colspan="3"></td><td>政治面貌</td><td colspan="3"></td></tr>
<tr><td>行政职务</td><td colspan="3"></td><td>专业职务</td><td colspan="3"></td></tr>
<tr><td>工作单位</td><td colspan="5"></td><td colspan="2">电　话</td><td></td></tr>
<tr><td>详细通讯地址</td><td colspan="5"></td><td colspan="2">邮政编码</td><td></td></tr>
<tr><td>何时何校何系毕业</td><td colspan="5"></td><td colspan="3">从事律师或公证工作年限</td><td></td></tr>
<tr><td colspan="9">简历（包括法律培训经历）：</td></tr>
<tr><td colspan="9">所在单位意见：<br>（公章）　年　月　日</td></tr>
<tr><td colspan="9">同级司法局（处）意见：<br>（公章）　年　月　日</td></tr>
<tr><td colspan="9">各省、自治区、直辖市司法厅（局）审查意见：<br>（公章）　年　月　日</td></tr>
<tr><td colspan="9">司法行政学院复核意见：<br>（公章）　年　月　日</td></tr>
</table>

## 司法部
## 关于总结报送律师行业党建工作情况的通知

2010年3月30日　　司办通〔2010〕30号

**各省、自治区、直辖市司法厅（局），新疆生产建设兵团司法局：**

2008年3月，司法部与中组部联合下发了《关于进一步加强和改进律师行业党的建设工作的通知》（组通字［2008］15号），同年7月又联合召开了全国律师行业党的建设工作会议，对律师行业党的建设工作作了全面部署。各地司法行政机关及律师协会，在当地党委组织部门的大力支持下，按照司法部和中组部的工作部署和要求，认真开展律师行业党的建设工作，取得了明显成绩。为了贯彻落实党的十七届四中全会和中央领导同志的有关指示精神，进一步推动律师行业党的建设工作深入开展，司法部将组成部领导为组长的调研组，于近日分赴部分省（区、市）进行调研，并拟于今年适当时候与中组部联合召开全国律师行业党的建设工作会议。

为做好调研和会议的准备工作，请各地司法厅（局）对2008年以来的律师行业党建工作进行一次全面回顾总结，并于2010年5月10日前书面报送司法部政治部。主要内容如下。

1. 2008年以来在律师行业党建方面开展的主要工作，包括工作内容、工作措施和实际效果等。

2. 本省（区、市）律师行业党建工作存在的主要问题。

3. 解决问题的对策和建议。

4. 下步工作计划（目标与措施）。

5. 核报《律师行业党组织及隶属关系有关情况调查表》（附后）。数据截止时间为2010年3月底。

联系电话：010－65205557（5516）

## 律师行业党组织及隶属关系有关情况调查表

填表单位：（盖章）

（表一）各地律师协会党组织设置情况

| 地市数 | 地市律协数 | 地市律协党组织中（不含内设党组织） | | | | | 地市律协党组织隶属情况 | | | |
|---|---|---|---|---|---|---|---|---|---|---|
| | | 党委 | 党组 | 总支 | 支部 | 其他 | 地市党委组织部 | 地市司法局党组织 | 地市机关工委 | 其他 |
| 1 | 2 | 3 | 4 | 5 | 6 | 7 | 8 | 9 | 10 | 11 |
| | | | | | | | | | | |

本省（区、市）律师协会党组织是＿＿＿＿＿，其上级党组织是＿＿＿＿＿。

（表二）律师事务所党组织设置情况

<table>
<tr><td rowspan="3">律师所总数</td><td colspan="6">有党员律师事务所</td><td colspan="2">无党员律师所</td><td colspan="6">律师所党组织隶属情况</td></tr>
<tr><td rowspan="2">数量</td><td colspan="2">单独建立党组织</td><td colspan="2">建立联合党支部</td><td rowspan="2">未建立党组织的所</td><td rowspan="2">数量</td><td rowspan="2">其中已选派党建工作联络员的所</td><td rowspan="2">党组织总数</td><td colspan="5">其中隶属</td></tr>
<tr><td>党委</td><td>支部</td><td>支部数</td><td>涉及律师所数</td><td>司法行政机关党组织</td><td>律师协会党组织</td><td>机关工委</td><td>新社会组织工委</td><td>其他</td></tr>
<tr><td>12</td><td>13</td><td>14</td><td>15</td><td>16</td><td>17</td><td>18</td><td>19</td><td>20</td><td>21</td><td>22</td><td>23</td><td>24</td><td>25</td><td>26</td></tr>
</table>

（表三）律师事务所现有人员等情况

<table>
<tr><td rowspan="2">项目</td><td rowspan="2">律师所数量</td><td colspan="2">专职律师</td><td colspan="2">辅助人员</td><td colspan="2">兼职律师</td><td rowspan="2">2008年以来专职律师中新发展党员数</td><td rowspan="2">2008年以来辅助人员中新发展党员数</td><td rowspan="2">律师事务所中民主党派人数</td><td rowspan="2">律师事务所中存在的民主党派组织数</td></tr>
<tr><td>人数</td><td>其中党员数</td><td>人数</td><td>其中党员数</td><td>人数</td><td>其中党员数</td></tr>
<tr><td></td><td>27</td><td>28</td><td>29</td><td>30</td><td>31</td><td>32</td><td>33</td><td>34</td><td>35</td><td>36</td><td>37</td></tr>
<tr><td>合伙所</td><td></td><td></td><td></td><td></td><td></td><td></td><td></td><td></td><td></td><td></td><td></td></tr>
<tr><td>国资所</td><td></td><td></td><td></td><td></td><td></td><td></td><td></td><td></td><td></td><td></td><td></td></tr>
<tr><td>个人所</td><td></td><td></td><td></td><td></td><td></td><td></td><td></td><td></td><td></td><td></td><td></td></tr>
<tr><td>总计</td><td></td><td></td><td></td><td></td><td></td><td></td><td></td><td></td><td></td><td></td><td></td></tr>
</table>

说明：

1. 表内数字关系：列2 = 列3 + 列4 + 列5 + 列6 + 列7；列12 = 列13 + 列19；列13 = 列14 + 列15 + 列17 + 列18；列14 + 列15 + 列16 = 列21；列27（总计）= 列12。

2. 附报律师所联合党支部分类情况：联合党支部总数____个，其中：律师所之间所联合建立的____个，律师所与司法行政机关联合建立的____个，律师所与司法行政机关下属单位联合建立的____个，律师所与其他社会组织联合建立的____个。

## 司法部
# 关于开展律师行业党建工作专题调研的通知

2010年4月13日　　司办通〔2010〕35号

**北京、山西、吉林、上海、湖北、广东、陕西、宁夏、新疆省（区、市）司法厅（局）：**

根据司法部关于开展律师行业党的建设工作专题调研的总体安排和部领导的指示，请你厅（局）组织调研组，对本省（区、市）律师行业党的建设工作，主要是律师行业党组织设置及隶属关系情况进行专题调研，并于5月14日前将专题调研报告报送司法部政治部。调研主要内容是：

1. 本省（区、市）律师行业党组织设置情况，包括律师协会和律师事务所党组织的设置。

2. 律师行业党组织隶属关系情况，包括律师协会党组织和律师事务所党组织隶属情况，对律师行业党建工作的开展有何影响，调整改进的意见、建议。

3. 律师行业党建工作领导体制情况，存在的问题及改进的意见、建议。

4. 关于司法行政机关建立律师工作党委，加强对律师行业党建工作领导和指导的意见、建议。

联系电话：010－65205557（5516）

司法部

# 关于报送《司法部2009年知识产权战略实施和保护知识产权工作开展情况和2010年战略实施工作计划和保护知识产权行动计划》的函

2010年1月15日　　司办函〔2010〕9号

**国家知识产权战略实施工作部际联席会议办公室：**

按照部际联席会议办公室《关于报送国家知识产权战略实施及保护知识产权工作有关情况的函》（国知发协函字［2009］495号）的要求，现将我部《2009年知识产权战略实施和保护知识产权工作开展情况和2010年战略实施工作计划和保护知识产权行动计划》送去，供参考。

司法部

# 司法部2009年知识产权战略实施和保护知识产权工作开展情况和2010年战略实施工作计划和保护知识产权行动计划

2009年，我部认真贯彻国家知识产权战略实施工作部际联席会议关于推进知识产权战略实施工作部署，按照《联席会议成员单位战略实施工作任务分工》、《2009年国家知识产权战略实施推进计划》和《2009年中国保护知识产权行动计划》的要求，积极推进各项工作开展，取得明显成效。

**一是研究制定《司法行政工作贯彻实施〈国家知识产权战略纲要〉的指导意见》。**在深入调研、广泛征求意见的基础上，组织起草了这一文件，对各级司法行政机关组织开展知识产权法律服务、法制宣传、司法鉴定、人才培养等工作作出部署安排。目前已形成初稿，近期将报部领导审定后下发。

**二是深入开展知识产权法制宣传工作。**按照国家知识产权战略推进计划的要求，把开展知识产权法制宣传教育活动列入重要日程，围绕2009年知识产权工作重点，深入开展“法律六进”活动，把知识产权法律法规知识送到人民群众身边。按照全国知识产权周活动组委会的要求，做好“知识产权宣传周”活动，组织编写了《知识产权法律知识读本》等相关法律书籍和宣传资料，联合国家知识产权局开展了知识产权远程法制讲座，全国有1万多人直接收看了讲座。把知识产权法律法规宣传教育纳入领导干部、公务员、企业经营管理人员和青少年等重点对象法制宣传教育的内容，通过组织开展领导干部学法用法讲座、公务员法律知识考试等活动加强对他们的知识产权法律法规宣传教育。举办了“加强企业法制宣传教育，积极应对国际金融危机”主题论坛，积极推进企业知识产权法制宣传教育工作，加强知识产权保护理论研讨。会同有关部门举办了“第六届全国青少年网上普法大赛”和全国青少年法律知识竞赛活动，举办现场法律知识竞赛14000多场次，全国参与的青少年达4000多万人次，有效地推动了青少年知识产权法制宣传工作的开展。

**三是加强知识产权法律人才的培养工作。**组织专家制定了在职攻读法律硕士专业学位教育知识产权方向班培养方案，该方案已由国务院学位办印发全国相关培养单位。在2009年司法部等政法五部门联合印发的在职攻读法律硕士专业学位教育通知中，继续指定北京大学等8所院校开设知识产权研究生方向班，培养知识产权专门人才。

**四是积极开展知识产权司法鉴定工作调研。**全面了解掌握各地知识产权司法鉴定发展状况、管理状况及立法情况，了解掌握各地知识产权司法鉴定机构、司法鉴定人的情况及承办鉴定情况，邀请法律专家、技术专家和鉴定从业人员从法律层面和技术层面分析和论证知识产权司法鉴定的规范化管理。

**五是积极开展知识产权法律服务工作。**参与有关法律、法规的起草与修订，组织律师完成了《知识产权刑事保护程序指引》研究课题，起草了《网络著作权审判指导意见（建议稿）》，就《最高人民法院关于审理侵犯专利纠纷案件应用法律若干问题的解释》提交了书面意见。编辑出版了《信息网络与高新技术法律前沿2009》，编辑了《中国知识产权高层论坛论文集》。举办了“实施国家知识产权战略中的律师知识产权服务”、“创新、保护、发展——金融危机下中国互联网面临的挑战与机遇”、“网络虚拟物法律问题”、“互联网法律问题”研讨会。组织编写了《电子证据的固定采集与展示业务操作指引（草案）》等律师业务操作指引。全国律协还与北京国际版权交易中心、上海世博会事务协调局法务部等签署战略合作协议，积极提供知识产权法律服务。

2010年，我部将根据《国家知识产权战略纲要》和《实施国家知识产权战略纲要任务分工》的要求，按照国家知识产权战略实施工作部际联席会议的工作部署和统一安排，认真履行职责，切实做好各项工作。

**一是继续开展知识产权法制宣传教育。**继续推进“法律六进”特别是“法律进企业”活动，加强对企业知识产权法律法规的宣传教育，增强宣传的时效性。以领导干部、公务员、企业经营管理人员、青少年为重点，采取各种有效形式，加大宣传力度，增强宣传教育针对性。充分利用大众媒体，开办专版、专栏，不断扩大知识产权法制宣传的覆盖面和影响力。以“五五”普法总结为契机，做好知识产权法律法规宣传教育工作情况的总结验收，不断推进知识产权法律法规宣传教育工作的深入。

**二是加强知识产权人才培养工作。**进一步完善在职攻读法律硕士专业学位教育知识产权方向班培养方案，积极组织相关专家对已印发的方案作进一步修改，使其更加适应国家知识产权战略和保护知识产权工作规划。在2010年司法部等政法五部门联合印发的在职攻读法律硕士专业学位教育通知中，增加开展法律硕士专业学位知识产权方向班的办学点和办学规模，为国家培养知识产权后备人才。结合教育部开展法学学位体系课题研究工作，研究探讨知识产权法学位体系工作。

**三是做好知识产权司法鉴定工作。**研究制定知识产权司法鉴定分类规范，会商最高人民法院、最高人民检察院，将知识产权司法鉴定纳入统一管理。加强知识产权司法鉴定人岗位培训，推动司法鉴定机构规范化建设，结合司法鉴定机构认证认可试点工作，鼓励和引导资质水平较高的知识产权司法鉴定机构申请实验室或检查机构认可。

**四是充分发挥法律服务工作在国家知识产权战略实施中的重要作用。**加强对“明确知识产权代理人等中介服务人员执业范围，研究建立相关律师代理制度”课题的调研工作。加强与国家知识产权局、国家工商总局的协调，就在专利代理、商标代理等知识产权业务领域建立相关的律师代理制度进行调研，提出相关的政策措施。建立同国家知识产权局有关部门的工作联系，开展律师从事专利业务的培训。组织设立国家知识产权律师专业人才库，制定相关的入选标准，研究制定培养规划，进一步加强知识产权律师人才队伍建设。通过召开研讨会、座谈会等多种形式建立律师同高新技术企业及有关企业协会的联系，加强知识产权律师同企业之间的沟通，以举办论坛、剖析案例等多种形式和先进事迹宣传、推广律师从事知识产权法律服务的职能作用。

司法部

## 关于“中国青少年法律援助律师协作网”有关情况的报告

2010年3月17日　　司办函〔2010〕56号

**中央政法委研究室：**

根据政法办函［2010］124号的要求，经了解，现将北京青少年法律援助与研究中心基本情况和“中国青少年法律援助律师协作网”(以下简称协作网）建立运行情况报告如下。

1999年，北京市致诚律师事务所佟丽华律师发起成立北京青少年法律援助与研究中心，于2003年在北京市民政部门按民办非企业单位登记注册，北京市司法局为其业务主管单位。该中心的主要工作内容是为权益受到侵害的未成年人提供免费法律咨询和办理法律援助案件，开展青少年权益保护法律政策理论研究。主要资金来源于美国“福特基金会”资助，由中心根据自己的工作计划递交项目申请报告，经福特基金会北京办事处批准后提供资金支持。该中心律师曾接受中联部和外交部的安排，参与中欧、中挪人权对话活动和联合国对中国政府人权报告审议活动。

1999年11月，北京青少年法律援助与研究中心设立“中国青少年法律援助律师协作网”。2004年，该中心的网站“中国青少年维权中心网站”改版，并将协作网依托在此网站上。网站已在信息产业部备案，备案号为京ICP备05032782号。该网站依托北京青少年法律援助与研究中心工作人员进行日常维护，没有聘请专门的工作人员，也没有专门的经费投入。

协作网吸收全国志愿律师无偿参与未成年人权益保护工作，不向志愿律师颁发任何证书，也不对志愿律师提明确的任务要求。志愿律师加入协作网只需填写一份个人信息表，可自由退出协作网。目前，全国加入协作网的志愿律师有近8000人，主要工作有：一是办理未成年人法律援助案件。志愿律师接受当地法律援助机构、律协、团委、妇联、少工委等单位转交的未成年人权益保护案件。据不完全统计，近三年来，协作网志愿律师共办理未成年人权益保护案件700余件。二是开展未成年人权益保护法学理论研究，向立法和其他相关部门提出建议。三是参与未成年人权益保护立法和政策制定。《未成年人保护法》修订后，辽宁、江苏、浙江、安徽、江西、湖北、湖南、宁夏等省（区）的志愿律师都参与了本地未成年人保护条例的修订工作。四是开展法制宣传教育。近年来，全国有一千多名志愿律师参加了“百城千校律师普法进校园”、“知心律师进校园”等普法活动。五是配合有关部门开展未成年人权益保护工作。天津、山西、江苏、安徽、湖北、广西等省（区）的志愿律师与共青团、妇联等组织合作，承担“12355”热线咨询工作。2006年，有9名志愿律师作为国务院妇女儿童工作委员会“两纲”中期督导组成员，负责法律部分的督导工作。

特此报告。

## 司法部
## 关于律师事务所从业资质有关问题的复函

2010年5月28日　　司办函〔2010〕125号

**国家食品药品监督管理局办公室：**

《关于咨询律师事务所从业资质有关问题的函》（食药监办许函［2010］156号）收悉。我部经研究，现就有关问题答复如下。

**一、关于律师事务所是否具备承担民事责任的能力**

依照我国《律师法》、《律师事务所管理办法》等法律、法规和规章的规定，律师事务所是依法成立的律师执业机构，律师违法执业或者因过错给当事人造成损失的，由其所在的律师事务所承担赔偿责任。因此，律师事务所具备承担民事责任的能力。

依照《律师法》及相关法律、法规和规章的有关规定，我国律师事务所共有三种组织形式，分别是合伙律师事务所、个人律师事务所和国家出资设立的律师事务所，其中合伙律师事务所还分为普通合伙和特殊的普通合伙两种形式。不同组织形式的律师事务所其承担民事责任的方式也不同，普通合伙律师事务所的合伙人对律师事务所的债务承担无限连带责任。特殊的普通合伙律师事务所一个合伙人或者数个合伙人在执业活动中因故意或者重大过失造成律师事务所债务的，应当承担无限责任或者无限连带责任，其他合伙人以其在律师事务所中的财产份额为限承担责任；合伙人在执业活动中非因故意或者重大过失造成的律师事务所债务，由全体合伙人承担无限连带责任。个人律师事务所的设立人对律师事务所的债务承担无限责任。国家出资设立的律师事务所以其全部资产对其债务承担责任。

**二、关于代理进口保健食品注册事宜是否属于律师事务所法定从事的法律服务活动**

根据《律师法》第二十八条规定，律师可以“接受委托，提供非诉讼法律服务”。“非诉讼法律服务”非常宽泛，包括无争议的法律事务和有争议但不必通过诉讼程序解决的法律事务。根据律师执业实践和社会法律服务需求，受托办理公司注册、专利申请、商标注册等法律事务都属于非诉讼法律服务的范畴。因此，律师接受境外申请人委托办理进口保健食品注册，属于提供法定非诉讼法律服务。

特此函复。

**附件**

**相关法律规定**

**一、《律师法》**

**第二条**　本法所称律师，是指依法取得律师执业证书，接受委托或者指定，为当事人提供法律服务的执业人员。

**第十四条** 律师事务所是律师的执业机构。……

**第十五条第二款** 合伙律师事务所可以采用普通合伙或者特殊的普通合伙形式设立。合伙律师事务所的合伙人按照合伙形式对该律师事务所的债务依法承担责任。

**第十六条** 设立个人律师事务所，除应当符合本法第十四条规定的条件外，设立人还应当是具有五年以上执业经历的律师。设立人对律师事务所的债务承担无限责任。

**第二十条** 国家出资设立的律师事务所，依法自主开展律师业务，以该律师事务所的全部资产对其债务承担责任。

**第二十八条** 律师可以从事下列业务：

（六）接受委托，提供非诉讼法律服务；

（七）解答有关法律的询问、代写诉讼文书和有关法律事务的其他文书。

**第五十四条** 律师违法执业或者因过错给当事人造成损失的，由其所在的律师事务所承担赔偿责任。律师事务所赔偿后，可以向有故意或者重大过失行为的律师追偿。

**二、《律师事务所管理办法》**

**第三十八条** 律师违法执业或者因过错给当事人造成损失的，由其所在的律师事务所承担赔偿责任。律师事务所赔偿后，可以向有故意或者重大过失行为的律师追偿。

普通合伙律师事务所的合伙人对律师事务所的债务承担无限连带责任。特殊的普通合伙律师事务所一个合伙人或者数个合伙人在执业活动中因故意或者重大过失造成律师事务所债务的，应当承担无限责任或者无限连带责任，其他合伙人以其在律师事务所中的财产份额为限承担责任；合伙人在执业活动中非因故意或者重大过失造成的律师事务所债务，由全体合伙人承担无限连带责任。个人律师事务所的设立人对律师事务所的债务承担无限责任。国家出资设立的律师事务所以其全部资产对其债务承担责任。

司法部

## 关于选派广东省公职律师赴香港协助开展义务法律咨询活动的函

2010 年 6 月 13 日　　司办函〔2010〕149 号

**广东省司法厅：**

根据有关方面的工作安排，今年 7 月 6 日至 9 月 16 日将在香港组织开展内地法律义务咨询活动。请你厅选派 3 名政治素质过硬、业务经验丰富并能熟练运用粤语的公职律师赴港参加咨询活动。

司法部

## 关于报送《关于我国民事公益诉讼的研究报告》和《关于我国行政公益诉讼的研究报告》的函

2010 年 6 月 24 日　　司办函〔2010〕158 号

**中央政法委办公室：**

我部按照你办《关于就公益诉讼有关问题征求意见的通知》（政法办〔2010〕218 号）的要求，迅速组织人员进行了认真研究，形成了《关于我国民事公益诉讼的研究报告》和《关于我国行政公益诉讼的研究报告》，并经部领导审定。现将这两个报告一并报你办，供参考。

附件：1.《关于我国民事公益诉讼的研究报告》

2.《关于我国行政公益诉讼的研究报告》

司法部

## 关于就广东省两岸合作南澳试验区有关法律服务开放措施提供意见的函

2010 年 7 月 22 日　　司办函〔2010〕183 号

**国家发改委办公厅：**

你办《关于征求对设立广东省两岸合作南澳试验区意见的函》（发改办地区〔2010〕1605 号）收悉，经研究，现提供意见如下：

两岸合作南澳试验区重视发挥法律服务业在开发建设中的作用，具有积极的意义。鉴于我部正在制定有关台湾地区律师事务所在福州、厦门设立分支机构试点工作的有关规范性文件，尚未正式启动试点工作，拟待福州、厦门试点工作稳步推进并经过评估总结后，我们再研究考虑台湾地区律师事务所落户南澳试验区的问题。

以上意见供参考。

司法部

## 关于报送《2010 年国家知识产权战略实施推进计划》执行情况的函

2010 年 8 月 13 日　　司办函〔2010〕230 号

**国家知识产权战略实施工作部际联席会议办公室：**

你办《关于报送〈2010 年国家知识产权战略实施推进计划〉执行情况的通知》（国知发协字〔2010〕82 号）收悉。根据《通知》要求和《实施国家知识产权战略纲要任务分工》，现将《2010 年国家知识产权战略实施推进计划》中与我部职能相关的措施执行情况汇总报告如下：

## 2010年司法部推进计划执行情况汇总表

| | 具体实施 | 执行情况 | 具体工作及说明 |
|---|---|---|---|
| 1 | (63)研究制定知识产权司法鉴定分类规范，将知识产权司法鉴定纳入统一管理。(司法部、高法院、高检院) | 正在开展 | 就知识产权司法鉴定纳入统一管理，已正式致函最高人民法院、最高人民检察院，按照《决定》规定启动“商两高”程序，正在与有关部门进一步协商。 |
| 2 | (143)加强同有关部门的工作联系，开展律师从事专利业务的培训。 | 正在开展 | 1. 通过举办知识产权律师论坛，安排专场律师专利业务培训，邀请国家知识产权局专家领导讲课；<br>2. 由各地律师协会组织、邀请全国律协知识产权委员会专家以及国家知识产权局专家，以省为单位分期分批对律师组织专利培训；<br>3. 由全国律协知识产权专业委员会制订律师从事专利业务的业务指引和操作指南，将在明年出版。 |
| 3 | (144)组织设立国家知识产权律师专业人才库，制定相关的入选标准，研究制定培养规划，进一步加强知识产权律师人才队伍建设。 | 正在开展 | 与全国律协相关专门委员会协调，在律师业务培训和人才培养规划中制定出知识产权律师的培养计划。 |
| 4 | (145)加强律师同高新技术企业及有关企业协会的联系，加强知识产权律师同企业之间的沟通，对律师从事知识产权法律服务的职能作用予以宣传推广。 | 正在开展 | 1. 通过举办知识产权律师论坛，邀请企业尤其是高新技术企业以及企业协会参加，加强沟通；<br>2. 在本届专业委员会中专门设立企业知识产权分会，开展知识产权律师与企业的沟通活动；<br>3. 组织知识产权律师企业宣讲团，与行业协会联系对企业进行知识产权知识宣讲。 |

| | 具体实施 | 执行情况 | 具体工作及说明 |
|---|---|---|---|
| 5 | (146) 就专利代理、商标代理等知识产权业务领域建立相关律师代理制度进行调研，建立健全相关政策措施。（司法部、知识产权局、工商总局） | 律师从事商标代理活动已取得阶段性进展律师从事专利代理相关政策措施的制定工作正在开展 | 1. 在多方努力下，多年来律师不能从事商标代理业务的问题得到了解决。根据国家工商行政管理总局7月12日公布的《商标代理管理办法》(第50号令)，律师事务所从事商标代理活动已经不存在法律障碍；下一步，计划会同国家工商行政管理总局联合制定发布规范性文件，对律师从事商标代理活动予以规范。<br>2. 对律师从事专利代理业务中遇到的问题，特别是业务受限状况进行汇总分析，提出对策建议；<br>3. 通过召开知识产权专业委员会年会，研究律师知识产权业务创新，尤其是扩展商标专利代理业务。 |
| 6 | (159) 加强知识产权司法鉴定人岗位培训，推动司法鉴定机构规范化建设，结合司法鉴定机构认证认可试点工作，鼓励和引导资质水平较高的知识产权司法鉴定机构申请实验室或检查机构认可。 | 正在开展 | 已在部分省市开展管理干部和司法鉴定机构负责人司法鉴定认证认可培训，普及认证认可知识，增强质量意识和管理能力，为进一步推动知识产权司法鉴定机构规范化建设，鼓励和引导部分资质水平较高的司法鉴定机构申请实验室或检查机构认可奠定基础。 |
| 7 | (160) 进一步完善在职攻读法律硕士专业学位教育知识产权方向班研究生培养方案，增加开展法律硕士专业学位知识产权方向班的办学点和办学规模，研究探讨知识产权法学位体系工作。 | 正在开展 | 1. 会同政法部门发文部署2010年招生工作，扩大招生录取规模；<br>2. 拟于第四季度召开研讨会，完善培训方案。 |

| | 具体实施 | 执行情况 | 具体工作及说明 |
|---|---|---|---|
| 8 | (171)继续推进“法律六进”特别是“法律进企业”活动，加强对企业知识产权法律法规的宣传教育。 | 已完成 | 1. 把开展知识产权宣传教育工作列入2010年普法依法治理工作要点，要求在“法律六进”活动特别是“法律进企业”活动中加强知识产权法律法规宣传教育；<br>2. 配合今年“知识产权宣传周”活动，指导各地开展相关法制宣传教育工作；<br>3. 联合国家知识产权局印制知识产权宣传教育挂图15万份免费下发各地。 |

## 司法部
## 关于加强境外律师事务所驻华（内地）代表机构及其代表服务管理工作情况的报告

2010年9月3日　　司办函〔2010〕250号

**中央政法委：**

按照会议通知（政法办［2010］393号）要求，我部准备了关于加强境外律师事务所驻华（内地）代表机构及其代表服务管理工作情况的报告（见附件），现送去。

## 司法部
## 关于就香港李乔安许允立律师事务所申请设立驻内地代表处及派驻代表征求意见的函

2010年9月8日　　司办函〔2010〕252号

**国务院港澳事务办公室秘书行政司、中央人民政府驻香港特别行政区联络办公室办公厅：**

根据《香港、澳门特别行政区律师事务所驻内地代表机构管理办法》，我部拟于近期核准香港李乔安许允立律师事务所（RIBEIRO HUI）在上海设立驻内地代表处，并拟派许允立（HUI WUN LAP）为首席代表，李乔安（GEORGE RIBEIRO）为代表的申请。鉴于上述人员申请来内地前均在香港执业，特就上述人员征求你们的意见，请于2010年9月30日前复函我部。

联系人：张　军

电　话：6520 5913

传　真：6520 5964

附件：有关律师事务所联系方式和拟派代 表的基本情况

司法部

## 关于协转赵大程副部长给沈光均律师回信的函

2010 年 11 月 4 日　　司办函〔2010〕287 号

**新疆维吾尔自治区司法厅：**

日前，中华全国青年联合会第十一届新疆籍青联委员沈光均律师致信我部赵大程副部长，了解新疆律师围绕中央新疆工作座谈会的决策部署提供服务的问题。现将赵副部长给沈光均律师的回信转去，请你们转送光均同志。来信内容可在征求光均同志意见后在新疆媒体转载。

司法部

## 关于周永康等中央领导同志出席全国律师工作座谈会的报告

2010 年 11 月 11 日　　司办函〔2010〕293 号

**中办秘书局：**

为认真学习贯彻中共中央办公厅、国务院办公厅转发的《司法部关于进一步加强和改进律师工作的意见》（中办发［2010］30 号），推进律师事业又好又快发展，经周永康同志批准，定于 11 月 25 日上午在人民大会堂西大厅召开全国律师工作座谈会。周永康同志将出席座谈会并讲话，王乐泉、孟建柱和中央政法委委员将出席座谈会。参加座谈会的代表为各省（区、市）、新疆生产建设兵团司法厅（局）长、律师协会会长，各副省级城市司法局长、律师协会会长，中央和国家机关有关单位相关部门负责同志，共计 190 人左右。

特此报告。

司法部

## 关于取消外国律师事务所驻华代表处收费项目的复函

2010 年 12 月 20 日　　司办函〔2010〕344 号

**财政部办公厅、国家发展和改革委员会办公厅：**

《关于征求对取消部分涉企行政事业性收费项目意见的函》财办综（〔2010〕96 号）收悉。经研究，我们认为对外国律师事务所驻华代表机构实施的收费项目有别于一般涉企行政事业性收费项目，不宜取消，理由如下：

（一）收取申请费和年检注册费有明确法律依据。2002 年《外国律师事务所驻华代表机构管理条例》（国务院令第 338 号）第二十三条规定“省、自治区、直辖市人民政府司法行政部门依法办理代表机构及其代表注册收取费用，以及对代表机构进行年度检验收取费用，必须严格执行国务院物价行政部门核定的同对中国律师事务所、执业律师相同的收费标准，所收取的费用必须全部上缴国库。”该条规定赋予了司法行政机关对外国律师事务所驻华代表处收费的权利，明确了收费项目。1992年国家物价局、财政部《关于对外国律师事务所办事处收费的复函》〔(1992)价费字618号〕对于我部《关于征收外国律师事务所办事处管理费的函》(司发函〔1992〕282号)给予明确答复，即“申请手续费两千元，年检费每年一万元，用于外国律师事务所办事处的申请审批、档案保管和管理等方面的开支。”

(二)收取申请费和年检注册费是外国律师事务所驻华代表处日常审批监管实际需要。近年来，外国律师事务所驻华代表处机构和人员数量增长较快、业务发展迅速，日常管理工作任务日益繁重，管理成本不断增加，特别是年检公告、证书印制费用较高且逐年上涨，日常行政开支难以满足审批管理需要，有必要保留专门经费。

(三)收取申请费和年检注册费符合现有外国律师事务所驻华代表处管理体制的特点。目前，对外国律师事务所驻华代表处及其代表的管理与对国内律师事务所和律师的管理有所不同。国内律所虽在申请设立时不需支付费用，但所有律师作为律协会员须每年缴纳会员费。而外国律师事务所驻华代表处代表和雇员在年检注册时无需缴纳任何费用，仅要求代表处统一缴纳年检注册费。因此，现阶段外国律师事务所代表处的实际行政管理费用负担低于国内律师事务所，如果取消外所申请费和年检费，费用负担不平衡的现象将会加大。

(四)收取申请费和年检注册费是国际普遍做法，各国律师事务所和律师在申请设立和年检注册时均收取一定的费用。

以上意见，供参考。

# 四、联合发文

## 最高人民法院 最高人民检察院 公安部 国家安全部 司法部 印发《关于办理死刑案件审查判断证据若干问题的规定》和《关于办理刑事案件排除非法证据若干问题的规定》的通知

2010 年 6 月 13 日　　法发〔2010〕20 号

**各省、自治区、直辖市高级人民法院、人民检察院、公安厅（局）、国家安全厅（局）、司法厅（局），解放军军事法院、军事检察院、总政治部保卫部，新疆维吾尔自治区高级人民法院生产建设兵团分院、新疆生产建设兵团人民检察院、公安局、司法局、监狱管理局：**

为进一步完善我国刑事诉讼制度，根据中央关于深化司法体制和工作机制改革的总体部署，经过广泛深入调查研究，最高人民法院、最高人民检察院、公安部、国家安全部和司法部近日联合制定了《关于办理死刑案件审查判断证据若干问题的规定》和《关于办理刑事案件排除非法证据若干问题的规定》（以下简称两个《规定》），现印发给你们，请遵照执行。

为了在司法实践中严格贯彻执行两个《规定》，现提出以下意见：

**一、充分认识制定、执行两个《规定》的重要意义**

两个《规定》对政法机关办理刑事案件特别是死刑案件提出了更高的标准、更严的要求，对于完善我国刑事诉讼制度，提高执法办案水平，推进社会主义法治建设，具有十分重要的意义。中央对两个《规定》高度重视，中央政治局常委、中央政法委书记周永康同志主持召开中央政法委员会全体会议暨司法体制改革专题汇报会，认真讨论了两个《规定》，要求各级人民法院、人民检察院、公安机关、国家安全机关和司法行政机关要依法履行职责，严格执行两个《规定》，讲事实、讲证据、讲法律、讲责任，确保办案质量，依法惩治犯罪、切实保障人权、维护司法公正，确保办理的每一起刑事案件都能经得起法律和历史的检验。各省、自治区、直辖市相关部门要从全面准确执行国家法律，贯彻党和国家刑事政策的高度，积极加强宣传工作，充分认识出台两个《规定》的重要意义。

**二、认真组织开展对两个《规定》的培训**

各级人民法院、人民检察院、公安机关、国家安全机关、司法行政等单位和部门应当根据实际情况，通过不同途径，采取不同方式，认真、及时地开展对两个《规定》的培训和学习工作，要精心组织相关办案人员参加专项培训，确保使每一名刑事办案人员都能够全面掌握两个《规定》的具体内容。

**三、严格贯彻执行两个《规定》**

两个《规定》不仅全面规定了刑事诉讼证据的基本原则，细化了证明标准，还进一步具体规定了对各类证据的收集、固定、审查、判断和运用；不仅规定了非法证据的内涵和外延，还对审查和排除非法证据的程序、证明责任等问题进行了具体的规范。切实把两个《规定》贯彻好、执行好，对于进一步提高执法办案水平，进一步强化执法人员素质，必将发挥重要作用。各相关部门在司法实践中要严格贯彻落实两个《规定》，牢固树立惩罚犯罪与保障人权并重的观念、实体法与程序法并重的观念，依法、全面、客观地收集、审查、判断证据，严把事实关、证据关，切实提高刑事案件审判质量，确保将两个《规定》落到实处，把每一起刑事案件都办成铁案。在贯彻执行中遇到的新情况、新问题和探索出的新经验、新做法，要认真总结，并及时报告中央主管部门。

另，办理其他刑事案件，参照《关于办理死刑案件审查判断证据若干问题的规定》执行。

**附：**

最高人民法院　最高人民检察院　公安部　国家安全部　司法部

## 关于办理死刑案件审查判断证据若干问题的规定

为依法、公正、准确、慎重地办理死刑案件，惩罚犯罪，保障人权，根据《中华人民共和国刑事诉讼法》等有关法律规定，结合司法实际，制定本规定。

**一、一般规定**

**第一条**　办理死刑案件，必须严格执行刑法和刑事诉讼法，切实做到事实清楚，证据确实、充分，程序合法，适用法律正确，确保案件质量。

**第二条**　认定案件事实，必须以证据为根据。

**第三条**　侦查人员、检察人员、审判人员应当严格遵守法定程序，全面、客观地收集、审查、核实和认定证据。

**第四条**　经过当庭出示、辨认、质证等法庭调查程序查证属实的证据，才能作为定罪量刑的根据。

**第五条**　办理死刑案件，对被告人犯罪事实的认定，必须达到证据确实、充分。

证据确实、充分是指：

（一）定罪量刑的事实都有证据证明；

（二）每一个定案的证据均已经法定程序查证属实；

（三）证据与证据之间、证据与案件事实之间不存在矛盾或者矛盾得以合理排除；

（四）共同犯罪案件中，被告人的地位、作用均已查清；

（五）根据证据认定案件事实的过程符合逻辑和经验规则，由证据得出的结论为唯一结论。

办理死刑案件，对于以下事实的证明必须达到证据确实、充分：

（一）被指控的犯罪事实的发生；

（二）被告人实施了犯罪行为与被告人实施犯罪行为的时间、地点、手段、后果以及其他情节；

（三）影响被告人定罪的身份情况；

（四）被告人有刑事责任能力；

（五）被告人的罪过；

（六）是否共同犯罪及被告人在共同犯罪中的地位、作用；

（七）对被告人从重处罚的事实。

**二、证据的分类审查与认定**

1. 物证、书证

**第六条**　对物证、书证应当着重审查以下内容：

（一）物证、书证是否为原物、原件，物证的照片、录像或者复制品及书证的副本、复制件与原物、原件是否相符；物证、书证是否经过辨认、鉴定；物证的照片、录像或者复制品和书证的副本、复制件是否由二人以上制作，有无制作人关于制作过程及原件、原物存放于何处的文字说明及签名。

（二）物证、书证的收集程序、方式是否符合法律及有关规定；经勘验、检查、搜查提取、扣押的物证、书证，是否附有相关笔录或者清单；笔录或者清单是否有侦查人员、物品持有人、见证人签名，没有物品持有人签名的，是否注明原因；对物品的特征、数量、质量、名称等注明是否清楚。

（三）物证、书证在收集、保管及鉴定过程中是否受到破坏或者改变。

（四）物证、书证与案件事实有无关联。对现场遗留与犯罪有关的具备检验鉴定条件的血迹、指纹、毛发、体液等生物物证、痕迹、物品，是否通过DNA鉴定、指纹鉴定等鉴定方式与被告人或者被害人的相应生物检材、生物特征、物品等作同一认定。

（五）与案件事实有关联的物证、书证是否全面收集。

**第七条** 对在勘验、检查、搜查中发现与案件事实可能有关联的血迹、指纹、足迹、字迹、毛发、体液、人体组织等痕迹和物品应当提取而没有提取，应当检验而没有检验，导致案件事实存疑的，人民法院应当向人民检察院说明情况，人民检察院依法可以补充收集、调取证据，作出合理的说明或者退回侦查机关补充侦查，调取有关证据。

**第八条** 据以定案的物证应当是原物。只有在原物不便搬运、不易保存或者依法应当由有关部门保管、处理或者依法应当返还时，才可以拍摄或者制作足以反映原物外形或者内容的照片、录像或者复制品。物证的照片、录像或者复制品，经与原物核实无误或者经鉴定证明为真实的，或者以其他方式确能证明其真实的，可以作为定案的根据。原物的照片、录像或者复制品，不能反映原物的外形和特征的，不能作为定案的根据。

据以定案的书证应当是原件。只有在取得原件确有困难时，才可以使用副本或者复制件。书证的副本、复制件，经与原件核实无误或者经鉴定证明为真实的，或者以其他方式确能证明其真实的，可以作为定案的根据。书证有更改或者更改迹象不能作出合理解释的，书证的副本、复制件不能反映书证原件及其内容的，不能作为定案的根据。

**第九条** 经勘验、检查、搜查提取、扣押的物证、书证，未附有勘验、检查笔录，搜查笔录，提取笔录，扣押清单，不能证明物证、书证来源的，不能作为定案的根据。

物证、书证的收集程序、方式存在下列瑕疵，通过有关办案人员的补正或者作出合理解释的，可以采用：

（一）收集调取的物证、书证，在勘验、检查笔录，搜查笔录，提取笔录，扣押清单上没有侦查人员、物品持有人、见证人签名或者物品特征、数量、质量、名称等注明不详的；

（二）收集调取物证照片、录像或者复制品，书证的副本、复制件未注明与原件核对无异，无复制时间、无被收集、调取人（单位）签名（盖章）的；

（三）物证照片、录像或者复制品，书证的副本、复制件没有制作人关于制作过程及原物、原件存放于何处的说明或者说明中无签名的；

（四）物证、书证的收集程序、方式存在其他瑕疵的。

对物证、书证的来源及收集过程有疑问，不能作出合理解释的，该物证、书证不能作为定案的根据。

**第十条** 具备辨认条件的物证、书证应当交由当事人或者证人进行辨认，必要时应当进行鉴定。

2. 证人证言

**第十一条** 对证人证言应当着重审查以下内容：

(一)证言的内容是否为证人直接感知。

(二)证人作证时的年龄、认知水平、记忆能力和表达能力,生理上和精神上的状态是否影响作证。

(三)证人与案件当事人、案件处理结果有无利害关系。

(四)证言的取得程序、方式是否符合法律及有关规定:有无使用暴力、威胁、引诱、欺骗以及其他非法手段取证的情形;有无违反询问证人应当个别进行的规定;笔录是否经证人核对确认并签名(盖章)、捺指印;询问未成年证人,是否通知了其法定代理人到场,其法定代理人是否在场等。

(五)证人证言之间以及与其他证据之间能否相互印证,有无矛盾。

**第十二条** 以暴力、威胁等非法手段取得的证人证言,不能作为定案的根据。

处于明显醉酒、麻醉品中毒或者精神药物麻醉状态,以致不能正确表达的证人所提供的证言,不能作为定案的根据。

证人的猜测性、评论性、推断性的证言,不能作为证据使用,但根据一般生活经验判断符合事实的除外。

**第十三条** 具有下列情形之一的证人证言,不能作为定案的根据:

(一)询问证人没有个别进行而取得的证言;

(二)没有经证人核对确认并签名(盖章)、捺指印的书面证言;

(三)询问聋哑人或者不通晓当地通用语言、文字的少数民族人员、外国人,应当提供翻译而未提供的。

**第十四条** 证人证言的收集程序和方式有下列瑕疵,通过有关办案人员的补正或者作出合理解释的,可以采用:

(一)没有填写询问人、记录人、法定代理人姓名或者询问的起止时间、地点的;

(二)询问证人的地点不符合规定的;

(三)询问笔录没有记录告知证人应当如实提供证言和有意作伪证或者隐匿罪证要负法律责任内容的;

(四)询问笔录反映出在同一时间段内,同一询问人员询问不同证人的。

**第十五条** 具有下列情形的证人,人民法院应当通知出庭作证;经依法通知不出庭作证证人的书面证言经质证无法确认的,不能作为定案的根据:

(一)人民检察院、被告人及其辩护人对证人证言有异议,该证人证言对定罪量刑有重大影响的;

(二)人民法院认为其他应当出庭作证的。

证人在法庭上的证言与其庭前证言相互矛盾,如果证人当庭能够对其翻证作出合理解释,并有相关证据印证的,应当采信庭审证言。

对未出庭作证证人的书面证言,应当听取出庭检察人员、被告人及其辩护人的意见,并结合其他证据综合判断。未出庭作证证人的书面证言出现矛盾,不能排除矛盾且无证据印证的,不能作为定案的根据。

**第十六条** 证人作证,涉及国家秘密或者个人隐私的,应当保守秘密。

证人出庭作证,必要时,人民法院可以采取限制公开证人信息、限制询问、遮蔽容貌、改变声音等保护性措施。

3. 被害人陈述

**第十七条** 对被害人陈述的审查与认定适用前述关于证人证言的有关规定。

4. 被告人供述和辩解

**第十八条** 对被告人供述和辩解应当着重审查以下内容:

(一)讯问的时间、地点、讯问人的身份等是否符合法律及有关规定,讯问被告人的侦查人员是否不少于二人,讯问被告人是否个别进行等。

（二）讯问笔录的制作、修改是否符合法律及有关规定，讯问笔录是否注明讯问的起止时间和讯问地点，首次讯问时是否告知被告人申请回避、聘请律师等诉讼权利，被告人是否核对确认并签名（盖章）、捺指印，是否有不少于二人的讯问人签名等。

（三）讯问聋哑人、少数民族人员、外国人时是否提供了通晓聋、哑手势的人员或者翻译人员，讯问未成年同案犯时，是否通知了其法定代理人到场，其法定代理人是否在场。

（四）被告人的供述有无以刑讯逼供等非法手段获取的情形，必要时可以调取被告人进出看守所的健康检查记录、笔录。

（五）被告人的供述是否前后一致，有无反复以及出现反复的原因；被告人的所有供述和辩解是否均已收集入卷；应当入卷的供述和辩解没有入卷的，是否出具了相关说明。

（六）被告人的辩解内容是否符合案情和常理，有无矛盾。

（七）被告人的供述和辩解与同案犯的供述和辩解以及其他证据能否相互印证，有无矛盾。

对于上述内容，侦查机关随案移送有录音录像资料的，应当结合相关录音录像资料进行审查。

**第十九条** 采用刑讯逼供等非法手段取得的被告人供述，不能作为定案的根据。

**第二十条** 具有下列情形之一的被告人供述，不能作为定案的根据：

（一）讯问笔录没有经被告人核对确认并签名（盖章）、捺指印的；

（二）讯问聋哑人、不通晓当地通用语言、文字的人员时，应当提供通晓聋、哑手势的人员或者翻译人员而未提供的。

**第二十一条** 讯问笔录有下列瑕疵，通过有关办案人员的补正或者作出合理解释的，可以采用：

（一）笔录填写的讯问时间、讯问人、记录人、法定代理人等有误或者存在矛盾的；

（二）讯问人没有签名的；

（三）首次讯问笔录没有记录告知被讯问人诉讼权利内容的。

**第二十二条** 对被告人供述和辩解的审查，应当结合控辩双方提供的所有证据以及被告人本人的全部供述和辩解进行。

被告人庭前供述一致，庭审中翻供，但被告人不能合理说明翻供理由或者其辩解与全案证据相矛盾，而庭前供述与其他证据能够相互印证的，可以采信被告人庭前供述。

被告人庭前供述和辩解出现反复，但庭审中供认的，且庭审中的供述与其他证据能够印证的，可以采信庭审中的供述；被告人庭前供述和辩解出现反复，庭审中不供认，且无其他证据与庭前供述印证的，不能采信庭前供述。

5. 鉴定意见

**第二十三条** 对鉴定意见应当着重审查以下内容：

（一）鉴定人是否存在应当回避而未回避的情形。

（二）鉴定机构和鉴定人是否具有合法的资质。

（三）鉴定程序是否符合法律及有关规定。

（四）检材的来源、取得、保管、送检是否符合法律及有关规定，与相关提取笔录、扣押物品清单等记载的内容是否相符，检材是否充足、可靠。

（五）鉴定的程序、方法、分析过程是否符合本专业的检验鉴定规程和技术方法要求。

（六）鉴定意见的形式要件是否完备，是否注明提起鉴定的事由、鉴定委托人、鉴定机构、鉴定要求、鉴定过程、检验方法、鉴定文书的日期等相关内容，是否由鉴定机构加盖鉴定专用章并由鉴定人签名盖章。

（七）鉴定意见是否明确。

（八）鉴定意见与案件待证事实有无关联。

（九）鉴定意见与其他证据之间是否有矛盾，鉴定意见与检验笔录及相关照片是否有矛盾。

（十）鉴定意见是否依法及时告知相关人员，当事人对鉴定意见是否有异议。

**第二十四条** 鉴定意见具有下列情形之一的，不能作为定案的根据：

（一）鉴定机构不具备法定的资格和条件，或者鉴定事项超出本鉴定机构项目范围或者鉴定能力的；

（二）鉴定人不具备法定的资格和条件、鉴定人不具有相关专业技术或者职称、鉴定人违反回避规定的；

（三）鉴定程序、方法有错误的；

（四）鉴定意见与证明对象没有关联的；

（五）鉴定对象与送检材料、样本不一致的；

（六）送检材料、样本来源不明或者确实被污染且不具备鉴定条件的；

（七）违反有关鉴定特定标准的；

（八）鉴定文书缺少签名、盖章的；

（九）其他违反有关规定的情形。

对鉴定意见有疑问的，人民法院应当依法通知鉴定人出庭作证或者由其出具相关说明，也可以依法补充鉴定或者重新鉴定。

6. 勘验、检查笔录

**第二十五条** 对勘验、检查笔录应当着重审查以下内容：

（一）勘验、检查是否依法进行，笔录的制作是否符合法律及有关规定的要求，勘验、检查人员和见证人是否签名或者盖章等。

（二）勘验、检查笔录的内容是否全面、详细、准确、规范：是否准确记录了提起勘验、检查的事由，勘验、检查的时间、地点，在场人员、现场方位、周围环境等情况；是否准确记载了现场、物品、人身、尸体等的位置、特征等详细情况以及勘验、检查、搜查的过程；文字记载与实物或者绘图、录像、照片是否相符；固定证据的形式、方法是否科学、规范；现场、物品、痕迹等是否被破坏或者伪造，是否是原始现场；人身特征、伤害情况、生理状况有无伪装或者变化等。

（三）补充进行勘验、检查的，前后勘验、检查的情况是否有矛盾，是否说明了再次勘验、检查的原由。

（四）勘验、检查笔录中记载的情况与被告人供述、被害人陈述、鉴定意见等其他证据能否印证，有无矛盾。

**第二十六条** 勘验、检查笔录存在明显不符合法律及有关规定的情形，并且不能作出合理解释或者说明的，不能作为证据使用。

勘验、检查笔录存在勘验、检查没有见证人的，勘验、检查人员和见证人没有签名、盖章的，勘验、检查人员违反回避规定的等情形，应当结合案件其他证据，审查其真实性和关联性。

7. 视听资料

**第二十七条** 对视听资料应当着重审查以下内容：

（一）视听资料的来源是否合法，制作过程中当事人有无受到威胁、引诱等违反法律及有关规定的情形；

（二）是否载明制作人或者持有人的身份，制作的时间、地点和条件以及制作方法；

（三）是否为原件，有无复制及复制份数；调取的视听资料是复制件的，是否附有无法调取原件的原因、制作过程和原件存放地点的说明，是否有制作人和原视听资料持有人签名或者盖章；

（四）内容和制作过程是否真实，有无经过剪辑、增加、删改、编辑等伪造、变造情形；

（五）内容与案件事实有无关联性。

对视听资料有疑问的，应当进行鉴定。

对视听资料，应当结合案件其他证据，审查其真实性和关联性。

**第二十八条** 具有下列情形之一的视听资料，不能作为定案的根据：

（一）视听资料经审查或者鉴定无法确定真伪的；

（二）对视听资料的制作和取得的时间、地点、方式等有异议，不能作出合理解释或者提供必要证明的。

8. 其他规定

**第二十九条** 对于电子邮件、电子数据交换、网上聊天记录、网络博客、手机短信、电子签名、域名等电子证据，应当主要审查以下内容：

（一）该电子证据存储磁盘、存储光盘等可移动存储介质是否与打印件一并提交；

（二）是否载明该电子证据形成的时间、地点、对象、制作人、制作过程及设备情况等；

（三）制作、储存、传递、获得、收集、出示等程序和环节是否合法，取证人、制作人、持有人、见证人等是否签名或者盖章；

（四）内容是否真实，有无剪裁、拼凑、篡改、添加等伪造、变造情形；

（五）该电子证据与案件事实有无关联性。

对电子证据有疑问的，应当进行鉴定。

对电子证据，应当结合案件其他证据，审查其真实性和关联性。

**第三十条** 侦查机关组织的辨认，存在下列情形之一的，应当严格审查，不能确定其真实性的，辨认结果不能作为定案的根据：

（一）辨认不是在侦查人员主持下进行的；

（二）辨认前使辨认人见到辨认对象的；

（三）辨认人的辨认活动没有个别进行的；

（四）辨认对象没有混杂在具有类似特征的其他对象中，或者供辨认的对象数量不符合规定的；尸体、场所等特定辨认对象除外。

（五）辨认中给辨认人明显暗示或者明显有指认嫌疑的。

有下列情形之一的，通过有关办案人员的补正或者作出合理解释的，辨认结果可以作为证据使用：

（一）主持辨认的侦查人员少于二人的；

（二）没有向辨认人详细询问辨认对象的具体特征的；

（三）对辨认经过和结果没有制作专门的规范的辨认笔录，或者辨认笔录没有侦查人员、辨认人、见证人的签名或者盖章的；

（四）辨认记录过于简单，只有结果没有过程的；

（五）案卷中只有辨认笔录，没有被辨认对象的照片、录像等资料，无法获悉辨认的真实情况的。

**第三十一条** 对侦查机关出具的破案经过等材料，应当审查是否有出具该说明材料的办案人、办案机关的签字或者盖章。

对破案经过有疑问，或者对确定被告人有重大嫌疑的根据有疑问的，应当要求侦查机关补充说明。

**三、证据的综合审查和运用**

**第三十二条** 对证据的证明力，应当结合案件的具体情况，从各证据与待证事实的关联程度、各证据之间的联系等方面进行审查判断。

证据之间具有内在的联系，共同指向同一待证事实，且能合理排除矛盾的，才能作为定案的根据。

**第三十三条** 没有直接证据证明犯罪行为系被告人实施，但同时符合下列条件的可以认定被告人有罪：

（一）据以定案的间接证据已经查证属实；

（二）据以定案的间接证据之间相互印证，

不存在无法排除的矛盾和无法解释的疑问；

（三）据以定案的间接证据已经形成完整的证明体系；

（四）依据间接证据认定的案件事实，结论是唯一的，足以排除一切合理怀疑；

（五）运用间接证据进行的推理符合逻辑和经验判断。

根据间接证据定案的，判处死刑应当特别慎重。

**第三十四条** 根据被告人的供述、指认提取到了隐蔽性很强的物证、书证，且与其他证明犯罪事实发生的证据互相印证，并排除串供、逼供、诱供等可能性的，可以认定有罪。

**第三十五条** 侦查机关依照有关规定采用特殊侦查措施所收集的物证、书证及其他证据材料，经法庭查证属实，可以作为定案的根据。

法庭依法不公开特殊侦查措施的过程及方法。

**第三十六条** 在对被告人作出有罪认定后，人民法院认定被告人的量刑事实，除审查法定情节外，还应审查以下影响量刑的情节：

（一）案件起因；

（二）被害人有无过错及过错程度，是否对矛盾激化负有责任及责任大小；

（三）被告人的近亲属是否协助抓获被告人；

（四）被告人平时表现及有无悔罪态度；

（五）被害人附带民事诉讼赔偿情况，被告人是否取得被害人或者被害人近亲属谅解；

（六）其他影响量刑的情节。

既有从轻、减轻处罚等情节，又有从重处罚等情节的，应当依法综合相关情节予以考虑。

不能排除被告人具有从轻、减轻处罚等量刑情节的，判处死刑应当特别慎重。

**第三十七条** 对于有下列情形的证据应当慎重使用，有其他证据印证的，可以采信：

（一）生理上、精神上有缺陷的被害人、证人和被告人，在对案件事实的认知和表达上存在一定困难，但尚未丧失正确认知、正确表达能力而作的陈述、证言和供述；

（二）与被告人有亲属关系或者其他密切关系的证人所作的对该被告人有利的证言，或者与被告人有利害冲突的证人所作的对该被告人不利的证言。

**第三十八条** 法庭对证据有疑问的，可以告知出庭检察人员、被告人及其辩护人补充证据或者作出说明；确有核实必要的，可以宣布休庭，对证据进行调查核实。法庭进行庭外调查时，必要时，可以通知出庭检察人员、辩护人到场。出庭检察人员、辩护人一方或者双方不到场的，法庭记录在案。

人民检察院、辩护人补充的和法庭庭外调查核实取得的证据，法庭可以庭外征求出庭检察人员、辩护人的意见。双方意见不一致，有一方要求人民法院开庭进行调查的，人民法院应当开庭。

**第三十九条** 被告人及其辩护人提出有自首的事实及理由，有关机关未予认定的，应当要求有关机关提供证明材料或者要求相关人员作证，并结合其他证据判断自首是否成立。

被告人是否协助或者如何协助抓获同案犯的证明材料不全，导致无法认定被告人构成立功的，应当要求有关机关提供证明材料或者要求相关人员作证，并结合其他证据判断立功是否成立。

被告人有检举揭发他人犯罪情形的，应当审查是否已经查证属实；尚未查证的，应当及时查证。

被告人累犯的证明材料不全，应当要求有关机关提供证明材料。

**第四十条** 审查被告人实施犯罪时是否已满十八周岁，一般应当以户籍证明为依据；对户籍证明有异议，并有经查证属实的出生证明文件、无利害关系人的证言等证据证明被告人不满十八周岁的，应认定被告人不满十八周岁；没有户籍证明以及出生证明文件的，应当根据人口普查登记、无利害关系人的证言等证据综合进行判断，必要时，可以进行骨龄鉴定，并将结果作为判断被告人年龄的参考。

未排除证据之间的矛盾，无充分证据证明被告人实施被指控的犯罪时已满十八周岁且确实无法查明的，不能认定其已满十八周岁。

**第四十一条** 本规定自二〇一〇年七月一日起施行。

## 最高人民法院 最高人民检察院 公安部 国家安全部 司法部<br>关于办理刑事案件排除非法证据若干问题的规定

为规范司法行为，促进司法公正，根据刑事诉讼法和相关司法解释，结合人民法院、人民检察院、公安机关、国家安全机关和司法行政机关办理刑事案件工作实际，制定本规定。

**第一条** 采用刑讯逼供等非法手段取得的犯罪嫌疑人、被告人供述和采用暴力、威胁等非法手段取得的证人证言、被害人陈述，属于非法言词证据。

**第二条** 经依法确认的非法言词证据，应当予以排除，不能作为定案的根据。

**第三条** 人民检察院在审查批准逮捕、审查起诉中，对于非法言词证据应当依法予以排除，不能作为批准逮捕、提起公诉的根据。

**第四条** 起诉书副本送达后开庭审判前，被告人提出其审判前供述是非法取得的，应当向人民法院提交书面意见。被告人书写确有困难的，可以口头告诉，由人民法院工作人员或者其辩护人作出笔录，并由被告人签名或者捺指印。

人民法院应当将被告人的书面意见或者告诉笔录复印件在开庭前交人民检察院。

**第五条** 被告人及其辩护人在开庭审理前或者庭审中，提出被告人审判前供述是非法取得的，法庭在公诉人宣读起诉书之后，应当先行当庭调查。

法庭辩论结束前，被告人及其辩护人提出被告人审判前供述是非法取得的，法庭也应当进行调查。

**第六条** 被告人及其辩护人提出被告人审判前供述是非法取得的，法庭应当要求其提供涉嫌非法取证的人员、时间、地点、方式、内容等相关线索或者证据。

**第七条** 经审查，法庭对被告人审判前供述取得的合法性有疑问的，公诉人应当向法庭提供讯问笔录、原始的讯问过程录音录像或者其他证据，提请法庭通知讯问时其他在场人员或者其他证人出庭作证，仍不能排除刑讯逼供嫌疑的，提请法庭通知讯问人员出庭作证，对该供述取得的合法性予以证明。公诉人当庭不能举证的，可以根据刑事诉讼法第一百六十五条的规定，建议法庭延期审理。

经依法通知，讯问人员或者其他人员应当出庭作证。

公诉人提交加盖公章的说明材料，未经有关讯问人员签名或者盖章的，不能作为证明取证合法性的证据。

控辩双方可以就被告人审判前供述取得的合法性问题进行质证、辩论。

**第八条** 法庭对于控辩双方提供的证据有疑问的，可以宣布休庭，对证据进行调查核实。必要时，可以通知检察人员、辩护人到场。

**第九条** 庭审中，公诉人为提供新的证据需要补充侦查，建议延期审理的，法庭应当同意。

被告人及其辩护人申请通知讯问人员、讯问时其他在场人员或者其他证人到庭，法庭认为有必要的，可以宣布延期审理。

**第十条** 经法庭审查，具有下列情形之一的，被告人审判前供述可以当庭宣读、质证：

（一）被告人及其辩护人未提供非法取证的相关线索或者证据的；

（二）被告人及其辩护人已提供非法取证的相关线索或者证据，法庭对被告人审判前供述取得的合法性没有疑问的；

（三）公诉人提供的证据确实、充分，能够排除被告人审判前供述属非法取得的。

对于当庭宣读的被告人审判前供述，应当结合被告人当庭供述以及其他证据确定能否作为定案的根据。

**第十一条** 对被告人审判前供述的合法性，公诉人不提供证据加以证明，或者已提供的证据不够确实、充分的，该供述不能作为定案的根据。

**第十二条** 对于被告人及其辩护人提出的被告人审判前供述是非法取得的意见，第一审人民法院没有审查，并以被告人审判前供述作为定案根据的，第二审人民法院应当对被告人审判前供述取得的合法性进行审查。检察人员不提供证据加以证明，或者已提供的证据不够确实、充分的，被告人该供述不能作为定案的根据。

**第十三条** 庭审中，检察人员、被告人及其辩护人提出未到庭证人的书面证言、未到庭被害人的书面陈述是非法取得的，举证方应当对其取证的合法性予以证明。

对前款所述证据，法庭应当参照本规定有关规定进行调查。

**第十四条** 物证、书证的取得明显违反法律规定，可能影响公正审判的，应当予以补正或者作出合理解释，否则，该物证、书证不能作为定案的根据。

**第十五条** 本规定自二〇一〇年七月一日起施行。

## 最高人民法院 最高人民检察院 公安部 国家安全部 司法部<br>关于印发《关于对司法工作人员在诉讼活动中的渎职行为加强法律监督的若干规定（试行）》的通知

2010年7月26日　　高检会〔2010〕4号

**各省、自治区、直辖市高级人民法院、人民检察院、公安厅（局）、国家安全厅（局）、司法厅（局），解放军军事法院、军事检察院、总政治部保卫部，新疆维吾尔自治区高级人民法院生产建设兵团分院、新疆生产建设兵团人民检察院、公安局、司法局、监狱管理局：**

为落实中央关于“依法明确、规范检察机关调查违法、建议更换办案人等程序，完善法律监督措施”的改革任务，进一步深化司法体制和工作机制改革，最高人民法院、最高人民检察院、公安部、国家安全部、司法部制定了《最高人民法院、最高人民检察院、公安部、国家安全部、司法部关于对司法工作人员在诉讼活动中的渎职行为加强法律监督的若干规定（试行）》。现印发给你们，请认真遵照执行。各地在执行中遇到的问题，请及时报告最高人民法院、最高人民检察院、公安部、国家安全部、司法部。

**附：**

## 最高人民法院 最高人民检察院 公安部 国家安全部 司法部
## 关于对司法工作人员在诉讼活动中的渎职行为加强法律监督的若干规定（试行）

**第一条** 加强对司法工作人员在诉讼活动中的渎职行为的法律监督，完善和规范监督措施，保证司法工作人员公正司法，根据《中华人民共和国刑法》、《中华人民共和国刑事诉讼法》、《中华人民共和国民事诉讼法》、《中华人民共和国行政诉讼法》等有关法律的规定，制定本规定。

**第二条** 人民检察院依法对诉讼活动实行法律监督。对司法工作人员的渎职行为可以通过依法审查案卷材料、调查核实违法事实、提出纠正违法意见或者建议更换办案人、立案侦查职务犯罪等措施进行法律监督。

**第三条** 司法工作人员在诉讼活动中具有下列情形之一的，可以认定为司法工作人员具有涉嫌渎职的行为，人民检察院应当调查核实：

（一）徇私枉法、徇情枉法，对明知是无罪的人而使其受追诉，或者对明知是有罪的人而故意包庇不使其受追诉，或者在审判活动中故意违背事实和法律作枉法裁判的；

（二）非法拘禁他人或者以其他方法非法剥夺他人人身自由的；

（三）非法搜查他人身体、住宅，或者非法侵入他人住宅的；

（四）对犯罪嫌疑人、被告人实行刑讯逼供或者使用暴力逼取证人证言，或者以暴力、威胁、贿买等方法阻止证人作证或者指使他人作伪证的，或者帮助当事人毁灭、伪造证据的；

（五）侵吞或者违法处置被查封、扣押、冻结的款物的；

（六）违反法律规定的拘留期限、侦查羁押期限或者办案期限，对犯罪嫌疑人、被告人超期羁押，情节较重的；

（七）私放在押的犯罪嫌疑人、被告人、罪犯，或者严重不负责任，致使在押的犯罪嫌疑人、被告人、罪犯脱逃的；

（八）徇私舞弊，对不符合减刑、假释、暂予监外执行条件的罪犯，违法提请或者裁定、决定、批准减刑、假释、暂予监外执行的；

（九）在执行判决、裁定活动中严重不负责任或者滥用职权，不依法采取诉讼保全措施、不履行法定执行职责，或者违法采取诉讼保全措施、强制执行措施，致使当事人或者其他人的合法利益遭受损害的；

（十）对被监管人进行殴打或者体罚虐待或者指使被监管人殴打、体罚虐待其他被监管人的；

（十一）收受或者索取当事人及其近亲属或者其委托的人等的贿赂的；

（十二）其他严重违反刑事诉讼法、民事诉讼法、行政诉讼法和刑法规定，不依法履行职务，损害当事人合法权利，影响公正司法的诉讼违法行为和职务犯罪行为。

**第四条** 人民检察院在开展法律监督工作中，发现有证据证明司法工作人员在诉讼活动中涉嫌渎职的，应当报经检察长批准，及时进行调查核实。

对于单位或者个人向人民检察院举报或者

控告司法工作人员在诉讼活动中有渎职行为的，人民检察院应当受理并进行审查，对于需要进一步调查核实的，应当报经检察长批准，及时进行调查核实。

**第五条** 人民检察院认为需要核实国家安全机关工作人员在诉讼活动中的渎职行为的，应当报经检察长批准，委托国家安全机关进行调查。国家安全机关应当及时将调查结果反馈人民检察院。必要时，人民检察院可以会同国家安全机关共同进行调查。

对于公安机关工作人员办理危害国家安全犯罪案件中渎职行为的调查，比照前款规定执行。

**第六条** 人民检察院发现检察人员在诉讼活动中涉嫌渎职的，应当报经检察长批准，及时进行调查核实。

人民法院、公安机关、国家安全机关、司法行政机关有证据证明检察人员涉嫌渎职的，可以向人民检察院提出，人民检察院应当及时进行调查核实并反馈调查结果。

上一级人民检察院接到对检察人员在诉讼活动中涉嫌渎职行为的举报、控告的，可以直接进行调查，也可以交由下级人民检察院调查。交下级人民检察院调查的，下级人民检察院应当将调查结果及时报告上一级人民检察院。

**第七条** 人民检察院调查司法工作人员在诉讼活动中的渎职行为，可以询问有关当事人或者知情人，查阅、调取或者复制相关法律文书或者报案登记材料、案卷材料、罪犯改造材料，对受害人可以进行伤情检查，但是不得限制被调查人的人身自由或者财产权利。

人民检察院通过查阅、复制、摘录等方式能够满足调查需要的，一般不调取相关法律文书或者报案登记材料、案卷材料、罪犯改造材料。

人民检察院在调查期间，应当对调查内容保密。

**第八条** 人民检察院对司法工作人员在诉讼活动中的涉嫌渎职行为进行调查，调查期限不得超过一个月。确需延长调查期限的，可以报经检察长批准，延长二个月。

**第九条** 人民检察院对司法工作人员在诉讼活动中的涉嫌渎职行为进行调查，在查证属实并由有关机关作出停止执行职务的处理前，被调查人不停止执行职务。

**第十条** 人民检察院对司法工作人员在诉讼活动中的涉嫌渎职行为调查完毕后，应当制作调查报告，根据已经查明的情况提出处理意见，报检察长决定后作出处理。

（一）认为有犯罪事实需要追究刑事责任的，应当按照刑事诉讼法关于管辖的规定依法立案侦查或者移送有管辖权的机关立案侦查，并建议有关机关停止被调查人执行职务，更换办案人。

（二）对于确有渎职违法行为，但是尚未构成犯罪的，应当依法向被调查人所在机关发出纠正违法通知书，并将证明其渎职行为的材料按照干部管理权限移送有关机关处理。对于确有严重违反法律的渎职行为，虽未构成犯罪，但被调查人继续承办案件将严重影响正在进行的诉讼活动的公正性，且有关机关未更换办案人的，应当建议更换办案人。

（三）对于审判人员在审理案件时有贪污受贿、徇私舞弊、枉法裁判或者其他违反法律规定的诉讼程序的行为，可能影响案件正确判决、裁定的，应当分别依照刑事诉讼法、民事诉讼法和行政诉讼法规定的程序对该案件的判决、裁定提出抗诉。

（四）对于举报、控告不实的，应当及时向被调查人所在机关说明情况。调查中询问过被调查人的，应当及时向被调查人本人说明情况，并采取适当方式在一定范围内消除不良影响。同时，将调查结果及时回复举报人、控告人。

（五）对于举报人、控告人捏造事实诬告陷害，意图使司法工作人员受刑事追究，情节严重的，依法追究刑事责任。调查人员与举报人、控告人恶意串通，诬告陷害司法工作人员的，一并追究相关法律责任。

对于司法工作人员涉嫌渎职犯罪需要立案侦查的，对渎职犯罪的侦查和对诉讼活动的其他法律监督工作应当分别由不同的部门和人员办理。

**第十一条** 被调查人不服人民检察院的调查结论的，可以向人民检察院提出申诉，人民检察院应当进行复查，并在十日内将复查决定反馈申诉人及其所在机关。申诉人不服人民检察院的复查决定的，可以向上一级人民检察院申请复核。上一级人民检察院应当进行复核，并在二十日内将复核决定及时反馈申诉人，通知下级人民检察院。

**第十二条** 人民检察院经过调查，认为作为案件证据材料的犯罪嫌疑人、被告人供述、证人证言、被害人陈述系司法工作人员采用暴力、威胁、引诱、欺骗等违法手段获取的，在审查或者决定逮捕、审查起诉时应当依法予以排除，不得作为认定案件事实的根据。有关调查材料应当存入诉讼卷宗，随案移送。

**第十三条** 人民检察院提出纠正违法意见或者更换办案人建议的，有关机关应当在十五日内作出处理并将处理情况书面回复人民检察院。对于人民检察院的纠正违法通知书和更换办案人建议书，有关机关应当存入诉讼卷宗备查。

有关机关对人民检察院提出的纠正违法意见有异议的，应当在收到纠正违法通知书后五日内将不同意见书面回复人民检察院，人民检察院应当在七日内进行复查。人民检察院经过复查，认为纠正违法意见正确的，应当立即向上一级人民检察院报告；认为纠正违法意见错误的，应当撤销纠正违法意见，并及时将撤销纠正违法意见书送达有关机关。

上一级人民检察院经审查，认为下级人民检察院的纠正违法意见正确的，应当及时与同级有关机关进行沟通，同级有关机关应当督促其下级机关进行纠正；认为下级人民检察院的纠正违法意见不正确的，应当书面通知下级人民检察院予以撤销，下级人民检察院应当执行，并依照本规定第十条第一款第四项的规定，说明情况，消除影响。

**第十四条** 有关机关在查处本机关司法工作人员的违纪违法行为时，发现已经涉嫌职务犯罪的，应当及时将犯罪线索及相关材料移送人民检察院。人民检察院应当及时进行审查，符合立案条件的，依法立案侦查，并将有关情况反馈移送犯罪线索的机关。

**第十五条** 检察人员对于司法工作人员在诉讼活动中的渎职行为不依法履行法律监督职责，造成案件被错误处理或者其他严重后果，或者放纵司法工作人员职务犯罪，或者滥用职权违法干扰有关司法机关依法办案的，人民检察院的纪检监察部门应当进行查处；构成犯罪的，依法追究刑事责任。

**第十六条** 本规定所称的司法工作人员，是指依法负有侦查、检察、审判、监管和判决、裁定执行职责的国家工作人员。

**第十七条** 本规定所称的对司法工作人员渎职行为的调查，是指人民检察院在对刑事诉讼、民事审判、行政诉讼活动进行法律监督中，为准确认定和依法纠正司法工作人员的渎职行为，而对该司法工作人员违反法律的事实是否存在及其性质、情节、后果等进行核实、查证的活动。

**第十八条** 本规定自公布之日起试行。

## 中央综治委预防青少年违法犯罪工作领导小组　最高人民法院
## 最高人民检察院　公安部　司法部　中国共产主义青年团中央委员会
# 关于进一步建立和完善办理未成年人刑事案件配套工作体系的若干意见

2010年8月28日　　综治委预青领联字〔2010〕1号

为进一步贯彻落实对违法犯罪未成年人“教育、感化、挽救”的方针及“教育为主，惩罚为辅”的原则，贯彻落实《中华人民共和国未成年人保护法》、《中华人民共和国预防未成年人犯罪法》和“宽严相济”的刑事政策，完善我国未成年人司法制度，现就进一步建立和完善办理未成年人刑事案件相互配套工作体系的若干问题，提出如下意见。

**一、进一步建立、巩固和完善办理未成年人刑事案件专门机构**

建立健全办理未成年人刑事案件的专门机构，是做好未成年人司法保护，预防、矫治、减少未成年人违法犯罪工作的重要保障。各级公安机关、人民检察院、人民法院、司法行政机关应当充分重视，加强办理未成年人刑事案件专门机构和专门队伍建设。

1. 公安部、省级和地市级公安机关应当指定相应机构负责指导办理未成年人刑事案件。区县级公安机关一般应当在派出所和刑侦部门设立办理未成年人刑事案件的专门小组，未成年人刑事案件数量较少的，可以指定专人办理。

2. 最高人民检察院和省级人民检察院应当设立指导办理未成年人刑事案件的专门机构。地市级人民检察院和区县级人民检察院一般应当设立办理未成年人刑事案件的专门机构或专门小组，条件不具备的，应当指定专人办理。

3. 最高人民法院和高级人民法院应当设立少年法庭工作办公室。中级人民法院和基层人民法院一般应当建立审理未成年人刑事案件的专门机构，条件不具备的，应当指定专人办理。

4. 司法部和省级司法行政机关应当加强对办理未成年人刑事案件配套工作的指导，成立相关工作指导小组。地市级和区县级司法行政机关所属法律援助机构应当成立未成年人法律援助事务部门，负责组织办理未成年人的法律援助事务，条件不具备的，应当指定专人办理。司法行政机关社区矫正工作部门一般应当设立专门小组或指定专人负责未成年人的社区矫正工作。

5. 各级公安机关、人民检察院、人民法院、司法行政机关应当选任政治、业务素质好，熟悉未成年人特点，具有犯罪学、社会学、心理学、教育学等方面知识的人员办理未成年人刑事案件，并注意通过加强培训、指导，提高相关人员的专业水平。对办理未成年人刑事案件的专门人员应当根据具体工作内容采用不同于办理成年人刑事案件的工作绩效指标进行考核。

6、有条件的地区，办理未成年人刑事案件的专门机构可以根据实际情况办理被害人系未成年人的刑事案件。

**二、进一步加强对涉案未成年人合法权益的保护**

在办理未成年人刑事案件中，加强对涉案未成年人的保护，是维护人权、实现司法公正的客观要求，是保障刑事诉讼活动顺利进行的需要。各级公安机关、人民检察院、人民法院、司法行政机关应当在办理未成年人刑事案件的各个阶段积极采取有效措施，尊重和维护涉案未成年人的合法权益。

（一）对未成年犯罪嫌疑人、被告人、罪犯合法权益的保护

1. 办理未成年人刑事案件，在不违反法律规定的前提下，应当按照最有利于未成年人和适合未成年人身心特点的方式进行，充分保障未成年人合法权益。

2. 办理未成年人刑事案件过程中，应当注意保护未成年人的名誉，尊重未成年人的人格尊严，新闻报道、影视节目、公开出版物、网络等不得公开或传播未成年人的姓名、住所、照片、图像以及可能推断出该未成年人的其他资料。

对违反此规定的单位，广播电视管理及新闻出版等部门应当提出处理意见，作出相应处理。

3. 办理未成年人刑事案件，应当在依照法定程序办案和保证办理案件质量的前提下，尽量迅速办理，减少刑事诉讼对未成年人的不利影响。

4. 未成年人与成年人共同犯罪的案件，一般应当分案起诉和审判；情况特殊不宜分案办理的案件，对未成年人应当采取适当的保护措施。

5. 在未成年犯罪嫌疑人、被告人被讯问或者开庭审理时，应当通知其法定代理人到场。看守所经审核身份无误后，应当允许法定代理人与办案人员共同进入讯问场所。

对未成年人采取拘留、逮捕等强制措施后，除有碍侦查或者无法通知的情形以外，应当在24小时以内通知其法定代理人或家属。

法定代理人无法或不宜到场的，可以经未成年犯罪嫌疑人、被告人同意或按其意愿通知其他关系密切的亲属朋友、社会工作者、教师、律师等合适成年人到场。

讯问未成年犯罪嫌疑人、被告人，应当根据该未成年人的特点和案件情况，制定详细的讯问提纲，采取适宜该未成年人的方式进行，讯问用语应当准确易懂。讯问时，应当告知其依法享有的诉讼权利，告知其如实供述案件事实的法律规定和意义，核实其是否有自首、立功、检举揭发等表现，听取其有罪的供述或者无罪、罪轻的辩解。讯问女性未成年犯罪嫌疑人、被告人，应当由女性办案人员进行或者有女性办案人员参加。讯问未成年犯罪嫌疑人、被告人一般不得使用戒具，对于确有人身危险性，必须使用戒具的，在现实危险消除后，应当立即停止使用。

6. 办理未成年人刑事案件，应当结合对未成年犯罪嫌疑人背景情况的社会调查，注意听取未成年人本人、法定代理人、辩护人、被害人等有关人员的意见。应当注意未成年犯罪嫌疑人、被告人是否有被胁迫情节，是否存在成年人教唆犯罪、传授犯罪方法或者利用未成年人实施犯罪的情况。

7. 公安机关办理未成年人刑事案件，对未成年人应优先考虑适用非羁押性强制措施，加强有效监管；羁押性强制措施应依法慎用，比照成年人严格适用条件。办理未成年人刑事案件不以拘留率、逮捕率或起诉率作为工作考核指标。

对被羁押的未成年人应当与成年人分别关押、管理，有条件的看守所可以设立专门的未成年人监区。

有条件的看守所可以对被羁押的未成年人区分被指控犯罪的轻重、类型分别关押、管理。

未成年犯罪嫌疑人、被告人入所后服从管理、依法变更强制措施不致发生社会危险性，能够保证诉讼正常进行的，公安机关、人民检察院、人民法院应当及时变更强制措施；看守

所应提请有关办案部门办理其他非羁押性强制措施。

在第一次对未成年犯罪嫌疑人讯问时或自采取强制措施之日起，公安机关应当告知未成年人及其法定代理人有关诉讼权利和义务，在告知其有权委托辩护人的同时，应当告知其如果经济困难，可以向法律援助机构申请法律援助，并提供程序上的保障。

8. 人民检察院办理未成年人刑事案件，应当讯问未成年犯罪嫌疑人，坚持依法少捕慎诉。对于必须起诉的未成年人刑事案件，查明未成年被告人具有法定从轻、减轻情节及悔罪表现的，应当提出从轻或者减轻处罚的建议；符合法律规定的缓刑条件的，应当明确提出适用缓刑的量刑建议。办理未成年人刑事案件不以批捕率、起诉率等情况作为工作考核指标。

在审查批捕和审查起诉阶段，人民检察院应当告知未成年犯罪嫌疑人及其法定代理人有关诉讼权利和义务，在告知其有权委托辩护人的同时，应当告知其如果经济困难，可以向法律援助机构申请法律援助，并提供程序上的保障。

人民检察院应当加强对未成年人刑事案件侦查、审判、监管和刑罚执行活动的法律监督，建立长效监督机制，切实防止和纠正违法办案、侵害未成年人合法权益的行为。

9. 未成年犯罪嫌疑人及其法定代理人提出委托辩护人意向，但因经济困难或者其他原因没有委托的，公安机关、人民检察院应当依法为其申请法律援助提供帮助。

开庭时未满十八周岁的未成年被告人没有委托辩护人的，人民法院应当指定承担法律援助义务的律师为其提供辩护。

10. 对开庭审理时未满十六周岁的未成年人刑事案件，一律不公开审理。对开庭审理时已满十六周岁未满十八周岁的未成年人刑事案件，一般也不公开审理；如有必要公开审理的，必须经本级人民法院院长批准，并应适当限制旁听人数和范围。

11. 看守所、未成年犯管教所和司法行政机关社区矫正工作部门应当了解服刑未成年人的身心特点，加强心理辅导，开展有益未成年人身心健康的活动，进行个别化教育矫治，比照成年人适当放宽报请减刑、假释等条件。

12. 对于未成年犯罪嫌疑人、被告人及其法定代理人的法律援助申请，法律援助机构应当优先审查；经审查符合条件的，应当提供法律援助。人民法院为未成年被告人指定辩护的，法律援助机构应当提供法律援助。

（二）未成年被害人、证人合法权益的保护

1. 办理未成年人刑事案件，应当注意保护未成年被害人的合法权益，注意对未成年被害人进行心理疏导和自我保护教育。

2. 办理未成年人刑事案件，应当注意保护未成年被害人的名誉，尊重未成年被害人的人格尊严，新闻报道、影视节目、公开出版物、网络等不得公开或传播该未成年被害人的姓名、住所、照片、图像以及可能推断出该未成年人的资料。

对违反此规定的单位，广播电视管理及新闻出版等部门应当提出处理意见，作出相应处理。

3. 对未成年被害人、证人，特别是性犯罪被害人进行询问时，应当依法选择有利于未成年人的场所，采取和缓的询问方式进行，并通知法定代理人到场。

对性犯罪被害人进行询问，一般应当由女性办案人员进行或者有女性办案人员在场。

法定代理人无法或不宜到场的，可以经未成年被害人、证人同意或按其意愿通知有关成年人到场。应当注意避免因询问方式不当而可能对其身心产生的不利影响。

4. 办理未成年人刑事案件，应当告知未成年被害人及其法定代理人诉讼权利义务、参与诉讼方式。除有碍案件办理的情形外，应当告知未成年被害人及其法定代理人案件进展情况、案件处理结果，并对有关情况予以说明。

对于可能不立案或撤销案件、不起诉、判处非监禁刑的未成年人刑事案件，应当听取被害人及其法定代理人的意见。

5. 对未成年被害人及其法定代理人提出委托诉讼代理人意向，但因经济困难或者其他原因没有委托的，公安机关、人民检察院、人民法院应当帮助其申请法律援助，法律援助机构应当依法为其提供法律援助。

6. 未成年被害人、证人经人民法院准许的，一般可以不出庭作证；或在采取相应保护措施后出庭作证。

7. 公安机关、人民检察院、人民法院、司法行政机关应当推动未成年犯罪嫌疑人、被告人、罪犯与被害人之间的和解，可以将未成年犯罪嫌疑人、被告人、罪犯赔偿被害人的经济损失、取得被害人谅解等情况作为酌情从轻处理或减刑、假释的依据。

**三、进一步加强公安机关、人民检察院、人民法院、司法行政机关的协调与配合**

公安机关、人民检察院、人民法院、司法行政机关在办理未成年人刑事案件中建立的相互协调与配合的工作机制，是我国未成年人司法制度的重要内容，也是更好地维护未成年人合法权益、预防和减少未成年人违法犯罪的客观需要。为此，各级公安机关、人民检察院、人民法院、司法行政机关应当注意工作各环节的衔接和配合，进一步建立、健全配套工作制度。

（一）对未成年犯罪嫌疑人、被告人的社会调查

公安机关、人民检察院、人民法院、司法行政机关在办理未成年人刑事案件和执行刑罚时，应当综合考虑案件事实和社会调查报告的内容。

1. 社会调查由未成年犯罪嫌疑人、被告人户籍所在地或居住地的司法行政机关社区矫正工作部门负责。

司法行政机关社区矫正工作部门可联合相关部门开展社会调查，或委托共青团组织以及其他社会组织协助调查。

社会调查机关应当对未成年犯罪嫌疑人的性格特点、家庭情况、社会交往、成长经历、是否具备有效监护条件或者社会帮教措施，以及涉嫌犯罪前后表现等情况进行调查，并作出书面报告。

对因犯罪嫌疑人不讲真实姓名、住址，身份不明，无法进行社会调查的，社会调查机关应当作出书面说明。

2. 公安机关在办理未成年人刑事案件时，应当收集有关犯罪嫌疑人办案期间表现或者具有逮捕必要性的证据，并及时通知司法行政机关社区矫正工作部门开展社会调查；在收到社会调查机关作出的社会调查报告后，应当认真审查，综合案情，作出是否提请批捕、移送起诉的决定。

公安机关提请人民检察院审查批捕或移送审查起诉的未成年人刑事案件，应当将犯罪嫌疑人办案期间表现等材料和经公安机关审查的社会调查报告等随案移送人民检察院。社区矫正工作部门无法进行社会调查的或无法在规定期限内提供社会调查报告的书面说明等材料也应当随案移送人民检察院。

3. 人民检察院在办理未成年人刑事案件时，应当认真审查公安机关移送的社会调查报告或无法进行社会调查的书面说明、办案期间表现等材料，全面掌握案情和未成年人的身心特点，作为教育和办案的参考。对于公安机关没有随案移送上述材料的，人民检察院可以要求公安机关提供，公安机关应当提供。

人民检察院提起公诉的未成年人刑事案

件，社会调查报告、办案期间表现等材料应当随案移送人民法院。

4. 人民法院在办理未成年人刑事案件时，应当全面审查人民检察院移送的社会调查报告或无法进行社会调查的书面说明、办案期间表现等材料，并将社会调查报告作为教育和量刑的参考。对于人民检察院没有随案移送上述材料的，人民法院可以要求人民检察院提供，人民检察院应当提供。

人民法院应当在判决生效后，及时将社会调查报告、办案期间表现等材料连同刑罚执行文书，送达执行机关。

5. 执行机关在执行刑罚时应当根据社会调查报告、办案期间表现等材料，对未成年罪犯进行个别化教育矫治。人民法院没有随案移送上述材料的，执行机关可以要求人民法院移送，人民法院应当移送。

6. 司法行政机关社区矫正工作部门、共青团组织或其他社会组织应当接受公安机关、人民检察院、人民法院的委托，承担对未成年人的社会调查和社区矫正可行性评估工作，及时完成并反馈调查评估结果。

社会调查过程中，公安机关、人民检察院、人民法院应为社会调查员提供必要的便利条件。

（二）未成年犯罪嫌疑人、被告人年龄的查证与审核

1. 公安机关在办理未成年人刑事案件时，应当查清未成年犯罪嫌疑人作案时的实际年龄，注意农历年龄、户籍登记年龄与实际年龄等情况。特别是应当将未成年犯罪嫌疑人是否已满十四、十六、十八周岁的临界年龄，作为重要案件事实予以查清。

公安机关移送人民检察院审查批捕和审查起诉的未成年人刑事案件，应当附有未成年犯罪嫌疑人已达到刑事责任年龄的证据。对于没有充分证据证明未成年犯罪嫌疑人作案时已经达到法定刑事责任年龄且确实无法查清的，公安机关应当依法作出有利于未成年人的认定和处理。

2. 人民检察院在办理未成年人刑事案件时，如发现年龄证据缺失或者不充分，或者未成年犯罪嫌疑人及其法定代理人基于相关证据对年龄证据提出异议等情况，可能影响案件认定的，在审查批捕时，应当要求公安机关补充证据，公安机关不能提供充分证据的，应当作出不予批准逮捕的决定，并通知公安机关补充侦查；在审查起诉过程中，应当退回公安机关补充侦查或自行侦查。补充侦查仍不能证明未成年人作案时已达到法定刑事责任年龄的，人民检察院应当依法作出有利于未成年犯罪嫌疑人的认定和处理。

3. 人民法院对提起公诉的未成年人刑事案件进行审理时，应当着重审查未成年被告人的年龄证据。对于未成年被告人年龄证据缺失或者不充分，应当通知人民检察院补充提供或调查核实，人民检察院认为需要进一步补充侦查向人民法院提出建议的，人民法院依法可以延期审理。没有充分证据证明被告人实施被指控的犯罪时已经达到法定刑事责任年龄且确实无法查明的，人民法院应当依法作出有利于未成年被告人的认定和处理。

（三）对未成年犯罪嫌疑人、被告人的教育、矫治

1. 公安机关、人民检察院、人民法院、司法行政机关在办理未成年人刑事案件和执行刑罚时，应当结合具体案情，采取符合未成年人身心特点的方法，开展有针对性的教育、感化、挽救工作。

对于因犯罪情节轻微不立案、撤销案件、不起诉或判处非监禁刑、免予刑事处罚的未成年人，公安机关、人民检察院、人民法院应当视案件情况对未成年人予以训诫、责令具结悔过、赔礼道歉、责令赔偿等，并要求法定代理

人或其他监护人加强监管。同时，公安机关、人民检察院、人民法院应当配合有关部门落实社会帮教、就学就业和生活保障等事宜，并适时进行回访考察。

因不满刑事责任年龄不予刑事处罚的未成年人，应当责令法定代理人或其他监护人加以管教，并落实就学事宜。学校、法定代理人或其他监护人无力管教或者管教无效，适宜送专门学校的，可以按照有关规定将其送专门学校。必要时，可以根据有关法律对其收容教养。

2. 公安机关应当配合司法行政机关社区矫正工作部门开展社区矫正工作，建立协作机制，切实做好未成年社区服刑人员的监督，对脱管、漏管等违反社区矫正管理规定的未成年社区服刑人员依法采取惩戒措施，对重新违法犯罪的未成年社区服刑人员及时依法处理。人民检察院依法对社区矫正活动实行监督。

3. 人民检察院派员出庭依法指控犯罪时，要适时对未成年被告人进行教育。

4. 在审理未成年人刑事案件过程中，人民法院在法庭调查和辩论终结后，应当根据案件的具体情况组织到庭的诉讼参与人对未成年被告人进行教育。

对于判处非监禁刑的未成年人，人民法院应当在判决生效后及时将有关法律文书送达未成年人户籍所在地或居住地的司法行政机关社区矫正工作部门。

5. 未成年犯管教所可以进一步开展完善试工试学工作。对于决定暂予监外执行和假释的未成年犯，未成年犯管教所应当将社会调查报告、服刑期间表现等材料及时送达未成年人户籍所在地或居住地的司法行政机关社区矫正工作部门。

6. 司法行政机关社区矫正工作部门应当在公安机关配合和支持下负责未成年社区服刑人员的监督管理与教育矫治，做好对未成年社区服刑人员的日常矫治、行为考核和帮困扶助、刑罚执行建议等工作。

对未成年社区服刑人员应坚持教育矫正为主，并与成年人分开进行。

对于被撤销假释、缓刑的未成年社区服刑人员，司法行政机关社区矫正工作部门应当及时将未成年人社会调查报告、社区服刑期间表现等材料送达当地负责的公安机关和人民检察院。

7. 各级司法行政机关应当加大安置帮教工作力度，加强与社区、劳动和社会保障、教育、民政、共青团等部门、组织的联系与协作，切实做好刑满释放、解除劳动教养未成年人的教育、培训、就业、戒除恶习、适应社会生活及生活保障等工作。

8. 对未成年犯的档案应严格保密，建立档案的有效管理制度；对违法和轻微犯罪的未成年人，有条件的地区可以试行行政处罚和轻罪纪录消灭制度。非有法定事由，不得公开未成年人的行政处罚记录和被刑事立案、采取刑事强制措施、不起诉或因轻微犯罪被判处刑罚的记录。

**四、建立健全办理未成年人刑事案件配套工作的协调和监督机制**

建立健全办理未成年人刑事案件配套工作的协调和监督机制，开展规范有序的协调监督工作，是促进未成年人司法配套工作体系建设，形成工作合力的重要举措。

1. 各级预防青少年违法犯罪工作领导小组是办理未成年人刑事案件配套工作的综合协调机构，应当定期主持召开未成年人司法工作联席会议，及时研究协调解决存在的问题和困难，总结推广成熟有效的工作经验。

2. 各级预防青少年违法犯罪工作领导小组应当协调有关部门和社会组织做好被帮教未成年人的就学、就业及生活保障等问题。

3. 预防青少年违法犯罪工作领导小组负责

每年对公安机关、人民检察院、人民法院、司法行政机关执行《意见》及未成年人司法制度建设的情况进行考评，考评结果纳入平安建设、社会治安综合治理目标考核体系。对于在办理未成年人刑事案件过程中涌现出的先进集体和个人予以表彰。

## 最高人民法院　最高人民检察院　公安部　国家安全部　司法部 印发《关于规范量刑程序若干问题的意见（试行）》的通知

2010年9月13日　　法发〔2010〕35号

**各省、自治区、直辖市高级人民法院、人民检察院、公安厅（局）、国家安全厅（局）、司法厅（局），解放军军事法院、军事检察院，新疆维吾尔自治区高级人民法院生产建设兵团分院、新疆生产建设兵团人民检察院、公安局、国家安全局、司法局：**

为进一步规范量刑程序，促进量刑活动的公开、公正，根据中央关于深化司法体制和工作机制改革的总体部署，在深入调研论证，广泛征求各方面意见的基础上，最高人民法院、最高人民检察院、公安部、国家安全部、司法部联合制定了《关于规范量刑程序若干问题的意见（试行）》。现予以印发，请认真贯彻执行。对于实施情况及遇到的问题，请分别及时报告最高人民法院、最高人民检察院、公安部、国家安全部、司法部。

**附：**

## 关于规范量刑程序若干问题的意见（试行）

为进一步规范量刑活动，促进量刑公开和公正，根据刑事诉讼法和司法解释的有关规定，结合刑事司法工作实际，制定本意见。

**第一条**　人民法院审理刑事案件，应当保障量刑活动的相对独立性。

**第二条**　侦查机关、人民检察院应当依照法定程序，收集能够证实犯罪嫌疑人、被告人犯罪情节轻重以及其他与量刑有关的各种证据。

人民检察院提起公诉的案件，对于量刑证据材料的移送，依照有关规定进行。

**第三条**　对于公诉案件，人民检察院可以提出量刑建议。量刑建议一般应当具有一定的幅度。

人民检察院提出量刑建议，一般应当制作量刑建议书，与起诉书一并移送人民法院；根据案件的具体情况，人民检察院也可以在公诉意见书中提出量刑建议。对于人民检察院不派员出席法庭的简易程序案件，应当制作量刑建议书，与起诉书一并移送人民法院。

量刑建议书中一般应当载明人民检察院建议对被告人处以刑罚的种类、刑罚幅度、刑罚执行方式及其理由和依据。

**第四条**　在诉讼过程中，当事人和辩护人、诉讼代理人可以提出量刑意见，并说明理由。

**第五条**　人民检察院以量刑建议书方式提出量刑建议的，人民法院在送达起诉书副本时，将量刑建议书一并送达被告人。

**第六条**　对于公诉案件，特别是被告人不认罪或者对量刑建议有争议的案件，被告人因经济困难或者其他原因没有委托辩护人的，人民法院可以通过法律援助机构指派律师为其提供辩护。

**第七条** 适用简易程序审理的案件，在确定被告人对起诉书指控的犯罪事实和罪名没有异议，自愿认罪且知悉认罪的法律后果后，法庭审理可以直接围绕量刑问题进行。

**第八条** 对于适用普通程序审理的被告人认罪案件，在确认被告人了解起诉书指控的犯罪事实和罪名，自愿认罪且知悉认罪的法律后果后，法庭审理主要围绕量刑和其他有争议的问题进行。

**第九条** 对于被告人不认罪或者辩护人做无罪辩护的案件，在法庭调查阶段，应当查明有关的量刑事实。在法庭辩论阶段，审判人员引导控辩双方先辩论定罪问题。在定罪辩论结束后，审判人员告知控辩双方可以围绕量刑问题进行辩论，发表量刑建议或意见，并说明理由和依据。

**第十条** 在法庭调查过程中，人民法院应当查明对被告人适用特定法定刑幅度以及其他从重、从轻、减轻或免除处罚的法定或者酌定量刑情节。

**第十一条** 人民法院、人民检察院、侦查机关或者辩护人委托有关方面制作涉及未成年人的社会调查报告的，调查报告应当在法庭上宣读，并接受质证。

**第十二条** 在法庭审理过程中，审判人员对量刑证据有疑问的，可以宣布休庭，对证据进行调查核实，必要时也可以要求人民检察院补充调查核实。人民检察院应当补充调查核实有关证据，必要时可以要求侦查机关提供协助。

**第十三条** 当事人和辩护人、诉讼代理人申请人民法院调取在侦查、审查起诉中收集的量刑证据材料，人民法院认为确有必要的，应当依法调取。人民法院认为不需要调取有关量刑证据材料的，应当说明理由。

**第十四条** 量刑辩论活动按照以下顺序进行：

（一）公诉人、自诉人及其诉讼代理人发表量刑建议或意见；

（二）被害人（或者附带民事诉讼原告人）及其诉讼代理人发表量刑意见；

（三）被告人及其辩护人进行答辩并发表量刑意见。

**第十五条** 在法庭辩论过程中，出现新的量刑事实，需要进一步调查的，应当恢复法庭调查，待事实查清后继续法庭辩论。

**第十六条** 人民法院的刑事裁判文书中应当说明量刑理由。量刑理由主要包括：

（一）已经查明的量刑事实及其对量刑的作用；

（二）是否采纳公诉人、当事人和辩护人、诉讼代理人发表的量刑建议、意见的理由；

（三）人民法院量刑的理由和法律依据。

**第十七条** 对于开庭审理的二审、再审案件的量刑活动，依照有关法律规定进行。法律没有规定的，参照本意见进行。

对于不开庭审理的二审、再审案件，审判人员在阅卷、讯问被告人、听取其他当事人、辩护人、诉讼代理人的意见时，应当注意审查量刑事实和证据。

**第十八条** 本意见自 2010 年 10 月 1 日起试行。

# 共青团中央　中央社会治安综合治理委员会办公室　最高人民法院　最高人民检察院　教育部　公安部　民政部　司法部　人力资源和社会保障部　文化部　国家工商行政管理总局　国家质量监督检验检疫总局　国家广播电影电视总局　新闻出版总署 创建“青少年维权岗”活动指导意见

2010年10月11日　　中青联发〔2010〕34号

**各省、自治区、直辖市和新疆生产建设兵团团委，综治办，高级人民法院，人民检察院，教育厅（教委），公安厅（局），民政厅（局），司法厅（局），人力资源社会保障厅（局），文化厅（局），工商行政管理局，质量技术监督局，广播电影电视局，新闻出版局：**

为深入贯彻《中华人民共和国未成年人保护法》和《中华人民共和国预防未成年人犯罪法》，切实做好新形势下的青少年权益保护和预防青少年违法犯罪工作，动员社会力量共同维护青少年合法权益，营造有利于青少年健康成长的良好社会环境，推动全国创建“青少年维权岗”活动广泛、深入、持久开展，共青团中央、中央综治办、最高人民法院、最高人民检察院、教育部、公安部、民政部、司法部、人力资源和社会保障部、文化部、国家工商行政管理总局、国家质量监督检验检疫总局、国家广播电影电视总局、新闻出版总署，对创建“青少年维权岗”活动提出如下意见。

## 一、充分认识创建“青少年维权岗”活动的重要性

创建“青少年维权岗”活动自1998年开展以来，各地各部门大力支持，广泛参与。各系统的维权岗单位充分发挥与青少年联系密切的优势，认真履行职责，拓展服务范围，创新工作方式，扎扎实实为青少年办实事、办好事，对于预防和减少青少年违法犯罪、化解社会矛盾、促进青少年健康成长发挥了积极作用，得到了社会各界的普遍认可和广大青少年的广泛欢迎。

当前我国正处在经济转轨、社会转型的重要时期，社会事业建设与经济发展存在一些不协调的问题，特别是社会管理领域还存在不少薄弱环节，各种影响青少年健康成长的社会问题不断出现，青少年违法犯罪形势还比较严峻，未成年人权益保护和预防犯罪工作任重道远。各地各部门要从贯彻落实科学发展观、构建社会主义和谐社会的高度，准确把握当前工作的形势和要求，充分认识创建“青少年维权岗”活动的重要性，把“青少年维权岗”作为践行“以人为本”的社会管理理念、推进社会管理创新的工作载体，共同推动创建“青少年维权岗”活动广泛、深入、持久地开展。

## 二、准确把握创建“青少年维权岗”活动的工作内容

（一）“青少年维权岗”的创建范围

“青少年维权岗”是指自觉履行自身职能和社会功能，在维护青少年合法权益、预防青少年违法犯罪、促进青少年健康成长方面发挥了突出作用的相关行业（系统）基层单位。

所涉及行业（系统）的单位主要包括：基层人民法院及少年法庭；基层人民检察院及侦查监督、公诉、监所检察、未成年人检察等工作部门；幼儿园、中小学校、职业院校、青少

年教育研究机构；公安机关治安、刑侦、禁毒、监管、交警、消防、网监部门的基层科、所、队；基层民政部门、收养工作机关、儿童福利机构、流浪儿童救助保护中心；基层司法所、法律服务所、律师事务所、公证处、监狱、未成年犯管教所、劳教所、法律援助中心；基层人力资源社会保障行政部门、劳动保障监察机构、劳动人事争议仲裁委员会、职业培训机构；基层文化行政部门、文化市场综合执法机构和公益性文化单位；基层工商所；基层质量技术监督局、基层出入境检验检疫局；基层广播电台（站）、电视台及相关栏目；基层新闻出版单位；县（市、区、旗）、乡镇（街道）综治办；乡镇（街道）综治工作中心；基层团组织及社区中的青少年服务机构等。

（二）“青少年维权岗”基本创建标准

1. 本单位及其成员严格执行党和国家的方针政策，自觉遵纪守法，认真贯彻执行《中华人民共和国未成年人保护法》和《中华人民共和国预防未成年人犯罪法》有关规定。

2. 基层党、团组织健全，制度完善，能够面向青少年开展工作。

3. 高度重视创建工作，成立本单位创建“青少年维权岗”活动领导小组和工作机构。

4. 把创建活动纳入本单位工作计划，分工明确，责任到位，有详细的创建工作计划、规范的运行管理机制和完整的创建档案。

5. 就本单位如何维护青少年权益做出具体承诺，承诺内容在本单位显著位置公布，向社会公开维权内容、维权电话、单位地址和负责人，以便青少年知晓和社会各界监督。

6. 紧密围绕自身职能和社会功能，针对不同时期影响青少年健康成长的突出问题，开展专项整治或专题维权活动，在活动过程中亮明“青少年维权岗”或创建单位的身份。

7. 组建本单位的青少年维权服务志愿者队伍，组织志愿者经常深入学校、社区、企业或其他青少年聚集地开展有关青少年权益保护的法律法规、维权知识等相关宣传和服务活动。

8. 接到涉及青少年的咨询或投诉时，及时处理和答复，切实维护青少年合法权益。

9. 有行政级别的（或有参照行政级别的），原则上应为处级以下单位（含处级）。

（三）“青少年维权岗”分类创建标准

1. 法院系统

（1）在审理未成年人刑事案件中认真贯彻落实《关于进一步建立和完善办理未成年人刑事案件配套工作体系的若干意见》，贯彻教育、感化、挽救的方针，切实维护未成年被告人的诉讼权利，各审理环节程序到位，未发现有违反诉讼程序的情况。

（2）审理未成年人刑事案件时，根据案件具体情况积极会同人民检察院、公安机关、司法行政机关开展社会调查，综合考虑案件事实和社会调查报告的内容。

（3）积极探索有效的法庭教育模式，制定相应的规范制度。审理未成年人刑事案件时，能够根据案件的具体情况组织到庭的诉讼参与人对未成年被告人进行法庭教育。

（4）对未成年被告人适用刑罚能认真贯彻宽严相济刑事政策较好掌握从轻、减轻的幅度，具体量刑时充分考虑未成年人犯罪的动机、年龄，是否初犯、偶犯或惯犯以及有无悔罪、个人一贯表现等情况，所判同类案件的量刑相对平衡，无大的偏差；在处理民事、行政案件中充分保护未成年人的人身权、财产权、教育权等合法权益。

（5）对符合缓刑条件的未成年被告人依法适用缓刑，并积极探索对外地未成年被告人适用缓刑的有效做法。

（6）重视案件审理的法律效果和社会效果，上诉及抗诉改判或发回重审案件数少，案件审理社会效果良好。

（7）与未成年犯管教所建立工作联系，定

期对未成年罪犯进行回访考察，每年度至少1次。

（8）对判处缓刑、免予刑事处罚的未成年罪犯，协助有关部门共同制定落实帮教措施，定期进行走访。

2. 检察系统

（1）在办理未成年人刑事案件中认真贯彻落实《关于进一步建立和完善办理未成年人刑事案件配套工作体系的若干意见》，贯彻教育、感化、挽救的方针，切实维护未成年犯罪嫌疑人、被告人的合法权益。

（2）办理未成年人刑事案件时，认真审查公安机关移送的社会调查报告或无法进行社会调查的书面说明、办案期间表现等材料，全面掌握案情和未成年人的身心特点，作为教育和办案的参考。

（3）对开庭审理的未成年人犯罪案件，会同法庭、法定代理人、辩护人等对未成年被告人进行法庭教育，成效明显。

（4）对未成年人刑事案件侦查、审判、监管和刑罚执行活动，涉及未成年人权益的民事审判和行政诉讼活动，依法进行监督，维护未成年人合法权益。

（5）办理未成年人案件质量高，取得较好法律效果和社会效果。

（6）发现有关单位、学校、居委会在对未成年人的教育、管理、帮助等方面存在问题时，及时提出检察建议和纠正措施，帮助提高教育管理水平。

（7）与未成年犯管教所建立工作联系，定期对未成年罪犯进行回访考察，每年度至少1次。

（8）对不予起诉的未成年犯罪嫌疑人，能采取妥善措施，定期做好回访帮教工作。

3. 教育系统

（1）加强校园安全管理，避免发生校园恶性伤害案件。

（2）所有学校建立法制副校长制度，聘请法院、检察、公安、司法等部门工作人员作为学校法制副校长。

（3）将青少年心理健康、青春期卫生和自我保护教育纳入教学体系，定期开展教育活动。

（4）加强对教师的管理和法律教育，杜绝体罚和变相体罚学生现象，尊重青少年隐私。

（5）严格控制流失生现象，积极实施素质教育，推进教育公平。

（6）做好对有不良行为学生的帮教转化工作，办好专门学校。对于被采取刑事强制措施的未成年学生，在人民法院的判决生效前，不得取消其学籍。

（7）关心帮助下岗职工、父母离异、服刑人员子女及生活困难的弱势青少年的生活、入学等问题。

（8）积极配合有关部门加强对学校周边环境的整治。

（9）关注非法“网吧”、毒品、不健康“口袋书”等影响青少年身心健康的社会问题，及时主动配合有关部门，予以有效解决。

4. 公安系统

（1）在办理未成年人刑事案件中认真贯彻落实《关于进一步建立和完善办理未成年人刑事案件配套工作体系的若干意见》，对未成年人优先考虑适用非羁押性强制措施，加强有效监管。

（2）在办理未成年人刑事（使用枪支、爆炸、剧毒、管制刀具等危险物品实施暴力犯罪的除外）、治安案（事）件和交通事故中，不使用戒具，不在新闻媒体上公开未成年当事人的身份。

（3）认真、快速办理未成年人被侵权的案件，及时发现、解救被拐卖的儿童，积极协助有关部门取缔非法雇佣童工。

（4）辖区内未发生中小学生、未成年人群

死群伤的交通、火灾及其他治安灾害事故，未发生犯罪分子伤害师生、扰乱中小学校教学秩序的案件。

（5）辖区内无赌博性游戏机营业，学校周边200米内无营业性娱乐场所。

（6）与辖区内所有中小学校建立警校共建关系，加强校园及周边治安管理，派员担任法制副校长或法制辅导员，并开设法制教育、安全防范知识讲座。

（7）确定专门人员办理未成年人刑事案件，在办理未成年人违法犯罪案件中，严格依法办事，照顾未成年人的身心特点，尊重未成年人的人格尊严，保护未成年人的合法权益。

（8）实行审前羁押未成年人与羁押成年人的分别看管，加强对羁押青少年的监管、教育和改造工作。

（9）协同有关部门做好被判处非监禁刑、刑满释放、解除劳教和有轻微违法行为青少年的帮教工作，定期回访。

（10）加强与中小学校的联系，广泛开展文明上网、安全上网教育。严厉打击网上传播未成年人淫秽电子信息违法犯罪活动。

5. 民政系统

（1）积极发挥社区居民委员会、村民委员会的职能，大力开展社区青少年法制宣传、维权、教育等工作。

（2）对社区内的弱势青少年提供有效保护。

（3）积极做好福利机构内孤儿、弃婴的集中养育、照料护理、教育、康复等工作，切实保障其健康成长。

（4）认真做好社会散居孤儿生活保障工作。

（5）认真做好受艾滋病影响儿童福利保障工作。

（6）认真做好流浪未成年人的救助、保护，措施得力。

（7）在儿童福利机构和流浪未成年人救助保护机构中开展面向孤残儿童和流浪未成年人的心理健康教育辅导。

（8）依法做好儿童的收养审核登记工作，保护被收养儿童的合法权益，成效显著。

6. 司法行政系统

（1）在办理未成年人刑事案件中认真贯彻落实《关于进一步建立和完善办理未成年人刑事案件配套工作体系的若干意见》。司法行政机关社区矫正工作部门能够认真开展对未成年犯罪嫌疑人、被告人的社会调查。未成年犯管教所和司法行政机关社区矫正工作部门能主动了解服刑未成年人的身心特点，加强心理辅导，开展有益未成年人身心健康的活动，进行个别化教育矫治，比照成年人适当放宽报请减刑、假释等条件。

（2）积极与学校、社区协作开展青少年法制宣传教育活动，积极派员担任青少年法制教育辅导员并经常开展辅导工作。

（3）积极协调有关部门落实帮教力量，做好违法犯罪青少年的教育、挽救工作。

（4）司法所能确保有关青少年的纠纷调解成功率达95%以上；对涉及青少年的纠纷做到无因调处不当或不调处引起非正常死亡，无民事转为刑事案件，无群体性械斗，无纠纷积案；认真做好青少年社区服刑人员的社区矫正工作，矫正其不良心理和行为，使他们悔过自新，弃恶从善，成为守法公民，确保刑罚的顺利实施；积极协助基层政府做好青少年刑释解教人员的安置工作，安置率达80%以上，帮教率达95%以上。

（5）未成年犯管教所、监狱、劳教所能为未成年犯、未成年劳教人员接受义务教育提供必要的条件，监所建有教学场所，大中队建有图书（阅览）室、文体活动室等较为完善的学习活动场所，确保每人能按规定时间参加政治、文化、技术学习；根据未成年犯和未成年劳教人员的特点，坚持教育改造为主，适当辅之以习艺性劳动，培养劳动观念和技能；在接见、休假等方面，对未成年犯和未成年劳教人员给予照顾；建立心理咨询室，积极开展对未成年犯和未成年劳教人员的心理矫治工作，有专业人员定期进行心理辅导；紧跟社会需求，充分利用社会资源，按照国家职业技能标准和教学大纲组织开展职业技能培训，让他们掌握一技之长，增强就业谋生能力。

（6）律师事务所、公证处、法律服务所能够积极受理涉及青少年维权的法律服务，提供优先、优质、高效的法律服务；对无力支付法律服务费用的青少年当事人酌情减免费用，依法维护他们的合法权益。

（7）法律援助中心对符合法律援助条件的涉及青少年案件的受理率达100%；为青少年提供优质、高效、便捷的法律服务。

7. 人力资源和社会保障系统

（1）面向用人单位和青年职工开展人力资源社会保障法律、法规及政策方面的宣传教育，提高用人单位依法用工的水平，增强青年职工依法维护权益的意识。

（2）贯彻执行《禁止使用童工规定》，规范人力资源市场秩序，严厉打击使用童工的违法行为。

（3）监督用人单位执行对未成年工的特殊保护，不安排未成年工从事矿山井下、有毒有害、国家规定的第四级体力劳动强度的劳动和其他禁忌从事的劳动，对未成年工定期进行健康检查。

（4）督促用人单位为青年职工和未成年工缴纳社会保险费，对不进行社会保险登记、申报和缴费的企业，依法给予严肃处理。

（5）严厉打击不依法签订劳动合同、拖欠工资、违法延长工作时间等侵害进城务工青年合法权利的违法行为，切实保障进城务工青年的合法权益。

（6）积极组织青少年，特别是城乡应届初、高中毕业生未能继续升学的人员，开展劳动预备制培训，提升其技能水平和就业能力。

8. 文化系统

（1）加强对青少年文化活动的组织和指导，开展格调高雅、积极向上、健康有益的文化活动，丰富青少年文化生活。

（2）加强对网络游戏动漫、演出、互联网文化产品等文化市场的管理和引导，促进有益于青少年健康成长的网络游戏动漫、演出、互联网文化产品等文化产业的发展。

（3）博物馆、纪念馆、美术馆、图书馆、文化馆站等公益性文化场所对未成年人免费或优惠开放。

（4）加强面向未成年人的公益性上网场所的建设与管理，打造绿色上网空间，为未成年人提供安全、健康的上网环境。

（5）坚决查处和取缔互联网文化、游艺娱乐等文化市场中存在的宣扬反动、淫秽、色情、暴力恐怖、封建迷信内容的文化产品，依法查处和打击文化产品经营活动中的违法犯罪行为。

（6）加强对校园周边文化经营场所的管理，文化市场举报电话运行顺畅。

（7）依照《娱乐场所管理条例》规定，加强对未成年人进入娱乐场所的管理，对未成年人禁入和限入的娱乐场所，设立专门标志并经常性检查，对其中违反规定的依法查处。

（8）对网吧接纳未成年人行为做到严管重罚，有效杜绝未成年人违规进入网吧的现象。

9. 工商行政管理系统

（1）依法严厉打击经销危害青少年健康成长的各类商品的行为。

（2）配合有关部门大力开展“扫黄”、“打非”和禁毒斗争，积极营造有利于青少年健康成长的社会环境。

（3）及时受理和处理涉及青少年的消费纠

纷，依法查处侵害青少年消费权益的案件，维护青少年的合法权益。

（4）依法查处危害青少年身心健康的非法涉性、低俗不良广告以及损害青少年合法权益的虚假违法广告。

10. 质检系统

（1）加大对青少年质量安全知识、质量法律法规的宣传教育，提高广大青少年的质量意识和自我维权意识。

（2）依法加强对青少年食品、用品的质量检测，对不符合质量标准的青少年食品、用品生产厂家和单位依法进行查处，监督企业保障青少年食品、用品的质量安全。

（3）依法加强对进口青少年食品、用品的质量监管，防止不符合我国质量标准的产品入境。

（4）对生产加工危害青少年健康的假冒伪劣产品的违法行为进行严厉打击，维护青少年的身心健康。

（5）对幼儿园、校园和青少年活动场所内的锅炉、压力容器（含气瓶）、电梯、大型游乐设施、客运索道等特种设备进行重点检查，给青少年创造安全的学习、活动环境。

11. 广播电影电视系统

（1）发挥广播电影电视的行业优势，制作宣传青少年法律和自我保护知识的广播、电影、电视作品。

（2）在“5·4”、“6·1”等与青少年密切相关的特殊节日期间，制作播放宣传青少年权益保护的广播、电影、电视节目和公益广告。

（3）坚决制止各种含有反动、淫秽、色情、暴力恐怖、封建迷信等危害青少年身心健康内容的广播、电影、电视节目的制作和播放。

（4）批评、揭露各种影响青少年健康成长的不良社会现象和恶性案件。

12. 新闻出版系统

（1）发挥新闻出版的行业优势，普及青少年法律保护知识，揭露、曝光侵害青少年权益的现象，并对典型案例进行报道。

（2）组织出版健康有益、丰富多彩、青少年喜闻乐见的出版物，为青少年提供优秀的精神食粮。

（3）在“5·4”、“6·1”等与青少年密切相关的特殊节日期间，在报纸、期刊等出版物上刊登宣传青少年权益保护的内容。

（4）严格监督管理报纸、期刊、图书、音像制品、电子出版物等出版物的出版、印刷、复制、发行和进口，加强对网络和数字出版的监管，坚决取缔非法出版物以及含有诱发青少年违法犯罪、宣扬淫秽色情、渲染暴力、迷信、赌博、恐怖活动等内容的出版物和盗版出版物。

（5）结合“扫黄打非”工作部署，加强对校园周边出版物经营场所的监督检查。

13. 综治系统

（1）县（市、区、旗）、乡镇（街道）综治办及乡镇（街道）综治工作中心领导班子、专职干部配备齐全，有固定的办公场所和经费保障，注重加强基层预防青少年违法犯罪工作组织建设，强化乡镇（街道）综治工作中心、村级综治办的预防青少年违法犯罪工作职能，建立健全预防工作网络，加强检查考评，落实预防工作责任制。

（2）加强调查研究，充分发挥乡镇（街道）综治工作中心、派出所、司法所、各类社区青少年活动中心等基层工作平台作用，通过专职社工、志愿者、“五老”人员发挥感情、友谊、信任等因素的作用，积极开展重点青少年群体教育帮助工作，加强对社区闲散青少年、有不良行为或严重不良行为青少年、服刑在教人员未成年子女、流浪乞讨青少年、农村留守儿童等青少年群体的教育、服务、帮助和管理。

（3）发挥社会治安综合治理体制机制优势，在组织开展群防群治、基层平安创建活动中，针对影响青少年健康成长的突出问题，组织有关部门认真开展与青少年有关的矛盾纠纷排查调处，积极开展社会文化环境专项整治行动和学校及周边社会治安专项整治行动，切实改善青少年成长的社会环境。

（4）协调辖区内有关部门做好青少年法制宣传教育，增强全社会对《中华人民共和国未成年人保护法》和《中华人民共和国预防未成年人犯罪法》等青少年法律法规的知晓率，依法保护青少年合法权益。

14. 共青团系统

（1）代表和维护青少年合法权益，对发生的侵害青少年合法权益事件，及时协调有关部门进行处理。

（2）关注辖区青少年权益状况，善于动员社会力量为青少年提供帮助、服务，促进青少年健康成长。

（3）积极引导青少年通过合法有序的渠道表达和维护自身权益。

（四）“青少年维权岗”的创建程序

“青少年维权岗”分全国、省（自治区、直辖市）、市（地、州、盟）、县（市、区、旗）四个层级，各级“青少年维权岗”原则上每两年开展一次考核命名。

1. 申报。“青少年维权岗”采用逐级申报的形式，申报创建全国级“青少年维权岗”的单位必须是省级“青少年维权岗”，依此类推。

2. 创建。申报单位通过审核后，进入两年的创建期。各级创建“青少年维权岗”活动领导小组在此期间对本级创建单位进行不定期检查。

3. 审核。在两年创建期满后，由各级创建“青少年维权岗”活动领导小组对创建单位进行审核。

4. 确定达标单位。根据创建期内对创建单位检查情况和创建期满审核结果，确定符合标准的“青少年维权岗”名单。

5. 公示。由各级创建“青少年维权岗”活动领导小组对达标拟命名的“青少年维权岗”集中公示，公示时间不少于一周，如发现不符合命名规定的，一经核实即取消该单位“青少年维权岗”命名资格。

6. 命名。由各级创建“青少年维权岗”活动领导小组授予本级“青少年维权岗”称号和牌匾。

7. 复核。“青少年维权岗”命名两年期满后，创建“青少年维权岗”活动领导小组要组织复核，复核标准与命名审核标准相同。复核合格的，继续保留相应称号；复核不合格的，实行为期一年的整改，整改期满再次考核仍不合格的，取消称号并摘牌。通过两次复核的单位，如无特殊情况（注销、撤销），永久保留“青少年维权岗”称号，不再参加复核。

8. 注销。“青少年维权岗”因工作性质或工作内容变更，不再从事涉及青少年权益相关工作，其“青少年维权岗”称号自动取消，允许其将“青少年维权岗”牌匾留作纪念，但不得在公共场所悬挂。

9. 撤销。“青少年维权岗”或其成员发生以下任一情况，经检查核实，由原命名单位直接撤销其“青少年维权岗”称号，摘除其“青少年维权岗”牌匾，并将牌匾收归命名单位。

（1）创建单位集体有违反国家法律法规现象或主要负责人受刑事处罚。

（2）发生严重影响行业（系统）形象的重大工作失误。

（3）在创建和命名过程中弄虚作假，有欺报、瞒报、贿审等情况，经查属实。

（4）严重影响“青少年维权岗”荣誉的其他情形。

**三、不断扩大创建“青少年维权岗”活动的社会影响**

1. 深化“青少年维权岗在行动”活动。针对网络淫秽色情信息、“黑网吧”等危害青少年健康成长的突出问题，利用重要纪念性节日和寒暑假等时机，通过开展“维权岗行动月”、“维权岗行动日”等集中活动，动员组织各级“青少年维权岗”及创建单位进行联合治理。推动各级“青少年维权岗”及创建单位加强对社会文化环境的日常监管，进行有效治理。组织各级“青少年维权岗”及创建单位发挥工作场所和人员优势，广泛开展青少年喜闻乐见的自我保护和法制教育活动。发挥“青少年维权岗”贴近青少年的优势，组织开展“青少年维权岗进社区（村）”活动，就近就便解决青少年的问题。

2. 建立“青少年维权岗”激励体系。认真落实共青团与法院、检察、公安、司法行政等部门制定的“青少年维权岗”管理激励办法，其他部门也要把“青少年维权岗”纳入各自系统对基层单位的考核激励内容，推动基层党委政府制定对“青少年维权岗”单位的考核和激励制度，促进“青少年维权岗”单位更好地发挥作用。

3. 增强“青少年维权岗”的社会影响力。着力培育“青少年维权岗”品牌，通过为青少年努力办实事、求实效，培育良好的品牌形象。充分利用各种渠道，宣传“青少年维权岗”的做法和成效，提高青少年和社会各界对“青少年维权岗”的知晓度和认同度。及时发现和总结“青少年维权岗”有特色、有实效的先进经验和做法，充分发挥典型的示范引导作用，带动工作的整体发展。

**四、切实加强对创建“青少年维权岗”活动的组织领导**

1. 健全组织体系。共青团中央、各有关行业（系统）主管部门共同组成全国创建“青少年维权岗”活动领导小组，负责全国创建活动的总体规划和组织管理，创建活动办公室设在共青团中央维护青少年权益部。各地也应参照成立相应机构，建立健全对创建活动的组织领导体系。

2. 加强指导支持。创建活动领导小组各成员单位要结合本系统工作职能，加强对创建活动的指导，及时研究解决青少年维权工作中的新情况新问题，逐步形成具有行业特点的青少年维权服务形式和维权工作机制。各级综治部门、共青团组织要把创建工作纳入社会治安综合治理和预防青少年违法犯罪工作的考核体系，有条件的地方，可把创建“青少年维权岗”活动经费列入预防青少年违法犯罪工作预算。

3. 完善管理机制。各级创建活动办公室要建立完善档案管理制度，妥善整理保存“青少年维权岗”台账资料，每两年向上一级创建活动办公室报备本级“青少年维权岗”名单。要建立完善动态管理制度，聘请人大代表、政协委员、相关部门负责同志、新闻记者、青少年工作者、社会知名人士等担任青少年维权岗监督员，强化对“青少年维权岗”及创建单位的监督，对发现的问题，要监督“青少年维权岗”及创建单位及时整改。

中国证券监督管理委员会　司法部

## 律师事务所证券法律业务执业规则（试行）

2010年10月20日　　公告〔2010〕33号

现公布《律师事务所证券法律业务执业规则（试行）》，自2011年1月1日起施行。

## 第一章　总　则

**第一条**　为了规范律师事务所及其指派的律师从事证券法律业务，保障执业质量，维护投资者的合法权益，根据《律师事务所从事证券法律业务管理办法》（证监会令第41号），制定本规则。

**第二条**　律师事务所及其指派的律师从事证券法律业务开展核查和验证（以下简称查验）、制作和出具法律意见书等执业活动，适用本规则。

**第三条**　律师事务所及其指派的律师，应当按照《律师事务所从事证券法律业务管理办法》（以下简称《管理办法》）和本规则的规定，进行尽职调查和审慎查验，对受托事项的合法性出具法律意见，并留存工作底稿。

**第四条**　律师事务所及其指派的律师从事证券法律业务，应当运用自己的专业知识和能力，依据自己的查验行为，独立作出查验结论，出具法律意见。对于收集证据材料等事项，应当亲自办理，不得交由委托人代为办理；使用委托人提供材料的，应当对其内容、性质和效力等进行必要的查验、分析和判断。

**第五条**　律师事务所及其指派的律师对有关事实、法律问题作出认定和判断，应当有适当的证据和理由。

**第六条**　律师从事证券法律业务，应当就业务事项是否与法律相关、是否应当履行法律专业人士特别注意义务作出分析、判断。需要履行法律专业人士特别注意义务的，应当拟订履行特别注意义务的具体方式、手段、措施，并予以落实。

**第七条**　律师事务所从事证券法律业务，应当建立、健全内部业务质量和执业风险控制机制，确保出具的法律意见书内容真实、准确、完整，逻辑严密、论证充分。

## 第二章　查验规则

**第八条**　律师事务所及其指派的律师对受托事项进行查验时，应当独立、客观、公正，遵循审慎性及重要性原则。

**第九条**　律师事务所及其指派的律师应当按照《管理办法》编制查验计划。查验计划应当列明需要查验的具体事项、查验工作程序、查验方法等。

查验工作结束后，律师事务所及其指派的律师应当对查验计划的落实情况进行评估和总结；查验计划未完全落实的，应当说明原因或者采取的其他查验措施。

**第十条**　律师应当合理、充分地运用查验方法，除按本规则和有关细则规定必须采取的查验方法外，还应当根据实际情况予以补充。在有关查验方法不能实现验证目的时，应当对相关情况进行评判，以确定是否采取替代的查验方法。

**第十一条**　待查验事项只需书面凭证便可证明的，在无法获得凭证原件加以对照查验的情况下，律师应当采用查询、复核等方式予以确认；待查验事项没有书面凭证或者仅有书面凭证不足以证明的，律师应当采用实地调查、面谈等方式进行查验。

**第十二条**　律师进行查验，向有关国家机关、具有管理公共事务职能的组织、会计师事务所、资信评级机构、公证机构等查证、确认有关事实的，应当将查证、确认工作情况做成书面记录，并由经办律师签名。

**第十三条**　律师采用面谈方式进行查验的，应当制作面谈笔录。谈话对象和律师应当在笔录上签名。谈话对象拒绝签名的，应当在笔录中注明。

**第十四条**　律师采用书面审查方式进行查验的，应当分析相关书面信息的可靠性，对文件记载的事实内容进行审查，并对其法律性质、后果进行分析判断。

**第十五条** 律师采用实地调查方式进行查验的，应当将实地调查情况作成笔录，由调查律师、被调查事项相关的自然人或者单位负责人签名。该自然人或者单位负责人拒绝签名的，应当在笔录中注明。

**第十六条** 律师采用查询方式进行查验的，应当核查公告、网页或者其他载体相关信息，并就查询的信息内容、时间、地点、载体等有关事项制作查询笔录。

**第十七条** 律师采用函证方式进行查验的，应当以挂号信函或者特快专递的形式寄出，邮件回执、查询信函底稿和对方回函应当由经办律师签名。函证对方未签署回执、未予签收或者在函证规定的最后期限届满时未回复的，由经办律师对相关情况作出书面说明。

**第十八条** 除本规则规定的查验方法之外，律师可以按照《管理办法》的规定，根据需要采用其他合理手段，以获取适当的证据材料，对被查验事项作出认定和判断。

**第十九条** 律师查验法人或者其分支机构有关主体资格以及业务经营资格的，应当就相关主管机关颁发的批准文件、营业执照、业务经营许可证及其他证照的原件进行查验。对上述原件的真实性、合法性存在疑问的，应当依法向该法人的设立登记机关、其他有关许可证颁发机关及相关登记机关进行查证、确认。

**第二十条** 对自然人有关资格或者一定期限内职业经历的查验，律师应当向其在相关期间工作过的单位人事等部门进行查询、函证。

**第二十一条** 对不动产、知识产权等依法需要登记的财产的查验，律师应当取得登记机关制作的财产权利证书原件，必要时应当采取适当方式，就该财产权利证书的真实性以及是否存在权利纠纷等，向该财产的登记机关进行查证、确认。

**第二十二条** 对生产经营设备、大宗产品或者重要原材料的查验，律师应当查验其购买合同和发票原件。购买合同和发票原件已经遗失的，应当由财产权利人或者其代表签字确认，并在工作底稿中注明；相关供应商尚存在的，应当向供应商进行查询和函证。必要时，应当进行现场查验，制作现场查验笔录，并由财产权利人或者其代表签字；财产权利人或者其代表拒绝签字的，应当在查验笔录中注明。

**第二十三条** 对依法需要评估才能确定财产价值的财产的查验，律师应当取得有证券、期货相关业务评估资格的资产评估机构（以下简称有资格的评估机构）出具的有效评估文书；未进行有效评估的，应当要求委托人委托有资格的评估机构出具有效评估文书予以确认。

**第二十四条** 对银行存款的查验，律师应当查验银行出具的存款证明原件；不能提供委托查验期银行存款证明的，应当会同委托人（存款人）向委托人的开户银行进行书面查询、函证。

**第二十五条** 对财产的查验，难以确定其是否存在被设定担保等权利负担的，律师应当以适当方式向有关财产抵押、质押登记部门进行查证、确认。

**第二十六条** 对委托人是否存在对外重大担保事项的查验，律师应当与委托人的财务负责人等相关人员及委托人聘请的会计师事务所的会计师面谈，并根据需要向该委托人的开户银行、公司登记机关、证券登记机构和委托人不动产、知识产权的登记部门等进行查证、确认。

向银行进行查证、确认，采取查询、函证等方式；向财产登记部门进行查证、确认，采取查询、函证或者查阅登记机关公告、网站等方式。

**第二十七条** 对有关自然人或者法人是否存在重大违法行为、是否受到有关部门调查、是否受到行政处罚或者刑事处罚、是否存在重大诉讼或者仲裁等事实的查验，律师应当与有关自然人、法人的主要负责人及有关法人的合规管理等部门负责人进行面谈，并根据情况选取可能涉及的有关行政机关、司法机关、仲裁机构等公共机构进行查证、确认。

向有关公共机构查证、确认，可以采取查询、函证或者查阅其公告、网站等方式。

**第二十八条** 从不同来源获取的证据材料或者通过不同查验方式获取的证据材料，对同一事项所证明的结论不一致的，律师应当追加必要的程序，作进一步查证。

## 第三章 法律意见书

**第二十九条** 律师应当依据法律、行政法规和中国证监会的规定，在查验相关材料和事实的基础上，以书面形式对受托事项的合法性发表明确、审慎的结论性意见。

**第三十条** 法律意见书应当列明以下基本内容：

（一）标题；

（二）收件人；

（三）法律依据；

（四）声明事项；

（五）法律意见书正文；

（六）承办律师、律师事务所负责人签名及律师事务所盖章；

（七）律师事务所地址；

（八）法律意见书签署日期。

**第三十一条** 法律意见书的标题为《××律师事务所关于××的法律意见》。

**第三十二条** 法律意见书收件人为法律意见书的委托人。法律意见书应当载明收件人的全称。

**第三十三条** 法律意见书的法律依据是指出具此项法律意见书所依据的法律、行政法规、规章和相关规定。

**第三十四条** 法律意见书声明事项段应当载明以下内容：“本所及经办律师依据《证券法》、《律师事务所从事证券法律业务管理办法》和《律师事务所证券法律业务执业规则》等规定及本法律意见书出具日以前已经发生或者存在的事实，严格履行了法定职责，遵循了勤勉尽责和诚实信用原则，进行了充分的核查验证，保证本法律意见所认定的事实真实、准确、完整，所发表的结论性意见合法、准确，不存在虚假记载、误导性陈述或者重大遗漏，并承担相应法律责任。”

**第三十五条** 法律意见书正文应当载明相关事实材料、查验原则、查验方式、查验内容、查验过程、查验结果、国家有关规定、结论性意见以及所涉及的必要文件资料等。

**第三十六条** 法律意见书发表的所有结论性意见，都应当对所查验事项是否合法合规、是否真实有效给予明确说明，并应当对结论性意见进行充分论证、分析。

**第三十七条** 律师事务所对法律意见书进行讨论复核时，应当制作相关记录存入工作底稿，参与讨论复核的律师应当签名确认。

**第三十八条** 法律意见书随相关申请文件报送中国证监会及其派出机构后，律师事务所不得对法律意见书进行修改，但应当关注申请文件的修改和中国证监会及其派出机构的反馈意见。申请文件的修改和反馈意见对法律意见书有影响的，律师事务所应当按规定出具补充法律意见书。

## 第四章 工作底稿

**第三十九条** 律师事务所应当完整保存在出具法律意见书过程中形成的工作记录，以及在工作中获取的所有文件、资料，及时制作工作底稿。

工作底稿是判断律师是否勤勉尽责的重要证据。中国证监会及其派出机构可根据监管工作需要调阅、检查工作底稿。

**第四十条** 工作底稿应当包括以下内容：

（一）律师接受委托事项的基本情况，包括委托人名称、事项的名称；

（二）与委托人签订的委托协议；

（三）查验计划及其操作程序的记录；

（四）与查验相关的文件，如设立批准证书、营业执照、合同、章程等文件、变更文件或者上述文件的复印件；

（五）与查验相关的重大合同、协议及其他重要文件和会议记录的摘要或者副本；

（六）与政府有关部门、司法机关、中介机构、委托人等单位及相关人员相互沟通情况的记录，对委托人提供资料进行调查的访问记录、往来函件、现场查验记录、查阅文件清单等相关的资料及详细说明；

（七）委托人及相关人员的书面保证或者声明书的复印件；

（八）法律意见书草稿；

（九）内部讨论、复核的记录；

（十）其他与出具法律意见书相关的重要资料。

上述资料应当注明来源，按照本规则的规定签名、盖章，或者对未签名、盖章的情形予以注明。

**第四十一条** 工作底稿内容应当真实、完整，记录清晰，标明目录索引和页码，由律师事务所指派的律师签名，并加盖律师事务所公章。

### 第五章 附 则

**第四十二条** 律师事务所及其指派的律师从事期货法律业务，参照适用本规则。

**第四十三条** 本规则自2011年1月1日起施行。

中国证券监督管理委员会 司法部

## 律师事务所证券投资基金法律业务执业细则（试行）

2010年10月20日　　公告〔2010〕34号

现公布《律师事务所证券投资基金法律业务执业细则（试行）》，自2011年1月1日起施行。

### 第一章 总 则

**第一条** 为了规范律师事务所从事证券投资基金法律业务，根据《律师事务所从事证券法律业务管理办法》（证监会令第41号），制定本细则。

**第二条** 本细则所称证券投资基金法律业务（以下简称基金法律业务），是指律师事务所接受证券投资基金管理公司（以下简称基金管理公司）、证券投资基金（以下简称基金）销售机构、其他从事或者拟从事基金相关业务机构的委托，指派本所律师对基金管理公司、基金、基金销售机构相关事项进行核查和验证（以下简称查验），制作并出具法律意见书的法律服务业务。

**第三条** 律师事务所及其指派的律师从事基金法律业务，应当按照《律师事务所从事证券法律业务管理办法》和《律师事务所证券法律业务执业规则（试行）》（证监会公告〔2010〕33号）的规定，对基金管理公司、基金、基金销售机构等相关行政许可事项是否符合法律、行政法规和中国证监会的规定进行查验，确认其真实性、准确性和完整性，在确保获得适当、有效证据并对证据进行综合分析的基础上，作出独立判断。

## 第二章 设立基金管理公司的查验内容

**第四条** 对拟设立基金管理公司的主要股东的资格，律师应当对照《证券投资基金法》第十三条、《证券投资基金管理公司管理办法》(证监会令第22号，以下简称《公司管理办法》)第七条规定的条件进行查验，内容主要包括：

(一) 总体情况，具体包括：主要股东的名称、住所、成立时间、批准机关、法定代表人、股东构成、高级管理人员、财务负责人等情况。

(二) 经营范围和股权投资情况，具体包括：是否从事证券经营、证券投资咨询、信托资产管理或者其他金融资产管理业务，参股基金管理公司等金融类企业、持有上市公司股份、控股其他企业等情况，持有基金管理公司的股权是否被出质、被人民法院采取财产保全或者强制执行措施，是否出让过基金管理公司股权以及出让股权是否已满3年。

(三) 注册资本金额是否在3亿元人民币以上，具体包括：是否实缴出资，资金是否如数到账，出资是否合法，是否存在出资不实、虚假出资、抽逃出资等情况。

(四) 是否具有较好经营业绩和资产质量情况，具体包括：股东资产情况、负债情况、税收情况，特别是最近3年盈利情况、净资本和净资产情况、拨备覆盖率和资本净额情况。

(五) 最近3年是否存在违法违规行为，是否受到行政处罚或者刑事处罚，具体包括：最近3年是否存在违法违规行为，违法违规行为的具体情况，是否受到行政处罚或者刑事处罚，违法违规行为的不良后果是否已经消除。

(六) 是否存在挪用客户资产等损害客户利益的行为，具体包括：是否存在挪用客户交易结算资金和客户信托财产行为，是否存在欺诈客户的行为，是否存在其他损害客户利益的行为。

(七) 是否存在因违法违规行为被监管机构调查或者正处于整改期间；如被责令整改，整改完成情况。

(八) 是否具有良好的社会信誉，最近3年是否在税务、工商等行政机关，以及金融监管、自律管理、商业银行等机构存在不良记录，具体包括：缴纳相关税费及合同履约情况，在开立基本账户商业银行等的信贷记录，公司重大诉讼、仲裁案件，高级管理人员重大诉讼、仲裁及行政处罚案件。

**第五条** 对拟设立基金管理公司的除主要股东外其他股东、境外股东的主体资格，律师应当对照《公司管理办法》第八条、第九条规定的条件，参照前条规定进行查验。

**第六条** 对股东之间的关联关系，律师应当查验的内容主要包括：确认股东实际控制人或者最终权益持有人，股东股权结构图的完整性和准确性，股东之间是否相互持股、是否同时持有第三方股权、是否同时被第三方控制，各股东的董事、主要管理人员是否有兼职现象，是否可能构成一致行动关系。

**第七条** 对拟设立基金管理公司的章程草案，律师应当查验的内容主要包括：章程草案是否已履行法定程序，章程内容是否符合法律、行政法规、规章、规范性文件等相关规定，必备条款是否已经具备，规定任意性条款的具体情况和理由。

**第八条** 对拟设立基金管理公司的注册资本，律师应当查验的内容主要包括：注册资本金额是否在1亿元人民币以上，股东关于出资额的安排，出资时间的安排，是否承诺用自有资金出资和不代为持有出资。

**第九条** 对高级管理人员和业务人员，律师应当查验的内容主要包括：拟任高级管理人员是否符合规定的条件，是否已经履行法律规则和公司章程规定的程序，是否已经与主要业务人员签订劳动合同，主要业务人员是否具有基金从业资格，拟任高级管理人员和主要业务人员人数是否在15人以上，高级管理人员和主要业务人员是否存在在其他机构兼职的情形以及解决方案。

**第十条** 对拟设立基金管理公司的内部稽核监控和风险控制制度，律师应当查验的内容主要包括：是否有符合中国证监会规定的监察稽核、风险控制、合规管理等内部监控制度。

## 第三章 基金管理公司设立分支机构的查验内容

**第十一条** 对公司的治理内控以及经营财务状况，律师应当查验的内容主要包括：股东会、董事会、监事会和经理层等相关机构之间是否分工明确、协调高效、相互制衡，股东会、董事会、监事会会议是否按照规定程序通知和召开；市场营销、研究投资、后台运营、风险控制、监察稽核和内部管理等内部控制是否完善；公司经营管理是否稳定，是否有较强的持续经营能力。

**第十二条** 对公司受处罚的记录，律师应当查验的内容主要包括：在最近1年是否存在违法违规行为，违法违规行为的具体情况，是否受到行政处罚或者刑事处罚，违法违规行为的不良后果是否已经消除。

**第十三条** 对公司被监管机构调查或者正处于整改期间的情况，律师应当按照本细则第四条第（七）项规定进行查验。

**第十四条** 对拟设立的分支机构的名称、场所、人员和设施等情况，律师应当查验的内容主要包括：拟设立的分支机构名称是否规范，办公场所是否已经购买或者租赁，办公场所是否经过消防验收，主要业务人员是否具有基金从业资格，公司是否已经与主要业务人员签订劳动合同。

**第十五条** 对拟设立的分支机构的职责和管理制度，律师应当查验的内容主要包括：拟设立的分支机构的具体职责是否明确，是否已经经公司章程规定的组织机构授权，公司是否已为该分支机构制定了相关业务、行政管理制度。

**第十六条** 对拟设立分支机构的事宜是否已经获得公司内部有权机构的批准，律师应当查验的内容主要包括：根据公司章程的规定，设立分支机构在公司内部应当由股东会、董事会还是经理层决定，是否已经经过公司内部有权机构批准。

## 第四章 基金管理公司修改章程的查验内容

**第十七条** 对修改章程的内容，律师应当查验的内容主要包括：修改章程的具体内容，其中哪些部分是因为与法律、行政法规和中国证监会规定不相符而修改的，哪些部分是根据公司的具体情况修改的；章程修改的内容是否符合法律、行政法规和中国证监会的规定，修改后的章程是否已经对法律、行政法规和中国证监会规定的必备条款作了规定。

**第十八条** 对修改章程的程序，律师应当查验的内容主要包括：修改章程的程序是否合法；修改章程提案提出的情况，公司股东会召开的情况，在股东会就修改章程进行表决时是否存在股东反对或者弃权的情形。

## 第五章 基金管理公司变更股东的查验内容

**第十九条** 对变更股东后新增股东的资格，根据新增股东属于基金管理公司的主要股东、其他股东还是境外股东，律师应当分别对照《公司管理办法》第七条、第八条、第九条规定的条件，参照本细则第四条、第五条规定进行查验。

**第二十条** 对新增股东是否以自有资金出资，律师应当查验的内容主要包括：新增股东是否以自有资金出资，是否存在为他人代为出资或者由他人代为出资的情况。

**第二十一条** 对公司变更股东后股东之间的关联关系，律师应当参照本细则第六条规定进行查验。

## 第六章 基金管理公司变更名称、住所和注册资本的查验内容

**第二十二条** 对变更名称，律师应当查验的内容主要包括：根据公司章程的规定，变更名称在公司内部应当由股东会还是董事会决定；是否已经经过公司内部有权机构批准；拟变更的公司名称是否已经在工商行政管理机关办理名称预登记手续；对公司所管理基金的名称的处理方案。

**第二十三条** 对变更住所，律师应当查验的内容主要包括：根据公司章程的规定，变更住所在公司内部应当由股东会还是董事会决定；变更住所是否已经经过公司内部有权机构批准；新的住所是否已经购置或者租赁。

**第二十四条** 对变更注册资本，律师应当查验的内容主要包括：公司变更注册资本的事宜是否已经经过公司股东会决议通过；各股东是否同比例变更注册资本；公司股东不同比例变更的，对公司治理结构可能产生的影响；股东承诺增资的，是否已经到位并经过法定机构的验资，是否以自有资金出资。

## 第七章 基金管理公司高级管理人员任职资格的查验内容

**第二十五条** 对基金从业资格，律师应当查验的内容主要包括：拟任高级管理人员是否已经取得基金从业资格，何时取得基金从业资格，所取得的基金从业资格是否在有效期内。

**第二十六条** 对法律知识考试，律师应当查验的内容主要包括：拟任高级管理人员是否已经通过中国证监会或者其授权机构组织的高级管理人员证券投资法律知识考试。

**第二十七条** 对相关工作经历和管理经历，律师应当查验的内容主要包括：拟任高级管理人员是否具有3年以上金融相关领域的工作经历（督察长拟任人选是否具有会计、监察、稽核等工作经历）；拟任高级管理人员此前所从事的主要管理经历的具体内容，该具体工作内容是否与拟任职务相适应。

**第二十八条** 对不得担任高级管理人员的情形，律师应当查验的内容主要包括：拟任高级管理人员是否有《公司法》、《证券投资基金法》等法律、行政法规和中国证监会规定的不得担任高级管理人员的情形。

**第二十九条** 对申请人受处罚的记录，律师应当查验的内容主要包括：拟任高级管理人员在最近3年是否存在违法违规行为，违法行为的具体情况，是否受到证券、银行、工商和税务等部门的行政处罚，违法行为的不良后果是否已经消除。

## 第八章 募集基金的查验内容

**第三十条** 对拟任基金管理人的主体资格，律师应当查验的内容主要包括：

（一）业务资格，即是否为依法设立的基金管理公司。

（二）人员配备，即是否具备符合规定并与管理拟募集基金相适应的基金经理等业务人员。

（三）合规情况，具体包括：最近1年是否受到行政处罚或者刑事处罚，是否正在被监管机构立案调查或者正处于整改期间。

（四）前只基金的募集情况，具体包括：是否募集成功；募集失败的，投资人缴纳的全部款项及利息是否全部返还完毕并已满6个月。

**第三十一条** 对拟任基金托管人的主体资格，律师应当查验的内容主要包括：

（一）业务资格，即是否为取得基金托管资格的商业银行。

（二）人员配备，即是否具备符合规定并与托管拟募集基金相适应的业务人员。

（三）合规情况，具体包括：最近1年是否受到行政处罚或者刑事处罚，是否正在被监管机构立案调查或者正处于整改期间。

**第三十二条** 对拟募集基金的具体情况，律师应当查验的内容主要包括：

（一）投资方向是否明确、合法；

（二）运作方式是否明确；

（三）基金品种是否符合规定；

（四）基金合同、招募说明书等法律文件是否符合法律、行政法规和中国证监会的规定；

（五）基金名称是否表明基金的类别和投资特征，是否存在损害国家利益、社会公共利益，欺诈、误导投资人或者其他侵害他人合法权益的内容。

**第三十三条** 对授权程序，律师应当查验的内容主要包括：拟任基金管理人申请募集基金是否依法按照公司章程履行了必要的程序。

**第三十四条** 对基金管理人和基金托管人的关系，律师应当查验的内容主要包括：基金管理人和基金托管人是否为同一人、是否存在相互投资和持有股份。

**第三十五条** 对合格境内机构投资者的基金的募集设立，律师应当根据中国证监会的规定对拟任境外投资顾问、拟任境外资产托管人的主体资格进行查验。

## 第九章 基金销售业务资格的查验内容

**第三十六条** 对商业银行申请基金销售业务资格，律师应当查验的内容主要包括：

（一）内设机构，即是否设有专门负责基金销售业务的部门。

（二）合规情况，即最近3年是否因违法违规行为受到行政处罚或者刑事处罚。

（三）制度建设情况，即是否制定了完善的业务流程等基金销售业务管理制度，是否符合相关规定的要求。

（四）销售适用性情况，即是否建立了销售适用性管理制度。

（五）人员情况，即公司及其主要分支机构负责基金销售业务的部门取得基金从业资格人员的数量是否不低于该部门员工人数的1/2；部门的管理人员是否取得基金从业资格，熟悉基金销售业务，并具备从事两年以上基金业务或者5年以上证券、金融业务的工作经历。

**第三十七条** 对证券公司申请基金销售业务资格，除了对本细则第三十六条所列内容进行查验外，律师还应当查验：是否因违法违规行为正在被监管机构立案调查，或者正处于整改期间；是否发生已经影响或者可能影响公司正常运行的诉讼、仲裁等重大事项。

**第三十八条** 对证券投资咨询机构申请基金销售业务资格，除了对本细则第三十六条、第三十七条所列内容进行查验外，律师还应当查验的内容主要包括：

（一）注册资本符合规定，不低于2000万元人民币，且为实缴货币资本；

（二）高级管理人员已经取得基金从业资格，熟悉基金销售业务，并具备从事两年以上基金业务或者5年以上证券、金融业务的工作经历；

（三）最近3年没有代理投资人从事证券买卖的行为。

**第三十九条** 对专业基金销售机构申请基金销售业务资格，除了对本细则第三十六条至第三十八条所列内容进行查验外，律师还应当查验的内容主要包括：主要出资人最近3年是否因违法违规行为受到行政处罚或者刑事处罚；取得基金从业资格的人员是否不少于 30 人，且不低于员工人数的 1/2。

## 第十章 基金份额持有人大会决议的查验内容

**第四十条** 对审议事项，律师应当查验的内容主要包括：是否属于必须召开基金份额持有人大会审议事项；议案内容属于一般事项还是特别事项；议案内容是否符合法律、行政法规和中国证监会的规定以及基金合同的约定。

**第四十一条** 对召集人主体资格，律师应当查验的内容主要包括：是否为基金管理人、基金托管人或者代表基金份额 10% 以上的基金份额持有人。

**第四十二条** 对召集程序，律师应当查验的内容主要包括：召集人为基金托管人、代表基金份额 10% 以上的基金份额持有人的，是否已经履行相关前置程序；是否依法公告基金份额持有人大会的召开时间、会议形式、审议事项、议事程序和表决方式。

**第四十三条** 对参会人员情况，律师应当查验的内容主要包括：参加基金份额持有人大会的基金份额持有人及其代理人的数量是否符合法律、行政法规、中国证监会的规定和基金合同约定的比例；亲自或者委托他人参会的基金份额持有人是否为权益登记日持有基金份额的基金份额持有人。

**第四十四条** 对会议形式和议事程序，律师应当查验的内容主要包括：是否符合法律、行政法规和中国证监会的规定以及基金合同的约定。

**第四十五条** 对表决情况，律师应当查验的内容主要包括：表决程序、表决方式和表决结果是否符合法律、行政法规和中国证监会的规定以及基金合同的约定。

## 第十一章 附 则

**第四十六条** 律师事务所为基金管理公司、基金的非行政许可事项出具法律意见书的，参照本细则执行。

**第四十七条** 本细则自 2011 年 1 月 1 日起施行。

# 最高人民法院 最高人民检察院 公安部 国家安全部 司法部<br>关于加强协调配合积极推进量刑规范化改革的通知

2010 年 11 月 6 日　　　　法发〔2010〕47 号

**各省、自治区、直辖市高级人民法院、人民检察院、公安厅（局）、国家安全厅（局）、司法厅（局），解放军军事法院、军事检察院，新疆维吾尔自治区高级人民法院生产建设兵团分院、新疆生产建设兵团人民检察院、公安局、国家安全局、司法局：**

"规范裁量权，将量刑纳入法庭审理程序"（以下简称量刑规范化改革）是中央确定的重大司法改革项目。根据中央关于深化司法体制和工作机制改革的总体部署要求，在深入调研论证，广泛征求各方面意见的基础上，最高人民法院制定了《人民法院量刑指导意见（试行）》，最高人民法院、最高人民检察院、公安部、国家安全部、司法部联合制定了《关于规范量刑程序若干问题的意见（试行）》。经中央批准同意，从 2010 年 10 月 1 日起在全国全面推行量刑规范化改革。为认真贯彻落实中央的重大决策部署，积极推进量刑规范化改革，确保改革取得成效，现就有关问题通知如下：

**一、充分认识量刑规范化改革的重要意义，全面开展量刑规范化改革**

1. 量刑规范化改革是规范裁量权，实现量刑公正和均衡，提高执法公信力和权威的重要保证，是推动社会矛盾化解、完善社会管理创新、促进公正廉洁执法的重要举措。量刑规范化改革是中央根据新时期新形势，认真总结司法实践经验，倾听人民群众对司法公正的呼声，作出的决策部署。中央决定实施量刑规范化改革，是对时代呼唤、群众心声和现实需要的积极回应，事关人心向背，事关党的执政基础。改革的主要目的，是进一步规范法官审理刑事案件的刑罚裁量权，通过将量刑纳入法庭审理程序，增强量刑的公开性与透明度，统一法律适用标准，更好地贯彻落实宽严相济的刑事政策。这项改革的顺利施行，将更加有利于依法准确惩罚刑事犯罪，更加有利于依法保障公民的诉讼权利，更加有利于维护社会和谐稳定，更加有利于刑事司法工作的科学发展，意义重大。各级人民法院、人民检察院、公安机关、国家安全机关和司法行政机关，一定要从全局高度认识中央这一决策部署的重大意义，进一步统一思想，提高认识，认真学习有关文件，准确把握改革内容，积极开展量刑规范化改革，确保取得良好的法律效果和社会效果。

**二、更新执法理念，加强协作配合，深入推进量刑规范化改革**

2. 要更新刑事执法理念。量刑规范化改革是一项新的工作，对执法人员的执法理念、程序意识、执法能力都提出了新的更高的要求。各级人民法院、人民检察院、公安机关、国家安全机关和司法行政机关要通过深入开展社会主义法治理念教育，彻底清理和摒弃那些不符合、不适应社会主义法治理念要求的陈旧观念，牢固树立打击犯罪与保障人权并重、定罪与量刑并重、实体公正与程序公正并重的社会主义刑事执法理念，切实提高执法办案的能力和水平，实现办案法律效果和社会效果有机统一。

3. 要高度重视调查取证工作。侦查机关、检察机关不但要注重收集各种证明犯罪嫌疑人、被告人有罪、罪重的证据，而且要注重收集各种证明犯罪嫌疑人、被告人无罪、罪轻的证据；不但要注重收集各种法定量刑情节，而且要注重查明各种酌定量刑情节，比如案件起因、被害人过错、退赃退赔、民事赔偿、犯罪嫌疑人、被告人一贯表现等，确保定罪量刑事实清楚，证据确实充分。为量刑规范化和公正量刑，以及做好调解工作、化解社会矛盾奠定基础。

4. 要进一步强化审查起诉工作。人民检察院审查案件，要客观全面审查案件证据，既要注重审查定罪证据，也要注重审查量刑证据；既要注重审查法定量刑情节，也要注重审查酌定量刑情节；既要注重审查从重量刑情节，也要注重审查从轻、减轻、免除处罚量刑情节。在审查案件过程中，可以要求侦查机关提供法庭审判所必需的与量刑有关的各种证据材料。对于量刑证据材料的移送，依照有关规定进行。

5. 要全面执行刑事诉讼法规定的各种强制措施。在侦查活动中，对于罪行较轻，社会危害性较小的犯罪嫌疑人，如果符合取保候审、监视居住条件，要尽量适用取保候审、监视居住等强制措施，减少羁押性强制措施的适用；人民检察院、人民法院在审查起诉、审判过程中，发现羁押期限可能超过所应判处刑罚的，可以根据案件情况变更强制措施，避免羁押期超过判处的刑期，切实保障被告人的合法权益。

6. 要继续完善量刑建议制度。检察机关要坚持积极、慎重、稳妥的原则，由易到难，边实践边总结，逐步扩大案件适用范围。要依法规范提出量刑建议，注重量刑建议的质量和效果。提出量刑建议，一般应当制作量刑建议书。对于人民检察院不派员出席法庭的简易程序案件，应当制作量刑建议书。量刑建议一般应当具有一定的幅度，但对于敏感复杂的案件、社会关注的案件、涉及国家安全和严重影响局部地区稳定的案件等，可以不提出具体的量刑建议，而仅提出依法从重、从轻、减轻处罚等概括性建议。

7. 要加强律师辩护工作指导，加大法律援助工作力度。各级司法行政机关、律师协会要加强对律师辩护工作的指导，完善律师办理刑事案件业务规则，规范律师执业行为。律师办理刑事案件，要依法履行辩护职责，切实维护犯罪嫌疑人、被告人的合法权益。司法机关应当充分保障律师执业权利，重视辩护律师提出的量刑证据和量刑意见。司法行政机关要进一步扩大法律援助范围，加大法律援助投入，壮大法律援助队伍，尽可能地为那些不认罪或者对量刑建议有争议、因经济困难或者其他原因没有委托辩护人的被告人提供法律援助，更好地保护被告人的辩护权。

8. 要进一步提高法庭审理的质量和水平。在法庭审理中，应当保障量刑程序的相对独立性，要合理安排定罪量刑事实调查顺序和辩论重点，对于被告人对指控的犯罪事实和罪名没有异议的案件，可以主要围绕量刑和其他有争议的问题进行调查和辩论；对于被告人不认罪或者辩护人作无罪辩护的案件，应当先查明定罪事实和量刑事实，再围绕定罪和量刑问题进行辩论。公诉人、辩护人要积极参与法庭调查和法庭辩论。审判人员对量刑证据有疑问的，可以对证据进行调查核实，必要时也可以要求人民检察院补充调查核实。人民检察院应当补充调查核实有关证据，必要时可以要求侦查机关提供协助。

**三、加强组织协调，确保量刑规范化改革取得实效**

9. 加强组织领导，形成工作合力。量刑规范化改革牵涉到政法工作全局，必须依靠党委领导、人大监督和政法各部门的相互支持、相互配合，才能保证各项改革措施落到实处。各级人民法院、人民检察院、公安机关、国家安全机关、司法行政机关要高度重视，严格按照中央的部署要求，切实加强组织领导，认真抓好工作落实。要建立完善工作联席机制，加强相互沟通协调，形成工作合力，及时协调研究解决量刑规范化改革过程中遇到的问题和困难，确保量刑规范化改革顺利推进。

10. 加强业务培训，提高素质能力。量刑规范化改革对调查取证、审查起诉、律师辩护、法律援助、法庭审理等工作提出了新的更高的要求。各级人民法院、人民检察院、公安机关、国家安全机关、司法行政机关要根据工作实际，通过不同途径，采取不同方式，加强业务培训，确保相关刑事办案人员正确理解量刑规范化改革的重要性和必要性，强化量刑程序意识，掌握科学量刑方法，不断提高执法办案的能力和水平，确保刑事办案质量。

11. 加大宣传力度，不断总结提高。量刑规范化改革需要社会各界的理解和支持，要进一步加强宣传解释工作，积极传播量刑规范化改革的重要意义和实际成效，让人民群众充分感受到量刑规范化改革带来的成果。量刑规范化改革目前还处在试行阶段，需要有一个不断总结完善的过程。各级人民法院、人民检察院、公安机关、国家安全机关、司法行政机关要及时总结经验，发现问题，加以改进。上级机关要加强对下级机关的监督指导，及时掌握工作进展情况，切实解决试行工作中存在的问题，不断提高量刑规范化工作水平。对于重大问题，要及时层报最高人民法院、最高人民检察院、公安部、国家安全部和司法部。将于明年对各地量刑规范化改革试行情况进行全面检查总结，修改完善试行文件，不断深化量刑规范化改革。

# 五、中华全国律师协会制定的行业规范

## 意　见

### 关于贯彻落实全国政法工作电视电话会议精神的意见

（2010 年 1 月 12 日）

各省、自治区、直辖市律师协会：

为认真贯彻落实全国政法工作电视电话会议精神，推动律师工作的全面发展进步，现提出如下意见：

**一、认真学习领会会议精神**

这次全国政法工作电视电话会议，紧紧围绕党和国家工作的大局，深刻分析了当前面临的形势和维护社会和谐稳定的艰巨任务，研究分析了面对形势的变化，如何从解决源头性、根本性、基础性的问题入手，更好地掌握维稳工作的主动权，更好地维护重要战略机遇期社会稳定。贯彻落实此次会议精神，切实深入推进社会矛盾化解、社会管理创新、公正廉洁执法三项重点工作，是当前充分发挥律师工作维护社会稳定的重大任务。各地律师协会要在当地司法行政机关的领导下认真学习领会会议精神和周永康、孟建柱同志的重要讲话精神，以及吴爱英同志有关讲话精神，把思想统一到周永康同志重要讲话和会议精神上来。充分认识一年来律师工作在党中央、国务院的关心和重视下，在司法部领导下所取得的成绩，充分认识到律师工作服务经济社会发展所面临的形势和任务，深刻领会推进三项重点工作的重要性和紧迫性，进一步增强责任感和使命感，进一步统一思想、提高认识，不断巩固已取得的成果，为做好 2010 年的工作做出新贡献。

**二、紧紧围绕三项重点工作充分履行律师工作职能**

做好三项重点工作是巩固当前经济平稳较快发展的大好形势，努力实现重大发展的重中之重，是维护社会稳定的工作基础和根本。各地律协一定要按照会议的统一部署和吴爱英部长的讲话要求，着眼全局、统筹兼顾、抓住重点，力求在工作部署和工作推进上有新进展，在取得工作成效上有新突破。要充分发挥律师工作的职能优势，更好地推进社会矛盾化解，在法律服务、法律保障、涉法信访、法制宣传教育、参与疑难复杂矛盾纠纷的调解等相关工作中提高觉悟、增强工作的针对性、超前性、预见性、有效性、积极发挥好作用。要立足于律师工作职能，大力深化专项法律服务活动，组织专业律师服务团队，为重点领域、重点工程和重点项目提供专项法律服务；大力加强政府法律顾问工作，为政府部门加强和改善宏观调控、转变经济发展方式，提供法律意见和建议；大力加强企业法律顾问工作，为企业转型升级、自主创新、节能减排等提供法律服务；把服务“三农”放在突出位置，积极为发展农村经济、增加农民收入、落实惠农政策、深化农村改革提供法律服务；大力推进法律服务向社区、乡村延伸，向老少边贫地区延伸，为群众就业、就学、就医等提工法律服务；努力为保障和改善民生服务，依法服务大局，保障经济发展，维护人民权益，维护社会稳定。要及时总结成熟的经验，广泛宣传，让社会了解律师工作的重要性，确保律师工作更好地为促进经济平稳较快发展、维护社会稳定做出积极贡献。

**三、切实加强对贯彻落实工作的组织领导**

贯彻落实好会议精神，事关律师工作全局，事关律师业长远发展。各地律协要在当地司法行政部门的领导下，在认真学习讨论的基础上，研究提出更加细化、更加具体的贯彻意见，要制定深入推进三项重点工作的整体规划、实施意见，明确阶段性目标，作出分阶段部署，统筹安排、协调部署、措施到位，确保各项工作有人抓、有人管、有人落实。要把贯彻三项重点工作与加强和改进律师工作充分结合起来，找准结合点、切入点和着力点。以贯彻《律师法》等法律法规以及律师行业规范为基础，按照管理创新的要求，进一步创新工作思维、工作手段，进一步研究推动律师业的发展和律师事务所、律师协会自身建设的经验，进一步研究加强律师行业党的组织、律师队伍、律师制度建设的经验，进一步改革完善律师管理工作制度，健全律师执业准入制度，建立执业状况评价体系，为加强律师工作建设，为司法行政体制和工作机制改革，为整个社会管理体制机制的健全作出贡献。要充分发挥律师工作的职能优势，更好地推进公正廉洁执法，要进一步突出律师行业的特色，结合推进律师行业党的建设、依法公证执业和提升执业公信力，研究怎样做好思想政治建设、业务建设、职业道德建设和党的建设工作，紧紧抓住四大建设不放并长期坚持，力争取得工作成效，不断巩固已有成果。

各地贯彻落实情况请及时报全国律协。

## 关于认真学习贯彻党的十七届四中全会精神的意见

(2010 年 2 月 1 日)

**各省、自治区、直辖市律师协会：**

党的十七届四中全会是在我们党团结带领全国各族人民积极应对国际国内重大挑战、推动党和国家事业实现新发展的关键时刻召开的一次十分重要的会议。认真学习贯彻全会精神，是当前和今后一个时期律师行业的重大政治任务。为全行业学习好、贯彻好全会精神，现提出以下意见：

**一、认真学习、深刻领会会议精神，切实把思想认识统一到党的十七届四中全会的部署上来**

党的十七届四中全会站在党和国家全局的战略高度，全面分析了党建工作面临的形势和任务，深刻阐述了加强和改进新形势下党的建设的重要性和紧迫性，系统总结了我们党作为马克思主义执政党进行自身建设的基本经验，进一步明确了加强和改进新形势下党的建设的基本要求、目标任务和重大举措。全会作出的《中共中央关于加强和改进新形势下党的建设若干重大问题的决定》（以下简称《决定》），体现了党的建设理论创新、实践创新、制度创新、工作创新的丰富成果，反映了党和国家事业的发展要求，反映了全党加强和改进新形势下党的建设的共同意志，是在新的历史起点上以改革创新精神对加强和改进党的建设作出的战略部署，对于新世纪新阶段推进党的建设新的伟大工程、发展中国特色社会主义具有重要推动作用。

律师协会组织作为律师行业自律性组织，要认真贯彻落实全会通过的《决定》，特别是胡锦涛总书记的重要讲话精神，要从党和国家的全局出发，深刻领会新形势下党所面临的新的历史任务，深刻认识党的建设面临的突出问题，深刻把握党的建设的基本经验，深刻把握党的建设的总体要求、目标任务、重大举措，坚决贯彻落实党中央对加强和改进新形势下党的建设作出的战略部署；要把学习贯彻党的十七届四中全会精神摆在重要议事日程，认真研究，精心部署，结合律师行业党的建设实际，原原本本地学习全会文件，党委（组）学习中心组要带头学习，要举办骨干培训班、请专家讲辅导课、参观见学等。做到集中学习与个人自学、通读文件与专题研讨相结合，确保学习效果，真正把全会精神学深学透，用全会精神武装思想、指导实践、提高党性修养，切实把思想认识统一到党的十七届四中全会的部署上来。

**二、紧密结合律师行业党的建设实际，把党的十七届四中全会精神切实落实到律师行业党的建设工作中**

认真贯彻党的十七届四中全会精神，切实加强和改进新形势下律师行业党的建设，是律师协会组织的重要政治任务。全会通过的《决定》，对加强和改进新形势下党的建设作出了全面部署。律师协会组织要按照《决定》的要求，全面加强律师行业党的建设，推进律师行业党的建设工作不断取得新成绩。

一是进一步加强思想政治建设。要按照《决定》关于建设马克思主义学习型政党，提高全党思想政治水平的要求，认真抓好律师队伍马列主义、毛泽东思想、邓小平理论和“三个代表”重要思想的学习，深入学习实践科学发展观，努力用马克思主义中国化的最新成果武装广大律师党员。要在律师党员队伍中深入进行党的基本理论、基本路线、基本纲领、基本经验教育，不断增强广大律师党员的党性观念和党员意识，促使律师党员自觉履行党员义务。要按照中央的部署和司法部的要求，在律师党员队伍中开展深入学习实践科学发展观活动和社会主义法治理论教育，以及“律师做中国特色社会主义法律工作者”主题教育实践活动，使广大律师党员真正成为共产主义远大理想和中国特色社会主义共同理想的坚定信仰者、科学发展观的忠实执行者、社会主义法治理念和社会主义荣辱观的自觉实践者、中国特色社会主义事业的建设者和捍卫者。

二是进一步加强组织建设和领导班子建设。要按照《决定》关于做好抓基层打基础工作，夯实党执政的组织基础的要求，继续建立健全律师行业党的组织体系。对具备建立党组织条件的律师事务所，要指导帮助建立党组织。对已建立党组织的，要按照《党章》规定和党组织的基本组织原则，积极指导律师事务所党组织切实抓好律师党建工作，理顺关系，完善制度，保证有效运转，真正做到有组织、有党员、有活动、有效果，切实发挥党组织的战斗堡垒作用；对因律师党员数量变化需要调整和建立党组织的，应按照中组部、司法部联合下发的《通知》要求督促其及时建立党组织；对没有党员的律师事务所，协助各级组织部门、司法行政机关及时选派党建工作指导员、联络员，并积极指导发展党员工作，创造条件建立党组织。要配合司法行政机关选好配强律师行业党组织领导班子，推荐那些党性强、作风正、业务精、善管理、有威信的律师党员进入律师行业党组织领导班子。要倡导实行律师事务所负责人和党组织负责人实行一岗双责，使党的工作与律师业务工作有机结合起来。要积极指导律师事务所党支部做好新党员发展工作，加强对非党员律师的培养、教育和引导，把那些具备党员条件的律师、律师事务所合伙人，特别是优秀青年律师吸引到党的队伍中来，不断增添党组织的新鲜血液，壮大律师党员队伍。

三是进一步加强作风建设。要按照《决定》关于弘扬党的优良作风，保持党同人民群众的血肉联系的要求，切实增强律师党员的宗旨意识。教育律师党员继承优良传统，牢记宗旨、心系群众，始终保持同人民群众的血肉联系，坚持以人为本、执业为民，不断增强社会责任感，积极维护人民群众的合法权益，主动为解决民生问题提供服务。要着力提高律师党员的依法执业意识。教育律师党员牢固树立宪法意识和法律意识，带头遵守宪法和法律，维护宪法和法律的权威，依法履行律师的基本职责。教育引导律师党员在参与信访和调解工作、代理群体性和敏感性案件中，要自觉维护国家利益、社会公共利益和人民群众的利益，严格依法办事，努力实现法律效果和社会效果的统一。要不断强化律师党员的诚信观念。教育律师党员模范遵守职业道德，恪守诚信，做诚信执业的表率，自觉维护律师行业的良好形象。要大力培养律师党员的高尚情操。教育律师党员坚持以党员标准严格要求自己，树立社会主义荣辱观，自觉加强思想道德修养，珍视和维护律师职业声誉，模范遵守社会公德，始终保持共产党人的优秀品质和革命气节，始终保持崇高的精神境界和高尚的道德追求。

四是进一步加强制度建设。要按照《决定》关于坚持和健全民主集中制，积极发展党内民主要求，健全党内基层民主制度，积极探索律师行业党的基层民主制度建设，保障律师党员民主权利，尊重律师党员的主体地位，发挥律师党员在党内事务中的参与、管理和监督作用。各地律师协会党组织要健全和完善自身的党的组织生活制度，认真坚持会议制度、党课制度、报告工作制度、民主生活制度和党员汇报思想制度、民主评议党员等制度，同时也要积极协助律师事务所健全党的组织，开展党的工作，真正做到哪里有党组织哪里就有健全的组织生活。要严格律师党员的日常管理制度，按照有关规定，明确律师党员组织关系接转、党费收缴、党员汇报思想等日常管理制度的具体办法，并切实抓好落实。

五是进一步推进惩治和预防腐败体系建设。要按照《决定》关于加快推进惩治和预防腐败体系建设，深入开展反腐败斗争的要求，建立健全律师行业反腐倡廉机制，进一步完善律师执业规范和监督制度，构筑有效防范违法违纪行为的制度防线。要切实加强对律师党员执业活动的监督，建立健全执业监督检查和考核制度，切实增强监督实效。要教育和引导律师党员带头参加律师行业反腐倡廉建设，模范遵守有关规定，做反腐倡廉建设的促进者。

**三、以加强律师行业党建工作作为律师事业的政治保障为总要求，全面提高律师行业党建工作的水平**

当前，律师行业的党建工作，在党中央和中央领导同志的高度重视和亲切关怀下，在中央组织部和各有关部门的大力指导下，已取得了新的成绩，开创了新的局面。但是，全面加强和改进律师行业党的建设工作，充分发挥党组织和律师党员在律师事业发展中的骨干和中坚作用，还任重道远。各地律师协会组织要以学习贯彻党的十七届四中全会精神，作为加强律师行业党的建设工作的一个新的契机，进一步深入学习领会，坚决贯彻落实中央领导同志关于加强律师行业党建工作的重要批示精神，进一步贯彻落实中央组织部和司法部联合召开的“威海会议”精神，把律师行业的党建工作真正抓好、抓出成效。

一是要把学习贯彻党的十七届四中全会精神与贯彻落实中央领导同志重要讲话精神，开展第三批律师事务所学习实践科学发展活动结合起来。前不久，中央领导同志在视察律师事务所开展学习实践科学发展观活动时发表了重要讲话，对律师工作学习实践科学发展观具有重要指导作用，各地要认真传达学习贯彻。各地律师协会组织要积极指导参加第三批学习实践活动的各单位，把深入学习贯彻党的十七届四中全会精神贯穿学习实践活动的始终，紧密结合自身实际，以全会精神指导做好学习实践活动各个阶段的工作。

二是要把学习贯彻党的十七届四中全会精神与贯彻中央经济工作会议、全国政法工作电视电话会议精神结合起来。各地律师协会组织要认真学习贯彻胡锦涛总书记和温家宝总理的重要讲话精神，深刻领会中央经济工作会议精神，切实把思想认识统一到深入贯彻落实科学发展观的要求上来，统一到中央对当前国际国内形势的判断以及明年经济工作的指导思想和工作部署上来，坚持把服务发展作为重要职责，充分发挥律师工作职能作用，紧紧围绕“稳增长、调结构、促消费”各项工作，积极主动地提供优质高效的法律服务。要认真学习贯彻周永康、孟建柱同志的重要讲话精神，深刻领会全国政法工作电视电话会议精神，充分认识当前社会稳定的形势，切实增强维护社会和谐稳定的使命感和责任感，充分发挥律师工作职能作用，着力在化解社会矛盾纠纷、加强社会管理创新和实现公正廉洁执法上作出新贡献、实现新发展。

三是要把学习贯彻党的十七届四中全会精神与贯彻落实中央领导同志重要指示精神，大力加强协会自身党组织建设，充分发挥律师协会组织在加强律师行业党建工作中的职能作用结合起来。近一个时期，中央领导同志就律师行业党的建设作出了一系列重要指示，各地律师协会组织要认真组织学习贯彻，要按照党的十七届四中全会提出的建设马克思主义学习型政党的目标任务，要以科学理论武装、具有世界眼光、善于把握规律、富有创新精神为标准，加强自身党组织建设；要以思想教育、制度完善、集中整顿、严肃纪律为抓手，加强自身工作制度建设；要深入基层，到律师事务所去，到律师执业第一线去，了解律师行业党建工作情况，指导基层开展党建工作，关注优秀律师入党情况，对基层律师党建工作实行面对面的领导，充分发挥律师协会组织指导律师行业党建工作的职能作用。

## 关于认真贯彻落实全国政法工作电视电话会议精神切实做好三项重点工作的意见

（2010年2月2日）

**各省、自治区、直辖市律师协会：**

为认真贯彻落实全国政法工作电视电话会议精神，充分发挥律协组织和广大律师的职能作用，切实做好三项重点工作，现提出如下意见：

### 一、认真学习贯彻全国政法工作电视电话会议精神

1. 全国政法工作电视电话会议是在我国应对国际金融危机取得明显成效、经济回升向好，但国内外经济形势仍然十分复杂、维护社会稳定面临许多新挑战的形势下召开的一次重要会议。周永康同志的重要讲话站在全局和战略的高度，深刻分析当前形势，对做好当前和今后一个时期政法工作做了重要部署，为律师队伍发展指明了方向，对律师工作具有十分重要的指导意义。各地律师协会和广大律师要认真学习贯彻全国政法工作电视电话会议精神和周永康同志的重要讲话精神，把思想统一到周永康同志重要讲话和会议精神上来。

2. 周永康同志在讲话中特别强调要深入推进社会矛盾化解、社会管理创新、公正廉洁执法三项重点工作，这是深入贯彻落实科学发展观、统筹抓好发展和稳定、促进经济社会协调发展的必然要求，是着力解决影响社会和谐稳定的源头性、根本性、基础性问题，更好地维护战略机遇期社会稳定的重大举措。各地律师协会要充分认识维护社会和谐稳定对实现我国经济社会平稳较快发展的必要性，深刻领会推进三项重点工作的重要性和紧迫性，进一步增强责任感和使命感，进一步统一思想、提高认识，围绕切实做好三项重点工作，积极行动起

来，采取各种有效措施，认真履行律师协会的职责，加强对律师工作的指导，充分发挥律师工作的职能作用，深入推进三项重点工作，为经济社会发展创造良好的社会环境和法治环境。

## 二、充分发挥律师职能作用，努力做好社会矛盾化解工作

3. 规范律师办理群体性、敏感性案件的执业行为，完善律师办理群体性、敏感性案件的各项制度。各地律师协会要要求律师认真执行全国律协《关于律师办理群体性案件指导意见》，在具体办案过程中实现思想上与党和政府保持一致，在行动上自觉践行社会主义法律工作者的职责要求。要教育广大律师坚持在党和政府主导的维护群众权益机制中发挥职能作用，积极在执业中化解矛盾纠纷，承担应尽的社会责任，努力实现法律效果与社会效果、政治效果的有机统一，为构建社会主义和谐社会贡献智慧和力量。全国律协将进一步修订《关于律师办理群体性案件指导意见》，各地律协应当做好新情况、新问题的研究、汇总和及时上报工作。

4. 引导律师积极参与预防和减少社会矛盾。加强政府法律顾问工作，参与政府决策，服务政府进行经济效益评估的同时，更加注重服务社会稳定风险评估。在企业改制、征地拆迁、教育医疗、环境保护、安全生产、食品药品安全等容易引发社会矛盾的领域提供专业意见和建议。加强企业法律顾问工作，服务企业规范发展，保障企业职工权益、提高企业抗风险能力。

5. 支持律师积极参与信访和调解工作。充分发挥律师的专业优势，组织引导广大律师参与疑难复杂矛盾纠纷的调解，协助党委、政府和有关部门处理信访问题。一方面，要推动律师参与信访工作制度化和规范化建设，进一步探索律师参与信访工作的角色和形式；另一方面，研究律师参与调解工作机制，推动律师引导当事人更多地采取人民调解、行政调解、司法调解和其他非诉讼手段化解矛盾纠纷。

6. 倡导律师积极服务基层、服务民生，增强服务意识，强化服务功能，履行社会责任。通过推进律师服务进社区、进乡村，广泛开展法律服务志愿者活动等形式将法律服务向民生、“三农”等领域倾斜，扎实做好涉及就业、就学、就医和社会保障，以及农村土地承包、土地流转、劳动合同、环境污染等民生领域的法律服务工作，切实维护人民群众的合法权益。

## 三、积极服务社会管理创新，切实维护良好的社会管理秩序

7. 各地律师协会要在党委和政府的领导下，与有关部门密切配合，发挥律师职业优势，推动律师为社会管理制度的创新提供专业的法律意见和建议，主动服务社会管理创新。同时，推动律师参与解决好流动人口服务管理、特殊人群帮教管理、社会治安综合治理、网络虚拟社会建设管理、社会组织管理服务等五个方面的工作，依法维护社会管理秩序。

8. 配合司法体制和工作机制改革，进一步推进行业管理的理论创新、体制创新和工作创新，加强指导和监督，更好地为律师提供服务。在加强律师队伍建设中，要注重研究巩固党的执政地位、做中国特色社会主义法律工作者，发展社会主义市场经济条件下的律师工作特点和规律，从战略高度进行理论创新。要加大制度建设的力度，逐步形成适应新形势、新任务要求的协会组织体系和运行机制，围绕激发活力进行体制创新。要积极开展实践探索，进一步完善新形势下做好律师行业管理工作的方式方法，在重点领域进行工作创新。

9. 加强与媒体的联系，创新宣传形式。要注重有步骤地宣传律师服务经济发展、服务社会稳定的职能作用，增进政府和人民群众对律师职能作用的了解。要有计划地组织新闻媒体深入宣传律师行业涌现出来的先进集体、先进模范人物和先进经验，展示律师队伍的良好精神面貌和优良作风，树立正面形象，为律师工

作营造良好舆论环境。

**四、加强律师执业素质建设，大力推进公正廉洁执法**

10. 进一步加强律师队伍思想政治、职业道德和执业纪律教育。认真贯彻落实中央领导同志的重要讲话、批示精神，巩固一、二批学习实践科学发展观活动的成果，深入开展第三批学习实践科学发展观活动，切实增强贯彻落实科学发展观的自觉性、坚定性。抓紧制定加强律师队伍思想政治、职业道德和执业纪律教育实施纲要，指导各地在深入开展学习实践科学发展观活动，学习贯彻全国政法工作电视电话会议精神以及加强律师队伍党建工作中，进一步加强律师队伍思想政治、职业道德和执业纪律教育。各地律师协会要将思想政治、职业道德和执业纪律教育工作纳入到协会培训计划当中，要设置必读课程常抓不懈。

11. 建立健全行业规范制度。结合新时期党和政府对律师工作的新要求，在加强调查研究的基础上，加快修订《律师执业行为规范》、《律师协会会员违规行为惩戒规则》、《申请律师执业人员实习管理规则》以及《关于律师办理群体性案件指导意见》，进一步完善各项行业规范。建立行业规范、制度实施情况检查机制，通过督促律师严格执行协会各项规章制度，进一步规范律师的执业行为。

12. 完善律师执业监督体系。根据《律师法》规定，全国律协将制定律师执业考核办法，规范和统一律师执业活动的考核方式、考核标准以及对于不符合考核标准的律师和律师事务所应当给予的行业惩戒措施。各地律师协会要尽快建立相应的考核机制，将律师执业活动考核工作制度化、规范化。主动与司法、执法机关以及政府职能部门建立良性互动的和谐关系，通过搭建相互独立、相互配合、相互支持、相互监督的交流平台，共同推进公正廉洁执法。

13. 全面推进律师行业党建工作纵深持久发展。各地律协要认真贯彻落实中央领导同志的重要批示精神，从律师的职业特点和内在需求出发，在巩固已有律师队伍党建工作成果的基础上，逐步建立律师行业党建工作保障机制，为律师行业党建工作提供有力保障；关心党员律师的政治进步，改进党员律师教育培训的内容和方式，为党员律师参政议政提供平台；不断完善律师行业党建工作管理体制，要坚持党的建设与业务发展相结合，以党建保发展、以发展促党建，形成党建与业务相促进、业务与党建同发展的良好格局。

14. 强化协会奖惩工作职能。各地律师协会要依据全国律协制定的《律师协会会员违规行为惩戒规则》，完善投诉查处程序，推动查处工作的规范化、制度化，保证违法违纪的律师和律师事务所受到严肃查处。要通过新闻媒体，将受到行业处分及行政处罚的律师及律师事务所向社会曝光，公开投诉处理情况。大力开展全行业的评优、评先进活动，各地律师协会要做好本地区优秀律师和律师事务所的推荐工作，通过树立正面典型，推动律师职业道德建设。

**五、切实加强对贯彻落实工作的组织领导**

15. 学习贯彻全国政法工作电视电话会议精神是当前和今后一个时期律师自律管理工作的一项重要任务，各级律师协会要在学习会议精神的基础上，进一步统一思想、提高认识，坚定不移地贯彻落实党中央的重大决策部署，紧紧依靠党的领导解决律师工作中遇到的困难和问题。坚持以全国政法工作电视电话会议精神为指导，推动新形势、新阶段律师工作又好又快的发展。

16. 各地律师协会要在当地司法行政机关的领导下，在认真学习讨论的基础上，研究提出更加细化、更加具体的贯彻意见，要制定深入推进三项重点工作的工作计划、实施措施，明确目标、做出部署、狠抓落实，确保各项工作有人抓、有人管，切实抓好落实。

17. 各地律师协会要加强对贯彻落实情况的督促检查工作。了解掌握本地区推进三项重点工作的进展情况，及时总结经验，解决工作中存在的问题，做好情况汇总上报工作，确保中央和司法部的工作部署和要求落实到位、取得实效。

## 关于印发《全国律协2010年工作要点》的通知

（2010年2月22日）

**各省、自治区、直辖市律师协会：**

为做好当前和今后一个时期律师工作，确保律师工作为促进经济平稳较快发展、维护社会和谐稳定做出更大的贡献。全国律协围绕深入贯彻落实科学发展观，贯彻落实中央经济工作会议和全国政法工作电视电话会议精神的总体要求，结合司法部对律师工作的安排和部署，研究制定了《全国律协2010年工作要点》。现印发你们，请结合实际贯彻执行，对确定的目标任务，要抓好落实，务求实效，切实推动律师事业全面发展。

**附：**

### 全国律协2010年工作要点

**一、指导思想**

高举中国特色社会主义伟大旗帜，以邓小平理论和“三个代表”重要思想为指导，深入贯彻落实科学发展观，全面贯彻落实党的十七大、十七届四中全会和中央经济工作会议、全国政法工作电视电话会议精神，紧紧围绕《律师法》、中央关于深化司法体制和工作机制改革的部署，把深入推进社会矛盾化解、社会管理创新、公正廉洁执法三项重点工作与全面加强和改进律师工作有机结合起来，统筹做好维护社会和谐稳定的工作，统筹做好服务和保障经济平稳较快发展的工作，统筹做好各项律师业务工作，不断建设高素质的律师队伍，把律师工作提高到新水平。

**二、任务目标**

（一）深入推进社会矛盾化解，切实维护社会和谐稳定

1. 引导当事人更多地采取人民调解、行政调解、司法调解和其他非诉讼手段化解矛盾纠纷；（相关专业委员会、专业委员会工作部）

2. 探索创新律师调解工作，从着力化解社会矛盾出发推动律师主持调解制度形成，推动律师参与调解工作的指导性意见出台；（相关专业委员会、专业委员会工作部）

3. 积极参与信访有关工作，努力为政府处理重大突发事件和群体性事件提供法律服务；（相关专业委员会、专业委员会工作部）

4. 把服务“三农”放在突出位置，积极为发展农村经济、增加农民收入、落实惠农政策、深化农村改革提供法律服务；（相关专业委员会、专业委员会工作部）

5. 开展公益法律服务活动，组织好“中央专项彩票公益法律援助基金项目”的实施工作，推进法律服务向社区、乡村，老少边贫地区延伸，为农民工、残疾人、老年人、妇女、未成年人等提供法律援助。（法律援助与公益法律事务委员会、专业委员会工作部）

（二）深入推进社会管理创新，切实服务经济社会发展

6. 加强政府法律顾问、企业法律顾问工作，组织专业律师服务团队，为重点领域、重点工程和重点项目提供专项法律服务，推动政府购买法律服务公共产品工作的开展；（相关专业委员会、专业委员会工作部）

7. 积极拓展知识产权、反垄断、反倾销、反补贴、环境保护、海外投资等法律服务业务领域，帮助国内企业参与国际经济合作与竞争，维护国家利益和公民、法人合法权益；（相关专业委员会、专业委员会工作部）

8. 发挥各专业委员会的优势，配合立法、

行政、司法机关做好相关法律法规的立法调研和起草等工作。(相关专业委员会、专业委员会工作部)

(三)深入推进廉洁公正执法,进一步加强律师队伍建设

——加强思想政治建设,提高服务大局的积极性和主动性

9. 结合开展"中国特色社会主义法律工作者主题教育实践活动",深入开展学习贯彻全国政法工作电视电话会议精神、社会主义法治理念教育、律师事务所第三批学习实践科学发展观活动;(宣传联络委员会、办公室)

——加强业务建设,提高服务大局的能力和水平

10. 加强与地方律协专业委员会的互动,搭建全国和地方、东部和西部、内部与外部多渠道、多层次的交流平台,建立统一的专业委员会网站;(相关专业委员会、专业委员会工作部)

11. 推动律师优秀论文评选工作制度化、规范化,开展优秀案例评选工作,编辑出版有深度、有水平的律师业务论文集和典型案例集;(相关专业委员会、专业委员会工作部)

12. 通过开展以新颁法律法规、司法解释等为主要内容的示范性培训,提高业务素质和执业技能,加强业务建设;(律师教育委员会、培训部)

13. 有针对性地加强对青年律师的培养工作,发挥青年律师讲师团、青年律师论坛作用,帮助青年律师更好更快的成长;(青年律师工作委员会、行业发展调研部)

14. 筹备召开与律师刑事辩护业务工作相关的座谈会、培训班,研究制定加强律师刑事辩护工作的指导意见,加强对律师参与诉讼业务工作的指导力度。(刑事专业委员会、专业委员会工作部)

——加强职业道德建设,推进公正廉洁执法的力度和进程

15. 与人民法院、检察院建立协调机制,规范和约束律师和司法人员关系,推动实现执业环境和执业条件的改善;(纪律委员会、会员部)

16. 推动各级律师协会,特别是地市级律师协会惩戒机构的建立,加强和规范行业惩戒工作;(纪律委员会、会员部)

17. 启动《律师协会会员违规行为惩戒规则》的修订及实施细则的制定工作。(纪律委员会、会员部)

——加强党的建设,推进律师行业党建工作向纵深和持久发展

18. 从律师的职业特点和内在需求出发,在巩固已有成果的基础上,全面推进律师行业党建工作深入持久发展;(全国律协党建工作指导小组、办公室)

19. 逐步建立律师行业党建工作保障机制,为律师行业党建工作提供有力保障;(全国律协党建工作指导小组、办公室)

20. 关心党员律师的政治进步,改进党员律师教育培训的内容和方式,为党员律师参政议政提供平台;(全国律协党建工作指导小组、办公室、会员部)

21. 不断完善律师行业党建工作管理体制,配合司法部进一步理顺司法行政机关、律师协会和律师事务所之间党组织的隶属关系。(全国律协党建工作指导小组、办公室)

——加强行业管理机制建设

22. 积极争取相关部门的配合与支持,着手研究解决执业律师档案分级分类统一管理的问题;(地方律协建设指导委员会、会员部)

23. 探索建立律师为政府处置突发事件和群体性事件提供法律服务的工作机制;(相关专业委员会、专业委员会工作部)

24. 着手对会员登记制度、律师执业活动考核制度进行研究,加强对申请律师执业人员实习活动进行统一管理。(会员部)

——加强律师协会自身建设

25. 配合司法体制和工作机制改革,探索完善律师协会组织建设和运行机制,推动各级

律师协会组织建设进一步发展；(地方律协建设指导委员会、会员部)

26. 加强对地方律师协会建设进行分类指导，促进各地律师事业的协调发展；(地方律协建设指导委员会、会员部)

27. 按照国家和司法部有关人事改革精神，探索改革全国律协机关人事制度，建立和完善激励保障机制，增强活力，提高工作水平和服务质量；(办公室)

28. 开展对全国律协会费收缴工作改革的调研论证；(财务工作专门委员会、办公室)

29. 加强律师协会信息工作、统计工作建设，对业务人员开展相关培训工作。(地方律协建设指导委员会、办公室)

(四) 不断完善律师工作制度，推动行业自身科学发展

——不断完善维权工作制度

30. 完善律师协会三级架构、整体维权的工作体系，根据各级律师协会的职责与分工，探索和创新开展维权工作新的载体、途径与渠道，完善能够充分表达和维护律师权益的维权工作机制；(维护律师执业合法权益委员会、会员部)

31. 加强与公检法机关的工作联系，建立多层次、经常性的沟通机制和对话平台；(维护律师执业合法权益委员会、会员部)

32. 完善理论研究工作机制，从政策理论上深入研究维权工作遇到的新情况、新问题，提出明确的应对思路，真正解决一些迫切需要解决的实际问题。(维护律师执业合法权益委员会、律师发展战略研究委员会、会员部、行业发展调研部)

——进一步完善行业规范体系

33. 完成《中华全国律师协会章程》修改工作；(《章程》修改小组、行业发展调研部、会员部)

34. 加强对扶持不发达地区律师业发展、完善律师税收管理、社会保障等问题的研究，加大推动相关政策法规出台的工作力度；(律师发展战略研究委员会、律师行业规则委员会、行业发展调研部、会员部)

35. 着手对劳动、环境、物流、电子证据固定采集、城中村改造、物业管理等律师业务操作指引的研究起草工作；(相关专业委员会、专业委员会工作部)

36. 着手对知识产权、金融证券、刑事诉讼等业务规范和业务指引的修订工作。(相关专业委员会、专业委员会工作部)

——进一步完善培训工作体系

37. 进一步完善以律师事务所基础性培训为主，各地律师协会主体培训、全国律协示范性培训、其他形式培训为补充的律师继续教育体系；(律师教育委员会、培训部、会员部)

38. 研究制定《全国律协律师继续教育管理规则》，指导各地律师协会逐步建立健全律师培训计划备案、师资经费管理、律师继续教育档案管理、律师继续教育考核管理、培训证书管理、培训机构监督等各项制度，为有效承担起律师培训管理职能提供制度依据；(律师教育委员会、培训部)

39. 研究制定《全国律协律师事务所培训工作指引》，建立起更加规范、更加科学的律师事务所培训工作管理模式。(律师教育委员会、培训部、会员部)

——进一步加大《律师法》配套规则的废改立工作

40. 推动《律师执业行为规范》的贯彻落实工作；(律师行业规则委员会、行业发展调研部、会员部)

41. 推动《申请律师执业人员实习管理规则》的修订实施及贯彻落实工作；(律师教育委员会、培训部、会员部)

(五) 切实加大宣传工作力度，营造有利于律师业发展的社会环境

42. 加强宣传策划，把宣传工作与律师工作服务经济平稳较快发展结合起来，与保民生服务人民群众结合起来，与化解矛盾维护社会稳定结合起来，在推进各项工作中加强宣传，

通过宣传促进各项工作；（宣传联络委员会、办公室、《中国律师》杂志社）

43. 加强与央视、新华社、人民日报、法制日报等媒体的合作，通过专报、专栏等形式，加大律师工作宣传力度；（宣传联络委员会、办公室、《中国律师》杂志社）

44. 加强与新华网、人民网等网站的联系，利用网络宣传优势，为律师工作营造良好舆论环境；（宣传联络委员会、办公室、《中国律师》杂志社）

45. 有计划地组织新闻媒体深入宣传律师行业涌现出来的先进集体、先进模范人物和先进经验，展示律师队伍的良好精神面貌和优良作风，鼓舞队伍士气，树立社会形象，推动工作发展；（宣传联络委员会、办公室、会员部、《中国律师》杂志社）

46. 借鉴与全国总工会联合开展评选表彰工作的经验，积极探索与全国妇联、团中央联合开展优秀女律师、青年律师等评选表彰活动；（宣传联络委员会、会员部、办公室、《中国律师》杂志社）

47. 策划、组织第五届中国青年律师论坛，研讨青年律师存在的突出问题，为青年律师发展营造良好的舆论氛围；（青年律师工作委员会、宣传联络委员会、行业发展调研部、《中国律师》杂志社）

48. 以中国律师杂志、中国律师网为载体和平台，开展年度律师人物和律师事务所排行活动；（《中国律师》杂志社、中国律师网）

49. 进一步加强中国律师杂志、中国律师网的选题策划，提高杂志、网络业务研讨和信息发布水平的同时，及时就行业热点话题组织小型论坛和研讨会，充分发挥舆论引导作用；（《中国律师》杂志社、中国律师网）

50. 及时编辑出版《中国律师年鉴》，为行业发展留下珍贵文字、图片资料。（《中国律师》杂志社、办公室）

（六）加强涉外及涉港澳台地区交流与合作

——扩大双边与多边交流

51. 接待英国、日本、韩国、德国等国家律师协会代表团来访，进一步拓展交流合作的内容与形式；（外事委员会、国际部）

52. 组织律协会长代表团访问蒙古、俄罗斯等国家，考察和交流律师行业自治、惩戒、会员管理等律师协会管理工作；（外事委员会、国际部）

——扩大与国际律师组织间的合作

53. 参加亚洲律协会长会议、国际律协年会、国际律师联盟年会、环太律协年会及中、日、欧三方律师协会领导峰会等国际律师组织的活动；（外事委员会、国际部）

——继续拓展全国律协赴外培训计划

54. 组织青年律师赴澳大利亚、赴英国培训项目的实施以及赴西班牙培训项目的面试及选拔工作。（外事委员会、国际部）

——加强与港澳台律师间的交流与合作

55. 做好与台湾律师界代表团之间的互访工作；（台港澳事务部）

56. 加强与香港两个律师会、澳门律师会之间的联系与合作，促进与港澳律师在专业领域的交流与合作。（台港澳事务部）

——做好民间对日索赔诉讼工作指导小组工作

57. 继续配合日本律师团做好战后遗留问题的调查取证工作，向司法部、外交部、最高人民法院、对外友协及中日友协等有关部门，系统全面通报民间对日索赔的基本情况，与相关部门共同举办法律研讨会及新闻发布会等，使国内法律界和日本侵略的受害人（及继承人）了解民间对日索赔的基本情况和意义。（民间对日索赔诉讼工作指导小组、国际部）

——加强对地方律协外事工作的指导

58. 适时召开全国律协外事工作座谈会，加强学习并交流工作经验，学习有关国际交往的礼仪、规则和注意事项以及有关国际形势、地缘政治、台独、疆独、西藏问题、人权问题等的对外口径和对外政策，宣传青年律师赴外培训项目入选条件和培训目的等。(外事委员会、国际部)

(七)加强理论研究，推动行业科学发展

59. 研究制定律师业中长期发展规划，着眼于律师业的总体布局和健康发展，探索律师行业发展趋势和规律；(律师发展战略研究委员会、行业发展调研部)

60. 根据律师工作发展的总体现状，就律师执业权益保护、青年律师的生存与发展、欠发达地区律师和基层律师、律师事务所的发展、会费问题、各级律师协会建设等问题开展调研，研究解决问题的办法、措施，推动相关问题的解决，推动行业科学发展。(相关专门委员会、行业发展调研部、会员部)

## 关于认真汲取李庄案件的深刻教训开展警示教育引导律师依法履行职责的意见

(2010年3月18日)

**各省、自治区、直辖市律师协会：**

2月9日，重庆市第一中级人民法院以李庄犯辩护人伪造证据、妨害作证罪，依法判处其有期徒刑一年六个月，2月20日，北京市司法局依法吊销李庄律师执业证书。李庄案件是一起律师违法犯罪而受到法律制裁的典型案例，为认真汲取李庄案件的深刻教训，引导律师依法正确履行职责，司法部决定从今年3月开始到今年年底，在全国律师队伍中开展警示教育。为切实组织开展好这次警示教育，弘扬正气，教育和引导广大律师高举中国特色社会主义的伟大旗帜，自觉践行中国特色社会主义法律工作者的基本要求，全国律协提出如下意见：

### 一、充分认识李庄违法违纪的问题实质和危害

经法院审理认定，李庄的主要犯罪事实如下：2009年11月，重庆市龚刚模等34人组织、领导、参加黑社会性质组织案被提起公诉后，李庄担任第一被告人龚刚模的一审辩护人，先后收取律师咨询费、刑事辩护、民事代理、法律顾问费150万元。李庄担任辩护人期间，利用会见龚刚模之机，向其宣读同案人供述，教唆龚刚模编造被刑讯逼供，引诱龚刚模妻子作龚刚模被敲诈的虚假证言，指使龚刚模之弟龚刚华安排保利公司员工作虚假证言，否认龚刚模系保利公司的实际出资人和控制者，并向重庆市第一中级人民法院提交通知龚云飞等证人出庭作伪证的申请，其行为妨害了司法机关正常的诉讼秩序。

一审开庭审理期间，李庄拒不认罪，并多次以维护自身权益为由申请异地管辖、检察院和法院整体回避，提出休庭和延期审理等请求。二审开庭审理期间，李庄当庭表示一审判决认定的事实清楚，证据确实、充分，定罪准确，程序合法，撤回上诉理由，并在法庭辩论阶段和最后陈述时，多次表示认罪。

李庄从一名执业律师变成违法犯罪分子，究其根本原因，就是其在执业理念上背弃了中国特色社会主义法律工作者的本质要求，在执业行为上违反了法律对律师执业的基本规范，在执业操守上违背了律师应当具有的基本职业道德准则。各地律师协会和广大律师一定要坚决反对李庄的违法违纪行为，切实从中汲取教训，引以为戒，警钟长鸣。

### 二、广大律师要自觉践行社会主义法治理念，严格依法履行职责

这些年来，在党中央、国务院的关怀领导

下，我国律师制度日益完善，律师队伍日益壮大，律师的职能作用日益显著。实践证明，我国律师队伍主流是好的，是党和人民可以信赖的队伍。但是，我们必须清醒地看到，李庄案件虽属个案，但其所反映出的问题，值得深思，广大律师要自觉做到严格依法、诚信、尽职执业，切实做中国特色社会主义法律工作者。

1. 要始终坚持社会主义法治理念。社会主义法治理念是我国立法、执法、司法和法律监督等法治领域的基本指导思想。广大律师要在思想上牢固树立依法治国、执法为民、公平正义、服务大局、党的领导的社会主义法治理念，坚定不移地做中国特色社会主义法律工作者。要在行动上，切实履行好维护当事人合法权益、维护法律正确实施、维护社会公平正义的职责使命。坚持依法守则，讲事实、讲证据、讲法律。李庄在辩护活动中，采用违法手段，指使证人作伪证，帮助被告人开脱罪责，逃避法律的制裁。这些行为妨害了司法机关正常的诉讼秩序，影响了法律的正确实施，使得社会公平正义无从实现，也势必会损害人民群众的根本利益。广大律师一定要引以为戒，深刻认识律师作为中国特色社会主义法律工作者的本质属性和职责使命，按照“政治坚定、法律精通、维护正义、恪守诚信”的要求，坚定地拥护党的领导、拥护社会主义制度、拥护宪法和法律，自觉地维护当事人合法权益、维护法律正确实施、维护社会公平正义，模范遵守法律法规、职业道德和执业纪律，在执业中努力实现法律效果与社会效果、政治效果有机统一。

2. 要严格依法诚信履行职责。严格依法诚信履行职责，是律师工作的本质要求，也是以人为本、执业为民在律师工作中的具体体现。我国《刑事诉讼法》、《律师法》都明确规定，律师执业必须以事实为根据，以法律为准绳；不得故意提供虚假证据或者威胁、利诱他人提供虚假证据。李庄作为一名执业律师，知法犯法，置法律规定于不顾，妄图以伪造证据、引诱证人作伪证等行为，歪曲事实，欺骗、蒙蔽司法机关，影响案件审理结果，最终走上了违法犯罪的道路，受到了法律的制裁。广大律师要时刻牢记作为一名法律职业者，必须把遵守法律、崇尚法治、捍卫法制视为执业的崇高信念和天职。在刑事辩护代理中，无论是会见、阅卷、调查取证还是分析案情、陈述问题、阐述观点、法庭辩护都要依据事实、依据法律，决不能利用执业之便，与当事人相互串通，歪曲事实、编造谎言。在民事代理和非诉讼代理活动中，也要始终坚持严格依法、依规、依纪履行职责。

3. 要严格遵守职业道德和执业纪律。律师的职业特点决定了律师不仅要有较高的执业水平，更要有良好的职业道德素质，严格遵守执业纪律。李庄却丧失了作为一名律师基本的职业操守，其违法犯罪行为不仅受到了法律的制裁，而且其“造假”、“拿钱捞人”的行为严重违反了律师执业基本准则，严重违反了律师职业道德，其形象也受到了社会公众和舆论在道义上的谴责。广大律师一定要从中吸取教训，在执业活动中要经得起名利、金钱的考验，切实增强职业道德和执业纪律观念，严格遵守职业道德规范和行为准则，珍视与维护律师的职业形象。

**三、切实发挥行业协会自律管理和监督作用，认真开展警示教育**

根据司法部关于开展律师队伍警示教育工作意见的安排，从今年3月开始到今年年底，在全国律师队伍中开展警示教育。这次警示教育分动员部署、学习讨论、整改提高三个阶段，重点围绕“加强学习、深入讨论、认真查改、健全制度”四个方面来开展。各地律师协会要认真贯彻落实司法部部署，配合地方司法行政机关组织、开展好此次警示教育。要统一思想，提高认识，加强组织领导，把开展警示教育与深入推进“中国特色社会主义法律工作者”主题教育实践活动结合起来，与建立健全律师队伍社会主义法治理念教育长效机制结合起来，与规范律师从事诉讼业务活动结合起来，做到统筹兼顾、相互促进，保证警示教育扎实有效开展，保证各项工作整体推进。

1. 加强学习，提高思想认识。在律师队伍中深入开展思想政治教育和法律法规、职业道德执业纪律教育。通过披露李庄违法犯罪事实真相，组织广大律师深入剖析李庄违法犯罪的原因，认真总结教训。通过学习和讨论，统一思想，提高认识，进一步增强广大律师坚持中国特色社会主义道路，坚持中国特色社会主义理论体系，坚持社会主义法治理念，做中国特色社会主义法律工作者的坚定性；进一步增强广大律师的宪法观念和严格依法规范执业的意识，提高律师维护宪法和法律权威，维护当事人合法权益、维护法律正确实施、维护社会公平正义的自觉性；进一步增强广大律师的职业道德水准和执业纪律观念，努力在执业活动中自觉坚持严格依法、诚信执业，切实做到讲政治、顾大局、守纪律，实现法律效果与社会效果、政治效果的有机统一。各地律师协会要将律师思想政治、职业道德和执业纪律教育工作纳入到协会培训计划之中，设置必读课程常抓不懈。要适时组织开展律师刑事辩护业务培训，举办律师执业行为规范培训，切实规范律师执业行为，督促律师依法、依规、依纪履行职责。

2. 认真查改，完善律师执业监督体系。围绕警示教育“认真查改”的要求，全国律协将结合新形势、新问题，贯彻落实《律师法》，完善执业监督体系架构，统一规则制定程序，提高行业规则的质量，保障行业规则具有指导性和可操作性，严密执业监督体系。制定律师执业活动考核办法，建立规范和统一的律师执业行为考核方式、考核标准以及对于不符合考核标准的律师和律师事务所给予的行业惩戒措施，通过制度化、规范化的考核工作实现行业协会对律师执业活动的监督。各地律师协会应充分把握警示教育的机会，开展一次行业规范制度实施情况检查活动，督促律师和律师事务所严格执行协会各项行业规范和律师事务所内部管理制度，进一步规范律师的执业行为。各地律师协会要督促律师和律师事务所按照全国律协各项规范、规则认真查找不足，要针对排查出的问题，提出切实可行的整改目标和工作措施，逐项进行整改，真正落实各项制度。

3. 健全制度，完善律师行业规范。围绕警示教育关于“健全制度”的要求，全国律协将通过制定业务规范体系建设的规划，完善规范体系的架构来扩大业务规范的覆盖面，充实业务规范内容，细化业务规范的条款。使律师在具体业务活动中有法可依、有规可循，提高执业水平，防范执业风险。全国律协将做好《律师办理刑事案件规范》的修订工作，建立健全规范律师与司法人员相互关系的制度和机制，明确会见、阅卷、调查取证、收费、出庭等环节的业务规则，为规范律师办理刑事案件，做好刑事辩护工作提出具体的指导和要求。督促律师事务所尽快完善和落实人员管理、业务管理、收费与财务管理、投诉查处、年度考核、档案管理等内部管理制度，落实合伙人管理责任，堵塞律师事务所在案件管理、业务质量、收费等环节存在的漏洞，发挥律师事务所在执业管理中的基础性作用。各地律师协会要配合全国律协进一步推动律师行业规范、规则的完善工作，依照全国律协制定的行业规范和规则，结合本地区实际情况制定实施细则，细化相关制度。

4. 坚持正面教育，弘扬行业正气。在开展警示教育中，各地律师协会要坚持正面教育、自我教育为主，充分调动广大律师的积极性和自觉性，重在引导广大律师充分认清李庄案件的危害，提高思想认识。要务求实效，重在解决问题，防止搞人人过关，防止搞形式主义。要发挥好党员律师的先锋模范作用和律师事务所党支部的政治保障作用，引领广大律师进行认真学习、讨论和有效查摆、整改。要利用广播电视、报刊杂志、互联网等各种媒体，宣传表彰一批在执业活动，特别是在刑事诉讼活动中的律师先进典型，加大正面宣传力度，弘扬社会正气，提升律师社会形象。增强律师依法履行职责，积极参与刑事辩护工作的信心和决心，增强社会各界对律师是中国特色社会主义法律工作者的认知度和认同度，为律师事业的发展创造良好环境。

各地律师协会要在当地司法行政机关的领导下，认真做好各项组织推动工作，狠抓落实。要做好警示教育的督促检查工作，了解和掌握本地区警示教育的进展情况，及时总结经验，解决活动中存在的问题，做好情况的汇总上报工作，确保中央和司法部的工作部署和要求落实到位、取得实效。

各地开展警示教育的情况，请及时报告。

## 关于切实做好申请律师执业人员实习组织管理工作的意见

（2010年6月12日）

**各省、自治区、直辖市律师协会：**

根据2008年6月1日起施行的《中华人民共和国律师法》，七届全国律协第五次常务理事会审议通过了修订后的《申请律师执业人员实习管理规则》（以下简称《实习管理规则》）。现就贯彻实施修订后《实习管理规则》，切实做好申请律师执业人员实习组织管理工作，提出如下意见：

**一、统一思想，深刻认识做好实习组织管理工作的重要意义**

各地律协要深刻认识贯彻落实修订后《实习管理规则》是落实中央司法体制改革精神、改革和完善律师制度的一项重要内容，是加强律师队伍建设、强化律师协会行业自律的一件大事，是律师协会深入学习实践科学发展观、依法履行职责的重要举措。各地律协必须把切实做好实习组织管理工作列入重要议事日程，加强监督管理，确保工作取得良好实效。

（一）切实做好实习组织管理工作，是认真贯彻落实党的十七大精神、深入学习实践科学发展观的重要体现。加强对实习人员的教育管理，引导其牢固树立社会主义法治理念，坚定不移地做中国特色社会主义的法律工作者、做经济社会又好又快发展的服务者、做当事人合法权益的维护者、做社会公平正义的保障者、做社会和谐稳定的促进者，促进其全面发展，是建设一支政治坚定、法律精通、维护正义、恪守诚信的律师队伍，大力培养中国特色社会主义事业的建设者、捍卫者，促进律师事业全面协调可持续发展的根本保证，是充分发挥律师队伍职能作用，不断提高服务经济社会发展能力和水平，为科学发展提供优质高效法律服务的重要体现。

（二）切实做好实习组织管理工作，是律师队伍建设关口前移的重要手段和保障。完善律师行业准入制度，严把律师准入关，是将律师队伍建设关口前移的一项重要措施。建设一支高素质的律师队伍，促进律师事业持续、稳定、健康发展，要求必须从入门开始，保证进入律师队伍的人员政治、业务和职业道德素质合格。加强申请律师执业人员实习活动的管理及考核，是实现律师队伍建设关口前移的重要手段和保障。通过加强实习人员的思想政治教育、律师职业道德和执业纪律教育、律师业务技能培训，强化律师事务所和实习指导律师的教育管理职责，严格实习考核标准和考核程序，可以筛选符合条件的人员进入律师队伍，将品行不良的人拒之门外，从而有效保证律师队伍的整体素质，完善中国特色社会主义律师制度。

（三）切实做好实习组织管理工作，是强化律师协会行业自律、完善两结合管理体制的重要环节。新修订的《中华人民共和国律师法》明确赋予了律师协会“组织管理申请律师执业人员的实习活动，对实习人员进行考核”的职责，这是国家对律师行业发展的高度信任与殷切期待，更是推进律师行业自律建设的重要契机。由律师协会负责实习组织管理工作，可以充分发挥行业自律管理的优势，直接体现律师行业对实习人员各项素质的基本要求，从入门开始，严把质量关，确保律师队伍后备人才的高素质。各地律协应从律师事业长远发展出发，积极探索，总结经验，切实加强实习组织管理工作，加大对后备人才的培养力度，提高律师队伍整体素质，推进律师事业又好又快发展。

**二、认真领会，准确把握做好实习组织管理工作的指导思想和基本原则**

根据深入学习实践科学发展观、全面建设小康社会以及完善中国特色社会主义律师制度、建设中国特色社会主义法治国家的要求，结合当前我国律师行业管理工作的实际，做好实习组织管理工作的指导思想是：根据律师是中国特色社会主义法律工作者的定位，按照“政治坚定、法律精通、维护正义、恪守诚信”的培养目标，切实加强实习人员的思想政治教育、律师业务技能培训、律师职业道德和执业纪律教育，强化律师事务所和实习指导律师的教育管理职责，严格规范实习人员的实习行为，有效增强其大局意识、服务意识，提高其业务能力，为我国律师事业发展提供源源不断的高素质人才，推进律师事业持续、稳定、健康发展。

根据上述指导思想，在实习组织管理工作中必须坚持依法、依规的基本原则。即大力整改一切随意、不负责任的做法，采取有效措施，严格按照《律师法》和律师协会实习管理规范所确定的目标、方针、标准和程序，有序开展工作，进一步完善实习管理规程，逐步健全律师协会、律师事务所、实习指导律师有机结合的实习管理模式，明确各自的管理责任，发挥各自的职能作用，使实习人员真正感受到律师协会的关怀，感受到实习指导律师的言传身教，感受到律师工作是推动民主法制建设的一项崇高事业。

**三、严格实施，充分贯彻做好实习组织管理工作的基本要求**

各地律协要明确《实习管理规则》的各项基本要求，准确把握当前工作的主要任务，严格规范实习人员的实习行为，确保实习质量。

（一）要培养实习人员具有良好的政治素质、业务素质和职业道德素质，特别是要重视政治素质和职业道德素质的提高。在实习期间要对实习人员的思想政治、业务技能、职业道德进行全方位的教育，并且要把思想政治和职业道德教育放到首位。要教育实习人员自觉坚持中国特色社会主义法律工作者的本质属性，坚持党的事业至上、人民利益至上、宪法法律至上，切实做到拥护党的领导、拥护社会主义制度、拥护宪法，牢固树立维护当事人合法权益、维护法律正确实施、维护社会公平和正义的责任意识，坚定不移地做中国特色社会主义事业的建设者、捍卫者。

（二）要严格审查实习人员的道德品行，坚决不能让品行不良的人进入律师队伍。申请实习人员曾有严重违法违纪行为、社会影响极其恶劣的，不得准予其实习登记；曾有违法违纪行为，但在申请实习登记时隐瞒不报、向律师协会作虚假承诺的，不得准予其实习登记。曾有一般违法违纪行为，该行为发生在申请实习人员十八周岁以前或者自受到处罚之日起已至少经过五年，其本人能够提供相应证据证明确已改正的，受理实习登记申请的律师协会应当组织具有较高思想政治素质、职业道德素质的执业律师及律师协会、司法行政机关的工作人员组成品行审核委员会，对申请实习人员违法违纪行为的发生时间、行为性质、受到处罚后的表现等进行审核，并要求其提交至少二名执业十年以上、未受过行政处罚或者行业惩戒的当地资深律师就其品行改正情况作出的评价及出具的推荐书。品行审核委员会确认该申请实习人员违法违纪行为所产生的不良社会影响并非特别重大，受到处罚后一贯表现较好的，才能准予其实习登记。

（三）要强化律师协会、律师事务所和实习指导律师的教育管理职责，健全三者有机结合的实习管理模式。律师协会发现实习人员违反实习管理规定的，应当给予批评教育，责令改正；实习人员有严重违法违规行为的，应当责令其立即停止实习，并要求接收其实习的律师事务所解除与该实习人员的实习关系；律师协会发现律师事务所或者实习指导律师违反实习管理规定的，要给予相应的行业惩戒。律师事务所对本所实习人员的实务训练，要有切实可行的工作规划；发现实习人员违反实习纪律的，律师事务所和实习指导律师应当给予批评教育；发现实习人员有严重违法违规行为、不符合申请律师执业条件的，律师事务所要及时、主动向律师协会报告，经律师协会查证属实后，解除与该实习人员的实习关系。律师事务所要督促实习指导律师切实履行职责，实习指导律师严重违背职责的，应当终止其指导实习的工作。

（四）要严格实习考核标准与考核程序，确保通过考核的实习人员具有良好的综合素质。要遵循依法、客观、公正的原则，实行材料审查与素质测评相结合的方法，按照规定的条件、标准和程序，对实习人员的政治素质、道德品行、业务素质、遵守律师职业道德和实习纪律的情况、完成集中培训和实务训练的情况等内容进行全面考核。考核内容不仅要包括实习人员的业务素质和能力，更要突出对其政治素质、道德品行的审查，以保证申请律师执业人员的综合素质。在完善书面审查的基础上，各地律协可以根据具体情况，采取笔试或者面试答辩的方式对实习人员进行综合素质测评，为今后更好地完善实习考核工作积累经验。

**四、全面落实，切实做好各项组织管理与监督保障工作**

各地律协要有强烈的责任感和使命感，切实加强组织管理与监督保障，确保各项工作落到实处。省（区、市）律师协会要结合本地区实际情况，及时制定或者修订相应的实施办法，制定、完善实习管理工作的各项程序和要求；各地律协要尽快做好各项前期准备工作，完成品行审核委员会、实习考核委员会组成人员的遴选，建立健全可接收实习人员实习的律师事务所、实习指导律师、集中培训授课教师数据库。要本着节约资源、合理利用师资、注重效果的原则，组织好集中培训工作；要科学设置集中培训内容，注意加强中国特色社会主义基本理论和社会主义法治理念的学习，加强律师职业道德和执业纪律培训，加强律师执业基本技能培训；要做好集中培训教材的征订工作，及时反馈教材使用过程中出现的问题；要逐步健全实习人员实习档案管理制度和实习报告制度，努力促进实习组织管理工作日益规范化、制度化、科学化；要定期向当地司法行政机关报告组织开展申请律师执业人员实习组织管理工作的情况，争取工作指导。

各地律协要对实习人员、接收实习人员实习的律师事务所和实习指导律师加强监督，督促律师事务所和实习指导律师切实履行教育管理职责，要求实习人员严格遵守实习纪律，切实提高政治素质、职业道德素质，掌握律师执业基本技能。要鼓励先进典型，对实习组织管理工作中作出特殊贡献的律师事务所和律师，要给予适当表彰。要定期开展检查，及时发现和认真解决工作中遇到的问题，注意发掘、推广创新性的工作措施和工作方法，加强经验交流与总结，强化工作成果，推动实习组织管理工作进一步完善。

# 全国律协关于认真学习贯彻周永康同志在全国律师工作会议上的重要讲话精神的意见

(2010年12月30日)

**各省、自治区、直辖市，新疆生产建设兵团律师协会：**

2010年11月22日至23日，全国律师工作会议在北京召开，中共中央政治局常委、中央政法委书记周永康同志出席会议并作重要讲话。为了学习好、贯彻好、落实好周永康同志的重要讲话精神，进一步推动律师工作又好又快发展，更好地服务于经济社会科学发展，提出如下意见。

## 一、要充分认识周永康同志重要讲话的深刻内涵和重要意义

周永康同志的重要讲话，全面贯彻党的十七大和十七届三中、四中、五中全会精神，深入贯彻落实科学发展观，充分肯定了近年来律师工作和广大律师在服务经济社会发展、保障人民群众合法权益、维护社会公平正义、化解社会矛盾纠纷、促进社会和谐稳定中作出的积极贡献；站在党和国家事业的高度，立足于中国特色社会主义事业的全局，着眼于当前国际国内形势的深刻变化，深刻阐明了事关中国特色社会主义律师事业发展的一系列重大问题，对深入贯彻党的十七届五中全会精神，贯彻落实中办发［2010］30号文件文件精神，进一步加强和改进律师工作提出了明确要求，对广大律师在夺取全面建设小康社会新胜利中充分发挥作用寄予了殷切希望。周永康同志的重要讲话，高屋建瓴、思想深刻、内涵丰富，具有很强的思想性、针对性和指导性，充分体现了党和国家对律师工作的高度重视，对全国广大律师的亲切关怀，为广大律师更好地依法履行职责、发挥作用，为进一步做好律师工作、推动律师事业科学发展指明了方向。周永康同志的重要讲话，是做好当前和今后一个时期律师工作的纲领性文件，对于进一步开创律师工作新局面具有重要的指导意义。

## 二、要始终坚持律师是中国特色社会主义法律工作者的政治地位

周永康同志在讲话中着眼于当前党和国家工作发展的新形势、新任务、新要求，进一步明确了律师是中国特色社会主义法律工作者的政治地位。我国律师制度和律师的本质属性，是由我国宪法、法律和国情决定的，是与中国特色社会主义经济、政治、文化、社会制度相适应的。律师协会和广大律师要正确认识和准确把握我国律师的政治定位，必须做到“四个始终”，即：始终坚持高举我国特色社会主义伟大旗帜；始终坚持以科学发展观统领律师工作；始终坚持律师是中国特色社会主义法律工作者的本质属性；始终坚持党对律师工作的领导。在律师工作和律师执业活动中，要认真贯彻落实党的十七大和十七届五中全会精，深入贯彻落实科学发展观，牢固树立社会主义法制理念，自觉坚持党的事业至上、人民利益至上、宪法法律至上，切实做到拥护党的领导，拥护社会主义制度，拥护宪法，努力实现法律效果与社会效果、政治效果有机统一，坚定不移地做中国特色社会主义事业的建设者、捍卫者。

## 三、要忠实履行新时期律师肩负的职责使命

周永康同志在讲话中指出，党的十七届五中全会明确了“十二五”时期是全面建设小康社会的关键时期，是深化改革开放、加快转变

经济发展方式的攻坚时期，我国仍处于可以大有作为的重要战略机遇期。这为律师在中国特色社会主义事业发展进步中发挥更大作用提供了广阔空间。律师作为中国特色社会主义法律工作者，为经济社会又好又快发展、保障人民群众合法权益、维护社会公平正义、化解社会矛盾纠纷、促进社会和谐稳定提供优质高效的法律服务，是自己的职责所在、价值所在，要时刻牢记自己所肩负的职责使命。当前，我国律师事业进入了改革发展的新阶段，如何抓住机遇、迎接挑战、乘势而上，努力实现新的跨越和发展，更好地适应经济社会发展的客观要求，满足整个社会和广大人民群众对法律服务日益增长的需要，是律师工作面临的新的使命。律师协会和广大律师要紧紧围绕“十二五”时期经济社会发展全局。深入研究经济发展方式转变、经济结构调整，促进经济平稳较快发展和社会和谐稳定等重点领域的法律问题，拓展法律服务领域，提升法律服务层次和质量，提高服务科学发展的能力和水平。主动面向群众、面向基层、面向社区开展法律服务，积极向困难群众提供公益性法律服务和法律援助。严格遵守“以事实为依据、以法律为准绳”的原则，恪守职业道德和执业纪律，建立健全律师诚信执业制度，完善律师诚信执业评价、监督机制和失信惩戒机制，使广大律师努力成为社会诚信建设的倡导者、推动者和示范者。继续深入推进三项重点工作，充分发挥律师在党和政府主导的维护群众权益机制中的独特作用，积极参与人民调解、行政调解、司法调解，积极参与涉法涉诉信访问题的处理，积极参与群体性事件的预防处置，为党委、政府和广大人民群众提供良好的法律服务。

## 四、要全面落实党中央对保障律师执业权益出台的重要举措

周永康同志在讲话中强调，要从完善执业法律制度到财税、社保、经费、培养选拔优秀律师等方面，采取有效措施，加大对律师依法履职的保障力度。这是促进律师事业发展的重要举措，令人鼓舞，催人奋进，充分体现了党和国家对律师工作的重视和对广大律师的关心。加强律师执业权益保障，确保律师依法行使执业权利，对于促进司法公正、防止司法腐败具有重要作用。落实律师工作经费、财税和社会保障措施，是律师事业发展所必需的政策保障。律师人才培养选用政策，对于推动把律师人才队伍建设纳入国家人才队伍建设总体部署具有重要的积极作用。律师协会要不断研究律师工作和律师队伍建设的新情况、新问题，及时向司法行政机关汇报请示律师工作改革、发展和建设的重要问题，配合加强与有关部门的联系，争取支持，推动各项扶持保障政策落实。

## 五、要进一步加强党对律师工作的领导

周永康同志在讲话中指出，律师事业的健康发展离不开党的领导。坚持党对律师工作的领导，是确保律师事业沿着社会主义方向前进的根本保证。我国律师制度是中国特色社会主义司法制度的重要组成部分，律师是中国特色社会主义法律工作者，律师工作必须始终坚持社会主义方向。律师工作坚持正确方向，核心是坚持党的领导。党的领导主要是政治、思想和组织领导。要把党的领导落到实处，关键是把律师行业党的组织建设好，把律师行业党组织和律师党员的作用发挥好。律师协会党组织和律师党员，要积极宣传党的主张，认真落实党对律师工作的决策部署，努力完成党交给的各项任务，切实发挥律师行业党组织在执业活动中的政治核心作用，充分发挥律师党员的先锋模范作用。实践证明，哪里律师行业党组织健全，党组织和律师党员作用发挥得好，哪里律师工作就发展得好、发展得快。坚持党对律师工作的领导，是确保律师行业党的建设科学发展的根本保证。律师行业党的建设是新时期党的建设新的伟大工程的重要组成部分。党中央对新形势下律师行业党建工作的目标、任务和政策、措施，以及党建工作管理体制、责任

机制，律师事务所党组织在律师执业活动中的政治核心地位等都作出了明确要求。律师协会党组织，必须认真贯彻落实中央的决策部署，切实加强党对律师行业的领导，在巩固党的组织和党的工作对律师行业实现全覆盖的基础上，积极推进律师行业党的理论和实践创新，确保律师行业党的建设科学发展。坚持党对律师工作的领导，是广大律师实现人生价值的根本保证。广大律师要自觉把律师事业与党和人民的事业紧密联系在一起，把个人的前途命运与国家的前途命运紧密联系在一起，把实现个人价值与推动中国特色社会主义事业发展进步紧密联系在一起，坚定理想信念，坚持正确政治方向，永远做党和人民的忠诚卫士，为全面建设小康社会、加快建设社会主义法治国家贡献聪明才智。

各地学习贯彻情况，请及时报全国律协。

## 全国律协关于深入学习贯彻全国律师工作会议和全国律师行业党的建设工作会议精神的意见

（2010 年 12 月 30 日）

**各省、自治区、直辖市，新疆生产建设兵团律师协会：**

为深入学习贯彻全国律师工作会议和全国律师行业党的建设工作会议精神，切实加强和改进律师工作，推动律师行业党建工作深入发展，现就会议精神的学习和贯彻提出如下意见：

**一、认真学习、深刻领会会议精神，切实把思想和行动统一到中央的要求和部署上来**

刚刚结束的全国律师工作会议和全国律师行业党的建设工作会议，是在新形势下推动律师事业改革发展，开创律师行业党的建设新局面的重要会议。会上，吴爱英部长分别作了重要讲话，中央组织部副部长王秦丰同志在律师行业党建工作会议上作了重要讲话，对学习贯彻党的十七届五中全会和中办发［2010］30 号文件精神，学习领会周永康同志重要讲话精神，进一步加强和改进律师工作、律师行业党的建设工作作了全面部署，提出了明确要求。按照吴爱英部长、王秦丰副部长的讲话要求，认真学习、深刻领会中办发［2010］30 号文件和周永康同志重要讲话精神，认清形势，坚持政治定位，准确把握进一步加强和改进律师工作、律师行业党的建设工作的总体部署和任务措施，是当前和今后一个时期律师行业的重要任务。

中办发［2010］30 号文件、周永康同志的重要讲话和吴部长、王副部长的讲话都明确提出、突出强调律师是中国特色社会主义法律工作者，律师队伍是落实依法治国基本方略，建设社会主义法治国家的重要力量；突出强调了律师工作在全面建设小康社会和社会主义现代化建设全局中的重要地位；强调了改革和完善律师制度在坚持和完善中国特色社会主义司法制度，更好地发挥中国特色社会主义优越性方面的重要意义；强调了律师工作在深入推进三项重点工作，维护社会和谐稳定方面具有的独特优势；强调了进一步加强和改进律师工作、律师行业党的建设工作，实现律师事业健康发展的必要性和紧迫性。

各级律师协会和广大律师要始终坚持高举中国特色社会主义伟大旗帜，始终坚持以科学发展观统领律师工作，始终坚持律师是中国特色社会主义法律工作者的本质属性，始终坚持党对律师工作的领导，确保律师工作的正确方向。广大律师要忠实履行中国特色社会主义法律工作者的职责使命，承担起相应的政治责任、法律责任、社会责任，维护当事人合法权益，维护法律正确实施，维护社会公平正义。广大律师要深刻认识律师工作、律师行业党的建设工作的重要地位和作用，深刻认识加强和改进律师工作、律师行业党的建设工作的重要意义，更加自觉地肩负起推动律师事业又好又快发展的责任和使命。

**二、充分发挥律师协会的职能作用，全面落实律师事业又好又快发展的任务要求**

中办发［2010］30号文件、周永康同志的重要讲话和吴部长、王副部长的讲话深刻阐明了律师工作要始终坚持社会主义方向的根本要求，提出了加强律师队伍教育管理的任务措施，明确了完善律师工作体制机制的主要任务、内容和途径，强调了对律师行业发展的扶持和保障政策，突出了加强律师行业党的建设的任务措施。各地律师协会要根据律师工作改革发展的总体任务，紧密结合实际，把握重点领域和政策导向，选准工作路径和着力点，推动律师工作发展不断取得新突破。

努力服务经济社会发展。充分发挥律师专业优势，积极为推动经济社会科学发展、加快转变经济发展方式、促进经济平稳较快发展提供法律服务，组织开展专项法律服务活动，积极服务国家知识产权发展战略，积极服务对外开放，进一步做好农村法律服务工作。充分发挥律师在党和政府主导的维护群众权益机制中的独特作用，积极参与调解，积极参与信访问题的处理，积极参与群体性事件的预防处置，促成矛盾纠纷得到有效解决，为深入推进三项重点工作、维护社会和谐稳定服务。教育引导广大律师牢固树立群众观念，将服务群众与执业活动紧密地结合起来，满腔热情地做好群众工作，自觉履行社会责任，努力为困难群众提供公益法律服务和法律援助，努力为保障和改善民生服务。

坚持不懈地加强律师队伍教育管理。深入学习中国特色社会主义理论体系、社会主义核心价值体系，深入学习实践科学发展观，深入开展社会主义法治理念教育，使广大律师坚定不移地做中国特色社会主义事业的建设者、捍卫者。大力加强律师职业道德建设，加强律师行业诚信建设和反腐倡廉建设，使广大律师真正做到依法执业、诚信为民，不断提高律师行业的诚信度和公信力。进一步加强律师业务素质建设，大力加强律师业务培训，加强律师事务所业务建设。进一步加强对律师执业活动的指导监督，加强律师执业档案管理，完善律师行业管理规范体系建设。

健全完善律师工作体制机制。完善实习管理制度，加强对申请律师执业人员的考核、严把律师执业准入关。建立健全律师执业状况评价机制，严格律师执业年度考核，完善律师专业职务评定制度，建立科学的行业评价指标体系和评价制度，形成正确的执业导向。健全完善律师执业奖惩机制，对先进集体和个人要予以表彰奖励，对违反法律法规和执业纪律的要依法依纪严肃处理。进一步完善律师行业管理体制，切实强化行业自律，积极履行好法律赋予律师协会的管理职责，依法、科学、有效地加强对律师的管理，加强对律师事务所和律师的业务指导和执业监督。

切实落实各项扶持保障政策。大力加强律师执业权益保障，切实维护律师执业权益，努力推动解决律师会见难、阅卷难、调查取证难等问题。配合司法行政机关落实律师工作经费、财税和社会保障措施，对律师担任政府法律顾问以及参与信访、调解、社区工作等公益性法律服务给予必要的补贴，继续加大对中西部地区律师业发展以及国资律师事务所的扶持力度，进一步完善律师劳动用工和社会保障政策，维护律师和员工合法权益。积极落实律师人才培养选用政策，积极与有关部门沟通协调，推选优秀律师担任人大代表、政协委员，推荐优秀律师党员参选党代会代表，鼓励优秀律师通过公开选拔、公务员录用考试等途径进入党政机关，推动落实从律师中选拔法官、检察官的相关工作。

要始终坚持党的领导。党的领导是律师事业健康发展的根本保证。各级律师协会要把加强律师行业党的建设作为重要任务，巩固和扩大党的组织和党的工作对律师行业全覆盖的成果，深入开展律师行业创先争优活动，全面推进律师行业党的思想建设、组织建设、作风建设、制度建设和反腐倡廉建设；努力建设律师行业学习型党组织，切实做好在律师队伍特别是优秀青年律师中发展党员的工作，创新、活跃律师行业党的基层组织生活，教育引导律师党员严守党纪国法、恪守职业道德、履行社会责任，努力提高律师行业党的建设科学化水平，充分发挥律师行业党组织的政治核心作用和律师党员的先锋模范作用，为推进律师事业发展和律师队伍建设提供坚强政治保证。

**三、切实抓好会议精神的传达学习，形成贯彻落实会议精神的强大合力**

贯彻落实好中办发［2010］30号文件、周永康同志重要讲话、吴部长、王副部长讲话和两个会议精神，是当前和今后一个时期律师工作的重要任务。各级律师协会一定要高度重视，切实抓好贯彻落实。要尽快传达学习会议精神，用中办发［2010］30号文件和会议精神统一思想，形成共识。要在形成行业贯彻落实意见的基础上，及时向司法行政机关、相关部门及党委、政府汇报律师事业改革发展的总体思路、目标任务和主要措施，进一步争取党委、政府、司法行政机关及相关部门的重视和支持。要抓紧将会议的精神传达到各级律师协会、各律师事务所和全体律师，要加强对广大律师的培训，使广大律师准确把握中央对律师工作的决策部署和会议的精神，切实把大家的思想认识统一到中央的要求和部署上来，把工作精力凝聚到贯彻落实会议确定的各项任务上来。要细化工作措施，提出贯彻落实文件和会议精神的具体意见，细化各项工作措施，确保意见措施具有针对性、实效性和可操作性，推动律师工作更好地服务经济社会发展和实现律师事业健康发展。要对贯彻落实这次会议精神，特别是中办发［2010］30号文件、周永康同志重要讲话和吴部长、王副部长讲话精神，提出明确要求，切实抓好落实。要完善工作责任制，将任务分解，责任分工，落实到具体部门。要加强监督检查，确保一件一件抓落实，一件一件见成效，推动各项决策部署和任务措施的落实。

各地学习传达会议精神的情况和学习贯彻中办发［2010］30号文件的具体措施、方案，要及时报全国律协。

# 通 知

## 关于调整全国律协教育委员会组成人员的通知

2010 年 1 月 8 日　　律发通〔2010〕1 号

**各省、自治区、直辖市律师协会：**

为进一步做好律师教育工作，健全我国律师职业教育体系，经七届全国律协第五次常务理事会审议通过，对全国律协教育委员会组成人员调整如下：

1. 主任委员：蒋敏（全国律协副会长，安徽天禾律师事务所）。

2. 副主任委员：王莹文（全国律协常务理事，广西王莹文律师事务所）、王民生（全国律协常务理事，山东君义达律师事务所）、韩刚（全国律协常务理事，天津嘉德恒时律师事务所）、薛济民（全国律协常务理事，江苏薛济民律师事务所）、张庆（北京市公元律师事务所）。

3. 秘书长：庞正中（北京市金诚同达律师事务所）。

4. 委员：郭振忠（北京市鑫诺律师事务所）、徐永前（北京市大成律师事务所）、柳宪章（北京市东易律师事务所）、杨学芳（北京市中咨律师事务所）、李本森（中国政法大学律师学教研室，北京市贝朗律师事务所）、徐平（北京市大成律师事务所）、王嵘（上海汉商律师事务所）、司莉（河南金学苑律师事务所）、王玉亮（山东中强律师事务所）、王小军（浙江泽大律师事务所）、吴江水（浙江凯麦律师事务所）、刘立新（湖南海川律师事务所）、程新太（江西华星律师事务所）、张生久（吉林省律师协会）、李国粱（广东省律师协会）、马国华（全国律协秘书处）、洪家鸣（全国律协秘书处）。

## 关于召开实施“中央专项彩票公益法律援助基金项目”工作会议的通知

（2010 年 1 月 25 日）

**北京、天津、上海、江苏、浙江、广东以及山西、河北、四川、江西、陕西等省（市）律师协会：**

由中国法律援助基金会负责管理实施的“中央专项彩票公益法律援助基金项目”已经启动。本期项目从 2009 年 12 月至 2010 年。根究项目资金配置，将有不超过 313 万元用于资助北京、天津、上海、江苏、浙江、广东等地律师办理农民工、残疾人、老年人、妇女、未成年人等法律援助案件（其中北京 23 万元，天津、上海、浙江、广东各 60 万元，江苏 50 万元）。同时，中央专项彩票基金还将拨款 160 万元资助山西、陕西等地 16 家农民工法律援助专门机构。

为实施好公益彩票基金项目，中国法律援助基金会将我会列为项目履行协调方之一，具体职责是：根据公益彩票基金项目实施规则和中国法律援助基金会的工作要求，协调地方律协推荐参与基金项目的律师事务所；汇总基金项目案件并统一申请、发放办案补贴；对项目下案件办理情况进行检查考核。

中国法律援助基金会已批复我会提出的实

施公益彩票基金项目初步方案。现当务之急是尽快做好项目实施定点、定人、人员培训、管理流程等工作。现就有关事宜通知如下：

一、由北京、天津、上海、广东、浙江、江苏等六个省（市）律师协会各自推荐15～20家热心公益，在农民工、残疾人、老年人、妇女家庭权益保障和未成年人法律援助活动中有特色、有业绩、管理规范、信誉良好的律师事务所，特别要重视推荐能承担农民工法律援助事务的律师事务所，也应推荐若干县级律师事务所参与项目的实施。

二、由于项目启动要求紧迫，全国律协拟于2月2日（星期二）召开六省（市）秘书处负责人会议，会期1天，研究落实“中央专项彩票公益法律援助基金项目”事宜。会议拟邀请中国法律援助基金会负责人介绍项目情况，并研究工作方案，确定工作程序，还将邀请在组织律师参与农民工法律援助工作成效突出的律师协会介绍经验。

请按本通知中第一点要求，尽快提出拟推荐律师事务所名单，以便会议期间研究确定并履行相关申请程序。

# 关于做好2009年度律师协会维权惩戒案件统计工作的通知

（2010年1月27日）

**各省、自治区、直辖市律师协会：**

为做好2009年度全国律师协会维权、惩戒案件统计工作，根据全国律协惩戒、维权案件统计上报制度的有关规定，现将有关2009年度维权与惩戒统计工作的具体安排通知如下。

## 一、做好2009年度维权、惩戒案件统计工作的基本要求

各地律师协会要充分重视2009年度本地区的维权、惩戒案件的统计工作，加强领导，认真部署，根据本通知要求，按时完成2009年度本地区的维权、惩戒案件的统计工作；要确定专人负责，确保统计资料的完整和准确，要在充分调查研究的基础上，提交2009年度维权、惩戒案件统计情况分析报告。

## 二、关于《律师协会维权案件调查统计表》

《律师协会维权案件调查统计表》统计起止时间为2009年1月1日至2009年12月31日。

各地律协在填写《律师协会维权案件调查统计表》中，要仔细阅读表格下方的注释要求，逐项填报；表格中不能涵盖的，可以以报告的形式单独上报；表格填写不下的，可以另附表格填写；本地区统计年度期间没有维权案件发生的，要以文字形式说明情况。

## 三、关于《律师协会投诉受理情况统计表》

《律师协会投诉受理情况统计表》统计起止时间为2009年1月1日至2009年12月31日。

《律师协会投诉受理情况统计表》分别对律师个人和律师事务所情况进行统计。各地律协在填写《律师协会投诉受理情况统计表》前要仔细阅读表格后的“填表说明”，按照表格规定事项逐项填报；表格内容涵盖不了的可以另附表格填写或以文字形式加以说明。如：投诉、处分种类等；《律师协会投诉受理情况统计表》可复印，该表格事项中填写不下的，可另附表格填写。

**四、上报时间**

各地律师协会请于2010年3月15日前将《律师协会维权案件调查统计表》、《律师协会投诉受理情况统计表》、统计分析报告以电子或邮件形式报全国律协会员部。

## 附件一：

### 律师协会维权案件调查统计表

（2009年度）

________律师协会

（一）律师业务情况统计表

| 业务类型 / 年度 | 刑事案件 | 民事案件 | 非诉讼案件 | 法律援助案件 | 合计 |
|---|---|---|---|---|---|
| 2009年 | | | | | |

注：非诉讼案件可详细罗列，尽量囊括律师服务领域。

（二）维权案件统计表

| 时间 | 序号 | 侵权事由 | 侵权人 | 被侵权人（单位及职务） | 处理情况 | |
|---|---|---|---|---|---|---|
| | | | | | 维权前 | 维权后 |
| 2009 | 1 | | | | | |
| | 2 | | | | | |
| | 3 | | | | | |
| | 4 | | | | | |
| | 5 | | | | | |
| | 6 | | | | | |
| | 7 | | | | | |
| | 8 | | | | | |

注：1. 侵权事由栏须详细明列刑事案件涉嫌罪名；民事侵权方式（人身、财产）；剥夺律师职业权利内容（辩护权、调查取证权、会见权、阅卷权等）及其他侵权事由；

2. 处理情况栏须分别填写维权前案件现状（如被判有期徒刑的，要注明几年）及经过律协采取维权措施后获得的目前结果，如宣告无罪或公开道歉等，正在办理的案件可填写“处理中”；

3. 表格仅提供样式，各地可依实际发生案件数量进行增减。

（三）律师维权案件原因分析表

| 维权案件原因分析 | 数量 |
|---|---|
| 律师执业行为违规违纪，但并不违法而被追究刑事责任的 | |
| 律师依法执业，被无故追究刑事责任的 | |
| 法律法规存有争议的维权案件 | |
| 律师执业确有违法行为，被依法追究法律责任的 | |
| 律师受打击报复，诬告陷害的 | |
| 其它 | |

注：1. 根据2009年维权案件总数进行分析；

2. 维权案件原因的认定以律师协会或维权委员会对案件意见为准。

（四）典型案例统计表

| 侵权事由 | 侵权人 | 被侵权人（单位及职务） |
|---|---|---|
| | | |
| 案件情况 | | |
| 争议焦点 | | |
| 维权措施 | | |
| 结果 | | |

注：各省律师协会认为具体有代表性的维权案例，可以填写此表。

附件二:

# 律师协会投诉受理情况统计表

律师协会(盖章)　　填表人　　审核人　　年度

| 律师个人 / 投诉分类 | 收结案统计 | | | | | | 结案分类 | | | | | | | | | | | | 不属实(件) | 申请复议(件) |
|---|---|---|---|---|---|---|---|---|---|---|---|---|---|---|---|---|---|---|---|---|
| | 接待投诉总数(件) | 未立案(件) | 立案(件) | 结案(件) | 未结 | | 属实(件) | 调解 | | | 处分 | | | | | | | 移交司法行政机关处理(件) | | |
| | | | | | | | | 退费(件) | 其它 | | 训诫(件) | 通报遣责(件) | 公开遣责(件) | 取消会员资格(件) | 其它 | | | | | |
| | | | | | 件 | 原因 | | | 件 | 件 | | | | | (件) | (件) | (件) | | | |
| 不尽职代理 | | | | | | | | | | | | | | | | | | | | |
| 私自收费 | | | | | | | | | | | | | | | | | | | | |
| 乱收费 | | | | | | | | | | | | | | | | | | | | |
| 打白条 | | | | | | | | | | | | | | | | | | | | |
| 双方代理 | | | | | | | | | | | | | | | | | | | | |
| 其它 | | | | | | | | | | | | | | | | | | | | |
| 合计 | | | | | | | | | | | | | | | | | | | | |

| 律师事务所 / 投诉分类 | 收结案统计 | | | | | | 结案分类 | | | | | | | | | | | | 不属实(件) | 申请复议(件) |
|---|---|---|---|---|---|---|---|---|---|---|---|---|---|---|---|---|---|---|---|---|
| | 接待投诉总数(件) | 未立案(件) | 立案(件) | 结案(件) | 未结 | | 属实(件) | 调解 | | | 处分 | | | | | | | 移交司法行政机关处理(件) | | |
| | | | | | | | | 退费(件) | 其它 | | 训诫(件) | 通报遣责(件) | 公开遣责(件) | 取消会员资格(件) | 其它 | | | | | |
| | | | | | 件 | 原因 | | | 件 | 件 | | | | | (件) | (件) | (件) | | | |
| 管理混乱 | | | | | | | | | | | | | | | | | | | | |
| 双方代理 | | | | | | | | | | | | | | | | | | | | |
| 其　它 | | | | | | | | | | | | | | | | | | | | |
| 合　计 | | | | | | | | | | | | | | | | | | | | |

附:填表说明

**填表说明：**

1. 统计表中“律师协会”一项须注明填写单位并加盖公章；

2. 统计表中“填表人”一项为律师协会负责投诉的工作人员；

3. 统计表中“审核人”一项为律师协会主管投诉工作负责人；

4. 填写此统计表时，须将律师、律师事务所情况分别填写；

5. 统计表中“投诉分类”一项未能涵盖律师所有违规行为，“其它”一项应填写投诉的具体理由，不能一概填写为“其它”；

6. 统计表中“收结案统计”下列的“接待投诉总数”一项包括接待来人投诉、来函、转函、传真、电话及司法行政机关委托等所有的投诉案件；

7. 统计表中“收结案统计”下列的“未结”一项除填写未结件数以外，“原因”一项应填写案件未结的实际情况，如：双方当事人需要补充证据、律师因不配合而延缓答辩等；

8. 统计表中“结案分类”下列的“调解”一项中的“其它”，应填写调解的实际结果，如：被投诉律师在调解协议生效后退还投诉人原始证据材料等，不能笼统填写为“其它”；

9. 统计表中“结案分类”下列的“处分”一项中的“其它”，应填写各级律师协会按照本地区处分规则给予处分的具体种类，如：责令退费等，不能笼统填写为“其它”；

10. 统计表中“收结案统计”下列的“未立案”、“立案”两项数字相加，应等于“接待投诉总数”；“未结案”数字与“结案”数字两项相加应等于“立案”数字；

11. 统计表中“结案分类”下列的“属实”一项是“调解”、是“处分”、“移交司法行政”四项数字相加的总和；“属实、不属实”两项相加应等于“收结案统计”下列的“结案”数字；

12. 填报此表时，注意律师事务所和律师个人统计数字不重复填写。

13. 此统计表可以复制，内容可增项。

# 关于认真贯彻中央经济工作会议精神<br>为促进经济结构调整　保持经济平稳较快发展<br>提供优质高效律师法律服务的通知

(2010年2月8日)

**各省、自治区、直辖市律师协会：**

近期召开的中央经济工作会议提出，2010年的经济工作总要求是，保持经济政策的连续性和稳定性，继续实施积极的财政政策和适度宽松的货币政策，根据新形势、新情况着力提高政策的针对性和灵活性，特别是要更加注重提高经济增长质量和效益，更加注重推动经济发展方式转变和经济结构调整，更加注重推进改革开放和自主创新、增强经济增长活力和动力，更加注重改善民生、保持社会和谐稳定，更加注重统筹国内国际两个大局，努力实现经济平稳较快发展。各地律师协会要认真学习领会中央经济工作会议精神和胡锦涛总书记、温家宝总理的重要讲话精神，进一步增强工作责任感，充分认识律师工作对促进国家经济发展、维护社会稳定大局的重要意义，为维护国家经济繁荣和社会稳定，实现经济全面协调可持续发展提供优质高效的律师法律服务。

为此，特通知如下：

**一、密切关注经济发展形势，强化服务国家经济社会科学发展大局的意识**

当前我国经济回升的基础还不牢固，积极变化和不利影响同时显现，短期问题和长期问题相互交织，国内因素和国际因素相互影响，保持经济平稳较快发展、推动经济发展方式转变和经济结构调整难度增大。从外部环境看，世界经济复苏基础并不稳固，国际金融危机影响仍然存在，全球性挑战压力增大。从国内环境看，经济回升内在动力仍然不足，结构性矛盾仍很突出，农业基础仍不稳固，就业形势依然严峻。综合国际国内经济形势看，转变经济发展方式已刻不容缓。做好2010年经济工作，重点要在促进发展方式转变上下功夫，真正把保持经济平稳较快发展和加快经济发展方式转变有机统一起来，在发展中促转变，在转变中谋发展。

各地律师协会要引导律师准确把握当前国内国际经济形势，牢牢把握中央保增长、促转变、调结构的新政策，围绕“五个更加注重”找准结合点和着力点，强化服务经济建设大局、服务经济社会发展的服务观，充分认识经济发展与法律服务之间的互动关系，注重研究经济发展的规律、改革开放和经济建设提出的法律服务需求，积极投入经济建设主战场。

**二、不断创新服务形式，努力为保持经济平稳较快发展提供法律服务**

努力保持经济平稳较快发展，是律师工作服务今年经济发展的主要任务。各地律师协会要组织律师紧紧围绕中央关于今年经济工作的部署和要求，立足职能、发挥作用。认真总结2009年服务经济发展的成功做法，并借鉴其他相关行业的有益经验，丰富服务经济发展的措施和办法。积极做好政府法律顾问工作，为各级政府加强和改善宏观调控、加快经济增长方式转变、深化经济体制改革提出法律意见和建议。积极推动服务经济结构调整专项活动，为扩大居民消费需求、稳妥推进城镇化、发展战略性新兴产业、推进节能减排、促进区域协调发展提供优质法律服务。积极深化服务“三农”工作，为发展现代农业、促进农民增收、农业结构调整、农村基础设施建设、农村公共服务能力建设、农村改革创新等提供专业法律服务。积极做好企业法律顾问工作，帮助企业应对国际金融危机，防范经营风险，为企业兼并重组、转型升级、自主创新、节能减排以及开拓市场、利用外资等方面提供高效法律服务。积极开展法律服务志愿者等活动，推动法律服务向民生领域倾斜，推动法律服务向社区、乡镇延伸，向老少边穷地区延伸，为教育、就业、社会保障、医药卫生、文化事业以及对低收入群众的帮扶救助提供周到的法律服务。

要更加自觉、更加主动地落实稳定是硬任务、是第一责任的要求，要加强对影响社会稳定因素的分析和把握，完善维护社会稳定的体制机制，切实抓好维护稳定工作。各地律师协会要教育广大律师坚持在党和政府主导的维护群众权益机制中发挥职能作用，积极在执业活动中预防和化解矛盾纠纷。要继续做好劳动纠纷、征地拆迁、企业破产、承包经营、融资借贷等可能涉及群体性纠纷、容易导致矛盾激化的领域法律案件的律师辩护、代理工作。要继续做好涉法涉诉信访和人民调解工作，协助各级党政机关解决涉法涉诉问题，化解社会矛盾、息诉罢访。要继续做好律师参与人民调解、行政调解、司法调解工作，以促进人民群众合法利益得到有效维护。要引导律师在执业过程中，主动、自觉地承担社会责任，努力实现法律效果与社会效果、政治效果的有机统一，为构建社会主义和谐社会贡献智慧和力量。

**三、加强组织领导，狠抓工作落实，切实推动法律服务工作新发展**

各地律师协会要在学习中央经济工作会议精神的基础上，进一步统一思想、提高认识，全面贯彻党中央“五个更加注重”的战略部署，高度重视国际金融危机形势的发展变化，坚持不懈地抓好服务保增长、促转变、调结构的工作，为实现经济平稳较快发展提供有力保障，推动新形势、新阶段法律服务工作又好又快地发展。

各地律师协会要在当地司法行政机关的领导下，发挥专业委员会的优势，围绕“五个更加注重”的战略部署深入研究，提出更加具体的贯彻意见，并狠抓工作落实。同时，要加强对贯彻落实情况的督促检查工作，及时了解掌握本地区服务“五个更加注重”的进展情况，及时总结经验，解决工作中存在的问题，做好情况汇总上报工作，确保中央和司法部的工作部署和要求落实到位、取得实效。

各地贯彻落实本通知的情况，请及时报告。

## 关于做好二〇一〇年度申请律师执业人员实习证发放工作的通知

（2010年3月10日）

**各省、自治区、直辖市律师协会：**

2010年申请律师执业人员实习证的发放工作即将开始。为确保本年度实习证发放工作顺利进行，现将有关事项通知如下：

一、征订时间。征订工作自本通知下发之日起开始，至2010年4月30日结束。

二、征订方式。（1）填写《申请律师执业人员实习证申领表》。征订单位需将地址、联系人及电话填写清楚，以便送货单位能及时联系收货人。（2）填写《实习人员名册汇总表》。征订单位需向我会提交2009年《实习人员名册汇总表》（或申请律师执业人员实习证使用情况说明）。（3）我会对各地律协2009年实习证征订及使用情况进行审核后，核放2010年实习证。

三、实习证发放。我会核定各地征订情况后即付厂家制作实习证。5月份是查询时间，如有问题，请及时与全国律协会员部联系，以便全国律协及时与厂家协商。查询截止时间为5月31日。

四、实习证每本工本费4.5元，2010年各地律师协会根据征订实习证数量，先行将实习证工本费汇至全国律师协会指定账户，厂家将根据征订单陆续向各地发货，各地收到实习证后支付邮资费用。

**附件一：**

### 申请律师执业人员实习证申领表

<table>
<tr><td>律师协会名称</td><td colspan="3"></td></tr>
<tr><td>通讯地址</td><td></td><td>邮政编码</td><td></td></tr>
<tr><td rowspan="2">征订数量（本）</td><td rowspan="2"></td><td>联 系 人</td><td></td></tr>
<tr><td>联系电话</td><td></td></tr>
<tr><td>电子邮箱</td><td></td><td>传　　真</td><td></td></tr>
</table>

填表人__________

律师协会盖章：

年　月　日

**附件二：**

## 实习人员名册汇总表

申报单位名称（盖章）： 申报日期： 实习人员人数：

| 序号 | 姓 名 | 性别 | 出生日期 | 学历 | 法律职业资格（律师资格）号 | 申请律师执业人员实习证号 | 所在实习律师事务所 | 是否补发、换领证 | 备 注（如有补发、换领证，请在此栏填写原始证号及补发、换领证号） |
|---|---|---|---|---|---|---|---|---|---|
| | | | | | | | | | |
| | | | | | | | | | |
| | | | | | | | | | |
| | | | | | | | | | |
| | | | | | | | | | |
| | | | | | | | | | |
| | | | | | | | | | |

# 全国律协关于进一步加强信息报送工作的通知

（2010 年 3 月 18 日）

**各省、自治区、直辖市律师协会：**

随着律师事业的不断发展，律师服务领域的不断拓展，信息报送的作用日益重要，已成为领导决策科学化、民主化的重要基础性工作。但是，从近年来信息报送情况看，律师协会的信息工作还存在一些问题和不足。一是对信息工作重视不够，责任不到位，没有明确信息报送人员，许多地方没有建立起正常的信息报送机制；二是信息报送工作缺乏时效性，迟报、缓报现象比较突出；三是报送的信息质量不高，缺乏对信息进行深层次的挖掘等突出问题。为使律师协会信息报送工作适应新形势和新任务的需要，真正成为领导了解情况、进行决策和推进工作落实的重要载体，各地要正视信息工作中存在的问题，提高思想认识，采取有力措施，进一步提高信息工作质量。

**一、要提高信息的时效性**

要根据司法部和全国律协的工作部署，动态性地确定每个时期的信息报送要点，有目的、有针对性地综合、反馈信息，做到搜集及时、处理迅速、传递对路，确保上情下传，下情上达。特别是涉及到重大敏感性、群体性案件，以及其他重大紧急情况要按照有关规定快速反映、及时上报。要推进信息手段现代化，提高信息电子化程度。要进一步完善从全国律协到省（区、市）、地（市）直接联系的纵向网络，完善与司法行政各业务部门之间相互联系的横向网络以及信息沟通机制。

**二、要加强调查研究，确保信息的真实性和丰富性**

信息的真实主要反映在事实真实和如实反

映情况。要以高度的政治责任感和强烈的事业心对信息反映的内容进行反复核实，确保信息的客观、真实、准确、及时，要重视信息的综合分析，提高信息的层次和价值。特别是要围绕每一时期工作的重点，多视角、多渠道地开展调查研究；要对新情况、新问题以及带倾向性的问题进行调查研究；要为掌握和反馈贯彻落实司法部指示精神和全国律协重大部署展开调查研究。要向全国律协和有关部门及时提供调查研究成果，以利于运用调研成果，指导工作，改进工作，促进事业的发展。全国律协有重大安排部署，将及时告知各地，以便协调配合，上下联动，使信息工作提高到新的水平。

**三、要建立健全信息联络员队伍**

各地律师协会办公室要指定一至两名政治素质好，业务能力强，文字功底好、熟悉信息报送工作，具有一定的计算机基础知识，并能够在工作中熟练运用计算机的同志担任信息联络员，形成以全国律协、省（区、市）和地市三级律师协会办公室工作人员为主的信息联络员队伍，以便及时交流工作信息。各地要为信息联络员提供必要的工作条件，确保联络员具有便捷的上网条件。信息联络员要认真履行其职责，及时提供所属地方和律师行业有关信息，积极参加与律师行业有关的活动，及时接收全国律协发送的各类可以通过互联网传送的有关文件和信息资料。

**四、要建立健全表彰奖励制度，搞好培训交流**

为便于联络员报送信息，充分调动信息工作人员的积极性和主动性，中国律师网将建立联络员交流平台，并为联络员建立电子邮件信箱。全国律协将适时组织联络员开展交流研讨活动，进行适当的业务培训。对于信息报送的情况，定期进行通报。对于工作做得好的，及时予以推广、表彰，以更好地促进信息报送工作开展，更好地为科学决策和指导律师工作服务。

**附件：**

**全国律协信息联络员登记表**

填报单位：　　　　　　　　填报时间：

<table>
<tr><td>姓 名</td><td></td><td>性 别</td><td></td><td>民 族</td><td></td></tr>
<tr><td>籍 贯</td><td></td><td>出生年月</td><td></td><td>学 历</td><td></td></tr>
<tr><td colspan="2">毕业院校及专业</td><td></td><td colspan="3">有何专长</td></tr>
<tr><td>政治面貌</td><td colspan="2"></td><td>入党（团）时间</td><td colspan="2"></td></tr>
<tr><td>工作单位</td><td colspan="2"></td><td>职 务</td><td colspan="2"></td></tr>
<tr><td>固定电话</td><td colspan="2"></td><td>移动电话</td><td colspan="2"></td></tr>
<tr><td colspan="2">E—mail 地址：</td><td colspan="4"></td></tr>
</table>

## 关于印发《李庄案专题座谈会综述》的通知

（2010 年 3 月 19 日）

**各省、自治区、直辖市律师协会，新疆生产建设兵团律师协会：**

2 月 26 日，中华全国律师协会、北京市律师协会在北京召开李庄案专题座谈会，形成了《李庄案专题座谈会综述》，现印发你们，请认真组织学习，教育引导广大律师深刻认识李庄案件的问题实质和根源，切实汲取李庄案件的深刻教训，引以为戒、警钟长鸣。广大律师要积极参加警示教育，自觉践行中国特色社会主义法律工作者的职责使命，严格依法诚信履行职责，确保律师工作的正确方向。

## 李庄案专题座谈会综述

2 月 26 日，由中华全国律师协会、北京市律师协会主办的李庄案专题座谈会在北京召开，司法部副部长赵大程出席会议并讲话。司法部律公司、全国律协、北京市司法局、北京市律协领导、李庄所在北京康达律师事务所代表及业内专家学者 20 多人参加了座谈，会议由全国律协副会长金山主持。会议深刻剖析了李庄违法犯罪的根源和案件的严重危害性，总结、汲取教训，研讨了律师协会和律师事务所发挥维护律师合法权益、加强律师队伍管理的责任和任务。

一、会议深刻剖析了李庄的犯罪事实及其危害。北京市司法局副局长董春江表示，李庄的违法犯罪行为，一是严重背离了律师作为社会主义法律工作者的基本要求，在执业过程中不遵守律师职业道德执业纪律；二是违反了现行法律法规对律师执业的基本要求，没有依法履行职责。董春江同志介绍，李庄案件二审宣判后，北京市司法局依法启动了有关行政处罚程序。期间，李庄放弃了听证权利，北京市司法局于 2 月 20 日依法作出吊销李庄律师执业证书的决定。全国律协于宁会长在会上表示，李庄的违法犯罪行为不仅触犯了刑律，而且违反了《律师法》及有关法规规章和行业规范，严重影响了律师的形象，全国律协将旗帜鲜明地依照《律师法》以及协会章程履行职责，坚决反对少数律师的违法违纪行为，维护整个行业的共同利益。北京市律师协会会长张学兵认为，职业道德和人生价值取向的缺失，使李庄违背律师职业道德，走向了犯罪的深渊。全国律协刑辨委主任田文昌认为，在刑事诉讼活动中，律师执业的基本职责是依法为被告人做无罪或罪轻的辩护，其目的在于维护犯罪嫌疑人的合法权益。律师执业目标的实现应当通过合法、正当的执业行为，不能采取违法违规的不正当手段去帮助犯罪嫌疑人逃避惩罚，这是律师办理刑事案件最基本的职业道德和行业准则。全国律协刑辨委副主任李贵方说，作为刑事辩护律师，李庄案的教训十分深刻，我国是社会主义法治国家，我国律师是中国特色社会主义法律工作者，这就决定了刑事辩护工作不能脱离社会稳定发展的大局。康达律师事务所合伙人李德民代表康达所表示：康达所尊重司法机关对李庄的判决结果。他说，李庄事件发生后，康达所积极配合司法机关办案，如实介绍情况，提交相关文件。

二、会议认为要认真汲取李庄案件的教训。于宁同志在会上表示，深刻剖析李庄案的危害性，有利于律师行业认真总结和汲取经验教训，确保我国律师行业沿着中国特色社会主义法制建设之路健康发展。张学兵同志认为，李庄的违法犯罪，说明了加强律师职业道德的重要性和紧迫性，给律师行业敲响了警钟。董春江同志认为，李庄的违法犯罪行为虽然属于个案，但给律师事务所和北京律师行业带来的影响和教训十分深刻。经过30年的发展历程，北京律师队伍快速壮大，行业蓬勃发展，为化解社会矛盾、维护社会和谐稳定、服务北京奥运、促进首都经济发展做出了突出贡献。北京市司法局有责任、有义务、有信心把北京律师队伍管理好、建设好，采取切实有效措施，消除李庄案带来的不良影响。李德民同志表示，李庄的违法犯罪说明了律师事务所的管理还存在着漏洞，李庄案件发生后，康达所开展了社会主义法治理念教育，组织律师讨论总结、吸取教训，认真梳理律师事务所内部管理中的各项规章制度和应对突发事件的措施预案，查找管理漏洞，加强对律师代理重大案件的指导，不断提高办案水平。中国人民大学法学院教授黄京平提出，律师是法律职业共同体的有机组成部分，预防律师违法违规行为，与预防司法人员违法违纪行为同样重要。制度预防是保障法律职业共同体纯洁的根本。律师行业要加强制度建设，明确律师在代理刑诉案件中合法与非法的界限，以防止个别律师踏“红线”。

三、会议提出要引导律师树立和践行社会主义法治理念。于宁同志表示，各地律师协会要继续加强律师职业道德和执业纪律素质教育工作，引导广大律师模范遵守律师执业行为规范，自觉维护律师行业的整体荣誉，进一步建立健全律师执业的日常监管、考核以及违规违纪行为查处机制，加大对违规违纪律师的惩戒力度。董春江同志表示，北京市司法局将指导北京律师行业，认真汲取李庄案件的教训，紧密结合新时期行业发展的新形势和新问题，继续深入开展社会主义法治理念教育，指导律师协会对全市律师进行职业道德、执业纪律培训，大力开展树典型、学典型的活动，大力推动律师参与化解社会矛盾和公益法律服务，充分发挥律师职能作用，加强律师队伍建设，树立首都律师的正面形象。张学兵同志提出，在总结和吸取李庄案深刻教训的基础上，北京律协将重新审视北京律师业发展中的问题，深刻检查行业管理中的缺失，下大力气规范律师执业行为，引导广大律师在执业活动中自觉践行中国特色社会主义法律工作者职责使命。李德民同志在会上说，康达所将通过李庄案件开展警示教育，引导律师在执业过程中自觉遵守职业道德和执业纪律，依法办案。田文昌同志提出，应当进一步完善律师办理刑案的规则。由于我国律师制度的历史太短，恢复的时间又很晚，导致律师办案时缺少可以遵循的统一标准，造成极个别律师浑水摸鱼、违法执业。李贵方同志建议，刑事辩护律师除了要学好有关刑事方面的法律、法规、司法解释外，还要时刻关注社会稳定大局，认真理解国家涉及刑事方面的方针、政策，树立和坚持社会主义法治理念。

在听取与会代表的发言后，赵大程副部长作了重要讲话，强调指出，李庄的违法犯罪行为严重影响了司法机关正常工作秩序，严重损害了律师队伍形象，危害很大，影响很坏，教训深刻。

赵副部长指出，这些年来，在党中央、国务院的领导和关怀下，我国社会主义律师制度日益完善，律师队伍不断发展，律师职能作用不断显现。广大律师坚持社会主义法治理念，自觉践行中国特色社会主义法律工作者的基本要求，高举中国特色社会主义伟大旗帜，秉持良好职业道德，依法开展法律服务，为经济社会发展做出了积极贡献。实践证明，我国律师队伍的主流是好的，是党和人民可以信赖的队伍。李庄案是一个个案，要把其与整个律师队伍区分开来。

赵副部长要求，各级司法行政机关、各地律师协会和广大律师要充分认清李庄违法犯罪的危害，切实从中汲取教训，引以为戒，警钟长鸣。广大律师要始终坚持社会主义法治理念，严格依法履行职责，严格遵守职业道德和执业纪律。各级司法行政机关，各地律师协会要利用李庄案在律师队伍中认真开展警示教育，深刻剖析李庄案的产生原因，正确认识李庄案的问题实质和危害，切实汲取李庄案的深刻教训，采取措施进一步加强律师队伍建设，确保律师队伍的健康发展。要充分发掘、大力宣传广大律师在执业活动中的先进事迹，大力宣传律师工作中的优秀人物和先进集体，树立典范，弘扬正气，提升律师的社会形象，增强律师依法履行职责，做中国特色社会主义法律工作者的自觉性和坚定性，为全面建设小康社会，构建社会主义和谐社会做出新的贡献。

## 关于开展2010年度申请律师执业人员集中培训指定教材
### ——《全国律师执业基础培训指定教材》征订工作的通知

（2010年3月23日）

**各省、自治区、直辖市律师协会：**

自2007年起，申请律师执业人员的实习管理工作已经由律师协会全面负责。根据全国律协六届三次常务理事会审议通过的《申请律师执业人员实习管理规则（试行）》，集中培训教材由全国律协负责组织编写或者指定。据此，全国律协组织编写了“申请律师执业人员集中培训指定教材——《全国律师执业基础培训指定教材》”，由北京大学出版社出版发行。

该套教材包括《律师职业道德与执业基本规范》、《律师执业基本素养》、《律师执业基本技能》（上、下册）共四本，近200万字。它的编撰完成，是我国律师职前教育的一次历史性尝试，为我国律师事业规范发展打下了良好基础。迄今为止，全国已有29个省（自治区、直辖市）使用了这套教材，其他省（自治区、直辖市）也计划自今年起采用。据反馈，授课律师、实习人员都对教材给予了较高评价。

为保证本套教材的时效性，在全国律协的统一组织下，教材编委会重新组织作者对全书内容进行了修订，并于2009年7月推出修订版。本次修订主要是根据2007年1月起至2009年3月止的法律规范和司法解释的更新情况，对教材部分内容进行针对性修改和补充，同时还综合两年来的变化更新了部分相关数据，并针对第一版中存在的缺陷及各地律师协会的反馈、律师业务的发展需要，补正、调整、充实了相关内容。

为了更好地贯彻实施《律师法》，保证各省市集中培训工作顺利进行，现开展2010年度《全国律师执业基础培训指定教材》的征订工作，请各地律协直接与北京大学出版社联系具体征订事宜。

**附件1：**

### 《全国律师执业基础培训指定教材》简介

司法部将申请律师执业人员的实习管理工作移交给律师协会之后，全国律协六届三次常务理事会审议通过了《申请律师执业人员实习管理规则（试行）》，并于2007年3月1日起开始实施。根据该《规则》的规定，申请律师执业人员在为期一年的实习过程中，必须参加一个月的集中培训，并按照全国律协制定的培训大纲的要求，系统学习由全国律协统一编写的集中培训教材，学习掌握律师执业基本规范、基本素养和基本技能。编写这套教材成为做好集中培训工作的关键。为完成这一开创性的历史使命，在全国律协教育委员会主持下，一批执业经验丰富、业务专长突出、热心律师教育事业、理论及实务上均有建树的律师共同参加了培训教材的编撰工作。

本套丛书的特点表现在：

第一，以实习律师为对象。培训的对象是经过了系统法学教育、且已通过司法考试、取得法律职业资格、申请成为实习律师的人员，一般具有大学本科以上学历。因而，丛书的内容不再重复在法学院校已经学习过的法学理论、基本概念和基础知识，也不追求高、精、尖的技巧和偏、难、怪的问题；而是立足于实习律师"应知应会"的基本规范、基本素养、基本技能方面。

第二，本套教材绝大部分作者是执业律师。丛书以"师徒相授"的方式，由资深律师对执业经验和技巧进行总结归纳，以基础性、实用性、针对性和系统性为主旨，突显律师实务用书的特点，完全区别于传统的教科书和学术论著。

第三，以入职指引示例为编撰方针。丛书为谋求入职的实习律师提供基础性的规范要求、基本方法、工作流程、操作指引、风险提示、案例实例，《律师执业基本技能》（上、下册）更在篇章上分别用导读和提示进行引导，引注和附录里还注明了出处和格式要求等，希望实习律师在完成培训后能从"生手"到可以"上手"，进而为其日后成为"熟手"、"能手"打好基本功。

第四，本套教材以实务性、科学性和权威性为编撰目标。观点反复推敲，提法客观中立。作为全国律协首次组织编写的教材，本套教材力求做到分类科学、体例完整、内容严谨，无论是对学理和法律规范的引用，还是阐述观点、开示范例，均遵循客观中立的主旨。

最后，本套教材既可以作为实习律师的培训教材，也可以作为律师执业、公司法务培训及相关法律培训的参考资料。

**附件2：**

### 2010年《全国律师执业基础培训指定教材》征订单

<table>
<tr><td colspan="2">订购人基本资料</td></tr>
<tr><td>订购单位：<br>发票单位名称：<br>订购联络人：<br>详细邮寄地址：<br>邮编：<br>联络电话：</td><td>订购单位盖章</td></tr>
<tr><td colspan="2">订购项目</td></tr>
<tr><td>图书名称</td><td>订购数量</td></tr>
<tr><td>《律师职业道德与执业基本规范》（26.00元）</td><td></td></tr>
<tr><td>《律师执业基本素养（修订版）》（26.00元）</td><td></td></tr>
<tr><td>《律师执业基本技能（修订版）》（上）（68.00元）</td><td></td></tr>
<tr><td>《律师执业基本技能（修订版）》（下）（78.00元）</td><td></td></tr>
<tr><td>丛书总定价</td><td>198.00元</td></tr>
</table>

| 购书合计总金额 | |
|---|---|
| 付款方式<br>（银行汇款） | 开户名：北京大学出版社<br>开户行：工商银行北京海淀西区支行<br>账号：0200004509066138007 |
| 联系人 | 徐云龙（北京大学出版社第五图书事业部）<br>电话：010－62117788－103 13701392709<br>传真：010－62196688<br>E－mail：gy800126@126. com |

北京大学出版社

2010 年 3 月 23 日

## 关于召开地方律师协会建设论坛暨全国律协地方律师协会建设指导委员会年会的通知

（2010 年 3 月 30 日）

**全国律协地方律师协会建设指导委员会委员：**

为了进一步推动地方律师协会建设工作，更好地发挥地方律师协会行业管理职能，完善地方律师协会架构体系，健全科学有效、配套合理的律师行业管理制度，全国律协定于 2010 年 4 月中下旬在上海市召开地方律师协会建设论坛暨全国律协地方律师协会建设指导委员会年会，现将有关事项通知如下：

### 一、主要议题

1. 地方律师协会机构设置及职能划分；

2. 围绕《律师法》有关律师协会职能，探讨进一步建立健全地方律师协会工作机制；

3、探讨进一步发挥律师协会常务理事、理事以及各专门、

专业委员会委员职能作用。

### 二、议程安排

1. 交流地方律师协会建设工作经验及体会；

2. 研究确定七届全国律协地方律师协会建设指导委员会 2010 年调研工作计划及分工；

3. 讨论起草《地方律师协会建设调研报告》的基本框架。

### 三、准备工作及要求

1. 各位委员要根据本地区律师协会工作情况，结合论坛主要议题准备论文。论文内容侧重对本协会的工作特点、机制特色、创新举措的探讨与研究。字数在 4000—6000 字以内，论文电子版请于会前发至全国律协会员部电子信箱；

2. 请提前认真阅读《七届全国律协地方律师协会建设委员会 2010 年调研工作计划（讨论稿）》，根据开展本次调研活动目的，提出修改意见。

3. 请填写《地方律协内部管理基本情况一览表》，并在 4 月 12 日前电子邮件至全国律协会员部。

附件一：

## 全国律协地方律师协会建设指导委员会
## 2010年调研工作计划
## （讨论稿）

为了建立科学有效、配置合理的律师行业管理制度，进一步加强地方律师协会建设，七届全国律协地方律师协会建设指导委员会拟于2010年开展“地方律师协会建设情况”调研活动。现将有关工作计划如下：

### 一、调研目的

开展“地方律师协会建设情况”调研活动的主要目的是按照科学发展观的要求，深入研究进一步加强律师协会建设的有效措施，提高律师协会行业管理工作水平，加强对律师队伍的科学管理。通过对律师协会机构设置、职能划分以及运转程序的现状及存在问题的深入调研，探索加强律师管理的新途径，把握管理工作的规律性，推进行业自律管理的制度化、规范化，进一步完善律师协会的行业自律性管理工作。

### 二、调研内容

（一）地方律师协会建设的基本情况。

1. 地方律师协会机构设置及职能划分（律师代表大会、理事会、常务理事会、律师协会党委（党组）、律师协会监事会、秘书处、各专门、专业工作委员会等）；

2. 地方律师协会秘书处机构设置和人员配备基本情况；

3. 地方律师协会章程制定情况及会长、常务理事会、理事选举方式、任期及履行职能方式；

4. 律师协会三级架构建设情况，尤其是基层律师协会建设情况；

5. 专门、专业委员会建设情况。

（二）地方律师协会建设中取得的成功经验。

1. 机构设置方面；

2. 机制建设方面；

3. 发挥常务理事、理事以及各专门、专业委员会委员的职能作用方面；

4. 其他方面。

（三）地方律师协会建设中存在的主要问题。

1. 律师协会机构间职责不明、监督机制不完善、激励和约束机制缺乏、章程约束力不强；

2. “三级架构”律师协会职责划分不清，职能不明；

3. 基层律师协会建设薄弱；

4. 其他问题。

（四）进一步加强地方律师协会建设的意见。

1. 要进一步加强组织建设。如：基层律师协会建设、各专门委员会和专业委员的建设、协会秘书处建设等；

2. 要进一步建立健全管理机制（围绕协会八项职能建立健全工作机制）；

3. 要进一步抓住工作重点。如：如何使律师工作与经济社会发展更紧密的结合；如何更好地规范律师执业行为；如何实现律师执业工作标准化、规范化；如何加强律师行业党组织和党员律师队伍建设；如何按照“政治坚定、法律精通、维护正义、恪守诚信”的总要求，继续加强律师队伍建设以及如何教育、引导和管理律师更好地履行社会主义法律工作者的职责要求等等；

4. 其他意见。

### 三、调研要求

（一）本次调研采取实地调研与问卷调研

相结合方式；

（二）调研定于2010年11月底前完成；

（三）调研结束后，汇总各地调研情况，形成《地方律师协会建设情况调研报告》初稿。

**附件二：**

**地方律师协会内部管理基本情况一览表**

第____届____________律师协会

<table>
<tr><td rowspan="2" colspan="2">律师协会会员情况</td><td colspan="3">个人会员（人）</td><td colspan="4"></td></tr>
<tr><td colspan="3">律师事务所团体会员（家）</td><td colspan="4"></td></tr>
<tr><td colspan="2">是否设立常务理事会</td><td colspan="2">是□　否□</td><td colspan="2">是否设立监事会</td><td colspan="3">是□　否□</td></tr>
<tr><td>律协党组织</td><td>党组 □</td><td>党委 □</td><td>党支部 □</td><td>其他 □</td><td>全省律师事务所党支部数量</td><td colspan="3"></td></tr>
<tr><td colspan="4">是否制定本协会章程　是□　否□</td><td colspan="5">是否适用全国律协章程　是□　否□</td></tr>
<tr><td rowspan="2" colspan="3">会长由执业律师担任　□</td><td rowspan="2" colspan="3">会长由司法行政领导兼任　□</td><td rowspan="2">会长任期</td><td colspan="2">每届　　年</td></tr>
<tr><td colspan="2">连续任期　　届</td></tr>
<tr><td rowspan="13">专门委员会（请列举）</td><td colspan="3">专门委员会</td><td colspan="2">是否有工作规则</td><td colspan="3">委员人数</td></tr>
<tr><td colspan="3"></td><td colspan="2"></td><td colspan="3"></td></tr>
<tr><td colspan="3"></td><td colspan="2"></td><td colspan="3"></td></tr>
<tr><td colspan="3"></td><td colspan="2"></td><td colspan="3"></td></tr>
<tr><td colspan="3"></td><td colspan="2"></td><td colspan="3"></td></tr>
<tr><td colspan="3"></td><td colspan="2"></td><td colspan="3"></td></tr>
<tr><td colspan="3"></td><td colspan="2"></td><td colspan="3"></td></tr>
<tr><td colspan="3"></td><td colspan="2"></td><td colspan="3"></td></tr>
<tr><td colspan="3"></td><td colspan="2"></td><td colspan="3"></td></tr>
<tr><td colspan="3"></td><td colspan="2"></td><td colspan="3"></td></tr>
<tr><td colspan="3"></td><td colspan="2"></td><td colspan="3"></td></tr>
<tr><td colspan="3"></td><td colspan="2"></td><td colspan="3"></td></tr>
<tr><td colspan="3"></td><td colspan="2"></td><td colspan="3"></td></tr>
<tr><td rowspan="4">三级律师协会</td><td rowspan="2">本地区设区的市/直辖市的区的数量</td><td rowspan="2"></td><td rowspan="2">设区的市级或直辖市的区级律师协会（家）</td><td rowspan="2"></td><td>实现两分开的律协（家）</td><td></td><td>由司法行政代管的律协（家）</td><td></td></tr>
<tr><td colspan="2">会长由执业律师担任□</td><td colspan="2">会长由司法行政领导兼任□是否制定</td></tr>
<tr><td>是否制定本协会章程</td><td colspan="3">是 □　　否 □</td><td colspan="2">是否定期召开律师代表大会</td><td colspan="2">是 □　　否 □</td></tr>
<tr><td>是否设置维权机构</td><td colspan="3">是 □　　否 □</td><td colspan="2">是否设置惩戒机构</td><td colspan="2">是 □　　否 □</td></tr>
</table>

注：本表填写的统计数据，依据2009年至今实际情况填写。

附件三：

## 第七届中华全国律师协会 地方律师协会建设指导委员会委员名单

主任委员：吕红兵

副主任委员：孙发荣　王　凡　赵荣春　王立华　张学兵　刘正东　薛云华

委　员：李冰如　王传湧　万恩标　陈　翔　底增旗　李原生　金毅力　李正良　刘桂琴　贾向明　陈三联　潘法律　梁武华　刘瑞兰　唐　峰　关永年　宋智慧　刘元生　周爱梧　叶　港　刘汝祥　严丽萍　刘　春　张国强　熊　亮　赵国玺　周　刚　崔皋平　王鹏云　李晓宁　毛　力　孟繁旭　杨伟程　张　粒　戴志坚　赖声洪　王心海　辛秉虎　王秋潮　王广仁　陈　舒　刘　晰　王天举　张　庆　顾培东　李本森

（共54人）

## 关于报送各地现行会费收缴标准及2009年度会费收缴情况的通知

（2010年4月9日）

各省、自治区、直辖市律师协会：

根据第七次全国律师代表大会上一些代表就全国律协会费收缴和管理、改革现行会费收缴制度等问题提出的意见和建议，全国律协常务理事会决定对全国律协会费收缴等问题开展调研，为确保调研工作顺利进行，全国律协将对各省、自治区、直辖市律师协会会费收缴情况进行先期调查。

请于4月30日前，将本省（区、市）的会费收缴标准及2009年度会费收缴情况（见附表）报送全国律协，并附《会费管理办法》及相关文件。

附：

### 2009年度会费统计

| 项目<br>地区 | 2009年度会费 | | 2008年注册律师 | | 人数合计 | 标准 | 收到会费 | 备注 |
|---|---|---|---|---|---|---|---|---|
| | 应缴纳数 | 实缴纳数 | 专职律师 | 兼职律师 | 单位：人 | 元/人年 | 具体时间 | 完成情况 |
| 北京 | 2729700 | 2729700 | 17254 | 944 | 18198 | 150 | 09.09.29 | 100% |
| 天津 | 336300 | 336300 | 2073 | 169 | 2242 | 150 | 10.02.05 | 100% |
| 河北 | 436500 | 436500 | 5433 | 387 | 5820 | 75 | 09.10.09 | 100% |
| 山西 | 156550 | 156550 | 2996 | 135 | 3131 | 50 | 09.11.18 | 100% |
| 内蒙 | 122550 | 122550 | 2312 | 139 | 2451 | 50 | 09.10.28 | 100% |
| 辽宁 | 426075 | 426075 | 5443 | 238 | 5681 | 75 | 10.04.01 | 100% |

| 项目<br>地区 | 2009 年度会费 | | 2008 年注册律师 | | 人数合计 | 标准 | 收到会费 | 备 注 |
|---|---|---|---|---|---|---|---|---|
| | 应缴纳数 | 实缴纳数 | 专职律师 | 兼职律师 | 单位：人 | 元/人年 | 具体时间 | 完成情况 |
| 吉 林 | 151950 | 151950 | 1922 | 104 | 2026 | 75 | 10. 04. 01 | 100% |
| 黑龙江 | 258225 | 258225 | 3298 | 145 | 3443 | 75 | 09. 11. 23 | 100% |
| 上 海 | 1389450 | 1389450 | 8750 | 513 | 9263 | 150 | 09. 09. 28 | 100% |
| 江 苏 | 895200 | 895200 | 8534 | 418 | 8952 | 100 | 09. 10. 27 | 100% |
| 浙 江 | 664300 | 664300 | 6186 | 457 | 6643 | 100 | 09. 10. 28 | 100% |
| 安 徽 | 201950 | 201950 | 3792 | 247 | 4039 | 50 | 09. 09. 28 | 100% |
| 福 建 | 387700 | 387700 | 3571 | 306 | 3877 | 100 | 09. 09. 28 | 100% |
| 江 西 | 109000 | 109000 | 1990 | 190 | 2180 | 50 | 09. 09. 28 | 100% |
| 山 东 | 907700 | 907700 | 8641 | 436 | 9077 | 100 | 09. 10. 21 | 100% |
| 河 南 | 497925 | 400000 | 6281 | 358 | 6639 | 75 | 09. 10. 22 | 欠缴 97925 |
| 湖 北 | 362325 | 362325 | 4612 | 219 | 4831 | 75 | 10. 01. 19 | 100% |
| 湖 南 | 270200 | 270200 | 5148 | 256 | 5404 | 50 | 09. 09. 27 | 100% |
| 广 东 | 1915560 | 1915560 | 15314 | 649 | 15963 | 120 | 09. 10. 09 | 100% |
| 广 西 | 157500 | 157500 | 2982 | 168 | 3150 | 50 | 09. 10. 15 | 100% |
| 海 南 | 76800 | 76800 | 736 | 32 | 768 | 100 | 09. 12. 22 | 100% |
| 重 庆 | 376900 | 376900 | 3531 | 238 | 3769 | 100 | 09. 11. 23 | 100% |
| 四 川 | 362350 | | 6896 | 351 | 7247 | 50 | | |
| 贵 州 | 77750 | 77750 | 1371 | 184 | 1555 | 50 | 09. 10. 21 | 100% |
| 云 南 | 170200 | 164000 | 3278 | 126 | 3404 | 50 | 09. 09. 25 | 欠缴 6200 |
| 西 藏 | 4200 | 4200 | 69 | 15 | 84 | 50 | 09. 09. 28 | 100% |
| 陕 西 | 165700 | 165700 | 2994 | 320 | 3314 | 50 | 09. 09. 29 | 100% |
| 甘 肃 | 77550 | 77550 | 1412 | 139 | 1551 | 50 | 09. 10. 10 | 100% |
| 青 海 | 21050 | | 349 | 72 | 421 | 50 | | |
| 宁 夏 | 32250 | 32250 | 582 | 63 | 645 | 50 | 09. 11. 10 | 100% |
| 新 疆 | 124150 | 124150 | 2385 | 98 | 2483 | 50 | 09. 10. 21 | 100% |
| 合 计 | 13865560 | 13378035 | 140135 | 8116 | | | | 96. 48% |

**附:**

**各省、自治区、直辖市律师协会会费收缴标准及2009年度会费收缴情况统计表**

编制单位(公章):　　　　　　　　　　　　　　　　　　　　　编制日期:

| 类　别 | 具体会费收缴标准 | 团体数量 | 应收会费金额 | 实收会费金额 | 返还会费 |
|---|---|---|---|---|---|
| 团体会费 | 1、 | | | | |
| | 2、 | | | | |
| | 3、 | | | | |
| | 4、 | | | | |
| | 5、 | | | | |
| | 6、 | | | | |
| | 7、 | | | | |
| | 8、 | | | | |
| 小计 | | | | | |

## 关于召开七届全国律协第六次常务理事会会议的通知

(2010年4月9日)

**各位常务理事:**

根据全国律协工作安排,定于2010年4月24日至25日在湖南省长沙市召开七届全国律协第六次常务理事会会议,现将有关事宜通知如下:

**一、时间**

2010年4月25日上午召开,24日报到,会期一天。

**二、地点**

长沙市枫林宾馆。

**三、会议议题**

1、审议《律师执业活动年度考核办法(草案)》;

2、审议《关于增补辽宁兴中律师事务所张玉良律师为中华全国律师协会第七届理事会理事的报告》;

3、讨论全国律协秘书处2010年工作要点任务分解与各专门委员会和各常务理事衔接;

4、通报全国律协2010年宣传工作方案。

**四、出席会议人员**

七届全国律协常务理事会成员。

**五、列席会议人员**

全国律协秘书长、副秘书长;部律公司、法制司负责同志;

全国律协机关有关部(室)主任;《中国律师》杂志社有关同志。

**附件：**

### 七届全国律协第六次常务理事会会议回执

2010 年 4 月 9 日

| 姓 名 | |
|---|---|
| 能否参会（不能参会请说明原因） | |
| 何时到会 | |
| 是否需要接站 | |
| 到达长沙的航班（车次）及时间 | |
| 如不能到会，对议题进行审议的意见是： | |

1. 全国律协联系人：汪杨 马国光 电话：010—64060213 传真：010—84020216
2. 湖南省律协联系人：高阳 电话：0731—84586321 传真：0731—84586320

## 关于召开第七届中华全国律师协会外事委员会第一次工作会议的通知

（2010 年 4 月 13 日）

**北京市、上海市、天津市、江苏省、浙江省、广东省和陕西省律师协会：**

为进一步落实司法部关于司法外事交流工作会议的精神，总结 2008 年 11 月换届以来第七届全国律协开展对外交流工作的情况，通报 2010 年外事工作计划，讨论近两年协会外事工作中面临的问题，协会决定于 2010 年 5 月 23 日至 24 日在北京召开第七届中华全国律师协会外事委员会第一次工作会议。

请以上各省、市律师协会选派一至二名负责对外交流的同志列席会议，各位参会代表在会议期间的食宿费和会议费由我会负担，交通费用由派出单位负担。

**附件：**

**会议回执表**

<table>
<tr><td>姓 名</td><td>性别</td><td>职务</td><td>电 话</td><td>传 真</td><td>手 机</td></tr>
<tr><td></td><td></td><td></td><td></td><td></td><td></td></tr>
<tr><td></td><td></td><td></td><td></td><td></td><td></td></tr>
<tr><td colspan="6">单位名称</td></tr>
<tr><td>地址</td><td colspan="3"></td><td>邮编</td><td></td></tr>
<tr><td>前往<br>方式</td><td colspan="5">5 月 23 日自行前往 □<br>5 月 23 日统一乘车前往 □</td></tr>
<tr><td>是否<br>住宿</td><td colspan="5">5 月 23 日晚上住宿 □<br>5 月 23 日晚上不住宿 □</td></tr>
<tr><td>律协盖章</td><td colspan="5"></td></tr>
</table>

传真：010－64060207、84020216

## 关于印发《中华全国律师协会落实中央专项彩票公益金法律援助项目会议纪要》的通知

（2010 年 4 月 26 日）

**北京、天津、上海、重庆、辽宁、河北、河南、山西、浙江、江苏、江西、广东、云南、四川、宁夏、青海、陕西、甘肃等地司法厅(局)、律师协会：**

为高效高质地做好中央专项彩票公益金法律援助项目，全国律协于 3 月 21 日、22 日在北京召开专题会议，研究如

何组织开展这项活动事宜。现将会议形成的纪要予以印发，通报有关情况，并请你们对这项工作予以关心、指导和支持。

## 落实中央专项彩票公益金法律援助项目会议纪要

中华全国律师协会

为贯彻落实中央专项彩票公益金法律援助项目（以下简称彩票公益金项目），中华全国律师协会于2010 年3 月21 日、22 日在北京召开了专题工作会，出席会议的有彩票公益金重点支持省份北京、上海、天津、浙江、江苏、广东等地律师协会推荐的 12 家律师事务所负责人和彩票公益金项目将予以支持的北京、河北、山东、江西、青海、山西、陕西、甘肃、四川、云南等地的十六个农民工法律援助机构负责人。中国法律援助基金会秘书长周院生、

全国律协秘书长邓甲明出席会议并作动员。周秘书长详尽介绍了公益金项目情况，全国律协常务理事、彩票公益金项目领导小组办公室主任佟丽华主持会议。会议就具体落实彩票公益金法律援助项目做了部署、讨论和研究。会议形成以下纪要。

## 一、会议背景

为贯彻党中央、国务院保障民生、维护社会公平和正义的要求，缓解财政性法律援助经费与法律援助需求量之间的矛盾，进一步推进法律援助事业的发展，保障困难群众及时有效平等地得到法律援助，司法部向财政部提出了使用彩票公益金支持法律援助工作的申请。2009年7月，经国务院同意，财政部决定将中央专项彩票公益金法律援助项目正式立项，安排5000万元资金支持法律援助事业，由中国法律援助基金会负责项目的实施管理工作。2009年12月30日，财政部、司法部颁布了《中央专项彩票公益金法律援助项目实施与管理暂行办法》。《办法》中规定，专项彩票公益金法律援助项目将主要针对农民工、残疾人、老年人、未成年人和妇女家庭权益保障等法律援助案件提供办案补贴。《办法》对项目实施和管理等提出明确要求。司法部和中国法律援助基金会在研究部署项目实施工作时，充分肯定全国律协和地方法律援助机构近些年来在行业中推动法律援助和公益活动的做法与成效，在法律援助组织管理和经费使用中创新管理，即选定部分律师事务所安排专人专业办理上述六类法律援助案件，并将其中一部分资金（约500万）直接用于这项活动。

今年1月以来，全国律协法律援助与公益事务委员会根据《中央专项彩票公益金法律援助项目实施与管理暂行办法》及中国援助基金会的要求，先后做了以下工作：向中国法律援助基金会提交工作方案；召开上海、天津、江苏、浙江、广东等项目实施重点省（市）律协负责人会议研究项目实施事宜；由全国律协潘公明副会长、邓甲明秘书长、全国律协法律援助与公益事务委员会佟丽华主任等组建全国律协专项彩票公益金项目领导小组，下设项目办公室，佟丽华任主任，负责彩票公益金法律援助项目的日常管理工作；遴选参与项目实施的律师事务所，签署项目实施文件；编写《中华全国律师协会执行中央专项彩票公益金法律援助项目手册（试行）》等等。

## 二、会议概况

这次专题会议主题是彩票公益金项目的实施，重点研究做什么、怎么做、如何监管等问题。在前期上述五省市推荐的基础上，选定17家农民工法律援助工作站和13家承诺专人办理彩票公益金项下案件的律师事务所作为首批项目实施单位，这些机构和律师事务所代表出席了会议。这些单位是：天津益清律师事务所、天津金辰律师事务所、天津华盛理律师事务所、上海新闵律师事务所、江苏维世德律师事务所、浙江泽大律师事务所、浙江千岛湖律师事务所、浙江子城律师事务所、浙江晟耀律师事务所、广东南国德赛律师事务所、盛唐律师事务所、启明律师事务所以及河北（石家庄、邢台、承德）、山东、山西、河南（郑州、许昌）、大连、江西、江苏、四川、云南、重庆、宁夏、青海、陕西、甘肃等地农民工法律援助工作站等。

中国法律援助基金会周院生秘书长应邀出席会议并阐述了中央专项彩票公益金法律援助项目的重要意义、工作部署和工作要求。他说，中央专项彩票公益金法律援助项目的实施要着眼于贯彻落实中央“保增长、保民生、保稳定”的决策部署，贯彻落实全国政法工作电视电话会议的精神，围绕社会矛盾化解，社会管理创新和公正廉洁执法三项重点工作，充分发挥彩票公益金的社会效益，努力满足五类困难群体的法律援助需求，维护困难群众的合法权益，维护社会和谐稳定。他指出，将律师事务所和依托律协或律所成立的法律援助工作站纳入国家彩票公益金的支持范围，是政府“购买”优质、高效社会公共服务的一次新尝试，也是贯彻落实全国政法工作电视电话会议提出的创新社会管理的重要举措。通过项目实施工作，建立健全由“政府主导，社会力量为补充”的法律援助体制，更好地推动法律援助事业的发展。由律师事务所和农民工法律援助机构直接参与实施彩票公益金项目，一是有利于提高法律援助办案质量和工作效率，从而提高彩票公益金的使用效益；二是有助于项目管理办公室的业务指导、管理和监督，有助于落实国务院要求，走农民工法律援助专门化、专业化、标准化道路，有利于集中展现和宣传律师队伍的公益奉献精神，树立律师良好的社会形象。

中华全国律师协会秘书长邓甲明在工作动员中用“应该做”、“能做好”、“必须做好”十个字来概括律师介入农民工法律援助工作的必要性。他指出，律师有责任关注农民工和其他社会弱势群体的法律需求，努力为他们提供法律援助。彩票公益金对这部分社会群体特别是农民工的法律援助工作提供了重要资金支持，国家和社会应该有责任有义务让他们生活得更加幸福、更有尊严，他希望律师对此有所担当，做出奉献。

会上，四川、陕西、山西、山东、青海、甘肃、河北、江西、辽宁等省农民工法律援助工作机构的代表介绍了他们近几年来开展农民工法律援助工作的经验做法和体会，这些交流对此次入选项目名单的律师事务所如何开展工作提供了借鉴。与会人员还就项目实施可能出现的问题进行了讨论。

**三、实施中央专项彩票公益金项目中的几个问题**

（一）关于农民工法律援助机构的管理组织形式

会议认为，在具体组织管理形式上，应根据各地具体情况，因地制宜，不必整齐划一，但应朝着专业化专门化方向努力。目前，农民工法律援助机构有以下几种模式：（1）经民政部门批准，由当地司法行政机关作为主管部门，独立注册为民办非企业单位，如大连和许昌；（2）经当地司法行政机关批准，独立注册为公益律师事务所，如陕西和青海；（3）经当地律师协会批准，律师协会下设“农民工维权专门机构”，如江西、河南、重庆等；（4）经当地司法行政机关批准，由一家律师事务所承办，如四川、宁夏等。不管采取什么形式，都要以方便农民工、方便工作为重。根据司法部法律援助司孙剑英司长传出的信息，司法部正在会同有关部门研究制定《法律援助类民办非企业登记与管理办法》，不断完善法律援助工作体制机制。建议天津、上海、江苏、浙江和广东等项目新增实施地律师协会与司法行政机关充分沟通，勇于创新，拿出方案，尽快起步，早日成立农民工法律援助专门机构，在有条件的地方争取采纳成立民办非企业形式；中西部等17个地方律协要帮助尚未注册为民办非企业单位的农民工法律援助工作站尽快注册，使彩票公益金法律援助项目的实施开局良好，并为这项活动长期持续的开展奠定坚实基础。

为保证项目的有效实施，全国律协项目办公室将具体负责律师事务所和农民工法律援助机构彩票公益金项目的落实检查和培训工作，确保项目资金使用的公益性、有效性和安全性。

（二）会议要求各项目实施单位应该服从项目办公室的有关规定，做好以下具体工作

1. 在省会城市设立的专门机构至少要配置2名专职律师和1名专职工作人员；在中等城市设立的专门机构至少要配置1名专职律师和1名专职工作人员。严禁专门机构及其专职律师和工作人员提供有偿法律服务或者办理其他类型的法律援助案件。

2. 专门机构应具备独立或者相对独立的办公场所并设立对外公布的独立的咨询热线。

3. 农民工法律援助专门机构专职人员要实行严格的日常管理、业务培训、检查监督和项

目评估制度。

4. 专门机构应设立项目资金专项账户。设立有困难的，可以使用所属司法行政机关、律师协会或专门机构现有的账户，但须独立核算，分账管理，专款专用，不得与其他资金混合管理使用。

（三）关于队伍建设和人才培养 加强对农民工和社会弱势群体的法律援助机构建设，是律师行业自觉履行中央“化解社会矛盾、创新社会管理、公正廉洁执法”工作要求的积极尝试，也是培育律师社会责任、宣传律师社会担当的重要途径。通过这项活动和这些形式，要培养一支有公益理念、有专业水准、有工作热忱的服务农民工的专业律师队伍；要吸引更多的年轻律师从这里起步，踏踏实实开始起执业历程，为律师公益活动的后续发展提供人才支持。

各地律协应高度重视中央专项彩票公益金法律援助项目的实施，加强对推荐的律师事务所的指导和协调，对成立农民工专门法律援助机构的律师事务所加大支持力度。有条件的省市律协可给予适当的资金支持，对愿意开展法律援助工作的专职律师减免年检注册费用及其他费用；在评“优”、评“先”方面，对于积极开展这个项目的律师和律师事务所予以重点、优先考虑。

我们相信，在中国法律援助基金会、各地司法行政机关法援部门的大力支持和各地律师协会的认真组织下，律师一定会在中央彩票公益金法律援助项目中发挥积极作用，为构建和谐社会，进一步推动律师公益事业的发展做出新的贡献。

## 关于全国律协代表团访问俄罗斯的出访报名通知

（2010 年 4 月 29）

**北京市、山东省、江苏省、海南省律师协会：**

应俄罗斯律师协会的邀请，以中华全国律师协会会长于宁为团长的全国律协代表团将于 2009 年 8 月 25 日至 9 月 5 日访问俄罗斯，此次出访旨在建立全国律协与俄罗斯律师协会的友好关系，开辟全国律协与周边友好国家律师交流的渠道。代表团拟访问莫斯科、圣彼得堡等城市，俄方将为代表团安排拜会俄最高法院、俄罗斯律师协会、地方律师协会、俄罗斯律师学院及参观律师事务所与俄方律师进行法律业务交流。代表团成员由各地律师协会律管干部及律师组成。访问时间为 8 天，国际旅费和在俄期间的食宿费、公杂费等由所在单位负担。

请以上各省、市、自治区律师协会各选派 2 名代表随团出访。并于 5 月 15 日前将报名表填好传真至中华全国律师协会国际部。

## 全国律协关于举办首届优秀会刊评选活动的通知

（2010 年 5 月 7 日）

**各省、直辖市、自治区律师协会：**

随着律师业的发展，各地律协陆续创办了各自的会刊，对加强律师宣传和业内工作指导以及会员间的经验交流、信息交换发挥了积极作用。为了进一步推动会刊的发展，不断增强会刊的吸引力和感召力，加强会刊之间的交流，提高整体办刊水平，全国律协宣传联络委员会将组织首届优秀会刊评选活动，现通知如下：

### 一、参选条件

坚持以马克思列宁主义、毛泽东思想和邓

小平理论、三个代表、科学发展观为指导，坚持法学研究、法律实务交流、为会员服务的方向，传播和积累有益于提高行业素质、有益于经济发展和社会进步的法律文明，促进国际文化交流，丰富和提高会员的精神生活。

**二、参选范围**

各省、自治区、直辖市律师协会主办的具有本地区新闻出版局批准的《内部资料性出版物准印证》的会刊。

**三、参选材料**

近两年出版的具有固定刊名、刊期、顺序编号、设有栏目、印刷成册，以报道律师工作为主要内容的连续出版的会刊。

**四、参选数量**

各省、自治区、直辖市律师协会近两年出版的具有代表性的会刊3册。

**五、报送时间**

各省、自治区、直辖市律师协会于7月1日前将推荐参选的会刊材料报送中国律师杂志社。全国律协将于2010年9月召开会议，揭晓评选结果并开展经验交流。

## 关于全国律协代表团访问韩国的通知

（2010年5月13日）

**北京市、湖南省、河北省、四川省、吉林省律师协会：**

应韩国律师协会邀请，以中华全国律师协会副会长彭永臣为团长的一行14人的中国律师代表团将于2010年6月16日至6月22日访问韩国，参加在首尔举行的第十四次题为“司法体制的变化与趋势”的法律研讨会。会后访问釜山、济州岛等城市，韩方将为代表团安排拜会最高法院、地方法院、地方律师协会、参观律师事务所与韩国律师进行法律业务交流。

经司法部批准你省（市）下列人员将随团出访（名单附后）。请速为该团员办理政审手续和护照，由全国律师协会统一办理签证，该团员的国际旅费及在韩国期间的食宿费、公杂费等由其所在单位负担。

请于2010年6月1日前，将出访人员的政审批件复印件、出访任务确认件原件、护照和正面免冠小二寸光纸（白底）彩色照片四张送交全国律协国际部。

## 全国律协代表团名单

团长：

1. 彭永臣　男　中华全国律师协会副会长

副团长：

2. 邓甲明　男　中华全国律师协会秘书长

团员：

3. 宋　芮　女　中华全国律师协会国际部副主任

4. 郝惠珍　女　北京盈科律师事务所主任、北京市女律师协会副会长

5. 石春相　男　四川省律师协会副会长、四川守民律师事务所主任

6. 底增旗　男　河北省律师协会秘书长

7. 张金龙　男　河北张金龙律师事务所主任

8. 邓南燕　女　河北徐宇律师事务所主任

9. 田立平　女　湖南省律师协会副秘书长

10. 余　缨　女　湖南南昌言律师事务所主任

11. 刘　彦　女　湖南博鳌律师事务所主任

12. 徐沛荣　女　吉林兢诚律师事务所合伙人

13. 全华善　女　北京华博金隆律师事务所合伙人兼翻译

14. 李蔚然　女　中华全国律师协会国际部干部

## 中华全国律师协会关于收缴2010年度会费的通知

（2010年5月19日）

**各省、自治区、直辖市律师协会：**

在各省、自治区、直辖市律师协会的积极合作、大力支持下，上年度会费收缴情况良好，对确保全国律协为会员单位提供服务，有效实现行业自律职能，完成行业管理任务，提高行业管理水平，发展行业公益事业，丰富行业文化建设，推动律师行业可持续发展，提供了重要保障。

根据《律师法》、《中华全国律师协会章程》及《中华全国律师协会会费管理办法》以及司法部律师公证工作指导司对2009年各省（区、市）律师事业发展、业务收费和注册律师人数等情况统计，全国律协按原综合核定的各省（自治区、直辖市）会费标准，核定了今年各地应缴纳会费的具体数额（附件1、附件2）。为了更好地推动律师行业发展，请各地根据要求于6月30日前将本年度会费按时上缴全国律协，为全国律协更好地开展工作提供财力保障。

附件1：各省、自治区、直辖市律师协会缴纳全国律协2010年度会费统计表

附件2：律师公证指导司《2009年执业律师统计表》

**附件1：**

### 各省、自治区、直辖市缴纳全国律协2010年度会费统计表

——律发通［2010］18号——

| 项目<br>地区 | 2010年度会费（元） | | 2009年度注册律师（人） | | | 每年人均标准 | 收到会费时间 | 会费完成比例 |
|---|---|---|---|---|---|---|---|---|
| | 应缴纳 | 实缴纳 | 专职 | 兼职 | 合计 | | | |
| 北京 | 3111450 | | 19753 | 990 | 20743 | 150 | | |
| 天津 | 384900 | | 2376 | 190 | 2566 | 150 | | |
| 河北 | 491400 | | 6125 | 427 | 6552 | 75 | | |
| 山西 | 178950 | | 3363 | 216 | 3579 | 50 | | |
| 内蒙 | 129700 | | 2457 | 137 | 2594 | 50 | | |
| 辽宁 | 447150 | | 5649 | 313 | 5962 | 75 | | |
| 吉林 | 163050 | | 2055 | 119 | 2174 | 75 | | |
| 黑龙江 | 258225 | | 3298 | 145 | 3443 | 75 | | |
| 上海 | 1605150 | | 10167 | 534 | 10701 | 150 | | |
| 江苏 | 982700 | | 9398 | 429 | 9827 | 100 | | |
| 浙江 | 754800 | | 7069 | 479 | 7548 | 100 | | |

| 项目<br>地区 | 2010 年度会费（元） | | 2009 年度注册律师（人） | | | 每年人均标准 | 收到会费时间 | 会费完成比例 |
|---|---|---|---|---|---|---|---|---|
| | 应缴纳 | 实缴纳 | 专职 | 兼职 | 合计 | | | |
| 安徽 | 211850 | | 3985 | 252 | 4237 | 50 | | |
| 福建 | 419600 | | 3871 | 325 | 4196 | 100 | | |
| 江西 | 131700 | | 2432 | 202 | 2634 | 50 | | |
| 山东 | 1007500 | | 9638 | 437 | 10075 | 100 | | |
| 河南 | 573825 | | 7232 | 419 | 7651 | 75 | | |
| 湖北 | 383175 | | 4870 | 239 | 5109 | 75 | | |
| 湖南 | 298350 | | 5688 | 279 | 5967 | 50 | | |
| 广东 | 2076720 | | 16647 | 659 | 17306 | 120 | | |
| 广西 | 171700 | | 3261 | 173 | 3434 | 50 | | |
| 海南 | 85000 | | 814 | 36 | 850 | 100 | | |
| 重庆 | 409000 | | 3882 | 208 | 4090 | 100 | | |
| 四川 | 401650 | | 7630 | 403 | 8033 | 50 | | |
| 贵州 | 88500 | | 1562 | 208 | 1770 | 50 | | |
| 云南 | 189400 | | 3621 | 167 | 3788 | 50 | | |
| 西藏 | 4450 | | 75 | 14 | 89 | 50 | | |
| 陕西 | 186300 | | 3362 | 364 | 3726 | 50 | | |
| 甘肃 | 91150 | | 1684 | 139 | 1823 | 50 | | |
| 青海 | 21200 | | 341 | 83 | 424 | 50 | | |
| 宁夏 | 36150 | | 651 | 72 | 723 | 50 | | |
| 新疆 | 121300 | | 2324 | 102 | 2426 | 50 | | |
| 合计 | 15415995 | | 155280 | 8760 | 164040 | | | |

**附件2：**

## 律师公证指导司《2009年执业律师统计表》

# 执业律师统计表

2009年

单位名称：　　　　计量单位：家、件

| 分类 | 合计 | 律师类别 | | | | | | 文化程度 | | | | | | | | 性别 | 政治面貌 | |
|---|---|---|---|---|---|---|---|---|---|---|---|---|---|---|---|---|---|---|
| | | 专职律师 | 兼职律师 | 公职律师 | 公司律师 | 法律援助律师 | 军队律师 | 博士 | 硕士、双学士 | 法律专业本科 | 其他专业本科 | 法律专业专科 | 其他专业专科 | 专科以下 | 具有相当外语水平 | 女律师 | 中共党员 | 民主党派 |
| | 人 | 人 | 人 | 人 | 人 | 人 | 人 | 人 | 人 | 人 | 人 | 人 | 人 | 人 | 人 | 人 | 人 | 人 |
| 甲 | 1 | 2 | 3 | 4 | 5 | 6 | 7 | 8 | 9 | 10 | 11 | 12 | 13 | 14 | 15 | 16 | 17 | 18 |
| 北京 | 21215 | 19753 | 990 | 37 | 372 | 63 | 0 | 528 | 4961 | 10971 | 3182 | 894 | 360 | 319 | 10481 | 6698 | 5073 | 349 |
| 天津 | 2687 | 2376 | 190 | 59 | 8 | 54 | 0 | 24 | 523 | 1483 | 255 | 342 | 54 | 6 | 540 | 797 | 973 | 138 |
| 河北 | 6894 | 6125 | 427 | 70 | 21 | 251 | 0 | 28 | 430 | 5137 | 628 | 562 | 82 | 27 | 1723 | 1535 | 1916 | 235 |
| 山西 | 3714 | 3363 | 216 | 7 | 15 | 113 | 0 | 8 | 176 | 1953 | 1378 | 87 | 8 | 104 | 224 | 973 | 945 | 113 |
| 内蒙 | 2798 | 2457 | 137 | 43 | 37 | 124 | 0 | 20 | 185 | 1484 | 222 | 562 | 201 | 124 | 120 | 611 | 692 | 55 |
| 辽宁 | 6298 | 5649 | 313 | 108 | 68 | 160 | 0 | 87 | 1038 | 3724 | 573 | 756 | 99 | 21 | 1310 | 2069 | 2090 | 306 |
| 吉林 | 2541 | 2055 | 119 | 68 | 94 | 205 | 0 | 14 | 257 | 1487 | 389 | 309 | 69 | 16 | 205 | 708 | 1185 | 99 |
| 黑龙江 | 3501 | 3298 | 145 | 0 | 45 | 13 | 0 | 12 | 205 | 1824 | 865 | 401 | 168 | 26 | 559 | 1056 | 621 | 122 |
| 上海 | 11405 | 10167 | 534 | 486 | 218 | | | 242 | 3163 | 6484 | 524 | 856 | 128 | 8 | 5353 | 3259 | 4095 | 488 |
| 江苏 | 10146 | 9398 | 429 | 55 | 79 | 185 | 0 | 97 | 1207 | 7566 | 726 | 475 | 60 | 15 | 872 | 1820 | 2486 | 508 |
| 浙江 | 8051 | 7069 | 479 | 193 | 17 | 293 | | 96 | 1065 | 5480 | 655 | 635 | 53 | 67 | 2291 | 1609 | 2553 | 385 |
| 安徽 | 4518 | 3985 | 252 | 53 | 11 | 217 | | 35 | 409 | 3289 | 285 | 455 | 39 | 6 | 665 | 590 | 1256 | 192 |
| 福建 | 4930 | 3871 | 325 | 451 | 134 | 149 | | 53 | 630 | 3372 | 539 | 265 | 53 | 18 | 2208 | 744 | 1447 | 307 |
| 江西 | 2822 | 2432 | 202 | 6 | 23 | 159 | 0 | 18 | 183 | 1712 | 498 | 341 | 38 | 32 | 198 | 361 | 846 | 176 |
| 山东 | 10531 | 9638 | 437 | 33 | 45 | 378 | | 33 | 900 | 7221 | 1333 | 800 | 226 | 18 | 771 | 2127 | 3361 | 441 |
| 河南 | 8027 | 7232 | 419 | 119 | | 257 | | 56 | 659 | 5704 | 775 | 694 | 124 | 15 | 672 | 1475 | 2045 | 435 |
| 湖北 | 5527 | 4870 | 239 | 19 | 130 | 269 | | 47 | 575 | 3138 | 723 | 819 | 203 | 22 | 4483 | 1120 | 2004 | 179 |
| 湖南 | 6407 | 5688 | 279 | 51 | 20 | 369 | 0 | 80 | 726 | 4334 | 558 | 603 | 95 | 11 | 1092 | 809 | 1423 | 263 |

| 分类 | 参政议政 | | | | | | | | 奖惩情况 | | | | | | | | | 培训情况(人次) | | | | | |
|---|---|---|---|---|---|---|---|---|---|---|---|---|---|---|---|---|---|---|---|---|---|---|---|
| | 当选人大代表 | | | | 当选政协委员 | | | | 受省级以上表彰 | 受行业处分 | 其中 | | | 受行政处罚律师 | 其中 | | | 参加各种培训合计 | 其中 | | | | |
| | 全国人大代表 | 省人大代表 | 地市人大代表 | 县区人大代表 | 全国政协委员 | 省政协委员 | 地市政协委员 | 县区政协委员 | | | 训诫 | 通报批评 | 公开谴责 | | 受警告 | 停业三个月至一年 | 被吊销律师执业证 | | 职业道德执业纪律培训 | 继续教育培训 | 学历教育培训 | 赴国外、境外培训 | 外语培训 |
| | 人 | 人 | 人 | 人 | 人 | 人 | 人 | 人 | 人 | 人 | 人 | 人 | 人 | 人 | 人 | 人 | 人 | | | | | | |
| 甲 | 19 | 20 | 21 | 22 | 23 | 24 | 25 | 26 | 27 | 28 | 29 | 30 | 31 | 32 | 33 | 34 | 35 | 36 | 37 | 38 | 39 | 40 | 41 |
| 北京 | 2 | 7 | 12 | 0 | 3 | 8 | 43 | 0 | 3 | 23 | 6 | 6 | 11 | 1 | 0 | 0 | 1 | 32753 | 13945 | 15081 | 1753 | 188 | 1786 |
| 天津 | 0 | 3 | 0 | 13 | 1 | 6 | 0 | 52 | 0 | 0 | 0 | 0 | 0 | 2 | 1 | 0 | 1 | 2371 | 1852 | 476 | 14 | 1 | 28 |
| 河北 | 1 | 3 | 17 | 32 | 0 | 8 | 47 | 101 | 69 | 0 | 0 | 0 | 0 | 1 | 0 | 1 | 0 | 5099 | 3654 | 1031 | 265 | 3 | 146 |
| 山西 | 0 | 1 | 7 | 18 | 0 | 12 | 30 | 32 | 0 | 0 | 0 | 0 | 0 | 1 | 0 | 1 | 0 | 10233 | 5232 | 4991 | 10 | 0 | 0 |
| 内蒙 | 0 | 2 | 9 | 7 | 0 | 5 | 12 | 18 | 9 | 0 | 0 | 0 | 0 | 1 | 0 | 1 | 0 | 3467 | 1532 | 1781 | 151 | 3 | 0 |
| 辽宁 | 1 | 4 | 16 | 52 | 0 | 5 | 50 | 127 | 0 | 3 | 1 | 2 | 0 | 1 | 0 | 1 | 0 | 11953 | 8876 | 1974 | 572 | 53 | 478 |
| 吉林 | 0 | 2 | 18 | 15 | 0 | 2 | 41 | 41 | 2 | 2 | 0 | 2 | 0 | 3 | 0 | 1 | 2 | 3 | 3 | 0 | 0 | 0 | 0 |
| 黑龙江 | 2 | 2 | 25 | 23 | 6 | 5 | 31 | 68 | 6 | 2 | 0 | 2 | 0 | 1 | 1 | 0 | 0 | 6480 | 3270 | 3077 | 125 | 0 | 8 |
| 上海 | 0 | 14 | 30 | 0 | 1 | 17 | 71 | 0 | 29 | 4 | 1 | 1 | 2 | 1 | 0 | 1 | 0 | 22382 | 11685 | 6886 | 967 | 149 | 2695 |
| 江苏 | 1 | 1 | 33 | 33 | 0 | 7 | 63 | 157 | 16 | 14 | 3 | 6 | 5 | 5 | 1 | 4 | 0 | 25626 | 12727 | 12181 | 438 | 38 | 242 |
| 浙江 | 0 | 6 | 33 | 16 | 0 | 5 | 50 | 121 | 31 | 9 | 2 | 5 | 2 | 13 | 3 | 7 | 3 | 14431 | 3357 | 9873 | 878 | 174 | 149 |
| 安徽 | 0 | 3 | 37 | 6 | 0 | 8 | 43 | 61 | 41 | 6 | 4 | 2 | 0 | 4 | 1 | 0 | 3 | 11091 | 4208 | 6587 | 279 | 2 | 15 |
| 福建 | 0 | 2 | 16 | 19 | 0 | 3 | 20 | 62 | 39 | 3 | 1 | 2 | 0 | 2 | 0 | 2 | 0 | 15549 | 4868 | 9865 | 401 | 50 | 365 |
| 江西 | 0 | 1 | 18 | 16 | 0 | 6 | 40 | 68 | 0 | 0 | 0 | 0 | 0 | 0 | 0 | 0 | 0 | 4549 | 2050 | 2120 | 263 | 0 | 116 |
| 山东 | 2 | 4 | 29 | 28 | 0 | 10 | 86 | 156 | 54 | 0 | 0 | 0 | 0 | 5 | 2 | 3 | 0 | 13613 | 8699 | 4335 | 347 | 75 | 157 |
| 河南 | 1 | 4 | 12 | 24 | 0 | 5 | 49 | 124 | 54 | 12 | 3 | 8 | 1 | 4 | 2 | 2 | 0 | 11071 | 2694 | 7051 | 757 | 2 | 567 |
| 湖北 | 0 | 3 | 14 | 23 | 1 | 6 | 46 | 91 | 40 | 1 | 1 | 0 | 0 | 0 | 0 | 0 | 0 | 10379 | 5109 | 5109 | 161 | 0 | 0 |
| 湖南 | 1 | 2 | 20 | 24 | 0 | 7 | 47 | 81 | 61 | 2 | 0 | 1 | 1 | 2 | 1 | 1 | 0 | 10936 | 6042 | 3913 | 537 | 10 | 434 |

续表

| | | | | | | | | | | | | | | | | | | | | | | | | | | | | | | | | | | | | | | | | | |
|---|---|---|---|---|---|---|---|---|---|---|---|---|---|---|---|---|---|---|---|---|---|---|---|---|---|---|---|---|---|---|---|---|---|---|---|---|---|---|---|---|---|
| 广东 | 18148 | 16647 | 659 | 501 | 54 | 287 | 0 | 244 | 3314 | 11299 | 1862 | 1091 | 278 | 60 | 6581 | 4345 | 6198 | 557 | 1 | 8 | 41 | 36 | 2 | 11 | 66 | 109 | 54 | 50 | 25 | 24 | 1 | 20 | 10 | 6 | 4 | 51242 | 15114 | 33844 | 1355 | 84 | 845 |
| 广西 | 3755 | 3261 | 173 | 122 | 16 | 183 | 0 | 28 | 305 | 2413 | 448 | 456 | 95 | 10 | 489 | 490 | 1023 | 132 | 0 | 0 | 6 | 6 | 0 | 10 | 29 | 35 | 8 | 0 | 0 | 0 | 0 | 3 | 3 | 0 | 0 | 8119 | 4109 | 3899 | 101 | 10 | 0 |
| 海南 | 1014 | 814 | 36 | 153 | 0 | 11 | 0 | 6 | 231 | 557 | 106 | 76 | 35 | 3 | 250 | 225 | 310 | 66 | 0 | 1 | 5 | 1 | 0 | 8 | 8 | 4 | 10 | 0 | 0 | 0 | 0 | 1 | 0 | 1 | 0 | 2984 | 1758 | 1193 | 23 | 1 | 9 |
| 四川 | 8478 | 7630 | 403 | 102 | 7 | 336 | | 84 | 1248 | 5979 | 881 | 206 | 31 | 49 | 2892 | 1704 | 1996 | 404 | 0 | 6 | 26 | 11 | 1 | 9 | 44 | 62 | 70 | 3 | 2 | 1 | 0 | 5 | 1 | 2 | 2 | 6626 | 4291 | 1988 | 213 | 16 | 118 |
| 重庆 | 4311 | 3882 | 208 | 91 | | 130 | | 132 | 653 | 2769 | 459 | 298 | 0 | 0 | 2878 | 702 | 1173 | 168 | 1 | 9 | 0 | 14 | 0 | 15 | 0 | 87 | 7 | 5 | 0 | 5 | 0 | 3 | 0 | 3 | 0 | 10208 | 4880 | 4775 | 427 | 12 | 114 |
| 西藏 | 100 | 75 | 14 | 3 | 1 | 7 | 0 | 1 | 12 | 5 | 60 | 13 | 7 | 2 | 1 | 0 | 31 | 54 | 0 | 0 | 0 | 0 | 0 | 1 | 0 | 0 | 0 | 0 | 0 | 0 | 0 | 0 | 0 | 0 | 0 | 0 | 0 | 0 | 0 | 0 | 0 |
| 陕西 | 3756 | 3362 | 364 | 13 | 8 | 9 | 0 | 32 | 456 | 2312 | 349 | 492 | 87 | 28 | 1014 | 710 | 951 | 215 | 0 | 3 | 8 | 11 | 0 | 3 | 15 | 55 | 42 | 0 | 0 | 0 | 0 | 0 | 0 | 0 | 0 | 6829 | 3319 | 3058 | 412 | 5 | 35 |
| 甘肃 | 1945 | 1684 | 139 | 19 | 20 | 83 | 0 | 11 | 189 | 1136 | 366 | 179 | 31 | 33 | 299 | 318 | 552 | 109 | 0 | 0 | 5 | 1 | 0 | 5 | 21 | 16 | 5 | 2 | 1 | 1 | 0 | 2 | 0 | 1 | 1 | 4377 | 1384 | 2904 | 89 | 0 | 0 |
| 青海 | 442 | 341 | 83 | 4 | | 14 | | | 34 | 244 | 57 | 88 | 10 | 9 | 10 | 91 | 174 | 39 | 0 | 1 | 0 | 2 | 1 | 0 | 1 | 10 | 0 | 0 | 0 | 0 | 0 | 0 | 0 | 0 | 0 | 778 | 473 | 301 | 4 | 0 | 0 |
| 云南 | 3978 | 3621 | 167 | 54 | 16 | 120 | | 49 | 356 | 1699 | 771 | 1006 | 89 | 8 | 2875 | 879 | 954 | 128 | 0 | 0 | 2 | 4 | 0 | 5 | 18 | 18 | 60 | 0 | 0 | 0 | 0 | 7 | 1 | 6 | 0 | 6544 | 2937 | 3380 | 156 | 15 | 56 |
| 贵州 | 1912 | 1562 | 208 | 69 | 26 | 47 | | 16 | 139 | 1203 | 257 | 257 | 32 | 8 | 105 | 313 | 687 | 153 | 0 | 2 | 2 | 2 | 2 | 3 | 8 | 18 | 10 | 2 | 0 | 2 | 0 | 1 | 0 | 1 | 0 | 1591 | 1172 | 369 | 21 | 4 | 25 |
| 宁夏 | 812 | 651 | 72 | 32 | 12 | 45 | | 2 | 62 | 644 | 7 | 97 | 0 | 0 | 0 | 190 | 236 | 44 | 0 | 1 | 1 | 1 | 0 | 3 | 6 | 10 | 4 | 0 | 0 | 0 | 0 | 0 | 0 | 0 | 0 | 1618 | 809 | 809 | 0 | 0 | 0 |
| 新疆 | 2479 | 2324 | 102 | 7 | 8 | 38 | | 9 | 133 | 1888 | 122 | 282 | 28 | 17 | 174 | 642 | 704 | 99 | 0 | 1 | 5 | 4 | 1 | 3 | 17 | 26 | 21 | 1 | 0 | 1 | 0 | 2 | 0 | 1 | 1 | 5499 | 2141 | 3243 | 108 | 2 | 5 |
| 兵团 | 185 | 177 | 4 | 0 | 0 | 4 | 0 | 0 | 11 | 141 | 4 | 28 | 0 | 1 | 12 | 48 | 62 | 3 | 0 | 0 | 1 | 0 | 0 | 1 | 1 | 0 | 1 | 0 | 0 | 0 | 0 | 0 | 0 | 0 | 0 | 149 | 95 | 52 | 2 | 0 | 0 |
| 合计 | 173327 | 155457 | 8764 | 3028 | 1505 | 4573 | 0 | 2092 | 24435 | 108652 | 19857 | 14425 | 2783 | 1083 | 51347 | 39018 | 50062 | 6962 | 13 | 96 | 448 | 442 | 19 | 202 | 1003 | 1810 | 746 | 144 | 50 | 71 | 23 | 91 | 27 | 46 | 18 | 318550 | 142285 | 156146 | 10829 | 897 | 8393 |

# 律师执业机构统计表

2009 年

单位名称： 计量单位：个

| 分类 | 律师事务所总数 | 组织形式 | | | | | | | | 规模 | | | | 分所情况 | | | 党建情况 | | | 奖惩情况 | | | | | | | | |
|---|---|---|---|---|---|---|---|---|---|---|---|---|---|---|---|---|---|---|---|---|---|---|---|---|---|---|---|---|
| | | | 其中 | | | | | | | | | | | | | | | | | | | 其中 | | | | 其中 | | |
| | | 合伙所 | 合伙人3至10人所 | 合伙人11至50人所 | 合伙人51至100人所 | 合伙人101人以上所 | 国资所 | 合作所 | 个人开业所 | 律师30人以下所 | 律师31至50人所 | 律师51至100人所 | 律师101人以上所 | 外省(区市)分所 | 本省外地市分所 | 境外分所 | 3名以上正式党员所 | 已单独建立党支部所 | 已建立联合党支部所 | 受省级以上表彰所 | 受行业处分所 | 训诫 | 通报批评 | 公开谴责 | 受行政处罚所 | 被处以罚款所 | 被责令停业整顿所 | 被吊销执业证书所 |
| 个 | 个 | 个 | 个 | 个 | 个 | 个 | 个 | 个 | 个 | 个 | 个 | 个 | 个 | 个 | 个 | 个 | 个 | 个 | 个 | 个 | 个 | 个 | 个 | 个 | 个 | 个 | 个 | |
| 甲 | 1 | 2 | 3 | 4 | 5 | 6 | 7 | 8 | 9 | 10 | 11 | 12 | 13 | 14 | 15 | 16 | 17 | 18 | 19 | 20 | 21 | 22 | 23 | 24 | 25 | 26 | 27 | 28 |
| 北京 | 1355 | 1224 | 1148 | 73 | 2 | 1 | 1 | 0 | 130 | 1231 | 64 | 41 | 19 | 65 | 203 | 34 | 572 | 330 | 49 | 2 | 17 | 3 | 3 | 11 | 1 | 0 | 1 | 0 |
| 天津 | 287 | 202 | 195 | 7 | 0 | 0 | 1 | 2 | 82 | 279 | 4 | 4 | | 20 | 4 | | 79 | 60 | 18 | | | | | | | | | |
| 河北 | 579 | 417 | 385 | 30 | 2 | 0 | 92 | 1 | 69 | 547 | 24 | 7 | 1 | 8 | 5 | 0 | 239 | 196 | 87 | 38 | 0 | 0 | 0 | 0 | 0 | 0 | 0 | 0 |
| 山西 | 437 | 304 | 304 | 0 | 0 | 0 | 87 | 0 | 46 | 427 | 10 | 0 | 0 | 0 | 10 | 0 | 40 | 40 | 228 | 0 | 0 | 0 | 0 | 0 | 0 | 0 | 0 | 0 |
| 内蒙 | 262 | 207 | 199 | 8 | 0 | 0 | 44 | 7 | 4 | 248 | 14 | 0 | 0 | 2 | 4 | 1 | 67 | 64 | 45 | 22 | 2 | 2 | 0 | 0 | 1 | 1 | 1 | 0 |
| 辽宁 | 586 | 545 | 514 | 31 | | | 24 | 6 | 11 | 560 | 20 | 5 | 1 | 8 | 14 | 14 | 295 | 214 | 98 | 12 | 1 | | 1 | | 1 | | 7 | |
| 吉林 | 300 | 247 | 244 | 3 | 0 | 0 | 2 | 1 | 50 | 293 | 5 | 2 | 0 | 5 | 10 | 0 | 164 | 76 | 104 | 0 | 0 | 0 | 0 | 0 | 0 | 0 | 0 | 0 |
| 黑龙江 | 615 | 586 | 568 | 18 | 0 | 0 | 28 | 0 | 1 | 609 | 5 | 1 | 0 | 7 | 3 | 0 | 37 | 22 | 75 | 4 | 3 | 0 | 3 | 0 | 1 | 1 | 0 | 0 |
| 上海 | 970 | 806 | 723 | 80 | 2 | 1 | 0 | 2 | 162 | 903 | 49 | 13 | 5 | 90 | 28 | 3 | 380 | 353 | 220 | 24 | 0 | 0 | 0 | 0 | 0 | 0 | 0 | 0 |
| 江苏 | 1020 | 898 | 831 | 66 | 1 | | | 3 | 119 | 989 | 21 | 10 | | 34 | 62 | | 308 | 308 | 221 | 5 | 2 | 1 | 1 | | | | | |
| 浙江 | 787 | 630 | 602 | 28 | 0 | | 3 | 0 | 154 | 765 | 17 | 3 | 2 | 20 | 15 | | 284 | 256 | 413 | 19 | 5 | 1 | 4 | | 6 | 2 | 2 | |
| 安徽 | 466 | 415 | 369 | 46 | | | 11 | | 40 | 457 | 7 | 2 | | 1 | | | 102 | 102 | 271 | 31 | | | | | | | | |
| 福建 | 416 | 354 | 320 | 34 | | | 14 | | 48 | 399 | 11 | 6 | | 8 | 18 | | 155 | 100 | 25 | 10 | 4 | 1 | 3 | | 1 | 1 | | |
| 江西 | 314 | 194 | 146 | 46 | 2 | 0 | 89 | 0 | 31 | 308 | 4 | 2 | 0 | 1 | 0 | 0 | 87 | 87 | 94 | 0 | 0 | 0 | 0 | 0 | 0 | 0 | 0 | 0 |

续表

| | | | | | | | | | | | | | | | | | | | | | | | | | | | | |
|---|---|---|---|---|---|---|---|---|---|---|---|---|---|---|---|---|---|---|---|---|---|---|---|---|---|---|---|---|
| 山东 | 991 | 816 | 794 | 22 | | | 43 | | 132 | 952 | 30 | 8 | 1 | 18 | 25 | | 349 | 332 | 365 | 35 | 1 | 1 | | | 2 | 2 | | |
| 河南 | 694 | 522 | 513 | 8 | 1 | | 57 | | 115 | 663 | 24 | 6 | 1 | 6 | 10 | | 200 | 151 | 158 | 27 | 5 | 2 | 3 | | 1 | | | |
| 湖北 | 441 | 340 | 306 | 34 | | | 56 | | 45 | 362 | 60 | 13 | 6 | 8 | 2 | | 220 | 220 | 160 | 22 | 3 | | 2 | 1 | | | | |
| 湖南 | 502 | 432 | 387 | 43 | 2 | 0 | 41 | 5 | 24 | 474 | 21 | 6 | 1 | 9 | 14 | 0 | 154 | 147 | 260 | 37 | 2 | 0 | 2 | 0 | 1 | 0 | 1 | 0 |
| 广东 | 1515 | 1100 | 984 | 113 | 3 | 0 | 269 | 0 | 146 | 1392 | 77 | 38 | 8 | 80 | 49 | 3 | 435 | 386 | 853 | 12 | 14 | 4 | 10 | 0 | 7 | 0 | 3 | 0 |
| 广西 | 368 | 248 | 229 | 19 | 0 | 0 | 81 | 0 | 39 | 357 | 10 | 1 | 0 | 7 | 3 | 0 | 120 | 69 | 51 | 6 | 0 | 0 | 0 | 0 | 0 | 0 | 0 | 0 |
| 海南 | 75 | 60 | 46 | 14 | | | | | 15 | 72 | 3 | | | 4 | 5 | 1 | 26 | 26 | 42 | | | | | | | | | |
| 四川 | 758 | 617 | 603 | 13 | 1 | | 91 | | 50 | 703 | 44 | 10 | 1 | 12 | 17 | 1 | 243 | 116 | 127 | 48 | 2 | | 1 | 1 | | | | |
| 重庆 | 404 | 326 | 316 | 10 | | | 3 | 1 | 74 | 391 | 11 | 2 | | 12 | 7 | 2 | 93 | 93 | 213 | 7 | | | | | 2 | | | |
| 西藏 | 17 | 9 | 9 | 0 | 0 | 0 | 8 | 0 | 0 | 17 | 0 | 0 | 0 | 1 | 0 | 0 | 4 | 4 | 6 | 0 | 0 | 0 | 0 | 0 | 0 | 0 | 0 | 0 |
| 陕西 | 355 | 284 | 272 | 12 | | | 55 | | 16 | 343 | 9 | 3 | | 15 | | | 127 | 80 | 96 | 25 | | | | | | | | |
| 甘肃 | 233 | 128 | 108 | 20 | | | 90 | | 15 | 228 | 3 | 2 | 0 | 3 | 2 | 0 | 48 | 33 | 79 | 3 | 0 | 0 | 0 | 0 | 0 | 0 | 0 | 0 |
| 青海 | 67 | 29 | 29 | | | | 36 | | 2 | 67 | | | | 1 | 1 | | 26 | 14 | 3 | | | | | | | | | |
| 云南 | 447 | 301 | 279 | 21 | 1 | | 116 | | 30 | 429 | 15 | 3 | | 4 | 8 | 1 | 130 | 63 | 119 | 30 | | | | | | | 1 | |
| 贵州 | 222 | 116 | 100 | 16 | | | 87 | | 19 | 219 | 3 | | | 1 | 1 | | 17 | 25 | 19 | | | | | 1 | | | 1 | |
| 宁夏 | 70 | 51 | 47 | 4 | | | 8 | 0 | 11 | 64 | 4 | 2 | | 1 | 1 | | 31 | 21 | 12 | 2 | | | | | | | | |
| 新疆 | 304 | 195 | 179 | 16 | | | 72 | 2 | 35 | 300 | 4 | 0 | | 4 | 8 | | 85 | 64 | 85 | 9 | | | | | | | | |
| 兵团 | 31 | 22 | 19 | 3 | | | 9 | | | 31 | 0 | 0 | 0 | | | | 5 | 6 | | | | | | | | | | |
| 合计 | 15888 | 12625 | 11768 | 838 | 17 | 2 | 1518 | 30 | 1715 | 15079 | 573 | 190 | 46 | 455 | 529 | 60 | 5122 | 4058 | 4596 | 430 | 61 | 15 | 33 | 14 | 24 | 7 | 17 | 0 |

## 律师辅助人员统计表

2009 年

单位名称: 计量单位:个

| 分类 | 合计 | 类别 | | 文化程度 | | | | | | | |
|---|---|---|---|---|---|---|---|---|---|---|---|
| | | 实习律师 | 其他辅助人员 | 博士 | 硕士双学士 | 法律专业本科 | 其他专业本科 | 法律专业专科 | 其他专业专科 | 中专高中 | 具有相当外语水平 |
| | | 人 | 人 | 人 | 人 | 人 | 人 | 人 | 人 | 人 | 人 |
| | 甲 | 1 | ‘2 | 3 | 4 | 5 | 6 | 7 | 8 | 9 | 10 |
| 北京 | 8588 | 2982 | 5606 | 156 | 1751 | 3423 | 1488 | 340 | 1093 | 337 | 4485 |
| 天津 | 1153 | 559 | 594 | 8 | 100 | 623 | 144 | 46 | 151 | 81 | 354 |
| 河北 | 2735 | 1559 | 1176 | 3 | 72 | 1858 | 275 | 280 | 154 | 93 | 709 |
| 山西 | 1461 | 710 | 751 | 0 | 36 | 572 | 98 | 611 | 132 | 12 | 101 |
| 内蒙 | 939 | 485 | 454 | 3 | 59 | 544 | 95 | 189 | 22 | 27 | 6 |
| 辽宁 | 2178 | 955 | 1223 | 5 | 330 | 907 | 320 | 194 | 315 | 107 | 512 |
| 吉林 | 211 | 0 | 211 | 0 | 3 | 59 | 51 | 19 | 48 | 31 | 0 |
| 黑龙江 | 1605 | 371 | 1234 | 0 | 52 | 602 | 374 | 251 | 267 | 59 | 72 |
| 上海 | 1211 | 182 | 1029 | 1 | 151 | 409 | 145 | 283 | 33 | 189 | 706 |
| 江苏 | 4262 | 1983 | 2279 | 11 | 260 | 2415 | 545 | 346 | 383 | 302 | 607 |
| 浙江 | 3871 | 1695 | 2176 | 16 | 252 | 2330 | 314 | 221 | 405 | 333 | 1051 |
| 安徽 | 1671 | 984 | 687 | 4 | 69 | 997 | 123 | 166 | 187 | 125 | 226 |
| 福建 | 1948 | 848 | 1100 | 5 | 99 | 994 | 193 | 167 | 260 | 230 | 537 |
| 江西 | 1144 | 536 | 608 | 1 | 42 | 696 | 98 | 156 | 85 | 66 | 93 |
| 山东 | 4630 | 2593 | 2037 | 6 | 273 | 2701 | 632 | 374 | 418 | 226 | 573 |
| 河南 | 3656 | 2078 | 1578 | 4 | 150 | 2304 | 405 | 446 | 292 | 55 | 346 |

续表

| | | | | | | | | | | |
|---|---|---|---|---|---|---|---|---|---|---|
| 湖北 | 1694 | 839 | 855 | | 113 | 1072 | 117 | 260 | 110 | 22 | 1184 |
| 湖南 | 2165 | 1350 | 815 | 6 | 214 | 1226 | 343 | 171 | 153 | 52 | 784 |
| 广东 | 7115 | 2042 | 5073 | 23 | 410 | 3096 | 687 | 822 | 1155 | 922 | 2221 |
| 广西 | 1329 | 652 | 677 | 7 | 60 | 660 | 177 | 126 | 204 | 95 | 184 |
| 海南 | 317 | 137 | 180 | 1 | 38 | 145 | 37 | 25 | 41 | 30 | 84 |
| 四川 | 3130 | 1242 | 1888 | 7 | 526 | 1398 | 391 | 401 | 270 | 137 | 751 |
| 重庆 | 2074 | 732 | 1342 | 10 | 142 | 893 | 461 | 352 | 151 | 65 | 966 |
| 西藏 | 37 | 37 | 0 | 0 | 6 | 20 | 4 | 7 | 0 | 0 | 0 |
| 陕西 | 1488 | 719 | 769 | 2 | 112 | 876 | 158 | 132 | 119 | 89 | 586 |
| 甘肃 | 824 | 380 | 444 | 2 | 36 | 487 | 76 | 127 | 64 | 32 | 251 |
| 青海 | 174 | 44 | 130 | | 3 | 85 | 20 | 32 | 19 | 15 | 11 |
| 云南 | 1330 | 606 | 724 | 2 | 75 | 515 | 342 | 126 | 143 | 127 | 934 |
| 贵州 | 829 | 354 | 475 | | 47 | 408 | 103 | 91 | 112 | 68 | 59 |
| 宁夏 | 311 | 156 | 155 | | 10 | 193 | 20 | 46 | 35 | 7 | 13 |
| 新疆 | 843 | 401 | 442 | | 6 | 502 | 167 | 78 | 76 | 14 | 23 |
| 兵团 | 63 | 26 | 37 | | 2 | 33 | 5 | 8 | 13 | 2 | 13 |
| 合计 | 64986 | 28237 | 36749 | 283 | 5499 | 33043 | 8408 | 6893 | 6910 | 3950 | 18442 |

## 律师业务统计表(一)

2009 年

计量单位:家、件

| 分类 | 合计 | 法律顾问 | | | | | | 合计 | 刑事诉讼辩护及代理 | | | | | | | | | 合计 | 民事诉讼代理 | | | | | | | | 合计 | 行政诉讼代理 | |
|---|---|---|---|---|---|---|---|---|---|---|---|---|---|---|---|---|---|---|---|---|---|---|---|---|---|---|---|---|---|
| | | 其中 | | | | | | | 其中 | | | | | | | | | | 其中 | | | | | | | | | 其中 | |
| | | 政府法律顾问 | 企业法律顾问 | 事业单位法律顾问 | 社会团体法律顾问 | 公民个人法律顾问 | 其他 | | 公诉案件辩护 | 自诉案件辩护 | 提供咨询代为申诉、控告 | 申请取保候审 | 死刑案件辩护 | 被告人委托辩护 | 法律援助辩护 | 公诉案件附带民事诉讼代理 | 自诉案件代理 | | 合同纠纷案件 | 侵权纠纷案件 | 婚姻家庭纠纷案件 | 继承权纠纷案件 | 劳动争议案件 | 其他 | 涉及农民工案件 | 知识产权案件 | | 代理原告 | 代理被告 |
| | | 家 | 家 | 家 | 家 | 家 | 家 | | 件 | 件 | 件 | 件 | 件 | 件 | 件 | 件 | 件 | 件 | 件 | 件 | 件 | 件 | 件 | 件 | 件 | 件 | 件 | 件 | 件 |
| 甲 | 1 | 2 | 3 | 4 | 5 | 6 | 7 | | 8 | 9 | 10 | 11 | 12 | 13 | 14 | 15 | 16 | 18 | 19 | 20 | 21 | 22 | 23 | 24 | 25 | 26 | 27 | 28 | |
| 北京 | 17890 | 495 | 14438 | 1220 | 366 | 572 | 799 | 22224 | 3429 | 681 | 5073 | 1221 | 130 | 4609 | 5394 | 1056 | 631 | 64695 | 27465 | 8327 | 6033 | 3207 | 6778 | 10129 | 833 | 1923 | 2643 | 1771 | 872 |
| 天津 | 4183 | 327 | 3140 | 261 | 83 | 69 | 303 | 4407 | 2224 | 493 | 13 | 85 | 6 | 803 | 124 | 453 | 206 | 20357 | 7997 | 2078 | 2307 | 690 | 1950 | 5288 | 6 | 41 | 355 | 100 | 255 |
| 河北 | 9468 | 1135 | 5924 | 1280 | 392 | 470 | 267 | 21079 | 6071 | 1220 | 2886 | 528 | 787 | 5330 | 1942 | 1252 | 1063 | 43945 | 14075 | 7412 | 10236 | 3291 | 3577 | 4268 | 939 | 147 | 1646 | 860 | 786 |
| 山西 | 4258 | 203 | 2959 | 318 | 192 | 239 | 347 | 9061 | 2531 | 603 | 996 | 127 | 637 | 1921 | 1986 | 189 | 71 | 8527 | 3721 | 639 | 817 | 309 | 799 | 1312 | 821 | 109 | 719 | 397 | 322 |
| 内蒙 | 3058 | 254 | 1914 | 426 | 60 | 199 | 205 | 5937 | 1598 | 396 | 498 | 141 | 181 | 1971 | 510 | 421 | 221 | 24070 | 6417 | 4462 | 4700 | 772 | 1630 | 5733 | 331 | 25 | 1329 | 791 | 538 |
| 辽宁 | 9319 | 619 | 6606 | 1106 | 340 | 421 | 227 | 22447 | 4217 | 823 | 7108 | 650 | 372 | 4959 | 1770 | 1806 | 742 | 41830 | 15854 | 7486 | 6237 | 2437 | 4316 | 4228 | 707 | 565 | 1757 | 892 | 865 |
| 吉林 | 3186 | 222 | 1823 | 560 | 87 | 161 | 333 | 5680 | 3530 | 145 | 296 | 52 | 17 | 1091 | 127 | 337 | 85 | 19428 | 5290 | 2748 | 1183 | 252 | 835 | 8327 | 734 | 59 | 457 | 288 | 169 |
| 黑龙江 | 10695 | 450 | 5106 | 1076 | 663 | 3218 | 182 | 20946 | 4545 | 741 | 7136 | 945 | 494 | 3468 | 1444 | 1533 | 640 | 32116 | 10362 | 4748 | 4346 | 2221 | 3256 | 5101 | 1646 | 436 | 3817 | 1934 | 1883 |
| 上海 | 30924 | 704 | 24901 | 1564 | 1282 | 905 | 1568 | 18144 | 4789 | 771 | 2353 | 895 | 92 | 5903 | 2122 | 733 | 486 | 78385 | 33650 | 7415 | 10173 | 3021 | 7798 | 14388 | 1001 | 939 | 2391 | 1253 | 1138 |
| 江苏 | 40725 | 1931 | 32382 | 3083 | 645 | 1144 | 1540 | 26899 | 9032 | 1618 | 1642 | 908 | 242 | 8527 | 3407 | 1000 | 523 | 171532 | 63404 | 25076 | 22120 | 4705 | 18185 | 32243 | 4533 | 1266 | 2785 | 1572 | 1213 |
| 浙江 | 28262 | 1218 | 22816 | 1715 | 517 | 604 | 1392 | 43084 | 17877 | 808 | 3636 | 778 | 298 | 13374 | 4599 | 1050 | 664 | 170113 | 81084 | 23731 | 17378 | 1949 | 10527 | 33636 | 1004 | 804 | 4679 | 2640 | 2039 |
| 安徽 | 11162 | 986 | 7668 | 1226 | 272 | 423 | 587 | 21905 | 7149 | 1104 | 1948 | 1178 | 348 | 5776 | 2102 | 1670 | 630 | 79024 | 22218 | 18213 | 14795 | 2675 | 7215 | 12029 | 1629 | 250 | 2188 | 1205 | 983 |
| 福建 | 12062 | 867 | 8115 | 1042 | 340 | 369 | 1329 | 25585 | 8043 | 821 | 2064 | 755 | 335 | 9529 | 2216 | 1211 | 611 | 75385 | 29460 | 11392 | 8524 | 1544 | 5112 | 17546 | 1415 | 392 | 2099 | 1028 | 1071 |

续表

| | | | | | | | | | | | | | | | | | | | | | | | | | | | | | |
|---|---|---|---|---|---|---|---|---|---|---|---|---|---|---|---|---|---|---|---|---|---|---|---|---|---|---|---|---|---|
| 江西 | 7418 | 518 | 3610 | 851 | 272 | 346 | 1821 | 15125 | 4668 | 1052 | 2533 | 513 | 227 | 3001 | 1573 | 1056 | 502 | 27328 | 10223 | 4401 | 5475 | 1522 | 967 | 3385 | 1103 | 252 | 2896 | 1585 | 1311 |
| 山东 | 24455 | 1630 | 15989 | 2256 | 806 | 844 | 2930 | 44512 | 11116 | 2047 | 13995 | 1357 | 438 | 10060 | 1788 | 2014 | 1697 | 114419 | 40623 | 14302 | 14915 | 3238 | 8554 | 30720 | 1209 | 858 | 3368 | 1802 | 1566 |
| 河南 | 16554 | 1488 | 9025 | 1757 | 1303 | 1609 | 1372 | 56348 | 15328 | 1911 | 7405 | 2871 | 1483 | 13130 | 4847 | 7994 | 1379 | 58182 | 18156 | 10383 | 12013 | 3916 | 4750 | 7277 | 1406 | 281 | 4566 | 2493 | 2073 |
| 湖北 | 11554 | 508 | 5833 | 2072 | 638 | 1097 | 1406 | 17879 | 2567 | 793 | 2192 | 375 | 795 | 3829 | 1876 | 822 | 4630 | 46356 | 11528 | 5138 | 5022 | 1769 | 15812 | 5331 | 1080 | 676 | 1745 | 1038 | 707 |
| 湖南 | 8345 | 532 | 5312 | 1181 | 304 | 553 | 463 | 30285 | 4595 | 1476 | 12338 | 1254 | 415 | 4155 | 2353 | 1609 | 2090 | 37525 | 12810 | 5485 | 7157 | 1139 | 3799 | 5134 | 1250 | 751 | 1915 | 1148 | 767 |
| 广东 | 35519 | 1650 | 26176 | 2632 | 644 | 1604 | 2813 | 43943 | 9532 | 1016 | 3759 | 1085 | 391 | 16501 | 10118 | 1026 | 515 | 154490 | 59388 | 11933 | 10781 | 1839 | 28423 | 34149 | 6116 | 1861 | 5380 | 2862 | 2518 |
| 广西 | 3445 | 191 | 2490 | 408 | 83 | 87 | 186 | 9905 | 2326 | 491 | 836 | 269 | 162 | 3578 | 1713 | 347 | 183 | 20627 | 8283 | 3680 | 2467 | 529 | 2205 | 3208 | 222 | 33 | 1156 | 731 | 425 |
| 海南 | 1133 | 77 | 924 | 48 | 6 | 41 | 37 | 1678 | 549 | 99 | 129 | 7 | 5 | 546 | 312 | 20 | 11 | 5535 | 2326 | 569 | 297 | 53 | 526 | 1728 | 17 | 19 | 405 | 285 | 120 |
| 四川 | 14673 | 1630 | 10435 | 1153 | 225 | 340 | 890 | 33873 | 6621 | 1976 | 7886 | 850 | 572 | 8819 | 4655 | 670 | 1824 | 49617 | 31304 | 4116 | 1795 | 755 | 4732 | 3338 | 3283 | 294 | 3870 | 2016 | 1854 |
| 重庆 | 7859 | 586 | 5892 | 894 | 98 | 204 | 185 | 9430 | 3497 | 302 | 346 | 213 | 62 | 3446 | 1166 | 238 | 160 | 34440 | 14168 | 4668 | 3952 | 737 | 4730 | 5034 | 937 | 214 | 1189 | 530 | 659 |
| 西藏 | 214 | 18 | 113 | 28 | 11 | 22 | 22 | 355 | 245 | 42 | 0 | 0 | 0 | 0 | 68 | 0 | 0 | 518 | 212 | 51 | 104 | 13 | 78 | 60 | 0 | 0 | 26 | 12 | 14 |
| 陕西 | 3980 | 309 | 3011 | 396 | 98 | 128 | 38 | 10332 | 2560 | 869 | 1227 | 315 | 218 | 2415 | 1087 | 934 | 706 | 22613 | 8023 | 3458 | 4512 | 1001 | 2731 | 2284 | 491 | 113 | 1041 | 596 | 445 |
| 甘肃 | 1737 | 143 | 1172 | 269 | 56 | 36 | 61 | 4711 | 1507 | 321 | 938 | 145 | 89 | 938 | 334 | 257 | 182 | 11725 | 4621 | 2141 | 2110 | 468 | 844 | 1152 | 353 | 36 | 336 | 177 | 159 |
| 青海 | 600 | 81 | 376 | 83 | 30 | 17 | 13 | 1371 | 291 | 54 | 72 | 52 | 54 | 435 | 177 | 188 | 48 | 3594 | 1337 | 553 | 452 | 121 | 416 | 563 | 136 | 16 | 173 | 85 | 88 |
| 云南 | 4567 | 329 | 2610 | 372 | 301 | 261 | 694 | 16742 | 2019 | 411 | 1701 | 622 | 498 | 6912 | 3459 | 619 | 501 | 21734 | 8090 | 4107 | 5046 | 941 | 1569 | 1764 | 138 | 79 | 937 | 563 | 374 |
| 贵州 | 5726 | 272 | 2166 | 636 | 158 | 154 | 2340 | 7011 | 2599 | 286 | 201 | 79 | 63 | 2339 | 635 | 217 | 592 | 12966 | 4463 | 2567 | 1706 | 307 | 810 | 2285 | 716 | 112 | 429 | 271 | 158 |
| 宁夏 | 1152 | 58 | 875 | 82 | 16 | 48 | 73 | 4401 | 896 | 344 | 1123 | 124 | 74 | 823 | 527 | 222 | 268 | 12345 | 6206 | 1648 | 1425 | 194 | 1073 | 1341 | 433 | 25 | 351 | 235 | 116 |
| 新疆 | 3601 | 295 | 2593 | 360 | 115 | 125 | 113 | 8535 | 2346 | 391 | 898 | 150 | 140 | 1988 | 1924 | 312 | 386 | 33140 | 14800 | 5056 | 3729 | 789 | 2601 | 5574 | 449 | 142 | 590 | 398 | 192 |
| 兵团 | 455 | 21 | 330 | 65 | 8 | 26 | 5 | 370 | 154 | 20 | 15 | 8 | 5 | 58 | 62 | 20 | 28 | 2544 | 980 | 523 | 200 | 35 | 189 | 564 | 42 | 11 | 48 | 36 | 12 |
| 合计 | 338179 | 19747 | 236724 | 30420 | 10411 | 16336 | 24541 | 564204 | 148451 | 24125 | 93243 | 18553 | 9630 | 150234 | 66417 | 31276 | 22275 | 1499105 | 578538 | 208506 | 192007 | 46439 | 156787 | 269119 | 34980 | 12729 | 57286 | 31594 | 25692 |

| 分类 | 合计 | 法律顾问 | | | | | | 合计 | 刑事诉讼辩护及代理 | | | | | | | | | 合计 | 民事诉讼代理 | | | | | | | | 合计 | 行政诉讼代理 | |
|---|---|---|---|---|---|---|---|---|---|---|---|---|---|---|---|---|---|---|---|---|---|---|---|---|---|---|---|---|---|
| | | 其中 | | | | | | | 其中 | | | | | | | | | | 其中 | | | | | | | | | 其中 | |
| | | 政府法律顾问 | 企业法律顾问 | 事业单位法律顾问 | 社会团体法律顾问 | 公民个人法律顾问 | 其他 | | 公诉案件辩护 | 自诉案件辩护 | 提供咨询代为申诉、控告 | 申请取保候审 | 死刑案件辩护 | 被告人委托辩护 | 法律援助辩护 | 公诉案件附带民事诉讼代理 | 自诉案件代理 | | 合同纠纷案件 | 侵权纠纷案件 | 婚姻家庭纠纷案件 | 继承权纠纷案件 | 劳动争议案件 | 其他 | 涉及农民工案件 | 知识产权案件 | | 代理原告 | 代理被告 |
| 收费（万元） | | | | | | | | | | | | | | | | | | | | | | | | | | | | | |
| 北京 | 169273.88 | 2914.33 | 146579.23 | 6914.77 | 1641.11 | 2381.2 | 8843.24 | 26088.47 | 8006.11 | 1631.8 | 2772.43 | 1113.29 | 496.64 | 10124.76 | 0 | 1055.19 | 888.25 | 315390.77 | 168641.69 | 27493.58 | 7802.62 | 5939.36 | 9124.38 | 83299.12 | 231.18 | 12858.84 | 12143.03 | 8064.8 | 4078.23 |
| 天津 | 13628.89 | 901.58 | 10638.89 | 613.8 | 154 | 134.7 | 1185.92 | 3752.44 | 2484.8 | 323.8 | 1.39 | 64.06 | 4.9 | 570.31 | 1.2 | 227.73 | 74.25 | 39117.56 | 25551.46 | 1775.87 | 1154.88 | 356.12 | 1458.71 | 8779.62 | 1.9 | 39 | 223.53 | 140.42 | 83.11 |
| 河北 | 8266.89 | 732.02 | 6115.2 | 773.22 | 195.55 | 227.5 | 223.4 | 5521.28 | 2909 | 306 | 172.4 | 83.71 | 266.8 | 1161 | 12.07 | 391.5 | 218.8 | 15608.41 | 8029 | 2403 | 1665 | 743 | 778.9 | 1852 | 45.34 | 92.17 | 491.1 | 246.2 | 244.9 |
| 山西 | 3635 | 112 | 2759 | 292 | 171 | 129 | 172 | 3587 | 1341 | 122 | 522 | 66 | 392 | 1023 | 0 | 92 | 29 | 2241 | 625 | 372 | 209 | 114 | 262 | 492 | 69 | 98 | 340 | 137 | 203 |
| 内蒙 | 2276.21 | 170.64 | 1080.78 | 191.94 | 47.6 | 62.2 | 723.05 | 1028.11 | 289.07 | 114.71 | 92.63 | 15.5 | 35.34 | 377.65 | 19.85 | 58.16 | 25.2 | 4294.114 | 1148.47 | 822.031 | 360.25 | 115.412 | 175.435 | 1635.57 | 14.246 | 22.7 | 385.76 | 227.27 | 158.49 |
| 辽宁 | 16717.1 | 2007.7 | 12107 | 1626.7 | 515.5 | 297.5 | 162.7 | 6416.5 | 1450.4 | 488.9 | 413.9 | 697.6 | 237.9 | 2299.9 | 0 | 636.5 | 191.4 | 24273.5 | 14749.5 | 2969.1 | 1624.5 | 675.2 | 1216.5 | 2645 | 115.4 | 278.3 | 1066.9 | 504.9 | 562 |
| 吉林 | 3313 | 173 | 2455 | 349 | 36 | 58 | 242 | 1499 | 1012 | 27 | 58 | 11 | 10 | 280 | 2 | 67 | 32 | 7247 | 3632 | 553 | 237 | 36 | 127 | 2558 | 84 | 20 | 96 | 77 | 19 |
| 黑龙江 | 4263.93 | 295.45 | 1781.27 | 352.06 | 91.2 | 90.75 | 1653.2 | 4519.67 | 1006.39 | 149.81 | 314.85 | 125 | 244.25 | 497.69 | 67.35 | 1964.21 | 150.12 | 5711.53 | 2573.84 | 859.87 | 513.19 | 404.77 | 448.59 | 730.73 | 150.94 | 29.6 | 243.23 | 142.65 | 100.58 |
| 上海 | 67878 | 1735 | 57104 | 3153 | 1594 | 969 | 3323 | 17927 | 5127 | 839 | 2050 | 594 | 113 | 7715 | 145 | 654 | 690 | 141675 | 85222 | 14144 | 11440 | 3104 | 3609 | 21185 | 383 | 2588 | 2442 | 1741 | 701 |
| 江苏 | 61617.93 | 2920.57 | 49913.54 | 4084.4 | 625.72 | 798.9 | 3274.8 | 14931.63 | 5481.46 | 1582.45 | 837.73 | 387.44 | 220.2 | 5405.3 | 48.25 | 707.6 | 261.2 | 120195.1 | 63640.24 | 13773.6 | 8247.2 | 2106.2 | 7622.06 | 22948.7 | 693.1 | 1164 | 1535.3 | 1015.5 | 519.8 |
| 浙江 | 53767.4 | 1745.35 | 45482.45 | 2655.33 | 626.45 | 921.92 | 2335.9 | 26813.52 | 15436.28 | 502.05 | 716.54 | 409.7 | 195.84 | 8907.29 | 0 | 497.92 | 147.9 | 56195.32 | 7185.66 | 12143.63 | 8733.94 | 1822.67 | 4072.79 | 20615.85 | 284.52 | 1336.26 | 2683.4 | 1744.63 | 938.77 |
| 安徽 | 11513.45 | 782.55 | 8365.59 | 1047.76 | 210 | 227.9 | 879.65 | 6840.93 | 2322.6 | 353.88 | 1342.05 | 163.79 | 122.78 | 1816.02 | 17.44 | 556.16 | 146.21 | 20374 | 8859.49 | 4140.78 | 2819.78 | 619.63 | 988.11 | 2662.95 | 163.68 | 119.58 | 624.45 | 324.16 | 300.29 |
| 福建 | 12588.85 | 659.36 | 9459.91 | 947.91 | 316.55 | 251.33 | 953.79 | 9663.21 | 3661.96 | 477.06 | 464.82 | 249.46 | 180.31 | 4067.14 | 0 | 374.05 | 188.41 | 40216.67 | 21442.93 | 4922.75 | 3151.46 | 1035.56 | 2323.11 | 6500.46 | 387.76 | 452.64 | 780.49 | 419.02 | 361.47 |
| 江西 | 5311.6 | 467.9 | 3562.5 | 426.5 | 191.8 | 98.9 | 564 | 1917.4 | 653.8 | 142.7 | 56.7 | 43.8 | 56.5 | 600.1 | 8.5 | 156.2 | 199.1 | 5172.8 | 3093.6 | 566.7 | 569.5 | 161.1 | 168.2 | 522.1 | 28.8 | 62.8 | 512.3 | 338.2 | 174.1 |

续表

| | | | | | | | | | | | | | | | | | | | | | | | | | | | | |
|---|---|---|---|---|---|---|---|---|---|---|---|---|---|---|---|---|---|---|---|---|---|---|---|---|---|---|---|---|
| 山东 | 22482.86 | 1225.51 | 16462.08 | 1753.36 | 473.43 | 471.35 | 2097.13 | 11305.43 | 3558.22 | 871.17 | 389.15 | 275.3 | 220.02 | 4412.97 | 23.77 | 674.45 | 880.35 | 63945.0466 | 30697.3256 | 6065.858 | 3639.5 | 1211.73 | 2284.025 | 19536.254 | 146.284 | 364.07 | 1338.08 | 712.94 | 625.14 |
| 河南 | 10413.47 | 985.98 | 6549.06 | 1122.02 | 510.36 | 843.18 | 402.87 | 10798.56 | 3395.2 | 518.06 | 1130.6 | 502.4 | 356.09 | 2887.72 | 0 | 1828.35 | 180.13 | 11854.93 | 4942.69 | 1757.27 | 1359.14 | 1330.52 | 730.48 | 1420.68 | 158.62 | 155.53 | 862.48 | 516.26 | 346.22 |
| 湖北 | 10374 | 476 | 6726 | 918 | 359 | 255 | 1640 | 8461 | 1572 | 559 | 317 | 535 | 181 | 1665 | 206 | 508 | 2918 | 19745 | 8838 | 2559 | 962 | 842 | 1047 | 5236 | 102 | 159 | 468 | 274 | 194 |
| 湖南 | 11782.3 | 741.8 | 8700 | 1284.17 | 230.03 | 349.3 | 477 | 5900.49 | 1709.83 | 683.07 | 345.59 | 210.6 | 374.8 | 1434 | 77.48 | 681.5 | 383.6 | 14640.2 | 7813.8 | 1935 | 1614 | 382.11 | 780.5 | 1740.9 | 102.33 | 271.56 | 452.95 | 200.74 | 252.21 |
| 广东 | 87791.6 | 6082.8 | 66329.5 | 4617.9 | 1267.8 | 3972 | 5521.6 | 33204.6 | 8161 | 823.6 | 1565.3 | 915. | 362 | 19062 | 565.5 | 1070.6 | 678.9 | 234455.1 | 140636.6 | 13423.6 | 9053.7 | 2367.9 | 14496.5 | 51382.8 | 719 | 2375 | 5993.5 | 4015.2 | 1978.3 |
| 广西 | 6065.09 | 323.39 | 4797.13 | 464.03 | 79.3 | 103.75 | 297.49 | 2587.29 | 928.365 | 131.47 | 117.62 | 50.4 | 60.05 | 1206.625 | 0 | 69.97 | 22.7 | 12260.07 | 7359.56 | 1132.08 | 584.66 | 153.25 | 556.48 | 2403.73 | 29.22 | 41.09 | 269.77 | 179.49 | 90.28 |
| 海南 | 4065.8 | 319.5 | 3439.8 | 121.3 | 7.3 | 106.3 | 71.6 | 1136.3 | 514 | 111.6 | 20 | 0.9 | 2.8 | 454.5 | 6.7 | 11.2 | 14.6 | 12789.2 | 7434.9 | 896.3 | 208.2 | 30.6 | 341.5 | 3822.9 | 18 | 36.8 | 1967.1 | 1625.9 | 341.2 |
| 四川 | 17491 | 2824 | 12423 | 1218 | 371 | 351 | 304 | 7451 | 1763 | 571 | 446 | 486 | 426 | 2688 | 103 | 340 | 628 | 18636.58 | 11921 | 2155 | 1320 | 421 | 591 | 1729 | 248.52 | 251.06 | 1115.04 | 597.66 | 517.38 |
| 重庆 | 15036 | 855 | 12314 | 1226 | 70 | 269 | 302 | 6170 | 2749 | 179 | 42 | 192 | 117 | 2615 | 20 | 180 | 76 | 28194 | 18522 | 2395 | 1200 | 322 | 1343 | 4029 | 166 | 217 | 556 | 325 | 231 |
| 西藏 | 198.8 | 15.2 | 97.3 | 41.3 | 6.8 | 26.2 | 12 | 133.51 | 119.45 | 14.06 | 0 | 0 | 0 | 0 | 0 | 0 | 0 | 227.19 | 135.11 | 12.1 | 20.18 | 5.8 | 18.5 | 35.5 | 0 | 0 | 12.5 | 4.5 | 8 |
| 陕西 | 6132.3 | 361.2 | 4998 | 469.9 | 129.8 | 143.6 | 29.8 | 2065.4 | 704.5 | 204.3 | 100.8 | 28.6 | 65.2 | 562 | 21.5 | 193.5 | 185 | 9006 | 5223.5 | 1420 | 788 | 205.5 | 452 | 737.1 | 79.5 | 100.4 | 306.5 | 197 | 109.5 |
| 甘肃 | 1873.06 | 72.3 | 1383 | 272 | 64.1 | 12.1 | 69.56 | 686.9 | 267 | 61.4 | 16.9 | 16.7 | 16 | 178.6 | 15 | 74 | 41.3 | 3708.3 | 2205 | 521.4 | 269.1 | 177 | 118 | 387 | 21.3 | 9.5 | 85.78 | 40.1 | 45.68 |
| 青海 | 864.12 | 69.44 | 591.08 | 158.6 | 9.3 | 13.1 | 22.6 | 329.51 | 78.56 | 25.38 | 9.35 | 13.2 | 7.55 | 126.9 | 1.57 | 53.4 | 13.6 | 1585.15 | 846.77 | 239.43 | 105.7 | 58.2 | 100.01 | 214.64 | 16.2 | 4.2 | 85.56 | 58.6 | 26.96 |
| 云南 | 7970.7 | 837.2 | 3998.7 | 921.1 | 1214.1 | 59.7 | 939.9 | 2400.6 | 989.9 | 264.1 | 198.1 | 110.9 | 178.9 | 217.6 | 93.7 | 210.7 | 136.7 | 12273.6 | 3782.9 | 2369.7 | 2178.7 | 1932.6 | 369.1 | 1400.7 | 41.2 | 198.7 | 401.9 | 267.2 | 134.7 |
| 贵州 | 3616.4 | 334.44 | 2385.51 | 229.83 | 47.88 | 101.98 | 516.76 | 5878.95 | 678.36 | 85.87 | 20.46 | 20.5 | 25.98 | 870.39 | 0 | 69.36 | 4108.03 | 6926.67 | 4060.24 | 704.57 | 360.93 | 88.36 | 414.29 | 1276.26 | 22.02 | 0 | 130.49 | 93.24 | 37.25 |
| 宁夏 | 1485.63 | 62.54 | 1229.92 | 73.07 | 34.1 | 38.6 | 47.4 | 1028.18 | 345.82 | 214.14 | 28.66 | 17.51 | 37.35 | 250.9 | 9.48 | 74.57 | 49.75 | 4035.34 | 2350.24 | 717.1 | 277.52 | 50.84 | 182.69 | 417.25 | 23.8 | 15.9 | 124 | 84.5 | 39.5 |
| 新疆 | 4878.81 | 436.5 | 3557.5 | 395.5 | 62.57 | 79.74 | 347 | 1911.25 | 843 | 169.9 | 67.73 | 24.69 | 57.2 | 521.23 | 47.58 | 86.36 | 93.56 | 12629.3 | 7977 | 1182 | 668.6 | 288.7 | 540.9 | 1821 | 60 | 91.1 | 158.24 | 129 | 29.24 |
| 兵团 | 511.58 | 29.2 | 387.18 | 87.2 | 1 | 6.4 | 0.6 | 196.74 | 101.12 | 49.21 | 3.41 | 1.23 | 0.3 | 0.9 | 35.35 | 0.05 | 5.17 | 982.679 | 560.129 | 175.79 | 54.88 | 7.78 | 29.97 | 145.75 | 1.9 | 6.48 | 17.78 | 14.18 | 3.6 |
| 合计 | 647085.65 | 31669.45 | 513773.12 | 38801.67 | 11354.35 | 13851.1 | 37635.96 | 232151.87 | 79660.195 | 12597.49 | 14634.11 | 7426.13 | 5064.7 | 83999.495 | 1548.29 | 13564.23 | 13657.23 | 1265607.13 | 679701.6446 | 126601.109 | 73193.13 | 27108.912 | 56770.73 | 274163.564 | 4608.76 | 23459.28 | 37913.16 | 24458.26 | 13454.9 |

# 律师业务统计表(二)

2009 年

单位名称： 计量单位：件、次、人次、金额

| | | 非诉讼法律事务 | | | | | | | | 咨询和代写法律文书 | | | | 调解成功 | | | | 仲裁业务 | | | | 提供法律援助情况 | | | | 参加公益事业和社会活动情况 | | | | | |
|---|---|---|---|---|---|---|---|---|---|---|---|---|---|---|---|---|---|---|---|---|---|---|---|---|---|---|---|---|---|---|---|---|
| | 合计 | 知识产权 | 房地产 | 公司业务 | 金融 | 证券 | 期货 | 税务代理 | 其他 | 合计 | 口头咨询 | 书面咨询 | 代写法律文书 | 合计 | 非诉讼调解 | 庭前调解 | 庭审中调解 | 合计 | 国内仲裁 | 劳动争议仲裁 | 涉外仲裁 | 合计 | 刑事诉讼法律援助 | 民事诉讼法律援助 | 行政诉讼法律援助 | 非诉讼法律援助 | 合计 | 义务法律咨询服务 | 参加公益法律服务 | 参加涉法信访 | 参加义务法律咨询律师 | 为公益事业捐款数 | 为社会提供法律业务培训 |
| 甲 | 1 | 2 | 3 | 4 | 5 | 6 | 7 | 8 | 9 | 10 | 11 | 12 | 13 | 14 | 15 | 16 | 17 | 18 | 19 | 20 | 21 | 22 | 23 | 24 | 25 | 26 | 27 | 28 | 29 | 30 | 31 | 32 | 33 |
| 北京 | 53638 | 28736 | 5304 | 9736 | 3870 | 1909 | 114 | 164 | 3805 | 347469 | 282485 | 35680 | 29304 | 4907 | 1726 | 1481 | 1700 | 6411 | 2213 | 3987 | 211 | 10398 | 3356 | 4805 | 3 | 2234 | 134968 | 104361 | 13058 | 1413 | 9338 | 0 | 6798 |
| 天津 | 5686 | 143 | 1060 | 2611 | 279 | 39 | 2 | 1 | 1551 | 27682 | 20176 | 3398 | 4108 | 280 | 40 | 73 | 167 | 761 | 107 | 647 | 7 | 610 | 320 | 275 | 4 | 11 | 7758 | 5245 | 662 | 187 | 1342 | 0 | 322 |
| 河北 | 12659 | 311 | 4217 | 3161 | 388 | 41 | 1 | 12 | 4528 | 203877 | 145670 | 16479 | 41728 | 7135 | 1939 | 2102 | 3094 | 2329 | 521 | 1792 | 16 | 7860 | 2445 | 3402 | 187 | 1826 | 98752 | 72303 | 5239 | 5390 | 12785 | 1452 | 1583 |
| 山西 | 4146 | 263 | 1143 | 1926 | 221 | 116 | 5 | 0 | 472 | 35600 | 22134 | 6239 | 7227 | 850 | 419 | 217 | 214 | 416 | 123 | 293 | 0 | 15758 | 3322 | 10417 | 72 | 1947 | 13129 | 1372 | 927 | 2497 | 8271 | 0 | 62 |
| 内蒙 | 3822 | 28 | 788 | 1800 | 105 | 7 | 11 | 0 | 1083 | 59843 | 36278 | 8315 | 15250 | 2392 | 686 | 880 | 826 | 789 | 118 | 671 | 0 | 4442 | 635 | 1716 | 85 | 2006 | 16197 | 10162 | 1327 | 593 | 3850 | 0 | 265 |
| 辽宁 | 16783 | 530 | 6436 | 4275 | 3230 | 125 | 57 | 65 | 2065 | 209520 | 159016 | 15929 | 34575 | 7542 | 3214 | 2339 | 1989 | 2643 | 831 | 1727 | 85 | 5353 | 1770 | 2383 | 141 | 1059 | 71591 | 41359 | 7319 | 2423 | 19400 | 0 | 1090 |
| 吉林 | 1399 | 10 | 58 | 0 | 83 | 0 | 0 | 0 | 1248 | 2090 | 1542 | 68 | 480 | 0 | 0 | 0 | 0 | 244 | 65 | 179 | 0 | 1993 | 505 | 1361 | 41 | 86 | 2461 | 1750 | 88 | 55 | 541 | 2 | 25 |
| 黑龙江 | 6964 | 187 | 1297 | 2156 | 545 | 28 | 0 | 5 | 2746 | 168335 | 135165 | 9581 | 23589 | 3726 | 1317 | 1081 | 1328 | 1588 | 163 | 1422 | 3 | 5100 | 1171 | 2789 | 99 | 1041 | 43425 | 28622 | 3381 | 1474 | 8915 | 0 | 1033 |
| 上海 | 40046 | 2630 | 12619 | 13974 | 4672 | 799 | 71 | 110 | 5171 | 129556 | 80688 | 12838 | 36030 | 8464 | 4172 | 2037 | 2255 | 5436 | 1447 | 3782 | 207 | 7951 | 2772 | 3822 | 67 | 1290 | 110249 | 75986 | 6127 | 1792 | 24195 | 105 | 2044 |
| 江苏 | 29514 | 1224 | 5747 | 11736 | 1046 | 119 | 3 | 36 | 9603 | 313487 | 253187 | 25229 | 35071 | 26063 | 5580 | 6626 | 13857 | 13960 | 2366 | 10076 | 1518 | 22125 | 4490 | 14012 | 52 | 3571 | 132683 | 80579 | 15970 | 6618 | 26280 | 0 | 3236 |
| 浙江 | 10056 | 472 | 2049 | 3840 | 473 | 197 | 1 | 27 | 2997 | 194803 | 158561 | 13868 | 22374 | 15854 | 2746 | 4326 | 8782 | 5140 | 751 | 4381 | 8 | 10647 | 4809 | 5630 | 28 | 180 | 65270 | 44788 | 6011 | 2554 | 8468 | 0 | 3449 |
| 安徽 | 16478 | 588 | 5560 | 5359 | 928 | 99 | 7 | 19 | 3918 | 273258 | 226209 | 16106 | 30943 | 8592 | 2813 | 2514 | 3265 | 2865 | 451 | 2409 | 5 | 6896 | 2009 | 4301 | 229 | 357 | 65918 | 46317 | 3416 | 5241 | 9149 | 0 | 1795 |
| 福建 | 11900 | 423 | 1748 | 2125 | 2199 | 138 | 2 | 10 | 5255 | 153615 | 118082 | 15595 | 19938 | 7987 | 1340 | 2450 | 4197 | 3537 | 851 | 2659 | 27 | 6731 | 2689 | 3422 | 101 | 519 | 55041 | 38481 | 2964 | 2284 | 9576 | 0 | 1736 |
| 江西 | 13648 | 597 | 4032 | 5253 | 446 | 121 | 30 | 71 | 3098 | 106116 | 82788 | 8292 | 15036 | 4678 | 1692 | 1291 | 1695 | 1497 | 612 | 875 | 10 | 4653 | 1396 | 1897 | 115 | 1245 | 48663 | 34856 | 4615 | 2895 | 4012 | 0 | 2285 |

续表

| | | | | | | | | | | | | | | | | | | | | | | | | | | | | | | | | | |
|---|---|---|---|---|---|---|---|---|---|---|---|---|---|---|---|---|---|---|---|---|---|---|---|---|---|---|---|---|---|---|---|---|---|
| 山东 | 28888 | 954 | 3624 | 9056 | 3043 | 110 | 0 | 124 | 11977 | 558785 | 410266 | 55275 | 93244 | 9876 | 3208 | 2617 | 4051 | 5943 | 1323 | 4534 | 86 | 5893 | 1889 | 3414 | 137 | 453 | 160793 | 115177 | 11469 | 4308 | 26112 | 4 | 3723 |
| 河南 | 29273 | 968 | 6112 | 8336 | 3084 | 469 | 158 | 123 | 10023 | 353597 | 280739 | 23071 | 49787 | 17006 | 9080 | 4269 | 3657 | 5222 | 1425 | 3794 | 3 | 9170 | 3136 | 3164 | 988 | 1882 | 181065 | 112819 | 26955 | 10037 | 25427 | 0 | 5827 |
| 湖北 | 37600 | 285 | 3529 | 6882 | 742 | 117 | 1056 | 9096 | 15893 | 100937 | 60510 | 16619 | 23808 | 6510 | 2381 | 1289 | 2940 | 2962 | 572 | 2379 | 11 | 3752 | 1283 | 1341 | 416 | 712 | 41896 | 29416 | 2712 | 5205 | 4229 | 0 | 334 |
| 湖南 | 27430 | 526 | 3143 | 3741 | 16063 | 116 | 1 | 732 | 3108 | 142644 | 112397 | 10992 | 19255 | 8918 | 3921 | 2074 | 2923 | 4752 | 2172 | 2330 | 250 | 7257 | 2915 | 2781 | 166 | 1395 | 67204 | 46607 | 4683 | 3417 | 7669 | 0 | 4828 |
| 广东 | 158526 | 2969 | 80050 | 10079 | 6873 | 688 | 26 | 226 | 57615 | 488862 | 438322 | 18872 | 31668 | 17852 | 10827 | 3529 | 3496 | 17671 | 1781 | 15794 | 96 | 28024 | 10151 | 11438 | 298 | 6137 | 148709 | 102250 | 9460 | 3952 | 29488 | 0 | 3559 |
| 广西 | 3435 | 198 | 795 | 1178 | 144 | 9 | 2 | 6 | 1103 | 69338 | 56805 | 3926 | 8607 | 1316 | 550 | 523 | 843 | 1214 | 174 | 1033 | 7 | 4815 | 1752 | 1423 | 21 | 1619 | 74727 | 67939 | 1243 | 547 | 4498 | 0 | 500 |
| 海南 | 843 | 3 | 65 | 424 | 19 | 4 | 1 | 0 | 327 | 17920 | 13708 | 1468 | 2744 | 165 | 65 | 55 | 45 | 283 | 52 | 230 | 1 | 1396 | 418 | 936 | 9 | 33 | 9085 | 5962 | 540 | 385 | 1139 | 0 | 1059 |
| 四川 | 29784 | 138 | 3034 | 19622 | 330 | 89 | 7 | 217 | 6347 | 207818 | 179091 | 12596 | 16131 | 9031 | 4605 | 2730 | 1696 | 2627 | 833 | 1785 | 9 | 10105 | 2611 | 6346 | 16 | 1132 | 121755 | 89442 | 3091 | 2209 | 21235 | 0 | 5778 |
| 重庆 | 6443 | 154 | 1063 | 1588 | 2396 | 80 | 3 | 5 | 1154 | 183500 | 164896 | 7676 | 10928 | 2239 | 785 | 698 | 756 | 2357 | 152 | 2203 | 2 | 6651 | 1596 | 4351 | 84 | 620 | 50104 | 33477 | 2110 | 2035 | 9954 | 134 | 2394 |
| 西藏 | 499 | 10 | 26 | 73 | 23 | 0 | 0 | 1 | 366 | 5684 | 1842 | 3142 | 700 | 1229 | 1029 | 29 | 171 | 99 | 12 | 87 | 0 | 103 | 40 | 56 | 0 | 7 | 331 | 215 | 5 | 8 | 69 | 29 | 5 |
| 陕西 | 8102 | 305 | 2003 | 2701 | 756 | 48 | 11 | 35 | 2243 | 99050 | 73934 | 8814 | 16302 | 3200 | 1002 | 856 | 1342 | 1751 | 532 | 1209 | 10 | 19006 | 7536 | 10231 | 398 | 841 | 33207 | 23189 | 2046 | 1152 | 5806 | 0 | 1014 |
| 甘肃 | 1379 | 38 | 421 | 375 | 202 | 129 | 0 | 0 | 214 | 55918 | 42314 | 4182 | 9422 | 2383 | 789 | 600 | 994 | 253 | 67 | 186 | 0 | 1979 | 702 | 1129 | 20 | 128 | 19856 | 9968 | 554 | 1487 | 1404 | 0 | 6443 |
| 青海 | 494 | 36 | 127 | 207 | 4 | 2 | 22 | 0 | 96 | 25533 | 16525 | 2707 | 6301 | 340 | 183 | 64 | 93 | 215 | 93 | 122 | 0 | 839 | 285 | 469 | 1 | 84 | 5912 | 4704 | 208 | 304 | 587 | 0 | 109 |
| 云南 | 4673 | 111 | 1396 | 1492 | 256 | 121 | 3 | 11 | 1283 | 180795 | 127346 | 11723 | 41726 | 5776 | 2076 | 1712 | 1988 | 1192 | 214 | 972 | 6 | 5071 | 3074 | 1217 | 9 | 771 | 37580 | 28732 | 2891 | 1572 | 3971 | 0 | 414 |
| 贵州 | 1062 | 6 | 84 | 146 | 10 | 28 | 13 | 1 | 774 | 57558 | 49286 | 2754 | 5518 | 477 | 224 | 186 | 67 | 248 | 40 | 207 | 1 | 1971 | 1197 | 645 | 5 | 124 | 5135 | 3605 | 371 | 348 | 618 | 20 | 173 |
| 宁夏 | 763 | 14 | 201 | 266 | 116 | 3 | 0 | 5 | 158 | 33829 | 23535 | 1625 | 8669 | 2371 | 898 | 581 | 892 | 899 | 147 | 752 | 0 | 1365 | 489 | 822 | 5 | 49 | 6791 | 4649 | 444 | 433 | 1073 | 0 | 192 |
| 新疆 | 3065 | 45 | 594 | 937 | 229 | 78 | 3 | 29 | 1150 | 93740 | 61427 | 9470 | 22843 | 2503 | 637 | 660 | 1206 | 1525 | 162 | 1355 | 8 | 2699 | 1142 | 1454 | 10 | 93 | 16050 | 11170 | 999 | 1081 | 1862 | 96 | 842 |
| 兵团 | 306 | 0 | 116 | 77 | 0 | 2 | 0 | 26 | 85 | 4356 | 2891 | 547 | 918 | 242 | 47 | 41 | 154 | 80 | 10 | 62 | 8 | 128 | 34 | 93 | 0 | 1 | 1428 | 792 | 65 | 163 | 344 | 0 | 64 |
| 合计 | 569304 | 42902 | 158441 | 135132 | 52775 | 5831 | 1610 | 11157 | 161456 | 4905115 | 3837815 | 383076 | 684224 | 190604 | 69991 | 49930 | 70683 | 96909 | 20380 | 73934 | 2595 | 220741 | 71939 | 111542 | 3807 | 33453 | 1847733 | 1276294 | 140950 | 74059 | 291607 | 1842 | 62981 |

单位名称： 2009 年 计量单位：件、次、人次、金额

| | | 非诉讼法律事务 | | | | | | | | 咨询和代写法律文书 | | | | | 调解成功 | | | | 仲裁业务 | | | | 提供法律援助情况 | | | | | 参加公益事业和社会活动情况 | | | | | |
|---|---|---|---|---|---|---|---|---|---|---|---|---|---|---|---|---|---|---|---|---|---|---|---|---|---|---|---|---|---|---|---|---|---|
| | 合计 | 知识产权 | 房地产 | 公司业务 | 金融 | 证券 | 期货 | 税务代理 | 其他 | 合计 | 口头咨询 | 书面咨询 | 代写法律文书 | 合计 | 非诉讼调解 | 庭前调解 | 庭审中调解 | 合计 | 国内仲裁 | 劳动争议仲裁 | 涉外仲裁 | 合计 | 刑事诉讼法律援助 | 民事诉讼法律援助 | 行政诉讼法律援助 | 非诉讼法律援助 | 合计 | 义务法律咨询服务 | 参加公益法律服务 | 参加涉法信访 | 参加义务法律咨询律师 | 为公益事业捐款数 | 为社会提供法律业务培训 |
| 甲 | 1 | 2 | 3 | 4 | 5 | 6 | 7 | 8 | 9 | 10 | 11 | 12 | 13 | 14 | 15 | 16 | 17 | 18 | 19 | 20 | 21 | 22 | 23 | 24 | 25 | 26 | 27 | 28 | 29 | 30 | 31 | 32 | 33 |
| 收费（万元） | | | | | | | | | | | | | | | | | | | | | | | | | | | | | | | | | |
| 北京 | 420452.48 | 72254.64 | 24145.45 | 138602.47 | 23752.7 | 53931.37 | 946.69 | 1936.98 | 104882.18 | 9969.57 | 792.73 | 5938.02 | 3238.82 | 3317.64 | 1107.56 | 516.82 | 1693.26 | 21959.05 | 9081.51 | 3854.44 | 9023.1 | 0 | 0 | 0 | 0 | 0 | 265.79 | 0 | 0 | 0 | 0 | 265.79 | 0 |
| 天津 | 12921.74 | 147.51 | 2620.79 | 4372.91 | 4204.67 | 637.9 | 2 | 0 | 935.96 | 376.51 | 103.76 | 135.09 | 137.66 | 162.18 | 7.04 | 12.78 | 142.36 | 663.91 | 271.24 | 312.26 | 80.41 | 0.8 | 0.8 | 0 | 0 | 0 | 26.09 | 0 | 0 | 0 | 0 | 26.09 | 0 |
| 河北 | 3636.6 | 106.2 | 801.3 | 1313 | 410.2 | 602.5 | 1 | 29.9 | 372.5 | 355.99 | 76.75 | 75.14 | 204.1 | 435.4 | 113.8 | 172.8 | 148.8 | 387.8 | 140.6 | 182.2 | 65 | 2.56 | 2.06 | 0.5 | 0 | 0 | 0 | 0 | 0 | 0 | 0 | 0 | 0 |
| 山西 | 4517 | 599 | 1312 | 1563 | 162 | 174 | 9 | 0 | 698 | 261 | 6 | 32 | 223 | 445 | 168 | 101 | 176 | 167 | 66 | 101 | 0 | 0 | 0 | 0 | 0 | 0 | 0 | 0 | 0 | 0 | 0 | 0 | 0 |
| 内蒙 | 937.28 | 1.7 | 70.76 | 104.43 | 29.75 | 117 | 50.4 | 0 | 563.24 | 138.845 | 37.587 | 28.678 | 72.58 | 46.06 | 15.1 | 15.02 | 15.94 | 101.56 | 26.62 | 74.94 | 0 | 46.13 | 4.9 | 24.85 | 1.5 | 14.88 | 23.308 | 0 | 0 | 0 | 0 | 23.308 | 0 |
| 辽宁 | 10010.3 | 1279.2 | 1935.3 | 3442.5 | 1514.4 | 570.2 | 106.9 | 181.8 | 980 | 1350 | 682 | 135.3 | 532.7 | 1507.8 | 505.4 | 650.1 | 352.3 | 737.9 | 279 | 406.3 | 52.6 | 0 | 0 | 0 | 0 | 0 | 155.1 | 0 | 0 | 0 | 0 | 155.1 | 0 |
| 吉林 | 1110 | 16 | 12 | 274 | 78 | 0 | 0 | 4 | 726 | 27 | 7 | 14 | 6 | 0 | 0 | 0 | 0 | 75 | 41 | 34 | 0 | 0 | 0 | 0 | 0 | 0 | 0 | 0 | 0 | 0 | 0 | 0 | 0 |
| 黑龙江 | 1188.27 | 30.2 | 319.6 | 307.39 | 265.95 | 69 | 0 | 7.2 | 188.93 | 275.05 | 135.32 | 39.62 | 100.11 | 133.73 | 41.22 | 44.95 | 47.56 | 222.89 | 47.4 | 162.49 | 13 | 3.27 | 2.04 | 1.14 | 0.03 | 0.06 | 1565.36 | 3 | 1 | 0 | 0 | 1561.36 | 0 |
| 上海 | 165183 | 14147 | 15882 | 86399 | 15407 | 16810 | 184 | 439 | 15915 | 5189 | 1278 | 2410 | 1501 | 13652 | 10170 | 2156 | 1326 | 14055 | 5143 | 4508 | 4404 | 390 | 89 | 280 | 11 | 10 | 287 | 0 | 0 | 0 | 0 | 287 | 0 |
| 江苏 | 32320.9 | 3645.8 | 5598 | 11384.1 | 2256.8 | 1474 | 4.1 | 29.7 | 7928.4 | 936.7 | 165.8 | 139.2 | 631.7 | 5156.8 | 694.9 | 3176.7 | 1285.2 | 4410.9 | 1562.2 | 2186.2 | 662.5 | 77.1 | 48.4 | 24.8 | 0.4 | 3.5 | 432.51 | 0 | 0 | 0 | 0 | 432.51 | 0 |
| 浙江 | 34928.82 | 1486.09 | 4332.8 | 11908.7 | 1535.3 | 4497.34 | 0.5 | 10.86 | 11157.23 | 1081.1 | 193.94 | 267.5 | 619.66 | 6305.85 | 908.27 | 1257.82 | 4139.76 | 2510.61 | 1094.53 | 1333.13 | 82.95 | 0 | 0 | 0 | 0 | 0 | 147.81 | 0 | 0 | 0 | 0 | 147.81 | 0 |
| 安徽 | 3649.67 | 156.03 | 755.83 | 1506.84 | 153.43 | 285.2 | 7.8 | 5.7 | 778.84 | 152.089 | 18.635 | 41.3 | 92.154 | 375.82 | 155.05 | 113.78 | 106.99 | 792.47 | 353.34 | 435.13 | 4 | 3.49 | 1.48 | 2.01 | 0 | 0 | 33.55 | 0 | 0 | 0 | 0 | 33.55 | 0 |
| 福建 | 9885.36 | 438.01 | 1646.07 | 3153.26 | 873.26 | 1642.74 | 1.2 | 4.95 | 2125.87 | 326.84 | 36.2 | 40.79 | 249.85 | 1187.64 | 434.87 | 226.93 | 525.84 | 1303.45 | 599.68 | 634.06 | 69.71 | 0 | 0 | 0 | 0 | 0 | 69.46 | 0 | 0 | 0 | 0 | 69.46 | 0 |
| 江西 | 2059.4 | 124.2 | 523.4 | 811.4 | 101.3 | 51.5 | 17.8 | 17 | 412.8 | 125 | 8.5 | 12.9 | 103.6 | 378.4 | 128.9 | 122.7 | 126.8 | 164.8 | 89.8 | 69.1 | 5.9 | 0 | 0 | 0 | 0 | 0 | 58.6 | 0 | 0 | 0 | 0 | 58.6 | 0 |
| 山东 | 14780.654 | 525.51 | 2539.23 | 6155.83 | 1465.62 | 660.42 | 0 | 71.54 | 3362.504 | 878.878 | 132.238 | 172.28 | 574.36 | 1424.38 | 452.26 | 377.57 | 594.55 | 2081.92 | 567.68 | 1427.9 | 86.34 | 71.84 | 31.8 | 33.58 | 0.95 | 5.51 | 131.027 | 0 | 0 | 0 | 0 | 131.027 | 0 |
| 河南 | 6795.16 | 375.32 | 1770.95 | 2707.31 | 866.86 | 320.1 | 119.2 | 166.38 | 469.04 | 311.29 | 48.37 | 64.14 | 198.78 | 3844.43 | 2586.31 | 596.55 | 661.57 | 773.8 | 346.1 | 426 | 1.7 | 0 | 0 | 0 | 0 | 0 | 73.56 | 0 | 0 | 0 | 0 | 73.56 | 0 |

续表

| | | | | | | | | | | | | | | | | | | | | | | | | | | | | | | | | | |
|---|---|---|---|---|---|---|---|---|---|---|---|---|---|---|---|---|---|---|---|---|---|---|---|---|---|---|---|---|---|---|---|---|---|
| 湖北 | 9825 | 240 | 1028 | 4221 | 378 | 86 | 470 | 120 | 3282 | 275 | 43 | 83 | 149 | 564 | 116 | 163 | 285 | 400.8 | 138 | 262 | 0.8 | 0.3 | 0.3 | 0 | 0 | 0 | 173 | 0 | 0 | 0 | 0 | 173 | 0 |
| 湖南 | 8330.14 | 314.4 | 2910.1 | 2135 | 759.54 | 1001.9 | 8 | 597 | 604.2 | 323.29 | 91.35 | 58.14 | 173.8 | 644.58 | 268.58 | 188.2 | 187.8 | 923.46 | 279.78 | 512.48 | 131.2 | 49.3 | 17.78 | 8.77 | 4.55 | 18.2 | 183.2 | 0 | 0 | 0 | 0 | 183.2 | 0 |
| 广东 | 117525 | 5690 | 23505 | 36631 | 14182 | 17290 | 114 | 340 | 19773 | 4337 | 1200.7 | 1420 | 1716.3 | 9223 | 3678 | 3064 | 2481 | 11145 | 4781 | 5781 | 583 | 901.9 | 571.2 | 222.3 | 21 | 87.4 | 408.7 | 0 | 0 | 0 | 0 | 390.5 | 18.2 |
| 广西 | 2280.54 | 23.27 | 560.95 | 1075.11 | 57.26 | 9.81 | 0.01 | 0.21 | 553.92 | 268.63 | 20.85 | 74.99 | 172.79 | 115.58 | 37.15 | 27.62 | 50.81 | 192.84 | 51.96 | 140.88 | 0 | 0 | 0 | 0 | 0 | 0 | 8.18 | 0 | 0 | 0 | 0 | 8.18 | 0 |
| 海南 | 7116.4 | 0 | 558.7 | 6100.4 | 13.7 | 0 | 0.1 | 0 | 443.5 | 65.1 | 4.8 | 7.3 | 53 | 56.6 | 3.6 | 36.4 | 16.6 | 409.7 | 211.5 | 198.2 | 0 | 21.8 | 5.9 | 15.4 | 0.2 | 0.3 | 222.4 | 0 | 0 | 5 | 0 | 217.4 | 0 |
| 四川 | 15909 | 1083 | 4970 | 5799 | 903 | 979 | 56 | 112 | 2007 | 552 | 46 | 65 | 441 | 1100 | 496 | 237 | 367 | 2454 | 1905 | 477 | 72 | 12 | 5 | 5 | 0 | 2 | 65.5 | 0 | 0 | 0 | 0 | 65.25 | 0.25 |
| 重庆 | 9646 | 200 | 1979 | 3793 | 1468 | 867 | 4 | 2 | 1333 | 236 | 50 | 91 | 95 | 542 | 191 | 166 | 185 | 769 | 299 | 447 | 23 | 0 | 0 | 0 | 0 | 0 | 52 | 0 | 0 | 0 | 0 | 52 | 0 |
| 西藏 | 41.86 | 2.3 | 5.5 | 20.2 | 6.5 | 0 | 0 | 1 | 6.36 | 4.973 | 0.3 | 0.53 | 4.143 | 5.6 | 4.6 | 0.6 | 0.4 | 2.9316 | 0.5316 | 2.4 | 0 | 0 | 0 | 0 | 0 | 0 | 0 | 0 | 0 | 0 | 0 | 0 | 0 |
| 陕西 | 3237.5 | 138.5 | 906.5 | 1092 | 123 | 295.5 | 20.5 | 29.5 | 632 | 189 | 55.5 | 40.2 | 93.3 | 452.5 | 212.5 | 62 | 178 | 378 | 149.5 | 167.5 | 61 | 11 | 4.2 | 5.7 | 0 | 1.1 | 115.6 | 0 | 0 | 0 | 0 | 115.6 | 0 |
| 甘肃 | 741.8 | 20 | 123 | 275 | 126 | 171 | 0 | 0 | 26.8 | 38.79 | 7.23 | 8.26 | 23.3 | 25.09 | 10.02 | 4.87 | 10.2 | 15.8 | 0.2 | 15.6 | 0 | 0.58 | 0.2 | 0.28 | 0 | 0.1 | 3.8 | 0 | 0 | 0 | 0 | 3.8 | 0 |
| 青海 | 241 | 4.8 | 46.73 | 169.99 | 2 | 2 | 0.3 | 0 | 15.18 | 27.25 | 7.385 | 10.6 | 9.265 | 9.43 | 3.92 | 2.07 | 3.44 | 27.25 | 6.6 | 20.65 | 0 | 0.16 | 0 | 0.16 | 0 | 0 | 18.59 | 0 | 0 | 0 | 0 | 18.59 | 0 |
| 云南 | 4116.1 | 71.7 | 1219.3 | 1102 | 310.7 | 496.7 | 18.9 | 23.1 | 873.7 | 188.3 | 41.7 | 41.9 | 104.7 | 589.4 | 317.6 | 172.1 | 199.7 | 658.4 | 501.1 | 121.7 | 35.6 | 204.2 | 93.7 | 61.9 | 2.8 | 45.8 | 102.7 | 0 | 0 | 0 | 0 | 102.7 | 0 |
| 贵州 | 999.27 | 13 | 50.94 | 437.04 | 2.24 | 18 | 0.94 | 99.75 | 377.36 | 49.64 | 3.62 | 2.34 | 43.68 | 25.1 | 15.16 | 6.98 | 2.96 | 108.1 | 27.4 | 67.4 | 13.3 | 0.3 | 0.2 | 0.1 | 0 | 0 | 26.26 | 2 | 0 | 0 | 0 | 24.26 | 0 |
| 宁夏 | 958.25 | 4.8 | 102.7 | 644.45 | 65.3 | 60 | 0 | 1 | 80 | 68.89 | 27.39 | 14.4 | 27.1 | 147.95 | 41.21 | 41.2 | 65.54 | 190.45 | 76 | 114.45 | 0 | 0 | 0 | 0 | 0 | 0 | 18.48 | 0 | 0 | 0 | 0 | 18.48 | 0 |
| 新疆 | 1745.95 | 17.85 | 191 | 369 | 215.1 | 306 | 6 | 8 | 633 | 90.88 | 13.61 | 15.8 | 61.47 | 70.8 | 40.1 | 74.9 | 55.8 | 172.9 | 30.3 | 142.6 | 0 | 14.5 | 10.45 | 4 | 0.05 | 0 | 20.78 | 0 | 0 | 0 | 0.8 | 19.34 | 0.64 |
| 兵团 | 63.2 | 0 | 4 | 15.2 | 0 | 15 | 0 | 6 | 23 | 1.959 | 0.11 | 0 | 1.849 | 6.8 | 1.2 | 1 | 4.6 | 8.59 | 0 | 8.59 | 0 | 0.3 | 0.05 | 0.25 | 0 | 0 | 7.61 | 0 | 0 | 0 | 0 | 7.61 | 0 |
| 合计 | 907153.644 | 103156.03 | 102426.9 | 337885.53 | 71689.58 | 103441.18 | 2149.34 | 4244.57 | 182160.514 | 28471.564 | 5336.375 | 11479.418 | 11655.771 | 52151.56 | 22925.32 | 13789.46 | 15436.78 | 68265.28 | 28167.5716 | 24626.6 | 15471.1 | 1811.53 | 889.46 | 690.74 | 42.48 | 188.85 | 4695.965 | 5 | 1 | 5 | 0.8 | 4665.08 | 19.09 |

## 2009 年与 2008 年全国律师业务数据统计分析表

| 项目 | 律师总人数 | | | 律师机构 | | | 律师辅助人员 | | | 当选全国人大代表 | | | 当选省人大代表 | | | 当选全国政协委员 | | | 当选省政协委员 | | |
|---|---|---|---|---|---|---|---|---|---|---|---|---|---|---|---|---|---|---|---|---|---|
| 年度 | 2008 | 2009 | 百分比 | 2008 | 2009 | 百分比 | 2008 | 2009 | 百分比 | 2008 | 2009 | 百分比 | 2008 | 2009 | 百分比 | 2008 | 2009 | 百分比 | 2008 | 2009 | 百分比 |
| 合计 | 156710 | 173327 | +10% | 14467 | 15888 | +9% | 59991 | 64986 | +8% | 13 | 13 | 100% | 99 | 96 | -4% | 20 | 19 | -5% | 196 | 202 | +3% |

| 项目 | 法律顾问及诉讼事务情况 | | | | | | | | | | | | 非诉讼事务及其它业务情况 | | | | | | | | | | | | 法律援助和社会公益事业 | | | | | | 所有业务收费合计(万元) | | |
|---|---|---|---|---|---|---|---|---|---|---|---|---|---|---|---|---|---|---|---|---|---|---|---|---|---|---|---|---|---|---|---|---|---|
| | 法律顾问 | | | 刑诉辩护及代理 | | | 民诉代理 | | | 行政诉讼代理 | | | 非诉讼法律事务 | | | 咨询和代写法律文书 | | | 调解成功 | | | 仲裁业务 | | | 提供法律援助情况 | | | 参加公益事业和社会活动情况 | | | | | |
| 年度 | 2008 | 2009 | 百分比 | 2008 | 2009 | 百分比 | 2008 | 2009 | 百分比 | 2008 | 2009 | 百分比 | 2008 | 2009 | 百分比 | 2008 | 2009 | 百分比 | 2008 | 2009 | 百分比 | 2008 | 2009 | 百分比 | 2008 | 2009 | 百分比 | 2008 | 2009 | 百分比 | 2008 | 2009 | 百分比 |
| 合计(件) | 314867 | 338179 | +7% | 511971 | 564204 | +10% | 1401147 | 1499105 | +6% | 54666 | 57286 | +4% | 534643 | 569304 | +6% | 4587182 | 4905115 | +6% | 187650 | 190604 | +1% | 95643 | 96909 | +1% | 184739 | 220741 | +19% | 2022083 | 1847733 | -9% | 3090897.07 | 3238799.858 | +4.8% |
| 收费合计(万元) | 577304.8 | 647085.65 | +12% | 268283.67 | 232151.87 | -14% | 1096095.93 | 1265607.13 | +15% | 26116.94 | 37913.16 | +45% | 729217.97 | 907153.644 | +24% | 36455.91 | 28471.564 | -22% | 192453.38 | 52151.56 | -73% | 164968.48 | 68265.28 | -59% | 1673.4 | 1811.53 | +8% | 11831.49 | 4695.965 | -61% | | | |

# 关于印发《申请律师执业人员实习管理规则》的通知

（2010 年 6 月 12 日）

**各省、自治区、直辖市律师协会：**

修订后的《申请律师执业人员实习管理规则》已经第七届中华全国律师协会第五次常务理事会审议通过，现予发布，自 2010 年 8 月 1 日起施行。

**附件：**

## 申请律师执业人员实习管理规则

### 第一章　总则

**第一条**　为了规范申请律师执业人员的实习活动，完善律师执业准入制度，确保为律师队伍培养、输送合格人才，根据《中华人民共和国律师法》、司法部《律师执业管理办法》以及《中华全国律师协会章程》的有关规定，制定本规则。

**第二条**　为申请律师执业依法需要参加实习的人员（以下简称“实习人员”），其实习活动的管理适用本规则。

**第三条**　申请律师执业人员的实习期为一年。

实习人员在实习期间应当参加律师协会组织的集中培训和律师事务所安排的实务训练，遵守实习管理规定，实习期满接受律师协会的考核。

**第四条**　律师协会应当根据律师是中国特色社会主义法律工作者的定位，按照“政治坚定、法律精通、维护正义、恪守诚信”的培养目标和本规则的规定，组织管理申请律师执业人员的实习活动，指导律师事务所做好实习人员的教育、训练和管理工作，严格实施实习考核标准和考核程序，确保实习质量。

律师协会对实习活动的管理，应当接受司法行政机关的指导和监督。

### 第二章　实习登记

**第五条**　申请实习人员应当符合下列条件：

（一）拥护中华人民共和国宪法；

（二）取得法律职业资格证书或者律师资格证书；

（三）品行良好；

（四）具有完全民事行为能力；

（五）未因故意犯罪受过刑事处罚；

（六）未曾被开除公职或者被吊销律师执业证书。

**第六条**　实习人员应当在拟申请律师执业的省、自治区、直辖市进行实习；司法部或者省、自治区、直辖市司法行政机关另有规定的，从其规定。

**第七条**　拟申请实习的人员，应当通过拟接收其实习的律师事务所向住所地设区的市级律师协会申请实习登记，并提交下列材料：

（一）《实习申请表》；

（二）申请实习人员与律师事务所签订的《实习协议》；

（三）申请实习人员法律职业资格证书或者律师资格证书复印件、学历证书复印件；

（四）申请实习人员身份证复印件，非实习地户籍人员应当提交实习地公安机关核发的居住证或者暂住证复印件；

（五）申请实习人员出具的本人符合本规则第五条规定的申请实习条件的书面承诺；

（六）申请实习人员户籍所在地公安机关为其出具的未受过刑事处罚的证明材料；

（七）申请实习人员的人事档案存放证明以及本人能够参加全部实习活动的保证书；

（八）申请实习人员近期一寸免冠照片一张；

（九）拟接收申请实习人员实习的律师事务所出具的本所不具有本规则第八条规定情形的说明。

拟兼职律师执业的人员申请实习登记的，除提交前款规定的相关材料外，还应当提交所在高等院校、科研机构为其出具的从事法学教育、研究工作的证明和同意其实习的证明。

**第八条** 律师事务所有下列情形之一的，不得接收实习人员实习：

（一）无符合规定条件的实习指导律师的；

（二）受到停业整顿以下行政处罚或者行业惩戒，自被处罚或者惩戒之日起未满一年的；

（三）受到停业整顿行政处罚，处罚期未满或者期满后未逾三年的；

（四）受到禁止接收实习人员实习的行业惩戒，惩戒期限未满的。

**第九条** 申请实习人员与拟接收其实习的律师事务所签订的《实习协议》，应当包括下列主要内容：

（一）申请实习人员姓名；

（二）律师事务所名称、住所；

（三）实习指导律师的姓名、律师执业证号、执业年限；

（四）拟安排实习的起止日期；

（五）申请实习人员和律师事务所双方的权利、义务及违约责任；

（六）实习人员实习期间相关费用的安排。

《实习协议》自设区的市级律师协会准予实习登记之日起生效。

**第十条** 设区的市级律师协会应当自收到申请实习登记材料之日起二十日内予以审核，对于符合规定条件的，准予实习登记，并向申请实习人员颁发《申请律师执业人员实习证》；对于不符合规定条件的，不准予实习登记，并书面告知申请实习人员和拟接收其实习的律师事务所不准予实习登记的理由，同时将不准予实习登记的决定报省、自治区、直辖市律师协会备案，抄送当地设区的市级或者直辖市区（县）司法行政机关。

申请实习人员对不准予实习登记决定有异议的，可以自收到书面通知之日起十五日内，向作出决定的律师协会或者省、自治区、直辖市律师协会申请复核。律师协会应当自收到复核申请之日起十五日内进行复核，并将复核结果通知申请人。

**第十一条** 申请实习人员有下列情形之一的，不准予其实习登记：

（一）有公开发表反对中华人民共和国宪法言论的；

（二）受过刑事处罚的，但过失犯罪的除外；

（三）被开除公职或者被吊销律师执业证书的；

（四）无民事行为能力或者限制民事行为能力的；

（五）有不宜从事律师职业的不良品行的；

（六）受到不得再次申请实习的处分，处分期限未满的。

因律师事务所或者实习指导律师不符合本规则规定条件而不准予实习登记的，律师协会应当告知申请实习人员另行选择接收其实习的律师事务所或者实习指导律师。

申请实习人员因涉嫌违法犯罪被立案查处的，应当暂缓实习登记，待案件查处有结果后再决定是否准予其实习登记。

**第十二条** 本规则第十一条第一款第（五）项所称“不宜从事律师职业的不良品行”，包括下列情形：

（一）因故意犯罪但依照刑法规定不需要判处刑罚或者免除刑罚，被人民检察院决定不起诉或者被人民法院免除刑罚的；

（二）因违法违纪行为被国家机关、事业单位辞退的；

（三）因违法违规行为被相关行业主管机关或者行业协会吊销职业资格或者执业证书的；

（四）因涉及道德品行等违法行为被处以治安行政拘留或者采取强制性教育矫治措施的；

（五）因弄虚作假、欺诈等失信行为被追究法律责任的；

（六）有其他产生严重不良社会影响的行为的。

前款所列不良品行发生在申请实习人员十八周岁以前或者发生在申请实习登记五年以前，且申请实习人员证明其不良品行确已改正的，应当提交相关证明材料以及至少二名执业十年以上、未受过行政处罚或者行业惩戒的当地资深律师为其出具的品行评价和推荐书，经律师协会设立的品行审核委员会审核同意，可以准予实习登记。

**第十三条** 有下列情形之一的，由准予实习登记的律师协会撤销实习登记，收缴实习证，已进行的实习无效：

（一）申请实习人员以欺诈、贿赂等不正当手段取得实习登记的；

（二）对不符合条件的申请实习人员准予实习登记或者违反规定程序准予实习登记的。

申请实习人员因有前款第（一）项情形被撤销实习登记的，应当同时给予其二年内不得再次申请实习的处分；情节严重的，给予其五年内不得再次申请实习的处分。

省、自治区、直辖市律师协会发现有本条第一款规定情形的，可以责令准予实习登记的律师协会撤销实习登记。

## 第三章 集中培训

**第十四条** 实习人员的集中培训，由省、自治区、直辖市律师协会或者设区的市级律师协会组织进行。每期集中培训的时间不得少于一个月。

集中培训大纲由中华全国律师协会制定。集中培训教材，由中华全国律师协会组织编写或者指定。

**第十五条** 集中培训包括下列内容：

（一）中国特色社会主义基本理论和社会主义法治理念；

（二）律师制度和律师的定位及其职业使命；

（三）律师执业管理规定；

（四）律师职业道德和执业纪律；

（五）律师实务知识和执业技能。

组织集中培训的律师协会可以根据本地实际情况增加有关的培训内容。

**第十六条** 律师协会可以自行组织集中培训，也可以与当地司法行政机关的培训机构或者高等法学院校合作组织集中培训。律师协会自行组建培训机构或者与其他单位合作组建培训机构的，应当报中华全国律师协会备案。

中华全国律师协会可以组织示范性集中培训，实习人员参加培训取得的结业证书在全国范围内有效。

**第十七条** 律师协会组织集中培训，应当选聘有较高职业道德素养、业务素质和丰富实务经验的执业律师担任授课教师，也可以根据培训需要选聘有关专家、学者、司法工作人员和律师管理工作人员担任授课教师。

中华全国律师协会可以推荐授课教师人选名单，供组织集中培训的律师协会选聘。

**第十八条** 集中培训结束时，应当对参加集中培训的实习人员进行考核。考核可以采取笔试结合面试的方式进行，考核内容根据集中培训大纲确定。

实习人员经考核合格的，由组织培训的律师协会颁发《实习人员集中培训结业证书》；考核不合格的，应当参加律师协会为其再次安排的集中培训，所需时间不计入实习时间。

## 第四章 实务训练

**第十九条** 实习人员的实务训练，由接收其实习的律师事务所负责组织实施。

律师事务所应当按照中华全国律师协会制定的实务训练指南，指派符合条件的律师指导实习人员进行实务训练，并为实习人员进行实务训练提供必要的条件和保障。

**第二十条** 实习指导律师应当符合下列条件：

（一）具有五年以上的执业经历；

（二）热爱律师事业，忠实履行律师职责，具有较高的职业道德素养；

（三）具有较高的业务素质和丰富的实务经验；

（四）三年内未受过行政处罚或者行业惩戒。

一名实习指导律师同时指导的实习人员不得超过二名；司法部另有规定的，从其规定。

**第二十一条** 实习指导律师应当履行下列职责：

（一）对实习人员进行律师职业道德和执业纪律教育；

（二）指导实习人员学习掌握律师执业管理规定；

（三）指导实习人员学习掌握律师执业业务规则；

（四）指导实习人员进行律师执业基本技能训练；

（五）监督实习人员的实习表现，定期记录并作出评估，发现问题及时纠正；

（六）在实习结束时对实习人员的政治素质、道德品行、业务素质、遵守律师职业道德和实习纪律的情况出具考评意见。

**第二十二条** 律师事务所应当对实习活动履行下列管理职责：

（一）定期或者适时召开会议，通报实习人员的实习情况，研究改进实习工作的措施；

（二）对实习指导律师履行职责的情况进行监督，发现问题及时纠正，对严重违背规定职责的，应当停止其指导实习的工作；

（三）对实习人员在实习期间的表现及实习效果进行监督和考查，并在实习结束时为其出具《实习鉴定书》。

**第二十三条** 律师事务所及实习指导律师不得指使或者放任实习人员有下列行为：

（一）独自承办律师业务；

（二）以律师名义在委托代理协议或者法律顾问协议上签字，对外签发法律文书；

（三）以律师名义在法庭、仲裁庭上发表辩护或者代理意见；

（四）以律师名义洽谈、承揽业务；

（五）以律师名义印制名片及其他相关资料；

（六）其他依法应以律师名义从事的活动。

**第二十四条** 实习人员在实习期间有下列行为之一的，律师事务所应当给予批评教育，责令改正，并报告当地的律师协会。律师协会应当给予该实习人员警告处分；情节严重的，责令其停止实习，收缴实习证，并给予其二年内不得再次申请实习的处分：

（一）私自以律师名义从事本规则第二十三条所列违规行为的；

（二）不服从律师事务所及实习指导律师监督管理的；

（三）不能按规定完成集中培训和实务训练项目的；

（四）擅自中断实习活动的；

（五）有其他违反实习管理规定或者损害律师职业形象行为的。

**第二十五条** 实习人员在实习期间发生本规则第十一条第一款第（一）项至第（五）项、第十二条第一款规定情形之一的，律师事务所应当及时向当地的律师协会报告。经查证属实的，律师协会应当责令其停止实习，收缴实习证，并区别下列情况给予相应的处理：

（一）实习人员因有本规则第十一条第一款第（一）项至第（三）项规定情形之一被停止实习的，不得再次申请实习；

（二）实习人员因有本规则第十一条第一款第（四）项规定情形被停止实习的，在其具有完全民事行为能力之前，不得再次申请实习；

（三）实习人员因有本规则第十一条第一款第（五）项、第十二条第一款规定情形之一被停止实习的，应当给予其五年内不得再次申请实习的处分。

实习人员对律师协会依据本规则规定作出的停止其实习的决定有异议的，可以自收到处分决定之日起十五日内，向作出决定的律师协会或者省、自治区、直辖市律师协会申请复核。律师协会应当自收到复核申请之日起十五日内进行复核，并将复核结果通知申请人。

**第二十六条**　实习人员应当妥善保管、依规使用《申请律师执业人员实习证》。实习证损毁或者遗失的，应当通过律师事务所向准予其实习登记的律师协会申请换领或者补发。

**第二十七条**　实习人员因接收其实习的律师事务所未能履行实习协议而被中断实习，或者因律师事务所发生本规则第八条规定的情形而被中断实习的，可以在六十日内向律师协会申请转到另一家律师事务所实习，已进行的实习有效。

律师协会同意实习人员转所实习的，应当为其办理实习变更登记。原律师事务所应当将转所人员的实习情况记录及评估意见移交新接收其实习的律师事务所。

## 第五章　实习考核

**第二十八条**　实习人员实习期满后，应当通过律师事务所向准予其实习登记的律师协会提出实习考核申请，并提交下列材料：

（一）实习人员撰写的实习总结；

（二）实习指导律师出具的考评意见；

（三）律师事务所出具的《实习鉴定书》；

（四）律师协会颁发的《实习人员集中培训结业证书》；

（五）实习人员完成实务训练项目的证明材料；

（六）申请律师执业人员实习证；

（七）省、自治区、直辖市律师协会规定的其他材料。

考评意见和《实习鉴定书》应当对实习人员的政治素质、道德品行、业务素质、遵守律师职业道德和实习纪律等方面的情况如实作出评价。

本条第一款第（五）项要求提供的证明材料，是指不少于10份的实习人员参加主要实务训练项目形成的工作文书、操作记录、训练心得以及指导律师的点评意见。

**第二十九条**　律师协会应当自收到律师事务所提交的实习考核申请材料之日起六十日内，组织对实习人员进行考核。

因同一时期申请考核的人员过多或者有其他特殊情况的，律师协会可以适当延长考核时间，但延长的时间不得超过三十日。

实习人员因涉嫌违法犯罪被立案查处的，实习考核应当暂停，待案件查处有结果后再决定是否继续进行考核。

**第三十条**　律师协会应当设立申请律师执业人员实习考核委员会，具体组织实施对实习人员的考核工作。

实习考核委员会由律师协会工作人员、司法行政机关工作人员和执业律师代表组成。具体人员构成比例由省、自治区、直辖市律师协会根据本地实际情况规定。

**第三十一条**　律师协会对实习人员进行考核，应当坚持依法、客观、公正的原则，实行材料审查与素质测评相结合的方法，对实习人员的政治素质、道德品行、业务素质以及完成实习项目的情况和遵守律师职业道德、实习纪律的情况进行全面考核，据实出具考核意见。

**第三十二条** 对实习人员的考核，按照下列程序和方法进行：

（一）审查实习人员及律师事务所提交的实习考核申请材料，发现材料不真实、不齐全或者有疑义的，应当要求实习人员及律师事务所作出说明或者予以补正；

（二）根据审查情况，可以采用笔试或者面试的方式，对实习人员的政治素质、道德品行、业务素质和掌握律师职业道德、律师执业管理制度的情况进行综合素质测评；

（三）对经审查、测评合格的实习人员，应当以适当方式将其名单、基本情况及审查、测评的结果予以公示，公示期不得少于五日，接到有问题的举报应当立即调查核实；

（四）对通过前三项考核程序的实习人员，由实习考核委员会进行集体评议，形成最终考核意见，并由律师协会负责人签字确认。

**第三十三条** 经考核，实习人员符合下列条件的，律师协会应当为其出具考核合格意见：

（一）完成集中培训项目并取得《实习人员集中培训结业证书》；

（二）完成实务训练项目并被实习指导律师和律师事务所考评、鉴定合格；

（三）通过综合素质测评被评定为具备律师执业基本素质；

（四）遵守律师职业道德和实习纪律，没有发生违反本规则规定的违法违规行为。

对考核合格的，律师协会应当将考核合格意见填入《实习人员登记表》，并在十五日内书面通知被考核的实习人员及接收其实习的律师事务所，同时将考核结果报省、自治区、直辖市律师协会备案，抄送当地设区的市级或者直辖市区（县）司法行政机关。

**第三十四条** 经考核，实习人员不符合本规则第三十三条规定条件的，律师协会应当对其出具考核不合格的意见，并区别下列情况给予相应的处理：

（一）有本规则第十一条第一款第（一）项至第（四）项规定情形之一的，应当出具该实习人员不符合法定律师执业条件的考核意见；

（二）有本规则第十一条第一款第（五）项及第十二条第一款所列不良品行情形之一的，应当出具考核不合格的意见，并给予五年内不得再次申请实习的处分；

（三）有本规则第二十四条规定的严重违反实习纪律的行为之一的，应当出具考核不合格的意见，并给予二年内不得再次申请实习的处分；

（四）有不符合本规则第三十三条第一款第（一）项至第（三）项规定条件情形之一的，应当区别情况要求实习人员补足或者完成相关实习项目，待其完成实习项目后重新进行考核，所需时间不计入实习时间。

对考核不合格的，律师协会应当将考核不合格的意见、理由及处理结果填入《实习人员登记表》，并在十五日内书面通知被考核的实习人员及接收其实习的律师事务所，同时将考核结果报省、自治区、直辖市律师协会备案，抄送当地设区的市级或者直辖市区（县）司法行政机关。

实习人员对考核不合格的意见及处理结果有异议的，可以自收到书面通知之日起十五日内，向组织考核的律师协会或者省、自治区、直辖市律师协会申请复核。律师协会应当自收到复核申请之日起十五日内进行复核，并将复核结果通知申请人。

省、自治区、直辖市律师协会发现考核工作有违反规定情形的，应当责令组织考核的律师协会对实习人员重新进行考核。

**第三十五条** 律师协会出具的考核合格意见，是实习人员符合申请律师执业条件的有效证明文件。

经律师协会考核合格的人员，应当自收到考核合格通知之日起一年内向司法行政机关申请律师执业。超过一年申请律师执业的，应当由律师协会重新对其进行考核。

按照前款规定重新进行考核，应当重点考核申请律师执业人员自实习期满至申请律师执业之前的期间是否有本规则第十一条第一款第（一）项至第（五）项及第十二条第一款所规定的情形，并据实出具考核意见。

## 第六章　实习监督

**第三十六条**　律师事务所有下列情形之一的，由设区的市级律师协会给予训诫、通报批评或者公开谴责；情节严重的，停止其实习指导工作，并给予二年内禁止接收实习人员实习的行业惩戒：

（一）不履行或者懈怠履行实习指导、管理职责的；

（二）指使或者放任实习人员违反实习纪律或者从事其他违法违规行为的；

（三）无正当理由拒绝为实习人员出具《实习鉴定书》、考评意见或者其他有关证明材料的；

（四）为实习人员出具不实、虚假的《实习鉴定书》、考评意见或者其他有关证明材料的；

（五）有其他违反实习管理规定行为的。

实习指导律师有前款规定情形，律师事务所不按规定给予处理的，律师协会可以责令停止该律师的实习指导工作。

**第三十七条**　实习人员凭不实、虚假的《实习鉴定书》、考评意见或者其他有关证明材料，或者采取欺诈、贿赂等不正当手段通过律师协会考核的，由设区的市级律师协会撤销对该实习人员出具的考核合格意见，该实习人员已进行的实习无效，并给予二年内不得再次申请实习的处分；情节严重的，给予五年内不得再次申请实习的处分。处理决定应当在十五日内报省、自治区、直辖市律师协会备案，并抄送当地设区的市级或者直辖市区（县）司法行政机关。

前款规定情形的处理发生在实习人员已获准律师执业之后的，律师协会应当同时将处理决定通报准予其执业的省、自治区、直辖市司法行政机关。

**第三十八条**　律师协会及其工作人员在实习组织、管理、考核工作中有违反本规则规定，滥用职权、玩忽职守行为的，应当追究主管负责人和直接责任人员的责任。

实习人员认为律师协会及其工作人员有前款规定情形的，或者对律师协会不准予实习登记、给予实习管理处分、出具实习考核不合格意见的复核结果不服的，可以向实习所在地设区的市级司法行政机关、直辖市区（县）司法行政机关或者省、自治区、直辖市司法行政机关投诉。

**第三十九条**　设区的市级律师协会应当建立申请律师执业人员的实习档案，按照本规则的规定将实习人员的实习登记、实习考核、实习违规处理等有关材料报省、自治区、直辖市律师协会备案，并于每年 1 月底前将上一年度开展实习管理工作的情况书面报告省、自治区、直辖市律师协会。

**第四十条**　省、自治区、直辖市律师协会应当于每年 3 月 31 日前将本地区上一年度开展实习管理工作的情况书面报告中华全国律师协会，并抄报省、自治区、直辖市司法行政机关。

中华全国律师协会将上一年度各地律师协会开展实习管理工作的情况汇总后，书面报告司法部。

## 第七章　附则

**第四十一条**　本规则所称的设区的市级律师协会，包括地区、州、不设区的地级市以及直辖市的区（县）设立的律师协会。

设区的市以及前款规定的地方尚未建立律师协会或者有其他特殊情况的，申请律师执业人员实习的组织、管理和考核工作由省、自治区、直辖市律师协会承办。

**第四十二条** 香港、澳门、台湾地区居民在内地（大陆）申请律师执业的实习组织管理工作，依据本规则执行；司法部另有规定的，从其规定。

拟担任法律援助律师、公职律师和公司律师人员的实习管理，参照本规则执行。

**第四十三条** 《申请律师执业人员实习证》由中华全国律师协会统一印制。

《实习人员登记表》、《实习申请表》、《实习鉴定书》、《实习人员集中培训结业证书》的样式，以及《实习协议》的示范文本，由中华全国律师协会规定。

**第四十四条** 省、自治区、直辖市律师协会可以依据本规则，结合本地实际情况，制定具体实施办法，报中华全国律师协会备案。

**第四十五条** 本规则由中华全国律师协会常务理事会解释。

**第四十六条** 本规则自2010年8月1日起施行。中华全国律师协会2006年11月28日发布的《申请律师执业人员实习管理规则（试行）》同时废止。

## 关于组织律师事务所、律师参加《有法大家帮》大型电视活动的通知

（2010年6月13日）

**各省、自治区、直辖市律师协会：**

为进一步贯彻落实全国政法工作电视电话会议精神，深入推进社会矛盾化解、社会管理创新、公正廉洁执法三项重点工作，增强律师服务经济社会的责任感，树立律师良好的社会形象，在中央政法委员会、中央社会治安综合治理委员会的指导下，全国律协将与中国法律援助基金会、中央电视台等单位共同主办《有法大家帮》大型电视活动。

《有法大家帮》是中央电视台财经频道成立后推出的一档周末法律咨询节目。近期，《有法大家帮》栏目将依托节目已有的良好基础举办一次全国性的法律援助活动，搭建起一个辐射全国、直接面向广大人民群众的法律咨询服务平台，该活动力争做到普法、帮助、调解“三结合”。

《有法大家帮》大型电视活动拟于2010年8月27日启动，历时100天，于2010年12月4日“法制宣传日”结束。本次活动将由全国百家律所的千名律师集中围绕婚姻家庭、财产分割、房屋买卖、子女抚养、劳动者权益保护等百姓在日常生活中经常会遇到的法律问题开展咨询与帮助。全国数十家地方电视媒体、平面媒体以及央视网、新浪网和搜狐网，都将对此次活动进行宣传报道。

活动结束后，全国律协将对在此次活动中表现突出的律师协会、律师事务所、律师个人进行表彰。

请各省（区、市）律协根据相关要求，在规定时间内，向央视财经频道推介律师事务所6家，央视将根据节目要求并征求全国律协意见后，最终在全国确定100家律师事务所、1000名律师参与节目并对其进行相关宣传报道。

附件一：

## 《有法大家帮》大型电视活动方案

### 一、活动名称

《有法大家帮》

### 二、活动时间

2010年8月27日——2010年12月4日，历时100天。

### 三、活动背景

中央电视台第二套节目从2009年8月24日正式更名为财经频道。作为中国最权威的专业财经频道，无论节目内容还是视角都更加丰富更加广泛。不仅有高端的财经资讯评论节目，而且还是关注百姓经济生活发展与变化的专题节目。在社会经济高速发展的今天，围绕经济生活的新秩序新观念也产生了很多新矛盾新问题，百姓迫切需要借助法律知识来帮助自己梳理问题化解矛盾，重新建立良好的经济生活秩序。法制节目一直以来都是百姓获取法律知识，得到法律帮助最有效的渠道之一。

《有法大家帮》是中央电视台财经频道成立后推出的一档周末法律咨询节目。每期节目围绕一个主题，精选典型案例，邀请该领域知名律师举案说法、以案析理。通过多种渠道与观众互动，用浅显易懂的语言为观众答疑解惑。节目自播出以来在观众中取得了良好的口碑。随着节目收视的不断提高，咨询的信件、电话越来越多，摆在我们面前的问题也日渐突出。如何让更多的人学会运用法律手段解决经济纠纷？如何才能帮助更多的百姓走出法律困境？怎样才能使广大农村百姓、贫困人群同样感受到国家法制的力量？

今年《有法大家帮》节目依托节目已有的良好基础，希望举办一次全国性的法律援助活动，搭建起一个辐射全国、直接面向最广大人民群众的法律咨询服务平台。号召全国政法系统的法官、律师以及法律工作者联合起来，为身处纠纷矛盾中的人们进行法律咨询和指导；对生活贫困又面临法律困境的人们提供“法律援助”，使更多的人能够得到及时免费的法律服务和法律帮助。作到普法、帮助、调解“三结合”，将矛盾及时在基层化解，维护社会的稳定与发展。

### 四、活动主办方

在中央政法委员会、中央社会治安综合治理委员会的领导下，联合中国法律援助基金会、中华全国律师协会以及全国数十家地方电视台、平面媒体、网络媒体，和百余家律师事务所千名律师共同打造一个既可以进行法律咨询，又能够有机会获得法律援助的电视服务平台。

### 五、活动参与方式

本次活动主打“三个一”即一个号码、一台电脑、一部手机。

“一个号码”是全国统一的“有法大家帮咨询热线”，无论身在何方只要拨打该号码，都会自动转接到当事人就近地区的律师事务所，有专职律师进行记录并答疑。

“一台电脑”是为广大的网民用户准备的。网友进入本次活动的主页后，不仅可以查看到所有参与此次活动的全国百家律所的联系方式，而且还能查看《有法大家帮》专家团队中知名律师以及优秀法官、政法干部的博客以及联系方式。想要咨询问题的网友首先要进行注册。作为日后法律援助案件主要来源之一，网友注册时必须留下真实的联系方式和有效的邮箱地址，便于日后律师发送解答邮件或联系当事人。网友登录后便可以填写一份“我的故事”的表格，电脑会根据关键词将案件归入对口领域。律师登陆后可以选取案件，在表格下方的“律师建议”中进行解答，最后点击“发送”，该表格便可自动发送到网友的邮箱，真正实现一对一的咨询服务。如果律师有不同意见，可以重复解答一位网友的提问，也为当事人提供了多种可以参考的意见。网友可以对律师的解答给出满意度打分。

“一部手机”即将自己的法律疑问在规定的字数内编写成短信，发送至活动指定号码，律师在电脑上解答完问题后会直接已短信形式发到提问者的手机上。

无论是网上留言咨询，还是手机短信提问，所有问题经过筛查后都会在网页上滚动播放，所有网友均可以点击查看。

本次活动为所有合作律师事务所编号，律师解答问题时需要先登录，在解答完网友提问或短信问题后，只要点击发送，电脑就会自动在该编号上增加 1 分，网友打出的满意分也会直接记入该编号。每周电脑会自动显示排名前 10 位的律所，以此来进行表扬和鼓励。

**六、活动概述**

本次活动分为五个阶段

第一阶段：前期准备

确定本次活动的主题歌，LOGO 标志，拍摄活动宣传片

第二阶段：启动仪式

《有法大家帮》大型电视活动启动仪式定于 2010 年 8 月 27 日举行。届时将邀请中央政法委员会、中央社会治安综合治理委员会、中国法律援助基金会、中华全国律师协会以及中央电视台的相关领导出席。

第三阶段：地方“分诊”

启动仪式后本次活动先从十几个地方城市开始，时间从 8 月 27 号至 9 月 30 号。参与此次活动的数十家地方电视台每天在相关栏目中报道活动进展。平面媒体开设“《有法大家帮》天天说案”专栏，邀请合作法官、律师举案说法，普及法律知识。中央电视台财经频道《有法大家帮》将展播各地选送的优秀专题节目。

第四阶段：北京“会诊”

地方城市活动结束后，10 月 9 号至 11 月 28 号中央电视台财经频道《有法大家帮》将推出 16 期特别节目，每周二期，每集时长 80 分钟。案例均为全国各地选送的典型案例，内容涉及婚姻家庭、妇女儿童权益、劳动者维权等。演播室嘉宾团队由法官、律师以及相关方面的专家为当事人进行法律咨询，并提出解决方案。如果符合条件还当场签署法律援助协议书。

第五阶段：活动高潮

《有法大家帮》12·4 特别节目，邀请合作单位共同出席，总结此次活动。在特别节目中，将宣传表彰一批工作在政法一线的法官、律师以及团体。通过介绍他们的先进事迹、工作方法为更多的政法工作人员树立榜样。

## 律师事务所报名须知

报名时间：2010 年 6 月 17 日 ~7 月 18 日

报名要求：全国各省市备案在册的律师事务所（获得过省部级表彰的律所优先）

报名材料：1. 律师事务所简介

2. 荣誉称号

3. 该所推介的优秀律师的简介及博客

4. 律师事务所咨询电话、网站

5. 律师事务所主任简历、办公电话、手机号码

6. 本次大型电视活动的直接联系人办公电话、传真、电子邮箱、手机号码

备注：入选律师事务所将在 100 天的活动时间中，每天安排固定人员接听咨询电话，并做到态度热情、耐心。入选律师事务所的优秀律师将会被邀请到中央电视台录制演播。

具体参与方法详见《活动方案》。

## 《有法大家帮》大型电视活动联系方式

联系人：杨颖
职务：央视财经频道编辑策划组 策划
办公电话：010－68550802
传真号码：010－68550926
手机号码：13701191306
E－MAIL：media438－439@126.com
it_teng@163.com

联系人：高凌燕
职务：中国律师杂志社 采编部副主任
办公电话：010－84049421
传真号码：010－64055852
手机号码：13910006476
E－MAIL：gly7685@yahoo.com.cn

## 关于做好二○一○年度律师出庭服装征订工作的通知

（2010年7月15日）

**各省、自治区、直辖市律师协会：**

2010年年度律师出庭服装的征订工作即将开始。为确保本年度律师出庭服装的征订工作顺利进行，现将有关事项通知如下：

一、征订时间2010年8月25日至9月15日。各省律师协会应提前将征订律师出庭服装时间通知到每个律师事务所。

二、各省律协要确定专人负责律师出庭服装的征订工作。各省在汇总本地区征订的律师出庭服装、徽章报表和律师出庭服装、徽章金额后，统一报全国律协会员部。

三、报表的填写

各地在开展律师服装、徽章的征订工作中，要认真填写全国律协统一制定的《律师徽章、律师出庭服装订购统订报表》：

1. 填写表格要规范，请用电脑填写并打印出来，发送到全国律协会员部。

2. 表格中的联系人及联系电话需填写清楚，在传真栏目内填写负责人的手机号。如果电话或地址有变化，应及时通知全国律协会员部，以便到货后能及时联系到收货人。

3. 在报表上盖公章时，请将公章盖在左上角（订购单位处），不要盖在通讯地址上，更不应盖在右上角，以免造成邮编、电话等无法看清而影响联系的情况。

四、服装发放及查询时间。各省务必在规定时间内把征订报表报上来；10月份将陆续向各地发货；11月份至12月25日为查询时间，如有问题，请各省、自治区、直辖市律协负责征订的同志及时与全国律协会员部联系，以便全国律协及时与厂家联系；查询截止时间为12月底，过期后由当地律协自行负责。

律师出庭服装的征订工作，是各地律协一项长期性的基础工作，也是一项艰苦细致的工作，为了更好地体现出律协为广大律师的服务意识，希望各地律协负责征订工作的同志以认真负责的态度，互相支持，积极配合，把今年的征订工作做好。

## 关于召开“全国律师协会秘书长会议”的通知

（2010年7月23日）

**各省、自治区、直辖市律师协会，新疆生产建设兵团律师协会：**

全国律协《申请律师执业人员实习管理规则》已发布实施，《律师执业活动年度考核规则（试行）》即将颁布施行。为使各地律师协会全面、正确地理解和掌握两《规则》制定的主要精神以及需要重点把握的问题，保证两《规则》的贯彻实施，全国律协定于2010年8月中旬在黑龙江省召开“全国律师协会秘书长会议”。现将会议有关事宜通知如下：

**一、会议时间和地点**

会议定于2010年8月17日~18日在黑龙江省大庆市举行。

**二、参加人员**

各省（区、市）律师协会秘书长。

**三、会议主要内容**

1. 阐释《申请律师执业人员实习管理规则》、《律师执业活动年度考核规则（试行）》；

2. 与会人员就如何贯彻实施《申请律师执业人员实习管理规则》、《律师执业活动年度考核规则（试行）》进行讨论；

3. 就开展实习律师管理、律师远程教育工作进行经验交流；

4. 全国律协秘书处就认真做好信息、统计工作进行部署。

## 关于举办“统筹城乡发展中的法治与律师实务研讨会”的通知

（2010年7月23日）

**各省、自治区、直辖市律师协会，新疆生产建设兵团律师协会：**

统筹城乡发展是一个关系我国社会主义现代化进程的大课题。十七届三中全会再次强调必须统筹城乡经济社会发展，始终把着力构建新型工农、城乡关系作为加快推进现代化的重大战略。2010年中央一号文件把统筹城乡发展确定为解决三农问题的重要手段。“三农”工作既面临难得机遇，也面对很多新挑战、新问题。为了切实推动统筹城乡发展法制建设和法律服务工作，中华全国律师协会将与中国城郊经济研究会联合举办“统筹城乡发展中的法治与律师实务研讨会”。

本次研讨会将邀请国务院发展研究中心、国家发改委、农业部、民政部、国土部、住建部有关负责同志和专家学者介绍统筹城乡发展新形势、新政策和新举措；邀请律师、基层领导、相关经济组织和农民专业合作社负责人等作经验介绍，就统筹城乡发展中的主要法律问题进行研讨。同时，拟采取研讨与培训相结合的方式，就律师服务“三农”进行业务交流。

会议期间，将召开律师为三农服务调研会，由各地律协负责人参加，以总结目前律师为三农服务的工作情况，为推动下一步工作提供数据支持。

本次会议是全国律协专门召开的律师为“三农”和统筹城乡发展提供法律服务的全国性会议，参会律师采取名额分配方式，主要是各地律协相关负责人和有志于为统筹城乡发展提供法律服务的律师，特别是基层律师。请你们接此通知后认真做好参会人员的组织工作。

## 全国律协关于律师发展战略调研课题征集资料的通知

(2010 年 7 月 27 日)

**各省、自治区、直辖市律师协会,新疆生产建设兵团律师协会:**

为了落实科学发展观,促进律师业更好地为建设和谐社会服务,根据七届全国律协三年工作规划,全国律协将开展多项研究课题调研,其中包括“律师调解制度研究”、“政府购买法律服务研究”。为使调研工作客观、全面地反映业内情况,需要各省、市、自治区律师协会做好相关信息资料的采集工作。现将有关事项通知如下:

一、收集本省律师有关律师调解、政府购买法律服务的论文

调解制度在我国有着优良传统,律师调解因形式多样,其作用面及影响面大,具有独特优势,可以在和谐社会建设中发挥特殊作用。研究律师调解的理论与实践,有助于律师调解制度的完善。政府购买法律服务是与政府转变职能伴随而来的,理论和实践上都值得深入研究探讨。如何使政府购买法律服务制度化、规范化将是本课题研究的重点。这方面的论文要求注重对实践经验的总结、对实践中的问题探讨以及对相关制度建设的建议等。

二、根据调研提纲对本省律师调解工作和政府购买法律服务的做法和经验做书面介绍

请各省、市、自治区律师协会根据全国律协的调研提纲(附后)对本省推动和指导律师调解工作的情况和经验、本省政府购买法律服务的实践情况做书面介绍,介绍的内容还应包括:1. 律师协会对律师调解是如何指导和管理的、存在哪些问题、应做哪些改进等;2. 律师协会对于政府购买法律服务作了哪些工作,发挥了怎样的作用等。

## 关于印发《律师执业年度考核规则》的通知

(2010 年 8 月 13 日)

**各省、自治区、直辖市律师协会,新疆生产建设兵团律师协会:**

《律师执业年度考核规则》已经第七届中华全国律师协会第六次常务理事会审议通过,现予以发布,自 2011 年 1 月 1 日起施行。

请你会认真做好规则的贯彻、落实工作,规则施行中的问题请及时报告。

**附件:**

### 律师执业年度考核规则

#### 第一章　总则

**第一条**　为了规范律师执业年度考核工作,加强对律师执业活动的监督,根据《中华人民共和国律师法》《律师事务所年度检查考核办法》、《中华全国律师协会章程》的规定,结合律师行业自律实际,制定本规则。

**第二条**　律师执业年度考核,是指律师协会在律师事务所对本所律师上一年度执业活动

进行考核的基础上，对律师的执业表现做出评价，并将考核结果报司法行政机关备案，记入律师执业档案。

律师执业年度考核，应当教育、引导和监督律师遵守宪法和法律，遵守律师职业道德和执业纪律，依法、诚信、尽责执业，忠实履行中国特色社会主义法律工作者的职业使命，维护当事人合法权益，维护法律正确实施，维护社会公平和正义。

**第三条** 对律师执业活动进行年度考核，应当坚持依法、公正、公开的原则。

**第四条** 律师执业年度考核，由设区的市级律师协会和直辖市律师协会负责组织实施；设区的市未建立律师协会的，可以由所在的省、自治区律师协会负责组织实施。

省、自治区、直辖市律师协会指导、监督本区域的律师执业年度考核工作。

**第五条** 律师事务所应当建立律师执业年度考核制度，负责组织对本所律师上一年度执业活动进行考核评议，出具考核意见。

律师协会应当建立律师执业年度考核结果评定机制，负责确定律师执业年度考核结果。

**第六条** 律师协会组织实施律师执业年度考核的工作，应当接受司法行政机关的指导、监督。

## 第二章 考核对象和考核内容

**第七条** 所有身为律师协会会员的执业律师，均应当按照本规则参加律师执业年度考核。但参加考核的律师有下列情形之一的，不评定考核等次：

（一）获准执业不满三个月的；

（二）上一年度参加脱产学习、培训的；

（三）上一年度因病暂停执业的。

**第八条** 律师执业年度考核，主要考核下列内容：

（一）律师在执业活动中遵守宪法、法律、法规和规章，遵守职业道德、执业纪律和行业规范，履行法定职责的情况；

（二）律师遵守律师协会章程，履行会员义务的情况；

（三）律师办理法律服务业务的数量、类别和服务质量，办理重大案件、群体性案件的情况；

（四）律师履行法律援助义务，参加社会服务及其他社会公益活动的情况；

（五）律师受行政奖惩、行业奖惩的情况；

（六）省、自治区、直辖市律师协会根据需要要求考核的其他事项。

## 第三章 考核等次和评定标准

**第九条** 律师执业年度考核结果分为“称职”、“基本称职”、“不称职”三个等次。

考核等次是律师协会对律师上一年度执业表现的总体评价。

**第十条** 律师执业活动符合下列标准的，考核等次为“称职”：

（一）能够遵守宪法和法律，遵守职业道德、执业纪律和行业规范，较好地履行法定职责；

（二）能够依法、诚信、尽责地为当事人提供法律服务，未因执业违法违规行为受到行政处罚或者行业惩戒；

（三）能够履行法律援助义务，参加社会服务及其他社会公益活动；

（四）能够遵守律师协会章程、履行会员义务，遵守本所章程及管理制度。

**第十一条** 律师执业活动有下列情形之一的，考核等次为“基本称职”：

（一）因执业不尽责、不诚信、不规范等行为受到律师事务所重点指导、监督或者受到当事人投诉被查实的；

（二）因违反职业道德、执业纪律或者行业规范受到行业惩戒，但已按要求改正的；

（三）因执业违法行为受到停止执业以下行政处罚的。

**第十二条** 律师执业活动有下列情形之一的，考核等次为“不称职”：

（一）因违反职业道德、执业纪律或者行业规范受到行业惩戒，未按要求改正的；

（二）因执业违法行为受到停止执业行政处罚的；

（三）参加执业年度考核有弄虚作假行为或者拒不参加执业年度考核的；

（四）有其他违法违规、违反会员义务行为，造成恶劣社会影响的。

## 第四章 考核程序

**第十三条** 律师执业年度考核，应当在每年第一个季度集中办理，并与司法行政机关对律师事务所的年度检查考核工作相衔接。具体工作流程和时间安排，由省、自治区、直辖市律师协会规定。

**第十四条** 律师参加执业年度考核，应当按照规定的时间向律师事务所提交本人上一年度执业情况总结，并填报、提交下列材料：

（一）律师执业年度考核登记表；

（二）获得行政或者行业表彰奖励、受到行政处罚或者行业惩戒的证明材料；

（三）履行律师协会会员义务的证明材料；

（四）省、自治区、直辖市律师协会要求提供的其他材料。

上一年度因变更执业机构新转入的律师，应当同时提交变更前所在律师事务所对其执业表现的鉴定意见。

**第十五条** 律师事务所应当召开律师执业年度考核工作会议，听取律师个人总结，组织进行民主评议。根据考核评议情况，由律师事务所依据本规则规定的考核内容、考评标准，对律师上一年度的执业表现出具考核意见。

律师事务所的考核意见应当送交律师本人阅签意见。

规模较大的律师事务所可以成立律师执业年度考核工作委员会，负责组织开展律师执业年度考核工作。

**第十六条** 律师事务所完成律师执业年度考核工作后，应当按照规定的时间将对律师执业的年度考核意见及律师执业情况总结等相关材料报送所在地设区的市级律师协会或者直辖市律师协会。

**第十七条** 设区的市级律师协会和直辖市律师协会应当依据本规则规定的考核内容、考评标准，对律师事务所提交的律师执业年度考核意见及律师执业情况总结等相关材料进行审查，确定律师执业的年度考核结果。

在审查中发现律师执业年度考核意见与实际情况不符，或者收到相关投诉、举报的，可以进行调查核实，或者责成律师事务所对该律师重新进行考核。

**第十八条** 律师执业年度考核结果确定后，设区的市级律师协会和直辖市律师协会应当将考核结果在本地律师协会网站上予以公示。公示期不少于七日。

律师对考核结果有异议的，可以向出具考核结果的律师协会申请复核。出具考核结果的律师协会应当自收到申请之日起十日内进行复核，并将复核结果书面告知申请人及其所在的律师事务所。

**第十九条** 设区的市级律师协会和直辖市律师协会应当按照当地司法行政机关规定的时间将律师执业年度考核结果报所在地设区的市级或者直辖市区（县）司法行政机关备案；由其通过备案审查后，在律师执业证书上加盖“律师年度考核备案”专用章。

**第二十条** 律师因涉嫌违法违规正在接受查处的，或者律师所在的律师事务所受到停业整顿处罚且处罚期未满的，设区的市级律师协会和直辖市律师协会应当暂缓确定律师执业年度考核结果，待有查处结果或者停业整顿处罚期满后再予审查确定。

**第二十一条** 律师不按规定参加执业年度考核的，律师事务所应当如实报告，由设区的市级律师协会或者直辖市律师协会责令其限期参加执业年度考核；逾期仍不参加考核的，由律师协会直接出具“不称职”的考核结果。

**第二十二条** 律师经年度考核被评定为“不称职”的，设区的市级律师协会或者直辖市律师协会应当根据其存在的问题，书面责令其改正，并安排其参加律师协会组织的培训教育。律师连续两年被评定为“不称职”的，由律师协会给予通报批评或者公开谴责的行业惩戒；情节严重的，建议司法行政机关依法给予相应的行政处罚，也可以建议律师事务所与其解除聘用关系或者经合伙人会议通过将其除名。

**第二十三条** 在律师执业年度考核中，设区的市级律师协会或者直辖市律师协会发现律师有违反职业道德、执业纪律或者行业规范行为的，应当依照规定给予相应的行业惩戒；发现律师有违法行为的，应当移交司法行政机关依法给予相应的行政处罚。

**第二十四条** 设区的市级律师协会组织完成本区域律师执业年度考核工作后，应当将开展律师执业年度考核的情况总结及考核结果报省、自治区律师协会备案，同时抄送所在设区的市级司法行政机关。

省、自治区、直辖市律师协会应当于每年的4月30日前将本区域开展律师执业年度考核的情况总结报告中华全国律师协会，同时抄送省、自治区、直辖市司法行政机关。

中华全国律师协会按年度编制全国律师执业年度考核工作报告，报司法部备案。

### 第五章　附则

**第二十五条** 律师事务所分所的律师，参加分所所在地设区的市级律师协会或者直辖市律师协会组织实施的执业年度考核。考核结果应当抄送设立分所的律师事务所及其所在地设区的市级律师协会或者直辖市律师协会。

**第二十六条** 省、自治区、直辖市律师协会可以根据本规则制定实施细则，报中华全国律师协会备案。

**第二十七条** 本规则自2011年1月1日起施行。

## 全国律协关于召开宣传联络工作委员会会议的通知

（2010年8月25日）

**各省、直辖市、自治区律师协会，新疆生产建设兵团律师协会：**

为认真贯彻落实周永康同志在政法宣传工作座谈会上的重要讲话精神和吴爱英部长在全国司法厅（局）长会议上对司法宣传工作的指示要求，进一步做好新形势下律师宣传工作，为律师执业营造良好的舆论环境，全国律协决定召开宣传联络工作委员会会议。现将有关事项通知如下：

**一、会议时间**

2010年9月10日~11日，9月9日下午开始报到。

**二、会议地点**

大连海天白云大酒店（大连市西岗区滨海西路81号）。

**三、会议内容**

（一）学习贯彻周永康同志在政法宣传工作座谈会上的讲话精神；学习贯彻吴爱英部长、赵大程副部长在全国司法厅（局）长会议上关于加强宣传工作的讲话精神；

（二）讨论修改《全国律协关于进一步加强律师宣传工作的意见》；

（三）请六个省（区、市）律师协会做宣传工作经验交流；

(四)进行全国律师协会首届优秀会刊评比交流活动。

**四、参加会议人员**

全国律协宣传联络委员会委员、各地律协分管宣传联络工作的领导和各地律协会刊的主编。

请各省(区、市)律师协会于8月30日前将参加会议人员的名单及联系方式于邮件或传真的方式报送中国律师杂志社。

## 关于做好全国律协宣传联络工作委员会会议发言的通知

(2010年8月25日)

**北京市、上海市、广东省、浙江省、辽宁省、新疆维吾尔自治区律师协会:**

为了进一步总结、提炼、推广各单位近年来在律师宣传工作方面创造的新鲜经验,请你们在9月10日~11日召开的全国律协宣传联络工作委员会会议上做经验交流,重点介绍近年来开展律师宣传工作的经验,并对进一步做好律师宣传工作提出建议。发言不超过10分钟。

请于9月5日前将发言的电子版报送中国律师杂志社。

## 关于全国律协战略委赴新疆调研的通知

(2010年8月31日)

**新疆自治区律师协会:**

根据第七届全国律协三年工作规划,我会将于近期派出调研组赴新疆开展调研活动。现将调研工作有关事项通知如下:

**一、调研内容**

此次调研的主要内容是了解掌握边疆少数民族地区律师为促进边疆少数民族地区经济发展以及律师工作在化解社会矛盾、维护民族地区的团结稳定中发挥作用,同时对新疆律师的自身发展状况进行调查。

**二、行程安排**

调研计划安排在9月中旬进行,调研的具体路线由你会提出建议,经调研组确认后按计划执行。

全国律协律师发展战略研究委员会参加此次调研人员:

朱洪超、邹强伦、李淳、张晓维、马国光。

调研组成员的往返路费及调研期间的交通食宿费用由全国律协负担,请你会安排交通工具及人员陪同。

**三、其他**

上述安排如果与你会工作安排有冲突,请及时与全国律协调研部联系,协商更改时间。

# 关于举办“律师公司法业务技能讲座”的通知

（2010 年 9 月 1 日）

**各省、直辖市、自治区律师协会，新疆生产建设兵团律师协会：**

为帮助广大律师及时更新专业知识，提高专业化服务水平，了解公司立法与司法的最新进展，准确适用法律，解决执业实践中的热点、难点问题，中华全国律师协会决定于 2010 年 10 月 16 日至 10 月 19 日在北京举办“律师公司法业务技能讲座”。现将有关事宜通知如下：

## 一、讲座内容及师资

本次讲座的主要内容包括：

1. 公司法司法解释的起草原则、规划与具体规制；

2. 公司纠纷的司法审判的难点与焦点；

3. 公司法理论中的疑难与焦点问题；

4. 外商投资企业法司法解释；

5. 并购的尽职调查；

6. 公司股权并购中的审计、评估实务与报表；

7. 国有股权与资产并购的特殊要求与规范；

8. 涉外并购的特殊要求与规范；

9. 公司法律风险的防范。

本次讲座拟邀请最高人民法院和北京市高级人民法院法官、公司法领域的著名学者、全国律协公司法专业委员会的部分律师委员以及著名会计审计机构的专业人士授课。讲座内容详实、权威阐释、信息量大、具有理论性、实践性和实际操作性。

## 二、会务安排

（一）讲座地点：

北京中苑宾馆（西直门外高粱桥斜街 18 号，问询电话：010－51568888）。可乘地铁至西直门站下车转乘运通 105 路、运通 205 路公共汽车中苑宾馆站下车。从西直门地铁站乘坐出租车到中苑宾馆车费约 10 元。

（二）讲座费用：

报到现场交费：全国律协会员 1800 元，非会员 2200 元。

提前交费：为鼓励广大律师及其他人士积极参加学习，可在 2010 年 10 月 8 日之前通过银行电汇方式付款或直接到全国律协财务室交费，提前交费的标准为：全国律协会员 1600 元，非会员 2000 元。

以电汇方式交费者，请在汇款单上注明律师事务所名称和参会者姓名，同时必须准确注明所需开具发票的付款单位名称、项目内容（会议费或培训费），并传真至全国律协培训部。谢绝邮局汇款！

注意：2010 年 10 月 8 日之后切勿汇款！已提前交费但因故不能参加讲座者，全国律协会员退款 1500 元，非会员退款 1900 元。

本通知所称“讲座费用”包括专家授课费、会议费、会议资料费及讲座期间的午餐费。讲座期间其他费用自理。

（三）住宿安排：

1. 如需住宿请在报名表上注明，由会务组代为预定，费用自理。

2. 代定住宿地点为会议所在地，即北京中苑宾馆（四星级）。

3. 住宿标准：212.50 元/人/床/送早餐（与他人合住），380 元/标准间/天/送一人早餐。

（四）报名方式：

请在报名截止日期之前，将所附报名表传真、发电子邮件或寄至全国律协培训部，报名以收到全国律协培训部邮件、传真等回复为准。

报名截止时间：2010年10月8日（注意：因会场座位有限，将根据报名时间先后确定参会人员名单）。

电汇截止时间：2010年10月8日（以银行汇出日为准）。

报到时间：2010年10月15日09：00—21：00（注意：已汇款者在报到时应出示汇款单收据复印件，执业律师请携带律师执业证）。

报到地点：北京中苑宾馆。

具体授课时间：2010年10月16日—10月19日。

**三、其他事项**

（一）结业证：本次讲座将发给40课时的结业证。

（二）邀请参加：为充分发挥培训示范职能，全国律协继续邀请各省、自治区、直辖市律师协会选派主管培训的负责人员一名参加讲座，全国律协免除其注册费（报到时以省、自治区、直辖市律师协会开具的介绍信为准）。

（三）地区扶持：为支持西部地区的律师培训工作，重庆、内蒙、四川、云南、陕西、广西、贵州、甘肃、青海、宁夏、新疆、西藏等十二个西部省（自治区、直辖市）的律师协会，可选派本省（区、市）经济不发达地区的执业律师一名参加本次讲座，全国律协免除其注册费（由省、自治区、直辖市律师协会统一拟定名单并加盖公章，于2010年10月8日之前报送至全国律协，讲座报到时以该名单为准）。

## 关于做好2011年《中国律师》杂志征订宣传工作的通知

（2010年10月18日）

**各省、自治区、直辖市、新疆生产建设兵团律师协会：**

《中国律师》杂志是中华全国律师协会的会刊，是律师界唯一一本公开发行的国家级刊物。多年来，在各地司法行政机关律师管理部门和律师协会的大力支持下，《中国律师》杂志坚持想律师之所想、言律师之所言、急律师之所急、忧律师之所忧的办刊方针，受到了社会各界和广大律师的好评和喜爱，较好发挥了律师宣传主阵地、律师业务指导主渠道的作用。借助《中国律师》杂志这个平台，中国律师杂志社筹划了历届中国律师论坛，主办了数届中国青年律师论坛、企业法律风险管理论坛，每年都与各地律协和相关律师事务所合作举办多个业务研讨活动。在扩大律师的社会影响，加强业界的信息交流和互利合作，提高律师的业务素养和专业技能等方面发挥了积极的作用。

当前，律师行业面临新的发展机遇。推动律师事业的科学发展，需要大力加强宣传工作。今年，全国律协专门召开律协系统的宣传联络工作会议，对进一步加强和改进律师宣传工作进行了研究部署。作为全国律协的会刊，《中国律师》杂志将进一步加强做为律师宣传主阵地、律师业务指导主渠道的作用；进一步提高办刊质量，加强选题策划，积极探索创新广大律师喜闻乐见的栏目和形式；提高发行服务效率，更好地为各地律协、各律师事务所和广大律师服务。

2011年度杂志征订工作已经开始，全国律协希望各地律师协会坚持把《中国律师》的征订发行作为加强律师宣传工作的一项重要任务来抓，采取有效措施向本地律师和律师事务所积极宣传《中国律师》，让广大律师了解《中国律师》，鼓励律师、律师事务所积极订阅《中国律师》。希望有条件的省（市、自治区）律师协会主动向当地党委、政府、人大、司法等有关部门和领导赠阅《中国律师》杂志，积极宣传律师工作，让党委、政府和社会各界通过《中国律师》更好地了解和支持律师工作，为律师业的发展创造良好的舆论环境和社会环境。

请各地律师协会将此通知转发本地各律师事务所，并希望在本地会刊中，刊载2011年《中国律师》杂志征订宣传广告。

## 关于召开七届全国律协第七次常务理事会会议的通知

（2010年10月28日）

**各位常务理事：**

根据全国律协工作安排，定于2010年11月11日在江苏省无锡市召开七届全国律协第七次常务理事会会议。现将有关事宜通知如下：

**一、时间**

2010年11月11日召开，10日报到，会期一天。

**二、地点**

无锡市金陵山水丽景酒店。（无锡市山水东路19号，总机0510－85559999）

**三、会议议题**

（一）传达学习中共十七届五中全会和《中共中央办公厅、国务院办公厅转发〈司法部关于进一步加强和改进律师工作意见〉的通知》（中办发［2010］30号）精神，研究部署贯彻落实意见。

（二）通报近期工作情况。

**四、出席会议人员**

七届全国律协常务理事会成员。

**五、列席会议人员**

全国律协秘书长、副秘书长；部律公司负责同志。

**附件：**

### 七届全国律协第七次常务理事会会议回执

2010年10月28日

| 姓 名 | |
|---|---|
| 能否参会（不能参会请说明原因） | |
| 何时到会 | |
| 是否需要接站 | |
| 到达无锡的航班（车次）及时间 | |

| 如不能到会，对议题进行审议的意见是： |
| --- |

1. 全国律协联系人：汪杨 马国光 电话：010—64060213 传真：010—84020216
2. 江苏省律协联系人：樊荣 电话：025－86200940 传真：025－86224211

## 全国律协关于认真学习宣传贯彻中办发［2010］30号文件精神的通知

（2010年11月18日）

**各省、自治区、直辖市律师协会，新疆生产建设兵团律师协会：**

近日，中共中央办公厅、国务院办公厅转发了《司法部关于进一步加强和改进律师工作的意见的通知》（中办发［2010］30号）为做好文件的学习、宣传、贯彻工作，现通知如下：

**一、充分认识中办发［2010］30号文件的重要意义**

中共中央办公厅、国务院办公厅转发《司法部关于进一步加强和改进律师工作的意见》，这是我国律师行业和律师工作的一件大事，充分体现了以胡锦涛同志为总书记的党中央对律师工作的高度重视，对律师队伍的亲切关怀。中办发［2010］30号文件全面总结了改革开放以来特别是近年来律师工作改革发展取得的成绩和经验，立足于我国律师是中国社会主义法律工作者的定位，科学回答了律师事业发展面临的重大理论和实践问题，明确提出了进一步加强和改进律师工作的主要任务和政策措施，为推动律师事业发展指明了方向，是当前和今后一个时期律师工作的重要指导性文件，对于推动律师事业又好又快发展必将产生深远影响。中办发［2010］30号文件深刻阐述了律师工作在全面建设小康社会和社会主义现代化建设全局中的重要地位和作用，对于指导和推动新时期我国律师事业科学发展具有重要意义；深刻阐明了律师工作要始终坚持社会主义方向的根本要求，对于确保律师工作和律师队伍健康发展具有重要意义；进一步明确了健全完善律师工作体制机制的主要内容和途径，对于坚持和完善中国特色社会主义律师制度具有重要意义；进一步明确了对律师行业发展的扶持和保障政策，对于保障和促进我国律师事业发展具有重要意义。各地律师协会组织一定要从政治和全局的高度，充分认识中办发［2010］30号文件精神的重大意义，在学习领会中，要着重解决四个方面问题：一是充分认识改革开放以来律师工作所取得的重要成绩，坚定工作信心，紧密团结在以胡锦涛同志为总书记的党中央周围，引导广大律师坚定不移地走中国特色社会主义道路；二是充分认识坚持律师工作正确政治方向的重大意义，把握当前律师事业发展的重要机遇，进一步增强责任意识、机遇意识和忧患意识，进一步明确我国律师工作的前进方向；三是充分认识加强和改进律师工作的指导思想、基本要求，进一步明确当前和今后一个时期我国律师工作的奋斗目标和主要任务；四是充分认识加强和改进律师工作的总体要求、重要举措，把思想和行动切实统一到中央的决策部署上来，以科学发展观为指导，集中精力、大力开拓、扎实推进，全面落实各项工作任务，进一步健全和完善中国特色社会主义律师制度，为我国社会主义现代化事业竭力奋斗。

**二、认真做好中办发［2010］30 号文件精神的学习、宣传、贯彻工作**

学习、宣传、贯彻好中办发［2010］30 号文件精神，是当前和今后一个时期各地律师协会组织的重要任务，各地方律师协会要高度重视、精心组织、加强领导，切实把中办发［2010］30 号文件学习好、宣传好、贯彻好。一是要全面学习、深刻领会。各地律师协会组织要组织律师行业管理人员和广大律师以及从业人员，认真学习领会中办发［2010］30 号文件精神，深刻理解律师工作在全面建设小康社会和加快社会主义现代化建设全局中的重要地位和作用，深刻理解律师工作始终坚持社会主义方向的根本要求，深刻理解健全完善律师工作体制的主要内容和途径，深刻理解对律师行业发展的扶持政策和保障措施，进一步统一思想、提高认识，增强做好新形势下律师工作的使命感和责任感；二是切实抓好贯彻落实。各地律师协会组织要在当地司法行政机关指导下，结合实际，对学习宣传贯彻落实中办发［2010］30 号文件精神作出安排，提出明确要求，落实工作责任；三是要广泛宣传。要按照司法部制定的宣传提纲，通过多种途径，广泛、深入地宣传中办发［2010］30 号文件精神，以及各地的好做法、好经验和取得的丰硕成果，扩大律师工作和律师队伍在全社会的影响力，努力营造全社会关心和支持律师工作的良好氛围；四是要研究制定任务分工方案。要将中办发［2010］30 号文件提出的加强和改进律师工作五个方面的任务，制定完成各项任务的具体意见和措施，明确任务分工，逐项细化、分解到具体部门，落实到责任人；五是要积极开展工作。及时向当地司法厅（局）党委（组）汇报贯彻落实中办发［2010］30 号文件精神的意见措施，认真解决律师工作改革发展中的政策等实际问题；六是要加强同有关部门沟通协调。各地律师协会组织要配合司法行政机关积极主动加强与有关部门的联系，争取支持和配合，推动扶持政策和保障措施落实，形成贯彻落实文件精神的合力；七是要把学习中办发［2010］30 号文件精神与贯彻党的十七届五中全会精神结合起来，配合司法行政机关编制好全国和地方“十二五”期间律师事业发展规划。

**三、切实把中办发［2010］30 号文件提出的各项工作任务落到实处**

中办发［2010］30 号文件，为律师事业发展提供了良好机遇，各地律师协会要以此为契机和动力，狠抓各项任务落实，不断推进律师工作改革发展。一是要始终坚持律师工作的社会主义方向，坚持高举中国特色社会主义伟大旗帜，坚持以科学发展观为统领，坚持律师是中国特色社会主义法律工作者的本质属性，坚持党对律师工作的领导；二是要充分发挥律师工作职能作用，坚持围绕中心、服务大局，执业为民、服务群众，继续推进三项重点工作，依法做好诉讼和非诉讼法律事务，为加快经济发展方式转变、促进经济平稳较快发展、保障人民群众合法权益、维护社会公平正义、化解社会矛盾纠纷、促进社会和谐稳定做出积极贡献；三是要坚持不懈地加强律师队伍教育管理，大力加强思想政治建设、职业道德建设和业务素质建设，加强对律师执业活动的指导监督，加强律师事务所建设和管理，努力建设一支有中国特色、有相当规模、有较高素质的律师队伍；四是要坚持和完善中国特色社会主义律师工作体制机制，进一步健全律师执业准入、执业状况评价机制，完善律师执业奖惩机制和管理体制，认真贯彻落实修订后的《律师法》以及司法部和全国律协近两年出台的律师管理规章和行业规范，进一步加强律师执业规范体系建设，为律师工作改革发展提供制度保障；五是要大力加强律师行业党的建设，在司法行政机关领导下，全面加强律师行业党的思想、组织、制度、作风和反腐倡廉建设，深入幵展律师行业创先争优活动，切实发挥律师事务所党组织在执业活动中的政治核心作用和律师党员的先锋模范作用。

**四、加强对贯彻落实中办发［2010］30号文件精神的组织领导**

中办发［2010］30号文件，令人鼓舞，催人奋进。贯彻落实好文件精神，事关律师工作全局，事关律师事业的长远发展。各地律师协会党委（组）、常务理事会，要把学习、宣传、贯彻中办发［2010］30号文件列入重要议事日程，认真调查研究，及时制定贯彻落实文件的意见和措施，明确方法步骤和时间安排，集中精力，集中时间，有计划、有步骤的逐渐推进、落实文件提出的各项任务和政策措施。围绕文件的基本内容和工作要求，结合实际，大力开拓，不断增强工作的针对性和有效性。按照文件提出的各项任务细化目标，落实到具体部门、具体个人。建立健全工作责任制，督促检查，定期讲评，跟踪实效，确保任务落实，力争取得实实在在的效果。

各地贯彻落实情况，请及时报全国律协。

## 关于召开七届全国律协第三次理事会会议的通知

（2010年12月8日）

**各位理事：**

全国律协定于2010年12月26日至28日在福建省福州市召开七届全国律协第三次理事会会议，现将有关事宜通知如下：

**一、会议的主要任务**

这次会议的主要任务是：全面贯彻党的十七大、十七届五中全会精神，全国经济工作会议精神，全国政法工作会议精神和全国律师工作会议、全国律师行业党的建设工作会议、全国司法厅（局）长会议精神，以邓小平理论和“三个代表”重要思想为指导，深入贯彻落实科学发展观，按照部党组的工作部署，认真总结今年以来的工作和存在的不足，研究部署下一阶段的主要任务，动员广大律师进一步认清形势、统一思想，充分发挥律师工作的职能作用，为深入推进三项重点工作、维护社会和谐稳定，加快转变经济发展方式、促进经济平稳较快发展作出新的更大贡献。

**二、会议内容**

（一）学习贯彻党的十七届五中全会精神和全国经济工作会议、全国政法工作会议、全国律师工作会议、全国律师行业党的建设工作会议、全国司法厅（局）长会议精神；

（二）审议《七届全国律协常务理事会工作报告》；

（三）审议《七届全国律协2010年度财务工作报告》；

（四）其他事项。

**三、会议时间、地点**

会议于12月27日上午在福州市世纪金源大饭店召开，28日下午结束。会期2天。26日报到。

**四、参会人员**

七届全国律协理事出席会议；部分省（区、市）和新疆生产建设兵团律师协会会长（非全国律协理事）列席会议；律公司负责同志，全国律协秘书长、副秘书长和有关部室主任列席会议。

**附件：**

## 七届全国律协第三次理事会会议回执

2010 年 12 月 8 日

| 姓 名 | |
|---|---|
| 能否参会（不能参会请说明原因） | |
| 何时到会 | |
| 是否需要接机（站） | |
| 到达福州的航班（车次）及时间 | |
| 如不能到会，对议题进行审议的意见是： | |

1. 全国律协办公室电话：（010）64060213；传真：（010）84020216
2. 福建省律协秘书处电话：（0591）87551410；传真：（0591）87539920、87614829
3. 福州世纪金源大饭店电话：（0591）87088888

# 关于召开全国律协女律师专门工作委员会工作会议的通知

（2010 年 12 月 10 日）

**各省、自治区、直辖市女律师协会/女律师专门工作委员会：**

**各位全国律协女律师专门工作委员会执委：**

为了深入贯彻落实党的十七届五中全会精神，推动女律师工作又好又快的发展，全国律协女律师专门工作委员会定于 2011 年 1 月上旬在江苏省苏州市召开“全国律协女律师专门工作委员会工作会议”，现将有关问题通知如下：

## 一、会议主题

认真学习党的十七届五中全会精神，深入贯彻落实科学发展观，进一步团结全国女律师，不断增强服务构建社会主义和谐社会的历史使命感和责任感，推进女律师队伍的健康发展。

会议将邀请担任党的十七大代表、全国人大代表、全国政协委员的女律师到会，近距离的和与会律师贴心交流，共同畅谈律师参政议政、律师事业发展等热点话题。通过交流与对话的方式，对十七届五中全会精神进行全方位的宣传和解读，帮助执委把握十七届五中全会精神，理解改革开放的伟大历史进程和宝贵经验，领会科学发展观的科学内涵和精神实质，把思想和行动统一到中央的决策部署上来，推动律师行业为促进经济又好又快发展和社会和谐稳定做出新的贡献。

## 二、会议时间

2011 年 1 月上旬（具体时间地点另行通知）。

## 三、会议要求

（一）学习贯彻党的十七届五中全会精神是深入开展司法体制改革的重要保障，对推动律师队伍发展意义重大，要求各地全国律协女律师专门工作委员会执委要予以重视、积极参会；

（二）凡设有女律师协会或女律师工作委员会的，需提交一份2010年本地区女律师工作情况总结；

（三）请各地于12月31日前将参加会议《回执》报全国律协，以便安排会议住宿。

## 关于召开七届全国律协第二次财务工作委员会全体会议的通知

（2010年12月13日）

**财务工作委员会主任、副主任及全体委员：**

拟定于近期召开七届全国律协财务工作委员会全体会议。现将有关事宜通知如下：

**一、会议时间**

2010年12月18日（周六）　上午9：00—11：30

**二、会议地点**

北京市东城区东四十条24号青蓝大厦五层全国律协大会议室

**三、参会人员**

七届全国律协财务工作委员会全体成员

**四、会议内容**

1. 讨论修改《七届全国律协2010年度财务工作报告》（讨论稿）；

2. 讨论审议《七届全国律协2011年度会费收支预算的报告》（草案）；

# 简　　报

## 对深入推进三项重点工作提出具体意见

（2010年2月4日）

根据中央关于深入推进社会矛盾化解、社会管理创新、公正廉洁执法的要求，充分发挥律师职能作用，为社会和谐稳定，为经济社会又好又快发展提供更加有力的法治保障，中华全国律师协会在调研论证的基础上于近期出台了《关于认真贯彻落实全国政法工作电视电话会议精神切实做好三项重点工作的意见》，（以下简称《意见》）要求各地律师协会深刻领会推进三项重点工作的重要性和紧迫性，进一步增强责任感和使命感，围绕切实做好三项重点工作，积极行动起来，采取各种有效措施，认真履行律师协会职责，加强对律师工作的引导，切实增强做好三项重点工作的自觉性和坚定性。

《意见》提出要努力做好社会矛盾化解工作，充分发挥律师工作在化解矛盾纠纷中的重要作用，参与解决影响社会和谐稳定的源头性、根本性、基础性问题。要通过加强政府法律顾问工作，推动律师参与政府决策，服务政府进行经济效益评估的同时，更加注重服务社会稳定风险的评估，引导律师积极参与预防和减少社会矛盾。要通过支持律师积极参与信访和调解工作，发挥律师专业优势，推动律师参与疑难复杂矛盾纠纷的调解，协助政府和有关部门处理信访问题，避免矛盾激化。要通过推进律师服务进社区、进乡村，广泛开展法律服务志愿者等形式将法律服务向民生、“三农”等领域倾斜，切实维护人民群众合法权益。

《意见》围绕积极服务社会管理创新，切实维护良好的社会管理秩序，要求各地律师协会创新行业服务模式，主动与有关部门配合，发挥律师职业优势，推动律师为社会管理制度的创新提供专业的法律意见和建议，推动律师参与解决好流动人口服务管理、特殊人群帮教管理、社会治安综合治理、网络虚拟社会建设管理、社会组织管理服务等五个方面的工作，主动服务社会管理创新，依法维护社会管理秩序。要创新行业管理体制，配合司法体制和工作机制改革，进一步推进行业管理的理论创新、体制创新和工作创新，加强指导和监督，更好地为律师提供服务。要创新行业宣传形式，加强与传统媒体和新兴网络媒体的联系，深入宣传律师行业涌现出来的先进集体、先进模范人物和先进经验，深入宣传律师服务经济发展、服务社会稳定的职能作用，树立正面形象，为律师工作营造良好舆论环境。

《意见》强调要加强律师执业素质建设，推进诚信廉洁执业。在深入开展学习实践科学发展观以及加强律师队伍党建工作中，巩固律师行业党建工作成果，要坚持党的建设与业务发展相结合，以党建保发展、以发展促党建，形成党建与业务相促进、业务与党建同发展的良好格局。建立行业规范、制度实施情况检查机制，通过督促律师严格执行协会各项规章制度，进一步规范律师的执业行为。完善律师执业活动的考核方式、考核标准，将律师执业活动考核工作制度化、规范化。加强律师队伍思想政治、职业道德和执业纪律教育，推动诚信廉洁执业。建立与司法、执法机关以及政府职能部门建立良性互动的和谐关系，搭建相互独立、相互配合、相互支持、相互监督的交流平台，共同推进公正廉洁执法。

《意见》要求各地律师协会要在当地司法行政机关的领导下，在认真学习讨论的基础上，研究提出更加细化、更加具体的贯彻意见。要加强对贯彻落实情况的督促检查工作，了解掌握本地区推进三项重点工作的进展情况，及时总结经验，解决工作中存在的问题，做好情况汇总上报工作，确保中央和司法部的工作部署落实到位、取得实效。

## 北京市律师协会采取有力措施<br>确保律师队伍警示教育高标准开局

（2010年5月13日）

根据司法部的统一部署，北京市律师协会把警示教育工作作为当前中心工作，结合律师行业特点，采取许多切实可行的有力措施，确保教育整顿高标准开局。

### 一、加强组织领导，落实部门责任

形成了以协会党委负总责、主管会长抓落实的联席工作机制，由会长会议研究制定符合行业特点的工作计划，协会党委负责计划的审议、把关，共同完成对律师队伍警示教育工作的指导、督促和检查。明确由协会党委办公室负责相关部门及各区县的协调工作，加强信息沟通与交流，确保各部门、各相关单位之间密切配合、形成合力。

### 二、逐级思想动员，逐步统一认识

配合北京市司法局组织召开了“律师队伍警示教育工作部署会”、“北京市律师队伍警示教育工作经验交流会”，通过律师代表大会，在区县司法局、市律协理事会、律师代表等各个层面，及时传达上级精神，认真听取意见建议，明确工作任务和目标要求，分层级、分专题，层层深入、及时跟进，迅速有效地在律师队伍中统一了思想、形成了共识。市律协从会费中拨付200万元经费用于警示教育活动，为全市警示教育工作的顺利推进奠定了坚实的物质基础。

### 三、畅通信息渠道，搭建交流平台

加快了支部书记短信平台及律师党建网站的建设，进一步丰富、畅通了交流互动的渠道。在律师协会的《律师党建信息》中增设了“警示教育特刊”，以每日一刊的形式介绍各律师事务所，特别是党支部在警示教育工作中的经验、做法，有针对性地对活动方式、活动内容、活动进度、方法创新等给予指导，一方面督促各律师事务所加强工作总结，逐步深化对警示教育工作的理解和认识，另一方面也为律师事务所之间交流学习搭建了平台，形成了活泼生动的工作局面。

### 四、工作重心下沉，全力服务基层

针对行业特点，律师协会变“指导”为“辅导”，以考核“五好”党支部为契机将工作重心下移，律协全体党委委员全部下到各区县，对律师事务所开展一对一的帮扶活动，并在此基础上带动理事会、代表大会代表中的党员积极响应，以结对子的方式推动教育活动扎实开展。为丰富律师事务所学习内容，及时编写了《警示教育典型案例汇编》、《先进事迹学习材料汇编》和《北京律师规范执业指引》，对律师在执业过程中出现的问题给予指正，引导律师规范执业。

### 五、联系工作实际，推动行业发展

将警示教育与年度重点工作紧密结合起来，不摆样子、不走过场，在律师队伍中进一步凝聚人心、汇聚力量。

一是积极关注远郊区县会员管理与服务工作。专门组织召开区县律师工作委员会会议，就目前尚不具备成立律师协会条件的区县如何有效地开展会员管理与服务工作进行深入的探讨，对工作条件艰苦，坚守在服务“三农”第一线的远郊区县的律师给予更多的关注和支持，提供更好的服务。

二是大力打造“公益律师”品牌。成立“北京市未成年人保护公益律师团”，参与首届“北京社会公益活动周”公益法律活动，积极组织志愿律师为群众提供法律咨询服务。以此为契机，把打造“公益律师”品牌作为一项重要内容，通过对优秀公益律师的宣传，提高北京律师行业的社会评价和整体形象。

三是组织律师捐款献爱心。发起了“北京律师春雨行动”，通过捐款帮助遭遇特大干旱灾害的西南地区，发生地震灾害后的玉树地区共度难关。

四是推动构建法官与律师良性互动机制。通过与北京市一中院召开座谈会的形式，深入探讨在和谐社会中如何构建法官与律师的工作关系，调整律师与法官相互之间的认识差距，加强双方的理解，推动法官、律师良性互动机制的建立。

### 六、注重解决问题，巩固教育成效

着手解决广大律师最关心的问题。一是针对行业税收政策的调整，及时与市地税局召开座谈会，就新政策的实施进行沟通协调。二是就会员福利待遇问题，主动完善相关制度，积极开展送温暖活动，使会员交纳的会费能更好、更充分地服务于每名会员。截止到四月底，已有21万元的年度互助金发放到受助律师及其家属手中，为他们缓解了一定的生活压力。三是关心并重视青年律师的培养，把好入口关的警示教育工作。通过组织义务植树，安排新律师开展宣誓活动，使青年律师刚入行就感受到律师行业是一个讲诚信、重纪律的高尚而神圣的职业，对即将从事的职业身怀敬畏之心。四是与平安保险公司北京分公司续签律师执业责任保险协议，将全市律师事务所及所属律师纳入到律师执业责任保险保障的范围，对降低律师执业风险起到了极大的促进作用。

## 以党的建设引领律师行业健康发展

郑新昌[*] 张宝德[**]

（2010 年 5 月 13 日）

近年来，青岛市市北区司法局着眼于建设一支政治素质好，业务水平高，服务质量优，奉献意识强的律师队伍，紧紧围绕区域经济社会发展目标，大力加强律师队伍党的建设，注重健全和完善律师行业党建工作制度，充分发挥律师行业党组织战斗堡垒作用和党员先锋模范作用，不断提升律师队伍形象，有力地促进了律师业长足发展。

### 一、打基础，着力在提高律师行业党建工作水平上做文章

在加强律师行业党的建设工作中，着重在理清思路、完善措施、严格管理上用力，明确总体目标，坚持“四个同步”，完善“五项制度”，有力地促进了律师行业党建工作扎实开展。

（一）明确总体目标，让律师党建工作有方向

为加强律师行业党的建设，完善律师党建工作长效机制，市北区司法局制定了律师行业党建工作总体目标：加强对律师行业党建工作的领导，健全完善配套制度，加强党组织建设和党员队伍教育管理，培树优良行风正气，打造一支政治素质高、业务能力强、奉献精神好的党员律师队伍，更好地服务大局和人民群众，不断开创市北律师工作新局面，为经济社会发展稳定提供优质的法律服务。

围绕这一总体目标，首先，加强组织建设。为进一步加强对律师行业党建工作的领导，市北区司法局在律师行业成立了党总支，完善了局党组、党总支、党支部三级管理体系。其次，加强制度建设。制定律师行业党建工作各项制度措施，着眼长远发展，不断完善党建工作长效机制。第三，加强队伍建设。注重思想政治教育，完善管理教育体制，促进律师行业党的建设和各项事业健康发展。

（二）坚持“四个同步”，让律师党建工作有平台

1. 组织同步建立。新建律师事务所注册登记时，有 3 名以上党员的同步建立党支部，不足 3 名党员的就近纳入联合党支部。并规定，对符合条件而未建立党组织的律师事务所，执业证登记和有效期续展暂缓上报。

2. 关系同步接转。党员调入调出时，行政关系和组织关系同步接转；在律师事务所工作 6 个月以上的党员，必须把组织关系转入所在党支部；对长期在律师事务所工作而不转入党组织关系的党员律师，执业证有效期续展暂缓通过。

3. 硬件同步配套。在律师事务所建立基层党组织时，必须做到“六有”：有场地、有牌子、有旗帜、有制度、有电教设施、有党建活动专栏。目前，各律师事务所党支部都达到了“六有”的标准。

4. 关怀同步跟上。市北区司法局对本系统内所有党员，力求在政治上给予真诚关心，思想上给予及时关注，生活上给予热情关爱，让每名党员律师时刻感受到党组织的关心，体味到“家”的温暖，积极参与到党建工作中来，切实发挥先锋作用。

* 青岛市市北区司法局局长。

** 青岛市市北区司法局调研员。

（三）落实“五项制度”，让律师党建工作有保障

1. 党总支例会制度。律师行业党总支每季度召开一次工作例会，由党总支委员及各党支部书记参加，重点学习上级有关指示精神，交流各党支部主要活动情况和经验做法，布置下阶段工作任务等。

2. 党建联络员制度。市北区律师行业党总支及各党支部根据实际需要设立了党建工作联络员，以加强党总支与各党支部及无党员的律师事务所之间的沟通和联系，为党总支了解情况、开展工作、发展党员提供意见和建议。

3. 情况通报制度。市北区律师行业党总支每两个月下发一次总支简报，通报情况，传达上级指示精神，交流典型案例，总结经验教训，表彰先进等。

4. 沟通联络制度。市北区律师行业党总支委员与非党员律师事务所主任每三个月进行一次沟通。通过沟通与交流，加强理解和协作，征求意见和建议，为各基层党支部的党建活动创造有利条件。

5. 学习培训制度。律师行业党总支每季度组织系统内党员律师进行一次学习培训，传达贯彻党中央和省市区委的有关精神，学习交流法律实务，提高党员律师政治理论水平和业务能力，增强党员律师执行党的路线方针政策的自觉性。

**二、抓品牌，着力在提升律师队伍良好形象上下功夫**

把党建品牌作为党员活动的平台，通过打造党建品牌，培树行业典型，提高律师素质，把党员凝聚起来，把群众带动起来，把形象树立起来。

（一）用品牌把党员凝聚起来

市北区司法局通过创建各种党建品牌，发动全区党员律师积极参与到各种活动中，宣传法律法规，解答法律咨询，开展法律援助。通过创建党建品牌，增强了党员律师服务意识，密切了党群联系，提高了党员律师社会影响力。如，形式灵活、贴近群众、方便实用的“党员律师茶座”，定期让党员律师走进社区，以喝茶聊天的方式，既解答群众的法律咨询，又平息邻里的矛盾纠纷，已成为凝聚全体律师、深受社区群众欢迎的市北区律师行业党建品牌。山东博论律师事务所“博论先锋”党建品牌，突出律师行业鲜明特点，处处体现党员律师的先进性；山东柏海律师事务所“党员先行”品牌，引领党员学习、思想、工作、服务“四个先行”，并以此作为品牌建设的具体标准，落实于创建活动的全过程；山东中青律师事务所“有事找党员”品牌，凸显了党员在急、难、险、重任务中打头阵、攻难克坚的优秀品质；山东昌圣律师事务所党支部发挥“先锋服务”优势，与有关单位联手开展“送法进市场、和谐促发展”活动，为招商引资、投资立项、项目洽谈、合同签订等提供优质高效的法律服务，取得了明显成效；山东百佳信、尚平联合党支部为加强律师事务所之间的党员学习与交流，创建了“网络支部”，定期利用互联网进行信息沟通，加深了对党的路线方针政策的学习与交流。目前，丰富多彩的党建品牌已经成为凝聚党员律师的粘合剂。

（二）用典型把群众带动起来

市北区司法局党组向全体党员发出叫响“一名党员是一面旗帜”的倡议，大力培树先进，用典型影响带动全体律师。山东中青律师事务所党员律师牛建华，十几年如一日，积极参加区残联的维权活动，义务为残疾人提供法律服务700余人次；山东博论律师事务所党员律师陈刚，坚持在区职工维权中心值班，深入企业职工维权第一线，已经无偿为职工答疑解难500余件次；山东百佳信律师事务所党员律师刘曰刚积极参加区领导接访工作，协助党委、政府处理历史遗留及复杂疑难问题50余件，被评为市北区优秀共产党员，青岛市优秀律师；山东中青律师事务所党员律师赵英君，致力于维护妇女儿童合法权益，成绩突出，获得“青岛市十佳女律师”和“青岛市三八红旗

手”称号。在先进典型的感召下，广大律师积极参与各项公益活动，维护公平正义，整个律师行业的影响力和公信力明显增强。

（三）用素质把形象树立起来

律师行业直接面对社会各界，与广大群众的切身利益息息相关，其形象优劣直接影响到社会公平正义。市北区司法局从抓党员作风建设、提高党员素质入手，推动整个律师行业树立良风正气。局党组定期组织党员律师培训，学习政治理论、党建知识，了解掌握国际国内形势任务，使党员律师时刻同党中央保持高度一致。同时，教育广大党员律师树立良好的职业道德、高尚的思想品德，以德服人；坚持原则，实事求是，诚实守信，以诚待人；维护宪法和法律，坚持公平、公正原则，不偏不倚，不徇私情，以正感人。努力锤炼符合人民群众要求、适应时代发展需要的能力素质。由于注重党员律师的思想政治、职业道德和执业作风建设，全区党员律师综合素质明显提高，行风明显好转，整体形象明显提升。涌现出一批市、区“优秀律师”、“优秀律师事务所”、“优秀共产党员”、“优秀党务工作者”等先进单位和先进个人。据统计，2005年，在青岛市司法局接到社会各界对律师的投诉中，其中40%是投诉市北区律师的。近年来，随着市北区律师队伍整体素质的不断提高，针对市北区律师的投诉也逐年减少。2009年以来，市北区律师行业一直是零投诉。

**三、重服务，着力在促进律师行业奉献社会上求作为**

抓律师党建，能够更好地推动基层党组织和党员更好地为广大群众服务，为经济社会建设服务。为此，市北区司法局党组力求在强化“三种意识”、突出“三个带头”、发挥“三个作用”上有所作为。

（一）强化“三种意识”，积极为区域经济建设服务

1. 强化大局意识。在新的历史条件下，在社会主义法治建设进程中，律师行业对我国改革、发展和稳定发挥了重要作用。律师，应当以社会主义建设大局为重，为促进社会发展和进步做出应有的贡献。鉴此，市北区司法局通过多种方式，不断将“大局意识”灌输给每名党员律师，并积极为律师参政议政搭建平台，使其在参与政府决策中体现大局观念。在金融危机中，市北区律师积极开展“帮千企”活动，组成“律师法律服务团”，千方百计为企业解决法律疑难问题。党员律师还组织成立了9个“党员服务分队”，围绕经济建设，积极参与化解矛盾纠纷，平息涉法涉诉，有效维护了社会稳定，进一步强化了律师的大局意识。目前，有2名律师被选为区人大代表，有2名律师被选为区政协委员。市北区政府十分重视律师的专业意见和专业服务，2007年以来，已采纳律师提出的各类意见建议57个。

2. 强化服务意识。律师提供良好的服务，不但要体现在诉讼过程中，还要体现在法律咨询、普法宣传、团队服务和专项服务等方方面面。在党员律师的带领下，通过开展“老年人维权宣传月”、“老年人维权大集”、“宪法宣传日”、“综治普法宣传”、“消费者维权日”等活动不断发挥党员律师的模范作用，树立了律师队伍的良好社会形象。山东博论律师事务所全体律师，积极为市北区小港湾和东西快速路拆迁、特色街区及新经济商圈开发建设提供无偿的法律服务；山东昌圣律师事务所党支部，组织党员律师积极为即墨路小商品市场的居民、个体业户上法律课，参加人数达1000余人次；市北区律师综合党支部，组织律师加入“阳光关爱”法律服务团，积极为刑释解教人员、社区矫正人员提供法律服务；市北区司法局律师行业党总支组织“普法宣讲团”，为海军部队、学校、办事处、社区、干休所等进行“送法”讲座系列活动，增进了群众对律师的理解和信任，为更好地服务基层，服务民生创造了条件。

3. 强化责任意识。市北区党员律师注重为政府分忧，为百姓解难，积极办理法律援助案

件，维护弱势群体合法权益，体现出较强的责任心和无私奉献精神。尤其是为外来农民工协调劳动关系、调处劳动争议、解决薪酬纠纷、工伤事故赔偿等方面做出了较大贡献。据统计，2007 年以来，共帮助 492 人次进行维权。发挥法律专业优势，积极参与区信访调处，正确疏导上访群众，解决疑难复杂问题 300 件。积极承担政府法律顾问工作，为政府招商引资、经济效益评估、大项目建设提供法律保障，最大限度地实现了法律效果与社会效果、政治效果的有机统一。

（二）突出“三个带头”，积极为社会和谐安宁服务

市北区司法局要求全区党员律师突出“三个带头”，积极维护社会和谐稳定。一是带头维护法律正义。党员律师必须时刻牢记自己的职责，带头维护法律的正确实施、维护法律尊严、维护社会公平正义，在社会主义法治进程中发挥积极作用。二是带头促进社会和谐。作为中国特色社会主义法律工作者，促进社会和谐是律师应尽的职责。2001 年以来，党员律师带头参加每周一次的“社区律师”值班，进行义务法律服务，为社区和谐作出了突出贡献。三是带头参与公益活动。律师行业通过支持公益事业，参与各种公益活动，既体现了应有的社会责任感，也扩大了自身的社会影响力。2008 年“5. 12”大地震后，在党员律师的带动下，市北律师积极向灾区捐款 49416 元；2010 年春季，市北区律师又率先发出倡议，向发生严重旱灾的西南灾区捐款 29810 元，得到市北区领导和社会各界的好评。与此同时，市北区党员律师在维护妇女儿童合法权益、支持残疾人事业、设立助学基金等方面还积极主动发挥模范带头作用。

（三）发挥“三个作用”，积极为律师行业健康发展服务

1. 发挥党支部政治核心作用。各律师事务所党支部在不断加强自身建设、提高组织协调能力的同时，充分发挥政治核心作用，认真贯彻执行党的路线方针政策，支持合伙人和单位负责人依法行使职权，引导和监督本单位遵守国家的法律法规。

2. 发挥党支部联系和服务群众的桥梁和纽带作用。党支部扎根在基层，与人民群众有着直接的、经常的、密切的联系，能够直接倾听群众的呼声，了解群众的情况。在日常工作中，各党支部坚持做到及时准确地反映群众的愿望和诉求，帮助群众解决困难和问题；及时向广大群众宣讲党的主张和决定，凝聚群众力量，团结带领群众完成各项任务。山东博论律师事务所党支部，每周组织一次“法律讲坛”，进行法律研究、以案说法及案情分析，重在帮助缺乏实际工作经验的年轻律师提高工作能力；山东海旭律师事务所积极组织党员律师参与广播电台“丁一说法”和手机“党员咨询”服务，拉近了与群众的距离。

3. 发挥党支部的战斗堡垒作用。越是在关键时刻、在纷繁复杂的困难面前，越能够显现出党支部的战斗堡垒作用。当面对突如其来的考验时，党支部必须敢于攻坚克难、勇挑重担、冲锋在前，让队伍有带头人，让群众有主心骨。2009 年下半年，青岛市东西快速路三期拆迁前期，因工期时间紧，各种矛盾复杂，涉法涉诉问题多，急需一支专业法律团队介入。山东博论律师事务所党支部立即组成了专项律师工作组，深入拆迁一线，解决了大量疑难矛盾纠纷，为工程顺利进行铺平了道路。

## 全国律协召开“地方律师协会建设研讨会暨全国律协地方律师协会建设指导委员会年会”

（2010 年 5 月 27 日）

2010 年 4 月 19 日，全国律协“地方律师协会建设研讨会暨全国律协地方律师协会建设指导委员会年会”在上海召开。全国律协副会长、全国律协地方律师协会建设指导委员会主任吕红兵主持会议。全国律协会长于宁、司法部律师公证工作指导司副巡视员丘征、全国律协副秘书长马国华、全国律协地方律师协会建设指导委员会副主任王立华、张学兵、刘正东以及全国律协地方律师协会建设指导委员会 50 余名委员参加了会议。

召开“地方律师协会建设研讨会暨全国律协地方律师协会建设指导委员会年会”，其目的和任务是：坚持以科学发展观统领律师工作与事业发展，深入研究进一步加强律师协会建设的有效措施，提高律师协会行业管理水平，加强对律师队伍的科学管理。

于宁会长在讲话中指出，召开地方律师协会建设研讨会暨地方律师协会建设指导委员会年会，由到会的 29 家省、自治区、直辖市律师协会的会长或秘书长共同研究地方律师协会建设非常有必要：一是进一步贯彻落实新修订的《律师法》的需要。新修订的《律师法》赋予了协会许多新的管理职能，研究地方协会建设，总结一些行业管理中的规律性经验和做法，推动下一步工作，非常有必要；二是新一轮司法体制改革、特别是律师制度改革的需要。律师制度改革将对律师工作提出新的要求，尽快完善地方协会建设，完善地方律师协会各项工作制度，也是为迎接律师制度改革深入开展做准备。三是不断完善党建工作的需要。律师协会把党组织建好，有利于发挥党员的先锋模范作用、党组织的战斗堡垒作用，推进律师工作的发展。四是进一步完善和修订全国律师协会章程的需要。

会议交流、探讨了地方律师协会建设的经验及存在问题。上海市律师协会会长刘正东、北京市律师协会会长张学兵、副会长王隽分别从建立、健全律师行业规范、广泛调动律师参与律师行业管理、加强律师惩戒工作等方面介绍了工作经验。重庆市律师协会会长孙发荣、湖北省律师协会会长张粒、广西壮族自治区律师协会会长王莹文、湖南省律师协会会长戴志坚分别结合本地区律师协会建设情况，提出协会工作应按照党中央提出的“提供服务、反应诉求、规范行为”的要求来进行；要加强对律师协会建设中具有规律性、共同性的问题进行理论上的探讨和研究，带动整个行业协会的发展等建议。上海市律师协会秘书长万恩标、浙江省律协秘书长陈三联、江苏省律协秘书长梁武华、江西省律协秘书长唐锋、河南省律师协会副秘书长刘卫星先后介绍本地区律师协会建设情况，提出律师协会建设中要确保党对律师行业的领导；要进一步细化律师协会工作程序、要加强秘书处自身建设；要发挥专门、专业委员会作用，要积极改善律师执业环境等建议。会上，河北、内蒙古、黑龙江、安徽、江苏、福建、江西、山东、河南、湖南、广西、广东、青海、新疆等律师协会提交了关于本地区有关加强律师协会建设的论文，就律师协会建设中存在的主要问题进行了深入的探讨和研究。

为了有针对性地了解并着力解决律师协会工作中存在的问题，进一步加强对地方律师协会建设的指导，全国律协地方律师协会建设指导委员会决定于 2010 年开展“地方律师协会建设情况”调研活动。调研活动的宗旨是按照科学发展观的要求，深入研究加强律师协会建设的有效措施，提高律师协会行业管理工作水平，推动律师队伍的健康发展。主要内容：一是掌握地方律师协会建设的基本情况，律师协会机构设置及职能划分；秘书处机构设置和人员配备情况；律师协会三级架构建设情况，尤其是基层律师协会建设情况等；二是总结地方律师协会建设在机构设置、机制建设等方面取得的成功经验。三是探讨地方律师协会建设中存在的主要问题及对策。会议期间，对各省、自治区、直辖市律师协会内部管理、机构设置等基本情况进行了摸底统计。

吕红兵主任在会议总结中提出：通过开展调研和交流体会，对提高律师协会行业管理水平具有积极意义。本届地方律师协会建设指导委员会要继续深入学习和贯彻落实科学发展观，为促进地方律师协会建设，多做事、做好事、干成事。对地方律协建设委员会的工作而言，协会建设是“自身建设”，是“自我建设”，除了解、把握协会及会员情况外，要关注组织建设、制度建设、规则建设、队伍建设等几个重要方面。从本次会议反映的实际情况来看，对省级律协而言，机构设置及功能发挥等各方面基本健全，一方面作为“行业自律组织”的地位、职责、法定权利义务要落实，在接受司法行政及全国律协的指导和监督下，强调其自律性、自主性，特别是对同级司法行政机关要充分“依靠”，但不过分“依赖”。另一方面，省级律协在发挥作用与功能方面要进一步强化，特别是在惩戒、培训、业务拓展、规划发展等管理与服务方面要加强。对于市州级律协的发展也要特别关注，一方面要强调处理好与同级司法行政机关的关系，特别是秘书处与律管处在“两结合”管理方面的交流与交融。另一方面要强调处理好与省级律协的关系，职责划分要合理、会费分配要科学、经费使用要透明。只有把握不同级别律协特点的差异性，把握不同区域协会建设的不平衡性，方能有针对性地提出问题，从而有效地解决问题。对于地方律协建设委员会的工作目标，吕红兵主任指出，一是摸清家底，二是提炼重点，三是总结规律，四是指导建设，进而推进发展。对于今年的工作要求，吕红兵认为，情况要清楚，问题要明了，对策要针对，效果要有效。因此，开展一次广泛性、专题性的调研非常必要，根据调研结果要形成一份报告，或者说是中国地方律师协会建设白皮书，从律师协会的组织建设、制度建设、规则建设和队伍建设四大板块构建适应中国律师事业发展的地方律师协会建设与管理体系，从而为推进我国律师行业的又好又快发展出谋划策、做出贡献。

## 北京市律师行业党的建设工作在改革中发展　在创新中提高

(2010 年 7 月 22 日)

近年来，北京市律师行业党的建设工作在改革中发展，在创新中提高，呈现出良好的发展态势。以创新管理体制、完善工作格局为主线的组织建设已初具规模，以“自觉做中国特色社会主义法律工作者”为核心的思想建设深入推进，以强化监管、科学规范为目标的制度建设成效初显，以面向群众、服务社会为导向的队伍建设实现了新的发展，律师事务所党支部战斗堡垒作用不断显现，律师党员先锋模范作用日益突出，律师行业党建工作正以坚实的步伐不断前进。

### 一、用务实的工作让律师党员都“回家”

2001 年 12 月，北京市司法局党委推动并指导建立了北京市律师协会党委，律师行业党的组织体系建设开始启动。2005 年，伴随律师管理体制机制改革，律师事务所党支部和律师党员转由所在区县司法局党组织管理。2008 年

10月，全市开展了为期4个月的律师党员组织关系接转专项行动，全市5073名律师党员接转率达到99.26%，基本摸清了律师党员的底数，律师事务所党支部由305个增加到421个，增长38%。同时，对339个没有党员的律师事务所，各区县司法局为这些所分别指定了由司法局科以上党员干部和司法所党员兼任的党建工作联络员，把党的工作力量派过去、把党的声音传过去、把党的关怀送过去。今年，北京市司法局党委又重点抓区县律师协会建立工作，年底前，13个具备条件的区县将成立区县级律师协会，同步建立党组织，形成市、区、所三级组织架构，弥补过去中间层隶属关系复杂、管理职能不明确、工作落实不到位的不足，进一步巩固“组织全覆盖”工作成果，继续大力推动地区党支部（按行政区划挂靠司法所）建设和联合党支部（按就近原则大所带小所）建设。

地区党支部是指整合司法行政内部资源，按行政区域划分，凡辖区内的零散党员由地区司法所统一代管，成立地区党支部，由司法所长任支部书记，将党员的管理工作、发展工作开展起来，不但日常活动的场地、经费有了保障，在活动内容方面，也可与司法所的法律服务、法制宣传、法律保障等职能相结合，积极为律师党员展示风采搭建服务平台。如：加大政府法律顾问团中党员律师的比例，组建律师党员公益法律服务志愿者队伍，组建治安重点地区整治工作法律服务团等。以朝阳区为例，近两年，区律协党委已指导新建律师事务所党支部53个，其中，地区联合党支部11个，覆盖了121家律所的241名党员。

联合党支部是指按就近原则，由一个规模相对较大的律师事务所牵头，把附近律所的零散党员组织起来，成立一个联合党支部。丰台区恒源联合党支部是2009年3月成立的支部，作为牵头单位的常鸿律师事务所在人员分工、时间安排、办公场地配置和经费使用等方面向支部活动倾斜。党支部设立了党员活动室，购置了活动专用商务车，添置了投影仪等办公用品。恒源联合支部在国润大厦建立起“律师党员法律服务站”，每逢周二，律师党员都会在服务站值班，不仅义务解答员工的法律咨询，而且为大厦企业义务提示法律风险。自服务站成立以来，为大厦内的企业挽回了四千余万元巨大经济损失，工作得到了各方的认可，目前已经成为南城投资创业服务领域的品牌。

### 二、用传统的方法宣传党建

在现代科技日新月异、飞速发展的今天，北京市律协党委却用最传统的办法打开了工作局面。除编发《律师党建信息》，然后以邮寄的方式直接寄给律师事务所党支部书记和事务所主任外，律协党委已通过建立“两刊”（《律师党建信息》和《北京律师政工研究》）、“两网”（首都律师网和司法局局域网）、“一平台”（律师事务所党支部书记短信平台），多种方式畅通信息渠道，实现市、区（县）、所三级信息多途径交互，不仅能做到中央的部署要求第一时间传达到基层党支部，提升党组织的行动力，而且使各级党组织间的交流密切了、互信增强了、感情加深了。

### 三、用真诚的情感赢得支持

与机关单位相比，在律师行业中开展党建工作难度相对较大。结合律师行业特点，北京市司法局党委没有急于求成，而是指导律协党委开展了大量务实、高效的工作，真心实意地为广大律师办实事，比如与公检法等司法部门加强沟通协调，努力改善律师执业环境；运用政府调控手段促进行业适度发展，从源头上推动律师队伍有序竞争，为律师依法、诚信执业营造良好环境；积极为律师拓展业务搭建平台，创造条件；关注年轻律师的成长与培养，鼓励律师参政议政等等。市局党委服务为先的工作作风逐步赢得了广大基层党组织以及律师党员的信任，党建工作在律师行业开始得到越来越多的支持，党员身份意识得到强化，形成了“我是党员我光荣”的党建氛围。

### 四、用专业的知识服务新农村建设

在北京市正在开展的50个重点村整治行动中，共有3000名律师参与到重点地区的排查整治工作当中。海淀区百瑞律师事务所承担了唐家岭地区的整治工作，不仅为拆迁群众提供法律服务，并且就拆迁过程中出现的问题随时向党委政府提出法律建议，确保了拆迁工作的平稳推进。北京市易和律师事务所承接了通州西海子周边棚户区、运河核心区土地一级开发项目，协助拆迁单位制定了全套土地一级开发方案，并派律师全程进驻现场三个指挥部，协调处理各类纠纷，解答被拆迁人各类疑问，使这项拆迁项目在短短一个月内提前突破了签约率95%的既定目标。

在调解化解矛盾体系建设中，党员律师积极参与，努力营造和谐社会氛围。朝阳区实现了社区律师全覆盖，每个社区都建立了法律服务平台，居民一旦有法律需求，都能找到一名律师。律师参与调解民间纠纷，解答法律咨询，开展法制宣传和法律援助并担任社区、村委会顾问，他们的专业水平和敬业精神受到群众的充分肯定，成了活跃在民间的一支最有效的法律服务队伍。昌平区司法局、区律师协会紧紧围绕三项重点工作，积极引导和组织广大律师参与公益法律服务。北京市恒源联合律师党支部组织了70多名律师在六里桥、岳各庄、大红门、方庄等9个工商所设立了律师“365”消费维权志愿者服务团，参与对各类消费投诉案件的接待，将消费维权普法行动贯穿到每一天。

（据北京市律师协会材料整理）

## 全国律协代表团访问韩国的简报

（2010年8月25日）

应韩国律师协会邀请，经司法部批准，以中华全国律师协会副会长彭永臣为团长、秘书长邓甲明为副团长的全国律协代表团一行13人于2010年6月16日至22日访问了韩国首尔、济州岛及釜山等城市。在韩期间，代表团参加了中韩两国律协共同举办的第十四届“司法体制的变化与趋势”研讨会、拜访了韩国法务部、韩国律师协会、首尔律师协会并参观了太平洋法务法人律师事务所，达到了交流互访的目的，取得圆满成功。

### 一、第十四届中韩两国法律研讨会情况

6月17日下午，中韩两国律师协会在韩国共同举办了以“司法体制的变化与趋势”为主题的第十四届中韩律师法律研讨会。出席研讨会的有：全国律协代表团一行13人、韩国律师协会全体理事、地方律师协会会长及韩国著名的法务法人律师事务所合伙人等30人。

研讨会由韩国律师协会国际理事崔正焕律师主持。韩国律师协会金平祐会长致辞，他讲到，自1996年开始，中韩两国律师协会间的定期交流已连续进行了14年，韩国律师协会与中华全国律师协会的定期交流成就了扩大两国法律界友好亲善与互相协助的契机，期待两会的定期交流能为推进亚洲地区法治建设的进程，完善人权保障制度做出更大的贡献。

中华全国律师协会彭永臣副会长非常感谢金会长的盛情邀请与热情接待。彭副会长在致辞中首先对中韩两国律师协会历年来的交流与合作进行了回顾和总结，他指出，中韩两国是一衣带水的友好邻邦，文化背景的相似为中韩律师界的交流提供了良好的条件，双方的交流与合作大有可为。彭团长还向韩国同行介绍了中国律师制度恢复重建30年的历程，以及中国的法制建设进程和依法治国情况，并对巩固双方友好合作成果、拓宽合作领域提出了建设性

的意见。

在研讨会上，韩国律师协会法制理事徐石虎作了题为《司法体制改革完善之主要问题及焦点》的发言，分别围绕法官、检察官和律师三个方面，详细介绍了韩国司法体制的改革与变化。尤其是2009年韩国采用法学院（Law School）制度，取消了司法考试制度，首次由25所法学院（Law School）招收了2000名法学学生。经过为期三年的法学院课程并在律师考试中合格，即可以取得律师资格，法官、检察官从这些取得律师资格的人中通过聘用产生。但是，目前韩国对法官、检察官的聘用条件尚未作出具体规定。同时，法官和检察官的“改行待遇问题”及“急剧增长的案件数”等问题也成为2010年韩国司法领域对其制度改革评估与完善的争论焦点。法制理事徐石虎分别从法官、检察官和律师等三个方面介绍了如何改善相关司法制度现状等问题。

北京女律师协会副会长、北京盈科律师事务所主任郝惠珍做了题为《中国司法体制的变化与趋势》的报告。她向韩国同行介绍了中国司法体制改革的历程：从人治到法治、从国家到社会、从“法制”到“法治”的阶段及其历史沿革。介绍了改革开放30年来中国经济发展与社会和谐的法治环境不断改善，依法行政和公正司法水平不断提高，对权力的制约和监督不断得到加强的发展和变化。

与会人员就演讲涉及的相关领域问题展开了广泛而热烈的讨论，与会者就中韩两国律事务所的管理及律师业的发展前景提出了各自的看法和建议。

全国律协秘书长邓甲明对韩方提出的有关我国司法行政部门对律师进入一线大城市执业的人数、规模是否会有所限制的问题从我国实际情况和相关法律法规规定的层面做了介绍。邓甲明说，为困难群众无偿提供符合标准的法律服务，是《律师法》规定的律师基本义务之一，积极做好法律援助工作，服务和改善民生也是广大律师的宗旨之一。因此不论在何处执业，律师提供法律服务的宗旨不会变。北京、上海等一线城市，发展机会相对较多，吸引了大量的律师，律师法律服务面临着更加激烈的竞争与挑战，司法行政部门及律师协会的职责不是简单地进行限制和实行地方保护。在这方面，北京市有关部门及北京市律协进行了积极有益的研究与探索，在提高律师准入门槛、强化职业培训、强化执业监督等方面做了大量的工作，取得了很好的实效。

研讨会上，中韩两国律师还就律师的职业道德、社会责任、年轻律师的继续教育等问题进行了研讨。

## 二、代表团访问韩国基本情况

韩国法务部副部长黄希哲会见了代表团，对代表团的来访表示热烈的欢迎，对中韩两国律师协会常年保持友好交流关系，以及每年通过组织互访并举行专题研讨会的形式表示高度赞赏。黄副部长还向代表团介绍了目前韩国的司法改革进程。他说，韩国在2009年，采用了法学院（Law School）制度，取消了司法考试制度，经过三年的法学院课程并在律师考试中合格，即可以取得律师资格，法官、检察官从这些取得律师资格的人中通过聘用而产生。由于这项制度刚刚开始施行，目前韩国司法界正着手对司法制度的改革与完善进行进一步的研究与评估。黄副部长还希望，中韩两国法律界应吸收和借鉴彼此有益的经验，进一步增进中韩两国法律界的友谊和相互了解。彭永臣团长向黄希哲副部长介绍了中韩两国律师成功举办交流会议的情况。通过交流，进一步了解了韩国司法体制改革的情况，从某种程度上讲，对中国的司法体制改革具有一定的借鉴意义。

代表团参观了韩国太平洋法务法人律师事务所，为了便于交流，该律师事务所专门安排了在韩国留学的中国律师参加接待、交流活动。双方就律师事务所的薪酬机制、人员管理、律师事务所如何留住人才等与该所合伙人进行了广泛而深入的交流。彭永臣团长希望中韩两国律师积极开拓海外法律服务市场，扩大海外投资领域，增进中韩两国经贸关系的往来。

在首尔，韩国律协金平祐会长会见并宴请了代表团。首尔律协会长金炫会长会见了代表团。

### 三、韩国律师协会概况

韩国律师制度于1905年建立，1952年成立了韩国律师协会。韩国律协最高决议机关是总会、理事会。设会长一名、副会长五名。审议机关是理事会，由10名理事、3名监事组成，下设常设委员会10个、特别委员会18个。协会工作班子设事务总长（秘书长）1名、次长（副秘书长）1名、事务局长1名。下设部门有：总务部、法制部、人权部、会员部、宣传部、审查部及事业企划部。

韩国律师事务所主要有三种形式：法务法人律师事务所、有限法务组合律师事务所、公证法律事务所。其中，韩国法务法人律师事务所成立要求有五位合伙人，且最少有一人具有10年律师事务所工作经验。

目前，韩国现有律师10280人，其中女律师有1000人。首尔律师有8500人。

### 四、访韩体会

（一）此次全国律协访韩代表团成员一行13人由来自北京、四川、湖南、吉林、河北等五个省、市司法行政机关部门、律师协会负责人及执业律师组成。代表团通过参加研讨会及拜会韩国司法部门，开展了一系列富有成效的访问活动，取得了积极成果。进一步巩固和发展了中韩两国律师界的友好交流与磋商机制，拓宽了合作空间和领域，开阔了思路和视野。访问加深了两会友谊，巩固了友好交流成果，双方互相借鉴了有益的经验。代表团访问首尔期间，所到之处均能感受到韩国人民的盛情和友好。韩国律师中很多人能用流利的中文与代表团成员交流。接待日程做得细致入微，从代表团一进入宾馆就看到韩国律协金平祐会长给每位团员的房间摆放了欢迎来访的鲜花花篮及水果，到金平祐会长亲自陪同代表团观赏韩国跆拳道喜剧表演等活动，让代表团每一位成员感到宾至如归、心情舒畅。六月下旬正值世界杯足球赛如火如荼地在南非举行，韩国律协会长金平祐等邀请全团在饭店酒吧共同观赏韩国足球队与阿根廷队的电视比赛实况直播，虽然韩国队输了此次比赛，但韩国队员面对世界强队顽强拼搏的精神令人感到虽败犹荣。代表团在韩国本土真正感受到了韩国人民对足球体育运动的狂热热爱的氛围。

（二）从韩国律师管理情况看，韩国律师协会是独立的法人团体，有较强的独立性、自律性和权威性。律师协会管理方式灵活，律师自主执业的空间大，行政色彩相对淡化，律师执业具有较大的独立性和民主性。韩国律师协会的权威性不是体现在对下级律协和律师进行限制性管理，而在于更好的提供服务。

中韩两国是友好邻邦，两国政治、经济、文化交往日益深入，尤其两国在投资贸易方面的往来，不仅数量大、质量高，而且大有潜力可挖。中韩两国律师协会具有很好的交流合作基础，两国律师界同仁要做好一年一度的互访活动，办好一年一度的法律和务实研讨会，进一步借鉴经验，巩固成果，拓展领域，提升层次，探讨两国律师法律业务的具体合作途径，共同为两国友好关系发展特别是经贸投资提供高效优质的法律服务。

## 佛山市律师协会以党建为抓手推动律师工作全面发展

（2010年8月26日）

去年以来，佛山市律师协会以党建为抓手，积极推动律师工作全面发展。

一、加强律师队伍党建工作，为律师事业健康发展提供坚强的政治保证。以加强律协党委建设，建立各项制度，健全组织生活为重点，广泛开展调研，在此基础上，研究制定了《佛山市律师行业党建工作联席会议制度》、《佛山市律师行业党建工作信息报送制度》等一系列规章制度，通过与司法行政机关相互配合、齐抓共管、及时交流律师党建工作的信息和经验等方式和方法，共同推进律师行业党建工作。以建党89周年为契机，回顾总结佛山市律师事业三十年的发展历程，律师业发展的现状和前景，为佛山市执业20周年以上的88位律师颁发荣誉证书，鼓舞了广大律师的士气，调动了青年律师加入党组织的积极性，为律师业健康发展提供了坚强的政治保证。

二、加强各专门、专业委员会的建设，为律师业务发展搭建平台。改革专业委员会主任委员、副主任委员产生的办法，通过律师自愿报名、报送工作计划、参加竞选演讲等民主、公开、透明、平等的办法和程序产生，为全市律师创造了平等参与的机制和平台。通过新办法产生的各专门、专业委员会成立后，及时制定了《佛山市律师协会2010年各专门、专业委员会工作计划》、《佛山市律师协会各专门、专业委员会考核办法（试行）》和《佛山市律师协会各专门、专业委员会考核标准》等一系列规章制度，进一步规范各委员会工作的开展，为律师业务发展搭建平台的同时，激发了为整个行业服务的热情。

三、加强与有关部门的联系沟通，为律师行业发展营造良好环境。加强与各区司法局及法院、财政、税务、新闻媒体等相关部门的沟通与联系，听取各部门对加强律师管理工作、规范律师执业行为、改善律师执业环境等问题的意见和建议，增进各部门对律师工作的了解和支持。积极探讨通过邀请市委、市政府有关领导、相关单位领导担任律师协会名誉会长、顾问、监督员等方式方法，扩大律师的社会影响力，为律师业健康发展营造良好环境。

四、加强律师继续教育工作，提高律师业务素质。通过与专门和专业委员会联合组织的形式开展业务培训，在加强培训规模和力度的同时，更增加了培训的专业性和实践性，在律师中反响良好。与此同时，正在委托网站公司研究开发佛山市律师培训系统，培训系统开通后，律师可凭个人专有的IC卡，通过网络接受继续教育、统计培训课时，学习形式将更灵活、学习内容将更丰富。

五、积极引导律师行业走出去、请进来，不断加强对外交流与合作。在与香港大律师公会、香港律师会签订合作框架协议的基础上，分批组织佛山市律师与港澳律师同行进行面对面交流，年内，共组织了律师70多人次赴港交流学习。参加澳门律师公会与国际律师联盟举办的反贪与法治研讨会；与香港大律师公会和香港律师会联合为全市律师举办了“律师与调解”讲座；与澳门律师协会签订了佛澳律师业合作框架协议备忘录。通过一系列对外交流活动，带动了佛山市律师学习国（境）内外同行的先进经验，拓展了律师业务领域、促进了律师行业发展。

六、关心律师身心健康，丰富律师文化生活。选择了五家大型医院，方便律师在今年8月份内自行安排时间就近体检，为律师及时了解自己的健康状况，预防各种疾病的发生，缓解工作压力，确保身心健康提供了保障。佛山市律师辩论队在2010广东律师电视辩论大赛上，力压对手勇夺团体一等奖，两名选手获得了“最佳辩手”奖。在庆“七一”文艺晚会上，12家律师事务所组织的舞蹈、朗诵、合唱、时装秀和戏曲等多个文艺节目，充分展示了佛山市律师文化建设的成就。

七、严格财务审批支出，加强财务管理。及时召开财务工作委员会工作会议，规定由会长及主管财务的副会长共同作为支出审批签字人，实行“两支笔”审批的财务制度，确保各项开支正常、合理。

(据佛山市律师协会材料整理)

## 宁夏部署开展多项活动　扎实推进三项重点工作

(2010年8月26日)

今年以来，宁夏律师协会紧紧围绕社会矛盾化解、社会管理创新、公正廉洁执法三项重点工作，部署开展了多项活动，扎实推进三项重点工作。

**一、部署开展多项活动，全面加强律师队伍建设**

(一) 部署三项活动，进一步加强律师队伍教育管理

——在律师行业党组织和党员中开展创先争优活动。制定《全区律师党建创先争优活动实施方案》，开展争创“五好律师事务所党支部”和“五好党员律师”活动。充分利用现代信息技术和互联网等现代传媒手段，通过创建网上党校、网上党员讨论区等方式，开展党员网上教育交流，畅通党组织和党员、党员和党员之间的联系交流渠道，以党建带队建，进一步加强宁夏律师队伍建设。

——在律师队伍中开展警示教育活动。以李庄案件为反面教材，制定了《全区律师队伍警示教育活动实施方案》，各市司法局和律师协(分)会分别制定了具有本市特点的实施方案，按照各个阶段的工作要求，扎实开展活动，使广大律师深刻认识李庄案件的严重危害，确保了全区警示教育活动的顺利进行。

——在律师队伍中开展学先进比先进创先进活动。通过号召各律师事务所和广大律师向一批表现突出的先进律师事务所和优秀律师学习，在律师行业中营造学先进、比先进、创先进的良好氛围，引导广大律师增强依法诚信执业意识，自觉作中国特色社会主义法律工作者、经济社会又好又快发展的服务者、当事人合法权益的维护者、社会公平正义的保障者、社会和谐稳定的促进者，努力为经济社会发展提供优质高效的法律服务。

(二) 抓好三项重点工作，进一步发挥律师职能作用

——开展“千名律师进万家企业活动”。与自治区12家有关部门联合开展了“宁夏千名律师进万家企业、深化法律服务促发展”活动，通过建立宁夏企业法律服务网络直通车、开展企业经营管理法律风险提示与防范的大型宣传培训活动、面对面进行法律服务等方式，无偿为企业提供“法律风险诊断、法律培训、完善规范制度、法律咨询”等法律服务。提升了宁夏企业的风险管理水平，使企业充分认识到法律服务对企业发展的重要性和必要性，进一步拓宽了律师的业务领域，使宁夏律师担任企业法律顾问由过去的不足900家，增加到近1万家。“千名律师进万家企业活动”被列入宁夏“推进全区企业学法用法工作”活动中，作为“五五”普法检查验收工作和年度考核的重要内容之一，受到自治区党委政府的充分肯定，自治区政府主席王正伟专门作出批示：司法工作服务经济社会大局，要有平台、有抓手、有活动。司法厅牵头开展的“千名律师进万家企业促发展”活动，有针对性，为自治区经济社会发展做出新的贡献。

——律师受人大委托起草地方性法规草案。自治区人大法工委首次将地方性法规草案委托社会力量起草，将《宁夏回族自治区家政服务管理条例（草案）》委托宁夏合天律师事务所律师起草，打破了传统的“谁执法谁起草”的立法模式，迈出了探索创新立法机制的重要一步。

——律师加入人大、政府法律咨询委员会。有近20名律师分别加入自治区人大法制委员会法律专家咨询委员会和自治区政府法律咨询委员会，充分发挥律师专业优势，进一步加强政府法律顾问工作，提高政府依法行政水平，进一步推进宁夏科学立法、民主立法，提高立法质量。

——引导律师事务所主动参与涉法涉诉信访案件。组织律师事务所派律师每周固定在信访局或政务大厅值班，为政府和群众提供法律服务、排忧解难，化解社会矛盾。

（三）组织开展价值体系大讨论活动，培养良好的律师执业精神

结合“中国特色社会主义法律工作者”主题实践活动和宁夏司法行政工作价值体系大讨论活动，在宁夏律师行业中开展了律师价值体系大讨论活动，举办多种形式的研讨会、学习交流会和演讲比赛，积极培育行业共同价值观念，教育、倡导和宣传、树立符合社会主义法治理念和有利于律师行业发展的价值观念。广大律师纷纷撰写价值体系研讨文章，自觉倡导“维护法律、构建和谐”的神圣追求，倡导“忠于法律、忠于事业、伸张正义”的人生价值，对推动宁夏律师行业建立共同的理想信念和良好的道德风尚具有重大意义。

（四）开展保民生、送温暖、法律援助律师行活动。以“保民生，送温暖，促和谐”为主题，动员实习律师及执业律师到法律援助机构开展援助活动，主动接受所在法律援助机构的指派，承办各类法律援助案件，参与各种法律宣传、非诉讼代理等，以满足全区群众尤其是贫困地区群众的法律援助需求，弥补基层法律援助机构人员不足，提升实习律师及执业律师的职业道德素养和业务技能水平，现已有50名实习律师加入到这个活动的行列之中。

**二、制定出台规章制度，全面规范律师管理工作**

（一）以科学发展律师事务所为方向，制定《关于加强新设立律师事务所管理的实施意见》。根据宁夏律师事务所设置、执业律师分布不均衡的特点，以“科学定位、合理布局、提升层次、突出特色、着眼长远”为基本原则，制定了《关于加强新设立律师事务所管理的实施意见》，并对新设立律师事务所管理提出了创新性的指导意见：严格控制银川市尤其是兴庆区新设合伙制和个人律师事务所数量，在银川市所辖区域内不再审批设立国资所；鼓励支持宁夏律师事务所、外省律师事务所以及新执业律师到经济发展相对落后的9个县（区）设立律师事务所、分所和执业，并制定了相关的放宽条件；新设立律师事务所的申请人及执业律师是中共党员的，需接转党组织关系，符合设立党支部条件的必须成立党支部，不符合条件的，在设立时必须聘任党建工作指导员；要求自治区律师协会对放宽条件地区新设立的律师事务所的团体会员会费和律师个人会费作适当减免。《实施意见》力求通过严格准入条件，加大政策支持力度，科学规范管理，坚持党建和所建同步，进一步加强宁夏律师事务所规范化、规模化、专业化建设，逐步建立符合宁夏经济社会发展需求的律师服务模式。《实施意见》出台至今，与去年同期相比，新设所的数量大幅下降，其中75%设立在经济发展相对落后地区。

（二）以共同推进公正廉洁为目标，制定出台《宁夏法官协会、宁夏律师协会联席会议制度》。宁夏法官协会和宁夏律师协会制定了《宁夏法官协会、宁夏律师协会联席会议制度》，形成了每半年召开一次联席会议的制度，规定了联席会议的职责、议事程序等。建立了相互监督评价机制，定期通报、交流法官与律

师的工作情况，协调加强法官与律师监督管理工作的有关情况，互通双方队伍中出现的违法违纪行为，为建立法官与律师良性互动和沟通联络长效机制打下了坚实的基础。

（三）以培养法律服务后备力量为目的，创新对实习律师和申请律师执业人员的管理。为确保实习质量和规范实习考核工作，培养宁夏法律服务后备力量，维护法律服务市场正常秩序，制定出台了《宁夏回族自治区实习律师管理办法（试行）》和《宁夏回族自治区申请律师执业人员实习考核办法》，对申请参加法律援助并自愿服务一年的实习律师给予了相关的优惠政策，创新了对实习律师和申请律师执业人员的管理。

（据宁夏律师协会材料整理）

## 广西申请律师执业人员集中培训工作“实”、“准”、“活”

（2010年9月19日）

为认真贯彻落实全国律协颁发的《申请律师执业人员实习管理规则（试行）》，切实提高培训质量和效果，确保实习管理工作取得扎实成效，广西律师协会科学规划申请律师执业人员集中培训课程设置，合理安排教学内容，创新丰富培训方式，建立了教师授课效果评估机制和优秀学员选拔制度，集中培训突出了“实”、“准”、“活”。

培训内容突出“实”。培训课程坚持政治教育与业务培训并重、法学理论与律师实务并重、职业道德与执业纪律教育并重，开设中国特色社会主义基本理论和社会主义法治理念教育，律师执业管理规定、律师制度、律师职业道德和执业行为规范、律师实务知识和基本执业技能等课程。在此基础上，结合实际针对实习人员的特点，本着贴近实习人员业务需求的目的，丰富培训内容，增加培训科目，增设了律师办理刑事案件中角色定位和职能发挥、法官视角下律师办理刑事案件应注意的问题、法官视角下律师办理民商案件应注意的问题、法律文书写作、律师职业压力缓解与调试、司法鉴定与律师业务、商务礼仪等课程，对拓展实习人员基础知识，提高业务实践能力打下了坚实的基础。

培训师资突出“准”。邀请了一批资深法官、资深检察官、长期从事律师管理工作的专家、领导和高等院校相关学科的教授学者、对专项法律业务有深入研究和丰富实践经验的资深律师以及商务礼仪等相关领域的专业人士为集中培训班授课教师，保证授课学习既有较强的专业性、实用性，又有一定的深度和广度，为确保申请律师执业人员的实习质量，夯实实习人员的执业基础，起到了很好的引领作用。

培训形式突出“活”。在培训期间组织实习人员以10～15人为一小组，参照开庭准备、法庭调查、法庭辩论等庭审程序，通过进行模拟演练，帮助实习人员熟悉庭审程序，丰富感性认知，锻炼实习人员在法庭上的应诉能力、快速思维反应能力和对新情况的应变能力。在模拟演练阶段，指派刑事业务委员会委员对各个小组庭审过程进行现场指导，考察学员阐述当事人观点和反驳对方主张的辩论能力和技巧，对实习人员各自担任的角色进行点评，对同一案件进行示范庭审展示，使实习人员锻炼了参加诉讼庭审的能力和信心，找到了与示范教学资深律师之间的差距，明确了努力方向，提高了参加集中培训的积极性，增强了培训的效果。

（据广西律师协会材料整理）

# 六、2010年律师统计报表

**执业律师统计表**

2010年

单位名称: 计量单位:家、件

| 分类 | 合计 | 律师类别：专职律师 | 律师类别：兼职律师 | 律师类别：公职律师 | 律师类别：公司律师 | 律师类别：法律援助律师 | 律师类别：军队律师 | 文化程度：博士 | 文化程度：硕士、双学士 | 文化程度：法律专业本科 | 文化程度：其他专业本科 | 文化程度：法律专业专科 | 文化程度：其他专业专科 | 文化程度：专科以下 | 文化程度：具有相当外语水平 | 性别：女律师 | 政治面貌：中共党员 | 政治面貌：民主党派 |
|---|---|---|---|---|---|---|---|---|---|---|---|---|---|---|---|---|---|---|
| | 人 | 人 | 人 | 人 | 人 | 人 | 人 | 人 | 人 | 人 | 人 | 人 | 人 | 人 | 人 | 人 | 人 | 人 |
| 甲 | 1 | 2 | 3 | 4 | 5 | 6 | 7 | 8 | 9 | 10 | 11 | 12 | 13 | 14 | 15 | 16 | 17 | 18 |
| 北京 | 22937 | 21434 | 1020 | 34 | 394 | 55 | 0 | 535 | 5505 | 14894 | 790 | 1144 | 64 | 5 | 10421 | 7635 | 5626 | 358 |
| 天津 | 3134 | 2807 | 204 | 58 | 8 | 57 | 0 | 32 | 605 | 1796 | 315 | 330 | 50 | 6 | 583 | 1024 | 1140 | 159 |
| 河北 | 7734 | 7010 | 444 | 78 | 18 | 184 | 0 | 42 | 464 | 5459 | 844 | 605 | 154 | 29 | 2007 | 2022 | 2033 | 238 |
| 山西 | 3601 | 3221 | 257 | 0 | 5 | 118 | 0 | 8 | 176 | 1704 | 1284 | 87 | 8 | 104 | 224 | 944 | 929 | 207 |
| 内蒙 | 3264 | 2859 | 169 | 53 | 38 | 145 | 0 | 12 | 201 | 2138 | 218 | 517 | 151 | 27 | 191 | 725 | 870 | 54 |
| 辽宁 | 6648 | 5985 | 339 | 91 | 54 | 179 | 0 | 104 | 1100 | 4181 | 515 | 612 | 118 | 18 | 1357 | 2340 | 1956 | 332 |
| 吉林 | 2899 | 2269 | 131 | 159 | 123 | 217 | 0 | 18 | 305 | 1793 | 407 | 295 | 66 | 15 | 202 | 871 | 1299 | 106 |
| 黑龙江 | 3821 | 3618 | 126 | 26 | 9 | 42 | 0 | 20 | 202 | 1963 | 995 | 418 | 185 | 38 | 714 | 1171 | 577 | 146 |
| 上海 | 13027 | 11749 | 549 | 490 | 239 | 0 | 0 | 285 | 3878 | 6529 | 1298 | 652 | 100 | 285 | 5043 | 3857 | 4605 | 509 |
| 江苏 | 11903 | 11093 | 475 | 62 | 61 | 212 | 0 | 94 | 1515 | 8705 | 1025 | 481 | 62 | 21 | 1572 | 2544 | 3315 | 512 |
| 浙江 | 9289 | 8248 | 479 | 238 | 28 | 296 | 0 | 69 | 1223 | 6140 | 862 | 775 | 203 | 17 | 2454 | 2251 | 3280 | 467 |
| 安徽 | 5019 | 4411 | 281 | 97 | 11 | 219 | 0 | 42 | 505 | 3499 | 398 | 442 | 123 | 10 | 727 | 692 | 1428 | 243 |
| 福建 | 5633 | 4455 | 332 | 539 | 147 | 160 | 0 | 62 | 669 | 3951 | 617 | 263 | 53 | 18 | 2869 | 1151 | 1465 | 356 |
| 江西 | 3247 | 2800 | 232 | 9 | 28 | 178 | 0 | 18 | 198 | 1972 | 598 | 371 | 58 | 32 | 268 | 477 | 846 | 176 |
| 山东 | 12599 | 11608 | 483 | 67 | 55 | 386 | 0 | 41 | 1074 | 9171 | 1495 | 701 | 98 | 19 | 766 | 2835 | 3823 | 437 |
| 河南 | 9352 | 8414 | 451 | 195 | 0 | 292 | 0 | 75 | 857 | 6425 | 1164 | 718 | 96 | 17 | 1548 | 1826 | 1936 | 349 |

| 分类 | 参政议政：当选人大代表：全国人大代表 | 省人大代表 | 地市人大代表 | 县区人大代表 | 当选政协委员：全国政协委员 | 省政协委员 | 地市政协委员 | 县区政协委员 | 奖惩情况：受省级以上表彰 | 受行业处分 | 其中：训诫 | 通报批评 | 公开谴责 | 受行政处罚律师 | 其中：受警告 | 停业三个月至一年 | 被吊销律师执业证 | 培训情况(人次)：参加各种培训合计 | 其中：职业道德执业纪律培训 | 继续教育培训 | 学历教育培训 | 赴国外、境外培训 | 外语培训 |
|---|---|---|---|---|---|---|---|---|---|---|---|---|---|---|---|---|---|---|---|---|---|---|---|
| | 人 | 人 | 人 | 人 | 人 | 人 | 人 | 人 | 人 | 人 | 人 | 人 | 人 | 人 | 人 | 人 | 人 | | | | | | |
| 甲 | 19 | 20 | 21 | 22 | 23 | 24 | 25 | 26 | 27 | 28 | 29 | 30 | 31 | 32 | 33 | 34 | 35 | 36 | 37 | 38 | 39 | 40 | 41 |
| 北京 | 2 | 8 | 12 | 0 | 3 | 8 | 44 | 0 | 2 | 48 | 18 | 13 | 13 | 4 | 0 | 0 | 4 | 30268 | 17072 | 9460 | 1286 | 221 | 2229 |
| 天津 | 0 | 3 | 0 | 13 | 2 | 8 | 0 | 53 | 0 | 0 | 0 | 0 | 0 | 3 | 1 | 0 | 2 | 2857 | 2389 | 411 | 35 | 4 | 18 |
| 河北 | 0 | 4 | 25 | 45 | 1 | 9 | 45 | 116 | 67 | 1 | 1 | 0 | 0 | 0 | 0 | 0 | 0 | 5989 | 3542 | 2345 | 228 | 4 | 88 |
| 山西 | 0 | 1 | 7 | 18 | 0 | 12 | 30 | 32 | 0 | 0 | 0 | 0 | 0 | 0 | 0 | 0 | 0 | 6324 | 3599 | 2583 | 142 | 0 | 0 |
| 内蒙 | 0 | 4 | 10 | 7 | 0 | 4 | 11 | 14 | 26 | 0 | 2 | 0 | 0 | 0 | 1 | 0 | 0 | 3233 | 1430 | 1797 | 6 | 0 | 0 |
| 辽宁 | 1 | 5 | 18 | 59 | 0 | 5 | 50 | 127 | 0 | 4 | 1 | 2 | 1 | 8 | 2 | 5 | 1 | 12006 | 8540 | 2893 | 391 | 58 | 124 |
| 吉林 | 0 | 2 | 18 | 15 | 0 | 2 | 41 | 41 | 3 | 1 | 0 | 0 | 0 | 7 | 1 | 2 | 4 | 117 | 88 | 26 | 3 | 0 | 0 |
| 黑龙江 | 2 | 2 | 25 | 28 | 0 | 5 | 33 | 60 | 8 | 1 | 0 | 1 | 0 | 0 | 0 | 0 | 0 | 8564 | 3952 | 4567 | 45 | 0 | 0 |
| 上海 | 0 | 14 | 22 | 0 | 1 | 12 | 72 | 0 | 16 | 3 | 2 | 1 | 0 | 2 | 1 | 1 | 0 | 21988 | 12030 | 6652 | 991 | 147 | 2014 |
| 江苏 | 1 | 1 | 33 | 33 | 0 | 5 | 63 | 157 | 47 | 12 | 2 | 9 | 1 | 4 | 2 | 0 | 2 | 29376 | 16404 | 12523 | 411 | 33 | 5 |
| 浙江 | 0 | 6 | 33 | 16 | 0 | 5 | 50 | 121 | 34 | 14 | 6 | 7 | 1 | 11 | 3 | 4 | 4 | 21772 | 10046 | 5591 | 5326 | 368 | 441 |
| 安徽 | 0 | 3 | 34 | 6 | 0 | 8 | 41 | 72 | 14 | 2 | 0 | 2 | 0 | 14 | 1 | 11 | 2 | 15683 | 5213 | 9458 | 984 | 4 | 24 |
| 福建 | 0 | 2 | 18 | 15 | 0 | 5 | 26 | 63 | 20 | 5 | 1 | 4 | 0 | 3 | 1 | 2 | 0 | 11411 | 5439 | 5322 | 325 | 4 | 321 |
| 江西 | 0 | 1 | 18 | 16 | 0 | 6 | 40 | 68 | 0 | 0 | 0 | 0 | 0 | 0 | 0 | 0 | 0 | 4532 | 2108 | 2063 | 253 | 0 | 108 |
| 山东 | 2 | 3 | 29 | 27 | 0 | 9 | 75 | 164 | 39 | 4 | 0 | 4 | 0 | 2 | 0 | 1 | 1 | 20434 | 14071 | 5558 | 491 | 78 | 236 |
| 河南 | 1 | 4 | 11 | 14 | 0 | 5 | 51 | 121 | 51 | 11 | 3 | 7 | 1 | 1 | 0 | 1 | 0 | 13638 | 4341 | 9607 | 481 | 34 | 87 |

续表

| | | | | | | | | | | | | | | | | | | | | | | | | | | | | | | | | | | | | | | | | | |
|---|---|---|---|---|---|---|---|---|---|---|---|---|---|---|---|---|---|---|---|---|---|---|---|---|---|---|---|---|---|---|---|---|---|---|---|---|---|---|---|---|---|
| 湖北 | 6581 | 5869 | 252 | 30 | 134 | 296 | 0 | 54 | 564 | 4888 | 503 | 511 | 38 | 23 | 3948 | 1316 | 1974 | 227 | 0 | 3 | 12 | 24 | 1 | 6 | 46 | 89 | 30 | 4 | 1 | 2 | 1 | 4 | 2 | 2 | 0 | 12166 | 3975 | 3138 | 187 | 3 | 4863 |
| 湖南 | 7055 | 6574 | 314 | 52 | 20 | 95 | 0 | 98 | 950 | 4682 | 645 | 512 | 107 | 23 | 1306 | 1077 | 1556 | 251 | 1 | 2 | 21 | 28 | 0 | 5 | 43 | 80 | 47 | 8 | 3 | 3 | 2 | 6 | 4 | 1 | 1 | 12107 | 6304 | 5785 | 573 | 4 | 206 |
| 广东 | 20230 | 18504 | 691 | 624 | 85 | 326 | 0 | 213 | 3145 | 12970 | 2058 | 937 | 184 | 721 | 7250 | 5091 | 5162 | 589 | 1 | 8 | 47 | 29 | 1 | 9 | 63 | 117 | 105 | 21 | 11 | 9 | 0 | 16 | 10 | 3 | 2 | 61068 | 17870 | 40996 | 1114 | 70 | 1018 |
| 广西 | 4033 | 3620 | 187 | 121 | 16 | 89 | 0 | 23 | 413 | 2618 | 479 | 410 | 85 | 5 | 467 | 626 | 1121 | 163 | 0 | 0 | 5 | 4 | 0 | 10 | 26 | 39 | 10 | 22 | 1 | 1 | 0 | 2 | 0 | 1 | 0 | 10258 | 2618 | 7428 | 67 | 136 | 9 |
| 海南 | 1140 | 910 | 46 | 172 | 0 | 12 | 0 | 7 | 246 | 663 | 120 | 76 | 28 | 0 | 260 | 280 | 454 | 71 | 0 | 2 | 5 | 2 | 0 | 8 | 9 | 5 | 0 | 0 | 0 | 0 | 0 | 0 | 0 | 0 | 0 | 2156 | 1738 | 396 | 20 | 0 | 2 |
| 四川 | 9297 | 8504 | 414 | 113 | 6 | 260 | 0 | 86 | 795 | 4482 | 580 | 397 | 40 | 29 | 1337 | 1278 | 2060 | 301 | 0 | 6 | 26 | 11 | 1 | 9 | 44 | 62 | 66 | 5 | 2 | 3 | 0 | 5 | 0 | 1 | 4 | 10498 | 7672 | 2679 | 654 | 22 | 134 |
| 重庆 | 4834 | 4338 | 248 | 142 | 0 | 106 | 0 | 169 | 721 | 3418 | 165 | 361 | 0 | 0 | 3598 | 995 | 1175 | 257 | 1 | 6 | 0 | 12 | 0 | 15 | 0 | 84 | 29 | 6 | 1 | 1 | 4 | 24 | 4 | 13 | 7 | 13285 | 7509 | 5276 | 340 | 29 | 131 |
| 西藏 | 134 | 95 | 21 | 2 | 1 | 15 | 0 | 1 | 22 | 79 | 22 | 7 | 2 | 1 | 0 | 50 | 51 | 0 | 0 | 0 | 1 | 0 | 0 | 1 | 0 | 0 | 0 | 0 | 0 | 1 | 0 | 0 | 0 | 0 | 0 | 0 | 0 | 0 | 0 | 0 | 0 |
| 陕西 | 4274 | 3875 | 354 | 14 | 16 | 15 | 0 | 65 | 560 | 2758 | 306 | 469 | 89 | 27 | 906 | 910 | 1048 | 256 | 0 | 2 | 8 | 20 | 1 | 0 | 22 | 46 | 41 | 1 | 0 | 1 | 0 | 1 | 1 | 0 | 0 | 8468 | 4421 | 3582 | 430 | 1 | 34 |
| 甘肃 | 2179 | 1914 | 150 | 18 | 19 | 78 | 0 | 20 | 197 | 1475 | 328 | 139 | 20 | 20 | 63 | 446 | 623 | 0 | 0 | 0 | 4 | 3 | 0 | 5 | 21 | 16 | 4 | 0 | 0 | 1 | 0 | 0 | 0 | 0 | 0 | 5627 | 1914 | 3772 | 143 | 1 | 6 |
| 青海 | 470 | 373 | 80 | 6 | 0 | 11 | 0 | 38 | 269 | 71 | 81 | 7 | 4 | 10 | 105 | 198 | 21 | 0 | 1 | 0 | 2 | 1 | 1 | 0 | 4 | 9 | 0 | 0 | 0 | 0 | 0 | 0 | 0 | 0 | 0 | 716 | 224 | 486 | 6 | 0 | 0 |
| 云南 | 4554 | 4128 | 179 | 91 | 19 | 137 | 0 | 55 | 380 | 2093 | 913 | 1019 | 86 | 8 | 3015 | 1074 | 1041 | 0 | 0 | 0 | 5 | 6 | 0 | 7 | 19 | 19 | 65 | 0 | 0 | 0 | 0 | 0 | 5 | 0 | 1 | 6523 | 2836 | 3390 | 189 | 21 | 87 |
| 贵州 | 2227 | 1809 | 213 | 113 | 51 | 41 | 0 | 35 | 162 | 1276 | 263 | 213 | 20 | 7 | 213 | 330 | 601 | 146 | 0 | 2 | 3 | 3 | 1 | 2 | 14 | 15 | 14 | 0 | 0 | 1 | 0 | 4 | 2 | 2 | 0 | 2180 | 1656 | 229 | 26 | 4 | 9 |
| 宁夏 | 945 | 821 | 53 | 0 | 0 | 71 | 0 | 0 | 0 | 742 | 51 | 81 | 0 | 0 | 0 | 271 | 233 | 37 | 0 | 0 | 2 | 1 | 0 | 3 | 4 | 6 | 0 | 0 | 0 | 0 | 0 | 0 | 0 | 0 | 0 | 1130 | 180 | 874 | 76 | 0 | 0 |
| 新疆 | 2900 | 2704 | 114 | 17 | 11 | 54 | 0 | 19 | 170 | 2133 | 287 | 223 | 62 | 6 | 161 | 856 | 692 | 97 | 0 | 0 | 3 | 35 | 1 | 3 | 12 | 4 | 25 | 2 | 0 | 2 | 0 | 1 | 0 | 0 | 1 | 5288 | 2927 | 1600 | 112 | 8 | 15 |
| 兵团 | 210 | 200 | 6 | 0 | 0 | 4 | 0 | 0 | 10 | 167 | 8 | 23 | 1 | 1 | 17 | 47 | 51 | 4 | 0 | 0 | 1 | 0 | 0 | 2 | 1 | 0 | 0 | 0 | 0 | 0 | 0 | 0 | 0 | 0 | 0 | 422 | 282 | 33 | 3 | 0 | 0 |
| 合计 | 195170 | 176219 | 9294 | 3711 | 1596 | 4350 | 0 | 2340 | 27081 | 124835 | 19634 | 13796 | 2355 | 1542 | 53592 | 47210 | 53991 | 7048 | 13 | 94 | 458 | 491 | 14 | 193 | 1000 | 1800 | 763 | 175 | 55 | 75 | 24 | 122 | 41 | 50 | 36 | 360084 | 172390 | 160520 | 15338 | 1254 | 12209 |

## 律师执业机构统计表

2009 年

单位名称：　　　　　　　　　　　　　　　　　　　　　　　　　　　计量单位:个

| 分类 | 律师事务所总数 | 组织形式 | | | | | | | | 规模 | | | | 分所情况 | | | 党建情况 | | | 奖惩情况 | | | | | | | | |
|---|---|---|---|---|---|---|---|---|---|---|---|---|---|---|---|---|---|---|---|---|---|---|---|---|---|---|---|---|
| | | | 其中 | | | | | | | | | | | | | | | | | | | 其中 | | | | 其中 | | |
| | | 合伙所 | 合伙人3至10人所 | 合伙人11至50人所 | 合伙人51至100人所 | 合伙人101人以上所 | 国资所 | 合作所 | 个人开业所 | 律师30人以下所 | 律师31至50人所 | 律师51至100人所 | 律师101人以上所 | 外省（区市）分所 | 本省外地市分所 | 境外分所 | 3名以上正式党员所 | 已单独建立党支部所 | 已建立联合党支部所 | 受省级以上表彰所 | 受行业处分所 | 训诫 | 通报批评 | 公开谴责 | 受行政处罚所 | 被处以罚款所 | 被责令停业整顿所 | 被吊销执业证书所 |
| 个 | 个 | 个 | 个 | 个 | 个 | 个 | 个 | 个 | 个 | 个 | 个 | 个 | 个 | 个 | 个 | 个 | 个 | 个 | 个 | 个 | 个 | 个 | 个 | 个 | 个 | 个 | 个 | |
| 甲 | 1 | 2 | 3 | 4 | 5 | 6 | 7 | 8 | 9 | 10 | 11 | 12 | 13 | 14 | 15 | 16 | 17 | 18 | 19 | 20 | 21 | 22 | 23 | 24 | 25 | 26 | 27 | 28 |
| 北京 | 1486 | 1228 | 1138 | 86 | 2 | 2 | 1 | 0 | 257 | 1358 | 61 | 42 | 25 | 77 | 241 | 18 | 574 | 387 | 62 | 1 | 42 | 18 | 13 | 11 | 0 | 0 | 0 | 0 |
| 天津 | 350 | 236 | 228 | 8 | 0 | 0 | 1 | 1 | 112 | 337 | 9 | 4 | 0 | 28 | 6 | 3 | 79 | 60 | 18 | 0 | 0 | 0 | 0 | 0 | 1 | 1 | 0 | 0 |
| 河北 | 615 | 436 | 384 | 50 | 2 | 0 | 91 | 0 | 88 | 575 | 29 | 10 | 1 | 10 | 6 | 0 | 213 | 198 | 113 | 45 | 0 | 0 | 0 | 0 | 0 | 0 | 0 | 0 |
| 山西 | 456 | 302 | 300 | 2 | 0 | 0 | 81 | 0 | 73 | 445 | 10 | 1 | 0 | 2 | 7 | 0 | 40 | 40 | 228 | 0 | 0 | 0 | 0 | 0 | 0 | 0 | 0 | 0 |
| 内蒙 | 276 | 216 | 214 | 2 | 0 | 0 | 46 | 6 | 8 | 258 | 16 | 2 | 0 | 7 | 1 | 2 | 85 | 70 | 60 | 6 | 0 | 0 | 0 | 0 | 0 | 0 | 0 | 0 |
| 辽宁 | 644 | 603 | 563 | 38 | 2 | 0 | 24 | 5 | 12 | 620 | 17 | 6 | 1 | 18 | 14 | 0 | 295 | 190 | 127 | 0 | 1 | 0 | 1 | 0 | 2 | 1 | 1 | 0 |
| 吉林 | 336 | 236 | 234 | 2 | 0 | 0 | 2 | 0 | 98 | 327 | 7 | 2 | 0 | 5 | 7 | 0 | 128 | 65 | 75 | 0 | 0 | 0 | 0 | 0 | 0 | 0 | 0 | 0 |
| 黑龙江 | 649 | 594 | 580 | 14 | 0 | 0 | 25 | 6 | 24 | 642 | 6 | 1 | 0 | 8 | 11 | 0 | 36 | 35 | 96 | 0 | 0 | 0 | 0 | 0 | 0 | 0 | 0 | 0 |
| 上海 | 1064 | 865 | 782 | 81 | 2 | 0 | 0 | 0 | 199 | 1006 | 33 | 19 | 6 | 96 | 47 | 0 | 423 | 391 | 227 | 17 | 3 | 2 | 1 | 0 | 0 | 0 | 0 | 0 |
| 江苏 | 1112 | 967 | 902 | 64 | 1 | 0 | 0 | 0 | 145 | 1073 | 29 | 9 | 1 | 43 | 49 | 0 | 418 | 418 | 159 | 21 | 5 | 1 | 4 | 0 | 0 | 0 | 0 | 0 |
| 浙江 | 868 | 642 | 618 | 24 | 0 | 0 | 2 | 0 | 224 | 839 | 19 | 8 | 2 | 20 | 15 | 0 | 373 | 307 | 372 | 23 | 3 | 1 | 2 | 0 | 1 | 1 | 0 | 0 |
| 安徽 | 500 | 428 | 390 | 38 | 0 | 0 | 11 | 0 | 61 | 489 | 7 | 4 | 0 | 1 | 0 | 0 | 128 | 120 | 203 | 10 | 0 | 0 | 0 | 0 | 1 | 1 | 0 | 0 |
| 福建 | 454 | 363 | 340 | 23 | 0 | 0 | 14 | 0 | 77 | 433 | 12 | 9 | 0 | 11 | 23 | 0 | 156 | 109 | 65 | 6 | 2 | 1 | 1 | 0 | 1 | 0 | 0 | 0 |
| 江西 | 332 | 197 | 196 | 1 | 0 | 0 | 89 | 0 | 46 | 325 | 3 | 4 | 0 | 1 | 0 | 0 | 87 | 87 | 94 | 0 | 0 | 0 | 0 | 0 | 0 | 0 | 0 | 0 |

续表

| | | | | | | | | | | | | | | | | | | | | | | | | | | | | |
|---|---|---|---|---|---|---|---|---|---|---|---|---|---|---|---|---|---|---|---|---|---|---|---|---|---|---|---|---|
| 山东 | 1105 | 843 | 809 | 34 | 0 | 0 | 43 | 0 | 219 | 1053 | 42 | 9 | 1 | 19 | 34 | 0 | 359 | 342 | 360 | 16 | 0 | 0 | 0 | 0 | 2 | 1 | 1 | 0 |
| 河南 | 753 | 533 | 524 | 8 | 1 | 0 | 57 | 0 | 163 | 707 | 34 | 9 | 3 | 9 | 21 | 0 | 162 | 157 | 62 | 26 | 2 | 1 | 1 | 0 | 0 | 0 | 0 | 0 |
| 湖北 | 466 | 348 | 279 | 67 | 2 | 0 | 54 | 1 | 63 | 376 | 80 | 8 | 2 | 12 | 7 | 0 | 220 | 220 | 160 | 17 | 0 | 0 | 0 | 0 | 0 | 0 | 0 | 0 |
| 湖南 | 529 | 455 | 410 | 41 | 4 | 0 | 41 | 2 | 31 | 494 | 23 | 10 | 2 | 11 | 7 | 1 | 148 | 271 | 20 | 1 | 0 | 1 | 0 | 0 | 0 | 0 | 0 | 0 |
| 广东 | 1668 | 1116 | 1014 | 100 | 2 | 0 | 276 | 2 | 274 | 1532 | 84 | 45 | 7 | 35 | 58 | 2 | 503 | 364 | 216 | 26 | 7 | 3 | 2 | 1 | 1 | 1 | 0 | 0 |
| 广西 | 396 | 256 | 218 | 38 | 0 | 0 | 79 | 0 | 61 | 381 | 11 | 4 | 0 | 5 | 8 | 0 | 110 | 76 | 75 | 3 | 1 | 2 | 1 | 0 | 0 | 0 | 0 | 0 |
| 海南 | 78 | 62 | 48 | 14 | 0 | 0 | 0 | 0 | 16 | 73 | 5 | 0 | 0 | 3 | 5 | 1 | 41 | 27 | 46 | 0 | 0 | 0 | 0 | 0 | 0 | 0 | 0 | 0 |
| 四川 | 802 | 631 | 582 | 38 | 11 | 0 | 92 | 0 | 79 | 672 | 114 | 12 | 4 | 14 | 13 | 0 | 284 | 179 | 205 | 49 | 1 | 0 | 1 | 0 | 0 | 0 | 0 | 0 |
| 重庆 | 436 | 323 | 313 | 10 | 0 | 0 | 3 | 0 | 110 | 421 | 11 | 4 | 0 | 15 | 10 | 2 | 95 | 95 | 211 | 13 | 1 | 0 | 1 | 0 | 6 | 0 | 0 | 0 |
| 西藏 | 18 | 10 | 10 | 0 | 0 | 0 | 8 | 0 | 0 | 18 | 0 | 0 | 0 | 2 | 0 | 0 | 7 | 6 | 10 | 0 | 0 | 0 | 0 | 0 | 0 | 0 | 0 | 0 |
| 陕西 | 385 | 288 | 273 | 15 | 0 | 0 | 67 | 3 | 27 | 365 | 12 | 8 | 0 | 15 | 2 | 0 | 159 | 143 | 122 | 19 | 0 | 0 | 0 | 0 | 0 | 0 | 0 | 0 |
| 甘肃 | 240 | 135 | 110 | 25 | 0 | 0 | 82 | 0 | 23 | 234 | 4 | 2 | 0 | 3 | 2 | 0 | 57 | 35 | 89 | 2 | 0 | 0 | 0 | 0 | 0 | 0 | 0 | 0 |
| 青海 | 66 | 27 | 27 | 0 | 0 | 0 | 36 | 0 | 3 | 65 | 1 | 0 | 0 | 1 | 1 | 0 | 16 | 16 | 3 | 8 | 0 | 0 | 0 | 0 | 0 | 0 | 0 | 0 |
| 云南 | 472 | 301 | 291 | 10 | 0 | 0 | 56 | 0 | 115 | 455 | 11 | 6 | 0 | 10 | 11 | 0 | 24 | 23 | 1 | 0 | 0 | 0 | 1 | 0 | 0 | 0 | 0 | 0 |
| 贵州 | 244 | 126 | 101 | 25 | 0 | 0 | 87 | 0 | 31 | 239 | 5 | 0 | 0 | 2 | 1 | 0 | 52 | 30 | 83 | 2 | 0 | 0 | 2 | 0 | 3 | 0 | 0 | 0 |
| 宁夏 | 81 | 58 | 54 | 4 | 0 | 0 | 8 | 0 | 15 | 76 | 4 | 1 | 0 | 0 | 0 | 0 | 24 | 23 | 11 | 0 | 0 | 0 | 0 | 0 | 0 | 0 | 0 | 0 |
| 新疆 | 318 | 189 | 184 | 5 | 0 | 0 | 71 | 0 | 58 | 307 | 10 | 1 | 0 | 2 | 9 | 0 | 96 | 81 | 51 | 5 | 0 | 0 | 0 | 0 | 0 | 0 | 0 | 0 |
| 兵团 | 31 | 22 | 20 | 2 | 0 | 0 | 9 | 0 | 0 | 31 | 0 | 0 | 0 | 0 | 1 | 0 | 13 | 13 | 5 | 0 | 0 | 0 | 0 | 0 | 0 | 0 | 0 | 0 |
| 合计 | 17230 | 13036 | 12136 | 869 | 29 | 2 | 1456 | 26 | 2712 | 16226 | 709 | 240 | 55 | 485 | 617 | 29 | 5405 | 4578 | 3629 | 316 | 68 | 30 | 31 | 12 | 18 | 6 | 2 | 0 |

## 律师辅助人员统计表

2010 年

单位名称: 计量单位:个

| 分类 | 合计 | 类别 | | 文化程度 | | | | | | | |
|---|---|---|---|---|---|---|---|---|---|---|---|
| | | 实习律师 | 其他辅助人员 | 博士 | 硕士双学士 | 法律专业本科 | 其他专业本科 | 法律专业专科 | 其他专业专科 | 中专高中 | 具有相当外语水平 |
| | | 人 | 人 | 人 | 人 | 人 | 人 | 人 | 人 | 人 | 人 |
| | 甲 | 1 | 2 | 3 | 4 | 5 | 6 | 7 | 8 | 9 | 10 |
| 北京 | 7812 | 2115 | 5697 | 155 | 1637 | 2766 | 1585 | 355 | 1009 | 287 | 4229 |
| 天津 | 1270 | 630 | 640 | 5 | 114 | 657 | 197 | 78 | 137 | 82 | 333 |
| 河北 | 2484 | 1373 | 1111 | 3 | 100 | 1726 | 257 | 171 | 124 | 90 | 757 |
| 山西 | 1807 | 873 | 934 | 0 | 39 | 614 | 123 | 702 | 222 | 16 | 91 |
| 内蒙 | 1245 | 500 | 745 | 6 | 61 | 899 | 99 | 126 | 27 | 27 | 28 |
| 辽宁 | 2074 | 840 | 1234 | 15 | 200 | 1008 | 329 | 166 | 236 | 120 | 472 |
| 吉林 | 204 | 0 | 204 | 0 | 3 | 61 | 43 | 19 | 50 | 28 | 0 |
| 黑龙江 | 1155 | 330 | 825 | 1155 | 23 | 549 | 206 | 77 | 217 | 83 | 73 |
| 上海 | 5389 | 2088 | 3301 | 39 | 679 | 1921 | 1066 | 599 | 592 | 493 | 2585 |
| 江苏 | 4379 | 1957 | 2422 | 14 | 298 | 2279 | 579 | 344 | 531 | 334 | 794 |
| 浙江 | 3705 | 1837 | 1868 | 11 | 216 | 2396 | 333 | 168 | 325 | 256 | 1171 |
| 安徽 | 1561 | 841 | 720 | 1 | 59 | 859 | 142 | 179 | 208 | 113 | 299 |
| 福建 | 1796 | 784 | 1012 | 8 | 103 | 846 | 217 | 164 | 248 | 210 | 492 |
| 江西 | 1175 | 573 | 602 | 1 | 46 | 723 | 97 | 149 | 106 | 53 | 93 |
| 山东 | 4752 | 2766 | 1986 | 17 | 289 | 2864 | 672 | 362 | 380 | 217 | 697 |
| 河南 | 3693 | 1996 | 1697 | 11 | 186 | 2426 | 390 | 328 | 256 | 96 | 662 |

续表

| | | | | | | | | | | | |
|---|---|---|---|---|---|---|---|---|---|---|---|
| 湖北 | 1718 | 940 | 778 | 12 | 178 | 823 | 242 | 203 | 209 | 51 | 687 |
| 湖南 | 2393 | 1459 | 934 | 24 | 219 | 1312 | 251 | 245 | 159 | 65 | 592 |
| 广东 | 10687 | 3396 | 7291 | 31 | 787 | 4889 | 2143 | 847 | 1768 | 1254 | 3060 |
| 广西 | 1470 | 695 | 775 | 3 | 60 | 759 | 270 | 124 | 166 | 88 | 186 |
| 海南 | 329 | 142 | 187 | 0 | 17 | 165 | 45 | 29 | 46 | 27 | 87 |
| 四川 | 3507 | 1365 | 2142 | 38 | 199 | 1529 | 628 | 554 | 318 | 237 | 1150 |
| 重庆 | 2139 | 714 | 1425 | 36 | 547 | 597 | 378 | 363 | 182 | 36 | 958 |
| 西藏 | 45 | 45 | 0 | 0 | 1 | 37 | 5 | 2 | 0 | 0 | 0 |
| 陕西 | 1811 | 929 | 882 | 3 | 185 | 1066 | 162 | 163 | 142 | 90 | |
| 甘肃 | 880 | 376 | 504 | 2 | 34 | 514 | 98 | 127 | 80 | 25 | 215 |
| 青海 | 164 | 65 | 99 | | 1 | 79 | 27 | 25 | 20 | 12 | 9 |
| 云南 | 1323 | 562 | 761 | 3 | 83 | 751 | 118 | 139 | 131 | 135 | 949 |
| 贵州 | 900 | 409 | 491 | 5 | 64 | 526 | 121 | 64 | 104 | 83 | 117 |
| 宁夏 | 342 | 161 | 181 | 1 | 17 | 214 | 30 | 28 | 12 | 8 | 32 |
| 新疆 | 927 | 438 | 489 | 3 | 38 | 516 | 113 | 94 | 122 | 41 | 117 |
| 兵团 | 72 | 30 | 42 | 1 | 2 | 24 | 14 | 14 | 14 | 3 | 7 |
| 合计 | 73208 | 31229 | 41979 | 1603 | 6485 | 36395 | 10980 | 7008 | 8141 | 4660 | 20942 |

## 律师业务统计表(一)

2010 年

计量单位:家、件

| 分类 | 合计 | 法律顾问 | | | | | | 刑事诉讼辩护及代理 | | | | | | | | | | 民事诉讼代理 | | | | | | | | | 行政诉讼代理 | | |
|---|---|---|---|---|---|---|---|---|---|---|---|---|---|---|---|---|---|---|---|---|---|---|---|---|---|---|---|---|---|
| | | 其中 | | | | | | 合计 | 其中 | | | | | | | | | 合计 | 其中 | | | | | | | | 合计 | 其中 | |
| | | 政府法律顾问 | 企业法律顾问 | 事业单位法律顾问 | 社会团体法律顾问 | 公民个人法律顾问 | 其他 | | 公诉案件辩护 | 自诉案件辩护 | 提供咨询代为申诉、控告 | 申请取保候审 | 死刑案件辩护 | 被告人委托辩护 | 法律援助辩护 | 公诉案件附带民事诉讼代理 | 自诉案件代理 | | 合同纠纷案件 | 侵权纠纷案件 | 婚姻家庭纠纷案件 | 继承权纠纷案件 | 劳动争议案件 | 其他 | 涉及农民工案件 | 知识产权案件 | | 代理原告 | 代理被告 |
| | | 家 | 家 | 家 | 家 | 家 | 家 | | 件 | 件 | 件 | 件 | 件 | 件 | 件 | 件 | 件 | 件 | 件 | 件 | 件 | 件 | 件 | 件 | 件 | 件 | 件 | 件 | 件 |
| 甲 | 1 | 2 | 3 | 4 | 5 | 6 | 7 | | 8 | 9 | 10 | 11 | 12 | 13 | 14 | 15 | 16 | 18 | 19 | 20 | 21 | 22 | 23 | 24 | 25 | 26 | 27 | 28 | |
| 北京 | 17529 | 634 | 14190 | 1143 | 390 | 564 | 608 | 15334 | 3091 | 479 | 4349 | 451 | 71 | 3558 | 2679 | 482 | 174 | 71651 | 27382 | 8577 | 5450 | 2882 | 6049 | 18684 | 665 | 1962 | 2167 | 1584 | 583 |
| 天津 | 4555 | 299 | 3475 | 295 | 49 | 99 | 338 | 4110 | 2402 | 436 | 25 | 75 | 19 | 579 | 86 | 354 | 134 | 21137 | 7397 | 2668 | 2686 | 534 | 2088 | 5160 | 571 | 33 | 651 | 141 | 510 |
| 河北 | 9527 | 1167 | 5787 | 1302 | 510 | 459 | 302 | 24706 | 6075 | 1253 | 6233 | 684 | 614 | 4485 | 2472 | 1835 | 1055 | 52232 | 15456 | 11178 | 10571 | 3241 | 5213 | 5489 | 939 | 145 | 2584 | 1310 | 1274 |
| 山西 | 4745 | 247 | 2579 | 527 | 203 | 497 | 692 | 11008 | 2967 | 809 | 1172 | 198 | 839 | 1929 | 2741 | 221 | 132 | 10256 | 4339 | 1313 | 929 | 411 | 929 | 1079 | 1104 | 152 | 885 | 417 | 468 |
| 内蒙 | 2901 | 336 | 1801 | 340 | 73 | 146 | 205 | 5244 | 1294 | 552 | 220 | 196 | 82 | 1687 | 614 | 388 | 211 | 25979 | 7645 | 5011 | 4385 | 850 | 1671 | 5606 | 439 | 372 | 1050 | 615 | 435 |
| 辽宁 | 8243 | 639 | 5798 | 976 | 275 | 291 | 264 | 19336 | 5455 | 626 | 3927 | 616 | 326 | 5079 | 1442 | 1516 | 349 | 44421 | 16352 | 8968 | 5975 | 3020 | 4682 | 3977 | 833 | 614 | 1535 | 782 | 753 |
| 吉林 | 2968 | 333 | 1686 | 501 | 71 | 54 | 323 | 5046 | 2929 | 140 | 189 | 40 | 10 | 1164 | 132 | 166 | 276 | 17832 | 6262 | 2427 | 1017 | 214 | 769 | 6569 | 548 | 26 | 347 | 217 | 130 |
| 黑龙江 | 7324 | 414 | 3449 | 898 | 261 | 1072 | 1230 | 16344 | 4390 | 1050 | 4264 | 895 | 339 | 1743 | 1836 | 1215 | 612 | 29866 | 12201 | 5216 | 3589 | 2259 | 1941 | 2884 | 1678 | 98 | 1065 | 541 | 524 |
| 上海 | 34280 | 540 | 30023 | 1323 | 804 | 648 | 942 | 14927 | 4295 | 531 | 1545 | 679 | 81 | 5496 | 1660 | 435 | 205 | 76891 | 35476 | 9384 | 8851 | 2516 | 6424 | 13174 | 311 | 755 | 1116 | 700 | 416 |
| 江苏 | 57670 | 2131 | 48509 | 3205 | 955 | 1201 | 1669 | 28472 | 9398 | 1562 | 2112 | 908 | 484 | 7681 | 3956 | 1389 | 982 | 188263 | 68478 | 29674 | 22991 | 6228 | 19237 | 33543 | 4883 | 3229 | 2703 | 1397 | 1306 |
| 浙江 | 33076 | 1389 | 26783 | 1850 | 674 | 596 | 1784 | 47101 | 21595 | 1090 | 3166 | 647 | 163 | 14401 | 4127 | 1651 | 261 | 155214 | 73610 | 22750 | 17589 | 2090 | 7753 | 28922 | 578 | 1922 | 4646 | 2432 | 2214 |
| 安徽 | 11265 | 1081 | 7658 | 1154 | 280 | 393 | 699 | 22984 | 8601 | 738 | 1509 | 832 | 204 | 6405 | 2119 | 1781 | 795 | 70780 | 20684 | 20451 | 10884 | 2561 | 4688 | 9954 | 1317 | 241 | 1448 | 798 | 650 |
| 福建 | 12876 | 842 | 9196 | 951 | 324 | 377 | 1186 | 25170 | 7797 | 661 | 2104 | 742 | 231 | 9591 | 1490 | 2125 | 429 | 81136 | 31597 | 13313 | 9084 | 1793 | 5492 | 17486 | 1819 | 552 | 2280 | 1355 | 925 |

续表

| | | | | | | | | | | | | | | | | | | | | | | | | | | | | | |
|---|---|---|---|---|---|---|---|---|---|---|---|---|---|---|---|---|---|---|---|---|---|---|---|---|---|---|---|---|---|
| 江西 | 7536 | 588 | 4639 | 786 | 402 | 199 | 922 | 14125 | 4468 | 1002 | 2033 | 413 | 207 | 2931 | 1543 | 1046 | 482 | 26618 | 10103 | 4212 | 5235 | 1501 | 860 | 3325 | 1123 | 259 | 1574 | 906 | 668 |
| 山东 | 25357 | 1689 | 17262 | 2292 | 816 | 957 | 2341 | 37763 | 12710 | 2169 | 4330 | 1310 | 437 | 10145 | 2813 | 2253 | 1596 | 123348 | 44730 | 20373 | 15758 | 3688 | 9755 | 26131 | 1970 | 943 | 3475 | 1928 | 1547 |
| 河南 | 16394 | 1351 | 9914 | 2033 | 1086 | 1171 | 839 | 43840 | 11657 | 1952 | 7599 | 1052 | 662 | 11434 | 2981 | 5403 | 1090 | 70857 | 23502 | 13065 | 14830 | 4232 | 5368 | 7985 | 1565 | 310 | 4234 | 2355 | 1879 |
| 湖北 | 12161 | 696 | 7096 | 1797 | 536 | 650 | 1386 | 17744 | 3617 | 688 | 1490 | 806 | 277 | 3958 | 1762 | 899 | 4247 | 46183 | 15739 | 6732 | 6781 | 1964 | 3608 | 10579 | 436 | 344 | 1322 | 682 | 640 |
| 湖南 | 9310 | 636 | 5819 | 1348 | 435 | 556 | 516 | 23360 | 4666 | 1812 | 3343 | 1201 | 650 | 4444 | 1889 | 1548 | 3807 | 42372 | 13977 | 7114 | 8108 | 1380 | 4243 | 5542 | 1499 | 509 | 2032 | 1304 | 728 |
| 广东 | 36484 | 1739 | 27948 | 2343 | 650 | 913 | 2891 | 38116 | 11452 | 1316 | 2567 | 9[illegible]1 | 488 | 14266 | 5511 | 1044 | 541 | 150817 | 62364 | 14907 | 11147 | 1806 | 22432 | 31571 | 3814 | 2776 | 4531 | 2376 | 2155 |
| 广西 | 3792 | 183 | 2832 | 465 | 80 | 108 | 124 | 9035 | 2925 | 333 | 267 | 206 | 133 | 2936 | 1811 | 337 | 87 | 22364 | 9176 | 4048 | 2680 | 505 | 2274 | 3513 | 137 | 31 | 1983 | 691 | 1292 |
| 海南 | 1308 | 100 | 1039 | 48 | 8 | 83 | 30 | 1697 | 578 | 76 | 87 | 19 | 62 | 396 | 340 | 36 | 103 | 7232 | 3227 | 1061 | 420 | 206 | 640 | 1475 | 123 | 80 | 556 | 338 | 218 |
| 四川 | 15530 | 1296 | 10016 | 1934 | 698 | 1036 | 550 | 33845 | 5952 | 3125 | 6708 | 1972 | 657 | 5526 | 3193 | 1325 | 5387 | 52898 | 15275 | 6844 | 9715 | 2626 | 6685 | 8627 | 2090 | 1036 | 1548 | 810 | 738 |
| 重庆 | 8665 | 597 | 6575 | 944 | 107 | 219 | 223 | 11579 | 4011 | 392 | 557 | 344 | 185 | 4013 | 1644 | 281 | 152 | 38770 | 15344 | 5572 | 4672 | 813 | 4604 | 6511 | 1057 | 197 | 2231 | 644 | 1587 |
| 西藏 | 76 | 66 | 10 | 0 | 0 | 0 | 0 | 152 | 82 | 13 | 39 | 13 | 0 | 0 | 0 | 0 | 0 | 604 | 214 | 59 | 113 | 12 | 97 | 109 | 0 | 0 | 34 | 15 | 19 |
| 陕西 | 5147 | 296 | 3535 | 638 | 160 | 249 | 269 | 15947 | 4241 | 823 | 3693 | 308 | 485 | 2890 | 1598 | 1166 | 743 | 30806 | 8808 | 6610 | 7397 | 1398 | 2772 | 3088 | 569 | 164 | 894 | 467 | 427 |
| 甘肃 | 1471 | 309 | 807 | 72 | 45 | 31 | 207 | 4501 | 1141 | 300 | 295 | 85 | 85 | 1062 | 558 | 739 | 235 | 15545 | 5829 | 2755 | 2506 | 625 | 981 | 2175 | 522 | 152 | 779 | 405 | 374 |
| 青海 | 665 | 118 | 410 | 56 | 5 | 15 | 61 | 1626 | 453 | 65 | 29 | 40 | 21 | 606 | 219 | 150 | 43 | 4141 | 1522 | 644 | 453 | 127 | 383 | 786 | 123 | 103 | 127 | 74 | 53 |
| 云南 | 5124 | 387 | 3098 | 431 | 336 | 296 | 576 | 18742 | 2915 | 513 | 1998 | 732 | 603 | 7136 | 3521 | 708 | 616 | 22583 | 8162 | 4169 | 5689 | 1324 | 1786 | 1098 | 269 | 86 | 1237 | 698 | 539 |
| 贵州 | 7392 | 271 | 6459 | 363 | 21 | 46 | 232 | 6532 | 1940 | 278 | 399 | 75 | 67 | 2298 | 985 | 299 | 190 | 13437 | 5300 | 2777 | 1533 | 440 | 1041 | 2131 | 146 | 69 | 572 | 343 | 229 |
| 宁夏 | 1335 | 77 | 1024 | 92 | 18 | 53 | 71 | 2949 | 959 | 281 | 232 | 32 | 48 | 743 | 233 | 238 | 183 | 12904 | 6452 | 1907 | 1490 | 208 | 1137 | 1369 | 321 | 20 | 261 | 124 | 137 |
| 新疆 | 3872 | 309 | 2758 | 481 | 96 | 148 | 80 | 8663 | 2288 | 504 | 1167 | 234 | 113 | 2185 | 1490 | 357 | 325 | 39314 | 16957 | 5988 | 3919 | 1081 | 3246 | 7172 | 668 | 283 | 1032 | 733 | 299 |
| 兵团 | 551 | 16 | 396 | 79 | 10 | 34 | 16 | 802 | 157 | 18 | 377 | 22 | 14 | 109 | 59 | 24 | 22 | 2592 | 919 | 415 | 287 | 90 | 154 | 573 | 152 | 2 | 112 | 46 | 66 |
| 合计 | 369129 | 20776 | 272571 | 30667 | 10378 | 13161 | 21576 | 530800 | 156501 | 25587 | 68025 | 16775 | 8657 | 140876 | 57504 | 31411 | 25464 | 1569043 | 594479 | 250182 | 206734 | 52625 | 139002 | 276287 | 32269 | 17465 | 51011 | 27228 | 23783 |

| 分类 | 合计 | 法律顾问 | | | | | | 合计 | 刑事诉讼辩护及代理 | | | | | | | | | 合计 | 民事诉讼代理 | | | | | | | | 合计 | 行政诉讼代理 | |
|---|---|---|---|---|---|---|---|---|---|---|---|---|---|---|---|---|---|---|---|---|---|---|---|---|---|---|---|---|---|
| | | 其中 | | | | | | | 其中 | | | | | | | | | | 其中 | | | | | | | | | 其中 | |
| | | 政府法律顾问 | 企业法律顾问 | 事业单位法律顾问 | 社会团体法律顾问 | 公民个人法律顾问 | 其他 | | 公诉案件辩护 | 自诉案件辩护 | 提供咨询代为申诉、控告 | 申请取保候审 | 死刑案件辩护 | 被告人委托辩护 | 法律援助辩护 | 公诉案件附带民事诉讼代理 | 自诉案件代理 | | 合同纠纷案件 | 侵权纠纷案件 | 婚姻家庭纠纷案件 | 继承权纠纷案件 | 劳动争议案件 | 其他 | 涉及农民工案件 | 知识产权案件 | | 代理原告 | 代理被告 |
| 收费（万元） | | | | | | | | | | | | | | | | | | | | | | | | | | | | | |
| 北京 | 191466.48 | 8138.92 | 168950.48 | 6725.71 | 1548.63 | 1909.39 | 4193.35 | 24684.29 | 6189.17 | 1752.3 | 1094.51 | 492.93 | 126.68 | 10472.74 | 2679 | 1149.8 | 727.16 | 275489.5 | 181323.81 | 26450.6 | 7548.86 | 4660.21 | 5779.07 | 32794.02 | 300.89 | 16632.04 | 12645.79 | 10641.22 | 2004.57 |
| 天津 | 20270.98 | 656.89 | 16237.28 | 563.32 | 65.52 | 110.4 | 2637.57 | 4749.04 | 3283.33 | 455.8 | 147.46 | 54.73 | 21.1 | 500.74 | 0.2 | 149.13 | 136.55 | 47589.07 | 29565.39 | 2867.75 | 1178.17 | 518.96 | 1806.76 | 11606.59 | 1.7 | 43.75 | 478.18 | 196.68 | 281.5 |
| 河北 | 10299.61 | 1412.58 | 6825.18 | 1192.41 | 358.53 | 265.38 | 245.53 | 5071.74 | 1465.89 | 478.28 | 295.74 | 183.27 | 236 | 1624.93 | 4.36 | 465.8 | 317.47 | 17770.73 | 7849.91 | 2761.54 | 1747.64 | 1041.33 | 1348.85 | 2689.57 | 176.15 | 155.74 | 1315.62 | 1091.77 | 223.85 |
| 山西 | 7113 | 152 | 4917 | 807 | 179 | 151 | 907 | 3977 | 1332 | 154 | 603 | 72 | 411 | 1263 | 0 | 91 | 51 | 2794 | 641 | 501 | 302 | 150 | 312 | 643 | 72 | 173 | 440 | 193 | 247 |
| 内蒙 | 9426.21 | 2270.05 | 6607.5 | 321.86 | 75.2 | 63.9 | 87.7 | 989.36 | 276.25 | 144.05 | 38.35 | 28.33 | 46.1 | 308.11 | 12.5 | 100.4 | 35.27 | 4015.32 | 1445.4 | 862.18 | 472.03 | 159.59 | 298.14 | 681.03 | 46.45 | 50.5 | 341.1 | 184.76 | 156.34 |
| 辽宁 | 17328.1 | 2423.8 | 11718.6 | 2072.3 | 454.4 | 476.4 | 182.6 | 6354.6 | 2087 | 282 | 454.4 | 205.2 | 233.8 | 2124.7 | | 775 | 192.5 | 22466.7 | 12302.3 | 3526.4 | 1756.7 | 991.5 | 1472.2 | 2074.2 | 61.7 | 281.7 | 394.5 | 225.1 | 169.4 |
| 吉林 | 3721 | 716 | 2110 | 386 | 37 | 13 | 459 | 1475 | 933 | 31 | 51 | 10 | 4 | 341 | 3 | 31 | 71 | 8985 | 4680 | 790 | 167 | 40 | 135 | 3106 | 52 | 15 | 788 | 769 | 19 |
| 黑龙江 | 2781.37 | 233.25 | 1971.45 | 328.5 | 69.66 | 78.86 | 99.65 | 3001.71 | 1295.35 | 148.8 | 115.22 | 87.31 | 161.2 | 662.6 | 35.8 | 421.43 | 74 | 4838.24 | 1973.45 | 1524.08 | 329.67 | 232.77 | 232.45 | 457.87 | 48.25 | 39.7 | 150.89 | 72.73 | 78.16 |
| 上海 | 89185.51 | 3824.2 | 76898 | 2814 | 1137 | 897.51 | 3614.8 | 15457.96 | 3962 | 810.38 | 1254.9 | 434.3 | 100.3 | 7625 | 195 | 828.08 | 248 | 162056.7 | 99912 | 12485 | 13252 | 3443.5 | 5503.7 | 24097 | 114.5 | 3249 | 1566.55 | 1099 | 467.55 |
| 江苏 | 70701.3 | 3726.6 | 58432 | 4756.2 | 921 | 813 | 2052.5 | 18821.8 | 8459.6 | 1195.6 | 820.2 | 356.4 | 549.9 | 6127.1 | 277.8 | 769.1 | 266.1 | 138686.7 | 75639.3 | 16616.9 | 10147.2 | 3613.7 | 7352.8 | 20245 | 1666.8 | 3405 | 1102.5 | 588.8 | 513.7 |
| 浙江 | 60393.25 | 1813.52 | 53391.35 | 2335.84 | 592.57 | 937.87 | 1322.1 | 29782.78 | 17365.86 | 684.46 | 660.02 | 316.94 | 176.85 | 9791.09 | 0 | 559.88 | 227.68 | 132697.16 | 78469.89 | 15091.58 | 9091.72 | 1616.09 | 3660.39 | 23165.16 | 139.33 | 1463 | 2447.14 | 1528.21 | 918.93 |
| 安徽 | 13449.12 | 878.59 | 10271.904 | 1048.06 | 225.32 | 264 | 761.25 | 7034.4 | 3263.91 | 254.08 | 233.66 | 158.71 | 160.02 | 2048.91 | 30.15 | 597.66 | 287.3 | 25206.73 | 10850.38 | 5876.06 | 2623.95 | 1072.18 | 1337.06 | 3240.08 | 78.58 | 128.44 | 480.29 | 285.07 | 195.22 |
| 福建 | 15794.55 | 772.5 | 12413.45 | 878.65 | 350.73 | 344.91 | 1034.31 | 11262.61 | 4287.03 | 386.95 | 599.41 | 269.82 | 134.03 | 4911.14 | | 551.61 | 122.62 | 47734.57 | 29323.53 | 5489.96 | 3255.48 | 1132.66 | 2084.42 | 5561.36 | 282.19 | 604.97 | 937.19 | 490.98 | 446.21 |
| 江西 | 5311.6 | 482.3 | 3826.5 | 410.1 | 156.8 | 53.6 | 382.3 | 1943.5 | 780.2 | 123.2 | 58.9 | 38.1 | 44.3 | 612.3 | 0 | 168.2 | 118.3 | 5221.3 | 3103.6 | 686.7 | 509.5 | 160.6 | 161.2 | 511.1 | 26.8 | 61.8 | 440.4 | 272.8 | 167.6 |

续表

| | | | | | | | | | | | | | | | | | | | | | | | | | | | | |
|---|---|---|---|---|---|---|---|---|---|---|---|---|---|---|---|---|---|---|---|---|---|---|---|---|---|---|---|---|
| 山东 | 31070.09 | 1651.76 | 23549.15 | 2133.42 | 727.56 | 734.1 | 2274.1 | 11653.94 | 4391.68 | 668.93 | 500.17 | 300.58 | 238.21 | 3986.24 | 27.95 | 797.42 | 742.76 | 69610.68 | 33813.29 | 8235.3 | 4382.43 | 1524.44 | 3033.6 | 17953.89 | 171.18 | 496.55 | 1188.53 | 711.22 | 477.31 |
| 河南 | 12819.36 | 797.5 | 9752.6 | 1150.51 | 356.84 | 340.41 | 421.5 | 6341.65 | 2124.6 | 410.36 | 301.24 | 188.82 | 235.05 | 2210.41 | 166.46 | 470.07 | 234.64 | 16498.27 | 8601.75 | 2708.71 | 1555.5 | 573.34 | 757.32 | 1992.82 | 162.05 | 146.78 | 915.31 | 487.93 | 427.38 |
| 湖北 | 13251.6 | 748.6 | 8169 | 1787 | 536 | 645 | 1366 | 13330 | 3222 | 677 | 1431 | 388 | 261 | 3954 | 1694 | 789 | 914 | 44299 | 16347 | 5991 | 6394 | 1825 | 3015 | 10054 | 335 | 338 | 1187 | 598 | 589 |
| 湖南 | 13596.13 | 917.65 | 9482.79 | 1812.1 | 280.98 | 577.45 | 525.16 | 7005.52 | 1787.04 | 621.78 | 310.92 | 220.37 | 246.63 | 3011.09 | 35.63 | 532.21 | 239.85 | 17804.42 | 8426.04 | 2216.07 | 2717.08 | 413.46 | 1181.55 | 2423.46 | 209.26 | 217.5 | 485.35 | 253.35 | 232 |
| 广东 | 258818.96 | 54824.17 | 70319.6 | 3354.43 | 123894.36 | 1634.71 | 4791.69 | 98692.47 | 66942.59 | 1182.57 | 1489.67 | 867.57 | 204.8 | 26151.8 | 537 | 716.8 | 599.67 | 257576.7 | 122131.35 | 16215.44 | 8445.56 | 2135.31 | 13807.28 | 89607.42 | 502.24 | 4732.1 | 3766.11 | 2384.29 | 1381.82 |
| 广西 | 6804.57 | 333.45 | 5577.06 | 574.39 | 127.95 | 92.32 | 99.4 | 2949.43 | 1011.51 | 80.99 | 67.52 | 65.7 | 49.18 | 1442.72 | 74.95 | 133.63 | 23.23 | 14359.5 | 9398.78 | 1399.73 | 618.08 | 156.46 | 578.37 | 2160.45 | 20.22 | 27.41 | 327.15 | 236.57 | 90.58 |
| 海南 | 6469 | 515 | 5574 | 96 | 4 | 207 | 73 | 2149 | 802 | 164 | 19 | 4 | 231 | 791 | 10 | 72 | 56 | 15639 | 6570 | 2499 | 295 | 137 | 322 | 5081 | 350 | 385 | 999 | 578 | 421 |
| 四川 | 14886.71 | 996.09 | 11605.16 | 1321.18 | 345.56 | 321.47 | 297.25 | 13787.51 | 6974.96 | 888.46 | 1663.8 | 212.11 | 428.4 | 1837.6 | 55.82 | 596.58 | 1129.78 | 21946.56 | 13170.68 | 2182.87 | 877.56 | 1173.2 | 2099.4 | 1521.75 | 191.1 | 730 | 353.44 | 248.99 | 104.45 |
| 重庆 | 19243 | 869 | 16071 | 1440 | 214 | 275 | 374 | 7794 | 3183 | 250 | 58 | 230 | 157 | 3656 | 6 | 168 | 86 | 36329 | 23562 | 2832 | 1616 | 415 | 1737 | 5738 | 134 | 295 | 716 | 227 | 489 |
| 西藏 | 51 | 32 | 19 | 0 | 0 | 0 | 0 | 72.3 | 39.3 | 5.4 | 0 | 0 | 0 | 0 | 0 | 18.2 | 9.4 | 250.7 | 130.1 | 10.2 | 18.37 | 4.8 | 26.13 | 61.1 | 0 | 0 | 11.8 | 5.1 | 6.7 |
| 陕西 | 7742.1 | 317.1 | 6260.6 | 617.6 | 112.3 | 164.2 | 270.3 | 3699.5 | 1537.5 | 267.4 | 123.1 | 75.4 | 199.5 | 1098.9 | 10.4 | 229.6 | 157.7 | 12069.6 | 6902.4 | 1813.7 | 1028.5 | 375.1 | 680.9 | 1094.8 | 60.8 | 113.4 | 261.5 | 178.4 | 83.1 |
| 甘肃 | 1717 | 109 | 1425.5 | 131 | 16 | 5.5 | 30 | 748.5 | 388 | 61 | 13 | 15 | 18 | 128 | 8.5 | 52 | 65 | 4236 | 2389.9 | 548 | 258 | 92 | 86 | 835 | 19 | 8.1 | 85 | 54 | 31 |
| 青海 | 705.27 | 61.14 | 504.48 | 105.56 | 3.37 | 15.88 | 14.84 | 222.58 | 64.25 | 20.75 | 8.02 | 2.65 | 7.1 | 87.01 | 3.28 | 15.04 | 14.48 | 808.72 | 482.73 | 158.92 | 60.91 | 20.95 | 20.02 | 55.82 | 5.27 | 4.1 | 29.7 | 21.05 | 8.65 |
| 云南 | 8633.7 | 986.5 | 4569.3 | 835.2 | 1358.2 | 68.9 | 815.6 | 4627 | 1156.8 | 347.5 | 214.1 | 130.1 | 181.2 | 2156.9 | 95.6 | 235.4 | 109.4 | 12620.4 | 3896.8 | 2468.5 | 2365.8 | 2035.6 | 389.2 | 1205.1 | 69.8 | 189.6 | 460.5 | 296.3 | 164.2 |
| 贵州 | 3691.61 | 196.87 | 2791.13 | 352.01 | 72.59 | 90.02 | 188.99 | 2348.51 | 745.36 | 134.22 | 108.46 | 11.2 | 18.15 | 1142.51 | 30.06 | 116.74 | 41.81 | 8295.16 | 5276.12 | 965.61 | 432.16 | 129.95 | 328.55 | 1122.3 | 33.47 | 7 | 257.35 | 224.37 | 32.98 |
| 宁夏 | 1728.25 | 83 | 1439.35 | 81.8 | 35.4 | 42.6 | 46.1 | 923.69 | 370.1 | 174.9 | 5.92 | 4.51 | 23.7 | 226.5 | 4.19 | 79.9 | 33.97 | 4180.62 | 2443.4 | 829.7 | 290.1 | 54.5 | 193.5 | 339.1 | 17.6 | 12.72 | 91.1 | 44.5 | 46.6 |
| 新疆 | 13016.97 | 1028.39 | 4144.75 | 4530.02 | 3092.8 | 127.21 | 93.8 | 5851.13 | 4610.29 | 239.59 | 59.55 | 35.36 | 26.46 | 667.84 | 3.3 | 107.01 | 101.73 | 16865.88 | 6188.85 | 1539.29 | 5754.93 | 237.77 | 593.01 | 2425.58 | 69.3 | 57.15 | 122.52 | 79.81 | 42.71 |
| 兵团 | 524.32 | 22.2 | 434.02 | 54.6 | 2.1 | 4.7 | 6.7 | 115.62 | 55.55 | 3.22 | 0.4 | 1.7 | 3.9 | 42.75 | 0.32 | 5.5 | 2.28 | 1114.99 | 726.83 | 100.19 | 30.76 | 16.8 | 25.5 | 205.65 | 7.56 | 1.7 | 2.72 | 1.02 | 1.7 |
| 合计 | 932011.72 | 91990.62 | 616259.184 | 45016.77 | 137351.37 | 11725.69 | 29668.09 | 316918.14 | 154387.12 | 13098.97 | 12800.64 | 5461.11 | 4934.56 | 101004.63 | 6001.27 | 11793.19 | 7436.65 | 1450056.92 | 807537.98 | 148243.98 | 89522.66 | 30153.77 | 60358.37 | 274749.22 | 5425.19 | 34065.75 | 34788.23 | 24269.02 | 10519.21 |

# 七、其　他

## 关于律师制度与律师队伍建设的调研报告

全国政协社会和法制委员会

（2010 年 10 月）

我国律师制度自 1979 年恢复重建以来，伴随着改革开放的进程不断健全完善，律师队伍不断发展壮大，律师执业活动的领域越来越广阔，律师制度所产生的影响越来越大，律师事业的发展取得了长足的进步，我国律师事务所已经发展到 1．69 万多家，律师队伍发展到 19．4 万多人。在建设社会主义法治国家宏伟目标的指引下，近年来，党和政府更加重视律师工作，律师在国家政治、经济、社会生活各个领域发挥作用，中国律师已经成为社会主义国家法治建设的一支重要力量。

但从整体上看，我国律师制度还有不完善的地方，律师队伍建设有待加强，律师执业的外部环境也亟需改善。全国政协社会和法制委员会一直关注律师制度与律师队伍建设这一问题，今年组织了专题组，在张福森主任的带领下，与最高人民法院、最高人民检察院、公安部、司法部和中华全国律师协会的有关负责同志进行了座谈，并赴湖北、新疆两省（区、）进行了调研。现将有关情况报告如下：

### 一、存在的问题及原因分析

（一）律师队伍素质与作为维护司法公正和社会公平正义的法律工作者的要求相比还有一定差距

律师肩负着维护宪法和法律尊严的神圣使命，其执业活动的最终目标为维护司法公正、维护社会公平正义，作为中国特色社会主义法律工作者，应当具有较高的法律素养和良好的职业道德操守。但目前我国律师队伍的整体素质还存在一定差距。少数律师政治意识、大局意识、责任意识淡薄，片面追求经济利益，商业化倾向严重，甚至有极个别律师在政治上出现错误倾向，代理敏感案件或介入群体性事件和社会热点问题时，发表不当言论或行为失范，对社会稳定造成负面影响；律师队伍的专业化水平、知识结构、业务能力有待进一步改善，服务领域和层次、服务能力和水平还有待进一步拓展和提升，参与和应对国际法律服务业务竞争的能力亟待加强；有的律师职业道德缺失，服务不讲诚信，向当事人乱收费、虚假承诺，更有少数律师在诉讼过程中想方设法与司法人员建立不正当关系，影响了司法公正。

（二）社会对律师制度的功能和作用以及律师作为中国特色社会主义法律工作者的职业性质未形成共识

我国律师制度是社会主义国家司法制度的重要组成部分，其目的是以制约、监督的方式维护法律的正确实施以及实现司法公正。律师是中国特色社会主义法律工作者，是法律职业共同体的一员，律师工作在为当事人服务的同时，也是在履行法律赋予的职责。从整体上看，律师队伍是落实依法治国基本方略、建设社会主义法治国家的重要力量。律师执业具有很强的政治性、法律性和社会性。但是目前律师的这一定位和职业特性尚未被社会所全面认知和正确理解。一些人不理解律师在刑事诉讼中根据事实和法律为被告人作无罪、罪轻辩护，在民事和行政诉讼中维护一方当事人利益的法律职能和重要作用，认为律师是包打官司、“为坏人说话”的，认为律师通过合法劳动取得报酬是在赚钱。律师为弱势群体服务或者办理法律援助等公益性案件能获得道德上的好评，而为涉黑人员、落马贪官等犯罪嫌疑人辩护却往往招来非议。在司法实践中，一些司法人员对律师存在偏见，认为律师参与诉讼会影响办案，造成律师在法庭上举证、质证、辩论、提问等权利有时得不到应有的重视，辩护、代理意见在裁判文书中有时得不到体现。再加之律师业自身发展中存在问题，极少数律师在一些重要或敏感的案件中制造了一些影响稳定与安定的事端，损害了社会公共利益和公众良知，引起了社会公众的反感，从而进一步增强了人们对律师业的负面印象，影响了人们对律师业的整体评价。

（三）律师执业环境与律师业发展不相适应

律师作为中国特色社会主义法律工作者，其职能的行使、作用的发挥，需要从制度、体制机制和政策待遇方面予以必要的保障，赋予律师与其履行职责使命相适应的地位，为律师发挥职能作用提供必要的空间和平台。但目前在这些方面还存在一定的不足，由于律师法和有关法律规定不够配套完善，对律师执业当中会见当事人、阅卷、取证、庭审辩护等权利的保护缺乏刚性规定，对律师执业监管的法律规定过于原则，对违法违纪行为处罚规定可操作性不强。很多律师的执业环境和条件比较窘迫，律师在诉讼活动中权利得不到有效保护。修订后的《律师法》规定，律师会见在押的犯罪嫌疑人、被告人，不需要经有关机关批准，并不被监听，但一些地方的侦查机关不按照法律规定的时间安排会见，限制会见的时间和次数，并且派人在场监听监视，使会见的本来目的难以达到，会见的意义大打折扣；法律规定了辩护律师从审查起诉阶段起有调查取证权，但在实践中往往因得不到有关单位和当事人的配合而无法进行调查取证，从而导致诉讼中控辩双方力量失衡；法律规定了律师有查阅案件卷宗的权利，但一些地方的司法机关对律师阅卷的时间、范围、程序设定了种种限制，公诉机关向法院提供的“证据目录”往往只有“目录”而无“证据”，“证人名单”只有“名单”而无“证人证言”，造成律师很难看到与案件有关的所有材料，很难通过阅卷活动全面知悉有利于其委托人的信息和证据，辩护能力受到很大的限制。由于难以通过合法手段完成当事人委托的法律事务，个别律师就通过不正当手段达到目的，在一定程度上造成了司法腐败问题的发生。

很大程度上导致有的律师采取种种不正当渠道疏通与司法机关、司法人员的关系，造成了司法腐败问题的发生。

（四）律师管理工作的现状与律师事业发展不相适应

改革开放以来，律师工作发展速度很快，管理工作遇到了许多新的问题，如管理的对象已经成为一支庞大的社会群体，由恢复律师制度初期的几百人发展到目前的十七万多人；管理任务从注重数量，转变到既要注重数量，更要提高质量；管理方式从直接的微观管理，更多地转变到间接的宏观管理。在管理对象、内容、方式都发生很大变化的情况下，管理工作却相对滞后。一是管理制度不够健全。由于律师业发展地区不平衡，律师事务所组织形式多样，全国统一的律师收费办法、税收办法、财务管理办法、责任赔偿办法、律师行业社会保障制度至今还没有制定或不够健全完善，很大程度上导致了律师执业责任的缺乏、收费行为的随意和财务管理的混乱，造成部分律师特别是新执业律师面临较大的生存压力。二是律师管理体制在操作层面上尚未理顺。目前对律师的管理，实行的是司法行政机关和律师协会相结合的管理体制，但在一些地方这种体制还没有完全建立起来，全国448个设区市中还有90个没有建立律师协会，已经建立的也绝大多数与司法行政机关律师管理部门合署办公，造成监管工作出现“盲区”。

## 二、思考和建议

（一）必须充分肯定和重视律师制度和律师队伍的职能和作用

我国的律师制度自1979年恢复重建以来，律师事业迅速发展、律师队伍不断壮大，广大律师在维护国家、集体利益和公民合法权益、保障法律正确实施、实现社会公平正义、促进社会和谐稳定等方面，发挥了积极作用，已经成为推进我国民主法治进程的一支重要力量。这已党中央、国务院的充分肯定。但是，当前对律师制度和律师队伍的积极作用还没有形成全社会的共识，应加大宣传力度，促进这一共识的尽快形成。各级党委政府在事关律师工作发展方向、宏观发展规划、队伍建设等重要问题上应给予更多的关心和重视，在律师功能作用发挥、业务领域拓展、执业权利保障等方面予以更多的支持和保障。

（二）进一步加强律师队伍建设

一是抓好思想政治建设，切实解决好律师依法履行职责和使命的问题。二是加强业务建设，健全完善律师培训工作体系，加强对新执业律师、律师事务所主任、合伙人和骨干律师的培训，加快培养高层次、高技能、复合型律师人才，进一步提高律师综合素质和服务能力。三是加强诚信建设，使广大律师诚信执业、依法执业、尽责执业，提高行业公信力。四是积极探索新形势下律师行业党建工作的方式、方法，发挥律师事务所党组织核心作用。五是壮大律师队伍，满足经济社会迅速发展和人民群众日益增长的需要。一方面要努力解决中西部经济落后地区律师短缺的问题，鼓励律师到中西部创业；另一方面在有条件的地方积极引导一些律师事务所向规模化、专业化发展，提高竞争力。六是司法行政机关及律师协会要加强与法院、检察院、纪检监察、公安等部门密切配合，共同研究制定相关规范，使律师和司法人员在诉讼活动中既互相配合，又互相监督、制约，维持正常的工作交往关系，同时，对出现的问题综合治理，对违法违纪行为共同查处，形成合力。七是建立和完善法律职业共同体之间的身份互换机制，畅通律师进入法官、检察官队伍的渠道，探索律师进入党政机关担任领导职务的途径，扩大律师担任党代会代表、人大代表、政协委员的比例，为律师提供良好的政治进步和职业发展空间。

（三）进一步改善律师执业环境

加强律师制度和队伍建设，需要为律师创造一个良好的执业环境，以充分发挥其在维护司法公正，促进国家民主法制建设中的作用，特别是改善律师在刑事诉讼中的执业环境，应当成为立法、司法、法律宣传部门关注和重视的重要问题。在大力宣传律师制度和律师工作的积极作用的同时，在司法系统内开展新《律师法》的培训和学习，树立后法优于前法、特别法优于普通法的观念，推进新《律师法》在我国的贯彻实施。在司法实践中，司法机关、司法人员应当充分尊重律师的法定诉讼权利，理解和支持律师正当执业活动，重视律师在诉讼中所提出的主张和意见，充分发挥律师的作用，共同维护法律的正确实施。在立法上，要依据新《律师法》的相关规定，做好配套法规、规章、制度和立、改、废工作，逐步完善律师制度规范体系；在今后《刑事诉讼法》、《律师法》的修改中，适度扩大律师的诉讼权利，进一步强化律师在庭审中的作用，适当提高律师在诉讼结构中的地位，消除有碍辩诉双方权利平衡的某些程序性规定，从根本上解决当前律师执业中存在的“会见难、阅卷难、调查取证难”问题。

（四）进一步加大经费保障与扶持力度

一是由国家立项建立律师教育培训基地，系统开展律师继续教育、执业前培训、律师专业定向培养工作，使律师的专业培养与继续教育系统化和规范化。把律师培训工作的经费纳入中央和地方各级财政预算，针对不同类型的培训予以保障和补贴。二是建立律师担任政府法律顾问、从事公益法律服务经费保障机制。

律师担任政府法律顾问、提供法律援助以及参与信访、调解、社区工作等公益性法律服务，实质上是在为政府提供法律服务或者代政府履行公共服务的职能。目前律师提供这方面的服务基本上是无偿的，只有一些象征性的补助，律师办理法律援助案件的补贴标准远远低于办案成本，建议给予必要的经费保障。三是对国家出资设立的律师事务所给予经费保障。修订后的《律师法》保留了国家出资设立的律师事务所，以满足经济欠发达地区人民群众法律服务的需求。目前，全国1500多家国资所主要分布在经济欠发达地区县级区域内，大部分律师所必须依靠财政支持才能生存，而且还有200多个县没有律师事务所。建议加大政府财政对国资所设立和有效运作的经费保障，在没有律师事务所的县，由国家出资至少设立一家律师事务所。四是对律师协会予以必要的经费支持，特别是支持经济欠发达地区律师协会的建立与运行。我国的律师协会不同于一般的协会、商会，是根据法律法规授权，履行特殊职能的行业协会，承担着越来越重要的管理工作，发挥越来越重要的作用。五是充分考虑律师社会主义法律工作者的定位和律师事务所不同于其他合伙企业、个体工商户，不以追求经济效益为目标的特殊性，尽快研究制定律师行业的会计核算办法，合理设置律师事务所会计科目，改革和完善律师税收政策，确定律师事务所和律师的合理税负和征收方式，形成符合律师行业特点，有利于律师业发展的财税机制。

## 2010年度中国律师行业最受关注的新闻事件

【编者按】我国律师业正处于一个前所未有的黄金发展时期，每年都会发生一些意义重大、影响深远的事件。《法制日报》社、中国法制网、《中国律师》杂志社、中国律师网对大量资讯进行全面梳理，在年终岁尾的时候共同评选出2010年度中国律师行业最受关注的新闻事件，以期把握我国法治进程脉络，洞悉律师行业走势。

### 1. 北京律协提高律师准入门槛

2010年1月18日起，人事档案不在北京所属人才机构指定地的人员将无法获得在北京申请做实习律师的资格。而早在1月1日北京市司法局颁布实施的《北京市司法局律师执业管理办法实施细则》中规定，持外地执业资格证的律师想转入北京，也需提供北京市所属人才机构出具的人事档案关系存放证明。

### 2. 习近平到德恒律师事务所调研深入学习实践科学发展观活动

2010年1月29日，中共中央政治局常委、中央书记处书记、国家副主席习近平来到德恒律师事务所，视察了党员之家和律师工作间，同该所员工和有关负责人亲切交流。习近平强调，改革开放以来广大律师积极介入经济社会生活各个领域，提供法律服务，化解社会矛盾，为维护社会公平正义、促进社会和谐稳定发挥了重要作用。律师行业要以开展学习实践活动为契机，进一步规范律师与司法人员的关系，引导广大律师端正执业理念，促进律师行风进一步好转，为建设社会主义法治国家做出新的贡献。

### 3. 司法部通报“李庄案”警示教育全国律师

2010年3月18日，司法部向各地司法行政机关就李庄违法违纪案件发出通报。通报指出，2月9日，重庆市第一中级人民法院以李庄犯辩护人伪造证据、妨害作证罪，依法判处其有期徒刑1年6个月。2月20日，北京市司法局依法吊销其律师执业证书。通报进一步指出，李庄案件危害很大，教训深刻。李庄的违法犯罪行为严重影响了司法机关的正常工作秩序，严重损害了律师队伍形象。3月1日，司法部召开全国律师队伍建设电视电话会议，决定从3月开始到年底，利用“李庄案”在全国律师队伍中开展警示教育。

**4. 司法部、全国律协分别颁布实施律师事务所、律师考核办法**

为了加强对律师事务所执业和管理活动的监督，规范律师事务所年度检查考核工作，司法部于2010年4月8日正式颁布实施《律师事务所年度检查考核办法》（以下简称《办法》）。《办法》共分6章33条。第一章总则，规定了立法目的和依据、适用原则、考核机关等内容，明确了律师事务所年度检查考核制度的基本定位。律师事务所年度检查考核，是司法行政机关定期对律师事务所上一年度的执业和管理情况检查考核，对其执业和管理状况作出评价，其目的在于通过定期检查考核，实现对律师事务所的执业和管理活动的监督、指导。从制度的基本定位上讲，年度检查考核既不同于年检制度，也有别于评先创优，在制度设计上有很多创新和发展。

为了贯彻落实新《律师法》第四十条第四款律师协会“对律师的执业活动进行考核”的规定以及配合实施司法部《律师事务所年度检查考核办法》，全国律协草拟了《律师执业活动年度考核办法（草案）》。经2010年4月25日召开的七届全国律协六次常务理事会会议审议通过，《律师执业活动年度考核规则》于2010年8月正式颁布（2011年1月1日正式实施）。《考核规则》的起草在考核内容和标准等方面体现了“从严”的原则，并通过严格的考核程序，以期使考核工作取得实效，从而促进律师素质的全面提升。

**5. 我国扩大值班律师试点为低收入人群提供法律援助**

2010年4月14日，司法部在河南省焦作市召开全国法律援助工作座谈会，全国31个省、自治区、直辖市的司法行政机关和法律援助机构有关负责同志就贯彻落实第五次全国法律援助工作会议精神进行总结交流，并提出由焦作市首创的值班律师制度在全国选择部分地区进行试点，以使更多的低收入人群获得及时、专业、低成本、高效率的法律援助服务。值班律师制度是指由政府买单，法律援助机构指派律师到公安、法院等部门值班，免费为当事人及时提供法律咨询，指导、代理或其他法律服务的司法救济制度。

**6. 7位律师入选2010年全国劳动模范和先进工作者**

2010年4月27日，全国劳动模范和先进工作者表彰大会在人民大会堂召开。北京致诚律师事务所主任佟丽华，辽宁国宸律师事务所主任周晓明，吉林泉成律师事务所律师赵春芳，吉林保民律师事务所律师修保，山东鸢都英合律师事务所主任高明芹，湖南秦希燕联合律师事务所主任秦希燕，甘肃中立源律师事务所主任陈玉萍7名律师入选2010年全国劳动模范和先进工作者。

**7. 北京统一律师收费刑案一审代理费最高3万元**

2010年5月14日，北京市发改委公布《北京市律师诉讼代理服务收费政府指导价标准（试行）》和《北京市律师服务收费管理实施办法（试行）》，对全市刑事、民事、行政诉讼案件的律师服务收费标准进行了统一规定。刑事案件的收费将按照各办案阶段分别计件确定收费标准，一审阶段，每件收费4000元至30000元。民事诉讼案件则将按照审判阶段确定收费标准，计件收费标准为每件收费3000元至10000元。行政诉讼案件和国家赔偿案件以每个审判阶段计件确定收费标准，计件收费标准为每件3000元至10000元，下浮不限。计时收费标准：100元至3000元/有效工作小时，下浮不限。新标准和实施办法均从5月30日起试行。

**8. 律师志愿者服务上海世博会**

由来自上海市卢湾区的200多位律师志愿者组成的上海世博会城市志愿者服务站，在世博会期间，无偿为国内外宾客提供信息咨询、语言翻译、应急救援等志愿服务，充分展示了中国律师的精神风貌与文明素养。为了对在推进迎世博600天行动各项工作中做出突出贡献的单位和个人进行表彰，上海市精神文明建设委员会、上海市迎世博600天行动社会动员指挥部等部门联合发布的“关于表彰第五批‘迎世博贡献奖’的决定”，德恒上海所王军旗、鼎立所王顺吉和中茂所刘培灼3名律师获得“志愿服务贡献奖”。这也是继上海市律师协会作为单位获奖之后，首批律师个人获此奖项。

**9. 全国律师行业党组织开展创先争优活动**

2010年5月27日，司法部在北京召开电视电话会议，动员部署全国律师行业党的基层组织和党员开展创先争优活动。司法部党组书记、部长吴爱英要求，要不断提高律师工作服务科学发展的能力水平，推动律师事业又好又快发展。吴爱英指出，各级司法行政机关党委（党组）要充分认识在全国律师行业党的基层组织和律师党员中深入开展创先争优活动的重要意义，按照中央要求，切实履行指导责任，结合律师工作实际和特点，以更高的标准、更严的要求、更有效地开展好创先争优活动，在律师行业形成学习先进、争当先进的良好氛围，激励和引领广大律师党员带头自觉践行社会主义法律工作者的职责使命。

**10. 司法部表彰“1+1”中国法律援助志愿者行动优秀律师**

2010年7月20日，司法部副部长赵大程在“1+1”中国法律援助志愿者行动2009年总结表彰暨2010年工作会议上要求，全面做好法律援助工作，充分发挥职能作用，努力服务西部经济社会发展，维护社会和谐稳定。从2009年7月开始，司法部、共青团中央共同发起“1+1”中国法律援助志愿者行动，向无律师县或律师资源短缺的西部贫困县派遣1名律师，以消除律师服务空白点。截至2010年4月底，全国无律师县从2009年底的206个扩大到210个。会上，对39名优秀律师、优秀大学生志愿者和33个先进单位进行了表彰。

**11. 浙江嘉兴市允许律师竞争副处开全国先河**

2010年7月底，浙江省嘉兴市在全市范围内启动竞争性选拔干部工作。与往年不同，这次选拔打破了职业类别界限，允许新经济组织和新社会组织人员报名参与竞争。作为新经济社会组织人员，有15名符合条件的嘉兴律师报名参与竞争，这是嘉兴市首次在律师事务所等新经济组织中竞争性选拔副处级预备干部，此举在浙江省乃至在全国也是首开先河。这种做法使得律师的政治地位有了很大提高，对年轻律师来说，更展示了一种非常好的发展前景。

**12. 全国律协发布新《申请律师执业人员实习管理规则》**

为贯彻实施新修订的《律师法》，七届全国律协第五次常务理事会审议通过了修订后的《申请律师执业人员实习管理规则》，自2010年8月1日起施行。《申请律师执业人员实习管理规则》是切实做好申请律师执业人员实习组织管理工作，落实中央司法体制改革精神、改革和完善律师制度的一项重要内容，是加强律师队伍建设、强化律师协会行业自律的一件大事，是律师协会深入学习实践科学发展观、依法履行职责的重要举措。

**13. 中共中央办公厅、国务院办公厅转发《司法部关于进一步加强和改进律师工作的意见》**

2010年9月，中共中央办公厅、国务院办公厅转发了《司法部关于进一步加强和改进律师工作的意见》（以下简称《意见》）。《意见》的出台，对于坚持和完善中国特色社会主义律师制度、促进律师工作更好地服务党和国家工作大局，将起到十分重要的作用。《意见》对加强律师队伍教育管理主要提出了5个方面的措施，同时从4个方面对进一步健全完善律师工作体制机制作出了具体规定，并强调从5个方面加大律师行业发展的政策扶持和保障力度，从3个方面大力加强律师行业党的建设。

**14. 北京检察机关首次试行辩护律师旁听审讯犯罪嫌疑人**

2010年10月12日，《辩护律师旁听讯问的实施办法（试行）》（以下简称《办法》）开始在北京市检察院第二分院试行，这一举措在北京市检察机关中尚属首次。《办法》规定，辩护律师旁听讯问现在暂时试行于犯罪嫌疑人未被羁押案件，同时旁听律师限于在审查起诉阶段受犯罪嫌疑人聘请，为其辩护的执业律师。《办法》指出，在启动程序上，犯罪嫌疑人、辩护律师、公诉部门均有权提出。公诉部门在通知被羁押犯罪嫌疑人接受讯问时，应告知其有权请求辩护律师旁听，犯罪嫌疑人也有权拒绝辩护律师旁听。律师旁听讯问时可以记录，可向犯罪嫌疑人解释有关法律规定，对讯问人提出的与案件无关的问题可提出异议，发现违反法律规定及侵犯犯罪嫌疑人合法权益的情况，可提出意见或代为提出控告。讯问完毕后，经讯问人允许，辩护律师可补充发问，核对讯问笔录，针对遗漏或差错提出补充或改正建议，并签字。

**15. 上海律协率先设立行业年金保险**

2010年11月13日，《上海律师行业年金保险（补充养老保险）方案（审议稿）》经上海市第八届律师代表大会第二次临时会议无记名投票表决通过，表明上海律师将在全国率先设立行业年金保险（补充养老保险）。设立律师行业年金保险（补充养老保险）后，可在一定程度上解决律师行业从业人员退休后养老金水平较低的问题，通过行业互助的形式保障律师福利权益，使律师的老年时光更加舒适顺意。该方案分为三部分，一是律师行业年金增值收益计划；二是会员个人补充养老保险计划，会员个人自愿选择是否参加；三是律师事务所人才激励保险计划，律师事务所自愿选择是否参加。

**16. 周永康出席全国律师工作会议并讲话**

2010年11月22日，中共中央政治局常委、中央政法委书记周永康在北京出席全国律师工作会议并讲话。周永康指出，要正确认识和把握律师是中国特色社会主义法律工作者的定位，坚持以科学发展观统领律师工作，坚持党对律师工作的领导，深入开展社会主义法治理念教育，确保律师工作的社会主义方向，并要求各地、各部门要健全律师执业准入机制，把好律师队伍“入口关”，要加大对律师依法履职的保障力度，维护律师执业权益，解决会见难、阅卷难、调查取证难等问题，防止发生侵害律师执业权利甚至人身权利的事件。周永康进一步强调，要认真学习、贯彻中共中央办公厅、国务院办公厅转发的《司法部关于进一步加强和改进律师工作的意见》，要加强律师队伍的思想政治建设、职业道德建设、业务素质建设，努力造就一支政治坚定、法律精通、维护正义、恪守诚信的律师队伍。

**17. 中组部、司法部召开全国律师行业党的建设工作会议**

2010年11月24日，中共中央组织部、司法部在北京联合召开了全国律师行业党的建设工作会议。会议旨在落实中共中央办公厅、国务院办公厅转发的《司法部关于进一步加强和改进律师工作的意见》精神，在党建工作取得显著成绩的基础上，对全面加强律师行业党建工作进行部署。律师行业党组织是基层党组织的重要组成部分，加强律师行业党建工作具有重要的意义。会议强调，要全面加强律师行业党的思想建设、组织建设、作风建设、制度建设和反腐倡廉建设，努力提高律师行业党的建设科学化水平，充分发挥律师行业党组织的政治核心作用和律师党员的先锋模范作用，为推进律师事业发展和加强律师队伍建设提供坚强政治保证。

**18. 北京律协发布社会责任报告**

2010年11月27日，北京市律师协会在第二届北京律师论坛上发布了历时半年调查做出的《北京律师社会责任报告》，这也是全国首份关于律师社会责任的报告。报告中表明，在各种服务社会的途径中，提供法律援助的形式最为普遍。近3年来，北京律师每年办理法律援助案件超万件。北京律师协会还成立了专门的公益法律咨询中心提供免费法律服务。此外，北京律师凭借自己的法律专业能力，参与化解社会矛盾，消解纠纷，自2010年1月至10月，共受理案件13000余件，成功调解8000余起。在保持行业收入稳步增长的同时，北京市律师协会每年从会费总额中提取1.5%专门用于公益捐赠，每年用于公益活动的费用近百万元。

**19. 公益律师成为我国首位艾滋病反歧视大使**

2010年12月1日，在国际劳工组织、联合国艾滋病规划署等举办的“关注艾滋病感染者就业保护”活动上，国内专职公益律师第一人——郭建梅，被授予我国首位艾滋病反歧视宣传大使称号。郭建梅是北京众泽妇女法律咨询服务中心主任，有着15年公益律师的丰富经验。至今，郭建梅所在的法律咨询服务中心已提供免费法律咨询7万多人次，代理案件近3000件。中心关注的主要问题包括职场性别歧视、男女退休年龄、男女同工同酬、性骚扰、家庭暴力等。

**20. 中国首家律师史料馆在上海卢湾区开馆**

2010年12月7日，国内首家律师史料陈列馆在上海卢湾区开馆，馆内首次展出了上海律师公会会员证书、徽章、律师袍等珍贵实物及史料。据悉，作为中国近代史上人数最多、影响最大的律师同业组织，上海律师公会成立于1912年12月8日。该公会曾涌现出了沈钧儒、章士钊、史良、沙千里、吴凯声等一批杰出的律师代表，他们据理力争收回上海公共租界，替“五卅惨案”被捕学生辩护，为抗日救国奔走疾呼……为近代中国民主法制发展和国家民族复兴贡献卓越。

## 2010年度中国律师界新闻人物

【编者按】当新年的钟声敲响，人们对于新一年的憧憬与祈盼再一次让我们兴奋不已。回首刚刚逝去的2010年，我们发现，竟有着如此多的新闻事件，其中的法律事件与法治新闻更是可圈可点。正是有了这些事件与新闻，我们的媒体才会在一年中如此地活跃，才会带给读者以更多的思考。也更是由于新闻的效应，其中的律师人物才会成为社会媒体关注的对象。《中国律师》杂志社、中国律师网首度推出以下律师，作为2010年度中国律师界新闻人物，希望通过这样一种形式记录一段曾经的岁月。

**1. 为李庄案辩护的陈有西**

陈有西，浙江京衡律师集团主任。作为李庄案的辩护律师之一，呼吁社会应正视律师会见难、阅卷难、调查取证难问题，民众也应理解刑辩律师的社会角色。“他们既不是天使也不是魔鬼”，仅仅是私权利的代言人。李庄案影响的不只是一个李庄，而是中国律师基本权利的一个缩影。如果刑事律师进一步畏惧刑事法庭，结果就是导致大量的刑事被告人得不到负责的、高质量的辩护，冤假错案必将更多产生。”2010年2月9日，重庆市第一中级人民法院以李庄犯辩护人伪造证据、妨害作证罪，依法判处其有期徒刑1年6个月。

有心栽花花不发，无心插柳柳成荫。做律师原不是我的初衷，能够成为新闻人物，则好像更属偶然。我用三句古诗描述今日中国律师业的境况和我的感悟。

第一句是“妆罢低头问夫婿，画眉深浅入时无?”因为有学者提出辩护战略，为实现当事人利益最大化，要考虑中国当前的法治环境，对无罪辩护要慎重，对量刑建议要慎提，有些可以无罪辩护的案件，也应当选择有罪从轻辩护。揣摩法官、检察官、警察、官方的心理：我这个“小媳妇”来了，我这样轻声软语地说话了，你们满意吗？第二句是“云横秦岭家何在？雪拥栏关马不前。”为什么要这样委曲求全？为什么只有这样才能实现当事人的利益最大化？第三句是“问渠哪得清如许？为有源头活水来。”解决问题，必须要靠全体法律人共同奋斗。溪流婉转的芳甸就在山的那边，律师“小媳妇”一定会登堂入室，挺直腰杆做个堂堂正正的家庭成员。

在机关十多年，我努力工作，从来没有成为优秀和先进。有几年我都让给同事了。离开机关，国家和社会反而给了我许多荣誉，省、市一级的荣誉少说也有20多次了，这次能够被最高人民法院的《人民法院报》重点报道，案件得评最高人民法院十大名案，又被《中国律师》评为新闻人物，杭州市评为突出贡献律师，《时代周报》评为时代人物，荣誉好似接踵而至，祸兮福兮，夫复何求？

“失之东隅，收之桑榆”，人生有时本无定数。众里寻他千百度，阑珊灯火却逢君，伊人在云端，非刻意求之，却又不期而至。应了一句老话：一分汗水一分收获，是活草总会发芽。做律师10年，如许心情，谢谢社会对我的恩赐。

2011年到来之际，愿我们团结起来，树立和维护律师行业群体的共同利益，坚定不移地推进依法行政和民主法制社会进程，维护社会公平正义；关注民生民权，创新提高为公众捍卫财产权益的能力和服务水平；克服制约律师行业发展的种种障碍，严以律己，为改善律师职业环境地位、促进司法公正、保障律师执业权益而努力奋斗！

现阶段，我们国家的经济社会发展不平衡，贫富差距矛盾十分突出，司法环境和律师职业存在很多不确定因素。一方面国家依法治国进程不断向前推进，立法水平和技术不断提高，行政和司法公开透明化程度不断提高，律师有机会和条件在立法和行政执法等过程中提出建议批评，律师在担当社会责任、维护社会公平正义方面有很大的空间；

另一方面，由于高房价、收入分配差距等矛盾冲突存在，在稳定社会秩序背景下，司法独立和公民诉求表达等方面受到一定限制，律师的职业权利和地位还受到多方面困扰，一些律师行为不够检点，司法不公和腐败现象对律师提出了更高的法律服务能力和素质要求。能否恪守正义底线、捍卫宪法和法律尊严是摆在每个律师面前的严峻课题。

人间正道是沧桑，律师作为职业法律人，要牢固树立公平正义旗帜，勇于担当社会责任，力所能及地有效开展公益法律服务或维权活动，做社会发展进步的积极推动者，法治社会的守护者。

**2. “反垄断专业户”董正伟**

董正伟，北京两高律师事务所律师，被称为“反垄断专业户”。2010年3月11日，董正伟组织柏平亮、陈东、梁会青对京津高铁、武广高铁等票价垄断和铁道部限制高铁发车班次数量进行“反垄断举报”，建议半价销售火车票（每公里0.25元），并将提起相关反垄断民事诉讼。4位律师建议，国家发改委和国家工商总局应就此开展反垄断执法，依据反垄断法作出相应处罚，以保障消费者权益，实现资源有效利用。近年来，董正伟律师打的反垄断维权官司有：“北京市政交通一卡通押金返还案”、“中国工商银行牡丹卡小额账户管理费撤销案”、“铁路退票费取消案”等。

**3. 上海世博会事务协调局的法律“军师”盛雷鸣**

盛雷鸣，上海市中茂律师事务所主任。盛雷鸣律师一直以来并不是媒体热追的对象，一方面因为他从事的是非诉法律事务；另一方面是因他一向比较低调。直到第41届上海世界博览会申办成功后，上海市政府聘请中茂律师事务所担任法律顾问，盛雷鸣的名字才无法再回避新闻的关注。7年来，盛雷鸣率领中茂律师事务所的律师团队提供的法律服务涉及土地储备、企事业单位和民房动拆迁、项目融资、工程建设、工程保险、知识产权、特许经营、参展援助、参展及招商、公司设立与改制、立法与政策制定等，几乎涵盖了世博会筹办工作的方方面面，并就世博会筹办过程中的疑难问题出具了50余份法律意见书，起草或修改合同等文件逾万份次，参加重要谈判和工作会议千余次，代理诉讼案件和承办专项服务数百起。

刚刚过去的2010年是令人难忘的一年，圆满召开的上海世博会让我们收获了无数震撼、感动和骄傲。因为服务世博会，我和中茂律师事务所也收获了许多。感恩每一次机遇和每一份荣誉，这些都将是我今后继续进步的源泉和动力。

在“依法治国”方针的引导下，全社会都会日益重视法律的作用，律师将会有更广阔的平台去展现自己的风采。相信凭借全体法律人和社会各界的共同努力，我们定能迎来一个更为灿烂美好的法治时代！

新的一年里，愿我们律师行业能够欣欣向荣！诚祝律师同行们新年快乐、阖家幸福、事业进步！

**4. 为文强涉黑案辩护的杨矿生**

2010年5月21日，文强案二审宣判，法院维持了一审判决，以受贿、包庇黑社会性质组织、巨额财产来源不明、强奸等罪判处文强死刑，没收个人全部财产。7月7日，文强被执行死刑。为该案辩护的刑辩律师是北京中同律师事务所主任杨矿生，当给文强做辩护律师的消息一传出，网上就有7万余条评论，批评、谩骂的帖子超过9成，很多人不能接受“为贪官辩护”的正当性。其实，律师只是独立的辩护人，而不是当事人的代言人，同时律师并非完全听命于委托人，只依据事实和法律辩护。杨矿生代理了近百起国家机关干部及国有公司高管人员涉嫌渎职、受贿、贪污、挪用公款案以及涉嫌经济犯罪案件，多起案件取得了无罪不起诉或从轻、减轻处理以及二审改判的结果。

回顾2010年，发生了许多令刑辩律师难忘的重大事件，在这一年里，刑辩律师有挫折、困惑与彷徨，更有思考与收获。

无论怎样，刑辩律师在维护当事人的合法权益，维护司法公正，促进社会公平正义，促进法治社会的进步等各方面都起到了不可或缺的重要作用，这一点是有目共睹的。

尽管刑辩的道路艰难而曲折，但是2011年对于刑辩律师来说，是一个充满希望的年景，中央30号文件再次明确重申了律师的职责和定位，体现了党和国家对律师工作的重视，《刑事诉讼法》的修改纳入了议事日程，两个《证据规则》正在得到更加广泛的适用。这一切必将促使社会大众对刑事辩护的正当性有着更加理性的认识，必将推动法律职业共同体理念的深入，必将推动刑事辩护环境的进一步改善。

作为一名刑辩律师，我坚信，只要我们坚持“依法、诚信、尽职”三个执业理念，刑事辩护的道路必将越走越宽广。

**5. 媒体守望的践行者周泽**

周泽，北京问天律师事务所律师。当2008年西丰警察进京抓记者所燃起的硝烟还没有完全从公众的记忆中消失，浙江遂昌警方“通缉记者”事件就再次上演。2010年7月28日，周泽接到了《经济观察报》律师打来的电话，称该报记者仇子明因报道上市公司的关联交易内幕，遭到浙江丽水遂昌县公安局网上通缉。随后，周泽在博客中发表了《关于〈经济观察报〉记者仇子明被通缉的法律意见书》。关键时刻，周泽又一次站了出来并随时做好了为仇子明维权的准备。7月30日，记者仇子明的全国通缉令在媒体的共同努力下被撤销，周泽希望有关部门能更多地关注这次明显错误的追诉背后的相关问题。每当记者受到不公正的待遇和威胁时，例如西丰警察进京抓《法人》杂志记者朱文娜、《第一财经日报》记者傅桦被起诉、央视记者李敏被抓……在媒体报道中，人们均能看到周泽忙碌的身影，因而周泽当之无愧地成为“媒体守望者”。

按照“狗咬人不算新闻，人咬狗才算新闻"的说法，新闻人物，往往并不是那么光彩的形象。被《中国律师》杂志、中国律师网评选为" 2010 年度律师界新闻人物”，我有些惶恐。

我不知道，《中国律师》杂志、中国律师网搞的这个年度新闻人物评选，标准是什么。搞这样的评选，是在倡导什么，还是诫勉什么？我觉得，作为主要以律师为受众的媒体，《中国律师》杂志、中国律师网搞针对律师的评选活动，是很有意义的一件事情，但需要对评选的标准更明确些，从而突出评选活动的导向性，使之真正能够对律师起到鞭策、激励的作用。

律师作为一个职业，是通过自己的智力劳动，为当事人提供法律服务，向当事人收取律师服务费来维持自己的生存与发展的。而且，在物欲横流的今天，律师的收入高低，往往还被很多人作为评价一个律师是否成功的标准。但是，我们要意识到，律师在任何一个社会，都不应该是一个经营性的职业；律师对社会的价值，绝不是创造多少产值，而是其对捍卫公民权利，维护社会公平正义，做了什么样的贡献！任何律师在一个社会里被尊重，肯定都不是因为其挣了多少钱，多富有，而是因为其对公民权利的捍卫，对社会公平正义的促进。

这些年，我在律师执业过程中给律师业内外的感觉是：一直在做公益性案件。在一些场合，人们也经常介绍说我是著名的公益律师。而我在参加各种会议，与很多朋友见面时，却经常被问及：“你老做公益性案件，靠什么生存啊?”在很多人看来，律师办案，公益与收费似乎是一对矛盾：办公益性案件，就是不收费；收费做案件就不是为公益。我认为这完全是一个误会。在我看来，律师的公益性与办案收不收费，并没有必然的联系。不收费的案件未必有多大的公益性，而收费的案件也可能具有很强的公益性。比如，我代理全国八家防伪企业起诉国家质检总局的所谓“全国反垄断第一案”，就是一个公益性极强的案件，但我却是收取了防伪企业律师费的。

在我看来，我之所以让人们觉得挺公益，一部分原因是我总是积极参与一些公共事件的讨论，并习惯性地采取行动去试图改变一些不合理的社会现实；另一部分原因则是，我把什么案件都当成公益性案件来做。每做一个案件，我都不把它当作个案来对待，而总是追寻个案公正的同时，将个案放在法治的背景下去探寻其所蕴含的普遍意义和价值，并努力去放大这种意义和价值，试图构建更公平合理的社会规则。

这些年，不同媒体先后授予我 2006“为了公共利益年度人物”、“推动中国年度人物”、“十大法制人物”、“青年领袖”、“律师精英”之公益律师、“影响时代进程 100 人”等荣誉称号，似乎都将我所做的一切视为对公共利益的维护。从中，我感受到了社会对我这类律师的尊重和期许。我希望在未来的日子里，能够不断有新的贡献，不负社会对自己的期许。

**6. “1 +1”中国法律援助志愿者行动的邱爱山**

邱爱山，广东卓正律师事务所律师，广东省惟一一名志愿者律师。通过“1 +1”中国法律援助志愿者行动，邱爱山深刻感觉到律师作为法律援助工作者在化解社会矛盾、维护社会稳定中所起的重要作用。邱爱山撰写了《察右前旗法律援助工作情况的调查报告》，对服务地察右前旗基本情况、法律援助的供需状况等方面进行了总结和归纳，并提出了问题和建议。为了建立法援工作的长效机制，邱爱山向旗司法局领导建议，抽调法律知识较好的同志充实到法律援助中心，逐步形成以旗法律援助中心为依托，在旗工会、团委、妇联、残联等有关单位以及各乡（镇）建立法律援助工作站的法律援助网络格局。在察右前旗一年多的时间里，邱爱山和同事共办理各类案件40 件，接受咨询数百人次，参与调解群众纠纷 10 余次，为当事人实现合法利益将近 400 万元。为此，有媒体称："邱爱山的志愿行为，展示了中国律师的形象！"

弘扬公平正义，共享法治阳光。

2011年，是"十二五"规划实施的第一年。广大律师作为中国特色社会主义法律工作者，在推进社会主义法制建设、构建和谐社会的进程中，将发挥更加重要的作用。我和我的律师同行们将会更加坚定对法律的信仰，秉承"公平正义"的理念，更加主动面向群众、面向基层、面向社区开展法律服务，积极向困难群众提供公益性法律服务和法律援助，让社会主义法治阳光温暖每个人的心，让更多的人们共享社会主义法治文明的成果。

**7. 为黄光裕案辩护的刑辩律师团队**

2010年8月30日，北京市高级人民法院对黄光裕非法经营罪、内幕交易罪和单位行贿罪案终审宣判，维持一审判决，黄光裕获有期徒刑14年。黄光裕的妻子杜鹃由一审有期徒刑3年6个月改判为有期徒刑3年缓刑3年。为该案二审辩护的汉鼎律师事务所律师吕国玉、北京东卫律师事务所律师张世国、北京创世律师事务所主任李默等组成的辩护团队，无论是在法庭上还是面对媒体的"围追堵截"，都充分展示了律师风采。不管黄光裕及其公司最终命运如何，诸位律师在该案中的表现是有目共睹的。据了解，吕国玉在从事律师职业前，曾任职于北京市海淀区人民检察院，主办过全国首例因非法经营外挂软件牟利案、全国首例因非法传播病毒被刑事追究的破坏计算机信息系统、侵犯商业秘密案。

张世国：

中国法治建设的骏马呼唤着优秀的骑手！律师作为中国特色社会主义法治建设的重要力量，当我们回顾过去发生的每一个重大法治事件时，我们发现总有律师忙碌的身影。从彭宇案、许霆案、佘祥林案、赵作海案、黄光裕案等个案中，中国司法表现出的进步是明显的，那就是实事求是，追求司法公正，同时保护个体的合法权利，社会公众也以自己特有的方式表达自己对司法公正的理解。近日中央转发的《司法部关于进一步加强和改进律师工作的意见》与时俱进，为律师工作指明了方向，明确了律师以"严格依法、恪守诚信、勤勉尽责、维护正义"为职业准则，并有加大从优秀律师中选拔法官和检察官的力度、鼓励优秀律师进入党政机关等一系列措施，令人期待。千里之行始于足下，这是一个更加开放的、透明的时代，我和所有律师同仁一样，对中国法治建设的未来充满信心！

吕国玉：

冬去春来，又是一个新的开始。从司法部通报"李庄"案，到周永康全国律师工作会议讲话，律师尤其是刑事辩护律师的执业境遇在向左走，向右走中纠结。曾经做过检察官，所以既可以看到国家和各地在提高律师职业环境、保障律师执业权益的大方向的努力，也为一些地方和某些司法工作人员的怠于履行法律职责而遗憾。无论在给黄光裕做二审辩护，还是一般案件的办案过程中，都能看到，大部分司法工作人员在执法过程中是客观和公正的，但长期形成的惯性思维往往造成在执法细节上过于强势和随意，也缺乏认错的动力和勇气，往往造成当事人和社会舆论的不接受、不理解甚至有一些过度扭曲和解读。胡锦涛主席在第五届亚太经合组织部长级会议的致辞中强调了"包容性增长"概念，进一步倡导政府的对外构建和谐世界，对内构建和谐社会的执政理念，作为民众和国家公权力的缓冲，能够也应该让律师有更大的发挥空间。而这，需要政府有更明确的对律师执业保障的政治方向和理念的引导，也期待公权力机关有认错的勇气。2011年，我们的步子可以大一些。

**8. 宜黄拆迁自焚案的王才亮**

王才亮，北京才良律师事务所主任。2010年9月27日，在王才亮律师的见证下，江西宜黄县政府与钟家签订协议，就9·10强拆致被拆迁人死伤事件的善后问题达成一致。宜黄县政府对叶忠诚因烧伤不治身亡给予一次性补偿人民币30万元，并承诺承担两名伤者罗志凤、钟如琴在本次事件中因烧伤而发生的所有损失，包括两名伤者在住院治疗期间的医疗费、误工费、护理费、住院伙食补助费、营养费和交通费，两名伤者出院后的继续治疗费、误工费和交通费，两名伤者今后可能发生的伤残鉴定费、残疾赔偿金和精神损害抚慰金。江西宜黄拆迁自焚案的妥善解决再次说明，律师介入重大敏感的群体性事件，不仅有利于维护民众的合法权益，而且也避免了社会矛盾的恶化，维护了社会的和谐稳定，律师化解社会矛盾的作用日益彰显。

我是以我和我的同事王令、万天飞、朱孝顶组成律师团为宜黄案件受害的钟家提供法律援助，取得较好的效果而被社会关注，从而当选2010年度中国律师界新闻人物之一。其实，我们只是做了一个律师应该做的。这个案件之所以能协调成功，主要原因是各方如钟家兄妹、关心此事的媒体朋友、江西省和抚州市的有关领导都求得一个共识：人的生命高于一切，抢救钟家母女的生命优于一切。这是人性的胜利，也是法治的胜利。

我的当选说明，社会需要公平正义，需要律师发挥在维护公平、化解矛盾中不可替代的作用。社会对宜黄案件和我们律师的关注表明，并不是赚钱多的律师就代表了中国律师的主流。当然，律师需要赚钱以养家糊口，而当事人的合法权益更是律师追求的、不可动摇的第一目标。

2010年的中国，拆迁命案频繁发生，少数地区已有拆迁活动黑社会化、当事人维权手段恐怖化的倾向，这是十分令我担忧的。我们律师事务所还有多起提供法律援助的拆迁命案尚在处理过程中，我希望都能像宜黄案件一样得到妥善处理，也希望社会能一如既往地关心！

为了中国的民主与法治进程，我们已经在努力，今后还将继续努力！但愿2011年的中国，不要再有拆迁命案发生。

**9. 为名人“开罪”的高子程**

高子程，北京康达律师事务所合伙人。熟悉高子程的人都知道，2010年三大与名人有关的案子，都与高子程有关，作为黄松有案的辩护律师之一、李庄案的辩护律师之一以及肖传国案的辩护人，高子程律师不仅屡屡被媒体争抢新闻“骚扰”，而且不得不为了某些不实报道而多次在媒体上辟谣，以至于在公开场合说得最多的就是“无可奉告”。从原上海市委书记陈良宇案开始，高子程似乎就不断成为律师界的新闻人物。2010年黄松有案、李庄案与肖传国案竟有如此的巧合，更是让高子程律师“被迫”成为了三案的新闻发言人。

虎去兔来，心境依旧。新闻又新，绕梁不绝。又言迎新，应邀感言。我想，心不在高低，愿不在成空，只要山水在侧，友朋常聚，社会进步，境遇情趣，生活充实，皆可自慰。

我们感悟当下，尽职所能，走过虚无与障碍，提炼思想并准确表达，延续中华民族亘古不衰的勤劳智慧。无论全胜、缺败、和解，只要良知无愧、普提水准、铭记责任、恪守诚信、不甘浮躁，便是构筑和谐，接近觉悟。公平正义亦将随之大体趋成，终能正果。因为，我们期盼和谐设想和谐，此亦人类共奉的基本价值：珍爱生命与自由。让我们在亦人亦己、维护广大众生根本权益之同时践行社会责任，因为，个人健康与国家兴衰都写在我们脸上。

**10. 维护未成年人及农民工权益“保护神”的佟丽华**

佟丽华，全国律协法律援助与公益事务委员会常务副主任。佟丽华律师创建了北京青少年法律援助与研究中心和北京市农民工法律援助工作站两大公益机构。其中，北京市青少年法律援助与研究中心是我国首家未成年人民间法律机构。多年来，他带领援助中心的律师免费为维护未成年人及农民工权利进行调查、代理、辩护案件，为未成年人及其父母、亲属提供免费法律咨询。在中央专项彩票公益金项目的资金支持下，截至2010年9月底，农民工法律援助专门机构发展到24家，专职律师和工作人员超过100人，总计办结案件2192件，涉及5269人，帮助农民工挽回经济损失8079万元。通过这两个机构直接为未成年人和农民工提供法律咨询的案件数超过3万件，涉及未成年人和农民工9万多人，其中直接提供法律援助的案件数量超过2700件，涉及当事人4000多人，及时化解了大量社会矛盾。佟丽华身体力行为未成年人及农民工提供法律援助，使他们在受到法律保护的同时，也坚定了对法律的信仰，而这种信仰，正是一个国家走向法治的基础。

没有任何一个自私的行业能赢得社会的尊重。在当今这样一个复杂的背景下，律师行业要视野开阔，除了做好自己业务，努力维护当事人合法权益，也要勇于担当社会责任。比如，严格依据市场法则，有钱人能获得很好的法律帮助，没钱人就会很难。困难群众的权益客观上更容易受到伤害，如不能获得法律帮助，那出路何在？要想社会和谐稳定，就必须保障这部分人也能获得高质量的法律帮助。有人说，这是政府的责任。但如果只是想着把责任推给政府，那推出去的可能就不仅是责任，还必将包括律师行业在整个社会心目中的地位和尊严。所以，律师行业要勇担时代使命，不仅要让有钱人获得法律帮助，也要让没钱的困难群众获得法律帮助；不仅要维护好当事人的合法权益，也要努力追求社会公平正义。

**11. 10年“抗战”的康健**

康健，“二战”中国劳工诉讼案原告律师、北京方元律师事务所主任。10多年来，康健律师一直无偿地为“二战”中国劳工索赔，为的是让中国劳工所受的苦难和屈辱得到公正的赔付。10余年间，有胜诉的短暂喜悦，也有败诉的无尽辛酸，更多的还是来自各方的不解与非议。然而，这一切都没能让康健退缩。今天，康健依然同“二战”中的中国受害者们站在一起，追寻那些遗留在战争与和平中的权益与尊严。为此，有媒体以“向伟大的光荣的正确的康健律师致敬!”这样的标题，对康健的行为给予了高度的肯定。

维护委托人的合法权益，是律师的天职；认真做好每件受托事项，是律师的基本。

**12. 我国首位艾滋病反歧视大使郭建梅**

郭建梅，北京众泽妇女法律咨询服务中心主任。2010年12月1日，在国际劳工组织、联合国艾滋病规划署等机构举办的“关注艾滋病感染者就业保护”活动上，授予国内专职公益律师第一人——郭建梅为我国首位艾滋病反歧视宣传大使称号。至今，郭建梅所在的法律咨询服务中心已提供免费法律咨询7万多人次，代理案件近3000件。中心关注的主要问题包括职场性别歧视、男女退休年龄、男女同工同酬、性骚扰、家庭暴力等。

作为一名专职的公益律师，我欣喜地看到近几年社会对公益律师的关注和支持越来越多。在大多数人眼里，这个群体是无私奉献的英雄，他们怀揣着法制理想和信念，担当着法制功能和社会责任，身先士卒，通过开展一系列公益诉讼和法律倡导等活动，维护着法律的价值和尊严，推动着法制的进步，他们是社会发展中不可或缺的重要力量。

我向所有对公益律师抱有这样看法的人表达感激和敬意!

我是在1996年初开始了我的专职公益律师之路。15年来，我和我的同事们为全国近8万个贫弱当事人提供了法律援助，使他们重新获得了权利和尊严。我们还通过各种方式倡导立法的完善和进步，并努力呼吁和带动更多的律师参与公益。在这个过程中，我对公益律师存在的意义和价值有了越来越深刻的理解和认识，这也是我为什么坚定地选择做公益律师的动力和原因。这种选择虽然艰难，虽有风险，甚至会被误解和鄙视。但对我而言，这是一种快乐的、自豪的选择。

新的一年，我希望公益律师的理念和精神，能够得到更多的人特别是律师同行的认同、理解和支持!

# 各省、自治区、直辖市律师协会工作概况

## 北京市律师协会工作概况

### 一、律师队伍2010年现状

2010年北京律师行业在律师及律师事务所数量、业务数量、业务收入及纳税额等方面仍然保持增长态势。截至2010年12月31日，北京律师事务所达1486家，其中年内新增131家，全市执业律师22937名，其中年内新增1722名。

一年来，协会先后召开了20次会长会议、5次理事会议及八届三次代表大会，修订发布行业规范9个；召开新闻发布会1次，分别接待了9个省市律协、12家国外律师团体和4家境外律师团体的来访，组团出访了英国、韩国、日本及台湾地区；与新闻媒体合作，在报刊、杂志、电台、电视台刊发宣传稿件共计600余件，编发《北京市律师协会简报》12期，《北京律师行业信息快讯》20期；受理当事人投诉267件，立案前调解13件，立案85件，审结253件（含历年积案），对42家律师事务所和48名律师做出了纪律处分；受理会员纪律处分复查申请20件，审结12件（含上年度立案未审结案件）；受理会员执业纠纷调处申请9件，办结12件（含上年度未办结申请），为会员查询提示信息及出具执业表现证明1620件；发放律师互助金9人次，发放总额27万元，协助1名律师向保险公司申请人身意外伤害保险理赔2000元，协助2家律师事务所向保险公司申请执业责任险理赔2388840.6元；举办新执业律师宣誓1期，参加律师300余名；举办律师大培训14次，听课律师12000人，组织专业研讨交流活动138次，参加律师超过9300余人次。举办申请律师执业人员培训8期，参训人数1630名；组织实习期满申请律师执业人员的面试考核54期，共有2052名实习律师参加了面试考核，考核合格人员1900名；组织重新申请律师执业人员和异地变更执业机构人员面试考核2期。共有40人参加，29人考核合格。

### 二、2010年代表大会召开情况

第八届北京市律师代表大会第三次会议

2010年4月9日~10日，第八届北京市律师代表大会第三次会议召开。八届律协197位代表出席会议，协会秘书长、副秘书长列席会议。市律协党委常务副书记李公田、市司法局律师管理处处长萧骊珠、各区县司法局主管局长、律公科科长应邀参加会议。

市律协党委常务副书记李公田代表市司法局党委书记、局长于泓源及市局、市律协党委向大会的召开表示祝贺，并就深入推进三项重点工作、全面推进律师队伍警示教育、认真履行律师协会的法定职责、加强律师事务所的自我管理和完善以及律师要做中国特色社会主义法律工作者等方面提出了意见和建议。

张学兵会长向大会作《北京市律师协会理事会2009年工作报告》；赵小鲁监事长向大会作《北京市律师协会监事会2009年工作报告》；周塞军副会长向大会作《北京市律师协会2009年度会费预算执行情况报告》；张学兵

会长、赵小鲁监事长作关于《北京市律师协会2010年工作计划》的说明；周塞军副会长作关于《北京市律师协会2010年会费预算（草案）》的说明，以及《北京市律师协会会费管理办法（试行）》修订草案的说明。

在分组讨论阶段，近200位代表及特邀代表分为6个小组，分别由副会长张小炜、姜俊禄、王隽、巩沙、周塞军，监事长赵小鲁及理事庞正中、张卫华、阎建国、马慧娟、于君、皮剑龙任召集人。分组讨论会主要就《北京市律师协会理事会2009年工作报告》、《北京市律师协会监事会2009年工作报告》、《北京市律师协会2009年度会费预算执行情况报告》、《北京市律师协会2010年工作计划》、《北京市律师协会2010年会费预算（草案）》和《北京市律师协会会费管理办法（试行）》修订草案进行了讨论。讨论中，代表们比较关注的问题有：2010年会费预算科目、会费调整方案、税收政策调整、实习律师存档、行业形象提升、区县行业组织的设立、北京律师学院的筹建等。

分组讨论结束后，第八届北京市律师代表大会第三次会议召开了全体会议。会上，张学兵会长就代表在分组讨论中提出的建议和意见进行了回应。随后，大会进入审议表决程序。经表决，大会通过了《北京市律师协会理事会2009年工作报告》、《北京市律师协会监事会2009年工作报告》、《北京市律师协会2009年度会费预算执行情况报告》、《北京市律师协会2010年工作计划》、《北京市律师协会2010年会费预算（草案）》和《北京市律师协会会费管理办法（试行）》修订草案。

### 三、2010年理事会召开情况

#### （一）第八届北京市律师协会理事会第六次会议

2010年1月15日，第八届北京市律师协会理事会第六次会议召开。八届38位理事出席会议，7位监事、协会秘书长、副秘书长及部分律师代表列席会议。市司法局律管处萧骊珠处长应邀到会。会议由张学兵会长主持。

会议内容：（1）审议通过《第八届北京市律师协会关于增设申请律师执业人员管理考核工作委员会的议案》和《第八届北京市律师协会关于相关专门工作委员会人员调整的议案》；（2）萧骊珠处长在会上传达了全市司法行政工作会议精神以及2010年律师工作要点；（3）讨论了协会《北京市律师协会会费标准调整方案（征求意见稿）》、《北京市律师协会会费管理办法（修订稿）》以及《北京市律师协会2010年工作思路》。

#### （二）第八届北京市律师协会理事会第七次会议

2010年3月31日，第八届北京市律师协会理事会第七次会议召开，44位理事出席。律师协会党委常务副书记李公田、律管处处长萧骊珠、监事长赵小鲁及8位监事列席。会议由张学兵会长主持。

会议内容：审议通过了《关于延期召开第八届北京市律师代表大会第三次会议的议案》、《关于提请律师代表大会审议〈北京市律师协会理事会2009年工作报告〉的议案》、《关于提请律师代表大会审议〈北京市律师协会2009年会费预算执行情况报告〉的议案》、《关于提请律师代表大会审议〈北京市律师协会2010年工作计划〉的议案》、《关于提请律师代表大会审议〈北京市律师协会2010年会费预算（草案）〉的议案》、《关于提请律师代表大会审议〈北京市律师协会会费管理办法〉（修订草案）的议案》。

#### （三）第八届北京市律师协会理事会第八次会议

2010年6月30日，第八届北京市律师协会理事会第八次会议召开。41位理事出席会议，监事会9位监事、协会秘书长、副秘书长列席会议。市司法局律管处萧骊珠处长应邀到会。会议由张学兵会长主持。

会议主要内容：（1）各分管副会长通报上

半年工作情况；（2）审议通过《律师执业年度考核委员会和律师执业年度考核复查委员会设置方案及组成人员名单》、《关于增补人大代表与政协委员联络委员会副主任的议案》；（3）审议通过《北京市律师协会会员执业纠纷调解处理规则》、《北京市律师协会执业纪律与执业调处委员会规则》、《北京市律师协会执业纪律与执业调处委员会听证规则》、《北京市律师协会纪律处分决定执行细则》、《北京市律师协会投诉立案规则》及《北京市律师协会执业纪律投诉调解规则》。

（四）第八届北京市律师协会理事会第九次会议

2010 年 9 月 28 日，第八届北京市律师协会理事会第九次会议在协会四层视频会议室召开。41 位理事出席会议，9 位监事及秘书长、副秘书长列席会议。北京市司法局党委书记、局长于泓源同志、市司法局副局级领导、市律师协会党委常务副书记李公田同志、市司法局律师工作管理处处长萧骊珠同志应邀到会。会议由张学兵会长主持。

会议审议通过了《北京市律师事务所计时收费指引》、《北京市律师协会重新申请律师执业人员和异地变更执业机构人员审查考核办法》、《北京市律师协会申请律师执业人员实习管理办法》草案。

于泓源局长在会上发表重要讲话。他首先对八届北京律协的工作给予了充分的肯定，向大家通报了今年市司法局围绕律师管理开展的主要工作，接着就如何适应首都经济、社会发展的新形势，科学规划首都律师行业发展及律师管理工作提出了具体的建议，并就当前和今后一个时期的北京律师工作提出了七点要求：（1）坚持把维护当事人合法权益与维护社会和谐稳定有机结合起来；（2）坚持把保障律师执业权益和加强行业自律结合起来；（3）坚持把提升行业的竞争力与科学合理控制发展规模有机结合起来；（4）坚持把律师事务所的经济效益提高与规范律师事务所内部管理有机结合起来；（5）坚持把依法履行职责和制定北京律师的中长期发展规划结合起来；（6）坚持把业务建设、思想建设和文化建设有机的结合起来；（7）坚持把日常工作与党建工作有机结合起来。

（五）第八届北京市律师协会理事会第十次会议

2010 年 12 月 30 日，第八届北京市律师协会理事会第十次会议召开。39 位理事出席会议，11 位监事及协会秘书长、副秘书长列席会议。北京市司法局副局级领导、市律师协会党委常务副书记李公田、律师工作管理处萧骊珠处长应邀到会。会议由张学兵会长主持。

会议主要内容：（1）张小炜副会长传达《司法部关于进一步加强和改进律师工作的意见》精神；（2）张学兵会长传达全国律师工作会议、全国律师党建工作会议和全市政法工作电视电话会议精神；（3）各位副会长通报分管专门工作委员会 2010 年工作情况；（4）姜俊禄副会长和白涛副会长分别通报协会代表团赴英国和台湾的出访情况；（5）李公田同志发表讲话。

## 四、2010 年会长会召开情况

（一）第八届北京市律师协会会长会第二十五次会议

2010 年 1 月 4 日，第八届北京市律师协会第二十五次会长（电话）会议召开。会长张学兵主持会议，副会长张小炜、王隽、白涛、巩沙、周塞军参加会议。监事韩铁男，副秘书长赵菁、王笑娟、刘军列席。

会议主要内容：（1）研究申请律师执业人员管理考核工作委员会主任、副主任人选；（2）研究律师行业发展研究委员会人员调整事宜；（3）张小炜副会长通报李庄案件庭审情况。

（二）第八届北京市律师协会会长会第二十六次会议

2010 年 1 月 28 日，第八届北京市律师协会第二十六次会长会议召开。会长张学兵主持会议，副会长张小炜、姜俊禄、王隽、白涛、巩沙、周塞军出席会议。监事长赵小鲁、秘书长李冰如、副秘书长赵菁、王笑娟、刘军列席会议，市司法局律管处处长萧骊珠应邀到会。

会议主要内容：（1）讨论《北京市律师协会会费标准调整方案（征求意见稿）》；（2）讨论确定八届三次代表大会时间安排；（3）研究讨论《北京市律师协会理事会2009年工作报告》、《北京市律师协会2010年工作计划》；（4）原则通过执业纪律与执业调处方面的部分工作规则；（5）讨论会员事务委员会提交的《律师互助办法》修改建议；（6）研究理事、监事出席理事会、监事会的履职情况；（7）研究申请实习人员申请材料调整的相关事宜；（8）通报李源潮同志到司法部调研律师行业党建以及开展第三批深入学习实践科学发展观活动的情况。

（三）第八届北京市律师协会会长会第二十七次会议

2010年2月9日，第八届北京市律师协会第二十七次会长（电话）会议召开。会长张学兵，副会长张小炜、王隽、白涛、巩沙、周塞军出席会议。监事徐蓬，副秘书长赵菁、王笑娟、刘军列席会议。会议由张学兵会长主持。

会议主要内容：（1）研究确定申请律师执业人员管理考核工作委员会组成人员；（2）研究《协会会费标准调整方案（修订稿）》；（3）研究协会2010年会费预算编制工作的相关事宜；（4）讨论协会近期重要工作。

（四）第八届北京市律师协会会长第二十八次会长会议

2010年3月10日，第八届北京市律师协会第二十八次会长会议召开。会议由张学兵会长主持。副会长张小炜、姜俊禄、王隽、巩沙、周塞军出席，监事长赵小鲁、秘书长李冰如、副秘书长赵菁、王笑娟列席。市司法局律管处处长萧骊珠应邀出席。

会议主要内容：（1）传达市司法局党委对理事会2009年工作报告和协会2010年工作计划的意见和建议；（2）通报市财政局、市地税局《关于个人独资企业和合伙企业投资者核定征收个人所得税有关政策问题的通知》的文件精神，以及市局关于成立北京律师教育培训基地的相关情况；（3）传达司法部关于开展律师警示教育活动的指示精神；（4）讨论协会预算框架、各专门工作委员会工作计划和经费建议；（5）研究处理2009年度理事缺席理事会的相关事宜；（6）原则通过执业纪律与执业调处委员会《关于区县律协纪处工作若干问题的指导意见》。

（五）第八届北京市律师协会会长会第二十九次会议

2010年3月25日，第八届北京市律师协会第二十九次会长会议召开。会议由张学兵会长主持。副会长姜俊禄、王隽、白涛、巩沙、周塞军出席，监事长赵小鲁、秘书长李冰如、副秘书长赵菁、王笑娟、刘军列席。市司法局律管处处长萧骊珠应邀出席。

会议主要内容：（1）通报八届七次理事会和八届三次代表大会的时间安排；（2）通过理事会2009年工作报告、2009年会费预算执行情况报告、协会2010年工作计划、2010年会费预算草案和协会会费管理办法修订草案，并决定提交理事会七次会议；（3）研究落实市司法局《北京市律师队伍警示教育工作方案》。

（六）第八届北京市律师协会会长会第三十次会议

2010年4月6日，第八届北京市律师协会第三十次会长会议召开。会长张学兵，副会长张小炜、姜俊禄、王隽、白涛、巩沙、周塞军出席会议，监事韩铁男、秘书长李冰如、副秘书长赵菁、王笑娟、刘军列席会议。市司法局律管处处长萧骊珠应邀参加会议。

会议内容：（1）研究八届三次律师代表大会预案；（2）研究协会2010年外事出访相关事宜；（3）研究《法学杂志》订阅相关事宜；（4）通报2010年第二季度律师管理重点工作

和市局关于推进三项重点工作的情况；（5）决定在律师代表大会上动员律师代表为西南旱区进行现场捐款。

（七）第八届北京市律师协会会长会第三十一次会议

2010年4月20日，第八届北京市律师协会第三十一次会长（扩大）会议召开。第八届北京市律师协会会长张学兵，副会长张小炜、姜俊禄、白涛、巩沙、周塞军出席会议，权保委主任皮剑龙、会员事务委主任李海彦、区县工作委主任韩德晶、宣联委主任马惠娟、人大政协联络委主任刘子华、律所管理指导委主任付朝晖、外事委主任王卫东、青工委主任董刚、规章委主任张卫华、财务委主任阎建国、申请执业管理考核委主任许智慧、纪处委副主任朱永锐、业教委副主任吴革、女工委秘书长郝春莉参加会议。协会监事长赵小鲁、秘书长李冰如、副秘书长王笑娟、刘军列席会议。

会议内容：（1）听取各专门工作委员会关于2010年工作计划时间进度安排的汇报；（2）会议议定，秘书处根据会议精神列出协会第二季度工作任务台账，各专门工作委员会应按照协会工作任务台账积极落实相关工作。

（八）第八届北京市律师协会会长会第三十二次会议

2010年5月4日，第八届北京市律师协会第三十二次会长会议召开。张学兵会长主持会议，副会长张小炜、姜俊禄、王隽、巩沙、周塞军出席会议，监事韩铁男、秘书长李冰如、副秘书长赵菁、王笑娟、刘军、业务指导与继续教育委员会主任庞正中列席会议。市司法局律管处副处长冯新泉应邀参加会议。

会议主要内容：（1）学习司法部《律师事务所年度检查考核办法》、全国律协《律师执业活动年度考核办法》，并就协会2010年度律师执业活动年度考核工作进行研究；（2）研究讨论第二届北京律师论坛筹备工作方案；（3）听取关于北京律师学院筹建情况的汇报；（4）通过业务指导与继续教育委员会拟增补委员名单；（5）讨论第二季度协会工作任务台账的落实工作；（6）原则通过律师队伍警示教育工作经费和2010年区县律协经费分解方案；（7）为了提高实习律师面试考核质量，会议建议，将全体理事、监事吸收进考核委员会，并邀请四届至七届律协的历任会长、监事长参加。

（九）第八届北京市律师协会会长会第三十三次会议

2010年6月1日，第八届北京市律师协会第三十三次会长会议召开。张学兵会长主持会议，副会长张小炜、姜俊禄、王隽、白涛、巩沙、周塞军出席会议，监事长赵小鲁、秘书长李冰如、副秘书长王笑娟、刘军列席会议。市司法局律管处处长萧骊珠应邀参加会议。

会议主要内容：（1）研究协会网站改版二期工程方案中系统软件开发工作及相关费用；（2）研究“北京律师春雨行动”云南援建项目的具体事宜；（3）讨论北京市律师事务所计时收费规则及收费合同必备条款示范文本；（4）研究通过协会律师执业年度考核委员会组成人员建议名单；（5）研究八届三次代表大会提案办理工作；（6）通过人大代表与政协委员联络委员会关于增补副主任的建议；（7）其他事项，包括市司法局监察处通报协会2006至2008年度会费收支情况审计的情况报告及相关意见，张学兵会长通报第二届北京律师论坛筹备工作情况和北京律师学院筹建工作情况。

（十）第八届北京市律师协会会长会第三十四次会议

2010年6月24日，第八届北京市律师协会第三十四次会长会议召开。张学兵会长主持会议，副会长张小炜、姜俊禄、王隽、白涛、周塞军出席会议。监事长赵小鲁、秘书长李冰如、副秘书长王笑娟列席会议。

会议主要内容：（1）研究确定八届八次理事会相关事宜；（2）讨论律师行业发展研究委员会关于增补委员的请示；（3）研究启动律师服务收费争议调解规则的制订工作；（4）研究讨论关于建立律师行政应诉工作服务团的相关

工作；（5）研究讨论加强实习律师管理工作。

（十一）第八届北京市律师协会会长会第三十五次会议

2010年7月7日，第八届北京市律师协会第三十五次会长会议召开。会长张学兵，副会长张小炜、王隽、白涛、巩沙、周塞军出席会议，监事邢冬梅、秘书长李冰如、副秘书长赵菁、刘军列席会议。北京市司法局律管处处长萧骊珠应邀参加会议。

会议主要内容：（1）讨论市司法局起草的《司法行政机关对律师协会进行监督指导的若干规定（征求意见稿）》；（2）研究市司法局起草的首都律师行业开展创先争优活动暨宣传党员律师优秀事迹工作方案；（3）研究律师行政应诉工作服务团组成人员建议名单；（4）听取年度考核工作相关情况的通报。

（十二）第八届北京市律师协会会长会第三十六次会议

2010年7月30日，第八届北京市律师协会第三十六次会长会议召开。第八届北京市律师协会会长张学兵，副会长张小炜、王隽、巩沙、周塞军出席会议，监事长赵小鲁、秘书长李冰如、副秘书长赵菁、王笑娟列席会议。市司法局律管处处长萧骊珠应邀参加会议。

会议主要内容：（1）市司法局律管处萧骊珠处长就近期市司法局有关重点工作进行通报；（2）研究协会下半年各项重要工作；（3）研究北京律师论坛筹备工作；（4）讨论就纪处委提交的《北京律师协会规范执业指引（第9号）》、《北京市律师协会执业纪律与执业调处委员会处分的适用标准》和《北京市律师协会执业纪律与执业调处委员会审查庭工作规则》，以及秘书处起草的《北京市律师协会重新申请律师执业人员和异地变更执业机构人员审查考核办法》（草案）；（5）听取“北京律师春雨行动”援建项目的相关情况的通报；（6）听取关于回访青海、黑龙江两所北京律师希望小学相关工作情况的通报；（7）听取协会随同北京市司法行政系统代表团赶赴青海玉树地震灾区进行慰问的情况通报；（8）听取关于陈惊天、司义夏两位律师代表因个人原因提出辞去代表职务的通报。

（十三）第八届北京市律师协会会长会第三十七次会议

2010年9月3日，第八届北京市律师协会第三十七次会长会议召开。会长张学兵，副会长张小炜、姜俊禄、王隽、巩沙、周塞军出席会议，监事长赵小鲁、副秘书长王笑娟、刘军、赵菁列席会议。

会议主要内容：（1）通报市司法局于泓源局长关于协会工作的批示精神；（2）研究讨论《北京市律师事务所计时收费指引（试行）》、《北京市律师协会规范执业指引（第9号）》、《北京市律师协会关于区（县）律师协会纪处工作若干问题的指导意见》、《北京市律师协会重新申请律师执业人员和异地变更执业机构人员审查考核暂行办法》、《北京市律师协会申请律师执业人员实习管理办法》等草案；（3）研究并同意权保委关于增补委员的请示；（4）研究协会与新疆律协合作事宜；（5）会议同意，将律师事务所劳动合同范本在首都律师网站公布，推荐给全行业，为广大律师事务所提供有益的参考。

（十四）第八届北京市律师协会会长会第三十八次会议

2010年10月18日，第八届北京市律师协会第三十八次会长会议召开。会长张学兵主持会议。副会长张小炜、王隽、白涛、巩沙、周塞军出席会议，监事长赵小鲁、秘书长李冰如、副秘书长刘军、赵菁列席会议。

会议主要内容：（1）学习中央办公厅、国务院办公厅转发的《司法部关于进一步加强和改进律师工作的意见》；（2）学习于泓源局长在八届律协理事会第九次会议上的讲话精神；（3）讨论协会第四季度工作及第二届北京律师论坛筹备工作；（4）研究协会援疆项目；（5）听取关于北京市委政法委将刘凝律师作为全市重大先进典型推出的相关情况通报；（6）讨论市司法局起草的《北京市司法局律师事务所管理办法实施细则（征求意见稿）》、《北京市司法行政机关对律师协会进行监督指导的若干规定（征求意见稿）》。

（十五）第八届北京市律师协会会长会第三十九次会议

2010年11月3日，第八届北京市律师协会第三十九次会长会议召开。会长张学兵，副会长张小炜、姜俊禄、王隽、白涛、巩沙、周塞军出席会议，监事长赵小鲁、秘书长李冰如、副秘书长刘军列席会议。市司法局律管处处长萧骊珠应邀参加会议。

会议主要内容：（1）研究第二届北京律师论坛筹备工作；（2）研究协会评优工作；（3）研究北京律师援助西部讲师团组成人员名单；（4）听取市司法局关于推出全市重大先进典型刘凝律师的宣传经费的相关要求；（5）听取关于司法部中国法律援助基金会要求协会就法律援助“1+1”行动项目给予经费支持的相关情况通报。

（十六）第八届北京市律师协会会长会第四十次会议

2010年11月16日，第八届北京市律师协会第四十次会长（电话）会议召开。会长张学兵，副会长姜俊禄、王隽、巩沙出席会议，秘书长李冰如列席会议。

会议主要内容：（1）研究关于推荐北京市青年联合会第十届委员会委员建议人选的相关事宜； （2）研究第二届北京律师论坛筹备工作。

（十七）第八届北京市律师协会会长会第四十一次会议

2010年11月19日，第八届北京市律师协会第四十一次会长（电话）会议召开。会长张学兵，副会长张小炜、姜俊禄、巩沙、周塞军出席会议，业务指导与继续教育委员会主任庞正中参加会议，秘书长李冰如、副秘书长刘军列席会议。

会议主要内容：研究讨论第二届北京律师论坛各项筹备工作。

（十八）第八届北京市律师协会会长会第四十二次会议

2010年11月29日，第八届北京市律师协会第四十二次会长会议召开。会长张学兵，副会长张小炜、姜俊禄、王隽、白涛、巩沙出席会议，监事王冬梅、秘书长李冰如、副秘书长王笑娟、刘军列席会议。

会议主要内容：（1）张学兵会长传达司法部“两会”精神；（2）研究协会今年年底及明年年初的部分重要工作。

（十九）第八届北京市律师协会会长会第四十三次会议

2010年12月5日，第八届北京市律师协会第四十三次会长会议召开。会长张学兵，副会长张小炜、姜俊禄、王隽、白涛、巩沙、周塞军出席会议，监事长赵小鲁、秘书长李冰如、副秘书长王笑娟、刘军列席会议。

会议主要内容：（1）结合司法部“两会”和中办发［2010］30号文件精神，研究协会明年重要工作；（2）研究讨论北京市司法局起草的《中共北京市委政法委员会关于贯彻中央指示精神进一步加强和改进律师工作的意见（讨论稿）》，并提出修改建议；（3）研究执业纪律与执业调处委员会提交的关于增减委员的意见。

（二十）第八届北京市律师协会会长会第四十四次会议

2010年12月24日，第八届北京市律师协会第四十四次会长（电话）会议召开。会长张学兵，副会长张小炜、姜俊禄、王隽、白涛、巩沙、周塞军出席会议，监事邢冬梅、副秘书长王笑娟、刘军、赵菁列席会议。

会议主要内容：（1）研究讨论《北京市司法局关于加强区县律师协会建设的若干意见（征求意见稿）》，并提出修改建议；（2）听取各位副会长关于分管专门工作委员会年度工作总结的相关情况通报。

## 五、重要工作成果

（一）明确责任使命，创新工作机制，大力推进与积极开展律师行业的党建工作

2010 年，在市局党委的正确领导下，协会把大力加强和改进律师行业党建工作作为工作重点，着力转变思想观念，逐步理顺体制机制，规范夯实基层基础，全面活跃党员队伍，得到了各级领导的充分肯定。

为建立科学规范、权责一致、运转高效、充满活力的党建组织体系，律协党委指导区律师协会在组建成立后同步建立了区县律协党组织，市、区、所三级党组织架构基本完善，以“五好党支部”为基础组建了 53 人信息员队伍，成立了巡回指导组，建立了信息报送制度。据统计，截至 11 月底，共编发《律师党建信息》近百期，《北京律师政工研究》4 期 57 篇，发布网站信息上百条。为了更广泛地团结青年律师，发挥律师团员青年的先锋模范作用，为党组织输送更多的优秀人才，协会组建成立了中共北京市律师协会团工委，共青团组织的建立将使青年律师工作得到有效加强。

根据司法部和市委的统一部署，律协党委配合市局党委，在全市律师基层党组织和律师党员中组织开展了创先争优活动。“七一”前，组织召开了近年来规模最大、规格最高的表彰大会，隆重推出 29 个律师事务所“五好”党支部和 50 名优秀律师党员。以“寻找身边好党员”为主题的创先争优 DV 作品大赛为载体，进一步激发了广大党员积极参与创先争优活动的主动性和创造力。

11 月 24 日上午，在全国律师党建工作会议前夕，司法部、中组部领导以及与会代表 200 余人，参观考察了北京市大成、中伦、德恒 3 家律师事务所的律师行业党建工作和基层党组织建设情况。中组部、司法部、市领导充分肯定了北京市律师党建工作的思路和各项举措，高度赞扬了北京市律师行业创先争优活动等取得的成效。

（二）深入开展律师队伍警示教育活动，着力推动律师执业环境的优化和改善

今年以来，根据司法部、市委政法委及市司法局的部署和要求，协会在全市律师队伍中组织开展了警示教育活动。律协党委、会长会议专题研究将警示教育工作方案中涉及协会的工作逐项分解、责任到人，形成了以协会党委负总责、主管会长抓落实的联席工作机制；为统一思想认识，组织编印了警示教育系列材料《先进事迹学习材料汇编》、《警示教育典型案例汇编》并发放到全市各律师事务所；组织了警示教育工作经验交流活动，并组建了优秀律师事迹宣讲团，通过各种形式广泛宣传先进律师群体和优秀律师的典型事迹，树立北京律师的良好社会形象。为帮助广大律师及时了解国家政治经济形势，强化大局观念，协会先后邀请了北京市委研究室副主任江涛、联想控股有限公司董事长柳传志、国防大学教授金一南为北京律师举办了《北京作为世界城市的定位与发展战略》、《联想的经验教训总结》及《国家安全筹划中的战略思维》的讲座，受到了会员广泛的欢迎；配合警示教育活动的开展，协会编印了近 60 期《警示教育专刊》向各律师事务所发放。

以警示教育活动为契机，协会在推动优化律师执业环境方面组织开展了一系列行之有效的工作：一是针对行业税收政策的调整，及时与市地税局召开了座谈会，就新政策的实施进行了充分的沟通与协调；二是与市一中院召开座谈会，就如何构建法官与律师的良性互动机制进行了深入的探讨；三是与朝阳区检察院共同组织召开了控辩交流专题座谈会，就诉前沟通、建立和谐控辩关系等主题进行了坦诚的交流；四是与房管局、国土局等部门进行了积极的联系，探讨如何扩大律师调查取证权问题；五是与海淀公安分局签订了《保障律师会见权益规范法律服务协议书》，就双方建立密切联系机制、保障律师会见权益等作出了具体的规定；六是为净化法律服务市场，聘请海淀分局

法制监所相关人员为律师执业监督员，对周边法律服务进行监督检查，还在海淀看守所设立了北京律协宣传屏，提醒当事人聘请合法律师；八是召开了“北京市律师执业行为规范与律师权益保障研讨会”，与市司法局、市检察院、市一中院及市公安局就律师执业环境的优化进行了专题研讨；八是组建了律师行政应诉工作服务团，为律师介入各委办局及区县政府的行政应诉工作搭建了平台。

（三）彰显发展成就，提升行业影响，成功举办第二届北京律师论坛

11 月 27 至 28 日，以“规范与超越”为主题的第二届北京律师论坛在北京会议中心成功举办。本次论坛是在首届北京律师论坛举办八年之后、北京律师行业步入一个规范化长足发展阶段，同时又在已有业务模式基础上寻求创新和突破的一次盛会。司法部、全国律协、市司法局的相关领导、100 余名专家学者、1000 余名北京律师界精英汇聚一堂，纵论法律实务热点话题、研讨社会进步发展对策、展示北京律师专业成果、展现律师行业精神风貌。

论坛设开幕式、主论坛及十二个分论坛。协会首次编制并在主论坛发布了《北京律师社会责任报告》，向社会全面客观地反映了北京律师 30 年来履行社会责任的发展历程。12 个分论坛分别就律师事务所管理、公司证券法律、金融法律、知识产权法、房地产与建筑工程、侵权责任法、民事诉讼与仲裁、环境资源法律、WTO 与国际贸易、公益法律服务、文化创意产业及刑事法律业务共十二个专题进行了深入地研讨，覆盖了诉讼、非诉、公益业务领域以及律师事务所管理，涉及了社会、经济生活的方方面面。

为全面展示北京律师业的发展成果，论坛面向全市律师公开征稿，从中精心编选了 500 余篇论文，结集出版了“诉讼业务卷、商事业务卷、民事侵权及知产业务卷、环境资源、文化创意及国际贸易卷、公益法律服务、利益冲突管理卷及刑辩案例卷”六卷论文集，对律师业务交流与业务水平的提高起到了积极的促进作用。论坛务求创新，充分利用网络信息技术实现电子报名系统，论坛开幕式进行的“沙画表演”演绎了首都律师 30 年的发展历程，论坛采取了“主讲式”、“研讨式”、“对话式”及“互动式”等各种活泼新颖的形式。论坛为广大律师提供了一个业务交流、学术碰撞和思想交汇的平台，也受到了业内外的广泛关注与高度评价。

（四）强化管理责任，规范执业行为，加大对律师事务所规范化管理的指导力度

为了充分发挥协会在监督指导与规范会员执业行为方面的职能作用，协会修订、制定了纪律处分工作规则、投诉立案规则、听证规则、处分决定执行规则等 6 个行业规范，大大提高了会员惩戒工作的规范化标准化水平。鉴于律师执业中的利益冲突问题在律师业务多样化以及律师事务所规模不断扩大的过程中日渐突出，协会组织举办了利益冲突管理论坛，为减少律师执业纠纷中的利益冲突、规范律师执业提供了有益的借鉴。为了帮助广大会员学习掌握与执业相关的法律、法规和规范性文件的规定，协会编辑出版了《北京律师执业规范手册》，并从近年来受理、查处的投诉案件中，选取了 55 个涉及违反律师事务所管理、违反诚信、工作不尽职、虚假宣传和利益冲突等几种主要类型的具有代表性和教育意义的典型案例，编辑出版了《律师执业警示录》，向各律师事务所发放。根据投诉案件查处工作中发现的一些带有普遍性的问题，协会在首都律师网发布了有关涉及律师函的使用、利益冲突的认定、律师办理刑事案件应注意的问题等 3 份规范执业指引，以提示全体会员对频繁引起投诉的不规范执业行为提高警惕并采取防范措施。

为把好行业入门关，协会增设了申请律师执业人员管理考核工作委员会，负责对申请律师执业人员进行审核、培训及面试考核、对重新申请律师执业人员及变更律师执业机构人员进行先期面试审查考核工作；审议出台了《申

请律师执业人员实习管理办法》、《重新申请律师执业人员和异地变更执业机构人员审查考核办法（试行）》；同时，选聘资深律师组建了申请律师执业人员集中培训讲师团，保证了实习培训工作的授课质量；吸收理事、监事、市局律管处和协会秘书处工作人员担任面试考核官，提高了实习律师面试考核工作的质量。据统计，截至12月底，在共计54期实习期满申请律师执业人员面试考核工作中，共有152名实习律师因不合格被延长了实习期，有效保证了新入行人员的质量。

新修订的《律师法》强化了对于律师事务所合伙人管理职责的要求，针对律师事务所对于提升管理水平、规范管理制度的需求，协会在加强对律师事务所管理的指导方面开展了一系列的活动。一是组建了律师事务所管理人沙龙并举办了“《律师事务所管理评价体系标准及评估指南》在律师事务所中的应用”、“新律师内部培养制度和方法”以及拓展训练等活动，为合伙人交流管理经验、沟通发展信息搭建了平台；二是启动了新设立律师事务所合伙人管理培训工作，分别就律师事务所管理要素、合伙制律师事务所组建初期应当注意的几个问题等为100余名新建所合伙人提供了具体的指导；三是为帮助律师事务所准确适用《劳动合同法》及《劳动合同法实施条例》，依法规范用工管理，组织起草并在协会网站发布了律师事务所劳动合同范本，并邀请劳动合同范本的起草人为律师事务所的管理合伙人及行政主管举办了专题培训；四是根据市发改委、市司法局发布的《北京市律师服务收费管理实施办法（试行）》，制定并提请理事会审议通过了《北京市律师事务所计时收费指引》，为规范我市律师法律服务收费计时收费行为、依法维护委托人和律师的合法权益提供了制度保障；五是根据司法部部颁规章关于律师事务所应当建立律师执业年度考核制度的相关规定，起草了《律师事务所对律师执业活动的考核指引》（征求意见稿）；六是为探讨信息化的时代发展对律师事务所规范管理水平、提升运营效率带来的新的发展机遇与挑战，成功举办了律师事务所管理与信息技术应用研讨会，就信息化背景下律师事务所标准化、规范化管理的方式分享了成功的经验。

（五）立足帮助会员提升执业能力与执业水平，积极开展业务培训与业务指导工作

为帮助会员提升执业能力，拓展业务领域，协会大力加强对会员的业务培训与业务指导工作。根据会员需求，组织了14期内容涉及财产犯罪的认定、侵权责任法、担保法审判实务等主题的业务大培训，举办了138次专业研讨交流及小型培训活动；同时，在首都律师网站专门开辟了名为“专业领域”的栏目，将专业委员会业务研讨内容及成果一一上传，会员可根据需要随时下载，对于促进会员间的业务沟通与交流，帮助会员了解前沿业务知识起到了一定的导向作用。

为从行业战略发展角度继续加大对青年律师的培养、扶持力度，协会先后举行了第二期、第三期北京青年律师阳光成长计划培训班，共有400余名执业不满3年的青年律师参加，培训课程以职业道德、职业取向、执业素养和执业技能为主，授课导师由业界资深律师担任，采用分组小班形式授课，并采取了现场提问、场景模拟、互换角色、辨析互动等多种形式与青年律师进行互动，受到了青年律师的广泛好评。

为帮助北京律师提升国际竞争力，协会积极探索与海外教育机构合作开发境外法律学历及非学历教育项目。年内共派出了四批14名律师作为美国华盛顿大学法学院亚洲法研究中心访问学者赴美学习，并分别与美国福德汉姆大学法学院、明尼苏达大学法学院就相关培训项目达成了新的合作协议，选派5名律师赴美参加了项目培训。同时，协会先后邀请美国明尼苏达大学法学院教授、美国贝克麦坚时律师事务所高级合伙人等为广大会员举办了“墨西哥湾漏油事件的法律后果”、“美国诉讼——中国

公司新趋势”等讲座，受到了会员广泛的欢迎。

为加强中外律师的交流与合作，树立北京律师的国际形象，协会与中华仲裁协会、台北律师公会、中国国际经济贸易仲裁委员会联合举办了“两岸仲裁、调解及争议审查委员会（DRB）制度及实践研讨会”，组团参加了第十八届北京市律师协会—首尔地方律师协会交流会议、2010英国法律年开年仪式等，接待了德国法兰克福律师代表团、英国事务律师公会及英国出庭律师公会代表团等来访；为了使更多北京律师能够“走出去”与国外同行进行交流，应广大会员的要求，首次组织了律师自费团出访日本，受到了大家的欢迎。

（六）大力开展对外宣传与交流，着力打造北京律师公益品牌形象

为贴近会员的实际需求，体现首都律师的特点，协会对《北京律师》进行了全面改版，从封面设计、正文版式、栏目设置及文字编辑到色彩、纸张和印刷均作了很大的改变。与此同时，首都律师网站二期改版工程已经进入实施阶段，二期工程包括“会员服务系统”和“秘书处办公服务系统”，完成后可实现会员网上报名、网上培训、在线交流、在线投诉等功能，使网站成为一个风格独特，功能健全，使用便利的对外标志性窗口。为树立北京律师的良好形象，协会组建了北京律师援助中西部讲师团，并选派专业律师远赴新疆举办了律师实务讲座，促进了北京律协与中西部省市律协的交流与合作；此外，协会还组团赴山东、江苏省律师协会就省、市两级行业协会的工作衔接、规章制度建设、会费收缴和使用、律师准入制度以及行业税收政策等问题进行了调研和交流，为协会今后工作的开展提供了参考和借鉴。

为向社会展示和弘扬首都律师强烈的社会责任意识，总结北京律师在履行社会责任过程中积累的宝贵经验，协会以北京律师行业30年来通过各种途径参与为公众与社会服务的状况为素材起草并发布了《北京律师社会责任报告》，有效地增强了社会公众对北京律师群体勇于承担与履行社会责任的认知。为了大力宣传优秀律师事务所和律师，树立首都律师行业楷模，协会在年底组织开展了“北京律师行业2010年度公益大奖”和“北京市百名优秀刑辩律师”的评选工作，本着公开、公平、公正的原则，坚持标准，严格程序，经过两次集中评审，由业内外专家学者组成的评委会从参评的49家律师事务所和208名律师中，遴选出了公益大奖28个，优秀刑辩律师106名。协会拟于2011年初通过业内外媒体对获奖名单进行公示，并对获奖者进行隆重表彰。与此同时，为持续打造北京律师的公益品牌形象，协会继续组织了一系列行业公益活动。一是加大了北京公益律师服务热线宣传力度，通过北京人民广播电台、北京晚报、公益灯箱广告及公交车移动电视显示屏等各种宣传媒介进一步扩大公益热线的覆盖面和知名度；二是组织了为西南旱区及青海玉树地震灾区捐款献爱心活动，累计收到捐款474万余元，并落实了云南大理和云阳水利工程的援建项目，与青海省律协签订了援助青海省律师发展的协议；三是组织了对宁夏、陕西两所北京律师希望小学的回访，并在全市律师事务所中开展了为希望小学捐赠的活动，收到捐赠物品价值达7万余元；四是在北京市圆满完成对口支援什邡恢复重建工作之际，参加了北京市律师希望小学暨回澜镇陈家观小学的命名仪式，给学生们带去了17000余元的捐赠物资；五是选派优秀专业女律师坚持每季度到大兴区天堂河北京市女子监狱为服刑人员提供义务法律咨询，参加全国妇联信访法律咨询活动及市妇联96156姐妹驿站电话咨询，并出资5000元为北京SOS儿童村筹建了家庭图书室。

为积极宣传北京律师人大代表、政协委员在参政议政领域所做出的贡献，协会编辑出版《律师话政》，汇集了来自于律师行业的优秀提案和建议案，向社会展现了首都律师关注民

生、热心公益、积极履行社会责任的专业风采。

为促进与国际律师组织、兄弟省市律师协会的沟通交流，协会主办或组队参加了第六届两岸三地律师高尔夫球邀请赛、律师世界杯足球赛、京津沪渝粤五省市律师羽毛球联谊赛等赛事活动，并组织了艺术团的律师在新春团拜会、第二届北京律师论坛等活动中献上了精心准备的文艺活动，受到了与会人员的好评。

（七）规划行业发展，完善行规体系，积极推进行业基础建设

为了对北京市律师行业中长期发展目标进行科学规划，协会组织起草了北京市2011～2015年律师业发展纲要，为今后5年律师行业的发展指明了方向；针对北京律师行业中职业认同感与荣誉感有待进一步加强的现状，协会举办了律师行业文化建设研讨会，并通过北京律师行业文化建设课题的调研，对30年来律师行业文化的内涵进行提炼与总结，以增强行业的凝聚力与忠诚度。同时，为了向社会全面展示北京律师行业的发展状况，扩大行业影响，协会编制并拟于2011年3月份向社会发布《北京律师行业发展蓝皮书》，从行业协会的角度对北京律师行业30年来的发展历程、发展状况、典型事件、重点问题、北京律师业年度大事记以及律师参政议政的情况等进行总结和提炼；为了对行业税收相关问题进行前瞻性研究，协会选派专业律师组建成立了北京律师税收政策研究课题组，并正在着手起草制订北京市律师事务所会计核算办法。

根据广大会员的要求，年内，协会调整了会费标准，个人会费每人每年由2500元降到2000元，下降幅度达到20%，对新律师实行“一免两减”的政策，对年满70岁的老律师免收会费，充分体现了协会对青年律师的扶持以及对老律师的人文关怀。

为了进一步提高协会会费预算编制工作的科学化和规范化水平，协会对预算编制工作进行了改革，通过举办预算编制工作联席会的形式，增加了与各专门工作委员会就各自年度工作计划及经费使用建议进行当面沟通的程序，取得了很好的效果。

为完善协会组织体系建设，协会增设了3个专门工作委员会，制定发布9个行业规范，汇编出版了《北京市律师协会行业规范汇编》，筹备翻译并即将出版发达国家律师协会的相关行业规范汇编。

根据市局的总体工作安排，年内，协会积极参与了10个区律协的筹建工作，从章程制定、规则起草到代表资格审查以及选举程序设定等方面都给予了具体的指导；就尚不具备成立律师协会条件的区县如何有效地开展会员服务工作等问题也进行了专题研讨。为给区县律师协会的工作提供具体指导，协会就区县律协工作规则模板、受理投诉及案件调查、为辖区会员提供服务与管理等问题组织了多次的研讨会，出台了《关于区（县）律师协会纪处工作若干问题的指导意见》，并组织了由区县律协相关人员参加的交流座谈会；为了规范市区两级律协职能分工及工作对接，协会启动了北京市律师行业两级管理架构专题调研活动，就市区两级律师协会之间的职能划分、工作对接及信息沟通进行研讨论证，研究建立相应的工作机制和工作流程。

## 六、协会领导班子介绍

会　长：张学兵

副会长：张小炜　姜俊禄　王　隽　白　涛　巩　沙　周塞军

监事长：赵小鲁

秘书长：李冰如

副秘书长：王笑娟　刘　军　赵　菁

注：2009年12月29日会长会议决定增聘赵菁为副秘书长。

## 天津市律师协会工作概况

2010，天津市律师协会紧密结合我市律师业发展实际，通过加强律师队伍建设和律师协会自身建设，创新管理模式，开展形式多样的培训和交流活动，加强律师奖惩以及宣传工作，在深入搭建律师服务平台、提高队伍思想政治素质建设和执业水平以及拓宽市律协服务渠道等方面，做出了努力，取得了一定成效。

### 一、律师协会概况

目前，天津市各类律师事务所已发展至346家，执业律师3097人，具有本科以上学历的律师占律师总数的87.6%，其中博士32人，硕士558人。2010年，全市律师深入拓展法律服务领域，不断增强服务经济社会发展能力，广泛参与公益法律服务活动，积极投身金融改革创新、公共服务基础设施、环境保护、产业提升、“三农”建设等重大项目建设领域，为促进经济社会又好又快发展，创造和谐稳定的社会环境、公平正义的法治环境、优质高效的服务环境等发挥律师应有的作用。2010年律师业务总收入达到89629.78万元、纳税8062.35万元。

### 二、理事会、常务理事会、会长会的情况

2010年4月10日~11日，六届市律协第四次理事会会议在武清天鹅湖度假村召开。29名理事参加了会议。市律协监事会成员，各专业委员会主任、副主任以及各区县司法局主管律师工作的局长及公律科长列席了会议。会议表决通过了《六届市律协常务理事会2009年工作报告》、《天津市律师协会2009年度预算执行情况报告》、《2010年天津市律师协会工作预算》。

根据市律协年度工作规划，常务理事会先后共召开了3次工作会议，及时传达党中央、国务院和市委市政府有关文件精神，研究协会发展和建设的重大事宜，部署协会的各项工作。

4月6日，六届市律协常务理事会第十六次会议在市律协常务理事室召开。会议对《六届市律协常务理事会2009年度工作报告》、《2010年市律协工作要点》、《2009年年度市律协会费执行情况报告》以及《2010年市律协工作预算》以及六届市律协理事会第四次会议召开事宜等进行了研究审议。

9月27日，六届市律协常务理事会第十七次会议在市司法局312会议室召开。会议对市律协前一阶段开展的各项工作进行了总结，并就下一阶段将要开展的出访韩国仁川、开展英国BPP律师培训项目以及警示教育培训活动等工作进行了安排部署。

12月3日，六届市律协常务理事会第十八次会议在市司法局312会议室召开。会议传达了全国律师工作会议精神，并对市律协搬迁司法学校事宜进行了研究审议。

2010年，市律协共召开了2次会长办公会议，对协会的各项重要工作安排及大型活动进行研究部署。

2月2日，六届市律协会长办公会第二十三次会议在市律协会议室召开。会议就2009年市律协工作进行总结，并就律师管理及服务平台基础性建设工作、律师培训调研、对外交流、行业创新、专门专业委员会机构完善以及对外宣传、律师维权等2010年将要着手开展的各项工作进行了研究讨论。

3月23日，六届市律协会长办公会第二十四次会议在市司法局312会议室召开。会议就2010年市律协工作要点、2009年度市律协会费支出情况报告以及2010年市律协工作预算进行了审议，并就规范投诉处理程序、加强行业规范化建设等事项进行了讨论。

## 三、2010年主要活动及工作成果

### （一）积极搭建服务平台，扩大律师服务经济社会的广度和深度

为有效发挥律师服务社会作用，与第六届东亚运动会组委会签订法律服务合作协议，组建法律事务团队，31名律师被聘为东亚运动会法律事务团队成员。法律事务团队分设为民商与行政、刑事与治安、知识产权与特许经营以及公证四个法律服务组，为第六届东亚运动会的权益保障等提供法律服务。组织律师为2010年天津夏季达沃斯论坛及气候变化国际谈判天津会议提供法律服务，为会议期间出现的安保问题、事件及涉及与会议活动有关的行政、民事活动提供专业咨询意见。组织了20家律师事务所参加了第四届中国国际融资洽谈会，进一步扩大律师经济社会服务范围。同时，引导律师深入企业提供服务，市律协研究制定并向各区县局下发了《关于在全市组织开展“千名律师进千家企业解难题”活动的实施方案》，在全市律师中开展“千名律师进千家企业解难题”活动，重点是为全市重点企业、中小企业、重大工程和重点项目提供法律服务。通过各项活动开展，搭建了律师服务平台，有效发挥了律师服务经济社会的作用。

### （二）大力加强律师行业党建与团组织建设工作，推进行业水平整体提高

加强律师行业党的组织建设，积极探索党建工作新途径，召开市律协党工委第十二至十四次会议，对加速律师行业健康发展以及完善党工委各项工作制度进行研究，切实有效的发挥党工委在律协工作中的领导核心作用。坚持律师行业党的组织建设工作进度月报与季报制度，进一步摸清律师党员底数，确保每一名党员律师不游离于组织生活之外。同时，为发挥律师党员作用，在律师行业中开展“党员奉献五个一主题实践活动”，通过活动开展引导律师回馈社会，服务社会，不断提高律师队伍素质。依照司法部文件精神，开展律师行业创先争优活动，市律协党工委研究制定并下发了《关于在律师行业基层党组织和党员中深入开展创先争优活动的工作意见》并成立了领导小组，对开展创先争优活动作出安排部署，确保活动取得成效。市委九届八次全会召开之后，市律协党工委及时制定并下发了《关于在全市律师队伍中深入开展贯彻落实市委九届八次全会精神进一步加强律师队伍建设学习教育活动的实施意见》，指导全行业开展学习教育活动。

同时，着力加强律师行业团组织建设工作，通过以党建促团建，充分发挥市律协团工委与“青年律师法律服务团”的作用，有效引导青年律师承担社会责任。组织青年律师法律服务团成员参加了由团市委组织开展的“‘城市惠生活 低碳每一天’迎‘五四’青年节系列活动”以及“‘诚信促和谐，满意在津城’—天津市青年文明号及服务行业青年职工集中服务日”等活动。

### （三）深入拓宽维权渠道，稳定律师税收政策，切实解决律师在执业中遇到的实际问题

2010年，根据国家税务总局要求，律师税收将由核定征收变为查账征收，为应对这一税收政策和征管方式的重大变化对我市律师行业产生的影响以及保障律师权益，市律协多次与税务机关沟通、协调，并召开了各区县司法局和大、中、小型律师事务所五次座谈会，并向部分省、直辖市司法行政机关和律师协会进行调研，向税务机关积极反映律师诉求，力求稳定行业税收政策，经过多方努力，争取到了税收征收方式转变的过渡期。

此外，深入维护律师合法权益，与市政法委以及公、检、法等部门多次进行沟通，研讨如何有效解决律师执业三难问题。由市律师协会牵头，市委政法委组织协调本市公、检、法、司相关部门负责人参加的代表团，专程赴大连市学习考察了该市公安局监管支队和看守机关律师在侦查期间无障碍会见的经验，并草拟了公、检、法、司《关于进一步严格执行〈律师法〉保障律师在刑事诉讼中依法执业若

干问题的规定》的建议稿。

（四）采取有效培训手段，着力提高律师业务素质

改进和完善集中培训方式，建立和完善律师网上培训体系建设，与中国（点睛）政法网络学堂签订协议，为全市律师开通网络学习账户，供律师学习使用。同时，为加强律师队伍政治思想素质和执业能力，在律师队伍中开展“执业大培训、岗位大练兵”活动，向各区县司法局、各律师事务所下发了《关于印发〈天津市律师协会执业大培训、岗位大练兵活动实施方案〉的通知》，并组织全市律师开展了“执业大培训、岗位大练兵”活动验收考试，全市3000多名专、兼职执业律师参加了考试。与天津市仲裁委合作编写了《民商实务总汇经典》丛书并发放给全市律师事务所，供大家学习使用。此外，全面开展律师队伍警示教育培训活动，加强律师职业道德与执业纪律教育，市律协向各区县司法局、各律师事务所下发了《关于在全市律师队伍中开展警示教育培训》的通知，于2010年7月至2011年1月在全市律师队伍中开展警示教育培训。活动开展以来，市律协为全市律师编印并发放了《律师事务所规范化管理手册》、《律师执业警示教育学习手册》，举办了“律师执业警示教育专题报告会”，同时还要求各律师事务所内部自行组织开展警示教育学习培训。通过开展警示教育集中培训，有效增强律师职业道德、执业素质，不断提高广大律师的自律意识、大局意识与服务意识。

2010年以来，市律协组织律师开展了各类培训及研讨活动，举办了“金融危机后投行业务发展方向及中国企业在美国资本市场借壳上市”、“审理行政案件若干问题”、“《侵权责任法》疑难问题讲座”、“当前我国外经贸暨双边投资协定热点法律问题讲座”、“当前劳动案件裁判方法研讨会”等研讨会及主题沙龙活动。2010年，市律协共举办实习律师集中培训4期，共计培训650余人次；各专门专业委员会举办各类培训讲座20余期，共计培训律师5000余人次；市律协举办新法律法规、律师执业道德培训8期，共计培训律师2000余人次。通过多项培训及研讨活动，不断提高律师业务素质。

（五）广泛开展对外交流，提升交流层次与水平

2010年以来，市律协不断扩大对外交流规模，在巩固已有交流项目的基础上，着力开拓新的交流渠道。与中国政法大学中欧法学院、德国汉堡律师协会合作开展了“法治国家中律师的作用与功能”律师职业培训项目，该项目是由欧盟委员会资助、中欧法学院实施的对中国律师、法官、检察官进行职业培训的活动之一，全市160多名律师参加了为期两天的培训并获得了由中欧法学院颁发的结业证书。选派了12名律师赴美国俄克拉荷马城市大学进行第二期培训。组织了20名律师赴德与全德律师协会合作开展“第二届德中律师论坛”活动，活动以“律师界的新挑战—中德法律事务中的律师”为主题，双方就律师服务新农村建设的工作、中国版权和专利法、中国劳动法的最新发展等方面进行了充分研讨，通过活动开展锻炼了天津律师参与国际性会议的经验，也展示了天津乃至中国律师的风采。同时，继续贯彻落实与韩国仁川地方辩护士会交流合作协议，组织律师代表团赴韩国仁川进行了为期3天的业务交流活动。此外，在巩固与德国、美国等国家已建立的交流成果基础上，市律协继续拓展其他交流项目，与英国英博夏尔大学专业进修学院（BPP）开展合作，选派了14名律师赴英参加培训。在各项活动交流中，扩大了天津律师的社会影响力，提高了律师的专业素质。

（六）加强律师行业宣传，扩大律师社会影响力

广拓宣传渠道，集中宣传报道律师执业风采。在母亲节即将来临之际，市律协与《每日新报》联合举办了“康乃馨盛开在春天——爱心律师在行动”主题公益活动，活动以“援助

诉案中的母亲”为主题，对在全市律师征集案例中的8位贫困母亲进行现场捐赠，使8位母亲在市律协发起的“援梦”行动中圆了8个梦想。与市老龄委、今晚报、中老年时报联合举办“消费与服务”法律咨询活动。组织律师事务所参加由市妇联、市综治办、市司法局共同举行的天津市“三八”妇女维权周启动仪式暨天津市志愿服务联合会半边天分会成立大会，6家律师事务所作为首批“律师进社区”的律师事务所，分别与市内六区的“半边天家园”签订服务协议。开展了由市妇联、市卫生局、市民政局主办，市律协女律师联谊会、和平区妇联协办的“防艾滋珍惜幸福生活 反家暴共创平安家庭”活动，市内六区各选派了一家律师事务所为新婚夫妇提供免费法律服务咨询。组织律师慰问天津市儿童福利院、马三立养老院和天津国际老龄村。通过各项活动开展，彰显了我市律师热心公益事业、关注社会弱势群体的社会责任心与爱心。

同时，进一步加强协会网站建设，继续与北大英华公司合作，为律师开通法规查询服务。开通未成人保护专业委员会网站，通过网站的开通进一步拓宽我市未成年人保护的渠道，让社会更多了解我市律师从事未成年人保护工作情况。发挥《天津律师》杂志业界及协会对外宣传的窗口作用，在以往天津律师编辑的基础上进行了改版，设置了工作指南、律师党建、律师文苑等主要栏目，并根据每期聚焦的不同主题，增设律所建设、律师人生、热点话题，宣传律师先进典型和天津律师业的发展成就。2010年，共编辑出版了6期《天津律师》。

（七）加强律师管理与服务，积极开展各类文体与福利工作

在2010年工作中，市律协更好的发挥“律师之家”的服务管理功能，逐步加强了天津市法律服务人才交流中心的功能，从仅接受律师档案存放已发展到为律师提供人事档案管理、社会保险代办、代理招聘等服务，并为律师事务所及律师提供详细、专业的人事、劳动及社会保险政策咨询。同时，人才中心经过与有关部门沟通，开设了集体户口，切实解决了本市律师集体户口的落户、转移、管理问题，为律师事务所和律师提供专业、高效、全方位、一站式的服务。

积极开展各类文体活动，加强会员交流。开展了由市委政法委主办，市司法局、市律师协会承办的政法系统领导干部“坤鹏杯”乒乓球赛。与市人民检察院、市高级人民法院羽毛球队共同举办“贺新春羽毛球友谊赛”。定期开展律师合唱团活动、律师足球队、羽毛球队训练活动，进一步丰富律师业余生活，扩展律师交流平台。为使律师在紧张的工作之余，能够放松心情、更多的参加文体活动，由市律协女律师联谊会牵头，组织律师参加了高雅艺术培训班，如钢琴、国标舞、拉丁舞等。为提高律师艺术修养以及文化生活品味，组织律师开展了安全系数较高的体育健身活动，如太极拳学习班。“三八”节期间，为全市女律师发放节日礼物，活跃女律师文化生活。同时，进一步扩大服务会员的广度与深度，广泛开展律师福利工作，为我市执业律师续签执业责任保险及人身意外伤害保险，开展年度体检工作，为律师们提供更加舒适的体检环境、设定更加科学、更适合律师群体的体检项目。

## 上海市律师协会工作概况

### 一、律师队伍2010年现状

在市司法局和全国律协的监督与指导下，第八届理事会认真履行律师法和协会章程赋予的各项职责，努力加强行业建设、指导业务发展、规范执业行为、维护行业权益、加强执业监督，努力确保上海律师业平稳较快发展，努力为上海“四个中心”和现代化国际大都市建设作出新的贡献。全市律师事务所从2008年的810家发展到目前的1077家，增长32.96%，

有101家外地律师事务所在上海开办分所，另有境外律师事务所驻沪代表处137家。全市执业律师从2008年的9033人增长为12485人，增长38.21%，研究生以上（含博士）4017人、占32.17%，35岁以下青年律师5397人、占43.23%，另有公司律师、公职律师754人。2010年业务创收58亿余元、纳税8亿多元。

## 二、律师代表大会

2010年3月27日，上海市第八届律师代表大会第三次会议在上海展览中心隆重召开，近三百名正式代表、特邀代表、列席代表参加了大会。上海市司法局党委书记、局长吴军营、副局长刘忠定、政治部主任庄孝志及中华全国律师协会副会长吕红兵等出席了大会。

市律协会长刘正东向大会作了题为《服务世博、服务社会、努力为上海“四个中心”建设作出更大贡献》的理事会工作报告。厉明副会长和朱洪超监事长还分别作了财务工作报告和监事会工作报告。

吴军营局长肯定了市律协过去一年的工作成绩，同时，他对当前和今后的律师工作提出了殷切希望，他指出，举办一届成功、精彩、难忘的世博盛会，是中央交给上海的一项历史重任。他要求市律协、各律师事务所和全市广大律师一定要按照市委的总体要求，认真履行职责，积极发挥作用，为举办一届成功、精彩、难忘的世博会做出最大的努力。

与会代表们认真审议了刘正东会长所作的理事会工作报告、厉明副会长所作的财务工作报告和朱洪超监事长所作的监事会工作报告。大会最后的表决结果，理事会工作报告、监事会工作报告、2009年预算执行情况报告均获得全票通过；2010年预算及预算说明也以极高的票数获得通过。大会获得了圆满成功。

## 三、理事会

1. 3月20日，市律师协会召开第八届理事会第十一次会议。会议主要内容：

（1）审议并通过《市律协八届理事会2009年工作报告（稿）》；

（2）审议并通过八届三次律师代表大会会议议程（稿）；

（3）审议并通过《市律协2009年度会费预算执行情况（稿）》和《市律协2010年度会费基本项目预算（稿）》。

2. 7月10日，市律师协会召开第八届理事会第十二次会议。会议主要内容：

（1）讨论并通过八届三次律师代表大会提案答复；

（2）讨论并通过调整后的业务研究与职业培训委员会委员名单；

（3）讨论《上海市申请律师执业人员实习管理办法（试行）》（稿）；

（4）报告市律协2010年上半年工作、讨论市律协2010年下半年工作。

3. 10月23日，市律师协会召开第八届理事会第十三次会议。会议主要内容：

（1）审议并通过召开上海市第八届律师代表大会第二次临时会议的决定；

（2）审议并通过上海市第八届律师代表大会第二次临时会议会议议程；

（3）审议并原则通过《上海市律师协会章程（建议稿）》；

（4）审议并原则通过《上海市律师协会律师代表大会代表规则（建议稿）》；

（5）审议并原则通过《上海律师行业年金保险（补充养老保险）方案（建议稿）》；

（6）讨论并通过“申请律师执业人员实习管理考核委员会”、“律师执业考核委员会”和“申请律师执业人员考核复查委员会”、“律师执业考核复查委员会”、“惩戒复查委员会”人员名单。

4. 11月13日，市律师协会召开第八届理事会第十四次会议。会议主要内容：

（1）对《上海市律师协会章程（修订审议稿）》中有关律师代表、理事、会长、监事、监事长任期规定的问题进行了表决。

5. 12月30日，市律师协会召开第八届理事会第十五次会议。会议主要内容：

（1）讨论并原则通过《上海市第九届律师代表大会筹备工作方案（稿）》；

（2）讨论并原则通过《市律协九届律师代表大会代表及九届律协理事、监事产生办法（稿）》；

（3）讨论《上海市律师协会律师代表大会特邀代表规则（草案）》；

（4）讨论《上海市律师协会特邀会员与预备会员规则（草案）》。

6. 2011年3月5日，市律师协会召开第八届理事会第十六次会议。会议主要内容：

（1）讨论并通过《市律协八届理事会工作报告》；

（2）讨论并通过市律协第九届律师代表大会第一次会议议程；

（3）讨论并通过《市律协2010年度会费预算执行情况报告（稿）》和《市律协2011年度会费基本项目预算报告（稿）》；

（4）讨论并通过上海市律师协会若干规则修订稿；

（5）讨论并通过市律协第九届律师代表大会特邀代表名单；

（6）讨论并通过关于邀请部分公司律师、公职律师、外国律师事务所驻沪代表机构负责人作为列席代表参加市律协第九届律师代表大会的建议；

（7）讨论并通过关于不再统一发放纸质版《律师业务资料》的建议。

## 四、常务理事会

1. 3月20日，市律师协会召开第八届常务理事会第二十次会议。会议主要内容：

（1）讨论并通过《市律协八届理事会2009年工作报告（稿）》；

（2）讨论并通过《市律协2009年度会费预算执行情况（稿）》和《市律协2010年度会费基本项目预算（稿）》。

2. 5月10日，市律师协会召开第八届常务理事会第二十一次会议。会议主要内容：

（1）讨论并通过《上海市律师协会关于律师承办涉世博法律事务的指导意见》；

（2）讨论并通过《市律协业务研究委员会主任推选或竞选办法（稿）》；

（3）讨论并通过业务研究委员会主任候选人名单。

3. 7月10日，市律师协会召开第八届常务理事会第二十二次会议。会议主要内容：

（1）讨论并原则通过八届三次律师代表大会提案答复；

（2）讨论并原则通过调整后的业务研究与职业培训委员会委员名单；

（3）讨论并原则通过关于开展2008～2010年上海市优秀律师、优秀青年律师评选活动的方案。

4. 7月22日，市律师协会召开第八届常务理事会第二十三次会议。会议主要内容：

（1）讨论并通过上海市优秀律师、优秀青年律师、优秀女律师评选活动的方案；

（2）讨论市律协章程修改事宜。

5. 9月6日，市律师协会召开第八届常务理事会第二十四次会议。会议主要内容：

（1）讨论关于执行全国律协《申请律师执业人员实习管理规则》、《律师执业年度考核规则》的通知；

（2）讨论并通过设立律师（申请律师执业人员）考核委员会、律师（申请律师执业人员）考核复核委员会；

（3）讨论市律协章程修改若干条款的“投票选择表”；

（4）讨论上海市律师代表大会代表组织规则。

6. 9月13日，市律师协会召开第八届常务理事会第二十五次会议。会议主要内容：

（1）讨论律师行业年金（补充养老金）方案；

（2）讨论上海市律师代表大会代表组织规

则（第二稿）；

（3）讨论确定八届市律协第二次临时代表大会相关事宜。

7. 9月29日，市律师协会召开第八届常务理事会第二十六次会议。会议主要内容：

（1）根据“章程修改若干条款征询意见选择表”的统计结果讨论章程修改建议稿；

（2）讨论并原则通过《上海市律师协会律师代表大会代表规则》；

（3）讨论并原则通过律师行业年金保险（补充养老保险）方案。

8. 11月12日，市律师协会召开第八届常务理事会第二十七次会议。会议主要内容：

对将提交八届律师代表大会第二次临时会议审议的《上海市律师协会章程（修订审议稿）》中有关律师代表、理事、会长、监事、监事长任期规定的表决方式进行了讨论。

2011年1月24日，市律师协会召开第八届常务理事会第二十八次会议。会议主要内容：

（1）讨论八届理事会工作报告（稿）；

（2）讨论市律协2011年预算。

## 五、会长会

1. 4月12日，市律师协会召开第八届会长办公会第二十二次会长会议。会议主要内容：

（1）传达吴爱英部长在沪调研时的讲话精神；

（2）传达市司法局关于开展警示教育活动动员大会的精神；

（3）讨论2010年理事会工作任务；

（4）讨论八届律协研究会委员建议名单；

（5）讨论《律师执业活动年度考核办法（草案）》；

（6）通报八届三次律师代表大会代表提案的有关情况。

2. 5月10日，市律师协会召开第八届会长办公会第二十三次会长会议。会议主要内容：

（1）讨论并通过《上海市申请律师执业人员实习管理办法（试行）（草稿）》；

（2）讨论并通过《上海市律师协会青年律师执业状况调查报告（草稿）（2008～2010）》；

（3）讨论市律协5月份工作。

3. 5月31日，市律师协会召开第八届会长办公会第二十四次会长会议。会议主要内容：

（1）确认新增业务研究委员会正副主任名单；

（2）讨论八届三次代表大会提案答复；

（3）讨论市律协6月份工作。

4. 7月5日，市律师协会召开第八届会长办公会第二十五次会长会议。会议主要内容：

（1）讨论并通过八届三次律师代表大会提案答复；

（2）讨论关于开展2008～2010年上海市优秀律师、优秀青年律师评选活动的方案；

（3）布置赴各区县律工委走访、调研的事宜；

（4）讨论律师事务所业务档案保管事宜；

（5）讨论市律协7月份工作。

5. 8月30日，市律师协会召开第八届会长办公会第二十六次会长会议。会议主要内容：

（1）汇总各位会长带队调研章程修改的情况；

（2）部署“上海市优秀律师”、“上海市优秀青年律师”、“上海市优秀女律师”评选事宜；

（3）讨论律师学院草拟的《律师行业“十一五”开展教育培训情况总结报告（稿）》；

（4）讨论九月份工作。

6. 11月8日，市律师协会召开第八届会长办公会第二十七次会长会议。会议主要内容：

（1）布置八届律师代表大会第二次临时会议有关事宜；

（2）讨论优秀律师、优秀青年律师、优秀女律师评选工作相关事宜；

（3）布置进一步推动落实《关于大力组织律师参与法治政府、法治社会建设的通知》的相关事宜；

（4）布置市律协11月、12月工作。

7.2011年1月11日，市律师协会召开第八届会长办公会第二十八次会长会议。会议主要内容：

（1）讨论八届理事会工作报告思路；

（2）讨论市律协2011年预算；

（3）讨论律师行业年金保险相关事宜；

（4）讨论实习人员考核相关事宜；

（5）讨论《上海律师服务世博工作表彰活动方案（稿）》。

## 六、协会重要工作成果

### （一）努力提升律师服务能力，为“四个中心”建设提供优质高效专业法律服务

推动上海律师的专业化发展。三年来，业务研究委员会逐步由原来的18个增加到31个，其中与国际金融中心、国际航运中心和国际贸易中心建设直接有关的研究会达11个；研究会委员达1184人，占全市律师总人数的10%左右。建立“青年律师专业化建设信息库”，努力推动青年律师在执业伊始即树立专业化意识。

开展金融和航运法律服务课题调研。多次组织期货、保险、信托、证券、银行、基金以及并购重组等业务研究座谈会，讨论当前上海金融法律服务市场状况、业务状况、人才状况及改善措施，推进上海金融法律服务的制度创新。

加强与“四个中心”建设相关的法律研究。与上海市法学会等共同主办“上海市金融航运中心建设热点问题研讨会”。与长宁区司法局联合举办“虹桥法律服务论坛”，围绕“法律职业共同体”和“国际贸易中心”两个专题展开研讨。与浦东新区司法局两次联合举办“陆家嘴金融法治论坛”，围绕上海建设国际金融中心的法治化议题献计献策。召开“上海律师参与国际金融中心建设工作会议”，围绕如何在金融中心建设中发挥律师作用展开分析和探讨。加大与“四个中心”建设有关的业务培训力度。先后举办4次航运中心专题活动，邀请海内外专家分别主讲。与中国海事仲裁委员会上海分会、上海市航海学会共同发起设立“上海海事沙龙”，加强航运法律服务的交流与合作。

加大法律服务实践研究的鼓励力度。2008年专门成立了《上海市律师协会文库》评审委员会，制定了列为《文库》系列专著和资助出版《上海律师文丛》的两项鼓励标准，做到公开、公平。2010年，律师申报专著21本，其中，6本专著列入《文库》，9本专著列入《文丛》。3年来共出版《文库》系列专著9本，《文丛》系列专著13本。

### （二）有效发挥律师专业作用，为中国2010上海世博会的“成功、精彩、难忘”提供法律服务保障

在筹办世博中推动“法治世博”。世博申办成功后，上海律师和上海律协即活跃在世博会的筹办过程中。2008年，律协与上海世博局、上海市法学会联合举办第五届“世博会与法治化论坛”。2009年，与农工民主党上海市委共同举办“中国2010年上海世博会园区管理规则”研讨会。成立“上海世博会志愿者工作法律顾问团”，为世博会志愿者工作组提供有关志愿者工作方面的专业法律服务，服务内容涉及商业赞助、活动方案设计、保险等与志愿者工作密切相关的领域。

在举办世博中推动“平安世博”。世博会开始举办后，市律协迅速以“平安世博，律师同行”为主题，开展一系列服务世博活动：成立“上海律师服务世博推进小组”，着力推动上海律师全方位服务世博；制定《关于上海律师承办涉世博纠纷案件的指导意见》，规范涉世博案件的代理工作；组建了由295名志愿律师组成的“中国2010年上海世博会律师志愿团”，随时提供法律咨询、纠纷调处、应急处理等公益性法律服务；在世博举办期间每天开通“上海律协世博法律帮助热线”，及时为参观者、参展者提供咨询等法律帮助。2010年12

月5日，在“中国2010年上海世博会志愿者工作总结表彰大会”上，本市有10名律师荣获“中国2010年上海世博会优秀志愿者”称号。

（三）坚决维护律师合法权益，不断优化律师执业环境

坚决维护律师在执业过程中的人身权利不受侵犯。面对律师人身权类案件占维权申请40%的严峻形势，律协竭尽全力开展维权活动，及时制定维权方案，立即与相关部门联系沟通，在第一时间上门慰问并对受害律师进行心理抚慰。

坚持与法院、检察院间“组织上多交流”。三年来，律协与市检察院、市高院等建立了高层定期互访、相互听取意见的交流机制。最近，围绕构建法律适用统一机制问题，律协与高院正在开展频繁的交流、合作，力图借此机会将上海律师在该方面的意见、建议向高院予以充分反映。“组织上多交流，私下里慎交往”，既规范了律师与法官、检察官的关系，又改善了律师在诉讼中的执业环境。

大力宣传贯彻新《律师法》，在维护律师会见权方面取得突破性进展。通过律师市人大代表向市人大提交了关于开展新律师法执法检查的书面意见，被市人大内司委列入2009年度重点调研工作。通过律师市人大代表提出落实律师权利议案，推动市公安局制定并下发了《关于简化律师会见非涉密案件在押犯罪嫌疑人工作程序的通知》。

推动完善律师业务收费管理办法和收费标准。经共同努力，广大律师高度关注的律师服务收费管理办法及政府指导价标准终于在2009年得以修改、完善，新的办法及标准不仅规范了上海律师事务所的收费行为，得到上海律师的广泛认同，而且对上海律师克服金融危机的不利影响也发挥了积极作用。至此，长期困扰和制约上海律师业发展的收费问题获得圆满解决。

（四）加强律师宣传阵地建设，充分展示律师行业形象

推进《上海律师》杂志标准化建设，关注的视角集中在业内焦点、社会热点上。2010年，《上海律师》杂志获得首届全国律协会刊“银奖”。实现“东方律师网”的全新升级，通过信息及时更新和共享，为律协与律师事务所、律师间的无纸化交流和联系发挥了日益重要的作用；网站日点击率超过6万人次，位列上海行业协会网站点击量第一名。

加强与新闻媒体合作。积极组织律师参与中央电视台“法律讲堂”节目，与上海数字互动电视“法治天地”频道、解放网、新民网、上海政法综治网等网站合作报道律师新闻，与东方卫视联合制作《东方直播室》节目，与“新闻晚报”合办“平安世博，律师同行”系列报道25篇。

开展表彰奖励活动。一是组织全国“双优”评选活动，在第七次全国律师代表大会上，六家上海律师事务所和六名上海律师分别被授予“全国优秀律师事务所”和“全国优秀律师”荣誉称号；二是举行上海律师调解化解社会矛盾工作表彰会，对20名“上海律师调解化解社会矛盾先进个人”进行表彰；三是召开上海律师服务世博表彰总结会，对87名“服务世博先进律师”、33家“服务世博先进律师事务所”和7家“服务世博先进区县工作委员会”进行表彰；四是组织开展第二届“东方大律师”、2008~2010年度“上海优秀律师”和第四届“优秀青年律师”、“优秀女律师”评选活动，并在本次代表大会上进行表彰。

（五）积极探索区县律师工作委员会模式，切实践行为律师服务的宗旨

根据新《律师法》精神，在市司法局的大力支持下，在以往区县律师代表团工作经验的基础上，律协大胆创新，在全市18个区县探索成立区县律师工作委员会，为广大律师提供更近、更多、更好的行业自律服务。

在八届二次常务理事会作出在各区县设立

律师工作委员会决议后，理事会及时制定了《区县律师工作委员会工作规则（试行）》、修改了《区县律师代表团工作规则》，并将区县律师工作委员会制度纳入去年修改的《上海市律师协会章程》行业管理架构之中，确保各区县律师工作委员会的规范运作。

各区县律工委在新《律师法》的宣传、纪念律师制度恢复30周年、推进律师服务世博等方面都开展了丰富多样的活动，如卢湾区律工委设立“律师世博会志愿服务站”、浦东律工委举办“陆家嘴法治论坛”、闵行区律工委设置“刑事法律服务咨询接待室”、长宁区律工委举办“虹桥法律服务论坛”；长宁、浦东、静安、卢湾、黄浦、闵行等律工委间还多次组织区际足球、羽毛球比赛及龙舟赛等。卢湾区律工委还积极协助卢湾区司法局挖掘、保护了原上海律师公会旧址，为本市新执业律师培训增加了一处教育基地。在闵行倒楼事件、静安“11·15”特大火灾发生后，闵行、静安区律工委还主动组织律师参与突发事件善后处理工作。此外，各区县律工委还在推进政府购买法律服务，支持法律服务进社区及律师参与调解化解社会矛盾，开展横向交流，组织本区县律师文体活动，搭建律师与政府部门、社会团体间联系沟通平台等方面发挥着独特的作用。

实践证明，通过自律管理模式的创新，实现了律协行业管理工作的延伸，推动了律协更有成效地为律师服务，使广大律师更切实更直接地感受到律协的服务，大家对区县律工委从不理解到迅速接受且认为不可或缺。区县律工委的工作大有可为，并将在深化律师自律管理、强化“两级”管理和“两结合”管理方面发挥独特作用。

（六）积极鼓励律师参政议政，推进本市法治化进程

2008年“两会”换届选举后，上海律师当选为各级人大代表和政协委员人数为118人，其中各级人大代表36人（市人大代表11人），各级政协委员82人（全国政协委员1人，市政协常委2人，市政协委员11人）。

支持律师人大代表、政协委员建言献策。自2009年起，市律协在每年市“两会”前专门召开“上海律师参政议政新闻发布会”，把律师人大代表和政协委员拟提交的议案、书面意见和提案、社情民意集体向社会公布，取得了良好的新闻和社会效应。2010年，为不断提高律师参政议政水平，市律协将“律师人大代表与政协委员联络委员会”更名为“律师参政议政促进委员会”，对律师人大代表和政协委员参政议政给予更有力的支持。

组织律师人大代表走进社区。2010年，世博会在上海召开，“市民与法”讲座也与时俱进，为了配合今年世博会的召开，讲座早准备，早启动。今年讲座共在8个区县举办，有14位市、区两级律师人大代表担任了主讲人，讲课内容涉及平安世博、社会治安综合治理、拆违条例、劳动合同、老年人权益保护等主题，涉及范围从中心城区扩大到郊县、街道、社区、企业和学校，并将系列讲座中的讲课内容制作成视频资料，在上海政法综治网播放，受到社区百姓的热烈欢迎。

拓宽律师参政议政的渠道。2010年，市政府法制办和市律协签署《关于本市政府立法过程中听取市律师协会意见工作备忘录》，确定每年选择若干件涉及人民群众切身利益、社会关注度高、影响面大的立法项目，听取市律协意见。

（七）不断完善行业自律机制，努力提高行业管理水平

加强决策和执行过程中的民主集中制建设。坚持履职尽责，联系群众，民主决策，严格按照《议事规则》办事。

加强行业自律规范的制度建设。2010年顺利修改了《上海市律师协会章程》，完善了律协的组织机构，规范了律协的运作程序；先后制定了上海市律师协会《会员表彰奖励规则》、《业务研究委员会经费使用规则》和《律师代表大会代表规则》，修订了《上海市律师协会

会费使用规则》等规则；对过去十年来制订的各种规章制度进行了系统的梳理、修订，两次编撰了《上海市律师协会规则与规范汇编》。制订、修订业务操作指引18件，并于2008年编辑出版了《上海律师业务指引与参考(二)》。

加强律师事务所的规范建设。先后举办合伙制律师事务所转制为特殊的普通合伙制研讨会、优秀律师事务所经验交流会、律师事务所规模化建设研讨会和律师事务所品牌化、规范化建设研讨会。成立市律协律师事务所行政主管联谊会，编辑出版《上海市律师事务所行政主管工作手册》。

加强律师事务所规范管理的平台建设。为本地律师事务所量身定做信息互动与规范化管理平台——“律师之家”系统，并于2009年4月份开始向全市律师事务所免费发放“律师之家”光盘。2010年底，市律协利用该系统直播了律师学院和业务研究委员会的各类业务讲座40余期，使广大律师不出律师事务所就可以同步参与律协举行的有关业务培训。

加强秘书处和律师学院的组织建设。秘书处出色完成了理事会、监事会以及各专门委员会、各业务研究委员会的文秘、会务、组织、服务等具体工作。律师学院由“上海政法干部管理学院律师学院”更名为“上海市律师协会律师学院”，配备了专职副院长，学院的继续教育培训功能得到充分发挥和增强。

加强纪律惩戒工作。坚持理事值班接待投诉制度，形成了行业惩戒的规范和程序。加强执业纠纷调解工作。三年来，受理执业纠纷调解申请24件，其中11件申请经调解达成了和解或撤回调解申请。

(八) 不断强化行业服务功能，全面履行各项职责

调整和改革业务研究委员会。在过去18个业务研究委员会的基础上，陆续将业务研究委员会调整至31个，体现了专业化、市场化的设置特点。对主任人选，从任命制改为竞聘式，由委员在听取候选人竞聘发言后以无记名投票方式选举产生，进一步激发了业务研究委员会的工作热情。

积极拓展与境外律师行业组织间的交流与合作。联合香港律师会、澳门律师公会、台北律师公会在沪举办了“首届两岸四地城际法律服务研讨会”。继续落实沪港青年律师培训项目，选派上海律师赴香港培训和实习，接收香港律师来上海实习。同时，在与芝加哥肯特法学院合作的第二、三、四期LLM培训项目中，共有80名学员参加，54人前往美国继续就读。

加强与外省市律师协会的横向交流。市律协“远学京穗，近学苏浙”，赴北京、广东等地学习考察，接待来访的兄弟律协代表团60余批次，就加强行业管理、推进律师业发展进行探讨，进一步丰富了工作思路。2008年起，市律协每年安排青海律师到上海律师事务所进行为期两周的实习和培训活动；2009年起每年安排12名广西律协推荐的实习人员参加上海律协申请律师职业人员培训班。

切实加强青年律师工作。形成了“青年律师联业会”、“青年律师专业化建设信息库”、“青年律师沙龙”、“青年律师合伙人管理交流论坛”四大活动平台，为青年律师搭建联情、联谊、联业的平台，共举办活动68次。开展“青年律师调研”、“青年律师实务技能培训”、“青年律师对外交流”以及“青年律师考核”四项具体工作，帮助青年律师不断提高专业能力和开拓法律服务市场的能力，共举办活动54次。通过走访调研、网上问卷、面对面座谈等形式，完成了《上海市青年律师执业状况调查报告(2008~2010)》，为律协及本市律师事务所今后的青年律师工作提供了颇有价值的参考。今年，律协还正式开始了对新申请律师执业人员全部进行面试的工作，并于3月21日与市司法局、卢湾区司法局在原上海律师公会旧址联合举行了“2011年上海新律师执业宣誓大会暨律师执业证颁发仪式”。

继续拓展女律师工作。举办“庆三八·迎

世博”辩论赛，参与市妇联妇女法律服务工作，成立了由118名女律师组成的“巾帼律师志愿团”，为全市广大妇女提供义务法律服务，荣获市妇联“一会一品”优秀项目奖。与女法官协会举行“加强诉讼调解，共建和谐社会”座谈会，为甘肃平凉捐建母亲水窖和小型图书馆，为艾滋病孤儿和舟曲孤残儿童献爱心，参加香港女律师协会举办的募捐义演义卖晚会。市女律师联谊会被中华全国妇女联合会、全国维护妇女儿童权益暨平安家庭创建协调组授予“全国维护妇女儿童权益先进集体”称号。

加强律师文体福利工作。经过反复调查研究，提请律师代表大会审议通过了《上海律师行业年金保险（补充养老保险）方案》，借鉴律师业发达国家和地区的经验，在实现会费结余保值增值的过程中，提升律师退休后的养老水平，以行业互助的形式减轻广大律师退休养老的后顾之忧。根据广大律师呼声，实施会费调整方案，将个人会员会费收取标准从每人2000元/年下调为每人1500元/年。改进医疗互助金制度，将参加费用从每人每年700元降低为600元，报销比例（一般门诊）从80%提高到90%，住院补贴从40元/天提高到50元/天。继续为全市律师投保执业责任险、人身意外险。连续3年举办由律师自编自演或参演的上海律师迎春文艺晚会。

### 七、协会领导班子

会　长：刘正东

副会长：厉　明　乔文骏　李慈玲

　　　　陈乃蔚　徐晓青

秘书长：万恩标

副秘书长：刘小禾

## 重庆市律师协会工作概况

### 一、律师队伍2010年现状

2010年，重庆律师事务所发展到453家，比上年增加37家，增长9%；执业律师队伍达到4834人，比上年增加523人，增长12%；办理各类业务75384件，比上年增加8471件，增长13%；担任法律顾问8665家，比上年增加806家，增长10%；律师业务总收入突破7亿元，达到7.72亿元，比上年增加1.58亿元，增长26%。

### 二、召开理事会

2月26日，市律协四届理事会第五次会议在重庆国际会展中心召开。市司法局党委书记、局长林育均出席会议并作讲话，市司法局副局长、市律协党委书记郑键、市司法局律公处处长陈治元出席会议。会议由孙发荣会长主持。会议传达了司法部有关文件精神和近期中央领导对加强律师行业党建工作的批示以及全市司法行政工作会议精神；听取并审议通过了常务理事会关于市律协2009年工作的总结报告；审议通过了《市律协2009年财务预算执行情况报告》和《市律协2010年财务预算方案》。

5月28日，市律协召开四届理事会第六次常务理事会议，会议审议了市律协秘书长调整事项、理事任免事项及追加财务预算等事宜。会议由会长孙发荣主持。会议决定聘任陈治元同志为市律协四届理事会秘书长。

### 三、召开的常务理事会、会长会

（一）常务理事会

2月23日，市律协以通讯方式召开第五次常务理事会，审议通过《市律协2010年工作要点（送审稿）》。

5月28日，市律协召开第六次常务理事会议，审议了市律协秘书长调整事项、理事任免事项及追加财务预算等事宜。会议由会长孙发荣主持。会议决定聘任陈治元同志为市律协四届理事会秘书长。市司法局副局长、市律协党委书记郑键在会上的讲话中强调，市律协在当前和以后一段时间要认真组织开展好律师警示教育活动，加强对律师参与代理重大案件的指导，强化律师执业监管，进一步加大惩戒力度，加强律师工作信息管理，加大对律师的正面宣传力度，深入推进律师党建工作，切实把行业发展作为头等大事抓好。

12月15日，市律协召开第七次常务理事会议。会议传达了全国律师行业党的建设工作会议精神和全国律师工作会议精神；审议通过《重庆市律师执业年度考核实施细则（送审稿)》和《重庆市申请律师执业人员实习考核实施办法（送审稿)》、增加律师团体意外伤害保险及附加团体意外伤害医疗保险项目；审议同意承担2010年《重庆司法行政》杂志和《重庆司法行政发展年报》编印经费10万元。会议还对市司法局开展“五主动”给力农民工朋友维权活动工作进行了动员和部署。会议由孙发荣会长主持。19名常务理事参加会议，市律协党委副书记居里、秘书长陈治元列席会议。市司法局副局长、市律协党委书记张晓涛出席会议并作重要讲话，就下一步全市律师工作提出了要求。他强调，明年市律协的工作要以落实中办、国办转发的《司法部关于进一步加强和改进律师工作的意见》为主线，以切实加强队伍建设为切入点，围绕党委、政府的中心工作，围绕民生，努力为经济社会发展提供优质高效的法律服务。

（二）会长办公会

1月26日，市律协召开第12次会长办公会。总结了2009年工作，研究了2010年工作基本思路和2010年财务预算方案，会议还研究了近期有关工作活动安排。

4月22日，市律协召开第13次会长办公会。会议研究贯彻司法部、市司法局关于开展律师执业警示教育的意见，讨论2010年主要工作任务的分解和落实措施，确定由各位会长、副会长分工，牵头落实有关工作。

6月11日，市律协召开第14次会长办公会，专题研究全市律师行业庆“七一”唱读讲传文艺汇演策划方案。

8月3日，市律协召开第15次会长办公会。会议通报了市律协贯彻落实司法部和市委关于打黑除恶专项工作有关意见要求情况和开展律师队伍警示教育活动情况，对警示教育活动第三阶段工作安排进行了布置和强调。市司法局党委副书记、副局长张晓涛出席会议，强调市律协和广大律师要始终坚持律师工作的正确政治方向，坚决维护重庆“打黑除恶”专项工作取得的成果，继续充分发挥律师工作职能作用，积极为促进重庆的民生改善和经济社会又好又快发展作出新贡献。

8月30日，市律协召开了第16次会长办公会，传达学习全市司法局（处）长会议精神和全国律协秘书长会议关于实习律师管理考核和律师执业年度考核工作的有关要求，讨论会长班子成员调研走访区县工作安排和市属律师事务所移交区县司法局管理后市律协的有关工作。市司法局党委副书记、副局长张晓涛出席会议并讲话，对市律协的工作提出了要理顺关系、深化管理、加强教育的要求。

9月29日，市律协召开第17次会长办公会，会议研究了新疆律协与我会的合作交流事项，讨论了市律协班子成员区县调研走访活动的具体安排，对进一步增强《重庆律师》传播力议题进行了讨论。市司法局党委副书记、副局长张晓涛出席会议并讲话，通报第三届西部律师论坛情况和司法部在厦门召开的创先争优活动推进会精神，对抓好司法部创先争优活动推进会精神的贯彻落实工作、区县走访调研工作、加强《重庆律师》杂志宣传工作提出了要求。

11月1日，市律协召开第18次会长办公会。会议就市律协关于全国律协《申请律师执业人员实习管理规则》和《律师执业年度考核规则》的实施细则草案、赴外省市考察学习方案等议题进行了讨论。市司法局党委副书记、副局长张晓涛出席会议，强调全市律师认真分析研究当前律师工作的重点和难点问题，既要理顺律师工作的监督管理职责，完善规章、制度、规范，又要着力解决好影响和制约律师行业健康发展的实际问题，切实把《司法部关于进一步加强和改进律师工作的意见》贯彻好、执行好，扎扎实实推动重庆律师工作又好又快的发展。

12月6日，市律协召开第19次会长办公会。会议传达了全国律师行业党的建设工作会议和全国律师工作会议精神；通报了赴北京、吉林、上海、江苏、浙江、安徽等省市考察学习情况；讨论了《重庆市律师执业年度考核实施细则（讨论稿）》、《重庆市申请律师执业人员实习考核实施办法（讨论稿）》和财务委员会提交的等有关议题。

### 四、协会重要工作成果

2010年，是全市律师工作备受考验的一年。市律协在市司法局党委的坚强领导下，以律师队伍警示教育为契机，大力开展行业规范化建设，潜心修炼律师队伍法律服务内功，积极引导全市广大律师在服务“五个重庆”建设和内陆开放高地建设中推进律师业的深入拓展，取得新的成绩。

1. 根据司法部和市司法局的统一部署和要求，以违规典型案件为反面教材，在全市律师队伍中组织开展了警示教育活动。通过警示教育，全市律师受到了一次深刻的执业理念洗礼，执业思想进一步端正，执业风险意识进一步增强，执业行为进一步规范，队伍建设进一步加强。

2. 组织各类律师教育培训交流活动，举办律师执业道德与执业纪律教育和律师执业的精神层面交流活动；突出了律师专业技能训练，依托专业委员会，举办了房地产法律业务、劳动保障法律业务、刑事代理辩护业务、侵权责任法律业务等专题研讨交流活动；突出了对青年律师的职业培养，举办青年律师沙龙和开展实习律师岗前培训；突出了对远郊区县律师的重点支持，深入万州、涪陵、黔江、奉节、潼南等远郊区县开展培训；突出了对外交流学习，组织推荐律师参加了第三届西部律师发展论坛、全国律协组织的业务培训和境外培训，大力强化了律师队伍业务素质建设。

3. 配合市司法局与市高法院联合制定签署了《关于进一步加强律师执业权利保障维护司法公正的意见》，协调推动市检察院制定了《关于进一步规范执业行为，支持律师依法执业的通知》，律师执业权利有了进一步的改善和保障。

4. 组织会长、副会长和专委会主任赴北京、吉林、上海、浙江、安徽等省市考察学习交流行业规则、执业律师年度考核、律师教育培训、实习律师管理、青年律师工作、行业惩戒、党建工作、财务管理和律师刑事辩护业务工作，与遵义市律师协会合作开展律师培训交流，对外培训交流合作逐步扩大。

5. 通过开展创先争优活动，建立律师事务所和律协党组织153个，实现了党组织对律师事务所的全覆盖，规范了律师事务所党组织活动，推进了学习型律师事务所党组织建设；量身定做和认真履行创先争优承诺，带动了律师事务所和律师执业的规范化建设与发展。全行业党组织在律师工作中的政治保障作用和党员的执业示范引领作用凸显，全市律师工作的规范、科学发展得到新的推动。

## 河北省律师协会工作概况*

### 一、律师队伍2010年现状

2010年，全省共有执业律师7734人，其中专职律师7010人、兼职律师444人、公职律师78人、公司律师18人、法律援助律师184人；共有律师事务所615家，其中，合伙所436家、国资所91家、个人所88家。2010年，全省律师共办理各类法律服务事务399824件，

*（年鉴特约编辑：河北省司法厅律师工作指导处处长，河北省律师协会党委副书记、秘书长李文武）

其中，担任法律顾问9525家，办理刑事诉讼辩护及代理案件24693件，民事诉讼代理52099件，行政诉讼代理2512件，非诉讼法律事务12684件，调解成功案件8099件，仲裁4218件，咨询和代写法律文书208834件（次），承办法律援助案件8090件。2010年，全省律师业务收费约4.2亿元。

## 二、协会重要工作成果

### （一）关于律师队伍建设

2010年，河北省律师协会全面加强律师队伍思想政治建设，继续开展了“中国特色社会主义法律工作者”主题教育实践活动，全面提高律师队伍政治素质，广大律师做中国特色社会主义事业的建设者、捍卫者的自觉性和坚定性不断增强。深入开展了警示教育活动，切实加强律师队伍职业道德建设，教育引导广大律师诚信执业，组织律师参与行风评议，社会满意度显著提高。大力加强律师业务建设，专业化水平明显提高，律师队伍组成结构进一步优化，服务能力不断提高。切实强化律师行业管理，严把入口、畅通出口，加强对申请执业人员政治素质和道德品行的审查，依法查办违法违规案件，保持了律师队伍的纯洁。

### （二）关于专业活动

2010年，省律师协会9个专门委员会和12个专业委员会，按照各自职责要求，积极开展业务研讨、情况交流、工作调研和文体娱乐等活动，较好地发挥了应有的作用。

### （三）关于培训

2010年，省律师协会集中一个月的时间，分4期对全省2009、2010年新执业的1841名律师进行了集中培训。指导各市律师协会举办申请律师实习人员培训10余次，指导各律师事务所通过举办政治理论、法律知识、执业技能等培训学习，加强新执业律师和年轻律师培养，重视律师专业化引导；律师培训工作由律师协会指导、律师事务所普遍开展的模式进一步完善，培训效果进一步展现。

### （四）关于会员管理

2010年，省律师协会切实强化律师行业自律管理，注重发挥律师事务所基础性管理作用，律师事务所内部管理趋于规范化、法制化。同时，探索实施律师人事档案改革，协调省人力资源与社会保障厅、省人才交流服务中心，将省直律师人事档案由省律协管理，将设区的市市区律师人事档案由市律协管理，县（市）律师人事档案由县（市）司法局管理，使律师由“社会人”向“单位人”转变，增强了律师的组织归属感。截至2010年底，省直律师档案完成了交接，为下一步在全省推开积累了经验。

### （五）关于对外交往

2010年，省律师协会组织女律师赴上海知名律师事务所参观考察，与上海女律师进行联谊交流，邀请北京市律师协会有关领导来我省考察交流，共同探讨律师管理、律师行业建设等问题，加强律师业务交流。同时，邀请美国、香港、台湾等知名律师来冀，围绕外资并购、知识产权保护、公司上市等内容互相交流学习。通过多种形式的对外交流，拓展了我省律师的视野，为我省律师与发达地区律师同行深入合作提供了平台。

### （六）关于党务工作

在厅党委的领导下，全省律师行业全面加强律师党建工作。目前，共建立律师基层党组织350个，2006名律师党员的组织关系全部接转，党的组织和党的工作实现了全覆盖。省、市律师协会党组织探索创新党建工作机制，强力推进律师事务所党支部书记与主任双向进入、交叉任职，符合条件的116家律师事务所全部实现了一肩挑，确保了党对律师工作的领导。创先争优活动中，省律师协会作为河北省司法厅律师行业创先争优活动领导小组办公室，组织开展了党支部规范建设年活动和党员亮牌示范、诚信先行、公开承诺等活动，在全省律师行业形成了履职尽责创先进、立足岗位争优秀的良好局面。

（七）关于机关建设

2010年，河北省律师协会切实加强机关建设，秘书处下设的办公室、业务部、会员部、纪律部、宣传部、档案管理部等6个部（室）在各自职能范围内，分工协作、相互配合，认真完成省司法厅党委、省律师协会党委和理事会确定的各项工作目标。

## 内蒙古自治区律师协会工作概况

### 一、律师队伍2010年现状

律师及事务所数量：律师人数为3264名，其中专职律师2859名，兼职律师169名，公职律师53名，公司律师38名，法律援助律师145名；律师事务所276家，其中合伙所216家，合作所6家，国资所46家，个人开业所8家。业务量：担任常年法律顾问2901家，刑事诉讼辩护及代理5244件，民事诉讼代理25979件，行政案件诉讼代理1207件，非诉讼法律事务4757件，咨询和代写法律事务文书75439件，调解成功4088件，参加公益事业和社会活动19670次。

### 二、召开理事会、常务理事会、会长会

1月30日，自治区七届律协三次常务理事会在呼和浩特召开，会议审议通过了《自治区律师协会2009年理事会工作报告》、《自治区律协2009年度会费收支情况的报告》和《自治区律协2009年度互助金收支情况的报告；审议自治区律师协会2010年工作安排和自治区律师协会2010年度会费预算方案

12月25日，自治区律协在呼和浩特市先后召开了七届律协三次理事会和七届律协四次常务理事会，会议审议通过了《治区律师协会2010年理事会工作报告》、《自治区律协2010年度会费收支情况的报告》和《自治区律协2010年度互助金收支情况的报告》

2010年，自治区七届律协共召开会长办公会三次，会议就拟提交常务理事会的相关事项和全区律协的重大问题进行了研究。

### 三、2010年主要工作成果

2010年，自治区律协在司法厅党委正确领导和全国律协的精心指导下，以邓小平理论和“三个代表”重要思想为指导，深入贯彻落实科学发展观，认真贯彻党的十七大和十七届三中、四中、五中全会，按照《内蒙古自治区律师协会2010年工作安排》，紧紧围绕科学发展这个主题和加快转变经济发展方式这条主线，以加强律师党建工作为重点，以创先争优活动为抓手，加强队伍建设、规范执业行为、拓宽服务领域、提高服务质量，依照协会章程全面履行职能，团结带领全体会员紧紧围绕服务经济社会发展，预防化解社会矛盾、维护社会稳定作出了积极贡献。

（一）全面履行律师工作职责，为促进自治区经济平稳较快发展、维护社会和谐稳定提供优质高效的法律服务

一年来，我区广大律师充分发挥自身优势，围绕中心、服务大局，为“保增长、保民生、保稳定、促发展”提供优质高效的法律服务，全区律师在努力做好传统业务的同时，积极向经济建设的各个领域、市场经济的各个环节、社会事业的各个方面拓展法律服务，针对劳动就业、收入分配、社会保障等问题，充分发挥律师职能，围绕国有股权出让、资产重组、收购、兼并、债转股和建立现代化企业制度开展律师业务，为国企改革、产业结构调整、农牧民农牧区工作、发展非公有制经济和对外经济贸易等提供了高效优质法律服务。一年来，全区律师共办理刑事诉讼辩护及代理案件5244件，民事诉讼代理案件25979件，行政诉讼代理案件1207件，提供知识产权、房地产、公司业务、金融证券、期货、税务代理等各类非诉讼法律服务4757件，为社会提供法律咨询及代写法律事务文书75439件，参加公益事业和社会活动19670次，为各级政府、企事

业单位、社会团体、公民个人担任法律顾问2901家。

一年来，自治区律协积极引导全区广大律师坚持以调解优先原则，通过诉讼、非诉讼、法律顾问业务等途径，积极参与到大调解工作中，做好预防和化解社会矛盾、处理涉法信访和群体性事件等维护社会和谐稳定工作。广大充分发挥专业优势，履行社会责任，采取座谈、出具法律意见书、普法教育、法律宣传等方式，为弱势群体和各级政府依法行政、管理社会提供法律服务，切实维护人民群众的合法权益，全力维护社会稳定，为建设和谐内蒙古贡献力量。一年中，我区广大律师为各级政府重大事项决策出具法律意见书296件，全区168名律师参与涉法信访工作，办理涉法信访案件268起，成功调解各类纠纷4088件，收到了较好的社会效果。

（二）通过创先争优活动的开展，党建工作和队伍建设不断加强

一年来，自治区律协认真贯彻落实司法部、司法厅关于加强律师行业党组织建设和在律师行业大力开展创先争优工作的部署，紧密结合我区律师行业实际，坚持抓党建带业务、通过党建工作促发展，取得很好成效。目前，我区共有律师事务所276家，其中合伙所223家，国资所45家，个人所8家；执业律师3264人，其中专职律师2859人，兼职律师169人，公司律师38人，公职律师53人，法律援助律师145人。今年以来，自治区律协以深入开展律师行业基层党组织和律师党员创先争优活动为契机，在全区律师队伍中开展了“中国特色社会主义法律工作者”主题教育实践活动，并将二者有机结合，做到统筹兼顾、相互促进，保证主题教育和创先争优活动扎实有效的开展。提出律师行业党建与创先争优活动相互促进的工作思路，加大行业工作力度，巩固和扩大律师行业党建工作已经取得的成果，我区律师行业党的建设取得了明显进展。截至目前，全区共有党员律师914名，占全区律师总数的28.3%；全区276家律师事务所共建立独立党支部62个，联合党支部76个，覆盖215家律师事务所，占律师事务所总数的78.1%，没有党员的律师事务所绝大部分派驻了党建指导员、联络员，基本实现了党的组织全覆盖。6个盟市律协结合实际，调整了律师事务所党支部，使律师事务所党组织布局更趋合理。

一年来，在各级律师行业党组织带动下，我区律师积极参与创先争优、社会公益、社会矛盾化解和社会管理创新等项工作，主动服务于自治区党委政府工作大局。在创先争优活动开展中，党员律师认真填写了党员公开承诺书，涌现出许多争当优秀党支部的律师所和争做优秀党员的律师，据不完全统计，2010年，我区先后有12个律师事务所党支部、24名党员律师受到旗县以上各级党组织表彰，2名律师党员被全国律师协会评为优秀律师。今年11月19日至24日，自治区政法委原副书记、自治区创先争优活动第五督导组组长刘怀化率督导组成员赵素贤处长，在自治区司法厅副厅长、协会党委书记岩英及厅律管处处长王向东和秘书处有关人员的陪同下，深入兴安盟、呼伦贝尔市、满洲里市等地司法局、律师所等就创先争优活动的开展情况进行了调研，调研中刘书记一行所到之处对律师行业的创先争优活动工作给予了有力的指导，同时对满洲里市的一个律师事务所开展创先争优活动给予充分肯定。实践证明，党的领导是律师行业工作的政治优势，由党建工作引领律师工作是我区律师事业沿着正确方向健康发展的根本保证。

（三）不断增强律师参政议政意识，努力为我区民主法制建设服务

一年来，自治区律师协会鼓励和支持律师参政议政，在民主法制建设和政治文明建设中发挥积极作用。一是受委托担任党政机关法律顾问。目前，我区律师共担任各级政府机关法律顾问336家，为政府依法行政、科学决策当参谋，深受党政领导好评。二是积极参与民主决策。目前，我区共有50名律师担任自治区、

盟（市）、旗县（区）人大代表和政协委员，体现了律师社会地位和参政议政能力不断提高，担任人大代表、政协委员的律师认真履行职责，积极反映社情民意，参与民主决策，为自治区社会经济发展建言献策，充分展示了我区律师良好的素质和形象。三是积极介入立法活动。对人大、政府的立法听证会、征求意见座谈会，律师都积极参与，并运用自己的专业知识和了解社情民意的特点，提出法律意见。

一年来，自治区律协先后召开理事会一次、常务理事会二次、会长办公会五次，就行业建设和发展的重大问题实行民主决策，团结带领全区广大律师紧紧围绕服务科学发展、转变经济发展方式这一主题积极拓展法律服务，较好完成了全年各项工作任务。监事会按照章程分别派人列席了全部会议，本届理事会主动接受监事会的监督，认真对待监事会的建议，有效地完善了自身建设。

（四）投身社会公益活动，赢得社会广泛肯定

一年来，全区广大律师积极开展扶贫帮困、捐资助学等公益活动。在维护青少年合法权益、帮助下岗职工再就业、帮助农民工讨要工资的活动中做出了积极的努力。2月份，自治区律协未保委与自治区团委、妇联、残联等部门紧密协作，共同开展小额爱心基金活动，通过发放爱心援助款、看望走访、义务理发等方式，使80余名未成年人得到资助，为呼和浩特市福利院300多名青少年送去关怀和温暖。4月份，自治区律协与中信资产管理有限公司合作向自治区司法厅、呼市律协扶贫点、青海省玉树灾区捐助价值38万余元的物资，今年5月28日至6月9日，由司法厅副厅长、律协党委书记岩英和律协副会长靳要军带队的赴青海玉树慰问团，带着全区近3000多名律师的深情厚谊，将价值近15万元的衣物和现金捐赠给青海玉树受灾的律师所和律师同仁，充分体现了一方有难、八方支援的行业互助精神，得到行业、社会和群众的高度赞扬。

一年来，全区500多名未成年人保护志愿律师积极参加中小学生法律宣讲活动，共参与各类法律知识讲座50余场，部分专职律师还被聘为法制副校长或校外辅导员，先后为6000余名中小学生提供义务法律咨询。一年中，自治区律协未保委公益律师成功办理17起损害未成年人权益的法律援助案件，内容涉及人身损害、扶养问题、医疗纠纷、保险纠纷、童工纠纷、未成年人犯罪等方面，其中调解成功5起，诉讼维权12起，依法保障了未成年人的合法权益。

一年来，全区律师在执业活动中，自觉宣传党和国家的方针政策，义务开展法律宣传，通过在报刊、电视台开设以案说法栏目，积极为百姓答疑解惑，对百姓关注的房屋拆迁、非法集资、群众上访、社会乞讨等热点和难点问题，广泛进行法制宣传，促进公民法律素质的提高，一年中，我区律师办理法律援助案件5546件，使受害当事人得到近200余万元的赔偿金额。

（五）开展业内关怀与同行互助工作

目前全区已有3000多名律师参加了行业互助。一年来，互助金委员会根据互助金管理办法，召开会议研究，对符合条件的救助对象给予了救助，累计发放救助金110000元。自治区律协积极组织全区律师办理执业保险，全区已有2900多名律师参加了执业保险。同业互助，增进了律师间的情谊，办理执业保险在一定程度上化解了执业风险，增强了律师队伍的凝聚力。

（六）开展文化活动和行业宣传，关心律师生活

一年来，全区律师以服务经济社会发展和构建社会主义和谐社会为大局，结合“3·15”消费者权益保护日、《律师法》宣传日及“三八”、“六一”、等节日、纪念日，通过送法下乡、进村咨询、以案说法、担任法制宣传员、举办法制讲座等多种形式，开展了多角度、全方位的宣传活动。一年中，全区律师共接待义

务法律咨询4万余人次，发放宣传单8万余份，制作宣传手册5700本。部分盟市律协积极参与当地电视台开办的《法治》、《与法同行》栏目，为群众解答与民生息息相关的问题，受到了群众广泛。

9月份，自治区律协与自治区政法委在呼和浩特市新华广场共同举办“有法大家帮”主题活动，有近400名在呼的律师参加，活动中我区5家律师事务所参加“有法大家帮”义务咨询活动，收到了良好的社会效果。

12月份，自治区律协组织全区近100多名律师参加了年度疗养，疗养分两批进行，疗养活动让律师们放松了心情、陶冶了情操、增长了知识、开阔了眼界。与此同时，各盟市律协在自治区律师协会的部署下，组织开展了律师体检、体育比赛、文艺表演等形式多样的活动项目，丰富了律师文化生活，向公众展现了律师的风采，宣传了律师工作，使社会了解律师，为律师执业创造良好的社会环境。

针对律师工作面临的新形势和新任务，加强了《内蒙古律师》编辑部的工作，以《内蒙古律师》为宣传主阵地。在《内蒙古律师》开设了“东北内蒙古三省一区律师论坛”、“律师行业创先争优活动”等专题；还调整充实了内蒙古律师协会网，进一步发挥了内蒙古律师协会网在宣传和信息沟通方面的重要作用。

（七）以培训交流为保证，不断提高律师业务素质

一年来，自治区律协直接举办培训3次，除集中培训外还采取了远程函授培训、委派区外培训、指导盟市培训、以会代培等方式，约有1400人（次）参加了各类培训。内容涵盖“学习实践科学发展观”、“构建和谐社会中的法律服务问题”、“中国刑事辩护的定位及反思”、“法庭语言”、“职业道德及执业纪律”、“房地产与建设工程”等，突出了政策性、指导性、权威性、专业性、实用性和前瞻性。全区各盟市律协也积极探索教育的方法和内容，针对新法颁布、理论前沿、律师实务热点、律师事务所管理等为内容，邀请知名专家、资深律师授课，取得了良好的效果。

一年来，自治区律协在广泛开展与区内外律师界的交流与合作。自治区律协按照“请进来、走出去”的方式，组织我区律师通过座谈、观摩等方式与区外律师管理部门就律师行业管理等进行广泛的探讨，并加强了彼此互动的关系。一年中，自治区律协先后接待了北京市律师协会监事会，辽宁、黑龙江、吉林三省司法厅，律师协会领导等多批次外省区律师行业的客人来我区进行交流。同时还派员参加了全国律协赴蒙古国访问团。自治区律协还组织律师参加了自治区人大组织的对《刑事诉讼法》修改座谈会。作为中国西部律师论坛的成员，我区积极派员参加了在广西南宁召开的第三届西部律师论坛，有8篇论文在“第三届西部律师论坛”上获奖。与此同时，组织律师和律管工作人员参加全国性、区域性业务研讨会，通过采取以上措施，全区律师业务素质有了大幅度的提高。

（八）成功召开了东北内蒙古三省一区律师论坛

在自治区政法委、司法厅的正确领导下，我会于2010年8月22日~23日成功召开了东北内蒙古三省一区律师论坛。来自东北内蒙古四省区的近300名律师参加了论坛。本届论坛以“使命 合作 发展”为主题，以促进东北内蒙古四省区律师法律服务领域拓展与创新、提升律师形象、发挥律师在构建和谐社会中的作用为宗旨，围绕中央“坚持把保持经济平稳较快发展作为经济工作的首要任务”的重大战略部署，集中探索了律师行业服务民生、保障民生，加强法制建设、维护社会公平正义的职责与使命等重要命题。这是一次促进东北三省和我区律师之间学习、研讨、交流、合作的盛会。在论坛的筹备和召开期间，广大律师积极参与，有钱的出钱，有力的出力，在论坛资金筹集、提交论文、参与会务工作等方面，给予了极大的帮助和支持；论坛影响广泛，会前进

行的论文征集活动得到了东北内蒙古四省区广大律师的积极响应，组委会共收到论文500余篇，经过严格评审，共评出优秀论文140篇。因论坛首次在我区承办，作为区域律师学习交流的平台，对于营造我区律师事业发展的良好氛围，增强广大律师服务大局的责任感和使命感，促进我区律师队伍建设的全面发展具有重要的意义。

（九）加强协会机关建设，提高律协工作效率

一年来，协会秘书处先后20次组织全体人员结合律师行业实际进行了十七届四中、五中全会精神和实践科学发展观等相关内容的学习，通过学习，增强了工作人员的服务意识和大局意识，明确了为广大律师服务的基本思路。适应新形势、新任务的要求，在协会办公用房拆搬迁后，进行了工作资源整合，理顺关系，加强协作，建立健全秘书处内部工作机制，加强了办公制度的建设，籍以规范工作行为，提高工作效率。进一步调动大家的工作积极性。

## 辽宁省律师协会工作概况

### 一、辽宁省律师队伍2010年现状

截至2010年12月，辽宁省共有执业律师6648人，其中专职律师5985人，兼职律师339人，公职律师91人，公司律师54人，法律援助律师179人。共有律师事务所644家，其中合伙所603家，国资所24家，合作所5家，个人开业所（含个人姓名命名所）12家。2010年，辽宁省律师为政府、企事业单位、社会团体和公民个人承担法律顾问共8243家，办理各类刑事诉讼辩护及代理案件19336件，办理民事诉讼代理案件43807件，办理行政诉讼代理案件1535件，办理非诉讼法律事务14339件，解答咨询和代写法律文书195691次，成功调解案件6240件，办理仲裁业务3067件，提供法律援助5376件，参加各类公益事业和社会活动66028次。2010年，辽宁省平均每家律师事务所有专兼职律师9.8人，承办各类诉讼与代理案件100.4件，承办非诉讼法律事务22.2件，解答咨询和代写法律文书303.8次，提供法律援助8.3件，参加各类公益事业和社会活动102.5件。平均每位专兼职律师承办各类诉讼与代理案件10.2件，承办非诉讼法律事务2.2件，解答咨询和代写法律文书30.9次，提供法律援助0.8件，参加各类公益事业和社会活动10.4件。

### 二、召开的理事会

10月24日，辽宁省律师协会七届二次理事会在沈阳召开。会议由省律师协会副会长田维桢主持。会上，通报了省律师协会秘书长变动情况，通报了七届律师协会会长、副会长分工情况和《关于调整辽宁省律师协会各工作（专业）委员会的通知》，审议了《辽宁省律师协会律师执业年度考核实施细则》，潘公明会长作了省律师协会换届以来的工作报告，徐铮秘书长作了重要讲话。

### 三、召开的常务理事会

9月27日，辽宁省律师协会七届二次常务理事会在沈阳召开。会上通报了省律师协会秘书长变动情况，研究讨论了省律师协会七届二次理事会的会议议程及省律师协会工作情况。

12月3日，辽宁省律师协会七届三次常务理事会在鞍山召开。会上，传达贯彻全国律师工作会议和全国律师行业党的建设工作会议精神，听取大家对我省如何落实上述会议精神，切实加强和改进我省律师工作的意见和建议，研究并确定2011年的工作安排。辽宁省司法厅副厅长、省律师协会分党组书记于大力同志出席会议，并作了重要讲话。

### 四、辽宁省律师协会2010年重要工作成果

2010年，辽宁省律师协会主要组织开展了

以下几项工作：

1. 办理律师职业责任保险。经与中国人民财产保险股份有限公司辽宁分公司签订反复协商，以辽宁省律师协会的名义为全省4200多名执业律师投保了律师职业责任险。有效的化解了律师和律师事务所的办案风险，为改善律师工作条件，树立律师事务所及其律师的良好社会形象，促进辽宁省法制建设的不断发展提供了有力保障。

2. 加大对执业律师的培训。2010年，省律师协会先后成功组织了2010年全省新执业律师岗前培训班、《物权法》培训班、《侵权责任法》培训班以及“全省律师行业深入开展创先争优活动、全面加强律师队伍党的建设培训班”，共培训执业律师5000多人次。

3. 加强对外交流与合作。2010年，省律师协会应新加坡国际仲裁中心邀请，组织骨干律师赴新加坡、马来西亚进行考察交流。积极组织律师参加年三省一区律师论坛、全国青年律师论坛，以及刑事、民事、涉外等业务委员会的业务交流活动。开阔了律师们的视野，加强了律师间的合作与互补。

4. 深入开展“创先争优”活动。按照司法部、全国律师协会的要求，在省司法厅的统一部署下，在律师队伍中开展了“创先争优”活动。召开了全省律师行业创优争先活动座谈会，举办了相关的培训班，扎实推进了全省律师行业“创先争优”活动的深入开展。

5. 加强律师文化建设工作。在进一步完善《辽宁律师》杂志的编辑工作和加强辽宁省律师网的建设的基础上，引导律师开展丰富多彩的业余文体活动。并成功组织了辽宁省首届律师乒乓球赛。

6. 倡导律师开展公益活动。在继续坚持送法下乡、服务基层、帮助弱势群体、落实律师的法律援助任务的基础上，与相关单位合作，引导律师开展公益活动 。与辽宁电视台联合启动了律师法律援助双百工程。

### 五、辽宁省第七届律师协会秘书长人选变更

由于工作变动的原因，辽宁省第七届律师协会秘书长李正良同志辞去了秘书长一职。经会长办公会研究，决定聘任徐铮同志为辽宁省第七届律师协会秘书长。

## 黑龙江省律师协会工作概况

### 一、律师协会概况（2010年）

1. 截止到2010年末黑龙江省律师共有4725人，律师所708家；

2. 召开一次理事会，总结2010年律师协会工作，对2011年工作作出安排；

### 二、2010年工作总结

（一）团结、带领全省律师为我省经济建设和社会发展提供优质高效的法律服务

1. 引导律师积极为企业和“三农”提供法律支持

2010年省律协紧紧围绕改革发展的大局，组织全省律师介入经济建设主战场，大力拓展律师参加经济、社会管理的功能，广泛开展非诉代理业务活动，为推进我省经济结构战略性调整、整顿和规范市场经济秩序、深化国有企业改革、促进农村经济发展做出了积极贡献。

2. 引导律师积极介入信访接待、送法下乡和进社区活动，为构建和谐龙江提供法律支持

今年以来，省律协积极组织全省广大律师为维护社会稳定服务，参与政府的信访接待工作，为信访当事人解答相关的法律咨询，调整诉求心态，化解矛盾，解决问题。目前，全省已确定了85家律师事务所，200多名执业律师作为参与信访接待工作的重点律师事务所和重点律师，承办各级党委和政府交办的重大、敏感、群体性案件。为我省社会稳定和经济更好更快地发展营造了和谐环境。律协还积极引导全省律师参与社会建设，利用律师的特点和专

业优势，开展了法律进校园、进社区、进监狱活动，据不完全统计。全省有1960名执业律师组织、参与了70余场法律咨询活动。

3. 引导律师参政议政，反映民生意愿，促进社会民主与法制建设

去年以来，律协积极组织和引导全省律师关注立法、参政议政，以各种方式推动依法治省进程。先后组织律师参与了《保险法》等有关法律和地方性法规、规章、条例的修改工作，提出了建设性修改意见若干条，积极担任各级政府法律顾问，为政府依法行政献言献策。据统计，我省执业律师当选各级人大代表共计53人，其中全国人大代表2人，省级人大代表3人，市级人大代表25人，县区级人大代表23人。有104名执业律师当选为各级政协委员，其中省政协常委1人，委员4人，市政协委员31人，县区级政协委员68人。他们充分发挥自身特点和优势，依法履行参政议政的职能，反映社会诉求和百姓意愿，为促进民主法制建设，实现依法治国战略做出了积极贡献。

4. 引导律师积极参与公益事业，彰显律师的社会责任感

律协动员组织广大律师开展义务法律宣传、法律咨询活动，积极为弱势群体提供法律援助。相继建立了“老年人维权示范岗”、“残疾人维权示范岗”。同时，鼓励、引导律师参与公益事业，彰显律师行业的社会责任感，近年来，我省广大律师承办法律援助案件1万余件，慰问“希望小学”2次，捐款、捐物折合人民币近万元。在我国四川汶川地区、青海玉树地区发生特大地震灾害后，全省律师在各级司法行政机关和律师协会的倡议下，纷纷伸出援助之手，据不完全统计，共向灾区人民群众捐款100余万元。在“六一”前夕组织律师与少儿中心小朋友一起联欢活动。与省妇联一道到绥化进行法律咨询，对两劳困难家庭进行爱心去访活动，为贫困家庭送去了大米、白面和慰问金。今年10月，组织远东律师集团事务所到肇东市涝洲镇三星村，为该村村民解答日常生活中遇到的诸多法律难题，为该村捐赠了一万元人民币。

（二）大力加强律师队伍建设，努力打造一支高素质律师队伍

1. 切实加强律师队伍的政治思想工作

律师队伍建设是确保律师事业振兴发展的前提与保障。按照司法部、全国律协和司法厅党委的部署要求，结合我省律师队伍建设的实际，围绕“坚持信念、精通法律、维护正义、恪守诚信”的总体目标，把思想政治工作作为律师队伍建设的重要途径和根本任务，列入律师协会的重要工作日程，坚持抓住不放。一是组织全省律师深入开展了十七大精神和十七届五中全会的学习活动。二是在律师行业中深入开展了“以宪法教育为基础的社会主义法治理念教育”，引导全省律师明确中国的法制建设是中国特色社会主义不可或缺的重要组成部分，坚持坚定正确的政治方向，是对每个执业律师的政治要求，律师的政治属性决定了我们必须要坚持党的事业、人民的利益、宪法法律三个至上的完美统一。结合《律师法》的学习，举办了专题讲座和培训，引导全省律师准确把握党和国家对律师工作提出的基本要求，进一步统一对新时期律师工作重大理论和实践问题的认识。四是组织律师开展了“法律服务和法律援助工作为构建社会主义和谐社会服务主题实践活动”以及“学习实践科学发展观”活动。根据省司法厅的要求，制定了实施方案。通过上述活动，执业律师的使命意识和责任意识得到了增强，律师队伍建设有了长足的进步，夯实了律师行业发展的思想政治基础，确保了律师行业始终保持正确的政治方向和律师的社会主义法律工作者的本质属性。

2. 切实加强律师队伍党建工作

去年以来，律协非常重视律师队伍党组织建设工作。一是在司法厅党委的支持下，省律师协会党委，结合律师行业党建工作实际特点，制定了《黑龙江省律师协会党委会议事规则》。对全省律师行业党建工作统一进行指导，

了解掌握全省律师队伍党建工作动态，并负责对全省律师行业有关重大问题进行讨论、决定，发挥其在律师行业管理工作中的领导核心作用。二是认真贯彻执行中央组织部、司法部党组《关于进一步加强和改进律师行业党的建设工作的通知》精神，全面落实党建工作的各项工作部署。三是配合司法行政机关在律师行业开展了“创先争优”活动，额、深入基层调研六次，编发简报四期，上报司法部活动情况总结材料四份，活动的开展，切实加强律师党员的思想建设、组织建设和作风建设。

3. 不断深化律师继续教育培训工作

2010年，律师协会以坚持社会主义律师本质属性、强化职业道德和执业纪律、提高律师执业能力为出发点，认真做好继续教育培训工作，努力提高教育培训工作的质量和水平，取得了一定的成效。一是对培训的方式、内容、考核、验收等环节认真进行研讨，逐步建立健全各项规章制度。在制定培训计划、选择培训教材、聘请授课老师、确定培训内容之前都要召开继续教育委员会，广泛听取大家的意见与建议，力争使培训办得更贴近律师执业的实际，使培训的内容更具针对性、实用性。二是为了使继续教育针对性强、受众集中，缺啥补啥，2010年举办了《侵权责任法》、《保险法》等几个专题讲座，累计培训9500余人次，举办实习律师培训班2次640余人。

（三）不断完善行业管理规范，健全行业自律机制

律协为了使行业管理逐步走上有章可循、有法可依、依靠规范管理的良性发展轨道，加大整章建制工作的力度，先后制定出台了《会费收缴、使用管理办法》、《监事会工作规则》、《会长办公会议规则》、《理事会、常务理事会联系制度》、《专业委员会工作规则》、《秘书处工作人员奖惩办法》等规章制度，明确了会长、理事的分工，构建了议事、决策、执行、监督互相配套的工作机制，在自律管理、民主管理、科学管理等方面进行积极有益地尝试，进一步提高了行业管理的效能。一是我们去年以来积极从强化行业管理入手，规范办理惩戒案件的程序，按照全国律协和我省惩戒工作制度，把好案件的受理、调查、处分、听证、复查等环节，坚决查处违规违纪行为。省共接待投诉案件25件，先后召开听证会21余次，退还当事人代理费75万元，对2名执业律师分别给予了训诫。二是完成了全省律师事务所信用星级评定工作，全省共有509家律师事务所参加评选活动，经过书面审理和实地考评，全省达到五星级信用星级律师事务所31家；四星级的51家；三星级的248家；二星级的143家。三是参加了省人大贯彻《律师法》调研活动和省政法委组织的“省直政法部门下访活动”，积极参加全国律协组织的法律援助志愿者“1+1”活动。四是重新调整专门、专业委员会并积极开展各项活动。五是组织律师参加“三省一区律师论坛”会议，提交论文200余篇。六是“黑龙江律师”和“黑龙江律师网”不断改革创新，为律师业务交流和宣传律师提供了平台。

## 三、2011年工作计划

（一）认真学习贯彻中办、国办转发的《司法部关于进一步加强和改进律师工作的意见的通知》精神，配合司法部行政机关编制好全国和地方“十二五”期间律师事业发展规划

一是要从政治和全局的高度，充分认识文件精神的重大意义，要在学习体会中坚定工作信心，引导广大律师坚定不移地走中国特色社会主义道路，把握当前律师事业发展的重要机遇，进一步增强责任意识、机遇认识和忧患意识，进一步明确当前和今后一个时期我国律师工作的奋斗目标、主要任务和总体要求。

二是要组织律师行业管理人员和广大律师认真学习文件精神，深刻理解律师工作在全面建设小康社会和加快社会主义建设全面中的重要地位和作用。

三是要切实把文件提出的各项工作任务落到实处。要把贯彻文件列入重要议事日程，认

真调查研究，明确方法步骤，集中精力，有计划地逐渐推进，按照文件提出的各项任务细化目标，落实到具体部门、具体个人。

（二）大力加强党的建设，积极开展“争先创优”工作

重点要不断创建律师行业党建工作的思路和方法，努力推进律师党建工作的深入发展，提升和发挥律师行业党组织的律师党员的作用力，积极开展“争先创优”活动，采取符合律师事务所党组织和律师党员的特点，为广大律师喜闻乐见的形式，广泛动员和组织律师行业党组织和律师党员踊跃投入到“争先创优”活动中，要把“争先创优”与律师党员岗位结合起来，积极开展调查研究，引导和帮助党员律师在活动中经受锻炼，得到提高、健康成长、全面发展。

（三）继续指导律师为经济平稳较快发展和社会稳定的首要任务，积极主动提供优质高效的法律服务

围绕我国经济工作的总体部署和要求，深入推进社会管理创新，切实服务经济社会发展，积极拓展服务社会发展的新领域，不断提高法律服务的前瞻性、实效性。把积极服务于经济平稳较快发展，拓展与规范法律服务，不断引向新的深度和广度。紧紧围绕服务我省“八大经济区”、“十大工程”战略规划，引导广大律师为推动我省扩内需、强基础、调结构，提效益、惠民生、促和谐建功立业。组织律师服务团队，为大项目建设，新兴产业构建，对外开放、区域经济和谐发展、自主创新、节能减排等重点领域提供法律服务。要卓有成效地为推动地方政府重大决策部署的贯彻落实献计献策，认真履行好法律顾问团的职责和义务。要认真做好企业法律顾问工作，帮助企业防范和化解经营风险，为企业兼并重组、转型升级、自主创新、节能减排等提供法律服务。大力加强农村法律服务工作，坚持把服务“三农”放在突出位置，培养一批擅长为农民、农业、农村服务的律师，发挥专业服务优势，促进农民增收，农业发展，农村进步。继续加大专业互助的领域和范围，鼓励和倡导大中城市律师事务所与区域律师事务所为新农村建设提供专业化服务。要推进法律服务向民生领域倾斜，围绕解决涉及人民群众切身利益问题，积极做好涉及教育、就业、医疗卫生、社会保障、劳动争议、安全生产等方面的法律服务工作，要继续推进律师参与信访工作，发挥专业优势，深入推进社会矛盾化解，切实维护社会和谐稳定。

（四）努力在建设高素质律师队伍上取得新成效

继续加强律师队伍的维权工作，要结合我省律师队伍建设的实际，围绕“坚持信念、精通法律、维护正义、恪守诚信”律师队伍建设的总目标，组织广大律师认真学习中国特色社会主义理论体系，保持良好的政治素质，引导广大律师讲政治、顾大局、守纪律、依法履行职责，要开展高层次的示范培训，提高律师的业务素质和执业技能；配合律师法的专题调研规范及提高律师的收费标准；要加强对青年律师的培训工作，帮助青年律师更好更快成长；从立法和执法的层面，为律师依法执业提供支持，维护律师的合法权益，推动实现执业环境和执业条件的改善，保障和促进律师队伍健康发展。

（五）加大宣传力度，鼓舞队伍士气

要把宣传工作与律师服务经济平稳较快发展结合起来，与保民生服务人民群众结合起来，与化解矛盾维护社会稳定结合起来，在推进各项工作中加强宣传，通过宣传来促进各项工作。加大与媒体合作，宣传律师行业为社会发展作出的积极贡献，涌现出来的先进集体、先进模范人物和先进经验，展示律师队伍的良好精神面貌和优良作风，鼓舞队伍士气，树立社会形象；要扩大对外交流与合作，促进我省律师与世界各国及港、澳、台地区律师之间的了解和友谊；探索与外国及国际律师组织开展的合作项目，了解国内外律师行业的发展动

态，开阔视野，提升行业整体竞争力。

（六）充分发挥“两专”委员的作用

在律师执业维权、奖惩、文体活动、律师事业发展、参政议政等方面工作中充分发挥专门委员会的作用，全面推进全省律师工作。积极开展业务交流活动，要围绕律师实务的热点、难点、焦点问题进行探讨，在提高执业律师业务水平等方面发挥积极作用。

（七）要进一步加强秘书处的自身建设，努力提高服务一是和服务能力

要进一步完善律师协会内部运行机制，围绕服务会员，维护会员利益的要务开展工作。严格执行《秘书处工作人员的奖惩条例》，要在扩大行业对外影响，营造良好执业环境等层面提升服务功能，要推进“学习型、服务型、创新型、管理型”秘书处建设，不断提高秘书处工作人员的综合素质和工作水平。

### 四、律师协会领导班子

会　长：孟繁旭（执业律师）

副会长：王秋彦　李泽林　刘文义　李亚兰　曹　丽

秘书长：贾向明

副秘书长：徐立滨

会　刊：《黑龙江律师》

网　站：“黑龙江律师网站”

## 浙江省律师协会工作概况

### 一、律师队伍现状

截至2010年底，全省有律师事务所868家，执业律师9289人，分别比上年增长10.3%和15.4%，每万人口律师达到1.79。律师办理各类案件23.5万件，比上年减少3.7%，律师法律服务业务收费26.4亿元，比上年增长11%。

### 二、代表大会

2010年12月23日至12月25日，在杭州市文一西路1000号中共浙江省委党校，召开了浙江省第八次律师代表大会。本次大会的主要内容是审议通过浙江省律师协会第七届理事会工作报告、浙江省律师协会第七届理事会财务工作报告、《浙江省律师协会章程》，以及选举产生浙江省律师协会第八届理事会理事。

### 三、理事会（5次）

1. 2010年1月31日，七届五次理事扩大会议。会议传达学习了全国政法工作电视电话会议、全省政法工作会议及全省司法行政工作会议精神，审议通过了由章靖忠会长做的省律协2009年度工作报告，罗杰副会长做的省律协2009年度财务工作及2010年度财务预算报告。省律协会长、副会长分别在会上作述职报告。

2. 2010年5月22日，七届六次理事会会议。会上，省司法厅党委委员、副厅长、省律协党委书记吴强军传达了5月10日司法部召开的全国律师工作座谈会精神，省司法厅党委委员、政治部主任俞世裕就全省律师行业开展“诚信服务先锋”创先争优活动作动员和部署。会议交流了各市近期开展的律师队伍警示教育工作情况，表决通过省律协第八次代表大会代表、理事候选人名额分配方案，对本届常务理事履职情况进行了民主测评，并就省律协第八次代表大会相关工作向与会代表进行了问卷调查。

3. 11月27日，七届七次理事会会议。会议传达了全国律师工作会议精神和全国律师党建工作会议精神，审议通过《浙江省律师协会第七届理事会工作报告》、《浙江省律师协会第七届理事会财务工作报告》、《浙江省律师协会章程》等，研究了省律协换届工作相关事宜。

4. 12月25日，八届理事会一次会议。会议审议通过了《浙江省律师协会第八届常务理事会常务理事、副会长、会长选举办法》、听取了第八届常务理事会常务理事候选人情况说明，选举第八届常务理事会常务理事。

5. 12月25日，八届理事会二次会议。会

议听取了第八届理事会会长、副会长候选人情况说明，选举产生第八届理事会会长、副会长。

### 四、常务理事会（3次）

1. 2010年1月23日，七届八次常务理事会会议。会议审议通过了《省律协2009年度工作报告》、《省律协2010年度工作要点》和《省律协2009年度会费收支情况报告》、《省律协2010年度会费预算》，研究讨论了《关于建立法官与律师良性互动机制的若干意见》和《关于建立检察官与律师合作监督机制的意见》两个草案，审议并原则通过浙江省律师协会《破产案件中债权申报及审查流程参考》、《律师担任破产案件管理人业务操作指引》、《律师办理刑事案件操作指引》和《省律协外资并购律师实务操作指引》四个操作指引。

2. 2010年11月26日，七届九次常务理事会会议。会议审议了《浙江省律师协会第七届理事会工作报告》、《浙江省律师协会第七届理事会财务工作报告》、《律师承办调解业务操作指引》、《浙江省律师协会章程》，评审"浙江省服务经济建设突出贡献律师事务所"、第八次律师代表大会代表资格审查委员会名单，研究省律协换届工作相关事宜。

3. 2010年12月25日，八届常务理事会一次会议。会议聘任了省律协秘书处秘书长，确定副秘书长，并聘请了第八届理事会名誉会长。

### 五、会长会议（3次）

1. 2010年1月12日，党委、会长联席会议。传达学习了全国政法工作电视电话会议、全省政法工作会议及全省司法行政工作会议精神，以及省委常委、省政法委书记王辉忠，省检察院检察长陈云龙在省律协调研时的讲话精神，审议了省律协2009年工作报告，研究讨论了2010年工作要点，通过了省律协秘书处机构设置及人员调整方案。

2. 2010年5月11日，会长办公会议。研究部署省律协第八次代表大会筹备工作和七届六次理事会会议议程，传达贯彻中组部"双争双先"活动精神。

3. 2010年10月13日，会长办公会议。会议传达学习了中共中央办公厅、国务院办公厅转发的《关于进一步加强和改进律师工作的意见》精神和全国律师行业基层党组织和党员深入开展创先争优活动推进会精神，研究部署贯彻落实意见和建议，研究讨论了省律协换届等事宜。

### 六、2010年协会工作成果

2010年，浙江省律协按照厅党委的部署，围绕中心，服务大局，充分发挥律师的专业优势，全力服务我省经济平稳较快发展，积极参与社会矛盾化解，服务社会管理创新，规范律师诚信执业，进一步加强行业自律管理，按照"提供服务，反映诉求，规范行为"的要求，取得了系列成果：

律师队伍建设：省律协围绕建设一支"坚持信念、精通法律、维护正义、恪守诚信"的高素质律师队伍的目标，通过加强理论学习、组织专题培训、开展对外交流，努力提高广大律师的政治素质、业务素质和职业道德素质。省律协深入开展"诚信服务先锋"创先争优活动，不断强化律师的大局意识、使命意识和责任意识，确保律师队伍始终坚持社会主义法律工作者的本质属性。省律协坚持"两手抓，两手都要硬"，一方面努力维护律师合法权益，改善律师执业环境；另一方面严肃律师执业纪律，加大对违法违纪律师的监督和查处力度。聘请了省公、检、法等部门领导担任维权顾问和行风监督员，积极开展与省高院、省检察院的交流与合作，省律协与省法官协会签署了《关于建立法官与律师良性互动机制的意见》，与省检察院的《关于建立检察官与律师互相协作机制的意见》也正在会商中。

专业活动：2010年，企业法律顾问、"法律体检”、为重大项目提供法律服务等措施进一步深化，政府法律顾问、农村、社区基层法律顾问制度全面推进；浙江省对外贸易预警示范点律师服务团到50个省级对外贸易预警示范点及396家相关企业开展了巡回服务；知识产权律师宣讲团到11个市和部分县巡回宣讲27场。广大律师在服务我省经济社会发展的同时，也大力支援西部落后地区的法治建设。我省陶旭明和祝云昌律师积极响应司法部、团中央“1+1”中国法律援助志愿者行动的号召，奔赴贵州和甘肃从事法律援助志愿服务，成为了首批支援西部的律师志愿者。

律师行业党建工作：至2010年12月底，全省律师队伍中，有党员律师3380人，占律师总数的35.3%，党员律师比上年增加了484人。律师事务所中，已建立独立党支部307个，比上年新增61个（增长25%）；联合党支部89个（比上年增加2个），涵盖423家所。全年全省新发展律师党员41名，是过去几年新发展党员人数的总和，律师行业党组织的吸引力、凝聚力不断加强。全省有党员律师示范岗447个；有18名党员律师先后受到省级以上表彰。

培训：2010年，省律协不断创新律师业务培训模式，更加注重针对性和实效性。一是上岗培训常态化。实习律师上岗培训年初列出计划，网上常年报名，额满开课。二是律师继续教育网络化。与北京大学法学院合作开通“浙江律师培训网”，为全省律师免费提供在线网络培训。三是专题培训高端化。借助省律协各专业委员会的平台，对新法、新规或一些热点、疑点、难点的法律问题，邀请相关专家、学者、法官进行专题培训研讨。全年共举办各类实务理论培训研讨20余场，邀请专家、学者50余人。

会员管理：省律协十分重视律师宏观调控工作，倾力改善律师执业环境，积极寻求党委、政府对律师工作的重视，经常与“公、检、法”等部门召开各种座谈会和研讨会，共同打造我省律师良好的执业环境。省律协建立健全投诉查处机制，指派专人办理投诉的收转、督办工作，经常性地对各市（省直）律协的违纪查处工作进行指导及督促，确保件件投诉有回音。省律协多次召开纪律惩戒工作会议，对全省律师的纪律与惩戒工作进行调研，同时还着手建立律师事务所及律师的诚信记录制度，开辟惩处记录栏目，记录事务所及律师的违规违纪情况。认真开展全省律师事务所年度检查考核和律师执业年度考核工作，创新方式方法，建立健全律师进入和退出机制。省律协正在积极配合省司法厅与省物价局制定浙江省律师收费办法。针对律师查账征税问题，省律协会同杭州律协组成专门工作班子，与省、市地税部门积极沟通、协调。

对外交往：省律协重视与国内外及港澳地区的交流与合作，2010年省律协领导分别赴巴西、智利、法国等国家和上海律协考察学习。省律协相继接待了芬兰司法部负责人、中国国际贸易促进委员会上海分会、中国国际经济贸易仲裁委员会上海分会负责人，重庆、甘肃、江苏、吉林等地律协负责人和香港大律师公会的来访交流。省律协副会长沈田丰、秘书长陈三联率领我省15名律师代表赴济南参加第八届华东律师论坛。

机关建设：省律协进一步明确会长、副会长的分工职责，落实责任；严格执行会长值班制度，定期召开会长办公会议和律协党委、会长联席会议。大力完善常务理事会工作机制，建立健全常务理事、会长述职制度。进一步调整和充实专门委员会，专门委员会数量由11个增加至13个，各专门委员会根据职责开展相关工作，保证协会工作的正常进行。秘书处队伍进一步壮大，分工更加明确。

### 七、新任协会领导班子介绍

章靖忠，男，汉族，1963年3月出生，中共党员，本科，1989年开始执业，浙江天册律师事务所主任，现任浙江省律师协会会长。

李根美，女，汉族，1962年12月出生，中共党员，本科，1985年开始执业，浙江浙经律师事务所合伙人，现任浙江省律师协会副会长。

沈田丰，男，汉族，1965年6月出生，中共党员，硕士，1989年开始执业，国浩律师集团（杭州）事务所合伙人，现任浙江省律师协会副会长。

郑金都，男，汉族，1964年7月出生，中共党员，硕士，1989年开始执业，浙江六和律师事务所主任，现任浙江省律师协会副会长。

党亦恒，男，汉族，1966年5月出生，中共党员，硕士，1993年开始执业，浙江众信律师事务所主任，现任浙江省律师协会副会长。

李旺荣，男，汉族，1963年1月出生，中共党员，硕士，1988年开始执业，浙江大公律师事务所主任，现任浙江省律师协会副会长。

陈雄武，男，汉族，1962年12月出生，中共党员，本科，1987年开始执业，浙江一剑律师事务所主任，现任浙江省律师协会副会长。

冯震远，男，汉族，1965年8月出生，中共党员，研究生，1988年开始执业，浙江百家律师事务所主任，现任浙江省律师协会副会长。

## 安徽省律师协会工作概况

2010年，安徽省律师协会紧紧围绕省委、省政府的中心工作，以服务经济较快平稳增长、维护社会和谐稳定为工作主线，以律师队伍建设为立足点，以加强律师事务所建设为基础，以律师文化建设为纽带，团结带领全省广大律师，进一步解放思想、开拓创新，扎实工作，充分发挥行业自律管理，大力推进律师事业改革与发展，努力推进律师行业实现良性循环发展，各项工作取得了新进展。

### 一、律师协会概况

目前，安徽省律师事务所已发展至500家，执业律师5019人，2010年律师业务总收入达到50071.68万元。

### 二、理事会、常务理事会、会长办公会的召开情况

（一）理事会

1.5月15日，省律协在合肥召开七届四次理事会。

会议内容：（1）会议听取并审议通过了常务理事会2009年度工作报告。（2）会议听取并审议通过了2009年度会费预算执行情况报告。（3）会议审议通过了关于购置省律协办公用房的议案。（4）会议还进行了分组讨论。（5）会议听取了省律协会长、副会长以及七名常务理事的述职。

（二）常务理事会

1.1月21日，省律师协会在合肥召开七届九次常务理事会议

会议内容：（1）表决通过了邓生苗同志因工作变动辞去省律师协会秘书处秘书长职务的请求，决定聘任潘法律同志为省律师协会秘书处秘书长。（2）会议传达学习了司法部部长吴爱英在全国政法工作电视电话会议上的讲话精神和全省司法行政工作会议精神。（3）会议还讨论了省律协2010年工作要点。

2.5月14日，省律协在合肥召开七届十次常务理事会议。

会议内容：（1）会议审议并原则通过了常务理事会2009年度工作报告。（2）会议审议了2009年度会费预算执行情况报告。（3）会议讨论了购置省律协办公用房有关事宜。（4）会议审议通过了2010年度会费收支预算草案。（5）因部分专门委员会委员工作变动，会议研究通过了关于调整省律师协会专门委员会委员的议案。（6）会议听取了潘法律秘书长关于我省招募“1+1”中国法律援助志愿者行动律师相关工作情况的报告。（7）会议听取了宋世俊副会长关于设立安徽省律师爱心助学基金的报告。（8）会议听取了音邦定副会长关于安徽省律师执业责任保险项目实施情况的报告。（9）

会议审议并通过了第二届安徽省优秀青年律师评选办法（草案）。(10) 会议审议并原则通过了《安徽省律师协会投诉案件查处规则（草案)》。(11) 会议还进行了专业委员会主任述职。

3. 8 月 27 日下午，省律协在黄山市黄山区召开七届十一次常务理事会议

会议内容：(1) 会议学习了司法部关于做好律师行业创先争优活动的有关文件。(2) 会议研究讨论了安徽省律师协会《关于律师服务皖江城市带承接产业转移示范区建设的若干措施》(审议稿)。(3) 会议研究通过了授权协会秘书处起草《申请律师执业人员实习管理规则安徽省实施细则》(草案) 和《律师执业活动年度考核规则安徽省实施细则》(草案) 的报告。(4) 会议审议了关于增加省律协行政法律专业委员会副主任的议案。(5) 会议审议并原则通过了《安徽省律师协会专业委员会年度考核办法（施行)》。(6) 会议研究决定了秘书处副秘书长的人选。(7) 因部分专门委员会委员工作变动，会议审议通过了关于调整省律师协会专门委员会委员的报告。

4. 2010 年 12 月 30 日下午，省律协在合肥召开七届十二次常务理事会议

会议内容：(1) 会议学习了《中共中央办公厅、国务院办公厅转发〈司法部关于进一步加强和改进律师工作的意见〉的通知》、《中共中央关于制定国民经济和社会发展第十二个五年规划的建议》、周永康、吴爱英在全国律师工作会议上的讲话等文件。(2) 秘书处向常务理事会报告了省律协 2010 年 8 ~12 月份工作情况、报告了省律协 2010 年工作总结情况。(3) 秘书处向常务理事会报告了关于 2010 年度律师执业考核情况。(4) 秘书处向常务理事会报告了关于我省律师爱心助学基金的设立及首次实施情况。(5) 会议向常务理事会报告了协会办公用房购置情况及工作进展情况。

(三) 会长办公会

1. 3 月 4 日下午，省律协在合肥召开会长办公会议

会议内容：(1) 会议研究确定了提交七届十次常务理事会审议的七项议题；研究了提交七届四次理事会审议的议题。(2) 会议研究讨论了两名律师申请困难补助事宜。(3) 会议听取了秘书处关于律师执业责任保险专项工作进展的情况报告，研究确定了律师执业责任保险项目工作小组组成人员名单，全部工作在今年上半年完成。(4) 会议研究讨论了省律协购买办公用房有关事宜，研究确定了购房小组人员名单及职责，先期进行必要的调研考察。(5) 会议通报了关于地震捐款项目实施进展情况，研究了具体实施的有关问题。

2. 2010 年 5 月 14 日，省律协在合肥召开会长办公会

会议内容：(1) 听取了秘书处 2010 年 1 ~ 4 月份工作情况报告。(2) 会议研究确定了提交七届十次常务理事会审议的议题；

3. 2010 年 8 月 27 日，省律协在黄山召开会长办公会

会议内容：(1) 会议学习了创先争优文件。(2) 研究决定了提交七届十一次常务理事会审议的议题。

4. 2010 年 12 月 30 日上午，省律协在合肥召开会长办公会议

会议内容：(1) 会议学习了《中共中央办公厅、国务院办公厅转发〈司法部关于进一步加强和改进律师工作的意见〉的通知》、《中共中央关于制定国民经济和社会发展第十二个五年规划的建议》、周永康、吴爱英在全国律师工作会议上的讲话等文件。(2) 会议研究确定了提交七届十二次常务理事会审议的七项议题。(3) 听取了秘书处 2010 年 8 ~12 月份工作情况报告。

### 三、2010 年主要活动及工作成果

2010 年，省律协在省司法厅的正确领导下，紧紧围绕省委、省政府的中心工作，认真贯彻落实科学发展观，努力践行社会主义法治

理念，以服务经济较快平稳增长、维护社会和谐稳定为工作主线，以律师队伍建设为立足点，以加强律师事务所建设为基础，以律师文化建设为纽带，团结带领全省广大律师，进一步解放思想、开拓创新，扎实工作，充分发挥行业自律管理，大力推进律师事业改革与发展，努力推进律师行业实现良性循环发展，各项工作取得了新进展。

（一）加强律师行业党建，全面提升律师队伍政治素质

1. 配合厅组教处，以党建工作为载体，深入开展社会主义法治理念教育，结合深入学习沈浩同志先进事迹活动，完成了律师事务所第三批学习实践科学发展观活动的总结工作和部分律师事务所申办青年文明号工作。

2. 根据《安徽省司法厅关于成立全省律师行业基层党组织和党员深入开展创先争优活动指导小组的通知》要求，经省厅同意，成立了安徽省律师协会全省律师行业基层党组织和党员深入开展创先争优活动指导小组及办公室。

3. 4 月 23 日，省律协党委举办了世界读书日专题座谈会。省直所各党支部、天禾所团支部近 30 人参加了座谈会。

4. 5 月 30 日，省律协党委在合肥举办专题党课，邀请省委党校胡东升教授就当前社会热点、难点问题做了专题讲座。

5. 6 月 29 日，为了纪念中国共产党八十九周年，增强党员律师的党性观念，省律协党委直属 14 个党支部，联合组织党员和入党积极分子，赴金寨革命老区接受爱国主义教育。

6. 7 月 30 日，省律协党委召开纪念“八一”建军节座谈会，邀请了省直所及合肥市执业律师中部分转业、复员、退伍军人，就如何发扬革命军人的优良传统以及如何在创先争优活动中取得更大进步等进行了深入的讨论及交流。

7. 8 月 19 日，省律协党委召开中共省直所支部书记联席会议，就省直各支部创先争优活动进行进一步部署。会议传达司法部在江西召开的井冈山会议精神，组织各支部书记认真学习中央创先争优活动领导小组答记者问等相关创先争优活动材料。

8. 9 月 17 日组织省直律师事务所部分党员观看《第一书记》。

9. 开展争创律师行业“五好党支部”活动，并制定了《律师事务所党组织协助律师事务所管理指导意见》。

10. 11 月 13 日，省律协党委举办了全省律师行业创先争优活动党建信息联络员培训班。省律协党委直属部分支部和全省 17 个市律协党组织党建信息联络员参加本次培训。

11. 协会在安徽律师网上专门开通省律协党委创先争优网站。

12. 派员参加全省性社会组织创先争优活动指导工作联系点座谈会，我省律师行业创先争优活动开展情况和做法得到了与会领导的一致肯定和高度评价。

13. 12 月 3 日，省律协党委召开直属支部书记会议，对创先争优活动以及党建工作的开展进行进一步部署，同时要求各支部及时完成并上报本年度党建工作总结及 2011 年工作计划。

14. 12 月 10 日，省律协党委举办创先争优专题党课，省直各支部、合肥市各支部全体党员、入党积极分子约 150 人参加了本次讲座。

（二）围绕党委政府的中心工作，积极提供法律服务

15. 配合皖江城市带承接产业转移示范区建设，组织律师进行研讨，研究起草为示范区建设提供法律服务的具体措施。

16. 与省个体民营企业协会协调，组织个体民营企业律师服务团近千名律师，深入个体民营企业开展大走访活动，为企业进行法律体检，并制定印发了《安徽省法律体检标准》。

17. 配合省厅律管处开展千名律师解千难活动，组织律师参与涉法信访、妇女、未成年人、残疾人等特殊群体维权工作。

18. 省律师协会组建了由 40 名专业律师组

成的法律服务团，义务为第六届中国国际徽商大会提供全程法律服务。

19. 为认真贯彻落实省厅、省皖江办联合下发的《关于为皖江城市带承接产业转移示范区建设提供法律服务的意见》，省律协业务部配合项目投融资专业委员会部分委员，赴上海、苏州等地考察学习大型工业园区和重大投资项目法律服务的模式、经验，并草拟了《安徽省律师协会关于律师服务皖江城市带承接产业转移示范区建设的若干措施》。

20. 为切实推动统筹城乡发展法制建设和法律服务工作，组织律师参加全国律协和中国城郊经济研究会联合举办的“统筹城乡发展中的法治与律师事务研讨会”。并下发通知，要求各市律协报送当地律师服务“三农”的工作情况，为下一步工作提供数据支持。

21. 安徽天禾律师事务所接受四体会组委会办公室委托，成立律师服务团作为四体会的专门法律服务机构，协助大会组委会依法处理法律事务。

22. 9 月 28 日，省律协与省直管的江南产业集中区管委会在池州市梅龙镇联合举办“皖江城市带承接产业转移示范区投资环境之法律服务平台建设梅龙论坛”，共商为皖江城市带承接产业转移示范区提供法律服务大计。会上启动了“安徽律师网——皖江城市带承接产业转移示范区法律服务专题网站”，签署了《关于皖江城市带承接产业转移示范区建设法律服务工作的合作备忘录》，律师代表宣读了服务皖江示范区建设的“梅龙宣言”。12 月 8 日，省律师协会派员应邀参加省江北产业集中区管委会在含山县沈巷镇举办“皖江城市带承接产业转移示范区法治环境建设研讨会”，省律师协会和省江北产业集中区管委会联合签署了《关于皖江城市带承接产业转移示范区建设法律服务工作的合作备忘录》。

23. 组织律师认真参与调处纠纷、开展重点帮扶；开办法律讲座，为“农家书屋”捐赠法律书籍等。

24. 召开社会稳定风险评估座谈会。针对容易引发社会矛盾的八个重点领域，组织相关专业委员会主任参与讨论律师如何参与重大决策和工程项目社会稳定风险评估，目前社会稳定风险评估标准正在起草当中。

25. 组织涉外、民事法律专业委员会主任对《涉外民事关系法律适用法》草案提出修改意见，并反馈至省人大。

（三）积极开展业务研讨和培训，增强律师执业水平和履职能力

26. 除金融证券法律专业委员会（准备于明年初召开）外，律协其他十三个专业委员会均召开了年会，讨论工作安排，并结合有关业务主题展开研讨。

27、女律师工作委员会召开首届“安徽省十大维护妇女合法权益典型案例”评选暨女律师工作委员会 2009 年年会；教育培训工作委员会召开会议，研究讨论了《安徽省律师协会 2010 年律师培训工作指导意见》等三个规范性文件。其间，省律协召开专业委员会主任联席会。目前，宣传工作委员会、律师参政议政工作委员会、维护律师合法权益委员会等三个工作委员会已做好方案，准备于明年初召开年会。

28. 4 月 10 日 ~ 11 日，举办《侵权责任法》培训班，邀请全国著名民商法专家、中国人民大学杨立新教授做《侵权责任法》专题讲座，全省约 3000 余名律师参加了培训。

29. 起草了《律师执业年度考核规则》安徽省的实施细则以及《申请律师执业人员实习管理规则》安徽省的实施细则。

30. 6 月 27 日 ~ 28 日，省律协在合肥举办全省律师刑事辩护法律业务培训班，邀请北京大学法学院教授陈瑞华、省高院刑三庭法官张俊、北京大成律师事务所高级合伙人钱列阳分别作主题讲座。全省约 500 名律师参加了培训。6 月 5 日 ~6 日，省律协在合肥举办了全省律师事务所主任培训班，全省各律师事务所主任或执行合伙人近 400 人参加培训。10 月 15 ~ 16

日举办劳动法培训班，全省400余名律师参加培训；

31. 2010年8月20日～22日，省律协参与协办皖豫鲁民商法学会研究会2010年年会暨论坛，省律协民事、建筑房地产、公司法等专业委员会部分委员参会。

32. 8月28日～29日，省律协与中国人民大学民商事法律科学研究中心在黄山共同举办了第五届“安徽律师论坛”。

33. 派员参加华东各省市律协秘书长联席会及在山东济南举行的第八届华东律师论坛。

34. 省律协于10月份、11月份先后举办了2期申请律师执业人员培训班，全省共计800余名实习律师参加了集中培训。

（四）开展对外宣传联谊，树立律师行业良好社会形象

35. 积极响应由司法部和团中央发起的“1+1”中国法律援助志愿者行动，先后派出5名律师参与法律援助。在司法部召开“1+1”中国法律援助志愿者行动2009年总结表彰暨2010年工作会议上，我省首批志愿者律师、省人大代表、安徽山石律师事务所主任陈晨荣获“中国法律援助志愿者行动优秀律师”称号并作为获奖代表发言，协会也荣获“中国法律援助志愿者行动先进单位”称号。

36. 组织推荐10名律师参与中央电视台《法律讲堂》栏目的录制，还推荐了6家律师事务所及10名律师参加中央电视台《有法大家帮》节目的录制。

37. 协会还组织媒体围绕皖江示范区建设、律师参政议政、千名律师解千难、“3·15”等活动加大律师行业的宣传力度，起到了良好的社会效果。

38. 利用协会会刊《安徽律师》及时宣传报道了全省律师界的重大活动，同时，利用网站的平台功能，及时编发行业信息和工作动态，确保协会的重要活动都能及时地在网上得到体现。

39. 与法律生活杂志合作开辟《新闻媒体看律师》栏目。

40. 编发律师工作动态11期。

（五）开展公益活动，提升律师形象

41. 4月，以支援四川松潘县教育事业为宗旨的安徽省律师爱心助学基金正式设立。从2010年开始，该基金每年将拿出10多万元，对松潘县高考考取本科以上或法律专科的大学生、高中贫困学子、从事法律业务的年轻律师等进行资助和奖励。9月9日下午，省司法厅王翠凤副厅长、省律师协会蒋敏会长一行来到四川省松潘县松潘中学，将安徽律师爱心助学基金的10.38万元交到了学生手中。

42. 5月28日，省律协联合媒体组织30名来自贫困家庭的少年，在30名律师的陪同下共游世博，贫困少年的各项费用由省律协及参加律师全额资助。

43. 由安徽天禾律师事务所党员律师和团员律师组成“安徽省希望工程律师服务团”，义务为安徽希望工程提供希望工程资金实施项目保障、希望工程名誉权和知识产权保护、希望工程相关法律知识培训等法律服务，用法律为安徽希望工程的发展保驾护航，为安徽希望工程义务提供法律支持。

44. 开展首届“安徽省十大维护妇女合法权益典型案例”及第二届“安徽省律师代理消费者维权典型案例评选活动。

45. 协会继续把组织律师参与涉法信访工作，作为律师维护社会稳定、推动依法行政的重要工作来抓。全省广大律师积极参与涉法信访工作，为上访人员提供法律咨询和法律帮助，依法为当事人解答法律问题，引导上访群众通过合法、理性的渠道表达自己的利益诉求。

46. 广泛开展义务法律咨询和法律援助工作。全省律师在省市律协的组织下，利用节假日上街义务法律咨询，送法进监狱、进学校、进乡村、进社区、律师义务值班“148”“法律援助”。

47. 5月7日，省律协党委在合肥举行“特

殊党费”交纳仪式，为青海玉树地震灾区捐款。

48. 12月8日，由省律协未成年人保护专业委员会向全国律协积极争取的“新起点”小额爱心资助项目在安徽省高级人民法院举行启动仪式。

49. 参与推荐评选第三届“全国维护职工权益杰出律师”工作。

（六）加强会员管理，切实为会员全方位服务

50. 协会领导专程看望慰问全省七十岁以上、执业超过二十年的执业律师。

51. 全年接受维权4起，经查1起不属于维权范围，通过协调解决1起，另2起正在解决中。

52. 全省全年共受理了共22起投诉案件，其中撤回4起，调查终结12起，匿名未立案1起，正在查处5起。目前省律协正在编制《安徽律师执业警示录》。

53. 组织2009年度全省优秀律师和优秀县域律师赴贵州、云南、四川疗养。

54. 组织省直律师事务所500余名律师体检。

55. 2010年6月1日省律协与中国平安财产保险股份有限公司安徽分公司签订了律师执业责任保险合同，完成了律师执业责任保险项目工作 。

56. 向8位提出申请的律师发放互助基金共13.5万元。

57. 完成全省律师出庭服装的征订工作。

58. 根据《律师法》、《安徽省律师协会章程》，结合我省律师执业的实际情况，制定了《安徽省律师协会投诉案件查处规则（试行）》，该规则已于2010年5月14日经省律协七届十次常务理事会审议通过并印发。根据该规则的规定和省律协七届十次常务理事会决议，成立了安徽省律师协会调查专员队伍。

（七）发挥行业管理职能，推进律师事业改革发展

59. 先后召开会长办公会、七届九次常务理事会、七届十次常务理事会、七届四次理事会、七届十一次常务理事会、购房小组会议、财务委员会会议、奖惩委员会会议等，充分发挥其议事、决策的作用。

60. 起草、制定了《律师执业年度考核规则》的实施细则、《申请律师执业人员实习管理规则》的实施细则，修改了《安徽律师服务皖江城市带具体措施》、《省律协专业委员会年度工作考核办法》及《省律协专业委员会年度工作考核评分表》。

61. 在省司法厅律管处、厅组宣处的指导监督下，开展了第二届优秀青年律师暨首届安徽省优秀女律师的评选工作。

62. 为充分了解掌握我省律师刑事辩护执业状况，省律协采取调查问卷和实地调研的方式，对全省律师刑辩工作开展相关调研，并形成《安徽律师辩护执业报告》。

63. 完成律师管理综合信息平台省直所信息的录入工作。赴亳州、宿州、淮北、滁州等联系点检查信息化综合管理平台的应用情况。切实了解系统应用在各律师事务所和广大律师中应用情况；对每市的情况采取季通报的方式予以监督。

64. 完成协会购买办公用房的工作。

65. 协会集中办理了省直各律师事务所执业律师、省法援中心执业律师、省直各单位公职律师等500余人的年度考核工作。

66. 派员参加司法厅举办的保密法学习，并组织秘书处全体人员学习保密法。迎接省厅对协会电脑涉密载体的检查，获得好评。

67. 按省厅的要求上报关于小金库治理工作的实施方案及“小金库”自查自纠情况报告、报表。

68. 10月18日秘书处召开全体人员会议学习《坚决刹住用人上的不正之风——关于12起违规违纪用人典型案件的通报》，并向省厅

报送学习感想。

69. 根据民政厅民间组织管理局的要求，编写协会基本情况，配备相关图片，完成了《民间组织年鉴·省律协》撰稿工作。

70.12 月 7 日，在安庆召开全省律师业务档案现场会议，观摩省二级档案达标的律师事务所，学习、交流档案管理的经验、做法。

（八）注重律师文化建设

71. 组织律师参加第六届省直机关运动会。组织省直律师成立了“篮球队”、“步调一致”、“围棋”、“扑克牌”等参赛队伍，代表司法厅参加安徽省第六届省直机关运动会。王娟娟、沈辉、周志芳、赵勇、祁兵取得了较好的成绩，为全省司法行政系统争得了荣誉，获得省厅表彰。

72. 丰富律师业余生活。组织律师篮球队与省司法厅、义城监狱、省水利厅等开展了多场篮球比赛。并选派省直律师参加省厅春节联欢会。

（九）加强对外联系交流

73.4 月 8 日，接待江苏省律师协会副秘书长李仁尧一行 5 人来我省考察交流。

74.4 月 23 日，接待广州市律师协会一行 15 人来我省开展律师工作专题调研。

75.5 月 21 日，接待香港律师会副会长何君尧一行 7 人来我省考察交流。

76.9 月 29 日，接待福建省律师协会副秘书长蔡侃一行 2 人来我省考察交流。

77.11 月 15 日，接待重庆市律师协会会长孙发荣一行 11 人来我省考察交流。

78.11 月 26 日，上海市律师协会秘书长万恩标一行 17 人来我省考察交流。

79.12 月 15 日 ~24 日，应财团法人两岸发展基金会邀请，经国务院台湾事务办公室批准，安徽省律师协会赴台考察团前往台湾考察律师业务。

### 四、律师协会办公所在地及领导任职名单

办公所在地：安徽省合肥市庐阳区阜阳路 191 号政通大厦 A 区 6 层（邮编：230001）

七届协会领导

会　长：蒋敏

副会长：周世虹　音邦定　宋世俊　朱世贾　蒋祥爱

秘书长：潘法律

副秘书长：余锡文　贾晓清

## 福建省律师协会工作概况

2010 年，省律协在省司法厅党委的领导下，以邓小平理论和“三个代表”重要思想为指导，贯彻落实科学发展观，学习党的十七大和十七届五中全会精神，努力践行社会主义法治理念，以服务三项重点工作、服务海西建设、构建社会主义和谐社会为中心，以加强律师队伍党的建设、诚信建设为抓手，团结带领全省广大律师，充分发挥律师职能作用，为福建省建设小康社会、建设海西、建设平安福建提供优质高效的法律服务，有力推进福建省律师事业的健康发展。

据统计，截止到 2010 年 12 月 31 日，福建省有律师事务所 454 家，专职律师 4455 名，兼职律师 332 名，公职、公司律师 686 名，法律援助律师 160 名，全年业务收入 9.06 亿元。

## 山东省律师协会工作概况

### 一、律师队伍 2010 年现状

截至 2010 年底，全省共有律师事务所 1105 家（其中国资所 43 家、合伙所 843 家、个人所 219 家）、公职律师办公室 8 家、公司律师事务部 8 家，同比增长 11.65%。律师人数超过 51 人的律师事务所 10 家，同比增加 1 家；31 人至 50 人的 42 家，同比增加 12 家；30 人以下的 1053 家，同比增加 101 家。省外律师机构在我省设立分所 19 家，其中，除 1 家广东律师机构设立外，其余均为北京律师机构设立。

全省共有律师 12599 人，同比（10531 人）

增长19.64%。其中专职律师11608人、兼职律师483人、法律援助律师386人、公职律师67人、公司律师55人；中共党员律师3823人、民主党派律师437人、女律师2835人，分别占律师总数的30.34%、3.47%、22.5%。全省律师中，具有博士学位41人，占律师总数的0.33%；硕士、双学士学位1074人，占律师总数的8.52%；法律专业本科学历9171人，占律师总数的72.79%；其他专业本科1495人，占律师总数的11.87%；专科及专科以下学历818人，占总数的6.5%。律师辅助人员4752人，其中实习律师2766人，其他辅助人员1986人。全行业从业人员共17351人。

2010年，全省律师办理各类法律事务859244件，同比（771684件）增加11.35%；业务收费138591.68万元，同比（118309.09万元）增长17.14%。其中，担任常年法律顾问25357家，同比（24455家）增长3.69%，业务收费31070.09万元，同比（22482.86万元）增长38.19%，占总收费的22.42%；办理刑事诉讼辩护及代理37763件，同比（44512件）减少15.16%，业务收费11653.94万元，同比（11305.43万元）增长3.08%，占总收费的8.41%；办理民事诉讼代理123348件，同比（114419件）增加7.8%，业务收费69610.67万元，同比（63945.05万元）增长8.86%，占总收费的50.23%；办理行政诉讼代理3475件，同比（3368件）增加3.18%，业务收费1188.53万元，同比（1338.08万元）减少11.18%，占总收费的0.86%；办理非诉讼法律事务27742件，同比（28888件）减少3.97%，业务收费21268.43万元，同比（14780.65万元）增加43.89%，占总收费的15.35%；办理仲裁业务6805件，同比（5943件）增加14.5%，业务收费1692.07万元，同比（2081.92）减少18.73%，占总收费的1.22%；办理调解业务11051件，同比（9876件）增长11.9%，业务收费1234.38万元，同比（1424.38万元）减少13.34%，占总收费的0.89%；咨询代书614734件，同比（558785件）增加10.01%，业务收费873.57万元，同比（878.88万元）减少0.6%，占总收费的0.63%；办理法律援助业务8969件，同比（5893件）增长52.2%；参加公益事业和社会活动163930件。

## 二、召开的常务理事会、会长会

9月8日，省律协六届常务理事会第十六次会议在济南召开。省司法厅副厅长、省律协党委书记齐延安出席会议并讲话，省律协会长杨伟程主持会议。会议听取了省律协秘书处关于筹备第八届华东律师论坛暨山东律师服务“黄、蓝”战略论坛的专题汇报和省律协近期工作汇报，讨论修改了《山东省律师协会〈申请律师执业人员实习管理规则〉实施办法》。

## 三、重要工作成果

### （一）扎实开展创先争优、争做齐鲁先锋活动和深入学习实践科学发展观活动

根据司法部的统一部署，成立了省创先争优、争做齐鲁先锋活动指导小组和工作机构，办公室设在省律协秘书处。在《山东律师》杂志、山东律师网站开办了专栏，在《山东律师信息》增设了专刊，先后刊发稿件60余篇，10万多字。9月3日，中组部部务委员兼组织二局局长陈向群、中组部组织二局四处处长杨保平先后带领调研组对我省律师行业党建工作和创先争优工作进行调研。7月1日《法制日报》头版和司法部《律师行业深入开展创先争优活动简报》第6期都介绍了我省的做法。

1月26日，省律协党委召开学习实践活动民主生活会，认真总结，我省律师业改革发展取得的成绩，分析查找存在的突出问题，研究整改思路及措施。省司法厅副厅长、省律协党委书记齐延安代表省律协党委作分析检查报告，省律协党委全体成员分别作分析检查报告。省律协驻济理事、省直律师事务所主任、部分律师界人大代表和政协委员近30人参加会

议。会议对省律师协会党委学习实践活动进行了满意度测评，满意和基本满意率达100%。

（二）指导全省律师为“蓝、黄”区域经济发展服务

在全省范围内精心选拔120名业务水平高、实务能力强的律师，组建了“山东半岛蓝色经济区”和“黄河三角洲高效生态经济区”2个法律服务团，为“蓝、黄”区域经济发展提供全方位、专业化、跟踪式法律服务。省律协编印了山东半岛蓝色经济区、黄河三角洲高效生态经济区法律服务内容纲要和律师服务团人员名单，并将黄三角推介的300个规划开工建设的重点项目登载在省律协网站上，通过信息简报提醒广大律师予以关注，要求他们根据项目的详细情况，积极与有关部门、投融资机构以及企业联系，为项目建设提供优质高效法律服务。在9月27日举办的山东律师服务“蓝、黄”战略论坛上，“蓝办”和“黄三角办”有关领导分别介绍了山东半岛蓝色经济区和黄河三角洲高效生态经济区建设相关情况，东营、滨州市司法局介绍了组织律师为黄河三角洲高效生态经济区建设服务的做法和经验，两个服务团的团长分别介绍了工作思路，与会律师就“蓝、黄”战略服务中涉及的法律理论与实务问题进行了研讨和交流。在6月24日开幕的首届黄河三角洲高效生态经济区经贸洽谈会上，省司法厅和省律协与东营市司法局、东营市律协共同组织律师服务团部分成员在洽谈会现场开设法律咨询服务处，为参加洽谈会的商家、企业提供现场法律服务，洽谈会期间共发放《法律服务纲要》等各类宣传材料2600余份，促成商家合作意向22项。

（三）积极参与“1+1”中国法律援助志愿者行动

继去年选派4名律师之后，今年我省又有7名律师参加“1+1”中国法律援助志愿者行动。7月20日，“1+1”中国法律援助志愿者行动2009年总结表彰暨2010年工作会议在北京召开，我省杜红星律师和毛洪涛律师分别作为优秀律师代表和2010年志愿律师代表作了大会发言。省司法厅律师管理处和省律协荣获“‘1+1’中国法律援助志愿者行动先进单位”称号，我省2009年选派的张行进、王怀义、杜红星、姚永亮四名律师荣获“‘1+1’中国法律援助志愿者行动优秀律师”称号，省司法厅对上述四名律师记个人二等功奖励。

（四）大力开展评先树优和宣传活动，树立律师良好社会形象

4月27日，全国劳动模范和先进工作者表彰大会在北京人民大会堂隆重举行。中共中央总书记、国家主席、中央军委主席胡锦涛出席大会并发表重要讲话。我省鸢都英合律师事务所主任高明芹荣获“全国劳动模范”称号。

8月16日，全省司法行政系统队伍建设工作会议在济南召开，淄博等2家律师协会、山东琴岛律师事务所等9家律师事务所、省律协副会长王广仁等15名律师、律师管理人员受到表彰。

10月30日，山东省暨济南市便民法律咨询服务活动在泉城广场举行。省委常委、政法委书记柏继民和省人大常委会副主任时立军出席活动并予以指导，省委政法委副书记孟富强、省高级人民法院副院长李静、省检察院副检察长马永胜、省公安厅副厅长王献增、省司法厅副厅长齐延安、济南市委政法委书记李家政、副市长齐建中以及济南市司法局主要领导参加了活动。省和济南市18家法律服务机构、150余名法律服务工作者参加。据统计，现场共发放宣传资料56400份、解答法律咨询8645次、提供律师服务628件、办理公证事务427件、受理法律援助案件189件，现场参与群众26000余人。

另外，我省7名律师被聘请为省委统战部第六批党外知识分子联络员。臧天翔、温江鸿律师在担任第五批党外知识分子联络员期间工作成绩突出，受到了省委统战部的表彰。

# 河南省律师协会工作概况

## 一、律师队伍2010年现状

2010年，全省拥有律师事务所752个，律师9352人，其中专职律师8414人，兼职律师451人，法律援助律师292人，公职律师195人。全省律师共办理刑事诉讼辩护及代理44000件，民事诉讼代理69000件，行政诉讼代理4234件，非诉讼代理34700件，担任法律顾问16000家，咨询和代写法律文书369878件，参加公益事业和社会活动共计117577人次。

## 二、召开的理事会

六届三次理事会于2010年4月24日至25日在济源市召开，48名理事参加了会议。各业务委员会、工作委员会主任及各省辖市律协秘书长列席会议。周济生副厅长到会并作重要讲话。会议审议通过了《省律师协会2009年工作报告》、《省律师协会2010年工作要点》、《2009年经费预算开支执行情况报告》和《2010年会费预算方案》。会议决定，宣传工作委员会更名为宣传和文化建设工作委员会，统筹行业宣传及文化建设。会议通过了《关于增加部分业务委员会委员的建议》。

## 三、召开常务理事会、会长办公会

### （一）六届理事会第三次常务理事会

2010年5月29日，省律师协会六届三次常务理事会在郑州紫荆山宾馆召开，16名常务理事参加会议，名誉会长罗新建、秘书长宋智慧列席会议。会议通报了六届三次理事会与会理事对工作委员会和业务委员会2009年工作的评价。会议研究决定对2009年9个委员会及王文立等24名个人进行表彰。会议审议通过了各工作委员会和业务委员会2010年度工作计划。会议同意河南律师网为各委员会设置论坛的方案。

### （二）六届理事会第四次常务理事会

2010年12月18日下午，省律协六届四次常务理事会在郑州召开，14位常务理事参加会议，省律师协会名誉会长罗新建、副秘书长王宇生列席会议。会议由王京宝会长主持。会议审议通过《河南省申请律师执业人员实习管理实施细则》、《河南省律师业内救助金使用办法》、《河南省律师协会关于表彰苏华伟等十八位律师的决定》。会议讨论了《河南省律师协会律师执业年度考核实施细则》、《河南省省辖市律师协会工作考核办法》、《河南×××律师事务所律师执业年度考核制度》。

### （三）六届理事会第七次会长办公会

2010年元月16日，省律师协会第七次会长办公会会议在金博大律师事务所会所召开，6名会长及名誉会长罗新建参加会议，王京宝主持会议。周济生副厅长出席会议，秘书长宋智慧，副秘书长王宇生列席会议。会议研究了省律协2009年度会费开支中出现的问题。会议讨论决定年初举办县区管理人员培训班；制定青年律师具体补贴措施；加强律师网建设投入；加大对老区和贫困地区的扶持力度；奖励焦作律师协会党建工作经费；省律协全部承担律师网络继续教育费用等问题。会议通报了业务委员会2009年度工作开展情况；研究了业务委员会增补人员问题，决定3月份召开六届三次理事会。

### （四）六届理事会第八次会长办公会

4月15日，六届理事会第八次会长办公会在河南仟问律师事务所召开。5名会长参加了会议，会长王京宝主持会议。副秘书长王宇生列席会议。会议研究讨论了省律协《2009年工作报告》、《2010年工作要点》、《2009年财务工作报告》、《2010年会费预算方案》，讨论了业务和工作委员会年度工作报告和会费配置方案。

### （五）六届理事会第九次会长办公会

2010年5月23日，第九次会长办公会会议在河南省司法厅会议室召开。7位会长参加了会议，王京宝会长主持会议，名誉会长罗新建、秘书长宋智慧、副秘书长王宇生列席会议。会议决定5月28日至29日召开常务理事会及工作委员会、业务委员会主任会议。会议通报了六届三次理事会议与会理事对各工作委员会、业务委员会2009年度工作的评价意见，并提出表彰建议。会议审议了各工作委员会、业务委员会年度工作计划，并决定提交常务理事会审议。会议决定向全省律师推荐各委员会制定的《工作指引》。

（六）六届理事会第十次会长办公会

2010年12月9日，第十次会长办公会会议在省司法厅十楼会议室召开。7位会长参加了会议，王京宝会长主持会议，厅律师公证工作指导处处长樊平、副秘书长王宇生列席会议。会议通报了全国律师工作会议和全国党建工作会议，通报了省律协今年工作进展情况、各工作委员会和业务委员会工作进展情况；会议研究了省律协成立三十周年纪念活动有关事宜和《申请律师执业人员实习管理规则》。会议决定12月19日召开常务理事会。

## 四、协会重要成果

2010年河南省律师协会在省司法厅的领导下，在全国律协的指导下，充分发挥行业管理职能，团结带领全省广大律师，认真贯彻落实党的十七大精神，努力学习实践科学发展观，积极推进律师党的建设工作，认真开展服务和谐社会主题实践活动，强化基础管理，加大教育培训力度，深化行风建设，推动了我省律师事业的发展。

（一）队伍建设工作

1. 律师党建工作走进全国律师行业党建工作前列

在实现党的组织和党的工作对律师行业全覆盖的基础上，针对新设立律师事务所和新申请执业律师明显增多的新情况，配合司法行政机关，创新方法，加强对新设立律师事务所党建工作的指导，及时更新党建数据库，保证律师事务所设立在哪里，党建工作落实到哪里。4月14日，司法部在焦作召开全国部分省市律师行业党建工作座谈会，司法部赵大程副部长对我省律师行业党建工作给予充分肯定。6月份起，省律协在律师事务所党支部和律师党员中广泛开展创先争优活动，制定了支部“七个一”建设标准，加强党员活动室建设，完善党建工作制度，强化流动党员接转管理和入党积极分子培训。9月27日，在全国律师行业创先争优活动推进会上，省纪委书记、原司法部政治部主任尹晋华充分肯定我省创先争优活动的工作特色和创新做法，号召全国各地学习借鉴我省在加强党员活动室建设和公开承诺倡议活动的创新做法。11月11日，厅律师行业创先争优领导小组、省律协在南阳召开了全省律师行业基层党组织和党员深入开展创先争优活动示范会，交流工作经验，加强督导，消除死角、盲角，进一步推动创先争做活动的扎实、深入开展。12月份，省司法厅党委加强对律协党建工作的领导力量，抽调张富华同志任省律协党委专职副书记，并配备了专职党务工作者，部分省辖市也按照要求，抽调人员充实行业党建工作队伍，强化领导责任，保证行业党建工作事有人管、责有人负。

我省律师党建工作受到司法部和省委、省政府的高度评价。11月24日，在中组部、司法部联合召开的全国律师行业党建工作会议上，省司法厅党委书记、厅长王文海同志作了典型发言，介绍了我省律师党建工作的经验和做法，受到与会代表一致好评。12月份，人民日报专门来河南采访律师党建工作，对我省的工作给予了高度评价；省创先争优活动办先后3次转发律师创先争优的经验做法。

2. 专题教育活动扎实推进

主要开展四项专题活动：一是年初，认真开展我省律师行业第三批学习实践科学发展观回头看活动，先后两次与省司法厅组成督导组，对部分省辖市第三批学习实践活动情况进行指导和督查，受到省委活动办高度评价。二是按照省司法厅的部署，继续组织全省律师深入开展“中国特色社会主义法律工作者”主题教育实践活动，围绕主题实践阶段“保民生、保增长、保稳定”工作目标和律师行风建设、诚信建设、规范建设等八个方面的目标，扎实推进，认真总结，着力解决影响和制约律师做中国特色社会主义法律工作者的突出问题，提高人民群众对律师工作的满意度。三是以李庄案件为背景，在全省律师队伍中开展了警示教育活动，通过学习讨论活动，端正执业理念，坚定理想信念，保证我省律师中国特色社会主义法律工作者的政治定位。四是在六月份，按照省委政法委开展“纠正执法行为，促进公正执法”活动，开展了“纠正执业问题、促进诚信执业”专题教育活动，排查和纠正律师在执业中存在的突出问题，促进了依法执业和诚信执业。

3. 教育培训工作进一步加强

省律协在全省19个律师协会全面开通了远程网络继续教育系统，并在年初聘请网络建设协作机构对各律师事务所主任及内勤进行了14场网络使用技术专题培训，实现了全省律师业务教育资源共享。省律协对网络培训课程进行了合理分类，丰富了课程内容。一年来，共有8982名执业律师通过继续教育网络系统完成279800课时的学习，892名实习律师也通过本系统开展了业务学习。从5月17日至6月15日，省律协先后组织两期申请律师执业人员集中培训，强化实习律师执业纪律教育和基础技能学习，并进行了严格考试，提升了新申请执业人员依法履职的意识和能力。11月23日至28日，根据省、市律师事务所和县域律师事务所地域特点及实际业务需求，省律协组织两期全省律师事务所主任集中培训，聘请中国人民大学法学院朱岩教授、郑州大学王长水教授和张嘉军教授、中国人民银行郑州金融管理学院卢克贞教授、省高级人民法院刘天华副庭长等法学专家对全省740名律师事务所主任或合伙人进行了侵权责任法、民事诉讼方式改革、刑事诉讼证据审查、行政审判等方面的业务进行培训，并制作成课件，挂在律师继续教育网上，供全省律师学习，着力提升我省律师的专业水平。

4. 对外交流活动取得积极成效

省律协加强对外协调工作力度，积极搭建平台，扩大省内外律师的交流。4月份，省律协加强与香港律师公会协作，经过严格考核，选派了5名优秀律师赴香港进行为期4周的实习交流活动，亲身体验香港律师事务所的运作过程，学习香港律师先进的业务管理经验和高端业务办理技巧。之后，省律协将参训律师的学习体会刊登在河南律师网上，供全省律师学习借鉴，提升我省律师的业务水平和事务所管理技能。6月份，省律协与全国律协民委会合作，在郑州举办了全国律协民委会暨第十二届中国民商法论坛，来自全国律协民委会的委员、河南律协民委会的委员、各省律师代表和我省部分律师共300多人参加了研讨，全国人大法工委民法室主任姚红亲自到会，为省内外律师进行了侵权责任法演讲，收到了良好效果。11月份，省律协涉外业务委员会邀请美国翰宇国际律师事务所北京办事处的四名管理合伙人和律师，与我省律师分别就中国企业在美诉讼、中国企业境外上市以及涉外业务中的文化冲突等问题进行互动和交流，探讨与河南律师业合作的相关事宜。此外，还先后接待了湖北省律协、北京市律协、广东省律协的来访调研，加深了兄弟协会间的协作关系。

（二）服务和谐社会建设工作

1. 加强专项律师服务团建设

省律协与省委统战部、省侨办、省台办、团省委、省总工会、省妇联、大河报等部门协作，进一步调整、充实、加强各类律师服务团或律师服务志愿者队伍力量，为各领域工作提供快捷周到的法律服务；南阳、许昌、焦作等涉及南水北调工程的省辖市律师协会，组织了专项律师服务团，定期到移民村为当地群众免费提供咨询、代书服务，并为移民新村村委会提供法律帮助，积极化解因移民引发的纠纷，彰显了律师在经济社会发展中的重要作用。

2. 积极开展“三项重点工作”，维护社会和谐稳定

律师参与党委、政府涉法涉诉信访工作进一步深化，组织律师认真落实信访值班制度，积极参与重大疑难信访案件的论证、听证等工作，妥善处理矛盾纠纷。2010 年，全省律师共参与信访咨询 13000 多件，帮助化解或引导当事人通过诉讼程序解决问题 1100 多件。进一步强化律师办理“三类案件”的指导工作。配合司法行政机关，于4 月底对各省辖市律协会长、秘书长，进行了“三类案件”指导和业务质量保障的知识培训，强化各地对律师办理“三类案件”指导和监督工作，12 月底对各地“三类案件”指导情况进行了检查。去年全省律师参与办理“三类案件”162 件，依法保护了当事人的合法权益，对维护我省社会和谐稳定起到了积极作用。律师参与诉前调解工作有新的突破。省律协加强与省高级人民法院沟通，加强了诉前调解工作，并保证了诉前调解值班律师的值班补贴问题。11 月份，省律协还启动了律师服务进监所试点工作，并组织厅直部分律师走进豫中监狱，为服刑人员答疑解惑，开展面对面帮扶，促进监狱公正廉洁执法，受到媒体广泛关注。

3. 进一步深化律师法律援助工作和社会公益活动

去年，全省律师共办理法律援助案件 11013 件，免收诉讼费用 2600 余万元。省律协农民工法律援助工作站直接办理为农民工援助案件 97 件，涉及金额 254 万元，接待来访、来电咨询 2082 次，受到社会广泛好评和全国律协法律援助与公益事务委员会的充分肯定。同时，积极响应全国律协和中国法律援助基金会倡议，选派郝朝兴、张成宝、邝中泉、李广民、焦志用等五名律师参加中国法律援助“1＋1”活动，奔赴新疆支援当地法律援助工作的开展，并向项目组捐助了十万元项目经费。援助律师积极开展工作，认真履行职责，真情服务群众，受到当地群众和司法行政机关的高度评价。此外，联合省妇联、团省委等部门积极开展对妇女儿童等弱势群体的法律援助活动，获得社会各界广泛赞誉。

积极开展律师助残法律服务活动。公开承诺并认真践行为残疾人提供免费咨询、代写法律文书、减免费用服务等工作。5 月份，各地律协按照省律协的部署，走进福利院、特教学校等，开展形式多样的活动，深化为残疾人服务工作。据统计，去年全省律师共为残疾人免费代写法律文书 5000 余份，提供法律咨询 2 万余人次，代理残疾人维权案件 1000 余件，减免收取代理费 21 万元，发放宣传资料 17600 份。

省律协继续关注并支持河南律师希望小学建设、积极参与未教所帮教活动及开展其他社会公益活动。六一前夕，省律协组织部分律师到商城律师希望小学慰问师生，到省未成年劳教人员管理所看望少年学员，结对帮扶；在“6·26 国际禁毒日”和“12·4 法制宣传日”期间，组织律师开展大型广场维权活动；组织律师到监狱为服刑人员讲解法律知识等，体现了律师回报社会的责任意识，树立了律师行业良好形象。

（三）行业管理与服务工作

1. 制度体系进一步完善

着眼于推进行业管理规范、有序、高效运行，过去一年，省律协进一步加强行业制度建设，先后就行业惩戒、律师年度考核、行业救助、实习律师管理等进行了认真调研，草拟《河南省律师协会惩戒听证操作规程》、《执业律师年度考核实施细则》、《律师事务所律师执业年度考核制度（示范文本）》以及《河南省律师业内救助金使用办法》，修订了《河南省律师继续教育培训实施办法》、《河南省申请律师执业人员实习管理实施细则》。其中，《河南省律师业内救助金使用办法》、《河南省申请律师执业人员实习管理实施细则》已经省律协六

届四次常务理事会审议通过，其余规范性文件将提交本次会议审议。

2. 行业监管力度不断加大

配合司法行政机关，把加强律师事务所管理工作作为贯穿全年律师管理的重点和主线，指导全省律师事务所着力加强制度建设和业务建设，加强对各地落实“六项基本制度”的监督检查，统一规范了全省律师事务所诉讼文书格式，并于12月份联合省司法厅律师公证工作指导处对“六项基本制度”落实情况进行了专项检查。按照全国律协的统一要求，于5月份组织、指导各省辖市律师协会开展执业律师年度考核工作，严格程序和标准，至7月底，顺利完成了全省8581余名律师年度考核工作。实习律师的教育管理和考核工作进一步加强，省律协制定了《河南省申请律师执业人员实习管理实施细则》，并先行在省律师协会直属分会进行运作，成立了考核小组，对厅直律师事务所申请律师执业人员进行了严格的考核。中央深化司法体制与工作机制改革调研组在河南调研、听取汇报时，对这一做法予以了充分的肯定和认可。焦作、鹤壁、新乡、漯河、濮阳等市律师协会也结合各自实际，对申请律师执业人员进行了认真考核，严格把好入口关，取得了良好成效。

3. 行风建设工作取得实效

结合往年行风建设经验，修订了2010年律师事务所行风建设考核标准，设定了实施行风建设的七个项目和18项具体工作考核内容，采用百分考核的办法，对律师事务所行风建设工作进行指导监督。组织开展了省律协理事跟庭听案活动，有16名省律协理事随机旁听本地开庭审理案件，提交案件评价表35份，对律师出庭表现进行了总结，为下一步省律协规范律师出庭和深化行风建设工作提供了依据。切实加大了行业惩戒工作力度，做到了有投诉必查、查处结果必反馈、律师违法违纪必处理。2010年，全省共受理投诉65件，已处理58起，惩戒律师事务所和律师13件，全部向投诉人反馈了处理结果。

4. 积极关注律师权益，关心律师生活

行业维权工作进一步加强。配合司法行政机关，与政法委及公、检、法等机关密切联系，建立良性互动的关系，先后就豫上所律师聂荣中因携带手铐被信阳市火车站派出所扣留、三门峡洛韵所包海军律师被检察院当庭传唤扣留，积极参与并认真指导信阳市律师协会、三门峡市律师协会开展维权工作，为律师执业创造良好环境。行业救助工作取得新突破，省律协制定了《河南省律师业内救助金使用办法（试行）》，从制度上完善了协会的服务功能，使因执业过程中受到意外伤害或因遭遇其他突发事件而发生经济困难的律师能够及时得到律协的资助。2010年，看望慰问了国是律师事务所病重律师韩昭东、漯河汇星律师事务所去世律师宁会平的家属，送去了律师协会的关怀和温暖。省律协教育培训工作委员会积极关注青年律师成长，就实习律师生存状况进行了认真调研，提交了《河南省实习律师现状白皮书》，对河南省实习律师生存现状进行了客观分析和描述，并对改善实习律师生存状况提出了建议。

5. 协会工作水平和效能有新的提高

自六届三次理事会实行会长和各委员会主任述职、由各位理事打分评定工作成效以来，各分管会长及各委员会主任工作积极性、责任心进一步增强，分管会长指导各委员会，制定了切合实际的工作计划，并和秘书处一道，加强督导，各委员会基本上都完成了任务，取得了可喜的成绩。发展战略委员会起草了四项行业管理规范性文件；女律师工作委员会加强与各级妇联组织的联系与合作，开展“百名女律师、百件妇儿维权案”公益活动，促成省司法厅与省妇联对优秀女律师的联合表彰；刑事专业委员会联合刑法专家及有关政法机关制定了《死刑辩护指引》，指导我省律师开展死刑辩护工作，对提升辩护水平起到了重要作用；公司证券委员会针对服务中原经济区建设，起草了

《河南省律师协会关于规范和发展产权股权交易市场，服务中原经济区建设的建议》，提交省人大有关部门，引起了有关部门的重视；涉外委员会起草了《河南省律师代理涉外民商事诉讼案件操作指引》，该指引在全国属首例，获得了省内涉外民商事审判专家及部分学者的一致好评；女律师、惩戒、教育培训工作委员会都开展了行业内调查研究，分别提交了《河南省女律师执业状况调查报告》、《河南省律师协会惩戒工作委员会关于惩戒工作的调研报告》、《河南省实习律师现状白皮书》，对指导行业又好又快发展起到了积极作用。省律协进一步加强对省辖市律师协会指导，重点对省辖市律协开展主题教育活动、业务研讨活动、指导办理“三类案件”和维权、开展惩戒工作以及公益活动进行了认真指导和督查，特别是通过把一些业务研讨活动与省辖市律协联合举办，既带动地方律协工作的积极性，也使更多的律师受益，收到了良好的效果。秘书处的服务、管理、组织和督导作用得到比较好的发挥，加强了大额财务支出的管理，制定了《河南省律师协会会费大额支出审核补充办法（暂行）》，使律协会费大额支出的审核更加科学、严谨，会费管理使用更加规范透明；完善了对委员会工作督导制度，对照律协工作要求和各委员会工作计划，积极督促各委员会把工作任务落到实处；此外，加强聘用人员管理，认真做好日常信息收集、会议筹备、对外协调等服务工作，保证了协会工作的正常运转。

（四）文化建设和宣传工作

2010年，省律协整合资源，成立文化建设与宣传工作委员会，加强行业宣传和文化建设工作，在行业内大力弘扬“坚持信念，精通法律，维护正义，恪守诚信”的职业精神，塑造和维护律师队伍的良好形象。主要开展了几项大的活动：一是与央视12套《法律讲堂》栏目合作，在我省律师队伍中选拔主讲嘉宾，通过组织报名、面试、试镜等环节，向央视推荐的5名律师与栏目组建立联系并开始录制节目，扩大了我省律师在全国电视观众中的影响力，选拔组织工作得到央视栏目组的高度肯定。二是2010年8月份，与省人民检察院、省司法厅、中国移动河南分公司联合组织了河南省首届“中国移动杯公诉人与律师电视论辩赛”。赛前，省律协组织参赛律师进行了为期20天的集中培训，邀请法学专家、资深刑辩律师和节目主持人进行了精心辅导。苏华伟等6名参赛律师在比赛中以扎实的理论功底、严密的逻辑思维、雄辩的口才和良好的职业形象赢得了评委和观众的一致好评，展现了我省青年律师良好的精神面貌，为我省律师赢得了荣誉。三是组织律师参与由省委宣传部、省司法厅、省依法治省工作领导小组办公室组织的“河南十大法治人物”评选活动，全省律师积极参与投票，北京市大成律师事务所郑州分所主任李煦燕脱颖而出，被授予“河南十大法治人物”，展示了律师作为中国特色社会主义法律工作者，在社会主义法制建设中的重要作用和良好形象。四是2010年11月份，策划“和谐阳光·律师服务进监狱”活动，组织厅直20多名律师到省豫中监狱与服刑人员面对面帮扶，解答法律咨询，提供法律援助，受到媒体关注，河南日报、河南法制报、河南商报、青年导报、省电视台、省人民广播电台等十余家省内主流媒体进行了现场采访和集中宣传。五是与河南电视台联办《法制现场·维权记录》节目365期，总计4300多分钟；节目中律师陪同记者深入群众中间，答疑解惑，现场维权。特别是省律协与栏目组利用“6·26国际禁毒日”和“12·4法制宣传日”，联办大型公益维权活动，在春节前开展农民工讨薪维权活动，通过媒体宣传，提升了河南律师的社会认知度和美誉度。

## 湖北省律师协会工作概况

### 一、律师队伍基本情况

截至2011年4月30日，湖北省共有律师

6581人，律师事务所466所，其中国资所54所、合作所1所、合伙所348所，个人所63所，全年各律师事务所担任法律顾问12059家，办理刑事辩护及代理案件17724件，办理民事诉讼代理案件45403件，办理行政案件诉讼代理1322件，参与义务法律宣传17816次，参与信访接待3100人次，办理非诉讼法律事务37521件，公益法律服务2167次，提供法律援助5693件，参与非诉讼调解3627件，处理群体性纠纷963起，解答法律咨询110128人次，代写法律事务文书15963件。

## 二、代表大会

2011年1月13日至15日，湖北省第七次律师代表大会在武汉隆重召开。会议审议通过了《湖北省律师协会六届理事会工作报告》、《湖北省律师协会财务报告》、《湖北省律师协会章程》修订草案。通过民主选举，选举出了新一届律师协会理事会理事61名、常务理事21名、会长1名、副会长8名及5位监事会监事。

## 三、召开的理事会

1. 2010年3月5至7日，在咸宁市召开了六届六次理事会。省律师协会六届理事、各专业委员会主任、各市、州律师协会秘书长、直管市、神农架林区司法局律公科科长共80余人出席了会议。会议通过了《省律师协会2009年工作总结暨2010年工作思路》、《省律师协会2009年财务工作报告》、《湖北省律师继续教育培训管理办法》、《湖北省律师协会关于律师和律师事务所投诉查处工作规程（试行）》。

2. 2010年12月29日，省律师协会召开了常务理事会，省六届律师协会常务理事和监事长曹亦农参加了会议。会议传达学习了全国律师工作会议、全国律师党建工作会议精神，厅党委组织常务理事和监事长对第六届律师协会领导班子进行了民主测评。

3. 2011年1月14日，召开了七届省律协一次理事会、常务理事会，选举产生了七届省律协常务理事、副会长、会长、监事会；通过湖北省律协六届理事会工作报告、财务工作报告、监事会工作报告、《湖北省律师协会章程》第二次修订稿。

4. 2011年3月10日，新一届省律师协会领导班子召开上任以来第一次会长办公会会议。会议由会长岳琴舫主持，监事长曹亦农列席了会议。会议调整讨论通过了《省律协2011年工作要点》、《湖北省律师年度执业考核实施细则》、明确了会长分工，并讨论研究了各专门、专业委员会的设置和主任人选。

## 四、2010年工作总结

2010年，省律师协会在厅党委的正确领导下，按照全国律协的要求和部署，围绕中心，服务大局，突出重点，切实加强律师队伍建设，规范律师行业管理，深入开展创先争优活动，狠抓三项重点工作的落实，较好地完成了全年的目标任务。

### （一）进一步深化党建和思想政治教育工作，确保了律师行业健康发展

一是圆满完成了全省律师事务所学习实践科学发展观活动。严格按照司法部和厅党委要求，精心组织了全省443个律师事务所、5000余名律师，分两批参加了全省律师事务所深入学习实践科学发展观活动，参与面100%。中央电视台对我省维力、鸣伸律师事务所学习实践活动的典型经验进行了宣传报道，司法部督导组和省社会组织学习实践活动指导小组对我省律师事务所学习实践活动给予了充分肯定。

二是切实加强律师队伍思想道德教育。深入开展“中国特色社会主义法律工作者”主题实践活动，配合省厅召开了全省律师队伍建设会，在全省律师队伍中开展了警示教育活动。

三是扎实开展律师行业创先争优活动。召开了全省律师行业党的基层组织和律师党员创先争优活动动员会；成立了由厅党委书记、厅长汪道胜任组长的全省律师行业创先争优活动

指导小组；制定了《关于在全省律师行业党的基层组织和律师党员中深入开展创先争优活动实施方案》；充分运用新闻媒体、楚天律师网、律师世界杂志宣传创先争优活动，壮大了创先争优活动声势，扩大了影响。专门创办了创行争优活动简报，目前已刊发十四期；普遍建立了联系点和示范点，省厅律师行业创先争优活动指导小组成员分别建立了两至三个联系点，并经常到联系点调研和检查指导工作。紧密结合实际，以“十个一”量化活动载体，即：召开一次专题会、制定一个实施方案、进行一次集中教育、办好一个学习园地、实施一次公开承诺、抓好一次群众评议、组织一次领导讲评、举办一场公益活动、抓实一次执业纪律检查、安排好一次总结表彰，明确了目标要求和活动内容；加强督促检查，推动了创先争优活动深入开展。2010 年 7、8 月，分别在黄冈、荆门市和湖北今天律师事务所召开了三次创先争优活动推进会。在全国律师行业创先争优活动西安会议上我省介绍了经验，《中国律师》杂志对我省的经验进行了刊载。副省长赵斌专门在我厅创先争优活动简报第十三期上作了重要批示。

四是进一步加强律师党建工作。调整充实了省律协党委领导班子，增补了省律协党委纪委书记一职，理顺了省律协党委会和会长办公会、理事会、常务理事会的关系。加强了律师事务所党支部建设、新党员的发展工作和青年优秀律师的培养工作。去年仅省直所就有 8 名优秀青年律师光荣加入党组织。24 名入党积极分子作为培养对象进行培训教育。强化了党建工作的考核，将党建工作开展情况作为评先表彰的重要依据。省委组织部专门从党费中拿出 13 万元，为全省律师事务所订阅 2010 年《经济日报》。2 月 11 日，司法部党组副书记、副部长陈训秋专程到湖北今天、鄂州市本正律师事务所各赠送 5 万元慰问金作为该所党建工作经费。

（二）切实加强自身建设，提升了行业管理水平和服务大局的能力

一是加强了律师协会组织建设。为加强省律协党委廉政建设，设立了省律协纪委。为加强对省直律师事务所的行业管理，6 月 25 日，成立了省律师协会省直分会和党总支，提请厅党委提准律协秘书处成立了三个职能部门，即综合部、会员业务部、培训教育部，对人员进行了分工调整，对业务进行了科学划分，提高了工作效率。

二是加强了律师行业制度建设。经省律协六届六次理事会审议，制定了《湖北省律师继续教育培训管理办法》、《湖北省律师协会关于律师和律师事务所投诉查处工作规程（试行)》，进一步加强了对律师继续教育的管理，健全完善了律师惩戒工作体系；省律协印发了《关于建立律师体检制度的通知》，建立了律师体检制度，转发了全国律师协会关于《律师年度考核规则》、《申请律师执业人员实习管理规则》，制定了实施细则，组织了全省执业律师的年度考核。

三是加强了律师教育培训工作。5 月 15 日至 16 日、6 月 6 日，省律协在汉分别举办了主题为“规范刑事辩护 防范执业风险”的“2010 湖北刑事辩护论坛”和主题为“析辩侵权责任 服务和谐社会”的“2010 年侵权责任法律论坛”。9 月 18 至 19 日，省律师协会与全国律协联合在宜昌举办了“2010 湖北建筑与房地产法律论坛”。11 月 9 日 ~12 月 8 日，省律师协会在汉举办了 2010 年度全省申请律师执业人员培训班，分两期对全省 900 余名实习律师进行了集中培训。积极搭建网络培训新平台，开通了全省律师继续教育网络培训系统。

（三）彰显职能，积极引导律师服务“三项”重点工作

全省律师充分发挥专业优势，积极参与社会矛盾化解、推进社会管理创新，维护社会和谐稳定。宜昌市在全市司法行政机关建立了对律师办理重大有影响法律事务随案指导工作机

制；十堰市开展“百名律师解千结”服务活动，探索建立律师参与配合社会稳定风险评估工作机制，引导律师介入涉及社会稳定的重大问题的评估。荆州市以律师为主体，成立了医疗纠纷人民调解委员会。省律协未成年人保护专业委员会圆满完成与团省委联合发起的未成年人保护“湖北火凤计划”项目活动。省律协向玉树灾区捐款五万元，组织全省律师捐款44多万元。省律协及时以简报、信息、律师世界杂志等形式对各地开展三项重点工作的情况及好经验、好作法进行宣传推广，推动各地扎实开展工作。

（四）加大宣传力度，进一步提升律师行业公信力

为提高宣传质量，对《律师世界》杂志和《楚天律师》网站进行了改进，提升了档次，丰富了内容。《律师世界》被全国律协评为全国律师行业优秀刊物。同时，充分运用网站、《律师世界》杂志广泛宣传我省律师积极服务三项重点工作的先进典型。2010年，省律协网站、律师世界杂志共编发律师工作信息150多条、编印工作简报18期。今年3月，省律师协会与省司法厅隆重退出了一批行业典型。湖北省中和信律师事务所主任曹亦农等3名律师荣获“湖北律师功勋奖章”，张粒等101名律师获得“湖北律师风采奖章”，还有39人获“律师执业30年纪念章”，167人获“律师执业25年纪念章”。2011年1月，省司法厅和省律协联合表彰72名优秀律师和52个优秀律师事务所。同时，还向社会各界推荐了一批先进集体和先进个人，并受到表彰。

## 五、新任领导班子介绍

会长岳琴舫：男，湖北汉川市人，1963年10月16日出生，1985年毕业于中南政法学院，1985年至1995年在中南财经大学任法律教研室主任。1995年从事执业，现为湖北今天律师事务所主任，国家一级律师，湖北省人大常委会立法顾问，湖北省委、省政府法律顾问，湖北省政法委员会执法巡视员，武汉仲裁委员会仲裁员，湖北省政府采购评审专家，武汉市武昌工商联副会长，中南民族大学法学院兼职教授、硕士生导师。出版专著两本，拥有招标、投标、心理咨询等专业从业资格和上市公司独立董事任职资格。擅长公司事务、金融投资、建设工程、刑事辩护等。

副会长柳平：研究生文化程度，国家一级律师，全国优秀律师，全国维护职工权益杰出律师、湖北省“十佳律师”，武汉市劳动模范，全国" 五一劳动奖章" 获得者（2009年），现任湖北瑞通天元律师事务所监事会主席、中华全国律师协会常务理事、律师行业规则委员会、宣传联络委员会及经济业务委员会副主委、湖北省律师协会副会长、武汉市律师协会副会长、武汉市政协委员、省总工会委员及法律顾问、中共武汉市司法局律师委员会副书记，省政府采购办专家、省综合招投标中心专家、武汉市人民政府、地方税务局、武汉市总工会等机关的常年法律顾问。

副会长张用江：1964年生，法学硕士学位，湖北立丰律师事务所高级合伙人，湖北省律师协会副会长，湖北省政府律师顾问团成员。曾在湖北省高级人民法院从事审判实务与法律教学工作，担任全国法院干部业余法律大学湖北分校主讲教师。1995年至1998年任中南政法学院法学研究所副所长、副研究员。1992年编著的大陆第一部物权法《中国物权法》出版，先后在《中国法学》、《法学研究》等国内重要影响法学刊物发表数十篇法学理论文章。省政法委04~05年解决涉法上访的专家组成员，湖北省优秀律师。

副会长蔡学恩：1964年9月生，无党派人士，湖北德伟君尚律师事务所首席合伙人，中华全国律师协会理事，六届省律协副会长，武汉市律协副会长，省市律师顾问团律师。现任省政协常委，博士在读。近年来，先后被评为全国优秀仲裁员、优秀律师，省、武汉市十大杰出青年，十佳律师，武汉市十大优秀归国留

学人员和市劳模。

副会长张粒：女 1962 年 8 月生，武汉市人，中南政法大学法学硕士，中共党员，北京市中伦律师事务所武汉分所主任律师、一级合伙人。现任湖北省律师协会会长，湖北省律协党委副书记，中华全国律协理事、女律师协会执委。湖北省人民政府法律专家咨询委员会委员，湖北省突发公共事件部门应急预案评审专家，湖北省综合招投标中心招标评标专家库专家，湖北省注册会计师协会惩戒委员会委员。湖北省“巾帼建功”标兵，“全国优秀律师”，“湖北省十佳律师”获得全国五一劳动奖章和“湖北省律师风采奖”获得者，荣记二等功一次。

副会长刘 钢：1960 年 12 月生，中共党员，大学学历，湖北诚业律师事务所主任，中华全国律师协会六届理事，湖北省律师协会行政法专业委员会副主任委员，宜昌市西陵区人大代表，宜昌市律协副会长，宜昌市人民政府、西陵区政府专家顾问团成员，宜昌市仲裁委员会仲裁员，宜昌市仲裁委专家咨询委员会委员。

副会长方松林：1967 年 8 月出生，中共党员，法律本科学历，湖北鸣伸律师事务所主任，一级合伙人，湖北省第六届律师协会副会长，湖北省律师顾问团成员，黄石市人大常委会法律顾问，黄石市社会科学联合会常委。曾荣获湖北省优秀律师，湖北省合伙律师事务所规范年先进个人，湖北省律师风采奖章等荣誉称号。鸣伸律师事务所 2000 年至 2003 年荣获二届“湖北省十佳律师事务所”。

副会长邱保民：1962 年 6 月生，二级律师，中共党员，湖北松之盛（襄阳）律师事务所主任以及合伙人，第六届湖北省律师协会副会长、湖北省律师顾问团成员、湖北省法学会仲裁研究会理事、襄阳市仲裁委员会委员、襄阳市律师协会副会长、襄阳市律师顾问团副团长。被湖北省委、省政府、省司法厅、省律协和襄阳市授予“先进工作者”、“十佳律师”、“优秀律师”、“AAA 级信用律师”、“湖北律师风采奖章”、荣记个人二等功一次。

副会长严道清：1969 年 1 月生，武汉大学法学院博士在读，湖北忠三律师事务所主任律师，七届全国律师代表大会代表，省律协理事，武汉律协副会长，武汉市人大代表，省、市政府律师顾问团成员，武汉市司法局律师党委委员。曾获武汉市劳动模范、第十二届“优秀市人大代表”，“湖北律师风采奖章”。

监事长曹亦农：（见省人大代表介绍）

秘书长：刘元生

## 湖南省律师协会工作概况

### 一、湖南省律师队伍 2010 年现状

2010 年，在司法部、湖南省委、省政府的正确领导下，全省律师工作坚持科学发展，解放思想，开拓创新，取得了显著的成绩。队伍快速发展，素质全面提升、服务职能不断延伸。2010 年，全省共有律师事务所 529 家，其中合伙律师事务所 455 家，合作律师事务所 2 家，国资律师事务所 41 家，个人律师事务所 31 家。有律师 7059 人，其中专职律师 6574 人，兼职律师 314 人，法援律师 95 人，公司律师 20 人，公职律师 52 人。全省律师共代理各类刑事诉讼（或担任辩护律师）33000 余件，民事诉讼 38000 余件，行政诉讼 907 件，非诉讼法律事务 26000 余件，为全面建设小康社会，建设法治湖南，助推湖南“四化两型”建设，营造安全稳定的社会环境和公开、公平、公正的法治环境作出了积极贡献。

### 二、召开的常务理事会、理事会、会长办公会、党委会情况

1 月 20 日至 21 日，七届省律协在湘潭召开了七届省律协常务理事会第五次会议和理事第三次会议。常务理事会第五次会议听取了各专业委员会主任的述职并进行了测评；审议通过了《省律协 2010 年度经费预算报告》、《省律协 2010 年度工作要点》。理事会第三次会议

听取了副会长述职并进行了测评；审议通过了《省律协2009年度常务理事会工作报告》、《省律协2009年度经费预算执行情况报告》。

2月5日，七届省律协召开会长办公会第七次会议，会议对七届律协常务理事会第五次会议和理事会第三次会议讨论的主要意见和建议进行了讨论、研究，对理事们反映强烈的“三难”、“税负”、青年律师的培养问题分别确定了专门班子调研解决。会议还对律师的参政议政、加强行业宣传等问题进行了讨论。

4月9日，七届省律协召开会长办公会第八次会议。会议决定发出号召，为“1+1”中国法律援助志愿者行动踊跃捐款，奉献爱心。会议决定将我省律师参加社会保险列入律师执业活动考核范围，并建议司法行政将其纳入律师事务所年度考核范围。会议还讨论了省境外企业法律服务中心下一步行动计划、省政协委员律师的调研工作、举办我省的青年律师论坛等问题。

5月14日，七届省律协召开会长办公会第九次会议。会议通报了省律协查处违纪违规律师的有关情况，对下半年工作进行讨论，会议决定设立省律协律师惩戒复查委员会。

6月30日至7月1日，七届省律协召开会长办公会第十次会议。会议听取了会长、副会长、执业律师副秘书长对上半年各自承办、分管或协管的主要工作的情况汇报，对七届常务理事会第六次会议的相关事项、会员纪律惩戒复查委员会的设立、会员纪律惩戒委员会和行业规则委员会的调整等事项进行了讨论，会议还就行业自律，加大律师违规违纪查处进行了研究，对省律协下半年的工作进行了部署，决定组织律师中的省政协委员开展律师在依法行政、打造法治政府作用的调研，争取在省政协大会上的发言。

10月12日，七届省律协召开会长办公会第十一次会议。会议讨论了《湖南省申请律师执业人员实习管理细则》、《湖南省律师执业年度考核细则》、《律师和律师事务所重大事项报告制度》、《避免利益冲突规则》等行业规则的制定等。

2010年，省律协召开了5次党委（扩大）会，研究律师行业的重要工作。

### 三、湖南省律师协会2010年重要工作成果

（一）围绕中心服务大局，引导律师服务经济发展、社会和谐稳定与法治建设

1. 充分发挥省境外企业法律事务咨询服务中心的作用，为我省“走出去”战略服务。就省境外企业法律事务咨询服务中心的运作进行了专题讨论研究，制定了2010~2011年工作计划，对涉外企业的法律服务进行了分组，免费为部分企业海外并购需履行的审批事宜出具了法律意见。

2. 为党委政府分忧，指导律师参与涉法涉诉信访。省律协坚持有利于化解纠纷、防止矛盾激化、维护社会稳定的原则，积极推动和引导全省律师参与涉法信访接待工作，充分发挥法律咨询、法制宣传和调解等服务功能，将解决社会矛盾纳入法制化的轨道，预防和妥善处置人民内部矛盾引发的群体性事件，确保社会稳定。按照省委政法委的统一部署，组织安排省直会员所律师从6月1日起参加省直政法部门的联合涉法信访接待工作，全年共安排了149名律师值班。

3. 积极引导律师服务和保障社会民生。省律协积极引导广大律师关注民生、服务民生，围绕人民群众特别是弱势群体最关心、最直接、最现实的利益问题，提供法律服务，着力服务和保障民生，推动和谐社会建设。省律协劳动和社会保障委员会先后举办了“劳动维权咨询日”活动和“如何破解农民工讨薪难题研讨会”；引导律师事务所开展了“创先争优 法律服务进社区”活动。

4. 发挥职能优势，促进法治建设。一是积极组织律师参与各类法律法规的修改。通过召开座谈会、书面征集意见等形式，就《刑法修正案（八）》、《法律援助程序规定》、《湖南省

高级人民法院有关九种侵犯财产犯罪案件相关数额起点标准的意见》等法律法规的起草与修改，提出各类建议百余条。二是推荐优秀律师担任政府法律顾问，促进依法行政。据统计，2010年全省司法行政机关和律师协会共推荐485名优秀律师担任各级人民政府及其部门法律顾问，他们的法律服务得到党委政府领导的肯定。

（二）抓根治本重教育，加强律师队伍建设

1. 加强律师思想政治建设，确保律师队伍正确政治方向。完善律师行业党建工作，规范了律师事务所设立党支部、培养发展新党员、开展组织生活等；协助律管处完成全省律师行业科学发展观学习实践活动第三阶段的各项任务；配合开展全省律师行业创先争优活动；举办全省骨干律师（非中共）培训班，探讨律师如何树立正确的政治观，践行社会主义核心价值体系。

2. 加强律师职业道德建设，提高律师行业诚信度。配合开展律师队伍警示教育活动，强调律师在执业过程中坚持讲事实、讲证据、讲法律，执业为民；加大行业自律和对违规违纪律师的查处，全年，省律协共接受投诉案件35起，其中省律协直接受理案件16起，批转市州处理19起，1家律师事务所受到公开谴责的行业处分，1名律师被取消会员资格，1名律师受到公开谴责处分，1名律师受到训诫处分，3名律师受到批评教育处理；针对律师行业违规设立办事机构和违规发布广告的情况进行了整顿；严格律师执业年度考核，全年共完成509家律师事务所、5526名律师的执业年度考核。

3. 加强律师业务素质建设，提升专业化水平。认真举办了二期申请律师执业实习人员集中培训班，参训人员1128人。进一步加强了对执业律师的业务培训，共举办了执业律师业务培训班和各类研讨会11期，参与律师4209人次；有针对性的加强律师管理和综合素养方面的培训，举办了全省律师事务所主任培训班和律师事务所党支部书记培训班；引入了网络培训的新手段，共有2307名律师参加了网络培训。

（三）着力解决会员关注的重点问题，推动执业环境的改善

1. 努力破解律师执业“三难”问题。4月22日，省律协和省公安厅联合召开了加强和改进看守所工作律师座谈会，就律师在刑事诉讼中普遍存在的会见难、阅卷难和调查取证难等问题进行了交流，并经省市律协的努力，促使长沙市第一看守所拆除了律师会见室中的歧视性设施。9月3日，省律协召开刑事专业委员会会议，就代拟的省公检法司等部门《关于在刑事诉讼中贯彻实施〈中华人民共和国律师法〉若干问题的规定》（建议稿）进行讨论，并进行了相应的修改完善，目前正在与相关职能部门沟通。

2. 力促律师社保问题解决。3月份，省律协下发了《关于印发〈省律协直属会员律师事务所律师参加社会保险工作流程〉的通知》，对省律协直属会员律师事务所、律师参加社会保险流程进行了梳理，并为162名省直会员律师以灵活就业人员形式代办了社保申请、登记手续。

3. 深入开展律师工作调研。8月份，省政协、省司法厅、省律协组成联合调研组赴益阳、郴州、岳阳、长沙4市，就律师作用的发挥、律师社会地位的提升、律师执业“三难”及青年律师的培养等有关问题进行深入调研，向省政协提交了《加强律师工作，建设法治湖南——关于我省律师工作的调研报告》，对发挥律师作用，建设法治湖南提出了一系列建议，为进一步改善律师执业环境而努力。11月，省政协将报告提交省委省政府，省长徐守盛做了重要批示。8月26日至27日、8月30日至9月1日，根据司法厅的部署，省律协参加司法厅调研组在益阳、常德进行的法律服务活动情况调研，针对律师执业环境存在的主要问题、律师行业发展存在的社会环境问题、律

师行业自身建设存在的问题等与当地律师事务所和律师进行了深入访谈，为《湖南省法律服务市场管理条例》的立法做准备。

此外，为了扶持青年律师成长，省律协常务理事会决定，从2010年开始，对新申请执业的律师和执业一年的律师实行会费减免。针对律师执业的“赋税过重”、“青年律师的培养”等全省律师反映强烈、影响律师行业发展的问题，上半年，省律协专门召开会长办公会对上述问题进行了讨论、研究，并分别确定了专门班子进行调研、协调。

（四）不断健全行业管理体制，履行行业管理职能

1. 优化协会组织设置，完善行业规则。新设立了会员纪律惩戒复查委员会；起草了《湖南省律师执业年度考核细则》、《湖南省申请律师执业人员实习管理细则》、《湖南省律师和律师事务所重大事项报告制度》、《湖南省律协惩戒委员会惩戒程序规定（试行）》等。

2. 加强律协专业委员会建设，充分发挥业务指导作用。各专业委员会积极开展活动，通过工作会议、业务研讨、业务论坛等形式，充分发挥业务指导、业务拓展作用，全年共举办各类业务活动近20次。刑事、民事、行政、法律顾问、涉外、建筑房地产、金融证券、知识产权、劳动和社会保障、公司等法律事务专业委员会分别举办了相关事务研讨会；婚姻家庭法律事务专业委员会2010年荣获“全国维护妇女儿童权益先进集体”，编辑了《涉及家庭暴力案件中人身安全保护裁定律师事务操作指引》；未成年人保护专业委员会开展了未教成员“一帮一”法律帮助活动；法律顾问专业委员会开展了长沙市工商企业问卷调查，与省企业法律顾问协会签署了合作协议。

3. 服务会员办实事，努力做好相关服务工作。办理律师免费查询企业工商信息32700余人次，解决了律师企业信息查询难的问题；办理申请实习人员实习证1123本，执业律师培训登录册147本；律师人才市场全年共收取了新档案213份，调出档案51份。

4. 加强秘书处自身建设，提高服务能力。组织全体工作人员进行政治学习和业务学习12次，努力提高工作人员的办事效率和服务水平；针对秘书处基本上是年轻人的情况，要求工作人员持之以恒地努力学习，多参与、多磨砺，提高素质、提升能力。

（五）积极开展社会公益活动，加强对外交流，树立良好形象

1. 组织参与公益活动，真情回报社会。先后组织“送温暖献爱心慈善一日捐”、“学雷锋义务帮教”、“1+1”中国法律援助志愿者行动公益募捐、支持律师希望小学创建长沙市合格学校募捐、赴未教所献爱心等公益活动

2. 开展各种交流，拓宽工作视野，展示行业风采。承办了七届全国律协第六次常务理事会会议，参加第十四届中韩律师协会定期交流会，组团到香港学习交流考察，在全国律协秘书长会议上就申请执业人员的培训工作作典型发言，组织律师参加全国律协主办的“统筹城乡发展中的法治与律师实务研讨会”，先后接待了来湘考察的湖北省、广西壮族自治区律协，在大连召开的全国律协宣传联络工作会议上，《湖南律师》杂志被评为“优秀奖”。

3. 办好各类资料和协会网站，提供信息服务与宣传平台。全年共编辑《湖南律师》6期，编印《业务资料》12期，《湖南律师工作简报》8期。同时，省律协及时在湖南律师门户网站进行新闻报道、信息公告等，使湖南律师网集信息、交流、宣传、查询等功能为一体，成为宣传全省律师工作和行业管理工作的一个重要平台。

## 广东省律师协会工作概况

2010年是第九届省律协任期的第一年，也是省律协成立三十周年。在广东省司法厅党委的领导和全国律协的指导下，我会认真贯彻落实《律师法》和章程赋予的各项职责，团结带

领广大律师围绕年初制定的计划积极开展工作，取得显著成效，得到了全国律协和省司法厅领导以及广大律师充分肯定和赞誉。

**一、2010 年广东省律师队伍情况**

我会全年共对全省名 18241 律师、1585 家律师事务所完成了年度考核，其中社会律师 17167 名、法援律师 430 名、公职律师 644 名；社会律师事务所 1375 家、公职律师事务所 112 家，法律援助机构 125 家。律师人数比去年同期增加了 1729 人。

**二、2010 年我会共召开了 2 次理事会**

3 月 13 日下午，省律协九届二次理事会在广州召开，会议通报了九届省律协会领导分工情况，讨论并表决通过以下事项：《2010 ~ 2012 年省律协理事会工作规划》、《2010 年省律协理事会工作计划》、《广东省第九次律师代表大会期间代表提案的答复建议》、《设立省律协实习管理考核委员会事宜》、《第九届省律协各委员会主任人选》、《第九届省律协名誉会长和顾问人选》、《对参与韶关“6.26”案件辩护工作有关律师和律师所进行表彰事宜》。

12 月 2 日，省律协在广州召开九届三次理事会，55 名理事参加了会议。会议表决通过了省律协成立 30 周年表彰人选名单、授予邱爱山律师“法律援助杰出贡献奖”、省律协实习考核工作委员会主任人选。“省律协成立 30 周年受表彰人员”共 259 名。会议还对全省律师执业责任保险投保事宜进行讨论，并确定初步工作思路。

**三、2010 年我会共召开了 6 次会长办公会**

1 月 13 日，省律协九届二次会长办公会在广州召开。会议确定了九届省律协会领导分工，研究了第九次律师代表大会期间代表提案的答复建议、第九届省律协各委员会人员调整方案以及聘任省律协名誉会长和顾问等事宜。经讨论，会议原则通过了 2010 – 2012 年省律协理事会工作规划、2010 年省律协理事会工作计划以及设立省律协实习管理考核委员会等事宜，并同意将以上事项提交省律协九届二次理事会审议。

3 月 13 日上午，省律协在广州召开九届三次会长办公会，经讨论，会议原则通过九届省律协各委员会主任建议人选和副主任及委员人选、九届省律协名誉会长和顾问人选、设立青年律师执业扶助基金事宜、对参与韶关“6.26”案件辩护工作有关律师和律师所进行表彰等事项，并同意将相关事项提交九届二次理事会审议。

4 月 20 日，省律协九届四次会长办公会在广州召开。会议研究了推荐省知联会理事候选人、新办公楼装修设计、省律协实习考核工作委员会人员组成、相关调研工作、组织全省律师向青海玉树地震灾区捐款和审议《广东省法官协会与广东省律师协会关于加强交流与合作的决定（初稿）》等事宜。

8 月 11 日，省律协九届五次会长办公会在广州召开。会议通报了省律协近期工作情况和下一步工作安排，对落实为青海玉树地震灾区捐款具体事宜、省律协实习考核工作委员会成员组成情况、有关委员会增补委员、副主任事宜、为全省律师行业统一投保律师执业责任保险、设立省律协成立 30 周年有关表彰奖项以及对中山市邱爱山律师进行表彰等事项进行研究，并形成决议。

2010 年 9 月 7 日，省律协九届六次会长办公会在广州召开。会议通报全国律协秘书长会议精神及贯彻落实意见，研究省律协成立三十周年庆祝大会方案、研究省律协为律师事务所向省检察院转递民事行政申诉案件材料可行性和在全省各市律协推进青年律师工作委员会建设等事宜。

12 月 1 日，省律协在广州召开九届七次会长办公会，会议通报了关于制定《广东省律师执业年度考核实施细则》（初稿）等事宜。经讨论，会议同意推荐法院立案信访窗口监督员名单，原则通过省律协成立30周年表彰人选事宜、全省律师执业责任保险投保事宜并同意将相关事项提交九届三次理事会审议表决。

## 四、广东省律师协会2010年重要工作成果

2010年我会在律师行业党建工作、律师公益法律服务、律师文化建设等方面做了大量的工作，并取得了可喜的成绩。

### （一）进一步加强律师队伍思想建设和党建工作

2010年，省律协党工委深入贯彻落实党的十七大和十七届四中、五中全会精神，继续深入贯彻科学发展观，充分发挥政治核心作用，不断推动律师行业党建工作上新台阶。6月4日，在省律协党工委第五次会议上，通过了《中共广东省律师协会工作委员会2008－2009年工作总结》和《中共广东省律师协会工作委员会2010年工作计划》，对举办全省律师事务所党支部书记培训班和开展创先争优活动等重点工作进行了部署。

1. 加强律师所党支部书记培训

8月省律协党工委与省司法厅在省委党校联合举办全省律师事务所党支部书记培训班。此次培训班是省司法厅、省律协党工委借助省委党校师资力量，全面提升律师事务所党支部书记综合素质和党建工作能力的一项新的尝试，无论在我省还是全国均属首次。培训班对全省律师事务所党支部书记进行科学理论、政治形势、新时期党建工作、服务大局和实践拓展等全方位的培训。通过培训，牢固树立基层党组织领导班子重视学习、善于学习、终身学习的观念，引导广大律师党员把学习科学发展观同解决群众最关心的民生与司法公平正义、推进我省社会管理创新、本地区和本律师事务所改革发展、党的建设等问题结合起来，把学习成果转化为推动科学发展的实际能力。

2. 做好律师事务所深入学习实践科学发展观活动指导和总结工作

2月底至3月，我会党工委严格按照厅党委《关于全省律师事务所开展深入学习实践科学发展观活动的指导意见》以及省委组织部和省司法厅党委联合下发的《关于进一步加强和改进全省律师行业党的建设工作的意见》具体要求，组织学习了中组部和司法部党组的重要会议精神。在具体落实各项文件精神的同时，我会工委认真总结了我省律师行业自2008年起开展的学习实践科学发展观活动，并及时传达全党深入学习实践科学发展观活动总结大会的重要精神，巩固和扩大学习实践活动成果，进一步推动我省律师行业学习实践科学发展观纵深发展。到今年2月底，律师队伍完成第三批深入学习实践科学发展观活动各项任务，并取得预期成效。

3. 指导律师行业深入开展创先争优活动

自5月28日司法部召开深入开展创先争优活动部署电视电话会议以来，根据省司法厅党委的统一要求，省律协党工委加强对全省律师行业基层党组织和律师党员开展创先争优活动的指导和协调。6月和11月，时任省委组织部部长胡泽君、司法部部长吴爱英先后考察我省律师行业开展创先争优活动和党建工作情况，并给予充分肯定和高度评价。7月底，司法部创先争优巡回指导检查组来粤检查指导，对我省律师行业创先争优活动各项工作给予充分肯定。8月底至9月初，根据省司法厅党委的统一安排，由省厅派出的、有省律协党工委成员参与的律师行业创先争优活动巡视指导组分赴有关市巡视指导律师行业创先争优活动，有力推动了各市创先争优活动的开展。9月全省律师所创先争优活动座谈会在肇庆召开，总结了全省律师行业开展创先争优活动阶段性工作，进一步指导创先争优活动的深入开展。

4. 开展党建评优表彰活动

为表彰先进、弘扬典型、激励引导我省广大律师进一步奋发进取，2010年省律协党工委开展了省律协成立三十周年律师行业先进党组织和优秀共产党员评选表彰活动。在12月25日隆重举行的省律协成立三十周年庆祝大会

上，党工委表彰了29个先进基层党组织和101名优秀共产党员。通过评选表彰活动和依托媒体报道，进一步加大宣传力度，树立律师行业良好的社会形象，扩大了社会影响。

（二）引导律师参与社会管理创新，推进律师公益法律服务工作

我省律师向来具有执业为民、急公好义的优良作风。通过发挥律师职能优势，积极引导和鼓励律师投身公益活动，进一步彰显了律师的社会责任和提升律师良好的社会形象。

1. 积极做好律师服务团组织协调工作

2010年我会积极做好侨资、台资、中小企业、“三农”等四个服务团工作组织协调工作，指导服务团为企业、农村等提供法律服务，并指导各市律师服务团开展活动，取得初步成效。9月召开专题会议，回顾总结了律师服务团工作情况，进一步巩固和拓展工作成果。6月与省司法厅、广州亚组委联合组建“广州亚运会律师志愿服务团”，7月又与省总工会、省司法厅联合组建“广东省工会法律服务律师团”，并引导服务团积极主动开展工作。工会律师团被网民第一次评为全省政法工作十大亮点之一。

2. 组织律师积极参与服务社会民生活动

为服务社会民生，1月我会组织部分律师随省厅领导参加以“提高法律服务水平 促进社会和谐发展”为主题的两期“民声热线”上线直播节目，为群众提供免费法律咨询服务。2月组织部分律师事务所参与由中国法律援助基金会负责管理实施的“中央专项彩票公益法律援助基金项目”，为社会弱势群体提供免费法律服务。同时我会与省司法厅联合发动全省律师为“1+1”中国法律援助志愿者行动捐款21万多元。

3. 积极开展其他社会公益活动

我会连续第二年落实四川地震灾区律师来粤培训援助项目，免费为25名四川地震灾区律师进行为期7天的交流学习培训。2010年4月我会组织发动全省律师行业积极为青海玉树地震灾区捐款150多万元，并与青海律协达成援助协议，将各市律协汇集到省律协的款项50余万元用于支援灾区律师行业发展。9月我会以“9.25”全国律师宣传日活动为契机，发动全省律师开展活动并与有关市律协合作举办大型义务法律咨询活动，为群众提供免费法律咨询服务并派发宣传资料，进一步扩大律师的社会影响。此外，我会与省司法厅关工委联合开展未成年犯帮教活动，受到帮教对象和未管所的欢迎和好评。

（三）弘扬律师文化与行业宣传有机结合，持续深入推进律师文化建设

2010年我省律师文化建设的重点工作是以我会成立30周年为契机，开展一系列宣传纪念活动，旗帜鲜明地突出律师群体良好的社会形象，展示律协的重要工作成果。

1. 开展省律协成立三十周年系列纪念活动

为系统总结了省律协30年发展成绩，2月我会与《法制日报》社广东记者站联合召开“见证广东三十年法治进程——资深律师座谈会”。4月与《律师文摘》杂志社、《法制日报》社广东记者站联合召开省律协成立30周年回顾座谈会。9月省律协举办“广东律师走过30年”文艺汇演，此次汇演从内容和形式都取得了明显的创新效果，表演质量得到较大提升，得到了省委宣传部有关领导高度评价。国庆期间与广东省美术家协会、广东省书法家协会、广州市文物总店联合举办“庆祝广东省律师协会成立三十周年图片展暨中国名家书画展”。12月在省律协成立30周年庆祝大会期间展出相关图片，受到与会领导高度赞扬。12月我会举办省律协成立30周年庆祝大会，通过采用播放专题片、举行隆重颁奖典礼和文艺汇演相结合的形式，丰富而生动地展示了我省律师深厚的文化内涵。

2010年我会制作反映广东律师业三十年发展历程和律师先进事迹的纪录片《守护正义—广东律师三十年》、专题片《先行者的历史印记》，与《律师文摘》杂志社合作出版《广东

律师30年—律师文摘特刊》，并通过全面收集、梳理和整理我省律师制度恢复以来每年省律协工作情况及行业相关重要信息、图片，编印《广东省律师协会成立30周年工作日志》、《广东省律师协会成立30周年大事记》和《广东省律师协会成立30周年画册》，全面总结和立体展示了省律协30年来走过的光辉历程及取得的辉煌业绩，进一步扩大广东律师业在国内外的影响和知名度。

2. 加大宣传工作的力度和投入

广东律师宣传工作的经验得到全国律协充分肯定并向全国推广。9月在全国律协宣传联络工作会议上除印发广东律协经验材料《精心打造律师宣传工作十大品牌 全面提升律师良好社会形象》以外，省律协领导还专门在会上作了经验介绍。一年来在全国性的权威报纸《法制日报》多次整版报道广东律师工作成绩和律师先进事迹，其中刊登的一篇文章《广东律师30年创下多项第一》是《法制日报》历史上第一次在头版头条宣传广东律师工作，在全国法律界影响很大，意义深远。2010年我会制作反映广东律师业三十年发展历程和律师先进事迹的纪录片《守护正义—广东律师三十年》、专题片《先行者的历史印记》，与《律师文摘》杂志社合作出版《广东律师30年—律师文摘特刊》，并通过全面收集、梳理和整理我省律师制度恢复以来每年省律协工作情况及行业相关重要信息、图片，编印《广东省律师协会成立30周年工作日志》、《广东省律师协会成立30周年大事记》和《广东省律师协会成立30周年画册》，全面总结和立体展示了省律协30年来走过的光辉历程及取得的辉煌业绩，进一步扩大广东律师业在国内外的影响和知名度。

2010年我会继续与省电视台合作制作电视专题片并通过广东电视台播出，包括制作《律师说法》电视专栏节目、广东律师辩论赛精选片段以及省律协成立30周年有关节目等，进一步突显了宣传律师的效果。我会连续第四年组织开展广受好评的年度重大法律事件评选活动。活动采取专业推荐与专业评选相结合的方法，按照推荐、评选、审核、公示、发布的程序进行，共评出2009年度世界、中国、广东重大法律事件各10件，并于通过召开新闻发布会向社会公布，引起广泛关注和讨论。

3. 组织开展全省律师辩论赛

2010年7月中旬，我会成功举办了第二届广东律师电视辩论大赛，来自广州、深圳、佛山、东莞、中山、汕头、惠州、湛江、阳江、梅州、茂名、河源等市律协的12支代表队共90多名律师参加了比赛。经过初赛、半决赛和决赛三个阶段的角逐，评出团体一等奖、二等奖各一名，团体三等奖4名，团体优胜奖6名，最佳辩手10名。辩论赛这一新颖形式，既是加强律师业务建设、文化建设的重大举措，更体现了我省各地律师综合水平的普遍提升。

4. 开展丰富多彩的文体活动

2010年我会组织及参与的律师文体活动形式多样而内容精彩。5月8日，由省律协主办，湛江律协承办的“2010年广东律师体育比赛”在湛江市成功举行。来自广州、深圳、珠海、东莞、中山、佛山、韶关、湛江、肇庆、江门、阳江、茂名、惠州、梅州、潮州 等15个市律协的150名律师运动员参加了比赛。此外，我会还组团赴上海参加了第三届京津沪渝粤五省市律师羽毛球赛并荣获团体冠军。6月份，在去年成功举办舞会的基础上，由我会和省女法官协会、省工商联女企业家商会、省知识界人士联谊会联合举办的“辉煌与使命”广东知识女性靓装舞会。此次舞会进一步加强了我省律师与法官和知识界、企业界的沟通交流，同时为律师行业赢得省内广泛的理解和支持、进一步扩大律师行业的影响力和改善律师执业环境搭建了良好的平台。

## 海南省律师协会工作概况

### 一、海南省律师队伍现状

2010年全省共有79家律师事务所，其中省属所17家，海口市管所40家，三亚及其他市县管所20家；合伙所62家，个人所17家；全省共有执业律师953名，男律师676人，女律师280人，目前全省共有党员律师353名，青年律师党员94名，民主党派人士71人；已成立1个律师党委，1个党总支，3个联合党支部，29个律师事务所单独建立了党支部。

一年中，全省有77家律师事务所的550名律师参与了668人次政府信访接待工作，接待上访群众3143人次，接受各类法律咨询2596人次。全省律师担任各类政府法律顾问170余人，担任海口仲裁员80余人，担任各级公检法机关廉政监督员20余人，全省律师事务所办理各类案件共10263件，其中刑事案件1213件、民事案件6535件、行政案件511件、非诉讼案件1215件，总收入突破3亿元。

## 二、协会召开的重要工作会议

### （一）召开的理事会情况

2010年，海南省律师协会共召开了两次理事会。

2月5日下午，海南省律协五届五次理事大会在律师会馆三楼会议室召开。王晶会长主持会议，省司法厅孙书南副厅长、省律公处处长肖平、副处长王青玲到会指导。会议专题审议关于成立“海南省律师协会公职律师分会”的情况说明。理事会讨论认为，加强公职律师统一管理势在必行，但公职律师又不同于社会律师，用管理社会律师的制度、方法去管理公职律师不切实际，成立公职律师分会，在接受省律协指导和监督的基础上，针对自身特点，出台相应的规章制度，既有利公职律师的管理，又能不断完善律师行业的管理机制。会议一致同意成立“海南省律师协会公职律师分会”。

5月21日下午，省律协五届六次理事会议在海南律师会馆召开，王晶会长主持会议，省司法厅孙书南副厅长、律公处王青玲处长到会指导。会议审议了以下事项：1、审议通过了关于聘任吴少平同志为海南省律师协会秘书处秘书长的提案；2、审议并通过了关于设立海南省律师协会海口－三亚工作站的提案；3、审议了关于减免新执业青年律师会费的提案；4、审议关于修改《海南省律协会费收缴及使用管理暂行办法（审议稿）》的提案；5、审议并通过关于与海南大学法学院共同创办实习律师岗前培训基地的提案；6、审议《关于海南省律师协会2010年度财务预算报告（草案）》。

### （二）召开的会长办公会

2010年，海南省律师协会共召开四次会长办公会议。

2月2日下午，省律协第一次会长办公室会议在律师会馆召开。王晶会长主持会议，副会长廖向琦、姜丹参加会议，刘汝祥秘书长列席会议。会议审议了《海南省律师协会2009年度工作报告（讨论稿）》；审议了《海南省律师协会2009年度财务工作报告（讨论稿）》；审议关于成立海南省律师协会公职律师分会事宜；汇报审议2009年度律师投诉查处情况；审议五届五次理事会暨“最佳诚信”律师表彰大会议程。

5月17日下午，省律协第二次会长办公室会议在律师会馆召开。王晶会长主持会议，副会长廖向琦、姜丹参加会议，秘书长吴少平、民商行政委员会主任王崇敏、财务监督委员会主任张晓辉列席会议。会议讨论了《关于聘任吴少平同志为海南省律师协会秘书处秘书长的提案》；讨论了《关于调整并增加律师团体会费的提案》；讨论《关于减免新执业律师会费的提案》；讨论《关于成立协会海口三亚工作站的提案》；讨论与海大法学院联合创办实习律师岗前培训基地相关事宜；讨论《海南省律师协会会费收缴及使用管理暂行办法审议稿》及《海南省律师协会2010年度财务预算报告草案》；汇报赴白沙希望小学调研的情况说明。

5月27日下午，海南省律师协会第三次会长办公会议在维特律师事务所会议室召开，王晶会长主持，副会长廖向琦、姜丹参加会议，秘书长吴少平列席会议。会议研究和审议如下问题：一、讨论如何应对省高院限制从事律师工作的法院离任工作人员在全省范围内担任诉讼代理人和辩护人的通知；二、商讨海口－－三亚工作站相关事宜；三、讨论与海南大学法学院共同创办实习律师岗前培训基地相关事宜；四、讨论2010年财务预算相关工作。

6月17日下午，海南省律师协会第四次会长办公会议在海南维特律师事务所会议室召开，王晶会长主持了会议，副会长廖向琦、姜丹参加了会议，秘书长吴少平列席了会议。会议讨论和审议了如下事宜：一、审议海口—三亚工作站成立事宜；二、审议与海南大学法学院合作创办律师培训基地事宜；三、审议协会招聘工作人员事宜；四、审议协会商务用车及管理使用等事宜。

## 三、协会重要工作

### （一）坚持围绕中心、服务大局，抓好各项工作的贯彻与落实

1. 进一步加强和改进行业党建工作

认真贯彻落实全国律师党建工作会议精神，在司法部党组、全国律协党组和省司法厅党委的正确领导下，律公协党委充分发挥职能作用，制定和明确阶段性工作任务和目标，抓好党的组织建设，健全组织功能，深入开展警示教育活动和创先争优活动，具体工作主要从以下几个方面展开：

（1）抓动员部署，突出“深度”。自活动开展以来，省厅党委高度重视全省律师行业创先争优活动，先后多次召开党组会议，传达贯彻司法部创先争优活动动员会议精神和全国律师行业创先争优活动动员部署电视电话会议精神，据此协会律公协党委从总体要求、主要方式、活动载体、推进形式、组织领导等方面出发，制定了详细的实施方案，为有计划、有步骤地推进创先争优活动奠定了基础。

（2）抓典型引路，突出“亮度”。一是抓联系点。为切实加强对创先争优活动的指导，确保活动取得实效，活动实行联系点制度，确定了由省司法厅副厅长、律公协党委书记孙书南同志为海南昌宇律师事务所党支部联系点负责人；省律协会长、律公协党委副书记王晶同志为海南维特律师事务所党支部联系点负责人；省司法厅律公处处长王青玲同志为海南大华园律师事务所党支部联系点负责人。负责人将每季度至少到联系点开展一次调研工作，听取活动开展情况汇报，对联系点重要活动提出指导意见，推动联系点围绕学习创先争优这一主题开展各项工作，确保创先争优活动取得实效。二是抓示范点。借鉴学习实践科学发展观活动的经验，我们确定了律师业务工作和党建工作成绩突出的海南昌宇、法立信、新概念等律师事务所作为活动的示范点，重点抓好树典型、立标杆等典型引路工作。

（3）树典型先进，突出“重点”。一是重宣传，争先争优。自从创先争优活动开展以来，各支部积极响应，第一时间将组织方案报送协会党办，同时及时地开展了一系列实践意义大、社会反响好的创先争优活动。各支部运用报刊、网络、会刊杂志等各种平台，大力宣传律师行业创先争优活动的先进事迹和好经验、好做法，营造了浓厚氛围。诸如，开展“律师行业创先争优大家谈”活动；七一前夕组织党员骨干开展“法制共建”活动；各所结合创先争优召开半年总结会；庆“七一·红歌会”等等活动，在丰富了广大律师党员的文化生活的同时，增强了各支部的凝聚力，陶冶了情操，用实际行动争优争先。二是树典型、推广先进。协会党委更是注重培树各类先进典型，竖起标杆，及时在全省推广第一个成立党支部、连续五年被省厅表彰为先进党支部的“海南维特所”创先争优工作的经验；以交流的形式推广“海南新概念律师所”党支部创先争优的做法。树立了王晶、刘宁刚、赖志雄等一批先进典型。

2. 深入领会和认真贯彻中办［2010］30号文件精神

随着全国律师工作会议和全国律师行业党建工作会议的召开，围绕《司法部关于进一步加强和改进律师工作的意见》，是当前律师工作的重中之重。2010年，按省司法厅的统一安排，省厅律公处联同协会及时组织部分理事、律师召开座谈会，就相关问题进行调研和论证，提出许多建设性意见和建议，并起草了《海南省律师协会关于贯彻落实中办30号文件精神实施意见的汇报提纲》为领导决策提供依据。同时召开会长办公扩大会议、全省律师工作会议、律公协党委会、青年律师会议、三亚片区会议，学习和传达中办30号文件精神，为行业部署搭建平台，并在省厅“律师工作领导小组”的带领下，由协会会长、副会长、秘书长、副秘书长带队部分理事及相关专业律师成立“海南省律师协会贯彻30号文件工作小组”，分工撰写《海南省律师协会关于贯彻落实中办30号文件的具体措施》，就贯彻落实文件精神进行了全面部署，确保了文件精神的学习、宣传、贯彻工作。

3. 积极推动海南国际旅游岛建设

2009年12月31日，国务院正式批准建设“海南国际旅游岛”规划。随着海南建设国际旅游岛上升为国家战略。律师作为建设海南国际旅游岛不可或缺的重要力量，积极主动参与国际旅游岛的开发建设当中，为政府、社会团体、国家重点企业、外资公司、岛外境外投资企业提供了全方位的法律服务。2010年，在海南建设国际旅游岛的开局之年，协会积极引导律师拓展非诉讼业务，目前，我省律师的非诉讼案件已达到1146件，总收入8770万元。在专项立法、房地产项目开发、海商海事、知识产权、破产清算、上市服务、公司资产重组等高端法律服务领域有一大批律所、律师参与服务，为海南国际旅游岛建设发挥了重要作用。协会积极配合省人大法制工作委员会有关海南国际旅游岛建设立法项目的调研、论证和起草工作，上报立法建议和专题调研报告十四篇，为高质量制定海南国际旅游岛建设地方性法规提供了多方位的专业意见。由协会王晶会长编著的近70万字的《走向国际旅游岛—外商在中国海南投资的优惠政策和法律保障》一书率先出版发行，吹响了海南律师对于国际旅游岛建设建言献策的号角，产生了较大反响，得到了社会各界的热烈回应与高度评价。同年，在省司法厅厅长李言静，副厅长孙书南指导下，协会牵头，由王晶会长主编，朱越桥、林接明、王崇敏等二十位律师，历时一年，几易其稿，集结了老中青三代律师及从事法律专业领域研究的众多学者编著的近三十万字的《国际旅游岛法律问题探究》一书正式出版发行，成为海南国际旅游岛建设权威的学术资料。紧接着，历时半年研究探索，由吴坤卿等八名律师编撰的《海南国际旅游岛法律总览》一书也即将出版，全书一百多万字，从旅游行业出发，将各类法规分为20个类别，对海南国际旅游岛法律法规进行了详细汇总。在三本国际旅游岛专著的基础上，协会又多次组织理事、律所主任及律师参加政府各部门主办的有关海南国际旅游岛的法律专家论坛，并组团前往北京、上海、广东、江苏、美国夏威夷州、韩国首尔等地进行实地考察、交流，以律师的视点向外推介海南国际旅游岛建设的相关法律政策。目前，协会正积极响应中共海南省委政法委等三部门下发的《关于开展海南国际旅游岛法制环境建设献计献策活动的通知》文件精神，面向全省律师收集信息，确保海南国际旅游岛建设又好又快发展。

（二）切实发挥行业自律和业务指导的作用

1. 注重律师队伍思想道德教育工作

认真组织开展“中国特色社会主义法律工作者”主题实践教育活动、创先争优活动和警示教育活动，认真贯彻落实司法部律师队伍建设电视电话会议精神，传达了《海南省律师队伍警示教育活动实施方案》，确保了广大律师在执业理念、执业实践、职业作风等方面坚持中国特色社会主义的正确方向，忠实履行中国特色社会主义法律工作者的职责使命，努力把我省律师队伍建设成一支政治坚定、法律精通、维护正义、恪守诚信的中国特色社会主义律师队伍。根据司法部、全国律协的安排和部署，提高广大律师认识，扩大影响力，协会与省厅开展“警示教育暨创先争优活动”演讲比赛，让律师们在李庄案中切实汲取教训，引以为戒，警钟长鸣。

2. 深化“两结合”管理体制，积极有效发挥职能作用

为进一步加强律师行业自律管理，适应律师行业发展新形势，增强省厅、市局、协会与各律所之间的联系，经省司法厅同意，会长办公会议研究决定于2010年6月中旬分别成立了海口、三亚两个工作站。工作站是协会的直属机构。两站将做好省律协与地方律管部门的协调沟通为主要职责。主要工作是围绕信息反馈、文件的上传下达、律师培训、宣传工作等方面展开；协助地方司法局与协会各项具体工作的落实与开展。海口、三亚工作站站长分别由省律协副会长姜丹、廖向琦兼任，同时省律协秘书处也将各派驻一名业务能力强，具有协调能力的人员任站长助理，协助站长开展日常工作。此举进一步健全我省律师行业工作体系，以便更好的服务广大律师。从宏观调控到微观管理，协会积极有效地发挥职能作用，进一步完善了行业自律管理和自身建设发展。

3. 注重发挥理事及各专门专业委员会的作用

2010年，各专门专业委员会各司其职、各展其能、发挥优势，积极工作，开展了多种形式的主题活动，成为本年度协会工作的一大亮点。协会专家咨询委员会全年多次召开会议，研究国际旅游岛建设地方立法建议与意见，并出版了《国际旅游岛法律问题探究》一书，首版印刷一千本，全部赠送各级政府、相关部门和律师。

（1）财务监督专门委员会

7月23日省律协财务监督专门委员会在海南律协会馆二楼会议室召开会议。会议由财务监督专门委员会张晓辉主任主持。会上，省律协秘书长吴少平传达了海南省治理“小金库”工作领导小组下发的文件精神，随后与会委员就《海南省律师协会会费收缴及使用管理暂行办法》、集体会费收缴标准及实习律师岗前培训预算等事宜进行了讨论。

青年与文体工作委员会 多次定期举办“青年律师沙龙”，积极探讨青年律师的成长与执业生存环境问题，律师沙龙现已成为青年委固定举办活动的一项制度；为开拓青年律师视野，2010年年初，青年委邀请澳大利亚海南籍律师邱小璘女士作“澳大利亚司法框架及律师实务”主题讲座；邀请新加坡休伦财务咨询公司本杰明先生和原我驻美大使馆外交官，现任海经院涉外经济学院院长沈世顺教授作“商业纠纷与国际仲裁”“世界经济形势与律师业务”讲座，让广大青年律师进一步了解国外的司法体制。为培养和加强青年律师的社会责任和服务意识，青年委还组织青年律师们开展“献爱心、送温暖”活动，在“六一”儿童节前夕，前往社会福利院给孩子和孤寡老人送上节日的礼物；2010年6月高考期间，青工委组织20多名青年律师积极参与海南广播电视总台和有关部门联合开展的“爱心送考”大型公益活动，在高考的七、八、九三天热情周到、认真负责地接送考生，律师们的爱心受到社会各界的一致好评。6月底，为庆祝党的生日，青工委下辖的律师合唱团与海口市直属党总支联合在律师会馆举办“七一”红歌会，引导党员律师唱红歌、颂祖国。

（2）刑事专业委员会

为推动刑辩业务的发展，下发了《关于对全省律师事务所从事刑事业务情况进行调查的通知》，对全年律师办理刑事案件的具体情况进行统计摸底，并提出了今年刑辩工作的具体意见。

（3）劳动与社会保障专业委员会

“五一”国际劳动节期间组织“劳动法律

义务咨询”活动，全省25家律师事务所的70多名律师到场参加咨询接待活动，当天活动现场共发放劳动法规普法宣传资料4300多份，接受法律咨询300余人次。

（4）民商行政委员会

2010年8月4日，“2010博鳌法学论坛暨第七届法官与学者对话民商法论坛”暨纪念中国人民大学民商事法律科学研究中心成立十周年，论坛在琼海市博鳌金海岸温泉大酒店召开。会议就民商法律研究中心十年工作总结与“十二五”规划展望和侵权责任法司法解释专家建议稿之完善等相关主题展开交流讨论，并对中国民商法律网新版举行启动仪式，还对《判解研究》的作者及“民商法学青年学者有奖征文活动”获得者颁奖。

（5）纪律专门委员会

2010年1月27日，省律协纪律专门委员会在海南律师会馆二楼会议室召开会议，会议由该委主任姜丹主持，副主任王晓平、王忠华，委员陈超、刘家强、王龙奎、刘长征、邱智强、王兆冠、陈虎、王新俊、周颖、李雯、马莉、廖波出席会议。会议讨论了已经调查结束的6宗律师被投诉案件，并对相关案件作出了处理决定。

4. 积极提供法律援助、创建和谐社会

12月1日至12月3日省律师协会派员参加了省司法厅组织的“和谐海南，法律援助与您同行”法制宣传活动。这次活动是司法厅为迎接“12.4”全国法制宣传日活动，积极贯彻实施《司法部、全国总工会、国家广电总局关于组织开展“共创和谐—法律援助与困难职工同行”大型公益活动的通知》特别组织的。活动涉及法律咨询和案件集体讨论分析座谈两方面内容。在琼中，法律咨询活动由县司法局组织，省法律援助中心张晓春主任、王汉梅副主任，琼中县政府、县司法局、县公、检、法及相关的政府职能部门都派员到现场指导。海南省电视台记者进行全程采访。省律协廖向琦副会长、吴少平秘书长、王航兵副秘书长以及部分优秀律师同三位中国“1+1”法律援助志愿律师一起接受了群众现场咨询。在保亭县活动现场还举行了法制文艺演出，摆放了案例展板，图文并茂，深入浅出，受到群众的欢迎。在琼中、保亭两地，咨询活动后县司法局还举行了案件集体讨论分析会。省律协派王航兵副秘书长以及部分优秀律师参加了研讨。研讨会上省律协派出的优秀律师提出的法律意见因依据充分，方法得当，得到了与会者的一致认可。

这次“和谐海南，法律援助与您同行”法制宣传活动，由于主办单位前期宣传工作做得早，做得好，群众参与人数多，积极性高，每个咨询点都有近千人次参加涉法咨询。咨询热点主要集中在劳动纠纷、医疗纠纷、婚姻家庭纠纷、人身损害赔偿纠纷、土地行政管理纠纷等切合百姓自身实际生活案例。省律协积极配合参与，派出律师出色的专业解答，不仅使群众的疑惑得到了解决，还提高了他们的法律意识，受到广大群众的好评，法制宣传活动圆满成功。

在2010年元旦前夕，协会积极配合省司法厅，集中开展了“绿岛法援—情系农民工”百日实践活动，满足农民工法律援助需求，在年终岁末之际，这些举措妥善解决了农民工工作生活中遇到的问题。

5. 以新闻媒体为主导，大力宣扬律师职业形象

为了不断提升律师职业形象，协会与各路新闻媒体紧密联系，随时将律师队伍典型事例及律师的各项工作向媒体充分展现，进一步加强了律师的宣传工作。一年来，发动全省律师向玉树灾区捐款捐物，媒体作了“情系玉树，大爱无疆”专题报道；组成律师“爱心车队”与海南广播电视总台新闻频道联合开展“爱心义务送考”大型公益活动；配合海南电视台“政法先锋”栏目开展送法下社区活动；协会劳保委主办，由海南新闻频道现场直播，“夜线”节目大力报道的“五一”劳动法宣传咨询

活动，在社会上引起了广泛关注；与海口广播电台“侬家与法”栏目合作，在线接听听众来电，更贴近民生的义务解答法律问题；协会青工委组织青年律师开展“献爱心、送温暖”活动，在“六一”儿童节前夕，前往社会福利院给孩子和孤寡老人送上节日的礼物；协会组队前往“律师希望小学”慰问那些家境贫寒的学子，为他们送去了生活学习物资。协会组织和参与的各类公益活动均有各家新闻媒体正面而广泛的报道。同时，律师们参加社会各界的演讲、接受电台采访、出席各种论坛，《海南日报》《法制日报》《法制时报》等媒体上都有专刊或头版刊登，电视、广播媒体上几乎每周都能看到律师的身影，听到律师的声音，这些都极为有效的树立了律师良好的社会形象，体现了社会主义法律工作者的真正意义。

6. 注意培养先进典型，发挥模范带头作用

姜丹律师去年荣获全国妇联授予的“维护妇女儿童权益先进个人”光荣称号，符琼芬律师在去年三八节期间荣获“全国三八红旗手”和“海南省十大杰出女性”荣誉称号，李晶瑜、刘宁刚律师被省司法厅评为“优秀党务工作者”，王航兵律师为中华全国总工会、司法部第三届“全国维护职工权益杰出律师”候选人。充分体现了社会对律师工作的肯定。

7. 持续深入推进律师文化建设，丰富律师文体生活

组织律师开展各项文体活动也是协会在2010年的重要工作之一。应省司法厅的要求，积极选派律师参加省直机关举办的第三届职工运动会中的羽毛球和游泳两个项目，11名参赛律师取得名次，省司法厅对参赛集体和个人给予了嘉奖和表彰。2010年5月，由协会主办，嘉天所协办的第四届全省律师羽毛球赛延续了往年的精彩与活力，共有来自全省各市县26家律师事务所的118名选手组成的12支队伍参加角逐，已经成为律师们每年体育活动的重头戏。应广东律协邀请，2010年4月23日我会律师高尔夫球队参加了“琼粤高尔夫友谊赛”，与广东高球手一较高下，赛出了风格，赛出了友谊。由律师合唱团组织的“七一”红歌会，也唱响了律师们的心声，成为了建党89周年的最好献礼。此外，青年委举办的国庆晚会、与深圳律师共同举办的新年联欢晚会、与侨联开展的联谊活动等都已如火如荼地展开。2010年全年，协会文体活动形式多样内容精彩，得到了上级主管部门以及社会各界的肯定和赞许。

8. 重视律师的纪律查处和维权工作

2010年，协会共受理投诉案件19宗，结案14宗，其中无效投诉8宗，调解结案的3宗，给予行政处罚的1宗，行业处分的2宗；因正在诉讼、复核等原因中止查处及继续调查的5宗。在纪律查处工作中，协会坚持依法办案，做到有案必查、有查必果，查处与教育相结合，对于部分因为没有树立严格的规范执业的理念、在收案及办理方面均有不规范之处的律师事务所和律师，在依法查处的同时，予以规范执业的指导，指导他们吸取教训、加强管理，提高规范执业的观念与意识。对于因为律师不注重、不善于与当事人沟通，因其工作没有受到当事人的理解与认同而发生的投诉，协会积极调解，及时解决矛盾、尽量做到保护律师、尽快“案结事了”。此外，今年所受理的投诉案件有几宗是省高院、美兰法院等司法机关的投诉，这首先反映了司法机关对于协会的尊重，也是一个信号与警钟，对于这些投诉，协会高度重视、依法办案、实事求是，对调查情况以及协会的处理结果，派专人与这些机关进行及时的沟通与反馈，取得了良好的效果。协会维权委常年注重与公检法司各部门的协调和沟通，多次组织律师参加法院、检察院等部门的座谈会，遇到情况，紧急处理，积极磋商，将矛盾尽快化解，努力为律师争取宽松的执业环境，积极维护律师的执业权利。

（三）加强律师培训工作，改革创新律师培训模式

1. 认真做好申请律师执业实习人员岗前培训

作为协会培训工作的重中之重，协会一直致力于研究探索实习律师岗前培训考核制度，从健全行业准入机制入手，把好律师队伍“入口关”，确保为海南律师队伍输送合格的高素质人才。

2010年协会对实习律师组织完成了三期岗前培训，历时16天，合计培训实习律师382人次。1月25日至2月3日，海南省律协对2010年即将执业的实习人员举办为期8天的第二阶段集中培训；4月26日至30日举办为期5天的第三阶段集中培训考核工作。经培训考核，2010年申请律师执业实习人员登记为126人；2010年9月6日至8日对2011年即将执业的实习人员举办为期3天的集中培训。共有50家律所的128名实习人员参加了集中培训。协会在完成本年度的培训过程中，认真组织、严格落实。从培训计划、时间安排、课程设置、师资配备、服务保障、监督考核，以及开班与结业等各个环节都进行了认真组织、周密安排、具体落实。培训结束后，协会都会认真征求、听取学员们的意见与建议，及时掌握培训动态，不断调整完善培训内容与方式。经过细致扎实的基础工作，协会积极探索创新，已总结出一套行之有效的实习培训的重要方法与经验。

2. 执业律师的继续学习与培训

对于执业律师培训，协会解放思想，创新理念，开展多角度、多渠道的立体培训方式，2010年协会积极发挥专门专业委员会的专业指导作用，将参加专门专业委员会所组织的主题沙龙、业务研讨、案例讨论等活动都作为培训的组成部分，鼓励广大律师积极参加，计入课时；协会自行探索出一套从“请进来到走出去”培训模式，分别从境外、岛外邀请资深律师与知名学者来琼授课。1月19日下午，协会青年委邀请澳大利亚海南籍律师邱小璘女士作《澳大利亚司法框架及律师实务》主题讲座，有200多名律师参加了此次专题讲座；6月9日，由青年委组织的第三期“青年律师沙龙”邀请新加坡休伦财务咨询公司本杰明先生和原我驻美大使馆外交官，现任海经院涉外经济学院院长沈世顺教授作“商业纠纷与国际仲裁”“世界经济形势与律师业务”讲座，有两百多名律师参与听课学习，让广大青年律师进一步了解国外的司法体制，拓展了视野；2010年9月底，协会组织理事分别前往上海、苏州、广东、深圳、美国夏威夷、韩国参加各类法律论坛，学习发达国家与先进地区的成功经验，以更新知识、开阔视野。协会还积极向省国土厅、省高院、省旅游委、省地税局、省房地产协会、省广播电视台等部门和单位发函，邀请对方选派本单位优秀人才来给律师授课，同时将优选人员记录在册，积极创建“律师培训人才师资库”，对律师培训工作进行长期的指导和规划。全年广大律师利用各种形式接受培训、继续学习达1200人次，计32学时。提高了海南律师理论水平与业务能力，提升了律师队伍整体素质，使行业培训管理工作迈上新台阶。

（四）对外交流与合作

协会不仅从兄弟省市引进提高律师行业服务能力，还走出去参观学习各地律师行业管理经验、以此推动律师业务整体水平的提升。2010年9月，协会分几次组织部分律师前往上海、江苏、广东、台湾、美国夏威夷、韩国首尔、新加坡等国家和地区，学习当地先进的行业管理和律所管理理念，与美国、韩国、新加坡律师就两国的法律问题进行深入的探讨和研究，同时对外推介海南国际旅游岛建设的各项政策法规，律师们在中美法律论坛上踊跃发言，即兴演讲，赢得了与会人员的高度赞扬，极大的提升了我省律师的职业形象，充分展示了我省律师的综合素质和精神风貌。

新任协会领导：会长：王晶

副会长：廖向琦　姜　丹（女）

秘书长：吴少平

副秘书长：符琼芬（女）　贾　雯（女）　王航兵

# 广西壮族自治区律师协会工作概况

## 一、律师队伍现状

广西共有律师事务所396家，其中合伙律师事务所256家、国资律师事务所79家、个人律师事务所61家；律师4033人，其中专职律师3620人、兼职律师187人、公职律师121人、公司律师16人、法律援助律师89人。

2010年全区律师担任法律顾问3792家（其中政府法律顾问183家、企业法律顾问2832家、事业单位法律顾问465家、社会团体法律顾问80家、个人法律顾问108家、其他法律顾问124家）、担任民事诉讼代理22364件、担任行政诉讼代理1983件、办理非诉讼法律事务2922件、担任刑事诉讼辩护及代理9035件、接待口头咨询68608次，书面咨询2614次、代写法律文书8751件、调解成功案件1867件、参加公益事业和社会活动情况28340人次、办理法律援助案件4167件。

## 二、理事会召开情况

2010年广西律师协会共召开第七届理事会1次。

3月20日，广西律师协会召开第七届理事会第四次会议。自治区司法厅党委委员、副厅长，广西律师协会党组书记卫福喜出席会议。王莹文等34名理事参加会议。自治区司法厅律师管理处李健处长、部分市律师协会秘书长列席会议。会议由王莹文会长主持。会议就《广西律师协会2009年工作报告》、《广西律师协会2010年工作计划》、《第三届西部律师论坛方案（征求意见稿）》等议题进行审议或讨论，并形成相关决议。

## 三、常务理事会及会长办公会召开情况

经2008年7月第七次广西壮族自治区律师代表大会修订的《广西律师协会章程》，广西律师协会取消常务理事会。在理事会闭会期间，会长办公会是协会的议事机构，对理事会负责。

2010年广西律师协会共召开会长办公会13次。

3月5日，广西律师协会召开第七届会长办公会第六次会议。会议就《广西律师协会2009年工作报告》（草案）、《广西律师协会2010年工作计划》（草案）、《第三届西部律师论坛方案（征求意见稿）》等议题进行审议，并形成相关决议。

4月9日，广西律师协会召开第七届会长办公会第七次会议。王莹文会长通报了广西律师协会向崇左市干旱灾区捐款情况。会议就《西部律师论坛主题议题方案》、专业委员会人员调整问题、《广西壮族自治区律师协会会员登记管理办法》（草案）等议题进行研究讨论，并形成相关决议。

6月4日，广西律师协会召开第七届会长办公会第八次会议。会议就《第三届西部律师论坛筹备工作安排总方案》、《第三届西部律师论坛晚宴文艺汇演方案》等4个方案及广西律师协会是否办理申请律师执业人员集中培训班《收费许可证》等议题进行讨论研究，并形成相关决议。

7月22日，广西律师协会召开第七届会长办公会第九次（扩大）会议，研究讨论第三届西部律师发展论坛筹备工作。

8月29日，广西律师协会召开第七届会长办公会第十次（扩大）会议，研究讨论第三届西部律师发展论坛筹备工作重点难点问题。

9月5日，广西律师协会召开第七届会长办公会第十一次（扩大）会议，研究讨论第三届西部律师发展论坛筹备工作重点难点问题。

9月14日，广西律师协会召开第七届会长办公会第十二次（扩大）会议，研究讨论第三届西部律师发展论坛筹备工作重点难点问题。

12月19日上午，广西律师协会召开第七届会长办公会第十三次会议。会议传达《中共

中央办公厅 国务院办公厅转发〈司法部关于进一步加强和改进律师工作的意见〉的通知》（中办发〔2010〕30号）文件及全国律师工作会议、全国律师行业党的建设工作会议精神及司法厅党委务虚会会议精神，并研究讨论《广西律师协会2010年工作报告》、《广西律师协会2011年工作计划》等议题。

### 四、广西律师协会主要工作成果

（一）律师队伍建设

2010年，广西律师协会注重从多方面加强律师队伍建设。一是以科学发展观指导律师工作，将深入学习实践科学发展观活动与律师业务相结合，与律师事务所党建工作和律师队伍建设相结合，巩固开展深入学习实践科学发展观活动的成果，进一步提高行业自律管理与服务水平。二是以创先争优活动促进党建工作，丰富活动载体，创新活动方式，在全区确定了五个律师事务所作为创先争优活动示范点，同时与司法厅五个副厅以上领导干部建立了联系点。开展“创建社会和谐稳定模范区律师党员先锋行”和“诚信服务律师党员先锋行”活动，在基层党组织和律师党员中推行公开承诺制度。三是认真开展惩戒工作，督促会员依法执业。四是加强申请律师执业人员集中培训工作规范化，得到全国律师协会推广。经过4年的摸索，广西律师协会申请律师执业人员集中培训已经形成课程设置丰富合理，师资组合多样、培训程序规范的以法学理论与业务技能相结合的规范化、制度化培训，其做法被《全国律协简报》第9期登载。2010年组织举办各类政治教育、职业道德与职业纪律教育及业务培训42期，受训人次累计约10249人次。

（二）专业活动

9月25日至26日，广西律师协会承办的第三届西部律师发展论坛在广西南宁隆重举行并取得圆满成功，来自西部12省（自治区、市）及香港的律师齐聚一堂，开展业务交流。

2010年，广西律师协会各专门专业委员会积极开展多种形式的业务活动。3月21日，召开了2010年专门委员会、专业委员会主任联席会议。会议组织学习了《广西壮族自治区律师协会专业委员会履职考核办法》；评选出2009年度优秀专门、专业委员会；对2010年的委员会工作提出了指导要求。全年各专门专业委员会累计开展业务活动67次（形式包括主任会议、全体委员会议、研讨会、座谈会、论坛、调研、草拟有关规章制度、对立法文件出具意见及建议、义务法律咨询活动等）。

（三）会员培训

2010年，广西律师协会以律师参加教育培训实现经常性和普遍性为重点，统筹安排全区律师教育培训工作，紧密结合不同区域、不同层次、不同类型律师的实际需求，有步骤、有重点、有区别地开展全区律师教育培训工作，共举办不同类型、层次的培训班42期，参训人员达10249人次。取得的主要成绩有：建立健全教育培训工作制度，确保教育培训工作效果；不断加强对律师思想政治教育，稳步提升骨干律师素质；紧密结合律师实际需求，不断丰富教育培训内容；创新教育培训工作载体，不断提高教育培训工作实效；适应新形势新需要，不断拓宽教育培训领域；高标准严要求举办了2期全区申请律师执业人员集中培训班，办班水平与经验受到了全国律协通报表扬和推广。

（四）会员管理

广西律师协会注重加强会员管理，规范会员执业行为。2010年广西律师协会共接待当事人来信、来访、来电1000余人次，共受理对会员的投诉、举报案件49件。全年共对3名团体会员、5名个人会员作出行业处分。建立了投诉举报案件数据库，实现惩戒查处情况实时登记。规范投诉案件受理、谈话、调查、听证、决议处分等环节，做到每个步骤有章可循、有据可查。广西律师协会惩戒委员会选举组建了广西律师协会惩戒委员会常务委员会，负责处理情节轻微的违纪违规投诉案件，进一步提高惩戒工作效能。

规范年度考核工作，促进律师队伍健康规范发展。指导各市律师协会、各律师事务所做好全区律师2009年度考核工作。出台了《广西壮族自治区律师执业年度考核办法》，规范律师年度考核工作。

实行会员登记制度，规范会员管理。印发《广西壮族自治区律师协会会员登记管理办法》，指导各市律师协会做好所属会员的初始登记并初步完成了区直律师事务所会员的初始登记，加强对会员信息的采集，建立了全区会员数据库。

大力开展行业维权与福利工作。积极开展个案维权，全年共开展个人会员维权案件4件。继续为全区律师购买职业责任保险。组织了345名区直所律师参加健康体检。及时开展行业互助行动，向患有重病的牙卫国律师拨付了5000元的互助资金；同时，在全区律师行业开展为牙卫国律师捐款的倡议活动，共获得捐款14.575万元。春节前，向全区14个市的14家律师事务所共送去慰问金2.8万元。全年向市级律师协会拨付行业互助发展资金累计17.9万元，向个人会员拨付累计2.23万元。

创新工作方法，积极组织引导律师为维护社会和谐稳定提供法律服务。印发《关于律师参与社区矫正、安置帮教工作的方案》、《律师参与人民调解工作的意见》和《律师参与诉讼调解工作的意见》，积极推动律师参与社区矫正、安置帮教和人民调解工作，发挥律师在社会管理创新中的作用。组织开展“律师携手社区，共建和谐稳定模范区”活动，组织36家律师事务所与兴宁区36个社区签订了结对共建协议书。继续组织律师到各级信访部门定期值班。

（五）对外交往

搭建平台，加强广西律师与国内外同行的沟通交流与合作。陆续接待上海律师代表团、香港律师代表团、越南司法部代表团来访。组织律师管理人员赴北京、湖南同行学习考察。组织人员参加无锡全国监事会论坛、重庆第4届中国—东盟法律合作与发展高层论坛。

行业交流向业外辐射，尝试与检察队伍开展业务交流。与自治区人民检察院民行处在南宁市举行座谈会。与广西检察官协会在崇左市大新县联合召开“中国—东盟诉讼法律理论与民事行政检察制度”专题研讨会。作为省一级的行业协会，这是广西律师协会与广西检察官协会首次联合开展业务交流和研讨，30名律师参加了会议，共提交论文34篇，其中20篇获奖，3篇在会上交流。

（六）党建工作

创新创先争优活动载体得到司法部肯定。丰富活动载体，创新活动方式，以创先争优活动为抓手，扎实推进党建工作。推广天狮灵动律师事务所党支部与南湖派出所共建民事调解室的经验，此举得到了司法部赞赏和自治区公安厅的重视和推广，并在司法部创先争优座谈会上作了典型发言。在全区确定了五个律师事务所作为创先争优活动示范点，同时与司法厅五个副厅以上领导干部建立了联系点。开展“创建社会和谐稳定模范区律师党员先锋行”和“诚信服务律师党员先锋行”活动，在基层党组织和律师党员中推行公开承诺制度。

落实科学发展观学习实践活动长效机制得到中央实践办肯定。将深入学习实践科学发展观活动与律师业务相结合，与律师事务所党建工作和律师队伍建设相结合，巩固开展学习实践科学发展观活动的成果，落实建立长效机制，中央实践办指导协调二组到王莹文律师事务所（现更名为万益律师事务所）进行实地考察，并对广西律师行业抓紧抓实深入学习实践科学发展观工作给予了高度评价。广西律师协会在全区社会组织深入学习实践科学发展观总结暨全区先进社会组织表彰大会上荣获“全区社会组织深入学习实践科学发展观活动先进单位”荣誉称号。

（七）机关建设

2010年以来，为推动广西律师协会秘书处日常运作的制度化，规范化发展，协会采取多种措施提高秘书处工作效率与质量。一是实行每周例会会长（副会长）轮值制度，由值班的会长、副会长处理本周工作事务，确保工作及时汇报、及时总结、及时部署、及时完成。全年累计召开例会31次。二是坚持协会秘书处与律管处联席工作会议制度。三是实行指纹考勤，加强秘书处工作人员纪律性。四是首次开展协会机关工作绩效考评，开展“工作落实年”活动，提高机关工作效能，有力促进协会行业管理与服务水平的提高。

**五、新任协会领导班子介绍**

2008年7月，第七次广西壮族自治区律师代表大会选举产生广西律师协会第七届理事会；第七届理事会第一次会议选举产生新的领导班子。

名誉会长：蒙平友

会　长：王莹文

副会长：陈承帼　骆伟雄　黄志文　韦建邦

王锦意、许邕桂　彭荣汉　孙　骏

秘书长：严丽萍

## 四川省律师协会工作概况

**一、律师队伍现状**

2010年，四川省共有执业律师9297名，其中专职律师8504名，兼职律师414名，公职律师113名，公司律师6名，法律援助律师264名。律师事务所802家，其中国资所92家，合伙所631家，个人所79。

全省律师担任党政机关、企事业等单位法律顾问15530家。刑事诉讼辩护及代理33846件，民事案件诉讼代理49772件，行政案件诉讼代理1548件，非诉讼法律事务42453件，咨询和代写法律文书502229次。

**二、召开第七次四川省律师代表大会**

第七次四川省律师代表大会于5月24～26日在成都望江宾馆隆重召开，220名正式代表和63名特邀代表出席了会议。大会顺利完成各项议程，于5月26日圆满闭幕。选举产生了71名理事组成的省律协七届理事会和9名监事组成的监事会。刘守民当选会长，程守太、王宗旗、彭健、施杰、何敏、周红民、姚建、王中平当选副会长；樊斌当选监事会监事长、李正国、王正国当选副监事长。

大会听取、审议并通过了六届律协工作报告和会费收支情况的报告；审议通过了《四川省律师协会章程（修正案）》、《四川省律师协会理事会议事规则（修正案）》、《四川省律师协会监事会工作规则》和《会费收缴标准调整方案》。通报了《四川省律师职业道德和执业纪律规范（修正案）》、《四川省律师协会会员违规行为惩戒规则（修正案）》、《四川省律师协会惩戒委员会规则（修正案）》、《四川省律师协会专业委员会工作规则（修正案）》。

四川省委常委、省委政法委书记王怀臣出席会议并作重要讲话。省人大常委会副主任韩忠信，省政府、省政协以及省委统战部、省检察院、省法院、省公安厅、省安全厅、省民政厅的领导应邀出席了会议。中华全国律师协会副会长吕红兵到会并在讲话中代表全国律协及于宁会长向大会表示热烈的祝贺。省司法厅党委书记、厅长刘作明在大会作了重要讲话。

会上宣读了授予英特信联合律师事务所等50家律师事务所“四川省优秀律师事务所”荣誉称号；授予四川省农民工法律援助工作站“先进集体”荣誉称号；授予代国章等101名律师为“四川省优秀律师”荣誉称号的决定并为获奖代表颁布了奖牌、奖状。

**三、召开的理事会（2010年共召开4次理事会）**

（一）六届五次理事会

2月6日，省律协六届五次理事会在成都

召开，省律协六届理事出席了会议。曹军副会长主持了理事会会议。省司法厅党委委员、省司法厅副厅长陈昌斌出席会议并做重要讲话。

会上，传达学习了全国政法工作电视电话会议精神以及全省司法行政工作会议、七届全国律协二次理事会会议精神。会议听取审议通过了省律协2009年工作总结及2010年工作要点的报告；省律协2009年度财务工作的报告；关于设立省律协律师战略发展委员会；关于"城乡统筹法律问题"专项课题调研；关于省律协购买办公用房及装修等情况的说明。会上，还通报了2009年全省律师违法违纪查处情况。

（二）六届六次理事会

5月16日，省律协六届六次理事会在成都召开，省律协六届理事出席了会议。彭永臣会长主持会议。省司法厅党委书记、厅长刘作明，司法厅党委委员、省司法厅副厅长陈昌斌出席会议并做重要讲话。

会议审议并原则通过了六届律协《工作报告》、《财务收支情况报告》、《会费收缴标准方案》；《省律协章程》、《理事会工作规则》；《监事会工作规则》、《专业委员会工作规则》、《律师职业道德和执业纪律规范》、《惩戒委员会规则》、《会员违规惩戒办法》等规范性文件草案、修订案。

（三）七届一次理事会

5月26日，第七届一次理事会成都召开，会议选举了会长、副会长。审议通过了《理事会工作规则（修正案）》；通报了关于《四川省律师职业道德和执业纪律规范》、《省律协会员违规行为惩戒规则》、《省律协惩戒委员会规则》、《省律协专业委员会工作规则》等规范在六届六次理事会审议通过的有关情况。聘任了秘书长。

（四）七届二次理事会

11月18～19日，省律协七届二次理事会在德阳召开。省司法厅党委委员、副厅长、省律协党委书记陈昌斌出席会议并作重要讲话。省律师协会会长、副会长、监事长、副监事长，七届理事、监事，全省各市、州律师协会会长、秘书长共计130余人参加了会议。

会上，传达了司法部在西安召开的"律师行业基层党组织和党员深入开展创先争优活动推进会"会议精神。传达学习了中办发2010［30］《司法部关于进一步加强和改进律师工作的意见》精神和司法部有关文件精神。

会议听取并原则审议通过了《省律协2010年工作总结和2011年工作安排意见》、《省律协2010年财务收支情况报告》、《省律协2011年财务收支预算方案》、《省律协专门委员会换届调整情况报告》、《关于设立省律协省直律师分会的报告》等有关事项。会议还讨论审议了其他有关事宜。

鉴于刘春同志因省厅人事安排原因不再担任秘书长职务（仍任省律协党委副书记），会议决定聘请蒋玉春同志为四川省律师协会秘书长。

会议期间还组织与会代表参观了德阳市直属交通事故纠纷人民调解工作点，代表们对德阳市律师参与大调解工作取得的成绩、经验表示赞赏和肯定。

**四、召开的常务理事会、监事会、会长会（2010年共召开常务理事会2次，监事会2次，会长会议5次。经第七次全省律师代表大会审议决定，第七届不再设常务理事会）**

（一）常务理事会

1. 六届六次常务理事会

2月5日晚召开了六届六次常务理事会，省律协六届常务理事出席了会议。就召开六届五次理事会的有关事项进行了审议。

2. 六届七次常务理事会

5月16日，省律协六届七次常务理事会在成都召开，省律协六届常务理事出席了会议。彭永臣会长主持会议。省司法厅党委书记、厅长刘作明，司法厅党委委员、省司法厅副厅长陈昌斌出席会议并做重要讲话。

会议对即将召开的全省第七次律师代表大会从会议程序、组织、重要议程等方面做全面的准备。

（二）监事会会议

1. 监事会第一次会议

5月25日，七届律协第一次监事会在成都召开，会议选举产生了四川省律师协会监事会监事长、副监事长。樊斌当选监事会监事长、李正国、王正国当选副监事长。

2. 监事会第二次会议

11月19日上午，监事会第二次会议在德阳召开。参加会议的有樊斌、李正国、王正国、李强、许巧蓉、蔡静、胡波，江敏、李洪斌请假，樊斌主持会议。会议通报了监事会成立半年以来的工作情况，第三届全国监事会论坛情况；讨论了监事会职责分工；监事会内部建设；2011年工作安排等事宜。

（三）会长会议

1. 六届二十七次会长会议

4月1日下午，省律协六届二十七次会长会议召开，会议由彭永臣会长主持，省律协秘书长、副秘书长及相关部门负责人列席了会议。省司法厅副厅长、省律协党委书记陈昌斌出席会议并作了重要讲话。

二十七次会长会议研究了四川省律师协会第七次律师代表大会换届工作具体方案，关于章程修改、会议材料分工等。通报了城乡统筹课题调研、四川律师学院筹建工作进展及省律师协会新办公用房装修工作进展等情况。

2. 六届二十八次会长会议

5月11日上午，召开了省律协六届二十八次会长，会议专题研究“七代会”具体相关事宜。

3. 七届一次会长会议

5月26日，七届一次会长会议召开，七届会长、副会长参加会议，省司法厅副厅长、省律协党委书记陈昌斌出席会议并讲话。

4. 七届二次会长会议

6月4日，七届二次会长会议召开。省司法厅党委委员、陈昌斌副厅长出席会议并作重要讲话。省律协七届会长、副会长出席了会议。省律协监事会副监事长王正国，省律协刘春秘书长以及相关负责人列席了会议。会议由刘守民会长主持。

会议研究确定了省律协七届会长分工方案。七届省律协会长按照职能、地域、对外交流三大版块进行分工，实行“1+1”的会长分工模式，每项工作由二名副会长合作完成，其中一名副会长负主要责任，另一名副会长协助。

会议还对省律协专门、专业委员会的设置、调整以及新增专门委员会，2010年会员年度考核、会费收取，城乡统筹等专项课题调研、为党委政府中心工作提供法律服务、律师培训、会长补贴，办公房装修等问题进行了讨论和研究。

5. 七届三次会长会议

10月21日，七届三次会长会议召开，省司法厅党委委员、副厅长、省律协党委书记陈昌斌出席会议并作重要讲话，会议由刘守民会长主持。

会议传达学习了中办发［2010］30号文件。研究通过了省律协2010年会费收支情况报告，确定了省律协2011年会费预算原则；讨论研究了省律协专门委员会增设、调整方案，审议通过了省律协专业委员会换届调整方案；讨论研究了省律协与省法院第二次联席会，全省市、州律协会长、秘书长联席会议以及省律协七届二次理事会相关事宜；听取了省直分会筹备工作进展情况汇报和省律协办公用房装修工作进展情况、省律协网站建设进展情况汇报；会议还听取了省律协城乡统筹课题调研工作进展情况以及省律协培训工作开展、手机短信平台建设等相关情况的汇报。

6. 全省律协会长、秘书长联席会议

11月19日下午，全省律师协会第一次会长、秘书长联席会议在德阳召开。省司法厅党委委员、副厅长、省律协党委书记陈昌斌出席会议并讲话。省律师协会会长、副会长、监事长、副监事长及全省21市州律师协会会长、秘书长共计50余人参加了会议。会议由刘守民会长主持。

会议围绕“交流合作、均衡发展”的主题进行讨论、研究、交流，签署了《德阳共识》：一是把“交流合作”作为全省律师行业健康发展的必然要求；二是努力促进全省律师行业的“均衡发展”；三是加强律师协会自身规范化建设；四是突出律师协会工作重点；五是建立全省各级、各地协会之间的整体联动、共同发展的常态化机制。

**五、简要概述协会重要工作成果**

2010年，省律协在省司法厅党委和中华全国律师协会的正确领导和省律协党委的具体指导下，围绕“三项重点工作”，带领全省广大律师积极发挥律师行业服务经济社会发展、化解社会矛盾纠纷的职能作用；切实加强全省律师队伍党的建设和思想业务建设，团结带领全省广大律师充分发挥行业自律管理；践行社会主义法治理念，大力推进了全省律师事业的改革与发展，有力的推动和促进了全省律师工作的新发展。在市、州律协的支持和全省律师的共同努力下，取得了一定的成绩，基本完成了全年工作目标。

（一）以创先争优活动为主线，深入推进我省律师队伍建设和律师事业新发展

一是加强组织领导，发挥律师行业党组织的战斗堡垒作用。一年来，省律协在省厅党委的领导下，采取积极有效措施，全面加强律师行业党建工作，继续做好深入学习实践科学发展观活动。全省21个市州律师协会已全部建立了党委或总支；758家律师事务所，已建立党支部249个，其中单独建立的122个，联合建立的127个，共涉及律师事务所643家，约占85%；对115个无党员的律师事务所，已全部由主管司法行政机关或律师协会派出了党建工作联络员。

二是紧扣行业实际，围绕创优争先活动加强律师行业行风建设。围绕司法部确定的“自党做中国特色社会主义法律工作者”争创主题，全省律师行业把创先争优活动同“三项重点工作”等中心工作和专项活动紧密结合，在基层党组织和党员中开展了符合全省律师行业特点的十项活动。

三是强化律师队伍政治建设，开展律师行业警示教育活动，切实加强全省律师行业行风建设。司法部律师队伍建设电视电话会议召开之后，省律协按照省厅统一部署，配合行政管理部门在全省律师队伍中开展了为期10个月的警示教育活动。

四是推荐表彰优秀律师，树立行业标杆。全省各地表彰了一批先进基层党组织和优秀党员、党务工作者，省直党总支也向厅直机关党委推荐了一批党支部和律师党员。全省第七次律师代表大会期间，省厅省律协表彰了50家先进集体（律师事务所），101名优秀律师。省律协作为主办单位之一与省总工会、省司法厅一起开展的“首届四川省维护职工权益杰出律师”评选表彰活动，并于12月14日召开了全省电视电话表彰会议进行表彰。

（二）发挥律师职能作用，为我省经济发展与社会稳定提供优质、高效的法律服务

一是继续推进全省律师进一步做好政府法律顾问工作，为国家和地方重大项目和经济建设提供法律服务。成都、泸州、甘孜、眉山等市、州成立了政府法律顾问团，接受当地政府的委托，为其重大决策、规范性文件制定提供咨询服务；参与以政府为主体的各类诉讼活动，参加经济合同的谈判审查及涉法信访法律服务等工作。省律协还积极牵线搭桥，组织律师为诺尔盖县、甘洛县、映秀镇政府等地提供法律服务。

二是充分发挥全省律师职能作用，努力做好社会矛盾化解工作。省律协组织律师行业主动介入“大调解”格局，大力化解各类社会矛盾纠纷。广元、达州、眉山、绵阳、凉山、阿坝等市、州积极创新，组织律师密切协助地方党委、政府处理涉稳突发事件。

三是应绵阳市委要求，在省厅统一部署和领导下组成由10名骨干律师参加的“北川县地震遗址保护及灾后重建法律顾问组”，为北川县旧城保护、新城搬迁、土地征用、安居房分配等提供一揽子法律服务。

（三）关注民生，引导律师积极履行社会责任

一是组织和引导律师积极参政议政。全省150多名律师人大代表、政协委员分别参加了全国政协和省市县三级人大、政协会议，履行了参政议政的神圣职责。在全国和省“两会”上提出提案和建议近40项，较好地展现了律师代表、委员的形象和风采。

二是积极推动省农民工法律援助工作站工作进一步深入开展。据统计，今年工作站共接待咨询案件763件，1502人次，涉及金额2670多万。受理案件311件，涉及金额952.09万元。办结案件274件，涉及人数274人，涉及金额6485118元，切实拿到金额3068156元。

三是关心兄弟省地震灾情，回报爱心。4月中旬，青海玉树发生7.6级地震，我省迅速组织律师行业为玉树地震灾区捐款，全行业捐款30多万元，并将“5.12”汶川特大地震后四川律师行业抗震救灾及灾后重建的文件资料、政策法规汇编寄往青海，供青海方面作抗震救灾和服务灾后重建参考。7月下旬，省市律协组织开展了向洪涝灾区捐款活动，其中据不完全统计共捐款10余万元。

四是服务灾区、贫困地区和社会弱势群体。经省厅、省律协组织或搭建平台，多家律师事务所相继与地震灾区政府或援建单位签署了灾后重建法律服务协议，组成律师团提供团队服务。6家省厅直属律师事务所党支部还承担了为期三年、为甘孜藏区6户特困户实施对口帮扶的任务。

（四）完善“两结合”管理体制，充分发挥行业管理职能

省律协先后组织召开了六届五次理事会暨六届六次常务理事会、六届六次理事会暨六届七次常务理事会，六届二十七、二十八次会长会议，全省第七次律师代表大会，七届一次、二次理事会，监事会一次、二次会议以及七届一、二、三次会长会议和多个专门、专业委员会工作会议，全省律师协会会长、秘书长联席会议等会议，讨论并部署了我省律师工作的方针和目标，为推动我省律师事业的健康发展统一了思想，指明了目标。全省第七次律师代表大会的成功召开，对省律协章程和管理架构进行了较大修订和调整，精简了会长职数和理事会人数，取消了常务理事会，增设了监事会，调整了会费收取标准，为协会工作的有力开展和行业管理职能的发挥、“两结合”管理体制的进一步完善奠定了坚实的基础。为进一步推动全省律师均衡协调发展，纵横联动开展好律师工作，建立了全省律协会长、秘书长联席会议制度，首届联席会议于11月中旬在德阳成功举行。同时，为进一步理顺关系，加强对省直律师事务所及律师的管理，在认真调研的基础上，召开了省直律师第一次代表大会，选举产生了省直分会理事、会长，聘任了秘书长。

省律协继2004年后再一次荣获民政部“全国先进社会组织”荣誉称号，还被省委统战部评为“统战工作先进单位”，被省民政厅评为全省先进社会组织。

1. 通过网络培训和面授培训相结合的新培训机，开展了律师继续教育培训、实习律师岗前培训工作。同时，按照全国律协颁发的《申请律师执业人员实习管理规则》的规定和要求，开展了实习人员岗前培训等工作，建立健全了律师行业准入制度。

2. 改善律师执业环境，保障律师依法执业。一是积极推动律师行业与公、检、法等部门的联系，加大贯彻落实省检察院、省公安厅、省司法厅联合下发的《律师会见在押犯罪嫌疑人有关问题的规定（试行）》，配合省厅适时召开公、检、法等部门座谈会和交流协调会，建立健全律师协会与司法行政机关沟通协调的长效工作机制。二是协办由省委党校、省

高院、省检察院、省司法厅主办的“首届四川法律人对话暨两高三部‘证据规定’理解与适用论坛”。三是与省法院共同举办了两次“共同营造良好的司法环境—法官、律师恳谈会”，进一步推进我省法官与律师两大法律职业群体间正常有序的相互交流、沟通机制和平台的建立，促进司法环境的有效改进。四是继续做好全省律师执业保险相关工作，降低职业律师办案风险。2010 年全省律师职业保险及意外伤害险，共有 410 家律师事务所 5238 名律师委托省律协投保，加上成都、乐山由该两市律协统一办理了执业保险，基本实现了全省律师执业责任保险全覆盖。

3. 积极开展对外交往活动，交流律师工作经验。2010 年先后组织或参加全国律协组织的出访考察活动。省律协副会长彭健带队出席了在广西南宁举办的“第三届西部律师发展论坛”。宜宾、攀枝花、德阳、资阳等地律协积极组织律师考察团赴国外和国内部分省市进行考察和交流，积极学习借鉴行业发展的先进经验。一年来，省律协先后接待了北京、上海、安徽、广东、湖南、新疆、江西、福建等地律师协会组织的来访，就律师行业管理、党建等工作进行了交流。

4. 完善行业相关规范和惩戒规则。六届六次理事会和第七次律师代表大会审议通过了《四川省律师协会章程（修订案）》、《四川省律师协会理事会工作规则（修订案）》、《四川省律师协会监事会工作规则》、《会费收缴标准调整方案》。审议通过了《四川省律师职业道德和执业纪律规范（修订案）》、《四川省律师协会会员违规行为惩戒规则（修订案）》、《四川省律师协会惩戒委员会规则（修订案）》、《四川省律师协会专业委员会工作规则（修订案）》，为省律协工作的进一步规范有序开展打下了坚实的基础。

5. 省律协各专门、专业委员会积极地开展工作，基本完成了既定的工作目标和任务。为更好的发挥专门、专业委员会的作用，全省第七次律师代表大会召开以后，省律协立即着手开展专门、专业委员会换届调整、增设的有关工作。原有的 5 个专门委员会、16 个专业委员会的换届、合并、调整等工作已全部完成。经过调整，增设了青年律师工作委员会、女律师工作委员会、宣传委员会、专业委员会工作指导委员会等 4 个专门委员会，增设了城乡统筹法律服务专业委员会，现共有 9 个专门委员会，13 个专业委员会。

（五）加强秘书处建设，提高服务水平

一是为适应换届后职能定位的变化和调整以及改制工作，秘书处对每个部门进行了明确的分工并根据工作需要适当扩充了人员，通过加强自身建设，增强服务意识和业务素质，提高了秘书处工作人员的工作执行力和服务水平。

二是秘书处根据现代化办公要求，在原有的与理事、市州律协、律师事务所建立的电邮、QQ 群等联系方式的基础上，又新增了手机短信平台。协会网站，经过试运行已正式开通。将进一步提高行业管理工作效率。

三是完善秘书处规章制度建设，在原有制度基础上根据新的情况制订、完善了秘书处内部管理相关制度，为更好的发挥秘书处职能作用奠定了坚实基础。

四是认真做好省律协新购办公房装修工作。本着经济、实用、环保、安全的原则，省律协办公房装修工作已圆满完成，新办公房将于明年初正式投入使用。

## 六、新任协会领导班子介绍

会　长：刘守民

副会长：王宗旗、彭健、姚建、程守太、王中平、施杰、何敏、周红民

监事长：樊斌

副监事长：李正国、王正国

秘书长：刘春

副秘书长：蒋玉春、夏焕良、罗晓忱、周世明、陈浩文

1. 会长刘守民

刘守民，男，1965 年 1 月生，汉族，大学文化，中共党员，四川守民律师事务所首席合伙人。

1982 年 9 月至 1986 年 7 月西南政法大学法律系学习；1986 年 7 月至 1993 年 8 月成都市第三律师事务所副主任、党支部书记；1993 年 8 月至 2000 年 9 月成都四方达律师事务所主任；2000 年 9 月至今四川守民律师事务所主任、首席合伙人。

中华全国律师协会第四届、第六届常务理事、第五届、第七届理事；四川省律师协会第五届、第六届副会长；成都市律师协会第二届、第三届副会长、第四届会长；成都仲裁委员会仲裁员；成都市人大代表；成都市人大法制委员会委员；成都市人大立法咨询员；成都市人民政府法律顾问。

全国优秀律师；成都市十佳律师；成都市杰出青年卫士。曾荣获中国律师业特殊贡献奖。

2. 副会长王宗旗

王宗旗，男，1961 年 5 月生，汉族，研究生，中共党员，四川大家律师事务所主任。

1980 年 9 月至 1984 年 7 月西南政法大学学习；1984 年 7 月至 1994 年 3 月成都铁路运输中级法院刑事审判庭庭长；1994 年 3 月辞职从事专职律师工作；1994 年 4 月至 1996 年 1 月在四川宏明律师事务所执业；1996 年至今四川大家律师事务所主任。

中华全国律师协会理事；四川省律师协会副会长、惩戒复查委员会主任；成都市律师协会副会长、惩戒委员会主任；中共成都市律师协会党委委员；成都市人大常委会立法咨询员；成都市《妇女权益保障法》巡回宣讲团四分团团长；成都电视台生活频道《平安成都—成都法治报道》栏目律师顾问团成员；共青团成都市青少年维权工作研究会成员；四川省高级人民法院特邀调解员。

全国优秀律师；四川省参与党委政府涉法信访群众工作先进个人；省司法厅维护藏区稳定工作先进个人；四川省优秀律师；省律协专业委员会先进个人；成都市优秀中国特色社会主义事业建设者；成都市优秀律师、优秀共产党员、优秀律师事务所主任、第二届“十佳律师”。

3. 副会长彭健

彭健，男，1965 年 1 月，汉族，大学文化，民革成员，四川仙山律师事务所主任。

1981 年 12 月至 1995 年 5 月在峨眉山市邮电局工作；（其间：1989 至 1992 年在西南政法大学学习），1995 年 5 月至 1997 年四川仙山律师事务所执业；1997 年至今四川仙山律师事务所主任。

四川省律师协会第五届常务理事、第六届副会长；乐山市律师协会维权委员会主任；乐山市政协委员；峨眉山市政协常委；民革四川省省委委员；民革四川省经济委员会副主任；民革峨眉山市主委；中国法学会法律文书学研究会理事；乐山法学会理事；乐山仲裁委员会仲裁员。

四川省人事厅、司法厅 1996 至 1998 年度司法行政工作先进工作者；四川省优秀律师；乐山市优秀律师；民革中央全国社会服务工作先进个人；民革四川省委省社会服务先进个人；民革四川省委省参政议政先进个人；峨眉山市优秀政协委员。

4. 副会长姚建

姚建，男，1965 年 5 月出生，汉族，法学硕士，中共党员，四川道融民舟律师事务所主任。

1983 年至 1987 年西南政法大学本科学习；1987 年至 1989 年西南政法大学硕士研究生学习；1989 年至 1994 年四川绵阳市经济律师事务所从事专职律师工作；1994 年至今四川道融民舟律师事务所（原四川绵州律师事务所）主任。

中华全国律协理事；四川省律师协会第五届副会长，党委委员；绵阳市律师协会第二届会长，第三届、第四届常务理事，党委副书记、维权委员会主任；中国法学会会员；四川省法学会理事；四川省民法、经济法研究会常务理事；四川省高级人民法院特邀调解员；绵阳仲裁委员会仲裁员。

绵阳市第三届“十佳律师”；绵阳市人民政府“绵阳市劳动模范”；四川省司法厅、四川省律师协会“优秀律师”；四川省人民政府信访办、四川省司法厅2006年—2007年度“参与党委、政府涉法信访群众工作先进个人”；四川省司法厅“四川省司法行政系统抗震救灾工作先进个人”；绵阳市司法局“全市司法行政系统抗震救灾工作先进个人”；中共四川省律协“优秀共产党员”；中共绵阳市委“优秀共产党员”；中共绵阳市委宣传部、绵阳市社会治安综合治理委员会授予“十佳平安卫士”。

5. 副会长程守太

程守太，男，1967年2月生，汉族，硕士，中共党员，泰和泰律师事务所主任。

1989年至1993年西南政法大学学习；1993年9月至1994年7月山东省司法厅厅长秘书；1994年7月至1995年12月四川省泰来集团公司董事长助理；1996年10月至1997年4月成都开元律师事务所工作；1997年4月至2000年5月四川兴立律师事务所执业；2000年5月至今泰和泰律师事务所主任（期间：2003年至2005年长江商学院EMBA；2006至今西南财经大学法学博士研究生学习）。

中华全国律师协会第七届理事、环境与资源法专业委员会委员；四川省律师协会第六届副会长、WTO专业委员会主任；中华全国青年联合会委员；四川省青联常委；四川省山东商会副会长；成都理工大学客座教授；西南民族大学客座教授；中世律所联盟管理委员会委员。

全国优秀律师；四川省优秀青年；四川省优秀律师；四川省司法厅优秀共产党员。

6. 副会长王中平

王中平，女，1961年11月生，土家族，研究生，民革党员，四川平扬律师事务所主任。

1978年12月富顺县税务局参加工作；1986年7月自贡市司法局副主任科员；1994年至2003年10月自贡新大律师事务所副主任；2003年11月至今四川平扬律师事务所主任。

四川省律师协会常务理事、保险事务专业委员会副主任；自贡市律师协会理事；四川省青少年犯罪研究会理事；自贡市人大代表；自流井区政协委员；自贡仲裁委员会仲裁员；自贡市政法委特邀法制监督员；自贡市公安局聘为警风警纪监督员；自贡市党外知识分子联谊会理事。

2004年四川省司法厅、四川省律师协会优秀律师；2006年自贡市首届五大知名律师；2007年四川省司法行政系统第一届“十佳女法律服务工作者”；2009年自贡市文明优质服务标兵。

7. 副会长施杰

施杰，男，1964年1月生，汉族，法学硕士，民进，四川鼎立律师事务所主任。

1984至1989年四川省林业勘察设计院工作；1989至1995年四川省律师事务所执业；1995年12月至今四川鼎立律师事务所律师、主任、首席合伙人（其间：1997年9月至1999年7月四川大学法学院刑法学研究生班学习）。

中华全国律协理事；省律协五届常务理事、六届副会长，维权委员会副主任；全国政协第十一届委员会委员；民进四川省委常委；公安部特邀监督员；四川省高级人民法院特邀调解员；中国法学会法律文书学研究会理事；四川省法学会理事；四川省法学会法理学研究会副会长；成都仲裁委员会仲裁员；四川省审计厅特约审计员；四川师范大学兼职教授。

全国优秀律师；中共四川省委、省政府“四川省有突出贡献的优秀专家”；民进中央、中华全国律师协会、中共四川省委统战部、中共四川省委纪委、四川省监察厅、民进四川省委抗震救灾先进个人及抗震救灾工作优秀社会监督员。

8. 副会长何敏

何敏，男，1960 年 12 月生，汉族，研究生，中共党员，四川天天律师事务所主任。

1983 年至 1987 年中国人民大学学习；1987 年 11 月至 1996 年 3 月成都市经济律师事务所律师；1996 年 3 月至今四川天天律师事务所主任。

中华全国律师协会理事、环境与资源法专委会委员；省律师协会第五届常务理事、第六届副会长，环境与资源法专委会主任、民商事专委会副主任、战略发展委员会委员；省政协委员；省政协社会法制委员会委员；省政协立法协商专家组成员；中国经济法研究会会员；省法学会理事；省刑法学会常务理事；省环境政策法制研究会常务理事；省青少年犯罪研究会理事；省注册会计师协会惩戒申诉委员会委员；四川财经职业学院法律专业建设指导委员会成员。

司法部、省政府维护司法公正爱心人士；省司法厅、省律协优秀律师；省司法厅优秀共产党员；四川省消费者权益保护委员会维权先锋；四川省委、省人民政府信访局、省司法厅参与党委政府涉法信访群众工作先进个人；四川省律协抗震救灾先进个人；省司法厅维护藏区稳定工作先进个人。

9. 副会长周红民

周红民，男，1970 年 11 月生，汉族，硕士研究生，无党派，四川信言律师事务所主任。

1990 年至 1999 年天津商学院经济法系毕业后，先后在涪陵市司法局、重庆华立律师事务所工作；1996 年至 1999 年西南政法大学攻读民商法硕士学位；1999 年四川信言律师事务所副主任、主任。

中华全国律师协会第六届理事、信息网络与高新技术专业委员会委员；省律师协会副会长、公司业务专业委员会主任；中国国际经济贸易仲裁委员会仲裁员；四川省第十一届人大代表；四川省国有资产法律保障协会副会长；省房地产业协会副会长；省法学会理事；省青年联合会委员；中国国际贸易促进委员会四川调解中心调解员。

四川省司法厅、四川省律师协会优秀律师；四川省司法厅、四川省律师协会、四川省刑释解教人员安置帮教工作小组“律师深入社区对刑释解教人员、服刑在教人员亲属开展法律服务活动先进个人”。

10. 监事长樊斌

樊斌，男，1967 年 9 月生，汉族，法律硕士，民进，四川守民律师事务所律师。

1986 年至 1990 年四川大学法律系学习；1990 年至 1995 年四川省工商局工作；1993 年至 1995 年四川海峡律师事务所、四川省投资与证券律师事务所兼职律师；1995 年至 2010 年四川康维律师事务所律师、副主任、主任（期间：2002 年至 2005 年四川大学在职法律硕士）；2010 年至今四川守民律师事务所律师。

全国律协理事、金融证券委员会委员；四川省律协第六届副会长兼财务委员会主任、战略发展委员会副主任；四川省法律援助中心首席律师；民进成都市委常委；民进四川省委社会工作委员会主任；四川民进经济届会员联谊会副会长；四川省人大代表；四川省监察厅特邀监察员；四川省高级人民法院特邀调解员；深圳证券交易所上市委员会委员；四川省人民政府金融办公室资本市场工作专家库专家。

四川省工商局“1995 年度先进个人”；2004 年被司法部、四川省政府授予“维护司法公正爱心人士”；2005 年被评为“四川省优秀律师”；2005 年被评为“全国优秀律师”；2008 年被全国律协评为“抗震救灾先进个人”；2008 年被民进中央评为“民进全国抗震救灾优秀会员”。

11. 副监事长李正国

李正国，男，1972 年 2 月生，汉族，大学文化，民盟，四川恒和信律师事务所主任。

1994年9月至1996年7月四川教育学院中文系学习；1995年1月至1995年12月西南政法大学学习；1996年7月至2003年8月四川君合律师事务所工作；2003年8月至今四川恒和信律师事务所主任。

四川省律师协会六届理事、房地产专业委员会委员；四川省第十届政协委员；省高级人民法院特约监督员、调解员；省质量技术监督局监督员；民盟省委直属工作委员会委员；民盟省直工委联合支委副主委；四川省法学会会员；民盟省委学习工作委员会委员；省知识分子联谊会常务理事；省光彩协会会员。

2008年省委省政府信访办公室和省司法厅“涉法信访法律服务先进个人”；2008年四川省律师协会“抗震救灾先进个人”。

12. 副监事长王正国

王正国，男，1949年5月生，汉族，研究生，中共党员，四川四成律师事务所主任。

1964年至1971年在资阳县当知青；1972年至1985年资阳县运输公司工作；1986年至1997年在资阳县律师事务所工作；1998年起分别在资阳市律师事务所、资阳四成律师事务所、四川四成律师事务所担任主任至今。

四川省律师协会六届律协常务理事；资阳市律师协会会长，成都仲裁委员会仲裁员。

多次被省、市、县评为优秀律师、先进个人。

13. 秘书长刘春

刘春，女，生于1957年12月，汉族，中共党员，法律本科，1975年参加工作，1980年5月调入四川省司法厅，先后任厅办公室秘书科副科长、科长；1989年11月调入四川省律师协会，1996年4月任省律协副秘书长，1998-2000年挂职下派四川省古蔺县任副县长，2000年10月主持四川省律师协会工作；2010年11月调省司法厅政治部，同时兼任四川省律师协会党委专职副书记。

## 贵州省律师协会工作概况

### 一、2010年律师队伍现状

2010年，贵州省共有律师2227人（其中：专职律师1809人，兼职律师213人，公职律师113人，公司律师51人，法律援助律师41人）。律师事务所244家（其中：合伙所126家，国资所87家，个人所31家）。公职律师办公室16个，公职律师试点单位25个，公司律师事务部6个。

全省律师担任党政机关、企事业单位法律顾问7392家，刑事诉讼辩护及代理6532件，民事诉讼代理13437件，行政诉讼代理572件，非诉讼法律事务1367件，咨询和代写法律文书58699件，调解成功791件，仲裁业务276件，提供法律援助2321件，参加公益事业和社会活动情况16329次。

### 二、四届理事会

2010年1月30日，省律协四届四次理事会暨四届八次常务理事会在贵阳市省军区第二招待所召开。省司法厅副厅长、省律协党委书记季林出席并讲话，47名理事参加会议，省律协秘书长、副秘书长、省律协党委副书记、9个市州地律公科负责人及秘书长列席会议。

四届四次理事会审议通过了《2009年常务理事会工作报告》和《经费收支情况报告》。

会议同意施昌武律师辞去理事、常务理事和唐元中律师辞去理事的申请。会议以无记名投票方式增选陈会琪为常务理事。

### 三、召开的常务理事会、会长会

（一）常务理事会

1. 省律协四届八次常务理事会

2010年1月30日，省律协四届八次常务理事会在贵阳市省军区第二招待所召开，会议对四届四次理事会会议事项进行了审议。

2. 省律协四届九次常务理事会

2010年6月10日，省律协四届九次常务理事（扩大）会在省律协会议室召开。会议审议并同意印发《省律协关于死刑案件辩护指导意见》。

3. 省律协四届十次常务理事会

2010年11月2日，省律协四届十次常务理事会在省律协会议室召开。会议传达学习了中央办公厅、国务院办公厅转发《司法部〈关于进一步加强和改进律师工作的意见〉的通知》。

（二）会长办公会议

1. 2010年1月16日，召开了省律协四届第13次会长办公会（扩大）会议。

会议内容：（1）研究了协会机关办公场所搬迁问题。省司法厅要求协会机关在3月31日前搬离省厅，另选办公场所。由于协会经费不足，无力购买，会议决定租房办公。（2）讨论了《2009年度工作报告》和《财务收支情况报告》，决定在春节前召开常务理事会和理事会，讨论和审议上述两个报告。（3）通报了中创联律师事务所周立新律师违反《律师执业行为规范》，在网上随意发表对司法人员不当评论的情况，决定对其给予通报批评。（4）通报了承办第八届全国律师围棋赛和我省组团参加“中国律师论坛”和“西部律师论坛”的情况。（5）通报了省律协党委成立和人事任命情况，由夏世明同志担任省律协党委办公室主任。（6）听取了在贵阳市举行的关于刑事司法改革与死刑辩护规范指导培训情况。

2. 2010年4月7日，召开了省律协四届14次会长办公会（扩大）会议

会议内容：（1）通报了省律协机关租房搬迁办公情况，省律协新的办公地址变更为：贵阳市中华北路金辉大厦24楼。（2）听取了省律协2010年律师培训交流计划。（3）听取了副会长、省律协维权专门委员会主任李晓冬就律师统一进行执业风险保险与相关保险公司谈判情况的介绍。（4）鉴于新修订的《律师法》和司法部两个《规定》实施后，原有的《律师事务所管理暂行办法》出现了一些不适应的情况，会议要求秘书处业务部汇总各地协会和各所意见，尽快提出《律师事务所和律师执业行为规范》修改稿。（5）通报了2010年各专委会工作开展情况和2010年投诉处理情况。

会议决定2010年拨给各专门、专业委员会活动经费1万元。要求使用上述经费应提出计划，实报实销；如有缺口另行提出申请。

3. 2010年6月10日，召开了省律协四届15次会长办公会（扩大）会议

会议内容：（1）提出了省司法厅、省律协领导与省检察院就“驰名商标纠纷案”中涉案律师情况进行协调沟通的意见。（2）对律师事务所和律师进行考核和会费收取提出了具体要求。（3）通报了司法部在律师行业基层党组织开展创先争优活动电视电话会和律师工作座谈会精神。通报了我省律师行业最近一段时间以来一些违法违纪案件情况。（4）通报了执业律师年度培训及筹备编辑发行《律师论文集》的情况。（5）讨论通过《省律协关于死刑案件辩护指导意见》。（6）听取了关于《律师事务所和律师执业行为规范》修改的相关情况。

4. 2010年9月13日，召开了省律协四届16次会长办公会

会议内容：通报了2010年度实习律师培训筹备情况、《贵州律师论文集》第二辑的编审情况、省直律师事务所开展“手牵手扶贫活动”捐款情况、参加西部律师论坛组织情况和全国律协召开关于律师年度考核办法会议情况，传达学习全国律协下发的《实习人员管理规则》。

**四、协会重要工作成果**

2010年，省律协在省司法厅党委的正确领导下，以邓小平理论和“三个代表”重要思想为指导，深入贯彻落实科学发展观，围绕中心、服务大局，为服务经济社会发展、保障人民群众合法权益、维护社会公平正义、化解社

会矛盾纠纷、落实依法治国方略、促进社会和谐稳定作出了积极贡献，在以下方面取得了显著成效：

（一）强化政治思想教育，服务经济社会发展

全省各级司法行政机关和律师协会，牢固树立政治意识、大局意识、责任意识，围绕省委、省政府的中心工作，把主动服务经济社会发展作为律师工作的第一要务，积极引导全省律师大力拓展服务领域，不断改进服务方式，切实提高服务质量，在服务全省经济建设中发挥了积极作用。根据省委、省政府关于大力推进个体私营等非公有制经济又好又快发展的意见精神，省司法厅出台了相关的实施方案，组建了贵州省中小企业非公有制经济律师服务团，有52名优秀律师主动参加。据不完全统计，律师担任非公经济法律顾问841家，提供咨询6730人次，为非公经济通过法律服务融资16.64亿元。我省北斗星律师事务所发挥律师团队专业优势，竭诚为贵州百灵企业集团制药有限公司上市提供了全程优质高效的法律服务，“贵州百灵”已于2010年6月3日在深圳证券交易所成功上市，募集资金净额14亿元。

（二）充分发挥职能作用，维护群众合法权益

全省律师积极发挥在坚持社会公平正义、维护群众合法权益等方面的职能作用。在通过为群众办理各类案件的基础上，还充分发挥律师法制宣传员、纠纷调解员、群众服务员的“三员”作用，主动送法进村寨、进社区，免费为群众提供法律服务。2010年9月，玉凯高速公路三段发生一起重大交通事故，造成正在进行公路维护的4名农民工死亡。当即引发死者家属堵塞交通。三穗县司法局领导闻讯后立即带领律师赶到现场，进行法制宣传，开展调解工作。通过耐心细致工作，达成赔偿协议，由贵州高速公路开发总公司预先赔偿支付4名死者亲属共计112万元，维护了农民工的合法权益。

（三）化解社会矛盾纠纷，维护社会稳定

根据中央提出的深入推进社会矛盾化解、社会管理创新、公正廉洁执法三项重点工作的精神，积极引导全省律师主动介入群众关注的社会热点、难点问题，有针对性地做好群众工作。通过法律咨询，解答群众的各种疑虑，疏通当事人情绪，维护群众合法权益，从而避免矛盾激化，预防群体性事件的发生。2010年3月，六盘水市150名农民工诉中国电信六盘水分公司拖欠工资一案，经六盘水市劳动仲裁庭调解未果后，情绪异常，声称将采取极端方式处理此事。六盘水市司法局得知此情况后，立即组织律师进行协调，做思想工作，最终平息事件。为了进一步发挥律师在化解社会纠纷，预防矛盾激化的积极作用，省司法厅、省律师协会还组织全省律师开展法律帮扶活动。到目前为止，全省241家律师事务所与750个乡镇（社区、村委会）签订了法律帮扶协议。

（四）规范律师执业行为，建立和完善律师工作管理长效机制

根据《中华人民共和国律师法》的要求，为规范律师在执业活动中的行为，促进律师事业健康有序发展，不断建立和完善律师工作管理机制、执业准入机制、质量评估机制、执业奖惩机制等。制定印发了《贵州省律师协会关于死刑案件辩护规范指导意见》、《贵州省律师协会关于律师事务所执业行为规范》等规章制度。对244家律师事务所和2227名律师进行了考核，完成了资料收集、档案建立、备案公告。同时，为了保障社会的和谐稳定，还建立健全有关律师代理重大、敏感、疑难案件的报告制度，加大了对此类案件的指导、监督工作力度，收到了较好的法律效果、政治效果和社会效果。

（五）加强律师培训，提升律师素质

省司法厅、省律师协会按照“政治坚定、法律精通、维护正义、恪守诚信”的要求，发挥组织领导、协调服务、指导监督的作用，从加强教育，严格管理，完善监督，强化自律等

方面入手，坚持不懈地加强律师队伍思想政治建设、业务建设和职业道德建设，提高律师队伍综合素质。在教育培训工作中采取政治教育与业务培训、技能提高与理论研究、请进送宝与派出取经、传统教育与形势报告、集中教育与日常管理、常规培训与分类研讨、培训工作与文化建设相结合的方式，强化全省律师队伍的教育、管理。2010 年，集中培训执业律师 1200 名。在执业律师培训中，邀请了中央社会主义学院党组书记（原国家宗教局局长）叶小文等专家、学者授课，省委组织部组织 200 名地厅级干部参加叶小文讲课。同时，还建立、健全律师执业准入机制，严格条件、程序，对申请律师执业人员的政治表现、业务能力、职业道德及实习期的表现进行认真审查，并进行集中培训，严格考核，举行诚信宣誓仪式，切实把好律师队伍的“入口关”，2010 年共培训实习律师 370 人。在此基础上，还努力搭建律师文化平台，营造律师文化氛围。2010 年编辑出版《贵州律师论文集》第二集，《贵州律师》杂志被中华全国律师协会评为优秀刊物。

（六）专业活动开展活跃，促进业务健康发展

2010 年，省律师协会各专门、专业委员会积极开展各种活动，取得较大成效。未成年人保护专业委员会接受委托，起草了《贵州省未成年人保护案例》，并编纂了一套《法律为民护航》、《未成年人自我保护》、《法律给我智慧》、《法律赋予我权利》四本普法丛书。刑事专业委员会与北京大学法学院对死刑案件辩护进行数次调研，反复论证修改，于 2010 年 8 月完成《贵州省律师协会死刑案件辩护规范指导意见》课题项目。劳动、行政、环境、知识产权专业委员积极参与环境自愿者活动及环境公益诉讼活动，创办“农村土地法律服务网”，举办劳动法律实务研讨会等。房地产和建筑专业委员会与民商事专业委员会一起，根据当前的社会热点问题，邀请 6 家房地产企业举办了“宏观调控与房价走势”研讨会，并编辑研讨学术论文集。公司业务专业委员会省商务厅起草《贵州招商引资法律指南》，并与省高级人民法院就公司法律实务的有关工作举办研讨会。法律援助专业委员会积极为弱势群体维护合法权益，该委员会所在律师事务所办理法律援助案件 200 多件，进行法律咨询、法律培训 200 多人次。执业纪律专门委员会全年处理投诉案件 5 件，起草了《贵州省律师协会纪律工作规则》等。维权专门委员会对假驰名商标案的涉案律师情况多次与检察机关沟通联系，并提出处理意见。

（七）加强律师党建工作，发挥行业管理职能

在实现全省律师行业党组织全覆盖的基础上，为了健全党建工作的管理体制，2010 年，省律师协会成立了省直律师事务所党总支，并有效开展了工作。同时，省律师协会党委还向全省律师党员颁发了“共产党员先锋岗”牌，在全行业党的基层组织开展了创先争优活动，并首次召开了省直律师事务所党支部书记述职大会。通过上述活动，全省律师行业党的基层组织得到进一步健全，党的基础组织的政治保障作用和党员先锋模范作用得到进一步发挥。

（八）开展社会公益活动，树立律师队伍良好形象

在加强全省律师队伍教育管理的同时，采取各种措施，通过各种形式，注重引导律师认真履行社会责任，积极开展各种社会公益活动。2010 年，在开展“创先争优”活动中，省司法厅、省律师协会组织省直律师党员开展“手牵手帮扶济困”活动，于 9 月初，省律师协会和省直律师事务所及律师向沿河县夹石镇上寨村捐资 10 万元。通过开展各种社会公益活动，全省律师的社会责任感和社会公德意识明显增强，逐步树立了律师队伍的良好形象。

## 云南律师协会工作概况

### 一、律师队伍 2010 年现状

云南省律师协会成立于1981年，至今已历时六届，截至2010年底年，团体会员（各州市律师协会和律师事务所）489家，个人会员4557人。全省律师业务量呈上升趋势，其中为5124家（政府、企业、事业单位、社会团体、公民个人）担任法律顾问，收费8633.7万元，刑事诉讼代理18742件，收费4627万元；民事诉讼代理23734件，收费12620.4万元；行政诉讼代理1237件，收费460.5万元；非诉讼法律事务5637件，收费4242.2万元；咨询和代写法律文书190785件，收费184.5万元；调解成功6776件，收费713.6万元；仲裁业务1483件，收费817.9万元。

### 二、云南省第六次代表大会

2010年10月27日至29日，云南省第六次律师代表大会在昆明隆重召开。中共云南省委常委、省委政法委书记孟苏铁同志到会作重要讲话。原省政协副主席和占钧同志出席大会，大会由省司法厅党委书记、厅长何剑文主持。大会召开实现了五大收获，具有五大特点。五大收获：指明了前进方向。孟苏铁同志对我省近年来的律师队伍建设和法律服务事业发展给予了充分肯定。他强调，广大律师要把维护公平正义和满足群众日益增长的司法需求作为执业活动的价值追求，真正做到党在心中、人民在心中、法律在心中、正义在心中。他要求，进一步做好律师工作，推动云南律师事业发展，全省律师行业必须做到“五个牢记”，即：必须始终牢记重大使命，努力在高举中国特色社会主义伟大旗帜和践行科学发展观上有新作为；必须始终牢记第一要务，努力在学习贯彻党的十七届五中全会精神、推动桥头堡建设上有新作为；必须始终牢记社会责任，努力在推进社会矛盾化解、社会管理创新和维护社会和谐稳定上有新作为；必须始终牢记价值追求，努力在推进公正廉洁执法、维护司法公正和满足人民群众日益增长的司法需求上有新作为；必须始终牢记党的领导，努力在加强律师队伍党组织建设和营造良好执业环境上有新作为。统一了发展思想。省司法厅党委书记、厅长何剑文指出，五年来我省律师事业在省委、省政府、司法部的正确领导下获得了长足发展，律师队伍和律师执业机构不断发展壮大，规模化、专业化程度不断提高，律师队伍整体素质显著提升，法律服务领域不断扩大。他就全省律师行业学习贯彻省委常委、省委政法委书记孟苏铁的重要讲话精神提出了要求。对新一届律协理事会如何加强自身建设、履行工作职责、发挥职能作用提出了殷切希望。对全省广大律师，他强调要发挥智囊作用，积极参与社会管理；要发挥好调解作用，化解社会矛盾；要发挥好宣传促进作用，推进文明进步。中华全国律师协会副会长吕红兵同志代表全国律协向大会成功召开表示了祝贺，充分肯定了云南律师为经济社会发展和民主法制建设所做的努力，并对云南省律协在省委、省政府以及省司法厅领导下为维护社会公平正义所作出的积极贡献给予了高度的评价。形成了新的班子。这次会议，选举产生了云南省律师协会第六届理事会和常务理事会领导班子，聘请原省政协副主席和占钧同志担任名誉会长。省司法厅党委书记、厅长何剑文同志当选为云南省律师协会新一届会长、熊亮同志当选为常务副会长、九名专职律师杨金勤、万立、马巍、刘凌、张慧、崔娥、伍志旭、杨云建、熊斌当选为副会长。锻炼了工作队伍。本次大会规模大、规格高，涉及环节多，工作千头万绪，通过会议的召开，省律师协会秘书处、有关律师事务所的同志经受了会议的考验，在大会筹备、召开等各个环节圆满完成工作任务，得到了锻炼提高。会议还表彰了“十佳律师党员”、“法治政府建设律师法律服务十佳案例”。

改善了工作氛围。这次会议开幕式，省委领导出席，11名厅领导及23个单位的同志应邀出席，新华网、云南日报、云南电视台、春城晚报等新闻媒体从报纸到电视广播，从网络到手机短信对大会进行了全方位报道，引起全社会关注，对改善全省律师工作环境具有积极的促进作用。五大特点：会议规模大。这次会议，全省律师行业199名正式代表、33名特邀代表、昆明城区的部分律师以及相关单位的领导和负责人共1100人参加会议开幕式。会议出席人员涵盖了全省各级司法行政系统和律师协会的主要负责同志。全省16个州市的主要律师事务所均有代表参加。会议规格高。这次会议，中共云南省委常委、省委政法委书记孟苏铁同志出席开幕式并作重要讲话，原省政协副主席和占钧同志出席大会，省人大、省政协、省高院、省检察院、省公安厅、省国家安全厅、省民政厅、省商务厅、省人力资源和社会保障厅、省司法厅的11名厅领导及23个单位的同志应邀出席会议。大会由省司法厅党委书记、厅长何剑文主持。会议规格高，领导出席多，单位参加多，体现了省委、省政府对全省律师的关心重视，体现了各部门对律师工作的支持，体现了广大人民群众对律师工作的新期待。会议内容实。这次会议日程安排紧凑，内容丰富充实：律师工作新闻通报、《桥头堡建设法律服务研究与实务》一书出版发行、《律师颂》、《法治政府建设律师法律服务百案汇编》编印、全体大会、分组讨论、会议选举、桥头堡建设律师法律服务研讨会、千名律师听党课等会议每一项内容安排都紧扣律师工作主题、探讨解决律师工作难题，把中央省委对律师工作的要求落在实处。会议创新多。这次会议除了圆满完成大会安排的“规定动作”，还进行了很多创新，比如：出版了《桥头堡建设法律服务研究与实务》一书，在云南日报发表了《服务桥头堡建设律师宣言》，编印了《法治政府建设律师法律服务百案汇编》和《律师颂》两本书，开展了“千名律师听党课”活动，组织新入党律师进行了入党宣誓，召开了桥头堡建设律师法律服务研讨会。这些举措，无不体现着改革创新的要求。会议氛围好。这次会议，从媒体宣传到大会会场无比体现着庄严、隆重、热烈，氛围较好。会议开幕前就进行了氛围营造，做到了开幕式隆重热烈、分组讨论踊跃、研讨会气氛活跃、党课深刻生动。

## 三、理事会

2010年10月26日召开省律协五届六次理事会，全省44名理事参会，会议的主要内容是：通过《云南省律师协会章程（草案）》、《云南省律师协会第五届理事会工作报告（草案）》、《云南省律师协会五届理事会财务工作报告（草案）》、表决通过《云南省律师协会会议议程（草案）》、表决通过《云南省第六次代表大会主席团和秘书长建议名单（草案）》、审议通过《云南省第六次代表大会代表资格审查报告（草案）》。

## 四、常务理事会

### （一）五届十二次常务理事会会议纪要

2010年3月2日上午，云南省律师协会五届十二次常务理事会在昆明召开，省律师协会会长施朝兴主持会议。省律协五届常务理事周鹊昌、马军、马巍、赵耀、崔娥、段建新、万立、刘凌、杨金勤、杨云建、陈德武、李文进参加会议，王光辉、周国平、廖建松、刘丽娟、赵锦锋因事请假。到会人数符合《常务理事会议事规则》的规定。省司法厅分管律师工作的副厅长吉志勇出席会议，省司法厅律师工作处处长郝耀，省律师协会秘书长熊亮、省律师协会党委专职副书记杨华、省律师协会副秘书长孔楠列席会议。现将会议内容纪要如下：

（1）省律协党委专职副书记杨华在会上传达了全国、全省政法工作会议精神，以及胡锦涛总书记等中央领导同志对律师工作的重要批示精神。会议强调，律协的工作要根据全国、全省政法工作会议精神和司法部的有关工作部署，结合云南的实际来安排和谋划。

（2）会议讨论了《云南省律师协会二〇一〇年工作计划》（讨论稿）。与会常务理事认为，这份工作计划指导思想明确，内容务实、层次分明、具有可操作性，原则上同意这个工作计划。同时，与会人员从协会制度建设、自身建设、教育培训、律师文化建设、对外交流等方面提出了一些具体的修改建议和意见。请律协秘书处根据司法部加强律师队伍建设电视电话会议精神、省司法厅关于律师工作的总体部署、本次会议讨论情况进行修改完善后，按程序下发执行。

（3）会议对《云南省〈申请律师执业人员实习管理规则（试行）〉实施细则》（修订稿）、《云南省申请律师执业人员实习证管理办法》（讨论稿）进行了讨论。会议认为，加强对申请律师执业人员实习活动的管理，是完善律师执业准入制度的重要内容，按照司法部、中华全国律协的相关要求，结合云南实际，对实施细则进行修订，制定实习证管理办法十分必要。总体上同意修订稿对实施细则的修改，同意制定实习证管理办法。与会同志认为，加强对申请实习人员的管理，要本着广纳人才、严格准入机制的原则，既要根据中华全国律师协会的规定，严格对实习准入、实习管理、实习集中培训和实习考核等的要求，又要从制度设计上考虑律师事业不断发展壮大的需要，尽可能的简化程、序易于操作，给申请律师执业人员提供宽松的条件。会议决定，请秘书处进一步修改完善后按程序报批，自下发之日起施行。

（4）会议对召开云南省第六次律师代表大会的有关事宜进行了讨论。省律协秘书长熊亮同志向与会同志汇报了关于会议的主要任务、会议筹备工作的初步设想以及下一届律师协会理事会机构设置的设想。会议认为，按照律师协会章程的规定以及全省律师事业发展的需要，有必要召开律师代表大会，开展换届选举工作。会议一致同意召开云南第六次律师代表大会，选举产生新一届理事会、会长、副会长。会议决定了三点原则：一是云南省第六次律师代表大会定于2010年6月召开。二是建议省司法厅党委成立省律协换届工作领导小组，领导和主持省律协换届工作。三是换届工作要处理好党内程序和法律程序、行政管理和行业管理的关系问题。会议请省律协秘书处根据会议讨论意见，尽快制定会议初步工作方案，向厅党委汇报。

（5）会议听取了省律协秘书长熊亮关于2009年协会经费预算执行情况的通报。会议对2009年会费收支情况、预算执行情况没有异议。会议认为，律协会费的使用要量入为出，要树立艰苦奋斗、勤俭节约、花小钱办大事的思想，将钱用在律师事业发展的刀刃上。会议建议从每年协会的会费收入中提取适当的预留积累，用在律师事业的发展上。

省司法厅副厅长吉志勇在会议结束时发表了讲话。他认为，协会的各位领导在会议上所提出的意见和建议，都是心系这个行业、这支队伍的发展，是值得肯定的。他指出，一是2009年省律协的各项工作卓有成效。2009年，省律协的工作在省司法厅党委、律协党委、常务理事会的领导下，在律师队伍的管理教育、律师行业思想政治建设、业务建设、文化建设等各个方面做了大量的工作，工作是卓有成效的。二是2010年的工作安排要求按照厅党委的统一部署，结合律师行业的实际来统筹谋划。作为工作要点，其中具体的工作必须要逐项推进和落实，要有具体的工作方案。律师队伍建设是一个系统工程，开展工作宁精勿烂，要盯住重点来做，不能激进、冒进，要紧扣“四个基本建设”来抓。三是受何剑文厅长委托，转达他对我省律师行业管理工作的要求，即以开展“提高法律服务质量年”活动为载体，围绕深入推进社会矛盾化解、社会管理创新、公正廉洁执法“三项重点工作”，充分发挥律师工作职能，在为党委政府分忧、为群众解难中要有新的理念、新的举措，促进律师事业的新发展。

（二）五届十三次常务理事会会议纪要

2010年5月19日，云南省律师协会五届十三次常务理事会在昆明召开，省律师协会党委书记周鹄昌主持会议，党委副书记郝耀、熊亮，党委专职副书记杨华、党委委员马巍及省律师协会常务理事崔娥、段建新、万立、刘凌、刘丽娟、杨云建、杨金勤、陈德武、廖建松等出席会议，党委委员王光辉，常务理事马军、赵耀、李文进、周国平、赵锦锋因事请假。现将会议内容纪要如下：

1. 传达全国律师工作会议主要精神。

2. 讨论关于召开云南省第六次律师代表大会有关事项。

会议同意秘书处拟定的关于召开云南省第六次律师代表大会方案，并对方案提出了很好的意见和建议，集中起来有以下几个方面，一是关于语言表述不准确的问题，会议要求秘书处根据讨论的意见作出修改。二是关于会议时间的确定问题，会议要求尽早把时间确定下来，便于大家安排工作。三是关于代表名额增加的问题，同意怒江、迪庆增加一名理事候选人。四是关于特邀代表的问题，要求公职律师、公司律师和法律援助律师各有一名特邀代表。五是关于通知的下发问题，会议确定由司法厅和律师协会联合下发会议通知。

3. 讨论《中共云南省律师协会委员会议事规则》

4. 吉志勇同志就贯彻司法部会议精神作指示。

司法厅党委委员、副厅长吉志勇同志就贯彻司法部会议精神作了七点指示：

一是要进一步强化“两个教育”，确保律师队伍政治坚定。要把“两个教育”作为当前律师队伍建设的基本教育抓紧好，把教育的基本要求，指导思想贯穿全过程。通过教育，认真查找和解决律师在思想上、道德上、执业上存在的问题，确保律师队伍政治坚定。

二是要进一步加强律师基本制度建设，确保律师事务所管理规范。要在律师行业中加强基本队伍、基本制度、基本教育、基本设施建设。对这个问题下一步要抓试点，确保律师队伍管理规范，真正做到内强素质，外树形象。

三是进一步关注热点、焦点、难点案件，要对全省律所及律师代理重点敏感案件情况进行一次梳理、分析、把握、主动加强正确领导，确保在执业过程中不授人以柄，要从关心这支队伍每个人出发，把工作做深、做细、做扎实，确保律师执业安全。

四是进一步加强对律师的正面宣传教育。树立律师在社会上的良好形象，要注意发现和推出律师在维护社会公平正义，促进社会经济发展的正面典型。在“两个教育”总结前召开一次新闻发布会，向新闻界通报律师所做的有益社会的事情，要用正面的宣传抵消负面的影响。

五是要进一步加强律师党建工作，充分发挥律师行业党组织的战斗堡垒作用和党员在律师队伍中的先锋模范作用，要按司法部的要求加强对律师党员的培养力度。

六是进一步加大管理惩戒的力度，确保律师队伍纯洁。要从李庄案件上吸取教训，不能授人以柄，类似的问题我们云南也有中天律师事务所的尹云飞等问题。这虽然是我们律师队伍中的极少数，但影响坏，绝不允许对破坏律师队伍形象的问题熟视无睹，漠然置之，必须严肃纪律，依法惩处。

七是迅速将今天的会议精神传达到位。要传各州市律师协会、厅直属律师事务所。

（三）六届一次常务理事会会议纪要

2010年12月15日，云南省律师协会六届一次常务理事会在昆明召开，省律师协会会长何剑文主持会议。省律协六届常务理事熊亮、杨金勤、万立、马巍、刘凌、张慧、伍志旭、杨云建、熊斌、刘丽娟、李俊华、杨萌、连勇、韩枫、陈婷芬参加会议，崔娥、田学勇、杨启献、汪洋、陈志波、陈德武、周文曙、林富泉因事请假。到会人数符合《常务理事会议事规则》的规定。现将会议内容纪要如下：

1. 省律协常务副会长兼秘书长熊亮在会上传达了全国律师工作会议精神，并结合云南律师工作实际，就贯彻落实会议精神所提建议作了说明。省律师协会会长何剑文认为，全国律师工作会议和中办发〔2010〕30号文件的精神概括起来就是四个字，即“加强”和“改进”。当前经济社会发展的形势和任务要求我们要进一步加强律师队伍建设，增强律师工作服务大局、维护法律的正确实施、维护当事人合法权益、维护社会公平正义的能力和水平。如何改进，就是要坚持不懈地抓好会议及文件精神的贯彻落实，力争通过努力，在改善律师执业环境、维护律师执业权益、落实促进律师业发展的政策保障措施等方面取得新进展。

2. 会议讨论了《云南省律师协会第六届理事会专门委员会、业务研究委员会设置方案（讨论稿）》。与会常务理事认为，方案符合工作实际，有利于推动协会工作发展。对方案中两个委员会的名称设置、职能定位和人员产生方式等方面，与会常务理事提出了具体的修改建议和意见。会议原则同意这个设置方案，请秘书处根据会议讨论情况进行修改完善后下发执行。

3. 会议讨论了《云南省律师协会第六届理事会会长、副会长分工及相关工作方案（讨论稿）》。与会常务理事一致同意分工及相关工作方案。对于专门委员会建议名单，与会常务理事从产生方式和人员构成方面提出了建议。会议决定，专门委员会组成人员由主任会同秘书处按照广泛性、代表性以及调动参与人员积极性等原则统筹考虑协商提出，报常务副会长、会长审定。

4. 会议讨论了《云南省律师执业年度考核规则实施细则（讨论稿）》。与会常务理事对细则的考核主体、生效时间等方面提出了修改意见。会议决定，请秘书处根据会议讨论情况进行修改完善后下发执行。

5. 会议讨论了《云南省律师协会会员会籍管理办法（讨论稿）》和《云南省律师协会理事差旅费管理办法（讨论稿）》。与会常务理事认为，制定会籍管理办法对于加强协会会员管理，促进协会工作的规范化、制度化有积极意义；《云南省律师协会理事差旅费管理办法》作为《云南省律师协会财务管理办法》的补充，对进一步规范协会财务制度，保障协会工作有序开展具有重要意义。会议决定，请秘书处根据会议讨论情况对两个办法进行修改完善后以暂行方式下发执行。

6. 会议研究了增补省律协顾问人选相关事宜。与会常务理事认为，由于协会部分退下来的副会长仍为协会理事，不宜聘任为协会顾问。会议决定，暂不增补协会顾问。关于协会会费问题，与会常务理事认为，现行会费标准为2002年所制定，执行到现在已不适应协会发展的需要。会议决定，由财务管理委员会会同秘书处参照我国其他省区的情况，结合我省实际，提出新的标准，时机成熟时按程序进行调整。

另外，会议还通报了协会按照司法厅统一部署，购置办公用公务车辆的情况。与会常务理事认为，根据行业管理工作的需要，适时购置公务用车是必要的。

省律师协会会长何剑文在会议结束时发表了讲话。他指出，云南省第六次律师代表大会闭幕不久，协会就召开六届一次常务理事会，目的就是要进一步统一思想，凝聚共识，贯彻落实好全国律师工作会议精神，为新一届理事会工作开好头，起好步。他要求，不断推进我省律师事业实现新发展，取得新突破，常务理事要做到“四讲”：一是要讲政治。在执业活动中要带头讲政治，正确认识和把握律师是中国特色社会主义法律工作者的定位，坚持以科学发展观统领律师工作，坚持党对律师工作的领导，自觉把个人的前途命运与国家的前途命运紧密联系在一起，从党委政府工作大局出发，在执业活动中妥善处理好法律效果与社会效果、政治效果的关系，自觉在确保律师工作的社会主义方向上作表率，发挥示范带动作用。二是要讲法律。在执业活动中要带头讲法律，做到用事实说话，用法律办事，自觉维护法律正确实施、维护社会公平正义、维护社会和谐稳定，争做法治云南的建设者、捍卫者。要不断加强法律知识学习，提升法律服务质量，拓展法律服务领域，提高服务科学发展的能力和水平。三是要讲服务。在执业活动中要带头讲服务，自觉增强服务意识，服务当事人，维护当事人合法权益。要服务党政工作大局，围绕党政工作重心，面向群众、面向基层开展法律服务，积极向困难群众提供公益性法律服务和法律援助，帮助他们平等享有社会公平正义。四是要讲奉献。作为云南律师队伍中的一分子，就要更加热爱律师事业，就要以自己的实际行动投身光荣的律师事业，促进律师事业科学发展；作为云南省律师协会的常务理事，就要带头讲奉献，多关注协会建设，支持秘书处工作，以自己的实际行动，促进协会工作的顺利开展。

## 五、律协重要工作成果

2010年，省律协以邓小平理论和“三个代表”重要思想为指导，深入贯彻落实科学发展观，按照省司法厅党委提出的新高度、新使命、新视野、新要求的四项工作要求，紧紧抓住律师行业的工作重点，创新性的开展工作，取得了显著成效。主要体现在五个方面：

（一）完善管理和服务体制，促进律师事业科学发展

2010年，省律协采取措施，完善各项工作制度，规范律师执业行为，激活了律师业蓬勃发展的生机与活力。一是制定了《云南省律师协会章程》。《章程》的出台对进一步规范协会管理行为，完善协会组织架构，充分发挥行业管理效能必将起到积极作用。二是进一步完善行业管理各项制度。省律协六届一次常务理事会讨论通过了《云南省律师协会第六届理事会专门委员会、业务研究委员会设置方案（讨论稿）》、《云南省律师协会第六届理事会会长、副会长分工及相关工作方案》、《云南省律师执业年度考核规则实施细则》、《云南省律师协会会员会籍管理暂行办法》和《云南省律师协会理事差旅费管理暂行办法》。同时，按照司法部、中华全国律协的相关要求，结合我省实际，完成了《云南省〈申请律师执业人员实习管理规则（试行）〉实施细则》的修订工作，从制度上进一步加强了对申请律师执业人员实习活动的管理。三是胜利召开省第六次律师代表大会。2010年10月27日至29日召开了云南省第六次律师代表大会，中共云南省委常委、省委政法委书记孟苏铁同志到会作重要讲话。会议选举产生了省律协第六届理事会及其领导班子，进一步完善了协会组织架构，实现了指明前进方向、统一发展思路、形成新的班子、锻炼工作队伍的目的。

（二）积极参与法治政府建设，参与化解矛盾纠纷，维护社会和谐稳定

2010年3月，我们动员和组织全省460家律师事务所选派千名律师挂钩全省矛盾纠纷多发、民族关系复杂的541乡镇（街道）司法所开展为期两年的结对帮扶活动。根据律师事务所的实际情况采取一对一或者一对二、一对三的方式，按照服务大局、互动双赢、公益服务、群众满意的原则，结对律师事务所参与基层矛盾纠纷的调处、法律援助等工作。一年来，全省律师参与基层司法所共同开展重大、复杂、疑难矛盾纠纷的调处，共化解社会矛盾纠纷5620件，代理调解成功2905件，涉法涉诉信访接待案件1338件，发挥了“减压阀、调节器”的作用。

同时，全省广大律师积极参与法治政府建设，维护社会和谐稳定。2010年，全省律师担任法律顾问达4122家（其中政府法律顾问228家、企业法律顾问2512家、事业单位法律顾问264家、社会团体法律顾问217家、公民个人法律顾问178家、其他法律顾问723家）。广大

律师还对涉及工农业生产、金融信贷、外来投资、交通、机场建设、矿产资源开发、国企改革等多个领域的重大决策、重要合同提供专项法律意见。2010 年 12 月 4 日，为进一步加强法官与律师的合作与交流，推进我省法治建设，省律师协会与省法官协会联合举办了“法官与律师共促司法公正”为主题的首届法治论坛。

（三）积极参与桥头堡建设战略，推进法律服务全面发展

为落实胡锦涛总书记提出的把云南建设成为中国向西南开放的桥头堡这一发展战略，省律协发挥自身优势，切实加强桥头堡建设律师法律服务工作。一是组织律师参与研究、撰写和编辑出版了 86 万字的《桥头堡建设法律服务研究与实务》一书，该书是第一部围绕云南桥头堡发展战略，研究和谋划律师、公证、司法鉴定法律服务发展新渠道的专著。省委常委、省委政法委孟苏铁书记、曹建方副省长两位省领导担任了本书的顾问，孟苏铁同志为本书作序，对研究成果给予了充分肯定，2010 年 10 月 26 日，省司法厅、中央党校出版社在昆明召开了《桥头堡建设法律服务研究与实务》一书的出版发行座谈会。二是为适应云南建设向西南开放的桥头堡战略和对外开放的需要，省律协六届理事会成立了桥头堡建设业务研究委员会。委员会的成立旨在团结全省律师，学习和研究与桥头堡建设法律服务相关的理论和实务操作问题，提高律师办理涉外业务的素质和能力。三是召开了桥头堡建设律师法律服务研讨会。10 月 29 日，省律协召开了桥头堡建设律师法律服务研讨会，邀请了六位知名专家学者就桥头堡建设律师法律服务有关问题进行专题演讲，演讲从理论、实务、专业的角度与与会律师进行了交流分享。四是发表了《服务桥头堡建设律师宣言》。省第六次律师代表大会召开期间，大会通过了《服务桥头堡建设律师宣言》，宣言号召广大律师发挥聪明才智，以实际行动服务我省桥头堡战略。

（四）加强律师行业党的建设，律师队伍政治素质全面提高

2010 年，省律协党委把贯彻落实中央和省委关于切实加强新社会组织党建工作的要求，在律师行业中认真开展了以“做中国特色社会主义法律工作者”为主题的创先争优活动，认真组织实施律师队伍党的建设“十百千工程”：即一是选树十名优秀律师党员标兵。省第六次律师代表大会召开期间，评选表彰了十佳律师党员，以进一步发挥典型的示范带动作用。二是开展百名律师事务所党支部书记学党务活动。11 月 20 日，省律协党委组织全省 127 名律师行业党务骨干进行培训，并专门编印下发了《云南省律师党建工作手册》。三是组织千名律师听党课，采取集中培训和网络自学相结合的方式对千名律师上党课，进行思想政治教育。10 月 29 日，在云南省第六次律师代表大会召开期间，省律师协会举办了“千名律师听党课”活动。2010 年全省律师行业新建党总支 7 个，新建党支部 14 个，发展转入党员 464 名。截至 2010 年底，全省建立基层党委 2 个、党总支 9 个、党支部 194 个，有律师党员 1074 人，占律师总数的 26%。律师行业党建工作组织体系趋于完善，律师行业党建工作的覆盖面达到 100%。在创先争优活动中，省律协党委、勤业律师事务所党支部、刘胡乐律师事务所党支部、杨柏王律师事务所党支部、凌云律师事务所党支部被省委确定为律师行业党建工作省级示范点。

（五）开展“五星”创建活动，律师事务所自身建设不断加强

在广泛调研的基础上，省律协在全省律师事务所中开展了创优星、诚信星、业务星、服务星、创新星“五星”创建活动，制订了争创“五星”考核管理办法，星级创建活动的开展，进一步完善了律师行业的考核评价机制，有利于树立律师行业的诚信度，提高公信力。星级管理活动开展以来，各律师事务所高度重视，采取积极措施建章立制，规范管理和律师执业

行为，自身建设进一步加强。目前，已有33家律师事务所申报参加星级创建评比。

### 六、新任协会领导班子

会　长：何剑文

常务副会长：熊　亮

副会长：杨金勤　万　立　马　巍

刘　凌　张　慧　崔　娥　伍志旭

杨云建　熊　斌

秘书长：熊　亮

副秘书长：杨　华　孔　楠　王　峻

## 陕西省律师协会工作概况

### 一、2010年陕西省律师队伍现状

1. 律师人数

执业律师共计4274人（新增执业律师512人），比上年度增加13.6%。其中专职律师3875人；兼职律师354人；公职律师14名；公司律师16名；法律援助律师15名。

2. 文化程度

执业律师中，本科以上学历的3689人，占律师总数的86.3%。其中，研究生以上学历的律师625人，占律师总数的14.6%。

3. 性别比例

女律师910人，比上年度增加200人，占律师总数的21.3%。

4. 党组织建设

中共党员律师1048人，比上年度增加97人，占律师总数的24.5%。律师事务所建立党支部或联合支部的共265个，占事务所总数的68.8%。

5. 机构状况

全省共有律师事务所385个，其中合伙律师事务所288个，占事务所总数的74.8%；国家出资设立的律师事务所67个，占事务所总数的17.4%；个人开业所27个，占事务所总数的7%；合作律师事务所3个。香港律师事务所驻西安代表处1个，外省设立分所15个。公职律师办公室3个，公司律师事务部5个。

6. 业务状况

2010年我省律师办理诉讼案件63594件，占案件总数的78.8%；办理非诉讼法律事务17157件，占案件总数的21.2%，与上年度基本持平。担任法律顾问5147家，比上年度增长29.3%。

全年律师业务收费2.76亿元，比上年度增长26.6%；人均收入6.46万元，比上年度增长11.4%。

7. 参政议政情况

律师中担任各级人大代表的共30人，政协委员共71人。其中省人大代表2人；全国政协委员1人，省政协委员2人。

8. 法律援助工作

2010年全省律师办理法律援助案件19365件，开展公益事业和各类义务法律服务59753件，为社会公益事业捐款52.4万元。

### 二、陕西省律师协会重要工作会议

（一）常务理事会

2010年3月25日至26日召开了五届二次理事会及第四次常务理事会。会议传达了全省律师工作会议精神。审议通过了陕西省律师协会五届常务理事会工作的报告、陕西省律师协会2010年工作要点、陕西省律师协会2009年度财务工作决算报告、陕西省律师协会2010年度财务工作预算报告。

（二）会长办公会

2010年1月18日召开了会长办公会议，会上对为省人大、政协代表担任法律顾问，百家律所、千名岗位及成功举办第二届西部律师论坛等工作予以肯定。

2010年7月1日召开了会长办公会，研究了开展省律协成立30周年纪念活动、律师会费收缴标准及拓展律师业务的三个议题。

### 三、2010年工作总结

2010年，省律协在省司法厅党组的正确领

导下，坚持以邓小平理论和“三个代表”重要思想为指导，深入落实科学发展观，坚持“改革创新、勇创一流”的工作理念，全面贯彻落实党的十七届四中、五中全会、省委十一届五次、六次全会、全省政法工作会议精神，认真按照2010年厅党组年度工作总体部署和要求，以及省律协2010年的工作要点确定的任务和制定的工作目标，在厅机关各处室大力支持下，团结协作，克服困难，扎实工作，保证了各项工作的有序推进，圆满完成了全年的各项任务。

（一）深入推进全省律师行业党的建设工作，为我省律师事业又好又快发展提供坚强有力的政治保证

省律协认真贯彻落实《中共中央组织部、中共司法部党组关于进一步加强和改进律师行业党的建设工作的通知》精神和全国律师行业党建工作会议精神，紧密结合实际，周密部署，采取有力措施，积极探索创新，使我省律师行业党的建设工作取得了新的进展。

1. 加强组织建设，实现了党的组织和党的工作在全省律师行业的全覆盖

省律协和10个设区市律协全部成立了党组织，全省385个律师事务所中，在有3名以上党员的律师事务所中建立了159个独立党支部，不够3名党员的137个律师事务所中建立了122个联合党支部，对104个没有党员的律师事务所全部指派了党建工作指导员；对全省律师事务所1020名专职律师和辅助人员完成了党员组织关系接转任务。

2. 健全党建制度，创新教育形式

省律协认真按照司法部和省委关于创先争优活动的统一部署，公开服务承诺，并按照省厅的要求，督促各律师事务所全面建立健全了律师事务所党支部政治学习制度、“三会一课”制度、民主生活会制度和党员民主评议制度，把党建工作逐步纳入了规范化、制度化轨道；定期组织律师事务所党支部书记进行政治学习、专题教育，进一步加强律师行业党的基层组织建设、思想建设、作风建设、制度建设和反腐倡廉建设，进一步提高了律师行业党支部书记的党务工作水平，努力把每一个律师事务所党组织建设成为贯彻落实科学发展观的坚强堡垒，充分发挥党建工作典型示范带头作用，使每一个律师党员都成为科学发展观的模范实践者。

3. 律师事务所党支部充分发挥战斗堡垒作用

全省律师事务所党组织通过定期组织律师党员认真学习党的基本理论和路线方针政策，树立了牢固的政治意识和大局意识，增强了律师党员自觉做中国特色社会主义法律工作者的自觉性；通过参与律所的各项重大决策和管理，律所党组织核心作用不断强化，进一步增强了律师事务所发展的综合实力。

4. 党员律师在服务和谐社会建设和促进经济社会科学发展中充分发挥模范带头作用，律师队伍良好的社会形象得到进一步提升

在积极贯彻落实中央“保增长、保稳定、保民生”的决策部署和推进政法三项重点工作中，涌现出了一大批讲政治、顾大局，坚持依法诚信执业，热心参加社会公益活动的优秀党员律师，他们免费为省人大代表和政协委员担任一对一法律顾问，有力地促进了民主法治建设；积极参加全省重点建设项目法律服务团工作，促进了全省经济平稳较快发展；主动接受大学生就业见习，加强高校毕业生就业见习基地建设，有效地缓解了大学生就业压力；积极与基层司法所开展结对帮扶活动，帮助基层司法所发展；积极服务“三农”，协助各级政府处置涉法涉诉信访案件和群体性事件，积极开展农民工维权和法律援助工作，有效化解社会矛盾，全力维护社会稳定，以高尚的职业道德、精湛的专业技能和骄人的服务业绩得到各级党委、政府和人民群众的认可。

（二）紧紧围绕推进三项重点工作，不断创新工作内容和工作方式，扎实开展创先争优活动

1. 积极组织开展“千名律师下乡村，促进矛盾大化解”活动，全力维护社会和谐稳定

为了认真贯彻落实5月17日省司法厅召开的全省司法行政系统维护社会安全稳定电视电话会议精神，省律协积极参加省厅安排部署的“千名律师下乡村，促进矛盾大化解”的活动，组织动员律师事务所与基层司法所结对帮扶，并向司法所送去了电脑、打印机、电视等办公设备、提供部分工作经费支持，并定期与司法所开展帮扶活动，通过与司法所的结对帮扶，律师参与基层社会矛盾调处化解工作，并主动支持配合基层司法所和人民调解组织的工作；充分发挥律师的专业优势和职能作用，积极对基层司法所人员和人民调解员进行业务培训，切实提高基层司法所和人民调解员的工作能力和工作水平，积极为广大农民群众宣讲有关法律知识，提供法律咨询和辅导。

2. 继续组织开展农民工法律援助工作，引导律师积极参与社会公益活动，为构建和谐社会做贡献

截至11月底，陕西省律师农民工维权工作总站共接待来访来电咨询2202件；涉及3591人次；办理案件213起；追回农民工经济损失达5460000元。为进一步加大对农民工法律援助工作的宣传力度，切实为农民工提供维权服务，省农民工工作站与陕西人民广播电台联合举办的《陕西农村广播电台900维权热线》节目，在线解答农民工遇到的实际困难，并介绍与农民工维权相关的法律知识，讲解具体案例，有效维护了农民工的合法权益，取得良好的社会效应。

3月5日，省律协法律援助及公益事务专业委员会组织律师开展“泰普律师绿丝带”活动启动仪式，开展“1+1情感关怀，关爱留守儿童”主题活动，指派十名律师分别为十名留守儿童及其家庭成员提供心理咨询辅导和法律援助工作。

5月，陕西尚文律师事务所王丽萍律师受邀为吉祥路小学2500名师生举行校园安全法制专题讲座。紧密结合青少年行为中的一些实际表现，介绍了未成年人犯罪的案例，以事论法、以案释法，进行警示教育，并就未成年人如何避免犯罪以及国家法律对未成年人犯罪的法律规定进行了讲解。为了增强安全法制意识，创建平安和谐校园，针对当前校园安全问题，使孩子们掌握了防止意外伤害事件发生的法律知识，为学校进行校园安全法制教育提供了法律指导，为提高未成年人法制宣传教育的针对性和实效性做出了积极探索。

全省律师积极参与基层矛盾纠纷调解，开展各种形式的法律宣传。各地继续组织律师参加政府涉法信访工作。今年，全省广大律师为促进全省经济社会平稳较快增长，维护社会的稳定和谐做出了贡献，业务总量比去年同期有大幅度增长。

（三）坚持“改革创新，勇创一流”，深入落实推动创新工作，服务全省工作大局

1. 积极为省人大代表、政协委员参政议政服务，让提案“有据、依法、务实”

2010年1月，省司法厅召开“律师担任省人大代表、省政协委员法律顾问动员大会”。省律协结合行业自身实际，进一步落实开展律师为省人大代表、政协委员担任法律顾问工作，加强对顾问律师的工作指导，切实帮助人大代表、政协委员把好提案、建议关。

余沛时律师担任省政协委员王选的法律顾问，为王选委员提出的《关于加强对大专院校、科研院所化学废弃物排放检测管理的建议》、《关于调整我省高考报名办法的建议》和《关于加强对增收农民消费指导的建议》3份提案提出了7条书面修改建议，均被采纳。这些建议均已移交政府有关部门办理。

铜川市梁安律师被确定为省人大代表、铜川市委书记、市人大常委会主任吴前进的法律顾问后，因吴市长工作繁忙，采取书信的形式

及时向吴市长介绍了律师为省人大代表和政协委员担任法律顾问的重要意义、工作职责、工作方法和联系方式。吴市长接到信后，立即让秘书打电话给梁安律师表示感谢。此后，在吴市长接待信访时，梁安及时到接访现场，对他接访时所涉及的有关法律问题进行解答。

一年来，由于律师的参与，陕西省人大代表、政协委员提案质量较往年有了明显提高，提出的意见、建议采纳率明显上升，尤其是基层人大代表、政协委员的法律素养、履职能力大大提高。在2010年陕西省“两会”期间，陕西省人代会共收到代表议案6件、建议621件，其中，有348件经过法律顾问律师咨询，有126件由法律顾问律师提出了法律意见；陕西省政协会议审查正式立案的提案771件，其中，有476件由法律顾问律师提出了法律意见。

2. 积极努力，力争全面完成律师行业高校毕业生就业见习任务

任务分解，层层抓落实。根据省就业社会保障和农民工工作联席会议办公室《关于下达2010年陕西省高校毕业生就业见习任务的通知》文件精神和省厅领导的指示，省律师协会将1000名任务分解，印发了《关于下达2010年高校毕业生就业见习任务通知》和《省直各律师事务所高校毕业生就业见习计划分配表》，明确要求各有关单位必须将高校毕业生就业见习工作作为一项政治任务来抓，精心组织，周密安排，全力以赴完成下达的高校毕业生就业见习目标任务。

精心组织实施，确保工作落到实处。积极与西北政法大学就业办公室、西南政法大学就业办公室联系，先后下发文件，组织律师事务所参加“西北政法大学2010届毕业生春季供需洽谈会”、“西南政法大学律师人才专场招聘会”。其中，组织西安地区33家律师事务所参加“西北政法大学2010届毕业生春季就业供需洽谈会”。在西北政法大学的大力支持下，特设律师助理招聘专场，33家律师事务所共收到简历400余份，有40人达成见习意向。陕西克利律师事务所还派人专程到西南政法大学进行了招聘。

及时总结经验，规范流程，编印高校毕业生就业见习简报。5月28日，印发《关于报送高校毕业生就业见习工作信息的通知》，6月22日，印发《关于进一步规范全省律师行业办理高校毕业生就业见习手续的通知》，截至目前，省律师协会已编印7期律师行业高校毕业生就业见习工作简报，总结、推广律师行业高校毕业生就业见习工作好的经验、做法，宣传优秀的见习律师事务所。

3. 深入开展服务“三农”活动，为维护农民合法权益和农村社会和谐稳定发挥积极的作用

1月，陕西省律师协会三农法律事务专业委员会与西北政法大学新农村建设政策与法律研究中心共同举办的《村民委员会组织法（修订草案）》修订建议研讨会，参加本次研讨会的人员除省律协三农法律事务专业委员会委员律师以及西北政法大学新农村建设政策与法律研究中心研究人员外，会议还邀请了陕西省委政策研究室助理巡视员郑梦熊，陕西省委政策研究室农村处长董顺利，西北政法大学教授、《法律科学》主编韩松，以及部分来自农村基层的村支书、村主任共同参加讨论。与会人员就《村民委会会组织法（修订草案）》的立法目的、立法技术、立法的前瞻性进行了深度剖析后展开讨论。

会议针对《村民委会会组织法（修订草案）》形成四十余条建议，如村民小组的设置没有必要以集体土地所有权关系作为标准来划分，因为在农村中存在有些土地与村集体小组没有关系，为了便于村民参加自治，建议将本条修改为：“村民委员会可以根据村民居住状况分设若干村民小组”；为了使《村民委员会组织法（修订草案）》能够与《物权法》紧密衔接，建议将修订草案第八条第三款增补为：“村民委员会依照法律规定，管理本村属于村农民集体所有的土地和其他财产，依法代表本

村农民集体行使集体财产所有权，维护集体财产权益不受侵害”等。会议所形成的建议以书面方式由陕西省律师协会三农法律事务专业委员会与西北政法大学新农村建设政策与法律研究中心报送全国人大。

2月，为了保证市民消费者的食品安全，为了改善农民生产者的生产收益，实现城乡互助，并能促进有机生态农业发展，省律协“三农”法律事务专业委员会和西安进步青年共同设计西安市城乡互助中心生态有机农业实验项目客户签约方案。

3月，省律协“三农”法律事务专业委员会、西北政法大学新农村法律政策研究中心、西安市进步青年文化发展中心召集的“大学生村官征求意见座谈会”在西北政法大学召开。大学生村官们畅所欲言，反映了农村基层的真实情况并提出了许多好的意见和建议。会后形成的正式书面材料通过省人大代表以提案的形式反映到十一届全国人大第三次会议，为党和政府倾听提供来自基层的真实呼声，更好的落实国家有关大学生村官政策提供参考。

8月14日至15日，由中华全国律师协会法律援助及公益事务专业委员会和陕西省律师协会联合主办，省律协“三农”法律事务专业委员会和法律援助及公益事务专业委员会协办召开“服务农村法治 维护农民权益”交流研讨会。会议分别从农村土地权益保障，农民工权益保障、如何化解农村突出的社会矛盾以及律师服务“三农”中的热点、难点、焦点等内容开展了深入广泛的研讨和交流。大会对推动律师参与服务农村法治，维护农民权益，充分发挥他们在维护社会稳定中的重要作用，对弘扬法治，推进法治社会进步都有着重要意义。

4. 为重点建设项目提供优质高效的专业法律服务，为促进我省经济快速发展做出了积极贡献

自律师为重点项目提供法律服务以来，分别为全省171个重点项目担任常年法律顾问，在有关方面的支持配合下，在基础设施、装备制造、能源化工、节能减排及资源利用、社会事业及民生项目等重点建设领域，充分发挥了律师的法律职能，优化了重点项目建设环境，预防和减少了重点建设项目的法律风险，规范了重点建设项目运行程序，解决和化解了重点项目建设矛盾纠纷，保证了重点建设项目的顺利进行。

陕西永嘉信律师事务所是最早为重点项目提供法律服务的律师事务所，韩永安主任作为省政府和省交通厅的法律顾问，带领一支专业的律师团队，全程参与、承办了“蓝商”高速公路项目收回前的谈判、收回后的清算、合同整理等工作，为我省间接避免损失7.16亿元。

陕西弘业律师事务所副主任冉广双担任西安地铁法律顾问，共草拟、审查、修改各种重大合同、协议共计500多份，对合同、协议提出法律意见书100余份，及时发现并制止多起假冒地铁公司从事商业活动案件，维护了地铁公司的合法利益。

陕西丰瑞律师事务所积极进行立法调研和论证，在广泛掌握文物保护立法工作特点和发展规律的基础上，完成5万多字的《西安市大明宫遗址保护管理条例（立法建议稿）》及立法说明，该立法项目已纳入西安市2010年立法调研计划。

（四）以改革创新精神开创协会工作新的格局，完善职业保障，增强行业凝聚力

1. 进一步加强会员管理工作，严格律师考核工作

加强实习律师的管理工作，把好律师行业准入门槛，是确保律师队伍素质的一项重要措施，会员部严格按照《陕西省〈申请律师执业人员实习管理规则（试行）〉实施细则》的规定，对申请执业的实习人员认真审核，严格把关，建立完善省直律师事务所实习人员档案，对779名申请实习的人员颁发了实习证，并对实习期满的222名实习律师进行了考核，出具考核意见。同时，为了加强实习指导律师的管理，根据省直律师事务所的申请，审核确定了

三批71名实习指导律师。

从2010年起，按照《律师法》、《律师事务所年度检查考核办法》及《律师执业活动年度考核规则（试行）》的有关规定，律师协会负责律师执业活动的年度考核。省律师协会专门成立了律师年度考核工作委员会，并从机关各部室抽调专人成立考核办公室，由会员部组织实施考核工作，分5个组从党员结转组织关系、会费缴纳情况、执业责任保险费缴纳情况、培训情况、违规违纪情况、担任省人大代表、省政协委员法律顾问履职情况及担任重点建设项目单位法律顾问履职情况等七个方面进行审查，审查合格后在审查表上签署意见。截至目前，考核省直律师事务所及杨凌示范区律师事务所律师总数1538人，其中，确定为称职的有1492人，基本称职的有36人，暂缓考核的有10人。考核法律援助机构法律援助律师32人，其中称职32人。

2. 认真开展律师业务培训，不断提高律师队伍的政治业务素质

7月3至4日，举办了两期省直律师事务所《侵权责任法》培训班，邀请省高级人民法院赵建民法官授课，系统的阐述了《侵权责任法》的立法指导思想、基本原则，并结合案例和司法实践，从社会实践角度出发，对《侵权责任法》基本内容的理解与适用逐句逐条进行了深入浅出、生动全面的讲解，来自省直律师事务所1128名律师参加了培训。

为了把好新进律师入门关，培养实习律师良好的执业纪律、职业意识和职业操守，4月、5月、11月，分别在省警官职业学院举办了三期实习律师集中培训班。来自全省各市及省直律师事务所956名实习律师参加了培训，并通过了笔试及论文考核。

推荐律师参加高层次、高水平政治业务培训。1月15日，推荐咸阳市律师协会李少卿、安康市康力律师事务所常正堂律师免费参加全国律协举办的《侵权责任法》讲座。为了提高律师的刑事辩护能力，4月23日，推荐30名律师参加第六期“西北地区刑事辩护律师培训”，经积极争取，西北地区刑事辩护培训办公室确定我省11名律师免费参加刑事辩护培训。为了提升律师政治业务水平、拓展业务视野，4月26日，经推荐并报省司法厅审查同意，我省4名律师报名参加司法部司法行政学院5月12日至21日举办的第36期全国高级律师高级公证员培训班。

为了充分发挥女律师在刑事诉讼中保障未成年人合法权益中的特殊作用，9月27日至28日，与省妇联、省女法律工作者协会、国际司法桥梁联合举办未成年人刑事辩护能力培训班，来自陕西省各市及内蒙、宁夏等地的近百名女律师参加了培训。

3. 认真开展律师、律师事务所评优工作，树立律师队伍良好的社会形象

10月1日至31日，根据陕西省司法厅《关于组织开展2009－2010年度“三秦十佳律师”、“省级优秀律师”和“省级优秀律师事务所”评选表彰活动的通知》精神，对省直律师事务所24名律师申报“省级优秀律师”、9家律师事务所申报“省级优秀律师事务所”的材料进行了初审，并出具未受行业处分的证明。

11月1日至29日，按照省司法厅《关于组织开展2009—2010年度“三秦十佳律师”“省级优秀律师”和“省级优秀律师事务所”评选表彰活动的通知》的精神，抽调律师事务所4名政治素质过硬、业务精通的资深律师对省直律师事务所申报的22名“省级优秀律师”候选人、9家“省级优秀律师事务所”候选单位及全省各市推荐的9名“三秦十佳律师”和18家“省级优秀律师事务所”进行了实地考察。

4. 积极开展维权工作，依法维护律师、律师事务所的合法权益

11月10日，陕西金镝律师事务所律师李坚陪同其法律顾问单位银川长陇石油工程有限公司代表赵宏德三人，前往甘肃省镇原县交警队处理一起交通事故，在与受害方家属代表协

商未达成一致意见时，受害方家属情绪激动，后聚集众人，强行将李坚律师等三人带走，被非法拘禁在镇原宾馆同一房间。11 月 11 日，陕西金镝律师事务所紧急派人赴现场解救，并已向当地公安机关报警，但未能救出。同日，省律师协会接到陕西金镝律师事务所紧急情况反映后，周刚秘书长高度重视，迅即安排会员部进行维权，同时亲自与甘肃省政法委、甘肃省律师协会、庆阳市律师协会联系，要求保护执业律师合法权益，使李坚律师尽快获得人身自由。经多方努力，11 月 12 日，李坚律师被非法拘禁一事妥善得到解决。陕西金镝律师事务所给省律师协会送来了感谢信和“情系律师、依法维权”的锦旗。

5. 进一步健全律师违纪惩戒机构，创新投诉查处工作方式

为了加大惩戒力度，进一步规范律师的执业行为，树立律师队伍良好的社会形象，推动律师事业的健康发展，根据《陕西省律师协会专门委员会工作规则》的规定，进一步健全完善了律师违纪惩戒机构，成立了以省律师协会副会长李志成为主任的省律师协会律师纪律委员会，为今后投诉查处工作提供了有利的组织保障。

6. 认真组织律师开展文体福利活动，活跃律师文化生活

3 月 8 日，给 17 家省直律师事务所女主任送去鲜花，表示了节日的祝贺；5 月 27 至 28 日，省直机关工委第十六届“秦龙·秦达杯”围棋比赛在西安举行，按照省司法厅机关党委的要求，抽调陕西金镝律师事务所律师李大郁、陕西博纳新律师事务所律师余广利，陕西博纳新律师事务所律师杨克利，陕西静远新言律师事务所律师张志强等四名选手组成省司法厅代表队，获得了团体第二名。陕西金镝律师事务所律师李大郁、陕西博纳新律师事务所律师余广利分别获得个人第四名、第七名的好成绩；8 月 25 日至 27 日，选调陕西汉钟律师事务所律师王宁成、陕西金镝律师事务所律师李大郁、陕西海普律师事务所律师郝大明、陕西博纳新律师事务所律师余广利等律师行业围棋精英，组队代表省司法厅参加省第十四届运动会围棋比赛，获得团体比赛第八名，陕西金镝律师事务所律师李大郁被授予道德风尚运动员奖。

为了缓解律师工作压力，增进身心健康，9 月 16 日至 21 日，组织律师及律师管理人员一行 15 人赴桂林进行了为期一周的疗养。10 月 20 日至 25 日，组织全省 65 名律师在陕西临潼疗养院进行体检疗养，并邀请专家举办了亚健康专题讲座。

7. 认真办理律师执业责任保险和律师团体意外伤害保险，有效化解律师执业风险

积极办理律师执业责任保险续保工作。在各市律师执业保险费尚未完全缴纳的情况下，为了保护律师的保险权益，省律师协会克服经费困难问题，筹措资金垫付律师执业责任保险费，为全省 3584 名续保律师执业责任保险；针对律师工作中存在的人身意外伤害风险，为了给律师提供一个基本风险意外保障，省律师协会出资 275520 元为参加 2009 年度律师执业责任保险的 3444 名律师办理了团体意外伤害附加医疗保险。

3 月 22 日，经省律协积极协调，中华联合财产保险公司西安雁塔支公司审核通过了陕西同顺律师事务所梁焕民律师执业责任保险事故案，获赔 37700 元，有力的化解了律师的执业风险。

8. 积极开展律师互助活动，增强律师队伍的凝聚力

2 月 1 日，召开省律师协会律师互助基金专门委员会会议，对 2009 年度全省 11 名律师申请律师互助基金有关情况逐人进行了审议，决定给符合条件的刘彩玲等 10 名律师给予 3000 元 - 10000 元的补助，经会长审批，共补助互助金 58000 元。2 月 4 日前后，根据省律师协会统一安排，分别派人到各地慰问一家边远贫困律师事务所，并给申请救助的律师带去

互助金，带去律师行业的关爱。7月上旬，经省律师协会律师互助基金专门委员会通讯审议并经会长审批，7月23日派人前往宝鸡，代表省律协领导看望慰问身患重病的陕西永佳律师事务所杨醒民律师，并送去10000元互助金，帮助杨醒民律师渡过难关。

## 四、现任陕西省律师协会领导班子介绍

2008年12月26日，陕西省第五次律师代表大会在西安召开。会上选举产生了陕西省律师协会新一届领导班子。

会　长：赵黎明

副会长：梁国安　李明仁　张平安　李志成　王　选　王利文　魏树新　魏　刚

秘书长：周　刚

会长：

赵黎明，男，1963年2月出生，汉族，法学硕士，民建会员，1985年执业。现任陕西省律师协会会长、陕西海普律师事务所主任。第六、第七次全国律师代表大会代表、陕西省青年联合会副主席、陕西省独立董事协会副会长、陕西省青年法律工作者协会副会长、陕西省民建法制委员会副主任、西安仲裁委员会委员、上海仲裁委员会仲裁员。曾先后获得西安市律师优秀代理奖、陕西省优秀律师、西安地区优秀仲裁员、全国优秀仲裁员、陕西省十大公益大使、陕西省希望工程贡献奖、陕西省司法行政系统抗震救灾工作先进个人、2005－2007年度“全国优秀律师”、2007－2008年度“三秦十佳律师”等荣誉称号。出版著作有：《科技与经济法律新问题研究》、《赵黎明律师答疑（选）》、《律师的声音——赵黎明律师代理词选》、《决胜法庭——年青律师从这里走向成功》等。

副会长

梁国安，男，1955年11月出生，汉族，硕士研究生，中共党员，1984年执业，现任陕西省律师协会副会长、陕西省律师协会律师维权委员会主任、西安市律师协会会长、陕西德伦律师事务所主任。西安仲裁委员会仲裁员。1997年被评为西安市“十佳律师”、1999年被评为“省级优秀律师”、2002年被陕西省政法委评为“人民群众满意的政法干警”。

李明仁，男，1961年2月出生，汉族，大学学历，1985年执业，现任陕西省律师协会副会长、陕西省律师协会会员处分复议委员会主任、汉中市律师协会副会长、陕西汉钟律师事务所主任。第七次全国律师代表大会代表，汉中仲裁委员会委员、仲裁员，汉中仲裁委专家咨询委员会副主任，汉中市“依法治市”普法教育宣讲团成员，汉中市人民政府法律顾问，汉中市人大常委会法律咨询委员，汉江监狱刑罚执行监督员，汉中市工商联执委、法律专家委员。曾于1991年、2000年获汉中市司法局律师业务评查“优秀单案代理”奖，2001年获全国律师电视辩论赛（陕西赛区）“最佳专业知识”奖，被陕西省司法厅、陕西省律师协会评为2002－2004年度“全省优秀律师”，2006年元月被汉中市司法局评为“司法行政系统先进个人”。

张平安，男，1955年12月出生，汉族，研究生，民建会员，1991年执业，现任陕西省律师协会副会长、陕西省律师协会财务工作委员会主任、对外联络工作委员会主任、陕西法正平安律师事务所主任。陕西省政协委员，民建陕西省委法制委员会副主任，陕西省金融法学研究会理事，陕西省刑法学研究会理事，西安仲裁委员会仲裁员。曾获得西安市优秀律师、西安市人民群众满意律师、西安市十佳律师、陕西省优秀律师、2008年全国优秀律师等荣誉称号。

李志成，男，1961年8月出生，汉族，大学学历，中共党员，1990年执业，现任陕西省律师协会副会长、陕西省律师协会律师纪律委员会主任、律师互助基金管理委员会主任、陕西正北律师事务所律师、党支部书记。六届全国律师协会理事，中国法学会会员，西安仲裁委员会仲裁员。曾被评为陕西省榆林市社会治

安综合治理先进个人；2002年被评为陕西省榆林市首届“十佳律师”；2003年被陕西省榆林市司法局授予三等功。

王选，男，1954年5月出生，汉族，研究生学历，中共党员，1984年执业，现任陕西省律师协会副会长、陕西省律师协会女律师工作委员会主任、陕西恒济律师事务所主任。曾获得渭南市十佳律师，渭南市司法行政系统先进个人，渭南市优秀律师等荣誉。被陕西省司法厅、陕西省律师协会评为2002－2004年度“全省优秀律师”。

王利文，男，1955年9月出生，汉族，大专学历，中共党员，1985年执业，现任陕西省律师协会副会长、陕西省律师协会律师参政议政工作委员会主任、律师事务所管理工作委员会主任、陕西秦川律师事务所主任。第七届中华全国律师协会代表、理事，宝鸡市第十三届人大常务会委员，宝鸡仲裁委员会仲裁员。2005年被省司法厅评为“优秀法律工作者”，多次被宝鸡仲裁委员会评为优秀仲裁员，被陕西省司法厅评为2007－2008年度“三秦十佳律师”。

魏树新，男，1964年5月出生，汉族，大学学历，中共党员，1987年执业，现任陕西省律师协会副会长、陕西省律师协会文体福利委员会主任、咸阳市律师协会副会长、陕西天之骄律师事务所主任。第七届中华全国律师协会代表，陕西省青年法学会理事和咸阳仲裁委员会委员。被陕西省司法厅、陕西省律师协会评为2002－2004年度、2004－2007年度“全省优秀律师”，2006年1月被陕西省司法厅评为优秀律师事务所主任，被陕西省司法厅评为2007－2008年度“三秦十佳律师”。

魏刚，男，1960年4月出生，汉族，大学学历，中共党员，1986年执业，现任陕西省律师协会副会长、陕西省律师协会宣传教育培训工作委员会主任、陕西臻理律师事务所主任。陕西省法学会金融法研究会常务理事。曾获司法部、国家体改委授予的“全国法律顾问先进工作者”称号。

秘书长：

周刚，男，1958年2月出生，汉族，大学学历，中共党员，现任陕西省律师协会秘书长、陕西省律师协会律师事业发展委员会主任、律师互助基金管理委员会副主任。1975年高中毕业下乡插队；1977年在华山冶金车辆厂工作；1980年在陕西省律师协会工作；1997年任陕西对外经济律师事务所副主任；2002年任陕西省律师协会会员部副部长；2005年任陕西省律师协会秘书长。

## 甘肃省律师协会工作概况

2010年，甘肃省律师协会在省司法厅党委的正确领导下，认真贯彻落实全国政法工作电视电话会议精神和省委省政府的指示要求，按照年初全省司法行政工作会议的部署，教育引导广大律师围绕深入推进社会矛盾化解、社会管理创新、公正廉洁执法三项重点工作，深化“中国特色社会主义法律工作者”主题教育实践活动，坚持围绕中心、服务大局，为甘肃的经济发展和构建社会主义和谐社会做出了贡献。

### 一、律师队伍2010年现状

2010年全省注册的执业律师1990人。其中，专职1850人，占全省执业律师总数的93%，兼职140人，占总数的7%；男律师1635人，占总数的82%，女律师355人，占总数的18%；中共党员623人，占31.3%，民主党派人士92人，占4.6%；年龄50岁以上的243人，占12.2%，35—50岁的1316人，占66.1%，35岁以下的431人，占21.7%。具有博士学历的律师15人，占律师总数的0.75%；硕士学历的律师198人，占总数的10%；具有大学本科学历的律师1584人，占总数的80%；大专及大专以下学历的律师168人，占总数的8.4%；中专及以下学历的律师25人，占总数的1.3%。

2010年全省通过年检注册的律师事务所232家。其中，国资所82家，占全省律师事务所总数的35%；合伙所132家，占总数的56.9%；合作所1家，占总数的0.4%；个人所17家，占总数的7.3%。

全年开展律师业务：刑事诉讼辩护及代理4501件；民事案件诉讼代理15545件；行政案件诉讼代理779件；非诉讼法律事务3197件；解答法律咨询和代写法律事务文书52514件；担任法律顾问1910家。

## 二、召开的代表大会

2010年1月15～17日，甘肃省第五次律师代表大会在兰州圆满召开。来自全省律师行业的正式代表124人、特邀代表31人出席了大会。

省政府副省长张晓兰亲临大会，会见了律师代表，并作了重要讲话。省委、省人大、省政府、省政协及省直有关部门领导同志出席了大会开幕式。会上，中华全国律师协会副会长彭永臣发表了热情洋溢的致辞，省司法厅厅长王禄维在开幕式致辞并在会议结束时作了重要讲话。

甘肃省第五次律师代表大会与会代表经过认真讨论，审议通过了赵荣春代表省律协第四届理事会所作的工作报告，审议通过了尚伦生代表第四届理事会所作的财务工作报告和朱万润代表第四届理事会所作的关于对《甘肃省律师协会章程》部分条款修改的说明，选举产生了由47名理事组成的新一届省律协理事会。代表们以高度负责的态度、饱满的热情和良好的精神状态，忠实履行代表职责，圆满完成了大会的各项议程。

甘肃省第五次律师代表大会的召开，对于认真总结经验，确定今后的工作任务和目标，研究进一步完善“两结合”律师管理体制的新举措，承前启后，开拓奋进，推动全省律师行业又好又快发展，具有十分重要的意义。

## 三、召开的理事会

2010年召开理事会1次。

2010年1月16日，甘肃省第五次律师代表大会召开期间，选举产生的第五届理事会召开了第一次会议。会议选举23名理事当选为常务理事，赵荣春当选为省律协第五届理事会会长，尚伦生、朱万润、李勇、陈玉萍（女）、李兴禄、白贵明当选为副会长。省司法厅巡视员、省律协党组书记张克年同志在新当选的第五届理事会上作了重要讲话。

## 四、召开的常务理事会、会长会

2010年召开常务理事会2次，召开会长办公会2次。

2010年1月16日，甘肃省第五次律师代表大会召开期间，经第五届理事会第一次会议选举产生的23名常务理事召开了第一次会议。会议聘任崔皋平为秘书长，李张发、张正升为副秘书长。

1月18日，省律协召开会长办公会议，传达学习了全国政法工作电视电话会议精神和省政法工作会议精神，学习了省司法厅党委书记、厅长王禄维省司法行政工作会议上的讲话，研究安排了当前工作。

3月30日，省律协五届二次常务理事会在兰州召开。22名常务理事参加了会议。会议由会长赵荣春主持。司法厅巡视员、省律协党组书记张克年，司法厅公证律师管理处处长何雯，省律协秘书长崔皋平参加了会议，副秘书长张正升列席了会议。会议传达了司法部关于李庄违法违纪案件的通报、省委省政府的指示要求和省司法厅党委的安排部署，结合律师行业实际，研究讨论了贯彻落实的具体措施；讨论审议了《甘肃省律师协会2010年工作要点》，确定了工作的总体思路、工作重点和责任分工；讨论了调整和增设省律协专门委员会和专业委员会问题。省司法厅巡视员、省律师协会党组书记张克年作了重要讲话。

7月31日，省律协召开会长办公会议，传达了全省律师工作座谈会的有关精神，结合当前正在开展的律师队伍警示教育、律师是中国特色社会主义法律工作者主题教育及“千名律师走访千家企业”、“百家律师事务所服务百家新农村”专项活动，安排部署了今后的工作。

### 五、协会的主要工作成果

1. 继续深入开展了社会主义法治理念教育和“中国特色社会主义法律工作者”主题教育实践活动。认真贯彻落实全国、全省律师队伍建设电视电话会议精神和司法部《关于在全国律师队伍中开展警示教育的意见》、省司法厅《关于开展全省律师队伍规范教育活动实施方案》的要求，在全省律师队伍中广泛深入地开展规范教育活动。在深入学习的同时，各地结合本地实际进行了对照检查，查找了律师执业中存在的问题和不足，增强了律师的自律性和社会责任性，明确了作为中国特色社会主义法律工作者的本质属性和法律定位，进一步坚定了做党、政府和人民满意律师的信心。

2. 教育引导广大律师运用诉讼和非诉讼手段预防和化解社会矛盾。进一步加强了民商事纠纷、刑事辩护等诉讼和非诉讼代理业务的指导，促进矛盾纠纷通过司法渠道得到有效解决。在法律服务过程中密切关注、把握社会稳定形势，认真研究当前经济发展中涉及的法律问题。指导律师帮助企业建立风险监测预警机制，完善公司治理机构，化解企业债务危机，依法维护了企业、公民的合法权益，减少了不和谐因素。坚持把调解优先原则贯穿于律师执业活动全过程，及时化解社会矛盾。教育和引导律师以实现案结事了为目标，采取诉前调解、庭内调解、庭外和解和其他非诉讼手段，引导当事人更多地通过调解和其他非诉讼手段消除纷争。鼓励律师担任人民调解和行政调解组织法律顾问，配合人民调解组织积极参与疑难复杂矛盾纠纷的调解，参加调解委员会的接访。

3. 继续深入开展了律师参与涉法信访接待工作。省直属分会和兰州、白银、张掖等市州坚持律师参加信访值班制度，协助党委政府和有关部门依法处理重点涉法信访案件，化解无理缠访，遏制违法上访，做了大量行之有效的工作。不断健全律师参与重大突发事件和群体性事件处置相关报告备案、集体讨论等制度，努力为政府处理重大突发事件和群体性事件提供法律服务。引导广大律师关注社会热点难点问题，有针对性地做好群众工作，推动依法解决社会矛盾。充分发挥律师在党和政府主导的维护群众权益机制中的独特作用，有效化解了一批社会矛盾纠纷，为维护和谐社会做出了积极贡献。

4. 按照省厅部署认真组织开展了“千名律师走访千家企业”、“百家律师事务所服务百家新农村建设示范村”专项活动。据统计，全省共有1360多名律师和123家律师事务所参加了这次活动。通过开展活动，扩大了律师工作的社会影响，为服务基层群众、促进社会主义新农村建设、规范企业运行、防范企业风险，进而保障全省经济平稳较快发展、预防化解矛盾纠纷发挥了积极作用。

5. 组织引导律师积极参加公益服务活动。广泛开展法律服务活动，动员组织广大律师认真开展涉及企业改制、征地拆迁、涉农利益、教育医疗、安全生产、食品药品安全等容易引发社会矛盾重点领域的专项法律服务工作，切实维护群众的合法权益。4月14日青海玉树发生强烈地震后，全省律师纷纷伸出热情援助之手，踊跃为灾区群众捐款奉献爱心，省律协收到律师捐款12.675万元。8月7日我省舟曲县发生特大泥石流灾害后，全省律师迅速行动起来，积极开展“送温暖、献爱心”捐款活动，省律协收到律师捐款13.781万元。积极实施法律援助民生工程，对符合法律援助条件的当事人提供法律援助。勇盛律师事务所积极组织律师开展“甘肃农民工维权工作站”的各项工作，办理了一批农民工维权案件，该所被司法部表彰为“全国法律援助先进单位”。

6. 大力推进律师担任法律顾问工作。加强“法律顾问”制度建设，组织引导律师积极为党委政府和政府有关部门研究制定经济和社会发展计划、行政管理措施及各项政策等提供法律咨询服务。配合省厅律管处推荐4名律师担任省政府法律顾问，推荐9家律师事务所参加全省中小企业法律服务体系候选单位，其中有4家律师事务所入选为成员单位。多数市州以律师为主的政府法律顾问团作用明显，积极为政府重大项目决策、招商引资提供法律咨询和服务。深化企业“法律体检”，不断提高企业法律顾问质量，为企业转型升级、自主创新、节能减排等提供法律服务。继续推进乡村法律顾问制度，不断扩大覆盖面。提高乡村法律顾问质量。积极推动律师在参政议政中发挥作用，全省有49名律师担任各级人大代表和政协委员，其中担任省政协委员的有5人。

7. 深入开展创先争优活动，加强律师党的建设。全省律师中有党员623名，比2009年增长近70人。配合厅政治部抓好律师行业创先争优活动。陈玉萍律师荣获全国先进工作者荣誉称号，李勇律师荣获全省先进工作者荣誉称号。省律师协会党组对部分市州律师行业党建工作进行了调研。省律协直属分会党总支针对省属部分律师事务所无党员的现状，指派党总支成员分别到7个律师事务所担任党建联络员，负责开展党的各项工作。6月份，省律协与省厅政治部、律管处联合举办了全省律师事务所党支部书记培训班，全省律师事务所党支部书记、司法行政机关派驻到律师事务所的党建工作联络员共86人参加了培训。

8. 加强了对市州律师协会建设的指导帮助。截至目前，全省14个市州已有11个市成立了律师协会。酒泉、平凉、庆阳、陇南4个市律师协会建立了网站，有52家律师事务所建立了网站，有106家律师事务所建立了网页，提升了律师行业整体形象。

### 六、2010年甘肃省律师协会会长介绍

甘肃省律师协会第五届理事会会长赵荣春，男，汉族，1961年10月出生，北京大学法律系硕士研究生毕业，中共党员。现任甘肃正天合律师事务所主任、党支部书记。2005年4月任甘肃省律师协会第四届理事会会长，2010年1月任甘肃省律师协会第五届理事会会长。

### 七、司法厅及律管处领导任职名单、任职时间

王禄维：2008年4月任甘肃省司法厅厅长。

马　驰：2008年11月任甘肃省司法厅副厅长。

张克年：1998年4月任甘肃省司法厅副厅长，2008年12月任甘肃省司法厅巡视员，主管律师工作。

何　雯：2009年12月任甘肃省司法厅律师公证工作管理处处长。

## 青海省律师协会工作概况

2010年，青海省律师协会在司法厅和主管厅长的正确领导，在全国律协指导和司法厅相关部门的支持下，深入学习实践科学发展观，认真贯彻落实全省司法行政工作会议精神，围绕中心、服务大局，从加强自身建设、增强服务能力出发，主动开展各项工作，经过全体会员及协会工作人员的共同努力，较好地完成了年初确定的各项目标任务。

### 一、律师队伍状况

2010年度，我省通过考核的律师事务所共有66家，执业律师453名，11名法律援助律师和6名公职律师。

### 二、召开理事会

2010年12月26日，省律师协会召开第六

届三次理事会。应到28人实到20人，符合规定人数。会议由辛秉虎会长主持，黄大泽副会长、马福祥副会长、马虎成副会长、慈永刚副会长、李春燕副会长等20名理事出席会议。会议研究决定了4项工作：

1. 会议听取了马福祥副会长作2010年度省律师协会工作总结。各位理事补充了工作总结中没有涉及到的一些情况，如辉湟律师事务所被市委组织部评为“两新组织示范点”，农民工工作站为农民工追回大额工资，盛通律师事务所圆满完成庆泰信托投资有限责任公司资产重组案，受到省政府的高度赞誉等。

2. 会议听取了黄大泽副会长作2011年度省律师协会工作安排。马生海律师认为2011年的工作应着重加强玉树灾后重建期间的法律援助工作，将此作为重点工作。

3. 会议听取李春燕副会长报告2010年度省律师协会财务收支情况。

4. 一致通过补选李化龙同志为青海省律师协会理事，原律师协会秘书长王鹏云同志不再履行理事职责。

### 三、召开常务理事会、会长办公会

2010年12月26日，省律师协会召开第六届三次常务理事会。应到15人实到13人，符合规定人数。会议由辛秉虎会长主持，黄大泽副会长、马福祥副会长、马虎成副会长、慈永刚副会长、李春燕副会长等13名常务理事出席会议。会议研究决定了7项工作：

1. 听取慈永刚副会长作2010年度各专门（专业）委员会工作总结。马福祥副会长认为各专业委员会应发挥作用加强专业管理，对涉藏维权工作应专门划分到某一专业委员会管理，实行专项负责以便解决问题。

2. 听取马虎成副会长作2011年度各专门（专业）委员会工作安排。

3. 一致通过补选李化龙同志为青海省律师协会常务理事，原秘书长王鹏云同志因工作变动，不再履行常务理事职责。

4. 一致通过聘任李化龙同志为青海省律师协会秘书长。

5. 审议通过律师协会专业委员会设置调整及负责人人选建议。

6. 审议通过调整《青海律师》编委成员的提议，由李化龙同志担任《青海律师》编会副主任和副主编，王鹏云同志因工作变动，不再担任《青海律师》编委会副主任和副主编。

7. 补议2010年度常务理事会网上征求意见建议情况如下：

（1）2010年2月5日《关于加强律师队伍行风建设的指导意见》的征求意见稿。金福常务理事建议：

①对侵害律师执业权益的案件，要加大处理力度，保障律师的合法权益。

②深入持久地开展社会主义法治理念教育，牢牢把握律师行业发展的政治方向。

③其他常务理事回复均无意见。且按照金福常务理事的意见对《意见》征求稿进行了修改。

（2）2010年2月5日《青海省律师行业中长期发展规划》的征求意见稿。金福常务理事建议：

①建立与人民法院、检察院、公安机关的联系制度，及时解决律师执业中遇到的问题。

②组织律师加强业务培训和职业道德、执业纪律培训。

③加强对律师事务所内部管理的指导，促进律师事务所规范化建设。

其他常务理事回复均无意见。

（3）2010年6月2日，青海省律师协会关于徐文森律师处分决定书。

①马福祥常务理事建议：请维权委员会关注马某维权案件，是否给当事人造成了某些损失，比如诉讼时效。

②王晓芳常务理事建议：对于常某投诉徐文森律师的事实查证情况应作出认定并有处理意见

针对马福祥常务理事的建议已向当事人了

解情况，并告知马某如有损失可通过司法程序解决。

针对王晓芳常务理事的建议，经维权委员会查证，投诉不实。

其他常务理事回复均无意见。

会上，各常务理事强调应多关注此案，要更多的调查徐文森律师的案件，给予更加公正、合理的处理。

2010 年 12 月 26 日，省律师协会召开第四次会长办公会。会议由辛秉虎会长主持，黄大泽副会长、马福祥副会长、马虎成副会长、慈永刚副会长、李春燕副会长出席会议，会议研究决定了 3 项工作。现纪要如下：

1. 审核了 2010 年度青海省律师协会迎新春联谊会各项开支预算。

2. 会议审议通过王鹏云同志不再担任青海省律师协会工会委员会组织委员职务；补选李化龙同志担任青海省律师协会工会委员会组织委员职务；增选松海律师事务所马生海为文体委员，辉湟律师事务所王玉芳为女工委员，同一律师事务所黄海娇为青工委员。

3. 会议审议确定了“优秀律师事务所”和“优秀律师”名单和表彰方案。考虑到平衡各所受表彰人员的比例，将汇元律师事务所的张云峰律师调整为树人律师事务所王存良律师；将夏都律师事务所唐凯律师调整为海博律师事务所韩达明律师。研究决定从明年起，给受到表彰的个人发放荣誉证书，不再发放奖金。

## 五、重要工作成果

### （一）紧急动员、迅速行动，全力开展抗震救灾工作

玉树地震发生后，协会迅速反应、沉着应对，主动投入抗震救灾，努力做到救灾、工作“两不误”。一是及时组织全体律师为灾区开展捐助活动。地震发生后不久，我们就制定下发了《青海省律师协会为玉树地震灾区捐款的通知》，号召广大律师及律师事务所踊跃为灾区捐款，在短短 3 天内共捐款 10 余万元。随后我们又下发了《关于倡议广大党员律师自愿多缴纳党费用于支援抗震救灾工作的通知》，在全体党员律师中组织开展为灾区捐款献爱心活动，广大党员律师响应倡议，在短短的 2 天内为灾区多缴党费 14760 元。二是迅速投入抗震救灾工作。省律协党委书记、会长辛秉虎同志在第一时间带队进入灾区指导开展抗震救灾工作，随行带去了灾区急需的帐篷、棉衣、棉被、药品等 20 余万元的物资。三是配合司法厅组建法律服务团，我们先后抽调了素质高、业务能力强的 15 名律师组成灾后重建法律服务团，赴玉树灾区开展法律援助、法制宣传、法律服务活动，得到了司法部和省委省政府的充分肯定。四是加强与相关部门和单位沟通联系，争取对口支持和捐助。我们先后与中华全国律协、四川、广东、宁夏、内蒙、新疆和陕西等省律协取得联系，积极争取对口支援，为灾区重建募集资金。与北京市律师协会经多次协商，筹获捐款 350 万元，车辆 10 台，电脑 40 台，并拟在玉树建设“北京律师法律服务中心暨社会矛盾化解中心”，为玉树灾后重建和广大灾区群众提供更加优质高效的法律服务。五是组织开展法律咨询宣传活动。重建之初，我们就组织省直律师事务所 40 余名律师在西宁市中心广场开展了大型抗震救灾法制宣传活动，解答群众涉震法律问题近千人次，发放涉震法律书籍、宣传资料 10000 余份。

### （二）精心组织、有序推进，切实抓好各项政治教育活动

圆满完成了学习实践科学发展观“回头看”活动各阶段任务。采取有效措施不断在“回头看”过程中巩固和扩大学习实践活动成果，受到了省民间组织管理局的充分肯定，荣获了由省民政厅颁发的“新社会组织深入学习实践科学发展观活动先进单位”荣誉称号。

深入开展创先争优活动，按照省委组织部和司法厅党委的要求，协会及时成立领导机构，科学制定活动方案，精心设计活动主题，努力营造良好氛围，把创先争优活动作为深入

贯彻落实科学发展观的延伸实践、推动律师行业平稳较快发展的强大动力、加强律师党建工作的难得机遇，重点做好了两个阶段的工作。在安排部署阶段，我们坚持深入宣传、广泛发动。利用《青海律师》杂志、青海律师网、文件、简报等宣传平台，不断深化宣传效果，使广大党员律师深刻认识到开展创先争优活动的重大意义。同时，深入基层、深入律师、深入生活，挖掘典型、宣传先进、展示亮点，及时报道了在律师行业创先争优活动中涌现出的先进典型，进一步发挥了榜样的引领示范作用，带动广大党员律师以饱满的热情积极投身到活动中去。截至目前，共编发简报31期，添加网站信息60余条，营造了有利于创先争优活动开展的舆论氛围。在全面实施阶段，我们坚持夯实基础，扎实推进。把维护人民群众合法权益作为开展创先争优活动的根本出发点和落脚点。广大党员律师发挥专业优势，主动地为低收入家庭、下岗失业人员、农民工等弱势群体提供优质高效的法律服务。活动期间，共办理法律援助440件，参与律师350人，义务法律咨询2300余人（次）。为防止创先争优活动出现重形式、走过场的现象，协会党委从10个方面细化了活动要点，加强了领导责任，防止“蜻蜓点水”式的漂浮作风和点到为止的浮夸做法。据统计，全省律师行业创先争优活动共召开动员会、座谈会130余次，撰写心得体会500余篇，读书笔记20余万字。为创先争优活动赋予新的内涵、注入无穷动力。

（三）打牢基础、激发活力，不断提高律师党建整体工作水平

我们以抓好律师党建工作为己任，指导律协重大工作为抓手，着力发挥协会党委的领导作用，凡协会重大事项，都提交党委审议，有效地发挥了领导核心作用，较好地落实了民主集中制原则。在此基础上，进一步做好党员律师担任党委政府法律顾问工作，为政府依法行政建言献策，推荐省律协党委副书记黄大泽、党委委员李春燕担任省人民政府法律咨询专家。积极组织党委委员深入律师事务所党支部开展调研活动，围绕支部工作中存在的活动开展难、党员发展难等问题，帮助分析原因对策，制定整改落实方案，努力提高支部党建工作水平。此外，我们还大力推进学习型党组织建设，制定出台了《关于推进学习型党组织建设的指导意见》。认真做好了党员律师发展工作，重点做到从优秀青年律师中选拔培养业务骨干入党，不断壮大党员律师队伍，优化组织结构，提高党建水平。经培养考察，确定10名中青年律师为党员发展对象，实现了协会党委党员发展工作的历史性突破。及时举办党支部书记培训班，进一步提高了律师事务所党支部书记在新时期下做好党员律师教育管理工作的能力和水平。同时以进行《廉政准则》知识测试为契机，在广大党员律师中开展廉政知识学习，营造真学、真懂、真信、真用的良好氛围，以优良的学风带动勤勉尽责的工作作风。近期，我们还在全体律师中下发了2010年度民主生活会征求意见表，开展了满意度测评。经过测评，广大律师对协会党委及领导班子的满意率为100%。

（四）立足本职、开拓创新，努力开创律师行业管理工作新局面

一是年初召开了六届二次理事会，回顾总结了09年工作，对2010年工作做出了安排部署，夯实了行业管理基础。二是做好了执业律师考核工作。年初组织省直律师事务所开展了重点目标考核评比活动，进一步加大了对律师执业活动的监督，及时制定了我省《律师执业年度考核细则》。三是做好了2010年度申请律师执业人员实习申报工作，建立健全了律师协会、律师事务所和实习指导律师三者有机结合的实习管理模式。四是组织律师完成了对《中华人民共和国涉外民事关系法律适用法（草案二次审议稿）》、《中华人民共和国刑法修正案（八）（草稿）》和《青海省实施〈中华人民共和国残疾人保障法〉办法（征求意见稿）》修改工作。五是加强了行业行风建设，制定出台

了《加强律师行业作风建设的指导意见》。六是完善协会律师执业维权和监督机制，加大对违规违纪律师事务所和律师的查处力度，做到有投诉必查，有查必有结果，切实维护了律师的合法权益。全年共受理投诉11起，结案11起（其中调解9起，处理2起）。七是农民工维权工作取得良好成效。2010年，农民工法律援助工作站接待法律咨询320件，涉及694人次，标的435.2万元。其中已结案105件，为328名农民工讨回工资、工伤赔偿款等257.8万元。工作站公益律师经过3个月的艰苦努力，成功为甘肃七建农民工王俊海、孙启荣等人讨回工资款14.61万元；为四川籍农民工黄开聪等三十余名农民工讨回工资款二十余万元。此外，协会在加强自律性建设过程中，着力优化工作流程、调整机构设置、强化组织建设、提高服务质量，服务水平有了较大提升，得到了青海省民政厅、省民间组织管理局的肯定，获得了由民政厅颁发的“3A级全省性社会组织”授牌和“省级先进社会组织”荣誉称号。海晏县海湖律师事务所还荣获了“全国三八红旗集体”荣誉称号。

（五）发挥优势、突出重点，着力服务三项重点工作

一是做好矛盾纠纷化解，切实维护社会稳定。通过发挥律师社会联系面广、专业能力强的优势，充分运用诉讼手段化解社会矛盾、协调利益关系、保障社会秩序，指导律师做好了民事辩护等诉讼代理工作。对于争议不大的案件，促使当事人尊重并自觉执行法院的判决裁定，劝导当事人案结事了；对于重大疑难复杂案件，坚持集体讨论制度，确保维护群众合法权益，维护法律正确实施，维护社会公平正义，全年共办理各类民事案件3270件，有效地促进矛盾纠纷通过司法渠道得到解决。通过积极参与“大调解”体系建设，将调解贯穿于执业活动之中，采取诉前调解、庭内调解、庭外和解和其他非诉讼手段，引导当事人更多地通过调解和其他非诉讼手段消除纷争、化解矛盾。据统计，全省律师通过调解化解各类案件16140起，为国家节约开支2.5亿元；通过安排律师参与政府、人大信访接待，引导当事人依法合理表达诉求，定分止争、息诉罢访。活动中，150余名律师参与政府、人大信访接待401人次，接待来访群众2300余人次，化解矛盾纠纷5000余件。通过做好政府、企事业单位法律顾问工作，倡导律师认真开展涉及企业改制、征地拆迁等容易引发社会矛盾的重点领域专项法律服务工作，切实维护群众的合法权益。如新德律师事务所围绕城镇征地拆迁问题主动协助政府相关部门做好了处置突发事件的工作，通过2个多月的努力，终于使拆迁工作得以顺利进行。河湟律师事务所围绕企业改制带来的矛盾纠纷，重点做好了化解矛盾纠纷、理顺群众情绪工作，面对面、背对背地与上访户交谈，当面解答问题，全力化解矛盾，使一起300余人的上访事件得到了很好的处理。

二是围绕社会管理创新，服务经济社会发展。协会坚持把律师工作放到全省工作大局中来谋划、来推进，组织广大律师充分发挥提供服务、反映诉求、规范行为的功能作用，积极参与社会管理创新，服务经济社会发展。一方面通过开展“送法下乡进社区”等活动，努力把法律服务向社区、乡村延伸。如海西州律协先后组织30余名律师深入农村牧区、厂矿企业，开展法制宣传活动，举办法制讲座50余次，发放宣传资料、书籍10000余份，现场受理案件93件，受惠群达众5万余人；汇元律师事务所远赴乐都县开展法制宣传活动，面对面地解决百姓疑难问题、赠送法律读物，受到了人民群众一致好评，这些活动的开展，为更好地维护社会管理秩序奠定了基础。另一方面，通过创新活动载体，丰富活动内容、拓展服务层面，全面服务经济社会发展。如女律师工作委员会联合西宁市创城办、文明办举办了“爱心夏都”主题实践活动，宣传劝导群众“积小善、汇大爱、促文明、建和谐”，营造了“奉献爱心让人生更精彩，志愿服务让社会更和

谐”的良好氛围，进一步弘扬了民族传统美德，促进了和谐城市建设。西宁市律协打造专业服务团队，积极为民营企业提供法律服务，目前，16家律师事务所与52家民营企业建立了合作关系，广大律师积极参与打击合同诈骗、侵吞国有资产以及食品药品安全等关系国计民生的重大违法犯罪活动，促进形成安全、诚信、有序的市场经济秩序，较好地服务了经济社会发展。

三是加强警示教育活动，推进公正廉洁执业。为进一步加强律师队伍建设，使广大律师牢固树立依法执业、诚信执业意识，按照司法部和全国律协的要求，我们与律师公证管理处在全省律师队伍中开展了警示教育活动。为使活动开好局、起好步，及时成立领导小组，制订实施方案，召开动员大会，建立定点联系制度，为活动落到实处、取得实效奠定了基础。省律协海东分会在开展警示教育中强化理论武装，将思想政治、职业道德和执业纪律教育纳入律师培训计划，确保广大律师始终坚持“三个至上”，切实做到“三个拥护”，努力实现“三个效果”的有机统一。海北州把落实“六个一”贯穿丁警示教育活动始终。即：召开一次动员会、观看一部警示教育片、参观一次警示教育基地、每名律师写一篇3000字的读书笔记、2000字以上的心得体会、举办一次学习体会交流活动。海南州以开展警示教育为契机，深化行风评议活动。通过开展问卷调查、设立举报信箱、召开座谈会等形式，深入查摆在行风建设方面存在的突出问题，制定针对性整改措施，安排专人督促落实，净化了行业风气，加强了律师队伍建设。前不久，我们还成立了由主要领导带队的警示教育活动巡回检查组，深入各州（市、地）66家律师事务所开展抽查验收活动，有力地促进了活动效果的落实。活动期间，我们与律师公证管理处组织300余名律师赴省女子监狱参观警示教育基地。

（六）加大力度、拓宽渠道，努力提高律师队伍素质

协会不断丰富培训内容、强化培训力度、拓宽培训渠道，积极打造高素质律师群体。一是开展新执业律师岗前培训。3月份，我们举办了为期20天的新执业律师岗前培训班，全省50多名新执业律师参加了培训，在培训中，17位资深律师、专家学者，通过言传身教、以案说法，向新执业律师讲授了各自的执业技巧和办案经验，使参加此次培训的新执业律师深受启发，起到了传、帮、带的作用。二是加大青年律师和骨干律师外出培训力度。我们选派了4名中青年律师赴西安参加了由西北政法大学和美国福特基金会共同举办的为期30天的“西北地区刑事辩护律师培训”；选派2名律师赴北京参加了由中华全国律协举办的“律师公司法业务技能讲座”；选派了6名骨干律师赴北京参加优秀人才选拔培训；组织24名律师参加了第三届刑辩论坛暨2010刑事辩护高峰会。三是争取专项培训。为实现我省律师队伍的跨越式发展，进一步缩小与先进省份之间的差距，经过积极协调，选派我省4名律师参加由中国人民大学举办的西部地区首届律师培训班；推荐我省刘喜全律师参加了由中华全国律师协会与中国城郊经济研究会联合举办的“统筹城乡发展中的法治与律师实务研讨会”。这些培训的开展，不仅使我省律师开阔了视野，了解到了全国律师行业发展的最新动态，而且提高了执业能力，提升了律师队伍整体素质。

（七）搭建平台、明确方向，展示我省律师队伍良好社会形象

协会积极搭建宣传平台，深化宣传效果，加强沟通协作。把《青海律师》杂志作为协会宣传报道工作的主阵地，注重坚持正确的舆论导向，积极宣传党的路线方针政策，传递业务动态，报道典型案例，刊发理论文章，在拓展律师业务领域，指导律师执业活动、规范律师执业行为等方面努力发挥引导和推动作用。全年，共出刊4期2900册，约32万字。进一步

加强了《青海律师网》建设。完善网站管理机制和运行体制，及时添加行业信息，做到了弘扬主旋律，打好主动仗，不断拓宽宣传覆盖面，截至目前，网站的点击率突破200306次。高度重视与新闻媒体的沟通联系，强化主动宣传意识。先后在青海日报、青海法制报、西海都市报等媒体上开辟法律在线、律师答疑等专栏，解答群众提出的法律问题323次；此外我们还积极引导律师事务所受聘担任青海省电视台、西宁市电视台、青海交通广播电视台等新闻媒体特邀嘉宾62人次，与广播电台联合创办了《生活与法》栏目，及时解答群众疑难法律问题，促进全社会形成人人遵守法律、人人维护法律的良好氛围。

（八）大力推进律师文化建设，开展对外交流，促进律师事业蓬勃发展

为进一步活跃律师文化生活，协会举办了2010年度青海律师“迎新春”联谊表彰会，省垣女律师“三八”座谈会，组织部分律师赴上海参观世博会，组织部分律师事务所和律师参加《有法大家帮》大型电视活动，恩泽律师事务所还开展乐“读书年”主题实践活动。这些活动的开展，极大地丰富和活跃广大律师的文化生活，增强了行业凝聚力，全面促进了律师事业的健康发展。此外，我们加强了对外交流，先后与北京律师协会、内蒙古律师协会、陕西律师协会、亚洲法律资源中心董事会成员张耀良律师进行了座谈交流，进一步加强了与香港、北京、内蒙、陕西律师沟通联系。女律师工作委员会还与省女法官协会和女检察官协会开展了学习交流活动，进一步搭建了与女法官协会、女检察官协会的交流平台，深化了感情友谊。

## 六、新任协会领导班子介绍

青海省律师协会自2009年召开第六届律师代表大会以来，领导班子未作调整。

# 宁夏回族自治区律师协会工作概况

## 一、律师队伍现状

截止2010年底，全区有律师事务所78家（其中，合伙律师事务所55家，国资律师事务所8家，个人律师事务所15家）；公职律师办公室5家，公司律师事务部2家。律师993名（其中：社会执业律师874名，公职、公司律师48名，法律援助律师71名；中共党员265名，建立党支部34个，其中独立党支部23个，联合党支部11个）。全区五个地级市均成立了律师协（分）会，形成了自治区律师协会、市律师协（分）会、律师事务所三级自律管理构架。我区每万人拥有1.5名律师，高于全国平均水平。

## 二、召开的重要会议

（一）召开的理事会

1. 2010年1月29日，宁夏律协七届五次理事会会议在银川召开。会议听取会长赖声洪所作的《2009年律协工作总结暨2010年律协工作报告》；祖贵洲副会长所作的《2009年度会费收支报告》。

（二）召开的常务理事会

1. 2010年1月29日，宁夏律协七届十一次常务理事会在银川召开，宁夏律师协会会长赖声洪主持会议，各位常务理事参加了会议。本次会议研讨以下事项：（1）听取2009年工作汇报。（2）确定了2010年度律协工作方案，即：积极引导律师无偿承担法律援助；千名律师进万家企业方案的落实；加强律协对外交流，积极组织并参加与法检部门的联席会议制度；（3）讨论修改律协财务监督委员会工作规则，成立宁夏律协财务监督委员会；（4）讨论成立实习律师考核委员会；（5）研究为全区各级人大代表和政协委员做好法律宣传；（6）通报“千名律师进企业，深化法律服务促发展”主题活动实施方案；

2. 2010年3月31日，宁夏律协七届十二次常务理事会在银川召开，宁夏律师协会会长赖声洪主持会议，各位常务理事参加了会议。本次会议主要讨论关于征求对《宁夏回族自治区实习律师管理办法（征求意见稿）》和《宁夏回族自治区申请律师执业人员实习考核办法（征求意见稿）》的修改意见。

3. 2010年4月28日，宁夏律协七届十三次常务理事会在银川召开，宁夏律师协会会长赖声洪主持会议。会议主要讨论“千名律师进万家企业”实施方案，开始有引导，过程有监督，结果有评估，进行全方位考评监督，使实施方案切实可行，要求各部门通力合作，积极协调，使活动出成果，出实效。

（三）召开的会长办公会

1. 2010年4月27日，宁夏律协七届九次会长办公会在自治区律协办公室召开。会长赖声洪、副会长祖贵洲、李耀强等出席了会议。会议讨论千名律师进万家企业预算方案；落实场地、布置、主持及启动仪式有关问题；研讨如何落实责任等。

2. 2010年12月2日，宁夏律协七届十次会长办公会在银川召开，会长赖声洪、副会长祖贵洲、李耀强等出席了会议。会议针对千名律师进万家企业活动先进地区典型性做法总结、推广，并研究对活动中的先进团体及个人予以表彰。

## 三、协会工作成果

2010年以来，宁夏律师协会紧紧围绕社会矛盾化解、社会管理创新、公正廉洁执法三项重点工作，部署开展了多项活动，扎实推进三项重点工作。

部署开展多项活动，全面加强律师队伍建设

（一）部署三项活动，进一步加强律师队伍教育管理

1. 在律师行业党组织和党员中开展创先争优活动。制定《全区律师党建创先争优活动实施方案》，开展争创“五好律师事务所党支部”和“五好党员律师”活动。充分利用现代信息技术和互联网等现代传媒手段，通过创建网上党校、网上党员讨论区等方式，开展党员网上教育交流，畅通党组织和党员、党员和党员之间的联系交流渠道，以党建带队建，进一步加强宁夏律师队伍建设。

2. 在律师队伍中开展警示教育活动。以李庄案件为反面教材，制定了《全区律师队伍警示教育活动实施方案》，各市司法局和律师协（分）会分别制定了具有本市特点的实施方案，按照各个阶段的工作要求，扎实开展活动，使广大律师深刻认识李庄案件的严重危害，确保了全区警示教育活动的顺利进行。

3. 在律师队伍中开展学先进比先进创先进活动。通过号召各律师事务所和广大律师向一批表现突出的先进律师事务所和优秀律师学习，在律师行业中营造学先进、比先进、创先进的良好氛围，引导广大律师增强依法诚信执业意识，自觉作中国特色社会主义法律工作者、经济社会又好又快发展的服务者、当事人合法权益的维护者、社会公平正义的保障者、社会和谐稳定的促进者，努力为经济社会发展提供优质高效的法律服务。

（二）抓好三项重点工作，进一步发挥律师职能作用

1. 开展“千名律师进万家企业活动”。与自治区12家有关部门联合开展了“宁夏千名律师进万家企业、深化法律服务促发展”活动，通过建立宁夏企业法律服务网络直通车、开展企业经营管理法律风险提示与防范的大型宣传培训活动、面对面进行法律服务等方式，无偿为企业提供“法律风险诊断、法律培训、完善规范制度、法律咨询”等法律服务。提升了宁夏企业的风险管理水平，使企业充分认识到法律服务对企业发展的重要性和必要性，进一步拓宽了律师的业务领域，宁夏律师为企业提供法律服务由过去的不足900家增加到近1万家。“千名律师进万家企业活动”被列入宁

夏“推进全区企业学法用法工作”活动中，作为“五五”普法检查验收工作和年度考核的重要内容之一，受到自治区党委政府的充分肯定，自治区政府主席王正伟专门做出批示：司法工作服务经济社会大局，要有平台、有抓手、有活动。司法厅牵头开展的“千名律师进万家企业促发展”活动，有针对性，为自治区经济社会发展做出新的贡献。

2. 律师受人大委托起草地方性法规草案。自治区人大法工委首次将地方性法规草案委托社会力量起草，将《宁夏回族自治区家政服务管理条例（草案）》委托宁夏合天律师事务所律师起草，打破了传统的“谁执法谁起草”的立法模式，迈出了探索创新立法机制的重要一步。

3. 律师加入人大、政府法律咨询委员会。有近20名律师分别加入自治区人大法制委员会法律专家咨询委员会和自治区政府法律咨询委员会，充分发挥律师专业优势，进一步加强政府法律顾问工作，提高政府依法行政水平，进一步推进宁夏科学立法、民主立法，提高立法质量。

4. 引导律师事务所主动参与涉法涉诉信访案件。组织律师事务所派律师每周固定在信访局或政务大厅值班，为政府和群众提供法律服务、排忧解难，化解社会矛盾。

（三）组织开展价值体系大讨论活动，培养良好的律师执业精神

结合“中国特色社会主义法律工作者”主题实践活动和宁夏司法行政工作价值体系大讨论活动，在宁夏律师行业中开展了律师价值体系大讨论活动，举办多种形式的研讨会、学习交流会和演讲比赛，积极培育行业共同价值观念，教育、倡导和宣传、树立符合社会主义法治理念和有利于律师行业发展的价值观念。广大律师纷纷撰写价值体系研讨文章，自觉倡导“维护法律、构建和谐”的神圣追求，倡导“忠于法律、忠于事业、伸张正义”的人生价值，对推动宁夏律师行业建立共同的理想信念和良好的道德风尚具有重大意义。

（四）开展保民生、送温暖、法律援助律师行活动

以“保民生，送温暖，促和谐”为主题，动员实习律师及执业律师到法律援助机构开展援助活动，主动接受所在法律援助机构的指派，承办各类法律援助案件，参与各种法律宣传、非诉讼代理等，以满足全区群众尤其是贫困地区群众的法律援助需求，弥补基层法律援助机构人员不足，提升实习律师及执业律师的职业道德素养和业务技能水平，现已有50名实习律师加入到这个活动的行列之中。

制定出台规章制度，全面规范律师管理工作：

1. 以科学发展律师事务所为方向，制定《关于加强新设立律师事务所管理的实施意见》。根据宁夏律师事务所设置、执业律师分布不均衡的特点，以“科学定位、合理布局、提升层次、突出特色、着眼长远”为基本原则，制定了《关于加强新设立律师事务所管理的实施意见》，并对新设立律师事务所管理提出了创新性的指导意见：严格控制银川市尤其是兴庆区新设合伙制和个人律师事务所数量，在银川市所辖区域内不再审批设立国资所；鼓励支持宁夏律师事务所、外省律师事务所以及新执业律师到经济发展相对落后的9个县（区）设立律师事务所、分所和执业，并制定了相关的放宽条件；新设立律师事务所的申请人及执业律师是中共党员的，需接转党组织关系，符合设立党支部条件的必须成立党支部，不符合条件的，在设立时必须聘任党建工作指导员；要求自治区律师协会对放宽条件地区新设立的律师事务所的团体会员会费和律师个人会费作适当减免。《实施意见》力求通过严格准入条件，加大政策支持力度，科学规范管理，坚持党建和所建同步，进一步加强宁夏律师事务所规范化、规模化、专业化建设，逐步建立符合宁夏经济社会发展需求的律师服务模式。《实施意见》出台至今，与去年同期相比，

新设所的数量大幅下降，其中75%设立在经济发展相对落后地区。

2. 以共同推进公正廉洁为目标，制定出台《宁夏法官协会、宁夏律师协会联席会议制度》。宁夏法官协会和宁夏律师协会制定了《宁夏法官协会、宁夏律师协会联席会议制度》，形成了每半年召开一次联席会议的制度，规定了联席会议的职责、议事程序等。建立了相互监督评价机制，定期通报、交流法官与律师的工作情况，协调加强法官与律师监督管理工作的有关情况，互通双方队伍中出现的违法违纪行为，为建立法官与律师良性互动和沟通联络长效机制打下了坚实的基础。

3. 以培养法律服务后备力量为目的，创新对实习律师和申请律师执业人员的管理。为确保实习质量和规范实习考核工作，培养宁夏法律服务后备力量，维护法律服务市场正常秩序，制定出台了《宁夏回族自治区实习律师管理办法（试行）》和《宁夏回族自治区申请律师执业人员实习考核办法》，对申请参加法律援助并自愿服务一年的实习律师给予了相关的优惠政策，创新了对实习律师和申请律师执业人员的管理。

## 四、新任协会领导班子介绍

宁夏回族自治区第七次律师代表大会于2007年12月21日胜利闭闭幕。在大会中，由第七次律师代表大会全体到会代表采取无记名投票方式，选举产生理事。七届一次理事会选举产生常务理事、会长、副会长。

会　长：赖声洪

副会长：祖贵州、李耀强

会长助理：卢志斌、刘建明

常务理事：赖声洪、祖贵州、李耀强、卢志斌、刘建明、刘建国、任欲晓、张健民、姜有育、徐 宝、薛宗智

秘书长：李晓宁

副秘书长：万永祥、王 辉

办公室主任：杨建平

会员部主任：王虎明

第七届宁夏律师协会理事会理事名单

万　军、马　瑛、于咏梅、王新慧、卢志斌、史继明、朱志平、成秉康、刘建明、刘建国、任欲晓、汪希勇、李林峰、李耀强、张力行、张宏举、张宏程、张健民、邹俭伟、苏学峰、杨学义、杨金钟、宗成辉、孟祥林、罗少忠、赵宇峰、赵建忠、郝自宁、姜有育、祖贵州、徐　宝、党建国、阎海滨、海连俊、鹿守岩、韩瑞玺、雷　挺、赖声洪、薛宗智

# 各省、自治区、直辖市律师协会工作

## 北京市律师协会工作

### 一、业务研讨

北京市律师协会2010年业务研讨情况汇总表

| 序号 | 时间 | 主办单位 | 内容 | 嘉宾与参会人员 | 参加人数 |
|---|---|---|---|---|---|
| 1 | 1月21日 | 招投标与拍卖法律专业委员会 | 讨论2010年度工作计划 | 招投标与拍卖法律专业委员会委员 | 20 |
| 2 | 1月23日 | 会计审计法律专业委员会 | 总结2009年度工作 | 会计审计法律事务专业委员会委员 | 10 |
| 3 | 1月23日 | 产品质量与安全法律专业委员会、“产品质量担保基础理论研究项目组” | 验收《产品质量担保责任条例》 | 国家质检总局质量管理司副巡视员汪立昕、项目组成员及等多位专家学者，产品质量与安全法律专业委员会委员 | 10 |
| 4 | 1月24日 | 文化娱乐与体育法律专业委员会 | 介绍足协纪律委员会成立背景及工作 | 足协纪律委员会仲裁员、本委员会委员周明，文化娱乐与体育法律专业委员会委员 | 40 |
| 5 | 1月27日 | 旅游法律事务专业委员会 | 总结2009年的工作情况，讨论2010年工作目标及具体工作安排 | 旅游法律事务专业委员会委员 | 10 |
| 6 | 1月27日 | 劳动与社会保障法律专业委员会 | 总结2009年的工作情况，讨论2010年工作目标及具体工作安排 | 劳动与社会保障法律专业委员会委员 | 10 |
| 7 | 1月31日 | 企业法律风险管理专业委员会 | 讨论2010年度工作规划 | 企业法律风险管理专业委员会相关负责人 | 10 |
| 8 | 1月31日 | 竞争与反垄断法律专业委员会 | 研讨经营者集中相关政策 | 反垄断局吕江处长，竞争与反垄断法律专业委员会委员 | 10 |
| 9 | 1月31日 | 文化娱乐与体育法律专业委员会、刑法专业委员会、刑事诉讼法专业委员会 | 研讨赌球行为所涉法律问题 | 国家体育总局政策法规司副司长刘岩，北京市人民检察院一分院副检察长、全国人大法律委员会委员周光权等多位知名专家及北京律协副会长巩沙、业教委主任庞正中，委员会与其他相关专业委员会委员 | 100 |
| 10 | 2月23日 | 文化娱乐与体育法律专业委员会 | 讨论2010年度工作规划 | 文化娱乐与体育法律专业委员会委员 | 30 |
| 11 | 2月27日 | 专利法律专业委员会 | 研讨外观设计专利申请、审查和保护中设计的法律问题 | 国家知识产权局外观设计专利审查部部长林笑跃，专利法律专业委员会委员，部分律师 | 100 |
| 12 | 3月2日 | 自然资源法律专业委员会 | 国土资源管理部门关于2010年矿业政策的分析 | 中国矿业联合会副会长王家华、自然资源法律专业委员会委员 | 20 |

| 序号 | 时间 | 主办单位 | 内容 | 嘉宾与参会人员 | 参加人数 |
|---|---|---|---|---|---|
| 13 | 3月2日 | 土地法律专业委员会 | 讨论2010年工作目标及具体工作安排 | 土地法律专业委员会委员 | 20 |
| 14 | 3月6日 | 海商海事法律专业委员会 | 研讨海商法的最新发展 | 北京大学法学院教授郭瑜、海商海事法律专业委员会委员、部分律师 | 100 |
| 15 | 3月11日 | 法律援助与公益法律事务专业委员会 | 制定2010年工作目标及具体工作安排 | 法律援助与公益法律事务专业委员会委员 | 20 |
| 16 | 3月11日 | 文化娱乐与体育法律专业委员会 | 制定2010年工作目标及具体工作安排 | 文化娱乐与体育法律专业委员会委员 | 30 |
| 17 | 3月12日 | 并购与重组法律专业委员会 | 研讨公司资本与董事责任 | 社科院研究员张开平、并购与重组法律专业委员会委员、部分律师 | 150 |
| 18 | 3月15日 | 产品质量与安全法律专业委员会 | 制定2010年工作目标及具体工作安排 | 产品质量与安全法律专业委员会委员 | 50 |
| 19 | 3月15日 | 北京市消费者协会 | 接受消费者权益法律专业委员会授予的“2009年度首都维护消费者权益突出贡献奖” | 消费者权益法律专业委员会负责人 | 5 |
| 20 | 3月18日 | 北京市人大常委会内务司法办公室 | 研讨《行政监察法修正案（草案）》 | 行政法专业委员会主任吕立秋 | 1 |
| 21 | 3月19日 | 刑事诉讼法专业委员会 | 研讨辩护律师的职业风险防范 | 北京大学教授、博士生导师陈瑞华，刑事诉讼法专业委员会委员，部分律师 | 150 |
| 22 | 3月20日 | 专利法律专业委员会 | 研讨外观专利复审中涉及的法律问题 | 国家知识产权局专利复审委员会外观申诉处副处长钱亦俊，专利法律专业委员会委员 | 150 |
| 23 | 3月20日 | 民事诉讼法专业委员会 | 制定2010年本委员会各项工作安排 | 民事诉讼法专业委员会委员 | 30 |
| 24 | 3月24日 | 金融衍生品法律专业委员会 | 讨论《关于建立股指期货投资者适当性制度的规定（试行）》 | 金融衍生品法律专业委员会委员 | 30 |
| 25 | 3月27日 | 消费者权益法律专业委员会 | 制定2010年本委员会各项工作安排 | 消费者权益法律专业委员会委员 | 20 |
| 26 | 3月30日 | 侨办、涉侨法律事务专业委员会 | 总结2010年度律师顾问团工作 | 涉侨法律事务专业委员会委员 | 5 |
| 27 | 4月1日 | 医疗法律专业委员会 | 研讨侵权责任法司法解释 | 最高人民法院研究室民事处处长吴兆祥、最高人民法院民一庭法官姚宝华、最高人民法院立案二庭法官武建华，医疗法律专业委员会委员、部分律师 | 150 |
| 28 | 4月2日 | 传媒与新闻出版法律专业委员会 | 研讨中国电影市场的相关法律问题 | 广电总局电影资金办副主任李冬，传媒与新闻法律专业委员会委员，部分律师 | 150 |
| 29 | 4月2日 | 民事诉讼法专业委员会 | 讨论市一中院座谈会的建议、布置落实本月工作 | 民事诉讼法专业委员会委员 | 20 |
| 30 | 4月6日 | 风险投资与私募股权法律专业委员会 | 制定2010年工作目标及具体工作安排 | 风险投资与私募股权法律专业委员会委员 | 20 |
| 31 | 4月6日 | 竞争与反垄断法律专业委员会 | 制定2010年工作目标及具体工作安排 | 竞争与反垄断法律专业委员会委员 | 20 |
| 32 | 4月11日 | 会计审计法律专业委员会 | 讲授律师应知的财务知识 | 会计审计法律专业委员会副主任王军、会计审计法律专业委员会委员，部分律师 | 100 |

| 序号 | 时间 | 主办单位 | 内容 | 嘉宾与参会人员 | 参加人数 |
|---|---|---|---|---|---|
| 33 | 4月11日 | 民法、侵权法专业委员会 | 研讨《侵权责任法》立法背景和立法中的主要问题 | 全国人大常委会民法室主任姚红，业教委主任庞正中，民法、侵权法专业委员会委员及部分律师 | 100 |
| 34 | 4月15日 | 建设工程法律专业委员会 | 研讨建设工程价款结算纠纷案件相关工程造价鉴定制度 | 北京市第二中级人民法院副庭长杨士军、北京市第一中级人民法院审判长温志军、北京市建设工程招标投标办公室副主任冯志祥、北京路可工程顾问有限公司总经理姜开义，北京市建诚律师事务所合伙人杨景欣及建设工程法律专业委员会委员、部分律师 | 150 |
| 35 | 4月16日 | 未成年人保护法律专业委员会 | 成立北京市未成年人保护公益律师团 | 北京市政府副秘书长马林等相关领导，市律协会长张学兵、副秘书长刘军，刑事诉讼法专业委员会、婚姻与家庭法律专业委员会、教育法律专业委员会主任、法律援助与公益法律事务专业委员会等十多个专业委员会委员代表 | 100 |
| 36 | 4月17日 | 会计审计法律专业委员会 | 研讨新媒体产业发展和法律服务体系 | 新传媒产业联盟秘书长王斌、传媒与新闻出版法律专业委员会委员、部分律师 | 100 |
| 37 | 4月17日 | 风险投资与私募股权法律专业委员会 | 研讨北京私募股权投资基金现状和相关政策 | 北京市金融局金融市场处处长郝刚，风险投资与私募股权法律专业委员会委员，部分律师 | 150 |
| 38 | 4月17-24日 | 市侨联、涉侨法律事务专业委员会 | 参加“北京社会公益活动周”活动 | 涉侨法律事务专业委员会委员 | 15 |
| 39 | 4月18日 | 会计审计法律专业委员会 | 鉴定结论的质证对策研讨 | 北京市物证技术学会副会长张方，会计审计法律专业委员会委员 | 20 |
| 40 | 4月19日 | 仲裁法律专业委员会 | 研讨国际仲裁中注意的问题 | 中国仲裁法学研究会秘书长高菲，仲裁法律专业委员会委员，部分律师 | 30 |
| 41 | 4月22日 | 民事诉讼法专业委员会 | “同是法律人”——与北京市第一中级人民法院探索构建法官与律师良性互动机制 | 张学兵会长、巩沙副会长、庞正中主任，北京市一中院吴在存副院长、一中院研究室代主任薛强以及黄海涛法官、刘井玉法官，民事诉讼法专业委员会及其他相关专业委员会委员 | 60 |
| 42 | 4月23日 | 并购与重组法律专业委员会 | 研讨企业上市前改制与重组 | 中国经济体制改革研究会培训中心主任张朝元，并购与重组法律专业委员会委员，部分律师 | 150 |
| 43 | 4月24日 | 担保法律专业委员会 | 讲授物权法一般规则在担保法律实践中的运用 | 北京大学教授尹田，担保法律专业委员会委员，部分律师 | 200 |
| 44 | 4月24日 | 婚姻与家庭法律专业委员会 | 研讨《预防和制止家庭暴力法》 | 中华女子学院副院长李明舜，婚姻与家庭法律专业委员会委员，部分律师 | 200 |
| 45 | 4月27日 | 物业管理法律专业委员会 | 研讨《业主大会和业主委员会指导规则》 | 物业管理法律专业委员会委员，部分律师 | 200 |

| 序号 | 时间 | 主办单位 | 内容 | 嘉宾与参会人员 | 参加人数 |
|---|---|---|---|---|---|
| 46 | 4月28日 | 民事诉讼法专业委员会 | 听取各委员就召开第二届北京律师论坛的意见，确定论坛的发言候选人及发言题目 | 民事诉讼法专业委员会委员 | 30 |
| 47 | 4月29日 | 未成年人保护法律专业委员会 | 研讨学生伤害事故预防与处理及司法实务 | 原教育部法制办副主任张文，未成年人保护法律专业委员会委员，部分律师 | 150 |
| 48 | 4月29日 | 保险法专业委员会 | 研讨有关保险法律事务问题 | 北京市高级人民法院民二庭法官阎辉，保险法律专业委员会委员，部分律师 | 150 |
| 49 | 4月29日 | 自然资源法律专业委员会 | 制定近期工作安排 | 自然资源法律专业委员会委员 | 10 |
| 50 | 5月8日 | 民法专业委员会 | 讨论本月具体工作安排 | 民法专业委员会委员 | 20 |
| 51 | 5月10－14日 | 涉侨法律事务专业委员会 | 参加中国侨联法顾委调研活动 | 涉侨法律事务专业委员会委员 | 10 |
| 52 | 5月15日 | 宪法专业委员会 | 讨论本月具体工作安排 | 宪法专业委员会委员 | 10 |
| 53 | 5月15日 | 民事诉讼法专业委员会 | 讨论本月具体工作安排 | 民事诉讼法专业委员会委员 | 30 |
| 54 | 5月16日 | 文化娱乐与体育法律专业委员会 | 研讨“演艺经纪合同” | 文化娱乐与体育法律专业委员会委员 | 30 |
| 55 | 5月19日 | 建设工程法律专业委员会 | 研讨国际工程项目管理 | 清华大学国际工程项目管理副院长王守清、建设工程法律专业委员会委员 | 30 |
| 56 | 5月25日 | 产品质量与安全法律专业委员会 | 讨论本月具体工作安排 | 产品质量与安全法律专业委员会委员 | 10 |
| 57 | 5月25日 | 北京市公安局公安交通管理局、交通管理与运输法律专业委员会 | 研讨修改该局与北京京茂房地产开发有限公司签订的“《停车场使用管理协议》” | 交通管理与运输法律专业委员会委员 | 10 |
| 58 | 5月29日 | 著作权法律专业委员会 | 讲授《中华人民共和国著作权法》修改及著作权行政执法问题 | 国家版权局巡视员许超，著作权法律专业委员会委员 | 40 |
| 59 | 5月29日 | 婚姻与家庭法律专业委员会 | 研讨涉外婚姻家庭法律实务 | 北京市第二中级人民法院民庭审判长胡建勇、婚姻与家庭法律专业委员会委员 | 200 |
| 60 | 6月4日 | 竞争与反垄断法律专业委员会 | 讨论本月具体工作安排 | 竞争与反垄断法律专业委员会委员 | 20 |
| 61 | 6月19日 | 合同法专业委员会 | 讨论本月具体工作安排 | 合同法专业委员会委员 | 30 |
| 62 | 6月19日 | 医疗法律专业委员会 | 研讨医疗纠纷与侵权责任法 | 医疗法律专业委员会委员 | 150 |
| 63 | 6月20日 | 能源法律专业委员会 | 研讨能源立法现状及其法律实务 | 能源法律专业委员会委员 | 35 |
| 64 | 6月26日 | 科技法律专业委员会 | 研讨植物新品种的权利取得及司法保护 | 合肥市中级人民法院法官王怀庆，科技法律专业委员会委员，部分律师 | 80 |
| 65 | 6月28日 | 市司法局监察处 | 研讨“规范法官与律师、中介机构人员相互关系，防止发生利益冲突”等方面的问题 | 民事诉讼法专业委员会委员 | 10 |

| 序号 | 时间 | 主办单位 | 内容 | 嘉宾与参会人员 | 参加人数 |
|---|---|---|---|---|---|
| 66 | 6月26日 | 商标法律专业委员会 | 研讨商标确权行政诉讼司法解释 | 最高人民法院法官周云川，商标法律专业委员会委员 | 40 |
| 67 | 7月3日 | 军事法律专业委员会 | 研讨复转军人权益保护 | 中国人民大学王宝坤，军事法律专业委员会委员，部分律师 | 100 |
| 68 | 7月3日 | 文化娱乐与体育法律专业委员会 | 制定下一阶段工作安排 | 文化娱乐与体育法律专业委员会委员 | 10 |
| 69 | 7月10日 | 著作权法律专业委员会 | 研讨当前著作权保护中的疑难与前沿问题 | 华东政法大学教授王迁，著作权法律专业委员会委员，部分律师 | 120 |
| 70 | 7月10日 | 合同法专业委员会 | 制定下一阶段工作安排 | 合同法专业委员会委员 | 20 |
| 71 | 7月16日 | 并购与重组法律专业委员会 | 研讨海外并购法律风险 | 中化石油有限公司法律部总经理张海枫，并购与重组法律专业委员会委员，部分律师 | 150 |
| 72 | 7月21日 | 刑法专业委员会<br>刑事诉讼法专业委员会 | 研讨《关于办理死刑案件审查判断证据若干问题的规定》和《关于办理刑事案件排除非法证据若干问题的规定》相关法律适用 | 北京大学教授陈瑞华，刑法及刑事诉讼法专业委员会委员，部分律师 | 150 |
| 73 | 7月22日 | 国际投资与贸易法律专业委员会 | 进行“法律英语”培训 | 国际投资与贸易法律专业委员会委员 | 20 |
| 74 | 7月23日 | 产品质量与安全法律专业委员会 | 研讨缺陷产品召回相关法律制度 | 国家质量检验检疫总局质量管理司副司长汪立昕，产品质量与侵权损害法律专业委员会委员，部分律师 | 100 |
| 75 | 7月25日 | 物业管理法律专业委员会 | 研讨《北京市物业管理办法》订立思路和需要解决问题 | 北京市住房和城乡建设委员会物业管理处处长于良，物业管理法律专业委员会委员 | 20 |
| 76 | 7月29日 | 民事诉讼法专业委员会 | 讨论下阶段工作计划 | 民事诉讼法专业委员会委员 | 20 |
| 77 | 7月30日 | 传媒与新闻出版法律专业委员会 | 研讨动漫游戏产业发展与涉及的法律问题 | 文化部文化艺术人才中心交流保障部副主任杨闲文，传媒与新闻法律专业委员会委员、部分律师 | 100 |
| 78 | 8月6日 | 医疗法律专业委员会 | 总结2010年上半年工作，通报下半年工作计划 | 医疗法律专业委员会委员 | 10 |
| 79 | 8月7日 | 竞争与反垄断法律专业委员会 专利法律专业委员会 | 研讨知识产权权利滥用反垄断规则 | 上海交通大学法学院副院长王先林教授，专利法专业委员会、竞争与反垄断法律专业委员会委员、部分律师 | 120 |
| 80 | 8月7日 | 民法专业委员会 | 研讨香港民商事诉讼程序 | 香港杜伟强律师事务所杜伟强律师，民法专业委员会委员、部分律师 | 150 |
| 81 | 8月7日 | 合同法专业委员会 | 研讨由司法实例引发的代位权若干问题 | 合同法专业委员会委员、部分律师 | 20 |
| 82 | 8月8日 | 会计审计法律专业委员会 | 研讨内部审计与企业法律风险 | 北京市内部审计协会副会长陈红，会计审计法律专业委员会委员，部分律师 | 20 |
| 83 | 8月12日 | 文化娱乐与体育法律专业委员会 | 讨论研究落实文化创意产业分论坛相关工作 | 文化娱乐与体育法律专业委员会委员 | 20 |

| 序号 | 时间 | 主办单位 | 内容 | 嘉宾与参会人员 | 参加人数 |
|---|---|---|---|---|---|
| 84 | 8月13日 | 刑法专业委员会<br>刑事诉讼法专业委员会 | 解读《非法证据排除规则》 | 最高人民检察院研究室陈国庆主任，刑法专业委员会、刑事诉讼法专业委员会委员，部分律师 | 200 |
| 85 | 8月13日 | 传媒与新闻出版法律专业委员会 | 讨论如何进一步落实文化创意产业分论坛相关工作 | 传媒与新闻出版法律专业委员会委员 | 20 |
| 86 | 8月14日 | 证券法律专业委员会 | 研讨上市公司并购重组法律业务 | 中国证监会上市公司监管部并购处处长毛寒松，证券法律专业委员会委员，部分律师 | 200 |
| 87 | 8月17日 | 环境法律专业委员会 | 探析环境侵权法律问题 | 清华大学法学院副教授王明远，环境法律专业委员会委员，部分律师 | 100 |
| 88 | 8月20日－21日 | 合同法专业委员会 | 研讨《刑事法律服务委托合同》、《民事诉讼（仲裁）委托代理合同》 | 合同法专业委员会部分委员 | 15 |
| 89 | 8月22日 | 文化娱乐与体育法律专业委员会 | 公研讨众人物隐私权与媒体采访权的冲突与衡平 | 国家新闻出版总署司长于慈珂、中国人民大学法学院教授姚辉、北京晚报记者苏文洋、著名相声演员笑林，文化娱乐与体育法律专业委员会委员，部分律师 | 100 |
| 90 | 8月28日 | 文化娱乐与体育法律专业委员会 | 总结上半年工作，讨论文化创意产业分论坛相关工作 | 文化娱乐与体育法律专业委员会委员 | 10 |
| 91 | 8月28日 | 企业法律风险管理专业委员会 | 总结上半年工作，讨论下阶段具体安排 | 企业法律风险专业委员会委员 | 20 |
| 92 | 8月31日 | 风险投资与私募股权法律专业委员会 | 总结上半年工作，讨论下阶段具体安排 | 相关专业委员会部分负责人 | 10 |
| 93 | 9月2日 | 物业管理法律专业委员会 | 总结上半年工作，讨论下阶段具体安排 | 物业管理法律专业委员会委员 | 30 |
| 94 | 9月3日 | 侵权法专业委员会 | 总结上半年工作，讨论下阶段具体安排 | 侵权法专业委员会委员 | 30 |
| 95 | 9月4日 | 消费者权益法律专业委员会 | 总结前期具体工作，讨论后期的工作计划研究落实了本委员会提交论坛论文的方案 | 消费者权益法律专业委员会委员 | 20 |
| 96 | 9月4日－5日 | 农村法律事务专业委员会 | 研讨2010统筹城乡发展中的法治与律师实务 | 司法部、全国律协部分领导，农村法律事务专业委员会部分委员 | 10 |
| 97 | 9月11日 | 合同法专业委员会 | 研讨能源管理合同中的若干问题 | 合同法专业委员会委员 | 20 |
| 98 | 9月6日 | 北京市人大常委会法制办 | 参加《中华人民共和国刑法修正案（八）（草案）》和《中华人民共和国涉外民事法律适用法（草案）》征求意见会 | 刑法、刑事诉讼法专业委员会、民法、婚姻法、物权法、侵权法、竞争与反垄断法律专业委员会 | 10 |
| 99 | 9月9日 | 北京市司法局法律援助指导处 | 参加《北京市法律援助指派办法（征求意见稿）》、《北京市法律援助受援人自主选择法律援助人员实施办法（征求意见稿）》征求意见会 | 法律援助与公益法律专业委员会委员 | 5 |

| 序号 | 时间 | 主办单位 | 内容 | 嘉宾与参会人员 | 参加人数 |
|---|---|---|---|---|---|
| 100 | 9月16日 | 环境法律专业委员会 | 介绍食品包装环保安全与打假维权经验 | 北京环境科学学会副秘书长董金狮，环境法律专业委员会委员，部分律师 | 70 |
| 101 | 9月16日－18日 | 北京市劳动和社会保障法学会、北京市高级人民法院、北京市劳动争议仲裁委员会、中国劳动争议网、劳动与社会保障法律专业委员会 | 参加第十二届劳动人事争议案例研讨会 | 北京律协副会长姜俊禄、劳动与社会保障法律专业委员会负责人及部分委员、北京市各级法院法官，北京市各级劳动争议仲裁机构仲裁员代表，以及各大院校劳动法学者、各级工会干事和企业的人力资源负责人 | 100 |
| 102 | 9月15日－19日 | 中国法学会、国际投资与贸易法律专业委员会 | 参加中非合作论坛——法律论坛 | 国际投资与贸易法律专业委员会主任王雪华 | 1 |
| 103 | 9月18日 | 侵权法专业委员会<br>医疗法律专业委员会 | 讲授医疗侵权（医疗损害赔偿）纠纷审判 | 中国政法大学教授赵长新，环境法律专业委员会委员，部分律师 | 100 |
| 104 | 9月18日 | 行政法专业委员会 | 介绍北京市高院行政庭关于行政审判的指导意见精要 | 行政法专业委员会委员，部分律师 | 200 |
| 105 | 9月19日 | 税务法律专业委员会 | 通报上半年工作情况，研究讨论参与第二届北京律师论坛的相关事宜 | 税务法律专业委员会委员 | 20 |
| 106 | 9月20日 | 招投标与拍卖法律专业委员会 | 介绍拍卖市场法律纠纷案件的主要纠纷点和司法裁判的情况 | 中国拍卖协会副秘书长王凤海，招投标与拍卖法律专业委员会委员，部分律师 | 100 |
| 107 | 10月9日 | 医疗法律专业委员会 | 讨论下阶段工作安排 | 医疗法律专业委员会委员 | 30 |
| 108 | 10月15日 | 侵权法专业委员会 | 讨论下阶段工作安排 | 侵权法专业委员会委员 | 30 |
| 109 | 10月15日 | 电信法律专业委员会 | 研讨三网融合的若干问题 | 国家广电总局科技委秘书长周志强，电信法律专业委员会委员，部分律师 | 100 |
| 110 | 10月16日 | 文化娱乐与体育法律专业委员会 | 讨论下阶段工作安排 | 文化娱乐与体育法律专业委员会部分委员 | 20 |
| 111 | 10月20日 | 北京市人民检察院、中国预防青少年犯罪研究会、大兴区人民检察院、大兴区未成年人保护委员会、中国人民公安大学侦查系、未成年人保护法律专业委员会 | 参加未成年人权益保护研讨会 | 未成年人保护法律专业委员会主任张雪梅 | 1 |
| 112 | 10月23日 | 宪法专业委员会 | 研讨看守所条例的修订 | 业教委主任庞正中，北京大学教授张千帆、中国政法大学教授樊崇义、中国人民大学刑事法律科学研究中心执行主任黄京平，宪法专业委员会委员，部分律师 | 30 |
| 113 | 10月24日 | 文化娱乐与体育法律专业委员会 | 研讨反兴奋剂立法 | 国家体育总局政策法规司司长刘岩、国务院法制办教科文司副司长张耀明、北京体育大学思想政治理论课教学部部长闫旭峰，文化娱乐与法律专业委员会委员 | 30 |

| 序号 | 时间 | 主办单位 | 内容 | 嘉宾与参会人员 | 参加人数 |
|---|---|---|---|---|---|
| 114 | 10月30日 | 企业法律风险管理专业委员会 | 介绍法律风险管理标准 | 中国标准化研究院高晓红博士，企业法律风险管理专业委员会委员，部分律师 | 200 |
| 115 | 11月19日 | 仲裁法律专业委员会 | 讨论律师和仲裁员如何共建仲裁一方净土 | 北京仲裁委员会秘书长王红松，仲裁法律专业委员会委员，部分律师 | 150 |
| 116 | 11月21日 | 商标法律专业委员会 | 介绍关于加拿大知识产权法的最新发展—最新案例 | 加拿大高林律师事务所 Mr. Rob Donald，商标法专业委员会委员，部分律师 | 200 |
| 117 | 11月24日 | 医疗法律专业委员会 | 研讨医疗机构法律风险防范 | 协和医院医务处处长刘宇，医疗法律专业委员会委员 | 30 |
| 118 | 11月30日 | 竞争与反垄断法律专业委员会 | 研讨关于QQ与360之争的行为认定问题 | 竞争与反垄断法律专业委员会委员 | 30 |
| 119 | 12月4日 | 民法专业委员会 | 解读涉外民事法律关系适用 | 全国人大常委会法制工作委员会民法室处长杜涛、民法专业委员会委员、部分律师 | 200 |
| 120 | 12月10日 | 医疗法律专业委员会 | 京沪两地律师共同研讨《侵权责任法》适用及医疗法律实务 | 业教委主任庞正中、医疗法律专业委员会委员、上海律协专业委员会委员 | 30 |
| 121 | 12月10日 | 军事法律事务专业委员会 | 讲授军事法律知识 | 军事科学院教授丛文胜、军事法律事务专业委员会委员、部分律师 | 150 |
| 122 | 12月11日 | 民法专业委员会 | 研讨融资性担保公司管理办法 | 国务院融资性担保部联席会议办公室副主任文海兴、民法专业委员会委员、部分律师 | 200 |
| 123 | 12月11日 | 旅游法律事务专业委员会 | 介绍审理旅游案件司法解释 | 最高人民法院民一庭法官王毓莹，旅游法律事务专业委员会委员、部分律师 | 150 |
| 124 | 12月16日 | 法律援助与公益法律事务专业委员会 | 举办第二届北京公益法律论坛 | 北京市法学会党组书记周信、市检副检察长甄贞、市安全生产监督管理局副局长常纪文等，法律援助与公益法律事务专业委员会委员、部分律师 | 100 |
| 125 | 12月18日 | 刑法专业委员会 | 研讨刑法解释方法 | 最高院刑二庭审判长刘为波，刑法专业委员会委员、部分律师 | 200 |
| 126 | 12月19日 | 会计审计法律专业委员会 | 总结2010年工作 | 会计审计法律专业委员会委员 | 30 |
| 127 | 12月21日 | 台港澳法律事务专业委员会 | 研讨台港澳相关法律事务 | 市委台湾工作办公室副巡视员杜德平，台港澳法律事务专业委员会委员 | 40 |
| 128 | 12月22日 | 婚姻与家庭法律专业委员会 | 总结2010年度工作 | 婚姻与家庭法律专业委员会委员 | 50 |
| 129 | 12月23日 | 国际投资与贸易法律专业委员会 | 总结2010年度工作 | 国际投资与贸易法律专业委员会委员 | 30 |

| 序号 | 时间 | 主办单位 | 内容 | 嘉宾与参会人员 | 参加人数 |
|---|---|---|---|---|---|
| 130 | 12月23日 | 未成年人保护法律专业委员会 | 研讨、专家论证未成年人刑事辩护工作指引 | 北京师范大学教授宋英辉、最高院少年法庭指导小组办公室主任蒋明、市高院刑一庭赵德云、海淀区检察院少年检察工作处处长杨新娥、市二中院未成年人审判庭庭长王晓松、市一中院未成年人审判庭处级审判员赖琪、大兴区检察院研究室主任熊正、朝阳区法院少年法庭庭长刘鹏等，未成年人保护专业委员会委员 | 30 |
| 131 | 12月25日 | 旅游法律事务专业委员会 | 报告2010年度研究课题成果 | 旅游法律事务专业委员会委员、部分律师 | 60 |
| 132 | 12月25日 | 侵权法专业委员会 | 研讨道路交通损害赔偿案件审理难点及疑点 | 西城区人民法院民二庭交通审判组组长林涛，侵权法专业委员会委员，部分律师 | 200 |
| 133 | 12月25日 | 侵权法、交通管理与运输、产品质量与安全、医疗法律专业委员会 | 总结2010年度工作 | 侵权法、交通管理与运输、产品质量与安全、医疗法律专业委员会委员 | 200 |
| 134 | 12月28日 | 产品质量与安全法律专业委员会 | 研究产品质量担保条例立法问题 | 产品质量与安全法律专业委员会委员 | 30 |
| 135 | 12月30日 | 土地法律专业委员会 | 讨论国有土地上房屋征收与补偿条例，总结2010年度工作 | 土地法专业委员会委员 | 30 |
| 136 | 12月30日 | 自然资源法律专业委员会 | 研讨我国矿业经济形势和矿业权管理制度 | 自然资源法律专业委员会委员 | 60 |

## 二、会员培训

**北京市律师协会2010年业务培训情况汇总表**

| 序号 | 时间 | 主办单位 | 内容 | 授课嘉宾 | 听课人数 |
|---|---|---|---|---|---|
| 1 | 3月13日 | 刑法专业委员会 | 财产犯罪的司法认定 | 北京大学法学院教授陈兴良 | 1012 |
| 2 | 3月20日 | 国际贸易与投资法律专业委员会 | 关于审理外商投资企业纠纷案件的若干问题 | 最高人民法院民庭庭长刘贵祥 | 918 |
| 3 | 4月3日 | 并购与重组法律专业委员会 | 公司法从纸面跃入事件引发的思考 | 清华大学法学院教授朱慈蕴 | 989 |
| 4 | 4月17日 | 劳动与社会保障法律专业委员会 | 《社会保险法》 | 北京市劳动和社会保障局养老处处长李勇 | 1120 |
| 5 | 4月24日 | 传媒与新闻出版法律专业委员会 | 《侵权责任法》 | 中国人民大学教授杨立新 | 1024 |
| 6 | 5月15日 | 并购与重组法律专业委员会 | 我国并购法规中的基础性规定及检讨 | 清华大学法学院教授汤欣 | 998 |
| 7 | 5月22日 | 担保法律专业委员会 | 关于担保法审判法律实务问题 | 最高人民法院民二庭法官刘敏 | 1010 |
| 8 | 5月29日 | 侵权法专业委员会 | 《侵权责任法》重要条款解读 | 全国人大法工委委员梁慧星 | 1154 |

| 序号 | 时间 | 主办单位 | 内容 | 授课嘉宾 | 听课人数 |
| --- | --- | --- | --- | --- | --- |
| 9 | 6月5日 | 保险法专业委员会 | 《保险的基本原理与实际运用》 | 中央财经大学保险学院院长郝演苏 | 986 |
| 10 | 6月12日 | 未成年人保护法律专业委员会 | 律师办理未成年人刑、民案件司法实务及最新立法动态 | 北京市二中院少年审判庭庭长王晓松；北京市一中院少年审判庭审判长赖琪 | 869 |
| 11 | 6月19日 | 宪法专业委员会 | 律师执业中的风险防范与权利保障 | 业务指导与继续教育委员会副主任吴革 | 906 |
| 12 | 6月26日 | 招投标与拍卖法律专业委员会 | 《招投标法》 | 国际招投标集团有限总公司工程师荆贵锁 | 1065 |
| 13 | 9月4日 | 税务法律专业委员会 | 税务争议案件中的法律适用问题 | 国家税务总局政策法规司复议应诉处副处长王世宇 | 1121 |
| 14 | 10月16日 | 企业法律风险管理专业委员会 | 企业法律风险管理的理论与实践 | 国资委政策法规局副局长张华 | 978 |

## 三、会员管理工作

### （一）会员日常管理

1. 做好“两险一金”保障工作，解除律师执业后顾之忧

律师执业责任保险、人身意外伤害保险和互助金是历年来律协服务会员的重点工作，也是惠及全体律师的大事。今年为了更好地为律师提供保障，针对近年来律师大幅增长的情况，适时增加了执业责任保险和人身意外伤害保险保费，使协会和保险公司良好的合作关系得以继续。2010年共召开了两次与保险公司的座谈会，对执业责任保险和人身意外伤害保险相关案例进行了研讨。

2010年律师执业责任保险共为2家律师事务所赔付2388840.6元，为1名律师赔付了2000元的人身意外伤害医疗费，共为9名律师发放了总额为27万元的互助金。

2. 举办北京律师文化系列讲座，提升律师大局观

为了开阔律师视野、丰富律师的文化生活，北京律协在2010年举办三期北京律师文化系列名家讲座，邀请北京市委研究室副主任江涛作了题为《北京作为世界城市的定位与发展战略》讲座，邀请联想控股有限公司董事长柳传志作了题为《联想的经验教训总结》讲座，邀请国防大学金一南教授作了题为《国家安全筹划中的战略思维》讲座，对提升律师整体素质有所帮助，得到了广大律师的欢迎。

3. 积极开展文体活动，陶冶律师情操，增强律师体质

（1）成立北京律师摄影俱乐部

为了推动律师摄影的发展，北京律协于2010年5月成立了北京律师摄影俱乐部。俱乐部成立后积极开展各项活动，取得了良好效果，在业界取得了一定的影响，并配合协会完成了多项工作。2010年底，配合宣传联络委员会出版了2011年北京律师挂历。摄影俱乐部精心组织力量，挑选出律师拍摄的优秀作品供北京律师挂历使用。挂历非常受欢迎，得到了广大律师的认可。为配合市司法局、市律协举办的“做中国特色社会主义法律工作者——北京律师首届书画摄影作品展”，摄影俱乐部积极组织律师投稿，有多幅作品入选。此外，摄影俱乐部还组织了多次评片会、摄影器材和技术讲座，对丰富律师业余生活起到了促进作用。

（2）成功举办第六届两岸三地律师高尔夫球邀请赛

10月，北京律协成功举办了第六届两岸三地律师高尔夫球邀请赛，上海、海南、广州、深圳、香港、台北分别组队参赛，此项赛事促进了两岸三地律师之间的交流。

(3) 北京律师艺术团参加了多次协会活动或协会指派的演出任务。在2010年的团拜会上，在第二届北京律师论坛上，在司法部、市司法局的相关活动中均有北京律师艺术团活跃的身影，他们演出的节目获得了各界的一致好评。

(4) 5月，北京律师足球队参加了在土耳其举办的律师世界杯足球赛。

(5) 5月，北京律师羽毛球队赴上海参加了京津沪渝粤五省市律师羽毛球联谊赛并获得第三名。

(6) 4月，北京律师桥牌队与上海律师桥牌队进行了第三届“京沪律师桥牌友谊赛”。

除了上述活动，北京律师篮球队、乒乓球队、围棋队、太极队、网球队坚持组织日常活动，秉承敞开大门对律师开放的原则，吸引北京律师参与到体育活动中，为增强律师体质作出了应有的贡献。

4. 继续做好健康体检工作，为律师的身心健康保驾护航

健康体检工作是北京市律师协会每年的重要工作之一。关系到每一位会员的身体健康，是协会为会员提供的一项重要福利。今年为40岁以上的律师增加了体检项目，平稳地完成了体检工作。

5. 继续提供“北大法宝”法律法规查询服务，满足律师法规查询需要

2010年为了方便律师登陆查询法规，采取了使用律师执业证号后六位数字作为用户名和密码登录查询法规的方式，省去了以往发查询卡的繁琐流程，提高了效率。

6. 举行新执业律师宣誓和植树活动

4月，会员事务委员会在昌平区流村镇举办了新执业律师宣誓和植树活动。

7. 圆满完成年度考核工作

2010年由于以往的年检注册改变为协会对律师进行年度考核，我们按照“严格标准、提高效率、方便办事”的原则，为律师办理年度考核，圆满完成了任务。

(二) 维护律师合法执业权

2010年12月7日2时许，北京市京昌律师事务所董前勇律师在前往西安市某区法院准备出庭，要求法院后勤人员提前开门、开灯。法院后勤人员因与董前勇律师发生口角，殴打了董前勇律师。事后，董前勇律师律师分别向当地法院及派出所反映了情况，但未有结果。气愤之下，董前勇向北京市律师协会提出了维权申请。

收到董前勇律师的申请后，按照权益保障委员会轮流值守的规定，北京律协李冰如秘书长、权保委皮剑龙主任及协会秘书处工作人员韩闽江，于2010年12月10日上午10点30分在北京市律师协会四层第五会议室接待了董前勇律师及西安市某区法院的副院长。在协会的调节下，双方签署了协议并达成了谅解。董前勇律师表示对处理结果满意，同时对协会的工作表示了感谢。在这一事件中，协会权保委以实际行动支持了董前勇律师的执业权利。

北京律协一直非常重视律师的权益保障工作。自第八届权保委成立以来，接受类似董前勇律师遭遇的律师个案维权申请十余件，接待维权申请律师多人多次。其间，多次组建应急小组，启动应急程序，分别派出人员前往重庆、长沙等地，现场协调解决北京律师执业权受侵害事件。

## 四、对外交流

(一) 建设并形成了长短期结合的涉外教育培训机制

经过近两年的努力，北京律协现已建立起了涉外培训交流平台。目前，已经初步形成了包括一个LL. M学位项目、一个法学院访问学者项目及三个短期法律培训项目在内的多层次涉外法律培训教育体系。可以为北京律师每年提供120个名额到海外进修。具体情况如下：

1. 2010年度“肯特法学院LLM硕士学位”项目

这是面向北京律师开展的学位教育项目。

2010年，经协会在首都律师网站发布通知后，十余位北京律师报名参加美国芝加哥肯特法学院第七期法律硕士（LL. M.）学位教育项目。该项目学员集中参加法律英语强化学习后，将在中国政法大学学习四门基础课程（由肯特法学院教授赴京讲授），经考试合格后再申请赴美参加国外阶段的半年学习，通过全部课程者可获得“国际法与跨国法”法律硕士学位。

2. 首创并组织四批次“华盛顿大学访问学者”培训项目

这是北京律协首次开发的长期教育培训项目。2010年协会面向北京律师共组织开展了四批访问学者交流项目（1、3、8、9月份各一期），来自大成、金杜、华贸硅谷、言大、德恒等13家律所的14位律师经过选拔录取后参加了该项目的教育培训活动。

3. 开发并组织“达拉斯·美国与国际法培训班”项目

经过北京律协联系开发，位于美国德克萨斯州达拉斯市的美国与国际法中心举办的“第47届美国与国际法培训班”面向协会会员招生。5月16日至6月25日，来自中诚友联所和润明所的2位北京律师报名参加该项目并赴美学习。该中心课程设置涵盖了所有重要的美国实体法和程序法，以及最新法律前沿的课程。

4. 开发并组织“美国福德汉姆大学法学院暑期培训班”项目

美国福德汉姆大学法学院于7月12日至7月30日开展暑期培训班。经北京律协联系开发，该培训班现可面向协会会员开放。来自中咨所、华贸硅谷所、大成所的3名北京律师报名参加该项目。

5. 开发并储备“美国明尼苏达大学法学院培训项目”

经北京律协联系开发，美国明尼苏达大学法学院将每年面向北京律协会员开展为期三周的教育培训项目，内容包括：学习美国相关法律，如宪法、刑法、民法等；参观当地的律师事务所、法院等法律机构。由于2010年时间安排较紧，该项目作为储备，预计2011年开始面向协会招收学员。

6. 推荐律师参加全国律协组织的西班牙乌利亚律师事务所培训项目

根据中华全国律师协会与西班牙乌利亚.曼南迪斯律师事务所（Uria Menendez, UM）签署的合作培训协议，全国律协每年选派律师赴UM培训。北京律协收到全国律协关于选派律师参加该项目的通知后，在首都律师网站发布通知，共有14名北京律师报名。经过初步筛选后，7位律师参加面试。北京律协通过综合考虑后推荐了君致所、百伦所、天银所、中伦所、海问所的5位律师。随后，这5位律师还将参加UM的面试，合格后方能代表中国律师正式参加2011年的培训。

（二）对外交往情况

1. 2010年度牵头接待16批次的国际律师组织来访

2010年，国际律师协会、全美律师协会、“美国人民对人民大使项目”法律专业代表团、日中法律家交流协会、德国法兰克福律师协会、大韩辩护士会、德国法兰克福律师代表团（第三、四批）、巴西圣保罗律协、香港律师会理事会、香港大律师考察团、台北律师公会、美国天普大学法学院、澳大利亚安德慎律师事务所、香港梁温律师事务所、美国俄克拉何马城大学法学院等机构组织代表团访问北京律协。协会正副会长、部分理事和监事、秘书长和副秘书长、专门委员会和专业委员会部分成员参加了上述接待。外事委多名成员参加了2010年的外事接待活动，并承担主持、翻译、联络等工作。

2. 2010年牵头组团或随团出访八个国家和地区

（1）北京律协派员随全国律协代表团出访

6月16日~22日，以中华全国律师协会副会长彭永臣为团长的中国律师代表团访问韩国，参加在首尔举行的第十四届以“司法体制的变化与趋势”为主题的法律研讨会，并在会后拜会最高法院、地方法院、地方律师协会、参观当地律所。女律师联谊会副会长郝惠珍律师随该团出访。

7月7日～12日，以中华全国律师协会副会长蒋敏为团长的一行7人代表团访问蒙古。北京律协外事委副主任吴以钢随团出访。代表团成员先后走访了蒙古律协、蒙古国民议会（大呼拉尔）、蒙古最高法院和蒙古宪法法院。

7月8日～12日，应欧盟律师协会邀请，以中华全国律师协会副会长王俊峰为团长的代表团赴西班牙参加中、日、欧三方会议。张学兵会长随该团出访。

9月8日～14日，应俄罗斯联邦律师协会邀请，以中华全国律师协会会长于宁为团长的一行9人代表团访问俄罗斯，协会秘书长李冰如、北京市信达立律师事务所合伙人周广俊随团出访。代表团拜会俄罗斯司法部、最高法院、俄罗斯联邦律师协会，参观律师学院及律师事务所，与俄方法律界、律师界进行业务交流。

（2）协会组织公务代表团出访

5月11日～16日，以副会长周塞军为团长的北京市律师协会代表团一行6人赴韩国首尔，参加第十八届北京？首尔律师协会交流会议，首尔地方律师协会会长金炫、周塞军副会长分别在交流会上致词。协会律师事务所管理指导委员会副主任徐猛、青年律师工作委员会副主任李继泉，首尔律协青年律师平议会副议长白胜在、企划理事千孝在分别作主题发言。此外，代表团还参观访问了大法院、大检察院。

10月初，应英国律师公会的邀请，以姜俊禄副会长为团长的北京市律师协会代表团一行11人出访英国，参加了2010英国法律年开年仪式和相关活动，拜会了英国律师公会、大律师公会和法学院，参观了Nabarro和Slaughter and May两家律师事务所。此外，考察团还看望了在英国参加“英国青年律师培训计划”的北京律师。

11月15日～21日，以白涛副会长为团长的北京律协代表团一行10人出访台湾，拜会了台北律师公会，并访问寰瀛法律事务所、理律法律事务所。为了进一步促进海峡两岸律师界的交流合作，白涛副会长与台北律师公会李家庆理事长分别代表各自的律师协会/公会签订了《北京市律师协会与台北律师公会交流协议书》。

（3）北京律协组织律师自费代表团出访

10月11日～16日，以外事委员会委员赵维为团长的北京律协自费出访团一行11人赴日本进行友好访问，北京律协协助组团及安排全程公务活动。出访期间，代表团与东京律师协会、第一东京律师协会、第二东京律师协会进行友好交流，并拜会了日本全国律师协会。此外，该代表团还访问了日本长岛？大野？常松法律事务所和光和综合法律事务所。这是协会首次采用自费的方式组织代表团出访，受到本出访团所有成员的好评。

（三）国际学术交流情况

1. 组织外国专家学者为北京律师举办讲座七次

3月4日，联合北京大学国际经济法研究所邀请美国哈佛大学法学院副院长David Wilkins教授发表演讲：主题为法学教育的调整和应对、法学院学生自我设计和培养以及律师的法律实务将受到的挑战和影响。北京律协组织30余位北京律师参加了此次活动。

4月16日下午，协会与美国律师协会中国委员会共同举办“卓有成效的法律写作”讲座。主讲人是Lawrence C. Foster教授，130余位北京律师和外国律师事务所驻北京代表处人员参加讲座。

6月18日，北京律协邀请美国明尼苏达大学法学院Fred L. Morrison教授为律师作讲座，题目为“墨西哥湾漏油事件的法律后果”。外事委部分委员及20余位北京律师参会。

7月21日下午，香港林李黎律师事务所麦汉明律师及香港国际理财规划师会国际主席王嘉平教授赴北京市律师协会，为广大律师做遗产规划和家庭信托讲座。婚姻与家庭法律专业委员会、信托法律专业委员会、民法专业委员会的部分成员及50余位北京律师参加讲座。

9月25日，芝加哥－肯特法学院院长哈罗德J. 克伦特教授和亚洲项目负责人华克伟先生访问北京市律师协会，为北京律师做“网上数据安全监管”讲座，并介绍LL. M培训项目。近20位北京律师参加讲座。

11月12日，美国贝克麦坚时律师事务所高级合伙人Thomas A. Doyle、Matthew G. Allison等一行四人来到北京律协，做了“美国诉讼——中国公司新趋势”主题讲座。70余位北京律师参加讲座。

11月13日、14日，北京律协邀请美国Calvin Sun律师为北京律师作讲座，讲授律师如何与客户沟通等相关课程，进而提高北京律师与外国客户的沟通能力。两天的讲座共有120余位北京律师参加。

北京律协通过这些“请进来”的培训项目，2010年共提供了450个涉外培训机会，使得北京律师可以及时掌握国际法律执业领域的最新动态，以及国外同行在执业技能与知识方面的最新情况。

2. 组织国际仲裁会议并选派律师参加国际性比赛及会议

2月，北京律协选送的2名实习律师参加了2010年4月7日在香港举办的International Client Counseling Competition（当事人咨询比赛）。参赛人员均为法学院学生及实习律师，本年度比赛的主题是白领犯罪。约有20多个国家和地区选派选手参赛。北京律协选派的实习律师取得并列第九名。

4月，北京律协与美国美迈斯律师事务所联合举办中国企业境外诉讼研讨会。重点介绍并研讨中国企业在美国与欧洲进行商业诉讼，特别是贸易保护与救济方面诉讼的情况与对策。

5月28日，协会与中国国际经济贸易仲裁委员会、国际争议解决专家组织（IDR Group）在京联合举办题为“中国境外的国际争议解决：从各国际机构下看仲裁的规则与程序”的研讨会，就跨国争议类型、石油与能源纠纷、国外仲裁机构情况以及中方在国外仲裁程序中遇到的问题进行了讨论。会议期间还穿插模拟仲裁庭（Mock Arbitration Hearing）。本次会议上，中国国际经济贸易仲裁委员会副主任及秘书长于建龙、国际争议解决专家组织主席Anthony Connerty致开幕辞，张学兵会长致闭幕辞。

7月13日，协会推荐医疗法律专业委员会主任李洪奇律师参加由商务部与香港贸易发展局联合主办的第四届中国（香港）国际服务贸易洽谈会，并在中医药服务贸易行业分论坛演讲。

11月15日~21日，以白涛副会长为团长的北京律协代表团一行10人参加了中华仲裁协会、台北律师公会、中国国际经济贸易仲裁委员会、北京市律师协会联合举办的“两岸仲裁、调解及争议审查委员会（DRB）制度及实践研讨会”。协会推荐的李洪积律师（通商所）、师虹律师（方达所）分别担任联合主持人；何薇律师（金杜所）担任主讲人。

3. 首次牵头组织国别法律风险调研招标工作

北京律协制定了国别法律风险调研招标工作计划，反复讨论起草了招标文件，并于年底前挂网通告北京律师和相关学术机构，为北京律师“走出去”首开国别法律风险调研工作的先河。

## 五、法律援助

2010年北京市共办结法律援助案件12343件。其中，律师办结7670件，占62.14%。

## 六、会刊及网站

### （一）北京律协会刊——《北京律师》

《北京律师》创刊于1983年6月，是以律师和律师执业为核心的专业刊物，是北京律师的业务指导性刊物。

《北京律师》开辟有“卷首语”、“封面专题”、“特别关注”、“律师队伍建设”、“观点交锋/律师圆桌”、“律师论坛”、“律所专栏”、“研究与探讨”、“专业研讨”、“问题思考”、“律师实务”、“立法建议”、“经验交流”、“会员之家”、“工作通讯”和“律协公告”等20余个栏目。

2010年，《北京律师》在首届律师协会会刊评比中荣获银奖。

（二）北京律协网站——首都律师网

“首都律师网”的网址是 http：//www.bmla.org.cn 和 http：//www.beijinglawyers.org.cn，于2003年3月24日正式开通。

本着服务律师、服务社会的原则，“首都律师网”精心设计了“信息中心”、“诚信信息”、“行业法规”、“会员培训”、“下载中心”、“会刊之窗”、“网上投诉”、“人才交流”和“事务所站点”等栏目。

北京律协于2009年对网站进行了改版，2009年11月21日正式上线。

## 七、律师协会大事记

### 1月份

“2009年度专业委员会工作总结暨顾问聘任大会”召开

1月8日~9日，北京市律师协会召开“2009年度专业委员会工作总结暨顾问聘任大会”。9日上午，教育部法规司司长孙霄兵、最高人民法院研究所所长罗东川、最高人民检察院研究室主任陈国庆、清华大学法学院院长王振民、清华大学法学院副院长周光权、中国法学会军事法学研究会秘书长丛文胜及来自国家技术监督检验检疫总局质量管理司、中国社科院、北京大学、中国人民大学、中国政法大学、对外经济贸易大学的多位知名专家教授及顾问代表应邀到会。北京市律师协会会长张学兵，副会长巩沙，副秘书长刘军，业务指导与继续教育委员会主任庞正中，副主任钱列阳、杨矿生、贾军、张丽霞、张志冰、秘书长孙晓洋、副秘书长张伟及部分委员，61个专业委员会主任、副主任、秘书长、副秘书长近200余人参会。

会议由巩沙副会长主持。庞正中主任宣读了顾问名单，张学兵会长为顾问代表颁发聘书并发表讲话。孙霄兵司长、罗东川所长、陈国庆主任、王振民院长、周光权副院长、丛文胜秘书长作为顾问代表分别发言。大会共聘任29名北京市律师协会顾问，103名专业委员会顾问。

9日下午，业教委全体成员及61个专业委员会分六组召开工作会议。巩沙副会长、庞正中主任和刘军副秘书长分别参加了各小组讨论。

1月8日下午，北京律协还召开了61个专业委员会工作总结交流会。业教委主任庞正中主持会议。各位副主任、秘书长分别就各自主管工作进行总结并提出下一年度工作设想及要求。部分专业委员会代表发言。副会长巩沙发表总结讲话。

四位北京律师被评为“维护首都交通安全好市民”

1月16日，李大进、赵小鲁、钱列阳和张卫华四位北京律师因在2009年度道路交通安全工作中成绩突出，被评为维护首都交通安全好市民。北京市公安局公安交通管理局向他们颁发了荣誉证书和奖杯。

1月16日晚，“首都公安交通管理工作总结表彰大会暨春节慰问文艺晚会”在国家体育馆举行。市委书记刘淇，市委副书记、市长郭金龙，科技部副部长曹健林，公安部副部长黄明，市委副书记、政法委书记王安顺出席表彰大会，并为获奖代表颁奖。当晚登台接受表彰的除4位北京律师外，还包括首都公安交通管理部门先进集体和个人、协管员、好警嫂，参与首都交通管理建设、维护交通秩序的热心市民和遵纪守法的驾驶员等各类交通参与者优秀代表。

李源潮到司法部调研律师行业党建及开展第三批深入学习实践科学发展观活动

1月20日下午，中共中央政治局委员、中央书记处书记，中央组织部部长李源潮到司法部调研律师行业党建以及开展第三批深入学习实践科学发展观活动。

北京市大成律师事务所党委和北京市炜衡律师事务所党支部作为律师行业党建工作以及律师事务所第三批深入学习实践科学发展观活动的代表参加了调研活动，并分别做了专题汇报，介绍了律师事务所基层党组织的机构建设、队伍发展、职能作用发挥等方面的情况。

在充分调研和座谈的基础上，李源潮同志做重要指示。他指出，司法部在学习实践活动中探索的加强行业党组织建设的经验，对成系统的新社会组织的党建工作具有重要示范意义。要认真研究在新社会组织中加强党建工作的规律和方法，根据行业特点建立组织、开展活动。要依托行业主管部门和行业协会组织的力量，支持和保障行业党的建设。要坚持党的建设与业务发展相结合，在新社会组织形成党建与业务相促进、业务与党建同发展的良好格局。

北京律协召开听证会处理投诉案件

1月22日，执业纪律与执业调处委员会就5件投诉案件召开听证会，分别由纪处委副主任牛琳娜、温进主持，裁判委李宝珠、张燕生律师及部分委员参加。投诉人、被投诉律师及其所在律师事务所主任参加听证，各自陈述主张，进行质证。经听证，4件案件可以审结，1件需要等待法院判决。

2010年，共召开听证会21次，审议投诉案件87件。

习近平在北京调研新社会组织开展深入学习实践科学发展观活动的情况

1月29日，中共中央政治局常委、中央书记处书记、国家副主席、中央深入学习实践科学发展观活动领导小组组长习近平在北京调研新社会组织开展深入学习实践科学发展观活动的情况。

29日上午，习近平来到德恒律师事务所，视察了党员之家和律师工作间，同该所员工和有关负责人亲切交流。习近平同志还视察了国富浩华会计师事务所和北京出租汽车暨汽车租赁协会。随后，习近平主持召开部分新社会组织学习实践活动座谈会。中共中央政治局委员、北京市委书记刘淇介绍了北京市新社会组织学习实践活动情况，司法部部长吴爱英、财政部部长谢旭人分别介绍了律师事务所、会计师事务所行业学习实践活动情况。

习近平强调，加强新社会组织党的建设，是第三批学习实践活动的重要目标。各地各单位要充分利用开展学习实践活动这一难得机遇，推动新社会组织党建工作不断取得新进展、新成效。要扎实抓好新社会组织党组织组建工作，认真落实新社会组织党建工作责任制，进一步理顺新社会组织党组织管理体制，积极探索新社会组织党组织发挥作用的有效途径，切实加强党员队伍建设，不断提高新社会组织党建工作科学化水平。

中共中央政治局委员、中央书记处书记、中央组织部部长、中央深入学习实践科学发展观活动领导小组副组长李源潮陪同调研。

“剑指假赌黑——赌球行为所涉法律问题研讨会”召开

1月31日，北京律协文化娱乐与体育法律专业委员会、刑法专业委员会、刑事诉讼法专业委员会联合举办“剑指假赌黑——赌球行为所涉法律问题研讨会”。国家体育总局政策法规司副司长刘岩，北京市人民检察院一分院副检察长、全国人大法律委员会委员周光权，北京师范大学刑事法律科学研究院暨法学院院长、中国刑法学研究会会长赵秉志，最高人民法院刑二庭审判长刘为波，中国足球协会全国青少年校园足球工作办公室主任冯剑明，北京市人大代表、中国法学会体育法研究会理事王玉梅，国安俱乐部副董事长张路，北京球迷协会会长王文等多位知名专家及其他相关专业委员会委员共百余人应邀到会参加研讨。北京律协副会长巩沙、副秘书长刘军、北京律协业务指导与继续教育委员会主任庞正中应邀参会。来自北京电视台、北京广播电台等10余家新闻媒体到会。

研讨会由北京律协文化娱乐与体育法律专业委员会主任孙晓洋主持。北京律协副会长巩沙首先讲话，阐述了召开此次研讨会的目的。文化娱乐与体育法律专业委员会秘书长赵建军、委员宋云锋，刑法专业委员会副主任刘卫东、于云斌分别进行了主题发言。到会嘉宾就赌球行为的成因、社会危害性、涉嫌罪名、防范与治理措施、相关法律的立法完善问题发表看法。北京球迷协会会长王文在会上宣读了《倡议书》，向广大群众和社会各界发出了不参与赌球违法活动的倡议。庞正中主任做总结发言。会后，与会嘉宾与专业委员会委员合影留念。

2010年，北京律协共组织召开专业委员会研讨活动136次，9300余人次参加。

**2月份**

“2010北京律师新春团拜会”隆重举行

2月1日，北京市律师协会在北京国际饭店会议中心紫金大厅隆重举办“2010北京律师新春团拜会”，司法部、全国律协、市司法局领导、各有关单位代表、各律师事务所代表、八届律协律师代表、各工作委员会委员共一千余人参加团拜，现场张灯结彩、喜气洋洋，充满了喜庆祥和的欢乐气氛。

中华全国律师协会于宁会长、北京市司法局党委于泓源书记、北京市司法局吴玉华局长和北京律协张学兵会长分别致辞，对北京律师致以节日的问候。随着北京电视台著名主持人王旭东和龚宁的上台，团拜会节目演出正式开始，北京律师艺术团的队员们为现场的观众奉献了一场精彩的演出。演出过程中还穿插了抽奖活动。

北京律师在中央电视台《对话》栏目畅谈律师作用

2月7日，中央电视台财经频道《对话》栏目播出《走近中国律师》，北京市律师协会会长张学兵律师、天达律师事务所李大进律师、汇佳律师事务所邱宝昌律师、大成律师事务所彭雪峰律师、立方律师事务所谢冠斌律师、盈科律师事务所郝慧珍律师、天驰律师事务所马翔律师、德恒律师事务所王丽律师、中伦律师事务所蒲凌尘律师等多名北京律师走上节目现场，与主持人、企业代表、普通百姓一起，谈律师作用，谈律师未来。

周永康同志慰问首都律师

2月8日上午，中共中央政治局常委、中央政法委书记周永康同志在北京市委书记刘淇、市长郭金龙、司法部部长吴爱英等领导的陪同下，前往北京盈科律师事务所慰问首都律师并致以节日的问候。

视察过程中，周永康同志仔细阅读了盈科律师事务所深入开展学习科学发展观活动的相关图片和资料，亲切慰问了律师代表，对盈科律师事务所加强党的建设、充分发挥党员律师先锋模范作用、积极服务社会公益事业的做法表示赞赏。他强调，要进一步加强律师党建工作，以党建带动整个律师队伍建设，有效发挥律师深入基层化解矛盾纠纷的积极作用，努力做社会和谐的促进者。

市司法局党委书记于泓源同志及朝阳区委、区政府，朝阳区司法局相关领导陪同视察。

北京市律师协会规范执业指引发布

2月9日，北京律协执业纪律与执业调处委员会对近期接到的投诉案件进行了归纳、总结，针对律师执业中发布《律师函》及利益冲突代理遭到投诉比较突出的现象，在首都律师网上发布了第6号、第7号规范执业指引。

2010年，北京律协共发布3份规范执业指引。

14位北京律师参加华盛顿大学访问学者项目

2月份，第二批华盛顿大学访问学者项目选拔程序开始启动。经过面试考核，李爱斌、田锐华、戴月、王传立、陶丽5位律师将作为该项目第二批学员由北京律协推荐到华盛顿大学进行为期11周的学术研究。

2009年7月，北京市律师协会与美国华盛顿大学法学院签订为期三年的合作备忘录，采取访问学者及法学硕士教育等方式进行合作，促进双方在教育、研究和其他领域开展学术及职业交流。华盛顿大学访问学者项目是北京律协外事委首次开发的长期教育培训项目。2010年度北京律协面向北京律师共组织开展了四批访问学者交流项目，共14位律师经过选拔录取后参加了该项目的教育培训活动。

*北京律协组织申请律师执业人员面试考核*

2月15日，北京律协组织第十五期申请律师执业人员面试考核。担任面试主考官的是考核评审委员会成员刘军副秘书长，许智慧、李荣法、谢冠斌律师，以及市司法局律管处刘丽俊。此次面试考核，共有30人参加，26人考核合格。

2010年，共组织申请律师执业人员面试考核54期，共有2090人参加，1989人考核合格。

*北京律协办理实习律师备案申请工作*

2月份，北京律协收到《实习律师备案申请表》37份，协会将向符合申报条件的24人发放《实习律师证》。此外，为1名实习律师补办手续。

2010年，共有1820名实习律师向协会递交《实习律师备案申请表》，协会为符合申报条件的1559人发放了《实习律师证》。

*北京律协处理违纪律师和律师事务所*

2月份，北京律协接待投诉9件，立案4件。投诉反映的主要问题为律师代理工作不尽职，4件立案的投诉中有3件投诉此类问题，1件投诉收费票据问题。3日、10日、24日，理事及代表王雪华、池英花、付学军、朱振武、王立华、付朝晖在协会值班接待投诉。此外，为5名律师出具未受到行业纪律处分证明。

2010年，共受理投诉267件，立案85件，审结253件，对42家律师事务所、48名律师作出了纪律处分，发出规范执业建议书47份。

**3月份**

*"光荣与绽放——首都女律师庆祝'三八'国际劳动妇女节100周年诗歌演讲大赛"举行*

3月8日，北京市律师协会女律师联谊会在北京港澳中心隆重举办主题为"光荣与绽放——首都女律师庆祝'三八'国际劳动妇女节100周年诗歌演讲大赛"。北京市司法局局长于泓源，北京律协党委常务副书记李公田，律管处处长萧骊珠，副处长王文锦，北京律协会长张学兵，副会长张小炜、姜俊禄、王隽、巩沙、周塞军，秘书长李冰如，副秘书长王笑娟、刘军及来自全市各律师事务所的330余名女律师参加了庆祝活动。来自北京市委政法委、全国律协、市法律援助基金会、市女法官协会、市女警察协会、市女建筑师协会、市女新闻工作者协会的嘉宾也应邀参加了活动。

大赛由女律师联谊会秘书长周淑梅、执委米良渝和北京市中伦律师事务所王飞律师主持。市司法局于泓源局长、市律协党委李公田副书记、市律协张学兵会长、市律协女律师联谊会张巍会长分别致辞，向全市女律师致以亲切的问候和美好的祝愿。

本次诗歌演讲大赛，所有参赛作品均由律师创作和表演，作品围绕着讴歌女律师，反映女律师的工作态度及阳光生活为主题，充分展示了女律师的时代风采，弘扬了女律师的奉献精神。大赛在11个参赛作品中评选出4个奖项：最佳组织奖、最佳作品奖、最佳风采奖和最佳表演奖。

*北京律协会长会议召开*

3月10日，第八届北京市律师协会第二十八次会长会议召开。会议由张学兵会长主持。副会长张小炜、姜俊禄、王隽、巩沙、周塞军出席，监事长赵小鲁、秘书长李冰如、副秘书长赵菁、王笑娟列席。市司法局律管处处长萧骊珠应邀出席。

会议主要内容：（1）传达市司法局党委对

理事会2009年工作报告和协会2010年工作计划的意见和建议；（2）通报市财政局、市地税局《关于个人独资企业和合伙企业投资者核定征收个人所得税有关政策问题的通知》的文件精神，以及市局关于成立北京律师教育培训基地的相关情况；（3）传达司法部关于开展律师警示教育活动的指示精神；（4）讨论协会预算框架、各专门工作委员会工作计划和经费建议；（5）研究处理2009年度理事缺席理事会的相关事宜；（6）原则通过执业纪律与执业调处委员会《关于区县律协纪处工作若干问题的指导意见》。

2010年，共召开会长会议20次。

北京律协举办律师业务培训

3月13日，举办2010年度第1期律师业务培训。培训主题为“财产犯罪的司法认定”，主讲人为北京大学法学院陈兴良教授。全市千余名律师参加了培训。

2010年，北京律协共举办律师业务培训14期，共有约12000人次参加。

行发委确定2010年七个调研课题

3月20日，律师行业发展研究委员会召开全体会议，讨论确定2010年行发委的主要调研课题、工作分工及工作模式。会议由行发委主任周塞军主持。行发委副主任李庆，委员张学兵、张小炜、王隽、徐家力、张晓维等近20人参加会议。律协党委常务副书记李公田、律管处处长萧骊珠应邀参会并讲话。

针对律师行业发展的战略性问题及面临的亟待解决的问题，与会人员讨论确定了北京律师行业发展设想、市区两级行业组织架构、律师行业文化建设、继续教育、律师行业蓝皮书等七个课题作为行发委2010年的主要调研课题。会议还探讨了行发委工作模式并进行了课题分工。

北京律师为女子监狱服刑人员提供义务法律服务

3月24日，女律师联谊会派律师到北京市女子监狱为服刑人员提供义务法律咨询，共为20人次解答了22个法律问题。应狱方要求，黄小星律师还为全体服刑人员讲授了一堂婚姻法普法课。

2010年，北京律协共开展4词咨询活动，组织女律师15人次为40人次服刑人员提供义务法律服务。

《北京律师》“2009年度优秀撰稿人、特约联络员表彰会”召开

3月29日，《北京律师》“2009年度优秀撰稿人、特约联络员表彰会”召开。副会长姜俊禄、宣传与联络委员会主任马慧娟、副主任刘光超和获奖的优秀撰稿人、特约联络员以及2010年新聘的特约联络员20余人参加了会议。

会议由刘光超副主任主持。会上，姜俊禄副会长和马慧娟主任分别为《北京律师》2009年度10名“优秀撰稿人”、3名“优秀特约联络员”、1名“优秀文艺作品奖”的获奖者颁发了证书和奖品，并为新聘的特约联络员颁发了聘书。随后，参会人员为《北京律师》献计献策，提出了许多有建设性的具体建议和意见。

北京律协与新闻媒体合作开展宣传工作

3月份，《北京晚报》“法律专家团”栏目刊登国联所、东卫所、德恒所、亿嘉所和惠城所值班律师就市民提问所作的解答。“免费咨询天天有”栏目的电话咨询值班律所是万国法源所、威宇所和万律泽所。3月份“律师说案”栏目的主讲律师是米良渝、梁枫、王兆峰、孙斌和王宏伟。以上报道刊登在每周三“法治周刊”版。

《法制晚报》“96156社区服务热线法律咨询服务”栏目刊登了安桥所、中淇所、长安所、盈科所、天济所和圣奇所值班律师就市民提问所作的解答。《证券市场周刊》、《法制晚报》记者就新闻事件涉及的法律问题采访相关专业委员会律师。

2010年，北京律协在报纸、杂志、电台、电视台刊发宣传稿件约600件。

北京律协公益法律咨询热线解答百姓问题

3月份，北京律协公益法律咨询热线共接听咨询电话661个，接待来访150人次。

2010年，共有77家律师事务所的1002位律师参与了北京律协公益法律咨询热线的活动，共接听咨询电话11591个，接待来访1840人次。咨询的内容主要集中在房屋拆迁、买卖以及承租所带来的法律纠纷，基于继承、婚姻产生的财产分割纠纷，由于医疗事故和交通事故引起的纠纷，以及劳动人事关系引起的法律纠纷等，几乎涵盖了市民日常生活的各个环节。

**4月份**

倡议“北京律师春雨行动”援助西南干旱地区

4月1日，北京律协发起“北京律师春雨行动”，号召全市律师和律师事务所为西南旱灾地区捐款。截至4月14日，共收到来自163家律师事务所、2795名律师的捐款1，546，215元。其中，律师事务所捐款数额最高为218，870元，律师个人捐款数额最高为61，250万元。捐款1万元以上的律师事务所有39家，捐款1万元以上的律师有13人。

5月11日~14日，北京律协派出考察组赴云南考察“北京律师春雨行动”援建项目。考察组由副会长姜俊禄带队，成员有宣传与联络工作委员会秘书长余尘、协会副秘书长刘军和捐款代表君合律师事务所姚文平律师。云南省律师协会和项目所在地政府部门接待了北京律协考察组一行。考察的两个项目为大理白族自治州剑川县甸南镇兴水村人畜饮水工程和红河哈尼族彝族自治州元阳县上新城乡风口山移民区人畜饮水工程。考察组对项目进行了实地考察，深入田间地头和村民家中了解受灾情况，并向北京律协会长会议汇报了考察情况。

10月28日，北京市律师协会与云南省律师协会，以及云南省红河州元阳县和云南省大理白族自治州剑川县人民政府就人畜饮水工程项目签订协议书。按照协议约定，北京律协向元阳县、剑川县捐款155万元，支援当地人畜饮水工程项目建设。上述两项饮水工程预计于2011年春建设完成。

北京律协代表队首次参加国际法律咨询比赛（ICCC）获得好成绩

4月7日~11日，北京市律师协会代表队赴香港大学参加国际法律咨询竞赛（International Client Counseling Competition），获得第九名。这是中国大陆选手首次参加此项竞赛。本次竞赛由香港大学承办，主题是白领犯罪，共有来自美国、英国、加拿大等22个国家及地区的选手参加，所有参赛人员均为法学院学生及实习律师。中伦律师事务所实习律师刘佳宁和时雨律师事务所实习律师张慧颖两名参赛选手，在比赛中表现出色，得到各国选手及评审的一致认可。

第八届北京市律师代表大会第三次会议召开

4月9日~10日，第八届北京市律师代表大会第三次会议召开。八届律协197位代表出席会议，协会秘书长、副秘书长列席会议。市律协党委常务副书记李公田、市司法局律师管理处处长萧骊珠、各区县司法局主管局长、律公科科长应邀参加会议。

市律协党委常务副书记李公田代表市司法局党委书记、局长于泓源及市局、市律协党委向大会的召开表示祝贺，并就深入推进三项重点工作、全面推进律师队伍警示教育、认真履行律师协会的法定职责、加强律师事务所的自我管理和完善以及律师要做中国特色社会主义法律工作者等方面提出了意见和建议。

张学兵会长向大会作《北京市律师协会理事会2009年工作报告》；赵小鲁监事长向大会作《北京市律师协会监事会2009年工作报告》；周塞军副会长向大会作《北京市律师协会2009年度会费预算执行情况报告》；张学兵会长、赵小鲁监事长作关于《北京市律师协会2010年工作计划》的说明；周塞军副会长作关于《北京市律师协会2010年会费预算（草案)》的说明，以及《北京市律师协会会费管理办法（试行)》修订草案的说明。

在分组讨论阶段，近200位代表及特邀代表分为6个小组，分别由副会长张小炜、姜俊禄、王隽、巩沙、周塞军，监事长赵小鲁及理事庞正中、张卫华、阎建国、马慧娟、于君、皮剑龙任召集人。分组讨论会主要就《北京市律师协会理事会2009年工作报告》、《北京市律师协会监事会2009年工作报告》、《北京市律师协会2009年度会费预算执行情况报告》、《北京市律师协会2010年工作计划》、《北京市律师协会2010年会费预算（草案)》和《北京市律师协会会费管理办法（试行)》修订草案进行了讨论。讨论中，代表们比较关注的问题有：2010年会费预算科目、会费调整方案、税收政策调整、实习律师存档、行业形象提升、区县行业组织的设立、北京律师学院的筹建等。

分组讨论结束后，第八届北京市律师代表大会第三次会议召开了全体会议。会上，张学兵会长就代表在分组讨论中提出的建议和意见进行了回应。随后，大会进入审议表决程序。经表决，大会通过了《北京市律师协会理事会2009年工作报告》、《北京市律师协会监事会2009年工作报告》、《北京市律师协会2009年度会费预算执行情况报告》、《北京市律师协会2010年工作计划》、《北京市律师协会2010年会费预算（草案)》和《北京市律师协会会费管理办法（试行)》修订草案。

北京市未成年人保护公益律师团举行成立仪式

4月16日，北京市未成年人保护公益律师团在北京会议中心举行成立仪式。北京市律师协会张学兵会长、刘军副秘书长应邀参加成立仪式。北京市政府副秘书长马林，北京团市委书记王少峰、副书记刘震，首都综治办副主任许继慧，北京市人民检察院侦查监督处处长张新建和市律协领导为北京市未成年人保护公益律师团83名律师代表颁发了聘书。北京市未成年人保护公益律师团由北京律协未成年人保护专业委员会牵头，刑事诉讼法专业委员会、婚姻与家庭法律专业委员会、教育法律专业委员会主任、法律援助与公益法律事务专业委员会等十多个专业委员会推荐成员组成。

北京律协参加“首届首都青少年公益节暨北京社会公益活动周”活动

4月19日，参加由共青团北京市委、北京市委社会工委、首都文明办等单位共同主办的“首届首都青少年公益节暨北京社会公益活动周”公益活动。副会长姜俊禄、副秘书长刘军出席。协会公益法律咨询中心张万成、孙健、马志刚和黄玺豪4位志愿律师冒雨为群众提供免费法律咨询服务。志愿律师全天共接待现场咨询30余人次。律协工作人员免费向市民发放“北京律协公益法律服务热线”宣传折页1000余张和《北京市律师事务所名录》几十册。协会选送的7幅公益活动图片参加了“公益北京温暖之都”图片展。北京律协女律师联谊会、劳动与社会保障法律专业委员会、消费者权益法律专业委员会和涉侨法律事务专业委员会也参与了相关主题的法律宣传活动。

北京律协举办新执业律师宣誓仪式

4月22日，协会在昌平区流村镇举办2010年第1期新执业律师宣誓仪式。副会长张小炜、王隽和来自50多家律师事务所的100余名新执业律师参加了此次活动，共种下树苗1350棵。

北京律协发放互助金

4月29日，北京律协副会长张小炜、秘书长李冰如向赵晓鲁律师事务所和铭达律师事务所的2名患重病律师发放了总额为6万元的互助金。

2010年，共为9名律师发放互助金27万元。

**5月份**

北京律协参加北京市法制宣传咨询周活动启动仪式

5月9日，北京市律师协会在朝阳公园南门前广场参加了北京市法制宣传咨询周活动启动仪式。本次活动由市法制宣传教育领导小组办公室、市司法局主办，以“崇尚法律、共筑和谐”为主题。市委副书记、政法委书记王安顺，市司法局局长于泓源等领导同志出席仪式。北京律协会长张学兵、副秘书长刘军和百余名北京律师参加活动。

启动仪式上宣布成立“北京市律师普法志愿团”，与会领导为10名“北京市律师普法志愿者”代表颁发绶带，市委副书记王安顺为“普法志愿团”授旗并讲话。市司法局局长于泓源对活动作动员部署。张学兵会长代表北京市律师协会向全市律师同仁发出倡议，号召广大律师积极投身公益法律事业，为构建和谐社会做出新的更大贡献。

启动仪式结束后，百名北京律师为群众进行了法律咨询。与会领导视察活动现场，并与普法志愿律师一同向群众发放普法资料和宣传品。张学兵会长还看望了参加咨询的律师。

北京律协代表团赴首尔参加第十八届北京·首尔律师协会交流会议

5月11日—16日，以副会长周塞军为团长的北京市律师协会代表团一行6人赴韩国首尔，参加第十八届北京·首尔律师协会交流会议，并参观访问大法院、大检察院。

交流会议在首尔地方律师协会辩护士教育文化馆举办。首尔地方律师协会会长金炫、北京律协代表团团长周塞军分别致词。中韩双方与会人员围绕“青年律师的培训及执业前景”、“两国法律界动态”展开主题演讲和互动交流。北京律协律师事务所管理指导委员会副主任徐猛、青年律师工作委员会副主任李继泉，首尔律协青年律师平议会副议长白胜在、企划理事千孝在分别作主题发言。

交流会议召开前，代表团一行前往首尔地方律师协会会馆拜访了金炫会长，并与金炫会长一同为新建成的首尔地方律师协会辩护士教育文化馆剪彩。

北京律师摄影俱乐部成立

5月12日，北京律师摄影俱乐部举行成立仪式。北京律协李冰如秘书长、会员事务委员会李海彦主任代表北京律协参加，北京摄影家协会主席叶有才、大众摄影总编陈仲元、中国摄影杂志社副主编梁文川、中国摄影报活动部副主任房志国、北京日报图片社总经理张西林、人文中国·山水摄影网总编卓军等六位嘉宾应邀出席。成立仪式由摄影俱乐部主任经德才律师主持。李冰如秘书长、李海彦主任、叶有才主席、七届律协李大进会长在仪式上分别致辞，祝贺北京律师摄影俱乐部成立。

非公有制经济与自由择业知识分子代表人士队伍建设调研组到北京律协调研

5月13日，由市委统战部、市委政法委、市委社会工委、市社科院等部门人员组成的非公有制经济与自由择业知识分子代表人士队伍建设调研组到北京市律师协会调研。调研座谈会由北京律协副会长张小炜主持，副会长白涛、巩沙及7位理事参加座谈。

调研组听取了协会关于北京律师行业队伍建设情况的汇报，与会律师分别就律师行业代表人士的培养、选拔和使用，畅通联系渠道，规范培训机制，在各级人大、政协组织中建立独立的法律界别，增加律师代表、委员的名额，拓展律师参政议政的空间，建立律师向体制内其他职业特别是司法职业交流转换的常规性制度和机制等提出了很好的建议。

北京律协与朝阳区检察院共同召开“控辩交流专题座谈会”

5月13日，北京律协权益保障委员会与朝阳区检察院共同召开“控辩交流专题座谈会”。副会长张小炜、秘书长李冰如、权保委主任皮剑龙等部分律师，北京市朝阳区人民检察院公诉一处处长郑思科、公诉三处处长胡静以及部分检察官等参加会议。市司法局律管处冯新泉副处长应邀参会。

会议由权保委副主任高子程主持。与会律师分别就控辩双方进行诉前沟通的必要性和重要性、存在的问题及成因、控辩关系的相互支持、相互补充等进行了详细的分析和论述；朝阳区检察院的检察官们就建立和谐控辩关系提出了许多富有建设性的意见。与会人员还就律师执业环境的改善等问题进行了进一步的沟通和交流。

全市律师队伍警示教育工作转段会暨优秀律师事迹宣讲团启动会议召开

5月20日，北京市司法局组织召开全市律师队伍警示教育工作转段会暨优秀律师事迹宣讲团启动会议。市司法局局长于泓源同志、副巡视员娄斌同志、副局级领导李公田同志、市律师协会会长张学兵同志出席了会议。区县司法局主管律师工作的副局长、公律科科长、市律师协会全体理事、监事、秘书长、优秀律师典型事迹宣讲团律师共100余人参加了会议。

市司法局局长于泓源同志在大会上作重要讲话。李公田同志传达了司法部领导讲话精神，总结了全市律师队伍警示教育工作第二阶段的工作开展情况。市律协会长张学兵同志作大会发言。北京市盈科律师事务所郝惠珍律师、北京市赵晓鲁律师事务所赵小鲁律师、北京市贝朗律师事务所连艳律师、北京市中同律师事务所杨矿生律师作为优秀律师事迹宣讲团的成员分别从律师事务所党支部建设、律师的社会责任、律师参与社会矛盾化解、树立刑辩律师的良好形象四方面做了事迹报告。

北京律协代表队在京津沪渝粤五省市律师羽毛球联谊赛中获第三名

5月21日~23日，北京律协羽毛球队赴上海参加京津沪渝粤五省市律师羽毛球联谊赛。会员事务委员会副主任岳运生作为领队，率领8名队员参加了比赛。北京律协羽毛球代表队获得第三名。

北京律协参加“爱北京·青年汇”2010北京青少年社团文化节暨春光·青春嘉年华活动

5月22日，北京律协青年律师联谊会参加“爱北京·青年汇”2010北京青少年社团文化节暨春光·青春嘉年华活动。协会副秘书长刘军、青年律师工作委员会主任董刚率领青年律师联谊会10余名骨干成员参加开幕式，并在分会场举办公益法律咨询活动。10余位青年律师头顶烈日，为群众解答法律疑惑，发放“北京律协公益法律服务热线”宣传折页。活动期间，北京市委常委梁伟、团市委副书记刘震等领导来到公益法律咨询现场，看望参加活动的青年律师。

北京律师积极参与“96156公益法律服务热线”咨询活动

5月26日，北京律协与北京市社区服务中心就律师提供社区法律咨询服务签订补充协议。自2010年1月开始，北京市社区服务中心对全市参与“96156公益法律服务热线”值机律师进行补贴，进一步调动和激发律师参与社区服务的积极性。这是继2005年3月双方签订“96156法律咨询热线”合作协议后的又一重大举措，实现政府购买服务机制，打造政府和法律服务业的双赢环境。

2010年，“96156公益法律服务热线”共开展在线法律咨询活动147次，有294位律师参加在线咨询，解答法律问题2880个。

北京律协与中国国际经济贸易仲裁委员会、国际争议解决专家组织（IDR Group）在京联合举办研讨会

5月28日，北京市律师协会与中国国际经济贸易仲裁委员会、国际争议解决专家组织（IDR Group）在京联合举办题为“中国境外的国际争议解决：从各国际机构下看仲裁的规则与程序”的研讨会，就跨国争议类型、石油与能源纠纷、国外仲裁机构情况以及中方在国外仲裁程序中遇到的问题进行了讨论。会议期间还穿插模拟仲裁庭（Mock Arbitration Hearing），展现了庭审案例分析。

会议邀请了中国、英国、法国、意大利、瑞典、土耳其等国争议解决方面的专家作专题演讲。北京律协外事委员会部分委员、刘军副秘书长、国际部李凯主任及近60位北京律师参加研讨会，并有来自公司企业、法学院校、法律咨询机构的专家学者参会，会议规模达100余人。

本次研讨会上，中国国际经济贸易仲裁委

员会副主任及秘书长于建龙、国际争议解决专家组织主席 Anthony Connerty 做开幕致辞，北京律协会长张学兵做闭幕致辞。

**6 月份**

英国事务律师公会及英国出庭律师公会代表团访问北京律协

6 月 1 日，由英国事务律师公会主席 Robert Alan Heslett 及英国出庭律师公会主席 Nicholas Nigel Green 带领的代表团一行 12 人访问北京市律师协会并进行座谈，与会双方就律师职业培训、青年律师培训、律师事务所管理等问题进行了交流。北京律协副会长白涛、副秘书长刘军、外事委员会主任王卫东、副主任吴以钢及部分委员参加座谈。全国律协国际部主任蓝红和主任助理程幽燕陪同接待。

北京律协和 5 名北京律师在北京市集中清理执行积案活动中获表彰

6 月 11 日，北京市律师协会在北京市委政法委、北京市高级人民法院召开的“北京市集中清理执行积案活动总结表彰大会”上荣膺“北京市集中清理执行积案活动先进集体”称号，巩沙、钱列阳、蒋京川、牛琳娜、黄鹰等 5 名律师荣膺“北京市集中清理执行积案活动先进个人”称号。

表彰大会在北京市会议中心举行，市委副书记、政法委书记王安顺，市人大副主任马振川出席了会议，副市长刘敬民主持。市高级人民法院院长池强对北京市集中清理执行积案工作进行了总结，市委政法委副书记刘大为宣读了表彰决定。共有 90 个先进集体和 280 名先进个人受到表彰，与会领导为获奖先进集体代表和先进个人颁奖。

北京律协举办文化系列名家讲座

6 月 11 日，第一期北京律师文化系列名家讲座在协会三层报告厅举办。讲座由张学兵会长主持。北京市委研究室副主任江涛应邀作题为《北京作为世界城市的定位与发展战略》的发言。北京律协副秘书长刘军、会员事务委员会副主任岳运生和 100 余名律师参加讲座。

2010 年，北京律协共举办 3 期北京律师文化系列名家讲座，近千人次参加活动。其中，第二期北京律师文化系列名家讲座邀请联想控股有限公司董事长、著名企业家柳传志先生做了题为《联想的经验教训总结》的发言；第三期北京律师文化系列名家讲座邀请国防大学金一南教授做了题为《国家安全筹划中的战略思维》的发言。

北京律协接待各省市律协来访

6 月 23 日，北京市律师协会接待了由上海市司法局刘忠定副局长、上海市律师协会刘正东会长带队的上海市律师协会考察团一行 7 人，双方就新律师法生效实施后律师协会的章程在修改和实施过程中出现的问题及解决方法等进行交流座谈。北京市司法局副局级领导、北京律协党委常务副书记李公田主持座谈会。市司法局律管处处长萧骊珠，北京律协会长张学兵，副会长王隽、周塞军，规章制度委员会主任张卫华，协会秘书长李冰如，副秘书长王笑娟、刘军，综合调研部主任陈强参加了会议。

2010 年，北京律协还先后接待了南京、江苏、广西、青岛、重庆等地律协考察团的来访。

53 名资深律师受聘为申请律师执业人员集中培训讲师团讲师

6 月 25 日，第八届北京市律师协会申请律师执业人员集中培训讲师团聘任大会在腾达大厦召开，53 名资深律师受聘为讲师。

北京律协会长张学兵、副会长巩沙、副秘书长刘军、申请律师执业管理考核委员会主任许智慧、副主任张志冰，中国政法大学副校长马怀德、中国政法大学继续教育学院常务副院长兼党委书记刘守仁、副院长张晓琴出席大会。申请律师执业人员集中培训讲师团及申请律师执业管理考核委员会部分成员共计 60 余人参会。会议由北京律协申执委许智慧主任主持。

会上，中国政法大学马怀德副校长、北京律协张学兵会长先后讲话。巩沙副会长宣读了

"第八届北京市律师协会申请律师执业人员集中培训讲师团"名单。与会领导为讲师团成员代表颁发了聘任铜牌。

北京律协为新设律师事务所合伙人举办管理培训活动

6月25日，第一期新设律师事务所合伙人管理培训活动在协会三层报告厅举办。来自全市50多家新设立律师事务所的70余名合伙人参加了此次培训。协会律师事务所管理指导委员会主任付朝晖主持培训活动。

北京律协王隽副会长、市司法局律管处冯新泉副处长、协会执业纪律与执业调处委员会副主任牛琳娜、律师事务所管理指导委员会副主任赵曾海应邀主讲，分别为参会人员介绍了北京律师行业目前的总体发展情况、律师和律师事务所违法行为行政处罚、律师事务所规范管理、合伙人需要注意的问题等。协会还在培训现场向参会人员赠送了律师事务所管理方面的书籍。

2010年，北京律协共举办2期新设律师事务所合伙人管理培训活动，130余名合伙人参加了培训。

"北京市优秀律师党员事迹报告会"隆重召开

6月26日，北京市司法局在中国科技会堂隆重召开"北京市优秀律师党员事迹报告会"，纪念中国共产党建党89周年。司法部副部长赵大程、北京市副市长刘敬民等领导出席大会。大会由北京市司法局局长、党委书记于泓源主持。市律师协会党委委员、各区县司法局领导、全市律师事务所党支部及党员代表共600余人参加会议。

本次大会是近年来北京市律师行业规模最大、规格最高的一次党员大会，是律师行业贯彻落实中央精神，积极开展创先争优活动的一项重要内容。会上，表彰了29个"五好"党支部和50名优秀律师党员。5位优秀律师党员盈科律师事务所郝惠珍律师、赵晓鲁律师事务所赵小鲁律师、中同律师事务所杨矿生律师、贝朗律师事务所连艳律师、致诚律师事务所佟丽华律师分别从创新基层党建工作、青年律师的培养与成长、热心公益法律服务为民排忧解难、依法开展刑事辩护以及律师党员社会责任五个方面，宣讲和展示了律师党员的精神风貌和执业风采。

听了优秀党员的事迹报告，北京市副市长刘敬民做了重要讲话。北京市司法局局长于泓源做大会总结发言。北京市律师协会会长、律协党委副书记张学兵带领600余名与会的律师事务所党支部书记、党员代表面向党旗重温了入党誓词，将大会的气氛推向高潮。

**7月份**

北京律师协会回访陕西、宁夏希望小学

7月7日~11日，北京律协副会长姜俊禄、周塞军各带领一个回访团，分赴位于陕西省榆林市吴堡县慕家塬、宁夏回族自治区隆德县张程乡桃园村的两所北京律师希望小学，进行回访。宣传与联络委员会主任马慧娟、副主任王安心、捐款律所代表金杜所律师厉智君、于桂艳，君合所律师蒋斌参加了回访活动。

在当地司法局、律师协会相关领导的陪同下，北京律协的两个回访团带着北京律师捐赠的图书、书包、文具、篮球等学习用品和文体用品抵达希望小学，受到学校师生的热烈欢迎。在"北京律师协会回访希望小学暨捐赠仪式"上，姜俊禄副会长、周塞军副会长分别代表北京律协将捐赠物品送到孩子们的手中，鼓励他们克服困难、努力奋进，成长为对国家、对社会有用的人。仪式结束后，回访团参观了校园，并向师生们了解学校和学生的基本情况。

7月26日，协会向为宁夏、陕西北京律师希望小学捐助的8家律师事务所颁发荣誉证书。这8家律所分别为金杜、君合、汇佳、慧丰、荣德、共和、陆通联合、国联，它们在"2010年北京律师希望小学回访活动"中为上述两所希望小学共捐助价值47460元的图书、文体用品、文具等物。

于泓源局长听取北京律协秘书处2010年上半年工作汇报

7月9日，北京市司法局于泓源局长专门听取了北京市律师协会秘书处2010年上半年工作汇报。北京市司法局副局级巡视员娄斌、北京市律师协会党委常务副书记李公田、北京市局律管处处长萧骊珠、调研员栾森森、副处长冯新泉，以及研究室、办公室等相关处室的领导，以及北京律协秘书长李冰如、副秘书长赵菁、王笑娟、刘军参加会议。

会上，李冰如秘书长代表秘书处做工作汇报。于泓源局长对秘书处工作给予充分肯定，并对秘书处的工作提出了要求。

北京律协参加北京市“政府购买社会组织公益服务项目推介展示暨资源配置大会”

7月12日，北京律协在北京会议中心参加了北京市“政府购买社会组织公益服务项目推介展示暨资源配置大会”。本次活动由市民政局、市社会建设工作办公室主办，旨在积极推进社会组织参与社会建设的进程，充分发挥社会组织服务民生、改善民生、建设民生的生力军作用。中纪委驻民政部纪检组组长曲淑辉、副市长丁向阳出席会议。500余个公益服务项目在大会现场布置了展板和咨询台。刘军副秘书长代表协会参加本次会议。

北京律协为在大会上推介展示“公益法律咨询中心”项目，制作了展板、易拉宝及文字、图片资料等，律协工作人员还为与会的单位和来宾详细讲解了“北京律协公益法律咨询中心”基本情况，并发放“公益咨询热线”相关宣传折页百余张。

北京律师为青海玉树灾区律师事业发展捐款

7月22日，北京市律师协会张学兵会长、姜俊禄副会长、李冰如秘书长等随同北京市司法局于泓源局长带领的北京市司法行政系统代表团赶赴青海玉树地震灾区进行慰问，并参加了北京市司法行政系统向青海司法行政系统的捐赠仪式。在捐赠仪式上，张学兵会长代表协会向灾区人民，尤其是奋战在第一线的青海律师表示慰问，姜俊禄副会长代表协会与青海省律师协会草签了援助青海省律师发展的协议，将北京律师为玉树捐助的350万元全部用于当地律师事业的发展。

青海玉树地区发生地震灾害后，4月15日，北京律协通过首都律师网迅速发出《紧急为青海地震灾区抗震救灾捐款的倡议书》，并向青海省委政法委发去慰问电。截至4月26日，协会共收到来自272家律师事务所、3703名律师的捐款3，240，842.7元。

在青海省司法厅、青海省律师协会的大力配合和支持下，代表团一行赶往玉树灾区进行实地考察。为更好地体现律师的职业价值和社会责任，在北京市司法局的大力支持下，协会决定委托青海省律师协会用北京律师的捐款在玉树灾区建设一个实体建筑物，并命名为“北京律师法律服务中心暨社会矛盾化解中心”。同时，青海省律协将选聘律师进驻该中心为灾区在恢复重建过程中遇到的各种问题提供法律咨询服务。北京律协将全力支持律师的选派和培训工作，并适时指派北京律师参与服务工作。

青海省委书记强卫同志接见了北京市司法行政系统代表团一行，他高度赞赏了首都司法行政系统对青海玉树灾后重建工作的支持，同时对北京市律师协会在青海建立北京律师法律服务中心的做法给予了肯定，并希望首都律师继续关注和支持青海律师事业的发展。

北京律协举办律师事务所管理人沙龙活动

7月23日，律师事务所管理指导委员会举办首期律师事务所管理人沙龙活动。主任付朝晖、副主任徐猛、郭姗及40余名律所管理人参加了此次沙龙。副会长王隽、政法大学教授王进喜应邀参加了沙龙。沙龙由徐猛副主任主持。

会上，王隽副会长和王进喜教授共同介绍了《律师事务所管理评价体系标准及评估指南》。与会律师就如何寻找律所管理成本和效益的平衡点、中小律所的初期管理体系运作成本、评价体系的细化和完善等进行了讨论。

2010年，北京律协共举办4期律师事务所管理人沙龙活动，近三百人次参加了活动。

北京律师太极拳队参加2010年第八届北京国际武术邀请赛

7月24日~26日，北京律师太极拳队代表北京律师第一次单独组队参加了在北京举行的2010年第八届北京国际武术邀请赛。来自国际国内的76支代表队和近700名运动员参加了比赛。北京律师太极拳队取得了优秀成绩，共获得两项第一名、两项第二名和一项第四名。

北京律师行业文化建设研讨会召开

7月31日，北京律师行业文化建设研讨会在协会四层第四会议室召开。律师行业发展研究委员会律师行业文化建设课题组成员，以及来自清华大学法学院、北京大学法学院、中国人民大学法学院、中国社科院法学研究所的专家学者等20余人参加了会议。市司法局副局级领导、律协党委常务副书记李公田，市司法局律管处处长萧骊珠，协会副会长王隽和七届律协会长李大进等应邀参加会议。

会议由周塞军副会长主持。会议就如何建设律师行业文化进行了讨论，提出了许多新颖的、富有建设性的观点。李公田副书记在听完与会人员的讨论后，就关于推进律师文化建设作了讲话。

“激情盛夏相聚联通”单身青年律师与工程师联谊活动举行

7月31日~8月1日，由北京市律师协会与北京联通公司携手组织为期两天的“激情盛夏，相聚联通”单身青年律师与工程师联谊活动在联通公司沙河培训基地举行。本次活动主要面向北京律协及北京联通35周岁以下的优秀未婚青年。参加联谊活动的青年近100人。北京市司法局副局级领导、北京市律师协会党委常务副书记李公田、副秘书长刘军、青年律师工作委员会主任董刚、副主任李继泉，联通公司工会副主席蔡铁春参加了此次联谊会。

7月31日的联谊活动上，李公田副书记代表律协党委发表讲话。随后，是“击鼓传花”、“抢椅子”、“吸管接力赛”、“动作传情”、“甜蜜蜜”等互动游戏，还有才艺展示和交换信物等活动。8月1日以“合作、竞争”为主题的拓展活动把整个联谊活动推向了高潮。

**8月份**

青年律师阳光成长计划培训班受青年律师欢迎

8月1日，北京律协青年律师工作委员会主办的“青年律师阳光成长计划二阶段民诉培训班”开班仪式在十月大厦举行。副会长巩沙、业务指导与继续教育委员会副主任贾军、民事诉讼法专业委员会主任高警兵等嘉宾出席了开班仪式，青工委副主任李海珠主持。巩沙副会长、贾军主任在开班仪式上分别讲话。

本次民诉培训班共8天课程，课程设置由青工委与民诉专委会多次讨论并精心挑选，深具实务代表性。授课导师全部为民诉专业委员会的委员。

2010年，北京律协还举办了2期青年律师阳光成长计划基础培训班，460名青年律师参加了培训。

北京律协举办申请律师执业人员集中培训

8月2日，为期4周的第十七期申请律师执业人员集中培训在政法大学举办。北京律协副秘书长王笑娟、申请律师执业人员考核管理委员会副秘书长杨凯、中国政法大学继续教育学院院长兼分党委书记刘守仁出席开班仪式。开班仪式由中国政法大学继续教育学院副院长张晓琴主持。

2010年，共举办申请律师执业人员集中培训班8期，参训人数1630人，1600余名律师通过考核取得结业证书。

12名北京律师被聘为第二届公安交通管理法律服务团成员

8月6日，“第二届公安交通管理法律服务团”成立大会在北京市公安交通管理局召开。交管局局长宋建国、副局长王立、法制处处长赵继强，北京市律师协会会长张学兵、副会长巩沙、监事长赵小鲁、秘书长李冰如等参加会议。会议由王立副局长主持。会上，张学兵会长等12名律师被北京市公安交通管理局聘为法律服务团成员。市交管局宋建国局长为服务团成员颁发了聘书。

女律师积极开展沙龙活动

8月20日，北京律协女律师工作委员会举办"执业经验谈——与客户沟通的技巧"沙龙活动。女律师联谊会会长张巍讲解了律师与客户沟通的技巧和注意事项。活动由女律师联谊会执委马玲主持，140余名女律师参加了活动。

2010年，北京律协共举办4次女律师沙龙活动，500余名女律师参加了活动。

吴爱英部长来京调研律师行业党的基层组织和党员开展创先争优活动开展情况

8月27日，司法部部长吴爱英一行来京调研律师行业党的基层组织和党员开展创先争优活动开展情况。吴爱英部长一行视察了北京市观韬律师事务所和德恒律师事务所，仔细了解了律师事务所党支部开展创先争优活动情况，察看了党员活动室，并观看了市司法局推进三项重点工作和深入开展律师行业创先争优活动、警示教育活动、律师党建工作和创新律师管理与服务情况的汇报展板。

视察结束后，吴爱英部长与律师基层党组织代表进行了座谈。在听取北京市司法局和观韬、德恒律师事务所党支部工作汇报后，吴爱英部长作了重要讲话，对北京市律师行业创先争优活动所取得的成绩给予了肯定，并提出了几点希望和要求。

司法部党组成员、政治部主任尹晋华，办公厅副主任查庆九、律师公证工作指导司司长杜春、法制宣传司司长肖义舜、全国律师协会会长于宁、政治部副主任徐辉，律师行业创先争优活动指导小组办公室部分成员参加了调研。北京市司法局、西城区司法局、北京市律师协会负责同志参加了调研。

北京律协拜访内蒙古自治区律师协会

8月28日~30日，由北京律协监事长赵小鲁带队的一行九人拜访了内蒙古自治区律师协会，就律师协会监事会的工作进行座谈交流。内蒙律协会长巴布、监事会主席宋建中、副会长邓连戈、监事会副主席张伟建、党委委员王明志、秘书长金毅力、副秘书长呼和敖勒等接待了北京律协监事会一行。

座谈会上，北京律协监事长赵小鲁、内蒙律协监事会主席宋建中分别代表双方监事会介绍了工作的开展情况，与会人员就律师协会监事会工作面临的问题和困难，监事会在律师行业管理中的定位、职能和作用，以及如何完善监事会制度等问题进行了沟通与交流。会上，北京律协监事长赵小鲁与内蒙律协监事会主席宋建中分别代表双方监事会在《友好合作协议书》上签字，结为友好监事会。

王安顺同志到北京市大成律师事务所调研律师党建工作

8月30日，市委副书记、政法委书记王安顺同志一行13人到市司法局调研司法行政工作，参观了北京市大成律师事务所和北京市朝阳区三里屯街道司法所，全面了解了律师事务所、司法所基本情况，详细询问了律师党建工作开展情况和人民调解工作。市委常委、市公安局局长傅政华，市高级人民法院院长池强，市检察院检察长慕平，市委副秘书长、政法委常务副书记李伟，市委政法委副书记刘大为等市政法各单位及市委政法委、市委组织部、市编办的相关领导陪同调研。

调研过程中，王安顺同志一行还参观了市司法局关于首都律师管理和律师党建工作展板，听取了全市司法行政系统深入推进三项重点工作主要情况和创新律师管理与服务工作有关情况的汇报，并就司法行政工作有关重点工作与参会同志进行了座谈。

**9月份**

北京律协专业委员会提交立法建议

9月6日，刑法、刑事诉讼法专业委员会，

民法、婚姻法、物权法、侵权法、竞争与反垄断法律专业委员会分别就北京市人大常委会法制办发来的《中华人民共和国刑法修正案(八)(草案)》和《中华人民共和国涉外民事法律适用法(草案)》征求意见稿进行了研讨，提交了书面建议。

此外，2010年里，各相关专业委员会还向司法部法制司、北京市高级人民法院、北京市司法局等部门，就《刑事诉讼法》的修改、法官与律师相互关系的规范、法律援助指派办法等内容提交了书面建议。

*《北京律师》获首届律师协会会刊评选银奖*

9月9日~10日，北京律协会刊《北京律师》在全国律协宣传联络工作会议上，荣获首届律师协会会刊评选银奖。首届会刊评比共有24家省级会刊和1家市级会刊参加，各奖项由与会的31个省市律协代表投票选出。会上，北京律协刘军副秘书长应邀做了题为《顺应新形势，拓展新渠道，大力推进律师宣传工作》的发言。

*北京市律师行政应诉工作服务团成立*

9月18日，北京市律师行政应诉工作服务团成立仪式在十月大厦举行。北京律协党委常务副书记李公田，会长张学兵，副会长巩沙、王隽、白涛，监事长赵小鲁，秘书长李冰如，市司法局律管处副处长冯新泉出席。服务团全体成员参加了成立仪式。仪式由巩沙副会长主持。

会上，李冰如秘书长宣读了《北京市律师行政应诉工作服务团成员名单》，与会领导为服务团代表颁发了聘书。根据《北京市司法局关于组织律师为各级政府行政应诉工作提供法律服务情况的报告》指示精神，北京市律师协会在理事、监事、61个专业委员会中遴选了63名政治觉悟和执业水平较高、热心公益的律师作为行政应诉工作服务团成员。李公田副书记、张学兵会长分别讲话，对服务团的工作提出了希望，做出了指导。

成立仪式结束后，服务团成员参加了行政法专业委员会组织的“北京市高院行政庭关于行政审判指导意见精要”讲座，这也是服务团进行的第一次培训。二中院行政庭副庭长闫勇法官应邀到会作主题发言。除服务团成员外，还有近200名北京律师参加了此次培训。

*北京市律师希望小学暨回澜镇陈家观小学举行命名仪式*

9月24日~26日，北京市律师协会会长张学兵、七届会长李大进、副会长张小炜、秘书长李冰如、宣传联络委员会委员李大中律师一行人赶往四川省什邡市回澜镇，参加了北京市律师希望小学暨回澜镇陈家观小学的命名仪式，并实地考察了北京律师协会援建希望小学项目。

由北京市律协出资800万元全资援建的新学校占地近12000平方米，建筑面积2228平方米，解决了周围三个半行政村近200个孩子的读书问题。在学校命名仪式上，学生们亲手为每一位来宾系上红领巾，向北京的叔叔阿姨献上他们最真诚的感激。张学兵会长、七届律协李大进会长、张小炜副会长和李冰如秘书长现场将从北京带来的价值17000元的学习和体育用品捐赠给学校。张学兵会长承诺，北京律师将继续对希望小学的发展给予支持。随后，张学兵会长和唐平副市长共同为新校名揭幕。

9月25日下午，市律协一行人参加了北京市组织的市人大代表、政协委员和捐赠代表赴什邡考察援建成果的座谈会。会上，张学兵会长介绍了援建希望小学的相关情况、实地考察学校的感受以及北京律师关爱社会、关心公益的作为。

9月26日上午，什邡市举行了“希望之光”纪念雕塑落成剪彩仪式。北京市市长郭金龙与四川省委书记、省人大常委会主任刘奇葆，省委副书记、省长蒋巨峰共同为雕塑剪彩。市律协一行人也作为捐赠代表参加。

*北京市律师协会理事会召开*

9月28日，第八届北京市律师协会理事会

第九次会议在协会四层视频会议室召开。41 位理事出席会议，9 位监事及秘书长、副秘书长列席会议。北京市司法局党委书记、局长于泓源同志、市司法局副局级领导、市律师协会党委常务副书记李公田同志、市司法局律师工作管理处处长萧骊珠同志应邀到会。会议由张学兵会长主持。

会议审议通过了《北京市律师事务所计时收费指引》、《北京市律师协会重新申请律师执业人员和异地变更执业机构人员审查考核办法》、《北京市律师协会申请律师执业人员实习管理办法》草案。

于泓源局长在会上发表重要讲话。他首先对八届北京律协的工作给予了充分的肯定，向大家通报了今年市司法局围绕律师管理开展的主要工作，接着就如何适应首都经济、社会发展的新形势，科学规划首都律师行业发展及律师管理工作提出了具体的建议，并就当前和今后一个时期的北京律师工作提出了七点要求：一、坚持把维护当事人合法权益与维护社会和谐稳定有机结合起来；二、坚持把保障律师执业权益和加强行业自律结合起来；三、坚持把提升行业的竞争力与科学合理控制发展规模有机结合起来；四、坚持把律师事务所的经济效益提高与规范律师事务所内部管理有机结合起来；五、坚持把依法履行职责和制定北京律师的中长期发展规划结合起来；六、坚持把业务建设、思想建设和文化建设有机的结合起来；七、坚持把日常工作与党建工作有机结合起来。

2010 年，北京律协理事会共召开 5 次会议。

**10 月份**

北京律协代表团参加 2010 英国法律年开年仪式

10 月初，应英国律师公会的邀请，以姜俊禄副会长为团长的北京市律师协会代表团一行 11 人出访英国，参加了 2010 英国法律年开年仪式和相关活动，拜会了英国律师公会、大律师公会和法学院，参观了 Nabarro 和 Slaughter and May 两家律师事务所。此外，考察团还看望了在英国参加“英国青年律师培训计划”的北京律师。

北京律协党委召开党委会会议

10 月 11 日，北京律协党委召开第十七次党委会（扩大）会议。会议由协会党委常务副书记李公田同志主持。市律协党委副书记张学兵、李冰如，委员赵小鲁、张小炜、姜俊禄、王隽、周塞军、张巍、赵菁出席会议，市律协副秘书长王笑娟，原宣武区律师协会会长李晓斌、昌平区律师协会会长吴晓刚、房山区律师协会会长刘德诸、大兴区律师协会会长肖焕坤、石景山区律师协会副会长余尘列席会议。

会议主要议题：（1）学习讨论中办发［2010］30 号文件；（2）通报司法部律师行业创先争优厦门会议精神；（3）结合于泓源局长在八届九次理事会上的讲话，研究律师行业近期工作思路；（4）审批秘书处党支部两名预备党员转正；（5）讨论党委成员承担课题的进展情况。

2010 年，北京律协党委共召开 12 次会议。

“九九重阳节老律师联谊会”举行

10 月 15 日，农历重阳节前夕，北京市律师协会在汉华国际酒店举行了一年一度的“九九重阳节老律师联谊会”。北京市司法局副局级领导、市律协党委常务副书记李公田，市司法局律管处副处长柴磊，北京市律师协会会长张学兵，副会长张小炜、白涛、巩沙、周塞军，监事长赵小鲁，市律协党委委员张巍，全国律协老领导任继圣、高宗泽以及北京律协往届领导、终身荣誉律师等五十余人欢言笑语，齐聚一堂。

联谊活动由巩沙副会长主持。李公田副书记、张学兵会长分别讲话，感谢老律师们多年来对我市律师事业发展所做的贡献，并祝愿老律师们节日愉快，健康长寿。老律师们在席间共忆往昔，感悟现在，畅想未来。

应邀出席联谊会的老律师老领导还有：第

一届北京律协副会长李源，第二届北京律协会长孙在雍，第三届北京律协会长孙常立，第二届北京律协副会长兼秘书长傅志人，终身荣誉律师万敏、杭华、沈荣垣、侯国庆、雷琼、蒋维正、李知新、李波，律协离退休老同志代表朱陇生，以及第四届、第五届北京律协会长武晓骥，第五届北京律协副会长、第六届会长张庆，第五届北京律协副会长牛琳娜、徐家力，第六届北京律协副会长王俊峰，第六届、第七届北京律协副会长彭雪峰，第七届北京律协副会长金莲淑。

《律师事务所劳动合同范本》发布

10月15日，通过首都律师网发布三份律师事务所劳动合同范本，分别适用于执业律师、行政管理人员、律师助理和实习律师，以帮助律师事务所准确适用《劳动合同法》及《劳动合同法实施条例》，依法规范用工管理。

北京律协委派律师为新疆律师同行举办律师实务讲座

10月16日，应新疆律协邀请，北京律协副会长姜俊禄律师、国枫律师事务所主任张利国律师受协会委派前往乌鲁木齐，为新疆律师同行举办律师实务讲座，分别主讲劳动法业务、公司并购规则。新疆律协常务副会长桑云、副会长张伟民等参加了开课仪式，400余名新疆律师到场听课。

本次讲座受到了新疆律师同行的广泛欢迎。新疆司法厅纪委书记、新疆律协党组书记袁卫平代表新疆律协对北京律协的支持表示衷心的感谢，并希望双方的合作与交流能为新疆律师行业带来新的活力

北京律协与海淀公安分局签署《保障律师会见权益规范法律服务协议书》

10月19日，北京市律师协会与海淀公安分局在海淀看守所就保障律师会见权益、规范法律服务进行了专题座谈。北京律协张小炜副会长、海淀区司法局马彪副局长、北京律协权益保障委员会皮剑龙主任、王志强副主任、赵天庆副主任和张为民秘书长，海淀公安分局付志华副局长、李学明副局长及法制、预审、看守、拘留等相关部门的负责人参加了座谈。

会上，马彪副局长、张小炜副会长、付志华副局长和李学明副局长分别发言；张小炜副会长代表北京市律师协会、李学明副局长代表海淀公安分局法制、监所等部门签署了《保障律师会见权益规范法律服务协议书》。该协议书就双方密切联系制度的建立、律师法律服务的监督检查、律师会见权的保障等内容做了规定。

北京律协受理会员处分复查申请

10月20日，北京律协会员处分复查委员会召开工作会议。王隽副会长主持会议，8名复查委员会委员、纪处委主任、副主任及行业纪律部张翠珍主任、赵树平参加会议。会议就6个申请复查的案件进行了讨论并做出了结论。

2010年，北京律协共受理20件复查申请，结案12件。

大韩辩护士会代表团访问北京律协

10月29日，以金平佑会长为团长的大韩辩护士会代表团一行15人访问北京市律师协会。北京律协会长张学兵、副会长姜俊禄、白涛、周塞军、秘书长李冰如及部分理事、监事、外事委员会委员热情接待该代表团并进行座谈。

白涛副会长主持座谈。期间，张学兵会长对大韩辩护士会代表团的来访表示欢迎，回顾了与韩国同行十几年来的友好交往。金平佑会长对北京律师业的发展表示赞许，并表达了与北京律协诸位友人重聚的愉快心情。随后，与会双方就外国律师事务所设立代表处等相关问题进行交流。会后，在张学兵会长的陪同和介绍下，代表团参观了北京律协办公楼。

2010年度北京市律师事务所年检和律师注册工作结束

10月31日，2010年度北京市律师事务所年检和律师注册工作结束，通过年度考核的律师事务所1302家，通过年度执业考核进行律师协会会员登记的律师19414名。

**11月份**

评选“北京律师行业2010年度公益大奖”、“北京市百名优秀刑辩律师”

11月12日，北京律协通过首都律师网发出《关于开展“北京律师行业2010年度公益大奖”、“北京市百名优秀刑辩律师”评选工作的通知》。全市律师和律师事务所申报踊跃。11月29日，协会网站发出延长报名工作的通知。截至12月3日，共收到公益大奖申报材料83份、优秀刑辩律师申报材料157份。

12月23日、30日，评选委员会经过两次集中评审，从参评的49家律师事务所和208名律师中，遴选出了公益大奖得主28个，优秀刑辩律师106名。

北京律协举办涉外业务讲座

11月12日，外事委员会举办“美国诉讼——中国公司新趋势”讲座。外事委员会王卫东主任主持讲座。美国贝克麦坚时律师事务所高级合伙人Thomas A. Doyle、Matthew G. Allison等做主题发言，介绍了美国诉讼程序、美国法庭体系的优缺点、证据收集等内容。70余名律师参加讲座。

2010年，北京律协共举办7次涉外业务讲座，400余名律师参加讲座。

北京律协举办“金秋真爱之旅——单身律师专场派对活动”

11月13日，北京律协女律师工作委员会在北京国际饭店举办“金秋真爱之旅——单身律师专场派对活动”。110名单身青年参加了这次派对活动。北京律协副会长巩沙、女律师联谊会会长张巍出席派对活动并讲话。派对活动围绕各种构思精巧、别出心裁的游戏进行，如“真心帮帮忙”、“爱情寻宝”、“占领阵地”、“亲爱的相信我”、“爱情摩天轮”等。

北京律协参加第三届律师协会全国监事会论坛

11月14日，北京市律师协会监事长赵小鲁一行8人前往无锡，参加由江苏省律师协会承办的第三届律师协会全国监事会论坛。此次论坛，共有来自全国各地的100多名律协监事会成员参会。自本届论坛起，“律师协会全国监事会论坛”有了论坛章程，将进入常态化和规范化运作。

本届论坛共收到来自全国各地律协推荐的优秀论文59篇。经投票评选，赵小鲁监事长的论文《“承继与创新”的历史使命》、孙为监事的论文《提高监事会监督职能实效性的若干建议》获得一等奖。论坛上，赵小鲁监事长介绍了其获奖论文的主要内容，并做了这次论坛的会议小结。孙为监事就获奖论文做了主题发言。与会代表就监事会的地位和作用、监督对象、监督范围，以及监事会的工作方法等内容进行了探讨。

北京市律师协会团工委成立

11月15日，召开北京市律师协会团工委第一次会议，北京市司法局纪委书记、组织处处长邓建生同志出席并主持会议。会上成立了北京市律师协会团工委，北京市司法局律管处副处长栾淼淼任书记，北京律协副会长张小炜任常务副书记，副秘书长刘军、青年律师工作委员会主任董刚、副主任余昌明任委员。

北京律协代表团出访台湾

11月15日~21日，以白涛副会长为团长的北京市律师协会代表团一行10人出访台湾。11月16日，该团成员参加了由中华仲裁协会、台北律师公会、中国国际经济贸易仲裁委员会、北京市律师协会联合举办的“两岸仲裁、调解及争议审查委员会（DRB）制度及实践研讨会”。出访期间，该代表团拜会了台北律师公会，并访问寰瀛法律事务所和理律法律事务所。为了进一步促进海峡两岸律师界的交流合作，北京市律师协会与台北律师公会签订了交流协议书。

北京律协组织重新申请律师执业人员和异地变更执业机构人员面试考核

11月17日，组织第一期重新申请律师执业人员和异地变更执业机构人员面试考核工作。担任面试考官的是协会考核评审委员会成员刘军副秘书长、陈秀改律师、李宝珠律师、许智慧律师、杨卫平律师，以及市司法局律管处满宇峰。此次面试考核，共有20人参加，15人考核合格。

2010年，共组织2期重新申请律师执业人员和异地变更执业机构人员面试考核。共有40人参加，29人考核合格。

第二届北京律师论坛成功举行

11月27日~28日，以“规范与超越”为主题的第二届北京律师论坛在北京会议中心举行。司法部、北京市委、市司法局的相关领导和1000余名北京律师界精英汇聚一堂，纵论新形势下律师行业的发展与民主法治建设。

本届论坛设开幕式、主论坛和12个分论坛。27日上午的开幕式上，北京律协会长张学兵、北京市司法局副局级领导李公田先后讲话，欢迎与会嘉宾和律师的到来。司法部律公司司长杜春、全国律协会长于宁致词，北京市法学会常务副会长周信宣读贺词，祝贺第二届北京律师论坛的召开。开幕式上还进行了第二届北京律师论坛优秀论文颁奖仪式，共有72篇优秀论文获奖，与会领导为获奖论文作者颁发了奖牌和证书。

主论坛上，国务院法制办副主任袁曙宏就律师在法治建设中的作用发表了主题发言；中国证监会副主席姚刚做了《律师在中国证券市场发展中的作用》的主题发言；最后，北京市律师协会副会长姜俊禄发布了《北京律师社会责任报告》，这是全国律师行业第一份以律师社会责任为主题的综合性报告。

27日下午，公司·证券·并购·破产法律分论坛、房地产与建筑工程法律分论坛、文化创意产业分论坛、国际贸易与投资法律实践分论坛、律师事务所管理分论坛和公益法律分论坛6个分论坛举行。28日上午，刑事法律分论坛、民事诉讼与仲裁分论坛、金融法律分论坛、侵权责任法分论坛、创新与知识产权分论坛和环境资源法律分论坛6个分论坛举行。各分论坛除了在内容上紧扣论坛主题“规范与超越”，贴近时代发展，聚焦社会热点，也在形式上寻求突破和创新，灵活采用主讲人发言、嘉宾点评、讨论互动等多种形式，并广邀各界专家、学者担任嘉宾，通过知识的交流和智慧的碰撞，为北京律师呈上了一场精神盛宴。

《北京律师社会责任报告》新闻发布会召开

11月27日，北京市律师协会在北京会议中心召开“《北京律师社会责任报告》新闻发布会”。副会长姜俊禄，宣传与联络委员会主任马慧娟，公益律师代表、法律援助与公益法律事务专业委员会主任刘凝以及来自人民日报、新华社北京分社、北京日报、北京晚报、法制日报、中国司法、中国律师、中央人民广播电台、北京人民广播电台、首都政法网等10余家新闻媒体的记者参加了新闻发布会。

发布会由马慧娟主任主持。姜俊禄副会长结合《北京律师社会责任报告》的产生背景，从北京律师在履行社会责任方面的特点和履行社会责任的展望两个方面向记者朋友们进行了介绍。刘凝律师就法制宣传和公益法律事业问题回答了记者们的提问。

**12月份**

“北京律师行业刘凝律师先进事迹报告会”召开

12月6日，北京市律师协会在三层报告厅召开“北京律师行业刘凝律师先进事迹报告会”。北京市司法局政治部主任史立森、北京市司法局副局级领导、北京律协党委常务副书记李公田、北京市司法局宣教处处长赵青、律管处副处长冯新泉，北京律协副会长张小炜、姜俊禄、王隽、白涛、周塞军，丰台、昌平、东城等区县律师协会的领导，以及部分八届北京律师代表参加了会议。会议由姜俊禄副会长主持。

会上，李公田副书记首先宣读了《北京市司法局关于开展向刘凝同志学习的决定》。接着，刘凝律师、“徐滔法律服务网”和《法治进行时》免费法律咨询热线的公益律师、工作人员以及受助群众代表先后发言，真实生动地介绍了刘凝律师投身公益普法事业、积极化解社会矛盾纠纷的先进事迹。在听完刘凝律师等人的发言后，张小炜副会长和史立森主任先后讲话，号召广大律师向刘凝律师学习，希望律师行业涌现更多的先进人物、英雄人物，公益法律服务得到律师事务所越来越多的支持。

北京律协召开律师行业人大代表、政协委员座谈会

12月17日，北京市律师协会召开律师行业人大代表、政协委员座谈会。40余位北京律师行业人大代表、政协委员参加了会议。市律师协会会长张学兵、副会长白涛、巩沙、市高级人民法院督查办联络室主任邓吉慧、市人民检察院人民监督工作办公室主任薛闻喆、市律师协会副秘书长王笑娟等应邀到会。会议由姜俊禄副会长主持。

座谈会上，协会人大代表与政协委员联络委员会主任刘子华律师通报了委员会2010年的主要工作情况。市高院督查办联络室主任邓吉慧、市检察院人民监督工作办公室主任薛闻喆分别介绍了各自部门的职能，并对北京律师多年以来给予市高院、市检察院工作的关心、支持和帮助表示感谢。与会律师人大代表、政协委员纷纷发言，畅谈自己参政议政的感想和体会，并就协会工作、人大代表与政协委员联络委员会的活动方式以及执业环境的进一步优化等提出了许多富有建设性的建议。最后，张学兵会长通报了协会2010年的工作情况以及北京律师行业的发展现状，并分别就建议提高法律援助案件的办案费标准、推动政府聘请法律顾问、购买法律服务以及拓展律师参政议政渠道与途径等与大家进行了交流与沟通。

11个区县成立律师协会

12月18日~19日，北京市海淀区第一届律师代表大会隆重举行。北京市司法局副局级领导、北京市律师协会党委常务副书记李公田，北京市司法局律管处处长萧骊珠，北京市律师协会会长张学兵、秘书长李冰如等出席大会。来自海淀区的第一次律师代表大会代表参加了大会。张学兵会长在开幕式上致辞，李公田同志在大会闭幕式上做了重要讲话。

会议审议并通过了《北京市海淀区律师协会章程》和相关选举办法，选举产生了海淀区第一届律师协会理事33名、监事9名、会长1名、副会长8名、监事长1名。炜衡律师事务所张小炜律师当选为会长。

截至2010年底，共有11个区县成立了律师协会，它们分别是：昌平、丰台、顺义、房山、大兴、石景山、东城、通州、朝阳、西城、海淀。

“我们是一家人——2010年北京律师圣诞舞会”举行

12月25日，北京市律师协会在北京国贸大酒店隆重举办“我们是一家人——2010年北京律师圣诞舞会”。北京市司法局局长于泓源、北京律协党委常务副书记李公田、北京市司法局律管处处长萧骊珠应邀出席。第八届北京市律师协会律师代表及各专门委员会委员220余人参加了舞会。本次活动由女律师联谊会承办，宣传联络委员会主任马慧娟和北京市天元律师事务所杨科律师主持。

活动在欢快的圣诞歌曲《铃儿响叮当》中拉开序幕，接着，张学兵会长和于泓源局长先后致词。在北京律师艺术团元香玉优美的歌声中，律师们翩翩起舞。北京律师艺术团舞蹈队和青年律师工作委员会还特意为舞会奉上了拉丁舞和华尔兹表演。代表们欢聚在一起，尽显翩翩舞姿。舞会还穿插了抽奖环节，自始至终洋溢着欢乐的节日气氛。午夜，舞会在悠扬的歌曲《友谊地久天长》中落下帷幕。

“北京市律师执业行为规范与律师权益保障研讨会”召开

12月28日~29日，北京律协权益保障委员会举办“北京市律师执业行为规范与律师权益保障研讨会”。市司法局副局级领导、北京律协党委常务副书记李公田、律管处处长萧骊珠、副处长栾淼淼、柴磊、冯新泉，市人民检

察院侦查监督处处长张新宪、公诉处副处长刘慧，市一中院刑二庭副庭长钟欣，市公安局监管总队法制处处长许强等应邀参会。市律协副会长张小炜、秘书长李冰如、纪处委主任于君、副主任朱永锐、权保委部分委员，以及东城区等区县律师协会负责律师权益保障工作的人员参加会议。会议由权益保障委员会主任皮剑龙主持。

会上，李公田副书记传达了全国律师工作会议、全国律师党建工作会议及最近中央下发的两办30号文件精神。与会人员就协会的权益保障工作及执业环境的进一步优化提出了许多建议和意见。萧骊珠处长、张小炜副会长也在会上做了发言。

北京市律师协会监事会召开办公会

12月30日，第八届北京市律师协会监事会第十四次办公（扩大）会召开。10位监事出席会议。会议由赵小鲁监事长主持。会议主要研究讨论了监事会2011年的工作思路。

2010年，北京律协监事会共召开办公会9次。

## 天津市律师协会工作

2010年，市律协深入贯彻落实科学发展观，以有效发挥行业自律管理与服务职能为目标，以推动律师行业发展为主线，充分发挥行业优势，着眼点于各项基础性建设工作，同时引导律师深入拓展法律服务领域，提高法律服务水平，在多项工作中，做出了努力，取得了一定成效。2010年被评为天津夏季达沃斯论坛、联合国气候变化国际谈判天津会议筹备工作先进集体。现就工作情况介绍如下：

### 一、业务研讨活动

专业委员会作为律师进行理论研究、开展业务交流的阵地，是律师提高素质、增强服务能力的平台，也是与外界交流的重要窗口。在2010年各项工作中，专业委员会有效的发挥了这一作用，在搭建与相关部门联系平台，合作开展培训研讨活动、提高律师专业素质等方面，开展了多项活动。

1月23日，市律协"刑事前沿问题研讨会暨刑事专业委员会2009年年会"在市司法局报告厅召开。市司法局、和平区人民法院、市律协等有关部门领导出席了会议。会上，来自市检察院、法院、高校、新闻媒体系统的演讲嘉宾就《刑事辩护律师如何正确处理与媒体的关系》、《刑事辩护律师的保密义务》等进行了主题演讲，韩刚会长和康建茂院长分别代表市律协与和平区人民法院共同为"申请律师执业人员实习基地"揭牌。100余人参加了本次活动。

4月19日，市律协金融业务委员会在市司法局报告厅举办了"金融危机后投行业务发展方向及中国企业在美国资本市场借壳上市实务"讲座。讲座特别邀请了美国投资银行Jason Adam、纽约律师事务所戴上律师、香港宝域投资管理有限公司夏丽董事总经理分别就"金融危机后投行业务方向变化"、"中国企业在美国资本市场借壳上市实务"、"上市前期股东身份及资产保护和规划"进行了深入浅出的讲解。160余名律师参加了讲座。

4月30日，市律协行政法专业委员会在天津团泊湖温泉酒店召开了"关于审理行政案件若干问题"主题研讨会。市律协、市一中院、和平、南开、西青区人民法院行政庭有关领导出席了此次研讨会。研讨会上双方就审理行政案件过程中"行政附带民事诉讼"的现状进行了深入的剖析，并对现行行政诉讼制度改革做了进一步探讨，各位法官结合自身实践经验对律师提出的在平日工作中遇到的疑难问题进行了详尽的解答。通过研讨会进一步提高了我市律师相关业务技能水平，促进了我市律师行政诉讼业务的发展。

6月9日，市律协房地产专业委员会与贸仲天津仲裁中心、天津市城乡建设和交通委员会在天津科技馆报告厅共同举办了"2010年首期建设工程与房地产仲裁法律"讲座。讲座邀请了中国国际经济贸易仲裁委员会仲裁员、建纬（北京）律师事务所主任 、中国招标投标协会专家谭敬慧就设计合同的效力、“黑白合同”、DAB争议评审机制等建设工程领域的热点、难点问题进行了讲授。我市150余名律师参加讲座。

## 二、会员培训情况

2010年，市律协进一步加大对律师的培训力度，加强律师队伍的职业道德、执业纪律建设，不断丰富培训内容，通过开展各种论坛、讲座及疑难案件、业务研讨，为拓展律师业务提供支撑，使培训活动成为律师参与协会工作的主要途径。

3月18日，市律协在市司法局报告厅举办了“涉外法律事务”主题讲座。讲座邀请了市河西区副区长张法连就从事涉外法律实务的基本要求及法律英语等内容进行了详尽的讲解与分析。

3月23日，市律协在市司法局报告厅举办了“知识产权定损技术与策略”主题讲座。讲座邀请了美国博鲁咨询执行董事理查德.博鲁先生来津为我市近百名律师进行了讲授。

4月9日，市律协国际经济贸易专业委员会在市律协报告厅举办了“双反应诉”法律实务讲座。讲座邀请了原天津钢管国际经济贸易有限公司的副总经理、公司法律顾问乔考德先生就我国出口性企业应对外国反倾销调查的重点进行了讲解。

5月20日，市律协劳动与社会保障法专业委员会在市律协报告厅举办了“劳动争议案件重点、难点解析”主题讲座。讲座邀请了天津市首席仲裁员王秋明就加班时数的界定及加班费的给付、缴纳社保等多方面问题及劳动合同法实施以来天津劳动争议的热点、亟需解决的问题为我市律师进行了讲解分析。近150名律师参加了此次讲座。

6月9日，市律协在市司法局报告厅举办了“侵权责任法”讲座。讲座邀请了全国人大法工委民法室参与《侵权责任法》立法的专家就侵权责任法的立法背景、框架结构等内容进行讲解。我市近240名律师参加了讲座。

6月23日，市律协劳动与社会保障法专业委员会在市律协报告厅举办了“当前劳动案件裁判方法研讨会”讲座。讲座邀请了河北区法院金辰生庭长担任主讲人。我市150余名律师参加了讲座。

7月23日，市律协民商法专业委员会在市律协报告厅举办了主题为“PE/VC投资基金领域的律师业务机会”讲座。讲座邀请了金诺律师事务所合伙人郭卫锋担任主讲。我市近百名律师参加了讲座。

8月8日，为使我市律师能够及时了解、熟悉并在实践中运用好最高院《关于办理死刑案件审查判断证据若干问题的规定》、《关于办理刑事案件排除非法证据若干问题的规定》，市律协刑事辩护业务委员会在天津礼堂中剧场三楼一号会议厅举办培训讲座。刑事专业委员会特别邀请了国家法官学院院长（原最高人民法院刑四庭庭长）、国家一级高级法官高憬宏来津就“两个司法解释”的出台背景、制定经过及律师在实践中应如何运用等内容进行讲解。我市近300名律师参加了讲座。

8月20日，市律协在市司法局报告厅举办了“律师执业警示教育专题报告会”。讲座就李庄案件警示和律师执业纪律、职业道德等内容对我市律师事务所主任或高级合伙人进行了深刻的思想教育。近240名律师参加了讲座。

11月11日，市律协劳动与社会保障法专业委员会在市司法局213会议室举办了“最高人民法院关于审理劳动争议案件适用法律若干问题的解释（三）”主题讲座。我市近百名律师参加了讲座。

11月27日，市律协民商法业务委员会在市司法局报告厅举办了“房地产市场走势和中国宏观经济形势政策分析”专题讲座。讲座邀请了天津社会科学院经济预测研究所所长卢卫担任主讲。我市近百名律师参加了讲座。

12 月 18 日，市律协房地产业务委员会在市司法局报告厅举办了“房地产开发经营中的法律实务”主题讲座。讲座特别邀请了南开大学法学院知名教授、天津仲裁委员会资深仲裁员、资深律师陈耀东教授为大家进行了讲授。我市百余名律师参加了讲座。

## 三、会员管理工作

市律协进一步加强对律师和律师事务所的日常管理工作。开展了 2010 年度注册收费工作，办理个人会员、团体会员登记手续。完成了 892 名申请律师执业人员的审批工作，534 名实习人员期满考核工作。同时，进一步规范律师执业行为，加大对律师及律师事务所违法违纪行为的查处力度。2010 年，共接待投诉 100 余件；受理投诉 34 件，其中已结案 32 件、未结 2 件正在审查中；审结 2009 年未结案件 25 件；诉前调解，协调解决的有 17 件。立案受理的每件投诉案件，全部严格按照投诉程序进行。此外，做好律师或律师事务所执业纠纷前期调解工作，2010 年对 3 起律师事务所执业纠纷案件进行调解和听证。

同时，积极开展律师文体活动，定期开展律师合唱团活动、律师足球队、羽毛球队训练活动，组织律师参加高雅艺术培训班，如钢琴、国标舞、拉丁舞等，活跃律师文化生活。广泛开展律师福利工作，为我市执业律师续签执业责任保险及人身意外伤害保险，在原有意外伤害保险、意外伤害医疗保险及交通意外伤害保险的基础上，增加了重大疾病及因病死亡保险的险种，并将保险工作推广到本市律师事务所实习人员及行政人员，使该部分工作人员也可获得同等保障、享受同等待遇。为方便广大律师规划时间安排、提示日常工作事项，特别制作了 2011 年律师工作台历。

## 四、对外交流

2010 年，市律协不断扩大对外交流规模，在巩固已有的交流合作项目基础上，结合天津律师发展需要，不断拓展其他交流渠道，开发新的律师交流项目，通过多种多样的对外交流，在交流中展示天津律师，提高天津律师影响力。

3 月 27 日 ~28 日，由天津市律师协会、中欧法学院和德国汉堡律师协会共同主办，并获得欧盟赞助的中欧法学院中国律师职业培训项目在天津市司法局报告厅隆重举行。中欧法学院院长 Ninon Colneric、汉堡律师协会会长 Otmar Kury 等出席开幕式。本次活动以“法治国家框架下律师的作用与功能”为主题，我市 160 余名律师、部分法院系统的嘉宾代表与德国汉堡律师就律师职业的目标和任务、在法律体系中的功能与作用以及律师的独立性和法律适用与解释等主题进行了深入研讨。本次培训是本市首次与外国律师协会和法学院合作举办的、由外国政府组织资助的活动，活动取得了很好的反响。

7 月 17 ~ 8 月 14 日，市律协选派了 12 名律师赴美国俄克拉荷马城市大学法学院进行了为期四周的律师培训。律师们就美国律师的角色和规则、美国合同起草和法律文件写作课程、美国证券市场介绍、美国诉讼庭审训练公司法及国际商业交易法律制度等内容进行了学习。

9 月 9 日 ~11 日，市律协组成的 20 人律师代报团赴德国柏林参加了第二届德中律师论坛。会议以“律师界的新挑战—中德法律事务中的律师”为主题，双方主要就涉及中德双方关于合同草拟、农村领域法律、版权、反腐败措施和刑事辩护等问题进行了深入讨论。在德期间，代表团参观了德国最大的地区 Tiergarten 地方法院、德国议会大厦，还旁听了一起刑事案件的开庭审理。通过论坛举办，进一步增进了中德两国律师的了解、加深了友谊。

11 月 24 ~ 26 日，为落实与韩国仁川地方辩护士会交流合作协议，应韩国仁川地方辩护士会的邀请，市律协代表团一行 10 人赴韩国仁川进行了为期 3 天的业务交流活动，双方就韩国律师制度、律师事务所管理等内容进行了充分交流。

### 五、法律援助工作情况

法律援助是律师应尽的义务，市律协要求每位律师每年至少要办理一起法律援助案件。一直以来，广大律师积极参与公益活动，为社会弱势群体提供法律援助，形成律师积极参与法律援助工作的良好风气。2010 年，我市益清、华盛理、张盈、天一等 12 家律师事务所成为中央专项彩票公益金法律援助实施单位，为农民工、残疾人、老年人、未成年人等困难群体提供法律服务，维护其合法权益。同时，广大律师积极参与各类法律援助咨询宣传活动，在服务社会、回馈社会中展现律师的作用。2010 年全市共办理法律援助案件 5584 件，其中社会律师承办 1460 件，占法律援助案件总数的 30%。

### 六、会刊及网站

市律协充分发挥《天津律师》杂志业界及协会对外宣传的窗口作用，以“宣传业界形象、提供专业资讯、塑造律师文化并增强职业共同体的凝聚力和吸引力、建立便捷的交流体制”为指导思想，对天津律师信息网站及《天津律师》杂志加以建设。

《天津律师》杂志是天津市律师协会会刊，于 1984 年创刊，经多次改版后，进一步加强了指导性、实务性、可读性，目前设有工作指南、业界要闻、律师党建、热点话题、律师实务、史海回眸、案例分析、律师人生、律师文苑、健康提示、法学论坛等 20 余栏目。《天津律师》坚持免费赠阅，目前赠阅范围包括了公检法机关、社会团体、市人大代表、政协委员、法学院系等，市律协力争通过《天津律师》杂志这一窗口使社会各界更加了解天津律师和市律协的工作。

天津律师信息网（www. china - lawfirm. com）是市律协网站，建立于 2003 年。目前主要设有“律协新闻”、“律协公告”、“律协党工委”、“律协团工委”、“律师维权”、“培训信息”、“律师风采”、“实习人员管理”、“服务指南”等 10 余个栏目。经多次改版后，网站信息发布量显著扩大，更新速度明显加快，办事服务效率和管理水平日益提高，实现了律师协会与律师信息交流的高效便捷。目前，《天津律师》杂志和天津律协网站在全国省、市级律协中已经成为最具影响力的杂志和网站之一。

### 七、2010 年律师协会大事记

#### 1 月份

1 月 11 日，市律协对外交流委员会一行两人拜访了中国政法大学中欧法学院并进行座谈。双方就中欧法学院、德国汉堡律师协会与天津律协将要联合举办的律师培训项目进行了研究讨论。

1 月 20 日，市律协民商法业务委员会与贸仲天津仲裁中心合作，共同组织我市近百名律师通过视频观看了“侵权责任法专题讲座”。

1 月 22 日，中国政法大学中欧法学院联席院长 Ninon Colneric 教授来访市律协。市律协热情接待了 Ninon Colneric 教授来访。双方就将要合作举办的律师培训项目进行了深入磋商。

1 月 22 日，市律协民商法业务委员会召开 2009 年度工作总结会议。会议对民委会 2009 年度工作进行了总结，并提出了 2010 年工作计划和要求。会议经参会代表表决通过，民委会调整了自身组织架构，增选副主任及秘书长各一名，并表决通过了《天津市律师协会民委会工作规则》。

1 月 23 日，市律协“刑事前沿问题研讨会暨刑事专业委员会 2009 年年会”在市司法局报告厅召开。市司法局、和平区人民法院、市律协等有关部门领导出席了会议。会上，来自市检察院、法院、高校、新闻媒体系统的演讲嘉宾就《刑事辩护律师如何正确处理与媒体的关系》、《刑事辩护律师的保密义务》等进行了主题演讲，刑委会做了2009年工作报告并对2010年工作进行部署安排，韩刚会长和康建茂院长分别代表市律协与和平区人民法院共同为“申请律师执业人员实习基地”揭牌。

1月28日，市司法局、市工商联在市司法局报告厅召开了天津市“百名律师进百家民营企业”服务活动总结表彰大会。市工商联、各区县工商联负责法律服务工作同志、民营企业代表、律师代表120余人参加了会议。会议对“百名律师进百家民营企业”服务活动进行了全面总结。会后，市工商联和市律师协会共同举办现场法律咨询服务活动。

1月29日，市律协女律师联谊会组织女律师慰问了市儿童福利院静海基地。15位女律师为活动捐款捐物，其中11位女律师参加了慰问活动。“基地”负责人带领女律师们参观了婴幼部、康复部、学习部等，律师们详细地了解了孩子的生活、学习、康复等情况。

1月29日，正值春节前夕，市律协举办了“贺新春羽毛球友谊赛”。来自天津律师羽毛球队、市人民检察院羽毛球队、市高级人民法院羽毛球队的30余名队员参加了此次比赛。天津律师羽毛球队获得了第一名的好成绩。

1月30日，市律协维权委员会在天津市干部俱乐部友谊酒楼召开了2009年年会。会议对2009年委员会工作进行了总结，并对2010年的维权工作作出了部署安排。

**2月份**

2月2日，六届市律协会长办公会第二十三次会议在市律协会议室召开。会议就2009年市律协工作进行总结，并就律师管理及服务平台基础性建设工作、律师培训调研、对外交流、行业创新、专门专业委员会机构完善以及对外宣传、律师维权等2010年将要着手开展的各项工作进行了研究讨论。

2月5日，香港国际仲裁中心副秘书长刘京先生、天津国际金融仲裁中心秘书长解常晴拜访市律协并与部分律师进行座谈。部分专业委员会律师参加座谈。刘京先生简要介绍了香港仲裁制度与程序、机构组成及处理案件的相关标准等，并与我市律师进行了深层的讨论交流。

2月24日，市律协对外交流委员会召开主任工作会议。会议就3月份将要召开的中欧法学院、德国汉堡律师协会与天津律协联合举办的“法治国家框架下律师的作用与功能”主题培训活动涉及的日程安排、参与培训对象、邀请嘉宾等工作进行了安排部署。

2月24日，中央专项彩票公益金法律援助项目工作座谈会在市司法局312会议室召开。全国律协副秘书长里红、全国律协常务理事、法律援助与公益事务委员会常务副主任佟丽华、市律协、市法律援助中心负责人等出席会议，15家律师事务所主任及代表参加会议。会议就天津市律师行业开展法律援助工作的基本情况、中央专项彩票公益金法律援助项目在中西部地区的实施情况及项目实施单位的选拔标准等进行了介绍，与会律师就农民工案件法律援助中出现的问题进行了讨论。

2月26日，市律协党工委第十二次会议在市律协会议室召开。会议就2010年党工委将要开展的各项工作、律师党建工作中存在的问题，如何更好地发挥律师党支部、党员律师作用以及在全市律师中开展党员奉献“五个一”主题实践活动等进行了研究讨论。

**3月份**

3月13日，市律协2010年度第一期实习律师集中培训班在市政法管理干部学院正式开班。165名实习律师参加了本期培训。

3月13日，市律协青年律师法律服务团成员参加了由团市委组织开展的“‘诚信促和谐，满意在津城’—天津市青年文明号及服务行业青年职工集中服务日活动”。

3月14日，由市老龄委、市律协、今晚报、中老年时报联合举办的“消费与服务”法律咨询活动在今晚传媒集团举行。我市国鹏、悦德、行通、益清、击水、贤达等六家律师事务所律师参加了此次活动。

3月14日，我市律师受邀参加2010年天津市电视台滨海频道315大型直播晚会。杨仲凯、廉立、邓露茸、刘新宇、孙子文、于娟娟、张晓丽、田霖、邱凯、杨威10位律师入选特邀律师团在天津电视台滨海频道法律咨询网络平台解答消费和维权等方面的问题。

3月17日，由市妇联、市综治办、市司法局共同举行的天津市"三八"妇女维权周启动仪式暨天津市志愿服务联合会半边天分会成立大会在天津音乐厅隆重召开。会上，国浩、百敦、天鼎、冠达、荣邦和茹是6家律师事务所作为首批"律师进社区"的事务所，分别与市内六区的"半边天家园"签订服务协议，为它们提供系统多项法律服务。

3月18日，市律协在市司法局报告厅举办了"涉外法律事务"主题讲座。讲座邀请了市河西区副区长张法连就从事涉外法律实务的基本要求及法律英语等内容进行了详尽的讲解与分析。

3月23日，六届市律协会长办公会第二十四次会议在市司法局312会议室召开。会议就2010年市律协工作要点、2009年度市律协会费支出情况报告以及2010年市律协工作预算进行了审议，并就规范投诉处理程序、加强行业规范化建设等事项进行讨论。

3月23日，市律协在市司法局报告厅举办了"知识产权定损技术与策略"主题讲座。讲座邀请了美国博鲁咨询执行董事理查德.博鲁先生来津为我市近百名律师进行了讲授。

3月27日~28日，由天津市律师协会、中欧法学院和德国汉堡律师协会共同主办，并获得欧盟赞助的中欧法学院中国律师职业培训项目在天津市司法局报告厅隆重举行。中欧法学院院长Ninon Colneric、汉堡律师协会会长Otmar Kury等出席开幕式。我市160余名律师、部分法院系统的嘉宾代表与德国汉堡律师就律师职业的目标和任务、在法律体系中的功能与作用以及律师的独立性和法律适用与解释等主题进行了深入研讨。

**4月份**

4月6日，六届市律协常务理事会第十六次会议在市律协常务理事室召开。会议对《六届市律协常务理事会2009年度工作报告》、《2010年市律协工作要点》、《2009年年度市律协会费执行情况报告》以及《2010年市律协工作预算》以及六届市律协理事会第四次会议召开事宜等进行了研究审议。

4月9日，市律协国际经济贸易专业委员会在市律协报告厅举办了"双反应诉"法律实务讲座。讲座邀请了原天津钢管国际经济贸易有限公司的副总经理、公司法律顾问乔考德先生就我国出口性企业应对外国反倾销调查的重点进行了讲解。

4月10日，天津市司法局在局报告厅举办了法律职业资格证书颁发仪式，市律协在发证现场同时举办了"2010年天津市律师人才信息交流会"。我市2009年参加国家司法考试合格的有962人，当天800余人到现场领取了法律职业资格证书，并与有意招聘实习律师、律师助理的38家律师事务所进行了洽谈。

4月10~11日，六届市律协第四次理事会会议在武清天鹅湖度假村召开。29名理事参加了会议。市律协监事会成员，各专业委员会主任、副主任以及各区县司法局主管律师工作的局长及公律科长列席了会议。会议表决通过了《六届市律协常务理事会2009年工作报告》、《天津市律师协会2009年度预算执行情况报告》、《2010年天津市律师协会工作预算》。

4月19日，市律协金融业务委员会在市司法局报告厅举办了"金融危机后投行业务发展方向及中国企业在美国资本市场借壳上市实务"讲座。讲座特别邀请了美国投资银行Jason Adam、纽约律师事务所戴上律师、香港宝域投资管理有限公司夏丽董事总经理分别就"金融危机后投行业务方向变化"、"中国企业在美国资本市场借壳上市实务"、"上市前期股东身份及资产保护和规划"进行了深入浅出的讲解。

4月22日，市律协民商法业务委员会与贸

仲天津仲裁中心合作，共同组织我市近百名律师通过视频观看了中国人民大学副校长王利明教授主讲的“《侵权责任法》疑难问题”讲座。

4月22日，市律协与市中小企业服务中心在津利华大酒店金华厅联合举办了“中小企业自主创新与知识产权大型公益讲座”。天津盛理知识产权代理有限公司董事长王来佳、耀达律师事务所高级合伙人张颖颢就专利申请、专利实施许可、网络领域知识产权的管理和保护以及商标权相关知识等进行了讲授。

4月23日，市律协青年律师法律服务团第二分队成员参加了由团市委组织开展的“城市惠生活 低碳每一天”迎庆“五四”青年节系列活动——服务河西高端商务楼宇活动。

4月30日，市律协行政法专业委员会在天津团泊湖温泉酒店召开了“关于审理行政案件若干问题”主题研讨会。市律协、市一中院、和平、南开、西青区人民法院行政庭有关领导出席了此次研讨会。研讨会上双方就审理行政案件过程中“行政附带民事诉讼”的现状进行了深入的剖析，并对现行行政诉讼制度改革做了进一步探讨。

**5月份**

5月7日，在母亲节即将来临之际，市律协与每日新报联合举办的“康乃馨盛开在春天——爱心律师在行动”主题公益活动在市司法局报告厅举行。市司法局、市妇联、天津日报、每日新报以及市律协等有关部门领导出席了活动。本次活动由市律协女律师联谊会发起组织，以“援助诉案中的母亲”为主题，对在全市律师征集案例中的8位贫困母亲进行了现场捐赠，使8位母亲在市律协发起的“援梦”行动中圆了8个梦想。

5月8日，市律协2010年度第二期实习律师集中培训班在市政法管理干部学院正式开班。160名实习律师参加了本期培训。

5月14日，市律协国际经济贸易业务委员会与贸仲天津仲裁中心共同组织我市百余名律师和相关企业法务工作者通过视频观看了“当前我国外经贸暨双边投资协定热点法律问题”讲座。

5月20日，市律协劳动与社会保障法专业委员会在市律协报告厅举办了“劳动争议案件重点、难点解析”主题讲座。讲座邀请了天津市首席仲裁员王秋明就加班时数的界定及加班费的给付、缴纳社保多方面问题及劳动合同法实施以来天津劳动争议的热点、亟需解决的问题为我市律师进行了讲解分析。近150名律师参加了此次讲座。

5月26日，市律协维权委员会在市司法局312会议室召开主任工作会议。会议就2010年上半年市律协维权工作进行了总结并针对在刑事辩护中律师会见难和民商业务中工商、房地局调查取证难等问题进行了研究。

5月28日，市律协国际经济贸易业务委员会与贸仲天津仲裁中心共同组织我市近百名律师通过视频参加主题为“International Dispute Resolution Outside China：Practice and Procedure Under the Rules of Various International Institutions”的会议。

**6月份**

6月2日，市委政法委副书记柴中达一行四人到市律协调研，并召开座谈会专题听取律师工作汇报。市司法局、市律协以及北辰、蓟县司法局、坤鹏、汇英、四方君汇、华盛理律师事务所等有关部门负责人参加了座谈会。会议就我市律师工作的总体情况、市律协的职能发挥、律师服务滨海新区开发开放、服务重大项目建设、服务社会主义新农村建设、律师行业党建等情况进行了汇报。柴中达副书记对近年我市律师工作取得的成绩给予了充分肯定，并就做好今后的律师工作提出了五点要求。

6月9日，市律协在市司法局报告厅举办了“侵权责任法”讲座。讲座邀请了全国人大法工委民法室参与《侵权责任法》立法的专家就侵权责任法的立法背景、框架结构等内容进行了讲解。我市近240名律师参加了讲座。

6月9日，市律协房地产专业委员会与贸

仲天津仲裁中心、天津市城乡建设和交通委员会共同举办了“2010年首期建设工程与房地产仲裁法律”讲座。讲座邀请了中国国际经济贸易仲裁委员会仲裁员、建纬（北京）律师事务所主任、中国招标投标协会专家谭敬慧就设计合同的效力、“黑白合同”、DAB争议评审机制等建设工程领域的热点、难点问题进行了讲授。我市150余名律师参加讲座。

6月10日，由天津市政府、全国工商联和美国企业成长协会共同主办的第四届中国企业国际融资洽谈会在天津市国展中心隆重开幕。我市允公、坤鹏、杰森、多闻、君利、易道、益清、华盛理、法政牛津、国嘉、明扬长缨、北京市观韬天津分所、北京中伦文德律师天津分所、北京市中洲天津分所、国浩律师集团（天津）事务所共20多家律师事务所参加了融洽会。

6月23日，市律协劳动与社会保障法专业委员会在市律协报告厅举办了“当前劳动案件裁判方法研讨会”讲座。讲座邀请了河北区法院金辰生庭长担任主讲人。我市150余名律师参加了讲座。

6月25日，市律协与贸仲天津仲裁中心共同组织我市百余名律师通过视频会议形式参加了最高人民法院副院长万鄂湘作题为“国际商事仲裁司法审查新发展”的讲座。

**7月份**

7月份，市律协在全市律师队伍中着手开展警示教育培训活动，为全市律师编印并发放了《律师事务所规范化管理手册》、《律师执业警示教育学习手册》。

7月6日，《天津日报》、《中国日报网》以题为“天津首家为农民工提供法律援助服务机构成立”对我市益清律师事务所成为本市首家专门为农民工提供法律援助的服务机构进行报道。

7月10日，《每日新报》、《渤海早报》、《中国日报网》、《天津网》、《北方网》以题为“天津市12家律师事务所成为中央专项彩票公益金法律援助实施单位”对我市益清、华盛理、金辰、国鹏、张盈、天一、旗帜、凌宇、廉立、巨川、津联、金三维12家律师事务所作为中央专项彩票公益金法律援助项目实施单位情况进行报道。

7月17日~8月14日，市律协选派了12名律师赴美国俄克拉荷马城市大学法学院进行了为期四周的律师培训。律师们就美国律师的角色和规则、美国合同起草和法律文件写作课程、美国证券市场介绍、美国诉讼庭审训练公司法及国际商业交易法律制度等内容进行了学习。

7月19日，市律协与市委统战部党外干部处共同召开了交流座谈会。市律协就天津律师行业发展情况，律协组织架构、党建工作情况以及天津律师担任各级人大代表、政协委员等情况做了介绍，双方就今后加强联系、创新新社会组织间开展活动的载体等进行了研讨交流。

7月20日，香港林李黎律师事务所麦汉明律师与理财规划师王嘉平博士一行六人来津，主要就“香港地区遗产规划及家庭信托等实务操作”专题与我市部分律师进行座谈交流。本次座谈会标志着我市律师与香港律师在法律业务交流方面进一步深入，为我市律师行业学习香港仲裁机制提供了机会与平台。

7月23日，市律协民商法专业委员会在市律协报告厅举办了主题为“PE/VC投资基金领域的律师业务机会”讲座。讲座邀请了金诺律师事务所合伙人郭卫锋担任主讲。我市近百名律师参加了讲座。

7月23日，市律协国际经济贸易业务委员会与贸仲天津仲裁中心共同组织我市近百名律师通过视频会议形式参加了中国政法大学校长黄进教授作题为“涉外仲裁案件法律适用问题”的讲座。

**8月份**

8月份，为满足律师多样化学习要求，使广大律师能够灵活自主地进行学习，提高全市律师队伍的思想政治素质和业务素养，市律协与点睛政法网络学堂合作，为全市律师开通了网络在线培训。我市律师可在天津律师信息网登录网络培训端口，进行在线听课培训。

8月份，市律协未成年人保护专业委员会网站正式开通，网站英文网址 www. tjlxwbw. com。网站设立了“未保委律师动态”、“我们的律师团队”、“申请法律援助”、“律师校园普法”、“法律援助在行动”等专栏。该网站的开通旨在拓宽我市未成年人保护的渠道，及时帮助广大未成年人维护合法权益，同时让社会各界更多了解我市律师从事未成年人保护的工作情况。

8月1日，天津夏季达沃斯筹备办公室与天津四方君汇律师事务所在天津市司法局报告厅举行了“2010天津夏季达沃斯论坛法律服务签约仪式”。天津市人民政府副秘书长朱军等领导出席了签约仪式。四方君汇律师事务所组成的七名律师法律服务团队将为论坛提供涉及志愿者、安保、运营服务保证、前期通讯保障等多个方面的法律服务。

8月8日，为使我市律师能够及时了解、熟悉并在实践中运用好最高院《关于办理死刑案件审查判断证据若干问题的规定》、《关于办理刑事案件排除非法证据若干问题的规定》，市律协刑事辩护业务委员会在天津礼堂中剧场三楼一号会议厅举办培训讲座。刑事专业委员会特别邀请了国家法官学院院长（原最高人民法院刑四庭庭长）、国家一级高级法官高憬宏来津就“两个司法解释”的出台背景、制定经过及律师在实践中应如何运用等内容进行讲解。我市近300名律师参加了讲座。

8月20日，市律协在市司法局报告厅举办了“律师执业警示教育专题报告会”。讲座就李庄案件警示和律师执业纪律、职业道德等内容对我市律师事务所主任或高级合伙人进行了深刻的思想教育。近240名律师参加了讲座。

8月27日，市律协国际经济贸易业务委员会与贸仲天津仲裁中心共同组织我市百余名律师通过视频会议形式参加了前香港国际仲裁中心主席、现亚太地区仲裁组织主席、著名国际仲裁员杨良宜教授作题为“仲裁程序中的证据处理和开庭组织等问题”的讲座。

**9月份**

9月3日~5日，市律协会长韩刚与负责农村工作的常务理事张景树等5人前往山东，参加了全国律协在潍坊召开的“2010统筹城乡发展中的法治与律师实务研讨会”。会上天津介绍了“以宅基地换房制度”实施新型小城镇建设的律师实务经验，成为天津律协带给研讨会最热点的话题。

9月4日，市律协2010年度第三期实习律师集中培训班在市政法管理干部学院正式开班。160名实习律师参加了本期培训。

9月9日~11日，市律协组成的20人律师代表团赴德国柏林参加了第二届德中律师论坛。会议主要就涉及中德双方关于合同草拟、农村领域法律、版权、反腐败措施和刑事辩护等问题进行了深入讨论。通过论坛举办，进一步增进了中德两国律师的了解、加深了友谊。

9月14日，市司法局、市律协、市公证协会与第六届东亚运动会组委会联合举办了“第六届东亚运动会法律事务团队组建仪式”，签署了东亚运动会法律服务合作协议并为东亚运动会法律事务团队揭牌。我市31名律师与21家公证机构被聘为东亚运动会法律事务团队成员。法律事务团队将设民商与行政、刑事与治安、知识产权与特许经营、公证4个法律服务组，为东亚运动会提供优质高效的法律服务。

9月15日，市高级人民法院司法巡查工作组成员一行6人到访市律协，征求律师界对市一、二中级人民法院、海事法院的工作意见。律师们针对三个法院在班子建设、队伍建设以及业务建设方面提出了各自意见，并就法院司法审判制度建设、业务管理同一性、细化诉讼服务范围等问题提出了建议与看法。市高院监察室领导认真听取了律师意见。

9月27日，六届市律协常务理事会第十七

次会议在市司法局312会议室召开。会议对市律协前一阶段开展的各项工作进行了总结，并就下一阶段将要开展的出访韩国仁川、开展英国BPP律师培训项目以及警示教育培训活动等工作进行了安排部署。

9月29日，市司法局党委书记、局长祖文光，副局长傅立英到市律师协会，专门听取了律师工作情况汇报。市律协会长、常务理事、党工委成员以及秘书处全体工作人员参加了座谈会。会上，与会者就市律协基本情况，各专门、专业委员会组成情况以及律协工作做了介绍，各常务理事结合各自分管工作情况，主要就律师党建工作、行业发展、对外交流、培训工作、文体福利以及律师维权、参政议政、行业惩戒等做了具体汇报。

**10月份**

10月15日，市律协女律师联谊会到马三立养老院和天津国际老龄村走访慰问，并为居住在那里的120多位老人送上了慰问礼品。

10月30日，由市委政法委主办，市司法局、市律师协会承办的政法系统领导干部“坤鹏杯”乒乓球赛在市司法局报告厅举行。市委常委、市委政法委书记散襄军出席并为获胜选手颁奖。市委政法委副书记、副市长只升华，老同志张柏峰参加比赛。

**11月份**

11月6日，市律协2010年度第四期实习律师集中培训班在市政法管理干部学院正式开班。173名实习律师参加本期培训。

11月11日，市律协劳动与社会保障法专业委员会在市司法局213会议室举办了《最高人民法院关于审理劳动争议案件适用法律若干问题的解释（三）》主题讲座。我市近百名律师参加了讲座。

11月24～26日，为落实与韩国仁川地方辩护士会交流合作协议，市律协代表团一行10人赴韩国仁川进行了为期3天的业务交流活动，双方就韩国律师制度、律师事务所管理等内容进行了充分交流。

11月27日，市律协民商法业务委员会在市司法局报告厅举办了“房地产市场走势和中国宏观经济形势政策分析”专题讲座。讲座邀请了天津社会科学院经济预测研究所所长卢卫担任主讲。我市近百名律师参加了讲座。

**12月份**

12月2日，市律协国际经济贸易专业委员会与贸仲天津仲裁中心共同组织我市百余名律师通过视频会议形式参加了香港资深大律师、特许工程师郑若骅女士作题为“国际仲裁实践比较”的讲座。

12月3日，六届市律协常务理事会第十八次会议在市司法局312会议室召开。会议传达了全国律师工作会议精神，并对市律协搬迁司法学校事宜进行了研究审议。

12月3日，市律协党工委第十三次会议在市司法局312会议室召开。会议就充分发挥律协党工委的抓手作用、全面加强律师行业党建工作以及加强党建工作组织系统，多方搭建平台发挥律师作用、展示党员风采等进行了讨论。

12月10日，市律协党工委第十四次会议在市司法局312会议室召开。会议主要就如何稳定律师税收政策进行了研究探讨。

12月18日，市律协房地产业务委员会在市司法局报告厅举办了“房地产开发经营中的法律实务”主题讲座。讲座特别邀请了南开大学法学院知名教授、天津仲裁委员会资深仲裁员、资深律师陈耀东教授为大家进行讲授。我市百余名律师参加了讲座。

12月18日，天津律师“执业大培训、岗位大练兵”活动验收考试在全市范围内展开，全市3000多名专、兼职执业律师参加了考试。市律协分成六个巡视组对和平、河东、河西、河北、南开、红桥考点进行了巡视。

# 上海市律师协会工作

## 一、业务研讨

### （一）地区片会

1. 第八届华东律师论坛

2010年9月26日，由华东六省一市律师协会联合主办、山东省律师协会承办的第八届华东律师论坛在济南召开。华东六省一市律师汇聚一堂，围绕着“律师职业使命与律师业发展”这一主题展开交流与研讨。上海律协的参会论文由委员会在东方律师网上公开征集，共收到文章62篇，根据组委会规定，从中筛选出12篇。上海律师的论文在会上获得了一等奖和优秀论文奖。

2. 重要的专业委员会活动

2010年，委员会下设的31个研究会共举办各类活动218次，其中工作会议52次、业务研讨活动44次、业务讲座55次、与外单位业务交流31次、完成法律法规征求意见31次、举行疑难案例讨论4次、参加立法听证会1次，起草业务操作指引3件、修订2件、编辑发放《上海律协研究会业务通讯》11期。律师总参与人数超过12000人次，活动数量比2009年高出四成，参与律师人数达到2009年的2倍之多。

委员会每月编发《业务研究委员会信息》，汇总研究会每月的活动情况，在东方律师网发布供全市律师了解研究会动态。

### （二）拓展多种形式的业务研讨活动达44次

1. 紧扣社会热点，探究法律问题

如：行政法研究会对中国足球“反赌打假”法律问题的探讨；证券研究会对“北京某律师事务所卷入IPO丑闻”的探讨；国资国企研究会对“凯恩股份事件”相关国企改制及上市问题的探讨；民事研究会对“浙沪民、商事律师实务及疑难法律问题”的探讨；未成年人权益保障研究会对“多起校园伤害事故”的法律问题的探讨；信息网络与高新技术研究会对“360腾讯之争”法律问题的探讨等等。

2. 及时组织全市律师学习交流新近颁布或即将生效的法律法规，研究各自业务领域可能碰到的新课题、新问题

如：环境资源研究会组织对《侵权责任法》环境侵权的问题的研究；信息网络与新高技术研究会对《网络商品交易及有关服务行为管理暂行办法》的研究；刑事研究会对“两个证据规定”的研讨、对《刑法修正案八（草案）》修改征求意见的研讨及对《关于提讯、会见看守所在押犯罪嫌疑人、被告人、罪犯的若干规定》的学习。

3. 参政议政、献计献策，对法律法规、司法解释征求意见稿以及人大政协的议案提案组织研讨

如：动拆迁研究会研讨《国有土地上房屋征收与补偿条例（征求意见稿）》修改意见；刑事研究会研讨《有关财产刑执行问题的司法解释》，为充分发挥律师辩护职能、保护犯罪嫌疑人、被告人合法权利，对《刑事诉讼法》提出修改意见和建议；保险研究会研讨《最高人民法院关于适用中华人民共和国保险法若干问题的解释（二）（征求意见稿）》；《关于适用〈中华人民共和国婚姻法〉若干问题的解释（三）（征求意见稿）》等等。

### （三）为与相关部门加强交流搭建平台

1. 主动与相关部门建立合作机制

如：行政法研究会与复旦大学体育法研究中心召开《上海市社会体育保障条例》立法调研组总结会。

2. 积极参与承接政府职能部门的调研课题

行政法研究会应邀参加市高院举行的“最高人民法院《行政诉讼证据若干问题的规定》修改专题项目”座谈会，在关于行政诉讼证据的举证、质证和认证等方面提出的看法；行政法研究会还与复旦大学体育研究中心合作承接了市体育局《上海市社会体育保障条例》立法调研课题组。

动拆迁研究会与上海住房保障和房屋管理局合作完成了《律师参与城市动拆迁工作的机制研究》课题。

应高院有关课题组邀请，知识产权研究会参加《上海市高级人民法院关于知识产权侵权案件适用法定赔偿方法确定赔偿数额的若干问题的意见（征求意见稿）》的研讨。

3. 以多种形式切磋业务、交流心得、深化合作

行政法研究会应邀参加市体育局举办的国际体育仲裁研讨会，讨论国际体育仲裁院发展情况及处理国际体育纠纷的实践和案例；知识产权研究会、信息网络与高新技术研究会参加同济大学知识产权大论坛；世博与会展研究会委员做客“东方大律师”栏目，介绍上海世博会志愿者工作法律顾问团服务上海世博会的情况；并购重组研究会举办“第三只眼看投资——浅谈产业投资机构运作”专题讲座等等。

（四）举办疑难案件讨论4次

2010年，劳动法研究会、行政法研究会分别组织委员对4件由事务所提起申请讨论的疑难案件进行认真研讨，为承办律师提供了办案思路。

（五）举办专题讲座55次

作为研究会活动中开放程度最高、律师参与性最强的一项活动，专题讲座是业务活动的主要形式之一，不仅数量较去年有所增长，且讲座涉及面广，知识前沿，专家权威，受到广大律师欢迎。受律师学院邀请，作主题讲座20次，与律师学院合作举办研修班6次：（1）《侵权责任法》律师实务研修班（民事研究会）；（2）信息网络与高新技术律师实务研修班（信息网络与高新技术研究会）；（3）劳动法律师业务能力研修班（第一期）（劳动法研究会）；（4）劳动法律师业务能力研修班（第二期）（劳动法研究会）；（5）国际贸易律师实务研修班（国际贸易与反倾销研究会）；（6）航运律师实务培训班（海事海商研究会）。

（六）狠抓研究成果资源共享不放松，编发业务指引和《上海律协业务通讯》

研究会除了举办形式多样的面向全市律师的业务活动外，其成果还通过业务指引和《上海律协业务通讯》的形式提供给广大律师资源共享。其载体为东方律师网上的“业务指引”和“资源共享”栏目。

继市律协在2005年出版《上海律师业务指引汇编与参考》后，2008年，《上海律师业务指引与参考（二）》也向全市律师发放，收录了各研究会新起草和修订的指引19件，还收录了全国律协组织拟定的业务规则共计5件，成为上海律师又一本办案工具书籍。

## 二、会员培训

（一）律师学院的培训工作

2010年，律师学院开设的面授培训总课时已经达到1012课时，（包括6个类型，51班次，234门课程，113名主讲人）开设的网上课程进一步扩大，有10个栏目，437个课件，分别是2008年的1倍半和18倍。按4学时1人次计，2010年受训人次达到137312，是2008年的4倍，2009年的2倍。按每人40学时的年培训要求，个人可选择比达到1：36的水平。

（二）继续与芝加哥肯特法学院合作

2008至2010年，市律协完成与芝加哥肯特法学院合作的第二、三、四期LLM培训项目。三期共有80名学员参加。最终前往美国继续就读的学员共计54人。国内的4门法律专业课程于12月至次年6月在市律协分阶段进行，共计8周时间。完成LLM培训学业的学员不仅可以取得美国法学硕士学位，还能参加美国司法考试。据悉，目前，第二期和第三期学员有8人取得美国律师执照。

12月，第五期肯特法学院LLM培训项目第一门课程“司法写作”开始授课，共有20名律师参加。

## 三、会员管理

### （一）会员日常管理

区县律师工作指导委员会负责对18个区县律师工作委员会（2009年，南汇区并入浦东新区后，原19个律师工作委员会变为18个）进行工作指导，以充分发挥区县律师自律管理、区县律师“两级”管理和“两结合”管理方面的积极作用，在为本区县律师服务等方面日益凸显重要作用，真正体现了区县律师工作指导委员会“让律协与广大律师更近一点，为律师服务更多一点”的工作宗旨。

1. 建章立制，完成区县律师工作委员会制度建设

为使区县律师工作委员会行使各项职责有法可依，市律协在充分讨论，并广泛听取区县意见的基础上，于2008年7月在八届理事会第四次会议上通过了《上海市律师协会关于区县律师工作委员会工作的指导意见（试行）》，该《意见》对区县律师工作委员会的人员组成、工作机构及工作职责等方面进行了规定，也为律师工作委员会开展工作指明了基本方向。

2010年，借《上海市律师协会章程》修订之际，区县律师工作委员会正式纳入《章程》，其地位得到了进一步肯定，这也是第八届理事会根据上海律师行业自律实际情况和特点所做出的重要决策。

2. 完善人员配备，设立律师工作委员会秘书之职

各区县律师工作委员会的设立架起了一座律协与律师之间的桥梁，各律师工作委员会承担起上情下传，下情上达的重任，随着律师工作委员会的不断发展，根据有关规则，设立律师工作委员会秘书之职也是形势所需，势在必行。根据市律协要求，2009年，各区县律师工作委员会陆续聘用了秘书，随后逐步建立起与各区县秘书的固定联络机制，使市律协与区县律师工作委员会的联络渠道更加畅通，便于及时传达市律协的各项工作安排，及时掌握各区县律师工作委员会工作动态，形成了律师工作上下联动的良好局面。2010年11月，市律协为充分了解掌握各区县在组织律师参与法治政府、法治社会建设中的作用及贯彻落实情况，特地召开了各区县律师工作委员会主任、秘书工作联席会议，由于秘书发挥了积极作用，各区县律师工作委员会会前均认真准备了发言材料，并形成书面文字上报市律协。

3. 围绕中心、服务大局，全面推进律师服务工作

（1）紧系热点，为服务世博、平安世博作贡献

2010年，恰逢世博会在上海举行，这是中国继奥运会之后的又一次盛会，为抓住这难得的契机，这三年来，各区县律师工作委员会积极推进律师参与世博法律服务，如黄浦区律师工作委员会成立了“区世博法律服务团”、“区金融法律服务团”、“区经济转型法律服务团”、“区维稳法律服务团”、“区政府法律顾问团”的“五驾马车”；徐汇区律师工作委员会举行迎世博“擦亮窗口”集中行动，部分律所成为世博会指定法律服务供应商，为世博场馆提供全方位法律服务；卢湾区律师工作委员会设立“律师世博会志愿服务站”。

（2）服务社会，积极组织律师参与突发事件善后工作

2010年，静安区发生“11?15”特大火灾，静安区律师工作委员会与区司法局紧急动员与部署，组织140名律师参与善后处理，一是为结对安置接待工作提供第三方法律支持的律师志愿者；二是为受灾群众提供法律救济的援助律师；三是为政府开展救灾帮扶工作和依法决策提供专项、专业服务的政府律师顾问。在区县律师工作委员会的积极组织下，参与律师起草了各类协议、方案、流程8份，出具法律意见书2份；接待来访受灾群众咨询107批，共356人；积极动员全区律师捐款，共计12万余元。

（3）搭建平台，树立律师良好形象

①创新模式，以“律师之家”、“律师午茶会”等新形式搭建律师与政府及各部门沟通的平台、律师间相互交流的平台、律师与其他社会团体联系的平台。

②关心青年律师成长。青年律师的发展，一直是律师界所关注的问题，积极探索青年律师快速成长的有效渠道也成为各区县律师工作委员会的重要课题。在各区县律师工作委员会的直接关心下，“青年律师沙龙”、“青年律师联谊会”、评选“十佳”青年律师、“名师带高徒”等活动如火如荼的举行，为青年律师发展创造了良好的环境。

③关心社会弱势群体，义务进行法律咨询。如黄浦区律师工作委员会组建上海首个“农民工维权援助律师团”；虹口区律师工作委员会关心本区弱智、智障、残疾儿童，同时心系灾区，发起设立“虹口律师帮扶云南省西畴县希望助教金”；嘉定区律师工作委员会积极配合区妇联做好维护妇女儿童权益工作。

④组织各类文体活动，增进律师友谊。为丰富律师业务生活，各区县律师工作委员会通过跨区组织各类文体活动加强律师间的交流与沟通，互增友谊。如浦东、长宁、徐汇、静安、卢湾、闵行六区联合举办“律动？风采”杯“融孚”龙舟混合团体赛和“大成”羽毛球混合团体赛。

（4）积极支持、配合市律协各项工作

①围绕“律师制度恢复30周年”主题开展各类活动。各区县律师工作委员会结合本区特色，通过座谈会、论坛、媒体宣传等方式大力宣传律师制度、律师行业及律师文化。如以“回顾律师发展史、塑造律师形象”为中心题材，制作“纪念上海律师制度恢复三十周年”电视短片，通过浓缩的文字图案和声音，使上海市民更加了解律师行业；如通过举办虹桥法律论坛、陆家嘴法律论坛、静安法律论坛、黄浦法律论坛等高水准、外向型的论坛，向海内外展示律师的专业水平和风采，扩大法律服务业的社会影响力。

②积极开展“上海市优秀律师”、“上海市优秀青年律师”、“上海市优秀女律师”评选活动。根据市律协要求，各区县律师工作委员会按照时间节点，认真评审，严格选拔，按时报送，为市律协最终评选奠定了基础。

③精心组织节目参与上海律师春晚工作。律师春晚节目得到了区县律师工作委员会的大力支持。各区县律师工作委员会充分挖掘资源，上报优秀节目，每年的春晚，不仅让全市律师享受了一台丰富的盛宴，更让律师们通过这个平台，展示了个人风采与演艺才能。

④组织律师，参加市律协各项专题调研活动。为配合市律协关于《区县律师工作委员会工作的指导意见》、《上海市律师协会章程》、律师业发展等多项课题调研，各区县律师工作委员会精心组织律师，积极献言献策，为市律协做出正确决策提供了第一手资料。

（二）维护律师合法执业权

维权委在认真学习历届维权委工作经验的基础上，针对目前的律师执业环境下，围绕个案维权、普遍性问题、理论调研、建章立制四个方面展开。我们将个案维权作为基础性工作，特别是人身权侵犯方面，尽心尽力，让当事律师在最困难的时候感受到行业组织的关心和支持，遇变故而不动摇执业的信念，不动摇追求公平正义的理想。

2010年，维权委受理律师及律师事务所维权申请30件。

2010年春节前夕，天册所来函紧急报告，该所王律师（女）在江苏溧阳法院二楼大厅遭孙某一方殴打、威胁。陈乃蔚主任及浦东新区司法局律公处赵开银处长等立即到天册所了解情况，向王律师表示慰问并送上慰问金。据了解，王律师代理的是一破产债权案件，在之前召开的债权人会议时，曾遭到过孙某一方的围攻、辱骂，让其退出代理，以继续低价租赁经营该破产企业。市律协认为，律师的人身权是律师最基本的执业权利，尤其是在法院内，律师的人身权必须得到充分的保障，受到侵犯应当依法予以追究责任。综合此事发生的时间、地点、情节，此次事件性质极其恶劣。随即，市律协和浦东新区司法局分别致函溧阳法院，请法院对此事的后续处理予以重视，依法追究肇事者的法律责任，维护法律的基本尊严。

毅石所来函反映，该所两位年轻律师到一中院应诉。庭审结束后，两位律师快到一中院大门时，被30余人冲进法院拖出法院大门围攻，用手、肘等击打两位律师头部及身体，并强行抢走律师的手机。律师被打倒在地后，不断有人用脚、甚至高跟鞋踹律师的头部、胸部，造成律师短暂性昏迷。两位律师的同事冲进人群将其拉出，到法院门卫室内报警。肇事人群立刻围住法院门卫室，意图殴打。接到事务所报告后，陈乃蔚主任在第一时间赶往事务所看望慰问两位年轻律师。陈乃蔚主任表示，协会是律师之家，是律师的坚强后盾，在组织层面全力维护律师的人身权。同时，对两位年轻律师进行了心理疏导，鼓励他们化挫折为信心，维护社会公平正义。当日，秘书处与公安维权顾问朱主任联系，请公安方面加大查处力度。经安排，维权委委员王建勇及秘书处人员到虹桥路派出所与所长沟通，派出所表示对此案相当重视，全力支持律师合法权益的保护。

浦东新区司法局与协会联系，告知该区所属尔立所许律师在其住所遭一不明身份歹徒持刀袭击，事后逃走，许律师被送华山医院急救，经过手术已基本脱离危险。该案已由静安公安分局曹家渡派出所立案侦查，现案件已告破，指使者和直接行凶者均已归案。秘书处与许律师电话联系，许律师告知似乎警方倾向于涉嫌故意伤害罪而非故意杀人罪，希望协会通过合适的方式予以维权。维权委对此案高度重视，维权委主任陈乃蔚、律协副秘书长刘小禾等到事务所看望慰问了许律师，并当即作了安排，请刑事法律研究会对此案进行研究。

功茂所邬律师反映，其代理吴某涉嫌走私普通货物罪一案，一审后当事人提起上诉，邬律师到闸北区看守所要求会见，看守所告知要等高院立案回执到达后才能安排律师会见。副主任钱翊樑同秘书处人员共同到闸北看守所沟通。看守所副所长、管教等予以了认真接待。双方就律师会见情况及《关于提讯、会见看守所在押犯罪嫌疑人、被告人、罪犯的若干规定》进行了沟通。看守所反映，上海律师总体会见情况较好，主要的问题是捎带物品，特别是药品，希望律师注意职业的特性。邬律师提到的情况，可能是不清楚看守所内部的流程。律师只要在向法院递交上诉状的同时，由被告人向看守所递交上诉书，既可按规定在系统上予以变更，不影响会见。

## 四、对外交流

### 1. 开创对外交流的数个首次

2010年，外事委员会首次选派代表参加国际律师协会的年会。本年度，市律协与国际律师协会的负责人进行了沟通，并且首次选派律师参加了国际律师协会在加拿大温哥华举办的2010年度年会。我会的代表与各国的律师同行就众多热门和前沿法律问题进行了沟通，这是一次全新的尝试。上海作为一个高速发展的国际化大都市，律师业的发展也应该紧跟城市发展的进度。因此，我们应该加强和国际律师组织的沟通与联系，加速上海律师业发展的国际化进程，以积极的姿态融入律师的国际大舞台。

2010年，外事委员会首次和美国律师协会建立比较深入的联系。美国律师业的发展一直处于国际的先进水平，无论是律师事务所的发展规模，还是律师的业务量与社会地位，都是值得我们学习和借鉴的。我们和全美律师协会以及美国洛杉矶律师协会也都建立了初步的联系，并且都处在积极探索签署友好合作协议的阶段。

### 2. 接待范围的拓宽

伴随着上海的“四个中心”建设，上海律师业的发展也呈现出了活跃和繁荣的态势。很多外国律师协会和律师事务所纷纷表示希望与上海律师建立联系。

2010年，伴随着世博会的召开，外事委员会的接待任务异常繁重。但是与以往走马观花地礼节性拜会不同的是，近几年境外代表团的来访，交流内容都有了很大程度的深入。例如，美国洛杉矶律师协会的代表首次来访我会就表示希望能够和我会签署友好合作协议，建立互访机制，互相选派律师实习并且推荐优秀法律人来沪举办专题讲座等。

接待范围的拓宽，除了接待境外代表团的数量增加，还表现在参加接待律师的范围扩大。另外有部分活动还在东方律师网上发布通知，欢迎感兴趣的律师参与接待活动。通过这种公开的方式，外事接待活动不再局限于律师协会的会长和外事委员会委员参加，大大促进了全体上海律师，特别是青年律师参与对外交流活动的积极性。同时，在对外交流中，也着力于为更多的上海律师提供开拓眼界和学习先进的机会。

3. 围绕“四个中心”建设，通过“请进来”和“走出去”双线战略，打造和培养素质高、能力强的涉外律师队伍

结合上海“四个中心”建设和加快发展上海现代服务业的紧迫任务，围绕突破阻碍上海青年律师人才国际化发展的瓶颈这一思路，外事委员会着力于培养高素质复合型律师，提高青年涉外业务律师的执业水平，实施了一系列“请进来”和“走出去”的培训措施。包括邀请境外法律人士来沪举办讲座、继续落实沪港青年律师培训项目、推荐律师参加全国律师协会的培训项目、积极与境外培训机构协商上海律师出国攻读学位事宜。

## 五、会刊及网站

《上海律师》自1981年开始面向上海律师发行，是上海市司法局主管、上海市律师协会主办的内部资料刊物。本刊设有卷首语、特别关注、焦点与视线、热点与人物、观点与声音、难点与现实、论点与思考等栏目。

东方律师网（WWW. LAWYERS. ORG. CN）成立于1998年（原名：上海律协网），2003年12月25日开通英文版东方律师网。网站主要栏目有：律协简介、律协动态、律协通知、媒体报道、区县律师、国内律师、法律资讯、业务研究、活动专题、律师黄页、律所招聘、法规检索、律师信箱、办事指南、下载中心、诚信信息、律师培训、会员中心。

## 六、律师协会大事记

### 1月份

1月4日，市律协召开八届二十次会长办公会议，会议由刘正东会长主持。副会长厉明、李慈玲、陈乃蔚、徐晓青出席会议。秘书长万恩标及秘书处各部门负责人列席会议。会议就部分专门委员会委员调整事宜、业务研究委员会调整的相关事宜、与陕西律协合作事宜、八届律协第十次理事会和第十七次常务理事会的议程以及2010年主要工作等事项进行了讨论。

1月6日，王联华律师参加理事值班，就纪律部提交的投诉提出处理意见和建议；陈刚律师参加理事值班，主持调解了投诉人与律师事务所的收费纠纷，约谈了被投诉未尽职代理的律师，并就纪律部提交的投诉提出处理意见和建议。

1月6日，市律协副会长李慈玲、副秘书长刘小禾、春晚总导演沈翼敏等人就2010年上海律师春晚演出方案进行商议，最终确定了晚会的节目顺序、主持词等具体问题。本次春晚由会长刘正东任组委会名誉主任、副会长李慈玲任组委会主任，副会长厉明、乔文骏、陈乃蔚、徐晓青、监事长朱洪超、秘书长万恩标等任组委会委员。申达所沈翼敏律师为本次春晚总导演，得勤所祝明真律师为舞台总监，正达所潘杰律师为剧务，嘉华所谭芳律师、德尚所杨波律师为主持人。

1月7日，市律协外事委员会副主任吴坚主持召开了外事委员会因公出国（境）旅行社

招标会。上海大众国际旅行社有限公司、上海国旅、中国国旅（上海）、上海巴士国际旅游有限公司、上海东方和平国际旅行社有限公司五家旅行社参加投标。会议通过各方面的考评，决定选择中国国旅（上海）和上海巴士国际旅游有限公司为市律协的服务商，承接市律协的因公出国（境）团组，以后每次组团出行前邀两家旅行社报价，择优确定。市律协外事委员会委员俞卫锋、刘阳以及秘书长万恩标参加会议。

1月8日，上海市女律师联谊会举办了上海市律师事务所女主任迎新春恳谈会，会议由联谊会副会长黄绮主持。市司法局副局长、律协党委书记刘忠定、市律协会长刘正东、副会长厉明以及女律师联谊会会长李慈玲、副会长黄绮、副会长裘索等出席会议，50余名上海市律师事务所女主任、女性管理合伙人参加了会议。李慈玲会长介绍了女律师联谊会2009年的工作总结以及2010年的工作安排。最后，刘忠定副局长做了总结发言，充分肯定了女律师联谊会的工作。

1月8日，浦东新区区长姜樑、市司法局副局长刘忠定、市律协会长刘正东在浦东新区政府办公中心参加浦东新区第三届政府法律顾问团成立大会，并分别讲话。

1月9日，市律协业务研究与职业培训委员会召开2009年年终总结及2010年计划工作会议。会议通报各研究会2010年工作打算、律师学院2010年工作计划、业务研究委员会调整情况，并通过了《业务研究与职业培训委员会2009年工作总结和2010年工作设想》、2010年经费预算以及2009年起草、修订的9项指引。

1月10日，市律协区县律师工作指导委员会召开2009年度年终总结及2010年计划工作会议，会议由刘正东会长主持。副会长厉明、李慈玲、陈乃蔚以及15名委员参加会议，监事邹佳莱、杨浦区黄绮律师、普陀区李剑瑜律师、奉贤区李明明律师以及市律协副秘书长刘小禾、会员部副主任曹频列席会议。会议就2010年工作计划进行了交流，刘正东会长对近期律协几项重点工作进行了通报。

1月11日，市律协秘书长万恩标在律协接待了上海政法学院团委书记陈校一行。双方就建立教学实习基地、开展“对话校园”活动以及合作参与上海市大学生法政社团联盟等事宜进行了交流座谈。

1月11日，市律协副会长乔文骏、李慈玲、徐晓青，秘书长万恩标等参加了在市政法人才培训中心召开的上海市司法行政系统工作会议。

1月11日至25日，第四期肯特法学院LL. M. 培训第二门课程“英美法导论”在市律协授课。

1月13日，市律协纪律委员会召开第十次会议暨年终工作会议，会议由副会长、纪律委主任徐晓青主持，16名委员参加。会议讨论了2件违纪案件的复查情况、10件违纪案件的调查情况，并决定对一件投诉立案调查。

1月13日，江宪律师参加理事值班，就纪律部提交的投诉提出处理意见和建议；安翊青律师参加理事值班，约谈了被投诉未尽职代理的律师，并就纪律部提交的投诉提出处理意见和建议。

1月13日，市律协召开八届七次党委（扩大）会议，会议由刘忠定书记主持。副书记刘正东、委员乔文骏、李慈玲、徐晓青、朱洪超、万恩标参加会议。市司法局律管处处长余学杰、党建专项办俞耀明列席会议。市律协副会长陈乃蔚应邀参加会议。会议主要讨论了《关于进一步发挥律师在法治政府、法治社会建设中重要作用的若干意见（征求意见稿）》等事项。

1月14日，市律协会长刘正东、副会长乔文骏及秘书处相关人员前往华东政法大学，与研教院领导商讨选用该校研究生担任业务研究委员会兼职秘书事宜。

1月15日，市律协召开首届上海律师参政议政研讨会，市政协提案委员会主任朱钢、全国人大代表沈志刚、市人大代表洪克敏、市律协会长刘正东、副会长厉明、监事长朱洪超、副秘书长刘小禾、调研部主任李旻等以及近20位市区两级律师人大代表、政协委员参加了本次研讨会，会议由刘正东会长主持。全国人大代表沈志刚和市人大代表洪克敏与在座的律师人大代表、政协委员们就如何更好地参政议政进行了交流。

1月16日，市律协召开八届十七次常务理事会，会议由刘正东会长主持。副会长厉明、陈乃蔚、徐晓青，常务理事丁伟晓、吴坚、吴晨尧、沈伟明、钱翊梁出席会议。监事长朱洪超、秘书长万恩标等列席会议。会议原则通过《上海市律师协会会员表彰奖励规则》、《上海市律师协会业务研究委员会工作规则》、《上海市律师协会业务研究委员会经费使用规则》以及部分专门委员会委员调整名单，并决定报理事会讨论通过。

1月16日，市律协召开八届十次理事会，会议由刘正东会长主持。35位理事参加会议，9位理事书面委托表决，朱洪超监事长和4位监事、4位顾问及秘书长万恩标等列席会议。会议讨论通过了《上海市律师协会会员表彰奖励规则》、《上海市律师协会业务研究委员会工作规则》、《上海市律师协会业务研究委员会经费使用规则》以及部分专门委员会委员调整名单。刘正东会长通报了律协近期有关工作情况。

1月16日，市律协监事会召开第十二次工作会议，会议由朱洪超监事长主持。会议总结了前一阶段监事会的工作，讨论了监事会2009年工作报告及2010年工作设想，并就八届三次律师代表大会召开前的监事会工作进行了部署，明确了各项工作完成的时间节点。

1月18日，上海律师参与"两会"新闻通气会在市律协举行，会议由市律协副会长、市人大代表厉明主持。通气会主要向新闻媒体通报了律师人大代表、律师政协委员即将在"两会"上提交的人大议案、书面意见，政协提案、社情民意。市律协会长、市人大代表刘正东，市政协常委朱树英律师、黄绮律师等10余位律师人大代表、政协委员及10多家媒体单位参加了会议。

1月18日，市律协外事委员会副主任吴坚、委员俞卫锋，对外交流部主任贾明辉在段和段律师事务所接待了来访的英国英格兰及威尔士律师公会代表。双方就律师出国攻读学位事宜进行了商谈。

1月19日，上海市女律师联谊会在律协举行巾帼律师志愿团年终总结表彰活动，80余名志愿者律师到会。会议由女律师联谊会副会长、巾帼律师志愿团团长黄绮主持，市妇联权益部部长葛影敏应邀出席并致词。会上，副秘书长时军莉汇报了女律师联谊会将巾帼律师志愿团作为"一会一品"优秀项目的情况。

1月19日，市律协外事委员会委员刘爱军，对外交流部主任贾明辉在律协接待了来访的西班牙顾博律师事务所驻沪代表处代表。双方就青年律师的交换培训问题进行了探讨。

1月20日，市律协环境资源业务研究委员会举办"《侵权责任法》环境侵权责任法律问题"研讨会，就环境侵权的归责原则、污染环境侵权责任实行因果关系推定的原则等进行了深入研讨。

1月20日，陈凯律师参加理事值班，约谈了被投诉未尽职代理的律师事务所主任，并就纪律部提交的投诉提出处理意见和建议。

1月21日，监事会调研组一行在朱洪超监事长的带领下，赴闸北区律师工作委员会进行了监事会工作调研，听取律师代表的意见和建议。闸北区司法局局长米振荣、副局长吴群、律公科科长江振虎、区律师工作委员会主任俞建国等参加了座谈会。

1月24日，市律协副会长陈乃蔚、常务理事沈伟明、秘书长万恩标、调研部主任李旻等在市政协十一届三次会议会场进行现场咨询。陈乃蔚副会长、沈伟明律师对市政协委员提出的问题进行了现场解答。

1月25日至29日，由刘春泉、岳雪飞、邵万权、王啸波、刘蓉蓉、杨飞翔、洪亮、韩璐、黄荣楠、刘军杰等律师和市律协秘书处工作人员组成的上海市律师协会律师法律咨询团在市政协十一届三次会议会场上为市政协委员提供法律咨询。

1月26日，市律协执业纠纷调解委员会召开年终总结会议，会议由副会长、委员会主任徐晓青主持。会议讨论了委员会2009年的工作总结与2010年的工作设想与计划。

1月27日，俞移冲律师参加理事值班，约谈了被投诉未尽职代理的律师事务所负责人和被投诉的律师，并就纪律部提交的投诉提出处理意见和建议；傅强国律师参加理事值班，约谈了被投诉未尽职代理的律师，并就纪律部提交的投诉提出处理意见和建议。

1月27日，上海律师迎新春文艺晚会在上海东方艺术中心举行。市司法局党委书记、局长吴军营，党委副书记李和平，副局长刘忠定、郁荀，政治部主任庄孝志，市律协会长刘正东、副会长厉明、李慈玲、陈乃蔚、徐晓青，监事长朱洪超以及各区县司法局等领导与千余名律师共同观看了演出。

1月29日，2010年第2期《上海律师》编前会在律协召开，会议由副会长、宣传委主任陈乃蔚主持。《上海律师》总策划冯慧、宣传委副主任曹海燕、本期特邀编审浦东新区司法局律公处副处长张悦、浦东新区律工委主任尹燕德等出席会议。会议对《上海律师》第2期栏目进行了部署，并对“浦东律师服务大浦东经济建设”和“律师参与两会”两大主题进行了策划落实。

1月31日，市律协副会长陈乃蔚、常务理事吴坚、副秘书长刘小禾、调研部主任李旻等在市人大十三届三次会议会场进行现场咨询。陈乃蔚副会长、吴坚律师对市人大代表提出的问题进行了现场解答。

1月31日，市律协召开八届十八次常务理事会，会议由刘正东会长主持。副会长厉明、李慈玲、陈乃蔚、常务理事丁伟晓、江净、吴坚、吴晨尧、沈伟明参加会议。市司法局副局长刘忠定、律管处处长余学杰应邀出席会议，监事长朱洪超、秘书长万恩标、副秘书长刘小禾等列席会议。会议主要就2009年理事会工作报告进行了讨论。

**2月份**

2月1日，市律协八届监事会调研组一行，在朱洪超监事长的带领下，赴长宁区律师工作委员会进行了监事会工作调研，听取律师代表的意见和建议。长宁区司法局局长史济康、副调研员王申信、律公科科长杨莉苹、区律师工作委员会主任陈刚、副主任刘习赟及长宁律师代表崔鸿祥、吉剑青、冯加庆、范玉梅、傅平律师等参加了座谈会。参加本次调研座谈会的监事有：钱丽萍、林莉华、郭杰、许强及邹佳莱律师。

2月2日，市律协民事法律业务研究委员会医药卫生组举行年终总结会议，并对《侵权责任法》有关医疗损害部分进行研讨。

2月3日，行政主管联谊会2010年第一次工作会议在市律协第五会议室召开。市律协律所规范与发展委员会副主任刘峰、锦天城所陈运、中伦所胡丽芝、国浩所费佳频、君悦所叶沂萌、金杜所王文茹、君合所姚慧、方达所葛晓燕、左券所王怡、君志所潘映红、瑛明所汤真萍、美国贝克？麦坚时所林晨、美国伟凯所陶和平等行政主管联谊会成员及市律协调研部主任参加了本次会议。会议讨论了行政主管联谊会2010年的工作计划，联席小组预计在今年出版一本上海市律师事务所行政主管工作手册，以供全市律所的行政人员参考，在座行政主管根据目录各自做了分工。大家对2010年工作计划各抒己见，都希望能在今年作出点成绩，得到律师们的认可。

2月3日，沈伟民律师参加理事值班，接待了来访的投诉人，对纪律部提交的投诉提出了处理意见；金缨律师参加理事值班，约谈了被投诉不当收案的律师，对纪律部提交的投诉提出了处理意见。

2月3日，市女律师联谊会召开理事会议讨论2010年工作安排。市女律师联谊会会长李慈玲、副会长丁伟晓、黄绮、裘索、部分理事及秘书处全体人员参加，会长李慈玲介绍了会长会议讨论的新一年工作计划并充分听取各理事的意见。

2月5日，市律协动拆迁（不动产征收）业务研究委员会举办《国有土地上房屋征收与补偿条例（征求意见稿）》研讨会，就《征求意见稿》中关于公共利益的界定、两轮征询制度的完善等进行研讨。

2月5日，市律协会长刘正东、秘书长万恩标参加在市司法局22楼会议室召开的市司法局党委班子述职测评会和局级干部民主测评会。

2月6日，市律协会长刘正东出席芝加哥肯特法学院上海同学会成立大会。会议推选出理事会提名的肯特上海同学会会长及副会长人选，并通过同学会章程。

2月8日，市律协副会长厉明、秘书长万恩标参加在市司法局25楼第二会议室召开的窗口服务业迎世博“冲刺100天”电视电话会议。

2月9日，市律协会长刘正东出席在市政协文化俱乐部三楼举行的第一届上海现代服务业联合会常务委员会第六次会议。

2月10日，裘索律师参加理事值班，对纪律部提交的投诉提出了处理意见；周朝华律师参加理事值班，对纪律部提交的投诉提出了处理意见。

2月11日，市律协副会长厉明、秘书长万恩标出席在华夏宾馆三楼召开的《关于进一步发挥律师在法治政府、法治社会建设中重要作用的若干意见（征求意见稿）》座谈会。

2月12日，市律协动拆迁（不动产征收）业务研究委员会完成《国有土地上房屋征收与补偿条例（征求意见稿）》修改意见，并提交国务院法制办。

2月22日，市律协行政法业务研究委员会与复旦大学体育法研究中心召开《上海市社会体育保障条例》立法调研组总结会。会议总结立法调研组的调研活动，并确定在3月10日前将报告定稿。

2月22日，行政法业务研究委员会召开中国足球“反赌打假”行政法律问题研讨会，讨论体育产业领域的政府与市场关系问题、体育法治建设问题以及律师在体育法治中的作用。

2月24日，贾明军律师参加理事值班，对纪律部提交的投诉提出了处理意见；邵曙范律师参加理事值班，接待了来访的投诉人，对纪律部提交的投诉提出了处理意见。

2月24日，市律协八届监事会调研组一行，在朱洪超监事长的带领下，赴闵行区律师工作委员会进行了监事会工作调研，听取律师代表的意见和建议。闵行区司法局局长张国荣、副局长陈静、律公科科长姜慧萍、区律师工作委员会主任许强、副主任陈洁及闵行律师代表朱峰、高明、赵国雄律师等参加了座谈会。参加本次调研座谈会的监事有：钱丽萍、邹佳莱、范仲兴及张志君律师。

2月24日，市律协秘书长万恩标赴市司法局22楼大会议室收看九届市委十一次全会第一次大会直播。

2月25日，第三届上海市非公有制经济人士优秀中国特色社会主义事业建设者表彰大会在上海国际会议中心举行。中共中央政治局委员、市委书记俞正声，市委副书记、市长韩正会见了第三届上海市非公有制经济人士优秀中国特色社会主义事业建设者。厉明、吕红兵、张毅律师获得“优秀建设者”光荣称号并受到俞书记、韩市长的亲切接见。

2月25日，市律协青年律师工作委员会举办了今年第一期青年律师基础性业务指引讲座。本期讲座的主题是“诉讼入门扼要解析”，由市律协青年律师工作委员会副主任贾明军律师主持，中茂律师事务所合伙人邹佳莱律师担任主讲嘉宾。活动吸引了近300名青年律师参加。

2月26日，市律协监事会举行了第十三次工作会议，会议由朱洪超监事长主持。会议通报了监事会近期走访区县律师工作委员会进行调研的情况，决定就调研反馈情况发一份监督建议书给理事会，并对监事会2009年度工作报告初稿进行了认真讨论，从报告的结构、具体内容及规范用语等诸多方面，监事们都仔细斟酌，提出了许多建设性的意见，要求尽快进一步修改完善工作报告。

2月27日，市女律师联谊会与世博法律研究委员会共同主办的“庆三八、迎世博”辩论赛初赛在市律协35楼报告厅举行。市女律师联谊会会长李慈玲、副会长丁伟晓、裘索、黄绮出席并与特邀评委黄荣楠、周知明、游闽键、吕军共同担任评委。

**3月份**

3月1日下午，八届市律协青工委举行了2010年第一次全体会议。会议由市律协会长、青工委主任刘正东主持，20名委员参会，郑绍平监事列席会议。会议通报了理事会通过的青年律师工作委员会成员调整名单；讨论部署了委员会2010年的各项工作及完成的时间节点；与会委员审议了《上海青年律师执业状况调查报告》（初稿）。

3月1日下午，八届市律协宣传委举行了2010年第一次全体会议。会议由市律协副会长、宣传委主任陈乃蔚主持，宣传委副主任王联华、曹海燕、丁伟晓，委员贾明军、岳雪飞、冯慧、黄荣楠、杨培君、葛珊南、蒋信伟、吴冬出席会议，监事聂鸿胜、市律协副秘书长刘小禾、宣传部主任潘毓霞等列席会议。经过委员们的评议，从40余篇新闻作品中初选出22篇入围下一阶段的终评，会议还对2010年宣传委的工作做了整体部署。

3月1日，《上海律师》2010年第3期编前会在市律协第一会议室举行，会议由市律协副会长、宣传委主任陈乃蔚主持，《上海律师》总策划冯慧、特邀记者胡峥、特邀撰稿人陈红梁，宣传委副主任曹海燕、副主任丁伟晓，《上海律师》编审小组吴冬，本期特邀编审、长宁区律工委主任陈刚，市律协宣传部潘毓霞、党文俊出席会议。会议对《上海律师》第3期相关栏目内容、2010年特约撰稿人工作、2010年通讯员培训工作进行了部署，对“长宁律师法律园区建设”和“八届三次律师代表大会”两大主题进行了策划落实。

3月2日，市律协邀请哈佛法学院莱斯特基塞尔法学教授戴维·布朗·威尔金斯来沪进行题为“培养全球化律师：二十一世纪的法律实践和法学教育”的讲座。市律协常务理事、外事委员会副主任吴坚主持了该讲座。约100名上海律师听取了本次讲座，部分律师就律师出国深造和攻读学位问题向威尔金斯教授进行了提问。

3月3日，尹燕德律师参加理事值班，约谈了被投诉恶意挑讼的律师，对纪律部提交的投诉提出了处理意见；闵卫平律师参加理事值班，约谈了被投诉未尽职代理的律师，接待了来访投诉人，对纪律部提交的投诉提出了处理意见。

3月3日，市律协就今年律师执业责任险相关条款与平安保险公司有关人员进行磋商。上海市建纬律师事务所曹文衔律师、上海中汇律师事务所杜爱武律师、上海瀛泰律师事务所周波律师参加座谈。

3月4日上午，市商务委国际服务贸易处副处长阎蓓一行三人就“拟列入市服务贸易专项资金支持范围的专业服务贸易企业资质条件”一事前来市律协调研并征求意见。市律协会长刘正东、市司法局律管处副处长马屹、市律协秘书长万恩标、常务理事吴坚、理事韩炯等9位律师代表参加会议，并从律师行业的角度，就市商委拟定的评定标准及程序发表了各自观点。

3月4日下午，市律协监事会举行召集人会议，会议由朱洪超监事长主持。会议进一步讨论并修改完善了工作报告。

3月5日下午，上海市女法官协会与上海市女律师联谊会共同举行了主题为“加强诉讼调解，共建和谐社会”的联谊座谈会。本次活动由上海市第二中级人民法院承办，在二中院第二会议室里，市高院政治部主任、女法官协会副长郭京燕、市二中副院长陈亚娟等20余位女法官，女律师联谊会会长李慈玲、副会长丁伟晓、秘书长王小咪、副秘书长时军莉及理事、主任等15位女律师济济一堂，共叙友谊。

3月5日，行政法业务研究委员会和动拆迁（不动产征收）业务研究委员会共同举办了房产征收和补偿行政法律问题研讨会。市政府法制办公室副主任顾长浩、市司法研究所所长杨寅教授受邀出席。

3月8日~12日，市律协会长刘正东、副会长厉明、乔文骏、陈乃蔚、李慈玲、徐晓青、秘书长万恩标等分别与各区县律工委主任、部分律师事务所主任和区县律师代表召开座谈会，征求对2009年理事会工作报告和2010年市律协预算的建议和意见。

3月10日，市律协业务部主任庄燕参加了在北京举行的“1+1”中国法律援助志愿者行动座谈会。

3月10日，盛雷鸣律师参加理事值班，约谈了被投诉未尽职代理的律师，接待了来访投诉人，对纪律部提交的投诉提出了处理意见。

3月10日下午，2009年度上海律师业好新闻评选终评会在市律协举行。会议由市律协副会长、宣传委主任、好新闻评委会副主任陈乃蔚主持。本次评选活动的评委会由市委政法委、市司法局、市新闻工作者协会、市法学会和市律协有关领导和专家组成。评委会根据媒体影响力、新闻性、行业相关度三个标准进行了认真评议，经评委投票、审定，刘建等22位记者的新闻作品获得本次评选的特别奖、一等奖、二等奖、三等奖、优秀奖。

3月10日，世博与会展业务研究委员会召开工作会议，讨论有关上海律师服务世博工作书稿的撰写工作。

3月11日，市律协秘书长万恩标参加了在市司法局举行的保密工作会议，会议布置了上海世博会期间有关保密工作并签订保密责任书。

3月12日，民事业务研究委员会召开业务研讨会，对律师人大代表有关加强人民法院民事执行工作问题的议案及市人大常委会征求意见的《上海市动物防疫条例修正案（草案）》进行了研讨。

3月13日，未成年人权益保障研究委员会《未成年人权益保护手册》编写小组召开工作会议，对计划于今年10月出版的《未成年人权益保护手册》的具体编写工作进行布置。

3月15日，业务部完成业务研究委员会调整的委员补充报名和主任候选人报名的统计工作，共收到委员补充报名材料131份，主任候选人报名材料88份。

3月15日，市律协会长刘正东、秘书长万恩标参加了在华夏宾馆举行的上海市律师事务所开展深入学习实践科学发展观活动总结交流会。

3月16日，市人大常委会办公厅副巡视员陈国龄、培训工作委员会办公室教学部主任杨建国等一行来到市律协，与市律协就2010年市民与法系列讲座活动的开展进行商讨。市律协副会长厉明、副秘书长刘小禾、调研部主任李旻等参加了本次会议。

3月17日，市律协副会长厉明、副会长陈乃蔚、秘书长万恩标与上海法治报总编朱秋萍、总编助理赵月樑、王霄岩等就2010年宣传合作方案进行交流座谈。双方对合作的意向达成共识，将在近期进一步完善合作的具体细节。

3月17日，《上海律师》2010年度特约撰稿人聘请仪式在市律协举行。仪式由《上海律师》总编陈乃蔚主持，总策划冯慧、宣传委委员吴冬、贾明军、宣传部主任潘毓霞出席会议，陈乃蔚向与会的特邀撰稿人颁发了聘书。

3月17日，唐勇律师参加理事值班，约谈

了被投诉未尽职代理的律师，对纪律部提交的投诉提出了处理意见；黄荣楠律师参加理事值班，约谈了被投诉未尽职代理的律师，接待了来访投诉人，对纪律部提交的投诉提出了处理意见。

3月18日，市律协秘书长万恩标参加了市司法局外事工作会议。

3月18日，市律协会长刘正东参加了韩国世宗律师事务所驻上海代表处开业仪式。刘正东会长代表上海市律师协会致辞。

3月19日下午，世博与会展业务研究委员会与女律师联谊会联合举办了2010年上海市女律师联谊会工作年会暨“庆三八·迎世博”主题辩论赛决赛，600余人参加了大会。

3月19日，市律协副会长徐晓青、秘书长万恩标参加了在市司法局举行的党委中心组学习，听取市委市政府信访办主任张示明作的《关于信访工作的形势、任务和要求》为主要内容的辅导报告。

3月20日上午，市律协监事会举行了第十四次工作会议，会议由朱洪超监事长主持。会议审议并原则通过了《市律协2009年度监事会工作报告》。

3月21日，民事业务研究委员会和律师学院共同举办了“侵权责任法培训班”。讲座分上午、下午和晚上三阶段进行，吸引了近2000名律师参加。

3月22日至23日，知识产权业务研究委员会、信息网络与高新技术业务研究委员会参加同济大学知识产权大论坛。信息网络与高新技术业务研究委员会主任商建刚致词。

3月23日，市律协副会长李慈玲、办公室副主任朱箭飞参加了在市司法局举行的上海市司法行政系统信访工作会议。

3月24日，蒋信伟律师参加理事值班，约谈被投诉律师了解案情，解答律师疑问，接待了来访投诉人，对纪律部提交的投诉提出了处理意见；周仁昌律师参加理事值班，对纪律部提交的投诉提出了处理意见。

3月24日下午，市人大常委会培训工作委员会举行了“2010年‘市民与法——人大代表说法系列’讲座协调会”，市人大常委会办公厅副巡视员陈国龄、培训工作委员会办公室教学部主任杨建国、市司法局法宣处副处长梅义征、市律协调研部主任李旻以及各区县人大参加了本次会议。此次协调会主要讨论了2010年“市民与法”讲座的时间地点等问题。陈国龄主任代表市人大常委会培训工作委员会对2010年“市民与法”讲座提出了具体的要求。

3月25日，税法业务研究委员会特邀上海海关法制处负责人陆敏作题为“伙伴合作、共创佳绩”的专题讲座。

3月25日，税法业务研究委员会召开2010年度第一次工作会议，讨论了培训、业务资料编写、媒体合作等研究会2010年工作安排及分工。

3月26日，业务部完成2010年肯特法学院LLM硕士留学申请材料的收集工作，并向学校提交。

3月30日下午，市律协青年律师工作委员会联合女律师工作委员会共同推出了一期“对话校园”特别活动——“女律师与女大学生面对面”交流座谈会。由上海市女律师联谊会秘书长、德载中怡律师事务所主任王小咪律师；上海市律师协会理事、里格律师事务所主任安翊青；上海市乔文律师事务所副主任韩璐和海华永泰律师事务所律师严嫣组成的女律师代表，走进华政松江校区，以对话的形式和同学们展开了互动交流，各位嘉宾围绕职业认识、从业感受、职业形象和生活平衡几大主题，以自身执业的体会和经历与同学们畅谈律师职业的酸甜苦辣。

3月30日，知识产权业务研究委员会召开“外文商标译文与中文商标权实务”讨论会。通过假定案例“凌志”商标的纠纷，设定多种情景使参会人通过作为中方及外方律师进行法律分析以及方案设计，对外国商标在中国其译文被注册这一社会现象进行了阐述。

3月30日，市律协常务理事丁伟晓、吴晨尧、秘书长万恩标、纪律部主任黄嘉、宣传部主任潘毓霞、公关部主任陶丽萍、会员部副主任曹频等接待了广州市律协一行13人组成的考察访问团，就律师维权、惩戒、宣传、实习人员管理及青年律师工作等进行了座谈交流。

3月30日，市律协会长刘正东、秘书长万恩标参加了在市司法局举行的律师党建工作会议。

3月31日，韩乔文律师参加理事值班，约谈了被投诉派遣工作人员公民代理的律师事务所主任，对纪律部提交的投诉提出了处理意见；黄绮律师参加理事值班，对纪律部提交的投诉提出了处理意见。

**4月份**

4月1日，《上海市职工代表大会条例》立法研讨会在市律协召开。市律协会长刘正东、副会长徐晓青、市总工会副主席茆荣华及包括14名律师和多名学者在内的法律顾问团成员参加会议。

4月2日，市律协会长刘正东及18名律师参加了市高院民二庭召开的破产审判工作律师座谈会。会议围绕向法院申请破产时的受理审查环节以及法院受理破产申请后的审理环节中遇到的问题展开讨论。

4月2日上午，由河北省律师协会女律师工作委员会主任邓南燕率领的河北省女律师代表团来上海考察，与上海市女律师联谊会部分理事进行了座谈交流。座谈会由市律协副会长、女律师联谊会会长李慈玲主持，女律师联谊会理事吴平、唐逸敏、葛珊南、钟颖、秘书长王小咪、副秘书长时军莉参加了座谈交流。下午，河北女律师考察了锦天城律师事务所和德载中怡律师事务所，女律师联谊会副会长、锦天城律师事务所高级合伙人裘索、德载中怡律师事务所主任王小咪分别接待并介绍了各自律师事务所的文化。

4月5日至17日，第四期肯特法学院LL. M. 培训第三门课程“美国与国际资本市场”在市律协授课。

4月6日，《上海律师》2010年第4期编前会在市律协举行，会议由市律协副会长、宣传委主任陈乃蔚主持，《上海律师》总策划冯慧、特约撰稿人陈红梁、《上海律师》编审小组杨培君、吴冬、岳雪飞、市律协宣传部党文俊出席会议。会议对第4期“上海律师服务世博”、“律政三人谈”、“普陀律师风采”以及相关栏目的组稿进行了具体落实，会议还就2010年的特约通讯员培训事宜安排了计划。

4月6日下午，由市人大常委会培训工作委员会、市法宣办、市律师协会联合主办的2010年“市民与法——人大代表说法系列”讲座开幕仪式在浦东新区南码头路街道社区市民中心举行，市律协副会长厉明，副秘书长刘小禾、调研部主任李旻以及百余位市民代表参加了本次开讲仪式。

4月6日，市律协秘书长万恩标出席在市政法人才培训中心召开的上海市司法行政系统党风廉政建设会议。

4月7日，市律协对外交流部组织报名赴香港培训的律师参加了英文考试，考试分为口试和笔试两个部分。最终从33名参加考试的律师中选拔了龚繁荣、陈燕等8名律师参加赴香港培训。

4月7日，行政法业务研究委员会主任阮露鲁律师、副主任邹佳莱律师应邀参加在市高院举行的“最高人民法院《行政诉讼证据若干问题的规定》修改专题项目”座谈会。

4月8日，刑事业务研究委员会召开研讨会，组织委员和广大律师对最高人民法院《有关财产刑执行问题的司法解释》展开研讨。与会律师围绕司法解释的可操作性、相关财产问题的界定难点、律师在辩护过程中如何应对以及风险防范等问题发表了意见。

4月8日下午，市律协青年律师工作委员会举行了专业化建设信息库召集人会议。会议由青年律师工作委员会副主任贾明军律师主持。会议对《上海市律师协会青年律师执业状况调查报告（2008～2010）》稿进行了认真讨论，并提出了许多建设性的意见。会议同时部署了2010年青年律师专业化建设信息库的各项工作。

4月9日下午，在马当路淮海社区文化活动中心2楼剧场举行了由市人大、市律协主办的2010年市民与法——人大代表说法系列讲座的第二讲，主讲人是市律协副会长、上海市徐晓青律师事务所主任徐晓青律师，主讲题目为《婚姻继承中的法律问题》。市律协调研部及近百位市民参加了本次讲座。

4月12日，市律协会长刘正东在市律协与香港驻沪办公室投资推广署的代表见面，商讨了上海律所今后在港设立分所方面存在的合作可能性。

4月12日，市律协副秘书长刘小禾出席了在上海展览中心举行的上海现代服务业联合会会员大会。

4月14日下午，市律协八届监事会调研组一行在朱洪超监事长的带领下，赴宝山区律师工作委员会进行了工作调研。与会者就律工委工作、远郊律师发展、青年律师的培训培养、业务研究委员会工作等方面提出了建议。宝山区司法局局长周有根、副局长钟国定、律公科科长冯桂娟、区律师工作委员会主任范仲兴、副主任杨振荣、邹甫文、应瑛等宝山律师代表参加了座谈会。

4月14日，丁伟晓律师参加理事值班，对纪律部提交的投诉提出了处理意见；吴坚律师参加理事值班，对纪律部提交的投诉提出了处理意见。

4月14日，市律协会长刘正东、副会长厉明一行7人，赴浦东法院就起草律师办理涉世博纠纷案件指南事项与陈雪明副院长及世博法庭负责同志座谈。

4月14日，税法业务研究委员会特邀国浩律师集团（上海）事务所合伙人张兰田律师在市律协报告厅做题为“投资取得、持有、转让股权过程中的所得税问题”的讲座。

4月14日，团市委权益部王锋部长、席晓华副部长等一行4人拜会市律协，与未成年人权益保障委员会委员讨论12355青少年维权平台等事宜。

4月14日，房地产业务研究委员会叶正伟、颜学海、韦祖林3名委员参加了市政协召开的《上海市城乡规划条例（征求意见稿）》座谈会。

4月15日，由市人大、市律协主办的2010年市民与法——人大代表说法系列讲座的第三讲在浦东齐河路周家渡街道举行，主讲人是市律协副会长、上海四维乐马律师事务所主任厉明律师，主讲题目为《上海志愿服务条例解读》。

4月16日，市女律师联谊会召开第11次会长会议。联谊会会长李慈玲、副会长丁伟晓、黄绮出席会议，秘书班子列席会议。会议通报了女律师联谊会2009年工作年会暨“庆三八·迎世博”辩论赛决赛活动费用等情况，并讨论了女律师联谊会2010年工作计划中各项活动的具体安排及时间节点、负责人员等事项，会议还拟定在5月份召开女律师联谊会理事会会议。

4月19日，市律协知识产权业务研究委员会接待宁波律协知识产权法律专业委员会主任蒋莹磊一行，双方就知识产权专业委员会的定位、作用等方面进行了探讨。

4月19日，市律协外事委员会副主任吴坚、委员俞卫锋在市律协接待了英国驻沪领事馆代表一行5人，双方就6月初英国英格兰及威尔士律师公会代表团来访事宜进行了商讨。

4月19日，全国律协在上海青浦召开了地方律师协会建设论坛暨全国律协地方律师协会建设指导委员会年会。全国律协会长于宁、司法部律公司副巡视员丘征、全国律协副会长兼地方协会建设指导委员会主任吕红兵、全国律协副秘书长马国华、上海律协会长刘正东、监事长朱洪超、秘书长万恩标及四十多位全国各地律协会长、秘书长以及全国律协地方建设指导委员会的委员参加了本次会议。

4月20日下午，市司法局、市律协与东方卫视节目合作研讨会在市律协举行，市司法局副局长刘忠定、市律协会长刘正东、副会长陈乃蔚与东方卫视副总监徐向东一行交流了栏目合作事宜。双方就合作理念、节目定位、合作方式、人员选择作了初步的探讨，表示将尽快启动合作机制。

4月20日，市律协召开“上海律师服务世博”新闻发布会，公布了市律协为保障世博会成功举办推出的包括成立“上海律师服务世博推进小组”、组建首批226人的上海律协服务世博律师志愿者队伍、开通上海律协世博法律帮助热线、制定《律师承办涉世博纠纷案件案件的指导意见》等四项新举措。

4月20日，市律协业务部完成统计第一期上海律师服务世博的情况，共有61家律师事务所报送了服务信息。

4月20日，市律协业务部完成首批世博会律师志愿团的报名工作。首批世博会律师志愿团由226名律师组成。

4月21日，江净律师参加理事值班，约谈了被投诉未尽职代理的律师，对纪律部提交的投诉提出了处理意见；韩炯律师参加理事值班，约谈了被投诉违规代理的律师，对纪律部提交的投诉提出了处理意见。

4月21日，市律协会长刘正东、秘书长万恩标在市局参加接待了香港律政司代表团。

4月22日上午，市律协青年律师工作委员会“走进区县”工作组在副主任吴晨尧律师带领下赴松江律工委开展了青年律师执业发展交流会。松江律工委主任张志君、副主任傅伟军及30余名松江青年律师参加了活动。吴晨尧、谭芳及曹志龙律师分别以“青年律师的引进和培养”、“从法官到律师的角色转换”及“青年律师如何确定专业方向”为题与松江青年律师作了交流互动。

4月22日下午，市律协青年律师工作委员会联合纪律委员会在35楼报告厅举办了今年第一期“青年律师执业风险防范”专题讲座。本次讲座由市律协常务理事、青年律师工作委员会副主任、上海得勤律师事务所主任吴晨尧律师主持，市律协理事、纪律委员会副主任、上海市中信正义律师事务所合伙人蒋信伟律师担任主讲人，200余名青年律师参加了本次讲座。

4月23日，市律协环境资源业务研究委员会与崇明县律师工作委员会在崇明县司法局联合举办“崇明生态岛建设的环境资源法律问题”研讨会，就生态岛建设的环境保护、循环经济的法律介入、碳交易的法律思路、环境评估中的律师地位、环保局的处罚作用、环境信息公开的作用等主题进行了交流。

4月23日，市律协就市信访办关于有律师市人大代表提出建立律师参与信访工作长效机制议案的答复等情况召开专题座谈会，对市信访办答复内容中提到的律师参与信访工作机制存在的主要问题和关于建立律师参与信访工作长效机制的具体想法进行了讨论。

4月24日上午，市律协青年律师工作委员会（青年律师沙龙）举办了今年第一期身心灵沙龙，本期活动的主题为“茶的认知”，由青年律师工作委员会副主任胡光律师主持，邀请了国家级高级茶艺师、高级茶叶审评师蔡俊担任主讲嘉宾，青年律师工作委员会委员牟炼律师担任嘉宾。近80名律师参加了活动。

4月27日，市律协副秘书长刘小禾参加了在市司法局召开的上海世博会试运行情况通报大会。

4月28日，岳文辉律师参加理事值班，对纪律部提交的投诉提出了处理意见；吴晨尧律师参加理事值班，约谈了被投诉利益冲突的律师，对纪律部提交的投诉提出了处理意见。

4月29日，市律协上海律师服务世博推进小组召开第一次工作会议，讨论了世博与会展业务研究委员会起草的《上海市律师协会关于律师承办涉世博案件的指导意见》。

4月29日，市律协举行首批世博会律师志愿团培训，市律协刘正东会长做动员讲话。

**5 月份**

5 月 5 日，市律协宣传委举行 2010 年度第二次工作会议，就“推进上海律师参与《东方直播室》栏目”、“大力宣传上海律师服务世博”两项工作进行了讨论。会议由市律协副会长、宣传委主任陈乃蔚主持，副主任王联华、曹海燕，委员张方、蒋信伟、杨培君、杨波、黄荣楠、贾明军、岳雪飞、吴冬等出席。监事邹佳莱，市律协副秘书长刘小禾、宣传部主任潘毓霞、宣传部党文俊列席会议。会上，陈乃蔚副会长向与会人员介绍了市律协与东方卫视《东方直播室》栏目合作事宜的进展情况，潘毓霞介绍了宣传上海律师服务世博目前的工作成果及未来计划。

5 月 5 日，陈洁律师参加理事值班，对纪律部提交的投诉提出了处理意见。

5 月 6 日，为配合司法部的立法调研，市律协刑事业务研究委员会召集委员就《刑事诉讼法》的修改提出意见和建议。会议形成的书面意见共计 14 条。

5 月 8 日上午，在市律协召开了律师事务所规范与发展委员会 2010 年第一次工作会议，市律协副会长、律所规范与发展委员会主任乔文骏、副主任刘峰、韩炯、管建军、委员黄伟民、韩乔文、盛雷鸣、金永红、吴晨尧、陈志坚、张金成、光韬等出席了本次会议，监事廖佩娟、调研部列席会议。会议讨论了本委员会 2010 年的具体工作安排，包括拟安排的优秀律所经验介绍与交流活动，走访优秀律所，律师事务所评优以及行政主管联谊会等工作。

5 月 8 日下午，市律协青年律师工作委员会和律师事务所规范与发展委员会在市律协举办了青年律师管理合伙人交流论坛第一期活动，主题为“青年律师合伙人成长与事务所发展经验交流会”，市律协副会长乔文骏、律师吴晨尧、韩炯、管建军、吴坚、胡光、黄伟民、金永红、光韬、王良华、赵靖、李骐、颜学海、朱林海、曹志龙、谭芳、洪亮以及多家律所的主任和合伙人出席本次交流会，市律协公关部、调研部参加了会议。整场交流会中，来自君合、金杜、锦天城、中伦、方达、国浩、联合、通力等事务所的各嘉宾律师积极踊跃，畅所欲言，以专题的形式和与会者分享了律所管理经验。

5 月 8 日，市律协建设工程业务研究委员会 20 名委员在市律协接待了浙江省律协建筑与房地产业务委员会一行，并召开两地委员会工作经验交流会。

5 月 10 日至 23 日，第四期肯特法学院 LL. M. 培训第四门课程“商业组织”在市律协授课。

5 月 11 日，八届外事委员会 2010 年第一次工作会议在市律协 35 楼第四会议室召开。会议由市律师协会副会长、外事委员会主任乔文骏主持。副主任裘索、吴坚，委员李骐、安翊青、陈乐、刘爱军、刘阳、陈克出席了会议，监事郭杰列席了会议。会议经过讨论确认了 2010 年外事出访各团组的出访目的与考察主题、团组人员的组成以及出访费用的承担等事宜；制定了接待英国英格兰及威尔士律师公会和日本第一东京律师协会的详细计划；落实了近期涉外培训的各项工作；同时还对成立“中外法律人联谊会”达成了初步意向。

5 月 12 日，深圳律协考察团来沪进行考察交流，上海市律师协会会长刘正东、副会长乔文骏、李慈玲、监事长朱洪超、常务理事吴坚、吴晨尧、沈伟明、理事张嘉兴、陈刚、岳文辉、贾明军、黄绮、秘书长万恩标、副秘书长刘小禾、律师王嵘、光韬、岳雪飞、市律协调研部接待了考察团一行人。

5 月 12 日，张嘉兴律师参加理事值班，与被投诉未尽职代理的律师通话了解情况，对纪律部提交的投诉提出了处理意见。

5 月 13 日，深圳律协考察团分成两批，在市律协秘书长万恩标、副秘书长刘小禾、公关部主任陶丽萍的陪同下，分别走访了上海沪家律师事务所、上海胡礼君律师事务所、上海里兆律师事务所、上海左券律师事务所、闵行区律工委和律师学院。

5月13日，房地产业务研究委员会、信访矛盾调解化解（ADR）业务研究委员会、医疗纠纷业务研究委员会召开全体会议，选举本业务研究委员会主任人选。

5月15日，未成年人权益保障研究委员会《未成年人权益保护手册》编写小组召开第二次工作会议，讨论布置《未成年人权益保护手册》的具体编写工作。

5月17日下午，由市律协青年律师工作委员会举办的“上海青年律师执业状况调研报告”座谈会在市律协举行。此次座谈会是市律协2010年“五·四青年节”红五月系列活动之二，由青年律师工作委员会副主任贾明军律师主持，市律协会长刘正东，市司法局律管处处长余学杰、市律协秘书长万恩标等出席会议。参加座谈会的包括来自各区县律师工作委员会的青年律师代表、资深律所主任或合伙人，以及东方律师网上自愿报名的青年律师代表，共计40余人。

5月18日，市律协副秘书长刘小禾参加了在市司法局机关召开的部署本市司法行政系统“十一五”期间十部教育培训总结工作会议。

5月19日，市律协秘书长万恩标参加了在市司法局机关举行的党委中心组学习会，听取上海市发展和改革委员会总经济师翁华建博士作的关于《当前经济形势和上海转变发展方式》的辅导报告。

5月19日，市律协行政法业务研究委员会主任阮露鲁受邀在上海市静安区司法局参加《关于构建静安区法治指数指标体系的研究》课题座谈会，对静安区法治建设中重视保障行政相对人和代理律师行政程序权利、保障行政相对人诉权等方面提出建议。

5月19日，张金成律师参加理事值班，接待了前来反映律师违纪的投诉人，对纪律部提交的投诉提出了处理意见。丁美红律师参加了理事值班，约谈了被投诉违反庭审纪律的律师，对纪律部提交的投诉提出了处理意见。

5月21日，市律协现代物流业务研究委员会召开全体会议，选举主任人选。

5月21日，市律协宣传部就“上海律师服务世博”主题，陪同央视记者采访了相关律师事务所，该新闻在央视新闻频道中播出。

5月22日，江苏律协由副会长邵吕威带队的一行8人来到上海律协考察。市律协副会长、宣传委主任陈乃蔚、市律协理事、宣传委委员蒋信伟、市律协理事、规划规则委员会委员陈凯、规划规则委员会副主任史建三、宣传委委员张方、市律协调研部、宣传部、办公室接待了江苏省律师考察团。

5月22日下午，第一期“关于婚姻案件中涉及的股权转让问题”研讨会在市律协举行。本次研讨会是市律协2010年“五·四青年节”红五月系列活动之三，由青年律师工作委员会副主任贾明军律师主持，上海市嘉华律师事务所合伙人谭芳律师、上海市九州丰泽律师事务所合伙人屠磊律师、上海市君悦律师事务所王翌敏律师以及上海沪家律师事务所主任吴卫义律师担任嘉宾，共计近200名律师参加了本次活动。

5月22日，市律协并购重组业务研究委员会、国资国企业务研究委员会、公司解散与破产清算业务研究委员会、国际贸易与反倾销业务研究委员会召开全体会议，选举主任人选。

5月25日上午，市律协青年律师工作委员会在市律协举行了2010年度第一次主任会议。会议由市律协会长、青年律师工作委员会主任刘正东主持，青年律师工作委员会副主任吴坚、吴晨尧、贾明军以及胡光律师参加了会议。会议总结了委员会上半年的工作情况，并部署了下半年的工作。会议还对《上海市申请律师执业人员实习管理办法（初稿）》进行了讨论，并进行了逐条修改完善。

5月25日，市律协港澳台业务研究委员会召开全体会议，选举主任人选。

5月25日，市律协副会长、宣传委主任陈乃蔚与东方卫视节目组就市司法局、市律协、东方卫视合办的《东方直播室》相关细节进行商谈。

5月26日，市律协税法业务研究委员会特邀海华永泰律师事务所高级合伙人徐珊珊律师做题为“海关税收争议法律实务”的讲座，从海关税收的界定和海关税收案件的特点出发，阐述了可能引发海关税收争议的因素。

5月26日，王联华律师参加理事值班，约谈了被投诉未尽职代理的律师，对纪律部提交的投诉提出了处理意见。马建军律师参加了理事值班，对纪律部提交的投诉提出了处理意见。

5月26日，市律协宣传部组织新闻晚报记者就宝山律师服务民生、促和谐主题，采访了宝山区司法局、宝山区律工委。

5月27日，市律协秘书长万恩标参加了在电信大楼举行的司法部关于在全国律师行业党的基层组织和党员中深入开展创先争优活动动员部署电视电话会议。

5月27日下午，市律协青年律师工作委员会组织部分青年律师赴杨浦区图书馆聆听作家程乃珊女士主讲的“上海百年时尚”的文化修养讲座。本次活动为2010年“五四青年节”红五月系列活动之四，旨在丰富青年律师的文化生活，提高人文素养，更深层次地理解上海这座魅力城市的文化底蕴。

5月27日，以事务所合伙人 Bart Kasteleijn 为团长的荷兰浩达律师事务所代表团一行13人来访市律协。市律协副会长厉明、乔文骏、外事委员会副主任吴坚主持接待了来访代表团。双方就两地律师培训和纪律惩戒进行了深入的交流。参加接待的还有市律协外事委员会委员刘爱军、金玉来、杨峻，捷华所律师王逸群。

5月27日下午，市律协联合全美律师协会中国委员会邀请美国夏威夷大学法学院前院长、现任教授 Lawrence C. Foster 先生来沪举办了一次题为“卓有成效的英文法律写作”的讲座。市律协副会长乔文骏、外事委员会委员李骐主持该讲座。Foster 教授声情并茂地讲述了卓有成效的英文法律写作的20条原则和一些英文写作的技巧，并与参加讲座的律师进行了良好的互动。

5月28日，市律协基金业务研究委员会、保险业务研究委员会、信托业务研究委员会、期货业务研究委员会召开全体会议，选举主任人选。

5月29日上午，市律协青年律师工作委员会（青年律师联业会）举行了青年律师“面对面”特别活动之“青年律师的社会责任与展业营销——青年律师服务世博启示录”。本次活动为2010年“五四青年节”红五月系列活动之五，由市律协青年律师工作委员会委员袁惠芳律师主持，邀请了上海世博会志愿者工作法律顾问团的王军旗、王顺吉以及刘培灼三位律师担任嘉宾，分别以“律师参与大型活动的可能性与必要性和大型活动所涉及的法律方案”、“青年律师的社会责任与展业营销”以及“一个年轻律师眼中的世博会与上海律师服务”为题，与现场律师作了互动交流，为青年律师如何更好地拓业、展业、发掘新的法律服务市场带来不同角度的思考，共计近150名律师参加了本次活动。

5月31日，市律协副秘书长刘小禾参加了在市司法局机关举行的本市律师系列、公证员系列职称评审工作部署动员会议。

**6月份**

6月1日，市律协动拆迁（不动产征收）业务研究委员会、行政法业务研究委员会召开关于“国有土地上房屋拆迁补偿安置中所涉共有产、违章搭建”法律问题研讨会。会议结合2009年上海市虹口、卢湾等中心城区动拆迁新开基地实施新政以来所反映出的实际情况，围绕“共有产、违章搭建”等方面问题展开研讨。

6月1日，市律协会长刘正东、秘书长万恩标应邀参加了市司法局律管处召开的本市律师管理工作“十二五”规划座谈会。

6月2日下午，上海律师参与东方卫视

《东方直播室》栏目开播工作动员会议在市律协举行。市司法局副局长、市律协党委书记刘忠定出席会议并作动员讲话。市律协会长刘正东、副会长陈乃蔚、东方卫视副总监徐向东、东方卫视节目部主任陆天旗出席会议，会议由市司法局律管处处长余学杰主持。各区县司法局分管副局长、律公科（处）科（处）长，各区县律工委主任参加了会议。

6月2日，陈刚律师参加理事值班，接待了前来进行执业纠纷调解的律师，约谈了被投诉公民代理的律师，对纪律部提交的投诉提出了处理意见。陈凯律师参加了理事值班，约谈了被投诉未尽职代理的律师，对纪律部提交的投诉提出了处理意见。

6月2日~4日，以日本第一东京律师协会副会长児玉公男为团长的日本代表团一行34人来沪交流访问。市司法局副局长、市律协党委书记刘忠定、市律协会长刘正东、副会长厉明、乔文骏、陈乃蔚等参加接待。6月3日上午，代表团在市律协外事委员会委员安翊青的陪同下拜会了虹口区人民法院。

6月3日下午，市律协与日本第一东京律师协会代表团联合举办了主题为“食品安全法”和“缺陷产品召回制度”的第四届中日友好交流研讨会。市律协外事委员会委员裘索主持该研讨会。市律协会长刘正东与日本第一东京律师协会副会长堀越孝分表致辞并交换礼品。随后通力所张明律师、百汇所孟山律师，代表团成员高桥茂树律师、矢部耕三律师分别就《〈食品安全法〉框架下食品出口相关法律问题》、《缺陷产品召回与消费者权益保护》、《食品安全（日本的现状与课题)》和《日本的产品质量责任和召回制度》发表了专题演讲，并与参会人员就具体案例进行了讨论。市律协副会长厉明发表了闭幕致辞。约120名中日律师参加了此次研讨会。

6月3日~4日，以英国英格兰及威尔士律师公会会长 Robert Heslett 为团长的英国代表团一行8人在中华全国律师协会国际部主任蓝红的陪同下来沪交流访问。市司法局副局长、市律协党委书记刘忠定、市律协会长刘正东、副会长乔文骏、陈乃蔚、外事委员会副主任张毅、委员李骐、俞卫锋等参加接待。6月3日下午，市律协与代表团成员联合举办了主题为“国际贸易、并购与反垄断法”的研讨会。君合所律师王钊、英国安睿律师事务所孔宏德、年利达律师事务所 Xixi Yang 分别就中国反垄断法、欧洲反垄断法和欧盟并购制度进行了专题演讲。英国驻沪领事馆代表、13家英国律师事务所驻沪代表处代表和60名上海律师参加了本次研讨会。

6月4日，市律协世博与会展业务研究委员会举办“世博会运营法律问题”研讨会。世博局法务部副部长邱一川、浦东新区人民法院世博法庭副庭长张海娟以及市消费者权益保护委员会消费指导部副主任汪鹓等三位嘉宾受邀在会上作主题演讲。

6月4日，市律协行政法律研究会举办疑难案例研讨会，讨论富石律师事务所申请的政府信息公开行政诉讼案件和国创律师事务所申请的房屋登记管理行政诉讼案件。

6月4日下午，为了关心广大律师的健康，增加律师的健康知识，女律师联谊会在市律协35楼报告厅举办了健康讲座。邀请了中华中医药学会亚健康分会的副主任委员、中国发展研究院自然医学研究中心主任于文教授讲授如何有效提升人体自愈力的健康正道。

6月7日，市律协劳动法业务研究委员会对沪栋所提交的一起涉及群体性劳动纠纷的疑难案件进行了讨论。

6月7日，市律协会长刘正东作为副会长参加了上海现代服务业联合会二届一次会长会议。

6月8日，市律协会长刘正东、秘书长万恩标陪同市司法局副局长刘忠定等到崇明县司法局、律工委调研。

6月9日，市律协业务部完成第二批2010上海世博会律师志愿者的报名统计工作，并将第二批志愿律师名单在《东方律师网》公布。

6月9日，《上海律师》2010年第6期编前会在市律协举行，会议由市律协副会长、宣传委主任陈乃蔚主持，《上海律师》总策划冯慧、特约记者胡峥，编审小组吴冬、贾明军，特约编审闵行区司法局律公科科长姜慧萍、闸北区司法局律公科科长江振虎出席会议。会议对第六期的重点专题"律师在政府法律服务团的作为"的报道进行了策划。会议还讨论决定了"首届全国优秀会刊评选活动"的参评样刊（2009.5；2009.10～11；2010.4）；对《上海律师文摘》的编辑工作做了初步安排。

6月9日，俞移冲律师参加理事值班，约谈了被投诉因债务纠纷坑害当事人利益的律师，对纪律部提交的投诉提出了处理意见。金缨律师参加了理事值班，约谈了被投诉严重违反执业道德的律师，对纪律部提交的投诉提出了处理意见。

6月10日，市律协副秘书长刘小禾及编入上海法院管理人名册的12家律师事务所代表受邀参加了市高院民二庭召开的"上海法院破产管理人座谈会"。会议主要听取管理人履职考核、高院起草的《管理人破产清算工作职责指引（讨论稿）》、履行管理人职责中的问题和困难共三方面的意见。

6月10日，市律协会长刘正东、副会长乔文骏、理事安翊青、对外交流部主任贾明辉等接待了环太平洋律师协会候任会长国谷史朗一行。

6月10日，市律协信息网络与高新技术研究委员会举办"网络商品交易及服务管理"研讨会，围绕国家工商行政管理总局于6月1日发布的《网络商品交易及有关服务行为管理暂行办法》进行了讨论。

6月13日，市律协法律援助与社区服务研究委员会与市法援中心就2010年下半年的法律援助工作合作事宜进行了商洽，并就提高死刑案件的辩护质量、组织律师旁听死刑案件庭审等进行了讨论。

6月17日，由市人大、市律协主办的2010年"市民与法"——人大代表说法系列讲座第九讲在普陀区桃浦镇街道举行，主讲人为杨浦区人大代表、上海沪栋律师事务所律师刘丽华律师，讲课主题为"劳动合同法与劳动争议仲裁"。

6月17日，市律协会长刘正东和市政府法制办高级法务刘剑分别代表双方签署了《关于本市政府立法过程中听取市律师协会意见工作备忘录》。

6月18日，市律协未成年人权益保障研究委员会《未成年人权益保护手册》编写小组负责人及各小组组长召开第三次工作会议。会议就后续的编写进度进行了落实与跟进，并就各小组在编写过程中遇到的问题作进一步讨论。

6月18日，市律协建设工程业务研究委员会举行第一次工作会议，会议通报了研究会工作计划安排，重点介绍了与市建筑施工行业协会、建筑时报社合作开展的《建筑施工企业法律风险防范指引》项目，组织委员对空缺的起草岗位进行补报名，并通过调研表征求委员对建筑房地产市场、建筑房地产律师业务、长三角法律一体化的看法和对研究会开展活动的建议。

6月18日上午，在普陀区甘泉街道举行了由市人大、市律协主办的2010年"市民与法"——人大代表说法系列讲座第十讲，主讲人为上海市人大代表、上海市君和律师事务所主任钱丽萍律师，讲课题目为"物业管理中的法律问题"。

6月18日，市律协秘书长万恩标应邀参加了中共上海市社会工作委员会举办的社会组织高级管理人才沙龙活动。

6月21日，由市人大、市律协主办的2010年"市民与法"——人大代表说法系列讲座第十一讲在徐汇区华泾镇举办，主讲人为徐汇区人大代表、上海市创导律师事务所主任薛伟勇律师，讲课主题为"劳动合同法与劳动争议仲裁"。

6月21日下午，市律协八届监事会调研组一行，在朱洪超监事长的带领下，赴奉贤区律师工作委员会进行了走访调研。

6月22日，市律协税法业务研究委员会特邀昊理文律师事务所合伙人赵德铭、周和敏作题为“企业在经营活动中的海关法律风险及其解决方式”的讲座。赵德铭介绍了一般贸易、加工贸易及并购项目中可能出现的海关法律风险。周和敏讲解了知识产权许可及关联交易中所涉及的海关风险。

6月22日，市律协海事海商业务研究委员会与中国海事仲裁委员会邀请伦敦海事仲裁员协会前主席、资深海事仲裁员 Bruce Harris 与上海律师及海事仲裁员进行主题为中英两国海事仲裁制度和仲裁实践的交流座谈。

6月22日，市律协国际贸易与反倾销业务研究委员会召开第一次工作会议，讨论研究会目标和下一步的工作。

6月23日，由市人大、市律协主办的2010年“市民与法”——人大代表说法系列讲座第十二讲在普陀区长征镇开讲，主讲人为杨浦区人大代表、上海市吴益民律师事务所主任吴益民律师，讲课主题为“老年人法律保障”。

6月23日，邵曙范律师参加理事值班，约谈了被投诉违反职业道德的律师和被投诉未尽职代理的律师，对纪律部提交的投诉提出了处理意见。周朝华律师参加理事值班，约谈了被投诉未尽职代理的律师，对纪律部提交的投诉提出了处理意见。

6月24日，市律协召开医疗互助金小组工作会议。小组成员张金成律师、於传宏律师、陈东风律师，市律协刘小禾副秘书长及会员部有关人员参加。会议主要就目前存在的医疗报销不良现象进行了讨论。

6月25日，在普陀区宜川街道举行了由市人大、市律协主办的2010年市民与法——人大代表说法系列讲座的第十三讲，主讲人为市律协副会长、上海市徐晓青律师事务所主任徐晓青律师，讲课主题为“社会治安综合治理中的法律问题”。

6月25日，由上海市律师协会、上海海事仲裁院和上海市航海学会三方共同发起的“上海海事沙龙”邀请到中远集团原副总裁、上海市航海学会高级顾问雷海先生作主题为“如何在海事诉讼案件中做好技术支撑”的专题讲座。

6月25日，市律协现代物流业务研究委员会召开第一次工作会议，就委员会今后开展活动的指导思想以及具体工作进行了初步讨论。

6月27日下午，市律协青年律师工作委员会（青年律师沙龙）举办了今年第二期身心灵沙龙。本期活动的主题为“感悟太极文化，享受健康人生”，由青年律师工作委员会委员洪亮律师担任主持，邀请了国家一级武士、全国太极拳锦标赛冠军戴炜担任主讲嘉宾，100余名律师参加了活动。

6月29日，市律协秘书长万恩标参加了在市司法局机关召开的党委中心组学习会，听取了上海世博集团董事长、党委书记戴柳同志作的有关上海世博会的辅导报告。

6月30日，市律协副秘书长刘小禾、会员部副主任曹频参加了市司法局召开的各区县司法局公律科（处）长会议。

6月30日，贾明军律师参加理事值班，约谈了被投诉违反职业道德的律师和被投诉挑词架讼的律师，对纪律部提交的投诉提出了处理意见。

6月30日，市律协并购重组业务研究委员会邀请联想控股有限公司战略投资部总监刘泽辉作“第三只眼看投资——浅谈产业投资机构运作”专题讲座。刘泽辉从投资者角度分析了中国的并购重组市场现状及趋势、介绍了联想投资的投资理念和投资方式。

6月30日下午，市律协会长刘正东、外事委员会副主任吴坚和秘书长万恩标参加了市司法局郜荀副局长主持召开的外事工作会议，讨论了律师外事工作中遇到的一些问题。

**7 月份**

7 月 1 日，市律协行政主管联谊会召开会议，市律协调研部主任李旻参加。会上，各行政主管重点审议了将要出版的《律师事务所行政主管工作手册》，并提出了各自的修改意见和建议。在下半年的工作中，确定将为律所行政主管及行政人员举办两到三次培训，走访郊区律所和外资所，在 9 月或 10 月组织行政主管赴北京考察学习。

7 月 1 日，市律协刑事业务研究委员会就五部委发布的《关于办理刑事案件排除非法证据若干问题的规定》和《关于办理死刑案件审查判断证据若干问题的规定》召开研讨会。华东政法大学孙剑明教授对两个规则的出台背景及出台后将面临的问题进行主题发言。

7 月 2 日，市律协就市政府法制办征求意见的《上海市养犬管理条例（草案）》举办辩论式研讨会。研讨会分三大议题共七个子问题，对目前最富争议的"养犬许可应当保留还是实行登记制度"、"养犬的数量该不该限制"等问题展开热烈辩论式研讨。市人大常委会法工委、市政府法制办、市公安局治安总队、市农委畜牧办等有关负责人列席旁听。

7 月 2 日，市律协信息网络与高新技术业务研究委员会与律师学院举办"信息网络与高新技术领域投融资"专题讲座。上海科技创业导师、上海棋盘投资管理有限公司的马宏作"网络信息时代的资本话题"专题讲座。

7 月 2 日，市律协秘书长万恩标参加了在市政法人才培训中心举办的市司法系统深入学习贯彻《党政领导干部选拔任用工作条例》专题培训班。

7 月 3 日，市律协青年律师工作委员会（青年律师沙龙）和市公协青年公证人沙龙在东方绿舟共同举办了联谊交友会。近 40 名青年律师和公证人员参加了本次活动。7 月 5 日，市律协监事长朱洪超及部分监事赴南京参加了第三届中华律师协会全国监事会预备会议。

7 月 6 日，市律协会长刘正东及部分律师参加了香港特别行政区律政司举办的香港法律服务论坛。

7 月 6 日下午，市律协邀请美国威凯平律师事务所合伙人史蒂芬·查理先生、北京办公室首席代表罗斯先生、资深顾问律师周汀先生、律师 Mayimin 女士和台湾奇美电子前总裁何昭阳先生来沪举办了题为"美国卡特尔和价格垄断"的讲座，外事委员会委员俞卫锋主持该讲座。演讲人分别就美国反卡特尔法和价格垄断法律的发展趋势和执法、在美销售和投资的中国公司及其高管面临的法律风险以及如何应对政府调查进行了详细讲述。约 50 名律师参加了此次讲座。

7 月 6 日，《上海律师》2010 年第 7 期编前会在市律协举行，会议由市律协副会长、宣传委主任陈乃蔚主持，《上海律师》总策划冯慧、特约记者胡峥、陈红梁，编审小组吴冬、贾明军、岳雪飞，特约编辑静安律工委秘书陈琼出席会议。会议对第 7 期的重点专题"长三角法律服务市场一体化进程中的上海律师"的报道进行了策划、落实了采访安排，对相关栏目的组稿进行了具体落实，并特别策划增设了以反映上海律师队伍党建工作的"创先争优"专栏和以介绍域外律师业先进经验的"他山之石"专栏。

7 月 7 日，闵卫平、裘索参加理事值班，共同约谈了被投诉派遣公民代理的律师事务所原主任律师。对纪律部提交的投诉提出了处理意见。裘索律师致电并写信告知投诉人相关法律救济途径。

7 月 9 日，市律协国资国企业务研究委员会召开第一次全体委员工作会议，讨论委员会发展规划、宣传策略、活动计划以及合作交流事宜。

7 月 10 日，市律协青年律师工作委员会（青年律师沙龙）举办了青年律师联谊交友沙龙，主题为"舞动青春旋出爱——联谊小派对"，活动通过学习最基本的交谊舞舞步，使青年律师在提高艺术修养和风度仪表的同时，丰富单身青年律师的业余文化生活，结识更多的朋友。

7月10日上午，市律协监事会在市律协举行了第十五次工作会议，会议由朱洪超监事长主持。会议认真审议了理事会对八届三次律师代表大会提案答复情况；会议要求进一步加大对办理工作的监督力度。会议还要求继续加强监事会与各区县律工委的联系。

7月10日，女律师联谊会召开七届十一次会长会议。女律师联谊会会长李慈玲主持会议，副会长丁伟晓、黄绮、裘索出席会议。会议就开展2008~2010年上海市优秀女律师评选活动、与外省市女律师交流、拍摄女律师剪影、与各区律师工作委员会拓业研讨等下半年工作计划落实事宜作了布置。

7月12日下午，市律协邀请澳大利亚墨尔本大学高级讲师安德鲁·高德威先生来沪举办了题为“律师和利益冲突——国际趋势和发展”的讲座，外事委员会副主任张毅主持讲座。张毅律师代表市律协对高德威先生来沪举办讲座表示欢迎，随后高德威先生从探讨律师在避免接受来自于有利益冲突的两个或更多的客户的指令方面的责任的角度出发，介绍了国际司法实践中实际操作模式，并讨论了中国如何从其他国家中吸取经验。约40名律师参加了此次讲座。

7与12日，市律协会长刘正东、副会长乔文骏、秘书长万恩标参加了在市司法局举行的党员负责干部会议，会议传达了九届市委十二次全会精神。

7月14日，赵一平律师参加理事值班，约谈了被投诉派遣公民代理的律师事务所原主任律师，还约谈了被投诉违规收费的律师。对纪律部提交的投诉提出了处理意见。盛雷鸣律师参加理事值班，约谈了被投诉在网络上进行虚假宣传的律师，还接待了前来投诉的当事人，对纪律部提交的投诉提出了处理意见。

7月15日，丹麦MAQS律师事务所CEO律师Philip Graff先生来访市律协。市律协常务理事吴坚，外事委员会委员金玉来接待了Philip Graff先生。双方在交流中探讨了北欧地区与中国有关航运业的商业法律问题。

7月15日，上海法治报律师大顾问团成立座谈会在市律协举行，24名沪上知名律师成为大顾问团成员。今后，他们将参加上海法治报组织的各项公益性法律服务活动，为读者提供法律意见和帮助。座谈会由市律协副会长陈乃蔚主持，市司法局副局长、市律协党委书记刘忠定、解放日报副总编董强、市律协会长刘正东、上海法治报总编朱秋萍等参加会议。

7月15日，市律协信息网络与高新技术业务研究委员会特邀美国Mintz Levin律师事务所胡平介绍U. S. Patent Litigation 101（美国的专利诉讼），RMB China Ventures合伙人、亿唐创始人唐海松主讲专利投资。

7月15日至16日，市律协秘书长万恩标参加在山东烟台举行的华东六省一市律师协会秘书长联席会议，商讨即将召开的八届华东律师论坛筹备事宜。

7月16日，市律协证券业务研究委员会召开主任工作会议，讨论委员会的工作方针和活动形式，并确定就证券律师法律服务工作中的勤勉尽责义务召开一次专题研讨会。

7月17日，市律协业务研究与职业培训委员会召开年中工作会议，通报委员会上半年主要工作，并对下半年业务研究工作进行动员和部署。

7月17日至18日，4名上海律师应广西壮族自治区律协邀请，赴广西桂林，为广西全区1000多名律师讲授律师业务。

7月19日，市律协会长刘正东、秘书长万恩标一行11人前往广西南宁，与广西律协就有关律师业务研究与职业培训及青年律师培养工作交流座谈。

7月21日下午，女律师联谊会巾帼律师志愿团在市律协报告厅举行年中小结及业务培训，女律师联谊会副会长黄绮律师主持，50余名志愿者律师参加了活动。

7月21日，江宪律师、安翊青律师参加理事值班，共同约谈了被投诉违规在报纸上作公司声明的律师和被投诉利益冲突、公民代理的律师，对纪律部提交的投诉提出了处理意见。

7月22日，市律协召开“老年律师沙龙”筹备工作会议。会议由李慈玲副会长主持，毛柏根、陈东风、於传宏、黄宜辰律师及会员部有关人员参加了会议。

7月22日，市律协房地产业务研究委员会召开调整后的第一次工作会议，介绍本届研究会宗旨及研究工作计划，并就具体研究活动广泛征求各委员的意见。

7月23日，市律协期货业务研究委员会召开工作会议，讨论研究会下半年工作计划，就下一步专题研讨工作进行了明确分工，鼓励各委员对期货行业进行深入调研。

7月23日，市律协医疗纠纷业务研究委员会召开工作会议，决定将研究会分为四组，并就今后如何开展活动，如何通过业务委员会提高律师话语权、提升律师在医药卫生行业的影响力进行讨论。

7月23日，市律协并购重组业务研究委员会召开第一次工作会议，讨论研究会职能、定位和工作范围、2010年下半年工作计划及研究课题。

7月25日下午，市律协青年律师工作委员会（青年律师专业化建设信息库）联合公司法业务研究委员会举行了公司法与其他相关法律交叉问题研讨会，讨论了《股东优先购买权与夫妻财产分割》、《判定国有股权转让效力的标准》、《公司董事高管忠实义务的公司法律适用与劳动法的适用》和《工商注册登记对公司章程和股权转让协议效力的影响》等议题。刘正东会长参加并致辞。

7月26日上午，市律协会长刘正东、秘书长万恩标在市司法局参加党委中心组学习，听取关于《当前国际形势和中国外交政策调整》的辅导报告。

7月26日下午，市律协会长刘正东、秘书长万恩标参加了市司法局召开的上海律师业“十二五”发展规划座谈会。

7月26日，市律协行政法业务研究委员会召开全体工作会议，总结研究会2010年上半年工作，介绍下半年工作计划，探讨政府信息公开、行政许可、行政裁决和行政强制执行等主题。

7月26日，市律协行政法业务研究委员会举办行政诉讼有关问题座谈会。市律协副会长厉明、市高院行政庭庭长殷勇、黄浦区法院行政庭庭长冯志勤和徐汇区法院行政庭庭长吴祥唐参加。座谈会围绕行政诉讼合法性审查司法政策、建设工程规划许可可诉性、公有住房承租权纠纷与受案范围、政府信息公开范围和行政诉讼审判程序等具体法律问题进行讨论。

7月26日上午，市律协副会长陈乃蔚、理事蒋信伟、黄荣楠、秘书处王旭峰一行就修改《上海市律师协会章程》赴闸北律工委听取意见。

7月26日下午，市律协陈乃蔚副会长、理事蒋信伟、王联华、陈洁，秘书处王旭峰一行就修改《上海市律师协会章程》到杨浦律工委进行调研。

7月27日，市律协民事业务研究委员会、医疗纠纷业务研究委员会共同举办《上海市实施〈中华人民共和国食品安全法〉若干规定（草案）》座谈会，提出修改意见。

7月27日，市律协保险业务研究委员会举行“并购保证补偿保险和并购保证责任保险”讲座，邀请美亚保险亚太区并购保险经理Mr. Adrew Stubbings和怡安集团亚太区高级副总裁Mr. Guy Miller作为演讲嘉宾，就并购保证补偿保险和并购保证责任保险这一新型保险产品进行介绍。

7月27日下午，市律协青年律师工作委员会举办了青年律师实务技能培训之“英语口语技能培训”系列第一期讲座，本次活动由青年律师工作委员会副主任吴坚律师主持，近70名律师参加了活动。

7月27日，广州市政协社会法制民族宗教委员会主任卢铁峰、广州市律协会长王波、广州市司法局律师管理处处长刘璧华等一行15人来到上海市律协学习考察。市律协副会长厉明、副秘书长刘小禾、律师林莉华、董敏华、游闽键、盛雷鸣、王凡、韩明志、齐昌等接待了考察团，市律协调研部参加了座谈会。

7月28日上午，市律协副会长陈乃蔚、理事蒋信伟、马建军、裘索，秘书处王旭峰一行就修改《上海市律师协会章程》赴虹口律工委听取意见。

7月28日，唐勇律师参加理事值班，约谈了被投诉未尽职代理的律师、并约谈了被投诉违规收费的律师，对纪律部提交的投诉提出了处理意见。赵忠敏律师参加理事值班，对纪律部提交的投诉提出了处理意见。

7月28日上午，市律协青年律师工作委员会副主任贾明军律师在律协会议室接待了上海海事大学调研组一行。贾明军律师就青年律师的执业状况等议题向调研组做了介绍。

7月29日，市律协环境资源业务研究委员会与《上海法治报》法规理论部联合举办"大连新港输油管道爆炸法律责任"研讨会，就事件导致海洋污染的经济赔偿责任、油库建设的安全规范和法律责任、完善海洋污染法律规定等主题进行讨论。

7月29日，市律协现代物流业务研究委员会召开主任工作会议，讨论确定研究会工作计划、近期工作计划并商讨经费使用问题。

7月29日，市律协副会长徐晓青、理事盛雷鸣、秘书处王旭峰一行就修改《上海市律师协会章程》赴静安律工委听取意见。

7月30日，市律协信息网络与高新技术业务研究委员会召开工作会议，重点讨论部署下半年度工作计划，并探讨信息网络与高新技术领域律师实务。

7月30日，市律协国资国企业务研究委员会副主任曹志龙应律师学院邀请，在"星期五课堂"作了题为"公司治理中的法律风险防范体系建设"的专题报告。

7月30日，市律协副会长厉明、理事沈伟明、张嘉兴、张金成、罗洁、赵一平、副秘书长刘小禾在市律协与徐汇律工委进行座谈，就修改《上海市律师协会章程》听取意见。

**8月份**

8月2日，市律协医疗纠纷业务研究委员会就《上海市基本医疗保险监督管理办法（草案）》进行座谈，对其中涉及到公众切身利益的部分进行深入探讨。

8月3日，市律协世博与会展业务研究委员会举行"世博会与法律服务"研讨会。王军旗、吴新汴、缪贯中、毛亦俊四位律师分别就各自服务世博会的实践经验作了主题发言。

8月3日，市律协副会长徐晓青、理事邵曙范、赵忠敏等赴松江律工委调研，就修改市律协章程事宜听取意见。

8月4日，市律协会长刘正东、秘书长万恩标参加在市司法局举行的律师行业税收政策座谈会。

8月5日，市律协副会长徐晓青、常务理事钱翊梁等赴崇明律工委调研，就修改市律协章程事宜听取意见。

8月4日，沈伟明律师、周仁昌律师参加理事值班，共同约谈了被投诉开庭迟到的律师，对纪律部提交的投诉提出了处理意见。

8月5日，市律协秘书长万恩标参加了在工商大厦召开的消保委二届一次常务扩大会议。

8月5日上午，市律协秘书长万恩标接待了江苏律协副监事长费建新、秘书长梁武华一行。双方就税收新政对律师业的影响及监事会运作情况等议题进行了交流.

8月5日，市律协医疗纠纷业务研究委员会委派沈涛律师参加《上海市基本医疗保险监督管理办法（草案）》立法听证会。沈涛律师对本次听证会的三个议题作了主题发言。

8月5日，市律协医疗纠纷业务研究委员会完成《上海市实施〈中华人民共和国食品安全法〉若干规定（草案）》修改意见共计6条，并由市律协提交市政府法制办。

8月6日，市律协会长刘正东、常务理事江净、吴晨尧、理事丁美红、贾明军等赴宝山律工委调研，就修改市律协章程事宜及律协工作听取意见。

8月6日，市律协港澳台业务研究委员会召开第一次工作会议，就2010年下半年工作计划及研究会研讨课题的选定进行了探讨。

8月7日上午，市律协青年律师工作委员会举办了青年律师实务技能培训之“英语口语技能培训”系列第二期讲座，近80名律师参加了活动。

8月9日，市律协会长刘正东、常务理事江净、吴晨尧、理事尹燕德、陈刚、贾明军等赴浦东新区律工委调研，就修改市律协章程事宜听取意见。

8月10日，市律协副会长乔文骏、常务理事吴坚、理事俞移冲等在市律协与嘉定、青浦律工委座谈，就修改市律协章程事宜听取意见。

8月11日，市律协副会长厉明、理事张金成、闵卫平、游闽键等赴闵行司法局，与闵行、金山律工委座谈，就修改市律协章程事宜听取意见。

8月11日．蒋信伟律师参加理事值班，约谈了被投诉违规见证的律师，对纪律部提交的投诉提出了处理意见。韩乔文律师参加理事值班，约谈了被投诉违规收费的律师，对纪律部提交的投诉提出了处理意见。

8月11日，为准备向金融办提交的上海律师金融法律服务调研报告，市律协业务部组织召开座谈会，乔文骏副会长向银行、证券、并购重组、保险、基金、信托、期货七个研究会布置了任务。

8月11日，李慈玲副会长、信访矛盾调解化解（ADR）业务研究委员会主任邵曙范、副主任江净、王小咪、秘书唐磊运等一行6人赴上海市委市府信访办公室就信访矛盾调解化解的相关工作进行交流，对律师参与信访调解化解矛盾的工作机制和当前热点难点问题进行研讨。市政府副秘书长王伟、市信访办主任张示明、副主任王剑华等到会并讲话。

8月12日，市律协证券业务研究委员会召开“律师从事证券业务的勤勉尽责义务”研讨会，围绕“北京某律师事务所卷入IPO丑闻”事件，就律师在从事证券业务中的勤勉尽责义务进行探讨。

8月12日下午，由中共上海市社会工作委员会人力资源处主办，市律协、中国成人教育研究培训中心协办的“十二五期间社会组织人才发展对策建议探讨”沙龙活动在市律协会议室举行，市律协秘书长万恩标主持会议并致辞。

8月13日，市律协信访矛盾调解化解（ADR）业务研究委员会召开第一次工作会议，讨论确定组建一支律师参与调解化解信访矛盾基本队伍、对各区县2009～2010律师参与调解、化解信访矛盾工作的调研、与市信访办联合制定《上海市律师参与信访法律咨询工作办法》、编写《上海律师调解化解矛盾案例汇编》等下半年度工作。

8月14日上午，市律协青年律师工作委员会举办了青年律师实务技能培训之“英语口语技能培训”系列第三期讲座，近90名律师参加了活动。

8月16日，市律协会长刘正东、常务理事尹燕德、理事陈刚、贾明军、秘书长万恩标等赴长宁律工委调研，就修改市律协章程及律协工作等事宜听取意见。

8月17日，市律协副会长李慈玲、理事陈凯、副秘书长刘小禾等赴奉贤律工委调研，就修改市律协章程事宜听取意见。

8月17日，市律协未成年人权益保障研究委员会举办“侵权责任法与未成年人权益保护”讲座，特邀市高院民一庭审判长、调研组组长、资深法官赵明华主讲。

8月18日，市律协副会长李慈玲、理事安

翊青、黄绮、副秘书长刘小禾等赴黄浦律工委调研，就修改市律协章程及律协工作等事宜听取意见。

8月18日，黄荣楠律师参加理事值班，约谈了被投诉公民代理的律师，对纪律部提交的投诉提出了处理意见。

8月19日，市律协信息网络与高新技术业务研究委员会与民事业务研究委员会共同邀请美国马里兰大学法学博士、美国 King Cheng & Miller, LLP 律师事务所金盛律师主讲“美国加州民事诉讼程序”。

8月19日下午，市女律师联谊会在律协会议室举行了工作会议，筹备了赴河北省律师协会考察的有关工作。

8月20日，市律协副会长李慈玲、理事陈凯、副秘书长刘小禾等赴卢湾律工委调研，就修改市律协章程事宜听取意见。

8月20日，市律协会长刘正东、理事蒋信伟、韩炯副等赴普陀律工委调研，就修改市律协章程及律协工作等事宜听取意见。

8月20日，市律协劳动法业务研究委员会举办“关于集体谈判的若干法律问题”的讲座，特邀著名学者常凯教授讲授集体谈判中的集体争议产生原因、罢工的合法性、集体谈判的原则、集体谈判各方的作用等问题。

8月20日，市律协国际贸易与反倾销业务研究委员会与律师学院联合举办了一期“星期五讲堂”活动。国际贸易与反倾销委员会主任赵平律师应邀做了题为“国际贸易与反倾销法律服务市场概况与发展趋势”的专题报告。

8月20日和8月23日，市律协现代物流业务研究会主任张嘉生律师及副主任解冰、徐珊珊、胡小俐律师一行四人于分别拜访了上海国际货代协会、上海市仓储行业协会、上海市物流协会，并与各协会秘书长进行了友好交流。

8月23日，市司法局副局长刘忠定、律管处处长余学杰、秘书长万恩标、律师代表邵曙范、江净、张善美、刘习赟等在市律协接待了浙江省司法厅一行，双方就律师参与调解化解动拆迁矛盾等问题深入进行了交流。

8月23日至27日，市女律师联谊会应河北省律师协会女律师工作委员会的邀请，组织女律师代表参加其开展的以动拆迁为主题的业务研讨活动。

8月24日，市律协海事海商业务研究委员会、现代物流业务研究委员会联合召开关于“无单放货”相关司法解释的专题研讨会，就最高人民法院颁布的《关于审理无正本提单交付货物案件适用法律若干问题的规定》以及上海市高级人民法院民四庭制定的《关于审理FOB贸易项下运费纠纷案件的解答》予以集中讨论。

8月25日，市律协副会长徐晓青、法律援助和社区服务委员会主任毛国平、刑事委员会副主任汪敏华一同出席浦东新区人民法院和浦东新区司法局联合举办的“责任、公平、正义”——上海市浦东新区刑事法律援助与保障被告人律师辩护权利研讨会，研讨法律援助在刑事案件中侦查、审查起诉及审判中的律师参与的全覆盖。

8月25日，尹燕德律师参加理事值班，组织调解了律师与律师家属的纠纷，对纪律部提交的投诉提出了处理意见。

8月27日，市律协并购重组业务研究委员会举办“业外看并购重组－从财务和税务角度看并购重组”的专题讲座，特邀嘉宾普华永道中国企业融资与并购咨询部主管合伙人黄耀和与周纲主讲。讲座从财务和税务角度分析和探讨并购重组业务。

8月28日，市律协公司解散与破产清算业务研究委员会特邀中国破产法领域的著名专家、北京市炜衡律师事务所高级合伙人尹正友律师作“破产实务与疑难问题”的专题讲座，内容涉及破产条件、破产案件受理、管理人指定、管理人权利和义务、重整计划的起草和执行等。

8月28日上午，市律协青年律师工作委员

会举办了青年律师实务技能培训之“英语口语技能培训”系列第四期讲座，近60名律师参加了本次活动。

8月29日，市律协行政法业务研究委员会与动拆迁（不动产征收）业务研究委员会特邀市政府法制办副主任顾长浩主讲“上海城市房屋拆迁法律制度完善有关问题”。顾长浩讲解了旧区改造工作组、城市房屋拆迁征询居民意见制度的结构和三公原则、居住房屋拆迁的货币补偿构成和拆迁补偿安置方案等问题。

8月31日，市律协知识产权业务研究委员会召开“定牌加工”侵权问题讨论会，就有关定牌加工中所涉及的商标法保护的地域性问题，商标造成混淆的阶段，生产人的审查义务以及实务经验进行了讨论与介绍。

8月31日，市律协信访矛盾调解化解（ADR）业务研究委员会主任邵曙范、副主任韩明志及委员胡贤德3位律师应邀参加市委信访办、市府信访办召开的信访矛盾调解化解相关问题研讨会。

**9月份**

9月1日，市律协律师行业年金保险（补充养老保险）专题研讨会在市律协35楼第一会议室召开，市律协会长刘正东、秘书长万恩标、资产与财务委员会副主任尹燕德、陈学斌、委员严锡忠等与中国人寿上海分公司的有关代表进行了座谈，双方上海律师行业年金保险（补充养老保险）方案中的一些具体问题进行了研讨。

9月1日，江净律师参加理事值班，接待到会投诉人，对纪律部提交的投诉提出了处理意见。

9月2日下午，市律协八届监事会调研组一行，在朱洪超监事长的带领下，赴青浦区律师工作委员会进行了走访调研。青浦区司法局局长王林、分管局长章栩粹、律工科科长沈爱国、区律师工作委员会主任李辉以及邹佳莱、盛雷鸣、沈秋君、李明等青浦律师与监事会调研组进行了交流座谈。与会人员就区县律师的结对机制、律师维权工作以及律师收费问题等方面进行了交流座谈。

9月3日，市律协秘书处办公室主任陈东参加了在华夏宾馆5楼怡心厅举行的司法行政系统办公室主任会议。

9月3日上午，市律协八届监事会调研组一行，在朱洪超监事长的带领下，赴嘉定区律师工作委员会进行了走访调研。嘉定区司法局分管局长陶京、律工科科长郁坚、副科长金伟平以及林莉华、周新元、戴璐蓉、吴斌、杨普、朱文荣、璩国华、王子君、石建明、应朝阳等嘉定律师与监事会调研组进行了交流座谈。与会人员就青年律师的扶持培养工作、如何规范律师法律服务市场问题以及律师纪律惩戒工作等方面进行了交流座谈。

9月3日，市律协保险业务研究委员会就《最高人民法院关于适用中华人民共和国保险法若干问题的解释（二）（征求意见稿）》举行专题研讨会。与会律师结合各自的实践经验，从各个角度提出不同的看法和观点。

9月4日上午，市律协青年律师工作委员会举办了青年律师实务技能培训之“英语口语技能培训”系列第五期讲座，近90名律师参加了本次活动。

9月6日上午，市律协会长刘正东、秘书长万恩标在律协会议室接待了上海现代服务业联合会副会长张亚培、赵效定等一行4人。双方从机构设置、服务内容以及服务主体等方面就合作建设上海现代服务业联合会法务部事宜进行了交流座谈。

9月8日，钱翊梁律师参加理事值班，约谈了被投诉未尽职代理的律师，组织调解了律师收费纠纷，对纪律部提交的投诉提出了处理意见。吴坚律师参加理事值班，约谈了被投诉以公民身份代理的律师，对纪律部提交的投诉提出了处理意见。

9月9日，市律协民事业务研究委员会联合上海市东方公证处举办“公益遗嘱的公证与信托”座谈会，就公益遗嘱公证与信托的发展现状、具体流程、公证员、律师在其中体现的社会价值等进行讨论。

9月9日，市律协召开金融法律服务调研座谈会，讨论上海金融法律服务的市场状况、业务状况和人才状况、推进上海金融法律服务的制度创新等。市司法局副局长刘忠定、市律协会长刘正东、副会长乔文骏、市金融办金融稳定处江翔宇等参加。

9月9日，市律协期货业务研究委员会举办业务研讨会，特邀上海期货交易所总裁助理席志勇就国内期货行业发展的历史进程和上海期货交易所在国际金融市场、期货市场的地位及影响力作介绍，并对律师在期货行业发展过程中所起的作用提出了展望和启发。

9月9日，市律协信息网络与高新技术业务研究委员会主任商建刚、委员王焱应邀出席美国旧金山湾区委员会企业家代表团赴上海市杨浦区进行考察相关政策及项目交流会。

9月9日下午，市律协青年律师工作委员会举办了青年律师实务技能培训之“英语口语技能培训”系列第六期讲座，近100名律师参加了本次活动。

9月10日，市律协副会长陈乃蔚参加了在大连举行的全国律协宣传联络工作会议。会议讨论了《全国律协关于进一步加强律师宣传工作的意见》，进行了首届律协会刊评选，《上海律师》获得银奖。

9月10日，市律协民事业务研究委员会联合浙江省律师协会民商业务委员会举办“浙沪民、商事律师实务及疑难法律问题交流研讨会”。徐晓青副会长出席并致辞。黄荣楠、周知明、孟山、吴卫义4位律师分别作主题演讲。

9月14日，市律协业务部陪同内蒙古律协秘书长金毅力一行分别参观了建纬律师事务所、协力律师事务所。

9月14日下午，市检察院党组书记、检察长陈旭一行前来市律协，听取律师对于检察官职业道德建设及检察工作的意见和建议。市司法局副局长、市律协党委书记刘忠定、市司法局律管处处长余学杰、副处长马屹、市律协副会长厉明、陈乃蔚、秘书长万恩标、律师代表林东品、王荣、胡雪、王嵘、樊云、李剑锋、洪流、傅永辉、王熔等与陈旭检察长一行进行了座谈。

9月15日，市律协国资国企业务研究委员会举办“律师与公司法务面对面”活动，邀请中国东方航空股份有限公司法务总监郭丽君介绍对内部律师和外部律师实行的各项管理制度、美特斯邦威服饰股份有限公司的法务总监李擘介绍国企、民企和外企在内部法律服务以及外部律师服务需求上的差异性。

9月15日，市律协保险业务研究委员会完成《最高人民法院关于适用中华人民共和国保险法若干问题的解释（二）（征求意见稿）》修改意见共计19条，并由市律协提交最高院。

9月15日，丁伟晓律师参加理事值班，约谈了被投诉挑讼的律师，接待了到会投诉人，对纪律部提交的投诉提出了处理意见。黄绮律师参加了理事值班，接待了到会投诉人，对纪律部提交的投诉提出了处理意见。

9月16日，市律协证券业务研究委员会与公司法业务研究委员会共同举办“公司控制权争夺法律问题”研讨会，就目前发生的国美电器公司控制权争夺事件，结合境内外公司法、证券法、上市规则等法律规定进行研讨。

9月17日，市律协公司解散与破产清算业务研究委员会特邀毕马威上海税务部合伙人张少云女士及重组业务部总监樊志远先生作“企业重整中投资人的引入及重组税务问题”专题演讲。张少云女士阐述企业重组、清算中的相关税务问题。樊志远先生就企业重整中引入投资人等方面作了详细讲解。

9月17日，市律协建设工程业务研究委员会与上海市市政公路工程行业协会、上海市建筑施工行业协会、建筑时报社联合举办“建筑施工企业内部承包、挂靠经营、转包、违法分包法律问题”研讨会。

9月17日，市律协刑事法律业务研究委员

会副主任林东品律师代表市律协参加市人大法工委举行的《刑法修正案八（草案)》修改征求意见座谈会。林东品律师代表市律协做了“关于《中华人民共和国刑法修正案（八）(草案)》的修改建议”的发言，并提交了一万五千余字的书面材料。

9月17日、25日，市律协知识产权业务研究委员会与律师学院联合举办2010年第三、四期青年律师专题讲座，由刘峰、徐申两位副主任领衔分别主讲“专利与商标法律实务”以及“商业秘密、著作权和反不正当竞争”。

9月18日，市律协房地产业务研究委员会副主任曹文衔律师和并购重组业务研究委员会主任俞卫锋律师受新疆律师协会邀请前往乌鲁木齐授课。俞卫锋律师介绍企业并购中公司融资业务。曹文衔律师主讲“建设工程招投标活动各阶段常见法律问题及其处理”。

9月18日，上海市女律师联谊会派副会长裘索、副秘书长时军莉随上海市妇联代表团，参加了在上海浦东星河湾酒店国际会议中心举办的，专为帮助艾滋病致孤孤儿和舟曲孤残儿童的《互爱人间携手同行——2010世博紫壶锦慈善晚会》。

9月19日至21日，各区县律师代表团工作会议在市律协召开，市律协会长刘正东、副会长厉明、李慈玲、陈乃蔚、徐晓青等分别参加并主持会议，听取律师代表对《上海市律师协会代表大会代表规则（建议稿)》、《上海律师行业年金保险（补充养老保险）方案（建议稿)》的意见。同时，让所有律师代表填写《上海市律师协会章程修改若干条款征询意见选择表》，通过书面形式征询所有律师代表的意见。

9月21日，市律协环境资源业务研究委员会委员集体参观了世博园“石油馆”和“湿地公园”。

9月26日，市律协动拆迁（不动产征收）业务研究委员会与行政法业务研究委员会在市律协报告厅举行“房屋拆迁行政程序论坛”。论坛特邀上海政法学院司法研究所所长杨寅以及上海市政府住房保障和房屋管理局副处长顾林土以及雷敬祺、王昊东、朱大网、戚建国四名律师对房屋拆迁行政程序问题发表主题演讲。

9月26日，上海律协代表团由李慈玲副会长和刘小禾副秘书长带队，共14人参加了由华东六省一市（山东、上海、安徽、江西、江苏、福建和浙江）律师协会联合主办、山东省律师协会承办的第八届华东律师论坛，围绕“律师职业使命与律师业发展”展开交流与研讨。

9月26日至27日，市律协港澳台业务研究委员会副主任钟颖、委员洪猛应邀参加由厦门市司法局、厦门市律师协会、社团法人海峡两岸法学交流协会（台湾）联合主办的厦门海峡律师（厦门）论坛。

9月27日，市律协副会长徐晓青代表市律协宴请美国芝加哥肯特法学院院长 Harold J Krent，并交流了双方合作的培训事宜。

9月27日上午，市律协青年律师工作委员会（青年律师联业会）赴上海对外贸易学院法学院开展“对话校园”活动。市律协青年律师工作委员会委员徐珊珊、袁惠芳、吉剑青律师与近百名法学院学生展开互动座谈，交流执业感悟。上海对外贸易学院法学院院长陈晶莹出席活动并致欢迎词。市律协秘书长万恩标在活动上致辞。

9月28日，市律协会长刘正东、副秘书长刘小禾接待前来我会拜访的交通大学凯原法学院院长季卫东、副院长徐向华、徐小冰，初步讨论了上海市律师协会拟与上海交通大学凯原法学院、美国加州大学伯克利法学院的合作事宜。

9月28日，市律协会员部邀请中国人体健康促进会常务理事，上海瑞金医院集团、上海瑞美医疗保健中心主任张乃和教授为上海退休律师作《主动保健，走健康之路》的健康讲座，受到广大退休律师的欢迎。

9月28日，市律协会长刘正东、秘书长万恩标等参加了在国际会议中心举行的上海融孚律师事务所开业典礼。

9月28日，市律协秘书处按照有关规定，在监票人鲍培伦、周朝华、王萍律师的监督下，对《上海市律师协会章程修改若干条款征询意见选择表》进行了统计。

9月29日，市律协国际贸易与反倾销业务研究委员会主任赵平做了题为“从数据卡等案看如何应对欧盟对华反倾销调查”的专题报告，介绍欧盟对华无线数据卡反倾销调查案情以及从事应对欧盟对华反倾销调查案件的基本流程。

9月29日，市律协副秘书长刘小禾、公司解散与破产清算业务研究委员会主任陈明夏、副主任何志法等前往市高院民二庭，就破产管理人工作进行交流。

9月29日，上海市女律师联谊会在市律协召开第十二次会长会及第十次理事会。李慈玲会长、裘索副会长、王小咪秘书长、时军莉副秘书长、岳雪飞律师及各位理事出席。会议就女律师赴贫困地区支教、老律师重阳节活动、优秀女律师评选、女律师展业拓业、女主任恳谈会、与香港女律师交流等活动做了具体安排和部署。

9月29日，市律协八届二十六次常务理事会在市律协35楼第一会议室召开。市律协会长刘正东主持会议，副会长陈乃蔚、常务理事丁伟晓、吴晨尧、沈伟明出席会议，秘书长万恩标及各部门主任列席会议。市司法局副局长刘忠定、律管处处长马屹应邀参加。会议根据“章程修改若干条款征询意见选择表”的统计结果讨论了章程修改建议稿；讨论了《上海市律师协会律师代表大会代表规则》；讨论了律师行业年金保险（补充养老保险）方案。

9月30日，市律协建设工程业务研究委员会与律师学院合作举办“星期五课堂”。由研究会委员鲁宏主讲“建设工程非诉讼法律服务实务”，主要从建设工程非诉讼法律服务的服务对象、服务内容、服务方式、服务技巧四个方面进行讲述。

**10月份**

10月2日至10月8日，以市律协副会长乔文骏为团长的上海律师代表团赴加拿大温哥华，参加了国际律师协会2010年度年会，探讨了当前全球律师业面临的最新问题。

10月9日至19日，市律协业务部应市司法局律管处要求，在“东方律师网”上发布通知，接受全市律师事务所关于“上海市专业服务贸易重点单位（法律服务类）”的认定申请。申请结束后，业务部将申请材料转交至市司法局评审，最终12家律师事务所通过认定。

10月11日，市律协房地产业务研究委员会完成《上海市住宅物业管理规定（修订草案）》修改意见共计18条，并由市律协提交市人大法工委。

10月11日，市律协劳动法业务研究委员会完成《上海市职工代表大会条例（草案）》修改意见共计9条，由市律协提交市人大法工委。

10月12日，市司法局副局长刘忠定和市律协秘书长万恩标在市律协接待了日本西村朝日律师事务所的代表。

10月13日，罗洁律师参加理事值班，约谈了被投诉未尽职代理的律师，对纪律部提交的投诉提出了处理意见。岳文辉律师参加理事值班，约谈了被投诉串通他人损害当事人利益的律师，对纪律部提交的投诉提出了处理意见。

10月14日，市律协房地产业务研究委员会召开2010房地产调控新政政策及法律研讨会，邀请星展银行贷款部和法律部负责人沈振海先生和陆骏先生介绍目前各大银行执行国家及上海市2010年房地产调控政策的情况。

10月14日，市律协国际贸易与反倾销业务研究委员会主任赵平、副主任杜爱武拜访了中国国际经济贸易仲裁委员会上海分会黄文副秘书长，双方就交流合作事宜进行了沟通。

10 月 15 日，市律协会长刘正东、房地产业务研究委员会季诺参加了由市府法制办召开的房地产行政复议案件研讨会。

10 月 15 日，市律协基金业务研究委员会举办私募股权基金设立及投资过程中的法律问题讲座，邀请天泉投资基金公司董事/CFO 黄润滨先生作题为“USD Fund and RMB Fund”的讲座，从基金设立、基金管理、基金投资以及基金监管四个方面介绍了美元基金和人民币基金各自的架构以及不同之处。

10 月 15 日，市律协知识产权业务研究委员会应邀参加上海市法学会和上海市第一中级人民法院共同举行的题为“网络著作权司法保护问题研究”的青年法学沙龙活动，就有关信息网络传播权等在司法实践中争议较大的法律问题进行讨论。吴鹏彬、崔维以及何海清三位律师作为代表发言。

10 月 15 日下午，石家庄市司法局党组书记、局长、律师协会名誉会长王建国一行 13 人前来上海律协，就“两结合”管理及律协自律管理情况、律师创先争优活动开展情况、律师业务拓展及律师执业能力提升情况、律师执业环境以及如何办好本地律师刊物等方面进行了交流座谈。上海律协副会长厉明、秘书长万恩标等参加接待。

10 月 15 日，市律协在青松城举行重阳节敬老活动。市律协副会长厉明、李慈玲、秘书长万恩标、副秘书刘小禾长等同百余位老律师们共度佳节。

10 月 16 日，市律协会长刘正东、秘书长万恩标参加了北京盈科（上海）律师事务所开业典礼。

10 月 18 日，新疆巴州司法局纪检组组长蔡敏、巴州律协秘书长山巴特一行 17 人前来上海律协，就律师协会的规范性建设进行交流学习。上海律协业务部接待并陪同参观了嘉华律师事务所，与事务所合伙人交流了事务所内部管理、青年律师培养等工作的经验。

10 月 18 日，市律协国际贸易与反倾销业务研究委员会主任赵平、副主任杜爱武和委员祝宁波前往瑞典维格律师事务所驻沪代表处，就开展业务合作与交流进行了探讨。

10 月 20 日，市律协行政法业务研究委员会和刑事业务研究委员会完成《上海市区县和乡镇人民代表大会代表直接选举实施细则（修订草案)》修改意见共计 5 条，由市律协提交市人大法工委。

10 月 20 日上午，市律协会长刘正东、秘书长万恩标在市律协接待了上海市人大常委会副主任、上海现代服务业联合会会长周禹鹏等一行 9 人。刘正东会长向与会人员介绍了上海律师行业的发展情况，双方就“十二五”规划中有关服务业发展的相关事项以及合作建设上海现代服务业联合会法律事务服务部等事宜进行了交流座谈。

10 月 20 日，吴晨尧律师和陈洁律师参加理事值班，共同约谈了被投诉私自收案的律师，接待了到会反映律师未尽职代理的投诉人，对纪律部提交的投诉提出了处理意见。

10 月 21 日，市律协会长刘正东在市委参加了由市委副书记殷一璀主持召开的本市“十二五”规划座谈会并发言。

10 月 21 日，市律协会长刘正东代表市律协宴请了香港法律专业人员协会上海拜访团代表。双方的律师代表还就香港和上海两地的律师执业情况进行了交流。

10 月 21 日下午，上海律协监事长朱洪超在律协会议室接待了广东省律协副会长陈小雄，总监事郑剑民等一行 7 人。朱洪超监事长向与会人员介绍了上海律协监事会的发展概况。与会双方就监事会运作事宜、监事会工作中遇到的一些普遍性问题进行了交流座谈。

10 月 21 日，市律协副会长李慈玲在市司法局参加接待了香港法律专业人员协会代表团一行。

10 月 22 日、25 日，市律协办公室副主任朱箭飞在市司法局参加律管平台建设工作会议。

10月22日，市律协业务部副主任潘瑜参加了由市商务委召开的“专业服务贸易重点单位座谈会”，就专业服务贸易重点单位中的支持方式和标准、申报要求的细节问题等进行了讨论。

10月22日，市律协国资国企业务研究委员会举行《上海市国有企业改制律师业务指引》修订工作内部研讨会，介绍《指引》修订工作的背景，逐条说明初稿对原《指引》的改动之处，并从《指引》的体例、样本的制作、法律用语的准确性及法律法规的时效性等方面提出建议。

10月22日，市律协知识产权业务研究委员会举办北美知识产权法律讲座，特邀美国欧夏梁律师事务所资深合伙人梁子樵以及约翰.欧夏两位专利律师就美国专利法以及如何避免客户被判决专利侵权故意的诉讼实务进行了讲解。

10月22日下午，市律协监事会在律协会议室举行了第十六次工作会议，会议由朱洪超监事长主持。会议认真审议了《上海市律师协会章程（修订稿）》，并提出了监事会的修改建议；会议部署了近期调研工作以及参加第三届律师协会监事会论坛等相关事宜。

10月22日，青年律师赴香港培训结业典礼在香港特别行政区驻上海办公室召开。市司法局副局长刘忠定、市律协会长刘正东在结业典礼上致辞。香港特别行政区政制及内地事务局局长林瑞麟也参加了结业典礼。

10月23日，甘肃律协党组书记张克年、副会长朱万润、秘书长崔皋平等一行4人前来上海律协拜访。上海律协会长刘正东、秘书长万恩标、上海市司法局律管处处长余学杰、律师党建专项办主任张鲁滨等参加接待。双方就律师协会会费收缴、经费使用情况、律协党组织开展党建工作主要做法、经验等主题进行交流。

10月23日，市律协现代物流业务研究委员会与律师学院联合举办“现代物流律师业务领域的入门条件和基本素质培训班”。周艳军讲授“现代物流律师业务领域的入门条件和基本素质”课程，张嘉生讲授“专业之路与良好的职业习惯养成”课程。

10月23日，市律协八届十三次理事会在市律协35楼第一会议室召开。市律协会长刘正东主持会议，副会长厉明、乔文骏、李慈玲、陈乃蔚、常务理事马建军、江净、吴晨尧、沈伟明、钱翊梁及二十二位理事参加会议。监事长朱洪超及部分监事、秘书长万恩标、副秘书长刘小禾及各部门主任列席会议。市司法局副局长刘忠定应邀参加。

会议经表决，通过了召开上海市第八届律师代表大会第二次临时会议的决定及会议议程（草案）、《上海市律师协会章程（修订稿）》、《上海市律师协会律师代表大会代表规则（建议稿》、《上海律师行业年金保险（补充养老保险）方案（建议稿）》，以及“申请律执业人员实习管理考核委员会”、“律师执业考核委员会”、“律师执业考核复核委员会”、“惩戒复查委员会”人员名单。

10月26日下午，市律协律师事务所规范与发展委员会在市律协报告厅举行了“上海市优秀律师事务所经验交流会”，市律协副会长、律所规范与发展委员会主任乔文骏以及2009年评出的排名前十位的上海市优秀律师事务所的合伙人出席会议。

10月27日，陈刚律师参加理事值班，约谈了被投诉串通他人损害当事人利益的律师，对纪律部提交的投诉提出了处理意见。

10月27日上午，市律协青年律师工作委员会在副主任胡光律师的带领下，组织了20名在东方律师网上自愿报名的青年律师赴中国国际经济贸易仲裁委员会上海分会开展学习观摩活动。贸仲上海分会常务副秘书长闻万里、副秘书长黄文热情接待了青年律师一行。

10月27日，市律协建设工程业务研究委员会举办2010年度第二次工作会议暨公用事业特许经营法律实务交流会。研究会主任周吉高律师对研究会前一阶段的工作进行回顾，对后续工作进行布置。研究会副主任贺建芬律师就“公用事业特许经营法律实务”进行介绍并开展经验交流。

10月27日，市律协会长刘正东参加了由市委组织部部长沈红光主持召开的“两新”组织创先争优工作座谈会并发言介绍上海律师事务所争先创优活动的情况。

10月27日，市律协秘书长万恩标、副秘书长刘小禾、办公室主任陈东等参加了在市律协举行的区县司法局工作会议。

10月27日，市律协秘书长万恩标、副秘书长刘小禾、办公室副主任朱箭飞、会员部主任曹频参加了在市律协举行的律师事务所与律师年度检查考核工作会议。

10月28日，市律协医疗纠纷业务研究委员会举办“关于上海地区法院审理医疗损害赔偿纠纷案件存在的问题及相关建议”座谈会，讨论由研究会副主任栾晓丽起草的《关于审理医疗损害赔偿纠纷案件的建议》。

10月29日，市律协房地产业务研究委员会举办“跨境房地产投融资若干法律实务问题”讲座，邀请美国普衡律师事务所上海代表处合伙人严嘉律师就跨境房地产投融资中常见的方式、中国企业在实际操作中的普遍性问题、交易中常见的争端及其解决方案等进行讲解。

10月29日，市律协国资国企业务研究委员会主任洪亮律师受律师学院邀请，作了题为“《上海市国有企业改制律师业务指引》解读”的讲座。此次讲座以《上海市国有企业改制律师业务指引》为主线，全面讲解律师承办国企改制项目的业务流程、操作方法、注意事项等。

10月29日下午，市律协青年律师工作委员会（青年律师联业会）在副主任贾明军律师的带领下，赴虹口区开展“走进区县”活动。本次活动由虹口区律师工作委员会主任田波律师主持，虹口区司法局分管局长王浩、公律科科长胡晓红、副科长张晔、律师代表仲奕、吴海、陆艳等近30名虹口律师参加了活动。

10月29日，在金山区朱泾镇南圩村举行了由市人大、市律协主办的2010年市民与法——人大代表说法系列讲座第十九讲，讲座题目为“物业管理的若干法律问题”，主讲人为上海市君和律师事务所主任、上海市人大代表钱丽萍律师。

10月30日下午，市律协青年律师工作委员会（青年律师沙龙）举办了今年第三期身心灵沙龙。本期活动的主题为“爱的五种语言——创造和谐的两性沟通”，由青年律师工作委员会委员谭芳律师主持，邀请了国家注册心理咨询师、上海交通大学工商管理硕士李娴担任主讲嘉宾，近130名律师参加了活动。

**11月份**

11月1日，市律协国际投资与反垄断业务研究委员会举办讲座，特邀华东政法大学经济法学院著名竞争法专家徐士英教授讲解商务部《有关经营者集中资产或业务剥离的暂行规定》。徐士英教授介绍了经营者集中的基本概念，并结合各国的执法经验，具体介绍违法经营者集中的各种救济措施等。

11月3日，市律协期货业务研究委员会举办金融期货业务研讨会，特邀中国金融期货交易所信息部负责人李明良做主讲嘉宾，就国内股指期货发展的态势、中国金融期货交易所在国际金融衍生品市场的地位以及股指期货涉及的法律问题等进行讲解。

11月3日，张金成、陈凯律师参加理事值班，共同约谈了被投诉违规收费的律师，对纪律部提交的投诉提出了处理意见。

11月4日，由昆山市律师协会主办，上海市律师协会作为支持单位的沪昆区域法律服务合作交流论坛暨2010非诉法律业务讲座在昆山举行。论坛以“加强区域交流合作，推动律师行业发展，深化双助双促活动，服务经济转型升级”为主题，探索法律服务业如何更好地服务经济、服务企业。论坛中，盛雷鸣律师主讲了“非诉法律业务开拓及服务技巧”，陆易律师主讲了“企业融资并购”，仲奕律师主讲了“企业知识产权保护”。

11月4日，市律协信息网络与高新技术业务研究委员会召开“360腾讯之争”研讨会，围绕“360、腾讯是否侵犯用户隐私权及是否侵犯用户合法权益”、“用户应该如何维权”、“腾讯单方面停止对装有360软件用户的QQ服务是否违法”等相关问题展开讨论。

11月4日下午，市律协律师事务所规范与发展委员会在第一会议室召开了上海市律师事务所规模化发展座谈会，市律协会长刘正东主持会议，副会长乔文骏、市司法局律管处副处长马屹、北京市大成律师事务所上海分所刘逸星、吴晨尧、上海融孚律师事务所尹燕德、张金成、吕琰、上海中建中汇律师事务所朱黎庭、杜爱武、上海市通力律师事务所韩炯等律师以及浦东、长宁、徐汇、静安四区司法局律公科（处）的赵开银处长、杨莉苹科长、于晟科长、程茂娣科长出席了座谈会。与会人员从本律师事务所及本区律师业发展的角度，交流了上海律师事务所合并、重组、发展的经历、经验和体会。与会人员都表示，本次会议的主题对上海律师业发展具有重要意义，具有前瞻性，希望律师协会以后可以多组织类似的会议，供大家相互交流学习。

11月5日，市律协税法业务研究委员会与青年律师工作委员会就“民商事法律业务中的财务、税务风险问题”举办专题研讨会，邀请会计师、税务师、律师、专家学者等参加。伟凯律师事务所倪勇军、德勤会计师事务所林绥分别讲述亲身处理的有关转移定价的案例，并阐释了“税”对公司业务的显著影响。上海交通大学李俊明列举台湾地区“避税”争议案例，向在座律师讲解台湾地区与大陆地区在税收立法以及司法实践中的共性与区别。

11月5日，市律协医疗纠纷业务研究委员会举办“关于审理医疗损害赔偿纠纷案件若干问题”的座谈会。与会委员结合各自在医疗纠纷实务中的体会作交流。

11月5日至6日，由上海市律师协会、上海市建筑施工行业协会、建筑时报社合作开展的《建筑施工企业法律风险防范指引》课题的26位起草人、编委会成员进行了为期两天的会稿会议，对《指引》内容逐条进行讨论、修改、补充、完善。

11月6日，市律协银行业务研究委员举办“商业银行及其他金融机构估值业务”的讲座，特邀安永华明会计师事务所合伙人卫滨先生和高级经理刘烨先生就银行和其他金融机构的估值业务方面的经验向与会人员作介绍并分享了他们的从业经验。

11月8日，市律协刑事业务研究委员会就上海市公安局、上海市司法局发布的《关于提讯、会见看守所在押犯罪嫌疑人、被告人、罪犯的若干规定》召开学习讨论会。

11月8日，市律协八届二十七次会长办公会议在市律协35楼第二会议室举行。市律协会长刘正东主持会议，副会长厉明、李慈玲、乔文骏、陈乃蔚出席会议。秘书长万恩标、副秘书长刘小禾及各部门主任列席会议。市司法局副局长刘忠定应邀出席。会议讨论了优秀律师、优秀青年律师、优秀女律师评选工作相关事宜；布置进一步推动落实《关于大力组织律师参与法治政府、法治社会建设的通知》的相关事宜、八届律师代表大会第二次临时会议有关事宜及市律协11月、12月工作。

11月10日，各区县律工委主任、秘书座谈会在市律协会议室召开。市律协会长刘正东、副会长陈乃蔚、李慈玲、徐晓青分别主持会议。各区县律工委主任介绍了本区县在进一步推动律师在法治政府、法治社会建设中发挥作用的有关举措、实际效果及存在的主要问题。

11月10日，市律协业务部完成第五期芝加哥肯特法学院培训的报名工作，共有23名律师报名参加本次培训，业务部还将与肯特法学院合作对其中部分报名学员进行面试。

11月10日，丁美红律师参加理事值班，约谈了被投诉私自收案的律师，对纪律部提交的投诉提出了处理意见。马建军律师参加理事值班，对纪律部提交的投诉提出了处理意见。

11月12日，市律协国资国企业务研究委员会举办仲裁领域涉及国有企业法律问题探讨讲座。上海仲裁委员会仲裁部副部长、上海金融仲裁院秘书长陆春玮先生应邀作题为"国有资产转让所涉法律问题的一些理解"的讲座。

11月12日，市律协八届二十七次常务理事会在市律协35楼第一会议室召开。市律协会长刘正东主持会议，副会长厉明、乔文骏、李慈玲、陈乃蔚、徐晓青、常务理事江净、吴坚、沈伟明出席会议，秘书长万恩标、副秘书长刘小禾、调研部主任李旻列席会议。市司法局副局长刘忠定、律管处处长余学杰、副处长马屹应邀参加。会议对将提交八届律师代表大会第二次临时会议审议的《上海市律师协会章程（修订审议稿）》中有关律师代表、理事、会长、监事、监事长任期规定的表决方式进行了讨论，作出如下决议：对《上海市律师协会章程（修订审议稿）》中有关律师代表、理事、会长、监事、监事长任期延长为五年的规定在八届律师代表大会第二次临时会议的小组讨论中先行征求律师代表意见，根据律师代表意见，由理事会决定是否在审议稿中提请延长为五年；如征求的同意意见不足三分之二，则启动预案，提请表决任期规定为"三年"的《上海市律师协会章程（修订审议稿）》，其他修订内容不变。

11月13日，市律协八届十四次理事会在上海展览中心召开。市律协会长刘正东主持会议，副会长厉明、乔文骏、李慈玲、陈乃蔚、徐晓青、常务理事丁伟晓、马建军、江净、吴坚、吴晨尧、沈伟明、钱翊梁及三十一位理事参加会议。监事长朱洪超、秘书长万恩标、副秘书长刘小禾等列席会议。市司法局副局长刘忠定应邀参加。会议根据律师代表对"小组讨论征求意见表"的统计结果，对《上海市律师协会章程（修订审议稿）》中有关律师代表、理事、会长、监事、监事长任期规定的问题进行了表决，作出如下决议：将任期规定为"三年"的《上海市律师协会章程（修订审议稿）》提交八届律师代表大会第二次临时会议进行审议并表决，其他修订内容与任期规定为"五年"的《上海市律师协会章程（修订审议稿）》相同。

11月13日，市律协在上海展览中心隆重举行第八届律师代表大会第二次临时会议，上海市司法局副局长、上海律协党委书记刘忠定，中华全国律师协会副会长吕红兵，市律协会长刘正东，副会长厉明、乔文骏、李慈玲、陈乃蔚、徐晓青，监事长朱洪超等出席会议并在主席台就座。会议应到代表298人，实到代表215人。会议经无记名投票表决，《上海市律师协会章程（修订审议稿）》赞成票为176票、反对票为21票、弃权票为18票，赞成票超过章程规定的出席代表人数的三分之二，获得通过；《上海市律师协会代表大会代表规则（审议稿）》赞成票为198票、反对票为9票、弃权票为8票，赞成票超过章程规定的出席代表人数的二分之一，获得通过；《上海律师行业年金保险（补充养老保险）方案（审议稿）》赞成票为151票、反对票为47票、弃权票为17票，赞成票超过章程规定的出席代表人数的二分之一，获得通过。

11月14日，由北京市律师协会、上海市律师协会、内蒙古自治区律师协会、深圳市律师协会、江苏省律师协会、无锡市律师协会联合发起召开的第三届律师协会全国监事会论坛在江苏无锡举行。来自全国各省市律师协会及监事会的100多位成员齐聚无锡，共同探讨律师协会监事制度的制衡、协调、自律与发展。中华全国律师协会会长于宁到会并发表讲话。上海律协监事长朱洪超及部分监事参加了此次论坛。朱洪超监事长主持了第一单元的主题发言并在第二单元中第一个发表主题演讲，他从多角度分析了监事会制度对于律师协会治理结构各环节的促进作用，得到了与会代表的共鸣。

11月16日，市律协国际贸易与反倾销业务研究委员会召开工作会议，就近期委员会开展的活动进行汇报，并对工作计划提出意见。

11月16日，市律协会长刘正东、常务理事吴晨尧、秘书长万恩标、资产与财务委员会副主任尹燕德、刑事业务研究委员会主任翟建、副主任林东品、张培鸿等接待重庆律协孙发荣会长等一行，双方就律师协会的行业规则体系、律师教育培训、财务资产管理、青年律师工作及律师刑事辩护业务等分组进行了交流。

11月17日，市律协2010年度《上海律协文库》、《上海律师文丛》评审委会议举行，讨论确定列入2010年度《上海律协文库》出版计划的6本专著、《上海律师文丛》出版计划的9本专著，并对2011年度的《文库》、《文丛》系列专著工作进行部署。

11月17日，市律协海事海商业务研究委员会举办“中英港三地仲裁制度比较”专题业务讲座，邀请中国海事仲裁委员会委员、上海海事仲裁院专家咨询委员会委员孙鸣岐律师主讲中国大陆、香港地区以及英国三地仲裁制度及发展现状。

11月17日，俞移冲律师参加理事值班，接待了前来反映律师未尽职代理的投诉人，对纪律部提交的投诉提出了处理意见。金缨律师参加理事值班，约谈了被投诉违规收费律师，对纪律部提交的投诉提出了处理意见。

11月18日，市律协举办“11·15特大火灾事故”所涉法律问题研究小组工作会议。刘正东会长主持，李慈玲、徐晓青副会长及相关研究会代表参加，共同对所涉法律问题作初步讨论。

11月18日，市律协房地产业务研究委员会与上海市房产经济学会共同举办“2010房地产调控新政与法律专题研讨会”。会议特邀上海市住房保障和房屋管理局副局长、市房产经济学会会长庞元、上海社科院城市与房地产业研究中心主任、博导张泓铭、易居房地产研究院院长、博导张永岳等对我国及本市出台的房地产调控新政进行解读，对后市走势进行前瞻，并对房地产行业调控新政下产生的相关法律问题进行分析。

11月19日，市律协基金业务研究委员会举办“中国私募股权投资基金运作现状及问题分析”讲座，特邀苏州工业园区创业投资引导基金的基金管理人王吉鹏主讲私募股权投资基金的基本情况，并结合自己公司业务特点介绍母基金的投资运作方式。

11月19日，市律协行政法研究委员会和民事业务研究委员会举办“国家赔偿法有关法律问题”研讨会，结合案例和办案经验围绕国家赔偿法的申请程序、归责原则、赔偿范围、精神损害赔偿和法律时效等课题展开讨论。

11月19日，市律协民事业务研究委员会举行《关于适用〈中华人民共和国婚姻法〉若干问题的解释（三）（征求意见稿）》研讨会，对征求意见稿中涉及到的热点问题进行了研讨。

11月19日，市律协医疗纠纷业务研究委员会召集委员就“11·15”火灾事故所涉人身损害赔偿法律问题进行讨论。

11月19日，市律协举行关于上海市第八届律师代表大会第二次临时会议的新闻发布会。新华社杨金志、人民日报包蹇、中新社陈静、新民晚报宋民华、文汇报刘栋、法制日报刘建、新闻晚报王凤梅、上海法治报陈颖婷、民主与法治时报冯慧出席了新闻发布会。市律协会长刘正东、副会长陈乃蔚向记者介绍了八届律师代表大会第二次临时会议的有关情况并回答了记者提出的相关问题。

11月20日，市律协国际贸易与反倾销业务研究委员会与律师学院联合举办的“国际贸易律师实务培训班”正式开班。刘正东会长出席并讲话，应邀参与授课的北京、上海等专家和律师向广大学员讲授了有关中外反倾销、反补贴、保障措施、美国337调查、国际贸易外汇制度、进出口海关管理制度等内容。

11月20日，市律协建设工程业务研究委员会组织工作会议，围绕“事故的相关责任方及责任大小的认定”、“关于建设行政主管部门打击转包、违法分包的法律建议”、“其他法律问题”等三个方面进行了深入研讨。

11月20日下午，上海市律师事务所品牌化、规范化建设研讨会在浦东新区香格里拉酒店举行，本次会议由上海市律师协会律所规范与发展委员会、青年律师工作委员会主办，浦东新区司法局、上海市律师协会浦东新区律师工作委员会协办，陆家嘴金融贸易区管理委员会、陆家嘴金融城楼宇协会支持。市律协会长、青年律师工作委员会主任刘正东、副会长、律所规范与发展委员会主任乔文骏、市司法局律管处处长余学杰、浦东新区司法局副局长金更良、浦东新区律师工作委员会主任尹燕德、市律协律所规范与发展委员会副主任管建军、市律协青工委副主任吴晨尧等参加了本次会议。

11月21日，2010《上海律师》改版会举行，会议总结了《上海律师》杂志2010年的办刊经验，对杂志2011年的办刊思路、思想内容、办刊形式、运作模式进行了广泛而深入地探讨。会议由市律协副会长、宣传委主任陈乃蔚主持，监事长朱洪超、《上海律师》总策划冯慧、宣传委副主任王联华、陈刚，宣传委委员杨培君、张方、蒋信伟、岳雪飞、葛珊南、贾明军、吴冬，特邀编辑陈红粱、胡峥、侯劲松、丁东亚，律师富敏荣，《新闻晚报》记者王凤梅，宣传部主任潘毓霞出席会议。

11月23日，市律协知识产权业务研究委员会举办“北美知识产权法律实务系列讲座——在加拿大从事商务知识产权保护指南”，特邀加拿大高林律师事务所合伙人Robert MacDonal、中国区副主席、技术顾问侯迎就商标法、专利法介绍加拿大知识产权的法律制度，并结合该事务所办理过的典型案例进行讲解。

11月24日，市律协劳动法业务研究委员会召开“集体谈判的策略问题”论坛。马建军律师介绍集体谈判、“律师参与工资集体协商指引”的相关精神以及律师在集体谈判中的作用和需要注意的关键问题等。谈育民先生从工会的角度介绍了集体谈判的现状和策略经验。

11月24日下午，市律协八届监事会调研组一行，在市律协监事长朱洪超的带领下，赴虹口区律师工作委员会进行了走访调研。虹口区司法局分管副局长王浩、律公科科长胡晓红、区律师工作委员会主任田波以及吴家平、邵曙范、戴云岚、鲁志成、刘雨修、蒋宏、严力等虹口律师代表与监事会调研组进行了交流座谈。

11月24日，周朝华律师参加理事值班，接待了前来反映律师与其他人串通损害当事人利益的投诉人，对纪律部提交的投诉提出了处理意见。王联华律师参加理事值班，约谈了被投诉未尽职代理的律师，对纪律部提交的投诉提出了处理意见。

1月26日，市律协医疗纠纷业务研究委员会举办“《医疗器械监督管理条例》的修改及国际最新法规”讲座，特邀上海市食品药品安全研究中心资深法规和国际事务顾问严樑；上海理工大学教育部微创医疗器械工程研究中心常务副主任宋成利教授主讲。严樑处长从《医疗器械监督管理条例》修改要点和如何与国际器械法规接轨进行阐述。宋成利博士从技术研发、产业拓展角度讲述最新国际医疗器械监管法规。

11月26日至27日，市律协刑事业务研究委员会召开2010年终总结会议，总结了2010年研究会的工作，并对2011年的工作计划提出了建议。

11月26日，在市律协会长刘正东、秘书长万恩标的带领下，市律协青年律师工作委员会赴安徽律协考察交流。安徽律协会长蒋敏、党委副书记刘建华、副会长朱世贾、副秘书长贾晓清、常务理事张晓健、合肥律协秘书长万立娟、安徽律协青年律师工作委员会委员计京旺、董劲松、安徽律协办公室副主任杨菊红、业务部副主任汪静等热情接待了上海律协一行。

11月29日，市律协行政法业务研究委员会完成《上海市终身教育促进条例（草案）》修改意见（共计5条）、《上海市养犬管理条例（草案）》修改意见（共计10条），由市律协提交市人大法工委。

11月29日到30日，市律协律师事务所规范与发展委员会副主任刘峰带领行政主管联谊会联席小组的成员和市律协调研部奔赴北京，交流行政主管联谊会的相关情况。

11月29日，市律协召开专题会议，传达全国律师工作会议和全国律师党建工作会议精神。市律协会长刘正东主持会议，副会长李慈玲、常务理事丁伟晓、江净、吴坚及各区县律工委主任、各区县党委（党总支）律师副书记参加会议。秘书长万恩标、副秘书长刘小禾及秘书处各部门主任列席会议。刘正东会长向会议介绍了全国律师工作会议和全国律师党建工作会议的有关情况，以及中共中央办公厅、国务院办公厅转发的《司法部关于进一步加强和改进律师工作的意见》的主要内容，传达了中共中央政治局常委、中央政法委书记周永康、司法部党组书记、部长吴爱英及中央组织部副部长王秦丰的有关讲话精神。会议要求各区县律工委主任在律工委年终会议上传达有关精神，在明年的工作安排中予以落实，充分把握契机，进一步推动贯彻中共上海市委办公厅、上海市人民政府办公厅联合发布《关于进一步发挥律师在法治政府、法治社会建设中重要作用的若干意见》。

**12月份**

12月1日，邵曙范律师参加理事值班，约谈了被投诉违反律师职业道德的律师，对纪律部提交的投诉提出了处理意见。贾明军律师参加理事值班，约谈了被投诉违规收费律师，对纪律部提交的投诉提出了处理意见。

12月1日，市律协信访矛盾调解化解（ADR）业务研究委员会主任邵曙范应邀参加上海市人民政府信访办公室召开的关于《上海市人民政府信访事项复查、复核实施细则（征求意见稿）》、《上海市信访事项暂行办法实施意见（征求意见稿）》的专家论证会。邵曙范主任结合化解、调解信访矛盾的实践经验，从理论和实践的角度提出了论证意见。

12月1日，市律协秘书长万恩标参加了在市司法局举行的市局副巡视员第二次民主推荐会。

12月2日，市律协行政法业务研究委员会和上海司法研究所联合举办“加强法治政府建设理论和实务研讨会”，研讨会以今年4月国务院颁布国发（2010）年33号文《加强法治政府建设的意见》为背景，结合上海工作实际对法治政府建设主题展开讨论。

12月2日，市律协医疗纠纷业务研究委员会举办业务操作指引定稿讨论会。会议修订原操作指引中与新生效的《侵权责任法》中相冲突的内容，补充了《侵权责任法》新规定的内容。

12月2日，《上海律师》2010年第12期编前会在市律协举行，会议由市律协副会长、宣传委主任陈乃蔚主持，《上海律师》总策划冯慧、特约记者胡峥，编审小组张方、杨培君、贾明军、岳雪飞、宣传部主任潘毓霞出席会议。会议对第12期的重点专题“司法部律师工作会议材料及刘正东会长的汇报”、“陆家嘴金融论坛综述”等专题报道进行了策划，落实了稿件安排，对“卷首语”、“我的败诉”、“律政三人谈”、“律政新人”、“老律师寄语”、“律师文化”等相关栏目的组稿进行具体安排。

12月3日，市律协会长刘正东参加了在南汇举行的黄浦律师论坛。

12月3日下午，市律协青年律师工作委员会在律协会议室举办了下半年的“青年律师执业风险防范”专题讲座。本次讲座由市律协青年律师工作委员会副主任、上海沪家律师事务所合伙人贾明军律师主持，邀请了市律协纪律委员会副主任、上海市申华律师事务所主任沈伟民律师担任主讲人，100余名青年律师参加了本次讲座。

12月3日，市律协现代物流业务研究委员会召开年终工作会议兼案例研讨会，对2010年工作做汇总，商讨2011年工作计划，并选出了两个案例进行讨论。

12月7日上午，市律协青年律师工作委员会（青年律师联业会）赴同济大学法学院开展“对话校园”活动。市律协青年律师工作委员会委员、上海市联合律师事务所合伙人曹志龙律师，青年律师联业会成员、君合律师事务所上海分所合伙人谢青律师参加了活动，与近40名学生展开互动座谈，交流执业感悟。

12月7日，市律协秘书长万恩标参加了在市司法局举行的市局政风行风建设情况汇报沟通会。

12月7日下午，市律协八届监事会调研组一行，在朱洪超监事长的带领下，赴普陀区律师工作委员会进行了走访调研。普陀区司法局分管局长朱伟琴、律公科科长朱松杰、区律师工作委员会主任周朝华、副主任应建设以及胡贤德、王曙东、林东品、吴军、李向农、徐培龙、汪东、时军莉、王素凡等普陀律师代表与监事会调研组进行了交流座谈。周朝华主任首先介绍了普陀区律师工作委员会的工作概况，之后，与会人员就律师服务“四个中心”建设、青年律师的培养扶持工作、律师事务所规范化管理、加大律师宣传工作等方面进行了交流座谈。参加本次调研座谈会的监事有叶杭生、许强、张志君、邹佳莱律师。

12月8日，韩炯律师参加理事值班，约谈了被投诉制作虚假聘请合同的律师，对纪律部提交的投诉提出了处理意见。盛雷鸣律师参加理事值班，接待了虹口区提篮桥街道20多位拆迁户投诉律师违规代理，并对纪律部提交的投诉提出了处理意见。

12月8日，市律协民事业务研究委员会举行研讨会，就《全国律师承办继承法律业务操作指引》提出修改意见，经过讨论和修改，最终形成了该指引的初步稿件。

12月9日，市律协医疗纠纷业务研究委员会与北京律协医疗法律专业委员会围绕专业委员会的建设、医疗律师的发展、药品医疗器械律师实务、民营医院法律风险控制以及侵权责任法对医疗侵权案件的影响等五个方面进行交流。

12月9日，市律协会长刘正东、副会长乔文骏以及证券业务研究委员会主任陈瑛明、副主任宣伟华，期货业务研究委员会副主任张金成等律师代表应市证监局法制工作处薛珍处长邀请，就完善证券律师监管与促进证券律师规范发展举行专题研讨。

12月10日，市律协国资国企业务研究委员会召开《上海市国有企业改制律师业务指引》第二次修订研讨会。与会律师对律师参与国有企业改制业务所依据的法律法规、适用原则、增加“税收的缴纳”、内部控制制度等八个修订内容进行了讨论。

12月10日，市律协动拆迁（不动产征收）业务研究委员会完成《上海市房屋拆迁基地空置房屋、建筑工地临时宿舍和临时改建宿舍安全管理暂行规定（草案）修改意见》共计9条，并由市律协提交市政府法制办。

12月10日，市律协行政法业务研究委员会完成《引进人才实行〈上海市居住证制度〉暂行规定（修订草案建议稿）》修改意见共计6条，并由市律协提交市政府法制办。

12月10日，市律协环境资源业务研究委员召开年终工作总结会，对2010年度工作进行了总结，并讨论了2011年度工作计划。

12月10日，市律协会同浦东新区司法局在香格里拉大酒店联合举办2010上海·陆家嘴法治论坛。市人大常委会法制委员会主任张凌，市高级人民法院副院长盛勇强，浦东新区政府副区长严旭，市司法局副局长、市律协党委书记刘忠定出席论坛并发表讲话。市律协副会长乔文骏、陈乃蔚、秘书长万恩标、副秘书长刘小禾及市证监局副局长朱键，市仲裁员委员会副主任、上海金融仲裁院院长卢方，浦东新区司法局局长李泽龙、副局长金更良等领导出席会议。上海法学会金融法研究会、浦东律师界、境内外多家金融机构及监管部门参加论坛。

12月11日，市律协银行业务研究委员会召开“律师在银行业立法中的作用”讲座，特邀中国银行业监督管理委员会公职律师陈胜，就银监会在制定银行业务相关政策法规时的立场、程序及立法现状等进行了讲解。

12月11日，市律协国际贸易与反倾销业务研究委员会举行年终总结会议。会议总结了研究会成立以来的工作，对2011年的工作进行了讨论。

12月11日上午，上海市优秀律师评选活动第一次评委会（初评阶段）会议在市律协举行。“上海市优秀律师”评选委员会对入围初评阶段的候选律师进行了评审，共有50位候选律师入围终评阶段评选。会议由评委会主任、市司法局副局长刘忠定主持。出席初评活动的评委有20人，包括市高级人民法院副院长盛勇强、市人民检察院副检察长余啸波、华东政法大学副校长叶青、上海政法学院副院长关保英、市社会科学院法学所副所长殷啸虎及来自司法行政系统的有关同志和市律协常务理事。

12月12日，市律协银行业务研究委员会召开“台湾地区资产证券化法律实务探讨”的讲座，特邀台湾协和国际法律事务所庄国伟律师，对资产证券化的立法现状及发展概况进行了介绍。

12月13日，市律协期货业务研究委员会召开年终总结会，对2010年度工作进行了总结，初步部署了2011年的工作计划。

12月13日下午，市司法局副局长刘忠定、市律协会长刘正东、副会长厉明、乔文骏、李慈玲、陈乃蔚、徐晓青、监事长朱洪超、律管处处长余学杰、副秘书长刘小禾一行前往市二中院进行座谈，听取法院对律师工作的意见。市二中院院长王信芳、副院长徐松青、高长久、阮忠良、陈亚娟、纪检组组长汪鸣强、审管办主任李景华、民一庭庭长傅佐、民二庭庭长马全耀、民四庭庭长林晓镍、执行庭庭长张俊荣、办公室主任陆卫民等接待了市律协一行。

12月14日，市律协证券业务研究委员会举办“资本市场与资本市场国际化”讲座，特邀上海证券交易所副总经理、中国人民大学国际学院和华东政法大学兼职教授、博士生导师、中国证监会行政处罚专家咨询委员会委员徐明先生主讲。

12月14日下午，市律协八届监事会调研组一行，在朱洪超监事长的带领下，赴杨浦区律师工作委员会进行了走访调研。杨浦区司法局分管局长唐明祥、律公科科长龚建荣、区律师工作委员会主任王晨波、副主任廖佩娟、吴益民以及厉明、朱必放、黄绮、钟颖、岳雪飞、唐一平、张嘉生、李雯等杨浦律师代表与监事会调研组进行了交流座谈。与会人员就税收问题、律协的评选活动、青年律师的扶持培养工作、关注老律师、改善律师执业环境以及律师在十二五规划期间如何适应转型等方面进行了交流座谈。与会的杨浦律师对本届监事会的工作表示肯定，并建议监事会能够多下基层，多反映律师的心声。参加本次调研座谈会的监事有王萍、周天平、聂鸿胜律师。

12月15日，市律协信息网络与高新技术业务研究委员会召开年终总结会，会议对2010年度工作进行了总结，对《律师办理网络犯罪案件操作指引》（试行）进行了审议，对2010年度网络法律案件进行了讨论。

12月15日，市律协国资国企业务研究委员会同市国资委举办座谈交流活动。各位委员总结了各自在国资法律服务工作中遇到的难点，国资委的两位嘉宾针对律师们的提问，详细解读了国资委对各个问题的基本态度和现有政策。

12月15日，市律协国资国企业务研究委员会召开年终工作会议，总结了委员会成立近半年来完成的内部培训、对外交流、指引修订等八项重要工作，并在此基础上讨论了明年委员会的工作计划和安排。

12月15日，在明天广场金威万豪酒店举行了由市律协律师事务所规范与发展委员会、行政主管联谊会和上海必智软件有限公司合作举办的“律师事务所管理与信息技术应用”主题会议。市司法局律管处处长余学杰、市律协副会长、律所规范与发展委员会主任乔文骏、委员傅强国、上海瑛明律师事务所合伙人陈瑛明、市律协行政主管联席会主席陈运、上海必智软件总经理刘芬等演讲人、嘉宾以及200多位律所合伙人、行政主管参加了会议，市律协调研部列席了会议。会议由上海复旦大学教授、上海必智软件总顾问石代伦主持。

12月15日，蒋信伟律师参加理事值班，约谈了被投诉派遣公民代理的律师事务所主任，对纪律部提交的投诉提出了处理意见。赵一平律师参加理事值班，约谈了被投诉通过欺骗手段与当事人订立合同的律师，对纪律部提交的投诉提出了处理意见。两位理事分别对三位拟被处分的律师告知了申辩和听证权利。

12月16日，市律协证券业务研究委员会举办中介机构从事证券业务防控内幕交易讲座，特邀中国证监会上海监督局法制处薛珍处长和海通证券股份有限公司投资银行部许灿总经理作为本次讲座的主讲嘉宾，主要针对内幕信息的认定、内幕交易的证据原则、监管机构的执法力度和执法能力进行了讲解。

12月16日，市律协税法业务研究委员会举办金融产品税收问题研讨会，特邀上海交通大学金融法律与政策中心执行主任许多奇博士担任嘉宾，主要讨论了交易型开放式指数基金（ETF）避税问题。

12月16日，市律协文体与福利委员会年终总结会议在市律协召开。会议由市律师协会副会长、文体与福利委员会主任李慈玲主持。文体与福利委员会副主任张金成，委员王联华、朱黎庭、陈志坚、於传宏、唐济民、黄宜辰参加会议，监事钱丽萍、会员部主任曹频列席会议。会议主要讨论了2010年文体与福利委员会工作总结。

12月17日，市律协维权委员会、外事委员会、资产管理与财务委员会、律师参政议政促进委员会、律师事务所规范与发展委员会、宣传委员会分别召开年终总结会议。各委员会着重讨论2008～2010年的工作总结，以及对2011年的工作展望。

12月17日，市律协未成年人权益保障研究委员会与上海市法学会未成年人法研究会共同举办“上海市预防未成年人犯罪条例专家论证会”，分析了当前上海市未成年人犯罪的总体形势及未成年人犯罪预防面临的新情况，就制定《上海市预防未成年人犯罪条例》的必要性、可行性进行论证，并对重点条文进行了阐释。

12月17日，市律协未成年人权益保障研究委员会召开年终总结会议，总结2010年工作，讨论2011年工作计划，并就《未成年人权益保障百问百答》一书的出资、统稿、出版情况进行介绍。

12月17日，市律协知识产权业务研究委员会召开年终总结会议，会议对委员三年工作进行了回顾及总结，对2011年工作进行了部署。

12月18日，市律协信托业务研究委员会举办“金融信托业务法律服务的问题与对策”研讨会，特邀华鑫国际信托有限公司首席风控官蔡概还博士、上海国际信托有限公司风控部经理杨逸、安信信托投资股份有限公司总经理助理陈劲、华宝信托有限责任公司总经理助理袁国际对我国《信托法》的制定与颁布过程、制定的必要性及部分法律条文内容进行了解释与阐述。

12月18日，市律协行政法业务研究委员会与浙江律协行政法专业委员会联合召开“沪浙律师行政法业务研究交流暨信息公开行政法问题研讨会”，两地律师交流研究会工作经验，分别从行政复议与信息公开、信息公开申请人资格和信息公开范围、公民知情权与信息公开等法律问题做专题发言。

12月19日，市律协行政法业务研究委员会召开年终总结会议，总结2008～2010三年业务研究活动情况，初步确定2011年研究会工作计划。

12月21日，市律协信托业务研究委员会召开年终总结会，会议对2010年工作进行了总结，并对2011年的工作作了具体安排及部署。

12月21日，市律协行政法业务研究委员会举办疑难案例讨论会。

12月21日，行业年金保险工作小组第一次会议在市律协35楼第二会议室召开。市律协副会长、资产管理与财务委员会主任厉明、副主任尹燕德、秘书长万恩标、办公室主任陈东、副主任朱箭飞、会员部主任曹频、保险业务研究委员会副主任杨飞翔、委员万晓芳及中国人寿上海分公司有关人员参加会议。会议决定由杨飞翔副主任领衔保险业务研究委员会起草一个补充协议；由秘书处办公室副主任朱箭飞负责开发一个行业年金保险专用管理软件。

12月22日，市律协房地产业务研究委员会举办“房地产PE基金的设立、常用投资模式及案例”讲座，特邀麦格理房地产银行中国区高级副总裁高宏先生就建立房地产PE基金的意义及要素、房地产PE基金的投资模式及特点等问题进行讲解。

12月22日，市律协建设工程业务研究委员会、市建筑施工行业协会、建筑时报社完成了合作起草的《建筑施工企业法律风险防范指引》最后的审查和统稿工作。

12月22日，唐勇、周仁昌律师参加理事值班，约谈了被投诉未尽职代理的律师，对纪律部提交的投诉提出了处理意见。

12月23日，市律协秘书长万恩标在市二中院参加了社区常见法律纠纷调处手册赠书仪式。

12月23日，市律协世博与会展业务研究委员会召开“后世博法律服务”研讨会，对后世博时期相关法律问题进行探讨，并就研究会本年度工作进行了总结，下一年度研究会的工作计划进行了讨论。

12月23日，市律协动拆迁（不动产征收）业务研究委员会举行“城市国有土地上房屋拆迁法律问题研究”专题讲座，特邀华东政法大学刘松山教授讲解中国的房屋拆迁、拆迁中的宪法和法律问题、国外的拆迁以及对中国拆迁问题的几点思考等四方面的问题。

12月23日，市律协法律援助与社区服务业务研究会召开年终总结会，通报研究会2010年各项工作，讨论2011年计划。

12月23日，市律协并购重组业务研究委员会举行“并购业务中的税务和财务问题”研讨会，特邀德勤华永会计师事务所合伙人陈振国先生、副总监王玮先生、高级经理陆祎寅先生等三人主讲并购业务中常见的财务问题和税务问题。

12月23日，12家第一批获“上海市专业服务贸易重点单位（法律服务类）”称号的律师事务所参加了在市商委进行的颁证仪式。

12月23日，市律协公司解散与破产清算业务研究委员会举办“破产清算案件立案及管理人收费中问题及解决”座谈会，讨论破产及强制清算案件立案难及管理人收费难问题，提出解决机制，并对研究会的工作安排进行讨论。

12月25日，市律协青年律师工作委员会举行了2010年度年终总结会议。会议由市律协会长、青年律师工作委员会主任刘正东主持，青年律师工作委员会副主任吴晨尧、贾明军、胡光，委员吴冬、洪亮、徐珊珊、吉剑青、管建军、曹志龙、谭芳等出席会议，监事郑绍平应邀列席会议。刘正东会长从“打造四大平台，增强青年律师集体归属感”、“组织各项专项培训活动，促进青年律师在业务领域的发展”、“组织各项专项培训活动，使青年律师能够获得更多的生存技能与更大的发展空间”、“组织各类调研活动，成为青年律师与市律协沟通的桥梁”、“了解青年律师的发展现状，明确今后开展青年律师工作的方向”等方面对本届青工委的工作进行了回顾与总结。他从“执业技能培训活动内容的实务性还不能够完全满足青年律师的需求”、“与业、内外交流范围不够广泛，在多元化等问题上仍有欠缺”、“在开展青年律师思想教育方面力度稍显不够”等方面总结了本届青工委工作的不足之处。

12月27日，市律协并购重组业务研究委员会举办“上市公司并购重组实务运作”专题讲座，特邀平安证券有限公司并购重组内核委员会委员、保荐代表人陈建博士主讲上市公司并购重组的实务操作、IPO及重大资产重组监管等问题。

12月27日，市律协银行业务研究委员会举办“金融衍生产品：特点、文件制作及相关法律问题”讲座，特邀年利达律师事务所资深顾问刘本超律师主讲，重点介绍金融衍生品、ISDA文本结构、主要概念的理解及相关法律问题。

12月28日，行业年金保险工作小组第二次会议在市律协35楼第二会议室召开。市律协副会长、资产管理与财务委员会主任厉明、副主任尹燕德、秘书长万恩标、办公室主任陈东、副主任朱箭飞、会员部主任曹频、保险业务研究委员会副主任杨飞翔、委员万晓芳及中国人寿上海分公司有关人员参加会议。会议对《投保协议》进行了讨论，并决定根据讨论结果对投保协议进行修改，并加快相关工作的推进。

12月29日，市律协信访矛盾调解化解（ADR）业务研究委员会召开2010年工作总结暨经验交流研讨会，特邀市信访办副主任王剑华、接访处处长吴志中到会进行信访矛盾化解的若干思考专题讲课，并对研究会2010年工作做了总结。

12月29日，沈伟明律师参加理事值班，约谈了被投诉违规收费的律师，对纪律部提交的投诉提出了处理意见。江净律师参加理事值班，约谈了被投诉未尽职代理的律师，对纪律部提交的投诉提出了处理意见。

12月29日下午，女律师联谊会巾帼律师志愿团在市律协报告厅举行年终总结及培训活动，会议分两部分：第一部分年终总结表彰。女律师联谊会副会长黄绮作总结报告。第二部分业务培训：邀请上海市第二中级人民法院高中伟法官讲授“侵权责任法审判实务”，并与志愿者律师进行了互动。七十余名志愿者参加会议。

12月30日，市律协劳动法业务研究委员会召开《劳动法律法规新政》讲座，特邀马建军、陆敬波、庞春云、唐毅律师主讲，介绍2010年劳动法律法规新政，解读《高法解释三》、《社保法》、《工伤保险条例》等。

12月30日下午，市律协监事会在律协会议室举行了第十七次工作会议，会议由朱洪超监事长主持。会议部署了近期调研工作以及举行监事会年终总结会等相关事宜。

12月30日，市律协八届十五次理事会在市律协35楼第一会议室召开。市司法局副局长刘忠定应邀参加会议。市律协会长刘正东主持会议。会议主要内容为：讨论并原则通过《上海市第九届律师代表大会筹备工作方案（建议稿）》（以下简称《工作方案》）和《市律协九届律师代表大会代表及九届律协理事、监事产生办法（建议稿）》（以下简称《产生办法》）；讨论《上海市律师协会律师代表大会特邀代表规则（草案）》和《上海市律师协会特邀会员与预备会员规则（草案）》。

## 重庆市律师协会工作

### 一、业务研讨及会员培训

（一）地区片会

10月中旬起，根据市律协第十七次会长办

公会的安排，全市律师执业培训、警示教育及管理工作会议分十一个片区进行。

10月18日，韩德云副会长主持了南岸片区律师执业培训会和律师教育管理工作座谈会。南岸区、巴南区、万盛区和綦江县的司法局分管副局长、律管科长、律协分会负责人、律师事务所负责人、党支部书记和律师共计220人参加了会议。韩德云副会长作了《重庆律师业发展主题报告》。

10月19日，徐丽霞副会长主持了九龙坡片区律师执业培训会和律师教育管理工作座谈会。来自九龙坡区、江津区、大渡口区的司法局分管副局长、律管科长、律协分会负责人、律师事务所负责人、党支部书记和律师共计150人参加了会议。邀请了侯国跃律师主讲了《侵权责任法》。

10月22日，杨家学副会长主持了合川片区律师执业培训会和律师教育管理工作座谈会。来自合川区、北碚区、铜梁县、潼南县、璧山县等5个区县司法局分管律师工作的领导、律管科长、分会负责人以及150多名律师参加了会议。杨家学副会长主讲了《房地产开发过程中行政审批问题》。

10月24日，孙发荣会长主持了万州片区律师执业培训会和律师教育管理工作座谈会。来自万州区、城口县、开县、梁平县、忠县、奉节县、巫山县、巫溪县、云阳县的司法局分管律师工作的局长和公律科科长、分会负责人及400多名律师参加了会议。市律协劳动业务委员会副主任陈昱律师主讲了《劳动法律风险防范与应对》。

10月27日，市律协党委副书记居里主持了沙坪坝区律师执业培训会和律师教育管理工作座谈会。沙坪坝区局长、律管科长、律协分会负责人、律师事务所负责人、党支部书记和律师共计225人参加了会议。会议还邀请了侯国跃律师主讲了《侵权责任法》。

10月30日，孙渝副会长主持了涪陵片区律师执业培训会和律师教育管理工作座谈会。来自涪陵区、南川区、长寿区、垫江县、丰都县、武隆县、石柱县司法局分管律师工作的局长、律管科科长、律协分会负责人、律师事务所负责人、党支部书记和律师共计390余人参加了会议。孙渝副会长、重庆百君律师事务所律师秦代友分别作《律师在参与刑事诉讼活动中的执业风险防范》和《律师在民事代理活动中的执业风险防范》讲座。

10月30日，陈治元秘书长主持了渝中区律师执业培训会和律师教育管理工作座谈会。渝中区司法局领导及律协分会负责人、律师事务所负责人、党支部书记100余人参加了会议。

10月30日，孙发荣会长主持了江北区律师执业培训会和律师教育管理工作座谈会。江北区司法局领导、律协分会负责人及江北区的800余名律师参加了此次会议。

10月31日，孙发荣会长主持了渝西片区律师执业培训会和律师教育管理工作座谈会。来自永川区、荣昌县、大足县、双桥区司法局分管律师工作的局长、律管科科长、律协分会负责人、律师事务所负责人、党支部书记和律师共计150人参加了会议。会议还邀请了侯国跃律师主讲了《侵权责任法》。

11月6日，居里副书记主持了渝北区律师执业培训会和律师教育管理工作座谈会。渝北区律协分会负责人、律师事务所负责人、党支部书记和律师共计395人参加了培训。

11月6日，张兴安副会长主持了渝东南片区律师执业培训会和律师教育管理工作座谈会。来自黔江、酉阳、彭水、秀山律师管理工作分管领导、律师管理科长、各律师事务所负责人和律师等140余人参加培训。市律协建筑与房地产委员会副主任秦代友律师结合当前在全市律师队伍中开展的警示教育活动，为参训律师讲授了《律师执业风险及防范》。

（二）重要的专业委员会活动

12月28日，市律协与四川外语学院国际商学院在川外国际报告厅联合举办了题为“英美法律思维与诉讼实践”的学术讲座。该讲座由澳大利亚最高法院律师、复旦大学法学院客座教授沈寒冰博士主讲。市律协教育培训委员会主任王国民，川外国际商学院书记岳兴懋出席了讲座。国际商学院法学教师、法学专业全体学生，重庆地区五十余名律师共同参加了讲座。

## 二、会员培训

**2010 年市律协教育培训情况表**

| 序号 | 时间 | 地点 | 主讲人 | 委员会 | 参与人数 | 主讲内容 | 形式 |
|---|---|---|---|---|---|---|---|
| 1 | 1.7 | 九龙坡区天醉园 | 唐尧 | 行政业务委员会 | 15 | 2009 年工作总结会 | |
| 2 | 1.16 | 永川 | 渝中区社保吴兴荣副局长、渝中区仲裁董鳌、永川司法局刘万见科长 | 劳动与社会保障业务委员会 | 30 | 劳动争议案件实务技能 | 讲座 |
| 3 | 1.16 | 市律协五楼 | 邓继为 | 统筹城乡法律业务委员会 | 25 | 2009 年工作总结会 | |
| 4 | 1.22 | 市律协五楼 | 孙渝 | | 70 | 风雨对十年——大律师的九零年代与人生抉择 | 青年律师沙龙 |
| 5 | 2.5 | 市律协五楼 | 市外经贸委副主任王继光 | 涉外及 WTO 业务委员会 | 50 | 重庆对外经济贸易回顾与展望 | 青年律师沙龙 |
| 6 | 2.9 | 市律协四楼 | 赖野 | 房地产业务委员会 | 5 | 房地产征文相关事宜 | |
| 7 | 3.2 | 市律协四楼 | 梁向阳 | 民事业务委员会 | 10 | 对光界所的一名律师在办案途中交通事故死亡后的一系列诉讼案件进行研究 | |
| 8 | 3.7 | 九龙坡区贝迪颐园 | 刁太国 | 刑事业务委员会 | 20 | 2010 年工作会议 | |
| 9 | 3.12 | 沙坪坝三峡广场 | 陈艇 | 消费者权益保护业务委员会 | 15 | 讲解消法，接受相关咨询 | 法治宣传 |
| 10 | 3.18 | 市律协五楼 | 陈翔 | 涉外及 WTO 业务委员会 | 10 | 介绍国际法学会培训项目内容定制、培训方式及师资优势 | 交流座谈 |
| 11 | 3.19 | 市律协五楼 | 赖野 | 房地产与建设业务委员会 | 5 | 制定房地产论方目录 | |
| 12 | 3.20 | 璧山 | 王国民 | 教育培训委员会 | 50 | 树立律师正确执业理念，提高律师全面素质 | 讲座 |
| 13 | 3.20 | 武隆 | 唐尧 | 行政业务委员会 | 120 | 依法行政与科学发展 | 讲座 |
| 14 | 4.1 | 市律协四楼 | 王国民 | 教育培训委员会 | 8 | 2010 年工作安排 | |
| 15 | 4.2 | 万州 | 杨家学　刁太国 | | 200 | 房地产开发流程，律师执业风险防范 | 讲座 |
| 16 | 4.16 | 涪陵 | 侯国跃 | | 200 | 侵权责任法 | 讲座 |
| 17 | 4.16 | 奉节 | 杨家学 | | 150 | 房地产开发流程及建设用地使用权法律实务 | 讲座 |
| 18 | 5.25 | 洲际酒店 | 陈昱 | 劳动与社会保障业务委员会 | 60 | 企业用工风险法律问题研讨会 | 研讨会 |
| 19 | 5.28 | 金质花苑酒店 | 全国人大常委会法制工作委员会刑法室李寿伟 | 刑事业务委员会 | 450 | 律师在刑事诉讼中的地位和作用 | 讲座 |

| 序号 | 时间 | 地点 | 主讲人 | 委员会 | 参与人数 | 主讲内容 | 形式 |
|---|---|---|---|---|---|---|---|
| 20 | 6.21 | 西南政法大学 | 律师和西政老师 |  | 259 | 第五期实习律师培训 | 培训 |
| 21 | 7.2 | 坤源所 | 刁太国 | 刑事业务委员会 | 6 | 研究了重庆泽信律师事务所提交的关于办理刑事案件中起诉意见书方面的问题，其次委员们还就近期刑事诉讼中遇到的问题进行了讨论，形成了意见，并于会后将相关问题形成会议纪要，供律师参考。最后研究了关于近期举办刑事业务培训的事宜，初步确定了培训内容、时间、及师资等有关问题。 | 会议 |
| 22 | 7.13 | 西南政法大学 | 律师和西政老师 |  | 192 | 第六期实习律师培训 | 培训 |
| 23 | 7.24 | 缙云山 | 唐尧 | 行政业务委员会 | 25 | 市高级人民法院行政审判庭副庭长、赔偿办公室副主任洪其亚，市政府法制办调研员王爱华研讨国家赔偿和行政复议理论与实务 | 研讨会 |
| 24 | 8.6 | 市律协5楼会议室 | 孙发荣 | 民事委员会维权委员会 | 6 | 研究讨论余明礼因签当事人名字被司法拘留的案件 | 案件研讨会 |
| 25 | 8.10~19 | 中国人民大学律师学院 | 孙发荣　张宇龙<br>肖亚　李雪琴 |  | 4 | 参加中国人民大学律师学院学习 | 培训 |
| 26 | 8.20 |  |  | 市律协刑事业务委员会 |  | 市律协刑事业务委员会对市局法制处转来的最高人民法院、最高人民检察院、公安部、司法部制定的《关于办理黑社会性质组织犯罪案件若干问题的意见》提出了修改意见 |  |
| 27 | 9.3 | 市律协5楼会议室 | 中国国际贸易仲裁委员会秘书长陈敏 | 涉外及WTO委员会 | 40 | 涉外仲裁理论与实践专题讲座 | 青年律师沙龙 |
| 28 | 9.8 | 市律协5楼会议室 | 张晓涛、孙发荣 | 市司法局、市律协 | 20 | 应市政府港澳办邀请，香港的近律师行合伙人张永财一行12人访问市司法局和市律协，与律公处、市律协和律师代表进行了座谈交流。市司法局副局长张晓涛、市政府港澳办副主任刘光术、市律协会长孙发荣出席交流座谈会。希望渝港双方律师界进一步加强交流合作。 | 业务交流 |
| 29 | 9.4~9.5 | 山东潍坊 | 全国律协 | 统筹城乡法律业务委员会 | 1 | 全国律协举办“统筹城乡发展中的法治与律师实务研讨会”9月4~5日在山东潍坊举行，通过我们积极联系，我市4名律师提交的2篇论文入选优秀论文，并推荐刘定刚律师参加会议。 | 业务研讨 |
| 30 | 9.16~18 | 青岛 | 全国律协 | 知识产权法律业务委员会 | 1 | 2010中国律师知识产权业务创新论坛暨中华全国律师协会知识产权专业委员会第八届年会定于2010年9月16日~18日在青岛召开年会，通过我们联系，确定该委员会副主任张利参加会议。 | 业务研讨 |

| 序号 | 时间 | 地点 | 主讲人 | 委员会 | 参与人数 | 主讲内容 | 形式 |
|---|---|---|---|---|---|---|---|
| 31 | 9.14~25 | 西政老校区 | 律师和西政老师 | 重庆律师学院 | 203 | 第七期实习律师培训 | 培训 |
| 32 | 9.25~26 | 广西南宁 | 广西律师协会 | 第三届西部律师发展论坛 | 50 | 9月25~26日，第三届西部律师发展论坛在绿城南宁隆重召开。重庆律师代表团以47名执业律师和6名工作人员的阵容参加了本次论坛。26日上午举行的主论坛上，重庆市律师协会孙发荣会长应邀担任主题沙龙嘉宾，共话“西部律师能否实现专业化？如何实现专业化”这一焦点话题；中豪律师集团（重庆）事务所主任袁小彬作为主论坛主讲人，分享了中豪管理与业务并重，推动律所可持续发展心得。<br>在分论坛中，重庆渝万律师事务所陈继才律师发表的专题演讲《论侦查程序中律师作用的现实与实现》、重庆百君律师事务所合伙人陈昱律师发表的专题演讲《物业税能否抑制高房价》、重庆立源律师事务所林玉成律师发表的专题演讲《网络环境下的知识产权维权》，重庆树深律师事务所蒋珂律师、重庆静升律师事务所傅达庆律师分别担任两个分论坛的点评嘉宾。本届论坛，我市共有7篇论文从626篇参会论文中脱颖而出，获得优秀论文奖。 | 业务交流 |
| 33 | 10.12 | 市律协4楼会议室 | 刑事委员会、维权委员会 |  | 9 | 10月12日下午，在市律协四楼会议室，市律协刑事业务委员会和维护律师权益委员会就重庆坤源律师事务所李强律师提交的一起律师涉嫌伪造证据一案进行了讨论。<br>因该案涉及到律师切身利益，社会影响极大，市律协对此十分重视，分管刑事和维权的孙渝副会长亲自担任了会议主持人，孙发荣会长全程列席了会议。刑委会的刁太国律师、朱红刚律师、傅达庆律师和维权委的莫新耀律师、杰强律师、雷世鸣律师参加了此次会议。<br>会上，各位委员根据承办律师提交的相关材料，并结合案件当事人的陈述，分别从证据的真实性、行为的适当性，以及造成的后果等几方面进行了分析。经过各位委员的讨论，最终得出了一致的结论，认为律师的行为不构成犯罪。<br>会后，市律协将根据此次会议的讨论结果，形成正式的书面意见，转交相关单位。 | 业务研讨 |

| 序号 | 时间 | 地点 | 主讲人 | 委员会 | 参与人数 | 主讲内容 | 形式 |
|---|---|---|---|---|---|---|---|
| 34 | 10.17 | 南岸区政府会议中心 | 韩德云 | 市司法局律公处和市律协 | 南岸区、巴南区、万盛区和綦江等4个区县律师共计220人 | 重庆律师业发展主题报告 | 业务培训 |
| 35 | 10.19 | 九龙坡区区府会议中心 | 侯国跃 | 市司法局律公处和市律协 | 九龙坡区、江津区、大渡口区的律师共计150人 | 侵权责任法 | 业务培训 |
| 36 | 10.22 | 合川 | 杨家学 | 市司法局律公处和市律协 | 合川区、北碚区、铜梁县、潼南县、璧山县等5个区县150多名律师 | 房地产开发过程中行政审批问题 | 业务培训 |
| 37 | 10.24 | 万州 | 陈昱 | 市司法局律公处和市律协 | 万州区、城口县、开县、梁平县、忠县、奉节县、巫山县、巫溪县、云阳县的400多名律师 | 劳动法律风险防范与应对 | 业务培训 |
| 38 | 10.27 | 沙坪坝 | 侯国跃 | 市司法局律公处和市律协 | 沙坪坝区律师共计210人 | 侵权责任法 | 业务培训 |
| 39 | 10.30 | 江北 | 孙鹏 | 市司法局律公处和市律协 | 江北区800余名律师 | 侵权责任法 | 业务培训 |
| 40 | 10.30 | 涪陵 | 孙渝　秦代友 | 市司法局律公处和市律协 | 涪陵区、南川区、长寿区、垫江县、丰都县、武隆县、石柱县律师共计390余人 | 律师在参与刑事诉讼活动中的执业风险防范<br>律师在民事代理活动中的执业风险防范 | 业务培训 |
| 41 | 10.31 | 永川江鸿国际大酒店 | 侯国跃 | 市司法局律公处和市律协 | 永川区、荣昌县、大足县、双桥区律师共计150人 | 侵权责任法 | 业务培训 |
| 42 | 11.6 | 黔江 | 秦代友 | 市司法局律公处和市律协 | 黔江、酉阳、彭水、秀山律师140余人 | 律师执业风险及防范 | 业务培训 |

| 序号 | 时间 | 地点 | 主讲人 | 委员会 | 参与人数 | 主讲内容 | 形式 |
|---|---|---|---|---|---|---|---|
| 43 | 11.6 | 市劳动人民文化宫 | 傅达庆 | 市司法局律公处和市律协 | 渝中区律师共计1000人 | 律师执业风险防范 | 业务培训 |
| 44 | 11.6 | 渝北 | 刁太国 | 市司法局律公处和市律协 | 渝北区律师共计410人 | 律师执业风险防范 | 业务培训 |
| 45 | 11.13~18 | 无锡、合肥、上海、杭州 | 孙发荣、王国民、黎耘、陈昊、刁太国、朱红刚、傅达庆、肖颖、严崇伟、宋涛、谢文良、郭振杰、任德志、罗勇、万佳勇、粟睿等一行16人 | 市律师协会 | 16 | 参加全国律协的监事会论坛，并与有关省市律协同志交流。<br>与安徽省律师协会进行执业律师年度考核、实习律师管理、行业惩戒律师等方面的交流座谈。<br>与上海市律师协会进行行业规则体系、教育培训、财务管理、青年律师工作和律师刑事法律业务等方面的座谈。<br>与浙江省律师协会进行律师人才培养和律师党建工作等方面的交流座谈。 | 业务交流 |
| 46 | 11.15~18 | 吉林、长春、北京 | 陈治元 、居里、徐丽霞、杨家学、宋小江、林正伟、张涌、陈友坤、吴曦、林然玉等一行10人 | 市司法局律公处和市律协 | 10 | 与吉林省司法厅、吉林省律师协会进行律师诚信建设和文化建设等方面的交流座谈。参观吉林省司法厅、吉林省律师协会推荐的律师事务所，并开展交流座谈。<br>与北京市司法局、北京市律师协会进行律师管理工作等方面的交流座谈。参观北京市律师协会推荐的律师事务所，并开展交流座谈。 | 业务交流 |

## 二、会员管理

### （一）会员日常管理

1. 继续按照《2009～2011年全市律师教育培训工作纲要》，建立多形式、多层次的律师教育培训体系。根据律师的执业需求，采取集中培训、专题研讨、小型论坛、片区交流等方式，落实律师执业技能培训和素养教育。

2. 进一步加大对青年律师的培养力度，在专业培训、对外交流等方面向青年律师倾斜，多途径落实培训支持措施，提高青年律师的生存能力和执业素质。

3. 巩固和发展传统业务，加强对担任常年法律顾问、诉讼和仲裁类律师业务的指导，促进律师业务增长，做到量增质优。

4. 根据修订后的《律师法》实施两年多来司法部和全国律协修改、制定的规章制度的要求，逐步建立覆盖律师执业活动和律师行业管理的行业规范规则体系。

5. 积极与司法机关沟通协调制定保障落实律师执业权利的文件，建立有效的联系沟通机制，进一步完善维权工作机制，加强维权工作力量，尽最大努力维护律师的执业权利。

6. 继续为全市律师投保执业责任保险，投保律师团体意外伤害保险及附加团体意外伤害医疗保险，指导督促团体会员办理社会保险，打造重庆律师之家。

### （二）维护律师合法执业权

市律协配合市司法局与市高法院联合制定签署了《关于进一步加强律师执业权利保障维

护司法公正的意见》，协调推动市检察院制定了《关于进一步规范执业行为，支持律师依法执业的通知》，律师执业权利有了进一步的改善和保障。向13名律师提供了维权服务帮助，余明礼律师被司法拘留案被市一中院撤销，赵泽隆律师交通意外身亡案和付强律师、李琛律师涉嫌伪造证据案也受到了有关方面的重视，协会维权效用逐步发挥。

案例：

具体案情：2005年底左右，重庆驰诚律师事务所负责人刘德伟通知该所律师付强承办重庆科希盟自动化有限公司（以下称科希盟公司）诉重庆谊德实业有限公司欠款纠纷一案（以下称谊德公司）。重庆荣桂置业有限公司（下称荣桂公司）、谊德公司向律师付强提供了2004年9月29日、10月15日，荣桂公司以银行本票的方式将2150万元借给谊德公司，并用于归还其拖欠中国东方资产管理公司重庆办事处的到期贷款的相关证据。荣桂公司表示希望将该笔债权转让给科希盟公司，并由科希盟公司对谊德公司提起诉讼。在征求了荣桂公司和科希盟公司的意见后，2005年底受荣桂公司委托，付强依据上述银行本票制作了荣柱公司将2150万元债权转让给科希盟公司并通知债务人谊德公司的《债权转让通知书》文稿，荣桂公司将文稿打印出来后加盖了公司公章并交付给谊德公司，谊德公司收到通知后，在通知书上加盖了公章表示已经收到。其后，新的债权人科希盟公司与债务人谊德公司对还款达成一致而形成的《还款协议》以及科希盟公司的催款函和谊德公司的回函均由付强律师起草文稿并由上述公司加盖公章。

由于谊德公司一直未按《还款协议》约定清偿欠款，因此，科希盟公司决定起诉谊德公司并委托律师李琛将上述材料递交到重庆市渝北区人民法院进行立案，付强、李琛共同代理科希盟公司参加诉讼。案件审理过程中，经法院调解，双方达成和解协议，重庆市渝北区人民法院于2006年3月1日作出（2006）渝北法民初字第841号《民事调解书》。由于被告谊德公司未能按民事调解书确定的时间向原告科希盟公司清偿该笔债务，因此，科希盟公司向重庆市渝北区人民法院申请了强制执行，查封了谊德公司位于重庆渝北区回兴街道长河村八社的130亩土地（已设定抵押），后因中国信达资产管理公司重庆办事处提出执行异议，此案中止。

因谊德公司及其主管人员、直接责任人员涉嫌合同诈骗罪被公安机关立案侦查。公安机关在侦查过程中以重庆驰诚律师事务所的律师付强、李琛共同伪造《债权转让通知书》、《还款协议》及催收欠款的函件和回函等，涉嫌帮助伪造证据罪而立案侦查。后由重庆市人民检察院第五分院向重庆市第五中级人民法院提起公诉。

争议焦点：确定付强、李琛律师在办案过程中的行为是否构成帮助毁灭、伪造证据罪

维权措施：市律协组织刑事委员会和维权委员会部分委员开会，认真听取了承办律师对案情的汇报，对本案涉及的相关证据进行了认真的研究与审核，与会人员一致认为，公诉机关指控的两位律师的犯罪行为应属律师正常履行代理职责的行为，如果将此行为认定属“帮助当事人毁灭、伪造证据，情节严重的”行为进而追究刑事责任，不仅在案件定性上不准确，亦会将律师在民事诉讼中的执业风险无限放大，有可能致律师于不敢开展正常执业活动的境地。因此，市律协向市高院发出了《关于请求市高级人民法院关注第五中级法院审理的付强律师、李琛律师涉嫌帮助伪造证据罪一案的函》。

### 三、对外交流

10月20日，第三届国际服务贸易（重庆）高峰会重要专项活动“国际服务贸易法律服务研讨暨对接会”在重庆市国际会议展览中心举行，这次会议由重庆市司法局、重庆市对外经济贸易委员会承办，出席会议的有了来自美

国、英国、新加坡和中国香港等10个国家和地区的14家国际知名律师事务所及北京、上海、四川及我市的19家国内知名律师事务所负责人及相关律师参加会议，参会人员共计120余人。

研讨会主要就“律师在国际投资中的作用”、“海外并购中的法律服务”、“国际法律服务背景下中国律师事务所的发展”、“重庆国际服务贸易与重庆法律服务”等方面的内容进行了广泛深入的研讨。

会议还就法律服务合作交流进行了对接，重庆南岸区司法局、重庆市律师协会南岸区分会与上海静安区司法局、上海市静安区法律工作者协会签订了《长江沿岸城市集群法律服务工作框架协议》，上海方达律师事务所与重庆江都律师事务所，国浩律师集团（上海）事务所与重庆金牧律师事务所、重庆静昇律师事务所与新加坡凯德律师事务所等6家律师事务所签订了法律服务交流合作协议。

## 四、法律援助

2010年，全市律师提供法律援助案件共计10237件，其中提供刑事诉讼法律援助1790件，民事诉讼法律援助6479件，行政诉讼法律援助50件，非诉讼法律援助1918件。

全市律师参加社会公益事业和法律服务67681次，其中义务法律咨询服务54864次，参加公益法律服务2811次，参加涉法信访2287次，为社会提供法律业务培训2099次，为公益事业捐款92万元。

## 五、会刊及网站

重庆市律师协会会刊——《重庆律师》创刊于2003年1月，2010年《重庆律师》出版周期仍为双月刊，大十六开，64页。准印证号：渝内字（09）—（263）号。由重庆建新印务有限公司承印。2010年共出版6期，期发量5000册，年度总发量30000册。办刊经费由市律师协会会费保障。编辑部编辑人员实行专职和兼职相结合，以专职为主。赠阅范围包括司法部，市领导，全国律协，各省区市律协，各市级部门，政法各基层单位，各相关行业协会，本市百强企业法律部和各律师事务所。

2010年，《重庆律师》在2009年较大改版的基础上，强化了专题策划，加大了自采稿件的分量，扩大了反映律师生活的栏目，增设了党建等适用信息版快；版式设计也借鉴了目前较时尚的杂志风格，采用全彩色铜版纸印刷。改版后的《重庆律师》注重思想深度和文化品位，着力“展示律师的文化，展现律师的价值，表达律师的观点，形成律师的风格”，成为了重庆律师行业对外全方位推介自我的内容丰富设计精美的名片，受到专家和同行的广泛赞誉，2010年9月，获得首届律师协会会刊评比唯一金奖。

重庆市律师协会网站——西部律师网（http：//www. xblaw. com）于2000年11月正式开通。现主要包括新闻、服务、管理三大版块。新闻版块包括“本网快报”、“聚焦”、“动态”、“实务”、“交流”、“法制新闻”、“最新法规”、“律界新闻”等栏目，以不同的角度，不同的方式全方位展示了律师行业的发展状况及重庆律师的风貌。服务版块包括“走进律协”、“人才中心”、“投稿中心”、“投诉中心”、“办事指南”、“法律检索”、“重庆律师工作通报”等栏目，为律师交流业务经验、增强律协与会员之间的互动提供了便捷的途径。管理版块由“重庆律师网上办公平台”和“本网通知”、“律管通知”、“律所检索”、“律师检索”等栏目组成，使律师管理信息能够及时发布、方便查询，提高了工作效率；此外，还特别增设了“律师党建”栏目，利用先进的网络资源让全行业及时了解党建工作的相关信息。

## 六、律师协会大事记

### 1月份

1月13日，全市司法行政工作会议召开。

1月20日，重庆市三届人大三次会议在重

庆人民大礼堂召开。杨家学、张兴安、段茂兵、鲁磊、邓继为、唐波、李彬旭七位律师界人大代表参加了此次盛会。在渝第十一届全国人大代表韩德云律师以孙发荣等16名来自律师界的市政协委员应邀列席本次会议。

1月25日，新阶层·重庆首届十佳专业英才”（重庆智商）名单揭晓。我市三名律师韩德云（索通），袁小彬（中豪）、彭静（静升）荣获十佳专业英才奖，

1月22日，市律协在五楼会议室举办了以“风雨对十年——大律师的九零年代与人生抉择”为主题的第二期青年律师沙龙，以此纪念律师制度恢复重建30周年。

1月26日，市律协召开第十二次会长办公会。总结了2009年工作，研究了2010年工作基本思路和2010年财务预算方案，会议还研究了近期有关工作活动安排。

日前，市委组织部、市委两新工委命名表彰了全市第三批“两新”组织党建工作市级示范点，中豪所党支部、海外所党支部、静升所党支部、锦扬所党支部、继维所党支部、捷讯所党支部和天亿所党支部榜上有名，成功创建成为全市两新组织党建工作市级示范党组织。

**2月份**

2月1日，“新阶层·重庆首届十佳专业英才”颁奖典礼在南岸文化艺术中心举行，10名十佳英才，以及新锐英才、智慧英才、公益英才、服务英才等4个单项奖和15个优秀奖全部实至名归。由市律协推荐的韩德云、袁小彬、彭静三位律师分获“新阶层·重庆首届十佳专业英才”称号；孙渝、杨家学律师分获优秀奖。

2月3日，中央学习实践科学发展观活动领导小组办公室指导协调二组路京生一行，到志同律师事务所调研考察了学习实践活动，在市律协召开了重庆市律师事务所学习实践活动调研座谈会。

2月3日，在市律协的组织下，丽达律师事务所八名律师与继维律师事务所的律师一起，来到聂荣臻元帅的故乡——江津市吴家镇郎家村，进行了法律援助的回访活动。

2月4日，市司法局副局长、市律协党委书记郑键参加了中央指导协调二组在渝召开的重庆市新社会组织深入学习实践科学发展观活动调研座谈会，汇报了全市律师事务所开展学习实践活动情况。

2月初，继维律师事务所日前被重庆市精神文明建设委员会评为重庆市文明单位。

政协重庆市委员会在三届政协第三次会议上表彰了45名优秀政协委员，51件优秀提案，其中有律师政协委员两名。市政协委员、万友律师事务所蒋万跃律师获得优秀政协委员表彰，市政协委员、龙人联合律师事务所张太宇律师获优秀提案表彰。

2月5日，市律师协会涉外及WTO业务委员会在市律师协会5楼视频会议室举办了以“重庆对外经济贸易回顾与展望”为题的专题讲座，业务委员会部分委员和律师共约30余人参加了会议。

2月26日晚，值虎年新春元宵节来临之际，重庆市律师协会假重庆市会展中心宴会厅举办了一台充满着欢声笑语的“2010重庆律师新春团拜会”。

2月26日，市律协四届理事会第五次会议在重庆国际会展中心召开。市司法局党委书记、局长林育均出席会议并作讲话，市司法局副局长、市律协党委书记郑键、市司法局律公处处长陈治元出席会议。会议由孙发荣会长主持。会议传达了司法部有关文件精神和近期中央领导对加强律师行业党建工作的批示以及全市司法行政工作会议精神；听取并审议通过了常务理事会关于市律协2009年工作的总结报告；审议通过了《市律协2009年财务预算执行情况报告》和《市律协2010年财务预算方案》。

2月26日，在全国先进社会组织表彰暨社会组织学习实践科学发展观活动总结大会上，重庆市律师协会被授予“社会组织深入学习实

践科学发展观活动先进单位”荣誉称号。

**3 月份**

3 月初，市律协孙发荣会长与中国大地财产保险股份有限公司重庆分公司第一中心支公司（以下简称大地财险重庆一支公司）总经理阳光签署了 2010 年度律师职业责任保险协议书，为全市律师延续投保了律师职业责任险。此举使全市律师事务所和执业律师在执业过程中承担的风险得到了持续有效的转移，将对行业的规范管理和健康发展起到积极作用。

3 月 1 日，云南省律师协会副会长、云南八谦律师集团董事局主席马巍律师率领的该集团律师一行 11 人来我市访问交流。

3 月 2 日，应重庆光界律师事务所的申请，市律协民事业务委员会在市律协四楼会议室召开案件分析讨论会，对光界所的一名律师在办案途中交通事故死亡后的一系列诉讼案件进行研究。

3 月 7 日，市律协刑事业务委员会在九龙坡区贝迪颐园召开了 2010 年工作会议。

3 月 12 日，市律协消费者权益保护委员会与市经济广播电台共同在沙坪坝区三峡广场举办了以“3. 15”消费者维权为主题的法律服务系列活动，

3 月 18 日，国际法学会（ILI）执行主任 Robert Sargin 先生一行 4 人专程拜访了重庆市律师协会，并与我市部分律师座谈。

3 月 23 日，我市律师行业贯彻全国“两会”精神暨律师队伍建设电视电话会议召开。

3 月 20 日，武隆县法治学校座无虚席，来自全县各乡镇和部门副职领导共计 120 余人在此聆听了市律协行政业务委员会主任、西南政法大学教授唐尧专题解读依法行政与科学发展。

**4 月份**

4 月 1 日，市律协教育培训委员会在四楼会议室召开 2010 年第一次工作会议。研究讨论了今年全市律师教育培训工作计划、启动“律师大视野”主题沙龙和建立律师教育培训师资库等工作。

4 月 8 ~ 9 日，重庆市律师协会专职党委副书记居里、会长孙发荣先后赴梁平、开县、云阳三地督促指导当地开展律师执业警示教育活动。

4 月 16 日，重庆环法律师事务所与重庆伟豪律师事务所共同举办《房地产开发流程及建设用地使用权法律实务》讲座。

4 月 16 日，涪陵区律师，实习律师、律师助理及行政人员 200 余人在凯元大酒店多功能会议厅参加了《侵权责任法》法律知识讲座。

4 月 16 日，重庆律师协会副会长、重庆伟豪所主任杨家学一行到三峡库区腹地奉节重庆环法律师事务所开展对接交流活动。

4 月 15 日，由重庆市律师协会青年律师工作委员会与重庆大学法学院联合主办的“对抗式模拟法庭段位辩手赛”在重庆大学再战一轮。

4 月 22 日，市律协召开第十三次会长办公会。

4 月初，全国妇联、全国维护妇女儿童权益暨平安家庭创建协调组联合表彰了一批在维护妇女儿童权益工作实践中涌现出的先进个人和集体。重庆丽达所主任律师徐丽霞、重庆弘全所主任律师唐宋获“全国维护妇女儿童权益先进个人”荣誉称号。

**5 月份**

5 月 6 日，市律协召开西部律师网网站改版讨论会，并确定在 6 月初推出新版西部律师网。

5 月 6 日，市律协青年律师工作委员会在重庆工商职业学院举办了青年律师“实话实说”的座谈、观看“对抗式模拟法庭段位辩手赛”等形式的“普法庆五四”活动。

5 月 7 日，市律协举办了全市学习型律师事务所党组织建设研讨班，邀请市委“两新”工委研究室彭贵刚和重庆师范大学新闻学院莫怀戚教授，分别讲授《“两新”组织党建工作》和《中西文化表征比较》。

5月8日，市律协文体福利委员会组织我市律师参加2010年京津沪渝粤羽毛球赛的选拔工作，共有8名律师入选。

5月11日统计，重庆律师行业向玉树灾区捐款31余万元。重庆律师通过各种渠道踊跃捐款，为玉树灾区恢复重建奉献爱心。

5月11日，市律协组织全市律师事务所参评重庆市读书月活动办公室关于开展“三评两命名”活动。

5月12日，市律协在西南政法大学沙坪坝校区体育馆举行“2010年重庆市律师行业西南政法大学人才招聘会”。

5月13日，市律协组织新专联中的律师会员，参加市委统战部举办的“转变经济发展方式—新阶层人士的责任”主题论坛和“社会主义核心价值体系建设辅导报告会”。

5月15日，市律协党委办公室对市属律师事务所党龄在40年以上的老党员律师进行了摸底统计。

5月15日，市律协与遵义市律协签订了《重庆市与遵义市关于开展两地律师结对合作协议》，建立两地青年律师的交流合作平台。

5月16～17日，市律协张苏副秘书长赴广西参加第三届西部律师论坛筹备工作会议，对论坛方案提出了修改意见。

5月18日，市律协组织全市律师事务所开展关于开展“重庆市第七次社会科学优秀成果评奖活动”。

5月19日，市律协与合川区司法局、合川区律协分会共同举办了“合川律师队伍警示教育、党建工作暨业务培训会”，市律协刑事业务委员会副主任傅达庆律师作了“律师办理刑事案件风险防范”专题讲座。

5月17～22日，市律协《重庆律师》杂志编辑部主任唐榜贵、副主任吴政一行赴万州、云阳、奉节、巫山、开县等区县，先后采访了市律协农民工维权中心、三峡库区未成年人维权中心、龙脊所、环法所、聚焦所、宏愿所、宏全所，并和数十名律师进行了座谈。

5月22—23日，市律协副会长徐丽霞带队重庆律师代表团赴上海参加京津沪渝粤律师羽毛球联谊赛，取得第4名的成绩。

5月25日，市律协与利宝保险有限公司联合联合举办“企业用工风险问题研讨会”，全市六十余家企业的50多名企业管理人员参加研讨会交流。

5月27日，司法部在京召开电视电话会议，动员部署在全国律师行业党的基层组织和党员中深入开展创先争优活动工作。市司法局领导郑键、贺自力在重庆分会场参加了会议。

5月28日，市律协召开四届理事会第六次常务理事会议，审议了市律协秘书长调整事项、理事任免事项及追加财务预算等事宜。

5月28日，市律协举办刑事业务培训班，邀请了全国人大常委会法制工作委员会刑法室李寿伟处长主讲“律师在刑事诉讼中的地位和作用”。400多名律师参加了培训。

5月28日，市律协党委召开第31次党委会。研究成立律师事务所党支部、部分党支部负责人调整、预备党员转正、接收预备党员、区县分会党组织党建工作活动经费支持和律师事务所党组织负责人工作津贴等事项。

5月30日，意大利经济发展部部长带领经济代表团访问重庆，5月31日，代表团在君豪大饭店举行了“在意大利经商和相关投资机会”、“意大利与中国在能源及环境保护领域的合作”等五个经贸论坛和企业对口洽谈会。

**6月份**

6月2日，市律协党办组织市属律师事务所党支部申报参评市司法局党委先进基层党组织、优秀共产党员和优秀党务工作者，共有5个市属律师事务所党支部和7名个人申报参评。

6月3日，市司法局副局长郑键、律师公证管理处处长陈治元一行到璧山县检查指导律师警示教育活动。

6月7日，市律协党委发出通知，在全市律师行业开展全市律师行业先进基层党组织、优秀共产党员、优秀党务工作者、优秀政治协理员和优秀党建之友评选表彰活动。

6月8日，市律协会长孙发荣应邀参加由中国国际贸易促进会重庆市委员会、美国翰宇国际律师事务所及北京大成律师事务重庆分所联合举办的“美国法律环境、诉讼、知识产权保护及中国企业赴美上市典型法律问题”讲座，并在会上致辞。

6月8日，市律协与重医附一院就重医附一院承担律师体检的项目、经费达成一致，双方签订了重庆市律师协会健康体检合同。

6月8日，市律协组织全市律师开展第三届西部律师发展论坛论文征集工作。

6月8日，市律协财务委员会召开了第七次工作会议。研究制定专职会计岗位工作职责及完善协会财务管理制度。确定由专人草拟会计岗位工作职责和协会会费使用规则、财务报销规定的修改说明，提交常务理事会研究。

6月9日，市律协党办组织全市律师事务所填报2010年上半年律师事务所党建工作报表，统计今年全市律师行业党建工作的基本情况。

6月11日，市律协党委召开第33次会议，专题研究律师警示教育工作，通报了近年律师在与法官交往中涉嫌违规违纪的情况。

6月11日，市律协召开第14次会长办公会，专题研究全市律师行业庆“七一”唱读讲传文艺汇演策划方案。

6月11日，市律协惩戒委员会召开工作会议，传达学习了司法部、市司法局关于在律师队伍中开展警示教育的文件精神，对惩戒委员会律师惩戒工作流程提出了修改意见，并对近期投诉案件进行研究讨论和表决。

6月15日，市律协接待宜宾市律师协会张静副会长一行3人来渝调查案件。

6月17日，市律协组织的全市律师集中健康体检开始实施，当天在重医附一院参加体检的律师200余人。

6月21日，重庆律师学院第五期实习律师培训班在西南政法大学沙坪坝校区开班，共有250多人参加，孙发荣会长出席开班仪式并致辞。

6月24日，郑键副局长、孙发荣会长、陈治元秘书长与来访的陕西省司法厅孔副厅长一行进行了交流。

6月7至26日，市律协党委书记郑键、副书记居里、会长孙发荣等领导先后对全市律师行业庆“七一”文艺汇演节目的排练进行指导。

6月26日，重庆市司法局、重庆市律师协会在市委小礼堂联合举办的“党的旗帜高高飘扬——重庆律师行业庆‘七一’唱读讲传文艺汇演”取得圆满成功。

6月28日，郑键副局长、孙发荣会长参加了市人大内司委召开的“市人大内司委调研法院检察院队伍建设工作座谈会”，并先后在会上发言。

6月28日，市委“两新”工委召开全市“两新”组织创先争优活动暨“七一”表彰大会，全市律师行业共有21名共产党员、党务工作者、党建工作指导员、党建之友（非中共党员律师事务所负责人）受到表彰，居里副书记出席了表彰大会。

6月30日，市律协党委在全市律师行业表彰了10个先进基层党组织、18名优秀共产党员、7名优秀党务工作者、4名优秀政治协理员和4名优秀党建之友。

6月30日，赴外地办案因车祸去世的天森所律师赵泽隆（一级律师）遗体告别仪式在凤鸣山安乐堂举行，我市部分律师前往吊唁，孙发荣会长代表市律协送了花圈，参加了遗体告别仪式，并向赵泽隆律师的家属送上律协互助金。

6月29日，郑键副局长、居里副书记登门看望慰问了在家养病的老党员赖庆楷律师。

6月30日，市司法局党委对全市司法行政系统先进基层党组织、优秀共产党员和优秀党务工作者进行了表彰。

6月30日，孙发荣会长带着全市律师的心

意，前往市新桥医院慰问患重病的杨肃来律师，将互助金送到杨律师手中。

**7 月份**

7 月 1 日，市律协秘书处党支部举办庆“七一”座谈会，对创先争优活动进行布置。

7 月 1 日，市律协会长孙发荣与市律协党办的同志一道前往垫江县医院，看望慰问身患重病的律师，向患病律师发送了市律协的互助金。

7 月 2 日，市律协刑事业务委员会在坤源律师事务所召开工作会议，研究了刑事业务培训事项，研究和讨论了近期律师在刑事诉讼中遇到的问题及个案。刑事业务委员会主任刁太国主持，市律协会长孙发荣出席会议。

7 月 5 日～20 日，市律协组织开展“五五”普法规划检查验收法律知识考试工作，市属律师事务所 1176 名律师参加了闭卷考试，平均成绩 94 分，合格率 100%。

7 月 10 日，市律协在渝北鸿儒茶艺会馆举办了第三届国学经典沙龙赏析会，孙发荣会长应邀出席，30 多名律师参加了活动。

7 月 11 日，市律协党委印发《关于在直属律师事务所党支部和党员中深入开展创先争优活动的实施方案》，创先争优活动全面展开。

7 月 12 日，市司法局召开会议传达司法部《关于深入推进打黑除恶专项斗争工作的意见》精神，副局长张立维主持会议并代表市司法局党委对切实加强对律师刑事辩护和代理工作的指导提出了要求。

7 月 13 日，市司法局党委副书记、副局长张晓涛主持对律师行业党组织和党员创先争优活动工作进行了研究和再部署。

7 月 13 日，重庆律师学院举办第六期实习律师培训班，170 余人参加学习培训。市律协会长孙发荣出席开班仪式并致辞。

7 月 13 日，《重庆律师》杂志被市新闻出版局评为重庆市 2009 年度优秀连续性内部资料。

7 月 21 日，市公安局公开海选第三届特邀监督员，伟豪所杨家学、汉尊所沈仁刚、向前所陈向前、捷讯所孙远强、周立太所周立太等 5 名律师名列候选人名单，市律协通知广大律师投票支持律师参选。

7 月 23 日，市律协前往福建省厦门市律协开展考察交流活动，双方就律协和律师事务所建设、律师行业管理进行了广泛交流。

7 月 24 日，市律协行政业务委员会邀请市高级人民法院和市政府法制办有关专家在缙云山举办了《国家赔偿和行政复议理论与实务》研讨会。

7 月 27 日，市律协应邀参加了市公安局法制办组织的《加强沟通，确保诉讼活动有序进行》主题沙龙活动，就诉讼活动中出现的问题特别是律师在刑事辩护工作中遇到的困难和问题，与公安机关进行了交流并提出意见和建议。

7 月 28 日，市律协惩戒委员会召开工作会，对市司法局移送的律师违纪案件开展立案查处。

7 月 29 日，市律协参加了市委统战部牵头召集的 2010 年参政调研课题《打造西部专业服务业高地，为建设内陆开放高地做贡献》工作会。

**8 月份**

8 月 24 日，市司法局召开“律师警示教育活动新闻通气会”，通报了对违法违纪律师的处理情况。

8 月 3 日，市律协召开第 15 次会长办公会。

8 月 6 日，市律协维权委员会和民事业务委员会研究讨论了余明礼律师被司法拘留案。

8 月 11～13 日，市司法局召开全市司法局（处）长会议，传达全国司法厅（局）长会议精神，总结 2010 年上半年工作，对下半年工作进行部署。

8 月 10～19 日，中国人民大学律师学院举办第一期西部律师培训，免费培训西部边远区县基层律师，市律协会长孙发荣带队，张宇龙、肖亚、李雪琴等律师参加了培训。

8月13日，市律协组织市属律师事务所执业律师参加重庆市政法系统公正廉洁执法集中教育整顿活动测试。

8月16～18日，市律协派员赴广西柳州市调查了解赵泽隆律师在柳州办案期间遭遇车祸意外身亡案的相关情况，走访了柳州市公安局和政法委等部门，表达了市司法局和市律协的意见。

8月17日，市律协会长孙发荣和云南省律协副会长崔娥、广西壮族自治区律协副会长陈承帼等一行5人访问北京市律师协会并座谈。

8月17～18日，市律协秘书长陈治元参加全国律师协会秘书长会议。会议专题学习交流申请律师执业人员实习组织管理和律师执业年度考核工作。

8月19日，市委两新工委书记王锦程一行到市司法局调研新社会组织党建工作，重点就律师行业党建工作进行了交流和探讨。

8月20日，市司法局在五楼会议室召开市属律师事务所移交区县司法局管理工作会，部署移交工作。

是日，市司法局律公处和市律协行业发展建设委员会在金源饭店举办了个人律师事务所发展研讨会。

8月20日，市律协刑事业务委员会对最高人民法院、最高人民检察院、公安部、司法部拟订的《关于办理黑社会性质组织犯罪案件若干问题的意见（征求意见稿)》进行了研究，提出了修改建议意见。

8月23日，周立太律师事务所周立太、向前律师事务所陈向前、汉尊律师事务所沈仁刚、捷讯律师事务所孙远强等4名律师被重庆市公安局聘为第三届特邀监督员。

8月26日，市律协与市人才交流中心续签了律师人事档案委托代理协议。

8月30日，市律协党委召开第34次党委会，专题研究进一步推进全市律师行业创先争优活动的有关工作。

**9月份**

9月1日，市律协孙发荣会长、市律公处彭建军到江津区司法局、江津区分会，就江津区律协分会主任、继维律师事务所主任邓继为律师被公安机关采取强制措施后，分会工作的协调和律所的管理等问题进行研究，并对该所提出了指导性意见建议。

9月4～5日，市律协指派刘定刚律师参加全国律协在山东潍坊举办的“统筹城乡发展中的法治与律师实务研讨会”。

9月5日，市律协组织我市12名女律师代表观看了红色歌剧节目——《江姐》。

9月8日，香港的近律师行合伙人张永财一行12人来访市司法局和市律协，与律公处、市律协和律师代表就律师事务所管理、律师业务等有关方面情况进行了亲切交流并互赠了礼品。

9月10日，中华全国律师协会负责人和各地律师协会代表在大连召开关于加强律师宣传的工作会，讨论了《全国律协关于进一步加强律师宣传工作的意见》。

9月11日，锐力律师事务所在涪陵代理一起交通事故赔偿案件过程中，由于对方当事人情绪激动，不准律师离开达数小时，锐力所主任向市律协报告情况后，孙发荣会长立即安排市律协常务理事王勇赶到现场代表市律协协调处理，市律公处处长、市律协秘书长陈治元及时与涪陵区司法局联系，经过努力，事情圆满处理，锐力所律师安全离开。

9月13日，最高人民法院司法巡查组在市高级法院召开座谈会，孙发荣会长及律师张涌、莫新耀、朱红刚参加了座谈会，参加座谈的还有部分企业界代表。

9月13日，市律协刑事业务委员会主任刁太国应邀参加市高级人民法院召开的座谈会。

9月15日，重庆律师学院第七期实习律师培训班在西南政法大学沙坪坝校区开班。孙发荣会长主持开班仪式。

9月上旬，居里副书记先后到索通、天之

合、丽达所党支部指导创建党建工作市级示范点筹备工作。

9月15日，居里副书记主持召开直属支部及党员组织关系移交渝中区、江北区律协分会党组织工作座谈交流会。

9月17日，惩戒委员会召开工作会，就市司法局移送市律协处理的4件案件如何适用规则进行讨论，并将案件分配给承办委员。

9月18日，张晓涛副局长、孙发荣会长出席西南政法大学律师校友联谊会成立大会。

9月19日，居里副书记主持召开直属支部及党员组织关系移交南岸区、渝北区、沙坪坝区律协分会党组织工作座谈会，南岸区、渝北区、沙坪坝区相关负责人及相关直属党支部书记出席了会议，会议就有关交接工作进行座谈交流。

9月20日，市律协副会长杨家学以市政府法律顾问的身份列席市政府第81次常务会议，对会议涉及的法规草案或拟发布的规范性文件发表了专业意见和建议。

9月25~26日，由广西壮族自治区律师协会承办、以“区域合作，和谐发展”为主题的第三届西部律师发展论坛在绿城南宁召开。市司法局副局长、市律协党委书记张晓涛率我市47名执业律师和6名工作人员参加了论坛。

9月26~28日，市司法局党委副书记、副局长张晓涛、市律协党委专职副书记居里、志同所党支部书记许立等了司法部在福建省厦门市召开了律师行业创先争优活动推进会。

9月25日，市人民检察院邀请我市部分律师针对“恪守检察职业道德，促进公正廉洁执法”主题进行专题座谈，征求意见。

9月27~28日，居里副书记陪同市委两新工委检查组莫杰处长一行3人，先后到索通所、丽达所、天之合所就创建市级“两新”组织党建工作示范点进行检查验收。

**10月份**

10月11日，市律协根据市司法局与市人力资源和社会保障局市局党委（渝人社发〔2010〕183号）文件精神和要求，组织各分会和律师事务所申报法律援助工作先进集体和先进个人，共有20家律师事务所申报法援工作先进集体，38名律师申报法援工作先进个人。

10月11日，市政协民族宗教委员会在秀山县梅江镇举办法律宣传咨询活动，秀山县司法局组织秀山律师积极参与。

10月12日，重庆市企业维权联席会在市律协5楼会议室召开“打黑除恶，依法治企”座谈会。

10月12日，孙发荣会长、居里副书记、陈治元秘书长会见了浙江省金华市律协考察团一行。

10月12日，孙渝副会长主持召开付强律师、李琛律师涉嫌伪造证据案研讨会。孙发荣会长、刑委会和维权委部分委员参加了此次会议。

10月13日，市律协惩戒委员会召开工作会，就市司法局移送市律协处理的4件案件及1件律所被投诉案件进行了研究讨论并表决。

10月15日，张晓涛副局长、居里副书记到志同所、天之合所检查指导律师工作。

10月15~16日，在重阳佳节来临之际，居里副书记，陈治元秘书长登门看望了主城区80岁以上的老律师代表。各区县律协分会也在重阳节期间组织开展了形式多样的慰问老律师活动。

10月中旬起，根据张晓涛副局长的要求和第十七次会长办公会的安排，全市律师执业培训、警示教育及管理工作会议分十一个片区进行。

10月15~18日，中共中央政治局召开第十七届中央委员会第五次全体会议，市律协孙发荣会长作为十七大党代表列席了会议。

10月18日，韩德云副会长主持了南岸片区律师执业培训会和律师教育管理工作座谈会。南岸区、巴南区、万盛区和綦江县的司法局相关领导、工作人员及律师共计220人参加会议。

10月19日，徐丽霞副会长主持了九龙坡片区律师执业培训会和律师教育管理工作座谈会。来自九龙坡区、江津区、大渡口区的司法局相关领导、工作人员及律师和律师共计150人参加会议。

10月20日，第三届国际服务贸易（重庆）高峰会重要专项活动“国际服务贸易法律服务研讨暨对接会”在重庆市国际会议展览中心举行，这次会议由重庆市司法局、重庆市对外经济贸易委员会承办，参会人员共计120余人。研讨会主要就“律师在国际投资中的作用”、“海外并购中的法律服务”、“国际法律服务背景下中国律师事务所的发展”、“重庆国际服务贸易与重庆法律服务”等方面的内容进行了广泛深入的研讨。

10月22日，杨家学副会长主持了合川片区律师执业培训会和律师教育管理工作座谈会。到会并主持会议，来自合川区、北碚区、铜梁县、潼南县、璧山县等5个区县司法局相关负责人以及150多名律师参加了会议。

10月23日，市律协刑事业务委员会副主任傅达庆律师应邀出席了市公安局召开的“反袭警理论与实践研讨会”。

10月24日，孙发荣会长主持了万州片区律师执业培训会和律师教育管理工作座谈会。来自万州区、城口县、开县、梁平县、忠县、奉节县、巫山县、巫溪县、云阳县的司法局相关负责人及400多名律师参加了会议。

10月25日，市律协行业发展建设委员会召开主任会，孙发荣会长参加会议。会议根据全国的要求，建议制定我市《律师年度考核实施细则》和《实习律师管理实施办法》。

10月26日，美国斯坦森大学法学院徐晓冰博士一行到访市律协，双方就律师人才培养等话题进行了座谈交流。

10月27日，居里副书记主持了沙坪坝区律师执业培训会和律师教育管理工作座谈会。沙坪坝区局长、律管科长、律协分会负责人、律师事务所负责人、党支部书记和律师共计225人参加了会议。

10月30日，孙渝副会长主持了涪陵片区律师执业培训会和律师教育管理工作座谈会。来自涪陵区、南川区、长寿区、垫江县、丰都县、武隆县、石柱县司法局相关负责人和律师共计390余人参加了会议。

10月30日，陈治元秘书长主持了渝中区律师执业培训会和律师教育管理工作座谈会。渝中区司法局领导及律协分会负责人、律师事务所负责人、党支部书记100余人参加了会议。

10月30日，孙发荣会长主持了江北区律师执业培训会和律师教育管理工作座谈会。江北区司法局领导、律协分会负责人及800余名律师参加了此次会议。

10月31日，孙发荣会长主持了渝西片区律师执业培训会和律师教育管理工作座谈会。来自永川区、荣昌县、大足县、双桥区司法局相关负责人和律师共计150人参加了会议。

10月21日，市委两新工委在市总工会召开了“两新”组织廉政建设座谈会。

**11月份**

11月1日，市律协党委召开第35次党委会，会议研究了全市律师行业创先争优活动推进会方案，讨论通过《市律协党委重点联系律师事务所党支部制度》。

11月1日，市律协召开第18次会长办公会。会议就市律协关于全国律协《申请律师执业人员实习管理规则》和《律师执业年度考核规则》的实施细则草案、赴外省市考察学习方案等议题进行了讨论。

11月6日，居里副书记主持了渝北区律师执业培训会和律师教育管理工作座谈会。渝北区律协分会负责人、律师事务所负责人、党支部书记和律师共计395人参加了培训。

11月6日，张兴安副会长主持了渝东南片区律师执业培训会和律师教育管理工作座谈会。来自黔江、酉阳、彭水、秀山律师相关负责人和律师等140余人参加培训。

11月6日，渝中区律师执业培训会在市文

化宫剧院召开，邀请静昇律师事务所的傅达庆律师主讲《律师执业风险防范》。共计1000名律师参加了培训。

11月7日，市律协组织16名志愿律师参加主题为“新市民、新生活”的重庆市第四个“农民工日”活动，为农民工朋友提供义务法律咨询服务。

11月8日，市律协财务委员会召开第八次工作会议，就律师团体意外伤害险增加项目、2010年区县分会经费拨付、设立律师互助金等问题进行了讨论，对协会2010年财务决算及2011年财务预算工作作了安排。

11月8日，张晓涛副局长、居里副书记到百君律师事务所检查创先争优活动的开展情况。

11月9日，市委创先争优活动第五督察组组长赵立华一行到市律协检查指导创先争优“一讲二评三公示”工作并召开座谈会。

11月11日，孙发荣会长参加全国律协在江苏省无锡市召开的七届第七次常务理事会，交流列席十七届五中全会的感受和学习十七届五中全会精神的体会。

11月12日，市律协党委在市司法局二楼会议室召开了全市律师行业创先争优活动推进会。市司法局党委副书记、副局长、市律协党委书记张晓涛出席会议并讲话。

11月13日，《重庆律师》杂志撰稿人举行座谈会，庆祝《重庆律师》杂志获得首届律师协会会刊评比金奖。

11月12～13日，市律协委派邵海、李静、杨青等三名律师参加由中国法学会、重庆市政府主办的中国东盟法律合作与发展高层论坛。

11月13日，市律协行业发展建设委员会主任张涌参加了全国产业经济国情调查办公室西南调研组在渝召开的关于CHC全国产业经济国情调查办公室西南调研组成立仪式暨西南特色产业项目对接会。

11月14日，孙发荣会长、陈治元秘书长、部分专委会主任、委员及区司法局律师管理科科长参加了第三届律师协会全国监事会论坛。

11月15～17日，由孙发荣会长带队，市律协部分专委会主任等组成的考察团赴上海、安徽、浙江学习考察学习。

11月17～19日，由居里副书记、陈治元秘书长带队，市律协部分专委会主任组成的考察团赴吉林、北京学习考察交流。

11月18日，市律协青年工作委员会主任陈昊代表市律协参加了市政府与中国贸促会在重庆举行的“设立中国海事仲裁委员会框架协会签字仪式”。

11月18日，市律协青工委主任陈昊律师、委员胥娟律师代表市律协青年律师志愿者宣讲团应邀参加重庆市青年志愿者协会第三次会员代表大会第一次全体会议。

11月22日，珠海市律协党委书记陈忠良率珠海律协考察团一行到访市律协，双方就律师队伍警示教育、律师执业保障建设等进行了广泛交流和探讨。

11月22～23日，司法部召开全国律师工作会议，中共中央政治局常委、中央政法委书记周永康出席会议并作重要讲话。

11月24～25日，中共中央组织部、司法部在北京联合召开全国律师行业党的建设工作会议。中央组织部副部长王秦丰、司法部党组书记、部长吴爱英先后作重要讲话。

11月25日，山西省太原市司法局副局长、太原市律师协会会长刘自国一行3人到访市司法局和市律协，市司法局律公处处长、市律协秘书长陈治元参加了交流活动。

11月26日，市律协推荐孙渝、赖野律师分别作为市法学会第三次会员代表大会代表的理事候选人和代表。

11月29日，司法部吴爱英部长视察市司法局并接见部分司法干警，孙发荣会长、陈治元秘书长参加。

11月29～30日，居里副书记赴黔江、武隆调研律师党建工作，就行业党建和创先争优活动的开展与市律协黔江分会和武隆分会有关负责人及律师事务所党员律师进行了座谈。

11月30日，重庆市高级人民法院审判委员会专职委员孙海龙率市高院研究室副主任吴比等与张晓涛副局长、孙发荣会长、陈治元秘书长等就如何共同加强队伍建设、维护司法公正进行了交流。

**12月份**

12月2日，根据市律协与遵义市律协签订的合作协议，遵义市选送的4名优秀年轻律师抵渝，分别到中豪、索通、志同、依斯特所进行为期一个月的交流学习。

12月4日，市司法局党委委员、副巡视员陈秋明，市律师协会会长孙发荣参加了由重庆市青年律师宣讲团、"1+1"志愿者律师及法律工作者举办的"12·4"法制宣誓和普法宣传咨询活动启动仪式。

12月6日，市律协召开第19次会长办公会。会议传达了全国律师行业党的建设工作会议和全国律师工作会议精神；通报了赴北京、吉林、上海、江苏、浙江、安徽等省市考察学习情况；讨论了《重庆市律师执业年度考核实施细则（讨论稿）》、《重庆市申请律师执业人员实习考核实施办法（讨论稿）》和财务委员会提交的等有关议题。

12月10日，由市妇联主办，市女律师协会承办的市妇联团体会员活动在陶然古镇举行，市妇联十多家会员单位的百余代表参加了此次联谊活动。大坪医院医学博士李力女士和知名色彩形象专家杨艾苓女士受邀作了女性健康及色彩与服饰搭的讲座。

12月10日，市律协环境与资源业务委员会召开了年终工作总结会。对今年工作情况进行了总结，对2011年工作安排进行了讨论，明年委员会将开展环境与资源法律方面的调研工作，争取申办2011年全国律协环境与资源年会，加强与各省市同行的交流协作。

12月11日至12日，由全国律协法律援助与公益法律事务委员会主办的"专职律师参与中央专项彩票公益金法律援助项目2010年度总结会议"在北京鸿坤国际大酒店举行。

12月15日，居里副书记到天之合所党支部检查指导党建工作，对事务所党支部开展创先争优一讲二评三公示提出具体要求。

12月15日，市律协召开第七次常务理事会议。

12月16日，张晓涛副局长在市律协党委专职副书记居里陪同下，实地考察了捷讯律师事务所和兴胜律师事务所开展创先争优的工作情况。

12月16日~17日，市律协财务委员会召开第九次工作会议。会议围绕区县分会经费拨付、律师互助金、律师团体意外伤害保险门诊报销以及2011年财务预算进行了讨论。

12月17日，市律协劳动与社会保障业务委员会召开2010年工作总结会。会议总结了2010年的工作并提出了2011年工作计划。

12月18日、21日，市律协青工委主任陈昊律师和副主任蒋珂律师受共青团西南政法大学委员会邀请，担任西南政法大学第四届模拟法庭辩论赛的半决赛和决赛的评委。

12月23日，重庆市新专联"汇才集智、智力帮扶"行动在潼南县举行。市律协副会长徐丽霞作为市新专联团体会员代表参加了此次活动。我市律师中的新专联会员代表纷纷主动与潼南县"五老"家属代表现场结成帮扶对子，并在现场捐出15000元的慰问金，为当地困难群众送来冬日暖阳。

是日，由市律协组织的律师健康知识讲座在五楼视频会议室举行，近30名律师代表参加了本次讲座。市律协会长孙发荣参加了讲座。

12月24日，市律师孙发荣会长参加全市性行业协会工作会，并在大会上作交流发言。会议传达了全国行业协会改革发展经验交流会议精神，表彰了重庆市律师协会等34家全市性行业协会。

12月26日至28日，市律协会长、全国律协常务理事孙发荣参加了在福州市世纪金源大酒店举行的中华全国律师协会七届三次理事会。

12月28日，市律协与四川外语学院国际商学院在川外国际报告厅联合举办了题为“英美法律思维与诉讼实践”的学术讲座。该讲座由澳大利亚最高法院律师、复旦大学法学院客座教授沈寒冰博士主讲。

12月28日，市律协刑事业务委员会副主任傅达庆律师应邀为重庆市人民检察院第一分院及辖区基层检察院八十余名侦查监督、公诉骨干检察官讲述《关于办理死刑案件审查判断证据若干问题的规定》和《关于办理刑事案件排除非法证据若干问题的规定》的理解和适用。

12月28日，市高级人民法院、市司法局在市司法局召开加强律师执业权利保障维护司法公正座谈会，并联合签署了《关于进一步加强律师执业权利保障维护司法公正的意见》(下称《意见》)。《意见》主要包括保障律师执业权利、健全法官与律师沟通交流机制及共同维护司法公正廉洁三大方面17条细则内容。

12月29日，重庆市司法局、重庆市律师协会召开新闻通气会，决定2011年在全市律师队伍中全面开展服务发展、服务社会、服务民生，“打造千家重点企业法律素质，服务内陆开放高地建设；担任千个村（居）法律顾问，助推城乡统筹；参与千件信访案件处理，化解矛盾纠纷；结对千户贫困家庭，密切联系群众；建设千亩城市森林，促进生态保护”五项工程活动（简称“五项工程”活动）。此次活动是重庆市司法局、重庆市律师协会贯彻落实党的十七大和十七届五中全会精神，贯彻落实中办〔2010〕30号文件精神的具体体现，是进一步深化全市律师开展“中国特色社会主义法律工作者”主题教育实践活动成果的重要举措。

12月28日，居里副书记参加中柱所党支部民主生活会，听取该所党支部对过去一年党建工作的汇报和律师们对律师事务所发展提出的建议和新思路。

12月29日，张晓涛副局长召集主城九区司法局分管律师工作的领导，就进一步推进“创先争优”活动深入开展，进行研究和部署。

## 河北省律师协会工作

### 一、业务研讨

*重要的专业委员会活动*

1. 2月25日，省律协医疗纠纷业务委员会、省医师协会联合举办了《侵权责任法》之医疗损害责任座谈会，省法院、省卫生厅、省医学会、省医师协会等有关负责同志出席，韩霞副秘书长出席并致辞，河北医大各附属医院、省卫生厅所辖医院、石市及驻石各二级以上医院分管院长、医务科（处）长，省会部分律师出席了座谈会，省律协医疗纠纷业务委员会李惠娟主任、李洪涛副主任，省法院、省人民医院有关专家分别作了主题发言。

2. 8月1日，省司法厅、省律师协会举办了学习贯彻最高人民法院、最高人民检察院、公安部、国家安全部、司法部《关于办理死刑案件审查判断证据若干问题的规定》和《关于办理刑事案件排除非法证据若干问题的规定》专题讲座，邀请全国著名刑事诉讼法专家、北京大学博士生导师陈瑞华教授对两院三部“两个规定”进行了深入解读。讲座采取视频会议形式进行。省检察院副检察长申占群，省司法厅副厅长穆培文，省高级人民法院、省人民检察院、省公安厅、省国家安全厅有关业务部门负责同志应邀在主会场出席讲座；厅律师工作指导处、省法律援助中心、省律师协会有关负责同志，省律师协会刑事业务委员会委员，律师代表共计110余人在主会场听取了讲座。各市法院、检察院、公安局、国家安全局、司法局、律师协会有关负责同志，律师代表在分会场收听收看了讲座。

3. 10月26日，省律协涉外业务委员会、中国国际贸易促进委员会河北省分会在石家庄市举办了河北省第五届国际商事法律论坛，论坛由省贸促会法律部侯剑部长，省律协涉外业务委员会主任、百盛律师事务所合伙人徐文莉主持，中国国际贸易促进委员会专利商标事务所、美国 FOLEY HOAG 律师事务所、我国香港、台湾等地知名学者、律师进行了专题发言。石家庄、廊坊、唐山、秦皇岛、保定、邢台、省直50余名律师代表以及部分省律协涉外业务委员会委员参加了论坛。

4. 11月20至21日，省律协、省住宅与房地产业协会、石家庄市律协、市城市建设开发协会主办，新业律师事务所承办的“推进城市化建设暨房地产开发法律实务”培训会在石家庄举行。省住房和城乡建设厅副厅长曲俊义、省司法厅副厅长穆培文出席开班仪式并讲话；省律协专职党委副书记、秘书长底增旗，省律协常务副会长邹强伦，省住宅与房地产业协会会长张凤珠，石家庄市政府办公厅副秘书长宋国宏，市政府法制办副主任赵士宗，市司法局副局长解晓东，市律协会长胡开谋，市城市建设开发协会会长刘贵祥应邀出席开班仪式；培训会上，上海市建纬律师事务所主任朱树英、省住宅与房地产业协会会长张凤珠、省高院民一庭庭长梁红继、石家庄市城中村改造领导小组办公室主任杜建桥、新业律师事务所主任张霄云分别进行了授课；全省180余名律师和170余名房地产行业相关行政主管部门领导和从业人员参加了培训。

## 二、会员培训

2010年，省律师协会集中一个月的时间，分4期对全省2009、2010年新执业的1841名律师进行了集中培训。指导各市律师协会举办申请律师实习人员培训10余次，内容主要涉及《律师法》及配套规章规范、律师职业道德执业纪律、年轻律师培养与律师成长、律师实务操作、律师执业技能技巧等，受到了广大新执业律师、实习律师的普遍欢迎。

## 三、会员管理

会员日常管理

（1）投保律师执业责任保险。2010年，省律协为全省律师投保律师执业责任保险。（2）加强实习律师管理。2010年，省律协指导市级律师协会建立健全实习人员实习、指导和考核制度，切实加强实习律师管理，为河北律师培养后备力量。（3）探索实施律师人事档案改革。2010年，协调有关部门，将省直律师人事档案由省律协管理。

## 四、法律援助

2010年，全省参加法律援助律师7734名，占本地律师总数的100%。全年共办理法律援助案件8090件。

## 五、会刊及网站

河北省律师协会网站原名为“河北律师”，创办于2002年。2009年5月，河北省律师协会网站和河北法治网合并，设“律师管理”版块。主要栏目有：信息交流、通知公告、办事指南、网上投诉、律师在线问答等。网站还并完善了律师事务所管理系统软件。目前，已经成为律师宣传、律师管理、律师网络交流的重要平台。

## 六、律师协会大事记

1. 1月5至8日，李益民厅长、厅政治部赵秀森主任赴邯郸、张家口市，检查督导律师事务所第三批深入学习实践科学发展观活动。

2. 1月11日至12日，司法部律师公证工作指导司丘征副巡视员、潘月民副处长组成的司法部巡回检查组来我省检查督导律师事务所深入学习实践科学展观活动，穆培文副厅长、底增旗秘书长、薛建民副秘书长陪同。

3. 2月20日，省司法厅印发《关于表彰“保增长、促发展”专项法律服务行动先进集体、先进个人的决定》，表彰全省律师、公证、基层、法律援助等行业100个先进集体和200名先进个人，全省律师行业中有31个先进集体、71名先进个人受到表彰。

4.2月23日，底增旗秘书长主持召开省律协秘书处全体干部会议，研究讨论了《二〇一〇年全省律师工作要点》，全体干部进行了2009年度工作述职。

5.2月25日，省律协医疗纠纷业务委员会、省医师协会联合举办了《侵权责任法》之医疗损害责任座谈会，韩霞副秘书长出席并致辞。

6.3月10日，省司法厅召开全省法律服务重点工作动员部署电视电话会议，副厅长穆培文主持，厅纪委书记李建卿宣读了《司法部关于李庄违法违纪案件的通报》，副厅长王大为宣读了《“法律服务进企业”专项法律服务行动实施方案》，副厅长时清霜宣读了《深化“法律援助便民服务”主题活动 开展“千名律师办千案，服务民生促和谐”专项活动的实施方案》，厅长李益民作了重要讲话，省律师协会副会长及厅律师处、省律协秘书处全体干部，省直律师事务所主任在主会场参加了会议。

7.3月18日，召开省直律师事务所主任、内勤会议，底增旗秘书长、薛建民副秘书长研究部署律师人事档案转接工作。

8.3月31日至4月3日，省律协女律师工作委员会组织部分委员、女律师赴上海学习考察，与上海市律协女律师联谊会进行交流，并到上海锦天成、德载中怡律师事务所参观学习。

9.4月12日，省律协转发了全国律协《关于印发〈李庄案专题座谈会综述〉的通知》和《关于认真汲取李庄案件的深刻教训 开展警示教育 引导律师依法履行职责的意见》。

10.4月17日，省律协组织部分律师参加了中国人民大学博士生导师、著名法学专家杨立新教授主讲的“《侵权责任法》解读”大型讲座。

11.4月19日，薛建民副秘书长赴上海，参加了全国律协地方律师协会建设论坛暨全国律协地方律师协会建设指导委员会年会。

12.4月21日，省司法厅、省律师协会主办，侯凤梅律师事务所承办的2010年“加强知识产权保护，为经济建设服务”座谈会在石家庄市召开。底增旗秘书长出席并致辞，省知识产权局、省工商局、省商标协会、省高级人民法院、石家庄市中级人民法院等相关部门负责同志，部分企业代表，侯凤梅律师事务所全体律师参加了座谈会。

13.5月28日，省司法厅、省律师协会召开全省律师管理工作座谈会，穆培文副厅长出席并讲话，各市司法局分管律师工作的副局长、律管处长、律协秘书长参加了会议。

14.6月16至22日，底增旗秘书长参加全国律协代表团访问韩国，出席了在首尔举办的中韩律协第十四届定期交流会。

15.6月23日，穆培文副厅长主持召开律师处和省律协秘书处全体干部会议，宣布了厅机关轮岗交流后律师处人事调整结果，通报了律师工作指导处工作职责和干部岗位职责，并对全体干部提出了新希望和新要求。

轮岗交流后，李文武同志任律师处处长，底增旗同志任厅政治部组织培训处调研员、省律协专职党委副书记，张继发同志任律师处副处长，高春梅同志任律师处副调研员，高士友、李占强、胡婧任律师处主任科员。

16.6月26日，省律协专职党委副书记底增旗同志出席了石家庄市律协党委成立大会。

17.6月29日，省司法厅、省律师协会在平山县举办了创先争优、诚信建设主题活动誓师仪式。厅律师处、省律协秘书处有关负责同志，各市司法局分管律师工作的副局长、律管处长，律协会长、秘书长及律师党员代表参加了誓师仪式，穆培文副厅长出席并讲话。6月30日，穆培文副厅长率参加创先争优、诚信建设主题活动誓师仪式的律师党员代表、律管干部在西柏坡七届二中全会旧址前重温了入党誓词。

18. 7月21至22日，全国律协、河北省律协、承德市司法局联合举办的“服务农村法治、维护农民权益”交流研讨会在承德市双滦区召开。全国律协副秘书长里红、全国律协法律援助与公益法律事务委员会常务副主任佟丽华，省律协专职党委副书记、秘书长底增旗，省律协党委副书记、常务副会长邹强伦出席会议，承德市人大副主任关悦出席并致辞，承德市司法局有关负责同志，全省70家县域律师代表参加了会议。

19. 8月1日，省司法厅、省律协举办了学习贯彻“两个规定”专题讲座。

20. 8月7日，律师处处长李文武同志，省律协专职党委副书记、秘书长底增旗同志，律师处副处长张继发同志到三和时代律师事务所进行调研。

21. 8月17日至18日，省律协专职党委副书记、秘书长底增旗同志赴黑龙江省大庆市，参加了全国律协秘书长会议。会议讲解了《律师执业年度考核规则》和《申请律师执业人员实习管理规则》，并就贯彻实施问题进行了讨论。

22. 8月25日至29日，省律协接待上海市律协女律师联谊会一行14人到我省参观考察。期间，在北戴河举办了“律师如何为政府动拆迁工作提供法律服务”研讨会，省律协专职党委副书记、秘书长底增旗，副会长候凤梅、杨栋昌，女律师工作委员会主任邓南燕，秦皇岛市司法局副局长马军林、律管处长王凤茹，及唐山、秦皇岛市女律师代表，共计30余人参加了研讨会。

23. 8月31日，省律师协会以省司法厅律师行业创先争优活动领导小组名义转发了司法部律师行业创先争优活动指导小组《关于学习贯彻中央领导同志重要讲话精神 深入推进律师行业创先争优活动的通知》。

24. 9月2日，司法部法制宣传司李志路副司长率部律师创先争优巡回检查组到我省检查工作，李益民厅长、穆培文副厅长陪同。

25. 9月16日，省律协专职党委副书记、秘书长底增旗同志出席了唐山市第五次律师代表大会。

26. 9月17日，律师处张继发副处长、省律协秘书处有关负责同志到英陆、石新律师事务所，就创先争优活动进行调研。

27. 9月20日，律师处处长李文武同志，省律协专职党委副书记、秘书长底增旗同志，律师处副处长张继发同志到侯凤梅律师事务所进行调研。

28. 10月7日，省律协主办、诚和通商律师事务所承办的第七届河北省律师围棋友谊赛在石家庄举行。

29. 10月8日，李文武处长主持召开律师处和省律协秘书处全体干部会议，学习中央办公厅、国务院办公厅转发的司法部《关于进一步加强和改进律师工作的意见》，研究我省贯彻落实意见。

30. 10月20日，律师处张继发副处长率省律协秘书处有关负责同到世纪方舟律师事务所，就创先争优活动进行调研。

31. 10月21日，律师处处长李文武同志，省律协专职党委副书记、秘书长底增旗同志到张金龙律师事务所进行调研，就刑事案件量刑辩护科研课题、规范死刑案件指派辩护律师工作进行了研究讨论。

32. 10月21至26日，省律协组织省直专职律师进行了体检。

33. 10月26日，省律协涉外业务委员会、中国国际贸易促进委员会河北省分会联合举办了河北省第五届国际商事法律论坛。

34. 10月27日，应邀参加河北省第五届国际商事法律论坛的美国 DeAnn Smith 律师、香港徐奇鹏律师和台湾陈希佳女士到省律协访问，并进行业务交流。

35. 11月17日，穆培文副厅长，律师处处长李文武、省律协专职党委副书记、秘书长底增旗到新业律师事务所调研。

36. 11 月 20 至 21 日，省律协联合有关协会举办了“推进城市化建设暨房地产开发法律实务”培训会，穆培文副厅长出席开班仪式并讲话，省律协专职党委副书记、秘书长底增旗，省律协党委副书记、常务副会长邹强伦出席。

37. 11 月 21 日，省律协专职党委副书记、秘书长底增旗出席了石家庄市司法局、律师协会举办的首届“石家庄律师大讲堂”开班仪式并致辞。

38. 11 月 26 日，李文武处长主持召开律师处和省律协秘书处部分干部会议，学习传达全国律师工作会议、全国律师行业党的建设工作会议精神，研究我省贯彻落实意见。

39. 11 月，省律师协会集中时间分 4 期，每期 5 天，对全省 2009 年度、2010 年度 1841 名新执业律师进行了集中培训。穆培文副厅长出席第一期培训班开班仪式，并作动员讲话。

40. 12 月 7 日，召开省律协秘书处全体干部会议，李文武处长、省律协秘书长底增旗出席会议，对全体干部进一步增强主人翁责任感，发挥专业特长，加强学习提高，搞好工作协作，努力完成本职工作，提出了明确要求。

41. 12 月 14 日，省民政厅召开全省社会组织创先争优活动推进会，省律协专职党委副书记、秘书长底增旗同志出席会议。

42. 12 月 17 日，召开律师处和省律协秘书处全体干部会议，就贯彻落实中办发〔2010〕30 号文件有关律师业扶持及保障政策进行任务分解。

## 内蒙古自治区律师协会工作

### 一、业务研讨

8 月 22 日，东北内蒙古三省一区律师论坛在内蒙古鄂尔多斯市隆重召开，自治区党委政法委副书记武国瑞、自治区司法厅厅长徐呼和、自治区高院副院长赵建平、自治区检察院副检察长郑锦春、黑龙江省司法厅副厅长张志安、巡视员王相英、吉林省司法厅副厅长禹治洪、自治区司法厅副厅长岩英，中华全国律师协会副会长、辽宁省律师协会会长潘公明、中华全国律师协会副会长、内蒙古律师协会监事会主席宋建中、吉林省律师协会会长赵守华、黑龙江省律师协会副会长曹丽、中华全国律师协会律师发展战略委员会副主任、国浩律师集团事务所执行合伙人、深圳律师协会五届六届会长李淳、内蒙古自治区发展研究中心副主任、研究员杨臣华、内蒙古法学会副秘书长斯琴、鄂尔多斯市政协副主席娜仁图娅、政府副秘书长王健、康巴什新区党工委书记石艳杰、鄂尔多斯市司法局局长武社平以及来自东北内蒙古四省区的近 300 名律师参加了论坛。

本届论坛秉承往届论坛的精神和理念，以“使命 合作 发展”为主题，以促进东北内蒙古四省区律师法律服务领域拓展与创新、提升律师形象、发挥律师在构建和谐社会中的作用为宗旨，围绕中央“坚持把保持经济平稳较快发展作为经济工作的首要任务”的重大战略部署，集中探索了律师行业服务民生、保障民生，加强法制建设、维护社会公平正义的职责与使命等重要命题。这是一次促进东北三省和我区律师之间学习、研讨、交流、合作的盛会。内蒙古司法厅厅长徐呼和代表自治区司法厅和论坛组委会致欢迎辞，徐呼和厅长指出，这次论坛的举办对东北内蒙古四省区律师事业的发展无疑将起到积极的推动作用。

论坛分为“使命与责任、业务与拓展、合作与管理”等三个板块，中华全国律师协会律师发展战略委员会副主任、国浩律师集团事务所执行合伙人、深圳律师协会五届六届会长李淳、内蒙古自治区发展研究中心副主任、研究员杨臣华分别作了“律师使命与责任”和“内蒙古‘十二五’发展面临的主要问题及产业特点”的主旨演讲，他们的精彩演讲为本次论坛平添了无尽的光彩。律师代表在演讲中交流思想，交锋观点，既有对经济社会发展的战略分析，又有对律师使命和责任的深刻思索；既有对法治建设和律师业发展的积极构想，又有对具体专项实务的深入研讨，充分体现了广大律师的大局意识和责任意识，展示了新时期律师的胸怀、睿智和风采。

本届论坛主题鲜明，切合实际。以“使命 合作 发展”为主题，具有深刻的现实意义。当前，我国正处在改革发展的关键时期，在党中央的正确领导下，面对国际金融危机的严重冲击，采取有力措施加快转变经济增长方式，积极应对机遇和挑战，保持我国经济平稳较快发展。在这种背景下，探讨如何发挥律师职能作用为“保增长、保民生、保稳定”提供优质法律服务等重要问题，有助于更加认清形势，提高服务经济社会发展的能力。

论坛形式新颖，突出了务实、拓展、创新、互动的特色。参加本次论坛的律师代表不仅具有一定的理论水平，而且具有丰富的实践经验。他们的演讲涉及面广，内容充实，观点新颖，可操作性强，许多观点都非常有启发性。

论坛影响广泛。会前进行的论文征集活动得到了东北三省及内蒙古自治区广大律师的积极响应，组委会共收到论文500余篇，经过严格评审，共评出优秀论文140篇。

东北内蒙古三省一区律师论坛，作为区域律师学习交流的平台，对推动律师业的发展，增强广大律师服务大局的责任感和使命感具有积极的促进作用。

## 二、法律援助案件

2010年自治区参加法律援助的律师人数为145人，占律师总人数的4%，法律援助律师共办理法律援助案件5546件。

## 三、会刊及网站

内蒙古自治区律师协会会刊为《内蒙古律师》，创刊于1984年。主要栏目有：独家策划，热点聚焦，探索与研究，信息快递。

内蒙古自治区律师协会建立网站的名称为内蒙古律师协会网。

## 四、律师协会办公所在地、领导任职名单

七届内蒙古自治区律师协会

会　长：巴布

副会长：杨淑岚 邓连戈 靳要军

监事会主席：宋建中 副主席：张伟建 曹克斌

秘书长：金毅力 副秘书长：呼和敖勒

地　址：呼和浩特市公园西路塞宝大厦四号楼四单元三层

邮　编：010030

# 辽宁省律师协会工作

## 一、业务研讨

### （一）三省一区律师论坛

8月21日至23日，2010年三省一区律师论坛在内蒙古自治区鄂尔多斯市隆重召开。省司法厅律师管理处处长、省律师协会秘书长徐铮，省律师协会会长潘公明、副会长罗力彦及我省律师代表70余人参加了论坛。

论坛中，三省一区律师同仁们就“使命与责任、业务与拓展、合作与管理”等问题进行了交流与研讨，充分展示了三省一区律师深厚的理论素养和丰富的法律实践经验。本次论坛的成功举办，促进了东北内蒙古四省区律师法律服务领域拓展与创新，为推动三省一区律师事业的改革与发展，加强业务交流，将起到积极作用。

### （二）多次召开行业管理会议

2010年，辽宁省律师协会先后组织召开了全省律师队伍建设工作会议、全省律师管理工作会议、全省律师协会秘书长座谈会等行业管理会议。参加会议的人员达300多人次，主要包括理事、监事、骨干律师以及律师管理人员。在这些会议上，与会人员积极发言，对省律师协会的工作提出了好的意见和建议。主要包括：

第一，在教育培训工作方面。一要从认识上解决我省律师的培训和再教育问题，培养律师业务学习的兴趣，提高业务学习的积极性和主动性。可以采用传承培训、经费补贴、鼓励等方式推动培训工作。二要拓宽培训渠道，可以考虑与社会上信誉良好的专业培训机构建立合作关系，制定长期的培训计划，定期开展全省范围内的业务培训。三要注重实务，要加强对新法和执业技能的培训。不仅要请北京等地的专家学者，而且也可以考虑请省内有一定知名度的优秀律师来开展业务培训工作。四要进一步加强对实习律师的培训和管理，可以考虑建立模拟法庭等方式，解决实习律师培训实际操作能力较弱的现状。

第二，在行业宣传工作方面。一是要推广、普及律师袍，提升律师的地位。可以考虑与法院系统联系，建立法官监督律师着袍开庭的制度。也可以推介统一制式的律师工作服。二要加强律师协会网站的建设。建立全省律师事务所及律师的电子信息公布、查寻系统。三要对律师进行强势宣传。可以考虑引进市场手段，以市场方式推介优秀的律师事务所和优秀律师。同时，要规范宣传工作。对自我推介和宣传，尤其是利用网络进行宣传的律师事务所和律师要进行必要的规范和制约。四是可以通过定制统一的律师用品，如“律师包”来体现辽宁律师的形象。五要大力宣传年轻律师，利用“法律讲堂”等主流媒体来宣传辽宁律师。

第三，在执业环境改善工作方面。一是针对律师执业的三难问题仍未得到有效的改善的现状。包括向工商、税务、房地产等部门的取证工作也越来越受难。可以考虑与相关部门协调，为律师向其调取相关材料扫清障碍。二是律师维权工作重任而道远，应当建立更为有力的维权机制。可以考虑将执业律师中的各级人大代表、政协委员吸纳至维权工作委员会中。三是为保障律师维权工作，可以考虑从会费中列支专项资金，对从事维权工作的律师同行给予相应的报酬。

第四，在执业规范工作方面。一是律师事务所的体制建设与管理有大量的工作可做。可以考虑组织律师事务所的合伙人、核心管理人员赴先进地区或国外进行专项考察。对其好的做法和模式可以进行推介。同时，也可以在业内开展律师事务所体制建设和管理方面的交流工作。二是要加强各种常用法律文件的范本和业务操作指引的制定（或修订）、推介工作，统一辽宁律师常用法律文件格式。三是可以通过律师协会，向政府建议购买律师服务，拓宽律师的服务市场。

第五，其他工作方面。一是可以考虑与社会中介等机构进行联系，部分解决召开研讨会、座谈会、培训等工作的经费。二是要加强对新律师、老律师以及困难律师的关怀与关注。可以考虑建立专项基金，用于新律师的培养、老律师的慰问和困难律师的救助。三是制定律师协会四年的工作规划，制定年度的工作计划，并向全省会员公布。也可以通过草案的方式向全省律师征求意见。四是可以组织开展如歌咏、乒乓球、篮球、羽毛球等文体活动，增强律师的归属感和凝聚力。五是律师的年度公告名单要送至各级法院、检察院、公安局等业务部门。公告名单可以更加丰富一些，如带照片。

## 二、会员培训

### （一）新执业律师岗前培训

为了加强新执业律师的执业纪律和职业道德教育，把好律师行业入门关，辽宁省律师协会于3月21日至4月2日在沈阳举办了辽宁省2010年新执业律师岗前培训班。来自全省14个市的800余名新执业律师参加了本次培训。

为了办好此次岗前培训，省律师协会从学习资料、课程设置到授课教师的选聘都进行了精心的准备和安排。聘请了省内的资深律师就“律师的职业伦理、律师的刑事辩护技巧及风险防范、民事法律问题选讲、法律顾问业务、律师的客户开发与沟通技巧、律师的社会责任”等方面内容，从理论到实践对新执业律师进行了细致深入地讲解。通过培训，全体新执业律师不仅学习到了一些律师实务技巧，而且还强化了律师职业理念，对律师业有了更为深刻的认识，这为他们今后成为一名合格的律师奠定了坚实的基础。

（二）举办专项律师业务培训

7月5日至6日，省律师协会在沈阳举办了执业律师业务培训班。聘请了中国政法大学国土资源法研究中心主任、博士研究生导师李显冬教授结合具体案例讲授《物权法》和《侵权责任法》的相关知识，全省2000余名律师参加了培训。

（三）举办“全省律师行业深入开展创先争优活动、全面加强律师队伍党的建设培训班”

为了进一步加强律师队伍建设，增强律师事务所党组织的凝聚力和战斗力，更好地发挥律师事务所党支部的战斗堡垒作用和党员律师的先锋模范作用，坚持党对律师工作的绝对领导，引领广大律师坚定正确的政治方向，努力做党和国家放心、人民群众满意的中国特色的社会主义法律工作者。省律师协会于8月2日至3日在沈阳举办了全省律师事务所党支部书记、党员积极分子和近5年来新发展的律师党员参加的全省律师党建工作培训班。培训班聘请了中共中央党校党建教研部副主任、博士生导师，中国青年社会科学家常务理事，中国国际交流协会理事张志明教授就“提高执政党建设的科学化水平”这一主题进行授课。全省14个市的350多名执业律师参加了此次培训。

## 三、对外交流

应新加坡国际仲裁中心邀请，4月1日，辽宁省律师协会组织律师代表团一行21人，由潘公明会长带队，赴新加坡、马来西亚进行考察交流。

代表团一行重点考察了新加坡仲裁制度，国际仲裁与中国涉外仲裁审理程序等问题，并就有关事宜进行了比较深入的探讨，此次考察在增进双方沟通与了解的同时，也为我省律师拓展国际仲裁业务，参与国际仲裁服务提供了良好的交流平台。

4月5日，代表团还参加了新加坡最高法院的高科技法庭以及马来西亚最高法院。

## 四、法律援助

2010年，辽宁省律师共有4553名律师为当事人提供法律援助，占律师人数的71.3%，共提供法律援助5376件。而另据不完全统计，全省共有450多家律师事务所为不符合法律援助条件，但确实比较贫困的当事人减免收费的案件数量达3000多件。

## 五、会刊及网站

《辽宁律师》是辽宁省律师协会的会刊，创刊于1983年1月7日，其前身为《律师通讯》，编撰于1980年10月15日。主要栏目包括：律管工作、法规选登、律师论坛、律师导报等。

辽宁省律师网（即：www.lnlawyers.cn）是辽宁省律师协会的工作网站。网站开通于2003年9月10日，其主要栏目包括：法律法规、律师沙龙、律师风采、律师咨询等。

## 六、辽宁省律师协会2010年大事记

1. 1月26日，省律师协会秘书长李正良与省中小企业厅领导，到远大集团走访，商讨关于推广律师为民营企业提供法律服务相关事宜。

2. 2月3日，全国九省市律师事务所开展深入学习实践科学发展观活动座谈会在沈阳召开。司法部政法部主任尹晋华，政治部副主任徐辉，辽宁省司法厅厅长张家成，副厅长于大力，政治部主任巴文，省律师协会会长潘公明，省律师协会秘书长李正良以及来自北京、上海、黑龙江、广州等九个省市的司法厅（局）领导参加了会议。

3.3月1日，司法部召开律师事务所深入学习实践科学发展观活动总结电视电话会议。省司法厅厅长张家成、副厅长于大力、政治部主任巴文、省律师协会会长潘公明及协会副会长，沈阳市各律师事务所主任在沈阳分会场参加了此次电视电话会议。

4. 为了有效防范律师执业风险，保障当事人合法权益，3月15日，辽宁省律师协会与中国人民财产保险股份有限公司辽宁省分公司在沈阳签订了律师职业责任保险合同。律师职业责任保险，有效的化解了律师和律师事务所的办案风险，为改善律师工作条件，树立律师事务所及其律师的良好社会形象，促进辽宁省法制建设的不断发展提供了有力保障。

5.3月21日至4月1日，省律师协会在沈阳举办2010年全省新执业律师岗前培训班，来自全省各市800余名新执业律师参加了本次培训。

6.4月1日，应新加坡国际仲裁中心邀请，省律师协会组织律师代表团一行21人，由会长潘公明带队，赴新加坡、马来西亚进行考察交流。

7.4月13日，全省律师队伍建设工作会议在沈阳召开，来自全省14个市的主管律师工作的副局长，律师管理处（科）长以及各市律师协会会长、秘书长参加了会议。会议由省律师协会秘书长李正良主持。会议对全省律师事务所深入学习实践科学发展观活动进行了总结，并就在全省律师队伍中开展警示教育活动作出部署。省司法厅厅长张家成、副厅长于大力、政治部主任巴文到会并发表重要讲话。

8.5月17日，全省律师管理工作会议在沈阳召开，来自全省14个市的主管律师工作的副局长，各市律师协会会长、秘书长参加了会议。会议由省律师协会秘书长李正良主持。会上，省司法厅副厅长国长青传达了司法部文件精神，并对全省律师工作提出了明确要求。

9.5月27日，司法部召开在全国律师行业党的基层组织和党员中深入开展创先争优活动动员部署电视电话会议。会议由赵大程副部长主持，吴爱英部长出席会议，政治部主任尹晋华作重要讲话。辽宁省司法厅厅长张家成、副厅长于大力、政治部主任巴文、省律师协会会长潘公明在辽宁分会场参加了会议。会后，厅党组书记、厅长张家成召集省司法厅律师管理处、省律师协会的工作人员召开落实会，对在全省律师行业党的基层组织和党员中深入开展创先争优活动的有关工作进行了部署，提出要求。

10.6月3日，全省律师行业创优争先活动座谈会在沈阳召开，来自大连、鞍山、营口、阜新、铁岭等市的秘书长及律师代表参加了会议，省司法厅副厅长于大力出席会议，并就如何在全省律师行业开展创优争先活动作出了指示。

11.6月18日，在全省律师行业党的基层组织和党员中深入开展创先争优活动动员部署电视电话会议在沈阳召开。会议由司法厅副厅长国长青主持，副厅长于大力作重要讲话，对我省律师行业开展创先争优活动提出要求。要求各市司法局、律师协会、律师事务所基层党组织要按照省厅的动员部署要求，进一步细化工作内容，加强组织指导，扎扎实实开展好创先争优活动。省司法厅厅长张家成出席了会议。

12.7月5日至6日，省律师协会在沈阳举办执业律师业务培训班。聘请中国政法大学国土资源法研究中心主任、博士研究生导师李显冬教授结合具体案例讲授《物权法》和《侵权责任法》的相关知识，全省2000余名律师参加了培训。

13. 为进一步加强律师队伍建设，扎实推进全省律师行业“创先争优”活动的深入开展，省司法厅、省律师协会于8月2日至3日在沈阳举办了“全省律师行业深入开展创先争优活动、全面加强律师队伍党的建设培训班”。全省律师事务所党支部书记、党员积极分子和近5年来新发展的律师党员共350余人参加了培训。

14.8月21日至23日，2010年三省一区律师论坛在内蒙古自治区鄂尔多斯市隆重召开。省律师协会会长潘公明、副会长罗力彦，省律师协会秘书长徐铮及我省律师代表70余人参加了论坛。

15.9月27日，省律师协会七届二次常务理事会在沈阳召开。会上通报了省律师协会秘书长变动情况，研究讨论了省律师协会七届二次理事会的会议议程及省律师协会工作情况。

16.10月23日，由省律师协会组织的辽宁省首届律师乒乓球赛在沈阳举行，经过4个多小时的奋力拼搏，男子组：辽宁鲲鹏律师事务所的林海源律师荣获第一名，辽宁大义律师事务所的宋省有律师荣获第二名，辽宁同方律师事务所的王占平律师、辽宁海润律师事务所的赵卫星律师并列第三名；女子组：北京隆安律师事务所沈阳分所的王蕴采律师荣获第一名，阜新市法律援助中心的黄玉艳律师荣获第二名，辽宁平正律师事务所的常娥律师荣获第三名。

17.10月24日，省律师协会七届二次理事会在沈阳召开。会议由省律师协会副会长田维桢主持。会上，通报了省律师协会秘书长变动情况，通报了七届律师协会会长、副会长分工情况和《关于调整辽宁省律师协会各工作（专业）委员会的通知》，审议了《辽宁省律师协会律师执业年度考核实施细则》，潘公明会长作了省律师协会换届以来的工作报告，徐铮秘书长作了重要讲话。

18.12月3日，省律师协会七届三次常务理事会在鞍山召开。会上，传达贯彻全国律师工作会议和全国律师行业党的建设工作会议精神，听取大家对我省如何落实上述会议精神，切实加强和改进我省律师工作的意见和建议，研究并确定2011年的工作安排。省司法厅副厅长于大力出席会议，并作了重要讲话。

19.12月3日，全省律师协会秘书长座谈会在鞍山召开。会议由省律师协会秘书长徐铮主持。会上，徐铮秘书长传达了贯彻全国律师工作会议和全国律师行业党的建设工作会议精神，听取大家对我省如何落实上述会议精神，切实加强和改进我省律师工作的意见和建议，通报了《辽宁省律师事务所年度检查考核评定细则》。省司法厅副厅长于大力出席会议，并作了重要讲话。

20.12月30日，省律师协会组织律师参加辽宁电视台《正在行动》栏目五周年晚会，晚会上，省司法厅、省律师协会与《正在行动》栏目组联合启动了律师法律援助双百工程。省律师协会会长潘公明作了重要讲话，省律师协会秘书长徐铮出席了晚会。

## 浙江省律师协会工作

### 一、业务研讨

（一）地区片会

第八届华东律师论坛于9月25日、26日在山东济南举行。浙江省律师协会领导及12位获奖作者，共15人参加论坛。

（二）13个专业委员会工作

1. 与公检法等外单位开展的主要工作

（1）省律协与省公平贸易局联合举办“对外贸易预警示范点律师服务周”活动，并共同成立了“浙江省对外贸易预警示范点律师服务团”，共同参与的专业委员会为知识产权、反倾销与WTO、涉外与海事海商专业委员会。

（2）省律协与省知识产权局联合举办“2010浙江省知识产权宣传巡回演讲”活动，历时48天，13名专业律师分别赴全省各市地参加巡回演讲，共计27个场次。省知识产权局致信感谢。

（3）组织律师参加省高院、省检察院座谈会、调研等。如组织知识产权专业委员会委员参加省高院知识产权司法保护座谈会，组织行政、刑事专业委员会律师参加省人大内司委、省检察院调研。

（4）承担了部分《操作指引》的起草、编

纂等工作。如，建筑与房地产专业委员会受全国律协委托，承担了《律师提供房屋租赁合同法律服务的操作指引》的起草工作。

（5）反倾销与WTO、涉外与海事海商专业委员会委员参加由浙江省法学会世界贸易组织法研究会主办的“后金融危机时代贸易救济的动向与对策”专题研讨会，并积极参与演讲。

（6）省律协与省法学会金融法学研究会联合举办“民间融资引导与规范”研讨会，金融与保险专业委员会组织委员积极参加。省政府、金融监管机关、公检法、金融机构、上市公司等部门领导、权威专家与学者等500余人参加。

2. 系统内主要工作

（1）召开浙江省律师实务理论研讨会。论文作者及自愿参与律师等近100人参加研讨会。

（2）四月，沪苏浙三地建房委进行业务交流与研讨，并相互赠送了专业书籍、操作指引等。

（3）浙沪民商委律师在上海召开“实务及疑难法律问题交流研讨会”，我省民商事专业委员会8位律师参加。

（4）向全省律师免费发放《香港事务律师专业操守指引》。

（5）13个专业委员会分别召开年会、研讨会、专业论坛等，邀请领域内的专家顾问参与活动，且大部分专业委员会出版了专业书籍、操作指引等。

## 二、会员培训

（一）申请律师执业人员培训班

1. 时间：4月15日~4月29日

地点：省委党校

第一期申请律师执业人员培训班

全省各地市四百多名实习人员

2. 时间：7月27日~8月10日

地点：省委党校

第二期申请律师执业人员培训班

全省各地市490名实习人员

3. 时间：11月16日~30日

地点：省委党校

第一期申请律师执业人员培训班

全省各地市498名实习人员

（二）其他培训

1. 与全国律协民委会联合主办房屋租赁合同法律实务研讨会，部分权威专家作主题演讲。

2. 组织律师参加美国芝加哥肯特法学院法律项目培训。

## 三、会员管理

（一）会员日常管理

1. 负责律师维权、律师职业道德和执业纪律的监督检查；

2. 研究并指导各市、省直律协开展惩戒、奖励；

3. 指导律师事务所的规范化管理和地方律协建设；

4. 负责全省律师执业年度考核；

5. 负责律师行业表彰和奖励；

6. 开展律师文体、福利及律师文化建设；

7. 负责律师互助事宜；

8. 负责律师执业纠纷调处。

（二）维护律师合法执业权

1. 徐林祥事件

2010年4月29日下午4时半左右，浙江剡城律师事务所律师徐林祥在绍兴嵊州市法院开庭结束后走至法院大门口突遭一伙暴徒殴打，幸医院及时抢救，才不致危及生命。5月17日，省律协收到剡城所全体律师“关于徐林祥律师遭暴徒殴打的‘四二九’事件的报告暨我们的要求”材料。省司法厅、省律协领导分别作了批示。5月20日，省律协副会长陆国庆受托与省律协秘书处有关人员专门赴嵊州市人民医院看望并慰问徐林祥律师。绍兴市司法局、绍兴市律协、嵊州市司法局的相关领导也先后去医院看望并慰问徐林祥律师。

事发后，嵊州市司法局专门向当地市委、

市政府、政法委、公安等相关领导作了汇报。当地公安局已立案，2 名犯罪嫌疑人已被网上追逃。

另据了解，本案打人者之一邢武良事后托人已多次道歉，剡城所已代徐林祥律师就民事部分作了调解，收到邢武良对徐林祥律师伤害的经济赔偿款人民币肆拾柒万元整。该款系包括对徐林祥的医药费、误工费、护理费、残疾赔偿金等各项费用。本案的刑事部分由嵊州市公安局处理。

2. 青年时报事件

2010 年 3 月 21 日，青年时报四版在报道一则民事诉讼纠纷时，以“被告律师否认一切：我们是高档住宅区，你这种身份低下的人怎么可能进来?”为题，在记者没有旁听庭审，仅靠电话采访的情况下，以哗众取宠的标题吸引广大读者的眼球，给律师业造成了负面影响。吴副厅长为此专门作了批示。

省律协采取行动，3 月 24 日、4 月 1 日上门与报社交涉。4 月 6 日，报社总编办主任李欢辰在法律顾问童松青、王惠林的陪同下上门向协会道歉，4 月 7 日，青年时报登出更正申明。

3. 就税收问题省律协与省地税局积极沟通联系：省律协写了《关于稳定律师税收征管方式、完善律师税收政策 促进我省律师事业又好又快发展的报告》、《关于律师事务所管理和律师执业纪律等有关依据的补充材料》两个报告送达省地税局。

## 四、对外交流

3 月 17 日，芬兰司法部代表团一行四人在省司法厅副厅长葛炳瑶等陪同下来省律协访问交流。省律协副会长李根美、沈田丰分别向来宾介绍了我省律师工作情况、律协的职能、律师的教育培训、律师的业务范围以及我国的律师制度、律师管理体制等情况。芬兰司法部国际司部级顾问尤希、法官卡里等在会上介绍了芬兰律师工作情况。双方还就感兴趣问题进行互动问答。省律协秘书长陈三联主持交流座谈会。

4 月 23 日，香港法律及仲裁界代表团一行 9 人在香港律政司副法律政策专员潘英光先生的率领下访问省司法厅。省司法厅副厅长吴强军主持交流会。香港客人此行主要为今年 7 月在上海举行的“香港法律服务论坛”开展推介活动。厅办公室、律管处负责人及省律协会长章靖忠、秘书长陈三联等参加交流活动。厅党委副书记、副厅长季培军宴请了香港客人一行。

10 月 21 日，省律协接待了香港律政司高级检控官杨美琪小姐的来访交流，省律协副会长李根美、秘书长陈三联参加座谈。双方就律师业发展的现状、内地和香港司法制度存在的差异等作了交流。

11 月 24 日，省律协接待了香港大律师公会前主席、资深大律师袁国强一行 7 人来访交流。省律协副会长李根美、沈田丰对香港大律师公会的到访表示欢迎。省律协秘书长陈三联主持座谈会。我省部分主要从事刑事诉讼业务的律师参加座谈交流。

12 月 6 日 ~15 日，应巴西全国仲裁调解委员会、智利毛利省司法部、法国巴黎大律师公会的邀请，省律协会长章靖忠、秘书长陈三联等随同省司法厅党委书记、厅长赵光君赴巴西、智利、法国考察访问，考察三国的司法制度、律师制度、仲裁制度及调解工作情况。

## 五、会刊及网站

神州律师网（www. zjbar. com）由浙江省律师协会主办的综合性新闻网站，于 2002 年 5 月正式开通。网站有两大基本功能：一是作为新闻媒体，为社会提供最广泛丰富的法律咨询、最权威的法律信息、最快捷的法制新闻；二是作为律师信息平台，为全省乃至全国律师建设相对独立的信息与新闻频道。

神州律师网栏目

一、律协动态

1. 最新通知
2. 文件下载
3. 省律协动态
4. 市律协动态
5. 图片新闻
二、业内信息
三、专业委员会
四、专门委员会
五、会员风采
六、北大法宝查询
七、招聘信息
八、浙江律师
九、活动专题
十、组织机构
1. 领导机构
2. 秘书处
十一、行业规章
十二、律师公告
十三、律师协简介

《浙江律师》创刊于2007年2月，主要栏目有办案纪实、律师沙龙、名案论辩、律师实务、本刊特稿、行业要闻、各市专栏、律师随笔等栏目。

**六、律师协会大事记 1月份**

1月23日，省律协召开七届八次常务理事会会议。会长章靖忠主持会议。会议审议通过了《省律协2009年度工作报告》、《省律协2010年度工作要点》和《省律协2009年度会费收支情况报告》、《省律协2010年度会费预算》，研究讨论了《关于建立法官与律师良性互动机制的若干意见》和《关于建立检察官与律师合作监督机制的意见》两个草案，审议并原则通过浙江省律师协会《破产案件中债权申报及审查流程参考》、《律师担任破产案件管理人业务操作指引》、《律师办理刑事案件操作指引》和《省律协外资并购律师实务操作指引》四个操作指引。

1月25日，省律协举行迎新春老律师座谈会。省司法厅老厅长刘乃雄、省律协老会长秦国光等20位老领导、老律师参加了本次新春座谈会。会议向与会老领导、老律师们汇报了省律协2009年的工作，并就2010年工作安排与老律师们进行了交流。会议还就青年律师执业状况、青年律师业务培训、律师执业环境、法律职业共同体建设等问题进行了讨论。

1月28日，省公平贸易局局长张勇来省律协召开座谈会，省律协会长章靖忠，省厅律管处处长王兰青，省律协秘书长陈三联出席会议。省律协涉外与海事海商业务委员会、反倾销与WTO业务委员会部分负责人参加会议。会议商定于今年组建以省律协涉外与海事海商、反倾销与WTO业务委员会委员及部分参加过涉外项目培训的专业律师为主的法律服务团体。

1月31日，省律协在杭召开七届五次理事扩大会会议，省司法厅副厅长、省律协党委书记吴强军，省人大法制委员会主任委员、省律协名誉会长胡虎林应邀出席会议并讲话。省律协理事，省律协党委委员，省律协会长、副会长、秘书长，各市司法局分管局长、律管处处长，义乌市司法局分管局长、律管科科长，各市（省直）律协秘书长及省律协各部室负责人等共90余人参加会议。会议传达学习了全国政法工作电视电话会议、全省政法工作会议及全省司法行政工作会议精神，审议通过了由章靖忠会长作的省律协2009年度工作报告，罗杰副会长作的省律协2009年度财务工作及2010年度财务预算报告。省律协会长、副会长分别在会上作述职报告。与会理事从我省律师工作全局出发，踊跃发言，建言献策，对省律协今年的工作思路和工作重点提出了意见和建议。

**2月份**

2月8日，省律协邀请省内数家主流媒体参加交流座谈会，就新闻媒体在2009年给予省律协工作的支持与合作表示感谢，并听取媒体对律师工作宣传的意见和建议。省律协会长章靖忠、副会长李根美、秘书长陈三联出席座谈会。法制日报浙江记者站站长陈东升，新苗律师志愿团代言人、浙江教育科技频道《纪实》栏目主持人新苗及浙江日报、浙江卫视、浙江法制报等媒体朋友参加了座谈会。

3 月份

3 月 1 日，由省律协组织、翻译的中英文版《香港事务律师专业操守指引》出版，免费发放至全省每位律师。

3 月 4 日，在全省司法行政系统反腐倡廉建设工作会议上，省律协等 6 个单位被评为全省司法行政系统 2009 年度行风建设先进单位。

3 月 12 日，2010 年浙江省“关心下一代网上律师事务所”座谈会在杭召开。省司法厅副厅长、省普法办主任陈志忠，省律协副会长沈田丰及省关工委、浙江在线、省青少年英才奖励基金会等单位领导和部分“网上律师事务所”公益律师参加会议。该“网上律师事务所”由省关工委、省律协等单位联合发起，通过网上在线为青少年提供法律咨询和法律援助服务。

3 月 13 日，由省律协主办的“新苗律师志愿团”大型广场法律服务咨询会在德清举行。“新苗律师志愿团”的 7 名律师向前来咨询的群众提供“面对面”的法律公益服务，深受群众好评。

3 月 15 日，省律协组织在杭 50 名专业律师参加由省工商局、省消保委、省律协联合举办的“3·15”国际消费者权益日电话、网络服务咨询活动，为消费者提供专业的法律咨询服务，宣传有关消费者权益保护的法律法规。活动当天律师先后接听电话投诉、咨询 100 余条，解答网上提问 160 余个。

3 月 17 日，芬兰司法部代表团一行四人在省司法厅副厅长葛炳瑶等陪同下来省律协访问交流。省律协副会长李根美、沈田丰分别向来宾介绍了我省律师工作情况、律协的职能、律师的教育培训、律师的业务范围以及我国的律师制度、律师管理体制等情况。芬兰司法部国际司部级顾问尤希、法官卡里等在会上介绍了芬兰律师工作情况。双方还就感兴趣问题进行互动问答。省律协秘书长陈三联主持交流座谈会。

3 月 19 日，省律协副会长李根美等 16 名具有知识产权民事代理从业经验的律师参加由省高院组织召开的“浙江省知识产权司法保护座谈会”。与会人员就新形势下如何提高知识产权审判的质量和效率，加大对侵权行为的打击力度，完善审判体制和工作机制，改进基层法院接收证据材料的程序等提出了意见和建议。省高院民三庭周根才庭长、我省专利代理人和在杭各院校的知识产权专业学术界代表等参加会议。

3 月 23 日，省律协接待了省人大内司委调研组的视察调研。省司法厅副厅长、省律协党委书记吴强军，厅律管处副处长许赛莹，省律协副会长沈田丰、秘书长陈三联及省律协刑事业务委员会、行政业务委员会等 6 名律师代表参加座谈会。省人大常委会委员、内司委副主任委员钱中贤一行 6 人在会上听取了律师对法院行政审判工作和检察机关刑事诉讼法律监督工作的意见和建议。

3 月 30 日 ~31 日，由省司法厅、省律协和省商务厅联合组建的“浙江省对外贸易预警示范点律师服务团”在绍兴举行“浙江省外贸预警示范点律师服务周”活动启动仪式。商务部进出口公平贸易局调查专员夏翔，省司法厅副厅长、省律协党委书记吴强军，省商务厅副厅长韩杰等领导出席会议并讲话。全省各市外经贸局代表、全省对外贸易预警示范点代表、预警点律师服务团成员和相关企业负责人共 300 多人参加会议。省律协副会长、预警点律师服务团团长沈田丰律师在启动仪式上接受团旗，并作为律师代表发言。启动仪式结束后，由 50 名律师组成的服务团将分 6 个小组，赴全省各地外贸企业预警点开展法律服务。

4 月份

4 月 14 日 ~16 日，司法部党组成员、政治部主任尹晋华，司法部监狱管理局副局长刘国玉，司法部律师公证工作指导司副司长牛文忠一行五人来我省调研律师行业党建工作，并在金道所召开浙江省律师行业党建工作座谈会。省厅党委委员、政治部主任俞世裕，律管处处长王兰青，组织教育处处长厉君志，省律协会长章靖忠、秘书长陈三联，省直律协会长郑金都，杭州市律协会长胡祥甫及杭州市司法局、杭州市律协相关部门领导等参加了座谈会。金道所、六和所、泽厚所、五联所分别向司法部领导汇报了我省律师事务所党建工作情况。

4月15日~29日，省律协在省委党校举办2010年度第一期申请律师执业人员培训班，来自全省各地市的400多名实习人员参加培训班。

4月19日，由省知识产权局、省律协联合主办的“2010年浙江省知识产权宣传巡演起动仪式暨首场演讲”在台州路桥举行。李为律师、马宇峰律师分别作了主题宣讲。台州市各级专利示范企业代表、专利行政工作者、市县（区）科技局、知识产权保护协会、知识产权专利中介机构的负责同志参加听课。全省知识产权宣传巡回演讲活动旨在切实增强企业知识产权的建设意识和技术保护意识，推动自主技术创新。

4月20日，2010年浙江省知识产权宣传巡回演讲活动在衢州举行。省律协知识产权专业委员会秘书长张民元律师及参加本次专场演讲的罗云律师、王红燕律师、马宇峰律师出席开幕式并作主题演讲。来自衢州市区及各县市120多家企业代表参加听课。

4月28日，省律协与省法官协会在省高院举行了《关于建立法官与律师良性互动机制的意见》签字仪式。省高院党组书记、院长、省法官协会会长齐奇，省律师协会会长章靖忠代表两家协会签署《意见》，省高院常务副院长王幼璋主持了本次签字仪式。两家协会的副会长、秘书长，法官代表、律师代表及媒体记者等共50余人共同见证了这一具有纪念意义的时刻。仪式后，两家协会举行了座谈交流。省高院在院班子成员集体宴请了省律协领导及与会律师代表。

**5月份**

5月7日，2010年浙江省知识产权宣传巡回演讲丽水专场举行，省律协知识产权专业委员会副主任甘为民律师、委员黄妙律师参加本专场演讲。来自丽水市区及各县市160多家企业代表参加了会议。

5月16日，省律协资源与环境保护专业委员会成立大会在杭举行。该专业委员会是省律协第13个专业委员会，21位律师成为委员会初始委员。经投票选举，泽大所吴族春律师当选委员会主任。省律协副会长沈田丰、秘书长陈三联出席成立大会。省国土资源厅党组副书记、副厅长潘圣明欣然担任委员会专家顾问并讲话。

5月17日，省律协收到关于浙江剡城律师事务所徐林祥律师庭审后遭殴致伤事件的情况报告，引起省司法厅、省律协的高度重视，吴强军副厅长、章靖忠会长分别作出相关批示。5月20日，省律协副会长陆国庆受托与会员部工作人员专程赴嵊州人民医院看望并慰问徐林祥律师。

5月20日上午，省律协接待了由江苏省律协副会长邵吕威、副秘书长张秀炎等一行9人组成的考察团的来访交流。省律协副会长沈田丰、秘书长陈三联，省律协常务理事、省直律协会长郑金都参加座谈交流活动。

5月22日，省司法厅、省律协在建德市召开全省律师行业开展“诚信服务先锋”创先争优活动动员暨省律协七届六次理事会会议，省律协理事、各市司法局分管律师工作负责人等120余人参加会议。省律协会长章靖忠主持会议。会上，省司法厅党委委员、副厅长、省律协党委书记吴强军传达了5月10日司法部召开的全国律师工作座谈会精神，省司法厅党委委员、政治部主任俞世裕就全省律师行业开展“诚信服务先锋”创先争优活动作动员和部署，省律协名誉会长胡虎林在会上讲话。会议交流了各市近期开展的律师队伍警示教育工作情况，表决通过省律协第八次代表大会代表、理事候选人名额分配方案，对本届常务理事履职情况进行了民主测评，并就省律协第八次代表大会相关工作向与会代表进行了问卷调查。

**6月份**

6月6日，由省律协、全国律协民事业务委员会联合主办的房屋租赁合同法律实务研讨会在杭召开。全国律协民委会主任朱树英，省律协副会长沈田丰、秘书长陈三联及省建筑业协会会长赵如龙等出席会议。最高人民法院高级法官关丽、省高级人民法院研究室副主任程建乐分别作主题演讲。会议讨论了由省律协建房委起草的《律师提供房屋租赁合同法律服务操作指引》，评选了律师专业论文。来自全省各地的200余名专业律师以及上海、江苏、湖南等省（市）的律协建房委负责人或专业律师参加了会议。

6月9日，省司法厅律管处、省律协秘书处在永嘉联合召开全省律师事务所和律师年度考核的工作会议。省司法厅律管处和省律协有关人员、各市司法局律管处处长、各市（省直）律协秘书长等40余人参加会议。会议学习了司法部《律师事务所年度检查考核办法》和《律师和律师事务所违法行为处罚办法》等规章。省司法厅律管处处长王兰青、省律协秘书长陈三联分别就做好2010年全省律师事务所年度检查考核和执业律师年度考核工作作了部署。

6月14日~16日，省律协组团参加由福建省律协举办的第一届闽浙黔律师围棋团体对抗赛。全国律协副会长、福建省律协会长洪波、副会长于宁杰、秘书长刘瑞兰，贵州省司法厅律管处处长张国强及闽浙黔三省律师等20余人参与了此次比赛。下一届三地律师围棋团体对抗赛由贵州省律协举办。

6月22日，2010浙江省知识产权宣传巡回演讲专题报告会、省律协知识产权专业委员会2010年年会在杭召开，省律协副会长沈田丰出席报告会并讲话，省知识产权局副局长吴坚就2010浙江省知识产权宣传巡回演讲作总结。全国律协知识产权专业委员会执行委员李德成作专题演讲，中国计量学院知识产权学院院长杨凯教授应邀出席年会。年会还评选了2010浙江省律师协会知识产权专业委员会优秀论文。

6月24日下午，省政协常委、社法委主任方泉尧率省政协调研组就律师行业发展问题等来省律协进行调研。省律协会长章靖忠、副会长李根美、秘书长陈三联，省厅律管处副处长许赛莹，杭州市律协副会长何黎明等参加座谈交流。省政协常委、社法委专职副主任陈琪，省政协委员、社法委副主任汤新平，省政协常委、天册所律师黄廉熙，省政协委员、省社科院法学研究所副所长、研究员毛亚敏等参加调研活动。

**7月份**

7月1日，省律协会长章靖忠、秘书长陈三联接待了吉林省律协赵守华会长一行的来访交流，双方就行业管理与建设等问题进行了座谈交流。

7月3日，省律协、省建筑业协会在绍兴联合召开《浙江省高级人民法院关于审理建设工程施工合同纠纷案件若干问题的意见》征求意见座谈会。会上，省高院吴伟忠法官作了《关于若干问题意见的起草说明》，中华全国律协民事专业委员会主任朱树英、副主任胡祥甫，省建筑业协会会长赵如龙，省律协建筑与房地产业务委员会副主任裘红伟，以及绍兴市律协会长李旺荣、绍兴市建筑业协会副会长杨月夫、绍兴仲裁委员会副主任周功灿、绍兴市中院民一庭副庭长章建荣等分别作了发言，提出了各自的意见和建议。

7月6日，省司法厅副厅长、省律协党委书记吴强军，省律协会长章靖忠率领省内有关专业律师代表近30人赴上海浦东参加由香港特区政府律政司主办的香港法律服务论坛。司法部副部长赵大程、香港律政司司长黄仁龙等到会致辞。省司法厅和省律协为论坛的支持机构。论坛期间，省律协副会长李根美、沈田丰，秘书长陈三联以及部分律所主任、合伙人与香港大律师公会就加强专业合作等问题进行了座谈交流。

7月6日下午，省律协会长章靖忠、副会长李根美、秘书长陈三联等一行8人访问了上海市律协。上海市律协会长刘正东、副会长陈乃蔚、秘书长万恩标等热情接待了章靖忠会长一行。双方就进一步加强沪浙律师界的合作交流进行了座谈。

**8月份**

8月10日，省律协2010年第二期申请律师执业人员培训班在省委党校结业。经过半个月的集中培训和考核，470名学员取得结业证书。

8月21日~22日，一年一度的浙江省律师实务理论研讨会在杭召开，来自全省各市（省直）律师协会的领导，省律协各专业委员会主任、秘书长，经省律协初评入围的48名论文作者及其他律师共100余人参加了研讨会。省律协会长章靖忠、副会长沈田丰、秘书长陈三联，省律协金融与保险专业委员会主任吴清旺博士，省高院研究室主任魏新璋，省人民检察院民行处副处长曹呈宏博士，浙大光华法学院教授韩家勇受邀担任评委。浙江大学教授余潇枫受邀为研讨会作“理念变革与社会发展”的演讲。会议共评出一等奖3篇、二等奖6篇、三等奖13篇、优秀奖26篇，同时还评选了“最佳演说奖”、“最佳风采奖”和“优秀组织奖”。从2011年开始，“浙江省律师实务理论研讨会”将改版为“浙江律师论坛”，并设置若干分论坛。

8月23日，省律协秘书长陈三联随省司法厅副厅长吴强军赴上海，就发挥律师在动拆迁矛盾纠纷化解中的作用，与上海市司法局、上海市律协进行了交流座谈。上海市司法局副局长刘忠定、上海市律协副会长厉明、秘书长万恩标以及我省部分从事建筑、房地产业务的律师参加了交流活动。

8月28日，受新疆自治区律师协会邀请，省律协常务理事、省直律师协会郑金都会长，省直律协副会长史建兵赴新疆授课，近400名新疆律师参加了培训。这也是我省律师响应中央新疆工作座谈会精神，今年第二次赴疆授课。

8月31日下午，我省23位律师参加“浙江省知识界人士联谊会二届一次理事大会”，并当选理事。其中省律协常务理事黄廉熙当选省知联会副会长、省知联会新的社会阶层人士分会会长。省律协常务理事郑金都、唐国华、周光，秘书长陈三联等6人当选为省知联会常务理事。省委副书记夏宝龙出席大会并作重要讲话。省知联会是由省委统战部主管，由党外高级知识分子为主体组成的统战性社会团体。

**9月份**

9月10日，省律协接待了中国国际贸易促进委员会上海分会副会长李志刚、中国国际经济贸易仲裁委员会（CIETAC）上海分会常务副秘书长闻万里、副秘书长黄文一行的来访交流。省律协副会长沈田丰，省律协前会长王秋潮，省律协常务理事黄廉熙等律师代表与李志刚副会长一行进行了工作交流。双方就以仲裁方式解决商事纠纷、浙江律师在国际商事仲裁领域的业务开展以及增加浙江律师担任国际经济贸易仲裁员等议题进行了讨论。

9月10~11日，省律协秘书长陈三联赴大连参加全国律协宣传联络工作会议，并以“积极谋划、主动出击，做好宣传律师服务党委政府中心工作这篇大文章”为题作典型发言。我省律协会刊《浙江律师》获首届律师协会会刊评选“优秀奖”和“最佳封面奖”，成为全国获两个大奖的两家律协之一。

9月15日上午，全国人大法律委员会调研组一行5人，在全国人大常委会委员、法律委员会主任委员胡康生和全国人大常委会委员、法制工作委员会副主任郎胜的带领下，来我省开展刑法修正案（八）（草案）立法调研活动，并召开征求意见座谈会。省人大法制委员会主任委员、省律协名誉会长胡虎林主持会议，省律协刑事业务委员会主任姜丛华代表省律协参加会议。

9月25日~26日，省律协在衢州举办了未成年人保护“春雨行动之和风润苗”衢州行活动。省律协副会长、未保委主任李根美，嘉兴市律协会长、省律协未保委副主任冯震远，衢州市律协会长卢礼成以及全省各市律协未保委志愿律师代表等共60余人参加此次活动。在衢州市东港学校法制宣讲现场，志愿律师以故事案例等形式开展未成年人保护法制宣传教育，发放法律知识手册、未保知识图片1000余份。

9月26日~27日，省律协副会长沈田丰、秘书长陈三联率领我省15名律师代表赴山东济南参加第八届华东律师论坛。论坛围绕“律师职业使命与律师业发展”这一主题展开了交流与研讨，我省12篇论文获奖。

**10月份**

10月14日上午，省律协新苗律师志愿团律师与浙江教育科技频道《纪实》栏目组在省未成年劳动教养人员管理所共同举行了以“拥抱明天、沐浴阳光”为主题的现场法律咨询活动，为需要帮助的学员提供免费法律咨询服务。省律协副会长李根美参加活动。

10月21日下午，省律协接待了香港律政司高级检控官杨美琪小姐的来访交流，省律协副会长李根美、秘书长陈三联参加座谈。双方就律师业发展的现状、内地和香港司法制度存在的差异等作了交流。

10月23日，省律协在浙江海宁体育中心举办了“天册杯”沪苏浙律师乒乓球、羽毛球友谊赛。全国律协副秘书长李海伟，省司法厅副厅长、省律协党委书记吴强军，海宁市委常委、副市长赵莫辉，省律协会长章靖忠、副会长陆国庆、秘书长陈三联，上海市律协副秘书长王旭峰，江苏省律协副秘书长李仁尧等出席开幕式。来自上海、江苏、浙江三地80余位律师乒乓球、羽毛球运动员参加比赛。此次比赛是沪苏浙三地律师协会组织体育赛事的第七届。

10月24日~25日，省律协接待了甘肃省司法厅巡视员、省律协党组书记张克年，甘肃省律协副会长朱万润、秘书长崔皋平的来访交流，省律协会长章靖忠、副会长李根美、秘书长陈三联，省厅律管处处长王兰青参加座谈。双方就律师业发展的现状、律师行业党建工作、秘书处建设等作了交流。

10月28日，全省律师行业“诚信服务先锋”创先争优活动推进会在杭召开。省司法厅党委委员、副厅长吴强军在会上讲话。各市司法局分管律师工作领导，律师行业“诚信服务先锋”创先争优活动办公室负责人，各市（省直）律师协会秘书长，县司法局或律师事务所代表参加会议。省委创先办专门派员到会指导。

**11月份**

11月1日，省律协在全省行业开展评选“服务经济建设突出贡献律师事务所”活动。

11月4日，省律协在遂昌组织召开全省律师担任政府法律顾问工作经验交流会。会议总结交流了各地律师担任政府法律顾问的基本情况，并研究讨论了下一阶段推进工作。省司法厅副厅长、省律协党委书记吴强军出席会议并讲话。遂昌县人大常会副主任包建崇、丽水市司法局局长陈满兴、遂昌县副县长詹巍应邀出席会议。各市分管律师工作的副局长、律管处长，各市（省直）律协会长、秘书长、律师代表，以及省律协会长、副会长、秘书长，省司法厅律管处处长等60余人参加会议。

11月8日下午，省律协邀请省地税局税政管理二处处长陈伟军、副处长邵丽丽来省律协召开座谈会，就我省律师税收的现状以及今后的改革方向等问题进行了讨论，并提出相关意见和建议。省司法厅副厅长、省律协党委书记吴强军出席会议并讲话。省律协会长章靖忠，省律协副会长罗杰、沈田丰，省司法厅律管处处长王兰青出席会议。省直律协会长郑金都，嘉兴律协会长冯震远，杭州律协副会长张顺洪等律师代表参加会议。省律协秘书长陈三联主持座谈会。

11月9日至10日，全省乡村法律顾问工作推进会在余姚召开。省司法厅党委委员、副厅长吴强军出席会议并讲话。省律协会长章靖忠、秘书长陈三联，省司法厅律管处处长王兰青，各市司法局分管领导、律管处处长、部分县（市、区）司法局分管领导参加会议。

11月17日，省律协接待了重庆市律协会长孙发荣一行15人的来访交流。省律协会长章靖忠，副会长沈田丰、李根美，秘书长陈三联，省律协刑委会主任姜丛华等参加了座谈交流。

11月18日，省律协2010年度第三期申请律师执业人员培训在省委党校开班，来自全省各地市的近500名实习人员参加培训班。

11月20日，省律协与浙江教育科技频道在绍兴联合举办“新苗律师志愿团大型法律咨询会”。绍兴12家律师事务所20名律师组成的志愿团为市民耐心解答各类法律问题，活动现场共接待咨询344人次。绍兴市律协会长李旺荣接受了浙江电视台教育科技频道的采访。

11月24日，省律协接待了香港大律师公会前主席、资深大律师袁国强一行7人来访交流。省律协副会长李根美、沈田丰对香港大律师公会的到访表示欢迎。省律协秘书长陈三联主持座谈会。我省部分主要从事刑事诉讼业务的律师参加座谈交流。

11月26日~27日，省律协在杭召开七届九次常务理事会会议和七届七次理事会会议。会议传达了全国律师工作会议精神和全国律师党建工作会议精神，审议通过《浙江省律师协会第七届理事会工作报告（草案）》、《浙江省律师协会第七届理事会财务工作报告（草案）》、《浙江省律师协会章程（草案）》等，研究了省律协换届工作相关事宜。省司法厅副厅长、省律协党委书记吴强军，省人大法制委员会主任委员、省律协名誉会长胡虎林应邀出席会议并讲话。省律协理事，省律协党委委员，省律协秘书长及省律协各部室负责人等共70余人参加会议。

11月27日~28日，省司法厅副厅长、省律协党委书记吴强军，省律协秘书长陈三联应邀出席浙江工业大学法学院建院十周年庆典仪式。我省8名律师在庆典仪式上被聘为浙江工业大学法学院客座教授。

11月28日，省律协与省法学会金融法学研究会在杭联合举办“民间融资引导与规范”研讨会，就民间融资引导与规范等法律问题进行了学术探讨。省法学会副会长牛太升、省律协副会长沈田丰、省政府金融办处长袁军培出席会议并讲话。来自省政府、金融监管机关、法院、检察院、公安、金融机构、律师事务所、高等院校、上市公司等部门领导、权威专家与学者等约500人参加了会议。省公安厅、省法学会、杭州市检察院、杭州仲裁委等单位代表作了主题发言。

**12月份**

12月4日，在“浙江法治在线”开通仪式暨全省司法行政系统第二届“十大百优”人物表彰大会上，省律协副会长沈田丰获“十大最具影响力人物”荣誉称号，我省10名律师获“优秀律师”荣誉称号。省律协会长章靖忠、秘书长陈三联参加会议。

12月6日~15日，应巴西全国仲裁调解委员会、智利毛利省司法部、法国巴黎大律师公会的邀请，省律协会长章靖忠、秘书长陈三联等随同省司法厅党委书记、厅长赵光君赴巴西、智利、法国考察访问，考察三国的司法制度、律师制度、仲裁制度及调解工作情况。

12月24日~25日，浙江省第八次律师代表大会在杭州隆重召开。省委书记赵洪祝在会议召开前，对律师工作作出重要批示。省委副书记夏宝龙出席大会开幕式并作重要讲话，中华全国律师协会会长于宁在开幕式上致辞；省委常委、副省长葛慧君，省人大常委会副主任冯明，省政协副主席王永昌等出席大会开幕式。省委办公厅、省政府办公厅、省委政法委、省人大法制委、省人大内司委、省政协社法委、省高院、省检察院、省公安厅、省工商联、省社科联等部门负责人应邀出席会议。在杭厅领导，律师代表、特邀代表，省律协老领导、老律师代表及兄弟行业协会代表共400余人参加了大会开幕式。大会审议通过《第七届理事会工作报告》、《第七届理事会财务工作报告》、《章程》，选举产生省律协新一届领导班子。章靖忠连任省律协会长，胡虎林被聘请为名誉会长，李根美、沈田丰、郑金都、党亦恒、李旺荣、陈雄武、冯震远等七名律师当选副会长，陈三联连任秘书长，俞柏盛、曹悦担任副秘书长。大会还隆重表彰了全省司法行政系统第二届“十大百优”十大优秀律师、浙江省优秀“1+1”法律援助志愿者律师和20家“浙江省服务经济建设突出贡献律师事务所”。省司法厅党委书记、厅长赵光君出席大会闭幕式并讲话。省司法厅党委委员、副厅长吴强军，省司法厅党委委员、政治部主任俞世裕出席大会闭幕式。

## 安徽省律师协会工作

### 一、业务培训

**2010年安徽省律协业务培训情况汇总表**

| 序号 | 时间 | 主办单位 | 内容 | 授课嘉宾 |
|---|---|---|---|---|
| 1 | 3月12日 | 消费者权益保护专业委员会 | 1. 消费者权益保护法》惩罚性赔偿制度及其完善<br>2. “加大版权保护，促进和谐消费”专题研讨讲座 | 1. 省人大法工委副主吴斌<br>2. 省新闻出版局版权处处长吴安宁 |
| 2 | 5月21日 | 未成年人保护专业委员会 | 未成年人司法审判改革与实务讲座 | 省高院刑三庭吴政副庭长 |
| 3 | 6月27日 | 刑事法律专业委员会 | 刑事辩护中的证据适用问题——两大“证据规则”理解与适用 | 北京大学法学院教授、博士生导师陈瑞华 |
| 4 | 6月28日 | 刑事法律专业委员会 | 1. 量刑规范化的理论与实务<br>2. 刑事辩护的风险防范 | 1. 省高院刑三庭案件指导组组长张进<br>2. 北京大成律师事务所高级合伙人、北京律协刑事诉讼委员会主任钱列阳 |
| 5 | 10月5日 | 劳动和社会保障法律专业委员会 | 劳动法实务操作 | 省律协劳动和社会保障法律专业委员会主任、安徽天禾律师事务所合伙人孟超 |
| 6 | 10月23日 | 公司法律专业委员会 | 相关问题司法解释 | 最高人民法院执行局副局长金剑锋 |
| 7 | 10月30日 | 知识产权专业委员会 | 商业秘密保护讲座《新形势下商业秘密法律保护的发展与律师实务操作技能》 | 全国律师协会知识产权专业委员会执行委员、北京金诚同达律师事务所高级合伙人李德成 |
| 8 | 12月3日 | 行政法律专业委员会 | 我省行政诉讼概况 | 省高院行政庭法官张志强 |
| 9 | 12月4日 | 行政法律专业委员会 | 1. 行政审判工作中的几个问题<br>2. 行政复议实务研究的若干问题 | 1. 合肥市中院行政庭庭长李传长<br>2. 省政府法制办工作人员王慧 |
| 10 | 12月11日 | 诉讼法律专业委员会 | 1. 刑事诉讼审前程序与律师辩护若干问题讲座<br>2. 近年来我省批捕侦查监督领域若干制度的创新改革 | 1. 中国社会科学院法学研究所博士后、芜湖市中级人民法院副院长管宇<br>2. 省人民检察院侦查监督处副处长顾震 |
| 11 | 12月12日 | 诉讼法律专业委员会 | 解读《关于建立和完善执行联动机制若干问题的意见》的专题讲座 | 省高级人民法院的执行局业务指导组组长张永会 |
| 12 | 11年2月27日 | 金融证券法律专业委员会 | 1. 上市公司股权激励<br>2. 上市公司信息披露<br>3. 安徽证券律师如何走出去服务全国 | 1. 省律协金融证券法律专业委员会副主任、安徽天禾律师事务所合伙人张大林<br>2. 省律协金融证券法律专业委员会副主任、安徽安泰达律师事务所副主任<br>3. 安徽承义律师事务所合伙人鲍金桥 |

## 二、业务研讨

2010年业务研讨情况汇总表

| 序号 | 时间 | 主办单位 | 内容 | 嘉宾与参会人员 |
|---|---|---|---|---|
| 1 | 3月12日 | 消费者权益保护法律专业委员会 | 总结了2009年专业委员会工作，研究讨论了今年的工作 | 省人大法工委副主任吴斌、省司法厅副巡视员、律师管理处长、省律协秘书长潘法律、省新闻出版局版权处处长吴安宁、省律协副会长朱世贾、省司法厅律管处副处长、省律协副秘书长陈勇、省消协投诉部主任罗勇、专业委员会全体委员及自愿参加的律师 |
| 2 | 4月16～17日 | 建筑房地产与民事法律专业委员会 | 房屋征收拆迁和侵权责任 | 省律协党委副书记刘建华、宣城市司法局副局长、市律师协会会长周小六、绩溪县司法局局长周其华、副局长章中峰及专业委员会委员 |
| 3 | 5月21～22日 | 未成年人保护法律专业委员会 | 第六届“律师·媒体·儿童”沙龙 | 省高院刑三庭吴政副庭长、省律协副秘书长贾晓清及专业委员会委员 |
| 4 | 6月27日 | 刑事法律专业委员会 | 年度工作总结及讨论本委员会下一年度工作计划 | 专业委员会全体委员 |
| 5 | 7月24日 | 劳动和社会保障法律专业委员会 | 案例研讨会 | 专业委员会全体委员 |
| 6 | 8月20～22日 | 安徽省民商法学研究会、河南省民商法学研究会、山东省民商法学研究会共同主办，安徽省高级人民法院、安徽大学法学院联合承办，安徽省律师协会协办 | 皖豫鲁民商法学研究会 | 专家、学者、参加律师 |
| 7 | 8月28～29日 | 安徽省律师协会、中国人民大学民商事法律科学研究中心 | 皖江城市带承接产业转移示范区与安徽律师业的发展——律师与学者同行 | 中国人民大学民商事法律科学研究中心杨立新等7位专家学者，省司法厅副巡视员、省律协秘书长潘法律、省律协会长蒋敏、副会长周世虹、音邦定、宋世俊、朱世贾、蒋祥爱，各市律协负责同志和相关人员以及省律协常务理事、部分论文作者、律师 |
| 8 | 9月27日 | 项目投融资和项目建设法律专业委员会 | 年度工作总结及讨论本委员会下一年度工作计划 | 专业委员会全体委员 |
| 9 | 10月23日 | 公司法律专业委员会 | 专题研讨会 | 专业委员会全体委员 |
| 10 | 10月30日 | 知识产权法律专业委员会 | 年度工作总结及讨论本委员会下一年度工作计划 | 专业委员会全体委员 |
| 11 | 11月5日 | 电子商务与信息网络法律专业委员会 | 讨论与修改《电子商务和信息网络诉讼案件举证指引》草稿 | 专业委员会全体委员 |
| 12 | 11月30日 | 涉外法律专业委员会 | 2010年度工作总结及讨论本委员会2011年度工作计划 | 专业委员会全体委员 |
| 13 | 12月3日 | 行政法律专业委员会 | 如何推进皖江城市带承接产业转移示范区法治政府建设 | 专业委员会全体委员 |

| 序号 | 时间 | 主办单位 | 内容 | 嘉宾与参会人员 |
|---|---|---|---|---|
| 14 | 12月11日 | 诉讼法律专业委员会 | 年度工作总结及讨论本委员会下一年度工作计划 | 专业委员会全体委员 |
| 15 | 11年2月26日 | 金融证券法律专业委员会 | 年度工作总结及讨论本委员会下一年度工作计划 | 专业委员会全体委员 |

## 三、会员管理

1. 3月29日，安徽省律师执业责任保险开标会在省律协会议室举行。中国平安财产保险股份有限公司安徽分公司以律师执业责任险每次事故赔偿限额为200万元，每个律师事务所累计赔偿限额为5000万元，每位律师累计赔偿限额为600万元，全省律师累计赔偿限额2亿元的报价中标。

律师执业责任保险是我省首次在全省范围内对律师执业责任进行投保，律师执业责任保险投保人为省律协，投保险种为律师执业责任团体险，以全省考核合格律师为被投保人，律师事务所为受益人。保费由省律协从会费中支出，省律协将为每位律师办理一份律师执业责任基本险。按省律协与保险公司商定的保险条款和费率，各律师事务所可以根据各自情况自费追加投一定份额的保险。律师执业责任保险制度的建立，在化解律师执业责任风险，体现律师业的社会责任感，维护当事人的合法权益等方面都有很好的促进作用。

2. 分别组织优秀律师及律师管理人员赴贵州、云南、四川疗养，律师们投身大自然，身心得到极大的放松，活动取得了良好的效果。

3. 组织了省直所律师组成篮球、游泳、步调一致及扑克等参赛队伍，代表省司法厅参加安徽省省直机关第六届运动会，本次运动会丰富了律师的业余生活，加强团队协作，强健了体魄，取得了圆满成功。

4. 制定了《安徽省律师协会投诉案件查处规则》，实现了投诉查处工作的制度化、规范化。

5. 为更好的做好投诉查处工作，省律协专门建立调查专员制度，在全省招募热心奉献我省律师事业的律师，作调查专员，代表省律协专司投诉案件的调查工作，建立投诉案件专员调查制度。

6. 为了表彰先进，树立典型，2010年省律协根据《安徽省律师表彰奖励办法（试行）》、《第二届安徽省优秀青年律师暨首届安徽省优秀女律师评选办法》的规定，组织开展了第二届安徽省优秀青年律师暨首届安徽省优秀女律师评选活动。经评选，省律师协会决定授予方辉等20位律师"安徽省优秀青年律师"荣誉称号；授予刘文婕等10位律师"安徽省优秀女律师"荣誉称号。

7. 为更好的做好新时期的互助基金管理工作，省律协召开会议研究修改互助基金管理办法，就互助金救助范围和基金使用范围在充分调研的前提下，作出了适应新情况的修改。并建立与互助金相配套的律师重大疾病团体保险制度，增强对会员的保护，以解决会员后顾之忧。

8. 关怀慰问老律师。春节前后省律协领导登门看望了老律师，向他们致以新春问候，感谢他们为我省律师事业发展作出的贡献和一如既往的关心，并祝福他们福寿安康、幸福美满。在为老律师送去了司法行政机关和律师协会的温暖之情和关爱之意的同时，也营造了尊老敬贤的行业风范。

## 四、对外交流

1. 4月8日，接待江苏省律师协会副秘书长李仁尧一行5人来我省考察交流。双方介绍了皖苏两省律师协会的基本情况以及律师行业管理工作经验，并就律师协会的基本工作机制、两结合管理模式、律师党建工作及律师文化建设工作、律师行业表彰、惩戒工作、专业委员会工作开展情况、律师继续教育、实习培训考核等问题进行了探讨和交流。

2. 4月23日，接待广州市律师协会一行15人来我省开展律师工作专题调研。双方介绍了皖粤两省律师协会的基本情况并就行业宣传、投诉查处工作、律师税收等重点问题进行了深入的交流与研讨。

3. 5月21日，接待香港律师会副会长何君尧一行7人来我省考察交流。双方就皖港律师行业组织架构及行业管理情况进行了互动交流，重点就拓宽和加深安徽与香港律师间的业务交流与合作进行了讨论。

4. 9月29日，福建省律师协会代表团一行来我省考察，双方就会费收取、会费管理等事宜进行交流。

5. 11月15日，重庆市律师协会会长孙发荣一行11人来我省考察。双方就执业律师年度考核、实习律师管理、专业委员会活动、农民工维权工作、行业奖惩工作、财务工作等方面进行了讨论交流。

6. 11月26日，上海市律师协会秘书长万恩标一行17人来我省考察。双方就皖沪律师行业组织架构及行业管理情况进行了互动交流，重点就培养和扶持青年律师过程中针对性的措施、制度以及做法进行了探讨。

7. 12月15日~24日，应财团法人两岸发展基金会邀请，经国务院台湾事务办公室批准，安徽省律师协会赴台考察团前往台湾考察律师业务。

### 五、法律援助

2010年，安徽省共办理法律援助案件24736件。其中律师办结455件，占1.8%。

### 六、会刊及网站

（一）安徽省律师协会会刊——《安徽律师》

《安徽律师》是以律师和律师执业为核心的专业刊物，2010年主要版块有关注、观察、前沿、侧记等。

（二）安徽省律师协会网站——安徽律师网

网址：http：//www.ahlawyer.com.cn。

本着服务律师的原则，安徽律师网开辟了行业资讯、行业动态、新法速递及律师文萃等栏目，2010年还添加了创先争优及皖江崛起等版块。

## 江苏省律师协会工作

### 一、律师协会大事记

1月16日，省律协在常州举办江苏省执业律师业务培训班，邀请最高院民一庭辛正郁法官就《物权法》司法解释和立法前沿问题进行了专题讲解。近千名律师参加培训。

1月24日，江苏省第三届律师辩论大赛总决赛在省教育电视台演播大厅举行。省司法厅厅长缪蒂生、副厅长许同禄，省律协会长王凡等领导到现场观摩比赛并颁奖。无锡律师代表队凭借优异的表现，获得本次大赛团体特等奖。

1月，省律协下发《通知》，要求各地律协、律师事务所和广大律师进一步规范刑事案件执业行为，努力避免违法违规现象发生。

1月，省律协在全省各地开展慰问活动，主要慰问对象为“1+1”中国法律援助志愿者行动律师志愿者家属、“江苏律师业特殊贡献”奖候选人中80周岁以上的律师。

2月，省律协和江苏联盛律师事务所、北京大成律师事务所南京分所党支部前往江苏省律师希望学校——泗洪县瑶沟中学，开展爱心结对帮扶活动。省律协向瑶沟中学捐赠了150

本图书，两所党支部向学校21名贫困生捐赠了四万两千元人民币和学习用品。

2月，省律协被民政部授予“全国先进社会组织”称号。

3月1日，司法部召开电视电话会议，总结律师事务所深入学习实践科学发展观活动。省司法厅副厅长许同禄代表江苏作了《突出实践特色，创新党建工作，律师事务所学习实践活动取得实效》的经验介绍。

3月5日，胡锦涛总书记与李源潮等中央领导一起，亲临人民大会堂西大厅江苏代表团审议现场，与157名江苏代表共商国是。代表团审议结束后，代表们涌向前去继续向总书记汇报江苏的经济和社会发展。胡总书记和刘玲代表亲切握手时，刘玲向总书记汇报了江苏律师事业发展情况，当刘玲汇报到江苏千所万名律师业务收费24亿元，为全省经济发展和社会稳定作出积极贡献时，总书记面露微笑，连连点头，勉励江苏律师再接再厉，再创佳绩。

3月13~14日，省律协召开七届六次理事会，审议通过理事会工作报告和年度预决算报告，全面回顾2009年工作，明确2010年的工作任务。省司法厅党委书记、厅长缪蒂生、副厅长许同禄等领导出席会议并做重要讲话。会上，省司法厅和省律协还联合表彰30家“江苏省优秀律师事务所”和60名“江苏省优秀律师”。同时，授予汪洋等61名老律师特殊贡献奖和特别荣誉奖。

3月18日，省司法厅副厅长、省律协党委书记许同禄率省厅律管处和省律协秘书处主要负责人一行前往无锡调研律师业“专业化、规模化、品牌化”建设情况，推进“双促双助”法律服务专项活动的开展。

3月，省律师协会和南京、扬州、镇江、泰州市律师协会及江苏高的、刘洪、漫修、清正苑、惠诚所常州分所、昊震、东亭、江成、钟山明镜所宿迁分所等律师事务所被评为“江苏省社会组织深入学习实践科学发展观活动先进单位”。江苏省律师行业深入学习实践科学发展观活动领导小组被评为“江苏省社会组织深入学习实践科学发展观活动指导工作先进单位”。

3月，省司法厅对2009年度全省司法行政系统信息工作决定进行表彰，省律协秘书处被评为先进集体。

4月8日至9日，全省律师管理工作会议在常州召开。省司法厅党委委员、副厅长、省律协党委书记许同禄出席会议并讲话。

4月22日，全国律协《律师执业年度考核办法（讨论稿）》座谈会在苏州召开。全国律协马国华副秘书长、会员部宁弘主任一行，就正在起草中的《律师执业年度考核办法》专程来江苏征求意见。省律协薛济民副会长、梁武华秘书长及南京、常州、苏州、盐城、泰州等5市秘书长出席座谈会并对讨论稿提出了意见和建议。

4月23日，省律协在南京召开全省律师行业信息工作会议，对2009年度信息工作成绩突出的6家律师协会、4名个人予以表彰。

4月23日至25日，省律协在南京召开工作委员会、业务委员会主任会议，常务理事、各工作委员会与业务委员会主任、副主任、监事、省律协和各市（省直）律师协会秘书长出席会议，会议对前一年度的工作进行了回顾总结，研究确定了各委员会年度工作计划。

5月15日，江苏省执业律师业务培训班在宿迁召开，中国人民大学法学院硕士生导师朱岩副教授就《侵权责任法》进行了专题讲解，近五百名律师参加。

5月19日至22日，以邵吕威副会长领队的江苏律师学习交流团一行9人前往浙江、上海两地参访学习律师行业宣传和开展律师战略发展研究方面的先进经验。

5月29日，全省律师行业纪律工作会议在苏州举行。

6月2日，中宣部新闻局第329期《新闻阅评》以《加快经济发展方式转变离不开法律服务 法制日报报道江苏“双促双助”活动有特色》为题，进行了阅评。5 月，法制日报头版头条以《从“双千百日”到“双促双助”》为题，报道了我省法律服务行业为加快转变经济发展方式开展专项服务活动的做法。

6 月 2 ~3 日，全省律师行业党务工作者培训班在宁举办，来自全省各市律师协会党委成员、县（市、区）律师党总支负责人、律师事务所党支部负责人和律师党建政治指导员 240 余人参加了此次培训。

6 月 18 ~20 日，全省女律师工作会议暨省女律师联谊会第十次年会在宿迁召开。来自全省近 60 名女律师参加了会议。

7 月 2 ~3 日，省律协在扬州江海学院成功举办全省首届律师运动会。13 个市、省直共 14 支律师代表队、150 余名律师参加了比赛。省司法厅副厅长、省律协党委书记许同禄，扬州市司法局局长阚肖虹等出席了开幕式。省直律师代表队获得团体一等奖，苏州、无锡律师代表队获得团体二等奖，镇江、连云港、扬州律师代表队获得团体三等奖。

7 月 5 日，第三届律师协会（全国）监事会论坛预备会在南京召开。会议讨论通过了《律师协会（全国）监事会论坛章程》和《第三届律师协会（全国）监事会论坛主题》。

7 月 17 日，省律协在全省各地统一举行律师执业纪律知识暨“五五”普法知识考试，全省 10000 多名专、兼职律师参加了考试。

7 月 23 日至 25 日，省辖市律师协会秘书长座谈会在连云港召开。各地回顾了上半年律师工作，汇报了下半年工作计划，重点介绍了“双促双助”、“创先争优”等专项工作的开展情况和下一步打算。

7 月 31 日，中国国际经济贸易促进委员会江苏省分会和省律师协会在南京共同举办“仲裁与律师技巧”培训班。中国国际经济贸易仲裁委员会上海分会副秘书长黄文就仲裁委员会的职能、审理的案件及律师在代理仲裁案件中的技巧为参加培训班的 130 余名律师作了讲解。

7 月，团中央、中国法律援助基金会、司法部以及中华全国律师协会在京联合召开“1 +1”中国法律援助志愿者行动 2009 年总结表彰暨 2010 年工作会议。我省徐祥、陈荣昌、李松平获“中国法律援助志愿者行动优秀律师”荣誉称号。

7 月，《行成于思— 2009 年度江苏律师优秀论文集》公开出版，文集收录了 69 篇优秀论文。

8 月 5 日，省律协费建新副监事长、梁武华秘书长等一行赴上海市律师协会考察税收新政对律师业的影响及监事会运作情况等方面内容。

8 月 14 日，省律协在徐州举办公司金融证券业务培训班，就律师尽职调查实务和首次公开发行股票并上市的法律尽职调查组织了专家讲座。

8 月 15 日，省律协在宿迁举办专题业务培训班，来自全市的 320 余名专兼职、实习律师参加了培训。

8 月 31 日，根据省委组织部要求，王凡会长代表省律协党委、宋辉律师代表江苏高的律师事务所党支部向以新加坡贸工部兼人力部政务部长、人民行动党总部执行委员会对外关系组主席李奕贤为团长的人民行动党代表团 50 余人介绍了我省律师行业党建工作情况。

8 月底，在大庆市召开的全国律师协会秘书长会议上，江苏省律协代表东部经济发达地区以“创新机制，确保实习律师管理取得实效”为题介绍了实习律师管理工作，得到了全国律协的肯定。

9 月 4 日至 5 日，省律协组织律师参加由中华全国律师协会及中国城郊经济研究会在山东省潍坊市联合召开的“统筹城乡发展中的法治与律师实务研讨会”。

9 月 18 日，省律协在连云港举办“海上财产保险法律适用问题”等专题业务培训班，200 余名律师参加了培训。

9 月 26 日，省律师协会和省女子劳教所（强制隔离戒毒所）在省女子劳教所内合作共建“法律援助基地”并举行揭牌仪式。

9月26日，在薛济民副会长带领下，省律协组团参加第八届华东律师论坛。江苏江豪律师事务所季冬律师的《论青年律师之成长和发展》获一等奖并代表江苏律协作大会交流发言。律师代表团在济南期间，还应邀参观了山东德义君达律师事务所。

9月，在司法部召开的律师行业基层党组织和党员深入开展创先争优活动推进会上，省司法厅副厅长周红养介绍了我省律师行业创先争优活动开展情况。司法部领导对我省创新载体，开展“五比五创”工作，促进律师行业创先争优的做法给予充分肯定。

9月，省律师协会党委部署开展“五比五创”活动。即“比素质、创一流队伍”，“比贡献、创一流业绩”，“比诚信、创一流形象”，“比发展、创一流行业”，比作用、创一流模范团队”。

10月10日，省律协组织建筑与房地产业务委员会和刑事业务委员会在淮安市举办专题讲座，近300名律师参加了讲座。

10月14日至15日，2010年度全省律师高级职称评审会在镇江举行。7人通过一级律师评审、12人通过二级律师评审。至此，全省具有高级职称的律师达443名。

10月21日，全省律师工作调研座谈会在南通大饭店召开。省司法厅副厅长、省律协党委书记许同禄出席座谈会并作讲话。

10月24日，由浙江省律协主办的“天册杯”沪苏浙律师乒乓球、羽毛球友谊赛在海宁市举行。我省13名律师参加乒乓球、羽毛球团体及8个单项比赛。

11月2日至5日，中组部组织二局有关负责人来我省调研律师党建工作，听取省司法厅关于全省律师行业党的建设情况汇报，深入南京、南通、盐城市的律师事务所考察，与党员律师代表就律师行业党建工作管理体制的完善、基层党组织活动的创新、党务工作者队伍建设以及党组织和党员作用的发挥等，进行广泛深入交流。

11月7日，省律协在苏州举办全省执业律师业务示范培训班，近六百名律师参加了培训。

11月14日上午，由省律协承办的第三届律师协会全国监事会论坛在无锡开幕，来自全国各地的100多名律协监事会成员参加了此次论坛。本届论坛共收到了来自全国各地律协推荐的优秀论文59篇。

11月17日，全省社会组织深入开展创先争优活动推进会在宁召开，省律协作为社会组织代表在会上作典型发言。

11月20日~21日，由省律协主办，盐城市律协承办的全省沿海大开发战略法律实务暨苏北律师业发展研讨会在盐城隆重召开。省司法厅副厅长、省律协党委书记许同禄，盐城市委常委、政法委书记丁宇等领导出席会议，全省130多名律师行业管理人员和律师代表参加了研讨会。“江苏省沿海开发律师服务团”成立。

11月27日，全省维护律师执业合法权益工作会议在淮安召开。会议审议并原则通过了《江苏省律师协会维护律师合法执业权益工作大纲》。

11月28日，省律协在泰州市举办全省第四期执业律师业务示范培训班，480多名律师参加了培训。

11月29日，北京市律师协会一行七人在副会长周塞军的带领下，来我省交流学习。双方就行业规章制度建设、省市两级律师协会运行、会费管理及律师执业准入政策等方面进行了深入的交流。

12月2日，省律协王凡会长一行到南通调研律师业发展情况，与部分律师代表重点围绕税务问题、行业管理工作进行座谈交流。

12月4日，全省律师参政议政工作会议在常州召开。会议就如何做好人大代表、政协委员，如何发挥律师作用、提升行业形象进行了讨论。

12月4日，省律协在南京市举办公司法业务专题讲座，400余名律师参加了讲座。

12月4日，全省实习律师管理工作会议在常州召开。会议讨论了《江苏省申请律师执业人员实习管理细则》和《江苏省律师执业年度考核细则》。

12月9日，由中国律师杂志社主办、江苏省律协承办、江苏维世德律师事务所协办的律师事务所特殊的普通合伙制若干问题研讨会在南京召开。

12月12日，全国律协民间对日索赔诉讼工作指导小组在江苏南京召开会议，对十余年来民间对日索赔诉讼工作进行总结。

12月22日，省律协、北京大成（南京）律师事务所党支部和江苏高的律师事务所党支部一行20人来到江苏律师希望学校（瑶沟中学）开展捐资结对助学活动。全省律师共向学校捐款近100万元。

12月27日，省律协律师文化暨青年律师工作座谈会在南京召开。会议围绕如何培育先进律师文化、培养青年律师树立良好执业观等议题展开交流。

12月，省律协出台《关于律师为沿海开发战略提供法律服务的指导意见》，要求各级律师协会积极适应全省沿海开发战略的需要，结合“十二五”规划对律师工作的要求，加强对律师业发展热点、难点问题研究，制定符合律师法律服务工作自身规律的意见和措施。

## 福建省律师协会工作

### 一、协会领导机构工作情况

（一）召开理事会、常务理事会、监事会情况

1. 2010年1月30日在福州召开第八届常务理事第三次会议。会议审议了《省律协2009年工作总结》、《省律协2010年工作思路》、《省律协2009年度财务决算报告》及《省律协2010年度财务预算》；讨论修改了《省律协常务理事述职考评工作规则（草案）》并决定提交理事会进行审议；审议通过了《关于调整充实女律师工作委员会委员的报告》；研究决定免去李爱河省律协理事职务，并提交理事会议进行表决。

2. 2010年1月31日在福州召开第八届理事会第二次会议。会议审议通过了《省律协2009年工作总结》、《省律协2010年工作思路》、《省律协2009年度财务决算报告》及《省律协2010年度财务预算》。同时，本次会议还审议通过了《省律协常务理事述职考评工作规则》，并首次尝试了常务理事的述职考评制度，17名常务理事向与会的理事、监事进行了述职，并接受理事、监事的质询和满意度测评。

3. 2010年7月11日在厦门召开第八届常务理事第四次会议。会议讨论通过了《关于评选优秀律师事务所、优秀律师活动的方案》；审议了《福建省申请律师执业人员管理考核实施细则》；修订了《福建省律师协会会员奖励办法》；讨论了《会员个案维权规则》；通报了2010年全省开展律师纪律工作检查的情况；通报支持司法部“1+1法律援助项目”5万元经费，并讨论追加年度经费预算；讨论确定了“第六届福建律师论坛”主题和举办“海峡法学论坛”律师分论坛的相关事项；审议了《福建律师》改版方案；审议通过了省律协刑事专业委员会主任调整建议名单；通报了上半年的工作情况；通报了关于在全省律师行业基层党组织和律师党员中开展创先争优活动的情况。

4. 2010年1月31日，省律协第二届监事会在福州召开第三次会议。会议就第八届理事会第二次会议、第八届常务理事会第三次会议的监督情况进行了通报；对2009年各理事、常务理事履职监督情况进行了通报；讨论研究监事会如何加强监督职能；通报了参加全国监事会论坛的相关情况。

（二）会长办公会议召开情况

福建省律师协会第八届理事会第二次会长

办公会议于2010年11月30日在福州召开。会议学习传达了全国律师工作会议精神、全国律师党建工作会议精神，学习了中办发［2010］30号文件精神；会议通报了全省律师事务所和律师的“两优”评选情况。

（三）机构、制度建设情况

1. 出台《福建省律师协会常务理事述职考评工作规则》（2010年1月31日第八届理事会第二次会议审议通过）；

2. 修订《福建省律师协会会员奖励办法》（7月11日第八届常务理事会第四次会议审议通过）；

3. 出台《福建省申请律师执业人员实习管理细则（试行）》（2010年10月第八届常务理事会审议通过）；

4. 草拟《福建省律师协会避免律师执业利益冲突规则（草案）》（目前该规则仍在论证修改中）。

## 三、行业管理工作情况

（一）业务研讨

一是举办海峡法学论坛两岸律师分论坛。8月20日，在海峡法学论坛组委会的指导下，省律协在福州首次举办海峡法学论坛——两岸律师分论坛。台湾地区的12名律师来闽参加论坛。两岸律师围绕海峡西岸经济区建设中的法律问题和后ECFA时代律师业所面临的机遇与挑战展开深入探讨。二是举办第六届福建律师论坛。8月28日、29日，在三明沙县召开为期两天的第六届福建律师论坛。此次论坛的主题为“荆棘的王冠——福建律师：责任·和谐·发展”，来自全省各地近150名律师，围绕共同关心的业务热点和难点问题展开研讨。论坛共分为主题类、民事类、刑事类、经济类、行政类及劳动类五个分论坛。三是举办举办青年律师培训班。9月4日、5日，在龙岩市举办青年律师培训班。培训班邀请了中国政法大学刑事诉讼法教授、中国人民大学博士、刑事司法学院学术委员会主席洪道德、厦门大学副教授郑金火、厦门大学副教授朱泉鹰，分别就《律师职业风险防范讲座》、《律师刑事辩护风险防范》、《侵权责任法讲座》等内容，向参加培训的律师进行了授课。四是组团参加华东律师论坛。由华东地区六省一市律师协会共同主办、山东省律师协会承办的第八届华东律师论坛于9月26日~27日在济南市召开，本届论坛主题是“律师职业使命与律师业发展”我省向本届论坛选送论文12篇，组成了以省律协常务副会长徐军为团长的福建律师代表团参加了本届论坛。我省在论文内容上能紧密结合当前法律服务业的热点问题进行探讨，得到兄弟省市律师同仁和点评专家的肯定及好评，其中1篇论文被推选作为大会主题演讲论文，并获得一等奖；2篇论文获得二等奖；9篇论文获得三等奖。

（二）会员培训

一是开展实习律师职前培训。2010年，省律协先后在福州举办了三期全省申请律师执业人员培训班，共有780名实习律师参加培训（不含厦门市）。申请律师执业人员培训分为两个阶段，第一阶段由省律协邀请14位律师界资深的执业律师以及专家、学者进行面对面地集中授课，第二阶段学员们还要接受80课时的网络培训。省律协根据参加培训的学员的参加集中学习、网络学习及完成作业的情况，完成三期培训人员的《集中培训结业证书》的发放工作。二是开展律师年度继续教育。一年来，我会继续按照“统一规划，分级实施”的原则，在制定年度律师继续教育培训计划的基础上，加强在培训课题、培训方式、师资力量等方面的指导，帮助各设区市律协、省直分会做好律师年度继续教育培训工作，确保全省律师年度继续教育培训任务的完成。三是开展青年律师执业风险防范培训活动。为加大对青年律师的扶持力度，有效帮助青年律师充分认识律师执业风险，规范青年律师的执业行为，省律协就律师如何正确认识执业风险、刑事辩护中的若干风险和风险防范的对策建议等内容，在部分设区市举办青年律师执业风险防范培训活动。3月13日，在三明市开班，三明市的150多名律师参加了培训；7月4日，在莆田市举办，有130多名律师参加。四是与省直分会联合举办律师执业风险防范讲座。5月8日，特邀中国政法大学刑事诉讼法教授洪道德主讲。省直及福州市的700多名律师参加了讲座。洪教授不仅从法理上对《刑法》第306条做了具体的解析，还进一步阐述了相关法律条文对律师依法规范执业的要求，并结合“李庄案件”对律师如何防范执业过程中可能遇到的风险提出建议。同时，我们将本次讲座制作了DVD下发各地律师协会，为各地开展教育培训创造条件。五是加强对实习律师职业道德执业纪律教育。收集我省律师行业的典型案例27件，结合2010年度申请律师执业人员培训，对实习律师进行了律师职业道德执业纪律和执业风险防范教育。六是选拔青年律师赴香港基本法研究中心参加培训。根据我们与香港基本法研究中心的协议，2010年选派了2名青年律师赴港，进行为期8周的学习培训。七是与省直分会联合举办律师尽职调查培训。4月24日，邀请了北京盈科律师事务所合伙人张远堂律师，开展“关于律师尽职调查的教育培训讲座”。八是与福州市中院联合举办物权法培训。6月29日，举办了“物权法上的物权公示原则”讲座。本次讲座特邀北大法学院尹田教授，就物权公示原则的意义、物权公示对于物权变动的效力等四个方面问题作了深入的剖析与阐述。

（三）会员管理

1. 诚信建设：一是开展律师纪律工作检查。3月26日~29日，省律协纪律委员会组成5个检查小组，分赴莆田、漳州、三明、宁德市律协和省直分会，对2008年以来各地律协纪律工作进行检查。各检查组通过查阅案卷、听取汇报等方式，对2008年以来，各地律师协会、省直分会在投诉案件受理、调查、听证、处分的情况进行了抽查。秘书处根据各检查组的工作情况，汇总形成了《开展律师纪律工作检查情况的报告》。二是做好个案查处及诚信档案的更新。继续把做好惩戒个案的查处作为律师队伍诚信建设的重要工作来抓，指导各地做好律师被投诉案件的查处工作。一年来，省律协共受理批转10件投诉案件，已办结7件，另有3件正在处理中。同时，继续做好福建律师诚信档案的更新工作，更新了5例受到行业处分的律师的诚信档案，并对其中3例进行了信息披露。

2. 文化建设。一是开展“优秀律师事务所”、“优秀律师”评选。制定了“优秀律师事务所”、“优秀律师”评选实施方案，并于7月底向各地下发了通知。在各地律师所及律师个人申报的基础上，各地律协、省直分会对申报对象进行了初评、推荐。在此基础上，我们组成6个考核组对23家申报单位进行实地考核，提出了考核意见，并在福建律师协会网站上进行了公示。省律协“两优”评审委员会于11月29日召开会议，对候选单位和候选人进行了审议，研究确定了21家律师所和65名律师为表彰对象。二是组织青年律师开展“红色之旅”活动。5月8日~9日，组织部分青年律师赴古田会址和江西瑞金开展“红色之旅”，接受革命传统教育，参观了古田会议遗址、纪念馆以及江西瑞金苏维埃共和国临时中央政府所在地。三是举办围棋邀请赛。6月13日，“第一届闽浙黔律师围棋团体对抗赛”在福州举行，来自闽浙黔三个省市的律师代表队，共18名律师棋手参加此次对抗赛。本届比赛福建省律协组织了6位律师组成的代表队参加比赛，经过3天激烈角逐、和谐对抗，我省代表队获得团体第一名的好成绩。四是继续做好女律师合唱团工作。通过聘请专业老师指导授课，每周四下午安排合唱团成员进行训练，提高演唱水平。并按照省厅要求，报名参加了省直机关首届合唱节，获得好成绩。五是举办全省律师80分比赛。7月3日、4日，在莆田举办“全省律师80分比赛”。全省各设区市共有16对组合报名参赛。最终，经过激烈的角逐，来自省直分会的参赛组合获得了本次比赛的冠军，莆田市、厦门市律协推选的参赛组合分获二、三名。

3. 开展公益活动。一是引导律师积极参与法律援助。省律协继续引导律师依法履行法律援助义务。据统计，2010年，全省共承办法律援助案件17828件，受援人数20804人，其中社会律师承办6300多件，达到全省律师人均1件。二是号召全省律师向青海玉树地震灾区捐款。青海玉树地震发生后，省律协及时主动向全省律师发起了为玉树地震灾区捐款的倡议。据不完全统计，截止到6月30日，全省律师共为灾区捐款38万多元，有力支援了地震灾区的重建工作。三是开展未成年人保护工作。2010年，省律协未保委积极开展各项工作，如针对外来工子女教育，开展庆“六一”、庆“双节”校园公益活动；承担福建教育杂志社《小学生周报》“我来当法官”专栏的撰稿；与省妇联共建未成年人维权网站；参与《预防未成年人实施办法》的立法研讨等。同时，全省未保志愿律师也积极开展个案维权的法律援助工作，据不完全统计，全省志愿律师全年共办理未成年人援助案件66件，非政府法律援助案件23件，案件类型涉及未成年人刑事辩护、未成年人抚养权、校园伤害等。四是开展捐资助学。继续做好“明媚助学专项基金”的发放工作，2010年共受理申请32例，经基金管委会审议，确定10名受助对象。五是做好农民工维权工作。2010年，省律协在全国律协的指导，依托福建重宇合众律师事务所“厦门农民工维权工作站”，继续做好农民工维权工作，据统计，全年共为农民工提供法律咨询111例，130多人次，承办维权案件35件，非诉讼法律服务11例，为农民工当事人挽回经济损失达人民币29万余元。

4. 会员考核。各地律协、省直分会按照《福建省申请律师执业人员实习管理细则》，认真做好对实习期满的人员进行考核，如厦门、泉州、漳州、三明、南平、龙岩、宁德等律协，在考核过程中不走过场，通过组织考核组深入实习律师所在地的律师所，在召开律师座谈会、找指导老师了解情况的基础上，对实习律师进行面试考核。部分设区市律协在考核实习律师业务能力的基础上，还重点考察实习律师掌握职业道德执业纪律基本知识的情况，取得较好的考核效果。

（四）会员服务

一是做好行业发展扶持基金的受理工作。2010年共受理了宁德市、三明市、龙岩市、南平市、漳州市律师协会的申请，分别给予行业发展扶持基金2万元，用于秘书处聘用工作人员和开展律师业务研讨活动等。二是继续与北大法宝合作并增发新卡。我会是从2007年开始与北大英华科技有限公司开展合作，向全省律师发放北大法宝会员卡，为会员在执业过程中提供最新法律法规的查询。目前，全省共有3800多名律师已领取了北大法宝会员卡，2010年还新发放法规查询卡20张。三是春节期间组织开展慰问活动。2月3日，春节前夕，省律协开展了慰问活动。召开了老律师、老同志座谈会，向老同志们介绍了省律协2009年的工作情况，认真听取了老同志们对做好全省律师工作提出的意见和建议。2月6日~9日，由洪波会长和副会长徐军、杨新华、于宁杰分别带领秘书处正、副秘书长以及部分律师组成四个小组，分别上门慰问行动不便或生病住院的老同志。同时，我们还向全省各设区市律师协会、省直分会下发了通知，要求各地做好春节期间的慰问活动。四是做好会员互助基金的工作。一年来，共收到三明、泉州、龙岩、漳州市的四位律师的补助申请，经权利保障委员会审议通过，共发放了互助金3.1万元。五是促进改善律师执业环境。省律协副会长、权利保障委员会主任杨新华充分发挥省政协委员的作用，在2010年我省两会召开期间，他向省政协提出了解决与改善律师执业环境的提案，得到了省高院、省检察院的重视，并就此问题作了答复。

（五）行业宣传

一是继续做好会刊的出版发行工作。继续把办好《福建律师》会刊，充分发挥其律师业务研讨与理论实务交流的平台作用，作为协会常规工作中的重要环节来抓。全年共出刊5期。在9月10日至11日召开的全国律协宣传联络工作会议期间开展的“首届律师协会会刊评选”活动中，《福建律师》荣获首届律师协会会刊评选“优秀奖”。二是做好网站信息更新和维护工作。我们充分利用律师协会网站的平台功能，及时编发业内信息和工作动态，确保司法行政和律师协会的重要活动都能及时地在网上得到体现，为广大律师掌握业界动态、获取最新法律法规提供了一个较好的交流平台。全年秘书处共通过网站发布图文信息94条，其中有10条被省司法厅网站转载。三是召开新闻媒体恳谈会。9月17日，省律协宣传交流委员会部分委员以及来自《福建日报》、福建电视台、新华社福建分社、中新社、福建教育电视台、《法制日报》、《法制今报》、《福州日报》等多家媒体的负责人和记者出席了本次会议。于宁杰副会长、刘瑞兰秘书长就新闻媒体朋友这一年来对律师宣传工作所给予的支持表示了衷心感谢，并向他们介绍了近期律师工作的有关情况。大家还就进一步加强合作，加大律师行业宣传力度交换了意见。四是开展专项活动的宣传。2010年，省律协针对组织举办的各项活动，有计划地开展行业宣传工作。如在8月份举办的海峡法学论坛——两岸律师分论坛期间，秘书处积极联系福建日报、东南卫视、东南晚报等作了相应的报道；针对我省律师涉台法律服务的现状和展望，福建电视台综合频道“新闻启示录”栏目作了专题报道。

（六）考察调研

一是开展律师行业财务工作调研。为推动我省律师行业服务收费标准的修订、律师行业税负过重问题的解决，根据《省律协2010年工作思路》和《省律协各专门委员会2010年工作分解立项计划》的要求，省律协财务委员会于2010年8月份，组成了2个调研组，先后赴上海、安徽，就律师行业服务收费、税收问题以及财务委员会建设等方面内容，向兄弟省（市）律协取经。并形成了《调研报告》。二是举办人大代表、政协委员律师座谈会。1月16日，省律协邀请我省担任人大代表和政协委员的律师，在福州召开座谈会。会议就律师权利保障工作、律师维权工作，以及进一步发挥律师参政议政的作用，进行了讨论。三是召开律师代表座谈会。为加强与律师代表之间的交流与沟通，听取我省律师代表对协会工作的意见和建议，进一步完善律师行业管理工作。2010年，省律协先后在三明、莆田市召开二场律师代表座谈会，通过向与会律师代表介绍省律协开展工作的情况，虚心听取了律师代表对做好全省律师工作和改善律师执业环境的意见和建议。四是接待兄弟省（市）律协来访。2010年，我们接待了青海省律师协会的来访，就律师行业管理、律师行业管理制度建设等方面内容进行了交流。

# 山东省律师协会工作

## 一、业务研讨

地区片会

2010年7月15日，华东六省一市律师协会秘书长联席会议在山东省烟台市召开。华东六省一市律师协会秘书长及部分业务部主任参加会议。会议由山东省律师协会秘书长关永年主持。山东省律师协会副会长王建平出席会议。本次会议主要就华东律师论坛的筹备工作及华东地区律师协会行业管理、秘书处建设等问题进行了探讨与交流。会议确定本届华东律师论坛与山东律师论坛合办，名称为“第八届华东律师论坛暨2010山东律师论坛”，论坛主题为“律师职业使命与律师业发展”，于2010年9月25日、26日在济南举办。经会议表决，为确保承办方律师协会集中精力筹办华东律师论坛，从本届论坛开始，承办方律师协会将不再对各省（市）参会人员提供接送服务，由各省（市）自行组织前往参加论坛。各省（市）参会代表团分别指定一名直接联络人，负责各项事务的组织与通知等工作。另外，本届华东律师论坛不再设置论文“指导”课题，只分大类并提出写作要求，使广大律师有自由命题的空间。会议还着重讨论了论坛筹备方案、日程安排、参会人员、论文报送以及联席会议机制等问题。

9月26日至27日，第八届华东律师论坛暨山东律师服务“蓝、黄”战略论坛在济南举行。开幕式上，举行了山东半岛蓝色经济区和黄河三角洲高效生态经济区律师服务团揭牌仪式，并为服务团成员颁发了聘书。中华全国律师协会副会长蒋敏、省司法厅厅长程辉出席开幕式并致辞。省高级人民法院副院长李勇，省人民检察院党组成员、检察委员会专职检察委员王环海，省发改委副主任、省推进黄河三角洲高效生态经济区建设办公室副主任牛启忠，省发改委副主任、山东半岛蓝色经济区建设办公室副主任宋军继出席开幕式。省司法厅副厅长齐延安主持开幕式并在论坛结束时讲话。

## 二、会员培训

1月13日至23日，省律协在济南、青岛两地举办了2009年度全省申请律师执业实习人员集中培训。授课人员除司法行政机关、律师协会管理人员外，还包括部分资深律师。培训内容包括社会主义法治理念、律师执业管理规定、律师职业道德、执业行为规范、律师实务知识和执业技能、律师公文写作和礼仪培训。全省2400余名实习律师接受培训并参加考试。

2月5日，省律协举办了侵权责任法培训班，邀请到侵权责任法起草组组长、著名民商法学专家杨立新和全国人大法工委民法室主任姚红来济授课，近500名律师参加培训。

4月17日，2010建筑工程与房地产法律论坛在聊城举行，来自全国各地的律师代表、建设工程及房地产企业代表共计四百余人参加了论坛。本次论坛由全国律协民委会和省律协主办，济南市律师协会、聊城市律师协会、济南市法学会、省房地产协会协办，山东豪才律师事务所承办。论坛邀请到朱树英等知名律师进行了演讲。

4月21日，全省律师知识产权高端业务培训班在济南举办。根据省人力资源和社会保障厅2010年“服务业千人培训工程”项目安排，全省共有60名律师参加培训。培训班邀请到国家知识产权局副司长武晓明、中国政法大学知识产权法研究所所长来小鹏、全国律协知识产权委员会执委会主席李德成等专家学者、资深律师对知识产权高端业务进行深入讲解。

7月24日至25日，全省律师刑事业务研讨班在济南举行。研讨班由省律师协会副会长王广仁主持。最高人民法院中国应用法学研究所副研究员李玉萍，中华全国律师协会刑事专业委员会主任、北京市京都律师事务所主任田文昌，北京大学法学院教授、博士生导师陈瑞华，山东大学法学院副院长、教授、博士生导师周长军4名国内知名法学专家、律师作了主题演讲并与到会律师进行研讨与交流。

9月4日，由中华全国律师协会、中国城郊经济研究会主办的2010年统筹城乡发展中的法治与律师实务研讨会在潍坊举行，我省共有200多名律师参加。研讨会通过全国律师代表尤其是来自县域律师代表就当前律师服务三农的难点、热点、焦点问题进行探讨和经验交流，提升了律师为城乡统筹发展服务的能力和质量。

9月16日至18日，2010中国律师知识产权业务创新论坛暨中华全国律师协会知识产权专业委员会第八届年会在青岛举行。司法部、全国律协、山东省知识产权局、山东省律师协会的有关领导，海峡两岸以及美国、德国的律师界同仁，部分企业界人士出席了本次年会。本次论坛对律师知识产权业务的创新进行了充分的研究和讨论，我省近30名律师参加了该论坛。

### 三、会员管理

开展2010年度律师考核工作，根据《律师执业年度考核规则》要求，省律协认真组织2010年度律师考核工作，下发了《关于开展2010年度律师执业年度考核的通知》（鲁律协〔2010〕17号），部署、指导各市律师协会与律师事务所开展律师年度考核工作。全省共有12528名执业律师参加了年度考核，12203名律师被评定为称职，6名律师被评定为基本称职，2名律师因受停止执业行政处罚被评定为不称职，75名律师因执业未满三个月，未评定考核等次，84名律师因身体原因、投诉未决、外出学习等原因申请暂缓考核；另有158名律师因转所、注销等情况未参加考核。

### 四、对外交流

2010年11月10日至20日，山东律师工作澳新访问团一行六人先后拜访了维多利亚州出庭律师协会、维多利亚州律师会、维多利亚大学、墨尔本大学和奥克兰律师协会，与当地律师团体和律师培训机构在律师培训、协会工作、律师业务合作等方面达成一系列共识，与维多利亚律师会达成《合作备忘录》，与维多利亚大学达成《合作备忘录》。

2010年12月19日至2010年12月23日，由北京大学法学院著名刑诉法教授陈瑞华任团长，中国社科院法学所诉讼法室主任熊秋红研究员任副团长的中国学者律师代表团一行14人赴韩国考察韩国的刑事司法制度。我省山东达洋律师事务所主任、东营市律师协会会长孙瑞玺，山东蓝孚律师事务所主任孟凡湖、律师李震应邀参加。在五天的行程中，代表团分别访问了韩国警察总部、韩国大检察厅（最高检察机构）、韩国大法院（最高审判机构）、韩国宪法法院、韩国首尔律师协会，听取了他们对于韩国刑事司法制度的介绍，尤其是韩国刑事诉讼法2007年重大修改后的执行情况，与韩国的司法官员、律师、法学教授就韩国刑事诉讼法的改革以及律师在刑事诉讼法改革中的作用进行了深入的座谈研讨。

### 五、法律援助

积极组织全体会员开展法律援助工作，共办理法律援助案件8969件，涉及标的77.06万元。

### 六、会刊及网站

（一）会刊

山东省律师协会会刊名称为《山东律师》，创刊于2006年1月，为双月刊，主要包括卷首语、热点聚焦（领导讲话、特别关注）、律苑采风（管理之道、律师文化）、业务探索（实务研究、理论探讨）、律师茶座（律师文摘、法苑采风）、服务指南（新法速递、祝您健康）等栏目。

（二）网站

山东省律师协会网站创建于2006年4月，主要包括新闻中心（行业动态、新闻聚焦）、理论研究（案例分析、业务论文）、法律法规、培训教育、行业规章、律师诚信（奖励信息、惩戒信息）、协会介绍（律协简介、领导机构、专门专业委员会、协会章程、执行机构、各市律协）、办事指南、司考信息（考试通告、司考题库）、律苑风采（律师风采、律所风采）、会刊之窗、律师论坛等栏目。

## 河南省律师协会工作

### 一、业务研讨

（一）重要的专业委员会活动

1. 建筑房地产法律业务委员会于2010年8月10日开展了以《房价下降对房地产法律服务的影响及对策》、《土地违法案件执法难的原因及对策》等为题目的论文征集活动。截止到9月10日共收集31名律师提交的29篇论文，并汇编成册《河南省律师协会建筑房地产法律业务委员会2010论文集》；2010年10月23、

24日建筑房地产法律业务委员会年会在郑州物华大酒店召开。有全体委员、授课专家等30余人。省建筑标准定额站教授级高工张丽萍讲授了“工程量清单计价”，并与律师进行了积极、热烈的互动；律师赵红魁以“建立房地产公司法律风险防范预警机制”为题授课，会议还评出了优秀论文。在年会召开期间，还组织了委员及律师以“政府调控房价能否抑制房价上涨”为题辩论赛。调研草拟了以《河南省房地产建筑及其法律服务市场分析报告》调研文章。

2. 刑事业务委员会组织省内的有经验的刑辩律师，与北京大学法学院共同制订《死刑辩护指引》，成稿后，又以省律协、省律协刑委会的名义联合省公检法三部门，与北京大学法学院共同对该指引进行研讨，刑委会的全体委员也通过会议讨论、书面提交材料的方式，提出了修改意见。2010年7月3日，在刑委会2010年年会上，全体委员对该《指引》集中进行了学习，并决定将该《指引》在河南律师网上进行发布。2010年7月8日，该《指引》正式在河南律师网上公布。2010年7月3日，在洛阳友谊宾馆举行了刑事业务委员会年会，刑事业务委员会全体委员对《关于办理死刑案件审查判断证据若干问题的规定》、《关于办理刑事案件排除非法证据若干问题的规定》及《河南省律师协会死刑案件辩护指引（试行）》，结合辩护业务进行了深入的研讨。

3. 省律协民委会协办的全国律协民委会2010年年会暨第十二届中国民商法实务论坛于2010年6月26日至27日，在河南郑州紫荆山宾馆召开。此次会议以侵权责任法为研讨主题，来自全国律协民委会的委员、民委会的委员、各省律师代表共三百多人参加了会议；民委会制定民事案件《风险代理业务操作指引》，为帮助律师防范执业风险、规范风险代理案件的办案程序，根据国家发改委、司法部《律师服务收费管理办法》以及河南省司法厅的有关通知，起草了我省《风险代理业务操作指引》，该指引明确规范了风险代理的定义、基本原则、适用范围、风险代理的办案程序等几方面内容。

4. 行政法律业务委员会于2010年12月3日至5日在许昌市龙湖国际酒店成功举办“行政诉讼法律师论坛”，120多人参加了本次律师论坛。论坛分“行政诉讼调解制度”、“行政诉讼原告资格和受案范围”和“行政公益诉讼制度”等三个专题进行，取得了良好效果。论坛期间还邀请了河南省高院行政庭孙同占庭长为论坛做了题为《行政审判实务和行政诉讼前沿》的专题讲座。孙庭长就行政诉讼原告资格和受案范围等行政诉讼实务中我们律师比较困惑的问题，解疑释惑，作了权威性的界定。建立了“河南行政律师”QQ群（85499793），并开通业务委员会的专用电子信箱（hnlxxzfwyh@126.com），专人负责查收律师的电子邮件。加强律师业务联系和案件讨论工作。

5. 金融保险法律业业务委员会对律师金融保险法律业务技能进行的普遍性指导，在2010年将如何指导全省律师办理涉及机动车辆保险的案件作为了指导性工作的首要重点，成立了课题组，经过反复酝酿、讨论、修改、整理，在12月4日经委员会会议讨论通过，并在河南律师网正式发布了《河南省律师承办机动车辆保险相关案件的业务操作指引》；发布了《关于推进重大疑难金融保险案例研究论证工作的通知》，并附有《重大、疑难金融保险案件研究论证细则》，规范了律师们提交案例书面材料的内容要求，规定了本业务委员会的工作程序和期限；成立了法律业务科研团队，即银行法律业务团队、金融资产处置法律业务团队、保险法律业务团队和信托等其他金融法律业务团队，各团队成员按照专业分工，既相对独立又相互协作地开展了一系列的科研工作；2010年12月4日至5日，本业务委员会在商丘市天宇大酒店举办了以本业务委员会2010年年会暨业务理论研讨会为内容的“河南省律协2010年金融保险法律业务论坛”，本次论坛主要围绕针对保险标的转让对保险责任的影响、责任保险中受害人的保险金请求权等问题展开业务研讨。

6. 河南省律协劳动和社会保障业务委员会2010年年会暨业务研讨会于2010年10月30日在商丘召开。省律协劳动和社会保障业务委员会委员、论文作者、当地法院、劳动仲裁机构、商丘市律协劳动委员会委员以及三十四家律师事务所主任近一百人参加。研讨会上围绕如何开展劳动法方面的非诉业务的问题、企业改制中的职工安置等十一个问题开展研讨，针对上述大家讨论的问题，曹明睿教授从学术的角度进行了见解独到的精彩点评；进一步加强组织建设，确定委员会工作机制；制订了总体工作计划，确定了“打造专家型的委员会，与劳动关系双方互动，实现普法与创收双赢，吸引更多青年律师加盟构建和谐劳动关系行列”的总工作目标；通过委员们实施劳动法律宣讲，实现向公众，尤其是用人单位进行专业普法；对全省律师在办理劳动争议案件时遇到的疑难问题，进行了业务指导，必要时提交本业务委员会集体讨论。并出台《河南省律师办理劳动和社会保障案件业务指引》作为工作重点。

7. 涉外法律业务委员会组织开展了河南省律师从事涉外法律业务现状的调研工作；完成了河南省律师办理涉外民商事诉讼案件操作指引，此举在律师界尚属首例；涉外业务委员会涉外法律业务论坛2010年11月13日在郑州召开，论坛邀请了美国翰宇国际律师事务所北京办事处的管理合伙人等四名律师，分别就中国企业在美诉讼、中国企业境外上市以及涉外业务中的文化冲突等问题进行了专题发言，参会律师和美方律师经行了良好互动和热烈交流。郑州大学、河南财经政法大学教授与参会委员一起，就讨论并通过了《河南省律师协会涉外民商事诉讼业务指引》。组织参会人员就涉外业务委员会征集的论文进行研讨。

8. 公司证券委员会于2010年12月19日在山河宾馆召开了委员会会议，全体委员和部分公司证券律师参加了会议，原则通过了《律师办理私募股权投资业务指引（一）》，《指引（一）》主要针对私募股权投资基金向目标公司投资过程中的相关事务，会议决定，下一步将逐步出台《指引（二）》《指引（三）》，对私募股权投资事务中的其他法律服务业务继续进行规范；还邀请国浩律师集团上海律师事务所合伙人高晓堂律师和北京竞天公诚律师事务所合伙人高翔律师分别介绍了中国企业海外上市中的律师业务，演讲嘉宾并与现场人员进行了互动；公司证券委员会的QQ群和飞信已经建立，委员们之间的经常性联系已经开展；2011年1月7日，委员会并组织金博大律师事务所、大沧海律师事务所郑州分所等从事国家区域性（河南）中小企业产权交易市场试点工作的律师们，对该市场试点的规范和创新发展问题进行了集中讨论，讨论了《河南省律师协会关于规范和发展产权股权交易市场，服务中原经济区建设的建议（初稿）》。该《建议》已经形成正式文本，通过马书龙副会长提交省人大有关部门。

9. 政府法律顾问业务委员会于2010年年初在郑州召开了主任会议，专题研究2010年工作。广泛开展了调查研究工作，就目前政府法律顾问工作的现状和破解政府法律顾问工作落后局面的相关情况进行了专题调查；初步研究制定了委员会议事规则，确立了定期联络和非定期联络的工作机制；2010年12月中旬，业务委员会在新乡召开了年度专题研讨会，会议组织全体委员学习了两办30号文件，就政府法律顾问工作存在的问题及破解方法以及担任政府法律顾问工作的感受和体会进行了交流。

10. 知识产权业务委员会通过《河南省律师承办专利案件业务操作指引》，为河南律师从事专利诉讼案件代理以及为企业提供专利顾问法律服务提供指导和参考；起草《河南省律师承办商标民事诉讼案件业务操作指引》，

2010年12月18日，在北京市大成律师事

务所郑州分所召开了知识产权业务委员会业务研讨会，讨论通过了《河南省律师承办专利案件业务操作指引》，对《河南省律师承办商标民事诉讼案件业务操作指引》（草案）提出建议和意见，与会人员针对事先确定的研讨议题（专利行政处理决定的性质及救济方式，研究生论文的著作权归属及行使，商标权的权利范围、权利行使及与其他权利的冲突）进行了热烈的发言；委员会积极与河南省高级人民法院民三庭、郑州市中级人民法院民三庭、河南省知识产权局、郑州市知识产权局等沟通联系，参加郑州市中级人民法院举办的专利审判疑难问题座谈会，就知识产权审判中专利审判中职务发明的认定、公知技术抗辩以及方法发明专利中的举证责任、新产品的界定等问题参与讨论并发表了具有建设性的意见；4 月 20 日，参加在省人民会堂和绿城广场两地同时开幕的河南省及郑州市知识产权宣传周活动暨实施知识产权战略成果展，向与会的来宾介绍知识产权法律服务工作所取得的成效；赴航空港区、开封、濮阳等地对当地科技系统及大中型企业进行知识产权保护培训。

11. 医事委员会修订了《河南省律师办理医患纠纷案件业务操作指引》；2010 年 12 月 27 日，委员会在郑州就《侵权责任法》的实施召开了专题业务研讨会，就《侵权责任法》对医疗损害责任的相关规定及其对律师代理医疗纠纷案件的新要求、医疗损害责任鉴定的变化及律师代理鉴定的要点展开了热烈的讨论，并就今后医事法律业务的发展达成了共识；委员会邀请河南省卫生厅、郑州市卫生局的有关领导，大型医疗机构代表，就第三方调解机制的有关问题召开了座谈会，对河南省医疗纠纷预防与处置暂行办法》及《郑州市医疗纠纷预防与处理办法》的理解和适用进行了研讨，就调解机制建立后对医疗纠纷处理方式的影响以及实施中可能遇到的问题进行了深入交流。

（二）重要工作委员会活动

1. 参政议政委员会召开了 2010 年度律师参政议政座谈会。会议就 2011 年度的工作做了部署，研讨了新形势下新的参政议题。会议根据委员们的意见和建议，提出了在 2011 年省两会上拟提交的十个方面的议案、提案和建议，关于将法律援助工作列入 2011 年河南省十项民生工程的建议；关于认真执行《律师法》，切实解决律师“会见难”、“调查取证难”、“阅卷难”三大难题，促进政法类院校大学生就业的建议；关于认真学习中办发〔2010〕30 号文件精神，将律师协会工作经费不足部分纳入年度预算，给予必要的专项补贴的建议；关于提请制定《河南省律师业发展促进与执业保障条例》的议案；关于对司法活动实行社会监督的建议；关于规范我省农村信用社县级联社工作人员身份认定，促进量刑规范化的建议；关于规范发展我省中小企业产权股权交易市场体系，服务中原经济区建设的建议；关于将劳改劳教人员的职业技能培训纳入全省职业技术培训计划并给予经费保障的建议等。

2. 女律师工作委员会开展河南省女律师执业与生存现状调查，完成了《河南省女律师执业状况调查报告》，着力推动女律师执业环境的改善。省律协女律师工作委员会在全省范围内对河南省女律师开展了题为“执业、健康与生活”的问卷调查，根据回收调查问卷的数据统计情况，就女律师教育层次、业务开展、收入情况、婚姻子女、身心健康、参政议政等方面进行归纳分析后形成了较为科学翔实的《河南省女律师执业状况调查报告》。

3. 宣传工作委员会组织选拔《法律讲堂》栏目主讲嘉宾。2010 年 4 月，委员会发出《关于报名参加〈法律讲堂〉栏目主讲嘉宾选拔的通知》，设立了报名专用邮箱，动员广大律师积极参与。并与省电视台法制频道制片人联系，鼓励经常参与电视节目且有较好表现的律师参加选拔，经过层层把关，选拔出 5 名律师担任嘉宾。2010 年 8 月，与河南省人民检察院、河南省司法厅、河南省律师协会联合举办首届“中国移动杯公诉人与律师电视论辩赛”，集中展示了我省律师队伍的整体形象和精神风貌。

4. 发展战略工作委员会确立了三项制度：一是与主管部门、分管副会长请示汇报制度；二是主任定期或不定期交流制度，就委员会的工作充分交流意见和看法；三是工作主责任人制度，所有调研课题和规则起草都要确定主责任人，在规定的时间完成规定的工作。实践证明，上述制度的建立和实施，保证了发展战略委员会各项工作的有序进行。对全国律协《律师执业年度考核办法（草案）》提出修改意见，关于强化律师事务所基础管理责任和完善考核内容、考核程序的部分意见被采纳。起草了我省《律师执业年度考核办法实施细则（草案）》，修订了省律协制定的《律师事务所执业年度考核制度（示范文本）》形成草案，起草了我省《律师业内救助金使用办法（草案）》，起草《河南省省辖市律师协会工作考核办法（草案）》。

5. 惩戒委员会于8月20日之前，完成了《河南省律师协会惩戒听证操作规程》起草工作。10月31日前，省律协惩戒工作委员会组织全体委员分别对各自所在地市律师协会惩戒机构设置及工作开展情况、惩戒工作存在的问题及产生的原因等进行了调研。2010年11月26日，在郑州商城饭店召开了全体委员参加的会议。会议听取并汇总了各位委员对各地律协惩戒机构设置及工作开展情况的调研汇报，客观分析了惩戒工作存在的问题及产生的原因，对完善惩戒工作提出了很好的建议。

6. 法律援助与公益工作委员会工作会于2010年12月11日至12日在洛阳京安牡丹城酒店召开。与会委员围绕对法律援助及公益工作前沿领域的理论研讨、2010年工作总结和委员述职、2011年工作安排三方面展开交流和研讨。

7. 教育培训工作委员会于2010年6月10日在郑州市河南饭店召开年度工作会议，安排布置委员会2010～2011年度的工作，全体委员参加了会议。2010年5～6月间，成功组织和参与年度实习律师岗前培训工作。完成了河南省实习律师生存状况调研课题。教育培训工作委员会在实习律师岗前培训班期间设计制作了实习律师生存状况调查问卷，并分析归纳，起草制作了《河南省实习律师现状白皮书》。组织了全省律师事务所主任培训及县域律师事务所主任培训，根据省辖市律师及县域律师执业区域区别和执业特点安排了不同的课程，侧重法律知识讲座、律师实务讲座及热点法律问题讲座，讲究实用性。完成《河南省律师协会继续教育培训实施办法》及《河南省申请律师执业人员实习管理实施细则》修订工作。组织草拟出新的与管理规则相一致的《河南省申请律师执业人员实习管理实施细则》。律师网络培训工作已广泛纳入全省律师继续教育培训系统，针对初期培训课件较少的局面，2010年增加了更多的培训课程课件，对课程进行重新分类，丰富了网络培训课程。

8. 青年工作委员会于2010年12月26日在山河宾馆召开了委员会年度会议，会议传达了中共中央办公厅和国务院办公厅发出的中办发30号文件，传达了全国律师工作会议有关内容，传达了中共河南省委八届十一次会议关于河南省十二五规划和中原经济区建设规划的精神，并就我省青年律师面临的形势与业务拓展、职业化建设与职业技能培养作了《河南青年律师的机遇与业务技能》的主题报告；举行“全省青年律师征文”活动；建立了QQ群和飞信联络，开展委员之间的经常性工作联系。

## 二、会员培训

1. 省律协在全省19个律师协会全面开通了远程网络继续教育系统，并在年初聘请网络建设协作机构对各律师事务所主任及内勤进行了14场网络使用技术专题培训，实现了全省律师业务教育资源共享。省律协对网络培训课程进行了合理分类，丰富了课程内容。一年来，共有8982名执业律师通过继续教育网络系统完成279800课时的学习，892名实习律师也通过本系统开展了业务学习。

2. 5月17日至6月15日，省律协先后组织两期申请律师执业人员集中培训，强化实习律师执业纪律教育和基础技能学习，并进行了严格考试，提升了新申请执业人员依法履职的意识和能力。

3. 11月23日至28日，根据省、市律师事务所和县域律师事务所地域特点及实际业务需求，省律协组织两期全省律师事务所主任集中培训，聘请中国人民大学法学院朱岩教授、郑州大学王长水教授和张嘉军教授、中国人民银行郑州金融管理学院卢克贞教授、省高级人民法院刘天华副庭长等法学专家对全省740名律师事务所主任或合伙人进行了侵权责任法、民事诉讼方式改革、刑事诉讼证据审查、行政审判等方面的业务进行培训，并制作成课件，挂在律师继续教育网上，供全省律师学习，着力提升我省律师的专业水平。

### 三、会员管理

1. 豫上所律师聂荣中因携带手铐被信阳市火车站派出所扣留、三门峡洛韵所包海军律师被检察院当庭传唤扣留、开封论衡律师事务所王天行被刑事拘留，积极参与并认真指导信阳市律师协会、三门峡市律师协会、开封市律师协会开展维权工作，为律师执业创造良好环境。

2. 2010年，看望慰问了国是律师事务所病重律师韩昭东、漯河汇星律师事务所去世律师宁会平的家属，送去了律师协会的关怀和温暖。

3. 省律协教育培训工作委员会积极关注青年律师成长，就实习律师生存状况进行了认真调研，提交了《河南省实习律师现状白皮书》，对河南省实习律师生存现状进行了客观分析和描述，并对改善实习律师生存状况提出了建议。

### 四、对外交流

1. 4月份，省律协加强与香港律师公会协作，经过严格考核，选派了5名优秀律师赴香港进行为期4周的实习交流活动，亲身体验香港律师事务所的运作过程，学习香港律师先进的业务管理经验和高端业务办理技巧。

2. 6月份，省律协与全国律协民委会合作，在郑州举办了全国律协民委会暨第十二届中国民商法论坛，来自全国律协民委会的委员、河南律协民委会的委员、各省律师代表和我省部分律师共300多人参加了研讨，全国人大法工委民法室主任姚红亲自到会，为省内外律师进行了侵权责任法演讲。

3. 11月份，省律协涉外业务委员会邀请美国翰宇国际律师事务所北京办事处的四名管理合伙人和律师，与我省律师分别就中国企业在美诉讼、中国企业境外上市以及涉外业务中的文化冲突等问题进行互动和交流，探讨与河南律师业合作的相关事宜。

### 五、会刊及网站

2010年河南省律师协会无会刊，协会针对全省各律师事务所印发每月一期的“河南律师动态”，共印发12期。

河南律师网继续运行，网址是WWW. HNLAWYER. ORG，由省律师协会秘书处直接管理。栏目有：网上收发、下载中心、公告通知、地市动态、业界纵览、律师论坛、专业委员会之窗、法规查询、法律文书、律师西行手记等。

### 六、律师协会大事记

1. 1月7日，学习实践科学发展观律师党建工作座谈会在省律协召开，省委指导组负责人、部分市律协党委领导参加会议。

2. 1月16日，省律师协会第七次会长办公会召开。

3. 1月31日，省律协惩戒委员会举行谢茂芝申请复议一案听证会，省会200多名律师参加了旁听。

4.3月6日至7日，省律协女律师协会年会在紫荆山宾馆召开。

5.3月7日，省律协行政法专业委员会年会召开。

6.4月15日，第八次会长办公会召开。

7.4月16日，省律协召开赴港培训人员座谈会，赴港5位律师于4月17日至5月24日在港培训。

8.4月24日，省律协六届三次理事会在济源市召开。

9.5月3日，驻马店豫上所律师聂荣中因携带手铐被信阳市火车站派出所扣留。省律协秘书处协调信阳市律协圆满解决。

10.5月17日至27日，举办全省第一次实习律师岗前培训班。

11.5月20日，《死刑业务律师辩护工作指引》论证会在紫荆山宾馆举办。陆咏歌副会长主持，北京大学陈瑞华教授及公检法有关部门参加论证。

12.5月23日，第九次会长办公会召开。

13.5月29日，六届三次常务理事会在郑州市紫荆山宾馆召开。

14.5月29日，省律协组织律师赴希望小学举行庆六一活动。

15.5月31日，省会律师事务所主任暨省律协常务理事扩大会议召开。省律协常务理事、各委员会正、副主任，省直、郑州市各律师事务所主任、支部书记参加会议。

16.6月4日至13日，举办全省第二次实习律师岗前培训班。

17.6月26日~27日，全国律协民委会暨第二十一届中国民商法论坛在紫荆山宾馆召开，来自全国律协民委会的委员、河南律协民委会的委员、各省律师代表共三百多人参加了会议。周济生副厅长、王京宝会长出席开幕式。

18.6月30日，中央电视台“法律讲堂”栏目来我省选拔演讲嘉宾。

19.8月2日~9日，8月21日~26日，省律协王宇生副秘书长负责组织参加律师与公诉人辩论赛的选手在山河宾馆进行封闭训练。

20.9月16日，省律协教育培训工作委员会在金河宾馆召开。

21.10月23日，省律协房地产业务委员会召开。

22.10月29日，省律协劳动和社会保障业务研讨会在商丘召开。

23.11月23至28日，举办全省律师事务所主任继续教育培训班。

24.11月26日，省律协惩戒委员会年会召开。

25.12月4日，省律协行政法专业委员会年会在许昌召开。

26.12月5日，省律协金融保险法律业务委员会年会在商丘召开。

27.12年9日，召开第十次会长办公会。

28.12月11日，省律协法律援助和公益工作委员会在洛阳召开。

29.12月17日，省律协发展战略委员会年会召开。

30.12月18日，省律协召开六届四次常务理事会暨省会律师学习贯彻全国律师工作会议、全国律师行业党建工作会议和中办发〔2010〕30号文件精神会议，省律协党委书记周济生作重要讲话。

31.12月19日，省律协公司证券业务委员会年会召开。

32.12月25日，省律协政府法律顾问委员会年会召开。

33.12月25日，省律协参政议政工作委员会年会召开。

34.12月26日，省律协青年律师工作委员会年会召开。

35.12月28日，王宇生副秘书长赴漯河慰问去世律师家属，送去省律协慰问金10000元。

36.12月29日，省委活动办督导组检查省会律师事务所创先争优工作并召开座谈会。

## 湖北省律师协会工作

### 一、业务研讨

（一）地区片会

2010年11月4日~6日，司法部在陕西西安召开部分省（区、市）律师行业基层党组织和党员深入开展创先争优活动推进会。厅党委委员、副厅长、省律协党委书记马安骏、湖北今天律师事务所党支部书记岳琴舫参加了会议，并分别代表厅党委和今天律师事务所党支部介绍了开展创先争优活动经验，受到了部领导的充分肯定。

（二）重要的专业委员会活动

1.2010年5月15日至16日、省律协在汉分别举办了主题为“规范刑事辩护 防范执业风险”的“2010湖北刑事辩护论坛”。省司法厅党委委员、副厅长、省律协党委书记马安骏到会致辞。论坛聘请了著名刑法学泰斗马克昌教授担任省刑委会专家顾问委员会主任，邀请到了武汉大学法学院副院长康钧心教授、省高院副院长王晨、省法学会党组书记、常务副会长姚仁安及湖北省和武汉市公安、法院、检察院、大专院校、质检等部门诸多专家、学者、领导出席演讲和指导。专家们的演讲与点评注重理论与实际相结合，既有宏观层面的，也有微观层面的，既有刑事辩护基本理论的传授，也有具体辩护技巧的点拨，既有最新司法改革举措的披露，有实务经验与办案技巧的传授，具有很强的理论性，操作性、时效性与针对性，与会律师受益匪浅。受到了全省律师的广泛欢迎和高度赞赏。

2.2010年5月19日、20日，女律师工作委员会联合武汉大学共同举办了为期两天的“湖北省律师性别意识与法律实务”的专题培训.

3.2010年6月6日，省律师协会在武昌湖北饭店成功举办主题为“析辩侵权责任 服务和谐社会”的“2010年侵权责任法律论坛”。论坛由省律师协会会长张粒主持，省司法厅党委委员、副厅长、省律师协会党委书记马安骏到会祝贺并作重要讲话，湖北省高级人民法院民三庭庭长钟莉、武汉市中级人民法院民二庭庭长童新、武汉大学医学院司法鉴定所教授张勇、武汉市公安局交通事故处副处长施峰、湖北省保监局法规处副处长姜涛等单位的专家、学者到会演讲。

省司法厅党委委员、副厅长、省律师协会党委书记马安骏出席论坛并讲话。省司法厅律管处负责人、省律协各位会长、监事长、秘书长、常务理事，各专业委员会主任、省律协医疗交通事故纠纷法律专委会全体委员，省直律师事务所部分参加培训的律师和各地律师事务所自愿报名参加的律师，共计600多人出席论坛。

4.2010年6月25日，省律师协会国际商事专业委员会在汉成功举办了“美国律师事务所的运营与管理”的专题讲座。

5.2010年9月18至19日，由省律协建筑与房地产专业委员会与全国律协民事专业委员会联合举办的“2010湖北建筑与房地产法律论坛”在宜昌市隆重举行。厅党委委员、副厅长、省律协党委书记马安骏出席开幕式并讲话，时任宜昌市委常委、政法委书记蒋国平，副市长王宏强出席会议并致辞。部分大型建设施工企业领导及法务人员也参加了论坛。

### 二、会员培训

2010年11月9日~12月8日，省律师协会在汉举办了2010年度全省申请律师执业人员培训班，分两期对全省900余名实习律师进行了集中培训。厅党委委员、副厅长、省律协党委书记马安骏到会看望了培训班学员并讲话。

### 三、会员日常管理

一是加强了律师协会自身建设：2010年3月18日，厅党委研究同意省律协设立直属分会，同意省律协秘书处下设综合部、会员业务部、教育培训部，各部为正科级单位。2011年3月10日，3月10日，省律协召开党委会，调整了省律协党委班子，增补岳琴舫为省律协党委副书记，增补了邓传荣、覃孟江、杨望保和副会长刘钢、邱保民、方松林、严道清和省律协副秘书长喻修建为党委委员，免去潘玲省律协党委委员职务，任命张用江为省律协直属分会会长、免去岳琴舫省律协直属分会会长职务，增补刘建为省律协直属分会党总支成员、刘兆君为省律协直属分会副会长。2010年10月11日，我省第一家律师事务所工会组织——“湖北今天律师事务所工会委员会”在湖北今天律师事务所成立。

二是加强了制度建设：2010年3月6日，经六届省律协六次理事会讨论通过制定了《湖北省律师协会关于律师和律师事务所投诉查处工作规程（试行）》，进一步健全完善了律师投诉受理、立案、调整、处分、执行等程序；制定了湖北省律师协会《关于律师继续教育培训管理办法》，进一步健全完善了律师培训制度。2010年5月，省律师协会要求在全省律师队伍中建立体检制度，以维护律师身心健康。2011年1月14日，全省第七次律师代表大会审议通过了《省律师协会章程》（二次修改稿）。2011年2月25日，省律师协会 直属分会制定了《湖北省律师协会直属分会理事会议事规则》、《湖北省律师协会直属分会会长办公会议事规则》。2011年3月10日，七届省律师协会第一次会长办公会会议，讨论通过了《湖北省律师执业年度考核实施细则》。2010年11月29日至30日，湖北省鄂州市司法局结合全市律师工作实际，制定了《鄂州市律师事务所和律师工作量化管理办法》（试行），主要围绕律师事务所的党组织建设、制度建设、职业道德执业纪律建设和业务管理，以及律师恪守职业道德、执业纪律等方面分别制定考核标准，实行量化考核。

三是加强了典型宣传正面激励引导：为庆祝律师制度恢复30周年，表彰先进，树立典型，进一步推动全省律师事业科学发展，2010年3月，省律师协会与省司法厅在会上隆重表彰了一批优秀律师。湖北省中和信律师事务所主任曹亦农等3名律师荣获“湖北律师功勋奖章”，张粒等101名律师获得“湖北律师风采奖章”，还有39人获“律师执业30年纪念章”，167人获“律师执业25年纪念章”。2011年1月省司法厅、省律师协会联合表彰了全省律师行业72名优秀律师和52个优秀律师事务所。副会长方松林被评为全省职工维权十佳，湖北首义律师事务所律师谢文敏被评为全省“女职工十行百家”先进个人。

## 四、对外交流

1. 2010年4月18日~24日，省律协副会长张用江、副秘书长赵方明带队赴山东、河南、湖南三省考察学习了律师网络教育培训、省直属分会建设和党建工作。

2. 2010年9月3日，省律协副秘书长官全安带领部分律师赴山东潍坊参加了全国律协组织召开的“统筹城乡发展中的法治与律师实务论坛，我省16篇论文在会上交流。

## 五、法律援助

2010年，全省办理法律援助案件执业律师达2700多人次，办理法律援助案件5016件。

法律援助典型案例：

### 索赔四年路漫漫　法援千里终维权

2006年8月，十堰市郧西县景阳乡椒园村农民马胜怀经人介绍，进入太原市万柏林区王封乡上南山村沙沟煤矿（又名三角坡煤矿）工作。2006年9月6日凌晨1时左右，矿壁坍塌，在井下作业的马怀胜被掩埋在煤堆之下，获救后由于伤后没有及时进行有效治疗，时间耽误过长，导致马胜怀的伤无法根治。伤情伤残鉴定结论为“右上肢、尿道、骨盆、右下肢损伤残疾程度综合评定为叁级”，后有鉴定为

"马胜怀完全丧失劳动能力，劳动功能障碍及生活自理障碍程度为肆级，特殊医疗依赖"。矿方仅支付2万多元，与此伤情应当获赔的费用相差甚远。于是，拄着双拐、拖着病体的马胜怀往返山西十余次，踏上了艰辛而又漫长的索赔之路。

马胜怀先后找过国家劳动保障部、山西太原市信访部门、太原市万柏林区劳动争议仲裁委员会、太原市司法院、万柏林区法院，和王封乡政府、上南山村村委会等，还拿到了区政法委书记的办理指示，都没有得到圆满解决。

务工致残的马胜怀艰辛奔走三年，多途径为自己寻求维权之路却八诉未果。2009年7月17日，马胜怀找到十堰市郧西老家县政府和法律援助中心寻求帮助。郧西县法律援助中心主任柯昌斌热情地接待了他，通过仔细的分析，柯律师深知这起维权案件的难度，更清楚能否找到新的突破口将决定起诉的胜负。他决定从案卷的蛛丝马迹、不同角度和当地调查中寻找证据。通过上南山村委会曾经出具的一份证明材料可证实：村委会以采挖设备未撤走为由默许高石付开采，并且高石付和高宝柱是实际的矿主和受益人。以及从卷宗开庭笔录、申请出庭的证人证言表明：其一，被告上南山村委会应当承担赔偿原告马胜怀伤残的主要责任，其理由一是煤矿位于该村，二是该村委会作为权利人行使了处置、收益的权利，三是根据最高院审理人身损害赔偿案件适用法律的解释和《安全生产法》相关规定，该村委会将矿山发包给既无相应资质也无安全生产条件的高石付或高宝柱，并默认他们非法开采至2006年9月原告受伤，显然是一种违法行为。其二，从该村委会的证明以及证人证词等均可证实高石付系本案的实际承包人，依法应当赔偿责任。据此，柯主任当即受理，并亲自为马胜怀代理，向太原市中级人民法院提起了上诉。

2009年11月2日，太原市中级人民法院下达民事裁定书，以原判违反法定程序，可能影响案件正确判决为由，撤销万柏林区法院的判决，发回重审。

2010年1月12日，万柏林区法院再次公开审理了此案。在法庭上，柯昌斌除向法庭提交了自己调查的证据外，再次重申了前次代理意见，驳斥了上南山村村委会、高石付和高宝柱不承担责任的理由。法院2010年1月28日作出重审判决：原告马胜怀在高石付非法开采的煤矿上干活时受伤，被告高石付作为该煤矿的矿主理应对马胜怀的损伤承担赔偿责任；被告上南山村村委会对本村煤矿在高石付非法开采时未加以制止，应视为对高石付非法开采行为的默认，双方共同赔偿马胜怀医疗费、鉴定费、残疾赔偿金、精神抚慰金等共计125769.6元。

柯昌斌认为，该判决未能够全面维护马胜怀的利益，建议马胜怀提起上诉。2010年6月23日，太原市中级人民法院对此案进行了判决，认为高石付与太原市万柏林区王封乡上南山村村民委员会在煤矿承包期满再次开采，生产过程中发生事故致使马胜怀受伤，高石付应对马胜怀的受伤后果承担责任；同时，由于涉案煤矿并不具备安全生产条件，上南山村村民委员会对煤矿被非法开采行为未坚决阻止，对因无相应安全生产条件下非法开采造成马胜怀受伤的后果也应该承担赔偿责任。因此，判决上南山村村民委员会、高石付共同赔偿马胜怀医疗费、鉴定费、残疾赔偿金、误工费、护理费、交通费、住院伙食补助费、营养费、残疾辅助器具费、精神抚慰金等共计293736.6元。

**案件点评：**

这起因误入黑煤窑务工致残的异地维权案，也是一起工伤赔偿案件，也是一起涉访案，受援人从受伤到上访，从起诉到胜诉，这一路艰辛、一路磨难早已超出常人所能承受的范围。在援助律师千里跋涉，辛苦努力下，在十堰市与山西太原市携手共筑农民工法律援助"立交桥"协助下，历时4年，前后经过11次仲裁庭审，最终让受害者马胜怀维护了自身的合法权益，也维护了社会的公平正义。

## 六、会刊及网站

会刊：从1983年开始，省律师协会编辑出版会刊《湖北律师》，1986年改为《律师与法》（月刊），1988年10月24日经湖北省新闻出版署批示，省新闻出版局批准在全国公开发行，并更名为《律师世界》，2010年进行了投资改版，是省司法厅和省律协共同主办的以律师为主要对象的刊物。其主要栏目：《前沿》、《特别策划》、《高层传真》、《执业观察》、《职场随笔》、《资讯站》、《议案轮道》、《律师党建》、《人物》、《行业大计》等。

网站：2006年5月，湖北省律师协会新建官方网站《楚天律师》替代了原《湖北律师网》。其域名为：（ctlawyer. cn、ctlawyer. com. cn 、hubeilawyer. com. cn. ）。这是湖北律协加强行业管理，促进行业信息交流，建立健全律师行业诚信监测平台工作的一个重要举措。

《楚天律师》本着服务会员、宣传律师行业的原则，以展示我省律师风采，加强行业正面宣传，反映协会及业界动态，加深与公众的沟通交流，方便行业内部管理，加强行业自律和诚信体系建设，促进律师事业的健康发展为宗旨。其主要栏目有：《律协简介》、《律协动态》、《律协资讯》、《律协党建》、《律师查询》、《法律资讯》、、《会刊之窗》、《热点专题》、《执业观点》。

## 七、湖北省律师协会大事记

1. 2010年元月12日，省律协与省司法厅联合在汉举行了省直律师工作新春联谊会。省人大、省政协、省委组织部等二十家省直单位有关部门负责人参加。厅党委书记、厅长汪道胜，厅党委委员、纪委书记桂斯斌、省律师协会会长张粒等出席会议并讲话。

2. 2010年1月15日至19日，司法部律师行业深入学习实践科学发展观活动巡回指导组在部法规教育司原司长刘一杰带领下，对我省学习实践活动情况进行了检查指导，同时还到省委学习实践活动指导办公室交流情况。司法部检查组对我省学习实践活动开展情况给予了充分肯定。

3. 2010年2月1日，六届省律师协会召开第七次会长办公会。省律师协会会长张粒主持会议。

4. 2010年2月1日，2010年省直律师迎新春联谊会在汉隆重举行，厅党委书记、厅长汪道胜率全体厅领导、厅机关各处室主要负责人出席了联谊会。厅党委书记、厅长汪道胜代表厅党委向全省律师发表了新春贺词。厅党委委员、纪委书记桂斯斌主持会议。

5. 2010年2月11日，司法部党组副书记、副部长陈训秋在厅党委书记、厅长汪道胜，厅党委委员、副厅长陈北洋、马安骏，厅党委委员、纪委书记桂斯斌的陪同下，亲临我省今天、正本律师事务所检查指导工作，看望慰问律师，并向今天、正本律师事务所党支部各捐赠党建活动经费5万元。

6. 2010年3月1日，省律师协会党委会在汉召开。会议传达学习了司法部律师事务所开展学习实践科学发展观总结和律师队伍建设电视电话会议精神，研究了我省传达贯彻意见。厅党委委员、副厅长、省律协党委书记马安骏出席会议并作重要讲话。

7. 2010年3月5至7日，省律协在咸宁召开了六届六次理事会。省律师协会六届理事、各专业委员会主任、各市、州律师协会秘书长、直管市、神农架林区司法局律公科科长出席了会议。厅党委委员、副厅长、省律师协会党委书记马安骏出席会议并作了重要讲话。会议通过了《省律师协会2009年工作总结暨2010年工作思路》、《省律师协会2009年财务工作报告》、《湖北省律师继续教育培训管理办法》、《湖北省律师协会关于律师和律师事务所投诉查处工作规程（试行）》。

8. 2010年3月7日，省律协党委扩大会议在咸宁召开，省律协党委委员、副会长、监事长、副秘书长出席会议。会议由厅党委委员、副厅长、省律协党委书记马安骏主持，会议讨论研究了省律协秘书处内设机构、设立省律协纪委、省律协直属分会等事宜。

9. 2010 年 3 月 8 日，省律协女律师工作委员会组织在汉执业女律师开展了庆祝“三八妇女节”纪念活动。

10. 2010 年 3 月 18 日，厅党委研究同意省律协设立直属分会，同意省律协秘书处下设综合部、会员业务部、教育培训部，各部为正科级单位。

11. 2010 年 3 月 31 日，全省律师事务所学习实践科学发展观总结暨全省律师队伍建设会议在汉召开，厅党委书记、厅长汪道胜，厅党委副书记、副厅长程颖，厅党委委员、副厅长陈北洋，厅党委委员、副厅长刘治安，副厅长李仁真，厅党委委员、副厅长、省律协党委书记马安骏，厅党委委员、副厅长陈文贵出席了会议。汪厅长代表厅党委对全省律师事务所开展学习实践科学发展观活动的情况进行了总结，对今后持续深入开展学习实践活动进行了安排部署，马厅长对全省律师队伍建设工作提出了要求。

为庆祝律师制度恢复 30 周年，表彰先进，树立典型，进一步推动全省律师事业科学发展，省律师协会与省司法厅在会上隆重表彰了一批优秀律师。湖北省中和信律师事务所主任曹亦农等 3 名律师荣获“湖北律师功勋奖章”，张粒等 101 名律师获得“湖北律师风采奖章”，还有 39 人获“律师执业 30 年纪念章”，167 人获“律师执业 25 年纪念章”。

12. 2010 年 4 月 18 日 ~24 日，省律协副会长张用江、副秘书长赵方明带队赴山东、河南、湖南三省考察学习了律师网络教育培训、省直属分会建设和党建工作。

13. 2010 年 5 月 15 日和 6 月 6 日，省律协刑事辩护委员会和医疗交通委员会分别在汉举办了“2010 湖北刑事辩护论坛”和“2010 年侵权责任法律论坛”。厅党委委员、副厅长、省律师协会党委书记马安骏亲临会议祝贺并作重要讲话。

14. 2010 年 5 月，省律师协会要求在全省律师队伍中建立体检制度，以维护律师身心健康。

15. 2010 年 5 月 19 日、20 日，女律师工作委员会联合武汉大学共同举办了为期两天的“湖北省律师性别意识与法律实务”的专题培训。

16. 2010 年 5 月 27 日，司法部召开了在全国律师行业党的基层组织和律师党员中深入开展创先争优活动动员部署电视电话会议。厅党委书记、厅长汪道胜，厅党委委员、副厅长、省律协党委书记马安骏，省律师协会会长、副会长、监事长、秘书长，厅律公处和省律协秘书处全体工作人员、省直律师事务所党支部书记、主任在湖北分会场参加了会议。司法部会后，省厅在分会场召开了全省律师行业创先争优活动动员会，马厅长主持，汪厅长作了重要讲话。

17. 2010 年 5 月 28 日，省律师协会党委（扩大）会议在汉召开。会议传达学习了司法部在律师行业开展创先争优活动动员部署电视电话会议和省厅有关会议精神，研究全省律师行业开展创先争优活动的意见措施。厅党委委员、副厅长、省律协党委书记马安骏主持会议并讲话。

18. 2010 年 6 月 1 日，厅党委印发了《关于在全省律师行业基层党组织和律师党员中开展创先争优活动实施方案的通知》，该方案对全省律师行业开展创先争优活动的目标任务、组织领导、工作措施等作了全面规定。厅党委成立了全省律师行业创先争优活动指导小组，厅党委书记、厅长汪道胜任组长，厅党委委员、副厅长刘治安，厅党委委员、副厅长、省律协党委书记马安骏任副组长，指导小组办公室设在省律协党委办公室，马安骏同志兼任办公室主任。

19. 2010 年 6 月 25 日，省律师协会国际商事专业委员会在汉成功举办了“美国律师事务所的运营与管理”的专题讲座。

20. 2010年6月25日，省律师协会在汉召开省律协直属分会成立大会。省律师协会会长、副会长、监事长，省直属分会理事、省直律师事务所主任参加了会议，厅党委委员、副厅长、省律协党委书记马安骏出席会议并作重要讲话。厅律公处、厅纪委、厅政治（警务）部干部处负责同志也参加了会议。会议宣读了省厅关于省律协直属分会会长、副会长、秘书长、理事人选的批复决定，宣读了省律协党委关于成立省直属分会党总支的决定。

21. 2010年7月28日、7月30日、8月5日，全省律师行业创先争优活动指导小组分别在黄冈、荆门、省直今天律师事务所召开了湖北省律师行业深入开展创先争优活动推进会、湖北省律师行业深入开展创先争优活动经验交流会、湖北省律师行业创先争优活动经验交流暨推进会，部分市律师协会创先争优活动指导小组负责人和省直所党支部书记参加了会议。厅党委委员、副厅长、省律协党委书记马安骏参加会议并作了重要讲话。

22. 2010年8月10日，厅党委书记、厅长汪道胜在厅党委委员、副厅长、省律协党委书记马安骏的陪同下，深入到创先争优活动联系点—湖北今天律师事务所调研指导创先争优活动。汪厅长在调研中充分肯定了律师行业创先争优活动所取得的成绩，并对今后进一步深入开展创先争优活动提出了具体要求。

23. 2010年9月1日至4日，司法部律师行业创先争优活动巡回指导第二小组在中华全国律师协会副秘书长李海伟带领下，对我省律师行业创先争优活动进行检查指导。厅党委书记、厅长汪道胜和厅党委委员、副厅长、省律协党委书记马安骏陪同检查指导。

24. 2010年9月3日，省律协副秘书长官全安带领部分律师赴山东潍坊参加了全国律协组织召开的“统筹城乡发展中的法治与律师实务论坛”，我省16篇论文在会上交流。

25. 2010年9月15日，省委统战部副部长汪梦军率部知识分子工作处有关人员，在省律师协会秘书长刘元生、副秘书长官全安的陪同下，分别深入到省直立丰、首义律师事务所调研指导工作。

26. 2010年9月18至19日，由省律协建筑与房地产专业委员会与全国律协民事专业委员会联合举办的“2010湖北建筑与房地产法律论坛”在宜昌市隆重举行。厅党委委员、副厅长、省律协党委书记马安骏出席开幕式并讲话，时任宜昌市委常委、政法委书记蒋国平，副市长王宏强出席会议并致辞。部分大型建设施工企业领导及法务人员也参加了会议。

27. 2010年10月11日，我省第一家律师事务所工会组织—“湖北今天律师事务所工会委员会”在湖北今天律师事务所成立。

28. 2010年10月31日～11月2日，省律协副会长岳琴舫率湖北今天律师事务所党员律师赴神农架松柏镇八角庙村开展法制宣传和送法下乡服务活动。岳琴舫副会长为神农架林区党政机关局以上领导干部作了“律师在构建和谐社会中的作用”的专题讲演，并进村、进校开展帮扶慰问活动，代表湖北今天律师事务所为困难群众和学生捐赠现金人民币2万元，捐赠图书500余册。

29. 2010年11月4日～6日，司法部在陕西西安召开部分省（区、市）律师行业基层党组织和党员深入开展创先争优活动推进会。厅党委委员、副厅长、省律协党委书记马安骏、省律协副会长、省直属分会会长、湖北今天律师事务所党支部书记岳琴舫参加了会议，并分别代表厅党委和今天律师事务所党支部介绍了开展创先争优活动经验，受到了部领导的充分肯定。

30. 2010年11月9日～12月8日，省律师协会在汉举办了2010年度全省申请律师执业人员培训班，分两期对全省900余名实习律师进行了集中培训。厅党委委员、副厅长、省律协党委书记马安骏到会看望了培训班学员并讲话。

31. 2010 年 12 月 4 日，省律师协会与省普法依法治省办公室、省司法厅、省广播电视总台联合在汉举办了第十六个“12·4”法治宣传日活动。

32. 2010 年 12 月 6 日 ~ 16 日，厅党委委员、副厅长刘治安，厅党委委员、副厅长、省律师协会党委书记马安骏带领省律师协会副会长岳琴舫，省律师协会秘书长刘元生，省法律援助中心主任王运亮、厅律公处副处长喻修建到四川省看望慰问了我省 3 名参加全国法律援助基金会组织的 1 + 1 法律援助志愿者律师。

33. 2010 年 12 月 29 日，省律师协会召开了常务理事会，省六届律师协会常务理事和监事长曹亦农参加了会议。厅党委书记、厅长汪道胜，厅党委委员、副厅长马安骏，厅党委委员、厅政治（警务）部主任蒋国平，厅政治（警务）部干部处处长邓传荣、省律师协会秘书长刘元生、厅律公处副处长喻修建出席了会议。会议传达学习了全国律师工作会议、全国律师党建工作会议精神，汪厅长作了重要讲话，常务理事和监事长对第六届律师协会领导班子进行了民主测评。省律师协会会长张粒主持了会议。

34. 2011 年 1 月 13 日 ~ 15 日，省律师协会在武汉召开第七次全省律师代表大会，省委常委、省委政法委书记吴永文到会作重要讲话，并与广大律师代表合影留念，中华全国律师协会副会长蒋敏、省委政法委副书记鲁智宏、省委组织部副巡视员谢安仁、省公安厅副厅长黄洪、省高级人民法院副巡视员王兆学、省检察院党组副书记、常务副检察长徐汉明、省安全厅纪委书记蔡红耘等应邀出席本次代表大会。省司法厅有关领导、第六届省律师协会会长、副会长、常务理事、监事长、监事，各市（州）、直管市、省农架林区司法局分管律师工作的领导，律公科（处）长，律协秘书长，以及全省 161 名律师正式代表参加了大会。中华律师全国协会及各省、自治区、直辖市律师协会向大会发来贺信、贺电。本次大会将选举产生新一届会长、副会长、常务理事、理事。

湖北今天律师事务所主任岳琴舫当选新一任会长。张粒、柳平、张用江、蔡学恩、刘钢、邱保民、方松林、严道清等八人同时当选第七届律师协会副会长。曹亦农当选为监事长。

35. 2011 年 3 月 10 日，省律协召开党委会，调整了省律协党委班子，增补岳琴舫为省律协党委副书记，增补了邓传荣、覃孟江、杨望保和副会长刘钢、邱保民、方松林、严道清和省律协副秘书长喻修建为党委委员，免去潘玲省律协党委委员职务，任命张用江为省律协直属分会会长、免去岳琴舫省律协直属分会会长职务，增补刘建为省律协直属分会党总支成员、刘兆君为省律协直属分会副会长。

36. 2011 年 3 月 10 日，省律协召开了七届一次会长办公会，讨论了省律协 2010 年工作要点、省律协律师年度执业考核细则、会长分工、专门专业委员会的设置和主任人选。

## 八、其他

1. 获得国家级各类先进称号单位或个人的介绍

2010 年 9 月，湖北律协会刊《律师世界》获中华全国律师协会首届律师会刊评比优秀奖。

2. 律师协会办公所在地、领导任职名单

湖北省律师协会地址：湖北省武汉市武昌区洪山侧路 22 号

湖北省律师协会会长　岳琴舫　湖北省七届律师协会，2011 年 1 月 14 日当选开始任期。

3. 司法厅（局）及律管处领导任职名单、任职时间

省司法厅厅长　汪道胜　2008 年 2 月至今

省司法厅副厅长　马安骏　2009 年分管律师协会工作至今

省司法厅律师公证管理处处长　李颂银　2002 年至今

## 湖南省律师协会工作

### 一、业务研讨

（一）重要的专业委员会活动

6月26日，省律协劳动和社会保障专业委员会在岳阳市成功举办劳动和社会保障实务研讨会。研讨会主要针对引起社会广泛关注的“富士康跳楼事件”有关法律问题进行了分析和研讨，与会人员从“富士康跳楼事件”这一现象形成的根源和背景，以及劳动合同法的立法宗旨等角度进行了热烈讨论，并就劳动合同法规定的相关法律问题达成了一些共识。

7月3日，省律协民商法专业委员会成功举办《侵权责任法》，邀请了全国著名民法学专家、中国人民大学法学院教授、博士生导师、《侵权责任法》起草组核心成员张新宝老师讲授《侵权责任法》实务中的难点问题，为全省律师学习《侵权责任法》提供了一次很好的机会，全省共有700多名律师参加讲座。

7月24日，省律协涉外事务专业委员会在长沙召开涉外法律业务理论与实务研讨会，邀请了中国国际经济贸易仲裁委员会资深仲裁员曹丽军讲授涉外仲裁理论与实务、北京市君合律师事务所高级合伙人邵春阳律师介绍涉外投资与并购理论与实务。会议由省律协会长戴志坚、省律协副秘书长薛宏志主持，包括省律协涉外法律事务专业委员会委员和湖南省境外企业法律咨询服务中心成员在内的100多名来自全省各地的律师参加了研讨。

9月3日，省律协召开刑事专业委员会会议，就代拟的省公检法司等部门《关于在刑事诉讼中贯彻实施〈中华人民共和国律师法〉若干问题的规定》（建议稿）进行讨论，并进行相应的修改完善。

10月17日，省律协劳动和社会保障业务委员会在益阳市举办了如何破解农民工讨薪难题研讨会，就共同关注的如何破解农民工讨薪难题进行了充分探讨，并从农民工讨薪难题的根源、相关制度建设与完善等方面对农民工讨薪这一社会问题进行了深入的分析，提出了一揽子解决问题的方案。对于农民工代表提出的讨薪时遇到的种种困难，各位专家与律师也给予了细致的解答，提出了各种合理性建议，政府部门领导的讲话也详细解答了讨薪方面的最新政策。

10月29日至31日，省律协建筑房地产专业委员会律师实务研讨会在湖北九宫山成功举办。会议主要通报了2010年建筑房地产专业委员会的工作，并就建筑房地产专业委员会2011年开展建筑房地产专业委员会战略实务交流活动进行了部署和安排。本次研讨会共收集专业论文40篇，并同步出版了湖南省建筑房地产专业委员会论文集。与会人员主要就建筑房地产法律服务的热点难点问题展开了热烈的讨论。会议还通过了《关于建筑房地产律师业务反不正当竞争若干问题的意见》。

11月13日，省律协公司法律事务专业委员会在长沙召开了2010年度年会暨论文案例研讨会，会议通报了2010年公司法律事务委员会的工作，并就委员会2011年年度的工作任务和计划作了安排和部署。专委会筹备工作准备充分，事先通知本次会议到会的专委会委员及律师代表90余人，会议收到论文30余篇，精选案例5个。

11月26日至28日，由湖南省法学会民商法研究会主办，湖南人文科技学院承办，省律协民商法专业委员会协办的湖南省民商法研究会2010年年会在湖南人文科技学院召开。会议旨在增进湖南省民商法学领域学界与实务界的学术交流，深入研讨《物权法》与《劳动合同法》适用中的疑难问题以及前沿理论，加深对国家财产征收、劳动纠纷处理与劳动合同法适用等问题的理解。湖南省民商法学界、实务界代表70余人参加了会议，共收到学术论文21篇。

12月19日，省律协未成年人保护委员会连续第3年来到省未成年人教养所开展了“一对一”送温暖帮教活动，向45名未教人员赠送了过冬衣物，与省未成年人教养所签订了“一对一”帮教协议，并与未教人员个人签订“一对一”帮教协议。

## 二、会员培训

3月30日，全省律师事务所主任培训班在湖南律师教育学院举行。全省律师事务所主任近500人参加了培训班。培训班邀请了北京律师协会副会长王隽和中国人民大学国际关系学院外交系主任金正昆教授分别就“律师事务所规范性管理”和“交往的艺术和有效沟通”等主题作了专题演讲。

4月23日，省律协在湖南律师教育学院举办了首次“全省律师事务所党支部书记培训班”。部分市州律协秘书长及130余名律师事务所党支部书记参加了培训。省委组织部组织指导处副处长杨清平和省委党校科社部副主任、副教授刘艺博士应邀就“怎样当好基层党支部书记”、“当前党建面临的形势与任务”两个主题作了培训。

6月26日，省律协在湖南律师教育学院举办“全省律师刑事辩护业务名家讲坛”。本次讲坛由北京大学法学院教授陈瑞华和北京大成律师事务所高级合伙人钱列阳律师主讲，全省800余名律师聆听了讲座。

8月7日，省律协在湖南大学法学院举办了“2010年全省律师信托业务”讲座。本次讲座邀请了南开大学经济学博士、中国人民大学信托与基金研究所执行所长邢成教授讲授信托业务的相关问题。来自全省480多名律师参会加了讲座。

11月27日至29日，为提高律师政治素质，践行社会主义核心价值体系，更好地发挥律师的职能作用，为民主法制建设、经济发展和构建和谐社会做出更大贡献，省律协在长沙举办了为期两天的全省非中共骨干律师培训班，全省共50名律师参加。

## 三、对外交流

4月24日，湖北省律协考察组来我省进行考察、交流，双方就律师网络培训、省律协直属会员部设立及工作情况、律师行业的党建等情况进行了深入、广泛的交流。双方认为两省律师行业应该加强交流、合作，相互借鉴、共同提高，促进律师事业的科学发展。省律协副会长翟玉华、秘书长周爱梧参与了交流。

4月25日，七届全国律协第六次常务理事会会议在长沙召开。司法部法制司司长杜春应邀出席会议，来自全国各地的29名常务理事和全国律协秘书长邓甲明、副秘书长马国华、副秘书长李海伟，以及司法部律师公证工作指导司的有关同志参加了本次会议，湖南省律师协会会长戴志坚和北京、广东省律师协会会长应邀列席了会议。我省律协为会议的召开提供了热情周到、细致的服务，得到全国律协的高度评价。

6月16至21日，第十四届中韩律师协会定期交流会在韩国首尔举行，会议的主题是“司法体制的变化与趋势”。以中华全国律师协会副会长彭永臣为团长的中国律协代表团出席了会议，湖南省律师协会副会长刘彦、副秘书长田立平、余缨代表湖南省律师参加了会议。

8月9日至12日，应香港律师会邀请，以省司法厅巡视员唐云景为团长、省律协副会长高向荣、杨建伟、秘书长周爱梧为成员的省律协代表团到香港学习交流考察。代表团一行先后到访香港律师会、拜访律政司、走访香港律师事务所和高等法院。与香港律师会就律师协会的功能、组织结构、律师培训、律师审查及纪律进行了深入交流，同时与律师会和律师代表就湘、港律师为湖南企业在东南亚、非洲、欧美、南美等地投资开展法律服务合作事宜进行了洽谈，达成了初步意向。

12月9日，广西律协代表团一行25人来湘考察交流。双方就专业委员会经费、拓展新业务、建立专业活动评价体系、制定操作指引、“三难”问题以及青年律师的发展等展开了互动交流。

## 四、法律援助

2010年，全省律师共办理法律援助案件7244件，其中刑事诉讼法律援助案2064件，民事诉讼法律援助案3378件，行政诉讼法律援助案133件，非诉讼法律援助案1669件；承办律师达5700人次，承办律师人数占全省律师总数的80.75%。由于律师的积极参与，为维护弱势群体的合法权益，实现司法公正，维护社会稳定做出了积极贡献。

## 五、会刊及网站

《湖南律师》是湖南省律师协会的会刊，由省律协秘书处负责编辑发行，1985年创刊，至2010年共出版108期。2010年共设特别关注、焦点与视野、观点与论坛、律师风采、研究与探讨、案例追踪、青年律师园地、律师文艺等栏目，是律师业务交流、理论探讨的平台，也是宣传律师工作的阵地。《湖南律师》为双月刊，全年6期，免费发给全省律师和相关部门，起到了较好的业务指导作用和宣传作用。

湖南省律师协会门户网站于2005年12月12日开通运行，中文域名为湖南律师网，英文域名为www.hnlx.org.cn，2009年11月进行了第二次改版，主要栏目有：律协简介、律师文化、律师党建、专题报道、律协公告、业内新闻、专门专业委员会、律协动态、律管动态、律所动态、律师风采、奖罚公告、年检公告、市州律协、搜索查询等。

## 六、律师协会大事记

1.1月5日，省律协党委召开了党委扩大会议，省司法厅副厅长、省律协党委书记唐云景、副书记向新林、翟玉华，党委委员周爱梧、李德文、杨建伟、邢伟国、谢运策、李跃云参加了会议，省律协会长戴志坚、副会长刘彦、袁爱平、贺晓辉，副秘书长田立平、刘立新、鲁纪文列席了会议。会议由副厅长、省律协党委书记唐云景主持。会议就《七届省律协常务理事会工作报告》、《湖南省律师协会2010年工作要点（草案）》、《湖南省律师协会2009年经费预算执行情况报告（草案）》、《湖南省律师协会2010年度经费预算报告（草案）》、《七届省律协常务理事会五次会议、理事会三次会议议程安排》以及增补常务理事的事项进行了研究和讨论。

2.1月18日至31日，为在春节前慰问救助各类困难群众，彰显律师的社会责任，根据省慈善总会等单位发起的《我省社会组织关于积极开展“送温暖献爱心慈善一日捐”活动的倡议书》的精神，省律协在省律协直属会员部开展了“送温暖献爱心慈善一日捐”活动，省直会员所律师共捐款41620元。

3.1月20日至21日，省律协在湘潭召开了七届省律协常务理事会第五次会议和理事第三次会议。省律协正副会长、正副秘书长、常务理事、理事参加会议。省司法厅党组成员、副厅长唐云景、厅律管处处长向新林应邀出席了会议。会议由戴志坚会长主持。七届省律协常务理事会第五次会议听取了各专业委员会主任的述职并进行了测评；审议通过了《省律协2010年度经费预算报告》、《省律协2010年度工作要点》。七届省律协理事会第三次会议听取了副会长述职并进行了测评；审议通过了《省律协2009年度常务理事会工作报告》、《省律协2009年度经费预算执行情况报告》。

4.1月26日，省律协会员权益事务委员会在省律协会议室召开了工作会议。权益委员会的委员共21人参加了会议，会议由省律协秘书长周爱梧主持。省律协副会长、权益委员会主任翟玉华就2009年我省律师维权工作的有关情况和存在的主要问题进行了总结，就2010年律师维权工作的思路、维权机制以及具体要求做了阐述。会议就2010权益委员会致力于解决律师执业“三难”问题、税赋问题、法律服务市场问题和拓展律师业务问题进行了讨论和部署。

5. 1 月 26 日，全省市州司法局公律科长、律协秘书长联席会议在长沙召开。会议由司法厅律管处处长向新林主持，周爱梧秘书长通报了 2009 年全省律师行业管理情况，并对省律协常务理事会通过的《省律协 2010 年工作要点》进行了说明；对市州律协秘书处的工作给予了充分肯定，对市州律协大力支持、配合省律协、尤其是省律协秘书处的工作表示感谢。各市州公律科长、律协秘书长汇报了 2009 年度律师管理和律协的工作情况和 2010 年工作思路。

6. 1 月 29 日，省律协直属部和省律协直属会员所工会联合会共同举办了“迎新春登麓山”比赛活动。登山比赛活动本着“文明、和谐、热烈”的宗旨，坚持“友谊第一、比赛第二”的原则，以登山为平台，交流为目的，注重群体性、竞争性、趣味性相结合，强调律师的参与度与团队意识。登厅律管处处长向新林、省律协秘书长周爱梧参与了登山活动。

7. 2 月 3 日，省律协直属会员律师事务所 2009 年度总结大会在长沙召开，省司法厅副厅长唐云景、厅律管处处长向新林、省律协会长戴志坚、秘书长周爱梧出席会议，省律协直属会员所主任、支部书记近 40 人参加了会议。会议由省律协秘书长兼直属会员部主任周爱梧主持。会上，厅律管处处长、省律协直属会员所党委书记向新林对 2009 年度省律协直属会员所的工作进行了总结和回顾，并对 2010 年工作提出了明确要求。天地人、启元、人和、昌祥四个律师事务所在会上作了交流发言。最后，唐云景副厅长在会上做了重要讲话，并对 2010 年省律协直属会员部工作进行了部署和安排。

8. 2 月 5 日，七届省律协会长办公会第七次会议在省律协会议室召开，会议由省律协会长戴志坚主持，副会长高向荣、李德文、杨建伟、刘彦、袁爱平、邢伟国、贺晓辉参加了会议。副厅长唐云景、厅律管处处长向新林应邀出席了会议。省律协秘书长周爱梧、副秘书长鲁纪文、薛宏志、刘立新、蔡熙中、余缨列席了会议。会议对七届律协三次理事会、五次常务理事会讨论的主要意见和建议进行了讨论、研究，对理事们反映强烈的“三难”、“税负”、青年律师的培养问题分别确定了专门班子调研解决。会议还对律师的参政议政、加强行业宣传等问题进行了讨论。

9. 3 月 5 日，省厅律管处、省律协连续十一年组织省直部分律师开展“学雷锋义务帮教活动”，赴湖南省女子监狱开展业务帮教和扶助活动。省律协捐一万五千元钱物，30 名律师为 50 多名服刑人员免费提供法律咨询和服务。

10. 3 月 12 日，全省律师行业深入学习实践科学发展观活动总结表彰暨律师队建设会议在长沙召开。会议由省司法厅党组副书记、副厅长王亲生主持。省委政策研究室副主任、省委学习实践活动办公室副主任刘国良，省委组织部办公室副主任、省委学习实践活动指导协调组组长蔡文晖，省司法厅党组书记、厅长夏国佳，副厅长唐云景，副厅长万传友，各市州分管律师工作的局领导、律师行业学习实践活动领导小组组长、公律科科长、律协会长、秘书长，省律协正副会长、正副秘书长，各直属会员律师事务所主任、党支部书记参加了会议。

11. 3 月 29 日，湖南省律师协会惩戒委员会工作会议在岳阳召开，会议由省律协会长、省律协惩戒委员会主任戴志坚主持，会议对投诉受理及投诉情况、省律协惩戒委员会与市州律协惩戒委员会的受理投诉关系及惩戒委员会 2010 年工作安排等进行了充分讨论，对今后我省律师行业内的投诉受理、违纪调查及处罚等各项具体程序性工作作出了明确规定。会议讨论通过了《湖南省律协惩戒委员会惩戒程序规定（试行）》。

12. 3 月 30 日，全省律师事务所主任培训班在湖南律师教育学院举行。省司法厅副厅长、湖南律师教育学院理事长唐云景，省司法厅副厅长万传友，湖南律师教育学院副院长、湖南大学法学院副院长屈茂辉教授，省律师协会会长戴志坚，省律师协会秘书长周爱梧等出席开班仪式。全省律师事务所主任近500人参加了培训班。培训班邀请了北京律师协会副会长王隽和中国人民大学国际关系学院外交系主任金正昆教授分别就“律师事务所规范性管理”和“交往的艺术和有效沟通”等主题作了专题演讲。

13.4月9日，七届省律协会长办公会第八次会议在长沙召开。会议由会长戴志坚主持，副会长翟玉华、李德文、杨建伟、刘彦、袁爱平、邢伟国、贺晓辉出席了会议。省律协正副秘书长列席了会议。会议决定发出号召，为“1+1”中国法律援助志愿者行动踊跃捐款，奉献爱心。会议决定将我省律师参加社会保险列入律师执业活动考核范围，并建议司法行政将其纳入律师事务所年度考核范围。会议还讨论了省境外企业法律服务中心下一步行动计划、省政协委员律师的调研工作、举办我省的青年律师论坛等问题。

14.4月22日，加强和改进看守所工作律师座谈会在省律协四楼会议室召开。会议由省公安厅监管总队政委李钢主持，省司法厅副厅长万传友、省公安厅副巡视员李康瑞、省律协会长戴志坚、副会长翟玉华、省司法厅律管处处长向新林、省律协秘书长周爱梧及部分律师代表参加会议。与会律师对目前在刑事诉讼中普遍存在的会见难、阅卷难和调查取证难等问题进行了广泛的交流，对于加强和改进看守所的工作，提出了具体的意见和建议。

15.4月23日，省律协在湖南律师教育学院举办了首次“全省律师事务所党支部书记培训班”。省司法厅巡视员、省律协党委书记唐云景，厅律管处处长、省律协党委副书记向新林，省律协秘书长周爱梧等领导出席了培训班。部分市州律协秘书长及130余名律师事务所党支部书记参加了培训。

16.4月25日，七届全国律协第六次常务理事会会议在长沙召开。司法部法制司司长杜春应邀出席会议，来自全国各地的29名常务理事和全国律协秘书长邓甲明、副秘书长马国华、副秘书长李海伟，以及司法部律师公证工作指导司的有关同志参加了本次会议，省司法厅副厅长万传友出席会议并致辞。会议审议通过了《律师执业活动年度考核办法（草案）》和《全国律协关于支援青海玉树地震灾区抗震救灾工作的决议》，通报了《全国律协秘书处2010年工作要点分解》和《全国律协2010年宣传工作方案》。湖南省律师协会会长戴志坚和北京、广东省律师协会会长应邀列席了会议。我省律协为会议的召开提供了热情周到、细致的服务，得到全国律协的高度评价。

17.5月11日，应省商务厅邀请，省境外企业法律事务咨询服务中心派出律师团成员邹红艳、杨华、阳传泽三名律师，参加了省商务厅对外经济合作处在湘潭开展的企业境外投资情况的调研活动，分别走访、参观了湘电风能有限公司和长阳安信实业集团，听取了他们在境外投资的情况介绍。律师们现场解答了两家公司遇到的在境外投资时遭遇的法律事务困惑，并为如何预防和解决境外投资的法律风险支招。

18.5月14日，七届省律协会长办公会第九次会议在长沙召开。会议由会长戴志坚主持，副会长翟玉华、高向荣、李德文、杨建伟、袁爱平、邢伟国、贺晓辉出席了会议。省律协正副秘书长列席会议。会议通报了省律协查处违纪违规律师的有关情况，对近期工作进行部署，会议决定设立省律协律师惩戒复查委员会，同意秘书处根据工作需要招聘工作人员。省司法厅副厅长万传友、律管处处长向新林应邀出席了会议。

19.5月28日，省境外企业法律事务咨询服务中心工作会议在省律协会议室召开。会议对我省涉外企业的法律服务进行了律师工作分组，共分成4个工作小组：东盟组，组长余缨；欧盟组，组长尹湘南；非洲组，组长戴勇坚；美洲、澳洲组，组长邹红艳。会议还讨论通过了中心2010～2011年两年工作计划，决定对我省涉外企业的法律需求进行广泛调研；建设好中心工作平台；根据调研针对性对律师和企业管理人员开展法律知识培训；建设中心与境外法律服务机构的长效联络机制；开展境外法律服务的专题研究，与律师和涉外企业共享研究成果，推广业务项目。

20.6月5日，全省律师年度考核工作会议在长沙召开，省司法厅党组成员、副厅长万传友、省律协会长戴志坚、省司法厅律管处处长向新林、省律协秘书长周爱梧及全省各市州司法局公律科科长、律协秘书长参加了会议，会议由省律协秘书长周爱梧主持。向新林处长对全省律师事务所和律师年度考核工作进行了部署，提出了具体要求。戴志坚会长就律师年度考核的有关要求和事项作了补充。最后，万传友副厅长就律师年度考核工作、律师队伍党建和警示教育工作及提高律师管理队伍素质作了重要讲话。

21.6月16至21日，第十四届中韩律师协会定期交流会在韩国首尔举行，会议的主题是“司法体制的变化与趋势”。以中华全国律师协会副会长彭永臣为团长的中国律协代表团出席了会议，湖南省律师协会副会长刘彦、副秘书长田立平、余缨代表湖南省律师参加了会议。

22.6月26日，省律协在湖南律师教育学院举办“全省律师刑事辩护业务名家讲坛”。本次讲坛由北京大学法学院教授陈瑞华和北京大成律师事务所高级合伙人钱列阳律师主讲，省律协秘书长周爱梧，副秘书长田立平、鲁纪文参加了讲坛，全省800余名律师聆听了讲座。

23.6月30日至7月1日，七届省律协会长办公会第十次会议在长沙召开。会议听取了会长、副会长、执业律师副秘书长对上半年各自承办、分管或协管的主要工作的情况汇报，对七届常务理事会第六次会议的相关事项、会员纪律惩戒复查委员会的设立、会员纪律惩戒委员会和行业规则委员会的调整等事项进行了讨论，会议还就行业自律，加大律师违规违纪查处进行了研究，对省律协下半年的工作进行了部署，决定组织律师中的省政协委员开展律师在依法行政、打造法治政府作用的调研，争取在省政协大会上的发言。

24.7月3日，省律协民商法专业委员会举办《侵权责任法》讲座，邀请了全国著名民法学专家、中国人民大学法学院教授、博士生导师、《侵权责任法》起草组核心成员张新宝老师讲授《侵权责任法》实务中的难点问题，为全省律师学习《侵权责任法》提供了一次很好的机会，全省共有700多名律师参加讲座。

25.7月21日，司法部党组书记、部长吴爱英，部办公厅主任郭庆良，监狱管理局局长邵雷，劳动教养管理局局长王进义，部机关党委常务副书记贾丽群一行先后视察了秦希燕联合律师事务所、湖南天地人律师事务所。湖南省政府副省长刘力伟，省政府副秘书长谈敬纯，省司法厅厅长夏国佳，副厅长王亲生、刘道龙、傅莉娟，湖南省律师协会会长戴志坚等陪同视察。

26.8月7日，省律协在湖南大学法学院举办了“2010年全省律师信托业务”讲座。本次讲座邀请了南开大学经济学博士、中国人民大学信托与基金研究所执行所长邢成教授讲授信托业务的相关问题。省律协副会长袁爱平主持，省律协金融证券专业委员会委员和来自全省480多名律师参会加了讲座。

27.8月9日至18日，省政协、省司法厅、省律协组成专题调研组，先后赴长沙、益阳、郴州、岳阳4市开展调研。调研组通过走访律师事务所，召开座谈会的形式，就律师紧紧围绕党委和政府的中心工作，为维护社会稳定、化解社会矛盾、促进民主法制建设、推动经济和社会发展作用的发挥，律师社会地位的提升，律师执业“三难”及青年律师的培养等有关问题进行了深入调研。调研结束后形成了《加强律师工作，建设法治湖南——关于我省律师工作的调研》报告，报告针对我省律师执业环境、律师管理工作、律师队伍素质不适应法治湖南建设的需要等问题，提出“进一步加强党委政府对律师工作的领导、进一步加强律师队伍建设、进一步改善律师执业环境、进一步加大执业保障力度”等具体建议。

28.8月17日至18日，全国律师协会秘书长会议在黑龙江省大庆市召开。会议的主题是“全面正确理解、贯彻新修订的《申请律师执业人员实习管理规则》和颁布的《律师执业活动年度考核规则（试行）》”。省律师协会秘书长周爱梧、副秘书长田立平参加会议。我省因对申请执业人员的培训工作特色明显，田立平副秘书长代表省律协在会上作了题为《严格管理手段 创新培训方式 全面提升对申请执业人员的培训质量》的典型发言。

29.8月9日至12日，应香港律师会邀请，以省司法厅巡视员唐云景为团长、省律协副会长高向荣、杨建伟、秘书长周爱梧为成员的省律协代表团到香港学习交流考察。代表团一行先后到访香港律师会、拜访律政司、走访香港律师事务所和高等法院。与香港律师会就律师协会的功能、组织结构、律师培训、律师审查及纪律进行了深入交流，同时与律师会和律师代表就湘、港律师为湖南企业在东南亚、非洲、欧美、南美等地投资开展法律服务合作事宜进行了洽谈，达成了初步意向。

30.8月24日至10月10日，为支持律师希望小学创建长沙市合格学校，解决湖南省律师希望小学在创建合格完小中缺乏资金的难题，省律协在长沙城区律师事务所中组织开展募捐活动，共收到捐款53000元。

31.8月26日至27日、8月30日至9月1日，根据司法厅的部署，省律协参加司法厅调研组在益阳、常德进行的法律服务活动情况调研，为《湖南省法律服务市场管理条例》的立法做准备。

32.9月10日，全国律协在大连召开宣传联络工作会议。全国律协宣传联络委员会委员、省律协秘书长周爱梧，《湖南律师》编辑部副主任赵琨参加了会议。会议学习了中央、司法部领导关于加强宣传工作讲话精神，六个省（区、市）律师协会作宣传工作经验介绍，讨论修改《全国律协关于进一步加强律师宣传工作的意见》，进行会刊业务交流，并公布首届律师协会会刊评比结果。《湖南律师》杂志被评为“优秀奖”。

33.10月12日，七届省律协会长办公会第十一次会议在长沙召开。会议由戴志坚会长主持，副会长翟玉华、高向荣、李德文、刘彦、袁爱平、邢伟国、贺晓辉参加了会议，省司法厅副厅长万传友应邀出席，省律协秘书长、副秘书长列席了会议。会议决定于11月底召开律师党代表、人大代表、政协委员座谈会，讨论了律师行业宣传光盘和宣传册的制作，讨论了《湖南省申请律师执业人员实习管理细则》、《湖南省律师执业年度考核细则》、《律师和律师事务所重大事项报告制度》、《避免利益冲突规则》等行业规则的制定，一致同意秘书处内设机构负责人的任命。会议通报了湖南通程律师事务所律师杨金柱通过博客发表错误言论的事项，通报了会员纪律惩戒复查委员会对湖南强晟律师事务所及该所律师喻国强违规行为的复查情况，通报了省律协代表团到香港考察学习的情况。

34.10月25日至11月7日，11月10日至23日，省律协在湖南律师教育学院举办了两期2010年度申请律师执业人员集中培训班。来自全省的1128名申请执业的实习人员参加了培训。省司法厅副厅长万传友，巡视员唐云景，省律协会长戴志坚，司法厅律管处处长向新林，省律协秘书长周爱梧、副秘书长田立平等领导出席了开班典礼，万传友副厅长作了重要讲话。

35.11月21日，徐守盛省长在省政协、省司法厅、省律协提交的调研报告《加强律师工作，建设法治湖南——关于我省律师工作的调研》上作出重要批示：“加强党委对律师工作的领导，是加强律师队伍建设，改善律师执业环境，全面提升律师队伍素质的关键，希望各有关部门各司其职，密切配合，认真吸纳调研报告的建议，切实加强我省律师队伍建设工作的力度，为建设法治湖南作出更大贡献”。

36. 11月27日至29日，为提高律师政治素质，践行社会主义核心价值体系，更好地发挥律师的职能作用，为民主法制建设、经济发展和构建和谐社会做出更大贡献，省律协在长沙举办了为期两天的全省非中共骨干律师培训班，全省共50名律师参加。

37. 12月19日，省律协未成年人保护委员会15名委员来连续第3年来到省未成年人教养所开展了“一对一”送温暖帮教活动，向45名未教人员赠送了过冬衣物，给过14岁生日的未教人员赠送生日礼物，未保委副主任张献律师代表省律协未保委与省未成年人教养所签订了“一对一”帮教协议，并与未教人员个人签订“一对一”帮教协议。

38. 12月9日，广西律协代表团一行25人来湘考察交流。湖南省律协会长戴志坚、副会长邢伟国、秘书长周爱梧、副秘书长田立平等人参加了座谈会。座谈会上，广西律协副会长骆伟雄代表考察团在会上简要介绍了本次考察的主要目的。周爱梧秘书长对考察团的来访表示热烈欢迎，向考察团介绍了湖南律师行业发展的基本情况和专业委员会自身建设、业务活动开展等方面的基本情况。双方就专业委员会经费、拓展新业务、建立专业活动评价体系、制定操作指引、“三难”问题以及青年律师的发展等展开了互动交流。

39. 12月30日，省律师协会与省企业法律顾问协会在长沙签署了战略合作协议。省司法厅巡视员唐云景、省律师协会会长戴志坚、省经济和信息化委员会党组成员、省中小企业局局长黄东红、省企业法律顾问协会会长余柏青等领导与来自法律界、企业界的嘉宾共同见证了签约仪式。

## 广东省律师协会工作

### 一、业务研讨

2010我会多次举办或组织律师参与各类学术活动和研讨会，我省律师参加人数近1600人，提交论文231篇。这些研讨活动主题丰富，举办方式多样化，充分实现了各方资源的整合利用，在业内和社会上都起到了较大的积极影响。

4月9日，省律协选派10名律师赴香港参加“涉及中国当事人的国际仲裁”研讨会。本次研讨会由贸仲华南分会和英国特许仲裁员协会东亚分会主办，旨在探讨涉及中国当事人的国际仲裁及其他相关热门话题。除主办方外，香港国际仲裁中心、瑞典斯德哥尔摩商会仲裁院等其他仲裁机构均有派代表参加会议。会上，与会各方就选择特定仲裁地的利与弊，中国大陆当前有关仲裁庭选定、仲裁程序及仲裁与调解相结合的仲裁实务，中国企业作为争议一方在海外国际仲裁的实务及经验，中国境内或境外法院对仲裁的司法审查，仲裁裁决在中国境内或境外执行时可能出现的问题等进行深入的研讨和交流。此次研讨会为广东律师与贸仲华南分会等仲裁机构进行沟通交流及经验分享提供了一个很好的平台。

5月19日，由省律协和中国银行私人银行广州分部、中行广州越秀支行联合主办，省律协房地产法律专业委员会、金融法律专业委员会和广州市律协房地产法律专业委员会协办的“首届广东银行家与律师高峰论坛”在广州召开。本次论坛的主题是“房地产抵押贷款及法律问题”。在主题发言环节，广东启源律师事务所伍穗生律师针对“国十条”新政下房地产买卖合同纠纷所产生的法律问题进行了案例分析，并提出房地产领域不同的抵押贷款应如何运用法律手段进行风险防范。随后与会律师与银行专家就相关问题进行了交流互动。

7月24~25日，省律协在清远举办《侵权责任法》研讨会。会议由省律协主办，省律协民事法律专业委员会承办，清远市律协协办。清远、韶关两市律师代表和省律协民法专委会委员约120人参会。研讨会邀请了中山大学法学院教授、博士生导师张民安和省高院审判委员会委员、民事审判第二庭庭长丁海湖法官作为主讲嘉宾，分别就《侵权责任法》制定过程中若干争议问题和热点、难点，以及《侵权责任法》的司法应用问题作了精彩演讲。此外，主讲嘉宾与参会律师进行了互动交流。邝庆刚和陈北元律师在会上分别作了发言。这次研讨会内容丰富，加深了对《侵权责任法》热点、难点及司法应用问题的理解和把握，同时促进了不同区域律师之间的交流与合作。

8月28日，省律协派出讲师团赴梅州举办"证券法律业务专题讲座"。此次活动是九届省律协对欠发达地区律协在扶持方式上的创新尝试。讲座由省律协证券法律专业委员会承办，梅州市律师协会协办，共吸引了100多名梅州律师参加。讲师团成员——省律协证券专委会主任张平、副主任周璇、张锡海分别主讲了企业改制上市常见的法律问题与案例分析、改制上市基本流程、借壳上市三个专题内容，并与梅州律师就非诉讼业务的收费、企业在中小板或创业版上市的选择、独立董事资格的获取、证券法律业务的开拓等问题进行了互动交流。

9月18日，第六届全国"法律方法与法律思维"专题学术研讨会在我省广州召开。包括国内法学院校知名教授、专家学者、法官、律师在内约130多人参加了会议。本次研讨会主题为"法律职业伦理：法官与律师之间"。研讨分四个单元展开，议题分别为：法律人的职业伦理及其面临的挑战、法官与律师之间——律师视角、法官与律师之间——法官视角、法官与律师之间之制度及其反思。参与发言、点评的代表有专家学者，还有我省律师，如省律协会长欧永良、副会长朱征夫、广东仁言律师事务所潘少华等，他们以不同的视角，从制度构建和实务操作层面去探讨法律人职业伦理应如何完善、律师和法官之间的关系应如何规范等问题。

10月9日～10日，中国律师2010年海商法国际研讨会在广州召开。会议由全国律协海事海商专委会和广东省律协主办、省律协海事海商专业委员会协办、广东海建律师所承办，共吸引了140多位来自中国内地、香港、台湾以及新加坡的海事律师、法官、仲裁员等专业人员参加。研讨会以专题演讲和专题讨论的形式，对海事赔偿责任限制、油污损害、国际海事仲裁的法律与实务、海上保险等内容展开探讨。其中，王淑梅法官对今年9月15日起施行的《关于审理海事赔偿责任限制相关纠纷案件的若干规定》进行了解读，就有关条文的设置、理解及适用作了详细的说明；省高院欧阳振远法官分析了审理油污案件中存在争议较大的几个法律问题并提出解决的思路；香港国际仲裁中心杨良宜介绍了海上保险合约中的承诺性保证及其新发展。此次研讨会共收集32篇论文，评选出14篇优秀论文。其中，广东律师提交论文6篇，2篇入选优秀论文。闭幕式上，全国律协副秘书长里红等为获奖作者颁奖。

此外，我会积极推动各专业委员会发挥职能作用，年内刑事、民事、知识产权、海事海商、公司、金融、证券、WTO、房地产、行政、电子商务、未成年人、劳动、医疗、保险、环保、宪法与人权等17个法律专业委员会全部都已开展相关活动。重要的专业委员会活动如下：

1月31日，省律协医疗法律专业委员会与广东省委党校/广东行政学院人本研究中心在广州联合召开"律师文集编著工作会议暨医疗机构究竟是药品的销售者还是使用者"研讨会，包括委员、医疗行业协会代表、高校专家学者、医师等共40多人参与研讨会上，参会人员围绕"在医疗行业领域内，讨论医疗机构究竟是药品的销售者还是使用者的原因、目的与意义"、"在医患药品法律关系中，支持认定医疗机构是药品销售者或是使用者的理由与依据分别是什么”、“在医改背景下，仍定位医疗机构为药品销售者对医疗公益性有什么影响”、“就医院内部的管理而言，认定医疗机构是药品的销售者则会面临怎样的机遇与挑战”、在药品问题上，医疗机构是药品销售者的认定会对医（药）师履职及患者诊疗产生什么影响”和“医疗机构究竟是药品的销售者还是使用者之争与《侵权责任法》第五十九条规定之间的关系”等6个议题展开探讨。

4月17日，省律协知识产权法律专业委员会和广州市中级人民法院知识产权庭、广东知识产权保护协会联合举办“关于知识产权司法保护的对话”专题论坛。论坛先由法院、企业、律师三方的代表分别进行专题发言，主要是介绍各方在知识产权保护工作的开展情况。随后，与会人员围绕知识产权司法保护效能、存在问题、建议与期望以及自主创新与知识产权保护的关系等热点问题展开对话与讨论。现场气氛热烈，与会人员结合自身工作实际，畅所欲言、各抒己见，并共同探讨一些可行性的做法与设想。此次论坛为法官、企业、律师之间沟通和交流提供了一个良好的平台，同时促使他们在今后的工作中更深入地思考和研究相关问题及对策。

5月8日，省律协行政法专委会与广州市律协行政法专委会在广东科学馆联合举办政府信息公开研讨会。专委会委员及来自广州、深圳等地律师共三百多人参加了研讨会。上午，邀请最高法院甘文法官就政府信息公开行政诉讼的相关问题作了精彩的演讲。下午，与会律师就“政府以不合理的理由拒绝公开信息，法院如何处理”、“政府部门因资料丢失而不能公开信息，应承担什么责任，法院如何处理”等问题与最高院法官作了互动交流，与会者感到受益良多。

5月13日，省律协环保法专委会相关人员参加在广州举办的“水域污染公益诉讼国际研讨会”。包括最高人民法院、广东省高级人民法院、广州海事法院、贵州省清镇市和云南省昆明市环保法庭等法院系统的法官，武汉大学、复旦大学、美国佛蒙特法学院等高校的专家学者在内近百名代表参与研讨。会上，省高院、广州海事法院的法官和中大教授分别对污染损害赔偿纠纷案件、水域公益诉讼案件进行了深入系统的分析。会议还对环境污染公益诉讼、油污清理中的法律问题等进行了探讨。会后，环保法专委会主任刘国林、副主任黄秋练、秘书长钟炜与中华环保联合会法律服务中心的代表张杰、付艳明就双方如何开展合作和交流进行了友好协商，为今后合作和交流奠定了基础。

5月18日，省律协WTO专委会先后到广东省外经贸厅公平贸易局、广东省WTO事务咨询服务中心进行座谈交流。在省公平贸易局，委员们与该局相关领导就国际贸易摩擦事件中的法律问题、反倾销案件的律师代理（选聘）、行业协会的作用等多个方面进行了积极探讨。并到省WTO事务咨询服务中心，与该中心副主任就如何加强合作与交流，建立战略伙伴关系、联合开展调研活动、共同建立专家库（理事会单位）、当前WTO的最新研究方向、如何切实开展WTO法律服务等方面的问题进行了深入探讨，并对有关细节问题进行磋商。

5月23日，省律协医疗法律专委会和省委党校/广东行政学院人本研究中心在广州联合举办律师文集编著工作会议暨并发症免责问题研讨会，包括高校学者、法官、医师和医疗专委会委员等在内约40人参会。医疗专委会主任宋儒亮主持。研讨会采取主题发言、评议和总评及其间穿插提问与答疑环节的形式，就与“并发症”有关的医疗法律事务及问题进行研讨，会议还对筹备编印医疗法律业务文集事宜进行了商议。

6月23日，省律协公司法专委会参加国家工商总局在广州召开的调研座谈会。省工商局、广州市工商局有关负责人以及律师代表等共20人参加座谈会。省律师协会副会长、广州市律协会长王波，省律协和广州市律协公司法专委会6名委员参加座谈会并发言。参会律师围绕律师参与企业工商登记工作的可行性和必要性、操作办法和对工商行政管理机关登记监管工作的影响以及国外相关立法实践情况等提出了富有建设性的意见和建议，得到了调研组的充分肯定。

7月13日，由省律协WTO法律专委会及省外经贸厅公平贸易局联合举办的“国际贸易摩擦新动态及应对策略”讲座在广州举行。省律协秘书长叶港、WTO法律专业委员会主任韩俊及来自广州、东莞、深圳等地的十多名律师参加了讲座。讲座由省外经贸厅公平贸易局局长陈立鹏及副调研员陈亚子主讲。

7月16日，省律协宪法与人权法律专委会在广州举办了“新律师法实施与人权保护”研讨会，委员会主任潘少华，副主任谭泽先、梁淑军，秘书长石治勇以及其他委员近30人参加。省律协律师人大代表政协委员联络工委主任刘涛、宣传交流工委主任肖胜方、行政法律专委会主任何富杰也应邀参加了研讨会。会议讨论通过了2010~2012委员会工作规划，并就律师与人权保护的关系、新律师法对人权保护的促进作用、如何在目前状况下发挥律师作用来保护人权等问题进行了深入探讨。

7月24日，省律协环保法律专委会在广州召开了2010年度业务研讨会。会议由主任刘国林和副主任黄秋练主持，与会委员围绕律师开展环境业务的范围、律师在环境工程中如何帮助客户控制风险、如何处理与环境业务有关的非诉案件、如何更好地利用自身资源进一步发挥环保法律专业委员会的作用等问题展开了积极的讨论，并明确了下一步工作方向。

7月30至31日，省律协电子商务法律专委会在东莞举办“近期网络热点问题研讨会”。专委会主任蔡海宁、秘书长黎志晖、委员马立云、胡仕波等十多位律师参加研讨会，会议邀请了广东电信用户委员会副主席黄文标教授参加。研讨会由蔡海宁主任主持，对6月份新颁布的《网络商品交易及有关服务行为管理暂行办法》、《非金融机构支付服务管理办法》、《网络游戏管理暂行办法》等进行解读并与近期网络的交易管理、在线支付管理、游戏管理三大热点问题相结合进行分析探讨。黄文标教授对近期网络热点问题发表专业性意见。

8月27日至28日，由省律协劳动法专委会主办，广州、东莞两市律协劳动与社会保障法专委会协办的“劳动法律专业委员会2010年年会暨劳动争议热点问题研讨会”在东莞市举行，共50多名律师参加，刘继承主任主持。会议对双倍工资、加班工资、双重劳动关系、竞业限制、年休假、高温津贴、劳动关系与劳务关系的区别等热点问题进行探讨。

9月11日，省律协知识产权法专委会与华南理工大学知识产权学院在广州联合举办“知识产权法律服务专业化发展及人才培养论坛”。省律协知识产权专委会委员、华南理工大学知识产权学院教师及邀请的法官、其他高校教师和企业代表等50余人参加。知识产权专委会主任邓尧代表主办单位致辞，委员王永红介绍了自己从事知识产权业务的感想与经验，其他参会人员围绕主题积极提出了自己的见解。

9月17至18日，由全国律协知识产权专委会主办，山东律协、青岛律协承办的2010中国律师知识产权业务创新论坛暨全国律协知识产权专业委员会第八届年会在青岛召开。我省有20多名律师参加了论坛。邓尧律师撰写的论文《我国商业秘密刑事案件起诉方式的弊端及其完善建议》、刘孟斌律师和宁崇怡律师撰写的论文《卡拉OK经营者在侵犯版权问题上的行为定性以及责任形式》、陈建南律师撰写的论文《边缘化的知识产权律师——以知识产权中介服务为视角》以及何俊律师和房长波律师撰写的论文《专利联盟和律师创新业务的法律思考》荣获“十佳论文奖”；董咏宜律师承办的“广东星群（药业）股份有限公司不正当竞争案”被评为“十佳知识产权案例”；卢祖宁律师参与《律师从事商业秘密法律业务操作指引》起草工作获“特别贡献奖”。此外，郑贤春等四位律师成为全国律师协会知识产权专业委员会新委员。

10月19日，与省律协知识产权专委会在广州联合召开座谈会，就“战略性新兴产业服务需求”课题展开的调研听取律师们的意见。课题组成员及其他律师共13人参会。会上，律师们就如何充分发挥律师事务所在培育战略性新兴行业的知识产权中介服务作用，提出了许多建设性的意见和建议，得到国家知识产权局课题组成员等专家的赞赏。

11月7日，省律协WTO法律专委会和北京大学国际法学院、深圳市律协涉外法律业务委员会在深圳共同举办“法律英语沙龙”。沙龙全程使用英文交流，北大国际法学院副院长严思德（Stephen Yandle），省律协WTO专委会主任韩俊，北大国际法学院院长助理许华、资深语言培训专家林蓓（Rebecca Linton），以及其他律师、法学教师、学生代表等参加了此次活动。沙龙分为欢迎与介绍、主题演讲、讨论和自由交流三个环节进行。参加活动的律师和法学教师、学生进行了友好互动，就法律学习、律师执业等交流心得体会。此次活动加强了律师协会与高等法律院校之间的合作与交流，有助于提高律师涉外法律与法律英语的运用水平，同时促进涉外法律人才相互交流和学习。

11月19日，省律协女律师工委与河源市律协在河源联合举办了“2010年广东省女律师工作座谈会”。省律协女律师工委委员及河源市女律师共25人参加了座谈会。会上，参会律师分析了女律师执业的特点、优势和执业困境，并就女律师在执业过程中如何做到自强、自立、自信，如何处理婚姻家庭与工作事业的关系以及如何注重身体健康等问题进行了交流。省律协女律师工委副主任陈美英、胡育新和河源市女律师蓝多红、王苗苗作了重点发言。吴青副会长与张丽杰主任代表省律协赠送最新版本的《民事审判手册》给河源市律协及参会女律师们。

11月19日，省律协公司法律专业委员会和广州市律协公司法律专业委员会、广东省高级人民法院民二庭、广州市中级人民法院民二庭在广州共同举办“公司诉讼热点问题研讨会”。包括专委会委员、法官在内的60余人参加了研讨。会上，省律协公司专委会多名委员就股权转让合同效力、股权出资、公司人格混同、公司清算等作了专题发言。与会律师和法官还围绕发言主题展开热烈讨论，交换对相关问题的看法及意见。

11月23至24日，省律协保险法专委会在广州举办“2010年年会暨论文研讨会”，包括委员、其他律师在内的18人参加了会议。刘玉招、李欣、卢跃峰三位委员在会上就自己撰写的论文作了主题演讲，内容涉及车辆保险赔偿中的霸王条款、保险利益在立法与司法实践中的不足与对策、人身保险合同受益人的地位等，参会律师对论文主题及自身在执业过程中遇到的理论与实践问题展开探讨和交流。会议还对专委会举办活动的形式和内容、与外单位的交流合作等问题进行讨论并达成初步共识，以期使专委会的学术研讨活动更专业化、规范化。

11月26至27日，省律协金融法专委会在清远召开“民间借贷纠纷诉讼代理中的疑难问题”研讨会，专委会主任、秘书长及其他委员共19人参加了会议。会上，朱孟禾主任介绍了律师在代理民间借贷纠纷案件时遇到的民间借贷证据和借贷法律关系认定方面的问题。谢乐安副主任结合所办案件，就当中争议焦点提出建议。委员们也纷纷踊跃发言，提出“借条不能作为认定民间借贷中支付行为的实际发生的唯一证据”、“应区分不同情况来分配举证责任”等多种见解。

## 二、会员培训

2010年我会举办了3期申请律师执业人员集中培训班，共培训除广州、深圳之外全省各地的858名实习律师，今年培训班的课程内容涵盖如何做好律师、律师的职业伦理与执业行为规范、社会主义法治理念、广东省律师管理工作、律师执业技能、律师执业风险与防范等方面。此外，培训班安排了三场学员辩论赛，辩论赛邀请了省律协律师人大代表政协委员联络工委主任刘涛、宣传交流工委主任肖胜方担任评委，对辩手现场表现进行点评，并就律师辩论的注意事项、辩题法律分析等问题与全体学员分享心得体会，取得了良好的效果。我会继续依托全国律函中心的远程教育系统，出资支持13个市的律师继续教育工作，全年举办了5期共40个课时的培训，课程内容分别为物权法、侵权责任法、交通肇事和医疗事故法律实务、房地产（关于拆迁条例与律师业务开展）、律师非讼业务探讨等专题，共4053人接受了培训。为增强学习效果，我会还就重要专题制作了光盘下发各市。我会积极做好各类研修班、人才库的推荐报名工作，2次推荐8名律师担任全国律协和省法学会有关专业委员会，并继续组织各市律协做好今年的青年律师赴英培训选拔工作。

## 三、会员管理

### （一）做好律师和律师事务所年度考核工作

为确保2010年考核工作高质、高效完成，从2010年1月开始，我会秘书处与广东省司法厅律管处多次就考核工作方案，文件起草、年度考核用章、考核程序、费用收取等问题进行沟通、协商，并召集有关市律师协会针对考核通知的有关规定提出意见和建议。2010年年度考核历时近三个月，分为两批进行，全年共对全省18241名律师、1585家律师事务所完成了年度考核，其中社会律师17167名、法援律师430名、公职律师644名；社会律师事务所1490家、公职律师事务所114家，法律援助机构125家。律师人数比去年同期增加了1729人。

### （二）做好实习人员备案及实习证发放工作

按照《广东省申请律师执业人员实习管理办法（试行）》规定，定期做好实习人员名册登记备案，已为全省审批发放实习证2776个。

### （三）积极开展律师行业维权工作

为维护律师执业的合法权利，2010年我会做了大量工作。一是积极推进立法工作。《广东省实施〈律师法〉办法》立法推进工作小组先后3次召开工作会议，反复讨论研究该办法的完善修改工作，并与省人大法委、法工委、内司委举行座谈会2次，与省政协社法委联合举办律师工作座谈会1次，积极争取省人大、省政协对律师工作的理解和支持。目前该办法已列入2011年省人大立法计划的预备项目。二是积极推动法律服务市场规范工作。为配合省高级人民法院和省司法厅做好规范公民参与诉讼工作，规范法律服务市场，我会积极开展调研和参与《关于公民担任代理人或辩护人参加诉讼的若干意见》修改工作，同时与省高院召开联席会议和举办公民代理问题研讨会，并将修改意见和研讨成果及时报送省高院，受到该院领导的充分肯定。三是组织全省律师执业环境状况调研工作。通过采取书面和赴基层举行座谈听取意见等方式开展全省律师执业环境状况调研，梳理反映集中的突出问题，并利用各种机会积极向有关部门反映。我会同样重视维权个案处理工作，2010共接到2宗申请维护律师权益案件，均及时妥善作出了相应处理。

## 四、引导律师积极参政议政及参与立法活动

为团结我省律师人大代表、政协委员的力量，在“两会”中形成特有的律师板块，集中凸显律师的社会效用和律师行业的诉求，2010年全省“两会”期间，我会召开部分律师人大代表和政协委员座谈会，12名省级以上律师人大代表、政协委员参加了会议，并交流了工作经验和体会。本次全省“两会”召开期间，我省律师人大代表、政协委员的建议意见得到多

家新闻媒体的重点关注和社会的广泛认同。

2010年我会就广东省人大内司委、广东省司法厅法规处等向我会征集意见的《中华人民共和国刑法修正案（八）草案》等15个法律草案，转给相关领域律师研究并提出113条修改意见。我会还应有关部门的要求推荐了有关专业委员会的部分律师参加全国人大内司委、广东省人大内司委、广东省高院等部门组织的调研和座谈会共23人次。4月16日，省司法厅在广州召开《广东省实施〈律师法〉办法》（下简称《实施办法》）立法推进工作座谈会暨广东律师地方立法工作领导小组第一次工作会议。会议明确立法推进工作的目标是使《实施办法》成功列入2011年省人大立法计划正式项目。律师在参与立法工作中作出的大量工作，进一步增强了党委、政府和人大等部门对律师在依法治国中发挥重要作用的认识，对改善律师执业环境起到了积极作用。

### 五、加强有关行业交流

2009年我会接待来访的境内外律协4批次，组织部分会领导、律师和行业管理人员等赴8个省市自治区开展学习考察活动，就行业党建、机构建设、财务管理、律师事务所管理、纪律处分等行业自律管理的各方面情况进行了广泛交流。2010年我会参加了由香港律师会牵头成立的“两岸四地法律服务信息宣传合作平台”筹备委员会首次会议。我会还组团赴澳大利亚、新西兰考察律师协会和有关律师所，实现了省律协近十年来独立组团出国考察零的突破。2010年我会与贸仲华南分会进一步落实双方签订的《关于建立战略合作伙伴关系的框架协议》重点合作项目，应邀组织律师讨论修改贸仲相关仲裁规则，应邀选派律师参与广交会现场投诉站工作，还合作编印了《中国仲裁150问》。为进一步加强与高校的交流与合作，我会与华南理工大学法学院签署合作框架协议书。今年我会继续通过加强行业组织之间的交流合作，为我省律师拓展业务搭建平台。

### 六、会刊及网站建设

我会不断完善“广东律师”网站建设，增添了“创先争优”、“ 律师公益宣传”、“公益法律服务”等板块，并与中国国际经济贸易仲裁委员会、中山大学法学院、华南理工大学法学院网站建立连接。本年度，广东律师网更新律协会议及活动信息、律协文件、通知、律师文章、委员会信息、律师事务所招聘信息等共533条。2010年始，我会对《广东律师》杂志进行改版，重新设计封面，内容采用彩色印刷，从内容到形式都提高了档次和质量，并于9月荣获全国律协颁发“优秀期刊奖”和“最佳策划奖”。据统计，一年印编《广东律师》会刊6期、刊登文章100余篇，发放54000册。编印了《思考》与《报道》资料共2000余册。我会重要信息资料《广东律协信息》全年共编印发17期，成为社会公众和广大律师会员了解律师和律协工作的重要载体。

### 七、编印业务规则手册

为建立健全律师行业规则体系，加强行业自律性管理，我会于六月对有关律师行业管理规则、工作规则、业务指引以及相关规章制度收集整理，并修订编印成《广东省律师行业规则手册》，以便广大律师学习和运用。

### 八、2010年广东省律师协会大事记

1月

1月13日，广东省律师协会九届二次会长办公会在广州召开。

1月23日，广东省律师协会与广东省司法厅在广州从化联合召开优化律师执业环境座谈会。

1月27日，广东省律师协会与广东省法学会联合举办2010年迎春茶话会。

1月31日，广东省律师协会在广州召开部分律师省人大代表、政协委员座谈会。

1月31日，广东省律师协会医疗法律专委会与广东省委党校/广东行政学院相关机构在广州联合召开“律师文集编著工作会议暨医疗机构究竟是药品的销售者还是使用者研讨会”。

**2月**

2月3日，广东省律师协会与《法制日报社》广东记者站在广州联合召开《见证广东三十年法治进程》资深律师座谈会。

2月8日，广东省律师协会在广州召开专业委员会工作座谈会。

2月26日，广东省律师协会召开新闻发布会，公布评选2009年度重大法律事件的评选结果。

**3月**

3月3日，广东省律师协会应邀派员参加省法院召开的“关于建立法官与律师会商机制的调研报告”论证会。

3月4日，广东省律师协会领导赴深圳与贸仲华南分会商定2010年重点合作项目。

3月13日，广东省律师协会在广州召开九届三次会长办公会和九届二次理事会。

3月13日，广东省律师协会举办2010年第 期卫星远程培训课程 “物权法出台以后新的司法解释与律师实务”专题。

3月29日~4月4日，25名四川地震灾区的律师来粤开始了为期7天的交流学习。

**4月**

4月8日，广东省律师协会在广州召开各委员会主任会议暨各市律协秘书长工作会议，各委员会主任和秘书长、各市律协秘书长近80人参会。

4月9日，广东省律师协会选派10名律师赴香港参加由贸仲华南分会和英国特许仲裁员协会东亚分会主办的“涉及中国当事人的国际仲裁”研讨会。

4月14日，广东省律师协会与贸仲华南分会在广州召开“贸仲仲裁规则修改律师座谈会”。

4月14日，广东省律师协会应邀参加省委统战部召开的“推进我省专业服务业发展的对策与建议”调研课题协调会。

4月14日，青海省玉树藏族自治州玉树县发生7.1级地震后，全省律师行业为灾区捐款总额约156万元，其中律师所党支部和律师党员捐款约45万多元。

4月15日，广东省律师协会与华南理工大学法学院在广州举行合作框架协议书签仪式。

4月15日~5月5日，广东省律师协会选派律师参与第107届中国进出口商品交易会投诉站合同组的驻场服务工作。

4月17日，广东省律师协会知识产权专委会和广州市中级人民法院知识产权庭、广东知识产权保护协会联合举办“关于知识产权司法保护的对话”专题论坛。

4月18日，广东省律师协会女律师工委会在广州召开第一次工作会议。

4月20日，广东省律师协会九届四次会长办公会在广州召开。

4月20日，广东省律师协会在广州举行第九届省律协顾问工作座谈会。

4月21日，广东省律师协会未成年人专委会与广东省司法厅关心下一代工委会一行20人到广东省未成年犯管教所联合开展帮教活动。

4月22日，广东省律师协会WTO专委会在广州召开2010年工作会议。

4月22日，广东省律师协会和海南省律师协会在广州佛山联合举办高尔夫球联谊赛。

4月27~28日，广东省律师协会与《法制日报》社广东记者站、《律师文摘》杂志社在广州联合举办广东省律师协会成立30周年回顾座谈会。

4月27日，九届广东省律师协会公益法律事务工委会在深圳召开第二次工作会议。

4月28日，广东省律师协会立法推进小组在广州召开第一次全体会议。

4月29日，广东省律师协会财务工委会在广州召开第一次工作会议。

**5月**

5月7日，广东省律师协会文体工委会第一次工作会议在湛江召开。

5月8日，由广东省律师协会主办，湛江律协承办的“2010年广东律师体育比赛”在湛江市举行。比赛设置乒乓球、网球、中国象棋三类项目，来自广州、深圳等15个市律协的150名律师运动员参加比赛。

5月8日，广东省律师协会行政法专委会与广州市律协行政法专委会在广东科学馆联合举办政府信息公开研讨会，300多名律师参会。

5月11~14日，省知识界人士联谊会联合广东省律师协会、省注册会计师协会、省资产评估师协会、广东专利代理协会、省注册税务师协会赴韶关、广州、深圳、香港等地开展《关于推进我省专业服务业发展对策与建议》专题调研活动。

5月13日下午，广东省律师协会宪法与人权专委会在广州召开主任、副主任及秘书长工作会议。

5月13日，广东省律师协会环保法专委会应邀参加由中国海商法协会海运法专业委员会和中山大学法学院在广州联合举办的“水域污染公益诉讼国际研讨会”。

5月13~15日，广东省律师协会副会长陈锡康应澳门律师公会邀请，出席由澳门律师公会及国际律师联盟主办的“反贪与法治研讨会”。

5月16日，广东省律师协会维护律师执业合法权益工委会第一次全体会议在广州召开。

5月18日，广东省律师协会WTO专委会一行5人先后到广东省外经贸厅公平贸易局、广东省WTO事务咨询服务中心进行座谈交流。

5月18日，广东省律师协会与广东省政协社法委在广州举行律师工作座谈会，就近期律师工作情况进行座谈。

5月19日，由广东省律师协会和中国银行私人银行广州分部、中行广州越秀支行联合主办，广东省律师协会房地产专委会、金融专委会和广州市律协房地产专委会协办的“首届广东银行家与律师高峰论坛”在广州召开。

5月19日，广东省律师协会房地产法律专委会在广州召开工作会议。

5月22日，广东省律师协会律师所建指导工委会在广州召开第一次全体委员会议。

5月22~24日，广东省律师协会组织由11名律师组成的广东省律师羽毛球队参加在上海举行的2010年京津沪渝粤律师羽毛球联谊赛，荣获冠军。

5月23日，广东省律师协会医疗法律专委会和省委党校/广东行政学院人本研究中心在广州联合举办律师文集编著工作会议暨并发症免责问题研讨会。

5月26~27日，广东省律师协会组织《法制日报》等媒体记住赴深圳采访律师为社区提供法律服务和律师参与基层派出所调解工作的情况。

6月

6月2日，九届广东省律师协会青年律师工委会在广州召开第一次工作会议。

6月8日，广东省律师协会和省检察院在广州联合召开加强民行检察监督、促进公正廉洁执法座谈会。

6月12日，广东省律师协会与省司法厅联合开展“1+1”中国法律援助志愿者行动项目资金募集工作，广泛发动全省律师事务所和律师捐款。截至9月2日，全省律师行业包括律师协会、律师所和律师个人捐款总额达21.27万元。

6月18日，广东省律师协会证券法专委会在深圳召开工作会议暨业务研讨交流会。

6月19日，广东省律师协会、广东省女法官协会、广东省工商联女企业家商会、广东省知识界人士联谊会在广州联合举办“辉煌与使命”广东知识女性靓装舞会。

6月21日~7月16日，广东省律师协会在广州举办三期申请律师执业人员集中培训班。

6月21日，广东省律师协会发展战略工委会在广州召开部分委员工作会议。

6月23日，广东省律师协会公司法专委会参加国家工商总局在广州召开的调研座谈会。

6月23日~24日，广东省律师协会秘书处调研组赴江门、佛山、东莞等市调研。

6月28日，由广东省律师协会和广州亚组委、省司法厅联合组建的“广州亚运会律师志愿服务团”在广州举行成立仪式。

**7月**

7月2日，广东省律师协会与广东省法官协会联合出台了《关于建立联席会议制度的意见》。

7月2日，由广东省律师协会和省总工会、省司法厅共同组建的广东省工会法律服务律师团在广东省工会大厦召开成立大会。

7月13日，由广东省律师协会WTO专委会及省外经贸厅公平贸易局在广州联合举办的“国际贸易摩擦新动态及应对策略”讲座。

7月16日，广东省律师协会宪法与人权专委会在广州举办了“新律师法实施与人权保护”研讨会。

7月17~18日，广东省律师协会在广州举办2010年广东律师电视辩论大赛。来自12个市的12支代表队共90多名律师参加比赛。

7月22日，广东省律协劳动法专委会主任刘继承代表省律协参加广东省人民政府法制办在广州召开的《关于加强工资集体协商工作的指导意见（稿）》论证会。

7月24~25日，广东省律师协会在清远召开《侵权责任法》研讨会。

7月24日，广东省律师协会民法律专委会在清远召开了首次全体会议。

7月24日，广东省律师协会环保法专委会在广州召开了2010年度业务研讨会。

7月30~31日，广东省律师协会电子商务法律专委会在东莞举办“近期网络热点问题研讨会”。

**8月**

8月5日，广东省律师协会与广东省法官协会在广州召开首次联席会议。

8月6~9日，全国律协副秘书长、《中国律师》杂志社社长李海伟，杂志社采编部副主任李华鹏到我会调研广东律协成立三十周年纪念活动开展情况并进行座谈。

8月11日，广东省律师协会九届五次会长办公会在广州召开。

8月13日至14日，广东省律师协会纪律工委会在深圳调研并召开第一次全体会议。

8月17日至18日，广东省律师协会秘书长叶港出席全国律协在黑龙江省大庆市召开全国律师协会秘书长会议。

8月18日，广东省律师协会组织律师参加省法院立案信访窗口建设工作座谈会。

8月23日，广东省律师协会立法推进工作小组召开第三次全体会议。

8月24~28日，广东省律师协会与广东省司法厅在省委党校联合举办首期全省律师事务所党支部书记培训班。

8月27~28日，由广东省律师协会劳动法专委会主办，广州、东莞两市律师协会劳动与社会保障法律专委会协办的“劳动法律专业委员会2010年年会暨劳动争议热点问题研讨会”在东莞举行。

8月28日，广东省律师协会派出讲师团赴梅州举办“证券法律业务专题讲座”，100多名梅州律师参加听讲。

**9月**

9月3日，共青团广东省经济和信息化委机关委员会商业支部副书记唐纯林到访我会。

9月4日，由广东省律师协会主办，广东省律师协会文体工委会承办的“广东律师走过三十年”文艺汇演在广州举行。

9月10日，广东省律师协会宣传交流工委会在广州召开全体委员工作会议。

9月10~11日，广东省律师协会秘书长叶港出席全国律协在大连召开全国律师宣传联络工作会议。《广东律师》杂志被全国律协评为“优秀奖”和“最佳策划奖”。

9月11日，广东省律师协会知识产权法专

委会与华南理工大学知识产权学院在广州联合举办“知识产权法律服务专业化发展及人才培养论坛”。

9月15日，广东省律师协会与广东省法学会在广州联合举办中秋茶话会。

9月18日，广东省律师协会、广东省法官协会、华南理工大学法学院在广州联合举办第六届全国“法律方法与法律思维”专题学术研讨会。

9月25日，广东省律师协会发动全省各市开展宣传活动，并与深圳、佛山、东莞等3市律协共同举办大型义务法律咨询活动。

9月28日～10月3日，由广东省律师协会、广东省美术家协会、广东省书法家协会、广州市文物总店共同举办的《庆祝广东省律师协会成立三十周年图片展暨中国名家书画展》在广州市文物总店举行。

9月29日，广东省律师协会公益法律事务工委会联合广东省司法厅关工委赴省戒毒劳教所开展帮教活动。

**10月**

10月1～13日，广东省律师协会和广东省电视台继续合作推出的电视专栏节目《律师说法》在广东电视台公共频道播出，共13期。

10月9～10日，由全国律协海事海商法律专委会和广东省律师协会联合举办的中国律师2010年海商法国际研讨会在广州召开。

10月13日、10月21日，广东省律师协会分别与广东省人大法委、法工委、内司委在广州举行座谈会。

10月15～17日，广东省律师协会宣传交流工委会、广州市律协宣传交流工委会在湖南张家界联合召开律师宣传工作交流会。

10月16～17日广东省律师协会组织举办了第三期“交通肇事”专题与第四期“房地产”专题的卫星远程培训。

10月19日，广东省律师协会知识产权法律专委会与国家知识产权局学术委员会在广州联合召开座谈会。

10月21日，广东省律师协会副会长陈小雄、总监事郑剑民等一行7人赴上海市律师协会进行考察交流。

10月26～27日，广东省律师协会领导赴深圳调研。

10月28日，广东省律师协会在广州召开2010年财务工作会议。

**11月**

11月7日，广东省律师协会WTO专委会和北京大学国际法学院、深圳市律协涉外法律业务委员会在深圳共同举办“法律英语沙龙”。

11月14至15日，广东省律师协会监事会应邀出席在江苏省无锡市举行的第三届律师协会全国监事会论坛。

11月19日，广东省律师协会公司法专业委员会和广州市律协公司法律专业委员会、广东省高级人民法院民二庭、广州市中级人民法院民二庭在广州共同举办“公司诉讼热点问题研讨会”。

11月19日，广东省律师协会女律师工委会与河源市律协在河源联合举办了“2010年广东省女律师工作座谈会”。

11月19日至20日，广东省律师协会发展战略工委会在东莞市举行“提升行业竞争力，优化律师执业环境，增强服务和谐社会意识”系列研讨会2010年度研讨会。

11月23～24日，广东省律师协会保险法专委会在广州举办“2010年年会暨论文研讨会”。

11月26～27日，广东省律师协会金融法专委会在清远召开“民间借贷纠纷诉讼代理中的疑难问题”研讨会。

**12月**

12月1日，广东省律师协会在广州召开九届七次会长办公会。

12月2日，广东省律师协会在广州召开九届三次理事会。

12月3日，广东省律师协会维权工委会赴深圳开展律师执业环境状况调研。

12月4日，广东省律师协会维权工委会召开第二次全体会议。

12月11日，广东省律师协会、广东省司法厅在佛山召开省人大代表、政协委员律师座谈会。

12月15日，广东省律师协会、广东省司法厅组织10名广东省人大代表、广东省政协委员律师参加省法院召开的工作报告征求意见座谈会。

12月25日，广东省律师协会成立三十周年庆祝大会在广州隆重举行。

12月，广东省律师协会编印《广东律师协会成立30周年画册》。

12月，广东省律师协会组织拍摄完成反映广东律师业三十年发展历程和律师先进事迹电视纪录片《守护正义——广东律师三十年》和《先行者的历史印记——广东律师的全国第一》。

## 海南省律师协会工作

### 一、业务研讨

#### （一）主要活动

为打造国际旅游岛精品法律服务市场，省律协分别与海口和三亚两市司法局共同召开律师调研座谈会。2010年4月7日，由省律协会长王晶带队，副会长廖向琦、办公室主任林辉组成的调研小组前往海口市司法局进行工作调研。海口市司法局李传芳局长就协会调研组的到来表示欢迎，主管律师工作的羊宏调研员，海口市司法局律公处陈振涯处长对会员培训、投诉调查、年度考核及党务工作进行了认真分析。同时就律师培训和宣传方面存在的问题和解决方法提出了很好的意见。4月13日，由省律协会长王晶带队，副会长廖向琦、姜丹、副秘书长符琼芬及律协秘书处秘书张杰组成的调研小组来到三亚司法局进行律师工作调研。本次律师座谈会主要围绕拓展海南律师法律服务市场、律师培训、律师文化及宣传工作三大主题展开，会上与会的三亚地区各律所主任畅所欲言、建言献策，从现存的体制问题和实际需求出发，就海南律师行业发展、协会组织架构、业务培训、党建工作、案源拓展、文化建设等方面展开讨论，对三亚各律所在律师培训、文化建设、律所财务发展基金提留等等方面存在的问题提出了解决办法。会议最后就省律协设立三亚工作站、三亚律师就地就近培训和举办三亚青年律师沙龙等事宜达成了一致意见。

随着海南国际旅游岛上升为国家战略，为进一步提高我省律师对非诉讼业务的认识与理解，更好地服务我国经济社会发展，更好地服务海南国际旅游岛经济建设。11月20日下午，由省律协组织的全省律师非诉业务专题培训讲座在省政府大楼（海府路）二楼报告厅举行，此次专题讲座由副会长廖向琦主持，全省有三百多名律师参加了培训。讲座是省律协理事考察团赴粤考察的重要成果，是由深圳市律师协会业务发展与培训委员会主任张斌律师和北京德恒律师事务所深圳分所刘震国律师，分别作“海南国际旅游岛非诉讼业务的发展”、“律师非诉讼业务的操作和经验”的讲座。以岛外律师的视角，解读在海南建设国际旅游岛背景下，律师如何开拓与操作非诉讼业务的新领域，同时，还就深圳律师非诉讼业务的种类，具体开拓方法与操作方式进行了由点到面的全面解读。

2010年12月23日，省司法厅、省律师协会在省律协三楼报告厅举行全省律师行业“警示教育暨创先争优活动”演讲比赛。这次演讲比赛是为了贯彻落实司法部律师队伍建设电视电话会议精神，巩固和扩大警示教育和创先争优活动成果，根据我省律师行业警示教育活动方案，结合我省律师行业基层党组织和党员深入开展创先争优活动工作安排举办的。演讲比赛以“警钟长鸣”为主题，结合海南国际旅游岛建设大背景及我省律师行业创先争优工作实际，就李庄案件带来的影响和思考及我省律师如何维护当事人合法权益、维护法律正确实施、维护社会主义公平正义、坚定不移地做中国特色社会主义的法制工作者、经济社会又好又快发展的服务者、当事人合法权益的维护者、社会主义公平正义的保障者、社会和谐的促进者展开演讲。演讲比赛一共有23位年轻律师和实习律师参加，如瑜所主任律师李晶瑜主持，省委宣传部、司法厅、海口广播电视台的相关人员担任评委。省司法厅律公处处长王青玲、协会廖向琦、姜丹副会长、吴少平秘书长到场指导观摩。选手们结合自己在工作中的体会和对李庄案件的思考展开演讲，或慷慨激昂，或娓娓道来，内容丰富感人；各事务所主任也亲临现场为选手加油，现场不时响起热烈的掌声。法立信律师事务所何柳青律师做的题为《我的梦想，我的路》的演讲生动感人，得到了在场律师同仁的共鸣，获得了评委的一致好评；最终脱颖而出获得比赛的第一名。比赛结束后还特地邀请了省司法厅干警张亚东进行了演讲，给选手们了一次很好的观摩学习机会。最后司法厅组织宣传处副处长刘京对比赛进行的点评为演讲比赛画上了圆满的句号。比赛为了确保公平、公开、公正，采取现场评分、现场公布比赛结果的方式进行。选手经过精心的准备，赛出了风格，赛出了水平，展现了我省律师朝气蓬勃的精神面貌。

（二）重要的专业委员会活动

2010年我会各个专门委员会积极发挥职能作用，重要的专业委员会活动如下：

1. 专家咨询委员会

2010年1月28日，省律协王晶会长召集律协专家咨询委员会、民商行政委员会在海南律师会馆二楼会议室召开“国际旅游岛法制服务研讨会”。省律协会长兼专家咨询委员会主任王晶、省律协姜丹副会长、民商行政委员会王崇敏主任等20余位专家委员参加了本次会议。会上，王晶会长传达了两会会议精神，委员们紧紧围绕“国际旅游岛法制服务建设”命题展开积极探讨，踊跃发言，共商海南律师如何更好、更快、更直接地为海南国际旅游岛法制建设服务。并针对最近热点如房地产问题、农村集体土地、参政议政问题展开讨论，集思广益、思维共享，深层次的讨论了海南律师行业在推进国际旅游岛发展过程中扮演的重要角色及意义。

2. 青年及文体工作委员会

2010年六一前夕，海南省律协青年及文体工作委员会组织海口地区30多家律师事务所的150余位律师，在律协姜丹副会长、吴少平秘书长、符琼芬副秘书长带队下，来到海口市社会福利院开展“献爱心、送温暖”活动，为福利院的孤寡老人和孩子们送上礼物和节日祝福；青工委还组织律师合唱团现场为福利院职工和孤寡老人表演节目，福利院的全体同仁深受感染，不久也成立了职工合唱团，并邀请我团常任指挥潘老师做为指导老师。6月底，为庆祝党的生日，青工委下辖的律师合唱团与海口市直属党总支联合在律师会馆举办“七一”红歌会，引导党员律师唱红歌。2010年6月高考期间，青工委组织20多名青年律师积极参与海南广播电视总台和有关部门联合开展的“爱心送考”大型公益活动，在高考的七、八、九三天热情周到、认真负责地接送考生，律师们的爱心受到社会各界的一致好评。

2010年青工委还举办了四期“青年律师沙龙”。积极探讨青年律师的成长与执业生存环境问题；为开拓青年律师视野，1月19日下午，青工委邀请澳大利亚海南籍律师邱小璘女士作“澳大利亚司法框架及律师实务”主题讲座；6月9日，邀请新加坡休伦财务咨询公司本杰明先生和原我驻美大使馆外交官，现任海经院涉外经济学院院长沈世顺教授作“商业纠纷与国际仲裁”“世界经济形势与律师业务”讲座，让广大青年律师进一步了解国外的司法体制。

3. 财务监督专门委员会

7月23日，省律协财务监督专门委员会在海南律协会馆二楼会议室召开会议。会议由财务监督专门委员会张晓辉主任主持。会上，省律协吴少平秘书长传达了海南省治理“小金库”工作领导小组下发的文件精神，随后与会委员就《海南省律师协会会费收缴及使用管理暂行办法》、集体会费收缴标准及实习律师岗前培训预算等事宜进行了讨论。

4. 刑事专业委员会

刑事专业委员会为推动刑辩业务的发展，下发了《关于对全省律师事务所从事刑事业务情况进行调查的通知》，对全年律师办理刑事案件的具体情况进行统计摸底，并提出了今年刑辩工作的具体意见；2010 年 12 月 1 日下午，刑事专业委员会委员在省律师协会二楼会议室与海口市龙华区检察院代表展开座谈，双方就刑事审判过程中出现的一些具体问题进行交流沟通，委员们对龙华检察院的业务水平高度评价，一致认为龙华检察院在海南基层检察院中业务水平较高，但同时也对龙华区检察院今后的工作提出了很好的建设性意见。

5. 劳动与社会保障专业委员会

劳动与社会保障专业委员会在“五一”国际劳动节期间组织“劳动法律义务咨询”活动，全省 25 家律师事务所的 70 多名律师到场参加咨询接待活动，当天活动现场共发放劳动法规普法宣传资料 4300 多份，接受法律咨询 300 余人次。

6. 民商行政委员会

2010 年 8 月 4 日，“2010 博鳌法学论坛暨第七届法官与学者对话民商法论坛”暨纪念中国人民大学民商事法律科学研究中心成立十周年大会在琼海市博鳌金海岸温泉大酒店召开。会议就民商法律研究中心十年工作总结与“十二五”规划展望和侵权责任法司法解释专家建议稿之完善展开交流讨论，并对中国民商法律网新版举行启动仪式，还对《判解研究》的作者及“民商法学青年学者有奖征文活动”获得者颁奖。

7. 纪律专门委员会

2010 年 1 月 27 日，省律协纪律专门委员会在海南律师会馆二楼会议室召开会议，会议由该委主任姜丹主持，副主任王晓平、王忠华，委员陈超、刘家强、王龙奎、刘长征、邱智强、王兆冠、陈虎、王新俊、周颖、李雯、马莉、廖波出席会议。会议讨论了已经调查结束的 6 宗律师被投诉案件，并对相关案件作出了处理决定。

## 二、会员培训

### （一）注重加强和规范律师业务培训和再教育工作

2010 年 1 月 25 日，全省申请律师执业实习人员第二期集中培训班，在律协会馆三楼报告厅举办，此次集中培训为期 10 天，培训的重点内容为基本技能的培训，全省 119 名实习人员参加。4 月 26 日，全省申请执业实习人员第三阶段集中培训开课，全省 107 名实习律师参加。培训期间，省厅领导及律师协会领导都来看望实习人员并作重要讲话，同时向实习律师提出期望和要求。实习律师岗前培训班结业时，还举行隆重的新律师宣誓仪式。培训结束时，省律协对实习律师进行考核，考核工作在省律协考核工作委员会的领导下，由协会理事和协会工作人员分别组成几个考核组，对实习律师集中业务培训成绩、律所基础培训成绩、实际技能锻炼成绩，进行综合考核。

### （二）做好执业律师的继续学习与培训

开展多渠道、多角度的培训方式，积极探索开拓培训理念，寻找最适合海南律师的培训模式。

2010 年协会积极发挥各专门专业委员会的专业指导作用，将参加各专门专业委员会所组织的主题沙龙、业务研讨、案例讨论等活动都作为培训的组成部分，鼓励广大律师积极参加，计入课时。2010 年 1 月 19 日下午，协会青年委邀请澳大利亚海南籍律师邱小璘女士作《澳大利亚司法框架及律师实务》主题讲座，有 200 多名律师参加了此次专题讲座；6 月 9 日，由青工委组织的第三期“青年律师沙龙”

邀请新加坡休伦财务咨询公司本杰明先生和原我驻美大使馆外交官，现任海经院涉外经济学院院长沈世顺教授作“商业纠纷与国际仲裁”“世界经济形势与律师业务”讲座，有两百名律师参与听课学习，让广大青年律师进一步了解国外的司法体制，拓展了他们的视野。

由各专门专业委牵头邀请岛外知名专家来琼“讲经送宝”。

11月20日下午，由省律协组织的全省律师非诉业务培训专题讲座在省政府大楼（海府路）二楼报告厅举行。深圳市律师协会业务发展与培训委员会主任张斌律师和北京德恒律师事务所深圳分所刘震国律师，分别作了“海南国际旅游岛非诉讼业务的发展”、“律师非诉讼业务的操作和经验”的讲座。专家们以岛外律师的视角，解读在海南建设国际旅游岛背景下，律师如何拓展非诉讼业务的新领域，同时，就深圳律师非诉讼业务的种类，具体开展方法与操作方式进行了由点到面的全面解读。2010年9月底，协会组织理事分别前往上海、苏州、广东、深圳、美国夏威夷、韩国参加各类法律论坛，学习发达国家与先进地区的成功经验，以更新知识、开阔视野。协会培训部还积极向省国土厅、省高院、省旅游委、省地税局、省房地产协会、省广播电视台等部门和单位发函，邀请对方选派本单位优秀人才来给律师授课，同时将优选人员记录在册，积极创建“律师培训人才师资库”，对律师培训工作进行长期的指导和规划。

通过这些举措的实施，极大地提高了海南执业律师理论水平和业务能力，使我省律师培训工作有一个较大的飞跃。

### 三、会员管理

#### （一）会员日常管理

1. 着力抓好行业党建工作

“以党建促行建，以党务兴专务，以党风带行风”的指导思想加强党委对基层律所的指导作用。2010年10月16日上午，中共海南省律师公证协会委员会第二次党员大会在海南改革发展研究院二楼报告厅举行。全省符合参会条件和律师、公证党员共136人参会，大会选举产生了省律师公证协会委员会第二届委员会委员、书记、副书记。随后，新当选的省律师公证协会第二届委员会召开了第一次全体委员会议。至此协会主要领导全部加入到党委的行列中来，使党委的建设更加适应行业特点。充分发挥党员的先锋模范作用，更好的带领广大律师服务社会、关注民生。

表彰先进、树立典型。以榜样律所带动行业发展、以典型律师促进队伍建设，是省司法厅、省律协加强和规范我省律师队伍建设的一贯宗旨。我省为进一步加强律师行业诚信建设，培树良好的律师队伍形象，推动我省律师行业健康和快速发展，更好地发挥律师在推动法制进步、构建和谐社会中的积极作用，于2010年2月5日在省律协会馆三楼召开了五届五次理事会暨“最佳诚信”律所、“最佳诚律师”表彰大会。省司法厅孙书南副厅长、厅律公处肖平处长、王青玲副处长到会祝贺，省司法厅孙书南副厅长以“诚信为本、执业为民”为题，发表了重要讲话。会议对2007~2008年度我省推选出的16家最佳诚信律师事务所、42名最佳诚信律师，予以表彰，颁发标牌、荣誉证书，以资鼓励。

2. 深化“两结合”管理，积极有效发挥职能作用

司法行政机关行政管理与律师协会行业管理“两结合”的管理体制，是富有中国特色且行之有效的做法，为进一步加强律师行业自律管理，适应律师行业发展新形势，增强省厅、市局、协会与各律所之间的联系，经省司法厅同意，会长办公会议研究决定于2010年6月分别成立了海口、三亚两个工作站，将做好省律协与地方律管部门的协调沟通。主要工作是围绕信息反馈、文件的上传下达、律师培训、宣传工作等展开；协助地方司法局与协会各项具体工作的落实与开展，以此进一步健全我省律

师行业工作体系，更好的服务广大律师。从宏观调控到微观管理，协会积极有效发挥职能作用，进一步完善了行业自律管理和自身建设发展。

3. 关爱律师身心健康

关心和关爱海南执业律师的身体健康一直是省律协的重要工作职责之一，2010 年 3 月 5 日，在第一百个“国际三八妇女节”来临之际，省司法厅副厅长、律公协党委书记孙书南，司法厅政治部主任郑学海、工会主席吴少平、律公处处长肖平，以及省律公协党委副书记、律协会长王晶，律协秘书长刘汝祥一行，在昌宇律师事务所主任王航兵陪同下，专程来到患白血病的昌宇律师事务所实习律师邓燕同志家中，专程看望和慰问了正与白血病抗争的坚强女实习律师，向她送去上级党组织的关怀和致以节日的问候。孙书南副厅长代表司法厅党委向邓燕同志送上慰问金三万元，王晶会长代表律师协会向邓燕送上慰问金一万元。邓燕同志对上级党组织的关怀和慰问表示衷心的感谢，并表示争取早日康复回到律师队伍大家庭来，回报组织、回报社会，为我省律师行业建设做出应有的贡献。

4. 坚持服务社会、服务大局，律师积极献身社会公益事业

4 月 14 日，青海省玉树藏族自治州发里氏 7.1 级强烈地震，造成了玉树地区巨大的人员伤亡和财产损失。灾难发生后，灾区群众的安危和生活时刻牵动着海南律师们的心，海南省律师协会第一时间响应省司法厅号召，他们把捐款工作作为政治高度一样统一认识，全省律师在王晶会长的带领下慷慨解囊，踊跃捐助。全省律师上下一心、共献真情。截至 4 月 28 日下午 16 时，全省已有 59 家律师事务所共 825 人向灾区共捐款 222060 元，其中党员律师 247 人，捐款 94920。捐款后及时上交相关民政部门，以帮助受灾群众尽快恢复生产、重建家园。为着力提升我省律师服务社会的积极性和责任感，协会劳动与社会保障专业委员会在“五一”国际劳动节期间组织开展了“劳动法律义务咨询”活动，全省 25 家律师事务所的 70 多名律师到场参加咨询接待活动，当天活动现场共发放劳动法规普法宣传资料 4300 多份，接受法律咨询 300 余人次。2010 年 10 月国庆期间，百年不遇的特大水灾席卷海南各市县，协会号召各位党员律师向受困灾民捐款共有 114 名党员共捐款 33605 元，发挥了党员先锋模范作用。对于由律师捐款兴建的“律师希望小学”更是得到了律师们常年不懈的关心关爱。

5. 维护律师合法执业权，重视律师的纪律查处和维权工作

2010 年，协会共受理投诉案件 19 宗，结案 14 宗，其中无效投诉 8 宗，调解结案的 3 宗，给予行政处罚的 1 宗，行业处分的 2 宗；因正在诉讼、复核等原因中止查处及继续调查的 5 宗。在纪律查处工作中，协会坚持依法办案，做到有案必查、有查必果，查处与教育相结合，对于部分因为没有树立严格的规范执业的理念、在收案及办理方面均有不规范之处的律师事务所和律师，在依法查处的同时，予以规范执业的指导，指导他们吸取教训、加强管理，提高规范执业的观念与意识。对于因为律师不注重、不善于与当事人沟通，因其工作没有受到当事人的理解与认同而发生的投诉，协会积极调解，及时解决矛盾、尽量做到保护律师、尽快“案结事了”。此外，今年所受理的投诉案件有几宗是省高院、美兰法院等司法机关的投诉，这首先反映了司法机关对于协会的尊重，也是一个信号与警钟，对于这些投诉，协会高度重视、依法办案、实事求是，对调查情况以及协会的处理结果，派专人与这些机关进行及时的沟通与反馈，取得了良好的效果。协会维权委常年注重与公检法司各部门的协调和沟通，多次组织律师参加法院、检察院等部门的座谈会，遇到情况，紧急处理，积极磋商，将矛盾尽快化解，努力为律师争取宽松的执业环境，积极维护律师的执业权利。

## 四、对外交流

协会不仅从兄弟省市引进提高律师行业服务能力，还走出去参观学习其他地区律师行业管理经验、以此推动海南省律师业务整体水平的提升。为了更好的向外界推介海南国际旅游岛建设，2010年9月，协会组织部分理事、律师事务所主任、律师三个代表团，兵分三路，向国内外学习当地先进的行业管理和律所管理理念，交流法律问题。其中应邀前往美国夏威夷州檀香山市参加该地举办的“中美法律论坛”的律师代表团，与美方律师就两国的法律问题进行了深入的探讨和研究，向美国夏威夷州法律界展现了中国海南律师的风采。接着，律师代表团又取道韩国首尔，参观了太平洋律师事务所，与韩国律师交换了法律观点。9月8~12日，国内两个理事代表团还分别前往相对发达的上海、江苏和广东等地考察交流学习，以期借鉴先进的行业管理和律所管理理念，开拓业务领域，在拓展非诉讼业务方面，获得了宝贵的经验。

## 五、法律援助

海南省律师2010年为社会提供了大量的法律援助，共办理各类法律援助案件2236宗，由于我省律师的积极参与，为维护弱势群体的合法权益，实现司法公正，为维护社会稳定做出了突出贡献。

12月1日至12月3日，省律师协会参加了省司法厅组织的“和谐海南，法律援助与您同行”法制宣传活动。本次法制宣传活动为期三天，历经琼中、保亭二个全国黎苗族贫困自治县。“和谐海南，法律援助与您同行”法制宣传活动于2010年12月1日上午在海南琼中正式拉开序幕。活动涉及法律咨询和案件集体讨论分析座谈两方面内容。在琼中，法律咨询活动由县司法局组织，省法律援助中心张晓春主任、王汉梅副主任，琼中县政府、县司法局、县公、检、法及相关的政府职能部门都派员到现场指导。海南省电视台记者进行全程采访。省律协廖向琦副会长、吴少平秘书长、王航兵副秘书长以及部分优秀律师同三位中国“1+1”法律援助志愿律师一起接受了群众现场咨询。在保亭县活动现场还举行了法制文艺演出，摆放了案例展板，图文并茂，深入浅出，受到群众的欢迎。在琼中、保亭两地，咨询活动后县司法局都举行了案件集体讨论分析会。省律协派王航兵副秘书长以及部分优秀律师参加了研讨。研讨会上省律协派出的优秀律师提出的法律意见因依据充分，方法得当，得到了与会者的一致认可。

这次“和谐海南，法律援助与您同行”法制宣传活动，由于主办单位前期宣传工作做得早，做得好，群众参与人数多，积极性高，每个咨询点都有近千人次参加涉法咨询。咨询热点主要集中在劳动纠纷、医疗纠纷、婚姻家庭纠纷、人身损害赔偿纠纷、土地行政管理纠纷等方面。通过律师的耐心解答，不仅使群众的疑惑得到了解决，还提高了他们的法律意识，受到广大群众的好评，法制宣传活动圆满成功。

案例：2010年，因生活琐事，邓川成伙同他人持刀将被害人刺成重伤。第四届全国法律援助工作先进个人海南法立信律师事务所许多（人名）律师接受了海南省法律援助中心指派，当日即主动与办案警官沟通，会见被告人。了解到邓川成等被告人对整个犯罪事实基本供认不讳，被害人尚在治疗中，邓川成还是未成年人尚在学校求学，有着多年办案经验的许多律师马上意识到可以创造一个对邓川成减轻刑罚的量刑机会，就耐心地向邓川成父母亲阐明法理进行耐心说服。协商理赔时许多律师再对被害人家属动之以情，晓之以理，尽力促使邓川成家人与被害人家属达成和解，赔偿了经济损失。在许多律师耐心周到的说服下，被害人出具谅解邓川成书面材料，向司法机关求情，请求尽量从轻处罚，双方消除前嫌，原有激化的矛盾得到化解，被告人与被害人因此服判不再上诉上访，案结事了。上述辩护方案每一步骤实施前，许多律师均事先电话告知办案警官，取得办案警官的肯定和支持，打好提前量，做足准备工作。

在检察机关审查起诉阶段，阅卷时许多律师发现公安机关移送的证据材料遗漏了邓川成自动投案自首的法定从轻处罚证据材料，许多律师马上向办案检察官提交书面补充侦查法律意见。办案检察官因此退查两次，邓川成自首材料终于收集移送。在法院起诉阶段，许多律师向邓川成解释被告人自愿认罪从轻处罚的原则，庭审时结合案件证据反映的事实，引用最高院量刑指导意见展开据理力争：邓川成具有法定减轻、从轻处罚情节，尚属在校生等辩护意见，建议对邓川成故意伤害罪名成立但适用不限制人身自由，以便邓川成早日返回学院完成学业等辩护意见，最后法院判处邓川成有期徒刑二年，缓刑三年。

办案体会：法援侦查阶段，辩护律师应当充分尊重办案警官的侦破工作方式和办案程序，这是解决“律师会见难”的捷径；如发现案情疑点，应始终坚持以事实为根据，法律为准绳原则，充分与办案警官沟通，不采取突然袭击策略；故意伤害案，应当尽量促使被告人积极赔偿被害人经济损失，争取被害人的谅解，捕捉减轻刑罚时机。

### 六、加强协会信息化建设。

1. 海南律师网（www. hainanlawyer. org）已于2009年开通平稳运行至今。2010年协会利用海南律师网平台，及时编发业内信息和工作动态，方便了协会信息的及时发布和资料的上传下载。协会网站还与各政法部门、一些政法学院网站相互链接，实现了资源的信息共享，确保司法行政和协会的重要活动都能及时发布，为广大律师掌握业界动态、及时获取最新信息提供了有力保障。

2. 整合信息资源，发挥信息平台的作用。协会利用专有信息平台（企信通）分别建立了理事平台、律所主任平台、律师平台、行政人员平台、党支部书记平台、党员平台；2010年，协会信息平台（企信通）所发布的信息多达上万条。

3. 继续做好《海南律师》会刊杂志的编辑出版工作。除此之外，协会还通过印发《工作通报》、《简报》等形式及时将本会工作进展情况及工作动态发送至上级领导部门、全省各律师事务所及相关单位，让他们及时了解与掌握协会工作情况以给予及时督导指正，全年共编写印发简报18期，成为律协当前工作的重要载体。

### 七、律师协会大事记

#### 1月份

1月6日下午，省高级人民法院召开社会各界座谈会，听取社会各界对法院工作的意见和建议。省律师协会副秘书长符琼芬律师、海南维特律师事务所蔡先国律师、海南信达律师事务所程晓东律师参加了座谈会。与会律师踊跃发言，表达了法官对律师工作理解与支持的谢意，并就建立法官与律师沟通机制提出意见。

1月13日，由省律协会长王晶律师编著的，第一部专门针对海南建设国际旅游岛外商投资政策与法律保障的著作《走向国际旅游岛——外商在中国海南投资的优惠政策和法律保障》由吉林大学出版社正式出版发行。作者放弃市场热销，将首先出版的3000册免费赠送领导机关、社会各界及全国律师行业同仁。

1月19日下午，省律协青年与文体委员会邀请澳大利亚海南籍律师邱小璘女士在律师会馆三楼报告厅作《澳大利亚司法框架及法律实务》的专题讲座，有两百多名律师参加了此次专题讲座。

1月20日，海口仲裁委员会“2009年度优秀仲裁员表彰暨增聘仲裁员颁证大会”在金莲花荷泰海景酒店仁和厅举行。省政府副秘书长、省法制办公室主任屈建民、仲裁委主任王欣等领导出席会议，会议由仲裁委秘书长胡曙光主持。会上，海南大学法学院院长王崇敏律师代表优秀仲裁员、省律师协会秘书长刘汝祥代表新聘仲裁员在会上发言。廖向琦、符琼芬、王崇敏、冯怀东、刘晰、朱越桥、许彩霞、陈耀中、林青、林接明等律师荣获“优秀仲裁员”称号。

1月25日，全省申请律师执业实习人员第二期集中培训班，在律师会馆三楼报告厅举办，省司法厅律公处肖平处长、王青玲副处长、省律协廖向琦副会长、刘汝祥秘书长出席了开班仪式。仪式由协会刘汝祥秘书长主持，并传达了培训计划，廖副会长作动员讲话，接着王青玲副处长围绕实习律师实习任务要求上了第一课。此次集中培训为期10天，培训的重点内容为基本技能的培训，全省119名实习人员参加了集中培训班。

1月28日，省律协王晶会长召集律协专家咨询委员会、民商行政委员会在海南律师会馆二楼会议室召开“国际旅游岛法制服务研讨会”。省律协会长兼专家咨询委员会主任王晶、省律协姜丹副会长、民商行政委员会王崇敏主任等20余位专家委员参加了本次会议。会上，王晶会长传达了两会会议精神，委员们紧紧围绕“国际旅游岛法制服务建设”命题展开积极探讨，踊跃发言，共商海南律师如何更好、更快、更直接地为海南国际旅游岛法制建设服务。并针对最近热点的房地产问题、农村集体土地、参政议政问题展开讨论，集思广益、思维共享，深层次的讨论了海南律师行业在推进国际旅游岛发展过程中扮演的重要角色及意义。

**2月份**

2月2日，省律协会长办公会在海南维特律师事务所召开，王晶会长主持会议，副会长廖向琦、姜丹参加会议，秘书长刘汝祥列席会议。会议就《海南省律师协会2009年度工作报告（讨论稿）》、《海南省律师协会2009年度财务工作报告（讨论稿）》、成立海南省律师协会公职律师分会事宜、五届五次理事会暨“最佳诚信”表彰大会议程等进行了审议，并听取了协会副会长兼协会纪律委员会主任姜丹律师关于2009年度律师投诉查处情况的说明，王晶会长在听取完各项议程后指出，年终岁尾要做好节日维稳和慰问走访工作，秘书处加强值班，保证过一个祥和、快乐、安全的春节。

2月5日，省律协五届第五次理事会暨“最佳诚信”表彰大会在海南律师会馆隆重召开。省司法厅孙书南副厅长、省司法厅律公处肖平处长、王青玲副处长到会指导，王晶会长主持会议。会议首先召开了“最佳诚信”表彰大会，表彰了16家最佳诚信律师事务所、42名最佳诚信律师。接着召开了理事会，全体理事审议通过了《海南省律师协会2009年度工作报告（审议稿）》和《海南省律师协会2009年度财务工作报告（审议稿）》，并一致同意成立海南省律师协会公职律师分会的提议。

2月10日，受省律公协党委副书记、会长王晶的委托，省律协秘书长、党委办公室主任刘汝祥同志代表组织看望身患“白血病”的海南昌宇律师事务所实习律师邓燕，并送上省直机关工委、省司法厅政治部和省律公协党委对邓燕同志节日的问候。邓燕同志表示，衷心感谢省直机关工委、省司法厅和协会党委的深切关怀，就算只有百分之一的希望，也会以百分之百的努力与病魔抗争，争取早日康复，回报组织、回报社会，为我省律师行业建设做出应有的贡献。

2月21日，在第一百个国际妇女节到来的前夕，省律协副秘书长、海南法立信律师事务所符琼芬律师被海南省妇联授予“海南省杰出女性”荣誉称号。荣誉的取得是符琼芬律师努力的结果，她为全省律师，尤其是女律师增光添彩，是海南律师的骄傲。

2月27日，省律协副秘书长符琼芬律师受海南省妇联邀请，参加由海南省妇联与海南广播电视总台生活综艺频道共同举办的海南妇女纪念“三八”国际劳动妇女节100周年文艺晚会。20多名律师和省律协秘书处工作人员参加了晚会。

**3月份**

3月1日，司法部召开了律师事务所开展深入学习实践科学发展观活动总结电视电话会议和全国律师工作会议。我省的分会场设在海口市电信局电视电话会议室，省司法厅副厅长、律公协党委书记孙书南，厅政治部副主任程兵、律公处处长肖平、宣教处副处长刘京，海口市司法局副局长羊宏、律公处处长陈振涯，省律协会长王晶，秘书长刘汝祥及学习实践指导小组办公室成员、律公协党委成员、各省属所党支部书记、海口市律师党总支书记参加了海南省分会场的会议。

3月2日，省律协姜丹副会长获得“全国妇女儿童保护权益先进个人”荣誉称号。

3月3日，在省妇联召开海南省维护妇女儿童权益律师志愿者庆“三八”暨维权座谈会。会上，姜丹、符琼芬、周少敏、黄信康、张杰等律师志愿者代表分别作了发言。大家就婚姻案件中，重婚、夫妻共同财产、家庭暴力的举证难问题及法律、道德与婚姻家庭的关系进行了探讨，并提出了加强维权咨询热线宣传、维护特殊（失足）妇女群体的利益、充分利用网络工具、开展婚姻家庭课题研究、加强妇女法制宣传、重视保护妇女劳动权益等建议。

3月4日，省律协刘汝祥秘书应邀到中石化海南分公司为中层以上领导干部，做题目为“清风凉自林谷出，廉洁源从自律来”的党风廉政建设讲座。

3月5日，在第一百个“国际三八妇女节”来临之际，省司法厅副厅长、律公协党委书记孙书南，司法厅政治部主任郑学海、工会主席吴少平、律公处处长肖平，以及省律公协党委副书记、律协会长王晶，律协秘书长刘汝祥一行，在昌宇律师事务所主任王航兵陪同下，专程来到患白血病的昌宇律师事务所实习律师邓燕同志家中，向她送去上级党组织的关怀和致以节日的问候。孙书南副厅长代表司法厅党委向邓燕同志送上慰问金三万元，王晶会长代表律师协会向邓燕送上慰问金一万元。邓燕同志对上级党组织的关怀和慰问表示衷心的感谢，并表示争取早日康复，回报组织、回报社会，为我省律师行业建设做出应有的贡献。

3月13日，省律协青年及文体工作委员会和中共海口市直管律师事务所党支部在律师会馆三楼联合举办2010年第一期“青年律师沙龙”。沙龙主题是“树形象，防风险，为海南国际旅游岛建设提供优质的法律服务”。与会律师通过主题发言和自由对话的沙龙方式，共同探讨在建设国际旅游岛的背景下，如何做好一名律师，为社会为人民提供优质的法律服务。

3月14日，省工商局和省消委会在海口万国大都会举行“3·15”国际消费者权益日纪念活动。省律协组织海南昌宇律师事务所、海南法立信律师事务所、海南大弘律师事务所的律师分批参加宣传咨询活动。现场咨询消费权益保护等各类法律问题达50多人次。多家媒体争相采访各位律师，《直播海南》访问了海南大弘律师事务所刘长征主任。活动期间，我省律师认真、耐心解答消费者如何用法律的手段为自己维权，得到了在场群众广泛好评。

3月15日，省司法厅组织省律协、海口市司法局相关负责人共同对全省73家律师事务所及主任进行为期13天的统一考核工作。在考核期间，各考核组认真负责、工作细致，各律所统筹安排、积极配合，使考核工作顺利开展，并于31日圆满结束。

3月24日下午，省侨联法顾委2010年年会暨维权工作研讨会在海口召开，省侨联法顾委副主任、省律协副会长廖向琦受该委主任委托，代表省侨联法顾委作工作报告。省律协刘汝祥秘书长受王晶会长的委托，代表省律协向侨联以及与会代表赠送王晶会长专著《走向国际旅游岛》，共80册。省侨联法顾委律师团共16名律师参加了本次会议，会上，律师团成员符琼芬、刘宁刚等12名律师作了发言，他们紧紧围绕国际旅游岛以及侨联维权工作建言献策，提出了许多务实有效的建议和意见。目前该委律师团成员律师已达40余名，他们正积极活跃在侨联维权和法律服务的第一线。省侨联主席何云霞对法顾委工作及律师团工作予以了充分肯定。

3月30日下午，省委巡视四组李鸿儒组长、吴慕君副组长一行四人，莅临省律协召开座谈会，王晶会长、廖向琦副会长、姜丹副会长、刘汝祥秘书长、王航兵副秘书长及张晓东、程晓东、林青、朱越桥、陈耀中、刘长征、廖晖、李传山等多名资深律师参加了座谈。会上，我省律师积极发言，对高级人民法院审判工作和公正廉洁司法提出许多意见和建议。

**4月份**

4月7日，由省律协会长王晶带队，副会长廖向琦、办公室主任林辉组成的调研小组前往海口市司法局进行工作调研，与海口市司法局局长李传芳、副局长梁毓和、孙宝龙、王睿、调研员羊宏、副调研员李克思、陈兰光、律公处处长陈振涯、海口市法援中心主任张永春，在海口市司法局办公楼三楼会议室举行座谈。座谈会上，双方就会员培训、投诉调查、年度考核及党务工作等方面进行了交流。

4月13日，由省律协会长王晶带队，副会长廖向琦、姜丹，副秘书长符琼芬及秘书处工作人员张杰组成的调研小组来到三亚市司法局进行律师工作调研。参加本次调研座谈会的有三亚市司法局党组书记杨少文、调研员高玉玺、副局长黄大卿、律公科科长黎雄、科员彭杰、科员张纳及三亚各律师事务所主任，座谈会在三亚司法局七楼会议室召开。座谈会主要围绕拓展海南律师法律服务市场、律师培训、律师文化及宣传工作三大主题展开，与会人员畅所欲言、建言献策。

4月14日，青海省玉树藏族自治州发生里氏7.1级强烈地震。省律协第一时间响应省司法厅号召，全省律师在王晶会长的带领下慷慨解囊，踊跃捐助。在捐助队伍中，即有执业多年的老律师，也有刚刚跨入律师行业的新律师，全省律师上下一心、共献真情。截至4月28日下午16时，全省已有59家律师事务所共825人向灾区共捐款222060元，省律协现已将相关款项上交相关部门，帮助受灾群众尽快恢复生产、重建家园。

4月15日，省律协新老秘书长交接欢迎欢送仪式在海南律师会馆二楼会议室召开。原省司法厅工会主席吴少平同志担任省律协秘书长。

4月23日，海南·广东律师高尔夫球联谊赛在广东佛山举行，以省律协王晶会长为领队的一行13人参加了此次活动。

4月26日，全省申请律师执业实习人员第三阶段集中培训在海南律师会馆三楼会议室举行，省司法厅律公处王青玲处长，省律协廖向琦副会长，吴少平秘书长出席了开班仪式。仪式由吴少平秘书长主持，王青玲处长作了重要讲话。全省107名实习律师参加了培训班。

4月29日，全省申请律师执业实习人员岗前培训考核工作在海南律师会馆举行，省司法厅律公处王青玲处长任考核委员会主任，协会廖向琦副会长，吴少平秘书长任副主任，符琼芬、贾雯、王航兵副秘书长及各考核组组长任该委委员。考核组人员由考核委员会选定，分组在对实习人员现场答辩考核的同时，根据实习律所和实习人员提供的相关材料对实习人员进行考核。在加强律师队伍准入机制的原则下进行严格考核，全省94名实习律师通过考核，13名实习律师未通过。

4月30日，2010年全省申请律师执业人员岗前培训结业典礼在海南律师会馆举行。省司法厅党委书记、厅长李言静，省司法厅副厅长、律公协党委书记孙书南，省律协会长王晶、副会长廖向琦，司法厅律公处处长王青玲、协会秘书长吴少平等有关领导出席结业典礼。省司法厅副厅长、律公协党委书记孙书南，代表厅党委参加今天的结业典礼并重要的讲话，省律协副会长廖向琦在会上作总结讲话，律公处处长王青玲宣读了通报。此次结业典礼，省司法厅李言静厅长百忙之中专程看望实习人员，并勉励大家勤学尚法，作一名诚信正义的好律师。

5 月份

5 月 1 日，由海南省律师协会、海南省电视台主办的“五一”大型法律咨询公益活动在南亚广场隆重举行。本次活动的主题是“维护劳动者合法权益，促进国际旅游岛建设”，全省共有 25 家律师事务所的 70 余名律师到场参加本次咨询活动。省律协会长王晶、副会长廖向琦、秘书长吴少平，副秘书长符琼芬、王航兵等领导亲临现场并指导工作。活动当天共发放劳动法规普法宣传资料 4300 多份，接受法律咨询 300 余人次，得到省律协劳动与社会保障委员会、海南昌宇律师事务所大力协助。

5 月 7 日，广州市律师协会考察团在王波会长带领下，一行 11 人到我省访问交流，并在律师会馆二楼召开座谈会，省律协会长王晶、秘书长吴少平出席会议。会上，双方就律师投诉、律师纪律教育与惩戒工作以及如何关注扶持青年律师成长等内容进行了沟通和交流。

5 月 7 日，全省社会组织党建工作座谈会在省民政厅会议室举行，协会党委办公室秘书岑洪锋参加了会议并对省律协党建工作进行了介绍。

5 月 11 日，省律协会长王晶、秘书长吴少平、财务监督委员会主任张晓辉律师一行三人到白沙县“海南律师希望小学”进行了调研。将协同社会、政府共同解决学校存在的实际困难。

5 月 15 日，海南省第四届“嘉天杯”律师羽毛球赛开幕仪式在省体育馆永新隆羽毛球馆隆重举行。省律协会长王晶，副会长廖向琦、姜丹，厅律公处处长王青玲，协会秘书长吴少平等领导出席了开幕仪式。本届比赛由嘉天律师事务所承办，法立信律师事务所协办，共有来自全省各市县的 26 个律师事务所的 118 位选手组成的 12 支队伍参加角逐，比赛历时四天。

5 月 17 日，省律协会长办公会在海南律师会馆二楼会议室召开，王晶会长主持会议，副会长廖向琦、姜丹出席会议，秘书长吴少平、民商行政委员会主任王崇敏、财务监督委员会主任张晓辉列席会议。会议就《关于减免新执业青年律师会费的提案》、《关于成立协会海口·三亚工作站的提案》、与海大法学院联合创办实习律师岗前培训基地相关事宜、五届六次理事会议程等进行了审议，并听取了秘书长吴少平关于协会领导小组赴白沙希望小学调研的情况说明。

5 月 21 日，省律协五届第六次理事会议在海南律师会馆隆重召开。省司法厅副厅长、律公协党委书记孙书南、省司法厅律公处处长王青玲到会指导，王晶会长主持会议。全体理事审议通过了《关于聘任吴少平同志为海南省律师协会秘书处秘书长的提案》、《关于设立海口·三亚工作站的提案》、《关于调整会费的提案》等六项提案。

5 月 21 日，省司法厅、省律师协会在省律师会馆联合召开全省律师队伍警示教育活动动员大会。会议由省律协王晶会长主持，省司法厅副厅长、律公协党委书记孙书南，律公处处长王青玲，厅律师管理部门负责人及各市县司法局分管律师工作的领导和省律协领导、协会理事、各律师事务所主任共一百余人参加了会议。会上，王青玲处长传达了中央及司法部关于李庄案件的重要指示、批示精神和中央政法委、司法部的工作部署，研究贯彻落实《海南省律师队伍警示教育活动实施方案》；随后，姜丹副会长了通报近年来我省律师违纪情况；最后，孙书南副厅长发表重要讲话，他希望通过警示教育，使全省律师在思想上得到统一，为我省经济社会又好又快发展提供优质高效的法律服务，为海南国际旅游岛的建设贡献一份力量！

5 月 22 日，“六一”国际儿童节前夕，省律协青年与文体工作委员会组织了来自海口地区的30多家律师事务所的150余名律师，在省律协副会长姜丹、秘书长吴少平、副秘书长符琼芬的带队下，来到海口市社会福利院开展“献爱心、送温暖”活动，为福利院的孤寡老人和孩子们送上礼物及节日的祝福。

5月27日，省律协会长办公会议在海南维特律师事务所会议室召开，王晶会长主持会议，副会长廖向琦、姜丹出席会议，秘书长吴少平列席会议。会议就《海南省高级人民法院关于法院离任工作人员执行回避规定的通知》的相关情况、海口·三亚工作站事宜、2010年财务预算工作、与海南大学法学院共同创办实习律师岗前培训基地等进行了审议。

5月27日，司法部组织召开了在全国律师行业党的基层组织和党员中深入开展创先争优活动动员部署电视电话会议。我省分会场设在海口市电信局电信大楼电视电话会议室，省司法厅党委书记、厅长李言静，省司法厅副厅长、省律公协党委书记孙书南等司法行政机关领导出席了会议；省律协会长王晶等协会领导和全省各律师事务所党支部书记、支部委员共五十余人到场参加。

5月30日，海南省第四届“嘉天杯”律师羽毛球赛颁奖典礼在省体育馆永新隆羽毛球馆隆重举行。省司法厅副厅长、律公协党委书记孙书南，省直属机关工委副巡视员王吉仁、厅律公处处长王青玲应邀出席，省律协会长王晶，副会长廖向琦、姜丹等协会领导及二百余名参赛律师和律师家属啦啦队参加了颁奖典礼。颁奖典礼上，海南律师合唱团还进行了精彩的文艺表演。

**6月份**

6月2日，省律协就省高级人民法院出台的法院离任人员回避制度召开专题座谈会。会议由省律协王晶会长主持，副会长廖向琦、秘书长吴少平、副秘书长王航兵，刘晰、李传山、张宝华、吴状纳、陈宗泽等律师出席了会议。会上，王会长对省高院《关于法院离任工作人员执行回避规定的通知》作了简短解读，就省律协与省高院沟通协调作了情况说明，并对该《通知》下发后出现的一系列连锁反应进行了数据说明。

6月3日，“爱心送考”启动仪式在海口的上邦百汇城广场举行，由符琼芬、刘宁刚、童永滨、王圣哲、吴丽、符绩豪、陈吉波等20多名律师组成海南律师爱心车队参加此次启动仪式。并在七日、八日、九日三天的送考里，热情周到、认真负责接送考生，律师爱心车队的身影，穿梭在海口的大街小巷，默默地用行动向世人展示海南律师的良好形象。

6月9日，由省律协青年与文体工作委员会组织的2010年第三期“青年律师沙龙”在海南律师会馆三楼举行，协会邀请海南经济学院的涉外经济学院院长沈世顺教授和新加坡休伦咨询公司本杰明先生，分别作了“国际关系与律师业务”、“商业纠纷与国际仲裁”的讲座，有两百多名律师参加了此次活动。

6月17日，省律协会长办公会议在海南维特律师事务所会议室召开。王晶会长主持会议，副会长廖向琦、姜丹出席会议，秘书长吴少平列席会议。会议就海口和三亚工作站成立、与海南大学法学院合作创办律师培训基地、协会招聘工作人员、协会商务用车及管理使用等事宜进行了商议。

6月26日，为庆祝中国共产党成立89周年，由省律公党委主办，海口市直属律师事务所党总支与海南律师合唱团协办的“庆七一红歌会”，在海南律师会馆举行。海口地区近百名律师在红歌会上以“共唱经典红歌，抒发革命情怀，祝福伟大祖国”为主题，弘扬时代主旋律，表达广大律师对党和祖国的热爱和忠诚，展现海南律师蓬勃向上的精神风貌。

6月30日，海南省律师协会海口工作站成立揭牌仪式在海口市司法局举行，省司法厅副厅长、律公协党委书记孙书南，省律师协会会长王晶、厅律公处处长王青玲、海口市司法局局长李传芳，副会长廖向琦、姜丹，协会秘书长吴少平等司法行政机关领导和律协领导及部分律协理事、律师代表二十余人出席了揭牌仪式并召开了座谈会。

**7 月份**

7 月 5 日，海南省律师协会三亚工作站成立揭牌仪式在三亚市司法局举行，省司法厅副厅长孙书南、厅政治部主任郑学海、厅律公处处长王青玲，省律协会长王晶、副会长廖向琦、秘书长吴少平，市司法局党组书记杨少文、局长何世刚、副局长黄大卿、调研员高玉玺等领导和市属八家律师事务所的代表出席了揭牌仪式并召开了座谈会。

7 月 6 日，海口仲裁委员会到海南法立信律师事务所进行调研。海口仲裁委王欣主任、胡曙光秘书长及法立信所全体律师参加了调研座谈会，省律协王晶会长、廖向琦副会长、吴少平秘书长陪同参加。会议由法立信所主任符天律师主持。会上，与会律师围绕着“对仲裁的意见及建议”、“研究建立国际旅游仲裁机制问题”、“如何发挥律师在仲裁中的作用”等内容进行了研究讨论。

7 月 9 日，省律协就律师行业个人所得税有关问题召开座谈会。会议由省律协王晶会长主持，副会长姜丹、秘书长吴少平、副秘书长符琼芬、贾雯、王航兵，刘晰、李晶瑜、张晓辉、林青、涂显亚等律师出席了会议。会议就律师行业个人所得税可能有调整等问题进行了摸底调研，统一认识，明确依法纳税是每个公民应尽义务。

7 月 20 日，海口仲裁委员会到海南京园律师事务所进行调研。海口仲裁委胡曙光秘书长及京园所全体律师参加了调研座谈会，省律协姜丹副会长、吴少平秘书长陪同参加。会议就“对仲裁的意见及建议”、“研究建立国际旅游仲裁机制问题”、“如何发挥律师在仲裁中的作用”等调研内容进行了讨论与交流。

7 月 23 日，省律协财务监督专门委员会在海南律协会馆二楼会议室召开会议。会议由张晓辉主任主持，省律协秘书长吴少平参加会议。会上，吴少平秘书长传达了海南省治理“小金库”工作领导小组文件的精神，随后与会委员就《海南省律师协会会费收缴及使用管理暂行办法》、集体会费收缴标准及实习律师岗前培训预算等事宜进行讨论。

7 月 27 日，海口仲裁委员会到海南大华园律师事务所进行调研。海口仲裁委胡曙光秘书长及大华园所全体律师参加了调研座谈会，省律协廖向琦副会长、吴少平秘书长陪同参加。会上，与会律师围绕着“对仲裁的意见及建议”、“研究建立国际旅游仲裁机制问题”、“如何发挥律师在仲裁中的作用”等调研内容展开讨论交流。

海口工作站：

7 月 13 日，省律协副会长、海口工作站站长姜丹与海口市司法局副局长梁毓和，处长陈振涯，副处长吴小萍，站长助理张琳一行人先后到海南中邦律师事务所、海南如瑜律师事务所考察、座谈。会议就关于律师评级的问题征求、听取各律师的建议和意见。

7 月 20 日，海口市司法局律公处处长陈振涯、海口工作站站长助理张琳受海口市司法局副局长梁毓和的委托，对海南大弘律师事务所、海南海都律师事务所进行工作检查。对收案登记表、主任审查表和公章使用登记表按照年度考核标准的要求进行检查，并对检查结果登记在册。

三亚工作站：

7 月 8 日，三亚市司法局调研员高玉玺携公律科科长黎雄、三亚工作站站长助理岑洪峰和海南惠海律师事务所的邓振海主任等十余名职业律师，前往乐东监狱，为正在服刑人员提供无偿法律咨询。

7 月 20 日，三亚市司法系统羽毛球训练活动在三亚市海翔羽毛球馆正式启动，市司法局调研员高玉玺和办公室、公律科、三亚工作站的同志以及十余位律师参加了首次训练。

**8 月份**

8 月 4 日，“2010 博鳌法学论坛暨第七届法官与学者对话民商法论坛”（纪念中国人民大学民商事法律科学研究中心成立十周年）在琼海市博鳌金海岸温泉大酒店召开。海南省律师协会会长王晶、秘书长吴少平作为特邀嘉宾出席会议。会议就民商法律研究中心十年工作总结与“十二五”规划展望和侵权责任法司法解释专家建议稿之完善展开交流讨论，并对中国民商法律网新版举行启动仪式和《判解研究》杰出作者及“民商法学青年学者有奖征文活动”获得者颁奖。

8月9日，海口仲裁委员会到海南嘉天律师事务所进行调研。海口仲裁委秘书长胡曙光，省律协副会长姜丹、秘书长吴少平及嘉天所全体律师参加了调研座谈会。会上，与会律师围绕着“对仲裁的意见及建议”、“研究建立国际旅游仲裁机制问题”、“如何发挥律师在仲裁中的作用”等内容进行了研究讨论。

8月10日，海口仲裁委员会到海南威盾律师事务所进行调研。海口仲裁委秘书长胡曙光，省律协副会长廖向琦及威盾所全体律师参加了调研座谈会。会上，与会律师围绕着“对仲裁的意见及建议”、“研究建立国际旅游仲裁机制问题”、“如何发挥律师在仲裁中的作用”等内容进行了讨论与交流。

8月11日，应海南省高级人民法院邀请，受省律协指派副会长廖向琦、副秘书长符琼芬、贾雯、王航兵以及部分理事、律师参加了海南高院及海南省第一中院举办的行政审判庭观摩活动。从观摩的二个案件来看，法院的行政审判水平明显提高，法官驾驭庭审的能力加强，在庭审中当庭认证水平较高，对事实清楚的案件都能做到当庭宣判。

8月17日，省律协秘书长吴少平赴黑龙江省大庆市参加全国律师协会秘书长会议。中华全国律师协会会长于宁，黑龙江省司法厅党委书记、厅长刘义昌，大庆市副市长曹力伟出席会议。会议讲解了《律师执业年度考核规则》和《申请律师执业人员实习管理规则》，并就如何贯彻实施进行了讨论。会议要求，各地律协要增强责任感和使命感，加强组织管理和监督，确保各项工作落到实处；要从律师事业长远发展出发，加强实习组织管理，加大后备人才培养力度，推进律师事业又好又快发展。

8月17日，海南省律师协会副秘书长王航兵陪同海口市仲裁委员会秘书长胡曙光前往海口富安律师事务所进行调研，召开有关“仲裁制度”的座谈会。富安所主要合伙人陈虎等律师参加了本次座谈会。座谈会上，众位律师各抒己见，就仲裁收费及一裁终局的救济途径提出相关问题。胡曙光秘书长详细地解答了律师们的疑问，并介绍了海口仲裁委的相关情况，包括仲裁员的选任、仲裁规则等。

8月18日，海口市归国华侨联合会法律顾问委员会在海口华泰酒店举行成立大会。受指派省律协副秘书长符琼芬代表海南省侨联法律顾问委员会参加了成立大会。会议聘任了36名各界人士为海口市侨联法律顾问委员会委员、主任委员、副主任委员和秘书长，其中有14名律师被聘任为委员，东方国信律师事务所蔡春为律师被聘为副主任委员。

8月24日，海南省律师协会副秘书长王航兵陪同海口市仲裁委员会秘书长胡曙光前往大弘律师事务所进行调研召开有关“仲裁制度”的座谈会。大弘所主任刘长征等10余名律师参加了本次座谈会。座谈会上，大弘所律师坦率地对几个仲裁案件提出意见。胡曙光秘书长认真听取了意见，并就仲裁业务、仲裁规则、仲裁收费等问题作了详尽介绍。

8月25日，省法学会四届三次常务理事（扩大）会在海口召开，省律协副秘书长王航兵应邀参加本次会议。同时，本次会议还审议通过了王航兵律师代表海南省社会法学研究会（筹备组）提交的《关于成立海南省社会法学研究会的报告》。

8月26日，由省委政法委主办的全省政法宣传工作会议在海口市人大会场隆重召开，受指派省律协副秘书长王航兵出席了本次会议。律协代表能够参加这类会议，表明律师作为法制建设中一支不可或缺的力量，越来越受到重视。

8月29日上午，三亚市司法局和省律协三亚工作站联合举办全省律师警示教育活动演讲比赛，在三亚党校演讲厅举行。三亚市司法局局长何世刚，省律协副会长廖向琦、秘书长吴少平、副秘书长王航兵出席了演讲比赛。以“警钟长鸣”为主题，比赛选手们精彩的演讲赢得了一阵阵掌声，演讲比赛获得圆满成功。

8月29日下午，海南省律师协会副会长廖向琦、秘书长吴少平、副秘书长王航兵、言必信所主任夏洪录、三亚工作站站长助理岑洪峰陪同海口市仲裁委员会秘书长胡曙光前往海南惠海律师事务所进行调研，召开有关“仲裁制度”的座谈会。惠海所主任邓振海等律师参加了座谈会。座谈会上，众位律师畅所欲言，就相关仲裁问题提出了意见，胡曙光秘书长认真听取了意见，并就仲裁业务，仲裁规则、仲裁收费等问题作了详尽介绍。

**9月份**

9月8日，上海考察团由省律协符琼芬副秘书长带队，王航兵、贾雯、李晶瑜等律师一行在上海市和江苏省苏州市实地考察了当地律协和律所。历时五天的考察走访，各位律师均表示不虚此行，获益良多。深感苏沪两地行业管理十分规范，律协作为律师的服务机构，是完全处在律师的角度去为律师提供更科学、更人性化的管理与服务。

9月16日，海口仲裁委员会到海南海大平正律师事务所进行调研。海口仲裁委秘书长胡曙光，省律协秘书长吴少平及海大平正所全体律师参加了调研座谈会。会上，与会律师围绕着“对仲裁的意见及建议”、“研究建立国际旅游仲裁机制问题”、“如何发挥律师在仲裁中的作用”等内容进行了研究讨论。

9月17日，由省司法厅副厅长、省律公协党委书记、省律师行业创新争优活动指导小组组长孙书南携同省律协王晶会长、廖向琦副会长，姜丹副会长、吴少平秘书长及秘书处工作人员6人来到海南昌宇律师事务所就海南律师行业创先争优活动展开情况进行调研。会议由王晶会长主持。会上，孙书南书记对昌宇所近期的创先争优活动能紧密结合实际、主题突出、形式多样等予以肯定，并表示此次调研主要目的有两点，一是了解我省律师行业基层党组织创先争优活动的开展情况、二是考察昌宇所能否成为我省律师行业党建工作视察点。

9月21日，海南省律师协会会长王晶、秘书长吴少平陪同海口市仲裁委员会王欣主任、胡曙光秘书长前往海口维特律师事务所进行调研，召开有关“仲裁制度”的座谈会。维特所全体律师参加了本次座谈会。会上，与会律师围绕着“对仲裁的意见及建议”、“研究建立国际旅游仲裁机制问题”、“如何发挥律师在仲裁中的作用”等内容进行了研究讨论。

**10月份**

10月16日，中共海南省律师公证协会委员会第二次党员大会在中国（海南）改革发展研究院1号楼二楼第一报告厅举行，省司法厅副厅长孙书南书记、省司法厅政治部主任郑学海同志出席大会，全省符合参会条件的律师、公证党员共136名参加了本次大会，大会选举产生了省律师公证协会委员会第二届委员会委员、书记、副书记。会议一致通过了第一届委员会工作报告。此次律公协第二届党委会党员换届选举工作顺利完成。

10月16日，在海南省律公协第二届党委会党员换届选举大会上，省律协会长王晶同志对参会的律师公证党员发出了向海南国庆以来遭受百年一遇暴雨重创的灾区群众送温暖、献爱心捐款的倡议，共有114名党员捐款33605元。

**11月份**

11月20日上午，海南省司法厅、海南省律师协会在海南律师会馆三楼报告厅召开全省律师工作会议。会议由省律协会长王晶主持，省律公协党委书记、副厅长孙书南，厅律公处处长王青玲、副处长贺国斌，海口市司法局副局长梁毓和，协会副会长廖向琦、姜丹，秘书长吴少平，副秘书长符琼芬、贾雯，以及协会理事、各专门专业委员会主任、副主任和全省律师事务所主任出席了此次会议。会议分成三个阶段进行。会议传达了贯彻中央中发办〔2010〕30号文件精神。就近期协会组织部分理事到外地学习考察情况在会议上进行专题汇报。协会副会长廖向琦、副秘书长符琼芬分别作了《海南省律师协会理事考察团赴粤考察报告》和《海南省律师协会理事考察团赴沪、苏考察报告》的汇报。其次，由副秘书长贾雯作了《律师事务所管理研修班学习体会》的汇报，副会长姜丹作了《关于海南律师代表团赴夏威夷暨韩国学习考察报告》的汇报，最后，由厅律公处副处长贺国斌通报了我省律师服务收费检查的情况。会议最后，孙书南副厅长就如何学习贯彻中发办〔2010〕30号文件精神上作了重要讲话。就四个考察报告所取得的调研成果给予肯定，要求在深入比较分析的基础上，总结符合实际的做法，使考察成果切实为我省行业管理与律师业务拓展所用。

11月20日下午，由省律协组织的全省律师非诉业务培训专题讲座在省政府大楼（海府路）二楼报告厅举行。协会邀请深圳市律师协会业务发展与培训委员会主任张斌律师和北京德恒律师事务所深圳分所刘震国律师，分别作了“海南国际旅游岛非诉讼业务的发展”、“律师非诉讼业务的操作和经验”的讲座。以岛外律师的视角，解读在海南建设国际旅游岛背景下，律师如何开拓与动作非诉讼业务的新领域，同时，就深圳律师非诉讼业务的种类，具体开拓方法与操作方式进行了由点到面的全面解读。

**12月份**

为迎接“12·4”全国法制宣传日活动，积极贯彻实施《司法部、全国总工会、国家广电总局关于组织开展“共创和谐—法律援助与困难职工同行”大型公益活动的通知》精神，12月1日至12月3日省律师协会参加了省司法厅组织的“和谐海南，法律援助与您同行”法制宣传活动。“和谐海南，法律援助与您同行”法制宣传活动于2010年12月1日上午在海南琼中拉开序幕，活动涉及法律咨询和案件集体讨论分析座谈两方面内容。海南省电视台记者进行全程采访。省律协廖向琦副会长、吴少平秘书长、王航兵副秘书长以及部分优秀律师同三位中国“1+1”法律援助志愿律师一起接受了群众现场咨询。

10日下午，海南省律师公证协会党委2010年度党员领导干部民主生活会暨党委会在省律师协会二楼会议室召开。

## 广西壮族自治区律师协会工作

### 一、业务研讨

（一）2010年广西律师协会承办的地区片会

西部律师发展论坛是广西、内蒙古、重庆市、四川、贵州、云南、西藏、陕西、甘肃、青海、宁夏、新疆西部十二省（自治区、直辖市）律师协会共同主办的高水平、高层次、高规模的西部地区律师行业论坛，是西部律师研讨学习、交流经验、合作发展的新平台，对提升律师理论与业务水平，促进律师行业发展，扩大律师社会影响力起到积极的促进作用。自2008年第一届西部律师发展论坛举办以来，论坛影响力与日俱增，日益吸引越来越多的西部律师乃至东部律师及港澳台律师的目光。

2010年9月25日至26日，第三届西部律师发展论坛在广西南宁隆重举行并取得圆满成功。

9月25日上午，论坛隆重开幕。广西壮族自治区副主席梁胜利出席会议并在会上做重要讲话。中华全国律师协会会长于宁出席会议并致辞。开幕式上还举行了中国律师培训网暨全国律师协会西部律师远程培训项目开通启动仪式。在主论坛上，国家发改委国土开发与地区经济研究所副所长、研究员、博士生导师肖金成作题为《中国区域发展的基本思路》的精彩演讲，与会律师大为赞赏。香港律师会副会长何君尧的《律师事务所跨地区发展》，中国国际经济贸易仲裁委员会西南分会秘书长陈敏的《西部地区经济发展对法律服务的需求与要求》、广西律师协会副会长陈承帼的《法律服务贸易的发展前景》的演讲内容精彩丰富，思路清晰，视野开阔，与会律师受益匪浅。当天下午，律师事务所创新发展与规范管理分论坛、区域法律服务合作分论坛、刑事辩护职能与司法公正分论坛、房地产法律服务与创新分论坛、知识产权法律事务分论坛共5个分论坛同时召开，犹如五朵鲜花，竞相开放，各表一枝。各分论坛上演讲的嘉宾有从事律师行业多年、业务水平精湛的资深律师，也有独树一帜的新秀律师。演讲嘉宾演讲方式各具风格，或观点犀利，或见解独到，或幽默风趣，演讲嘉宾与律师代表之间交流互动积极踊跃，现场气氛热烈。

9月26日上午的主论坛，中国政法大学教授、竞争法研究中心主任时建中作题为《中国—东盟自由贸易区法律服务贸易与法律业务合作》专题演讲，观点明确、见解独特而又带有很强的时代性。重庆中豪律师事务所主任袁小彬作《管理与业务并重 推动律所可持续发展》的演讲，理论与实务并重。在主题沙龙环节，中国法学会民主与法制社副总编刘桂明以风趣幽默的形式拉开“西部律师能否实现专业化？如何实现专业化？”的主题沙龙序幕，5位嘉宾激烈精彩的讨论、争锋相对的激辩、理性务实的灼见，不时赢来台下热烈的掌声，引起全场律师的共鸣和互动，与会律师积极发问，嘉宾们就现场互动的提问展开一轮更为深入的探讨，将本届论坛推向另一个高潮。闭幕式上，进行了第三届西部律师发展论坛优秀论文颁奖仪式，并进行交杯仪式，广西律师协会会长王莹文将西部律师发展论坛的会旗和会杯交接给内蒙古律师协会会长巴布，第三届西部律师发展论坛在广西南宁圆满落幕。

第三届西部律师发展论坛由广西律师协会承办，广西壮族自治区司法厅作为特别行政支持单位。论坛以“区域合作·和谐发展”为主题，紧扣西部经济发展实际需要，以法律服务区域合作的探讨为着眼点，以律师行业和谐发展的研究为目标，围绕党和国家的中心工作，聚焦和谐、展望合作、探索发展。论坛同时设立律师事务所创新发展与规范管理分论坛、区域法律服务合作分论坛、刑事辩护职能与司法公正分论坛、房地产法律服务与创新分论坛、知识产权法律事务分论坛5个分论坛。与历届论坛相比，本届论坛有“四最”：一是论坛规模近600人，创历届论坛参会人数最高；二是论坛共收到参会论文626篇，创历届参会论文数量最高；三是突出彰显律师学术水平，论坛首次公开出版发行《西部律师论丛——第三届西部律师发展论坛优秀论文集》，收录80篇优秀论文；四是突出区域性及国际性，香港律师会代表团首次参加西部律师发展论坛。

（二）2010年广西律师协会重要的专业委员会活动

1. 2010年11月5日，行政法专业委员会召开专题业务研讨会。行政委委员、特邀律师和各媒体记者等20人参加了会议。会议围绕“腾讯与360企业竞争事件中，主管（监管）部门应该有何作为”这一主题进行法律探讨。争论的焦点有三：第一，腾讯是否真的侵害了QQ用户的权益？第二，虚拟网络大战该由谁管？第三，免费的用户法律是否保护？律师们各抒己见，讨论热烈。大家普遍认为，免费并不等于没有权利，腾讯此举已侵害了广大用户的合法权益，政府对此责无旁贷。这次事件凸显了我国互联网立法的滞后，有关部门应尽快完善相关法律法规，使网络纷争“有章可循”。

2. 2010年12月3日，刑事专业委员会召开2010年年会。该委员会委员及各市律师协会刑事专业委员会主任共35人参加了会议。与会人员就“新形势下律师从事刑事辩护业务的风险控制”和“如何提升刑事辩护质量”两个议题展开了热烈的讨论。

3. 2010 年 12 月 11 ~ 12 日，广西律师协会民商专业委员会 2010 年年会暨《律师承办继承法律业务操作指引》研讨会及《最高人民法院关于适用〈中华人民共和国婚姻法〉若干问题的解释（三）（征求意见稿）》讨论会在南宁市举行。

12 月 11 日，召开民商专业委员会 2010 年年会。刘晰主任作 2009 ~2010 年度民商委工作报告。会议讨论制定 2011 年度民商委工作计划；成立了婚姻家庭、医疗事故、交通事故三个研讨小组；还就《侵权责任法》进行研讨。委员们积极撰写论文参与讨论，编印了广西律师协会首部专委会论文集——《广西律师协会民商专业委员会 2010 年年会论文集》。

12 月 12 日，召开《律师承办继承法律业务操作指引》研讨会及《最高人民法院关于适用〈中华人民共和国继承法〉若干问题的解释（三）（征求意见稿）》讨论会。本次研讨会由中华全国律师协会民事专业委员会主办、广西律师协会民商专业委员会承办。中华全国律师协会副秘书长里红，全国律协民委主任、上海建纬律师事务所主任朱树英等全国律协民委委员 6 人，广西壮族自治区高级人民法院研究室主任蒋太仁，广西壮族自治区人民检察院民事行政检察处处长周信权，广西律师协会秘书长严丽萍及副会长王锦意及广西律师协会民委主任刘晰，著名婚姻家庭法律事务律师、北京大成律师事务所的王芳律师和上海沪家律师事务所的贾明军律师，以及来自北京、上海、广州、浙江、辽宁、江苏、四川、湖南的律师代表 20 余人、广西律师协会民委委员及来自广西各地的律师代表 50 余人参加了会议。

12 月 12 日上午，召开《律师承办继承法律业务操作指引》（以下简称《操作指引》）研讨会，与会代表听取了王芳律师对《操作指引》所作的起草说明，然后分成三个讨论小组进行研讨。

12 月 12 日下午，召开《最高人民法院关于适用〈中华人民共和国继承法〉若干问题的解释（三）（征求意见稿）》（以下简称《继承法》意见稿）讨论会。意见稿全文共二十一条，除少数四、五条以外，大部分条款都遭到了到会代表不同程度的质疑。

4. 2010 年 12 月 18 ~ 19 日，广西律师协会海商海事专业委员会在钦州市召开 2010 年年会暨海商法业务研讨会。北海海事法院副院长谢桦、北海海事法院海商庭庭长刘乔发、原北海海事法院副院长张德生应邀出席会议并分别作主题演讲和嘉宾点评。海事海商专业委员会委员和候补委员、热心海事海商业务的律师等共 50 余人参加了会议。广西律师协会副会长、海商海事专业委员会主任陈承帼主持会议。

18 日下午，召开海事海商专业委员会 2010 年年会。全体委员集中学习了《广西律师协会专业委员会履职考核办法》。各委员对照考核办法进行自我考评。会议还讨论了本委员会的 2010 年度工作总结和 2011 年工作计划。

19 日上午，召开海商法业务研讨会。海事海商专业委员会副主任冯斌解读《关于审理还是赔偿责任限制相关纠纷案件若干规定》。海事海商专业委员会副主任唐程从自己所办理的海事案件中选出几件比较典型的，与大家进行了分享和探讨。原北海海事法院副院长张德生对唐程副主任的发言作了精彩点评。北海海事法院海商庭庭长刘乔发、北海海事法院副院长谢桦分别就《律师代理海事案件应该注意的问题》《广西海事纠纷的现状和展望》发表了演讲。

5. 2010 年 12 月 20 日，广西律师协会东盟法律专业委员会在防城港市召开 2010 年年会暨东盟法律业务研讨会。会议由广西律师协会东盟法律专业委员会、防城港市律师协会主办，广西精一律师事务所承办。广西律师协会副会长骆伟雄出席了会议。防城港市商务局、北部湾集团、北海海事法院、防城港中级人民法院、防城港市司法局、防城海关、东兴人民法院、防城港市法学会等部门领导应邀参会。此外，还有自全区的30多名律师参加了会议。

12月20日上午举行的沙龙中，与会律师就自身在东盟（涉外）法律实务中碰到的疑难问题作了沟通和交流。骆伟雄副会长对广西律师协会与越南法学会的备忘录向大家做了简要报告。东盟法律专业委员会副主任韦岸松作总结发言。

12月20日下午，特邀嘉宾出席会议并做专题报告。防城港市商务局局长莫小林向与会者介绍了中国——东盟自由贸易区的概况、防城港市在东盟自由贸易区的地位及作用、当前防城港市与东盟商贸往来中的投资及遇到的法律问题。北部湾集团党委副书记何倩宜女士做了《建设和谐北部湾港 促进区域经济腾飞》的报告。北海海事法院傅晓明庭长以法官的独特视角对中国—东盟自由贸易区海事审判中出现的新趋势、新特点以及律师在海商海事案件的代理中应当注意的问题做了详尽的专题报告。此外，防城海关、东兴法院也分别就东盟贸易的海关监管、东兴跨境经济合作区的法律审判做了报告。

6. 2010年12月25～26日，广西律师协会公司业务委员会召开2010年年会暨有限责任公司工商登记实务研讨会。广西壮族自治区工商行政管理局法规处处长杨伟、企业注册分局局长刘伟林、企业注册分局科长梁华红、广西律师协会副会长王锦意出席了本次会议。广西律师协会公司业务委员会的委员及应邀参加会议的律师共41人参加了会议。

12月25日下午，召开《有限责任公司章程指引》论证会。公司业务委员会袁公章主任就其拟定《有限责任公司章程指引》的背景做了简要介绍，与会人员就该指引展开了热烈讨论。

12月26日上午，召开有限责任公司法人治理与工商登记实务研讨会。刘伟林局长、杨伟处长应邀做了专题发言。袁公章主任提出律师在工商登记实务中遇到的一些问题，希望通过与广西壮族自治区工商行政管理局领导的沟通交流，进一步提升律师们涉及工商登记实务方面的业务能力。其他律师也纷纷就其在实务中遇到的涉及工商变更登记的问题与刘伟林局长、杨伟处长、梁华红科长进行了深入探讨。

7. 2010年12月26日，广西律师协会未成年人保护专业委员会联合共青团南宁市委开展“新生代农民工及其子女权益维护”——共青团与人大代表、政协委员面对面活动暨广西律师协会未成年人保护专业委员会2010年年会。自治区共青团、统战部、司法厅、南宁市共青团、江南区共青团等部门代表出席活动。十余位全国人大代表、自治区政协委员以及广西律师协会骆伟雄、黄志文、韦建邦副会长、未保委全体委员和社会各界关爱青少年工作的专家学者100多人参加了本次活动。

活动中，广西律师协会未成年人保护委员会主任、中司律师事务所高级合伙人彭志鸿律师就广西律师开展新生代农民工及其子女权益维护和未成年人保护的情况作主题中心发言。广西律师协会向农民工子女代表赠送学习用品一批。同时，中司律师事务所、刘晰律师事务所等几家律师事务所还与农民工及其子女所在的社区和学校签订了结对协议，建立了帮扶关系。人大代表、政协委员、新的社会阶层人士代表、律师、心理领域的专家学者及社会爱心人士现场解答农民工及其子女有关精神生活、利益诉求、权益维护等问题。

此次活动旨在通过邀请人大代表、政协委员、新的社会阶层人士代表、律师、心理领域的专家学者及社会爱心人士等，走进江南区新屋村亲临现场，与农民工群体代表“零距离”、“面对面”从精神生活、利益诉求、权益维护等问题上进行探讨和研究，积极探索促进农民工群体融入社会、维护合法权益的途径和方式。活动也得到了现场群众的肯定，取得良好的社会效果。

## 二、会员培训

2010年4月24至25日，广西律师协会在南宁市举办侵权责任法律实务大型专题培训班。培训班邀请了全国人大常委会法工委民法室副主任贾东明、中国人民大学法学院教授张新宝进行授课。培训主要内容为：侵权责任法主要条款立法背景和内容解析；侵权责任的一般条款及其适用；医疗损害赔偿；交通事故责任等。参训律师达1509人。

4月30日，广西律师协会举办了主题为"青年律师业

务的开拓和创新"的律师业务讲座，由广西律师协会副会长、广合律师事务所主任黄志文担任主讲，受训律师累计达100人次。

5月14日，广西律师协会举办了"放飞心灵——学会调控情绪"讲座，邀请了国家职业心理咨询师刘明星进行授课，约100名执业律师参加讲座。

5月28日上午，广西律师协会举办"律师的职业道德和职业理念"的讲座，由广西律师协会副会长许邕桂进行授课，约100名执业律师参加讲座。

6月19至24日，广西律师协会组织开展区直律师事务所律师2009年度继续教育培训补训工作，500多名未完成2009年教育培训任务的区直所执业律师参加了此次补训。

6月25日，广西律师协会举办题为"当前房地产几个法律问题的看法"的律师业务讲座，分别由广西律师协会惩戒委员会副主任、万合律师事务所副主任黄财基进行授课，共有约100名律师参训。

7月7日至9日，广西律师协会举办2009年律师继续教育培训补训班，参训人数达500多人。

7月17日至18日，广西律师协会主办、桂林市律师协会协办的2010年第二期大型专题培训班在桂林市举办。全区近1000名律师参加本次培训。在上海市律师协会的大力支持下，培训班邀请了上海融孚律师事务所高级合伙人、执行委员会委员吕琰、北京中伦律师事务所合伙人顾峰、上海徐易朱律师事务所主任徐申、上海申达律师事务所合伙人刘峰进行授课。广西律师协会副会长孙骏出席并主持培训班。培训主要内容为：企业并购法律实务，重组、改制及A股IPO有关法律问题，商业秘密，著作权和反不正当竞争，专利和商标等。

8月15日，广西律师协会在南宁举办2010年第一期全区律师远程视频培训班，全区约1500名律师参加培训。培训课程为"房地产开发相关法律问题"和"律师职业道德和执业纪律"，由广西律师协会副会长黄志文、许邕桂分别主讲。

7月至8月，7月12日至30日、8月2日至20日，广西律师协会在南宁分别举办了2010年第1、2期申请律师执业人员集中培训班，参训人数累计597人。

11月22日，广西律师协会在南宁市举办2010年第2期全区律师远程视频培训班，培训内容为"刑事辩护的界限"，参训人数累计近千人。

12月11日至12日，广西律师协会在南宁市举办2010年第3期全区律师远程视频培训班，培训内容为"当前刑事审判实践中刑事政策的理解与适用"、"民事审判情况和问题"、"浅析刑事量刑规范化"，全区参训人数累计约800人。

### 三、会员管理工作

#### （一）会员日常管理

2010年，广西律师协会直接受理投诉案件49件。全年共对3名团体会员、5名个人会员作出行业处分。建立了投诉举报案件数据库，实现惩戒查处情况实时登记。规范投诉案件受理、谈话、调查、听证、决议处分等环节，做到每个步骤有章可循、有据可查。广西律师协会惩戒委员会选举组建了广西律师协会惩戒委员会常务委员会，负责处理情节轻微的违纪违规投诉案件，进一步提高惩戒工作效能。

做好全区律师2009年度考核工作，共完成了3872名律师的年度考核工作。

指导各市律师协会做好所属会员的初始登记并初步完成了区直律师事务所会员的初始登记，加强对会员信息的采集，建立了全区会员数据库。

继续为全区律师购买职业责任保险。

组织了345名区直所律师参加健康体检。

向患有重病的牙卫国律师拨付了5000元的互助资金；同时，在律师行业开展为牙卫国律师捐款的倡议活动，共获得捐款14.575万元。及时开展行业互助行动，全年累计向个人会员拨付行业互助资金2.23万元。

2010年春节前，自治区司法厅、广西律师协会向全区14个市的14家困难律师事务所共送去慰问金28000元。

（二）维护律师合法执业权利

2010年广西律师协会积极开展个案维权，全年共开展个人会员维权案件4件。其中2件涉及律师“会见难”问题，2件涉及律师执业过程中人身权利受到不法伤害。接案后维权委及时组织委员进行讨论，了解情况，研究对策。其中对王莹文律师事务所反映的“会见难”问题，2010年7月16日，维权委在邕委员进行了专题研究，听取了承办律师吕闻的情况汇报，并且讨论研究了处理意见。对于梁钢律师在执业过程中遇袭受伤一案，则以司法厅的名义去函南宁市公安局，督促其尽快侦破案件。个案的维权往往涉及其他政法单位，依赖于整个司法体制的完善，种种客观原因，导致个案维权工作难度大。

继续开展刑事诉讼中律师会见权、阅卷权、调查取证权新情况的调研。继2009年自治区高级人民法院、人民检察院、公安厅、司法厅及广西律师协会联合组织“刑事诉讼中律师会见权、阅卷权、调查取证权落实情况调研”，并向自治区党委政法委提交了调研报告之后，2010年4月，综合自治区高级人民法院、人民检察院、公安厅的反馈意见，同时参照借鉴四川省、河北省、北京市等兄弟省份已经出台的关于保障律师在刑事诉讼执业权利的规范性文件，将《关于律师会见在押犯罪嫌疑人、被告人有关问题的规定（试行）》和《关于律师在刑事诉讼中查阅复印案卷材料有关问题的意见》做了进一步修订和完善，呈报自治区党委政法委。同年6月，为了掌握最新情况，广西律师协会在各市律协中开展新一轮调研，调查2009年5月份后，各市律师在行使会见权、阅卷权、调查取证权中面临的实际困难和遇到的新问题，并在此基础上撰写成《刑事诉讼中律师会见权、阅卷权、调查取证权新情况汇总》。2010年10月，自治区党委政法委在全区政法部门广泛征求意见，并将意见集中反馈至司法厅。广西律师协会组织原调研小组成员对上述意见进行全面梳理、归纳、合理吸收，再次修订形成《关于律师会见在押犯罪嫌疑人、被告人有关问题的规定（试行）》和《关于律师在刑事诉讼中查阅复印案卷材料有关问题的意见》，并上报自治区党委政法委。由于“三难”问题的解决涉及到各级政法单位，涉及的环节、程序繁杂，因此，此项工作仍在继续进行当中。

## 四、对外交流

1.2010年9月24日，香港律师协会副会长何君尧带领的香港律师会代表团一行9人对广西律师协会进行访问，双方就各自行业组织的发展情况以及东盟法律服务带来的机遇等问题进行座谈交流。会后，香港律师会代表团参观了广西远东律师事务及广西广合律师事务所。

2.2010年11月5日，以越南司法部副部长阮翠贤为团长的越南司法部代表团一行7人，在司法部司法协助外事司副司长康煜、自治区司法厅厅长赵波，副厅长卫福喜等人的陪同下，访问广西律师协会。双方均表示，应进一步加强两国法学学术方面更深层次的交流，促进中越两国司法机关及律师行业之间的沟通交流。此次越南司法部代表团来访广西律师协会，是越方司法机关首次到访，对促进中越律师行业的进一步沟通交流与合作发展有重要意义。

## 五、法律援助

（一）广西律师协会积极组织律师参与办理法律援助案件，扶助社会弱势群体

2010年全年，全区律师办理法律援助案件4167件，参加律师达5200多人次，平均每位律师办理法律援助案件0.8件。

（二）有影响的案件

2007年7月，河南中牟县农民工刘备战来到桂林被聘为西安萌兴高等级公路工程有限公司装载机司机，同年10月28日，刘备战为该公司在桂阳高速公路路面7JHJ标段施工时，被工地运输成品料的东风自卸车砸成重伤（T5、L2骨折并截瘫）。2008年6月萌兴公司认为不应承担刘备战的伤残赔偿责任，刘备战在通过了各种方式索赔无结果的情况下，便自暴自弃，多次用水果刀划伤陪护人员，之后又要自杀。刘备战的情况引起了市政府及有关领导的高度重视，市政府决定以法律援助的方式解决赔偿款问题，兴东方律师事务所主任邓晓剑和党员律师谭国文接受法律援助中心指派承办了该索偿案件。由于案发至今已近三年时间，涉及到诉讼时效、工伤还是人身损害及赔偿主体是谁等诸多法律问题，压力大且困难重重。但两位律师没有畏惧，他们多次到高速路管理局、交通局、信访办、安监局、卫生局和刘备战住院的几家医院，并自费到南宁，调取了大量证据，理清了法律关系和案由，找到了诉讼时效中断的理由，把萌兴公司推上了被告席。律师提出的诉请及事实和理由得到了法院的认同。因被告萌兴公司远在陕西，将来执行也是一个难题，而刘备战的生活及医疗急于用钱，为此，两位律师决定用调解的方式解决纠纷。他们数十次与萌兴公司的代表沟通、协调，经过反复耐心地做工作，萌兴公司终于答应一次性赔偿刘备战45.5万元，并在临桂县法院主持下达成了调解协议。刘备战拿到45.5万元赔偿款时感动万分，连连致谢，并让亲人从河南送来了锦旗。市领导对两位律师敬业精神和奉献精神给予很高的评价，市司法局给予律师谭国文记三等功一次。

（三）奖励情况

广西兴东方律师所谭国文律师成功办理助残案件，由桂林市司法局给予谭国文律师记三等功一次。

## 六、会刊及网站

（一）广西律师协会会刊

【广西律师】创办于1984年，创办初期为不定期刊物，1989年以后改为双月刊。从创刊至2010年12月，共出版146期。

2009年，广西律师协会对广西律师杂志的版面和栏目等进行改版；建立特约通讯员制度，招募了来自各市律师协会、区直律师事务所的43名特约通讯员，进一步加强基层新闻、宣传稿件组织的力量，丰富了内容。目前杂志的主要栏目有：卷首语、法苑论坛、律师视点、特别策划、律政文化、以案说法、律师实务、人在律途、行业动态等。

（二）广西律师协会网站

【广西律师网】域名：www. gxlawyer. com. cn创办于2006年，并于2009年进行改版升级，新增域名：www. gxlawyer. org. cn。该网站与广西律师协会、自治区司法厅律师管理处共同实施的广西律师管理系统建设项目为同一载体，在2009年10月开始试运行。新网站暨律师管理系统包括网上业务申办及审批、律师在线教育培训和网络办公三大系统。

2010年，广西律师协会网站已与自治区司法厅、中华全国律师协会及20多家省级律师协会网站建立友情链接。目前网站的主要栏目有：律协简介、工作动态、通知公告、律师黄页、律师党建、律师培训、会员中心、活动专题、市民服务、律师论坛等。

## 七、律师协会大事记

1月，自治区司法厅、广西律师协会向全

区14个市的14家困难律师事务所共送去慰问金28000元。

1月，广西律师协会向中华全国律师协会及云南省等近30家省（市）律师协会寄发新春贺卡。

1月7日，自治区司法厅党委书记、厅长赵波在自治区司法厅副厅长卫福喜的陪同下，首次到广西律师协会视察工作，并与律师代表们召开座谈会。司法厅律师管理处处长李健，广西律师协会秘书长严丽萍，副会长陈承帼等近20人参加了座谈会。此次工作视察，不仅使司法厅党委进一步了解广西律师行业发展现存的问题及困难，而且体现了司法厅党委对广西律师工作的关心和支持。

1月15日至16日，由自治区司法厅直属机关党委专职副书记刘文华，广西律师协会副会长、广西律管律协党总支部副书记许邕桂带队，区直律师事务所全体党支部党员律师50余人，二次赴原罗城矿务局16名结对困难职工家中，进行帮困助学春节慰问活动，共送去慰问金32000元。此次活动是党员律师关注民生、扶助弱势群体的又一表现。

1月16日，由自治区司法厅、广西律师协会主办，南宁市律师协会协办的“2010年广西政法宣传周”暨“创政法辉煌，建和谐家园”义务法律咨询活动在南宁市朝阳广场举行。自治区司法厅副厅长卫福喜亲临现场巡视，自治区司法厅律师管理处处长李健，广西律师协会秘书长严丽萍，广西律师协会副会长骆伟雄、黄志文、王锦意参加本次活动。自治区司法厅直属律师事务所和南宁市司法局直属律师事务所近百家律师事务所的近300名律师参加活动。当天，全区各级司法行政机关、律师协会组织全区近300家律师事务所，2000多名律师开展义务法律咨询活动，累计解答群众咨询6000多人次，发放宣传资料近万份。

1月17日上午，广西律师协会律师行业规则与发展委员会召开工作总结会议。会议由委员会主任龚振中主持召开，共有8名委员参加本次会议。与会人员就《广西律师协会行业规则与发展委员会工作规则》、《关于正确处理律师事务所之间、律师之间、律师与律师事务所之间关系的程序规定》等制度草案、2009年工作总结及2010年工作计划展开热烈讨论。

1月20日，广西律师协会刑事专业委员会召开工作会议。广西律师协会孙骏副会长出席会议。黄玉华主任主持会议。会议总结了2009年度工作，并讨论2010年工作计划。

1月21日，广西律师协会行政专业委员会召开工作会议。广西律师协会许邕桂副会长出席会议，韦辉强主任主持并对2009年委员会的工作作总结。与会委员就今后的工作计划等展开了热烈讨论。

1月22日，自治区人民检察院民行处处长周信权、副处长谢忠文率民行处检察员一行10人来到广西律师协会，与律师座谈。广西律师协会副会长骆伟雄，广西律师协会民商专业委员会主任刘晰等民商专业委员会、行政专业委员会委员参加了会议。座谈会由广西律师协会副会长黄志文主持。与会人员就如何建立律师与检察官日常沟通机制等问题开展讨论。本次座谈会开启了检察官与律师平等沟通、协商的良好开端，启发了今后工作的新思维、新方法。

1月23日，自治区政协十届三次会议对十届二次会议以来各委员提交的664件提案中的40件提案及25个承办单位荣获“优秀提案”及“先进承办单位”。其中，我区政协委员律师提交的4件提案被评为“2009年优秀提案”，并受到表彰。

1月27至29日，自治区司法厅律师管理处、广西律师协会共同举办了“部分律师事务所主任培训班”，广西律师协会副会长王锦意发表开班致辞。培训班采取集中面授、集中观看2009年全区律师事务所主任培训班课程视频录像和撰写学习心得相结合的方式。来自全区各地的60多名律师事务所主任及公职律师办公室负责人参加了本次培训。

2月5日，中央实践办指导协调二组组长、中组部干部五局副巡视员路京生率中央实践办指导协调二组在自治区司法厅副厅长卫福喜陪同下到王莹文律师事务所进行实地考察，召开广西部分律师事务所学习实践活动座谈会，对我区律师队伍开展科学发展观学习实践活动进行检查指导，并对我区律师队伍开展科学发展观学习实践活动的成效给予肯定。

2月8日，全区律师事务所深入学习实践科学发展观活动总结暨全区律师工作座谈会在南宁召开。自治区司法厅副厅长卫福喜，自治区新社会组织学习实践活动指导小组办公室副主任、民政厅办公室副主任蒙昭平同志出席了会议。会议总结全区律师事务所开展学习实践科学发展观活动情况，宣传学习实践科学发展观活动中涌现出来的先进典型；总结2009年全区律师工作，部署2010年全区律师工作任务。

2月9日，自治区党委常委、政法委书记温卡华，自治区党委政法委副书记梁炳巨等一行四人，来到广西律师协会开展调研工作，并与律师代表们进行座谈。自治区司法厅党委书记、厅长赵波，自治区司法厅党委委员、副厅长，广西律师协会党组书记卫福喜，广西律师协会会长王莹文，自治区司法厅律师管理处处长李健，广西律师协会秘书长严丽萍及律师代表近25人参加了汇报会。会议由赵波厅长主持。王莹文会长就广西律师协会的概况及运转机制向温书记作了简要汇报。律师代表们就律师行业的难点热点问题相继向温书记汇报。本次工作调研及汇报会是温卡华书记第一次莅临广西律师协会指导工作，首次与广西律师面对面座谈交流，不仅使自治区党委及党委政法委进一步了解广西律师行业发展现存的问题及困难，而且体现了自治区党委及党委政法委对广西律师工作的重视、关心和支持。

3月1日上午，司法部召开全国律师事务所开展深入学习实践科学发展观活动总结电视电话会议，吴爱英部长出席会议并作重要讲话。自治区司法厅党委书记、厅长赵波，司法厅党委成员、副厅长、广西律师协会党组书记卫福喜，广西律师协会党组成员、副会长黄志文等人参加了广西分会场会议。学习实践科学发展观活动总结电视电话会议后，司法部还召开了律师队伍建设工作会议上，赵大程副部长在会上深入剖析了李庄案件给律师行业带来的教训和启示，并对2010年全国律师警示教育活动提出了具体要求。

3月5日，广西律师协会召开第七届会长办公会第六次会议。会议就《广西律师协会2009年工作报告》（草案）、《广西律师协会2010年工作计划》（草案）等议题进行审议，并形成相关决议。

3月5日，广西律师协会参加民间组织参与国际活动座谈会。会议由自治区民政厅、自治区外事办公室共同组织召开。

3月10日，在2010年自治区社科联系统秘书长联席会议上，广西律师协会荣获“2008～2009年度广西社会科学界联合会先进学会”，广西律师协会秘书长严丽萍同志荣获“学会先进工作者”。

3月12日下午，广西律师协会财务委员会召开工作会议。广西律师协会副会长、财务专门委员会主任韦建邦主持会议。会议重点就《广西律师协会2009年决算报告》（草案）、《广西律师协会2010年会费支出预算》（草案）进行审核，同意提交理事会表决。同时，会议一致同意通过本委2009年工作总结及2010年工作计划。

3月20日，广西律师协会召开第七届理事会第四次会议。自治区司法厅党委委员、副厅长，广西律师协会党组书记卫福喜出席会议。王莹文等34名理事参加会议。自治区司法厅律师管理处李健处长、部分市律师协会秘书长列席会议。会议由王莹文会长主持。会议就《广西律师协会2009年工作报告》、《广西律师协会2010年工作计划》、《第三届西部律师论坛方案（征求意见稿）》等议题进行审议或讨论，并形成相关决议。

3月21日，广西律师协会2010年专门委员会专业委员会主任会议在南宁市成功召开。广西律师协会会长王莹文，副会长陈承帼、骆伟雄、黄志文、韦建邦、王锦意、许邕桂、彭荣汉、孙骏，各专门专业委员会主任以及秘书处各部门负责人参加了会议。副会长黄志文主持会议。会议学习《广西律师协会专门委员会专业委员会规则》，回顾2009年各委员会工作，对2010年各委员会工作作总体要求，围绕各委员会工作开展交流。

3月23日，在全区社会组织深入学习实践科学发展观总结暨全区先进社会组织表彰大会上，广西律师协会荣获“全区社会组织深入学习实践科学发展观活动先进单位”。在会上，广西律师协会副会长黄志文代表广西律师协会作了先进典型发言。

3月26日，在全区社科联系统舆情信息工作会议暨表彰上，广西律师协会荣获“2009年度全区社科联系统舆情信息工作先进单位”。

3月30日，广西律师协会邀请南宁市消安防火咨询中心的人员就消防安全知识进行的宣传和辅导。约100名律师及协会工作人员参加了本次辅导。

3月，广西律师协会发动全区各律师事务所及广大律师为患有急性淋巴细胞白血病的广西南城律师事务所的牙卫国律师捐款，并向牙卫国律师拨付互助资金5000元。

1月至3月，广西律师协会共举办了6期小型律师业务讲座，主题分别为“律师出庭技巧”、“走进中国——东盟自贸区”、“如何把握律师收费的‘定价权’”、“律师出庭技巧”、“刑事辩护执业风险与防范”、“船舶及货物运输保险代位求偿权之法律实务”，受训律师累计580余名。

4月6日，广西律师协会律师教育委员会召开2010年第一次工作会议。会议研究了2010年举办各类现场培训班的主要内容及授课师资人选，讨论了各所参训律师名额分配方案。会议由广西律师协会副会长、律师教育委员会主任王锦意主持，教育委6名委员参加会议。

4月9日，广西律师协会召开第七届会长办公会第七次会议。王莹文会长通报了广西律师协会向崇左市干旱灾区捐款情况。会议就《西部律师论坛主题议题方案》、专业委员会人员调整问题、《广西壮族自治区律师协会会员登记管理办法》（草案）等议题进行研究讨论，并形成相关决议。

4月12日，广西律师协会协助自治区司法厅在南宁召开了全区律师队伍建设工作会议。会议对在我区律师队伍中开展警示教育、加强律师队伍建设工作进行全面动员部署。厅党委委员、副厅长卫福喜在会上做了重要讲话。广西律师协会会长王莹文出席会议。会议规模110余人。

4月13日，广西律师协会在南宁召开2010年新闻媒体恳谈会。会议对当前广西律师宣传工作存在的问题，律师行业与新闻媒体沟通、交流、合作等问题进行研究讨论，并对评选出的“2009年广西律师行业法治好新闻”的新闻作者进行颁奖。自治区党委宣传部综合协调处处长罗联生，自治区司法厅律师管理处处长李健、广西新闻工作者协会副秘书长覃快乐、广西律师协会会长王莹文等领导出席会议。广西电视台、广西日报社等15家新闻媒体代表近40人参加了恳谈会。

4月15日下午，广西律师协会举行“自治区直属律师事务所共产党员向旱灾区捐款仪式”，自治区司法厅律师管理处处长李健，广西律师协会副会长黄志文、许邕桂出席捐款仪式。截止2010年4月15日，广西律管律协党总支收到22个律师事务所158位党员、律师的灾区捐款共计16140.00元。

4月16日，广西律师协会举办了主题为“执业风险识别和控制”的律师业务讲座，由广西律师协会教育专业委员会副主任、王莹文律师事务所副主任黄文新担任主讲，受训律师累计达100人次。

4月23日，广西律师协会惩戒委员会第一次全体会议在南宁举行。会议选举产生了广西律师协会惩戒委员会常务委员会，审议了9个投诉案件。广西律师协会副会长许邕桂出席会议，惩戒委员会副主任黄财基主持会议，惩戒委员会23位委员参加会议。

4月24日至25日，广西律师协会在南宁市举办侵权责任法律实务大型专题培训班。培训班邀请了全国人大常委会法工委民法室副主任贾东明、中国人民大学法学院教授张新宝进行授课。培训班分别由广西律师协会副会长王锦意、骆伟雄主持。来自全区各地1500多名执业律师参加本次培训。

4月29日下午，广西律师协会东盟法律专业委员会召开全体会议。会议组织学习、讨论了《广西律师协会专业委员会履职考核办法》。会议由广西律师协会副会长、东盟法律专业委员会主任骆伟雄主持会议。

4月30日，广西律师协会举办了主题为“青年律师业务的开拓和创新”的律师业务讲座，由广西律师协会副会长、广合律师事务所主任黄志文担任主讲，受训律师累计达100人次。

4月，广西律师协会组织相关律师对《广西壮族自治区重大食品安全事故应急预案》、《广西壮族自治区人民政府关于进一步明确食品安全监督管理职责的意见》进行讨论，提出修改意见约30条，并上报有关单位。

4月，广西壮族自治区律师协会举办“2009年度广西律师业法治好新闻”评选活动，按通讯类、消息类、系列类共评出“2009年度广西律师业法治好新闻”获奖作品10件。

5月7日至18日，广西律师协会组织2名入党积极分子参加区直机关工委党校统一举办的2010年第2期入党积极分子培训班。

5月11日，广西律师协会律师教育委员会召开2010年第二次工作会议。会议研究了2010年全区申请律师执业人员集中培训班课程构架和课程授课师资选拔方案。会议由广西律师协会副会长、律师教育委员会主任王锦意主持。教育委7名委员参加会议。

5月14日，广西律师协会举办了“放飞心灵——学会调控情绪”讲座，邀请了国家职业心理咨询师刘明星进行授课，约100名执业律师参加讲座。

5月16日，广西律师协会在北海市召开第三届西部律师发展论坛筹备工作会议。会议讨论了《第三届西部律师发展论坛方案》（草案）并形成有关决议，确保第三届西部律师论坛的顺利召开。内蒙古、重庆、贵州、云南、陕西、甘肃等西部省（市、自治区）律师协会秘书长及自治区司法厅律师管理处处长李健，广西律师协会会长王莹文、副会长陈承帼、黄志文参加会议。会议由广西律师协会秘书长严丽萍主持。

5月18日，广西律师协会协助自治区司法厅在南宁市召开全区律师工作座谈会。会议上，各市司法局分管领导汇报了4月12日全区律师队伍建设工作会议后当地开展律师队伍建设特别是警示教育活动的情况。自治区司法厅副厅长卫福喜在会上作重要工作指示。广西律师协会会长王莹文参加本次会议。会议由自治区司法厅律师管理处处长李健主持。

截至5月20日，广西律师协会组织全区律师向青海省玉树藏族自治州玉树县地震灾区捐款227106元，其中，广西桂合律师事务所谢伟雄律师个人捐款16666元。

5月25日，自治区司法厅律师管理处、广西律师协会在南宁市召开区直律师事务所主任座谈会。广西律师协会副会长黄志文传达了律师工作座谈会精神。司法厅律师管理处副处长黎坤德对区直所警示教育第一阶段情况进行了总结并重点对转入学习讨论阶段后的工作提出部署意见。区直律师事务所主任以及区直律师事务所党支部书记等60余人参加本次会议。会议由广西律师协会副会长许邕桂主持。

5月27日下午，自治区司法厅副厅长、广西律师协会党组书记卫福喜、广西律师行业部分基层党支部书记共50多人在广西分会场参加司法部在京召开的全国律师行业党的基层组织和党员中深入开展创先争优活动动员部署电视电话会议（广西分会场）。

5月28日上午，广西律师协会举办“律师的职业道德和职业理念”的讲座，由广西律师协会副会长许邕桂进行授课，约100名执业律师参加讲座。

5月29日下午，金融保险和证券专业委员会召开2010年年会，会议布置落实2010年工作，开展业务讨论。广西律师协会主管副会长黄志文出席会议。20余名委员参加会议。

6月4日，广西律师协会对广西胜开律师事务所刊登违规广告作出公开谴责的行业处分。

6月4日，广西律师协会召开第七届会长办公会第八次会议。会议就《第三届西部律师论坛筹备工作安排总方案》、《第三届西部律师论坛晚宴文艺汇演方案》等4个方案及广西律师协会是否办理申请律师执业人员集中培训班《收费许可证》等议题进行讨论研究，并形成相关决议。

6月11日，广西律师协会举办题为“概论律师如何在仲裁案件中维护当事人的权益”的律师业务讲座，由北京市嘉和律师事务所合伙人杨小川进行授课，共有约100名律师参训。

6月11日，广西检察官协会与广西律师协会在崇左市大新县联合召开的“中国——东盟诉讼法律理论与民事行政检察制度”专题研讨会。自治区人民检察院副检察长曾学愚、自治区司法厅副厅长卫福喜、崇左市人民检察院检察长王荐、广西律师协会秘书长严丽萍、广西律师协会副会长王锦意出席会议。40名检察官和30名律师齐聚一堂，开展深入的交流和研讨，广西律师共提交论文34篇，其中20篇获奖，3篇在会上交流。

6月19至24日，广西律师协会组织开展区直律师事务所律师2009年度继续教育培训补训工作，500多名未完成2009年教育培训任务的区直所执业律师参加了此次补训。

6月，在新修订《律师法》颁布实施2周年之际，自治区司法厅、广西律师协会组织全区各级司法行政机关、律师协会集中在6月组织所在地律师事务所及律师广泛开展以“法律服务六进促和谐，律师投身创建模范区”为主题的“法律服务六进宣传月活动”。

6月18日，广西律师协会组织王莹文律师事务所和桂海天律师事务所律师进新竹社区为民众提供法律义务咨询，率先开展“法律服务进社区活动”。

6月22日，广西律师协会副会长黄志文及广合律师事务所3名资深律师一行人到友谊关边防检查站，开展“送法进警营 警民鱼水情深”活动。黄志文副会长代表广西律师协会向该站赠送系列法律书籍，并为该站官兵讲授一堂精彩的法制教育课。

6月23日，在南宁市教育局与江南区教育区的大力支持下，自治区司法厅、广西律师协会组织11家律师事务所为代表的资深律师进江南区7所学校，开展义务法律专题讲座，得到校方的肯定。

6月23日，广西律师协会副会长陈承帼当选广西贸促会第四届委员会委员并出席广西贸促会四届一次委员会议。

6月26日，在南宁市良庆区政府、司法局的大力支持下，自治区司法厅、广西律师协会组织19家区直所的近百名律师分别在银海社区、银沙社区、前进社区及大沙田客运广场开展“法律服务进社区”活动。律师代表向社区居委会赠书法律书籍并开展免费法律义务咨询活动，发放宣传资料1000份。

6月25日，广西律师协会举办题为“当前房地产几个法律问题的看法”的律师业务讲座，分别由广西律师协会惩戒委员会副主任、万合律师事务所副主任黄财基进行授课，共有约100名律师参训。

6月26日，自治区司法厅律师管理处 广西律师协会党总支组织区直属律师事务所律师党员、入党积极分子共120余人开展了主题为“加强党性教育、提高组织观念”的庆“七一”党日活动。自治区司法厅党组成员、副厅长韦乃扬参加活动并做重要工作指示。

7月1日，广西律师协会、司法厅机关党委联合展出“迎七一 庆党日”为主题的“七·一”党建板报。

7月2日，广西律师协会房地产专业委员会召开2010年年会，讨论承办第三届西部律师发展论坛房地产法律服务与创新分论坛的有关事宜。

7月6日，广西律师协会惩戒委员会举行投诉案件听证会。

7月7日，广西壮族自治区民间组织管理局以邓东副局长为组长的调研组，到广西律师协会就自治区社会组织党组织建设年活动情况进行调研。

7月7日至9日，广西律师协会举办2009年律师继续教育培训补训班，参训人数达500多人。

7月16日，广西律师协会维权委员会部分委员召开会议，研究律师会见难问题。

7月17日至18日，广西律师协会主办、桂林市律师协会协办的2010年第二期大型专题培训班在桂林市举办。全区近1000名律师参加本次培训。在上海市律师协会的大力支持下，培训班邀请了上海融孚律师事务所高级合伙人、执行委员会委员吕琰、北京中伦律师事务所合伙人顾峰、上海徐易朱律师事务所主任徐申、上海申达律师事务所合伙人刘峰进行授课。广西律师协会副会长孙骏出席并主持培训班。

7月19日，上海市律师协会代表团在上海市律师协会会长刘正东、秘书长万恩标的带领下，到访广西律师协会，并与广西律师代表召开座谈会，与会双方就律师行业管理、律师业务经验等领域开展交流。广西律师协会会长王莹文，秘书长严丽萍，副会长黄志文、骆伟雄、王锦意等15人参加会议。座谈会由严丽萍秘书长主持。

7月21日，广西律师协会惩戒委员会举行投诉案件听证会。

7月22日，广西律师协会召开第七届会长办公会第九次（扩大）会议，研究讨论第三届西部律师发展论坛筹备工作。

7月22日，广西律师协会党组召开会议，会议由党组书记卫福喜主持。会议研究讨论了《关于在全区律师行业党的基层组织和党员中深入开展创先争优活动的实施意见》以及今后新律师党员如何发展等问题，并确定了“创建社会和谐稳定模范区，律师党员先锋行”、“诚信服务律师党员先锋行”两个创先争优活动主题。

7月23日，自治区司法厅律师管理处、广西律师协会组织召开了全区律师事务所和律师2009年度检查考核工作会议，对全区律师事务所和律师2009年度检查考核工作进行全面部署。自治区司法厅律师管理处处长李健、广西律师协会秘书长严丽萍在会上作创先争优活动的工作部署。各市司法局律师管理科科长、律师协会秘书长参加会议。

7月26日，广西律师协会组织维权委员会部分委员研究了广西祥泰律师事务所梁钢律师在执业过程中遇袭受伤一案的维权事宜。

7月29日，广西律师协会协助自治区司法厅律师管理处组织召开区直律师事务所党支部书记、主任会议。会议对区直律师事务所2009年度检查考核工作和在律师行业基层党组织和律师党员中开展创先争优活动进行部署。

7月，广西律师协会组织律师对《中华人民共和国人民调解法（草案）》进行研讨，提出修改意见和建议后报自治区人大。

7月，广西律师协会继续推进“三难”问题的解决，自治区司法厅不断与相关部门积极沟通，争取由自治区级公检法司四家政法单位联合出台规范性指导意见。并在2010年6月向各市调查2009年5月份后，各市律师在行使会见权、阅卷权、调查取证权中面临的实际困难和遇到的新问题。于7月初完成调研工作，并撰写《刑事诉讼中律师会见权、阅卷权、调查取证权新情况汇总》，于当月提交自治区党委政法委。

7月，广西律师协会答复《政协广西区第十届委员会第三次会议委员提案》第0385号。

7月，广西律师协会制定《广西律师协会2010年度绩效考评指标体系及评分标准》，进一步促进协会工作规范化、制度化、标准化发展。

7月，广西律师协会向中华全国律师协会推荐6家律师事务所参加《有法大家帮》大型电视活动。

8月15日，广西律师协会在南宁举办2010年第一期全区律师远程视频培训班，全区约1500名律师参加培训。培训课程为“房地产开发相关法律问题”和“律师职业道德和执业纪律”，由广西律师协会副会长黄志文、许邕桂分别主讲。广西律师协会副会长韦建邦、王锦意分别主持。

8月17日至18日，全国律师协会秘书长会议在黑龙江省大庆市召开。广西律师协会秘书长严丽萍作为西部省份律师协会代表在会上作“强化实习人员管理工作，促进律师队伍健康发展”的专题发言。

8月27日，为切实加强我区律师行业创先争优活动的指导工作，广西律师行业创先争优活动指导小组办公室下发《关于确定我区律师行业创先争优活动党员领导干部联系点的通知》，确定司法厅厅长赵波为广西汇力律师事务所联系人、副厅长卫福喜为广西中名律师事务所联系人、副厅长王荣华为广西启迪律师事务所联系人、副厅长韦乃扬为广西国海律师事务所联系人、厅纪委书记刘启春为广西广合律师事务所联系人。

8月29日，广西律师协会召开第七届会长办公会第十次（扩大）会议，研究讨论第三届西部律师发展论坛筹备工作重点难点问题。

8月上旬，自治区司法厅律师管理处、广西律师协会组成检查组对区直律师事务所开展警示教育活动及“创先争优”活动进行了抽查。

8月，广西律师协会组织公司业务委员会律师对《广西壮族自治区企业民主管理条例（草案）》（征求意见稿）进行研讨，提出修改意见后报自治区人大内务司法委员会。

9月3日，广西律师协会惩戒委员会召开2010年度第二次全体会议。会议审议了6个会员违纪违规案件，并决议给予有关会员相应行业处分及行政处罚建议。

9月5日，广西律师协会召开第七届会长办公会第十一次（扩大）会议，研究讨论第三届西部律师发展论坛筹备工作重点难点问题。

9月7日，广西律师协会召开第三届西部律师发展论坛新闻通报会，邀请广西近10家媒体记者参会。

9月9日，自治区司法厅、广西律师协会联合下发《关于组织律师参与社区矫正 安置帮教工作的方案》，在全区范围内启动律师参与社区矫正安置帮教工作。

9月10日至11日，中华全国律师协会宣传联络工作会议在辽宁大连市召开。广西律师协会副会长彭荣汉参加会议。在会上，《广西律师》杂志荣获中华全国律师协会“首届律师协会会刊评比贡献奖”。

9月10日，自治区党委召开非公经济组织和新社会组织创先争优活动调研座谈会。广西律师协会党组成员、副会长黄志文对广西律师行业开展创先争优工作的情况进行汇报。自治区党委书记郭声琨对广西律师行业开展创先争优工作所取得的成效给予了充分肯定。

9月14日，广西律师协会召开第七届会长办公会第十二次（扩大）会议，研究讨论第三届西部律师发展论坛筹备工作重点难点问题。

9月24日，香港律师协会副会长何君尧带领的香港律师会代表团一行9人对广西律师协会进行访问，双方就各自行业组织的发展情况以及东盟法律服务带来的机遇等问题进行座谈交流。会后，香港律师会代表团参观了广西远东律师事务及广西广合律师事务所。

9月25日至26日，第三届西部律师发展论坛在广西南宁隆重举行并取得圆满成功。广西壮族自治区副主席梁胜利出席开幕式并作重要讲话，中华全国律师协会会长于宁致辞。开幕式上还举行了中国律师培训网暨全国律师协会西部律师远程培训项目开通启动仪式。论坛以“区域合作·和谐发展”为主题，同时设立律师事务所创新发展与规范管理分论坛、区域法律服务合作分论坛、刑事辩护职能与司法公正分论坛、房地产法律服务与创新分论坛、知识产权法律事务分论坛5个分论坛。与历届论坛相比，本届论坛有“四最”：一是论坛规模近600人，创历届论坛参会人数最高；二是论坛共收到参会论文626篇，创历届参会论文数量最高；三是突出彰显律师学术水平，论坛首次公开出版发行《西部律师论丛——第三届西部律师发展论坛优秀论文集》，收录80篇优秀论文；四是突出区域性及国际性，香港律师会代表团首次参加西部律师发展论坛。本届论坛由广西律师协会承办，广西自治区司法厅作为特别行政支持单位。

9月27日，广西警察协会法律服务协议签约暨公安民警法律服务中心工作站揭牌仪式在广西万益律师事务所举行。

9月，广西律师协会对西部12省（市、自治区）律师行业发展基本情况开展数据统计，并形成统计信息表。

9月，广西律师协会在各市律师协会、区直各律师事务所中展开“律师调解制度研究”、“政府购买法律服务研究”调研活动。

6月至8月，广西律师协会安排2001年1月1日至2007年12月31日期间在区直律师事务所执业的律师345人（实际参加255人，其中女80人，男175人）到广西中医医院进行健康体检。

7月至8月，广西律师协会就律师参与“三农”服务工作的情况进行了调查，并根据调查情况及近年来收到的涉农案件资料，撰写了《广西壮族自治区律师服务“三农”工作调研报告》提交中华全国律师协会。

7月至8月，7月12日至30日、8月2日至20日，广西律师协会在南宁分别举办了2010年第1、2期申请律师执业人员集中培训班，参训人数累计597人。

7月至9月，各级司法行政机关、律师协会对全区各律师事务所和律师进行了2009年度检查考核工作，共有367家律师事务所和3845名律师通过了第一批年度考核。

7月至9月，广西律师协会共举办了6期小型律师业务讲座，主题分别为“票据与票据制度”、“行政诉讼代理基本技能”、“公司法律风险防范体系的建立和完善”、“有限责任公司收购业务中的问题”、“青年律师的学习方法与成长之路”、“对律师行业的几点认识”，受训律师累计720余名。

7月至9月，广西律师协会协助自治区司法厅开展中国——东盟法律与合作论坛筹备工作。

7月至9月，广西律师协会完成《广西政法年鉴》中广西律师协会宣传材料，报自治区党委政法委。

8月至9月，广西律师协会与司法厅律师管理处联合修改《广西律师服务收费管理办法》和《广西壮族自治区律师服务收费标准》，并与物价局有关部门进行沟通，初步形成一致意见。

8月至9月，广西律师协会组织开展了一年一度的律师服装征订工作。

10月9日，广西律师协会向自治区党委党的建设工作领导小组办公室报送广西律师行业开展党组织建设年活动情况汇报材料，并推荐桂林市律师协会、广西汇力律师事务所两个单位开展党组织建设年活动的典型材料。

10月12日，广西律师协会印发《广西壮族自治区律师执业年度考核办法（征求意见稿）》，公开征求意见。

10月13日至16日，广西律师协会党组办主任卢德庆参加自治区司法厅在百色召开的全区司法行政系统创先争优活动座谈会，自治区司法厅党委委员、副厅长，全区司法行政系统创先争优活动领导小组副组长韦乃扬同志到会并讲话。广西律师协会书面提交了开展创先争优活动的情况汇报材料。

10月15日至20日，广西律师协会对天行律师事务所管理软件使用情况进行调研。

10月18日至23日，以自治区司法厅律管处处长李健为团长、律师管理处副处长韦晓红为副团长，广西律师协会副会长王锦意为领队的广西律师管理人员一行25人赴北京考察学习，分别访问了北京市司法局和北京市律师协会，并先后参观了北京金杜律师事务所和北京君合律师事务所。

10月20日，广西律师协会向广西壮族自治区社会组织党组织建设年活动领导小组报送律师行业创先争优活动中开展组建百日攻坚行动的工作方案和相关报表。

11月5日，以越南司法部副部长阮翠贤为团长的越南司法部代表团一行7人在司法部司法协助外事司副司长康煜、自治区司法厅厅长赵波，副厅长卫福喜等人的陪同下来访广西律师协会。

11月5日，自治区司法厅、广西律师协会联合印发《自治区司法厅 广西律师协会关于加强律师参与人民调解工作的意见》。

11月6日至11月7日，自治区司法厅律师管理处与广西律师协会联合举办了全区律师管理人员和律师事务所主任培训班。自治区司法厅厅长赵波出席培训班并作重要讲话。全区各市司法局律师管理科科长、律师协会秘书长和全区律师事务所主任（合伙人）共404人参加培训。

11月8日至11月17日，广西律师协会选派北京市中银律师事务所广西分所刘明星等6名优秀申请律师执业人员赴上海参加培训。

11月9日，广西律师协会复查委员会召开工作会议。

11月10日，广西律师协会召开惩戒委员会常务委员会会议。

11月10日，自治区司法厅律师管理处处长李健、广西律师协会副会长骆伟雄、广西律师协会知识产权委员会副主任凌斌应邀参加在重庆市召开的第四届“中国——东盟法律合作与发展高层论坛”。广西律师协会被聘为中国——东盟法律研究中心咨询单位。

11月10日，广西律师协会向自治区党委组织部组织二处报送广西律师行业党建工作汇报材料。

11月10日，广西律师协会向司法部办公厅报送广西律师行业党建工作有关数据报表。

11月14日，广西律师协会会员部刘迎同志参加在江苏省无锡市召开的第三届律师协会全国监事会论坛。

11月15日，广西律师协会行政法专业委员会召开以“在腾讯QQ与360企业竞争涉及到亿万用户事件中监管部门应该有何作为”为主题的业务研讨会。

11月10日至16日，广西律师协会在广西律师协会网站发布《关于拟接收袁海兵同志为中共预备党员的公示》，公示期间广西律师协会党组办未接到群众的不同意见反馈，并及时将公示结果向司法厅机关党委汇报。

11月17日，广西律师协会向广西壮族自治区社会组织党组织建设年活动领导小组报送广西律师行业开展创先争优活动的有关图片素材。

11月19日，广西律师协会统计各区直律师事务所党支部和律师党员的公开承诺制执行情况，并向自治区司法厅机关党委汇报统计情况。

11月21日，广西律师协会副会长陈承帼参加贵港市第二次律师代表大会。

11月22日，广西律师协会在南宁市举办2010年第2期全区律师远程视频培训班，参训人数累计近千人。

11月21日至23日，广西律师协会副会长黄志文赴北京参加全国律师工作会议。

11月23日至24日，自治区司法厅律师管理处、广西律师协会组成联合工作组，由自治区司法厅律师管理处副处长韦晓红带队，到同望、创想、广合、民族等区直律师事务所党支部走访，针对基层党组织开展创先争优活动工作进行检查指导。

11月26日，广西律师协会维护律师执业合法权益委员会在南宁市召开2010年年会，广西律师协会维权委的全体委员、各市律师协会分管维权委工作的会长及维权委主任等40人参加会议。会议总结交流2010年全区律师维权工作情况，讨论研究2011年广西律师协会维权工作重点。

12月1日，自治区司法厅、自治区物价局联合印发《广西壮族自治区律师服务收费管理实施办法（试行）》。广西律师协会直接参与该管理办法的草拟工作。

12月3日，广西律师协会刑事专业委员会在南宁市召开2010年年会。会议主要议题为“新形势下律师从事刑事辩护业务的风险控制”和“如何提升刑事辩护质量”。

12月3日至4日，自治区司法厅律师管理处 广西律师协会党总支组织律师党员到崇左开展“律管 律协中国——东盟自由贸易区经济合作考察活动”。

12月5日至8日，广西律师协会全体在编人员赴马山县参加自治区司法厅党委务虚会。自治区司法厅李健处长代表自治区司法厅律师管理处与广西律师协会在会上作了重点发言。

12月8日至12日，以广西律师协会副会长骆伟雄为团长、广西律师协会副会长许邕桂、孙骏为副团长的一行23人赴湖南考察学习。考察团分别访问了湖南省律师协会和长沙市律师协会，并分别进行了座谈交流。

12月11日，广西律师协会民商专业委员会在南宁市召开2010年年会。主任刘晰作2009～2010年度民商委工作报告，会议讨论制定2011年度民商委工作计划。会议还编印了广西律师协会首部专委会论文集——《广西律师协会民商专业委员会2010年年会论文集》。

12月12日，由中华全国律师协会民事专业委员会主办、广西律师协会民商专业委员会承办的《律师承办继承法律业务操作指引》研讨会及《最高人民法院关于适用〈中华人民共和国继承法〉若干问题的解释（三）（征求意见稿）》讨论会在南宁市召开。中华全国律师协会副秘书长里红，中华全国律师协会民事专业委员会主任朱树英，自治区人民检察院民事行政检察处处长周信权，自治区高级人民法院研究室副主任蒋太仁、民一庭副庭长杜丹，广西律师协会秘书长严丽萍，副会长王锦意，广西律师协会民商专业委员会主任刘晰，来自广西、北京、上海、广州、浙江、辽宁、江苏、四川、湖南的优秀律师代表和其他法律界人士80人参加本次会议。

12月11日至12日，广西律师协会在南宁市举办2010年第三期全区律师远程视频培训班，全区参训人数累计约800人。

12月15日，自治区司法厅、广西律师协会联合南宁市司法局、南宁市律师协会、兴宁区人民政府在南宁市朝阳广场启动了“律师携手社区，共建和谐稳定模范区”活动。自治区司法厅直属的20家律师事务所和南宁市司法局直属的16家律师事务所与兴宁区36个社区签订了结对共建协议书。

12月15日，广西律师协会宣传与文体委员会在东兴市召开2010年年会。会议总结2010年宣传与文体工作的情况，讨论并研究了2011年工作计划。

12月16日，广西律师协会宣传与文体委员会与防城港市律师协会召开广西律师宣传工作交流会，防城港市律师协会会长宁学义主持会议。

12月17日，自治区司法厅律管处 广西律师协会党总支在广合律师事务所党支部召开党的基层组织和党员中深入开展创先争优活动现场会。自治区党委组织部组织处、自治区创先争优办的黄绍武副处长，司法厅党委委员、副厅长韦乃扬等领导亲临会议指导，自治区司法厅政治部组织培训处处长梁和民，律师管理处处长李健、副处长韦晓红，广西律师协会副会长黄志文、许邕桂及26家自治区直属律师事务所党支部书记等30多人参加会议。会上总结了2010年区直所党建工作，并对组织2011年党建工作及深入开展创先争优活动工作作出具体部署。

12月18日至19日，广西律师协会海商海事专业委员会在钦州市召开2010年年会暨海商法业务研讨会。海事海商专业委员会委员和候补委员、热心海事海商业务的律师等共50余人参加会议。北海海事法院副院长谢桦、北海海事法院海商庭庭长刘乔发、原北海海事法院副院长张德生应邀出席会议并分别就海事海商实务类问题作主题演讲和嘉宾点评。

12月19日上午，广西律师协会召开第七届会长办公会第十三次会议。广西律师协会会长王莹文，副会长黄志文、骆伟雄、许邕桂、彭荣汉、孙骏，秘书长严丽萍出席会议，自治区司法厅律师管理处处长李健、副处长王红艳及广西律师协会秘书长各部门负责人列席会议。会议传达《中共中央办公厅 国务院办公厅转发〈司法部关于进一步加强和改进律师工作的意见〉的通知》（中办发〔2010〕30号）文件及全国律师工作会议、全国律师行业党的建设工作会议精神及司法厅党委务虚会会议精神，并研究讨论《广西律师协会2010年工作报告》、《广西律师协会2011年工作计划》等议题。

12月19日至20日，广西律师协会东盟法律专业委员会在防城港市召开2010年年会暨东盟法律业务研讨会。防城港市商务局、北部湾集团、北海海事法院、防城港中级人民法院、防城港市司法局、防城海关、东兴人民法院、防城港市法学会等部门领导及全区30多名律师参加会议。与会律师就东盟（涉外）法律实务中的疑难问题作了沟通和交流。

12月22日至23日，全区律师队伍警示教育总结会议暨律师工作座谈会在钦州市召开。自治区司法厅党委委员、副厅长卫福喜、广西律师协会会长王莹文、钦州市司法局局长农彦昌、自治区司法厅律师管理处处长李健等领导出席会议并作了讲话。各市司法局律师科科长、各市律师协会秘书长和广西律师协会相关部门负责人参加会议。会议总结了2010年全区律师队伍中开展警示教育活动情况，并科学谋划了2011年的工作计划。

12月24日，广西律师协会向自治区司法厅创先争优办提交广西律师协会机关党支部及党员的承诺书。

12月25日至26日，广西律师协会公司业务委员会在南宁市召开2010年年会暨有限责任公司工商登记实务研讨会。自治区工商行政管理局法规处处长杨伟、企业注册分局局长刘伟林、企业注册分局科长梁华红、广西律师协会副会长王锦意出席本次会议。广西律师协会公司业务委员会的委员及应邀参加会议的律师共41人参加会议。与会人员就《有限责任公司章程指引》及在实务中遇到的涉及工商变更登记的难点热点问题进行深入探讨。

12月26日，广西律师协会未成年人保护专业委员会联合共青团南宁市委，在南宁市江南区新屋村开展“新生代农民工及其子女权益维护——共青团与人大代表、政协委员面对面活动”暨广西律师协会未成年人保护专业委员会2010年年会。自治区共青团、统战部、司法厅、南宁市共青团、江南区共青团等部门代表出席活动。十余位全国人大代表、自治区政协委员以及广西律师协会骆伟雄、黄志文、韦建邦副会长、未保委全体委员和社会各界关爱青少年工作的专家学者100多人参加本次活动。

12月30日，广西律师协会机关党支部出版创先争优活动的版报，向群众公开支部和党员的承诺书，接受群众的监督。

12月30日，广西律师协会公布《广西壮

族自治区律师执业年度考核办法》。

10月，广西律师协会组织律师认真研究《中华人民共和国刑法修正案（八）（草案）》，并向自治区人大内务司法委员会提出5条建议。

10月，广西律师协会党组办主任卢德庆参加司法厅创先争优活动检查工作的会议。

10月至12月，广西律师协会共举办了6期小型律师业务讲座，主题分别为“《客户、高端客户的拓展与维护》——律师社会形象构建宣传及其与律师个体发展的关系”、“公司重组兼并收购律师实务”、“和谐为道科学发展——中国法制建设的理念与路径”、“商事仲裁”、“办理毒品案件应注意的几个问题”、“如何利用证据的特性进行质证”，受训律师累计760余名。

11月至12月，广西律师协会配合自治区“小金库”专项治理工作领导小组的检查组开展“小金库”检查工作。

2010年，全区各级律师协会共受理投诉律师或律师事务所的案件92件，其中广西律师协会直接受理的投诉案件为49件，各级律师协会受理43件。

2010年，全区各级律师协会共作出行业处分决定12件。其中给予1家律师事务所公开谴责处分，2家律师事务所训诫处分；2名律师公开谴责处分，2名律师通报批评处分，5名律师训诫行业处分。

## 七、广西律师协会其他工作

### （一）积极推进律师工作服务于政法“三项重点”工作，发挥律师在创建社会和谐稳定模范区中的作用

一是积极推进组建自治区政府律师顾问团工作。制定了《自治区司法厅关于组建自治区人民政府律师顾问团的方案》，报自治区法制办征求意见，修改后报自治区人民政府审批。二是积极推动律师参与社区矫正、安置帮教和人民调解工作，发挥律师在社会管理创新中的作用。制定了《自治区司法厅 广西律师协会关于组织律师参与社区矫正、安置帮教工作的方案》、《自治区司法厅 广西律师协会关于组织律师参与人民调解工作的意见》和《自治区高级人民法院 自治区司法厅关于组织律师参与诉讼调解工作的意见》。三是组织开展了“律师携手社区，共建和谐稳定模范区”活动。组织了36家律师事务所与兴宁区36个社区签订了结对共建协议书。该活动受到了区内多家媒体的关注，取得了较好的社会效果。

### （二）规范律师服务收费，协助物价部门与司法行政机关制定规范性文件

为规范我区律师服务收费行为，维护委托人和律师的合法权益，促进律师服务业健康发展，根据国家发展改革委、司法部《关于印发〈律师服务收费管理办法〉的通知》（发改价格［2006］611号）精神，广西律师协会从年初起，全面协助自治区司法厅律师管理处开展律师服务收费管理实施办法的制定工作。

本项工作的重点是收费标准的确定。广西律师协会在与自治区物价局充分对接的基础上，以2003年试行收费标准为出发点，衔接2007年起草的收费管理实施办法草案，广泛征求意见，同时吸收借鉴已经出台律师服务收费管理实施办法的兄弟省份的经验，起草了《广西壮族自治区律师服务收费管理实施办法（试行）》草案，报自治区司法厅及物价局。经过多次沟通协商，自治区物价局和司法厅于12月1日联合下发《广西壮族自治区律师服务收费管理实施办法（试行）》，为规范律师服务收费奠定良好基础。

### （三）组织律师参加多种形式的社会公益活动，服务民生

1. 积极组织律师开展法律服务“六进”活动。修订《律师法》颁布实施2周年之际，自治区司法厅、广西律师协会组织全区各级司法行政机关、律师协会集中在2010年6月组织所在地律师事务所及律师广泛开展以“法律服务六进促和谐，律师投身创建模范区”为主题的“法律服务六进宣传月活动”。同时，宣传部积

极组织区直律师事务所开展活动。在协会秘书处其他部门的协助下，分别组织11家律师事务所开展了“法律服务进学校”活动（6月23日），1家区直所开展“法律服务进警营活动”（6月22日），2家区直所（6月18日）、19家区直所（6月26日）开展法律服务进社区活动。上述活动反应良好，得到社会各界的认同。

2. 组织开展“创政法辉煌，建和谐家园”大型义务法律咨询活动。1月16日，自治区司法厅、广西律师协会主办，南宁市律师协会协办的“2010年广西政法宣传周”暨“创政法辉煌，建和谐家园”大型义务法律咨询活动在南宁市朝阳广场举行，宣传部与南宁市律师协会共同组织近百家区直律师事务所及市直律师事务所的近300名律师参加活动。同时，宣传部还注意督促各市开展此项活动。

3. 组织律师积极参加2010年广西知识产权宣传周活动。4月20日，自治区司法厅、广西律师协会组织律师参加在南宁市朝阳广场举办的“2010年广西知识产权宣传周”活动。宣传部制作宣传板报一份，组织了部分律师代表参加此次活动。

4. 开展“新生代农民工及其子女权益维护”——共青团与人大代表、政协委员面对面活动。12月26日，广西律师协会未成年人保护专业委员会联合共青团南宁市委开展“新生代农民工及其子女权益维护”——共青团与人大代表、政协委员面对面活动暨广西律师协会未成年人保护专业委员会2010年年会。自治区共青团、统战部、司法厅、南宁市共青团、江南区共青团等部门代表出席活动。十余位全国人大代表、自治区政协委员以及广西律师协会领导、未保委全体委员和社会各界关爱青少年工作的专家学者100多人参加了本次活动。在活动中，广西律师协会向农民工子女代表赠送学习用品一批。同时，中司律师事务所、刘晰律师事务所等几家律师事务所还与农民工及其子女所在的社区和学校签订了结对协议，建立了帮扶关系。人大代表、政协委员、新的社会阶层人士代表、律师、心理领域的专家学者及社会爱心人士现场解答农民工及其子女有关精神生活、利益诉求、权益维护等问题。广西电视台、南宁电视台、南国早报、广西生活报等多家媒体均对此进行了报道，取得了良好的社会效果。

5. 组织律师为地震灾区捐款。2011年4月，青海玉树地震发生后，广西律师协会组织广大律师向青海玉树地震灾区捐款，全区各律师事务所、律师共计捐款227106元。

（四）成功举办第三届西部律师发展论坛文艺汇演

2010年9月25日至26日，第三届西部律师发展论坛在广西绿城南宁隆重举行。9月25日晚，广西律师协会成功举办了一场精彩纷呈的文艺晚会。晚会上，有广西律师带来的富于民族特色的《侗族多耶弹唱》，有重庆律师演绎的重庆石柱民歌，有广西著名歌唱家、国家一级演员苏燕玲老师演唱的《风生水起北部湾》等歌曲，有云南律师表演的《中国功夫》、魔术，还有新疆律师、贵州律师等带来的动听民歌。丰富多彩的节目展现了西部律师的多才多艺，为嘉宾们送上了最难以忘怀的礼物。

# 四川省律师协会工作

## 一、业务研究

（一）地区片会

1. 雅安市律师协会第三次代表大会

雅安市律师协会第三次代表大会，于2010年9月18日在雅安召开。大会审议通过了第二届理事会工作报告、《雅安市律师协会章程》（修正案）、《雅安市律师协会监事会工作规则》、《雅安市律师协会会费收缴标准》。大会审议通过了《第三届理事会选举办法》，选举7人组成第三届理事会：大会审议通过了《监事会选举办法》，选举3人组成监事会。第三届理事会第一次会议通过《会长、副会长选举办法》，选举邓树枝为会长，李佐洪、巫英安为副会长。经第一次会长办公会提名，第三届理事会第一次会议聘任肖锦为秘书长。监事会第一次会议通过《监事长选举办法》，选举冯玉彬为监事长，确定罗颖兼任监事会秘书。

2. 遂宁市律协召开工作会议

4月6日，遂宁市律师协会召开工作会议。市司法局领导和市律协领导、各区县司法局分管领导、公律股股长、市直律师事务所全体律师参加了会议。会上传达学习了司法部进一步加强律师行业党建工作文件精神，总结了2008年10月成立中共遂宁市律协党总支以来，全市律师行业党建工作取得的成绩，提出了全市加强律师行业党建工作的三点意见；宣读了省司法厅《2009年律师违法违纪案件通报》（川司法办发〔2010〕22号）；传达学习了省司法厅《关于印发全省律师队伍警示教育实施方案的通知》，对全市“深入开展律师队伍警示教育活动”作了动员，要求各区县司法局、市直律师事务所继续加强对律师思想政治教育和职业道德职业纪律教育，并按照有关要求提高认识，加强领导，提早部署，抓好落实，组织开展好各项活动，确保实效。

3. 自贡市律协召开理事会

4月23日，自贡市律师协会在自贡市司法局召开理事会，对协会近期工作进行了安排和部署。会议决定增选谢谦、候家齐、徐勇三位为理事；增选谢谦为常务理事；会议推选出了出席全省第七次律师代表大会的代表及理事候选人；同时推选了报省律协评选优秀的2家律师事务所和6名律师。

4. 成都市律师协会召开第四届理事会第五次会议

5月，成都市律师协会召开第四届理事会第五次全体会议，会议由刘守民会长主持。成都市司法局副局长、市律师协会党委书记杨泽辉出席了会议。会议审议通过了《成都市优秀青年律师表彰决定》、《四川省优秀律师事务所建议名单》、《四川省优秀律师建议名单》和《四川省律师协会第七次律师代表大会代表及理事建议名单》，研究通过了关于成立成都市律师协会锦江分会事宜，听取了关于《成都市律师行业税收现状及对策》的汇报，并对协会近期相关工作做了安排。

5. 德阳市举行优秀律师党员评选表彰大会

7月1日，为了庆祝中国共产党成立89周年，认真贯彻落实中组部、中宣部《关于在党的基层组织和党员中深入开展创先争优活动的意见》要求，由中共德阳市律师协会委员会主办的服务“三项重点工作”做中国特色社会主义法律工作者，庆祝中国共产党成立89周年暨优秀律师党员评选表彰大会在德阳召开。会议由德阳市司法局副局长郭水文主持。全市律师党员、市直律师事务所主任，市司法局党委成员、各县（市、区）司法局长、政工科长、公律科（股）长参加评选表彰大会，省律协秘书长刘春、办公室主任刘红应邀参加此次活动．经过认真评选吴明全、高红等10名律师被评为优秀党员。会上，还授予刘德嘉等5名律师“共产党员示范岗”。省律协秘书长刘春、德阳市市委政法委政治部主任米贞和、德阳市司法局局长马龙静做了重要讲话。

6. 广元市召开第二次律师代表大会

10月22日~23日，广元市第二次律师代表大会在广元宾馆召开，广元市委常委、政法委书记贯开柱，副市长余建及市司法局相关部门领导，省律协会长刘守民，副会长姚建等出席了会议。

会议审议通过了广元市律师协会第一届理事会工作报告、会费收支报告、《广元市律师协会章程》修正案；选举产生了广元市律师协会新一届理事会、监事会、会长、副会长，聘任了协会秘书长。孟建红同志当选为广元市律师协会会长，姜洪、吴嘉川、殷勇、徐兰芳当选为广元市律师协会副会长，张科当选为监事会监事长。

7. 泸州市召开全市律师工作会议

12月10日，泸州市召开全市律师工作会

议。市司法局党委书记、局长王华出席会议并讲话。市律协会长李茂华、各区县司法局局长及市律协三届常务理事、市属律师事务所主任参加了会议。会议主由市司法局副局长江孙凯主持。

会上，李茂华会长对2010年全市律师行业队伍建设、规范管理规范执业、围绕中心，服务“保增长、保民生、保稳定”、党建工作、“两结合”管理等方面工作取得的成绩进行了总结，并对2011年律协重点工作进行了安排部署。洪孙凯副局长传达了《中共中央办公厅、国务院办公厅转发〈司法部关于进一步加强和改进律师工作的意见〉的通知》（中办发［2010］30号）文件和周永康同志在全国律师工作会议上的讲话精神。参会人员围绕贯彻学习“两个”精神，结合全市律师工作展开讨论，对全市律师工作提出意见和建议，并表示将在市司法局和市律协搭建的服务平台下，增强自身素质、提高服务水平，为促进全市经济建设和维护社会稳定做出积极贡献。

（二）重要的专门、专业委员会活动

1. 省律协消专委开展“3·15”法律服务活动

省律协消专委派员分别于3月7日、3月12日、3月14日在成都电视台参加了三场以“和谐消费服务田园城市 破除潜规则系列论坛”为主题的系列活动。系列论坛由成都市工商局、市农委、市建委、市卫生局、市质监局、市消协等单位主办，成都晚报、成都电视台承办。律师依法依理精彩公正的分析发言，受到主办各方、消费者和企业代表的充分肯定和好评。多家媒体对律师进行了采访，不少行业协会、企业代表纷纷表示希望律师积极介入其规范管理及相关法规的完善工作。

2. 专门、专业委员会主任联席会议

8月6日下午，省律协专门、专业委员会主任联席会议召开。各专门、专业委员会负责人出席了本次会议；刘守民会长、周红民、王宗旗、程守太、何敏副会长参加了会议；樊斌监事长、王正国副监事长、蒋玉春、夏焕良、周世明、陈浩文副秘书长列席了会议。

本次会议主要讨论了专门、专业委员会换届（人员调整）、新设、整合等有关事宜。会上，刘守民会长通报了七代会以来省律协工作开展情况及专门委员会工作开展情况；周红民副会长通报了专业委员会工作开展情况。与会各专门、专业委员会负责人汇报了工作开展情况并对下一步工作提出了意见、建议。樊斌监事长代表监事会提出了相关建议。

3. 维权委员会主任会议

8月23日下午，省律协维权委员会主任会议在省律协办公室召开。维权委员会主任李铁、副主任杨志男、韩颖梅出席了会议，刘守民会长、王宗旗副会长、施杰副会长、刘春秘书长、蒋玉春副秘书长参加了会议。会议由施杰副会长主持。李铁主任对六届省律协维权委员会的工作进行了总结。并讨论了下一届维权委员会推荐人选。

4. 惩戒复查委员会会议

9月2日下午，省律协惩戒复查委员会在律协办公室召开。惩戒复查委员会主任王宗旗，副主任李洪斌、李思维，业内委员王飚、石春相、方建平、戴罡，专家委员里赞、吴长福出席了会议。会长刘守民、副秘书长蒋玉春参加了会议。会议由王宗旗主持。

会议听取了第六届惩戒复查委员会工作开展情况简要总结，以及新一届惩戒复查委员会工作建议意见。会议研究了其他相关事宜。

5. 七届省律协维权委员会换届筹备会议

9月2日下午，七届省律协维权委员会换届筹备工作会议召开。

6. 四川省律师协会刑事专业委员会举办“犯罪构成论的学术考察”学术研讨会

11月20日，四川省律师协会刑事专业委员会同四川大学法学院共同举办的“犯罪构成论的学术考察”学术研讨会，在四川大学法学院会议室举行。来自刑专委、四川省刑法学研究会、四川大学法学院、西南财经大学法学院、四川师范大学法学院、西南民族大学法学院、西南石油大学文法学院、西华大学文法学院等高校、四川蜀鼎律师事务所、四川川达律师事务所等单位30余人参加了研讨会。

7. 省律协环境与资源法专业委员会在成都举办"环境污染侵权责任与损害赔偿法律实务"研讨会

11月22日，省律协环境与资源法专业委员会在成都举办"环境污染侵权责任与损害赔偿法律实务"研讨会，参加这次研讨会的有四川省环境科学院政策研究所吕晓彤所长、博士；研究员胡颖铭；成都勘测设计研究院陈五一副院长、环保处谢光武副处长、张江平同志；四川大学法学院博士王建平教授、伍长康副教授；盐边县法院何跃军副院长、杨焕云庭长、以及环资委委员、汇高所律师共30余人。

8. 省律师协会专业委员会工作指导委员会第一次会议

12月2日下午，四川省律师协会专业委员会工作指导委员会（以下简称：专业指导委）第一次会议在成都召开。省律协刘守民会长、樊斌监事长、蒋玉春秘书长、周红民副会长出席了会议。会议由周红民副会长主持。专业指导委委员参加了会议。

9. 中华全国律师协会经济专业委员会2010论坛在成都举办

12月4日~5日，由中华全国律师协会经济专业委员会主办、四川省律师协会协办、四川衡平律师事务所承办的全国律协经济委员会2010论坛在成都银河王朝大酒店隆重举行。本次为期2天的研讨会邀请了来自美国华尔街银行投资专家、美国温斯顿律师事务所及英国欧华律师事务所精英、全国100多家律师事务所代表约150人参加。四川省司法厅副厅长陈昌斌、中华全国律师协会副会长彭永臣、四川省律师协会副会长程守太、中华全国律师协会经济专业委员会主任肖金泉出席会议并致辞。出席会议的领导还有中华全国律协副秘书长里红、四川省司法厅律师公证工作处处长夏磊、四川省律师协会秘书长蒋玉春。会议由全国律协经济专业委员会副主任柳平主持。民主与法制日报、农民日报、法治周末等多家媒体进行了报道。

10. 省律协维权委员会召开全省律师维权工作会议

12月18日~19日，四川省律师协会维权委员会在成都召开全省律师维权工作会议。司法厅陈昌斌副厅长、省律协刘守民会长、刘春副书记、樊斌监事长、蒋玉春秘书长出席了会议。会议由省律协副会长施杰主持。会议还聘请了省人大、省政协、川台、川报、省法院、检察及公安系统的相关领导为律师维权专家顾问。

11. 省律协城乡统筹法律服务专业委员会成立大会

12月20日，四川省律师协会城乡统筹法律服务专业委员会成立大会在成都君需苑召开。会议邀请了重庆市律师协会统筹城乡法律事务业务委员会段茂兵副主任，德阳市委副秘书长，共青团德阳市委书记、党组书记何升元，西南财经大学黄韬教授、成都市统筹委政策法规处处长屈松，省律协专门、专业委员会工作指导部负责人贾皓中出席了会议。

12. 四川省律师协会战略发展委员会成立大会

12月21日，四川省律师协会战略发展委员会成立大会在成都召开。全国律协副会长彭永臣，司法厅律师公证工作处处长夏磊，副处长王飚，省律协刘守民会长，樊斌监事长，蒋玉春秘书长出席会议并讲话。省律协副会长、战略发展委员会主任程守太主持会议，来自成都、绵阳、德阳、省直等地10余名战略发展委员会委员参加了此次会议。

12. 四川省司法厅直属律师事务所第一次律师代表大会

12月24日下午，四川省司法厅直属律师事务所第一次律师代表大会在省司法厅会议室召开。司法厅陈昌斌副厅长，省律协刘守民会长出席了会议并做了重要讲话。省司法厅律师公证工作处处长夏磊，副处长王飚、杨天永，省律协秘书长蒋玉春，省律协副会长程守泰参加了会议。大会选举理事27名，秦泽均、牛建国、张立新、杨志男当选为副会长，程守太为会长，大会还聘任了李浩乐为省直分会秘书长。

## 二、会员培训

1. 自贡市司法局、市律协举办“律师职业纪律行为规范”培训讲座

1月5日上午，自贡市司法局、市律协结合当前在律师队伍中开展“深入学习实践科学发展观”活动和“中国特色社会主义法律工作者”主题教育实践活动的情况，举办了以“规范律师职业纪律行为”为主题的培训讲座。全市执业律师、律师助理、实习人员共计280余人参加了讲座。

2. 我省灾区律师参加全国律协举办的《侵权责任法》讲座

1月29日~2月1日全国律协在京举办《侵权责任法》讲座。省律协推荐了来自汶川四川维州律师事务所的李强律师免费参加。四川远谋律师事务所张华健、四川利州律师事务所张科、陈桦等也赴京参加了本次培训。

3. 律师刑事辩护技能远程培训四川班在成都举行

3月19日，由中华全国律师协会刑事业务委员会主办，美国律师协会和西北政法大学“中国刑事辩护律师培训中心”承办，省律师协会协办的西部律师刑事辩护技能远程培训四川班在成都开班。我省15名执业三年以下主要从事刑事辩护业务的年轻执业律师免费参加了培训。

4. 宜宾市律协举办申请律师执业人员岗前培训班

宜宾市律师协会于3月16日~19日举办了申请律师执业人员岗前培训班，近80人参加了培训。

5. 我省第二批地震极重灾区律师事务所赴广东培训

3月29日，我省第二批来自阿坝、成都、德阳、绵阳、广元、雅安、攀枝花、凉山州地震极重灾区律师事务所和泸州、眉山法律援助中心共计25名青年律师飞赴广东，进行为期7天的集中培训、学习交流。

6. 广安市律协表彰先进并组织开展业务培训

4月16日~17日，广安市司法局、市律师协会对2009年全市律师队伍建设和律师事业发展取得优秀成绩的四川爱众律师事务所等6个先进集体和文全等21名先进个人进行了通报表彰，同时，对全市150余名律师进行了集中教育培训。西南政法大学博士生导师孙鹏教授、市律协副会长刘才伟律师分别就《侵权责任法》和《律师执业风险与防范》进行了专业细致的讲授。

7. 省律协引进“点睛网”，在省直所进行网络培训

省律协组织申请律师执业人员参加岗前集中培训，主要以网络课程与面授相结合的方式切实落实规范实习人员的岗前集中培训，并通过在线考核，切实掌握实习人员的学习进度和考试成绩，441位实习律师参加学习考核。在执业律师继续教育方面，省律协组织省直所执业律师通过网上选课的方式，结合自身专业特点在500多门课程中选择40个课时听课学习，2347位省直所执业律师参加了网络培训，律师培训覆盖面达95%以上。

8. 指导市、州律师协会组织律师培训

省律协指导市、州律师协会组织律师培训，参培人数6300余人次。

## 三、会员管理

1. 会员日常管理

6月17日~7月20日开展了全省律师团体会员、个人会员的年度会员注册工作

2. 维护律师合法执业权

一是积极推动律师行业与公、检、法等部门的联系，加大贯彻落实省检察院、省公安厅、省司法厅联合下发的《律师会见在押犯罪嫌疑人有关问题的规定（试行）》，配合省厅适时召开公、检、法等部门座谈会和交流协调会，建立健全律师协会与司法行政机关沟通协调的长效工作机制。二是协办由省委党校、省高院、省检察院、省司法厅主办的“首届四川法律人对话暨两高三部‘证据规定’理解与适用论坛”。三是与省法院共同举办了两次“共同营造良好的司法环境～法官、律师恳谈会”，进一步推进我省法官与律师两大法律职业群体间正常有序的相互交流、沟通机制和平台的建立，促进司法环境的有效改进。四是积极开展了个案维权，对在执业中权益受到侵害的律师的维权请求及时地开展了维权行动。

### 四、对外交流

1. 3月30日上午，香港胡百全律师事务所成都代表处首席代表郑慕智律师、现首席代表（上届香港律师会会长）黄嘉纯律师、代表处工作人员俞浩先生一行拜访了省厅、省律协，陈昌斌副厅长、彭永臣会长会见了郑律师一行。双方就进一步加强川港两地律师界的交流与协作，发挥律师专业优势，积极促进两地经贸往来，为两地当事人提供更多更好的法律帮助和服务进行了座谈交流。省厅律工处夏磊处长、柳靖副处长，省律协蒋玉春副秘书长参加了会见。

2. 5月14，由澳门律师公会及国际律师联盟合办的“反贪与法治”国际研讨会在澳门永利酒店开幕，澳门特别行政区行政长官崔世安、澳门律师公会主席华年达、香港特别行政区律政司司长黄仁龙、葡萄牙司法部长司法事务秘书 Joao CORREIA、国际律师联盟主席 Corrado De MARTINI 出席开幕式并致辞。四川省律师协会副会长石春相、何敏应邀出席此次会议。

3. 6月16日～22日，中华全国律协副会长彭永臣、四川守民律师事务所主任石春相参加全国律协组织的代表团出访韩国。

4. 9月8日～14日，省律协会长刘守民、副秘书长夏焕良参加全国律协组织的代表团出访俄罗斯。

### 五、法律援助

2010年，全省社会律师承办法律援助案件12495件（总案件36524件），占29.2%，其中有影响的案件64件。

### 六、会刊及网站

2010年，《四川律师》内部刊物共发行了四期（即总第六期～总第九期），每期发行3000册。发放范围：各省市律协、全国律协及领导，全省各律师事务所，各市（州）、县（区）司法局，七届四川省律师协会全体理事、监事等。

9月12日，四川省律师协会网站进行了第一次挂网测试，11月22日正式开通。网站栏目：律协简介、信息中心、律师党建、行业法规、律师公益、律师黄页、专题推荐、会员培训、会刊之窗、公众服务、下载中心、联系我们。

### 七、律师协会大事记

1月8日，全省司法行政工作会议在成都召开，省律协彭永臣会长、刘春秘书长参加了会议。

1月15日，成都市律师代表大会召开，省律协彭永臣会长、蒋玉春副秘书长出席了大会。

1月20日，省律协秘书长刘春、副秘书长蒋玉春一行前往省非公经济和省厅安排的重点联系民营企业——南充四川川北数码港建设股份有限公司进行调研，并与该公司董事长曾和平、总经理刘志康等进行了座谈。

1月22日～24日，省司法厅副厅长、省律师协会党委书记陈昌斌带领省厅律师工作处、省律协秘书处负责同志到泰和泰律师事务所、中一律师事务所调研律师党建工作，要求两所在已健全组织的基础上，全面启动党务工作，实现组织和工作的全面覆盖。

1月26日，省律协以川律协（2010）3号文件下发关于收集“城乡统筹”相关案例和问题的通知。

1月29日~2月1日，中华全国律师协会在京举办了《侵权责任法》讲座。四川远谋律师事务所张华健、维州律师事务所李强、利州律师事务所张科、陈桦等赴京参加了讲座。

2月初，全省统战部长会议在成都举行。会上，表彰了2009年度全省统战工作先进单位，四川省律师协会荣获2009年度四川省统战工作先进单位荣誉称号。

2月1日，省律协“城乡统筹专项调研工作小组”召开第二次工作会议。

2月2日，中华全国律协关于实施“中央专项彩票公益法律援助基金项目”工作会议在北京召开，省律协办公室主任刘红参加了会议并在会上就我省农民工法律援助工作的开展进行经验介绍。

2月2日，省律协以川律协（2010）4号文件下发关于进一步落实全国政法工作电视电话会议及全省司法行政工作会议精神的要求。

2月3日，司法部在沈阳市召开了部分省（区、市）学习实践科学发展观活动座谈会，北京、上海、辽宁、黑龙江、广东、重庆、四川、山西、宁夏等九个省（区、市）律师事务所学习实践活动指导小组的负责同志和律师事务所代表参加了会议。四川汇韬律师事务所作为四川律师事务所的代表，派所党支部委员、合伙人曾红莉律师参加了会议。

2月4日，民政部为鼓励表彰社会组织对激发社会活力、反映公众诉求、化解社会矛盾、应对自然灾害、抗震救灾、应对金融危机以及在推进构建社会主义和谐社会中做出的显著成绩，授予595个社会团体、民办非企业单位和基金会“全国先进社会组织”称号，四川省律师协会在本次评选中再次获得“全国先进社会组织”称号（民政部民发〔2010〕16号文件）。

2月5日~6日，省律协六届五次理事会暨六届六次常务理事会在成都召开，省司法厅党委委员、分管律师工作的陈昌斌副厅长出席会议并做重要讲话。省律协六届理事，市、州律协秘书长等100余人出席会议。审议通过了《省律协2009年工作总结及2010年工作要点报告》、《省律协2009年度财务工作报告》以及《关于设立四川省律师协会战略发展委员会的议案》。

2月5日晚，省律协召开了六届六次常务理事会，就召开六届五次理事会的有关事项进行了审议。

2月6日，省律协召开成都、绵阳、德阳、广元、阿坝、雅安等地律师协会秘书长座谈会，进行慰问，并通过他们代表省律协向地震重灾区律师及律师事务所发放了慰问金。本次慰问活动共发放慰问金近12万余元。

2月7日，省律协会长彭永臣，副秘书长蒋玉春、周世明及省律协秘书处有关同志赴汶川县，对汶川县维州律师事务所及律师进行慰问。并同阿坝州司法局副局长杨学全，汶川县司法局局长王卫东，副局长高虹、唐慧和维州律师事务所的律师进行了座谈。彭永臣会长代表省律协向维州律师事务所发放了慰问金。

2月23日，省律协以川律协（2010）5号文件下发《关于成立省律协新购办公用房装修领导小组的通知》，由彭永臣会长任省律协装修领导小组组长，副会长石春相、樊斌、程守太、蒲杰任副组长，省律协党委委员曾晓明、副秘书长周世明、常务理事张中伦、阳运逵为成员。

3月1日上午，司法部召开律师事务所深入学习实践科学发展观活动总结电视电话会议，对全国律师事务所学习实践科学发展观活动进行了全面总结，对进一步巩固和扩大学习实践活动成果提出了明确要求。

省司法厅党委委员、副厅长陈昌斌，省司法厅副巡视员、省司法厅律师事务所学习实践科学发展观活动领导小组副组长黎永祥以及省厅律师事务所学习实践科学发展观领导小组成员、省律协党委委员，厅直属律师事务所总支委员、厅直属各支部负责人和成都市司法局、成都市律协有关负责同志及成都市属律师事务所党支部负责人80余人在四川分会场参加了会议。

3月7日、3月12日、3月14日，省律协消费者权益保护专业委员会分别举办3·15破除消费领域潜规则系列论坛，就餐饮行业设置最低消费和限时消费；家电、汽车、房地产行业潜规则；旅游、宾馆行业潜规则等问题发表意见。

3月17日下午，省厅陈昌斌副厅长召集会议，专题研究第七次全省律师代表大会有关事宜。

3月19日，由中华全国律师协会刑事业务委员会主办，美国律师协会和西北政法大学“中国刑事辩护律师培训中心”承办，省律师协会协办的西部律师刑事辩护技能远程培训四川班在成都开班。全省15名执业三年以下主要从事刑事辩护业务的年轻执业律师免费参加了培训。

3月19日下午，省司法厅副厅长陈昌斌前往四川汇韬律师事务所进行参观考察。随行的有省厅律管处夏磊处长、柳靖副处长、刘春秘书长。

3月29日，第二批来自阿坝、成都、德阳、绵阳、广元、雅安、攀枝花、凉山州极重地震灾区律师事务所和泸州、眉山法律援助中心共计25名青年律师飞赴广东，进行为期7天的集中培训、学习交流。

3月30日上午，香港胡百全律师事务所成都代表处首席代表郑慕智律师、现首席代表（上届香港律师会会长）黄嘉纯律师、代表处工作人员俞浩先生一行拜访了省厅、省律协，陈昌斌副厅长、彭永臣会长会见了郑律师一行。双方就进一步加强川港两地律师界的交流与协作，发挥律师专业优势，积极促进两地经贸往来，为两地当事人提供更多更好的法律帮助和服务进行了座谈交流。

4月1日下午，省律协六届二十七次会长会议召开，省律协六届会长、副会长参加了会议。会议由彭永臣会长主持，省律协秘书长、副秘书长及相关部门负责人列席了本次会议。省司法厅副厅长、省律协党委书记陈昌斌出席会议并作了重要讲话。会议传达学习了关于在律师队伍中开展警示教育活动的通知精神。根据省厅部署，我省将于3月~12月在全省启动律师队伍警示教育活动，通过活动的开展，推进我省律师队伍建设和律师行业新发展。

4月2日上午，四川省农民工法律援助工作站成立三周年庆典暨新址揭牌仪式在工作站新办公室举行。省司法厅党委委员、副厅长、省律协党委书记陈昌斌，省劳务开发暨农民工工作领导小组办公室、省总工会等部门相关领导，省司法厅律师工作处处长夏磊，省司法厅法制宣传处副处长罗昕，省法律援助中心主任刘贵文，副主任周开琼以及工作站律师、受援农民工代表、学生志愿者代表出席了仪式。

4月8日上午，省高院副院长陈明国、省高院纪检组长刘鸣以及省高院研究室负责人就建立法官、律师正常交流平台机制与省律协彭永臣会长、蒋玉春副秘书长进行了座谈。

4月13日，省律协分别以川律协（2010）20号和川律协（2010）21号下发文件“关于转发《司法部吴爱英部长在律师事务所深入学习实践科学发展观活动总结电视电话会议上的讲话》的通知”和“关于转发《司法部关于印发习近平同志在新社会组织学习实践活动调研座谈会上的讲话和在德恒律师事务所调研学习实践活动时的讲话要点的通知》的通知”。

4月13日，省律协刘春秘书长致电青海省律师协会，了解青海律师在玉树地震中有无受灾并表达四川律师的关心和慰问。

4月15日~16日，省律协通过青海省律师协会向青海地震灾区捐赠地震书籍，同时发送慰问信，代表全川律师向玉树受灾律师及家属转达深切问候。

4月16日，省律协会员部致电甘孜律协，了解甘孜州律师受玉树地震影响情况。

4月16日，与来川的安徽省律协贾小清副秘书长一行进行了座谈。

4月19日，省司法厅直属律师事务所总支委员会根据省厅机关党委的要求，发出了开展向玉树地震灾区募捐活动的通知，省直律师事务所各支部以及党员律师积极响应，踊跃捐款，截至23日中午12点，捐款数额达236960元，并立即送省慈善总会。

4月19日，全国律协地方律师协会建设论坛暨全国律协地方律师协会建设指导委员会年会在上海召开，省律协秘书长刘春、办公室主任刘红参加了会议。

4月20日上午，省民政厅“四川省先进社会组织表彰暨社会组织深入学习实践科学发展观活动总结表彰大会”在成都太成宾馆召开，来自全省各地的社会组织管理部门、社会组织代表180余人出席了会议。省律协被民政部授予“全国先进社会组织”荣誉称号。广元市律师协会、南充市律师协会、雅安市律师协会被授予“全省先进社会组织”荣誉称号。

4月21日下午，第七次全省律师代表大会筹备工作领导小组召开工作会议，研究全省律师第七次律师代表大会筹备有关事宜。筹备工作领导小组组长、副厅长陈昌斌同志主持了会议；筹备工作领导小组副组长、厅政治部沈华伦主任，筹备工作领导小组副组长、省律师协会会长彭永臣同志出席了会议，领导小组成员及律师工作处、律协秘书处有关同志参加了会议。

4月22日，由上海市律师协会援建的都江堰市律师楼正式揭牌启用。上海市司法局副局长刘忠定、上海市律师协会会长刘正东一行专程来到都江堰市，为上海市律协援建的律师楼举行揭牌仪式。仪式由成都市律师协会刘守民会长主持。成都市司法局副局长杨泽辉、成都市律协会长刘守民、都江堰市市委常委、常务副市长郑家荣等领导出席仪式并为律师楼揭牌。都江堰市司法局机关干警和4家律师事务所39名律师共60余人参加了揭牌仪式。

4月25日，省司法厅副厅长、省律协党委书记陈昌斌会见上海客人并代表省厅、省律协向上海市司法局、上海市律协表示衷心的感谢。

5月11日上午，省律协六届二十八次会长会议召开，会议专题研究了“七代会”具体相关事宜。会议对省律协《章程》、《理事会工作规则》、《监事会工作规则》、《律师职业道德和执业纪律规范》、《会员违规行为惩戒办法》、《纪律委员会规则》、《专业委员会工作规则》等制度规范进行了审议；对本届以来的省律协工作报告、财务收支情况报告、会费调整标准方案、拟召开的全省第七次律师代表大会会议议程等事项进行了审议。

5月14，由澳门律师公会及国际律师联盟合办的“反贪与法治”国际研讨会在澳门举行，四川省律师协会副会长石春相、何敏应邀出席会议。

5月16日，四川省律师协会召开六届六次理事会暨六届七次常务理事会，会议审议并原则通过了《四川省律师协会章程》（修订案），《四川省律师职业道德执业纪律》（修订案），《理事会议事规则》（修订案），《专业委员会工作规则》（修订案），《监事会工作规则》（草案），《会费收取标准的调整方案》以及《六届律协工作报告》，《六届律协财务收支情况报告》。省司法厅厅长刘作明、副厅长陈昌斌到会并做重要讲话。

5月18日，省厅、省律协下发文件川律协（2010）28号“关于表彰全省优秀律师事务所优秀律师的决定”，对英特信联合律师事务所等50家律师事务所和代国章等101名律师进行表彰。

5月24日~26日，全省第七次律师代表大会在成都隆重召开，省委常委、政法委书记王怀臣，省司法厅党委书记、厅长刘作明，省司法厅党委委员、副厅长陈昌斌等领导出席了会议并作重要讲话。220名正式代表和63名特邀代表参加了会议。大会听取、审议并通过了六届律协工作报告和会费收支情况的报告；审议通过了《四川省律师协会章程（修订案）》、《四川省律师协会理事会议事规则（修订案）》、《四川省律师协会监事会工作规则》和《会费收缴标准的调整及说明》。通报了《四川省律师职业道德和执业纪律规范（修订案）》、《四川省律师协会会员违规行为惩戒规则（修订案）》、《四川省律师协会惩戒委员会规则（修订案）》、《四川省律师协会专业委员会工作规则（修订案）》。大会选举产生了71名理事组成的四川省律师协会第七届理事会和9名监事组成的四川省律师协会第一届监事会。

5月26日，召开七届律协第一次理事会，会议选举产生了七届四川省律师协会会长、副会长。刘守民当选会长，程守太、王宗旗、彭健、施杰、何敏、周红民、姚建、王中平当选副会长。聘请刘春为省律协秘书长。七届一次监事会议选举樊斌为监事长、李正国、王正国为副监事长。

5月26日下午，召开七届一次会长会议，省司法厅副厅长、省律协党委书记陈昌斌出席了会议并讲话。

5月27日，司法部召开“在全国律师行业基层党组织和党员中深入开展创先争优活动”动员部署电视电话会议，省司法厅副厅长陈昌斌、厅政治部主任沈华伦、省律协会长刘守民等领导，四川省、成都市司法行政机关、律师协会有关负责同志和部分律师事务所党支部书记共50余人在四川分会场参加会议。

5月28日，省律协下发川律协（2010）33号文：《关于印发省委常委 政法委书记王怀臣同志 省司法厅党委书记 厅长刘作明同志 省司法厅党委委员 副厅长陈昌斌同志在四川省第七次律师代表大会上的讲话的通知》。

6月1日，省律协下发川律协（2010）34号文：《关于调整会费收缴标准的通知》。

6月4日，召开七届二次会长会议。省司法厅党委委员、副厅长、省律协党委书记陈昌斌出席会议并作重要讲话。省律协七届会长、副会长出席了会议。省律协监事会副监事长王正国，省律协刘春秘书长以及相关负责人列席了会议。

6月7日，省司法厅党委委员、副厅长陈昌斌，中华全国律师协会副会长彭永臣，省律协会长刘守民，秘书长刘春，省律协部分副会长及律师等17人参加了省律协与省法院共同举办的“共同营造良好的司法环境~法官、律师恳谈会”，会议在省法院审判大楼四楼会议室举行。省法院党组成员、副院长陈明国，省法院党组成员、纪检组组长刘鸣，省法院相关业务庭、室负责同志，成都地区部分基层法院负责人等共计30余人参加了恳谈会。会议由省法院党组成员、副院长陈明国主持。此次恳谈会由省法院主办，以“构建法官与律师健康互动的长效交流机制、共同营造良好的司法环境”为主题，就如何规范律师与法官的关系、如何加强律师与法官两个群体的相互监督、相互沟通等问题进行了深入的探讨。

6月10日，按照《中共四川省直机关工委关于评选表彰先进基层党组织、优秀共产党员和优秀党务工作者的通知》要求，经民主推荐、省直机关党委研究、厅党委审定，上报了泰和泰律师事务所党支部为省直工委拟表彰的先进基层党组织。

6月10日，刘守民会长，刘春秘书长以及律师团10人小组成员参加省司法厅刘作明厅长，陈昌斌副厅长主持的“北川灾后重建，新城安置安居法律服务工作研讨会”。

6月12日，与来访的江西省赣州市律师协会就律师行业管理，律师党建，律师业务拓展等相互关心的问题进行了座谈交流。

6月13日，省直所党总支举办了厅直律师事务所全体党员培训会。

6月16日~22日，中华全国律协副会长彭永臣、四川守民律师事务所主任石春相参加全国律协组织的代表团出访韩国。

6月23日，省律协承办了“向往明天，走向新生”——世界冠军和优秀运动员关爱失足青少年主题活动启动仪式在四川省成都未成年犯管教所举行。启动仪式上，省监狱管理局刘志诚局长致欢迎辞；省体育局局长朱玲、省司法厅厅长刘作明、省检察院张晓勇副检察长分别讲话，刘作明厅长在讲话中鼓励失足青少年学习世界冠军们“荣誉在于责任，成功在于坚持”的拼搏精神，祝愿失足青少年早日重返社会。

6月23日，省司法厅在成都女子监狱举行“法律援助进监狱、劳教所”。泰和泰等六家律师事务所，12名党员律师为服刑人员开展了法律咨询活动。

7月1日，省律协秘书长刘春、办公室主任刘红赴德阳调研律师参与交通事故纠纷调解情况。

7月19日~20日，《中国律师》杂志社记者高凌燕对我省律师党建工作进行采访。

7月21日，省司法厅厅长刘作明、副厅长陈昌斌、省律工处、省律协一行到泰和泰律师事务所指导“创先争优”工作。

7月30日将17家省直律师事务所党支部向洪涝灾区捐款48267元送到省慈善总会。

8月2日，省律协向全国律协报送《四川省律师会见权与阅卷权行使现状调查报告》的报告。

8月3日，省律协秘书长刘春等参加由省委组织部三处召开的“两新组织”创先争优工作会。

8月6日下午，省律协专门、专业委员会主任联席会议在省司法厅二楼会议室召开。各专门、专业委员会负责人出席了本次会议。会上，对专门、专业委员会换届（人员调整）的相关事宜进行了讨论、研究。

8月6日，由省委党校、省高院、省检察院、省司法厅主办，省律协、成都商报社承办、鼎立律师事务所协办的“首届四川法律人对话暨两高三部‘证据规定’理解与适用论坛”在省委党校举行了“首届四川法律人对话暨两高三部‘证据规定’理解与适用论坛”。

8月9日，省律协秘书长刘春等参加“全省司法行政系统创先争优活动协调推进会”

8月23日下午，省律协维权委员会主任会议在省律协办公室召开。维权委员会主任李铁、副主任杨志男、韩颖梅出席了会议，刘守民会长、王宗旗副会长、施杰副会长、刘春秘书长、蒋玉春副秘书长参加了会议。

8月24日下午，省司法厅党委委员、政治部主任沈华伦、省律协秘书长刘春及相关部门领导一行到四川亚峰律师事务所检查指导“创先争优”活动开展情况。

8月26日上午，省律协会长刘守民、秘书长刘春、副秘书长蒋玉春、办公室主任刘红，前往都江堰映秀镇人民政府临时办公点，看望慰问参与“汶川灾后重建”及“8·14”映秀泥石流灾害善后处理工作的一线律师，听取了四川维州律师事务所主任李强、映秀镇人民政府法律顾问组成员~华晨律师事务所熊万华律师就律师参与汶川及映秀灾后重建工作尤其是“8·14”泥石流灾害善后处理工作情况汇报。

8月26日下午，省律协与四川电视台《黄金三十分》栏目联合开展法制宣传活动启动仪式在四川电视台会议室举行。省司法厅副厅长、省律协党委书记陈昌斌，省律协会长刘守民、副会长何敏，秘书长刘春，副秘书长蒋玉春、夏焕良参加了启动仪式。

9月2日下午，七届省律协维权委员会换届筹备工作在成都召开。

9月2日下午，省律协惩戒复查委员会会议在律协办公室召开。王宗旗副会长对六届省律协惩戒复查委员会工作进行了总结汇报，并讨论了下一届惩戒复查委员会委员推荐人选。

9月4日~5日，由中华全国律师协会主办的“统筹城乡发展中的法治与律师实务”研讨会在山东潍坊召开。省律协“统筹城乡”课题组5位律师成员参加了研讨会。

9月8日~14日，省律协会长刘守民、副秘书长夏焕良参加全国律协组织的代表团出访俄罗斯。

9月10日，全国律协宣传联络工作会议在大连召开，省律协主办的《四川律师》荣获优秀奖、最佳版式奖。

9月11日，省司法厅副厅长、省律协党委书记陈昌斌一行赴广安信和信律师事务所检查指导创先争优活动开展情况。

9月12日，省律协网站进行了第一次挂网测试。

9月13日，与来访的新疆司法厅袁卫平书记进行座谈交流。

9月25日~26日，第三届西部律师发展论坛在广西南宁隆重举行，省司法厅副厅长扎柯，省厅律师公证工作处处长、省律协党委副书记夏磊出席了论坛，省律协副会长彭健及律师共计20余人参加了论坛。廖明松、张明德、李英姿、王跃、毛平五位律师的论文获得优秀论文奖并入选论文集。

9月28日，省厅直属律师事务所党总支成功举办迎国庆“感恩·奋进”大家唱歌咏比赛。

10月9日，省厅刘作明厅长召集会议研究关于制订律师异地办理刑事案件备案制度相关问题。

10月10日，广州市律师协会副会长王晓华在四川省律师协会施杰副会长的陪同下代表全体广东律师，参加了“灾后重建三年任务二年完成”庆祝大会，并实地考察了广州市律协支援四川维州律师事务所办公用房的落实情况。

10月19日，省律协与北京法政教育科技发展中心（点睛网络律师学院）签订申请律师执业人员（网络）培训协议。

10月21日，省律协七届三次会长会议在成都市召开，省司法厅党委委员、副厅长陈昌斌出席会议并作重要指示。省律协七届会长、副会长参加了会议；监事长、秘书长、副秘书长列席了会议。会议对2010年会费收支情况，专门、专业委员会设立、调整方案等议题进行了审议。

11月4日~6日，司法部律师行业基层党组织和党员深入开展创先争优活动推进会在西安召开。省司法厅副厅长、省律协党委书记陈昌斌出席会议并汇报了我省律师行业创先争优活动开展情况；省律协秘书长刘春、信和信律师事务所主任、支部书记刘才伟参加会议并作了大会发言。

11月11日，省律协刘春秘书长一行前往德阳仁泰律师事务所，代表省律协和守民会长慰问看望了病重的刘德嘉律师并送去了慰问金。

11月13日~14日，第三届律师协会全国监事论坛在江苏无锡召开，全国17个省、自治区、直辖市的律师协会监事会的监事长、副监事长、监事、监事会秘书及律师协会的会长共160余人参加了论坛。省律协监事会副监事长李正国参加了论坛。

11月14日，完成并上报1986年~2005年《省司法行政志·四川省律师协会》部分资料。

11月18日~19日，七届二次理事会在德阳召开。

11月19日，全省律协会长秘书处联席会在德阳召开。通过了《德阳共识》。

11月20日，四川省律师协会刑事专业委员会同四川大学法学院共同举办的“犯罪构成论的学术考察”学术研讨会，在四川大学法学院会议室举行。来自刑专委、四川省刑法学研究会、四川大学法学院、西南财经大学法学院、四川师范大学法学院、西南民族大学法学院、西南石油大学文法学院、西华大学文法学院等高校、四川蜀鼎律师事务所、四川川达律师事务所等单位30余人参加了研讨会。

11月22日，省律协环境与资源法专业委员会在成都举办“环境污染侵权责任与损害赔偿法律实务”研讨会，来自法院、环境科研所的专家、教授以及环资委委员、律师共30余人参加了研讨会。

11月22日~23日，全国律师工作会议在北京召开，省司法厅厅长刘作明，省律师协会长刘守民参加了会议。

11月24日，中组部、司法部在北京联合召开全国律师行业党的建设工作会议。省司法厅厅长刘作明、政治部主任沈华伦，省律师协会会长刘守民出席。省委组织部、省司法厅党委构建党建工作格局、联合抓律师行业党的建设的经验，被省委组织部推荐到会上作大会交流。

11月24日，根据省厅党委的安排部署，六个省直律师事务所党支部与甘孜州新龙县洛鲁村六家低保特困家庭结成对子开展为期三年的帮扶活动。

11月24日，下发刑事、WTO与国际投资贸易、保险事务、残疾人法律事务、房地产、公司业务、环境与资源法、金融证券、消费者权益保护、医疗纠纷法律事务、知识产权（信息网络与高新技术）专业委员会换届调整批复及城乡统筹法律服务专业委员会设立批复、妇女权益保护专业委员会撤销批复。

11月29日，省律协与省法院共同举办的第二次法官与律师恳谈会在成都举行。

12月3日，省律协刘春副书记、蒋玉春秘书长慰问突发疾病的省直律师事务所（聚贤所）唐绪刚律师，并代表省律协送去慰问金。

12月3日~5日，全国律协经济专业委员会年会在成都召开。省司法厅副厅长陈昌斌、全国律协副会长彭永臣、全国律协副秘书长里红，省律协党委副书记刘春、秘书长蒋玉春、全国律协业务指导部副主任朱英出席并参加了会议。会议由四川省律协协办，四川衡平律师事务所承办。

12月8日，省厅直属所总支组织省厅直属律师事务所党支部书记及党员律师赴广安开展“小平故里受教育 创先争优做表率”活动。

12月8日，省律协与北京法政教育科技发展中心（点睛网络律师学院）签订合作协议书。采取网络培训的方式开展继续教育培训。

12月14日，省总工会、省司法厅、省律协召开首届“四川省维护职工权益杰出律师”表彰电视电话会议。授予李铁、邓学海、马德彬、王莉、姚建、赵剑徽、巫英安、刘彦林、袁雄先、蒲世军10位律师“首届四川省维护职工权益杰出律师”和“四川省五一劳动奖章”荣誉称号。

12月18日~19日，四川省律师协会维权委员会在成都九龙宾馆召开全省律师维权工作会议。司法厅陈昌斌副厅长、省律协刘守民会长、刘春副书记、樊斌监事长、蒋玉春秘书长出席了会议。会议由省律协副会长施杰主持。会议还聘请了省人大、省政协、川台、川报、省法院、检察及公安系统的相关领导为律师维权专家顾问。

12月20日，四川省律师协会城乡统筹法律服务专业委员会成立大会在成都召开。会议邀请了重庆市律师协会统筹城乡法律事务业务委员会段茂兵副主任、德阳市委副秘书长、共青团德阳市委书记、党组书记何升元同志、西南财经大学黄韬教授、成都市统筹委政策法规处处长屈松、省律协专门、专业委员会工作指导部负责人贾皓中出席了会议。

12月20日下午，省委统战部刘建军副部长一行5人到省律协开展调研，听取我省律师界人士对国民经济和社会发展第十二个五年计划纲要和统战工作的意见和建议。省司法厅副厅长、省律协党委书记陈昌斌出席会议。厅律师公证工作处副处长王飙及省律协刘守民会长、施杰副会长、刘春副书记、蒋玉春秘书长及律师共计10余人参加了调研座谈会。

12月21日，四川省律师协会战略发展委员会成立会议在成都召开。全国律协副会长彭永臣、司法厅律师公证工作处处长夏磊、副处长王飚、省律协刘守民会长、樊斌监事长、蒋玉春秘书长、专门、专业委员会工作指导部负责人贾皓中出席了会议。

12月21日上午，省律协会长刘守民、秘书长蒋玉春、党委副书记刘春以及装修领导小组石春相、周世明、张中伦等验收了新办公区装修工程，对新办公区的装修工作提出了整改意见。

12月24日下午，四川省司法厅直属律师事务所第一次律师代表大会在省司法厅七楼会议室召开。司法厅陈昌斌副厅长、省律协刘守民会长出席了会议并讲话。省司法厅律师公证工作处处长夏磊、副处长王飏、杨天永、省律协秘书长蒋玉春、省律协副会长程守泰参加了会议。大会选举理事27名，秦泽均、牛建国、张立新、杨志男当选为副会长，程守泰为会长，大会还聘请了李浩乐为省直分会秘书长。

## 贵州省律师协会工作

### 一、业务研讨

（一）地区片会

参加西部律师发展论坛

9月25日，贵州省律师协会组团参加了在广西南宁举办的第三届西部律师发展论坛，参会律师人数多达70余人，再次成为论坛第一大团。

贵州律师积极参与西部律师论坛的论文撰写，向论坛提交了60篇论文，其中6篇入选第三届西部律师发展论坛优秀论文集。

（二）重要的专门、专业委员会活动

2010年各专门、专业委员会的工作得到了进一步加强，基本上做到了年初有计划、年内有活动、年终有总结。活动形式多样，取得了较好的效果。各专门专业委员会开展工作的具体情况是：

1. 未成年人保护专业委员会

一是由该委员会组织编纂，省教育出版社出版的一套《法律为我护航》、《未成年人自我保护》、《法律给我智慧》和《法律赋予我权利》四本未成年人普法丛书。二是接受委托，起草《贵州省未成年人保护条例》修改稿。三是指导各市（州、地）律协未保委开展工作。四是该委员会委员身体力行，投入公益活动，如委员吴益权带头资助贫困学生；委员杨永福带领律师到农村学校，为学生购买2000余元学习体育用具，另捐款现金2000元资助贫困学生。

2. 刑事专业委员会

该委员会与北京大学法学院就律师对死刑案件辩护问题进行数次调研，反复论证修改，于2010年8月完成《贵州省律师协会死刑案件辩护规范指导意见》课题项目。《法制日报》、《中国律师》杂志、《人民法院报》均对此工作给予较高评价。该委员会与北京大学，全国律协刑专委联合举办对全省律师刑事案件业务的专业培训。北京大学陈瑞华教授，全国律协刑专委田文昌主任，最高人民法院应用法学所主任蒋慧玲到贵阳讲授有关问题。

3. 劳动、行政、环境、知识产权专业委员会

一是积极参加环境自愿者活动及环境公益诉讼活动。该委员会主任白敏、郑世红律师等申请成为贵阳公众环境教育中心自愿者。白敏律师参与中华环保联合会与贵阳公众环境教育中心作为原告，诉乌当区定扒纸厂排放污水导致南明河受污染公益诉讼案。该案于2010年12月30日在清镇环保法庭开庭，引起社会各界极大的关注，中央电视台、《法制日报》、省内媒体等均予以报道。二是该委员会以省律协名义，申请政府信息公开。三是举办了劳动法律实务研讨会。四是该委员会委员郑世红、谢虹与其他两名律师创办了“农村土地法律服务网”网站。谢虹委员热心环保，2010年5月赴美国参加了为期六周的中美青年环境法律工作者培训。

4. 房地产和建筑专业委员会

该委员会根据当前社会热点问题，邀请了恒大地产、中铁置业等六家房地产企业举办了近40人参加的“宏观调控与房价走势”研讨

会，研讨会上，论文作者与来宾进行了讨论、交流。会后编辑了研讨学术论文集。

5. 公司业务专业委员会

该委员会2010年11月参加省经委组织的小额贷款公司，担保公司“阳光”培训班，会上姚毅主任介绍省律协公司业务专委会工作，与省商务厅起草《贵州招商引资法律指南》，12月已形成讨论稿。9月组织委员与省法院就公司法律实务的有关工作举行研讨会。

6. 执业纪律专门委员会

该委员会全年处理投诉案件5件，其中已调解处理完毕3件，调查结束，书面结论2件。该委员会除办理常规投诉案件外，还多次参加省司法厅有关领导和律师工作指导处对律师违规违纪问题的研究。起草了《贵州省律师协会纪律工作规则》及相关其他工作规则。

7. 法律援助专业委员会

该委员会各委员所在律师事务所办理法律援助案件逾200件，为残疾人等弱势群体解答法律咨询、法律培训200多人次。

8. 维权专门委员会

该委员会对假驰名商标案的涉案律师情况多次与检察机关联系、沟通，掌握情况，提出处理意见，为省厅、省律协与省检院沟通、协商做了基础性的工作。

9. 民商事专业委员会

该专业委员会与房地产建筑专业委员会联合举办了“宏观调控与房价走势”研讨会。

## 二、会员培训

（一）“刑事司法改革与死刑辩护规范指导”培训班

1月23日至24日，省司法厅、省律师协会举办了为期两天的刑事司法改革与死刑辩护规范指导培训班，由北京大学法学院陈瑞华教授授课。500余名律师参加了培训。培训班邀请了省委政法委、省高院、省检察院、省公安厅、省政府法制办、省人大法工委6家单位相关领导出席。

（二）2010年度执业律师集中培训

4月22日至25日，省司法厅、省律师协会在省委大礼堂举办了2010年度执业律师集中培训，参加的人员有省直律师事务所、贵阳市和毕节地区的律师共1200多人。本次培训邀请了叶小文、姚辉等著名专家、学者进行授课。授课主要内容：《宗教与法》、《青年律师发展》、《侵权责任法》、《公司法》、《〈矿产资源〉法律事务》、《建设工程律师实务》、《侵权责任法律事务》、《执业道德与伦理》、《行政法》、《知识产权》。通过集中培训，律师开拓了眼界、增长了知识，对提高业务素质和能力起到了积极的作用。省律协还将培训内容制成光碟，发到各律师事务所，作为未参加省集中培训的市（州、地）组织培训的示范教材。

（三）申请律师执业岗前集中培训

9月15日至20日，省律师协会在贵州省图书馆举办了申请律师执业岗前集中培训。全省九个市州地和省直所370名拟申请律师执业人员参加了培训。培训内容：《律师职业道德、执业基本规范》、《社会主义法治理念》、《刑事诉讼业务基本技能》、《压力管理》、《刑辩律师执业素养》、《青年律师成长和发展》、《律师实务》、《民事诉讼证据若干问题》，本次培训特别增加了一场由天一致和律师事务所承办的模拟法庭。通过政治、业务培训和考试、考勤相结合的方式，其中367人取得了培训合格证。培训形式、内容和质量受到了参加培训人员的好评和肯定。

## 三、会员管理

（一）会员日常管理

1. 4月26日至5月28日开展了全省团体会员、个人会员的年度审核工作，共有244个团体会员、2227名个人会员完成了登录工作，并按时按规定缴纳了会费。

2. 按全国律协的要求加强了对申请执业人员实习备案材料的审核。

3. 组织省律协秘书处认真学习《律师事务

所年度检查考核办法》、《律师执业年度考核规则》等。

## 四、对外交流

4月份，省律师协会组织律师代表团赴台湾对台湾的法制建设、法律事务、法律事务所管理等相关内容进行了考察。

## 五、法律援助

2010年，共办理法律援助案件2321件。

## 六、会刊及网站

（一）贵州省律师协会会刊

名称：《贵州律师》。创刊时间：2009年10月。2010年编辑出版6期，共计60余万字，在创刊的基础上质量有了显著提高，被全国律协评为“优秀刊物”。主要栏目：卷首语、高层动态、本期主题、黔山律师、律师党建、法律事务、法律探析、法律实务、域外律师、文摘、文化长廊、律师文化、编读互动、律协大事记等。

（二）贵州省律师协会网站

名称：贵州律师协会。网址：www. gzsls. com。2009年5月建站，主要栏目：网站管理系统、办公系统、律师事务所、律师执业管理系统、律师论坛等。

协会网站发布、转载各类信息500余篇，初步建立了全省通讯员网络。为进一步提高网站质量，目前网站暂停使用，正在对网站进行改版升级。

## 七、贵州省律师协会大事记

**1月份**

1月16日，省律师协会四届第十三次会长办公会（扩大）会议召开。

1月23－24日，省司法厅、省律师协会举办刑事司法改革与死刑辩护规范指导培训班，特邀省委政法委、省高院、省检察院、省公安厅、省政府法制办、省人大法工委6家单位相关领导出席，共计500余名律师参加培训。

**2月份**

2月2日，省律师协会党委会议在司法厅9楼会议室召开。

**3月份**

3月1日，省律师协会党委成员参加了司法部召开的律师事务所深入学习实践科学发展观活动总结电视电话会议。

3月2日，省律师协会组织召开2010年度执业律师培训意见征求会。

3月15日，省律师协会沙龙会议室召开省律协党委会议。会议审议：1. 2010年律师行业交流培训计划；2. 学习研究关于深化“中国特色社会主义法律工作者”主题教育实践活动，积极推进三项重点工作的意见；3. 讨论关于开展律师行业反腐倡廉和行风评议相关工作安排。

3月25日，省司法厅召开2010年第一次省直律师事务所主任会议，省直37家律师事务所主任（副主任）、省律师协会秘书处各部门主任参加了会议。

**4月份**

4月7日，省律师协会四届第十四次会长办公会在省律协会议室召开，会议审议通过2010年度贵州省执业律师培训、交流计划，总结2009年各专门、专业委会工作开展情况及全省律师违法违纪投诉查处情况等十项议程。

4月8日，省律师协会会长王心海带领省律协秘书处各部门负责人，前往贵州民族学院、贵州大学、贵州师范大学3所高校法学院捐赠《贵州律师论文集》及其他法律书籍800余册。

**5月份**

5月11日，省司法厅召开2010年第二次省直律师事务所主任会议。传达司法部文件，安排部署年度考核工作。省直37家律师事务所主任（副主任）、省律师协会会员部主任、副主任参加了会议。

5月16日，省律师协会业务部主任陈世猷赴广西南宁参加第二届西部律师论坛筹备会议。

5月21日，省律师协会刑事专业委员会在省律协会议室就“全面推进量刑规范化，将量刑纳入法庭审理程序，完善刑事诉讼庭审规则”进行讨论，会后将讨论意见向省法院、检察院提交。

5月25日，省律师协会党委会在省律协会议室召开，会上讨论了关于省律协党委直属律师事务所党总支成立的具体事宜。

**6月份**

6月9日，省司法厅、省律师协会党委召开省直律师事务所党总支成立大会。出席会议的有省司法厅副厅长、省律协党委书记季林，厅政治部主任黄光友，厅机关党委书记赵金龙，省律协会长王心海等领导。省直律师事务所十家党支部的七十四位党员律师代表参加了会议。重温入党誓词、设立党员律师先锋岗、颁发律师事务所党支部匾牌是这次省直律师事务所党总支成立大会上的亮点。

6月10日，省律师协会召开会长办公会、常务理事扩大会议。会议通报了与省检院协调对“驰名商标案”涉案律师的处理情况。布置近期几项重点工作：年度考核与会费收取；传达司法部电视电话会精神及司法部律师工作座谈会精神；听取对制定《律师事务所和律师执业行为规范》的意见及建议；通报执业律师培训情况；研究出版律师论文集；讨论部署了在律师行业开展社会主义法律工作者主题教育、李庄案件警示教育及在律师行业党的基层组织开展创先争优活动事宜。

6月22日，省律师协会党委召开党委会议，讨论研究优秀党员律师、先进律师事务所支部人选。

**7月份**

7月9日，省律师协会党委、省司法厅直属律师事务所党总支召开直属律师事务所优秀共产党员表彰大会。天一致和律师事务所党支部获得先进党支部表彰，郑锡国、李宾、王德毅、王骥、刘光欢、李俊、蒙光兴、杜洋、曾珍、李勇、姜荣祥、朱皖昱、宋诗阳、谢虹、王斐等荣获优秀共产党员，张豫黔获优秀党务工作者表彰。

7月22日，省司法厅律师工作指导处处长、省律协党委副书记、省司法厅直属律师事务所党总支书记、省律师协会秘书长张国强和省律师协会党委办公室主任夏世明参加了鼎尊所支部组织生活。

**8月份**

8月3日，省司法厅召开推进我省律师行业创先争优活动讨论会。

8月7日，召开了《贵州省律师协会死刑辩护规范指导意见》公布新闻发布会暨专题指导讲座在贵阳召开，省律师协会王心海会长主持发布会，省律协副会长、省律协刑事专业委员会主任陈世和向省内外新闻媒体介绍省律协《死刑案件辩护规范指导意见》的起草背景、经过及主要内容，北京大学法学院陈瑞华教授讲解了《贵州省律协死刑案件辩护规范指导意见》的制度创新之处。

8月12日，省司法厅党委书记、厅长刘伟，在厅党委委员、副厅长、省律师协会党委书记季林陪同下，到天一致和律师事务所、北斗星律师事务所进行调研。

**9月份**

9月10日，省律师协会参加了在大连举行的全国律协宣传联络工作会议。《贵州律师》杂志在首次会刊评选中荣获优秀刊物奖。

9月15日—20日，省司法厅、省律师协会在贵州省图书馆举办为期6天的2010年度申请律师执业岗前集中培训班，共计370人参加本次培训。

9月25日，省律师协会组团参加广西南宁举办的第三届西部律师发展论坛。

**10月份**

10月13日，由省司法厅、省律师协会、省元盛公证处、省直律师事务所与省直党建扶贫沿河工作队等一行14人，前往沿河县夹石镇上寨村举行了扶贫帮困基金捐赠仪式。此扶贫帮困基金共计20万元，分别是省律师协会和38家省直律师事务所10万元、省公证处10万元。

**11月份**

11月1日，省司法厅、省经信委联合召开了全省律师服务非公经济、中小企业座谈会。省司法厅副厅长季林、省律师协会会长王心海、省经信委党组成员龙超亚、省工商局副局长罗保林、省工商联副主席宋新民等有关部门领导出席会议，各市州地司法局局长、经信委负责人、省直律师事务所负责人、律师服务团成员参加了会议。

11月2日，省律师协会召开了四届第十次常务理事会扩大会议。参加会议的有常务理事和市州地律协会长。会议传达学习了中共中央办公厅、国务院办公厅转发《司法部〈关于进一步加强和改进律师工作的意见〉的通知》。通报了"手牵手帮扶济困"活动情况。通报了《贵州律师论文集》第二辑编审情况。通报了赴南宁参加西部律师论坛的情况。

11月3日，省委统战部、省律师协会就进一步加强和改进我省律师工作召开座谈会。省委统战部副部长何萍、省司法厅政治部主任黄光友、省律师协会会长王心海出席会议，近30名律师代表参加了座谈会。

11月26日，省律师协会未成年保护专业委员会、法律援助专业委员会和贵阳市律师协会未成年保护专业委员会在贵阳召开2010年年会。

**12月份**

12月23日，贵州省司法厅直属律师事务所党总支在贵阳召开了厅直属律师事务所支部书记述职大会。在述职大会上，各位支部书记对2010年支部工作情况做了总结，就基层党组织的组织建设、思想建设、制度建设、作风建设及开展争先创优活动等方面进行了述职。

12月24日，省律师协会劳动、行政、环境、知识产权保护专业委员会在贵阳召开了2010年年会。

## 云南省律师协会工作

### 一、业务研讨

1. 10月26日，省司法厅、中央党校出版社在昆明召开了《桥头堡建设法律服务研究与实务》一书的出版发行座谈会。与会专家、学者以及作者代表就该书出版发行的目的、意义以及如何围绕桥头堡战略推进云南法律服务行业新发展进行了交流探讨。该书的主编，省司法厅厅长、省律师协会会长何剑文指出，该书的出版，既适应了我省法律服务行业发挥作用，促进桥头堡建设和民主法治建设的需要，也填补了我省法律服务领域具有指导性、可操作性的理论研究空白。相信该书的出版，将成为广大法律服务工作者的良师益友，对我省法律服务业更好地服务桥头堡建设和推进法治云南建设，必将起到积极的推动作用。该书是第一部围绕云南桥头堡发展战略，研究和谋划律师、公证、司法鉴定法律服务发展新渠道的专著。

2. 10月29日，省律协召开了桥头堡建设律师法律服务研讨会，邀请了六位知名专家学者就桥头堡建设律师法律服务有关问题进行专题演讲，演讲从理论、实务、专业的角度与与会律师进行了交流分享。

3. 10月29日，在云南省第六次律师代表大会召开期间，省律师协会举办了"千名律师听党课"活动。省司法厅党委委员、副厅长汪洋以"律师·政党·文化"为题，以文化为视角，围绕律师与法治文化、红色管理与律师组织、文化是组织的灵魂三个方面，与近千名律师进行了交流分享。

4. 11月19日至21日，省律师协会党委组织全省律师行业百名支部书记进行党务培训。培训班上省司法厅党委委员、副厅长、省律协党委书记汪洋，省委省直机关工委副巡视员何兆光，省委党校党委委员、教授欧黎明，云南刘胡乐律师事务所资深律师、共产党员王达人为全省律师行业的150余名基层党支部书记进行了专题授课。为配合此次培训活动，省律协党委编印了《云南省律师党建工作手册》，收录了中央和省委有关律师党建工作的指示要求和建立完善律师行业党建基本工作制度以及党务基础知识和操作方法，同时对近年来全省律师行业党建工作实践作了简要总结，具备较强的针对性、操作性和实用性。

5. 12月4日，云南省律师协会、云南省法官协会在昆明联合举办了“首届法治论坛”，此次论坛的主题是“法官与律师共促司法公正”。本届论坛在全省范围内开展征文活动，我省各级法院的法官和各律师事务所的律师踊跃参加征文活动，截至10月底，两协会共收到论文85篇，经过评审，其中的55篇入选首届“法治论坛”论文集，32篇被评选为优秀论文。省司法厅副厅长、省律协党委书记汪洋，省高院副院长、省法官协会副会长田成有出席了论坛开幕式。

**（一）重要专委会活动**

1. 妇女和儿童专业委员会

2010年3月，省妇联和女律师协会、妇女和儿童专业委员会在云南省人民政府的组织下在昆明市东风广场举办了为期15天的妇女和未成年人合法权益保护的法律宣传和义务咨询活动，律师们踊跃参与本次义务宣传活动，活动中进行了大量的义务法律咨询活动，不仅向社会宣传了涉及妇女和未成年人保护的法律法规，也为多名前来咨询的人员排忧解难，解决了她们的具体问题，活动取得了很好的社会效果。省妇联和女律师协会、妇女和儿童专业委员会已建立了长效机制，拟定每年定期举办以妇女和未成年人合法权益保护为主题的法律宣传活动。2010年，女律师协会、妇女和儿童专业委员会多次与女企业家交流。女律师们就企业劳动用工风险、裁员方式；合同法最新司法解释关于“情势变更”原则的法律规定及实际适用等问题；公司股权因继承、析产或者赠与、被强制执行而与其他股东优先购买权产生纠纷、商业刑事风险及避险方案等问题，分别作了主题发言，通过案例分析，对企业常见问题进行了深入的探讨和交流。活动为女律师的业务拓展提供了良好的平台，增进了律师和女企业家们的友谊。

2. 环境资源法专业委员会

2010年7月17日下午，柬埔寨环境律师代表团一行十人来滇访问交流，了解云南环境法治建设的相关情况。云南省律师协会组织环境资源法专业委员会的五位律师与来访客人进行座谈交流。

3. 知识产权委员会

2010年10月25日~2010年10月29日，培训地点在昆明和大理。培训对象主要是各州市科技局负责人；高新技术企业负责人；创新型企业负责人；昆明市高新区管委会、昆明经开区管委会负责高新技术企业认定工作的有关人员；会计师事务所负责人等约100人。为提高本次培训效果，林文主任出版了《高新技术企业认定管理操作实务与指引》，此书由科技厅龙江厅长作序，并作为培训教材。

培训内容是：（1）国家高新技术企业自主知识产权问题集认定管理办法相关政策释义解读；（2）企业运用知识产权制度的经验及典型案例分析；（3）金融危机对经济社会发展影响及措施；（4）公益法律服务实施方案等。此次培训活动取得圆满成功，培训结束后，高新技术企业及创新型企业的相关负责人对企业知识产权相关工作热情高涨，多次咨询有关企业知识产权创造、管理方面的问题及高新技术企业认定中知识产权的有关问题。通过这次培训，从高新技术认定管理部门到中介机构到高新技术企业的相关人员都提高了知识产权意识，进一步认识到知识产权工作在高新技术企业工作中的重要性，为推动我省高新技术企业加强自主创新能力打下了基础。

## 二、会员培训

### （一）五次专题业务培训

1月份，与省企业家协会联合发文举办《侵权责任法》培训；3至4月份，与建纬（昆明）分所联合举办《房地产业务专题培训》；5月份，举办《劳动法专题培训》；6月份，举办《刑辩业务专题培训》；8月份，举办《朱勉生养生报告会》。

### （二）申请律师执业实习人员培训

3月下旬至4月底，云南省律师协会成功组织了全省申请律师执业实习人员的教育培训。全省548名取得申请律师执业实习证的实习人员报名参加了此次教育培训活动。教育培训分网络培训和集中面授两个阶段进行。3月20日至4月底，组织参训实习人员进行了为期1个月的网络培训。培训课程共23门，根据中华全国律师协会指定的实习教材内容设计、录制成视频提供实习人员通过网络进行学习，并同时在网络上对实习人员进行了考试。网络培训结束后，4月28日至29日，省律师协会组织实习人员在昆明进行了为期两天的集中面授。

## 三、会员日常管理

### （一）会员日常管理

1. 组织学习司法部《律师和律师事务所违法行为处罚办法》，认真执行《律师协会会员违规行为处分规则（试行）》，认真做好律师投诉案件查处工作。2010年省律师协会及16个州市律师协会接到投诉47起，处理结案40起（包括往年11起投诉的结案），协调被投诉律师事务所和律师退赔投诉人现金人民币共计188899.8元。

2. 2010年12月21日，印发了《云南省律师协会会员会籍管理办法》，要求2011年2月28日前完成全省首次会员登记工作。此项工作，对更好地规范律师协会对会员的管理和服务，保障会员的合法权益，充分发挥律师协会提供服务、规范管理的职能作用奠定了基础。

### （二）维护律师执业权益

1. 2009年2月，云南省法、检、公、安、司联合出台了《关于规范和保障律师依法执业有关问题的规定》，2010年在贯彻落实该规定，改善律师执业环境方面继续做了大量协调工作，积极维护律师依法执业权利。

2. 2010年云南律师重要维权案：

2010年4月29日，云南关河律师事务所孙中汉律师依法代理诉讼被法官要求退出法庭。

案情简介：

云南关河律师事务所受中国人民财产保险股份有限责任公司盐津支公司（以下简称财保公司）的委托，指派孙中汉律师代理原告陈衍江诉被告黄义聪和财保公司道路交通事故人身损害赔偿纠纷一案，该案由云南省盐津县人民法院受理，定于2010年4月29日下午14时30分开庭。孙中汉律师按时到达法庭，向法庭递交《授权委托书》和《律师事务所函》时与一名葛姓法官起了争执，最终法官以律师错过提交委托书等手续的时间无权代理该案为由令孙律师退庭。

维权情况：省律师协会、昭通市司法局、昭通市律师协会接到孙中汉律师反映后，均高度重视。昭通市司法局、昭通市律师协会及时同盐津县司法局取得联系，要求从和谐、稳定的角度出发，与盐津县法院协商处理该案。

维权结果：2010年5月25日，盐津县法院和盐津县司法局在盐津县法院共同召开了"法官与律师座谈会"，双方分别就法官与律师之间的良性互动、法官与律师因工作产生矛盾时如何沟通作了交流。葛姓法官在会上对4月29日的事情作了反省，孙中汉律师也表示了对该事予以谅解。

社会影响：通过几级组织积极协调沟通，达成了谅解，改善了法官和律师关系，消除了不良影响。

## 四、对外交流

2010年3月19日上午，云南省律师协会组织3名律师在昆明金龙饭店参加了云南律师法官与英国人权对话代表团的座谈会。与会双方就中英两国的审判体系、英国陪审团制度、药品滥用导致犯罪率上升、儿童犯罪承担刑事责任的年龄、国家怎样保障低收入者维护自己合法权益等问题进行了探讨。

2010年7月17日下午，柬埔寨环境律师代表团一行十人来滇访问交流，了解云南环境法治建设的相关情况。云南省律师协会组织环境资源法专业委员会的五位律师与来访客人进行座谈交流。

2010年9月25日至26日，云南省律师协会王峻副秘书长率63名律师组成的律师代表团参加了在广西南宁举行的第三届西部律师发展论坛。本次论坛云南省律师协会共提交论文120余篇，其中15篇获优秀论文奖并入选《西部律师论丛——第三届西部律师发展论坛优秀论文集》，是本次论坛中提交论文和获奖论文较多的省份。

## 五、法律援助

2010年，我省2500余名律师占全省律师总数的54%提供法律援助5571件，刑事诉讼法律援助3195件，民事诉讼法律援助1586件，行政诉讼法律援助6件，非诉讼法律援助784件。

## 六、会刊及网站

省律协会刊自2007年停办，并入《云南司法》。

云南律师网.cc（www.ynlawyers.org），成立于2009年1月1日，主要栏目有：律协通知、律师动态、专委会动态、党建工作，热点文章、诚信信息、新法速递、业务指引。

## 七、律师协会大事记

2010年1月30日至31日，云南省律师协会与点睛政法网络学堂联合在昆明举办了《侵权责任法》专题培训。培训班邀请了《侵权责任法》的立法参与人，全国人大法工委民法研究室的陈佳林副主任和最高人民法院研究室的罗东川副主任；国内著名的侵权法学者，中国政法大学民商法学博士生导师李显冬教授；全国律协民委会侵权法论坛副主任，北京盈科律师事务所主任郝惠珍律师。专题培训既有立法背景的阐释，也有对《侵权责任法》主要内容的详细解读，还有对《侵权责任法》司法适用的分析，更有对《侵权责任法》实施以后对律师业务的影响和意义的探讨，既有针对性又有实用性，进一步更新了参训律师的专业知识，提高了业务能力，达到了预期目的。

2010年3月2日，云南省律师协会五届十二次常务理事会在昆明召开，省律师协会会长施朝兴主持会议。会议传达了全国、全省政法工作会议精神，以及胡锦涛总书记等中央领导同志，对律师工作的重要批示精神；会议讨论了《云南省律师协会2010年工作计划（讨论稿）》。与会同志提出了一些具体的工作建议和意见。会议原则上同意这个工作计划；会议对《云南省〈申请律师执业人员实习管理规则（试行）〉实施细则》（修订稿）、《云南省申请律师执业人员实习证管理办法》（讨论稿）进行了讨论。会议总体上同意修订稿对实施细则的修改意见，要求从制度设计上符合律师事业不断发展壮大的需要，尽可能的简化程序易于操作，本着广纳人才、严格准入机制的原则给申请律师执业人员提供宽松的条件；会议听取了省律协秘书长熊亮关于召开云南省律师协会第六次律师代表大会的相关事宜的汇报。会议一致同意召开云南第六次律师代表大会，要求尽快制定会议工作方案，向厅党委汇报。会议听取了省律协秘书长熊亮关于2009年协会经费预算执行情况的通报。会议认为律协会费的使用要以量入为出，将钱用在律师事业发展的刀刃上。会议建议从每年协会的会费收入中提取适当的预留积累，用在律师事业的发展上。会议一致同意召开云南第六次律师代表大会。

云南省律师协会组织号召全省广大律师向旱灾灾区献爱心捐助活动，截止3月12日，仅省厅直属律师事务所就捐款人民币陆万伍仟伍佰伍拾元（￥65550.00）。

2010年3月13日，云南省律师协会主办，建纬（昆明）律师事务所协办的律师业务专业讲座在省司法厅举行，全省约有300多人踊跃参加本次讲座。受云南省律师协会邀请，全国律协民委会主任、上海市建纬律师事务所主任朱树英律师，就“当前形势下律师办理建筑房地产业务及应当注意的问题”为题进行专题讲授。

2010年3月16日按照司法部、中华全国律协的相关要求，结合云南实际，完成了《云南省〈申请律师执业人员实习管理规则（试行）〉实施细则》的修订工作，从制度上进一步加强了对申请律师执业人员实习活动的管理，进一步完善了律师执业准入前教育、培训、考核等制度。

2010年3月19日上午，云南省律师协会组织3名律师在昆明金龙饭店参加了云南律师法官与英国人权对话代表团的座谈会。与会双方就中英两国的审判体系、英国陪审团制度、药品滥用导致犯罪率上升、儿童犯罪承担刑事责任的年龄、国家怎样保障低收入者维护自己合法权益等问题进行了探讨。

2010年3月31日为深入推进三项重点工作，深化律师行业“中国特色社会主义法律工作者”主题教育实践活动，动员和组织全省各律师事务所选派千名律师与部分乡镇（街道）司法所开展为期两年的结对帮扶活动。根据律师事务所的实际情况采取一对一或者一对二、一对三的方式，按照服务大局、互动双赢、公益服务、群众满意的原则，结对律师事务所参与司法所辖区重大、复杂、疑难矛盾纠纷的调处，参与对司法所辖区社区服刑人员、刑满释放和解除劳教人员的行为矫治或者教育扶助，义务为司法所所在乡镇（街道）政府提供适当的法律帮助，尽力为司法所辖区困难群众提供法律援助。

2010年4月16日省委组织部组织召开全省“两新”组织党建工作会议上，省律师协会被指定为交流单位，协会党建工作的经验和做法得到省委组织部崔茂虎副部长等与会领导的肯定。

2010年5月19日，中共云南省律师协会党委召开党委扩大会议暨云南省律师协会五届十三次常务理事会。会议传达学习了司法部5月10日召开的全国律师工作会议主要精神，对秘书处提出的《云南省第六次律师代表大会筹备工作方案（讨论稿）》进行讨论，提出了修改意见，明确了代表及理事候选人的名额分配、条件及产生办法。会议对《中共云南省律师协会委员会议事规则》提出了修改意见，会议认为制定《中共云南省律师协会委员会议事规则》对加强律师协会党委自身建设，规范律师协会党委工作具有重要作用。

2010年5月15日，云南省律师协会邀请全国律协劳动与社会保障专业委员会主任、北京律协副会长、北京金杜律师事务所合伙人姜俊禄律师为我省律师作了题为“劳动法与劳动争议处理实务”讲座。全省150余名律师参加了培训。

2010年6月11日下午，全省律师行业在基层党组织和党员中深入开展创先争优活动动员大会在省司法厅会议大厅举行，会议由司法厅党委委员、副厅长、吉志勇同志主持，省司法厅党委委员、政治部主任、厅创先争优活动领导小组副组长和亚宁同志作了动员。厅直属各律师事务所主任，党支部书记以及活动领导小组成员参加了会议。云南省律师行业创先争优活动就此拉开序幕。

2010年6月19日、20日，云南省律师协会与北京点睛政法网络学堂合作，举办为期两天的“点睛刑事辩护大讲坛云南专场——全省律师刑事诉讼业务专题讲座”，来自全省各地的200多名执业律师参加本次讲座。这是2010

年以来省律师协会举办的第四次律师专题业务培训，累计有1000多名律师参加了培训。

2010年6月23日，云南省律师协会组织省厅直属律师事务所律师参加全省司法行政系统“五五”普法法律知识考试，考虑到律师的职业特点，为确保考试工作取得实效，省律协利用云南律师网这一平台进行网上考试，共有877人参加考试，平均分98.5，考试合格率达到100%。

2010年7月17日下午，柬埔寨环境律师代表团一行十人来滇访问交流，了解云南环境法治建设的相关情况。云南省律师协会组织环境资源法专业委员会的五位律师与来访客人进行座谈交流。

2010年7月19日，中共云南省司法厅党委决定，云南省司法厅党委委员、副厅长汪洋兼任省律师协会党委书记。

2010年7月19日，中共云南省司法厅党委会议听取了云南省第六次律师代表大会秘书处关于筹备工作有关情况的汇报，决定于2010年10月27日至10月29日在昆明召开云南省第六次律师代表大会。

2010年7月27日上午，由中共云南省委省直机关工委常务副书记董志红同志为组长，省委组织部、省委宣传部有关领导为成员的中共云南省委创先争优活动领导小组办公室第六调研督查组，在云南省司法厅党委委员、副厅长、厅创先争优活动领导小组副组长汪洋同志及省司法厅政治部、省律师协会党委有关同志陪同下，莅临云南刘胡乐律师事务所党支部，调研督查创先争优活动进展情况。

2010年9月10日，省司法厅召开全系统创先争优活动推进会。会议上，省级和厅党委创先争优活动党建工作示范点，省律师协会党委、云南刘胡乐律师事务所党支部、云南勤业律师事务所党支部作为律师行业的代表作了经验交流发言。

2010年9月25日至26日，云南省律师协会王峻副秘书长率63名律师组成的律师代表团参加了在广西南宁举行的第三届西部律师发展论坛。本次论坛云南省律师协会共提交论文120余篇，其中15篇获优秀论文奖并入选《西部律师论丛——第三届西部律师发展论坛优秀论文集》，是本次论坛中提交论文和获奖论文较多的省份。

2010年10月11日，省司法厅厅长何剑文、副厅长汪洋在省厅律师工作处、省律协秘书处负责人的陪同下，到云南刘胡乐律师事务所、云南勤业律师事务所调研。调研中，何厅长强调，全省律师行业要按照中央司法体制改革的统一部署和要求，紧紧围绕省委确定的“两强一堡”发展战略开展法律服务，在执业过程中做到“三个坚持”“三项要求”。

10月26日，省司法厅、中央党校出版社在昆明召开了《桥头堡建设法律服务研究与实务》一书的出版发行座谈会。与会专家、学者以及作者代表就该书出版发行的目的、意义以及如何围绕桥头堡战略推进云南法律服务行业新发展进行了交流探讨。该书的主编，省司法厅厅长、省律师协会会长何剑文指出，该书的出版，既适应了我省法律服务行业发挥作用，促进桥头堡建设和民主法治建设的需要，也填补了我省法律服务领域具有指导性、可操作性的理论研究空白。相信该书的出版，将成为广大法律服务工作者的良师益友，对我省法律服务业更好地服务桥头堡建设和推进法治云南建设，必将起到积极的推动作用。该书是第一部围绕云南桥头堡发展战略，研究和谋划律师、公证、司法鉴定法律服务发展新渠道的专著。

10月27日至29日，云南省第六次律师代表大会在昆明隆重召开。中共云南省委常委、省委政法委书记孟苏铁同志到会作重要讲话。原省政协副主席和占钧同志出席大会，大会由省司法厅党委书记、厅长何剑文主持。大会召开实现了五大收获，具有五大特点。这次会议，选举产生了云南省律师协会第六届理事会和常务理事会领导班子，聘请原省政协副主席和占钧同志担任名誉会长。省司法厅党委书记、厅长何剑文同志当选为云南省律师协会新一届会长、熊亮同志当选为常务副会长、九名专职律师杨金勤、万立、马巍、刘凌、张慧、崔娥、伍志旭、杨云建、熊斌当选为副会长。

10月29日，在云南省第六次律师代表大会召开期间，省律师协会举办了“千名律师听党课”活动。省司法厅党委委员、副厅长汪洋以“律师·政党·文化”为题，以文化为视角，围绕律师与法治文化、红色管理与律师组织、文化是组织的灵魂三个方面，与近千名律师进行了交流分享。

2010年11月4日，司法部全国律师行业创先争优活动推进会在西安召开。会议期间，云南省司法厅党委委员、副厅长、省律师协会党委书记汪洋代表云南省司法厅作了题为《以“445”工程为抓手，扎实开展创先争优活动》的交流发言；云南勤业律师事务所主任杨金勤代表云南勤业律师事务所党支部做了题为《坚持以党建带所建，促进律师事务所全面发展进步》的交流发言。

11月19日至21日，省律师协会党委组织全省律师行业百名支部书记进行党务培训。培训班上省司法厅党委委员、副厅长、省律协党委书记汪洋，省委省直机关工委副巡视员何兆光，省委党校党委委员、教授欧黎明，云南刘胡乐律师事务所资深律师、共产党员王达人为全省律师行业的150余名基层党支部书记进行了专题授课。为配合此次培训活动，省律协党委编印了《云南省律师党建工作手册》，收录了中央和省委有关律师党建工作的指示要求和建立完善律师行业党建基本工作制度以及党务基础知识和操作方法，同时对近年来全省律师行业党建工作实践作了简要总结，具备较强的针对性、操作性和实用性。

12月4日，云南省律师协会、云南省法官协会在昆明联合举办了“首届法治论坛”，此次论坛的主题是“法官与律师共促司法公正”。本届论坛在全省范围内开展征文活动，我省各级法院的法官和各律师事务所的律师踊跃参加征文活动，截止10月底，两协会共收到论文85篇，经过评审，其中的55篇入选首届“法治论坛”论文集，32篇被评选为优秀论文。省司法厅副厅长、省律协党委书记汪洋，省高院副院长、省法官协会副会长田成有出席了论坛开幕式。

2010年12月15日云南省律师协会六届一次常务理事会在昆明召开，省律师协会会长何剑文主持会议。省律协常务副会长兼秘书长熊亮在会上传达了全国律师工作会议精神，并结合云南律师工作实际，就贯彻落实会议精神所提建议作了说明。会议讨论了《云南省律师协会第六届理事会专门委员会、业务研究委员会设置方案（讨论稿）》、《云南省律师协会第六届理事会会长、副会长分工及相关工作方案（讨论稿）》、《云南省律师执业年度考核规则实施细则（讨论稿）》、《云南省律师协会会员会籍管理办法（讨论稿）》和《云南省律师协会理事差旅费管理办法（讨论稿）》。另外，会议还通报了协会按照司法厅统一部署，购置办公用公务车辆的情况。省律师协会会长何剑文在会议结束时发表了讲话。他指出，云南省第六次律师代表大会闭幕不久，协会就召开六届一次常务理事会，目的就是要进一步统一思想，凝聚共识，贯彻落实好全国律师工作会议精神，为新一届理事会工作开好头，起好步。他要求，不断推进我省律师事业实现新发展，取得新突破，常务理事要做到“四讲”：一是要讲政治、二是要讲法律、三是要讲服务、四是要讲奉献。

2010年12月15日云南省律师协会2010年度律师疗养工作圆满结束。

## 陕西省律师协会工作

### 一、地区片会

1.8月14日~15日，由中华全国律师协会法律援助及公益事务专业委员会、省律协主办，省律协法律援助及公益事务专业委员会、

“三农”法律事务专业委员会协办，以“服务农村法治 维护农民权益”为主题的交流研讨会在西安召开。中华全国律协常务理事、法律援助与公益法律事务委员会常务副主任佟丽华、省司法厅副厅长孔德勤、省警官职业学院副院长卢建昌、省司法厅律管处副处长郝茂成、省律协会长赵黎明、副会长魏钢、秘书长周刚、业务部部长韩力出席会议。来自全省各地市约100名县域律师事务所律师参加会议。会议以律师“服务农村法治 维护农民权益”为主题，邀请特邀嘉宾分析了我国农村法治的现状，县域律师互相交流在此领域的维权经验，从而为我省律师实现和维护农民合法权益发挥更加重要的作用。

2. 9月25日，第三届西部律师发展论坛在广西南宁开幕。中华全国律师协会、西部十二省（自治区、直辖市）司法厅（局）及律师协会领导以及律师代表近600人齐聚绿城，共商律师行业和谐发展大计。本次论坛以“区域合作·和谐发展”为主题，围绕党和国家的中心工作，聚焦和谐、展望合作、探索发展。省司法厅副厅长孔德勤、律管处处长卢建昌、省律协会长赵黎明、秘书长周刚、业务部部长韩力、会员部副部长沈向阳以及陕西律师代表共26人参加了此次盛会。

## 二、重要的专业委员会活动

1月22日下午，省律师协会三农法律事务专业委员会与西北政法大学新农村建设政策与法律研究中心共同举办的《村民委员会组织法（修订草案）》修订建议研讨会。参加本次研讨会的人员除省律协三农法律事务专业委员会委员律师以及西北政法大学新农村建设政策与法律研究中心研究人员外，会议还邀请了山西省委政策研究室助理巡视员郑梦熊，陕西省委政策研究室农村处长董顺利，西北政法大学教授、《法律科学》主编韩松，以及部分来自农村基层的村支书、村主任共同参加讨论。会议由陕西省律协三农法律事务专业委员会主任廉高波主持，与会人员就《村民委员会组织法（修订草案）》的立法目的、立法技术、立法的前瞻性进行了深刻剖析后展开讨论。

1月22日，省律协行政法律事务专业委员会召开工作会议。业务部部长韩力出席会议，名行政法律事务专业委员会委员参加会议。

4月10日，全省律师涉外业务培训及案例研讨会在西安雍村饭店召开。会议由省律协涉外专业委员会主任陈晓梅律师主持，涉外专业委员会委员及全省各地市律师代表共计50余人参加了本次会议。

5月15日，由西北政法大学、陕西省律师协会、中国律师刑事辩护培训中心联合主办的“司法改革背景下的律师刑事辩护”研讨会在西北政法大学举行。省律协刑事专业委员会各委员等共计50余人参加了会议。

7月14日上午，省律协召开各专业委员会主任工作会议，会议研究讨论了《2010年省律师协会各专业委员会工作指导意见》（征求意见稿），各专业委员会主任、副主任、秘书长共计三十余人参加会议。

8月14日~15日，由中华全国律师协会法律援助及公益事务专业委员会、省律协主办，省律协法律援助及公益事务专业委员会、“三农”法律事务专业委员会协办，以“服务农村法治 维护农民权益”为主题的交流研讨会在西安召开。120余人参加会议。

## 三、2010年度会员管理工作总结

2010年，会员部紧紧围绕省律协中心工作和岗位目标要求，在厅党组及省律协领导的正确领导下，坚持“改革创新、勇创一流”的工作理念，较好地完成了各项工作任务，现将2010年的工作总结如下：

### （一）认真开展律师业务培训，不断提高律师队伍的政治业务素质

1. 认真编制培训计划。1月22日，编制2010年全省律师行业培训计划，并上报省司法厅政治（警务）部宣教处。

2. 举办省直律师事务所示范性培训。7月3至4日，举办了两期省直律师事务所《侵权责任法》培训班，邀请省高级人民法院赵建民法官授课，系统的阐述了《侵权责任法》的立法指导思想、基本原则，并结合案例和司法实践，从社会实践角度出发，对《侵权责任法》基本内容的理解与适用逐句逐条进行了深入浅出、生动全面的讲解，来自省直律师事务所1128名律师参加了培训。

3. 认真做好实习律师集中培训。为了把好新进律师入门关，培养实习律师良好的执业纪律、职业意识和职业操守，4月、5月5日、11月，在省警官职业学院分别举办了三期实习律师集中培训班。邀请了西北政法大学、陕西警官职业学院的资深教授，以及具有丰富实践经验的资深法官和律师，为实习律师讲授律师职业行为规范与律师执业责任、律师执业基本素养、刑事辩护理论与实务、行政、民事、仲裁、合同等业务基本技能，来自全省各市及省直律师事务所956名实习律师参加了培训，并通过了笔试及论文考核。

4. 推荐律师参加高层次、高水平政治业务培训。1月15日，推荐咸阳市律师协会李少卿、安康市康力律师事务所常正堂律师免费参加全国律协举办的侵权责任法讲座。为了提高律师的刑事辩护能力，4月23日，推荐30名律师参加第六期“西北地区刑事辩护律师培训”，经积极争取，西北地区刑事辩护培训办公室在原定我省9个名额的基础上，确定我省11名律师免费参加从5月5日开始的为期一个月的刑事辩护培训。为了提升律师政治业务水平、拓展业务视野，4月26日，经推荐并报省司法厅审查同意，我省4名律师报名参加司法部司法行政学院5月12日至21日举办的第36期全国高级律师高级公证员培训班。

5. 对去年未完成规定学时的律师进行补充培训。10月17日，针对部分律师因未参加2009年度业务培训而被暂缓考核的情况，特举办省直律师事务所、杨凌示范区律师事务所律师继续教育培训班，邀请省高级人民法院法官赵建民讲授《民事诉讼时效》及《合同法司法解释（二)》，202名律师参加了培训。

6. 举办未成年人刑事辩护能力培训班。为了充分发挥女律师在刑事诉讼中保障未成年人合法权益中的特殊作用，9月27日至28日，与省妇联、省女法律工作者协会、国际司法桥梁联合举办未成年人刑事辩护能力培训班，来自陕西省各市及内蒙、宁夏等地的近百名女律师参加了培训。

（二）加大投诉查处力度，规范律师依法依规执业

进一步健全律师违纪惩戒机构，创新投诉查处工作方式。为了加大惩戒力度，进一步规范律师的执业行为，树立律师队伍良好的社会形象，推动律师事业的健康发展，根据《陕西省律师协会专门委员会工作规则》的规定，进一步健全完善了律师违纪惩戒机构，成立了以省律师协会副会长李志成为主任的省律师协会律师纪律委员会，为今后投诉查处工作提供了有利的组织保障。10月29日，律师纪律委员会召开工作会议，安排部署投诉查处工作。来自西安、榆林、安康、渭南、宝鸡、杨凌及省直律师事务所的13名委员参加了会议。会议根据地域、回避等原则，创新投诉查处工作方式，将纪律委员会委员分为4个调查组，每组3名委员，并指定1名委员担任组长，今后投诉案件将由4个调查组负责查处，并制定了律师纪律委员会调查组工作职责。同时，会上将省律师协会会员部近期受理的8个投诉案件进行了分配。

（三）积极开展维权工作，依法维护律师、律师事务所的合法权益

11月10日，陕西金镝律师事务所律师李坚陪同其法律顾问单位银川长陇石油工程有限公司代表赵宏德三人，前往甘肃省镇原县交警队处理一起交通事故，在与受害方家属代表协商未达成一致意见时，受害方家属情绪激动，后聚集众人，强行将李坚律师等三人带走，被

非法拘禁在镇原宾馆同一房间。11 月 11 日，陕西金镝律师事务所紧急派人赴现场解救，并已向当地公安机关报警，但未能救出。同日，省律师协会接到陕西金镝律师事务所紧急情况反映后，周刚秘书长高度重视，迅即安排会员部进行维权，同时亲自与甘肃省政法委、甘肃省律师协会、庆阳市律师协会联系，要求保护执业律师合法权益，使李坚律师尽快获得人身自由。经多方努力，11 月 12 日，李坚律师被非法拘禁一事妥善得到解决。陕西金镝律师事务所给省律师协会送来了感谢信和“情系律师、依法维权”的锦旗。

（四）认真完成其他工作

1. 1 月底，抽调专人撰写省律协 2009 年工作年鉴，并上报全国律协。

2. 3 月 15 日，汇总各市律师协会维权、惩戒案件统计数据，向全国律协上报《律师协会维权案件调查统计表》、《律师协会投诉受理情况统计表》。

3. 3 月 25 日，委托各市律师协会、杨凌示范区联络组给所属的律师事务所赠阅由陕西律师协会编印的《劳动法律法规政策汇编》书籍。

4. 4 月 12 日，组织召开座谈会，按照全国律协要求，征求《律师执业活动年度考核办法》意见和建议。省律师协会会长、副会长、秘书长及省律师协会各部室负责人、安康市律师协会及部分律师事务所代表参加了会议。

5. 4 月 1 日，到省人力资源和社会保障厅养老保险处了解律师参加社保政策规定，并与养老保险处处长刘鹏程、副处长许午禾交换意见。

6. 5 月 4 日，印发《关于律师参加社保情况调查的通知》，5 月 6 日，印发《关于报名参加全国基层法律工作者优秀人才选拔与培训计划的通知》。

7. 5 月 6 日，下发紧急通知，要求各市律师协会、杨凌示范区联络组及省直各律师事务所严格贯彻落实司法部《关于做好个别律师参与网络签名活动有关处置工作的通知》要求，不参与签名活动，依法理性表达诉求。

8. 7 月 7 日，在省律师协会秘书长周刚的陪同下，北京律师协会姜俊禄副会长、宣传与联络委员会主任马慧娟、捐款律所代表金杜所律师厉智君等一行前去榆林市吴堡县慕家塬的北京律师希望小学进行回访，并举行了“北京律师协会回访希望小学暨捐赠仪式”，向学校捐赠了图书、字典、书包及体育用品。会员部派人参加了回访捐赠仪式。

9. 7 月 30 日，铜川市律师事务所与基层司法所帮扶结对活动启动仪式在铜川柳林镇举行，省律师协会秘书长周刚作了重要讲话，陕西致易衡律师事务所等 6 家省直律师事务所代表向结对帮扶的 6 家司法所捐赠了现金和电脑、打印机等物品。会员部派人参加了启动仪式。

10. 8 月 6 日，组队代表省司法厅参加省直机关职工第二届“全面健身日”体育健身展示活动，省律师协会机关 20 名同志参加了展示活动。其中，袁雪妹获得 4. 8 公里长跑第 19 名。

11. 9 月 25 日至 26 日，省司法厅副厅长孔德勤率陕西律师代表团 33 人参加由西部十二个省（自治区、直辖市）律师协会共同主办、广西壮族自治区律师协会承办的第三届西部律师发展论坛。

12. 10 月 1 日至 31 日，经审查，为 25 家省直律师事务所及 19 名律师申报陕西省高级人民法院《企业破产案件社会中介机构管理人》资格出具了未受行业处分的证明。

## 四、法律援助

我省参加法律援助的律师共计 2781 人，占我省律师总人数的 65%。2010 年我省律师共承办了 12516 个法律援助案件。

有影响的典型案件有：

1. 太白县法律援助中心报送的宝鸡市陕西红岭律师事务所主任张杰律师代理旬阳县仁河口乡瓦屋厂村人白继旭等 38 人劳动争议纠纷案件，经过办案律师的不懈努力，终于使 38 名农民工依法讨要到了应得的工资，维护了农民工的合法权益。

2. 宝鸡市金台区法律援助中心上报陕西华维律师事务所杨冰泉律师为西安铁路局宝鸡东站劳动服务公司的工人严宝生代理的劳动争议法律援助案件，为当事人争取了医疗保险、工资等合理待遇，维护了其合法权益。

## 五、会刊及网站

### （一）会刊

1. 名称：《陕西律师》

2. 成立时间：1985 年 3 月 10 日

3. 主要栏目：

领导讲话　律师论坛　法律视角　案例分析　律师之声

协会工作　各市动态　律所动态　随笔

### （二）网站

1. 名称：陕西律师网

2. 成立时间：2005 年 6 月

3. 主要栏目：

协会简介　业界新闻　协会工作动态　律师业务专门专业委员会　律师党建　行业规范　律管规章　协会信箱　重点法律法规查询　律师查询　法律咨询　协会会刊　会员专区　行业奖励　实习律师园地　网上投诉　招聘信息　律管平台

## 六、律师协会大事记

1. 1 月 18 日，召开会长办公会议，总结了 2009 年工作，讨论了 2010 年工作思路。

2. 1 月 22 日下午，省律师协会三农法律事务专业委员会与西北政法大学新农村建设政策与法律研究中心共同举办了《村民委员会组织法（修订草案）》修订建议研讨会。参加本次研讨会的人员除省律协三农法律事务专业委员会委员律师以及西北政法大学新农村建设政策与法律研究中心研究人员外，会议还邀请了山西省委政策研究室助理巡视员郑梦熊，陕西省委政策研究室农村处长董顺利，西北政法大学教授、《法律科学》主编韩松，以及部分来自农村基层的村支书、村主任共同参加讨论。会议由陕西省律协三农法律事务专业委员会主任廉高波主持，与会人员就《村民委员会组织法（修订草案）》的立法目的、立法技术、立法的前瞻性进行了深刻剖析后展开讨论。

3. 1 月 21 日，周刚秘书长及各部室负责人参加省司法厅召开“律师担任省人大代表、省政协委员法律顾问动员大会”。

4. 1 月 24 日，张平安副会长参加省政协十届三次会议，提出了《高度关注大学生就业难问题，采取更有效措施促进广泛就业》议案。

5. 2 月 1 日下午，召开 2009 年度媒体记者表彰会，感谢中央、省、市相关新闻单位对省律协工作的支持，对评选出的 7 位表现突出、成绩显著的记者予以表彰奖励。赵黎明会长作了总结讲话。受表彰的 7 位记者是：华商报记者江雪、法制日报西安记者站记者台建林、陕西日报记者成全勃、西部法制报记者闫茂盛、陕西电视台记者李月娟、西安电视台记者高云鄂、陕西广播电台记者张天潇。

6. 2 月 3 日上午，召开会议传达学习了胡锦涛总书记在陕西考察工作时的重要讲话精神。会议由会长赵黎明主持。省律协副会长、机关全体人员及省直律师事务所党支部书记参加了学习。

7. 2 月 4 日，印发陕律发〔2010〕2 号《关于转发〈陕西省司法厅关于深入学习贯彻胡锦涛总书记在陕西考察工作时的重要讲话精神的安排意见〉的通知》。

8. 2 月 1 日，省高院举行首届廉政监督员聘任大会，会议由省法院常务副院长宋龙凌主持，纪检组组长贺伯庆宣读了省高院关于聘任二十七名同志为省法院廉政监督员的决定，赵黎明会长、梁国安副会长、周刚秘书长以及朱占平、安文江律师被聘为省法院廉政监督员。

9. 2 月 1 日晚，省司法厅召开党组（扩大）会议，厅党组书记、厅长路志强主持会议，传达胡锦涛总书记来陕视察时重要讲话以及省委常委、省政法委书记宋洪武在省级政法部门传达学习胡锦涛总书记重要讲话大会上的讲话，赵黎明会长、周刚秘书长列席会议。

10. 3 月 25 ~26 日，召开省律协五届第二次理事会及第四次常务理事会，大会经讨论审议，通过了《陕西省律师协会五届常务理事会工作报告》、《陕西省律师协会 2010 年工作要点》、《陕西省律师协会 2009 年度会费决算报告》、《陕西省律师协会 2010 年度会费预算报告》。省司法厅副厅长孔德勤出席会议并作了重要讲话。

11. 4 月 26 日，赵黎明会长、魏钢副会长、会员部沈向阳副部长参加省司法厅副厅长孔德勤主持的会议，汇报一起有关律师见证案件的投诉研讨情况。

2010 年第一季度，陕西律师农民工维权工作总站共接待咨询 555 件，其中来电 289 件、来访 260 件，涉及金额 20，663，153 元。受理案件 72 件，涉及金额 1，663，686. 4 元。办理案件 35 件，被支持金额 1，238，377. 6 元，农民工实际拿到金额 335，400 元。工作站三名律师到省广播电台“900 维权热线”做节目共计 14 次，介绍与农民工维权相关的法律知识，讲解具体案例，接听农民工来电咨询，取得良好的社会效果。

12. 4 月 16 日 ~25 日，省律师协会在省警官职业学院举办了 2010 年第一期实习律师集中培训班，西安及省直 132 名实习律师参加了培训。

13. 4 月 19 日，省律协组织机关全体人员及省直律师事务所、律师为青海玉树地震灾区捐款。

14. 5 月 15 日，由西北政法大学、陕西省律师协会、中国律师刑事辩护培训中心联合主办的“司法改革背景下的律师刑事辩护”研讨会在西北政法大学举行。赵黎明会长作了《保障刑辩律师权利、遏制“刑事参辩率”持续下滑》的主题报告。

15. 5 月 19 日，省高级人民法院院长安东带领主要庭室负责人一行九人到省律师协会进行工作调研并召开座谈会，与律师就法院工作进行对话交流，征求律师代表对法院工作的意见和建议。赵黎明会长主持座谈会，张平安、魏刚副会长、周刚秘书长、各部室负责人以及部分律师事务所主任参加了座谈会。

16. 5 月 5 日，魏钢副会长代表省律协参加由西北政法大学与美国福特基金会联合举办的第六期“西北地区刑事辩护律师培训”并致辞。

4. 5 月 10 日，赵黎明会长受聘担任中国人民大学律师学院顾问。

17. 5 月 12 日，张平安副会长参加在省高院召开的关于全国法院立案信访窗口建设会议精神贯彻落实情况的汇报会议。

18. 5 月 13 日上午，赵黎明会长、周刚秘书长陪同省司法厅路志强厅长及孔德勤副厅长，先后到陕西永嘉信律师事务所、陕西静远新言律师事务所和北京中凯律师事务所西安分所，对律师事务所党建工作的开展进行调研。

19. 5 月 13 日下午，赵黎明会长、周刚秘书长参加由省司法厅孔德勤副厅长主持召开的传达司法部副部长赵大程在全国律师工作座谈会上的讲话精神。

20. 5 月 17 日，赵黎明会长、梁国安副会长、周刚秘书长参加省司法厅召开全省司法行政系统维护社会安全稳定电视电话会议。会议传达了全省进一步加强综治维稳工作电视电话会议精神，安排部署全省司法行政系统维护社会安全稳定工作。

21. 5 月 24 日，省委常委、省政法委书记宋洪武约见了省律协会长赵黎明、副会长魏钢。在听取赵会长就省律协党建工作及律师担任人大代表、政协委员法律顾问情况工作汇报后，宋书记对省律协的工作给予了充分肯定，强调要继续切实抓好这两项工作。

21. 5 月 27 ~28 日，省直机关工委第十六届“秦龙·秦达杯”围棋比赛在西安举行，省律师协会按照省司法厅机关党委的要求，抽调陕西金镝律师事务所律师李大郁、陕西博纳新律师事务所律师余广利，陕西博纳新律师事务所律师杨克利，陕西静远新言律师事务所律师张志强等四名选手组成省司法厅代表队，并指派省律师协会会员部副部长沈向阳为领队。经过2天七轮的紧张比赛，省司法厅代表队获得了团体第二名。陕西金镝律师事务所律师李大郁、陕西博纳新律师事务所律师余广利分别获得个人第四名、第七名的好成绩。

22.6月24日，为纪念陕西省律师协会成立三十周年，省律协与西部法制报社携手举办“风雨兼程·纪念陕西省律师协会成立30周年”大型宣传活动，以《西部法制报》开辟的专栏为平台，展现新时期省律协工作留下的闪光足迹。省律师协会赵黎明会长在首刊上发表了题为《陕西律师行业的可持续发展》的文章。

23.6月2日，李明仁副会长应邀参加在汉中举行的“2010陕西新经济社会组织信息化高峰论坛会议”。

24.6月3日，赵黎明会长、梁国安副会长参加省高院廉政建设会议。

25.6月3日，赵黎明会长，梁国安、魏钢副会长参加最高人民法院监察室举行的“规范法官与律师、中介机构人员相互关系，防止发生利益冲突”的课题调研会。

26.6月3日，省律管处卢建昌处长、梁国安副会长、周刚秘书长参加西安市属五家律师事务所与周至县五个基层司法所结对帮扶活动启动仪式。

27.6月18日，赵黎明会长、梁国安副会长、周刚秘书长参加省司法厅召开的在全省律师行业基层党组织和律师党员中开展“创先争优”活动动员部署会议。

28.6月24日，赵黎明会长作为省政府法律顾问，受邀担任省政府法制办举办的“2009年度全省政府法制理论研究优秀论文评审会”评委，对40篇参评论文进行打分评审。

29.6月25日，赵黎明会长、魏钢副会长等一行三人赴青海西宁，代表陕西律师向青海省律师协会捐款10万元，主要用于青海灾区律师的教育培训等方面工作，省律协会长赵黎明在捐赠仪式上讲话，鼓励玉树地区律师要振作精神、坚守岗位、尽快恢复当地法律服务工作。

30.7月1日，省律协召开会长办公会议，就省委、省政府、省政法委领导批转的新华社内参《国内动态清样》关于律师挂靠及律师事业发展问题展开讨论。省司法厅副厅长孔德勤、律管处处长卢建昌、副处长郝茂成出席会议。

31.7月14日，省律协召开各专业委员会主任工作会议，会议研究讨论了《2010年省律师协会各专业委员会工作指导意见》（征求意见稿），赵黎明会长作总结讲话。

32.7月14日~15日，省律师协会、省司法厅律师管理处在柞水举办律师事务所检查考核和律师执业活动考核工作培训会议，11个市（杨凌区）司法局律师科（处）长参加了培训。省律师协会周刚秘书长、厅律师管理处副处长郝茂成、会员部副部长沈向阳参加会议。

33.7月22日，省律师协会在西安人民剧院隆重召开纪念陕西省律师协会成立三十周年大会。陕西省司法厅党组书记、厅长路志强到会祝贺并发表重要讲话。省司法厅副厅长范兴明、侯耀军、孔德勤、田萍及省级有关部门的负责同志，省律协赵黎明会长，梁国安、王选、李志成、张平安、魏树新、魏钢副会长、周刚秘书长及省律协全体人员和近千名执业律师参加了纪念大会。省律师协会会长赵黎明作大会主题报告。纪念大会上，与会代表观看了“陕西律师三十周年”电视宣传片，会议对1980年执业的李子俊等109位律师及从业25年的梁胜国等349位资深律师进行了表彰，并对省农民工法律服务工作总站等5家单位以及张学清等40名公益律师颁发了“公益奉献奖”。最后，省律协还为与会代表奉献了一台由律师自编自演的精彩文艺节目。

34.7月7日，北京市律师协会姜俊禄副会长、宣传与联络委员会主任马慧娟、律师事务所代表厉智君等一行八人前往榆林市吴堡县慕家塬的北京律师希望小学进行回访，并举行了“北京律师协会回访希望小学暨捐赠仪式”，向学校捐赠了图书、字典、书包及体育用品。吴堡县县长助理李向春、榆林市司法局副局长孙有强参加了捐赠仪式。

35.8月14～15日，由中华全国律师协会法律援助及公益事务专业委员会、陕西省律师协会共同主办，省律协“三农”法律事务专业委员会、省律协法律援助及公益事务专业委员会共同协办的以“服务农村法治 维护农民权益”为主题的交流研讨会在西安唐华宾馆召开。陕西省司法厅副厅长孔德勤、司法厅副巡视员张东、陕西省警官职业学院副院长卢建昌、省委农村政策研究室副主任郑梦熊、中华全国律协法律援助与公益法律事务委员会副主任佟丽华、陕西省律师协会会长赵黎明、秘书长周刚出席会议。赵黎明会长做大会主题发言。

36.8月2日，赵黎明会长受省政府法制办委托在省高院参与省国土资源厅有关案件的论证。

37.8月3日，周刚秘书长参加厅机关组织的向陕西受灾地区捐款活动，省律协向灾区捐款5万元。

38.8月4日，赵黎明会长与省政府法制办宋昌斌主任就省律协与省法制办联合开展工作交流意见。

39.8月4～5日，张平安副会长陪同省政协领导视察陕西省人民检察院、户县检察院、富平县检察院开展反渎职侵权工作，并从律师的角度如何做好这项工作提出了建议和意见。

40.8月16～19日，周刚秘书长参加全国律协秘书长工作会议。

41.9月20日，省律师协会律师执业活动年度考核工作委员会召开第一次会议，专题研究省直律师事务所及杨凌示范区律师事务所的律师考核工作。省司法厅律师管理处处长卢建昌、省律师协会赵黎明会长、张平安、李志成、魏钢副会长及律师执业活动年度考核工作委员会西安地区的委员参加了会议。

42.9月14日上午，赵黎明会长参加民建西安市委员会隆重召开成立60周年纪念大会并获得优秀会员称号；

43.9月17日，赵黎明会长参加省高院主持召开的《中华人民共和国行政诉讼法》实施20周年座谈会并作发言；

44.9月24日，省司法厅副厅长孔德勤率赵黎明会长，李明仁、李志成、王选、王利文、魏树新副会长、周刚秘书长及我省律师26人到广西南宁参加由西部十二个省（自治区、直辖市）律师协会共同主办、广西壮族自治区律师协会承办的第三届西部律师发展论坛。本届论坛的主题是“区域合作，和谐发展”。

45.10月25日上午，省律师协会组织召开省直各律师事务所党支部书记、省律协西安地区理事会议，传达学习党的十七届五中全会精神、《中共中央办公厅 国务院办公厅转发〈司法部关于进一步加强和改进律师工作意见〉》的文件以及省委常委、常务副省长娄勤俭到省司法厅调研工作时的讲话精神。赵黎明会长，梁国安、张平安副会长，周刚秘书长参加会议。

46.10月29日，省律师协会组织召开律师纪律委员会第一次工作会议，安排部署投诉查处工作。来自西安、榆林、安康、渭南、宝鸡、杨凌及省直律师事务所的十三名委员参加了会议。会议由副会长、省律协纪律委员会主任李志成主持，赵黎明会长、周刚秘书长出席会议。

47.10月12日，赵黎明会长、周刚秘书长参加省人大、省政协、省司法厅联合召开的律师为省人大代表政协委员担任法律顾问工作座谈会，会议由省政协秘书长田杰主持，省人大常委会副主任黄玮、省政协副主席李进权出席会议并作讲话。

48. 10月12日，赵黎明会长接受《各界导报》采访，就律师如何更好推进为人大代表、政协委员做好法律顾问工作发表意见。《各界导报》于10月15日刊发了题为《为代表委员参政议政把好法律关——访陕西省律师协会会长赵黎明》的文章。

49. 10月29日下午，赵黎明会长、李志成、魏钢副会长、周刚秘书长参加省司法厅召开的会议，学习讨论贯彻《中共中央办公厅、国务院办公厅转发的〈司法部关于进一步加强和改进律师工作意见〉》的文件，会议由省司法厅副厅长孔德勤主持。

50. 10月17日，针对部分律师因未参加2009年度业务培训而被暂缓考核的情况，特举办省直律师事务所、杨凌示范区律师事务所律师继续教育培训班，邀请省高级人民法院法官赵建民讲授《民事诉讼时效》及《合同法司法解释（二）》，省律师协会副会长魏钢出席开班典礼并讲话。200名律师参加了培训。

51. 11月13日，赵黎明会长接受中央电视台法制频道采访，就陕西省律师为省人大代表、政协委员一对一免费提供法律服务工作情况进行了介绍。

52. 11月25～26日，赵黎明会长、梁国安副会长在北京参加由中共中央组织部、司法部联合召开的全国律师行业党建工作会议。

53. 11月29日，赵黎明会长在省委党校参加由陕西省司法厅举办的全省律师事务所党支部书记培训班开班典礼。

54. 12月9日上午，召开会长办公会，就如何推荐表彰省直所"三秦十佳"律师、省级优秀律师、省级优秀律师事务所候选人名单与几位副会长进行讨论。

55. 12月9日，召开五届五次常务理事会，会议由赵黎明会长主持。15名常务理事参加了会议，省律师协会周刚秘书长、各部室主要负责人列席会议。会上赵黎明会长传达全国律师工作会议精神；魏钢副会长传达了《中共中央办公厅、国务院办公厅转发〈司法部关于进一步加强和改进律师工作的意见〉》（中办发〔2010〕30号）文件；审议《陕西省律师协会会费标准及管理办法（草案）》、《执业律师转所管理办法（草案）》、审议《关于律师事务所财务管理若干问题的规定（草案）》；推荐表彰省直所"三秦十佳"律师、省级优秀律师、省级优秀律师事务所候选人名单，并讨论中办发〔2010〕30号文件贯彻落实措施。

56. 12月25日～26日，由省律协、陕西丰瑞律师事务所主办的"两个证据规定"及量刑规范化论坛在省军区招待所会议室召开。论坛特邀最高人民法院三位法官进行讲授，近200位执业律师参加了此次论坛。赵黎明会长出席论坛开幕式并做题为《做一名优秀的刑辩律师》的演讲。

57. 12月1日，赵黎明会长就"十一五"期间陕西省律师协会和陕西律师行业的工作情况接受《法制日报》记者的采访。

58. 12月6日，赵黎明会长、魏钢副会长、周刚秘书长参加由省司法厅孔德勤副厅长主持召开的会议，就评选2009～2010年度"三秦十佳律师"、"三秦十佳公证员"、"省级优秀律师"、"省级优秀律师事务所"进行评审讨论。

59. 12月21日，赵黎明会长、梁国安副会长、周刚秘书长参加由省司法厅孔德勤副厅长主持召开的会议，研究讨论《关于贯彻落实全国律师行业党的建设工作会议精神 进一步加强全省律师行业党的建设工作的意见（征求意见稿）》和《关于进一步加强和改进律师工作的实施意见（征求意见稿）》。

## 甘肃省律师协会工作

### 一、业务研讨

1. 地区片会

2. 重要的专业委员会活动

3月17日，西北政法大学张国伟教授在兰州大学会议中心为我省刑事辩护律师举办了刑法实务专题讲座。张国伟系西北政法大学刑法学教研室副主任、刑法专业硕士生导师，中国刑事辩护律师培训中心常务副主任，对刑事辩护律师的培训有丰富的经验。在当天的讲座中，张教授从刑事辩护律师如何学习刑法、如何理解刑法、如何运用刑法的角度出发，以一个真实的刑法案例，讲述了律师在刑事辩护中涉及的十个主要刑法问题。省律协刑委会组织了这次培训活动。

3月30日，召开了省律协五届二次常务理事会，对加强专业委员会和专门工作委员会工作进行了专题研究。经全省律师自愿报名、市州推荐、省律协常务理事会研究，省律协成立了8个专门委员会和6个专业委员会，为充分发挥省律协在全省律师业务发展、开拓、研究中的指导作用，促进律师各项业务的拓展打下了组织基础。各专门委员会和专业委员会积极开展工作，使律协工作上了一个新台阶。

7月31日至8月1日，由全国律师协会劳动和社会保障委员会主办、甘肃省律师协会承办的《全国律师协会劳动和社会保障委员会2010年年会暨西部劳动法律论坛》在我省嘉峪关市召开。参加这次会议的代表，有全国律师协会劳动和社会保障委员会委员和来自全国各地从事劳动法业务的律师以及甘肃省律协劳动和社会保障委员会全体委员及西部地区的参会律师，共计180余人。会议准备充分，组织严密，受到全国律协领导和与会律师的好评。

9月10日，省律协刑委会召集会议，就《刑法修正案（八）》（草案）进行专题研究，与会的近30名刑委会委员发表了关于修正案的修改意见。

10月22日，省律协民商专委会举办了2010年度年会，就制定民商专业委员会工作规则、工作计划和2011年度工作规划进行了认真讨论。

## 二、会员培训

2月5日，由省律师协会刑委会、兰州市律师协会刑委会及北京尚权律师事务所联合举办的“刑事辩护中的风险防范”活动在兰州结束。省、市律师协会刑委会在兰委员及兰州地区部分刑辩律师共40余人参加了活动。这次活动准备充分、内容翔实，编印了《刑事辩护风险提示专辑》，对于刑辩律师防范风险具有借鉴作用，受到与会律师的充分肯定。

6月19日~20日，省律师协会和北京市尚权律师事务所共同举办了刑辩技能研讨会。省律师协会赵荣春会长主持了开幕式，省司法厅巡视员、省律协党组书记张克年和北京市尚权律师事务所主任张青松在开幕式上先后致辞。研讨会邀请北京大学法学院教授、博士生导师陈瑞华和清华大学法学院教授、博士生导师张明揩分别作了学术报告，邀请全国知名刑辩律师钱列阳、张青松、韩嘉毅等人参加了刑辩论坛活动。这次活动深受我省广大律师的欢迎，参加培训人数达到了260余人。

10月23日，甘肃省律协民商专委会、兰州市律协房地产专委会在兰州市西北宾馆举办了全省律师专题实务培训讲座，邀请全国律协民商专委会副主任、秘书长李晓斌，北京著名律师庞标为甘肃律师做专题讲座，以促进和提高我省律师对土地使用权合同法律问题、侵权责任法立法背景及律师实务等法律问题深入了解与探讨。我省律师参加讲座人数近300人，会场气氛热烈。

省律协讲师团2010年派出15名教员到5个市州培训律师290多名，受到基层好评。

## 三、会员管理

认真学习贯彻修订后的《律师法》和司法部制定下发的《律师事务所管理办法》、《律师执业管理办法》以及省司法厅的一系列规定要求，以提高律师的法律服务能力和建立健全律师队伍建设长效机制为重点，加强了律师事务所建设和会员管理工作。按照司法部《律师事务所年度检查考核办法》，配合省厅律管处完成了年度考核工作，将通过考核的律师事务所和律师名册予以公示。省厅律管处和直属分会组成的联合考核组，对省属30个律师事务所进行了全面考评，在考评的基础上召开了律师事务所主任述职会议。推进律师执业公开，继续开展向公检法、法律顾问单位和委托人征求意见建议活动，建立律师诚信档案，自觉接受社会和舆论监督。

## 四、法律援助

2010年律师办理法律援助案件2556件。

## 五、会刊及网站

2005年11月27日，《甘肃律师网》网站的正式开通。网站开设"通知通告"、"市州律协动态"、"律所新闻"、"业内信息"、"培训交流"、"律师论坛"等栏目。甘肃律师网站的建立，给全省律师搭建一个沟通行业信息、促进业务交流、开展远程培训、推介律师文化、展示行业形象的平台，使社会公众能够进一步了解甘肃律师、了解律师行业。

2010年，省律协对《甘肃律师网》进行了改版，扩充了的容量，加大了对律师事务所和律师的推介和宣传。省律协秘书处全年印发简报25期，促进了全省律师行业的沟通交流。

## 六、律师协会大事记

1月15~17日，甘肃省第五次律师代表大会圆满召开，来自全省律师行业的正式代表124人、特邀代表31人齐聚兰州，出席大会，共商甘肃律师事业大计。省政府副省长张晓兰亲临大会并作了重要讲话。省委、省人大、省政府、省政协及省直有关部门领导同志出席了大会开幕式。会上，中华全国律师协会副会长彭永臣发表了热情洋溢的致辞，省司法厅厅长王禄维在开幕式致辞并在会议结束时作了重要讲话。与会代表经过认真讨论，审议通过了赵荣春代表省律协第四届理事会所作的工作报告，审议通过了尚伦生代表第四届理事会所作的财务工作报告，审议通过了朱万润代表第四届理事会所作的关于对《甘肃省律师协会章程》部分条款修改的说明，选举产生了由47名理事组成的新一届省律协理事会。经新产生的第五届理事会第一次会议选举，23名理事当选为常务理事，赵荣春当选为省律协第五届理事会会长，尚伦生、朱万润、李 勇、陈玉萍（女）、李兴禄、白贵明当选为副会长。甘肃省第五次律师代表大会的召开，对于认真总结经验，确定今后的工作任务和目标，研究进一步完善"两结合"律师管理体制的新举措，承前启后，开拓奋进，推动全省律师行业又好又快发展，具有十分重要的意义。

1月18日，省律协召开会长办公会议，传达学习了全国政法工作电视电话会议精神和省政法工作会议精神，学习了省司法厅党委书记、厅长王禄维省司法行政工作会议上的讲话，研究安排了当前工作。省司法厅巡视员、省律协党组书记张克年主持会议，新当选的省律协第五届会长赵荣春、副会长尚伦生、朱万润、李 勇、陈玉萍、李兴禄，省司法厅公证律师管理处处长何雯，省律协秘书长崔皋平参加了会议。根据省司法厅党委的部署和全省第五次律师代表大会精神，结合省律协换届的实际，会议研究了做好今年工作的总体思路。

1月22日，省司法厅巡视员、省律师协会党组书记张克年、律师协会秘书长崔皋平、省司法厅公证律师管理处处长何雯、副处长叶孔亮等领导同志，在兰州市司法局党组成员、副局长张维民的陪同下，对兰州市律师行业党建工作进行了调研指导。调研中，省厅领导与兰州市律师协会党务工作人员、律师事务所党支部书记等20余人就如何进一步加强党支部建设进行了座谈交流，对今后如何加强律师行业党建工作形成了共识，提出了很好的意见和建议。

1月29日，张掖市司法局副局长李健夫，甘肃省律师协会副会长、张掖市律师协会会长李兴禄，市律师协会秘书长张新富慰问了在高台县开展基层法律援助工作的"1+1"中国法律援助行动志愿者祝云昌律师，与祝云昌律师进行了热情的交流，同时对高台县的律师工作进行了调研。

2月5日，由省律师协会刑委会、兰州市律师协会刑委会及北京尚权律师事务所联合举办的“刑事辩护中的风险防范”活动，在兰州结束。省、市律师协会刑委会在兰委员及兰州地区部分刑辩律师共40余人参加了活动。这次活动准备充分、内容翔实，编印了《刑事辩护风险提示专辑》，对于刑辩律师防范风险具有借鉴作用，受到与会律师的充分肯定。

3月5日下午，省妇联与省综治办、省司法厅、省公安厅、省卫生厅、省禁毒委办公室、兰州市妇联和律师事务所、心理咨询中心等十多家单位，在兰州市东方红广场举办了“甘肃省三八妇女维权周十周年纪念暨‘学法律、促平安’宣传咨询活动”。甘肃省农民工法律维权工作站和甘肃勇盛律师事务所的律师及法律志愿者参加了此次活动，向过往群众发放了法制宣传资料并解答相关的法律问题。

3月13，张掖市律师协会召开了一届七次理事会和律师事务所主任会议。会议传达了甘肃省第五次律师代表大会精神，市律协会长李兴禄回顾总结了去年的协会工作；副会长王文灿对2010年工作进行了安排；市律协党总支书记、司法局副局长李健夫部署了近期律师文化建设活动。

3月17日，西北政法大学张国伟教授在兰州大学会议中心为我省刑事辩护律师举办了刑法实务专题讲座。张国伟系西北政法大学刑法学教研室副主任、刑法专业硕士生导师，中国刑事辩护律师培训中心常务副主任，对刑事辩护律师的培训有丰富的经验。在当天的讲座中，张教授从刑事辩护律师如何学习刑法、如何理解刑法、如何运用刑法的角度出发，以一个真实的刑法案例，讲述了律师在刑事辩护中涉及的十个主要刑法问题。省律协刑委会组织了这次培训活动。

3月29日，省律协党组召开会议，传达学习了司法部、省委省政府和省司法厅党委的有关会议精神，研究安排了省律协的年度工作。会上，省司法厅巡视员、省律协党组书记张克年宣读了省司法厅党委关于调整增补省律协党组成员的通知。调整增补后，省律协党组成员为9人：张克年、赵荣春、尚伦生、朱万润、李 勇、陈玉萍、白贵明、崔皋平、何 雯。会议传达了司法部关于李庄违法违纪案件的通报和开展警示教育的安排部署，传达了省委省政府和省司法厅党委的指示要求，结合我省律师行业实际，研究讨论了贯彻落实的具体措施。会议对今年的工作目标、重点任务、主要措施、责任分工进行了认真讨论研究。

3月30日，省律协五届二次常务理事会在兰州召开。省律协22名常务理事参加了会议。会议由会长赵荣春主持。司法厅巡视员、省律协党组书记张克年，司法厅公证律师管理处处长何 雯，省律协秘书长崔皋平参加了会议。会议传达了司法部关于李庄违法违纪案件的通报、省委省政府的指示要求和省司法厅党委的安排部署，结合律师行业实际，研究讨论了贯彻落实的具体措施。讨论审议了《甘肃省律师协会2010年工作要点》，确定了今年的总体思路、工作重点和责任分工。专题研究了调整和增设省律协专门委员会和专业委员会问题。会议决定，增设和更名后的专门委员会8个，专业委员会6个，会议对省律师协会各专门委员会和专业委员会主任、副主任人选和组成人员的数额、条件作了认真研究。省司法厅巡视员、省律师协会党组书记张克年在会上作了重要讲话。

4月14日，青海玉树发生强烈地震。灾害牵动着甘肃律师的心。为了帮助受灾地区人民群众恢复生活，重建家园，全省律师纷纷伸出热情援助之手，踊跃为灾区群众奉献爱心。其中，省律协直属分会收到律师捐款60420元，兰州市律协收到律师捐款62170元，嘉峪关律师捐款3760元。

4月22日，白银市司法局召开全市律师队伍教育规范建设动员会，认真贯彻落实全国、全省律师队伍建设电视电话会议精神和司法部《关于在全国律师队伍中开展警示教育的意见》、省司法厅《关于开展全省律师队伍规范教育活动实施方案》的要求，部署在全市律师队伍中开展规范教育活动。省律师协会副会长朱万润、白银市律师协会领导，各律师事务所主任及县区分管律师工作的领导共120人参加了动员会。

4月23日，白银市律师协会召开全体党员大会，选举产生了市律师协会党总支部委员会。在律师事务所建立了党支部，选派党建指导员，有效发挥党支部的战斗堡垒作用，增强了律师队伍的归属感和凝聚力，实现了党组织对律师行业的全覆盖，强化了党对律师工作的领导。

4月24日，国务院下发了关于表彰全国劳动模范和先进工作者的决定，对2005年全国劳动模范和先进工作者表彰大会以来，各行各业涌现出一大批在全面建设小康社会、加快推进社会主义现代化伟大实践中取得显著业绩的先进模范人物进行了表彰。国务院决定授予2115人全国劳动模范荣誉称号，授予870人全国先进工作者荣誉称号。我省律师、甘肃中立源律师事务所主任陈玉萍荣获全国先进工作者荣誉称号。这是我省律师行业唯一获此殊荣的律师。

4月28日，甘肃省劳动模范和先进工作者表彰大会在省政府礼堂隆重举行。甘肃省人民政府张小兰副省长代表甘肃省委甘肃省政府宣读了甘肃省委省政府表彰全省劳模和先进工作者的表彰决定，237名同志和146名同志分别荣获甘肃省先进工作者、甘肃省劳动模范荣誉称号。我省司法行政系统经过推荐评选出三位工作者，其中甘肃中立源律师事务所律师陈玉萍被评为全国先进工作者，甘肃勇盛律师事务所律师李勇被评为全省先进工作者，白银监狱监区长王吉成被评为全省先进工作者。

4月30日，酒泉市律协一届八次常务理事会召开。会议传达了省律协五届二次常务理事会精神，讨论确定了市律协工作计划和全市律师继续教育培训工作，研究了市律协换届工作。

5月6日，兰州市司法局在《兰州日报》以“服务社会，服务民生，共建和谐”为主题设专版宣传律师工作。专版围绕“服务经济发展、维护和谐稳定、关注解决民生、服务法治政府、参与涉法信访、律师诚信与规范”六个方面，全面展示当代律师良好的精神风貌，总结了近年来律师工作取得的主要成绩。同时，向社会各界介绍了“律师能干什么、怎样请律师、律师怎样收费”等系列老百姓关心的话题，以图表形式介绍了律师在民事普通程序中的代理职责和任务，向社会公众介绍了律师事务所服务热线等，增强了社会各界对律师工作的认知度和认同感。

5月12日，是汶川大地震两周年纪念日，也是我国第二个“防灾减灾日”。为提高广大人民群众防震减灾意识和避灾自救技能，甘肃铜城律师事务所和白银军分区、白银武警支队、白银市司法局等单位在白银市西区广场向广大市民宣传防震减灾的有关知识，散发有关防震减灾的有关法律法规。铜城所律师还当场向市民解答了防震减灾的有关法知识和其他法律知识。

5月14日，兰州市司法局召开了全市律师队伍规范教育活动动员部署大会并举办了专题讲座。会上，局纪检组组长高东雄通报了李庄案件，市司法局副局长、市律师协会会长李瑛作了规范教育活动动员讲话，对规范教育活动作了安排部署。会议邀请甘肃政治学院副教授、硕士生导师卢永红作了律师执业规范专题讲座。市律师协会副会长、常务理事、理事及律师事务所主任、各党支部书记、律师、市局律师管理处人员共计300余人参加会议，聆听了讲座。

5月22日，平凉市司法局召开了全市律师队伍规范教育活动动员大会暨执业律师业务培训。市局党组成员、副局长李应权主持会议并宣读了《全市律师队伍规范教育活动实施方案》，市局党组成员、纪检组组长冯土成通报了李庄案件，市局党组书记、局长杨耀明作了规范教育活动动员讲话。会议邀请平凉市中级人民法院刑事审判庭副庭长曹兰萍作了《量刑规范化》专题辅导。各县（区）司法局分管律师工作的副局长、市律师协会会长、副会长、各律师事务所执业律师、取得法律资格证且在律师事务所实习的人员等共计70余人参加会议并聆听了辅导。

5月21日，金昌市司法局召开了全市律师队伍规范教育活动动员大会．市司法局副局长万国川，永昌县、金川区主管律师工作的局长，市、县（区）法律援助中心主任，市司法局公证律师管理科科长和全市5家律师事务所、3家法律援助中心、金川公司律师事务部全体律师共43人参加了会议。

5月30日，张掖市司法局、市律师协会召开全市律师队伍规范教育活动动员大会，79名执业律师参加了会议和培训。会议传达学习了全省律师队伍建设电视电话会议精神，对全市律师规范教育活动进行了部署。会上，对全市律师进行了执业风险防范的培训。

6月3日，陇南市司法局召开会议，传达了全省律师工作座谈会的有关精神，结合当前正在开展的律师队伍警示教育、律师是中国特色社会主义法律工作者主题教育及“千名律师走访千家企业”、“百家律师事务所服务百家新农村”专项活动，安排部署了今后的律师工作。

6月26日至27日，甘肃省司法厅、省律师协会举办了全省律师事务所党支部书记培训班。省司法厅巡视员、省律师协会党组书记张克年作了动员讲话，兰州大学政治与行政学院博士生导师、甘肃省委理论宣讲团主要成员刘先春教授解读了党的十七届四中全会精神，省委统战部副部长郭清祥讲授了《关于新社会阶层的几个问题》专题，省司法厅党委委员、纪委书记路肃林讲授了《律师行业的困境和机遇》专题。全省律师事务所党支部书记、司法行政机关派驻到律师事务所的党建工作联络员共86人参加了培训。

6月19日~20日，省律师协会和北京市尚权律师事务所共同举办了刑辩技能研讨会。省律师协会赵荣春会长主持了开幕式，省司法厅巡视员、省律协党组书记张克年和北京市尚权律师事务所主任张青松在开幕式上先后致辞。研讨会邀请北京大学法学院教授、博士生导师陈瑞华和清华大学法学院教授、博士生导师张明揩分别作了学术报告，邀请全国知名刑辩律师钱列阳、张青松、韩嘉毅等人参加了刑辩论坛活动。这次活动深受我省广大律师的欢迎，培训规模原定限制在200人以内，实际参会人数达到了260余人。

6月25日至27日，庆阳市司法局、庆阳市律师协会举办了全市执业律师警示教育暨业务研讨培训班。警示教育大会传达了全省律师工作座谈会议精神，学习了《律师和律师事务所违法行为处罚办法》，宣读了司法部关于李庄违法违纪问题的通报，全市13家律师事务所主任汇报了本所开展律师规范教育活动情况，市司法局纪检组长侯立明发表了警示教育讲话。在律师业务研讨培训班上，甘肃正天合律师事务所资深律师刘新来和霍吉栋分别就《律师法律顾问实务》、《律师公司法律事务》进行了精彩的讲解；甘肃省律师协会副会长、刑事专业委员会主任尚伦生用了一天的时间，对刑事辩护技能和风险防范进行了辅导。

6月28日，酒泉市律师协会第二次律师大会召开。全市83名执业律师、19名实习律师、6名特邀代表参加了会议。大会审议通过了酒泉市第一届律师协会工作报告及财务工作报告，审议通过了关于《酒泉市律师协会章程有关条款修改建议的说明》，选举产生了新一届律师协会领导成员，并调整确立了律师协会新的内部组织机构。

7月2~3日，陇南市司法局、陇南市律师协会联合举办了2010年度律师继续教育培训会。全市执业律师和实习律师共70人参加培训。市司法局局长、市律师协会会长赵尚文出席会议并作讲话，陇南市中级人民法院副院长张迎北作了演讲，省律协刑委会副主任、甘肃光明律师事务所主任赵耀律师应邀就有关刑事业务和非诉讼业务作了专题讲解。会上，宣读了市司法局 市律师协会表彰2009年度全市优秀律师事务所和优秀律师的决定，给受到奖励的2家“优秀律师事务所”和10名“优秀律师”颁发了奖牌。

8月2日，中华全国律师协会副会长彭永臣、业务部主任朱英一行3人，在张掖市司法局副局长、市律协党总支书记李健夫，甘肃省律师协会副会长、张掖市律师协会会长李兴禄的陪同下考察调研律师工作。

7月31日至8月1日，由全国律师协会劳动和社会保障委员会、甘肃省律师协会主办，甘肃省律师协会劳动与社会保障委员会承办的《全国律师协会劳动和社会保障委员会2010年年会暨西部劳动法律论坛》，在嘉峪关市召开。参加这次会议的代表，有全国律师协会劳动和社会保障委员会委员和来自全国各地从事劳动法业务的律师以及甘肃省律协劳动和社会保障委员会全体委员及西部地区的参会律师，共计180余人。

8月7日，我省舟曲县发生特大泥石流灾害后，全省律师发扬“一方有难、八方支援”的精神，迅速行动起来，积极开展“送温暖、献爱心”活动，踊跃捐款，以实际行动为帮助灾区抗洪救灾和恢复重建贡献力量。据上报材料，省属律师事务所律师个人捐款79480元，兰州市律师个人捐款49330元，陇南市司法局、市律师协会捐款9000元。

6月26日，酒泉市律师协会组织全市83名执业律师和19名实习律师进行了律师继续教育培训。培训以警示教育和规范化管理为重点，传达学习了司法部关于李庄违法违纪案件的通报，讲解了《司法部律师事务所管理办法》、《律师执业管理办法》、《律师和律师事务所违法处罚办法》、《律师事务所实习人员管理办法》等法规规章，聘请法院和检察院具有丰富实践经验的法官和检察官讲解了法官和检察官眼中的律师形象，市律协会长袁世武就规范教育活动进行了再动员。

8月18日，金昌市司法局、市律师协会组织律师法律服务团律师25人在永昌县城中心鼓楼和永昌县七坝乡六坝村分别开展了大型法律宣传咨询活动。

8月28日，张掖市司法局、律师协会组织市直律师事务所、甘州区区属律师事务所、甘州区城区法律服务所共14家法律服务机构，在张掖中心广场举行大型宣传咨询活动。

9月10日下午，省律协刑委会召集在兰州地区的省、市律协刑委会委员，就《刑法修正案（八）》（草案）进行专题研究，与会的近30名刑委会委员发表了关于修正案的修改意见。

9月11日，中国法学会刑法学研究会2010年学术年会在兰州召开。刑法学会名誉会长高铭暄教授，最高人民法院党组副书记、副院长张军大法官，甘肃省高级人民法院梁明远院长，甘肃省政法委副书记杨景海等出席了会议开幕式。省律协刑委会派出刑委会主任尚伦生、副主任赵耀、秘书长梁芳及刑委会委员徐进等参加了年会。

9月18日，由北京大学法学院举办的“死刑辩护规范实施”研讨会在北京举行。北京大学法学院陈瑞华教授最高人民法院罗智勇法官、全国律协刑委会主任田文昌，山东、河南、贵州三省的部分检察官、法官、律师代表参加了研讨会。应北京大学法学院陈瑞华教授的邀请，省律协刑委会主任尚伦生律师参加了研讨会，并主持了研讨会第二单元“省级律师协会死刑辩护指导意见的制定与实施”的研讨活动。

9月18日，甘肃勇盛律师事务所派出一个律师小组赶赴舟曲灾区提供法律援助。律师小组通过与舟曲县司法局干部职工进行座谈，实地走访，了解了灾区情况，掌握了灾区群众的需求。应舟曲县政府领导的邀请，勇盛律师事务所派出三名熟悉情况、经验丰富的律师担任了该县政府法律顾问，为舟曲灾后重建提供全面法律服务。他们还慰问了灾害中不幸遇难的李云霞律师的亲属，送去了慰问金，表达了省城律师的一片深情。

9月25日~26日，由西部十二个省（自治区、直辖市）律师协会共同主办、广西壮族自治区律师协会承办的第三届西部律师发展论坛在广西壮族自治区首府南宁举行。我省司法厅巡视员、省律协党组书记张克年、省司法厅公证律师处处长何雯、省律协副会长尚伦生、朱万润、陈玉萍、李勇及秘书长崔皋平出席了论坛，兰州市20余名律师参加了论坛活动。

10月20日至29日，省律师协会党组书记张克年、副会长朱万润、秘书长崔皋平一行赴上海市律师协会、浙江省律师协会、宁波市律师协会进行学习交流，重点考察学习了三省市律师协会律师党建工作的经验做法、律师会费收取办法、律师互助基金管理办法以及律师责任保险的相关做法，同时商定了2010年上海律师协会对甘肃律师的培训计划。

10月22日下午，甘肃省律协民商专委会与兰州市律协建筑与房地产专委会2010年度年会在兰州举办。会议由甘肃省律协民商专委会、兰州市律协建筑与房地产专委会共同主办，会议对制定本年度四季度具体工作计划和2011年度工作规划的框架性意见进行了讨论。

10月23日，甘肃省律协民商专委会、兰州市律协房地产专委会在兰州市西北宾馆举办了全省律师专题实务培训讲座，邀请全国律协民商专委会副主任、秘书长李晓斌，北京著名律师庞标为甘肃律师做专题讲座，以促进和提高我省律师对土地使用权合同法律问题、侵权责任法立法背景及律师实务等法律问题深入了解与探讨。我省律师参加讲座人数近300人，会场气氛热烈。

10月29日，嘉峪关市律师协会成立大会隆重召开。大会审议通过了《嘉峪关市律师协会章程》和协会理事、常务理事、会长、副会长选举办法，全体律师通过投票，选举产生了嘉峪关市律师协会第一届理事会及其领导班子。律师代表宣读了律师协会常务理事会向全体律师发出的倡议书，全体律师面向国旗举行了庄严的宣誓仪式。嘉峪关市副市长梁洪涛出席大会并作了重要讲话。

11月1~3日，省律师协会副会长朱万润、省司法厅律师公证工作管理处张维武等组成的督查组到陇南市检查指导律师工作，重点就“千名律师走访千家企业”、“百家律师事务所服务百家新农村建设试点村”专项活动、律师队伍规范教育活动、律师行业党组织“争先创优”活动情况进行了调研指导。

12月7日，兰州市律师协会医疗专业委员会在兰州市第一人民医院会议室召开年会暨医疗纠纷法律业务研讨会。兰州市司法局、兰州市卫生局分管领导，省高级人民法院、市中级人民法院及七里河区人民法院民事审判庭庭长、技术处处长及部分资深法官，兰州市医学会领导，兰州军区总医院、兰州大学第一附属医院、兰州市第 人民医院等9家二级甲等医院的专家，兰州市5家司法鉴定机构的专家以及市律协医疗专业委员会全体委员和部分律师事务所律师共50余人参加了会议。

12月21日，平凉市律师协会第二次律师大会召开，25名代表参加了会议。大会审议通过了《平凉市第一届律师协会理事会工作报告》和《平凉市第一届律师协会财务工作报告》，选举产生了新一届律师协会，韩文彦律师当选为平凉市第二届律师协会会长，王勇、陈国忠、展凤琴律师当选为副会长，冯晖同志被聘任为秘书长，李弘炳律师被聘任为副秘书长。

## 宁夏回族自治区律师协会工作

### 一、业务研讨

（一）地区片会

1. 2010 年 9 月 26 日，宁夏律协组织部分律师事务所和律师参加了在银川召开的中阿经贸论坛，就中阿经贸论坛中涉及相关法律问题提出报告，并把为中阿论坛的法律服务列为一项重要工作。

2. 2010 年 9 月，宁夏律协组织部分律师参加在广西南宁举行的第三届西部律师论坛。

（二）重要的专业委员会活动

1. 律协业务指导工作委员会积极参与并制定《宁夏回族自治区实习律师管理办法（试行）》、《宁夏回族自治区申请律师执业人员实习考核办法》，就行业立法、司法活动及其社会事务提出建议；制定律师从事相关业务的行业准则、规范。

2. 2010 年度宁夏律协两次组织召开了法官协会与律师协会联席会议。对联席会议的召开、实施进行评估和落实。讨论了律师参加破产管理人的情况，进一步规范破产案件管理人制度的规范确立。

3. 纪律（奖惩）工作委员会为建立一支业务扎实，乐于奉献的律师队伍，制定《全区律师党建创先争优活动实施方案》，强调不断加强队伍管理，正确树立律师价值取向，讲政治、忠于法律，保障律师的执业环境，健全律师准入制度，完善律师考评与奖励制度。

4. 2010 年 5 月 5 日，律协千名律师进万家企业筹备会议在银川召开，司法厅副厅长李春芳、陈刚、会长赖声洪、副会长祖贵洲、自治区工商联经济联络处副处长金学明、自治区人力资源社会保障厅法规处处长王瑞峰等参加了会议，会议致力于把法律宣传和法律服务相结合，开展千名律师进万家企业活动。

5. 宁夏律协组织积极组织召开千名律师进万家企业活动筹备会议、协调会议、专项研讨会、启动仪式、评估落实工作会等，积极为企业的良好发展提供优质法律服务。

### 二、会员培训

1. 2010 年 7 月 10 日，为提高我区律师的执业素质，特邀请北京市律师协会副会长周塞军在银川新二中为全区律师讲授“律师从事公司非诉讼业务的思路与操作”。

2. 2010 年 5 月宁夏律协组织律师讲师团对全区律师及企业高管进行培训。培训内容：企业及经营者法律风险提示与防范、企业合同法律风险提示与防范、企业运营中的法律风险提示与防范、企业应收账款的法律风险提示与防范、企业劳动法律风险与防范。

3. 实习律师集中培训。2010 年 6 月 28 日—7 月 6 日，按照中华全国律师协会关于《申请律师执业人员实习管理规则（试行）》的有关规定，新申请律师执业人员应由省级律师协会组织集中培训的要求，经研究决定，自治区律师协会委托自治区党校举办 2010 年度新申请律师执业人员职前集中培训班。

### 三、会员管理

1. 律师日常管理。宁夏律协制定了《宁夏回族自治区实习律师管理办法（试行）》和《宁夏回族自治区申请律师执业人员实习考核办法》，加强对执业律师和申请律师执业人员的管理。

2. 维护律师合法执业权。2010 年 12 月 22 日自治区法官协会、自治区律师协会 2010 第二次联系会议在银川召开，就如何维护律师合法权益，保障律师依法执业等进行了研讨。

### 四、法律援助

（一）全力实施法律援助民生工程

2010 年，厅领导与五市司法局局长签订了法律援助目标责任书，将法律援助为民办实事任务量化分解。五市司法局一级抓一级、层层抓落实，法律援助民生工程进展顺利，社会效果明显。截止第三季度，全区共办理法律援助案件6107件，其中为民办实事诉讼案件2452件（其中民事诉讼1783件，刑事诉讼447件，行政诉讼5件，仲裁类案件217件），非诉讼3655件。完成自治区人民政府目标任务（2000件）的122.6%，完成司法厅党委目标任务（2400件）的102.16%。

（二）农民工工作站成绩显著

2010年度，银川市农民工工作站接待来电来访咨询涉农案件643件，涉及人数2149人次、涉及金额1596万元；受理各类农民工援助案件154件，涉及人数195人、涉及金额464.1万元；已办结案件146件，涉及人数171人，涉及金额572.9万元，通过诉讼、仲裁、律师调解帮助农民工实际拿到金额共计316万元。工作站组织律师进行义务法律宣传、法律咨询共10次，累计散发各类宣传材料一千余份。

（三）案例：法援帮助八旬孤寡老人拿到抚恤金

80多岁老人孙兰英的丈夫去世后，社保部门核发了5万余元的抚恤金和丧葬费，但是由于与丈夫的养子发生争议而无法领取。为此，孙兰英老人获得了我工作站的法律援助。在援助律师帮助下，孙兰英通过诉讼解决了争议，领回了属于自己的30417元。

孙兰英现年83岁，于1984年4月与马文贤登记结婚。马文贤除有一名养子马作林已经结婚另过外，再无子女。2010年8月22日，马文贤因病去世，其原所在单位宁夏圣雪绒国际企业集团有限公司向社保部门申报了离退休人员应享受的死亡待遇。银川市社保局于2010年9月19日经过审批，将马文贤因病死亡待遇总计50417.93元（包括一次性抚恤金43683.33元及丧葬费8520.50元，扣减多领养老金1785.9元）转至银川市金凤区满城北街街道办事处代发。孙兰英找到该街道办事处要求领取上述款项时，被告知该笔款项与马作林尚有争议，暂不予发放。

孙兰英年事已高，无儿无女，既无养老金也无其他收入来源，马文贤在世时全靠其养老金维持生活，马文贤去世后，生活已经陷入困境。受理案件后，代理律师马上帮助她到法院立案，并且向法院申请缓交了诉讼费。案件审理过程中，代理律师提出：马文贤的死亡待遇主要是其生前供养亲属的抚恤金，孙兰英作为马文贤的合法配偶，有权享有该笔款项。马作林作为养子，也是抚恤对象，但是马作林现在年富力强、经济收入颇丰，不分割该笔抚恤金对被告的基本生活并无影响，因此请求法院依法判决马文贤因病死亡待遇50417.93元全部由孙兰英所有。原被告双方对抚恤金分配的争议非常大，为了使孙兰英能尽快拿到抚恤金，以解生活困难的燃眉之急，代理律师多次与双方当事人及法官沟通，终于使得双方达成调解协议：马文贤死亡待遇50417元，其中30417元归孙兰英所有，20000元归马作林所有。

2010年12月底，孙兰英老人凭法院的调解书，顺利地领取到了属于自己的那部分抚恤金。

## 五、会刊及网站

1. 会刊名称：《宁夏律师》创刊时间：1986年1月

宁夏律师协会自创办《宁夏律师》刊物以来，坚持正确的导向，热情服务律师的宗旨，努力使每期杂志图文并茂、内容丰富，共有“律师党建”、“特别关注”、“专题报告”、“法理纵横”、“实务研究”、“以案释法”、“办案手记”、“法律援助”、“公证研究”、“生活沙龙．律师文学”、“律协动态”等栏目，至今已办94期，受到广大律师和有关部门的好评。

2. 网站名称：宁夏律师网 网址：www.nxlawyers.org

创立时间：2005年11月

主要栏目：协会简介、通知公告、律管信息、业界新闻、法律法规、理论观点、律师事务所

## 六、律师协会大事记

1. 2010年1月29日，宁夏律协七届十一次常务理事会在自治区律协会议室召开。

2. 3月4日，律协关于收费专项检查自查工作汇报。

3. 3月10日，专项讨论《宁夏回族自治区实习律师管理办法（试行）》和《宁夏回族自治区申请律师执业人员实习考核办法》会议。

4. 3月25日，关于开展千名律师进万家企业，深化法律服务促发展主题活动实施专项研讨会在律协会议室召开。

5. 3月30日，“千名律师进万家企业”活动、律协组委会及工作组筹备会议在司法厅召开。

6. 3月31日，律协七届十二次常务理事会议在律协会议室召开。

7. 4月8日，“千名律师进万家企业”协调会在司法厅召开。

8. 4月15日，宁夏法官协会、律师协会联席会议制度专题研讨会在律协会议室召开。

9. 4月27日，律协七届九次会长办公会在律协会长办公室召开。

10. 4月28日，全区律师党建创先争优暨律师警示教育活动动员会在司法厅召开。

11. 4月28日，律协七届十三次常务理事会在司法厅会议室召开。

12. 5月5日，千名律师进万家企业筹备会议在司法厅召开。

13. 6月24日，千名律师进万家企业工作汇报会召开。

14. 7月15日，千名律师进万家企业统筹工作会议在司法厅召开。

15. 12月2日，律协第十次会长办公（扩大）会在律协会长办公室召开。

16. 12月22日，自治区法官协会、律师协会2010第二次联席会议在司法厅召开。

# 各省、自治区、直辖市律师协会制定的行业规范

## 北京市律师协会制定的行业规范

### 北京市律师协会会费管理办法

（2010年4月10日第八届北京市律师代表大会第三次会议修订）

**第一条** 为了规范北京市律师协会（以下简称“本会”）会费的收取、使用和管理，保障协会充分履行《中华人民共和国律师法》规定的职责，加强会费的监督管理，根据《北京市律师协会章程》制定本办法。

**第二条** 会费按年度交纳，交纳时间为每年度律师事务所和律师执业考核期间。

**第三条** 会费由团体会员会费和个人会员会费构成。

（一）团体会员及会费标准：

1. 依据《中华人民共和国律师法》规定取得北京市司法行政机关颁发的律师事务所执业许可证的律师事务所及分所，为本会的团体会员；

2. 办公场所注册地在东城区、西城区、崇文区、宣武区、朝阳区、海淀区、丰台区、石景山区的合伙律师事务所及外省市律师事务所驻京分所，团体会费每所每年10000元；

3. 办公场所注册地在门头沟区、通州区、大兴区、昌平区、房山区、顺义区、怀柔区、平谷区、密云县、延庆县的合伙律师事务所及外省市律师事务所驻京分所，团体会费每所每年5000元；

4. 非年度考核期间批准成立的合伙律师事务所及分所，自发证日期次月起按月交纳团体会费。

5. 个人律师事务所免交团体会费。

（二）个人会员及会费标准：

1. 依据《中华人民共和国律师法》规定取得北京市司法行政机关颁发的律师执业证和律师工作证的律师，为本会的个人会员；

2. 专职律师、兼职律师、公司律师个人会费每人每年度2000元；

3. 公职律师免交个人会费；

4. 实习期满并通过本会申请律师执业人员考核，首次领取《律师执业证》的专职和兼职律师，自发证日期当月起12个月内免交个人会费，第13个月至第24个月减半交纳个人会费，自第25个月开始全额交纳个人会费，第25个月至年度考核开始期间的会费按月计算，在年度考核时与下一年度会费一并交纳。但律师在此期间应当连续执业；

5. 年满70周岁的执业律师，免交个人会费；

6. 重新申请执业及异地变更执业机构的律师，自发证日期次月起按月交纳个人会费。

**第四条** 会费标准如需调整，由理事会提出，律师代表大会审议通过。

**第五条** 会费所产生的利息等增加值部分，纳入会费总额。

**第六条** 会费使用应当坚持取之于会员、用之于会员的原则。

**第七条** 会费应当用于履行《北京市律师协会章程》第三章规定的各项职责以及本会日常工作费用。

**第八条** 会费年度收支实行预、决算制度。理事会应在每会计年度开始前编制年度会费预算计划，年终编制会费决算，经律师代表大会审议通过。

会费预算执行情况接受监事会监督；会费决算应经监事会聘请的审计机构进行独立审计。

**第九条** 会费应当按照律师代表大会审议通过的年度工作计划和预算使用，如遇特殊情况需要预算外支出，由理事会审议通过。

**第十条** 本会建立会费收支专用账户，配备专人从事财务日常管理工作，严格遵守财务制度。

**第十一条** 理事会设立财务委员会，向理事会负责。

**第十二条** 财务委员会委员从律师代表中产生，由会长会议提名，理事会通过。

**第十三条** 财务委员会职责：

（一）负责编制协会年度预算方案和决算报告；

（二）对制定和完善协会会费管理制度进行调研；

（三）为协会决策机构提供对协会会费管理方面的咨询意见和建议。

**第十四条** 财务委员会工作规则另行制订。

**第十五条** 会费收支情况应按年度于次年的第一季度由监事会委托独立的注册会计师事务所审计，审计结果报理事会，并可接受会员查询。审计报告应报北京市司法局备案。

**第十六条** 违反本办法使用会费，根据情节，对有关责任人员进行处分，造成损失的应进行赔偿。

**第十七条** 违反本办法的规定，不按期交纳或未足额交纳会费的律师事务所和律师，本会有权暂停其会员权利并向司法行政机关建议对其年度考核不予通过。

**第十八条** 本办法由律师代表大会审议通过和修改。

**第十九条** 本办法由律师代表大会负责解释。

**第二十条** 本办法所涉及的会费减免政策仅适用于本办法生效后取得律师执业证的个人会员。

**第二十一条** 本办法自公布之日起施行。

## 北京市律师协会会员执业纠纷调解处理规则

（2010年6月30日第八届北京市律师协会理事会第八次会议审议通过）

### 第一章 总 则

**第一条** 为规范会员执业纠纷调解处理工作，维护北京律师行业的执业秩序，保障会员的执业权利，依照《中华人民共和国律师法》、《中华全国律师协会章程》、《北京市律师协会章程》等规定，制定本规则。

**第二条** 本规则适用于北京市律师协会（以下简称“本会”）负责调处的本会会员之间因执业或者在执业过程中发生的纠纷。

**第三条** 会员之间发生的劳动争议及民商事争议不属本规则的调处范围。

**第四条** 本会执业纪律与执业纠纷调处委员会（以下简称“纪处委”）是本会负责执业纠纷调处的工作机构。纪处委对于执业纠纷的处理采取先行调解的方式进行，并有权在调解无效时作出裁决。纪处委的裁决是终局的。

**第五条** 纪处委对于执业纠纷的调处，应当遵循公正、公平的原则。

**第六条** 调解书或者处理决定生效后，争议各方应当自觉履行。对拒不执行调解协议或处理决定的会员，本会依据《北京市律师协会会员纪律处分规则》等相关规定，可对其予以相应的纪律处分。

**第七条** 执业纠纷中涉及执业许可登记变更等事项，会员可持纪处委作出的调解书或者裁决书直接到相关部门办理执业许可登记事项的变更。

**第八条** 本会秘书处为执业纠纷调处的日常工作机构，负责接待调处申请、安排与调处有关的日常工作。

## 第二章 申请、受理与立案

**第九条** 发生执业纠纷的本会会员，可依本规则向本会秘书处提交调处申请。申请时应提交以下材料：

（一）申请人和被申请人的名称（姓名）、地址、联系方式、申请事项、事实与理由；

（二）申请事项所依据的证据材料。

**第十条** 提起申请的为申请人，纠纷的相对人为被申请人。

**第十一条** 纪处委应在接到调处申请后的七个工作日内对申请事项进行审查。对符合立案条件的，应当提出初步意见报纪处委主任批准后，将调处受理通知书送达申请人，并将调处受理通知书及相关证据材料送达被申请人；对不符合立案条件的，则书面告知申请人不予立案并说明理由。

纪处委不受理调处申请的决定是终局的。

**第十二条** 被申请人应在接到调处受理通知书后十个工作日内提交书面申辩意见及相关的证据材料。被申请人不提交申辩材料的，不影响调处工作的进行。

被申请人在接到调处受理通知书后十个工作日内未提交书面申辩意见及相关证据材料的，视为其放弃申辩权利并应承担由此所导致的对其不利的后果。逾期纪处委不再接受所提交的证据材料。

**第十三条** 纪处委收到被申请人的申辩材料后应及时送达申请人。

**第十四条** 由司法行政机关受理的案件，经审查属于执业纠纷调处并移送纪处委的，纪处委应当立案。

## 第三章 调解与裁决

**第十五条** 纪处委指派三名委员组成调处庭，其中一名委员为首席调处人，全面主持调处工作。

**第十六条** 调处人发现与拟调处的争议存在利害关系时，应当主动回避；争议的任何一方亦有权提出申请调处人回避。

**第十七条** 对调处人提出的回避申请，由纪处委主任决定。

**第十八条** 调处庭的原则是通过释明律师执业规范，劝解和疏导各方，促成其互相谅解，达成和解。

**第十九条** 调处人可以采取谈话、召开协调会或者其他方式进行调处，并可提出调解的建议方案。

**第二十条** 对已达成的调解协议，争议各方均应自觉履行。

**第二十一条** 依照本规则达成的调解协议为争议各方真实的意思表示，纪处委据此制作的调解书对争议各方具有约束力。

**第二十二条** 对争议各方无法达成一致，或一方不同意调解的，调处庭有权终止调解并径行作出裁决。

**第二十三条** 调处庭在评议的基础上，依据事实和相关规则。采取少数服从多数的原则作出裁决。对于持不同意见的调处人的意见应记录在案。

**第二十四条** 调处庭在调处过程中发现争议不属于执业纠纷调处范围的，应及时终止调处程序，并告知争议各方通过其他途径解决。

**第二十五条** 调处庭在执业纠纷调处过程中发现会员有违规行为时，应及时将有关材料移送纪处委，由纪处委依职权决定立案查处。

**第二十六条** 调解或裁决的事项需要司法行政机关办理相应手续的，争议一方或各方均可持调处庭作出的调解书或裁决书申请办理。

### 第四章 附 则

**第二十七条** 实习律师的执业纠纷调处适用本规则。

**第二十八条** 本规则由本会理事会通过后生效，自颁布之日起施行，并由本会理事会负责解释。

## 北京市律师协会纪律处分决定执行细则

（2010年6月30日第八届北京市律师协会理事会第八次会议审议通过）

为严格规范北京市律师协会（以下简称“本会”）行业纪律处分决定的执行，根据全国律协《律师协会会员违规行为处分规则（试行）》、《律师执业行为规范（试行）》、《北京市律师协会会员纪律处分规则》、《北京市律师协会执业纪律与执业纠纷调处委员会规则》及相关行业规范的规定，制定本细则。

**第一条** 处分决定作出后，执业纪律与执业调处委员会（以下简称“纪处委”）应当在15个工作日内向被处分的会员送达处分决定书。受送达人为个人会员的，处分决定书应同时送达其所在的律师事务所。处分决定书的副本应报北京市司法局和全国律协备案。

**第二条** 处分决定书的送达应由受送达人在送达回证上注明收到日期并签名或盖章，受送达人在送达回执上签收的日期为送达日期。

**第三条** 受送达人拒绝签收时，可由送达人在送达回证上注明情况后，交由受送达人所在律师事务所代为签收，对于受送达人为个人会员的，可以委托被处分会员所在的律师事务所送达。受送达人为团体会员的，可留置送达。代签收日或留置送达日为送达日期。

**第四条** 处分决定书除直接送达外，也可以邮寄送达。处分决定书采用邮寄方式投递至被处分会员执业住所地或惯常通讯地址的，以挂号回证上注明的收件日期为送达日期。

**第五条** 处分决定的执行机构为本会纪处委或其指定机构。

**第六条** 处分决定生效后，纪处委认为需要当面训诫的，应提前5个工作日通知被处分的个人会员及其所在律师事务所负责人，或被处分的团体会员的负责人，告知其接受训诫处分的时间和地点。通知可以采用电话或传真等方式。

**第七条** 当面训诫的，应由2名以上的纪处委委员进行，并由专人负责记录。训诫后，由被处分会员在记录上签字。被处分会员拒绝签字的，由负责执行训诫的纪处委委员在记录上注明并签字。

**第八条** 被处分会员无正当理由，未在规定的时间接受训诫的，或者拒绝在记录上签字的，视为拒绝接受训诫处分。

**第九条** 对于通报批评的处分决定，纪处委应当在处分决定生效后，将通报批评的处分决定发至本会的全体团体会员，同时在本会公示栏内进行公示。

**第十条** 对于公开谴责的处分决定，纪处委应当在处分决定生效后，在本会会刊《北京律师》或本会指定的公众媒体上刊登公开谴责的处分决定书；同时将公开谴责的处分决定书发至本会的全体团体会员。

**第十一条** 对于取消会员资格的处分决定，纪处委应当在处分决定生效后，在本会会刊《北京律师》或本会指定的公众媒体上刊登取消会员资格的处分决定书；同时将取消会员资格的处分决定书发至本会的全体团体会员。

**第十二条** 纪处委将在本会（会址所在地）设立公示栏，公示本会的处分决定。

**第十三条** 对拒绝接受训诫处分的会员，在本会设立的公示栏公示，公示期为直至该被处分会员接受训诫时止；对受到通报批评处分的会员，在本会设立的公示栏内公示，公示期为6个月。

**第十四条** 对受到公开谴责处分的会员，在本会网站上公示，公示期为12个月。

**第十五条** 对受到取消会员资格处分的会员，在本会网站上公示，公示期为24个月。

**第十六条** 对于屡次受到通报批评处分的会员、或两次以上受到公开谴责的会员，其公示的时间可酌情延长。

同时，纪处委有权责令受处分会员进行强制集中学习或进行整改，并建议相关部门限制其执业调动并暂缓对其进行年度考核。

**第十七条** 对于训诫、通报批评、公开谴责、取消会员资格的处分决定应记入该会员的档案。

**第十八条** 本细则经本会理事会通过后生效，自颁布之日起施行，并由本会理事会负责解释。

## 北京市律师协会投诉立案规则

（2010年6月30日第八届北京市律师协会理事会第八次会议审议通过）

**第一条** 为规范北京市律师协会（以下简称“本会”）执业纪律与执业调处委员会（以下简称“纪处委”）受理投诉的程序，根据司法部和全国律协的相关规定及《北京市律师协会会员纪律处分规则》、《北京市律师协会执业纪律与执业调处委员会规则》等规定，制定本规则。

**第二条** 凡有证据证明受到本会会员的违规行为侵害的人，或者虽未受到违规行为的侵害，但有证据证明会员的执业行为违反了法律法规、行业规范或相关规定的人，均有权向本会进行投诉或举报（以下统称“投诉”）。

**第三条** 凡因会员涉嫌违规行为向本会投诉的人在本规则中统称为投诉人。自然人、法人以及非法人组织，均可以成为投诉人。

**第四条** 由五名（含五名）以上纪处委委员或者三名（含三名）以上纪律裁判委员会委员书面提议，经纪处委主任批准，纪处委可以依职权直接调查会员（以下简称“被调查人”）涉嫌违规的执业行为。

**第五条** 投诉人投诉，应提交书面的投诉书及相关的证据材料一式三份。

从中华人民共和国境外提起的投诉，应当一并提交投诉人身份证明、已适当签署的投诉书、委托代理人的委托授权的公证及认证文件。

所提交的材料形成于境外的，应办理相应的公证、认证。

公证和认证程序参照涉外民事诉讼程序规定办理。

所提交的材料原文为外文的，应提供中国境内有资质的翻译机构的中文翻译，无中文翻译的不予受理。

**第六条** 投诉人为公民个人的，应提交以下材料（A4规格，左侧预留装订空间）：

（一）投诉书；

（二）投诉人与律师事务所签订的委托代理协议及授权委托书；

（三）律师事务所收费票据；

（四）经确认的投诉人身份证复印件，如有委托代理人的，则一并提交授权委托书和经确认的受托人身份证复印件；

（五）证明其投诉主张的证据材料。

**第七条** 投诉人为单位的，应提交以下材料：

（一）投诉书；

（二）投诉人与律师事务所签订的委托代理协议及授权委托书；

（三）律师事务所收费票据；

（四）经确认的营业执照（或相当于营业执照的其他文件）副本复印件；

（五）法定代表人（或负责人）身份证明书；如有委托代理人的，则一并提交授权委托书原件和经确认的受托人身份证复印件；

（六）证明其投诉主张的证据材料。

**第八条** 投诉书应当载明下列事项：

（一）投诉人的姓名、职业、工作单位和住所，并注明有效的联系方式；

（二）被投诉的律师事务所的名称或被投

诉的律师姓名；

（三）具体的投诉请求及所根据的事实和理由；

（四）证据和证据来源，证人的身份证明及联系方式。

**第九条** 本会设立固定的接待日并安排人员负责投诉的接待。

负责接待的人员应当填写《接待投诉登记表》。《接待投诉登记表》应当载明投诉人和被投诉会员的基本情况，投诉事实摘要等内容。投诉材料齐全的，接待人员应当填写《投诉人提交投诉材料目录表》一式两份，一份交投诉人，一份移交本会秘书处。

**第十条** 纪处委应当在5个工作日内作出是否立案的决定并书面通知投诉人和被投诉人、被调查人。

秘书处应当及时将立案的投诉案件予以登记，以备查询。

**第十一条** 除本规则另有规定外，对下列投诉不予立案：

（一）不属于本会管辖范围的；

（二）没有证据材料或证据材料与投诉事实没有直接、必然联系的；

（三）匿名投诉或投诉人身份无法核实，导致相关事实无法查清的；

（四）会员的违规行为自发生之日起超过两年的；

（五）经本会或司法行政机关处理过的案件再次投诉的；

（六）未按要求补充证据，致使调查无法进行的；

（七）会员之间发生的劳动争议及民事争议；

（八）其他不应予立案的。

**第十二条** 如果违规行为已经超过两年投诉时效，但情节严重，必须予以调查处分的，须由的本会纪处委裁判委员会半数以上委员书面表决同意后方可立案。

**第十三条** 对于不予立案的投诉，秘书处应当在通知或决定做出后10个工作日内书面通知投诉人，并说明不予立案的理由。

**第十四条** 被投诉的行为可能涉及司法行政机关作出行政处罚的，秘书处应当报备司法行政机关。报备材料包括投诉书及相关证据材料、投诉立案通知书及初步调查材料。

**第十五条** 投诉人、被投诉人可以自行和解。和解后应及时书面告

知纪处委。但是对于存在严重违规行为的案件，纪处委可以依职权继续调查、处理。

**第十六条** 被投诉人、被调查人应当在接到立案通知后10日内提交书面申辩意见及本会要求其提交的相关材料，并应同时提交涉案的业务档案等材料。

**第十七条** 被投诉人、被调查人不得以商业秘密为由拒绝提交本规则第十六条中规定的相关材料，如拒绝提交涉案的案卷等材料，纪处委可以针对该情节单独作出处分决定，或者从重给予处分。

**第十八条** 逾期不向纪处委提交本规则第十六条规定的相关材料，纪处委将不再接受被投诉人、被调查人补交的材料，被投诉人、被调查人亦无权以此单独请求本会召开听证会，并应承担不利于被投诉人或被调查人的后果。

**第十九条** 被投诉人、被调查人在申辩期限内不行使申辩权的视为放弃申辩。放弃申辩可能导致的对被投诉人、被调查人不利的后果由其自行承担。

**第二十条** 被投诉人、被调查人不申辩的，不影响纪处委对该案件的审查处理。

**第二十一条** 本规则自本会理事会通过后生效，自颁布之日起施行，并由本会理事会负责解释。

## 北京市律师协会执业纪律投诉调解规则

（2010年6月30日第八届北京市律师协会理事会第八次会议审议通过）

**第一条** 为规范北京市律师协会（以下简

称“本会”）执业纪律与执业调处委员会（以下简称“纪处委”）对投诉案件的调解程序，根据全国律师协会《律师协会会员违规行为处分规则（试行）》、《律师执业行为规范（试行）》、《北京市律师协会会员纪律处分规则》、《北京市律师协会执业纪律与执业调处委员会规则》等规定，制定本规则。

**第二条** 经过纪处委立案程序已正式立案的投诉案件，依据投诉案件的具体情况，由本会秘书处向投诉人和被投诉人书面征询是否有调解意愿。

**第三条** 投诉人与被投诉人均表示有调解意愿的，应在本会秘书处书面规定的期限内提出具体的调解方案，投诉案件可直接进入调解程序。

**第四条** 调解应当在本会办公场所内进行。经本会秘书处事先通知，由本会一名纪处委委员主持，可以采取单方约谈或双方和谈的方式进行，调解中投诉人和被投诉人均可以委托代理人，代理人应当具有签署和解协议的书面授权。

**第五条** 调解应当制作调解笔录，并由投诉人和被投诉人签字。双方签订的和解协议，应提交本会秘书处备案，投诉人应同时向本会提交书面的撤销投诉申请，投诉调解程序终结。

**第六条** 和解协议所约定的义务应当在和解协议所确定的期限内履行完毕。

**第七条** 对于调解不成功的案件，应及时移交案件审查庭进入审查程序。

**第八条** 下列投诉不适用调解：

（一）已移送司法行政机关处理的；

（二）一方不同意调解的；

（三）行政、司法机关投诉的；

（四）违规行为可能受到公开谴责或停止会员权利处分的；

（五）本会纪处委认为不适用调解的其他情形。

**第九条** 启动调解程序的，投诉人及被投诉人仍须向本会秘书处提交立案程序书面要求的相关材料。

**第十条** 调解结案的，投诉人以相同事实再次提起投诉的不予受理。

**第十一条** 本规则由本会理事会通过后生效，自颁布之日起施行，并由本会理事会负责解释。

## 北京市律师协会执业纪律与执业调处委员会规则

（2010年6月30日第八届北京市律师协会理事会第八次会议审议通过）

### 第一章　总　则

**第一条** 为进一步规范和完善北京市律师协会（以下简称“本会”）会员执业违规查处和执业纠纷调处工作，根据《中华人民共和国律师法》、《北京市律师协会章程》以及其他规范性文件的规定，制定本规则。

**第二条** 本会设立执业纪律与执业调处委员会（以下简称“纪处委”），纪处委是本会实施执业规范引导、执业纠纷调处与违规执业行为惩戒、会员职业道德与执业纪律教育的专门工作委员会。

**第三条** 纪处委的职责：

（一）对会员进行规范执业的监督、指导；

（二）对会员违反《律师法》以及全国律协和本会制定的律师职业道德、执业纪律规范的行为进行调查，并对违规会员作出纪律处分决定；

（三）对会员之间的执业纠纷进行调解和处理；

（四）对会员进行职业道德与执业纪律教育；

（五）本会赋予的其他职责。

**第四条** 纪处委及其委员在进行调查、调解和处理等各项工作时，应当坚持独立、公正的原则。

**第五条** 对违规会员的纪律处分决定，由纪处委的裁判委员会讨论决定，以协会名义发布，并由纪处委或由其指定的机构执行。

## 第二章 纪处委的设立

**第六条** 纪处委的设立、变更和撤销由本会理事会决定。

**第七条** 纪处委设主任一名、副主任若干名、秘书长一名。

**第八条** 纪处委主任、副主任人选由理事会决定，主任应由本届理事担任。

纪处委委员由主任提名，经会长会议通过产生。纪处委委员的任期与本届理事会任期相同。

**第九条** 纪处委委员除应符合《北京市律师协会专门工作委员会规则》规定的条件外，还应具备以下条件：

（一）作风严谨，品行端正，具有较高的职业操守和威信；

（二）从事专职律师工作八年以上，无不良执业记录，在某一法律专业领域有较深的造诣或业绩；

（三）热心行业管理工作，有奉献精神；

（四）能够保证必要的工作时间认真履行职责。

**第十条** 纪处委委员有下列情形之一的，自动丧失其委员资格：

（一）被追究刑事责任的；

（二）因执业行为违法、违规而受到行政处罚或行业纪律处分的；

（三）未通过律师年度考核的；

（四）不履行会员义务的。

**第十一条** 纪处委委员一年内两次不参加会议，或两次未完成纪处委交办的工作，或者在案件的调查评审过程中存在营私舞弊行为的，经纪处委主任提议，报会长会议批准，可撤销其委员资格，情形严重的，应予相应的纪律处分。

**第十二条** 对于纪处委委员的补选，由主任提名，报会长会议通过。

**第十三条** 纪处委独立地调查、处理对会员的投诉。

**第十四条** 本会秘书处负责纪处委的事务性工作。

**第十五条** 纪处委由主任、副主任及全体委员过半数选举产生的委员组成裁判委员会，人数应为单数。

**第十六条** 裁判委员会集体讨论决定对违规会员的处分。讨论须由三分之二以上的裁判委员会委员出席，并由出席讨论的三分之二以上委员的多数意见形成决定。

**第十七条** 裁判委员会的职权：

（一）根据被投诉会员的请求或者案件审查庭的建议举行听证会；

（二）决定中止调查；

（三）依据案件审查庭的调查报告以及听证会评议意见作出处分或者不予处分的决定；

（四）裁判委员会有权在案件审查庭的请求下作出相应决定，责令被调查的会员履行特定的义务；

（五）纪处委授予的其他职责。

**第十八条** 纪处委委员对于投诉人、被投诉人、被调查人的询问，应由秘书处协调、安排，不得与投诉人、被投诉人、被调查人私下接触。

## 第三章 委员的权利、义务和职责

**第十九条** 纪处委委员的权利、义务：

（一）参加纪处委的工作，尽职为会员服务；

（二）认真、按时地完成纪处委交办的工作；

（三）公正廉洁，并以自身的言行维护纪处委的声誉和权威；

（四）对工作中所涉及的相关信息应予

保密；

（五）不得利用纪处委委员的身份为本人及本人所在的律师事务所或他人谋取不正当利益。对涉及本人或本所的投诉应予回避；

（六）向纪处委提出工作建议和意见；

（七）办理投诉案件时获得一定的补助津贴。

**第二十条** 纪处委主任的职责：

（一）全面负责纪处委的工作，签发纪处委的相关决定、文件；

（二）组织制订纪处委的工作计划，安排部署纪处委的工作任务，协调纪处委与司法行政机关及其他相关单位的关系；

（三）主持纪处委工作会议；

（四）主持重大、疑难案件的研讨；

（五）完成理事会、会长会议交办的工作，并向会长会议、理事会报告工作；

（六）决定案件审查庭、调处庭或听证会组成人员的回避；

（七）授权副主任履行相关职责。

**第二十一条** 纪处委副主任的职责：

（一）协助主任完成纪处委的工作；

（二）审核投诉案件的调查报告；

（三）协调、指导纪处委审查庭、调处庭的工作；

（四）在纪处委主任缺席的情况下，经授权代理行使主任职责。

## 第四章 工作方式

**第二十二条** 由纪处委三名委员组成一个审查庭，负责投诉案件的调查工作，该三名委员分别担任投诉案件调查工作的主审人、复核人和会签人。

由纪处委三名委员组成调处庭，负责执业纠纷案件的调处工作。

**第二十三条** 在执业纠纷调处工作中，纪处委的调处庭可商请负责律师管理工作的司法行政机关参加调处工作，其工作方式依据《北京市律师协会会员执业纠纷调处规则》的规定。

**第二十四条** 审查庭委员的职责：

（一）主审人职责：审查投诉案件，制作审查报告，在规定的时间内将卷宗和审查报告移交给该案的复核人。

（二）复核人职责：在接到投诉案件的卷宗和审查报告后，独立地复核审查报告中查明的事实部分是否准确、证据是否确实充分、主审人所列理由是否合理、评审结论是否正确。复核完毕后，在规定的时间内将卷宗和审查报告及本人的复核意见移交该案的会签人。

（三）会签人职责：在接到投诉案件的卷宗和审查报告后，独立地复核审查报告中查明的事实部分是否准确、证据是否确实充分、主审人所列理由是否合理、评审结论是否正确，会签完毕后，在规定的时间内将卷宗和审查报告及本人的会签意见转送秘书处。

**第二十五条** 审查庭委员发生意见分歧时，应列明各委员的意见，对重大、复杂的投诉案件，应报纪处委主任决定。

## 第五章 纪处委会议

**第二十六条** 纪处委每年应至少召开二次工作会议，由主任负责召集。

**第二十七条** 纪处委应对每次工作会议的情况出具相应的简报，并将委员出席会议的情况在秘书处存档。

**第六章 附 则**

**第二十八条** 本规则由本会理事会通过后生效，自颁布之日起施行，并由本会理事会负责解释。

**第二十九条** 本规则生效之日起，原《北京市律师协会纪律委员会规则》同时废止。

## 北京市律师协会执业纪律与执业调处委员会听证规则

（2010年6月30日第八届北京市律师协会理事会第八次会议审议通过）

### 第一章 总 则

**第一条** 为维护会员合法权益，根据全国律协《律师协会会员违规行为处分规则（试行）》、《北京市律师协会会员纪律处分规则》的有关规定，制定本规则。

**第二条** 本规则所称听证，是指北京市律师协会（以下简称“本会”）执业纪律与执业调处委员会（以下简称纪处委）根据全国律协《律师协会会员违规行为处分规则（试行）》第四十一条、《北京市律师协会会员纪律处分规则》第四十条的有关规定，应被投诉人或被调查人的请求或案件审查庭（以下简称审查庭）的建议，就审查庭提出的被投诉人或被调查人违规、违纪的事实、证据和处分建议，核查事实，并由被投诉人或被调查人进行申辩和质证的程序。

**第三条** 纪处委对被投诉人或被调查人在作出行业纪律处分决定前，应当告知其享有要求听证的权利。

**第四条** 被投诉人或被调查人申请听证或审查庭建议听证的，应当遵守本规则。

**第五条** 听证程序遵循公平、公正的原则。

### 第二章 听证庭的组成

**第六条** 听证庭由纪处委裁判委员会三名委员组成。

听证庭设听证主持人一名，听证主持人由纪处委主任、副主任或主任指定的裁判委员会委员担任。

审查庭的成员不得作为听证主持人。

**第七条** 听证会的组织工作由秘书处负责。

**第八条** 参加听证会的人员包括：审查庭的人员、投诉人、被投诉人或被调查人及其所在律师事务所负责人或委托代理人、证人以及鉴定人、翻译人员、听证记录人等。

听证记录人是指听证主持人指定的负责记录的人员。

**第九条** 听证庭组成人员有下列情形之一的，应当自行回避：

（一）本人或者近亲属与投诉人、被投诉人或被调查人有直接利害关系；

（二）与听证案件被投诉人或被调查人在同一律师事务所执业；

（三）与听证案件处理结果有利害关系；

（四）有其他可能影响听证公正进行的情形。

听证庭组成人员有前款规定情形之一，但未按规定自行申请回避的，纪处委应当责令其回避。

被投诉人或被调查人也有权以口头或者书面方式申请其回避，并说明理由。

**第十条** 听证庭组成人员的回避，由听证主持人报纪处委主任决定。

**第十一条** 对提出回避的申请，应当及时审查，如能当时决定的，应立即答复。如不能及时答复，则应在收到回避申请的七日内决定是否回避，并记录在案。

**第十二条** 听证主持人在听证活动中行使下列职权：

（一）决定举行听证的时间、地点和方式；

（二）决定中止、延期或者终止听证；

（三）询问听证参加人，接收并审核有关证据；

（四）主持听证活动进行；

（五）维护听证秩序，制止违反听证程序的行为。

**第十三条** 听证庭组成人员在听证活动中承担下列义务：

（一）公正履行职责，保证被投诉人或被调查人行使陈述、申辩以及质证的权利；

（二）保守听证案件涉及的国家秘密、商业秘密和个人隐私；

（三）不得徇私枉法，包庇纵容违法或违规行为。

**第十四条** 被投诉人或被调查人享有下列权利：

（一）申请听证庭组成人员回避；

（二）参加听证活动，或委托一至二名代理人参加听证；

（三）就审查庭人员提出的案件事实进行申辩，对听证案件的证据进行质证；

（四）听证结束前进行最后陈述；

（五）审核听证笔录并签字确认。

**第十五条** 被投诉人或被调查人承担下列义务：

（一）按照秘书处要求，事前报送参加听证人员的名单及身份；

（二）按时参加听证会并依法举证；

（三）如实回答听证庭成员的询问；

（四）遵守听证程序及纪律，维护听证会秩序。

**第十六条** 被投诉人或被调查人委托他人代理参加听证会的，应当向听证会提交由其签名或者盖章的授权委托书及受托人的身份证明。授权委托书应当经听证主持人确认。

授权委托书应当载明委托事项及权限。

**第十七条** 审查庭人员应当参加听证，向听证庭提出被投诉人或被调查人违法违规的事实、证据及依据，并参与质证。

**第十八条** 听证主持人可以根据实际情况决定与案件有关的证人（包括投诉人）、鉴定人、翻译人员等参与听证。

## 第三章 听证的告知、提起和受理

**第十九条** 纪处委在作出处分决定前，应当告知被投诉或被调查人有要求听证的权利。

**第二十条** 被投诉人或被调查人要求举行听证的，应当在收到《告知书》之日起七日内，向纪处委提出书面申请。以邮寄挂号信方式提出的，以寄出的邮戳日期为准。被投诉人或被调查人因不可抗力或者其他特殊情况不能按期提出听证要求的，须经纪处委批准，可以顺延听证期限。

**第二十一条** 被投诉人或被调查人明确提出放弃听证权利的，放弃后不得对本案再次提出听证申请。被投诉人或被调查人放弃听证权利，应当以书面形式提出。

被投诉人或被调查人未在规定的期限内提出听证要求的，视为放弃听证权利，纪处委可以不组织听证并应当将情况记录在案。

**第二十二条** 被投诉人或被调查人可以在听证会召开前请求撤回听证申请，撤回听证申请的不得对该案再次提出听证申请

**第二十三条** 被投诉人或被调查人提出听证申请后，不参加听证会的，视为放弃陈述或申辩权利，但不影响纪处委作出处分决定。

**第二十四条** 纪处委决定举行听证，应当在听证会召开前的七日内向被投诉人或被调查人送达听证通知书。告知被投诉人或被调查人听证会举行的具体时间和地点。

**第二十五条** 听证通知书应当载明下列事项：

（一）被投诉人或被调查人姓名或者名称；

（二）听证案件的内容；

（三）举行听证的时间、地点、方式；

（四）告知被投诉人或被调查人向纪处委报送参加听证会人员的名单、身份证明、授权委托手续以及准备有关证据材料事项。

**第二十六条** 审查庭应当自确定听证主持人之日起三日内，将案卷移送听证主持人。

## 第四章 听证的举行

**第二十七条** 听证会开始前，听证主持人

应当负责查明被投诉人或被调查人、其他听证参加人是否到会，宣布下列听证会纪律：

（一）服从听证主持人的指挥，未经主持人允许不得发言、提问、辩论和中途退庭、录音、录像和摄影；

（二）不得喧哗、鼓掌、哄闹或者进行其他妨碍听证秩序的行为。

**第二十八条** 违反听证会纪律的，听证主持人有权予以制止，情节严重的，责令退庭。

被投诉人、被调查人或者其代理人无正当理由拒不到场参加听证或者未经主持人允许中途退场的，视为放弃听证权利。

**第二十九条** 听证应当按下列顺序进行：

（一）听证主持人核对听证参加人是否到会；

（二）核对参加听证会人员的身份；

（三）听证主持人宣布听证会组成人员、听证记录人、鉴定人、翻译人员名单，告知被投诉人或被调查人在听证会上享有的权利和承担的义务，询问被投诉人或被调查人对听证会组成人员是否申请回避；

（四）听证主持人宣布听证开始；

（五）审查庭人员宣读初步查明的事实，出示相关证据；

（六）被投诉人、被调查人或其委托代理人进行陈述、申辩和质证；

（七）投诉人及其委托代理人陈述，提出自己的意见和主张；

（八）听证会组成人员就案件事实、证据等进行询问；

（九）被投诉人或被调查人作最后陈述；

（十）听证主持人宣布听证会结束。

**第三十条** 有下列情形之一的，经听证庭组成人员研究决定，可以延期举行听证：

（一）被投诉人、被调查人或者其委托代理人因不可抗力无法到庭的；

（二）被投诉人、被调查人申请回避的；

（三）其他应当延期的情形。

**第三十一条** 有下列情形之一的，听证主持人应当与其他听证会组成人员协商决定中止听证：

（一）需要通知新的证人到庭或者需要重新鉴定、补充证据的；

（二）被投诉人、被调查人或其他听证会参加人员不遵守听证纪律，听证秩序混乱的；

（三）其他应当中止听证程序的情形。

**第三十二条** 延期、中止听证的情形消失后，由听证主持人宣布恢复听证。

**第三十三条** 有下列情形之一的，听证主持人与其他听证庭组成人员评议后应当决定终止听证：

（一）投诉人撤回投诉的；

（二）被投诉人或被调查人撤回听证申请的；

（三）其他应当终止听证的情形。

**第三十四条** 审查庭人员、被投诉人、被调查人和投诉人可以申请证人参加听证会，但须提前五天向秘书处提出申请，证人到庭后，经听证主持人许可，可以参加听证会并予以作证。

证人必须亲自到庭作证。

**第三十五条** 听证的全部活动应当记入笔录。听证笔录应当载明下列事项：

（一）案由；

（二）听证会参加人员的姓名或者名称，法定代理人、委托代理人的姓名；所在单位、证件号码等基本情况；

（三）听证会组成人员以及记录人的姓名；

（四）举行听证的时间、地点和方式；

（五）审查庭提出的事实、证据；

（六）被投诉人或被调查人的陈述、申辩和质证的内容；

（七）证人证言；

（八）听证参加人签名；

（九）按规定应当载明的其他事项。

**第三十六条** 听证笔录应当经听证会参加人员审阅无误后逐页签名。笔录中有关证人证言部分，应当交由证人审阅核对无误后签名或者盖章。

被投诉人或被调查人拒绝签名的，听证记录人应当在笔录中予以注明，听证庭组成人员签名确认。听证笔录可以查阅、摘抄、但不得复制。

## 第五章　听证的适用

**第三十七条**　听证会结束后，秘书处参加听证会的工作人员应当负责制作听证意见书，记录听证庭组成人员对听证案件的评议意见。听证庭组成人员意见不一致时，应当在听证意见书中如实写明。

**第三十八条**　听证意见书应当包括下列主要内容：

（一）听证案由；

（二）听证庭组成人员的姓名、名称及其他情况；

（三）听证的时间、地点、方式；

（四）听证的过程；

（五）案件事实和认定的证据；

（六）对拟作出处分决定或不予处分的意见及理由。

**第三十九条**　听证庭组成人员应当在听证意见书中，对听证案件提出如下处理意见：

（一）违法、违规行为事实清楚，审查庭提出的处分建议适用法律、法规、行业规范正确，证据确凿，程序合法，处分种类适当，应支持审查庭的意见；

（二）违法或违规行为事实清楚，但审查庭提出的处分建议适用法律、法规、行业规范错误或者处分种类适用不当的，提出新的处分建议；

（三）审查庭在审查案件过程中遗漏违法、违规行为的，提出补充意见后再提出处分建议；

（四）违法、违规行为情节轻微的，可提出免予处分的意见；

（五）违法、违规行为不能成立的，可提出不予处分的意见；

（六）违法、违规行为符合减轻或者从轻条件的，可提出减轻或者从轻处分的意见；

（七）违法、违规行为符合从重处罚条件的，可提出从重处分的意见；

（八）违法或违规事实不清的，可提出退回继续调查的意见；

（九）发现应当由其他机关处理的，可提出移送的意见；

（十）提出的其他处理意见。

**第四十条**　纪处委应当根据听证意见书、听证笔录和其他案件材料，依据法律法规、行业规范性文件，对所听证的案件作出相应的处理决定。

## 第六章　附　则

**第四十一条**　听证庭组成人员应当公正履行职责，不得妨碍被投诉人、被调查人或其他听证参加人员行使相应的权利。

**第四十二条**　本规则所称“日”是指工作日，“以上”、“内”及“前”等均包含本数。

**第四十三条**　本规则由本会理事会通过后生效，自颁布之日起施行，并由本会理事会负责解释。

# 北京市律师协会重新申请律师执业人员和异地变更执业机构人员审查考核办法（试行）

（2010年9月28日第八届北京市律师协会理事会第九次会议审议通过）

**第一条**　为进一步加强北京市律师行业管理，规范重新申请律师执业人员和异地变更执业机构人员审查考核工作，根据《北京市司法局律师执业管理办法实施细则》的相关规定，制定本办法。

**第二条**　本办法所称重新申请律师执业人员，是指具有《北京市司法局律师执业管理办法实施细则》第六条规定情形的人员。

**第三条** 本办法所称异地变更执业机构人员，是指具有《北京市司法局律师执业管理办法实施细则》第十六条第三款规定情形的人员。

**第四条** 北京市律师协会（以下简称本会）申请律师执业人员管理考核工作委员会负责对重新申请律师执业人员和异地变更执业机构人员进行审查考核。

**第五条** 本会对重新申请律师执业人员和异地变更执业机构人员的审查考核采用书面审查和面试考核的方式。

**第六条** 重新申请律师执业人员申请考核时应当提交《重新申请律师执业人员考核申请表》和相关证明，包括以下内容：

（一）申请人基本情况；

（二）执业申请书；

（三）拟接收的律师事务所出具的同意接收申请人执业的证明；

（四）身份证复印件；

（五）原《律师执业证》复印件或其他可证明申请人原执业律师身份的文件；

（六）原执业经历和中止执业原因说明及对说明真实性的承诺；

（七）户籍所在地公安机关出具的无犯罪记录证明。

**第七条** 异地变更执业机构人员应当向本会提交《异地变更执业机构人员申请表》和相关证明，包括以下内容：

（一）申请人基本情况；

（二）异地变更执业机构申请书；

（三）拟变更的律师事务所出具的同意接收申请人执业的证明；

（四）身份证复印件；

（五）执业经历；

（六）原执业律师事务所出具的申请人年度考核合格的证明材料；

（七）原执业律师事务所所属律师协会出具的申请人年度考核合格以及是否受到过行业纪律处分的证明；

（八）原执业律师事务所所属司法行政机关出具的申请人是否受到过行政处罚的证明。

**第八条** 申请人应当按照本会的统一安排参加面试考核，面试考核时间安排在本会网站公布，申请人须按照考核时间安排准时参加。

**第九条** 重新申请律师执业人员考核内容：

（一）在原执业期间遵守律师职业道德和执业纪律的情况；

（二）掌握律师执业技能的情况；

（三）品行、诚信表现情况；

（四）重新执业后的业务定位、执业方向等情况；

（五）其他应当考核的内容。

**第十条** 异地变更执业机构人员审查内容：

（一）遵守律师职业道德和执业纪律情况；

（二）掌握律师执业技能的情况；

（三）品行、诚信表现情况；

（四）变更执业机构的原因和变更后的业务定位、执业方向等情况；

（五）其他应当考核的内容。

**第十一条** 本会在申请人提交全部材料后二十个工作日内完成书面材料的审查并安排面试考核。

本会在面试考核后十个工作日内向通过面试考核的人员出具考核结果。

未通过面试考核的，在考核后六个月内不得向本会再次申请面试考核。

**第十二条** 《申请律师执业人员管理考核工作委员会工作规则》另行制定。

**第十三条** 本办法自理事会审议通过之日起试行。

**第十四条** 本办法由理事会负责解释。

# 北京市律师协会申请律师执业人员实习管理办法

（2010年9月28日第八届北京市律师协会理事会第九次会议审议通过）

## 第一章 总 则

**第一条** 为了规范北京市申请律师执业人员的实习活动，提高执业律师的素质，北京市律师协会（以下简称本协会）根据《中华人民共和国律师法》、《北京市律师协会章程》、《中华全国律师协会申请律师执业人员实习管理规则》以及相关规范性文件，制定本办法。

**第二条** 依《中华人民共和国律师法》规定，申请律师执业前参加实习的人员（以下简称“实习人员”），其实习活动的管理适用本规则。

**第三条** 本协会根据律师是中国特色社会主义法律工作者的定位，按照“政治坚定、法律精通、维护正义、恪守诚信”的培养目标和本办法的规定，组织管理申请律师执业人员的实习活动，指导律师事务所做好实习人员的教育、训练和管理工作，严格实施实习考核标准和考核程序，确保实习质量。

本协会对实习活动的管理，接受北京市司法局的指导和监督。

**第四条** 申请律师执业人员的实习期为一年。

实习人员在实习期间应当参加本协会组织的集中培训和律师事务所安排的实务训练，遵守实习管理规定，实习期满接受本协会的面试考核。

对申请律师执业人员的实习管理工作由本协会申请律师执业人员管理考核工作委员会（以下简称申执委）负责组织实施。

## 第二章 实习登记

**第五条** 申请实习人员应当符合下列条件：

（一）拥护中华人民共和国宪法；

（二）取得法律职业资格证书或者律师资格证书；

（三）具有完全民事行为能力；

（四）品行良好，无不宜从事律师职业的不良品行；

（五）未受过刑事处罚（过失犯罪除外）；

（六）无被开除公职或者被吊销律师执业证书的记录。

**第六条** 本办法第五条第（四）项所称“不宜从事律师职业的不良品行”，包括下列情形：

（一）因故意犯罪但依照刑法规定不需要判处刑罚或者免除刑罚，被人民检察院决定不起诉或者被人民法院免除刑罚的；

（二）因违法违纪行为被国家机关、事业单位辞退的；

（三）因违法违规行为被相关行业主管机关或者行业协会吊销职业资格或者执业证书的；

（四）因涉及道德品行等违法行为被处以治安行政拘留或者采取强制性教育矫治措施的；

（五）因弄虚作假、欺诈等失信行为被追究法律责任的；

（六）有其他产生严重不良社会影响的行为的。

前款所列不良品行发生在申请实习人员十八周岁以前或者发生在申请实习登记五年以前，且申请实习人员证明其不良品行确已改正的，应当提交相关证明材料以及至少二名执业十年以上、未受过行政处罚或者行业惩戒的当地资深律师为其出具的品行评价和推荐书，经律师协会设立的品行审核委员会审核同意，可以准予实习登记。

**第七条** 律师事务所有下列情形之一的，不得接收实习人员实习：

（一）不能保持法定设立条件，经营状况不良的；

（二）无符合规定条件的实习指导律师的；

（三）不能为实习人员提供固定办公场所和必要办公条件；

（四）受到停业整顿以下行政处罚或者行业惩戒未满一年的；

（五）受到停业整顿行政处罚，处罚期届满后未逾三年的；

（六）受到禁止接收实习人员实习的行业惩戒，惩戒期限未满的；

（七）目前正在接受投诉处理，且有充分理由认为可能受到行政处罚或行业处分的。

**第八条** 接收申请律师执业人员实习的律师事务所应当与实习人员签订劳动合同和《实习协议》。

**第九条** 申请律师执业人员的实习指导律师应当符合下列条件：

（一）具有五年以上执业经历的专职律师；

（二）具有较高的业务素质和执业水平；

（三）具有较高的职业道德素养；

（四）执业过程中未受到过行政处罚和通报批评及其以上行业处分；

（五）五年内未受过训诫行业处分。

实习指导律师同时指导的实习人员不得超过二名。

**第十条** 实习人员应当按照本协会公布的程序和要求申请实习，通过拟接收其实习的律师事务所提交下列材料：

（一）身份证复印件（外省户籍需另附暂住证或居住证复印件）；

（二）《律师资格证书》或者《法律职业资格证书》复印件；

（三）符合本市司法行政机关要求的人事档案关系存放证明；

（四）户籍所在地公安机关出具无刑事处罚证明原件；

（五）申请兼职律师执业的人员提交所在高等院校、科研机构为其出具的从事法学教育、研究工作的证明（教师证或工作证复印件）和同意其实习的证明；

（六）《实习协议》复印件；

（七）实习人员与申请实习所在律师事务所签订的劳动合同复印件；

（八）本协会要求提交的其它材料。

**第十一条** 本协会将在收到申请律师执业人员递交的全部材料之日起二十日内进行审核，并向审查合格的申请实习人员颁发《申请律师执业人员实习证》。

**第十二条** 实习人员有下列情形之一的，由本协会撤销实习登记，收缴实习证，已进行的实习无效：

（一）申请实习人员以欺诈、贿赂等不正当手段取得实习登记的；

（二）对不符合条件的申请实习人员准予实习登记或者违反规定程序准予实习登记的。

申请实习人员因有前款第（一）项情形被撤销实习登记的，应当同时给予其二年内不得再次申请实习的处分；情节严重的，给予其五年内不得再次申请实习的处分。

## 第三章 集中培训

**第十三条** 集中培训由本协会或其委托的培训机构（以下简称培训机构）进行。集中培训时间不少于一个月。

**第十四条** 集中培训内容包括社会主义法治理念、律师执业管理规定、律师职业道德和执业规范、律师实务知识和执业技能等。

通过集中培训，申请律师执业人员应当熟悉律师职业道德的基本内容，确立良好的律师职业道德观念，自觉遵守律师执业规范，了解律师实务知识。

**第十五条** 集中培训采用中华全国律师协会制定的培训大纲和指定的教材。本协会可根据本市的实际情况增加其他教学材料。

**第十六条** 本协会可根据培训内容需要，选聘执业律师、专家、学者和司法工作人员担任授课教师，但应当以执业律师为主。

**第十七条** 受聘担任授课教师的执业律师，应当符合下列条件：

（一）执业五年以上，具有丰富的执业经验；

（二）在某一领域有突出的业务专长；

（三）品行良好，无不良执业记录；

（四）关心律师行业发展，热心律师教育事业；

（五）具有良好的语言文字表达能力；

（六）本协会规定的其他条件。

**第十八条** 实习人员在集中培训期间应当遵守本协会及培训机构的有关规定，按规定时间到培训地点参加学习。

**第十九条** 集中培训考核合格的，由本协会颁发《申请律师执业人员集中培训结业证书》；考核不合格的，应当重新参加集中培训，所需时间不计入实习时间。

**第二十条** 《申请律师执业人员集中培训结业证书》的有效期为两年。

## 第四章 实务训练

**第二十一条** 实习人员的实务训练，由接收其实习的律师事务所负责安排。

**第二十二条** 律师事务所在接收实习人员实习时，应当按规定为实习人员进行实务训练提供必要的条件和保障，且不得以任何名义向实习人员收取费用。

**第二十三条** 实习指导律师应当履行下列职责：

（一）对实习人员进行律师职业道德和执业纪律教育；

（二）指导实习人员学习掌握律师执业管理规定；

（三）指导实习人员学习掌握律师执业业务规则；

（四）指导实习人员进行律师执业基本技能训练；

（五）监督实习人员的实习表现，定期记录并作出评估，发现问题及时纠正；

（六）在实习结束时对实习人员的政治素质、道德品行、业务素质、遵守律师职业道德和实习纪律的情况出具考评意见。

**第二十四条** 律师事务所应当对实习活动履行下列管理职责：

（一）定期或者适时召开会议，通报实习人员的实习情况，研究改进实习工作的措施；

（二）对实习指导律师履行职责的情况进行监督，发现问题及时纠正，对严重违背规定职责的，应当停止其指导实习的工作；

（三）对实习人员在实习期间的表现及实习效果进行监督和考查，并在实习结束时为其出具《实习鉴定书》。

**第二十五条** 实习人员接受实务训练，应当遵守律师职业道德和执业纪律，不得有下列行为：

（一）独自承办律师业务；

（二）以律师身份在委托代理协议或者法律顾问协议上签字，或对外签发法律文书；

（三）以律师名义在法庭、仲裁庭上发表辩护或者代理意见；

（四）以律师名义印制名片及其他相关资料；

（五）以律师名义洽谈、承揽律师业务；

（六）不服从律师事务所、指导律师的监督管理；

（七）擅自中断实习活动；

（八）出借、出租、抵押、转让、涂改或者故意损毁《申请律师执业人员实习证》；

（九）其它损害律师职业形象的行为。

**第二十六条** 实习人员应当在实习指导律师的指导下办理律师业务，接受刑事案件辩护及代理、民事和行政案件代理、非诉事务代理、担任法律顾问、法律咨询以及代书法律文书等技能训练，掌握律师业务基本程序和执业规则。

**第二十七条** 实习人员在实习期间的实务训练，应达到如下要求：

（一）在实习指导律师指导下参加接待当事人活动；

（二）在实习指导律师指导下参与诉讼、仲裁或者非诉法律事务代理工作；

（三）在实习指导律师指导下进行案卷整理归档工作。

**第二十八条** 实习人员实习期满，完成实务训练项目并被实习指导律师和律师事务所考评、鉴定合格，且没有违反本办法第二十五条规定的，接收其实习的律师事务所应当签发实习鉴定，并按要求向本协会提交该实习人员的实务训练考核材料。

**第二十九条** 实习人员因指导律师生病、离职等原因中断实习的，律师事务所应当在十五日内为实习人员重新安排符合条件的指导律师，并将变更后的指导律师报本协会审查，已进行的实习有效。

**第三十条** 实习人员实习期间不得转所，但所在律师事务所发生终止、合并、分立等变更事项的除外。

实习期间转所的，应当注销其原实习登记，交回实习证，并重新办理实习人员登记手续。

实习人员申请注销实习登记的，应在其取得实习证满三个月后提出申请。

## 第五章 面试考核

**第三十一条** 实习人员应当在实习期满两年内申请参加本协会组织的面试考核，逾期未申请的应当重新申请实习。

**第三十二条** 实习人员申请面试考核应提交以下材料：

（一）《申请律师执业人员实习证》；

（二）《申请律师执业人员集中培训结业证书》；

（三）《申请律师执业人员实习鉴定书》；

实习指导律师和律师事务所出具的考评意见和实习鉴定意见应当对实习人员的政治素质、道德品行、业务素质、遵守律师职业道德和实习纪律等方面的情况如实作出评价；

实务训练材料应包括不少于10份实习人员参加主要实务训练项目形成的工作文书、操作记录、训练心得以及指导律师的点评意见等；

（四）本协会要求提交的其它材料。

**第三十三条** 实习人员应当按照本协会的统一安排参加面试考核。面试考核时间安排在本协会网站公布，实习人员须按照考核时间安排准时参加。

**第三十四条** 面试考核应当对实习人员的政治素质、道德品行、实务训练情况、执业基本技能掌握情况、遵守律师职业道德、实习纪律的情况以及语言表达能力、仪容仪表等进行全面考核，据实出具考核意见。

考核人员将根据实习人员的应答情况，按照评分标准独立进行评分，作出考核评价。

**第三十五条** 本协会将在面试考核结束后七日内，在本协会网站公示面试考核合格的实习人员名单，公示期为十日，在公示期满后公布实习鉴定合格的实习人员名单，核发《北京市律师协会申请律师执业人员鉴定意见书》。

**第三十六条** 对于面试考核不合格的实习人员，本协会将以书面形式告知考核意见。

**第三十七条** 本协会应当对在公示期内收到的投诉或者举报进行调查。对有证据证明通过面试考核的实习人员不符合规定条件的，本协会应当撤销对该实习人员的面试考核合格意见，并书面通知本人及所在律师事务所。

**第三十八条** 实习人员对面试考核不合格结果或被撤销面试考核合格决定有异议的，可以在自收到书面考核结果或被撤销面试考核合格意见决定之日起十五日内，通过所在律师事务所以书面形式向本协会申请复核。本协会应当自收到书面复核申请之日起十五日内完成复核，并将复核结果通知本人及所在律师事务所。

**第三十九条** 实习人员面试考核不合格的或被撤销面试考核合格意见的，本协会可做出给予延长实习期三至九个月的决定。实习人员可在按照延长期限完成实务训练后，重新提交面试考核申请。

## 第六章 实习监督

**第四十条** 律师事务所有下列情形之一的，由本协会给予训诫、通报批评或者公开谴责；情节严重的，同时停止其实习指导工作，并给予二年内禁止接收申请律师执业人员实习的行业惩戒：

（一）不履行或者懈怠履行实习管理职责的；

（二）指使或者放任实习人员违反实习纪律或者从事其他违法违规行为，律师事务所负有管理责任的；

（三）无正当理由拒绝为实习人员出具《实习鉴定书》、考评意见或者其他有关证明材料的；

（四）为实习人员出具不实、虚假的《实习鉴定书》、考评意见或者其他有关证明材料的；

（五）与实习人员签订虚假劳动合同的；

（六）以为实习人员进行实务训练提供办公条件等理由向实习人员收取费用的；

（七）为实习人员安排指导律师，一名实习指导律师同时指导的实习人员超过二名的；

（八）有其他违反本办法行为的。

**第四十一条** 实习指导律师有下列情形之一的，由本协会给予训诫、通报批评或者公开谴责；情节严重的，同时停止其实习指导工作，并给予二年内禁止指导申请律师执业人员实习的行业惩戒：

（一）不履行或者懈怠履行实习指导职责的；

（二）指使或者放任实习人员违反实习纪律或者从事其他违法违规行为的；

（三）无正当理由拒绝为实习人员出具《实习鉴定书》、考评意见或者其他有关证明材料的；

（四）为实习人员出具不实、虚假的《实习鉴定书》、考评意见或者其他有关证明材料的；

（五）以为实习人员进行实务训练等理由向实习人员私自收取费用的；

（六）一名实习指导律师同时指导的实习人员超过二名的；

（七）有其他违反本办法行为的。

**第四十二条** 实习人员在实习期间有下列行为之一的，律师事务所应当给予批评教育，责令改正，并报告本协会。本协会应当给予该实习人员警告处分；情节严重的，责令其停止实习，收缴实习证，并给予其二年内不得再次申请实习的处分：

（一）私自以律师名义从事本规则第二十五条第一款第（一）项至第（五）项所列违规行为的；

（二）不服从律师事务所及实习指导律师监督管理的；

（三）不能按规定完成集中培训和实务训练项目的；

（四）擅自中断实习活动的；

（五）有其他违反实习管理规定或者损害律师职业形象行为的。

**第四十三条** 实习人员在实习期间发生本规则第六条规定情形之一的，律师事务所应当及时向本协会报告。经查证属实的，本协会应当责令其停止实习，收缴实习证，并给予其五年内不得再次申请实习的处分。

**第四十四条** 实习人员凭不实、虚假的《实习鉴定书》、考评意见或者其他有关证明材料，或者采取欺诈、贿赂等不正当手段通过面试考核的，由本协会撤销对该实习人员出具的考核合格意见，已进行的实习无效，并给予二年内不得再次申请实习的处分；情节严重的，给予五年内不得再次申请实习的处分。

前款规定情形的处理发生在实习人员已获准律师执业之后的，本协会同时将处理决定通报北京市司法局。

### 第七章 附 则

**第四十五条** 香港、澳门、台湾地区居民在本市申请律师执业的实习组织管理工作，依据本规则执行；司法部另有规定的，从其规定。

**第四十六条** 本办法所指“日”均以工作日计算。

**第四十七条** 本办法由本协会理事会负责解释。

**第四十八条** 本办法由本协会理事会通过并于2010年11月1日起施行。

## 北京市律师事务所计时收费指引

（2010年9月28日第八届北京市律师协会理事会第九次会议审议通过）

### 第一章 总 则

**第一条** 为规范我市律师法律服务计时收费行为，依法维护委托人和律师的合法权益，依据国家和发展改革委员会、司法部《律师服务收费管理办法》（发改价格【2006】611号）、《北京市律师服务收费管理实施办法（试行）》及《北京市律师诉讼代理服务收费政府指导价标准（试行）》等有关规定，制定本指引。

**第二条** 依法设立的本市律师事务所及其他省、自治区、直辖市的律师事务所在本市的分所，在本市为委托人提供法律服务而采取计时收费的，适用本指引。

本市律师事务所异地提供法律服务，可以执行本指引或者执行提供法律服务所在地的律师计时收费有关规定，具体由律师事务所与委托人协商确定。

本市律师事务所在其他省、自治区、直辖市依法设立的分所，不适用本指引。

**第三条** 计时收费指律师事务所依法接受委托，按照确定的计时收费标准，根据其提供法律服务所付出的有效工作时间，计算收取服务报酬的收费方式。

**第四条** 律师事务所采用计时收费时，应当遵循诚实信用、公开合理、公平竞争等原则。

**第五条** 律师事务所采取计时收费时，应当在与委托人签订的委托合同或其他约定中载明下列内容：

（一）承办律师的计时收费标准；

（二）法律服务工作内容；

（三）计时收费清单的出具方式及出具时间；

（四）律师费的支付方式和期限；

（五）委托人提出异议的方式和期限；

（六）委托人没有按约定付费律师事务所有解除委托合同的权利；

（七）争议的解决等条款。

### 第二章 律师计时收费标准

**第六条** 律师事务所提供《北京市律师服务收费管理实施办法（试行）》第七条所列法律服务（以下简称诉讼类法律服务）采用计时收费方式时依法实行政府指导价；律师事务所提供《北京市律师服务收费管理实施办法（试行）》第七条所列以外法律服务采用计时收费的，实行市场调节价，具体的标准和价格由律师事务所与委托人协商确定。

**第七条** 律师事务所在提供诉讼类法律服务时，应当考虑下列因素来确定具体计时收费的价格，但该价格不能超出政府指导价标准：

（一）承办案件的类型；

（二）承办案件本身的复杂程度，以及事务所可能承担的风险和责任；

（三）承办案件是否涉及到异地、国外等。

## 第三章 有效工作时间

**第八条** 有效工作时间是指律师事务所指定的承办律师为委托人提供的法律服务所耗费的工作时间。

**第九条** 承办法律服务时，下列时间属于有效工作时间：

（一）承办律师应委托人要求进行的不违反法律规定的代理工作所耗费的时间；

（二）承办律师应公安机关、检察机关、人民法院及其他机构要求围绕委托事项进行的代理工作所耗费的时间；

（三）承办律师在提供法律服务过程中，向委托人了解委托事项情况及要求、解答委托人提出的问题、与委托人研究交换对委托事项的看法、向委托人通报工作进展等工作所耗费的时间；

（四）承办律师查阅有关资料、法规、研讨委托事项的时间；

（五）承办律师围绕委托事项进行的法律、法规及行业规范规定的代理工作所耗费的时间。

**第十条** 承办法律服务时，因工作需要，律师事务所为承办律师指派的辅助人员的工作时间，经律师事务所与委托人协商确定后，可以计入有效工作时间。

**第十一条** 承办法律服务时，承办律师为两人以上的，应当按各自提供有效法律服务所耗费的时间单独累计计算有效工作时间。

**第十二条** 律师有效工作时间的计算期限，从双方协商确定委托关系之时起至委托合同终止之日止。双方另有约定的除外。

**第十三条** 律师在办理委托事项过程中，乘坐车、船、飞机所耗费的路途时间以及因差旅所耗费的时间，可以比照有效工作时间收取律师费，双方另有约定的除外。

## 第四章 计时收费清单

**第十四条** 律师计时收费清单是律师已提供有效法律服务的内容及所耗费有效工作时间和相对应律师费的单据，计时收费清单一式两份，一份给委托人，一份随卷存档。

**第十五条** 承办法律服务时，律师计时收费清单应记载下列内容：

（一）委托人、受托人、承办律师及计时收费标准；

（二）提供法律服务的具体工作内容及对应的工作小时；

（三）提供法律服务内容的累计小时数；

（四）律师报酬的数额及支付方式、支付期限。

**第十六条** 律师事务所应当对律师出具的收费清单进行审核确认。

**第十七条** 承办法律服务时，律师事务所应严格按照合同约定的时间，向委托人出具计时收费清单。

**第十八条** 承办法律服务时，计时收费清单中的有效工作时间以每6分钟为一个最小计时单位，记为0.1小时。不足6分钟的按一个计费单位计算。

**第十九条** 承办法律服务时，律师事务所应当将计时收费清单以传真、电子邮件或通知委托人到所领取等方式，向委托人出具；同时，应委托人的要求，可附上工作记录和相关材料。

## 第五章 计时收费的结算

**第二十条** 承办法律服务时，律师事务所在委托人对计时收费清单提出异议的情况下，应当与委托人协商，协商不成的，律师事务所可以按照合同的约定书面告知委托人解除委托。解约后，就收费的争议按合同预定的方式处理。

**第二十一条** 承办法律服务时，律师事务所预收律师费的，应当及时出具发票，并在结案后，根据律师事务所出具的计时收费清单所列律师费数额与委托人结算。

**第二十二条** 承办法律服务时，律师事务所没有预收律师费或预收律师费不足折抵计时收费清单中的律师费数额时，如委托人没有及时按照计时收费清单要求的期限支付律师费也没有提出书面异议，律师事务所可以向委托人出具中止代理通知书及催款通知书。

经告知后，委托人仍旧没有按期足额交纳律师费的，律师事务所可以向委托人发出解除代理通知书，并及时向关联方告知解约的情况。

**第二十三条** 承办律师应当妥善保管完整的律师工作记录、计时清单及相应的案卷材料，并在代理工作结束后整理归档。

### 第六章 附 则

**第二十四条** 本指引自理事会通过后试行。

**第二十五条** 本指引由理事会负责解释。

## 上海市律师协会制定的行业规范

2010年，上海市律师协会对《上海市律师协会章程》做了修订，并对各规则与规范进行了大规模的修改工作，新制定了《上海市律师协会律师代表大会代表规则》。

## 重庆市律师协会制定的行业规范

### 重庆市申请律师执业人员实习管理实施办法（试行）

（第四届市律协第七次常务理事会审议通过 2011年1月1日起施行）

按照中华全国律师协会《申请律师执业人员实习管理规则》（律发通［2010］19号）要求，结合我市实际，制定本实施办法。

**第一条** 考核机构

市律师协会设立实习人员考核委员会，负责全市实习律师考核工作。实习人员考核委员会由市律师协会工作人员、市司法行政机关工作人员和执业律师代表共15人组成。

**第二条** 考核程序

实习考核分书面审核、面试和公示三个步骤进行，对通过前三项考核程序的实习人员，由实习人员考核委员会进行集体评议，形成最终考评意见，并由市律师协会负责人签字确认。

**第三条** 书面审核

实习人员实习期满后，应当通过律师事务所向市律师协会提出实习考核申请，并提交下列材料：

（一）实习人员撰写的实习总结；

（二）实习指导律师出具的考评意见；

（三）律师事务所出具的《实习鉴定书》；

（四）市律师协会颁发的《实习人员集中培训结业证书》；

（五）实习人员完成实务训练项目的证明材料；

（六）申请律师执业人员实习证；

（七）市律师协会规定的其他材料。

市律师协会在收到律师事务所提交的实习考核申请材料之日起60日内，组织对实习人员进行考核；有其他特殊情况的，可延长考核时间，但延长时间不得超过30日。

**第四条** 面试

面试考核人员为三人以上单数，面试可以按月进行，也可以视情况临时进行，最迟于面试前三天通知实习人员。

面试不合格的实习人员可在收到考核结果之日起15日内书面申请复核，市律师协会在收到书面申请后15日内指派五名非考核人员的协会理事进行复核，并将复核结果书面告知申请人。经复核不合格的，应延长实习期，具体延长时间由实习考核委员会决定。

**第五条** 公示

通过书面审核和面试的实习人员，市律师协会将其姓名、基本情况及考核结果在西部律师网公示，公示期不少于5日。

**第六条** 实习考核意见有效期

经市律师协会考核合格的人员，应当自收到考核合格通知之日起一年内向司法行政机关申请律师执业。超过一年申请律师执业的，应当由市律师协会重新对其进行考核。

**第七条** 本实施办法经重庆市律师协会第四届理事会第七次常务理事会审议通过，自2011年1月1日起施行。

## 律师执业年度考核规则

（市律协第四届理事会第七次常务理事会审议通过　自2011年1月1日起施行）

按照中华全国律师协会《律师执业年度考核规则》（律发通［2010］25号）要求，结合我市实际，制定本实施细则。

**第一条** 考核机构

律师事务所应设立律师执业考核委员会，负责对本所律师进行年度考核。个人所律师执业考核委员会由所主任和政治协理员组成。

市律师协会设立律师执业考核委员会，负责对律师事务所报送的通过律师事务所考核的律师进行考核。市律师协会律师执业考核委员会由市律师协会工作人员、市司法行政机关工作人员和执业律师代表共十五人组成。

市律师协会设立律师执业考核复核委员会，负责对市律师协会律师执业考核委员会考核结果提出异议的律师进行复核。市律师执业考核复核委员会成员由市律师协会理事担任（已任律师执业考核委员会委员的理事除外）。

**第二条** 考核时间

律师执业年度考核，在每年的2月15日至3月15日集中办理。

**第三条** 考核程序

执业律师年度考核，应由各律师事务所按《律师执业年度考核规则》进行考核，然后按照规定时间将相关材料报送市律师协会审查，确定律师执业的年度考核结果，考核结果经考核公示后，报送各区（县）司法局备案。

**第四条** 律师事务所考核程序

律师事务所每年应召开律师执业年度考核工作会议，按照中华全国律师协会的有关要求，对本所律师进行考核，出具考核意见，并送交律师本人阅签。考核工作会议情况应形成纪要存档留查。

**第五条** 市律师协会考核程序

（一）接收材料

1.《重庆市律师执业年度考核登记表》一式三份（报市律师协会一份，报区县司法局一份，律师事务所保存一份）；

2.《重庆市律师年度考核结果汇总表》一份及电子文档；

3. 律师继续教育培训证明；

4. 市律师协会要求提供的其他材料。

（二）审查

市律师执业年度考核委员会根据律师事务所提交的材料及掌握的情况，按照全国律协相关规定对律师进行年度审查考核，考核结果分为“称职”、“基本称职”和“不称职”三个等次，并记入《重庆市律师年度考核结果汇总表》。

（三）公示

律师执业年度考核结果确定后，市律师协会将考核结果在西部律师网上予以公示，公示期不少于7日。

（四）复核

律师对考核结果有异议的，可向市律师协会提出书面申请，要求复核。市律师协会律师执业考核复核委员会在收到申请后10日内进行复核，并将复核结果书面告知申请人及所在的律师事务所。

**第六条** 区（县）司法局备案

公示期满后，市律师协会应将律师执业年

度考核结果送交区（县）司法局备案。区（县）司法局备案审查后在律师执业证上加盖“律师年度考核备案”专用章；区（县）司法局对市律师协会的考核结果有异议，可以建议市律师协会重新进行审查考核。

**第七条** 暂缓年度考核

律师有下列情形之一的，暂缓年度考核：

1. 因涉嫌违法违规正在接受查处的；

2. 受到停业处罚，处罚期未满的；

3. 所在律师事务所被处以停业整顿，处罚期未满的；

4. 年度考核中隐瞒真实情况，弄虚作假的；

5. 其他违反有关律师管理规定的。

暂缓年度考核的原因消失后，由本人申请，经所在律师事务所同意并经市律师协会核准后补办年度考核及备案审查手续。

**第八条** 律师助理年度考核

律师助理接受律师事务所年度考核应当提交下列材料：

1.《重庆市律师助理年度考核登记表》一式三份（律师事务所保存一份）；

2. 律师助理证。

律师事务所对律师助理的考核参照律师考核标准，并将律师助理年度考核结果与律师年度考核结果一并报市律师协会审查备案。

**第九条** 公职律师、法律援助律师年度考核参照本规定执行。

**第十条** 本实施细则经重庆市律师协会第四届理事会第七次常务理事会审议通过，自2011年1月1日起施行。

## 浙江省律师协会制定的行业规范

### 浙江省律师协会章程

（2010年12月25日浙江省第八次律师代表大会第二次全体会议通过）

目　录



#### 第一章　总　则

**第一条** 为完善和规范律师协会管理，保障律师的合法权益，依据《中华人民共和国律师法》及《中华全国律师协会章程》的规定，结合本省实际，制定本章程。

**第二条** 浙江省律师协会（以下简称本会）是依法设立的、由浙江省全体律师及律师事务所组成的社会团体法人，是律师的行业自律性组织，依法对律师行业提供服务和实施管理。

**第三条** 本会宗旨：团结带领会员忠实履行中国特色社会主义法律工作者职责，维护法律的正确实施、维护社会公平和正义、维护当事人的合法权益，维护会员的合法权益和行业的整体利益，反映会员诉求，为会员的执业提供服务，管理、教育、监督会员，规范会员执业行为，提高会员的职业操守和执业能力，发展律师事业，为建设社会主义法治国家，促进社会和谐发展和文明进步而奋斗。

**第四条** 本会在浙江省司法厅的监督、指导下，依法自主开展工作，并接受中华全国律师协会的指导。

**第五条** 本会中文名称：浙江省律师协会；本会英文名称：LAWYERS ASSOCIATION OF ZHEJIANG。

本会会址设在杭州。

## 第二章　职　责

**第六条**　本会履行下列职责：

（一）支持和保障会员依法执业，维护会员的合法权益；

（二）制定律师行业的发展规划、律师执业规范和行业管理制度；

（三）制定并监督实施会员奖励与惩戒办法；

（四）负责律师职业道德和执业纪律的教育、检查和监督；

（五）处理对会员的投诉；

（六）调处会员在执业活动中发生的纠纷；

（七）对律师的执业活动进行考核；

（八）组织管理申请律师执业人员的实习活动和实习考核；

（九）开展律师执业前培训和执业后的继续教育；

（十）指导和督促律师事务所规范化建设；

（十一）开展律师业务研讨，总结、交流律师工作经验；

（十二）组织律师开展国内和国际交流；

（十三）宣传律师工作，提升律师公共影响力；

（十四）组织律师和律师事务所开展社会公益活动；

（十五）鼓励和支持会员参政议政；

（十六）指导市级律师协会开展工作；

（十七）为会员提供福利和其他保障；

（十八）协调与相关司法、执法和行政机关的关系，提出立法和司法的建议。

（十九）办理中华全国律师协会及有关部门授权和委托的事务；

（二十）法律、法规、规章和行业规范规定的其他职责。

## 第三章　会　员

**第七条**　本会会员由个人会员和团体会员组成。

**第八条**　依照《中华人民共和国律师法》规定，取得律师执业证书，并在本省依法设立的律师事务所或者分所执业的律师，以及本省辖区内的法律援助律师、公职律师、公司律师，为本会的个人会员。

本省辖区依法批准设立的律师事务所、分所为本会的团体会员。

**第九条**　获得法律职业资格证书或者律师资格证书，并在本省律师执业机构实习，领取实习证的人员，按照中华全国律师协会《申请律师执业人员实习管理规则》的规定，接受本会和所在地的市级律师协会管理。

**第十条**　个人会员的权利：

（一）享有本会的选举权、被选举权和表决权；

（二）享有合法执业保障权；

（三）参加本会组织的学习和培训、专业研讨和交流活动，使用本会的资源；

（四）享受本会提供的福利；

（五）请求本会向有关部门提出立法、司法和行政执法的意见和建议；

（六）对本会的工作进行监督，提出批评、建议或者质询；

（七）对被投诉、举报或者惩戒有申辩的权利；

（八）依法和依行业规范享有的其他权利。

**第十一条**　个人会员的义务：

（一）遵守本章程，执行本会决议；

（二）遵守律师职业道德和执业纪律，遵守律师行业规范和准则；

（三）接受律师协会的考核、监督和管理；

（四）参加本会组织的政治学习、职业培训、社会活动等；

（五）在被投诉、举报过程中，接受本会的调查；

（六）执行律师协会作出的惩戒决定；

（七）承担本会委托的工作，依法履行法律援助义务；

（八）自觉维护律师职业荣誉和行业声誉，维护会员间的团结；

（九）按规定交纳会费；

（十）依法和依行业规范承担的其他义务。

**第十二条** 团体会员的权利：

（一）参加本会举办的会议和其他活动；

（二）请求本会向有关部门提出立法、司法和行政执法的意见和建议；

（三）共享本会的信息资源；

（四）对本会工作进行监督，提出意见、建议或者质询；

（五）参加本会组织的学习和业务交流；

（六）对被投诉、举报或者惩戒有申辩的权利；

（七）依法和依行业规范享有的其他权利。

**第十三条** 团体会员的义务：

（一）遵守本章程，执行本会决议；

（二）教育律师遵守律师执业行为规范；

（三）组织律师参加本会的各项活动；

（四）制定实施内部规章制度；

（五）为律师行使权利、履行义务提供必要条件；

（六）在被投诉、举报过程中，接受本会的调查；

（七）执行律师协会作出的惩戒决定；

（八）组织和参加律师执业责任保险；

（九）对申请律师执业人员进行管理，对律师的执业活动进行考核；

（十）按规定交纳会费；

（十一）承担本会委托的工作；

（十二）依法和依行业规范承担的其他义务。

**第十四条** 个人会员应当在其律师执业机构所在地的市级律师协会办理会员登记手续。

**第十五条** 个人会员有下列情形的，其会员资格终止：

（一）不在本省律师执业机构执业的；

（二）未通过律师执业年度考核，不再从事律师职业的；

（三）被司法行政机关吊销律师执业证或者被本会取消会员资格的。

会员资格终止手续由其登记地的市律师协会办理，并报本会备案。

**第十六条** 律师执业机构已注销或者被司法行政机关吊销执业证的，其团体会员资格自动终止。

**第十七条** 会员拒不履行义务的，本会可以视情节予以惩戒。

## 第四章 律师代表大会

**第十八条** 浙江省律师代表大会（以下简称律师代表大会）是本会的最高权力机构。律师代表大会每四年举行一次。必要时，由本会常务理事会决定提前或者延期举行，但延期不得超过一年。

经三分之一以上律师代表书面提议，或者经理事会决定，可以召开临时律师代表大会。

**第十九条** 律师代表大会的职权是：

（一）制定和修改本会章程、会费收缴和使用管理办法以及其他重要的行业规则；

（二）讨论并决定本会的工作方针和任务；

（三）审议和批准理事会的工作报告和工作规划；

（四）选举、罢免本会理事；

（五）审议经审计的会费收支情况报告；

（六）向中华全国律师协会提出修改其章程及其他重大事项的建议；

（七）审议法律、法规和章程规定的由律师代表大会决定的其他事项。

**第二十条** 律师代表大会代表应当是取得律师执业证书、具有良好的职业操守、五年内未因执业受过行政处罚或者行业处分的浙江省执业律师。

律师代表大会代表由市级律师协会推选产生。

市级律师协会现任会长作为律师代表大会的当然代表。

根据需要，律师代表大会邀请有关人士作为特邀代表参加会议。特邀代表不享有选举权、被选举权和大会表决权。

律师代表大会代表的任期与代表大会相同，每届任期四年，可以连选连任。

**第二十一条** 召开律师代表大会会议之前应当举行预备会议，决定本次大会的主席团，通过会议的议程和其他准备事项。

大会主席团成员从律师代表和特邀代表中产生。

**第二十二条** 大会主席团的职责是：主持大会，决定提交大会表决、审议的事项，提出理事、常务理事、副会长、会长的候选人。

**第二十三条** 律师代表大会代表应当出席律师代表大会会议，并行使下列职权：

（一）在代表大会上行使审议权、表决权、提案权、质询权，享有选举权和被选举权；

（二）联系会员，反映会员呼声和建议，维护会员权益；

（三）本章程规定的其他职权。

**第二十四条** 律师代表大会会议必须有全体代表三分之二以上出席始得举行。

律师代表大会代表行使表决权，每一名代表享有一票表决权。

律师代表大会作出的决定和决议，须经出席代表的二分之一以上通过。

**第二十五条** 律师代表大会期间，十名以上的代表可以向律师代表大会提出属于律师代表大会职权范围内的提案，由主席团审查并决定是否提交代表大会审议。

向律师代表大会提出的提案，在交付大会表决前，提案人要求撤回的，对该提案的审议即行终止。

**第二十六条** 在律师代表大会会议期间，十名以上的代表，可以书面提出对常务理事会、各专门委员会的质询案，由主席团决定交受质询部门，受质询部门的负责人应当在大会上答复。提出质询案的代表可以对答复发表意见。

**第二十七条** 律师代表大会闭会期间，代表可以单独或者联名向本会提出提案、意见或者建议。经会长办公会议决定作为提案的，应当召开常务理事会会议进行讨论，其办理结果应当书面告知提出提案的代表；对其他意见和建议，由本会秘书处负责办理，并以适当方式向提出意见、建议的代表反馈情况。

**第二十八条** 律师代表大会会议进行选举、通过提案或者其他表决事项的，由主席团决定采用无记名投票或者举手等方式。

## 第五章 理事会和常务理事会

**第二十九条** 本会理事会是律师代表大会的常设机构，对律师代表大会负责。

理事由律师代表大会从代表中选举产生，每届任期四年，可以连选连任。每届理事会组成人员的更新应当不少于三分之一。

**第三十条** 理事应当执业五年以上，无不良执业记录，具有较高的综合素质和较强的议事能力，热心公益事业，具有奉献精神。

理事应当履行诚信和勤勉义务，维护本会利益，接受代表对其履行职责的督促和建议。

**第三十一条** 理事会履行下列职责：

（一）向律师代表大会报告工作；

（二）在律师代表大会闭会期间，讨论决定重大事项，行使律师代表大会职权；

（三）审议通过常务理事会工作报告；

（四）制定行业管理规则、职业道德准则、执业行为规范和有关规章制度等；

（五）听取会长、副会长、常务理事述职报告，并就其履行职责的情况进行评议；

（六）选举、罢免会长、副会长、常务理事；

（七）向律师代表大会提出选举、罢免理事的提案；

（八）选举、罢免本省推选的全国律师代表大会代表；

（九）审查会费收支情况报告，批准会费

预算、决算；

（十）贯彻本会党组织的决定、决议；

（十一）其他应当由理事会履行的职责。

**第三十二条** 理事会会议每年举行一次。必要时，经常务理事会决定，可以提前或者延期召开。经常务理事会决定或者三分之一以上理事提议，可以举行理事会临时会议。

理事会会议由会长召集和主持，会长因特殊原因不能履行职务的，由会长指定的副会长召集和主持。

**第三十三条** 理事因工作变动等原因不再具有本省律师身份的，应当在一个月内向常务理事会提出辞去理事的申请。

理事无正当理由两次不参加理事会会议或者不再具有本省律师身份且未在规定期限内提出辞去理事申请的，其理事资格自动终止。

**第三十四条** 理事有下列情形之一的，应当罢免其职务：

（一）不执行代表大会、理事会、常务理事会会议决议的；

（二）受到刑事处罚，停止执业以上行政处罚的；

（三）其他应当罢免职务的情形。

理事受到通报批评以上行业处分的，可以罢免其职务。

**第三十五条** 理事会选举会长一人，副会长、常务理事若干人组成常务理事会。常务理事会是理事会的常设机构。

**第三十六条** 会长、副会长、常务理事应当从执业八年以上，在本省律师界享有较高声望、具有较强的组织能力和社会活动能力，业务素质优良、业绩显著、办事公正、热心律师公益事业的理事中产生。

会长、副会长、常务理事任期与理事会相同，可以连选连任，但会长连续任职不得超过两届。每届常务理事会组成人员的更新应当不少于三分之一。

会长不得兼任其他社团的法定代表人。

**第三十七条** 常务理事会履行下列职责：

（一）组织召开律师代表大会；

（二）负责落实理事会决议；

（三）向理事会汇报工作；

（四）决定专门委员会、专业委员会的设置及主任、副主任的任免；

（五）向理事会提出增选、罢免常务理事、副会长和罢免、补选会长的提案；

（六）聘任秘书长，根据秘书长提名决定副秘书长，决定秘书处机构的设置；

（七）听取秘书处工作报告；

（八）讨论和决定对会员的奖励与惩戒；

（九）贯彻本会党组织的决定、决议；

（十）指导与监督各市律师协会的工作；

（十一）决定本会大型固定资产的购置、处分和重大财务支出；

（十二）其他重要日常工作。

**第三十八条** 常务理事会每三个月至少举行一次会议，研究、决定本会工作的重大事宜，部署本会的工作。

常务理事会会议由会长召集和主持，会长因特殊原因不能履行职务的，由会长指定的副会长召集和主持。

**第三十九条** 在常务理事会会议期间，常务理事可以向秘书处、各专门委员会和专业委员会提出质询案，由受质询部门的负责人在常务理事会会议上答复。

**第四十条** 本会会长是本会的法定代表人，行使下列职权：

（一）召集、主持理事会、常务理事会会议和会长办公会议；

（二）督促和检查理事会与常务理事会会议决议的执行；

（三）签署本会的重要文件；

（四）代表本会参加有关会议，开展对外交流与协调；

（五）处置突发事件；

（六）行使律师代表大会、理事会和常务理事会授予的其他职权。

会长因故不能正常工作达三个月以上的，

由常务理事会在副会长中推选一人代理会长的职务，至会长能够正常工作或者选出新的会长止。

副会长协助会长开展工作。必要时，可以受会长委托，召集、主持理事会和常务理事会会议。

**第四十一条** 本会实行会长办公会议制度，会长办公会议由会长、副会长和秘书长组成。会长办公会议每月至少举行一次。

**第四十二条** 会长、副会长、常务理事应当每年向理事会作述职报告，接受理事会的评议、考核。会后将该报告在本会会刊和网站上公布，接受会员的监督。

**第四十三条** 会长、副会长、常务理事在一年内两次无正当理由不参加常务理事会会议或者任期内累计五次不参加常务理事会会议的，劝其辞去职务。

会长、副会长、常务理事的理事资格依本章程自动取消的，其会长、副会长、常务理事职务相应取消。

**第四十四条** 会长、副会长、常务理事有下列情形之一的，应当罢免其职务：

（一）被罢免理事职务的；

（二）一年内无正当理由不参加常务理事会会议三次以上的；

（三）其他应当罢免职务的情形。

会长、副会长、常务理事有应当罢免职务情形的，由常务理事会决定先行停止其职务，在下次召开理事会会议时，通过罢免决议。

**第四十五条** 会长、副会长、常务理事、理事不得利用其在本会担任的职务或者享有的职权谋求个人利益或者进行不正当竞争。

会长、副会长、常务理事、理事应当诚恳听取会员和司法行政机关的意见和建议，接受对其履行职责的监督。

**第四十六条** 本会可以根据需要，由常务理事会决定聘任名誉会长和顾问。

## 第六章 秘书处

**第四十七条** 本会设秘书处，为本会的日常办事机构，负责具体落实律师代表大会、理事会、常务理事会和会长办公会议各项决议、决定，承担本会的日常工作。

秘书处对常务理事会负责，并向常务理事会报告工作。

**第四十八条** 本会设秘书长一名、副秘书长若干名，秘书长由本会会长办公会议提名，常务理事会聘任；副秘书长由秘书长提名，常务理事会决定。

秘书长、副秘书长列席理事会、常务理事会会议。

**第四十九条** 秘书长履行下列职责：

（一）主持秘书处的日常工作；

（二）组织实施律师代表大会、理事会、常务理事会和会长办公会会议的各项决议；

（三）向常务理事会提请聘任或者解聘副秘书长及秘书处其他工作人员；

（四）制订、实施秘书处内部规章制度；

（五）拟订秘书处机构设置方案；

（六）协调与司法行政机关和有关部门的工作；

（七）完成理事会、常务理事会、会长办公会议交办的其他工作；

（八）常务理事会授权的其他职责。

**第五十条** 秘书长、副秘书长聘期与常务理事会任期相同。

## 第七章 专门委员会和专业委员会

**第五十一条** 专门委员会是本会履行各项专门职责的机构。

专门委员会的设置由常务理事会决定。专门委员会应当每年向常务理事会报告工作。

专门委员会设主任一名，副主任若干名。专门委员会每届任期四年。

**第五十二条** 专业委员会是会员进行业务研讨和交流的机构。

专业委员会的设置由常务理事会决定。专业委员会应当每年向常务理事会报告工作。

专业委员会设主任一名，副主任若干名。专业委员会每届任期四年。

专业委员会经常务理事会同意，可以聘请专家、学者和有关领导担任顾问。

## 第八章 奖惩和纠纷调解

**第五十三条** 本会对模范履行会员义务并对律师事业的发展有突出贡献的会员进行奖励；对违反律师职业道德和执业纪律、律师行业规范的会员给予行业惩戒。

**第五十四条** 会员有下列情形之一的，由本会给予通报表扬、嘉奖、授予荣誉称号等奖励：

（一）在民主法治建设中作出突出贡献的；

（二）在维护国家和人民利益方面作出重大贡献的；

（三）在办理重大法律事务中成绩显著的；

（四）在完善立法和司法工作中作出突出贡献的；

（五）热心公益事业，为构建和谐社会成绩显著的；

（六）为律师行业建设、发展作出突出贡献的；

（七）被党委政府等有关部门及社会团体授予荣誉称号的；

（八）其他应当予以奖励的情形。

**第五十五条** 会员有下列行为之一的，由本会视情节单独或者合并给予训诫、通报批评、公开谴责、取消会员资格等行业处分：

（一）违反《中华人民共和国律师法》和其他法律、法规、规章的；

（二）违反本章程和律师行业规范的；

（三）违反律师职业道德和执业纪律的；

（四）严重违反社会公共道德，损害律师职业形象和声誉的；

（五）不履行会员义务的；

（六）本会认为应当予行业处分的其他违法违规行为。

对于会员的违法违规行为，本会可以建议有处罚权的司法行政部门给予行政处罚。

**第五十六条** 对会员作出行业惩戒决定前，应当认真听取会员的申辩，会员有权按规定要求听证。

**第五十七条** 会员因违法违规受到司法行政部门停止执业处罚的，在停止执业期间，不享有本会的选举权、被选举权。

**第五十八条** 对会员的奖励和惩戒应当记入档案，并以适当的方式予以公布。

**第五十九条** 会员之间、会员与当事人之间在执业活动中发生的纠纷，可以申请本会进行调解。因调处所产生的费用由相关各方承担，具体承担方式由相关专门委员会决定。

调解达成的协议，会员应当自觉履行。

**第六十条** 对会员奖励、惩戒和纠纷调解的具体办法，由本会常务理事会另行制定。

## 第九章 经 费

**第六十一条** 本会经费来源：

（一）会费（包括团体会费和个人会费，下同）；

（二）财政拨款；

（三）社会捐赠；

（四）会员赞助；

（五）政府资助；

（六）其他合法收入。

**第六十二条** 会员必须履行交纳会费的义务。对拖欠、截留会费的会员给予行业惩戒，并责令限期补交。

**第六十三条** 会费按年度收缴，会员必须于每年年度考核前交纳会费。

**第六十四条** 会费主要用于下列开支：

（一）上缴上级律师协会会费；

（二）专门委员会、专业委员会活动的开展；

（三）工作和业务研讨会的各项支出；

（四）本会执行机构的各项支出；

（五）律师行业党建工作经费；

（六）开展律师国内和国际交流活动；

（七）宣传推广律师工作；

（八）维护律师合法权益、奖惩会员；

（九）为会员提供学习资料、培训和出版书刊；

（十）对特殊困难会员给予补助；

（十一）会员福利事业和文体活动；

（十二）其他必要支出。

**第六十五条**　律师协会应当加强对会费收缴使用的管理。会费收缴和使用管理办法由律师代表大会根据国家有关规定制定、修改。

**第六十六条**　本会应当建立会费的预算、决算制度，律师协会的年度预决算由理事会批准。

### 第十章　附　则

**第六十七条**　经中华人民共和国司法部批准的外国和港、澳、台地区律师执业机构在本省设立的代表机构及常驻律师，根据有关法律、法规的规定，受本会监督、管理。

**第六十八条**　出现下列情形时，律师代表大会应当修改章程：

（一）本章程的规定与《中华人民共和国律师法》、其他有关法律、法规、规章或者《中华全国律师协会章程》的有关规定相抵触；

（二）律师代表大会决定修改本章程。

**第六十九条**　本章程的制定、修改必须经律师代表大会出席代表三分之二以上表决通过。

**第七十条**　本章程规定的“至少”、“不少于”、“以上”均含本数在内。

**第七十一条**　本章程自浙江省律师代表大会通过后生效，由本会常务理事会负责解释。

**第七十二条**　本章程报中华全国律师协会、浙江省司法厅和浙江省民政厅备案。

# 江苏省律师协会制定的行业规范

## 江苏省律师协会会员奖励办法（试行）

**第一条**　为了规范江苏省律师行业的奖励工作，保证江苏省律师协会会员奖励的评审质量，根据《江苏省律师协会章程》和《中华全国律师协会会员奖励办法》，制定本办法。

**第二条**　各设区市律师协会（包括省直分会）参照本办法执行。

**第三条**　江苏省律师协会及各设区市律师协会对会员奖励的推荐、评审、授奖，实行公开、公平、公正原则，保证我省律师行业奖励工作的科学性、公正性和权威性。

**第四条**　江苏省律师协会对会员的奖项设置及评选期限为：

（一）通报表扬

（二）嘉奖

（三）授予荣誉称号

荣誉称号具体为：

（1）江苏省先进律师协会

（2）江苏省优秀律师事务所

（3）江苏省优秀律师

（4）江苏省优秀青年律师

（5）江苏省优秀女律师

（6）其他应当授予荣誉称号的

（四）评选期限为每年开展一次“江苏省先进律师协会”的评选活动，每届开展一次“江苏省优秀律师事务所”、“江苏省优秀律师”、“江苏省优秀青年律师”和“江苏省优秀女律师”的评选活动。

（五）对授予荣誉称号的，可以提请省司法厅或其他相关部门进行联合表彰。

**第五条**　个人会员有下列表现之一的，应当给予奖励：

（一）成功办理在全国或本省有重大影响

的案件或法律事务的；

（二）公开出版专著或者在国家法学核心或重点期刊上发表论文的；

（三）积极参加江苏省律师协会组织的文体活动，并取得优异成绩的；

（四）积极参加社会公益活动，并受到社会好评的；

（五）积极参与法律援助活动，并取得良好社会效果的；

（六）积极参与立法咨询、妇女或青少年权益保护等社会活动，受到有关部门或社会好评，对提升律师行业社会形象有重要贡献的；

（七）获得省级以上表彰的；

（八）江苏省律师协会或各设区市律师协会认为应当给予奖励的其他情形。

**第六条** 律师事务所团体会员有下列表现之一的，应当给予奖励：

（一）律师事务所管理水平高，各项规章制度健全，管理规范有序；律师业务逐年增长；律师事务所及其律师连续五年未受到行业惩戒和行政处罚的；

（二）律师业务在某法律专业领域形成优势，在本地区有较高知名度的；

（三）积极义务地为社会提供法律服务，开展法律援助工作和参加社会公益活动，受到社会好评的；

（四）获得省级以上荣誉称号的；

（五）江苏省律师协会或各设区市律师协会认为应当给予奖励的其他情形。

**第七条** 律师协会团体会员有下列表现之一的，应当给予奖励：

（一）注重律师队伍建设，较好地履行行业管理职责，在推进律师工作改革与发展，加强行业管理中做出突出成绩的；

（二）加强对律师队伍的职业道德、执业纪律教育，建立良好的行业诚信制度和完善的纪律教育机制，律师队伍整体素质得到提高的；

（三）认真做好继续教育和培训工作，建立和形成律师培训、继续教育的综合体系，不断提高律师队伍执业能力和水平的；

（四）建立和完善工作机制，制定行业规范和行业管理政策，有效推动本地区律师行业健康有序发展的；

（五）认真履行《律师法》和《江苏省律师协会章程》规定的其他职责；

（六）江苏省律师协会认为应当给予奖励的其他情形。

**第八条** 江苏省律师协会常务理事会负责江苏省律师协会会员奖励办法的制定、奖励审批及公告。各设区市律师协会常务理事会负责该地区律师协会会员奖励工作规则的制定、奖励审批及公告。

**第九条** 江苏省律师协会及各设区市律师协会设立会员奖励工作委员会，负责奖励工作的评审及有关工作。江苏省律师协会及各设区市律师协会秘书处负责奖励工作的日常事务。江苏省律师协会监事会负责对评审工作过程的监督。

**第十条** 江苏省律师协会会员奖励工作委员会（以下简称“会员奖励工作委员会”）由江苏省律师协会常务理事会决定成立，由主任一人，副主任三人，委员若干人组成。

主任由江苏省律师协会会长担任；副主任由常务理事会从副会长、常务理事、秘书长或分管的副秘书长中推选；委员由常务理事会从理事和秘书处推荐的人员中推选。

会员奖励工作委员会委员的任期与本届理事和常务理事的任期相同。

**第十一条** 会员奖励工作委员会行使下列职责：

（一）拟订江苏省律师协会会员奖励办法；

（二）指导各设区市律师协会会员奖励工作；

（三）组织和开展江苏省律师协会会员奖励活动；

（四）负责江苏省律师协会给予会员奖励的评审；

（五）发布江苏省律师协会常务理事会的会员奖励决定；

（六）向中华全国律师协会纪律（奖励）专门工作委员会提交应在全国范围内对会员予以奖励的推荐意见；

（七）处理江苏省律师协会会员奖励评审工作中出现的问题；

（八）提供进一步完善律师行业会员奖励工作的建议。

**第十二条** 个人会员的奖励由其律师事务所、设区市律师协会、江苏省律师协会各委员会推荐，也可由律师个人自荐；律师事务所团体会员的奖励由设区市律师协会推荐；律师协会团体会员的奖励由江苏省律师协会推荐。

**第十三条** 推荐人应当提交推荐书及相关材料。推荐书应当包括被推荐的个人会员或团体会员的基本情况、推荐理由、相关事迹、建议给予的奖励方式等内容。

**第十四条** 会员奖励工作委员会对推荐材料进行书面审查。对不符合规定的推荐材料，可以要求推荐人在规定的时间内补正。逾期不补正或经补正仍不符合要求的，不予评审并退回推荐材料。

**第十五条** 会员奖励工作委员会可派人对有关情况和事迹进行考察核实。

**第十六条** 会员奖励工作委员会拟给予通报表扬的，可以采用书面评审或者会议评审方式；拟给予嘉奖或者授予荣誉称号的，应当采用会议评审方式。

会员奖励工作委员会召开评审会议，必须有三分之二以上的委员出席方可举行；会员奖励工作委员会作出决议，必须经全体委员的过半数通过方为有效。

**第十七条** 会员奖励工作委员会的评审结果报江苏省律师协会常务理事会审批，由会长签署会员奖励决定并予以公告。

**第十八条** 对会员予以奖励的，江苏省律师协会以文件形式公布，下发到各设区市律师协会及全省各律师事务所，并在江苏省律师协会网站上公布。

对会员予以嘉奖的，由江苏省律师协会颁发证书；授予荣誉称号的，由江苏省律师协会颁发奖牌及证书。

**第十九条** 江苏省律师协会对会员的奖励决定存入本人档案及江苏省律师协会诚信信息系统。

**第二十条** 本办法由江苏省律师协会常务理事会负责解释。

**第二十一条** 本办法经江苏省律师协会常务理事会通过后生效。

## 关于律师为沿海开发战略提供法律服务的指导意见

2009年6月，国务院常务会议审议并原则通过的《江苏沿海地区发展规划》中明确指出：“立足沿海，依托长三角，服务中西部，面向东北亚，建设我国重要的综合交通枢纽，沿海新型的工业基地，重要的后备土地资源开发区，生态环境优美、人民生活富足的宜居区，成为我国东部地区重要的经济增长极和辐射带动能力强的新亚欧大陆桥东方桥头堡。”这是国务院对江苏沿海开发最新的战略定位。随着该战略定位的确立，江苏律师业面临着沿海开发的重大机遇和挑战，必须主动应对，积极服务。现就律师为沿海开发战略提供法律服务提出如下意见。

### 一、统一思想，提高认识

江苏沿海地区地处中国沿海、沿长江和沿陇海兰新线三大生产力布局主轴线交会区域，是长江三角洲的重要组成部分，区位优势独特，土地后备资源丰富，战略地位重要。在新形势下加快江苏沿海地区发展，对于长江三角洲地区产业优化升级和整体实力提升，完善全国沿海地区生产力布局，促进中西部地区发展，加强中国与中亚、欧洲和东北亚国家的交流与合作，具有重要意义。对整个江苏特别是沿海三市（连云港、盐城、南通）而言，沿海开发既是经济社会发展的机遇，更是律师业千载难逢的发展机遇。各市律师协会、省直属分会应当紧紧抓住沿海开发战略这一新的历史性机遇，坚持以提供优质法律服务为前提，保持传统业务优势，整合资源，集聚力量，积极开拓和研究新型业务和新的服务领域，乘势而为，谋划发展，推动律师业又好又快发展，为我省社会经济发展作出新的贡献。

## 二、主要措施和内容

（一）组建“江苏省沿海开发律师服务团”。以盐城、南通、连云港三市为基础，精选全省具有各类业务特长的骨干律师，为沿海开发提供优质高效的法律服务。根据需要，为政府大额投资建设项目、涉及群众切身利益等重大决策进行法律论证，服务政府依法决策；参加政府招商引资合同谈判和经济贸易谈判；参与处理涉及政府的尚未进入司法程序的民商事纠纷、行政纠纷以及其他重大纠纷。

（二）制定服务规范和业务指引。省、市律师协会要发挥各业务委员会的作用，重点对港口基础设施建设、滩涂开发、各产业发展、城乡建设和生态环境保护、公司法律风险防范、纠纷化解等业务进行研究，形成规范和指引，指导实践。

（三）开展“所企结对”活动。每个律师事务所都要主动结对2～3家企业，帮助企业处理投资决策、招标投标、项目开发、知识产权、金融证券、企业改制、股份转让等有关法律的具体事务，为企业建立事前预防、事中控制、事后补救的法律风险预防体系，最大限度保护企业合法权益。

（四）建立定期开展法律进企业、进社区制度。采取专题讲课、报告会、咨询等有效形式，深入到沿海开发地区的机关、企业、社区，大力开展涉及沿海开发的有关法律法规和政策的宣传工作。不断强化政府依法行政意识，增强企业依法经营、防范风险的能力和公民法治观念，为沿海开发营造良好的法治环境。

（五）建立适应沿海开发工作特点的矛盾纠纷预警、调处机制。集中排查梳理拆迁、劳资、债务、合同、征地、融资、涉外、海事等纠纷，并对矛盾发生发展事态进行预测，提出针对性的处理预案。定期召开分析会，并向相关部门通报当前矛盾纠纷发展趋势，并提供处理决策建议或意见。完善重大疑难纠纷信息报告制度，及时报告党委、政府和司法行政机关，同时采取有力措施控制事态发展。深入重点区域、重点企业、重点群体，最大限度将矛盾纠纷解决在基层、解决在当地、解决在萌芽状态。

## 三、加强领导，务求实效

（一）高度重视，统筹兼顾。各市律师协会、省直属分会要高度重视，统一认识，将为沿海开发提供法律服务工作放到重要位置，与“双促双助”法律服务专项活动、创先争优活动紧密联系起来，统筹安排，采取有力措施，在实效上下功夫。要深入实际开展调查研究，创建平台，积极引导广大律师找准法律服务的切入点、结合点，创新举措，真抓实干。要积极适应全省沿海开发战略的需要，结合“十二五”规划对律师工作的要求，加强对律师业发展热点、难点问题研究，制定符合律师法律服务工作自身规律的意见和措施，下大力气解决好提高服务水平、注重平衡发展、维护服务秩序、改善执业环境、加强队伍建设等问题，以实现全省律师业更快更好地发展。

（二）南北对接，全省联动。目前，苏南、苏北律师业发展还存在一定差距，希望苏北律师业能够抓住这次机遇，缩小差距，迎头赶上。在服务沿海开发过程中，南北五市要加强合作和信息交流，苏南五市要积极帮助苏北五市培养律师人才，带领律师开展新型业务，让苏北律师更好地适应沿海开发对律师法律服务的需求。苏中律师也要积极参与进来，献计献策，共谋发展。

（三）省律师协会与江苏省沿海地区发展领导小组办公室保持经常性的联系和沟通，及时把握政策动态、建设进程，把握法律服务需求，主动提供相关咨询意见，以江苏省沿海开发战略律师服务团为基础，开展常态性工作，并协调全省范围内的相关法律服务工作。

（四）强化宣传，营造氛围。各地要充分利用广播电视、报刊杂志、网络等各种媒体，广泛深入地宣传服务沿海开发战略中的好做法、好经验和先进典型，以点带面，整体推进。

（五）建立全省律师服务沿海开发信息互通机制。各市律师协会、省直属分会应主动收集沿海开发法律服务需求和律师提供法律进展情况，发挥江苏沿海开发律师服务团综合协调和业务指导功能。

## 山东省律师协会制定的行业规范

### 山东省律师协会死刑案件辩护指导意见（试行）

（2010年5月28日由六届常务理事会讨论通过并实行）

#### 第一章　总　则

**第一条**　为确保死刑案件辩护质量，指导死刑辩护实务，根据《中华人民共和国刑法》、《中华人民共和国刑事诉讼法》、《中华人民共和国律师法》、《律师办理刑事案件规范》和其他相关规范性文件，结合死刑辩护工作实际，制定本意见。

**第二条**　本意见所称死刑案件包括：

（一）根据人民检察院公诉意见，可能判处死刑的案件；

（二）一审法院判处死刑的二审上诉案件；

（三）根据人民检察院抗诉意见，可能改判死刑的案件；

（四）死刑复核案件。

**第三条**　在死刑案件中，律师事务所应当指派有刑事案件出庭辩护经验的律师担任辩护人。

**第四条**　对于案件涉及的专业问题，律师可以向有关专家咨询。

**第五条**　对于涉及重大、复杂法律问题的死刑案件，律师事务所应当组织本所具有刑事辩护经验的律师集体讨论。

**第六条**　对于具有重大社会影响的死刑案件，律师事务所及辩护律师应当报告当地司法行政机关和律师协会并听取意见，寻求支持。

在必要时，律师事务所及辩护律师可提请当地司法行政机关及律师协会与承办该案的人民检察院、人民法院进行沟通、协调。

#### 第二章　辩护思路

##### 第一节　证据辩护与程序辩护

**第七条**　对于具有下列情形之一的物证、书证，辩护律师可以建议法庭不作为定案根据：

（一）物证、书证来源不明的；

（二）勘验、检查笔录和搜查笔录有关物证、书证的记载与物证、书证本身不一致的；

（三）书证被篡改或有篡改痕迹的；

（四）原物的照片、录像不能反映原物外形和特征的；

（五）书证复制件不能反映原件内容的。

**第八条**　对于具有下列情形之一的证人证言，辩护律师可以建议法庭不作为定案的根据：

（一）生理上、精神上有缺陷或者年幼，不能辨别是非、不能正确表达的人提供的；

（二）基于主观意见和推测提供的；

（三）证言前后矛盾且矛盾无法排除的；

（四）对定罪量刑有重大影响，但证人经依法传唤未出庭作证的；

（五）书面证言存在重大、显著疑点的；

（六）以暴力、威胁、引诱、欺骗等方法获取的；

（七）违反“询问应当个别进行”规定获取的；

（八）未经证人本人核对并签名、盖章和按指印的；

（九）违反回避规定获取的；

（十）制作笔录不符合法定形式的；

（十一）询问人员身份不符合法律规定的。

**第九条** 对于具有下列情形之一的被告人供述，辩护律师可以建议法庭不作为定案的根据：

（一）以刑讯逼供、威胁、引诱、欺骗等方法获取的；

（二）供述内容前后矛盾且矛盾无法排除的；

（三）只有一名侦查人员讯问获取的；

（四）讯问不是由侦查人员进行的；

（五）未经被告人核对并签名、盖章和按指印的；

（六）对于聋哑人、不通晓当地通用语言、文字的少数民族、外国人的讯问，应当提供翻译而未提供的；

（七）违反回避的规定获取的。

**第十条** 对于具有下列情形之一的辨认结论，辩护律师可以建议法庭不作为定案的根据：

（一）辨认不是在法定人员主持下进行的；

（二）辨认活动没有个别进行的；

（三）供辨认的被辨认对象（尸体、场所等特定辨认对象除外）不具有类似特征或者未达法定数量的；

（四）辨认过程中使用暗示、诱导等违法方的。

**第十一条** 对于具有下列情形之一的鉴定结论，辩护律师可以建议法庭不作为定案的根据：

（一）鉴定机构不具备法定的资格和条件的；

（二）鉴定事项超出鉴定机构鉴定范围的；

（三）鉴定人不符合法定资格和条件的；

（四）鉴定人违反回避规定的；

（五）鉴定程序、方法有缺陷的；

（六）鉴定对象与送检材料、样本不一致的；

（七）送检材料、样本来源不明或者被污染的；

（八）违反有关鉴定特定标准的。

**第十二条** 对于具有下列情形之一的勘验、检查笔录，辩护律师可以建议法庭不作为定案的根据：

（一）勘验笔录对现场的记载与实际现场不符的；

（二）勘验、检查笔录所记载的现场物品、人身、尸体的特征与实物不一致的；

（三）勘验、检查笔录没有见证人签字的。

**第十三条** 对于具有下列情形之一的视听资料，辩护律师可以建议法庭不作为定案的根据：

（一）经审查或鉴定无法确定真伪的；

（二）视听资料的制作、取得的时间、地点、方式等不合法的。

**第十四条** 对于具有下列情形之一的电子证据，辩护律师可以建议法庭不作为定案的根据：

（一）电子证据的存储磁盘、存储光盘等可移动存储介质未与打印件一并提交的；

（二）未载明电子证据形成的时间、地点、对象、制作人、制作过程及设备情况的；

（三）制作、储存、传递、获得、收集、出示等程序不符合法律规定的；

（四）取证人、制作人、持有人、见证人等未签名或者盖章的；

（五）存在伪造、变造情形的。

**第十五条** 法院作出证据不足的无罪判决或者裁定准许人民检察院撤诉的，人民检察院没有新的事实和证据又重新起诉的，辩护律师应当向法庭提出案件不符合受理条件的辩护意见。

**第十六条** 具有下列情形之一的，辩护律师应当申请上级法院撤销原判、发回重审：

（一）违反公开审判原则的；

（二）违反回避制度的；

（三）审判组织组成不合法的；

（四）严重侵犯诉讼参与人诉讼权利的。

**第十七条** 具有下列情形之一的，辩护律师可以申请上级法院撤销原判、发回重审：

（一）法院无正当理由拒绝辩护律师调取证据申请的；

（二）对发回重审的案件，下级法院违背上诉不加刑的规定，加重被告人刑罚的；

（三）下级法院未为符合指定辩护条件的被告人指定辩护人的；

（四）下级法院以未经质证的证据作为定案根据的；

（五）下级法院无正当理由拒绝排除非法证据申请的。

第二节　无罪辩护

**第十八条** 具有下列情形之一的，辩护律师应当做无罪辩护：

（一）被告人没有实施被指控的犯罪行为的；

（二）被告人行为仅构成民事违法或行政违法的；

（三）被告人行为系正当防卫或紧急避险的；

（四）被告人行为不符合刑法分则规定的特定犯罪构成要件的。

**第十九条** 具有下列情形之一的，辩护律师应当提出被告人不负刑事责任的辩护意见：

（一）被告人行为时未达到法定刑事责任年龄的；

（二）被告人行为时不具有刑事责任能力的。

**第二十条** 被告人实施犯罪时是否达到法定刑事责任年龄无法查证的，辩护律师应当提请法庭推定被告人实施犯罪时未达到刑事责任年龄，并提出不负刑事责任的辩护意见。

**第二十一条** 具有下列情形之一的，辩护律师可以做事实不清、证据不足的无罪辩护：

（一）指控的犯罪构成要件事实缺乏相应证据证明的；

（二）据以定案的基本证据不确实的；

（三）证明案件主要事实的证据之间有明显矛盾，无法排除的；

（四）依据证据得出的结论不具备排他性的；

（五）只有被告人的口供，而无其他证据的。

**第二十二条** 在只有间接证据的案件中，具有下列情形之一的，辩护律师可以做事实不清、证据不足的无罪辩护：

（一）据以定案的间接证据未经查证属实的；

（二）据以定案的间接证据之间不能相互印证的；

（三）据以定案的间接证据未能形成完整证明体系的；

（四）依据间接证据认定的案件事实，不能得出唯一结论的；

（五）运用间接证据进行的推理不符合逻辑或经验判断的。

第三节　量刑辩护

**第二十三条** 对于具有法定从轻、减轻情节或者酌定从轻情节的案件，辩护律师可以提出不适用死刑的辩护意见。

**第二十四条** 对于被告人实施犯罪时的年龄是否已满18周岁无法查证的，辩护律师应当向法庭提出推定被告人实施犯罪时不满18周岁，不得适用死刑的辩护意见。

**第二十五条** 对于在审判时怀孕或者在羁押期间流产的被告人，辩护律师应当向法庭提出不得适用死刑的辩护意见。

**第二十六条** 具有下列法定情节之一的，辩护律师应当提出从轻或减轻处罚的辩护意见：

（一）被告人行为系防卫过当或避险过当的；

（二）被告人又聋又哑的；

（三）被告人系盲人的；

（四）被告人系限制责任能力的精神病人的；

（五）被告人有自首或立功情节的；

（六）被告人系预备犯、中止犯、未遂犯的；

（七）被告人系从犯、胁从犯的。

**第二十七条** 被告人一方与被害人一方达成赔偿协议并积极履行的，辩护律师可以提出从轻或减轻处罚的辩护意见。

**第二十八条** 具有下列酌定情节之一的，辩护律师可以提出从轻处罚的辩护意见：

（一）被告人具有严重精神障碍或智力障碍的；

（二）被告人犯罪后有救助被害人、阻止犯罪结果进一步扩大等积极表现的；

（三）被告人一贯表现良好的；

（四）被害人有明显过错的；

（五）被告人亲属有协助投案、退赃、抓捕等行为的。

**第二十九条** 具有下列情形之一的，辩护律师可以从人道主义角度出发，提出从轻处罚的辩护意见：

（一）被告人犯罪时刚满18周岁的；

（二）被告人年龄超过70周岁的；

（三）被告人正处于哺乳期的；

（四）被告人有未成年子女，无其他人抚养的；

（五）被告人父母年老，无其他人赡养的。

（六）被告人系农村独生子女的。

**第三十条** 具有下列情形之一的，辩护律师可以基于社会、国家利益或第三人利益提出从轻处罚的辩护意见：

（一）被告人有重大发明、创造的；

（二）保留被告人对破获其他重大案件有重要作用的；

**第三十一条** 对于具有下列情形之一的被告人，辩护律师可以提出从轻处罚的辩护意见：

（一）被告人在主犯中处于次要地位的；

（二）共犯罪责无法查清的。

**第三十二条** 对于因恋爱、婚姻家庭、邻里纠纷等民间矛盾激化以及因劳动纠纷、管理失当等原因引发的刑事案件，辩护律师应当提出不适用死刑立即执行的辩护意见。

**第三十三条** 对于存在犯意引诱、双套引诱、数量引诱的毒品犯罪案件，辩护律师应当提出不适用死刑立即执行的辩护意见。

“犯意引诱”是指行为人本没有实施毒品犯罪的主观意图，而是在特情诱惑和促成下形成犯意，进而实施毒品犯罪的。

“双套引诱”是指行为人在特情既为其安排上线，又提供下线的双重引诱下实施毒品犯罪的。

“数量引诱”是指行为人本来只有实施数量较小的毒品犯罪的故意，在特情引诱下实施了数量较大的毒品犯罪的。

**第三十四条** 定罪证据确实、充分，量刑证据存在疑问的，辩护律师可以提出不适用死刑立即执行的辩护意见。

**第三十五条** 辩护律师可以收集各级法院公布的与本案案情基本相同但未判处死刑的生效判决，并据此提出不适用死刑立即执行的辩护意见。

辩护律师应重点参考《最高人民法院公报》、《刑事审判参考》、《人民法院案例选》以及其他公开出版物。

**第三十六条** 在死刑案件中，辩护律师可以制作一份有利于被告人的量刑意见书，提交法院作为从轻、减轻量刑的依据。

量刑意见应主要围绕被告人的家庭情况、教育状况、成长经历、一贯表现、犯罪原因、悔罪表现、被害人有无过错及过错程度、被害人对被告人有无谅解、犯罪对被害人造成的影响、社会对被告人的评价等问题进行。

量刑意见书主要包括以下内容：

（一）综合评估意见；

（二）从轻或减轻处罚的量刑辩护意见；

（三）相关证据材料。

## 第三章 会 见

**第三十七条** 辩护律师应当及时会见在押的被告人。

会见时，辩护律师应当事先准备好会见提纲。

接受近亲属委托的律师在首次会见被告人时，应当首先表明律师身份，征询被告人是否同意委托。被告人同意委托的，应当要求其在授权委托书上签字确认。被告人不同意委托的，应当将该情况及原因予以记录，交被告人签字确认，同委托人办理解除委托合同的手续。

**第三十八条** 会见时，辩护律师应当详细询问被告人的基本情况，重点了解以下事项：

（一）被告人是否已满18周岁以及实施犯罪时是否已达法定刑事责任年龄；

被告人实施多起犯罪行为的，辩护律师应当详细询问被告人实施每个犯罪行为时的年龄；

（二）被告人是妇女的，辩护律师应当询问其是否怀孕以及在刑事诉讼期间是否有人工流产或自然流产的情况；

具有上列情形之一的，辩护律师应当让被告人提供相应的证据线索。

**第三十九条** 会见时，辩护律师应当向被告人了解是否具有本指导意见第二十六条至三十一条规定的情形。

**第四十条** 会见时，辩护律师应当向被告人告知自首的法律意义。

在确认被告人是否有自首行为时，辩护律师应当逐项询问被告人是否有以下行为：

（一）是否在受到讯问或者采取强制措施前自动到案；

（二）在被追缉、追捕过程中，是否有自动投案行为；

（三）是否在投案途中被公安机关捕获；

（四）是否因形迹可疑被有关组织或者司法机关盘问、教育后，主动交代自己罪行；

（五）是否曾向办案机关以外的单位、组织或者有关负责人投案；

（六）是否曾委托他人代为投案或者以其他方式投案；

（七）是否存在亲友将被告人送去投案的事实；

（八）是否交代了主要犯罪事实；

（九）在共同犯罪中，是否供述了同案犯的事实。

对于自动投案后，如实供述罪行又翻供的被告人，辩护律师应当向其讲明，在一审判决前再次如实供述的，法院仍会认定其有自首行为。

**第四十一条** 会见时，辩护律师应当向被告人告知立功的法律意义。

辩护律师应当向被告人讲明立功的程序以及立功的确认需要一定时间，并告知尽早立功的重要性。

为了确认被告人是否有立功行为，辩护律师应当逐项询问被告人是否有下列行为：

（一）是否曾向办案机关检举、揭发他人犯罪行为；

（二）是否曾向办案机关提供侦破其他案件的重要线索；

（三）是否曾阻止过他人的犯罪活动；

（四）是否曾协助司法机关抓捕其他犯罪嫌疑人；

（五）是否具有其他有利于国家和社会的突出表现。

**第四十二条** 会见时，辩护律师应当向被告人告知积极赔偿、安抚被害人的法律意义，并询问是否曾向被害人一方悔罪或赔偿。

在没有进行赔偿的情况下，辩护律师应当

询问被告人是否愿意赔偿。

被告人同意赔偿并希望近亲属代为赔偿的，辩护律师应当予以记录，并让被告人签字确认。

**第四十三条** 会见时，辩护律师应当向被告人告知退赃的法律意义。

对于没有退赃的被告人，辩护律师应当告知其可以委托近亲属代为退赃。

**第四十四条** 会见时，被告人提出权利受到侵害的，辩护律师应当予以记录，交被告人签字确认。

被告人要求辩护律师代为申诉、控告的，辩护律师可以代为申诉、控告。

**第四十五条** 辩护律师发现被告人不适宜羁押的，应当向办案机关提交变更强制措施的申请。

## 第四章 阅 卷

**第四十六条** 受理案件后，辩护律师应当及时查阅、摘抄、复制与案件相关的诉讼文书及证据材料。

**第四十七条** 对于公诉机关没有移送证据目录、证人名单、主要证据复印件或者照片的，或者起诉书中记载的事项不符合法律要求的，辩护律师应当提出案件不符合受理条件的辩护意见。

辩护律师发现公诉机关移送的主要证据材料不符合法律规定的，应当向法院提出，要求检察院补足。

**第四十八条** 阅卷时，辩护律师应当全面审查侦查、审查起诉程序以及诉讼文书是否存在违反法律规定的情形，制作阅卷笔录。

**第四十九条** 阅卷时，辩护律师应当审查被告人供述、被害人陈述、证人证言等言词证据的变化过程及矛盾之处。

辩护律师应当审查各个证据之间是否存在矛盾以及矛盾能否得到合理解释。

**第五十条**经全面审查单个证据与全案证据，辩护律师应当对控方的证明体系是否达到定罪的证明标准进行评估，初步形成辩护思路。

**第五十一条** 辩护律师初步形成无罪辩护思路的，可以有针对性地重新阅卷，以发现案卷中证明被告人无罪的证据及相关证据线索。

辩护律师初步形成量刑辩护思路的，可以有针对性地重新阅卷，以发现对被告人有利的从轻、减轻的量刑情节及相关证据线索。

## 第五章 调查取证

**第五十二条** 对于符合本指导意见第十八条、第十九条情形之一的，辩护律师应当向法院提供相关证据线索，及时申请法院进行调查。必要时，也可以由律师自行调查。

**第五十三条** 对于符合本指导意见第二十五至第三十四条情形之一的，辩护律师应当向法院提供相关证据线索，申请法院进行调查。必要时，也可以由律师自行调查。

**第五十四条** 对于公诉方拟出示的鉴定结论，辩护律师可以申请法院补充鉴定或重新鉴定。

法院无正当理由拒绝补充鉴定或重新鉴定的，辩护律师可以委托相关专家对鉴定结论进行评估。

**第五十五条** 辩护律师可以亲赴现场，就现场情况对勘验检查笔录中记载的情况进行核实，进一步审核案内其他证据的真实性。

**第五十六条** 在征得人民法院同意的情况下，辩护律师可以向证人、被害人进行调查核实。

在征得人民法院同意的情况下，辩护律师可以进行同步录音、录像。

对控方证人进行调查核实时，辩护律师应当首先让其书写亲笔证词，然后对证人的亲笔证词进行审核，并制作审核笔录

辩护律师应当将控方证人、被害人的亲笔证词、审核笔录、证明证人身份的材料以及录

音、录像一并提交法院。

控方证人、被害人改变证言、陈述的，辩护律师可以提请法院通知证人、被害人出庭作证。

**第五十七条** 辩护律师发现被告人及其近亲属有协助侦破案件、调查证据等行为的，应当及时收集并固定相关证据，或申请人民法院调取。

**第五十八条** 辩护律师应当及时向被告人近亲属告知退赃的法律意义。

经被告人同意，被告人近亲属代为退赃的，辩护律师应当及时收集并固定相关证据，或申请人民法院调取。

**第五十九条** 被告人及其近亲属积极赔偿、安抚被害人一方而取得谅解的，辩护律师应当劝说被害人一方签署和解协议。

**第六十条** 对于收集的有关被告人无罪、从轻、减轻处罚的证据材料，辩护律师应当及时向法院提交。

## 第六章 第一审程序

**第六十一条** 开庭前，辩护律师应了解公诉人、法庭组成人员的情况，协助被告人确定有无申请回避的事由及是否提出回避申请。

**第六十二条** 辩护律师在法院确定的开庭时间无法按时出庭的，应当及时申请法院延期审理。

**第六十三条** 对被害人陈述、证人证言、鉴定结论、勘验检查笔录有异议的，辩护律师应当申请法院通知被害人、证人、鉴定人、勘验检查笔录制作人出庭作证。

辩护律师申请法院通知被害人、证人、鉴定人、勘验检查笔录制作人出庭作证的，应制作上述人员名单，注明身份、住址、通讯处等，并说明拟证明的事实。

**第六十四条** 辩护律师在开庭前会见被告人时，应当向其告知庭审程序、庭审注意事项以及最终的辩护思路，听取被告人的意见。

**第六十五条** 对于辩护律师依法提出通知证人、鉴定人出庭作证的申请，法院无正当理由拒绝的，辩护律师可以再次申请通知证人、鉴定人出庭作证。

在法庭调查中，辩护律师可以当庭申请通知新的证人到庭、调取新的证据、重新鉴定或者勘验，并说明理由。

上述请求未被采纳时，辩护律师应当当庭说明上述证据对定罪量刑的影响，并提请书记员予以记录。

**第六十六条** 开庭前辩护律师与被告人达成无罪辩护意见，开庭后被告人当庭认罪的，辩护律师应当申请法庭休庭。

休庭后，辩护律师应当与被告人协商，以达成一致的辩护意见。无法达成一致意见的，辩护律师可以与被告人解除委托关系，并向法庭申请退出本案的辩护工作。

辩护律师有确凿的证据证明被告人无罪的，辩护律师可以继续进行无罪辩护，但被告人主动解除委托关系的除外。

**第六十七条** 开庭前辩护律师与被告人达成量刑辩护意见，开庭后被告人不认罪的，辩护律师应当申请法庭休庭。

休庭后，辩护律师应与被告人协商，以达成一致的辩护意见。无法达成一致意见的，辩护律师可以与被告人协商解除委托关系，并向法庭申请退出本案的辩护工作。

**第六十八条** 在庭审中，同一被告人的两名辩护律师的辩护意见存在重大分歧且无法协商一致的，辩护律师应当申请法庭休庭。

休庭后，辩护律师应当与被告人协商，由被告人选择辩护意见。对被告人选择的辩护意见，辩护律师应当尊重被告人的选择。

辩护律师不同意被告人选择的辩护意见的，可以与被告人解除委托关系。

**第六十九条** 在法庭审理过程中，辩护律师发现被告人有新的立功情节的，可以申请法庭延期审理并予以核实。

**第七十条** 在法庭审理中，辩护律师发现控方提出的证据，未经辩护律师查阅的，可以申请法庭休庭以对该证据进行调查核实。

**第七十一条** 在法庭辩论阶段，辩护律师应当认真听取公诉人发表的公诉词以及同案被告人的辩护律师发表的辩护意见，总结其要点，及时对辩护思路和辩护提纲进行调整。

**第七十二条** 在法庭辩论阶段，辩护律师应当围绕审判长确定的焦点问题展开辩论。辩护律师认为遗漏焦点问题的，应当及时向审判长提出。

**第七十三条** 在法庭辩论和被告人最后陈述阶段，辩护律师发现有新的或遗漏的证据需要查证的，可以申请恢复法庭调查。

**第七十四条** 法庭审理结束后，辩护律师应当及时整理辩护意见，向法院提交书面辩护意见。

## 第七章 第二审程序

**第七十五条** 在二审程序中，辩护律师应当对一审判决所采纳的证据进行全面审查，对证据体系是否完整进行评估。

**第七十六条** 在二审程序中，辩护律师应当全面审查二审卷宗材料及随案移送的证据，对以下证据，应当重点查阅、审核：

（一）公诉人一审未提交法庭的证据材料；

（二）被告人及其辩护人在一审程序中当庭提供的新证据；

（三）一审法院自行收集的证据。

**第七十七条** 在二审程序中，辩护律师应当将一审移送的物证、书证的复印件与原件进行核对。

**第七十八条** 在二审开庭前，辩护律师应当做以下准备工作：

（一）及时提交本方出庭作证人员的名单；

（二）及时到法院查阅人民检察院提交的新证据；

（三）对一审采纳的鉴定结论有异议的，应当申请二审法院重新鉴定或者补充鉴定；

（四）被告人有新的立功行为或其他影响定罪量刑的新情节的，辩护律师应当及时申请二审法院予以调查核实。

**第七十九条** 具有下列情形之一的，辩护律师应当申请二审法院通知证人、鉴定人、被害人出庭作证：

（一）对鉴定结论有异议、鉴定程序违反规定或者鉴定结论明显存在疑点的；

（二）对证人证言、被害人陈述有异议，该证人证言或者被害人陈述对定罪量刑有重大影响的。

**第八十条** 一审法院据以定罪量刑的证据，未经庭审质证的，辩护律师应当申请二审法院撤销原判、发回重审。

## 第八章 死刑复核程序

**第八十一条** 在死刑复核期间，律师应当向合议庭提交书面辩护意见。

合议庭口头听取辩护意见的，律师在充分陈述辩护意见后，应及时提交书面辩护意见。

**第八十二条** 在死刑复核期间，律师可以约见被告人近亲属及其他人了解案件情况。

律师可以通过自己所在律师事务所向原审辩护律师所在律师事务所借阅案卷材料。原审辩护律师所在的律师事务所应当予以协助、配合。

**第八十三条** 在死刑复核期间，律师应当特别注重量刑辩护。向最高人民法院提交的书面辩护材料中，应当积极提供本指导意见第二章第三节所列之相关证据。

律师发现有新的或遗漏的法定或酌定从轻、减轻、免除处罚情节的，应及时形成书面材料向最高人民法院提供，并申请最高人民法院调查核实。

**第八十四条** 具有下列情形之一的，律师应当及时将相关情况告知被告人及其法定代理人、近亲属，并向法院、检察院提交相关书面材料：

（一）有新的证据证明一审、二审判决、裁定认定的事实确有错误的；

（二）据以定罪量刑的证据未达到确实、充分的标准或者证明案件事实的主要证据之间存在矛盾的；

（三）一审、二审判决、裁定适用法律确有错误的。

### 第九章　律师执业风险防范

**第八十五条**　在接受委托时，律师事务所应与委托人签订合同，就委托事项进行书面的约定。

律师事务所不得与委托人签订风险代理合同。

**第八十六条**　在接受委托时，辩护律师应当告知委托人可能出现的法律风险，并让其签字确认。

律师事务所与辩护律师不得就案件结果向委托人、被告人做不适当的承诺。

**第八十七条**　会见被告人，尽可能由两名律师进行。

辩护律师应当注意人身安全，以防发生意外。

**第八十八条**　辩护律师不得带领非律师或律师助理会见在押的被告人。

**第八十九条**　会见时，辩护律师不得携带手机等能够与外界联系的电子设备进入会见区域。

监管部门准予携带的，不得提供给被告人使用。

**第九十条**　辩护律师不得借执业活动的便利，为被告人传递信件、食物、药品或其他物品。

**第九十一条**　会见时，被告人提出遭受刑讯逼供或者存在其他违反法定程序情形的，辩护律师应当让其书写相关材料，告知其通过看守所转交有关机关核查办理。

被告人没有书写能力的，律师应当尽快与监管部门联系，反映被告人所述情况，要求监管部门依法处理。

**第九十二条**　辩护律师不得教唆、引诱、指使、帮助被告人翻供或者做被刑讯逼供的虚假陈述。

**第九十三条**　辩护律师不得协助被告人及其亲友毁灭、伪造证据，不得唆使、威胁、引诱、贿买证人改变证言或作伪证。

**第九十四条**　辩护律师不得为被告人获得虚假立功证据提供帮助。

**第九十五条**　辩护律师不得将案卷材料交由被告人的亲友查阅、摘抄、复制。

### 第十章　附　则

**第九十六条**　本指导意见用于山东省律师承办死刑案件，由山东省律师协会负责解释。经山东省律师协会第六届常务理事会讨论通过，自2010年5月28日起实施。

## 湖北省律师协会制定的行业规范

1.2010年3月6日，经六届省律协六次理事会讨论通过制定了《湖北省律师协会关于律师和律师事务所投诉查处工作规程（试行）》，进一步健全完善了律师投诉受理、立案、调整、处分、执行等程序；制定了湖北省律师协会《关于律师继续教育培训管理办法》，进一步健全完善了律师培训制度。

2.2010年11月29日至30日，湖北省鄂州市司法局结合全市律师工作实际，制定了《鄂州市律师事务所和律师工作量化管理办法》（试行），主要围绕律师事务所的党组织建设、制度建设、职业道德执业纪律建设和业务管理，以及律师恪守职业道德、执业纪律等方面分别制定考核标准，实行量化考核。

3.2011年1月14日，全省第七次律师代表大会审议通过了《省律师协会章程》（二次修改稿）。

4. 2011 年 2 月 25 日，省律师协会直属分会制定了《湖北省律师协会直属分会理事会议事规则》、《湖北省律师协会直属分会会长办公会议事规则》。

5. 2011 年 3 月 10 日，七届省律师协会第一次会长办公会会议，讨论通过了《湖北省律师执业年度考核实施细则》。

## 海南省律师协会制定的行业规范

### 海南省律师协会工作站管理办法（试行）

（2010 年 5 月 21 日理事会审议通过
同年 6 月 23 日实施）

为贯彻落实科学发展观，进一步完善律师行业“两结合”管理体制，推动律师工作的全面发展，省律协决定在海口市、三亚市分别设立“海南省律师协会海口工作站”、“海南省律师协会三亚工作站”（以下简称“工作站”）。为规范工作站的工作内容和工作流程，充分有效的发挥工作站的职能与作用，根据《律师法》、《海南省律师协会章程》及相关规定，制定本办法。

**第一条** 工作站是省律师协会在海口市和三亚市设立的派出机构，受省律协的直接领导以及该地司法局的监督指导。

**第二条** 工作站在所在地区按照律师法和章程加强与该地区司法局的协作与配合，直接负责省律协各项工作计划在所在地的落实与完成；增进会员间的联系与合作，加强信息交流，促进本省律师行业整体健康发展。

**第三条** 各工作站设站长 1 名（可兼职），站长助理 1 名（专职）；站长由省律协副会长（或理事）兼任，站长助理由省律协秘书处推荐。

站长、站长助理的任免均由省律协会长办公会决定。

**第四条** 站长是工作站的负责人，负责组织、领导工作站依法履行职责，注重并加强与该市司法局的沟通、协调与配合，全面落实完成工作站的工作任务。

站长向省律协会长办公会负责并报告工作。

**第五条** 站长助理是协会秘书处派驻到工作站的专职工作人员；由政治思想水平高、熟悉律师行业管理、有独立工作能力的人员担任；原则上两年更换一次。

站长助理向站长负责并报告工作。

**第六条** 工作站的办公地点、设备等，由省律协出资、协调该地司法局落实到位；秘书处可按照工作站的具体工作地点、工作量等，对站长助理给予适当补助。

**第七条** 工作站经费由省律协统一收取的会费中拨付，工作站不得以任何形式向律师事务所或律师收取费用。

省律协应当按照年度工作计划将工作站的经费开支列入年度预算中，由理事会审议通过后执行。

工作站应当严格按照省律协的预算进行开支，严格遵守财务制度及会费使用规定，保证工作站经费专款专用。

**第八条** 工作站作为协会的派出机构，应逐步建立并完善信息收集与信息通报制度；注重对所在地区律师、律师事务所及行业发展整体情况的调研；及时按要求向省律协报送所在地的律师工作信息及相关统计数据。

**第九条** 本办法由省律协理事会负责解释、修订。

**第十条** 本办法自发布之日起试行。

### 海南省律师协会工作站经费使用管理办法

（2010 年 5 月 21 日理事会审议通过
同年 6 月 23 日实施）

**第一条** 为了规范加强海南律师协会工作站（以下简称工作站）的经费使用管理，发挥工作站的职能作用，根据《海南省律师协会会费收缴及使用管理暂行管理办法》及相关规定，结合工作站的实际情况，制定本办法。

**第二条** 工作站的经费来源主要为省律师协会统一收缴的会费中拨款。在站长的领导下，实行统一管理，由协会秘书长按有关规定进行计划开支。

**第三条** 工作站经费开支实行定额包干办法。经费包干基数主要包括律师培训费、律师文化活动、日常办公费等，包干经费结余可结转下年度使用。

省律协每年年初按照工作站做出年度工作计划和经费开支，列入年度预算中。经协会理事会审议通过后执行。

**第四条** 工作站的包干经费，原则上由工作站按年度计划掌握使用，省协会财务部门审核监督，按规定凭有效票据回省协会核定、报销。

**第五条** 工作站购置500元以上的物品，应事先提出书面申请，送站长审核，报协会秘书处审批。其他小额办公用品由站长助理列出清单报站长审批后一次性购买。

**第六条** 专项经费的使用，按照专款专用和厉行节约原则，由工作站制订使用计划，报省律协审批后监督使用，并按程序核报。

**第七条** 报销票据必须符合法定要求，票据内容应填写齐全。

**第八条** 票据要有经办人、证明人签名。借款单据事由要详细填写，任务完成在7个工作日内按规定进行报销。坚持前不清后不借。

**第九条** 差旅费开支参照行政部门有关规定执行。

（一）工作站人员因公出差，只能预借差旅费。

（二）三亚工作站人员回省律协汇报工作或参加会议，按正常差旅补助，报销住宿费和双程大巴车票。海口站工作人员回协会汇报工作或参加会议，可报销出租车车票。

（三）出差外省按有关规定补助住宿和餐费及交通费；到外省探亲只报双程车船票。

**第十条** 工作站举办的会议和培训班一般应由省协会在年初做出计划，由省律协理事会通过后，经会长办公会议审批后，工作站必须严格按照批准的计划组织会议，专款专用，不得超支。

**第十一条** 工作站节日慰问特困律师和看望律师病号，经站长同意后，其开支标准每人次不超过200元。

**第十二条** 电话和邮资费的管理由工作站从严掌握，费用从工作站年度包干经费中列支。

**第十三条** 本办法由省律协秘书处负责解释。

**第十四条** 本办法自发布之日起实行。

## 海口·三亚工作站工作职责

一、承担辖区内会员服务工作：

（一）组织开展律师业务培训工作；

（二）负责律师宣传、信息报送工作；

（三）负责行业管理的上传下达工作；

（四）负责律师事务所业务学习资料的发放；

（五）组织律师及律师事务所之间的交流；

（六）组织中小型业务研讨活动；

（七）组织律师文化、体育活动。

二、协调组织省律协各专门专业工作委员会相关工作计划在辖区内的落实：

（一）根据协会有关专门专业工作委员会的安排组织相关活动；

（二）收集并向相关专门专业工作委员会反馈会员意见和建议。

三、协助配合所在市（县）司法局律师管理部门开展相关工作：

（一）配合市（县）司法局做好律师年度考核、诚信评比等工作；

（二）配合市（县）司法局做好律师党建工作；

（三）配合市（县）司法局组织律师与当

地政府机关及其他社会团体的交流活动；

（四）配合市（县）司法局组织开展促进当地律师行业发展的其他活动。

四、完成省律协和司法行政部门交办的其他相关工作。

## 广西壮族自治区律师协会制定的行业规范

### 广西壮族自治区律师协会会员登记管理办法

（2010年4月23日经广西律师协会第七届理事会第六次通讯表决通过）

为加强律师协会对会员信息的采集，规范对会员的管理，保障会员的合法权益，充分发挥律师协会提供服务、规范管理的职能作用，根据《广西壮族自治区律师协会章程》的规定，制定本办法。

一、会员登记范围

**第一条** 广西律师协会会员均应按照本办法规定向直属律师协会办理会员登记。

（一）团体会员：各市律师协会，广西壮族自治区司法行政机关批准设立的律师执业机构（包括律师事务所、律师事务所分所、公职律师办公室、公司律师办公室）。

（二）个人会员：广西壮族自治区司法行政机关批准执业的律师，包括专职律师、兼职律师、公职律师、公司律师和法律援助律师。

二、团体会员登记

**第二条** 各市律师协会办理团体会员登记应提交下列材料：

（一）《广西壮族自治区律师协会团体会员登记表（一）》；

（二）民政部门颁发的《社会团体法人登记证书》；

（三）司法行政机关同意成立律师协会的文件；

（四）律师协会章程；

（五）协会会长、副会长、常务理事会、理事会名单。

**第三条** 律师执业机构经依法核准设立后，应当在设立登记手续办妥后二十个工作日内，向其直属律师协会办理团体会员登记。办理团体会员登记时应提交下列材料：

（一）《广西壮族自治区律师协会团体会员登记表（二）》；

（二）司法行政机关同意设立该律师执业机构的核准文件；

（三）律师事务所执业许可证副本；

（四）其他涉及律师执业机构依法设立和存续的相关材料。

公职、公司律师办公室提交上述第（一）、（二）项材料。

**第四条** 各市律师协会章程或协会会长、副会长、常务理事、理事发生变更的，应在变更后二十个工作日内，向广西律师协会办理会员变更登记手续，填写《广西壮族自治区律师协会会员变更登记表》，并提交变更后的章程或会长、副会长、常务理事、理事名单。

**第五条** 律师事务所变更名称、住址、负责人、合伙人、组织形式等登记事项，应在司法行政机关核准变更或备案后二十个工作日内，向其直属律师协会办理会员变更登记手续，并提交下列材料：

（一）《广西壮族自治区律师协会会员变更登记表》；

（二）司法行政机关核准变更的文件；

（三）律师事务所执业许可证副本；

（四）其他相关的变更证明材料。

**第六条** 律师执业机构终止执业的，应在司法行政机关核准注销后二十个工作日内，由该机构负责人向其原直属律师协会办理团体会员注销登记，并提交司法行政机关出具的注销文件。

三、个人会员登记

**第七条** 律师应当自司法行政机关核准执业之日起二十个工作日内，由其执业机构向其直属律师协会办理个人会员登记手续。办理个人会员登记时应提交下列材料：

（一）《广西壮族自治区律师协会个人会员登记表》；

（二）律师执业证。

**第八条** 律师转所或其他登记信息发生变更，应当在司法行政机关核准变更或登记信息变更后二十个工作日内，由其执业机构向直属律师协会办理个人会员变更登记手续，并提交下列资料：

（一）《广西壮族自治区律师协会会员变更登记表》；

（二）变更后的律师执业证书；

（三）其他相关的变更证明材料。

**第九条** 个人会员终止（中止）执业或调离广西执业，应自司法行政机关办理律师执业证书注销（歇业）登记之日起二十个工作日内，由其执业机构向其直属律师协会办理个人会员注销（歇业）登记，并提交相关终止（中止）执业或调离广西执业的证明材料。

四、登记管理

**第十条** 各律师执业机构应指定专人（登记专员）统一负责办理本单位会员登记或变更登记事务。

登记专员应及时在广西律师协会网站上做好本单位会员的信息录入及更新。

**第十一条** 各市律师协会应在收到所属会员登记材料后，指定专人对上述材料进行整理、建档，于每季度第一个月内，将上季度的会员登记表报广西律师协会备案。

**第十二条** 广西律师协会对会员上报的登记材料有权进行核查，并在广西律师协会网站及相关传媒上予以公示。

**第十三条** 会员登记信息作为律师行业管理的基本资料，用于行业管理，律师协会相关工作人员对登记信息涉及个人隐私的内容负有保密义务。

**第十四条** 对于不按照本办法办理登记或变更登记的会员，或在会员登记中营私舞弊的单位和个人，广西律师协会将根据行业管理的相关规章制度，给予相应行业处分。

五、附则

**第十五条** 本办法由广西壮族自治区律师协会秘书处负责解释。

**第十六条** 本办法自2010年5月4日起施行。本办法施行前没有登记的现有会员，按照本办法的规定办理初始登记。

## 广西壮族自治区律师协会<br>团体会员登记表（一）

填表说明：本表各项日应填写完整，字迹工整清晰，不得涂改（建议打印），不足填写的可加页填写，每页加盖公章。本表一式二份，广西律师协会、市级律师协会各一份。

**一、基本信息**

<table>
<tr><td>单位名称</td><td colspan="3"></td><td>联系电话</td><td></td></tr>
<tr><td>办公地址</td><td colspan="3"></td><td>邮编</td><td></td></tr>
<tr><td>成立时间</td><td></td><td>批准文号</td><td></td><td>批准日期</td><td></td></tr>
</table>

## 二、会长、副会长、秘书长基本情况

| 姓名 | 性别 | 政治面貌 | 出生年月 | 学历 | 协会职务 | 工作单位 | 联系电话 |
|---|---|---|---|---|---|---|---|
| | | | | | | | |
| | | | | | | | |
| | | | | | | | |
| | | | | | | | |
| | | | | | | | |
| | | | | | | | |
| | | | | | | | |
| | | | | | | | |
| | | | | | | | |
| | | | | | | | |
| | | | | | | | |
| | | | | | | | |

## 三、理事基本情况（共人）

| 姓名 | 性别 | 政治面貌 | 出生年月 | 文化程度 | 协会职务 | 工作单位 | 联系电话 |
|---|---|---|---|---|---|---|---|
| | | | | | | | |
| | | | | | | | |
| | | | | | | | |
| | | | | | | | |
| | | | | | | | |
| | | | | | | | |
| | | | | | | | |
| | | | | | | | |
| | | | | | | | |
| | | | | | | | |
| | | | | | | | |
| | | | | | | | |
| | | | | | | | |
| | | | | | | | |

# 广西壮族自治区律师协会团体会员登记表（二）

说明：本表各项目应填写完整，字迹工整清晰，不得涂改（建议打印），不足填写的可加页填写，每页加盖公章。本表一式三份，广西律师协会、市级律师协会、律师执业机构各一份。

## 一、基本信息

<table>
<tr><td>单位名称<br>（盖章）</td><td colspan="3"></td></tr>
<tr><td>组织形式</td><td></td><td>批准文号</td><td></td></tr>
<tr><td>直属律师协会</td><td>（区直/ 市）</td><td>成立日期</td><td></td></tr>
<tr><td>执业许可证号</td><td></td><td>组织机构代码</td><td></td></tr>
<tr><td>注册资金</td><td>万元</td><td>税务登记证号</td><td></td></tr>
<tr><td>办公地址</td><td></td><td>邮政编码</td><td></td></tr>
<tr><td>办公电话</td><td></td><td>传真号码</td><td></td></tr>
<tr><td>网站地址</td><td></td><td>电子邮箱</td><td></td></tr>
<tr><td rowspan="2">负责人姓名</td><td rowspan="2"></td><td>办公室电话</td><td></td></tr>
<tr><td>手机</td><td></td></tr>
<tr><td rowspan="2">登记专员姓名</td><td rowspan="2"></td><td>办公室电话</td><td></td></tr>
<tr><td>手机</td><td></td></tr>
</table>

## 二、合伙人名单（人）

| 序号 | 姓名 | 性别 | 执业证号 | 身份证号码 |
|---|---|---|---|---|
| | | | | |
| | | | | |
| | | | | |
| | | | | |
| | | | | |
| | | | | |
| | | | | |
| | | | | |

| 序号 | 姓名 | 性别 | 执业证号 | 身份证号码 |
|---|---|---|---|---|
| | | | | |
| | | | | |
| | | | | |
| | | | | |
| | | | | |
| | | | | |
| | | | | |
| | | | | |
| | | | | |
| | | | | |
| | | | | |
| | | | | |
| | | | | |

三、律师名单（共　人）

| 序号 | 姓名 | 性别 | 执业证号 | 身份证号码 |
|---|---|---|---|---|
| | | | | |
| | | | | |
| | | | | |
| | | | | |
| | | | | |
| | | | | |
| | | | | |
| | | | | |
| | | | | |
| | | | | |
| | | | | |
| | | | | |
| | | | | |
| | | | | |

| 序号 | 姓名 | 性别 | 执业证号 | 身份证号码 |
|---|---|---|---|---|
| | | | | |
| | | | | |
| | | | | |
| | | | | |
| | | | | |
| | | | | |
| | | | | |

**四、印章印模**

| 单位公章 | |
|---|---|
| 财务专用章 | |
| 负责人印鉴 | |

# 广西壮族自治区律师协会个人会员登记表

填表说明：

1. 本表各项目应填写完整，字迹工整清晰，不得涂改（建议打印）。

2. 本表一式三份，广西律师协会、市级律师协会、律师执业机构各一份。

3. 政治面貌：所属政党，无党派者写“无党派”。

4. 律师执业证类别：专职律师、兼职律师、公职律师、公司律师、法律援助律师。

5. 社会职务：在各级人大、政协或社会团体（含各级律师协会）、群众组织中担任的职务。

6. 个人简历从18岁填起，工作学习情况一栏，属于学习经历的请说明学习的专业和学历层次，属于工作经历的请说明职务。

填表日期：　　年　月　日

| 姓名 | | 曾用名 | | 相片 | |
|---|---|---|---|---|---|
| 性别 | | 民族 | | | |
| 籍贯 | | 政治面貌 | | | |
| 出生日期 | | 身份证号 | | | |
| 最高学历/专业 | | 毕业院校 | | | |
| 住址/邮编 | | | | | |
| 手机号码 | | | 电子邮箱 | | |
| 执业机构 | | | | 执业证类别 | |
| 是否负责人 | | 是否合伙人 | | 首次执业时间 | |
| 律师执业证号 | | 律师/法律职业资格证号 | | 兼职律师教学科研单位 | |
| 人事档案托管单位 | 档案号 | | | | |
| 职称/等级 | | 户籍所在地 | | 外语/等级 | |
| 党（团）组织关系所在地 | | 入党/团时间 | | 党/团内职务 | |
| 社会职务 | | | | | |
| 业务专长或专业方向 | | | | | |
| 受过何种奖励 | | | | | |

| 受过何种处分 | | |
|---|---|---|
| 个人简历 | | |
| 起止时间 | 在何地何部门（学习）工作 | 职务 |
| | | |

会员声明：本表所填内容属实。

会员签名：____________

## 广西壮族自治区律师协会会员变更登记表

| 变更事项 | 变更前 | 变更后 | 变更时间 |
|---|---|---|---|
| | | | |
| （单位盖章）<br>年　月　日 | | | |

## 广西壮族自治区律师协会专业委员会履职考核办法

（2010年3月20日广西壮族自治区律师协会第七届理事会第四次会议通过）

**第一条** 根据《广西壮族自治区律师协会章程》、《广西壮族自治区律师协会专门委员会、专业委员会规则》，制定本办法。

**第二条** 本办法所称的履职考核，是指在每一个工作年度，按照一定的程序和方法，对委员会总体工作情况和委员履行职责情况所进行的考察、评价，并以此作为奖励及确定委员是否具备继续履职条件的依据。

**第三条** 履职考核工作坚持公开、公平、公正的原则，以激励先进为目的，注重各专业委员会的工作实绩。履职考核包括对委员参与工作的考核和对各专业委员会总体工作的考核。

**第四条** 各专业委员会应当在每年1月15日前向广西律师协会秘书处提交本年度工作计划。

**第五条** 列入各专业委员会履职考核必备考察项目的年度活动包括：

（一）召开一次全体会议。

（二）召开一次本专业专题研讨会或组织一次专题调研。研讨会应当形成研讨成果综述，专题调研应当形成调研报告。

（三）举办一次面向全区律师的本专业领域业务讲座。

（四）收集、整理三个由广西律师承办的本专业案例。

（五）向中国律师论坛、西部律师论坛、中南六省（区）律师协作暨律师业务研讨会，各提交论文两篇。如果论坛未设置本专业相关主题，则可以在另一个论坛补充提交，但范围仅限于上述同级别论坛。各专业委员会每年提交论文总数不得少于六篇。

（六）逐步编写完善、指导实施本专业领域的业务指引或操作规程。

（七）理事会、会长办公会或秘书处交办的其他工作。

**第六条** 列入各专业委员会委员履职考核必备考察项目的工作内容包括：

（一）参加本专业委员会各项活动的情况；

（二）承担本专业委员会安排工作任务的情况；

（三）在本专业领域的业务研究所取得成果的情况。

**第七条** 各专业委员会应指定专人记录委员会开展活动的情况，并为每一位委员建立考核档案，按照本办法规定的考核项目提出各专委会的工作总结、活动记录、考核意见，于每年的12月25日前，将上述材料以及委员会开展活动的情况制表报广西律师协会。

**第八条** 考核每年开展一次，由广西律师协会秘书处负责实施。秘书处根据各专业委员会提交论文、专题研讨、专题调研、业务讲座、整理收集案例、完成业务指引等开展的专业活动的情况进行考核，考核结果提交会长办公会讨论，并在第二年的专门专业委员会主任会议上公布。

**第九条** 年度考核结果排名前20%的专业委员会，由广西律师协会公开嘉奖，并增加第二年度活动经费。经费增加幅度为统一标准的30%至50%。

**第十条** 经会长办公会讨论确定为年度考核不称职的委员会主任、副主任委员应当引咎辞职，或由会长办公会提交理事会免职。

主任委员如有以下情形之一者，年度考核可以评定为不称职：

（一）其担任主任的专业委员会未能完成年度必备考察项目；

（二）一年内没有提交专业论文；

（三）一次无故不参加所属委员会活动；

（四）一年内所属委员会开展的主任会议、委员活动等，累计两次请假的。

副主任委员如有以下情形之一者，年度考核可以评定为不称职：

（一）一年内没有提交专业论文；

（二）一次无故不参加所属委员会活动；

（三）一年内所属委员会开展的主任会议、委员活动等，累计两次请假的；

（四）一年内不完成所属委员会工作任务累计两次以上的。

**第十一条** 各专业委员会委员如有以下情形之一者，由会长办公会决议，取消其委员资格：

（一）一年内没有提交专业论文；

（二）一年内无故不参加所属委员会活动两次以上的；

（三）一年内所属委员会开展的全体委员活动，该委员连续两次请假的；

（四）一年内不完成所属委员会工作任务累计三次以上的；

**第十二条** 本办法所称“无故不参加所属委员会活动”是指没有正当理由不参加所属委员会活动。正当理由主要指：因病、开庭或因公出差确实无法赶回。委员应当主动提交疾病诊断书、开庭通知书等证明材料。

**第十三条** 本办法由广西壮族自治区律师协会理事会审议通过，由广西律师协会秘书处负责解释。实施细则由广西律师协会秘书处制定。

## 广西壮族自治区律师执业年度考核办法

（2010年12月29日经广西壮族自治区律师协会第七届理事会第七次通讯表决通过）

### 第一章 总 则

**第一条** 为了加强对律师执业活动的管理，规范律师执业年度考核工作，根据《中华人民共和国律师法》、《律师执业管理办法》、《律师事务所年度检查考核办法》、《律师执业年度考核规则》等法律、规章的规定，制定本办法。

**第二条** 本办法所称律师执业年度考核，是指律师协会在律师事务所对本所律师上一年度执业活动进行考核的基础上，对律师的执业表现作出评价，并将考核结果报司法行政机关备案，记入律师执业档案。

律师执业年度考核，应当教育、引导和监督律师遵守宪法和法律，遵守律师职业道德和执业纪律，依法、诚信、尽责执业，忠实履行中国特色社会主义法律工作者的职业使命，维护当事人合法权益，维护法律正确实施，维护社会公平和正义。

**第三条** 律师执业年度考核应当坚持依法、公开、公平、公正的原则。

**第四条** 各市律师协会负责本区域的律师执业年度考核工作的组织实施，区直律师事务所律师的执业年度考核工作由广西律师协会负责组织实施。

广西律师协会负责指导、监督全区律师执业年度考核工作。

律师执业年度考核工作应当接受司法行政机关的指导和监督。

**第五条** 律师事务所应当建立律师执业年度考核制度，负责组织对本所律师上一年度执业活动进行考核评议，出具考核意见。

各市律师协会应当建立律师执业年度考核结果评定机制，负责确定律师执业年度考核结果。

**第六条** 律师执业年度考核结果作为对律师执业管理与奖惩的基本依据。

### 第二章 考核对象和考核内容

**第七条** 所有身为广西律师协会会员的执业律师，均应当按照本办法参加律师执业年度考核。但参加考核的律师有下列情形之一的，不评定考核等次：

（一）获准执业不满3个月的；

（二）上一年度参加脱产学习、培训的；

（三）上一年度暂停执业超过6个月的。

**第八条** 律师执业年度考核，主要考核下列内容：

（一）律师在执业活动中遵守宪法、法律、法规和规章，遵守职业道德、执业纪律和行业规范，履行法定职责的情况；

（二）律师遵守律师协会章程，履行会员义务的情况；

（三）律师遵守律师事务所章程、协议及内部管理制度的情况；

（四）律师办理法律服务业务的数量、类别和服务质量，办理重大案件、群体性案件的情况；

（五）律师履行法律援助义务、参加社会服务及其他社会公益活动的情况；

（六）律师完成继续教育培训规定课时的情况；

（七）律师受行政奖惩、行业奖惩的情况；

（八）自治区律师协会根据需要要求考核的其他事项。

## 第三章　考核等次和评定标准

**第九条**　律师执业年度考核结果分为“称职”、“基本称职”、“不称职”三个等次。

考核等次是律师协会对律师上一年度执业表现的总体评价。

**第十条**　律师执业活动符合下列标准的，考核等次为“称职”。

（一）在执业活动中能够自觉遵守宪法和法律，遵守职业道德、执业纪律和行业规范，遵守司法行政机关有关管理规定，履行法定职责；

（二）能够自觉遵守律师协会章程，履行个人会员义务；遵守律师事务所章程、协议及内部管理制度；

（三）能够依法、诚信、尽责地为当事人提供法律服务，未因执业违法违规行为受到行政处罚或者行业处分；

（四）能够履行法律援助义务，参加社会服务及其他社会公益活动；

（五）按要求完成继续教育培训规定课时。

**第十一条**　律师执业活动符合下列标准的，考核等次为“基本称职”。

（一）因违反职业道德、执业纪律或者行业规范受到行业处分，已按要求改正的；

（二）因违法执业受到停止执业以下（不包括停止执业）行政处罚，且本人有悔改表现，主动消除不良影响的；

（三）不按规定履行会员义务，但已按要求改正的；

（四）不遵守律师事务所的章程、协议及制度，不服从律师事务所内部管理的；

（五）因执业不尽责、不诚信、不规范等行为受到律师事务所重点指导、监督或者受到当事人投诉，经调查投诉属实的。

**第十二条**　律师执业活动符合下列标准的，考核等次为“不称职”。

（一）因违反职业道德、执业纪律或者行业规范受到行业处分，不按要求改正的；

（二）因执业违法行为受到停止执业行政处罚的；

（三）参加执业年度考核有弄虚作假行为或拒不参加执业年度考核的；

（四）严重违反律师事务所章程、协议及制度，给所在的律师事务所造成重大损失的；

（五）有其他严重违法违规、违反会员义务行为，造成恶劣社会影响的。

**第十三条**　律师有下列情形之一的，暂缓执业年度考核：

（一）因违法受到停止执业行政处罚，处罚期未满的；

（二）所在律师事务所因违法被处以停业整顿，处罚期未满的；

（三）因涉嫌犯罪，被司法机关采取强制措施，尚未判决的；

（四）在年度考核中隐瞒真实情况，弄虚作假的；

（五）未完成继续教育培训规定课时的。

暂缓年度考核的原因消失后，再由律师协

会审查确定考核结果。

## 第四章　考核程序

**第十四条**　律师执业年度考核每年进行一次，在每年的一季度集中办理，并与司法行政机关对律师事务所的年度检查考核同步进行。

**第十五条**　律师参加执业年度考核，应当按照规定的时间向律师事务所提交本人上一年度执业情况总结，并填报、提交下列材料：

（一）律师执业年度考核登记表；

（二）履行律师协会会员义务的证明材料；

（三）获得行政或行业表彰奖励、受到行政处罚或者行业处分的证明材料；

（四）参加继续教育培训的证明材料；

（五）自治区律师协会根据需要要求提交的其他材料。

上一年度因变更执业机构新转入的律师，应当同时提交变更前所在律师事务所对其执业表现的鉴定意见以及会员变更登记表。

兼职律师另需提交所在单位出具的允许其兼职从事律师执业、同意参加年度考核的书面意见。

法律援助律师、公职律师和公司律师参加执业年度考核，提交本人工作单位出具的其在本单位专职从事法律工作以及本单位同意其继续担任法律援助律师、公职律师、公司律师的证明。

**第十六条**　律师事务所应当组织召开律师执业年度考核工作会议，听取律师个人述职，组织进行民主评议。根据考核评议情况，由律师事务所依据本办法规定的考核内容、考核标准，对律师上一年度的执业表现出具考核意见。

规模较大的律师事务所可以成立律师执业年度考核工作委员会，负责组织开展律师执业年度考核工作。

律师事务所的考核意见应当送交律师本人阅签意见。

**第十七条**　律师事务所应于每年的1月31日前完成本所律师上一年度的考核工作，并将律师执业年度考核材料报县（市、区）司法局签署意见后再报所属的市律师协会审查。

**第十八条**　各市律师协会应当依据本办法规定的考核内容、考核标准，对律师事务所提交的律师执业年度考核材料和考核意见进行审查，确定律师执业的年度考核结果。

律师协会在审查中发现律师执业年度考核意见与实际情况不符，或者受到相关投诉、举报的，可以进行调查核实，或者责成律师事务所对该律师重新进行考核。

**第十九条**　律师协会在对律师执业年度考核结果确定后，应当将考核结果在本地律师协会网站上予以公示。公示期不少于7日。

被考核律师对律师协会考核结果有异议的，可以向出具考核结果的律师协会提出复核申请。律师协会应当在收到复核申请之日起十日内对考核结果进行复核，并将复核结果书面告知申请人及所在律师事务所。

**第二十条**　各市律师协会应当在每年的2月28日前完成对本市律师年度考核工作，确定律师执业年度考核结果，连同律师执业年度考核材料报市司法局备案；由各市司法局通过备案审查后，在律师执业证书上加盖“律师年度考核备案”专用章。

**第二十一条**　各市律师协会应当在各市司法局对律师执业年度考核结果备案后，对本市律师执业年度考核工作进行汇总，形成书面报告，在每年的3月31日前报广西律师协会备案。

**第二十二条**　律师不按规定参加执业年度考核的，律师事务所应当如实报告所属的市律师协会，由律师协会责令其限期参加执业年度考核；逾期仍不参加考核的，由律师协会直接出具“不称职”的考核结果。

**第二十三条**　律师经年度考核被评定为“不称职”的，该律师所属的市律师协会应根据其存在的问题，书面责令其改正，并安排其参加律师协会组织的培训教育。

律师连续两年被评定为不称职的，由律师协会给予通报批评或者公开谴责的行业处分；情节严重的，建议司法行政机关依法给予相应的行政处罚，也可以建议律师事务所与其解除聘用关系或者经合伙人会议通过将其除名。

**第二十四条** 各市律师协会在律师执业年度考核中发现律师有违反职业道德、执业纪律或者行业规范行为的，应当依照规定给予相应的行业惩戒；发现律师有违法行为的，应当移交司法行政机关依法给予相应的行政处罚。

### 第五章 附 则

**第二十五条** 本办法所称的律师事务所及律师，包含律师事务所分所及律师。

**第二十六条** 公职律师、公司律师和法律援助律师的执业年度考核参照本办法执行。

**第二十七条** 本办法自2011年1月1日起施行。

**第二十八条** 本办法由广西律师协会理事会授权广西律师协会秘书处负责解释。

## 四川省律师协会制定的行业规范

1. 四川省律师协会章程（修订案）（2007年1月5日四川省第六次律师代表大会通过；2010年5月25日四川省第七次律师代表大会修订）。本章程自通过之日起生效。

2. 四川省律师协会理事会工作规则（2007年1月6日四川省律师协会第六届一次理事会通过；2010年5月26日四川省第七届一次理事会修订）。本规则自理事会审议通过后施行。

3. 四川省律师协会监事会工作规则（2010年5月25日四川省第七次律师代表大会通过）。本规则自省律师代表大会通过之日起生效。

4. 四川省职业道德和执业纪律规范（2002年12月23日四川省律师协会五届二次理事会通过；2010年5月16日四川省律师协会六届六次理事会修订）。本规范经四川省律师协会理事会通过之日起实施。

5. 四川省律师协会会员违规行为惩戒规则（（2009年1月11日四川省律师协会第六届四次理事会通过；2010年5月16日四川省律师协会六届六次理事会修订）。本规则经四川省律师协会理事会通过之日起实施。

6. 四川省律师协会惩戒委员会规则（2001年7月18日四川省律师协会五届一次常务理事会通过；2007年9月2日四川省律师协会六届二次常务理事会修订；2010年5月16日四川省律师协会六届六次理事会修订）。本规则经四川省律师协会理事会通过之日起施行。

7. 四川省律师协会专业委员会工作规则（（2001年7月18日四川省律师协会五届一次常务理事会通过；2010年5月16日四川省律师协会六届六次理事会修订）。本规则经四川省律师协会理事会通过之日起实施。

## 贵州省律师协会制定的行业规范

（一）出台了《贵州省律师协会关于死刑案件辩护规范指导意见》

省律师协会与北京大学法学院合作，经过广泛调研、论证，制定了《死刑案件辩护规范指导意见》。于2010年6月10日省律师协会四届九次常务理事会讨论通过，6月11日印发各律师事务所，8月7日召开新闻发布会。

（二）制定了《贵州省律师协律师事务所和律师执业行为规范》

经过近两年的调研和论证，根据《律师法》和司法部两个规章，制定了《贵州省律师协律师事务所和律师执业行为规范》。于2010年11月12日印发，取代了《律师事务所管理暂行办法》。

（三）起草了《贵州省律师协会纪律工作规则》

省律协执业纪律专门委员会学习借鉴省外律协的经验，结合我省实际，制定了《贵州省律师协会纪律工作规则》。涉及执业律师专门委员会委员行为规则、工作规则、案件审议等内容。

## 贵州省律师协会律师事务所及律师执业行为规范

**第一条** 为了规范律师事务所及律师的执业行为，加强对律师事务所及律师的管理，贵州省律师协会依据《中华人民共和国律师法》、《律师事务所管理办法》、《中华全国律师协会章程》以及《贵州省律师协会章程》制定本规范。

**第二条** 本规范适用于我省依据《中华人民共和国律师法》设立的合伙律师事务所，个人律师事务所及国家出资设立的律师事务所及律师。律师事务所其他从业人员参照本规范执行。

**第三条** 律师事务所应当建立健全人事、财务、业务、收费等内部管理制度。

**第四条** 律师事务所应当与所内执业律师，其他工作人员签定聘用合同，并按照规定为事务所执业律师，其他工作人员办理失业、养老、医疗等社会保险。

**第五条** 律师事务所应当在经过审批登记机关核定的住所地办公。国家出资设立的律师事务所应当在其所属司法行政机关管辖范围内设立办公场所。

未经审批不得设立两个或两个以上办公场所。

**第六条** 律师事务所变更住所、合伙人的，应在变更之日起十五日内到原登记机关办理变更登记。

**第七条** 律师事务所、律师应当在国家法律规定的范围内开展业务活动，恪守职业道德和执业纪律，树立良好的社会形象，诚实守信，维护当事人的合法权益，维护国家法律正确实施与社会的公平正义。

律师事务所之间，律师之间应当互相尊重、互相帮助、公平竞争。

**第八条** 律师事务所应当建立主任责任制。主任对律师事务所业务活动和内部事务进行管理。对外代表律师事务所，依法承担对律师事务所违法行为的管理责任。

**第九条** 律师事务所应当接受司法行政机关及律师协会的监督管理。向主管司法行政机关，律师协会报告工作，按时提交工作报告，统计报表和相关资料。

**第十条** 律师事务所每月集中政治学习不得少于8小时，律师事务所自行组织学习的，应当认真作好学习记录。

**第十一条** 律师事务所和律师应当履行法律援助义务，不得拒绝办理法律援助中心指派的法律援助案件。鼓励律师事务所和律师每年筹集一定数量的资金用于助学，助残、救灾等社会公益事业。

**第十二条** 律师事务所及律师不得经商办企业或从事任何法律服务以外的经营性活动。

**第十三条** 没有取得律师执业证的人员不得以律师名义从事律师业务，不得为其提供律师业务函件。

**第十四条** 律师事务所接受取得律师资格或法律资格证书人员实习的，应当签订实习合同，并上报所在地律师协会备案。实习律师实习期满并经培训合格方可申请领取执业证。

**第十五条** 律师事务所应当根据国家行政管理部门，律师协会制定的相关规定收费。

律师事务所要严格遵守统一收案收费制度，收案要认真登记，收取律师服务费要统一开具发票。

律师事务所不得故意诋毁其他律师、律师事务所，不得无正当理由，以在规定收费标准以下收费为条件吸引客户，或采用承诺给予客户回扣，支付介绍费等不正当手段争揽业务。

**第十六条** 律师事务所办理当事人委托的业务，向第三人支付的或受当事人委托支付的诉讼费、保全费、公证费、查询费、咨询费、交通费、通讯、差旅、文印等费用由当事人承担。原则上应当凭合法票据具实向当事人报销。实行包干收费的，由律师事务所统一收取，统一支出，且不得超过律师收费的10%。

**第十七条** 律师事务所不得将本所业务函件和发票转让其他单位和个人使用。

**第十八条** 律师事务所应当从律师服务收费中提留执业风险金2%，事业发展基金2%。实行专管专用，具体管理办法由律师事务所自行规定。

**第十九条** 律师报酬的提成比例原则上不得超过律师服务收费的70%。

**第二十条** 律师事务所和律师享有《贵州省律师协会章程》规定的权利，承担《贵州省律师协会章程》规定的义务。并遵守司法行政管理机关制定的有关律师管理的规定，律师协会制定的行为规则和准则。

**第二十一条** 律师事务所和律师应当参加完成律师协会或者司法行政管理机关组织的业务学习及考核。

**第二十二条** 律师事务所和律师应当在发生重大事件时及时向律师协会作出书面报告。前述重大事件包括但不限于律师或律师事务所因执业成为被告或被确定为犯罪嫌疑人或受到相关调查、处罚。

**第二十三条** 承办敏感案件和群体性事件的律师事务所、律师应当及时向所属司法行政机关、律师协会报告并逐级上报。

**第二十四条** 律师事务所及律师接受新闻媒体采访和在新闻媒体上发布信息的，不得违反律师职业道德和执业纪律，律师事务所及律师承办前条规定的案件拟接受新闻媒体采访和在新闻媒体上发布信息的，应当报主管司法行政机关审查批准。

**第二十五条** 律师事务所要有专人负责投诉案件的受理，规范投诉处理工作，配合司法行政机关和律师协会对本所被投诉人的调查，对严重违反律师执业行为规范的律师及相关人员，要予以除名或解聘，对司法行政机关和律师协会转办的投诉案件，在规定的时间内报告查处结果。

对于查明属实违反律师执业行为规范的案件，可根据主管司法行政部门的授权和行业规定，由律师协会按照相关法律法规进行处理，并在行业内部进行通报，必要时也可在当地媒体上予以公开。

**第二十六条** 律师事务所和律师应当参加律师协会组织的活动，完成律师协会布置的研究任务，参加律师协会组织的公益活动。

**第二十七条** 律师事务所和律师应当妥善处理律师执业中发生的各种纠纷，自觉接受律师协会和相关机构的调解处理。

律师事务所和律师应当执行律师协会就律师执业纠纷作出的裁决。

**第二十八条** 律师事务所和律师应当按期缴纳会费。履行会员义务。

**第二十九条** 本规范由贵州省律师协会常务理事会负责解释。

**第三十条** 本规范自公布之日起施行。

## 贵州省律师协会<br>关于死刑案件辩护的<br>规范指导意见（试行）

### 第一章 总 则

**第一条** 为了确保死刑案件的辩护质量，指导死刑辩护实务，根据《中华人民共和国刑法》、《中华人民共和国刑事诉讼法》、《中华人民共和国律师法》、《律师办理刑事案件规范》和有关规范性文件，结合死刑辩护工作实际，制定本指导意见。

**第二条** 本指导意见所称的死刑案件是死刑立即执行的案件，包括：

（一）检察院提起公诉的可能判处死刑的案件；

（二）一审法院判处死刑的二审上诉案件；

（三）检察院提起抗诉的可能判处死刑的案件；

（四）最高人民法院复核的死刑案件。

**第三条** 在死刑案件中，律师事务所应当指派有刑事案件出庭辩护经验的律师担任辩护人。

**第四条** 对于涉及重大、复杂法律问题或其他专业性问题的死刑案件，辩护律师可以提交本律师事务所具有刑事辩护经验的律师集体讨论，也可以向有关专家咨询。

**第五条** 对于具有重大社会影响的死刑案件，辩护律师应当提交本律师事务所具有刑事辩护经验的律师集体讨论。必要时，可以邀请律师协会相关人员参加。

**第六条** 辩护律师必须遵守国家法律、法规，维护法律的正确实施，以事实为根据，以法律为准绳，恪守律师职业道德和执业纪律。

**第七条** 辩护律师应当忠于职守，认真负责，依法维护委托人的合法权益。

## 第二章 死刑案件的辩护思路

**第八条** 对于采用刑讯逼供等非法手段取得的犯罪嫌疑人、被告人供述和采用暴力、威胁等非法手段取得的证人证言、被害人陈述，以及采用严重违反法律程序的方式取得的物证、书证，辩护律师可以申请法庭不将其作为定案的根据。

**第九条** 对于具有下列情形之一的物证、书证，辩护律师可以建议法庭不作为定案的根据：

（一）物证、书证的来源不明或收集过程有疑问，且不能作出合理解释的；

（二）勘验检查笔录和搜查笔录有关物证、书证的记载与物证、书证本身不一致的；

（三）书证被篡改过或有篡改迹象的；

（四）原物的照片、录像或者复制品不能反映原物的外形和特征的；

（五）书证副本、复制件不能反映书证原件内容的。

**第十条** 对于具有下列情形之一的证人证言，辩护律师可以建议法庭不作为定案的根据：

（一）生理上、精神上有缺陷或者年幼，不能辨别是非、不能正确表达的人提供的；

（二）处于明显醉酒、麻醉品中毒或者精神药物麻醉状态，以致不能正确表达的证人提供证言的；

（三）证人基于猜测、评论和推断提供证言的，但根据一般生活经验判断符合事实的除外；

（四）证人证言前后矛盾且矛盾无法排除的；

（五）对定罪量刑有重大影响的证人证言，证人经依法传唤未出庭作证的；

（六）书面证言存在重大、显著疑点的；

（七）以暴力、威胁、引诱、欺骗等方法获取的；

（八）违反询问应当个别进行的规定获取的；

（九）未经证人本人核对并签名（盖章）、按指印的；

（十）违反回避的规定获取的；

（十一）对于聋哑人或者不通晓当地通用语言、文字的少数民族、外国人的询问，应当提供翻译而未提供的；

（十二）制作的笔录不符合法定形式的；

（十三）询问人员身份不符合法律规定的。

**第十一条** 对于具有下列情形之一的被告人供述，辩护律师可以建议法庭不作为定案的根据：

（一）以刑讯、威胁、引诱、欺骗等方法获取的；

（二）供述内容前后矛盾或者被告人庭前供述和辩解出现反复，庭审中不供认，且无其他证据与庭前供述相印证的；

（三）只有一名侦查人员讯问获取的或者讯问不是由侦查人员进行的；

（四）未经被告人核对并签名、盖章和按指印的；

（五）对于聋哑人、不通晓当地通用语言、文字的少数民族、外国人的讯问，应当提供翻译而未提供的；

（六）违反回避的规定获取的。

**第十二条** 对于具有下列情形之一的辨认结论，辩护律师可以建议法庭不作为定案的根据：

（一）辨认不是在法定人员主持下进行的；

（二）辨认活动没有个别进行的；

（三）供辨认的被辨认对象（尸体、场所等特定辨认对象除外）不具有类似的特征或者未达法定数量的；

（四）使用暗示、诱导等违法方法组织辨认的。

**第十三条** 对于具有下列情形之一的鉴定结论，辩护律师可以建议法庭不作为定案的根据：

（一）鉴定机构不具备法定的资格和条件的；

（二）鉴定事项超出鉴定机构鉴定范围或鉴定能力的；

（三）鉴定人不具备法定的资格和条件或者鉴定人不具有相关专业技术或者职称的；

（四）鉴定人违反回避规定的；

（五）鉴定程序、方法有错误的；

（六）鉴定对象与送检材料、样本不一致的；

（七）送检材料、样本来源不明或者被污染且不具备鉴定条件的；

（八）违反有关鉴定特定标准的；

（九）鉴定文书签名、盖章不符合法律规定的。

**第十四条** 对于具有下列情形之一的勘验、检查笔录，辩护律师可以建议法庭不作为定案的根据：

（一）勘验笔录对现场的记载与实际现场不符的；

（二）勘验、检查笔录所记载的现场物品、人身、尸体的特征与实物不一致的；

（三）勘验、检查笔录没有见证人签字的。

**第十五条** 对于具有下列情形之一的视听资料，辩护律师可以建议法庭不作为定案的根据：

（一）经审查或鉴定无法确定真伪的；

（二）视听资料的制作和取得的时间、地点、方式等有异议，不能作出合理解释或者提供必要证明的。

**第十六条** 对于具有下列情形之一的电子证据，辩护律师可以建议法庭不作为定案的根据：

（一）电子证据的存储磁盘、存储光盘等可移动存储介质未与打印件一并提交的；

（二）未载明电子证据形成的时间、地点、制作人、制作过程及设备情况的；

（三）制作、储存、传递、获取、收集、出示等程序不符合法律规定的；

（四）取证人、制作人、持有人、见证人等未签名或者盖章的；

（五）存在剪裁、拼凑、篡改、添加等伪造、变造情形的。

**第十七条** 法院作出证据不足的无罪判决或者裁定准许检察院撤诉的，检察院没有新的事实和证据又重新起诉的，辩护律师应当向法庭提出案件不符合受理条件的辩护意见。

**第十八条** 下级法院具有下列情形之一的，辩护律师应当申请上级法院撤销原判、发回重审：

（一）违反公开审判原则的；

（二）违反回避制度的；

（三）审判组织的组成不合法的；

（四）剥夺或者限制了当事人的法定诉讼权利，可能影响公正审判的。

**第十九条** 下级法院具有下列情形之一的，辩护律师可以申请上级法院撤销原判、发回重审：

（一）法院无正当理由拒绝辩护律师调取证据申请的；

（二）对发回重审的案件，下级法院违背

上诉不加刑的规定，加重被告人刑罚的；

（三）下级法院未为符合指定辩护条件的被告人指定辩护人的；

（四）下级法院以未经当庭质证的证据作为定案根据的；

（五）下级法院无正当理由拒绝辩护律师提出的排除非法证据申请的。

**第二十条** 有下列情形之一的，辩护律师应当做无罪辩护：

（一）被告人没有实施被指控的犯罪行为的；

（二）被告人的行为仅构成民事违法或行政违法行为的；

（三）被告人的行为系正当防卫或紧急避险的；

（四）行为不符合刑法分则规定的特定犯罪构成要件的。

**第二十一条** 有下列情形之一的，辩护律师应当提出被告人不负刑事责任的辩护意见：

（一）被告人行为时未达到法定刑事责任年龄的；

（二）被告人行为时不具有刑事责任能力的。

**第二十二条** 被告人实施犯罪时是否达到法定的刑事责任年龄无法查证的，辩护律师应当提请法庭推定被告人实施犯罪时未达到刑事责任年龄，并作出被告人不负刑事责任的判决。

**第二十三条** 具有下列情形之一的，辩护律师应当做事实不清、证据不足的无罪辩护：

（一）指控的犯罪构成要件事实缺乏相应证据证明的：

（二）据以定案的基本证据不确实的；

（三）证明案件主要事实的证据之间有明显矛盾，且无法查清与排除的；

（四）依据证据得出的结论不具备排他性的；

（五）只有被告人的口供，而无其他证据的。

**第二十四条** 在只有间接证据的案件中，具有下列情形之一的，辩护律师应当做事实不清、证据不足的无罪辩护：

（一）据以定案的间接证据未经查证属实的；

（二）据以定案的间接证据之间不能相互印证的；

（三）据以定案的间接证据未能形成完整的证明体系的；

（四）依据间接证据认定的案件事实，不能得出唯一结论的；

（五）运用间接证据进行的推理不符合逻辑或经验判断的。

**第二十五条** 辩护律师认为控方指控的罪名不成立的，应当做无罪辩护。

在死刑案件中，辩护律师认为被告人的行为不构成控方指控的罪名而可能构成另一较轻罪名的，经被告人同意，可以主张控方指控的罪名不成立，被告人的行为构成另一较轻的罪名。

**第二十六条** 有罪证据和无罪证据之间存在矛盾的案件，辩护律师可以提请法庭作有利于被告人的认定。

**第二十七条** 定罪证据确实、充分，量刑证据存在疑问的，辩护律师可以提出从轻处罚的辩护意见。

**第二十八条** 对于被告人实施犯罪时的年龄是否已满 18 周岁无法查证的，辩护律师应当提请法庭推定被告人实施犯罪时不满 18 周岁，不应对被告人适用死刑。

**第二十九条** 对于在审判时怀孕或者在羁押期间流产的被告人，辩护律师应当提请法庭不应适用死刑。

**第三十条** 具有下列法定情节之一的，辩护律师应当提出从轻或减轻处罚的辩护意见：

（一）被告人的行为系防卫过当或避险过当的；

（二）被告人系聋哑人的；

（三）被告人系盲人的；

（四）被告人系限制责任能力的精神病人的；

（五）被告人有自首或立功情节的；

（六）被告人系预备犯、中止犯、未遂犯的；

（七）被告人系从犯、胁从犯的。

**第三十一条** 具有下列酌定情节之一的，辩护律师可以提出从轻处罚的辩护意见：

（一）被告人具有严重的精神障碍或智力障碍的；

（二）被告人犯罪后有救助被害人、阻止犯罪结果进一步扩大等积极表现的；

（三）被告人一贯表现良好的；

（四）被害人有明显过错的；

（五）被告人亲属有协助投案、退赃、抓捕等行为的；

（六）没有造成恶劣社会影响或社会危害后果的；

（七）因激愤而实施犯罪行为的。

**第三十二条** 具有下列情形之一的，辩护律师可以基于人道主义的理由提出从轻处罚的辩护意见：

（一）被告人犯罪时刚满18周岁的；

（二）被告人超过70岁的；

（三）被告人正处于哺乳期的；

（四）被告人有未成年子女，无其他人抚养的；

（五）被告人父母年老，无其他人赡养的。

**第三十三条** 具有下列情形之一的，辩护律师可以基于社会、国家利益或第三人利益，提出从轻处罚的辩护意见：

（一）被告人有重大发明、创造的；

（二）保存被告人对破获其他重大案件有重要作用的；

**第三十四条** 共同犯罪案件具有下列情形之一的，辩护律师可以提出从轻处罚的辩护意见：

（一）被告人在主犯中处于次要地位的；

（二）共犯罪责无法查清的。

**第三十五条** 被告方与被害方达成赔偿协议并积极履行的，辩护律师可以提出从轻处罚的辩护意见。

**第三十六条** 对于因恋爱、婚姻家庭、邻里纠纷等民间矛盾激化以及因劳动纠纷、管理失当等原因引发的刑事案件，辩护律师可以提出从轻处罚的辩护意见。

**第三十七条** 对于存在犯意引诱、双套引诱、数量引诱的毒品犯罪案件，辩护律师应当提出不适用死刑的辩护意见。

“犯意引诱”是指本没有实施毒品犯罪意图的行为人，在特情诱惑和促成下形成犯意，进而实施毒品犯罪的。

“双套引诱”是指行为人在特情既为其安排上线，又为其提供下线的双重引诱下实施毒品犯罪的。

“数量引诱”是指行为人本来只有实施数量较小的毒品犯罪的故意，在特情引诱下实施了数量较大的毒品犯罪的。

**第三十八条** 辩护律师可以收集各级法院公布的与本案案情基本相同但未判处死刑的生效判决，并以此为根据提出不适用死刑的辩护意见。

辩护律师应重点参考《最高人民法院公报》、《刑事审判参考》、《人民法院案例选》以及最高人民法院编辑的其他公开出版物。

## 第三章 会 见

**第三十九条** 辩护律师应当及时会见在押的被告人。

辩护律师会见被告人，应事先准备好会见提纲。

辩护律师会见被告人，应首先表明律师身份，征询被告人是否同意委托。被告人同意委托的，应要求其在授权委托书上签字确认。被告人不同意委托的，应将该情况及原因予以记录，交被告人签字确认，同委托人办理解除委托合同的手续。

**第四十条** 会见被告人时，辩护律师应当详细询问被告人的自然情况，尤其要重点了解以下事项：

（一）被告人是否已满18周岁以及实施犯罪时是否已达法定刑事责任年龄；

被告人实施多起犯罪行为的，辩护律师应当详细询问被告人实施每个犯罪行为时的年龄；

（二）被告人是妇女的，辩护律师应当询问其是否受孕以及在羁押期间是否有过人工流产或自然流产的情况。

具有上列情形之一的，辩护律师应让被告人提供相应的证据线索。

**第四十一条** 会见被告人时，辩护律师应向被告人了解是否具备本指导意见第三十至三十三条规定的情形。

**第四十二条** 会见被告人时，辩护律师应向被告人告知自首的法律意义。

在确认被告人是否有自首行为时，辩护律师应逐项询问被告人是否有以下行为：

（一）是否在受到讯问或者采取强制措施前自动到案；

（二）在被追缉、追捕过程中，是否有自动投案行为；

（三）是否在投案途中被公安机关捕获；

（四）是否因形迹可疑被有关组织或者司法机关盘问、教育后，主动交代自己罪行；

（五）是否曾向办案机关以外的单位、组织或者有关负责人投过案；

（六）是否曾委托他人代为投案或者以其他方式投案；

（七）是否存在亲友将被告人送去投案的情况；

（八）是否交代了主要犯罪事实；

（九）在共同犯罪中，是否供述了同案犯的事实。

对于自动投案后，如实供述罪行又翻供的被告人，辩护律师应当向其讲明，在一审判决前再次如实供述的，法院仍会认定其有自首行为。

**第四十三条** 会见被告人时，辩护律师应向被告人告知立功的法律意义。

为了确认被告人是否有立功行为，辩护律师应当逐项询问被告人是否有下列行为：

（一）是否曾向办案机关检举、揭发他人的犯罪行为；

（二）是否曾向办案机关提供过侦破其他案件的重要线索；

（三）是否曾阻止过他人的犯罪活动；

（四）是否曾协助司法机关抓捕其他犯罪嫌疑人；

（五）是否具有其他有利于国家和社会的突出表现。

辩护律师应向被告人讲明立功的程序以及立功的确认需要一定的时间，并告知尽早立功的重要性。

**第四十四条** 会见被告人时，辩护律师应告知被告人积极赔偿、安抚被害人的法律意义，并询问是否曾向被害方悔罪或赔偿。

在没有进行赔偿的情况下，辩护律师应当询问被告人是否愿意赔偿。

被告人同意赔偿并希望近亲属代为赔偿的，辩护律师应当予以记录，并让被告人签字确认。

**第四十五条** 会见被告人时，辩护律师应向被告人告知退赃的法律意义。

对于没有退赃的被告人，辩护律师应告知其可以委托近亲属代为退赃。

**第四十六条** 会见被告人时，被告人提出权利受到侵害的，辩护律师应予记录，交被告人签字确认。被告人要求辩护律师代为申诉、控告的，会见结束后，辩护律师可以代为申诉、控告。

**第四十七条** 会见被告人时，被告人提出案件存在违反法定程序情形的，辩护律师应予记录，交被告人签字确认。

**第四十八条** 会见被告人时，辩护律师发现被告人不适宜羁押的，应尽快为被告人办理申请变更强制措施的手续。

## 第四章 阅 卷

**第四十九条** 受理案件后，辩护律师应及时查阅、摘抄、复制与案件相关的诉讼文书及案卷材料。

**第五十条** 阅卷时，公诉机关没有移送证据目录、证人名单、主要证据复印件或者照片，或者起诉书中记载的事项不符合法律要求的，辩护律师应当提出案件不符合受理条件的辩护意见。

辩护律师发现公诉机关移送的主要证据材料不符合法律规定的，应向法院提出，要求检察院补足。

**第五十一条** 阅卷时，辩护律师应当全面审查侦查、审查起诉程序以及诉讼文书是否存在违反法律规定的情形，制作阅卷笔录。

**第五十二条** 阅卷时，辩护律师应审查被告人供述、被害人陈述、证人证言等言词证据的变化过程及矛盾之处。

辩护律师应审查各个证据之间是否存在矛盾以及矛盾能否得到合理解释。

**第五十三条** 经全面审查单个证据与全案证据，辩护律师应对控方的证明体系是否达到了定罪的证明标准进行评估，初步形成无罪辩护或量刑辩护的辩护思路。

**第五十四条** 辩护律师初步形成无罪辩护思路的，可以有针对性地重新阅卷，以发现案卷中证明被告人无罪的证据及相关证据线索。

辩护律师认为控方指控的罪名不成立，被告人可能构成另一较轻罪名的，可以有针对性地重新阅卷，以发现相关的证据线索。

辩护律师初步形成量刑辩护思路的，可以有针对性地重新阅卷，以发现对被告人有利的从轻、减轻的量刑情节及相关证据线索。

## 第五章 调查取证

**第五十五条** 遇有本指导意见第二十、二十一条情形之一的，辩护律师应当向法院提供相关证据线索，及时申请法院进行收集。

**第五十六条** 遇有本指导意见第二十八条至第三十七条情形之一的，辩护律师应当向法院提供相关证据线索，申请法院进行调查。必要时，也可以由律师自行调查。

**第五十七条** 对于公诉方拟出示的鉴定结论，辩护律师可以申请法院补充鉴定或重新鉴定。

法院无正当理由拒绝补充鉴定或重新鉴定的，辩护律师可以委托相关专家对鉴定结论进行评估。

**第五十八条** 辩护律师可以亲赴现场，就现场情况对勘验检查笔录中记载的情况进行核实，进一步审核案内其他证据的真实性。

**第五十九条** 对公诉方证人、被害人的调查核实，应尽量避免由一名律师进行。

辩护律师在征得证人、被害人同意的情况下，可以进行同步录音、录像。

对公诉方证人进行调查核实时，辩护律师应当首先要求证人亲笔书写证词；然后查看证词原件，对证人的亲笔证词进行复核，并制作复核笔录。

辩护律师应将公诉方证人、被害人的亲笔证词、证明证人身份的材料以及录音、录像一并提交法院。

公诉方证人、被害人改变证言、陈述的，辩护律师应当建议证人、被害人出庭作证，并向法院提出通知该证人、被害人出庭作证的建议。

**第六十条** 在死刑案件中，辩护律师可以对量刑问题进行全面详实的调查，并制作一份有利于被告人的量刑意见书，提交法院作为从轻、减轻量刑的依据。

量刑调查应主要围绕被告人的家庭情况、教育状况、成长经历、一贯表现、犯罪原因、悔罪表现、被害人有无过错及过错程度、被害人对被告人有无谅解、犯罪对被害人造成的影响、社会对被告人的评价等问题进行。

量刑意见书主要包括以下内容：

（一）相关证据材料；

（二）综合评估报告；

（三）从轻或减轻处罚的量刑辩护意见。

**第六十一条** 辩护律师发现被告人及其近亲属有协助侦破案件、调查证据等行为的，应当及时固定相关证据。

**第六十二条** 辩护律师应及时向被告人的近亲属告知退赃的法律意义。

经被告人同意，被告人近亲属代为退赃的，辩护律师应当及时固定相关证据。

**第六十三条** 被告人及其近亲属积极赔偿、安抚被害方而取得谅解的，辩护律师应劝说被害方签署和解协议。

**第六十四条** 对于收集的有关被告人无罪、从轻、减轻处罚的证据材料，辩护律师应根据案件的进展情况适时向法院提交。

## 第六章 第一审程序

**第六十五条** 开庭前，辩护律师应了解公诉人、法庭组成人员的情况，协助被告人确定有无申请回避的事由及是否提出回避申请。

**第六十六条** 辩护律师在法院确定的开庭时间无法按时出庭的，应及时申请法院延期审理。

**第六十七条** 开庭前，被告人提出其审判前供述是非法取得的，辩护律师可以协助其向法院提交书面意见。被告人书写确有困难的，辩护律师可以帮助其制作笔录，并由被告人签名或者捺指印。

被告人提出其审判前供述是非法取得的，辩护律师应当提供涉嫌非法取证的人员、时间、地点、方式、内容等相关线索或者证据。

对被告人审判前供述取得的合法性有疑问的，辩护律师可以申请法庭通知讯问时其他在场人员或者其他证人出庭作证，也可以申请法庭通知讯问人员出庭作证。

未经有关讯问人员签名或者盖章的说明材料，辩护律师可以申请法庭不将其作为证明取证合法性的证据。

**第六十八条** 对被害人陈述、证人证言、鉴定结论、勘验检查笔录有异议的，辩护律师应申请法院通知被害人、证人，鉴定人、勘验检查笔录制作人出庭作证。

辩护律师申请法院通知被害人、证人、鉴定人、勘验检查笔录制作人出庭作证的，应制作上述人员名单，注明身份、住址、通讯处等，并说明拟证明的事实。

**第六十九条** 辩护律师在开庭前会见被告人时，应向其告知庭审程序、庭审注意事项以及最终辩护思路，听取被告人的意见。

**第七十条** 开庭时，辩护律师发现法院无理拒绝传唤证人、鉴定人出庭作证的，应再次申请法院传唤证人、鉴定人出庭作证。

在法庭调查中，辩护律师可以当庭申请通知新的证人到庭，调取新的证据，申请重新鉴定或者勘验，并说明理由。

上述请求未被采纳时，辩护律师应当庭说明上述证据对定罪量刑的影响，并提请书记员予以记录。

**第七十一条** 开庭前辩护律师与被告人达成无罪辩护意见，开庭后被告人当庭认罪的，辩护律师应申请法庭休庭。

休庭后，辩护律师应与被告人协商，以达成一致的辩护意见。无法达成一致意见的，辩护律师应与被告人解除委托关系，并向法庭申请退出本案的辩护工作。

辩护律师有确凿的证据证明被告人无罪的，辩护律师可以继续进行无罪辩护，但被告人主动解除委托关系的除外。

**第七十二条** 开庭前辩护律师与被告人达成量刑辩护意见，开庭后被告人不认罪的，辩护律师应申请法庭休庭。

休庭后，辩护律师应与被告人协商，以达成一致的辩护意见。无法达成一致意见的，辩护律师应与被告人协商解除委托关系，并向法庭申请退出本案的辩护工作。

**第七十三条** 在庭审中，同一被告人的两名辩护律师的辩护意见存在重大分歧且无法协商一致的，辩护律师应当申请法庭休庭。

休庭后，辩护律师应与被告人协商，由被告人选择辩护意见。对被告人选择的辩护意见，辩护律师应当服从。

辩护律师不同意被告人选择的辩护意见的，可以与被告人解除委托关系。

**第七十四条** 在法庭审理过程中，辩护律师发现被告人有新的立功情节的，可以申请法庭延期审理并予以核实。

**第七十五条** 具有下列情形之一的，辩护律师可以申请法庭要求有关机关提供证明材料或者要求相关人员作证：

（一）被告人及其辩护人提出有自首的事实及理由，有关机关未予认定的；

（二）被告人是否协助或者如何协助抓获同案犯的证明材料不全，导致无法认定被告人构成立功的。

**第七十六条** 在法庭审理中，辩护律师发现控方提出的证据，未经辩护律师查阅的，辩护律师可以申请法庭休庭，对该证据进行调查核实。

**第七十七条** 在法庭辩论阶段，辩护律师应认真听取公诉人发表的公诉词以及同案被告人的辩护律师发表的辩护意见，总结其要点，必要时，可以对辩护思路和辩护提纲进行调整。

**第七十八条** 在法庭辩论阶段，辩护律师应当围绕审判长确定的焦点问题展开辩论。辩护律师认为遗漏焦点问题的，应当及时向审判长提出。

**第七十九条** 在法庭辩论和被告人最后陈述阶段，辩护律师发现有新的或遗漏的证据需要查证的，可以申请恢复法庭调查。

**第八十条** 法庭审理结束后，辩护律师应及时整理辩护意见，向法院提交书面辩护意见。

## 第七章 第二审程序

**第八十一条** 在二审程序中，辩护律师应当对一审判决所采纳的证据进行全面审查，对证据体系是否完整进行评估。

**第八十二条** 在二审程序中，辩护律师应当全面审查二审卷宗材料及随案移送的证据，对于以下证据，应当重点查阅、审核：

（一）公诉人一审未提交法庭的证据材料；

（二）被告人及其辩护人在一审程序中当庭提供的新证据；

（三）一审法院自行收集的证据。

**第八十三条** 在二审程序中，辩护律师应当将一审移送的复印件与物证、书证的原件进行核对。

**第八十四条** 在二审开庭前，辩护律师应做以下准备工作：

（一）及时提交本方出庭作证人员的名单；

（二）及时到法院查阅检察院提交的新证据；

（三）辩护律师对一审采纳的鉴定结论有异议的，应当申请二审法院重新鉴定或者补充鉴定；

（四）一审判决后，被告人有新的立功行为或其他影响定罪量刑的新情节的，辩护律师应在开庭前申请二审法院予以调查核实。

**第八十五条** 具有下列情形之一的，辩护律师应申请二审法院通知证人、鉴定人、被害人出庭作证：

（一）对鉴定结论有异议、鉴定程序违反规定或者鉴定结论明显存在疑点的；

（二）对证人证言、被害人陈述有异议，该证人证言或者被害人陈述对定罪量刑有重大影响的。

**第八十六条** 一审法院据以定罪量刑的证据，未经庭审质证的，辩护律师应向二审法院提出撤销原判、发回重审的申请。

## 第八章 死刑复核程序

**第八十七条** 在死刑复核期间，律师应当向最高人民法院提交书面辩护意见。

合议庭口头听取辩护意见的，律师在充分陈述后，应及时提交书面辩护意见。

**第八十八条** 在死刑复核期间，律师可以约见被告人近亲属了解案件情况。

律师可以通过自己所在律师事务所向原审辩护律师所在律师事务所借阅案卷材料。原审辩护律师所在的律师事务所应当予以协助、配合。

**第八十九条** 在死刑复核期间，律师应特别注重量刑辩护。向最高人民法院提交的书面辩护材料中，应积极提供本指导意见第二章第二十八至第三十七条所列之相关证据。

律师发现有新的或遗漏的法定或酌定从轻、减轻、免除处罚情节的，应及时形成书面材料向最高人民法院提供，并申请最高人民法院调查核实。

**第九十条** 具有下列情形之一的，律师应及时将相关情况告知被告人及其法定代理人、近亲属，并向法院、检察院提交书面材料：

（一）有新的证据证明一审、二审判决、裁定认定的事实确有错误的；

（二）据以定罪量刑的证据未达到确实、充分的标准或者证明案件事实的主要证据之间存在矛盾的；

（三）一审、二审判决、裁定适用法律确有错误的；

（四）审判人员在审理该案时，有受贿、徇私舞弊、枉法裁判行为的。

## 第九章 律师执业风险防范

**第九十一条** 接受委托时，律师应当要求委托人出示能够证明其身份以及与被告人关系的材料。

**第九十二条** 接受委托时，律师事务所应与委托人签订合同，就委托事项进行书面的约定。

律师事务所不得与被告人签订风险代理合同。

**第九十三条** 接受委托时，律师应当告知委托人可能出现的法律风险，并让其签字确认。律师事务所与律师不得就案件结果向委托人、被告人做出不适当的承诺。

**第九十四条** 律师不得私自收费或者向当事人索取约定之外的费用。

**第九十五条** 会见被告人时，应当尽可能由两名律师进行。

会见被告人时，辩护律师应注意人身安全防范，以防发生意外。

**第九十六条** 辩护律师不得偕同被告人的亲属及其他人会见在押的被告人。

辩护律师不得借执业活动的便利，为被告人传递信件、食物、药品或其他物品。

辩护律师会见被告人时，不得携带手机、能够无线上网的手提电脑等能够与外界联系的设备进入会见区域。

**第九十七条** 会见时，被告人提出遭受刑讯逼供或者存在其他违反法定程序情形的，辩护律师应让其书写相关材料。

被告人没有书写能力的，辩护律师应当询问有关情况并制作询问笔录，交被告人签字确认。

**第九十八条** 辩护律师不得教唆、引诱、指使、帮助被告人翻供或者做被刑讯逼供的虚假陈述。

辩护律师不得协助被告人及其亲友毁灭、伪造证据，不得唆使、威胁、引诱、贿买证人改变证言或作伪证。

**第九十九条** 辩护律师不得为被告人获得虚假立功证据提供帮助。

**第一百条** 辩护律师不得将案卷材料交由被告人的亲友查阅、摘抄、复制。

**第一百零一条** 律师承办死刑案件，应当妥善保管与承办事项有关的法律文书、证据材料、业务文件和工作记录，不得遗失、毁损或随意处置。

在死刑辩护结束后，律师应立卷建档，上交律师事务所统一归档、妥善保管。

## 第十章 附 则

**第一百零二条** 接受法院指定从事死刑案件辩护的法律援助律师，应当参照本指导意见的规定从事辩护工作。

# 贵州省律师协会纪律委员会<br>案件审议规则

**第一条** 为保证贵州省律师协会（以下简称“律师协会”）投诉案件的公正审议，根据《贵州省律师协会纪律委员会公正规则》制定本规则。

**第二条** 贵州省律师协会纪律委员（以下简称“纪律委员会”）应当以事实为根据，以律师职业道德与执业规范为准绳，公平、公正地审议、处理案件。

**第三条** 纪律委员会成立若干个有三名委员组成的审议组，对投诉案件进行审议并提出处理意见。

**第四条** 纪律委员会应当在审议组成人员中确定一名成员为审议组的主审，负责主持审议组投诉案件的审议。

**第五条** 审议成员平等参与案件的审议、处理。

**第六条** 律师协会纪律部按受理投诉案件的时间顺序向各审议组移送投诉案件。

**第七条** 审议组组成人员确定后，因回避或者其他特殊情况在案件审议过程中更换，应当报请纪律委员会主任决定。

审议组组成人员需要回避的，另行组成审议组。

**第八条** 审议组履行以下职责：

（一）对与投诉有关的事实进行调查；

（二）主持听证；

（三）认真、独立审议投诉案件；

（四）依据听证评议团决定作出处理决定；

（五）准确适用处理依据及处罚种类；

（六）制作处分决定书。

**第九条** 审议组可以对投诉人或者被投诉人进行询问、调查和组织质证。

**第十条** 不需要听证的投诉案件，审议组应当在接受案件之日起十五日内审议完毕，需举行听证的案件可以延长三十日。

**第十一条** 听证的案件，审议组应当在审议期满前通知纪律部。由纪律部组织听证。

**第十二条** 听证评议团认定被投诉人构成违纪违规的，有审议组作出相应的处分决定。

听证评议团认定被投诉会员不构成违纪违规的，审议组应当作出投诉不成立的决定。

**第十三条** 审议组审议意见一致时，可以直接作出处理决定。

**第十四条** 下列案件审议组应当提交纪律委员会集体审议：

（一）可能给被投诉人公开谴责以上处分的；

（二）审议组不能形成一致意见的；

（三）建议移交司法行政机关给予行政处罚的；

（四）案情复杂或影响重大的。

纪律委员会认为应当集体审议的案件提交纪律委员会审议时，由审议组向会议报告案件调查的事实、证据及审议组意见。

**第十五条** 纪律委员会集体审议的案件的结果应当告知律师协会主管会长。

律师协会主管会长对该处理结果进行审核，对处理结果有异议的，有权建议纪律委员会复议。纪律委员会依照《贵州省律师协会纪律委员会工作规则》程序重新审议，并作出处理决定。该处理决定为终局决定。

**第十六条** 本规则由贵州省律师协会理事会负责解释。

**第十七条** 本规则自贵州省律师协会理事会通过之日起实施。

贵州省律师协会

## 纪律查处费用规则

**第一条** 根据《贵州省律师协会纪律委员会工作规则》制定本规则。

**第二条** 本规则所指费用是对被处分的会员所收取的投诉案件调查、处理等费用，该费用由贵州省律师协会统一收、统一管理。

**第三条** 贵州省律师协会（以下简称“律师协会”）纪律委员会（以下简称“纪律委员会”）对受到处分的会员收取查处费用的标准如下：

（一）对受到“训诫”处分的个人会员收取费用一千元；

（二）对受到“通报批评”处分的个人会员收取费用二千元；

（三）对受到“公开谴责”处分及以上的个人会员收取费用三千元；

（四）对受到“训诫”处分的团体会员收取费用三千元；

（五）对受到“通报批评”处分的团体会员收取费用四千元；

（六）对受到“公开谴责”处分及以上的团体会员收取费用五千元。

**第四条** 被处分会员应当在接到收款通知后七日内向律师协会支付。若被处分的个人会员到期未交纳的，由所在的律师事务所先行交纳，律师事务所承担费用后可以向被处分的个人会员追索；应当由团体会员交纳的费用，不得强制个人会员承担，拒不缴纳费用的，纪律委员会有权提请律师协会对其暂缓年检注册，并依据有关规定从重处分。

**第五条** 纪律委员会因调查、处理投诉案件所产生的费用由律师协会依财务预算列支。

**第六条** 费用的使用实行审批制度，依照律师协会财务管理制度，有律师协会纪律部先提出用款申请，在报请主管会长等审批。

**第七条** 本规则由贵州省律师协会理事会负责解释。

**第八条** 本规则自贵州省律师协会理事会通过之日起实施。

贵州省律师协会纪律委员会

## 处分细则

### 第一章 总 则

**第一条** 为加强贵州省律师协会（以下简称“律师协会”）行业管理职能，规范律师协会会员（包括个人会员和团体会员，以下简称“会员”）的执业活动，发挥行业自律作用，根据《贵州省律师协会纪律委员会工作规则》制定本细则。

**第二条** 会员违反法律、法规、规章中有关律师管理规定及律师行业规范、职业道德，应当受到纪律处分的，适用本细则。

### 第二章 处分的种类和适用

**第三条** 根据会员违纪违规的行为和情节，纪律委员会对会员的处分分为：

（一）训诫；

（二）通报批评；

（三）公开谴责；

（四）取消会员资格；

会员受上述处分的，纪律委员会有权责令其参加律师职业道德和执业纪律教育的学习和培训。

**第四条** 个人会员有下列行为之一的，给予训诫处分：（一）泄漏当事人的商业秘密或者个人隐私；

（二）超越委托权限或没有代理权限，从事代理活动的；

（三）为争揽业务，向委托人作虚假承诺，或者宣称与承办案件的法官、检察官、仲裁员有特殊关系的；

（四）捏造、散布虚假事实，损害、诋毁其他律师、律师事务所声誉的；以诋毁其他律师或支付介绍费等不正当手段争揽业务的；

（五）利用与司法机关、行政机关或者其他具有社会管理职能组织的关系，进行不正当竞争的；

（六）明示或者暗示法官、检察官、仲裁员为其介绍代理、辩护、仲裁等法律服务业务的；

（七）承办案件期间，为了不正当目的，在非工作时间、非工作场所，会见承办法官、检察官、仲裁员或者其他有关工作人员，或者违反规定单方面会见法官、检察官、仲裁员的。

**第五条** 个人会员有下列行为之一的，给予通报批评处分：

（一）不按规定与委托人签订书面委托合同的；

（二）同时在两个或两个以上律师事务所和其他法律服务机构执业的；

（三）私自接受委托，私自向委托人收取费用的；

（四）违反律师服务收费管理规定收费的；

（五）违反《贵州省律师事务所及律师业务推广宣传行为守则》，进行宣传、广告的；

（六）泄漏当事人的商业秘密或者个人隐私、给当事人造成经济损失或恶劣影响的；

（七）超越委托权限或没有代理权限，从事代理活动，给当事人造成经济损失的；

（八）在同一案件中为双方当事人代理的，或在同一案件中同时为委托人及与委托人有利益冲突的第三人代理、辩护的；

（九）在两个或两个以上有利害关系的案件中，分别为有利益冲突的当事人代理、辩护的；

（十）担任法律顾问期间，为顾问单位的对方当事人或者有利益冲突的当事人代理、辩护的（法律顾问协议有约定或顾问单位同意的除外）；

（十一）无正当理由，不按时出庭参加诉讼或者仲裁的；

（十二）利用提供法律服务的便利牟取不正当利益的，接受委托后，恶意损害委托人利益的，或者与对方当事人、第三人恶意串通侵害委托人利益的，妨碍对方当事人、第三人恶意串通侵害委托人利益的，妨碍对方当事人合法取得证据的；

（十三）假借法官、检察官、仲裁员的名义或者以联络、酬谢法官、检察官、仲裁员为由，向当事人索取办案费用、公关费用、应酬费等费用或者牟取其他利益的；

（十四）接受委托后，无正当理由，不履行委托义务，拒绝向委托人提供法律服务的；

（十五）接受委托后，无正当理由，不代收代送，或不及时代收代送法律文书，不及时收集、申请保全证据材料，或者无故延误参与诉讼、申请执行，逾期行使撤销权、异议权等权利，或者逾期申请批准。登记、变更、披露、备案、公告等手续，致使委托人的诉讼权利收到损害的；

（十六）执业期间以非律师身份从事有偿法律服务的；

（十七）为承办案件的法官、检察官、仲裁员牟取物质的或非物质利益的；为了承揽案件给予有关人员物质的或非物质利益的；

（十八）曾任法官、检察官的律师，离任后未满两年，担任诉讼代理人或者辩护人的，或者担任其任职期间承办案件的代理人或者辩护人的；

（十九）违反规定，携带非律师人员会见在押的犯罪嫌疑人、被告人，或者在会见中违反有关管理规定的；

（二十）向司法行政机关或者律师协会提供虚假材料、隐瞒重要事实或者有其他虚假行为的；

（二十一）因违纪违规行为受到行业处分后在规定的期限内拒不改正的；

（二十三）发生律师执业保险事故的；

（二十四）其他应受处分的违纪违规行为。

**第六条** 个人会员有违反本细则第五条所列之款项，情节严重，严重影响律师执业形象，给委托人造成重大损失的，由纪律委员会给予公开谴责处分。

**第七条** 个人会员有下列行为之一的，由律师协会报请贵州省律师协会取消其会员资格：

（一）泄漏国家秘密的；

（二）向法官、检察官、仲裁员以及其他有关工作人员行贿或者指使、诱导当事人行贿的；

（三）提供虚假证据，隐瞒重要事实，或者威胁、利诱、唆使他人提供虚假证据，隐瞒重要事实的；

（四）故意犯罪收到刑事处罚的。

**第八条** 团体会员有下列行为之一的，给予训诫处分：

（一）变更名称、章程、负责人、合伙人、住所、合伙协议等事项，未在规定的时间内办理变更登记的；

（二）捏造、散布虚假事实，损害、诋毁其他律师事务所或律师声誉的；

（三）泄漏当事人的商业秘密或者个人隐私的。

**第九条** 团体会员有下列行为之一的，给予通报批评处分：

（一）使用未经核定的律师事务所名称从事活动，或者擅自改变、出借律师事务所名称的；

（二）不按规定统一收案、统一收费、统一保管，或不向委托人开具律师服务收费合法票据、不向委托人提交办案费用开支有效凭证的；

（三）恶意逃避律师事务所及其分支机构债务的；

（四）利用与司法机关、行政机关或者其他具有社会管理职能组织的关系，进行不正当竞争的；

（五）在同一案件中，委派本所律师为双方当事人或者利益冲突的当事人代理、辩护的；

（六）捏造、散布虚假事实，损害、诋毁其他律师事务所或律师声誉，情节严重的；

（七）泄露当事人的商业秘密或者个人隐私，给当事人造成经济损失或恶劣影响的；

（八）向司法行政机关、律师协会提供虚假证明材料、隐瞒重要事实或者有其他弄虚作假行为的；

（九）采取不正当手段阻挠合伙人、合作人、律师退伙或转所的；

（十）将不符合规定条件的人员发展为合伙人、合作人或者推选为律师事务所负责人的；

（十一）违反律师服务收费管理规定或者收费合同约定，擅自制订收费标准的；

（十二）不按规定与聘用律师或者其他工作人员签订聘用合同，不为其办理社会统筹保险的；

（十三）利用媒体、广告或者其他方式进行不真实或者不适当宣传的；

（十四）允许或者默许受到停止执业处罚的律师继续执业的；

（十五）为未取得律师执业证的人员印制律师名片、标志、出具其他有关律师身份证明，或者以报纸、网络等公示方式明示其具体律师身份，或者

（十六）采用出具或者提供律师事务所介绍信、律师服务专用文书、收费票据等方式，为尚未取得律师执业证书的人员或者其他律师事务所的律师违反执业提供便利的；

（十七）未经批准，擅自在住所以外的地方设立办公点、接待室，或者擅自设立分支结构的；

（十八）恶意逃避税收的；

（十九）其他应受处分的违纪违规行为。

**第十条** 团体会员有违反本细则第九条所

列之情况，情节严重，造成恶劣影响的，由纪律委员会给予公开谴责处分。

**第十一条** 团体会员有下列行为之一的，由律师协会报请贵州省律师协会取消其会员资格：

（一）受到停业整顿处罚后拒不改正，或者在停业整顿期间继续执业的；

（二）向法官、检察官、仲裁员或者其他有关工作人员行贿的；

（三）从事其他违法活动，严重顺还律师职业形象的。

**第十二条** 会员有以下行为之一的，予以从重处分；

（一）拒不接受律师协会或司法行政部门的检查、监督，不配合对其投诉调查处理的，或者被投诉后订立弓手同盟或隐匿证据材料、提供伪证、阻挠调查的；

（二）拒不执行纪律委员会决定的；

（三）造成严重后果，损害律师行业形象和声誉的；

（四）对投诉人、证人以及纪律委员会的工作人员进行威胁、恐吓或打击报复的；

（五）曾因执业违法、违规受过纪律处分或行政处罚的；

（六）在执业过程中，因重大疏忽、过错或违法行为导致委托人重大经济或名誉受损失的；

（七）因同类违纪违规行为收到二次以上处分的；

（八）发生律师执业保险事故的。

**第十三条** 会员违纪违规行为严重，具有以下情节应当受到司法行政处罚的，纪律委员会应当在作出纪律处分后及时提请司法行政机关给予行政处罚：

（一）一年内连续两次收到纪律处分的；

（二）拒不接受纪律委员会作出的处分决定的；

（三）社会影响极坏，已经损害到律师行业声誉的；

（四）存在应当收到行政处罚其他情节的。

**第十四条** 会员应予以处分的行为，但有下列情形之一的，可以从轻、减轻或免予处分；

（一）积极配合律师协会或律师管理部门对投诉案件的处理工作，并主动承认错误的；

（二）因非主观性过错行为给当事人造成损失的，但取得投诉人谅解并统一撤销投诉的；

（三）初次违纪违规且情节显著轻微，并自觉接受纪律委员会的规范执业建议的；

（四）及时采取有效措施，有效防止或避免不良后果发生的；

（五）虽有违纪违规行为，但在投诉或处分前已经主动纠正的。

### 第三章 附 则

**第十五条** 本细则由贵州省律师协会理事会复杂解释。

**第十六条** 本细则自贵州省律师协会理事会通过之日起实施。

## 贵州省律师协会纪律委员会<br>工作规则

### 第一章 总 则

**第一条** 为加强贵州省律师协会（以下简称“律师协会”）行业管理职能和律师自律，保障律师协会会员（包括个人会员和团体会员，以下简称“会员”）依法执业的权利，规范对会员的处分程序，维护贵州省律师执业环境和秩序，根据中华全国律师协会《律师协会会员违规行为规则》、《贵州省律师协会会员违规行为处分实施细则》、《贵州省律师协会章程》等制定本规则。

**第二条** 贵州省律师协会纪律委员会（以下简称“纪律委员会”）是律师协会实施行业

监督和纪律处分的专门机构，其根据本规则对会员作出的处分决定对会员具有约束力。

**第三条** 纪律委员会实施本规则时，应当以事实为依据，以律师职业道德和执业规范为标准，坚持教育与处分相结合、公平和公正的原则，实行审议、听证、评议团评议、回避等制度。

## 第二章 机构的设置及职能

**第四条** 纪律委员会有十一至十五名委员组成，设主任委员一名，副主任委员两名。

纪律委员会设立若干审议组，负责对投诉案件的审议和听证。

对听证的案件，组成听证评议团评议。听证评议规则和听证评议团的组成办法另行制定。

**第五条** 纪律委员会委员的产生和补选由律师协会理事会决定，任期两年，可以连选连任。主任委员和副主任委员由理事会任命。

**第六条** 纪律委员会的职责是：

（一）制定行业行为规则、指引和警示；

（二）对会员的执业行为进行监督和指导；

（二）受理对会员在执业中违规、违纪行为的投诉并进行调查、处理；

（四）向司法行政机关提出行政处罚建议书；

（五）应当由纪律委员会办理的其他事项。

**第七条** 纪律委员会独立处理对被投诉会员的调查和处分工作。

**第八条** 纪律委员会委员应当具备以下条件：

（一）作风严谨，品行端正，具有较高的执业操守和威信；

（二）在贵州从事专职律师工作五年以上，无不良执业记录；

（三）热心律师协会工作，具有奉献精神。

**第九条** 纪律委员会委员的权利和义务；

（一）参加纪律委员会的会议；

（二）享有纪律委员会的表决权；

（三）按时完成纪律委员会分派的工作任务；

（四）公正廉洁，维护纪律委员会的声誉和权威；

（五）向纪律委员会提出工作意见和建议。

**第十条** 主任委员行使下列职责：

（一）主持纪律委员会的工作，召集纪律委员会会议，签发纪律委员会相关文件；

（二）制定纪律委员会的工作计划，向律师协会理事会报告工作，协调纪律委员会与司法行政机关及其他相关单位的关系；

（三）主持重大、疑难、负责投诉案件的讨论；

（四）授权副主任委员履行其职责。

**第十一条** 副主任委员行使下列职责：

（一）协助主任委员完成纪律委员会的工作；

（二）审核纪律委员会委员作出的投诉案件的评审意见；

（三）经纪律委员会主任的授权，代为履行其职责。

**第十二条** 纪律委员会委员违反律师职业道德和执业纪律而受到处分的，或者在案件的调查、评审中徇私舞弊的，由律师协会理事会取消其纪律委员会委员资格。

纪律委员会委员未通过律师年度执业注册或连续两次无正当理由不参加纪律委员会会议或连续两次不能按时完成工作任务的，视为自动放弃纪律委员会委员资格。

**第十三条** 纪律委员会委员被取消委员资格或者自动放弃委员资格，纪律委员会应当及时报请律师协会理事会补选委员。

**第十四条** 纪律委员会每两个月举行一次工作会议，必要时可由主任决定召开临时会议。

纪律委员会日常办事机构为律师协会纪律部，有专职工作人员（以下简称“纪律部工作人员”）负责纪律委员会的下列日常工作：

（一）根据纪律委员会的决定，对会员遵守职业道德和执业纪律视情况进行检查、监督；

（二）受理投诉。举报和有关部门移送的委员违纪违规案件；

（三）对受理的案件进行调查取证，组织听证；

（四）负责纪律委员会听证、评审记录，送达处分决定书及有关文件；

（五）管理会员违纪违规案件的档案；

（六）向纪律委员会提交工作综合分析报告；

（七）办理与纪律处分工作有关的其他事项

## 第三章 处罚措施

**第十五条** 律师协会会员有下列行为之一的，按照本规则予以处分：

（一）违反《中华人民共和国律师法》和其他法律、法规、规章中有关律师管理规定的；

（二）违反全国、贵州省律师协会制定的《律师协会章程》及其他律师行业管理规范性文件的；

（三）虽未违反法律、法规和行业规范的明文规定，但其行为与律师的执业操守和执业纪律明显不相称，或者严重违反社会公共道德、影响律师职业形象和声誉的。

**第十六条** 处分种类分为：

（一）训诫

（二）通报批评

（三）公开谴责

纪律委员会可视会员的违纪违规情况，提请司法行政机关给予相应的行政处罚。

司法行政机关先行对违纪违规会员作出行政处罚的，纪律委员会可以同时给予纪律处分。

**第十七条** 纪律委员会可以视违纪违规会员的情节轻重归于从轻或从重处罚。

**第十八条** 律师协会纪律部门将会员被投诉的情况记入会员档案，对收到“通报批评”以上（含本处分）的被投诉会员在“贵州律师网”进行公告，公告期为一年。

## 第四章 监督与指导

**第十九条** 纪律委员会除依据本规则规定对会员作出纪律处分外，还应当对会员的执业行为给予监督和指导。

**第二十条** 纪律委员会可以像被投诉会员提出规范建议。

**第二十一条** 纪律委员会认为有必要时，可以向全体会员发出规范执业警示。

**第二十二条** 被投诉会员的违规违纪行为属于可以及时改正的，或不及时改正可能造成严重后果的，纪律委员会应当对违纪违规会员发出责令改正通知书。

**第二十三条** 纪律委员会有权责令受到纪律处分的会员接受职业道德和执业纪律教育的学习和培训。

**第二十四条** “规范执业建议书”、“规范执业纪律警示”由纪律委员会主任签发。

**第二十五条** 对不接受纪律委员会监督或指导的违规违纪会员，纪律委员会可以视情节给予处分。

## 第五章 回 避

**第二十六条** 纪律委员会委员、听证评议团成员和纪律部工作人员（以下简称“相关人员”）有下列情形之一的，应当自行回避，投诉人和被投诉人也有权申请其回避：

（一）相关人员与投诉人或被投诉人有近亲属关系的；

（二）相关人员或近亲属与投诉案件的处理有直接利害关系的；

（三）相关人员与被投诉人在同一律师事务所执业的；

（四）相关人员正在担任投诉人的代理人或法律顾问的；

（五）相关人员在投诉所涉案件中担任另

一方代理人的；

（六）其他可能影响案件公正、公平处理的。

**第二十七条** 对提出回避的申请，应当及时审查，在审议或听证之前作出是否准予回避的决定，并记录在案。

**第二十八条** 纪律委员会主任的回避由律师协会理事会决定；

纪律委员会副主任、委员的回避，有纪律委员会主任决定；

听证评议团成员及其他工作人员的回避由审议组决定。

## 第六章 调 解

**第二十九条** 投诉人和被投诉人均有申请调解的权利。

**第三十条** 调解应当遵循自愿原则。

**第三十一条** 纪律委员会根据投诉人或被投诉人的要求，可以主持调解，也可以确定一定时间，有投诉人与别投诉人自行调解。

**第三十二条** 经过调解，投诉人撤回投诉的，纪律委员会可以视情况而违纪违规会员作出从轻或则免予处分的决定。

经过调解，被投诉人与投诉人达成和解后，被投诉人不履行和解协议的，纪律委员会及时恢复对该案件的审议。

## 第七章 受理和立案

**第三十三条** 律师协会纪律部负责受理对会员的投诉。

**第三十四条** 投诉人向纪律委员会投诉会员的，应当符合投诉条件并属于律师协会纪律委员会的受理范围。

**第三十五条** 纪律部对受理的投诉案件，应当填写投诉登记表，并在七日内作出是否立案的决定。

**第三十六条** 纪律部决定立案调查的投诉案件，应当在立案后三日内向投诉人、被投诉人发出立案调查通知书，通知书中应当详细列明投诉人、被投诉人的权利义务，并告知被投诉人在十五日内提交答辩书。被投诉人不答辩的不影响案件的审议。

**第三十七条** 投诉人撤回投诉的，不影响纪律委员会对被投诉会员的调查处理。

**第三十八条** 受理投诉会员违纪违规行为的实效为二年，自会员的违纪违规行为发生之日起算；违纪违规行为有连续状态的，从违纪违规终了之日起计算。

虽违纪违规显然已经超过实效，但情节特别严重，必须予以调查处分的，由出席纪律委员会全体会议的委员过半数表决通过可予受理。

## 第八章 调 查

**第三十九条** 律师协会纪律部工作人员在被投诉人答辩期满后三日内将案件分派到各审议组，纪律部工作人员配合审议组对投诉事项进行调查取证。

**第四十条** 投诉人和被投诉人有义务对自己的主张提供证据。

**第四十一条** 在投诉受理、调查取证过程中，发现被投诉人还有其他涉嫌违规违纪行为的，纪律委员会应当依职权主动调查，不受投诉人投诉范围的限制。

**第四十二条** 调查收集有关证据必须全面、客观、公正。被投诉人和有关人员应当如实回答调查人员询问，并协助调查。

**第四十三条** 调查取证时应当有两名调查人员同时参加，并出示律师协会会函。

**第四十四条** 调查人员的职责是：对投诉人投诉事项的真实性进行调查取证，收集被投诉人有无被投诉行为的证人证言、书证和物证等证据材料。

**第四十五条** 询问证人或被投诉人（以下简称“被询问人”）应当制作《询问笔录》。笔录应当经询问人和被询问人签名或盖章。

**第四十六条** 被投诉会员如有拒绝向纪律

委员会提交业务档案等书面材料的行为，可以被视为逃避、抵制和阻挠调查。纪律委员会可以针对该情节单独作出处分决定，或者依照规定从重处分。

## 第九章 审议和听证

**第四十七条** 审议组由三名纪律委员会委员组成，对投诉案件进行审议。

**第四十八条** 纪律委员会应当在审议组成员中确定一名成员为审议组的主审，负责主持审议组对投诉案件的审议。

**第四十九条** 对已立案的投诉案件有下列情况之一的，中止审议：

（一）投诉人或被投诉人已经提起诉讼或仲裁，诉讼或仲裁正在审理中，投诉人又基于同一事实向律师协会纪律部投诉的；

（二）律师协会纪律部审理投诉后，投诉人又基于同一事实提起诉讼或仲裁，且诉讼或仲裁正在审理中的。

**第五十条** 对应当听证的投诉案件必须组成听证庭，听证庭由审议组和听证评议团组成。

由审议组负责主持听证。

听证不公开举行。

**第五十一条** 纪律部工作人员应当在举行听证前七日向当事人送达《听证通知书》，告知投诉人和被投诉人举行听证的时间、地点、听证审议组人员名单，并通知审议组和听证评议团成员。

被投诉人是个人会员的，应当通知其所在律师事务所的负责人参加听证。

**第五十二条** 听证评议团由个人会员组成。

**第五十三条** 听证评议团独立行使评议权，作出被投诉人是否违纪违规的认定。

**第五十四条** 听证评议团作出被投诉人行为违纪违规的认定后，审议组根据不同情况，分别作出如下决定：

（一）对被投诉人作出相应的处分决定；

（二）该会员行为涉嫌触犯《中华人民共和国律师法》第四十四条、第四十五条规定和其他法律法规的，提请司法行政部门给予其相应的行政处罚；

（三）听证评议团作出被投诉人的行为不构成违规的认定后，审议组应当作出投诉部成立的决定；

（四）审议组认为有必要，可以对被投诉会员作出责令改正或执业规范建议书。

**第五十五条** 不需要进行听证的投诉案件，由审议组直接审议并作出决定。

**第五十六条** 审议组对被投诉会员作出公开谴责或取消会员资格处分的，应当提交纪律委员会全体会议讨论，并经纪律委员会全体委员的三分之二以上（包括本数）通过。

**第五十七条** 投诉案件应当在立案后三十日内审议完毕。

听证的投诉案件可延长三十日结案。

投诉案件确属重大、疑难、复杂的，审议组经纪律委员主任审批后，可以延长三十日。

## 第十章 处分决定

**第五十八条** 纪律委员会作出处分决定后，应当制作处分决定书。处分决定书应当载明下列事项：

（一）被投诉人的基本情况；

（二）投诉和答辩；

（三）查明的事实；

（四）本会意见

（五）处分决定

（六）申请复查的权力、期限

（七）作出决定的律师协会名称

（八）作出决定的日期。

**第五十九条** 处分决定书由纪律委员会主任审核，主管会长签发；并在七日内送达被投诉人及其所在的律师事务所；同时对生效的处分决定书报司法行政部门和上级律师协会备案。

**第六十条** 送达处分决定书时，必须有送达回执。由受送达人在回执上注明收到的日期并签名或盖章，受送达人在送达回执上签收日期为送达日期。

受送达的会员拒收时，处分决定书可以邮寄方式送达，以回执上注明的收件日期为送达日期。

**第六十一条** 纪律委员会对投诉案件作出决定后，对予以处分的案件应当在处分决定书生效后七日内，将查处结果书面通知投诉人；对不予处分的案件，应当在作出决定后七日内，将不予处分的决定及理由书面通知投诉人。

**第六十二条** 纪律委员会委员及其相关工作人员应当严格遵守工作纪律，对审议、评议、处分情况保密。

### 第十一章 查处费用

**第六十三条** 纪律委员查处投诉案件所发生差旅、交通、通讯、查档、文印、听证等费用，有律师协会会费列支。

受到处分的被投诉会员应当承担相应的查处费用，具体办法另行制定。

### 第十二章 复 查

**第六十四条** 被投诉人对处分决定不服的，可以在受到处分决定书之日起十五日内向贵州省律师协会（下称复查机构）申请复查。

投诉人对处理决定不服，在没有新的理由和证据时以同一事实和理由再次投诉的，不予受理。

**第六十五条** 复查机构要求补正原决定的，由纪律委员会原审议此案的审议组直接做出处分决定。

复查机构要求重新作出决定的，由纪律委员会另行组成审议组直接作出处分决定。

**第六十六条** 会员应当自觉执行已生效的处分决定，拒不执行处分决定的，纪律委员会可以视情节加重处分。

### 第十三章 附 则

**第六十七条** 本规则由贵州省律师协会理事会负责解释。

**第六十八条** 本规则自贵州省律师协会理事会通过之日起实施。

## 贵州省律师协会纪律委员会<br>会议议事规则

**第一条** 为了加强贵州省律师协会纪律委员会（以下简称“纪律委员会”）的管理和建设，保障体现纪律委员会会议决策的民主、公平和公正，根据《贵州省律师协会纪律委员会公正规则》制定本规则。

**第二条** 纪律委员会实行民主集中制。

**第三条** 纪律委员会会议（以下简称“全体会议”）由全体委员组成，由主任召集和主持。

**第四条** 主任不能召集和主持全体会议的，应当委托一名副主任代为召集和主持。

全体会议应当在每两个月召开一次，于双月的十号前召开。

纪律委员会主任或三名委员提议，可临时召开全体会议。

**第五条** 纪律委员会工作会议的职责：

（一）制定、修改规则及各个规章制度的草案；

（二）讨论应当提交纪律委员会审议的投诉案件；

（三）决定对委托资格的撤销；

（四）对违纪违规会员发出规范执业建议；

（五）向全体会员发出执业警示；

（六）必要时对被投诉人提请司法行政机关予以行政处罚；

（七）理事会交办的其它事项。

**第六条** 纪律委员会对以上事项作出决议，须经出席会员委员的三分之二以上（含本数）通过。

**第七条** 纪律委员会讨论案件时，具有回避情节的委员，应当自行回避。

**第八条** 纪律委员会全体会议须有二分之一（含本数）的委员参加方可举行，所做决议方为有效。

**第九条** 纪律部应当于会议召开前五日通知全体委员，临时会议需提前三天通知全体委员。

会议通知由纪律部工作人员以电话或传真的方式进行，并予记录。

**第十条** 纪律委员会全体会议由纪律部工作人员记录，会议形式决议的，应当制作书面决议，并在会议结束后发给每位委员。

**第十一条** 本规则由贵州省律师协会理事会负责解释。

**第十二条** 本规则自贵州省律师协会理事会通过之日起实施。

## 贵州省律师协会纪律部
## 工作规则

**第一条** 为加强贵州省律师协会（以下简称“律师协会”）行业管理职能，保障纪律查处工作规范有序，根据《贵州省律师协会纪律委员会工作规则》制定本规则。

**第二条** 律师协会纪律部（以下简称“纪律部”）是律师协会纪律委员日常办事机构。

**第三条** 纪律部有律师协会秘书处配备专职工作人员负责纪律委员会的日常工作。

**第四条** 纪律部工作人员在参加调查、处理、调解工作时，应以公正、独立、保密为基本原则。

**第五条** 纪律部的职责

（一）根据纪律委员会的决定，对会员遵守职业道德和执业纪律情况进行简称、监督；

（二）受理投诉、举报和有关部门移送的违纪违规案件；

（三）对受理的案件进行调查取证；

（四）负责听证前的准备工作；

（五）负责纪律委员会评审记录，送达处分决定书及有关文件；

（六）管理会员违纪违规案件的档案；

（七）向纪律委员会提交年度工作报告；

（八）执行与纪律工作有关的其他事项。

**第六条** 受理当面投诉，纪律部应当派专人认真做好笔录，在征得投诉人同意的情况下可以录音、录像。对记录的主要内容须经投诉人确认无误后签字或盖章。

**第七条** 纪律部队投诉人的投诉应当填写投诉案件登记表，并签收投诉人提交的投诉材料。

**第八条** 对受理的投诉案件，纪律部应当在七日内报送纪律委员会主任和主管会长决定是否立案调查。

**第九条** 对不予立案的投诉，纪律部应在纪律委员会作出决定后七日内书面通知投诉人并说明理由。

**第十条** 对于不属于律师协会受理的范围的投诉，纪律部应告知投诉人另循法律途径解决。特殊情况下，可受理后移交相关部门处理。

**第十一条** 纪律部对于决定立案调查的投诉案件，应在三日内发出调查通知书。告知当事人举证、答辩、申请回避和要求听证的权利。

**第十二条** 在立案调查通知书所规定的举证和答辩期届满后三日内，纪律部即将投诉案件移交纪律委员会审议组审议。

**第十三条** 纪律部应当配合纪律委员会审议组对投诉人投诉事项的真实性进行调查取证，收集能够证明被投诉人有无被投诉的行为的证人证言、书证和物证等证据材料。

**第十四条** 对于需要举行听证的案件，纪律部应当在举行听证七日前向当事人送达《听证通知书》。告知投诉人和被投诉人举行听证的时间、地点、审议组名单，并告知其有申请回避的权利。

**第十五条** 纪律部按照《贵州省律师协会纪律委员会听证评议团组成办法》，建立听证评议团候选人电脑数据库。

**第十六条** 在举行听证七日前，由纪律部工作人员从评议团候选人中随机选定听证评议团成员，并告知其举行听证时间、地点。

**第十七条** 听证评议团成员因正当理由无法正常出席听证的，应在听证三日前书面告知纪律部，纪律部应按照《贵州省律师协会纪律委员会听证评议团组成办法》立即补选听证评议团成员。

**第十八条** 纪律部对于听证和审议的投诉案件应当认真做好笔录，并经当事人和审议组成员确认无误后签字或盖章。

**第十九条** 听证评议团作出决定后，由纪律部制作评议处分决定书，并有评议团全体成员核对后签字。

**第二十条** 对于作出处分的投诉案件，纪律部应在三日内将处分决定书报纪律委员会主任审核，并在七日内报主管会长签发；

纪律部应当在七日内将处分决定书送达被投诉人及其所在的律师事务所；

对于生效的处分决定书，纪律部应及时报司法行政部门和上级律师协会备案。

**第二十一条** 对于纪律委员会给予处分的投诉案件，纪律部应当在处分决定书生效后七日内，将查处结果书面通知投诉人；对于处分的案件，应当在作出决定后七日内将不予处分的决定及不予支付的理由书面听证投诉人。

**第二十二条** 本规则由贵州省律师协会理事会负责解释。

**第二十三条** 本规则自贵州省律师协会理事会通过之日实施。

## 贵州省律师协会纪律委员会<br>听证评议规则

**第一条** 为规范贵州省律师协会纪律委员会（以下简称“纪律委员会”）听证程序，根据《贵州省律师协会纪律委员会工作规则》制定本规则。

**第二条** 听证应当遵循实事求是、公平、公正的原则。

**第三条** 对已经立案的投诉案件，投诉人及被投诉人均有申请听证的权利，是否举行听证由审议组决定。

审议组认为需要举行听证的案件，应当举行听证。

**第四条** 投诉人与被投诉人在听证时均享有平等的陈述权、辩解权和举证权。

**第五条** 投诉人与被投诉人对审议团和听证评议团组成人员享有申请回避的权利。

**第六条** 投诉人和被投诉人均有委托代理人的权利，但被投诉人必须参加听证。

**第七条** 听证评议团出席听证，应当当庭作出被投诉人是否构成违纪违规的评议意见。

**第八条** 听证评议团出席听证，应当当庭作出对被投诉人是否构成违纪违规的评议意见后，由审议组作出相应的处理决定。

**第九条** 听证于每月举行一次，但紧急、重大的投诉案件或司法行政机关要求的除外。

**第十条** 投诉人和被投诉人对听证组成人员的申请回避适用《贵州省律师协会纪律委员会工作规则》处理。

**第十一条** 律师协会纪律部必须于听证前七日，将听证时间、地点、回避事项等通知投诉人、被投诉人或其代理人，并同时通知听证组成人员。

被投诉人是个人会员的，应当通知其所在律师事务所并派负责人参加听证。

**第十二条** 投诉人、被投诉人确有正当理由要求变更听证时间，经批准可以延期一次，但必须于听证前三日提交书面申请。纪律部在接到书面申请后重新确定听证时间，并书面通知投诉人、被投诉人。

**第十三条** 投诉人或被投诉人一方不到庭听证，不影响听证的进行。若双方均不到庭听证，则由审议组直接作出处理决定。

**第十四条** 听证由审议组的主审主持，核对参加听证人员的身份，告知听证组成人员，作出对听证评议团成员回避的决定。

**第十五条** 听证按下列顺序进行：

（一）投诉人陈述投诉请求事项、理由和事

实;

(二)被投诉人进行答辩;

(三)投诉人出示证据,被投诉人质证;

被投诉人出示证据,投诉人质证;

双方证据由工作人员向听证评议团出示;

(四)审议组成员向投诉人、被投诉人发问;

(五)审议组主审总结听证,并询问双方能否当庭和解;

(六)听证评议团评议;

(七)宣布评议结果。

**第十六条** 听证评议团成员不得直接向投诉人和被投诉人发问。

**第十七条** 听证评议团应当在审议组主审总结后立即进行评议。

**第十八条** 听证评议团应当依据听证的事实和证据遵照律师执业纪律和职业道德规范作出评议结果。

**第十九条** 听证评议团评议案件采取简单多数的表决方式作出决定。

**第二十条** 听证评议团作出决定后,有纪律部工作人员制作评议决定书,由听证评议团全体成员核对后签字。

**第二十一条** 听证评议团将评议决定书提交审议组,有主审当庭宣布。

**第二十二条** 听证时有纪律部派人担任记录,并制作听证笔录由投诉人、被投诉人核对后签字。

**第二十三条** 审议组应当在听证之日起七日内作出处分决定书,并移交纪律部。

**第二十四条** 本规则由贵州省律师协会理事会负责解释。

**第二十五条** 本规则自贵州省律师协会理事会通过之日起实施。

## 贵州省律师协会纪律委员会
## 投诉受理办法

**第一条** 为加强贵州省律师协会(以下简称"律师协会")行业管理职能,规范投诉受理程序,根据《贵州省律师协会纪律委员会工作规则》制定本办法。

**第二条** 律师协会设立纪律部,并配备专职工作人员负责受理对会员的投诉。

**第三条** 律师协会纪律委员会受理以下投诉:

(一)有关当事人或其委托代理人提出投诉的;

(二)律师或律师事务所投诉的;

(三)执法机关提出司法建议的;

(四)司法行政机关转批处理的;

(五)上级律师协会或其它律师协会移送的;

(六)律师协会会长办公室及理事会决定的;

(七)三名以上纪律委员会委员提议并经纪律委员会决定的;

(八)其它应当受理的。

**第四条** 律师协会纪律委员会受理投诉案件的范围:

(一)律师协会会员在执业过程中违反法律、法规、规章等中有关律师执业管理规定,可能收到行政处罚的行为;

(二)律师协会会员在执业过程中违反法律、法规、规章等中有关律师执业管理规定,可能收到行政处罚的行为;

(三)有其它违法或者有悖公民道德规范的行为,严重损害律师职业形象的行为。

**第五条** 受理投诉案件应当符合下列条件:

(一)投诉人投诉时应当提供有效身份证明,有明确的被投诉人:

(二)有投诉的事实和理由以及相关的证据材料;

(三)被投诉人属于律师协会会员;

(四)投诉人应当以实名书面形式确认投诉,并有可联系方式:

(五)未超过投诉时效的,或虽已超过投诉时效,但纪律委员会认为应当受理的。

**第六条** 律师协会对有下列情况之一的不

予立案：

（一）投诉人对投诉拒绝以实名书面方式予以确认的；

（二）无法联络投诉人，投诉对象不明确的或无法联络被投诉人的；

（三）投诉材料线索含糊、事实不清，又不能提供其基本证据或调查线索的；

（四）对于律师协会觉得不予立案或已有处理结论的投诉，没有提供新的证据又向律师协会投诉的；

（五）不属律师协会管辖范围内的；

（六）超过投诉时效的。

**第七条** 律师协会受理当面投诉的，应当由专人接待，并作好笔录，在征得投诉人同意的情况下可以录音、录像。对记录的主要内容经投诉人确认无误后签字或盖章。

**第八条** 律师协会对于信函投诉的，应当建立收发、登记、报批、转办和保管等工作制度。

**第九条** 律师协会纪律部对投诉人的投诉应当填写投诉登记表，并签收投诉人提交的投诉材料。

**第十条** 律师协会纪律部受理的投诉案件，应当在七日内报送纪律委员会主任和主管会长决定是否立案调查，并在三日内告知投诉人。

**第十一条** 对不予立案的投诉应当说明理由，并在作出决定后七日内书面通知投诉人。

**第十二条** 对于不属于律师协会管辖范围的投诉，应当告知投诉人另寻法律途径解决。特殊情况下，可受理后移交相关部门处理。

**第十三条** 律师协会纪律部对于决定立案调查的投诉案件，应当在三日内发出立案通知书。

**第十四条** 在立案通知书中应当告知投诉人、被投诉人分别享有以下权利：

（一）投诉人、被投诉人有提供证据的权利；

（二）投诉人、被投诉人有要求听证的权利；

（三）投诉人、被投诉人有请求调解的权利；

（四）投诉人、被投诉人有委托代理人的权利；

（五）投诉人、被投诉人有申请回避的权利；

（六）投诉人、被投诉人有申请复印相应投诉案件材料的权利；

（七）被投诉人有答辩的权利。

收到立案通知书后十五日内享有。

**第十五条** 立案通知书送达后答辩期届满时，纪律部立即将投诉案件移交审议组审议。

投诉人、被投诉人在规定期限内不行使权利的，不影响案件的审议。

**第十六条** 本办法由贵州省律师协会理事会负责解释。

**第十七条** 本办法自贵州省律师协会理事会通过之日实施。

## 贵州省律师协会纪律委员会
## 委员行为规范

**第一条** 为规范贵州省律师协会纪律委员会委员（以下简称“委员”）的行为，保证投诉案件处理的公平、公正性，根据《中华人民共和国律师法》等有关法律和规定，制定本行为规范。

**第二条** 委员应当热爱祖国，热爱人民，拥护中国共产党的领导，拥护社会主义制度，不得参加非法组织以及非法集会、游行和示威活动。

**第三条** 委员应当忠于宪法，遵守律师法及其他法律法规，维护法律，崇尚法治，愿意为社会的公平和正义，为律师业的发展和壮大奉献力量。

**第四条** 委员应当热爱律师事业，并以为广大律师服务作为自己的使命。

**第五条** 委员应当洁身自好，具有惩恶扬善、弘扬正义的社会良知、正直善良、诚实信用的品格修养，谦虚谨慎、实事求是的工作作风。

**第六条** 委员应当准时参加纪律委员会各项活动，并认真、负责完成委员会委派的各项工作。

**第七条** 委员应当严格遵守《贵州省律师协会纪律委员会工作规则》；

**第八条** 委员应当以认真负责的态度对待投诉并对投诉的问题深入调查，不徇私情、公正廉洁。

**第九条** 委员在审议案件时应当保持良好的仪表和文明的举止，在当事人中保持公正的形象。

**第十条** 委员在审议案件过程中，不得向投诉人和被投诉人透露其他委员对投诉案件的意见。

委员应当尊重其他委员独立行使职权，不得替投诉人和被投诉人向其他委员说情，不得探询其他委员承办案件的审议情况和有关信息，并透露给投诉人和被投诉人。

委员在公众场合或参加社会活动时，对纪律委员会正在处理的案件或可能产生投诉的案件不轻易表态或提出结论性意见。

**第十一条** 委员应当准时出席听证和纪律委员会会议，着装整洁、庄重、语言文明、规范。

**第十二条** 委员应当遵守审理违纪案件有关期限的规定，不得无故拖延办案。要提倡奉献精神，尽力克服办案中遇到的困难。

委员不得利用职权扣押、拖延投诉案件，不得阻挠、影响对案件的评议、听证、处理。

**第十三条** 委员在案件审议中不得威胁、诱惑投诉人，不得帮助投诉人提供虚假证据，妨碍公正。

**第十四条** 委员应不断提高自己制作《处理决定书》的水平，做到语句通顺，文章准确，说理清楚，论证充分。

**第十五条** 纪律委员会违反本规范第十条、第十一条、第十二条、第十三条、第十四条之规定的，视情节轻重，可给予如下处分：

（一）口头批评：由纪律委员会主任在纪律委员会全体会议上点名提出；

（二）建议请辞：由纪律委员作出决议后，向委员个别宣布；

（三）取消委员资格：由纪律委员会作出决议，报理事会备案。

## 云南省律师协会制定的行业规范

1. 制定了《云南省律师协会章程》。《章程》的出台对进一步规范协会管理行为，完善协会组织架构，充分发挥行业管理效能必将起到积极作用。

2. 省律协六届一次常务理事会讨论通过了《云南省律师协会第六届理事会专门委员会、业务研究委员会设置方案（讨论稿）》、《云南省律师协会第六届理事会会长、副会长分工及相关工作方案》、《云南省律师执业年度考核规则实施细则》、《云南省律师协会会员会籍管理暂行办法》和《云南省律师协会理事差旅费管理暂行办法》。

3. 完成了《云南省〈申请律师执业人员实习管理规则（试行）〉实施细则》的修订工作，从制度上进一步加强了对申请律师执业人员实习活动的管理。

# 附 录

## 女学生协助组织卖淫案

白丽萍* 律师

【案情介绍】

来自内蒙古的22岁女孩小青，2009年9月从北京的一所中专毕业，为了尽快就业以维持自己的生活，减轻父母的负担，她想尽快找到工作。后从报纸上的招聘广告得知某洗浴中心招服务员，便在对该洗浴中心不了解的情况下，轻率入职，做服务员工作，每月工资950元，并应中心经理要求，交纳了400元押金。2010年1月，小青被调到地下一层工作后，从其他服务员谈论中得知洗浴中心有卖淫行为，便多次找到经理提出辞职，但经理以中心缺人、辞职必须提前通知、不退押金工资等理由拒绝了小青的辞职请求。小青因押金及工资被扣不敢擅自离开，因为她从学校毕业后靠在洗浴中心工作所得收入维持生活，如果工资及押金被扣不发，意味着其失去了生活来源，加之她刚从学校毕业，没有社会经验，缺乏法律意识，在自己的权益受到威胁时，不知如何保护。小青为能够拿到工资及押金不得已只好按照经理的安排从事打扫卫生、卖茶水饮料、做输单员工作。其实，小青每月工资收入只是950元，茶水饮料等的提成也只是100元左右，其工作利益微薄，只是略高于北京市最低工资标准。2010年4月1日，在该洗浴中心再次发生卖淫嫖娼活动时，公安机关将小青等相关涉嫌协助卖淫嫖娼人员一举抓获。2010年9月，小青等人被北京市某检察院以“协助组织卖淫罪”提起公诉，小青后悔莫及。

【争议焦点】

北京市傲雪律师事务所接受小青的委托，本所指派白丽萍等律师作为被告人小青的辩护人。接受指派后，我们详细查阅了卷宗，开庭前会见了被告人小青。通过庭审调查、质证，综合本案的案情，辩护人认为，虽然小青的遭遇值得同情，但是小青的行为确实构成了协助组织卖淫罪。所以，小青的行为是否构成犯罪不是本案的争议焦点。

辩护人认为，本案的争议焦点是，被告人小青是否具有减轻、从轻情节，法庭是否应当对小青量刑时予以从轻处罚，理由如下：

第一、从被告人小青自身的经历、从事犯罪活动的过程、时间分析，被告人的行为社会危害程度较轻，危害结果较小。

被告人小青2009年10月刚从学校毕业，走出校门，没有任何社会经验，为了就业、生活，通过报纸应聘工作，来到花木兰洗浴中心女桑部做服务员，对洗浴中心内部的行为毫不知情。直到2010年1月被调到地下一层做服务员、输单员。其工作的内容也是根据其经理罗某某的要求打扫卫生，卖茶水饮料，后期因为

* 北京傲雪律师事务所主任、合伙人。

缺人，应罗某某的要求在地下一层吧台输单开票。对于洗浴中心内存在卖淫行为也是在被调到地下一层后无意间听其他服务员谈论才知晓的，从其知晓到被抓获，扣除春节二、三月份放假时间，持续时间较短。而且，洗浴中心的主要经营行为场地在二层（18 个房间），地下一层房间较少（2 个），从事的活动较少，被告人小青参与的行为较少，而且其只是为了生存，听从经理罗某某的安排从事服务员、输单员工作，其社会危害程度较轻，危害结果较小。

第二、被告人小青属于胁从犯，主观恶性较小。

被告人小青自从学校毕业后，为了就业、生存，来到花木兰洗浴中心做服务员工作，每月的工资为 950 元，这个标准略高于北京市最低工资标准，基本可以维持被告人的基本生活。而且，洗浴中心存在扣押被告人押金 400 元及工资的行为。2010 年 1 月份，被告人被调到地下一层工作后，从其他服务员谈论中得知洗浴中心有卖淫行为，便多次找到经理罗某某、郭某某提出辞职，但其以中心缺人、辞职必须提前通知、不退押金、工资等理由拒绝了被告人小青，被告人小青因押金及工资被扣不敢擅自离开。被告人从学校毕业后靠在洗浴中心工作所得收入维持生活，如果工资及押金被扣不发，意味着其失去了生活来源。被告人为能够拿到工资及押金不得已根据经理的安排从事工作。因此，被告人小青从事犯罪行为从其主观上是不得已而为之，是被动、被迫地从事协助的行为。被告人小青属于胁从犯，根据刑法的规定，应对其减轻处罚。

第三、被告人小青在犯罪活动过程中得到的利益很微薄，其所起的作用很小。

被告人小青在花木兰洗浴中心从事服务员的工作，平时负责打扫卫生、卖茶水饮料，地下一层缺人，被告人还从事输单员的工作，其收入只是每月 950 元，这是其工作报酬所得。茶水饮料等的提成也仅是每月 100 元左右。被告人在犯罪活动中得到的微薄利益也说明其在犯罪活动中的地位微不足道，其所起的作用很小。

第四、被告人小青系初犯，偶犯，且事后悔悟，被告人被抓获后，能够如实供述，坦白犯罪事实，在庭审时自愿认罪，主观恶性小。

被告人小青刚从学校毕业踏入社会，因其单纯，没有社会经验，没有自我保护意识，误入歧途，参与了犯罪行为，事后积极悔悟。在案发后被告人小青能够积极主动、全部、彻底地向司法机关交待自己的行为，说明被告人已经认识到自己犯下了严重的错误，有改过自新的良好愿望。在羁押期间，认真遵守监规，服从管教。从今天的庭审情况来看，被告人自愿认罪，能够积极地向法庭交待其犯罪事实，依据最高人民法院、最高人民检察院、司法部《关于适用普通程序审理“被告人认罪案件”的若干意见（试行）》中的相关规定，对于被告人自愿认罪的，可以作为对被告人一个酌定量刑从轻的情节。

第五、被告人小青是刚走出校门的孩子，涉世不深，这次参加了犯罪行为也是因其社会经验不足，自我保护意识差。其主观恶性较小，易于改造，请法庭在量刑时予以考虑

被告人小青刚从学校毕业，为了就业、生存，轻率地选择了工作，没有社会经验，法律意识淡薄，盲目地参加了犯罪行为。这次被羁押给了她一个重大的教训，让她对自己的行为追悔莫及，也给她以后人生的路上了重要的一课。小青已深刻地反省到自己的错误，在羁押期间积极悔罪。希望法庭本着教育为主、惩罚为辅的原则，给刚步入社会的小青一个改过自新的机会，对其从轻处罚，让其尽快回归社会，回归家庭。

综上，辩护人认为，被告小青的行为虽然触犯了刑法，但被告人小青具有以上量刑情节，法院应当对其从轻处罚。

**【案件评析】**

（一）《刑法》组织卖淫犯罪要件分析

在组织他人卖淫的共同犯罪中，服务员、输单员小青犯了协助组织卖淫罪。协助组织卖

淫罪，是指在组织他人卖淫的共同犯罪中实施协助活动的行为，比如为组织卖淫犯罪行为人充当打手、保镖、管账人员。我国《刑法》第358条规定，协助组织卖淫罪的，处五年以下有期徒刑，并处罚金；情节严重的，处五年以上十年以下有期徒刑，并处罚金。检察机关认为，小青等人充当了卖淫组织者的帮手，成为了犯罪活动的一个组成部分，她们的作用虽与组织卖淫者具有很大的不同，但所作所为已构成犯罪。其实，在地下一层做输单员工作期间，小青已经对浴室内有卖淫嫖娼活动心知肚明了，但她因为押金和工资被扣，就没有选择离开，也没有告发该洗浴中心的犯罪事实，小青说她不知道自己的行为已经触犯了法律，后果会这么严重。

小青的遭遇是令人同情的，并且这种情况在外来打工者中很普遍。有许多涉世未深的大、中专学生，毕业后轻率地选择了自己的工作，其后虽然知道了自己老板干的是一些违法犯罪行为，但是由于现在就业压力大，找份工作维持生活不容易，并且还由于他们法律意识淡薄，认为自己就是个打工的，有责任也是老板承担，加上被单位拿扣押金、扣工资等借口要挟，他们发现单位有不正当的违法犯罪现象时，一般都采取忍气吞声、睁一只眼闭一只眼的态度，浑然不知自己已经走上了犯罪的道路。

（二）律师就大学生就业的分析与忠告

1. 大学生毕业选择就业权益的主要内容及受到侵害的现状

根据目前我国相关法律的规定，大、中专毕业生在就业过程中享有广泛的权利，如接受就业推荐的权利、接受就业指导与信息服务的权利、岗前培训权、试用期获得报酬权、自由择业权、公平待遇权、择业知情权、平等就业权、违约及求偿权。

用人单位人为利用其优势地位对大学生毕业就业设置就业门槛；就业歧视，如户籍歧视、性别歧视、身高歧视；试用期滥用，如试用期过长、违约金过高、试用期结束后用人单位以应聘者不合格为由拒绝续约；就业协议性质和责任承担不明，如用人单位随意更改就业协议内容、随意解约或不兑现用人协议的条款；就业权程序保障不健全；用人单位设置就业陷阱，如收取各种名目的培训费，甚至招聘毕业大学生搞传销或采取限制人身自由的方式强迫劳动。

2. 大学生毕业选择就业权益的法律保护

大、中专毕业生选择就业权益的保护日益引起了党和国家的高度重视，对大、中专毕业就业权的保护正在从单纯的依靠政策调整向依靠法律调整转变，而且各种非法律手段的解决途径都离不开法律的最终保障作用。

完善就业和劳动立法，优化大学生毕业选择就业的法制环境。虽然我国当前的法律法规如《劳动法》、《劳动合同法》、《就业促进法》为大学生毕业选择就业权益维护和保障提供了法律依据，但国内尚没有专门的针对大学生毕业就业权益保障的法律法规来保障其在就业过程中的权益，也没有特定的维权机构或保障部门专门来维护大学生毕业的就业权益。增强已有法律法规的可操作性和适用性；我们尽早制定大学生毕业就业权益保障的专门法律法规，建立大学生毕业就业维权制度和机构，规范和监管用人单位的用人情况，关注毕业生的正当权益是否得到保障，尤其是要强化对各类企业用人方面的行为监察，让毕业生在维护自己的权益时有法可依。建立和完善行政法律、法规制度，建立起完善的社会保障体系和就业市场的监管机制。建立完善的社会保障体系，解除大、中专毕业生就业过程中的后顾之忧。

大、中专毕业生要提高自身法律意识，加强自我保护。学生法律意识的培育，首先要求毕业生必须学习、了解《劳动法》、《劳动合同法》、《就业促进法》等与就业相关的法律法规、政策制度，学习劳动用工的相关规定，知晓自己在就业过程中的相关权利和义务。其次要求毕业生在学习这些法律的过程中，逐步养成一种运用法律进行思维的意识，能够自觉运用法律思维来思考在就业进程中碰到的有关问题。最后要求毕业生形成良好的维权意识，在自己的合法权益受到侵害时，积极运用法律手段，通过法律程序来维护自己的合法权益。也就是说，在法律意识的指导下，采取通过由学校出面调解、向劳动监察部门申诉、举报，向劳动仲裁机构申请仲裁，向人民法院提起诉讼等法律途径，保护自己的合法权益。

毕业生在选择就业过程中，会遇到各种竞争和挑战，同时也存在一些用人单位在招聘和用人的过程中不够规范，甚至存在一些违法行为。毕业生在求职过程中可能会遇到一些陷阱，只有善于发现和懂得如何应对这些陷阱，才能确保毕业生权益不受损害。

就业陷阱的表现有：（1）虚假广告陷阱，比如，在发布招聘信息时，往往故意夸大用人单位规模和岗位数量，进行虚假宣传；把招聘职位写得冠冕堂皇，不是“经理”就是“总监”，但实际上却只是“办事员”、“业务员”，根本没有广告上写得那么诱人；（2）色情陷阱，一些用人单位利用招聘、面试等侵犯学生的合法权益。有一些招聘广告上称招聘男女公关人员，月薪上千或上万，令一些涉世不深的毕业生掉入陷阱。所谓“男女公关”实则是从事性服务，所谓“高薪”实则是从事性服务时客人所给的高额小费。面对这样的问题或遇到这样的情况，学生一定要提高警惕，不要随便跳入这种陷阱。其他还有传销陷阱、协议陷阱、试用期陷阱、收费陷阱、薪酬陷阱、智力陷阱等。

在就业市场上，大学毕业生是一个弱势群体。由于就业法规、就业市场和大学毕业生自身素质等方面的不完善，大学毕业生们所遇到的困扰并不仅仅包括以上几种。因此，毕业生在就业过程中，一定要采取相应措施，努力防范和应对就业陷阱。

要注意以下几个方面：（1）仔细鉴别各类就业信息，有效识别就业陷阱；（2）了解国家有关就业的政策和法律法规，切实提高自身法律意识；（3）端正就业态度，平等地与用人单位交往；（4）慎重签订就业协议书，注意约定条款的合理性，等等。

本案对于选择在这些场所从事服务员工作的女大学生们来说有着重要的警示意义，希望正在选择就业的女大学毕业生在遇到同样的情形时不要沉默，应当当机立断辞掉工作，同时向司法机关举报，并且提醒刚毕业的大、中专毕业生们在选择就业时，一定要慎重选择工作，防范就业陷阱。

**作者白丽萍介绍**

北京傲雪律师事务所主任、合伙人，北京市律师协会第八届代表，北京市朝阳区律师协会第一届代表，中国招投标协会会员。

作为北京市傲雪律师事务所合伙律师、主任，是一名具有“五证”的律师，执业17年，擅长代理经济合同、金融、房地产、知识产权纠纷，刑事辩护及为企事业单位担任法律顾问等。熟悉公司、房地产、知识产权、公司设立、改制、重组、经济犯罪等方面的法律、法规、操作规范，能为委托单位及个人提供合同草拟、修改、审核、签订等服务，为委托单位对外业务和对内管理进行义务法律咨询，为企业员工进行法律培训。曾义务担任中央二台法律服务热线的法律顾问，应多家媒体之邀在报刊、网络上，对读者关心的焦点、热点问题义务咨询及进行相关法律问题的解答。她始终坚持为企业保驾护航，并且一贯主张，不要即将打官司时才想起律师，应该把律师为企事业单位提供法律服务的重点放在预防阶段，以非诉讼方法化解企业对内对外纠纷，尽量避免诉讼，把大量的经济纠纷化解在起诉前、法庭外。

承办全国各地经济、民事等各类诉讼及非诉讼、刑事案件近千件，成功代理及辩护数十起重大疑难案件。2009年被评为中国律师年鉴优秀律师，2010年被北京市朝阳区司法局评为社会公益法律法务先进个人，2010年被评为2010年度中国百强大律师。

的执业理念是：依法论曲直，仗义辨是非。

# 央视大火案

陈海航* 律师

【案情介绍】

2009年2月9日晚21时许，位于北京市朝阳区中央商务区（CBD）核心地带，在建的中央电视台（以下简称央视）新台址园区文化中心发生特大火灾事故，该工程由荷兰大都会（OMA）建筑事务所设计，并于2005年5月正式动工，整个工程预算达到50亿元人民币。

经调查发现，央视新址火灾系违规燃放烟花引起，根据检方指控，徐某在任中央电视台新台址建设工程办公室主任兼北京央视国金工程管理有限公司董事长、总经理期间，擅自决定于2009年2月9日晚在北京市朝阳区东三环中路32号央视新址园区施工区内燃放烟花，并指派被告人邓某等人负责当晚相关活动的筹办工作。2008年12月至2009年2月间，沙某在徐某的授意下，与刘某、李某、宋某共同商定由湖南省浏阳市三湘烟花制造有限公司负责设计、提供包括A级礼花弹（含六寸礼花弹）在内的烟花及燃放工作。其间，刘某、沙某等人由耿某带领进入央视新址工地，选择烟花燃放地点，并经徐某同意后，确定在央视新址文化中心建筑西南侧燃放。后耿某将刘某等人要求的燃放所需材料告知胡某。胡某即按照徐某的指示通知被告人田某、陈某协助办理燃放前的相关工作。

刘某于2009年2月初委托湖南省浏阳市三和物流有限公司，使用汽车将用于央视新址燃放的A级烟花及燃放设备从湖南省浏阳市运至河北省永清县，存放于由刘某担任法定代表人的只具备C级仓储资质的永清县供销社鞭炮日杂经营处的仓库内。

为把烟花及燃放设备从河北永清县运至央视新址，刘某联系薛某称想用薛某的货车运送烟花到央视，但因为薛某的车全部租出去了，薛某马上联系张某，张某同意用他的一辆白色厢式货车运送，但该车辆没有运输危险物品的资格及相应证件。随后薛某和张某按刘某的要求开车到河北省永清县仓库，由刘某安排人员将烟花及燃放设备装到张的白色厢式货车上，后又在半路接宋某，由宋某带路。一行人从固安出发，薛某的朋友开车与薛在前探路，张某开着厢式货车在中间，张某的妻子开一辆夏利车跟在最后，途经固安和北京榆垡的检查站，但是没有发现工作人员，于是顺利通过，后薛某即下车，由宋某带张去央视新址，并于2月7日凌晨运至央视新址燃放地点。

2009年2月9日20时许，在烟花燃放过程中，礼花弹爆炸后的高温星体落入央视新址文化中心主体建筑顶部擦窗机检修孔内，引燃检修通道内壁裸露的易燃材料引发火灾。火灾造成1名消防队员因烟雾吸入性窒息死亡、8人受伤（其中包括6名消防队员和2名施工人员），建筑物过火过烟面积21333平方米（其中过火面积8490平方米），直接经济损失达人民币16383.93万元。

徐某、刘某、薛某等21人分别于2009年2月10日至5月29日被抓获归案。

2010年2月21日，北京市人民检察院第

---

* 北京市亿达律师事务所。

二分院以危险物品肇事罪对上述21人提起公诉。

2010年3月23日，北京市第二中级人民法院开庭审理了此案。

北京市亿达律师事务所陈海航律师作为被告薛某的辩护人参加了诉讼。

**【争议焦点】**

庭审中，控辩双方就薛某的行为性质产生分歧，陈海航律师认为对于薛某的行为性质可以从两个时间阶段理解和界定（庭审辩护摘录）：

首先是薛某接受委托、代为介绍运输车辆的行为。

接受委托、代为介绍运输车辆的行为无论是否与本案的危害结果之间存在因果关系，这种介绍行为本身都不具有社会危害性，不构成犯罪。薛某作为受托人，仅按照委托人刘某的指示和要求处理委托事务。换句话说，对于委托介绍车辆资质的确定，只能依据刘某的要求和描述，至于介绍的运输车辆是否具有运输资质，最终应该也只能由刘某审查和确定，这种完成委托事项的行为无论放置在民事法律关系上还是刑事法律关系上均不具有任何违法性，因此，也就缺少对其介绍行为处罚的事实基础和法律基础。

不可否认，薛某接受刘某委托介绍车辆的行为是整个案件事实的组成部分，但这种行为与危害结果之间，只是存在时间上的衔接关系而不存在刑法上必然的因果关系，不能将偶然的联系朴素地理解为刑法上的因果关系。

其次是薛某协助运输行为。

薛某客观上实施了为张某带路到河北与北京交界处等协助运输行为，这种行为具有违法性。但是，由于所通过的检查站没有检查人员值班，其协助躲避检查的初衷最终也没有产生任何作用，使得在薛某参与协助运输的时间、空间内，其行为对于危害结果的发生没有起到任何影响。而薛某没有参与进入北京市区辅路绕过收费站这一运输过程，因此，薛某的参与运输行为与危害结果发生之间不具有刑法上的直接、必然因果关系。

纵观本案，将在案被告人的行为归纳后就会发现，如果将任何其余18名被告人中其中一个行为删除，都会对本案中的整个因果关系链条做出有效拦截，而唯独将薛某的协助运输行为剪去后，危害结果最终仍然难以避免，其原因非常明显，就是因为其行为没有对事件的发生产生任何影响。

综上，陈海航律师认为，薛某的行为仅属于介绍、协助运输，虽然在这一过程中存在相应的过错，但其行为显著轻微，与央视大火的发生不具有法律上的因果关系。

公诉机关则认为，薛某虽然没有直接提供车辆帮助刘某等人运输烟花及燃放设备，但薛某是在明知运输危险物品的情况下，依旧帮忙联系、介绍没有运输危险物品资格证的张某，且实际参与了运输过程，为运输烟花及燃放设备提供了帮助行为；因此，薛某的行为违反了爆炸性物品管理规定，导致因燃放烟花而发生重大事故，后果特别严重，社会影响恶劣，其行为触犯了《刑法》第136条之规定，犯罪事实清楚，证据确实充分，应当以危险物品肇事罪追究被告人的刑事责任。

**【裁判结果】**

2010年3月23日，北京市第二中级人民法院开庭审理了此案，由于该案涉及人员众多，案情复杂，社会影响巨大，在经过整整三天的开庭审理后，北京市第二中级人民法院于2010年5月10日开庭宣判，最终认定薛某等21名被告均构成危险物品肇事罪。

**【案件评析】**

对于陈海航律师的辩护意见，我们可以从以下两点予以分析：

第一、陈海航律师将薛某的行为分为代为介绍运输车辆和协助运输两个阶段，这种细化的方式避免了陷入对一个行为模糊、笼统的认识状态，有利于准确把握行为性质。

按照《刑法》第136条关于危险物品肇事

罪的规定，从该罪的犯罪构成客观要件上看，行为人必须有违反危险物品管理规定的行为，并且该行为必须是发生在生产、储存、运输、使用上述危险物品的过程中。

在本案中，针对薛某的行为是否属于运输行为，控辩双方意见出现分歧，从公诉机关认定的性质来分析，无论薛某是否是实际运输人，都因其有介绍、帮助的行为而致使危险物品得以顺利运输，可以说薛某的行为是后续运输行为的直接促成因素，应当认为是危险物品肇事罪客体要件中的运输环节。而从陈海航律师对于薛某行为性质的认定来分析的话，其行为不属于危险物品肇事罪中关于运输的规定。我们也认为，危险物品的“生产、储存、运输、使用”是指一系列的动态体系，但这一体系也是有其范围界限的，对于完全以介绍人身份出现的薛某，不能将其行为纳入无限扩大化解释的运输行为过程中，否则会扭曲立法的初衷，有将违反运输管理法律法规的一般违法行为强行纳入犯罪行为的嫌疑。

另外，危险物品肇事罪规定了在“生产、储存、运输、使用”的过程中，同时也意味着限定了相应主体的责任和义务范围，这就要求相关主体要对相应环节操作是否合法合规予以审查，而薛某在介绍、协助运输的过程中，仅作为中间人的身份出现，不负有也不知运输环节需要具备哪些资质，且其他涉案人曾经明示或出具过资质证明，薛某作为中间人已经尽到了相应的注意义务，所以将薛某的行为定性为犯罪有待商榷。

第二、值得关注的是，陈海航律师在本案中提出的关于薛某协助运输的行为与危害结果发生之间是否具有《刑法》上的直接、必然因果关系，这涉及刑法理论上一个颇具争议性的问题，即因果关系。

在《刑法》中，因果关系是指，犯罪构成客观方面要件中危害行为与危害结果之间存在的引起与被引起的关系。当危害结果发生时，要确定某人应否对该结果负责任，就必须查明他所实施的危害行为与该结果之间是否具有因果关系。对于因果关系理论争论的焦点主要集中在如何认识和理解《刑法》上因果关系的性质和如何正确区分对结果都有影响的原因和条件。持“一分法”的学者认为，《刑法》上的因果关系只有必然的因果关系一种形式。这种观点指出，危害行为总是在一定条件下产生的，如果行为人所实施的危害行为对所发生的危害结果起着引起和决定作用的，就是原因。它和所发生的结果之间的联系是一种内在的、必然的关系。如果所实施的危害行为对所发生的危害结果虽然起一定的作用，但并不能引起和决定这一结果的发生，那就是条件。它和所发生的结果之间的联系是一种外在的、偶然的条件。在本案中，陈海航律师运用了这一理论，认为即使没有被告薛某提供协助运输的行为，也不会影响其他涉案人员成功将烟花及燃放设备运送到央视新址的结果，更不会阻断危害后果的发生，由此来看，薛某的行为实际上就是“一分法”学者所认为的条件。

但是，持“二分法”的学者认为，《刑法》上的因果关系除必然因果关系之外，还必然包括偶然因果关系。《刑法》上的偶然因果关系是一对因果关系与另一对因果关系，其特点是具备复杂的因果关系形式，它是由行为人的行为同社会危害结果之间这种特殊对象所决定的。对于社会危害结果来说，行为人的行为作为特殊形式的因所起的作用，不限于直接造成前一因果环节中的果，还包括间接造成后一因果环节的果。按照“二分法”学者的观点，即使是偶然因果关系也符合《刑法》制裁、打击、预防犯罪行为所要求的危害行为与危害结果之间的因果关系，既然行为最终产生了危害结果，无论中间介入多少偶然因素都在所不问，这样看来薛某的行为显然与央视新址大火具有一定的因果关系。

综上所述，在刑事诉讼过程中，如何分析行为性质以及行为与危害结果之间的因果关系将会影响到法院的定罪量刑。

**作者陈海航介绍**

现为北京市律师协会刑事诉讼法专业委员会委员、北京市朝阳区律师协会宣传与联络委员会委员、北京市旅游行业协会律师专家顾问团律师。曾先后获得北京市首届优秀百名刑辩律师、北京市优秀法律援助律师、北京市朝阳区法律援助工作先进个人等荣誉和称号。

执业以来直接或参与办理诉讼及非诉讼案件六百余件，其中重大死刑案件和经济案件百余起。其参与编写出版的主要著作有：《合同法操作全书》（法律出版社）、《法律操作全书》（法律出版社）、《中国保障性住房政策与法律实务应用工具箱》（法律出版社）、《中国政策与法律实务应用工具箱丛书》（法律出版社）、《信仰的力量》（人民日报出版社）。

# 迤逦太湖之畔的一桩拆迁奇案

杨在明* 律师

**【案情介绍】**

为了保护太湖水资源，江苏无锡鼋头渚地区开始拆迁，9月17日，无锡市国土资源局发文收回了鼋头渚三村地块的全部土地使用权，并于18日作出国有土地划拨批准书。对该划拨批准书，犊山村居民周某向江苏省人民政府提出撤销行政复议申请，其理由在于居民私有房屋的宅基地属于集体土地性质，未经办理任何征地手续的情况下作为国有土地划拨属违法征地。之后，江苏省人民政府作出行政复议决定书，裁定三崔土地为国有建设用地。然而，无锡市人民政府拆迁管理办公室向无锡市园林管理局核发犊山、充山、宝界地块环境整治项目的《无锡市市区集体土地房屋拆迁补偿安置通知书》却认定该地块为集体所有土地。

顾某是鼋头渚犊山村村民，在村里有两处房产（以下分别称为A房产、B房产）。其中，A房产建筑面积约124平方米，由顾某在1989年11月购得，并从卖家手中拿到了1950年办理的房屋土地证。2001年，顾某将A房产的买卖契约在无锡市第三公证处做了公证，并委托无锡市中山房产服务有限公司办理A房产产权证。2002年，无锡市房产管理局产权监理处对A房产进行了测绘工作，但此后一直未向顾某核发房屋产权证明，理由是政府将对该地块重新规划，产权证一律停办。B房产房屋产权证标注的面积为240平方米，但实际建筑面积高达384.63平方米。

对于A房产，拆迁方给出的补偿安置方案没有满足顾某的要求，双方未达成协议。2008年6月，无锡市太湖城旅游度假区管理办公室与鼋头渚环境整治办公室向顾某发出通知，称顾某名下的A房产是非法买卖宅基地房屋所得，涉嫌违法。此后，无锡滨湖区房屋拆迁工作办公室在顾某房产前张贴通知书，声称顾某行为违法，将对其房屋实施强制拆迁。代理律师以顾某的名义向江苏省发展和改革委员会提交了一份行政复议申请书，请求撤销无锡市发展和改革委员会在2007年9月10日所作《关于太湖鼋头渚充山、犊山、宝界等地园林环境整治建设项目立项的批复》。

对于B房产，2009年4月1日，无锡市园

* 北京市在明律师事务所主任。

林管理局针对顾某的B房产向无锡市人民政府拆迁管理办公室递交了裁决申请书，无锡市人民政府拆迁管理办公室受理了该裁决申请。2009年5月中旬，无锡市人民政府拆迁管理办公室重新启动了裁决程序，并于同年7月底作出裁决。但裁决结果与顾某的要求有很大差距。2009年9月，代理律师向无锡市人民政府提起了行政复议，请求确认无锡市人民政府拆迁管理办公室的拆迁裁决违法并予以撤销。

此后，经过多次调解，双方达成了调解协议，顾某的权益得到了保障。

**【争议焦点】**

（一）被裁决房屋所在的土地性质是国有还是私有

2007年，震惊全国的“蓝藻”事件发生以后，江苏省无锡市开展了“开展治理太湖、保护水源‘6699’行动”。“太湖绝佳处，毕竟在鼋头”，太湖治理的大背景打开了鼋头渚地区的拆迁之门……

2007年9月10日，无锡市发展和改革委员会向无锡市园林管理局作出《关于太湖鼋头渚充山、犊山、宝界等地园林环境整治建设项目立项的批复》称，为了开展治理太湖、保护水源行动，对鼋头渚三村所在的486，200平方米土地进行园林环境整治建设，总投资估算7.9亿元。9月17日，无锡市国土资源局发文收回了鼋头渚三村地块的全部土地使用权，并于18日作出国有土地划拨批准书。对该划拨批准书，犊山村居民周某向江苏省人民政府提出撤销行政复议申请，其理由在于居民私有房屋的宅基地属于集体土地性质，未经办理任何征地手续的情况下作为国有土地划拨属违法征地。此后，江苏省人民政府作出行政复议决定书，指出：“1982年8月，无锡市政府发文批准了无锡市园林管理处和郊区政府的请示报告，林业队土地使用权国有……据此，三村的土地已征为国有建设用地。”照此来看，充山、犊山、宝界这三个风景迤逦的村庄应当属于“国土”。

然而，令人称奇的是，2007年9月29日，无锡市人民政府拆迁管理办公室向无锡市园林管理局核发犊山、充山、宝界地块环境整治项目的《无锡市市区集体土地房屋拆迁补偿安置通知书》。充山、犊山、宝界三村又瞬间大变身，成为了集体所有土地，即因太湖整治之由被整体搬迁的三村居民将依照集体土地的补偿标准获得拆迁补偿安置。

“国土集拆”让三村居民茫然不解，于是他们开始寻找答案。当看到无锡市滨湖区政府网“无锡市滨湖区经济国际化商务网”上所推介的“无锡太湖充山湾风景度假中心”项目地址就是鼋头渚充山村并进一步拿到充山地块、宝界地块的规划图时，居民们似乎找到了答案。费尽周折的这一切，看上去像极了一个阴谋，一个被巨大利益所驱动的阴谋。

到底是水环境的污染，还是软环境的污染？不得而知……

笔者认为，A房产于购买之前，其附着的土地已于1982年转为国有，且原房主也已变更为居民户口，不存在购买宅基地房屋之说。顾某的A、B两栋房产均属于公民合法私有财产，而且属于国有土地上的不动产，拆迁人一方所采取的“国土集拆”以及试图将合法建筑作为违法建筑拆除的拆迁方式，不属于合法拆迁的行为范畴。

（二）对顾某房屋面积及赔偿标准的认定

拆迁方给出的补偿安置方案为：若选择货币补偿，安置补偿款计算方式为：补偿标准为（单位建筑面积安置房成本结算价每平方米1300元——单位建筑面积安置房建安结算价每平方米550元+单位建筑面积的被拆房屋重置价格合成新评估价每平方米429元）×合法建筑面积；若选择产权调换，被拆除住宅房屋合法建筑面积大于200平方米的可按实际超出面积的50%折算增加产权调换面积，但每户实际安置面积不得超过250平方米，大于产权调换面积的部分在其重置价结合成新评估价不低于120%不超过200%内给予补偿。产权调换房屋面积大于被拆迁人住宅房屋面积部分，按住宅房屋市场价计算。

按照拆迁方的这一方案计算，顾某 A、B 两栋房产的补偿总额不会超过 50 万元，而参照市价计算，该两栋的价值额超过 500 万元。因此，补偿协商过程中，顾某主张 500 万元货币补偿，但未获拆迁方认可，双方未达成协议。

2008 年 7 月上旬，慕名北上的顾某来到北京市盛廷律师事务所——当时就已经以“只为拆迁户维权”服务模式而闻名的一家专业房地产律师事务所，并指明要求笔者为其全权代理拆迁补偿安置事宜，帮助其实现 500 万元补偿总额。笔者认为，顾某的 A、B 两栋房产均属于公民合法私有财产，而且属于国有土地上的不动产，参照无锡市滨湖区的房地产交易市场同类房屋最新价格标准计算，其价值在 500 万元以上。简单地说，顾某的补偿要求属合理。

在 2009 年 4 月 1 日无锡市园林管理局针对顾某的 B 房产向无锡市人民政府拆迁管理办公室递交的裁决申请书中写到，顾某的 B 房产合法面积为 240 平方米，评估总价为 103，020 元。补偿安置款 =（单位建筑面积安置房成本结算价每平方米 1300 元 - 单位建筑面积安置房建安结算价每平方米 550 元 + 单位建筑面积的拆房屋重置价结合成新评估价）× 合法建筑面积 =（1300 - 550 + 429）× 240$m^2$ = 282，960 元。

然而，申请书认定的 B 房产的面积有误，实际上应当为 380 平方米，而且补偿标准也不符合顾某的要求。

2009 年 5 月中旬，无锡市人民政府拆迁管理办公室在追加 B 房产四共有权人为裁决被申请人之后重新启动了裁决程序，并于同年 7 月底对这一波三折的拆迁纠纷作出裁决结果，裁决拆迁人对顾某以及 B 房产另四位共有权人实行房屋产权置换，分别安置滨湖街道漆烫苑 9 幢 327 号 502 室、大箕山 A - 18 幢二单位 102 室与 103 室，建筑面积分别为 70.33$m^2$、75$m^2$、75$m^2$，顾某以及 B 房产另四位共有权人则应共同承担向申请人支付约 10000 元差价的义务。

依据无锡市人民政府拆迁管理办公室所作裁决，安置房的地理位置、户型、面积等各项居住条件较之 B 房产都相去甚远。对于如此有失公允的裁决，顾某自是不服。

**【裁判结果】**

本案历经四百多个时日，经过两道行政复议程序与一道刑事立案追责程序，最终拆迁人与顾某于 2009 年 10 月中旬在补偿安置事项上达成了一致意见——实行一套别墅的产权调换以及 181 万元货币补偿，双方签订了姗姗来迟的房屋拆迁补偿安置协议。

**【案件评析】**

这是一起由房屋拆迁引发的案件，案件涉及多方当事人，历经四百多天，拆迁人迫于法律、经济、行政方面的压力，最终与顾某达成了调解协议。这是私权对抗强制拆迁的胜利，这起案件引发我们的很多思考。

从民族进步来讲，房屋拆迁要不要拆？答案是肯定的。城市的连续性发展扩张实则是在一个建设—拆迁—建设的循环往复过程中完成。改革开放拉动了中国经济崛起腾飞的那根弦，也因此加快了城市化的步伐。市区里的厂矿及特别有污染的企业最先全部迁出，接着居住的旧城翻新改造重新规划，新城区、卫星城、金融区、商务区、开发区、科技区和工业区等遍地开花，城市从此就置身于房地产建设的滚滚浪潮之中。这个循环往复过程，能让神舟之土的钢铁城市变得美丽、宽敞、绿化、环保、清洁、舒适，不但彰显着我们的国之强盛，也让我们的国民享受着现代文明的优越与幸福。换言之，房屋拆迁是民族进步的必要环节。

从民生层面来看，房屋要不要拆迁？这一问，较之前一问要难回答很多。因为，民生的问题往往只有国民合众体才有最真实、客观的发言权。所以，任何个人或者团体，都无法做到这个合众体的代言人。毕竟，全体国民的意思本身就是一个抽象到极致的概念。在此，笔者谨以实务中接触到的大量拆迁户所表达出来的意愿做一个归纳性回答。通常而言，拆迁户们对于拆迁并不持排斥心理，甚至有部分民众是乐意拆迁的，希望生活环境越拆越好。当然，也有很少一部分民众对于既存的房屋有着特定的感情寄托，因此而拒绝拆迁。就认同拆迁的民众来说，一般认为只要拆迁行为满足了他们的四项“希望”，他们都会积极配合拆迁：其一，如果实行房屋产权置换，希望在同等地段的前提下，扣除公摊面积之后能够保持原有使用面积；其二，如果实行货币补偿，希望参照拆迁地域周边的商品房交易价格进行合理货币补偿；其三，希望拆迁补偿安置协议的签订过程是本着市场主义的精神平等协商的结果，而非权力大棒干预的结果；其四，希望不出现野蛮拆迁方式。

总而言之，拆迁本身与民族与民生问题并不矛盾，更加说不上对立。而它之所以变得矛盾丛生，仍然是受体制之困的结果——由于拆迁立法不完善，行政权一支独大，地方政府在利益驱动下不但有滥用公权的热情，更有选择性执法的制度漏洞支持，因此极有可能联手开发商搞开发，僭越拆迁户的合理权益，引发拆迁户的抵制心理甚至尖锐对抗。要彻底打破这种体制寒冰，非一日之功所能完成。在这个艰苦卓绝的发展历程中，律师，尤其是拆迁维权律师，不仅仅是法律制度的布道者，也不仅仅是法律技巧的魔术师，而更应当是那一颗颗炽热的“社会的良心”！

**作者杨在明介绍**

1968年出生于山东，汉族，中共党员，山东大学民商法学士，中国人民大学民商法硕士，1994年取得律师资格，1996年开始律师生涯执业。现为北京市在明律师事务所主任，北京市律师协会房地产专业委员会委员。

主要荣誉：

影响中国·第九届中国时代十大风云人物、中国拆迁律师第一人、2010律政年度拆迁律师。代表著作：《二手房买卖操作指南》、《房屋拆迁以案说法实用指南》、《拆迁案例胜诉指引》。

# 在香港买卖深圳商铺违约后避免被没收巨额楼款的特殊案例

## ——记深圳罗湖商业城买卖合同纠纷仲裁案

吴国权* 律师

**【案情介绍】**

20世纪90年代邓小平同志南巡讲话后，中国对外改革开放顿时进入勃发时期，百业兴旺，其中尤以房地产业的发展最为迅猛，广东的房价在短短的几年间升幅超过两三倍。与深圳罗湖海关联检大楼相连的罗湖商业城项目正好赶上当年房地产发展的黄金时代，在尚未取得预售许可证时，每平方米单价已被炒至令人瞠目结舌的10万港元。该项目由我国香港地区（以下简称香港）香港某公司与深圳某国有上市房地产公司以中外合作项目公司的方式开发经营，实际由香港某公司负责项目公司的具体

* 北京德恒（广州）律师事务所主任。

经营。在项目仍在主体建筑施工期间，尚未符合预售条件，项目公司便趁房地产价格不断攀升之际，委托香港某中介机构以包销方式在香港推售（租）项目。此香港中介机构则乘机在香港市场大肆炒作，对外（租）售价比包销价格高出80%以上。在炒风日盛之下，国内某驻港公司倾尽全力以高达六亿多港元购买其中第三层全层。为了规避没有预售证这一缺陷，香港某中介公司以自己名义与国内某驻港公司签订租期为30年的租赁合同（实为买卖合同，因合同注明预售条件成就时即转为买卖合同），国内某驻港公司支付了两亿多港元的首期楼款，余款需在短期内分期支付。合同中订明了发生争议则根据中国国际贸易促进委员会对外经济贸易仲裁委员会（现中国国际经济贸易仲裁委员会）仲裁解决的仲裁条款，正是这一条款在其后帮助买方避免了巨额楼款被没收的厄运，打破了在香港多年以来形成的“挞定”（即在买方违约情况下卖方有权没收买方已付楼款）魔咒。

合同签订并交付首期2亿多港元楼款后，一切似乎风平浪静。但天有不测风云，鉴于国内经济过热，中国政府果断采取了紧缩银根措施，以令过热的国内经济软着陆。一时间，国内金融机构收紧信贷，资金紧缺突现。国内某驻港公司因被断绝了国内资金来源，立即陷入资金链断裂的绝境，无法支付陆续到期的楼款，违约已成事实。

经过各方反复磋商，项目公司、香港某中介公司与国内某驻港公司三方达成和解协议，同意按六亿多港元除以第三层全层面积所得每平方米单价，计算两亿多港元应得第三层商铺相应面积给国内某驻港公司，各方对其余互不追究。

**【争议焦点】**

香港周卓立律师邀请吴国权律师等共同处理该案。我们首先仔细分析研究案件有关法律文件，整理出案件的关键问题，并综合分析各方面利弊得失，拟订工作思路、行动方案、应对策略和最低目标。

我们整理出以下关键问题：（1）合同的主体，项目公司能否成为合同主体？（2）合同的合法性和有效性。（3）合同的准据法，即是适用中国内地法律还是适用香港地区的法律？（4）解决争议的方式及地点。（5）香港某中介公司的实际偿付能力。然后针对这些问题进行综合分析，明晰各方面利弊得失，做到知己知彼。

首先，从合同文本看，合同签约人为香港某中介公司和国内某驻港公司，项目公司没有在合同文本上签字，而国内某驻港公司只有一份项目公司授权委托香港某中介公司在香港租售罗湖商业城的授权委托书，由此，项目公司是否是合同主体显然会争议颇大。香港某中介公司经济实力有限，且作为中介机构应当不会持有多少不动产，而资金则来去无踪，如香港某中介公司有意避债，则易如反掌。如我们把目标仅对准香港某中介公司，即使将来官司胜诉，那么，胜诉债权也很难实现。而合同虽订明了在国内涉外仲裁机构仲裁的条款，但按照该仲裁机构的仲裁规则，仲裁条款的效力仅涵盖合同签约当事人，由此，仲裁条款的效力可能涵盖不了项目公司。如果这样，即使项目公司拥有足够经济实力，但因其不是合同签约当事人而可能不能成为仲裁裁决的当事人承担合同责任。这是我方面临的最大风险——承担责任主体的实际经济实力风险。

其次，在实体法律适用方面，如适用香港地区法律，则合同合法有效，国内某驻港公司违约无疑，不但已付楼款无法索回，还可能面临赔偿对方其他损失的风险；如适用中国内地法律，则合同很可能违法无效，其结果是互相返还，国内某驻港公司有可能可索回两亿多港元巨款，也很可能无须承担其他损失赔偿责任，结果与前一种情况恰恰相反。根据合同中约定的在中国国际贸易促进委员会对外经济贸易仲裁委员会仲裁解决的仲裁条款，仲裁地点在北京，那么，根据合同标的物为不动产且不动产所在地在中国内地，再结合仲裁机构为中国涉外仲裁机构及仲裁地点在北京等因素，争取适用中国内地法律作为准据法的可能性很大。这是对我方有利的因素。

由以上分析我们发现，能否在仲裁申请受理、审理和裁决过程中说服仲裁机构和仲裁庭接受将项目公司列为被申请人以及仲裁庭是否支持并裁决项目公司承担合同的法律责任则成为案件的关键所在。

在分析研究案件材料过程中，我们同时还留意到了可以利用以解决争议的有利因素：

（1）项目公司成立过程以及项目立项、规划、报建与施工过程等明显存在不正常或不符合有关规定的情况；且项目公司合作中方为国有上市公司，按规定有责任将有关项目公司及项目情况向公众进行披露。

（2）香港某中介公司与项目公司确定的包销价与香港某中介公司租（售）给国内某驻港公司的价格差距巨大，其中很可能存在某些不为人知的内情，作为项目公司及其他合作方，很可能不希望仲裁案件以及相关内情曝光，可能存在与项目公司及其合作方和谈解决的机会。问题摆在我们面前，如何创造和利用这些机会？

基于以上分析，我们共同商定了以调查取证和申请仲裁为手段，创造和谈解决机遇，以争取和谈解决争议目标的工作思路、策略和行动方案。事实证明，我们的分析、思路、策略和目标是正确的。

**【裁判结果】**

在确定了“调查取证和申请仲裁为手段，创造和谈解决机遇，以争取和谈解决争议目标的工作思路、策略和行动方案”之后，我们依计而行，主动出击，创造并抓住和谈良机，终成和解。

首先，我们根据情势发展，选择适当时机不断深入地向当地工商、外经、规划国土、建设等政府主管部门调查项目公司及项目用地、规划、报建与施工等资料，以便尽量多掌握对方情况，并让项目公司及其合作方了解我方掌握资料的程序和范围，控制不让媒体知道和公开公布，以将这种压力保持在一定范围，通过项目公司施压香港某中介公司，逐渐凝聚成一股推动案件向和谈方向发展的合力。

其次，根据项目公司出具给香港某中介公司租售项目的授权委托书以及项目公司是合同标的业主的事实，我方认定项目公司应当为合同当事人并将项目公司作为仲裁申请的被申请人之一，说服仲裁机构受理和接受我方的仲裁申请，仲裁机构依法向项目公司发出了应诉通知书。这样，就将项目公司拖入到漫长的仲裁程序中，尽管仲裁庭很可能不会认定项目公司为合同当事人并裁决其不承担合同责任，但这样的安排给项目公司及其合作方形成了在仲裁过程中需出示文件资料可能被公开以及仲裁结果或许会对其不利的双重压力，直接形成推动和谈深入进行的动力。

果然，机会来得比我们预料的还快，和谈之门终于向我方敞开了。项目公司在收到仲裁机构送达的仲裁法律文件后不久，就主动与某驻港公司人员联系，表示了可以接受谈判的意愿。我方根据事先安排，没有马上回应，待对方几次联系后我方才回应。于初次会谈，我方也事先考虑过出席初次会谈人员的层次不能太高；否则，如最高领导出面，一旦谈得不好，则很可能陷入僵局，没有了回旋余地。

经过数十回合且长达一年多的不断商谈，其间历经各种波折，最终于仲裁庭通知开庭审理前三天，项目公司、香港某中介公司与内地某驻港公司三方达成和解协议，同意按六亿多港元除以第三层全层面积所得每平方米单价，计算两亿多港元应得第三层商铺相应面积给国内某驻港公司，各方对其余互不追究。至此，国内某驻港公司的两亿多港元巨款终于换得了相应面积的房产，避免了被“挞定”所遭遇的巨额损失。

**【案件评析】**

温故知新。每当想起这件案件的处理过

程，深感当年在与香港律师同行的共同努力下，我们全面分析和研究了各方面的情况及其优劣势，及时准确把握案件的关键，理清各方立场、利益，拟定了处理案件思路、方法、策略和目标，切实执行既定方略，体现了思想、方法和行动的协调一致。一切行动皆是手段，解决问题才是最终目的。

**作者吴国权介绍**

北京德恒（广州）律师事务所主任，中国国际经济贸易仲裁委员会仲裁员，深圳仲裁委员会仲裁员。

主要执业领域涉及诉讼、仲裁、房地产、公司、合同、兼并重组、投融资、国际贸易、知识产权、劳动保障等。

在贸易投资、金融、房产建设、知识产权、劳动人事关系和产品责任等领域的诉讼和仲裁方面具有丰富的实践经验。曾参与多家跨国公司、国有大型企业、国有银行、外资银行的重大诉讼案件，案件涉及国际贸易、外商投资企业、公司兼并重组、房地产开发建设、工程承包、知识产权 外债担保、票据、信用证、提单及产品责任等。具有将近二十年的执业经验，代理了数百件各种诉讼、仲裁案件，涉及粤港澳三地，并多次作为中国法律专家证人在中华人民共和国香港特别行政区高等法院出庭作证并提供中国法律意见。

于2007年加入德恒（广州）律师事务所。在加入德恒前，曾在中国国际贸易促进委员会广东省分会从事了八年涉外法律事务工作，1993年参与创办中国国际贸易促进委员会广东分会下属广东国际经贸律师事务所，1995年创办合伙制律师事务所并担任主任。

1985年毕业于西南政法大学法学专业，获法学学士学位；1985年就读中国政法大学经济法专业研究生，获授法学硕士学位。1990～1991年曾在中国法律服务（香港）有限公司工作学习。

具有下列专业资格：

广州市律师协会知识产权专业委员会委员、中国律师协会会员、中国海商法协会会员、中国法学会会员

担任了下列社会职务：

广州市生产力促进中心专家库在册专家、中国民主同盟广东省委员会法制与社会委员会委员、中国国际经济贸易仲裁委员会仲裁员、深圳仲裁委员会仲裁员。

# 律师和解案

白金湖* 律师

**【案情介绍】**

本案王某某与牛某某（夫）、李某某（妻）系商业合作伙伴。2007年11月份，双方口头建立脚手架钢管、扣件租赁合同，租赁期间双方一直没有结算过。2009年李某某签订协议表明欠王某某67，000元整。一年来，王某某多次向李某某、牛某某清欠，但牛某某不仅在电话中借故推诿，而且不与王某某见面。2010年4月7日，王某某向济南市槐荫区人民法院提起诉讼，并申请财产保全，申请法院查封牛某某名下别克牌小轿车一辆。并聘请白金湖律师担任王某某诉讼代理人。

* 金湖律师和解中心负责人。

律师经深入调查发现，原告、被告双方在合同签订以前就认识，交往一直较好，而且纠纷后还有业务往来，具备和解的基础。作为原告方诉讼代理人，白律师主动给被告方打电话，希望通过和解化解原被告双方的矛盾，完成了非诉讼和解的梦想。

**【争议焦点】**

由于本案案情并不复杂，双方系商业合作伙伴，一直保持着良好的合作关系，所以，案件的争议焦点集中在李某某、牛某某何时还款的问题上。

对于这个争议焦点，在得到被告方的许可后，白律师在工作室主持了双方的和解：

白金湖：我是山东全诚律师事务所律师。今天用非诉讼的形式，主持和解你们彼此间的纠纷，化解矛盾，你们同意吗？

王某某：同意。

李某某：同意。

白金湖：为了和解的顺利进行，我提议：

（1）讲礼貌。发言要按顺序，一方说了另一方再说，谁也不能打断对方的说话。要心平气和地摆事实讲道理。

（2）讲文明。发言时可以把想说的都说出来，但不能使用污蔑性、攻击性语言，更不能说脏话带骂字。

（3）讲法律。有法律规定的要自觉遵守，不能自己想怎么办就怎么办。

（4）讲证据。大家都不乱讲观点，说话要有证据，用证据说服人。

（5）讲礼让。各方以清楚的事实、充足的证据、明确的法理为发表意见的前提，不要坚持己见，主动做出让步，达到息事宁人的目的。

以上的提议大家有没有补充？

王某某 ：没有。

李某某 ：没有。

白金湖：话说到前头，只要通过，这就是今天在场的约法三章，请大家自觉遵守。首先核对一下账目。

李某某：我们双方共有债务一共 67，000 元整。今天我们预备先给 3 万元，余款 37000 元于 2010 年 9 月 30 日前全部还清。但我们要求王某某撤掉原来的诉讼。

王某某：同意。

白金湖：有一些话我必须跟你们说一说，防止再产生新的矛盾，按老百姓的话说就是丑话说在前头。假如 2010 年 9 月 30 日前还不上钱怎么办？

李某某：肯定我会早还钱的。

白金湖：假如 2010 年 9 月 30 日不能按期还款，你们要按银行同期利率四倍承担赔偿责任。可以吗？

李某某：可以。

白金湖：办理撤诉法院只返还一半的费用，法院收取的一半你们双方谁来承担？

李某某：我们事前已经商量全部由王某某承担。

王某某：由我来承担就算了。

白金湖：我简单地为你们记了几句，你们看看笔录，无误请签字，另外我为你们再起草一份和解协议书。

李某某：我想再说一句，就是原来的结算单能不能还给我？

白金湖：根据法律的规定后证优于先证，我们今天和解笔录和和解协议书是最有力的证据。原来的结算单已经成为历史，还不还都对今后的案件不再是直接的证据。听听王某某的意见。

王某某：还她也行。

在双方达成和解意向并在《和解笔录》签字的基础上，为其双方起草了和解协议，并列白金湖律师为和解见证人。

**【裁判结果】**

经认真地学习法律知识，心平气和地交换意见，彼此间相互让步，形成一致意见，自愿签署如下协议：

（1）签订本协议当日李某某向王某某一次性支付欠款 30，000 元整。

（2）欠款余额37，000元整李某某保证于2010年9月30日前还清。

如李某某不能按上述时间还款，将自愿按银行同期利率的四倍承担欠款余额37，000元整的赔偿责任。

（3）首付欠款3万元付清后次日起王某某向济南市槐荫区人民法院提出撤诉申请。法院撤诉裁定送达后，王某某要用电话告知李某某或送达撤诉裁定书。

【案件评析】

和解不仅是结束案件纠纷、节约司法资源、提高诉讼效率的重要途径，而且对构建社会主义和谐社会、维护社会安定有着重要作用。主要是为了响应国家政法委创建大调解工作体系的需要。近期，我们提出构建律师和解制度，且长期致力于当事人和解相关制度的完善，我全身心地率领工作室的全体人员进行着不懈的努力。对于与本案类似的案情简单、双方矛盾不深、争议焦点明确、证据充分的案件，我们主张多使用调解的方式，节省司法资源，实现定纷止争的目的，维护社会的和谐。

# 弋阳房地产开发纠纷案

胡佩民* 律师

【案情介绍】

本律师是被告杭州萧山国际酒店有限公司、第三人弋阳县萧弋房地产开发有限公司的委托代理人。2007年12月28日，原告弋阳县人民政府与被告签订了《五星级酒店及配套项目建设合同书》（以下简称《配套合同》）。合同约定：（1）项目名称：五星级酒店及住宅、商用楼配套项目开发建设；（2）投资规模1.5亿元；（3）附条件以优惠价供给项目建设用地总面积110亩：（4）酒店于2008年9月开工建设，2009年底完成主体工程，2010年9月前竣工营业。住宅及商用楼于2008年6月开工建设。此外，合同还对项目规划建设条件、双方权利义务、违约责任等作了约定。2008年9月12日，原告弋阳县国土资源局与被告、第三人签订了《国有建设用地使用权出让合同》（以下简称《出让合同》）。合同其中约定："受让人造成土地闲置，闲置满一年不满二年的，应依法缴纳土地闲置费；土地闲置满二年且未开工建设的，出让人有权无偿收回国有建设用地使用权。"、"受让人未能按照本合同约定日期或同意延期开工与延期竣工的，每延期一日，应向出让人支付相当于国有建设用地使用权出让价款总额1‰的违约金"。

《出让合同》签订后，被告、第三人按约向原告弋阳县国土资源局缴纳土地出让金人民币570万元，受让了114亩建设用地。

因国际金融危机的突发，国家严控房地产市场及收紧银行贷款，导致被告、第三人资金的困境。因欠方天兴、沈阿三、许巍巍等人借款约2000万元，无力偿还，受让的114亩建设用地全部被浙江衢州市柯城区人民法院于2009年4月7日、杭州市萧山区人民法院于4月14日、绍兴县人民法院于10月29日查封。同时，按照《配套合同》、《出让合同》约定，工程建设迟迟不能开工。

2009年11月4日，原告弋阳县人民政府、弋阳县国土资源局以被告、第三人已陷入重大债务危机，已丧失履行双方签订的五星级酒店及配套项目建设合同书的能力，双方签订的建设五星

* 上海市公民律师事务所。

酒店及配套项目建设合同目的已无法实现，合同已无法继续履行为由，在弋阳县人民法院向被告、第三人提起民事起诉：要求解除双方签订的《配套合同》、《出让合同》，收回优惠政策出让给被告、第三人的114亩建设用地。

2010年3月1日弋阳县人民法院作出一审民事判决［（2009）弋民初字第1134号］。被告、第三人因不服一审民事判决，向上饶市中级人民法院提起上诉。上饶市中级人民法院于2010年7月21日作出终审民事判决［（2010）饶中民二终字第48号］。

**【争议焦点】**

（一）解除《配套合同》、《出让合同》责任应由谁来承担

原告认为，原告已履行了合同义务，被告如约取得建设用地使用权，而被告未按期开工建设，经原告催告，至今仍未履行开工建设的合同义务，被告已不能按期竣工营业，且被告因诉讼原因被衢州市柯城区等三家人民法院查封了本案出让的土地，致使合同目的不能实现，责任应由被告、第三人来承担。

本代理人认为，被告、第三人已按合同履行了相关的前期义务，由于原告推迟了建设用地出让，被告、第三人受让到建设用地时正遇到不可抗力的房地产严格调控，无法融资，属于情势变更，责任应由原告来承担。

（二）原告收回出让的114亩建设用地，是否要向被告第三人返回570万元土地出让金

原告认为，被告、第三人取得建设用地二年也没能力开工，按照法律规定，可以无偿收回出让的建设用地，不返还已收到的土地出让金。

本代理人认为，被告、第三人是依法竞得114亩建设用地的，实际支付了570万元土地出让金，被告、第三人有能力实现合同目的。若原告要收回出让的建设用地，应向被告、第三人返回土地出让金。

**【裁判结果】**

一审民事判决［（2009）弋民初字第1134号］：

本院认为，原告已履行合同义务，被告如约取得建设用地使用权，而被告未按期开工建设，经原告催告，至今仍未履行开工建设的合同义务，被告已不能按期竣工营业，且被告因诉讼原因被衢州市柯城区等三家人民法院查封了本案出让的土地，致使合同目的不能实现，故对原告要求解除与被告签订的配套合同的诉讼请求，予以支持。本案中并未出现不可抗力的情形，故对被告的辩解意见本院不予支持。

《配套合同》是《出让合同》的原因行为，《配套合同》解除后，被告以570万元取得4630万元的国有建设用地使用权便失去了合法依据，《出让合同》也应予解除，原告弋阳县人民政府诉请要求收取国有建设用地使用权，因该行为属行政行为不在法院审理范围之内，故本院对该诉讼请求不予支持。根据《中华人民共和国合同法》第97条之规定：合同解除后，尚未履行的，终止履行；已经履行的，根据履行情况和合同性质，当事人可以要求恢复原状，采取其他补救措施，并有权要求赔偿损失。依照《中华人民共和国合同法》第5条、第45条第1款、第94条第4项之规定，判决如下：

一、解除原告弋阳县人民政府与被告杭州萧山国际酒店有限公司签订《五星级酒店及配套项目建设合同书》；

二、解除原告弋阳县国土资源局与被告签订的编号为：36200804100001、36200804100002、36200804100003、36200804100004的四份《国有建设用地使用权出让合同》。

案件受理费273330元由被告负担。

二审民事判决［（2010）饶中民二终字第48号］：

本院认为，杭州萧山国际酒店有限公司、弋阳县萧弋房地产开发有限公司上诉提出至今未开工建设是弋阳县人民政府违约且又遇到了不可抗力及国家宏观政策调控，本院经审查，该上诉理由不能成立，上诉人未能提供相关证

据，故对该理由本院不予采纳。因该合同已解除，被上诉人已取得的土地价款570万元亦应返还上诉人。原审法院在处理该案时，未判决返还已取得的土地价款不妥。原审认定事实清楚，处理恰当，应予维持。据此，依照《中华人民共和国民事诉讼法》第153条第1款第1、2项之规定，判决如下：

（1）维持江西省弋阳县人民法院［（2009）弋民初字第1134号］民事判决；

（2）弋阳县人民政府、弋阳县国土资源局返还上诉人杭州萧山国际酒店有限公司、弋阳县萧弋房地产开发有限公司土地出让金570万元。限本判决生效后十日内付清。

一审案件受理费273330元，二审案件受理费273330元，合计546660元，由杭州萧山国际酒店有限公司、弋阳县萧弋房地产开发有限公司负担。

本判决为终审判决。

**【案件评析】**

本案的关键问题是：（1）解除《配套合同》、《出让合同》责任应由谁来承担？（2）原告收回出让的114亩建设用地，是否要向被告、第三人返回570万元土地出让金？

由于本代理人在一审中举证到位，证明了原告延迟交付建设用地违约在先，被告、第三人无法开工与竣工违约在后。尤其是原告出让的建设用地没有地下埋藏物勘探资料等，不具备建设用地出让的条件。土地使用权证延迟到2008年10月31日才颁发，此时国家对房地产市场调控更加严厉，银行对房地产的贷款更加紧缩，导致被告、第三人不能开工。解除合同的主要责任应由原告承担。

为此，一审判决免除被告、第三人承担《出让合同》约定的："受让人未能按照本合同约定日期或同意延期开工与延期竣工的，每延期一日，应向出让人支付相当于国有建设用地使用权出让价款总额1‰的违约金"的违约责任。

但是，一审判决，解除《配套合同》、《出让合同》，没有要求原告返还570万元土地出让金。一审判决对被告、第三人留下了极大的法律风险。因为，被告、第三人至今无法开工建设，即使马上开工建设，其顺延的时间已经大大超过了原告延迟交付建设用地的时间。而且，超过二年未能开工建设，原告就有权按照法律规定向被告、第三人无偿收回出让的114亩建设用地，被告、第三人支付的570万元土地出让金就无望返回了。

本代理人在二审中扩大取证，充分抗辩，证明了：

1、被告、第三人是依法竞得114亩建设用地的，实际支付了土地出让金570万元。2、按照《配套合同》、《出让合同》的约定，被告、第三人已履行了前期的义务，并有能力实现合同的目的。3、出让土地被浙江省有关人民法院司法查封，并不能说明被告、第三人已丧失履行合同的能力，且该查封未改变财产权的性质及归属。4、被告、第三人受让到建设用地时正遇到不可抗力的房地产严格调控，无法融资，无法开工，属于情势变更。对照合同法、土地管理法、城市房地产管理法、物权法的有关规定，进行了充分抗辩。

最终，二审判决采纳了本代理人的抗辩意见，判决原告向被告、第三人返回570万元土地出让金。

**作者胡佩民介绍**

毕业于复旦大学。现在上海市公民律师事务所执业，是公民律师事务所的合伙人。

熟悉建筑、房地产以及与其相关的资产重组、海外上市的国内国外的法律法规，成功代理了诉讼和非诉讼的许多法律事务。

曾经提供法律服务与正在提供法律服务的主要客户：美国斯坦福国际基金集团、美国旺达投资服务、美国华钠国际集团公司、H. B. B国际资本集团、比利时富通银行、招商银行、上海银行、交通银行、上海长兴房地产开发有限公司、萧弋房地产开发有限公司、河南省岩土工程公司、华恒高速公路有限公司等。

# 豪华会所转让纠纷案

卢卫东* 律师

【案情介绍】

2006年10月，原告於某、晨某和被告贝某、芳某签订了承包经营合同，约定由原告承包经营被告拥有的上海某餐饮管理有限公司及其投资开设的上海市某路108号豪华会所，原告每年支付约定的承包对价。2007年9月，原告与被告就该公司及会所转让事宜签订了公司及房租合同转让之协议，该合同约定，被告将上海某餐饮管理有限公司（包括该会所）和该会所房租合同一并转让给原告，被告负责办理公司转让、公司法人变更的法律手续以及完成与房屋出租方的租房更名给原告的所有手续，原告支付受让股权款。被告芳某书面委托被告贝某全权签字办理。嗣后，原告和被告又签订了股权转让协议，并约定被告贝某将其50%股权作价转让给原告於某，被告芳某将其50%股权转让给晨某。2007年10月，在办理股权转让工商登记变更时，工商局发现被告芳某在注册成立上海某餐饮管理有限公司之前已经去世，便对被告贝某及公司进行行政处罚并处以罚款。因原告和被告办理股权转让、工商变更手续搁置，原告和被告发生争议。不久，该会所停止了营业。2008年5月，原告委托上海某律师事务所律师起诉至法院，以被告贝某刻意隐瞒被告芳某早已去世的事实，构成民事欺诈为由，要求法院撤销上述协议并返还受让股权款项。被告认为，没有刻意隐瞒芳某去世的事实，不存在民事欺诈问题，公司设立的瑕疵可以补正，且不影响进行公司股权转让。一审法院认为，原告和被告签订的两份协议合法有效，但民事欺诈不能成立，判决不支持原告的请求。原告不服上诉至中级法院，二审法院认为一审判决查明的事实无误，适用法律正确，遂判决：驳回上诉，维持原判。原告巨款已出，转让受阻，官司又输，悲愤交加，无奈至极。后来，迷茫的原告慕名找到上海市李国机律师事务所卢卫东律师，请求指点路径，企求再次诉讼扭转第一次诉讼的败局。卢卫东律师根据原告的诉讼材料以及陈述，觉得风险确实颇大，主要是存在一案两诉的法律障碍以及难以改变生效的判决已对事实作出认定的问题。经反复分析研究后，卢卫东律师决定另辟蹊径，提起诉讼。2009年5月，原告向被告发出解除合同律师函，被告觉得已经一审、二审胜诉，对律师函未予理睬。2009年8月，法院立案受理了原告以解除合同后追究被告违约责任、返还转让款为由起诉被告一案，而被告也以原告违约造成被告巨额损失为由提起反诉。在卢卫东律师精心运筹下，峰回路转，一审判决：被告向原告赔偿全部股权转让款，被告反诉请求不予支持。被告不服上诉至中级法院，二审法院于2010年3月作出终审判决：驳回上诉，维持一审判决。

【争议焦点】

本案的争议焦点集中在，被告贝某是否刻意隐瞒芳某去世的事实，是否构成民事欺诈。原告认为，原告和被告已经签订了公司及房租合同转让之协议、股权转让协议，且原告已经

* 上海市李国机律师事务所合伙人。

支付了全部转让款，但在办理变更登记时，原告获悉被告股东芳某已于该公司成立前去世，这是刻意隐瞒股东芳某去世的事实行为，并致使原告对转让事宜作出错误判断，且转让和变更登记均产生诸多问题，显然已构成民事欺诈。被告认为，没有刻意隐瞒芳某去世的事实，不存在民事欺诈问题，公司设立的瑕疵可以补正，且不影响进行公司股权转让。

**【裁判结果】**

**一、第一次诉讼**

2008年5月，原告认为，原告和被告已经签订了公司及房租合同转让之协议、股权转让协议，且原告已经支付了全部转让款，但在办理变更登记时，原告获悉被告股东芳某已于该公司成立前去世，这是刻意隐瞒股东芳某去世的事实行为，并致使原告对转让事宜作出错误判断，且转让和变更登记均产生诸多问题，显然已构成民事欺诈，要求撤销双方签订的协议，返还转让款，赔偿利息损失。被告认为，股东芳某去世已告知原告，不存在欺诈，况且，可以补正公司设立的瑕疵并继续履行转让协议。法院认为，原告和被告签订的两份协议以及转让款支付凭证是对公司、会所转让的真实意思表示，被告的行为尚未构成民事欺诈，理由如下：被告设立公司的瑕疵行为与本案无直接关联，应由工商行政部门对此作出处理；被告虽未告知原告公司设立时的瑕疵，但还是与原告一同去办理公司变更手续，可见未刻意隐瞒，原告对公司转让的实质性事实也没有错误认识；设立公司的瑕疵行为实质影响的是公司转让过程中的行政审批程序，补正后，公司转让仍可进行，因此，不支持原告的诉讼请求。原告提出上诉，二审法院认为，公司设立瑕疵由工商部门作出行政处理，原告主张被告存在欺诈故意依据不足，法院难以支持，驳回上诉，维持原判。

**二、第二次诉讼**

在起诉前，卢卫东律师首先向被告发出一份解除合同的律师函，被告置之不理；在调查取证后，获悉，被告不堪承受巨额会所房租，暂时停业；得知被告尚未接受工商行政部门处罚及缴纳罚款。2009年8月，原告以解除合同后追究被告违约责任为由提起诉讼，法院立案受理。被告提起反诉，要求原告赔偿拖欠的会所租金等经济损失。原告在法庭上发表了两轮辩论意见，概括如下：第一，被告欺骗工商行政部门注册公司，隐瞒股权存在的重大瑕疵，致使工商变更登记受阻，股权转让合同无法依约履行，被告对其过错及违约行为应当承担赔偿责任。第二，被告迄今未接受工商行政部门处罚，且又未经与原告协商以及告知原告而擅自停业是一种与股权转让意思表示相悖的错上加错的违约行为，这导致原告无法实现受让股权的合同目的。第三，按照法律的规定，原告发函解约是一种严肃的法律行为，但被告自恃第一次诉讼已经完胜而不予理会，而且也未通过法律救济途径对原告的解约函效力提出异议，因此，该解约函已经发生效力，也就是说双方的股权转让合同已经解除，而解除合同的后果是违约方将承担违约赔偿责任；第四，原告和被告签订股权转让合同后，就意味着后者股权转让的法律关系已经覆盖或替代了前者的承包合同法律关系，股权转让合同的签订及履行已经表明原承包合同终止、费用结清，被告认为承包转变为股权转让中费用没有结清、股权转让合同尚未履行毫无事实和法律根据。第五，被告反诉要求原告赔偿其垫付的会所租金是被告停业后原告无法经营会所而产生的费用，理应由被告自行承担，而且本案审理的是股权转让合同法律关系，会所租金纠纷系房屋租赁合同法律关系，这是两个不同的法律关系，并非本案审理的范围。被告辩称，目前原告和被告转让的标的是公司，原告和被告从承包经营转为股权转让过程中费用尚未结清，股权转让的合同是为办理工商变更登记手续而签订，实际上没有履行；原告经营不善，拖欠房租，被告无法承受巨额经济重负而造成巨大经济损失，停止营业是尽力减少损失的合法行为，况且原告恶意提起第一次诉讼，严重影响了正常经营活动，损害了双方合作的氛围以及合作互信的基础，因此，合同解除的责任在于原告，原告存在重大违约行为，应赔偿被告的全部损失。法院认为，原告和被告签订的两份协议是双方真实意思表示，合法有效；被告注册公司的瑕疵虽不构成民事欺诈，法院可以撤销合同的条件也未成就，但确实已造成原告受让股权造成诸多障碍，被告对履行转让合同存在过错；被告至今对公司设立的瑕疵未予补正，工商变更登记仍未办理完毕，显然被告构成违约；至于以前承包费的结算问题，不是本案审理范围。因此，原告主张赔偿的诉讼请求，符合事实和法律，应予支持。被告的反诉请求是原告未支付会所房租，造成会所无法经营，承担解除合同的责任，但事实上，会所房租纠纷发生在办理工商变更登记之后，被告的抗辩混淆前后事实及因果关系，故不予采信，且请求基础与本案系不同的法律关系，故难以支持。据此判决，被告赔偿原告全部股权转让款，被告的反诉请求不予支持。被告从第一次诉讼的完胜到第二次诉讼一审完败，跌宕起伏，无论在经济上还是心理上，深感落差太大，难以承受，愤然上诉。二审法院认为，一审法院查明的事实清楚；上诉人已在股权转让费收款凭证上实际签署，可以认定此前被上诉人支付的承包费已实际转变为股权转让款，现上诉人、被上诉人已解除股权转让合同，对已经履行的部分应当恢复原状，上诉人应当依法返还股权转让款；上诉人要求赔偿会所租金系属与本案不同的法律关系，本案不作处理。二审判决：维持上诉人赔偿被上诉人股权转让款判决，维持上诉人反诉请求不予支持的判决。

**【案件评析】**

本案的第一次诉讼原告的诉请未得到法院任何支持，可谓全盘皆输，其原因是未将有关撤销合同的法律以及司法实践结合本案实际情况进行研判。我国法律对可撤销合同的范围限定为意思表示不真实合同，主要有以下三个方面：（1）因重大误解订立的合同。所谓“重大误解”是指行为人因对行为的性质、对方当事人、标的物的品种、质量、规格和数量等产生错误的认识，致使行为的后果与自己的真实意思相违背，并造成较大损失的，可以认定为重大误解。（2）在订立合同时显失公平。按照我国的司法解释，显失公平是指一方当事人利用优势或者利用对方没有经验，致使双方的权利与义务明显违反公平、等价有偿原则的民事行为。（3）以欺诈、胁迫的手段或者乘人之危而订立的合同。在受欺诈、受胁迫的情况下所订立的合同，明显违背我国民法的自愿原则。如合同最终仍被撤销，则参照无效合同的责任之情形来处理。本案的被告确实存有隐瞒行为，公司设立也有虚假情况，但这些情形是否构成法律意义上的欺诈、是否达到可撤销合同的程度和条件、是否直接影响到股权转让履行，这是第一次诉讼的争议焦点，也是法院综合评判的基点。在司法实践中，法院对撤销合同历来谨慎及从严掌握，因此，原告取得诉讼胜算甚微，法院的判决不失依据。

试图采取第二次诉讼来改变第一次诉讼的结局，无论是法律风险还是操作风险都是客观存在的。卢卫东律师断然接受了挑战，这充分体现了一位资深名律师的胆略和睿智。第二次诉讼更换了诉讼角度，从解除合同切入，实施了三部曲，第一步，以解约律师函为追究被告违约责任的先导，而被告却仍沉浸在第一次胜诉的喜悦之中，未察觉原告的意图，以为原告无理取闹，故未予理会。根据法律的规定，任何一方均可依约行使解除合同的权利，解除合同通知到达对方即视为合同解除，解除合同与撤销合同、合同无效不同，司法不会主动干预、行使审判权。当然，一方解约，另一方仍有司法救济途径，但必须在收到解约通知以及在法律规定的期限内向法院提出解约的效力问题。第二步，以调查取证，夯实被告违约基础，调查获悉被告至今未接受工商行政部门处罚和缴纳罚款的情况，而且被告暂停营业，这对法院支持原告得诉请至关重要的事实和证据。第三步，提起诉讼，将对方推上被告席，请求在合同解除的情况下追究被告违约责任。这三部曲逾越了一案两诉的法律障碍，将第一次诉讼法院认定的事实为我所用，成为追究违约责任的事实依据，并发掘了被告未接受工商行政部门处罚以及暂停营业这一错上加错的事实。这三部曲充分展现了一个资深律师的深厚的法律功底以及高超的诉讼技能。在法庭上，原告的辩论意见涵盖了本案的争议焦点，且招招击中被告软肋，被告几乎无招架之力。外行看热闹，内行看门道，本案的三部曲和庭审的辩论意见已经奠定了本案的胜局。最终，一审、二审法院全部支持了原告的诉请。

**作者卢卫东介绍**

上海市李国机律师事务所副主任、合伙人。

1983年毕业于华东政法学院，并被授予法学学士学位。1986年通过全国首届律师统考，获得律师资格。曾在清华大学经济管理学院进修学习。1988年被中国航空工业部授予经济师资格和职称。先后在中国国家经济委员会、中国航空航天工业部等单位任职。数十次赴美国、日本和欧洲等国家学习、培训和工作。主办或参与了涉及数十亿美元的中美最大的合作项目——中国与美国麦道公司合作生产麦道飞机（MD—82、MD—90）总合同和分合同以及相关补偿贸易项目的谈判、签约以及履约。

# （美国）雅培制药有限公司与汕头市雅培食品有限公司、朱某商标侵权及不正当竞争案

## ——恶意将驰名商标注册为商号构成不正当竞争

*沙海涛** 律师

**【案情介绍】**

原告雅培制药有限公司是世界著名的婴幼儿配方奶粉生产商，“雅培”既是其特有的字号，也是驰名商标，在中国具有极高的知名度和商业价值。原告的“雅培”商标先后在1999年10月和2004年8月注册于第29类牛奶、奶制品等商品上和第5类婴儿食品、医用营养品等商品上。2007年，原告注册并使用在第5类人用药品和第29类牛奶制品等商品上的“雅培”标被认定为驰名商标。

被告汕头雅培公司是一家从事糖果和米面制品制造的企业，其股东将“雅培”注册为字号，并于2009年在中国香港地区注册了中美雅培（国际）剂药股份有限公司（中美雅培）。此后，被告将“中美雅培”作为商标使用在婴幼儿乳制品上，还在网站上对上述“中美雅培”系列婴幼儿食品进行宣传。

法院审理后认为，汕头雅培公司未经许可擅自在婴幼儿食品上和网站宣传中使用“中美雅培”标识，显然会导致相关公众对美国雅培制药有限公司和汕头雅培公司的奶制品、婴幼儿食 品的来源产生误认，已构成商标侵权。同时，法院还认定，汕头雅培公司注册“雅培”字号在主观上具有搭“雅培”商标便车的故意，其行为违反了公平竞争、诚实信用的原则，也违反了公认的商业道德，构成不正当

* 北京市金诚同达律师事务所上海分所合伙人。

竞争。

法院遂依法判决被告立即停止使用带有“雅培”字样的标识，立即停止使用带有“雅培”字号的企业名称，赔偿50万元。

**【争议焦点】**

本案的争议焦点集中在下面三个方面：（1）被告是否因突出使用字号而构成商标侵权。（2）被告是否因使用近似商标构成商标侵权。（3）被告注册“雅培”字号是否构成不正当竞争。

（一）被告是否因突出使用字号而构成商标侵权

被告汕头雅培公司的确是将“雅培”注册为企业名称中的字号，而其使用的“中美·雅培ZM·YAPEI”标识也的确使用了“雅培”字样，不过，根据法院查明的事实，原告主张其实施的是突出使用汕头雅培公司字号的商标侵权行为，法院尚难认定。其一，被告汕头雅培公司的法定代表人不仅在中国内地注册成立了汕头雅培公司，而且还在香港特别行政区注册成立了中美雅培公司，两家公司的字号均为“雅培”。其二，产品实物上记载有中美雅培公司授权，系争网站上亦有中美雅培公司的介绍，可见侵权行为并非被告汕头雅培公司单独实施。其三，该标识使用的是“中美·雅培”字样，而非“汕头雅培”字样，故法院尚不能认定被告汕头雅培公司是在突出使用自己的字号。

（二）被告是否因使用近似商标构成商标侵权

首先，“中美·雅培ZM·YAPEI”标识与原告的“雅培”商标是否相同或者近似？系争标识从其整体视觉效果而言，与“雅培”文字商标尚存在区别，不能认为相同，但该标识中的中文文字和拼音呈上下排列，且中文文字的字号显著大于拼音字母的字号，可以认为“中美·雅培”系该标识的主要识别部分，而且其“雅培”文字与原告的中文商标文字相同，故就标识本身而言，以相关公众的一般注意力为标准来判断，该标识显然与原告的“雅培”商标近似。

其次，从原告商标的注册情况来看，原告企业名称中的“ABBOTT”一词，其最初的中文翻译是“阿波特”，“雅培”并不是该单词的标准中文翻译，故法院可以认定“雅培”是原告结合了其商品特性而生造的谐音词，该文字商标标识本身即具有较高的显著性。而且，原告的“雅培”商标（第1324114号）早在1999年10月即已注册，核定使用在第29类的牛奶、牛奶制品等商品上。原告查询所得的资料也显示，至少从2001年4月开始，原告在我国境内就已经使用“雅培”作为其中文译名中的字号，这与原告的中文注册商标形成了呼应。2004年8月，原告的“雅培”商标（第3907887号）又在第5类的医用营养品、婴儿食品等商品上获得注册。原告的商标、字号一体化战略，使“雅培”商区分商品来源的功能更为明显，并逐步产生商品质量的表彰功能。2007年9月，原告注册在牛奶制品等商品上的“雅培”商标（第1324114号）被商标局认定为驰名商标，法院有理由相信，该商标的影响力会自然而然地延伸到后续注册的、核定使用在医用营养品、婴儿食品、非医用营养粉等商品上的“雅培”商标。因此，原告的商标不仅具有高显著性，而且具有高知名度。

最后，原、被告的商品是否是相同或者类似商品？被告汕头雅培公司经营的牛初乳营养素、奶米粉、奶伴、营养米粉和葡萄糖等产品均介绍其适用人群为婴幼儿，故这些产品均为婴幼儿食品，正好落入了原告第3907887号“雅培”注册商标的核定使用商品的范围，与该商标核定使用的婴儿食品属于相同商品。此外，被告汕头雅培公司经营的部分产品，如牛初乳营养素，亦以牛奶制品为主要原料，可与原告“雅培”驰名商标核定使用的牛奶制品构成近似商品。

综上所述，被告汕头雅培公司未经原告许可，擅自在婴幼儿食品上和网站宣传中使用

"中美·雅培·YAPEI"标识显然会导致相关公众对原告和被告汕头雅培公司的奶制品、婴幼儿食品的来源产生误认，该使用行为已经构成商标侵权，被告汕头雅培公司理应停止使用该含有"雅培"字样的标识并赔偿损失。被告朱某销售上述侵犯注册商标专用权的商品亦构成侵权，理应承担停止侵权的民事责任。

（三）被告注册"雅培"字号是否构成不正当竞争

从本案证据来看，原告早在2001年4月即已在我国境内使用"雅培"作为其中文译名中的字号，而且被评为世界500强企业和美国100强企业之一。与此相应的是，"雅培"作为注册商标也体现着它所具有的良好的经济价值，直至2007年9月原告注册并使用在"人用药品"、"牛奶制品"商品上的"雅培"商标被商标局认定为驰名商标，更是彰显了原告注册商标的含金量。由此可见，"雅培"无论是作为字号还是商标，均具有极高的市场号召力和巨大的商业价值。原告为此所付出的商业努力应该获得尊重，其正当的竞争利益亦应依法受到保护。反观被告汕头雅培公司的行为，其将企业名称中的字号注册为"雅培"，并用于婴幼儿食品的经营的主观故意至为明显。被告汕头雅培公司成立于2008年1月，理应知道"雅培"商标已经被认定为驰名商标。被告汕头雅培公司在没有合理理由的情况下，选用"雅培"作为其字号，其正当性即已存疑。

作为一个注册资本金仅8万元的有限公司，被告汕头雅培公司本不具有婴幼儿米粉的经营范围，但在其向被告朱某某提供的企业证照复印件上，其注册资本却变成了80万元，而且本来经营范围中的"米面制品（非婴幼儿米粉）"也变成了"米面制品（营养米粉）、乳制品（营养素）"。在被告汕头雅培公司经营的婴幼儿食品的包装物上所出现的食品卫生许可证号甚至与其自己提供给被告朱某的复印件所记载的内容都对不起来。这一系列变化使得被告汕头雅培公司突然具备了生产、销售婴幼儿食品的资格和能力，从而具备了同原告竞争的可能性。法院完全有理由相信，被告汕头雅培公司在主观上具有搭"雅培"商标便车的故意，其行为违反了公平竞争、诚实信用的原则，也违反了公认的商业道德，而且正如上述所分析的，其行为必然在客观上导致相关公众对原、被告的商品来源产生混淆，并给原告带来不可避免的经济损失。被告汕头雅培公司应对其恶意注册字号的不正当竞争行为承担停止不正当竞争行为、赔偿损失等民事责任。

有关被告汕头雅培公司的赔偿数额问题，根据我国法律的规定，可以按权利人的损失或者侵权人的获利来计算。不过，现有的证据未能体现原告损失或被告汕头雅培公司获利的具体数额，故法院依法适用法定赔偿。

**【裁判结果】**

法院认为，原告的"雅培"商标经商标局核准注册，至今有效，其注册商标专用权依法应受法律保护。

**【案件评析】**

本案系一起典型的商标和商号的权利冲突案件，入选最高人民法院选定的2010年中国法院知识产权司法保护50件典型案例和2010年中华全国律师协会知识产权专业委员会年会暨中国律师知识产权高层论坛十佳知识产权案例奖。

商标和商号的权利冲突案件是目前知识产保护和知识产权审判中的一个难题。一些恶意经营者将与他人知名商标相同或近似的文字作为自己企业名称中的字号进行同业竞争，此类行为不仅损害了权利人的合法权益，也破坏了公平竞争的市场秩序，同时也损害了消费者与相关公众的利益。

恶意经营者的手法已经由简单地在将他人知名商标注册为自己商号，演变为利用其貌似合法的工商登记形式掩盖其搭乘知名商标商誉便车的恶意，如通过在境外（主要是中国香港地）注册一个公司，该公司名称中包含他人知名商（如本案的"雅培"字样），随后在大陆地区大肆进行相同或相似产品的生产与销售，并在其网站或其他宣传材料中突出宣传其商号。

本案所涉及的侵权事实包括商标侵权和不正当竞争，如仅仅起诉商标侵权，在现有商标法律体系下，无法达到要求被告停止使用“雅培”商号的目的。因此，代理律师制定了同时起诉被告构成商标侵权和不正当竞争的诉讼策略，依据《反不正当竞争法》的灵活性和涵盖性为客户提供了达成诉讼请求的路径。

由于在现行商标立法中缺少相应的明确法律规定，此类案件主要依靠《反不正当竞争法》来解决。在审判实践中，由于在《反不正当竞争法》中找不到具体的对应条款，法官目前的做法是将《民法通则》第4条和《反不正当竞争法》第2条确立的诚实信用原则直接作为判决依据。

法院在判断将他人的知名商标登记为企业名称的行为是否具有恶意是通常考虑以下三个原则：（1）保护在先权利原则，即首先必须区分商标权与商号权的产生时间；（2）在先商标权的知名度原则，即在先商标权必须具有一定的知名度；（3）禁止混淆原则：将他人知名商标登记为企业名称的行为已经造成或应当造成混淆。

上述三项原则亦是代理律师收集、组织证据的原则。

**作者沙海涛介绍**

山东曲阜人，北京市金诚同达律师事务所上海分所合伙人。

先后取得上海大学知识产权学院法学硕士学位和美国芝加哥肯特法学院国际知识产权法法学硕士学位，曾至（英国）夏礼文律师事务所香港分所和（美国）贝克·麦坚时国际律师事务所华盛顿特区分所作为访问律师，参与普通法和美国知识产权法及国际贸易法的法律实践。

现为国际商标协会会员、中华全国律师协会知识产权委员会委员、上海律协知识产权委员会委员、上海知识产权研究所研究员及中国法学会会员。

# 民间借贷担保人申诉案

## ——在民间借贷过程中要充分运用法律工具

孙瀛文[*] 律师

**【案情介绍】**

一审中，原告江苏省苏州市金阊区人陶某某诉被告江苏省苏州人士潘某某、周某某夫妇共同承担总计83万元的欠款，并要求被告吴江市横扇菀评的董某某对其担保的70万元承担连带担保还款责任。一审法院支持了原告的请求。被告董某某因不服一审判决提起上诉，二审撤销一审判决，改判潘、周两人须对46万元欠款承担责任。上诉人董某某仅对借款及合法利息承担连带责任。

苏州市中级人民法院二审后，董某某身为担保人担心自已的动产、不动产被封存，聘请孙瀛文为代理律师。在孙律师的创新建议下，委托人董某某向检察院申请抗诉，并向苏州市

* 江苏孙吴律师事务所主任。

中级人民法院提起申诉请求。

【争议焦点】

（一）陶某某的行为是否构成犯罪

合法的民间借贷受法律保护。针对二审法院在判决中提出陶某某作为出借人与借款人潘某某之间形成合法、有效的民间借贷关系。孙律师认真分析案情，提出了不同观点：

本案中，陶某某提出的83万元欠款系本金加高利、复利。其款本金仅为44万元。涉及放贷利息达15%/月，超过中国人民银行公布的金融机构同期、同档次贷款利率（不含浮动）的四倍，属于高利借贷行为。中国人民银行《关于取缔地下钱庄及打击高利贷行为的通知》规定，高利贷不受国家法律保护，是违法的，要严厉打击。但刑法中没有关于高利贷的罪名，只是规定非法吸收公众存款罪，所以要以此追究其法律责任较难。

法律是与时俱进的，法律工作者不能墨守成规。孙律师对于本案如何定罪量刑提出了自己的看法：

陶某某以牟利为目的，且无放贷资质，此种行为严重扰乱社会经济秩序，符合非法经营罪的构成要件，可以非法经营罪追究其责任。

非法经营罪，是指未经许可经营专营、专卖物品或其他限制买卖的物品，买卖进出口许可证、进出口原产地证明以及其他法律、行政法规规定的经营许可证或者批准文件，以及从事其他非法经营活动，扰乱市场秩序，情节严重的行为。本罪在主观方面必须为故意，并且具有牟取非法利润的目的，这是本罪在主观方面应具有的两个主要内容。由于“经营”的含义相当宽泛，生产、流通到交换、销售等几乎所有的经济活动都可能属于经营活动，因此，非法经营罪适用范围在实践中存在不断扩大的趋势。这也是刑法领域灵活性的体现。

（二）是否有足够的证据证明陶某某收取违法利息

在事实认定方面，孙律师提出：

一审举证中，被告董某某提供了两段录音，内容涉及原告陶某某对已收取担保人董某某高利加复利共计28.5万元的事实。

二审期间，上诉上提供的三位证人也同样证明了陶某某已收取28.5万元的事实。

上述证据形成证据链，足以证明陶某某已收取违法利息的事实。此种高利贷款行为因违法而无效。当事人陶某某应当在欠款中扣除支付的违法利息。二审法院在对上述证据并未查实和论证的基础上，作出了上诉人承担46万元欠款及利息担保责任的判决，属于事实不清证据不足，应依法予以改判。

【裁判结果】

基于以上罪名和事实，孙律师用知己知彼、百战不殆的方法出谋划策，向苏州市中级人民法院和苏州市人民检察院据理力争，最终还原事实真相，为当事人董某某争取到合法权益。案件最终在公开、公平、公正的基础上进行调解，促使双方当事人达成了20万元借款协议。对于这样的调解结果，当事人双方均表示了满意。在此也要衷心感谢苏州市检察院杨兴权处长对本案的高度关注，“以事实为依据，以法律为准绳”的严谨办案态度，以及接受委托代为调查的吴江市人民检察院唐慧琴科长细致高效地调查、调解案件，达到了最低成本最高效果。

【案件评析】

维权之路真可谓“路漫漫其修远兮”，维护社会的公平和正义是每个法律人士应尽之义务。正义是司法之魂，只有公检法各部门携手并进，各位法律人士坚持不懈地共同努力，才能规范市场经济，推动社会主义市场经济稳定、有秩序的发展，真正迎来社会主义法治社会的春天！

**作者孙瀛文介绍**

高级律师，华东政法学院毕业，江苏孙吴律师事务所主任，担任专职律师长达28年。

1995年被江苏省体改委、司法厅确认具有股份制改造法律服务资格，1999年获国家工商总局工商企业代理资格，2002年获国务院证监会和复旦大学授予的独立董事证书，2006年获取高级纳税筹划师资格，2007年获取破产管理人证书。兼任中国法学会会员、江苏省律师协会国际业务专业委员会委员、江苏省WTO反倾销调查小组成员，苏州仲裁委员会东方丝绸市场办事处主任，徐州仲裁委员会金融、房地产仲裁员、吴江市两届侨代会代表、吴江市台胞、台属联谊会三届理事，2003年法制日报社江苏记者站法律顾问，苏州孙武研究会常务理事。1990年开始任吴江县公安局中专法律班民法老师，2002年开始任吴江市党校法律本科学历班公司法老师，2006年兼任南京邮电大学吴江职业技术学院三校法制副校长。

孙瀛文同时也是吴江市行政学会会员和苏州孙武子研究会联络办副主任、苏州市南社研究会员、吴江市外商投资协会名誉顾问，任我国香港地区《华夏经济文化》、西北大学全国首家汉文化专刊《汉风》、江苏动漫协会常年法律顾问。2010年发表《政府公共服务外包中的行政法问题》在苏州法学研究专刊上。在法律理论方面，孙瀛文发表的文章有《律师见证之我见》、《律师见证与公证、鉴证的异同及作用》、《浅议中国与关贸总协定的关系》、《入关之际应作何准备——律师应尽快熟悉运用反倾销法（一）（二）》、《菊花电扇倾销风波》等。关于反倾销的文章刊出后，在《中国律师报》、《法制日报》上引起争鸣。曾与刘利律师合作了新〈刑法〉简明图解。

1988年被泰县人民政府评为司法局先进工作者，1995年被吴江市司法局评为先进工作者，2000年被苏州仲裁委员会评为第一届优秀仲裁员。2001年撰写的《合同法与仲裁机构的权利》刊登在《行政与法制》刊物上，获得中西部经济与社会发展学术交流研讨会优秀文章一等奖。2003年11月获全国律师协会“律师事务所管理技能高级培训班”调研二等奖。

2007年11月，孙律师应“走进香港”组委会的邀请，将在中小企业商业法律服务论坛即两地圆桌会议上作有关中国反倾销预警中心服务研讨，与我国香港地区律师界合作。

# 秉承公义　矢志不渝

## ——无锡龙立工程机械有限公司与山西省灵石交通工程有限公司定作合同纠纷一案

邹剑明*　律师

**【案情介绍】**

2003年6月6日，无锡龙立工程机械有限公司（以下简称龙立公司）与山西省灵石交通工程有限公司（以下简称灵石公司）签订机械产品订货合同一份，约定：龙立公司供应灵石公司LB—2000型沥青混合料搅设备一套，金额为340万元；2003年6月26日前除成品料仓库外全部交货，2003年7月15日安装调试结束；龙立公司负责设备免费安装调试，调试结束后，由灵石公司现场验收；合同签订后三天内，灵石公司预付10%货款，交货前付到总价的50%，2003年底付20%，2004年6月再

* 江苏法瞻律师事务所主任、首席合伙人。

付15%，其余15%在2004年底前付清；若龙立公司能在规定期限即2003年7月15日前开始正常出料，每提前一天奖励1万元/天，推迟1天出料扣除货款1万元/天；龙立公司保证设备质量，整套设备三包服务期一年，三包期内因三包服务所发生的费用由龙立公司承担；龙立公司提供的商务文件中，经双方协商修改过的部分按修改后的要求执行，商务文件作为合同附件与合同具有同等法律效力。上述合同签订后，双方经协商一致，将设备价款总额变更为310万元，并重新签订了合同，合同其他内容不变。合同签订后，龙立公司收到灵石公司支付的34万元、75万元、46万元，三笔合计155万元，龙立公司于2003年6月5日出具34万元收据，于同年6月30日出具121万元的收据。龙立公司于同年6月29日、6月30日、7月1日、7月2日、8月16日和8月17日将设备分批发运灵石公司。同年8月21日，灵石公司在龙立公司的产品质量征询单上盖章确认产品质量性能好、服务质量好。同年8月25日，灵石公司出具证明一份，载明：LB—2000型沥青混合料搅设备8月15日调试结束，由吴晓东等二人（此二人系龙立公司的员工）帮助生产至8月25日。同年11月22日，灵石公司传真给龙立公司函件一份，称龙立公司所供设备经安装调试后一直不能正常工作，龙立公司曾答应如修不好可退货；设备自8月18日开机运转至11月2日龙立公司技术服务人员撤走时，不能正常工作，要求龙立公司速派员商谈退货及相关事宜。无奈，龙立公司委托本律师于2003年11月24日以灵石公司未结欠定作价款为由，向江苏无锡市滨湖区人民法院（以下简称滨湖法院）起诉，要求灵石公司支付定作款148万元（对涉案设备今后的维修工作由灵石公司自行负责，龙立公司酌情承担70000元的维修费用，该费用从灵石公司未付的定作款155万元中扣除）。同年12月12日，灵石公司以龙立公司交付的设备质量不合格为由，向山西省灵石县人民法院（以下简称灵石法院）起诉，要求退货，并承担违约责任赔偿损失45万元。灵石公司向滨湖法院提起管辖权异议，龙立公司也向灵石法院提起管辖权异议。

**【争议焦点】**

（一）本案案由的争议

灵石公司的诉讼请求完全是合同纠纷（退货及违约赔偿损失），可是灵石法院立案时以质量纠纷一案立案，可见，案由跟诉讼请求不一致。对于该争议焦点，最高人民法院在其通知中认定，案件涉及合同具备定作合同的特征，双方当事人围绕合同履行产生的给付款项、产品质量等争议，应当认定为定作合同纠纷。

（二）对于本案管辖法院的争议

本案先后在无锡和灵石两地立案，按照法律的规定，后立案的灵石法院应当移送无锡法院合并管辖。案件因管辖权争议上报至最高人民法院，滨湖区人民法院据此中止了案件的审理，等待最高人民法院处理意见。律师多次向山西两级人民法院提出上述有关管辖权的意见，而灵石法院于2004年6月17日作出支持灵石公司的全部诉讼请求的判决。律师即代理龙立公司向山西省晋中市中级人民法院（以下简称晋中中院）提起上诉，晋中中院于2004年11月1日裁定中止审理。

最终，最高人民法院发出（2004）民立他字第61号关于无锡龙立工程机械有限公司与山西省灵石交通工程有限公司定作合同纠纷一案指定管辖的通知，最高人民法院认定，滨湖法院受理的龙立公司诉灵石公司定作合同纠纷一案与灵石法院受理的灵石公司诉龙立公司买卖合同纠纷一案，系因同一事实、同一法律关系产生的争议，应当合并审理。同时认定，案件涉及合同具备定作合同的特征，双方当事人围绕合同履行产生的给付款项、产品质量等争议，应当认定为定作合同纠纷，根据《民事诉讼法》第24条和《最高人民法院》关于适用〈中华人民共和国民事诉讼法〉若干问题的意见》第20条的规定，滨湖法院作为合同履行地法院对本案有管辖权。灵石法院并非合同履行地及所受理案件被告住所地法院，对本案没有管辖权。另外，灵石法院违反最高人民法院《关于在经济审判工作中严格执行〈中华人民共和国民事诉讼法〉的若干规定》中有关“两个以上人民法院如对管辖权有争议，在争议未解决前，任何一方人民法院不得对案件作出判决”的要求，对案件抢先作出判决，最高人民法院指定本案由无锡市中级人民法院（以下简称无锡中院）管辖，请山西省高级人民法院依法撤销灵石法院、晋中市中院作出的有关本案管辖的一审、二审民事裁定及灵石法院（2003）灵民初字第699号民事判决。

（三）龙立公司是否存在逾期交货

灵石公司认为，龙立公司未按期提供设备并进行调试。龙立公司认为，灵石公司迟延付款在先，龙立公司根据合同及交易安全顺延交货是根据《合同法》第67条履行抗辩权，当事人互负债务，有先后履行顺序，先履行一方未履行的，后履行一方有权拒绝履行要求。先履行一方履行债务不符合约定的，后履行的一方有权拒绝其相应的履行要求。龙立公司不存在逾期交货。

（四）龙立公司提供的货物是否合格

灵石公司认为，设备在技术人员撤走时不能正常工作，货物质量不合格。龙立公司认为，灵石公司在收到龙立公司交付的标的物时应及时检验龙立公司提供的设备是否符合技术规范书上的要求，如果灵石公司疏于验收不及时提出异议，视为放弃权利。所以，龙立公司提供的货物合格。

（五）灵石公司主张的逾期交货违约金是否过高

龙立公司认为，灵石公司主张的逾期违约金主张的损失没有事实和法律依据。

**【裁判结果】**

（一）无锡中院一审

无锡中院受理并开庭公开审理双方的价款、质量纠纷一案。一审中，灵石公司认为，其已按约支付了155万元，但龙立公司有部分设备未提供，且设备在2003年8月18日才调试生产，在调试过程中，各项指标达不到说明书规定，到同年11月2日龙立公司技术人员离开时，设备仍不能正常使用，要求退货，由龙立公司承担逾期交货违约金33万元（从2003年7月15日至同年8月15日计33天，按每天1万元计算），赔偿因设备设备质量问题造成的损失12万元（长期调试，人员、车辆、材料浪费产生的经济损失）。并提供了机械产品订货合同、商务文件、山西省机械产品质量司法鉴定中心司法鉴定书等证据。

在庭审过程中，律师提出了下列主张：

首先，龙立公司与灵石公司签订的机械产品订货合同是双方当事人真实意思的表示，不违反法律的强制性规定，应为合法有效。合同约定，交货前灵石公司付到总价的50%（即155万元），龙立公司2003年6月26日前除成品料仓库外全部交货，在合同履行过程中，灵石公司2003年6月5日支付34万元，2003年6月30日支付121万元，灵石公司直到同年6月30日才支付至总价的30%，灵石公司迟延付款在先，龙立公司根据合同及交易安全顺延交货是根据《合同法》第67条履行抗辩权，当事人互负债务，有先后履行顺序，先履行一方未履行的，后履行一方有权拒绝履行要求。先履行一方履行债务不符合约定的，后履行的一方有权拒绝其相应的履行要求。龙立公司不存在逾期交货。龙立公司依法履行了合同义务，灵石公司应当支付剩余价款155万元，今后的维修工作由灵石公司自行负责，考虑到三包期限的服务费用，主动减少7万元作为维修的补偿，要求灵石公司支付148万元。

其次，龙立公司的产品符合要求，灵石公司在收到龙立公司的交付的标的物时应及时检验龙立公司提供的设备是否符合技术规范书上的要求，如果灵石公司疏于验收不及时提出异议，视为放弃权利。根据《合同法》第157条，买受人收到标的物时应当在约定的检验期内检验。没有约定检验期间的，应当及时检验。第158条当事人约定检验期间的，买受人应当在检验期内将标的物的数量和质量不符合约定的情形通知买受人。买受人怠于通知的，视为标的物的数量和质量符合约定。灵石公司对龙立公司的设备相关配置不符合合同要求没有事实和法律根据，且灵石公司一直在使用该设备进行生产。

最后，灵石公司主张的逾期交货违约金过高，主张的损失没有事实和法律依据。无锡中院经审理认为，双方在付款方式条款中约定，龙立公司交货前灵石公司应付至总价的50%即155万元。双方对交货期限、正常出料时间的约定分别为，除成品仓外，2003年6月26日前全部交货，7月15日前开始正常出料。据灵石公司陈述，设备陆续到达的时间为2003年7月3日至同年8月20日，根据发货清单，龙立公司第一批和最后一批设备的发运时间分别为2003年6月29日和同年8月17日。由此推断，每批设备的运输时间为3至4天，按合同约定，灵石公司应保证龙立公司最迟在2003年6月23日收到50%的价款以便发货，而龙立公司收到灵石公司155万元的时间是2003年6月30日，经上述应该收到款项的时间晚了7天，故龙立公司的发货时间至少可以相应顺延7天，如按3天运输进间计算，则可能的货物最早到达时间应为同年7月4日，则正常出料进间顺延时间为2003年7月22日。灵石公司已确认计算交货违约的截止时间为2003年8月15日，则此日期为当事人确认的调试结束开始出料日期，其与顺延后的正常出料日期即2003年7月22日之间相差24天，龙立公司应对此的延期交货承担违约责任。龙立公司提出合同违约金计算方式过高，要求调整。因灵石公司无法说明合同约定以1万元/日作为扣款标准的依据，也未提供证据证明龙立公司逾期交货给灵石公司造成了相当于按此方法计算出的损失金额，考虑到逾期交货会造成资金占用的利息损失，而合同约定的扣款标准明显高于银行利率标准，故以逾期交货价值为基数，参照银行同期贷款利率标准上浮30%作为违约金计算依据。

关于质量损失，灵石公司作为提出质量问题的一方，对自己的主张负有举证责任。灵石公司在灵石法院审理案件中曾申请质量鉴定，灵石法院委托的机构也出具过鉴定结论，但当时当事人之间的纠纷正处于管辖争议处理阶段，灵石法院在管辖争议尚未解决的情况下进行实体审理，已被最高人民法院认定程序违法。而且，龙立公司在该案审理中也已明确表态，应待案件管辖权确定后再进行质量鉴定，龙立公司也因此未参加质量鉴定过程。因此，鉴定机构在龙立公司有正当理由未参与质量鉴定的情况下所出具的鉴定结论对本案不具约束力，不能作为认定本案事实的依据。灵石公司应重新申请鉴定并依法交纳鉴定费用，灵石公司虽曾于2006年8月30日提交了一份质量鉴定申请，但未依规定交纳鉴定费用，此后庭审中，灵石公司明确表示不再申请质量鉴定，由此产生的法律后果应由灵石公司负担。至2003年11月22日灵石公司发出质量异议传真前，没有确切证据证明灵石公司对包括配置、运行在内的质量状况提出异议。灵石公司自己提交的施工合同等材料也反映出，至少从2003年9月开始灵石公司就使用龙立公司的设备进行施工作业。依据现有的证据，不能认定龙立公司的设备在交付时不符合合同或商务文件的规定。

无锡中院判决如下：

（1）灵石公司于判决生效之日起10日内给付龙立公司价款147.7万元；

（2）龙立公司于判决生效之日起10日内支付灵石公司逾期交货违约金（以310万元为基数），从2003年7月23日起至同年8月15日止，按中国人民银行规定的同期银行贷款利率上浮30%计算；

（3）驳回龙立公司的其他本诉诉讼请求；

（4）驳回灵石公司的其他反诉诉讼请求。

（二）江苏省高级人民法院（以下简称江苏高院）二审

一审宣判后，灵石公司不服一审判决向江苏高院提起上诉。经江苏高院于2009年7月1日开庭审理，认为一审判决认定事实清楚，适用法律准确，判决并无不当，二审中，因龙立公司同意在货款中扣除灵石公司更换设备控制系统的费用和维修费用合计10万元，法院作出相应调整。

2010年9月15日，江苏高院作出二审判决：

（1）维持无锡市中院（2005）锡民二初字第171号民事判决第二、三、四项和案件受理费部分。

（2）变更无锡中院（2005）锡民二初字第171号民事判决第一项为：灵石公司于判决生效之日起10天内给付龙立公司价款137.7万元。

（三）最高人民法院再审

二审判决生效后，灵石公司不服，向最高人民法院提起再审申请。2010年10月19日，最高人民法院受理灵石公司的再审申请，立案审查。在审查过程中，灵石公司于2010年12月23日提出撤回关于再审的申请。最高人民法院于2010年12月30日作出（2010）民申字第1482号民事裁定书，准许灵石公司撤回再审申请。至此，关于龙立公司与灵石公司定作合同纠纷一案终于落下帷幕。

**【案件评析】**

该案律师自接受委托代理诉讼至最高人民法院下达准许撤回再审申请，历时七年又一个月，经历了基层、中级、高级、最高人民法院四级法院，经历了七个人民法院，两上最高人民法院，律师秉承公义、矢志不渝，维护了当事人的合法权益。

**作者邹剑明介绍**

江苏法瞻律师事务所主任，首席合伙人，无锡律师协会刑事专业委员会委员。列入2009年法之库、法律互联网中国名律师名录。自1998年执业以来，其共承办案件一千余起，至今仍担任无锡地区含十余家锡商理事单位在内的七十余家大中型企业的法律顾问。

注重合同法等民商法疑难复杂案件的研究，其中张家港某保税仓库诉中国五矿深圳分公司买卖合同纠纷一案的代理意见及江苏高院的判决书作为交流案件于2001年收录在全国律协的典型案件交流刊物中。执业期间担任了多家房地产公司的法律顾问，成功地承办了无锡市某房地产置业公司的股权纠纷案件，其中因部分事实牵涉资金3000万元涉嫌刑事犯罪在无锡地区引起重大影响，经过其不懈的努力最终最高人民法院以股权纠纷判决确认在案，某某涉嫌的刑事犯罪不成立，捍卫了法律的尊严和正义。

在侵权法领域中亦有自己的创新和独特见解，其承办的多起案件被多家刊物、媒体跟踪报道，案件的承办结果被相关行政机关列为法制宣传的典型案例。2008年《劳动法》出台后，针对《劳动法》的实施背景及时组织团队进行专业课题研究，成功应用于团队服务的七十余家顾问单位，受到企业的一致好评。

在刑事辩护领域中，具备独特的刑事专业知识，对疑难复杂刑事案件颇有研究，参与了近年来无锡市中级人民法院首起无锡市某某地区以姚某某为首的黑社会性质组织犯罪的刑事辩护。在无锡中院一审中成功辩护了某房地产置业公司法定代表人某某涉嫌诈骗罪名不成立的刑事案件。另于2006年承办的李某等故意伤害案，通过成功辩护最终法院以过失致人死亡罪判决在案，该案收录于2007年度《最高人民法院刑事审判典型案例》中。

本案经办律师之一周国栋律师，现为江苏法瞻律师事务所合伙人，中共党员，南京师范大学法学学士，无锡律师协会劳动法专业委员会委员。

# “5·29”抢劫案

徐明良[*] 律师

【案情介绍】

史某是个网络赌球迷，为了在网络上赌球，他到处借债，先后向陶某等借债16.7万元。陶某等人一方面逼史某还债，另一方面也认为胡某的女友孙某作为中间人对该债务负有责任。为了索要债务，他们精心策划了一次犯罪行动。

2008年5月27日，为找到胡某及其女友孙某，陶某找来了张某；张某又纠集了朱某某，并叫其准备作案工具；被告人朱某某纠集并指使李某、朱某前往事先已经联系好的吴某（另案处理）处取得一支手枪和两把砍刀。

次日凌晨，张某等五人在杭州市河东路附近，以送胡某的朋友王某回家为由，骗其坐上了陶某驾驶的本田车，并将车开往浙江省湖州市。路上，张某亮出了手枪，并以带王某去湖北永不回杭州相威胁，逼迫其用电话约请胡某见面。

当王某与胡某见面之后，张某等人又将胡某与王某一起骗上车，并前往杭州市文晖桥附近的胖子火锅店包厢内吃晚饭。

在吃晚饭期间，张某等人亮出手枪、砍刀等凶器，威胁并逼迫胡某支付27万元，其中包括所谓的10余万元的讨债费用。胡某一看这架势，哪敢不同意，立即将被索要的金额等情况告知了其女友孙某。

第三天，2008年5月29日中午，胡某的亲属来到杭州市文源宾馆内，与张某商定为胡某分期付款24万元。张某刚与来者协商好，公安民警就立即出现，在该宾馆内将还未拿到首期款的张某、陶某、朱某某、李某、朱某五人抓获归案，并将王某和胡某解救出来，还扣押了一支手枪（系以火药为动力发射枪弹的自制枪支，具有杀伤力）及三把管制刀具。

2008年8月20日，公诉机关对被告人张某、陶某、朱某某、李某、朱某五人的这起“5.29”抢劫案向法院提起了公诉。

2008年9月1日，法院对本案进行了公开开庭审理，五名被告人以及四名被告人张某、陶某、朱某某、李某的辩护律师均到庭参加诉讼。

本案中，如果五名被告人因有“持枪”因素而以抢劫罪论处，则对其量刑均可能在十年以上，否则就有可能在十年以下。所以，本案被告是否构成抢劫罪成为庭审的焦点。

在法庭上，被告人李某的辩护人徐明良律师明确指出，抢劫罪是以“当场性”为特征的，这个“当场性”包括并存的“两个当场”，是犯罪嫌疑人构成抢劫罪的必要条件。“两个当场”的具体意义是：第一，被告人必须当场使用暴力，或者以当场实施暴力相威胁或当场使用其他人身强制方法；第二，当场抢走财物或当场迫使被害人交出财物。只有被告人具有“两个当场”的“当场性”行为，才能认定被告人构成抢劫罪。

【争议焦点】

在我国刑法中，将暴力、胁迫或类似的行为方式与获取财产的目的加以结合而进行的犯

---

* 浙江泰杭律师事务所高级合伙人。

罪往往会涉及几个罪名的比较与认定，如抢劫罪、敲诈勒索罪。

本案中，被告陶某等人采取了通过威胁手段达到取得财物的目的的方式，具有抢劫罪的特征；由于索取财物的行为不是当场实现的，又具有敲诈勒索罪的特点。那么，本案的被告人构成的究竟是抢劫罪还是敲诈勒索罪，也就成为了本案争议的焦点。

**【裁判结果】**

法院经审理认为，针对公诉机关对各被告人的指控进行的法庭调查结果表明，各被告人并无当场劫取被害人财物的行为，其行为不符合抢劫罪"当场性"的构成特征，故该罪名的指控不能成立。法院2008年9月22日依法作出判决：被告人陶某构成敲诈勒索罪、非法拘禁罪，并决定执行有期徒刑四年六个月；其他被告人张某、朱某某、李某和朱某均构成敲诈勒索罪、非法拘禁罪、非法持有枪支罪，并分别决定执行有期徒刑为七年六个月、三年六个月、三年二个月、三年。

**【案件评析】**

犯罪构成是决定某一行为的社会危害性大小及其程度的主观要件与客观要件的有机统一体，它不仅具有行为是否触犯刑事法律这一实质判断的过滤功能，同时还是区分此罪与彼罪的坚壁屏障；因此，对于如何把握抢劫罪和敲诈勒索罪之间的区别，首先需要考虑的就是两种犯罪之间各自的犯罪构成。

（一）抢劫罪的概念及特征

抢劫罪，是指以非法占有为目的，对公私财物的所有人或者管理人、持有人当场使用暴力、胁迫或者其他方法，迫使被害人当场交出财物或者将财物抢走的行为。从犯罪构成角度分析，本罪侵犯的客体是复杂客体，既要包括公私财物的所有权，也包括被害人的人身权利，具有双重性质；在犯罪客体上所以出现双重性的特点，主要源于本罪在客观方面上表现为前后衔接的两个危害行为，且两行为针对的法益是不同的。抢劫罪是一个典型的复行为犯，理论上要求必须实施该二行为，犯罪才可能达到既遂状态。本罪对"胁迫"内容十分特定，专指以暴力为内容的精神强制；行为实施的时空方面，无论是强制行为，还是取财行为，都需要具有"当场"实施的性质，即"两个当场"。

（二）敲诈勒索罪的概念及特征

敲诈勒索罪，是指以非法占有公私财物为目的，对被害人以威胁或者要挟的方法，迫使其交付数额较大公私财物的行为。本罪侵犯的客体也是复杂客体，在实行行为的外观上也由两部分组成，对被害人威胁或者精神强制行为，以及将被害人基于精神受到强制而交付的财产非法占有的行为。本罪中威胁、要挟的内容和形式多种多样，但都是能够引起他人心理上恐惧的精神强制方式。

（三）刑事辩护中逻辑艺术的应用

针对以上焦点，被告人李某的辩护人徐明良律师根据刑法对抢劫罪构成要件的规定，明确构建了一个必然为真的必要条件假言判断，只有被告人具有"两个当场"的行为，才能认定被告人构成抢劫罪。

必要条件假言推理由前件和后件构成，根据其逻辑性质，前件是后件必不可少的条件。假如前件由并列并存的两个条件构成（即逻辑上的合取），那么只要有一个条件不存在，后件的结果就不会出现。将这一性质运用到实践中，就是"必要合取"的逻辑艺术。

本案中，根据《刑法》对抢劫罪构成要件的规定，可以明确构建一个前件为两个条件合取的必要条件假言判断，只有被告人具有"两个当场"的行为，才能认定被告人构成抢劫罪。

这样，以上述所构建的必要条件假言判断为大前提，同时，以否定前件之一的"一个当场"为小前提，就可以得出否定后件的不能认定被告人构成抢劫罪的结论：

只有被告人具有"两个当场"的行为，才能认定被告人构成抢劫罪；

被告人不具有当场抢走财物或迫使被害人交出财物的一个当场；

所以，不能认定被告人构成抢劫罪。

这里特别要注意的是，公诉机关以“持枪”因素起诉被告抢劫，实质是以“一个当场”存在（当场实施暴力相威胁）的前件肯定后件的存在。这是不合理、不合逻辑的。而以“一个当场”的不存在作为前件，得出否定后件的结果则是合乎逻辑的。因此，搞清“合取”的逻辑意义，搞清“必要条件”的逻辑性质，是非常重要的事情。正因为如此，法院采纳了律师的辩护意见，而对公诉机关指控被告人犯抢劫罪的意见不予采纳，并在此基础上依法作出了正确的判决。

可见，从本案被告人李某原来的有可能被判处十年以上到一审被判处三年二个月有期徒刑，徐明良律师娴熟、恰当而又巧妙地运用了逻辑艺术，使得纷繁复杂的反驳公诉人指控罪名的理由既充足而又简洁、明了，这种辩护的方法无疑是十分成功的。

本案中，陶某等人的行为的复杂性加之我国刑法对于两个犯罪构成规定的相互交叉重叠性，决定了本案认定的突破点在于对抢劫罪和敲诈勒索罪加以严格区分。运用逻辑艺术，对两者加以区分，无论是对刑法理论还是对司法实践都有一定程度的指导意义。

**作者徐明良介绍**

男，浙江大学毕业，法律、文秘双专业，专职律师，浙江泰杭律师事务所高级合伙人律师，中国法律逻辑专业委员会委员，浙江省法理与法史研究会常务理事；曾主编出版《审案的逻辑艺术》（中国法制出版社 2009 年第 1 版）；入选法易网、IT 商业新闻网等媒体主办评选的 2009 年度中国百强律师；入选中国大律师网与众多媒体共同主办评选的 2010 年度中国百强大律师。

1994 年通过全国律考，1995 年 2 月起即在律师事务所从事律师工作。从业十多年来，成功办理了大量有影响的刑事、经济和民事等各类疑难复杂案件，担任了中国建筑材料工业地质勘查中心等数十家企事业单位的常年法律顾问；应邀在《杭州日报》、《钱江晚报》、《今日早报》（原《经济生活报》）等多家媒体的“法制时空”、“法苑”等栏目上发表文章数十篇，所涉的法律专业知识面广，见解独到，语言运用规范、严谨，法律逻辑性强；就法律热点问题，多次接受媒体采访、报道。

2006 年 7 月，徐明良律师作为全国唯一的专职律师会员代表，出席了中国法律逻辑专业委员会第 14 届全国学术讨论会，向会议呈送的两篇学术论文也已被中国知网一同收进了中国重要会议论文全文数据库。

先后应邀在中国建筑材料工业地质勘查中心浙江总队和浙江理工大学法学院做《合同法与建设工程法律制度》和《刑辩律师的实务操作及其逻辑艺术的应用》的专题讲座，广受好评。

善于以独特的视角，结合具体案情，娴熟运用擅长的法律逻辑艺术，使得案件出奇制胜。执业以来，已办理刑事案数百件，其中：多起死刑（立即执行）案被改判为“死缓”，陈某故意杀人案、章某受贿案、王某贩毒案、李某抢劫（持枪）案等数十起案件的罪名不成立，中学生江某故意伤害（致死）上诉等数十起案件获得成功改判，有数十起案件得以取保候审或者被判处缓刑。报纸、电视台等媒体曾予以报道的安徽打工妹状告工商银行案、患者许某夫妇状告某著名医院医疗纠纷案、王某要求撤销公证案以及某知名企业千万担保的经济纠纷案等许多疑难、复杂民事和经济案件，都取得圆满成功。

# 王某某涉嫌故意杀人经辩护无罪并获国家赔偿案

应东峰* 律师

**【案情介绍】**

被告王某某与另一被告王某长期通奸，1998年3月12日早上，被告人王某趁李某某外出卖树之机到王某某家中表示要毒死王某某的丈夫李某某，后来王某实施了投毒行为，王某某看到了李某中毒，积极呼救。后李某某经抢救无效死亡。检察机关指控被告人王某某谋杀了李某某。

**【争议焦点】**

本案的争议焦点是王某某是否构成故意杀人罪。检方认为，王某某与第一被告王某共同谋杀李某某。而辩护律师认为，王某某并不构成故意杀人罪。理由如下：

根据《刑法》第232条的规定，故意杀人罪是指故意非法剥夺他人生命的行为。构成本罪，主观方面必须具有杀人的故意，客观方面必须有非法剥夺他人生命的行为（包括不作为），而被告人王某某的行为根本不具备这两个要件。被告人王某某既没有毒死李某某的主观故意，也没有毒死李某某的行为，被告人王某某不构成故意杀人罪。

（一）被告人王某某不具备毒死李某某的犯罪故意，没有毒死李某某的动机

台州市检察院抗诉称被告人王某某对毒死李某某“有着明显的放任故意”。本辩护人认为这一抗诉理由不能成立。

被告人王某某，1992年11月与李某某结婚，1993年生儿子李某，夫妻关系较好，没有发生过什么利害冲突。被告人王某某是个连初小文化也没有的农村妇女。丈夫李某某勤劳俭朴，务农之余干木工和做卖树生意，夫妻共同勤俭持家，其家庭生活在当地还算可以。婚后，李某某没有打骂虐待王某某，夫妻和睦。王某某在村里表现也比较好，从不与人吵架打架，村里许多人称王某某是个好心人。被害人李某某的父、母、兄、姐、妹等亲属都认为王某某不可能也没有理由要毒死李某某。

两被告人在1997年四五月间发生过通奸行为。但通奸行为与杀人故意、杀人动机的产生没有必然的联系。第一被告人是个劳改释放人员，是个杀猪的屠夫，1976年因犯抢劫罪被判处有期徒刑九年，村里的人都怕他三分。被告人王某某与第一被告人的通奸行为是出于对第一被告人的惧怕心理而屈从的。被告人王某某没有也不可能把自己的后半生许给第一被告人而把自己的丈夫李某某毒死。抗诉人从被告人王某某与第一被告人通奸的事实推理出被告人王某某必然产生毒死丈夫李某某的杀人故意和杀人动机。本辩护人认为，抗诉人这样的推理，逻辑上是错误的，与客观事实也是不相符的。

（二）被告人王某某没有毒死李某某的犯罪行为（包括不作为）

台州市检察院抗诉称：“1998年3月12日早上，被告人王某趁李某某外出卖树之机到王某某家提出毒死李某某，被告人王某某未加反对，后明知王某在面条中下毒仍让李某某吃。对这一事实，原审二被告人在侦查阶段均作过

* 浙江应东峰律师事务所。

多次供述，所供情节能相互印证，足以认定。省高院发回重审后，在补充侦查期间，王某又作过明确供述。

本辩护人认为，抗诉人的这一抗诉理由不能成立：

第一，在一审庭审及二审庭审中，被告人王某明确陈述从来没有与王某某商量过用老鼠药毒死李某某的事。

第二，被告人王某在侦查阶段也明确陈述从没有与王某某商量过要毒死李某某，从来没有与王某某商量过用老鼠药毒死李某某的事。王某某没有看到也不知道面条里放老鼠药的事。公安卷中侦查人员讯问王某笔录第 48 页、52 页、55 页的记载如下：

问：（3 月 12 日早上）你为什么对王某某发火，表现出很气的样子？答：因为我事先与王某某讲好，3 月 11 日我在城关车站等她，同伴到黄岩去的，但王某某又没有去，害得我白等了一日。问：（3 月 12 日早上）你与王某某发生关系时，除上面讲到的这几句话（指问王某某头天为什么不去黄岩）外，还有其他什么话讲过？答：没有。问：你在王某某屋里投放老鼠药时，王某某与李某在什么地方？答：当时王某某与李某某出去玩了，至于去什么地方玩，我不知道。问：你在投毒之前和投毒之后，有否将你想毒死李某某的想法同王某某讲过？答：没有讲过。问：真的没有讲过？答：没有。

被告人王某的上述陈述证明王某没有向王某某提出毒死李某某，那么就不存在王某某未加反对之说了；也证明在王某往面条里放老鼠药时王某某不在家，王某某不知道面条里放有老鼠药，那么也就不存在明知在面条中下毒仍让李某某吃之说了。

第三，关于王某 1998 年 3 月 14 日讯问笔录和 2000 年 6 月 10 日讯问笔录：

（1）1998 年 3 月 14 日讯问笔录中有关王某要跟王某某生活的内容、有关商量要用老鼠药把李某某毒死的内容、有关王某在灶前看着王某某把老鼠药放进面锅里的内容及 2000 年 6 月 10 日讯问笔录中有关王某某看到王某脸色铁青、神色紧张，猜想王某肯定已拿来老鼠药放在身上的内容均不是被告人王某某本人的真实供述。

（2）王某的上述讯问笔录内容与王某某的陈述相互矛盾，且王某的上述二次讯问笔录本身前后自相矛盾。

根据证据规则，证据之间存在矛盾，没有消除，不能作为定罪证据。抗诉人将相互矛盾且无法消除的材料作由抗诉的证据，存在自相矛盾的逻辑错误，不符合证据必须具备真实性、合法性、一致性、排他性的要求。

第四，王某某同监犯羊某某、张某某和王某同监犯张某某、季某某的证词均未反映到王某某实施了犯罪行为。

第五，被告人王某某在一审庭审中和今天的二审庭审中，一直喊冤叫屈，肯定自己从没有要毒死李某某的想法，王某从没有与她提过要毒死李某某，她根本不知道面条中放有老鼠药。

（三）被告人发现李某某出现不良症状后大声呼救，积极参加抢救，并叫人去报案，已尽到一个做妻子的义务，不存在王某某见死不救、不作为杀人的问题。抗诉人在抗诉中一会儿说王某某见死不救，不尽做妻子的义务，不作为杀人；一会儿又说王某某参与抢救，未阻止他人报案，只是掩饰罪行的手段而已。在这里，抗诉人又犯了自相矛盾的逻辑错误，使人们在碰到他人危难时无所适从，究竟是救好还是不救好。

综上所述，被告人王某某没有毒死李某某的犯罪故意，没有毒死李某某的犯罪行为（包括不作为），根本不构成故意杀人罪。

**【判决结果】**

（一）一审法院裁判

被告人王某某及其辩护人就公诉机机关指控王某某的犯罪事实提出的异议，经查，被告人王某虽多次供述了该犯罪事实，但所供前后矛盾，且得不到其他证据的证实；被告人王某虽多次供述作案当天上午与王某某讲要给李某某毒死时，王某某未加反对，但对王某某是否知道自己已投毒均未供述，且也多次否认与王某某讲过要给李某某毒死；王某某同监犯羊某某、张某某和王某同监犯张某某、季某某的证词均未反映到王某某实施了犯罪行为，上述供证均对王某某有利，且王某某在李某某中毒后积极参与抢救，又未阻止他人向公安机关报案，王某某的作案动机也存在问题。故就现有证据难以认定公诉机关指控的王某到王某某家提出毒死李某某时王某某未加反对，且王某某明知面条有毒仍让回到家的李某某吃，致李某某中毒死亡的犯罪事实。被告人王某某及其辩护人就本案事实提出的辩解和辩护意见成立，均予以采信。

本院认为，被告人王某与他人通奸后为达到长期共同生活的目的，竟用投毒的方法致他人死亡，其行为已构成故意杀人罪。犯罪情节恶劣，后果严重，依法应予严惩。但视本案的具体情节，尚不属必须立即执行死刑。认定被告人王某某故意杀人罪的证据不足。判决如下：

（1）被告人王某犯故意杀人罪，判处死刑，缓期两年执行，剥夺政治权利终身。（2）被告人王某某无罪。

（二）浙江省高级人民法院裁判

被告人王某某虽多次供述其明知王某在其给李某某准备的面条中下有毒药，但其所供具体细节不仅前后矛盾且多次翻供，又无其他证据予以佐证。原判据此不认定其参与故意杀人并无不当。台州市人民检察院对此提出的抗诉不能成立，不予采信。

本院认为，本案现有证据尚不足以认定被告人王某某构成故意杀人罪，原审法院宣判其无罪正确。台州市人民检察院就原审判决所提出抗诉理由均不能成立，不予支持。被告人王某及其辩护人提出王某无罪等理由不足，不予采纳。原判定罪及适用法律正确，量刑适当，审判程序合法。裁定如下：

（1）驳回浙江省台州市人民检察院的抗诉；（2）驳回被告人王某的上诉；（3）维持原判。

**【案件评析】**

被告人王某某故意杀人一案的刑事诉讼历时三年之久，国家赔偿又历时三年之久，被告人王某某关押三年获无罪释放并获国家赔偿。本案历经一审、二审，应东峰律师坚持正确的辩护意见，为故意杀人案的被告人成功作无罪辩护，既维护了被告人的合法权益，又维护了法律的尊严和公平正义。本案案情复杂，台州市中级法院经审理采纳应东峰律师的辩护意见作出无罪判决后，台州市检察院向浙江省高级人民法院提出抗诉，省高级人民法院作出维持王某某无罪判决，刑事诉讼历时三年之久，其中被告人王某某所受冤屈可想而知，作为辩护律师其工作量之大也无法想象。而本案被告人王某某的辩护律师应东峰能够坚持正确的主张，仔细认真办案并取得理想结果实属不易，不仅维护了法律威严和公平正义，而且为刑辩律师行业赢得了良好的社会口碑。

**作者应东峰介绍**

大学本科毕业，具有工程师技术职称，经全国律师资格统一考试取得律师资格，1986年起从事法律服务工作，浙江应东峰律师事务所主任，多届浙江省律协刑委会委员。执业二十多年来，办理了大量的刑事辩护，行政案件、经济案件、民事案件、仲裁案件诉讼代理和非诉讼代理，担任过多家行政企事业单位的法律顾问。办理过多起刑事辩护、民事诉讼代理的法律援助案件，长期为当事人免费提供义务法律咨询。执业中刚正不阿、仗义执言、尽职尽责、诚实守信，维护委托人的合法权益，维护法律正确实施，维护社会公平和正义，受到社会的广泛好评，《法制与新闻》《文摘报》《上海法治报》《浙江法制报》《今日早报》《南京晨报》《温州日报》《台州日报》《台州商报》《仙居报》《仙居新闻》等媒体作过多次报导。

《民主与法制》特约记者焦友龙编著的《笑看人生》一书、人民日报出版社2010年12月出版的《信仰的力量——中国著名律师办案实录》一书，详细报道了应东峰律师的经典案例。《上海法治报》2009年11月23日用整版篇幅报道应东峰律师刑辩案例。浙江省律师协会编辑中国法制出版社2010年6月出版的《浙江省经典刑事辩护案例选》一书全省共入编30年来的案例30个，其中第9个案例为应东峰律师的经典刑事辩护案例，是台州仙居律师唯一入选案例。曾荣获浙江省司法厅、省律协荣誉证书和银质奖章，浙江省律协刑委会优秀资深委员奖，县司法局法律服务先进工作者荣誉证书，首届全国律师博客大赛最佳博文奖等荣誉。南京艺术学院李湖福教授在接受应东峰律师的法律服务后十分感激，亲作荷花图赞誉应东峰律师如荷花迎骄阳而不惧、出污泥而不染的品德。

# 已登记为子女名下的祖业房产能否作为共有财产再行分割

## ——记一起历经近半个世纪的房屋析产案

胡克勋* 律师

**【案情介绍】**

原告周某之夫林某于1960年去世，留下位于东大街51号房产一套。该套房产系原告与林某的共有财产。周某和林某膝下有五个子女林甲、林乙、林丙、林丁、林戊（子）。

该套房产在四十多年内由于历史原因历经数次变更：房屋地址本为东大街51号；1973年，因糖酒公司修办公楼将原房产调换成城南街92号，产权人为原告周某。

1992年，政府落实私房政策，又将城南街的房产变更为东大街42号、44号以及春江路4号，在此次的调换房屋协议书中加注了一段话："经讨论：尊重周某意见，东街44号产权归林甲，42号产权归林丁，春江路4号三楼两室一厅产权归林乙和林丙，以上人员均为周某子女。但引段加注话后面无周某本人印鉴，也无本人指印（周某本人不识字不会签字）。

1996年，东大街旧房改造，临时产权确认书载明东大街42～44号房屋产权人为原告周某。安置协议书载明东大街42～44号为周某、林甲二人共有。

此次拆迁安置了位于东大街的两个门市以及一套住房，因需缴纳安置款及购买必备生活设施，原告变卖了其中的一个门市。故迄今为止，原房产变更后的讼争房产如下：

东大街40号A幢40号门市（面积47.32m²），东大街40号四单元3－1号住房（面积127.98m²；春江路4号住房（面积62.09m²）。

2001年，东大街40号A幢40号门市、40号四单元3－1号住房的产权证统一更换为新房产证，均载明上述房产为周某和林甲共有。

周某膝下四个女儿均在省外工作并安家，小儿子林戊成家后携妻女一直同母亲在一起居住生活。其中四女林丁和小儿林戊分别于1994年失踪。此后，上述房产一直由与婆婆周某与儿媳、孙女共同居住、使用并出租，并由在一起生活的郑某向林甲夫妇通报房屋出租及租金

* 泰和泰律师事务所。

使用情况。20年来均和睦相处，相安无事。

2004年4月，原告周某在公证处留下遗嘱，将自己所有的房产全部留给自小儿子林戊失踪后一直在照料和赡养自己的媳妇小儿子林戊的妻子郑某。

据林乙陈述，2005年林甲的丈夫电话通知林乙，称家里的房产变成姓郑的了，要大家回四川去把财产夺回来。

2005年6月，林甲以上述房产早已于1992年由原告周某赠予自己和其她几个妹妹为由，向房管局提出申请撤销上述房产共有的产权证，房管局批准了林甲的申请，向原告周某出示了公告。至此纠纷产生。

2005年8月4日，由林甲、林乙、林丙、林丁（由林丙代理）和林戊（由其女代理）五姐弟达成分房协议，该分房协议在第1条中明确说明："房屋产权是母亲周某所有，九二年林甲、林乙、林丙、林丁，将房产证换名，是为保护财产，不是为个人私利。"

原告周某得知子女背着自己分割了属于自己的财产，经多次交涉未果，为维护自己的财产权益便委托律师提起了分家析产的诉讼。

**【争议焦点】**

本案争议焦点如下：

（1）房屋产权证上没有登记周某的姓名，周某是否因此而对房屋没有所有权。

（2）无效的《分房协议》是否能够作为民事诉讼的证据。

**【裁判结果】**

一审法院经审理认定：（1）上述财产系原告周某夫妇的共有财产，原告周某丈夫去世后其遗产部分尚未分割；（2）原告于1996年将拆迁分给的两间门市私自出卖了一间，应视为周某处分了属于自己的财产，应在此次财产分配中扣除。

原告周某不服提起上诉，理由为：（1）原告变卖一间门市是为了补安置房屋差价，是几个女儿女婿都知道同意的，从来没有反对过；2. 原告提出的要求分割房产的诉讼请求中，并未包括变卖的门市，被告对此是认可的，也未提起反诉。一审法院的判决，超出了原被告双方纠纷和诉讼请求的范围。

被告林甲、林丙和林丁亦不服该一审判决提起上诉，理由为：1. 一审程序违法，未对林戊公告送达法律文书；（2）原告周某已于1992年将讼争房产赠予给了四个女儿，并领取了房产证，该房产证被撤销前是有效的。

二审法院经审理，支持了原告周某的上诉理由，判决：（1）撤销一审判决；（2）讼争房产二分之一为原告周某个人所有，其余二分之一属原告周某丈夫去世后留下的遗产，由原告周某与五个子女各继承六分之一。

**【案件评析】**

该案表面看是一个简单的分家析产民事案件，但一清理事实和历史脉络，讼争房产的所有权人多次变更，给权属之争蒙上了多层难解的结。案中牵涉到不少问题令人深思：

（一）产权证是否是证明权属的唯一证据

《物权法》第17条虽然规定"不动产权属证书是权利人享有该不动产物权的证明"，但在此条后面又紧接着规定，"不动产权属证书记载的事项，应当与不动产登记簿一致；记载不一致的，除有证据证明不动产登记簿确有错误外，以不动产登记簿为准"。也就是说，只要有充足的证据能够证明产权证存在错误的，产权证便不能起到权属证明的作用。

产权证是通过登记取得的，登记虽然具有公信的作用，但公信制度的实质是保护交易当事人的信赖利益，有利于保护当事人的交易安全，主要是针对第三人。

我国著名法学家、中国人民大学法学院教授、博士生导师王利明对此有过非常明确的阐释，如果在真正的权利人与登记记载的权利人之间产生权利争执，公信制度将很难适用。例如，甲与乙结婚后，欲购买位于该市的一处房产，由于甲不是该市的居民，因此在购买房产时遇到一些不便，甲便要求其岳母丙出面购买，由甲乙共同出资，并将该房产登记在其岳母的名下。甲乙离婚以后，丙与乙商议要将该房屋收回，便提出她是登记所记载的权利人，理应享有该房屋的所有权。而甲提出该房屋完全是由他出资购买，应当更改登记。双方为此发生争议。我们认为，在本案中，必须明确公信制度所要解决的问题：一是公信制度主要保护善意当事人，即不应当知道与其发生交易的人不是真正的权利人，只有在登记记载的权利人与相对人从事交易的时候，相对人信赖登记的内容并与登记记载的权利人发生交易才能适用公信原则，但是在本案中，丙相对于甲而言并非善意的当事人，因为其明知或应当知道自己不是真正的权利人。二是对于产权发生争议的双方当事人来说，登记记载的权利人不能仅仅以其是登记记载的权利人为理由而进行对抗，而必须就实质性的法律关系是否存在、是否正确作出举证。也就是说，双方已经就财产权利发生争议，双方都应该举证证明自己是真正的权利人，如果一方举证证明登记的内容发生了错误，登记权利人必须就登记记载的内容是否有错误进行举证，而不能仅仅以自己是登记的权利人进行抗辩。三是公信制度仅仅适用于交易的当事人之间的关系，这种关系可以称为外部关系。而在登记记载的权利人与对该权利提出异议的当事人之间发生产权争执以后，双方是就实质的法律关系的存在及其内容产生争议，所以双方的关系可以看成内部关系。对于这种内部关系可以适用一种确认产权的规则，但不能适用公信原则。所以，在上例中，甲与丙之间的争议不是在交易的双方当事人之间发生的争议，而是在登记是否发生错误及丙是否为真正的权利人之间而发生的争议。甲提出其出资购买该房屋，并借用丙的名义登记，所以丙不是真正的权利人，因而甲丙之间只是一种内部关系，丙不能提出其是产权记载的权利人而应受到公信原则的保护。她只能针对甲所提出的登记错误并要求更改登记的请求提出抗辩。

本案中，讼争房屋的登记产权人历经多次变更，最终也没有原告的名字，对原告主张权利十分不利。原告代理人正是抓住这一关键要害点，积极收集与实际权属相关的下列证据，从事实上、逻辑上和情理上进行阐释，最终取得了合议庭的认同：

（1）被告答辩认为原告已于1992年将讼争房产全部赠予四个女儿的证据，就是一份1992年的调换房屋协议书，但该协议书的形式和内容恰好证明不是原告的意愿行为。

其一，该协议书是调换房屋协议书，而不是房屋赠予协议书。原告的私章盖在该协议书“自有房屋业主人”一栏里，只能表明原告同意与房管部门进行房屋调换，而不是赠予。

其二，该调换房屋协议书上通篇没有原告要将讼争房屋赠予给四个女儿的意思表示，只有房管部门负责人自己写的，经讨论，尊重周某意见将讼争房屋归四个女儿所有。但这只是房管部门的讨论意见，上面既没有原告确认的手指印，也没有原告的私章印鉴。

（2）林甲、林乙、林丙、林丁和林戊五姐弟于2005年8月4日签订的分房协议第1条中明确说明：“房屋产权是母亲周某所有，九二年林甲、林乙、林丙、林丁，将房产证换名，是为保护财产，不是为个人私利。”该协议虽然是背着母亲签订的，属无效协议，但却是五姐弟的真实意愿，充分证明讼争房产从未赠予给过任何人，仍属原被告双方共有。

（3）被告林丁的丈夫俞某某于1994年10月4日写信给一直在照顾原告的弟媳郑某某，在该信中俞某某讲：“目前我的经济很紧张，我已将这些情况告诉三姐，让她同大姐、二姐商量一下，看看怎么办，实在不行，就将家里房子卖掉一间，帮我和两个孩子渡过难关。”

如果说讼争房屋其中的一间已于1992年赠予给了俞某某的妻子林丁，俞某某自己处理就行了，何必还要征求几个姐姐和一直照顾岳母的弟媳郑某某的意见呢？不言自明，讼争房屋是大家共有的。

（4）被告林丙以三姐身份于1994年10月

20日在写给弟媳郑某某的信中说到："俞某某今年夏天来我这里什么也未谈，关于肇荣失踪之事，他把责任全都推在肇荣自己身上，说他这几年来总疑神凝鬼的，为什么就想不到有人害他哩，他回去后一个多月才给我来信，叫我给几个姐姐商量一下，把我们林家的房子买（卖）掉资助他一下。我看后非常生气，肇荣失踪还未查清原因，怎么要林家买（卖）掉房子支援他过难关，儿女是俞家的，怎么不把俞家的房子买（卖）掉哩！当时林少成也看了这封信，我叫林少成回家不能买（卖）房子。信上谈到的内容和你信上所谈的一样，实际上全是假的，叫苦连天，而他自己在家享受清福，班都不上，工资照拿。"

被告林丙丈夫此封信再次清楚不过地证明，讼争房屋是原被告双方大家共有的，从来没有赠予过任何人。

（5）从情理和逻辑上分析，原告也不可能作出这样违反常理的事。1992年时，原告周某已78岁高龄，无生活来源，一直与儿子和儿媳居住在讼争房屋里，一起共同生活，岂有把自己居住的房子全部送给远在外地的四个女儿，反而不送给赡养自己的儿子儿媳，也不给自己留下栖身之地，自己断绝了自己的生活来源，显然不符合常理。且从1960年原告周某丈夫去世后至今，长达49年，讼争房屋一直是由原告与儿子、儿媳、孙女在居住、管理和出租，多次拆迁均由原告周某的儿媳在办理，被告从未提出过任何异议，充分说明原告并未将讼争房屋赠予给任何人，讼争房屋是原被告双方共有的。

（二）无效协议能否作为本案的证据

被告认为2005年8月4日签订的分房协议属于无效协议，因此不能作为本案的民事诉讼证据。此观点混淆了民事行为的法律效力与民事行为的证据效力这两个截然不同的概念，也混淆了民事诉讼证据的证据资格和证明对象这两个截然不同的概念。

其一，民事行为的结果可能呈现生效、无效、变更、撤销及效力待定等多种形态，只有完全符合法律规定的民事行为才能产生当事人所期望的法律效力。但是，无论哪种结果，民事行为本身都是证明当事人之间曾经发生过民事关系的证据。2005年8月4日签订的分房协议未经财产共有人的原告周某同意，擅自分割了共有权人的财产，其行为既违背了国家的法律法规，也违背了社会的公序良俗，显然没有民事法律效力，不能产生被告所期望的五姐弟共同分割讼争房屋的效果。但该协议恰好证明了其父去世后原告周某和五个子女一直没有分家析产的客观事实。

其二，任何证据材料只要具备客观性和关联性，就能作为诉讼的定案证据。本案中，对于被告2005年8月4日签订的分房协议，根据被告向二审法院申请出庭作证的证人林守忠证实，被告五姐弟签订的《分房协议》是他根据大家的意见起草的，大家反复看后签字捺的手指印。此证言足以证明分房协议是被告们自己的真实意思表示，具有客观性；该书证是被告处分共同财产的证据，与本案密切相关，具有关联性；该证据的取得没有违背最高人民法院关于民事诉讼证据的相关规定，具有合法性。因此，分房协议符合证据的三性，完全能够作为本案审理的证据使用，以查明本案讼争标的权属的事实真相。

一审法院采纳了原告代理律师的意见，认为，对"2005年8月4日的《分房协议》，虽然该处分行为双方均认为无效，但该协议载明92年林甲、林乙、林丙、林丁将房产证换名是为保护财产，不是为个人私利，属林甲、林乙、林丙的真实意思表示。因此本院认为，该房屋产权证载明的产权人林甲、林乙、林丙、林丁，但实际上属于原、被告共同共有。"

（三）一审法院能否超出原告的诉讼请求进行审理和判决

一审法院关于"原告周某于1996年10月将其中一间门市变卖，应由周某承担变卖后的法律后果"的认定，与事实不符，属于判非所诉，违反了民事纠纷“不告不理”的原则。

民事诉讼实行的“不告不理”原则其内涵体现在程序和实体两个方面：

其一，从程序上看，没有当事人起诉，人民法院不能启动诉讼程序。我国《民事诉讼法》第13条规定：“当事人有权在法律规定的范围内处分自己的民事权利和诉讼权利。”“不告不理”原则是民事诉讼中当事人处分原则的具体体现。当事人可以放弃自身的诉讼权利，不向法院起诉，也可以起诉后申请撤诉。在当事人没有起诉时，法院不能主动启动诉讼程序，进行审理。

其二，在实体上看，法院审理民事纠纷的范围即诉讼内容与标的由当事人确定，法院无权变更、撤销当事人的诉讼请求。案件在审理中，法院只能按照当事人提出的诉讼事实和主张进行审理，对超过当事人诉讼主张的部分不得主动审理。

《民事诉讼法》第151条规定：“第二审人民法院应对上诉请求的有关事实和适用法律进行审查。”对于当事人的上诉，人民法院只对当事人提出的上诉请求以及与上诉请求有关的事实和适用法律进行审查，对于当事人没有上诉的部分，法院不应再予审理并作出判决。因为《民事诉讼法》虽为公法和程序法，但其所适用的都是属于私法性质的民事纠纷。

本案一审原告周某在起诉时，诉讼标的所指向的是三处房产，即一间门市和两套住房。一审被告在应诉和答辩时并未就上述三处房产提出异议，只是要求驳回一审原告的诉讼请求，并未就已经卖掉的一间门市提起反诉。在一审法院整个庭审中，诉讼当事人双方从未就一审原告出卖一间门市以补开发商安置房差价一事有过任何争议。

因此，从程序上来看，一审法院就超出当事人的诉讼请求以外的事项进行判决，判非所诉，明显与法有悖。

二审法院采纳了上诉人（原告）代理律师的意见，支持了其上诉请求。

**作者胡克勋介绍**

1950年11月21日出生于四川省成都市，1969年上山下乡到凉山彝族自治州当知青，当过民办教师，当过装卸工，任过企业办公室主任、工会主席和副厂长。1992年自考毕业于西南政法学院，曾任四川普天律师事务所律师，成都中法律师事务所副主任，四川联合律师事务所主任助理、诉讼仲裁部主任、事务所党支部书记。

现为全国优秀律师事务所泰和泰律师事务所执业律师、合伙人、事务所党支部书记、房地产部副主任，成都世界贸易中心楼宇联合党委副书记。系四川省人民政府采购评审专家、四川省律协房地产专业委员会专业委员、四川省刑法学会理事。四川日报报业集团、中国党建网四川频道和中国网西部高地常年法律顾问，长期担任四川电视台“新闻现场”和“非常新闻”的咨询律师，四川省人民政府信访办咨询律师，曾先后被成都市司法局和四川省司法厅授予“成都市优秀律师”和“优秀党务工作者”称号。

主要从事房地产法律专业、招投标业务、公司法律事务及部分民事事务。

泰和泰律师事务所（全国优秀律师事务所）泰和泰律师品牌机构（北京·重庆·深圳·大连·成都·香港）

# 保护竞买人合法取得的土地使用权案

## ——维护法院司法拍卖公信力

周世明* 律师

**【案情介绍】**

2004年，大地公司参加了成都市武侯区一块商业地块的拍卖，在公开拍卖会上竞买成交并签订了成交确认书，付清首款，当月，县法院作出（2002）大邑执字第480—22号民事裁定书确认土地使用权归大地公司所有。同年5月，市国土局将成国用（2004）第488号国有土地使用证颁发给大地公司。2006年，大地公司突然收到成都市中级人民法院以下简称（成都中院），（2005）成执监字第1号民事裁定书，该裁定把大地公司列为“案外人”，冻结了大地公司拍得的土地使用权。2009年11月，成都中院审判委员会讨论后作出决定，执行四川省高级人民法院以下简称（四川高院）（2009）川执监字第1号决定，自行撤销本院裁定。至此，大地公司的权益得到了维护。

**【争议焦点】**

本案的争议焦点是，大地公司取得土地使用权的行为是否合法。

（一）大地公司参加法院公开拍卖，取得合法土地使用权

2003年、2004年房地产低落，成都市公开处置的停工工程“烂尾楼”七十多处，许多土地拍卖无人竞买。《成都商报》、《华西都市报》公告拍卖“成都市武侯区机投镇潮音村五组工业用地，面积17913.45平方米”。前两次拍卖流标。2004年2月第三次公告拍卖。大地公司得知拍卖信息，四川省大邑县法院告知，拍卖被执行人四川汇同环保技术产业发展有限公司的土地使用权，国有土地使用证登记的使用权人是被执行人汇同公司，权属清晰，参加法院拍卖受法律保护。大地公司交了竞买保证金，2004年3月在公开拍卖会上竞买成交签订了成交确认书，付清买受款，当月，县法院作出（2002）大邑执字第480—22号民事裁定书确认土地使用权归大地公司所有。同年4月，成都市国土局登报公告：法院裁定拍卖的土地使用权归大地公司，根据法律的规定，汇同公司持有的成国用（2003）字第340号国有土地使用证予以注销。同年5月，市国土局将成国用（2004）第488号国有土地使用证颁发给大地公司。

（二）法院拍卖该宗地没有国有资产流失问题

街道办事处反映，法院拍卖该宗地涉及国有资产流失。2002年，永丰乡政府与汇同公司签订投资协议，汇同公司购买27亩工业用地，乡政府为汇同公司垫付土地出让金。此后，汇同公司已严重违约，汇同公司开办人林代书因债务案拒不履行法律文书已被刑事拘留，乡政府却仍代汇同公司垫付土地出让金1187万余元。2003年初市国土局收齐土地出让金后把该地出让给汇同公司，并颁发了土地使用证给汇同公司。汇同公司实际是无资金的“皮包公司”。2003年，县法院拍卖“被执行人林代书个人所有的汇同公司的土地使用权”。2004年

* 四川衡平律师事务所 全国优秀律师事务所。

5月后乡政府改为街道办事处。街道办事处反映，法院拍卖该地涉及国有资产流失。国土局在出让前已收齐该地全部出让金，不存在国有资产流失。法院拍卖私企汇同公司的财产，也不存在国有资产流失。乡政府代汇同公司垫付的出让金未收回。拍卖后，街道办事处又违法空手将该地卖给私人房地产公司，无理要求法院把该地执行给私人房地产公司。

（三）中级法院执行员捏造虚假事由撤销县法院的拍卖

2006年，大地公司突然收到成都中院（2005）成执监字第1号民事裁定书，该裁定把大地公司列为“案外人”，冻结了大地公司拍得的土地使用权。2008年，大地公司又突然收到成都中院再次作出的（2005）成执监字第1号民事裁定书，该裁定书认为，县法院在执行被告林代书欠款纠纷案中，虽然林代书及其余两名股东均证实汇同公司实际上是林代书一人出资成立、独立经营的企业，但汇同公司登记为有限责任公司，县法院在执行程序中，裁定认定汇同公司实际为林代书个人投资开办的私营独资企业，该公司的一切财产属被执行人林代书的个人财产，进而对汇同公司的国有土地使用权予以执行的法律依据不足。在汇同公司与乡政府就县法院欲拍卖的国有土地使用权确权争议诉讼期间，县法院未依法裁定中止执行，其执行程序不符合法律规定。就买受人大地公司而言，在拍卖前已明知该标的物不是被执行人所有，在标的物的所有权存在争议的情形下仍然参与竞拍，其对拍卖后引发的风险是明知而有预见的，对该争议标的物参与竞买，并将该土地登记过户至其名下，其取得并不符合民法上“善意”的要求。在县法院执行行为被依法撤销的情况下，买受人大地公司不能取得拍卖物的所有权。裁定：撤销大邑县法院（2002）大邑执字第482-22号民事裁定书及协助执行通知书。

成都中院的裁定严重违法和违背事实。其一，法院拍卖是司法行为，买受人无权审查。即使认为县法院执行程序存在问题，也不能转嫁给合法的买受人。其二，汇同公司与乡政府没有国有土地使用权确权争议诉讼。《土地管理法》规定，土地使用权争议由人民政府处理。法院从不受理土地确权争议的诉讼案件。成都中院先前的民事判决书记载，汇同公司与乡政府系合同纠纷案件。最高人民法院《民事案件案由规定》规定，“确权纠纷”与“合同纠纷”是完全不同的两类诉讼。成都中院执行员将“合同纠纷”诉讼篡改为“确权争议”诉讼，关于确权争议诉讼的认定，严重违背事实。其三，在拍卖前，成都中院已书面同意县法院拍卖，县法院已告知大地公司，标的物是被执行人所有，权属清楚。土地证登记的使用权人只有被执行人，表明标的物的所有权不存在争议。成都中院执行员捏造“标的物不是被执行所有”、“标的物所有权存在争议”的虚假事由，由此，成都中院错误裁定撤销了县法院有关执行拍卖的裁定。其四，人民法院出版社出版最高人民法院原副院长唐德华主编《执行法律及司法解释条文释义》指出，根据最高人民法院《关于人民法院执行工作若干问题的规定（试行）》第109条的规定精神，执行程序中由拍卖变卖而取得财产的人，不是执行回转的对象。执行回转时不能从通过拍卖程序取得财产的人手中返还财产。最高人民法院回复山东省高级人民法院《关于对第三人通过法院变卖程序取得的财产能否执行回转及相关法律问题的请示》复函（〔2001〕执他字第22号）指出，“人民法院在执行中依法采取拍卖、变卖措施，是基于国家公权力的行为，具有公信力，买受人通过法院的拍卖、变卖程序取得财产的行为，不同于一般的民间交易行为，对其受让所得的权益应当予以保护”。显然，成都中院的裁定与法律运用和法理精神以及司法解释相悖。

最高人民法院关注，四川高院审判委员会决定大地公司不断地向上级法院申请执行监督，并向党委人大上访，向人大代表反映。中央巡视组接访后，最高人民法院领导刘家琛批示四川高院处理。中共四川省委信访办、四川省人大信访办将大地公司的信访案件交四川高院处理。2008 年 12 月，四川高院立案督办。2009 年，四川高院对成都中院裁定进行审查，并经最高人民法院指示保护大地公司拍得的合法土地使用权，四川高院经院审判委员会讨论后依法作出（2009）川执监字第 1 号决定："大邑县法院执行中拍卖汇同公司的财产（国有土地使用权），是基于法院执行的司法行为，具有公信力。""大地公司通过公开程序，竞价取得拍卖财产，应当予以保护。""汇同公司土地使用权被拍卖成交，大地公司无过错而取得合法，并已办理权属转移手续，标的物已不能返还。"四川高院审委会决定，依照最高人民法院《关于人民法院执行工作若干问题的规定（试行）》的规定，成都中院在收到省高院指令后 15 日内自行撤销（2005）成执监字第 1 号民事裁定第三项"撤销大邑县法院（2002）大邑执字第 482－22 号民事裁定书及协助执行通知书"。2009 年 11 月，成都中院审判委员会讨论后作出决定，执行四川高院（2009）川执监字第 1 号决定，自行撤销本院裁定。

（五）四川省检察院依法作出法律建议书

2010 年，四川省检察院依法作出川检民行建字（2010）第 1 号检察建议书指出，成都中院的裁定适用法律错误，处理结果不当；大地公司通过拍卖合法取得土地使用权应当得到保护；成都中院的裁定既损害了司法权威，也侵害了大地公司的合法权益。依据最高人民法院《关于人民法院执行工作若干问题的规定（试行）》的规定，在成都中院接到四川高院指令纠正决定后仍不纠正的情况下，四川高院应当依法直接作出裁定或决定予以纠正。

（六）几十位四川省人大代表、常委关注保护大地公司合法取得的土地使用权

2009 年 12 月，四川省委省政府、省人大、成都市委市政府、市人大等信访部门会同四川高院、成都中院召开会议指出，大地公司合法拍得的土地使用权应当得到司法保护，四川高院审判委员会对该案件作出的决定应予执行。几年来，四川省人大几位副主任、省人大内司委、法制委、法工委、民宗委、城环资委、财经委、省人大办公厅等负责同志和省人大常委会一些委员、省人大代表等多次批转大地公司申诉材料给四川高院，原四川省人大主管政法工作的副主任及几届省人大一些常委联名致函中共四川省委省人大主要领导，建议依法执行四川高院审委会决定和四川省检察院法律建议书。中共四川省委省人大主要领导批示：依法办。

**【裁判结果】**

四川高院审委会决定，依照最高人民法院《关于人民法院执行工作若干问题的规定（试行）》的规定，成都中院在收到四川高院指令后 15 日内自行撤销（2005）成执监字第 1 号民事裁定第三项"撤销大邑县法院（2002）大邑执字第 482－22 号民事裁定书及协助执行通知书"。2009 年 11 月，成都中院审判委员会讨论后作出决定，执行四川高院（2009）川执监字第 1 号决定，自行撤销本院裁定。

**【案件评析】**

我 1985 年做兼职律师，1994 年做专职律师，已是五十多岁的老律师。律师工作艰辛。代理这起案件的几年，周永康书记在全国律代会的重要讲话给我很大的精神鼓励。该案的法律适用，北京大学、武汉大学、中国政法大学、人民大学、四川大学、西南政法大学、中国社会科学院、中共中央党校等单位的法律专家给予了热情指导。衷心感谢党委人大领导、人大代表、法律专家和社会各界给予律师工作的亲切关怀、指导和热情鼓励、支持。中共中央胡锦涛总书记在党的十七大报告中指出："依法治国是社会主义民主政治的基本要求。"国家副主席习近平视察律师事务所时，鼓励律师为建设社会主义法治国家做出新的贡献。作为一名党员律师，我将坚定不移地为党的依法治国基本方略的切实贯彻更加努力奋斗。

**作者周世明介绍**

四川衡平律师事务所副主任、高级合伙人、律师，四川省法学会理事、四川省律师协会副秘书长、四川省律协战略发展委员会副主任，四川省法学会西南政法人才研究会副会长、秘书长。

1959年12月出生于四川省成都市。1980年考入西南政法大学法律本科，任团总支委员、校学生会宣传部负责人，被评为校优秀学生干部。1983年作为法律大学生担任刑事案件辩护人，法院采纳其辩护意见并依法对被告人从轻处罚。1984年上半年，在云南省昆明市官渡区法院实习，担任刑事案件审判长、民事案件审判长，审理办结刑事、民事案件二十多件。1984年毕业于西南政法大学，获法学学士学位。1999年至2001年在四川大学法学院刑法学研究生班学习。大学毕业后，在四川省人大政法委员会办公室工作，长期从事立法研究及法律监督研究，兼职高等法学教育、律师业务，在四川省级机关电大分校、省青年自修大学讲授刑法、刑事诉讼法、民法、经济法、民事诉讼法等课程，所指导的学生毕业论文答辩成绩优良。1985年起，先后在四川省律师事务所、四川省经济律师事务所、四川省行政律师事务所兼职律师工作，1994年起为专职律师。

# 刘某故意杀人案

周诗成* 律师

**【案情介绍】**

2004年入秋，神情沮丧看上去年近六旬的刘某某（当事人的父亲）慕名来到我办公室，讲述了他的儿子经历的磨难和不白之冤。刘某某称他的儿子刘某被公安机关抓走数月没有任何音讯，后来才得知是儿子犯了故意杀人罪，将被判处重刑，刘某某称，打死也不相信自己老实的儿子会干出这样伤天害理的事情来。听完了刘某某的讲述，我决定接受委托受理这起“冤案”。经过查阅卷宗和两次会见当事人，我基本掌握了事情的原委，但要推翻检察机关的控诉，在当时的法律语境下也实属不易，经过缜密调查和分析，只能一步一步从细节入手，从证据不足入手，让审判人员得到真实的信息方可取胜。最终，审判人员采纳了本律师的辩护意见，检方撤回了诉讼，也挽救了一个青年，避免了一次冤假错案的发生。

**【争议焦点】**

本案的争议焦点无疑是，刘某是不是杀死孙某某的凶手，辩护律师认为，本案从案件事实认定、证据等各个方面都存在疑点，不能认定刘某就是杀死孙某某的凶手。

（一）关于孙某某死亡的疑点

死者孙某某的死因不明，死亡具体时间不能确定，死亡的第一现场也不能确定。首先，死者孙某某的死因不明。根据尸体检验报告的结论，只是不排除机械性窒息死亡，仅仅排除毒鼠强、常见有机磷农药等毒物中毒死亡，但能致人死亡的毒物又岂止是常见的这几种物质，法医鉴定结论并没有给出明确定论，而就算是窒息死亡，也有不让呼吸闷死、吊死、用手掐脖子掐死、勒死，等等。本案死者孙某某

* 浙江达正律师事务所合伙人。

的死亡，只是由被告人供述是用双手掐孙某某的脖子而导致死亡，但没有其他证据相印证，根本不能排除死者孙某某还有因其他原因而死亡的可能性。所以，本案的一个关键待证事实是死者的死因，到目前为止仍是不明确的。

其次，死者孙某某的死亡时间不明确。实际上起诉书推定孙某某于7月27日9时许死亡。其主要原因是，案发后，被告人在7月27日9时至10时之间的活动无人能够给予证明，依被告人的供述而确定死者孙某某的死亡时间为27日9时许。辩护人认为，死者的死亡时间现在只能确定在27日7时之后至27日晚间或28日甚至是29日。我们希望从专业的尸体检验报告中寻找答案，可惜该报告并没有提供任何有价值的证明内容，从尸体腐烂程度及当时的炎热天气大致推断孙某某的死亡时间应该在27日、28日。但由于本案并无目击证人能证明案发时间，仅依被告人的供述而确定死亡时间，并无任何证据予以佐证。

最后，死者孙某某死亡的第一现场不能确定，在被告人供述的案发地第一现场并没有提取到任何相关证据来印证被告人供述的说法。

如果死者孙某某不是被掐脖子掐死的，死亡时间不是27日9时许，离发现尸体五六米远的地方不是第一现场，那本案的实际情况又会是什么样呢？但辩护人却惊奇地发现，上述合理的怀疑是出奇的简单明了、符合逻辑。公诉机关对本案的待证事实的证明是多么苍白无力，直接证据缺失，间接证据不能形成证据链条，却花费了大量的时间、精力去组织被告人供述笔录，频繁地更换被告人关押场所，从同监室的人口中组织证人证言。但这些证人证言说到底还不就是被告人的供述吗？那么，我想请问，对一切案件的判决都要求重证据，重调查研究，不轻信口供办案的办案原则摆在什么位置？

（二）公诉机关没有提供案发时被告人在作案现场的证据

现场发现的一条男士内裤经被告人妻子辨认后认为不属于被告人所有，内裤上的斑迹和阴毛经DNA检验也证明与被告人无关；现场提取的多份材料经DNA检验也证明均与被告人无关；死者的鞋子上没有被告人的指纹；死者阴道里没有被告人的精液；现场没有发现被告人的脚印；所谓用以击打死者头部的在尸体旁边的有血迹的石头也没有被告人的指纹；27日7时以后，没有任何证据可以证明死者与被告人曾在一起；而起诉书指控的诸多内容只是凭着被告人的供述。《刑事诉讼法》第46条明确规定，只有被告人的供述，没有其他证据的，不能认定被告人有罪和处以刑罚。

被告人的多次有罪供述前后均不能保持一致

被告人从8月2日被公安机关带至黄田派出所失去人身自由至本案起诉前，侦查机关共讯问被告人有笔录记载的就有14次。除前三次作无罪供述外，其余均为有罪供述，但每次有罪供述都不一样。辩护人认为，被告人既然承认杀害了孙某某，对犯罪情节应该是清楚的，不可能对犯罪情节的记忆有那么大的出入。例如，被告人供述与孙某某性交这一重要情节就有多种说法：（1）性交十几分钟，射精一部分在体内（阴道内），大部分射在体外，报纸上、内裤上、手上都有精液；（2）将孙某某掐晕了后，性交了二三分钟射精；（3）孙某某喊救命就掐死了她，阴茎动了几下没射精，等等。到底哪种说法属实，没有其他证据相印证。又如，孙某某的内裤，被告人供述说被扔进了楠溪江，又说塞在孙某某的鞋子里扔掉了，又说在现场用报纸包着烧掉了，又说带回家在五楼楼顶烧掉了。也只有被告人供述，没有其他证据相印证。

（三）侦查人员有逼供、诱供嫌疑

辩护人认为，侦查人员在本案办案过程中有逼供、诱供的嫌疑。首先，在办案程序上有违法行为。被告人于8月2日至4日被关在黄田派出所，8月4日至8月17日被关押在永嘉县公安局刑警队，理由是监视居住。8月17日对被告人采取刑事拘留。被告人在永嘉县公安局刑警队被关了十几天，这是否属于监视居住？早在1996年公安部就发出《关于贯彻实施刑事诉讼法有关问题的通知》，明确强调要准确运用拘传、取保候审和监视居住等强制措施，执行监视居住应当严格按照法律规定，禁止将被监视居住的犯罪嫌疑人关押在羁押场所或公安机关，更不能设立专门的监视居住场所。如此严重的违法行为而取得的笔录应当认定为非法证据，予以排除。

（四）被告人被关在刑警队期间，受到侦查人员的连续审讯

请看8月5日夜里23时49分至8月6日凌晨3时32分被审讯一次，紧接着，8月6日凌晨3时50分至4时20分又被审讯一次。8月6日23时10分至8月7日凌晨1时35分再被审讯一次。辩护人认为，侦查人员在刑警队审讯被告人，避开了看守所监察室的监察和看守所的管理，如果进行刑讯逼供也无人可知、无人干涉。而被告人的有罪供述也就开始成形，集中在这几次讯问的笔录中。如此得出的口供与事实能相符吗？难道不值得怀疑吗？正如被告人在9月20日讯问笔录中所说，前几次讯问中，公安民警审问的方式不一样，审问的话不一样，顺着公安人员的意思，说一些符合他们想法的东西去交代，所以每次都有一些不同的情节！只要不符合办案人员的意思，就要重新交代。

（五）从时间上推算被告人的作案时间也存在疑问

目前，有如下事实可以确定：（1）被告人在27日9时55分左右有人证实他在住处；（2）被告人家里27日中午饭确实吃鸭子；（3）在9时55分之前被告人确实将衣服洗了；（4）中午吃的鸭子是10时前买回来的还买了香菇和藕；（5）从住处到尸体现场一趟必须走30分钟，边走边玩停下聊天，时间会更长。假设被告人是凶手，那么他在9时55分之前必须用如下时间（压缩至最短时间）完成下列事情：用一个小时来回住处与作案现场，在山上玩10分钟，作案10分钟，买鸭子、香菇、藕20分钟，洗漱5分钟，洗衣服20分钟，这样最快也要2小时5分钟，那么被告人必须是不到8时就起床，而被告人供认是8时30分起床，如此说明被告人根本就没有作案时间。

案件疑点

本案有两个不可思议的疑点：（1）现场的一条男士内裤。如果被告人知道为了隐藏罪证，将死者的内裤扔掉或者烧掉销毁，为何却将自己的内裤留在现场，而且还是擦过精液的内裤。而该内裤经被告人妻子辨认及DNA检验已经证明无被告人痕迹，与被告人无关。那这内裤是谁的?!

（2）7月末天气炎热，被告人供述穿白色圆领短袖T恤衫，如果按被告人供述将孙某某掐死，掐了二三分钟，孙某某挣扎，那必然会有手抓、脚踢等动作，被告人身上、手上或者脸上应该会有伤痕，即便没有明显伤痕，死者指甲里也应该有被告人皮肤的组织或者衣服的纤维等物质残留。被告人穿的白色圆领短袖T恤衫已经交给了侦查机关，但到目前为止，侦查机关、公诉机关并没有提取相关证据证明被告人的上述供述，这不符合事实与逻辑。

另外，关于测谎仪测出的结论是否能作为证据使用的问题，辩护人认为，测谎仪测出的结论不是证据，不属于《刑事诉讼法》规定的七种证据中的任何一种，所以该结论不能作为证据使用。测谎仪只是一种侦查手段，在进行测谎时，由于各人的心理承受能力、所处的环境不同等因素，测出的结果也会不同，该结论根本不能用以证明被告人犯罪的事实，不能作为定案依据。

综上所述，辩护人认为，故意杀人案件是人命关天的大案要案，我们要排疑务尽，作出的结论应该是唯一的、确定的，排除一切合理怀疑。本案疑点重重，指控被告人犯故意杀人罪证据不足，应根据《刑事诉讼法》第162条

第3项的规定处理，证据不足，不能认定被告人有罪的，应当作出证据不足、指控的犯罪不能成立的无罪判决。

**【裁判结果】**

本案中，审判人员采纳了本律师的辩护意见，检方撤回了诉讼，也挽救了一个青年，避免了一次冤假错案的发生。

**【案件评析】**

刑事案件的判决关系到犯罪嫌疑人的定罪量刑，对于一个人的一生可能产生非常重大的影响。所以，对于刑事案件的辩护必须以事实为依据、以法律为准绳。在为刑事诉讼被告人进行辩护的过程当中，应当充分收集证据，通过证据发现案件事实，维护刑事被告的正当权益。

**作者周诗成介绍**

1942年11月出生，中共党员，浙江达正律师事务所合伙人。于1982年3月开始从事律师工作，1982年3月至1984年5月任江山市司法局原法律顾问处主任（专职律师），1984年6月至1998年担任江山市司法局副局长（兼职律师），1998年至今为专职律师。2006年度被衢州市司法局评为十佳法律援助律师。

# 被告人吴某某不构成诈骗罪案

周跃明* 律师

**【案情介绍】**

2006年1月1日，被告人吴某某在武义县注册成立武义县赛鸥车业有限公司，注册资金50万元人民币，被告人吴某某任法定代表人。在公司经营期间，被告人吴某某采取先期先付款取货，后期取货欠款等手段，从被害人陈某等41名零配件供应商处骗得价值41万余元人民币的生产配件、邮寄费用等。

2006年1月至2007年9月，被告人吴某某在经营武义县赛鸥车业有限公司期间，以公司生产缺少周转资金为名，以支付高额利息为诱饵等手段，从被害人章某某、徐某、周某某、俞某某、程某某、严某、潘某某处骗得人民币共计1000万元。

被告人吴某某被检察机关以非法处置查封财产罪和诈骗罪起诉。

**【争议焦点】**

（一）关于事实认定方面的争议

对于检察机关指控的犯罪事实，辩护律师提出了下列辩护意见：

有关诈骗的认定数额如下：

（1）程某某的50万元，实际上只有35万元，根据程某某2008年11月14日的笔录，其中10万元是被程某某扣回的借款本金，5万元是借款利息预扣。

（2）章某某的100万元是本金加利息，不全部是本金，章某某2007年11月26日的笔录可以证明这一事实。

（3）章某某的50万元，本金数额只有47.5万元。

（4）程某某的450万元全部是本金证据不足，有条子的只有407万元，43万元无条子。

（5）周某某的100万元全部是本金证据不

* 浙江律明律师事务所主任。

足，有条子的只有20万元。

起诉书认定，被告人吴某某采取先期付款取货、后期取货欠款等手段，从被害人陈某等41名零配件供应商处骗取411万余元。辩护人认为，被告人吴某某作为生产商，在采购配件时，采用先付款后取货或取货欠款的方式采购配件，这根本不是诈骗的手段，这是最正常不过的交易方式。

起诉书认定，被告人吴某某以公司生产缺少周转资金为名，以支付高额利息为诱饵等手段，从被害人章某某等人处骗取1000万元。辩护人认为，公民之间的借款往来，是合法的借贷关系，根本不是诈骗，2分利息虽然比法定利息高一点，但这样的民间借款比比皆是，至于借款的利息有的达到5分，这只是一小部分，吴某某大部分借款的利息是正常的。更何况出借人当中大部分是吴某某的朋友，其中周某某是吴某某多年的朋友，正因如此，周某某大部分的借款没有叫吴某某打条子。程某某是吴某某的亲戚，正因为吴某某讲信用，程某某才会将巨款多次借给吴某某。

关于配件款、借款的去向如下：

（1）起诉书认定吴某某把所骗款项大部分用于赌博，证据不足。证人姚某、楼某某的证言中未讲到吴某某赌博输了多少。他们的证言中讲赢的人也就是赢几十万元，也就是说输的人最多也就输几十万元。更何况，每次赌博不一定都是吴某某输。

（2）起诉书认定吴某某把所骗款项大部分用于高消费证据不足。证人徐某、王某某证实吴某某住宾馆的费用是一百至三百元一夜，吴某某住宾馆的时间即使按照证人徐燕、王剑玉的证言，吴某某住宾馆的费用也化不了多少。姚某、楼某某证实，赌博时，开房间的费用都是抽头的人支付的，而不是吴某某付的。

（3）吴某某支付借款利息是有一部分，但这是正常的支付，有些利息并不完全是支付本案中的1000万元借款的，如程某某的借款有六百多万元，章某某的借款有240万元。吴某某部分借款虽然有支付5分利息的，但这是一小部分，并且支付的时间不长。

关于武义赛鸥公司停产原因，并非完全是经营不善所致。我认为，停产原因既有吴某某管理不善，部分货款、借款无法收回，投资黄山公司失败等经营不善的原因，又有税收政策变化的原因。例如，从2007年6月1日起出口退税率由17%降为9%，人民币升值，导致生意难做。赛鸥公司资金周转困难，也正好是2007年七八月份。由于武义厂房租赁到期，赛鸥公司只好搬到金华去，但这一搬迁对企业的生产、发展有很大的影响。更由于搬到金华后，严某某逼迫吴某某将赛鸥公司的财物全部低价抵账，导致赛鸥公司最终停产。

起诉书认定吴某某弃厂外逃，证据不足理由如下：

（1）赛鸥公司从武义搬到金华是租赁到期才搬的，配件厂家也是同意的，证人吕某某、黄某某、黄某某、程某某等人可以证实。

（2）吴某某到厦门并非是为了逃跑躲债，而是为了与周某某合资开办外贸公司，是为了企业东山再起。周某某可以证实。

（3）吴某某到了厦门后，有些配件厂家找不到吴某某，吴某某经常换手机。其实这也有吴某某的苦衷，一方面吴某某怕借款的债权人追讨，另一方面怕有些外协户（配件厂家）进行人身威胁，同时，外协户早就去武义公安局报过案，武义公安局开始没有受理，但吴某某怕武义公安局打乱其东山再起的计划。实际上，吴某某去厦门的目的，一是找机会东山再起，二是静下心来考虑问题，总结经验教训。

（二）对于吴某某是否构成犯罪的争议

辩护律师认为，吴某某的行为并不构成犯罪，理由如下：

（1）吴某某没有虚构事实，所谓虚构事实，是指捏造不存在的事实，骗取被害人的信任。吴某某无论是采购配件，还是向人借款，均没有虚构事实。

（2）吴某某没有隐瞒事实真相。隐瞒事实

真相是指行为人对被害人掩盖客观存在的基本事实。其表现形式是，隐瞒自己实际上不可能履行合同的事实，隐瞒自己不履行合同的犯罪意图，隐瞒合同中自己有义务告知对方的其他事实。赛欧公司实际上是吴某某个人的公司。赛欧公司缺资金也就是吴某某缺少资金，吴某某在经营过程中欠配件厂家一些配件款，这是很正常的，每一个生产厂家都会或多或少的欠配件款。至于个人借款，大部分是朋友借款，法庭已经查明这些出借人均不追究吴某某的任何刑事责任，这些出借人认为与吴某某的关系是一般的民间借贷关系。

（3）吴某某不具有非法占有的目的，认定被告人吴某某是否具有非法占有的目的，应当根据刑法规定的具体行为并综合考虑事前、事中、事后的各种主客观因素进行整体判断。根据刑法的规定，并结合司法实践。我认为从以下五个方面可以认定吴某某不具有非法占有的目的：

①行为人在签订合同时，是否具有履行合同的能力。本案中，虽然赛欧公司的注册资金只有50万元，但是吴某某的经营策略是先有订单再有生产。通过欠一部分货款，待外商支付货款后再支付配件款的方式进行滚动经营。因此，吴某某采购配件是有支付配件款的可行性的。至于借款，吴某某将借款大部分用于正当的用途。

②在签订和履行合同的过程中是否存在诈骗行为。首先，赛欧公司是真实存在的，吴某某个人借款签字真实，即使没有借条吴某某也是承认的。其次，所购买的配件确实用于生产产品。再次，借款时，虽然吴某某主要以企业需要资金周转为由进行借款，甚至有些借款用于别处。但是，在2007年七八月之间，配件款是正常支付的。即使出具给周某某的借条只有20万元，但吴某某承认是欠100万元的。吴某某去到厦门之前，专门通知配件厂家结账，并出具对账单、欠条给配件厂家。吴某某在借款或欠款的过程中，可能虚构了某些成分，但没有影响合同的履行，或者虽然合同未能完全履行，但是合同未能完全履行非吴某某本人的主观意愿，而主要是由于各种主客观的原因共同造成的，况且吴某某本人愿意承担相应的违约责任。这充分说明吴某某没有诈骗他人财物的目的。

③行为人是否有履行合同的实际行为。有无履行行为是认定行为人是否存在诈骗目的的客观依据。从常理上讲，行为人有履行合同诚意的，总会积极创造条件去履行合同。即使不能履行也会承担违约责任。以诈骗为目的的，行为人则根本不会去履行合同。据辩护人了解，现在的生产企业很少先将配件款支付给配件厂家的，大部分的生产企业都是收到配件验收合格后才支付部分货款的，像吴某某在企业经营初期采取先付款取货的交易方式进行交易，这完全是讲信用的表现，吴某某在赛鸥公司关门之前，还与相关配件厂家进行了对账，均有对账单可查。如果吴某某存心诈骗，那么吴某某在关闭赛鸥公司之前也不会同所有配件厂家对账了。还有吴某某虽然借款数额巨大，但是正因为吴某某是按时支付借款利息和本金，程某某等人才敢于将巨款借给吴某某。有些借款甚至没有借条，但是吴某某没有赖账，这正是吴某某讲信用的表现。

④行为人如何处置取得的财物。行为人主观上是否有“非法占有”的目的可以从其对他人财物的处置情况来认定，如果行为人将取得的财物全部或大部分用以挥霍，或者从事非法活动、偿还他人债务、携款逃匿等，应认定为其有“非法占有”之故意，其行为构成诈骗罪；如果行为人将取得的财物全部或者大部分用于合同的履行，即使客观上未能完全履行合同之全部义务，一般不以诈骗罪论。本案中认定大部分配件款、借款用于赌博、高消费从证据上看是不足的。从现有的证据看，吴某某大部分用于合理合法的地方。例如，采购的配件全部用于生产产品，有249万货款至今未收回，昊宏公司的50万货款也未收回。借款这一块也

一样。有的用于投资黄山的公司、有的用于支付利息，有的用于公司的开支，如税收、网络投资、企业管理费用、转借别人。

⑤未履行合同的原因及事后态度。吴某某未能支付配件款和归还借款，原因主要是经营管理不善，税收政策发生变化，生意难做，应收款、借款收不回来，投资黄山公司失败，以及严某某逼迫吴某某实物抵账等原因，导致赛欧公司最终停产。

从事后态度上看，被告人吴某某是愿意还钱的。2007 年 7 至 8 月，赛鸥公司专门通知配件厂家对账，对账之后出具对账单、欠条。2007 年 10 月，还有部分配件厂家由吴某某将欠条变成借条。在赛欧公司资金周转困难重重之际，吴某某还是想办法还钱，如与程某某达成还款协议，黄山公司的股份转让给程某某。虽然后来由于孙某某的反对而转让不成功，但可以看出吴某某是有诚意还款的。还有吴某某在赛欧公司停产后到厦门去，并不是对配件款、借款撒手不管，并不是逃出去躲债，而是为了与人合作外贸公司东山再起。

（4）主观上没有诈骗的故意。①所有配件款都是有书面手续，有入库单、对账单、欠条、借条。

②对没有书面手续的部分借款，吴某某均予以承认。如欠周某某 100 万元，但只有 20 万元的条子。欠程某某 450 万元，但其中 43 万元无欠条。

③吴某某对所得的配件款、借款全部或大部分用于合法合理的地方。起诉书认为大部分用于赌博、高消费，支付高额利息，证据是不足的。

据上所述，从吴某某事前、事中、事后的情况综合来看，吴某某不具有非法占有的目的，因而吴某某不构成诈骗罪。

**【裁判结果】**

法院认为，被告人吴某某不构成诈骗罪，而构成非法吸收公众存款罪（三年六个月）、非法处置查封财产罪（一年），决定执行有期徒刑四年。

**【案件评析】**

在本案当中，案情比较复杂，涉及的法律事实较多，在办案过程中，辩护律师注意收集证据，对每一个案件事实进行分析，争取对被告人最有利的事实，最后赢得了对于被告人最有利的判决结果。

# 张某非法出售发票罪

朱敏玲* 律师

**【案情介绍】**

2010 年 6 月，被告人张某在马路上向过往的司机兜售小物件时，从这些人处换取、购买了一些过桥、过路通行费发票，准备搭配其出售的毛巾等车上用品兜售给他人。2010 年 9 月，公安民警对被告人张某在杭州暂住处进行搜查时，扣押了各类真假过桥、过路通行费发票共计 15135 份，经鉴定，确认其中 110 份为假发票。

2011 年 6 月 10 日杭州市某某区人民检察院以被告人张某犯非法出售发票罪、出售非法制造的发票罪向杭州市某某区人民法院提起公

* 浙江龙剑律师事务所主任。

诉，指控被告人张某非法出售发票15025份，属情节严重，且出售伪造的普通发票，应当以非法出售发票罪、出售非法制造的发票罪追究其刑事责任。

**【争议焦点】**

本案争议的焦点是公诉机关所指控被告人犯罪的发票数量、罪名是否成立以及犯罪处于何种形态，辩护人围绕本案的焦点收集证据为张某在一审阶段提供辩护，在开庭前辩护人提请法院收集、调取张二某、张三某一案中扣押物品的相关证据以确定本案的发票数量，在一审庭审中，辩护人提出侦查机关在收集证据的程序上违反了有关规定，公诉机关指控被告人张某出售发票15025份系属事实不清，证据不充分，公诉机关指控被告人犯出售非法制造的发票罪证据不足，被告人张某的行为构成非法出售发票罪的犯罪预备等辩护意见。

第一，辩护人认为公诉机关认定从被告人处扣押了15，135份真假发票系属事实不清、证据不充分。

本案制作扣押清单程序违法，扣押清单不能作为本案的定罪依据。《公安机关办理刑事案件程序规定》第213条规定，对于扣押的物品和文件，应当会同在场证人和被扣押物品、文件的持有人查点清楚，当场开列扣押物品、文件清单一式三份，写明物品或者文件的名称、编号、规格、数量、重量、质量、特征及其来源，由侦查人员、见证人和持有人签名或者盖章后，一份交给持有人，一份交给公安机关保管人员，一份附卷。从搜查的笔录上证实了搜查被告人家的时间为2010年9月17日0时42分，搜查人为姓王的和姓魏的警官，但押文件清单上的办案人员为张明（化名）、柯岩（化名），从这两份证据证明了扣押物品、文件清单不是搜查被告人家的当场制作，事后也没有当着被告人的面清点，也没有将清单给被告人，且清单中的发票号码也没有列出，因此，本案中的关键性证据扣押物品、文件清单制作过程违反了以上规定，故该扣押文件清单不能作为本案的定罪依据。在本案中除了扣押清单中显示了发票的数量外，没有其他的证据印证被告人确实从他人处购买了15，135份发票，且扣押清单制作过程违反公安机关办案程序的有关规定，根据刑事诉讼法的规定，确定被告人构成刑事犯罪，举证责任的主体是办案部门。因此，本案中的唯一认定被告人有罪的证据仅仅是一份扣押清单，且扣押清单中的数量没有出售发票人的证实，因此，公诉机关指控被告人涉案数量的真假发票15，135张证据不足。在本案所附的照片当中有一张照片没有注明是在张某家中进行搜查的情况，并且照片中显示为红色地砖，而张某家使用的是乳白色的地砖，且其家里没有红颜色的桌子和地砖，这只存在一种情况，就是侦查人员将非本案的证据材料混入了本案。该张照片中显示有大量的发票和部分未开的发票，而这些发票必然不是在张某家中查获的。从案卷中所附的照片看被扣押的发票可能数量相符，如果扣除以上的这张照片中发票的数量，就单凭从被告家里所拍的照片里的发票看绝对没有一万五千多张。

第二，辩护人认为公诉机关指控被告人从2010年6月开始从他人处购买大量的过路费等发票证据不足。

从案卷材料上看，仅有被告人供述收购发票的过程，没有其他的证据相互印证，且被告人的多次供述其在2010年的8月开始从他人处换购发票，因此，公诉机关的这一认定显然证据不足。

第三，辩护人认为公诉机关指控被告人犯出售非法制造的发票罪证据不充分。

前面辩护人已经提到侦查人员存在将非本案的证据材料混入本案的情况。辩护人对于张某家中查获的发票是否为15，135张存有疑问的同时，对15，135中到底几张是假发票也存有疑问，2011年1月5日朝晖路派出所同一天出具了两张情况说明，一张情况说明里“张某所持有的发票中有110份为假发票”，另一张的情况说明里“张某所持有的发票中有116份为假发票”。作为同一办案机关为何对同一行为出具了两份不同的假发票数量说明？可见办案机关办案的粗心！情况说明相互矛盾不能作为本案的证据使用。鉴定机关对15，135张发票进行了鉴定，发现其中110张为假发票。既然15，135张发票哪些是张某的现在无法确定，那么又怎能判断这15，135张发票中的110张假发票是张某的呢？出售非法制造的发票罪是数额犯，未达到一定数额的不构成犯罪，在本案当中，鉴于公诉机关指控的本案总数量15，135张证据存在瑕疵，无法确定张某是否持有了非法制造的发票及其数量。因此，公诉机关这一指控事实不清，证据不充分。

第四，退一步说，假设以上查封清单真实，被告人张某只有收藏发票行为，并无出售行为，仅构成非法出售发票罪的犯罪预备。

《刑法》第22条第1款规定：“为了犯罪，准备工具、制造条件的，是犯罪预备。对于预备犯，可以比照既遂犯从轻、减轻处罚或者免除处罚。”犯罪预备，是指直接故意犯罪的行为人为了实施某种能够引起预定危害结果的犯罪实行行为，准备犯罪工具，制造犯罪条件的状态。犯罪预备在客观上必须是行为人已经开始实施犯罪的预备行为，即为犯罪的实行和完成创造便利条件的行为，同时，行为人尚未着手犯罪的实行行为。本案中，被告人张某虽从他人手中换得一定数量的发票，但其尚未联系出售对象，也没有实施商谈出售数量、价格及交付发票、钱财等任何出售行为，其在家中藏匿发票是为出售发票所进行的准备活动。因此，其行为应属于犯罪预备，依法可以比照既遂犯从轻、减轻处罚或者免除处罚。

第五，被告人张某系初次犯罪、偶然犯罪，认罪态度好，主观恶性不大，且发票没有出售，没有对国家税收造成损失。

在抓获被告人后，被告人如实交代了犯罪过程，其多次供述基本一致，在本案之前，被告人一贯表现良好，没有任何前科劣迹。本次之所以构成犯罪，是其不懂法律知识的结果。被告人张某来杭州打工，这次不慎走向犯罪的道路实属初犯、偶犯。

综上所述，就张某出售非法制造的发票罪，证据存在重大的瑕疵，辩护人请求法庭依法认定被告人张某不构成出售非法制造的发票罪。而关于非法出售发票罪，属于犯罪预备，且公诉机关指控的发票数量证据不够充分，被告人张某虽然触犯了刑法，但其犯罪情节较轻，没有造成实际危害，辩护人请求法庭能够本着惩罚与挽救并重的原则，依法对被告人从轻、减轻或免于处罚。

**【裁判结果】**

本案经过两次庭审，一审法院对辩护人的相关意见予以采纳，认定被告人涉案发票数量为2426份，犯非法出售发票罪，系犯罪预备，于2011年9月15日作出一审判决：被告人张某犯非法出售发票罪，判处有期徒刑一年两个月，并处罚金三万元。

**【案件评析】**

（一）本案中公诉机关出具的证据存在瑕疵，未能构成完整的证据链条

根据刑事诉讼法的规定，案件中既要求每一个证据是真实的，而且要求这些证据能够形成完整的证据链条，且据此得出的结论是唯一的，才能对被告人定罪量刑，否则公诉机关指控将不能成立。

辩护人在查阅案卷的过程中，发现案卷中对扣押发票所拍的照片与被告人之前供述的不相符，同时扣押清单只有发票的张数，对每张发票的编号、数额没有进行列明。扣押清单系公诉机关指控被告人是否构成犯罪的重要证据。通过会见被告人张某，张某对公诉机关指控的发票数量提出异议，认为公安侦查案卷中搜查扣押发票的照片中有一页不是在其住所搜查扣押发票时所拍的照片，辩护人对此情况予以重视。鉴于同日侦查机关同时对同案中还有张二某、张三某的住所进行搜查，该照片可能是当日同案中搜查扣押张二某、张三某住所发票时所拍的照片，制作扣押清单程序上的瑕疵

及对扣押发票所拍的照片存在可能的混同，因此，公诉机关指控的被告人发票数量存在证据不足。

在一审庭审中，辩护人就本案侦查机关在收集证据过程中违反了有关规定进行了辩护，最终一审法院确认公安机关未提供扣押详单，因此无法认定公安机关移送的15135份发票均系从被告人张某处查获，对于公安机关从被告人张某处查获、扣押的发票的数量应按照张某辨认发票后清点的2426份为准，公诉机关指控的事实有误，辩护人的辩解及辩护意见予以采纳。诉讼证明活动必须形成一个证明的链条，每个链条环环相扣，从而让裁判者内心形成事实判断，本案中，公诉机关出举的证据链条出现瑕疵，无法让裁判者内心形成事实清楚的判断，导致其指控的事实未被认定。

（二）非法出售发票罪的犯罪预备状态

非法出售发票罪是司法实践中常见的犯罪，在犯罪形态上均属行为犯。行为犯的既遂与未遂问题，在理论与实务中均存在很大争议。明确行为犯既遂与未遂的标准，不仅有利于检察机关在支持公诉过程中充分行使求刑权，而且也有利于法院对证据标准有统一的评价依据，作出可能对被告人从轻、减轻处罚的判决，以维护被告人的合法权益，平衡国家利益与个人利益，真正实现司法公正。但是，本案中，公诉机关并未在起诉书中确定被告人系犯罪预备。这与司法实务中在认定行为犯既遂与未遂问题上存在两方面分歧不无关系。一是行为犯是否存在既遂、未遂状态。二是如何确定假发票犯罪行为犯既遂与未遂的标准。有观点认为行为，犯无未遂，认为行为犯等同于举动犯，即只要一着手实施犯罪即构成既遂。辩护人认为这种观点是不全面的，行为犯不仅存在犯罪的预备、既遂状态，也存在犯罪的未遂状态，既遂犯与未遂犯的区分主要在于实行犯罪过程中是否存在足以抑制其犯罪意思的意外因素。在以一定时间间隔才能完成犯罪的情况下，着手后但由于意志以外的原因处于未遂形态是可能存在的。辩护人认为，故意犯罪行为（包括行为犯的行为）总存在一定的发展过程和阶段，只不过不同的行为过程和阶段长短不一。就行为本身来看，着手实施犯罪与犯罪实行完毕等同的观点是错误的，行为人在着手实施犯罪之后，还需将此行为持续一段时间，只有当实行行为达到一定的危害程度时，才标志着该行为犯的既遂状态。

行为犯总是经历犯罪预备、着手实施、实施完毕这样一个连动的过程，在这一过程中，可能存在时间、空间上的间隔与地点的差异。这就要求辩护人在实践中确定一个统一的标准来判断既遂与未遂的犯罪形态。辩护人认为对行为犯犯罪既遂、未遂应该确定一个分界点，将行为发展过程分成三个时间段：第一阶段为犯罪预备，表现为行为人为出售发票而作准备，包括去购买发票等举动。第二阶段为犯罪未遂，表现为行为人携带发票到达约定地点，但由于种种原因（买主未到或警察已设伏，先将其抓获）而未将发票交给买主。第三阶段为犯罪既遂，表现为行为人将发票已交付，无论买方是否付款。就本案来说，被告人张某虽从他人手中购得发票伺机出售牟利，但其尚未联系出售对象，也没有条件实施商谈出售数量、价格及交付发票钱财等任何出售行为，其在家中藏匿发票是为出售发票所进行的准备活动。因此，其行为应属于犯罪预备，而非犯罪未遂。最后，法院的判决也对辩护人提出的有关被告人张某系犯罪预备的辩护意见予以采纳。

# 杨某私分国有资产罪、张某私分国有资产罪

## ——承办私分国有资产罪刑事案件的辩护思路

龚振中[*] 律师

**【案情介绍】**

案例一：因不满县电力公司将他们委托给武宁县新农村电力工程服务有限公司，江西武宁县某电力营业站的杨某、刘某、石某以及其他九位职工，承接了营业站所辖范围的用户受电工程（生活用电和施工用地的线路安装等业扩工程），并将承揽所得的业扩工程收入以单位名义发放给12名职工。结果，杨某等人因涉嫌私分国有资产罪被提起刑事诉讼。公诉机关指控称，2009年至2010年，杨某等人违反国家有关规定，利用职务便利将营业站承揽的业扩工程收入截留不上交，并将其中的66万元以发放补助的名义集体私分给营业站全体职工。

案例二：某栲胶厂原厂长张某等人，在煤炭紧缺且价格大幅上涨的情况下，组织全厂职工轮流参加晒树皮渣与煤混烧工作，以此降低生产成本。然后，从2001年至2005年间，某栲胶厂通过多次到当地国税局虚开购煤发票30多万元、到地税局开具劳务发票80多万元然后拿回单位报销提取现金的方式，共领出现金110万元。领出这些钱后，经厂领导签字同意，以加班劳务费的形式发给厂职工。结果，张某等人因涉嫌私分国有资产罪被提起刑事诉讼。公诉机关指控称，2001年10月，时任某栲胶厂厂长的张某主持召开厂务会议决定，经过实践，晒树皮渣与煤混烧可以节省烧煤量，由全厂职工轮流翻晒树皮渣，然后由厂里拿出一部分资金补助给全厂职工。会后，张某指使该厂供销科负责人到国税局虚开购煤发票，供销科科长罗某在材料入库单上冒充采购员签名，张某负责签字同意报销。

**【争议焦点】**

案例一中杨某私自发放承揽所得的业扩工程收入，案例二中张某等人组织职工晒树皮渣与煤混烧，以此降低成本，然后虚开发票提取现金110万元发放给职工的行为，是否构成私分国有资产罪？

**【裁判结果】**

案例一：经过武宁县人民法院开庭审理后，检察院决定撤回起诉。

案例二：某县人民法院作出刑事判决，认定三个被告犯有私分国有资产罪的罪名和犯罪事实，并判处有期徒刑六个月或一年，缓刑一年或一年六个月，并处罚金10，000元或15，000元。三被告不服，上诉至市中级人民法院，市中级人民法院经过开庭审理后，以本案事实不清、证据不足为由，裁定发回原审法院重审。原审法院经过再次开庭审理之后，某县检察院决定撤回起诉，法院裁定准许。

**【案件评析】**

笔者有幸承办了上述两个案件，通过努力，两个案件都以检察院撤回起诉而结案。结合上述两个案例以及办案经历，总结出办理私分国有资产罪案件的几点辩护思路，仅供各位

* 广西同望律师事务所。

同行参考。

（一）从犯罪主体的角度进行辩护

第一，根据《刑法》第396条的规定，私分国有资产罪是单位犯，任何自然人都不能成为私分国有资产罪的犯罪主体。我国《刑法》第396条第1款对私分国有资产罪列明了五种犯罪主体：（1）国家机关；（2）国有公司；（3）企业；（4）事业单位；（5）人民团体。没有自然人的规定。至于该条款中处罚的对象是直接负责的主管人员和其他直接责任人员，是对处罚主体的规定，与犯罪主体是不同的。自然人在单位犯罪中承担刑事责任是处于依附单位的地位的，绝不能脱离单位被判定为有罪的前提下单独承担刑事责任。所以，自然人在单位犯罪中，只能与单位一同成为受罚主体，而不能与单位一同构成犯罪主体。在司法实践中，单位犯罪大多是对单位和个人实行“双罚制”，“单罚制”为特殊。可犯罪的主体却是单位而非个人。所以，本罪是一个典型的单罚制的单位犯罪。

据此，辩护时应指出，将犯罪主体仅仅列为几个人是明显错误的。

第二，界定犯罪嫌疑人是否为国家机关、国有公司、企业事业单位、人民团体的职工？如果不是，则不构成此罪。

案例一出现的情况就是，2007年营业站的12名职工的劳动合同期限届满后，县电力公司未与他们续签合同，而是将他们委托给县新农村电力工程服务有限责任公司，再由公司派遣至电力公司下属的营业站工作。该营业站的12名职工认为其为县电力公司的职工，但电力公司却认为这12名职工属县新农村电力工程服务有限公司的职工，所发放的工资亦属于其代县新农村电力工程服务有限公司发放。为此，营业站的12名职工在2010年提起了劳动仲裁与诉讼。法院判决认为此劳动纠纷均与武宁县政府1998年农电管理改革有关，属历史遗留问题，且县电力公司将农电工作发包给县新农村电力工程服务有限责任公司的行为涉及国有企业改革和企业内部自主管理的行为，以上均不属于人民法院受理民事诉讼范围。法院的判决并未就是否是县电力公司职工作出具体认定，但从县电力公司的答辩来看，其是否认营业站的12名职工为电力公司的员工的。

采取类似于劳务派遣的形式管理原来的职工，在许多的国有公司、企业尤其是垄断行业的国有公司、企业中较为普遍。此种情况下，犯罪嫌疑人是否为国家机关、国有公司、企业事业单位、人民团体的职工便存在疑问，应当作出明确的界定；如果不是，则不构成此罪。辩护人应该抓住此辩护点积极为当事人辩护。

（二）从犯罪客体即是否属于国有资产的角度进行辩护

私分国有资产罪侵犯的客体是国家财产的所有权和国家机关、国有公司、企业事业单位、人民团体的正常管理和工作秩序。犯罪的对象是国有资产。而对于是否为国有资产以及怎样认定为国有资产均有法律规定，因此，承办律师在辩护时应着重从以下几点提出辩护意见：

1. 私分的财产是否为国有资产

应当先明确的一个概念是，国有资金不等于国有资产，企业资金也不等于国有资金。对于国有资产的范围和概念，2003年国务院《企业国有资产监督管理暂行条例》第3条规定，本条例所称企业国有资产，是指国家对企业各种形式的投资和投资所形成的权益，以及依法认定为国家所有的其他权益。最高人民检察院《关于人民检察院直接受理立案侦查案件标准（试行）》附则第6条规定：“本规定中有关私分国有资产罪案中的‘国有资产’，是指国家依法取得和认定的，或者国家以各种形式对企业投资和企业收益，国家向行政事业单位拨款等形成的资产。”

从上述法律规定可以看出，私分的财产是否为国有资产，须依照下列标准判断：第一，是否为国家依法取得和认定的资产；第二，是否为国家以各种形式对企业投资和企业收益的资产；第三，是否为国家向行政事业单位拨款形成的资产。如果不符合上述规定，则不能认定为国有资产。

案例一中，杨某等人利用空余时间且保证不耽误工作的情况下，承揽了用户受电工程，所得的收入是否符合上述规定存有疑问，如果检察院不能排除上述疑问，则不能追究当事人的刑事责任。

案例二中，某栲胶厂原厂长张某等人，在煤炭紧缺且价格大幅上涨的情况下，组织全厂职工轮流参加晒树皮渣与煤混烧，以此降低生产成本。然后，从2001年至2005年间，某栲胶厂通过多次到当地国税局虚开购煤发票30多万元、到地税局开具劳务发票80多万元，然后拿回单位报销提取现金的方式，共领出现金110多万元。领出这些钱后，经厂领导签字同意，以加班劳务费的形式发给厂职工。这些费用是否符合国有资产的规定亦存在疑问。

2. 要认定为国有资产，须取得国资委出具的国有资产确认报告书

依照《国有资产产权界定和产权纠纷处理暂行办法》第6条的规定，中华人民共和国是国有资产所有权的唯一主体，国务院代表国家行使国有资产的所有权，国家对国有资产实行分级分工管理，国有资产分级分工管理主体的区分和变动不是国有资产所有权的分割和转移。从鉴定程序和鉴定机构上来说，是否属于国有资产应当依照程序由国有资产监督管理部门予以界定或鉴定，则不能由会计师事务所或是司法鉴定中心来做。从鉴定形式和证据类别上来说，应当出具国有资产确认报告书，而不是鉴定结论、鉴定报告。

案例一中，要证明业扩工程收入是否属于国有资产，除了要证明国家对其进行投资及其投资产生收益的账页凭证、会计资料外，还应当委托国有资产监督管理部门依照《国有资产产权界定和产权纠纷处理暂行办法》第8条、第28条的规定进行界定或鉴定，以国有资产确认报告书作为认定国有资产的依据。公诉机关将用户电力安装工程收入认定为国有资产，从案卷材料看，并无会计师事务所的审计报告，亦无国有资产监督管理部门出具的国有资产确认报告书，也没有其他的证据材料进行证实。所以，用于发放劳务费的用户电力安装工程收入是否属于国有资产缺乏证据证明和支持，属于事实不清。

同理，案例二中，要证明其“小金库”中的资金是否属于国有资产，亦应以国有资产确认报告书作为认定国有资产的依据。

（三）从指控的私分财产数额的认定依据的角度进行辩护

一般来说，检察机关指控的私分国有资产的数额或者法院认定的私分国有资产的数额的计算依据都是笼统或者模糊的，简单地将发放的所有数额认定为私分财产的数额，或者简单地扣除一些基本劳务费后即认为是私分的数额，这些都是没有法律依据的。作为承办律师应从这一角度为当事人辩护，并从发放的款项的构成去论证。案例一中某营业站职工集体承接施工的用户电力安装工程，所得工程款即可以认为是人力劳务费、施工材料费、技术服务费等的总和，而人力劳务费、施工材料费、技术服务费的计算标准如何确定，指控书并未列明。案例二中张某等人发放的款项包含了职工的加班费，而加班费如何计算存在异议。因此，辩护人应从指控的私分财产数额的认定依据的角度辩护，以证明检察机关的指控或人民法院的认定未达到法律规定的“事实清楚”。

（四）从社会危害性的角度进行辩护

从犯罪的客体上来说，任何的犯罪的法律后果，应当具有一定的或是严重的社会危害性，损害和破坏法律保护的社会关系。如果没有社会危害性，就不构成犯罪。私分国有资产的法律后果应当是国家财产的所有权受到损

害，以及国家机关、国有公司、企业事业单位、人民团体的正常管理和工作秩序受到损害，即国有资产的减少；否则，就不构成私分国有资产罪。案例二当中，通过树皮废渣晒干与煤混合燃烧降低能耗和生产投入，实际上为该厂节省了生产投入119.25万元资金，也就是说，企业节省了119.25万元的流动资金。实际上，从这个意义上说，国有资产不但没有受到损害或是减少的，反面是增加了，既没有社会危害性，也符合国有资产保值和增值的基本要求。故张某等三人不构成私分国有资产罪。

（五）从发放款项的行为性质的角度进行辩护

上文的分析试图去论证当事人发放款项的行为不构成犯罪，紧接着是对当事人的行为如何定性。

案例一中，杨某等人在没有资质的情况下承揽用户电力安装工程（受电工程）并获得劳动收入，是一种违反有关规定的行为，但不违反国家刑法的规定，并不是私分国有资产的行为。是否具有承装（修、试）电力设施许可证涉及是否违反法律，是否取得法律、行政法规规定的禁止经营、特许经营许可的问题。是否属于禁止经营、特许经营许可的范围，由法律、行政法规规定，而《承装（修、试）电力设施许可证管理办法》是由国家电力监督管理委员会发布的，属于行业规章，并不属于法律、行政法规，因此此管理办法规定的“任何单位或者个人未取得许可证，不得从事承装、承修、承试电力设施活动”的规定是无效的。除非此行业规章上升为法律、行政法规，否则所开展的经营范围不应受到此管理办法的限制规定。

案例二中，单位发放劳务费的行为是一种违反财经纪律的合理行为，但不违反国家规定和刑法的规定，并不是私分国有资产的犯罪行为。从单位发放劳务费的行为方式上看，三被告虚开发票入账，从财务上套出资金384，920元为本单位职工发放劳务费，这是没有争议的事实，但是，这种行为的性质属于违反财经纪律，从企业中套出资金，在财务上变通处理为职工发放劳务费（实际上为加班费用），充其量违反了《发票管理办法》，是一种违反财经纪律的行为，应按违反财经纪律的处分规定给有关责任人员以党纪、政纪处分。但构不成犯罪。同时，这也是本厂自主经营、独立处理企业资产的一种行为，是受法律保护的，是具有相关的文件规定的。比如，《全民所有制工业企业转换经营机制条例》、《全民所有制工业企业厂长工作条例》、《关于搞活工业经济的若干规定》、国务院《关于加强工业企业管理若干问题的决定》、国务院《关于加强节约能源管理条例》、国务院《国有企业财产监督管理条例》等法律政策当中，都规定有相关的内容，在国有资产增值和保值的前提下，企业可以自主经营，独立处理企业资产，这也是我们国家进行改制和改革、搞活企业的根本出路。所以，对该厂的行为，不宜认定为私分国有资产的行为。

除上述辩护角度以外，辩护人还可从犯罪的主观方面，证据的真实性、合法性、关联性角度加以辩护。

涉嫌私分国有资产案件中，犯罪嫌疑人的出发点是一般是好的，或者是为企业节省成本，或者是在特定的体制下利用业余时间增加劳动收入。但是，犯罪嫌疑人都未能依法行事，照章办事，违反相应的财务制度及行政法规。但与构成刑事犯罪又是有所区别的。因此，辩护人在为犯罪嫌疑人辩护时，可从犯罪的主体、是否为国有资产、认定私分数额的依据、社会危害性、发放款项的行为性质等角度为被告人提供有利辩护，依法维护被告人的合法权益，以争取得到有利于被告人的刑事判决。

**作者龚振中介绍**

广西同望律师事务所执业律师、副主任、中共同望律师事务所支部书记。清华大学民商法专业研究生及西南政法大学法律硕士、中国政法大学在职法学博士。广西壮族自治区律师协会律师行业规则与发展委员会主任、广西壮族自治区律师协会刑事专业委员会秘书长。

熟悉法律顾问工作，具有丰富的公司法律事务实务经验和操作技能，先后担任过广西壮族自治区电信公司、广西田园生化股份有限公司、广西田园农用化学品有限责任公司、广西利民农药有限公司、南宁民福房地产综合开发有限责任公司、广西南宁熙域置业有限公司、南宁恒田房地产咨询有限公司、嘉年华大酒店、玉林某人民政府、南宁市商立广告有限责任公司、柳州某电力公司、广西电视台生活频道、广西广播电台“天天说法”栏目、法制日报社广西记者站、南宁电视台公共生活频道等单位的常年法律顾问。发表过《试论法律顾问在现代企业中的地位、作用和动作方式》、《设立法律事务部的构想》、《强化我国公司监事的职责》、《论劳动法下的商业秘密保护》、《员工对公司的法律忠诚义务》等公司法务的论文，为多家公司创立了法律事务部、构造了担保制度。使企业能规范管理、依法经营。

掌握扎实的刑事理论知识，具备娴熟的刑事辩护技巧。为西南政法大学刑事诉讼方向的法律硕士，并担任广西律师协会刑事专业委员会秘书长，曾为港商周某某涉嫌职务侵占罪、南丹系列刑事案、北海市公安局长何某涉嫌滥用职权罪、柳州市公安局警察李某涉嫌玩忽职守罪、南宁市黄某涉嫌非法买卖弹药罪、北海市曾某涉嫌以危险方法危害公共安全罪等刑事案件提供过辩护；其中，多名被告人最终获得无罪释放或减轻处罚，参加过由中华全国律师协会与加拿大律师协会共同举办的中加刑事司法改革及辩护技能项目培训。发表过《律师如何审查刑事诉讼中的证据》、《论无罪推定及其原则》、《中加刑事司法改革及辩护技能项目培训侧记》等刑事诉讼方面的论文。

在民事诉讼领域内，在建筑房地产方面具有丰富的司法实践经验，曾代理过肖某某与水电八局高速公路工程款纠纷案、钟某某与贵港市某某房地产公司房地产纠纷案、湛江某某机械设备公司与扶绥某某公司工程款纷纷案、广西桂乡公司诉与黄某某建设工程合同纠纷案、广西桂乡公司诉与邓某某建设工程合同纠纷案、上海房地产信息咨询有限公司与北海某某房地产有限公司等商品房买卖合同纠纷案、广西田园公司诉广东某某局拖欠货款纠纷案、玉林某人民政府与广西某银行借款合同纠纷案等民事案件；多起再审案件经最高人民检察院抗诉、最高人民法院判决后胜诉，发表过《关于适用举证责任分配规则问题的探讨》、《谈谈代理一件群体案件的几点体会》、《销售代理商应当承担连带偿还责任吗》、《论无资质实际施工人所能主张的工程款范围》等民事诉讼方面的论文。

# 公益性、开放性园林广场溺水案

## ——一起园林广场溺水案引发的安保义务思考

卢盛宽* 律师

**【案情介绍】**

2010年6月30日下午，某中学生王某与同学四人考试后来到某开放园林广场游玩，18时20分左右，四人来到广场的人工湖旁，王某提议下水玩耍，说完后便脱了上衣和鞋袜开始下水，其同学随后跟王某一起下水。此时，公园游客郭某正好经过人工湖，看到王某等人下水游玩便上前进行劝阻，告诉他们湖中水很深，不要下去游玩。有两人意识到危险，往湖中走了几步就回到岸上，王某在意识到危险后也往岸边走，游客郭某看到他们准备上岸就离开了。然而，在游客郭某走后，王某再次走向湖中，危险就在这个时候发生了，王某在湖中深水区开始呼救，三个同学发现出事后，试图下水救援王某，但他们本身也不懂水性，在发现无法实施救援后就赶紧上岸去找人帮忙，湖边的其他游人立即拨打了报警电话，当民警赶到现场后，王某已经遇难。

事后调查，王某等人下水处系人工湖一处开放的浅水码头，其余湖边设有栏杆、绿化带等防护设施并设有警示提示，浅水码头处竖立了灯杆，园林局在其中的两根灯杆设置了60cm×80cm的警示标志。

王某父母认为园林局对其子溺水死亡负有责任，找到园林局讨要说法，因要求太高无法达成一致，经多部门协调做工作，引导王某父母向人民法院起诉。

**【争议焦点】**

园林局作为公益性、开放性广场人工湖的管理单位，是否尽到了法律规定的合理限度范围内的安全保障义务，是否应当对王某的溺水承担民事赔偿责任？

**【裁判结果】**

被告园林局对原告之子王某在其管理的广场人工湖不幸溺水身亡的事实不持异议，法院予以确认。但死者王某是在主动下水后溺死的，而不是因为现场环境危险而失足落水的。因死者王某事发时已是初中学生，对事物有一定的认知能力，对溺水危险应该有预见；二原告作为监护人，平时也应该加强对孩子的安全教育。本案中，死者的安全意识薄弱和原告监护、教育不力是造成事故的主要原因。被告作为广场人工湖的管理方，尽管在现场设置了安全警示标志，但湖的周围是开放性的，未设置全封闭的护栏，其安全保障义务方面存在瑕疵，存在一定的过错。因此，关于因原告之子身亡所造成的经济损失及精神损失，原告应承担主要责任，被告也应承担一定的责任。

**【案件评析】**

溺水事件发生后，园林局出于人道积极处理了善后事宜，向受害人家属支付了20，000元人道救济金，笔者作为园林局的法律顾问，参加了园林局与受害人家属的多次协商，由于双方对责任划分存在重大分歧，最终未能达成和解，受害人家属经多方引导遂将园林局告上

---

* 江西南芳律师事务所。

了法庭，笔者又作为园林局的一审诉讼代理人出席了庭审，对本案事实、争议焦点以及各方观点均有详细了解。

本案广场属于公益性、开放性和免费性的市政广场，那么因安全引起伤害的民事责任分配问题在法律上是怎样规定的呢？最高人民法院《关于审理人身损害赔偿案件适用法律若干问题的解释》第6条规定："从事住宿、餐饮、娱乐等经营活动或者其他社会活动的自然人、法人、其他组织，未尽到合理限度范围内的安全保障义务致使他人遭受人身损害，赔偿权利人请求其承担相应赔偿责任的，人民法院应予支持。"因此，园林局作为本案广场的管理单位，并不因广场的公益性、开放性和免费性而可以完全免除因安全引起的责任，其仍应当承担合理限度范围内的安全保障义务责任，但同时又与经营性质的公园不同，它与游客之间不存在服务合同，不需要承担合同履约责任，只承担自身设施的安全保障责任。因此，要辨别公益性公园的管理者是否尽到合理限度范围内的安全保障义务，就需要明确公园内的设施和规划是否存在缺陷，以及对这些设施是否尽到合理的维护与管理。本案中，园林局作为广场人工湖的管理单位，就应当保证广场的设施不会对游人造成伤害；在危险区域（如水池、围栏等地方）应当设置安全警示标志，提示游人哪些行为存在危险。

一审庭审中，原、被告及双方代理人围绕本案争议的焦点展开了激烈的辩论。原告及其代理人主要观点如下：（1）人工湖的管理是被告的职责，由于人工湖的性质是开放性的游乐场所，因此被告应当对游人的安全负责，然而事发时现场没有工作人员阻止受害人王某下水；（2）事发前下过暴雨，人工湖的水面上涨了很多，且平到了岸边的人行道，存在安全隐患，被告作为管理部门没有尽到注意义务，也未及时放水；（3）事发地点没有设置防护栏，绿化隔离带不是防护措施，警示牌不排除事后补上的，即使是事发前就存在的警示牌，但那也太小，措施不到位。

从以上观点不难看出，原告及其代理人是将经营性场所应当承担的安全保障责任标准强加给了被告园林局；对于公益性、开放性管理单位（园林局）来说，该责任标准超出法律规定的合理限度的安保义务范畴，况且，本案并非园林设备、设施存在缺陷引发的，原告之子不幸遇难与被告的管理职责和园林设施并无直接的因果关系。

本案中，被告园林局作为公益性广场的管理单位，其主要职责是负责城市园林绿化工程设计、建设、绿地管理与维护。对于履行合理限度的安保义务方面，园林局在事发水池周边已经设置了21块警示牌，在浅水码头中央灯杆处挂有两块60cm×80cm的醒目警示牌，湖面已设护栏，所以广场人工湖周边的设施和规划不存在缺陷，对这些设施也尽到了合理的维护与管理。依据最高人民法院《关于审理人身损害赔偿案件适用法律若干问题的解释》第2条之规定，"受害人对同一损害的发生或者扩大有故意、过失的，依照民法通则第一百三十一条的规定，可以减轻或者免除赔偿义务人的赔偿责任"。本案中，原告之子作为中学生，对广场景观湖不是游泳池以及湖水较深存在危险显然是有认知能力的，可以说其下水玩耍至少是存在重大过失的；尤其是在经游客劝阻后仍然走向深水处玩耍，甚至可以说其是故意玩水的。而本案的园林局尽到了合理限度的安保义务，依法可以不承担赔偿责任，此类案例早已有之。

值得强调的是，前往广场这种公益性的公共场所，游人首先要自己对自己的安全负责，未成年人必须在监护的陪伴下游玩。每个人、每个单位都做好自己的事，尽好自己的责，履行好自己的义务，才是和谐的社会、健康的社会、文明的社会。一发生意外、一出事情就找人负责，甚至不理性地讨要说法，或者把经营性场所应当承担的责任标准强加给非营利性场所的管理单位，都是违背公民道德公约的，有的是违反法律规定的。本案中，受害人王某系主动下水游玩，并非因设施缺陷失足落水，其作为一名中学生，虽属未成年人，但对本案水池不是游泳池、水深有危险以及自己是否熟悉水性等完全有认知能力，特别是有行人劝阻的情况下应该与同伴一起立即上岸，停止危险行为，然而其不顾警示牌的警示和他人劝阻仍然下水游泳，最终导致悲剧发生，责任在其自身。由于王某未满18周岁，属于未成年人，依据《民法通则》第16条之规定，“未成年人的父母是未成年人监护人”。第18条规定，“监护人应当履行监护职责，保护被监护人的人身、财产及其他合法权益”。最高人民法院《关于贯彻执行〈中华人民共和国民法通则〉若干问题的意见》第10条之规定：“监护人的监护职责包括保护被监护人的身体健康……”王某的父母作为其监护人，平时应加强对孩子的安全教育，特殊时期应当陪护在孩子身边，而其未尽到监护人的职责，对悲剧的发生也负有不可推卸的责任。当然，丧子之痛，难于言表，原告自然也会深深自责……愿人人警醒！

那么，法院经审理后为什么仍然认为被告在安全保障义务方面存在瑕疵，存在一定的过错呢？笔者认为，法不外乎人情，怜悯受害人在有的时候、有的场合也是一种正义。人民法院是从维护社会稳定大局出发作出的综合认定。受害人王某的父亲是残疾人，同时又是低保户，生活十分困难，母亲身体状况也欠佳，谋生能力差，王某是他们唯一的儿子。事发后，王某的父母及亲属情绪激动、行为冲动，在政府相关部门的介入和引导下，受害人家属最终同意选择通过法律途径来解决问题。从维护社会稳定的角度出发，法院的判决无可非议，但从严格法律的角度来看，似乎有所偏颇。因为设置全封闭护栏不仅脱离现实，在设计上也是不美观、功能不齐全的。更何况即使设置了全封闭防护栏，游人非要下水游泳，也可以轻易攀爬过去，全国大多数开放性公园也都无法做到这一点，包括著名的杭州西湖也是如此。矫枉过正、因噎废食均属不理智的做法；人人做好自己，个个规矩行事，和谐文明就在点滴之间。

**作者卢盛宽介绍**

中共党员，法学学士，2004年加入江西南芳律师事务所从业，师从全国优秀律师廖泽方。现为南芳所高级合伙人、副主任、党支部副书记。

先后担任赣州市委市政府接待处、赣州各大新闻媒体、共青团赣州市委、章贡区区委、赣州城投集团、中国电信股份有限公司赣州分公司、赣州市园林局、赣州万顺置业发展有限公司、赣州开发区劳动保障监察大队、赣州福建商会、赣州青年商会等二十多家单位的法律顾问。卢盛宽律师共同参与办理的革命烈士彭昌华遗属待遇案，受到了中央电视台记者的专程采访，被司法部选入全国百件法律援助优秀案件并被授予荣誉勋章；成功代理李素萍医生不服行政处罚案，受到国家级媒体新华网与《瞭望》周刊的长篇报道，在全国引起重大影响，数百起合同案件、人身损害赔偿案件以及婚姻家庭纠纷案件受到当事人好评。

发表各类专业性文章近三十篇（其中国家级报刊刊登5篇、省级报刊刊登的八篇），始终以“匡扶正义维民权，勤奋严谨求公理”作为自己的服务理念，热爱律师事业。

专业优势有合同法、侵权损害赔偿、法律顾问事务等。

主要荣誉：被赣州市市直机关工委评为优秀团干部、优秀共产党员，被赣州市司法局党总支评为优秀共产党员，被授予首届南芳所优秀青年荣誉称号，办理的彭昌华烈士遗属待遇与工伤案被司法部选入全国百件法律援助优秀案件，并被授予荣誉勋章，以及荣获当地优秀律师、优秀党务工作者等荣誉。

# 汪某某法律援助人身损害赔偿案

## ——律师忏悔录之成功诉讼的忏悔

何 健[*] 律师

**【案情介绍】**

汪某某，1978 年 10 月出生，是孤儿，精神病患者，长期在外流浪，无人知道其行踪，2001 年 8 月，汪某某因交通事故被撞断左腿，现人事不知地住在池州医院。汪某某的伤残分别为六级和九级。笔者接受委托，成为王某某的代理律师，最后替汪某某争取到了赔偿。

**【争议焦点】**

本案中，虽然对于事故发生的事实和原因、责任等没有争议；但是，由于汪某某的特殊精神状况和身份，给律师办理案件带来了很大的困难。

事故发生后，汪某某家乡的山民找到何律师寻求帮助。代理律师赴池州市公安局交通警察支队涓桥中队，通过与承办人的交谈及查阅卷宗材料了解具体案情：2001 年 7 月 26 日上午 11 时 30 许，江苏省宜兴市一大货车行至池州市 318 线 476K 上坡地段处，该处已发生交通事故，驾驶员未减速慢行，以致刹车避让不及，将横过马路之汪某某撞倒，车左前轮碾压左腿致伤。贵池市公安局交通警察大队于 2001 年 8 月 22 日作出道路交通事故责任认定，认定汪某某承担该起事故次要责任，池州市公安局于 2001 年 11 月 29 日作出刑事科学技术鉴定，汪某某的伤残分别为六级和九级。掌握案情后，就调解问题拟交换意见，但却被告知，由于汪某某身份的复杂性，交警队已研究决定该案不调解，受害人可以向人民法院提起诉讼或采取其他方式解决，笔者与之力争，但因法律问题仍无功而返，案件进入僵局。冷静思考，唯有两种解决方式：一是以交警部门的行政不作为提起行政诉讼，但是，交警部门仅作事故责任分析而不进行调解为我国处理道路交通事故的发展趋势，同时原告主体难以明确；二是以人身损害赔偿直接向人民法院提起诉讼，但是原告诉讼主体仍无法明确，更为重要的是巨额诉讼费无力支付。考虑再三，为避免麻烦，笔者自池州市回来后再次拒绝了委托，违心地避开了山民期盼的眼神。时间又过了一个月，在这一个月里，时常想起伤者残缺的身体及山民们纯朴的面孔和那绝望的神情，数次拿起电话，想拨通那不太熟悉的号码，但最终还是考虑到案件的难度及自身办案的收益，还是未拨通电话。正在私心占据主要位置时，手机响起，是市司法局左为民局长打来的，要求到局里来，做完手中的工作，笔者马上赶到市司法局，三楼局长办公室里又看到山民熟悉的面孔，原来他们还怀着一线希望来到司法局，寻求法律的保护，笔者向左为民局长汇报了基本案情及案件的处理难度并予以推诿，左为民局长认真听取以后，明确指示：人民律师应急人民所急，想为人民所想，并告之“律师”两字写起来很难，但要尽力写好，所以要接受该案并认真处理。听了左为民局长的话，再看看山民期盼的目光，笔者心头一震，当即表态：为本案提供法律援助，并确保赔偿款额到位，在

* 安徽同合律师事务所高级合伙人、副主任。

本案中认真写好“律师”两字，再次体验律师的真正含义。回到所里后就法律援助问题向所主任孙伯鸣律师作了汇报，征得了孙伯鸣律师的大力支持。

接受委托后，马上着手进入法律程序，征得市司法局同意，由黄铺乡法律服务所方博文所长协助笔者工作，经过酝酿，拟直接以道路交通事故人身损害赔偿纠纷提起民事诉讼，但首先明确的是原告主体问题，汪某某系无民事行为能力，又无法找寻其直系成年亲属及其他亲戚，根据《民法通则》的规定，决定以其户籍所在地之桐城市黄铺乡栋树村民委员会作为其法定代理人提起诉讼，于是与方博文所长至该村，详尽叙述法律关系，希望村委参与诉讼，经过大量工作，一贯害怕卷入官司的基础组织消除了顾虑，同意以监护人身份参与诉讼。第一步工作完成后，即刻起草民事起诉状，于2002年5月17日与方博文所长再次来到池州，依法向池州市贵池区人民法院正式提起诉讼，此时面临的就是第二个问题：诉讼费的预缴，本案诉讼标的13万余元，预缴的诉讼费及其他诉讼费近八千元，不缴纳费用就不能依法立案，于是与立案庭及交通事故审判庭协商，详述原告的困境和现状，请求缓或免缴诉讼费用，笔者的真诚终于取得了承办法官的同情，经向分管院长请求后，贵池区人民法院审核了笔者提交的原告经济困难的材料，决定提供司法救助，免收所有诉讼费及其他诉讼费。两大难题终于得到了圆满解决，初战告捷。然而，事情并不就此结束，这只是诉讼的开始，获赔数额的多少及赔偿款能否全部到位则是更大的难题，从事法律服务工作的都清楚，赔偿项目是否合理、责任分摊如何确认是损害赔偿案件中两大争执焦点；另外，虽然各级法院近年来都增大了执行力度，但执行难仍是目前首要问题，何况本案被告是在江苏宜兴，异地执行力度难度更大。想起汪某某的笑脸及伤残的左腿，想到她以后的生存，想起笔者对左为民局长的承诺，想起数次拒绝委托后山民的绝望及执着寻求法律帮助的精神和善良的本性。笔者再度陷入深思，由于接受委托给山民带来了希望及信心，如果不能得到实际赔偿，那么失去的不仅仅是律师的信誉，而是山民们对法律的信心，律师是法律的维护者和捍卫者，应当在百姓心目中树立法律的尊严。“律师”两字真的好难写，心绪难定，脑中完全被该案重压：要到江苏宜兴调查被告的经济状况，旅差费用怎么办，调查结果又怎么样。就在这时手机又响了，是市委政法委副书记、市委督查组督察员汪姚春同志打来的，询问、了解该案的进展情况，笔者告之思考的问题及现实存在的、必须考虑的难处，没想到汪姚春副书记听后马上表示与笔者同至池州处理此事，全面支持笔者工作。须知，从桐城市至池州市，在中途站安庆市还要转车，而且都是没有空调的老式中巴车，时值炎热夏季，党委领导的支持和关心增强了笔者的信心。2002年9月7日，汪姚春副书记、黄铺乡法律服务所方博文所长及栋树村主任张义芳一行冒着酷暑来到池州市，下车后不顾路途劳累，马上展开调查，通过有关部门的协助，终于掌握了被告的经济实力及赔偿能力，终于确保了赔偿款额到位的后续问题，至时庭审前的一切准备工作已经全部完成。

**【裁判结果】**

9月8日上午8点30分，贵池区人民法院如期开庭审理本案，由于准备工作充分，庭审达到如期效果，进展十分顺利，损害事实的证据清楚、明了，并且相互印证，明确了被告的过错责任及违反《道路交通管理条例》已废止的事实，赔偿项目有理、有据，在被告无以辩驳的前提下，明确指出了被告的经济赔偿能力。经过合议庭法官及笔者的努力，终于在法院的主持下达成调解协议，由于被告的行为给原告造成了经济损失137，978元，由被告承担80%计人民币110，448.40元。9月9日上午，双方签收调解书，当庭给人民币20，000元，包括前期给付的38，532.80元合计58，

532.80元，已履行完毕，余款51，915.60元明确于2002年9月25日前付清，后笔者通过电话联系，余款现已全部执行到位，汪某某的生活问题栋树村已作了周详的安排。

【案件评析】

本案终于如愿结案，笔者四至池州维护了弱女的合法权益，达到了诉讼目的，赔偿款的使用已作出了明确的约定，保障了汪某某的今后生活，全面地保护了其合法利益，山民们又恢复了原有的平静生活，一起诉讼就这样结束了，但笔者的结案报告却难以结束，翻阅着卷宗材料，没有了往日归档时的平静、胜诉时的满足，而是有一种从未有过的空虚。从事律师工作多年，办理过的各类案件数百件，深深感受到一直未体会到律师的真谛。有位法院朋友曾说过，在阿拉伯语言中律师和鲨鱼是同名词，当时未予过多的体会，现在细细品味，笔者两次拒绝委托，正如这位朋友所言，为了利益会尽一切努力去争取案源，没有利益的百般推诿，不愿花费精力，唯利是图，一切为了利益驱动而办案，同时也是为了同一目的而不顾一切来办案，这与鲨鱼的贪婪本性又何等相似。在本案审理过程中，从市委政法委汪姚春副书记、市司法局左为民局长的关心和支持，以及黄铺乡法律服务所长方博文所长为此案多次从山区到池州来回奔波，还有山民们为维护他人的合法权益而不懈地寻求法律、寻求正义的耿直和朴实的情怀，无一不使笔者感到内心的阵阵隐痛，不得不重新思考起律师的分量，掌握法律知识，运用法律维护当事人的合法权益，这不是律师的全部含义，其涵盖的内容应更深、更广。

掩卷思考，笔者花费诸多精力，往返于当事人生活过的两个乡村及法院，不厌其烦地调查取证，数至池州为办好案件不思疲劳，不仅没有收取分文代理费，反而还因此支出了费用。结案后没有看到办理其他案件时当事人胜诉后感激的语言和笑容，看到的只是当事人无意识的傻笑，但笔者却因此得到很大的收获，那就是笔者在本案处理过程中正在一笔一笔地书写着的“律师”这两个字。

因道路交通事故引起的人身损害赔偿案件，对于一名律师来说，可谓轻车熟路，在其诉讼代理生涯中犹如一缕青烟，结案归档后就烟消云散，沉淀于档案柜中而不复记忆。然而，数年前已经结案的一起成功的人身损害赔偿案件，却使笔者心里难以平静，没有平常胜诉时的喜悦，而是重新掂量起律师两字的分量……

**作者何健介绍**

安徽同合律师事务所高级合伙人，副主任，安徽省青年法律工作者协会会员，安庆律协未成年人保护委员会委员，安庆律师网站长，汉语言及法律双专业。

毕业院校：北京大学、安徽大学、安徽师范学院。

执业十余年，承办千余起民商事及行政诉讼代理，刑事辩护，担任行政机关及企事业专职法律顾问，代理非诉讼法律事务及仲裁案件。

主要作品：《试析社会主义市场经济的基本框架》，《一起成功诉讼的忏悔》，《论刑事证据的法律性》，《单位不能购买彩票，法理何在?》等（该案在中央电视台“社会经纬”做过专题报道）。

在司法环境日趋完善的社会体制下，律师的价值及作用也趋于重要，无论是民商事活动还是刑事辩护，无处不体现律师的强大效率。2002年桐城市一公安干警因涉嫌挪用公款被检察机关提起公诉，作为该干警的辩护人通过查阅大量的案件材料，在掌握案情后作无罪辩护，人民法院采纳了辩护人的意见，作出无罪判决。一审生效后，安庆市人民检察院以认定事实不清及适用法律错误提起抗诉，再次接受委托担任其辩护人，该抗诉案安庆市人民检察院给予高度重视，市辖七县三区公诉科负责人出庭观摩，经庭审查明的事实，人民法院作出维持裁定，检察机关在法定期间内又一次提起抗诉。第三次接受委托担任其辩护人，认真分析人民法院的一审判决书及再审裁定书，仍作无罪辩护，上级人民法院经过开庭审理，全盘采纳了辩护人的辩护意见，再次裁定维持，案经一审二抗，三轮无罪辩护，该干警终获无罪判决，诉讼历时两年。

律师作为法律之师，在现行企业运营中是必不可少的组成部分，担任行政机关及企事业单位法律顾问，为行政机关把握政策方向及依法行政提供法律保障，为企业的发展保驾护航，出策出力，在法律上维护法人的合法权益。1998年，因产品质量问题，两家当地知名企业曾引发高达600万元的经济纠纷，两企业分属安徽省南北两个市，南市企业作为供货方，为北市企业提供价值90余万元的酒瓶盖，北市企业仅给付40余万元的货款，尚欠40余万元未给付，在南市企业催讨货款时，北市企业以产品质量为由在其所地法院提起诉讼，要求南市企业赔偿各项损失600余万元，案件审理中诸多证据证明瓶盖上酒瓶后造成酒在运输过程中造成的毁损，并因此造成了北市企业的实际损失，但北市企业却无证据印证其提出过产品质量异议。作为被告代理人，以此入手作为辩论关键，鉴于北市企业系安徽省的知名企业，一审判决南市企业赔偿30余万元。此判决显属认定事实不清，遂代理被告依法上诉，二审经审理，判决上诉人赔偿20余万元。案经两审，北市企业诉求600余万元，而生效判决却是20余万元，按说代理的案件应属胜诉，但代理人秉承对法律及南市企业利益维护的理念，向安徽省高级人民法院提起申诉，安徽省高级人民法院经审查后予以立案，裁定北市企业所在地中级人民法院重新审理本案，最终依法驳回北市企业的诉讼请求。

维护公民及法人合法权益的主要途径是诉讼，诉讼就展现了律师的价值，但律师的价值并不宥于诉讼，而存在于社会的各个领域。社会离不开律师，律师需要社会的支持。

# 徐某某涉嫌生产销售伪劣产品无罪辩护案

## ——以“事实”胜诉，演绎正义护法之歌

王贵强* 律师

**【案情介绍】**

2000年冬季，国家开展对乱采乱挖小煤矿专项整治行动，一时间全国煤价大幅上涨。市热电厂作为大型的用煤企业也不例外，面对这种情况，也只能通过收购煤炭以解燃眉之急。作为厂里的一名职工，徐某某也想为企业分忧解难。恰巧徐某某丈夫所在的造纸厂因改用电厂蒸汽，锅炉停用，而且有大量的存煤需要处理。徐某某二话没说，找到丈夫。丈夫很理解妻子，便很爽快地答应找其领导协调用煤事项。

经过丈夫的努力，造纸厂答应卖煤。2001年12月3日至7日，徐某某共往热电厂上煤1055吨共计90车。每车进厂由供应科通知，然后过磅，车车取样化验，有煤检员签字；每车有合格化单，层层把关，手续齐全，有一个环节不签字都不能进煤。以上进煤款共计23万元。当时热电厂资金紧张，考虑厂里的现状，

* 河北万强律师事务所。

便只从厂里拿走煤款6万元。

在此之后的近一年里，厂里一直未提欠款之事。徐某某为了还丈夫单位的款不得已向厂里追要剩余欠款，但始终未见任何效果。2002年厂里要改制，徐某某感到厂里有赖账的可能，在万般无奈之下运用法律来维护自己的合法权益。经过律师咨询后，起诉热电厂要求支付欠款。当地法院也决定于2002年12月17日开庭审理此案。就在徐某某准备此案庭审之时，在开庭前三天武安刑警队以涉嫌销售伪劣产品将其刑事拘留。对此徐某某事后苦笑道，明明是为公司分忧，公司欠款不还，我却成了罪犯。

2002年4月份，该市热电厂厂长王某被纪委、检察院“双规”，但最后都不了了之，双规解除之后的李某便展开对有举报、检举嫌疑的职工大肆报复。李某将徐某某列为举报嫌疑对象。

在徐某某被公安采取强制措施后，李某打击报复的行动从开始便一发不可收拾。刑警找到厂里的煤检员，集中到一个招待所，逼取徐某向她们中一些人行贿的证据，这些没有见过阵势的女员工吓得战战兢兢，但又不愿违心作伪证，当然这种后果是被限制人身自由长达几天，其中有一化验员王某差点被逼得神经错乱。

就在徐某某案发后，徐某某家人慕名找到王贵强律师，请其为徐某某作辩护。

**【争议焦点】**

本案的争议焦点是，徐某某供应的煤是否符合国家标准或地方标准，是否构成销售伪劣产品罪。检察机关认为，徐某某提供的煤达不到国家规定的质量，是劣质煤，徐某某的行为构成销售伪劣产品罪。而律师认为，徐某某并没有销售劣质煤的事实，不构成销售伪劣产品罪，具体理由如下：

（一）被告人徐某某的行为不具备我国刑法对销售伪劣产品罪要求的主观要件

法律人都知道，任何犯罪只有符合四个犯罪要件才能定罪处罚。销售伪劣产品罪的主观特征，只能是直接故意犯罪，即行为人明知自己的行为会发生危害社会的后果，并希望这种结果发生的心理态度。

本案徐某某明显不具备主观上的直接故意。起诉书指控她“从其家取烧锅炉用煤作为煤样送到电厂进行煤质化验，取得电厂合格的化验结果”不是事实。卷宗中徐某某在2002年12月13日的侦查机关讯问笔录中讲到“我就到纸厂取了煤样”，第二次仍对侦查机关讲的“我就到纸厂取了煤样”，后又改变为从“家里”取的煤样。对这样一个相互矛盾的供词，应以庭审被告人供述为准。证人徐某证明是其和徐某某一块到纸厂取的煤样，与刚才庭上徐某的和徐某某一块去纸厂取煤样的事实供述相符，符合客观事实，应当是可信的。公诉人指责徐某某对此解释不通是站不住脚的。谁也不能说被告供述过的供词就是铁证，不能推翻。按照公诉人的逻辑，只要是被告在侦查过程中承认的，不管是被诱供的，还是被逼供的，那么今天法庭审理就毫无意义，没有必要。法律明确规定，定罪量刑的唯一权力机关是人民法院，而不是侦查机关。其实，即使徐某某是从家里取的煤样，也并不能证明徐某某主观上存在“以次充好”的故意。从今天的庭审可以看出，往市热电厂上煤，绝不是凭一袋煤样化验合格就可以的，而是每一车都要经过采样、化验、过磅等几个严格程序。如果煤确实是劣煤，再合格的化验单也没有用，也是不可能经过这几道程序的。本案这种情况，如果往市热电厂销售劣煤，她需要的是打通各个环节，而不是去采样化验。起诉书抓住她前后矛盾的取样地点，就以为可以认定她主观上存在故意，不仅牵强得很，而且难以令人信服。

此外，上煤前，徐某某尽管讲了煤是“顶账煤”、“煤在土山”等，也不能说其存在“以次充好”的主观故意。她这样讲，不过考虑到自己是热电厂的职工能不能上煤还没准，过早说出真相怕别人说三道四，同时也主要怕暴露煤的地点被人抢了生意。这是人之常情，而且这话也是上煤前讲的，具体上煤也不是以她说的为准。纵观整个上煤过程，辩护人看不见徐某某的思想和意志能左右上煤的事，上煤要经过供应科批准，然后一车车要经过采样、化验，而徐某某没有给这些环节的有关人员送过一分钱，或者以其他方式疏通，甚至这其中的多数人直到后来一段时间才知道海诚信的煤是徐某某上的。其主观上的故意从何而来？这整个上煤过程，徐某某的主观意志的作用是极小的。事实上在上煤之前，热电厂供应科派了煤检员尹某、韩某去纸厂看了煤，供应科长郭某说“只要热量符合标准，就可以上”，这话与厂里的规定并不冲突。据此可以看出，热电厂是在了解了产品真实情况下的自愿交易，这是公平的，并未侵犯其权益。何况本案煤质报告证明徐某某的煤质量合格，即使不合格，徐某某90车的煤也是一车一车经过厂里的各道程序把关的，徐某某不可能隐瞒或以其他方法逃避检验，以次充好的主观故意明显是不存在的，即其主观上没有犯罪故意。

（二）起诉书指控徐某某构成销售伪劣产品罪，事实不清，证据严重不足

公诉机关的起诉书认为“徐某为牟取暴利，以次充好”，且“犯罪事实清楚，证据确实充分”。事实清楚吗？证据确实充分吗？答案是否定的。

控方提供的证据，没有一件能够直接证明徐某某实施了“以次充好”销售煤炭的行为。即使是尹某等几个人的证言也只是说“他们拉的煤不好看，发黄，煤没有颗粒度”等等，只说明了煤的外观，不能证明煤的质量优劣，谁都知道煤的质量应以其发热量的高低来判断，而不是看外观。热电厂在上煤时当即做出的煤质报告单对煤质好坏有最好的发言权。事隔一年以后，杨某、王某等靠回忆且不知道在什么背景下所作的证言，如何能否定热电厂自己出具的原始煤质化验报告单？如何能证明煤质报告单不真实？这与数十名卸车工都证明化验员取样认真的证言是相矛盾的。作为举报单位的职工，她俩证言的真实性值得怀疑。她俩只承认各取过一车海诚信公司的煤样，也不能否定海诚信公司其他90多车煤的取样存在问题，更谈不上否定煤质报告单。

对刚才公诉人向法庭提交的市产品质量监督检验所的《2002》第P0085号和《2003》第P0008号检验报告。辩护人认为它与本案没有直接关联性，不能作为鉴定结论。辩护人从三方面来阐述它不能作为有罪证据的理由：

1. 该检验报告主页的背面在注意事项第6条注明了：“一般情况委托检验仅对来样负责”，来样就是采集来用于化验的样品。该说明使用的是排除法，即除了煤样，它对煤样外的任何煤炭不具有证明各项化验指标高低的法律效力，也即对徐某某上的煤炭不具有证明效力。

2. 从两份检验报告的煤样采集地点的地理环境看，第一份是在2002年11月22日，从该市纸厂煤场采集的。当时的煤场是什么样子呢？辩护人曾两次到该煤场勘查，第一次是在2002年10月，徐某某委托本辩护人起诉市热电厂索要货款，当时煤场存煤已挖完形成大坑，大部分黄土地面已裸露，只有少量的地皮是黑色的，主要是风吹日晒形成的煤泥。证人胡某证实：“2002年11月25日，实际上纸厂是在一年前已处理完煤了，我到煤场一看连煤带泥的，花200元买了四台拖拉机，地面泥都被刮掉一层，卖到煤球厂，人家嫌赖说啥也不要。”这就是第一份检验报告采样的煤场地理环境。请合议庭注意，这和市产品质量监督检验所到纸厂取煤样为同一天，这时残存的煤渣能证明徐某某购煤时煤的质量吗？用这时的煤样证明徐某某的煤是劣质的，让人觉得风牛马不相及。

该所的第二份检验报告是2003年2月24日出的，煤样提取地点是该市北安庄乡东大河砖厂。按侦查人员的说法是与徐某某同时购买纸厂煤的一个叫石某的剩煤。石某向侦查机关证实：他从市纸厂购煤后放在一块闲地里，后来又通过关系卖到东大河砖厂。即便如此，那

么侦查机关送检的煤是否还是从纸厂购买的剩煤呢？辩护人调查东大河砖厂会计杜某、工人韩某均证实：屿山、和村的三轮车都往该煤堆上卸过煤。也就是说这小煤堆已是峰峰、屿山、和石某三家上的煤的混合物了。而且给徐某某卸过煤的卸车工尹某也证实他去东大河砖厂去要占地款，看到这堆煤和纸厂卖的煤不一样。从这堆煤上取样能证明是当初徐某某上的煤吗？显然不能。更何况，即使是石某的剩煤也不能证明徐某某的煤炭质量。

3. 从时间差上来看，将两次煤炭取样化验结果作为本案的有罪证据是十分荒谬的。按照《刑诉法》规定，使用物证时，必须查明来源，证实是否发生了各种变化等情况，才符合办案规则。徐某某买煤是在 2001 年 12 月 3 日，几户买煤的人当时已将煤场存煤买光。而该检验报告二次取样分别是 2002 年 11 月 24 日和 2003 年 2 月 24 日。相隔一年有余。残存的小面积煤炭在风吹日晒下热量发生变化是基本常识。这些残渣能证明是徐某某一年前购买的上千吨煤吗？就此，辩护人专门调查了中煤一局测试中心的煤炭方面专家即该中心总工程师。控方出具的中煤一局测试中心的煤炭变化的证据即该中心所证。总工程师证实：即使按国家标准采样，也只能证明这些残煤的质量，不能证实坑里存煤的质量。该总工程师的证明是有理论依据的，不是他个人观点，另外辩护人电话联系了中国煤炭科学院的专家，因为“非典”，未去北京取证，而实际上辩护人手里的证据已足可说明这个问题。

市产品质量监督检验所的这两份检验报告被公诉人称为“技术鉴定”，即鉴定结论。辩护人对此持有异议。我们通常看到的鉴定结论一般有肯定性意见和倾向性意见两种。由于本案鉴定条件不能满足等原因，鉴定人未能提出倾向性意见更不能作出肯定性意见。检验报告对此写得明确：一般只对来样负责。对此，辩护人需要说明的是，这不是《刑诉》严格意义上的鉴定结论，不能作为定案的依据使用，充其量仅供审判人员参考。

（三）起诉书对徐某某“以次充好”往热电厂上煤的指控不能成立

徐某某往该市热电厂上煤已是一年前的事了，且当时烧完了。市纸厂的存煤也当即卖光了。能说明徐某某上煤的质量的只能是她上的煤炭，早已灰飞烟灭是不争的事实。当然，当时的煤质报告单、目击证人仍可证明。这其中最主要的是煤质报告单，它等同于煤的质量。辩护人向法庭提交的 5 份报告单是能够证明煤质的唯一的原始证据，证明价值最高。从这些报告单看，徐某某上的煤完全符合热电厂进煤要求标准。这是能够证明徐某某上的煤质量合格的铁证。

该市纸厂刘某、李某等证人都证实纸厂的存煤是从山西进的好煤；卸车的工人程某、游某、尹某等 30 多人都证实卸的海诚信的煤质量比别的上煤户好，没有杂质，是纯煤。以上总工程师证实：这种压实在地下的煤，除表层煤热量下降外，中下层的热量变化不大。大量真实可信的证据都证实了徐某某的煤是好煤，不是赖煤，更不是次煤。

至于举报人单位负责人王某所说的热电厂进厂煤要求是 5500 大卡的证言，明显不是事实。证人吕某等人都证实当时进厂煤要求是 5000 大卡。再看王某讲化验车间的作用，说“不大准确，因为没有仪器，但大约还是差不多，如果化验员仔细化验的话”。这话不仅自相矛盾，也与厂里作出的“我厂煤化验的作用”的证明相矛盾。实际上准不准确，热电厂 16 年来一直是这样延续下来的。煤检报告一直是上煤、圆票、扣吨等依据！这么多年，对这么多上煤户，整个化验不起作用，是非常危险的，那么所有的上煤都没有了标准，好煤赖煤都不清楚，这 16 年热电厂该进了多少劣质煤，对国家造成了多大的损失。这种对所有上煤户都有效的报告，怎么到了徐某某这儿就不准确了呢？而化验员丁某、武某证实，她们完全按照国标要求制作、化验，对所有上煤户都一视同仁地化验，并不是专门对海诚信公司的煤这样化验，徐某某事先没找过她们，彼此也不熟，在化验时甚至没注意是海诚信的煤，更不知道是徐某某以海诚信名义上的煤。辩护人向法庭出示的煤质化验单上都有三个上煤户，并不是只有海诚信公司一个，都是化验员认真化验的结果，从这几份煤质报告单可见，海诚信的煤的质量比其他上煤户的质量要高，而有的上煤户的煤发热量只有4100大卡，这和30多名卸车工证实海诚信公司煤的质量好于其他上煤户的证据是相吻合的，更应是符合客观事实的。其他上煤户连5000大卡都不到，这些上煤户岂不更构成销售伪劣产品罪？徐某某上的煤90车，车车采样、化验，采样工认真采样（这从几十名卸车工的证言可知，而不是杨某、王某二人说的随便采样），化验员认真化验，徐某某岂能“以次充好”？何况徐某某在上煤期间自始至终就没有到上煤现场！她不是专业贩煤的，她不懂煤的质量，煤质符合热电厂要求就上，不符合就不上，并没有她明知是次煤而强上的证据。煤的好坏，自有化验报告为准，并不是徐某某说了算，整个上煤过程更不是徐某某能控制的。既然不能控制上煤全过程，又怎么实施“以次充好”的行为呢？如果她利用人情或疏通关系上煤，又何至于上到200吨被卡住？起诉书讲到上到200吨被卡住，恰恰证明了徐某某是按正常程序上煤的。决不是因为起诉书中说的煤质差的原因，而是由于她开始对供应科说上200吨，没想到煤的数量多。因为上煤的数量增多，供应科当然要调整一下计划。

什么是“次品”？最高人民法院、最高人民检察院《关于办理生产、销售伪劣商品刑事案件具体应用法律若干问题的解释》第一条第三款规定：刑法第一百四十条规定的“以次充好”是指以低等级、低档次产品冒充高等级、高档次产品，或者以残次、废旧零配件组合、拼装后冒充正品或新产品的行为。从本案看，徐某某根本谈不上有“冒充”行为，上到热电厂的煤事实上也没有办法冒充，因为该厂有严格的检验程序。从上面分析来看，客观方面徐某某没有实施“以次充好”行为。

（四）徐某某上煤没有给该市热电厂造成损害的后果

辩护人提交的大量的人证、煤质化验报告证明徐某某往该市热电厂上的煤质量符合热电厂要求标准。而且卸车工证实当时煤大都卸在了电厂的进煤口，即基本上在2001年12月10日前已烧掉。辩护人向法庭提交的该厂2001年12月1日至10日生产日报共10份。这10份生产日报证实徐某某售煤期间热电厂发电量正常，生产未受影响。

控方热电厂职工靳某的“在2001年12月份增加了锅炉受热面积磨损，加速了磨损，常用电（耗电量）增加了”等等证词的真实性值得怀疑。是否锅炉受热面积磨损，加速了磨损不是人能看到的，这应当有相应的技术检测报告来支持该证言。卸车工游某、尹某证实，徐某某上煤后不久，热电厂厂长王某的亲弟弟就往热电厂上过渣，也就是煤矸石，里面没有一点煤。还有很多卸车工证实这一事实，因为开庭太紧，辩护人试图调取没有没有成功。辩护人在此觉得事实太清楚了，谁在销售伪劣产品？谁造成了厂里设备的损害？这实际上无须辩护人指出。

同样热电厂厂长王某提供的2001年7月至12月发电量及煤耗统计表也是不能单独作为诉讼证据使用的，这同样应当有这几月的生产日报及相关原始报表来加以佐证。这些数字的真伪是令人怀疑的，辩护人提交的上煤当月的生产日报是原始证据和宜接证据，而作为传来证据和间接证据的统计表在证明效力上不能对抗前者。对此，该厂副厂长吕某证实：我那时候（指徐某某上煤的2001年12月份）每天在热电厂上班，当时发电量不低，看不出有什么损失，当月锅炉运转正常，没有人向我反映锅炉有毛病，当月的煤耗也正常。他同时证实，按燃料配比如掺渣越多煤耗就越低。12月份热电厂用的全是煤，没有掺渣，煤耗自然就高些。6月、7月、8月、9月这四个月的煤和渣的配比比例为1：2，当然煤耗就低。这足可说明，热电厂的煤耗及发电量与徐某某上的煤不存在直接因果关系，且热电厂月耗煤近2万吨，而徐某某仅上煤1055.1吨，只是每月中一两天的用量，即使这1个月的煤耗增加造成了损失，也与徐某某上的煤关系不大，更不能以刑事追究责任。

辩护人需提请法庭注意的是，在刑事诉讼过程中，热电厂厂长王某在全厂大会肆无忌惮地公开要求职工不能给徐某某的律师作证，否则就是热电厂的敌人，就要开除，并制作录像播放，附近的村庄都接收到这一节目。这种明目张胆妨害司法公正的行为在全国也是不多见的，也充分暴露了本案之所以成为刑事案件有着更复杂的原因和个人目的。据说，有的热电厂职工因不愿意违心作证，被该厂安排的人限制人身自由多天，认真负责的化验员武某、丁某因不能按热电厂要求作证，至今没有恢复工作，造成部分证人精神受到刺激。这些严重违反《刑事诉讼法》的现象在这个案子中表现得比较充分，这种反法律、反人性的行为应受到制裁。公诉人在庭审中认为辩护人在东大河砖厂取证上存在问题，且公安已立案，辩护人正好要求对此查清到底谁在违反《刑诉法》，践踏法律，至于向法庭提交的煤质报告单和生产日报，是在徐某某起诉热电厂索要货款时取得的，来源合法。

**【裁判结果】**

**一、一审败诉，山重水复**

律师接受此案后，先后到当地市公安局、市检察院与有关人员进行了交涉。市公安局的有关人员明确讲，本案背景比较复杂，证据也不太扎实。在此案侦查阶段，虽然当时律师不能依法介入，但本案律师代理经济案件早公安机关一个多月介入，并且先期进行了大量的调查取证，从事实和法律上律师已经得出徐某某不构成犯罪的结论。

在市检察院批捕徐某某前，王贵强律师专门写了一份不应批捕的法律建议书，但市检察院仍做出了逮捕的决定。据说，当时全国正开展打击生产销售伪劣产品的专项活动，本案属于这种性质，就被包含进来。这不是有点牵强附会吗？如果这个经济案件转为刑事案件，构成所谓的销售伪劣产品罪，那么至少需要物证——煤炭，而煤早已烧掉一年多了，也未造成诸如发电量减少的法律后果，仅有热电厂几个职工的证言，又怎能推翻当时上煤的化验单和煤检员的每车化验结果呢！什么是劣质煤？达不到什么标准才能构成本罪？并没有证据证明本案的煤不符合国家标准或地方标准，更不存在危害后果。另外最高人民法院的司法解释也强调，司法实践中对销售伪劣产品罪应慎之又慎，不要轻易定罪。

在代为申请取保候审、变更强制措施时，与公安、检察机关人员交涉的过程中，他们表示这个案子按领导意见走一步算一步，推到哪个程序算哪个程序。更令人震惊的是，2003年6月9日一审开庭前一周，当地刑警队长先是拘留了给王贵强律师带路取证的证人，又给王律师打电话，威胁让他到刑警队报到。王律师不信邪，拒绝去报到。虽然开庭王律师作了无罪辩护，但法院采信了检察院的公诉意见，认为辩护人提出不构成犯罪的辩解依据不足，不予采信。判决徐某某犯销售伪劣产品罪，判处有期徒刑3年半，并处罚金10万元。

**二、上诉伸冤，柳暗花明**

王贵强律师和他的助理经过对案件的认真研讨，认为是人为因素主导着立案，侦查，批捕和起诉及审理的整个程序，坚定了徐某无罪的信念，此案上诉至中级人民法院后，中院认为，确实事实不清、证据不足，发回重审。但此时，河北政法报半幅刊登河北某大学博士和人大某副主任对该案的分析评述文章，认为徐构成销售伪劣产品罪，借用的海城信公司也构成单位犯罪。一时又暗潮涌动，审理法院收到影响。主审法官拿着报纸问王贵强律师：“你天天说徐无罪，报纸和专家也能冤枉徐某吗?”

2003年11月1日，案件发回重审开庭，法院在律师雄辩及铁的事实面前作出了公正判决：徐某某无罪。徐某某走出监狱。但检察院旋即抗诉。但最后市中级法院再次宣判徐某某无罪。戏剧性的是，市热电厂长王某却在徐某某无罪一年后，因贪污，受贿等罪名被判刑5年，其账面仅在此案支出公款就达100多万，相关司法人员却无一受到追诉。

【案件评析】

这起冤案在历经两年后终于清白！但给徐某某留下的是精神恍惚及无法弥补的精神创伤！在本案的办理过程中，王贵强律师遇到了重重压力，有来自司法机关的压力，也有来自社会舆论、媒体的压力。但是，作为一名刑事辩护律师，必须力求还原案件真相，维护当事人的利益。这起案件更加鞭策王贵强律师，不畏压力和困难，勇敢追求事实真相。也是从这之后，王贵强律师被人尊称为“正义使者”。

**作者王贵强介绍**

王贵强律师，中国政法大学毕业，法学学士学位，中国法学会会员，邯郸职业技术学院客座教授，现为河北万强律师事务所主任。王贵强律师所带的助理律师先后有十几个考上了各地的法院、检察院，并担任法官、检察官，很多都走上了领导岗位。他1999年从政府机关辞职后从事职业律师工作，十几年来，先后担任邯郸市人大常委会法律顾问、北京汉青国际投资公司、中国能源集团第一建设公司等80多家单位的法律顾问。办理刑事、民商事、涉外案件千余件，办理了大量从有罪到无罪、从重罪到轻罪的案件，其中刑事案件600多件，众多的大要案、疑难案件被他攻克破解，他办理了轰动全国的北京李某冒充中央领导子女诈骗案、张某组织、领导黑社会性质集团案、徐某销售伪劣产品无罪案、内蒙古乌兰察布400人特大聚众斗殴案等影响重大的刑事案件数十起，办理毕某与中南大学、台湾世一文化出版公司著作权纠纷案，李某等众人与上海某国际劳务公司出国劳务纠纷案等重大经济纠纷案数百起，办案、调查取证的脚步踏及除新疆、西藏以外的全国所有省份。被评为2009年度“邯郸市十大热心肠人物”、2008－2010年河北省优秀律师。

# 一起故意伤害案件的无奈结局

## ——牛某宾故意伤害案案件小结

冯振国[*]　律师

【案情介绍】

牛某宾系郑州市民，因涉嫌故意伤害于2009年11月27日被郑州市公安局二七分局刑事拘留，于2009年12月8日经郑州市二七区人民检察院批准，于2009年12月9日由郑州市公安局二七分局执行逮捕。2009年12月23日郑州市公安局二七分局侦查终结，以被告人牛某宾涉嫌故意伤害罪向郑州市二七区人民检察院移送审查起诉。郑州市二七区人民检察院于2009年12月23日告知被告人有权委托辩护人。

律师于2009年12月24日接受牛某宾亲属委托，到看守所会见了犯罪嫌疑人牛某宾，发

* 河南辰中律师事务所。

现该案件存在很多疑点，犯罪嫌疑人向律师表明他当时不在现场，没有实施故意伤害行为。

律师依据会见情况，向郑州市二七区人民检察院提出法律建议，认为该案极有可能存在错误拘留和错误逮捕的情形。

郑州市二七区人民检察院经本院检察长批准，于2010年1月23日延长审查起诉半个月。2010年2月8日退回郑州市公安局二七分局补充侦查，2010年3月8日补充侦查完毕重新移送郑州市二七区人民检察院审查起诉，经本院检察长批准，于2010年4月8日再次延长审查期限半个月，2010年4月23日郑州市二七区人民检察院再次退回公安机关补充侦查，2010年5月23日补充侦查完毕重新移送郑州市二七区人民检察院审查起诉，经郑州市二七区人民检察院批准，于2010年6月23日延长审查起诉期限半个月。期间，律师提出调查证据申请，获得批准。律师向检察机关提出变更强制措施，取保候审，未获批准。

郑州市二七区人民检察院于2010年7月向郑州市二七区人民法院提起公诉，指控被告人牛某宾犯有故意伤害罪，律师通过查阅全部卷宗，并到公安机关调查嫌疑人户籍资料、村委会走访嫌疑人情况，认真分析了案件全部过程，发现犯罪嫌疑人牛某宾与证人指认的犯罪嫌疑人在身高、长相、家庭情况等方面存在差异，并非真正的犯罪嫌疑人，真正的犯罪嫌疑人与其年龄相仿，系同村村民，但不是同村一个组的村民，遂向郑州市二七区人民法院提出意见，认为该案极有可能是个错案。

郑州市二七区人民法院于2010年8月3日进行开庭审理该案，律师据理力争，检察机关提出补充侦查延期审理；2010年9月15日再次开庭，依然没有强有力的证据证明被告人有罪，再次提出延期审理；2010年10月18日第三次开庭，受害人到庭对被告人进行了指认，律师对受害人的指认提出质疑，同时对受害人的几次笔录提出质疑，并对公安机关的辨认笔录提出存在明显违法情况，在辨认之前未询问受害人犯罪嫌疑人的特征，而是在辨认之后才对受害人进行询问，法院决定休庭。

2010年11月26日上午，被告人已经被关押于郑州市第二看守所整整一年之久，律师接到公安机关电话，要为被告人牛某宾办理变更强制措辞手续，至此被告人终获释放，案件以检察机关撤诉而告终。

**【争议焦点】**

本案的争议焦点非常明确，就是牛某宾是否为案件的真正犯罪嫌疑人。检察机关认为，被告人牛某宾在本市二七区侯寨乡侯寨街老梅园饭店附近，因琐事纠纷与被害人申某露发生厮打，后用砖头将被害人申某露头部打伤（经鉴定已构成轻伤）。而辩护律师经过调查取证，发现犯罪嫌疑人牛某宾与证人指认的犯罪嫌疑人在身高、长相、家庭情况等方面存在差异，并非真正的犯罪嫌疑人，真正的犯罪嫌疑人与其年龄相仿，系同村村民，但不是同村一个组的村民该案极有可能是个错案。

**【裁判结果】**

在法院审理过程中，律师对于受害人指认、公安机关辨认笔录等提出质疑，检察机关两次补充侦查，案件存在重大疑点。2010年11月26日上午，被告人已经被关押于郑州市第二看守所整整一年之久，律师接到公安机关电话，要为被告人牛某宾办理变更强制措辞手续，至此被告人终获释放，案件以检察机关撤诉而告终。

**【案件评析】**

刑事案件的审判关系到被告人的人身自由，司法机关在查明案件事实的同时，更要维护公民的人身权利。在本案中，公诉机关指控被告人牛某宾犯有故意伤害罪的证据不足，法院应当依法宣告被告人牛某宾无罪，并当庭予以释放。

检察机关提供指控牛某宾犯有故意伤害罪的证据有：（一）被告人牛某宾供述；（二）被害人申某露陈述；证人牛某朋、李某伟、牛某雨、董某超、李某森、牛军某证言；（三）其中李某伟、董某超、申某露对犯罪嫌疑人进行了辨认。通过对以上证据的质证我们应当得出如下证据事实：

1. 2008 年 6 月 18 日晚上，牛某朋带着侯寨乡西胡垌村四组的“牛宾宾（音）”，李某伟带着李明，到达侯寨街上老梅苑饭店与牛某雨、牛军某、董某超、李某森一起吃饭，席间“宾宾（音）”与受害人申某露发生口角，牛军某跟“宾宾（音）”一起出去，“宾宾（音）”与受害人申某露单挑，然后双方人员发生群殴，“宾宾（音）”、李某森、李某伟等人将申某露砸伤。

2. “宾宾（音）”是个矮个子男孩，身高 1.6 米，穿黑色 T 恤，约 17 岁，是西胡垌村四组的。

通过辩护人提供的证据我们可以得出如下证据事实：

1. 受害人申某露在 2009 年 6 月 11 日曾起诉过将其打伤的李某伟、牛某雨、董某超、李某森，被告人牛某宾不在其中，与受害人申某露在 2009 年 11 月 27 日的辨认笔录相矛盾。

2. 郑州市二七区侯寨乡西胡垌村有个叫“牛斌斌”的，正是证人牛某朋当晚带去的“宾宾（音）”，不排除证人描述的砸伤受害人申某露的那个“宾宾（音）”是“牛斌斌”。

3. 被告人牛某宾是郑州市二七区侯寨乡西胡垌村二组的居民，与证人牛某朋带去的“宾宾（音）”不是同一人。不能确定被告人牛某宾是将申某露砸伤的犯罪嫌疑人。

4. 被告人牛某宾身高 1.78 米以上，绝对不会是所有证人描述的矮个子叫“宾宾（音）”的男子。

5. 证人牛某朋当庭证明：当晚带去的“宾宾”是西胡垌村四组的牛斌斌，而非被告人牛某宾。

6. 公诉机关没有提供相应的物证即作案工具来进行佐证，而是凭借前后矛盾的辨认笔录来试图与被告人牛某宾的供述进行印证（辨认笔录矛盾之处已经质证），显然证据不足，不能够证明被告人牛某宾实施了故意伤害受害人申某露的犯罪行为。

另外，法院开庭公诉机关提出补充证据延期审理之后，公诉机关并没有在补充侦查的期限内提出恢复法庭审理，根据法律规定，人民法院应当决定按撤诉处理，并立即无罪释放被告人牛某宾。

但是，公安机关为被告人办理的是所谓的“取保候审”手续，该案究竟还要如何继续下去，被告人之后的路如何走？检察机关撤诉后谁应当对被告人有所赔偿？这是律师的悲哀还是法律的悲哀？律师感到沉重，但愿法律更加清澈、更加透明。

**作者冯振国介绍**

汉族，1974 年 10 月出生，中共党员，河南辰中律师事务所专职律师，中华全国律师协会会员，河南省民营企业促进会常任理事。毕业于中国人民大学，法学本科学历，学士学位。

曾担任河南电视台法制频道《议案追踪》栏目法律顾问；河南电视台《赢在中原》栏目法律顾问；河南省广播电视大学商贸中专教学部讲师；河南文艺广播电台《为民律师信箱》首席节目主持人；河南农村报《帮你打官司》栏目首席主持人；郑州新闻广播《法律服务时间》特邀嘉宾；河南人民广播电台《海天说法》栏目特邀嘉宾等职；并连续多年担任多家企事业单位的法律顾问，为客户提供法律建议和意见，参与谈判和决策，为客户挽回或避免经济损失上亿元。

本律师勤于钻研业务，曾先后在《河南日报》、《河南商报》、《河南法制报》、《河南农村报》等媒体发表法律意见 30 余篇，多年来到政府信访部门及媒体群众接待机构接访各类法律咨询上万件，并在法学杂志与法律网站发表《论刑事诉讼中受害人的地位》、《死亡赔偿金的性质认定》、《人身损害赔偿制度对比分析与探讨》、《一起建筑施工合同纠纷引发的法律思考》、《人际沟通之我见》、《论宪法解释》等多篇论文。

# 张某某抢劫银行杀人无罪辩护词

赵万军* 律师

**【案情介绍】**

河南张某某"抢劫杀人"入狱近6年后被宣判无罪

1997年3月8日中午，河南信阳潢川县发生一起银行抢劫案，作案人窜至县农业银行寿益储蓄所，杀死营业员殷某（女，24岁），抢走现金4万余元。当日中午12时后值班的营业员应为殷某和孟某某两个人，12时许，孟某某擅自脱岗外出吃饭，事发后孟某某因害怕被追究责任，跳入距案发现场200米远的小潢河中。此案为潢川县乃至信阳地区建国以来首例银行劫案，且光天化日之下，案发地与潢川县公安局某派出所，潢川县公安局，潢川县人民政府三家相距不过300米左右。警方被勒令限期破案。

就在四天后，张某某在郑州被抓回，此案神速告破。尽管嫌犯张某某始终说不出赃款下落，以至于被抢的4万元成了一个谜。尽管未婚妻王丽及家人作证说，当天中午张某某在王丽家吃完饭后，二人一起回张家。但这时，一张带血钞票让张某某再次有口莫辩：抓获张某某当天，办案民警从张某某身上搜出赃款1445元；16天后也就是3月28日，该民警从赃款中"发现"了一张带血的百元钞票。经鉴定，血迹与死者殷某相吻合。于是警方认定，张某某有预谋地提前从郑州返回，"利用在家上厕所的时间作案"。

从张某某被抓到公诉、开庭、一审宣判，仅耗时5个月。1997年4月，张某某被正式逮捕；1997年8月15日，张涉嫌抢劫、故意杀人被提起公诉；1997年9月1日，信阳市中级人民法院判张某某死刑，剥夺政治权利终身。

1998年初，省高院发回重审；同年7月，信阳中院再判张死刑；同年12月，省高院又发回重审；1999年6月，信阳中院改判死缓，随后省高院第三次发回重审；2001年，信阳中院将此案移交潢川县法院，县法院判张有期徒刑15年。张上诉，2002年11月28日，信阳中院正式宣判张某某无罪释放。

**【争议焦点】**

本案的争议焦点是，张某某是否构成本案指控的犯罪？检察机关以从张某某身上搜出的"赃款"中有带血的百元钞票为由认定张某某涉嫌抢劫、故意杀人。而辩护律师认为，本案事实不清，有罪的证据不充分，无罪的证据不能排除，因此，指控张某某犯有抢劫罪不能成立。

**一、控方认定事实不清**

起诉书认定的犯罪形态同现场勘验报告、刑事技术鉴定书、证人证言等预审卷宗材料性比存在六个重大疑点：

1. 真凶是顿生歹意还是早有预谋精心策划？

2. 真凶是死者的一般熟人还是对储蓄所非常熟悉进出自如？

3. 真凶是撬开箱子劫钱，还是先拿走钱后撬开箱子做假象已转移侦查视线？

4. 死者脖颈中的勒痕右侧重于左侧反映了

* 江苏天之权律师事务所郑州分所主任。

真凶的什么个体特征？

5. 被抢劫的银行款至今下落不明。张某某在案发后第四天即被采取强制措施根本无机会挥霍，那么赃款究竟在哪里？

辩护人认为，上述疑问或者说上述真凶的作案条件从卷宗材料来看，被告人张某某是不具备的。

**二、指向被告人的证据不充分**

纵观本案，卷宗中指向被告人的证据只有两个，一个是有罪供述，一个是血痕钞票鉴定。本辩护人认为，根本不足以采信。

1. 有罪供述本身不能证明被告有罪。因为被告所作的四份有罪供述在进出现场路线，犯罪工具和手段等方面五花八门，相互矛盾，甚至还供述有两个同伙共同犯罪，尤其是

在赃款的下落上至少有四种说法，但都没有起获赃款。

2. 血痕钞票鉴定书的检材来源不明。扣押检材钞票十八天后才有一个侦查人员说发现有血，且说此钞票一直带在自己身上从未离身。

故指向被告人的唯一有效证据是建立在一个侦查人员的言词证据之上的，其真实性根本无从保证且不合法，不合办案常规。

**三、被告人无罪的证据得不到排除**

1. 被告人第一天被控制时的无罪辩解。所陈述的路线、活动、人员均得到了办案机关的调查落实。

2. 被告人女朋友王某的证词。王某在办案机关始终如一陈述：案发当天一直和被告在一起，所陈述的路线、活动、人员也得到了办案机关的调查落实。和被告人所说基本一致。

3. 证人陈某的证词。证明案发次日曾借给被告人数百元，也就是说办案机关从张某身上扣押的钞票中至少有数百元有合法来源。

综上三个方面，本辩护人认为：本案最明显的证据冲突在于，侦查人员发现钞票有血的证言，同被告人的女朋友称其一直与被告张某某在一起的证言相矛盾；张某某的有罪供述同至今没有起获赃款相矛盾；血痕钞票同张某某被扣押的钞票来源合法相矛盾。所以，本案中指向被告人的有罪证据不足，无罪证据得不到排除，指控被告人犯抢劫罪不能成立。应根据刑事诉讼法第162条第三款之规定，以“事实不清、证据不足”宣告张某某无罪。

**【裁判结果】**

赵万军律师辩护意见被法院采纳，张某某于2002年12月17日被无罪释放，2005年5月10日法院、检察院共同赔偿被告人131,681.29元。

**【案件评价】**

河南媒体东方今报以“死刑犯入狱6年被释放 写日记见证跌宕命运”整版报道引起社会广泛关注：“用法学家的目光来看，信阳人张从明用2103天亲身见证了“疑罪从无”在河南的首次践行，用史学家的目光来看，张从明用在监狱中写下的十几本日记见证了一个小人物的跌宕命运。在张从明自己看来，他花2103天做了一场噩梦，现在，快十年了，他好像还在梦中。

1997年，31岁的张从明锒铛入狱，罪名是抢劫杀人；5年零9个月后，入狱2103天的张从明无罪释放。据称，这是河南首例依照新刑事诉讼法“疑罪从无”原则而判决的案件。”

中央电视台法制频道，凤凰卫视中文台亦专题报道，其中凤凰卫视中文台2006年7月16日文涛拍案栏目以“一张带血的钞票”在线直播。

**作者赵万军介绍**

1990年毕业于中国矿业大学经济法系，1994年通过全国律师资格考试后从事专职律师至今。有数年国有大型企业管理工作经验，擅长刑事、合同法、公司法，尤其致力于企业法律风险管理研究。担任河南省水利第一工程局、河南省水利第二工程局、河南省联合通信工程限公司等多家大中型国企法律顾问。曾成功主办河南省首例“疑罪从无”死刑辩护无罪释放案件、河南省首例企业网络名誉侵权案，主撰中国煤炭第一股“郑州煤电”上市方案

等，被央视、新华社河南分社、凤凰卫视中文台、东方今报、河南电视台等多家媒体多次采访报道。现为江苏天之权律师事务所郑州分所主任。

成功案例

一、1996年，撰写《华鑫铝业股份有限公司上市方案》，后改为“郑州煤电”上市，该股为中国煤炭系统第一家。

二、1997年，代理新刑事诉讼法实施后河南省首例“疑罪从无”死刑无罪辩护成功案例。前后历经六年九审，被告张某终于在2002年被无罪释放。该案例经河南“东方今报”以“死刑犯入狱6年被释放、写日记见证跌宕命运”两整版报道后，在国内外引起强烈反响，中央电视台法制频道、凤凰卫视“文涛拍案——一张带血的钞票”、河南电视台法制频道采访并播出；新浪网、搜狐网、网易等都转载并评论。现该案法院、检察院的国家赔偿款已到位。

三、2002年，代理武汉泰瑞公司诉河南登封东升煤矿标的2000多万元联营合同纠纷案胜诉维持合同效力。该案系新合同法实施后河南首例合同“表见代理”无效案。

四、2005年，代理河南首例企业“网络名誉侵权案”的被告深圳公司，河南电视台法庭传真、郑州电视台、大河报、东方今报等有影响媒体现场听审并跟踪报道。原告方起诉标的6万余元仅获6000元支持。

五、2008年，代理出租司机无过错交通事故案件，“司机路过，老人倒地；法院判决，多方争议”《新华纵横》2008年4月7日——公平原则引争议，上线直播

律师执业格言

天赋人权，人人平等。法治是每个公民最好的盔甲。

# 西安市公安局车辆管理所为何从未核发过“正式号牌”

## ——彭某诉保险公司新车盗抢险案件

赵彦儒* 律师

**【案情介绍】**

2011年2月14日彭某购买了一辆小轿车，领取了“临时行车号牌”，当日彭某在保险公司投保了交强险、车上人员责任险、盗抢险等险种并缴清了保费。保险单上注明保险期间从2011年2月15日0时起至2012年2月14日24时止，保险合同条款特别约定“全车盗抢险保险责任自本保险车辆领取正式号牌之日开始”。2011年2月19日该车被盗，经公安机关确认属实，但未能破案。2011年5月5日彭某书面申请保险理赔事宜，保险公司认为彭某车辆被盗时尚未取得正式牌照，故书面拒绝赔付。彭某遂诉至法院，法院采纳了赵彦儒律师的代理意见，彭某胜诉得到了全部理赔款。

**【争议焦点】**

本案的争议焦点是，彭某领取的“临时行车号牌”是否为保单上约定的“正式号牌”。保险公司认为，“临时行车号牌”不属于“正式号牌”，故彭某的车辆被盗不能使用盗抢险。而彭某的代理律师认为，保险公司的观点不能

* 陕西锐博律师事务所。

成立，赵彦儒律师的理由如下：

1.）依据《保险法》第30条、公安部第102号令《机动车登记规定》、《中华人民共和国机动车号牌》（GA36—2007）标准第4条之规定，涉案保险单特别约定的“正式号牌”即彭某投保车辆的“陕A52279”行车号牌是由公安机关车辆管理部门核发的，就是合法的“正式号牌”，而不是法院或检察院等机关颁发的“非正式号牌”，更不是伪造、变造的“非正式号牌”。中国的法律、法规和规章均没有“正式号牌”这一术语。临时行车号牌属于公安部《中华人民共和国机动车号牌》（GA36—2007）认可的号牌即合法正式的号牌；况且投保时保险公司并未向彭某明确说明按其狭义理解特别约定“正式号牌”的具体内容。

1. 彭某投保的车辆在购买后5天被盗，在此期间该车辆有西安市公安局车辆管理所核发的“陕A52279”临时行车号牌且已经以该号牌正常上路行驶几天，该号牌有效期截止2011年2月23日，投保车辆被盗时该号牌仍合法有效，保险公司错误认为“陕A52279”号牌不是其特别约定所谓的“正式号牌”。依据《保险法》第30条规定：“采用保险人提供的格式条款订立的保险合同，保险人与投保人、被保险人或者受益人对合同条款有争议的，应当按照通常理解予以解释。对合同条款有两种以上解释的，人民法院或者仲裁机构应当作出有利于被保险人和受益人的解释。”对保险公司提供的“特别约定”格式条款中“正式号牌”当事人双方理解有争议，按照通常理解即法律的规定理解，公安部第102号令《机动车登记规定》没有所谓的“正式号牌”这一说法，即使在关于机动车号牌的专门规定即公安部发布的《中华人民共和国机动车号牌》（GA36—2007）标准第4条中对中华人民共和国的机动车号牌分类做出了明确规定包括：“大型汽车号牌、挂车号牌XXXXXX警用汽车号牌XXXXXX临时行车号牌”等共计19类，其中并没有保险公司所谓的“正式号牌”。该规定第三条第一款规定：“机动车号牌是指准予机动车在中华人民共和国境内道路上行驶的法定标志，其号码是机动车登记编号。”该规定中的19类号牌就是国家认可的“正式号牌”，“临时行车号牌”包括在内。保险公司以其自己狭义、缩小的理解误认为彭某投保车辆的“临时号牌”不是正式号牌，保险公司对“正式号牌”狭义的、限制解释不符合法律的规定，更不符合一般人的理解，本案彭某作为文化程度不高的普通人，其认为公安机关核发的且已经在道路上正常行驶几天的号牌就应该是正式号牌，这也符合一般人的逻辑理解。

2. 彭某虽有学习法律的义务，但没有义务学习保险公司主观臆想创设的“正式号牌”这一名词术语。涉案“陕A52279”临时行车号牌按照公安部的规定即一般大众的理解，应当属于合法有效的正式号牌。

3. 对合同条款的理解应当按照法律、法规、规章和司法解释来理解才是通常理解，保险公司故意狭义、限制解释，保险公司企图误导和混淆法官视听不按照公安部的《机动车登记规定》和《中华人民共和国机动车号牌》执行。

4. 彭某投保时，保险公司对保险单中“特别约定”的格式条款内容没有作出明确说明“全车盗抢险保险责任自本保险车辆在车管所办理新车注册登记之日起开始”，更没有向彭某说明买车当天所拥有的临时行车号牌不是其“所谓的正式号牌”，保险公司应当承担举证不能的不利法律后果。

2.）根据《保险法》第11条以及《民法通则》之规定，彭某交纳保险费之日，保险公司即承担保险责任，才符合权利与义务在时间上对等的基本法律原则。

彭某和保险公司签订了保险合同且彭某已足额缴清保险费，则双方的保险合同已成立且发生效力。保险单上特别约定了盗抢险的保险责任自车辆领取正式号牌之日开始，则意味着保险人承担保险责任期间短于保险合同的期间，保险人和投保人的权利义务明显不对称。该约定与《保险法》第11条“订立保险合同，应当协商一致，遵循公平原则确定各方的权利和义务”的规定相违背。

【案件评析】

随着私家车数量的增多，涉及车辆保险的争议也不断增加。因此，明确对于保险合同条款的解释，对于确定车主和保险公司的权利义务具有重要的意义。本案中，保险合同双方对于“正式号牌”的理解存在争议，笔者认为，应当采取对于格式合同条款提供者不利的解释方式，以维护私家车主的利益。

# 中华环保联合会、贵阳公众环境教育中心诉乌当定扒造纸厂水污染侵权案

白　敏* 律师

【基本案情】

乌当区定扒造纸厂位于贵州省贵阳市乌当区境内、南明河畔，其环评报告明确生产用水零排放，但该厂多年来因排放污水已被媒体多次报道，被当地环保部门处罚仍不思悔改，在夜间将生产废水通过溶洞排放到南明河，导致南明河受到严重污染。贵阳公众环境教育中心与中华环保联合会作为共同原告，于2011年10月18向贵阳市清镇环保法庭提起公益诉讼，要求定扒造纸厂立即停止排污、消除危险。

2010年10月至12月，两家环保公益组织中华环保联合会、贵阳公众环境教育中心作为共同原告起诉贵阳市乌当区定扒造纸厂水污染侵权纠纷环境公益诉讼一案，贵州天一致和律师律师事务所主任，全国律师协会环境资源委员会委员，贵州省律协党委委员，贵州省律师协会劳动、行政、环境、知识产权保护专业委员会主任白敏律师作为贵阳公众环境教育中心代理人参与了诉讼全过程。

【争议焦点】

本案的争议焦点是，乌当区定扒造纸厂是否有夜间排放污水的行为，是否对南明河造成了污染损害，是否应当承担相应的责任。

【裁判结果】

清镇市环保法庭受理本案后，法院随即依照原告申请对乌当区定扒造纸厂夜间排放污水的行为进行证据保全。2010年12月30日经过公开开庭审理，当庭判决乌当区定扒造纸厂立即停止排放污水，消除对南明河产生的危害，同时，判决乌当区定扒造纸厂承担案件受理费、检测费。乌当区定扒造纸厂当场表示不上诉。

【案件评析】

本案判决取得了良好的环境效益和社会效果，受到了包括中央电视台、新华社、法制日报、贵州电视台、贵州都市报、贵阳晚报等全国及地方媒体的广泛关注，相关报道在网络上被频繁转载。乌当区定扒造纸厂已停产，相邻的另一家造纸厂也立即着手进行设施设备的更新，以防止对环境造成的损害。

本案不仅是贵州律师首次代理水污染侵权环境公益诉讼，也是贵阳、乃至贵州民间环保组织环境公益诉讼“零”的突破，亦是我国首例环保基金资助环境公益诉讼案、及首例由民

* 贵州天一致和律师事务所主任。

间环境保组织起诉获得胜诉判决的环境公益诉讼案。

本案具有几个突出特点，如当地NGO的积极参与、法院证据保全、先予执行及创立支持公益诉讼的合理支出机制等。

贵阳市2009年通过的《贵阳市促进生态文明建设条例》，2010年3月贵阳市中级法院和清镇市法院联合出台的《关于大力推进公益诉讼制度的意见》对本案的原告主体资格做出了规定，贵阳公众环境教育中心作为当地的民间环保社团据此获得了提起公益诉讼的主体资格。贵阳公众环境教育中心作为当地专业从事环境保护的NGO，在提供案件线索及收集证据方面起到极为重要的作用。目前国内民间环保组织自身专职环境法律服务人员极少，律师作为自愿者加入民间环保组织免费代理环境公益诉讼，不仅加大了案件胜诉率，同时也提升了当地民间环保组织参与环境公益诉讼的积极性，提高了外界对环境公益诉讼的关注度。

证据保全是本案获得胜诉的关键。在向法院递交诉状的同时，原告向法院申请证据保全，并获得法院支持。立案后的某天清晨5时，清镇市法院对定扒造纸厂排污现场实施证据保全，拍摄了该厂通过溶洞向南明河排污的现场视频、照片，并委托市环境监测中心站到现场提取水样以进行相关项目的检测。检查结果显示，定扒造纸厂排出的污水远远超出国家规定标准。为尽快减少对南明河水源污染，在检测结果出来后开庭前20天，原告就向环保法庭提出先予执行申请，请求法院立即对被告采取强制措施，停止污染行为。法院经过专家论证后下达民事裁定，要求被告立即停止向南明河排放工业污水。

本案还得到贵阳市两湖一库基金会的资金支持，是我国首例环境公益诉讼案件鉴定费用得到基金会资助的案例。本案发生的检测费用，由原告向贵阳市“两湖一库”环境保护基金会申请，基金会根据环保法庭的意见先行垫付。贵阳市中级人民法院和清镇市人民法院《关于大力推进环境公益诉讼、促进生态文明建设的实施意见》规定环境公益诉讼的原告如果存在资金困难，例如评估费、鉴定费等，可以申请公益基金援助。据此，贵阳市两级环保法庭与“两湖一库”环境保护基金会就如何申请该基金援助在该案件形成工作机制，该项机制为环境公益诉讼提供及时、有效的资金援助，解决了原告提起环境公益诉讼解决资金不足的后顾之忧。

该案为律师参与生态文明建设开拓了又一条路径，同时也将带动贵州省律师协会劳动、行政、环境、知识产权保护专业委员会全体委员及全省律师积极投身到环境保护事业中来。

**作者白敏介绍**

贵州天一致和律师事务所主任

全国律师协会环境资源委员会委员

贵州省律协党委委员

贵州省律师协会劳动、行政、环境、知识产权保护专业委员会主任

# "云南许霆"何某案

陈维镖[*] 律师

**【案情介绍】**

家住云南省曲靖市陆良县的何某，就读于原云南公安高等专科学校，于2001年3月2日、3日两天，用家里为其办理的农行存储卡，在多台ATM取款机上，分200多次，共取款429，700元，同年3月5日，陆良县公安局找到何某，何某积极退回了全部现金，但还是被陆良县公安局以涉嫌信用卡诈骗罪拘留，经审查后是银行电脑系统出现故障，不构成信用卡诈骗罪，何某于3月12日被释放。同年4月6日，陆良县检察院又以涉嫌盗窃罪批捕，并于2001年5月23日移送曲靖市检察院审查起诉。2002年3月19日曲靖市检察院向曲靖市中级人民法院提起公诉，市中级法院于4月9日开庭审理，未当庭宣判，后于7月2日以盗窃罪判处何某无期徒刑。8月27日将判决书送达何某，何某不服提起上诉，高院驳回上诉，维持原判。服刑期间，何某认为其行为不构成犯罪，并且法院对其量刑过重，多次向原审人民法院和最高人民法院提出申诉。

**【争议焦点】**

为准确评价何某盗窃一案行为的法律性质，依法保障其合法权利，2008年5月24日，申诉人何某聘请的陈维镖律师特委托北京师范大学刑事法律科学研究院疑难问题研究咨询委员会对本案所涉及的一些法律疑难问题进行论证。参加研讨和论证的专家有：高铭暄、赵秉志、周道鸾教授。请求专家论证的案件争议焦点是：（1）本案中司法机关查明的事实是否清楚？（2）如何理解和认定何某的行为的法律性质？（3）本案中对何某的量刑是否适当？

与会法律专家提供了如下法律意见：

（一）司法机关查明和认定的事实不清，证据不足

与会专家一致认为：原一、二审法院的判决和裁定所载明的证据表明，其认定何某查询农行存储卡时"显示无余额"的事实不清，并且没有准确说明银行计算机系统存在何种故障。

（二）关于何某在本案中行为的法律性质

1. 周道鸾教授认为何某的行为构成盗窃罪。

2. 高铭暄教授和赵秉志教授认为何某的行为不构成盗窃罪。

3. 至于本案中何某的行为的法律性质及其是否构成犯罪，高铭暄教授认为，本案中何某的行为构成侵占罪。赵秉志教授认为本案是否构成犯罪，尚需司法机关对刑法典关于侵占罪的规定作出既合乎立法原意又具有法律依据、符合社会实践的准确解释。

（三）关于本案中对何某的量刑是否适当

与会专家一致认为：即便何某构成盗窃罪，原审法院的何某的量刑也过重，有违刑法总则中的罪责刑相适应的基本原则。

陈维镖律师经过对案情的认真仔细的分析，查阅了大量的立法书籍和案例汇编，并听取借鉴了专家学者的意见，认为何某的行为按我国民法中的不当得利定性更为确切，其行为

---

* 云南法闻律师事务所。

不应构成犯罪。

**【裁判结果】**

1. 一审判决认为：何某以非法占有目的，利用银行计算机系统出现故障，自动柜员机丧失识别能力之机，使用仅有人民币10元的存储卡，从自动柜员机中窃取银行人民币429，700元，其行为已构成盗窃罪，且盗窃数额特别巨大。根据刑法第264条第1项、第5条第1款的规定，判决如下：何某犯盗窃罪，判处无期徒刑，剥夺政治权利终身，并没收个人全部财产。

2. 二审法院认为：上诉人何某无视国法，趁计算机系统出故障之机，套取巨额现金据为己有，其主观上具有非法占有的目的，客观上实施了使用存储卡套取巨额现金有虚假挂失的行为，其行为具有秘密窃取的性质，构成盗窃罪，且数额特别巨大，应依法惩处。裁定驳回上诉，维持原判。

3. 再审判决："一、撤销本院【2002】云高刑终字第1397号刑事裁定和曲靖市中级人民法院（2002）曲刑初字第66号刑事判决；二、原审被告人何某犯盗窃罪，判处有期徒刑八年六个月，并处罚金3万元。本判决报请最高人民法院核准后生效。"

4. 最高院裁定："核准云南省高级人民法院【2009】云高刑终字第8号对原审被告人何某以盗窃罪在法定刑以下判处有期徒刑八年六个月，并处罚金人民币3万元元的刑事判决。本裁定自宣告之日起发生法律效力。"

**【案件评析】**

首先必须澄清的事实是，何某从自己的存储卡中取出40多万元巨款，并非"自动柜员机丧失识别能力"的结果，形式上也没有透支，何某取款的每台自动柜员机都是正常的，因为何某的账户中已经有了数百万元的存款，柜员机"没理由"不吐钱。问题的关键是何某账户内的百万元存款的性质，这也是确定何某取款行为性质的决定性因素。原审判决认为这笔存款是因"银行电子计算机系统出现故障"造成的，意思是说这是银行误存的。既然如此，这笔存款对银行来说已经完全失控，可以认定为放错地方的遗忘物，而对于何某来说则实际占有并控制了这笔巨款，如同在自己的家里捡到别人的遗忘的物品。这时，何某可能拾金不昧立即交还主人，也可能见利忘义将物品据为己有，何某选择了后者。依据我国法律，这种情况属于侵占，如果"数额较大，拒不退还"则构成侵占罪。但是，将他人遗忘物非法据为己有构成侵占罪时，必须同时具备两个条件，一个是数额较大，二是拒不退还，即在治罪时必须先有所有人主动讨要的行为，否则也不能构成侵占罪。而案发后，农行并没有向何某讨要的行为，而直接由司法机关介入，因此何某的行为不构成侵占罪。当然也就更构不成盗窃罪了，一个人盗窃自己已经占有的物品，无论如何是讲不通的，何某输入正确的密码取款，就视为持卡人的合法交易！

因此，其行为按民法中的不当得利定性更为确切，其行为不应构成犯罪，根据我国《刑法》"法律没有明文规定为犯罪行为的，不得定罪处刑"的规定，何某的行为也不应受到法律的处罚。云南两级法院以盗窃罪判处何某无期徒刑，认定事实和适用法律都存在错误。

（一）ATM机是否属于金融机构

众所周知，柜员机是一个电子营业员，它和一个活的、柜台上的营业员没有本质上的区别。刑法特别条款规定的是"盗窃金融机构"，而不是"盗窃金融机构的财物"。从立法背景来看，当时的ATM机器和网络银行等新型金融设备和系统还不普及，盗窃金融机构只有两种方式，一种是穿墙破门，另一种是监守自盗，这两种情况当然应该严惩。但是当时根本没有考虑到ATM机网络银行出故障问题，那么我就要问：根据哪条规定能够确定银行"ATM机网络银行就是金融机构"？现在可以确定两个问题，一是ATM机网络银行是金融机构所有的经营设备，二是当事人窃取的金额属于金融机构所有。但是设备经营设备绝不等于机构本身，就算承认ATM机网络银行能够在一定程度上代表金融机构执行任务，可算是金融机构的延伸，但是延伸绝不能完全等同于主体，比如国家使馆、领事馆和船舰具有一定的主权的延伸的特性，但是毕竟不能完全等同于国家的领土看待。

（二）金融机构监管部门应负什么样的责任

按照我国《合同法》的有关规定，一旦存户在银行存款完成后，银行即同存户间形成了合同关系，作为金融部门的银行就有责任对存户的资金提供信用保障。何某在自己的存储卡中取款，他多支的40多万元巨款是银行误存的，是银行的违约行为在先，何某虽然有过错，也只能是道德缺失的作为，由此产生的违约责任应由金融机构承担，而不应将风险转嫁到没有过错的何某身上。

（三）法官应正确行使“自由裁量权”

广州许霆案经过一审、二审，刑期由原审的无期改判为5年，云南何某的盗窃案法院宣判的是无期，纵观我国《刑法》的自由裁量，人们不仅要问，适用同样的法律，结果怎么会产生如此大的不同呢？司法的公信力何在？广州的许霆案，二审法院对许霆从自动取款机取款的行为仍然认定为盗窃，性质没有改变，但刑期却由原来的无期改判为五年。

从本案的客观事实可以看出，何某案是一起典型的民事不当得利纠纷案件，但司法机关根本不考虑本案的特定情节，就以盗窃罪追究何某刑事责任，且重判为无期徒刑，有失公正。

曾几何时，许霆案轰动朝野，国人尽知。许霆话题尚未淡出，又一桩类似的案例又在云南隆重上演。然而，与许霆命运大相径庭的是，新版当事人何某，刑期不是5年，而是无期。类同的事件，何以有如此不同的判决？何某的代理律师陈维镖，经过艰苦细致的工作，终于将何某的无期徒刑改为有期徒刑8年6个月。虽然，与陈维镖律师“不当得利”辩护论点尚存距离，但人们还是从中国看到中国法治进步的艰难与伟大。

**作者陈维镖介绍**

中国民主同盟盟员，法学博士、心理学哲学博士，云南法闻律师事务所、云南法制报法律服务中心执行主任，云南师范大学商学院客座教授，中国昭通黑颈鹤保护志愿者协会名誉主席。

自执业以来，承办了大量的诉讼及非诉讼案件，得到社会的广泛肯定和认可，现担任数十家国家机关、社会团体及企事业单位的法律顾问，多次为国家机关、企事业单位进行法制讲座，推行法治理念。2009年11月被云南省司法厅、云南省律师协会评为“云南省优秀律师”。2010年1月，被中国社会调查所评为全国律师行业研究员，并授予“全国优秀律师行业优秀人才模范”勋章。2011年2月，被评为“云南2010年度法治新闻人物”，获奖原因是“执着良知的律师”。

# 郑某运输毒品案

何汝惠[*] 律师

**【案情介绍】**

武汉人郑某、李某二人于2010年3月10日凌晨在云南省西双版纳傣族自治州景洪市一宾馆内将事前准备好的毒品甲基苯丙胺（俗称冰毒）用避孕套包裹塞入自己肛门，欲以体内藏毒的方式乘坐当天10时50分航班将毒品从云南西双版纳运至重庆，二人在机场换登机牌时被云南省公安厅民用机场公安局西双版纳分局民警抓获。后移交昆明市公安局五华分局莲华派出所侦查，从郑某体内查获毒品甲基苯丙胺净重177.4克，从李某体内查获毒品甲基苯丙胺净重177.1克。云南弘石律师事务所何汝惠律师接受郑某亲属委托作为郑某辩护人参加了诉讼。

**【争议焦点】**

公诉机关以二被告人犯运输毒品罪向昆明市五华区人民法院提起诉讼，辩护人对此未提出异议。但庭审中控辩双方争议的焦点集中在被告人郑某是否构成自首这一量刑情节。公诉人认为郑某是在公安民警对其进行X光检查之后才承认自己体内藏有违禁品，因此郑某不构成自首。辩护人则认为郑某具有自首情节。由于郑某运输的毒品数量已超过五十克，如果没有减轻情节，本案由基层法院审理则意味着郑某必定被判处15年有期徒刑。

**【裁判结果】**

最终法院认定二被告构成自首，判决被告人郑某及李某有期徒刑13年，并处没收个人财产人民币40，000元。

**【案件评析】**

辩护人认为本案中郑某构成自首。《中华人民共和国刑法》第六十七条第一款规定："犯罪以后自动投案，如实供述自己罪行的，是自首。对于自首的犯罪分子，可以从轻或者减轻处罚，其中，犯罪较轻的，可以免除处罚。"同条第二款规定："被采取强制措施的犯罪嫌疑人、被告人和正在服刑的罪犯，如实供述了司法机关还未掌握的本人其他罪行的，以自首论"。按《刑法》第六十七条规定，自首可以分为一般自首与特别自首。第一款规定了一般自首，其成立条件有两点，第一为"自动投案"，第二为"如实供述自己的罪行"。"自动投案"是指犯罪分子在犯罪之后，尚未受到讯问、未被采取强制措施之前，出于本人的意愿而向有关司法机关承认自己实施了犯罪，并自愿置于有关机关控制之下，等待进一步交代犯罪事实的行为；"如实供述自己的罪行"是指犯罪分子自动投案后，如实交代了自己的主要犯罪事实。一般自首的认定遵循以上条件即可。但存在一些特殊情况，根据1998年最高人民法院《关于处理自首和立功具体应用法律若干问题的解释》规定，罪行尚未被司法机关发觉，仅因为形迹可疑被有关组织查询、教育后，主动供述犯罪事实的，也视为自首。具体联系本案事实，"有关组织"即为本案中的公安机关，而公安机关进行的盘问指的是对形迹可疑的人的盘查、询问，它并不是一个严格的法律概念，是"查询、教育"的一种方式。盘

* 云南弘石律师事务所主任。

问的内容往往比较宽泛，由于并未掌握被盘问人的犯罪事实，故而并不限于特定的某种或者某些犯罪行为。故公安机关在盘问时并未掌握被告人的罪行，若是掌握了，那被告人的如实供述也就只能算是坦白，而非是自首了。

根据《刑法》第六十七条第二款规定我国刑法针对被采取强制措施的犯罪嫌疑人、被告人和正在服刑的罪犯三种主体规定了特别自首制度，此制度不存在“自动投案”的必要和可能性。特别自首的成立重点即为是否能达成“如实供述”的要求。根据最高人民法院《关于处理自首和立功具体应用法律若干问题的解释》第二款的规定，“如实供述”要求只有其向司法机关“如实供述”的罪行必须是司法机关尚未掌握的本人的其他罪行，并且其他所供述的罪行在犯罪性质或罪名上与已被掌握的罪行不同时才能以自首处理。

刑法规定的自首制度适用于一切犯罪，其目的在于鼓励犯罪人自动投案，悔过自新，不再继续作案；同时也有利于案件的及时侦破与审判。本案双方的主要争议焦点即在是否成立自首这一量刑情节上。辩护人认为本案被告人是否存在自首情节应该结合上述“形迹可疑”与“尚未掌握的罪行”两个概念进行分析。辩护人认为，“形迹可疑”是公安机关按照职业经验或者敏感，对某些人产生了合理怀疑，此时公安机关仅是怀疑，而并为掌握实质的线索，从而认定被其调查、盘问的人有犯罪的嫌疑，而对其讯问和采取强制措施，仅仅有合理的怀疑，还不能认为其有“罪行”。此时若被调查人主动交代自己犯有的罪行，应当认定为自首。

辩护人认为从公安机关侦破过程中形成的现场盘问记录及排毒记录等所印证的事实，被告人因形迹可疑，公安机关对其进行了盘问，此时公安机关仅是因侦查案件的惯性或敏感认为被告人形迹可疑而已，并未掌握实质性的线索认定被告人成为“犯罪嫌疑人”。根据被告人供述及现场盘问记录及排毒证明，被告人曾被带进入一间“黑房子”，在第一次庭审中对“黑房子”是否为X光检验不能确定，在卷宗材料和公诉人提供的证据中，并不能看出“黑房子”是否确实为X光检验设备，也无法看出检验过程及检验记录，休庭后，后经公安机关核实出具证明材料，证明被告人被带入“黑房子”确实是进行X光检测。被告人在进入“黑房子”进行X光检验前经公安机关盘问，被告人即承认其携带毒品，故应确定被告人构成自首。而公诉机关根据其补充提供的证据“情况说明”，其在审查起诉阶段提审被告人过程中讯问被告人，被告人供述其是在出了“黑房子”后才承认带毒品，认定被告人不存在自首情节。故本案审理中出现了两份内容相矛盾的证据，人民应该法院采信哪一份证据，是认定公安机关侦查过程中形成的证据还是认定公诉机关自行讯问中获得的证据。辩护人认为，从几方面来评述，首先从证据形成时间，公安机关证据形成时间较早，而且一部分为现场证据，而检察机关形成时间较晚，为公安机关侦查结束后在交由检察院审查起诉对被告人讯问所形成，故在证明效力上公安机关证据明显要更大；其次从公安机关及公诉机关在侦查过程中的作用看，此类案件并非属于检察院直接独立侦查的类型，在侦查取证过程中，公安机关起主导作用，公诉机关即检察院应是监督审查的作用，若公诉机关在讯问被告人之后认为公安机关的证据有问题，也应该按程序，要求公安机关补充侦查，其在监督的位置而自行侦查获得的证据，不应得到人民法院的采信；第三在作出对被告人有利的事实认定时，不需要遵循排除合理怀疑的证明标准，而应当适用较低的证明标准即可，即本着有利于被告人的原则，故因采纳公安机关侦破形成的现场盘问记录及排毒记录等证据。故被告人存在自首情节。而从另一方面考虑，即使辩护人认为，至少能确定被告人体内携带的是违禁品才能达成“掌握”的条件，而仅X光检测，并不能证明其携带违禁品，仅能证明，被告人体内藏有

"物品"，而当进行"排毒后"，被告人才从"形迹可疑"转化为"犯罪嫌疑"，此时也才能算掌握了其部分的犯罪事实。

辩护人对公诉机关起诉的罪名无异议，但提出被告人郑某系从犯，具有自首情节，且系初犯，有很好的悔罪意愿，毒品已全缴获，未流入社会造成更大危害等，这些都说明被告人所具有的人身危险性和造成的社会危害性不大，被告人可以在法定刑期以下减轻处罚等辩护意见。

**作者何汝惠介绍**

毕业于西南政法大学，现当任昆明市律师协会理事、云南弘石律师事务所高级合伙人、云南弘石律师事务所主任律师，刑事辩护部负责人。何汝惠律师1990年至1995年在昆明市盘龙区人民法院担任刑事审判法官。1994年考取律师资格，1995年开始从事专职律师工作，擅长刑事诉讼，自执业以来办理了上千件各类案件，其中数件为在云南省有影响的大案、要案。其所办理案件在中央、云南省、昆明市各级、各类媒体受到广泛报道：如杨某某诉昆明市劳动保障局工伤认定纠纷一案受到中央二台《经济与法》栏目的深入报道；贵州省遵义球迷诉中国足协及福特保公司取消中国队对印尼队热身赛合同纠纷案；昆明市三球迷诉昆明某媒体组织球迷赴德国观看世界杯合同纠纷案；"云南医保第一案"樊某某诉昆明市医保中心行政纠纷案；云南省普洱市国土局原局长肖某某特大受贿案；昆明市地税局原局长李某某受贿案；武汉人张某某特大贩毒案；"云南涉黑第一案"沈某某涉嫌非法组织、领导黑社会性质组织案；七旬老母诉四子女抚养纠纷案被中央电视台《今日说法》、《庭审现场》栏目进行了报道；何汝惠律师在云南省刑事诉讼领域具有良好口碑和优良的业绩。

# 杨某某涉嫌贪污案

## ——被判贪污入狱　老作家不服申诉八年

王祖碧*　律师

**【案情介绍】**

2001年9月3日，临沧凤庆县人民检察院提起公诉，指控时任凤庆县史志办公室副编审的杨某某在1997年至2001年6月期间，利用凤庆县地方志编研岗位工作之便，采取多报支出、收入不入账等手段，骗取公款共计75，990元。而由杨某某负责整理点校的《顺宁府（县）志五部》成为该案的触发点。2001年9月24日，凤庆县人民法院开庭审理了此案，一审判决杨某某犯贪污罪，判处有期徒刑5年。从此，杨某某便走上申诉路……

杨某某在自己的杂文《人生》中，这样写道："人生不是梦，而是一个圆。"从被判贪污罪起，临沧凤庆县老作家杨某某就坚信自己是清白的。8年曲折坎坷，他终于回到"清白"的原点：2009年11月2日，注定要成为杨某某的不眠之夜，一个消息从昆明传来："宣告杨某某无罪。"

**【争议焦点】**

本案的争议焦点是，杨某某的行为是否构

* 云南大韬律师事务所。

成贪污罪。检察机关认定杨某某利用工作之便，采取多报支出、收入不入账等手段，骗取公款共计75，990元。而辩护律师王祖碧认为，杨某某在整理点校《顺宁府（县）志五部》之时付出了辛勤的劳动，没有贪污的故意和事实，不应当认定为贪污罪。律师的辩护理由如下：

**一、原审法院认定杨某某贪污公款25000元，构成贪污罪没有考虑历史背景，这是造成本案杨某某申诉的根本原因**

根据凤庆县人民政府以凤政发〈1995〉77号文件批转凤庆县志办公室《关于进一步加快凤庆县地方志编撰步伐的意见的通知》对县志办报批的“整理四部府志、一部县志为一册出版，重新整理《顺宁府（县）志》并出版”的意见予以批准，并由县志办组织编写该书，办理出版该书有关经费的报批手续。杨某某作为县志办的副编审，具体承办该书的整理，出版工作。从1996年起至2000年成书的5年多时间花了无数昼夜为该书的编辑出版付出无数心血，倾注了大量的劳动，其辛苦是不言而喻的。作为一个在当地享有盛名，文字成果达1400余万字的老作家来说，他是尽职尽责的。

在编辑该书的部分经费到账后，他按单位的传统作法，开印刷费发票到县财会室提款支付编辑，整理该书的一切开支，现法院以其多报少支认定其贪污于情于理对于一个正直的老作家来说难以接受。

从犯罪的构成要件来讲，任何一个犯罪必须有主、客观要件。从主观上讲，杨某某没有犯罪的故意。检察院指控，法院认定杨某某以少支多报的金额为56000.00元，但由于其单位的规章制度规定，对于稿酬、资料费，校对费等经费来源均列入印刷费一次预算（见《凤庆县史办公室管理制度》第5页；1998年10月1日起执行）。从其本人行为来讲，他对少支多报的钱也没有中饱私囊，而是拿去支付登记费、装桢费、审订费以及参与编辑该书一般辅助人员的生活补贴性的报酬，对此法院在判决、裁定中已予以认可，并在调查确实后予以扣除，但这里涉及的问题是，判决、裁定中扣除认定的金额是否包括所有的项目，在长达数年的编辑撰写过程中公杂费、加班费、稿酬等未予以扣除，就认定杨某某贪污于情于理于法对杨某某均是不公的。对杨某某认定罪与非罪的界限，主要看他是否把多报少支的部分是中饱私囊，还是用于编撰该书的必需的开支。

检察院、法院在杨某某仅凭回忆认定、扣除部分金额以差额认定贪污金额的做法不能说已达到事实清楚，证据确凿！如果说杨某某有非法占有的故意，他为什么还要用这些钱支付编辑该书的其他开支；而且从付某某，中共凤庆县委财务室，凤庆县史志办公室等出具的证明来看，杨某某在长达数年的编辑《顺宁府（县）志五部》一书的过程中，从未报过印刷费、差旅、公杂等费用，在经费到账后仅凭回忆计算差额就认定为贪污的判决难以让人信服。从杨某某整个编书过程来看，没有充分证据证明其具有非法占有的故意。

**二、从账务周期来讲，终审判决前财务尚未完全了结，认定贪污为时尚早，应本着实是求是的态度，应给杨某某一个完善账务的机会**

对于专项经费的会计核算周期现法律、规章没有明确规定，类似的学术研究的课题经费往往是课题完成之日再具体核算。杨某某涉嫌贪污一案的发生在该书编辑出版过程中，就如〔2007〕临刑再终字第01号《刑事裁定书》中认定的“印刷费未与印刷厂结算”，申诉人5年多“未报销过出差费和办公经费”，县委财会室的账尚未结算的情况下，单凭从财会室用发票的金额大小领取款项做法就认定贪污未免有以偏概全之嫌。从实情来讲，编辑整理、点校一部长达160万字的著作工作涉及方方面面，单位的传统做法是把稿酬、校对、审订等费用并入印刷费计算，没有细分项目，其目的是减少职工以及其他参与编辑人员开发票的困难；在没有考量传统背景的基础上，就认定其为非法占有于法于理来说均是说不过去的。

本案对于是否是职务作品和非职务作品的认定不是解决本案的关键，无论是职务作品还是非职务作品，作者杨某某是否拥有著作权，均不影响其获得稿酬的权利。在没有向杨某某支付稿酬，也没有给杨某某据实报销差、旅费的前提下，纯粹以少支多报对其定性有偏颇。国家有关部门应该针对本案的实际情况给杨某某一个完善账务的机会，这样才能体现法律的公平、公正。

**【裁判结果】**

本案一审判决杨某某犯贪污罪，判处有期徒刑5年。

最后，法院认定杨某某无罪。

**【案件评析】**

事实、法律的尊严不在于如何去掩饰，而在于尊重客观事实，遵循法律为基础，真正做到正确实施法律，才能体现法律的尊严；纠正一个错误的判决，同样也是维护法律的尊严。

一个现年已67岁的作家，在数十年工作实践中，认真负责，任劳任怨，主编了很多优秀志书，总计文字成果1400余万字，对凤庆县的文献史志工作作出了突出的贡献，今天，却落到一个没有一文退休工资，连一般城市居民最低保障均没有的社会人员，其心情是可想而知的！辛苦为国家、为凤庆县的文化事业贡献了几十年，现在在没有一纸公文的前提下没有一分钱的退休工资，辛苦编辑撰写、整理、点校《顺宁府（县）志五部》虽长达160万字，已出版发行，但却没有一分钱的稿费（注：杨某某向已有关机关交纳所谓非法所得66500元；法院最后认定的是25000元）。杨某某现没有基本的生活来源，连一个中华人民共和国的公民的最低生活保障的待遇均谈不上！按《中华人民共和国宪法》第四十三条规定："中华人民共和国劳动者有休息的权利"；第45条："中华人民共和国公民在年老，疾病或者丧失劳动能力的情况下，有从国家和社会获得物质帮助的权利。"杨某某是不是中华人民共和国公民？为何落到今天这样的待遇？这应该引起有关机关部门的关注和深思。

这个案件发生数年了，为什么杨某某在不停地申诉，有其深刻的历史背景。在经济转型时期，在知识产权法的相关规定不完备的情况下，市场经济给史志工作带来新的课题。作为凤庆县史志办包括杨某某在内的编辑采取变通的做法有违规之嫌，但有单位规定的规章制度摆在那里，杨某某仅是在忠实履行一个单位职工职责，其主观上不具有非法占有的故意，故法院的最终定案应该忠于事实，忠于法律。《刑法》处罚必定是严肃的事情，作为其辩护律师，在依法治国的今天，曾为"滇西文化之邦"史志工作作出突出贡献的凤庆老作家杨某某最终获得了公正的审判。

# 赵某忠涉嫌放火案

王祖碧[*] 律师

**【案情介绍】**

2009年6月18日，云南昭通发生大火，周某忠在火灾发生的当日赵某忠就被拘传，第二日就被拘留，2009年7月3日被昭通市大关县人民检察院批准逮捕。赵某忠在审讯中承认放火，但后来翻供，拒不承认犯罪。

**【争议焦点】**

本案的争议焦点是，赵某忠是否实施了放火的犯罪行为。对于这一争议焦点，检方认为，赵某忠曾经供认其实施了放火的犯罪行为，且有刘某某的证人证言。

但是，辩护律师认为，案件存在多处疑点：

第一，本案事实严重不清。

1. 被告人赵某忠的供述

根据卷宗显示，火灾发生于2009年6月18日，在火灾发生的当日赵某忠就被拘传，第二日就被拘留，2009年7月3日被昭通市大关县人民检察院批准逮捕。

赵某忠6月18日23时10分至6月19日03时40分钟的供述中承认放火，其中有一些细节，如在家里喝了一点酒，后一个人到团结社杜必贵家去借牛耕地，且和杜必贵喝酒到第二天凌晨两点半才回家，是过路的时候放的火。2009年6月19日9点48分至10时46分的供述也承认放火。但供述的细节经公安机关查实是假的，放火都承认了，为什么在一些细节上说假话？

2009年6月19日19时59分至21时的供述又称喝醉了酒，半斤多，晚上想着白天的事睡不着，就去烧房子；但对照其母亲的和妻子的证言，当晚赵某忠在家，并没有出去，没有去救火，去了怕他们说房子是赵某忠烧的（从卷宗看得出来，受害人赵某轩家瓦被人打烂，他们家的人也认为是赵某忠干的）。同时家里没有酒了，他没有喝酒。这一点是谁在说假话？如说假话的是赵某忠，是否和他翻供后向检察机关控告公安办案人员讯刑逼供有关？

2009年7月3日10时55分至11时15分的供述完全翻供。拒不承认烧房子的事情，后又在2009年8月27日的供述里叙述了一些细节。其翻供的根本原因是什么，是否是赵某忠当庭控告的刑讯逼供？现一审法院以公安机关在侦查阶段赵某忠的供述作为认定其有罪的重要证据，疑点尚未合理排除。

2. 刘某某的证人证言前后矛盾

刘某某在2009年6月18日、6月24日做了证言，证言表明没有作案时间，但在赵某忠翻供的头一天即2009年7月2日对自己原做的证言改变（见卷宗刘某某的2009年7月2日证人证言），如出具赵某忠有作案时间的证人证言等，为什么刘某某对自己的证言做了改变，原因是什么？赵某忠在看守所里翻供，其妻子在他翻供的头一天对丈夫作出不利的证言，刘某某是文盲，为什么时间这么巧合？如此情节是刘某某是被威胁后作的证词，那依法不具有证据的效力。

《刑事诉讼法》第46条规定：对一切案件

---

* 云南大韬律师事务所。

的判处都要重证据，重调查研究，不轻信口供。只有被告人供述，没有其他证据的，不能认定被告人有罪和处以刑罚；没有被告人供述，证据充分确实的，可以认定被告人有罪和处以刑罚。第162条（三）规定：证据不足，不能认定被告人有罪的，应当作出证据不足，指控的犯罪不能成立的无罪判决。

本案作为证明放火这一事实的仅是上诉人（被告）有罪供述，且后来以公安刑讯逼供为由翻供，在没有合法有效的其他证据作为佐证的前提下不应维持一审判决。

第二，本案侦查程序涉嫌违法，所取证据不具备证据三性中的合法性，依法不能作定案的依据

1. 本案因证据不足两次退回补充侦查，第一次是2009年9月29日检察院以《大检退补侦〔2009〕14号》退回补充侦查，2009年10月30日补侦后移送检察院。检察院2009年11月4日再次以《大检退补侦〔2009〕16号》证据不足退回补充侦查，办案期限起止日是：2009年11月5日至2009年12月5日。按《人民检察院刑事诉讼规则》第268条的规定："对于公安机关补充侦查的案件，应当在一个月以内补充侦查完毕。补充侦查以两次为限。"从时间上说，此时案件已补充侦查完毕。但2010年1月4－5日公安办案人员仍在调查拘押人员（见以上人员的证言），该组证据取证程序违法，依法不能做定案依据。

2. 未对刑讯逼供深入调查，不能排除刑讯逼供的可能。

2010年1月7日，检察机关反贪局民警向赵某忠调查刑讯逼供的情况；同日向办案民警周某某、冯某某、周某、龙某某、罗某某、秦某某、金某某调查；但本案没有深入调查，要叫一个文盲准确说出打他公安机关办案人员的姓名，在一定程度要求过高。是否真正存在刑讯逼供，只有深入调查才能真相大白。

3. 赵某忠在一审法庭审理时当庭控告公安办案人员刑讯逼供（见庭审笔录）。

《刑事诉讼法》所讲的刑讯逼供并不是一定要达到身体有明显伤痕，有时候打几拳，推几下不会在身体上留下什么印记，甚至一些变相的惩罚也算刑讯逼供。故看守所进所身体检查记录并不能完全证明。

综上，现无确实的证据证明，也没有确实的证据对刑讯逼供作出排除，另外从卷中显示，2010年1月7日，检察机关反贪局民警向赵某忠调查刑讯逼供的情况，那么赵某忠控告发生在哪一天？本案因证据不足两次退回补充侦查，公安机关在检察院对控告正式调查的前两天即2010年1月4～5日调查了与同监室的郑某某、郑某、陈某某、马某某，让人生疑，且一审法院仍将以上人员的证人证言作为证据使用，违反证据的三性原则。在一个小县城，上诉人直接向检察院控告公安人员，无疑如平静的水面扔进一块石头，会起不小的波澜。这几个同监犯人的证言值得怀疑。

第三，本案鉴定结论存有疑点与存在明显错误

本案有两个鉴定，一是《火灾事故认定书》一个是《价格鉴定结论》。

《火灾事故认定书》作出时间是2009年6月18日，其依据是询问笔录2份、火灾现场勘验笔录、现场照片39张、现场图等，没有证据表明在这方面有专业经验的公安消防人员当天在场，所依据的照片审检时间是2009年6月25日，未经审检的照片能否作为火灾认定的依据，讯问笔录是谁的笔录，以什么理由与根据对此作出推论。从受害人赵某轩的陈述看：2009年6月18日作的是，问："你家猪圈里是否生有火或有电线路？答：我家猪圈里没有生火，也没有用电到猪圈的"。6月24日做的是，"问：你家猪圈里是否生有火或其他火源没有？我家的火是烧在灶房的，灶房与猪圈之间还有一间正房子，电线只是安到我们睡觉那间，堂屋和猪圈均没有安电线，也没有烧火的。"但从其提交的损坏物品清单来看，有一套价值4000元的家庭影院，让人不得不产生怀疑，他

这套家庭影院是摆在什么地方的、按当地及中国大多数家庭的习惯，均是摆客厅或农村的堂屋里面。其占地800平方米左右，建筑面积1600平方米的房屋，猪圈有五间，只把电线安到睡觉的地方？两家发生争吵后对发生火灾的原因作出各种推测都是可理解的。但不能违背事实。

农村用电排线相当混乱，养那么多猪、鸡等牲畜只把电安装到卧室让人难以置信，在只有受害人赵某轩陈述，没有其他人旁证的基础上，就排除电器或线路起火的可能，鉴定机构未对此作出说明，同时在卷宗未发现利害关系人的告知及签收记录。

《价格鉴定结论》作出时间是2009年8月28日，委托人是大关县公安局刑事警察大队，资料由公安机关提供。对其提供资料有如下疑问：

房屋占地800平方米左右、建筑面积约为1600平方米是怎么计算出来的？无论是火灾前或火灾后，这些均是可直接测量出来的，而不是空口乱说来的。故鉴定所依据资料有明显错误。

至于其他物品的数量均是依据赵某轩一家人陈述记录，由于已毁损，无法以其他旁证证实。

**【裁判结果】**

赵某忠涉嫌放火案2010年被云南省昭通市大关县人民法院以（2010）大刑初字第9号《刑事附带民事判决书》判处有期徒刑三年，赔偿附带民事原告人赵某轩经济损失100,779.00元。赵某忠不服，委托云南大韬律师事务所王祖碧律师提起上诉，并为其二审的辩护人。经查阅卷宗，并会见当事人，为其撰写了《赵某忠涉嫌放火一案二审辩护词》，昭通市中级人民法院2010年4月8日以（2010）昭中刑二终字第48号《刑事附带民事裁定书》以事实不清、证据不足发回重审。赵某忠亲属继续委托王祖碧律师为赵某忠辩护，大关县人民法院于2010年6月3日，8月12日两次审理，仍然证据不足，退回大关县人民检察院，大关县人民检察院于2010年9月9日以（2010）大检刑不诉字第01号《不起诉决定书》以证据不足，得不出赵某忠放火的唯一性结论，大关县人民法院以（2010）大刑初字第17号《刑事附带民事裁定书》准予撤回起诉。2010年9月9日，释放了放火嫌疑人赵某忠。

**【案件评析】**

这是一起涉及刑讯逼供的案件，案件存在很多疑点，给案件的辩护和审理带来了很大的困难，辩护律师在辩护过程中，不仅要承担法律分析的任务，还要承担更多的发现事实的工作，以查明案件真相，维护被告人的权益。此案几经周折，但被告赵某忠终于获得了无罪判决，这也使笔者更加信奉“大象无形，韬济苍生”。

**作者王祖碧介绍**

王祖碧律师，北京商学院商业经济专业91级毕业（现北京工商大学），经济师、会计讲师，多年对法学的痴迷及实践活动，现为中华律师协会会员，云南大韬律师事务所专职律师，知识面宽，具有丰富的办案经验，所办案件受到当事人的好评，擅长各种疑难经济、民事诉讼，对刑事案件也颇有研究并有成功的办案体验，为人正直，富有同情心，相信自己不是一个最优秀的律师，但努力做一个最负责的律师。证据与切入点是“打官司”的两大法宝，信奉“大象无形，韬济苍生”。

# 刚果（金）与中国中铁案引发的讨论

作者：温嘉明（梁温律师事务所主任律师）　梁凯恩（梁温律师事务所顾问律师）
周东云（梁温律师事务所中国法务助理）

**【案情介绍】**

本案始于上世纪八十年代，刚果（金）向南斯拉夫公司 Energoinvest 借款兴建水力发电设施及电网。双方借款合同的仲裁条款声明：若发生合同争议，将提交 ICC 仲裁。随后刚果（金）违约。接着 ICC 在瑞士和法国进行的仲裁最终都裁决南斯拉夫公司胜诉。刚果（金）对两份裁决均未提出异议。

2004 年 11 月 16 日，南斯拉夫公司 Energoinvest 将仲裁裁决确认的它对刚果（金）的债权转让给一家美国的秃鹰基金公司，FG Hemisphere Associates LLC（下称 FG 公司）。

所谓秃鹰基金公司，是指国外专门从事某种业务的基金投资公司，即以超低价（如十分之一）套现的方式投资收购某些最贫穷国家的问题债务，取得转让债权，再试图通过国际诉讼来强行获得偿付。秃鹰基金公司往往是在觅得相关猎物及时机之后，趁该债务国已与某项目合作国达成协议之时，即对之兴讼，并将偿债目标主要锁定为项目合作国。近几年来，类似基金已从债务国获得约 10 亿美元的偿款。

FG 公司为了取得刚果（金）的债款，将视线瞄准在香港上市的国企中铁公司（下称“中铁”）上。原因是中铁牵头一个财团拟开发刚果（金）逾 1000 万吨的铜钴资源，并已达成“矿产换基建”合同，根据该合同，中铁需支付刚果（金）政府一笔采矿入门费。FG 公司遂在香港向刚果（金）及中铁兴讼，要求把中铁需支付的入门费用作抵消刚果（金）的债款。由于第一被告刚果（金）政府在香港没有可执行的财产，中国中铁公司相关子公司遂成为该案的第 2. 3. 4. 5 被告。

**【争议焦点】**

本案的争议焦点是，刚果（金）在香港是否享有有限度主权豁免权。一种观点指出，根据与中国内地“一国两制”的安排，香港维持司法独立。香港是前英国殖地，承袭普通法传统。普通法遵循限制主权豁免权，故刚果（金）应在香港只享受有限度主权豁免权。即主权国纯商业行为仍需受香港法院管辖，应发还香港原讼庭审理。另一种观点指出，刚果（金）作为主权国，在香港享有“绝对豁免权”（absolute immunity），法院无权处理。

最近有关美国秃鹰基金公司诉刚果民主共和国（下称“刚果（金）”）案引起广泛讨论，因为此案涉及很多重要议题，除了法律问题外，本案在政治上、外交上和国际投资上也将影响深远，如果处理不当将波及“一国两制”、将影响中国与发展中国家的经济及投资关系。

**【裁判结果】**

**一、原审情况**

原审法官芮安牟倾向支持香港只有“有限度豁免权”（restrictive immunity），不过原审法官认为中铁于刚果（金）的发展项目造福人民，是国家之间的合作，不属于商业性质，因此裁定可获豁免，刚果（金）毋须偿债。并撤销仲裁的执行令。

**二、上诉审情况**

FG 公司不满判决提出上诉，但刚果（金）又指出，《基本法》十九条列明“香港特别行政区法院对国防、外交等国家行为无管辖权”，而外交部驻港特派员公署于去年5月发出的信件亦被呈堂作证供，信内指出内地一直维持“绝对豁免权”的立场。

不过，上诉庭法官袁家宁指出，除了1978年英国立法将主权国豁免权的法例扩展至本港外，回归后一直未有行动去填补法律真空，由于现时本港没有关于主权国豁免权的全国性法律，因此本港法院只好跟随英国普通法，沿用当年引入的“限制性豁免权”法则，即一旦诉讼牵涉商业性质，豁免权便无效。

袁家宁又指，回归后没有人要求立法更改成“绝对豁免权”，显示作为国际商业中心的香港预期继续沿用“限制性豁免权”法则；而外交部信函也只是重申内地法院奉行“绝对豁免权”，没有提出本港法院要一同遵守之意。

最后上诉庭以二比一推翻芮官判决，认同香港属有限度豁免权，而交易是“商业行为”，改判刚果败诉，并须向FG公司赔偿。

随后刚果（金）向香港终审法院上诉。代表香港律政司的英国御用大律师Lowe教授在终院表示，在国家豁免权的问题上，中国与刚果（金）两国都采纳“绝对豁免权”原则，中国更一贯反对“有限制豁免”原则，这样已构成一个国际上的责任和义务。若终院不理中国政策而裁定香港法院在商业事务上采纳“有限制豁免”原则，刚果（金）便有权向中国提出交涉，质疑中国背信弃义。

代表向刚果追债的FG公司的英国御用大律师彭力克反驳指，香港回归前已弃用“绝对豁免权”原则。《基本法》第109条规定，香港政府要提供适当经济和法律环境，以保持香港国际金融中心地位，这宗案件涉及商业纠纷，如香港走回头路采纳“绝对豁免权”原则，反有损国际金融中心地位。

## 三、终审法院提交人大释法

香港终审法院最终以三比二比例判香港奉行与内地一致的绝对豁免，但仍需等待人大释法才有最后定案。三名法官推翻原讼庭和上诉庭的裁断，认为香港回归后作为中国一部分，有需要跟从内地规定，给予其他主权国家“绝对豁免权（absolute immunity）”，豁免他国政府在香港法院被起诉，改变了香港回归前跟从英国、奉行“有限度豁免权（restrictive immunity）”的政策。他们认为，香港作为中国的一个特别行政区，没有主权属性；在国家豁免这一与外交事务有关的事宜上，特区法院必须尊重中央政府的决定并遵照其决定行事，这是一项必须遵循的宪法规定，绝无采取不同政策的空间。外交部函件正是对此问题具权威性的事实陈述。不过，香港终审法院在判决书中说，基本法109条涉及的“‘国防、外交等国家行为’这些字词意思并不清晰”，以及国家豁免根据正确的解释是否属于第109条的范围，具有争辩性。由于本案涉及的基本法第十三条关乎中央政府负责的外交事务，第十九条涉及中央与特区的关系，因此，特区终审法院在作出最终判决前，有责任提请全国人大常委会进行释法。

终审法院决定就以下数个问题提请人大常委会作出解释

1. 中央政府是否有权决定中华人民共和国的国家豁免政策；

2. 若然，香港是否必须援用中华人民共和国的国家豁免政策，或是可以采纳不同的政策；

3. 国家豁免政策是否属于《基本法》第19（3）条首句所指的“国防及外交等国家行为”；及

4. 香港是否必须确保其以往实行的有关国家豁免权的普通法规定，必须作出修改以确保其与中华人民共和国的国家豁免权政策一致。

## 四、人大讨论

全国人大常委会8月24日起召开三天会议，就香港终审法院关于刚果共和国一案提出的释法要求，在会上讨论《基本法》第13条第一款及19条中有关“外交事务”的定义，澄清“国家豁免权”的适用范围，8月26日会就释法的审议表决，6 名港区人大代表亦有列席，并在小组会议上向常委解释看法。

列席会议的基本法委员会副主任梁爱诗认为，外交事务上一个国家只能有一个立场，自治范围内可实行一国两制，惟对外事务就不能有两制。她又说案件不是纯粹的商业问题，而是涉及国与国之间层面，不认为释法会影响一国两制、普通法在港实施和香港商业社会运作，反而只会带出更清晰的信息，让商界交易时更留意国家豁免权。

人大法工委副主任李飞则指出，特区法院不处理以外国国家为被告的案件，特区应就其法律作出必要的变更，应跟随中国法律。

**五、人大常委会释法决定**

最终，8 月 26 日，全国人大常委会以全票通过有关刚果（金）的释法草案，即香港须跟随中国实行“绝对豁免权”，意味此次刚果（金）案件，香港法院无权受理，变相 FG 公司败诉。

首先，人大认为中央政府有权决定，在特区适用的国家豁免规则或政策；第二，是特区包括法院，是有责任跟随实施，而实施时不可偏离上述规则或政策；第三，国家豁免原则是一种涉及外交的国家行为；第四，如果本港的法律有抵触时，就须作出变更、适应、限制或例外，以符合中央决定采取的国家豁免规则或政策。

**【案件评析】**

**一、刚果（金）案有关的法律问题**

本案涉及的法律问题主要有以下几个方面：

英国奉行国家主权相对豁免政策，中国奉行国家主权绝对豁免政策，在香港回归后，香港特区法院应否根据中国的外交政策来决定对其他主权国家的管辖权问题。刚果（金）在不放弃主权豁免时，香港特区法院能否对它进行管辖。

从国际法的角度看，国家主权相比豁免理论是否已经成为当今国际法共认的国际习惯（International Customary Law）。该国际习惯是否凌驾于中国奉行的国家主权绝对豁免政策。

中国中铁公司在刚果（金）投资开发兴建该国家的基础设施是属于一般商事活动还是不属于该类活动。

中国外交部提供的中国奉行国家主权绝对豁免政策的信件对香港特区法院是否具有法律拘束力？

仲裁的执行如何考虑社会公共政策。香港特区法院可否将中铁公司拟交给刚果（金）的入门费强制执行给 FG 公司？

**二、刚果（金）案的影响**

刚果（金）案涉及多个层面，在政治经济，国际国内都有很重要的影响。

作为第一次终审法院就案件主动提请人大常委会释法，对于中国“一国两制”的政策有重要影响。

此案引发的另一个讨论是有关秃鹰公司对企业带来的影响。

秃鹰基金鼓励拥有未确定国家债务的发达国家企业兴讼或仲裁。此举对一般奉行国家主权相对豁免政策的发达国家企业非常不利，增加了向欠债国投资的风险，并蒙受不白之冤，迫使英国在 2010 年 4 月制定《债务免除（发展中国家）法》（Debt Relief（Developing Countries）Act），限制秃鹰基金在英国从事相关活动。美国也是秃鹰基金捕获猎物的热门场所，但美国尚未采取相应的限制措施。

由此可见本质上只是专买未兑现债权的秃鹰基金公司，具有非常强的跨国诉讼能力，香港特区已成为该基金的试猎地，此案原本与香港无任何关系，只是“秃鹰”利用香港的司法平台，企图牟取丰厚利润而已。释法之后，可以杜绝“秃鹰”以类似手法谋取利润。有意见认为，情况会有利于香港发展成为国际仲裁中心，此外，第三世界国家少了后顾之忧，较多资金来港也是可以预期的事。

**三、刚果（金）案引发的担忧**

终院早前担心提请人大释法会影响香港司

法独立，但代表中国中铁的资深大律师麦高义多次强调，此举无损香港司法独立。他说，这宗纠纷涉及中国外交事务，已经超出香港特区高度自治范围，终审法院在宪制上有责任提请全国人大释法，而释法亦并非什么轰动的事，只是依《基本法》办事，《基本法》的最终解释权属于全国人大常委会，香港法院遇到难题时便应该请人大释法。

刚果（金）案涉及国有企业中国中铁，有人担心释法会影响香港的营商环境，担心香港会成为国有企业的逃债天堂。从释法涉及的主体而言，这个顾虑可以释除。因为国家豁免规则只适用以外国及其财产为被告的案件，即是只给外国豁免，国有企业并不适用。就此，全国人大常委会法制工作委员会副主任李飞在新闻发布会上表示，按照内地的法律，特别是从1986年颁布民法通则以后，国有企业包括央企，都成为了独立的企业法人。国有企业在和其他商业主体打交道的时候，不管是在香港还是在其他地方，都以企业主体的法律地位出现，都要依照有关法律和合同的约定对债务承担相应责任，所以不存在在香港国企滥用国家豁免权逃债的问题。若说释法后国企会得到“免死金牌”，是一个谬误。

**四、刚果（金）案件给予中国企业的反思：**

此宗跨境商业纠纷除在上述所论及在基本法及人大常委会的最终解释权下的香港司法权限的问题外，最重要是对日益壮大的中国企业，在其不断开展的“走出去”投资及并购活动中，特别在与外国合作企业签订合同时，有否留意双方所选定的相关国家的司法平台，其国家豁免权是绝对豁免权或是限制豁免权，或者双方的合同中有否注明放弃国家绝对豁免权的约定。咨询具有相关国际投资法律经验的律师是必须的。

**作者温嘉明介绍**

温嘉明主任律师现为邦温投资集团执行主席，梁温律师事务所主任律师，中国司法部授权，在香港处理中国委托公证事务的公证人律师。律所于2009年6月，获中国司法部批准于上海成立代表处。在2011年4月再于北京成立其联络处，统筹中港两地法律业务。温律师同时也是”中国国际跨国公司促进会”、“中国世界贸易组织研究会”和“中国产业海外规划和发展协会”的理事。温律师亦为英国伦敦国际战略研究院亚太区会员，并获邀出席在新加坡举行的年度“香格里拉会议”，以从事跨国能源及矿业投资及并购的法律专家身份对亚太地区安全问题提供意见。

温嘉明主任同时是中国最高人民法院法院网全国法院公告的对外翻译及审查顾问。联合国工业发展组织中国投资及技术促进处的法律顾问（香港地区）。

# 上市前，企业应做好哪些知识产权准备工作？

## ——拟上市公司频陷“专利门”

段君峰* 律师

自2010年3月份以来，拟上市公司因身陷“专利门”而导致推迟上市的事件频频发生。

2010年3月18日，苏州恒久光电科技股份有限公司（以下简称苏州恒久）因身陷“专利门”而不得不宣告公司股票挂牌上市事宜推迟。在此之前，苏州恒久几乎完成了招股前的所有准备工作。就要挂牌上市了，媒体却报道其专利信息披露不实，所拥有的五项专利技术已经被国家知识产权局于2010年2月下旬终止。于是，有关监管部门要求保荐机构等中介机构对这些问题进行核查。由此，苏州恒久成为2010年因专利问题而推迟上市的第一家公司。

2010年4月15日，福建星网锐捷通讯股份有限公司（以下简称星网锐捷）发布公告暂缓A股发行。这一天本应是其确定发行价格、公布可参与网下申购的股票配售对象和有效申报数量的日子。原因何在？公告中称，公司4月14日自查发现，部分实用新型专利和外观专利，因未续缴年费等原因已被终止，亦有部分正在申请的专利审理阶段发生变化，其法律状态与招股意向书内容存在差异，因此决定暂缓A股发行。星网锐捷成为2010年以来第二家因专利问题而暂缓上市的公司。

2010年5月19日，河南新大新材料股份有限公司（以下简称新大新材）在上市前一天突然发布公告称鉴于尚有相关事项需进一步落实，已申请暂缓上市。5月20日，深交所同意新大新材暂缓上市。何事需要进一步落实呢？原来，其主营业务生产技术涉嫌侵犯河南醒狮高新技术股份有限公司的专利权及产品特有名称而被河南醒狮连发四封举报信举报。作为中国最大晶硅片切割刃制造商的新大新材也在专利问题上马失前蹄，成为2010年第三家因专利问题而搁浅上市的企业。

类似的还有中山市松德包装机械股份有限公司（以下简称松德包装）。2010年6月9日，发审委突然公告取消原定于6月10日对该公司进行上会的日程。原因近乎巧合地也是尚有相关事项需要进一步落实。原来同样为创业板拟上市企业的广东仕诚塑料机械有限公司举报松德包装以高薪挖角的方式抄袭其四项专利，已构成侵犯其商业秘密和专利权并涉嫌不正当竞争。至此，松德包装成为2010年第四家因专利问题而暂缓上市的企业。

### 一、“小”专利，“大”威力

近年来国家大力倡导自主创新，积极推行国家知识产权战略，各级地方政府也通过种种方式激励企业创新，鼓励企业申请专利。但从全国整体上看，目前国内企业的创新意识和专利保护意识还是差强人意，对多数企业而言“专利”在企业经营管理中还仅占很小的分量。导致这种现状的主要原因在于，他们的市场不是靠“专利”打拼出来的，更不是靠“专利”来维护的。一句话，专利还远没有体现出其作为一种竞争规则的价值。

* 北京市邦道律师事务所知识产权部主任。

既然专利还没有体现出其应有的价值，在很多企业中还处于“小小的”位置，那么它为什么又有如此大的威力，使越来越多的企业因它而搁浅在上市路上呢？原因还要从设立创业板和中小板的初衷说起。

《首次公开发行股票并在创业板上市管理暂行办法》上来就开宗明义地指出，为了规范首次公开发行股票在创业板上市的行为，促进自主创新企业及其他成长型创业企业的发展，保护投资者的合法权益，维护社会公共利益，根据《证券法》、《公司法》，制定本办法。从这里可以看出，创业板主要是为自主创新型企业融资而设立的。基于这样的宗旨，几乎所有想在创业板上市的企业都在其招股说明书中展示其技术实力和创新能力，并罗列其所拥有的专利加以证明。

为分步推进创业板市场建设而先行设立的中小企业板块，其宗旨也是为主业突出、具有成长性和科技含量的中小企业提供直接融资平台。因此，拟在中小板上市的企业也大多在其招股说明书中展示其专利。

既然为彰显实力而披露专利信息，那么根据《首次公开发行股票并上市管理办法》第4条以及《首次公开发行股票并在创业板上市管理暂行办法》第4条的规定，该信息就得真实、准确和完整，否则就造成虚假记载或误导性陈述。触犯该规定，不管什么原因引起的，其上市可能就如同苏州恒久和星网锐捷那样被搁浅。

另外，既然要上市融资，发行股票，发行人就应当具备持续盈利能力，根据《首次公开发行股票并上市管理办法》第37条和《首次公开发行股票并在创业板上市管理暂行办法》第14条的规定，发行人在用的商标、专利、专有技术、特许经营权等重要资产或者技术的取得或者使用存在重大不利变化风险的，被认为是不具备持续盈利能力。而新大新材被举报涉嫌侵犯别人的专利权，以及松德包装被指涉嫌侵犯他人商业秘密和专利权就属于这种风险。

千里之堤，毁于蚁穴！很多企业领导不留意的“小小”专利引起了如此大的波澜，这在表面看是信息披露和风险防范出了问题，而实质上却是深层次知识产权问题的外在表现。

**二、类似事件还会发生**

笔者相信，这些问题才不过是刚刚开始显现，更加严重的类似事件还会不断发生。为什么这么说呢？主要是因为国内大多数企业，尤其是拟在创业板和中小板上市的企业，在知识产权的创造、保护、运用和管理方面存在很多问题和不足。这无异于为企业在知识产权的信息披露或知识产权纠纷等方面埋下了一颗定时炸弹。

首先，国内很多企业在研发经费方面投入不足，少有研究成果可以拿来申请专利。即使申请专利，也多是为了申报高新技术企业以获得税收方面的优惠，或者出于申请创新方面的基金等功利性目的。同时，为了快速获得专利证书，大多企业一般会选择申请实用新型专利和外观设计专利。虽然这两种专利形式本身并不代表技术含量低或没有经济价值，但是现实中大多以低技术含量的内容来申请这两种专利，使得在目前的中国“实用新型”和“外观设计”成为技术含量低的代名词。研发经费投入不足，或者为申报高新技术企业等功利性目的，从而临时抱佛脚申请实用新型专利或外观设计专利，就很容易造成潜在的专利侵权纠纷，但是当事人很难自觉意识到这个问题，因为这两种专利形式都不经过实质审查而授权。

其次，虽然部分企业是在研发上进行了投入，也产生了很多新技术，但是为了节省申请费用，没有聘请专利代理人撰写专利申请文件，或者聘请一些代理费低廉但水平很差的专利代理人撰写，从而无法有效地保护自己的技术。

再次，有些企业虽然有了研发成果，也积极地申请了专利，但它们大多认为申请完专利就可一劳永逸、高枕无忧了，根本不知道如何充分利用专利，更没有专业人员去管理这些专利。最终导致，专利是专利，企业是企业，专利只是个名誉问题。没有运用，当然就不愿意继续支付年费；没有专人管理也就很容易忘记支付年费。这或许是形成苏州恒久“专利门”和行星网锐捷“专利门”的原因吧。

最后，除了以上专利方面的诸多问题，很多技术型的企业在商标、著作权、域名、不正当竞争等方面也面临着极为严峻的形势。具体而言，目前很多企业对商标、字号和企业 logo 的概念和功能搞不清楚，常常混为一谈，造成很多纠纷或潜在纠纷风险。此外，很多企业不但对著作权漠然视之，对域名及不正当竞争更是漠不关心。这种薄弱的知识产权意识常使得企业莫名其妙地陷入知识产权纷争——侵犯了别人的知识产权还浑然不觉或者明知侵犯别人的知识产权还肆无忌惮。

这些问题说起来像是危言耸听，但这却是无法回避的事实情况。这也就是为什么笔者相信，“专利门”或“知识产权门”还会不断发生的原因了。

**三、如何有效避免陷入“专利门”或“知识产权门”**

既然现实状况为企业陷入“专利门”或“知识产权门”埋下了隐患，那么有没有办法来避免呢？办法是有的，那就是未雨绸缪，做好充分的准备工作。

现在根据笔者在知识产权领域近十年的工作经验，向正在准备上市或打算将来上市的企业提供如下知识产权方面的建议：

（一）专利方面

如果企业已经开始了上市进程，请如实披露专利信息。在国家知识产权局的网站上可以免费查到企业的专利数量、种类及法律状态，企业很难在这些问题上做手脚。若打算在一两年、两三年或三五年内上市，那就需要从以下方面着手准备工作：

（1）提高研发投入，不断创造出新产品或新技术，以申请专利保护，提高专利的数量和质量，或借助外脑，与研究院所或大专院校合作，充分利用这些机构的人才优势创造出适合自己的新产品或新技术，然后拿来申请专利保护；或者受让或许可获得研究院所或大专院校的专利或专利技术，提升自己的技术实力和自主知识产权的数量和品质。

（2）与提高研发投入和借助外脑来提高创新能力同等重要的是，如何在研发前准确有效地确定自己的生存空间或研发空间，以及创造出新产品或新技术后如何保护、管理和运用这些成果。在这些方面，建议企业聘请经验丰富的专利代理人或知识产权律师来指导、监督或完成上述工作。经验丰富的专利代理人或知识产权律师能够在专利技术的检索与分析、专利申请内容的挖掘、专利申请文件的撰写、专利审批过程中的答复审查意见、专利驳回后的复审等方面提供非常专业化的服务。

（3）企业还可以在优秀的专利代理人或知识产权律师的指导或代理下，设计出适合自己的创新机制，激励员工积极主动地进行创新。在这方面，提高奖金额度或企业与员工共有专利是较好的策略。

（4）上市前，排除专利纠纷的风险。这方面主要包括专利权属纠纷和专利侵权纠纷。如果企业已做好课题研发前的专利检索与分析，就基本排除了侵犯别人专利权的风险；如果企业已处理好与职务发明人的关系，也就基本排除了专利权属纠纷。然而，为了避免节外生枝，在上市前做一些不侵权调查报告和权属关系调查是非常值得的。

（二）商标方面

首先，对拟上市的企业，需要引起重视的是在国外申请商标注册事宜。近年来，中国商标在海外被抢注现象非常严重。对于产品已经远销国外，或者即将大规模开辟国外市场的拟上市企业来说，如果还没有将自己的商标在国外进行注册保护，那么该企业存在的风险就相当大了。因为一旦被抢注，就很难或要等待很长时间才能进入该国市场。另外，积极寻求在国外注册保护也可以排除自己使用的商标是别人注册商标或近似商标的可能性；如果在该国自己使用的商标已经是别人的注册商标或近似商标而不知，还大量销售产品，就存在因侵犯别人的商标专用权而被起诉和赔偿的风险。

其次，在国内的很多企业中，还存在严重的潜在侵权现象。在工作中，笔者发现，由于商标意识淡薄，或者对商标的功能认识不到位，某些企业将自己的logo认为就是企业的商标，因此就仅将企业的logo申请了商标注册，而这些logo中大量的是仅有图形而没有文字，这样的商标严重限制了通过语言来宣传自己的商品或服务。为了弥补这种不足，很多企业就用其字号来称呼其产品。在这个过程中，该企业的字号是当作商标来使用的。久而久之，在各种商业活动中，大家都习惯了以该字号来称呼该商品。但是，这已经深深埋下了祸患，因为这个被称呼很久的字号很有可能就是别人的注册商标。将字号当商标来使用就是侵犯别人的商标权。

再次，笔者发现，由于中国存在专属的商标注册管理部门和与之分开的并且多层级的企业登记管理部门，造成了大量企业字号与商标的冲突。这样的纠纷将会大面积爆发。在出现这些纠纷时，审时度势，或购买对方的商标或撤销对方的商标或选择新的商标，对企业来说越早损失越小，而且也越早积累专属自己的商业信誉。

最后，在上市前，由专业商标代理人或知识产权律师代企业做好商标防侵权检索或理清商标的权属问题，是非常有必要的。

（三）著作权方面

对于软件开发公司、动漫产业或文化传媒类公司（如华谊兄弟）来说，著作权是应当值得重点关注的知识产权类别。

在著作权方面，首先建议企业积极地将自己的软件作品、动漫产业里的各种作品或文化传播类公司的各种剧本、电影电视作品进行版权登记。虽然著作权自作品创作完成之日起就自然产生了，但是鉴于作品创作的私密性，怎样来证明该作品的权属呢？在作品完成的第一时间申请的版权登记就是最好的证据了。

其次，对于软件类公司，软件著作权登记可以证明软件著作权的归属，可以防止别人不劳而获地直接复制，确保自己的市场份额。然而，因著作权只保护表达方式，而不保护思想，所以，若想对自己好的设计思路进行保护，在进行版权登记的同时也申请专利来保护是比较好的选择。

再次，对于动漫领域或文化传媒类公司，著作权登记是要做的。然而，对自己作品中的特定人物姓名、特定形象比如喜洋洋的名字或头像、长江七号中七仔申请商标权保护，以在各个领域里充分开发利用，是更具有商业价值的。

最后，对拟上市企业来说，如何避免陷入著作权纠纷是上市前必须谨慎对待的一件事。

（四）域名方面

现代社会，电子商务越来越成为企业的重要市场运作途径。在这方面，网络商城表现得尤为明显。在这样的背景下，不管是通过网站来展示自己的企业形象，还是通过网站来推销自己的商品或服务，都要首先进行域名注册。这点不需要赘述。

需要说明的是，作为互联网络上识别和定位计算机的层次结构式字符标识，域名类似于互联网上的门牌号码，是网路环境中的企业地址和营业场所，客户可以通过这个地址找到企业，找到企业的产品，找到企业的联系方式，与企业发生商业往来。然而，既然是一个地址，就无法排斥别人和你做邻居，而且鉴于域名的技术特性，更难排斥紧密型邻居出现，如www. taobao. com 与 www. taobaoo. com 、www. kaixin. com 和 www. kaixin001. com。在这样的情况下，如何避免客户走错门，走到经营同样商品或服务的紧密型邻居家呢？将域名申请商标注册以进行保护是一种明智的选择，因为商标使用到一定程度可以排斥近似域名的出现。

在域名方面，另一个需要注意的是，企业应当及时将自己的中文商标或者字号注册为中文域名。在日常工作中，笔者发现很多成长型企业的中文商标或字号早已被他人注册为域名。不管是基于什么目的注册，相信这些企业想拿回来时，付出的代价与注册域名的费用相比将是远远不对等的。更何况，很多企业的中文商标或者字号是在刚启用不久就被别人注册为域名的，这种情况很难证明别人具有抢注的恶意，企业再拿回来的可能性也就大打折扣。

（五）不正当竞争方面

作为知识产权的保底法，《反不正当竞争法》通过制止违反诚实信用原则及公认的商业道德的不正当竞争行为，对未纳入《商标法》调整的商标侵权行为或傍名牌的行为进行规范，对知名商品特有的名称、包装、装潢、企业名称或姓名以及商业秘密等未专门立法的知识产权进行保护。

对很多正在进行上市或打算上市的企业来说，基本上都不会故意进行不正当竞争。但是，很多表面看似合法的商业行为却往往是一种不正当竞争行为，从而招致侵权诉讼，是值得这些企业特别关注的。下面两个案例就是这种情况。

**案例1**

2004年7月至10月，上海鑫贵房地产开发有限公司和上海国际丽都置业有限公司在延安中路陕西路路口处竖起一块高300米、宽60米的户外广告牌，为其开发、经营的楼盘进行宣传，广告中有一占近三分之一的比例并以夺目橙色为主色调的半蹲模特图像，模特手中拎一只印有LV字母及花形状图案的提包。LV商标所有人法国路易威登公司得知此广告后，立即以侵犯了LV商标权，且构成不正当竞争为由，将该开发商告上法庭。

尽管被告极力辩解广告中的LV手提包仅是模特手中的道具，且包上的LV图案远远小于广告中其他文字，并不会引起消费者的误认，并不构成商标侵权，同样也不构成不正当竞争。

但法院经审理后认为，两被告在明知LV手提包具有较高知名度的情况下，在巨幅广告中以近三分之一的比例和夺目橙色突出模特和模特手中的LV包，以此吸引受众视线，并进而通过LV手提包知名度提升其广告楼盘品味，意在宣传出入其楼盘的都是手拎LV包的时尚人士，该楼盘同样时尚、高档。其将宣传行为建立在原告商品之上，系故意利用原告知名度、不正当地获取利益，损害了原告合法权利，其行为构成不正当竞争，判令向原告赔偿经济损失5万元。（中国法院网讯，作者吴艳燕）

对于房地产公司来说，五万元的赔偿额可能是小事。但是，如果一个拟上市的企业涉嫌侵犯知识产权，就是天大的事了，后果不言而喻。

**案例2**

2009年4月，国际顶级奢侈品生产商、意大利企业GUCCI公司发现宁波奥特莱斯公司擅自将“GUCCI”作为字号在江北区新马路“北岸财富中心”108号商铺的上方正中央、该商铺的四周、购物广场内广告牌上突出使用。同时，宁波奥特莱斯公司还在公司网站的“国际品牌故事”一栏内突出使用了“GUCCI”商标和字号。GUCCI公司认为，宁波奥特莱斯公司是一家经营服装、服饰、鞋帽、箱包等时尚消费品的企业，其拟销售、经营的商品与原告商标核定使用的商品属于相同商品，在未经原告许可的情况下，其擅自将与“GUCCI”商标相同的文字作为商铺的字号，在相同商品上突出使用，并将“GUCCI”商标用于广告宣传，侵犯了原告的注册商标专用权。与此同时，宁波奥特莱斯公司为商业目的故意直接利用原告的经营成果及“GUCCI”的知名度和声誉，从而获取有利的市场竞争地位，违反了《反不正当竞争法》的相关规定。为此，GUCCI公司向宁波市中级人民法院起诉，要求判令宁波奥特莱斯公司立即停止侵犯其“GUCCI”注册商标专用权，停止不正当竞争，赔偿经济损失人民币50万元。

宁波中院认为，被告在未经原告许可的情况下，擅自使用“GUCCI”字号作为商铺的门头店招，这种宣传行为直接利用了原告的经营成果及“GUCCI”的声誉，从而获取了有利的市场竞争地位。因此，被告有明显的通过“搭便车”的形式抬高其企业形象的主观故意，极易使公众产生误认，以为被告的商铺系原告所投资或经营，是原告在中国境内的奥特莱斯直营店或与被告合作开设的直营店。同时，被告在广告宣传中未对其经营情况作全面、完整的描述，其歧义性的广告语会使相关公众以为被告准备销售的商品与原告专卖店的商品具有一样的品质和时尚度，从而获取了不应有的竞争优势，致使原告的利益受到损害，构成不正当竞争。于是，最终判决被告赔偿人民币5万元。（中国宁波网讯，记者董小军 通讯员 舒沁）

上述两个案例告诉我们，不管是否是同业经营，在企业运作过程中，不正当地利用别人的品牌或信誉优势，就构成不正当竞争。这是值得拟上市企业谨慎对待的；因为一旦涉诉，企业上市的步伐很有可能被搁浅。

在不正当竞争方面，另一个需要重点关注的是商业秘密的保护问题。这主要表现为，如何采取有效措施避免商业秘密被泄露，如何与涉密人员签订好商业秘密保护协议等。对这些经常遇到的问题，笔者建议企业寻求专业知识产权律师的帮助。

另外，对于商业秘密的特殊形式技术诀窍，笔者建议，如果该技术诀窍不容易保密，或者通过逆向工程很容易得到，或者很容易被研发出来，最好不要以商业秘密的形式进行保护，而是以申请专利的方式寻求保护。

以上笔者从五个方面阐述了企业上市前应理顺的知识产权问题，这主要是方便大家理解。实际上，知识产权是个复杂的体系，对于某个具体的企业来说，其可能侧重于这个体系里的专利，也可能侧重于商标，还有可能侧重于著作权等等。不管怎样，笔者认为，企业应当以宏观的视角来处理知识产权问题，做好知识产权方方面面的准备工作，近则避免陷入“知识产权门”，远则建立强大的知识产权体系以在市场上攻城掠地、抢占并维护市场。

**作者段君峰介绍**

资深知识产权律师、专利代理人、商标代理人、知识产权战略专家，北京市邦道律师事务所知识产权部主任、北京环球君成知识产权代理有限公司创始合伙人，中华全国律师协会会员、中华全国专利代理人协会会员、国际保护知识产权协会会员。

十年来专注于知识产权，代理过上千件专利申请，上百件专利复审及无效、行政诉讼及民事侵权诉讼案件。在上海紫江彩印包装有限公司与日本细川洋行之间的专利侵权诉讼案中，成功将日本细川洋行的专利无效；代理萍乡市新安工业有限责任公司成功打赢了数项专利无效及复审、行政诉讼及民事侵权案件，开创性地以修改超范围为理由使对方发明全部无效，所撰写的无效请求书曾作为教案使用；成功挽救多个驳回案件。

除专利以外，还擅长商标、商业秘密及企业知识产权战略，尤其擅长为拟上市企业做知识产权辅导。曾为多家拟上市企业搭建商业秘密保护体系，进行知识产权辅导及培训。

以“专业成就你我”的服务理念，曾经或正在为下列企业服务：西门子、博世、英飞凌、奇梦达、曼罗兰、大陆汽车、摩凡陀、尤尼林、意大利G. D公司、伊顿、卡特彼勒、迪堡、法国天然气、法国圣戈班、丰田、尼康、奥林巴斯、佳能、东芝、精工爱普生、LG、三星、乐扣乐扣、上海紫江、萍乡新安工业、珠海格力、北京理工大学、北汽新能源、上海慧证软件、济南优科精流、济南东测试验机、广东佳和通信、中国核工业二三建设

# 《企业破产法》：拓宽保护债权人利益的新空间

肖　勇[*]　律师

《企业破产法》的实施将为债权人合法权益的实现提供更为完备的保护。在债务人不能清偿到期债务、明显缺乏清偿能力的情况下，企业破产法为债权人公平受偿提供了更为多样、更易操作的途径和方法。以下笔者拟从保护债权人利益的角度对《企业破产法》中关于维护债权人合法权益的内容进行分析。

## 一、有关中止执行的规定，使所有债权人重新站在同一起跑线上

因合同生效、履行以及诉讼等其他原因，使得一些债权人在申请执行时已远远落后于其他债权人。执行程序的特点为先到先得，即先申请执行先得到清偿。因此当债务人缺乏清偿能力时，在后申请的债权人将面临不能受偿的风险。

例如，甲公司为丧失清偿能力的债务人，乙公司、丙公司为甲公司的债权人（均无担保）。如乙公司已取得生效判决书，并向人民法院申请执行，而丙公司的债权刚过履行期。现甲公司仅有的财产已被执行法院查封，财产总值仅能偿还乙公司全部债权。

因乙公司已经申请人民法院执行，而甲公司的财产仅能偿还乙公司的债权。丙公司如想通过执行程序实现债权，理论上仅能依据最高人民法院《关于人民法院执行工作若干问题的规定（试行）》第90条，申请参与分配。根据该条款，丙公司如想申请参与分配，应同时满足如下条件：（1）应在被执行人的财产被执行完毕前申请；（2）取得执行依据。

为满足后一条件2，丙公司需要向人民法院起诉甲公司从而取得生效判决。根据实践经验，往往等到丙公司取得生效判决时，执行程序早已终结，因此不能满足前一条件1的要求。综上，虽然理论上丙公司的债权能够实现，但实践起来可能性微乎其微。

但根据《企业破产法》的规定，因甲公司已丧失偿债能力，人民法院受理破产申请后，有关债务人财产的保全措施应当解除，执行程序应当终止，该破产财产由全体债权人公平受偿。因此如果甲公司具备破产的条件，丙公司可申请甲公司破产，并与乙公司及其他债权人共同分配甲公司的财产。

通过申请甲公司破产，参加破产清算，使丙公司从一无所获，变为与甲公司共同分享甲公司财产。上述申请破产的方法与强制执行的方法相比，显然《企业破产法》中有关终止执行的规定对丙公司合法权利的保护更为有力。

## 二、破产撤销权制度、无效行为制度等保护债权人合法权益的实体制度更加完善

### （一）《企业破产法》中的撤销权制度、无效行为制度能够有效地打击破产欺诈等行为，保护债权人的合法权益

破产撤销权，是指破产财产的管理人对于破产人在破产法规定的期间内与他人进行的欺诈行为或损害全体债权人公平受偿的行为，申请法院撤销的权利。破产无效行为，是指债务人在破产申请前及破产状态下实施的使破产财产不当减少或违反公平清偿原则，从而使债权

[*] 北京市展达律师事务所。

人的一般清偿利益受到损害，依破产法的特别规定被确认无效的财产处分行为。

破产撤销权制度、无效行为制度设立的目的之一是打击破产欺诈，维护广大债权人的公平受偿权。当债务人企业发现自己偿债能力恶化、资不抵债时，债务人企业会认为自己所有的资产将会用来清偿债务，此时无论如何处分该资产都不能再为其带来收益。为此，债务人企业可能会考虑与部分债权人合作采用欺诈等方法使特定的债权人得到更多的清偿，或通过欺诈等手段转移财产、抽逃资金。

以上行为使广大债权人无法公平受偿，侵害了债权人的合法权益。而撤销权制度、无效行为制度，能够通过撤销或宣告行为无效的方式否定上述行为的效力，进而追回相关财产，因此能够保护债权人的合法权益。

（二）在债务人严重缺乏偿债能力时，保护债权人合法权益的途径

当债务人明显缺乏偿债能力时，实现债权的困难在于发现并追回债权人财产。司法实践中，债权人通常可以依据合同法中关于无效、可撤销的规定，追回债务人的财产。如果债务人具备了申请破产的条件，还可以根据《企业破产法》的特殊规定取回债务人财产。

根据《企业破产法》第 16 条的规定，在破产程序中，如果出现如下情形的，破产管理人有权追回债务人财产：无偿转让财产的；以明显不合理的价格进行交易的；对没有财产担保的债务提供财产担保的；对未到期的债务提前清偿的；放弃债权的；对个别债权人进行清偿的；为逃避债务而隐匿、转移财产的；虚构债务或者承认不真实的债务的。

上述所列情形中，第 1 种、第 2 种、第 5 种在《合同法》第 74 条中也有约定；但其他情况出现时，只能依靠适用《企业破产法》来解决。由此可见，企业破产法丰富了债权人追回债务人财产的途径。不仅如此，《企业破产法》还对财产取回的条件作了明确具体的规定，使其更具操作性。

以企业破产法第 31 条“以明显不合理的价格进行交易”的规定为例，当债权人向人民法院申请债务人破产后，发现债务人存在以明显不合理的价格进行交易的行为，可以申请人民法院撤销。债权人适用该规定时应符合以下条件：第一，交易行为需在人民法院受理破产申请前 1 年内做出；第二，交易以明显不合理的价格进行。笔者认为“明显不合理价格”既包括高价买入的行为也包括低价卖出的行为。

对于此种交易行为在《合同法》第 74 条中也有相关规定。但根据比较可知，首先，《合同法》只调整低价卖出的行为，而不能调整高价买入的行为，其保护范围上比《企业破产法》要小。其次，债权人行使《合同法》中撤销权时还要满足“受让人知道”条件，而《企业破产法》不需要具备该要件，因此债权人适用《合同法》的举证责任比适用的《企业破产法》的更为严格。

再如《企业破产法》第 31 条中关于“对未到期的债务提前清偿”的规定，该规定是《企业破产法》特有的规定。实践中只需要证明债务人清偿债务的行为发生在履行期限内，且该行为是在人民法院受理破产申请前 1 年内做出的，即可请求人民法院予以撤销。

例如，2006 年 6 月 1 日，甲公司与乙公司签订买卖合同，根据约定甲公司应分别于 2006 年 6 月 15 日、2007 年 6 月 15 日分两次支付货款，甲公司于 2007 年 1 月 1 日就清偿了第二笔货款，丙公司于 2007 年 1 月 10 日向人民法院申请强制执行甲公司财产。执行程序中发现甲公司已无财产可供执行。

根据甲、乙公司签订的买卖合同，甲公司正常清偿货款的日期应为 2007 年 6 月 15 日。甲公司 2007 年 1 月 1 日偿还货款的行为属于对未到期债务提前清偿的行为。根据民法一般原理，甲公司提前向乙清偿货款的行为，属意思自治的范畴，一般情况下甲乙双方对该行为无异议，第三方无权干涉。所以，丙公司在执行程序中，即使调查到甲公司提前清偿的事实，

依然是无计可施。

但是从《企业破产法》关于撤销的规定入手考虑本案，因甲公司已无财产可供执行符合申请破产的条件，丙公司可以向人民法院申请甲公司破产。人民法院受理破产后，可根据《企业破产法》第31条由管理人申请人民法院撤销甲公司的提前清偿行为，追回甲公司提前支付的货款。货款追回后，丙公司就可以和其他债权人一起对其进行分配。

由上例可知，在债务人严重缺乏偿债能力时，通过申请破产，可以解决其他法律不能解决的问题，使债权人的合法权益得到更好的保护。

（三）《企业破产法》在债权人发现债务人财产线索方面亦有突出贡献

目前，法院执行难问题，主要还是因为无法发现被执行人的财产线索，致使债权人的债权无法实现。此时如债权人申请债务人破产，破产管理人根据《企业破产法》的规定，应当审查债权人在人民法院受理破产申请前规定期限内的财产处理行为。如该处理行为符合前文中有关撤销、无效的规定，相关财产应被追回，追回的财产由债权人公平受偿。可见，通过申请破产的方法，还可以达到发现财产线索的效果。

**三、《企业破产法》将已设定担保的财产纳入破产程序，保护了包括担保权人在内的所有债权人的利益**

（一）已设定担保的财产应纳入破产程序，该担保财产属于债务人财产

《企业破产法》第30条规定："破产申请受理时属于债务人的全部财产，以及破产申请受理后至破产程序终结前债务人取得的财产，为债务人财产。"根据该规定，破产债权受理时，债务人享有所有权的全部财产为债务人财产。

《物权法》第40条规定"所有权人有权在自己的不动产或者动产上设立用益物权和担保物权。用益物权人、担保物权人行使权利，不得损害所有权人的权益。"根据该规定，债务人自己享有所有权的财产上设定担保物权，不影响所有权的性质，债务人依然享有该财产的所有权。只要债务人对该财产享有所有权，该财产在破产申请受理时就应属于债务人财产。

（二）已设定担保的财产由管理人统一管理，可以使该担保财产更加有效地为全体债权人分配

首先，担保财产由管理人统一管理，确保了担保财产的安全。其次，担保财产由管理人统一组织变价，有利于担保财产的整体变价，及全体债权人尤其是一般债权人的公平受偿。

根据《企业破产法（试行）第28条第2款"已作为担保物的财产不属于破产财产"的规定，已设定担保的财产被排除于债务人财产之外。如此规定，在实践中存在如下问题：其一，由于担保财产被排除在破产财产之外，对破产财产负有管理责任的工作人员就无权管理该部分财产，而债务人企业在破产程序中对全部财产均丧失管理权，因此在破产宣告作出时至担保权人行使权利之前，担保财产处于无人管理的状态中。该担保财产因无人管理，其安全性无法得到保证。其二，对破产财产负有管理责任的工作人员，对担保财产不负有管理责任，所以不负责担保物的变现工作，因此该工作人员可能不清楚担保物变现后的总值，不能依此判断是否还有多余的财产可供无担保债权人分配。

上述两问题的直接受害者是无担保债权人，《企业破产法》将担保财产吸收入破产程序，从而确保了担保财产的安全，保护了全体债权人尤其是无担保债权人的受偿权。

**四、债权人可通过多种方法达到正常商业手段不能实现的效果**

债务人被申请破产，将会使债权人面临财产损失的风险。但是，与风险并存的是许多正常商业活动中难得一遇的机会。以重整程序为例，《企业破产法》设置重整程序，是希望通过债权人、出资人等各个方面的努力解决债务

人企业存在的问题，使债务人企业起死加生甚至是脱胎换骨，从此走上正轨。债权人如能借此机会进入债务人企业，与债务人企业共同渡过眼前的难关，那么接下来得到的很可能会是比投入资本高出数倍的回报。笔者认为破产程序是债权人进入债务人企业的有利时机，可以从以下几个方面解释：

首先，从其他债权人角度来看，通常情况下，如通过破产清算分配财产的方式受偿，债权人往往不能受偿或不能完全受偿。在这种情况下，如果通过重整程序使债务人企业能够继续存续，甚至是走上良性循环的轨道，使其他债权人对债权的实现能够有一个好的预期，那么，其他债权人对重整计划是可以暂时作出一定的让步。从出资人角度来讲，债务人企业如被宣告破产，出资人投入的资金、财产，多年来的苦心经营都将化为乌有。与其如此，为了挽救自己的心血，投资人也有可能予以妥协。

其次，根据《企业破产法》第87条的规定，即使部分表决组没有通过重整计划草案，如该草案公平合理，并满足一定条件，经申请人民法院可批准重整计划草案。可见，人民法院享有裁决权，如认为公平合理，符合通过条件，可直接通过重整程序。

根据上述分析可知，与其他商业活动不同，在破产程序中以收购债务人企业的股权等方式进入债务人企业，债权人具有更多的有利条件，手握更多的谈判筹码，可能使债权人以相对少的付出实现较大的收益。

**作者肖勇介绍**

毕业于中国政法大学，现为北京市展达律师事务所高级合伙人、专职律师，现任北京律师协会破产法律事务专业委员会秘书长。

被北京市高级人民法院列入北京市企业破产案件个人管理人名册（北京市仅有10名律师入围），担任破产企业的破产管理人。是较早介入企业破产清算法律业务的律师之一，对企业破产清算法律业务有较深入的研究，发表了《企业破产法：拓宽保护债权人利益的新空间》、《中法破产法比较》等专业文章，并参与了最高人民法院、北京市高级人民法院制定的《北京市高级人民法院审理企业破产案件操作规程》的编制工作。

具有丰富的司法实践经验，主要擅长公司并购、破产清算、重组及各类复杂诉讼。

曾为多家国内企业的并购提供法律服务，同时还参与主持了包括美国、加拿大、中国香港等国家和地区的多家外资公司和机构在中国的投资业务。

还擅长破产清算法律事务，承办了包括中国最大的证券公司－华夏证券股份有限公司在内的多家企业的破产清算法律业务。

工作严谨，曾承办众多重大复杂的经济案件，具有丰富的诉讼经验，凭借其深厚的理论功底及娴熟的律师技巧获得了客户的好评。

# 美国债务危机与金融制度标准的利益博弈

詹清荣* 律师

## 一、国债上限的制度含义

1917 年，美国国会以立法形式决定了国债的限额发行制度。1917 年，由于需要融资来参与第一次世界大战，美国实施“第二次自由债券法案”，该法案对美国财政部发行国债的行为确定了总量限制的制度，并在之后的 20 年里分别对长、短期国债数量加以限制。尽管美国国会在 1939 年废除了长、短期国债的数量限制，但对公共债务的总量限制的制度一直保留。也正因为这一制度，财政部可以富有弹性地管理国债并对各类债务进行期限组合。

从形式上看，美国是法治国家，宪法的效力高于法律。美国宪法第十四修正案的一项条款，规定了联邦政府不能出现债务违约的基本原则，也就是说，一旦出现因债务违约的事情而诉诸法律，违反债务上限可以被判为违宪。

从产生的根源看，美国国债源于联邦政府收入支出不平衡。为了平衡收支，联邦政府通过国债发行的形式来填补收支不平衡的缺口。美国国债包括所有经财政部和其他政府机构发放的债券。美国联邦政府的债务总额主要有以下两种方式：其一，联邦政府向公众发行债券出售债务，目的在于为预算赤字融资，这部分被称为公众持有的债务；其二，联邦政府因专项支出或特殊支出而增加的债务，如医疗、社会安全和运输，目的在于减少了政府账户的顺差，这部分被称为政府账户产生的债务。

美国宪法赋予美国国会确定美国联邦政府债务总额的最高限额，也就是说，联邦政府的国债上限可以由美国国会按程序来提高额度。从制度本意上看，确定政府债务上限的目的在于限制联邦债务的扩大，进而控制和规范联邦政府的支出。假如联邦政府债务上限接近法定限额，美国财政部必须采取其他有效的手段来履行承担的义务。国债上限这一制度也确定了国会和政府承担财政义务，可以让政府在赤字条件下融入资金，同时也对财政预算和对政府管理效率的考核确定了制度框架。

按不完全梳理，1941 年至 1945 年，美国国债上限被限制在 3000 亿美元。第二次世界大战结束后，国债上限额度有所下降，一直到 1962 年才接近 3000 亿美元的数额。但自 1962 年 3 月以来，美国国会已经 74 次提高了债务上限，金融危机的爆发迫使美国政府赤字大幅度上升，国债上限多次被提高。2008 年至 2010 年，国债上限经国会批准程序分别提高为 10.61 万亿美元、12.10 万亿美元和 14.29 万亿美元。在 2010 年，美国政府债务发行数量加大。至 2010 年 9 月 30 日，美国联邦政府债务余额为 13.58 万亿美元，GPD 占比约为 94%，但到 2010 年底美国国债总额突破 14 万亿美元。

回到制度层面，美国政府需要提高目前国债上限额度才能解决经济发展中的问题，但国债上限的额度必须由国会来批准，如何获得国会的批准将成为解决美国债务危机的程序要求。

## 二、解决美国债务违约危机的政治利益博弈

美国国债上限的提高，首先需要美国国会

* 北京大学软法研究中心客座研究员、中国国际税收研究会学术委员。

(众议院和参议院)表决通过相关解决方案(方案内容至少应包括国债上限提高的时间和上调的幅度),再由总统签署法律文件进而公布。无论是美国国会或者是美国总统,在提高国债上限额度问题上其实是有共识的,但分歧在于达成一致协议的方案博弈,即以提高国债上限额度为筹码,以政党立场出发,经过政治利益的多方博弈达成各方认可的方案再加以实施。

从本质上来说,取得政治利益的“妥协”和“平衡”,以在明年总统选举中或在以后的执政之争中占有优势。在2010年美国国会提高国债上限时,就加入一揽子的“随收随付”(PAY GO)政策,即每当政府增加大笔开支时,就应在其他项目上削减开支或增税,以保持收支平衡。

国债上限绝对不是简单的数学游戏,它的背后更多是执政党和反对党在政治利益和经济利益上的冲突和政治商谈。在解决国债发行上限问题上,主导国会众议院的共和党与总统奥巴马所在的民主党有着明显的分歧。共和党主张通过签订长期协议,以削减政府开支,削减医疗保健项目及社会保险制度计划等条件作为同意提高国债上限的对价;而民主党则希望增加税收来提高政府收入,该方案也被共和党拒绝。

关于美国国债上限的谈判,除了确定解决国债危机的方案,同时也是美国执政党民主党和主要反对党共和党的政党利益的博弈,也是2012年美国总统选举的政治筹码争夺的重要环节。反过来,在金融制度标准上,从形式上带有“法治”特点,其背后的政党利益博弈的特征非常明显。作为奥巴马政府,其核心利益是保竞选连任,希望调高国债上限的额度至少可以延至2012年大选之后,以免国债上限问题成为竞选障碍。作为反对党的共和党,则要把国债上限问题设置成为奥巴马连任路上的主要障碍。

但有一点,在各自争取政治利益“最大化”的条件下,最终相互妥协并取得较好地化解国债危机、提高国债上限是可以期待的,因为一旦出现国债违约,确实与美国政府的整体利益相悖。

**三、美国债务违约的负面效应**

由于美元的世界货币地位,美国国债实际上也成为世界各国竞相购买以获取稳定收益的投资对象。按照2011年初的数据,美国国债的主要持有情况如下:美国政府通过其掌握的信托基金是美国国债主要的持有者,拥有美国国债的37.8%;美联储拥有6.5%;国内私人机构和自然人拥有21.8%;州政府和当地政府拥有4.6%;外国投资者29.3%。

所以,美国国债的发行尽管是其国内行为,但具有世界影响。实际上,美国是以“债务”作为宏观经济运行基础的。美国政府不能发行美元,政府融资是通过发行债券来实现的。美元是美国联邦储备银行发行的不可兑换银行券,但是美联储必须以购买国债的数量决定印刷美元的数量。美国政府向美联储“卖出”国债,美联储向其“提供”等额美元。因为国债具有偿付期限和利率,购买价格往往低于国债的面值,两者之间的差及利率收入即为国债收益。美联储取得美国国债后,可以到债券市场上出售获利,也可收取利息;而美国政府得到美元之后,主要用于预算支出,以维持政府和公共事业的正常运转。

如果出现美国国债违约,将导致投资者卖出联邦债券,或者要求加息,从而引起政府债务成本增加,也会导致投资者抛空美国资产等一系列金融动荡。根据美国政府问责局(GAO)的记录,美国联邦政府从未发生过违约。不过也有专家指出在1790年、1933年和1979年分别有过违约的个别案例,比如政府调整了债务结构组成,或者没有及时支付国债利息。

对于国债违约的后果,美国政府其实非常清楚。美国总统奥巴马多次警告国会,如果不提高国债上限,将使美国经济面临衰退。

目前，全球金融市场正在为欧洲主权债务危机所牵连，资本市场受到的冲击非常大，如果再加上美国国债违约因素，将对美国国内和全球市场带来灾难性的负面冲击。

**四、防范政府债务风险的制度启示**

不管美国国债危机的结局如何，它对全球金融市场的影响是明显的。由于美国货币发行与金本位已经脱钩，所以国家间金融政策博弈的利益重大。各国债务风险也具有非常大的联动性。在全球化、资本化的今天，掌握跨国资本博弈的制度关键、增强博弈实力非常重要。

分析美国国债发行制度和国债上限提高的制度规定方面的特点，结合国际债务风险化解的客观需求，我们从中可以得出以下制度启示：

（一）要完善国债发行的制度性规定和程序性安排

从美国立法机制来看，国债发行最终要受到国会制约，由于有上限额度的规定，所以债务发行不会无限制增加。尽管美国共和党和民主党会有分歧，但是提高上限需要经过国会批准这一基本程序要求是有共识的。美国宪法规定了政府不能出现债务违约，也对国债发行和偿还奠定了制度框架，所以有序的金融秩序必须有制度标准和制度约束作基础。

我们需要建立一套地方政府、中央政府发行债券的制度流程和制度规定，完善债务偿还机制，建立债务违约救济等制度，这才能使政府债务处于可控状态。

（二）在跨国资本行为时，要重视和借鉴国际评级机构的相关金融标准及评级结论

主权信用评级是信用评级机构进行的对一国政府作为债务人履行偿债责任的信用意愿与信用能力的评判。主权信用评级，需要对一个国家国内生产总值增长趋势、外汇储备、外债总量及结构、财政收支、政策实施、对外贸易、国际收支情况等影响国家偿还能力的因素进行综合评判，还要对该国的金融体制改革、国企改革、社会保障体制改革所造成的财政负担进行分析，在此基础之上进行评级。国际上公认的三大评级机构为惠誉国际（Fitch Ratings）、标普（S&P）和穆迪（Moody′s），尽管他们的标准不一定适应我国实际，但借鉴价值是有的。对于欧洲债务危机，可以看出这些机构有相当的专业立场。

（三）外汇资产的经营要多元化，不要局限在一种货币

中国目前有超过3万亿美元的外汇资产，美国国债成了主要的投资品种。2008年9月，中国开始超过日本成为美国国债第一大海外持有国。根据美国财政部公布的数字，在外国投资者中，中国占有较多的比例，2011年2月28日，美国财政部将中国截至2010年末持有的美国国债总量从8916亿美元大幅向上批改至11601亿美元，上调幅度高达34.6%，中国持有的美国国债总量也历史性地在万亿美元之上。如果出现美国的债务违约，那么中国的债务的真实价值就会下降，对于中国来说会出现一个真正的财富减值风险，对于中国实体经济来说也会出现影响，因此研究国际货币的保值和汇率变动规律，货币尤其是美元升值贬值对外汇资产的影响，研究国债危机可能对我国所持有的美国国债的影响，研究如何搭配不同货币的外汇资产结构，是非常重要的战略行为。

（四）要规范和推进金融制度标准化工作

美国国债上限的争议来自于关于国债发行的制度规定和程序规定。无论基于何种政治主张，完善金融标准对于国际金融市场是非常重要的环节。建立和完善我国金融市场的制度标准体系应是增强我国在国际资本市场、金融市场话语权，提高外汇资产经营的保值增值能力，控制政府债务风险的基础工作。

在金融制度标准方面，我国金融业在“十一五”期间取得跨越式发展，2006年至2010年，人民银行组织金融标准化技术委员会发布实施金融国家标准29项，金融行业标准52项，分别占全部出台的金融国家标准和行业标准的70.73%和64.2%，是金融标准化建设发展较

快的时期。2010年，首次发布《中国金融标准化报告》，是对我国金融标准化工作规范发展的标志。

金融标准是国际金融竞争的关键点，应积极贯彻、应用金融标准，完善金融制度内容，实现金融信息共享，建立金融标准的检测认证机制，建立和完善跨国金融风险预警机制和风险防控体系，积极参与国际金融标准业务合作，培养金融标准化队伍，推动在国际金融背景下的金融合作和外汇资产经营，避免出现恶性金融风险。

**作者詹清荣介绍**

法学博士，教授级高级经济师；中国国际税收研究会学术委员；美国休斯敦大学商学院国际高级经理培训班结业；广东太平洋联合律师事务所资深律师；中国策划二十年十大专家；中国法学会财税法学研究会常务理事、法律应用专业委员会副主任；北京大学软法研究中心客座研究员。

詹清荣博士是著名国际税收管理专家，广州仲裁委员会仲裁员、广东省财税法学研究会副会长，北京大学软法研究中心客座研究员，道可道财税工作室首席专家，北京福建企业总商会税务顾问、广东省民营企业投资协会首席顾问、广东房地产商会税务顾问。

在金融与税收研究，跨国融资的税收控制，跨国个人所得税管理，跨国资本弱化、关联交易结构设计、跨国资本交易架构设计、转让定价安排、资本市场监管等领域有独到成就。在跨国税收管理有创新性管理模式，是跨国税收管理"三维一体"模式的发明人。

有近20年从事国际税收制度和企业跨国纳税事务研究经历 为中国石油集团跨国经营提供专业化、跨国税务管理服务。长期从事跨国石油投资税收管理和税收策划工作，所涉及的国家有美国、加拿大、英国、委内瑞拉、哥斯达黎加、秘鲁、德国、荷兰、卢森堡、叙利亚、阿联酋、伊拉克、伊朗、哈撒克斯坦、土库曼斯坦、乌兹别克斯坦、阿塞拜疆、泰国、缅甸、新加坡、印度尼西亚、苏丹、阿尔及利亚、利比亚、乍得、尼日利亚、澳大利亚等。他运用法律、财政、会计、交易行为、税收协定、公司架构设计、年终纳税报表编制等方式进行资本弱化风险防范，跨国税收管理和筹划，在合法性跨国融资安排、税收战略设计、税收策划、税收风险控制等方面有独到见解及富有成效的方案。

# 法治圣坛能承载多少社会价值

## ——以一中外合资经营企业涉嫌非法占用农用地案为视角

林　宇* 律师

当今世界，法治已成不可逆转的发展趋势。法治建设是一项长期性、全方位、全局性的系统工程。1997年，党的十五大报告全面而深刻地阐述了"依法治国，建设社会主义法治国家"的有关问题，并把依法治国确定为"党领导人民治理国家的基本方略"。1999年3月，九届全国人大二次会议将依法治国作为治国方略写入宪法，从而确立法治的根本地位。此

* 福建远东大成律师事务所。

后，国务院持续发布《关于全面推进依法行政的决定》、《全面推进依法行政实施纲要》、《关于贯彻落实全面推进依法行政实施纲要的实施意见》、《关于推行行政执法责任制的若干意见》等文件，将法治策略在行政领域具体落实。2008年8月，国务院在前期开展问卷调查的基础上，做出《关于加强市县依法行政的决定》。由此，法治建设在宏观上得到了充分重视。

当然，在国家高层充分肯定法治方略的前提下，我们必须洞察法治内在的社会价值，准确定位法治的价值目标，科学认识法治主题。只有充分掌握法治品质，才能更好地运用法治，使法治服务于社会。作为人类社会发展与进步的必然选择，法治将伴随人类社会的发展经过一个漫长的发展历程。在法治构建过程中，遵守法治是使法律成为实现某些目标的良好工具，但遵守法治绝不是最终的目的。法治应以保障公民权利为目的，并以其保障机制的完善为目标。尽管人的权利在法治之下也要受到限制，但其出发点和最终目的无不是为了更好地保护人的权利。遵守法治是一个程度问题，尽管越遵守越好。但是最低限度地遵守经常被优先考虑，因为它有助于其他目的的实现。

**一、问题的提出：一起不该发生的非法占用农用地案**

近期，笔者深入一起非法占用农用地案件的刑辩工作，从律师工作角度审视案件中所涉罪与非罪与外资准入障碍相交织现象，洞察了个别地方的行政、司法实践明显对遵守法治问题存在误区，忘却抑或漠视对法治终极价值实现的关注，从而牺牲了其他重要社会价值。笔者由此深入反思：法治的圣坛究竟能承载多少的社会价值？

该案的简要情况如下：2008年8月4日，福州市某区检察院向该区法院对被告人林某等三人提起公诉，指控其与林某明受美籍华人林某金的全权委托，为扩大某（中外合资经营）企业生产规模，擅自于2006年6月开始非法向村民购买土地，未经有关部门审批占用农用地建四座厂房，经相关部门测量，该厂房占地面积合计12731m²，折合19.13亩，其所占用的土地范围内涉及农用地9567.5m²，折合14.34亩。这些建设行为严重毁坏了种植条件，使土地难以复耕，应以非法占用农用地罪追究其刑事责任。

笔者介入该案后，详细了解全案经过，并经走访调查，深入解读该案发生的深刻社会背景，对案件所涉关键法律问题作了若干分析：

（一）关于罪与非罪问题，笔者从以下两个角度进行分析

第一，对被告人主观犯意的审视。

被告人林某等在选定厂址时，涉案地块就已荒芜十多年，其利用该地基于投资办厂需要，而该投资项目系村委会招商引资项目。村委会及镇人民政府亦同意将该地作为项目厂房用地，并承诺为其申办土地审批手续。因此，被告人林某的该案行为在主观上不具有非法占用耕地目的，仅仅是政府审批手续不完善导致。

第二，对犯罪客体耕地、园地法定标准问题的分析、评判。

涉案地块在1996年建设高速公路前已报批工业用地指标，高速公路建成后抛荒，无人利用、管理，甚至还堆积建设高速公路遗留的弃渣，根本不具备耕作条件。我国《刑法》设立非法占用农用地罪的根本目的是为了加强对可耕作农用地的保护，防止耕地流失。最高人民法院副院长刘家琛主编的《刑法（分则）及配套规定新释新解》对“耕地”权威释义的外延包含已开垦的耕地和未开发利用的后备耕地，已开垦的耕地包括熟地、当年新开荒地、连续撂荒未满3年的耕地、当年的休闲地、以种植农作物为主并附带种植其他作物的土地等。撂荒多年的耕地土壤营养成分、有机质严重流失，表层土壤贫瘠化和理化性质恶劣，甚至出现沙化现象，根本不具备耕种条件，国家因此不列为耕地。涉案地块被利用前三面临河，另一边被高速公路切断，进入道路受阻，村民客观上无法耕种，致使土地荒芜日久，造成土地

资源严重浪费。显然，该地块不应属于法律意义上的“耕地”。被告人是对荒芜、废弃土地进行利用开发。

笔者基于上述分析认为，被告人的涉案行为在客体及主观方面与非法占用农用地的犯罪构成要件明显不相符，检察机关的指控不能成立。庭审中所演绎的效果让法官深信即便定罪也应从轻处刑。法院最终以非法占有农用地罪对被告人林某定罪处以缓刑。我们暂且不从无罪推定原则在刑事司法实践中的经常性缺失看待这个案件的最终处理结果。需要关注与强调的是，该案在一定程度上反映了目前我国片面强调法治秩序构建，将遵守法治、维护秩序当作目的，出现人为将法治内外价值目标对立起来的现象。毫无疑义，忽视法治的内在价值而一味强调对法治的外在工具性价值追求，其结果必然出现法治发展方向的偏离。

（二）国家的外资政策导向及外资企业面临东道国未能合理解决其困境等问题

外资企业一向是我国对外开放政策的窗口、导向。近年来，随着市场经济体制改革的不断深化，外资在我国经济发展中的作用日益突出。毋庸置疑，引进外资作为基本国策具有不可或缺的重要性。为了扩大对外经济合作和技术交流，提高利用外资的质量和水平、促进经济的发展，国家不断调整外资政策，扩大外资投资范围，放宽投资领域及条件。“十五”期间，以加入世界贸易组织为标志，我国对外开放进入全面参与国际经济合作与竞争的崭新阶段，利用外资也迈上了新台阶。随着国内资金的日益充裕以及国内经济工业化程度的加深，政府充分发挥产业政策、税收政策的导向作用，调整外资引进的结构和分布。制造业仍为主要投资行业，服务贸易领域比重略有下降；外商投资继续较多进入技术和资金密集行业。我国认真履行入世承诺，积极完善服务贸易领域外商投资的相关规定，在包括银行、保险、证券、电信、旅游、交通等在内的众多服务部门，制定或修改了一系列进一步加快对外开放的法规和规章，为扩大服务贸易领域的市场准入提供了法律依据和保障，使该领域对外商投资稳步有序开放。2005 年和 2006 年颁布、修订和实施的法规规章主要涉及直销、分销、特许经营、拍卖、租赁、汽车品牌销售、成品油市场开放、民用航空和国际货运代理等方面。2007 年年底再次修订了《外商投资产业指导目录》，共列入条目 478 条。其中鼓励类 351 条，比原目录增加了 94 条，占目录的比重由原来的 69% 提高到 73%；限制类 87 条，占目录比重由原来的 21% 减少到 18%；禁止类 40 条，占目录的比重由原来的 9% 减少到 8%。虽然新目录条目增多，但并不是在原有的基础上进行扩增，而是有减有增，取消了“两高一资”影响生态环保的产业项目，重点对现代农业、高新技术产业、现代服务业、高端制造环节和基础设施等产业列入了新条目，如轨道交通运输设备、电网建设经营等均允许外商投资。

然而，我国迄今没有统一、专门的外资法典，而是由一系列关于外商投资的单行法律、法规和条例组成的法律体系，形成“分离式”的立法模式。1979 年 7 月 8 日，全国人大第五届二次会议通过了第一部规范外资的法律即《中外合资经营企业法》，标志着我国外资立法的开端。其后接连颁布《中外合资经营企业法实施条例》、《中外合作经营企业法》、《外资企业法》等法律法规。经过近三十年发展，业已形成有自己特色自成体系的外商投资企业法律制度。涵盖了设立外商投资企业的条件和程序、外商投资的税收、外汇管理、技术引进、劳动管理、进出口管理、财会、金融、海关、仲裁和诉讼等方面的法律规范群体。这些法律框架制衡、规范着我国的外商投资行为。从法律体系上来看，包括宪法、法律、行政法规、地方性法规、部门规章、政府规章以及大量行政规范性文件等各个层面的法律规范性文件，甚至囊括在《公司法》、《合同法》、《专利法》、《商标法》、《海关法》、《仲裁法》等其他法律规范里。虽然有一系列的法律规范保障外资企业稳步发展，但在微观层面对外资领域的规范仍然不足，加上实践中的具体操作问题，往往因为利益机制平衡问题而为外资准入及实际运行过程形成有形、无形障碍。

涉案人员之一林某金系美籍华人，其对祖国及家乡的建设发展有着高度热忱，期盼自己的一份努力能给家乡的经济腾飞添砖加瓦，而注入巨资1000万美元开办中外合资经营企业——塑胶公司。该公司系国家鼓励开办的产品全额出口企业，案发前经营状况良好，对国家的出口创汇及当地市政收入有一定贡献。本来，引进外资后，东道国政府职能部门应力所能及优先解决外商在经营过程中 的正当需求，譬如该案的用地审批问题，极力避免不该发生的事情发生。将本案上升到刑事犯罪高度颇令有识之士出乎意料。

该案的发生不得不让我们检讨政府招商引资政策方面所存在的严重缺陷。前已述及，一方面，我们期待并准许境外资金流入，发展采用先进技术和设备，从事新产品开发，实现产品升级换代，节约能源和原材料，并鼓励举办产品出口的外资企业；另一方面，国家行政管理机制存在明显缺陷，执政为民思想没有得到完全贯彻，个别地区、部门的政府官员服务意识淡薄，办事效率低下，导致最终出现了一个本来不该发生的“刑事案件”。

（三）不诚信的投资软环境

涉案厂房所在的行政村历经市政部门多次征地，使得村内多家企业接连倒闭，失地村民无处安置，区计划委员会批复补偿该村工业安置用地。塑胶公司考虑到涉案地块特殊情况，才与村民、村委会协商并签订合同，将该村安置地指标中的一部分作为企业厂房用地。该村村委会及基层政府虽全力支持，但市国土资源部门却未能考虑到实际情况而一味要求将现状还原（抛荒）。地方政府与上级部门间的多元利益矛盾制约着当地的经济发展，这样的行政行为具有不可忽视的社会负面效应，对地方投资发展的软环境构成明显破坏，可能给国家、集体和广大人民群众根本利益造成极大损害。

目前，经济发展、招商引资的竞争越来越集中地体现在“环境”竞争上。软环境好，就是最好的招牌，最好的广告，人、财、物等生产要素往往不引自来；软环境不好，不仅增量资金和人才难以引进，现有的存量资金和人才也会逐步流失，甚至丧失殆尽，由此必然会在激烈的竞争中败下阵来。所以，营造良好的投资软环境，切实保护投资者的利益，才有可能吸引和利用更多的外来资金，促进经济的健康发展。该案的产生极易授人以柄，被别有用心的敌对势力所利用，成为他们攻击我们存在不诚信投资环境的借口或说法，导致不必要的恶劣国际影响。

（四）对不同法益的保护出现严重的失衡现象

由于利益冲突是现实存在的，它在某种意义上构成了社会发展的基本内容。当不同的法益发生冲突的时候，如何进行合理衡量、妥善解决冲突，是我国推行法治过程中必须解决的重要问题，也符合我国构建和谐社会的目标追求。一种利益只是在一定条件下优先于另一种利益，通常并不存在绝对优先性。因此，处理不同法益之间的冲突时，首先应当权衡取舍二者的利弊得失，然后作出恰当选择。切实保护耕地与招商引资作为两项基本国策，在我国居于同等重要地位，所涉法律利益应该得到同等保护。通常，为保护某种较为优越的法益必须侵犯另外一种法益时，不得逾越为达到该目的所设置的经济、文化、道德及法律底线。或者说，因为某种利益而牺牲另外一种利益时，应将损害的程度降到最低。该案中，相关行政、司法机关为了保护“耕地”，断然牺牲外商投资企业的合法权益，明显挫伤外商在该市投资的积极性。该案在一定程度上反映出我国目前对不同法益的保护所出现的严重失衡现象。

我国正处在一个社会转型与文化重建的时代，尤其是改革开放30多年来，我们的社会正经历前所未有的大变革。处于现代化进程下的中国，朝法治 这个大方向迈进的趋势不可阻挡。但是，我们应该清醒地看到基于历史积淀、惯性思维因素，在目前中国国情下，对法治实践问题的一些难题、悖论。众所周知，不完善的法治容易导致众多社会价值失守，良好社会目的往往难以实现。引进外资的美好初衷在本案中的失却问题即是最好例证！

## 二、法治的圣坛能承载多少社会价值

从总体上看，法治既是一种理想的治国方略，也是社会主体的一种价值目标选择。作为一种理想的治国模式，法治总是与人治相对立并因为优于人治而被人们认同和选择。因此，人们之所以选择法治，是因为人们看到了法治的价值并认为通过法治可以实现自身的价值追求，这是人们进行法治价值活动的目的。法治必然维护社会的公平正义。“徒法不足以自行”。法治是靠人来推行的，法律秩序也是靠人来维持的。然而，政府在推行法治的过程中，往往存在显失公平正义的情况。

### （一）法治价值终极目标的实现在现阶段存在缺失

站在学界的视野上，许多学者自觉不自觉地把法治仅作为一种国家统治方式或治国安邦策略。在其法治理论中，物质的、制度的成分大大优于精神、意识与观念的成分。于是，法治的价值内涵与目的追求意义便淡化了。相反，法治的外在价值即工具性价值便突显出来。目前，中国社会处于转型阶段，社会各阶层的价值观念经受了前所未有的巨大冲击，政治、经济、文化、道德伦理等各个领域的利益标准在激烈的思辨中嬗变，法治领域出现价值目标冲突有其客观必然性。但在自由和秩序的价值目标发生冲突时，实践中极易出现为维护秩序而断然牺牲自由的现象。该案就是一个实证。这种现象需要引起我们重视。在利益多元化的今天，一些法治主体普遍强调法的利益目的，经常性忽略了法的内在正义价值。比如一些行政机关加大行政立法步伐，目的在于用法律的手段来保护本部门的利益，却要民众必须普遍遵从；行政机关的执法本来为了实现社会正义，但个别地方的行政机关同时仍然肩负重要创收任务，甚至围绕创收去执法，以至于背离了行政执法目的。因为社会价值的无限性及法律固有的缺陷，在推行法治的过程中无法避免以法治名义不合法追求某些社会价值的严重问题。由此，同等关注法治诸种价值目标显得十分重要！该案中，市国土地资源部门若能心怀当地人民的福祉、维护社会的公平正义、对引进外资这一基本国策有着基本的敬畏与尊重，那么该案就可能不致产生！

需要明确，人们选择和追求法治、屈从于法律的统治并不是人们真正的和最终的目的，而是基于对法律的内在价值和外在价值的综合考虑、基于对法治价值的追求，这是人们进行法治价值活动的目的。自由是人类之所以要建立秩序的目的所在。自由对于人类而言具有终极价值，人类社会一切制度设置和秩序安排，其最终目的都是为了人类自由本性的实现。一个合理的、运行良好的法治社会必须在自由与秩序之间形成一种张力，从而使社会生活既具有稳定的秩序，又有足够的自由空间。追求自由与秩序的平衡协调发展，构建体现自由的法治秩序，是当代中国社会变革时代的必然要求。在法治现代化进程中，值得我们高度重视的是，为了使当代中国人的价值追求不再落入传统中国人为秩序而秩序的老路，为了超越传统法价值而使其提升到一个更高层次，我们必须高度重视秩序与自由的协调问题。这也符合目前我国构建和谐社会的目标追求。

众所周知，“有法可依，有法必依，执法必严，违法必究”并不能必然实现法治，法治并不等同于法制，法治的秩序价值并非法治价值目标的全部。因此，法治理想与现实之间的冲突，是政府在推进法治的进程中过于偏重其秩序价值，将遵守法治作为最终目的导致的必然后果。

### （二）推行法治的过程牺牲重要社会价值成为常态现象必将使法律本身变得空洞贫乏

前已述及，当代中国法治主要走政府推进型道路，政府在推行法治过程中容易出现为了追求法治的工具性价值——秩序而忽视普遍的法治主体及其活动目的。但法律需关注社会，回应现实。尤其在经济快速发展的今天，外商投资迅速增加，在我国的经济发展中发挥着越来越重要的作用。在外商投资立法相对薄弱的情况下，推行法治的行政机关必须根据立法目的、结合个案情况，在法律划定的范围内做出合理选择。以免出现执法不公和影响、损害行政相对人合法权益的情况出现，与推行法治的目的背道而驰。需要强调的是，我国是一个地域广阔、人口众多的大国，保持稳定的社会秩序虽然显得举足轻重，但一如上述，稳定的秩序不是目的，仅是手段，其目的仍然只能是保障和实现公民法律之下的自由！如果国家过多地使用硬控制手段对社会成员加以控制，从而牺牲个人的自由、牺牲过多的社会价值，可能会使法律本身变得贫乏和空虚。早在20世纪，英国牛津大学研究院新分析主义法学代表人物之一——约瑟夫·拉兹就在其《法律的权威：法律和道德论文集》提出“在法治的圣坛上牺牲过多的社会目的将使法律成为空中楼阁”。

法治应当充分维护民主、自由、平等、人权、正义，保障人民福祉的实现。符合自然正义的法律才有极大权威，居于至高无上的地位。“实现政治自由的最大危险不在于宪法的不完备或者法律有缺陷，而在于公民的漠不关心。”同样，实现法律最大的危险不在于法律的不完备，而在于人们对法律的漠视。“法律必须被信仰，否则它将形同虚设。”要实现对法律的信仰，执法者应身先士卒。德国法学家耶林说：“执行法律的人如果变成扼杀法律的人，正如医生扼杀病人，监护人绞杀被监护人，乃是天下第一等罪恶。”执法人员首先要相信法律，尊重法律，竭力维护法律的尊严和权威；并通过自己的行为，使人们看到法律的光辉，感受法律的温暖。只有这样，人们才会相信法律，依赖法律，信仰法律。如果执法者为了推行法治，或僵硬或随意或选择性执法，伤害本可避免伤害的法益，牺牲重要社会价值成为常态现象，无疑将使人们害怕、怀疑、失望进而排斥法律。最终使法律落空，失去它应有的价值。

## 三、结语

法治不仅仅是人类的一种理想，也是产生于人类共同价值需求基础之上具有明确目的性与客观必然性的一种活动。它始终是人类社会发展过程中的理性选择。法治并非法律规范之治，“法律旨在创设一种正义的法律秩序”，我们必须厘清其中隐藏的价值归属，这样才能避免法律的僵化。公平、正义作为现代法律制度的核心价值，既是构建和谐社会的重要任务，也是建设社会主义法治国家的终极目标。不断实现、彰显其固有价值，社会经济、文化、生活等水平才会有长足进步。如果说，廉洁、高效、平等、富实的美满社会是人类追求的最终目标，那么法治即为迈向彼岸的桥梁。推行法治是为实现我们所期望的目标。虽然法治的完善程度有差异，但其内在发展的趋势却是一致的。为了实现和保障人的权利和自由，我们对法治自身的固有缺陷应当保持清醒的认识。重要的是，我们永远在行程中，毕竟，人类对永恒正义的追求是永不止息的。

**作者林宇介绍**

毕业于厦门大学法学系，1992年取得律师资格，1999年毕业于中国人民公安大学管理专业。系福建中医药大学兼职法学教授、福建省律师协会刑事专业委员会副主任、福建省律师协会省直分会刑事专业委员会副主任、福建省法学会医事法律研究会常务理事、福州市第一看守所执法监督员及福建远东大成律师事务所合伙人。已从业近20年。从业以来共代理各类诉讼及非诉讼案件1000余件，积累了丰富的民事、行政及非诉案件办案技巧。近年，经常承接重特大刑事案件辩护工作，在刑事辩护领域颇有造诣。

1987年至2001年间，在公安机关的交巡、刑侦及机关处室工作。相关警务改革及法学论文曾在《福建公安》、《中国律师》等多家专业刊物发表。2010年度入选“中国刑辩大律师”，已出版《起死回生之辩》等刑辩工作专著。

# 论破产管理人的诚信义务及法律责任

姚 彬 黄良军* 律师

诚信原则是民法的基本原则，是“帝王条款，君临全法域之基本原则”，但对破产管理人来讲，又是项具体的法律义务。《中华人民共和国企业破产法》（以下称《企业破产法》）第27条明确规定：“管理人应当勤勉尽责，忠实执行职务。”如何理解破产管理人这一义务的内容，是实施破产管理人制度的起点。本文试析之。

## 一、破产管理人诚信义务的依据

### （一）诚信义务体现了破产管理人制度的立法目的

管理人制度是破产法建立的一项新制度，放到了比较显眼、重要的地位，设专章作了规定。这项制度设置的目的是企盼通过以诚信为衣钵的中介组织即破产管理人取代《企业破产法（试行）》中以政府为主导的清算组制度，使企业破产这一项关乎所有债权人、企业员工、投资人乃至公共利益的事件，由各方均认可的组织或个人进行动作，改变过去清算组过分代表政府和企业利益的倾向，遏制“假破产、真逃债”及破产欺诈等不良行为，使破产财产的管理、清算、分配、使用均公开、透明，依法满足每一位利益主体的知情权，最大限度地维护债权人的权利，并通过市场化、专业化、法治化的动作，最大限度地平衡各方利益，消解各方矛盾，使我国企业法人及其他商事组织的市场退出机制更公平，使企业的破产的风险不再由政府大包大揽，而让渡给市场去解决。

### （二）从破产管理人的历史发展来看，诚信义务也是其立足之本

管理人制度的产生与发展是与市场经济息息相关的。破产管理人制度起源于古罗马时代。起初，罗马债权人盛行自力救济主义。债权人可以采取对债务人人身执行的方式清偿债务。后来，随着商品经济的发展，法官可依债权人之请求，发给管财命令（missio），允许债权人占有债务人的全部财产。管财命令应当公布，其他债权人可参加管理债务人的财产并获得分配。这被视为后世破产制度的起源。但财产如何保管、变价和分配以及分配之顺位等，均由债权人自行办理，此即债权人自助主义。后来，法律又规定，由于法院发布管财令到财产之变价分配之间所需时间较长，应有专人负责管理债务人财产，故有时由该财产管理人Magister兼负管理之责。罗马法之Magister制，实为破产管理人或破产清算人制度的开端。罗马帝制时代以后，改破产财产总括拍卖为个别拍卖，其程序较之总括拍卖更为复杂，所需时间也更长久，更有设置专门的管理人之必要。立法乃规定必须选任财产管理人，即相当于今日之破产管理人。此项制度延续、发展至今，便形成了当代的破产管理人制度。随着商品经济的发展及法治的完善，管理人制度成为西方发达国家破产法中最成熟的一项制度，其高度自由、开放、专业和自律为市场所信任；破产程序能否在公正、公平和高效率的基础上顺利进行和终结，与破产管理人的活动密切相关。同时，发达资本主义国家的立法无不重视破产管理人的诚信义务。如《德国破产法》第60条的规定更为明确：“破产管理人负有善良管理人应尽的义务，破产管理人因其犯有过失违

* 江苏博事达律师事务所。

反本法规定的义务，应向所有相关人承担赔偿责任。”《日本破产法》164条规定：“管理人怠为前款注意时，该管理人对利害关系人负连带损害赔偿责任。”我国台湾地区“破产法”第86条规定：“破产管理人应当以善良管理人的注意，执行其职务。”

## 二、破产管理人诚信义务的基本内容

近现代各国民法典对诚实信用原则多有规定，如《德国民法典》第242条、《瑞士民法典》第2条、《日本民法典》第1条，虽立法角度有所不同，但其基本内容均是要求民事主体在行使民事权利，与他人之间设立、变更或消灭民事法律关系均应当诚实，不作假，不欺诈，不损害他人利益和社会公共利益。要求民事主体在民事活动中维持双方利益以及当事人利益与社会利益的平衡，以对待自己事务的注意对待他人事务，保证利害关系人和当事人都能得到自己应得的利益，不损人利己。以诚信义务为己任的破产管理人，在破产法律关系中，其内容包括：一是勤勉尽责的义务；二是忠实执行职务的义务。

### （一）勤勉尽责的注意义务

注意义务是指履行一个普通谨慎的人在相似情况下将付出的注意与勤奋的义务，即破产管理人必须尽到一个拥有特别的技能与知识的“普通人”所具备的注意与技能，依据法律规定对债务人财产与破产事务负有善良管理人勤勉尽责的注意义务。所谓勤勉尽责义务即要求管理人要辛勤勉力尽职尽责地对债务人财产进行管理和处理破产事务，它要求管理人对所托之事必须履行一个善良管理人应尽的注意，即以诚实的方式、以拥有特别的技能与知识的普通谨慎之人应有的注意从事活动，不得怠于履行职责，不得为自己谋取不正当利益，亦不得疏于注意导致破产财产遭受损害。从总体上说，管理人在管理破产财产活动时应依法运用自己的才能、技能、知识、判断和经验并达到某种标准的义务，按照当时情况下在管理人相信适当的范围内了解与判断事项相关的信息，合理相信该判断是为了实现破产债务人利益的最大化。

在实践中，管理人勤勉尽责的注意义务应该表现为：其一，因占有破产财产生的职责。主要包括：及时请求破产人提出财产状况说明书及其债权人、债务人清册；谨慎接受破产人移交的财产及与财产有关的一切簿册文件；依法询问破产人关于破产人财产及业务的状况，破产人对此有答复义务；责令未足额缴纳所认缴出资的股东缴纳出资等。其二，因管理破产财产产生的职责。包括：于第一次债权人会议前，经法院许可，于清理的必要范围内，继续破产人的营业；申报债权期满后，应即编造债权表，并将已收集及可收集的破产人资产编造资产表；为管理破产财团之必要，可申请法院召开债权人会议；债权人会议的决议与债权人利益相反时，可向法院申请禁止该决议的执行；审查破产人提出的协调计划，提交债权人会议，并就协调计划向法院陈述意见；请求履行双务契约，抛弃权利，承认取回权、别除权；就破产人财产上的争议进行和解及仲裁，并可就应收回的破产财团的财产提起诉讼或进行其他法律程序。其三，因变价、分配破产财产而生的职责。包括：将财产进行变价，应依拍卖方法为之，债权人会议另有决议指示的，依其指示；经监察人同意或法院核定，为不动产物权的让予，著作权、专利权的让与，存货全部或营业的让予；于第一次债权人会议后破产财产分配前，作成分配表，记载分配的比例及方法，经法院认可并公告，于公告后15日内将金钱平均分配给债权人；于破产财产不敷清偿破产费用和破产债务时，向法院申请宣告破产程序终止。

### （二）忠实执行职务的义务

忠实执行职务的义务，简称忠实义务，指管理人对破产案件中的所有利害关系人绝对忠诚，绝对忠实是管理人最基本的义务，是破产管理人的一种道德性义务。相对于管理人的勤勉尽责的注意义务而言，管理人所承担的忠实义务居于首要位置，是管理人职责的核心内容。其内容主要包括：其一，忠实的对象包括债权人、其他利害关系人，还包括破产人的职工、投资人、政府等。破产管理人的忠实义务不是单方面的，不单独忠实于哪一方，而是忠实于全体利害关系人。因此，破产管理人不单独是哪一方的利益代言人，而是一个忠于职守、不偏不倚、手执八方的中间人。其二，忠实义务的标准是强调破产管理人实施的与债权人和其他利害关系人利益有关的行为必须具有公正性。破产管理人必须对受益人绝对忠实，必须为受益人的利益服务，而排除任何其他利益。管理人的忠实义务要求破产管理人不得以损害债权人和其他利害关系人利益的方式行为，不得将自己或与自己有关联的人的个人利益置于债权人利益和其他利害关系人利益之上。忠实义务的核心在于管理人不应当利用自己作为受托人的身份获得个人利益。其三，在实践中，管理人的忠实义务表现为不作为：管理人不得利用职务之便为自己牟取私利，不得收受贿赂；不得利用破产财产中可能会有一些稀缺资源，如某业绩良好的公司的股权、特殊行业经营权、商标权、专利权以及土地使用权收取中介佣金（对这些稀缺资源的需求者大有人在，为了获取这些稀缺资源，交易的相对方有可能向破产管理人提供丰厚的佣金），不得利用管理人的身份擅自将本应属于破产财团的董事费据为已有；不得进行自我交易，不允许其以破产管理人的名义向破产企业出卖自己的财产，或者破坏破产财产之独立性原则，将自己的财产和账目与破产财产混为一体；也不得进行关联交易，不允许其利用职务之便使破产管理人的亲属或姻亲、对破产管理人持有重要权益的第三人、破产管理人持有大量股份的公司、企业或其他组织成为破产人的交易对象，非经允许不得泄漏破产业务的商业秘密等。

## 三、破产管理人违反诚信义务的法律责任

《企业破产法》涉及破产管理人的法律责任共三。第 126 条规定：有义务列席债权人会议的债务人的有关人员，经人民法院传唤，无正当理由拒不列席债权人会议的，人民法院可以拘传，并依法处以罚款。第 130 条规定：管理人未依照本法规定勤勉尽责，忠实执行职务的，人民法院可以依法处以罚款；给债权人、债务人或者第三人造成损失的，依法承担赔偿责任。第 131 条规定：违反本法规定，构成犯罪的，依法追究刑事责任。除此，别无其他规定。显然，对破产管理人违反诚信义务的法律责任还需要探索。笔者结合上述破产管理人诚信义务的内容，分析破产管理人应当承担的法律责任。

### （一）违反勤勉尽责的注意义务的法律责任

首先，破产管理人违反谨慎义务方式多为不作为，如破产管理人迟延接管破产财产而致破产财产流失；对可以回收的债权，破产管理人不采取适当的手段而致时效完成；未将一项在性质上明显属于破产财团构成部分的财产列入财产清单从而使一般债权人的受偿率降低；对易腐烂、变质的财产未适时变卖而致其毁损；对动产未加集中封存或指定专人保管而致其灭失或被盗等等。

其次，破产管理人以不作为的方式违反谨慎义务，其在主观上既可以是故意，又可以是过失，且主要是过失。其法律责任主要是因破产管理人违反谨慎义务给债权人或其他利害关系人造成损失的民事赔偿责任。

最后，破产管理人对违反谨慎义务的民事责任的归责，应当适用过错责任。“过错责任原则的基本精神，就是要求对有关行为进行社会性的价值判断，即依据公共行为规范和道德准则，对行为人的主观意志状态作出判断，以确定其致害行为是‘应受谴责’抑或‘可以原宥’，并以此为根据决定其责任的有无以及责任的轻重。”上文已述及，大陆法系各国的立法，均是以过错责任对破产管理人的民事责任进行归责。英美法系独创性地将信托机制融入破产法，信托法关于受托人注意义务的有关规定也当然适用于破产清算程序中的破产管理人。英国和美国作为英美法系两个代表性的国家对受托人实行的都是过错责任原则。英国信托法将受托人的“不知情”或“诚实的或合理

的行为”作为受托人免责的事由之一，不仅如此，受托人甚至可以由于“善意的错误”而免于承担责任，对受托人的要求非常宽松。如果我们将这一原则运用到破产管理人身上，就意味着破产管理人因主观过失而致利害关系人损害的，就应当承担赔偿责任，证明自己已经善尽必要的注意即成为其主要的抗辩事由和免责条件。这无疑会对破产管理人起到极大的警示作用，使其能忠于职守、公正执法、谨慎从事，尽可能地避免因一时疏忽而为自己招致不利的后果，防止侵权事件的发生，利害关系人的利益也由此得到更为周到的保护。

（二）破产管理人违反忠实义务的法律责任

首先，破产管理人违反忠实义务一般都表现为作为的方式，如破产管理人获取中介佣金、董事费，进行自我交易、关联交易等，破产管理人不能以职务之便谋取正常情形下所不能获取的利益。

其次，破产管理人违反忠实义务的方式表明，其主观过错的形态只能是故意。

最后，破产管理违反忠实义务的法律责任有民事责任、刑事责任。破产管理人因违反忠实义务给债权人或其他利害关系人造成的损失，应当承担民事赔偿责任。但如果因违反忠实义务触犯刑律的，也应当承担刑事责任。破产管理人因违反忠实义务可能涉及的刑事责任范围有：因挪用、侵占管理的财产而触犯挪用资金罪、职务侵占罪；因处理破产事务过程收取他人贿赂，为他人取得不当利益而侵犯债权人或其他利害关系人的利益，触犯商业贿赂罪等。

参考文献：

1. 史尚宽：《民法总论》，台湾正大印书馆1980年版，第300页。

2. 陈荣宗：《破产法》，台湾三民书局1986年版，第19页；《破产法新论》，台湾东华书局1984年版，第237页。

3. 张保军：“《是过错责任还是无过错责任》———论我国《信托法》受托人赔偿责任的归责原则”，载《当代法学》2003年第9期。

4. 魏振瀛：《民法》，北京大学出版社2001年版第26页。

5. 彭万林：《民法学》，中国政法大学出版社1998年版，第49页。

6. 王卫国：《过错责任原则——第三次勃兴》，中国法制出版社2000年版，第248页。

**作者姚彬介绍**

1963年6月生，江苏博事达律师事务所主任、高级律师。复旦大学法学学士学位，南京大学法律硕士；1996年7月在南京大学商学院接受国际贸易专业知识进修；2002年6月在美国明尼苏达州立大学法学院接受有关国际贸易法律方面的培训；2004年7月在香港大学接受涉外法律方面培训。

南京市政协委员、江苏省国际商会副会长、江苏省律师协会民事业务委员会主任、中国国际经济贸易仲裁委员会仲裁员、南京仲裁委员会仲裁员、马鞍山仲裁委员会仲裁员、中国国际贸易促进委员会江苏调解中心调解员、南京市中级人民法院在册破产清算管理人、中国法学会会员、江苏省法学会民法学研究会常务理事、华泰信泰证券有限责任公司独立董事、南京电视台“法治现场”律师团点评律师、《中国消费者》杂志法律专家库成员、江苏省邮政管理局立法课题组成员等。

业务专长：能熟练以英语为工作语言，熟悉国内及相关国家的法律、政策，擅长公司商务、房地产、经济合同、进出口贸易、合资合作、知识产权、资产重组、公司解散清算等方面的法律事务。

专业成果：撰写的论文分别刊登在《人民司法》、《审判研究》、《学海》、《法制日报》、《法学天地》、《法制与社会》、《江苏律师》、《人民法院报》等报纸杂志，并在第五届、第六届中国律师论坛以及华东律师论坛上被评为优秀论文。2008年主持的课题《城市机动车停车库（位）法律问题研究》被江苏省人大法工委及江苏省法学会评定为优秀成果。2009年与他人合作撰写《律师担任破产管理人的执业要点及风险防范》等两篇文章被评为江苏律师优秀论文。2009年主持江苏省法学会招标课题《金融危机背景下的劳动保护》。2009年担任江苏律师协会《成功的代理》一书执行主编。

**作者黄良军介绍**

1970年8月生，南京财经大学法学院副教授，江苏博事达律师事务所兼职律师。

# 债务承担制度研究

吴银书* 律师

## 一、引言

债务承担是指在不改变债务同一性的情况下，通过协议将债务全部或部分转移给第三人，由第三人替代债务人承担债务或者共同承担债务的行为。一则名为“明确规制并存债务承担制度刻不容缓”的案例分析，较为典型地反映出我国现行立法所规定的债务承担类型在司法实践中所遭遇的尴尬和困惑。笔者认为，该案例就债务承担问题而言具较为典型的意义，它比较清楚地反映了我国法律在这方面的空白，以及由此给债务承担实务和司法实践带来的困惑和迷茫。故而有必要多借鉴外国许多立法经验，对社会实践中债权人、债务人和承担人之间的各种复杂关系进行界定和规制，对基于当事人的自由意思和真实客观行为建立起来的履行承担或辅助履行、并存债务承担和免责债务承担作出完整的规定，形成一个既具有客观性又规范周密的债务承担法律体系。

## 二、债务承担合同订立的生效要件

### （一）须存在有效的债务

没有客观存在的债务，就无所谓债务承担；存在的债务已经消灭，也不能发生债务承担的法律效果。另外，当事人还可以将未来债务进行移转，只是债务承担协议只有在债务实际发生时生效，债务承担协议的签订只是债务承担的成立要件而非生效要件，因为法律行为的生效并不以法律行为的成立即已存在为前提。

### （二）债务承担合同的债务应具有转移性

债务承担合同的标的——债务应具有可转移性，在性质上和当事人约定及法律法规强制性规定不得转移的债务，原则上不可以进行债务承担。

首先，在性质上不得承担的债务不可转移，其情形有：债务人变更会导致给付内容性质变化的债务、以人格依赖为基础而形成的债务、以特定身份为基础而形成的债务、不作为义务的债务。

其次，当事人约定不得转移的债务不可转移。有观点认为，债务承担合同成立并生效，这就说明债权人和债务人对他们原来禁止转移债务的约定进行变更和撤销，因而依债务承担合同应允许债务转移。笔者认为对此种情况不能一概而论，应视情况而定，因为债权人对债务人获取合同对价的权利是依赖于债务人亲自履行的约定为交换条件，故而债权人或债务人的任一方以禁止转移的约定行使抗辩权，都影响到债务承担合同的效力。当然，如果债权人和债务人都认可债务承担合同的效力，则可视为债务承担合同是对原禁止约定的变更。

最后，还应包括强制性规范规定不得转让的债务，债务承担合同以此类债务进行转移的，应自始客观不能，合同无效不发生债务承担的效果。

---

* 江苏恒乐律师事务所。

（三）须有以债务承担为内容的合同

债务承担合同中须有以债务转移为内容的约定。在免责债务承担中，应有原债务人免责和债务转移给承担人的合同存在。债务承担合同应为不要式合同，根据《合同法》第10条的规定，当事人订立合同，可有书面形式、口头形式和其他形式，但双方当事人的意思表示须为明示。另外《合同法》第87条规定：法律、行政法规规定转让权利或转移义务应当办理批准、登记等手续的，依照其规定。”因此，债务承担应经批准、登记手续方可生效。

（四）免责债务承担须经债权人同意

因并存债务承担情形，债务人并不退出债权债务关系，只不过承担人成了新的债务人，与原债务人共同承担债务，对债权人无不利而言，故并存债务承担无须债权人同意系学术界的通说。而免责的债务承担不能够简单地以与债权让与平行的方式，通过原债务人和新债务人之间的合同来约定。

**三、债务承担合同的内容**

（一）债权人的权利

1. 享有要求债务人履行债务的请求权

在免责债务承担场合中，原债务人免于履行债务义务，而不需对债权人承担责任，债务由新债务人（承担人）来负责承担，故债权人享有向承担人主张履行债务的请求权。在并存债务承担场合中，债权人可同时或选择向债务人或承担人行使请求权。

2. 享有向债务人或他人请求履行从属于承担债务的义务

根据《德国民法典》第418条的规定，瑞士债法典第178条的规定，及我国台湾地区“民法”第304条规定不在此限。如当事人无特别之约定，因主债务之承担而转移给承担人。但承担时已与主债务有分别存在之从债务，例如已到期之利息、已发生之违约金，除视为因不履行而产生损害的赔偿总额外，如没有另有约定，不当然转移于承担人。

3. 享有保证债权得以实现的其他权利

对债权人而言，债务承担会对债权的实现产生一定的影响，例如债务人某公司为逃避履行债务，采取欺诈手段，通过免责债务承担将债务转移至“空壳”的子公司，作为债权人就可以通过公司人格否定的手段，来维护自身的合法权益。

（二）债务人和承担人的权利

我国遵循债权形式主义的物权变动模式，同样也应否定债务承担的无因性，因此，承担人在享有广泛的抗辩权同时，如何对承担人基于债务承担产生的各种法律关系形成的抗辩权的范围进行界定，这就需要从考量债务承担中债权人、债务人和承担人三方利益平衡的角度来进行规制。债务人往往可以债务未发生的抗辩，诉讼时效已届满的抗辩，拒绝给付的抗辩（包括同时履行抗辩权、先履行抗辩权、不安抗辩权、违约引起的损失赔偿请求权之抗辩权、不可抗力产生的抗辩）等实体上抗辩外，还可以行使程序法上的抗辩，包括对仲裁协议的效力、法院管辖权及诉讼程序的抗辩。承担人所享有的抗辩权的具体范围如下：

1. 承担人基于对债权人和债务人间的法律关系的抗辩权

我国《合同法》第85条规定：债务人转移义务的，新债务人可以主张原债务人对债权人的抗辩。由此可见，债务人将债务移转给承担人后，也不论是免责债务承担还是并存债务承担，承担人（新债务人）也将享有和承接原债务人对债权人的所有抗辩事由，其可以直接向债权人主张承担人享有的原债务人对债权人的抗辩权包括移转的债务未发生的抗辩、转移债务已消灭的抗辩、转移债务诉讼时效已届满的抗辩、拒绝给付的抗辩、程序上的抗辩等。

2. 承担人基于承担协议而产生的抗辩权

债务承担协议是债权人和承担人形成债权债务关系的协议，债权人可依据该协议向承担人主张债权。有学者认为，因为基于合同相对性原则，债务承担协议仅能约束债务人与承担人，自不能对债权人发生不利影响。而笔者认为，若债务承担协议系债务人与承担人之间订立的，债权人认可承担人与债务人订立的债务承担协议，其对承担人的请求权也基于该协议，故承担人应对于该协议的所有抗辩事由均可以对抗债权人。假若债务承担协议系债权人与承担人订立的，更应同理。因此，如果债务承担协议存在《合同法》第54条、《民法通则》第59条规定的情形时，如果撤销权人行使撤销权，同样因我国民法未承认物权行为制度，故不发生债务承担的效果。就是说，在这些情况下，债务承担合同仍然是有因的，也可以说债务承担是有因的。

3. 基于承担人愿意承担债务的原因关系而发生的抗辩

在我国民法上，债务承担、债务承担合同大多数采取有因原则，于是，承担人时常可以原因行为无效、被撤销等对抗债权人。对此，有学者认为，承担人不能以其与原债务人之间的原因关系来对抗债权人。首先，合同的相对性是合同法的一般原则，通常不能将与该合同有关的其他法律关系作为评判的依据。在债务承担中，承担人与债务人之间的原因关系一般不是债务承担合同的构成要件，对于债务承担合同不发生影响，它往往只是承担人愿意承担债务而订立承担合同的动机而已，而非债务承担合同的内容。因此，不管债权人对债务人和承担人之间的原因关系是否知悉，只要债权人没有利用它来欺诈承担人，债务承担协议的当事人也没有将其约定为承担合同的条件，因此，无论债务之承担系基于何种原因关系，承担人因其承担债务之法律关系之所得对抗债务人之事由，均不得以之对抗债权人。其次，如果赋予承担人可以与原债务人之间的法律关系来对抗债权人，则会给债权人带来不必要的损害，此时，债权人只能转而向原债务人主张权利，无疑会对善意而无过错的债权人的债权实现带来不利的后果。例如，若未进行债务承担时，债权人可能会尽快对债务人采取有力的救济措施，保障债权的实现，而在债务承担后，债权人出于对承担人履约的责任，债权人可能就不会急于采取有效的救济手段。如果因原债务人与承担人之间的法律关系的无效或被撤销而使债务承担合同无效或者被撤销，债权人就不能向信誉好的承担人主张权利，而只能向可能已经丧失履约能力的原债务人主张权利，明显对债权人不利此处不会改。有日本学者认为："由承担人与债务人之间的原因关系而发生的效力——既有承担人对债务人的债务消灭的情形，也有承担人对债务人取得求偿权的情形，所以，应根据各情形而定，不能一概而论"此处不会改。笔者认为，承担人可否就其与债务人之间的法律关系来对抗债权人的问题，应分别予以分析：债务承担如由承担人与债权人之间订立的效果，承担人可行使抗辩权此处不会改。

4. 承担人自身对债权人所享有的抗辩

承担人可以对债权人拥有自己的抗辩，如可以用自己对债权人享有的债权主张抵消或因此而行使留置权。

总之，承担人可以对债权人与债务人之间的基础合同关系、债务承担合同关系及承担人与债务人之间的承担债务的原因关系等来针对债权人的请求权向其行使抗辩权。当然，承担人不能够抵消为原债务人所享有的债权，因为在此种情形，承担人将会以原债务人的资金因此而得以免责，这通常将会违背债务承担的基本关系此处不会改。世界各国通说都认为，债务承担行为的无因性和有因性，可以由当事人的约定而变更，即当事人可以约定债务承担行为的有效以原因行为的有效为条件，当原因行为无效时，债务承担行为也无效，相反，也可以约定，如原因行为不成立，无效或被撤销，债务承担行为并不因之无效。

**四、建立和完善债务承担制度的建议**

著名经济学家麦克劳德曾经说："假如有人问我们，谁的发现对人类财富产生了最为深刻影响？在经过深思熟虑之后，我们会毫不犹豫地回答——就是那个首先发现债权债务可以买卖商品的人。"债权让与和债务承担制度对社会经济和市场交易的发展产生了深远的影响。鉴于此，笔者对债务承担的相关问题进行探讨，提出如下建议：

（一）完善第三人（承担人）直接与债权人订立债务承担的制度类型

我国《合同法》第 84 条规定：债务人将合同的义务全部或部分转移给第三人的，应当经债权人同意。《合同法》该条只规定了债务人与第三人（承担人）之间可将合同的义务全部或部分进行转移，而没有规定第三人直接与债权人订立债务承担协议。所以，笔者建议应确立第三人与债权人之间的债务承担合同订立的具体细则，就如何要约、承诺及要约之撤销方面进行规定。但应不能违反债务人的意图，并进一步规定，若无利害关系的第三人主动为债务人清偿债务的，在债务人表示反对的情况下，第三人应不享有向债务人的求偿权，除此以外，应根据具体情况确定承担人的求偿权。

（二）建立并存债务承担与履行承担制度

并存债务承担是因原债务人并不脱离债的关系，对此，我国通说认为，并存债务承担不以债权人同意为成立要件。作为并存债务承担和履行承担案件情形的发生和出现，往往比免责债务承担案件更为广泛、更为普遍。这就需要在立法中，针对当事人的意思表示和相关约定及交易的客观状况等情势进行具体规制，以适应多种多样的交易活动。

（三）完善规制债权人、债务人和承担人在债务承担的权利义务

在债务承担中，对于债权人、债务人和承担人三方的利益平衡和选择保护，是如何确认承担人应享有抗辩权的范围和内容的前提。例如，以上述及的承担人是否可以其与债务人的原因关系对抗债权人的问题上，如果采用无因性，就会使承担人增加负担；反之，若采用有因性，会对债权人不公平。这就有必要对基于基础合同、债务承担合同以及原因关系等具体确定债权人、债务人、承担人各方权利义务的内容，以免引起争议和造成司法实务的真空。

（四）明确规制免责债务承担与物的担保关系

德国和瑞士的民法典都对免责债务承担和对物的担保的效力作了具体规定，而我国对此立法上是空白。所以，笔者建议免责债务承担后的抵押权或担保的效力应在立法中作如下规定：“债务人的变更不影响从权利，但从权利不能同原债务人分离的除外。第三人设定之抵押权或者保证，除非债务承担经抵押人或者保证人同意，否则对债权人不再有效”。也就是说，担保人是第三人提供，主债务转移未经担保人同意的，担保人不再承担担保债权，如担保物系债务人本人提供的，担保责任并不因此而消灭。

（五）明确债务人与承担人订立的免责债务承担协议未经债权人同意的效力

如将债务人与承担人之间订立的免责承担协议未经债权人同意而归于无效，或者赋予当事人行使变更或撤销权，就违背了债务人与承担人当初订立债务承担协议的意愿和真实意图，故在债权人未同意的情况下，债务人依承担协议要求承担人向债权人承担债务的请求权并不因此而丧失。据此，笔者认为，我国也应该对债务人与承担人订立免责债务承担协议后，使得债权人的承认的具体细节进行规制，立法时应将债务承担协议在债务人和承担人之间的效力和对债权人的效力区分开来予以分别确定：债务人和承担人之间系两当事人内部意思表示一致，对债务人和承担人产生约束力；对外没有得到债权人的同意，因此对债权人不发生法律效力。

**作者吴银书介绍**

吴银书，中国民主同盟盟员，法律硕士学位，具有财务总监（CFO）资格，被评为泰州市优秀律师，江苏恒乐律师事务所主任，1995 年起从事法律服务，具有十多年的法律专业实践经验，擅长于金融、企业并购、知识产权及房地产等法律事务。目前担任数十家国家机关和大型公司的法律顾问。

个人经历：

1995 年 7 月至 1998 年 10 月在兴化市周庄法律服务所工作；

1998 年 11 月至 2000 年 3 月在兴化市周庄律师事务所工作；

2000年4月至2003年7月在江苏天滋律师事务所工作；

2003年7月至2011年5月在江苏海信律师事务所工作。

2011年8月至今在江苏恒乐律师事务所工作。

所得荣誉：

1999年至2003年度被评为泰州市法律援助工作先进个人；

2006年被海陵区司法局评为“二OO五年度法律服务先进个人”；

2008年被海陵区司法局评为“二OO七年度法律援助先进个人”；

2009年被海陵区司法局评为“二OO八年度法律援助先进个人”，2006-2009年度泰州市优秀律师。

# 论中国年轻律师的生存与发展

周　勤* 律师

随着我国社会主义市场经济和法治建设的发展，律师服务完全市场化，与市场经济同命运、同发展。市场是激烈的、无情的，是一个迷人的海洋；但这个海洋绝不是风平浪静的，而是汹涌澎湃，充满着惊涛骇浪。律师作为法律服务市场的主力军，要求越来越高，竞争越来越激烈。每年司法考试，都有许多幸运儿加入律师队伍，成为律师服务市场的参与者。作为年轻的“法律执业人”，面临着生存与发展的考验，首先要在律师服务市场中立足生根，然后才能开花结果。那么，如何在竞争中生存、巩固、壮大和发展呢？笔者认为，年轻的律师应当注重“一选三树”，主动参与竞争，强化服务功能，在激烈的法律服务市场中求生存、求发展，为构建和谐社会提供高效、优质的法律服务。

**一、选择诚信机构，加强律师团队合作**

根据《律师法》第10条的规定，律师执业不受地域限制，可以自由选择执业机构，但必须在一个律师事务所执业。律师事务所是律师执业的平台。这个平台是多种多样的，有合伙所、合作所和国资所之分，有大型所和小所之分，有诚信所与不诚信所之分，有名牌所与无名所之分。有的所一团和气，生机勃勃，已成规模；有的所杂乱无章，一盘散沙，一触即溃。有的所表现为一加一等于二，“外边好看里面空”，律师单打独斗，靠个人关系接案件，自己做自己的业务，难以形成规模；有的所表现为“一加一大于二”，所里开拓案源，发展服务市场，优化结构结合，发挥群体优势，向专业化、规模化发展，形成“墙内开花墙外香”。目前，多数律师事务所是由合伙人创设的，合伙人也是多种多样的，有鸿鹄之志者与鼠目寸光者之分，有帅才与将才之分，有事业型与过日子型之分。有唯利是图的小人，也有宽豁大度的君子。有的人像资本家，最大限度地剥削员工的利益，没有感染力和号召力；有的人是领头羊，爱护律师、保障律师权利，具有亲和力和凝聚力，带领大家共同发展、共同进步。

古人云：“近墨者黑，近朱者赤。”好元帅才能带出好士兵。人的发展与环境密切相关，在不同的环境中会产生不同的心态，养成不同的习惯，良好的工作环境能够陶冶人的情操，

* 江苏水城律师事务所。

激发律师爱岗敬业，提高律师工作的积极性和学习的自觉性。因此，我们在选择执业机构时，要选择口碑好、诚信度高、有团队协作精神和发展前途的律师事务所，这样才能有利于自己的发展。如果刚刚从事律师职业的“法律执业人”能够及时融入律师事务所，把所当作自己的家，把所里的事当成自己的事去办，把同事当作志同道合的亲兄弟，就能从枝叶繁茂的参天大树上汲取营养，不断地充实自己、丰富自己。

**二、树立仁者风范，加强律师文化建设**

做律师，就要做一个好律师。当一名好律师，首先做好人，如果连做人的道理都不懂，就很难树立良好的形象。做事之前先做人，坚持以人为本，本立而道生，只有做好人，才能做好事，才能赢得当事人的信赖和社会的好评。因此，我们应当树立仁者风范，踏踏实实地做人，勤勤恳恳地做事，“关爱民生、服务和谐”，做一个关爱别人、诚实信用的律师。年轻的律师们，“以后的路还很长，希望你是一个永远有爱心的好律师”。

律师是自由职业者，但不是自由散漫、无纪律的人，而是具有律师文化品味的人。律师文化是一种精神财富，是指律师行业在其发展过程中根据自身职业特点而形成的共同价值观、道德准则、行为规范和思想模式的总和。律师文化是由律师人格、律师形象、律师修养、服务宗旨、职业道德、行为准则和律师制度等一系列因素组成的，它是律师事务所和律师赖以生存和发展的精神支柱。做律师，就要做一个有知识、有文化、有修养的人，千万不能做“有知识没有文化的人”。因此，我们必须时刻加强律师文化建设，不断提高自身品味和道德修养，共同维护律师形象。

**三、树立竞争意识，强化律师服务功能**

当你考上律师，加入律师行列，面对如此机遇，要敢于投身社会，把自己推向市场，让公众了解你，让社会了解你。当人们知道你是一名律师的时候，才有可能找你办事。在法律服务市场中，我们要主动参与竞争，走进社会，融入社会，在竞争中产生压力，感到紧迫与危机，不断提高服务质量，以质量求生存、以效益求发展。同时还要始终保持一种锐意进取、求实创新的敬业精神，做到不耻下问、虚心请教，不断吸取营养，积累实务经验，提高服务功能，就能在法律服务市场中立足生根。

四、树立学习观念，努力向专家型发展

要当一名好律师，一定要把普通话说好。律师服务是与人交流、传递信息的过程，如果他人不能听懂你的话，就难以沟通，当事人也就不可能委托你办理法律事务。因此，我们一定要学好普通话，克服地方语言，努力为当事人释疑解惑，及时提供高效、优质的法律服务。

要当一名好律师，一定要在专业知识上下功夫。律师服务是应用知识的过程，这里的“知识”不仅仅指法律知识，而且还包括其他学科的知识，如建筑学、痕迹学、物理学、法医学、精神病学 。律师服务的内容很多，不仅涉及面广，而且政策性强，这就要求律师必须始终坚持学习，不断接受新事物，做到与时俱进。律师是终身学习的职业，不仅要具备扎实的法学理论功底，而且还要具备某些专业知识和操作技能，不断提高业务水平和专业技能，在适合自己发展的专项法律服务中有所突破，成为专家型法律人才，这样就能在法律服务市场中拥有自己的一片蓝天。

**作者周勤介绍**

汉族，1965 年 1 月出生，本科学历，中华全国律师协会会员，现任江苏水城律师事务所副主任。

军人出身，阅历丰富，从事法律服务工作 20 余年，法学理论功底深厚，办案技能娴熟，先后担任几十家企事业单位的常年法律顾问，为顾问单位消除法律风险和隐患。他以勤勉谨慎、恪守职责、诚信、优质高效的工作作风办理了大量专业性强的法律事务，赢得当事人极大信任。在 1991 年“三佳三优”活动中，被盐城市司法局评为最佳公证协办员。人生格言是：踏踏实实做人，勤勤恳恳做事；执业理念是：为屈者伸冤，为弱者撑腰，为企业护航！

擅长办理重大疑难复杂案件，在刑事辩护、公司法务、合同领域、房屋拆迁、知识产权、损害赔偿、保险理赔、婚姻家庭等方面积累了丰富的经验。凭着多年办案经验，实现了理想即"将深厚的法学理论功底与复杂的司法实践的完美结合"。曾在江苏省高级人民法院启动再审案等众多轰动事件中担任代理律师；办理的案件影响深远，中央电视视、江苏电视台、《江南时报》等媒体都曾给予广泛的报道和关注，是百姓信得过的名律师。

具有扎实的文字功底，在报纸杂志上发表专业文章数篇，主要作品有：

(1) 《协办公证应坚持"九关一访"》(《江苏司法行政》1991 年第 9 期)；

(2) 《浅谈如何担任乡村企业法律顾问》(《江苏司法行政》1992 年第 9 期)；

(3) 《主动参与竞争 强化服务功能》(《司法行政》1993 年第 2 期)；

(4) 《一起买卖纠纷引起的法律思考》(《江南时报》2007 年 1 月 20 日版)；

(5) 《是民事案件还是劳动争议案件?》(《江南时报》2007 年 1 月 27 日版)；

(6) 《浅论中国年轻律师的生存与发展》(《江南时报》2007 年 7 月 28 日版)；

(7) 《严格依法办事 化解拆迁矛盾》(《江南时报》2007 年 9 月 1 日版)。

# 善意取得制度下合同效力探析

鲍江云* 律师

## 一、引言

通常认为，善意取得一般是以存在交易行为为前提的，即在无处分权人与善意受让人之间存在因交易行为而产生的物的转让合同。该转让合同的效力对善意取得的影响在《物权法》立法过程中一直争议较大。最终通过的《物权法》回避了转让合同的效力问题，认为，善意取得的构成不以转让合同的效力为要件。

对该问题学界存在两种不同主张：其一，认为善意取得的构成并不以转让合同有效为前提。梁慧星教授认为以"转让合同有效"为发生善意取得的前提条件的规定 匪夷所思，如果转让合同有效，那么受让人基于有效的买卖合同当然取得标的物的所有权，还有规定善意取得制度的必要吗？正是针对无权处分合同无效，而强行使善意第三人原始取得标的物所有权。如果无权处分合同有效，则不仅不需要善意取得制度，且该第三人之取得所有权将属于继受取得。其二，认为善意取得的构成应当以转让合同有效为前提。《物权法（草案）》第 111 条明确规定，善意取得的构成要件之一是转让合同有效。这意味着，在因无权处分行为而形成效力待定的情况下，善意取得可以成为合同效力的补充要件，即便原权利人拒绝追认，转让合同也是有效的。因而该条实际上认为，在符合善意取得的其他要件的情况下，要排除《合同法》第 51 条的适用。以王利明教授为代表的学者认为，这一规定是合理的。

* 浙江红太阳律师事务所。

结合我国《合同法》第51条有关无处分权的规定及学界对该条的通常理解，我们只能把转让合同理解为效力待定的债权合同，唯有此，才能保持法律适用上的统一性。依据该解释，善意取得实际上是以转让合同的无效为前提的。理由在于：

（1）如果原权利人追认或事后无权处分人取得处分权，买卖合同即为有效，那么无论受让人是善意还是恶意，都因原权利人追认或者无权处分人取得处分权而成为一个正常的权利取得。此时受让人取得的所有权不仅能对抗出卖人、第三人，而且能对抗原权利人，因此没有必要适用善意取得制度。

（2）如果原权利人不追认并且无权处分人没有取得处分权，买卖合同则为无效，那么善意取得只能在“转让合同无效”的基础上适用。如果这样，我们需要解决的一个难题是：如果善意取得也要遵循我国一般物权变动模式的话，那么“无效”的规定如何与债权形式主义之变动模式的基本要求相协调？因为根据债权形式主义的基本要求，只有“有效”的债权合同加公示行为，所有权才发生转移。因此，要解决这一难题，善意取得应建立在转让合同有效的前提下。

但是，认定转让合同有效与《合同法》第51条的通常理解相悖，两者无法同时适用。这就要求至少对其中一个作出实质性的修改。若肯定《物权法》应当采“转让合同有效”的理解，那么，《合同法》第51条就应排除于善意取得之外。但是按此理解，就必须解决两大问题：一是无权处分行为是否是影响合同效力的一个要件；二是善意取得到底是继受取得还是原始取得。

**二、善意取得合同的效力不应受无权处分行为的影响**

在债权形式主义立法模式下，买卖合同成立的效果仅在设定双方之间的债权关系，标的物所有权的变动必须基于交付或登记而发生。此时的“处分行为”，即指买卖合同本身，而当事人交付标的物的行为属于事实行为而非法律行为，也就无所谓“有效”、“无效”之分了。交付行为不能构成法律意义上的“处分行为”，出卖并交付他人之物时，即使将该交付行为称之为“无权处分”，也不具有行为效力判断上的意义。

由于买卖合同的效力并不包含物权变动的引起，故买卖合同效力的认定不应受标的物之物权变动能否实际发生的影响。也就是说，即只要约定交付的标的物所有权具有于将来实行转移的可能（无论为未来之物或他人之物），买卖合同即可有效成立。在此，“无权处分”毫无意义。因此，在债权形式主义的立法模式下，出卖他人之物的行为合乎逻辑的应为有效行为。但认定出卖人对标的物是否具有处分权不影响买卖合同的效力，并不意味着出卖他人之物在任何情况下均构成有效合同。下面对此做进一步的分析：

（1）若出卖人并无损害他人正当利益之意图，买卖合同应认定为有效；

（2）若出卖人有损害他人正当利益之意图，但买受人为善意，买卖合同应认定为有效；

（3）若出卖人有损害他人正当利益之意图，且买受人为恶意，买卖合同应认定为无效。

由此，在债权形式主义物权变动模式下，善意取得所涉及的买卖合同，不受出卖人是否享有标的物处分权的影响，只要买卖合同没有无处分权之外的其他瑕疵，就应被认定为有效。

综上所述，处分权的欠缺并不能成为阻碍合同有效的理由。具体到无权处分之善意取得的情形，无处分权的转让人和善意受让人之间订立的转让合同，均属当然有效。

**三、善意取得法律属性之定位应为继受取得**

关于善意取得的性质，有原始取得说和继受取得说之争。王泽鉴先生认为，原始取得说固有所据，但继受取得说亦有相当理由，此项动产所有权的取得系基于让与行为，与因时效、先占或添附而取得所有权，尚有不同。法律所补足者系让与人处分权之欠缺，继受取得的性质不因此受影响。

目前我国大陆理论界通说认为，善意取得为原始取得。原始取得说实际上是建立在转让合同无效的基础上，因为物权行为信奉物权的无因性，不受原因行为效力的影响。但是，在不承认或不存在物权行为的情况下，物权的取得主要是基于合同，而基于合同善意受让财产而取得权利，就与合同的效力息息相关。如果合同本身是无效，则善意第三人何以取得基于合同而受让的物权？

笔者认为，原始取得说有种种弊端。其一，依据我国《合同法》第51条及学界通说，我国法学理论和司法实践不得不面对 一个困境：一方面，善意取得人可以依善意取得制度取得标的物的所有权，第三人善意具有弥补处分权欠缺的作用；另一方面，无权处分合同却不因第三人善意而变为有效合同，仍因欠缺处分权而为无效合同。基础合同无效，必然发生不当得利返还之债，但如果善意第三人已经依据善意取得制度（善意取得为原始取得，存在法律上的原因时）取得了所有权，其又完全可以依据不当得利要求无权处分人返还价款，这样明显不合理。更何况我国《物权法》还明确规定“以合理的价格转让”作为善意取得的构成要件之一。其二，如果采取原始取得说，将会使买受人丧失合同法对当事人权益的周密维护。如善意第三人受让的标的物有瑕疵，买受人将不能依《合同法》的规定向无权处分人主张瑕疵担保责任。因而，原始取得说的各种弊端必将使法学理论走向困境，导致司法实践的混乱。

值得注意的是，通说在认为善意取得为原始取得的同时也认同“善意取得权利，虽为原始取得，但是占有人与让与人之间的关系，仍然发生与继受取得之同一效力”。这显然不符合法理。原始取得当事人之间的法律关系由法律明确规定，而继受取得当事人之间的权利义务则由当事人意思自治确定，二者何以相互通用？毫无疑问，在原始取得说的框架下根本无法合理解释这一矛盾。原始取得说诚不可取，继受取得说应为立法之必然选择。

长期以来，我国大陆学者在论及善意取得法律效果时，一般仅讨论原所有人与受让人、原所有人和无权处分人之间的法律关系，却无形中忽略了无权处分人与受让人之间的法律关系。然而，善意取得首先应是无权处分人与善意第三人之间的法律关系，其次才是善意第三人与原所有人之间的关系。善意取得合同也是指无处分权人与善意第三人之间订立的转让合同，故善意取得的继受性当然只能放在无处分权人与善意第三人之间的法律关系中来谈：

（1）意思的传承。当论及一项权利是继受取得时，首先意味着双方当事人的意思传承，即权利的继受是以双方当事人的意思表示为媒介和存在前提的。在我国，物权变动采债权意思主义，善意取得遵循此物权变动模式的逻辑结果就是“转让合同有效”，这就决定了其意思传承的一面。双方当事人的意思传承既保证了权利交易的真实，也平衡了当事人双方的利益。

（2）所有权的继受。当论及一项权利是继受取得时，其核心内容是指所有权的继受，即受让人的所有权是从转让人处传来的。证成无权处分人有“权利”存在也就成了将善意取得定性为继受取得的关键。

从转让人的角度思考，明知出卖人无处分权还要证成他有“权利”，此处的努力似乎是一个自欺欺人、没有结果的过程。

从受让人的角度思考，该目的似乎并非遥不可及。毕竟，“取得”是受让人的取得，从他的视角推知出让人有无权利才是思考该问题的正途。这就要通过受让人的主观“善意”并借助公示公信制度来实现。首先，以善意受让人的眼光来看，转让人是有权利的。正因为受让人不知道转让人无处分权，他才可基于公示的权利推定效力推断出转让人是有处分权的。此时，转让人对该物的所有权是一种“推定”权利。在这里，我们才说“善意”是对转让人有处分权的信赖。其次，法律通过公示公信原则恰好又保护了这种推断，善意第三人推断转让人有权利与之交易，其权利取得能够获得法律的保护。不仅转让人的“权利”在善意第三人眼里是真实的，而且该权利移转后果也为法律所保护着，因此转让人的“权利”也就具备了法律上的真实性。此时，转让人对该物的所有权就又成了一种“抑制”权利，即法律“视为”转让人有所有权。

由此，我们说转让人对该标的物拥有“权利”，决非主观臆想，而是法律上的抑制真实。受让人的所有权“视为”基于转让人的权利转让而来，善意取得因此成为继受取得。在此意义上，法律补足的是转让人处分权的欠缺，从而推断出受让人的权利系继受取得，是合理的。

（3）其他权利义务的继受。当论及一项权利是继受取得时，还意味着原物上所存在的其他权利义务也应一并继受。详言之：第一，继受取得意味着受让人继受的是转让人的权利。因此，原权利人对该物上享有的其他权利应一并消灭，这并不会产生损害原权利人之债权人的利益等后果，因为这个物上肯定不能存在能够对抗第三人的权利，否则受让人也不会构成善意而取得该物的所有权。第二，既然受让人继受的是转让人的权利，那么只要这个物上存在可以对抗第三人的权利，受让人都要继受。第三，继受取得并不意味着必然继受前手的一切权利义务。如果该物上的权利没有公示性，且受让人不知情，那么该先存的权利就不能对抗受让人。

综上可知，善意取得的性质在法理上应属于继受取得。且在我国债权形式主义物权立法模式——“有效的债权合同+公示行为=物权变动”下，只有认定善意取得的继受性在逻辑上才解释得通。故受让人要想凭借善意取得制度从无处分权人处取得物之所有权，就必须与转让人订立有效的转让合同（买卖合同抑或善意取得合同）。

**四、善意取得合同有效的理论和实践意义**

在债权形式主义模式之下，把善意取得合同认定为有效，除了具有符合法律逻辑的内在优点外，在理论研究与实践运作上也有明显的优越之处。下面笔者就此试作几点说明：

（一）善意取得合同有效的理论意义

根据我国《物权法》的规定，在善意取得的情况下，善意第三人对物之所有权的取得必须是有偿取得。那么善意取得合同就应当是有偿合同，系交易关系，法律承认善意取得，也就承认了该交易关系。如果认为该交易关系不成立，善意第三人对物之所有权是依照法律规定取得、是原始取得，那么取得标的物所有权的价款、时间、地点都可与合同不一致，当事人发生争议时，均需法官来确定，即由法律和法官替代当事人重新建立交易关系，这是十分可笑、浪费资源而又没有必要的事情！故从理论上讲，合乎情理的解释应是：在善意取得的情况下，无权处分人订立的合同，应当是有效合同。相对人对所有权的取得，是依合同约定而取得的，是继受取得。

法律设定善意取得制度的目的是为了保护交易安全，尤其是保护善意第三人的利益。原本物权便具有追及效力，即无论物辗转落于何人之手，所有权人均可取回，此所谓罗马法上的“物在呼唤主人”。善意取得制度通过第三人之“善意”对无权处分人的权利瑕疵进行补正，实际上就“阻断”了物权的追及效力。但除此之外转让人与受让人之间的转让合同还必须具备法律行为生效的其他必备要件。如果二者之间的转让合同因违反法律法规强制性规定或者违背公序良俗原则而无效或可撤销，那么此时法律完全没有理由去“阻断”原权利人的追及权，否则就会因为过分追求对第三人的保护而严重损害原权利人的利益，使原所有权人和新所有权人的利益严重失衡，既违背了民法的公平正义理念，也背离了善意取得制度的立法初衷。因此，只有将善意取得合同认定为有效，才能为限制原权利人的权利寻找到充分的理由。

通说认为，若将善意取得合同认定为有效，则其与《合同法》第51条之间的关系将难以协调。实际不然，善意取得制度较之《合同法》第51条，完全可以视为一项特殊规定，并予以优先适用。"因为一方面，《合同法》第51条是针对无权处分所作的一般规定，不仅可以规范针对物权的无权处分，还可以规范针对债权、知识产权的无权处分，其范围显然宽于旨在规范涉及物权之无权处分行为的善意取得制度。另一方面，《合同法》第51条仅仅涉及合同的效力问题，涉及的是合同当事人之间的债权有无关系，据此并不能解决谁能最终享有物权的问题，而善意取得制度涉及三方的关系，其功能在于终局性的界定物权权属。所以《合同法》第51条与《物权法》第106条之间的关系可看作是普通法和特殊法的关系。前者是针对物权变动的原因行为而作出的一般性规定，而善意取得制度则是针对物权变动的效果而作出的特别规定，相对于无权处分而言，更是物权法上的特殊规定。故，只要当事人的行为符合善意取得的特别规定，就要优先适用特别规定，而不能适用《合同法》第51条的一般规定。"因此，将善意取得合同认定为更能有效体现善意取得制度的良性设计理念，也不会造成法律之间的无法适用。

（二）善意取得合同有效的实践意义

善意取得合同可以全面有效保护双方当事人的利益。当受让人依据善意取得制度取得物之所有权而未支付价款时，转让人可以依据有效的转让合同向善意取得人提出支付价款乃至承担违约责任的请求；相应的，当转让人没有交付标的物或交付的标的物存在瑕疵时，受让人也可依据有效的转让合同请求转让人交付或承担违约责任。这样既避免了在适用善意取得的情况下，受让人取得物之所有权后又以合同无效为由拒绝支付价款或请求不当得利返还等对转让人极为不公的事情发生，又避免了在转让人交付的标的物存在瑕疵时，受让人得不到有效救济的情形出现。同时，认定善意取得合同有效还可以避免在司法实践中出现法律关系混乱或矛盾现象。

善意取得合同有效在法律效果上可以更好地保护善意第三人的利益。比如，"如果出卖他人之物的买卖合同为生效合同，出卖人不能取得标的物的处分权，又不发生善意取得的法律效果时，买受人得向出卖人主张违约责任的承担。而如果出卖他人之物的买卖合同为效力待定合同，在同样的情况下，该合同即为不生效的合同，出卖人应向买受人承担缔约过失责任。比较而言，违约责任的承担比缔约过失责任的承担更有助于保护善意买受人的利益。因为违约责任的承担方式之一是继续履行，这就是买受人保留了实现交易目的的可能；即使不能通过继续履行实现买受人的交易目的，违约责任的损害赔偿，在司法实务中也常比缔约过失责任的损害赔偿更能弥补善意交易相对人的损失"。

"善意取得合同有效为地更好的保护原权利人提供了潜在的途径。因为无权处分人和善意第三人之间的合同有效，当发生物已交付而无权处分人因逃匿等情形时，为了保护原权利人的利益（如请求返还标的物的价款），法律可以通过赋予原权利人特定形成权使其概括承受无权处分人的权利义务，从而在一定程度上保护原权利人的利益。如此设计也避免了诸如通过不当得利等制度保护原权利人而出现的法律逻辑上的不连贯。无疑，这亦应以善意取得合同效力为基础，否则便不可能发生权利义务的概括承受。"

现代社会，大部分交易为种类物的交易，虽然不能履行移转他人物之所有权的义务，但转让人仍可以同种类的其他物履行给付。因此，法律应从鼓励交易出发，承认合同的效力，而不应扼杀其交易。从立法实践看，原误读德国民法而采效力未定说的我国台湾地区后经学者长期批评也逐步确认其债权合同完全有效。《欧洲合同法》第4章102条（自始不能）规定，“仅仅由于合同成立时所负债务的履行不能或由于一方当事人无权处分合同关涉的财产，合同并不无效”。国际私法统一协会第3.3（2）条规定，“合同订立时一方当事人无权处置与该合同相关联之财产的事实本身，不影响合同的效力”。因此，将善意取得合同规定为有效，可使我国立法更好地与国际立法接轨，适应国际立法大趋势。

**五、结论**

虽然我国《物权法》最终在善意取得的构成要件上回避了善意取得合同的效力问题，但是善意取得合同效力认定的多种优势及理论支持要求司法实践中应将善意取得制度下无权处分合同的效力认定为有效，这样才能体现善意取得制度的真正价值。并且在当前法律和司法解释未作修改的情况下，解决《物权法》上善意取得制度与《合同法》无权处分合同效力待定之间的冲突，最好的办法就是符合善意取得条件时，在物权之无权处分领域排除《合同法》第51条的适用，在其他领域则保留《合同法》第51条的适用。

**作者鲍江云介绍**

1971年12月生，三级律师，浙江红太阳律师事务所副主任、合伙人。

金华市律师协会义乌分会第三届理事会副秘书长，金华市仲裁委员会仲裁员，义乌市外事与侨务工作法律顾问。

于1993年毕业于浙江师范大学历史系；1997年在教育系统任教时，自学参加全国律师资格统一考试，以291分的高分名列金华地区第一名，取得律师资格证书；1998年辞去教师工作，进入浙江红太阳律师事务所，1999年任专职律师。

擅长办理民商事诉讼（仲裁）案件。十多年来，共办理了1000多件诉讼（仲裁）案件，涉及的领域包括房地产、建筑、金融、商标、专利、著作权等领域，成功地办理了一些疑难、复杂案件，具有深厚的业务功底和丰富的实践经验，成功案例不计其数，业绩深受当事人的赞誉和社会各界的好评，树立了良好的社会形象，也获得了市司法行政部门的高度认可。所撰写的论文多次入选金华律师协会律师实务理论研讨会。在商品经济高度发达的义乌，还担任多家民营企业的法律顾问。工作严谨、认真、细致、周密、务实、高效，擅长对合同、房地产、建筑业、金融借贷等专业领域的理论研究和实务操作，对民营企业的法律服务具有极为深刻的心得体会，为义乌经济的发展和民营企业的壮大从法律专业的角度提供竭诚的服务和不懈的支持。

还热心于各类公益活动，定期定点联系北苑街道和社区举办法律咨询、普法宣传，参加政府部门和街道办事处的信访接待，协助政府部门对信访问题进行解释，作出协调，平息矛盾，化解纠纷，为维护社会繁荣稳定和长治久安作出贡献。

10多年来，坚持依法执业、诚信服务，坚持严谨、敬业、认真、负责的治学态度和工作精神，始终把“追求正义，创建和谐”作为执业的理念和奋斗目标，从不懈怠。

参考文献：

1. 王利明：《物权法研究》（修订版）（上卷），北京：中国人民大学出版社2000年版。

2. 王利明：《合同法新问题研究》中国社会科学出版社2001年版。

3. 王利明、尹飞、程啸：《中国物权法教程》人民法院出版社2007年版。

4. 王泽鉴：《民法学说与判例研究》（第五册）中国政法大学出版社1998年版。

5. 王泽鉴：《民法物权》（1）（通则·所有权）中国政法大学出版社2001年版。

6. 王泽鉴：《民法物权》（2）（用益物权·占有）中国政法大学出版社2001年版。

7. 尹田：《物权法理论评析与思考》中国

人民大学出版社 2004 年版。

8. 马特：《物权变动》中国法制出版社 2007 年版。

9. 王轶：《物权变动论》中国人民大学出版社 2001 年版。

10. 王效贤、刘再亮：《物权法总则与所有权制度》知识产权出版社 2005 年版。

11. 韩世远：《合同法总论》法律出版社 200 年版 4。

12. 崔建远："出卖他人之物合同的效力设计—善意取得构成要件的立法论"，载《河北法学》2006 年第 3 期。

13. 吴国喆："善意取得制度的缺陷及其补正"《法学研究》2005 年第 4 期。

14. 王利明："不动产善意取得的构成要件研究 "《政治与法律》2008 年第 10 期。

15. 王利明：" 善意取得制度构成 "〈中国法学〉2006 年第 4 期。

16. 梁慧星："物权法草案（第二稿）若干条文的解释与批判 " 《时代法学 》2005 年第 2 期。

17. 彭城信、李建华："善意取得合同效力的立法解析和逻辑证成 " 《中国法学 》2009 年第 4 期。

18. 王少波："论无权处分与善意取得——以无权处分合同法律效力的立法选择为中心 "《理论月刊 》2003 年第 11 期。

# 国际海洋运输中的 THC 之争

张民元* 律师

## 引言

2006 年 7 月宁波港 3000 集卡车停运，导致宁波港停摆，浙江省人民政府授权宁波市发改委出台紧急价格干预措施，将 THC 收费标准恢复至以前的水平；2010 年 1 月，深圳盐田百余集卡围堵国际码头，引发闸口费事件，导致多家堆场被砸，深圳市人民政府出台政策取消闸口费收费

"在市场中产生的利益摩擦和争端，将最终靠司法途径来解决。但法律的严重缺失，使现实的航运贸易业不断在某处惊现无序；而秩序的真空，又可能导致公平与公正的丧失。"(著名海事法律专家胡正良教授)

笔者认为：在国际海洋运输贸易中市场经济杠杆调整的无序、政府宏观调控手段的无力、司法解决贸易争端的法规和机制欠缺，使得处于国际贸易供应链环节的弱势群体自发采取过激行为来抗争，已显现了我国国际海洋运输贸易立法及司法的缺位、政府调控机制的失衡，必须在理论上解决 THC 的合理性问题，也必须在实践上解决 THC 的收费主体和收费环节问题。因此笔者引大家研究之成果，提出解决 THC 争端之途径，以希能建和谐发展国际海洋贸易之环境。

## 一、THC 之争的历史

国际班轮的海运成本由燃油费、海运费、码头操作费（terminal handling charge，THC）三部分组成，《联合国（国际班轮公会）行动守则公约》使班轮公会集体定价被允许，从 2002 年 1 月 15 日开始，国际班轮通过征收

* 浙江省律师协会知识产权专业委员会主任。

THC 来获取额外利润。

2002 年 1 月 15 日美国运输安全管理局（TSA）、西行泛太平洋稳定协议组织（WTSA）、亚洲区内讨论协议组织（IADA）、远东班轮公会（FEFC）、非正式运价协议组织（IRA）和亚洲澳洲运价协议组织（AADA）等六个班轮公会（运价协议组织）通过集体协议方式在中国华南港口向货主收取 THC。

2002 年 12 月 30 日，交通部宣布会同国家计委和国家工商总局组成调查组，对国际班轮公司向中国货主和托运人收取 THC 是否存在违法问题开展调查，并于 2003 年 8 月在北京召开了国际班轮运输 THC 调查会。

2006 年 4 月 18 日，交通部、国家发改委及国家工商总局联合发布了《关于公布国际班轮运输码头作业费（THC）调查结论的公告》（2006 年第 9 号）。其中主要的结论为 THC 在性质上属于国际集装箱班轮运费的组成部分；班轮公会和运价协议组织通过集体协议客观上限制了托运人自由选择承运人的权利，不利于班轮公司之间开展正常的价格竞争，在一定程度上损害了国际海运市场秩序；班轮公会和运价协议组织，今后凡订立的涉及中国港口的运价协议和各类附加费协议生效前，应当与中国境内的托运人或托运人组织建立有效的协商机制。

2006 年 4 月 26 日，交通部对在我国收取 THC 的班轮公会和运价协议组织发出了“告诫通知书”。

2006 年 7 月，因抗议国际集装箱堆场的额外收费，宁波市发生 3000 余辆集卡车集体停运事件，导致宁波港停摆。根据国家发改委的要求，经浙江省人民政府授权，宁波市人民政府对集装箱堆场收费采取了临时价格干预措施。

2007 年 3 月 12 日交通部发布《关于加强对班轮公会和运价协议组织监管的公告》，公告要求各班轮公会、运价协议组织应在 2007 年 4 月 15 日之前将指定联络机构向交通部备案。但 IADA、IRA 未按规定向交通部提交中国境内指定联络机构备案材料。IADA、IRA 各成员公司也未详细说明提高 THC 收费标准的理由和依据，也未提交与中国境内的相关托运人组织进行充分有效协商的有关情况。鉴于 IRA、IADA 未依照交通部第 10 号公告规定履行备案中国境内的指定联络机构，且备案材料不齐备，交通部不接受其报备。

2007 年 4 月 28 日交通部出台《关于对四个运价协议组织在中国华南地区提高码头作业费（THC）收费标准问题的处理意见》，回应国际四家班轮运价组织发出的“从 5 月 15 日及 6 月 1 日开始，向我华南 4 省区（粤、桂、琼、黔）的进出口加工和贸易货主增收 THC，最高增幅达 340%”的“最后通牒”。“意见”指出，ISAA 和 IRSA 并未依照《中华人民共和国国际海运条例》规定报备其组织章程协议，其成员公司违规协商、订立、执行涉及中国港口的运价协议。

2008 年 8 月 1 日，我国《反垄断法》正式实施。

2008 年 12 月份，马士基公司发出通知，从 2009 年 1 月 15 日起，上调中国大陆地区码头操作费 THC（跨太平洋航线除外），其中 20 英尺和 40 英尺的集装箱分别上调了 28.3% 和 33.9%。

2009 年年底，泛太平洋稳定协议组织（TSA）和加拿大泛太平洋稳定协议组织（CTSA）相继发布公告称，将分别于 2010 年 1 月 1 日前和 1 月 15 日起，将“上海港港口附加费”更名为“上海码头操作费”，以及将收费币种由“美元”更换为“人民币”。此举引发中国外经贸企业协会和上海进出口商会的强烈反对，纠缠已久的 THC 在上海重燃“战火”。

2010 年 1 月 30 日凌晨，几乎同一时间，位于深圳东部的盐田多家堆场和位于西部的蛇口多家堆场遭到多名不明身份男子打砸，还有员工被打。据悉事件起因为有堆场以服务费名义变相征收本已停收的闸口费。30 日晚 8 时，风波升级，两三百名以集装箱拖车司机为主的群体拥堵在南山区月亮湾路段的堆场出入口，此处交通瘫痪长达6小时。

## 二、从不同角度对收取THC的认识

国际航运组织、班轮公司认为，“在国际集装箱班轮运输情况下，收取THC是符合国际惯例的，THC既不是班轮海运运价的组成部分，也不是附加费，而是属于与集装箱运输相关的其他运输服务收费”。“加收THC是为了增加运费报价的透明度。中国港口向班轮公司收取多少集装箱港口操作费，班轮公司就向货主收取多少。其最终目标是全部收回成本。”

货主及托运人认为：班轮公会以及班轮公司向中国货主征收THC是没有得到交易对方同意的强制交易行为，是班轮公会组织的统一、联合决定和行动，是几个公会联合起来搞价格垄断，国际班轮公司向我国货主和托运人收取THC的活动中，存在歧视性价格。

国际集装箱运输企业认为：堆场企业向集装箱运输企业收取各种名目的堆场附加费没有相应的法律依据，堆场费及码头操作费均属于班轮公司运价的组成部分，应由班轮公司通过货代公司向货主直接收取，集装箱运输企业作为货主与班轮公司运输合同的中间服务商，没有理由向堆场企业额外支付堆场附加费。

国际集装箱堆场企业认为：国际集装箱堆场企业在提供集装箱堆存服务过程中，为集装箱运输企业（或货主）提供了吊箱服务、封箱服务等各种劳务服务，理应收取相应的服务报酬及吊机服务成本，至于堆场附加费由谁来承担（是货主还是集装箱运输企业）不是堆场企业的责任范围，堆场企业只是向提箱人收取相应的服务费用。

国际货物运输代理公司认为：班轮公司向货主收取的运费中并不包含堆场附加费，货代公司除根据与国际集装箱运输企业之间的运输协议支付集装箱集卡的合理运费外，没有理由承担由集装箱运输企业支付（或垫付）的堆场附加费及其他码头附加费用。

从以上各方对THC的态度来看，涉及THC收费的合理性问题应该是班轮公司与货主及托运人之间的争议，而国际货物运输代理、国际集装箱运输车队、国际集装箱堆场之间的争议是由前一个问题所引发的。其原因在于，国际班轮公司在收取THC的问题上与货主及托运人之间引发争议后，将THC收费通过码头及堆场转嫁给到码头及堆场提箱的提箱人。国际集装箱车队在码头或堆场提箱时，必须按码头或堆场的要求支付（垫付）相应的THC附加费用，否则就不能提箱，国际集装箱车队支付（垫付）THC各种附加费用后，再要求国际货物运输代理公司支付上述垫付的提箱附加费用，如果国际货物运输代理公司支付了上述费用，集装箱车队垫付的THC费用最终由货主承担，如果国际货物运输代理公司不同意支付上述提箱THC费用，那发生的前述THC费用就只能由国际集装箱车队来承担，这无形中大大提高了国际集装箱车队的运输成本。因此，关于THC之争的焦点也就集中在国际集装箱运输车队上了（因为车队是最直接的提箱人），由此引发了宁波、深圳 的停运、集结、打砸 事件。

## 三、THC的性质

### （一）THC的概念

THC，是terminal handing charges的英文缩写，翻译为中文也就是集装箱码头操作费，是随着集装箱运输方式的出现而产生的概念。它是指船方（承运人）向货方（托运人）收取的，为弥补船方额外负担的集装箱货物从集装箱码头堆场到船舷之间的操作费用而产生的一种额外费用。

THC在不同的地区有不同的提法，在中国南方叫ORC（original receiving charges，始发地交接费用），在上海叫SPS（Shanghai Port Surcharge，上海港附加费），在美国叫DDC（destination delivery charges，目的港交接费），在日本则称 为CY Charges。其所指的内容都是集装箱码头操作费用，即从船#堆场或堆场#船之间所产生的所有与集装箱有关的操作费用。

THC是在传统件杂货运输方式向集装箱运

输方式发展过程中产生的。它相当于传统件杂货运输中的装卸费，具体包括下列各项内容之和：集装箱装卸费、码头前沿机械使用费、码头过磅费、码头后方机械使用费、拖头使用费、底盘车费、绑扎费等。

（二）THC的性质及产生争议的原因分析

关于THC的性质，目前货主与班轮公司之间仍存在争议。

国际班轮公司认为：THC在性质上属于集装箱的港口操作费用，收取THC的目的是为了弥补中国港口向班轮公司收取的港口费用成本，在性质上不属于集装箱运费的组成部分。且在FOB贸易术语下，THC应该由国内发货人（货主）承担。在FOB贸易术语下，负责安排运输的是国外的买方，根据《国际贸易术语解释通则2000》的有关规定，在FOB价格条款下买方有义务安排货物的运输事宜，其承担风险和费用的界限是从货物越过船舷开始。根据FOB贸易术语下的风险费用划分原则，卖方（货主）应该承担集装箱在发货地国家的内陆运输费用和装货港的THC，因为这些费用都是在货物越过船舷以前产生的。

而中国对外贸易经济合作企业协会及中华人民共和国交通部、中华人民共和国国家发展和改革委员会、中华人民共和国国家工商行政管理总局三部委在《关于公布国际班轮运输码头作业费（THC）调查结论的公告》中明确指出：THC在性质上属集装箱班轮运费的组成部分。

如何理解THC的性质，在国际上存在争议，班轮公司是否可以收取THC，在理论与实务上均无定论。即使在中华人民共和国交通部、中华人民共和国国家发展和改革委员会、中华人民共和国国家工商行政管理总局三部委发布的《关于公布国际班轮运输码头作业费（THC）调查结论的公告》中也仅指出："班轮公司在装货港向发货人收取码头作业费、在卸货港向收货人收取码头作业费的做法在主要贸易国家（地区）是存在的。同时，调查机关注意到，在某些国家和地区，托运人组织对班轮公司收取码头作业费表示反对"。对THC收取的合理性没有得出任何结论。

笔者认为：集装箱运费一般包括以下几项内容：（1）发货地国家的内陆运输费（inland transportation freight）；（2）发货地国家的集装箱码头操作费（THC）；（3）海上运费（ocean freight）；（4）收货地国家的集装箱码头操作费（THC）；（5）收货地国家的内陆运输费（inland transportation freight）。另外，在拼箱运输的情况下还会产生拼箱服务费（LCL service charge）。

THC与海运费是相对独立的，但肯定是集装箱运费的组成部分。THC应该由国际班轮公司承担还是国内货主承担，关键在于货主与班轮公司之间的约定。

集装箱货物的运输方式为"门到门"运输（door to door）：由托运人负责装载的集装箱，在其货仓或厂库交承运人验收后，负责全程运输，直到收货人的货仓或工厂仓库交箱为止。实行门到门运输班轮公司收取的运费一般由三部分组成：ORC（本地收货费用 origen recevie charges）、BAF（燃油附加费，bunker adjustment factor）、DOC（文件费 document charges）。

"门到门"运输的特点为由承运人全程运输，无论是发货地国家的内陆运输（从货主工厂至越过船舷），还是收货地国家的内陆运输（从越过船舷至收货人仓库），还是发货地及收货地的码头操作费，均属于"门到门"运输的组成部分。国际货物运输代理公司（船舶代理公司）在代表班轮公司向货主收取门到门运输的"本地收货费用"时，已经考虑了全程运输过程中的全部运费在内。因此，THC理所当然属于集装箱"门到门"运输费用的一部分。

之所以出现THC费用的争议，笔者认为是由于国际贸易的运输方式变更所引起的。在集装箱"门到门"的运输方式出现之前，国际贸易运输在执行FOB等国际贸易术语运输规则，如在FOB条件下，班轮公司的运输是从货物越过船舷开始的，在货物越过船舷之前发生的费用（包括发货地内陆运输费用及THC）均由发货地内陆运输承运人承担，与班轮公司无关。但在集装箱“门到门”运输条件下，班轮公司为货主或托运人提供的运输服务是集装箱“门到门”的全程运输服务，实行集装箱“门到门”运输，班轮公司向货主或托运人收取的“本地收货费用ORC”中应该已完整地包含了“发货地内陆运输费用、发货地THC、海运费用、收货地THC、收货地内陆运输费用”等全程运输费用在内。因此，基于对集装箱“门到门”运输方式的理解，交通部、国家发改委及国家工商总局联合发布的《关于公布国际班轮运输码头作业费（THC）调查结论的公告》（2006年第9号）中主要的结论“THC在性质上属于国际集装箱班轮运费的组成部分”的理解是完全正确的。

在交通部等三部委做出“调查结论公告”之后，国际班轮公司为何仍然与货主和托运人之间存在争议呢？笔者理解这种争议来源于“国际贸易术语”与集装箱“门到门”运输方式之间的冲突，当前国际贸易中有13种国际贸易术语，解决的是货主或托运人与收货人之间的费用及风险约定，而集装箱“门到门”运输解决的是货主或托运人、收货人与承运人之间的运输方式。实行集装箱“门到门”运输服务，需要有一个独立的承运人独立完成“门到门”的全程运输服务或者由一个有统一管理和运作能力的物流供应链管理和运营商（第四方物流提供商）提供包括揽货、订舱、报关、内陆运输、装船服务、拼箱服务、海运等全程运输环节的管理和控制。而在中国的物流运输环节，中国的货运代理企业是无法完成集装箱“门到门”的全程运输管理服务的，中国目前的货运代理企业在全程运输服务中无论是担当货主的代理人，还是船公司的代理人，或是无船承运人均无法提供全程运输过程中的各个物流供应链的管理与控制。货运代理企业担当货主的代理人时，为发货人提供包括选择运输路线、安排货物包装、选择承运人、办理货物保险、安排货物到港运输、办理海关和有关单证手续、承付运费、关税税收、取得提单、监督货物运输进程等全程运输过程中的各种单证和手续服务，货运代理人在此时的角色是货主的代理人，仅代表货主与承运人之间订立运输协议，负责全程运输中的各种手续和单证管理，而无权控制和管理集装箱“门到门”运输的全过程。当货运代理企业担当船公司的代理人时，可以提供承揽货物、签发提单服务，但一般这种代理业务都是由船舶代理公司（船代）来完成的，货运代理企业一般很难从船公司承揽上述业务，即使为船公司提供揽货服务，船公司在通常情况下也不支付货运代理企业佣金。因此，在集装箱“门到门”全程运输过程中，货运代理企业无权对船公司的海运环节提供管理和控制。当货运代理企业担当无船承运人时，货代企业即以承运人身份接受货主（托运人）的货载，同时以托运人身份委托班轮公司完成国际海上货物运输，根据自己为货主设计的方案路线开展全程运输，签发经过备案的无船承运人提单。无船承运人购买公共承运人的运输服务，再以转卖的形式将这些服务提供给包括货主、其他运输服务需求方，当货运代理企业担当无船承运人时，其担当的责任相当于船方，其负责的责任和义务与班轮公司是一致的。

因此，根据上述分析，我们可以看出，当前在中国的国际海洋运输中并没有真正意义上的集装箱“门到门”全程运输服务大多数货代公司在承揽货物时以提供集装箱“门到门”的全程运输服务承揽业务，但在实际为货主和收货人提供运输服务时却无法实现集装箱“门到门”的全程运输。在货物从货主的货仓出发，中间经过了发货地集装箱运输、仓储、堆场、装箱（船）、拼箱、海运、卸箱（船）、收货地集装箱运输到收货人的仓库，整个过程系由货代公司、集装箱运输企业、仓储公司、堆场企业、装卸服务企业、码头、班轮公司等分别完成的。在整个运输环节的全过程中，中国当前没有负责全程管理和控制的第四方物流企业参与物流供应链的管理和控制，所以各个物流环节之间便产生了诸如THC费用之类的争端。笔者认为，在提供真正意义上的集装箱“门到门”全程运输条件下，是不会有THC之争的，因为THC毫无疑问是集装箱“门到门”全程运输服务中“本地收货费用ORC”的一部分。但在没有真正意义上的集装箱“门到门”全程运输的条件下，班轮公司按照发货人与收货人之间的国际贸易合同约定的国际贸易术语的运输规则提供海运服务时，THC的收取就应该根据国际贸易术语的运输规则区别对待。

**四、国际班轮公司目前收取THC存在的问题**

之所以会产生THC该不该收的争议，是由我国立法的滞后性所造成的。我国的《国际海运条例》生效于2001年，在当时条件下的立法所参照的是国际贸易术语所规定的运输规则。在《国际海运条例》中也仅只有关于国际海运运价备案的规定，并没有明确国际海运运价的构成，在2006年中华人民共和国交通部等三部委《关于公布国际班轮运输码头作业费（THC）调查结论的公告》中也只能原则上确认，THC在性质上属集装箱班轮运费的组成部分。而无法对于班轮公司在收取海运费之外再收取THC是否合理做出判断。因此，要明确THC能不能收、应该由谁来收、应该向谁收取等问题，首先必须弄明白THC的合理性问题。

根据THC的概念分析，不管船东、码头、堆场以什么名义收取，其实质都是海运费之外的与集装箱有关的操作费用，也就是俗称的附加费。那国际班轮公司可不可以在海运费之外收取相应的附加费呢？笔者认为：在市场经济代替计划经济的时代，市场的价格应该由市场来调节，国际班轮公司收取的海运费，是国际班轮公司收取的基本运价，当市场由于人工费、油价、政府规费等各种费用发生变化之后，原国际班轮公司所确定的基准海运费可能已不能适应市场价格，国际班轮公司以收取各种附加费的方式来平衡和调整运费，本身也是市场调节价格的一种途径，给国际班轮公司下一个结论，说国际班轮公司收取THC不合理，这个说法并不符合市场经济的原则。

现在存在的问题 不是国际班轮公司收取THC合不合理的问题，而是国际班轮公司收取THC的方法和途径存在不合理的因素。

其一，国际班轮公司利用国际班轮在中国海洋运输的垄断地位，联合操纵市场价格的行为显然属于不正当竞争，违反 市场的公平性。国际班轮公司操纵市场的特点为，联合涨价、联合增加各种名目的附加费、联合采取措施不付费用不让提箱。

其二，国际班轮公司收取THC的途径存在问题。国际班轮公司无论收取多少附加费用，均应该依据货主与收货人之间国际贸易术语约定的运输规则向货主或发货人或者收货人收取，在法律意义上，国际班轮公司与货主或收货人之间是运输合同关系，是托运人与承运人之间的关系，所有的运输费用均应该由国际班轮公司向货主或收货人（即国际贸易术语约定的运费承担方）收取。但国际班轮公司为了保持其在海运市场的国际竞争力。大多数班轮公司均不直接向货主或收货人收取THC，而是变相地通过降低码头费或堆场费的形式，让堆场或码头直接向提箱人收取THC，而大多数在堆场或码头提箱的均不是货主，而是承担内陆集装箱运输环节的集装箱运输企业（集卡），集卡企业为了提箱，不得不向堆场或码头支付相应的THC，而支付了相应的THC之后，许多货代公司并不向集卡企业支付其垫付的THC，导致的结果是，班轮公司变相收取的THC最终由集卡企业实际承担，大大提高了集卡运输企业的营运成本，在油价、人工成本、过桥过路费用等不断上涨的情况下，集卡企业难以生存，因此便发生了深圳闸口费风波、宁波3000集卡停运 等恶性事件。

## 五、建议采取的措施

针对国际海洋运输发生的THC之争，各地政府采取的措施都是紧急启动价格干预措施，由政府发文限定THC价格，但并未从根本上解决THC的根本问题，所以罢工、停运事件此起彼伏，而这个争端问题如果不解决，在海洋经济日益增长的情势下，THC引发的争端势必牵涉面越来越广，任何形式的过急抗争行为必然波及更广范围的国际贸易领域，引发国际海洋贸易环境极为不利的恶性循环。

因此笔者针对当前的THC之争，建议采取以下措施协调争议：

（1）组织国内的物流供应链企业（包括货主、国际货物运输代理、集装箱运输、堆场、码头企业、船公司、船舶代理企业）联合成立国内的物流供应链行业公会，在涉及THC等相关费用价格调整和市场波动时，通过国内的物流供应链行业公会组织与国际班轮行业公会组织之间进行磋商，协调THC等相关费用的价格波动。目前在国内货主、货代、集装箱、堆场及码头均有行业协会组织，但各个行业协会各自为战，在遇到物流供应链整体行业利益问题时，各个行业协会之间基于利益冲突无法达成一致，且为了各自行业的利益争权夺利，引发各种冲突和争端，最后大多数又通过政府部门出面来协调解决。因此在当前形势下有必要组织国内的物流供应链企业联合成立一个整体性行业公会组织，维护及协调物流供应链整体事项及共同利益。

（2）通过立法规范国内物流供应链各个环节之间的关系及服务，禁止国际班轮公司通过其他变相途径将THC等相关费用转嫁给国内的码头、堆场及集装箱运输企业。国内立法在物流供应链环节目前还是空白，立法部门应加快物流供应链的立法，特别是关于国际贸易市场竞争方面的立法，以规范物流供应链各个环节在国际贸易市场竞争中的行为，规范物流服务体系及物流服务价格体系，促进海洋经济的协调发展。

（3）大力发展第四方物流，提高为货代、集装箱运输、仓储、堆场、码头、船公司、船舶代理公司等第三方物流企业提供物流供应链管理与控制的集约化服务能力，通过第四方物流的集成化管理与控制，减少第三方物流在物流供应链各环节之间的纠纷及不正当竞争，协调和提升第三方物流企业的服务能力，促进国内物流服务企业的快速发展，做到为货主或收货人提供真正意义上的“门到门”全程运输服务。第四方物流企业的发展，将在很大程度上弥补第三方物流各自为战的不足，通过第四方物流企业为第三方物流企业及货主和收货人提供综合性的供应链管理和控制的集成化服务，减少第三方物流企业之间的冲突，有效避免第三方物流企业的重复劳动和资源的浪费。政府应采取各种激励措施，引导及提升第四方物流企业的发展，以促进物流供应链体系的协调稳定，引导物流供应链体系的良性循环，创造和谐物流体系和海洋经济发展环境。

（4）加快国内物流企业的兼并和重组。目前中国的物流企业之所以未能提供真正意义上的集装箱“门到门”运输服务，其重要原因是我国现阶段物流企业规模小、分散化经营，各种类型的中小物流企业各自为战，无法形成物流企业服务的合力，在激烈的市场竞争中，小规模的物流企业在没有政策和法律引导的环境下，为了各自生存及利益恶性竞争，导致国内物流流通环节大量的资源浪费，在国际大物流企业集团开始进入国内物流领域时，国内的小规模物流企业难以抵抗强势力的国际竞争，部分企业退出物流市场，继续在物流领域奋争的企业利润越来越薄，甚至难以生存。因此，在国际班轮公司提高THC收费标准时，对于国内的小规模物流企业来说，面临的是生死关口，必然自发地采取集结、停运、罢工等各种形式进行抗争。因此，要有效地解决诸如THC之类的物流争端问题，当务之急是加快国内物流企业的兼并和重组，通过政策引导、税收和资金扶持等各种方式引导国内物流企业向规模化、集团化方向发展，以提高国内物流企业的抗风险能力和在国际贸易市场的行业竞争力，改变在国际海洋运输市场国外班轮企业垄断市场的格局。国内物流企业的弱小和无序竞争已经成为物流业发展的最大障碍，小规模而缺少供应链管理的企业将无法在海洋经济发展中应对国际竞争，国内物流企业必须向规模化、集团化发展，通过兼并重组做大做强，才有能力参与国际市场竞争，才有能力为海洋经济的发展提供强有力的物流体系支撑及规范化的流通服务。

参考文献：

1. ［美］鲍尔索克斯等《供应链物流管理》，马士华、黄爽、赵婷婷译，机械工业出版社 2010 年版.

2. 吴清一 主编：《现代物流概论》中国物资出版社 2005 年版.

3. 王晓东：《国际运输与物流》高等教育出版社 2006 年版.

4. ［美］巴罗 著：《企业物流管理——供应链的规划、组织和控制》，王晓东译，机械工业出版社 2006 年版.

5. 王义源、曾凯编著：《远洋运输业务》（第 3 版），人民交通出版社 2005 年版。

6. 胡美芬、王义源编著：《远洋运输业务》（第 4 版），人民交通出版社出版 2006 年版。

7. 杨志刚、吴永富主编《国际集装箱运输实务》人民交通出版社 1998 年版。

8. 张俊浩主编：《民法学原理》（第 3 版下册），中国政法大学出版社 2000 年版。

**作者张民元介绍**

武汉大学文学学士，华东政法学院经济法学硕士研究生，中国政法大学在职法学博士（在读），浙江素豪律师事务所高级合伙人，现任宁波市律师协会物流法律专业委员会主任、宁波市知识产权保护协会副会长、宁波市海洋经济法制推进讲师团团长、浙江省律师协会知识产权专业委员会主任、浙江省知识产权律师讲师团副团长、中华全国律师协会知识产权专业委员会委员，2009 年入选“中国知识产权法学名家”，2010 年入选《中国律师年鉴》优秀知识产权律师，著作《企业知识产权战略指引》于 2010 年 5 月由国家知识产权局知识产权出版社正式出版。

1992 年获武汉大学优秀毕业生，1993 年获浙江省新闻出版学校优秀教师 ，1999 年获宁波市人民满意律师，2006 年宁波市优秀青年律师 。承办《荷兰博格玩具公司诉平湖童车厂外观设计专利侵权》案获浙江省律师协会知识产权专业委员会 2009 年会“优秀知识产权案例”奖。撰写《企业知识产权战略指引》获中华全国律师协会知识产权专业委员 2009 年会“十佳知识产权论文”奖。撰写论文《国际海洋运输中的 THC 之争》获宁波 2011 年论文交流一等奖，获浙江首届律师论坛二等奖，获第九届华东律师论坛三等奖。

2006 年发起创立宁波市知识产权保护协会，2010 年策划并组织浙江省知识产权宣传巡回演讲活动，2011 年策划并组织成立浙江省知识产权律师讲师团并担任副团长，2011 年策划并组织“服务中小企业、助力海洋经济”法制交通推进工程专项行动，2011 年 10 月策划并组织成立宁波市海洋经济法制推进讲师团且担任讲师团团长并组织策划“在当前经济形势下企业如何防范资金风险”专题讲座。

成功代理了以下案例：华州集团非洲加蓬矿业投资项目策划（宁波最大国外矿业投资项目）、迅达仓储与马士基物流（世界五百强企业）合资项目策划、衡山集团股份有限公司空调器外观专利侵权维权策划（宁波中级法院受理首例专利侵权案）、荷兰博格玩具诉平湖童车厂外观设计专利侵权案（浙江省律师协会 2009 年会优秀知识产权案例）、张某某侵占无罪辩护案（张某某获无罪释放）、吴某某诈骗无罪辩护案（吴某某获公诉无罪释放）。

# 跨境并购策划阶段的风险控制

戴 慧* 律师

虽然通过跨境并购实现全球化经营可以为有志于此的中国企业创造更大利润，但是不同国家间在政治体制、法律制度、文化理念、商业价值方面差异很大。如果把跨境并购比喻成一场“战役”，那么不少中国企业都因此折戟沙场。正所谓“上兵伐谋，谋定后动”，对于跨境并购这样高风险的商业活动，谨慎策划就显得尤为重要。笔者结合近期在欧洲和拉美参与跨境并购项目的心得，谈谈中国企业在跨境并购策划阶段如何防范风险。

**一、选择适当的目标企业。目标企业的选择不仅决定了并购后企业整合的难易程度，还直接关系到跨境并购的成败**

（一）选择战略互补的企业

很多中国企业在从事跨境并购时，过于算计目标企业能带来的利益，而忽视了如何为目标企业创造价值。其实，正如管理大师彼得德鲁克所说，“只有并购方充分考虑了它能够为所要购买的目标企业做出什么贡献，而不是目标企业能为并购方做出什么贡献时，并购才会成功”。在跨境并购时，目标企业可能是对方的亏损业务，此时我们抱着“抄底”心态，看重的是较低的购买价格，而没有认真思考双方是否在品牌、技术、产品线及市场份额上形成战略互补，以及并购能否使目标企业重获新生。2010 年沸沸扬扬的四川腾中收购美国悍马最终夭折，就说明了运用战略眼光选择目标企业的重要性。虽然腾中对外界称“此次并购为公司提供一个难得的机会以具吸引力的价格收购一个全球性品牌”，而事实上悍马这个品牌旗下的车型已经逐渐失宠，而且随着全球油价高涨以及城市交通严重拥堵，悍马近几年销量暴跌。这次并购交易失败后，通用汽车就宣布关闭悍马品牌，随即有美国环保人士宣称：“终结悍马有助于提升通用、中国和这个星球的健康”。由此看来，即使腾中成功收购悍马，也需要斥巨资为悍马开发适合市场需求的全新车型，才有望扭转颓势。

（二）选择高价值的企业

近年来，持续升温的跨境并购缘于不少国内企业热衷“借船出海”，梦想通过并购实现国际化飞跃。这种浮躁心态导致了一些跨境并购在选择目标企业时并未认真考量所选企业的发展潜力和市场价值。有时，被选定的企业已经在该产业领域中丧失竞争优势，并购这样的企业将面临较大的后续经营风险。国外公司跨境并购中国企业时，通常会把目标聚焦在国内的高价值、高成长性企业，国内 有不少企业，因并购海外优秀品牌而名声大噪，如 2010 年 8 月，吉利汽车（一家只有 13 年造车史的公司）完成了对沃尔沃股权的全部收购。这场“跨国婚姻”之所以成了当年并购榜单上的一大亮点，正是由于被收购的沃尔沃是拥有 80 多年历史、安全性能在世界排名第一的高价值豪华车品牌。

（三）选择业态相关的企业

跨境并购时，如果目标企业在经营业态上相同或相近，完成并购后无须对目标企业进行

* 国浩律师（天津）事务所。

大的调整和改造即可进行有效的管理，企业的供应、生产、销售渠道也因并购而迅速增加，得以发挥协同效应，实现并购的价值。当然，有些企业为了实现多元化经营，也会跨行业选择并购目标。例如在发达国家，一些企业积累了丰富的跨国经营经验，也具备较强的多业务管理能力，可以通过跨境、跨行业并购而进入新市场、新业态。

但是，多元化的国际经营风险很大，而且对并购后的整合要求较高，国内企业在并购整合方面经验尚不丰富，稍有不慎，跨行业并购就会遭遇滑铁卢。2010 年持续 9 个月的腾中并购悍马案可以算是前“车”之鉴了，该交易夭折的一个重要原因就是腾中并不具备汽车生产资质。汽车产品涉及人身安全，我国对汽车生产实行严格的准入制。腾中作为一家以生产建筑机械和石化设备为主的重工企业，把并购目标锁定为国外高端越野车品牌，失败在所难免，所以很多业内人士从一开始就看空这场并购，并把它解读成“腾中的自我炒作”。因此，为了降低并购难度，我国企业在从事跨境并购时，应慎重选择业态不同的企业作为目标公司。

**二、充分了解东道国的准入规则**

跨境并购必须受两个以上国家的主管机关管辖，适用两个以上的法律规范体系。在跨境并购策划阶段充分了解不同国家的准入规则，可以有效降低并购风险。

*（一）考虑申报程序可能对进度造成的影响*

跨境并购必须遵循各管辖国对企业并购所规定的申报义务、审查标准及审查程序，所以在策划阶段就要充分考虑到不同国家因申报要求不明确或繁冗而导致并购进度的拖延。

*（二）对东道国反垄断法及其实践加强调研*

跨境并购一直是反垄断法关注和规制的重点。传统的反垄断实体法的三大支柱包括：禁止卡特尔、禁止滥用市场支配地位和控制企业并购。其中，控制企业并购是反垄断法的核心。因为，并购是一把“双刃剑”，既有促进竞争的市场功能，也潜伏着不可避免的垄断威胁。我国因遭遇东道国反垄断机构介入，导致跨境并购无功而返的典型案例就是 2006 年中集集团斥资 10.6 亿元人民币收购荷兰博格公司。因欧盟认定该并购造成“准垄断”局面，中集集团不得不放弃荷兰博格公司剥离的罐式集装箱业务。鉴于海外反垄断法规可能成为跨境并购时的一大障碍，我国企业应未雨绸缪，在并购策划阶段积极了解东道国关于反垄断审查方面的法律法规、产业政策以及实践情况，从而决定是否开展并购，并据此设计合理的并购方案。

美国是反垄断法的起源地，反垄断立法十分完善。美国规制并购的反垄断法律体系由三部反垄断法（《谢尔曼法》、《联邦贸易委员会法》和《克莱顿法》），法院判例以及《企业并购指南》构成。欧盟是反垄断法执行力最强的国家，近年来欧盟反垄断的态度日趋强硬。根据欧盟的相关法律，对当地企业的并购达到一定数额时，需向欧盟相关部门申报，并等待审查。无论是米塔尔收购阿赛洛引发的反垄断调查，还是对美国的微软公司捆绑性销售的反垄断调查，都印证了欧盟的反垄断决心。

目前，美国和欧盟作为世界上反垄断立法最发达的国家，其反垄断部门在进行反垄断审查时，主要遵循以下四项原则：（1）反垄断的主要目的是保护市场的有效竞争性和消费者的利益。在批准并购案时，不仅审查市场集中度程度，还要兼顾并购后的市场效率。（2）垄断的标准不是以企业规模大小来决定的，而是看企业是否滥用了市场力量。具有市场力量的企业不一定构成垄断，只有利用市场力量采取了不正当手段才被判为垄断。（3）考虑行业特点，对于市场准入门槛高的行业（如飞机制造），不以传统市场分析方法进行分析。（4）充分考虑国家整体利益。

因此，中国企业在跨境并购策划阶段可以

聘请经验丰富的国内外律师和顾问，对交易结构及申报文件进行审查和调整，使其符合反垄断监管机构的要求，积极避免垄断行为，在案件发生前防患于未然。

（三）重视东道国的国家安全政策

近年来，能源与矿产行业并购引领了中国跨境并购的热潮。由于参与能源与矿业跨境并购的企业大多为国企或央企，虽然这些企业具备雄厚的资本优势，但西方很多国家把这些带有国企或央企背景的并购理解为政府行为，常以威胁国家安全为由进行限制，导致很多中国企业在跨境并购资源或矿产项目时铩羽而归。典型的案例包括2005年中海油收购美国优尼科公司失败、2009年中国西色国际收购美国金矿搁浅以及同年中色集团收购澳大利亚稀土矿业公司股权未获批准。

以美国的国家安全政策为例，美国对外国公司并购本国企业的安全审查由来已久，主要的审查机构是外国投资审查委员会（Committee on Foreign Investment in the United States，简称CFIUS）。CFIUS成立于1975年，主要负责评估和监控外国投资对美国国家安全的影响，以审查特定跨境并购案是否危及国家安全。审查的程序是：当CFIUS接到外资并购美国公司的报告后，先决定并购行为是否需要进行国家安全审查，如需要则开展调查；一旦调查结束，委员会将向总统提交一份报告，提出建议。CFIUS可以不经法院审判，禁止有损美国国家安全的外资对美国企业的并购。

根据美国法律，任何外国政府控股的公司收购美国公司，都需要进行安全审查。在中海油收购优尼科一案中，中海油70.64%的股份为国有股，因此CFIUS对其进行审查是法定程序。而美国一些国会议员认为中海油并购优尼科的行为更像国家行为，而非商业行为，中海油的收购威胁了美国国家与经济安全。竞争对手雪佛龙还公开宣称：在60亿美元的银行贷款、70亿美元的母公司资金背后，他们看到的是中国政府的影子。即使中海油董事长傅成玉强调为“股东创造价值”，也被理解为“听命于中国政府”，因为政府是该企业的“最大股东”。

对此，我国企业在策划跨境并购时，应高度重视东道国针对跨境并购的国家安全审查制度，减少并购前高调的媒体宣传，以避免东道国产生“中国威胁论”的心理。对于涉及资源、矿产等敏感行业的并购，应充分解释交易背后的经济逻辑，以证明驱动这些并购交易的是市场因素而非政治因素。对于并购条件尚不成熟的东道国，可以先以合资或合作的方式树立良好的企业形象，待政策宽松时再进一步收购；或者以收购部分股权来代替全资收购或控股性收购，以资产权益收购代替股权收购，旨在最大限度地降低并购风险。同时，能源与矿产业跨境并购的市场选择也应多元化。例如，巴西、智利、阿根廷等拉美国家对投资比较开放，矿产投资活跃，将成为下一阶段矿业并购的新亮点。

**三、充分重视尽职调查过滤风险的作用**

信息不对称可以称得上是跨境并购一切风险的“症结”所在，而尽职调查就是降低企业跨境并购风险的“对症良药”。只有通过审慎的尽职调查，企业才能在并购决策前练就“火眼金睛”。

跨境并购所涉及的尽职调查是一项庞大的工程，涉及目标企业四大模块的信息——财务信息、法律信息、业务运营信息、人力资源和企业文化信息。但一些中国企业在并购策划时，往往将尽职调查视为律师或会计师的并购前期准备工作，不仅内容琐碎、缺少技术含量，而且耗费大量的时间和金钱。由于对尽职调查的重要性认知不够，一些企业在策划阶段会尽量控制尽职调查的成本预算，留给尽职调查的时间也较短。由于缺乏全面和充分的尽职调查，导致并购前没有发现目标企业存在的问题，或是对尽职调查发现的隐患重视不够、处理不当，很多企业都为此留下了跨境并购之殇。

**四、结束语**

在经济全球化的背景下，跨境并购已经成为企业做大做强的一条捷径，全世界每年的跨境并购交易额超过1万亿美元。然而伴随着跨境并购的各类风险（如政治体制风险、法律风险、财务税务风险、环境风险、产业风险、营运风险），这条“捷径”又充满了意想不到的艰辛和波折。面对这场“勇敢者的游戏”，中国企业已经成为全球并购市场中一个不容忽视的力量。相信通过谨慎策划并购战略、积极掌握国际规则、认真借鉴失败教训，谋定而后动，知止而有得，中国企业跨境并购的未来会越来越美好。

**作者戴慧介绍**

国浩律师（天津）事务所律师，南开大学国际经济法硕士；美国佛罗里达国际大学酒店管理硕士，

主要执业领域：

公司重组与并购；私募与风险投资；酒店旅游业、连锁经营、大型节事活动法律服务。

社会职务：

天津市政法管理干部学院世纪华纳法商研究中心研究员；天津市欧美同学会会员；佛罗里达国际大学万豪中国项目副教授（酒店业法律）。

海外培训及工作经历：

2005年6月获得美国万豪酒店总经理培训证书；2011年9月至10月入选西班牙Uria Menendez律师事务所和中华全国律协合作组织的交流项目，先后在马德里、布鲁塞尔和卢森堡接受欧盟法律培训；2011年10月至2012年2月在智利PHILIPPI律师事务所，从事自然资源与矿产业海外并购法务实践。

# 天津宅基地换房是集体建设用地流转制度的创新

张小娜* 律师

我国现行的土地管理制度，是城镇土地属于国家所有和农村土地属于集体所有的二元结构。对于国有土地，国家作为所有者主体享有占有、使用、收益、处分等完整的物权权能。而对农村集体所有土地，农村集体经济组织作为所有者主体，法律允许其享有的权能是不完整的，即集体土地的所有权和使用权在向其他主体转移时，受到法律的限制。《中华人民共和国城市房地产管理法》第9条规定：城市规划区内的集体所有的土地，经依法征用转为国有土地后，该幅国有土地的使用权方可有偿出让。《中华人民共和国土地管理法》第63条规定：农民集体所有土地的使用权不得出让、转让或者出租用于非农业建设。这是法律对集体土地所有权和使用权流转的禁止性规定，其中最重要的是国家严格控制将农用地转为建设用地。但由于房地产市场的巨大需求和商业利益的驱动，各地利用集体土地违法开发建设的情况非常严重，“小产权房”现象的大量出现，是现行法律规范的盲点，已成为全国各地不好疏导解决的社会痼疾。国土资源部在全国范围内组织的清理与调查中，发现“小产权房”主要集中在对土地需求比较紧张的城市，如北京、天津、郑州、济南。近年来，我国土地制

* 天津四方君汇律师事务所合伙人。

度改革不断深化，国务院先后出台了一系列涉及严格管理农村集体建设用地的规定。特别是2005年国务院关于深化经济体制改革的意见中明确指出，进一步探索农村集体建设用地使用权进入市场的途径。国土资源部一直将加快集体建设用地使用制度改革作为工作的重点，在对集体建设用地严格管理、加大违法批地处理力度的同时，也允许一些地区进行集体建设用地流转方面的试点，如广东省2005年颁布了《广东省集体建设用地使用权流转管理办法》、大连市2004年颁布了《大连市集体建设用地使用权流转管理办法》、安徽省2002年颁布了《安徽省集体建设用地有偿使用和使用权流转试行办法》。所以，各地都在努力探索集体土地流转制度的出路，但在土地流转过程中如何最大限度维护农民对土地收益分配的权利，均存在着无法逾越的局限性。

与其他省市相比，天津市政府抓住历史性机遇，于2005年起在新农村小城镇建设中以三批示范镇、示范村试点的方式，试行了“以宅基地换房”方式推进农村城市进程的新制度，探索出一条与以往不同的集体土地流转的新途径。如果将这种创新途径在现行物权法律的框架下进行考量，“以宅基地换房”无疑是最符合立法精神和建设社会主义新农村需要的，是维护了农民根本利益的！

**一、集体建设用地流转的法律界定**

《中华人民共和国土地管理法》第4条第2款规定国家编制土地利用总体规划，规定土地用途，将土地分为农用地、建设用地和未利用地。严格限制农用地转为建设用地，控制建设用地总量，对耕地实行特殊保护。这就是我国法律对土地用途管制的界定，集体土地中的农用地只能用于农业生产，且国家严格控制将农用地转为建设用地的总量。而集体土地中的建设用地，从用途上界定有三种：

（1）村镇企业用地；

（2）村民住宅用地；

（3）村庄公共设施和公益事业用地。

上述三种集体建设用地的所有权人为农村集体经济组织，使用权人除农村集体经济组织外为村镇企业和农村集体经济组织成员个人，均为经批准后初始取得。这种集体建设用地所有权和使用权初始取得后，即使在村镇企业之间和农村集体经济组织成员个人之间发生转移，因并不存在权利主体身份性质的变化，而不能被视为交易行为，亦非本文所要探讨的集体建设用地所有权和使用权的流转。

那么，现行法律允许集体建设用地所有权向农村集体经济组织以外的其他权利主体转移即流转吗？《国务院关于发展房地产业若干问题的通知》（国发［1992］61号）明确规定：集体所有土地，必须先行征用转为国有土地后才能出让。这与《中华人民共和国城市房地产管理法》9条规定一致：城市规划区内集体所有的土地，经依法征用转为国有土地后，该幅国有土地的使用权方可有偿出让。这就说明，我国法律不允许集体建设用地所有权人将集体建设用地所有权向除国家主体以外的其他权利主体流转。集体建设用地的所有权只能经过一种途径、向一个权利主体转移，即经依法征用转为国家所有。而这时，集体土地也就根本丧失了它的本来属性，与农村集体经济组织和农村集体经济组织成员没有任何权利义务关系了。

那么，现行法律允许集体建设用地的使用权向农村集体经济组织以外的其他权利主体流转吗？答案是肯定的。《国务院关于发展房地产业若干问题的通知》（国发［1992］61号）规定：农村集体经济组织以集体所有的土地资产作价入股，兴办外商投资企业和内联乡镇企业，须经县级人民政府批准，但集体土地股份不得转让。《中华人民共和国土地管理法》第63条规定：农民集体所有土地的使用权不得出让、转让或者出租用于非农业建设。但是，符合土地利用总体规划并依法取得建设用地的企业，因破产、兼并等情形致使土地使用权发生转移的除外。《中华人民共和国土地管理法》

第62条规定：农村村民出卖、出租住房后，再申请宅基地的不予批准。《中华人民共和国担保法》第36条规定：乡（镇）、村企业的土地使用权不得单独抵押，以乡（镇）、村企业的厂房等建筑物抵押的，其占用范围内的土地使用权同时抵押。

归纳上述法律法规的内容，我们清楚地认识到，现行法律允许农村集体建设用地使用权权利主体发生转移，即依法流转集体建设用地使用权的只有四种情形：

（1）因集体企业破产、兼并等发生的集体建设用地使用权转移；

（2）因集体建设用地使用权作价入股发生的转移；

（3）因农民住宅出租而宅基地使用权的一并转移；

（4）因农村集体所有建筑物抵押而发生的集体建设用地使用权转移。

就是说，除非以上乡镇企业破产兼并、集体建设用地作价入股、农民住房出租、集体房产抵押四种情形之外，其他任何形式的集体建设用地使用权流转，均为现行法律所禁止。

所以，以现行法律法规来界定农村集体建设用地流转的概念，是指在保持农村集体建设用地所有权权利主体不变的条件下，将集体建设用地的使用权在法定的几种情形下且在一定年期内向农村集体经济组织以外的其他权利主体转移。

**二、安徽、大连、广东三省市实施的集体建设用地流转制度分析**

2002年10月23日，安徽省颁布实施了《安徽省集体建设用地有偿使用和使用权流转试行办法》；2004年3月1日，大连市颁布实施了《大连市集体建设用地使用权流转管理暂行办法》；2004年10月21日国务院颁布了《国务院关于深化改革严格土地管理的决定》（国发［2004］28号），明确指出：在符合规划的前提下，村庄、集镇、建制镇中的农民集体所有建设用地使用权可以依法流转。2005年10月1日，在国务院行政法规的明确指导下，广东省颁布实施了《广东省集体建设用地使用权流转管理办法》。

三省市集体建设用地流转制度的主要特点有三个：

（1）均突破了现行法律允许农村集体建设用地使用权流转的破产兼并、作价入股、出租、抵押四种形式，建立了农村集体建设用地使用权非经政府征收才允许出让、转让制度，指符合土地利用总体规划、城市规划和村镇建设规划的集体建设用地所有者，将一定年期的集体建设用地使用权不需要通过征收变为国有土地，就可以直接让与农村集体经济组织以外的土地使用者，由土地使用者向农村集体建设用地所有者支付出让价款的行为，或者是指农村集体建设用地使用权人将集体建设用地使用权在剩余年期内再转移的行为。

（2）均没有突破现行法律规定的集体建设用地使用权流转后不得用于商品房地产开发和住宅建设的约束。

（3）通过集体建设用地使用权流转获得的土地收益，均归集体建设用地所有者，其中虽然规定50%以上应当用于本集体经济组织成员土地开发整理和安排社会保障，但其余部分的土地收益不仅用途模糊，也成为各级集体经济组织主管部门截留土地收益改为其他无关用途的借口。

三省市集体建设用地流转制度的局限也有三个：

（1）对农村中大量的存量建设用地，则基本不能流转。造成在较长时期内，农村存量建设用地大多仍处于集体经济组织内部无偿（或低偿）使用或无序管理状态。这种无序管理的状态导致自发流转用于建设商品房，是农村集体建设用地大量开发建设“小产权房”的源头，成为目前无法疏导的社会痼疾。

（2）在土地资源日益升值的趋势下，农村集体经济组织和农民并不能获得升值部分的土地收益，升值部分的土地收益实际为流转的另一方主体所享有。农村集体经济组织和农民仅仅是在一定年期内以丧失土地物权为代价，获得的土地收益也只是以使用权作为载体的一次性债权，并不能体现土地的真正价值。

（3）农村集体建设用地所有权与使用权分离的结果，既不能体现所有权的价值，也限制了使用权的价值。农村集体经济组织虽然名义上仍然是建设用地的所有者，实际上在流转期间内，已经丧失了占有、使用、收益、处分几乎全部的权能。

**三、“以宅基地换房”制度在全国开创了集体建设用地依法流转的新型途径**

2005年下半年起，天津市政府以国土资源部国土发［2005］207号《关于规范城镇建设用地增加与农村建设用地减少相挂钩试点工作的意见》确定天津、江苏、山东、湖北、四川等五省市为试点单位的契机，首先以滨海新区的重要城镇——华明示范镇等“两镇三村”为一期示范试点，在小城镇建设中实施“以宅基地换房”制度，推动农村宅基地和其他村庄建设用地流转制度改革创新。以华明示范小城镇为例，华明镇12个自然村13，268户村民，在“承包责任制不变，可耕种土地不减，尊重农民意愿，以宅基地换房”四项原则下，将每户村民拥有的集体宅基地使用权和村集体所有的村庄公共设施和公益事业建设用地合计12，071亩予以复耕，在总共占地8427亩的新建小城镇中为每户村民置换约100平米拥有房屋所有权和国有土地使用权的商品住房，以及全体村民共同拥有的配套齐全的公共设施使用权，仅占用了城镇建设用地3476亩，相当于小城镇总面积的41%。其余节约出来的4951亩城镇建设用地按照小城镇整体规划要求，公开上市交易，出让这些土地所取得的收益，用以平衡小城镇建设成本和维护费用。此外，还有4000余亩农村建设用地指标可以调剂使用，为农村集体经济的发展预留了广大空间。

这就是天津市政府抓住历史性机遇，突破土地和资金瓶颈，在全国首创的“以宅基地换房”制度。2006年5月26日，《国务院关于推进天津滨海新区开发开放有关问题的意见》（国发｛2006｝20号）指出：支持天津滨海新区进行土地管理改革。在有利于土地节约利用和提高土地利用效率的前提下，优化土地利用结构，创新土地管理方式，加大土地管理改革力度。开展农村集体建设用地流转及土地收益分配、增强政府对土地供应调控能力等方面的改革试验。在国务院文件的支持和“两镇三村”一期试点成功的基础上，天津市政府又分别批准了“九镇三村”二期试点和“六镇三个组团”三期试点，“以宅基地换房”制度将在三期试点的成熟经验基础上，在全市范围内推广。

（一）“以宅基地换房”中的农村集体建设用地流转方式

“以宅基地换房”的实质是农村集体经济组织成员将各自拥有的宅基地使用权统一交还给农村集体经济组织后，农村集体经济组织作为一方物权主体，用整个村庄建设用地的使用权及部分所有权，与另一方物权主体小城镇项目投资建设方的新建小城镇住宅房屋和公共配套设施进行等价交换，完成了平等民事主体之间协议交换物权的合法过程。其中，发生了两种农村集体建设用地流转方式：

第一种流转方式是：农村集体经济组织以集体建设用地的使用权及部分所有权（供村、镇或村、村之间权属调整）置换为新建小城镇中分配给农村集体经济组织成员住宅房屋的所有权和与住宅及共用设施相应的国有建设用地使用权。

其表现形式，如华明镇所辖12个行政村共有12，000余亩村庄建设用地（拆旧地块），置换8400余亩小城镇建设用地（建新地块）中的130万平米示范小城镇住宅房屋和公建设施（仅占用3400亩建设用地），安置了全镇13，268户村民的41，000人口。每户村民所获得的小城镇住宅房屋按宅基地换房的政策享受国家经济适用房的待遇，领取国有土地使用权证和私有房屋所有权证。该3400亩集体建设用地的流转，即为以宅基地换房发生的第一种流转方式。

第二种流转方式是：在宅基地换房中通过科学规划、集约使用而节约下来的建新地块上城镇建设用地，通过土地交易市场向其他任何市场主体流转，以招标、拍卖、挂牌出让获得土地收益的最高市场价值，全部返还给农村集体组织和其成员享有，平衡小城镇房屋和公共设施建设成本和管理维护的资金支出。其表现形式，如华明镇，置换建新地块上小城镇中3400亩安置村民住宅和共用设施建设后，节约的4900余亩城镇建设用地，通过招标、拍卖、挂牌出让获得约40多亿元人民币的土地出让金，实现了土地最高市场价值所获得的收益，用来平衡建设小城镇的建设资金和维护费用需求。

在此必须要解释的是：在以宅基地换房中发生的对建新地块的征收及对拆旧地块的复耕与传统意义上的土地征收征用完全不同。建新地块的征收在宅基地换房中仅仅是为了给分散居住的农民提供小城镇生态宜居、公共配套设施齐全的新型城镇住房的一种手段；对宅基地等拆旧地块复耕，仍归集体经济组织使用。因此“征收”不是宅基地换房的本质特征，因为对建新地块征收的意志表现和使用结果以及对拆旧地块复耕后的权利归属安排，均反映了一种全新的物权置换流转法律关系：

第一，“征收”本是政府强制性的意志表现，是不考虑被征收主体意愿的。而宅基地换房中建新地块的征收，是从农民的自身利益出发，从总体规划开始均是农民整体利益、长远利益的体现；建新地块中用于建设农民还迁房及配套公建设施的土地无偿划拨使用；用宅基地使用权与建新地块上新建小城镇住房置换则是农民的自愿选择，是农村集体经济组织三分之二以上成员共同意志的结果。而且，建新地块中用于招拍挂公开出让的土地收益，全部用于平衡农民还迁房及公共设施建设资金需求，政府不取分文。所以说，“征收”不是宅基地换房的本质特征。

第二，对宅基地换房中的拆旧地块，除复耕为农业用地归还建新地块借用的城镇建设用地指标外，复耕的土地仍然由镇、村集体经济组织耕种使用，只不过需要在镇与村、村与村集体经济组织之间进行必要的权属调整。对拆旧地块只存在使用性质的变化，并不发生土地被征用为国有的情形。从拆旧地块的权属性质上看，与征收无关。所以说，“征收”不是宅基地换房的本质特征。

（二）“以宅基地换房”流转农村集体建设用地 具有如下特点：

（1）突破了农村集体建设用地只能是使用权在法定的破产兼并、作价入股、出租、抵押四种形式下流转，而集体建设用地所有权不能流转的局限。按照国土资源部（2005）207号文件《关于规范城镇建设用地增加与农村建设用地减少相挂钩试点工作的意见》的规定，可以用农村建设用地复垦出来的耕地（拆旧地块）归还预借的挂钩周转新增的国有建设用地指标，实现了没有增加城镇建设用地而农民住上了商品房的梦想。

（2）以宅基地换房实践了中央对滨海新区集约利用土地和提高土地利用效率的土地改革探索：华明镇12个自然村占用12000亩农村建设用地，浪费土地资源、浪费公共设施资源。而宅基地换房后只使用3400亩城镇建设用地，就使全体集体经济组织成员可以在新型、高品位的小城镇里安居乐业，告别落后的传统生活方式，充分享受农村城市化的改革成果。

（3）以宅基地换房盘活了部分闲置的、使用效率低下的存量农村集体建设用地，补充了国有建设用地市场开发的需求，突破了农村集体建设用地所有权不能流转和不能用于商品市场开发的掣肘，探索出一条集体建设用地通过建新拆旧挂钩置换直接进入土地市场进行交易的合法途径；可以说，这是以宅基地换房制度对滨海新区土地改革试验中分量最重的部分！

华明镇原有集体建设用地拆旧复耕置换城镇国有建设用地建新地块8427亩，其中新建农民住宅区占地3476亩后节约的4951亩城镇建设用地，通过招、拍、挂方式出让给其他市场主体，用于商品住宅、公共设施建设。

（4）以宅基地换房将土地升值部分的收益全部归农村集体和村民，实现了农民对土地物权利益的最大化。例如如华明镇节约的4900亩建设用地，通过招拍挂上市出让获得约40多亿元土地出让金是市场交易的最高价值。该40多亿元土地出让金实际上转化为小城镇的住宅房屋和公共设施建设成本和维护资金，最终由全体华明镇村民享有；而如果按过去实行政府征收，只能得到2.5亿元上下的补偿费。

（5）在有效突破了土地、资金两大瓶颈后，以宅基地换房完成了天津农村城镇化的提速进程。仍以华明示范镇为例，在政府不投资、农民不掏钱的条件下，2006年5月华明示范镇开工建设，2007年10月竣工建成，2008年1月华明示范镇各居民小区已全部具备搬迁条件。试想，如果华明镇等待政府财政投资或依赖集体经济组织成员集资，来解决小城镇的建设资金，那么很可能华明示范镇在今天仍然只是一幅想像中美好的蓝图。

所以，正是以宅基地换房制度的成功实践，天津市政府也因此适时调整了天津新农村建设的进度，变更了原计划至2015年要完成的任务，在党的十七大召开期间，向中央提出了保证提前在2011年将118万名津郊农民迁入新型小城镇居住的奋斗目标。

“以宅基地换房”这一创新改革的深远意义在于，城乡统筹发展、农村城镇化建设是解决三农问题的根本出路，而农村城镇化对土地的旺盛需求与我国实行的耕地严格保护制度存在冲突。而目前，我国八亿农民在农村都有宅基地，每年有1.8亿农民在城镇务工，一大部分宅基地闲置。更何况，村庄散落、居住分散，农村建设用地效率低下。农村建设用地通过宅基地换房模式，节约、集约利用农村建设用地，并且使农村建设用地可以上市交易，可以进行商品房建设，可以进行商业开发，使固化的土地资源转化为可以流动的资本。既满足了农村城镇化过程中对建设用地的增长需求，又不减少可耕地数量，甚至还可增加耕地，有效守住全国耕地不少于18亿亩这条“红线”。

**四、天津市急需地方立法以规范宅基地换房制度**

鉴于宅基地换房制度的成功实践和将在全市范围内普及适用，天津市立法机关应当尽快启动地方立法程序，规范和完善宅基地换房制度，保障集体建设用地流转有序进行并符合地方法律法规。其急迫性在于以下几个方面：

（1）以宅基地换房在制度设计上存在法律障碍，即必须通过征收才能完成集体建设用地所有权流转为国有。在省级地方立法已有安徽、广东等省份成熟经验的基础上，天津应当尽快立法允许集体建设用地使用权和所有权非经征收程序直接出让和转让。

（2）征收的政府强制性意志与宅基地换房的自愿原则互相冲突，不仅在法律理论界造成定性不准的争论，也给向广大农民群众宣传宅基地换房工作带来不利的社会影响。

（3）天津是国土资源部清理调查“小产权房”情况比较集中的省市，天津应当通过立法杜绝和减少利用集体建设用地开发建设“小产权房”，并将集体建设用地流转纳入有序管理的机制。

（4）在上位法律《物权法》具有明确立法宗旨的基础上，滨海新区作为中央允许先行先试的改革试验区，特别在中央（国发［2006］20号）文件“支持天津滨海新区进行土地管理改革，在有利于土地节约利用和提高土地利用效率的前提下……，开展农村建设用地流转及土地收益分配、增强政府对土地供应调控能力等方面的改革试验”的明确指导下，天津应当在制定土地管理法律法规方面走在全国前列。

**作者张小娜介绍**

1984年从事专职律师工作，大学本科，一级律师，现为天津四方君汇律师事务所合伙人，房地产部部长。天津市律师协会农村城镇化业务委员会副主任。执业风格是理论和文字功底扎实，处理法律事务认真勤勉、严谨规范。以担任行政机关、银行、外资集团公司、中外合资、大中型内资企业常年法律顾问积累的业务经验，成功地代理了多起投资纠纷、土地使用权纠纷、商品房买卖纠纷、房屋拆迁纠纷、物业管理纠纷等有影响的案件。2006年起，主要为天津市政府在小城镇建设中创新的“以宅基地换房制度”实施示范小城镇试点建设项目，如华明示范小城镇、茶淀示范小城镇、团泊示范小城镇、子牙示范小城镇等项目，提供全程法律服务。在专项服务于小城镇建设项目中，除积累了大量法律服务实务经验外，还成为多个课题研究组的成员，发表了《宅基地换房中的政府行为》、《天津小城镇建设中的村民资格问题》等文章。因具有丰富的专业经验，还被天津仲裁委员会聘为房地产调解中心调解员、友好仲裁员。

担任天津市律师协会未成年人保护专业委员会主任，所领导的公益律师团队，在未成年人保护公益事业中做出了突出成绩，被各级政府授予多种荣誉称号：“全国级青少年维权岗”、“全国维护妇女儿童权益贡献奖”先进集体、“全国未成年人保护特殊贡献律师”、“第三届法律援助先进个人”等。

# 受贿人揭发对合行贿犯罪的情节认定研究

肖志军* 律师

**引言**

自首制度凭借其特有的意义和价值，在我国刑法体系中占有重要地位。自首制度历千年而不衰，对其理论研究更是历久弥新。经过漫长的发展与完善，时至今日，我国的自首制度已初具完备形态。但在具体适用时，有关自首与立功的认定的个别疑难问题，在认识上仍存有分歧，对个别案件的处理甚至有违立法的初衷。本文拟通过笔者承办的疑难案例揭示自首与立功的区别与联系，特别是两者之间的竞合关系。案例简介如下：重庆市开县市政管理局副局长张某于2010年因涉嫌渎职罪被检方传讯（经查实，渎职罪不成立），其在传讯期间主动交代了自己的受贿事实，并揭发了与该受贿案对合的行贿人李某。后经检察机关查实，李某依法被逮捕。笔者作为被告辩护人参与了该案的审理。

**一、法学界的不同观点**

根据刑法的规定，自首可分为两种：一般自首和特别自首。一般自首也被称为普通自首，是指犯罪分子犯罪以后自动投案，如实供述自己罪行的行为。特别自首，亦称“准自首”，是指被采取强制措施的犯罪嫌疑人、被告人和正在服刑的罪犯，如实供述司法机关还未掌握的本人其他罪行的行为。立功是指犯罪人揭发他人犯罪行为，查证属实，或者提供重要线索，从而得以侦破其他案件的情形。而张某交代自己的犯罪事实并揭发与之对合的行贿

* 北京商安（重庆）律师事务所。

人的犯罪行为，能否成立自首，又同时成立立功，在法学理论界和司法实务中并不明确，归纳起来有两种不同观点：

第一种观点认为，行为人因犯罪被采取刑事强制措施，在刑事诉讼过程中，行为人自动交代自己的受贿事实并检举揭 发行贿人，且检察机关根据行为人的检举揭发，查获了该行贿人的犯罪事实，应当认定为“自首并有立功”。持第一种观点的学者主要是基于以下理由：(1) 从法律规定的立功条件看，符合“自首并立功”的条件。《刑法》第 68 条 规定，行为人是否具有立功表现，关键要看行为人是否检举揭发了“他人”的犯罪事实并查证属实，或者为检察机关侦破其他案件提供了重要线索。这就意味着，行为人只要符合立功的两个条件之一，不论其检举揭发的他人犯罪是否与自己的犯罪有关联，都不影响立功的成立。(2) 从刑罚处罚的规定看，受贿人在被追诉前主动交代自己行贿行为的，可以减轻或者免除处罚，但无法解决受贿人在“被追诉后”主动交代受行为的从宽处理问题，需要通过自首、立功制度来解决这一问题。(3) 从贿赂犯罪的特殊性和司法实践中查处该种犯罪的难度看，对受贿人检举揭发行贿犯罪的行为认定为“自首并立功”，从而化解受贿人强烈的畏罪心理，积极检举揭发他人行贿犯罪事实，争取宽大处理，所以这样认定有利于行贿案件的查处。

第二种观点认为，受贿人在刑事诉讼过程中，自动交代自己的受贿事实并检举揭对合的行贿人，且检察机关根据行为人的检举揭发，查获了该行贿人的犯罪事实，只应当认定为“自首”。持第二种观点的学者主要是基于以下理由：(1) 自动交代与检举揭发貌似数行为，实为一个行为。根据行贿罪的构成要件以及自首的成立条件，若要认定行贿人为自首，则必须将收受财物的国家工作人员为谁、收受了多少贿赂、收受贿赂是否已经完成等关键问题交代清楚，所以检举揭发是受贿人“如实供述”的应有之义。(2) 如果把自动交代与检举揭发行贿人的行为认定为“自首并立功”的话，则是对一个行为进行双重评价，有放纵犯罪的嫌疑。受贿行为不仅危及党的健康、生命，而且还威胁到国家的前途与命运，受贿罪是一种性质极为恶劣、危害极大的犯罪，我们必须对其予以严惩，而不能以宽严相济为借口，放纵该种犯罪行为。

**二、笔者的观点—情节竞合**

笔者认为上述两种“认定”都存在逻辑上的瑕疵，受贿人主动交代受贿事实并检举揭发行贿人的行为，既成立自首同时满足立功的构成要件（观点一已有详述，在此不复赘言），但不能认定为“自首并立功”，而应认定为“自首与立功的竞合”。理由如下：

（1）行为人实施了一个“核心行为”。众所周知，一般自首包括两个构成要件：犯罪以后自动投案和犯罪嫌疑人如实供述自己的罪行。两个要件缺一不可，在受贿罪中，犯罪嫌疑人如实供述必须包含承认受贿事实以及赃款的来源即“揭发对合的行贿犯罪”，我们发现，如果没有“揭发对合的行贿犯罪”这个行为，那么其既不成立自首，也不成立立功，因为如实供诉对合的行贿犯罪是受贿人自首的应有之义，只有受贿人揭发对合的行贿犯罪，才能成立自首。同时，正是这个“揭发对合的行贿犯罪”的行为满足了立功的构成要件。对实为一个行为的“揭发对合的行犯罪”，刑法条文却对其进行了两次法律评价：当对受贿人认定为自首时，将其纳入自首的评价框架；当对受贿人认定为立功时，又将其纳入立功的评价框架。

（2）认定为自首与立功的竞合合理兼顾了该制度的功利价值和公正价值。刑法为什么设置自首与立功制度？这涉及对自首与立功本质的认识。从法理上讲，立法精神是有利于发现犯罪，减少在侦查案件上的投入，抓捕犯罪分子并及时打击犯罪，提高效率。立功制度的功利价值有利于实现社会保护机能，并对犯罪人是一种可预期的利益诱惑，公正价值主要体现在立功从宽受报应制约 。英国功利主义思想家边沁认为，功利主义是指“根据每一种行为本身所能够增加还所减少与其利益相关的当事人的幸福这样一种趋向，来决定赞成还是反对这种行为”。从设立自首与立功制度目的和从社会方面上看，打击犯罪，保护国家、社会和人民利益，节省司法资源，尽最大可能抓捕罪犯和有利于刑罚目的的实现，能够实现整个社会最大多数人的最大幸福；对犯罪分子而言，立功而获减轻处罚，为了避苦求乐但对国家和社会有益，利己的主观动机促成了利他的客观后果，但它毕竟对社会有利，符合最大多数人的最大幸福要求，因而符合功利主义学说；对被害人而言，立功行为增进了社会整体的福利，被害人也可从中受益，个人利益的丧失服务了社会整体利益。

**三、自首与立功竞合的处断方法**

由此，根据刑法理论中关于想像竞合犯的规定及处断原则：想象竞合犯，是指行为人实施了一个犯罪行为，一行为触犯了数个罪名。根据法学界的通说，想象竞合犯的处理原则是择一重罪定罪量刑，包括数个量刑情节竞合的刑罚适用。受贿人揭发对合的受贿犯罪与想象竞合犯的规定有颇多相似之处，比如都是仅有一个行为，《刑法》条文均对其进行了两次评价。因此，笔者认为，受贿人揭发对合的受贿犯罪是“自首与立功的竞合”，而非“自首并立功”。

至于“自首与立功的竞合”该如何处断呢？笔者认为完全可以借鉴想象竞合犯的处断原则。根据该原则，对数个量刑情节竞合时的刑罚适用也应按照想象竞合的原则处断。当受贿人揭发对合的行贿犯罪时，也应当认定其是“自首与立功的竞合”，但到底认定为自首还是立功呢？笔者认为，应当视案件所涉及的具体情节等因素，遵循“有利于受贿人”的原则而定。根据最高人民法院《量刑规范化的指导意见》中受贿罪自首、立功情节减刑的规定，自首分为两种情形：(1) 犯罪事实未被发觉，主动投案自首的；犯罪事实已被发觉，但尚未受到讯问、未被采取强制（双规）措施，主动投案自首的；犯罪事实尚未发觉，纪检、监察、检察机关因形迹可疑或调查取证需要，找行为人教育、盘问或取证，行为人如实交待自己犯罪事实的，视为自首的；纪检、监察、检察机关已经发觉的事实不构成犯罪，而行为人又交待纪检、监察、检察机关不掌握的其他犯罪事实的。(2) 纪检、监察、检察机关已经发觉行为人的犯罪事实，行为人交待的事实与纪检、监察、检察机关掌握的事实性质不同的自首；犯罪后逃跑，在被通缉、追捕过程中，主动投案自首的，其中前一自首情形的减刑幅度大于后一自首情形。立功又分为一般立功和重大立功，一般立功可以参照后一自首情形的量刑规则；重大立功可以参照前一自首情形的量刑规则，适用立功表现量刑情节从宽处罚的幅度，应略小于自首量刑情节。所以，前一自首情形的减刑幅度略大于重大立功，重大立功大于后一自首情形，后一自首情形略大于一般立功。当然这是理论上的减刑幅度，在实践中应该首先确定自首、立功的性质，然后分别确定最后的减刑幅度，通过两种减刑幅度的比较，选择减刑幅度较大者为最后的处断情节。

**结束语**

在反腐形势日益严峻的今天，司法工作者应该运用好“自首”与“立功”这两把反腐“利剑”，同时承认“自首”与“立功”竞合的情形。既不能以宽严相济的刑事政策为借口，突出强调“自首”与“立功”的功利价值；也不能因为受贿行为是一种性质极为恶劣、危害极大的犯罪，而过分凸显“自首”与“立功”的公正价值。在实践中，功利价值和公正价值存在矛盾和冲突，主要表现为功利挤压公正。自首和立功制度的价值定位应当是以价值中立为指导，合理兼顾功利和公正，调和其中的冲突，维持其间的平衡，而不能厚此薄彼。在反腐的司法实践中，只有合理兼顾“自首”与“立功”的功利价值取向与公正价值取向，才能在及时打击犯罪，保护国家、社会和人民利益，节省司法资源，提高司法效率的同时，彰显国家反腐的决心，在人民群众心中树立良好的政府形象，为建立廉洁、高效、民主、法治政府打下坚实基础。

参考文献

1. 张明楷：《刑法学》，法律出版社 2007 年版，第 176 页。

2. 陈兴良：《刑法学教科书之规范刑法学》，中国政法大学出版社 2003 年版，第 193 页。

3. 高一飞、李一凡：“行贿人揭发对合的受贿犯罪应认定为‘自首并立功’，载《检察日报》、2007 年 4 月 9 日第 3 版。

4. 熊瑛：“立功制度的价值定位：功利与公正的和谐共存——兼论以非法手段获取他人犯罪线索等行为不能认定为立功”，载《宁夏社会科学》2009 年第 4 期。

5. 杰里米边沁：《论道德与立法的原则》，程立显、宇文利译、陕西人民出版社 2009 年版，第 178 页。

**作者肖志军介绍**

北京商安（重庆）律师事务所 主任律师，中共党员，重庆市律师协会青年律师工作委员会和刑事专业委员会委员，研究生学历。

专长领域：

刑事辩护、民商事诉讼代理、非诉讼法律事务等

工作经历：

1994 年毕业于西南政法大学，同年就职重庆市万州区人民法院从事民事审判。2004 年通过国家司法考试，2005 年辞职作专职律师。2006 年个人创建重庆君之合律师事务所，任主任和政治协理员；2009 年发起成立本所，任主任。

执业表现：

两次办所经历，努力践行着一个优秀共产党员的良好形象和负责人的带头模范；法官任职期间，在万州区法院连续多年评选为“先进工作者”；2008 年，曾评为“服务中小企业发展”全国优秀律师，2009 年评为万州区优秀律师，2011 年 7 月被评为重庆市优秀律师。2011 年 8 月“第四届西部律师发展论坛”在内蒙古呼和浩特市召开，其撰写的《受贿人主动投案并揭发对应行贿犯罪的情节认定研究》被评为优秀论文。

2011 年 3 月，在西南政法大学成功举办了一场精彩的“商安杯”模拟庭审大赛，专业点评和现场指导赢得了校方高度赞誉；积极贯彻“五主动”给力农民工维权活动；为深化“三进三同”活动，也深入武隆县繁荣村体验生活、体会群众冷暖。

积极参与各类培训学习（参加全国高级律师培训、中国法学会刑辩高级研修班培训、四届西部律师发展论坛、中国律师论坛等），坚决贯彻落实司法行政及律协各项通知和精神；继续信奉诚实善良、谨慎谦和、勤勉好学的职业原则，愿意毕生致力于崇高的律师职业。

# 构建和谐劳动关系存在的问题与对策

郝秀凤　周旭东*　律师

党的十七大报告提出了建设富强民主文明和谐的现代化国家，把“和谐”纳入了我国现代化建设的目标。而和谐的劳动关系作为和谐社会的重要组成部分，也愈来愈受到党和国家以及全社会的关注和重视。但随着经济体制改革的不断深化和社会主义市场经济的迅速发展，还存在 许多影响劳动关系和谐稳定的问题和因素。

## 一、和谐劳动关系建设存在的问题

### （一）劳动合同签订覆盖率低，缺乏日常管理的有效手段和措施

劳动合同是劳动者与用人单位之间确立劳动关系、明确双方权利和义务的协议。《劳动合同法》规定，无论是长期工、短期工、季节工、临时工都必须与企业签订劳动合同。但现实中推行全员劳动合同制的企业不多，许多企业仅仅与部分员工签订书面劳动合同。近年来出现的劳务派遣用工形式，劳动关系复杂，派遣单位、受派单位及劳动者之间的法律关系以及三者之间的责任、权利、义务不清晰。推行劳动合同制工作中存在的这些缺失，不仅影响了企业与劳动者之间法律关系的确立，同时也影响了企业与职工依法维护各自合法权益的权利行使，影响了企业劳动力的合理流动和职工队伍的相对稳定。

### （二）企业内部分配不尽合理，工时制度执行情况堪忧

企业内部分配差距日趋拉大，生产一线职工的收入偏低。据调查，企业增资和提高工资的对象集中于管理层、骨干层。工资分配关系上，已明显向管理层、骨干层倾斜。生产一线职工的工资水平是高层管理人员的1/4、中层管理人员的1/2左右。关于工时制度执行情况，据江苏省常州市总工会民管部对该市125家企业工时制执行情况的调查，职工加班加点的占86.64%，其中职工季度最长工时达1086小时，超过法定季度总工时580小时。意味着职工3个月不休息，且每天工作12个小时以上。有些企业对职工加班超时不按规定支付加班工资。

### （三）职工危害隐患较多，劳动保护和安全生产工作亟待加强

存在以下职工危害隐患：一是职工病发病率呈上升趋势。二是职业病防治工作“盲点”多。据江苏省常州市卫生行政部门调查，目前该市存在职业病危害的企业有7000余家，接触职业病危害因素的作业工人达15万余人，职业病种类60多种。近三年向卫生行政部门申报职业病危害的用人单位仅1516家，接受职工健康检查的职工人数累计仅6万余人。约有78%的企业和60%的职工对职工危害认识不足，防治意识薄弱，职防责任落实不到位、职业病危害因素治理不到位、职防监督手段措施不到位，给职工健康带来了严重隐患。三是女职工特殊劳动保护呈滑坡趋势。四是企业安全生产措施不到位，安全生产事故时有发生。

### （四）职工队伍不够稳定，一线职工参保率仍然较低

职工队伍不够稳定，尤其是劳动密集型企

---

* 江苏东晟律师事务所。

业的熟练工流动性大。纺织、服装行业更为突出，职工流动性大的原因是多方面的，其中不签订劳动合同或劳动合同短期化，用工不规范，以及连续的超工时、没有休息日和收入低是重要因素。另外，企业在岗职工参加社会保险的情况仍不乐观。许多企业对职工养老保险、医疗保险、失业保险及工伤保险均未交纳。

（五）劳动纠纷频发，少数企业劳资矛盾相对比较突出

近年来，劳动纠纷、劳动争议逐年增多，劳资矛盾显现，有些表现得比较激烈。一些企业因终止合同、解除合同和报酬问题，引发了职工集体上访、闹事事件，有的甚至影响了交通、影响了党政机关的正常办公秩序。有的外来务工人员为向企业讨回拖欠的工资，发生了跳楼、爬塔等严重事件。劳动纠纷、劳动争议的增多，给社会造成了许多不稳定因素。

## 二、产生影响劳动关系和谐稳定问题的主要原因

分析以上问题产生的原因，主要有以下几个方面：

（一）劳动关系双方对和谐劳动关系的认识不足

一些企业经营者把职工视作雇佣者，片面认为：企业是我办的，我怎么说你怎么干，我怎么定你就得接受，你不愿意就走人。没有把职工作为劳动关系一方的利益主体和权利主体，居高临下，缺乏法制、民主意识、平等意识、社会责任意识。而许多职工则单纯地把挣钱谋生作为进厂工作的唯一目的，存在 雇佣观念，缺乏个人利益与企业的前途、发展紧密联系的责任意识。

（二）劳动力供需矛盾缺乏有效的市场调节机制

从本质上讲，协调劳动关系要靠市场机制的调节。由于大量的下岗失业人员、大批外来工人员进城、农村失地农民的增加，以及大量大中专毕业生的就业等因素，尤其是在国际金融危机的情况下，就业、再就业形势严峻。另外相当一部分劳动者择业观念陈旧，不能适应市场经济的要求，就业结构性矛盾比较突出。

（三）政府监督管理工作尚有缺位

由于劳动关系的急剧变化，并处于新旧体制转换、新旧矛盾的交织阶段，协调劳动关系的监督管理体系尚处在探索实践过程之中，各项工作还存在着许多薄弱环节：一是劳动合同的日常管理比较薄弱。对企业签订劳动书面合同的情况不清，对劳务派遣用工形式尚缺乏规范的制度和有效的管理措施。二是推行集体合同和工资集体协商制度的力度不大、空白点多。三是社会保障体系还不完善。社会保障相关立法工作滞后，主要靠行政法规、地方性法规，甚至行政规章来调整，缺乏强制性措施。四是职业病防治、安全生产的监督管理工作还存在薄弱环节。五是劳动争议处理机制还不健全，办案效率相对较低，不利于劳动争议的及时解决。六是协调劳动关系的“三方”协调机制还处于起步阶段。尚未形成规范的工作制度和运行机制，在协调劳动关系中的作用还未体现。

（四）工会工作面临许多新问题，工会组织在协调劳动关系中的作用没有充分发挥

工会工作面临以下新问题：一是企业工会组织不健全，协调劳动关系缺载体。许多企业没有建立工会组织，相当一部分职工尤其是外来务工人员的合法权益，无法通过工会组织得到有效维护。二是职代会制度不完善，职工参与企业民主管理的渠道不畅通。三是工会基层组织建设相对薄弱，有效维权机制尚未建立。非公有制企业工会干部的利益受制于企业主，很难做到努力维护职工合法权益。

## 三、对构建和谐稳定劳动关系的几点建议

（一）加强领导，为构建和谐劳动关系提供组织保障

劳动关系的和谐稳定涉及人民群众的切身利益，涉及 每个家庭和社会的和谐稳定，与企业的发展、经济的振兴息息相关。要充分认识

构建和谐稳定的劳动关系在加快经济发展、促进社会和谐稳定中的重要地位和作用。因此要把以人为本、执政为民、构建和谐劳动关系作为加快发展、促进和谐社会建设的一项重要工作，列入各级党委、政府的重要议事日程，切实加强领导，应强化企业党组织建设，着力提高党组织在企业中的政治领导力。加强和改善党对工会工作的领导，大力支持工会依法独立开展工作，为工会组织依法履行职责创造良好的环境，把安全生产和职业病防治工作纳入地方经济社会发展规划，做到统一规划、同步实施；要提高职工收入、扩大职工参保面、提高就业率作为重要目标，纳入政府目标考核，并采取有效措施，实现职工工资增长尤其是一线职工工资增长与企业利润增长相挂钩，不断提高职工的收入水平，确保职工享受应有的社会保障，加快政府职能的转变，大力推进依法行政，优化劳动执法环境，努力提高行政执法水平，确保《劳动法》、《劳动和合同法》、《工会法》等相关法律、法规在企业的全面实施。各级党委、政府要加强组织协调，形成推进构建和谐劳动关系的工作合力。当前，要高度重视社会和职工反映比较强烈的问题，强化推进集体合同、企业工资集体协商工作的领导和组织措施，针对突出问题，根据实际情况，采取有力措施，缓解突出矛盾。

（二）创造就业机会，缓解就业矛盾，努力发挥市场机制在调节劳动关系、促进劳动关系和谐稳定中的作用

市场调节是市场经济调节下协调劳动关系的主要手段。发挥市场调节机制的作用，必须改善劳动力供需状况。建议政府要抓住机遇加快推进现代服务业的发展，在加快 常州市制造业基地建设中，不断 增加就业岗位，在加快发展高新技术产业的同时，继续发展劳动密集型产业，努力在发展中提高经济增长对就业的拉动力；加大职业教育、职业培训力度，大力发展社会办学，切实加强对企业职业教育、技能培训工作的管理和指导，不断改善职工队伍的素质结构；积极推动企业的技术进步和管理水平的提高，改变依赖延长工作时间、加大劳动强度、压低职工报酬的原始积累方式；依法严肃处理侵犯职工劳动经济权益的行为，缩短职工劳动时间，确定劳动定额，从政策上大力支持和鼓励自主创业。

（三）建立政府为主导、企业为主体、法制为基础的工作体系，为构建和谐劳动关系提供制度保障

建立和谐稳定的劳动关系，要靠制度的安排、体制的保障和法律的支撑。应从以下几个方面建立促进劳动关系和谐稳定的工作体系和长效机制：

（1）全面推进劳动合同制度的实施，规范企业用工。进一步推进劳动合同制度的实施，有利于充分保障劳动者和用人单位的合法权益，增强企业的社会责任，也是促进劳动关系良好运行以及预防、妥善处理劳动争议的必要条件。应建立健全劳动合同登记备案监督检查制度，加强对劳动合同的日常管理，对劳动合同的续约、签订、解除、终止实行全程监控动态管理。

（2）建立健全平等协商集体合同制度，实现劳动关系双方互利互赢。要以推行集体合同和企业工资集体协商制度作为重点，完善合同内容，规范平等协商的程序和方法，建立工资集体协商和集体合同工作的专业指导队伍并搞好业务培训，加强指导，强化对企业履行情况的检查督促。

（3）坚持和完善以职工代表大会为基本形式的企业民主管理制度，深化厂务公开，落实职工参与民主管理的各项权利。企业要依法建立职代会制度，赋予职代会应有的职权；公司制企业要积极推行职工董事、职工监事制度，完善企业法人治理结构；建立与企业实际相适应的以职代会为基本形式的多种民主管理的形式；进一步规范厂务公开的内容。落实职工依法享有的知情权、参与权、监督权。

（4）切实加强协调劳动关系“三方”机制

建设，发挥“三方”协调机制在协调劳动关系中的积极作用。在市场经济条件下协调劳动关系，建立完善由政府、工会和企业参加的“三方”协调机制尤为重要。切实加强“三方”协调机制建设，进一步明确“三方”协调会议制度的职能、协调原则及协调方法和程序；明确“三方”的职责任务；建立健全规范运行机制，提高“三方”协调机制的工作效能。

(5) 积极推进企业社会责任标准的达标活动，促进企业和谐劳动关系的平台建设。企业是劳动关系存续的载体，也是协调劳动关系双方利益的基地。建立和谐稳定劳动关系的出发点和落脚点在企业。要增强企业的社会责任感，引导企业把建立和谐劳动关系作为自身发展的内在要求。以推进企业社会责任标准达标活动为目的，引导和组织更多的企业参与这项活动。通过企业社会责任标准的达标创建活动，推进企业和谐劳动关系的建立。

(6) 切实加强劳动法制建设，完善劳动争议处理机制。针对劳动法律、法规不完善的问题，在职权范围内及时制定规范性文件，确保法律、法规的全面实施。加强对企业工资的有效调控，规范企业劳动定额的确定办法；建立行政执法监督与组织职工进行民主监督相结合的安全生产监督体制；进一步加强劳动监察，职业病防治，安全生产监督行政执法队伍建设，配足配强执法人员，强化行政执法力度；切实加强劳动争议仲裁机构、队伍建设，落实劳动争议三方仲裁原则，提高争议处理的效率，按照“公正、效率”和方便当事人的原则，探索仲裁机构的合理设置问题。贯彻“预防为主、调解为主、基层为主”的方针，把企业劳动争议调解纳入社会矛盾纠纷大调整机制，探索企业及区域性劳动争议调解工作的新机制。

### (四) 加强各级工会建设，充分发挥工会在构建和谐稳定劳动关系中的作用

工会是劳动关系的产物，是党和政府联系职工群众的桥梁和纽带，是国家政权的重要社会支柱，是职工合法权益的表达者和维护者。进一步扩大工会覆盖面，增强工会组织凝聚力，在协调劳动关系、服务和谐社会建设中发挥更大的作用。要加快在非公有制企业中组建工会的步伐，最大限度地把广大职工尤其是外来务工人员吸收到工会组织中来；不断完善非公有制企业工会组建工作的手段和方法，建议有条件的地方采用由上级工会向非公有制企业选派工会主席的做法，不断创新、逐步完善适合非公有制企业工会工作的方法和制度，努力维护非公有制企业职工和 常州市外来务工人员的合法权益。

### (五) 加强舆论宣传，确立社会主义新型劳动关系的价值取向，为建立和谐稳定的劳动关系提供思想保障

“自愿、平等、协商”是市场化领域协调劳动关系的基本原则。在市场经济条件下，企业经营者和企业职工都是社会主义现代化的建设者。企业依靠职工创造性的劳动创造利润，促进企业发展；职工依靠企业的发展获得就业机会和增加收入。劳资双方是利益的共同体，处理好双方的权利、义务，维护好企业和职工的双方利益，使劳动关系的改善与企业效率、企业发展形成互动，在不断提高劳动生产效率和职工利益中促进劳动关系双方的更好合作，使企业劳动关系始终保持和谐稳定的发展态势，使“劳资合作、劳资两利”的价值观成为企业劳动关系双方平等协调关系的共识和思想基础。

**作者郝秀凤介绍**

女，1970 年 6 月 6 日出生，黑龙江省宝清县人；法律硕士；中国民主促进会会员。1996 年开始任教于常州广播电视大学，同年于现江苏东晟律师事务所从事兼职律师工作，2009 年 2 月任专职律师、合伙人、副主任。

主要经历：

1995 年毕业于黑龙江大学法律系，2003 年 ~2006 年于苏州大学攻读法律硕士；

1996 年 10 月 ~2009 年 2 月任教于常州广

播电视大学并担任法律教研室主任；

1998 年~2009 年 2 月于现江苏东晟律师事务所从事兼职律师工作；2009 年 2 月至今为江苏东晟律师事务所专职律师、合伙人、副主任。

担任 50 余家企事业单位的法律顾问，提供多渠道优质服务，树立预防纠纷为主的法律理念；承办案件几百件，为当事人挽回损失超亿元；办理 50 余起法律援助案件，其中苏某家庭暴力案被收入常州市法律援助 10 大典型案例；深入政府部门、社区、街道、区妇联、武警部队、预备役部队、常州监狱和企事业单位免费开办法律讲座 60 余次，被《常州日报》、《常州晚报》、《常州电视台》、《旅游时尚》杂志等媒体广泛报道；担任女律师联谊会执委工作并积极参加各项活动，牵手妇联巾帼维权站，带头开展各项活动；学术成果丰硕，先后在《中国司法》、《法制日报》、《中国民营经济与科技》、《社科研究》等权威刊物上发表论文十余篇；撰写的论文先后获得国家、省、市级奖项二十余项，并多次在中国法学会及市委政法委及法学会举办的有关论坛上交流。

奖励：

2003 年 5 月荣获常州市教育局三等功

2007 年度常州市钟楼区精神文明成果提名奖

2007~2008 年度民进常州市委优秀会员

2005 年知识产权战略与技术创新论坛一等奖

2007 年常州市法学会论文一等奖

2009 年中国经济法三十年论文二等奖

2009 年度构建和谐常州论文研讨会二等奖

社会职务：

民进常州市委法律财经委员会副主任、常州市法学会企业法委员会秘书长、常州市律师协会女律师联谊会执委、常州市律师协会刑事委员会委员、常州市钟楼区关心下一代义务普法讲师团讲师、常州市中小学生命教育讲师团讲师、常州市妇联特邀调解员。

# 特许经营中知识产权的保护

尹冬生* 律师

特许经营源自英文 franchising，其含义是指授予某人一项特许（franchise）和自由。在我国，2007 年颁布实施的《商业特许经营管理条例》定义特许经营为：拥有注册商标、企业标志、专利、专有技术等经营资源的企业（以下称特许人），以合同形式将其拥有的经营资源许可其他经营者（以下称被特许人）使用，被特许人按照合同约定在统一的经营模式下开展经营，并向特许人支付特许经营费用的经营活动。一百多年的发展历史已向世界表明，它作为目前最优秀的经营模式之一无可厚非。特许经营制度既包括知识产权也包括其他权利的许可使用，用于提供货物或服务的一揽子安排，而其中知识产权的许可使用是特许经营的核心。每一项特许经营都包括知识产权的运用。它是特许经营体系得以创立和发展的基础，为特许人带来经济利益，同时提供给被特许人以重要的竞争优势。特许经营体系若离开知识产权是不可能建立和发展起来的。因此，知识产权的集中许可是特许经营系统的核心价

* 四川拓泰律师事务所主任。

值之所在。保护并发展特许人的知识产权作为特许人的常规性发展策略，对特许经营的成功与否发挥着至关重要的作用。

以往大部分保护知识产权的文章都是通过把知识产权分为著作权、商标权、专利权、商业秘密权、域名权等方面进行单独论述。但是笔者 以为，这样的论述只是表达了知识产权一个静态的保护手段，但在实践中，企业的知识产权是处在不断变化和发展之中的，所以本文将从动态的视角论述特许人该如何保护自身的知识产权。

**一、知识产权研发的保护**

企业知识产权的研发一般分为自主研发、合作开发。这两种方式都可以使企业拥有一定的知识产权，但由于其根本性质的差异，对其的保护策略及侧重也有所不同。

对于企业自主开发的知识产权，包括商标、商号、专利等，在研发阶段其实都是商业秘密。在知识产权的研发过程中，各种数据、设计方案、技术程序等资料“汇聚一堂”，研发中商业秘密泄露的风险非常突出，特许人对核心员工缺少有效监控往往是导致秘密泄露的主要原因。另外，各种广告、展览等信息发布行为也可能引起特许人竞争对手的重视，在技术上取得率先突破。笔者建议，在知识产权研发阶段，特许人应做到：第一，尽量缩小知悉商业秘密人员的范围，知悉的人越多，就意味着被泄露的机会越大，一般允许知道商业秘密的人员只包括特定开发人员和极少数核心管理人员。第二，特许人需对企业的人才流动加以密切关注，包括员工的辞职、离退休、辞退等情况。第三，对员工发表论文等情况予以留意，员工也许为了个人利益擅自将在工作中取得的技术成果等知识产权发表出来，这样就造成了企业商业秘密的外流。第四，与相关员工签订保密协议或竞业禁止协议，通过合同加强对知识产权的保护，为以后的维权提供一定的权利依据。第五，对各种展览、广告应严格规划，对宣传目的、宣传内容进行严格审核，避免因过失泄露企业的商业秘密给予竞争对手以方向性的提示。

在知识产权的合作开发中，特许人常面临的风险很多，如特许人不能取得知识产权、合作对象违约、单方承担合作风险。所以在合作研发知识产权的保护方面，笔者提出以下建议：第一，合作对象选择需谨慎，特许人应对合作者的资信情况、经济实力、技术研发水平、诉讼情况等进行全面的调查，如果初期不严格筛选，研发进行到中途时将左右为难。第二，严格合同约定，任何商业合作都是以合意为基础的，而这个合意的表现形式便是合同。对合作开发（包括委托开发、创作）的权利归属进行约定是首要大事，各方根据合作开发所享有的权利应在合作协议中明确规定，不能含糊。第三，谨防合作方的泄密，合作方为了私利也许单独将合作作品、技术等转售他人，或许可他人使用，当第三人善意取得时，特许人的利益将不可避免地遭到损失。留意合作方的举动也是特许人加强知识产权保护的一个重要手段。

**二、知识产权的运营保护**

知识产权的运营一般包括知识产权的转让、许可使用以及投资融资。在特许经营中，涉及最多的是知识产权的许可使用。对于知识产权的许可使用，一般分为三种：一为独占许可，是在约定的期间、地域，以约定的方式权利人许可一个被许可人使用其权利，依照约定，权利人不得使用该项权利；二为排他许可使用，指权利人在约定的期间、地点和以约定的方式许可一个被许可人使用其权利，权利人依约可以使用该项权利，但是不得许可其他人使用该项知识产权；三为普通许可使用，相比前两者，普通许可使用的许可人不仅可以在约定期间、地域以及以约定的方式使用被许可的知识产权，还可以许可其他人使用知识产权。

知识产权的许可使用构成了特许经营的核心，那么如何保护在许可使用中知识产权的完整性呢，笔者从以下几方面给出了建议：第一，选择受许人需严谨。知识产权的无形性决定了其易受侵犯性，尤其像商业秘密这种不能通过注册、申请等方式获得保护的知识产权，为了防止受许人泄密，在受许人的选择上，不能仅考虑受许人的财产状况，受许人的道德状况、人生经历等都是特许人需考察的方面。第二，许可方式的选择应灵活，许可方式的选择关乎特许人及受许人双方的利益，选择合适的许可方式，不仅可以保护知识产权，也给企业带来利润的最大化，在知识产权保护方面，二级特许人也许比特许人本身做得更好。特许人应根据自己的战略计划决定哪些区域进行普通许可，哪些区域可以给予某个受许人排他许可权等。第三，合理的授权范围，虽说特许人有义务把自身的经营资源授予给受许人，但是并不意味着有义务将所有的经营资源授予被特许人，特许人应该有选择地进行许可。第四，做好产品或服务的质量监控。现在社会中，“凭牌购物”的趋势已不可阻挡，商标就代表了特定的产品和服务，具有“一荣俱荣，一损俱损”的功效，保护商标权的范围不只是保护其不受侵犯，也包括保护其代表的商品荣誉，无污染的商标对特许人的品牌利益及长期发展都影响巨大。第五，约定不竞争条款和竞业禁止条款，不竞争条款类似于劳动法上的竞业禁止条款，其不同在于竞业禁止条款的相对方为劳动者，而特许经营中不竞争条款的相对方为受许人。特许人可以分别与受许人和劳动者签订协议，要求受许人和相关雇员在合同期间及合同完毕后一定期间不得进入与特许经营有竞争业务的单位工作，也不得自行设立这样的组织。第六，约定相关违约责任，违约责任的性质在于事后救济，但不可否认，违约责任的约定有事前防范的作用，可以给受许人一个警示，不管从哪方面来说，在特许经营合同中专门约定知识产权方面的违约责任，对保护知识产权有重要作用。

**三、特许人日常管理中的知识产权保护**

知识产权的日常管理是知识产权保护中最基础的，也是最重要的工作。特许人加强知识产权的日常管理，对特许人知识产权的可持续发展有重要意义。知识产权的日常管理包括管理体制的建立、机构及人员的岗位职责等。在国外，知识产权的管理体制主要有分散管理制、集中管理制、行列管理制。分散管理的特点是各事业部及研究部门可根据产品特性等限制专利、商标等的申请件数，决定知识产权的预算，但之后对知识产权纠纷处理、对外谈判、提出异议等由知识产权总部运作。集中管理体制指全公司的知识产权管理部门按照统一的知识产权政策进行运作，最大限度保护总公司利益，在开发、制造、转让、活动中保持工作的顺利进行，对授权及授权后的所有事宜全部由总公司知识产权管理部门统筹负责。行列管理体制是按技术类别、产品类别管理知识产权。除了这三种管理体制外，许多公司根据自身情况也设计了特别的管理体制，这里不便一一列举。

为了更好地在日常生活中加强对特许人知识产权的管理，笔者认为特许人不应盲目跟从其他企业的知识产权管理体制，而需结合自身所有的知识产权数量、性质、技术型等建立自己的知识产权管理体制。结合自身经验，笔者建议特许人可以从以下几方面考虑建立企业的知识产权管理体制：首先，特许人需设立专门的知识产权管理机构，不管这个部门是隶属于哪个部或者直接归总经理负责，这个部门的存在不可忽略。这个部门可以对专利、商标等知识产权进行统一的统筹管理。根据每个特许人自身性质的不同，还可以在这个机构下面设立不同的小组，如品牌办公室、SI 管理办公室。再次，对知识产权管理机构的任务与职责方面，特许人也应该高度重视，如对竞争对手的知识产权情况调查研究、审核知识产权合同、确定最有利的权利保护方式、搜集相关文献、建立侵权预警机制等这些由哪个部门负责应予以落实。最后，在知识产权的管理中，笔者认为落实岗位责任制度很有必要，特许人设置岗位责任制需遵循以下原则：因事设岗，职责相称；权责一致，责任分明；任务清楚，要求明确；责任到人，便于考核。设立岗位责任制，不仅在一定程度上可以增加员工对知识产权保护的积极性，同时对没有认真履行职责的员工起到追究责任的作用。

在知识产权的日常管理中，除了知识产权机构应严格履行其相关职责外，特许人对全体员工的知识产权教育也不可缺少。除了可以通过会议、培训对员工进行保密训练外，还可以通过发放保密手册等加强对员工保密意识的培养。

另外，笔者认为特许人在日常管理中应着重强调对知识产权载体的管理。知识产权作为无形资产，经常附属在各种文件、资料、书刊、照片、图表上等，企业应建立相关资料的登记、保管、传递、归档、借阅、移交、复制、拍摄、销毁等制度。

**四、知识产权保护的事后救济**

知识产权侵权案数量近年来一直呈持续高升状态，所以在知识产权的保护中，事后保护亦非常重要。那么在特许人遭到侵权或侵权的威胁时，可以采取哪些补救措施来减少损失呢？笔者认为，除了提起诉讼外，发警告函、敬告函、律师函、公开信等也是不错的维权方式：这样不仅可以为诉讼埋好伏笔，也可以节约企业的维权时间和金钱成本。诉讼作为最后的方法，不仅可以维护企业的正当权益，挽回损失，更可以作为一个策略，对提高企业知名度、打击竞争对手有重要作用。另外知识产权被侵犯了，也可以到相关行政部门寻求保护。

总之，知识产权是特许人长期的资产，对其保护一刻也不能放松。加强知识产权的保护也是加强对特许人核心竞争力的保护。所谓千里之行，始于足下，特许人加强对知识产权的保护刻不容缓。

**作者尹冬生介绍**

尹冬生律师，男，1972 年 11 月出生，农工党党员。现任中华全国律师协会知识产权专业委员会委员、四川省律师协会知识产权专业委员会委员、四川省律师协会保险法专业委员会委员、成都仲裁委员会仲裁员、成都市人事争议仲裁委员会仲裁员；四川拓泰律师事务所主任；蝉联2007、2010 年两届“成都市优秀青年律师”称号。

该律师在处理法律事务中具有严谨、高效的工作作风，也具有较高的法律理论水平及实践能力，受到了广大客户单位及知识产权法律业内人士的一致好评。

# 公司法人治理的双重视角分析

闫玉新* 律师

公司法人治理是一个综合性的领域。如果要深度研究、探讨公司的治理结构，就要从经济学基础上结合法律、管理学等不同学科进行系统研究。抛开任何一个领域单纯只就经济学或法学来谈公司法人治理都是片面而局限的。这个论域何其宏大，笔者希望通过本文抛砖引玉，引起同行或者对这一话题感兴趣的研究者们不断丰富对公司法人治理理论的研究。

公司法人治理结构有法学和经济学两个层面的含义。就经济学角度而言，公司治理结构

* 陕西睿诚律师事务所。

（corporate governance，又译法人治理结构、公司治理）是一种对公司进行管理和控制的体系。它不仅规定了公司的各个参与者，如董事会、经理层、股东和其他利害相关者的责任和权力分布，而且明确了决策公司事务时所应遵循的规则和程序。公司治理的核心是在所有权和经营权分离的条件下，由于所有者和经营者的利益不一致而产生的委托代理关系。公司治理的目标是降低代理成本，使所有者不干预公司的日常经营，同时又保证经理层能以股东的利益和公司的利润最大化为目标。

就法学角度而言，法人是模仿自然人而创制的一种组织体，它是世界各国规范经济秩序以及整个社会秩序的一项重要法律制度。法人作为一种组织，其不可能通过生理机能和自身的行为做出意思表示、实施行为，而必须通过由一定形式组织起来的自然人进行意思表示和实施行为。这种达成意思表示、实施行为的自然人或自然人的集合体就是法人的组织机构，或称法人机关。而公司法人治理即是这种公司组织机构之间的明确分工及相互作用的关系，具体来讲就是经营者、所有者以及监督者机关而形成的相互制约、权责明确、协调运转和科学决策的联系，同时依据法律法规或公司章程将其制度化的统一机制。

实质上说，公司的法人治理就是公司的领导组织机构通过对内部权力的分配，使各行为人之间能够相互协调、制衡，确保公司平稳、健康运转，以维护股东利益及利益相关者董事、经理、监事、员工、债权人等的共同利益得到平衡与保护。

## 一、公司法人治理的经济学作用

一个公司法人治理结构的优劣，直接决定着公司发展的规模与速度，也影响着公司的发展前景。

企业以资本为基础，因此一般公司通常都需要向金融机构借贷，以此来扩大自己的资金链，实现规模上的扩张。但是金融机构的贷款属于非自有资本，贷款到期后需要还本付息，同时还可能受到国家金融政策的影响，限制贷款数额。因此大部分现代企业都希望能够通过发行公司债券或向社会公开发行股票来筹措资金，其不但能够降低企业的融资成本，同时可以扩大公司的知名度，实现公司规模和品牌的双赢。

但是企业上市融资取决于什么呢？除了公司经营业绩、发展前景等条件外，法人治理结构的优劣在其中起着至关重要的作用。因为良好的公司治理结构是企业融资，吸引国内外资本的重要因素，由于资本市场的开放性致使投资者更愿意投资那些使自己资产保值、增值的企业，而公司法人治理结构不健全也就意味着公司不具有使投资者资本安全的可靠性，因此也就不具备上市融资的可能，即使是想获得一些私募股权或风投基金的注资，也恐怕是难如登天。

此外，现代企业制度还要求公司有“权责机制，用人机制，激励机制，监督机制”这样良好高效的运行机制，这是建立现代企业制度的前提，而公司法人治理结构就是建立这一机制的关键。

因而公司治理结构的良好与否，很大程度上影响着现代公司筹集资本的能力及公司的扩大规模化，决定着公司未来发展的前景。

## 二、实践中公司法人治理中出现的法律问题

在公司治理结构的发展过程中，有着两种主要的模式：一种是日德模式，即由银行起主要作用的模式，一种是英美模式，即股东起主要作用的模式；我国的《公司法》在设立公司法人治理结构时，实际上是以英美模式为模板推行的，但是英美模式并不一定适用所有国家。因此，这一体制在国内运行中显示出了许多缺陷，有的甚至出现了一些法律纠纷。

第一，“内部人控制”现象。

对内部人控制的经典解释来自日本著名经济学家青木昌彦教授。在他看来，所谓“内部人控制”即是指以前的国企经理或职工在企业

改制过程中获得相当一部分控制权的现象。而在我国，所谓内部人，一般是指事实上或法律上在公司内部掌握了企业相应控制权的经理人。

许多国企在改制后，职工持股后具备了双重身份：即既是公司股东，又是公司职工，而公司内部人——经营管理团队也同样具备了双重身份，既是公司大股东，又是公司的实际控制人。尽管企业产权发生了根本变化，但公司治理机制并没有随之发生任何改变，从而引发许多问题；而且更为严重的是，改制后公司法人治理结构安排不仅没有消除内部人控制，反而加强了内部人控制，致使公司的管理更加的混乱，员工与管理层的矛盾更加激化。

由于法人治理结构混乱，许多股份公司董事会成员和经理层人员高度重叠，助长了“内部人控制”的现象，不仅在公司决策时无法实现民主，促进经营效益，反而使经理层的控制权缺乏监督，因而导致了一系列不良的影响。董事会职能失灵、上市公司的短期化行为，以及上市公司与控股大股东之间的不正常关联交易，致使大股东利用上市公司进行圈钱、融资的行为屡见不鲜。

第二，股东“用脚投票”的优势没有体现出来。

英美模式最重要的一个优点即是股东可以通过股票市场“用脚投票”对公司进行间接控制。如果股东对公司的经营不满，随时可以通过抛售股票打压股价的方式使董事会和经理面临困境，甚至使公司被兼并。这种约束效力致使董事会和经理必须以公司和股东利益最大化为其奋斗目标。但是国内的股票市场中投机泛滥，鲜有上市公司的经理会在意股票市场的波动，而公司管理层的经营效果也无法在股票中体现出来。

而在实践中，除了上市公司存在这一问题，非上市公司的问题更为严重：身为公司股东甚至只能通过诉讼来要求召开股东会进行董事会换届选举，股东权力无从谈起，英美模式的优点无从体现。

第三，股权结构不合理。

在我国，许多公司尤其是国有公司或上市公司，由于企业改制不彻底，股权结构不合理，致使控股股东在财务、人事、经营等方面的决策具有绝对的话语权，呈现出“一股独大”的现象，中小股东的表决权流于形式，实际上是有股无权。

据统计，在我国上市公司中，国家股和法人股一般占 2/3 左右的比例，这使得占绝对控股权的大股东拥有了对公司的绝对权，过分集中的股权致使公司大股东实际掌控了董事会，在董事会人员结构中内部董事占绝对优势，而外部董事或独立董事的对公司治理的价值无法体现出来。

2004 年，沸沸扬扬的“伊利股份与其独立董事俞某某纠纷”一案中，俞某某因与伊利股份管理层意见不同，被伊利股份以其不适合继续担当独立董事为由免去其职务，显然这与伊利股份内部股权结构有着极大的关系，独立董事根本无法发挥其作用。

第四，缺乏对经理人员的激励机制与约束机制。

由于传统观念的影响和人事制度改革的滞后，在我国大部分国有企业中，经理人在公司内部并不享有股份，其自身利益与企业利益并不趋同，致使公司经理在追求自身利益的时候会偏离企业利益的目标，容易产生侵害公司利益的关联交易或者滋生腐败，致使国有资产遭到流失。同时，由于公司的实际控制权是掌握在经理人员手中，他们通过增加薪金，公款消费等行为满足自身利益，为获取非法利益，与其他公司恶意串通交易，致使公司遭受巨大损失。

实践中，不乏公司经理人员为获取非法利益侵害公司权益的案例。同时，由于公司法明确规定允许公司董事兼任总经理，其实际上是承认人事连锁制度，几乎大多数公司均是由董事长兼任总经理，这一弊端致使公司的前途被拿捏在一个人的手中，董事长既可以影响董事的组成，从而影响董事会的决策，同时又以总经理的身份对公司进行经营管理，这种过分集中的管理方式不符合现代公司民主管理的潮流。甚至一旦公司法人出现变动，公司就有管理经营困境的风险。

除了上述四点外，实践中由于公司管理层对法律不够重视，还会出现许多因为程序瑕疵而引发的各种纠纷，在此都不赘述。

**三、从法律实践上对公司法人治理的建议**

上述中国目前的法人治理均是制度性的难题，这些问题在短时期内无法解决。但是对于公司管理者而言，更应该做的是在实践中采取各种方法尽量避免出现因公司法人治理方面的缺陷而造成困境。

笔者结合多年的法律从业经验，针对一些实践中比较常见的公司法人治理问题，对于公司进行法人治理提供以下建议：

第一，注重发挥独立董事的作用，调节公司的内部权力架构。

独立董事发源于英美。美英企业最大的特点是所有权分散，同时由于所有权和经营权分离，使得公司股东难以监督管理层（包括董事和经理）的行为。为了弥补董事会无人监督的制度缺陷，于是在英美模式中就引入了外部董事。其目的是为了通过引入外部董事来代表广大股东特别是中小股东或债权者等利益相关者的利益。采取这种制度的背景是“弱股东、强管理层”市场结构（由于股权分散导致内部人一经理控制公司的现象），即独立董事制度是在现代股份公司所有权和经营权分离条件下产生的一种制衡各方利益关系的制度设计。

由于我国采取的是英美的公司制度模板，而且经理层权力过大的状况在国内企业更为严重，同时我国的监事制度也无法切实履行其监督职责，因此独立董事制度对于我们更为重要。但是，目前独立董事并未发挥有效的作用，集中表现在独立董事在制约公司经营管理层、提高公司治理效率、保护中小股东利益等方面作用不明显。

事实上，对于公司而言，聘用尽责的独立董事对于限制经理层权力，规范公司的管理具有非常重要的意义。只有真正重视独立董事的作用，才能对公司内部的权力制衡起到作用。目前许多企业还未接受这一理念，但是这已经成为了现代公司发展的趋势，重视独立董事就等于重视公司的长远发展。

第二，预防公司董事、高级管理人员的权力滥用。

公司董事、高级管理人员利用公司法人治理结构的疏漏，肆意挪用资金，进行不正当的关联交易，致使公司蒙受损失，此类案例在近年也是逐渐增多，鉴于此，有必要采取多种方法进行预防：

（1）加强公司财务制度的管理。

董事、高管对公司的侵权行为最常见的仍然是挪用资金、违法担保等几种行为，对这几种行为最直接的预防方式即规范公司的财务管理制度，健全公司财务体系，现代的财务管理制度已经能够基本防范相应的几种董事、高管侵害公司权益的行为。

（2）对公司董事、高管签订竞业禁止协议。

从目前的司法实践看，即使发生了公司董事、高管违背《公司法》竞业禁止的规定，由于实际损失的无法估算，因此违法的董事、高管往往可以以极低廉的代价逃脱法律责任。因此，应当与董事、高管签订竞业禁止协议，明确约定禁止的条款，一旦违反，追究其高额的违约责任，使公司遇到此类问题时能够同时有《合同法》及《公司法》的双重保护，而且也从某种程度上增加了其违法成本以降低事件发生的可能性。

第三，重视公司章程的拟定，合理划分权力，避免出现公司僵局。

大多数公司在成立之初，公司章程均是按照工商登记部门提供的模板或是公司法的条文拟定出来的，其对公司不具有针对性，现实中经常出现股东与管理层，股东之间发生矛盾致使公司出现僵局，而公司章程却没有预先设立解决方法。因此，在公司进行股份制改造时，必须对公司章程予以重视，在公司章程中对公司股东、董事、监事的权力进行详细划分，对公司经理层的权力进行针对性的限制，具体包括：

（1）合理设置公司治理结构。明确一方担任董事长，则另一方委派的董事可以占多数；双方拥有同等的董事人数时，由中介机构委派独立董事；一方担任执行董事的，由另一方担任总经理，同时执行董事无权聘任或解聘总经理等。

（2）科学设计表决权制度。

首先，限制表决制度。即将控股股东的表决权进行最高数额限制，规定股东持有的股份达到一定比例时，对其表决权进行最高额限制，防止其利用资本多数决制度，侵害少数股东的合法权益。

其次，类别表决制度。即股东会进行表决特定事项时必须经过特定的类别股东同意方可通过。比如，关于上市公司股权分置改革方案，需要经过类别表决通过，即除须经参加股东会会议股东所持表决权的2/3以上同意外，还须经参加股东会会议流通股股东所持表决权的2/3以上同意。

最后，表决回避制度。股东或董事与股东会或董事会讨论的事项有利害关系时，该股东或董事不得行使表决权，也不得代理其他股东行使表决权。

（3）明确权力制衡措施。当董事会表决陷入僵局时，赋予董事长拥有最终决定权；董事会与股东会的成员不得完全重合，当董事会发生表决僵局时，必须将决议事项交由股东会进行表决；大股东不得以合法形式掩盖实质性的违法行为，不得侵害公司和小股东利益；赋予部分股东在特定事项上拥有一票否决权，以保障其知情权和会议召集权。

（4）合理规定公司的解散权。在章程中明确约定除了法定解散事由外的其他解散公司的事由，比如，连续两次股东会不能召开或无法通过有效决策；董事任期届满后，连续两次股东会不能选出继任董事；股东会决议解散不能达成时，公司解散。这样，当出现上述情况时，股东可根据章程的具体约定，直接提出解散公司。

此外，在法人治理结构中应合理安排法务管理部门，重视公司法的程序性规定，避免因程序违法致使股东会决议和董事会决议无效。

综上，公司法人治理结构是一个内外部因素互相作用互相约束的系统工程。良好的公司法人治理结构，还要随着改革开放的不断深入，市场经济的不断发展，公平、公正、公开的市场机制和人才机制的形成而逐步达到完善。

**作者闫玉新介绍**

陕西睿诚律师事务所创始合伙人 、主任。毕业于西安财经学院，后在西北政法学院取得法律学士学位。取得香港中文大学高级管理人员工商管理硕士（EMBA）学位，中国政法大学宪法与行政法博士。2008年参加深圳证券交易所上市公司高级管理人培训，并获得上市公司高级管理人资格，在读北京大学私募股权投资（PE）与企业上市高级研修班。从业十余年来，一步一个脚印、踏踏实实，以自己的才华、智慧为我们国家的法律殿堂建设添砖加瓦。

1997年取得律师资格；2002年开始在陕西永嘉信律师事务所执业，担任公司与商事业务部主任。2007年发起创立陕西睿诚律师事务所，确定以“创新、笃行、合作”为核心价值观，为睿诚律师事务所赋予了灵魂。

# 私营企业建立法律风险防范体系实务

迟 菲[*] 律师

法律风险防范体系在我国来说，已经不是陌生的名词。随着我国《国有企业法律顾问管理办法》的出台，“企业法律风险”也有了明确的界定。同时，随着我国大型国有企业法律风险防范体系的推广，这一概念在我国的国有企业管理中已经成为一个比较普遍的概念，但大多数私营企业对企业的法律风险还没有足够认识。事实上，法律风险是企业最大的风险，企业由于经济风险产生亏损可以通过其他盈利进行弥补。而法律风险带来的损失，往往影响着企业存在的根基，会给企业带来灭顶之灾。再大的经济利润，在法律风险面前，都变为零。而对于很多私营企业的领军人物，近几年由于对法律风险防范的意识不足，个人遭到法律部门的审查，甚至立案成为阶下囚的也有不少。因此，对于任何一个想做大、做强的私营企业来说，法律风险防范体系的建立都是必不可少的。

## 一、法律风险防范体系的基本概念

本文囿于篇幅，对企业法律风险的概念与外延不展开论述，仅将企业法律风险防范体系的基本概念与轮廓展示给大家。

### （一）什么是企业法律风险

1. 企业法律风险的概念

想说明法律风险防范体系，就必须先明确法律风险。依照我国目前比较通用的概念，企业法律风险是指在法律实施过程中，由于行为人作出的具体法律行为不规范而导致的，与企业所期望的目标相违背的法律不利后果发生的可能性。依据这一定义，法律风险仅仅是由于行为人法律行为不规范导致的风险。而事实上，行为人的非法律行为、行为人对法律后果的错误预估以及法律变化都会带来法律风险。因此，笔者认为企业法律风险应当是指企业自设立起，至终止时止，在其管理经营过程中遇到的，可能产生不利于企业后果以及产生与企业期望目标相违背法律后果的可能性。法律风险的产生，可能由于企业法律行为不规范，也可能是由于企业对行为法律后果的错误预期，还可能是由于国家法律法规的变化。

2. 企业法律风险包含哪些内容

明确了企业法律风险的内涵后，还要科学列举企业法律风险的外延。结合目前国际先进的法律风险防范体系以及我国的实际情况，目前国内通常认为企业法律风险防范体系的外延包括：

（1）企业设立中的风险；

（2）合同法律风险；

（3）企业并购法律风险；

（4）知识产权法律风险；

（5）人力资源法律风险；

（6）财务税收法律风险。

对于以上国内公认的企业法律风险的外延，笔者经过多年的实践，认为至少缺少两项主要内容：

（1）企业重大对外投资以及大型项目法律风险。企业在对外投资以及上大项目过程中，需要事先对这些投资以及项目的法律风险进行

* 山西华晋律师事务所。

论证。

(2) 商账法律风险。这主要是指对于一些不良债务以及疑似不良债务的管理。

通过上述对企业法律风险概念及外延的论述，可以说比较立体地展示了企业法律风险的真实面目。同时可以看出，企业法律风险是伴随着企业成立、发展、壮大到衰退直至终止全过程的。

(二) 什么是企业法律风险防范体系

企业法律风险防范体系就是企业通过一系列的体制及制度安排建立起来的，对企业法律风险进行预警、防范、监控、处置的有机体系。

企业通过法律风险防范体系及经济风险防范体系的建立，可以给企业的决策提供全方位的保障。避免企业由于法律风险带来的巨大损失，落实企业法律风险防范措施，以及对已经发生的企业法律风险作出科学有效的应对。

**二、私营企业建立法律风险防范体系的困境**

我国的国有企业，特别是大中型国有企业，目前已经基本完成了企业法律风险防范体系的建立。这一过程主要是通过政策调整完成的。体系的建立主要依靠企业内部建立法律事务部及企业内部总法律顾问制度，企业总法律顾问相当于副总级别。从而建立起较为完善的企业法律风险防范体系，更加科学地保障国有资产的保值增值。

而对于私营企业来说，建立法律风险防范体系存在很多困境：

(一) 资金困境

对于绝大多数私营企业来说，没有大量的资金建立一个由10人左右组成的法律事务部并且将其部门负责人提升为企业副总待遇。而企业外聘律师完成企业法律风险防范体系建设也需要大量的资金。毕竟建立这一体系需要律师具备综合法律素质、相当的诉讼经验，还需要具有一定的经营管理知识与实践，善于处理企业各部门间甚至企业各主要领导间的利益冲突。这样的律师收费自然不低。

(二) 人力资源困境

既然好律师不好找，企业内部设立总法律顾问以及法律顾问处成为相对较容易实现的方式。而在企业内部设立法律顾问处同样存在人力资源短缺的问题，直接体现在能达到企业要求素质的人员很难接受企业提供给这一岗位的工资，能接受这一工资水平的人员往往又不具备企业要求的素质。

(三) 内部人员利益冲突困境

对于已经成立一段时间的企业来说，各部门之间已经形成了分工合作的惯例，各部门的责、权、利也形成固定的模式。法律风险防范体系的建立必然会产生新的把关人员，新的审核部门，从很大程度上影响了企业现有各部门之间的利益，造成企业内部人员对体系建立的抵触情绪。

(四) 企业员工对法律风险意识淡薄

大多数企业员工，特别是一线生产人员以及销售人员很难理解企业法律风险，更难正视企业法律风险防范体系，往往认为这一体系的建立是对他们手脚的束缚。

**三、私营企业如何建立法律风险防范体系**

对于新设立企业来说，建立法律风险防范体系相对简单，只要在企业成立之初设计好相关制度就可以了。这里我们以已成立且经营一段时间的企业为例，能更全面地说明这一问题：

(一) 企业基本情况摸底

具体包括以下内容：(1) 企业设立资料的审核，通过审核发现问题，便于进一步修改。

(2) 企业法人治理结构的合理性论证。通过对现有治理结构进行论证，为建立更加科学有效的机制打好基础。

(3) 企业主要产品或服务的产品线。通过对企业主要产品及服务的梳理，可以发现企业存在法律风险的各个环节。

(4) 企业规章制度的梳理。通过对企业规章制度进行整理，了解现有企业制度的优点与缺点。

（5）企业管理流程梳理。通过对现有流程梳理，发现存在法律风险发生可能的环节以及目前流程存在问题。

（6）企业人力资源体系梳理。通过企业人力资源体系进行梳理，发现企业人力资源法律风险。

（7）企业知识产权摸底。对企业知识产权有一个充分认识，是下一步建立企业知识产权法律风险防范机制的基础。

（8）其他事项摸底。通过摸底，可以全面了解企业现状，对下一步建立企业风险防范体系打好基础。

（二）体系设计

通过摸底，对企业法律风险防范体系进行设计。一般来说，依据摸底情况，企业的法律风险防范体系设立一般有三种模式：

1. 独立的法律事务部模式

对于大规模的私营企业，由于其法律风险发生频率高，数量大，需要大量的人力物力投入来完成这一工作。同时，由于企业的法律风险防范工作的重要性，法律风险防范工作的负责人需要一定的管理职级，这样才便于工作。

对于这种模式，在建立企业法律风险防范体系时，一般首先成立企业法律事务部。部门依据企业的具体情况配置人员，通常部门负责人为企业的总法律顾问，为副总职级。对企业法律事务部人员进行分工，分别完成企业风险防范体系各个方面的建立工作。在企业法律风险防范模式建立后，由法律事务部负责日常工作。

2. 行政事业部下设的法律事务部模式

对于一些中小型企业来说，独立的法律事务部会给企业管理流程以及现有的企业部门职权划分带来很多不必要的混乱。因此，可以在现有行政管理流程上进行细化。在行政事业部下设法律事务部，将现有行政审核流程进行修改、细化，从而形成企业法律风险防范体系。

3. 行政事业部设法律风险防范岗

对于更小型的企业来说，法律风险防范体系一经建立，日常维护工作量较少。对于这种企业来说，可以在外聘律师或组织内部人员建立法律风险防范体系后，设立法律风险防范岗完成日常工作。

（三）法律风险防范体系的内容设计

法律风险防范体系外延包含八大方面，体系内容完整的也应当包含这八大方面。并针对企业的具体情况，对这八大方面设计防范体系及业务管理、行政管理、决策流程。流程应当包含预防、执行以及处置的三大方面。

**四、总结**

企业法律风险防范体系内容庞杂，每个企业建立均有差别，体系设计人需要具备丰富的法律知识、大量的诉讼经验以及丰富的经济管理知识与实践。目前，我国这一工作以及此类人才依然短缺。这一体系作为科学成熟的企业管理体系之一，是企业管理与法律跨学科的高端软科学。这一体系可以在给企业保驾护航的同时，带来巨大的经济效益。希望本文能够引起企业以及法律专业人才对企业法律风险防范体系的重视，更希望法律风险防范体系能在私营企业中生根发芽，为我国经济腾飞提供坚实的后盾。

**作者迟菲介绍**

1973 年生，1996 年取得中国政法大学国际经济法专业法学学士学位，2003 年取得首都经贸大学产业经济专业硕士学位。

自 1996 年至 2000 年，任北京信义德律师事务所律师兼行政主管。2000 年起，迟菲律师加入山西华晋律师事务所，现任该所合伙人、副主任。2001 年当选太原市第二届十大杰出青年律师并荣立市级二等功，先后担任太原市法学会学术委员会委员、太原市应用法学研究会副秘书长、太原市律师协会涉外业务委员会副主任、太原市律师协会商务委员会副主任、太原市青年法律工作者协会理事。

主要从事国际贸易纠纷的诉讼代理工作及北京市 8 家国有外贸公司的日常法律顾问工作。

# 担保适用范围与担保合同独立性问题分析

廖明松* 律师

引言《物权法》于2007年10月1日生效。从我国《物权法》的起草到正式通过，其立法过程一波三折，在众多法律的立法历程中是较为罕见的。《物权法》一经通过并颁布，虽还未正式生效，但已经在社会中引起了各界的强烈反响，人们更多地是给予这一部新法 肯定，“明确物的归属，定分止争是《物权法》的主要功能之一”，是人们寄予《物权法》的希望所在，也是人们对自己私有财产权保护的关注和期望。社会各界对还未出炉的《物权法》就已经各执己见，争论很大，到最终形成并经第十届全国人民代表大会表决通过，就其实质而言，《物权法》的形式上的意义要远大于其实质法律内容的贡献。《物权法》包含的内容较为广泛，涉及 物权的设立、所有权制度、用益物权、担保物权、占有等对物的支配所产生的各项权利。其中，《物权法》中的担保物权编同我国早已颁布至今仍然有效的《担保法》规定存在立法的精神和具体规定均有差异。

担保作为一项经济法律制度，散见于许多重要的基本法律制度中，我国《民法通则》第89条规定了担保的基本方式，最为重要的是1995年6月30日第八届全国人民代表大会常务委员会通过的《中华人民共和国担保法》对担保法律制度作了明确详细的规定，2000年9月29日最高人民法院审判委员会第1133次会议通过《关于适用〈中华人民共和国担保法〉若干问题的解释》，使得担保法律制度在具体的 司法实践中更加具有务实和可操作性。

笔者希望通过对《物权法》中担保物权连同《担保法》中的相关规定中的部分问题作一些比较分析，以进一步领会我国立法的变化和发展。提出疑问，供大家探索。

## 一、关于担保的适用范围问题

《担保法》第2条第1款规定：“在借贷、买卖、货物运输、加工承揽等经济活动中，债权人需要以担保方式保障其债权实现的，可以依照本法规定设定担保。”《物权法》第171条规定：债权人在借贷、买卖等民事活动中，为保障实现其债权，需要担保的，可以依照本法和其他法律的规定设立担保物权。第三人为债务人向债权人提供担保的，可以要求债务人提供反担保。反担保适用本法和其他法律的规定。”

我们注意到，《担保法》同《物权法》在关于担保的适用范围上 表述不同，那么《担保法》表述的“借贷、买卖、货物运输、加工承揽等经济活动”同《物权法》表述的“借贷、买卖等民事活动”其概念的内涵和外延是否相同？首先，《担保法》以列举的方式规定在借贷、买卖、货物运输、加工承揽等经济活动中债权人可以采取担保方式实现债权，局限于经济活动领域，在这里，应当是排除了涉及人身关系、侵权法律关系的适用。而《物权法》规定的借贷、买卖等民事活动，其所指的概念外延要广得多，根据我国《民法通则》的规定，涉及“平等主体的公民之间、法人之间、公民和法人之间的财产关系和人身关系”的活动均

* 四川迪泰律师事务所。

应称为民事活动，那么涉及平等主体之间借贷、买卖以外的其他财产关系和人身关系的民事活动均可以适用担保方式。可以肯定地说，《物权法》所规定的担保法律制度的适用范围肯定大大超过了《担保法》中规定的担保制度适用范围。

"担保物权，指以确保债务之清偿为目的，而于债务人或第三人之特定物或权利上所设定的一种定限物权。"担保物权的用语和概念是我国法学家为了系统地归纳物的担保方式而创造出来的词语，在其他国家的民法体系当中是没有这一用语。纵观大陆法系各国的民法典对于担保的规定，笔者发现，并没有统一的"担保物权"的说法，因此，物的担保方式如抵押权、质权、留置权都是在法典当中分别阐述的，并没有统一归入到一个特定的"担保物权"下，同时对于各种担保方式的适用范围并没有明确的阐述。比如《法国民法典》甚至只将抵押权限定在买卖行为，而《意大利民法典》、《德国民法典》、《日本民法典》以及我国台湾的"民法典"均未对担保的适用范围进行名文规定，而且在条文的设定上由于都有大陆法系的渊源，因此比较相近，笔者分析比较了其中有关于担保的条文，可以得到如下结论：在这些大陆法系的民法典当中，对于担保的适用范围也仅仅是限定在我国《担保法》中对于各种担保方式所适用的范围之内，而《物权法》将担保的范围扩展到整个民事活动领域，这在各国民法制度中是不多见的。

但《物权法》关于"可以依照本法和其他法律的规定设立担保物权"的规定又让人显得无所适从，对于这里所指的"本法和其他法律"应当是《物权法》、《民法通则》、《担保法》、《海商法》、《民用航空法》等有关担保法律制度的具体规定。《民法通则》第89条中的"依照法律的规定或者按照当事人的约定，可以采用下列方式担保债务的履行"，这里对担保的适用范围基本上没有什么限制，只要"依照法律规定或者当事人自己约定，就可以采取保证、抵押、定金、留置等担保方式"。对于其后颁布并生效的《担保法》对担保的适用范围作了较大幅度限制，而《海商法》、《民用航空法》属于特别法，其仅涉及海上运输、航空运输中以运输船舶、航空器抵押来担保债务的履行问题，其担保适用的范围仅限于海上运输的船舶抵押担保问题。而《物权法》作为最新颁布的法律，其规定的担保适用范围较为宽广。那么就一个具体的买卖合同的担保而言，显然，我们可以分别适用《民法通则》、《担保法》、《物权法》；但对于涉及人身关系或者经济活动以外的其他民事活动设立担保，从目前《物权法》的规定来看并不违法，是否这是《物权法》对《担保法》关于担保适用范围的突破？《物权法》作为新法，其与旧法《担保法》规定不一致的地方，是否适用"新法优于旧法"的立法精神？《物权法》第178条规定担保法与本法的规定不一致的，适用本法。从《担保法》实施以后以及最高人民法院《关于适用〈中华人民共和国担保法〉若干问题的解释》，均认为担保制度不适用于"涉及侵权、人身关系的民事活动"。在《物权法》生效后，其对担保法律制度的适用范围肯定存在不小的冲击，需要有更新的实施细则来予以完善和解决上述法律冲突。

就笔者认为，关于涉及人身关系的民事活动和侵权之债在实践中一般的确不宜大范围地设立担保制度，而且往往具有不可操作性。但就以下两个特例做一个大胆的假设说明，涉及人身关系的民事活动可以设立并具有可操作性的担保法律制度：

（1）就用人单位同聘用员工之间基于《劳动法》而建立的劳动聘用合同，属于劳动合同法律关系。该法律关系既属于经济活动中的一种行为方式，又符合民事活动的基本特征，更具有人身关系。那么依照《物权法》能否就劳动聘用合同中用人单位要求员工为可能对用人单位产生的经济损失提供担保，该担保是否具有法律效力？在《物权法》出台以前的司法实践中均否认了该大量存在的担保的法律效力。笔者认为，劳动聘用合同中的担保的设立并不违反《物权法》。

（2）另外，缔结婚姻关系，在传统罗马法中通常被认为是一种契约关系，那么可否为这种婚姻的契约行为为双方履行婚姻义务提供担保呢？特别是婚姻契约关系的相对方以自身的婚前个人财产设定抵押或者质押担保，更何况从目前来看，婚姻契约关系的建立采取设立担保制度符合《物权法》的规定，也不违反我国的《婚姻法》，不违反我国社会的善良风俗，而且还有助于保障婚姻的稳定性，从而促进社会的稳定。

社会生活在发生变化，法律所调整的范围也在发生变化。《物权法》突破《担保法》的规定，设立担保法律制度具有更广阔的空间，有其前瞻性和进步意义，但应当细化并统一对适用范围的理解，以利于司法实践的具体适用。

**二、关于担保（条款）合同的独立性和效力问题**

《担保法》第5条第1款规定：“担保合同是主合同的从合同，主合同无效，担保合同无效。担保合同另有约定的，按照约定。”《物权法》第172条规定：“设立担保物权，应当依照本法和其他法律的规定订立担保合同。担保合同是主债权债务合同的从合同。主债权债务合同无效，担保合同无效，但法律另有规定的除外。

该两条规定都是关于担保合同与主合同之间的关系问题，担保合同是主合同的从合同，当主合同无效时，从合同无效。在现实生活中，特别是涉及银行业，在作为出借人的商业银行向借款人提供贷款时，均要求借款人提供抵押担保或者保证担保，在抵押担保合同或者保证担保合同中均约定有“无论何种原因导致主合同及主合同项下具体业务合同在法律上成为无效或部分条款无效，主合同债务人仍应履行一切还款责任，乙方对主合同债务人的还款责任仍应按照本合同载明的条件承担担保责任”等类似的意思表示。按照《担保法》的规定，对于担保合同作为从合同的效力，“担保合同另有约定的，按照约定”可以认定担保合同具有依双方约定独立于主合同以外的效力。

但《物权法》中“主债权债务合同无效，担保合同无效，但法律另有规定的除外”的规定，将担保合同独立性的例外情形需要“法律另有规定”，那么可否援引《担保法》的规定呢？如果直接援引《担保法》，为何在担保合同独立性问题上规定同《担保法》不一致？从两部法律的效力来说，均属于法律，但《物权法》较《担保法》为新法，新法的规定是否优于该旧法的规定呢？《物权法》第178条的规定并没有解决是否不能援用《担保法》关于“担保合同另有约定的，按照约定”的规定。同样是关于一个法律问题的规定，存在两种不同的表述方式，其所引起的法律适用的差异或者冲突肯定存在，如何解决上述问题，需要更加明确的法律解释，才能统一司法实践。

**结束语**

笔者就《物权法》担保编中的担保适用范围以及担保合作为从合同的效力问题作一个简要剖析，其实这两部法律中还存在诸多不一致的地方，需要进一步理解和分析。《物权法》其他部分也还存在 与相关法律不一致的情形，更需要加以对比和分析，以统一法律的理解和适用。

# 我看电视剧《张大千》的法律问题

廖明松* 律师

在2005年、2006年之际，被媒体大肆渲染的所谓“韦小宝”式的30集电视连续剧《张大千》在拍摄期间就引起很大争议。马来西亚成长最快的华文报《东方日报》这样报道“一部被中国传媒称为‘情色张大千’的电视剧，惹恼了张家后人”；《四川日报》以“张大千还是韦小宝？”为标题质疑电视剧 所描写一代艺术大师的形象；而作为该剧的制作单位中华文艺音像出版社西部影视制作中心却认为“以全新的视觉诠释伟大艺术家的情感历程”。电视剧《张大千》在人们的纷争和质疑中拍摄完毕，电视剧组公布公映的日期多次被推延，迄今未能播出。

在这场纷争中，最表示强烈愤慨的人是以张大千二女儿张某某为代表的张大千子女辈，自己心日中伟人的父亲形象，被描绘成一个“低俗、情色”之徒，这种愤怒的心情可想而知，其反对的态度也是十分鲜明的。张某某亲笔致函国家广电总局，强烈要求不允许该电视剧的播放。随后，张某某又委托笔者以律师名义代为其处理该名誉侵权纠纷，其目的就是要通过法律手段阻止“毁坏艺术大师张大千百年声誉”的电视剧播出，以避免给其后人造成更多的心灵创伤，避免一代艺术大师的光辉形象毁于一旦。本人有幸作为代理该案的承办律师，接受委托后，我认真地查阅了相关的材料，并仔细观看了由电视剧组提供给张某某等子女的电视剧片花以及各种宣传海报。的确，电视剧《张大千》中的历史人物形象存在矮化，大肆渲染艺术大师的私人情感，带有猎奇的心态描写艺术大师同七个女人的感情纠葛。

但在初期让我似乎有些难以下手，由于目前该电视剧并没有公开播放，其所谓的侵犯名誉权的违法行为还没有完全发生，这里之所以说没有完全发生，是因为电视剧的制作单位在前期的宣传上虽然存在刻意表现“韦小宝”式的情色张大千，但毕竟从法律的角度，现在没有公开的播映，难以获取证据证明电视剧存在的充分侵权事实，其侵权行为的影响范围和程度也难以界定，其侵权的主要行为以及后果都未产生，故现阶段无法通过诉讼来向电视剧制作单位提出诉讼主张；另一方面，以张某某为代表的张大千子女强烈反对该剧播出，不希望电视剧《张大千》对家人造成更大的伤害。

我深入了解此案后认为，虽然目前无法就电视剧《张大千》本身是否存在侵犯名誉权问题通过法律途径解决，但 张大千子女的目的是要求侵权行为不发生 ，而并不希望侵权行为发生以后再去弥补、索赔等。我发现该电视剧居然存在严重的违法拍摄情形，这是我们当初没有预料到的。该电视剧居然属于非法拍摄，依法不应当予以审核通过。该电视剧《张大千》有关的违法表现如下：

**一、中华文艺音像出版社西部影视制作中心所使用的中联影视中心甲第033号“电视剧制作许可证”的取得不符合法定程序**

首先，《电视剧制作许可证管理规定》第7条 规定：“具备下列条件，可申请临时许可证：（一）有编剧明确的授权摄制证明或协议；（三）有地（市）级以上宣传部门或上级主管

* 四川迪泰律师事务所。

部门审查通过的剧本”。中联影视中心甲第033号“电视剧制作许可证”的发证日期为2003年4月1日，有效期为2003年4月1日至2005年4月1日，有效期为两年。而中国文联音像出版社西部影视制作中心《张大千》剧组前后分别同编剧李某某、沙某某签订委托编剧的合同时间为2003年6月18日、2004年1月20日，其剧本形成的时间显然更在其后。也就是说，对于电视剧《张大千》是先有许可证，后才开始进行编剧，这与《电视剧制作许可证管理规定》“有地（市）级以上宣传部门或上级主管部门审查通过的剧本”是矛盾的。

其次，根据国家广播电影电视总局《2003年度全国电视剧题材规划批复剧目表（第二批)》剧名《张大千》的编剧为“李某某”，现已经拍摄完毕的电视剧《张大千》采用的是非上述审查通过的“李某某”编剧剧本，而采用“沙某某”编剧剧本。显然，该电视剧组对《张大千》剧本在审查和使用上采取了偷梁换柱的手法，致使关于剧本必须通过相关部门审查的规定变得毫无意义。

**二、电视剧《张大千》剧组涉嫌违反“电视剧制作许可证管理规定”的相关管理规定进行合作、拍摄**

作为电视剧《张大千》唯一合法取得《电视剧制作许可证》的中联影视中心，其同中国文联音像出版社、中华文艺音像出版社西部影视制作中心之间的合作不符合《电视剧制作许可证管理规定》的相关规定。根据《电视剧制作许可证管理规定》第12条“申请临时许可证单位与未持有许可证单位合作摄制电视剧，必须提供合作摄制的协议书，其中制片人（制片主任）必须由领证一方担任，”中联影视中心、中国文联音像出版社分别为独立企业、事业法人，中华文艺音像出版社西部影视制作中心为领取营业执照的独立经营机构，中联影视中心是唯一合法领取电视剧《张大千》的“电视制作许可证”的单位，按照规定，应当由中联影视中心一方指派本剧制片人，而电视剧《张大千》的制片人为张振某某，张 某某系中华文艺音像出版社西部影视制作中心的负责人，其行为应当视为一种“出卖、租借或变相转让许可证”。

《电视剧管理规定》第7条规定：“设立电视剧制作单位，应当经国家广播电影电视总局批准。制作电视剧必须持有《电视剧制作许可证》。”电视剧《张大千》的开机拍摄时间为2005年4月8日，而根据中联影视中心2003年4月1日取得的电视剧《张大千》的“电视剧制作许可证”有效期限为“自2003年4月1日至2005年4月1日”。也就是说，中华文艺音像出版社西部影视制作中心张某某负责拍摄的电视剧《张大千》使用失效的“电视剧制作许可证”，属于无许可证拍摄。《电视剧制作许可证管理规定》第15条规定：“申请临时许可证的单位，必须在拍摄前申请。摄制期间或电视剧完成后申请的，不予补发许可证。”目前该电视剧已经拍摄完毕，按照上述管理规定，是不能再取得许可证的。

另外，中华文艺音像出版社西部影视制作中心持有的川音制证字（018）号《四川省音像制品电子出版物制作许可证》其有效期限至2003年6月止，说明该中心在拍摄制作电视剧《张大千》时早已经丧失制作该音像制品资质。

**三、中华文艺音像出版社西部影视制作中心张某某负责拍摄的电视剧《张大千》涉嫌侵犯我国著名绘画大师张大千先生的名誉**

《电视剧管理规定》第22条规定 电视剧禁止载有 诽谤、侮辱他人的内容。从目前该电视剧《张大千》向社会宣传、散发的广告、片花来看，该剧的内容是以“张大千和他的7个女人为主线”的所谓“情感剧”，剧中凸显张大千同7位女人的情感纠葛，甚至出现“张大千同第二夫人在画案上做爱”的镜头，给人感觉是张大千是一个“花心”人物。特别是，电视剧中关于张大千先生个人的生活隐私被极度的渲染和夸大，是对张大千先生个人严谨生活态度的扭曲。目前该剧已经在社会舆论引起了很大反响，纷纷有媒体报道认为该剧描绘的是一个“情色张大千”、“韦小宝式张大千”。电视剧《张大千》的行为涉嫌侵犯了历史人物张大千先生的隐私，并有捏造情节诽谤张大千先生名誉的情形，致使张大千先生的人格评价降低，有辱张大千先生的人格尊严，涉嫌构成侵犯张大千先生的名誉权。

2006年5月22日，笔者就以上有关电视剧《张大千》的违法事实向国家广电总局电视剧审查委员会以“律师建议函”方式进行反映，迄今为止，该电视剧仍没有通过广电总局的审批。

**作者廖明松介绍**

男，1970年出生，四川迪泰事务所副主任、合伙人，事务所公司法律事务部主任，成都仲裁委员会仲裁员。

学历：四川大学法律本科、中国政法大学在职研究生毕业

执业专长：民商事、公司法、证券、金融等法律事务

从2000年开始律师执业生涯，始终将律师职业作为自身事业的新起点和最后终点。从业十余年来，有着北京、成都两地的执业经历，具有丰富的实践经验和较为深厚的法学功底，工作作风严谨、务实，思维敏捷，有很强的敬业精神，同时具有良好的协调、沟通能力。不但具有丰富的诉讼、仲裁经验和技巧，更擅长于为公司企业、政府机关提供法律顾问服务及其他非诉讼法律服务。在公司法律事务、合同、证券、金融等法律服务领域有多年的执业经验，特别在公司法律事务领域具有独到的见解，熟悉公司的经营管理和运作、资产整合、私募投资、并购重组、股东权利保护，倡导公司、企业的法律风险应当防患于未然。曾经服务以及现在服务的客户、法律顾问单位包括港资公司、上市公司、政府机关、资产管理公司、投资银行等。

发表的主要文章论述有：《担保适用范围与担保合同独立性问题分析》、《如何保护公证事项利害关系人的诉权》、《公司高管之法律风险分析》、《票据无因性之探讨》、《合同无效的法律后果很严重》、《我看电视剧〈张大千〉的法律问题》等文章。

# 探讨中国法制环境下的“优先股”

刘　嫔*　罗　丹**　律师

优先股，作为公司的一种股份权益形式，持有这种股份的股东享有优先于普通股股东的权益，通常体现在拥有固定股利、优先清算权、有限表决权等。优先股作为公司股份制度有力补充，在资本金融制度高度发达的发达国家已被广泛采用。其独有的投资魅力不仅大大提高了公司融资能力，推动了金融市场与实体经济的发展，还拓宽了证券投资渠道，一定程度上疏导了市场上的闲散资金流向，为国家的市场经济稳定也作出了一定贡献。但在中国，由于未有相关法律法规的规定，优先股还未能成为我国公司股份制度一种法定形式且难入大雅之堂，在一个灰色空间内艰难地前行。为此，笔者现特就多年来的优先股法律实务经验，在我国现行的法律法规的背景下，简单论述优先股在我国法制环境下的运用与发展问

* 江西南芳律师事务所高级合伙人。
** 江西南芳律师事务所团支部书记。

题，以供业内同仁及商界人士参考。

## 一、优先股的特点

优先股最主要的三个特征如下：

一是优先股通常拥有固定股息收益率。由于优先股股息率事先固定，所以优先股的股息一般不会根据公司经营盈利情况而增减，并优先股可以先于普通股获得股息。

二是优先股的权利范围小，仅有有限表决权。优先股股东对股份公司的重大经营无表决权甚至无选举权或被选举，仅在某些情况下可以享有表决权权。另需补充的是，除此“国际惯例”般的有限表决权的特征外，笔者认为优先股的表决权还可具备其他特征，即在特别事项上享有特别于普通股东的表决权，如“一票否决权”，在此文中笔者称其为优先股“特别表决权”。

三是公司清算时拥有清算资产优先性分配权。优先股股东在公司资产清算时对公司清算资产的享有的先于普通股，而次于债权人的分配权。

## 二、优先股的主要类型

“累积优先股”是指在特定分红年度，如持股公司所获的盈利不足以支付优先股的固定股利，在今后的分红年度中优先股的股东对往年来未足额付给的股利，有权要求如数补足；“非累积的优先股”是指在以上情况中，优先股股东无权要求继续补足未得股利的优先股。

“参与优先股”是指除享受既定比率的利息外，还可以跟普通股共同参与利润分配的优先股；“非参与优先股”，是指除了既定股息外，不再参与利润分配的优先股。

可转换优先股是指允许优先股持有人在特定条件下把优先股转换成为一定数额的普通股；否则，就是不可转换优先股。在目前中国的法制环境下，可转换股作为上市型企业股权投资的必备，正被大量地被私募股权投资基金（PE）所采用。

可收回优先股是指允许发行该类股票的公司，按原来的价格再加上若干补偿金将已发生的优先股收回；反之，就是不可收回的优先股。

## 三、中国是否需要优先股

中国是否需要优先股？答案是肯定的。无论是从优先股 理论上的作用来看，还是从其他发达国家的优先股实践性经验上来看，优先股都能够有效补充我国市场经济体制下的公司股权形式结构，有助于金融性市场体系的完善，拓宽实体经济的融资渠道。

可就在我国市场对优先股出现了渴望的情况下，我国政府却对优先股的使用出现了相对保守的态度。出现这种情况的原因，就笔者看来这主要是我国政府对优先股特性是否适用我国市场经济的不确定性所造成的。

我们首先要知道优先股源于西方国家，生长壮大于资本主义市场经济，其诞生之初仅被作为一种金融性投资产品。投资此类股权的持股人，其投资的兴趣往往是优先股所有的金融属性而非对持股企业实体经济，这也是优先股最主要特性固定股利及优先清算权产生的原因。我们不可否认优先股特有的优势确实能有力地促进金融市场的繁荣与实体经济的发展；但在繁荣的背后我们也需要清楚地认识到其作为资本主义市场经济催生下来的产物，残酷的逐利性也是其与生俱来的本质属性，获取最大化经济利益的核心宗旨也决定着优先股的持股人往往会在特定场合下做出抛弃持股企业安全持续发展而选择套取利润的行为。而这就像一把双刃剑 悬在了我国正在逐步建设完善的金融市场之上：使用得当，能推动金融经济发展从而为实体经济提供更广阔的融资渠道；使用不当则有阻我国金融市场的健康发展，从而扰乱实体经济发展的正常秩序。

## 四、中国法对优先股的枷锁

### （一）我国现行法规及政策否认公司股东股权的固定回报

任何投资行为均存在风险，不存在稳保收益的可能，股权投资及通过股权持有投资实体经济也是如此。为保证市场经济秩序的稳定，我国通过《贷款通则》（中国人民银行颁布）、《非法金融机构和非法金融业务活动取缔办法》

（国务院颁布）、最高人民法院《关于审理联营合同纠纷案件若干问题的解答》、最高人民法院《关于企业相互借贷的合同出借方尚未取得约定利息人民法院应当如何裁决问题的解答》，特别是近期国家发改委颁布的《关于进一步规范试点地区股权投资企业发展和备案管理工作的通知》等相应法规及政策均否认了企业发放股东固定回报或承诺固定回报的行为。而优先股预设固定股利的行为，是建立在不考虑公司盈余及其他股东分红数额的情况下，收取固定收益强势行为（累积优先股、参与优先股更极具此类特征），在表象行为上有着明显的固定回报特征，在我国未有优先股利回报制度法律规范的情况下，有着被依法确认无效的可能。

（二）我国现行法已明确保障了公司股东清算平等权

我国《公司法》第187条第2款规定："清偿公司债务后的剩余财产，有限责任公司按照股东的出资比例分配，股份有限公司按照股东持有的股份比例分配。"

我国《公司法》第187条第3款规定："公司财产在未依照前款规定清偿前，不得分配给股东。"

根据以上条文的规定，我国实质上已经从公司清算中的两个阶段否定公司股东优先清算权。一是通过我国《公司法》第187条第2款的规定，对公司股东清算财产分配权实行了一种强制性规范，即按出资比例或股权比例分配，不允许进行意定性调整，否定了优先股股东在公司分配清算资产中的行使分配份额优先权；二是通过我国《公司法》第187条第3款的规定，否定了公司股东具有跨越其他股东分配阶段享有分配位阶优先权。

（三）我国现行法对股份有限公司股东表决权的强制性规定

我国《公司法》第104条的规定："股东出席股东大会会议，所持每一股份有一表决权。……股东大会作出决议，必须经出席会议的股东所持表决权过半数通过。但是，股东大会作出修改公司章程、增加或者减少注册资本的决议，以及公司合并、分立、解散或者变更公司形式的决议，必须经出席会议的股东所持表决权的三分之二以上通过。"

根据以上规定，我国通过法定表决权限的方式赋予了股份制有限公司全体股东实行全面同等的表决权，不允许该类型公司股东以意定的方式降低表决权重、减少表决权限，在表决权上严格施行"同股同权"原则。

（四）我国在工商登记制度中否认了优先股的存在

在我国现行的《公司登记管理条例》及工商登记实务操作中，我国工商制度中是不允许优先股股东有特别于普通股东的登记标识的。而这种对任何股权无差异化的登记，使优先股无法在我国最基本的公司股权公示制度中 现身，得不到对外的确认。

（五）股份制公司的同股同权原则

所谓同股同权，是指同一类型的股份应当享有一样的权利。作为我国就股份制有限公司的立法指导性思想，其贯彻了我国《公司法》中就股份有限责任公司股东股权规定的整个脉络。特别是在公司股票的发行上市中，更是严格要求了股份发行的公平、公正、等权原则，扼杀了优先股存续的可能。

**五、中国现行法制环境下使用优先股的法律实务**

（一）否定固定股利，通过章程及协议约定的方式确认优先分红权

我国《公司法》第35条规定："股东按照实缴的出资比例分取红利；公司新增资本时，股东有权优先按照实缴的出资比例认缴出资。但是，全体股东约定不按照出资比例分取红利或者不按照出资比例优先认缴出资的除外。"

我国《公司法》167条规定："……公司弥补亏损和提取公积金后所余税后利润……股份有限公司按照股东持有的股份比例分配，但股份有限公司章程规定不按持股比例分配的除外。……"

根据以上《公司法》的规定，有限责任公司及股份有限公司均可通过章程约定的形式，

调整公司股东红利分配的位阶段及比例，以保障优先股股东的拥有特别于普通股股东的分红权利，实现优先股股东的优先分红权。

（二）采用“迂回战术”，以普通股股东行使资产处置权的方式间接实现优先股股东的优先清算权

我国现行《公司法》的制度虽然在公司清算阶段否决了股东的优先权，但并未规定公司清算资产分配完毕后公司股东对其所得资产的处置权。因此，笔者认为在拟定设立优先清算权的股权结构设置中，意在拥有优先权清算权的股东可通过事先签订合约性文件的方式，约定公司各股东在公司资产清算阶段依法进行；但清算阶段完毕后，便立即行使其作为清算后可分配资产所有权人的自由处分权，将清算所得资产按约交付给优先股股东，以达到间接实现优先清算权的目的。

（三）调整优先股股东特别表决权的实现方式

1. 以章程的形式调整有限责任公司优先股股东的表决权限

在我国现行的《公司法》制度框架下，有限责任公司的股东表决权设置给了公司股东较大的意定空间的，公司各股东可根据《公司法》第 43 条的规定“股东会会议由股东按照出资比例行使表决权；但是，公司章程另有规定的除外”通过章程约定的形式，将优先股股东表决权限的进行调整，以实现公司优先股股权的特别性。

2. 以股东出席权与委托权来换取优先股股东特别表决权

在我国《公司法》中，股份有限公司股东同股同权的表决制度已经法定，无法逾越。在此情况下，我们不妨转变思路，在股份制公司股东大会其他制度中找寻突破的角度。

一是利用股东大会出席制度进行调整。根据《公司法》第 104 条的规定，在股份有限公司股东大会上，议案的通过仅需“出席”会议的股东表决权 2/3 同意即可。因此笔者认为，在未强制股东出席股东大会的前提下，优先股股东与普通股股东完全可以通过意定会议出席权的方式，限制优先股股东出席会议进行表决的权利来实现优先股股东的有限表决权。并且我们还可以通过此项制度进行延伸，以限制普通股股东出席股东大会的形式，来实现优先股股东的特别表决权。

二是根据股东大会股东委托出席表决制度来调整。根据《公司法》第 107 条的规定，在股份有限公司的股东具备委托表决权的权利的情况下，充分发挥公司股东意定委托权的形式，在日常性的表决性议案上限制优先股股东的表决权限，在特别性表决性事项下提高优先股股东的表决权。

（四）发挥发起人合作（合资）协议、公司章程的作用，以意定式文件替换法定式文件进行优先股股东身份的确认

我国现行的工商登记管理制度虽未给予优先股股东身份登记的空间，但给予了公司股东在公司章程、合作（合资）协议充分表达自治思想的可能。我国《公司法》给予了公司股东 28 处可以意定章程内容的规定，在《工商登记管理条例》中将“发起人合作（合资）协议”作为了公司注册登记的备案要件之一。公司股东可利用这一空间，通过意定章程与发起人合作（合资）协议的形式，在公司章程、发起人合作（合资）协议充分展现优先股股东身份及股权权益的特别性，间接实现优先股在工商登记中的显现。

**六、浅议如何在我国建设优先股制度**

优先股作为公司股东权益实现的一种形式，其无论是在概念上还是在权益优先性上都须建立在公司普通股的基础上，作为普通股权益衍生品而存在，其所存在的优先性也仅仅体现在股权权利上，在股权义务上（比如以全部出资承担公司债务、不得抽逃出资）优先股并不存在优先于普通股的豁免权或承担更大义务。从此角度出发，我们应当清楚地认识所谓的优先股，其享有的优先性权益仅为建立在基本股权本应享有的权益基础之上，不能随意超脱、人为地制造；而优先权的使用也须建立在

普通股基本股权权益能够实现的基础之上，不可无中生有，随意地行使。

因此在笔者看来，优先股股东所能获得优先权都应建立在普通股基本股权权利及公司外第三人法定权益能够得到基本保障上。体现在优先股最主要的特征上，即排除无任何参照标准的固定股利，仅在公司存在盈利且拥有可分配股东红利的利润的基础上，允许公司股东设定出一种优先股股东能够通过优先股权获取优先收益的分配形式，保障优先股股东在公司既得可分配红利中享有一定特别比例的先行分红权；在公司清算资产足以清偿全部对外债务的基础上，给予优先股股东优先获取剩余资产权；在能够确认全体股东的基本表决权的基础上，适当调整甚至放宽优先股参与股东会表决的制度，给予优先股东可以放弃参加股东表决权或提高表决效力甚至是“一票否决权”的可能。根据以上基础，我国甚至能够探讨延伸出其他优先权权益，比如股东内部股权转让中的优先受让权、特别股东会召开提请权。

事实上，就在我国目前现有的法律法规中，也具有公司优先股制度可以参照的范本。在我国2006年8月27日颁布的《合伙企业法》中，“有限合伙制度”的建立，就笔者看来正是我国在企业股权制度中“优先股”制度的正确尝试，在我国公司制度下的优先股制度建设中极具借鉴意义。而我国早期颁布实施的部门性规章及地方性法规中如《股份有限公司规范意见》（现已失效）、《深圳市股份有限公司暂行规定》，也曾对公司制度下优先股的设置问题进行了初步的尝试，这都能作为我国现行公司优先股制度的建立提供重要的参考素材。

**结语**

2005年9月7日，国务院下属10个部委联合发布的《创业投资企业管理暂行办法》第15条规定：经与被投资企业签订投资协议，创业投资企业可以以股权和优先股、可转换优先股等准股权方式对未上市企业进行投资。通过该条规定，我们不难发现我国立法机关以及政府有关部门已对公司制度下优先股概念提出了需要。笔者也相信，优先股必将在不远的将来出现在市场经济中，促进我国的经济体制的改革和发展。

**作者刘嫔介绍**

江西南芳律师事务所高级合伙人、党支部副书记、副主任。

中国社会科学院经济法学硕士，中国政法大学在职法学博士。江西省律师协会理事，全省十佳律师，第二届全国优秀律师预备候选人，江西省优秀党员律师，赣州市三八红旗手，赣州市第四届政协委员，荣记司法行政系统二等功一次，三等功两次。

担任赣州城市开发投资集团有限责任公司、赣州工业投资集团有限公司、赣州稀土矿业有限公司等国有大型企业、行政机关、新闻媒体及其他 各类公司、企业的常年法律顾问，代理企业上市、改制及破产清算业务。成为赣州律师行业中第一位组织团队为公司证券发行上市进行法律服务的律师，完成了赣州律师事务所证券业务零的突破。

办理了较有社会影响的法律援助案件：原虎岗农信社职工彭某某烈士待遇案；赣南最大寿险索赔案；江西省兴国县113名农民工远赴厦门追讨工钱案等。

**作者罗丹介绍**

江西南芳律师事务所团支部书记、主办律师。

专业方向：公司法律事务、合同法律事务、金融证券法律事务。

具有企业证券发行上市法律服务工作、私募股权基金法律服务工作实践经验。

# 我国律师从事商标业务前景分析

马 翔* 律师

## 一、商标的重要作用

### （一）商标能够为企业创造高额利润

我们来看一个案例。美国斯坦福大学曾经做过一个实验，就是把两袋相同薯条放在孩子们面前，其中一袋标有麦当劳的M标志，另外一袋没有标。实验的结果是77%的孩子愿意选择标有麦当劳商标的薯条，更重要的是选择了麦当劳薯条的孩子认为标有麦当劳商标的薯条比不标有麦当劳商标的薯条更好吃。可见，商标对消费者识别商品和对消费者对商品认知具有潜移默化的作用。正因为麦当劳商标有很高的知名度和美誉度、有广泛的消费群体，所以美国麦当劳公司在全球获得了巨额利润。所以，我们说商标可以给企业带来巨额的财富。

### （二）商标更具有表彰功能

在现代市场经济条件下，商品本身 包含两个方面：一个方面是商品本身，也就是商标的物理功能；另外一方面在这个商品上还载入了商标这个因素。比如一双耐克鞋深圳离岸价格10美元，在美国市场上卖到160美元。经济学家认为其中10美元是商品本身的价值，另外150美元是它的品牌价值。所以，有一个销售大师曾经说过现在的商品销售的不仅仅是商品本身，更重要销售的是品牌、文化和价值。品牌、文化、价值对消费者进行了充分的表彰，也由此理论界和学界认为目前的商标存在两个功能。第一个它的传统功能就是识别功能。所谓识别功能是对生产厂商的识别，消费者购买完商品识别功能结束。商标是现代市场经济条件下产生新的功能，也就是常说的表彰功能。表彰功能指的是对消费者的表彰，表彰功能是从选购商品结束时开始。简单举几个例子，比如男士爱穿阿玛尼西装，女士爱用爱马仕的包还有香奈儿的香水，实际上这些奢侈品品牌对消费者进行了充分表彰。比如阿玛尼的西装可以体现你的身份地位，你能够用得起爱马仕的包证明你的经济实力，用香奈儿的香水证明有品位。这几个商标对消费者进行了充分的表彰。

商标的表彰功能是在什么条件下产生的呢？也有人总结过，生产力快速发展，商品极大丰富，另外科技的进步，使这个商品质量越来越趋同。再有就是交通、通信、互联网快速发展，国际国内的大市场形成。再就是人们生活水平的提高，人们更多地追求精神因素。在这几种条件影响下商标的表彰功能产生了。商标有了表彰功能，它对企业生产经营以及消费者会产生深远的影响。

### （三）商标经营是企业经营的最高境界

首先我们说企业经营的最高境界是商标经营，当一个企业发展到一定层次，发展到一定规模，它想更上一个台阶的时候，它的商标经营变得越来越重要。什么是商标经营呢？就是通过广告宣传赋予商标特定的文化内涵，要消费者产生对商标所标识商品的购买欲望，企业由此获利，这个简单来说就是商标经营的行为。在企业的商标经营过程当中由此获得利

* 北京市天驰律师事务所高级合伙人。

润。正因为商标有这样的作用，所以恒源祥的老板就说，“我并不致力于整个产业，我只注重商标的经营”。还有一个非常典型的案例就是可口可乐。可口可乐家喻户晓，为什么它还在做广告？知名度已经很高了，消费者已经对他有认知，为什么还要做广告，实际是通过广告赋予商标表彰功能。比如我们注意到近期他所要传达的表彰功能是什么呢？是活力、激情、创造、享受，这是可口可乐商标的表彰功能。

（四）商标是企业的首要财产

正因为商标这么重要，所以商标品牌价值能够充分体现出来。有一个2010年全球最有价值五百强品牌排行榜 。这一个排行榜当中沃尔玛这个品牌价值高达400多亿美元，第十名丰田也达到200多亿美元。从这个表彰当中我们看到企业品牌的价值。还有一个国内品牌价值排行榜，像海尔集团，它的品牌价值高达800亿美元，青岛啤酒也达到270亿美元，充分体现商标在市场经济条件下它的价值，我们说它远远超过了海尔有形资产的价值。

另外这里面有一个胡润百富榜，2010年的，显示宗庆后家族排第一 达800亿美元资产。有人说800亿美元大部分是它的商标资产。因为宗庆后和达能打了一场娃哈哈的官司，最终获得哇哈哈商标的所有权，这当中很大一部分价值是商标价值。

在商品时代我们认为厂房设备等有形资产，资本时代企业融资、发行证券，企业有资金可以得到快速的发展。在“知本”时代，企业商标专利注册权等知识产权决定企业生存和发展。商标、专利和著作权三个当中商标对企业是至关重要的，商标、版权和专利保护有期限：专利保护最多20年；注册权最多保护50年，商标只要你续展就可以永久保护，一个企业商标可以伴随企业生死，永远伴随企业。

**二、商标业务前景广阔**

正因为商标这么重要，正因为商标是企业的首要资产，所以国内随着改革开放和经济发展的深入，国内商标注册量逐年增长 。2002年注册商标总数是37万件，到了2010年增加到107万件，增长速度是288%，平均年增长32%。到2010年年底，我国的商标注册和申请总量连续九年保持世界第一，这和中国经济繁荣是密切相关的。

2010年6月30日商标注册新申请60万件，预计全年会达到140万件左右。相关部门统计，2010年92.1%的商标申请由代理公司代理，将近一百万件。这个业务量是非常巨大的。

另外除了商标申请业务量巨大之外，商标异议3.9万件，商标评审案件5.8万件，商标行政确权诉讼2828件。商标行政处罚5.1万件，商标侵权案件4.9万件，这个对于法律服务来讲是非常大的量。另外 ，商标业务一共将近四十种 。

伊利公司2009年申请1090件商标，百度公司2009年172万件异议。伊利商标复审约一百万。比如大谷粒、巧乐滋、谷粒多都存在这样的问题，要么被人家异议，要么是商标争议。有人抢注了伊利化妆品商标，要提争议。总之，企业经营过程当中，有很多很重要的商标法律服务值得律师去做。

据《知识产权报》的统计，2009年中国商标申请代理费高达50亿元，还不包括商标维权打假和咨询服务以及监测等法律服务。保守地估计，目前中国的商标法律服务的总业务量要达到80亿元左右。随着律师的介入、商标水平的提高，商标代理费提高，保守估计这个业务量可能要达到100亿元左右。正因为有这么大的量，所以，中国代理公司数量疯狂增长，截止到去年年底中国做商标代理公司5678家，到8月份为止这个数量增加到6572家，仅1~8月份就增加了900家。另外商标局也统计过，商标代理排名前十名的总和仅仅占到总商标代理量的8%，说明商标代理行业竞争很充分，值得律师去开拓突破，律师仍有机会。

另外我们谈到律师从事商标法律服务的必

要性。刚刚我们说了，商标有保障功能，能够为企业创造利润，企业又是追求利润的，由此商标业务成为企业不可缺少的业务。律师事务所有必要为企业提供全面、高质量的商标法律服务。律师事务所开拓商标业务 不仅能够为企业提供全面法律服务，也能够增加律师事务所的实力。另外律师做商标业务有它的必然优势：律师有专业的法律素质，律师有比较高水平的诉讼技术，律师有综合服务能力，律师有强烈的职业道德和规范意识。这些都是针对目前商标代理公司而言的。律师有专门的监管机构和监管法律法规，还有律师事务所合伙人承担连带责任，律师做相关业务比代理公司更有优势，律师可以大胆放心地开拓这一块儿业务。以前商标代理业务对律师有壁垒，经过司法部、全国律协和全国律协知识产权专业委员会和有关部门的共同努力，2009 年 7 月 12 号国家工商总局修改了商标代理管理办法，允许律师从事商标代理业务。律师可以从事商标代理业务之后，律师商标业务链已经完成，这是律师发展史上一个重要里程碑。目前工商总局和司法部正在共同制定“律师事务所从事商标代理业务管理办法”，这一个办法出台之后，从律师事务所到商标局备案，向指定账户预付规费可以代理客户正式递交的商标业务申请。

### 三、怎么做好商标业务

怎么能够做得更好？首先司法主管部门应该大力支持，加强监管，全国律协也多次表示要加强指导培训和规范，律协的知识产权委员会正在编写商标业务风险提示，商标业务规范，修订《中国律师商标业务指南》，将来还要举办一系列的免费培训和高规格研讨与交流。

商标业务风险很大，为什么？因为程序多，一个申请从开始到所有程序结束，一个商标申请大概有几个或者十几个程序。另外，这几个和十几个程序完成之后，有可能是几年或者是十几年的时间，另外这个时限是比较短，像驳回复审、异议复审、撤销复审给出的时间是 15 天，从接到相关通知对客户做出 意见，到等待客户反馈、递交申请这个时间是非常紧的。另外，商标服务是被动接受相关主管机关的通知，因为不像诉讼业务，是书记联席会紧盯着，商标有商标委，对代理人是不告知是备案的。在这一种情况下，就要律师事务所有很强的责任心。

律师做诉讼时，不同律师可以到同一个法院去立不同案子，由不同法官来审，结果是由不同律师去领取判决，而商标业务不是这样。一个所律师去做商标代理业务，由这个所统一制作申请书，统一编号，用在商标局备案的报送人统一报送，审查结果要由律师事务所统一的领文人去领取。所以 商标业务律师事务所加强管理，要建立同一个团队；并且这一个团队力求稳定，有完善业务流程，要强化风险意识和责任意识，加强学习。

# 古生物化石保护法律问题亟待国家立法解决

陈雄武* 律师

2004年11月1日，浙江省金华市中级人民法院对杭州海关查获的涉及2925件古生物化石走私案进行了公开审理。据悉，该案系全国最大一起古生物化石走私案。

近年来，沈阳、昆明、深圳、杭州、上海、北京，越来越多的海关相继查获古生物化石走私案件，其中不乏涉案化石数量惊人的大案。仅2002年至2004年三年间，海关查获走私古生物化石两千件以上的案件就有3起。

据专家介绍，目前所发现的古生物化石走私情况不过是冰山一角，古生物化石的走私处境已成一定气候，潜在的国际市场已然形成。大量原产于中国的珍贵古生物化石流失海外、损毁严重，而且这股走私之风愈演愈烈，仅流失到美国土桑的中国孔子鸟化石就有100多件，而专家指出目前我国国内馆藏孔子鸟化石也不过才20件。据了解，英国、澳大利亚等国警方亦多次向我国提供有关中国古生物化石走私入境的信息。前不久，澳大利亚官方还无偿归还我国古生物化石上万件。

然而，由于我国至今还没有一部古生物化石保护法，蕴含生命灵气和信息的古生物化石保护面临诸多法律难题。

## 一、古生物化石是否属于文物界定不清，法律责任未作规定

"目前在办理古生物化石走私案中最为突出的一个问题就是古生物化石的法律地位界定。"金华海关缉私局局长瞿某某如是说。由于现行《刑法》在"走私罪"的具体10个罪名中并未单独列有"走私古生物化石罪"，目前司法实践中走私古生物化石的行为都是以"走私文物罪"加以定罪量刑的。这样就有两个问题无法回避：

第一个问题，古生物化石是不是文物？从近几年国内有关古生物化石走私案的判决中可以发现，几乎每个案件的辩方律师都对此提出过质疑，认为化石不是文物。有专家认为，从客观对象的物理性状、概念的内涵外延、科学界分的归类法则等方面看，化石确实不是文物的一种。因为文物更侧重于人类活动或文明的相关性，而化石是古生物（时间上多为人类出现以前）的遗体遗迹所形成，主要是具有进行生物进化等方面研究的科学价值，当然也具备较高的观赏价值。

在行政管理上，目前文物与古生物化石也分属于不同的主管部门：文物由国家文物局主管，古生物化石主要由国土资源部主管。2003年6月，国家文物局、国土资源部曾联合发文，就古生物化石保护工作明确了各自的职责和分工：古猿、古人类化石及其与人类活动有关的第四纪古脊椎动物化石的保护，由国家文物局负责；其他古生物化石的保护、管理由国土资源部负责。

在法律规定上，化石亦未被明确归为文物。例如现行《文物保护法》在列举了受国家保护的五类文物后，另起一款规定"具有科学价值的古脊椎动物化石和古人类化石同文物一样受国家保护"。该条款 确立了古脊椎动物化

---

* 浙江省金华市人大常委会常委。

石和古人类化石应受国家保护的法律依据，同时也明确了化石和文物的泾渭之分。而《文物保护法实施细则》在附则中明确规定“古脊椎动物化石的保护办法另行制定”，这就完全排除了该细则对化石保护的适用。

第二个问题是相关法规不够全面。国土资源部制定的《古生物化石管理办法》更注重规范化石的挖掘开采，而对倒卖、走私化石等情形都未在法律责任中作出规定。该办法对化石的出境只有一条正面的规定：“因科学研究、教学、科普展览等，需将古生物化石运送出境的，由国土资源部发放出境证明。”该条文明确了化石出境需办理许可证明，但未规定因科学研究、教学、科普展览等需要，若未取得许可证明擅自携带化石出境的法律责任；而对以牟利为目的的走私化石出境应承担何种法律后果，管理办法则全无涉及。

**二、鉴定标准难统一，保护范围待明确**

目前，我国对古生物化石的鉴定缺乏统一的标准，只有一个《辽宁省古生物化石定级标准》的省级标准。由于辽宁省的标准具有区域特征，主要是针对辽西本地的化石，所以像金华这起案件中涉及保存完好的剑齿虎头骨、鱼龙等化石，尽管专家均惊叹其稀有珍贵，但即使在《辽宁省古生物化石定级标准》中都未有列明，所以难以定级。

此外，即使在法律上将化石视为文物，作同等法律适用和保护，但由于化石毕竟在科学种类上不归属于文物，所以《文物藏品定级标准》也无法适用于化石的科学定级。在目前缺乏统一定级标准的情况下，化石鉴定结论几乎在每起化石走私案件中都遭到辩方的质疑。如广东“1·20”走私古生物化石案中，在辩护人对化石鉴定结论提出异议的情况下，公诉机关通过补充侦查，获得了国土资源部地质环境司《关于确认“1·20”走私案件古生物化石省级鉴定结论的函》后，该鉴定结论的有效性才被法院认可。但若每个案件都需要国土资源部以个案批复的形式来确定化石的鉴定结论，一来在成本和时效上不合理；二来法制社会强调的是有法可依，即使作为化石主管部门的国土资源部的意见也需要有足够的法律依据。所以，制定全国统一的古生物化石定级标准迫在眉睫。

在古生物化石级别标准上，还有一个值得关注的问题是，除了“具有科学价值的古脊椎动物化石和古人类化石”外，其他化石该如何进行保护？《文物保护法》的规定明确限定只有“具有科学价值的古脊椎动物化石和古人类化石”才“同文物一样受国家保护”。对于盗掘化石的犯罪对象，刑法中也明确规定只限于古人类化石和古脊椎动物化石。这是否说明其他化石不珍贵，价值不大，不需着重保护？但《古生物化石管理办法》中列明实行重点保护的化石种类似乎无这种倾向，如“已经命名的古生物化石种属的模式标本”、“国内稀有或者在生物进化分类中具有特殊意义的化石”等应该属于古脊椎动物化石和古人类化石之外的其他化石。而《辽宁省古生物化石定级标准》在二级、三级化石的目录中均包括稀有植物类化石。假设现在有一个走私稀有植物的案件，按目前的法律规定似乎难以定罪量刑。

为了加强对我国古生物化石的研究和防止国内有限的化石资源进一步遭到破坏，加快古生物化石保护的立法工作已是当务之急。为此建议如下：

首先，最高人民法院、最高人民检察院尽快出台相关司法解释，明确古生物化石的法律地位，解决古生物化石走私、倒卖等案件中所遇到的相关法律问题。

其次，鉴于化石不同于文物的特殊性质，为清理物属关系和法律关系、加大对古生物化石的保护力度和践行“罪行法定”的刑法基本原则，全国人大应尽快制定“古生物化石保护法”，同时修订刑法，增设与古生物化石相关的罪名，如走私古生物化石罪。

最后，有关部门应尽快制定国家重点保护的古生物化石名录和全国统一的古生物化石鉴定标准。

2005年12月29日，全国人大常委会根据司法实践中遇到的情况，就有关走私、盗窃、损毁、倒卖或者非法转让具有科学价值的古脊椎动物化石、古人类化石的行为适用刑法有关规定的问题，发布立法解释《全国人大常委会关于〈中华人民共和国刑法〉有关文物的规定适用于具有科学价值的古脊椎动物化石、古人类化石的解释》，规定刑法有关文物的规定，均适用于具有科学价值的古脊椎动物化石、古人类化石；2010年9月5日，国务院发布《古生物化石保护条例》。但位阶更高的“古生物化石保护法”及进一步的配套细则迄今尚未出台。）

**作者陈雄武介绍**

陈雄武，男，汉族，1962年12月出生，中共党员，安徽大学法学本科、上海社科院民商法专业研究生毕业。现任浙江一剑律师事务所主任，一级律师。1987年7月至1995年5月，在金华市第一律师事务所执业，1993年至1995年期间任该所副主任（其中，1990年8月至1992年11月期间在金华市政府法制局从事行政复议工作，任复议科科长）；1995年6月至今，在浙江一剑律师事务所执业，任主任。目前，还担任全国律协理事、浙江省律协副会长、金华市人大常委会常委、金华市律协党委副书记、浙江师范大学行知学院兼职教授、金华仲裁委员会仲裁员、金华市委市府信访复核复查工作小组成员。曾任第三届金华市律协会长。

主要荣誉：

1994年和1997年连续两届被评为“市十佳律师”，1996年以来历届均被评为“市十佳仲裁员”，2002年立“司法行政三等功”一次，2003年被评为“省十佳律师”，2004年被评为“全国优秀仲裁员”，2006年被市委、市政府授予“专业技术拔尖人才”，2007年被市委组织部推荐为省十二大党代表候选人，2008年获“全国优秀律师”，2009年作为全省基层党员的优秀人物其先进事迹以《行业先锋、律师楷模》为标题被收入中共浙江省委深入学习实践科学发展观活动领导小组办公室编写的《科学发展路上的领头人》一书。

心得体会：作为一名从业20多年的党员律师，我深深感到：只有始终坚持把维护社会稳定、追求社会效益优先作为执业的首要条件，始终坚持把保障公平正义、实现法律至上理念作为执业的最高信仰，始终坚持把争当行业先锋、引领行业健康发展作为执业的奋斗日标，才能成为一名真正合格的律师。

# 对公立医院改革的几点想法

许世可* 国家一级（正高级）律师

缓解看病难、看病贵需要的是实实在在的结果。为了这一重大民生问题的解决，现在还没有现成可以直接套用的模式，这一世界性的难题如何解决？需要人们不断地探索！这里面涉及的问题大多，现仅就以下几个问题谈一些想法：

**一、医院改革原则的确立**

改革原则的确立，要以“三个代表的精

* 江苏南昆仑律师事务所高级合伙人。

神”和“科学发展观”为指导思想。没有务实和创新，难以突破性解决医改问题。加大政府投入确实是解决医改问题的关键，有没有测算过要花多少钱、多长时间才行。中央政府、地方政府要在财政预算中累计几年、以何比例进行投入？中央既定鼓励民间资本参与医疗改革，“鼓励”需要实实在在的措施，否则，有谁会投资参与公立医院的改革呢？记得邓小平南方讲话时，关于社会主义市场经济的讲话，“不要争论市场经济是姓‘资’还是姓‘社’，发展才是硬道理！”经过30年的改革开放，中国经济的发展成就已无可争议。在医改问题上能不能沿用此精神，不要争论公立医院的改革是“公”还是“私”？私立医院没有公益性吗？国有企业改革的成果，足以说明民营企业在满足就业、解决民生问题上的实际效果。只有发展医疗事业和产业，才能切实解决“缓解看病难、看病贵”的现状，这是实实在在的事情。中国13亿民众需要的是良好的结果，而不是长期的探索。

**二、医院改革资金投入问题**

只有包括政府在内的全社会一起投入，才是解决医改问题的有效方法。如何调动、引导全社会参与医改投入，这是问题的关键所在！发起设立医改专项股权基金是一个尝试，将资本、先进的管理理念融入医改之中，将金融创新与医改有机结合，大力增强医疗机构的实力，使之成为公众公司，接受全社会的监督，履行社会职能，让参与医改投入的人们分享中国经济发展的成果。中国资本市场的发展成果足以证明这是一条优选之路。当然，事情没有这么简单：没有政策的支持\没有经济成果的分享\没有良好的退出渠道等，恐怕良好的愿望与现实还是存在相当距离的。这里尤其注意避免大量的财政投入与实际效果的不平衡问题的出现，否则，将是一笔巨大的学费，代价太大了！

**三、机制改革抑或体制改革**

机制改革还是体制改革，要理清思路、明确方向。改革是有阵痛的，改革需要有勇气和信心。不彻底解放思想，不彻底解决医疗机构、医务人员存在的现实问题，改改机制、增加些投入、简单调动医生的积极性，会走国有企业改革的老路、弯路，看起来四平八稳，“保基本、强基础、建机制”缺少实质内容。要壮大医疗机构的实力，不光是投入的问题，还有医务人员的地位、待遇等诸多因素。要让医疗机构与上市公司一样有社会地位，要让医务人员与上市公司人员一样有良好的收入待遇，不进行彻底改革行吗？现阶段公立医院改革尤其要注意避免，“重形式、轻实质；重表面业绩、轻实质突破”的倾向。公立医院搞集团化，设理事会、监事会很好，但不能简单套用公司化的成果。注意公立医院的主体性质，多数还是事业单位的属性，现在又多出来个医疗集团的主体，医疗集团与其成员之间主体如何界定？是上下级事业单位关系，还是产权投资关系？投资人又是谁？各自盈亏如何处理，是各负其责，还是连带责任？这些都需要明确思路，依法改革。

**四、建机制，改为破机制——医改“破”机制之“顶层设计”**

“十二五”医改专项规划正在紧锣密鼓地制定之中，鉴于医改的复杂性和当前建立医改新机制以及完善医改新机制积极探索，尤其是我国医疗机构的特殊体制和机制，从医改“顶层设计”角度出发，将医改的基本原则适度调整为“保基本、强基础、破机制”更加符合科学发展观。

中共中央“十二五”规划建议在强调全面推进各个领域的改革时，提出了要“更加重视改革顶层设计和总体规划”的理念。“顶层设计”这个概念，强烈表达了整体地、全方位地推进政治、经济、文化、社会体制改革的意向。重视“顶层设计”，就是要求加强对改革的统筹力度，就是要求我们对于工作要总体规划、全面把握，就是要求我们把改革真正提升到制度、体制、机制建设的层面。“保基本、强基础、建机制”之中的“建机制”，似乎保守，缺少“硬”动作，与人民的预期有差距。

建机制，改为破机制。一个“破”字，凸显改革之力度和改革之勇气。破字当先，医改中要破思想禁锢，“公益性”解决“看病贵”，“公益心”解决“看病难”。解决看病难、看病贵，是医改公益性的“凸显”。头上有个“公益帽”，不如心中有个“公益心”。医改问题难以解决的，只要不违反法律规定，在“邓小平理论、三个代表、科学发展观以及社会管理创新”的精神下，允许尝试。医改能否成功——看“疗效”。只要有利于民生问题的有效解决，只要实实在在解决群众看病难、看病贵的问题，就是成功的！

医改试点城市律师界在探索中认为，医改进程的推进，如果不遵循“顶层设计”的思路，就很难得到一个总体的、根本性的解决。科学处理好医改中“破”和“立”的关系，尤其是科学理解和强化医改中“破”的含义十分重要。医改中除了要破思想禁锢，还要破保守机制，破影响医改的体制。同时，破还具有强调“完善”和“改制”的含义。现有医疗体制、机制不在破中寻求完善，难以达到人们对医改的预期和树立医改必胜的信心。

**作者许世可介绍**

江苏南昆仑律师事务所高级合伙人，国家一级（正高级）律师，具有证券律师、破产管理人和上交所独立董事资格，担任江苏WTO法律咨询委员会专家委员会成员、江苏省律协公司法专业委员会委员，北大PE投资联盟理事。

积极为经济发展提供高质量的法律服务。参与了大量的重点企业改制，重点企业的私募、上市融资，国内、跨国兼并重组以及国家、省市重点工程项目，形成了专业的特色服务。担任了天工国际、江南化工等六家全球（全国）知名企业以及上百家机关、企事业单位的法律顾问。在事业发展的同时，许世可律师一直热心公益事业，坚持回报社会。曾法律援助江苏省第一例“5·12”汶川大地震宣告死亡案，受到各方好评。许世可律师曾荣获全国优秀党员律师、江苏省优秀党员律师、镇江市十佳律师、优秀律师称号。

# 专栏目录



## 一、律所风采



## 二、律师专访

## 三、律师风采

### 北京



### 上海



### 重庆



### 广西



### 河北



### 广东



### 新疆



### 江苏

专栏目录

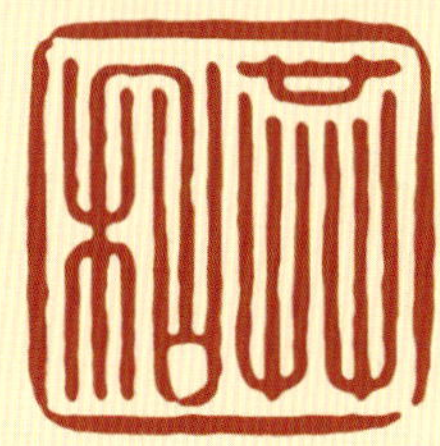

# Concord & Partners
# 共和律師事務所

共和律师事务所是北京市著名的国办律师事务所——北京市对外经济律师事务所改制而成的合伙制律师事务所，溯源于1983年，改制于1995年，脉络广泛，积淀丰厚，多年来一直是国内最具实力的综合性律师事务所之一。1998年，共和所被中华人民共和国司法部评定为首批“部级文明律师事务所”，并连续多年跻身亚太地区法律服务百强。

改制迄今，共和所已发展成为多领域、多方位的专业化、规模化和综合型的律师事务所，并为众多国内外客户提供了优质高效的法律服务。除北京本部外，共和所在上海、深圳设有分所。共和所的客户遍及国内、东亚、北美、欧洲和澳洲等国家和地区，其中不乏世界五百强企业，亦有各类中小型企业、社团组织及政府机构。

共和所不仅拥有一支稳定的既分工协作又掌握多领域专业技能的律师团队，而且拥有许多高学历的具有国外法律从业经验的复合型人才。此外，共和所还与大批国内外著名的各类中介机构建立了稳定的业务协作关系和广泛的业务联系，构成了国际化的法律服务网络，可满足国内外客户不同的业务需求。

## 主要业务领域：

- 公司的设立、重组、收购与兼并
- 外商投资
- 跨国投资
- 民商事、海事仲裁与诉讼
- 刑事诉讼
- 金融、证券、保险
- 基础建设项目
- 矿产开采、矿业收购及转让
- 房地产
- 知识产权
- 文化及体育产业
- 反垄断/反不正当竞争

## 共和 律师事务所


### 北京总部

地址：北京市朝阳区麦子店街37号
盛福大厦1930室
电话：(86 10)85276468
传真：(86 10)85275038
邮编：100125

### 上海分所

地址：上海市浦东新区陆家嘴环路1000号
恒生银行大厦13楼13-121室
电话：86-21-5878 5301
传真：86-21-5876 3728
邮编：200120

### 深圳分所

地址：深圳市福田区福华三路
国际商会中心1309室
电话：86-755-82900008
传真：86-755-82900088
邮编：518048

# Concord & Partners

www.concord-lawyers.com

Concord & Partners originated from the former Beijing Foreign Economic Law Office, a prestigious state-owned law firm established in 1983 which became a partnership law firm in 1995. Over the years, Concord has been one of the most influential comprehensive law firms in China with broad social connections and in-depth legal expertise. Concord was awarded the title of "Outstanding Law Firm at Ministry Level" by the Ministry of Justice in 1998, and has been listed in the rankings of the Top 100 Legal Service Providers in the Asia Pacific Region for many years.

As a professional and comprehensive law firm, Concord provides high quality and efficient legal services in a wide range of legal fields to tens of thousands of clients both at home and abroad. The head office of Concord is in Beijing, with branches in Shanghai and Shenzhen. We advise Chinese and foreign clients from East Asia, North America, Australia and Europe, including members of the Global 500, as well as medium and small-sized enterprises, social organisations and government organisations.

Concord has a strong and committed team of lawyers with legal expertise covering all aspects of law. Concord is proud of its lawyers' wide ranging professional skills, international education backgrounds and overseas legal practice experience. Our well established long-term cooperative relationships with domestic and foreign legal practices and businesses form an international legal service network, which is able to satisfy the requirements of our local and overseas clients.

## Our practice covers:

- Company Incorporation, Restructuring, Mergers and Acquisitions
- Foreign Direct Investment in China
- Overseas Investment
- Civil and Maritime Litigation and Arbitration
- Criminal Law
- Finance, Securities and Insurance
- Infrastructure Projects
- Mining Industry, the Acquisition and Transfer
- Real Estate
- Intellectual Property Rights
- Media, Publishing and Sports Industries
- Monopolies and Unfair Competition

## Concord & Partners


**Beijing**

Suite 1930, Beijing Sunflower Tower, 37 Maizidian Street, Chaoyang District, Beijing, China 100125
Tel: (86 10) 85276468
Fax: (86 10) 85275038

**Shanghai**

Suite 13-121, 13th Floor, Hang Seng Bank Tower, 1000# Lujiazui Ring Road, Pudong, Shanghai, China 200120
Tel: 86-21-5878 5301
Fax: 86-21-5876 3728

**Shenzhen**

Suite 1309, International Chamber of Commerce Tower, Fuhua 3rd Rd, Futian District, Shenzhen, China 518048
Tel: 86-755-82900008
Fax: 86-755-82900088

# 北京国枫律师事务所

## 张利国 律师

国枫主任合伙人。1982年考入北京大学法律系，1986年取得北京大学法学学士学位、1989年取得北京大学国际经济法法学硕士学位。研究生毕业后，曾就职于北京市医药总公司、中国汽车工业进出口总公司等企业，在此期间，处理过大量国际贸易、国际投资、中外合资企业等方面的法律业务，并赴美国一家律师事务所接受专门的律师培训。

1993年，张利国律师参加了律师事务所的创办，并获得司法部、中国证券监督管理委员会授予从事证券法律业务的专业资格，此后一直从事证券法律业务。在16年的证券从业经历中，先后为上百家企业的股票发行、兼并重组、增发、配股、证券投资基金设立、股权激励项目提供了法律服务，证券种类涉及H股、A股、B股、红筹股、企业债、公司债等，在投资、并购、证券发行、重组、仲裁等业务领域均取得了不俗业绩。曾在若干证券公司担任内核委员，在华夏银行等多家上市公司担任独立董事职务，得到了这些机构的认可和尊重。

张利国律师撰写或与他人合作撰写的主要著作有《新中国法制建设四十年要览》、《实用经济法》、《律师从事证券法律业务规范（试行）释义》，并在《中国投资》等杂志上发表过多篇文章。张利国律师在北京大学法学院定期举办讲座，为研究生讲授资本市场及证券法律实务等内容。张利国律师多次参与中国证监会等部门法规、规章的修改、研讨。

张利国律师拥有较高的理论水平和丰富的实践经验，既对公司法、证券法及相关的法律、法规有全面的理解和深刻的掌握，也对公司经营管理、财务管理及发展战略有相当的了解和掌握；既能处理公司改制发行及上市公司再融资过程中涉及的一般性法律问题，亦能对疑难复杂问题进行深入研究并提出可行的解决方案，深得客户和相关机构人士的尊敬，拥有良好的信誉。

张利国律师被评为“2008中国证券业年度人物”。

国枫是一家具有高度专业化并提供综合性法律服务的合伙制律师事务所。其总部设在北京，并在上海、西安、深圳设有分所。国枫的宗旨是：以全新的现代法律服务意识，调动整体资源与优势，竭诚为客户提供优质、专业、高效的法律服务。

国枫集中了一批高素质、经验丰富的专业法律人才，国枫律师均在国内外著名高等学府受过正规、严格的法学教育及专业训练，其中众多律师拥有国内外著名法学院的博士或硕士学位。通过制度化的培训和“师徒制”等行之有效的方法，国枫培养了一支稳定的、具有较高专业素养的、不断扩大的专业律师队伍。

国枫为国内外客户提供全方位、多层次的专业法律服务。国枫内部按照专业化分工设立专业部门，如公司证券部、金融事务部、房地产部、涉外业务部、知识产权部、诉讼与仲裁部、反垄断和反倾销业务部等。在执业过程中，国枫奉行专业分工与团队协作并举的原则。在国枫，客户得到的不仅是某个律师的专业服务，而是国枫集体的经验、智慧和判断力，以及专业化、高效率协作机制的有效支持。

公司证券业务是国枫的核心特色业务，国枫为数百家境内外企业的改制、上市、重组及并购、境内外债券发行等业务提供过法律服务。多年来，在中国证监会公布的国内首次公开发行（IPO）、国内再融资及涉外证券业务排名中，国枫一直名列前茅。2010年度，国枫被评为“2010年中国上市公司最信赖律师事务所”、“年度最佳上市法律服务机构”。

国枫和社会各界、政府机构、世界主要国家和地区的若干律师事务所保持着良好的业务联系与合作。国枫是Meritas国际律师事务所组织的唯一中国会员。该组织在世界近70个国家拥有170多个会员，约6000余名专业律师，可在全球范围内提供优质、高效的法律服务。

良好的法律专业能力、丰富的律师实务经验、广泛的社会资源整合、高效率的办公方式和为客户高度负责的执业精神是国枫为客户提供优质法律服务的基础。

国枫律师愿以服务国家、奉献社会为己任，以优质、高效的专业化法律服务为客户创造价值、与客户共同发展、共铸辉煌！国枫律师，永远追求理想、追求卓越！

· 北京总部：
北京市西城区金融大街一号A座12层
（邮编100033）
电话：（010） 6609-0088
传真：（010） 6609-0016

· 上海分所：
上海市浦东南路360号新上海国际大厦12E室
（邮编200120）
电话：（021） 6886-2162
传真：（021） 6886-3034

· 西安分所：
陕西省西安市高新区科技路50号金桥国际广场C座1705室（邮编710075）
电话：（029） 8886-0510/11
传真：（029） 8886-0501

· 深圳分所：
深圳市南山区海德三道199号天利中央商务广场B座2302室（邮编518054）
电话：0755-86595160/86595183
传真：0755-86595196

网址： www.grandfieldlaw.com

## 张丽霞 主任律师

中国政法大学法学学士，对外经贸大学法学硕士、法学博士，清华大学 EMBA 工商管理硕士，美国纽约大学法学院访问学者。北京市华贸硅谷律师事务所主任。现任中国国际经济贸易仲裁委员会、香港国际商事仲裁中心、北京仲裁委员会、上海金融仲裁院、西安、郑州、兰州仲裁委员会仲裁员；中国仲裁法学研究会副秘书长；北京市律师协会业务指导与继续教育委员会副主任；北京市律师协会仲裁专业委员会主任；海淀区律师协会副会长；中国政法大学、对外经贸大学兼职教授；上海大学 ADR 与仲裁研究院研究员；中国法学会国际经济法学研究会常务理事；北京市法学会房地产学会理事；海淀区人民政府法律顾问；海淀区人大常委会法制工作委员会委员；海淀区人民法院特邀监督员；河北省邯郸市丛台区人民政府法律顾问等。

**获得荣誉** 全国优秀律师、北京市优秀律师、优秀法律工作者、海淀区金牌律师、海淀区优秀律师、北京市“三八”红旗奖章。

**主要执业领域**

•国际贸易 代理过数十起国际贸易及其它领域重大案件，案件争议标的均超过亿元。成功代理客户在美国德克萨斯州、加拿大等地方法院进行诉讼，使客户的请求得到法院的支持。

•仲裁诉讼代理 在中国国际经济贸易仲裁委员会(CIETAC)、北京仲裁委员会、上海金融仲裁院、巴黎仲裁院（CAP）、伦敦谷物和饲料贸易协会 (GAFTA) 等国内外仲裁机构以及最高人民法院、北京高级人民法院等成功代理争议标的在亿元以上的仲裁、诉讼案件达数十起。

•反倾销 多次代理国内外客户参加反倾销应诉，谙熟各国反倾销法律及程序，积累了丰富的应诉经验。在反倾销业务中已成功的代理许多国外知名企业应诉，同时还多次代表中国企业参加外国政府提起的针对中国产品的反倾销应诉工作。

•信托 长期担任国内大型投资信托公司的法律顾问，是国内最早涉及信托领域法律服务的律师之一。在信托及其相关领域拥有丰富经验和专业知识，能够为客户提供信托项目的整体战略把握、具体项目框架设计、起草并审查信托文件等法律服务。至今已参与数十个大型信托项目的全程运作。

•法律顾问 担任政府及国内外多家知名企业的法律顾问。

地址：北京市朝阳区慧忠路 5 号远大中心 C 座 17 层
邮编：100101
电话：（8610）84891919
传真：（8610）84891177
邮箱：hmgg@hmgglaw.com
网址： www.ctsvlaw.com

## 华贸硅谷律师事务所

华贸硅谷律师事务所，成立于 1994 年，具有十几年的成功发展史，业务领域广泛，是一家立足北京、面向海内外的律师事务所，连年获得主管部门表彰。华贸硅谷所具有一流的专业背景。所内主要律师都执业多年，均具有法学博士或硕士以上学位，其中法学博士十余人，兼具深厚的法学功底和丰富的律师实践经验。拥有多名著名法学教授、会计学教授及法学博士生导师。华贸硅谷所能够提供全方位的法律服务。能够用英语、日语、法语、德语、韩语、俄语等多种语言为客户提供法律服务，有多名熟悉英美法的资深专家，在包括美国、英国、德国、法国、日本、韩国、西班牙、中国香港、中国台湾在内的数十个国家和地区成功开展了律师业务。

事务所总部设在北京。在上海、天津、广州、南京、杭州、河北等地均设有办事机构，境外的合作伙伴遍布美国、英国、法国、日本、韩国、澳大利亚等国家和地区。

**华贸硅谷所业务领域**

•仲裁和诉讼业务 有连续多年在中国国际经济贸易仲裁委员会（CIETAC）、北京仲裁委员会、上海金融仲裁院等国内外仲裁机构和最高人民法院、北京高级人民法院等成功代理仲裁、诉讼案件的丰富经验，有多名律师分别在 CIETAC、巴黎仲裁院（CAP）、伦敦谷物和饲料贸易协会（GAFTA）、韩国国际仲裁中心、香港国际商事仲裁中心、西班牙马德里商事仲裁院、马来西亚吉隆坡区域仲裁中心担任国际仲裁员。

•外商投资和对外投资业务 擅长外商投资项目的咨询谈判、企业设立、知识产权、重组和清算等提供法律服务；为国内客户在海外设立分支机构、进行商务合作等提供咨询服务。

•国际贸易业务 在反倾销、反补贴和保障措施调查程序中为国内外客户提供法律服务，已成功代理多家国外知名企业应诉，如铜版纸倾销案、冷轧钢卷版案，钢铁保障措施案等。同时与世界各国的优秀律师事务所建立了广泛的长期合作关系，包括美国、欧盟、澳大利亚、新西兰、加拿大、日本、韩国、新加坡、巴西、印度以及中国港台地区的几十家律师事务所。

•公司、金融 能够为政府机关、高科技企业及知名公司担任法律顾问；为公司改制、并购、重组、融资提供法律咨询；为国内外金融机构提供相关法律审查、贷款审查等。

•信托业务 长期担任国内大型投资信托公司的法律顾问，是国内最早涉及信托领域法律服务的律师事务所之一，在信托及其相关领域拥有丰富经验和专业知识，能够为客户提供信托项目的整体战略把握、具体项目框架设计、起草并审查信托文件等法律服务。至今已参与数十个大型信托项目的全程运作，内容涉及大型房地产、建筑设备融资租赁、煤矿经营权、广告代理权以及公司股权等项目的财产及资金信托业务。

•房地产业务 具有为国内外客户提供房地产项目的开发、转让、租赁、融资等法律服务的丰富经验。

•知识产权业务 可提供专利权、商标权、版权及国际技术转让等知识产权项目的法律服务。

君合律師事務所
JUN HE LAW OFFICES

## 关于我们

君合律师事务所被公认为是一家提供全方位法律服务、在中国占据领先地位的律师事务所。君合在各个专业领域的高质量法律服务在业界独树一帜。作为国内最早成立的合伙制律师事务所之一，君合在中国律师业重建和发展过程中的先锋作用为业内所共知。

自1989年成立以来，君合已发展成为国内规模最大、知名度最高的律师事务所之一，其总部设于北京，并在上海、深圳、大连、海口、中国香港、美国纽约和硅谷设有分支机构，现有执业律师超过三百五十名。君合的执业律师及其专业人员具有很强的外语能力，工作语言包括中文、英文、日文和韩文。全所范围内一体化的计算机管理系统及一流的通讯设施，更从硬件上保证了君合可向客户提供高质量的法律服务。

君合以卓越的服务水准赢得了广大客户的青睐，并获得了司法机构、国内外同行和专业机构的高度认可。

君合是两大知名国际律师组织LEX MUNDI及MULTILAW中唯一的中国律师事务所代表。

## 业务领域

君合是一家提供一流的全方位法律服务的律师事务所，尤其擅长于错综复杂的公司和商业业务。君合律师在服务过程中尽力为客户提供个性化的最实际的专业解决方案。君合的每个律师通常专注并专长于某一两个业务领域。当客户有涉及不同领域的综合法律服务需求时，各业务领域的律师可随时提供支持并紧密协作。

君合目前的主要业务领域包括：

公司与并购，证券和资本市场，银行与金融，基础设施开发与项目融资，矿产与自然资源，房地产与建筑工程，知识产权，电信、传媒与高科技，娱乐与体育，争议解决，破产，劳动法，税务，反垄断与反不正当竞争，国际贸易，境外投资等。

## 我们的团队

自成立以外，君合一直是国内法律专业人才翘楚的归宿，并通过招募新的人才继续壮大其队伍。君合合伙人在各自的专业领域内拥有多年工作经验和精湛的法律功底。君合律师大都为国内一流法学院的佼佼者，其中许多律师还拥有美国、欧洲、日本和韩国法学院的学位，相当一部分律师还有在国外律师事务所工作的经历。作为各自专业领域内的权威专家，一部分君合律师还参与讲课和出书，并积极参与推动中国法制建设。

君合律师的专业技能、工作经验和法律知识是为客户有效提供卓越法律服务的保证。君合长期以来始终秉持国际通行的专业标准和道德准则，因此赢得了客户的宝贵信任和高度赞誉。

## 我们的社会资源

君合相当重视与国内的立法、行政和司法机构保持紧密稳定的联系。这使君合能够及时了解现行法律、法规和政策的立法动态、有关适用这些法律的监管实践，以及有关最新立法趋势的信息。君合经常受到政府机构邀请对拟将颁布的新法和相应的社会反映发表意见和评论。此外，君合还与许多律师组织和专业机构建立了密切的合作关系，这些组织和机构包括证券公司、投资银行、律师事务所、会计师事务所、资产评估公司、商会和国际律师协会。

## 社会公益活动

君合设立了中国律师界第一个奖学金项目，资助了一大批在中国攻读法学学位的学生。君合不仅定期向西部地区希望工程捐款，还向贫困和受灾地区慷慨捐款，有很多君合律师志愿参加灾后重建活动，比如在2008年汶川大地震后志愿前往灾区救助。此外，君合还积极参加中国政府发起的立法研究项目，并一直致力于各种公益事业。

北京总部 地址：北京市建国门北大街8号华润大厦20层（100005）
电话：（86-10）8519 1300 传真：（86-10）8519 1350 Email：junhebj@junhe.com 网址：www.junhe.com

上海 深圳 大连 海口 香港 纽约 硅谷

金杜律师事务所
KING&WOOD
PRC LAWYERS

## 关于金杜

金杜律师事务所是中国律师行业居于领先地位的综合性律师事务所之一，致力于为全球不同需求的客户提供全方位、国际水准的专业法律服务。金杜的业务能力和法律服务品质得到业界的公认和客户的高度评价。对中国法律的深入理解和丰富的实践经验能够确保金杜团队为客户提供务实性的商业解决方案。金杜立足本土，走向世界，金杜的发展理念为“中国智慧、国际视野”。

自1993年成立以来，经过近20年的迅速发展，目前金杜已经成长为国内规模大的综合性律师事务所之一，总部设在北京，在上海、深圳、成都、广州、西安、重庆、杭州、天津、苏州、青岛、济南、中国香港、日本东京、美国硅谷和纽约15个城市设立了分支机构，现有员工1400多名，律师、代理人等法律专业人士950余名。金杜专业人士具有很好的语言能力，能够用中文、英文、日文进行日常工作。金杜采用先进的通讯技术和文档管理制度，能够确保总部、分所、国内、海外及时沟通，为金杜向客户提供高质量的法律服务提供了充分的硬件保障。

金杜具备广泛的境外法律服务网络资源，在2003年分别加入了Pacific Rim Advisory Council（“PRAC”）（环太平洋法律顾问联盟）和World Law Group（世界律师联盟）。

北京 Beijing　上海 Shanghai　深圳 Shenzhen　成都 Chengdu　广州 Guangzhou　西安 Xi'an　重庆 Chongqi　杭州 Hangzhou

## 金杜理念和业务领域

金杜的服务理念为“客户至上、团队合作、专业精神、追求卓越”。

金杜的法律服务领域分六大部分，分别是公司、融资、资本市场和证券、国际贸易、争议解决和知识产权，几乎涵盖了法律服务的各个领域。为保证向客户提供高质量的法律服务，金杜实行专业化分工制度，金杜总部和各分所独特的一体化的统一运作方式能够实现金杜律师的集中统一调配，各业务部门的密切配合确保了金杜法律服务的质量和效率。

金杜的具体业务领域有：银行融资、外商直接投资、证券发行与上市、公司并购、国际贸易、海关事务、美国337条款调查、WTO争端解决、商标、专利、知识产权保护、知识产权诉讼、劳动法、反垄断、税务、公司合规业务、破产重整、不良资产处置、资产证券化、诉讼、国际仲裁等。

## 金杜团队

金杜追求卓越：卓越的人才、卓越的制度和卓越的法律服务。金杜自建所开始就本着广招人才的原则，大力吸收在各个专业领域卓有建树的优秀人才加入并成为合伙人。与此同时，金杜尤其注重自身员工的培养，对那些经过多年勤奋努力卓有成绩、对金杜文化有着深刻认识的年轻律师大力提拔，并建立了一套系统的员工晋升政策和程序，以保证留住人才，鼓励进步，使金杜得以健康、持续的发展。

金杜绝大多数律师毕业于国内外著名的法律学府，其中很多律师都曾有在国际知名律师事务所工作或执业的经历，部分合伙人、律师还曾在政府机关、大型国企、跨国公司和社会组织担任要职。

## 金杜管理体制

金杜实行高效、统一的公司化管理体制，目前已建立了一套科学的综合管理体制，在人才引进、业务支持、内部协作、法律服务产品质量控制、国际交流合作、培训机制、市场拓展和服务网络规划等方面都建立了一套比较完备的体系和制度。作为国内法律业界领先的平台之一，金杜的管理体制能够集合具备多领域专业背景的律师团队，为客户提供全方位的法律服务，内部的专业化分工又使金杜律师各有所长，使金杜的客户在各法律领域都可以享受到真正的专家级、稳定、优质的服务。

## 金杜社会责任

服务社会、回报社会是金杜人的责任，也是金杜文化的血脉和渊源。金杜在自身业务快速发展的同时不忘社会责任，不断探索新社会组织可持续有效的承担社会责任的发展机制。多年来，金杜投入大量的人力物力，组织、参与了多项社会公益活动，设立了“金杜公益基金会”，并持之以恒地建立了“金杜基础教育公益基金”和“金杜高校法律公益基金”，积极创建“金杜—延庆农村公益法律服务”模式，为社会赈灾积极募捐，将公益事业和社会责任制度化、系统化，确保了金杜公益活动的可持续发展。

“金杜公益基金会”成立于2008年，由金杜全额出资500万元设立，金杜公益委员会负责管理和运营。该基金会是北京市第一家由民政局批准设立的律师事务所设立的公益基金会，为金杜各项公益活动的组织和开展提供了有力的资金和制度保障。

金杜以“科学发展、追求卓越”的党建理念为指导，将党建工作与业务发展紧密结合。 金杜参与了多个代表国家利益的重大项目建设，如担任北京奥组委中国法律顾问；协助商务部代表中国政府解决WTO贸易争端；代表中国企业处理在欧美的反倾销反补贴等贸易争端，为中国企业“走出去”保驾护航。

金杜涌现了一批优秀的党员律师，他们获得了司法部、司法局授予的多项荣誉称号。金杜党员律师作为政协委员和人大代表，积极参政议政，为党和国家建设建言献策，维护公平正义，促进社会和谐，推动时代进步。

地址：北京市朝阳区东三环中路7号北京财富中心写字楼A座40层
邮编：100020
电话：8610-5878 5588
传真：8610-5878 5599
网址：www.kingandwood.com

# 嘉源律師事務所
# JIAYUAN LAW FIRM

**关于我们**

嘉源律师事务所是中国境内从事资本市场专业法律服务的领先机构之一。该所秉承“勤勉、稳健、专业、服务精良”的执业精神，有所为有所不为地长期致力于证券、金融、企业产权、公司治理以及投资、并购、涉外法律等领域法律事务。嘉源创立于 2000 年，总部设于北京，在上海、深圳、西安设有分支机构。

嘉源律师团队熟悉中国法律及国际惯例，既洞察中国资本市场发展变化，又谙悉国际资本市场运作规则，嘉源律师良好的专业能力与上佳表现获得市场的广泛认同，以卓越的专业服务使嘉源成为每个客户最值得信赖的伙伴。十余年来，我们协助数百家境内外集团性、行业龙头型企业进行了重组改制、境内外股票发行上市融资和境内外投资、收购兼并、国际合作等工作，是 12 家世界五百强企业、50 余家全国五百强企业长期法律服务机构。

嘉源屡获殊荣，多次获得 Chambers 、Asian Legal Business、China Law & Practice 及全国律师协会颁发的奖项，并连续多年在彭博社公布的全球及亚洲法律顾问排行榜中名列前茅。Chambers 对嘉源的评价为：“该律师事务所以参与无数重大项目而闻名”，并将嘉源列为亚洲资本市场领先律师事务所。

**专业团队**

嘉源从事证券业务的专业团队逾百人，均接受过高等法律教育，90% 以上的律师具有硕士以上学位。嘉源部分律师除接受法学教育外，还分别接受过 MBA、物理、机械、能源、知识产权等专业教育。

嘉源部分律师曾留学海外的著名法学院，在国际知名律师事务所供职多年，熟悉国际资本市场及国际惯例，并以英文作为工作语言。

嘉源聘请了部分在国内外享有较高声望的投资、金融、证券、税务等方面的专家、学者担任顾问，具有对企业融资法律服务的强大技术支持。

嘉源具有高效、联动的工作特点，在服务于大范围、多业务板块、大规模企业法律需求中具有显著优势。

## 业务领域

- 证券、金融、基金
- 企业产权、公司治理
- 房地产及工程建设
- 国际贸易、反倾销、反垄断
- 投资、并购
- 涉外法律
- 海商海事
- 矿业及能源领域
- 知识产权
- 制造业
- 基础设施建设
- 海外工程承发包

**北京总所：**

地址：北京市西城区复兴门内大街 158 号 F408 室
邮编：100031
电话：010-66413377
传真：010-66412855

**上海分所：**

地址：上海市黄浦区西藏中路 18 号港陆广场 2703-2704 室
邮编：200001
电话：021-60452660
传真：021-61701189

**深圳分所：**

地址：深圳市福田区金田路 4028 号荣超经贸中心 2511 室
邮编：518035
电话：0755-82789766
传真：0755-82789577

**西安分所：**

地址：西安市高新技术产业开发西区玫瑰大楼 304 室
邮编：710075
电话：029-88314901/02
传真：029-88314901

## ABOUT US

JiaYuan is known for providing tailored and solution-oriented PRC legal services in the capital markets, particularly in the sectors of equity and debt financings, mergers and acquisitions and corporate matters. Founded in 2000, we are headquartered in Beijing, with offices in Shanghai, Shenzhen and Xi'an.

Our attorneys have extensive and profound knowledge of PRC laws and international practices and are familiar with the developments of both Chinese and international capital markets. We have won worldwide reputation for our efficient and outstanding performance. In the past decade, we have brought over 100 companies public and have assisted hundreds of leading companies in their restructurings, financings, mergers and acquisitions and transnational transactions, including 12 Fortune 500 and 50 PRC 500 companies.

JiaYuan is consecutively highly ranked in various league tables worldwide and in Asia, including Chambers, Asian Legal Business, China Law & Practice, All-China Lawyers Association and Bloomberg. Chambers' comment on JiaYuan is "the firm impresses the market with the number of significant transactions it worked on". Chambers also recommends JiaYuan as a leading law firm in the Asian Capital Markets.

## OUR TEAM

We have a team of around 100 attorneys. In addition to degrees received from prestigious law schools, some JiaYuan attorneys received degrees in science, engineering and MBA. Some graduated from overseas law schools and have worked at international law firms.

This breadth of experience enables JiaYuan attorneys to understand and evaluate opportunities in many emerging industries and markets.

When confronting complex legal issues, JiaYuan attorneys aim to produce results with consistent high quality. We believe that these attributes, combined with the firm's considerable network of contacts, the accessibility of our partners and the depth of our experience across many industrial sectors, make JiaYuan a valuable resource and legal advisor.

Our firm is run as a true partnership. This enables us to allocate resources firm wide to meet the demand of the most challenging transactions.

## PRACTICE AREAS

- securities, finance, funds
- assets and equity of enterprises, corporate governance
- real estate
- international trade, anti-dumping, anti-monopoly
- investment, M&A
- foreign related legal services
- maritime commerce
- construction engineering
- intellectual property
- manufacture industry
- infrastructure construction
- mining and energy industries

**BEIJING**

4th Floor, Ocean Plaza,158 Fuxing Men Nei Avenue, Xicheng District,
Beijing 100031, China
TEL: +86-10-66413377
FAX: +86-10-66412855

**SHANGHAI**

Room 2703-2704 Harbour Ring Plaza, No.18 Xizang Rd.(M), Huangpu District, Shanghai 200001, China
TEL: +86-21-60452660
FAX: +86-21-61701189

**SHENZHEN**

Suite 2511, Rongchao Economic & Trade Center 4028, Jintian Road Futian District Shenzhen, Guangdong Province 518026, China
TEL: +86-755-82789766
FAX: +86-755-82789577

**XI'AN**

Room 304, Building Rose, Keji Road, Xi'an 710075, China
TEL: +86-29-88314901/02
FAX: +86-29-88314901

## 关于尚公

北京市尚公律师事务所始创于1996年5月，是国内最早设立的大型合伙制律师事务所之一。历经十几年的发展，尚公所已成为中国名列前茅的为机构（政府和企业）提供全方位综合民商事法律服务的规模化、综合性专业法律服务机构，尤其在中央企业风险管理与防控、重大风险/危机处置、证券业务与资本市场、企业改制重组与发行上市（IPO）、上市公司重大资产重组与再融资、上市公司破产重整重组与恢复上市、公司/项目并购重组、国有企业改制、中国企业“走出去”战略与海外投融资/境外上市、房地产开发与基础设施建设、金融与投融资服务、知识产权战略管理与保护、重大资产产权交易、不良资产处置与资产证券化、公司僵局救济与风险处置、重大诉讼仲裁代理等各专业领域积累了相当丰富的法律实务经验与突出的服务业绩，具有核心竞争力，持续居于行业领先地位。

尚公所现有合伙人和执业律师近200名，分别专精于特定的法律专业领域，细致的专业分工不但能为客户提供充分、全面、精准的法律分析论证，还能够充分运用所拥有的专业技能、经验及社会资源，根据客户及委托业务的具体情况，提出优质切实的商业解决建议方案，提供最佳的目标实现方案、问题解决方案、安排促成交易、规避经营风险及创新增值服务，全方位地向国内外客户提供优质高效的法律服务和支持。

尚公所总部办公地址位于北京市东长安街10号长安大厦写字楼（长安俱乐部）三层和六层，拥有约3500百平方米办公场所，并配备有包括局域网及远程登录系统在内的各种现代化通讯、办公设备，与国内各主要城市的部分律师事务所及美国、英国、加拿大、澳大利亚、中国香港等国家和地区的多家律师事务所建立了长期稳定的战略合作关系，建立了覆盖全国、遍布世界重要地区和城市的法律服务网络。工作语言为汉语、英语、法语、俄语。

## 尚公荣誉

尚公所获得的荣誉及表彰主要有：全国优秀律师事务所、中国十佳律师事务所、北京市优秀律师事务所、2010中国上市公司最信赖律师事务所、北京律师制度恢复重建三十周年杰出律师、中国十佳律师、北京市十佳律师、北京市优秀律师、北京市十佳女律师、北京市优秀刑辩律师、北京市人民满意的先进集体、北京市司法行政系统先进集体、北京市律师事务所先进党支部、荣登中国证监会正式公布的证券法律服务机构前十排名榜，等等。

## 尚公业务领域

尚公所成功地为国内政府机关、金融机构、企业、事业单位及境内外客户办理过国企改制重组、上市、股票发行、房地产开发等重大非诉讼业务及重大、疑难诉讼、仲裁业务。同时尚公积极关注国家发展战略、关注国计民生等，开拓和承办了一系列新型法律业务。如担任独立审贷委员，参加国家开发银行贷款评审；为铁道部兰州铁路局、哈尔滨铁路局重大国有资金损失紧急情况危机处理；担任国家重

点工程“高铁走出去”的总法律顾问、中石油中缅管道建设专项法律顾问、首都丰台三路居“城中村”改造的综合法律顾问；担任探路者在创业板首批上市专项法律顾问等。尚公所还担任铁道部、国家宗教事务局、内蒙古自治区呼和浩特市人民政府、北京市海淀区文化委员会、北京市东华门街道办事处等政府部门的常年法律顾问。通过成功办理大量非诉和诉讼业务，为客户提供优质高效的法律服务，积累了丰富的从业经验，同时也获得了委托人的充分信任和好评，赢得了广泛的社会赞誉，取得了良好的行业信誉。从办理业务客户反馈情况看，尚公所代理的业务均受到客户的满意回复。

尚公所的具体业务领域有：公司法律业务、证券及资本市场法律业务、金融法律业务、并购重组法律服务、破产、清算法律服务、知识产权法律业务、房地产与工程招投标业务、重大基础设施与工程建设项目法律业务、国际法律业务、能源及矿业法律业务、劳动与人力资源管理法律业务、诉讼仲裁代理业务、文化创意产业法律业务、综合法律业务、税务法律服务、环保科技法律业务、私募股权与风险投资法律服务等。

## 尚公资质

尚公所具备的专业资质主要有：司法部、中国证监会颁发的从事证券法律业务资格、上海证券交易所指定首批从事资产证券化业务律师事务所、商务部 WTO 反倾销法律服务机构、国家“中国铁路走出去战略”法律顾问、国家基本建设大中型项目招标投标资格、国际商会中国国家委员会律师团成员、国家开发银行总行项目审贷独立委员、中央企业建立法律风险防范机制课题组成员、中国银行间市场交易商协会登记备案成员、从事涉及境内权益的境外公司相关业务资格、外经贸企业内部职工持股法律业务资格、集体科技企业产权界定法律业务资格、北京市人大常委会立法咨询专家库成员、北京市高级人民法院破产管理人、中国专利代理机构、专利代理人资格、中央电视台证券资讯频道法律顾问、凤凰卫视法律顾问等。

## 尚公管理体制

尚公所目前已建立了一套科学的综合管理体制。为规范事务所管理和发展，尚公所按经营管理的各方面工作板块，实行合伙人大会下各专门委员会分工负责制度，全体合伙人以分别参加发展战略与业务拓展、业务管理、行政管理、财务管理、执业考核、人事薪酬六个专门委员会的方式参与事务所的经营管理。管委会主任及各专门委员会负责人组成事务所管理委员会作为合伙人大会闭会期间的最高决策机构和日常管理机构。事务所日常事务由业务管理部、行政管理部和财务管理部负责执行。

尚公所还建立了一套完备的内部管理制度体系，包括合伙管理制度、业务管理制度、执业考核制度、财务管理制度、行政管理制度、分所管理制度。

## 尚公社会责任

作为伴随中国法制现代化一路同行的尚公所，秉承君子怀德、兼济天下的理念，与全体社会构建和谐的关系是尚公所一贯的价值追求。尚公所深知只有忠于客户，信守对人民的承诺，关怀全体社会才可以在中国的法律领域中走得更远。

正是基于这一理念，尚公所在做好律师代理业务外，还以服务公益事业为己任，认真履行社会责任，积极参加法律援助、信访接待、志愿者服务、送法进社区、抗震救灾、捐资助学、助残等社会公益活动。尚公所是北京市总工会、北京市法律援助中心、北京 148 法律专业网、北京市社区服务中心 96156、首都政法网、北京市律师协会公益法律服务热线等多家公益服务单位的义务值班律师事务所。尚公所还是法律服务进社区最早的律师事务所之一。近年尚公所又启动了一系列高规格的法律服务“三进”活动。首先是送法进企业。为北京市东城区东华门王府井商务中心提供综合法律服务，为辖区内的数千家商户提供综合法律服务，包括工商登记、房屋租赁、劳动人事、保险、货款纠纷等一条龙法律服务。其次是送法进农村。尚公所与北京市十几个“城中村”的村委会签订了法律服务协议，对涉及村重大利益的问题，积极提出法律建议，严把政策法律关，防止因决策失误引发矛盾纠纷。同时帮助村民解决法律难题，引导村民依法经营、依法维权，化解和消除矛盾纷争。再次是送法进社区。尚公所自 2001 年起就为事务所附近的社区居民提供无偿法律服务。每年还通过举办专题讲座、制作宣传展版、面对面现场咨询和发放法律服务联系卡等多种方式，积极做好法律咨询、法律宣传等各项工作，协助政府、街道和社区处理重大突发事件，化解重点、疑难、复杂矛盾纠纷，为人民政府的依法行政提供及时准确的法律帮助。尚公所坚定地行走在回报社会的路上，尚公所相信所做的一切，能构建一个更加美好的世界。

尚公所将不断研究新形势下法律服务需求的特点，探索提供法律服务的新形式，做中国特色社会主义的法律工作者、经济社会又好又快发展的服务者、当事人合法权益的维护者、社会公平正义的保护者、社会和谐稳定的促进者。

北京市尚公律师事务所
地址：北京市东长安街 10 号长安大厦三层、六层
邮编：100006
电话：86-10-65288888　传真：86-10-65226989
网址：www.splf.com.cn　Email: info@splf.com.cn

tiantOng天同

# 北京天同律师事务所：专注于中国高端商事争议解决

天同律师事务所的名称来源于其倡导的“德法相融、天下大同”的执业理念。天同致力于成为中国高端民商事诉讼最佳解决方案提供者，擅长处理最高法院及高级法院的二审和再审民商事案件，是在最高法院及高级法院代理案件数量最多、胜诉率最高的律师事务所之一。

## ●在擅长的领域做到最好

天同主要为大型国有企业、银行、资产管理公司等金融机构及各行业领先企业提供高端民商事诉讼法律服务。客户包括中国中化集团等大型中央企业；中国农业银行、中国银行等银行机构；中国信达资产管理股份有限公司、中国东方资产管理公司等资产管理公司；以及国泰君安等证券公司；四川长虹、中国铝业等上市公司等。

9 年来，天同代理案件胜诉率极高为客户挽回巨大的经济损失，受到客户的高度赞誉。

天同在多起案件中通过判例弥补法律空白，澄清法律理解上的分歧，取得胜诉的多个疑难案件，被《最高人民法院公报》、最高人民法院《商事审判指导》等民商事审判核心刊物收录，成为指导全国法院审判工作的典型案例。

## ●精英团队　专业组合

中化集团法律部总经理於乐民如此评价天同，“对于一个案件，也许每一个中国律师都可以从法理上给客户提供内容多达数页的法律分析，但是只有很少的律师真正了解中国法律和中国法院在实践中是如何运作的，蒋勇律师领导的天同诉讼团队是这几个少数的中国律师之一”。

天同主任合伙人蒋勇律师，曾长期供职于最高人民法院，对重大疑难案件的全面解决方案具有丰富的经验。天同合伙人、业务主管陈耀权律师，是在最高人民法院代理案件数量最多、胜诉率最高的律师之一。

蒋勇律师

天同律师事务所主任合伙人

陈耀权律师

天同律师事务所业务主管合伙人

● 高端商事判例研究

天同跟踪研究高端民商事诉讼热点难点问题，不断提高律师团队的业务素质和对案件走向的预判能力，先后出版了《北京天同律师事务所案例精选》、《民商诉讼研究》等出版物。

近期，天同协助编撰的《最高人民法院裁判意见精选》，由人民法院出版社结集出版。最高人民法院常务副院长沈德咏作序，此书在前言中对天同的工作予以了充分肯定，指出“天同律师事务所长期关注并搜集整理了最高法院近十年来的案例、裁判文书，已形成了独具特色的较为完整的最高法院商事争议案例数据库。”

● 专业专注　打造精品

蒋勇律师认为，“专业、专注”是中小型律师事务所成长为精品所的必由之路。在高端商事诉讼中，客户选择的是律所的经验和能力，而不是律师事务所的规模，天同代理过的成功案例中的上百个最高法院裁判文书是客户信赖天同业务水准的最好证明。

天同律师团队基于对高端民商事诉讼客观规律及中国诉讼国情的准确把握，为高端客户提供专业的诉讼策略及全面的争议解决方案。

天同全面解决方案以八个服务模块为支撑，涵盖于诉讼案件的每一个节点。具体服务模块包括：诉讼案件测评、案件结果趋势分析、诉讼策略全局规划及相应配套措施、特定法律问题咨询及专项研究、对特定法官在特定类型案件既往判例观点分析、天同内部判例数据库检索、法律风险防范措施咨询、专家论证会等。天同网状服务结构与专业办案流程结合，为其品牌精品战略打下坚实基础。

● 业界密切合作

天同建立和发展了北京与地方律所间诉讼业务的纵向合作模式。2010 年，天同与各地区领先的优秀律师事务所紧密合作，共同办理的十余起案件，均获得胜诉。天同还为各地律协及合作律师事务所进行了多次业务培训交流。

基于在国内商事诉讼和争议解决领域内的领先地位，天同获邀加入 SGLA（中世律所联盟），并在诉讼及争议解决团队中扮演着重要角色。时任联盟主席的国际知名律师吕立山（Robert Lewis）评价说，“当 SGLA 在北京扩展业务时，我们首要任务之一，就是寻求一家在最高法院具有领先实践经验、并能够给 SGLA 最初成员提供重要资源的精英律所。通过对市场数据的客观分析，我们发现天同律师事务所是一家在该重要业务领域内的顶尖律所。”

● 所获奖项

★ ALB《亚洲法律事务》2010 年评选的“专业律师事务所大奖”及“纠纷解决律师事务所大奖”提名大奖

★主任合伙人当选 ALB《亚洲法律事务》评选的 2010 年中国 25 位热门律师之“出庭大律师”

★天同恪守律师操守和执业规范，被评为北京市 2004.2005 年度优秀律师事务所。

★ 2004 年，天同被北京市司法局评为优秀律师事务所，天同的客户服务体系和管理制度被作为优秀典范在北京市律师事务所推介。

★天同合伙人连续多年被评为北京市优秀律师。

天同律师事务所联系方式

地址：中国北京市东城区南河沿大街南湾子 10 号

邮编：100006

电话：010-51669666

传真：010-65279996

网址：www.tiantonglaw.com

# 中伦文德律师事务所
# ZHONGLUN W&D LAW FIRM

中伦文德律师事务所（中伦文德）创办于1992年，是司法部最早批准设立的第一批合伙制律师事务所，经过多年的发展，现已成为一家扎根于中国并面向国际化发展的大型综合性律师事务所，也是中国第一家在英国伦敦和沙特利雅得设立分所的律师事务所。中伦文德总部位于北京，并在上海、成都、石家庄、天津、太原、武汉、济南、深圳、广州等内地城市设有分所，中伦文德除在中国香港设有机构外，还将业务服务机构开设到伦敦、利雅得、巴黎、里昂等欧洲和中东地区的主要城市。

中伦文德拥有大批高素质的理论与实践经验相结合的专业律师，现有执业律师及专业人员400余名，可为中外客户提供全面、优质、高效的专业法律服务。优秀的律师团队和国际化的地域分布使中伦文德律师事务所能在全球范围内的法律业务领域为客户提供一流的法律解决方案。我们能用中文、英文、法文、韩文、日文和阿拉伯文等多种语言为客户提供法律服务。服务法系涵盖了大陆法系、英美法系、伊斯兰法系等，在国内处于领先地位。

中伦文德秉承“中大至正，伦理求是，文以载道，德信为本”的理念，崇尚团队精神，坚持专家化的发展特色，其专业领域除在传统领域能够保持优势外，在新型及热点领域，如私募股权基金（PE）投资和不动产资产证券化（REITs）等法律业务的研究实践中也一直处于业内的前沿。中伦文德多年以来的出色业绩不仅赢得了境内外客户的认可，同时也得到有关政府管理当局的高度肯定：参与多部法律的起草工作，在“南水北调”、“2008奥运工程”、“川气东送”、“中亚管道工程”等国家级重点项目和国家六十周年庆典重大活动中都相继被委以重任。

中伦文德建立并保持与包括国有资产监督管理委员会、国家发展与改革委员会、证券监督管理委员会、财政部和商务部等在内的各政府部门的良好工作关系；与各级司法部门、仲裁机构有稳定的交流渠道；与各会计师事务所、咨询机构有广泛的业务合作。

同时，中伦文德与国际知名律师事务所建立了合作关系，最大范围保障客户获得优质的法律服务。

中伦文德的业务领域涵盖了国际律师业务的主要方面，包括：公司与证券、金融、房地产与建设工程、知识产权和信息技术、国际业务、税务、外商投资与并购、保险资金运用、信托与资产证券化、海外上市、PE、海事海商、能源环保、劳动人事、医药、诉讼与仲裁等法律业务。

地址：中国北京市朝阳区西坝河南路1号金泰大厦19层
邮编：100028
电话：86-10-6440 2232
传真：86-10-6440 2915/6440 2925
网址：www.Zhonglunwende.com

· 北京 Beijing　· 上海 Shanghai　· 成都 Chengdu　· 石家庄 Shijiazhuang　· 天津 Tianjin　· 太原 Taiyuan　· 武汉 Wuhan

· 济南 Jinan　· 深圳 Shenzhen　· 广州 Guangzhou　· 香港 Hongkong　· 伦敦 London　· 利雅得 Riyadh　· 巴黎 Paris　· 里昂 Lyon

段和段律师事务所是改革开放后，由中国留学生回国投资创办的第一家与国际接轨的律师事务所，是最早跨出国门的中国律师事务所之一。在成立至今的近20年中，段和段积累了丰富的办案经验，拥有专业化和国际化的资深律师团队，已成为国内外众多知名企业的首选律师事务所之一，并获得了作为中国律师事务所所能获得的几乎全部最高荣誉称号，以及行业评价机构的充分肯定。

段和段目前拥有的超过50名富有执业经验的合伙人、律师和法律助理，全部毕业于中国或海外著名的法学院校，除了具有深厚的中国法律知识和实践经验外，他们中很大一部分同时还接受过海外法律专业的系统和严格的培训。这正是段和段能在跨国法律服务领域中独领风骚的原因之一。

段和段成功代理过众多国际性案件，从美国劳工部的案件，到上海抽纱公司索赔案，特别是一起拖了八年之久且不被看好的美国某公司诉我国一玩具公司的巨额索赔案，最后能够在美国的法庭上发生戏剧性地逆转，为国内企业挽回巨额损失。不仅如此，段和段所还成功代理了中国企业在境外的多项重大投资和诉讼活动，比如中国当时最大规模的对外直接投资项目——俄罗斯 “波罗的海明珠”项目、中石油 “英国北海油田”诉讼项目等。

段和段的专业化和国际化律师团队，为包括微软、花旗银行、朗讯科技、中石油、中石化等在内的数十家世界500强企业提供法律服务，同时也被越来越多的中国企业聘请为其提供走出国门的法律服务，在涉外法律服务领域中段和段的领先地位已得到国际、国内客户的认可。

专业部门设置

公司部　作为中国在该领域中卓越的律师事务所，段和段律师凭借多年来的丰富执业经验，为众多国内外高端客户提供了与国际接轨的综合法律服务，段和段已成为此领域最有竞争力的团队之一。

资本市场部　段和段是中国最早从事证券及资本市场业务法律服务的一家律师事务所。自1993年起，段和段作为发行人及承销商律师，为众多境内外证券交易项目提供法律服务。段和段被业界评为证券法律业务领域专业化极高的团队。

诉讼及仲裁部　段和段自创建以来就一直致力于提供诉讼及仲裁所涉及的各种法律服务。段和段拥有为国际和国内客户提供诉讼及仲裁解决方案的资深法律专家。

知识产权部　段和段在知识产权事务中为客户提供法律服务的领域包括：知识产权的申请、注册、查询及展期；知识产权的管理及争议解决；知识产权的交易、许可。

国际业务及争议解决部　段和段在国际业务及争议解决方面是业界公认的领头羊。近年来，段和段在该领域的服务又有长足的进步，尤其在反倾销及反补贴、WTO 争端解决业务领域中表现活跃。段和段对全球化趋势的准确把握，确保段和段为关注国际市场的中外客户提供最佳解决方案。

**段和段获得的荣誉**

司法部“部级文明律师事务所”

中华全国律协“全国优秀律师事务所”

上海市人民政府“上海市文明单位”

文明单位
Model Unit
上海市人民政府颁发
Issued by
Shanghai Municipality

上海司法局“先进集体”

多次被海内外权威及专业杂志评定为“中国大陆地区表现最为优异的律师事务所之一”

上海办公室
上海遵义南路88号协泰中心17楼
邮政编码：200336
电话：(8621) 62191103
传真：(8621) 62752273
Email: webmaster@duanduan.com
网址：www.duanduan.com

北京分所
中国北京东三环中路7号
北京财富中心写字楼3506室
电话：(8610) 65330663
传真：(8610) 65330660

香港分所
中国香港中环康乐广场1号
怡和大厦3416-3417室
电话：(852) 29730668
传真：(852) 25250183

美国分所
601 Union Street, Suite 4100.
Seattle, WA 98101, U.S.A
电话：(206) 6286776
传真：(206) 6286611

# 上海市申达律师事务所
## Shenda Partners

陶武平主任

上海市申达律师事务所成立于1994年，注册于中国上海市浦东新区，现已成为国内一家规模较大、有能力向社会各界提供综合性法律服务的律师事务所。申达由曾获"全国优秀律师"、"上海市首届东方大律师"荣誉称号的全国著名律师陶武平先生担任主任。上海市申达律师事务所的业绩多年来排名上海市前十位，继2009年获得"上海市十佳律师事务所"榜首之殊荣后，2011年又获得"全国优秀律师事务所"光荣称号，并于当年被中国建筑时报评选为"最值得推荐的建筑房地产法律事务的律师事务所"。无论在业内还是业外，申达皆具有良好口碑。

申达的开创者们以先进的合伙经营理念与高效的民主管理模式打造成了目前这样一家初具规模的合伙制律师事务所，其中凝聚了一大批高素质的法律人才。申达现有员工近百名，其中合伙人律师16名，注册律师近70名。律师队伍的平均年龄为40岁，学历均在大学本科以上，其中超过半数的律师在中国、美国、英国、法国、德国和日本已获得了博士和硕士学位，个别律师还具有在外国律师楼工作的宝贵经历。

申达的业务领域广泛，涵盖建筑和房地产、企业破产、企业兼并、资产重组、外商投资、证券与上市、金融和保险、IT 和电子商务、风险投资、知识产权、国内外贸易、海事和海商、诉讼和仲裁等。

申达尊重并接纳具有不同国籍、语言、文化及政治背景的客户，申达所的律师们除了汉语外，能以世界其他主要语种，如英语、日语、法语、德语等作为自己的工作语言，竭诚为客户提供其所需要的各项法律服务。同时申达还与一些相关的政府部门保持着紧密的联系，这使申达能为客户提供及时和高效的法律服务。

为加强国际间的交流与合作，申达所与美国、法国、德国、新加坡、马来西亚、日本、中国台湾和香港等国家和地区的一些著名律师楼建立了长期、稳定的合作关系，可直接或间接地为客户提供优质的、国际化的法律服务。

申达所的客户遍及国内外。10多年来，申达所的律师们为世界500强跨国公司及境内外其他一些大型企业提供过各种类型的法律服务，包括世界著名的耐克公司、可口可乐公司、阿迪达斯公司、诺基亚公司、惠普公司、西门子公司、汉高公司、正大集团、达能集团、BP公司、哈根达斯公司、克丽斯汀．迪奥公司等；上海浦东新国际博览中心合资项目、浦东陆家嘴88层金茂大厦的建设工程项目；投资数亿美元的上海明天广场JW万豪酒店管理项目、OAKWOOD公司在虹桥古北新区的管理合同项目、摩根士丹尼与仪电控股大型合资项目、光大集团浦东陆家嘴21世纪大厦工程建设项目、上海市迪士尼项目的A1地块动迁工程等，也都活跃着申达非讼团队一批又一批律师们的矫健身影。

申达所的律师们自成立之初即承接过许多当时在国内外具有重大社会影响的诉讼案件，诸如早期在上海家喻户晓、脍炙人口的"刘嘉玲肖像权案"、"潘苹被毁容案"、"吴冠中著作权案"、"张乐平三毛著作权案"、"张大千画真伪案"、"屈臣氏搜身案"、"云都浴场人命案"、"银河宾馆人命案"、"中国足协名誉权案"等。近年来，申达所的律师们继续成功地代理了轰动社会的"陈逸飞遗产案"、"中国第一民企新疆德隆总裁唐万新案"、"上海首富周正毅案"、"昆明大学生马加爵杀人案"、"澳大利亚力拓公司员工侵犯商业秘密案"、"三鹿有毒奶粉案"、"上海社保基金系列贪官腐败案"、"达能与哇哈哈商标纠纷案"、"交大昂立总裁贪污贿赂案"等，故申达在诉讼领域中早已享有很高的知名度。

"让客户享受成功的喜悦"——这就是申达律师们自始至终坚持不懈所追求的奋斗目标！

申达律师事务所
网址：http://www.shendalaw.com

**上海市申达律师事务所**
上海市浦东新区浦东南路855号（世界广场）32楼
邮编：200120
电话：（86-21）58369977
传真：（86-21）58369907　（86-21）50540638

**上海市申达（苏州）律师事务所**
地址：苏州市干将西路515号佳福国际大厦2101室
电话：(86-512)-69325932
传真：(86-512)-69325930
邮箱：wangjf@shendalaw.com

LLINKS LAW OFFICES

China Law Awards
ALB

## 周朝华 律师

周朝华律师，上海市朝华律师事务所主任律师，毕业于华东政法学院。曾留校从事法学教育研究十余年，并担任过普陀区司法局的领导。现为普陀区政协常委、普陀区工商联副主席、普陀区人民政府顾问团成员、普陀区新的社会阶层代表人士联谊会副会长、普陀区中青年知识分子联谊会副会长、上海市律师协会理事，普陀区律师工作委员会主任、第八届全国律师代表大会代表。

周朝华律师多次被评为司法系统先进个人，2003 年荣获司法部司法行政三等功，2005 年被评为上海市律师事务所优秀管理责任人，2010 年荣获普陀区中国特色优秀社会主义建设者，是上海市律师志愿团成员、普陀区政府法律顾问团成员、普陀区政协法律咨询顾问团成员、普陀区“十大律师”讲师团成员、上海市公安局普陀分局案件评查专家组成员，其所带的团队多次获得市区政府、司法部门、世博组委会及其他单位的多次嘉奖和表彰。

周朝华律师有近 30 年的执业经验，擅长办理建筑房地产专业法律业务，精通房地产开发、建设、经营、物业管理及银行按揭等各个领域的专业法律知识，多年来，先后为近百家房地产开发公司、置业公司、中介公司、物业公司等提供相关法律服务，业务范围涉及土地、建筑工程、金融、公司合同纠纷、房地产纠纷及经济犯罪、职务犯罪等多个相关领域。

## 朝华文化

以勤勉之行　显诚信之本
持正义之心　求公平之道

### 上海市 **朝华** 律师事务所

上海市朝华律师事务所成立于 1999 年 2 月，现有执业律师和律师助理 20 余人。多年来，在全体朝华同仁的努力下，已形成了鲜明的专业特色和独特的办案风格。

作为一家专业化的综合性律师事务所，他们秉承一贯的“专业分工、团队合作”的服务精神，为社会提供一流的专业法律服务。客户范围包括相关政府部门、跨国公司、上市公司、民营企业，行业范围主要集中在政府、公共事业、房地产、建设工程、金融、投资、担保、进出口贸易、现代物流、计算机软硬件、IT 服务等，获得各种不同类型的客户单位的一致赞誉，并建立了长期友好合作关系。特别是其中的房地产建筑项目、重组等公司事务、知识产权、劳资纠纷服务已成为朝华为客户提供的优势法律服务项目。

该所以与客户建立长期的、互动的、共同的发展为己任，严格按照专业的标准为客户提供卓越的服务。他们力求发挥团队合作所具有的思路广、效率高、效益好的优势，为客户提供梯队式的法律服务。

把朝华建成客户心中的服务品牌是其不懈的追求。

优势法律服务项目

房地产业务
公司业务
劳动纠纷业务
知识产权业务
法律顾问业务

联系方式
地址：上海市西康路 1255 号 18-A
邮编：200060
电话：021—62525148. 62526098
传真：021—62999510
E-mail：chaohua_lawoffice@hotmail.com

廣東廣和律師事務所

GH LAW FIRM

## >>> 规模化、专业化、国际化、规范化的全国优秀律师事务所——广东广和律师事务所

1995年初，广东广和律师事务所在深圳成立。该所连续多年为广东乃至中国华南地区拥有执业律师最多的综合性大型律师事务所。2012度执业律师达350名，其中博士10名，拥有硕士、双硕士学位的98名，曾留学英、美、比等国家的21名。广和所的首席合伙人童新、郭海英、郭璇玲律师先后当选为深圳的人大代表；童新、李河、鲁潮、梁建东律师担任中华全国律协广东省深圳市律协理事或副会长；邵清龙律师被推举为政协委员；刘广斌、黎哲、童新、梁建东、鲁楷、张先海、洪灿、鲁潮、郭璇玲、范秀玲、肖才元、石干章律师被聘为中国国际经济贸易仲裁委员会仲裁员或调解员。

广和所获“2008－2010年度全国优秀律师事务所”的荣誉。2011年2月15日，广和律师事务所商标正式被广东省工商局评为广东省著名商标。这是广东省首家律师事务所的商标被评为著名商标。

**专业的法律服务**

广和律师在业务上各有特长，在处理客户纷杂多样、具体个别的法律事务时，广和所能挑选、指派最擅长的律师参与其中，发挥团队优势，使客户得到最专业法律服务。



北京 深圳 珠海

广和把专业化作为立所之本，现已设立房地产部、建设工程部、诉讼仲裁部、金融证券部、公司事务部、国际部、知识产权部、医疗交通部、保险法律部、婚姻家庭部、外贸海关部、海商海事部、税务法律部等业务部门。在该所为数众多的资深律师中，不少已成为专家型律师，能够根据案件的实际情况，基于对客户需求及项目背景的深刻理解，侧重为客户提供积极的、具有建设性及可操作性的最优解决方案，为客户提供一对一量身定造的法律服务。

**显著的规模优势**

广和所在法律互联网站2011中国律师事务所300强排名中名列第四,先后在纽约、北京、成都、武汉、珠海、乌拉圭正式设立分所。多年来业务收入在广东省名列前茅。此外，还与中国内地其他大城市及香港、澳门、台湾以及美国、加拿大、澳大利亚、英国、日本、新加坡等国家和地区的律师同行建立了广泛的业务协作或转委托关系。

**屡屡获得的荣誉**

广和所屡次获得国内外权威机构的表彰。2011年12月，中华全国律师协会授予广和所“2008－2010年度全国优秀律师事务所”；深圳律协授予广和所“优秀律师事务所”；被英国钱伯斯（Chambers）评为2009年亚洲顶级律所，2011年度中国最佳地区律所；被澳洲《亚洲法律杂志》评为2008年、2010年中国发展最迅速律所及中国规模最大十家律所；广和党支部五次获得广东省律协党委、深圳律协党委“优秀党组织”的称号。

2011年12月，广和党总支正式宣告成立，这是深圳乃至广东省律师所成立的第一家党总支。

深圳总部
地址:深圳市福田区福虹路世贸广场A座20层
邮编:518033
电话:0755-83679909
传真:0755-83679694
邮件:webmaster@ghlawyer.net

# 广东华法律师事务所

# GUANGDONG HUAFA LAW FIRM

**广东华法律师事务所**创建于1994年，经历18年的稳步发展，成为拥有近200名法律精英的规模大所，先后被评为部级文明律师事务所、全国优秀律师事务所。

广东华法律师事务所总部位于广东省佛山市，下设北京、香港、广州、江门、三水、高明、顺德7个分所，形成了“南北呼应、辐射全国”的战略布局。广东华法律师事务所拥有5000多平方米的办公楼，配以现代化的办公设施；设立了专门的信息资料室、档案室、图书室；建立了局域网、自动化办公系统和华法律师网站。广东华法律师事务所以科学规范的管理体系，完备健全的规章制度，为客户广泛提供金融、证券、房地产、公司、知识产权、刑事等多个领域的服务，并在防范金融风险、企业改制、资产重组及为民营企业提供法律服务方面形成了专业优势。

为使客户享受专业、高效的法律服务，广东华法律师事务所建立了一支团结、敬业的优秀团队，他们来自著名高等学府，经过华法文化的熏陶和培养，具备了扎实过硬的政治素质、理论素质和业务素质。

1994年，广东华法律师事务所参与组建“长江律师联网”，成为建立全国范围内首个律师所交流合作平台的参与者之一。2007年，广东华法律师事务所加入世界律师联网（LAWORLD），进一步与全球范围内的律师事务所建立起合作的关系。

雄关漫道真如铁，而今迈步从头越。华法人必将踏着时代的最强音与时俱进，为维护法律的真谛和当事人的合法权益而继续努力。

**广东华法律师事务所理念系统**

**目标定位：**立足广东，面向全国，树行业典范，铸华法品牌。
**经营方针：**强化管理 优化服务 规范经营 规模发展
**华法理念：**以人为本，管理为先；以法为魂，执业为民；与时俱进，持续发展。

## 周荣炽 主任

周荣炽律师毕业于中山大学法律系。1994 年获从事证券法律业务资格。1983 年至 1994 年间先后任职于佛山市司法局、第二律师事务所、对外经济律师事务所、经济贸易律师事务所。

1994 年周荣炽律师创办了广东华法律师事务所，并任职主任至今。在他的领导下，华法人团结奋进，以“强化管理，优化服务，规范经营，规模发展”为宗旨，经过多年的发展，取得了良好的社会效益和经济效益，业务创收连年名列佛山市同行前茅。广东华法律师事务所先后被评为省级、市级文明律师事务所，佛山市诚信单位，佛山市青年文明称号，广东省司法行政系统有突出贡献先进集体。2000 年 10 月被授予全国律师界最高荣誉——司法部“部级文明律师事务所”光荣称号；2005 年、2011 年两次被中华全国律师协会评为“全国优秀律师事务所”；跻身全国名牌大所之列。

周荣炽律师理论基础扎实，其知识全面，对公司法、证券法、金融法、行政法等有着深厚的理论功底和丰富的实践经验。著有多篇学术论文在国家级专业刊物发表。擅长大型项目谈判，起草与审查法律文件、出具法律意见书等非诉讼业务以及代理民商事案件。曾多次获广东省、佛山市“优秀律师”和“优秀党员”等荣誉称号。

周荣炽律师担任多家政府机构和企业事业单位的常年法律顾问。

周荣炽律师现任佛山市政协委员；佛山市人大常委会法律咨询组成员；广东省律师协会理事；佛山市律师党委副书记；佛山市律师协会会长。

**执业信条：**壁立千仞，无欲则刚；海纳百川，有容乃大。

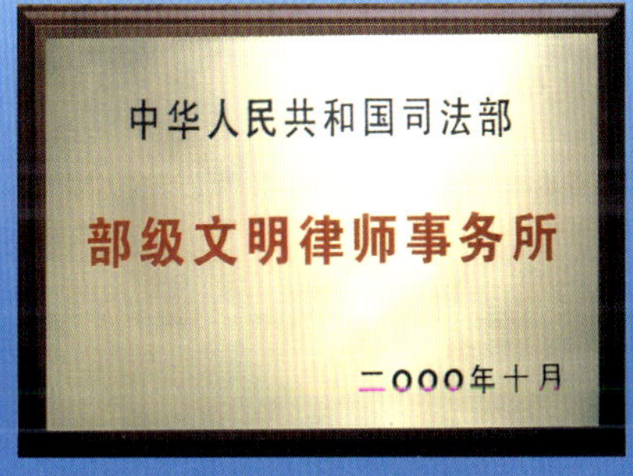

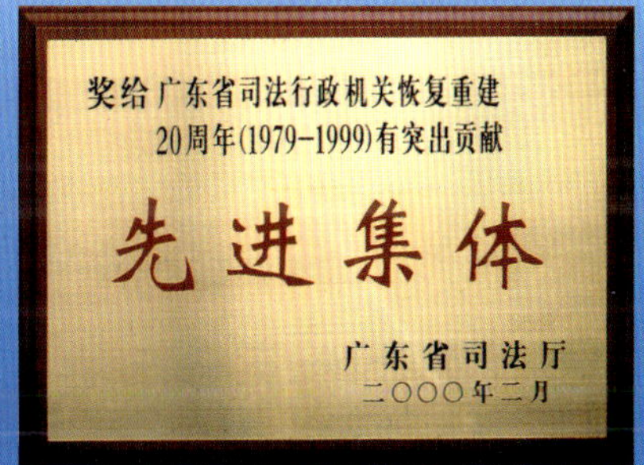


### 华法荣誉

司法部部级文明律师事务所
全国优秀律师事务所
广东省文明律师事务所
广东省律师事务所规范化建设试点单位
广东省政法系统规范化建设典型单位
广东省司法机关恢复重建 20 周年有突出贡献的先进集体
广东省先进基层党组织
广东省法律援助先进单位
佛山市文明律师事务所
佛山市先进基层党组织
佛山市法律援助先进单位
佛山市诚信单位
佛山市企业文化建设先进单位

广东华法（江门）律师事务所
地址：广东省江门市港口一路 13 号中远大厦远景阁 7 楼
Tel：(0750) 3162268 Fax：(0750) 3162282
邮政编码：529000 E-mail：jm@gdhuafa.cn

广东华法（高明）律师事务所
地址：广东省高明荷城中山路 325 号
Tel：(0757) 88284888 Fax：(0757) 88220999
邮政编码：528500 E-mail：gm@gdhuafa.cn

广东华法（三水）律师事务所
地址：广东省三水西南镇张边路 9 号三水广场三座南塔 3A 层
Tel：(0757) 87773166 Fax：(0757) 87773163
邮政编码：528100 E-mail：ss@gdhuafa.cn

广东华法（顺德）律师事务所
地址：广东省顺德大良环市北路顺达大厦
Tel：(0757) 22685111 Fax：(0757) 22685123
邮政编码：528300 E-mail：sd@gdhuafa.cn

# 广东勤思进律师事务所
ELITES LAW FIRM

## 精勤思进 勇创一流

广州分所开业揭幕

"勤思进"助学金设立仪式

广东勤思进律师事务所是一家以专业分工团队协作方式运作的公司化律师事务所。为了让客户得到更专业和更优质的服务，该所采取公司化的管理模式。该所在广州和肇庆共有约1600平方米的办公场所，优越的办公场所加上公司化管理模式，使该所走上了一条有特色高起点的办所之路。在全体律师、律师助理和工作人员的共同努力下，业务收入和业务领域都取得了迅猛的发展，业务领域从以诉讼业务为主发展到以诉讼业务和非诉讼业务并重的局面。2005年至2010年业务收入实现年年增长，在党建带动所建，所建推动党建思想指导下，党建工作也得到重视和发展。勤思进所党支部在2009年被广东省律师协会党工委授予"律师行业先进党组织"、"先进党支部"，2010年代表广东省向司法部作科学发展观经验介绍，2010年被中共肇庆市委深入学习实践科学发展观活动领导小组评为"红旗党支部"。2011年被中共广东省委授予"先进基层党组织"的荣誉称号，成为广东省唯一获此殊荣的律师事务所。

2011年广东勤思进（广州）律师事务所隆重开业，广东省司法厅副厅长梁震等出席了揭牌仪式。经过数年的发展，勤思进所已成为了一间公司化、专业化的律师事务所。

### 竞争优势

**——公司化管理、专业分工、团队合作、优质服务**

勤思进所实行公司化管理，以合伙人会议为最高决策机构，以管理委员会为日常管理机构，还专设行政总监，专门管理律师所日常行政事务，对管委会负责，为律师所的业务开展提供坚强的后盾。科学的分配制度和绩效考核制度，使律师的价值得到充分的体现，为律师所的专业分工、团队合作、优质服务提供了制度上的保障。

为了适应社会的发展，下设公司证券部、房地产部、诉讼部、执行拓展部，利用"专业分工、团队协作"的工作方式，给当事人提供最优质的法律服务。对诉讼、非诉讼所有业务均采取专业律师牵头，其他相关专业律师协助办理的运作模式，致力于通过集体的智慧和努力给客户提供最完善、最高效的业务解决方案，通过细致入微、团队协助的工作方式为客户提供高品质的法律服务，通过建设专业化、规范化、规模化的律师事务所打造一个知名的法律服务品牌。

### 涵盖宽广

**——勤思进所的业务范围**

**一、为政府及其行政部门提供法律服务**

为政府及其行政部门提供法律顾问服务是勤思进所主营业务之一。勤思进所被肇庆市人民政府、肇庆市鼎湖区人民政府、肇庆市人民政府国有资产监督管理委员会、肇庆市财政局、肇庆市国土资源局、肇庆市广播电视台、西江日报社等聘请为常年法律顾问。勤思进所的法律顾问服务包括对政府及其行政部门的重大决策提供法律意见；为政府及其行政部门拟发布的规范性文件，从法律方面审查其合法性；参加以政府及其行政部门名义洽谈经济项目的谈判，协助审查重大经济合同、经济项目以及重要的法律文件等；为政府及辖区内的重大事项提供法律支持；参与处理涉及政府及行政部门的纠纷；代理政府及其行政部门参加诉讼等。勤思进所的法律服务在协助政府依法行政、规范性文件的起草与论证、重大项目投资的法律可行性论证、大型活动法律框架设计、政府民事纠纷的预防与调处

方面发挥着重大的作用，得到了政府和行政部门的充分肯定。

**二、公司法律业务**

公司的法律业务是勤思进所主营业务之一。勤思进所参与公司设立、企业改制、产权交易、资产重组、并购等项目谈判，并且提供有关操作方案，负责起草有关法律文件，对公司的日常经营提供法律服务，包括起草、审查、修订公司对外合同；对公司内部管理提供法律服务，包括起草、审查、修订劳动合同和规章制度；参与公司清算事务等。勤思进所被肇庆市城建投资开发集团有限公司、肇庆市七星旅游集团有限公司、肇庆市金叶投资发展有限公司、肇庆市交通集团有限公司、中国人寿保险股份有限公司肇庆分公司、肇庆市中小企业担保有限公司等众多大型企业聘请为常年法律顾问。并成功为蓝带啤酒企业改制、肇庆市土产进出口公司公司化改造、风华集团公司的破产重整等非诉讼业务提供了全程法律服务，得到了客户的高度赞扬。

**三、房地产及建筑工程法律业务**

提供房地产法律服务是勤思进所主营业务之一。勤思进所被肇庆市国土资源局、肇庆市住房公积金中心、端州区房管所等聘请为常年法律顾问，同时也是肇庆市房地产协会唯一的律师所会员。迄今为止，勤思进所所律师担任了十多家房地产公司的常年或专项法律顾问，为房地产开发商及销售代理商、购房者提供房地产项目立项、征地、拆迁、项目合作、项目转让、项目融资、工程招标、投标、施工、商品房销售、银行按揭、物业管理等法律服务。并成功为星湖奥园等肇庆市知名的楼盘提供全程法律服务。全程代理肇庆市最大的烂尾楼“鼎湖花园”的处置工作，使“鼎湖花园”项目得以重建。勤思进所为农业银行肇庆分行和中国银行肇庆分行的房地产按揭业务提供全程法律服务。

**四、证券金融法律业务**

勤思进所拥有多名办理证券金融法律业务经验丰富的律师，其中部分律师曾长期在银行等金融机构任职。勤思进所律师先后代理了肇庆农行、肇庆建行、肇庆中行、中国长城资产管理公司广州办事处、中国东方资产管理公司广州办事处等借款合同纠纷案、票据纠纷案等各种金融案件，并为肇庆市市直城市信用合作社、肇庆市信托投资公司清理退出市场提供全程法律服务，对维护当地金融秩序的稳定起了积极的作用。

**五、诉讼仲裁法律业务**

勤思进所拥有多名擅长诉讼和仲裁的律师，为企业、机关、团体或公民个人提供诉讼仲裁法律服务，范围涉及经济、民事、刑事、行政等各个领域。

勤思进所通过专业分工、团队合作的模式为客户提供优质法律服务，得到了政府部门、客户的高度赞扬和信任，使律师所的业务得到了持续发展。

## 积极参与社会公益活动和社会稳定工作

办所之初，勤思进所就特别强调律师的定位和社会价值——避免律师所律师在执业过程中过度商业化，强化律师对社会责任的担待意识，引导律师自觉地把自己的执业活动融入到构建社会主义和谐社会的事业中。在 2010 年 5 月，勤思进所成为肇庆学院政法学院的专业教学实习基地，同时在肇庆学院政法学院设立“勤思进”助学金，鼓励和资助肇庆学院政法学院的优秀贫困学生更好地完成学业。在汶川大地震、青海玉树大地震、广东扶贫日、“1+1”中国法律援助志愿者行动等等中，勤思进所在肇庆律师行业中捐款都是最多的。由于成绩突出，我所2008年被广东省律师协会评为“维稳突出贡献奖”。”

## 业精于勤 勇者思进

### ——勤思进所的出色队伍

勤思进所律师大部分毕业于国内著名高等学府，不但具有良好的职业道德、高度的责任感和强烈的团队精神，更具有精深的法律业务知识和丰富的实践经验，能够满足各种类型、各种层次的综合性法律服务需要。

“没有完美的个人，但有完美的团队”，勤思进所以团队合作、专业分工、优质服务为理念，发挥每个人的优势，组合成勤思进所团队的力量，创一流的品牌，创一流的法律服务。

**联系方式：**

地址：广州市天河区天河路 232 号万菱国际中心 A 座 29 楼
电话：020-28633160
传真：020-28633161
邮编：510655

广东省肇庆市端州四路雅图商业城西座七、八楼
电话：0758-6811308 6811123
传真：0758-2273800
邮编：526040
网址：http://www.qsjlawoffice.com

# 辉煌十年，卓越服务

## ——热烈庆祝我所被中华全国律师协会评为全国优秀律师事务所暨我所成立十周年

晟典律师事务所是经广东省司法厅于2002年批准在深圳成立的合伙制律师事务所。经过10年的开拓和发展，晟典所现今已经成为国内律师行业中规模大、服务领域广、专业性强、服务方式多样化的综合性大型法律服务机构，是目前深圳及华南地区最具实力及品牌影响力的律师事务所之一。晟典所还是深圳市律师协会新一届会长所在单位。

目前晟典所拥有执业律师108人，加上行政辅助工作人员共计150人，并于2012年筹办广州、长沙分所。晟典所具有最卓越的律师队伍，具有渊博的专业知识和丰富的执业经验，其中包括了各个法律业务领域的专家，具有广泛的社会影响和扎实的业务能力，具备解决各种法律问题的能力。

晟典所以专业的律师形象立足深圳法律服务领域，本着高效、优质，审慎的原则，为境内外客户提供全方位的法律服务和诉讼、仲裁等法律服务。多年来，晟典所在金融、企业清算、房地产全程法律服务、资本市场、收购兼并以及政府法律顾问服务等方面走在同行的前列、并取得了优异的成绩和良好的声誉。

2004年事务所制定了《十年发展规划纲要》，自实施以来，平均年收案千余件。根据深圳市律师协会的统计，晟典所已连续多年业务收入位居深圳市律师所前列，并被辖区税务机关评为纳税大户和先进纳税单位。

晟典所不但专注于业务开拓，还特别注重理论研究和业务提升，独立编辑并由人民法院出版社公开出版发行了事务所期刊《晟典律师评论》，对社会重点、热点、焦点法律问题进行纵深分析研究。《晟典律师评论》是迄今为止国内唯一一种由律师事务所主办并经国家级出版社定期公开发行的律师专业刊物。该刊物的出版发行，在律师行业内外产生了广泛的影响，不仅为晟典所，而且为律师行业赢得了荣誉。同时晟典所还被北京大学、清华大学法学院列为研究生实习基地。

晟典所时刻不忘肩负的社会责任，全体律师和员工热心公益，踊跃捐助，济困扶危；晟典所设立和辅助的奖学金和扶助金，已让一批寒门学子成为社会有用之才。由晟典所律师最新捐助并于2010年4月落成的贵州省惠

# 晟典律师事务所
SD & PARTNERS

水县晟典律师山后小学已经招生开课。

在晟典所成立十周年之际，我所又荣幸地被中华全国律师协会评为全国优秀律师事务所，这既是荣誉也是巨大的责任和鞭策，晟典所全体同仁将一如既往为境内外客户提供高效、优质的法律服务。

主　任：丁新朝

**获得荣誉：**

全国优秀律师事务所
深圳市司法行政系统服务工作　先进集体
深圳市金融服务外包协会　　首届监事单位
福田区民营领军骨干企业
深圳中院企业破产管理人名册
深圳市政府法律服务类项目供应商中标单位
深圳总工会法律服务机构
深圳市先进党组织

**联系方式**

地址：中国 广东 深圳福田区华强北路 4002 号 圣廷苑酒店 B 座 18 ～ 19 楼
邮编：518028
总机：（86）755-83663333
传真：（86）755-82075055. 82075163 － 8680
网址：www.shengdian.com.cn
邮箱：dingxinchao@shengdian.com.cn
　　　marui@shengdian.com.cn

# 广东至高律师事务所简介

“至高”所名，源于《淮南子·缪称训》——“道至高无上，至深无下，平乎准，直乎绳，圆乎规，方乎矩，包裹宇宙而无表里，洞同覆载而无所碍”。

至高所成立于2003年，现有执业律师20名，助理及行辅人员合计50名，拥有自主产权的办公楼，位于佛山市城市中轴线上的岭南大厦16层，办公环境优雅、舒适。

至高所立足佛山，放眼世界，秉承“至诚尚法，德行高远”的核心价值理念，坚持“专业分工、团队作战”的服务模式，突破传统的法律服务模式，为社会各界提供多层次、全方位的一流服务。

顺应社会经济形势发展的需要，至高所实施公司化的运作模式，现已形成证券与资本市场部、金融部、房地产部、知识产权部、公司顾问部、国际业务部、执行部等七大专业部门和客户关系部、策划部、行服务部、财务部等四大协助部门。各部门科学分工，精诚合作，积极整合社会资源，打造至高品牌，真发挥团队作战的优势，为客户提供专业、系统、超前的法律解决方案，在做大客户蛋糕的基础上，实现赢。

至高所极力打造现代办公条件，量身定制了现代办公OA系统及客户管理CRM系统；在管理上，以人本，重视培训，关注团队成员的成长空间，充分调动每个员工的积极性，为他们的成长创造良好的环境。

至高所获得多项殊荣：业务创收连续位居佛山律师界前列；先后获得“佛山市优秀律师事务所”、“广东省优秀律师事务所”、“广东省社会组织先进党组织”等荣誉；期刊和网站获得“首届广东省律师事务所刊物评比铜奖”和“首届广东省律师事务所网站评比二等奖”；至高律师代表佛山律师获得广东省律师电视辩论赛团体冠军，两名至高律师分别获得最佳辩手第一名和第三名；两名青年律师获得佛山市青年律师演讲比赛的冠亚军；至高律师在佛山律师论文评比中获得一等奖。

至高愿景：以我们的平台培法律精英，以我们的精英服务户成长，以我们的服务维护公和谐。

廣東至高律師事務所
GUANG DONG CHIKO LAW FIR

地址：广东省佛山市禅城区岭南大道北100号岭南大厦16层

电话：0757-83283000

网站：http://www.top-sky.cn

微博：http://weibo.com/lawfirr

# 吴兴印　主任律师

广东至高律师事务所主任，1994年毕业于中国政法大学经济法系，同年进入广东省佛山市中级人民法院工作，在经济庭从事经济审判工作六年，2000年从事专职律师工作，2003年创办广东至高律师事务所。2002年获亚洲（澳门）国际公开大学工商管理（MBA）硕士学位。

吴兴印律师有深厚的法学理论功底和丰富的司法实践经验，有很强的协调和处理各方面关系的能力，对经济领域中发生的各类诉讼及非诉讼案件，有独到的分析和操作能力。主办过一系列影响大、标的大、社会效果好的案件，在业界享有很高的知名度。

吴兴印律师现担任佛山市律师协会第七届理事会副会长；佛山市禅城区律师党总支委员；佛山市律师协会党委委员；广东省律师协会证券法律委员会委员；佛山市禅城区"两新"组织党工委委员；佛山市禅城区人民政府法律顾问；广东省中小企业法律顾问团成员；佛山市民营企业投资商会执行会长；中国共产党佛山市禅城区第三次代表大会代表；中国共产党佛山市第十一次代表大会代表；中国共产党广东省第十一次代表大会代表；全国第八次律师代表大会代表。

2007年，被评为"佛山市优秀律师"；2009年，被评为佛山市禅城区非公经济党建工作"优秀党务工作者"；2010年12月，获评"2008-2010年度佛山市禅城区新经济组织和新社会组织优秀党务工作者"；2011年1月，获评"广东省律师行业公益法律服务杰出贡献奖"；2011年6月，被佛山市"两新"组织评为"优秀共产党员"；2011年6月，被评为"2010年至2011年佛山市优秀律师"；2011年7月，被广东省律师协会评为"优秀党务工作者"；2011年11月，获评为"2008-2010年度广东省优秀律师"；2011年12月，被禅城区两新组织评为"党建组织工作先进个人"2011年12月，被评为"全国律师行业创先争优活动党员律师标兵"。

**吴兴印律师** Winson Wu

联系电话：13923112345 ； 0757-83283166

电子邮箱：xingyinwu@126.com

微博链接：http://weibo.com/wuxingyin

# 泰和律师事务所
# JC MASTER LAW OFFICES

JC MASTER

## • 泰和总览

江苏泰和律师事务所成立于 1987 年，原名江苏律师事务所暨江苏国际经济贸易律师事务所，1994 年按照国务院及司法部有关要求，改组成为按国际惯例执业的合伙制律师事务所，1996 年更名为江苏泰和律师事务所。

江苏泰和律师事务所位于南京，现有合伙人 9 名，执业律师 30 余名。泰和律师大多毕业于中国知名的法学院校，其中多名律师有在欧美法学院学习、或于欧洲、美国、中国香港著名律师事务所工作的经历，均能使用英语作为工作语言。

自 1987 年开办以来，泰和已发展成为华东地区知名律师事务所之一。泰和自 2000 年起已多次被香港 Asia Law & Practice 和 Legalease Limited 评为中国 200 强和亚太 500 强。泰和与境外众多律师事务所、会计师事务所保持着长期良好的合作关系，曾应聘担任《亚洲律师》（在香港出版）中国内地唯一的编委。

2006 年，泰和成为 International Alliance of Law Firms（国际律师事务所联盟）中国大陆区唯一成员。该联盟由来自 42 个国家的 59 家律师事务所组成，成员间就各自地区及国际间的法律事务开展合作。联盟成员的身份也使泰和能够更为便捷地为全世界客户提供法律服务。现已成为南京市著名商标，泰和是江苏省内第一家被授予著名商标的律师事务所，2011 年又入选江苏省著名商标。

泰和每周编辑电子版《泰和法讯》，归纳上周新出的重要法律法规和政策，并定期发送给客户，受到客户和学界的好评。

泰和非常注重内部管理，为了规范管理及提高效率，泰和长期以来使用自主研发的泰和律师事务所管理系统。泰和管理层依托该系统可以不受时间和地域的限制，只要可以上网就可以对事务所的业务、行政及财务进行监督和管理，真正实现了远程办公及无纸化办公，大大提高了工作效率。

## • 业务领域

泰和在公司及证券、收购兼并、风险基金、国内企业境外投资、外商在华投资、房地产、银行和融资、国际贸易、知识产权、税务策划、诉讼及仲裁等方面为客户提供广泛的专业服务，尤其在公司、证券、外商投资等领域积累了丰富的从业经验，在业界享有较高的知名度，深受境内外客户及外国律师界同行的欢迎和认同。

证券及资本市场法律服务始终是泰和的一项核心业务。泰和于 1997 年经中华人民共和国司法部及中国证券监督管理委员会批准，取得证券从业资格，批准证书号码为：20064。泰和作为发行人律师或承销商律师，为众多境内外首次公开发行上市项目及上市公司再融资项目提供法律服务，也为企业并购重组、国有企业改制、民营企业重组融资、境内外私募以及其他证券交易提供法律服务。

此外，泰和还是中国银行间市场交易商协会的正式会员，担任过多家企业债务融资的法律顾问，为发行人发行债券融资事项提供专项法律服务。

• 服务宗旨与理念

泰和秉承“客户权益第一，专业服务至上”的宗旨，以其专业的服务水准、客户至上的服务理念、业已确立的服务品牌以及真挚的团队合作精神，努力为国内外客户提供优质、高效的法律服务。

泰和坚持通过最佳的法律架构设计及方案提供，为客户的商业成功添加价值。遵循与客户高效沟通以及在任何时间均可联络的服务标准，力图通过泰和的认真努力，积极协调，在最短的时间内实现客户最大的期望，以使交易的方案为最佳之选。

• 泰和目标

泰和致力于超越客户的期望，在提供法律服务过程中，力争做到：

★ 了解客户需求
★ 根据客户需求制订周密的计划
★ 遵守制订的工作时间表
★ 创意解决客户面临的问题
★ 跟踪提供的法律服务

泰和深知提供法律服务的时间和费用对客户的重要性，泰和的目标是不仅成为每个客户所信赖的法律顾问，同时还是客户的文化顾问及社会活动咨询师，尽可能使我们的服务物超所值。

• 泰和优势

泰和律师事务所专注于融资和外商投资等方面的业务，使本所始终处于同行前沿。中国经济的飞速发展加之法律法规的不断完善，造就了一种要求高水准的律师在为维护客户最大利益提供意见时的创新氛围。

泰和的律师经验丰富，对商业环境触角敏锐，熟悉中国及国际市场的经济形势，能为客户提供精准的法律意见。泰和在替客户作出下一步部署的同时，会考虑及配合整体策略，以确保项目达到圆满结果。

泰和的律师精通其服务的法律领域，并承诺为客户所面临的问题找出最好的解决方案。泰和尤其注重于对境内外客户所关注的前瞻性问题进行探索性研究，并形成相应的备忘录/行动方案供客户参考。泰和更可为客户举办讲座及内部培训，并乐意与客户商讨其他方法，帮助客户达到目的，取得交易的成功。

泰和与各级政府、境内外律师事务所、会计师事务所、专业投资机构及咨询机构等均保持有良好的合作关系。这些合作伙伴分布在上海、浙江、山东、广东、北京、四川、香港、台湾及日本、澳大利亚、美国、德国、英国等地区及国家，使得泰和在提供专业意见时，利用其丰富的网络资源为客户的服务提升价值。

• 近年荣誉

★ 2009 年 8 月成为中国（江苏）知识产权维权援助中心首批 12 个合作单位之一。

★ 2009 年 9 月荣获 China Law & Practice 评选的 2009 年度“南京最佳律师事务所”奖项。

★ 2010 年 1 月荣获江苏省律师协会授予的“2009 年度省直律师事务所先进集体”的荣誉称号。

★ 2010 年 2 月 “泰和”图形商标被认定为 2009 年度南京市著名商标。

★ 2010 年 3 月获得建筑时报评选的“2009 年度长三角地区工程法律服务突出贡献律师（团队）事务所”。

★ 2010 年 4 月荣获 ALB 评选的“江苏律师事务所大奖”（JIANGSU LAW FIRM OF THE YEAR）。

★ 2010 年 9 月荣膺 China Law & Practice 评选的 2010 年度“南京最佳律师事务所”奖项。

★ 2011 年 5 月凭借 2011 年第一季度的证券市场工作业绩荣登汤森路透（投资银行交易数据团队）亚洲股权及股权相关发行商的法律顾问榜的第 15 名。

**地址：南京市中山东路 147 号大行宫大厦 15 楼**
**邮编：210002**
**电话：86-25-84503333**
**传真：86-25-84505533**
**网址：www.jcmaster.com**

# 浙江和义 律师事务所

## 为构建和谐社会作贡献

作为中国经济最发达的长江三角洲南翼经济中心，宁波正扮演着越来越重要的角色，而浙江和义律师事务所则见证了宁波的飞速发展并为其发展提供了重要的法律服务。

27年的稳健发展，形成了其独特的和义精神——“诚信、专业、优质、高效”，并产生了强大的凝聚力和向心力，已使和义所成为宁波最具专业特色和最具规模的综合性律师事务所，先后被授予“全国优秀律师事务所”、“浙江省司法行政系统先进集体”、“浙江省文明律师事务所”、“浙江省人民满意法律服务单位”、“宁波市市级文明单位”、“浙江省服务经济建设突出贡献律师事务所”。

现有员工60余人，其中执业律师51位，下设七个部门，从业律师均具有法学硕士或法学学士学历，多位律师被聘为中国国际经济贸易仲裁委员会仲裁员、上海仲裁委员会仲裁员、宁波仲裁委员会仲裁员，多人具有专利/商标代理、国家大中型项目招投标法律业务资格等特定领域的业务资格。多年来，和义所的创收总额、业务数量及综合考核成绩一直列宁波前茅。

作为宁波最具规模的律师事务所，强化专业分工和团队合作是我们运营的特点，在公司证券、知识产权、金融保险、国际贸易、海事海商、建筑房地产、刑事诉讼、民商事诉讼或仲裁等诸领域具有独特的风格和优势。

公司证券业务是和义所核心业务之一，为宁波多家企业提供证券法律服务，包括股份制改造和上市辅导及上市，为多家企业短期融资券、企业债的发行提供专项法律服务，并代表宁波新城资产管理有限公司与以色列英菲尼迪公司合资设立宁波首个创投基金——宁波新以创投基金。

根据宁波证监局的统计，截至2011年8月，宁波地区的A股上市公司有38家，其中雅戈尔集团股份有限公司、维科精华集团股份有限公司、宁波海运股份有限公司、宜科科技股份有限公司、香溢融通控股集团股份有限公司、荣安地产股份有限公司、杉杉集团股份有限公司等13家上市公司为该所的常年法律顾问单位，占宁波地区A股上市公司总量1/3。

在和义律师事务所的发展过程中，金融法律实务一直是事务所的主要业务之一。除为中行、广发、中信、阳光保险等多家银行机构和金融机构提供专业法律服务外，还先后参与了多项国内外大型的金融项目的服务，其中包括了日本兴业银行上海分行贷款项目，法国里昂信贷银行贷款重组项目、中海浙江宁波液化天然气有限公司LNG项目银团贷款等。

为全球知名品牌和国家重点工程提供法律服务是本所在新的业务领域的比较优势，其中如微软、路易威登、奔驰、荷兰皇家菲利浦电子、德国奥斯拉姆、家乐福等公司提供法律服务。

国际贸易和投资领域是和义所的另一个专长，先后为美国埃索公司的石化码头建造、奥地利公司的甬金高速公路建设、英国诺丁汉大学与浙江万里学院合作办学、韩国浦项制铁株式会社全程参与杭州湾跨海大桥钢管桩钢板采购招投标项目、和记黄浦与北仑港务局合资建造北仑集装箱码头等项目提供法律服务。

宁波是中国重要的港口城市，进出口贸易非常发达，宁波的民营经济始终保持快速发展的态势，许多企业已经进入了如风险投资、私募股权投资等新兴的业务领域，针对宁波的这一特点，我所拓展了船舶融资、私募股权投资和风险投资领域的法律服务，如浙江物产国际贸易有限公司船舶融资项目，北京航天产业投资基金投资嵊州盛泰针织有限公司等。

诉讼是和义所的传统优势，成功办理了全国首例刑事案件非法证据排除案例——章国锡受贿案、浙江省第一起发现权纠纷案（杨氏戒毒法）、上岛咖啡商标侵权案等。

积极服务于当地政府，以自己应有的职业操守尽显律师社会责任，为构建和谐社会贡献自己的力量，参与到“律师随同领导干部接待群众来访”的活动中去，参与市政府涉法信访工作，参与立法活动——《宁波市预防职务犯罪条例》、《宁波市城市规划管理条例》等50余部地方性法规的制定或修订，陈勇律师作为民盟代表反映的《人民陪审员制度在“日常经验法则”案件中的作用》等建议被民盟中央录用。

出资在宁波广播电台、宁波电视台、宁波日报、宁波晚报等开设互动性普法栏目——“法在你身边”、“和义律师信箱”、“以案说法”、“城事帮办”、“拍案”、“平安浙江”，把老百姓关心的法律问题以案件分析、案例评析、听友参与等生动活泼的宣传方式溶入人们的生活，增强全市居民的法律意识，老百姓来信、来电十分踊跃，宁波律师界的许多律所、律师都先后加入其中。

心系社会，积极参与公益活动，先后向“慈善一日捐”、扶贫济困送温暖、汶川地震灾区、玉树地震灾区、舟曲灾区、洋岙村老年活动中心、关爱空巢老人志愿服务行动、关爱农民工志愿服务活动等捐款二十余万元。

该所的发展历程告诉自己，只有不断努力、不断以更高的标准要求自己才能有更新的突破，“挑战自我”，“做得更好”是和义人共同的心愿。

浙江省宁波市中山东路796号东航大厦20楼 电话：0574-87700012 网址：www.heyilaw.com

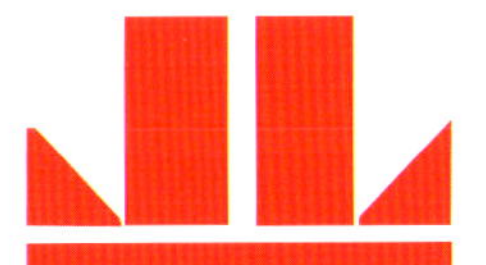

# 内蒙古建中律师事务所

# JIANZHONG LAW FIRM

**宋建中 主任 一级律师**

中华全国律师协会党组成员、副会长
中华全国律师协会女律师协会会长
内蒙古律师协会监事会主席

内蒙古建中律师事务所（www.jzlawyer.com.cn）为特殊的普通合伙制律师事务所，该所是1987年成立的国办律师事务所，2001年整体改制为合作制律师事务所，2011年改制为特殊的普通合伙制律师事务所，有23名合伙人。建中所经过25年的发展，现拥有土地使用权12000平方米，律师楼建筑面积8000平方米（其中住宅楼4200平方米，为总所90%以上的律师解决了住房），建有健身馆、网球场、餐厅、葡萄园等设施。内设机构有北京、天津、阿姆斯特丹、呼和浩特、锡林浩特4个分所和蒙古国乌兰巴托办事处，金融证券1、2部，蒙古国矿产事务1、2部，公司事务1、2部，国际事务部、投资并购部、矿产资源部、综合事务部、诉讼部、研究室和财务行政部。建中所现有员工80人，专职律师52人，律师助理及行政人员28人，其中一级律师2人，二级律师8人，高级会计师1人，具有证券法律业务从业资格者7人（保荐人2人）。研究生以上学历的律师占50%，50%的律师能够运用外语（英、德、俄、蒙、日、意、西）开展业务工作。

建中所近25年来，在宋建中主任的带领下，全体同志上下齐心团结奋进，以和谐发展为宗旨，实现了律师所的可持续发展。25年来连续担任国家特大型企业包钢集团公司的常年法律顾问，连续十几年担任包钢股份、天津天士力集团、中国二冶、中冶集团包头钢铁设计研究院、包钢稀土、中铝集团包头铝业、中盐集团兰太实业、鄂尔多斯羊绒、兵总集团北创股份等大型企业和上市公司的常年法律顾问。为包钢股份、伊利实业、包钢稀土、包头铝业、天士力制药股份、兰太实业、亿利科技、鄂尔多斯羊绒、君正能源化工、北京博晖创新、香港公共采购等26家上市公司的资本重组、改制、境内外股票发行与上市、配股、增发、发行可转换债券、短融、买壳上市、并购、股权转让担任专项法律顾问，募集资金额达258亿元。为包头市人民政府、包钢集团公司、包钢稀土、香港建勤集团等170个大中型项目的招投标、中外合资、中外合作、国际融资、国际投资、国际政府贷款等项目担任专项法律顾问，涉及资金额400亿元。经过25年的发展与积累，建中所在公司、金融证券、投资并购、蒙古国投资、矿产资源、知识产权等业务方面，形成了明显的优势；培养了一批能够为大型企业集团、上市公司、重大项目提供专业服务的技术团队，服务范围覆盖冶金钢铁、机械制造、铝业、稀土、化工、煤炭、电力、风电、建筑、航空、铁路、公路、石油开采、石油机械、矿业、电子商务、物流、酒业、农牧、羊绒、乳业、医药、教育等各个领域。

建中所2005年、2008年两次被中华全国律师协会评为“全国优秀律师事务所”。2011年被中国上市公司协会评为“主板、中小板、创业板40家优秀项目律师事务所”。2005年加入了中国八方律师联盟；2006年加入了ADVOC国际律师联盟。2009年出版了《蒙古国投资法律与实务》。主任宋建中连续两次被司法部授予“全国优秀律师”称号，并被中华全国律师协会评为“中国律师特殊贡献奖”，现任中华全国律师协会党组成员、副会长，中华全国律师协会女律师协会会长，内蒙古律师协会监事会主席，内蒙古人大常委立法咨询专家。

地址：中国内蒙古包头市建设路中段建中律师楼
邮编：014060
电话：0472-7155359
传真：0472-7155474
网址：http://www.jzlawyer.com.cn

云南精茂律师事务所合伙人

王松峰 蒋俊刚 钟诗龙 马良红 罗 德 何勇清 高世本 郑 西 陆爱琼 戴续范 张荣中 赵 军 杨外森 徐贵林 王洪丽 荀应虎 陈金国 代云华

# 云南精茂律师事务所

本所是1993年6月成立的合伙制律师事务所，有注册执业律师26人。1997年被省司法厅授予“云南省法律服务文明示范窗口”称号，1998年被曲靖市委、市政府授予市级“文明单位”称号，2006年、2009年被评为云南省优秀律师事务所，多次被评为曲靖市优秀律师事务所。本所党支部被省律协党委及曲靖市委授予先进基层党组织称号，确定为曲靖市党建示范点。本所主任律师王松峰1997年被评为全国优秀律师，本所多位律师也分别被评为省、市级优秀律师、先进个人、十佳青年律师、优秀党务工作者或优秀共产党员等称号。何勇清律师被选为曲靖市人大代表，王松峰律师两度被选为曲靖市党代会代表，第五届、第七届全国律师代表大会代表。

本所及本所律师多年来积极参与救灾捐助、义务咨询、法律援助等各类社会公益活动，赢得了良好的社会声誉。

本所全面开展律师常规业务，并在刑事诉讼、民事诉讼、行政诉讼、房地产、矿产、金融、电力、公司业务、商务法律服务等专门业务领域培养了一批学有专长，富有执业经验，且具有良好职业道德品质的律师。我所多名律师取得了从事证券业务律师资格、从事破产管理人资格、从事集体科技企业产权界定律师业务资格、独立董事资格、从事大中型建设项目招投标律师业务资格等专业法律服务资质。本所还与北京大成律师事务所及其昆明分所等律师同行间建立了良好的信息交流和业务合作关系，从而使得业务软实力得以大幅提升。

本所律师严守律师职业道德和执业纪律，保持了事务所成立以来零投诉记录。

本所执业律师之间具有良好的团队合作传统，从而为法律服务质量的提高提供了有力保证，同时也使得全所同仁间随时充满和谐气氛。

本所地址：云南省曲靖市麒麟南路385号 邮政编码：655000 电话：0874－3210388

# 四川君合 律师事务所

四川君合律师事务所是直属于四川省司法厅的综合大型律师事务所，是一家以规模化、现代化、专业化和协作精神著称的“省级文明律师事务所”。全所同仁秉承“守德、求实、敬业、创新”的一贯作风以浓厚的文化底蕴和社会背景、良好的公众评价位居于中国西部律师事务所前列。

四川君合律师事务所成立于1994年，2010年被批准改制为特殊的普通合伙制律师事务所，现拥有合伙人23人，执业律师110多人，其中绝大多数毕业于中国名牌大学，三分之一以上为法学博士、硕士和法学专家，对处理金融、证券、保险、投资、商事、公司、建筑工程、房地产、税务、移民、继承、劳动争议、知识产权等诉讼和非诉讼法律事务具有丰富的经验，并有大量承办案例。对资信调查、验资、工商登记、商事代理、经贸中介、产权转让、企业改制、重组、招标投标等业务已形成规范化运作模式。向国外企业，财团和私人提供高层次法律服务是本所的优势，四川君合律师事务所与中国香港、欧盟、美国的律师事务所及投资顾问公司建立了紧密的业务联系。

四川君合律师事务所经过10多年的不断探索和历史的积淀，君合人创造了独有的君合精神：始终不渝地坚持法律公正至上、以为当事人谋取最大的法律空间为己任。携手团结、求实创新争创中国一流律师事务所。

不断引进具有活力的运作机制，提供完善的法律服务是四川君合律师矢志不渝的追求。

地址：四川省成都市华兴正街5号王府井商城B座26楼　邮编：610016
电话：86-28-86623336　86742736　传真：86-28-86758241
网址：www.scjh.com.cn　邮箱：scjunhe@163.com

# 贵州辅正律师事务所

贵州辅正律师事务所成立于1994年9月，系贵州省司法厅直属所。

事务所汇集有全国知名院校培养的以法律专业为主，兼修经济、财务、外语等综合性法律服务人才，现有专（兼）职执业律师37名，其中合伙人律师12名，具有博士、硕士学位以及研究生以上学历的律师15名。4名律师受聘担任省人大及政府部门咨询专家，4名律师在中华全国律师协会专委会、贵州省律师协会及其专委会任职，9名律师受聘担任贵阳仲裁委员会仲裁员。

事务所坚持并围绕客户的满意来定位整合发展方向，即：竭诚为客户提供满意的非诉法律服务和诉讼法律服务，以拓展非诉法律服务推动诉讼法律服务，以优质高效的法律服务提升事务所品牌，确保每一个客户都能够以更合理的成本，获得更优质更高效的专业法律服务。

接轨国际律师行业、提供更好的法律服务，是事务所完善和规范管理机制的核心。事务所前瞻性地判断并适应社会经济、文化生活和各类社会主体等对法律服务需要的发展要求，结合事务所律师的素质优势和执业特点，走特色化、专业化、团队化发展道路，注重对律师执业素质的培养，使每一个律师都成为预防和解决问题的能手。结合律师执业专长，事务所下设有法律顾问、公司（金融）业务、房地产、知识产权、医疗及劳动争议、行政、诉讼仲裁等专业部门，以满足不同领域客户的需求，并始终坚持：

客户至上，法律至上，恪守律师职业道德和执业纪律，为客户提供诚实信用的法律服务；

团队研究受托法律事务，群策群力，尽可能办理好每一项法律事务；

实行律师过错责任赔偿制度，因承办律师责任致使客户权益受到损害，事务所对客户予以合理赔偿。

事务所坚持“以人为本”，实行民主集中、分工协作的决策和执行原则以及党群相结合的原则，对事务所进行全面高效管理。合伙人会议是事务所最高决策机构，管理委员会是合伙人会议的执行机构，负责事务所日常事务管理。经贵州省司法厅党委和工会机关批准，事务所成立了中共贵州辅正律师事务所支部和事务所工会，与管理委员会互相配合，确保事务所良好工作作风和精神面貌的不断进步。

事务所拥有近800平方米的现代化办公场地及设施，拥有先进的法律法规、司法实践及法律服务资料的收集处理设备，拥有及时更新并可与客户交流的专业网站（www.fzls.cn），具有为贵州辅正客户提供优质高效法律服务的硬件和软件平台。

经过十余年的不懈努力和精心实践，事务所提供的法律服务，获到了客户、党委政府和社会各界的一致称赞，业务规模连续多年名列全省同行业榜首。

事务所律师多次参与地方人大及省市政府关于地方法规、地方规章制定的咨询、审查及论证工作。

事务所律师每年都参加全国律师论坛、片区论坛及相关专业论坛和培训。

事务所注重社会公益活动，积极回报社会。

司法部吴爱英部长莅临事务所视察后，对事务所给予了充分肯定。事务所也因管理规范，成绩突出而多次获得表彰：

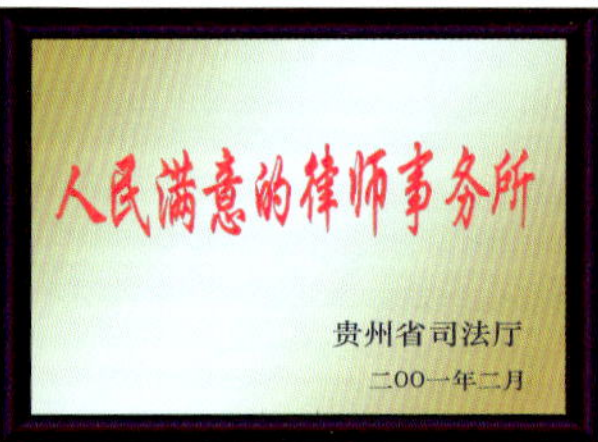

1999年至今，连续荣获“省级文明律师事务所”称号；

全国乡镇企业东西合作经贸洽谈会荣获“优质服务单位”称号；

荣获“人民满意的律师事务所”、“全省法律援助先进集体”称号；

2008年，在抗震救灾工作中，荣获司法部“先进集体”称号；在每次“献爱心”活动中，都荣获省司法厅和省律协“先进集体”称号。

事务所党支部连续多年荣获“先进党支部”称号。

地址：贵州省贵阳市延安中路48号世贸广场B区9楼
电话：0851-8612777
传真：0851-8626111
邮编：550001
网址：www.fzls.cn

# 贵州贵达律师事务所

地址：贵阳市花溪大道北段 17 号茅台大厦七楼 邮编：550003
电话：0851-5841790 5832015 5841408 主任办公室：5667315
网站 http://www.guidalaw.cn/
传真：0851 － 5824620

朱山主任

贵达所合伙人

本所朱山主任现为贵州省政协委员、贵州省人大咨询专家、贵州省人民政府法律咨询专家、省政府行政复议委员会委员，还担任贵州省律师协会常务理事、贵州省法学会常务理事、贵州省知识分子联谊会常务理事等社会职务。

贵州贵达律师事务所（以下称本所）由资深律师于 2000 年发起成立，法定代表人朱山，系贵州省司法厅直属的合伙制律师事务所。本所由一批综合素质高，业务能力强，执业经验足的中青年律师组成，现有专、兼职律师、实习律师及律师助理人员近百人，内设发展委员会、诉讼部、法律顾问部、公司业务部、金融证券部、房地产法律事务部、矿产资源法务部及行政办公室，2011 年成立党支部，目前在贵阳市中心城区次南门茅台大厦拥有 700 多平方米办公场地，在金阳新区购置 1000 余平方米新办公室。各种规章制度健全，管理规范，建立了官方网站 http://www.guidalaw.cn/ 基本实现办公自动化，是软硬件设施一流的律师事务所。

本所秉承“贵在勤勉尽责，达成法治理念”的办所宗旨，以专业化为立身之本，以协作化为基本运作要求，为客户提供团队化、规范化，专业化的法律服务。本所除巩固传统的法律顾问、民事、经济、行政、刑事法律事务外，先后为五百余家企业单位和国家机关担任常年法律顾问，共办结民事、刑事、行政及非诉讼业务几千件，另外，近三年以来办理法律援助案件百余件。目前已形成专业化的服务品牌主要有：一是建立长期客户关系的法律顾问服务。为此本所总结了“一个目标、两个做好、三个意识、四个原则、五个做到、六个禁止”的特别服务经验，至 2011 年一次性签约三年以上或服务年限五年以上的长期客户近一百家，其中有行政机关、事业单位如贵州省人民政府法律顾问室、贵州省国资委、贵州省残疾人联合会、贵阳市人民政府、遵义市人民政府等，也有企业单位如贵州省开发投资公司、贵州省茅台集团投资公司、中国人寿贵州分公司等。二是培育和服务民营经济及中小企业。本所自成立以来，先后为两百余家民营和中小企业提供诉讼及非诉讼法律服务，2010 年在贵州省司法厅和省经信委支持下成立了全省 52 名律师参与的非公有制经济律师服务团，由司法厅分管厅长季林亲自担任团长，本所朱山主任担任副团长，办公室即设在本所，在贵阳市中小企业服务中心还设置了服务窗口，每天八小时服务，2011 年本所被贵州省人民政府评为“十佳民营机构服务机构”。三是依靠贵州资源优势，提供矿产资源法律服务。为此，本所特成立了矿产资源法律事务部，先后代理了一百余件矿业权流转纠纷案件，先后担任贵州西能煤矿勘探公司、大西南矿业股份有限公司等矿产资源企业常年法律顾问二十余家，先后办理矿业权流转、煤矿企业兼并重组等非诉讼法律服务五十余件。四是金融及房地产法律服务。本所是农行贵州分行、工行贵州省分行、建行贵州省分行法律服务库的律师事务所，先后办理债权追偿、融资理财、证券发行等诉讼及非诉讼业务一百余件，先后担任中国铁建贵州分公司、贵州兴中元房开公司、贵州银建房开公司、贵财房开公司等法律顾问五十余家，还提供了中国铁建“国际城”项目“多彩贵州城”项目、“西能浙商大厦”项目、贵阳“三马片区”城市综合体项目等大型房地产专项法律服务。

本所既重视经济效益，又重视社会效益。自 2003 年起，与贵州省残联合作开通残疾人法律咨询热线，免费提供法律服务；2006 年被评为贵州省先进律师事务所；2007 年被共青团贵州省委、贵州省综治办、贵州省司法厅评为优秀青少年维权岗，赞助首届贵州青少年维权论坛；2008 年由团省委挂牌成立贵州省青少年维权工作站；2008 年 6 月成为贵州省产权交易中心第一批专业会员；2008 年 8 月被评为抗震救灾捐助活动先进集体，五位律师被评为先进个人，2009 年赞助贵州省律协承办了全国律师围棋赛，赞助贵大法学院辩论赛；在贵阳晚报、法治生活报免费法律咨询专栏，为社会排忧解难。近几年捐款捐物及免费达两百余万元，取得了广泛的社会赞同。本所还是贵州大学法学院、贵州师范大学法学院、贵州民族学院法学院、贵州警官职业学院科研和教学实习基地。

全所律师在司法行政机关和律师协会的正确领导下努力学习、勤奋工作，广纳贤才、与时俱进，认真贯彻 2010 年第 30 号文件精神，用丰富的法学知识、执业经验和团队合力为社会各界提供优质高效的法律服务。

胡良刚

令狐兴中

李泽友

地此：贵州省遵义市香港路
邮编：563000
电话：（0852）8266675
传真：（0852）8265073
网此：http:www.zyzyls.cn

贵州子尹律师事务所，是遵义市司法局直属律师事务所 。胡良刚、令狐兴中、李泽友律师为合伙人，现任主任胡良刚。令狐兴中是第七、八次全国律师代表大会代表，2008-2010 年全国优秀律师，贵州省律师协会常务理事、省律师协会刑辩委员会副主任、贵州同心律师服务团副团长，遵义律师协会常务副会长，政协遵义市二、三届委员，政协遵义市四届常务委员。胡良刚 2011 年获得全国律师行业创先争优党员律师标兵称号，贵州省委组织部、司法厅优秀党员表彰，是遵义律师协会常务理事。李泽友担任遵义律师协会副秘书长，系民建遵义市委综合三支部副主任，贵州同心律师服务团成员，连续多年被评为遵义优秀律师。

事务所有办公面积 1200 平方。事务所成立了党支部、工会。有执业律师 20 人、实习律师 6 人、律师助理 5 人；其中有党员 6 人。2011 年 6 月，事务所党支部被中共贵州省司法厅委员会授予全省律师行业先进党支部。事务所连续四年被遵义司法局、市律师协会授予市级文明律师事务所。事务所是遵义电大的教育实践基地。

事务所取得了贵州高级人民法院授予的破产管理人资格，同时，胡良刚律师、令狐兴中律师、谢光律师也取得了破产管理人个人资质。 胡良刚律师是贵州司法厅和贵州省知识产权局授予的知识产权顾问团团员。令狐兴中律师是遵义师范学院聘请的客座教授，胡良刚、令狐兴中是遵义电大聘请的客座教授，令狐兴中律师、谢光律师是遵义仲裁委员会仲裁员。

事务所除传统的诉讼业务外，非诉讼法律服务领域已有大拓展，特别是企业改制、兼并、综合治理、破产等项目有丰富工作经验，在团队合作方面走出了一条特色之路。在近年的业务发展中，取得了显著成绩，探索出了律师事务所团队发展的新路，在遵义的律师事务所中独树一帜。2010 年 5 月，成功办理了遵义市晨光建材有限责任公司破产案；2010 年 9 月，成功办理了遵义锦阳冶金集团杰亚有限责任公司破产案；2011 年 4 月开始办理遵义中山中学破产案，该案为全国第一家民营学校破产案，最高人民法院为此案有专门批复。

在 2011 年贵州“三个建设年”活动中，事务所积极组织律师为遵义湘江工业园区、“遵义高新快线”拆迁等重点工程项目提供优质高效的法律服务，得到党委、政府的高度评价。

# 梁温律师事务所

香港“**梁温律师事务所**”于2001年10月成立，是较早一批和中国法律同业及企业合作业务的律所。我所专注于中国境内外直接投资；企业开办、并购重组、项目融资；国际商业诉讼及仲裁；并以能源、矿产、金融、地产、通信、科技、交通及环保等重大战略性项目为服务核心，提供国际商业谈判及策略咨询。透过与同系的“邦温资本”、“邦温建地”及“邦温资源”的投资及管理公司合作， 我所亦同时为所服务企业中有潜质者，牵头引进投资资金。最终帮助香港及海外企业投资中国，同时又协助中国企业开拓国际，达至双赢互利的局面。

**温嘉明主任**律师现为邦温投资集团执行主席，梁温律师事务所主任律师，中国司法部授权，在香港处理中国委托公证事务的公证人律师。律所于2009年6月，获中国司法部批准于上海成立代表处。在2011年4月再于北京成立其联络处，统筹中港两地法律业务。温律师同时也是”中国国际跨国公司促进会”、“中国世界贸易组织研究会”和“中国产业海外规划和发展协会”的理事。温律师亦为英国伦敦国际战略研究院亚太区会员，并获邀出席在新加坡举行的年度“香格里拉会议”，以从事跨国能源及矿业投资及并购的法律专家身份对亚太地区安全问题提供意见。

**温嘉明主任**同时是中国最高人民法院法院网全国法院公告的对外翻译及审查顾问。 联合国工发展组织中国投资及技术促进处的法律顾问（香港地区）。

律所自成立以来，以香港为基地，一直与中国法律同业及企业友好合作，为中国客户投资海外及海外客户投资中国提供全面的香港及国际法律服务。我所并以

1. 中国境内外直接投资；
2. 企业开办、并购重组、项目融资；
3. 国际商业诉讼及仲裁；
4. 地产、能源、矿产、金融、通信、科技、交通、环保等重大项目的国际商业谈判及策略咨询。

律所经验（案例摘取）

1. 代表联合国工发组织中国投资及技术处筹组“亚洲项目基金”，并长期担任其有关中国投资项目的法律顾问 （香港地区）；

2. 长期代表中港多家房地产开发商、国际投资基金在两地的大型房地产项目并购及融资，项目发展价值至今累积过百亿港元；

3. 长期代表一家云南省军工企业于东南亚地区进行橡胶资源并购，提供法律审查及建议；

4. 长期代表一家北京市驻港企业于非洲地区进行矿产及油气资源并购，提供法律审查及建议；

5. 代表山西、陕西、贵州三省三家煤矿及煤化工企业，引入海外投资基金，重组股东组合，并就所收购的煤矿专案提供法律审查及建议；

6. 代表一家中港综合企业集团与两地债权银行处理约人民币10亿元的债务及资产重组工作，其中资产分布福建、湖南、广东各省；

7. 代表一家天津市中法合资企业与天津市政府，法院及债权银行就市内一酒店产权项目收购提供法律审查及建议；

8. 代表一家香港就其在广东省的中外合资房地产开发公司进行法院破产清算之工作；

9. 代表一家北京市中美合资电工设备企业在香港向一家香港企业提出仲裁申请并在香港法院申请执行；

10. 代表一家江苏省纺织企业向一家德国企业在香港申请仲裁并在德国法院申请执行。

梁温律师事务所中国发展基金

我所向来重视中国法律人才有关国际法律的培训及认知。透过我所特别成立的上述基金，我所积极参与：

一、内地律师香港实习计划

为了加强与国内同业的交流，提升双方法律服务水平，本所自2003年起透过自发邀请及参与香港律政司和律师会的内地律师赴港实习计划，以资助方式，先后培训了近20名国内不同省市的同业及法务官员到本所实习。

二、内地法学院学生香港实习计划

为了扩阔内地法律学生的视野，方便他们日后投身律师工作，从2008年起，本所自发性的在每年暑期，邀请来自国内著名大学法学院的学生，提供为期一个月的实习计划。

成立十周年志庆

2011年正值我所成立十周年，所谓十年树木，百年树人，梁温律师事务所希望更多与中国境内法律同业携手，为中国企业提供高水平的国际商业法律服务。

地址：香港湾仔港湾道1号会展广场办公大楼26楼2602室
电话：(852) 2598 0018
手机：135 6070 1380 （852）6056 8088
传真：(852) 2519 3591
电邮：office@leungandwan.com
网址：www.leungandwan.com

## 企业简介：

关于我们　　投资中国及发展海外业务的中小企业：我们就是您的香港律师。邝家贤律师事务所成立于1991年，扎根香港、服务中华。为中国企业，尤其是生机蓬勃的中小企业提供优质、严谨、务实而有效的专业服务。协助中国企业“引进来”及“走出去”，在全球化的背景中，业务得以稳健发展。随着中国跃升为全球第二大经济体，中国的经济尤其是中小企业的发展已日趋国际化。邝家贤律师事务所协助中小企业实现与国际接轨，确保其业务得到更好保护及更巩固增长。

我们的理念　我们以完善的服务，提供客观而持平的专业意见，维护阁下的最佳利益，以回报阁下对我们的信任。我们对客户的数据守口如瓶，并以优质、专业、严谨、务实、快速而有效的态度，为阁下解决问题。我们并坚持正义的最高原则，不惜代价、不畏惧、不偏私，竭力维护法治精神，以达致社会与客户的整体最佳利益。

业务领域　　我们的业务面向大中华区，以中小型企业为目标客户群，致力为中小企业提供全方位一站式的优质法律服务，全力协助内地企业利用香港的法律及商业基建以拓展其海外业务。过去二十年，我们与北京、上海、深圳、广州以及内地其他主要城市的接近二十家律师事务所建立了紧密且广泛的联系。我们以香港为基地，作为跨地区与跨法域的法律服务倡导者，提供包括私募股权投资基金、合并收购、上市前重组、迁移至香港（公司及个人）、企业法律顾问、注册公司及公司秘书服务等多元化的法律服务。

我们的团队　我们与金融、财务的专家共同协作，为客户提供全方位的服务，及提供客观而持平的专业意见。我们的律师拥有对中国法律制度的深刻认知及多年经验。我们广纳贤才，谋求以最佳的服务团队为客户提供专业、优质的服务。

### 邝家贤律师简历

邝家贤女仕1980年毕业于香港大学，兼修历史及政治。1983至1985年间，她前往英国的Bristol及Guildford的法学院学习法律。1994年，她修读了由中国人民大学及香港树仁学院共同开设的中国律师培训班。1999年，邝律师获得了广州中山大学的中国经济法律硕士学位。　邝律师亦于中国政法大学取得中国民商法博士学位，师承“中国民法之父”江平教授，博士论文的题目为“中国企业跨境合并与收购”。

邝家贤律师对于投资中小企业的各种模式包括合资、合并及收购、以及企业重组等，都有丰富的经验。亦有就有关包括公司架构、股东协议、知识产权保护、授权协议以及业务增长策略等事项提供法律意见。

邝律师创立了亚太法律协会，出任该会会长。邝律师亦为香港中小企业国际交流协会创会会长，为推动香港中小企业发展，作出贡献。她现亦担任香港教育发展基金咨询委员会委员、香港公民协会中常委、香港政策研究所成员、邝家贤专业顾问公司总裁、东星能源集团有限公司（股份代号668）独立非执行董事等。

邝律师自1988年起为香港执业律师。现亦为香港注册财务策划师、香港董事学会资深会员、香港中国企业协会会员等。

# 走在知识产权法律服务的前沿

## ——马 翔

编者按：作为全国优秀律师的马翔，在知识产权法律服务领域作出了卓越的贡献并进行了勇敢的探索。

**当冲锋号响起**

对于《国家知识产权战略纲要》，马翔律师有个很形象、很激昂的比喻——“冲锋号”。

战士听到冲锋号会一跃而起奋勇向前。马翔虽然不是战士，但是听到“冲锋号”响起，他同样是高歌猛进。

2008年6月5日，酝酿已久的《国家知识产权战略纲要》正式发布。这是国家知识产权战略从“制定”转入“实施”的重要时刻和标志。

21世纪是知识经济蓬勃兴起、全球竞争白热化的时代，知识产权已成为许多国家参与全球竞争的国家战略和主要手段，成为关系国家核心竞争能力培育和国民经济长远发展的关键。为了提升我国核心竞争能力，促进国民经济全面、协调和可持续发展，我国在2005年启动了国家知识产权战略制定工作，明确提出要形成一批拥有自主知识产权、知名品牌和国际竞争力较强的优势企业，建立自主创新型国家。

“制定和实施国家知识产权战略，是一项关系国家前途和民族未来的大事。”马翔律师胸有成竹地说：“要完成这一历史重任，具有深厚的法律功底、丰富的实践经验、踏实的工作作风以及紧密的企业关系的律师，是其不可或缺的重要力量。可以说，惟有律师才能担当知识产权战略法律服务的历史重任。”他有一种很强的使命感。

马翔在知识产权法律服务这版疆场上已驰骋多年，当“冲锋号”响起时，他看到了硝烟，看到了旌旗，也看到了胜利。

获悉《国家知识产权战略纲要》原则通过时，马翔敏锐地意识到：这是律师开拓知识产权业务千载难逢的良机！他立即向有关部门及广大律师疾呼，及时发出《关于推进知识产权战略法律服务的建议书》。他在《建议书》中指出：“制定和实施知识产权战略涉及诸多法律服务，律师作为从事法律服务的专业人员，应当顺应国家大政方针，为企业和地方在制定实施知识产权战略历史大潮中发挥出至关重要的作用。”、“要完成国家知识产权战略的历史重任，律师是不可或缺的重要力量。这是因为知识产权战略的主要特点之一就是法律性，制定和实施知识产权战略涉及诸多法律服务的专业人员，自然成为国家知识产权战略体系中的重要构件。律师更宜担当提供知识产权战略法律服务的历史重任，还因为律师具有以下诸多优势。”他分析说：“首先，律师具有专业的法律素质。我国的知识产权制度起步较晚，大多数地方和企业对知识产权的认识和运用能力不足，而知识产权又具有无形性、复杂性和发展性等特点，专业性非常强。如果缺乏专业律师的指导和参与，企业很难有效地创造、管理、保护和运用知识产权，很难制定出科学有效的知识产权，很难制定出科学有效的知识产权战略，也就无从实现知识产权战略的价值和目标。因此，具有专业法律素质的律师是政府、行业和企事业单位制定、实施和实现知识产权战略的重要保障。其次，律师具有综合的服务能力。这是律师的另一个重要特点。与同为中介机构的知识产权代理机构相比，律师具有以下不同：知识产权代理机构一般侧重于商标申请或专利申请，在商业秘密、版权等领域没有优势，而律师的法律服务覆盖了商标、专利、商业秘密、版权、域名、不正当竞争、反垄断等领域，贯穿了知识产权创造、管理、保护和运用的各环节；知识产权代理机构往往并不擅长诉讼，而知识产权战略的重要内容 ——知识产权保护往往涉及民事诉讼、刑事诉讼和行政诉讼等多个领域，只有律师能够同时对上述领域驾轻就熟。概而言之，律师具有综合的知识产权法律服务能力，能够提供全方位、多层次的法律服务，全面满足知识产权战略需求。再次，律师具有强烈的职业道德和规范意识。在司法行政部门和律师协会的严格监管下，律师普遍具有较高的服务水准、强烈的责任心和诚信的职业道德，更加有助于推动知识产权战略的制定、实施和实现。最后，律师具有长期密切的企业关系。律师大多担任过企业法律顾问，能够与企业进行良好的沟通，这使得律师能够协助企业制定出既符合国家知识产权战略又符合企业发展需求的企业知识产权战略。

作为一名优秀律师，马翔既能用长远的战略眼光展望中国律师在知识产权法律服务领域的广阔前景，又能制定出切实可行的战术方案。

回首过去，由于客观存在的业务壁垒，律师在知识产权法律服务领域也是一波三折。

早在中国律师体制深化改革的1994年，马翔在执业过程中偶然接触到了注册申请等商标业务。他发现了一个奇怪的现象，本属于法律服务的商标注册申请、异议、争议等代理服务，却看不到律师的身影。

经过深入的市场调研，他了解到，由于体制的原因，商标代理业务已被商标事务所垄断。同时，由于商标代理业务程序多、时间长、收入低，律师没有动力介入该领域。商标界和企业普遍认为律师做不了商标业务，而在国外，商标代理却是律师业务的重要领域。当时中国市场经济已逐步成熟，商标发挥着越来越重要的作用，企业需要律师为其提供全方位的商标代理等法律服务。他深刻地意识到商标法律服务必将成为律师的重要业务，前景无限。他从此立志做一名专业的商标律师，为企业提供高水准、全方位、多层次的商标法律服务，带头拓展律师的执业空间。

马翔有着中国政法大学法学医学和中国人民大学民商法学的教育背景。这种复合型知识结构，使他养成了缜密的思维方式，严谨的工作作风，还有百折不挠的探索和开拓精神。

由于律师不能直接代理商标业务，他最初只能以企业的名义做商标申请等业务。虽然有诸多不便，但能够不断地通过实践总结经验。对于商标局、商标协会等部门举办的业务培训，他更是克服困难，不遗余力地参加学习，汲取养分。同时他还密切关注国内外与商标有关的理论发展和重大疑难案件，丰富自己的视野。

1998年，商标局在商标事务所内部举办商标代理人考试。马翔想尽办法带领本所3位律师参加考试，结果都考取了商标代理人资格。

1999年初，商标代理的垄断局面有所松动，商标局有条件地批准了10多家商标代理公司。为了更好地开展商标代理业务，马翔所在的天驰律师事务所，创造性地成立了天驰知识产权代理公司，并获批成立了全国第一家以此种形式开展商标代理业务的律师事务所。此举具有拓空凿荒的示范效应，随后全国有众多律师事务所仿效该模式，到目前为止光北京地区就已有30多家。马翔也由此成为律师进入商标法律服务领域的先行者。

天驰律师事务所获准从事商标代理业务后，马翔毅然舍弃了除商标以外的其他律师业务，专门从事商标法律服务，走上了专业化的道路。虽然刚开始几年收入下降，但丝毫没有动摇他走专业化道路的信心和决心。

2001年《商标法》修改，商标评审委员会的裁定要接受司法审查。商标争议的最终裁决机关由商评委转移到了法院。律师熟悉法院程序和证据规则，与商标代理人相比，律师更适合代理商标行政确权诉讼，这为律师从事商标法律服务提供了天然优势。律师有能力为企业提供商标申请、异议、争议、行政确权诉讼和侵权保护的全方位、高水平的商标法律服务。律师从事商标业务的春天来到了。

经过8年理论与实践的储备，适逢《商标法》修改，马翔厚积薄发，在商标领域大显身手。由于他既有诉讼经验，又有商标代理经验，代理不服商标评审委员会的行政确权诉讼案件有非常明显的优势，一些重大、疑难案件和大客户开始主动找马翔。由此，他获得了很多重要案源，为积累业绩和经验创造了条件。目前，他代理商标行政确权案件，已有很高的业务水平和丰富的实践经验。

### 为了国家和民族的利益

20多年来，我国迅速建立起了比较完备的知识产权法律体系，但国内知识产权创造、管理、运用和保护总体形势仍十分严峻。跨国公司凭借自己的研发优势、成熟的知识产权商业策略和诉讼经验，向我国企业尤其是迅速发展的高科技企业屡屡发难，这一状况已威胁到我国建设创新型国家目标的实现，甚至威胁到我国的产业安全和经济安全。

作为一名专业律师，马翔深知自己的责任和使命。为经济社会又好又快发展提供良好的法律服务，是律师的价值所在。胡锦涛总书记在党的十七大报告中提出“实施知识产权战略”。律师就要凭借自己的专业，推动国家发展战略，落实贯彻党和国家的大政方针。马翔认为，律师首先要维护国家和民族的利益。

2000年，他代理一个很小的民营企业——北京莫迪润滑油有限公司诉世界最大公司埃克森美孚石油公司在华独资公司侵犯其“东风”商标专用权。面对有100多年知识产权管理经验的国际大鳄，他采取先礼后兵的方式，在埃克森美孚公司拒不承认侵权的情况下，毫不犹豫地将其诉至北京市第二中级人民法院。他有理、有据、有序地打赢了一审官司，法院认定埃克森美孚石油在华独资公司的使用行为侵犯了“东风”商标专用权，判令其停止侵权、赔偿损失、赔礼道歉。二审维持了一审判决。这是国内小公司第一次诉世界最大公司商标侵权案。以往都是世界发达国家咄咄逼人地指责中国企业侵犯知识产权，而该案正好相反。原经贸部曾以此案作为知识产权谈判的典型范例。

德国宝马公司投诉北京宝马汽车服务有限公司搭便车，要求停止使用“宝马”商号。马翔代理北京宝马公司提出，在1992年北京宝马公司登记企业名称前，德国宝马公司尚未在国内注册宝马商标，且宝马在中国属通用词汇，寄托着人们的美好愿望，德国宝马公司无权独占。经过据理力争，最终为北京宝马公司保住了企业名称。

成都通用客运有限公司在运输服务上注册“通用”商标，美国通用汽车公司提出异议，其理由为通用公司在全世界有很高的知名度和影响力，成都通用公司注册“通用”商标属恶意注册。马翔代理成都通用公司答辩称：在成都通用公司1988年登记注册使用“通用”商号的企业名称时，国内公众尚不知晓美国通用公司。商标局支持了这一理由，为成都通用公司争取到了“通用”商标。

多年来，马翔可谓是身经百战。他曾代理多起著名商标异议、争议、行政确权、侵权案件，其中对手不乏世界500强企业，如美国强生公司、德国万宝龙公司、英国葛兰公司等。凭着深厚的法律功底、崇高的使命感和坚韧不拔的精神，他与这些跨国公司针锋相对，据理力争，使案件均以胜诉而终结。他以自己的不懈努力，维护了国家和民族的利益。

### 走在知识产权法律服务的前沿

目前，我国大多数行业和企业的知识产权意识已经觉悟，对于知识产权战略的方向已经知晓，但是对于如何制定切实有效的知识产权战略却不知如何下手，他们迫切需要专业的知识产权战略法律服务。

马翔深有感触地说：“我国商标等知识产权制度才20多年，商标理论和商标执法、司法实践还很不成熟。商标等知识产权理论主要来自于实践经验的总结，靠实践不断地发展和完善。律师走在实践的前沿，他们有着自己得天独厚的优势，也更有发言权。”

实践出真知，2007年的“康王”商标行政确权案充分证明了这一点。

1998年，北京康丽雅健康科技有限公司（以下简称康丽雅公司）获得第3类化妆品“康王”商标专用权，但康丽雅公司一直没有使用。2001年6月，康丽雅公司由于连续几年不年检被北京朝阳工商分局吊销营业执照。汕头市康王精细化工实业有限公司（以下简称康王公司）拥有与化妆品近似的香皂上的“康王”商标专用权。康王公司为了扩展日化产品的生产经营，且为了避免消费者混淆，以连续3年停止使用为由，申请撤销康丽雅公司在第3类化妆品上注册的第738354号“康王”商标，由此拉开了长达5年的“康王之争”序幕。康王公司不服商标评审委员会作出的维持在化妆品上“康王”商标的行政决定，聘请马翔代理其向北京一中院提起行政确权诉讼。本案第3人云南滇红药业有限公司，聘请北京大学著名知识产权教授作代理人。马翔充分发挥律师重证据、重事实的优势，打赢了一审官司。第3人不服又聘请中国人民大学著名知识产权教授为二审辩护律师，并且请到国内知识产权界一流的专家学者，论证该案，支持自己。但马翔凭借丰富的实践经验又打赢二审官司。业内称此案是“实战派”与“理论派”的激烈交锋，最终以“实战派”获胜。此案证明，知识产权实践性非常强，与其他法律领域相比，律师在知识产权领域应该有更多的发言权，发挥更重要的作用。

马翔曾代理了“宝钢”、“锦江”、“华夏”、“华荣”、“鸭王”、“苹果”、“云南白药”、“网通”、“红星”、“婷美”、“同仁”、“金嗓子”、“长虹”、“彼得兔”、“百度”、“五粮液”、“太子奶”、“心相印”“解百纳”、“理财金账户”、“良子”、“民生”、“范思哲”、“ICBC”等商标案件，为当事人争取了最大利益。

自1994年至今，马翔在商标业务领域取得了丰硕的成果，作为这一领域的先行者，他所代理的众多案例是与“第一”、“最大”、“首次”、“里程碑”等常常紧密联系在一起的。马翔曾先后代理了：

上万件国内外商标申请；

上千件商标异议、争议、行政确权和侵权诉讼案件；

首例立体商标申请；

首例服务领域驰名商标申请；

首例反向假冒案例；

首例企业知识产权战略制定；

……

功夫不负有心人，马翔在商标领域的成就得到了主管部门和律师同行的认可，被选为全国律师协会知识产权专业委员会商标分会主席、北京市律协商标法律事务专业委员会主任、国家知识产权战略专家库专家。全国律协基于他在商标领域的业绩，授予他“行业突出贡献奖”。2008年，他被全国律协授予“全国优秀律师”的光荣称号。他经常受邀参加疑难商标案件专家论证会，也为企业、行业协会等讲授商标课。他发表了很多商标理论和商标案例分析的文章，其中许多文章具有广泛影响。

### 建立一支特别能战斗的团队

实践中，提供知识产权法律服务的主体是多样的，有律师事务所、专利和商标代理机构、资产评估机构、咨询机构等。但是，律师事务所和律师是为知识产权法律服务的主要提供者，他们是这支队伍的主力军。

“必须建立一支强大的优质的知识产权战略法律服务团队。”马翔将目光放得更远更深。一名战士再英勇善战，也只是独胆英雄，要取得决定性胜利，靠的是团队，是大兵团作战。

他不仅注重自己业务水平的提高，而且还通过培训授课、著书立说、研讨会等多种形式，把自己的宝贵经验奉献给广大同行。他认为，加强知识产权律师人才的培养迫在眉睫。他强调，应该制定并完善推进高素质知识产权法律服务人才培养规划。从我国国情和知识产权律师现状出发，制定并完善高素质知识产权法律服务人才培养的中长期规划，调动一切积极因素，有计划、有步骤地加强知识产权律师法律服务素质培养。他还指出，我们要开阔视野，探索国内律师事务所与国外知名知识产权律师事务所的合作模式，加强与国外知名知识产权律师事务所的交流，努力开拓知识产权法律服务人才培养的国际渠道。

2004年，为了指导、规范、培训律师的商标业务，提高律师的商标业务水平，增强律师在商标界的影响力，他向北京市律协提出成立商标法律事务专业委员会的建议，得到了北京律协的支持。这是全国律师界第一个商标专业委员会。他的目标是把自己和其他优秀商标律师的业务经验进行总结，通过专业委员会毫无保留地介绍给委员，使委员们的商标业务水平得到提高，再通过委员带动本所商标业务的开展，进而影响本市律师，努力拓展商标业务，提升北京律师商标法律服务的整体水平。为了实现这一目标，每次委员会开会，他都会自费为每位委员提供书籍、判例、理论文章等资料，不厌其烦地介绍商标的重要性和律师从事商标法律服务的重大意义及商标领域的前景，增强委员对商标业务的兴趣和信心，以及目前的典型商标案件、与商标有关的司法解释和国外立法和司法动态。为了防止刚入行的律师出现错误，他还尽心尽力编写了《商标代理业务风险提示》一书。

2007年，他任主编、以全国律协知识产权专业委员会的名义出版了《中国律师商标业务指南》，他把自己10多年商标业务的经验和技巧毫无保留地介绍给全国的律师。该书是律师界出版的第一本商标业务用书，内容翔实，具有极强的实用性，对律师从事商标业务有切实的指导意义。他律师目前正在主编《律师商标业务指引》一书。

马翔多年的辛苦终于赢得回报，有越来越多的律师开始重视商标业务，涌现出了一批专做商标业务或以商标业务为主的律师。全国重大、疑难商标案件几乎都有北京律协商标专业委员会委员直接或间接参与。可以说，在他积极指导下，北京的律师走在了商标法律服务的前沿，在商标领域的影响力不断增强。基于他的突出贡献，他连续3年高票当选北京律协十佳专业委员会主任。

国家有关部门非常重视律师在国家知识产权战略中的作用，10余位律师被纳入国家知识产权战略专家库，并不同程度地参与了国家知识产权战略规划，在知识产权制度建设、知识产权司法保护等方面建言献策，将自己的智慧体现到《国家知识产权战略纲要》中。《国家知识产权战略纲要》以及一些已颁布的地方战略纲要，也将建立健全知识产权中介服务体系（含律师）作为知识产权战略的一个重要内容。比如，《国家知识产权战略纲要》专门提到了规范执业资质管理、研究建立相关律师代理制度等，为包括律师在内的知识产权中介机构的发展指明了方向。《北京知识产权发展和保护纲要》提到，要邀请律师和知识产权政策咨询机构到企业、科研单位进行知识产权申请、保护、管理、利用和政策宣传，进行知识产权实务指导。《深圳市知识产权战略纲要》中要求形成知识产权专业代理、律师、研究咨询、评估交易中介服务群和若干知识产权标志服务机构。《广东省知识产权战略纲要》明确提出，大力发展知识产权中介服务机构，推进中介服务机构创优建设和品牌建设向专业化、规模化和国际化方向发展。

**“进，则把握历史的机遇；退，则加速边缘化危机”**

难以意料的是，尽管马翔已走在知识产权法律服务的前沿，尽管他在知识产权法律服务领域取得了卓越的成就，但是，对于中国律师在该领域发展的前景，他却有一种“被边缘化”的危机感。在接受记者采访时，他一针见血地指出：“相对于国家知识产权战略的重要性、影响力和广泛需求而言。目前律师的重视程度和参与程度还远远不够。”

首先，律师在知识产权代理领域本来就存在着被边缘化的状况。律师一直无法介入专利申请、商标申请等业务领域，这导致了律师不能对知识产权申请代理过程中的资源进行有效的运用，导致了企事业单位的知识产权保护成本增加，同时还在整体上导致知识产权法律服务水平无法得到提升，对从业人员的监管也难以实现。虽然，知识产权战略被期望打破这一颇受诟病的“传统”，但是在现阶段，上述“传统”不但依然发挥着规则作用，而且直接阻碍了人们对于律师作为知识产权战略法律服务提供者的接受进程。

其次，律师队伍本身对于知识产权战略的敏感性和重视性远远不够。广大律师应当认识到，知识产权战略作为我国全局性、历史性、长期性和国策性的国家发展战略，将对今后我国经济社会发展产生重大和长期的影响。而法律服务总是顺应社会经济发展方向。所以知识产权战略法律服务务必将会成为律师业务的未来增长点。律师应当充分认识到知识产权战略的重要性和自身不可或缺的支柱作用，最终以专业法律服务推动知识产权战略全面发展。

最后，也是最重要的一个原因是，一些主管机关和地方政府存在对于知识产权战略的片面理解和落后认识，在宣传和推进知识产权战略的过程中，只提知识产权代理机构的作用，推出的专门项目只向知识产权代理机构敞开大门等，直接或者间接地抹杀了律师的重要作用。这导致一般公众或企业无法从现有的宣传和政策导向中了解律师的重要价值和参与的必要，他们因此可能不会主动向律师提出专业服务要求，甚至会拒绝律师的帮助，使律师无缘尽快地向企业提供更优质的知识产权战略法律服务，从而延迟了整个知识产权战略的纵深发展。

对于知识产权战略的片面理解主要包括，将“知识产权”等同于“专利”，将“知识产权战略”等同于“专利战略”或者“知识产权保护”等。其实，《国家知识产权战略纲要》

明确规定了专利、商标、版权、商业秘密等专项任务，施行激励创造、有效运用、依法保护、科学管理的方针，提出了提升知识产权创造能力、鼓励知识产权转化运用、加快知识产权法制建设、提高知识产权执法水平等战略措施。上述规定和前期宣传已经释放出强烈的信号："知识产权战略"绝不仅仅是"专利战略"；"知识产权战略"包括专利战略、商标战略、版权战略、商业秘密战略等重要板块，不能用专利战略以偏概全。从实际来看，商标在企业历史长河中的重要性就远远超过专利，这是因为专利最多保护20年，而商标可以永续使用；另外，专利、商标、商业秘密和版权最终的价值都体现在企业品牌上，所以代表着品牌的商标更应该是知识产权战略中的核心。

当前只重视专利服务而忽视其他知识产权法律服务的倾向，将使我国知识产权体系发生重心不稳，企业知识产权战略的制定和事实存在缺陷和隐患。没有专业知识产权中介组织的参与，企业很难科学地控制知识产权创造、管理、运用与保护等各个环节，很难制定出有效的知识产权战略，也就很难将企业的技术优势转化为知识产权优势，并最终转化成市场竞争优势。长此以往，还将形成非常不利于律师参与到知识产权战略中的舆论和政策环境。

针对上述问题，马翔认为应该采取积极的应对措施。他说："中国律师积极投身到国际知识产权战略中去，不但将直接推动中国知识产权战略的发展，还有助于律师将来在知识产权服务领域发挥更大的影响；反之，律师如不能扭转上述现状，不能尽快介入到知识产权战略中去，不但会错失拓展业务的重要历史机遇，还将会进一步加剧律师在知识产权领域的边缘化。真可谓是：进，则把握历史的机遇；退，则加速边缘化危机"。

为了充分发挥律师在知识产权战略中的作用、实现双赢效果，他建议：

**一是积极沟通协调**

建议广大律师与司法部门、行业协会、企事业单位等沟通，向他们介绍和展示律师在知识产权战略制定和实施中不可或缺的重要作用和独特优势，使之将律师纳入到自身的知识产权战略部署中，从而改善律师从事知识产权战略服务的舆论环境和执业环境，更好地实现律师应尽职责和应有作用。据了解，在证券、房地产等新兴行业初起之时，律师也同样没有被这些行业主管部门认可和理解。后来，正是因为司法行政部门的积极沟通和律师的主动介入，律师的作用不但得到了这些行业部门的重视和支持，并且律师的参与已经成为该行业的法定必要环节。

**二是营造政策环境**

建议司法行政部门加大对于律师知识产权业务、知识产权战略业务的政策扶持，为律师提供知识产权战略法律服务创造更加良好的政策环境，比如说制定奖励政策、给予税收优惠等。

**三是加强知识积累**

广大律师和律师协会可以通过自身积累和专项培训两个途径，提高自身和整体的知识产权战略法律服务的能力，创新法律服务理念和服务机制，以适应知识产权战略法律服务的全新需求。需要强调的是，知识产权战略要求的是全方位、多层次的法律服务，一般律师是无法胜任的，只有高水平的专业律师团队才能真正满足企业、社会对于知识产权战略法律服务的要求。

**四是规范业务管理**

伴随新的市场机遇而至的，往往还有一哄而上、"萝卜快了不洗泥"的现象，这样影响企业制定和实施知识产权战略的效果，动摇实施者甚至更多企业对于知识产权战略的信心。司法行政部门和律师协会应强化对知识产权战略法律服务的业务规范和指导，以确保新兴业务有序、稳健发展。

毫无疑问，国家知识产权战略的启动如进军的冲锋号响起，中国律师将在知识产权法律服务的疆场上一展身手。

听，马翔在呐喊：面对历史的良机，立即行动起来吧！

摘自《中国律师》2009年05期

律师专访

# 北京市百名优秀刑辩律师
## ——张绣评

编者按：作为一位党龄38年的中国共产党党员；一位执业30余年的高级律师，她以良好的职业道德；深厚的法律专业功底和渊博的知识，凭着自己的政治觉悟和实践经验，最大限度地保护被告人、当事人的合法权益，三十年来始终如一地辛勤工作着，默默为中国律师事业发展和刑事辩护工作、经济发展及社会和谐稳定贡献着自己的力量。她见证了中国律师制度从恢复重建到艰辛跋涉、欣欣向荣的历程，她就是——张绣评。

张绣评律师，1954年出生，毕业于中国政法大学。1973年加入了中国共产党，1980年从事律师工作。现为中国政法大学疑难案件研究中心咨询部副主任、北京市律师协会消费者权益法律专业委员会委员、北京市薪评律师事务所党支部书记、主任、高级律师。

30余年的律师执业生涯中，张绣评律师始终注重理论研究与探讨，曾在《人民日报》发表《国有中小型企业改制应注意的法律问题》，推动了国有中小型企业改制工作的进行；发表《律师帮助国有中小型企业改建为有限责任公司的法律与实务》，为中小型企业的改建工作提供了法律帮助；在行政诉讼法刚刚实施时，她发表了《试析行政救济中行政人员的法律责任》及《浅谈行政诉讼与民事诉讼的联系与区别》的文章，使公民更加清楚地了解了行政诉讼法是一部民告官的法律；改革开放开始，为了使企业领导者提高依法经营的法律意识，她撰写了《浅谈企业的违法行为及法律顾问的对策》，给法律意识淡薄的企业领导者提供了一些法律帮助；民法通则颁布实施，她撰写了《论侵权民事责任的归责原则》，使大家进一步理解侵权民事责任的归责；刑法修改后，她撰写《浅析刑事附带民事诉讼中财产损失问题》，着重分析和探讨解决刑事案件被害人的财产损失问题；针对律师办理刑事案件侦察阶段的困惑和难题，她撰写了《律师在刑事案件侦查阶段代理人的难题》一文，为改善律师执业环境起到了积极的作用。

在多年的执业过程中，她善于通过各种媒体宣传法律常识和解决一些疑难问题。为中央电视台《生活栏目》播报的关于房地产开发有关法律问题作嘉宾主持，主要是宣传消费者在买房时应注意的法律问题；为中国教育台《今日开庭》提供法律服务，主要宣传公民如何依法保护自己的合法权益；在中央电视台《法律帮助热线》栏目做随行律师，平息了大量矛盾，为诸多当事人排忧解难；为中央电视台《经济与法》栏目采访的企业并购、重组纠纷、监护权纠纷等案例提供法律帮助，并做专家点评；给东方卫视《律师视点》栏目审片，为该栏目把好法律关；被特邀参加区长政务接待日的接待工作，为来访者涉及法律问题答疑解难。

在执业过程中，她始终秉承“律师不单单是打官司，更重要的是把矛盾解决在萌芽状态中，把风险降至最低点”的原则。改革开放初期，她为政府对外招商引资工作保驾护航，避免了多起经济纠纷与大量经济损失。

她在办理的各类经济纠纷案件时，尽量做当事人的调解工作，从不调词架讼，帮助当事人就案件事实和法律规定，分析预测案件风险，评估损失情况。经她耐心细致讲解法律规定，有的当事人自愿放弃诉讼，避免了当事人的诉讼成本，降低了当事人经济损失。

她在办理各类疑难、典型、复杂的刑事辩护案件有无罪释放的、重罪改轻罪的、减轻处罚的。主要有：2006年北京地区特大贩毒案，中央电视台、北京电视台予以报道；国内特大传销案、某省特大杀人案、涉黑案、银行行长挪用公款案、爆炸案等都不同程度保护了被告人的合法权益。

她常说：“律师办理案件要实现以事实为根据，以法律为准绳，依法保护被告人的合法权益，就一定要认真查阅卷宗材料，不能放过每一个细节。”

某省特大非法集资案，一审判处被告人死刑，她作为二审上诉人的辩护律师，经认真查阅卷宗材料，发现本案定性有误，不是非法集资诈骗，而是普通诈骗案。最终改判为无期徒刑，避免了一起错杀案件的发生。

她办理的一起爆炸案，经过她耐心细致地查阅卷宗材料，发现被告人投放的炸药包没有装炸药，其目的是恐吓他人，客观上不可能爆炸。她为被告人做无罪辩护，法院采纳了她的辩护意见，避免了被告人的牢狱之灾。

由于她精湛的法律知识、诚信的工作原则、认真负责的工作态度及多年的办案经验，赢得了各界人士的好评和认可。她曾多次被评为优秀共产党员、先进工作者、先进个人、三八红旗手等荣誉称号。她还曾荣获北京市律师行业奥运工作奉献奖、律师进社区先进个人、北京市百名优秀刑事辩护律师等荣誉称号。

# 将维权进行到底

## 访全国杰出涉外知识产权律师

## ——罗正红

编者按：罗正红博士，安徽大别山区军人的后代，或许受军人长辈们的影响，造就了他缜密、干练、坚强的性格。性格决定命运、选择决定人生，他是一位以知识产权保护为事业的“中年老律师”。1966年出生，可谓“中年”。1991年中国人民大学知识产权专业毕业后，进入中美合资企业北京－奥克兰建筑防水材料有限公司担任首席法律顾问，开始走出知识产权保护的第一步，并于1994年通过律师资格考试，可谓资格够“老”。如果你在互联网上搜索“罗正红”或“罗正红律师”或“罗正红博士”，你会发现，这个名字和LOUIS VUITTON（法国殿堂级品牌路易·威登）、GUCCI（意大利古琦）、CHANEL（法国香奈儿）、PRADA（意大利普拉达）等欧洲高知名度品牌经常联系在一起。罗正红律师就是当年在欧洲高知名度品牌诉北京秀水街商标侵权诉讼律师团队中的主管律师，该案是全国首起追究市场开办单位、管理单位与售假摊位共同承担连带民事责任的案件，在国内外引起重大反响及媒体的广泛关注，被最高人民法院评为2006年全国十大知识产权诉讼案件。在欧美23家高知名度品牌权利人在北京、上海、广州及深圳四城市联合维权行动中，罗正红律师提供了知识产权保护策略与建议。在案件办理过程中接受了中国日报、中国工商报及上海东方卫视等媒体采访。

世界未来的竞争就是知识产权的竞争，国务院总理温家宝曾经强调“要加大知识产权保护力度”……这表明中国政府加强、重视知识产权保护的决心。业内有人士说知识产权保护就是“没有硝烟的战争”，笔者本人也有共识，但若要感同身受，还是让这场场“战争”的“主角”，来为我们讲述他如何成长为涉外知识产权律师及法学博士的心路历程！

### 人物介绍

罗正红，中国人民大学知识产权专业法学博士、知识产权专业法学学士，英国伦敦大学国王学院知识产权专业法学硕士，英国伦敦大学访问学者，美国Franklin Pierce Law Center知识产权法进修律师。他是罗杰（名称变更前为翔鲲）律师事务所主任，北京市律师协会商标专业委员会副主任，中国人民大学知识产权学院发展委员会副主任及法学院法律硕士兼职导师，中国政法大学无形资产管理研究中心研究员，中华人民共和国商标代理人，中欧仲裁中心及北京仲裁委员会仲裁员。

他曾是英国鸿鹄律师事务所（Bird & Bird）合伙人（Partner Equivalent）（该所160年以来首位且至今唯一一位被聘为合伙人的中国律师），国际商标协会反假冒委员会中国区主席，中国外商投资企业协会优质品牌保护委员会（QBPC）副主席，摩托罗拉中国电子有限公司北亚区知识产权总监，美国贝克·麦坚时律师事务所高级知识产权律师，香港永新专利商标代理有限公司涉外商标代理人及中美合资企业北京－奥克兰建筑防水材料有限公司首席法律顾问（1991～1993）。

他代理的知识产权诉讼案件早在20世纪90年代就被媒体予以关注。1997年，他代理侵害“蒙地卡罗”商标权及不正当竞争案（该案诉讼标的为1000万元人民币，是当时广东省诉讼标的最大的知识产权诉讼案件），广州及香港媒体对该案予以报道。2005年2月，应中央电视台第九套英语“DIALOGUE”节目邀请讨论中国知识产权保护问题；2006年，管理的Louis Vuitton，Prada，Chanel，Burberry及Gucci诉北京秀水街及商户侵害商标权诉讼案件被海内外媒体广泛报道。2009年加入本土律师事务所以后，由于能直接出庭代理案件，他代理案件的消息屡见媒体。2010

律师专访

罗正红博士访问德国时
与德国律所合伙人在一起

年，代理 Louis Vuitton 诉北京雅秀市场及商户侵害商标权诉讼案件，北京电视台对法院开庭进行报道；2011 年，代理 Louis Vuitton 诉大连胜利广场发展有限公司及商户侵害商标权诉讼案，代理 Louis Vuitton 诉大连温州城商贸有限公司及商户侵害商标权诉讼案，代理 Louis Vuitton 诉大连九州饭店有限公司侵害商标权诉讼案，及代理 Louis Vuitton 诉大连南山花园酒店有限公司侵害商标权诉讼案，大连市电视台对法院开庭审理进行录制，大连市 10 多家媒体连续三天旁听庭审，并对案件作广泛报道。2011 年，代理伊莱克斯诉慈溪企业侵害商标权及不正当竞争案，慈溪媒体对法院开庭审理进行了全程录制并报道。2011 年，代理微软公司诉国美电器公司侵犯著作权案及代理微软公司诉百脑汇侵犯著作权案，国内外几十家媒体予以报道。

罗正红律师经常被邀参加中外知识产权保护论坛并发表演讲。应邀为中美商会（AmCham）、欧盟商会、国际反假冒联盟（IACC）、日本贸易振兴机构（JETRO）等协会讲授知识产权保护策略及执法实务；应英国《知识产权管理》（Managing Intellectual Property）杂志邀请，在 2007 年 12 月小型知识产权圆桌会议上讲授知识产权保护和管理经验；多次应邀参加美国使馆知识产权圆桌会议；多年应美国 Franklin Pierce Law Center 法学院 William O.Hennessey 教授的邀请，用英语在清华大学法学院为来自美国、加拿大、意大利等国家法学院的学生讲授中国知识产权保护中的法律问题及策略；应香港浸会大学、中国人民大学、北京大学、复旦大学及华东政法学院的邀请，为 MBA 及法律硕士生讲授中国知识产权保护中的法律实务。

罗正红律师被世界著名法律评价机构如 Who's Who Legal, World Trademark Review 及 Chambers & Partners 评为中国领军式知识产权律师（leading IP lawyer in China）。英国著名法律评价机构钱伯斯（Chambers & Partners）评价道：罗正红律师有 17 年知识产权保护经验，及时回复客户咨询、并且专业。众所周知，罗正红律师在知识产权诉讼及与国际品牌公司合作经验方面非常著名。客户赞赏他"有建设性的法律见解及通晓法律"。"罗正红律师精于商标保护业务，重点保护在中国的外国品牌。"同行们赞赏他"在知识产权诉讼方面非常强"、"该律所的法律意见务实且非常有帮助"、"该所提供国际级的法律服务"。Legal 500 杂志评价道：高度推荐管理合伙人罗正红律师，他代理了几个有重大影响力的项目，旨在打击假冒侵权。他的律师团队最近代理 Louis Vuitton, Burberry 及 Gucci 等高知名度品牌忙于对假冒侵权人提起诉讼，进行维权。

### 青年志向，考取大学

1985 年，19 岁的罗正红正在挑灯夜读，酣战书场，他有自己的目标和理想，那就是考上大学，改变自己的命运。功夫不负有心人，当收到安徽师范大学英美语言文学系录取通知书时，全家人高兴的心情溢于言表，罗正红本人当然更是欣慰，因为付出得到了回报，就如他自己的座右铭："知识改变命运，一步一步往前走，永不停息。"其实，罗正红是从 1981 年上高一时才真正开始学习英语课程的，这也是当年的教育体制使然。根据史料记载，建国初期，全国统一开设俄语，英语根本没有地位可言，更谈不上英语教育了。自 1952 年开始，国内掀起了一场批判亲美、崇美、恐美的群众运动。这一运动直接给英语教育罩上了一层阴影。人们认为，学习敌人的语言就是不爱国的表现。因此，英语教育逐渐从课堂上消失了。1953 年的两次全国高校院系大调整、大合并之后，全国高校只剩下 9 个英语教学点，英语教学从此走向低潮。1966 年"文化大革命"开始，英语教育受到了前所未有的破坏。直到 1978 年恢复高考制度后，特别是 1978 年中国共产党的十一届三中全会以来，外语教材发生了日新月异的变化，英语教育呈现出前所未有的欣欣向荣的新局面。高一时，受到英语老师的影响，罗正红对英语产生了浓厚的兴趣，高一年级学完了初中六册英语课本。1984 年第一次参加高考，英语考了 76 分，罗正红没有气馁。1985 年再次参加高考，英语考试满分是 100 分，他考了 96 分，真是功夫不负有心人！

### 不安分的心，走进首都

1989 年，对于一个已经大学毕业，而且拥有英语本科学位的人来说，应该是众星捧月、万众瞩目式的人物，那时多少人都羡慕不已的专业啊！此时的罗正红完全可以找一个不错的工作，过自己的小日子，但他没有，他追求更

编辑人语：走入真实生活，关注法制热点

法制经纬

千万元商标侵权

●本报记者：白岚

案由

7月24日，中国天诚广州公司诉花都市佳业房地产开发有限公司商标侵权、不正当竞争一案在广州市中级法院公开开庭审理。

原告中国天诚广州公司于1993年经向国家商标局递交商标注册申请，申请在第1类至第42类商品及服务项目上注册"蒙地卡罗及图"商标，1996年1月7日起，国家商标局陆续正式核准上述商标注册申请，并予以公告。

……

商业信誉，造成了较大的经济损失，同时也损害了广大消费者及其他诚实经营的同行业竞争者的利益，构成了《反不正当竞争法》及《广告法》界定的不正当竞争行为。

同时，花都市佳业房地产开发有限公司未经注册商标人许可，在与原告注册商品核定使用的商品相类似的商品上使用与其注册商标相同的文字作为商品名称，并在相近的服务项目上将原告的注册商标作为其服务项目的名称使用，此行为已构成商标法规定的侵权行为。

原告提出了3点诉讼请求：(1)判令被告停止侵权，山庄名称中停止使用"蒙地卡罗"字样；清除所有服务设施上使用"蒙地卡罗山庄"的标识；销毁所有含有"蒙地卡罗国际购物中心"图片的宣传资料；销毁所有在服务项目上侵犯注册商标"蒙地卡罗"使用权的宣传资料。(2)判令被告赔偿损失1000万元。(3)责令被告在有关报、刊、电视广告中刊登声明，公开赔礼道歉，消除影响。

据了解，直到开庭前，被告亦未就原告的起诉作出答辩。

争议

在法庭调查过程中，被告方"蒙地卡罗山庄"的销售商花都市佳业房地产开发有限公司，请求法院驳回原告的起诉，理由是被告方使用的"蒙地卡罗山庄"服务标识早在1993年就已使用，根据《商标法》和有关规定，被告有权继续使用。对于法庭出示的原告证据（国家商标局核准的"蒙地卡罗及图"注册商标）及享有专用权，被告没有提出异议。

原告中国天诚广州公司的代理律师罗正红、……指出，……

高目标，那就是学习更多知识，实现更远大的理想。1989年春节期间，也是研究生考试冲刺之时，宿舍里7位有共同志向的年轻人，在大部分同学都已回老家过春节之时，他们仍在校园学习。真的是彻夜苦读，但他们很快乐。那一年，10个室友中有6位同学当年考上了更高的学府，另1个室友第二年也考取了北京的学府。罗正红当年考取了中国人民大学法学院知识产权专业第二学士学位班，第一次走进了“首都”学习知识产权法，从此与知识产权结缘。据悉，1989年全国有500多名本科生报考中国人民大学知识产权专业第二学士学位班，而录取名额不足30人。真的是选择决定了人生！当我问罗正红博士，为什么当时选择知识产权法时，罗正红博士很恬淡的回答：“当时就是觉得这个专业很有前途。”目标非常明确。曾国藩家书中也曾有“致诸弟·勉励君子应早立志……”年轻人要早立志、立大志、立实志、立长志，方可不虚此生。在笔者的人生道路中，对于自己人生的选择，困惑了很久，但在罗正红博士的心中，这每一个选择，都是坚定的、执着的。

**北京的日子，孜孜以求**

1991年，25岁的罗正红从中国人民大学毕业，在北京被中美合资企业北京-奥克兰建筑防水材料有限公司录用，担任首席法律顾问，开始了打假维权的第一步。1993年离开奥克兰到永新专利代理有限公司开始从事涉外知识产权代理工作，专做商标代理业务。值得一提的是，永新专利商标代理有限公司成立于1987年，是由中国国务院指定的最早4家有资格代理外国申请人在中国申请专利和商标的涉外专利商标代理公司之一。1993年，罗正红的月收入已超3000元，在当时应该算是高收入了，但这颗不安分的心又要向更高的目标追逐、奋进了。他立志成为一名诉讼大律师。司法考试因通过率极低而被称为“中国第一难考”。“考取律师资格，让业务面更宽，人生的路更广。”1994年8月，罗正红毅然辞去永新的工作，破釜沉舟，全力以赴备战律考。经过两个月的奋战，以253分的成绩通过考试，如愿以偿。据查，1993年北京律考通过分数线为200分，1994年提高至240分。253分已是相当优异的成绩。1994年罗正红进入北京市北斗律师事务所成为一名诉讼律师的助理。北斗律师事务所也是中国创办最早、最具规模的综合大型合伙制律师事务所之一。北斗所主要业务领域为诉讼业务。北斗所当时的主要合伙人包括从全国四级人民法院辞职的法官。在北斗所，罗正红见识了大律师的风采，学习和体会了处理案件的综合技巧和经验，更重要的是坚定了自己从事涉外律师业务的方向。

**羽翼丰满，南下广州**

1997年，罗正红，这个不安分但又目标明确、坚定的年青律师来到了中国改革的前沿——广州。

中国天诚广州公司诉“蒙地卡罗”山庄侵权案（千万元商标侵权案，是当时广东省诉讼标的最大的知识产权案件）正是由罗正红律师主办的。罗正红律师缜密的分析和执业水平得到同行赞许。众多媒体的跟进报道，也使罗正红律师在知识产权界开始小有名气。

**发挥英语专长，走进国际大所**

1999年，凭借在由司法部组织、英国政府资助的“年青律师培训项目”全国律师选拔中胜出，罗正红律师与其他11位年青律师被选派到英国深造。他在伦敦大学、英国丹顿浩国际律师事务所及 The Chamber of Christopher Morcom Q.C 大律师行学习欧洲的知识产权法，积累知识产权诉讼经验，见识了英国诉讼大律师的风采。罗正红律师的诉讼导师 Christopher Morcom Q.C 是英国相当有名的御用诉讼大律师。他的律师行处理了很多在英国有相当影响力的知识产权诉讼案件。在临别时，他将他的著作 “The Modern Law of Trade Marks”赠与年青的中国律师，并勉励他深入钻研知识产权法。2000年伦敦大学毕业后，罗正红律师加入美国贝克·麦坚时律师事务所知识产权部，年薪是出国前的3倍多，这一干就是6年半。贝克·麦坚时则成为罗正红律师人生里程中一个重大飞跃。贝克·麦坚时在每年亚太区知识产权业务评比中都是第一，代理欧美顶尖公司在亚太地区的知识产权保护策略建议及维权事宜。当时的主管合伙人是拥有近二十年知识产权经验的美国大律师—谢西哲（Joseph Simone），现在互联网上搜索还能看到这

# 从“律师精神”到“律师文化”

——杨培国

杨培国律师，北京市燕园律师事务所合伙人，副主任，资深律师，学者律师，系中华全国律师协会民事专业委员会委员，中国法学会法律文书学研究会理事，《律师文摘》杂志理事，中国水浒学会理事、山东孙子研究会理事等，是新中国成立后，国内倡议设立中国律师节的第一人。

杨培国律师专业于民营企业（家族企业）的国内创业板市场的上市包装、策划，股份制改造，资产重组，企业并购，债券发行，股票发行，并擅长于重大民商案件的代理、疑难刑事案件的辩护，精于诉讼谋略的帷幄筹划。

杨培国律师在2006年7月份，由山东人民出版社出版专著《律政赢谋36》；2009年1月份，由法律出版社出版专著《四大名著与律师赢谋》；并将于2011年，在法律出版社出版专著《好律师的132条法则》等。

杨培国律师是多届中国律师论坛的演讲嘉宾，《中国律师》杂志、《民主与法制》杂志、《法人》杂志等多家报刊曾经对杨培国律师的优秀业绩进行宣传报道。

导读

从山东农村到首都北京，坐车几个小时的这段路程，杨培国却走了20多年。这一路上的所思所想都在围绕着一个问题——律师行业需要一种什么样的文化。

七月酷暑，街角的一家上岛咖啡，刚刚从山东赶回北京的杨培国坐在记者对面。

“目前中国律师行业中尽管设立了诸如‘全国十佳律师’、‘全国优秀律师’这样涵盖整个行业的奖项，但是，我个人感觉我们中国律师行业似乎还应该设立一个更为全面并且能够细化的奖项，譬如，设立中国律师奖。”浓重的乡音让人一听即知，对面坐着的是个山东汉子。

### 在经典著作里寻找律师工作的灵感

2009年8月，杨培国第三次站到了中国律师论坛的演讲台上，这次他的演讲题目是《论〈孙子兵法〉是律师事务所的强所谋略》。回顾起二十六年前，自己挥洒青春的另一个讲台之时，恍若隔世。

1984年七月，杨培国师范毕业后被分配到了山东当地的一所农村中学教语文，在教书期间参加了首届中华律师函授学院的学习，5年后杨培国被调到县城工作，并于1992年以所在地区第一名的成绩通过了全国律师资格考试，在县城开始了兼职律师的生活。回忆起那段生活，杨培国感触良多，“传统文化对我熏陶已久，抱着‘不为良相，便为良医’和‘政法不分家’的想法，我选择了律师职业。”

年龄越长，这样的想法也越强烈，1997 年杨培国辞去了公职，来到山东潍坊开始了专职律师生涯，随着工作经历和执业水平的不断增长，7 年后杨培国转战到了山东省会济南。从这一时期开始，杨培国的名字逐渐被大家所熟知。

2005 年 9 月，一份署名杨培国的建议书被提交到了全国律协、全国人大、司法部和国务院。这封建议书的题目是“中国律师应该有一个自己的节日——中国律师节”，一时间这样的一封建议书引起了法律界人士，尤其是律师同行的关注，中华全国律师协会会长于宁特意安排办公室给杨培国回信，对他的倡议表示了认同和赞许。

如果说“中国律师节”的提议让杨培国的名字开始吸引大家的眼球，那么接下来杨培国提出的“律师兵法论”和“古典名著中的律师学问”等观点无疑让关注杨培国的无数双眼睛为之一亮。

由于对古典文学和典籍的喜好，每逢外出，杨培国的皮包里都会装着两本书，一本是律师专业的法律书籍，另一本则是《孙子兵法》或古典文学名著，一有空闲便会掏出来翻上几页。在秉承这一习惯的同时，杨培国开始把律师专业和传统典籍结合起来进行思考。经过数年的熏陶和整理后，《律师赢谋 36》一书于 2006 年公开出版，书中极具创意的把律师执业技巧、谋略和古典兵法《三十六计》相结合，为律师诉讼和法律事务谈判等工作方式开了一扇新的天窗。

在得到了法律界众多知名人士的认可和赞赏后，杨培国马不停蹄，三年以后一本名为《四大名著与律师赢谋》的书籍再次出版。和第一本书相比，杨培国这一次更深层次 d 地把律师职业发展途径、职业价值、社会地位以及律所管理等相关问题融入到了对中国四大名著的思考之中。

多年执业积累下了名声，对于律师行业的关注以及创新的视角观点，让杨培国开始逐渐成为多项律师行业活动的座上宾，也受到越来越多的领导和法律人士的关注。

2009 年，经过多年的思考和充分考察北京市的执业环境之后，在多位全国知名法律界人士的鼓励下，杨培国走上了一个律师职业的新舞台——北京，在重新学习的过程中，杨培国不断地和诸如江平教授、张思之律师、贺卫方教授等法学前辈、法学大家等交流请教，凭着山东汉子的真诚和努力，杨培国又开始从这里向律师职业的更高层次昂首阔步。

### 寻找融入文化之道

初到北京的杨培国第一件事便是重新准备了自己的名片，除了换上北京市燕园律师事务所副主任的职务，更别出心裁地用上了一幅漫画。这幅人物漫画是《人民法院报》美术总监孙宇为杨培国特别绘制的，漫画像中的脸型、发型和本人十分类似，画中的杨培国身披杨家将的战袍，背上令旗绣着一个篆体的“律”字，左手紧握长矛，矛头画作了钢笔的笔头。

第一次接到这张名片的人都会在细细地打量杨培国一番后赞不绝口，而熟悉杨培国性格的人对这幅漫画的寓意之贴切更是褒赞有加，因为这其中不仅包含了山东好汉的豪爽仗义和职业律师秉公奋笔的操守，还寓意了杨培国对我国古典文化的喜爱和研究。

用杨培国自己的话说，从选择律师这条道路开始，自己便一直处于解决温饱和小康生活之间，回顾这一路，杨培国表现得更像是一个文人，从弱冠之年写的一些古体诗词到现在用于抒怀的一些散文诗，杨培国都小心翼翼地保存着，作为律师一直以来所秉承的，也是文人的“兼济”情怀和寒梅傲骨。

如果有时间去翻阅一下过去几年山东几个地级市的报纸，会在很多也许并不起眼的字里行间里找到一些关于杨培国的过去：针对两元钱的强制保险，杨培国对济南长途客运站发起了公益诉讼；在一次代理村民状告村委会成员侵占村民财产的案件中，杨培国和家人曾被多次恐吓；在免费为贫困百姓维权的案件中，杨培国险些遭遇严重车祸；在为众多村办企业、个体工商户代理诉讼的同时，免费为所有的私营业主和小企业提供法律培训；甚至还能找到早年间他为希望工程多次捐款的记录。也许是因为这些事情太微不足道了，所以在采访中，杨培国并未提及，这些记忆却实实在在地记录了一个律师从农村到首都的一路艰辛。

这样的一种文人气质，在杨培国的生活和工作中也多有体现，在早期杨培国代理一起诉讼开庭之时，当时意气风发的他在宣读完代理词后甚至还即兴作了一首诗当场朗诵，这一行为引得全场笑声一片，而法官和陪审员也对这位以诗代词的律师留下了深刻的印象。

回想起这样的一个往事，在谈笑之后，杨培国也做了反思，“从那时起我便开始思考，律师文化应该是一种什么样的文化，从我个人的经历来看，我认为律师文化应该向传统文化取经，博大的中华文化应该和中国律师的文化一脉相承的。比如拿写代理词这件小事来看，律师写的东西大多是一些辨理的条条框框，那么在说理的同时，律师也应该向公众展示他们的文化，融入些文化的色彩，这就要求律师多读书，多向传统文化学习。”

也正是出于这样的想法，杨培国在从事律师工作的同时，从来不忘记在传统文化上的修行，除了大量阅读古典书籍之外，平时一有所思所想便提笔记下，兴致来了的时候也会作上几首诗。与此同时，杨培国还在山东孙子研究会、中国水浒学会，山东水浒文化研究会等学会中从事研究活动。

在这样的习惯中，杨培国渐渐将中国古典文化和现代律师文化相结合，开创了研究律师文化的一个新领域。“中国的律师行业文化仍处在一个成长期，在这一过程中，我认为律师文化的建设要向中国传统文化靠拢，虽然两者的表述方式不同，但从根本上看它们都是根植于中国土壤而一脉相承的，譬如传统文化中讲的‘仁、义、礼、智、信’、‘智、信、仁、勇、严’等中国民族的传统精神，这些都是‘律师精神’的渊源。”

### 杨培国的律师精神与律师文化

在首都站稳了脚跟之后，杨培国开始重新规划自己新的职业人生，在从事本职业务工作的同时，杨培国把自己的精力更多的放在了对律师文化的探究上。在首倡设立中国律师节之后，杨培国又把目光投向了“中国律师奖”。

“我设想的中国律师奖是像诺贝尔奖一样的，应该对社会构成全方位的影响力，面向全社会的律师，细奖项譬如中国刑辩律师奖、中国公益律师奖或是中国年轻律师奖等一些奖项，从不同角度对律师行业作出贡献的人进行奖励。一来能形成一种风气，推动律师行业集体向上，为了行业尽心尽力的做事。二来则是增加律师行业的凝聚力，增强行业的文化建设，从而使律师行业更具社会影响力。”为了谋划成立中国律师奖的理事会，杨培国给《法人》记者算了一笔账，自己至少少接了四分之一的业务。

在杨培国准备促成中国律师奖的同时，又在筹划准备在今年倡议组织行业内的“律师三十年有奖征文”活动，让全国各地的律师无论成就大小、地位高低纷纷参与进来，带动整个律师行业对这三十年进行回忆和反思。“我认为中国律师行业的文化仍然没有建立起来，对于整体的价值观和职业观都还没有一个统一的建设，通过征文的方式在对这三十年进行回忆的同时，希望能够带动对整个行业文化的建设。”

在对律师行业文化建设的研究中，杨培国的写作欲望又一次萌发了起来，如今杨培国已经开始下两本书的最后修订，一本是《好律师与法律无关》，一本是《掀起律师的盖头来》。

无论是以前的《律师赢谋36》和《四大名著与律师赢谋》，还是如今的《好律师与法律无关》和《掀起律师的盖头来》，其中都凝聚了杨培国对律师行业文化的一番思考，“一直以来，律师都是一种严肃有余、灵活不足的职业，与专业法律性的文章相比，我总是希望能够以一种文学性的，较为轻松的方式，阐述对律师职业、律师事业和律师行业的思考和探究，在通过这种方式向外界展示律师的同时，也希望以我的一点小智慧探求所谓的‘律师精神’，丰富中国的律师文化。”

在谈话过程中，杨培国曾不止一次提起“律师精神”这个词，那么什么样的律师在杨培国看来才是一个具备所谓“律师精神”的好律师呢？从杨培国正在修订的两本书——《掀起律师的盖头来》、《好律师与法律无关》中或许能找到答案。

**对话杨培国**

《法人》：“出于怎样的一种考虑，您会把四大名著和律师联系在一起？”

杨培国：“这是我多年养成的一种习惯，在阅读诸如四大名著等传统文化书籍时，我不经意地把所思所想和律师行业联系在一起，比如说《水浒传》吧，律师跟梁山好汉是有一些相似性。律师跟梁山好汉都是有独立能力的，梁山好汉能独自行侠仗义，律师也是能够独自承办个人业务的。但是律师还不如梁山好汉，宋江去管理以后他们从来没有闹分裂，也就是说梁山好汉之间没有利益纷争，有统一的利益分配。但律师不行，律师事务所争权夺利的现象太多了，弄着弄着就分伙了。”

《法人》：“当时您是怎么想到倡议设立“中国律师节”的呢？”

杨培国：“现代律师制度是舶来品，至今已经有百年多的历史，而中国律师制度只有30年。我注意到很多职业和行业都有自己的节日，这会在行业内起到一种向心力的作用，会增加凝聚力和归属感，在查阅了一些资料后，我认为我们律师行业需要这样的一个节日。”

《法人》：“您对现在的律师行业文化有怎样的看法？”

杨培国：“律师制度刚刚满30年，行业文化并没有完全形成，在这其中有一点需要注意的是，我们现在这个行业往往表现出一个特征就是功利性比较强，突出商业化。许多律师都没有这样的一个意识，那就是作为一个律师，我的言行、做派、做法都体现出了我作为一个职业律师的职业精神。”

《法人》：“从农村到首都，20多年来一步一步走到今天，您如何总结？”

杨培国：“在这一过程中，我找到了自己的人生追求，我感觉做律师能为社会做点事，为律师行业做点事。受中国古典文化的影响，这应该也算是一个男子汉大丈夫正心、修身、齐家、治国、平天下的理想吧！”

**主持人点评**

从“律师精神”到“律师文化”

在我认识而熟悉的诸多律师朋友中，坦率地说，杨培国律师是属于那类口才不算好、收入不算高、知名度不算大、荣誉称号不算多的律师。但我可以负责地告诉各位，他却是一位最有责任心、很有进取心、更有平常心的律师。

我需要提请大家关注的是，他是一位对我国传统文化有研究、对我国律师文化有思考的独特律师。他始终将传统文化与律师文化的联结作为自己研究与思考的重点。

杨培国律师是一位对传统文化有研究、有思考、有发现的思者与行者。于是，他把他的发现、他的思考、他的研究与当今中国律师业、与他本人从事的职业，作了有效而有益的嫁接，使传统文化与律师文化之间形成了有思想的对接和有意义的联接。同时，他又以自己对规则文化、程序文化、民主文化的理解，丰富了律师文化的内涵与外延。为此，他曾经将古代兵法《三十六计》与律师谋略有机地连在了一起，并为此出版专著《律政赢谋36》；他也曾经将四大名著与律师文化有机地联到了一起，并出版专著《四大名著与律师赢谋》；今天，他又准备将自己对“律师精神”的研究与思考与律师的工作实践联结在一起。

所有这一切，都是为了强调和追求一种以“律师精神”为核心的律师文化。

在杨培国看来，我国是一个具有深厚的文化积淀、拥有雄厚的文化底蕴、抱有优厚的文化传统的国度。我国律师业要获得科学发展，就必须从传统文化中汲取营养，获取收益。有人说，看一个团队，看一项事业，眼前要靠其机遇，发展要靠其领导，实力要靠其人才，未来要靠其文化。对我国律师业来说，有了文化，才有进一步发展，才有可持续发展，才有大踏步发展。有了文化，才有律师事业的代代相传，才有律师同行的心心相印，才有律师管理的息息相关。

不论是建议设立“中国律师节”还是倡导建立“中国律师奖”，不管是著书立说还是发言演讲，杨培国追求和梦想的都是这样一种有认知、有共识、有理想、有信仰、有目标、有载体、有传承、有未来的律师文化。

摘自法制日报《法人》杂志2010年第7期

# 中华杰出巾帼律师

## ——彭焰

按语：（她是一个用生命践行法律公平正义尺度的优秀律师）

彭焰，女，四川恒合律师事务所主任，高级律师，法学硕士，国际经济法博士。

1982年从事律师工作，1987年任市律师事务所主任，1988年入党，1994年辞去公职创办四川恒合律师事务所。先后担任市政府、国有大中型企业、集团公司、民营企业、中外合资合作企业、外资企业、专业银行和商业银行、风投、上市和私募基金等公司法律顾问。

**专业领域**

国企改制、外商投资、项目策划、外资并购、资产重组、产权交易、知识产权保护、国际贸易、BOT项目运作、房地产开发、国际工程项目、金融、证券、境内外上市、投融资、私募股权基金及经济犯罪案件等法律事务。

业务覆盖香港、台湾地区、新加坡、马来西亚、印尼、日本、韩国、美国、德国、英国等国家和地区。曾参加第十四届世界法律大会、第四届世界妇女大会、世界优秀华人联谊会、GATT和WTO法律研讨会及国际国内所涉新经济与法律文化的高端论坛。独撰和与他人合作发表专业文章和出版专业书籍并在各种杂志刊物上发表“散文”、“新体诗”、“填词”。其事迹被收入《中国百科专家学者经典》、《中国专家大辞典》、《中国人才世纪献辞》、《中国国情报告 专家学者卷》、《中国人才辞典》、《世界优秀专家名典》、《世界华人杰出专家名典》、《中华巾帼画册》、《中国名律师大典》、《中国律师在线》、《中国涉外律师》、《法律门》、《中国律师年鉴》、《时代人物》、《红色经典》等刊物杂志。

彭焰律师曾获得中国多届刑事严打市级“先进”和“优秀律师”荣誉；国家级杂志“人物专访”；省“法界明星”、厅直机关“优秀共产党员”和首位“十佳女律师”；获中国国际经济（HK）研究院、世界文化名人交流协会、世界文化艺术研究院、党旗下建设功臣评审委员会建党九十周年“党旗下的建设功臣－奉献奖”，获中华杰出爱国华商联合会、中华英模文化促进会、华商英才国际文化传媒中心“推动中国社会进步突出贡献人物重点提名”等荣誉。

## 玫瑰含剑　钟爱无悔

**——职业情怀**

引领生命的人生将会不朽，让职业升华为事业的人生才能以博爱替代岁月的狭隘。

2010年，她的律师生涯也走过了28个瑰红剑影的春秋岁月。28年的律师职业生涯，对于一个女人来讲，是最华美的人生时段，全部的热血和青春年华为了这个崇高的职业而毫无保留的奉献，这是她生命的骄傲！是这个职业，让她的生命永不枯竭并因它而完美。在20岁出头就踏进律师行业，基于对正义的追求、对律师职业的热爱和无限感情的倾注，她经历了怎样的与普通女性不一样的人生？

## 自述

**童年与成长**

小时候，我倍受父亲的疼爱和娇宠，还有两个哥哥的保护，那时的日子，空气、阳光是如此的清新美丽，那是我一生回嚼最甜的“金色童年”！成年后受国家培养进入医科学校，读完了高等学校的西医和中医教材，以中西医双科90分以上的优异成绩毕业并被分配到一家出口企业做临床医生。中西医结合治病，真是得天独厚，薪水也很优厚。

**人生选择与专业再造**

偶然一天，我挤入中心广场观看公安局长的儿子被他漂亮女友打死床头的公审大会，台上辩护律师沉稳庄重、严词凿凿为被告因不堪虐待而反击过当做辩护，引来群情激动。那时我不懂法律，但一种代表正义公平，理性智慧的力量在我心底回荡，律师这个职业带给我的高尚感久久无法褪去。出于那种冲动，我做出了人生最重要的抉择——我要改弦更张做律师。我到书店找寻法律书籍，同时也准备复习高考，我还赖着在中级法院工作的二哥给我引荐那位令我敬慕的辩护律师（当时的律师机构设在法院内，那位律师是解放时人大法学系毕业的高材生，文革期间与胡风关在一起，胡风的妻子梅怡一直与他有联系），他给了我几本法律书籍，我嗜命地嚼读并形成厚厚的一本读书笔记，后我的材料被推荐给了司法局长，经过考核，我成了一名兼职律师，取得了像驾照大小的一本红色的《律师工作证》，那是我成人后进入社会开始承担起社会责任和义务的身份标识，也是打开我人生另一扇大门的钥匙，它引领并改变了我一生的命运！ 我因几个成功的刑事辩护在当地法界名噪。接下来，我被调入司法局送到政法学院进修，再考进政法学院毕业后调任律师事务所主任。接下来《中国律师》、《法学研究》、《法学杂志》、《法学译丛》等法制刊物相继创刊，20多年来我从未间断订阅，它们是我的一路走来的亲密伙伴和恩师，为我的专业发展和学业升级提供了充沛的养分和理论支撑，我吸附它们的能量做到了在律师专业领域的游刃有余和法律专业系统知识的高端再造。

80年代的职业条件和环境

文革结束，中国进入变革时代，法制兴起、律师制度恢复重建。那时的社会民风朴实，法官多为转业干部，律师工作以刑事辩护为主，律师在社会上很受尊重，在法院，律师的意见受到法官的聆听和重视，法官审案客观、没有偏私，如果有错，都只是专业判断问题，那是很值得怀念的日子。

*刑事辩护*：记得1982年10月，我第一次独立承办一起杀人放火案：满怀兴奋与执着，我开着全市独一无二的红色跑车，去到数十公里外的农村犯罪现场调查，我挥汗如雨爬到高山顶上，遇到一群赤身撬土的农民，他们很好奇这个20岁出头的城市女孩竟然比公检法办案的人能吃苦，到这人烟稀少的大山查看犯罪现场，走访受害人和知情人，他们围拢来向我倾其所知。被告与受害人是堂兄妹，受害人母亲是生产队出纳，与被告要好的同队赵姓人得知出纳取回有现金，遂邀被告协助偷窃遭拒，并以焚烧出纳家相要挟，被告逼从。次日，被告将堂妹骗离家门，赵入室偷窃未成，此时被害人要回家，被告阻挠不成，情急中用刀刺伤其腹部。我到纵火现场查看，厨房屋顶是厚树皮上下扣盖，在中心我发现了还没燃烧完的引火纸，这是小学生的米格作业本纸页，这与被告供词“赵用阿妹的本纸点燃了火，因为下雨没有烧起来”的事实吻合。那次调查为我的辩护提供了充分而有价值的证据支持，法院充分采纳了我的意见以故意伤害罪判处被告3年刑期。

中国为贯彻“82宪法”展开了刑事“严打”。我承办了一起省六部委联合通报的抢劫杀人重案，中级法院院长检察分院检察长出任审判长公诉人，在电影院公审，旁听群众座无虚席，被告进场时群情激愤处死声一片炸耳。这个案件我进行了广泛而深入的调查完整掌握了全案事实。被告年幼丧父，母亲精神分裂，妹妹送人，他独自一人留在破屋，靠捡同村农孩旧弃衣穿，随大人上山砍柴换取少许零钱，惨淡度日，最大愿望就是有钱读书和能吃点肉。春节来临，他在市区看到一家小卖部里面有糖、肥皂、牙膏，他看了很久，终因没钱而离开。回家路上他一直想着那些东西，于是他模仿“加里森敢死队”的剧情，写下“作战方案——拿下制高点”，想着“刀是扫清障碍的保证”遂把捡来的一把锈刀捆绑在脚上“进军”了。途中他将“作战方案”作了大便手纸（被收入侦查卷），深夜他到达小卖部，从树上揭开塑料顶棚沿着树干滑进棚内，此时他突然发现有两人驻守，他慌忙出逃，但门已上锁，紧张之下无法从来路翻出，他只能在熟睡的人衣兜里翻找钥匙，被害人惊醒高喊抓贼！慌乱中，他拔刀刺向用被褥裹身高呼抓贼的两个女孩。这个案子重在几个因素，新宪、春节、市区、央企业的大集体经营部、两个年轻姑娘被描写为“与歹徒英勇搏斗、身中10余刀、经抢救脱险”的英雄。我从被告身体、心理和生理自发的最基础需要出发，模仿电影情节，采用不正当方式去获取基本生活用品的行为，以及情急下盲动拔刀遏阻呼声，刺伤受害人的行为，其动机简单、恶性不深、伤势程度没有报道的严重，不属于不杀不足平民愤的角度辩护。在辩护进行中，被告深受辩词感染，突然泣声跪地感染全场。这次成功的辩护也触动了审案法官和公诉人，没有按预先的当庭宣判，而后改作无期徒刑的从轻判决。

“严打”期间，我承办了数十件刑案，获得很好的辩护效果。诸如，故意杀人罪改判伤害罪（龚某，大学生失恋刺杀女友。我从行为动机、突发情势导致理性与感情判断混乱、刺杀部位与运动体位关系及自动终止等论证）；重伤罪改判轻伤罪（卢某，监狱犯人间的伤害。我从病历的临床生命体征改变指标、救治方案和用药等医学的科学论证）；主犯换位从犯（殷某，10余人的团伙作案。我从犯意发起、组织策划、调遣指挥、行为作用强弱等论证）；无罪释放案（甘某，销赃罪，我从行为发生的时间地点以及物与人身的关系等，利用逻辑的模态判断和充足理由律充分证明其主观上的“不明知”）；等等。

省上另两个重大要案的辩护也十分成功。一个是国有林场负责人被控贪污粮食指标补贴数额特别巨大，也是中级法院院长主审，我做了非常成功的辩护，获得法院从轻判决；另外一个是，农村信用社主任被以诈骗90万元巨额信贷资金逮捕，又以贪污起诉。我做辩护人，在农行查阅核对无数笔贷款审批、稽核及相关报告后以及贷款去向和使用情况后，提出被告只应承担审查不严过失责任而不构成控罪的辩护，我的论点和论据最终为省高院采纳，改以渎职罪判处缓刑（此辩护案被编入最高法院《定罪量刑之道》一书）。

*在经济领域*：记得1987年我调任事务所主任后，承办了一起集体企业50多万货款被骗而濒临破产的案件。案涉五省6区，市中院研究后建议起诉川内的代销企业，经我摸底调查该企业债台高筑无力偿债且又受骗于河南某县销售企业，为此，我五下河南，全面查清此乃由成都－西安－河南等省地“麻袋”销售连环合同形成货款纠纷，诉讼中得知债务方无力支付债权方设下圈套：以大庆运至河南的全国短线物资“高压聚乙烯”低价委托债务人代销，赚取巨额差价抵偿债务，债务人与买家签订合同并带汇票到河南验货付款，旋即法院冻款扣货继以高价转卖他处。在向河南法院申请第三人参加诉讼被拒后，多次上书郑州高院、最高法院，后获得最高法院的指定管辖，在经历两天的法庭审理、两年的奔波劳顿，最终将河南某县经济庭正副庭长送进监狱并为受骗企业全部收回被骗货款，避免了企业的破产和几百职工的失业（此案载入最高法院公报并在中央广播电台播出）。

我作为国家大型水利工程指挥部的法律顾问，参与国家大型水电工程的招投标。在地方政府“肥水不流外人田”的本位思想阻碍下，是选用条件弱的地方施工单位还是能以国家利益为重，严格招投标程序和纪律，认真审查投标人的资质、工程技术条件和经验成果，议标中，作为法律顾问坚持说服政府相关领导和地方建筑行业主导方，立足以保障工程质量为重，严格按招标程序和规则评定中标人。

在另一水电工程项目的建设中出现纠纷，施工单位撤离施工现场，为避免损失扩大，一方面发出函文限期恢复施工，一方面立即展开施工现场调查取证和基于水工工程8月洪水季节对易灭失证据的公证保全；组织对工程的财务结算，指挥部自行组织施工筑坝防涝，启动诉讼程序冻结账款财物，与中级法院经济庭张等人前往被告住所地开庭，法庭组织调解时，只身面对国有大型建筑公司的书记经理、总工程师、预算造价师、财务总监、项目经理等10余人，作为律师能够从国家重点建设工程、合同履行、违约责任、后果以及施工方管理漏洞造成民工沙石循环重复计量，施工方案与施工进度预期不保合同工期，严重后果在即。最后解除合同，获得赔偿，启用新的施工单位，避免了损失，保证了工期和工程质量。

### 90年代的执业条件和环境

在社会经济转型时期，许多刑民案件涉及政府政策性规定与法律原则的冲突和不协调，造成审判歧解错案难免，作为政府的法律顾问，常以政务报告形式提出问题和建设性意见并在处理诸多行政性经济合同中，能够立足现行法律、国体和改革方针政策，有效地保护和促进全民企业在经济体制改革中的企业利益和发展；法院系统开始自己培养和提升法官素质，多见科班与转业军人混合的合议庭。那时的律师，承接的案件如小型经济纠纷、企业承包、租赁纠纷、连环合同纠纷、技术转让等，技术成为商品向市场转化；关系国计民生的国有企业受到国家计划经济和市场经济两面夹击，生存困难；案件数量多，工作强度大。我平均每周有3个经济案件开庭，每天晚上工作到深夜，整理证据和庭审提纲，早上强记相关适用法条后即上法庭。那时的法官大部分注重于专业知识的提升，边学边用，大多公心断案，律师的精力和心思也很少磨耗在案外。这一个时期，律师队伍迅猛发展，其社会作用不可小视，亦为国家经济发展作出了巨大贡献。

### 转型时期新型罪与非罪的刑事辩护

省运输公司下属的全民所有制企业，因年年亏损而将企业对外发包收取固定承包费，该个体承包经营者范某被追究贪污挪用数罪，我从承包合同的权利义务关系到企业经济性质演变，论证被告自主经营对财产享有支配权以及犯罪主体不成立的无罪辩护获成功；某工程师转让自研技术和对外技术辅导获转让费和补贴被诉贪污、受贿罪，经辩护提出技术向商品流转所获智力成果的正向价值为转型社会所允许，利用业余时间辅导乡镇企业提升技术和产品质量，其行为应当受到鼓励，少许补贴是其应获的劳动报酬，后以受贿罪判处缓刑；某贪污团伙案为市纪委抓的典型，主犯是解放以来行政职务最高的一个正团级领导干部，犯罪涉及科技部门处长、技术骨干、总会计师、出纳等多人。我担任主犯的辩护人，所谓贪污主犯是沼气办主任，主管科技，多年主持沼气技术在农村的推广应用，曾获得国家科技进步表彰，当时政企不分，行政机关与其部门的科技推广站同属一个财务总会计，多年形成年终奖以科技成果推广所获收益的一定比例提取分发所有职工，该奖励方案已报省科委备案，执行多年，辩护以失当的方式获得应得财产不构成犯罪，因此案影响太大，被判缓二。嗣后，我有幸与刘家琛院长（当时任省高院长后任最高院副院长）谈及此案，他完全赞同我的观点支持我申诉，后此案改判无罪。某国有煤建公司贪污、受贿团伙犯罪，我作为主犯的辩护人，以国有公司关乎国计民生的煤价受国家计划经济指导不能提价，但是公司面对市场进煤价格优劣差异较大，不得不用国家指标补贴给煤炭供应商换取计划价内的优质煤，其行为及动机不构成控罪。二审法院采纳了我的辩护意见，单以受贿罪轻判缓刑（次年最高检察院工作报告中提及此案）。

### 转型时期的经济案件

在国家经历政企不分到政企分开的经济结构调整和对外开放时期。我作为国有中大型企业和国有专业银行的法律顾问，处理了诸多的为国有专业银行经营模式的调整而形成的信贷、拆借、贴息贷款、信用证开具、商业承兑汇票等进行有效的法律风险防范、控制和纠纷处理，为银行避免了许多呆滞坏账的产生。

曾参加多个中外合资、中外合作企业、专利和秘密技术、设备引进的涉外谈判，通过对外方的实力、行业层次、市场份额占比等了解，对相关技术设备分以ABC等级进行国际询价和比对，准确判断外方合作的动机目的，结合对外方谈判代表性格特征的把握，设计出最佳的谈判方案，成功击破个别外商借中方的货币资本和人力资本赚取企业股份、设备虚增价款和企业利润的不良企图。

在为国有集团企业引进专利技术的涉外谈判和合同签署中，巧以入门费与销售提成结合方式，有效降低了先进技术引进成本也避免了技术移植、设备匹配和人工操作等问题可能有的生产技术和产品质量风险；为大型制药厂引进生产新工艺技术和设备，以“交钥匙”工程为合同基础，主从合同权义层层照应、相扣，有效保证了企业生产技术的全面更新。为我国特定时期的经济改革和发展提供了有效的法律服务，取得瞩目成绩。

国家部委的分工出现交叉，同一领域各部的规范性文件内容有较大差异，所以在建设领域出现除市场经济下的时差、地差、价差外，还形成轻工部和建设部所颁布的工程预算定额的差异，出现较多建筑纠纷，并因此造成建设工程的停工，连锁出现窝工、机械停呆班费、远征费、二次搬运费等经济损失的扩大，形成恶性循环，而大量工程的建设是依靠银行贷款支持，我一方面作为银行的法律顾问，在接手的许多建筑案件中，首先是控制损失，恢复施工，材料价差根据合同和工程先期付款和进度付款情况，确定地方材料时价，区别单项工程建设性质合理适用建设部或轻工部定额，协调和平衡各方利益关系。及时有效地化解纠纷阻止损害扩大，保证地方政府在发展建设中的许多重点项目工程的顺利建设落成。

国家实行政企分开，一国有汽车生产集团公司的越野车生产线由大连方承揽安装，中途撤走，生产线瘫痪，所接订单首批交货期临近，作为公司法律顾问，只身前往大连全面调查了解到承揽方为某局开办公司前任领导组合10余人来川承揽安装工程，早已解散，新任领导俱担责任。经从公司资本来源和股东结构以及资本到位虚实情况和法律责任等方面，与出资方及控股方领导及主管单位领导交涉，终于找到承揽方负责人并带回10人重新恢复了生产线的安装调试，保证了订单交货。

在国家对外改革开放，即利改税后又进一步推行增值税，本人参与诸多涉外谈判，将国外资金、先进技术、先进设备引进中国，同时将国内的天然产品精加工、以补偿贸易、合资、合作方式将国内产品销售国外，以及将国内的劳动力和技术服务产品推出国外赚取外汇。如德国西门子公司进入西南市场的首度谈判，是与某甲级医院引进大型核磁共振医疗设备，在签署“意向性协议”后的1994年1月我国开始实行17%的增值税，谁来为其埋单？在北京丽都酒店双方正式协议的谈判和签署进行的非常艰难，作为中方的首席谈判代表和谈判方案设计人，我们从西门子公司跨国战略扩张目标引以西南庞大市场的份额缺位和买方在西南同行业的声誉地位可为其产品进入西南市场起到正面宣传导入的积极作用，所以增值税要求由德方全部消化，最后的正式合同将17%的增值税、分3年期支付的货款利息免除、所有汇率风险由德方承担还为地方政府争取了4个出国考察的名额，对此合同条件，西门子公司参与谈判的代表内部争议不休，几次中断谈判，最后德方首席谈判代表文策尔先生表示，他们自己是不接受合同条件的，但是我们的意见有值得他们考虑的因素，合同要经德国总部确定是否签署，我方单方在合同上签字后回到四川，一周后，接到德方签字文件。

与香港红十字基金会关于医疗技术劳务输出合同谈判，为国内派出的医疗队人员在工作条件、生活条件和标准以及各类保险及劳务报酬、奖金、小费等方面争取了优厚的条件，并提供了很好的合同保障和履约保证金，合同履行3个月后因港方出现签证问题，辗转泰国回川，我方以港方不能有效提供工作条件为由拒退按约预付的全年报酬，保证金按合同约定情形转抵违约金。

作为工商银行法律顾问，下属银行出资并贷款给一家企业各占50%在海南成立一家期货公司，由于市场风险和合作双方矛盾心结很深，期货公司按40万／月的亏损速度，双方各怀心机和尊严，很难坐在一起商谈也无法形成一致意见处理危机。为避免银行出资及另一半贷款不能收回，本人作为上级银行律师分别与下属银行长和企业老总充分交换意见，赢得他们的信任和托付并征得双方同意主持董事会，形成解散公司、成立清算小组的决议，我任组长，公司印鉴交组长保管、账册封存送交审计。之后拟定清算方案，只身前往海南对期货公司对外债权债务进行实地调查、公告、书函关联公司和土地房管局冻结关联支付和产权变动，与债权人债务人谈判提取相关资料和签署有效文件，逐一清理清收，最后汇集公司所有资产向银行举债，注销公司。之后，海南地价房产攀升，银行溢价回收资本，使银行债权获得完整保护。

1997年邓小平逝世的次日，成都市中心一国有大商场在前通过域外承包人向全国招商，56家商户进入经营，合同期未满，商场以承包人违约单方终止承包合同，限令56户商家3日内全部撤出商场，另外引进新加坡牛车水进场经营。正值开春换货的时令季节，与商家签约的承包人卷款回乡，商场强逼撤柜，商户损失惨重，上百人群情激愤，商场一片混乱，准备上访静坐政府，接受此案后，立即设计处理方案：安抚商家、与商场搞决策反复交涉、要求商户推荐并授权5人代表、与中级法院主管院长庭长沟通迅疾采取诉前保全措施，稳定局势争取谈判和诉讼准备时间，多次在商场内召集商户开会，解答商户疑问，分析讲解处理方案和进程，要求理性、冷静听候律师的意见，不闹事、不动粗、不游行、不静坐政府，同时积极与商场交涉，最后以柜台为单位为商户获得80多万元的赔偿，并主持赔款分发与商户，以商场名义对外加工收件的交付处理。有效控制了非常时期的骚乱局面，平息化解了社会矛盾。

西藏圣地股份上市前，募集股份后4∶1股份缩水为证监会所禁止，由股民推选几名代表由律师带队到北京中国证监会反映情况，证监会连夜召开紧急会议，商讨能否让该只股票上市发行。当晚在国际饭店西藏自治区主席的秘书给律师电话，指责伤害民族感情，本人冷静理性地告诉对方作为资深的党员律师，法律和党性都不允许自己有任何损害国家利益和民族利益的行为，我是依法保护委托人香港投资公司和部分股民的合法权益，律师的社会责任感要求我们对这起受世界各大著名媒体关注的“世界屋脊首开上市股票”发行中的严重问题向国家主管部门报告，以控制负面的政治和经济影响。次日，8点钟我们到达证监会时，责任方的负责人已在等候积极配合问题处理，并达成协议，资方和受损股民的损害获得合理赔偿。有效保护了股民和国家利益并兼顾了民族利益。

日本丰田进入西部，从土地受让、资产并购、股权转让、境外融资、市场扩张、办事处设立、进口汽车维修到进口车销售，从30%股份到90%控股，到100%外资企业，从政策限定条件下的商务搭桥借船过河到市场扩张、外资并购，完成市场占领，我作为企业的法律顾问功不可没。

1998年亚洲金融危机时期，国家科委批准、省长批示的国有汽车集团公司与美国纽约公司合作的环保概念车生产项目，在四川方支付百万美金，概念车交付在即，美方以受亚洲金融危机影响，原材料、配件供应商倒闭，另行采购价格上涨，要求追加预算89万美金方能交货。作为集团公司法律顾问，我提出了完整的处理方案，以中国的经济合同法、美国的统一合同法和国际条约、国际惯例制作了三套法律文件并作英译，由集团老总、省主管领导去美国交涉，世界足球杯决赛当晚，与美国方面的谈判不断进行电话指导和发表意见，最终美方妥协，我方依法解除合同，进行财务清退，保留仲裁索赔权，并直接参与与美国加州概念车生产商的谈判、签约，成功地避免了亚洲金融危机对企业的冲击，圆满完成了国家科技环保项目工程的实施。

## 21世纪的执业条件和环境

2000年后，律师队伍质量的提升落后于数量的发展，同时律师的生存环境也变得艰困滞涩。我的服务也多转向非诉讼领域，处理了大量的股权转让、存单、房地产开发、合资建房、外商投资、外商风险投资，公司收购，诉讼的、非诉讼的。在知识产权领域，代理了某名酒厂驰名商标恶意注册侵权案和全国首例新药证书侵权案；为杂志社、大型娱乐城及知名作家、艺术家等委托的相关专利权、商标权等工业产权、著作权及其他知识产权纠纷的诉讼和非诉讼法律事务，并应邀为企业高层管理人员、学院MBA工商硕士讲授WTO与中国知识产权制度。为外资参与国企改革，资产剥离、人员分流，股份制改造，资产重组、企业并购，为外商进入西部投资教育、医疗、能源、水力、电力等提供全程法律服务，从项目的法律架构到各阶段程序的操作控制，都是在平衡各方利益前提下消除和避免任何法律风险的产生。完成了两所大学三个独立学院开办设立的全程法律服务；一所国有建工医院改制、收购、重整为一所国际现代化医院；完成两个电站的收购，和都江堰某蕖干的综合性开发建设的大型项目，母体工作已全面完成，子项工作正在进行中；为中国能源大会所涉一项再生生物质能源项目的开发、推广的法律架构和保护，由本人负责策划、设计和推进，现已在香港招商会上签约数亿元项目投资。

刑事案件方面：曾担任省内所谓最大的黑社会头目杀人案主犯叶某的辩护人，在前，叶的马仔三人被判死刑，两年后叶被抓获，我提出叶犯存有数个酌定和一个法定从轻或减轻情节，不该当死罪。并充分论证：被害人残暴杀害被告人的兄弟对犯罪的发起负有重大过错；公安机关在被告作为死者家属目睹在案确凿死罪证据后释放被害人，是触发被告以暴制暴犯意发起的重大诱因；被告家人受刑法保护的法益持续处于遭受被害人侵害的临界状态，是促成犯罪实施的重要介质；被告家父奔走三年告状无果，气结血郁化为恶疾，临终抱恨难瞑，其母悲痛过度卧床不起，被告被迫担当家难才踏上犯罪不归途；被告在前是无前科的守法公民，被害人却是负有累累血债和多个重罪受公安机关通缉的重刑犯；被告有揭露犯罪和提供重大犯罪线索帮助海南公安机关侦破绑架杀害台商特大案件。法院采纳辩护意见，叶获判无期。除外，为某市秘书长贪污、挪用和牟其中金融诈骗罪案代为申诉之中；为名噪某市的某律师事务所主任“绑架”罪案，顶着压力提供法律援助。

2010年处理一起多棱债案（案涉中国移动、华夏银行、建行、中信银行、省直属改制企业、多个房地产开发商、物流公司、关联财产自然人近20位），四家法院管辖2个执行案，10多个诉讼案；各法院重复查封10多套商住房与高档写字楼，数个单位和个人的银行账户和中心在“老边少”地区劳务派遣员工工资及“五险一金”专用账户被冻结。其社会影响和波及面之大，对各当事方的生产经营以及工作家庭产生诸多连环的负面影响，如不迅即遏止，恶性循环，将派生10多件诉讼和仲裁案件和少数民族群访事件，一损俱损，社会将为此付出高昂的成本代价，情势危急，后果十分严重。我作为中心的律师了解到，中心是因为接踵而至的改制、地震和国际金融危机的深度振荡，暂时性资金短缺而形成多头债权债务。眼下必须从维护社会稳定大局出发，有效控制情势恶变。一方面，分别约谈债权人、债务人、担保人及相关自然人及其代理律师、承办法官、主管院长，充分了解债权债务和资产状况，确立“兼顾平衡各方债权人和相关利害关系人的利益，最大程度实现查封财产价值，避免财产处置变现价值与实际价值的悬殊和价值贬损”的债权债务清偿原则，在此基础上配套达成债务清偿的多边协议和双边协议，以及案外财产牵连关系和债务代偿、对冲协议等数十份法律文件并反复协调、整合、说服、照应和调平各方利益。在一种平行、交叉、包容、并列等多维关系同时存在的案件中，触一发动千军，同时可能翻盘。我又拟定第二套方案，如果和解不成，则对上列多个债权人集中向债务人启动的系列执行和诉讼案件，请求上级法院提级或集中指定或协调统一执行，以妥善平衡各方当事人和相关利害关系人的利益关系，兼顾对被执行人、其他利害关系人的合法权利的保护。请求法院及时组织各方当事人协商，给被执行人以缓冲时间，争取对已经控制的被执行企业资产，选择适当的处置时机和处置方式，最大程度地实现执行财产的价值，避免加重被执行人的负担，损害其合法利益。并在对于被执行人的企业资产进行处置时，综合平衡分割处置和整体处置企业资产的效果，最大限度地减少对企业整体生产经营的影响或者财产价值的贬损。 中心作为被执行人，无意消极或规避执行，更不会抗拒执行，只因经济形势影响造成临时无力履行债务的情况，但仍处于正常生产经营状态，是有发展前景的企业，希望法院慎用查封、扣押、冻结等执行措施和罚款、拘留等强制措施，有可能导致毁坏债务人和其他担保人的企业声誉形象，防止激化矛盾，多做执行和解工作，通盘考虑，解决债务，争取申请执行人同意延缓被执行人的履行期限，以维持企业基本运转，帮助困难企业渡过难关。在维护申请执行人合法权益的同时，适度关照和顾念被执行人的实际困难，在保障实现债权的执行诉求的同时，保障被执行企业正常经营发展和自然人的正常生活。我们请求法院站在党和政府的高度，从维护社会稳定大局出发，坚持“三个至上”，落实“三保”方针，坚持和谐执行与统筹兼顾执行，避免引发少数民族地区派遣员工“群走群访”、影响社会稳定的事件发生。事情重大而急迫，请法院予高度重视并及时纠正以防恶患！值得庆幸的是，我预案的紧急报告并没有提交高院，经过我们的努力，终于最小财产损失最大债权保护，统筹合理有效完整地平衡协调解决了各方利益，所有和解协议、合同全部签署并获得全面履行。此案代理工作十分艰辛，然而圆满结局是对我最大的犒赏。

**执业感悟**

几十年的律师生涯，我对律师职业的热爱和对法律正义公平的秉持从未减淡，我用一生捍卫着律师职业的崇高荣誉，践行了一个党员律师的执业誓约。“衣带渐宽终不悔，为伊消得人憔悴”，瑰红剑影，春华不在，我心依旧，钟爱无悔。我将继续秉持法律人的本色，不哀不弃，不畏权贵、追求正义，崇尚人权、维护秩序，热爱祖国、热爱和平，坚守在法律框架内渐进法治的理念。

如果生命可以重复，我不知道我还是不是会选择律师——这个良知之王的职业？但是，我知道，我仍然在潜命运中认真地履行着这个万物尺度的神圣职责！

律师专访

# 从钢铁工人到一代大律师

## ——白金湖

### 人物介绍

白金湖律师，金湖律师和解中心负责人，获全国首届律师资格，山东千舜律师事务所律师。

白金湖律师原系身着布衣的钢铁工人，1979 年 8 月以公民名义涉入北园人的刑事辩护，1979 年 12 月被济南市法律顾问处任命为兼职律师，师从该处特一级主任律师梅永湘，并以优异成绩考取了全国首届律师资格。从业后，不仅刻苦自学，认真办案，而且三十年如一日地陪同该处的同人们走过创业的艰难、昔日的辉煌和风风雨雨，见证了律师改制的全过程。济南市法律顾问处曾更名为济南市律师事务所、济南市泉城律师事务所，现更名为山东全诚律师事务所。

1986 年 9 月白金湖律师被中华人民共和国司法部破格批准参加全国首届律师资格考试，1988 年 3 月取得全国首届律师资格。

擅长的法律业务：由于领导（特一级主任律师梅永湘）的指教，广泛地受理各类案件。

执业后，曾担任济南钢铁总厂、柳埠镇政府、济南影院、白鹤集团、华润集团等多家企业的法律顾问，并承办过各类案件，全身心地致力于律师事业。

凭借多年执业经历和办理形形色色案件的技巧，为企业出谋划策、为百姓息事宁讼，尽可能地避免经济损失。在法律许可范围内适应市场经济的需要，一如既往地去争取利益的最大化或损失的最小化，愿为您提供倾力的法律帮助。

2011 年因特殊的需要白金湖又迎着法制建设的曙光转入山东千舜律师事务所服役，将本着老骥伏枥，志在法制，利民为国，壮心不已的精神为中国特色社会主义法制体系的建设继续鞠躬尽瘁。

### 吾道一以贯之

周末的清晨，我们应邀来到资深前辈白金湖律师的办公室，在摆满了各类法律书籍特大号的书柜前，我们见到了这位鬓角斑白但却神采奕奕的律师界前辈。在整个采访过程中，虽然白金湖律师表现得谦虚谨慎，但是依然能从他的言谈话语中感受到他对律师行业的独到见解，这也是基于他对法制建设精髓的深刻理解和把握。

### “老骥伏枥，志在法制，利民为国，壮心不已。”

白金湖律师是山东律师行业的前辈了，这位从事律师行业 30 余年，经历中国法制变革的律师前辈在谈到自己时这样说道：“老骥伏枥，志在法制，利民为国，壮心不已。”。对于为什么选择了律师这个职业，白主任说自己是济南二中 66 届高中毕业生，是“史无前例的文化大革命”的过来人，目睹了以江青为首的 “四人帮”操纵下的腥风血雨，大批革命老干部、革命群众被迫害、被冤枉，由于法律不健全使得人们有冤无处诉，有理无处申，真正的恶人却逍遥法外，为所欲为。当时产生这些不正常现象的根本原因是没有界定“是与非”、“善与恶”、“曲与直”、“真与假”的界限，说白了，就是缺少法制。

1979 年 7 月 1 日，伴着《中华人民共和国刑法》和《中华人民共和国刑事诉讼法》的颁布，党和政府给全国人民发出了建立、健全法制的动员令。当时白金湖在济南钢铁厂运输部机务段工作，是一名机车乘务员（火车司机）。一个偶然的机会于当年 8 月起担任过一起刑案被告人的（公民）辩护人。明白了只有建立、健全法制才能做到“不枉不纵”、“ 公开公平公正”的道理，产生了当一名“律师”的痴想。经过组织、恩师、同仁的教导提携，才使得他梦想成真。

### 白金湖律师语录

“‘有人说做律师很风光，也有人说律师就是靠一张嘴，把白的说成是黑，黑的说成是白的！这种现象是客观存在的，也是在过去的 30 年里经常从亲朋好友、客户中听到的。但对他们的看法我不敢置可否，因为他们不在此行，不全面地了解律师职业，只是看到、听到律师职业的一部分，甚至是片面的。由此我想起一则‘瞎子摸象’的寓言故事，不足为怪。律师职业是神圣的，要想做一名适格的律师是不容易的，应该集另外‘71 行’的道德、技能、社会常识为一体，遵章守法，敢于创新，善于实践等，方可不为律师行业抹黑。”

“因为律师也是人，不是神，是人就不会不讲名利二字。‘视名利为粪土’说实活我做不到，但也不求贪图。我有过风光，但有多少人知道我的辛酸痛苦。我是能说（律师的基本技能），但决不胡说，有依据的说，无依据的不说，起码不在公开场合说。为了钱什么都干？想干但我没有胆，因为我爸妈告诉过我：‘有毒的不吃，犯法的不干’。古人云：‘君子爱财，取之有道’”。

*笔者：律师一般是不是要经过三至五年的学习磨练过渡期才可成为合格的律师？*

白：评价律师不是三至五年，是一辈子，干到老必须学到老。我不知道您谈的过渡期具体指的什么，因此我不敢妄加评价，因为就同一案由的案例，事实、证据、引用的条款、当事人的初衷、目的都不一定一样，不可能千篇一律。就如同中医开方，不可能要病人一个方子吃到底。所以要做一名称职的律师要善于学习、善于适应新事物、善于接待新面孔、善于理解新客户。

1982年以前，济南市法律顾问处梅主任指派给我的案件主要是刑事案件。记得就是在那年梅主任给我说，要开始多接办民事、经济方面的案子，充实自己，适应社会的需要。正是由于领导的指教，我能广泛地受理各类案件。谈不上什么擅长，只是总结了一些经验教训。随着时间的转移，改革的深化，社会的需要，我就劳动纠纷、交通事故、医疗事故等也进行着深入的探讨”。

*笔者：您能谈谈您经办的一些案件吗？*

白：我经办的经典案件有很多，如程兆海的故意伤害案、解救王某某的被绑架案、交通肇事案、袭警案、济钢清欠案、民工索赔案等，今天就不一一叙说了，回头我把这些都写出来，编辑成书，分享给更多的人。

*笔者：请您谈谈您是如何做好企业的法律顾问工作的。*

白：“荣辱与共，休戚相关”，我曾担任济南钢铁总厂、柳埠镇政府、济南影院、白鹤集团、华润集团等多家企业的法律顾问，对如何做好企业的法律顾问的问题，很简单，就是当好法律方面的参谋和助手。与顾问单位心连心，荣辱与共，休戚相关。要想使得顾问单位称心，就要首先让他们放心。

**笔者：律师和解又称非诉讼和解，是指在律师主持下进行的和解活动。请您谈谈金湖律师和解中心设立的初衷和目标！**

白：金湖律师和解中心的设立之初是为了响应中华人民共和国司法部开展“中国特色社会主义法律工作者”主题教育实践活动的号召而设立的。目的是为充分发挥律师职能的作用，减少诉讼案件的数量，化解社会矛盾，节约诉讼资源，避免社会资源的浪费，以吹响社会细胞和睦的进军号，实现社会和谐。我们充分发挥律师的专业优势把和解优先贯穿于执业活动中，积极参与“大调解”工作体系建设，探索律师主动参与民商事纠纷和解的有效途径，完善律师参写非诉讼业务的制度和机制，我们也力将律师服务三项重点工作落到实处。

当时成立之初，我们也经过社会调查，与志同道合者共谋，才决定迈出诉讼向非诉讼转移的第一步，金湖律师和解中心面向社会、家庭、商家、企业服务。

*笔者：请您多多介绍一下和解中心的状况和成果，以方便更多当事人了解和解中心，得到有效的法律帮助。*

我们的服务宗旨是“释法明理、化解矛盾、息事宁讼、促进和谐”。

我们的工作原则是：“宣传法律、通事明理，依证分析、是非曲直”，“以劝为主、晓以利害，和事解忧、自愿言和”。

我们的工作方式是：1、采取诉前和解的非诉讼手段，引导当事人更多地通过和解消除纷争。2、积极、主动、义务担任人民调解和行政调解组织法律顾问。3、应调解委员会、新闻媒体邀请，参加接访、调解活动，及时化解社会矛盾。

我们的受理范围是：发生在家庭成员、邻里、同事、居民、村民之间的纠纷；发生在企业与企业、企业与员工、企业与业主之间的纠纷。凡已经进入诉讼程度、行政机关已经受理或者解决的纠纷一律不在受理范围之内。

我们的工作步骤是：接待咨询，立案受理，指派专人处理；展开调查，收集证据，研究和解方案；晓之以情，动之以理，竭力劝导；制作和解文书，完善和解成果。要求和解文书简明扼要、清晰、真实，和解条款必须详细明确。签字、按指纹必须自愿。

我们的部门设置是：和事门诊：1. 负责咨询接待，简历登记，记录纠纷扼要，收集相关材料和证据，问清客户要求，告知权利义务，收取委托费用。2. 报中心主任审批，指派主办律师（律师助理）。3. 将相关手续、文书、资料移送主办律师（律师助理）。

调查科：根据主办律师（律师助理）的调查单逐一到行政机关、部门、证人处调取书证、物证、言证及音像资料。

和解科：全面、详细地记录纠纷各方的纠纷原因，激化的程度，各方的具体行为，真实的意愿。

召集纠纷各方学习相关法律法规，释明法律规定的内涵，了解纠纷各方对法律条款的理解程度，制定和解方案。

采用面对面、背对背的劝解方式，力促各方和解。

形成各方和解意向后，制作和解文书，见证各方签属和解协议书。

总结经验教训，填制办案小结，订卷归档。

我们的和解纪律是：1. 讲礼貌。发言要按顺序，在和解律师的主持下一方说了另一方再说，谁也不能打断对方的说话。要心平气和地摆事实讲道理。如有发问要经过和解律师许可。2. 讲文明。发言时可以把想说的都说出来，但不能使用污蔑性、挑衅性、刺激性、攻击性的语言，更不能说脏话带骂字。3. 讲法律。有法律规定的按法律规定阐述观点，防止任意主张权利。4. 讲证据。陈述的事实要有证据证实，用证据说服人。5. 讲礼让。各方以清楚的事实，充足的证据，明确的法理为发表意见的前提，不要坚持己见，主动做出让步，达到息事宁人的目的。

*笔者：最后请您谈谈执业30年的经验分享，谈谈如何开拓案源，展开工作以及对年轻律师寄予一些建议和希望*

祝律师行业兴旺发达，更盼望后来者居上。但希望入行者必须三思，下定从业的决心，在未来的沧桑路上甘心受苦、受累，勇于创新，敢于拼搏。经验和人脉需要长期的积累，不是一朝一夕就能得到的，如同婴儿学走，要一步一步地来，千万不要操之过急。在他们自身努力的同时，老同仁们应对其提供呵护和帮助。案源处处皆是，你们的网络就是很好的案源集结宝地，请务必关心她，爱护她。

律师专访

# 长风破浪会有时，直挂云帆济沧海。

## 记“江苏省十大优秀青年律师”——徐文海

在沧桑巨变、人杰地灵的盐阜大地上，他绽蕊吐香、见证成就；他经过披肝沥胆的拼搏和艰苦卓绝的磨砺，创造了非凡的业绩、铸就了无尚的荣光，无数的感动时刻在我们心中流淌；他为了自己所钟爱的法律工作，殚精竭虑，无怨无悔；为了自己所执着的律师事业，他宵衣旰食，夙兴夜寐。连续多年，他获阜宁县人民政府嘉奖；2004年被盐城市人民政府表彰为法律援助先进工作者；2006年，他被授予盐城市“十佳律师”光荣称号；2006年6月，他又被省委宣传部、省依法治省领导小组办公室、省司法厅联合表彰为全省法制宣传工作先进个人。2007年1月份，被盐城市司法局评为法律服务工作先进工作者。他就是盐城市十佳律师，被群众誉为“好人律师”的江苏省十大优秀青年律师—江苏阜一律师事务所主任徐文海。

他率领的团队，创建于一九八六年，该所多次获得省、市司法行政机关、人民政府评为“先进集体”、“优秀律师事务所”。

荣誉，是他辛勤工作的写证；光环，是他综合素质的映照。这里撷取徐文海同志立足律师岗位，倾情奉献社会，全力维护法律尊严和当事人合法权益的部分事迹以飨广大读者。

### 一、实力是律师提供法律服务高质量的保证，精湛的业务知识是徐文海律师的金字招牌

多年来，徐文海律师及他率领的团体与国内同行有着广泛的密切合作，与省内公、检、法单位始终保持着良好关系。教师出身的他在拥有深厚的理论功底、逻辑能力的基础上，注重自身政治修养，不断提高自己的政治素质，对业务更是精益求精，注重业务研究和实践经验总结，不断提高自身的专业理论研究水平，多次自费参加司法部、江苏省高院等专门机构组织的律师业务知识研讨班，通过学习，拓展视野，提高办案水平。其中“周严东滥用职权无罪释放案”、“曹致俊死刑改判案”等一大批无罪、罪轻案件的辩护，使徐文海律师成为当地刑事辩护领域的领军人物；精湛的法律知识和娴熟的建筑、房地产专业知识的完美结合，使徐文海在省内办理建筑、房地产案件方面，树立了自己的品牌。他多次利用出差到北京的机会，向知名专家和律师请教，并与之交流，使自己的法律诉讼理论得到进一步的提高。

同时，他更注重平时的实践经验积累，把工作遇到的新问题和体会写成文字，有多篇论文在省级以上刊物上发表。他撰写的《关于经济欠发达地区律师事务所发展和管理的思想》和《浅论交通事故责任认定书的可诉性》两篇论文，在华东三省一市律师论文评比中获奖，所撰写的论文在同业中引起很大反响，多年的理论研究成果受到当地政府重视，徐文海律师被阜宁县政法委聘用为法律理论特约研究员。

### 二、让法援的阳光洒满每一个角落，“好人律师”是老百姓送给徐文海律师的爱称

徐文海是一名律师，但他没有忘记他是一个农家子弟，是农民的儿子，他知道自己的职责，更明确自己的目标，那就是要让每一个符合条件的贫弱者都能获得法律救济，让法律援助的阳光洒满每一个角落。

焊接油箱突发爆炸，一旁观看的李某某被严重烧伤并导致休克，烧伤面积达50%，住院治疗了9天，花去医药费96695.50元、交通费400元。这对于一个上有老下有小的农村家庭来说，简直就是塌天大祸，徐文海律师主动担纲，为其提供法律援助，在他不懈努力下，人民检察院以过失致人受伤罪起诉了肇事者，同时，徐文海律师又帮受害人提起了附带民事诉讼，请求经济赔偿，最终获人民法院支持，受害人获127298.80元赔偿款，案件得到了较为圆满的结果，此案荣获2007年度“盐城市十佳法律援助案件”之殊荣。

2008年2月6日，农历除夕，对江苏省阜宁县沟墩镇的曾某某一家来说，是个极其悲伤的日子，这一天，在浙江温州某轿车销售服务有限公司打工的曾家四人一同乘坐该公司的车，从浙江温州赶回家过春节。车行至苏州市苏嘉杭高速公路杭苏线48K+440mth处，与悬挂山东省滕州市国运长途运输公司一分公司的C97858号小客车发生相撞，致C97858前方因受阻停驶的张某驾驶的苏GC3972重型半挂牵引车拖带苏GD291车相撞，C97858号小客车起火燃烧，曾家叔侄四人当场死亡。

这场特大交通事故共夺去了九条生命，立即引起国务院和公安部的高度重视。

在这场车祸中丧生的几名民工，最大的刚50岁，最小的才24岁，年轻力壮顶梁柱，他们的遇难对其家庭来说是灭顶之灾，而对曾家来说，简直就是灭门之祸。

曾家的巨大不幸激起了徐文海律师的深深同情，职业的崇高使命感油然而生，他当即放下手头工作，转入本案的处理，无偿提供法律援助。

由于是多辆车连环相撞，伤亡人数众多，加之肇事车辆又是黑车、套牌车、无保险等问题，而且案件牵扯到浙江、江苏、山东三省四市，处理起来十分棘手。为了尽可能找到对遇难者有利的证据，徐文海律师十赴苏州、八赴山东、九去浙江，行程超过三万里，跨越四个方言区。在异地办案中，徐文海律师克服方言交流不便，人地生疏难查证、经费不足等困难，个人垫付了近2万元各项费用，以极大地热情和耐心，默默无偿地进行援助工作。

汗洒三万里路，情注二百八十天。整个诉前准备工作细致周密，为法庭的调查、质证和审理的顺利进行奠定了基础。徐文海律师在庭审中的代理意见得到法庭的高度认可，2008年8月13日，苏州市沧浪区人民法院对该案作出一审判决，平均每个遇难者家属获得死亡赔偿金、抚养抚育费、精神赔偿费50多万元。拿着手中的判决书，当事人无不泪流满面。

因该案影响较大，受到众多媒体的关注，地方电视台、报纸都进行了广泛的报道，社会效果较好，体现了法律援助服务民生、促进公平正义的精神和宗旨，法律援助律师在代理这起农民工维权案件中，通过艰辛的工作和坚持不懈的努力，终于使这件特大的交通事故赔偿纠纷案件通过法律途径解决，维护了受援人的合法权益，为此该案件被评为“江苏省2008年度十佳法律援助案件”。

徐文海律师利用自身崇高的敬业精神和高超的业务水平，充分维护弱者合法权益，坚持为普通老百姓办事，从业十多年来，办理各类法律援助案件几百起，不但在促进社会和谐稳定方面起到了积极作用，同时在老百姓中留下了好口碑，被老百姓亲切的称赞为“好人律师”。

### 三、强烈的社会责任感、社会大局观，使徐文海律师成为政府的“好参谋”、“好助手”

丰富的教师经历给徐文海注入了更多的责任意识，选择了律师实际上就是选择了三位一体的发展路径——律师、教师、学者的角色扮演，造就了一个极具社会责任感的社会型律师。业精、责重、盛名的徐文海律师突破业务界面，自觉关注社会发展，担负起维护地方稳定的排头兵。

阜宁县蒲南乡因乡政府迁址问题，部分不明就理的群众围攻政府，公安干警维护秩序，数百人暴力袭警，造成恶性的“四九”事件。由于部分群众受蒙蔽，集体上访，形势严峻，影响也极其恶劣。接到任务后，徐文海律师单人骑车50多公里到蒲南的长北、童营等几个村，宣讲刑事法律，让群众在活生生的案例中，了解到刑法的相关规定，知道其行为的违法性、犯罪性，让大多数群众迷途知返，有效地防止了新的犯罪的发生，为阜宁县人民政府平息“四九”事件贡献了自己的力量。

阜宁县世福园小区是1998年招商引资项目，由京世福经济发展公司阜宁分公司投资开发。因资金紧张，拆迁不到位，导致一个影响极大的历史遗留难题，历任三任县委书记、四任县长、五任分管县长，都没有可行的解决方案，是一个令政府、群众都头疼的问题，徐文海律师接收后，通过精湛的法律知识，认真向群众宣讲法律，分析矛盾，组织协调，一举解决了这一重大疑难问题，让上千户群众拿到了房产证。

江苏省盐阜建设集团是一家在省内较有影响的建筑企业，前几年，该企业响应县委、县政府的号召，加入了改造市政工程建筑，建立了一幢幢漂亮的商品房和一个个花园式的居民小区，为全县的安居工程作出了贡献。但是，由于该企业承建的小区大都是居民回迁户，每一户居民或多或少都欠有公司的房款，单从一家一户看不算多，但总计起来，却是一个庞大的数字，而且追要起来十分困难。作为该公司法律顾问，徐文海主动请缨，为公司追要这一债务，通过逐一登门和向回迁户讲情理、讲法律，使每一回迁户都交清了房款，为该公司追要回近2000万元房款，为公司解决了资金的燃眉之急。

多年来，徐文海律师紧紧围绕党和政府的中心工作，不断探索适应新形势发展的法律实践，发挥律师的职能作用，为维护社会稳定、服务经济发展，构建“和谐江苏”、“法治江苏”谱写着一曲曲奉献智慧、奉献青春的新歌。

# 从私营老板到维权名律师

## ——姜彩熠

姜彩熠，全国十大知名律师、第六届中国十大新闻人物、辽宁敬恒律师事务所主任。中国政法大学教授、《行政诉讼法》起草人张树义教授说："姜彩熠对行政诉讼法的贡献具有里程碑意义。"

2010年5月，加拿大国家电视台在得到中国外事部门批准后，到沈阳拍摄了姜彩熠的一个专题片，片名是《军官、老板、律师》。一个当代军人，脱下军装经商当老板，把企业搞得有声有色，穿上律师袍，能成为名扬四海的大律师。节目播出后，在加拿大全境特别是华人中引起强烈反响，展示了当代中国律师的风貌。

形象地说，姜彩熠的门前像个闹市。全国各地找他办案的人太多了。有普通百姓，也有省、市机关的高官，都要求姜彩熠帮他们讨回公道。他的影响是全国性的。哈尔滨、佳木斯、长春、山东、天津、北京、河北、海口、深圳、江西、安徽、江苏、上海、四川、陕西等地，都曾留下了姜彩熠办案的足迹，因而，那些地方的人，就常常要慕名而来。

那天，我是从一个长队中，斜穿进去，直接走进他的办公室。一片淳朴真诚的笑容迎接了我。这就是姜彩熠了。

姜大律师，高高的个子，体魄健壮。虽然有温和的表情，但他努力内敛的坚毅品质会时不时地展现一下。特别是讲起话来，顿显雄阔的境界。一望而知，这是一个以天下为己任的人，再深的岁月也打磨不掉其理想与正义的男人。

### 为改善执法环境而学法

2000年年初，从沈阳军区机关转业后，姜彩熠在沈阳开办了几家小超市。动机很单纯，自谋职业，不给国家增加负担，过平静的日子。

然而，似乎注定不让他平静。

在那些年里，工商、税务、卫生、烟草专卖局等部门的个别人，往往视民营企业为"童养媳"，稍不顺眼，或自己心情不好，闯进门来，张口就是罚款，动手就是扣东西。

超市刚刚开业。

有一天，闯进超市几个穿制服的人。其中一个在冰箱的后背摸了一把，说句有灰尘，然后，立即下达处罚决定——"卫生不合格，罚款3000元。"卫生许可证明明就挂在墙上，检查人员看都不看，硬说是没有卫生许可证，接着又下了第二道罚款令。拿起罚金，趾高气扬地走了。

又过了几天，闯进来几个烟草专卖局的人。进了门，不由分说，拎起两条高档香烟，扔下一个白条子就走。姜彩熠上前要问个明白，话未出口，被劈头盖脸训了一顿。执法人员满嘴都是"罚"字并且还扔出一个所谓"罚态度"的条文。其实，他们本身的态度非常恶劣，有的人口出狂言，有的人出口不逊。

早在部队时，姜彩熠就对我国各项法律有过专门研究，写过不少学术文章发表在法律刊物上，还有专著出版作为解放军西安政治学院的教材。知识告诉他，这些人是在违法执法，也就是说，他们出示的所谓法规是不合法的。

面对满面愁容的超市员工，姜彩熠说："你们不要愁，我一定要告败他们。我这不是为超市，也不是为我个人。我这是为国家。他们这样做，是在毁我们国家的改革开放，毁我们国家的经济建设。随意执法，会干扰正常的经济秩序，损害我们国家正在致力于建设依法治国的形象。"26年的军旅生涯锻就的血性，决定了他要与这种执法犯法的行为对决。

姜彩熠决定先拿到律师资格证，然后，状告他们。

罚款仍在继续。到2001年底，姜彩熠的超市被罚了500多次。他咬着牙挺着。

2002年3月，经过两年的努力，姜彩熠考取了律师资格证后。拿着这个小本本，就立即走进法院，将曾侵犯其合法权益的11家行政执行单位推上被告席。人民群众坚决支持他。这一年年底，他被选为和平区人大代表。

2003年1月4日，中央电视台《新闻调查》报道了这桩庞大的民告官案。时任辽宁省委书记的闻世震做出重要批示："姜彩熠学法、知法是被我们的执法部门逼出来的。姜彩熠同志运用法律知识保护自己，维护合法经营，是市场经济条件下每个经营者都应该做到的。姜彩熠能够为改善沈阳市投资环境，改善执法环境而学法，同违法乱纪现象抗争，尽绵薄之力，十分难能可贵。"

几家行政执法部门败诉。姜彩熠大获全胜。

第一讼赢得了满堂彩，名声大振，找他打官司的人纷至沓来。

姜彩熠眼前一亮，索性关了超市，进入一家律师事务所，做起了专业律师。一年后，即2004年初，他开办了自己的敬恒律师事务所。开宗明义，他在新闻发布会上说："一般案子我不接，专打行政诉讼，专办冤假错案和疑难、复杂和有影响的案子。"他所以做出这种选择，是因为他认为行政诉讼更能推动法制建设。

**维护百姓的合法权益**

司法公正是社会发展的基石，是社会公平正义的最后一道防线。怎样才能实现司法公正的目标？姜彩熠说："司法公正是一个实实在在的目标，就像一座大厦需要一砖一瓦建成。律师承办的每一起案件，就是司法公正大厦一块砖、一片瓦。司法公正要从个案做起，如果每件案子都能够公正判决，就实现了司法公正的目标。"

面对冤假错案，姜彩熠忧心忡忡。他痛心地看到，国家的形象，政府的形象，正在因为司法的不公正而一天一天地受到损害。

他发誓，要与冤假错案一决雌雄。

起初，有的法官、检察官对姜彩熠的做法不理解。似乎是善意地劝告他："当律师，只有与检察官、法官配合才能挣到钱，不能跟办案人员对着干。"姜彩熠说："执法机关如果判错案子将给当事人、严明的法律和社会公正带来无法挽回的恶果。长期这样下去，可怎么得了？有错必须纠正，这也是作为律师我所坚守的信念。钱，我是要挣，但我首先要公道，要社会责任。"

在办理民事案件中，姜彩熠以善办重大、疑难、复杂案件著称。他每年都要纠正一审法院错判案件。

姜彩熠是从百姓中来的，他心中百姓的利益最重。他这样表述为老百姓办案的思想——"在百姓被侵权的案子中，他们往往是弱者。我替他们当代理人，一是维护其合法权益，二是彰显法律面前，人人平等的社会正义，同时也维护了社会的稳定。"

有的当事人因为经济困难，对律师费很为难。但只要姜彩熠认为有冤情，不但不收费，就是贴钱也要为其当代理。

宽甸县的李文录等几位农民，因为一起冤案找到姜彩熠。看到朴实贫穷的农民兄弟被冤枉，姜彩熠不仅免费帮他们打赢了官司，还负担了几个人的吃住。几个农民悲喜交加，几次跪下感谢姜彩熠。

阜新蒙古族自治县农民蔡某某一审以故意杀人罪被判处死刑，其父母慕名找到姜彩熠，要求为其儿子申冤。姜彩熠经过艰苦细致地调查取证，最终证实虽然发生了被害人死亡的严重后果，但却是防卫过当造成的，排除了故意杀人。辽宁省高院撤销了一审死刑判决，给被告人蔡某某一个公道，还给他一条生命。

这个官司是白打的，但姜彩熠高兴极了。他说："这不是白打，这是大赚。我救了一个人的命。有什么比人命更值钱？"

沈阳某集团为追讨3200万拆迁补偿款，与某公司对簿公堂，一审法院没有支持他们的诉讼请求。致使数百名工人下岗，失去了生活来源。姜彩熠听说后，心情难过。他想，那些工人还会有出路吗？这个错案，害了多么多的家庭，他们的老人、孩子要怎样生活？姜彩熠毅然走上法庭，为那些吃饭都成了问题的工人讨要公道。二审成功胜诉，追回了3000多万拆迁补偿款，使249名下岗职工得以安置。某集团和其主管部门大东区政府专门给姜彩熠送一面锦旗表示感谢。姜彩熠乐呀，心说，我这律师当得还行，救了那么多家庭。这比我赚多少钱都好呀。

司法公正是经济社会发展的基石，是社会公平正义的最后一道防线。怎样才能实现司法公正的目标？姜彩熠认为，司法公正是一个实实在在的目标，就像一座大厦需要一砖一瓦建成。律师承办的每一起案件，就是司法公正大厦的一块砖、一片瓦。司法公正要从个案做起，如果每件案子都能够公正判决，就实现了司法公正的目标。正是这种理念，使姜彩熠的律师生涯走出了一条与众不同的路子。国家司法部主办的《律师生活》杂志，称其为"另类"律师。

别人当律师是一种职业，为了生存。姜彩熠当律师是专跟"冤假错案"叫板，他对一般案件不感兴趣，对错案格外偏"爱"，见到错案就兴奋不已。姜彩熠感到与"错案"斗，其乐无穷。

在辽宁乃至全国，很多人都知道，姜彩熠不接有罪的案子，专办"无罪"和改变"定性"案件。全国各地很多"蒙冤"的人，都愿意找姜彩熠。记者在姜彩熠办公桌上看到很多全国各地的来信，有广东、云南、山西的，也有黑龙江、北京、合肥等地的，这些来信都是要求姜彩熠"翻案"，足见姜彩熠在办理冤案方面的知名度。

记者随手翻阅了姜彩熠办过的案卷，几乎都是精彩的成功案例。葫芦岛市刘某挂靠在某开发区国营单位从事房地产开发，被以贪污罪判刑四年，服刑两年后再审改判无罪走出了监狱大门。浙江民企老板王某某，以涉嫌故意杀人罪被拘捕。姜彩熠认为虽造成一人死亡之后果，但是正当防卫，不是刑事责任。王老板最终无罪释放。鞍山某公司经理赵刚先后两次以诈骗罪被刑拘，经姜彩熠据理力争，最后走出了看守所大门。沈阳个体业主李某某因涉嫌诈骗罪被拘捕，在姜彩熠的成功辩护下，被羁押13个月后重新获得了自由。辽宁朝阳某地党委书记刘某，因在职期间收受11万礼金被起诉。开庭前，姜彩熠调取了大量证据，庭审过程中，姜彩熠作了精彩的辩护，终于使刘某重新获得了自由。沈阳民营企业家陈某因欠银行贷款未还，被公安机关以贷款诈骗罪拘捕。经姜彩熠努力，最终无罪获释。

在北京工作的加拿大籍华人、法学博士辜某某，因涉嫌虚报注册资本罪、虚假出资罪、挪用公司资金罪、抽逃出资罪和偷越国边境罪5项罪名被拘捕和起诉。辜某某的父亲通过加拿大大使馆和辽宁省外办推荐后找到了姜彩熠。为了查清事实，姜彩熠做了大量的调查取证工作，先后多次到北京、深圳、香港取证。沈阳中院开庭后，采纳了姜彩熠的辩护意见。先后两次被抓，在看守所待了14个月之久的辜某某终于回到北京与亲人团聚……

在办理民事案件中，姜彩熠以善办重大、疑难、复杂案件著称。记者粗略统计一下，姜彩熠每年纠正一审法院错判案件几十起。沈阳北鼎建筑公司与某开发商工程合同纠纷案，一审打了八年，最终北鼎败诉。姜彩熠代理上诉后，二审法院撤销了一审判决，全部支持了北鼎公司的上诉请求。沈阳包工头董某某为追讨农民工1200万血汗钱起诉到沈阳中院，一审被驳回诉讼请求，一分钱也没有支持，还搭了10多万立案费。二审姜彩熠代理，为农民工打赢了官司，讨回了公道。

沈阳医药集团大东分公司为追讨3200万拆迁补偿款，与中国华源集团分公司辽宁公司对簿公堂。一审法院没有支持大东公司诉讼请求。姜彩熠代理二审成功胜诉。追回了3000多万拆迁补偿款，使249名下岗职工得以安置。大东公司和其主管部门大东区政府专门给姜彩熠送了一面锦旗表示感谢。

沈阳北泰集团公司与北京理工中兴股份有限公司因企业出售发生纠纷，一审判北泰公司败诉，并判决给付北京理工公司赔偿款5800多万元。姜彩熠接手二审后，此案发回一审法院重审。姜彩熠代表北泰公司反诉北京理工公司胜诉。一审法院支持了北泰公司的反诉请求，判令北京理工公司支付北泰公司5500多万元。此案从葫芦岛市中級法院一直打到最高人民法院，姜彩熠代表北泰公司均胜诉。此案一胜一败，差额达1.2亿元人民币。姜彩熠的努力为北泰公司挽回了损失，该案已于2010年7月执行完毕。

近几年来，姜彩熠不代理一般的普通民事案件，几乎成了专职代理一审错判的案件，包括一些二审已经生效执行完毕的案件，姜彩熠也成功地“翻案”。沈阳某银行职员王某某因委托炒股纠纷，被判决赔偿对方120多万元，且已经执行完毕8年之久。姜彩熠申请辽宁省高院提起再审，该案经请求最高院最终“大翻盘”。改判后，法院重新执行回转，被执行走的120多万元又重新回到王某某手中。

姜彩熠还专门收集了辽宁省基层法院几十个典型的错判案例，整理成材料后上书给辽宁省高级法院院长。院长批示后，在辽宁省高院内部刊物上全文发表，为基层法院公正司法起到了警示和推动作用。姜彩熠将基层法院30多件错案成功曝光，在辽宁以至全国司法界和新闻界都引起了不小轰动。

你长期与司法机关“对着干”，有没有风险？面对记者的提问，姜彩熠说，在本地没有，在外地有。在本地有些法官、检察官对姜彩熠的做法开始也不理解。友好地劝解姜彩熠：当律师只有与检察官、法官配合才能挣到钱，不能跟办案人员“对着干”。但姜彩熠办案对事不对人，时间长了很多办案人员对姜彩熠由不理解到理解，最后到敬佩。姜彩熠告诉记者，虽然纠正了大量错案，但并没有与办案人员结仇，相反很多都成为了朋友。

姜彩熠也向记者讲述了在山东济南办案被公安机关“追捕”的历险过程。2009年初，济南东方医院集团董事长刘某某因职务侵占被公安机关拘留。姜彩熠委托会计师对公司账面审查后发现，董事长刘某某侵占犯罪拘留。经了解，姜彩熠认为本案是被除名的原公司总经理马某诬告陷害所致。姜彩熠委托会计师对公司账面审查后发现，董事长刘某某侵占犯罪事实不成立，而被除名的总经理马某涉嫌多起职务侵占犯罪，且数额巨大。于是，姜彩熠代表集团公司向济南市经侦去除递交了举报材料。开始经侦支队不予受理，姜彩熠进入市政府大院，将举报材料送到主管市长案头。市长批示后，经侦办案人员经过两天调查，认为举报不属实，马某不构成犯罪，结果将与姜彩熠同去的东方集团办公室主任邓某某羁押一天多，姜彩熠成功“脱逃”。几天后，姜彩熠安排其他律师到济南商业银行调查取证，被举报人马某误认为姜彩熠到了济南，马上向经侦人员报告。负责办理此案的杨姓警官一面要求内勤赶快准备羁押姜彩熠的手续，一面指示被举报人马某也带领经侦办案警官赶到了商业银行。由于姜彩熠未到济南，意外躲过了一劫。

姜彩熠造追捕事件发生后，他认为市经侦不能公正办案，只好再向区公安分局经侦大队举报。经侦大队立案后，将此案成功告破。被举报人马某伙同财务主管徐某某职务侵占犯罪事实成立，并被检察院批准逮捕。

“济南”案件，东方集团董事长刘某某无罪获释，始作俑者总经理马某锒铛入狱，同年6月，济南中院作出终审判决，马某以职务侵占罪和挪用公司资金罪被判处12年有期徒刑。但作为中国十大金牌律师姜彩熠在济南造追捕一事，在当地和司法界被人们津津乐道。

记者问姜彩熠：是不是错案找到你都能得到纠正？姜彩熠不假思索地说不能。姜彩熠说有些错案虽然明睁眼漏，但纠正起来很难。姜彩熠告诉记者，营口市民营企业老板张某某偷税犯罪一案，就是一起明显的错案。其错误的性质不亚于佘祥林和孙作海杀人案。张某某先是以偷税1000多万等罪被判有期徒刑12年。重审后，又以偷税190万等罪被判有期徒刑9年。姜彩熠于2004年接手张某某偷税案后，通过省人大、省政协常委许锡武等人在省“两会”期间提议案，并经当时辽宁省人大主任、辽宁省委书记张方岳批示，辽宁省地税局两次组成专案组，对张某某偷税一案重新审计核实。经请示国家税务总局后，省地税局两次出具书面报告，否定了区地税局认定张某某偷税的结论，认为张某某所在企业只有漏税23万元，不构成偷税。至此，姜彩熠认为，张某某不构成偷税犯罪铁证如山。但历经6年申诉，经过区、市、省和最高级法院9次审判，至今未得到纠正。张某某已服刑期满出狱，早已失去了申诉的信心。但姜彩熠是愈挫愈勇，仍对此案充满必胜信心。记者采访时，姜彩熠正在整理张某某的申诉材料，准备第二次向最高人民法院申诉。姜彩熠告诉记者，全国人大对此案也很重视，曾派工作组三次到辽宁督办，此案不能纠正有复杂的背景原因。现在，纠正此案的天时、地利、人和条件都具备，只要百折不挠地申诉下去，此冤案一定会平反昭雪。

### 他创造了律师界的奇迹

原辽宁省委书记闻世震，看了媒体对姜彩熠的事迹报道后大为赞赏，称他为被违法行政“逼”出来的律师。姜彩熠当过兵、经过商，还做过著名杂志的记者。至于做律师却是半路出家，正是这种丰富的人生经历，使姜彩熠成功地登上了律师宝塔的顶峰。

加拿大国家电视台对姜彩熠的成名很感兴趣，他们申请中国外事部门批准后，到沈阳拍摄了姜彩熠的一个专题片，标题就是《军官、老板、律师》。一个现代军人，脱下军装能经商当老板，把企业搞得有声有色，穿上律师袍，能成为名扬四海的大律师。节目播出后，在加拿大全境特别是华人中引起强烈反响，展示了现代中国军官的素质和崭新风貌。

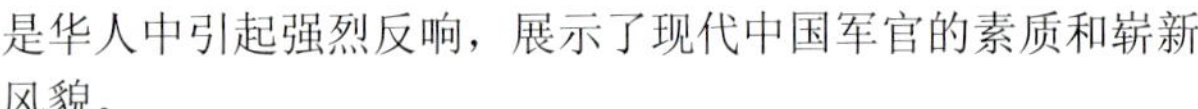

姜彩熠很有名。从军，他是当年沈阳军区高考状元，他先后出版5部政工理论专著，发表过五六十篇政工研究论文。姜彩熠的专著还被解放军西安政治学院作为教材使用。姜彩熠的很多论文在全军多次获奖。经商，他走南闯北，在广东和沈阳开过公司。在经营连锁超市期间，他把沈阳十几家政府机关推上被告席，开创了个体业主民告官的先河。做记者，他撰写的《振兴东北法制先行》等系列法制方面的文章，曾引起国内专家学者的热议，多家报刊予以转载，省市领导多次作出指示。他给中共中央政治局委员、原辽宁省省长、现重庆市委书记薄熙来作的专访的南方窗发表后，在全国引起巨大反响。做律师，短短几年，他被评为中国十大金牌律师，中国十大名律师，中国第六届十大新闻人物。他办过的经典案例，多次上过中央电视台和全国二百多家地级电视台。上海东方卫视将姜彩熠经办的“杀人犯无罪释放”等案例制作了十几部专题片，在黄金时间播出。国内外几百家媒体都对姜彩熠经办的案例进行过报道。香港凤凰卫视制作了一期45分钟的访谈录，报道了姜彩熠的事迹。

姜彩熠很忙。全国各地慕名找姜彩熠咨询和办案的人络绎不绝。他办公室门外经常有人排除等候。找他办案的人有苦大仇深的百姓，也有省市机关的高官，有受欺负的小人物，也有黑社会老大的亲属，都要求姜彩熠帮他们讨回公道。这几年，姜彩熠的足迹遍布全国各地。北到哈尔滨、佳木斯，南到海口、深圳，中到江西、安徽、河北、江苏、上海、四川、陕西、北京、天津、长春、山东等地，都留下了姜彩熠办案的足迹。找他最多的是民营企业老板。姜彩熠办得最多的案件大多都是为民企老板维权，很多老板将能请到姜彩熠办案视为荣幸。

姜彩熠不怕得罪人。姜彩熠办案有着强烈的正义感，不服输，不信邪。别人不敢接的案子他敢接，别人不敢办的案子他敢办。姜彩熠成长于“文革”时期，“斗争哲学”对其影响颇大。记者与姜彩熠交谈，有一种与错案斗其乐无穷的感觉。他在法庭上，公开斥责过主审法官，也斥责过审判长、庭长。姜彩熠的投诉，使个别庭长丢官，多名法官“下课”调离审判岗位。

姜彩熠爱书。姜彩熠告诉记者：原来爱好很多，做律师后，只剩一个爱好，就是看书。姜彩熠的办公室堆满了各类法律书籍，凡是书店里有的法律书，在姜彩熠书架上都能找到。姜彩熠给自己定的职业目标就是要成为专家学者型律师。高尔基讲过“书籍是人类进步的阶梯”。姜彩熠律师短短几年，其成绩显著，根源离不开学习、学习、再学习。

摘自《法律与生活》2009年17期

**律师专访**

# 人民的好律师 百姓的贴心人

## ——张殿英

**张殿英同志于1993年4月从事律师工作，现任黑龙江风华律师事务所主任、大庆市人大代表、大庆市人大内务司法委员会委员、大同区政协委员、大同区专家决策委员会委员、黑龙江省及大庆市律师协会理事、省律师协会惩戒和奖励委员会副主任、市律师协会业务指导委员会委员、大庆市律师协会房地产法律委员会主任。在他人生和工作的阅历中，他始终把“无愧于己、无愧于人、无愧于社会”做为自己人生的座右铭。坚守执业准则，凭着勤奋苦学的毅力，凭着全心全意为人民服务的热情，凭着踏实、高效的工作作风，得到了各级领导的肯定和社会各界的认可。在工作中，他大胆探索，为大庆市县区级律师事务所的发展闯出了一条新路，把风华律师事务所办成了全省唯一一家县区级五星级信用律师事所。张律师本人也先后获得全国律师行业创先争优先进个人、大庆市首届十大法制人物、大庆十佳律师、全省优秀律师、优市人大代表、首届大庆市文明市民等殊荣。**

### 胸中有朝阳，为法律的尊严而生

张殿英调入风华律师事务所执业之初，他便许下诺言：

张殿英调入风华律师事务所执业之初，他便许下诺言：“一定要在法律服务业为全区人民提供准确、优质、便捷的服务，使当事人的合法权益受到保护”。为了提高自身业务素质，为百姓提供优质高效的法律服务，他嗜书如命，专心苦读法律书籍。出差带回的都是法律书籍，办公室摆的是法律书籍，床头放的是法律书籍。三年的时间里他因劳累过度先后住9次医院。就连有病住院时，他都要求护士打吊针将针扎在小臂上，空出两只手来看书学习。为了多读书，读好书，他每天都自学到深夜一点以后。功夫不负有心人，通过三年苦读，张殿英在1996年以优秀的成绩取得了法律大专毕业证。并且在1997年全国律师资格考试中，又以超出录取分数线35分的优异成绩考取了律师资格证书，名列大庆考区680名考生中的第二名。但这时的张殿英1.80米的个头由原来的体重176斤，下降到128斤。又经过一番苦读，2006年他又以优异的成绩取得吉大法律本科毕业证。张律师因此被评为省、市、区自学成才先进个人。大庆市电视台多次播放了他自学成才奉献社会的先进事迹，《大庆日报》和《大庆晚报》也曾连续报道他的先进事迹。

张殿英从当律师的那天起，他的愿望就是做人民和政府的好律师。在执业中，他严于律己，恪守执业纪律和职业道德，珍惜律师荣誉，维护律师的社会形象。他从不办关系案、人情案，平等地对待委托人和当事人，公平地运用法律知识。他刚正不阿、忠于职守，不唯权、不唯上，不为亲情友情所干扰。坚持以事实为根据，以法律为准绳，认真履行律师的职责，深得社会各界的认可，

有一次，他接受任某的委托担任其儿子盗窃一案的辩护人时，在审查任某所举的证据中发现有一份伪证，他便指出伪证不能作为证据使用。但任某仍坚持将该证据向法庭提交，并表示说：“如果你同意必有重谢”，随后便拿出事先准备好的一万元现金。张律师当场拒绝了，并到大同法院办理了拒绝为其担当辩护人的手续，首开了大同区法院建院以来律师拒绝辩护的先例。

为了维护法律的尊严，他更是忍辱负重，备受误解。在王晓东故意杀人一案审理中，张殿英担任被告人王晓东的辩护律师。在第一次开庭审理后，被害人的母亲走到张律师面前，气势汹汹地质问他说：“你是个什么律师，为杀人犯说情，不替好人说话”。随后就给他一记耳光。当时张律师非常难过，因为律师的职业道德和大众的道德准则有差异，律师必须维护当事人的合法权益。而被害人的母亲认为是替坏人说话，是她的不理解才造成了这个局面。按照规定，被害人的母亲的侵权行为应该受到法律制裁。但是眼见其两鬓苍白、年近七旬，唯一的儿子又已经死去。她面临的是白发人送黑发人这人生最让人难过的情形，他原谅了老人的举动。第二次庭审结束后，他又被被害人的两个姐姐一顿殴打，经鉴定为轻伤，光医疗费就花了壹万多元。被害人的两个姐姐因触犯了法律，被公安机关刑事拘留。受害人的母亲感到了事态的严重性。就来到张殿英家门前，带着三万元现金，跪着恳求原谅她们，哭着对张殿英说：“我这两个女儿再判刑，日子就没法过了。”张殿英当时就心软了，婉拒了她的礼金，原谅了他们，并到公安机关请求不要追究其两个女儿的法律责任。张殿英就是这样用一名执业律师的博大胸怀维护着法律的尊严和当事人的合法权益。他的“故意伤害罪非故意杀人罪”的辩护观点被大庆市中级法院采纳，王晓东得到了有期徒刑15年的从轻判决，同时也在用行动向世人解读着法律工作者的正义和仁爱情怀。

### 生为大庆人，做法治社会的铁人

在城市拆迁和棚户区改造过程中，张殿英律师为政府提供法律服务，依法为政府排忧解难。在大同商品一条街改造过程中，他坚持每天在拆迁办公地点坐班。为了使动迁工作按照法律规定有条不紊的进行，大同区政府制定了动迁补偿方案。在制定这些方案、草拟、拆迁补偿协议等有关法律事务时，他作为区政府常年法律顾问进行了认真的审查，严把法律关。为了早日完成动迁工作，不延误区政府的城市改

造工作，他不分昼夜地奔走于动迁户和开发商之间进行法律法规解答。期间自己深爱的老母亲患脑血栓晚期住院，自己因工作疲劳过度老胃病又犯了，这些情况都没有耽误他去工作。他晚上吃上止痛药，第二天他的身影又出现在动迁办。他把全部精力都用在工作上，真可谓披肝沥胆，工作达到了忘我的境地，变成了真正的“工作狂”。老父亲见唯一的儿子拼命工作，心疼的老泪纵横。并责备他：“就算大庆产铁人，你也不能不爱惜身体啊！请个假休息一下吧”！可是为了工作，一向孝顺的他只能违背老父亲的意愿。经过不懈努力开发商很快与动迁户签订了《拆迁补偿协议》。120户被动迁协议仅用两天半就签定完毕，无一上访、告状，无一户强迁，在我市尚属首例。开发商和动迁户都非常满意，开发商高兴地说：“大同的投资环境好来了不后悔”。可他只是微笑着，不顾疲惫，又投入了新的工作中，由于他工作业绩突出被区委区政府评为“为经济建设服务先进个人”。

2008年大同区政府招商引资建设3个亿的阳光休闲购物广场，该项目的引进不但提升了大同区的城市功能也促进了区域经济的发展。自立项直至到该项动迁动工近3个月，张殿英每天工作在拆迁办，入户调查、走访被动迁户，解答有关法律问题。使该区域动迁工作非常顺利无上访、无诉讼、无强拆，该区块被拆迁户均在法定时间签订了《拆迁补偿协议》，因此，张殿英受到区政府的嘉奖。

2008年初市政府决定对大同区同阳路北棚户区进行改建，由于被动迁户达2100余户，工作量较大，市政府又责令大同区在三年内完成此项改造工作任务，而在这时对于张殿英的家庭来说，真可谓雪上加霜，刚刚“送走”身患脑血栓卧床三年的老母亲，这时张殿英的父亲又被诊断出肺癌晚期。对于张殿英来说就像天塌下来似的，他没有倒下，他深知自己肩负棚户区动迁改造把好法律关的重任，张殿英自己找一个没人的地方大哭了一场，并且向三个姐姐和一个妹妹隐瞒了父亲的病情，只将父亲的病告诉了自己的妻子。妻子理解丈夫的心思，默默承担起了照顾公公的责任，好让张律师安心动迁工作。张律师将办公室设在棚户区改造指挥部，不分昼夜的工作在现场。白天接待群众来访、解答相关疑难问题，晚上深入到被动迁户家中做耐心的宣传、解释及签订拆迁补偿协议，不到十一天的时间就使同庆街地段75户动迁户主动与拆迁办签了《拆迁补偿协议》，并且在这期间他没有受理一件有偿服务案件，受到区委书记、区长及棚户区改造领导的一致好评。面对日益病重的老父亲，一向孝顺出名的他感到深深的愧疚，只能在本来就很少的个人休息时间中挤出一点儿来服侍老人，安慰老人。但是，尽管张殿英家里保密工作做得较细，他老父亲得病一事还是被细心的棚户区改造总指挥、区政府常务副区长刘金江和副总指挥、区政协副主席王文华知道了，两位领导分别向张殿英强制下达了从2010年8月份开始，取消张殿英坐班动迁办的工作日程，有法律疑难问题可随时通知。张取英知道领导的苦心，但是他一天不去动迁办，心里都不踏实，张殿英想毕竟大同区就我一名法律顾问，我不能辜负领导的信任和百姓的重托，即使不到动迁办，他也经常通过电话和其他途径向动迁办传达最新的程序和实体法律问题。此时对张殿英来说，真可谓忠孝不能两全啊！

为了让法律服务深入人心，他积极配合区政府，利用每周一和周五半天时间参加区委书记、区长和区人大主任、政法委书记的信访接待日，雷打不动。不但及时解答、化解和分流涉法案件的上访问题，而且有效地避免了越级访、群体访和涉法上访案件的发生。与此同时，他也在用实际行动确保一方稳定。张殿英的父亲是参加过抗美援朝的老兵，因为证件和档案丢失，至今没有享受到相关待遇，他的老父亲在和当年的战友聊天时得知民政对抗美援朝的老兵有经济补贴，老人要上访。张殿英为了让社会少一个上访户，也怕老人上访对自己在接待信访和化解矛盾时产生负面影响。自2001年就自己掏腰包每年政府给他人补多少，他就给老父亲开多少钱。一直到老父亲于2012年阴历1月10日因病医治无效去世他也未将这个秘密，告诉父亲，我们问他：“您父亲得了不治之症，他走之前，你为什么没告诉他”？张殿英眼含热泪转过身去没有回答。张殿英就是这样用自己的行动，舍小家顾大家用自己的实际行动，有效地避免着越级访和涉法上访案件的发生，有力地有效的化解社会矛盾，维护了区域政治、经济社会的和谐稳定。他连续三年被区委和政法委评为维护社会稳定先进个人、优秀共产党员等荣誉称号。

为新农村建设，把脉支招。2012年3月初，大同区八井子乡民强村两半屯农民新村建设，一开始就遇到了如何拆迁、评估、补偿、集资等一系列难题，八井子乡委乡政府和民强村委会，多次协商也未确定可行的拆迁补偿方案。为此乡委乡政府和村委会将风华律师事务所主任张殿英请到村民委员会，为农民新村建设把脉支招。张殿英律师通过调查、走访、论证，全面了解情况后提出：农民新村建设不同于国有土地征收和建设，无现成样本可遵循，全国各地做法不一，操作起来很难。但为了将好事办好，又要做到依法建设新村，应严格依照《中华人民共和国村民组织法》的相关规定本着村民自愿、村民自治、民主议定原则依法进行。在制定《大同区八井子乡两半屯农民新村建设方案》及地上附着物补偿、房屋拆迁、评估、建设等程序上张殿英律师严把法律和政策关，在整个方案中充分体现村民自愿、民主议定原则。在程序上做到“五自”，即自我评估、自我拆迁、自我集资、自我选择建筑商、自我选定监理部门，新村建设方案村民大会全票通过。从方案通过到新村奠基，只用两个月，协议拆迁191户，拆迁面积30000平方米，建筑面积10万6千平方米，建设27栋高标准住宅楼，村民均自愿与村委会达成拆迁补偿协议。

依据《中华人民共和国村民组织法》及相关法律法规的规定，采取“五自”工作模式建设农民新村，且村民全部自愿签订拆迁补偿协议，在我市乃至全省尚属首例。 2012年 5月6日，大同区八井子乡两半屯农民新村奠基开工，省委常委、市委书记韩学键亲自到现场视察，并给予了高度的评价。

**脚踏油田大地，为百姓撑起蓝天**

“做事先做人”，这是大庆油田的传统工作观念，是每个行业的铁律，律师行业自然不例外。律师是法律和当事人合法权益的忠实维护者，当律师就要秉公办案，坚持正义。

律师专访

张殿英律师常说："让有理有钱的人打得赢官司，让有理无钱的人也能打得起官司"，他是这样说的也是这样做的。

2009年7月，张律师接待了一名从江苏来大同区投资开办私营企业的厂长汤某。他称自己开办的红旗林场木材加工厂，因某胶合板厂拖欠货款54万元，导致该厂无流动资金，目前已濒临倒闭。他哀求道："张律师，你要能帮我打赢这个官司，你要多少钱，我就给多少钱"。为保护招商引资者利益，提升大同区政府的形象，张律师立即为其代理此案。经过多方努力，克服重重阻力，终于达成给付现金9万元，余欠货款用木材抵款的协议，使一个即将倒闭的企业起死回生。该案张律师减收律师代理费1万余元。厂长汤某感动地送来一面锦旗，上写"法律的维护者，投资者的保护神"。

张殿英生在农村长在农村，从小家境贫寒，在他上学攻读师范专业时，他的母亲为了五元钱的生活费就借了三家，为了不让母亲奔走，减轻家庭负担，他自己利用节假日卖冰棍、崩玉米花来赚取学费，克服了常人不能想象的困难完成了学业。他常说："我是农民的儿子，我深知农民的不容易，所以在我力所能及的范围内就要全力帮助农民，为农民排忧解难。"

大庆龙庆制糖有限公司自98年就拖欠大同区八个乡镇1631户农民269万元甜菜款至今未付，农民多次上访，区政府有关部门多方索要也没有结果，打官司农民又交不起起诉费。他们就选出农民代表，找到张殿英律师恳求道："请你帮我们打这场官司，打回来的钱我们一分都不要，全部给你。虽然我们家过年吃不上饺子，生活很困难，但我就要争这口气"，张殿英律师看着一个个饱经风霜的面孔，听着他们人穷志不短的倔强的话语，两眼湿润了，当时就表态说："这个案子我接了，我不要钱，要打不回来钱我就不做律师了。张律师在审查中发现，这个案件已经超过了诉讼时效，但为了给老百姓挣口袋，他甚至找到区政府领导。通过长达半个月的时间，终于取得诉讼时效中断证据，为老百姓打赢了这场官司。张律师无偿办理了此案，该案免收律师代理费16万余元。并且张律师还亲自代当事人向人民法院申请缓交诉讼费。该案已胜诉后，他又无偿代理申请执行。现已执行现金60.6万元，固定资产251万元。农民高兴的将一面上书"名律师办实事，为民讨公道"的锦旗送到风华律师事务所表示感谢。

2005年，大同区内2960余户农民在大同区农博种业有限公司购买长城799玉米种子。播种后，因该品种未经我省农业部门审定，出现大面积粉种现象。2960余户农民不得不毁种，由于毁种给农户造成直接损失110余万元，间接损失150余万元。当时张殿英因患胃病正在油田总医院住院，接到通知后马上出院，自己打车回来为农民解决此事。到现场他就马不停蹄地翻阅卷宗，找到案件诉讼证据和法律依据，整理一夜材料，完成了2960名农户推选诉讼代表人、签订授权委托书、起草诉前保全申请书的工作。第二天大同法院法官启程飞河北查封了公司的账户、车辆等，张律师又迅速组织诉讼材料，立即办理该案，投入到该案的诉讼程序中。开庭时被告公司在充分证据面前不得不当场与张律师代表的2960户农民达成和解协议。在该起案件中张律师免收律师代理费32万元。张律师为2960余户农户提供法律援助，这一诉讼就是10个案件，该案现已通过调解结案，为农民挽回直接损失119万元，间接损失2960余万元。才宝龙、许瑞昌、展飞三人代表2960户农民，将一面上书"刚正不阿的好律师，老百姓的贴心人"的锦旗送到了风华律师事务所。案件结束后，到了年关那一个月，张律师几乎每天都接到老百姓送来的豆包、年糕、小米、鸡蛋、瓜子等，张律师深感为百姓服务是自己的责任，老百姓这淳朴的举动让张律师深深感动，更加坚定了张律师为百姓服务的决心。与此同时也用实际行动在社会上树立起人民律师秉公办案和全心全意为人民服务的公仆形象。

在张律师的执业生涯中，像这样的事例不胜枚举。张殿英同志热爱律师工作，并以满腔热情为社会各界当事人提供法律服务，他时刻不忘自己的执业准则"用仁爱之心为百姓奔走，凭法律之剑替正义护航"。每年义务法律咨询均在2000人次以上，义务参加市区司法局组织的"送法下乡"、法制讲座等活动40余场次，为有困难的当事人减免各种费用合计50余万元。先后为大同区八个乡镇4786户农民提供法律援助，仅律师代理费就减免58万余元。办理法律援助件数及援助人数名列我市律师个人援助之首。

几年来，张殿英律师共获得司法部、省、市、区各种奖励和荣誉称号41次，他的先进事迹先后在《中华律师年鉴》、《黑龙江省史志》、《法治之声》、大庆电视台、《大庆日报》、《大庆晚报》和《党的生活》等新闻媒体进行了报导。一分耕耘、一分收获，张殿英律师以他刚正不阿的性格，超人的胆识，敢为人先的豪情和较真实干的劲头，正在实践着他的诺言和人生目标。

摘自2010年8月1日《大庆日报》

# 从普通工人到国家一级律师

## 记全国党员律师标兵、山西隆德晟律师事务所主任——张建云

从一名普通工人到国家一级律师，从一名普通律师到全国党员律师标兵，他时刻用共产党员的标准要求自己，为维护百姓的权益不遗余力，为构建和谐社会全力以赴。他就是山西隆德晟律师事务所主任、国家一级律师张建云。该律师自从事律师工作以来，先后办理各类案件及法律事务近3000余件，担任各类法律顾问200余家，发表国家级和省级论文40余篇，在各媒体进行各种形式的公益性法制宣教活动及各种场合的义务法律讲座700余次。曾成功代理了我国最大的一起国有改制企业股权纠纷案件和我国首例大型钢铁企业公司解散纠纷诉讼案，以及诸多跨省区的重大、复杂、疑难民商案件和法律事务。由于该律师贡献突出、业绩良好、品德高尚以及崇高的社会责任感，从而获得社会各界的一致好评和高度赞扬，并被誉为学者型律师和“信得过的律师”。如果把张建云从事律师工作的近三十个年头比作人生旅途中的三十个台阶的话，那么每个台阶他都付出了艰辛的努力。2011年，他被评为山西省优秀党员律师和全国党员律师标兵。

### 不畏艰辛立志成才

20世纪50年代，张建云出生在一个老革命家庭，与其他同龄人一样度过了艰辛的童年。为了生计，不足16岁的他不得不放弃继续读高中的机会，到了一家正在筹建的化工厂工作。1983年，国家实行了高等教育自学考试，张建云积极报名参加，边工作边学习，在5年的时间内取得了“党政干部”和“法律”两个专业的大专文凭。1983年，全国开展第一次严打。因公、检、法机构刚组建不久，人员紧缺，于是政府便在各部门、各企业中选调优秀人员充实到政法队伍中去。张建云酷爱法律，但他却放弃了去法、检两院的机会，毅然选择从事律师工作。张建云敏锐地意识到中国已开始步入民主与法治时代，中国的律师业一定会大有希望。

1984年，他以优异的成绩考取了山西省实习律师资格，1986年考取了全国统一律师资格。执业后，他更加勤奋地钻研法律知识，特别是对《企业法》和《民法》等进行了认真学习和研究。1990年，他又取得了三级律师任职资格，

律师专访

并光荣地加入了中国共产党。之后，张建云继续边办案边学习，又先后取得了中央党校法律本科学历，并在中国社科院研究生院完成了经济法研究生的学业，2003年顺利晋升为国家二级律师。之后他又数次参加全国高层法学论坛，与国内外同行和法学专家共同研讨当今国际国内热点法律问题，并着手办理了一大批有影响的典型案件。2009年，张建云顺利通过国家一级律师任职资格评审，成为长治市首位获得顶级职称的律师。

履行职责热心公益

在30年的律师生涯中，张建云兢兢业业，勤奋工作，极大地维护了社会的公平与正义，维护了当事人的合法权益。从只身深入“虎穴”，与制假的“黑老大”斗智斗勇维护“澳瑞特”驰名品牌的合法权益，到与违法者“周旋”于内蒙古大草原，有效维护国家利益，再到与司法机关工作人员屡下太行，解救人质；从豫皖的艰难维权，到冀州平原见义勇为，再到与歹徒生死搏斗于夜幕下的哈尔滨；从成功代理受害人申请某人民法院国家赔偿案，到通过法律程序否定河北某大型国企为逃避债务而假改制案，再到临危受托成功代理国有股东参与原长治钢铁（集团）公司股权纠纷诉讼案和公司解散纠纷案，为首钢和长钢联合重组奠定了最根本基础。每一个案件的成功办理无不倾注了张建云的心血与汗水，无不体现出一名共产党员的为民情怀。

近年来，张建云在繁忙的工作之余，把相当多的时间和精力投放于公益事业中，努力尽着一名社会主义法律工作者的社会责任和一名共产党员的政治责任。义务法律宣讲、解答法律咨询、免费代写法律文书，以及参与人大、政府、政协等部门的相关工作，协调处理各种社会矛盾，为弱者提供法律援助等已成为张建云的日常工作内容。“5•12”汶川大地震后，他数次进行捐款捐物并缴纳了一万元的“特殊党费”，成为山西省律师行业缴纳“特殊党费”最多的党员之一。

辛勤耕耘硕果累累

十年磨砺，志在必得。由张建云发起创办的山西隆德晟律师事务所经过十年的创新发展，已成为山西省以诚为信、以德为本的品牌名所。在他的带领下，该所先后被表彰为“全国党员律师标兵”，“山西省先进律师事务所”、“山西省优秀律师事务所”、“山西省公益性律师法律服务先进单位”和“山西省群众满意的律师事务所”。他本人也先后获得了“山西省先进律师”、“山西省优秀律师”、“山西省司法百优个人”、“山西省优秀党员律师”“长治市十佳律师”、“长治市普法依法治理先进个人”等荣誉称号，并受到了全国人大常委会副委员长顾秀莲、国家司法部部长吴爱英及中华全国律师协会会长于宁等领导的亲切接见鼓励。

作为一名优秀的共产党员、一名优秀的律师，一名人大代表，张建云一直在努力着，放飞自己的梦想。他无疑是一名党旗下的和谐使者。他曾真诚地感言：“我怀着鸿鹄之志踏上执业律师之路，努力用理性和激情去演绎自己的职业生涯，付出并快乐着。”

摘自2011年7月6日《长治日报》

谢觉哉夫人、老革命家、百岁老红军王定国为北京白克强律师事务所题字，并与白克强律师交谈

## 白克强律师

北京白克强律师事务所主任

白克强律师曾获全国交通企业《十佳法律顾问》和世界500强特大型国企中国中铁首届《十佳法律顾问》称号，被评为2011年度中国百强大律师。

白克强律师早于1992年就在某大型国企负责组建了企业内部法律服务中心，1998年开始兼任法律顾问处处长，2003年12月开始任企业集团（世界500强企业成员单位）总法律顾问（副厅级），同时担任局级企业党委副书记、纪委书记、监事会主席等领导职务。所学专业原系中国人民大学中文系本科毕业，后又深造法律专业，1990年通过全国统一考试取得律师资格，早于1993年就成为北京市注册执业律师。近20年来，白克强律师热衷于法律服务事业，长期负责企业法律事务，先后承办了600余件诉讼与非诉案件，其中包括有百余件涉及贪污、贿赂及挪用、侵占等职务犯罪刑事案件，具有比较丰富的办理律师业务的实际经验。

尤其是白克强律师在大型国有企业同时担任总法律顾问、纪委书记和监事会主席等职务，这一独特的工作环境和经历，为白克强律师的律师职业生涯积累了丰厚的实践经验，在20多年的既要查出违法犯罪又要掌握好法规政策、准确把握罪与非罪、合法与非法、违纪与违规界限的纷繁复杂的环境中，历练出了处理复杂疑难案件的毅力、耐力以及原则性与灵活性相结合的工作方法和办案技巧。一方面白克强律师从法律服务方面创造了优异业绩，两获“十佳法律顾问”；另一方面多年的纪检工作也取得了非常优秀的成绩，分别获得了“北京市优秀纪检监察干部”和“中铁工程优秀纪检监察干部”荣誉称号。

白克强律师作为大型国有企业总法律顾问，在办理刑事案件方面，以通过与检察机关协同办案，依法维护被调查人的合法权益，维护不应受到追诉的干部的合法权益而切实不受追诉为主要方式，开展法律服务工作，这是白克强律师的主要工作特点和专长，其成果表现在依法执法、协助专门机关少走弯路、降低办案成本、减少国企损失、维护国企稳定和有利于化解矛盾。

同时，白克强律师也办理了大量的经济纠纷案件，其中包括2001年代理某企业成功办理了与历经15年的挂靠企业某民营工厂清理脱钩纠纷案件，为企业避免了上千万元损失；2000年代理某企业应诉深圳某银行追偿437万元款项的纠纷案件，最终以偿还50万元了结；2001年代理某企业办理宝鸡某法院一审判决该企业赔偿145万元的对外担保纠纷案，最终以偿还30万元了结；2006年代理某企业办理在拆迁过程中某承包人向该企业索赔300多万元的纠纷案件，为该企业避免了300多万元的经济损失等诉讼与非诉案件。

白克强律师善于学习钻研，撰写的《对国有企业领导人员监督工作的几点思考》获北京市政研会2007年度优秀研究成果二等奖，编入北京市《丹柯杯优秀研究成果集》，受到北京市发文表彰；2009年撰写的《对国有企业健全监督制约机制的几点思考》获全国监察学会铁道分会特别奖；2009年撰写的论文《浅议目前国企推行总法律顾问制度存在的主要问题及对策》在中国中铁《探索与研究》（省部级杂志）上发表。

白克强律师为本所提出服务理念：依法以德，全神全力。

价值取向：办案一件，绿化一片。

自律意识：处于江湖，不行江湖之事；居于陋室，不为卑陋之人。

执业机构：北京白克强律师事务所
办公电话：010-63408833　传　真：010-63251509
业务手机：13520250805
联系地址：丰台区莲怡园一区东永翌公馆1号楼105
网址：www.baikeqiang.com

# 陈洪忠 律师

陈洪忠律师，1966年5月出生，北京大学刑法学专业法学硕士，执业23年，兼职教授、硕士生导师。现任北京市一法律师事务所合伙人、主任、刑辩律师。中国律政十大精英律师，北京百优刑辩律师。

**主要社会兼职**

中国法学会法律文书学研究会理事，北京市律师协会军事法专业委员会主任，刑事诉讼法专业委员会副主任，北京市海淀区律师协会理事，中关村地区中介服务业协会副会长，首都经贸大学兼职教授、硕士生导师，点睛网络律师学院专家委员、高级培训师，北京市公安局维护民警执法权益顾问等。

**部分表彰奖励**

多次受到嘉奖、被评为优秀共产党员、优秀律师。作为专业刑辩律师，被收入2006年《中国专业律师档案》、《中国刑辩大律师·2008》、2009年《中国律师年鉴——优秀刑辩律师》等工具书。被授予"北京百优刑辩律师"、"中国律政十大精英律师"、北京市2010年"律师队伍警示教育工作优秀律师"等荣誉称号。

**主要成绩**

1989年陈洪忠以优异成绩取得了军队律师资格，有幸参加了军队律师的组建工作，从此开始了执业律师生涯。1992年，陈洪忠以高出录取分数线49.5分的高分取得了国家律师资格。1994年，他考取了北京大学硕士研究生，师从杨敦先教授研习刑法。2002年，转业自主择业后成为了一名专业刑辩律师。陈洪忠律师带领的北京市一法律师事务所是首批被授予国家级AAA重服务质量、守信用企业的律师事务所，还被授予"中国民营企业最受欢迎律师事务所"称号。

陈洪忠在法庭上的表现，往往会使案情峰回路转，取得柳暗花明的审判结果，甚至能"刀下留人"，保全人世间最为宝贵的生命。陈洪忠办的案件经常出现在各大媒体上，诸如甘肃"12·18"特大贩枪案；厦门远华走私案；中国科学技术发展基金会刘某、李某贪污案；总参"6·26"贪污案；贵州赵某贷款诈骗案；江苏叶某受贿、挪用资金案；湖南赵某故意杀人案；北京陈某虚开增值税专用发票案；中国留学生赵巍加拿大遇害案和河北衡水刘宏检察长遇害案等等。

赵某因"故意杀人罪"被判处死刑，陈洪忠为其做二审辩护，湖南高院采纳了部分意见改判死缓。叶某因受贿1500万元、挪用资金4000余万元被南京中院判处无期徒刑，陈洪忠二审辩护认为一审判决错误要求改判无罪，江苏高院完全采纳了辩护律师意见判决撤销了一审两项罪名的判决。随着新律师法的实施，陈洪忠注重在检察院审查起诉阶段辩护律师的作用，仅在去年，陈洪忠办理的张某帮助毁灭证据和汤某诈骗两起案件都因采纳了辩护律师意见做了不起诉处理，洗清了当事人的犯罪嫌疑。

"在刑事审判中，判决被告人有罪不是控方的胜利；判决被告人无罪也不是辩方的胜利。这是法律的胜利，正义的胜利。我们应当共同追求这个胜利，也期盼这个胜利！"在刑辩律师这个舞台上，陈洪忠运用自身的才华和智慧彰显自己的魅力。

陈洪忠总结自己部分辩护案例出版了专著"大律师精彩刑辩系列"之《法治，不解之缘》，先后发表了《资格刑现状与完善》《从律师视角看宽严相济刑事司法政策》《引进辩诉交易制度探析》《应加大职务犯罪查办投入，以有效查办促进有效预防》《刑法第十三条"但书"：是法条还是教条？》，以及为配合新"十佳公诉人"的发布而刚刚创作的《辩护律师欣赏什么样的公诉人？》等专业文章，公开发表的专著和学术论文已有百余万字。

从军人到法律人，陈洪忠始终坚持视法律为责任、视公平为生命。"现在的我，主要目标是做个好刑辩律师，多做一些有意义的工作。"这就是陈洪忠，一个勇于面对、执着坚定地朝着目标前行的刑辩律师。

北京大学陈瑞华教授在陈洪忠著《法治，不解之缘》一书前言中评价道："与'法治'结下'不解之缘'的陈洪忠律师，由一名军队律师转变为知名度较高的辩护律师，在很多案件的辩护中创造了奇迹……"。

北京市海淀区知春路49号希格玛公寓A座408号
邮编：100190
电话：（010）88099992，51559551，13701010875
传真：（010）88099993
网站：//www.yifalawfirm.com
电邮：yifa23@yahoo.cn

## 李伟民 高级律师

李伟民，男，河北省武安市人，现任北京正仁律师事务所主任、高级律师。历任公安局警官、人民法院法官、中国律师研究所所长、国务院发展中心县域经济法律委员会主任、中共中央纪律检查委员会特邀研究员、中国消费者权益保护法研究会常务理事；中国政法大学、天津大学、华东政法大学、海南大学兼职教授。

### 学术成果

李伟民律师主笔完成了116部法学专著和辞书，发表了126篇学术论文。独立创立了《中国审判学》、《中国检察学》等若干学说；填补了《法学辞源》、《法学辞海》、《世界法律词库》等多项国际空白；改写了两个以上主权国家起诉北约的国际法历史；成为共和国历史上第一个完成《法经》考释的学人。

李伟民的多项研究成果被全国人大常委会作为立法参考；多次荣获法学专著一等奖和理论研究特等奖。著作被国内外著名学府、司法机构、博物馆和联合国国际法院收藏。

### 职业范例

李伟民律师曾为某公安局长郭某某涉嫌徇私舞弊案，某检察院检察长刘某某涉嫌诬告案，某中级法院院长史某某涉嫌私藏枪支案，某集团公司彭某涉嫌3亿元诈骗案出庭辩护，上列被告人均被人民法院判决无罪。

李伟民律师作为中国人民银行特种运钞车招投标项目首席法律专家、评标委员会委员，指导了该项目全程运作；作为中央纪律检查委员会特邀研究员和国家七部委国家级人才评审委员会委员，提出建立特派巡视员制度，制定公务员行为规则和培养千百万法律人才等重要意见或建议，被中央采纳。

### 社会责任

在中国驻前南斯拉夫大使馆被炸的关键时刻，李伟民不畏艰险，排除万难，奋笔疾书，起诉北约，依法维护了国家利益和民族尊严。

在唐山、汶川发生大地震的第一时间，李伟民挺身而出，赶赴抗震救灾第一线，冒着生命危险抢险救灾，向难民发放救灾款，深受灾区人民欢迎。

李伟民先后在四川、贵州、广西、甘肃、安徽、河北、北京等地捐资建设希望小学。在全国范围资助了200多位贫困家庭学生完成学业。

李伟民教授经常免费为中国政法大学、北京大学、人民大学、天津大学等院校及公安、武警、检察、法院和党政机关授课，受到广泛好评。

地址：北京市海淀区阜成路58号新洲商务大厦812室
电话：010-88111128
传真：010-88112148
邮箱：88111128@sina.com

年鉴人物－优秀律师——黎元君（北京）

## 黎元君 律师

现为北京黎元君律师事务所负责人，民主建国会会员。1985 年学习法律，法学本科、中国人民大学土地资源系硕士研究生、中国政法大学博士研究生。1993 年获得全国法律顾问技术职称、1998 年获全国法律顾问执业资格、2002 年通过首届司法统一考试，是取得全国法律顾问、企业法律顾问资格、律师资格极少数之一的律师，2003 年律师执业。从 1986 年起至 2001 年在粮食系统单位从事法律顾问多年。

2006 年黎律师入选法律出版社出版的《中国专业律师档案》房地产专业律师。报道黎律师的媒体有《中央电视台二台》、《人民日报原市场报》、《人民日报杂志社》、《人民网》、《原法治早报》、《中华工商时报》、《网络报》、《大众科技报》、《中国产经新闻报》、《北广传媒》，最为典型的是《大众科技报》整版报道黎律师的《坚守凛然正气 谱写浩然长歌》一文，该文也被《人民网〈创新与发展〉北京市理论／实践》收藏转载，《人民文摘》2008 年第 1 期专刊刊登了《坚守凛然正气 谱写浩然长歌》，真实地展现了改革岁月中一名正义正直、高尚敬业情操的律师。黎律师开创代理案件编写案例策划、案例分析、案例论证之先河，最为著名的是《半个世纪土地之争》、《中美商标之争》等。《半个世纪之争》一书成就了黎律师“运筹帷幄之中，决胜千里之外”的大将风范，区区一书促成了 50 余年纠纷的握手言和。

黎律师是我国提倡解决法律问题采取“法律策划”的最早的律师，曾经代理国有大型企业与央视和解案起到了非常重要的作用。2010 年度被评为中国百强大律师，同时获得北京市海淀区司法局“2010 年度优秀法律服务工作者”荣誉称号。黎律师擅长解决全国范围内重大、疑难、复杂案件，可谓是民商重大、疑难、复杂案件破解的“侦探”。

北京黎元君律师事务所
地址：北京市海淀区复兴路 17 号国海广场 D 座 1117 室
邮编 100036
电话：010-59706383
手机：18610013163 18901186233
E-mail：liyuanjun33@vip.163.com
网址：www.jsgclsw.com

年鉴人物－优秀房地产专业律师——马汉学（北京）

## 马汉学 律师

马汉学律师系北京方亚律师事务所律师，高级合伙人，律所党支部书记。律所房地产法务部主任、教育法律服务部主任。中华全国律师协会会员、北京市律师协会会员，北京市经济法学会会员。

马汉学律师 1987 年 7 月毕业于上海师范大学政法系，获法学学士学位。后在中国人民大学法学院学习，获经济法硕士学位。马汉学律师曾任银川大学法学院院长职务、副教授。在职期间，积极探索高等法律职业教育教学改革，大力倡导“产、学、研”一体化教学模式。

马汉学律师 1992 年 8 月取得律师资格，1993 年开始执业。十几年来，马汉学律师办理案件数百起。涉及刑事辩护、行政诉讼、行政复议、集体土地纠纷、建设工程纠纷、交通事故纠纷、婚姻继承纠纷、劳动仲裁、商事仲裁、公司法务等各个领域，熟悉各种案件的办案流程，积累了丰富的办案经验，具有扎实的律师基本功。

近年来，马汉学律师专注于建设工程与房地产业法律实务，办理了土地征收拆迁、建设工程合同纠纷、工地伤亡、房屋买卖合同纠纷、房屋继承纠纷、公租房使用权纠纷、物业管理纠纷、房屋装潢、装饰纠纷等一批疑难案件。足迹遍布北京、河南、河北、天津、山东、吉林、内蒙古、江苏、浙江、四川、陕西、宁夏、甘肃等省、市、自治区。

马汉学律师热心公益事业。作为一名党员，他时时、处处从严要求自己。他积极配合律师事务所驻所地司法所开展公益法律服务活动，送法律进社区、进企业，利用平面媒体和网络，宣传法律知识，解答居民法律咨询，参与人民调解工作。2010 年 12 月，马汉学律师被北京市西城区月坛街道办事处评为 2010 年度公益普法先进个人。

作为一名法学理论的教育者和法律实务的践行者，马汉学律师笔耕不辍，先后撰写《村民委员会法律地位研究》、《浅谈民办高校班级管理应处理好的几个关系》、《〈法律基础和思想道德修养〉教学之我见》、《民办高等法律职业教育亟待解决的几个问题》等多篇论文在《宁夏大学学报》、《银川大学学报》上发表。

地址：北京市海淀区海淀北二街 8 号中关村 SOHO 大厦 605 室
邮编：100080
电话：010-65501855　15810726778
传真：010-82484176
邮箱：mjw35@sina.com
网址：www.malvshi.com.cn

# 刘卫东 律师

男，汉族，1967年11月出生。

**学历学位**

工学法学双学士、法律硕士。

**社会兼职及荣誉**

北京市西城区律师协会理事、北京市西城区律师协会业务指导与培训委员会主任、北京市律师协会刑法专业委员会副主任、北京市房地产法学会常务理事、中国人民大学法学院法律硕士兼职导师、紫光股份有限公司独立董事。2007年评为北京市海淀区优秀律师；2011年获上海证券交易所第十六期上市公司独立董事任职资格；2011年评为北京市百名优秀刑辩律师；2011年评为全国优秀律师。

**教育背景**

1986.9～1990.7，吉林大学（原吉林工大）管理学院就读；1991.9～1994.7，攻读北京大学法学双学位，并于1993年考取律师资格；1999.9～2002.1，攻读北京大学法律硕士学位。

**工作经历**

1990.7--1994.7，国家机床质量检验中心，助理工程师；1993.10--2001.6，在北京第一律师所、民正律师所、金衡律师所任兼职、专职律师、合伙人；2001年6月，创办北京市冠衡律师事务所并任主任、首席合伙人。

**擅长专业领域**

刑事辩护、公司业务、房地产、金融

**主要业绩**

*刑事辩护业务* 1. 办理两起厦门远华走私案，部分辩护意见被采纳，其中厦门边防支队副支队长廖某某从轻判处15年有期徒刑。2. 担任《中国财经报》报业“第一贪”李某某的辩护人，被告人最终由死缓改判9年有期徒刑，辩护意见被北京市高级人民法院采纳。3. 办理中国国际企业合作公司高某涉嫌2亿元信用证诈骗案，被告人从轻判处5年有期徒刑。4. 办理黑龙江绥化市市长助理吕某某巨额受贿案，部分辩护意见被采纳。5. 办理国资委机关事务局于某某涉嫌私分国有资产、巨额财产来源不明案，辩护意见被采纳，最终检察院决定不起诉。6. 办理鸡西煤矿执法大队大队长高某某涉嫌受贿案，部分辩护意见被采纳。7. 办理南京包某某等人涉嫌侵犯商业秘密案（标的近两千万元），最终四人被判缓刑。8. 办理北京某房地产公司法定代表人彭某涉嫌偷税600余万元案，辩护意见被采纳，检察机关最终决定不起诉。9. 办理涌金集团陈某涉嫌行贿案，司法机关最终取保候审。10. 担任上市公司上海交大昂立副总裁范某某的辩护律师，使其涉嫌挪用公款5500万元、受贿1600万元案获得较公正判决，从轻判处6年有期徒刑。11. 为某模特经纪公司刘某某涉嫌诈骗案提供法律帮助，律师意见被采纳，侦查机关决定取保候审。12. 为某民办学校主管徐某涉嫌假博士学位诈骗案提供法律帮助，律师意见被采纳，侦查机关决定取保候审。13. 为某公司法人代表胡某故意毁坏新京报车辆案提供法律帮助，律师意见被采纳，检察机关决定取保候审。14. 办理东北某农场场长胡某某涉嫌贪污案，检察机关撤回起诉。15. 办理河南南阳首富董某某涉嫌诈骗3.3亿银行贷款案，法院从轻判处1年零6个月有期徒刑。16. 办理广东汕头金某某涉嫌参加黑社会性质组织、寻衅滋事、诬告陷害、敲诈勒索案，律师辩护意见被采纳，被告人从轻判处3年零6个月有期徒刑。

*公司业务* 1. 曾担任美国独资企业康地集团、中国华能集团国际贸易公司、中国消费者协会投诉部、中国移动辽源分公司、吉林省税务局长春直属分局、北京京广物流集团公司、北京便宜坊集团有限公司、港资企业北京汇华长城装饰材料有限公司、中国轻工业进出口总公司、台资企业北京星雅兴业装饰集团公司、台湾独资企业上海富美家集团公司、北京日祥投资顾问有限公司、人民日报、中国证券报、交通银行北京分行、交通银行北京天坛支行、亚运村支行、芳群园支行、官园支行、慧忠里支行、望京支行、西单支行、农科院支行、东直门支行、中信银行北京国际大厦支行、中粮广场支行、浦东发展银行北京分行、华夏银行德外支行、珠市口支行、北京农村商业银行、港资企业北京恒润房地产开发公司、港资企业北京俊星房地产开发公司、北京城建集团房地产开发有限公司、北京雅居乐房地产开发有限公司、北京三元嘉铭房地产开发有限公司、北京京林房地产开发公司、北京金第房地产开发有限公司、北京天居房地产开发有限公司、北京世纪景房地产开发公司、北京住宅开发集团总公司政华合作社等数十家单位的常年法律顾问或项目顾问，为其提供优质法律服务。2. 曾担任吉林省万隆路桥建设集团有限公司收购长春路桥建设集团有限公司法律顾问，并为其改制提供法律服务。3. 为成都弗兰特通讯技术有限公司拟改制上市提供法律服务。4. 参与成都金石东方新材料设备有限公司拟改制上市法律服务。率领律师团队为北京太阳星城、九号公寓、荣尊堡国际公寓、万邦科贸大厦、金色漫香林、亚运新新家园等百余个房地产项目提供银行按揭贷款服务。

*民事法律服务* 1. 办理全国涉外劳动法第一案并胜诉。2. 代理人民日报被诉名誉侵权一案，报社最终胜诉。3. 代理江苏省连云港市三吉利化工有限公司商业秘密保护案（涉案价值2亿元），尚未审结。

*行政诉讼业务* 办理海南某制药公司诉国家药品食品监督管理局行政诉讼案，罚款金额最终由1500万元减至100余万元。

**学术成果**

大学期间作为主要作者编写《企业公共关系与营销技巧》（吉林人民出版社1991年出版），在《法制日报》、《方圆律政》、《北京律师》、《刑事法判解》、《中国劳动报》等报刊发表学术论文若干篇。

地址：北京市西城区复兴门内大街158号远洋大厦F402B
邮编：100031
电话：010-66423022　66421568
传真：010-66493358
邮箱：liuwdghl@sina.com

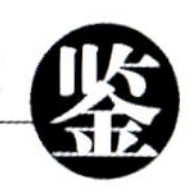

## 林忠国 高级合伙人律师

### 教育背景

哈尔滨师范大学，学士（1989 ）
中国政法大学，研究生（2001）
中国政法大学，博士研究生（2009）

### 工作经历

1994 年 6 月～2001 年 11 月，黑龙江省博大律师事务所律师，合伙人；

2001 年 11 月～2002 年 10 月，山东省中苑律师事务所律师；

2002 年 10 月～2004 年 1 月，北京市宝鼎律师事务所律师；

2004 年 1 月～至今，北京市中伦文德律师事务所律师，高级合伙人。

### 社团活动

中华全国律师协会，会员；
北京律师协会，会员；
黑龙江省博大律师培训学校，业务校长；
黑龙江省博大律师事务所，执行主任。

### 执业介绍

林忠国律师在十多年的执业过程中积累了丰富的经验，在公司事务、房地产、金融以及民事诉讼与仲裁、刑事辩护与代理等业务领域有独到的见解。

公司事务法律服务方面，林忠国律师长期担任十数家企业的常年法律顾问，对公司的设立、重组、合并与分立、资产重组、破产清算、债务重组、股票上市、劳动争议等领域提供专业法律服务。另外，林忠国律师在为客户办理公司法律事务过程中办理过数十起有影响的典型案件，有的案例已经被法院系统收入内部教材使用，在业内有着很高的信誉和良好的声望。

房地产法律服务方面，林忠国律师为数十个房地产项目提供法律服务，对房地产项目审批手续、房地产项目的转让、建筑工程施工合同的审查、房地产销售（包括按揭贷款及签约）、物业管理等领域提供专业法律服务，并通过诉讼或非诉讼方式为公司解决纠纷。

金融法律服务方面，林忠国律师为中国银行、中国光大银行、国家开发银行、中国建设银行、北京市商业银行等金融机构提供法律服务，为金融机构的各项经营行为出具法律意见。

### 业务专长

擅长于公司事务、房地产、金融以及民事诉讼与仲裁、刑事辩护与代理等业务领域，包括：对公司的设立、重组、合并与分立、资产重组、破产清算、债务重组、股票上市、劳动争议等领域提供专业法律服务；对房地产项目审批手续、房地产项目的转让、建筑工程施工合同的审查、房地产销售（包括按揭贷款及签约）、物业管理等领域提供专业法律服务，并通过诉讼或非诉讼方式为公司解决纠纷；为银行及其他金融机构的各项经营行为出具法律意见。

### 相关著作及论文

1.《论中国诉讼制度改革》，主编，黑龙江法律出版社，1996 年 12 月。

2.《律师与 WTO》，主编，黑龙江文学出版社， 2001 年 11 月。

3. 浅谈律师改革。

### 工作语言

中文及英文

林忠国　高级合伙人律师
中伦文德律师事务所
地址：北京市朝阳区西坝河南路 1 号金泰大厦 19 层
邮编：100028
手机：13301253277
电话：(010) 6440-2232 转 7777
传真：(010) 6440-2915
http://www.zhonglunwende.com

## 乔守东 律师

乔守东律师，男，汉族，1964年4月出生，中共党员，研究生学历。1991年取得律师资格，同年开始执业。

现为
北京市奥援律师事务所主任；
北京市昌平区律师协会副会长；
中共北京市昌平区律师协会党总支委员会委员。

执业20多年来，乔守东律师始终坚持四项基本原则，坚决拥护党的领导，不断加强政治理论学习，全面提高党性修养，在大是大非问题上立场坚定，始终保持清醒头脑，在思想上、行动上与党中央保持高度一致。在全国律师队伍开展警示教育活动中，乔守东律师率先垂范，坚持以事实为依据，以法律为准绳，以维护法律的正确实施为目的，切实做到慎独自律、从业清廉、依法执业、诚信服务，维护了法律的权威和社会的公平正义，树立了北京律师的良好形象。

乔守东律师在业务上积极进取，精益求精，多年来坚持学习，专业知识扎实，对法律法规理解深刻，把握准确，运用到位。从业以来承办过各类刑事、民事、经济、行政等诉讼案件及非诉案件，无论案件大小，他都一视同仁，尽心尽力，准确运用法律知识为当事人提供合理、适度的法律帮助，有效维护当事人的合法权益，受到委托人的充分信赖和当事人的一致好评。在执业过程中乔守东律师不断加强理论研究，先后参编、撰写了《金融犯罪研究》、《证券法全书》、《刑法案例全书》、《新刑法案例问答》等著作和《土地一级开发的法律问题研究》等理论文章；多次参加全国律协组织的各种业务培训和学术交流，不断开阔视野，提高执业水平，为进一步做好律师工作奠定了坚实的理论基础。

乔守东律师扎根基层，勤勉尽责，为基层提供各类优质法律服务，受到广泛好评。他先后承担了北京市昌平区回龙观镇旧村改造联合储备项目和回龙观镇朱辛庄二期拆迁项目的法律服务工作，他在认真研究拆迁政策、学习相关法律法规、了解走访拆迁对象、现场实地调查研究后，为拆迁单位制定具体可行的拆迁方案提供准确可靠的法律依据，使制定的拆迁方案公正合法，切实可行；同时在拆迁过程中，坚持深入群众，耐心细致地宣传相关拆迁政策和法律知识，配合拆迁单位做好群众的思想工作，使拆迁工作平稳过渡、扎实推进，圆满完成，得到了委托单位的一致好评。

乔守东律师为北京市多家公司、企业提供法律服务，他积极参与公司企业的发展决策，根据不同公司、企业的实际情况，提供积极有效、切实可行的法律支持和帮助，为公司、企业顺利发展创造了良好的条件；同时根据北京市司法局、昌平区司法局、昌平区律师协会“关于律师参与法律服务进社区”的工作安排，为配合“法律服务进企业、进社区、进村庄”三进活动，先后与54家社区签订了“社区法律服务协议”，免费为其提供法律援助服务，通过深入社区定期举办法律讲座，参与社区法制宣传，做到及时化解矛盾，协调解决纠纷，有效维护了社区的和谐和稳定，为和谐社区建设作出了突出贡献。

乔守东律师在做好法律服务工作的同时，还热心社会公益事业，关注弱势群体，他多次参加北京市法律援助活动，为经济困难的当事人提供免费法律服务，对贫困家庭和弱势群体实行减收或免收代理费；通过多种渠道主动为汶川地震灾区捐款捐物，向党组织缴纳特殊党费等，以实际行动奉献爱心，回报社会。同时还担任北京市昌平区律师协会副会长、昌平区律师协会党总支委员会委员工作。无论是社会工作还是法律服务工作，他在各方面都能够严格要求自己，模范遵守律师职业道德和执业纪律，依法履行律师职责，从业以来，从未出现违法违纪行为，无当事人投诉。

总之，乔守东律师始终以优秀共产党员、优秀律师的标准严格要求自己，以实际行动践行《律师法》、律师执业道德及执业准则，得到了社会的认可，取得了一定的成绩：2008年被评为昌平区司法行政系统奥运工作先进个人，2010年被北京市司法局和北京市律师协会评为“北京市优秀律师”，2011年被中共北京市司法局党委评为“优秀律师党员”，2011年被北京市司法局、北京市律师协会评为“三进活动”先进个人；2011年被全国律师协会授予“2008—2010年全国优秀律师”荣誉称号。

北京市奥援律师事务所
地址：北京市昌平区西三旗桥东北角
新龙大厦6层627.650室
邮编：102208
电话：010-62713114　62715114
传真：010-62717920

## 申昀辉 律师

申昀辉，男，1966年10月出生，汉族，湖南衡阳人，中华全国律师协会会员，现为北京市安中律师事务所合伙人、专职律师，任该所副主任兼诉讼部主任，北京市律师协会企业法律风险管理专业委员会委员。

申昀辉于1991年4月应聘在衡阳县金兰法律服务所从事法律服务工作。在干好本职工作的同时，于2002年7月与一名同事远赴河北仓县成功解救被拐卖妇女，一时声名鹊起。1993年10月考取律师资格之后，先后执业于衡阳县、市律师事务所，并于2000年1月与他人合伙发起成立湖南湘华律师事务所。

执业期间，他全面兼顾，在刑事辩护、行政诉讼领域颇露锋芒。比如：

被告人刘某某、刘某父子故意杀人一案，其亲属已经做好了舍弃年过五旬的刘某某的准备，只为儿子刘某聘请了律师。开庭前一天中午下班时，申律师被衡阳市中级人民法院指定担任刘某某的辩护人。他当即与法院联系阅卷，下午到看守所会见。不料刘某某一心保全儿子的性命，不但认罪，还为儿子承担罪责。在无法与被告人亲属取得联系的情况下，申律师自掏腰包，连夜租车赶到案发地调查，了解到被害人砸毁刘家诊所并蹲在凳子上拉大便的情况，收集了大量关于被害人在当地十恶不赦、百姓认为刘某某是为民除害的证据。第二天，申律师以此作为突破口进行辩护。法院从轻判处刘某某无期徒刑。

在办理戴某某涉嫌故意杀人一案中，申律师在会见时察觉犯罪嫌疑人虽然认罪，却表现出无奈，遂追问缘由，并当着在场警察的面宣讲律师为犯罪嫌疑人提供法律帮助的权限，特别指出如果侦查机关或侦查人员有刑讯逼供或者其他违法行为的，律师可以代为控告。至此，戴某某痛哭陈述自己没有杀人，是害怕挨打才认罪的；同时，他还具体说明案发时自己在深圳上班，且自己此前丢失过身份证，在深圳公安机关有备案。据此，申律师向惠州警方提出意见，要求核查，最终证实是他人利用戴某某丢失的身份证开房并杀死同住房客的。戴某某得以释放。

在行政诉讼方面，申律师因正直敢言且诉讼技术熟练，当地一度传言“打行政官司必须找申昀辉”。

在国家刑事、民事诉讼制度改革试点工作中，申律师频繁地被当地人民检察院、人民法院邀请或指定参加庭审示范、观摩活动，颇受好评。

2004年10月，申律师转入北京市安中律师事务所执业。

凭借扎实的法律功底和诚信的执业态度，申律师很快就赢得了社会认同，担任了中国建筑技术集团有限公司、北京资源亚太食品有限公司等多家知名企业的法律顾问。**为适应细分市场的需要，申律师把房地产和建设工程法律事务作为传统业务重点，同时对企业法律事务尤其是法律风险防范产生了浓厚的兴趣。**北京资源集团在湖南的农业、林业项目投资过程中，申律师为其提供了全方位法律服务，有效地防控了投资风险。现该公司在长沙设立的湖南现代资源农业科技有限公司已经建成投产，永州农业、林业生态产业链正在建设过程中。

申律师思想活跃，但表现沉稳，工作细致，认真负责。历经法律、经济法、刑法学梯次学习，注重业务能力培养和水平提高，发表有《谈重婚罪的管辖误区》等文章，多次被评为先进个人、优秀律师。

申律师还热心公益，积极参加北京市“96156”社区服务热线等义务法律服务活动及其他社会活动，获得了多项社会荣誉。

而一件陈年旧案——王某某诉广东连南三星水泥有限责任公司劳动争议纠纷案，申律师使这件已经在法院沉没十年的普通民事案件重见天日，维护了工伤受害民工的合法权益，却冲撞了身为当地最大企业的被告单位和受案法院，招致他们相继于2009年、2010年向北京市司法局投诉、发“司法建议”，要求以“诈骗”对申律师予以惩戒，但均因与事实不符未被采纳。

申昀辉律师的执业格言是：“忠于事实忠于法律是必然的，当事人的合法权益是至上的，仗义执言是必要的！”长期以来，他也是这样做的。

地址：北京市朝阳区朝阳门外大街甲6号
万通中心C座2007—2008室
电话：010-59073277
手机：18611131966
电子邮箱：shenyh1966@sina.com

## 杨在明 律师

### 行走于底边的智者
——记中国拆迁律师第一人杨在明

抖落岁月的征尘，驻足凝望，绚烂回眸，那个始终坚信“民生高于一切，民权大于一切，正义会战胜一切”的底边行走者，已然在中国的拆迁法律维权道路上披荆斩棘、砥砺前行了5年。

他，自1998年开始涉足建筑与房地产法律业务领域，是今日誉满大江南北的204房地产律师团当时的核心骨。2007年，面对即将以燎原之势在中华沃土上蔓延开来的房屋拆迁，同样的那个他，怀抱法律人的赤子之心，创立起北京市盛廷拆迁律师团队，并与团队和衷共济，在全国23个省、自治区、直辖市，317个县级以上行政地区成就了诸多大案、要案，使盛廷之声誉满华夏之疆。

几年来，坐汽车、转火车、乘飞机；到山东、至江西、奔辽宁、赴浙江、过江苏、去陕西、下湖广……全国各地，一路辗转奔波，可谓八千里路云和月，只为老百姓！因此，在当事人朴素的心理中，他形同当代“包青天”。他，站在风头浪尖，却不管风吹浪打，胜似闲庭信步。如此的气魄让他获评为“影响中国·第九届中国时代十大风云人物”，也让他被最高人民检察院主管、检察日报社主办的《方圆律政》杂志誉为“中国拆迁律师第一人”，并当选“2010律政年度拆迁律师”。

**给当事人的承诺——一亿个春天**

“作为律师，应当有悲天悯人的情怀，有知悉民间疾苦、兼济天下的人文关怀精神。目睹了太多的拆迁民生之苦后，我立志：至少要为一亿个当事人带去春天。”——杨在明

“阳光拆迁”的标签随处可见。然而，阳光下的阴霾也经常如影随形，映衬在那一双双无助而忧郁的眸子中，流淌在那一行行湿漉且冰凉的泪痕里。一次次接受委托，一次次见证这些拆迁之痛，身为七尺男儿的杨在明，满腔侠骨柔情总是被激荡得汹涌澎湃，时而深思，时而愤怒，时而感动。他深知，作为被拆迁的老百姓，不到万不得已，一般也不会专门聘请律师：耕者有其田、居者有其屋——这是作为老百姓最起码的生存保障，也是作为一个人最低的生存需要。可是，一纸拆迁通告，或是一张强制执行令，又或什么也没有的情况下，耕者在他们世世代代赖以生存的土地上就可以被赶走，最终，耕者无田可耕；居者的栖身之处在推土机、挖掘机的轰鸣声中就可以顷刻间化为残垣断壁，最终，居者流离失所。每每这些时候，作为专业的拆迁律师，他就会感觉到自己内心深处的震动以及随之而来的愿力——要用专业的法律知识、纯熟的办案技巧，通过各种合法的渠道，尽最大的努力，捍卫、保护和争取当事人的合法权益。

5年的时间里，层峦宫阙犹在的紫禁皇城、孔孟之道犹盛的齐鲁之地、太湖之畔美丽的苏杭天堂、渤海之旁辽阔的燕赵之地、太行以西的表里山河、物华天宝的东北三省、人杰地灵的江南西道……处处留下了杨在明探索法之正义的足迹，而他“令冬去，使春回”的承诺也一点一滴地被现实应允！

**给自己的祝福——一百次风险**

“有的事情出现很多次，方能让人意识到它的存在。有的事情犹如昙花一现，也能给人强烈冲击，风险即是如此。对于拆迁维权律师来讲，风险贯穿于执业的每一个环节。我不求零风险，但求风险有价值。当然，如果可以设个上线，我希望不超过一百次风险。”——杨在明

追寻杨在明的执业生涯，拆迁人和有些地方政府部门甚或司法部门对他所采取的引诱、恐吓、攻击、抓捕并不少见。究其个中缘由，在于拆迁往往都牵扯着方方面面的经济利害关系，不但是法律问题，而是社会问题，甚至是政治问题。被问及如何面对时，他说：“面对他们的热情款待，我们婉言谢绝；面对利诱，我们义正严词的拒绝；面对人身威胁，我们岿然不动；面对他们利用骚乱逼我们就范的圈套，我们从容不迫，泰然自若；面对他们的非法关押，我们气定神闲，毫不惧怕，抓住一切可能的机会收集有利的证据”。

因了这份淡定与智慧，山东临沂首落警察陷阱，江苏三遭打手袭击，冀、蒙两遇惊险时分，黑高法立案被法警殴打，六度遇险的他，并没有放慢在这条正义凛然的路上前进的步伐，反倒无惧这“身体成本”，更加无悔地挺立潮头。

**给民族的祈祷——一个愿望**

“天下兴亡，匹夫有责。法律人的天性，更是让我们的血液里面自始至终流淌着一种忧国忧民的质素。身为拆迁维权律师，在推进社会民生与国家城市化发展的共赢方面理应责无旁贷，并身体力行。”——杨在明

杨在明经常在公众场合强调，律师职业应当关注苍生，

扛起一份社会责任，推动法治的任重之举。近两年，他开始在繁忙的业务之余致力推动律师个人和律师事务所开展公益拆迁法律服务活动，并且通过内部规范、内部支持引导、鼓励团队律师参与公益拆迁法律服务活动，截至目前已经取得小范围的成功经验。

在投身社会公益事业之外，杨在明还执着于另一重实现律师社会责任的工作：民间版拆迁新法建议稿的起草工作。2010 年 11 月，杨在明牵头盛廷律师事务所全体律师，历时一年之久制定出《不动产征收与搬迁法》立法建议稿。在 2011 年 3 月全国人大会议上，该立法建议稿同时被山东、河南两个代表团的 60 多名代表作为议案向大会提交，并被列为正式议案交全国人大财经委员会审议。

黄河西来决昆仑，咆哮万里触龙门。山河锦绣，日月昭彰。前路依旧，万象随旁。这个行走于底边的智者，将继续丰实他那行神如空、行气如虹的拆迁律师生涯！

**案例：有社会影响，被媒体关注的部分典型案例**

1. 内蒙古呼和浩特市曹女士房屋拆迁案，经律师代理，连续撤销两个拆迁许可证，委托人房屋终未被拆除；

2. 山东省邹城市 32 户新农村建设拆迁案，经律师代理后，拆迁方改变补偿政策，补偿标准提高 1 倍；

3. 山东省滕州市赵先生房屋拆迁案，经律师代理，连续胜诉四个系列行政诉讼，并通过国家赔偿帮助委托人获得合理补偿安置；

4. 江苏省徐州市关庄 11 户强拆案，经律师代理后，终获高价补偿；

5. 江苏省无锡市鼋头渚“三村两湾”几十户村民房屋拆迁案，经律师代理，委托人陆续获得理想补偿安置；

6. 江苏省无锡市周先生地处商业繁华区，建筑面积逾 1700 平方米的房屋险被开发商与地方政府通过巧妙的法律手段转移所有权，经律师代理，房屋终获保全；

7. 江苏省徐州市泉山区二中 17 户房屋拆迁案，经律师代理，补偿标准提高至初始标准的 4 倍，委托人与区政府均向律师赠送锦旗致谢；

8. 北京市朝阳区孙先生诉中央电视台一期建设项目案，经律师代理，获合理补偿；

9. 北京市西城区徐先生诉国务院法制办公室、法工委项目案，经律师代理，获理想补偿；

10. 北京市朝阳区陈先生、金先生等 23 户房屋拆迁诉中国科学院拆迁项目案，经律师代理，获双倍补偿；

11. 北京市崇文区李女士房屋拆迁案，经律师代理，合法保护外国公民在京房产；

12. 北京市丰台区某公司房屋拆迁案，经律师代理，为 3000 平方米自建厂房争取到 2000 万的拆迁补偿款；

13. 北京市崇文区高先生四合院拆迁案，经律师代理，撤销裁决三份，强拆决定一份，补偿标准提高近 8 倍；

14. 北京市海淀区汪女士房屋拆迁案，经律师代理，补偿额由 180 万提高至 330 万。

**北京市在明律师事务所**（以下简称为“在明”）于 2012 年成立，是经北京市司法局批准设立的合伙制律师事务所。

不同于一般新设律师事务所，在明在其设立之初已具有成熟的优秀律师队伍：中国拆迁维权律师第一人杨在明、北京地区胜诉率最高的著名拆迁女律师马丽芬、企业拆迁维权翘楚纪召兵律师、集体拆迁维权俊杰李刚律师以及专司拆迁业务的资深律师资历达 5 年者 5 人、超 4 年者 3 人、逾 3 年者 8 人。此外，在明还拥有一批学习能力强、专业知识功底扎实的青年律师，多毕业于国内著名法学院校。

为确保律师团队高效作业，在明高度重视行政事务，特聘京城首屈一指的管理顾问尹利生先生，对在明外部业务发展、风险控制和内部结构整合、发展规划进行精心指导，确保务实、有效、高端的专业化管理。另，在明首开国内律所设立实务档案 24 小时专业查询制度之先河，配备有专业档案管理、法规及地方政策查询、案例及学术研究成果检索的后勤人员，为团队律师的工作更添锦绣！

据在明 2012-2015 三年发展规划，事务所将继续“只为拆迁户维权”，通过定期展开疑难案件研讨、模拟法庭、团队培训、组织参与多种社会公共法律研讨会，编撰包含征地拆迁维权指南、拆迁宝典系列、专题法律研究文集等内容的所刊《底边纵横》，持续撰写拆迁与征收法律实务专著等多元方式提升律师队伍专业素养，创中国第一拆迁律师事务所之辉煌。与此同时，在明还将依托完备的拆迁案件办理经验，逐步发展其他行政诉讼业务，创中国第一大行政法律事务所。

**地址：**北京市东城区东四前炒面胡同 33 号
瀚海科技大厦 D 座 D01 号
**电话：**010-52190888，13811116599 **传真：**010-52190899
**邮箱：**yangzaiming6688@126.com
zaiming@zaiminglaw.com
**网址：**www.yzmlawyer.com，www.zaimingchaiqian.com
（中国征地拆迁律师团）
**网址：**www.zaiminglaw.com（北京在明律师事务所）

# 王有银 律师

北京圣运律师事务所主任，征地拆迁业务部首席律师，中国政法大学法学研究生，北京市律师协会行政法专业委员会委员，《中国律师》杂志、《中国律师网》特邀评论员，《第一视频》特邀评论员，并多次参与行政立法活动，提供法律建议或意见。

## 荣誉

“何惧权贵一身正气奔南北 敢为民生百折不挠跑东西”、“法律卫士”、“法律援助 执法为民”、“匡扶正义 优质服务”，这些来自于当事人锦旗上的赞誉是对王有银律师正义维权最中肯的评价。

王有银律师于2008年当选为北京市律师协会行政法委员会委员，后被评为市级法律服务先进个人，因在征地拆迁维权中的突出贡献，荣获2010年度中国百强大律师称号。

王有银律师承办的案件受到《CCTV》、《半岛电视台》、《英国BBC电台》、《德国明镜周刊》、《中国日报》、《中央人民广播电台》、《中国法律门户网》、《法制晚报》、《法制日报》、《山东法制报》、《工人日报》、《律法在线》、《社会与法制》、《新京报》、《京华时报》、《法制晚报》、《中国新闻网》以及搜狐、网易、腾讯等多家媒体的采访和报道。

其良好的专业素质和敬业精神，受到了委托人的认可和好评。

## 执业领域

擅长征地与房屋拆迁维权。包括土地、房屋征收，拆迁立项批准、规划许可、土地使用权批准、拆迁许可证的行政复议及行政诉讼，拆迁裁决、强制拆迁前置听证，以及因房屋拆迁有关的谈判等各项法律服务。

王有银律师是胜诉高于传统征地拆迁维权模式四倍的征地拆迁“组合诉讼”维权理论的提出人和倡导者，是北京第一位承诺只为被拆迁人代理官司的维权律师，其创办的北京圣运律师事务所也是全国唯一一家只为被征收人和被拆迁人维权的律师事务所。

王有银律师12年的法律服务经历，有过数百起胜诉案件的成功积累；其特别擅长集体维权，处理疑难复杂纠纷和突发性事件，具有极强的危机化解能力，在业内以处理疑难复杂案件及最高胜案率知名；作为一名承诺只为被拆迁人服务的资深专家型拆迁律师，创造只用一小时就为被拆迁人净增“四百万元”拆迁补偿的维权记录；用28天完美代理中国首例“农民自制火炮护田”武汉杨某某征地维权案，并开创用个案推动市政府修订地方拆迁管理办法的维权先河。

## 执业业绩

王有银律师以诚信为基，不畏权贵，全力维护委托人利益，有着丰富的办案经验以及精深的理论素养。他律师拆迁维权的足迹遍布吉林、辽宁、内蒙古、北京、天津、河北、山东、江苏、浙江、湖北、湖南、安徽、福建等全国各地，在数百起的维权案中，为当事人赢得了满意的补偿款、成功中止或终结拆迁裁决、成功阻止强拆进行或最终使法院判决政府强拆行为违法、成功撤销政府的拆迁许可证、建设用地规划许可证，成功解除不合理的拆迁安置合同，等等，取得了令广大委托人满意的维权成绩。

他办案思维严谨，常以其独到的见解和独创的方法取胜，为客户排忧解难，赢得了广大处于弱势地位的被征收人和被拆迁户的广泛信任。

同时他从大量的维权实战经验中汲取了丰富的养分，撰写、发表了百余篇专业文章，如：《〈国有土地上房屋征收与补偿条例〉律师注释制胜三十六招》、《毛泽东论拆迁——我们做的是正义的事业》；“如何做个合格的钉子户系列”：只为被拆迁户维权的律师、拆迁的基本原理、坚决与中央保持高度一致、博弈与和棋、围魏救赵；《弱势的每一次胜利都是正义的胜利》；《又是一场阻击战的胜利》；《河北省首例政府信息不公开案件的启示》；《拆迁律师谈北京补偿新政策》；《教你读懂拆迁许可文件》；《解读〈关于依法保护行政诉讼当事人诉权的意见〉》；“拆迁律师点评系列”：江西宜黄县委书记因拆迁自焚事件被免职、血房地图与社会和谐、拆迁领域职务犯罪引发深思，等等。这些文章或是王有银律师对实际办案经验的精心总结、或是对拆迁法律法规的专业解读、或是对拆迁维权不合理制度的深度解构、或是对暴力强拆的辛辣抨击，这些都构筑起了一位专业房屋拆迁维权律师深邃的思想和伟大的人格力量。

## 公益

王有银律师热衷公益事业，是为扶助弱者维权的圣运公益援助基金的主创人之一；

2010年在全国范围内启动规模最大的政府信息公开公益案件；

公益代理中国首例农民“火炮护田”案件；

公益代理河北正定拆迁户自焚案件；

上书人大修订《城市房屋拆迁管理条例》等。

北京圣运律师事务所

地址：北京市海淀区中关村南大街甲六号铸诚大厦 B座1701室

手机：13811117637

电话：0086（10）51581088

传真：0086（10）51581098

网址：www.bjsheng.com

www.dingzihu888.com

邮箱：china-lawyer@126.com

年鉴人物－北京市优秀律师——徐永前（北京）

## 徐永前 律师

徐永前律师系北京市大成律师事务所律师、高级合伙人，管理委员会委员、市场开发委员会负责人，2004年度北京市优秀律师。

徐永前律师毕业于复旦大学法律系，现任清华大学法学院法律硕士联合导师，北京工商大学和中国企业联合会培训中心客座教授。

徐永前律师提出并倡导了产权改革中的主协调律师制度，主持过数十家大型特大型企业重组改制、并购交易、法律风险管理体系建设和公司治理结构完善等操作实务，具有丰富的实际操作经验，在国有企业重组改制、公司治理、企业并购、上市、不良资产处置、法律风险防范体系建设等方面业绩卓著，致力于为中国500强企业"走出去"在全球范围内配置资源提供法律服务。

徐永前律师为《公司法》、《证券法》、《企业国有产权转让管理暂行办法》、《上市公司治理准则》等十余部法律、法规、规章及规范性文件的起草或者修改提供咨询意见及建议；主持制定全国律协《中华律师协会律师承办国有企业改制与相关公司治理业务操作指引》等多项业务指引。

徐永前律师现任中华全国律师协会教育委员会委员，民事委员会民商法律高级讲师团副团长、副主任委员、统筹城乡发展论坛主任；中国劳动学会薪酬专业委员会常务理事；中国法学会商法学研究会理事、中国国资法治高峰论坛秘书长。

徐永前律师还担任《商法实务系列丛书》主编，《改制分流一百问》副主编，国务院国资委《企业国有产权转让操作指南》编审，《打造世界一流企业法律保障研究》等多项课题负责人，北京市人民政府《企业改制上市操作指南》编委（负责律师篇工作），并编著《企业法律顾问资格考试》（公司治理法律实务篇）。著有《企业法律风险管理操作实务》、《经营者持股与股票期权计划的规范设计》、《职工持股制度和主协调律师制度》、《风险投资法律实务》、《BOT项目融资法律实务》等，律师实务论文曾连续多次获国家或省部级一等奖。

地址：北京市东直门南大街3号国华投资大厦15层
大成律师事务所
邮编：100007
电话：010-58137799.58137603
传真：010-58137766
邮箱：yongqian.xu@dachenglaw.com

年鉴人物－全国优秀律师——张凤成（北京）

## 张凤成 律师

张凤成律师，男，1964年7月1日出生，汉族，北京市人，大学本科学历。北京市三维律师事务所主任。第七次全国律师代表，北京市律师协会理事，北京市律师协会农村法律专业委员会副主任，北京市非公经济人事联谊会理事，北京市大兴区工商联合会执委，北京市大兴区政协委员，北京市大兴区政府法律顾问团成员，北京市大兴区人民法院特邀监督员，北京市团河劳教所执法监督员，北京市大兴区律师协会监事长。

曾被评为2005～2007年年度全国优秀律师，第8届中国时代十大杰出人物，"北京市法律服务先进个人"、"法律援助优秀律师"，"大兴区首届十佳律师"。张凤成律师于1988年起从事法律工作，1993年取得中华人民共和国律师资格，1994年起从事律师工作至今。

张凤成具有丰富的法律知识及律师业务实践工作经验。曾办理过多起重大经济纠纷、刑事辩护、拆迁补偿、建筑工程纠纷及房地产案件，为多家大中型企业及政府部门担任法律顾问。擅长办理各种经济合同纠纷、建筑工程承包纠纷、房地产纠纷案及公司兼并收购等法律事务，并注重有关农村法律事务的研究。

**北京市三维律师事务所**

北京市三维律师事务所于1993年4月经北京市司法局批准成立，是一家成立时间较早、规模较大的大型综合性律师事务服务机构。

主要从事各种经济合同、建筑工程、房屋地产、知识产权、婚姻家庭、财产继承、交通事故、医疗事故、劳动争议、刑事辩护等诉讼业务，以及公司收购、重组改制、破产清算、融资租赁、按揭贷款、土地开发、法律顾问等非诉业务。

三维律师事务所对所承办的法律事务认真负责，得到了当事人和社会的好评。在2000年3月曾被北京市司法局、北京市人事局授予"人民满意的先进集体"的称号，2005年1月被北京市律师协会评为"北京市优秀律师事务所"，2005年、年被评为"大兴区精神文明先进单位"，2006年被评为"首都精神文明先进单位"，2007年7月被大兴区双拥办评为"双拥工作先进集体"，2008年4月被北京市司法局、北京市人事局授予"司法行政系统先进集体"的称号。

地址：北京市大兴区康颐园1-1-201号　　邮编：102627
电话：010-60237498　　010-60246919
E-mail:swzfc@126.com　　网址：www.bjlssw.com

年鉴人物－优秀律师——张理华（北京）

# 张理华 律师

北京炜衡律师事务所高级合伙人；中国政法大学硕士；中国政法大学在职法学博士研究生；中华全国律师协会会员；中国法学会会员；北京市律师刑事诉讼法专业委员会委员。

曾应邀最高人民检察院《方圆律政》杂志委员会委员

张理华律师 1988 年之前从事企业行政高管工作，1988 年从事律师工作至今，2009 年至今办理多起中纪委查办的特别重大刑事案件，为维护社会稳定，反腐倡廉作出了极大贡献， 2010 年度获北京百名优秀刑辩律师荣誉称号，其作品入编《中国优秀律师辩护实录》（法律出版社出版）。2011 年 3 月 15 日入编人民日报出版社《信仰的力量》一书《当代著名律师辩护纪实》并作序。2011 年 3 月获中国大律师网“中国百强律师”称号评选荣登首榜

**擅长：**刑事辩护、经济、合同、民事、金融、矿权资源、建设工程、房地产、土地、股权转让、证券、知识产权、行政诉讼、企业重组、高管顾问。

全方位为企事业单位提供法律服务，办理了大量的有关类型性质的诸多案件，为企事业单位挽回了巨大的经济损失，赢得了社会的一致好评，为社会主义市场经济的发展和建设增加了活力，做出了贡献。无论是对弱势群体还是重大的疑难案件，张律师都义无反顾恒心勤勉、诚心认真为当事人排忧解难。

**格言：**反腐倡廉 无畏无惧！ 为国为民 伸张正义！

**成功案例：**故意杀人、故意伤害、贪污受贿、粉碎黑社会团伙、赌博、渎职、抢劫、合同诈骗、金融票据诈骗、职务犯罪、挪用公款、挪用资金、非法经营、涉毒案件、婚姻家庭、金融、房地产 、经济合同、知识产权、行政诉讼、土地纠纷、矿业纠纷、重大医疗事故、道路交通、劳动争议、交通肇事、中外合资、非诉讼、股权转让、国际金融、涉外活动、拆迁安置。

北京炜衡律师事务所
地址：北京市海淀区北四环西路 66 号中国技术交易所大厦 A 座 16 层
电话：010-82483083 010-62684688（总机）
传真：010-62684288 手机：18611237285
网址：www.whlaw.cn 个人：www.bjzlh2009.9ask.cn

年鉴人物－优秀税法律师——张颖（北京）

# 张颖 律师

张颖律师，中华全国律协公司法委员会委员；北京律协七届税务法律事务委员会副主任；会计学本科，民商法学研究生结业；1988 年会计师资格，1992 年律师资格，2002 年中国注册税务师资格，1999 年转向律师专业化服务，是中国最早从事财税法律业务的税务律师。

**主要学术成果和在全国有较大影响的文章**

2003 年发表第一篇实用性论文《合伙制律师事务所纳税筹划》。

2005 年 4 月 30 日在人民法院报发表《避税、反避税及其法律适用》，解析在香港利用信托法、税法从香港转移资产、转移居民纳税人身份从而规避巨额遗产税的案例，同年 12 月香港政府宣布取消遗产税，理由是为了稳定香港的投资和发展，这正是张颖律师解析的规避遗产税的方法。

2007 年独著《个人所得税纳税筹划》（ISBN：978-7-5036-7417-4，法律出版社）。

2008 年达能之争引发宗庆后涉嫌偷逃 2 亿元个人所得税的案子，如何定性是全国关注的焦点，张颖律师发表了《宗庆后税案分析——我国税收征管的漏洞》，详解了宗庆后各种收入的认定、定性，相关征管法律等，张颖律师认为是漏税而非偷税，之后该案没有进入刑事程序。同年底颁布的《刑法修正案（七）》修改了偷税罪，新罪涵盖了宗的漏税行为。

2008 年 9 月张颖律师应《中国财经报》邀请撰写了《我国拟修改的偷税罪尽显法律化人性化》，2009 年 4 月 7 日，国家税务总局网站《税务要闻》中的《数宗税案司法变调引起各方极大关注》一文，引用了张颖律师的观点。

2009 年 5 月全国研讨争执不休的企业向个人借款利息是否允许税前扣除的问题，张颖律师在《中国税务报》发表《企业向个人借款利息我认为应当允许税前扣除》的文章，同年 12 月《国家税务总局关于企业向自然人借款的利息支出企业所得税税前扣除问题的通知》（国税函〔2009〕777 号）。

2009 年，张颖律师接受中国税务报的几次焦点问题采访，关于增值税转型后进项税额抵扣等问题的观点，也在国家税务总局后来颁布的文件中得以体现。

张颖律师服务的各种涉财税案件均体现了复合型律师的优势，直接查账解读各种账簿、会计凭据，打破财税人从财税法解读财税法的思维，以法律人的视角解读并适用财税法律法规文件，为某部涉嫌被骗的刑事案件解读会计原始凭证，帮助挽回损失 X 亿元。

电话：13070186297
邮箱：ying89@sohu.com
博客：http://zhangying55.blog.sohu.com

# 詹昊律师

詹昊律师，北京安杰律师事务所合伙人。武汉大学法学学士、法学硕士，“中国——欧盟司法与法律合作项目”公派留学人员，北京大学法学博士，特华博士后工作站经济学博士后。现担任中央财经大学法律硕士导师；中国国际经济贸易仲裁委员会仲裁员；中华全国律师协会国际业务委员会副主任；中国保险行业协会交强险专家委员会副主任。

获得荣誉：

詹昊律师被 Chambers and Partners 评为 2012 年度反垄断领域“Band One”律所（“第一等律所”）的主要律师，所带领的保险法团队自 2010 年以来连续三年被 Chambers and Partners 评为保险法领域“Band One”团队。被杂志 Expert Guide 评为 2010 年中国最佳反垄断律师；被 Practical Law Company（“PLC”）评为 2012 年中国最佳反垄断律师；被杂志 The International Who's Who of Insurance & Reinsurance Lawyers 评为 2010、2011、2012 年国际保险和再保险律师。

主要执业领域：

**反垄断法领域**：为美国、德国、澳大利亚、加拿大、瑞士、印度、法国、日本、韩国企业多次提供经营者集中反垄断申报服务，领域覆盖机械制造、航空、IT、食品、医药、能源、汽车、纺织、金融等。为大型跨国公司和央企提供应对反垄断执法机构调查垄断协议、滥用市场支配地位、行政垄断等行为的对策分析、抗辩及为其编写中国反垄断法合规手册或反垄断业务指南等。为中国多家公司在欧共体、美国、澳大利亚进行并购提供反垄断申报服务。代理客户参加反垄断民事诉讼。为国内外客户提供反垄断案件的经济分析，多次在各种反垄断学术会议上发表演讲。

**保险法领域**：为涉及境内外的保险公司收购、保险资金运用、投融资提供法律服务；为多家央企和上市公司的企业年金托管提供法律服务方案；担任多家境内保险公司、保险中介机构、英国、西班牙、美国、瑞士等境外保险公司的常年法律顾问；代理多家国有大型能源企业、建筑工程企业、知名跨国金融集团在华保险诉讼和仲裁，案件标的额达数十亿元。

**诉讼及仲裁领域**：代理了许多重大、疑难案件的仲裁与诉讼，很多胜诉案件由最高人民法院公报公告，擅长以英语为庭审语言的涉外仲裁。

学术著作：《＜反垄断法＞下的企业并购实务——经营者集中法律解读、案例分析与操作指引》《反垄断法理论与中外案例评析》《新保险法实务热点详释与案例精解》《中国律师办案全程实录－保险诉讼》《保险市场规制的经济法分析》《保险法原理精解与典型案例评析》《上市公司投资者关系》。

# Mr. Zhan Hao

Zhan Hao, Managing Partner of AnJie Law Firm, LL.B. and LL.M in Wuhan University, participator in the China-EU Judiciary and Legal Cooperation program undertook by Ministry of Commerce and Ministry of Justice of P.R.C, PhD in Peking University and Post Doctor researcher on microeconomics at Tehua Post Doctor Workstation.

Dr Zhan is an adjunct Professor of University of Central Finance and Economics, an Arbitrator of China International Economic and Trade Arbitration Commission (CIETAC), a Vice President of International Committee of All China Lawyers Association, a Vice President of Professional Committee of Compulsory Traffic Accident Liability Insurance of China Insurance Association.

**HONORS:**

Dr. Zhan Hao is rated as the key individual of "Band 1"law firm in Competition/Antitrust field in 2012 and the his insurance team was rated as "Band 1"law firm in Insurance field in consecutive three years since 2010 by Chambers and Partners. Dr Zhan was awarded as the best Antitrust lawyer of China in 2010 by Expert Guide, in 2012 by Practical Law Company("PLC")and the World's Leading Insurance & Reinsurance Lawyer in 2012 by Who's Who Legal.

**PRACTICE STRENGTHS:**

**Competition & Anti-trust Law:**

Dr. Zhan Hao's service areas cover: merger filing, defense for administrative investigation of monopoly agreements, abuse of dominant position, antitrust private ligation and antitrust compliance. His client base includes not only domestic companies, but those from United States, UK, Germany, Spain, Canada, Australia, Japan, France, India, Switzerland and etc.

Dr. Zhan is the Chinese antitrust lawyer having both PhD in law and extensive experience in post-doctor microeconomics research. Dr. Zhan has authored a number of academic books and papers on Anti-Monopoly Law, published by LexisNexis and Chinese leading legal presses, such as The practice of Merger & Acquisition under the Chinese Anti-Monopoly Law: Legal Analysis, Case Study and Practical Guideline on the Concentration of undertakings, etc. He has been invited by Chinese government authorities to participate in drafting regulations on target monopoly agreements and abuse of dominant position.

**Insurance & Re-insurance:**

Dr. Zhan Hao's service areas cover: insurance claim, litigation and arbitration concerning insurance subrogation, mergers and acquisitions concerning insurance companies, establishment of domestic and overseas insurance organizations, utilization of insurance fund, insurance companies' compliance, development of insurance products, corporate governance within an insurance company, issuing of subordinated debt of insurance company, enterprises annuity and IPO for insurance companies. In legal and compliance affairs of insurance companies, he has given legal services such as establishing the trusteeship of enterprise annuity, providing feasibility demonstration, providing legal counseling, providing Due Diligence Reports etc. for companies such as MAPFRE, SwissRe, Zurich. In insurance litigation and arbitration, he has represented clients such as PICC, Ping An ,Huatai and China Life. In investment and financing, he has assisted insurance companies on its overseas private equity projects and the utilization of the insurance fund.

**International arbitration and litigation:**

Dr. Zhan Hao has handled many major and complicated cases and has abundant experience in international arbitration. He acted as the legal counsel for numerous arbitration cases in China, UK, France, Singapore, Stockholm and Japan etc, and helped foreign clients to get foreign arbitrary rewards recognized and enforced in China.

**Contact Information**
**Zhan Hao Managing Partner**
**AnJie Law Firm**
26/F, Tower D, Central International Trade Center
6A Jianguomenwai Avenue, Chaoyang District, Beijing 100022, P.R.China
Tel: (86 10) 85675988 Dir: (86 10) 85675966
Fax: (8610) 85675999 Mobile: (86) 13911781654
Email: zhanhao@anjielaw.com http:// www.anjielaw.com

# 朱加宁 律师

朱加宁（曾用名朱嘉宁），男，1957年5月出生，华东政法学院法学本科毕业，浙江大学法学研究生，中国政法大学在职法学博士生，中国人民大学工商管理博士班结业。北京市国纲华辰律师事务所高级合伙人、杭州分所主任，一级律师。1984年9月起从事专职律师工作，曾先后担任浙江海威特律师事务所主任，浙江海浩律师事务所主任，浙江星韵律师事务所北京分所副主任，北京市国纲律师事务所副主任。现为中华全国律师协会行政法委员会委员，杭州仲裁委员会仲裁员。在多所高等院校担任兼职教授，多次被评为省级优秀律师及省级司法行政系统先进工作者。

朱加宁律师在20多年的执业活动中，担任过不少国家机关和企事业单位的法律顾问，在最高人民法院和省级高院办理了大量的民商事案件和知识产权案件，在各级法院办理了不少有影响的刑事和行政案件。其办理的不少案件被《法制日报》、《人民法院报》、《检察日报》、《民主与法制》、《律师与法制》等中央和省级媒体报道和转载；有的案例被编入最高人民法院主编的《立案工作指导》等书籍；其为省市新律师上岗培训和高校大学生所作的讲座，深得听众好评；其还多次作为嘉宾，在中央电视台2套和7套的专栏中作法律评析。在执业之余，朱加宁律师还在《法学杂志》、《法治研究》、《律师文摘》等全国性刊物上发表多篇法律论文，并有多本法律专著由法律出版社、中国人民公安大学出版社、中国检察出版社和吉林人民出版社出版。

朱加宁律师办理的商事案件中，仅在最高人民法院胜诉的案件就有：代理某电力建设公司应诉香港某公司损害赔偿案，二审改判驳回港商索赔5500万的全部诉讼请求；代理某高速公路公司的管辖权争议案，再审支持我方再审请求，撤销一、二审管辖裁定，将案件指定我方所在地法院重新审理；代理某企业发展公司的房产权属纠纷案，再审驳回对方主张的亿元房产权属的全部诉讼请求；代理某房地产公司合作纠纷案，再审驳回对方数千万元权益的诉讼请求。其在省级高院胜诉的典型案例有：代理某投资公司股权转让案，二审采纳我方上诉请求，撤销一审返还本金2000万元的判决，改判对方双倍返还定金共4000万元；代理某电缆公司，二审支持我方上诉请求，撤销一审判令我方支付1200万元佣金的判决，改判我方分文不付；代理某集团公司，一审、二审和再审均支持我方主张，驳回某银行要求我方归还借款4000万元的全部诉讼请求；代理某外贸公司，二审驳回某资产公司不服一审部分清偿判决而要求全额清偿的上诉请求，改判驳回资产公司全部诉讼请求。

朱加宁律师办理的知识产权案和有较大影响的民事案件有：代理美国某公司诉国内某公司"圣诞老人"著作权纠纷案；代理国内某工艺品公司应诉美国某外贸公司的"实用艺术品"著作权纠纷案；代理国内某摩托车制造公司与日本某企业在国家专利局的专利复审案；代理欧洲某著名企业诉国内某商厦公司商标侵权纠纷案；代理国内某空调配件公司应诉日本某著名公司的商业秘密侵权纠纷案；引起国务院港澳办和新闻办关注的"澳门回归宣传画"著作权纠纷案；引起我国民航保卫体制改革的"戴手铐的旅客"诉航空公司人身侵权纠纷案；涉及中国报业先驱邵飘萍先生的某出版社被诉名誉权纠纷案；涉及政府重大建设项目决策科学化、民主化的加拿大外商诉某政府因建桥高度影响船舶通行的相邻权纠纷案等等。

朱加宁律师办理的刑事案件中，既有为刑事被告人"鸣冤叫屈"的刑事辩护和法律帮助案件，也有为刑事被害人及其家属伸张正义的刑事代理案件。在这些刑事案件中，有不少领导干部受贿、渎职的案件，如某省新闻出版社局长罗某受贿辩护案、某省供销社主任朱某受贿法律帮助案、某宣传部长陈某受贿辩护案、某市副市长李某受贿辩护案、某县县长孙某受贿辩护案、某大型国企计划合同处处长陈某受贿辩护案；也有不少涉及公司犯罪和破坏市场经济秩序方面犯罪的案件，如公路建设公司老总吴某涉嫌虚假出资等三罪被无罪释放案、身兼两职的公司老总郑某涉嫌非法经营同类营业罪被无罪释放案，假币贩子薛某获刑十年改判无罪案，辞职另开公司的张某侵犯商业秘密被宣告缓刑案，银行行长黄某非法出具金融票证案；还有一些涉及公民人身权利方面以及其他方面的案件，如企业家唐某行使无限防卫权无罪获释案，律师事务所主任裘某被控重伤他人的防卫过当案，证人王某出庭作证后被逮捕又无罪释放案，法轮功某省站长潘某悔罪从轻处罚案；在为被害人亲属代理的案件中，较为成功的是：还烈士之妹姜某清白的被害人代理案，以及雇凶杀人者王某一审被轻判无期徒刑，二审发回重审，雇凶者最终被判处极刑的"亿万富翁杀亿万富翁"案。

朱加宁律师代理的有较大影响的行政案件有：代理泰国某外商诉深圳市工商局不服清算决定案；代理某省外经贸厅应诉某中外合资企业不服清算决定案；代理某房地产公司诉安徽省某市政府土地行政纠纷案；代理某建筑集团公司诉浙江省某市政府土地行政纠纷案；代理第三人某国内企业参与某企业诉国家商标局不服商标复审决定案；代理第三人某香港企业参与某企业诉某外经贸局不服行政审批纠纷案。

"学习、学习、再学习，实践、实践、再实践"，朱加宁律师以此作为座右铭，在日益拓宽和深化的律师业务领域中不断耕耘并乐此不疲。

**北京总所：地址北京市东二环广渠门桥名敦道A6幢21楼，邮编100022**
**电话总机 010-65667466**
**传真 65667486，手机 13311151937**

**杭州分所：地址杭州市天目山路7号东海创意中心3号楼19层B区，邮编310007**
**电话总机：0571-89986988**
**传真：89986990，手机：13805798636**
**邮箱网址：zjnls@126.com，www.ggls.com.cn**

## 年鉴人物－优秀建筑房地产专业律师——曹珊（上海）

### 曹珊 律师

曹珊律师，上海市建纬律师事务所高级合伙人。

高级律师、土建高级工程师、国家土建一级项目经理、国家土建一级建造师、国家注册土建造价工程师、中华全国律师协会民事专业委员会委员暨建设工程论坛副主任、中国房地产业协会法律事务委员会委员、中国建筑业协会法律事务委员会委员、江苏省建设厅基础设施建设工程招投标评标经济类资深专家评委、河南省建设厅轨道交通招投标评标专家、南京大学工商管理硕士（MBA）经济法主讲教师、中国人民大学律师学院客座教授、中国政法大学高级研修班讲师、中国轨道交通促进联盟理事会理事。

**教育背景** 哈尔滨建筑工程学院工民建本科、南京大学法学院经济法硕士、河海大学工程管理硕士。

**业务领域** 曾在大型建筑施工企业工作近十年，负责施工项目的全面管理。现受聘为多家房地产公司、城投公司和建筑工程承包公司及规划设计公司、材料供应商的法律顾问，参与多个大型住宅小区、商业建筑开发、工业厂房、省级重点工程的全过程法律服务出具法律意见书、起草复杂的法律文件。对我国房地产和建设工程相关的法律法规有深入的研究和具体的实践，积累了丰富的经验，可以为房地产和建设项目设计从建设融资、规划、设计、招标、施工、销售、租赁、按揭等系列方案；为大型项目公司通过项目运作的方式进行资产重组、收购兼并、终止或破产清算提供全面的法律服务；擅长为房地产和大型建设项目提供全过程法律服务；为房地产或建设工程公司提供交钥匙工程的合同起草和谈判的法律服务，尤其是FIDIC施工合同；为房地产或建筑工程公司提供施工的质量、安全、造价等方面的有操作性的制度和资料保障体系，为工程的顺利进行和结算提供全面的法律服务。擅长涉及建设工程领域各类纠纷的诉讼。

**主要荣誉** 2006年被《中国建设报社》评为“首届全国建设领域百名优秀专业律师”；2009年被《建筑时报》评为“纪念改革开放三十周年建设领域法制先锋人物”。2006年第六届中国国律师论坛获优秀论文奖；2007年第九届中国民商法实务论坛优秀论文奖；2009年第八届中国律师论坛获优秀论文奖；2010年第七届长三角法学会论坛获三等奖；2010年第九届黄浦律师论坛二等奖。发表数十篇关于建设工程法律服务的论文。

地址：上海市镇宁路9号九尊大厦16楼
邮编：200050
电话：021-52393626　传真：021-52393128
邮箱：sunnycao2000@163.com

## 年鉴人物－第四届上海市优秀女律师——李红（上海）

### 李红 律师

李红律师为北京中伦律师事务所高级合伙人、国际业务部主要合伙人、上海分所执行合伙人之一，中国国际经济贸易仲裁委员会仲裁员。她先后毕业于北京外国语大学（1987年和1989年）、武汉大学法学院（1996年）和美国纽约大学法学院（2002年），分别获英文文学士和国际文化交流硕士、国际经济法法学硕士和公司法法学硕士等学位。李律师于1993年获中国律师资格，拥有20年涉外法律实务经验。客户主要为欧美跨国公司和境外企业，擅长提供并购（境内、境外交易）、重组、外商投资、复杂商业交易、公司事务、争议解决等方面综合法律服务。近年来代表性交易事项有：

代表美国凯雷集团（Carlyle Group）和加拿大Onex集团以56亿美元收购美国通用汽车集团艾里逊变速箱（Allison Transmission）业务部门项目；代表美国某风投公司以1亿美元收购泰科电子（Tyco Electronics）电源系统业务部门项目；代表美国某私募股权公司收购美国三角航空公司（Delta Airline）项目；代表美国某最大私营企业通过法院程序收购若干国有上市公司股权项目；代表美国某最大私营企业参与在华16家外资企业重组项目，总金额逾111亿美元；代表某世界十大汽车零部件供应商之一客户与某国有大型企业集团设立合资公司项目，投资金额约人民币1.15亿元；代表荷兰某石油天然气服务巨头为在华业务重组提供综合法律服务；代表某全球四大会计师事务所对香港某上市餐饮集团所涉国内几十家公司重组项目。

因其一贯的高质服务和良好口碑，李律师屡获殊荣。

2008年至2011年被国际著名法律评级机构钱伯斯（Chambers & Partners）评为中国大陆和香港“公司和并购领第一级别（Band 1）”律师。钱伯斯亚洲2011年评选称其为“市场中具领先权威性”的律师，2010年评选盛赞“其公司业务能力是客户及国际律师们历来首选的原因”；2007年至2010年被《亚洲法律与实务》杂志（Asia Law Practice）评为“并购领域亚洲领先律师”；2004年至2009年被《亚太法律500强》（Asia Pacific Legal 500）评为“中国推荐律师”；2011年2月，获上海市“第四届上海市优秀女律师”称号。美国纽约美中关系全国委员会“杰出青年”论坛2003～2005年度人物；美国亚洲协会2006年度“亚洲21世纪杰出青年”。

中伦律师事务所上海分所
地址：上海市浦东世纪大道8号上海国金中心B座11楼
邮编：200120
电话：0086 021 6061 3600
传真：0086 021 6061 3555
邮箱：audryli@zhonglun.com

# 曹志龙 律师

曹志龙律师，男，中国共产党员，硕士，上海市联合律师事务所合伙人、党支部副书记。兼任全国律协战略发展委委员、上海市律协青年律师工作委员会副主任、上海律协规划与规则委员会委员、上海市律协国资国企业务研究委员会副主任、上海市律协公司法业务研究委员会委员、上海市卢湾区律师工作委员会秘书长、上海卢湾区青年律师联谊会理事和秘书长、上海市徐汇区青年企业家联合会委员、华东政法大学社会导师等职务。曾担任中学语文教师，在华东政法大学、中国政法大学法学院、美国太平洋大学等学校就读和学习，兼具中文、法学、经济学三种专业。

所在的联合所曾多次受到司法部、上海市司法局和律师协会的赞誉，先后被评为全国优秀律师事务所、上海市先进律师事务所、文明单位、文明窗口，是 ADVOC 上海的唯一成员所和中国八方律师联盟的上海唯一成员所。

## 业务介绍

曹志龙律师主要业务领域为公司法、国资国企、房地产及投资与融资业务。参与了数百家公司的设立和投资、重组和上市、公司治理、清算和破产等等；担任上海市浦东新区房地产（集团）有限公司、上海大屯能源股份有限公司、上海中房置业股份有限公司、上海紫都置业房地产有限公司、力奇先进清洁设备（上海）有限公司、上海市奉贤农业园区管委会等 20 多家大型企业和政府机关常年法律顾问；主办或参与市国资委下属 49 家国有企业章程修改和改制、多家企业法律风险体系建设、中房金谊广场商业运营项目等一系列重大项目；代理浦房集团与陆家嘴集团的房屋拆迁合同纠纷、威海泰和投资有限公司与威海市公安局和国土局的行政复议等具有一定社会影响的案件。

曹志龙律师把律师作为自己的事业，从民主法治的发展与客户的需求出发，不断学习、研究与创新，做社会变化的跟踪者，新法律与客户新需要的不断研究者，法律的实践与创新者。他把每一件案件都作为一件艺术品，精益求精，力求完美。他坚持做事先做人，成功先成才，在业内具有较高的声誉。

## 获得荣誉

2007 年 6 月荣获上海市司法局直属律师党委“2005 ～ 2007 年优秀共产党员”称号。

2009 年 4 月 2 日上海市青年岗位能手活动组织委员会授予“第十届上海市青年岗位能手称号”。

2009 年 9 月《中国律师如何更好地为跨境投资企业提供法律服务》获第七届华东律师论坛优秀论文一等奖。

2009 年 12 月荣获上海市卢湾区司法局、上海市律师协会卢湾区律师工作委员会颁发的“民商事代理优秀奖”。

2010 年 11 月荣获上海市卢湾区司法局党委世博“五带头”优秀共产党员。

2011 年 3 月以高票当选为“上海市第四届优秀青年律师”。

2011 年 9 月 19 日荣获 2010 年度上海优秀房地产专业青年律师称号。

## 出版或者发表的论文著作

《青年律师应当努力做到科学发展》（发表于 2009 年《中国律师》第 10 期，并被《科学发展在中国》一书收录）；

《中国律师如何更好地为跨境投资企业提供法律服务》（发表于 2010 年 8 月《上海律师》，此文获第七届华东律师论坛优秀论文一等奖并获主题发言）；

《从实证的角度谈谈事实物权与法律物权》（2009 年 8 月法律出版社《物权法实务操作》）；

《试论我国不动产登记机构的选择》（2009 年 8 月法律出版社《物权法实务操作》）；

《立约定金合同纠纷案例》（2010 年 5 月法律出版社《物权法实务操作》）；

《浦房集团与某国有企业房产拆迁案》（2010 年 5 月法律出版社《物权法实务操作》）；

《威海某开发区行政复议案》（2010 年 5 月法律出版社《物权法实务操作》）；

《为上海 49 家国有企业章程修改提供法律服务》（2010 年 5 月法律出版社《物权法实务操作》）；

《新〈公司法〉颁布后律师在国有企业改制中的作用》（发表于《上海律师》2009 年第 4 期）；

《“限塑令”引发的新思考》（2008 年 8 月发表于《上海律师》）；

《企业知识产权诉讼的实战战术之经典例析》（发表于《上海律师》）；

《股权转让中股东优先购买权的限制》（发表于《上海律师》）；

《我思故我在》（发表于香港文汇出版社《青年律师——上海青年律师成才之路》）。

地址：上海市黄浦区区延安东路 222 号外滩中心 1702 室
邮编：200002
电话：021-68419377
传真：021-68419499
邮箱：alancao@unitedlawfirm.com

# 胡 光 律师

上海胡光律师事务所主任、首席合伙人、律师。

### 教育背景

1986～1990年，武汉大学国际法法学学士；1991～1993年，美国俄亥俄州首府大学 商法税法法学硕士。

### 工作经历

2008至今，上海胡光律师事务所主任／首席合伙人；1999～2008年，上海市邦信阳律师事务所创始合伙人；1996～1999年，飞利浦电子中国集团法律顾问；1993～1996年，美国俄亥俄州舒士克曼律师事务所 律师（获美国俄亥俄州律师执业执照）。

### 业务领域

公司法与商法，收购、兼并、重组，外国直接投资，公司及股东的纠纷解决。

### 主要业绩

协助英国诺丁汉大学创办我国第一所得到中国教育部批准的中外合作大学－宁波诺丁汉大学；为法国达能集团中国饼干和谷类食品业务的出售提供全程法律服务；为法国达能收购妙士乳业公司提供全程法律服务；参与美国捷智半导体入股华虹NEC全过程，实现捷智半导体尖端技术向中国出口；为德国汉高收购上海国有企业的粘合剂业务和著名品牌“熊猫”牌提供法律咨询服务；为世界500强3M公司收购杭州奥杰医疗器材有限公司提供法律咨询；代表美国宝洁公司建设华东生产基地及参与在华合资企业的谈判；为世界500强公司飞利浦集团收购位于张江高科技园的上海爱培克电子科技有限公司提供全程法律服务；为日本最大的百货店集团之一高岛屋在中国投资设立第一家高档百货店提供法律服务；处理类似“新浪模式”的境外上市公司控制境内公司的股权纠纷。

### 社会职务

上海市政协委员；
上海市政府行政复议委员会委员；
上海市青联委员；
上海市律协理事；
上海市律协青年律师工作委员会主任；
上海市律协外事委员会副主任；
上海市律协公司法业务研究委员会主任；
国际权威法律杂志《商法》（China Business Law Journal）编委会委员。

### 主要荣誉

2011年胡光律师荣获“2008～2010年度全国优秀律师”荣誉称号；
2011年胡光律师荣获第二届“东方大律师”称号；
2011年胡光律师被评为“2010年度上海市司法行政系统先进个人”；
2011年胡光律师荣获“2008～2010年度上海市优秀律师”称号；
2011年胡光律师荣获上海市律协颁发的“服务世博先进律师”称号
2010年胡光律师事务所荣立“司法行政集体三等功”；
2010年胡光律师事务所荣立“钱伯斯法律奖年度新进律师事务所”；
2008年胡光律师被评为“第三届上海市优秀青年律师”（即上海市十佳青年律师奖）；
2007年胡光律师被评为上海市司法行政系统“年度先进个人”；
2006年胡光律师获中共上海市司法局直属律师事务所委员会颁发的 “2006年度先进个人”称号；
2004年胡光律师荣获上海市司法局颁发的“上海市杰出律师奖”；
2004年胡光律师荣获“上海市司法行政系统先进个人”称号；
2003年胡光律师荣获“上海市十佳青年律师提名奖”；
1996年名列1995～1996年美国Martindale-Hubbell律师名录。

### 著作

•《让公民远离“被精神病”的恐惧》，《上海律师》2011年二月；
•《从禁脔到盛宴 -- 外资的中国前景仍然看好》，《Chinese Business Law Journal》（《商法》杂志）2010年12月/2011年一月（中英文对照）；
•《外商投资企业迁址问题（二）：审批与程序》，《Chinese Business Law Journal》（《商法》杂志）2010年2月（中英文对照）；
•《外商投资企业迁址问题（一）：方式及选择》，《Chinese Business Law Journal》（《商法》杂志）2009年12月/2010年一月（中英文对照）；
•《德国汉高集团在华企业股份制改造及重组的启示》，《上海律师》2009年（中文）；
•《公司重组使用股份公司形式》，《中国法律及实务》2004年（英文）
•《股份制改造中出现的操作问题》，《中国法律及实务》2004年（英文）；
•《股份有限公司——一个很有力的重组法律工具》，《中国法律及实务》2004年（英文）；
•《集团重组中的劳动争议》，《中国法律及实务》2004年（英文）；
•WTO' s Impact on the Rule of Law in China（《世界贸易组织对中国法治的影响》）美国曼斯弗尔德基金会 The Rule of Law 2001（《法治》杂志，2001年）（英文）；
•Business Ventures in China: Choosing the Company Form and Structure（《投资中国：对公司类型及架构的选择》），The USAsians 1995 （《美亚》杂志，1995年）（英文）；
•《中国仲裁裁决境外承认及执行》，《法学评论》1990年（中文）。

### 工作语言

中文、英文。

胡光律师事务所
地址：上海市芳甸路1155号浦东嘉里城办公楼8楼
邮编：201204
电话：021 50101666 传真：021 50101222
邮件：martin.hu@mhplawyer.com
网站：www.mhplawyer.com

# 黄仲兰 律师

黄仲兰律师，加州大学海斯汀法学院的法学博士学位，加州大学洛杉矶法学院的国际法硕士学位，华东政法学院法学学士和国际法硕士学位。现为上海元达律师事务所创始及管理合伙人。

**黄律师执业领域**

*法律合规业务*：黄律师为在华跨国企业集团和国内各类企业集团客户提供（包括审核、起草和协助实施）符合中国法律、法规、政策、规章要求的合规守纪计划，以帮助客户发现和避免违法违规情形。黄律师深知公司面临的合规问题的的复杂性，需要考虑许多法律及商业的因素。他对相关的法律法规有着透彻的理解，并按照客户的不同业务领域为其量身定做合规计划，在计划中会充分考虑客户的现有组织机构设置、管理结构、行业特点以及客户的文化背景等特性，并以费用最优化的安排，按照客户的要求，起草和修订相应的合规计划。黄律师与商务部、税务局、外汇管理总局，海关总局等政府机构保持紧密的联系以便为客户提供高效的服务。

*反垄断及反不正当竞争业务*：黄律师在中国的反垄断法及反不正当竞争法方面拥有丰富的执业经验，并为客户提供创新且以结果为导向的法律意见，帮助客户实现其在地方、区域、中国及国际上的战略目标。黄律师的执业领域涵盖了卡特尔调查，电子商务及反垄断、保健品及反垄断、国际反垄断及反不正当竞争，知识产权及行业协会业务。他能针对最具挑战性的法律问题提供综合和全球性的解决方案。

*国内外诉讼和仲裁*：黄律师精通国内外诉讼，从客户利益出发，提出创新性的争议解决方案，为国内外著名企业在法庭和仲裁庭上争取利益。

黄律师曾代表阿尔卡特、联合利华、通用电器、韩松纸业、开利空调、美孚石油、AST、渣打银行、杜邦等跨国公司在中国法院参加诉讼，为客户赢得了最大的利益。同时，黄律师还代理中国公司远涉重洋在美国、德国、英国等地参加诉讼和仲裁。其中在大西洋船务案中，为东方国际上海外贸公司避免了上千万美元的赔偿额，该案成为美国法院国家主权豁免方面的精典案例。

*知识产权*：随着在华投资的不断扩大，外国公司保护、管理和合理使用知识产权的需求也变得日益迫切。黄律师熟悉商标、专利、版权、专有技术、技术保密等法律，为中国本土和国际性企业在各类知识产权的申请、转让、侵权等方面提供服务。黄律师深谙如何采取各种可行的司法和行政救济方式，最大程度地保护客户的知识产权。黄律师对信息产业、生物医药等领域的法律问题具有研究和实践，特别对电信基础服务、电信增值服务、3G、光纤通信、因特网络、软件开发研究等方面为客户提供了服务。黄律师是上海律师协会信息网络法律研究委员会负责人。

**法律执业经历及荣誉**

黄律师于1990年中回国，创办了贝林律师事务所，之后与外经贸部合作创办成立北京长城律师事务所上海分所，任事务所主任。于1990年末，协同其他合伙人创办了上海市锦天城律师事务所。

2000年至2006年，黄律师连续6年被评为亚洲杰出商业律师之一。2004年，黄律师被《亚太律师500强》的发行者《律师界》提名为年度律师，该奖项仅授予亚洲地区最成功的律师。2005年，黄律师被《亚洲法律杂志》入选为中国律师30强。同年他还获本地律所最佳交易撮合律师奖提名。2006年，黄律师获中国最佳交易撮合律师奖，并被《亚洲法律杂志》入选为亚太地区律师100强。2007～2008年，黄律师被《亚洲法律杂志》评为杰出律师，并入选中国律师25强。2009年，黄律师被《Chambers》评为“中国杰出、务实、经验丰富的律师”。2008年由于黄律师在知识产权法领域的出色的专业经验，被上海知识产权仲裁院聘为其首批仲裁员之一。

2011年3月国务院授予元达律师事务所管理合伙人黄律师2010年政府特殊津贴，以表彰他为中国法律界作出的杰出贡献。

**黄仲兰律师代理的部分交易事项**

成功代理一家全球知名的医药企业就兼并另一家世界知名医药企业向商务部和国家外汇管理局提交反垄断报告，交易金额达680亿美元；成功代理一家国际知名零售商解决其新收购的中国子公司（涉及中国29个城市中超过100家商铺）的税务遗留问题，并为其子公司设计税务合规标准；成功代理一家世界500强公司处理中国税务部门针对其高级管理人员开展的调查，并为其做漏税刑事辩护；通过为一家世界500强公司提供一系列涉及合适战略及权利行使的法律服务，成功协助其达到保护其在中国的知识产权组合的目的；协助一家国际知名地产开发商处理特定监管事项，与外汇管理局、商务部及国家工商管理局进行了有效的沟通；成功代理世界最大的食品公司接受国家税务管理局的调查；成功代理一家国有投资公司与一家全球知名的信息技术公司建立从事增值电信服务的合资企业；成功代理一家位列世界500强企业的汽车制造商参与有关不正当竞争的诉讼，该诉讼案件被选为中国近十年来最重要的知识产权诉讼案之一；成功代理一家知名美国商业学院对一家当地经销商提起知识产权侵权诉讼；成功代理一家国际知名信息技术公司建立其外商独资企业，该企业也是中国政府批准成立的首批外商投资的半导体企业之一；促成一家美国音乐公司、一家上海当地媒体集团及一家文化投资公司之间有关成立合资企业的谈判，进而成立了中国首家音像制品合资生产企业；成功代理中国一家证券交易所与IBM、惠普和埃森就在中国建设新一代交易系统进行谈判，该系统是世界上最复杂的交易平台之一。

黄仲兰　管理合伙人　元达律师事务所
地址：中国上海市浦东新区世纪大道88号金茂大厦28楼
邮编：200121
电话：021-6105 0588 传真：021-6105 0501
邮箱：johnhuang@mwechinalaw.com
网址：www.mwechinalaw.com

# 李宪明 律师

锦天城律师事务所，高级合伙人。先后就读于吉林大学、中国人民大学，获法学博士学位。

## 专业领域

金融信托、私募基金、项目融资、兼并收购、直接投资。

## 主要业绩

在金融信托、私募基金、项目融资等领域，李宪明律师有许多创新之作。

上海外环隧道信托投资项目是自我国信托法实施后第一个真正意义的集合资金信托项目。该信托项目的启动标志着我国资金信托业务已经走向规范化发展，被信托业界誉为中国信托业得以奠基的碑石。

北京商务中心区（CBD）土地开发信托融资项目是国内第一个土地开发和基础设施建设信托融资项目，也是北京市在信托法实施后的第一个信托产品。

上海磁悬浮项目公司股权信托受益权投资项目是国内首个股权信托受益权投资产品。该项目运用信托制度，在我国首次将信托受益权划分为优先信托受益权和劣后信托受益权，并通过优先信托受益权转让，实现融资目的。这种结构设计开辟了我国运用优先／劣后的结构进行信托投融资安排的先河，奠定了我国财产权分层交易、内部信用增级等资产证券化基本交易结构的基础。在后来的我国资产证券化业务实践中得到广泛应用。

在为客户提供法律服务的过程中，李宪明律师还开发设计了结构化证券投资信托产品、银行理财产品与信托对接合作的银信合作业产品、限售流通股收益权投资信托系列产品等，目前已发展成为国内信托行业规范化、标准化和系列化的创新型产品。

李宪明律师在金融信托产品结构设计、法律文件起草与修改等方面的开拓性法律服务工作得到了信托业界的普遍认可。他所承办项目的交易结构和法律文本已经成为十年来我国金融信托业和金融机构同类资产管理业务的基础文本。

在财富管理与私人银行业务领域，综合运用信托、外汇、税收、保险制度工具，深入研究财富保护、财富积累、财富转移制度功能与制度需求，创新设计，开拓财富管理法律服务市场，包括子女教育、公益慈善、税务策划、家族治理、退休安排、遗产规划、资金流动等。

## 立法参与

李宪明律师应邀参加全国人民代表大会法律工作委员会、财经委员会、国务院法治局及中国证监会、中国银监会等机构的金融立法工作，主要参与了《中华人民共和国证券法》、《信托投资公司管理办法》、《信托投资公司资金信托管理暂行办法》、国务院《信托机构管理条例》、《中华人民共和国物权法》、《信托投资公司创新试点办法》、《上海市信托登记试行办法》及中国资产证券化立法与相关法律法规的论证、修改工作。

上海信托登记中心，是国内第一家专业信托登记机构。李宪明律师为上海信托登记中心的设立提供了全程法律服务，并在中心设立后作为常年法律顾问提供法律服务。

作为中国信托业协会专家理事，李宪明律师致力于：（1）中国银监会、中国信托业协会的《信托法》立法后评估课题研究工作；（2）中国银监会和全国金融标准化技术委员会的《信托产品合同文本标准》和《信托业务分类标准》制定工作；（3）《信托法》的司法解释立项工作。

## 理论研究

理论研究和立法论证方面，李律师在《金融时报》、《中国证券报》、《上海证券报》、《解放日报》、《经济日报》及《中国金融》、《金融家》等报刊杂志上发表论文、接受专访五十余篇。

## 社会职务

李律师为中国信托业协会专家理事、上海信托登记中心专家理事、上海市律师协会信托业务研究委员会主任，中国人民大学法学院法律硕士专业学位研究生兼职导师。

## 主要荣誉

曾荣获“2008～2010年全国优秀律师”、上海市第二届“东方大律师”、“2009年度浦东新区司法行政系统先进个人”、“2008年度浦东新区司法行政系统先进个人”、第二届“浦东新区十大杰出青年律师”、“浦东新区新长征突击手等荣誉称号。

地址：上海市浦东新区花园石桥路33号花旗集团大厦14层
邮编：200120
电话：021-61059033
传真：021-61059100
邮箱：xianminglee@allbrightlaw.com

# 林丽娟 律师

上海市新华律师事务所高级合伙人。

上海市新华律师事务所，成立于1981年，系上海市最早注册成立的律师事务所之一。该所为专业从事外商投资、房地产、民事、刑事、知识产权、贸易、金融、保险、劳动、海事、海商等领域诉讼与非诉讼法律服务的合伙制综合性律师事务所，拥有一批经验丰富、学有专长的复合型人才。上海市新华律师事务所先后被评为“上海市先进律师事务所”、“部级文明律师事务所”、“全国优秀律师事务所”、上海市“文明单位”等荣誉称号。

## 执业背景

林丽娟律师1984年起任职于区人民检察院，以其出色的工作能力多次受到司法行政系统的嘉奖表彰。1992年她经组织调动进入上海市新华律师事务所从事律师工作执业以来，满怀追求公平正义的理想始终为当事人提供优质的法律服务。她于1993年牵头设立的“新华热线”在业内树立了良好的口碑，社会反响非常强烈，被共青团上海市委授予“共青团号”。她代理的案件多次被中央电视台、上海电视台等媒体作为典型案例报道。

林丽娟律师在司法行政系统内拥有良好的职业口碑，并以其敬业精神、深厚的法学理论功底和独到的见解赢得客户的好评。

## 相关资质

律师资格

国家二级心理咨询师

## 业务专长

林丽娟律师自执业以来一直专注于民事诉讼、重大商务诉讼、合同法、公司法等法律领域。

林丽娟律师具有缜密的法律思辩能力、良好的沟通协调能力，擅长处理法律关系错综复杂的案件。她在处理诸如家庭人员意外死亡导致的房产纠纷案、交通事故赔偿案、老人赡养案中表现出的工作态度深得当事人的认同，展现了新时期的律师形象。

她担任多家公司的法律顾问，深入研究并及时解决企业法律风险防范问题，为企业的正常经营保驾护航。

2005年，她作为一所民办教育机构的诉讼代理人处理学校与众多学生的服务合同案中，在胜诉的情况下仍积极协调双方关系，化解矛盾，维护了学校的声誉。

2009年，正值世博筹备期间，她为一家被指定为世博客运服务商精心设计数套方案，解决了该服务商的各种纷繁复杂的法律纠纷问题，为世博的顺利召开作出了贡献，该案被收入到市高院和区法院的简报中。

2010年，她参与一家面临困境的集体企业改制项目，在保障职工股东利益最大化的前提下，以集中股权、引入外资参股的方式使企业起死回生。

2011年进入后金融危机时代以来，区政府为促进经济发展而试行的设立小额贷款公司项目中，她全程参与提供专业法律服务，为解决中小企业融资难等问题献计献策。

## 主要荣誉和兼职

上海市第四届优秀女律师；
上海市长宁区新长征突击手；
上海市律师协会女律师委员会委员；
上海市律师协会女律师联谊会副秘书长；
上海市长宁区政协委员；
上海市长宁区律师工作委员会委员；
上海市长宁区女法律人才联谊会副秘书长；
上海市长宁区女企业家联谊会理事；
上海市妇女法律援助中心巾帼律师志愿团副团长。

上海市新华律师事务所
地址：上海市法华镇路555号法华门大厦C座10楼
邮编：200052
总机：021-62824200
传真：021-62821767
电邮：xinhualfu@online.sh.cn

年鉴人物－上海市第四届优秀青年律师——陆胤（上海）

## 陆胤 律师

陆胤律师是上海蓝白律师事务所主任首席合伙人，同时担任上海市律师协会第九届理事，上海市律师协会律师参政议政促进委员会副主任，劳动法业务研究委员会主任，中华全国律师协会劳动和社会保障法专业委员会委员，上海市劳动保障研究青年学者委员会主任，上海市人才服务行业协会法务小组组长。

他先后就读于华东政法学院、HEC Paris 商学院，获得法学学士、法学硕士（劳动法方向）以及 EMBA 学位。从 2002 年起从事劳动法的研究和实务，领域涉及劳动关系、劳动合同、劳动基准、劳动保护、WTO 劳工标准等相关领域。（合）著有《论实际履行原则》、《论无效劳动合同》等论文。并曾在《中国劳动》、《中国劳动保障报》、《新民晚报》、《环球时报》等发表文章和主持专栏。

2007 年 7 月，带领团队成立专业劳动法律师事务所——蓝白律师事务所，经过三年发展，被多家专业法律评价机构评为中国大陆地区领先的劳动法专业律师事务所。2010 年蓝白律师事务所被客户选为亚洲值得推荐的劳动法律师事务所并被权威排名机构 Asialaw Profiles（2011 Edition）列为国内首推的专业律师事务所。

陆胤律师的执业能力和团队领导能力也受到了各方面的肯定，先后获得 2009 年度上海市闸北区优秀青年律师，上海市第四届优秀青年律师。并被上海市企业联合会、上海市工商联、上海市外商协会、香港（上海地区）商会、上海市人才服务行业协会等机构邀请为劳动法领域的专家，被闸北区政府、闸北区总工会聘为法律顾问。

陆胤律师在劳动法实务领域内不仅实战经验丰富，还不断探索新的服务领域。其专业、优质的服务受到了包括达能、伟世通、罗兰贝格咨询、IBM 等跨国巨头的好评，使越来越多的企业意识到劳动法作为一项专业法律服务的价值。

**地址：上海市梅园路 77 号上海人才大厦 1407-1411 室**
**电话：（8621）32511200 32511296/97-119**
**传真：（8621）32511296-130**
**网址：www.hr-l.cn**
**电邮：george.lu@hr-l.cn**

年鉴人物－优秀金融证券律师——欧阳军（上海）

## 欧阳军 律师

上海市锦天城律师事务所 合伙人
上海市律师协会银行金融法律研究会 副主任
上海市律师协会保险法律研究会委员

欧阳军律师 1994 年毕业于武汉大学法学院，获得法学学士学位。1998 年毕业于上海华东政法学院研究生院，获得法学硕士学位。他于 1995 年获得中华人民共和国律师资格。1994 年至 1995 年，他在一家大型信托投资公司工作。1998 年至 2002 年，他在交通银行总行工作。在 2006 年加入上海锦天城律师事务所之前，他曾先后在证券机构以及上海另一家知名律师事务所分别担任法律顾问和律师。他主要从事银行、证券、公司、投资等领域的法律业务。

欧阳军律师在银行、金融法律实务方面积累了丰富的经验，尤擅长银行贷款、上市融资、证券发行、资产证券化、券商集合资产管理计划、保险资金间接投资基础设施计划、银行理财产品、基金产品等领域的法律业务，为众多金融机构和中外资公司提供交易结构设计、文件起草、谈判、出具法律意见书等服务。他主办的融资交易涉及汽车、芯片、电子产品、电厂、铁路、轨道交通、水务、商业房地产等行业。他在金融机构和公司重组、购并方面亦有一定的经验，曾领导工作小组完成某外资银行境内分支机构的改制以及某证券公司的收购工作。

欧阳军律师在投资和证券领域亦有丰富的经验。他曾主办大量内资、外资和国资的投资项目，这些投资项目涉及化工、汽车、房地产、物流、文化等产业，涉及产业投资和私募股权投资等不同投资形式。他还办理了较多的收购、重组项目，涉及股权收购、资产收购等各类交易形式。欧阳军律师还作为项目律师参与公司股票首次公开发行并上市项目。

欧阳军还先后担任多家金融机构、投资公司、国有大型企业、外商投资企业、民营企业集团、上市公司等单位的常年法律顾问。

欧阳军律师与人合著或参编《商业银行法律实务》（法律出版社 2004 年 2 月第一版）、《商业银行常用法律手册》（法律出版社 2001 年 12 月版）等银行法律著作；在《新金融》等刊物上发表多篇法律专业论文；经常应邀为金融机构就银行、信托、证券等法律问题作专题演讲。

**中国上海市浦东新区花园石桥路 33 号花旗集团大厦 14 层**
**邮政编码：200120**
**上海市锦天城律师事务所**
**电话：021-61059000 转 5660 分机**
**传真：021-61059100**
**电子邮箱：justinouyang@allbrightlaw.com**
**单位网址：http://www.allbrightlaw.com**

## 沙海涛 律师

沙海涛律师，山东曲阜人，北京市金诚同达律师事务所上海分所合伙人。

沙海涛律师具有十余年法律实践经验，主要从事知识产权、信息网络、公司法律事务与外商投资领域内的诉讼及非诉讼业务，代理了大量知识产权案件，其中多起在中国具有重大影响。如：（美国）微芯科技公司诉上海海尔集成电路有限公司计算机软件著作权侵权案（中国首例计算机微程序软件著作权侵权案）；宁波金诚泰电子有限公司诉上海思考电子有限公司发明专利侵权案；施耐德电气（中国）投资有限公司诉上海梅兰日兰电器（集团）有限公司商标侵权及不正当竞争案；（瑞士）FOXTOWN诉上海FOXTOWN著作权侵权及不正当竞争案；（美国）雅培制药有限公司诉雅培乳业（南昌）有限公司商标侵权及不正当竞争案；（美国）首诺公司诉香港龙膜公司等商标侵权及不正当竞争案；浙江安吉“竹地毯”外观设计专利侵权及专利无效宣告系列案；中国竹材协会应对美国专利侵权诉讼案等，并参与新加坡鳄鱼诉法国鳄鱼不正当竞争案、蒙牛乳业集团诉蒙牛酒业公司不正当竞争案、上海世博局诉上海弘辉房地产开发公司著作权、特殊标志权侵权纠纷（上海世博维权第一案）；南汽集团诉上汽集团确认专利不侵权案件等。同时，在知识产权维权过程中沙律师处理了大量商标异议、商标争议、专利无效案件，组织并参与了大量维权打假行动。

沙海涛律师曾为PASONIC/SHARP/TOSHIBA/F1/KRAFT/3M等众多世界500强公司提供专业法律意见。从事律师职业前，沙海涛律师曾在法院工作，任助理审判员。

沙海涛律师曾连续荣获2009年及2010年中华全国律师协会知识产权专业委员会年会暨中国律师知识产权高层论坛“十佳知识产权案例奖”。2009年入选“中国知识产权专业律师”（《中国知识产权法学名家》，法律出版社2010年1月出版）。

沙海涛律师先后取得上海大学知识产权学院法学硕士学位和美国芝加哥肯特法学院国际知识产权法法学硕士学位，曾至（英国）夏礼文律师事务所香港分所和（美国）贝克·麦坚时国际律师事务所华盛顿特区分所作为访问律师，参与普通法和美国知识产权法及国际贸易法的法律实践。

沙海涛律师现为国际商标协会会员、中华全国律师协会知识产权委员会委员、上海律协知识产权委员会委员、上海知识产权研究所研究员及中国法学会会员，参加了多项国家及上海市重要知识产权科研课题的研究，主要包括上海市版权局课题《上海版权产业报告》（2010）；国家知识产权局课题《企业并购中的知识产权问题研究》（2009）；国家知识产权局课题《专利权滥用的法律规制》（2006）；上海大学与微软（中国）合作科研课题《知识产权刑法保护研究》（2005）；上海大学与施耐德（中国）合作科研课题《商标与商号权力冲突及其法律规制研究》（2004）；国家社会科学基金项目《计算机犯罪研究》（2002）等。

沙律师参加编写的著作和论文主要包括《Iphone手机“越狱”合法化的法律思考》（上海文艺知识产权年度报告，上海文化出版社，2011年6月）；《中美驰名商标保护制度比较》（2010年中华全国律师协会知识产权专业委员会年会论文）；《新中国民商法六十年》（上海社会科学院出版社，2009年11月）；《知识产权基础》（知识产权出版社，2006年9月）；《Well-Known Trademark Protection: A Comparative Study between the U.S. and China》（芝加哥肯特法学院LLM毕业论文，2009年5月）；《专利权滥用的法律规制》（知识产权出版社，2006年4月）；《信息时代知识产权教程》（高等教育出版社，2003年8月）；《电子商务商业方法软件的专利保护》（电子知识产权，2003年2月、3月）；《专利战略应从研发阶段开始》（文汇报，2003年9月9日）；《关于修改〈计算机软件著作权登记办法〉的几点建议》（法学杂志2002年）；《美国对计算机程序的专利保护》（软件网络案件代理与评析，吉林人民出版社，2002年1月）等。

沙海涛律师的工作语言为中文和英文，并具备日文基本知识。

**联系方式：**
**地址：上海市浦东南路500号国家开发银行大厦22楼ABC室（200120）**
**电话：8621-68369112**
**传真：8621-58878852**
**手机：86-13918215766**
E-mail: shahaitao@jtnfa.com; shahaitao@vip.sina.com
Website: www.jtnfa.com

## 钱 奕 律师

钱奕律师，明尼苏达大学法学博士，华东政法大学法学硕士学位，复旦大学法学学士。现为上海元达律师事务所创始及管理合伙人。

**钱奕律师执业领域**

公司业务：钱律师为企业提供所有日常事务的相关法律服务，包括为本地、全国和国际性企业在中国境内和跨地区的收购与兼并中提供法律意见。为进军中国市场和在华从事商务活动的公司设计内部构架形式，如合资公司，独资公司、控股公司，代表处和一般或有限责任合伙企业。钱律师还就国际银团贷款、私募股权投资、设备租赁、项目融资、合资公司、高新科技公司的设立与融资、技术许可、国际仲裁与诉讼以及其它商业领域的法律问题提供法律意见。

钱律师提供多样化和有针对性的服务几乎涵盖了中国各个完全或尚未完全规范化的行业，他的客户包括出售方、收购方、投资者、金融机构和资产管理集团。钱律师已在中国参与了大量具有重大影响的项目，且能从容应对各种重大项目的挑战。

兼并与收购：钱律师就涉及上市及私有公司的许多兼并与其它商业交易为众多中国、美国及跨国知名企业提供法律意见。作为一家国内为数不多并具实力提供完整的并购法律服务的律师，许多国内外商业集团公司在应对复杂的跨境交易中所面临的挑战和障碍时寻求钱律师的法律咨询，自然就不足为奇了。

风险投资和私募基金：钱律师为非上市公司提供融资方面的咨询服务。同时，钱律师在私募领域方面的广泛知识为客户在交易及其日常有价投资运作中提供独特观点。钱律师的客户包括私募基金、创投资本和公司投资者。钱律师提供的服务涵盖了融资机会和融资机制的各个环节，从种子投资期、导入投资期到股权融资和过渡贷款安排。

资本市场：钱律师代表发行人和承销商在全球范围的资本市场上进行交易，包括未注册的小规模私募到上百亿资金的公开发行。钱律师为上市公司提供有关公告要求、股东事项以及世界主要证券交易所上市要求的咨询服务。元达律师事务所被华尔街领先投行 Global Hunter 推荐为可信赖的尽职调查律师事务所，为其所有计划上市的项目公司进行独立的第三方尽职调查。

银行与证券：钱律师为各大国内外银行提供了法律服务。为客户在贷款、投资、信用证、国际融资租赁、人民币业务、银行风险控制、辛迪加贷款等方面提供服务。钱律师除了熟悉国内证券业务之外，还为中国企业在海外上市提供包括策划、重组、尽职调查、出具中国律师法律意见、海外融资、上市前准备、路演、上市等在内的综合法律服务。为中国企业融入国际资本市场提供了专门的咨询。

**法律执业经历及荣誉**

钱奕律师曾在华东政法大学任教并在上海一家知名律所执业，主要处理金融法、商业法和知识产权法领域的法律业务。钱律师曾任鲍波·黑格律师事务所亚太和中国业务部门的负责人。在 1996 年至 2000 年五年间，钱律师先后担任了百事中国投资有限公司副总经理和法律主管、飞利浦电子集团亚洲高级法律顾问，并在一家集团公司担任董事，他参与了上百个投资项目的讨论决策。他与来自不同国籍、文化背景的专业人士切磋推敲项目选择、价格评估、投资回报、风险控制，他谙熟跨国公司高度专业的行事风格和严谨的管理制度。2001 年至 2006 年，钱律师担任上海锦天城律师事务所合伙人，并成为该律师事务所管理委员会主要成员。

2002 年至 2011 年，由于其在公司业务方面的杰出贡献，尤其在资本市场，公司融资和并购方面，钱律师被《亚洲法律杂志》誉为亚洲杰出商业律师之一。在 2004 年和 2005 年，钱律师被《亚洲法律杂志》评选为中国律师三十强之一以及亚太地区百强律师之一。2006 年，钱律师被《2006 年度公司法领域国际知名律师》提名为世界杰出法律执业者。自 2007 年起担任中华全国律师协会的外事及 WTO 委员会的副主任。2011 年，钱律师担任全国律师协会国际业务委员会主任。2004 年，钱律师出任环太平洋律师协会（IPBA）国际贸易委员会的主席，他也是被推选为 IPBA 委员会主席的第一位中国大陆律师，从 2009 年起担任 IPBA 项目协调委员会的主任，进入 IPBA 核心管理层。

**钱奕律师代理的部分交易事项**

代理由一家美国基金公司与一家亚洲商品公司设立的合资企业投资于中国最大的矿业公司之一。这是外国私募基金成功通过中国股市退出中国国内公司的首个案例；成功代理全球最大港口洋山深水港于 2007 年至 2010 年发行总值达人民币 110 亿元的公司债券；成功代理中国第二大钢铁生产商与德国蒂森克虏伯集团结成战略联盟；成功代理一家财富 500 强汽车生产商与数家银行进行八十亿人民币银团贷款的谈判和文本制作；协助一家美国著名风险投资公司在中国进行衍生产品的开发；成功代理一家全球资产管理公司和一家领先私募基金对朗讯中国部分进行大规模并购；成功代理一家美国风险投资公司参与投资合作谈判，并制定出平行基金的法律框架，开创了中外合作投资中中国和海外风险投资基金共同运作，将被投资公司在中国和海外安排退出机制的首创模式；成功代理一家半导体设备公司通过与美国 Jazz 半导体公司建立合资企业的方式进行增资，这也是成功通过一家国外公司提供敏感技术的方式进行增资的首个案例；作为一家国际行业协会及其上海全资子公司的常年法律顾问；成功为数家美国投行对一家中国公司在纽约证券交易所上市承销提供全程法律服务。

钱奕 管理合伙人 元达律师事务所
地址：中国上海市浦东新区世纪大道 88 号金茂大厦 28 楼
邮编：200121
电话：021-6105 0566
传真：021-6105 0501
邮箱：kqian@mwechinalaw.com
网址：www.mwechinalaw.com

## 段茂兵 律师

段茂兵，重庆万州人，民盟盟员，中国政法大学在职经济法博士研究生学历，现任重庆锦扬律师事务所主任。系重庆市第三届人大代表、万州区第三届政协常委、民盟万州区委副主委、重庆市公共安全技术鉴定专家委员会专家、中国民主同盟重庆市委法制委员会副主任、重庆市律师协会常务理事、重庆市律师协会统筹城乡法律专委会主任、重庆三峡学院政法系客座教授。

作为重庆律师界的优秀代表，段茂兵凭着对律师事业的执著追求和对民主法制建设的向往，10多年来诚信执业，成绩卓著。自从业以来，承办了上千件民、商及刑事诉讼案件，亦办理了大量的非诉讼法律事务。多年执业的艰辛和付出的努力，为段茂兵换回了“重庆市优秀律师”、“万州区优秀律师”、“优秀中国特色社会主义事业建设者”、“五个重庆建设、人大代表在行动”主题行动重庆市人大代表先进个人、市人大代表优秀建议，多次获得民盟重庆市委、民盟万州区委建功立业先进个人等一系列荣誉，他所写的提案、社情民意也多次荣获市区级优秀奖。

作为一名律师，段茂兵凭着对律师事业的执著追求和对民主法制建设的向往，10多年来诚信执业，成绩卓著。自从业以来，承办了上千件民、商及刑事诉讼案件，亦办理了大量的非诉讼法律事务，其中不乏重大复杂的疑难案件。他代理的北大研究生段霖夏“全国首例受助不感恩一案”、法律援助山东少女刘某状告达成铁路有限公司铁路旅客运输损害赔偿纠纷案等案件，曾多次受到中央电视台、重庆电视台等各大电视台采访及，《中国青年报》、《重庆日报》、《重庆晚报》等报刊杂志报道。他曾经为蒙冤被判罪的当事人洗清了冤屈，也曾经为那些遭受豪强势力欺侮的无助平民伸张过正义；他曾经走上街头向市民进行普法宣传，也曾经多次组织律师送法下乡开展法律援助。透过这些执业活动和法律事务，段茂兵律师不仅展现出了高超的专业技能，深厚的人文关怀，也为社会的公平正义和社会主义的法制建设，作出了非常具体的贡献。

段茂兵律师的法学理论功底和专业能力被业界广为认同，长期的法学理论浸润，使段茂兵律师在从事司法实务的同时难得地依然保持有学者的风范，其从未停止学术研究，从未停止对知识的探求。2008年3月，他撰写的《服务库区农村建设》实施“村村有律师工程”论文，获重庆市青年人才论坛万州政法分论坛三等奖；2009年6月，他所著的《论律师在社会主义新农村法制建设中的作用》被选入法律出版社出版的中国新农村法制建设研究系列丛书。2010年10月，他被特聘为重庆三峡学院政法系客座教授。

## 重庆锦扬律师事务所

重庆锦扬律师事务所是2007年4月16日经重庆市司法局批准成立的综合性的合伙制律师事务所，具有年轻、朝气、敬业、审慎的特点。现有专职和兼职律师共40名，实习律师和工作人员20名，所有律师均具备法学本科以上学历。另外，我所现有在中国政法大学在读博士研究生2名、副教授1名、硕士研究生2名、三峡学院政法系客座教授4名。同时，这个优秀的团队中还涌现出了重庆市人大代表、重庆市公共安全技术鉴定专家委员会专家、重庆市万州区政协常委、民主党派负责人、重庆市人大常委会司法小组成员、民盟重庆市委法制委员会副主任、民盟重庆市委社情民意信息员、重庆市万州区政协特邀信息员、《中国律师》杂志社及中国律师网特约评论员、《重庆律师》杂志特约撰稿人、重庆市律协常务理事、重庆市律师协会统筹城乡法律事务专业委员会主任及重庆律协各（专门）专业委员会委员等高素质、复合型人才。

自成立以来，锦扬所除在传统的诉讼与仲裁保持优势外，在铁路交通事故赔偿、CDM（清洁发展机制）、房地产开发、金融证券、公司并购、股权转让等领域业绩斐然，另在个人法律顾问、全风险代理开行业新兴业务领域之探索。我所始终贯彻“高效、优质、诚信、热情”的服务宗旨，以“靠服务质量立本，靠专业能力立足，靠律师道德立业，靠团队精神立所”作为管理理念，坚持走“高起点、规模化、专业化和品牌化”的发展道路，以向广大客户奉献优质高效的法律服务，以良好的经营业绩赢得了社会各界的广泛赞誉，上级党委、政府及各级司法行政机关也给予我所各种荣誉。走过近5年艰辛曲折之路的锦扬律师事务所，由小到大，逐步发展，现已成为重庆市规模较大、专业化分工明确、管理规范、硬件建设一流的律师事务所，2011年7月被重庆市司法局评为重庆市优秀律师事务所，2011年10月被全国律师协会评为全国优秀律师事务所。

主任：段茂兵
办公电话：023-58318888
传真电话：023-58318888
投诉监督电话：023-58126333
地址：重庆市万州区高笋塘84号华顺大厦8楼
网址：http://www.jinyanglaw.cn/
邮箱：jinyanglaw@cnlawweb.com

# 李 鄂 律师

毕业于西南政法大学，2004 年通过国家司法考试。重庆丽达律师事务所合伙人，担任丽达律师事务所副主任、非诉讼部主任、工会主席，为上海证券交易所上市公司注册独立董事，同时担任重庆律师协会电子信息委员会委员，荣获“重庆市优秀律师”称号。

业务专长：公司法、合同法、破产法等民商事法律纠纷及非诉讼法律事务。2005 年作为项目管理人员，参与由欧盟出资赞助的“中国－欧盟法律和司法合作项目”，该项目在重庆开展由重庆市国资委与西南政法大学组织的“国有企业公司治理”的系列活动。为重庆市国资委下属的 30 多家国有大中型企业（如重钢集团、重庆轻纺集团、重庆啤酒集团等）提供了国企改革、企业改制、公司治理、政策与法律等方面的改革方案及治理意见。积累了丰富的现代公司结构、公司管理、公司改制等方面的经验。至今已承办 300 多件各类案件，并担任中国银行重庆分行、中国建设银行重庆分行、重庆市丰都县人民政府等多家单位的常年法律顾问。

李鄂律师近年来代理的重要案件有：重庆市秀山某矿业公司申请采矿权许可证延续登记行政诉讼案（涉及金额近 2 亿元，成功为该公司取得采矿权许可证的登记）；重庆美每家置业有限公司收购重庆市南岸区南滨路某地块法律事务（涉及交易金额 1.7 亿元，确保收购方无任何法律风险）；海航置业控股（集团）有限公司收购重庆某置业有限责任公司一案(涉及金额近 6000 多万元，成功完成收购任务，并避免法律风险)；重庆北碚区某置业集团公司诉中建七局一公司建筑施工合同纠纷案（该案涉及金额 3200 余万元，此案经重庆市高级人民法院判决取得胜诉）；重庆建工集团下属某建筑公司与煤科院重庆分院建筑工程施工合同纠纷案（涉及金额 1900 多万元，成功为施工单位追回工程款）；重庆某集团公司与四川华西实业（集团）公司建设工程施工合同纠纷仲裁案（涉及金额 1600 余万元，该案最终经重庆仲裁委确定我方未构成违约）；重庆市涪陵三峡水利电力建筑安装工程公司破产案（该案涉及金额近 1000 万元，安置职工 400 多人，担任清算组办公室副主任）；重庆市长寿区市政建设公司破产案（该案涉及金额 600 多万元，安置职工 100 多人，担任破产管理人办公室主任）；重庆某财务顾问有限公司诉重庆信泰物业发展有限公司借款纠纷案（为该财务公司挽回经济损失 300 余万元）；重庆某实业公司诉广厦重庆第一建筑有限公司房地产纠纷案（为该公司收回资金近 500 万元）；重庆某公司诉重庆渝发建设有限公司房地产纠纷仲裁案（从仲裁立案之日起，只用了 12 天为该公司收回资金 300 多万元）等等；李鄂律师为重庆丽达律师事务所建设银行法律顾问小组成员，为建行处理不良住房、汽车贷款数亿元，经过催收为建行实现 80％以上的不良贷款转正率。

本着对律师事业的热爱，秉承“团结奋进、诚信尽责、仗义执言、法律至上”的丽达律师事务所所训，竭诚为社会各界人士提供各种优质高效的法律服务。

联系电话：13350312218
E-mail：13350312218@189.cn

# 肖志军 律师

所属单位：北京商安（重庆）律师事务所
地址：重庆市渝北区北部新区。
职业职务：主任律师
政治面貌：中共党员
社会职务：重庆市律师协会青年律师工作委员会和刑事专业委员会委员
毕业院校：西南政法大学
现具学历：研究生
执业证号：15001200610131273
专长领域：刑事辩护、民商事诉讼代理、非诉讼法律事务等。

## 工作经历

肖律师1994年6月毕业于西南政法大学，同年7月分配现万州区人民法院从事民事审判工作。2004年通过国家司法考试，2005年辞职进入律师行业。2006年个人出资买断原重庆君之合律师事务所（为个人所），任主任和政治协理员。2009年6月入住重庆发起成立现所，任主任；现本所有执业律师10人、实习律师4人和行管人员3人。

## 执业表现

收购和兴办律所的两次办所经历，努力践行着一个优秀共产党员的良好形象和负责人的带头模范；法官任职期间，2000、2001.2002年万州区法院连续三年“先进工作者”；2008年，曾被评为“服务中小企业发展”全国优秀律师，2009年评为万州区优秀律师，2011年7月被评为重庆市优秀律师。2011年8月“第四届西部律师发展论坛”在内蒙古呼和浩特市召开，其撰写的《受贿人主动投案并揭发对应行贿犯罪的情节认定研究》被评为优秀论文。

法官经历从事民事审判11年，6年律师执业中转型服务领域主要在刑事辩护方面：（影响力较大的部分案件）曾成功辩护贩卖毒品一公斤终审判决死缓、为万州建国以来最大绑架杀人命案最多的首要被告辩护人、巫山县公安局局长受贿案、开县工会主席受贿案、开县房管局局长受贿案等；他在“打黑除恶”专项治理期间，也曾成功为三个黑老大（开县打黑第四案李义、巫溪张某、奉节卜某）、两个保护伞（黎强案保护伞巴南区副区长雷某、巫溪县公安局治安队长田某）和两个骨干成员（奉节袁某案和梁平阙某案）的辩护；充分展现了执业律师在法律效果和社会效果有效结合以及“具有中国特色社会主义法律工作者”的律师职业本职属性。2010年，长寿籍吴某与重庆某医院就重庆港首例“药品试验”医疗损害赔偿纠纷案；2010年重庆忠县拔山“全国网络关注和热评的楼脆脆”事件财产损害赔偿案；2011年重庆酉阳最大火灾案等，均能最大效率地维护权益和解决诉争。

2011年3月，在西南政法大学成功举办了一场精彩的“商安杯”模拟庭审大赛，专业点评和现场指导赢得了校方高度赞誉；积极贯彻“五主动”给力农民工维权活动；为深化“三进三同”活动，他也深入武隆县繁荣村体验生活、深感群众冷暖。

他也积极参与各类培训学习（参加全国高级律师培训、中国法学会刑辩高级研修班培训、四届西部律师发展论坛等），坚决贯彻落实司法行政及律协各项通知和精神；继续信奉诚实善良、谨慎谦和、勤勉好学的职业原则，愿意毕生致力于崇高的律师职业。

手　　机：13008373566
办公电话：023-63056133.023-63056199（传真）
电子邮件：（本人）xzj_778@163.com、
（律所）554939768@qq.com
地址：重庆市渝北区洪湖西路22号上丁商务楼19-20
邮编：401121

## 余 涛 律师

1994年毕业于西南政法大学、中国政法大学在读法学博士，现任重庆渝韬律师事务所主任。

余涛律师的主要执业领域为房地产、建设工程专业，1996年以来，先后取得建设工程项目经理、高级商务策划师、造价员等执业资格，尤其对中国的建筑房地产法律制度有深刻的研究和独到的见解，并长期在房地产、建设企业担任法律顾问工作，在依法为建筑房地产开发企业维权和服务过程中积累了丰富的、成功的执业经验。除民事诉讼、仲裁代理外，在公司法律事务、项目投资、债法、保险法等领域尤具专长和经验。其法律功底扎实，沟通协调力强，思路敏捷，实践操作能力强，并在多年办案过程中积累了丰富的人脉，能够最大程度保障当事人利益，曾为当事人挽回大量经济损失。

余涛律师参与了包括三峡机场工程、重庆奥克工程、融侨半岛房地产开发、万豪国际金融中心工程、轻轨二号线、六号线工程、鱼洞长江大桥、巫奉高速、彭武高速、贵州万象国际广场以及大渡口区春晖路建设工程等项目的法律服务，解决了大量涉及施工工程中多方面的法律问题，并办理了多家大型国有企业在施工过程中的合同履行遗留案件，具有丰富的执业经验和良好的职业道德。现担任20余家房地产、建筑业单位的常年法律顾问，多为房地产、建设工程单位。主要有：中国第十八冶金建设有限公司的混凝土工程公司、二公司、四公司等公司；中冶建工集团有限公司的混凝土工程公司、交通工程公司、钢结构工程公司、四公司、天津公司等公司；重庆汉信新型建材有限公司、重庆嘉华置业代理有限公司、重庆瑞坤置业发展有限公司、重庆坤呈房地产开发有限公司、重庆康厦物业发展有限公司、大渡口区广建建安劳务公司、重庆国闳建筑工程有限公司、重庆港腾集团、建工集团七建、八建、十一建、住建公司等。同时还担任了三家世界500强企业及下属企业的法律顾问，并长期为福建泉州商会、通江县政府驻渝办事处、重庆佛学院提供多层面法律服务。

余涛律师具有深厚的法学理论知识、娴熟的诉讼和非诉讼技巧，积累了丰富的律师从业经验，擅长合同履行的诉讼和非诉讼处理，已成功地为客户解决相关法律案件数百起，为客户挽回经济损失数十亿元，其强烈的职业责任感和专业、专注、高效的服务，深受当事人好评，被重庆市司法局和律师协会授予“重庆市优秀律师”称号。

2011年7月6日，渝韬所主任余涛律师受到重庆市司法局、重庆市律师协会表彰，获重庆市优秀律师殊荣。

2010年9月，余涛律师成功承接了某大型房地产公司一桩标的达7.5亿元人民币的诉讼案件，使渝韬所成为重庆市首家拿下过亿标的案的个人所，这不仅标志着余涛律师和他的渝韬所在大型房地产、建筑工程上的专业法律服务得到市场的认可，更为重庆市个人律师事务所的发展树立了新标杆。

余涛律师积极开展社会公益活动，为弱势群体提供法律援助，与跃进法律服务所结成帮扶对子并捐赠电脑，组织律师多次参加在大渡口区步行街开展扶残助残法律咨询服务活动、第10个全国法制宣传日活动、“五主动”给力农民工朋友维权活动大型法制宣传和培训等活动，组织为区敬老院百余位孤寡老人献爱心、向重庆市法律援助基金会捐赠了法律援助资金5000元、向“建设千亩城市森林，促进生态保护”工程捐款2000元、参加了重庆市政法系统和大渡口区委在鱼洞大桥北岸组织的万人绿化长江植树等活动。

2011年9月12日，在重庆市华岩文教基金会举办的“2011华岩中秋慈善文艺晚会”上，重庆渝韬律师事务所主任余涛律师当场捐款1万元，帮助贵州省赤水市丙安学校10名贫困小学生完成学业。

余涛律师自2009年12月26日受聘免费担任重庆佛教学院、重庆市华岩文教基金会终生荣誉法律顾问以来，一直倡导渝韬所要“多点公益心，少点功利心” 的理念，多次捐款捐物参与助老、助残、赈灾、文化、社会公益等活动，此次捐资助学活动，标志着渝韬所的理念得到进一步延伸和发挥，用具体行动为构建和谐社会作贡献。

**重庆渝韬律师事务所**，是余涛律师投资开办的个人律师事务所，现有员工16人。余涛律师2008年10月开办个人所—重庆渝韬律师事务所以来，在业务定位上将综合业务和专业业务相结合，坚持以传统的综合业务为基础业务，以房地产建设工程专业业务为主攻业务；坚持走创新高端业务、新业务的道路。

2011年1月和4月，渝韬律师事务所获得大渡口区司法局和重庆市人民政府表彰为“ 2007~2009年度法律援助工作先进集体”。

地址：重庆市大渡口区松青路1048号香港城1号楼6-1
电话：023-86230836　86230881
网址：www.ytlay.com
邮箱：ytlay@ytlay.com

## 韦克尔 律师

韦克尔，男，1962年12月出生，律师，企业EAP咨询师、讲师。

### 现任和荣誉

广西法严律师事务所主任、合伙人；

南宁仲裁委员会仲裁员；

中国·《法律心理网》创办人；

广西壮族自治区第七、八次律师代表大会代表；

广西壮族自治区律师协会知识产权专业委员会副主任；

2008-2010年度广西优秀律师。

### 教育背景

1985年7月大学本科毕业，获法学学士学位。

2000-2002年清华大学民商法学在职研究生学历。

2003年4月参加中华全国律师协会与路伟国际律师事务所（Lovells）举办的“合同与法律咨询文书制作及国际商务谈判技能”讲座培训班学习，获结业证书。

2003年12月参加中国国际经济贸易仲裁委员会与新加坡国际仲裁中心（SIAC）联合举办的“中国－新加坡仲裁讲座”培训学习，获结业证书。

2007年3月参加中华全国律师协会举办的《企业破产法》适用与企业破产案件管理人业务学习班学习，获结业证书。

2007年8月参加中国律师函授中心举办的“2007年商标侵权纠纷及涉外商标代理法律实务暨知识产权海关保护高级研修班”学习，获结业证书。

2009年10月，参加由中华全国律师协会海商海事专业委员会主办的“中国律师2009年海商法国际研讨会”学习培训，获结业证书。

2010年10月参加中国员工心理健康EAP管理中心举办的“企业EAP实操技术与讲师咨询师资格认证培训班”学习培训，获颁中国员工心理健康工程管理办公室和中国保健协会心理保健专业委员会《企业EAP讲师执业资格证书》、《企业EAP咨询师执业资格证书》。

### 专业擅长

金融房地产、建设工程、贸易与投资、知识产权、企业改制并购重组、破产清算、民商事诉讼与仲裁、海商事诉讼与仲裁、公司法律顾问等诉讼、非诉讼业务。

### 工作经历

1985年7月参加工作，1985-1995年在政府机关工作，曾从事过共青团工作、基层乡镇领导工作、经贸工作。

1992年获中级政工师职称。

1994年考取会计资格证。

1994年通过全国律师资格考试取得律师资格。

1996年开始从事律师执业工作至今。

### 主要先进事迹

十多年来，办理过涉外金融和国内金融纠纷、期货纠纷、知识产权纠纷、建筑房地产纠纷、股权和债务合同纠纷、侵权赔偿纠纷、山林土地纠纷和刑事案件等类型案件，赢得当事人的好评。 其中，办理的黄某诉南宁市艺术剧院侵犯著作权纠纷案已成为广西、全国经典、精品案例。此案位列最高人民法院公布的2008年中国知识产权司法保护十大案件之中，而该案的裁判对于鼓励民间文学艺术的传承、创造、发展，保护宝贵的民间文学艺术遗产，具有积极的探索意义。

随着行业经验的积累，以及对专业和社会问题认识的深入，韦克尔越来越深刻地感觉到了将心理咨询引入法律服务，作为与法律服务互为补充的一种手段的必要性。因为心理咨询师在开展心理咨询活动时也经常会涉及到相关的法律问题，需要律师的介入。将法律服务与心理咨询结合，在解答法律困惑的同时，驱散当事人心中阴霾，深化了法律服务的内涵，开创了一种全新的法律服务模式，也是对社会管理方式的一种全新探索。这种服务模式既能帮助当事人解决有关法律问题，也能帮助当事人消除相应的心理遗留问题，是一种更深入、更彻底的解决问题的方法，有利于和谐社会建设的推进，因此是未来法律服务发展的必然趋势之一。

基于这一认识，韦克尔开始号召律师与心理咨询师展开合作，在2009年12月首创与爸妈在线广西心理咨询中心合作开展法律心理咨询服务。他还创办了法律心理网，力图为律师与心理咨询师打造一个专业的合作平台。

从2009年12月起，多次组织律师、心理咨询师参加了由共青团广西区委、广西青年志愿者协会、南国早报联合开展的“八桂义工”送温暖进社区义务法律、心理咨询服务活动，受到广泛赞誉。

2010年8月10日南宁市刑释解教人员安置帮教领导小组授予广西法严律师事务所“刑释解教人员维权岗”牌匾，授牌仪式后，组织律师、心理咨询师进驻南宁市首家市级刑释解教人员过渡性安置基地－广西鹏达制衣有限公司，协助该公司开展对安置在该公司工作的刑释解教人员进行法制宣传、心理辅导、维权服务等社会管理创新工作，取得了较好的社会效果，得到了中央领导的高度肯定和赞扬。2010年11月21日中央综治督导检查组组长、中央综治办协调室巡视员季勤，2011年4月24日中央政法委副书记王乐泉，2011年9月5日中央政治局常委、中央政法委书记周永康分别到南宁市首家刑释解教人员过渡性安置基地—广西鹏达制衣有限公司考察工作时，亲切接见韦克尔律师、白宛仙咨询师并进行交谈。

地址：广西南宁市明秀东路191号
电话：0771-3120446
邮箱：weikeer@126.com
网址：法律心理网 www.lawps.com.cn

年鉴人物－全国优秀律师——王绍忠（河北）

## 王绍忠 律师

河北红杉律师事务所合伙人、主任、中共党支部书记、二级律师。毕业于中国政法大学。现任河北省律师协会常务理事，河北省人大立法研究会理事、廊坊市律师协会会长。

王绍忠律师执业20多年来，以诚信、勤勉、尽职尽责为执业宗旨。曾代理过各类案件数千件，积累了丰富的办案经验并总结出一套行之有效的办案模式，著有《中国企业股份制—原理与操作》一书，并发表了《国资所如何进步深化改革的几点构想》等多篇专业论文。

王绍忠律师尤其擅长于公司、企业、房地产、知识产权、金融等法律事务以及民商、经济和刑事案件的代理，多年来曾担任廊坊市政府、人大、事业单位及多家大、中型企业的常年法律顾问。王绍忠律师在从事律师业务的同时，还注重参与各类社会活动。曾被聘为廊坊市公安局广阳分局“警风警纪监督员”、廊坊市广阳区人民检察院“人民监督员”、廊坊市青年法律工作者协会名誉会长等。

王绍忠律师法律功底扎实深厚，业务技能精湛，法律思维缜密。兢兢业业的为委托人提供法律服务，办案效果均能达到委托人的满意。

王绍忠律师1995年、2006年、2007年、2011年被评为河北省优秀律师；1999年被省司法厅评为先进个人；2004年被省人大内司委，省司法厅等六部门评为河北省十大杰出助残律师；2008年授予全省法律服务工作“十佳律师”称号；2009年被评为优秀共产党员；2010年2月被评为河北省“保增长、促发展”专项法律服务行动先进个人；2011年荣获2008~2010年度全国优秀律师荣誉称号。

河北红杉律师事务所在王绍忠主任律师的带领下，于2002年至2004年度被河北省厅、河北省律协评为“AAA级律师事务所”，2006年、2011年被河北省厅、省律协评为河北省优秀律师事务所。中共河北红杉律师事务所党支部2005年被河北省厅政治部、中共河北省律协委员会评为优秀律师事务所党支部。2011年被河北省司法厅委员会评为全省律师行业先进基层党组织。

多年来，王绍忠律师与同仁共勉，为人民服务，促社会和谐，为捍卫公平正义作出了卓越的贡献。

律师执业证：11310198910883421
移动电话：13703161056　传　真：0316-2114633
电子邮箱：wangshaozhong2011@hotmail.com

年鉴人物－全国优秀律师——陈小雄（广东）

## 陈小雄 律师

陈小雄先进事迹材料

### 一、坚持法律信仰，做社会公平正义的忠实守护者

陈小雄律师1990年取得律师资格，在从事律师工作的20多年，始终笃信法律信仰，以维护社会公平正义为己任。在办理的每一项业务中，都会竭尽全力，勤勉尽责地维护法律的正确实施，维护当事人的合法权益。因此，陈小雄在当地享有较高的声誉，受到社会的普遍认同。

陈小雄连续四届当选韶关市人大代表，被韶关市人民政府聘为常年法律顾问，担任了广东省高院立案信访监督员，韶关市检察院专家咨询委员，韶关仲裁委员会仲裁员等职。

### 二、服务大局，积极参与化解社会矛盾，维护社会稳定

陈小雄有着较强的大局意识，注重化解社会矛盾和维护社会稳定，把社会利益置于个人利益之上，多次出色完成上级交办的任务，在社会上赢得了高度的赞誉。先后被评为韶关市 “十大”优秀青年、全国优秀仲裁员、全国优秀律师，获得了广东省律师协会颁发的“优秀共产党员”和“维稳杰出贡献奖”等荣誉。

### 三、乐于奉献，在完善“两结合”工作中成绩突出

陈小雄律师除尽职做好自己的业务外，还担任了广东省律协第八届、第九届副会长，对行业的建设倾注全部的身心和努力，为完善“两结合”的过程中作出了贡献，被广东省律协授予“行业管理突出贡献奖”。

### 四、热心公益事业，积极回报社会

陈小雄是个热心公益事业的律师，在大学、中学、小学均设立了以律师所命名的奖学助学基金。同时，陈小雄担任了韶关学院的客座教授，还担任着多家学校的法制副校长，每年都义务为学生讲授法制课，为提高青少年的法律意识，防范青少年犯罪不遗余力。

工作单位：广东众同信律师事务所
地址：广东省韶关市惠民南路57号二楼
电话：0751-8629218.8629133
邮箱：cxxlawyer@126.com

## 何培华 博士

何培华，男，广东徐闻人。中国政法大学民商法学硕士、博士，《民商法律评论》执行主编，广东省律师协会第七、第八届WTO法律专业委员会主任，广东省人大常委会立法顾问，广东环宇京茂律师事务所首席合伙人、一级律师。

何培华博士1978年就读于湛江师范学院英语系。1985年考入中国政法大学法律系第二学士班，1987年考入该校研究生院攻读民法学硕士学位。2000年8月至2001年9月在美国哥伦比亚大学作访问学者。2001年7月至2002年八月在美国加州大学法学院攻读国际商法硕士学位。2002年又考入中国政法大学民商经济法学院攻读民商法学博士学位，师从中国著名法学家江平教授。

1989年起，在中国国际贸易促进委员会广东分会和广东对外经济贸易委员会从事多年的涉外法律工作，历任副科长、科长及副处长。1993年创办广东环宇京茂律师事务所，并出任主任一职至今。

何培华博士1988年通过律师资格考试，有20多年的职业生涯并且具有丰富的涉外经历。他曾办理大量影响巨大的涉外官司，例如美国公民诉中国政府及广东省土产进出口集团公司"中国马牌"烟花爆炸索赔案、湛江特大走私受贿案、中国最大地下炒金案、湛江国联水产输美对虾反倾销案、新加坡海峡时报记者程某涉嫌间谍案、香港昆利发展有限公司诉湛江海关行政处罚纠纷案、广东生益科技股份有限公司遭美国337调查案、广州包装进出口公司与美国国际纸业公司买卖合同仲裁案、广东省粮油进出口公司诉韩国某株式会社灯刀鱼买卖合同纠纷诉讼案等。其中，他办理的"中国马牌"烟花爆炸索赔案，为中国政府挽回4亿元的损失。中国中央电视台、人民日报、美国侨报等数十家海内外传媒加以报道。另外，他办理的香港昆利发展有限公司诉湛江海关行政处罚纠纷案则被最高人民法院列为典型案例。

除仲裁与诉讼案件外，何培华博士对办理涉外公司并购、重组、涉外债权处置以及境内外公司合作、信托等非诉讼新型案件均有丰富经验。其中经典案例包括世界500强企业美国摩根斯坦利购买的中国部分不良资产处置案，美国霍尼维尔公司在江门某公司并购案、佛山华星公司并购案等。何培华博士还指导多家大型中国国有企业的资产重组，其中2004年广东三星汽车股份公司重组案，涉及资产金额逾100亿元。

2008年，何培华博士荣登为《中国涉外律师》的封面人物，并为该期刊以专栏推介。同年，在江平教授被评为"改革开放30年30人风云人物"的颁奖盛典上，何培华博士作为颁奖嘉宾为江平教授的领奖代表江平夫人颁奖。2009年何培华博士荣登《2009年中国律师年鉴》并被评为"优秀涉外律师"。2010年，何培华博士荣获中国律政2010年度国际贸易精英律师奖。

何培华博士著述颇丰。主要著作有：《中国涉外经济法》、《合同法原理与适用全书》（担任副主编）、《房产法》（担任主编）、《民商法律评论》（担任执行主编），并在《中国国际经济法论丛》等刊物发表论文多篇。

何培华博士现为一级律师，担任广东省人大常委会立法顾问、中国国际经济法学会常务理事、中国国际贸易促进委员会调解中心调解员、广东省法学会理事、广州仲裁委员会仲裁员、惠州仲裁委员会仲裁员、广东省律师协会第七、第八届WTO法律专业委员会主任、广州市律师协会实习律师考核委员会委员、广东省律师高级职称评审委员会委员、广州市律师协会第七、第八届理事会理事、国际律师协会（International Bar Association）会员、泛太平洋律师协会（InterPacific Bar Association）会员、亚太律师协会（Asia-Pacific Lawyers Association）会员、美国律师协会（American Bar Association）会员、第十六届亚运会组委会律师顾问团成员、广东省国有资产管理委员会第一批入库法律专家、中国政法大学兼职教授、中山大学法学院硕士研究生兼职导师、暨南大学兼职法律硕士研究生导师、厦门大学国际经济法研究所兼职研究员等职务。

广东环宇京茂律师事务所1993年由原广东省对外经济贸易委员会组建成立，原名广东环宇商务律师事务所。2000年，经司法部核准，正式更名为广东环宇京茂律师事务所。从2001年3月开始，该所实行合伙制。

广东环宇京茂律师事务所总部位于广州天河金融商业区的标志性建筑—中信广场。经过十余年的拓展，该所现拥有执业律师和实习律师50多名，多数律师均毕业于国内外知名法律院校，取得硕士和博士学位，具有不同专业背景和丰富的实践经验。目前，该所与许多国家和地区的法律机构建立了良好的合作关系，其中包括美国Varnum Riddering Schmidt & Hewlet 律师事务所、Sinkler Boyd，P.A律师事务所、蔡擎柱律师事务所、康永华律师事务所等。另外该所还与北京张玉卿律师事务所强强联合，构筑起反倾销领域的律师经营团队。本事务所一如既往、立足广东、面向全球，竭诚为社会各界提供一流的法律服务。

**地址：广州市天河北路233号中信广场3002－3003室**
**邮编：**510613
**电话：**（8620）38912640　　87521139
**传真：**（8620）38912645
**邮箱：**hepeihua@yahoo.com；hepeihua@gdunivlaw.com
**网址：**www.gdunivlaw.com

# 李同明 律师

**教育背景和专业资质**

法学学士，英文本科，英国伦敦大学访问学者。2002 年获得律师资格。2008 年入选英国司法大臣中国青年律师赴英培训项目。2012 年获上市公司独立董事资格。

工作经历 2003 年——至今，广东华商律师事务所国际事务部资深律师。其中 2008 年 6 月——2009 年 5 月在英国伦敦大学学习英美普通法课程，并在劳伦斯．格莱姆律师所诉讼仲裁部工作以及伦敦 ESSEX COURT 出庭律师事务所商业诉讼和仲裁部门工作。1995 年至 2003 年在广州及深圳等地各类企业从事外贸营业员、以及外贸翻译等工作八年。

**主要执业领域及典型客户：**

李同明律师在跨国诉讼、海外投资、国际商务法律事务等方面，掌握了丰富的经验。自 2003 年起专职从事律师职业后，曾代理多起涉外合同纠纷之民事诉讼、商事仲裁。包括但不限于香港荣格贸易出版有限公司诉深圳市永格广告有限公司投资合同款纠纷，奥地利科堡股份有限公司诉深圳市怡化电脑有限公司、香港怡化电脑有限公司国际买卖合同纠纷，香港日立高科技有限公司诉厦门巨茂光电有限公司国际货物买卖合同纠纷等。并且也曾多次协助国内客户处理在国外的诉讼，工作内容主要包括帮助国内客户选择合适的国外律所，协助规划案件总体诉讼（或应诉）方案，协助收集整理证据，协助沟通联络。李同明也曾代理外国投资者设立多家外商独资、中外合资企业，并提供后续的常年法律顾问服务，目前正担任法律顾问的公司有：安防（香港）科技有限公司，中国瑞达集团有限公司，深圳凯利博实业有限公司，香港荣格贸易出版有限公司，西得码贸易（上海）有限公司等。

从业以来，也为多项涉外重大并购项目的谈判与合同签署提供法律服务，为多项知名房地产项目提供全程法律服务，为诸知名公司提供公司治理法律服务和国际投融资方面的法律服务。在执业过程中，与国际著名律师事务所律师建立良好的合作交流关系。该律师善于在富于挑战的环境中带领团队圆满完成重大法律事项。

地址：深圳市福田区深南大道 4001 号
时代代金融中心 14 楼
电话：13631511489　(0755)8302 5810
传真：8302 5068
邮箱：litongminguk2008@hotmail.com
litongming@huashang.cn
网址：www.huashang.cn QQ:2531571027

# Frank Li (litongming)

**Practice**

International Trade Disputes
Foreign Direct Investment
Commercial Litigation and Arbitration

Frank Li has a broad commercial practice in line with the firm's profile, with a particular interest in foreign related legal matters

Since his legal practice, Mr.Li has also provided legal service for the negotiation and contract conclusion of many important M&A projects as well as thorough legal service for many well-known real estate projects and corporate governance and international investment and financing legal services for famous corporations. He has established a sound cooperative relation with lawyers from many well-known international law firms including Novels,Norton Rose,Taylor Wessing, Essex Court, Uria Mendez Etc. Mr. Li is expert in leading his team to complete major legal issues under challengeable circumstances.

**Career**

2002: Pass the bar exam

2003: Begin to practice in China Commercial Law Firm as paralegal, an associate and a senior lawyer in foreign related legal affairs department in the same firm

2008: Practice in Lawrence Graham(London)as a trainee lawyer under LCTS (Lord Chancellor's Training Scheme for Young Chinese Lawyers; Practice in Essex Court(London) as a trainee barrister under LCTS

Before joining in the firm as a full time lawyer, frank li had wide range of working experience in various area, such as quite a few years in foreign trade and translating business.

**Education**

2008-2009: Studying Common Law at SOAS, University of London under LCTS

2002: Graduated from GiNan University with a Law Degree

2000: Graduated from GuangDong Foreign Trade and Language University with a four years English Diploma

Add: China Commercial Law Firm14/F,Times Finance Centre 4001 Shennan Road, Shenzhen PR China 518048
Tel: (0086-755)-8302 5859　83025810
Mobil: 0086-136 315 11489
Fax: (0086-755)-8302 5068　83025058
Email: litongming@huashang.cn

## 黄思周 律师

**一、热爱律师职业，忠于律师事业**

黄思周律师1985年从中山大学毕业到深圳对外经济律师事务所参加律师工作，1988年受聘为所主任助理，1990年任主任。从未中断律师执业。

**二、积极投身律师的改革开放事业**

在任国办所主任期间，积极推进律师分配制度改革，落实推行律师聘任制、律师提成制，促进律师的人事、分配制度改革，充分发挥了律师的主观能动性，较好地兼顾了国家、集体和个人的利益，取得了显著效果。

**三、积极维护合伙制下律师党员的先进性**

促进合伙制下党员组织活动的制度保障。积极协助支部向非合伙人宣传党支部存在的必要性及开展活动的必要性，最终得到全体合伙人的支持。并且每年从管理经费中拨出专款给党支部做经费，黄思周本人亦每次赞助党支部的重要活动。

**四、积极投身律师行业管理**

黄思周律师曾三次出任深圳律协理事，2007年策划主持了《深圳市律师事务所管理现状调查报告》及《深圳市律师执业与生存现状调查报告》，并公开出版发行（约170万字）。这是中国律师界首份公开出版的大型调查报告。调查结论至今仍有指导作用。

2006年起任广东省律师协会副会长，2008年，又在全省范围内推动了广东省律师事务所管理现状调查，并在2009年形成了《广东省律师事务所管理现状调查报告》（约200万字）。

**五、发挥爱国爱乡的传统，积极参与公益活动，展示律师知恩图报，回馈社会的良好风范**

在救助困难群体中，黄思周律师出钱出力、表现突出，1997年被延安深圳律师希望小学聘为名誉校长。

黄思周律师擅长法律顾问，商事诉讼，仲裁，刑事辩护业务。

工作单位：上海市锦天城（深圳）律师事务所
地址：深圳市福田中心区福华三路卓越世纪中心1号楼23楼
邮编：518048
电话：0755-82816698
邮箱：huangsizhou@allbrightlaw.com

## 宁位梅 律师

宁位梅律师，执业证号14401200611701748，全国律师协会会员，文学学士，现在攻读法律硕士学位。宁位梅律师在多年的执业工作中，办理了大量的诉讼和非诉讼案件。无论是刑事辩护还是民事案件的代理，无论案件标的大小，宁律师均能认真对待，成功地为委托人争取到合法权益。宁位梅律师长期致力于刑事辩护、婚姻家庭、民事经济类、房地产、土地纠纷、项目融资、二手房买卖等领域的钻研，并取得了一定的成就。宁位梅律师谙熟政府和企业的法律顾问工作，日常中能充分发挥法律顾问的协调和内部控制的作用，擅长控制与防范企业在税务、金融、应收账款等多方面可能出现的法律风险。宁位梅律师秉承诚信、敬业、严谨、高效的执业理念，以委托人合法权益为己任，勤勤恳恳，忠实于法律，忠实于事实，受到了当事人的一致好评。

宁位梅律师办理了多个成功案例，有两个案例被人民日报出版社出版。中国当代著名律师办案事实《信仰的力量》作为经典案例录入，一个案例是刑事案件，被告人诈骗钢材15次只判了9个月有期徒刑；另一个案例是婚姻案件，一审判决不离婚，通过宁位梅律师的努力，在二审成功调解离婚，用调解的方法，使双方当事人受到的伤害降到了最低，双方当事人都感觉到非常满意。

宁位梅律师说，作为一名律师，必须要有深厚的法律素养，有善良的品格，而要成为一名优秀的律师，应该有政治家的头脑，军事家的胆识，外交家的风度，科学家的严谨，哲学家的深邃，文学家的笔墨，演讲家的口才和诗人的浪漫等，这才是一名有人格魅力的当代优秀律师的真实写照。

地址：广东省广州大道北富和路云裳丽影小区一栋A座201室
邮编：510515
电话：15920186538
传真：020-37384693
邮箱：ningweimei2006@126.com

# 阮万广 律师

全国百强律师，中国政法大学法学博士，中华全国法学会理事，深圳市法制建设专家委员会专家。

阮万广律师自1984年起从事法律工作，当过警官、法官、检察官，后专职律师事务。阮万广律师公检法一路走来，20年从法实践，成功办理各类案件千余件，其中重大、疑难案件数百件，先后担任多家公司企业法律顾问，其所承办经典案例，曾被中央电视台、深圳电视台、《法制日报》《人民法院报》、《南方周末报》、《香港文汇报》等多家媒体所报道。

阮万广律师多次接受中央电视台、深圳电视台等新闻媒体采访。并应邀在中国人民大学、中国政法大学、深圳大学等高校访问演讲。

阮万广律师因其曾有过在公、检、法国家机关从事司法工作的丰富经验与特殊经历，并兼有扎实的专业基础知识与深厚的学术理论功底，长于办理重大、疑难、复杂刑事案件，在司法辩护领域享有盛誉，多次被邀请出席最高人民法院举办的有关司法改革等全国性学术研讨会。

阮万广律师凭其突出业绩，入选2009年媒体评出的全国百强律师。

### 阮万广律师法律方面的著作、文章有

《合同风险防范》、《房地产开发的法律问题》、《取证、举证方略》、《言词证据真伪辩》、《如何重续诉讼时效》、《故意杀人案件辩护策略》、《毒品案件辩护策略》、《零口供与沉默权》、《毒树之果——非法证据》、《刑讯逼供的举证责任承担》、《对控方证据真伪的辨别、质证》、《死中求生——如何进行死刑案件的辩护》、《无罪辩护的空间》、《英美刑事证据中的排除规则》、《刑事诉讼基本问题研究》（参与合著）、《刑事诉讼修改中的热点问题》（参与合著）等。

### 阮万广律师曾办理过的部分有影响的民商事案件有

成功代理上诉人（原审被告）万方置业发展有限公司与鼎达实业有限公司房地产转让纠纷案，一审万方置业发展有限公司败诉，该案经最高人民法院二审改判上诉人万方置业发展有限公司胜诉。成功代理申请人台湾巨龙实业有限公司与某市开发区管委会合作开发合同纠纷仲裁案，合同约定申请人以资金设备投资，被申请人某开发区管委会以土地投资进行合作开发。后因土地增值，被申请人称合同无效拒绝履行。该案经中国国际经济贸易仲裁委员会裁决：双方继续履行合同，被申请人并赔偿申请人经济损失。以及兴业银行诉深圳机场股份有限公司2.25亿贷款纠纷案、万科企业股份有限公司与杜某某等1000多位业主房屋购销合同纠纷案等。

### 阮万广律师部分经典刑事案例有

张某杀人碎尸案：一审深圳市中级人民法院以故意杀人罪判处张某死刑，立即执行。阮万广律师担任其二审辩护人后，发现本案重要情节：上诉人作案后曾对被害人做过人工呼吸进行救助，并导致呕吐，呕吐物沾到上衣T恤衫上这一事实。遂提出对T恤上的呕吐物进行DNA鉴定，后经深圳市公安局（2008）1835号鉴定书认定，证实张皓的T恤衫上有可疑斑迹，该可疑斑迹与被害人基因型一致，辩护人由此推断：不能排除上诉人关于事后对被害人进行救助的事实！辩护人提出的对上诉人张某依法应予从轻处罚的辩护意见被采纳，广东省高级人民法院二审改判上诉人张某死刑缓期执行。

朴某某职务侵占案：一审以职务侵占罪判判处朴虎英有期徒刑4年，二审采纳“事实不清、证据不足”的律师意见，将案件发回重审后，检察机关撤回起诉，作出朴某某无罪的不起诉决定。

林某某重大贩毒案：阮万广律师以同案林某某供述系孤证为由，提出对林某某“疑罪从无”的辩护意见，终被深圳市人民检察院采纳，对林某某作出不起诉决定。

海曼·弗朗西斯克特大盗窃案：广东省深圳市人民检察院以盗窃罪和偷越国边境罪对被告人海曼·弗朗西斯克（秘鲁公民）提起公诉，阮万广律师接受委托后，经查发现，检察机关提供的据以认定被告人构成盗窃罪的证据存在诸多疑点，遂提出指控盗窃罪事实不清、证据不足的无罪辩护意见，终获无罪。一审判决后，深圳市人民检察院未提出抗诉，本案一审生效。

贺某某敲诈勒索案：辽宁省葫芦岛市龙港区人民检察院以故意伤害罪、诈骗罪、敲诈勒索罪对被告人贺某某提起公诉，阮万广律师接受被告人委托担任其辩护人，经查发现本案认定贺某某构成敲诈勒索罪证据不足，最终无罪辩护成功。

广东诚公律师事务所
地址：深圳市福田区莲花支路1号公交大厦15层
工作电话：13823776106
助理电话：0755-61391671
传真：0755-61391689

# 叶东文 律师

叶东文，执业证号：14401198911806817，广东经纶律师事务所高级合伙人，主任律师，中国政法大学经济法硕士，1987年起从事律师工作至今，擅长办理刑事、经济、房产及金融等法律事务，从业经验丰富。曾先后担任广东移动通信有限责任公司、广东省环保协会、广州西电东送电力有限责任公司、广东省第一建筑工程公司、广州三联房地产开发公司、广东南方集团公司、广东国览医疗器械城、广西梧州制药厂、卜内门太古漆油（中国）有限公司、广东粤财资产管理公司、佳都国际集团公司、广州广日集团有限公司等多家企业的常年法律顾问。具有司法部、中国证券监督委员会批准的证券律师执业资格。现为广州仲裁委员会仲裁员、中国民主建国会广东省委常务委员、中国民主建国会广东省直属四支部主任委员、中国政法大学经济法研究中心研究员、广东省文化学会常务理事。法学著作有《票据法》（法律出版社出版）、《招标投标法律实务》（中国建筑工业出版社出版）。该律师曾在广东省法学会工作，与广东省法学界有广泛的联系，是广东省内诉讼事务量较大的律师，具有一定的知名度。

**主要业务有**

1. 公司组建、项目投资、合资合作业务，拟定合同、审查文件、出具法律意见书。

2. 担任中外合资或合作项目中方或外方法律顾问、担任国有企业、三资企业、民营企业、股份公司、合伙企业法律顾问，为受聘公司办理众多法律事务，为其经营决策提供大量的法律意见。

3. 参与产权重组、股份转让、股票上市、资产管理的项目谈判，拟定工作方案和合同文件，答复咨询意见。

4. 专门从事租赁法律业务，在租赁、租赁经营、融资租赁方面提供全方位法律服务，为企业代理诉讼和仲裁、债权申报、制订主营业务合同等诉讼和非诉讼业务。

5. 办理诉讼和仲裁案件，业务涉及金融、经济、民事、房地产、环境保护、建筑工程。

6. 开展与银行、房地产开发商的业务合作，办理房地产信贷及按揭业务。

**该律师办理的著名案例**

1、为原东方宾馆总经理杨某某受贿一案作二审辩护，获广东省高级人民法院减刑；

2. 先后为黄某某、谢某某、关某某、蔡某某、陈某某、黄某某等多名一审已判决死刑的被告人上诉，均获广东省高级人民法院改判死刑，缓期二年执行；

3. 为广东省华侨信托投资公司在六二三路等多处近万平方米旧房产办理产权登记，为该公司办理超过亿元的大量追债事务，避免了该公司的重大经济损失。

4. 为粤海集团、广东省第一建筑工程公司、广州东建实业总公司、广州市房屋经营公司、广州银建商品房公司等多家房地产开发公司办理重大诉讼事宜，并处理法律文件。

5. 为中国银行广东省分行、中国工商银行广东省分行、中国建设银行广东省分行、交通银行广州分行、中国农业银行广州分行、广州市商业银行、广东发展银行等多家金融机构办理数十亿元的追款业务，并处理法律文件及有关房地产按揭信贷等业务。

6. 为惠阳十三家石场就征用拆迁诉广东省高速公路公司、惠阳市人民政府案，获胜诉赔偿。

7. 办理广州百事可乐汽水厂兑奖纠纷一案，为广州百事可乐汽水厂避免重大经济损失。

8. 为广东兴发铝型材集团公司办理股份制改组，法人股上市的法律事宜。

9. 为清远市附城镇村民诉附城镇政府，获土地赔偿。

10. 为广东省教育基金会追回近两千万元拖欠款项。

11. 为广州恒利房地产开发公司办理与广东信托房产公司合作纠纷案，成为“花地湾”房地产开发的首例胜诉案，保障了投资者三亿多元的财产权益。（此案为最高人民法院公布案例）

12. 为广州市侨务办公室办理了广州海龙王公司不服行政处理纠纷一案，并引起了社会的高度关注（该案诉讼标的为人民币13亿元，被称为中国行政诉讼第一案。（此案为最高人民法院公布案例）

13. 为广州广船国际股份有限公司办理工程款纠纷案，追回近亿元工程款。

14. 为中交第四航务工程局办理多宗工程款纠纷案及处理追款业务，追回超过亿元工程款。

15. 为Autodesk、ICI等企业处理知识产权侵权的法律事务，配合政府有关部门，查处侵权单位。

16. 为广东省环保协会及其会员提供环境法律法规等专项法律服务。

17. 先后为原广东粤电集团副书记田燕军，原广东省韶关市委常委、公安局长叶树养，原广东省茂名市常务副市长杨光亮等受贿案件提供法律咨询及辩护。

18. 就广州正佳广场25亿元再融资项目，广东粤财投资公司受让广东发展银行285亿资产项目等提供律师尽职调查工作。

地址：广东省广州天河体育西路103号
维多利广场A座31楼
邮编：510620
电话：020-38103928. 13922258988
邮箱：yedongwen@126.com

年鉴人物－优秀税收管理专业律师——詹清荣（广东）

詹清荣博士与2006年诺贝尔经济学奖获得者、美国哥伦比亚大学教授埃德蒙·费尔普斯作专业交流

## 詹清荣 法学博士、著名跨国税收管理专家

法学博士，教授级高级经济师；中国国际税收研究会学术委员；美国休斯顿大学商学院国际高级经理培训班结业；广东太平洋联合律师事务所资深律师；中国策划二十年十大专家；中国法学会财税法学研究会常务理事、法律应用专业委员会副主任；北京大学软法研究中心客座研究员。

詹清荣博士是著名国际税收管理专家，广州仲裁委员会仲裁员、广东省财税法学研究会副会长，北京大学软法研究中心客座研究员，道可道财税工作室首席专家，北京福建企业总商会税务顾问、广东省民营企业投资协会首席顾问、广东房地产商会税务顾问。

詹清荣博士在金融与税收研究，跨国融资的税收控制，跨国个人所得税管理，跨国资本弱化、关联交易结构设计、符合最有跨国资本交易架构设计、转让定价安排、资本市场监管等领域有独到成就。在跨国税收管理有创新性管理模式，是跨国税收管理"三维一体"模式的发明人。

詹清荣博士近20年从事国际税收制度和企业跨国纳税事务研究经历，协助中国石油集团跨国经营提供专业化、跨国税务管理服务。詹博士长期从事跨国石油投资税收管理和税收策划工作，所涉及的国家有美国、加拿大、英国、委内瑞拉、哥斯达黎加、秘鲁、德国、荷兰、卢森堡、叙利亚、阿联酋、伊拉克、伊朗、哈撒克斯坦、土库曼斯坦、乌兹别克斯坦、阿赛拜疆、泰国、缅甸、中国香港、新加坡、印度尼西亚、苏丹、阿尔及利亚、利比亚、乍得、尼日利亚、澳大利亚等。他运用法律、财政、会计、交易行为、税收协定、公司架构设计、年终纳税报表编制等方式进行资本弱化风险防范，跨国税收管理和筹划，在合法性跨国融资安排、税收战略设计、税收策划、税收风险控制等方面有独到见解及富有成效的方案。

**专长及业务描述：** 1. 近20年从事国际税收制度和企业跨国纳税事务研究经历，对发达国家、发展中国家、转型国家的金融监管法律、石油法、税法、公司法、投资法等有深入的跟踪，为能源企业跨国经营提供税务服务。2. 近20年税收法律实务经历，为企业提供降低税收成本的综合方案，设计跨国并购资本交易架构安排，完善公司架构和法人治理结构，调整交易行为，针对不同规模、不同行业的企业作出不同的企业战略安排，目的在于为企业降低交易成本，提高企业竞争力。3. 近20年研究整合区域经济财税资源整合能力，促进企业资本运营行为的有效进行，为政府培植税源提供有效方案，提高区域经济竞争力。4. 近20年的资本规则及金融风险控制管理经验，对跨国资本交易、跨国合同行为有独特的风险控制力，有成熟的企业合同动态跟踪系统，在降低企业呆坏账比例，提高融资能力方面有实效性解决方案。

**实践中的主要学术成果：** 在专业刊物发表文章30多篇；近期比较有影响的有《金融危机背景下中国企业"走出去"的风险防范与税收应对》（发表在国家税务总局《涉外税务》2009年第10期）；《美国债务危机与金融制度标准的利益博弈》（发表在国务院发展中心的《中国发展观察》2011年第8期）。

2008年在国家税务总局核心刊物《涉外税务》第12期作《中国企业"走出去"的税收管理策略》专访。《金融危机背景下中国企业"走出去"的风险防范与税收应对》发表在国家税务总局《涉外税务》2009年第10期。

2004年在中国人民大学举办的第二届全国博士生论坛，宣讲题目为：《中国财政法治化的法哲学创新》。2005年在第一届全国法学理论博士生论坛作《全球化税制改革和法理评判》的主题发言。

任2004年在机械工业出版社出版的《社会弱势群体权益保障丛书》副总主编，该套书共有八本：《妇女权益保障》、《老年人权益保障》、《劳动者权益保障》、《环境污染受害者权益保障》、《消费者权益保障》、《农民权益保障》、《残疾人权益保障》、《患者权益保障》等。

2005年8月30日，在北京大学财经法研究中心、国家税务总局税收科学研究所、世界税法协会（ITLA）主办（举办地在北京大学）首届中美税法高级论坛上作主题发言：《国际税收协定的意义》。

2005年11月6日，在华东政法大学举办的中国财税法学教育研究会2005年年会暨第四届海峡两岸财税法学术研讨会上作主题发言：《中国公共财政制度构建的理论导引——财税法学理论创新的历史使命》。

1987年以《横向经济联合中企业集团的法律调整》一文获中国法学会优秀法学论文评选最高奖二等奖；1988年以《建立商品经济新秩序的经济法律问题研究》一文获吉林省委宣传部纪念党的十一届三中全会十周年研讨会优秀奖；参加由广东省财政厅、广东省会计学会下达的重点课题《会计信息失真的原因及其治理对策研究》，获得广东省财政厅1999年度科研课题三等奖。

2006年以《阳光管理的基础理念》获第八届中国经济学家论坛优秀论文特等奖。詹博士最重要的学术成果为其博士论文《中国公共财政的法理基础——以税收征管和公共服务的制度博弈为逻辑分析主线》，全面、深入分析了中国公共财政的制度构成的法哲学理念，提出"秩序正义"为中国公共财政分配秩序的核心价值。

**格言：** 富有实效的专业服务

电话：(0086) 159-0121-8788　　邮件：chinazqr@126.com

为企业开展免费“法律体检”，对企业法律问题把脉问诊；重视基层法律服务，义务担任镇、村法律顾问；参加各种形式的义务法律咨询、媒体法制宣传栏目、举办讲座，为普法工作作出贡献。

地址：杭州市萧山区市心南路181号经贸大厦11层1101室
电话：（0571）82636192.
13606637802
传真：（0571）82636551
邮箱：chenyongly@hotmail.com

## 陈 勇 律师

陈勇律师，毕业于杭州师范大学，法学本科学历。杭州市律师协会第六、第七届理事；杭州市律师协会第六、第七届纪律与惩戒委员会委员；杭州市律师协会第七届区、县（市）律师工作委员会委员；杭州市律师协会第六、第七届建筑与房地产委员会委员；杭州仲裁委员会仲裁员；浙江省台商法律顾问团成员；浙江钱江潮律师事务所主任、党支部书记。

陈勇律师1988年毕业后一直从事司法行政、法律服务工作。1996年起成为专职律师，为浙江钱江潮律师事务所转制后的创始合伙人之一。陈勇律师以民商事业务为主，在此基础上，根据自身特点和优势向建筑与房地产、公司类事务专业化方向发展，逐步形成自己的特色法律服务专业领域；陈勇律师严格遵守《律师法》，严格遵守律师职业道德和律师执业纪律。从事法律服务工作多年，有着丰富的法律服务工作经验和深厚的法学专业理论知识，综合素质优良，工作作风务实、稳健。执业以来，曾多次获得杭州市萧山区优秀律师、党员积极分子等荣誉称号。

陈勇律师热心律师事务所的管理和发展，积极支持律师事务所的党建工作，努力把党支部活动与事务所建设紧密结合起来，发挥党员律师的先锋模范作用，借以带动和培养年轻律师，鼓励他们追求进步。

陈勇律师注重和强调律师团队合作，团队成员间扬长避短，分工合作，最大限度地发挥团队优势；历年来，所在的浙江钱江潮律师事务所法律服务成绩斐然，被杭州市司法局授予集体三等功。

陈勇律师热心参加各种公益活动：多年来坚持参加区领导信访接待日活动，为妥善解决信访问题提供法律意见；

## 浙江钱江潮律师事务所

浙江钱江潮律师事务所成立于1981年11月。原系杭州市萧山区司法局直属国资所，2000年9月整所转制成合伙所。是一家集民事、刑事、行政诉讼和投资、贸易、金融、房地产、知识产权、股份制改造、基建项目招标等法律服务为一体的综合性律师事务所，拥有约1000平方米的现代化办公场所，配有会议室、文印室、图书资料室和档案室，能及时高效地为当事人提供优质法律服务。“敬业、诚信、优质、高效”是该所的一贯宗旨，30年的发展史创造了该所专业化、协作化、精品化的法律服务文化。

历年来，该所为政府机关、企事业单位、社团等提供了优质的法律顾问服务，高质量地办理了各种诉讼、非诉讼法律事务，在业内和客户中享有较高的声誉。因出色的业绩，该所先后获评为萧山区优秀律师事务所、杭州市级文明律师事务所、萧山区行风建设先进单位、浙江省文明（优秀）律师事务所、杭州市司法行政系统人民满意法律服务单位、杭州市中介服务业示范企业（机构）、浙江省行业诚信暨公众满意单位，因法律服务成绩斐然，被杭州市司法局荣记集体三等功。

有先进的管理，良好的制度，精干的队伍，高尚的职业道德，这是该所工作的保证和骄傲。该所全体律师将以勤勉尽责的精神、客户合法利益至上的宗旨，努力为社会提供高效、优质的法律服务，为构建和谐社会作出应有的贡献。

地址：浙江省杭州市萧山区市心南路181号经贸大厦11.12楼
电话：（0571）82636551.82636192.82635783.82626205
传真：（0571）82636551
网址：http://www.qjclawyer.com

# 董　杰 律师

董杰，1971年1月出生，北京大成律师事务所高级合伙人，现任北京大成（舟山）律师事务所主任。西南政法大学本科毕业，华东政法大学法学硕士，九三学社成员。1992年执业至今，时任舟山市第三律师事务所律师、浙江恒联律师事务所合伙人、浙江桀言律师事务所主任。

董杰律师现任浙江省律师协会理事、舟山市律师协会常务理事（刑委会主任）、舟山市青联常委、舟山市法学会理事、舟山市仲裁委员会仲裁员、舟山市商标协会常务理事、浙江工业大学法学院客座教授。

2005年被浙江省律协授予“浙江律师十佳辩手”，2006年被舟山市司法局评为“五佳法律工作者”和“舟山市优秀律师”，2007年被浙江省司法厅、浙江省律协会授予“律师行业突出贡献奖”，2009年被浙江省律协评为“浙江省优秀青年律师”，2010年被浙江省司法厅、浙江省律协会评为“浙江省十大优秀律师”，同年被舟山市司法局荣记“个人三等功”，2011年12月被中华全国律师协会授予“2008-2010年度全国优秀律师”荣誉称号。

**一、业务技能精湛，充分展示律师专业水平**

董杰律师充分发挥自身刑辩优势，参加了诸如震惊全国的“9·24走私案”、黄岩区区长蒋某受贿案、上虞市市委书记任某受贿案、定海区区委副书记虞某受贿案、普陀区副区长崔某等一系列全省甚至全国有影响的刑事案件，均取得明显的辩护效果，并作为行政干部廉政教育示范庭。

在非诉讼和知识产权业务领域，董杰律师擅长公司法律业务，尤其是企业转制、公司并购等业务，1995-1997年全程负责并参与完成了舟山市物资系统全部国企的转制、改制工作，使物资系统多年包袱得以退卸。2006年通过代理浙江凯灵船厂诉四川某主体商标侵权案件，使委托方赢得了“驰名商标”的司法认定，为舟山首例“驰名商标”案件。2006年参加舟山某信用社诉上海某证券公司的国债纠纷案件，胜诉并全额执行标的达9300余万元，该案系舟山市当时标的最高的诉讼与执行案件，该案的顺利执行为信用社挽回了巨大经济损失。2007年参与并完成阿联酋ETA集团与南洋船业有限公司股权（标的达1亿余元）并购专项法律服务业务。2009年起全程负责并参与重大海洋工程——过产业船舶工程项目（日资）的整体重整重组的法律服务工作，代表当地政府及国资部门为标的达数十亿元的项目资产顺利完成并购事项。2011年上半年全程负责并完成舟山某水泥制品公司及旗下的五家关联企业整体股权（标的达3亿余元）并购专项法律服务业务，受到企业和政府等部门的高度肯定和好评，在业界具有较大的影响和良好的信誉。

2010年参与了由《现代船舶经营实用手册》和中国造船工程学会上海学术活动中心合编的《船舶合同签订履行和管理》编审工作。

**二、热心公益事业，主动履行律师社会责任**

董杰律师身体力行，主动参加各类社会公益活动。作为由市司法局、市法学会组织的“迎接大桥时代，服务科学发展”百场法治报告会活动的报告团成员，为此次活动作了多场报告，被评为“优秀报告团成员”。负责编辑的《坐堂律师法律咨询汇编》，向社会各界发放，受到基层群众的普遍好评。

董杰律师还十分关注社会弱势群体，为资助贫困学生就学，他一次性向舟山市岱山县慈善总会捐助人民币10万元，以资助那些成绩优异而家境贫寒的学子，受到当地政府的嘉奖和肯定。在此基础上并成立贫困学生助学基金，现该基金已募集资金达50万元，在相关部门的统一管理之下，该基金目前已在良好的运作之中。此外，在四川汶川地震、青海玉树地震、南方干旱等救灾活动中又多次捐款达数万元，并与当地多名贫困学生直接结对资助他们完成学业。

**地址**：浙江舟山临城新区建设大厦A座12F
**电话**：0580-2583060
**传真**：0580-2583100
**邮箱**：dongjie8266@yahoo.com.cn

## 年鉴人物－优秀律师——倪振杨（浙江）

### 倪振杨 律师

倪振杨律师系文革后首届本科大学生。毕业后，在繁忙的工作之余，刻苦自学钻研法律知识，以平均每门92.2分的优异成绩毕业于“中华全国律师函授中心”；1988年以超过总分40分优异成绩一举通过全国律师资格统考。现有高级职称，浙江创欣律师事务所合伙人，执行主任，系金华仲裁委员会仲裁员。1993年开始从事执业律师工作。为人正直，嫉恶如仇。具有较强的逻辑思维和思辩能力。办案认真负责严谨。“受人之托，忠人之事”系人生之座右铭。

多年来，涉及法律领域广泛。曾成功代理“杨某贩毒案”、“陈某某故意杀人案”等多起刑事案件；“万蚌中毒引发环保连环诉讼”（十场官司，圆满结案）；浙江首例浙师大学生状告浙师大“学位之争”案，被上海电视台《有话大家说》栏目选为“作弊的代价”节目的案例，并作为首位外省市嘉宾被邀请参加该节目录制；浙江首例个体工商户状告市工商局不服行政处罚案；“‘钓鱼’、‘均鱼’扑克商标之争行政强制措施纠纷案”，被收录《信仰的力量——中国当代著名律师办案纪实》；未成年人徐某某遗产被侵占案、陈某某借款纠纷案（一审、二审、再审胜诉）、陈某某等不服永康市公安局（因上访）行政拘留案、钱某某等68位村民种子质量财产损害赔偿纠纷集团诉讼案等各类案件。有的曾在中央电视台、省、市电视台、各地报纸、Internet等专题播（刊）出。所代理的张某某状告兰溪市环保局行政不作为案入选全国“12·5”普法宣传和中央电视台《今日说法》经典案例和汇编。

办公地址：浙江省金华市兰溪街19号四楼412室
（江南福泰隆广场 东对过）邮　编：321017
电子邮箱：jhnzy668@163.com
咨询电话：0579-82064889　13957965616　13566782836
聊天QQ：475362185，461053059

## 年鉴人物－2010年获浙江省司法行政系统“十大优秀律师”——王　健（浙江）

### 王　健 律师

王健，男，汉族，1971年12月出生，无党派，1993年毕业于华东政法大学法律系，1995年开始执业，现任浙江博翔律师事务所主任。

王健律师同时担任浙江省丽水市律师协会副会长、浙江省丽水市人民政府专家咨询库成员、丽水市人大常委会专家咨询委员会委员、丽水市莲都区人民政府专家咨询委员会委员、丽水市法学会学术委员会委员、丽水仲裁委员会仲裁员等职务。2004年获全国“优秀仲裁员”荣誉称号，2010年12月获浙江省司法行政系统 “十大优秀律师”称号。

王健律师从业16年以来，共办理民商事等各类案件近千件，担任数十家大型国有、民营企业的法律顾问。其所在的博翔所先后接受各级人民法院的指定，为企业进行破产清算工作，为在特定时期充分发挥律师职业优势，帮助解决党委、政府中心工作，服务企业，维护社会稳定，走出一条创新之路。他还协同市司法局领导多次向市政府主要领导汇报队伍建设的工作思路，并争取到当地市委、市政府出台了针对青年律师的扶持政策，在全省乃至全国产生了较大反响。在律协工作中，他始终将广大律师的整体利益放在首位，作为分管丽水律协业务培训与指导及律师惩戒工作的副会长，承担了律协大量工作，几年来先后邀请了省内多名知名律师至丽水讲课，传授先进理念和新的执业思路，并主持律协举办了首届“青年律师论坛”，为当地青年律师的培养和当地律师队伍的建设作出了一定贡献。

作为博翔所主任，王健律师乐于奉献、大胆开拓，在他的带领下，使得博翔所在近几年来取得了跨越式发展，成为浙江省内具有较强竞争力和较高社会声誉的品牌律所之一。

地址：浙江省丽水市莲都区北苑路198号财富大厦A座6F
电话：0578-2929999　传真：0578-2128500
邮箱：wangjian2128500@163.com

年鉴人物 - 优秀律师——张笑俏（浙江）

## 张笑俏 律师

张笑俏，女，1969 年 11 月 23 日出生，汉族，大学本科，民盟盟员，1993 年取得律师资格，从 1993 年开始从事律师工作至今。现为浙江晟耀律师事务所合伙人、副主任律师。

**社会兼职**

三届丽水市律师协会副秘书长；

第三届丽水市律协律师维权委员会副主任；

第四届丽水市律师协会常务理事；

第四届丽水市律师协会青年与女律师委员会主任；

丽水市志愿者协会常务理事；

丽水市消费者保护委员会律师团成员。

**获得荣誉**

2004 年被评为丽水市律师队伍集中教育整顿工作先进个人；

2005 年被评为合伙律师事务所规范建设年活动先进个人；

2005 年被评为 2004-2005 年优秀法律援助工作者；

2005 年被评为丽水市优秀法律援助工作者；

撰写的《刍议疑罪从无原则的理解与适用》论文荣获 2006 年丽水市律师实务理论研讨会二等奖；

2011 年被评为丽水市 2010 年度优秀律师。

具有丰富的执业经验，担任多家企业的常年法律顾问。在多年的执业过程中始终以勤勉、严谨、负责的态度对待客户，为人忠实，勤勉敬业，恪守律师执业道德，务求最大限度地维护当事人的合法权益，并坚持为社会公益事业提供法律服务，为弱势群体免费提供法律帮助。专长于建设工程纠纷、各类损害赔偿纠纷、婚姻家庭纠纷、民商事、劳动争议等案件的办理。

地址：浙江省丽水市括苍路 163 号四楼
电话：13957076998　传真：0578-2134802
邮箱：297326679@qq.com

年鉴人物 - 金华市第三届十佳律师——周跃明（浙江）

## 周跃明 律师

该律师九〇年毕业于华东政法学院，从事律师职业 20 年。现为一级律师（永康唯一的高级律师），金华市律师协会副会长，金华市律师协会永康分会会长，永康市优秀律师，金华市司法行政系统优秀律师，浙江名律师，金华市第三届“十佳律师”，浙江律明律师事务所主任。

该律师积极参加公益法律事务活动。组建律师服务团服务永康解放街旧城改造；积极参与市长接待日活动，涉法涉诉大接访；免费担任 5 家农村法律顾问；免费担任《永康日报》民情专递栏目法律顾问，为老百姓提供法律服务；与永康电台联合开办《法律时间》栏目，搭建空中法律服务平台。

该律师法学理论功底扎实，业务精益求精，办案经验丰富。

办理刑事案件，该律师向来认真、负责。该律师提出的辩护意见，观点鲜明，重点突出。通过该律师的辩护，有的被告得到从轻、减轻处理，有的被告定罪得到改变，量刑上轻了许多，有的被告甚至无罪释放。该律师经办的刑事案件，有 15 起案件，经该律师辩护后，法院改变定性。有 2 起案件，法院判决被告人无罪；如尹旭东挪用公款一案，周跃明律师经过仔细研究案情，认为尹旭东无罪，在一审判决尹旭东五年有期徒刑后，该律师继续支持尹旭东上诉，经过多方努力，二审依法改判尹旭东无罪。永康市近几年经济犯罪的大案、要案如章志刚挪用公款案、原民政局长陈月飞受贿案、原殡仪馆馆长池靖扬受贿案、原二轻局局长王健儿受贿案、原体改办主任胡龙江受贿案、原民房拆迁办副主任胡松礼受贿案、原永康市设计院院长陈献礼受贿案等均由周跃明承办。

办理民、商事案件是该律师的特长，有些看似败诉的案件，该律师独辟蹊径，反败为胜。2005 年周跃明代理的浙江中浙阳光房地产开发有限公司与施香梅房屋认购书纠纷一案，该案购房户人数众多，购房户采取了拉横幅、记者采访、电视报道甚至雇用人员阻止施工等方式对开发商施加压力。该案涉及的房屋认购违约赔偿问题争论较大，该案如开发商败诉，不仅开发商将遭受巨额经济损失，而且周跃明本人的声誉也将受到影响。周跃明通过缜密思考、细致准备，在法庭开庭时为开发商赢得了主动，开发商最终胜诉。胜诉后，周跃明又与永康法院促成开发商与购房户达成和解协议，最终所有有纠纷的购房户都得到妥善处理。为永康经济的发展提供最优质的法律服务，这是该律师始终坚持的宗旨。

该律师的论文多次在省级以上刊物发表，13 次在金华市、浙江省获奖，其中，一等奖 1 次，二等奖次。毕业 20 年来，已办理各类案件 1200 多件，为当事人挽回经济损失 15 亿多元。

地址：浙江省永康市丽州北路 126 号　邮编：321300
手机：13806770189

## 朱敏玲 律师

**现任**

浙江龙剑律师事务所主任，二级律师，法律硕士；
中国致公党浙江省妇女工作委员会副主任；
浙江省省直律协劳动与仲裁专业委员会委员；
浙江省妇女研究会理事。

**执业经历**

朱敏玲律师于1996年开始从事专职律师职业，擅长房地产合同、建设工程合同、债权债务、交通事故赔偿、婚姻等纠纷的案件代理、刑事案件辩护、企事业单位的法律顾问服务，尤其是为交通事故的当事人代理了大量的赔偿案件。2003年8月，朱敏玲凭着对律师事业的执着追求，带着一身过硬的业务本领，怀着一颗充满正义的赤诚之心，创办了浙江龙剑律师事务所。

10余年来，由于朱敏玲律师积极地为弱势群众和企业办理的法律案件数量多，质量高，口碑好，因此慕名而来的群众、企业越来越多，使得全所的案源不断扩大，业务逐年上升，树立了良好的社会形象，知名度不断提高。

她是维护正义的美丽使者，在她看来，赢得诉讼不仅在于保护当事人的合法权益，更重要的是维护整个社会的公平和正义。而十几年来她也是一直秉承这一原则来办理案件，并取得了丰硕的成果，也得到了社会的认可和尊敬，朱敏玲律师一直坚守着这样的信念。

一个成功律师的标准是什么？也许每个人的回答都不一样。让我们来听听朱敏玲律师的回答：“成熟、理性、富有社会正义感，通过自己严谨的职业行为，弘扬社会正气，捍卫人间真理！”也许要达到这个目标并不简单，但她无疑会一直朝着这个目标不懈地去努力。

**所获荣誉**

2007年7月，朱敏玲律师被浙江省司法厅、浙江省律师协会联合授予“浙江省律师事业突出贡献奖”荣誉称号；2008年3月，被特聘为浙江省妇女权益保障法律顾问团成员；2008年7月，被中国致公党浙江省委员会授予优秀党员称号；2008年12月，被中国致公党中央委员会授予“5.12抗震救灾先进个人”荣誉称号； 2010年4月，被浙江省省直律师协会评为“优秀女律师”； 2011年1月，被中国致公党浙江省委会授予“开展树立和践行社会主义核心价值体系、推进基层组织建设活动先进个人”荣誉称号； 2011年2月，被中共杭州市上城区委、杭州市上城区人民政府授予“2010年度上城区‘律师进社区’工作先进个人”荣誉称号；2011年9月被中国致公党中央委员会授予“宣传思想工作先进个人”荣誉称号。

## 浙江龙剑律师事务所

浙江龙剑律师事务所是经浙江省司法厅批准成立的省属合伙制律师事务所。办公场所设立在浙江省杭州市城站火车站南侧的中闽大厦。

本所以“专业、高效、尽责、勤勉”为服务宗旨，致力于打造主动性、专业性和全方位的法律服务品牌；以“个性化服务、团队式合作”模式吸引着各方面优秀律师人才的加入，并打造出多个专业律师团队。创所至今，本所在诉讼与非诉讼业务方面取得了良好的口碑和社会反响，尤其是积累了丰富的企业法律服务经验。目前，本所拥有资深律师、法学专家和青年精英律师二十余名，律师工作人员十余名。在本所主任朱敏玲律师的带领下，注重团队合作，营造分工协作、优势互补的执业风格，形成“一人服务、全所参谋”的服务形式，争取为每一个案件整合内部优势资源，加以个性化匹配服务，更好地为当事人提供优质的法律服务。

本所日常服务范围主要是提供民商事、刑事以及经济类法律事务的诉讼代理及非诉讼业务服务。此外，为加强与企业的联系，本所组建了专业从事企业法律服务的工作机构——企业法律服务部，对于企业在经济活动过程中的运营及管理进行“法律体检”、律论证和解答，这一颇具特色的服务项目和服务方式在杭城律师界独树一帜。

地址：浙江省杭州市上城区郭东园巷8号中闽大厦
邮编：310009
手机：13336199312
电话：0571-87220152, 87220157
邮箱：zmlls88@126.com
网址：www.longjls.com

# 李喆 律师

李喆律师，男，硕士研究生学历，河南豫都律师事务所主任，河南省直律师协会非诉讼专业委员会执行主任，河南省律协房地产专业会员会委员。曾获“河南省先进律师”、“全国建设领域优秀律师”等荣誉称号。连续7年担任河南省律师协会律师岗前培训专业教员，具有丰富的专业知识和较高的执业技能。

李喆律师从业20年如一日，始终秉承“积小胜成大胜”的理念，对办理每件法律事务都勤于思考、精于研究、一丝不苟，他严谨的执业态度和高超的执业水平赢得了客户的高度信任，在中原律师界享有较高的知名度和良好的口碑。

近十年来，业务主要集中在房地产、建筑工程、公司、证券和投资法律服务领域，尤其是在大型公共工程、房地产企业法律服务方面，具有丰富的实践经验。曾任郑州市房产局、郑州市人民政府拆迁办公司、郑东新区CBD会议中心、会展中心、环城快速路等多个政府专业管理部门或项目顾问。现任鑫苑（中国）地产控股公司、河南开祥天城股份公司、郑州亚新房地产开发有限公司、河南美景置业有限公司、信和（郑州）置业有限公司、郑州建投鑫苑置业有限公司、河南通和置业有限公司、河南广汇集团有限公司、河南中联创置业发展有限公司等主流房地产企业近20家公司专业法律和管理顾问。直接辅导鑫苑（中国）地产控股公司在美国纽约交易所完成上市，使之成为第一家在美国上市的中国房地产企业。

李喆律师根据客户需求，不断创新法律服务内容和模式。根据大型房地产企业的管理需求，结合自己20年来的执业经验，为服务单位创制了完善的风险内控制度，涉及招投标管理制度、合同管理制度、公文印鉴管理制度、工程管理手册等10多项内容，并实施驻场律师法律服务模式，为防范企业法律风险，提高管理效益发挥了重要作用，受到客户的普遍认可和欢迎。同时，撰写专业性法律和管理培训PPT课件近50万字，内容涉及商品房买卖合同、工程施工合同、物业管理和物权法、工程管理手册、房地产经营管理风险手册、合同法讲义和法律管理实务等内容，广泛开展对服务单位员工的法律知识培训，着力提高服务单位员工的法律素质，收到良好效果。

从业20年来，代理刑事、民事、行政等诉讼案件近200件，诉讼标的达20多亿人民币，由于扎实的法律专业功底和高超的执业技能，其代理的诉讼案件均取得良好的法律效果和社会效果，有力地维护了委托人的合法权益和法律尊严。**典型案例有（为最高人民法院二审或再审案件）：**

◆河南花园置业有限公司与河南鑫苑置业有限公司土地转让合同纠纷上诉案，诉讼标的16859万元。李喆律师作为河南鑫苑置业有限公司的代理人参加二审诉讼，以精深的法理分析、扎实的诉讼证据、清晰的代理意见说服了合议庭，代理意见被采纳，获得本案的胜诉。本案被收录在法律出版社出版的《最高人民法院二审民事案件解析》第5期。

◆河南杉杉房地产开发有限公司与杜天贞股权转让纠纷案，诉讼标的4000万元，在一、二审判决对委托人河南杉杉房地产开发有限公司不利的情况下，李喆律师向最高人民法院提起再审申请，代理意见被采纳，为委托人挽回损失900万元。

◆郑州市城市建设开发总公司（原告）与郑州市太阳城股份（有限）公司（被告）拆迁纠纷案，诉讼标的1863万元，李喆律师作为原告的一、二审的代理人，依法维护了委托人的合法权利，河南省高级人民法院一审判决支持了原告的诉讼请求，判决被告将郑州市铭功路4号、8号楼退还给原告，并支付维修费100万元。被告不服判决，向最高人民法院提起上诉，最高人民法院作出“驳回上诉，维持原判”的终审判决。

单位：河南豫都律师事务所
地址：河南省郑州市郑东新区金水东路49号
绿地原盛国际3号楼A座7楼
电话：0371-55629620
传真：0371-55629620
电子信箱： lizhexy@vip.sohu.com

## 刘睿 律师

刘睿，男，出生于1964年9月，河南方城县人，大学学历。大学毕业后被分配到大型国有企业工作，曾任技术骨干、共青团委书记（正科级）、生产管理岗位车间主任（正科级），曾兼任民营企业总经理。具有电气工程师、经济师职称。2003年辞去公职从事专职律师工作。

### 现任

河南豫都律师事务所执行主任，河南省法学会金融证券专业委员会委员、公司法专业委员会委员。

### 本人特点

由于坚持不断学习和深入社会实践，使刘睿律师具有了宽广的知识面和丰富的社会阅历，从而为使用法律思维解决社会问题奠定了坚实的基础；在执业中始终做到以细致、认真的工作态度，以灵活、务实的方式为服务单位和个人解决法律问题；刘睿律师宽广的视野、清晰的思路、高超的执业技能和善于协调大事的能力，为所服务企业防范风险、化解危机、摆脱困境发挥了重要作用，从而为企业发展创造了良好的环境。

### 座右铭

不谋虚名，只图成器。

### 研究和从事的专业领域

刘睿律师和他带领的团队业务主要集中在公司证券业务；公司兼并重组业务；公司上市业务；国有企业改制重组；国有资产整合、经营与处置；土地政策研究、房地产开发。

### 主要业绩

刘睿律师及其带领的团队已经将业务拓展到河南、江苏、海南、黑龙江等多个省市，涉及公司上市辅导、债券（票据）融资、企业兼并重组、资产整合等领域。以扎实的法律专业知识和丰富的执业经验，多次为地方政府国有资产整合出具整合方案和法律意见书，为地方政府国有资产的经营管理提供新的思路和方法。积极为地方政府融资出谋划策，多次成功帮助地方政府搭建融资平台、拓宽融资渠道。同时，成功为国内多家知名民营企业策划收购、兼并重组事宜，优化资产配置，完善治理结构，使这些企业的资产规模迅速扩大，效益倍增。至目前主导整合资产规模50亿以上的企业2家、资产规模10亿元以上的企业4家，为10多家企业融资总额达70亿元。

单位：河南豫都律师事务所
地址：河南省郑州市郑东新区金水东路49号
绿地原盛国际3号楼A座7楼
电话：0371-55629629　传真：0371-55629629
邮箱：lrls006@sina.com

# 杨嘉文 律师

杨嘉文律师，福建泉州人，汉族，厦门大学本科学历，国立华侨大学法学院民商法学硕士，中共福建伟盛律师事务所党支部书记，福建伟盛律师事务所高级合伙人，副主任律师，泉州市律师协会实习律师考核委员会委员。

自执业以来，杨嘉文律师始终秉承着诚信待人，维护正义，优质服务的执业理念，执业至今共办理了700余件的诉讼和非诉讼案件。杨嘉文律师发挥锐意创新精神，办理案件时从多角度、多维度出发，全面阐释案件事实，最大范围维护当事人利益。

在民商事案件代理领域，除坚持办理大量常规案件外，近年来，杨嘉文律师侧重研究房地产纠纷案件、著作权纠纷案件、建设工程施工合同纠纷案件、医疗侵权纠纷案件。曾代理晋江地区某小区100多户业主起诉开发商延期交房违约责任，最终为广大业主成功维权，索回应得的赔偿款，该案被泉州电视台多档栏目同时报道；曾代理泉州地区首例名人著作权纠纷案件，为被侵权的国家高甲戏一级编导讨回公道，肃清当地文化界的抄袭之风，该案被《中国法制日报》、《海峡都市报》广泛报导；曾代理泉州地区首例三家医院共同侵权的医疗侵权损害赔偿纠纷案，最终使委托医院公平承担自己的责任份额；曾代理泉州民营建筑企业与泉州市人民政府就合同签订后市场原材料、人工成本突发激增案进行谈判调解，最终使政府机关同意适当上调合同单价以保证施工工程的顺利进行，为当事人挽回部分经济损失。

在刑事辩护领域，杨嘉文律师有丰富的办案经验，秉着仗义执言，不畏艰难的辩护精神，杨嘉文律师在刑事辩护取得了喜人的成绩，曾为一审被判有期徒刑8年的福建安溪某诈骗案被告人辩护，二审该案被发回重审，重审过程中检方撤回公诉并最终作出不予起诉决定，该案目前已被收录进人民日报出版社出版的《信仰的力量》一书中；曾为故意伤害致人重伤的福建泉州吴某辩护，在了解到斗殴双方当事人为邻里关系时，通过多方渠道积极促成双方当事人和解，在取得受害人谅解的情况下向法院做缓刑辩护并最终成果，该案被告人从公安阶段即开始取保候审直至判处缓刑；曾为泉州地区某公务员贪污受贿案作辩护，在该公务员提出检举他人犯罪的立功线索后，及时督促公安机关立案侦查并最终在该案法院阶段未审结时破案，使被告人享有一次从轻处罚的机会。

在非诉讼案件代理领域，杨嘉文律师大胆创新，小心求证，多年来先后承办了众多的非诉讼法律案件，取得了良好的社会效益和经济效益。曾为福建惠安某繁华地段商业用地土地使用权转让提供全程法律服务方案，当买卖双方当事人得以较低成本完成土地交易；曾为石狮市八家信用社因经营不善、资不抵债被撤销案向石狮市人民银行提交专业法律意见书；曾为晋江著名品牌“步之霸”被恶意并购案提出整体解决方案并得到当事人的认可。除此之外，杨嘉文律师还积极探讨青年律师开拓非诉讼业务的途径和方法，其撰写的《论网络交易平台律师认证业务》深受泉州地区律师肯定和推荐，该文被评为泉州市律师协会第四届律师论坛优秀文章。

杨嘉文律师长于思辩，积极维护当事人合法权益，受到所在地区企业和老百姓的喜爱。杨嘉文律师受聘担任上市企业野力体育（中国）有限公司、集团公司福建宏发集团有限公司、政府金融行政主管机关石狮市人民银行等十余家公司及政府机关的法律顾问。杨嘉文律师热心公众法律事业，积极参与公益法律服务，为中顾法律网福建地区首席咨询律师，曾多次受邀在福建电视台、泉州电视台法制类节目及各报刊媒体法治频道点评案例，宣扬法治，让广大社会民众学法、用法。杨嘉文律师经常为社会弱势群体免费提供法律服务，每年都会坚持办理一些法律援助案件，2011年7月1日，杨嘉文律师被中共泉州市司法局机关党委授予“优秀共产党员”称号。

地址：福建省泉州市田安南路广益花园 A5-405
福建伟盛律师事务所
邮编：362000
电话：13665960596
传真：0595-22562929
邮箱：lawyer-star@163.com

# 白金湖 律师

金湖律师和解中心负责人；
获全国首届律师资格；
山东千舜律师事务所律师。

白金湖律师原系身着布衣的钢铁工人，1979年8月以公民名义涉入北园人的刑事辩护，自1979年12月起被济南市法律顾问处任命为兼职律师，师从该处特一级主任律师梅永湘，并以优异成绩考取了全国首届律师资格，从业后，不仅刻苦自学，认真办案，而且30年如一日的陪同该处的同仁们走过创业的艰难、昔日的辉煌和风风雨雨，见证了律师改制的全过程。济南市法律顾问处曾更名为济南市律师事务所、济南市泉城律师事务所，现更名为山东全诚律师事务所。

1986年9月白金湖律师被中华人民共和国司法部破格恩准参加全国首届律师资格考试，1988年3月取得全国首届律师资格。执业后，白金湖律师曾担任济南钢铁总厂、柳埠镇政府、济南影院、白鹤集团、华润集团等多家企业的法律顾问，并承办过各类案件，全身心的致力于律师事业。

**擅长的法律业务：**由于领导（特一级主任律师梅永湘）的指教，广泛地受理各类案件。

**如何做好企业的法律顾问：**“荣辱与共，休戚相关”

凭借多年执业经历和办理形形色色案件的技巧，为企业出谋划策、为百姓息事宁讼，尽可能地避免经济损失。在法律许可范围内适应市场经济的需要，一如既往地去争取利益的最大化或损失的最小化，得到了广大客户和当事人的好评和认可。

2011年因特殊的需要白金湖律师又迎着法制建设的曙光转入山东千舜律师事务所，他将本着志在法制，利民为国，老骥伏枥，壮心不已的精神为中国特色社会主义法制的建设继续鞠躬尽瘁。

地址：济南市天桥区联四路清河西苑小区3-1-102室
邮编：250000
电话／传真：0531-85801292
邮箱：angs_0523@163.com

年鉴人物－全国优秀律师——王广仁（山东）

荣获全国优秀律师称号

## 王广仁 律师

王广仁律师，1980年从事律师职业，一级律师，众成仁和律师事务所主任，中华全国律师协会理事、山东省律师协会党委副书记，当选山东省党代会代表、济南市人大代表，受聘中国政法大学、山东大学法学院客座教授、硕士生导师。

从事律师工作30年来，他把律师做为一项崇高事业，拼搏进取、服务大局、关注民生、热心公益、无私奉献、业绩卓著。先后荣立一、二、三等功六次。荣获全国优秀律师，山东省十佳律师，山东省道德模范，山东省富民兴鲁奖章，优秀共产党员等十几项荣誉称号。

在他的带领下，众成仁和从一个四人小所，发展成为6家分所，员工260人，执业律师200名，自有办公楼8000平方米，社会、经济效益位居全省前列的规模化、专业化、品牌化律师所。三次荣立集体二等功，荣获司法部先进集体、省级文明单位、全国优秀律师事务所、山东省先进基层党组织等几十项荣誉称号。

参加全省道德模范颁奖典礼

年过花甲的王广仁律师壮心不已，和管理团队带领全所实施"立足省会、布局全省、进入北京、辐射全国、走向世界"不断扩展发展空间。努力建设一所"公司化运作、规范化管理、专业化发展、团队化服务、共享式分配、民主化管理"的中国一流律师事务所。

参加英模事迹报告团

地址：山东省济南市高新区舜华路2000号舜泰广场11号楼11层
邮编：250101
电话：0531-66590801
传真：0531-66590906
邮箱：zhongchenglawyer@163.com
网址：www.zclawyer.com

年鉴人物－济南市优秀律师——刘卫国（山东）

## 刘卫国 律师

"打造强势律师团队 创建刑辩律师品牌"。

刘卫国律师，1972年生人，山东泉舜律师事务所刑事辩护委员会主任律师，高级合伙人，济南市优秀律师。北京师范大学法律系毕业，曾获亚洲开放（香港）教育学院同等学历认证。主要从事刑事辩护业务，专业受理山东地区各类刑事辩护案件；全国范围内重大、疑难及死刑案件。

一场法庭审判，不仅仅是在唇枪舌剑与智慧的较量中展现出来的激动人心的一面，事实上，它更是对真理的求索。律师的任务有时就像考古学家一样，必须去寻找和挖掘陈旧的事实，并为他的当事人重新组合出具有说服力的证据。从某种角度来说律师是被羁押人面向外界的唯一的喉舌，宪法和法律赋予犯罪嫌疑人的自我申辩权唯有通过辩护律师，才能获得最大限度的维护。

山东泉舜律师事务所是经山东省司法厅批准成立的一家合伙制律师事务所，市级优秀律师事务所，现有专职律师40余人。刘卫国律师及其刑事辩护委员会组成人员均具有刑事侦查、法医学鉴定等多种综合知识素养。刘卫国律师每年应邀参加全国刑事辩护高峰论坛，对于我国刑事审判司法改革发挥着重要的推进作用。早年的法院工作经历，使得刘卫国律师养成了从控、辩、审不同角度分析和处理案件的独特思维方式，善于把握核心争执焦点，充分发挥敏捷灵活的诉讼技巧和独到透辟的法学功底。随着成功办理的二审改判及免于死刑案件的增多，慕名而来的委托人已扩展至全国十几个省份。

地址：山东省济南市英雄山路218号
咨询专线：13518610665
邮箱：lawyerliuweiguo@163.com
网站：www.liuweiguo.com

## 黄兴国 律师

毕业于西南政法大学法律系，获授法学学士学位，现为北京市惠诚（成都）律师事务所创始合伙人、副主任兼房地产部主任，成都建筑房地产网首席律师，成都市温江区社区公益律师，获惠诚（成都）“优秀律师”，成都市司法局和律师协会联合提名“成都市优秀青年律师”，中华全国律师协会《中国律师年鉴》“四川省优秀律师”。

黄兴国律师是从事法律工作已10多年的资深律师，具有丰富的执业经验和良好的专业水准，始终坚守律师职业道德和执业纪律，办案严谨，责任心强，成功代理200多起诉讼案件，担任了30余家企事业单位的常年法律顾问。无论是担任法律顾问，还是代理诉讼仲裁、强制执行，均取得了满意的效果，最大限度维护了当事人合法权益，赢得当事人的充分信任和认可。

黄兴国律师尤其擅长房地产和建筑法律实务，早年曾专职担任某大型房地产开发公司法务部门负责人，主攻房地产和建筑法律实务，长期从事房地产和建筑法律事务的咨询、法律顾问服务与诉讼代理工作，能够为房地产和建筑行业客户提供全方位的、专业的法律服务，包括房地产开发、建筑施工、工程招投标、公司并购和资产转让、不动产投融资、物业管理以及不动产诉讼仲裁的代理等法律服务。

黄兴国律师先后为如下房地产和建筑企业提供了法律顾问服务或专项法律服务：成都华盛实业蜀都花园项目开发有限公司、成都华新国际实业有限公司、成都统建合能房地产开发有限公司、成都合能新城市广场管理有限公司、成都东渡房地产开发有限公司、成都长融房地产开发有限公司、成都富邦投资有限责任公司、成都新建业倍特置业有限公司、成都上实置地有限公司、四川西南交大兴建置业有限公司、四川省设计院、四川瑞通工程有限公司、成都达亨实业有限公司、四川宏信实业有限公司、四川宏信置业发展有限公司、成都和盟物业管理有限公司、和记黄埔地产（成都）有限公司、成都中铁隆工程有限公司、四川百川房地产开发有限公司、家利物业（重庆）有限公司成都分公司、成都恒拓建设工程有限责任公司等。

北京惠诚（成都）律师事务所
地址： 成都市蜀汉路426号上层建筑22楼1号
电话：028—65525368；028—65525376
传真：028—61990476 邮箱：h1118@163.com

## 尹冬生 律师

尹冬生律师，男，1972年11月出生，农工党党员。现任中华全国律师协会知识产权专业委员会委员、四川省律师协会知识产权专业委员会委员、四川省律师协会保险法专业委员会委员、成都仲裁委员会仲裁员、成都市人事争议仲裁委员会仲裁员；四川拓泰律师事务所主任；蝉联2007、2010年两届“成都市优秀青年律师”称号。

擅长知识产权法律事务、特许经营法律事务、公司法法律事务，并谙熟合同纠纷等法律事务的处理。从事律师工作以来，为成都飞机设计研究所、成都市棒棒娃实业有限公司、四川廖排骨餐饮管理有限公司、四川峨眉电影音像有限公司、成都廖记企业管理有限公司、华西都市报社、成都艺术剧院、成都时代出版社、中国石油成都公司、成都市宣传部、成都市金牛区安监局等企、事业单位和国家机关提供过重大法律服务。

除此之外，还接受“高原红组合”等多家法人和公民个人的委托，代理各类民事、行政、人事劳动争议案件达300余件，并办理了具有重大影响的“廖记棒棒鸡”品牌之争系列案、“棒棒娃”商标权属争议案；在办理知识产权非诉讼法律事务中，先后代办商标注册、商标异议、商标评审、商标撤销、商标异议答辩、专利申请、版权登记、植物新品种权利申请等法律事务近百件，为各客户单位审查特许经营、商标许可使用、技术转让等知识产权合同近2000件。

该律师在处理法律事务中具有严谨、高效的工作作风，也具有较高的法律理论水平及实践能力，受到了广大客户单位及知识产权法律业内人士的一致好评。

律所：四川拓泰律师事务所
地址：成都市青羊区贝森北路5号6楼
邮编：610091
电话：028-85078618
传真：028-85078618
邮箱：yin@sctuotai.com

# 任国强 律师

任国强律师，四川新开元律师事务所合伙人，2010年度“中国百强大律师”。执业以来，任律师一直坚持“服务力求优质高效、工作务必竭尽全力，一心一意维护委托人的合法权益”的执业理念，孜孜追求“不一定做最优秀的律师，一定做最值得信赖的律师”！委托人对任律师的业务技能及执业道德给予高度评价，并成为长期合作客户。没有最好只有更好，不断钻研理论、实务，为委托人提供更为优质完美的服务是任律师的不懈追求。

任国强律师自2001年开始从事律师职业，几年来致力于钻研合同法、公司法及金融法律理论和律师实务。先后办理了铁道部第二勘测设计院道路开发公司诉雅安市城市信用社股份有限公司存单纠纷案、成商集团泸州王达商厦诉泸州市龙马潭区农村信用联社存款纠纷案、四川盈桥商贸有限公司诉绵阳市金焰煤业有限公司借款合同纠纷案、甘孜州九龙县人民政府诉四川省九龙河水电开发公司水能资源投资开发公司纠纷案、四川新南集团公司与成都中环天然气集团公司宁夏天然公司并购案、峨眉山佳洁纸制品有限公司诉成飞集团买卖合同纠纷案、成都平安建司诉成都长宇实业有限公司建筑施工承包合同纠纷案、四川煤矿基本建设工程公司诉巴中市梁贸建筑工程公司承包合同纠纷案、重庆潜能实业（集团）有限公司诉成都科恒实业有限责任公司股权转让合同纠纷案、香港美达国际商务公司诉四川汉都铁路实业开发集团公司中外合资企业合同纠纷案、嘎齐煤矿诉四川玉田能源发展有限公司损害赔偿纠纷等重大疑难案件，同时还代理了中国农业银行、中国银行、中国工商银行、招商银行、深圳发展银行、永安财产保险股份有限公司等金融机构的诉讼案件及非诉讼事务，为委托人挽回了高达数十亿元人民币的经济损失，深受当事人的信任和好评。在非诉讼领域，任律师先后办理了深圳发展银行成都分行与重庆长丰宽带通信技术产业有限公司抵押担保借款合同纠纷案、刘长清与四川省天地投资置业有限公司商品房买卖合同纠纷案等仲裁案件，全力维护了委托人的合法权益。

任国强律师先后为深圳发展银行成都分行、四川省恒瑞实业有限公司、四川成都嘉和信担保有限公司、四川瀚融资产投资管理有限公司、四川海港投资管理有限公司、重庆中环建设有限公司、四川鸿昌置业有限公司、四川鸿业建设集团有限公司、四川圆瑞建设工程有限公司、四川金通双峰电力电子工程有限公司、四川泰和顺科技发展有限公司、成都莱达机械电子有限公司、成都拓顺环保设备有限公司、四川五马坪国济旅游开发有限公司提供法律服务或担任常年法律顾问，为企业提供了全方位的优质法律服务，真正做到了对企业经营活动的保驾护航，最大限度维护了委托人的合法权益。

业务专长主要为：金融证券业务、银行保险业务、抵押担保业务、合同纠纷业务、债权债务业务、建筑工程房地产业务、公司业务。

四川省成都市金牛区一环路北一段99号环球广场612
邮编：610031
电话：02887670980
传真：02887668951
手机：13808001788
邮箱：529199888@qq.com

# 戴勇坚

## 高级（一级）律师

戴勇坚，男，1969年8月出生，中共党员，法律硕士、房地产高级工商管理硕士（EMBA），中国政法大学博士，先后被全国律师协会、湖南省律师协会等有关部门授予“2008-2010年度全国优秀律师”、“湖南省优秀律师”、“首届全国建设领域百名优秀专业律师”、“湖南省优秀青年卫士”、“湖南省直优秀青年”、“湖南地产十大创新人物”、“2008年度长沙房地产创新人物”等荣誉称号，现任上海建纬（长沙）律师事务所主任、管理合伙人。

**担任职务**

湘潭大学兼职教授、硕士研究生导师；
中南大学法学院兼职硕士研究生导师；
中国人民大学律师学院客座教授；
点睛网络律师学院高级培训师；
湘潭大学建筑房地产法研究中心执行主任；
中华全国律师协会民事业务委员会委员；
湖南省律师协会建筑房地产专业委员会主任；
湖南省法学会民商法研究会副会长；
湖南省直属机关青年联合会第三届委员会副主席；
湖南省青年联合会第九届委员会委员；
湖南省房地产业协会副理事长；
湖南省建设法制协会副会长；
长沙仲裁委员会仲裁员；
国家级长沙经济技术开发区非诉纠纷解决（ADR）中心业务专家；
湖南省国有土地上房屋征收评估专家委员会委员。

**专业特长**

戴勇坚律师，1992年取得律师资格，1993年开始从事专职律师工作，擅长处理民商法律服务，尤其在建筑房地产、城市基础设施建设、土地、公司治理等法律服务领域具有较高的专业水平，积累了丰富的经验。戴勇坚律师打破传统的“年度法律顾问”的服务模式，采取以“合同管理为中心”、“非诉讼为主、诉讼为辅”的模式，以“预防在先，超前服务”、“服务与项目同期”的原则，注重事先参与，避免纠纷；率先在湖南省内律所组织建筑房地产法律服务团队，倡导团队服务，并在湖南建筑房地产法律服务领域中开拓建筑、房地产项目全程法律服务的创新理念，把专业法律服务渗透到项目建设、开发经营中的各个环节。在多元制纠纷解决机制中擅长商务谈判、调解，通过非诉方式解决争端。其投资创办的中国建筑房地产律师网、中国（湖南）新农村土地法律网、中国公用事业与基础设施法律网、《地产律师》，在律师领域影响极大。

戴勇坚律师曾参加世界谈判大师美国罗杰·道森主讲的优势谈判培训，并在美国接受麻萨诸塞州大学和麻萨诸塞州法官协会组织的ADR调解培训，并有多年的商务谈判、策划、调解实战经验，擅长在多元制纠纷解决机制中通过非诉方式（ADR）解决争端。

**实践经验**

戴勇坚律师执业18年以来，承办了大量的诉讼和非诉讼案件，倡导“走专业化道路，做专家型律师”，先后担任长沙市雨花区商务和旅游局、湖南房地产业协会、长沙市房地产开发协会、国土资源导刊杂志社、三湘都市报、长沙电视台新闻频道“楼市说法”栏目、中国建筑第五工程局有限公司、长沙融科智地开发有限公司（融科三万英尺）、湖南盈富置业有限公司（悦方IDMALL）、湖南省富基置业有限公司（富基世纪公园）、中国水电建设集团房地产（长沙）有限公司、湖南金光华海赋房地产开发有限公司、阳光壹佰（湖南）置业发展有限责任公司（长沙阳光100国际新城）、融汇（长沙）置业有限公司（融圣国际）、湖南湘天房地产开发有限公司（长沙奥林匹克花园）、智邦集团有限责任公司等机关、团体和几十家大型企业集团的常年法律顾问，曾担任湖南苏宁电器有限公司、长城信息产业股份有限公司等公司涉诉标的上亿元案件的诉讼代理人，为顾问单位及当事人减少或避免大量经济损失，并曾为湖南省人民政府法制办、长沙市人民政府法制办提供法律咨询、出具专项法律意见，深得相关单位和客户的好评。

**学术研发**

戴勇坚律师非常注重理论与实践的结合，勤于思考，主编《房地产交易》一书并由中国民主法制出版社出版发行，参与编辑《湖南购房指南》、《建筑房地产案例精选》等书籍，在《律师文摘》、《中国律师》、《民商法律实务》等刊物发表论文100多篇，并有多篇论文获奖或被录入精选。

**上海建纬（长沙）律师事务所**

上海建纬（长沙）律师事务所是在全国律师界享有盛誉的中国大陆首家以城市基础设施建设、建筑房地产法律服务为主的专业律师事务所——上海建纬律师事务所的七家分所之一，系湖南省首家以土地、城市基础设施建设、建筑工程和房地产法律服务为主的专业律师事务所，隶属于湖南省司法厅直接领导和管理。上海建纬（长沙）律师事务所团队多年来坚持从事建筑房地产专业法律服务，勇于开拓创新，坚持专业学习，以优质的专业法律服务在长沙乃至湖南的房地产专业法律服务界树立了良好的形象，创造了出色的业绩。2011年度上海建纬（长沙）律师事务所（戴勇坚律师团队）荣获2011美国杂志ENR与建筑时报最值得推荐的30家中国工程法律律师事务所（团队）。

地址：湖南省长沙市芙蓉中路一段479号建鸿达现代城2111号　邮编：410008
电话：0731-82223063　82241828　传真：0731-82247828
邮箱：dyjlawyer2007@126.com
网址：上海建纬（长沙）律师事务所：www.csjianwei.com
中国建筑房地产律师网：www.dyjlawyer.com
中国（湖南）新农村土地法律网：www.dyjlawyer.net
中国公用事业与基础设施法律网：http://ppplawyer.com

## 刘彦 律师

刘彦，女，一级律师，毕业于天津南开大学。现任湖南博鳌律师事务所主任、中华全国律师协会理事、首届湖南"省委、省政府、省人大、省政协"法律顾问团成员、湖南省政协委员、湖南省律师协会副会长、湖南省妇联执委、湖南省知识分子联谊会常务理事、湖南省法学会民商法研究会常务理事、湖南省侨联法律顾问委员会执委、长沙仲裁委员会仲裁员等职。

自2004年以来，该律师已荣获"全国五一劳动奖章"、"全国优秀律师"、"全国维护职工权益十大杰出律师"、"全国保护未成年人特殊贡献律师"、"湖南省司法系统先进个人"、湖南省人民政府授予"一等功"、"湖南省劳动模范"、"湖南省十佳律师"、湖南省人民政府颁发的"湖南首届慈善奖（公益类）"、共青团湖南省委颁发的"湖南省保护未成年人十大杰出公民"、"湖南省维护妇女儿童权益贡献奖"、湖南省妇联授予的"爱心大使"称号、湖南省专项维稳活动省直律师系统"优秀律师"、"长沙市三八红旗手"、"优秀女企业家"、通道县授予"爱心使者"等荣誉称号。

该律师从事律师工作18年，担任或担任过60多家政府或企业的常年或专项法律顾问。该律师在金融、证券及并购重组法律服务方面业绩卓著，已为80多家企业提供或提供过小额贷款公司设立（增资）、发行企业债券、短期融资融券；股份制改造、首次公开发行股票、配股、股权分置改革、上市公司复牌、股东大会见证；公司设立、收购、兼并、资产重组、资产置换、股权转让、项目投资等非诉讼法律事务。同时该律师办理了一批有影响力的诉讼案件，为当事人挽回或避免经济损失20多亿元。

地址：长沙市芙蓉中路一段191号好来登大酒店29楼
邮编：410000
电话：0731-82079888　139 0731 5632
传真：0731-82596676
邮箱：liuyan7328@126.com

## 湖南博鳌律师事务所

我所系湖南省司法厅批准设立的合伙制律师事务所，持有湖南省司法厅颁发的《律师事务所执业许可证》（证号：18002002100460）。我所具有司法部、中国证监会联合颁发的证券从业资格（证号：99259），具有湖南省人民政府金融办批准的从事设立小额贷款公司专项法律服务资质。我所已入选湖南省人民政府国有资产监督管理委员会中介机构备选库，入选长沙国家高新技术产业开发区"新三板"挂牌中介机构备选库，入选湖南省股权交易所中介机构备选库并为其专家成员单位。我所被聘为湖南省总工会法律顾问团成员，我所主任刘彦被聘为中共湖南省委、湖南省人民政府法律顾问团成员。

我所以"勤勉诚信、厚德尚法"为所训，以"客户利益至上"为宗旨，为境内外客户提供优质高效的各项诉讼与非诉讼法律服务。

本所的服务特色是团队服务。本所主流法律服务为：证券法律服务及公司法律服务。

我所现有执业律师、律师助理及行政人员51人。我所的业务范围分为两大类：非诉讼与诉讼。

非诉讼业务包括并不限于：金融、证券，常年或专项法律顾问，房地产开发、知识产权（包括并不限于知识产权的取得、保护、管理、利用及策划、审查）、对内和海外投资、企业法律风险评估、企业内部管理法律风险防控、企业刑事法律风险防控、企业财税法律风险防控、企业重大投资法律风险防控等。

我所律师提供证券、金融法律服务方面业绩卓著，已为100多家国有企业、外资企业或非公有制企业提供或提供过首次公开发行股票并上市、股份制改造、配股、定向增发、股权分置改革、上市公司复牌、股权转让、股东大会见证、公司设立、收购、兼并、资产重组、资产置换等证券及与证券相关的专门法律事务及小额贷款公司设立及增资、短期融资融券、发行企业债券，出具法律意见书。

诉讼业务包括并不限于：刑事案件辩护、民商事案件代理、行政诉讼代理等。

我所及执业律师以其精湛的业务水平和勤勉的专业精神赢得了客户的信赖、管理机构的肯定以及媒体的广泛关注：中央电视台、新华社、法制日报、工人日报、中国青年报、21世纪导报、中国安全生产报、湖南日报、湖南政协报、今日女报、长沙晚报、三湘都市报、潇湘晨报、湘声报、湖南卫视、湖南经视、湖南都市频道、湖南公共频道、湖南移动频道、长沙政法频道、长沙公共频道、长株潭频道、红网等数十家媒体均对我所和我所律师进行了相关报道。

## 江旭红 律师

江旭红，男，1968年出生，汉族，中共党员，湖北易圣律师事务所合伙人，三级律师。1990年兰州大学法律系毕业，法学学士。1992年取得律师资格并执业至今。湖北省律师协会医疗事故纠纷法律专业委员会副主任委员，黄石市人民政府律师顾问团成员，黄石市人民检察院特聘民事行政检察专家。

执业以来，江旭红律师共办理各类诉讼案件近千件，现担任湖北芳通药业股份有限公司、黄石鑫盛置业有限公司、黄石第五医院、黄石市爱康医院、三九黄石制药有限公司等十余家政府机关、企事业单位常年法律顾问，对刑事辩护、金融、房地产、企业重组等法律实务有较深研究。他善于总结从业中发现的法律问题，并形成一批理论性文章。执业不久，其论文《律师代理费能否作为诉讼请求》就在《律师世界》上发表。近几年，先后撰写了《律师在刑事诉讼中的执业风险及其防范》、《浅谈律师文化建设》等论文，多次参加中南六省（区）律师协助暨业务研讨会交流。其中，《企业改制与债权人的债权保护》一文被评为湖北省律师业务研讨优秀论文。

作为市政府律师顾问团成员，在为政府提供法律服务过程中，江旭红律师积极谏言献策，促进政府依法行政。针对易引发群体性事件的诸如房屋拆迁、征地补偿、医患纠纷等问题，他努力搭建政府与群众对话的平台，促成了多起纠纷的圆满解决。在西塞山区财富广场、中信泰富140和460工程等重点工程建设中，对于涉及到拆迁、征地等群众敏感性问题，数次代表政府与拆迁户、村民对话，宣传解释有关法律规定，并为区政府有关政策的制定提供法律咨询服务，保证了上述重点工程的顺利进行。他关注贫弱群体的法律援助工作，每年办理法律援助5件以上，且每件案件都取得了较好的社会效果。由于在服务和谐社会建设中的突出表现，2009年12月被湖北省司法厅评为“法律援助先进工作者”。

江旭红律师是湖北省首届“AAA”信用级律师、2010年度湖北省司法系统先进工作者，2011年被全国律协授予“2008~2010年度全国优秀律师”荣誉称号。

地址：湖北省黄石市黄石大道588号国药大厦
手机：13972791683
传真：0714-6256222
邮箱：JIANG.XUHONG@163.COM

## 吴胜利 律师

吴胜利律师，男，1989年毕业于西北政法大学，先后在武汉市公安干部学院、武汉市公安局从事法学教育和公安工作。1994年通过全国律师资格考试，后从事专职律师工作，现为湖北维力律师事务所合伙人、副主任，执业15年。

吴胜利律师在普通民商事 、公司与证券、 投融资、招投标、建设工程与房地产、人力资源与社会保障、 航空与海事海商、知识产权等方面有丰富的实践经验。长期应邀在《楚天都市报》、《武汉晚报》、湖北电视台、湖北卫视等主流媒体点评案例、宣讲法律，其事迹多次为各种媒体报道。有多篇论文、多部教材、专著、工具书发表或出版，是知名的专家型、品牌型律师。

吴胜利律师先后为二百余家单位提供法律服务，目前担任二十余家单位法律顾问，客户包括省级政府机关、中央在鄂、在汉大型企业、本地大型企业、高等院校及其它事业单位等，具备全面解决客户单位法律问题的经验和能力。

### 主要荣誉

湖北省律师协会党委评为湖北省优秀党员律师，湖北省司法厅授予湖北省有突出贡献的律师称号，湖北省新中国成立以后首次为律师记功，荣记二等功，中共湖北省委、省人民政府信访局、省司法厅联合授予全省律师参与信访工作先进个人称号，湖北省总工会授予“湖北省五一劳动奖章”，湖北省司法厅、总工会联合评为“湖北省十佳维权律师”，入选司法部、全国律协、全国总工会联合评选的第三届全国十大杰出维权律师候选人、全国五一劳动奖章候选人。

### 主要社会职务

入选湖北省律师协会讲师团，中国劳动学会劳动人事争议仲裁专业委员会委员、湖北省劳动保障学会理事、湖北省维护劳动者权益促进会常务理事、湖北省律师协会劳动保障专业委员会副主任，湖北省法学会民商法专业委员会委员，武汉大学特邀咨询专家，湖北省政府采购评标专家库专家。

### 主要客户

吴胜利律师担任法律顾问或提供其他法律服务的部分单位有：湖北省人力资源和社会保障厅、南车长江车辆有限公司、中国南方航空股份有限公司湖北分公司、武汉钢铁集团兴达经济发展总公司、湖北省新华书店集团有限公司、 武汉大学、华中科技大学、湖北大学、 中国船舶重工集团719所、劳动月刊、《楚天都市报》、《楚天金报》、湖北电视台、武汉三工光电设备有限公司、杰森海洋工程（中国）有限公司、湖北威创工程有限公司、武汉交科工程咨询有限公司等。

地址：武汉市京汉大道189-9号祥和大厦9层915室
电话：13971298330　邮箱：ce738@sina.com

## 迟菲 律师

迟菲律师，1973年生，1996年取得中国政法大学国际经济法专业法学学士学位，2003年取得首都经贸大学产业经济专业硕士学位。

迟菲律师自1996年至2000年，任北京信义德律师事务所律师兼行政主管。主要从事国际贸易纠纷的诉讼代理工作及北京市八家国有外贸公司的日常法律顾问工作。期间自1997年至2000年，主持《国际商报》的“信义德律师信箱”，解答全国各地外贸相关企业的咨询。

2000年起，迟菲律师加入山西华晋律师事务所，现任该所合伙人、副主任。迟菲律师2001当选太原市第二届十大杰出青年律师并荣立市级二等功，先后担任太原市法学会学术委员会委员，太原市应用法学研究会副秘书长，太原市律师协会涉外业务委员会副主任，太原市律师协会商务委员会副主任，太原市青年法律工作者协会理事。

在山西执业期间，代理大量刑事、民事、行政诉讼案件。其中既包括山西省计算机软件侵权第一案这类在山西省内具有代表性的案件，也包括案件法律关系复杂、标的大的疑难案件。迟菲律师在担任政府法律顾问及行政诉讼案件方面，也具有扎实的理论基础及丰富的实践经验。在刑事案件代理方面，迟菲律师曾为太原市第一起黑社会性质案件中第六被告进行辩护，并先后代理山西省最大虚开增值税发票案件、太原市劳动监察大队单位受贿案等在山西省具有较大影响的案件。

除诉讼案件外，迟菲律师还先后担任政府机关、企事业单位法律顾问。2003年，迟菲律师受聘成为太原市委、市政府主办的太原市招商旅游年暨纪念建城2500周年庆典活动指挥部法律顾问，参与起草活动期间发布的文件，设计活动招投标流程，设计活动整体法律框架，并被太原市委、市政府授予2003年先进个人。此外，迟菲律师还先后担任太原市养老险管理中心、太原市住房公积金管理中心等事业单位法律顾问以及大型国企、私企法律顾问。对律师担任法律顾问工作有相当的理论与实践研究。

自2008年起，迟菲律师致力于大中型企业法律风险防范体系建立以及中小企业共用法律顾问平台的的理论研究与律师实务探索。目前，已接受委托为多家大型私营企业建立起个性化的法律风险防范体系。对于中小型企业共用的法律顾问平台建设，目前已进入到市场推广阶段。

2010年，迟菲律师打破目前诉讼业务律师与非诉讼业务律师的基本律师业务类型，力推以客户为导向，为客户提供非诉讼、诉讼一揽子服务的客户导向营销方式，目前已经取得了良好的效果。

地址：山西太原迎泽南街鼎元时代中心A座1101室
山西华晋律师事务所
邮编：030001
电话：0351-8390077
手机：13934505410
E-mail：chifeide@sina.com

# 符林山 律师

## 从“建筑才俊”到“法律精英”
## ——记云南弘石律师事务所主任律师符林山

从“建筑才俊”到“法律精英”，符林山用10余年的时间，完成了两者之间的华丽转身。出于对理想的执着和对律师职业的挚爱，符林山几乎把所有的时间都花在了工作上。而今，事业早已风生水起的符林山，不仅带领团队在工作模式上不断创新，成为行业中的佼佼者，更把服务的范围伸向了环保、公益等领域。有人评价：“符林山做了普通律师差不多要一辈子才能做完的事”，而他说，“当一个人把职业当成事业来做，就会产生强大的动力。”

### 专业铸就品牌

起初，符林山在国企有着一份令人羡慕的“铁饭碗”工作，然而3年后符林山却因国企没有法律部门，毅然地选择离开，决定自己开辟一片新天地。

转而投身律师行业后，符林山也遇到很多艰难险阻，然而他对职业的热爱渐渐化为了一种信仰的力量默默地支撑着他继续前行。他运用之前学到的建筑学知识加上自身的努力，在其个人成功代理一个个案件的同时，很快打造了一支强势的建筑地产专业团队，在业内赢得了良好的口碑。这从他带领的团队参与的昆明市多个重大项目中，可见一斑。

2009年至今，符林山带领的团队为云南白药集团整体搬迁呈贡项目提供全程专项法律服务，得到企业高度认可。云南华润（红河）电力云鹏电站的建设项目等一批重大建设项目中，也活跃着符林山团队的身影。

不仅如此，符林山一直认为“法律服务只有延伸到企业的生产、经营等过程当中，才能做到事前依法防范、事中依法规范、事后依法完善，做好企业的风险防范工作，为企业提供全方位的法律服务。”也正是在这种专业精神指导下，符林山和他的团队共同铸就了昆明市首家律师集团“云南弘石律师（集团）事务所”的金字招牌，并多次获得“先进集体”等荣誉，与此同时，符林山本人也多次受到省、市、区司法局的表彰，如2009年12月被云南省司法厅、云南省律师协会联合评为“云南省优秀律师”等。

### 创新赢得机遇

在符林山及其“金牌团队”捷报频传的同时，符林山还在不断思索着法律服务形式的创新。符林山带领他的团队在云南首创了“法律风险管理事务部”，针对企、事业单位的具体情况，找出风险点，耐心走访，认真调研，制定法律风险控制体系及法律文本，帮助企业消灭潜在风险，防患于未然，得到了企事业单位的广泛认可。目前已有云南电网公司、云南白药集团股份有限公司等单位委托符林山的团队就企业的法律风险进行课题研究，制定法律风险控制体系。

天道酬勤。业内的好口碑，使众多慕名者纷纷上门求助。在10余年的律师执业生涯中，符林山共办理了200余件诉讼业务，460余件非诉讼业务，担任过60余家单位及个人的法律顾问。与此同时，符林山除了担任弘石律师事务所主任外，还被聘为昆明仲裁委员会仲裁员、专家咨询委员、昆明市评标专家、云南省人大发展委员会立法信息调研员，每年被选定作为首席仲裁员主办案件20余件。

### 善举成就典范

与符林山在业内的执着敬业齐名的，是他的善心与义举。他曾在深夜为一个胎儿死亡的医患纠纷，亲自到医院做家属的工作，引导当事人通过法律途径解决纠纷。通过他的努力，医院和患者家属最终也达成了协议，圆满解决纠纷。而他不但没有从中收取一分钱，还带头为贫困的当事产妇捐款。云南旱灾、汶川地震、盈江地震……都活跃着他以及他的金牌团队的身影。

类似上述的爱心善举多得符林山本人都已经记不清了。类似盈江抗震指挥部授予的“爱心人士”的荣誉，符林山还有很多。在从业过程中，符林山始终坚持为弱势群体免费提供法律援助。胸怀赤子之心的符林山也常常给入行的年轻律师提出忠告：“在价值取舍上，要忠于良心和事业，不能为了金钱而弃道德如敝履。”

会当临绝顶，一览众山小，不忘包容和怜悯的道德基石，心怀天下，符林山和他的职业团队注定会成为一只搏击长空的苍鹰，身披霞光，不断冲向更高的山峰。符林山和他的团队也会继续秉承“用心工作、用心服务”的法律服务理念，本着规模化、专业化的发展思路，怀揣梦想不断地探索和追求，为维护法律的公平与正义而不懈努力！

地址：云南省昆明市环城西路577号社科大厦九楼
邮编：650034
电话：0871—4151599　4150766
传真：0871—5619488
手机：13888430013
邮箱：flslawyer@126.com
921714767@qq.com

年鉴人物－中国优秀刑事专业律师——何汝惠（云南）

## 何汝惠 律师

何汝惠，毕业于西南政法大学，现当任昆明市律师协会理事、云南弘石律师事务所高级合伙人、云南弘石律师事务所主任律师，刑事辩护部负责人。何汝惠律师1990年至1995年在昆明市盘龙区人民法院担任刑事审判法官。1994年考取律师资格，1995年开始从事专职律师工作，擅长刑事诉讼，自执业以来办理了各类案件上千件，其中数件为在云南省有影响的大、要案。其所办理案件在中央、云南省、昆明市各级、各类媒体广泛报道：如杨某某诉昆明市劳动保障局工伤认定纠纷一案受到中央二台《经济与法》栏目的深入报道；贵州省遵义球迷诉中国足协及福特保公司取消中国队对印尼队热身赛合同纠纷案；昆明市三球迷诉昆明某媒体组织球迷赴德国观看世界杯合同纠纷案；“云南医保第一案”樊某某诉昆明市医保中心行政纠纷案；云南省普洱市国土局原局长肖某某特大受贿案；昆明市地税局原局长李某某受贿案；武汉人张某某特大贩毒案；“云南涉黑第一案”沈某某涉嫌非法组织、领导黑社会性质组织案；七旬老母诉四子女抚养纠纷案被中央电视台《今日说法》、《庭审现场》栏目进行了报道。何汝惠律师在云南省刑事诉讼领域具有良好口碑和优良的业绩。

地址：云南省昆明市环城西路577号社会科学院大厦九楼
云南弘石律师事务所
电话：13508801959
传真：0871-5619488 邮箱：770766188@qq.com

年鉴人物－贵州省优秀律师——肖云阳（贵州）

## 肖云阳 律师

肖云阳律师，法学硕士、先后执业于桥城律师事务所、中创联律师事务所、宇泰律师事务所，现任宇泰律师事务所主任、高级合伙人，贵州电视台特邀顾问，中国法学会会员、擅长的业务：刑事辩护、合同、公司法务。肖云阳律师长期致力于刑事案件的辩护及公司法务的研究，因刑事辩护及代理业绩突出于2007年被贵州省司法厅授予贵州省优秀律师称号，2011年元月被中国法学会授予刑事辩护优秀律师称号。

经典案例：1. 蒋某某故意杀人案。2. 赵某某故意杀人案。3. 曾某某医疗事故纠纷案。4. 徐某某诉贵阳众和公司合同纠纷案。5. 华宇公司合同纠纷案。7. 吴某某诉杨某某合同纠纷案等。8. 聂某某黑社会性质组织罪案件(瓮安6.28事件案件)。9. 贵州尔丰公司行贿案。10. 周某某故意伤害致人死亡案。11. 王某某贵州运输管理处负责人行贿案等。

地址：贵州省贵阳市花果园苑林星月湾J栋6-5
电话：0851-6646299
传真：0851-6646299
手机：13984387856
邮箱：xyyttbb@126.com

## 张涛 律师

张涛，女，1967年10月生，汉族，贵州省资深执业律师（执业证号：15201199411237822），中华全国律师协会会员、贵州省律师协会会员、贵州省贵阳市民主建国委员会会员，贵阳市人大特聘信访员，贵州省统一战线“三百工程”法律专家之一，现为贵州涛闻律师事务所任主任律师。

17年来，张涛律师凭着“一份智慧，一份诚信，一份敬业”的理念，广泛接触和办理刑事、民事、行政诸领域的诉讼、仲裁等业务，精准地把握刑事与民事、行政交叉的法律疑难问题，善于系统运用民事、刑事、行政法理创造性地解决实际问题，办理案件精益求精，以深厚的法学理论基础和丰富的实战经验与智慧保障当事人合法权益的最大化，并力求在法律运用过程中维护社会的公平与公正；对政治学、文学、哲学的兴趣与探索更使张涛律师别具人文素养及坚韧的品格。

张涛律师尤为擅长办理刑事案件，辩护技能主要以刑事法律适用及刑事证据确认为基准点，逻辑思维严谨，其运用辨证的思维方法往往能在个案中抓住案件的关节点，据理力争，具有较丰富的司法实践经验和较高的诉讼辩护技巧。

张涛律师曾担任省内有较大影响的重大刑事疑难案件，承办的各种类型案件累计达千余件，其中参与了贵州毕节地区毛明相、贵阳市铜锣湾、瓮安县玉山帮、开阳县黎某某等多起在贵州省内有重大影响的涉黑案件刑辩工作，还承办了贵州省内数十桩在社会上引起较大反响的涉毒案件。

张涛律师积极投身公益事业，参加政府部门的信访接待，协助政府部门对信访问题平息矛盾，定纷止争，对弱势群体提供法律援助，定期定点地作为法律专家帮扶农村，提供法律服务，为新农村经济的建设和发展献力献策、尽心尽责。张涛律师2006至2010年连续四年被民建贵阳市委评为“优秀会员”。

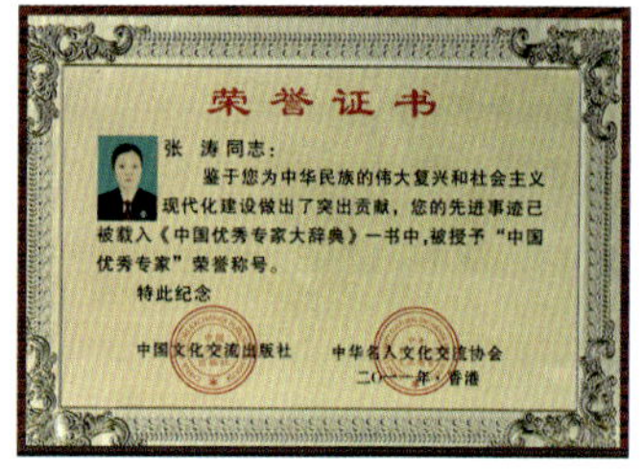

荣誉证书

张 涛同志：

鉴于您为中华民族的伟大复兴和社会主义现代化建设做出了突出贡献，您的先进事迹已被载入《中国优秀专家大辞典》一书中，被授予“中国优秀专家”荣誉称号。

特此纪念

中国文化交流出版社　中华名人文化交流协会

二〇一一年·香港

2008年，张涛律师作为贵州知名刑辩律师入选了法律出版社遴选、出版的《中国刑辩大律师》一书。2009年，其经典案例被选编入《中国当代律师经典案例》一书。同年，作为优秀律师选编入《中国律师年鉴》。2010年，张涛律师被中华名人交流协会授予“中国优秀专家”荣誉称号，其先进事迹被载入《中国优秀专家大辞典》一书。

知寒暑循规蹈矩，辨是非问根溯源，张正义惩恶扬善，在风浪起伏的法律航线上，张涛律师经过多年的历练锤打，已深得社会各界人士的首肯和信赖。

联系方式
执业单位：贵州涛闻律师事务所主任
地址：贵州省贵阳市富水南路323号
小十字中山大厦B座12-4
电话：0851-5873496
手机：13985414211
邮箱：zt851014@163.com

## 安文江 律师

安文江律师1991年毕业于西北政法大学经济法系，后又获西北大学经济硕士学位，具有扎实的法学、经济学理论水平。从事律师生涯20余年来积累了丰富的律师实践经验和诉讼技巧，业务范围涉及经济、民事、刑事、行政等诸多方面，担任多家大型企事业单位的法律顾问单位，并因在刑事辩护方面的突出成就而入选《中国刑辩大律师》一书，被当事人赠语“死罪辩无罪，学高有胆识”。先后被评为“三秦十佳律师”及2008~2010年度“全国优秀律师”。

他长期热心为陕西省少数民族企业及群众服务，担任西安市穆斯林企业商会法律顾问，深入少数民族社区进行法律宣传，提高回民群众法律意识，促进民族经济发展，化解社会矛盾。

他积极为高校提供法律服务，促进依法治校进程，确保高校稳定。担任西京学院、西安三资职业学院、西安汽车学院的常年法律顾问，深得教育部门及学校广大师生的一致好评。

他被省司法厅确定为全国及陕西省人大代表的法律顾问，工作认真、负责，深受代表的欢迎和信任。受聘为陕西省重点建设项目法律服务团成员，曾为西安国际港务区建设、西安大明宫遗址公园项目、全国“1877”重点城镇建设项目等提供了全面的法律服务，深受好评。

受聘担任陕西省高级人民法院廉政监督员，为律师行业增加影响力。

他扶贫济困，情系三农。多次为家乡受灾群众捐款捐物，为贫困山区学校提供资助。热心“三农”服务，为三农网担任免费法律顾问，为民工维权案件多方奔走，提供周到的法律服务。

**陕西维恩律师事务所**
**shannxi win law firm**

陕西维恩律师事务所（ShanxiWinLawFirm）由安文江律师与其他几位合伙人于1998年成立，系陕西省司法厅省直属律师事务所，2010年度，被评为陕西省优秀律师事务所。“维恩”是英语Win的音译，乃“赢得、战胜”之意。

本所追求法律服务的专业化。本所拥有一支学识渊博、经验丰富的专、兼职律师队伍，现有执业律师和实习律师人员40人，其中80%律师毕业于知名大学法学院，执业十年以上的资深律师占60%以上，有9名律师取得了硕士以上学历或高级职称。本所还聘请了一批法学教科人员及司法部门的专业人员担任兼职顾问，遇有重大疑难案件时组织研讨，组成专家律师团，为客户提供专业、优质、高效的法律服务。本所追求管理规范化。适应社会主义市场经济发展的需要，现设有刑事诉讼部、公司法务部、房地产法务部、知识产权法务部、诉讼与仲裁法务部、涉外法务部及市场拓展部等专业部门。结合律师服务专业化，保证每个案件都由具备相应专业特长的律师主办。这样既保证了办案质量，也实现了本所管理的规范化。

本所追求服务特色化。除常规法律服务外，针对目前社会对法律服务的要求，重点致力于刑事诉讼、公司法务、债权债务清理，业绩斐然。本所是第一批获得破产管理人资格的律师事务所之一，成功地参与了多家企业破产法律服务。本所为数十家企业提供法律顾问服务，在企事业单位非诉法律服务方面积累了丰富的经验。

本所在追求自身发展的过程中，不忘回报社会，服务大众。本所律师走进社区，普及法律知识，培养社区居民的维权意识，为依法治国出力献策。桃李不言，下自成蹊。《华商报》、《西安晚报》、《西部三农网》等多家媒体、网络主动联系本所，就某些疑难案件要求专业律师提供点评，为当事人尤其是弱势群体仗义执言。

**地址：**西安市新城广场新城国际大厦座1201号
**电话：**029—87444981
**传真：**029—87414038
**邮编：**710004
**网址：**www.winlawyer.cn
**邮箱：**winlawyer@126.com

# 业精于睿，立于诚

——记全国优秀律师闫玉新

## 闫玉新 律师

闫玉新律师，陕西睿诚律师事务所创始合伙人，该所主任。闫玉新律师毕业于西安财经学院，后在西北政法学院取得法律学士学位。目前已取得香港中文大学高级管理人员工商管理硕士（EMBA）学位，中国政法大学宪法与行政法博士。2008年参加深圳证券交易所上市公司高级管理人培训，并获得上市公司高级管理人资格，在读北京大学私募股权投资（PE）与企业上市高级研修班。从业十余年来，闫玉新律师一步一个脚印、踏踏实实，以自己的才华、智慧为我们国家的法律殿堂建设添砖加瓦。从他的执业生涯中，我们不仅仅能看到一名优秀律师成长的轨迹，更重要的是我们看到了一名心怀对法律崇高敬仰，对民主法治极具热情的法律人的成长与进步。

闫玉新律师1997年取得律师资格，2002年开始在陕西永嘉信律师事务所执业，担任公司与商事业务部主任。2007年发起创立陕西睿诚律师事务所，如闫玉新律师所说："睿诚不仅仅是事务所的名称，更是每一位睿诚人所致力达到的目标，使睿诚人成为职业化、专业化，具有社会责任感、使命感的律师，树立具有良好社会形象的律师团队。"确定以"创新、笃行、合作"为核心价值观，为睿诚律师事务所赋予了灵魂。

闫玉新律师擅长公司事务、重组改制、收购兼并、金融融资等方面业务。从业10余年来，闫玉新律师办理了多起在当地具有较大影响的诉讼及非诉业务，如上市公司春都股东纠纷案、长庆石油勘探局投资纠纷案及陕西省旅游集团资产重组、某五星酒店收购等，为当事人争取了巨大的利益，深受客户好评。闫玉新律师还担任了多家大型国有企业、事业单位及政府机构的常年法律顾问，同时领导其团队将公司、矿产、建筑房产等相关法律法规汇编成册，为本所、顾问单位乃至相关行业的法规使用提供了便利；闫玉新律师经常会为顾问单位举办具有针对性的讲座，以帮助解决顾问单位日常经营中可能遇到的法律问题，获得顾问单位好评。

闫玉新律师十分注重学习和理论研究，先后参加了陕西省首届企业改制培训班、中国证监会组织的《上市公司独立董事培训班》及《破产法》、《物权法》等等培训班，并参加司法部、全国律协、司法厅、陕西省律协等组织的各种学习十余次，逐渐成为在陕西公司金融领域的专家型律师，多次受邀为北大汇丰商学院、金融机构、商业客户进行专业讲课，广受好评。

闫玉新律师一直奉行创新、笃行、合作的执业理念，他对于律师事务所的管理作了很多大胆的创新和尝试。闫玉新律师所在的陕西睿诚律师事务所是西北地区首家通过ISO9001国际质量管理体系认证的律师事务所，是陕西首家使用律师专用办公系统的律师事务所，是陕西首家全部卷宗电子化管理的律师事务所。闫玉新律师是一个有大爱的人。在为客户提供专业、优质服务同时，不忘回报社会，不忘作为法律人的社会责任。他热衷慈善，在陕西律师界率先倡议设立律师基金，主动承担社会责任和义务。睿诚律师事务所为西安财经学院创设睿诚律师奖学金，在学校定期举办大学生辩论赛及模拟法庭等活动，鼓励优秀的法律专业学生努力学习法律专业知识积极参加法律实践。后又在省律协的号召下，为陕西省律协的扶助基金积极捐款，为社会贡献自己的一份力量，为年轻律师创造一个更好的发展空间。另外在汶川和玉树地震中，在闫玉新律师的号召下，陕西睿诚律师事务所捐款数额均在全省律师事务所中位居前列。

在闫玉新律师的领导下，陕西睿诚律师事务所还独立创办了《大视角——矿产 金融 房地产专刊》，以及西部律师论坛网，陕西睿诚律师事务所网站，闫玉新律师个人网站，在传播法律信息，法治思想的同时，免费为用户提供法律咨询，四年来从未间断，在陕西同行里引起了很大的反响。

闫玉新律师认为：一个好的律师事务所在对外关系应该呈现出一种开放的态势，要创新就要求突破，只有不拘泥于地域、领域才能获得发展。几年来，闫玉新律师代表陕西睿诚律师事务所与北京、上海、广州、深圳、成都、重庆、哈尔滨等20余家律师事务所，及本地数10家律师事务所都建立起了长期的友好合作关系。各个律师事务所之间互相学习先进管理经验，分享办案心得，互派律师到对方所内参加学习讲座等等，构建开放的睿诚、互助的睿诚、和谐的睿诚。10多年的努力，闫玉新律师取得了一定的成就：陕西睿诚律师事务所主任、高级律师；陕西省律师协会青年律师专业委员会主任、公司金融证券专业委员会副主任；西安仲裁委员会仲裁员；西安外事学院客座教授；西安外事学院应用法学研究所顾问。用智慧、职业、执着，坚守自己的核心价值观，诠释着法律人的追求，见证着中国法治的进步。

地址：陕西省西安市高新一路2号国家开发银行大厦5层
电话：029-88140300
邮箱：yyx050206@yahoo.com.cn
网址：www.reachinglawfirm.com

# 赵彦儒 律师

赵彦儒，四川巴中市人，陕西锐博律师事务所律师、西安仲裁委员会仲裁员、汉中仲裁委员会仲裁员、汉中市重庆商会副会长。

1999年大学毕业获得法学学士学位，同年7月任陕西飞机制造公司法律顾问，2000年以陕西省第一名的优异成绩获得全国企业法律顾问资格，并注册于国防科技中国航空工业系统；2000年10月高分考取全国律师资格，具有丰富的办案经验。2000年至2003年连续3年获得陕西飞机制造公司先进个人称号；2003年10月至2004年6月任陕西飞机制造公司科技处副主任，2004年7月以后任专职律师。担任陕西飞机制造公司、中国恒大投资管理（集团）有限公司、陕西汉江明珠房地产、陕西大东建设工程公司、重庆中科工业（集团）公司等单位法律顾问；代理过多件标的数千万元的重大经济纠纷案件，为当事人挽回巨大经济损失；对涉外案件也有比较成熟的代理经验；在多起刑事案件的辩护中，成功使被告人得到大幅度从轻判处，多起案件使被告人无罪释放或改判缓刑。

2005年5月19日至22日，最高人民法院原副院长祝铭山来陕西调研期间，仔细阅读过赵彦儒律师的诉讼文书，并给予了充分肯定。代理的很多案件被《法制日报》、中央电视台焦点访谈、《西安日报》、《昆明都市报》、《汉中日报》、《三秦都市报》等媒体报道，所办案件胜诉率高，以高效优质的法律服务，并以睿智和值得信赖的人格魅力，赢得委托人的信任和好评。

**赵律师执业理念和品格**

公正、尽职、守时、有序，全力维护委托人的合法权益，维护法律正确实施，维护社会公平和正义。

**经典案例**

1. 陕西刘某诉中华联合财产保险股份有限公司陕西汉中市中心支公司保险合同纠纷案件。

2. 重庆某建筑公司诉中国中铁某局集团公司在广东建设工程合同纠纷案件。

3. 美国商人汤某与中国某经理涉外民商事纠纷案件，涉案金额数千万元。

4. 陕西某工业有限公司、陕西某房地产开发公司、陕西某建设工程有限公司与陕西农业银行某市分行借款、担保合同纠纷，涉案金额5000万元。

5. 陕西某仪表工业公司与陕西安康市质量技术监督局、安康市某燃气有限公司、王某等人燃气爆炸产品质量损害赔偿纠纷案件。

6. 浙江省某水电建筑工程公司诉陕西某水电开发有限公司建设工程施工合同纠纷案件。

7. 陕西汉中市黄某与周某道路交通事故损害赔偿纠纷案件，公安机关认定黄某承担事故全部责任，赵彦儒律师认真研究案情与法律规定，其代理意见被法院采纳判决黄某仅承担60%的责任。

8. 重庆市某特钢有限责任公司诉陕西省汉中市某物资有限公司财产损害赔偿纠纷案件。

9. 中国路桥集团路桥华南工程有限公司与某市物资有限公司买卖合同纠纷案件。

10. 河南某矿产建材营业部诉陕西省某建材有限公司买卖合同纠纷案件。

11. 某市机械厂诉甘肃省某货运有限责任公司公路货物运输合同纠纷案件。

12. 四川省某县人民政府驻某市办事处诉张某承包经营合同纠纷。

13. 陕西广电网络股份公司某支公司与某市铁路供电段、李某、某铁路工贸有限公司工伤事故损害赔偿纠纷。

14. 浙江省永康市某教学设备有限公司诉某市实验中学买卖合同纠纷案件。

15. 中国人民解放军陕西省军区某市军分区原副政委王某与某市文化馆干部李某故意杀人刑事案件。

16. 陕西某市黑恶势力张某等人聚众扰乱社会秩序罪、破坏公私财物罪案件。

17. 陕西某公路局向某等人私设小金库贪污贿赂案件，通过律师辩护，检察机关撤回了起诉。

18. 陕西某钢铁厂魏某与汉中市汉台区杜某故意伤害致人重伤刑事案件。

19. 南郑县药材公司罗某诉南郑县养老保险经办中心行政诉讼纠纷案件。

20. 陕西李某诉陕西省某市公安局车辆管理所行政诉讼纠纷案件。

21. 陕西某装饰工程公司与某娱乐有限公司装饰装修合同纠纷案件。

22. 陕西某房地产开发公司与某县人民政府、国土资源局土地行政纠纷，涉案金额6千万元，中、省纪委督办。

23. 陕西汉中市彭某与中国人民财产保险股份有限公司汉中市分公司财产保险合同纠纷案件。

24. 重庆市李某等人在高速公路上发生15辆车连环相撞40人死伤的特大交通事故案件。

25. 四川张某与四川某大学附属医院、陕西某市中心医院、某市人民医院医疗纠纷案件。

26. 四川广元市王某在山西某煤矿安全事故案件。

27. 四川巴中农业局向某与某中学张某等道路交通事故案件，省高院指令再审采纳了赵律师的代理意见。

手机：18702979132 13319165168
传真／电话：0916—2529261
E-mail：zyr60453179@163.com
网站：www.zyrlawyer.cn

## 高大石 律师

高大石律师，北京盈科（沈阳）律师事务所合伙人。辽宁大学硕士研究生学历，香港长江商学院工商管理硕士，沈阳经济区投融资领域资深律师，长期担任本地各级政府、国资部门、银行保险及大型企业单位的法律顾问，主持并参与多项重要投融资及并购项目。

高大石律师，从事私募股权与投融资研究近10年，“东北投融资法律服务第一人”、“东北投融资律师顾问团”负责人、“东北投融资律师网”创办人、亮剑私募基金管理有限公司创始人。现任辽宁省省情研究会研究员、辽宁省区域经济研究会常务理事、沈阳市政府法制办法律顾问团成员律师、沈阳市国资委法律顾问团成员律师、沈阳市律师协会建筑房地产专业委员会副主任、沈阳市皇姑区人大代表、辽宁大学商学院客座教授、辽宁电视台多个栏目特聘法律顾问。高大石律师于2007年入选百名军旅企业家文集、2008年被评为沈河区首届“十佳律师”、2009年入选中国百位金融证券律师。高大石律师的主要业务领域为国资管理、投融资、公司、建筑房地产及法律风险防范等。经办的多个案例均收入律师制度恢复30年纪念文集。

曾从军十16年，历任作战情报参谋、科长及沈阳军区司令部法律顾问处律师等职，具有团、师及军区机关的工作经历。荣立三等功一次，10余次受嘉奖，多次被评为先进机关干部和优秀共产党员，1994年以呼伦贝尔盟第一的成绩通过律师资格考试。2002年代表省军区参加辽宁省首届律师辩论大赛，获优秀辩手奖。2003年退役自主择业，成为一名专职律师。

在任职军队律师期间，高大石律师为40多家部队及军内企业常年提供法律服务并负责部队司法行政工作，办理诉讼案件500余起，为部队及官兵家属避免和挽回经济损失7000余万，处理非诉讼纠纷30余起，较好地维护了部队及官兵家属的合法权益。经办的典型案例多次在东北三省维护国防利益和军人军属合法权益工作会议上进行经验交流，取得了非常好的社会效益。他的事迹曾先后被《解放军报》、《前进报》和《人民日报》报道。

到地方执业后，在诉讼业务方面高大石律师以代理在社会上有重大影响的民事、刑事案件见长，如新交通安全法实施后沈阳第一例涉外人身损害赔偿案，沈阳万象非法吸收公众案、性功能丧失索赔巨额精神损失赔偿案、怀孕白领被外商辞退案等被中央、省、市媒体广泛关注的热点案件。并长期担任辽宁电视台金牌栏目“正在行动”的法律顾问。他身体力行并组织律师积极参加对社会弱势群体提供法律援助活动。高律师办案风格稳健、朴实，辩锋犀利，张弛有度。在执业过程中深受当事人的信任，并获得法院、检察院的好评及社会的较好赞誉。

在非诉讼领域长期服务于沈阳市国资委、地方政府及多家银行、保险公司及投资机构，并且在私募股权、投融资、房地产、公司法及银行法律业务方面有较深的研究和丰富的实务经验，特别是在私募股权、投融资及企业法律风险防范领域取得显著成绩，组建了亮剑私募基金管理有限公司、为多家企业提供投融资服务及上市指导工作、并为中国移动辽宁公司等多家企业完成法律风险防范体系项目的建设，积极投身法律教育和培训工作，担任多家教育机构的法律客座教授。

高大石律师，经过军队熔炉淬炼的雄鹰，为了国防事业已经把自己的青春奉献给了茫茫边防草原，现在他正在为了国家的和谐稳定，奉献着自己的终身，奉献着自己的爱心，奉献着知识与智慧。

**主要业绩**

亮剑私募基金管理有限公司创始人；
亮剑私募股权投资基金（有限合伙）发起人；
天津华集私募股权投资基金法律顾问团成员；
香港泛华股权投资基金法律顾问团成员；
辽宁大唐阜新煤制天然气有限公司法律顾问；
辽宁省展览贸易集团有限公司法律顾问；
华夏银行股份有限公司沈阳分行法律顾问团成员；
东亚银行股份有限公司沈阳分行法律顾问团成员；
沈阳市沈河区城市建设局法律顾问；
中国邮政储蓄银行有限责任公司沈阳市分行法律顾问；
乐百氏（沈阳）食品饮料有限公司法律顾问；
中国移动法律风险管理体系建设项目项目组负责人；
为新加坡芝普永乐公司在沈设立新凯（沈阳）房地产开发有限公司、沈阳星湖土地整理有限公司、毅恳（沈阳）房地产开发有限公司、沈阳七星湖体育休闲俱乐部有限公司及进行土地及房地产投资项目提供法律顾问；
为沈阳穗港白云房地产投资开发有限公司、华润（沈阳）地产有限公司、辽宁大发房地产有限责任公司、辽宁侨兴房地产开发有限公司、铁岭金城集团房地产开发有限公司、沈阳云峰房地产有限责任公司以及沈阳地铁、鞍山地铁、沈阳土地储备中心地产融资提供法律服务；
为沈阳市金廊项目提供法律服务；
2010年9月，为中国风险投资论坛－振兴东北投资高峰论坛做“高度重视防范和化解投融资风险”主题演讲。

**地址：沈阳市和平区中山路111号亚洲商务贸易中心二楼**
**电话：** 024-62660022
**手机：** 13309883217　**邮箱：** wqgaodashi@yahoo.com.cn

## 李红云 律师

### 红妆执剑担道义

——记黑龙江新时达律师事务所律师李红云

李红云，黑龙江新时达律师事务所律师，自1994年从事律师工作以来，她无时无刻不以实际行动捍卫着自己的职业信仰。

近20年的律师生涯，李红云连续多年荣获哈尔滨市优秀律师、优秀共产党员称号；连续三届当选南岗区人大代表，并被评为优秀人大代表；荣获省优秀律师、优秀律师事务所主任，全省律师行业优秀共产党员，全国党员律师标兵，2008~2010年度全国优秀律师等称号；在黑龙江省首届律师辩论赛中，获得优秀辩手奖；还担任了黑龙江省律师协会女律师委员会副主任、秘书长、黑龙江省律师协会奖励与惩戒委员会副秘书长、黑龙江省律师协会房地产及建筑工程专业委员会副主任、哈尔滨市律师协会奖励与惩戒委员会委员；还被哈尔滨市人大内务司法委员会聘为法律顾问。

李红云从触及法律的那一刻起，就把对法律神圣的敬畏和信仰，化为对法治国家和为民维权的热切向往，将道德感、同情心、正义和勇气、爱与怜悯等一切与正义相关的美好情操根植于心中，成为成就事业的强大推动力。

执业近20年来，李红云律师专职从事公司法律事务和房地产及建筑工程等法律事务。具有深厚理论功底和较强的法律实践经验。多次以项目负责人的身份为地方企事业单位、上市公司提供并购、改制、破产、公司清算等专项法律服务。累计承办各类案件数千件，赢得了业界和当事人的好评。

李红云在积极履行律师神圣职责和使命的同时，更积极参与政府重点工程建设服务工作，为推进社会经济发展与和谐贡献着自己的热情和力量。

2002年，哈尔滨市政府决定把远在180多公里外的磨盘山水库的无污染清水引入哈尔滨，替代污染较重的松花江饮用水。这项省级重点工程，占地5250亩，涉及1700多农业人口，10个自然村屯。李红云以其过硬的职业素养，良好的执业精神和口碑入选磨盘山引水工程项目的法律顾问。

首先接触到的是近百页的合同文本，这对她来说是第一次，由于对参照使用的国际工程上的一些术语了解甚少，而那时涉及大项目工程建设管理规范性文件和文书也不多，李红云就买来一本本工程建设方面的书籍，学习研究，确保审查的专业性。随着大量的招标和签约工作陆续展开，为了及时完成审查合同任务，李红云经常加班加点，对每份招投标文件和商务合同进行认真审核，逐一出具法律意见书。工程结束了，她出色的工作受到哈尔滨市领导和项目公司领导的高度评价。

2004年初，哈尔滨市决定对哈西老工业区进行改造，李红云又被赋予重任，担当起哈西老工业区改造项目的法律顾问。哈西老工业区改造涉及47平方公里，仅大中型国有企业就有10余家，职工几万人，解决国企的改革问题是当务之急。通过参与对哈尔滨制氧机厂、哈尔滨铸造厂等大中型国有企业破产清算，为企业消化债务近10亿元，协助安置职工上万人，收回土地使用权100多万平方米，得到了有关部门领导的赞誉，为推进国企改革奠定了良好的基础，将哈西老工业区开发建设的美好前景展现在人们的面前。

2008年，哈西新区建设现代化的大型铁路客运枢纽站——哈尔滨西客站，李红云承担起这一重点工程建设办公室法律顾问的重任。参与了西客站地区征地、拆迁全部方案的制定和最终审查，保证了征地、拆迁方案的合法性、合理性和可行性。

同样是2008年，哈尔滨地铁建设开始实施，李红云和她的同事们凭借着为大项目建设服务的工作经验和口碑，再一次被地铁集团公司这一重点工程项目选为法律顾问。

李红云参与了哈尔滨市2000年以来三个最大重点建设项目的法律服务工作，以实际行动为实现“北跃、南拓、中兴、强县”的发展战略做出了应有贡献，也在全市经济建设的大舞台展现了自己的能力和才华。

2009年末至2010年6月，李红云以项目负责人的身份带领所内十余名律师，为美国上市公司哈尔滨泰富电器并购的西安西玛电机（集团）股份有限公司的30余家分子公司清算，辗转西安、北京、天津，历时大半年，形成卷宗60余册。李红云律师的敬业精神和丰富的专业经验，赢得了委托人和审计人员的高度评价。

日渐精深的法律知识，无懈可击的庭辩技巧，执著进取的工作热情，仗义执言的优秀品格……李红云赢得了无数鲜花和荣誉。展望未来，李红云深知中国的民主与法治建设任重而道远，她坚信自己将一直以赤诚之心书写正义，达济苍生。

联系方式：
地址：哈尔滨市道里区田地街副24-6号田地大厦五层
电话：0451-55554425
办公：13704804400；15304651777
传真：0451-84596680
电子邮箱：13704804400@163.com

## 林晓平 律师

林晓平，男，1971年5月出生，中共党员，研究生学历。黑龙江双峰律师事务所主任，国家二级律师、全国优秀律师、黑龙江省优秀律师、黑龙江省未成年保护工作先进个人，曾任黑龙江律师协会五届理事，现任黑龙江律师协会六届监事。中共双鸭山市市委常年法律顾问，双鸭山市人民政府常年法律顾问，双鸭山市仲裁委员会委员，双鸭山市青联常委，双鸭山市妇女权益保护委员会委员，双鸭山市第四届十大杰出青年，双鸭山市“五大杰出”“司法行政法律服务工作者。

林晓平律师于1994年毕业于黑龙江大学，同年取得律师资格。1996年从事律师工作，2000年担任黑龙江双峰律师事务所主任。他勤奋工作，善于思考，以诚为本，宽以待人的性格和深厚的法理基础、精湛的业务能力及法庭思辩的技巧，16年先后代理民事、刑事、非诉讼案件，总计2000余件，涉案经济数额计五十亿元。由于林晓平律师的不懈努力，积极维护当事人的合法权益，维护法律的正确实施和以诚信为本的法律服务宗旨，不但受到了当事人的称赞，而且在黑龙江省法律服务界有着很好的口碑。

多年来，林晓平律师在重视律师业务的同时，更关注社会福利事业。多次向双鸭山市各个学校捐资助学，累计13万元。尤其在2008年“5·12”汶川地震、2009年玉树地震，2009年舟曲泥石流，林晓平律师都率先向灾区捐款。

一分耕耘一分收获。林晓平律师的工作历程是理论和实践的结合，是一名律师对法律的认真诠释。我们有理由相信，林晓平律师会在自己的事业坐标上发挥全部的光和热，履行律师的职责，表现律师的良心。由于林晓平律师兢兢业业，成绩突出，先后获得了30多项省、市级荣誉。

林晓平律师从业16年来，能够坚决拥护宪法，拥护社会主义制度，贯彻执行党的路线方针，能积极为弱势群体，“三农”提供优质的法律服务，能真正为当事人提供宝贵的法律意见，也积极为“依法治国”、“积极服务和谐社会法制建设”向着自己的人生目标迈进。他为全面提升该所律师的政治素质和业务素质而努力着，也为积极开展公益活动，树立律师良好的社会形象而努力着。

黑龙江双峰律师事务所创办于1993年末，前身为国资律师事务所，是该市实力强，规模大的综合性合伙律师事务所，各专业律师为人们提供优质高效的法律服务。大学以上学历的占全所的100％，研究生和在读研究生占20％。精通金融、保险、公司、证券、非诉讼等各专业的精英团队，能让当事人得到超值的法律服务。

该所自创办以来，在林晓平的带领下，秉承服务百姓，回报社会的理念，苦心经营，时时关注民生，成绩突出。先后荣获“黑龙江省优秀律师事务所”、“黑龙江青少年维权岗”、“市精神文明单位标兵”“市妇女法律服务中心”、“市精神文明创建活动先进集体”等光荣称号。

黑龙江双峰律师事务所取得辉煌的业绩和众多的赞誉使全所律师为之振奋，他们决心珍惜所获得的荣誉，以更高的标准要求自己，继续精准地运用法律，全心全意为人民服务，铸造更辉煌的明天。

地址：黑龙江省双鸭山市尖山区西平行路
阳光小区二号楼商服３号
电话：0469-4281064
传真：0469-4280366
邮箱：sf_lawyer@163.com

# 潘江 律师

潘江，男，汉族，45岁，甘肃省陇南市宕昌县人，中国政法大学在职研究生学历，中国民主建国会会员。1988年7月从甘肃政法学院毕业后分配在原陇南地区律师事务所（现陇南永盛律师事务所）工作，当年参加全国律师资格考试并获通过，此后一直在该所从事专职律师工作。2000年为响应国家号召创办成立了陇南市第一家合伙制律师事务所——陇南朝阳律师事务所并担任该所主任。

**潘江律师在业界担任的职务有：**甘肃省律师协会第五届常务理事会常务理事，战略规划与发展委员会委员，宣传与联络委员会副主任，维护律师执业权益委员会副主任，法律援助与公益事务委员会副主任；陇南市律师协会常务副会长，规划发展与宣传联络委员会主任，民商事专业委员会主任。社会兼职有：陇南市政协二、三届常委；中国民主建国会甘肃省委员会陇南市支部主委；陇南市委、市政府聘请的优化发展环境特邀监督员。

**潘江律师近年来获得的荣誉有：**2006年4月被甘肃省律师协会授予全省“优秀律师”，2008年7月被中国民主建国会中央委员会授予“全国抗震救灾优秀会员”，2008年8月被陇南市司法局授予全市司法行政系统“抗震救灾先进个人”，2009年1月被民建甘肃省委授予“抗震救灾优秀会员”，2009年8月被中共陇南市委、陇南市人民政府授予“五五普法中期工作先进个人”，2009年12月被民建甘肃省委授予“纪念民建甘肃省委成立30周年全省优秀会员”，2009年陇南市律师协会成立后连续两年在市司法局、市律师协会年度考核中被授予全市“优秀律师”荣誉称号。

潘江律师作为扎根基层、服务贫困山区20多年的一名优秀律师，在当地律师服务尚不具备专业化分工的条件下，其服务领域因当事人的需要几乎样样都要涉及，因此在刑事辩护、民商事、行政诉讼、非诉讼及法律顾问等方面均有一定专长且取得了较好的业绩。曾为“8.23”特大交通事故肇事司机、全国首起国庆长假期间发生的“10.4”特大交通事故中成县运管局分管副局长担任辩护人，在赵某某涉黑案件中为其凯达公司副经理担任辩护人，在武都“11.17”打、砸、抢、烧聚众冲击陇南市委的系列案件中接受指定为数名被告担任辩护人，几起一审判处死刑的案件经潘江律师二审成功辩护被改判，还为曾被省内外媒体广泛报道的李某某状告丈夫何某某致死亲生女儿的案件担任代理人，有力地s维护了社会公平正义和当事人的合法权益。除代理一般的民事诉讼案件外，还为中国长城资产管理公司兰州办事处、中国华融资产管理公司兰州办事处清收处置陇南境内债权债务、陇南市工商银行股改上市前集中清收贷款债务等重大事务提供法律帮助及服务。曾为武都区、宕昌县、徽县、礼县等政府代理多起行政诉讼案件，取得了当地政府的充分信任和一致好评。还为甘肃省白龙江林业管理局所属白水江林业局、舟曲林业局拟于前苏联共和国、非洲扎伊尔国森林采伐合作项目，原陇南地区行政公署拟任命驻美国商务总代理事宜提供法律意见及建议，避免了可能出现的涉外商务投资及政治风险。曾成功处理和劝阻了原陇南地区人民医院因合伙赊欠文县药农党参款导致药农欲集体上访闹事讨债、“中华老字号企业”原武都县制药厂因企业改制出现纠纷职工长期上访并欲集体进京上访、武都区马街镇赵坪村村民因“5.12”地震受灾在市委门前集体上访等事件，参与市政法委组织的涉法涉诉案件联合大接访及积案评查复核工作，为维护社会稳定作出了应有的贡献。此外，还为山东某集团公司欲整体开发建设陇南市东江新区、文县尖凡公路隧道建设项目、东江新区拆迁户上访、市交通运管部门处理出租车罢运上访事件等无偿提供法律服务和帮助，为陇南市体育局组织实施体育场馆建设、陇南市四馆四中心建设、陇南市区长江大道东西延伸段BT模式招商引资项目建设、市统办大楼建设等重大灾后重建项目担任专项法律顾问，为陇南市人民政府担任常年法律顾问。

在政协组织中，潘江律师积极履职、不辱使命。2010年3月参加市政协组织的“优化发展环境，塑造良好形象”专题调研活动后，在四大班子及市直各单位领导参加的专题议政会上，以《规范征地拆迁，促进和谐发展》为题作了大会发言；同年6月在市委、市政府聘请优化发展环境特邀监督员大会上，又代表50多名特邀监督员作了表态发言；同时还参加了由市政协、市委宣传部、陇南电视台联合举办的优化发展环境首届政协委员电视论坛。在市政协三届一次会议期间，潘江律师以发生在陇南境内兰渝铁路、武罐高速两支施工队伍间的“7.29”恶性爆炸案等情况为例，以《加强外来务工人员法制宣传教育，维护陇南经济社会稳定发展》为题作了大会发言，之后又在陇南网、陇南电视台开办的政协委员新闻会客厅栏目中接受的记者访谈，积极宣传法制，弘扬法治精神，赢得了与会人员及社会各界的一致好评和普遍赞誉，彰显了一名执业律师政协委员的风采。

在民建组织中，潘江律师充分发挥执业律师与社会各界联系紧密的优势，积极发展会员，热心会内事务，因此在民建陇南市支部成立时，全票当选为该支部主委，成为由执业律师担任的民主党派基层组织领导。

潘江律师作为政协委员，是一名不辱使命、积极履职的人民公仆；作为民建会员，是一名热爱组织、乐于奉献的优秀会员；作为执业律师，是一名忠于职守、认真负责的优秀律师。他的执业律师生涯，也因此而绚丽多姿。

地址：甘肃省陇南市武都区北山东路良友宾馆三楼
陇南朝阳律师事务所　　邮编：746000
电话：（0939）8210543　　13909399006
传真：（0939）8210491　　邮箱：gslnpj@163.com